Dedicated in memory of Monsignor Heinrich Frings, that mild, humorous, but courageous man, who never hesitated to uphold his beliefs even in direct contravention of Nazi orders. Always open-minded, he was beloved by the young, though he often shocked his more establishment-conscious contemporaries.

VERÖFFENTLICHUNGEN DER KOMMISSION FÜR ZEITGESCHICHTE

VERÖFFENTLICHUNGEN
DER KOMMISSION FÜR ZEITGESCHICHTE

In Verbindung mit Dieter Albrecht · Rudolf Lill · Rudolf Morsey
Herausgegeben von Konrad Repgen

Reihe A: Quellen · Band 37

PRIESTER UNTER HITLERS TERROR
EINE BIOGRAPHISCHE UND STATISTISCHE ERHEBUNG

MATTHIAS-GRÜNEWALD-VERLAG · MAINZ

PRIESTER UNTER HITLERS TERROR
EINE BIOGRAPHISCHE UND
STATISTISCHE ERHEBUNG

Im Auftrag der Deutschen Bischofskonferenz
unter Mitwirkung der Diözesanarchive

bearbeitet von

ULRICH VON HEHL

MATTHIAS-GRÜNEWALD-VERLAG · MAINZ

Dieser Band wurde seitens der Kommission für Zeitgeschichte
redaktionell betreut von Rudolf Lill

CIP-Kurztitelaufnahme der Deutschen Bibliothek

Priester unter Hitlers Terror:
e. biograph. u. statist. Erhebung / im Auftr. d. Dt. Bischofskonferenz
unter Mitw. d. Diözesanarchive bearb. von Ulrich von Hehl.
[Dieser Bd. wurde seitens d. Komm. für Zeitgeschichte red. betreut von Rudolf Lill]. –
Mainz: Matthias-Grünewald-Verlag, 1984.
(Veröffentlichungen der Kommission für Zeitgeschichte: Reihe A, Quellen; Bd. 37)
ISBN 3–7867–1152–6
NE: Hehl, Ulrich von [Bearb.]; Kommission für Zeitgeschichte: Veröffentlichungen der
Kommission für Zeitgeschichte / A

2. Auflage 1985

© 1984 Matthias-Grünewald-Verlag, Mainz
Reihengestaltung: Roland P. Litzenburger
Gesamtherstellung Ernst Knoth GmbH, Melle

INHALTSVERZEICHNIS

TABELLARISCHER TEIL

Geleitwort des Vorsitzenden der Deutschen Bischofskonferenz

Die Gewaltherrschaft des Nationalsozialismus war die bislang größte Herausforderung des Christentums in Deutschland. So verwundert es nicht, daß seit vielen Jahren immer wieder die Frage erörtert wird, wie die Kirche sich in dieser Prüfung verhalten und ihrem göttlichen Sendungsauftrag zu entsprechen gesucht hat. Auch wir Bischöfe haben uns dieser drängenden Frage nicht verschlossen und für die seriöse Zeitgeschichtsforschung schon früh die kirchlichen Archive geöffnet. Es geht uns um unvoreingenommene Prüfung und gerecht abwägendes Urteil, eingedenk des Evangelistenwortes, daß nur die Wahrheit uns frei macht (Joh. 8,32).

Ungeachtet zahlreicher einschlägiger Veröffentlichungen ist aber dem Schicksal der vom NS-Regime verfolgten katholischen Priester und Laien bisher nicht die gebührende Aufmerksamkeit zuteil geworden, obwohl es gerade ihr Glaubenszeugnis ist, das uns Ansporn und Zuversicht geben kann. Um die Erinnerung an sie wachzuhalten, hat der Ständige Rat der Deutschen Bischofskonferenz am 27. August 1979 beschlossen, die noch feststellbaren religiös oder politisch bedingten Zwangsmaßnahmen ermitteln zu lassen. Niemand ahnte zunächst, welche mannigfachen Hürden bei diesem Unternehmen zu überwinden sein würden. Um so dankbarer bin ich der Kommission für Zeitgeschichte und den Diözesanarchiven, daß es ihnen in gemeinsamer Arbeit gelungen ist, trotz aller Schwierigkeiten einen Band mit den Namen von über 8000 Welt- und Ordenspriestern fertigzustellen. Wenn irgend möglich, sollen in ähnlicher Weise auch einmal Ordensfrauen und Laien erfaßt werden.

Die lange Liste der betroffenen Geistlichen läßt viel von den Unterdrückungsmöglichkeiten erkennen, an denen die totalitären politischen Systeme unseres Jahrhunderts so reich sind. Vor allem auch zeigt sich, in welch großem Umfang selbst alltägliches Verhalten, etwa ein seelsorglicher Rat, eine schlichte Geste der Mitmenschlichkeit oder ein harmloser Scherz von den damaligen Machthabern als politische Provokation empfunden und entsprechend geahndet werden konnten. Sich dies klar zu machen fällt heute vielen schwer, die lediglich die Verhältnisse in einem freiheitlich-demokratischen Rechtsstaat kennengelernt haben. Und doch ist für den, der mit offenen Augen das weltpolitische Geschehen unserer Tage verfolgt, auch die Gegenwart reich an vergleichbaren Erfahrungen. Deshalb haben wir deutschen Bischöfe schon aus Anlaß der 50. Wiederkehr von Hitlers „Machtergreifung" an folgende Lehren erinnert, die die zwölfjährige Schreckensherrschaft des Nationalsozialismus für uns bereithält:

„Menschenwürde und Lebensrecht eines jeden einzelnen müssen unantastbar bleiben.

Die Rechtsordnung unseres Staates darf nicht durch noch so ideal klingende Ziele offen oder heimlich ausgehöhlt werden.

Die Sorge um das Überleben der Menschheit ist notwendig; sie enthebt uns aber nicht der Pflicht, jene Werte zu schützen, die allein ein gemeinsames Leben in Recht und Freiheit gewährleisten. Nur wer dafür eintritt, daß Leben mehr ist als Überleben, wird auf die Dauer auch das Überleben wirksam schützen.

Wirtschaftliche und soziale Eigeninteressen dürfen uns nicht aus der Pflicht entlassen, dem Wohle des Ganzen, dem Wohle der Menschheit Vorrang zu geben."

Die vorliegende Dokumentation wirft zahllose Schlaglichter auf das Verhalten des Klerus im Dritten Reich; ein erschöpfendes Bild des je einzelnen Schicksals konnte und sollte nicht geboten werden. Aber gerade die quantitative Erfassung macht deutlich, wie ernst viele Priester den Auftrag des Herrn genommen haben, seine

Botschaft unverkürzt zu verkündigen, sei es gelegen oder ungelegen. Ihr Beispiel sollte uns Vorbild und Ermutigung sein. In tiefer Dankbarkeit gedenken wir namentlich all jener, die ihr christliches Zeugnis mit schweren Freiheits- oder körperlichen Strafen, oft gar mit Hingabe ihres Lebens bezahlen mußten. Nicht wenige haben ihren Leidensweg als Opfer verstanden, als Opfer für andere, auch für uns. Von Alfred Delp stammt das bewegende Wort: „Es sollen einmal andere besser und glücklicher leben dürfen, weil wir gestorben sind". Das ist eine stete Mahnung an uns. Wir heute Lebenden sind in die Pflicht genommen.

Köln, am Fest Allerseelen 1984

+ Joseph Carl. Höffner

Vorwort

Die vorliegende Dokumentation von NS-Maßnahmen gegen katholische Welt- und Ordenspriester geht auf eine Initiative der Deutschen Bischofskonferenz zurück und ist ein Gemeinschaftsunternehmen der Kommission für Zeitgeschichte und der Bistumsarchive. Ohne verantwortliches Zusammenwirken wäre es nicht möglich gewesen, die vielen tausend Daten und Angaben zusammenzutragen, die in dieser Dokumentation enthalten sind. Insofern hat der Bearbeiter zunächst die angenehme Pflicht, den Leitern und Mitarbeitern der beteiligten Diözesanarchive für die ebenso kollegiale wie enge Form der Zusammenarbeit angelegentlich zu danken. Es sind dies folgende Damen und Herren: Archivdirektor i. R. Hermann-Josef Debye und Dipl.-Ing. Günter Gerr vom Diözesanarchiv Aachen; Diözesanarchivarin Dr. Hilda Thummerer und Dipl.-Theol. Georg Wörishofer vom Archiv des Bistums Augsburg; Diözesanarchivar Dr. Bruno Neundörfer, Marga Pottler und Monika Dünkel vom Archiv des Erzbistums Bamberg; Pfr. Johannes Piotrowski und Heinz Amelung vom Archiv des Bistums Berlin; Pfr. Heribert Rosal, Archivar des Bischöflichen Ordinariats Berlin, zugleich für Erhebungen in den kirchlichen Jurisdiktionsgebieten der DDR; Apostolischer Protonotar Prälat Eduard Beigel, Kanonischer Visitator em. der Katholiken aus dem Generalvikariat Branitz; Apostolischer Protonotar Prälat Hubert Thienel, Apostolischer Visitator em. für Priester und Gläubige des Erzbistums Breslau; Apostolischer Protonotar a. i. p. Prof. Dr. Franz Josef Wothe, Apostolischer Visitator der Danziger Katholiken; Diözesanarchivar Brun Appel und Renate Papak vom Diözesanarchiv Eichstätt; Konsistorialrat Prälat Ernst Laws (†), Pfr. Lothar Ploetz (†), Konsistorialrat Dr. Gerhard Reifferscheid und Dr. Anneliese Triller für Erhebungen aus der Diözese Ermland; Archivdirektor Max Schreyer vom Archiv des Bistums Essen; Archivdirektor Dr. Franz Hundsnurscher vom Erzbischöflichen Archiv Freiburg; Bistumsarchivarin Dr. Gisela Heimerich vom Bistumsarchiv Fulda; Großdechant Prälat Paul Sommer, Kanonischer Visitator für Priester und Gläubige aus der Grafschaft Glatz; Archivoberrat i. K. Dr. Friedrich Eymelt vom Bistumsarchiv Hildesheim; Archivoberrat i. K. Lic. theol. Reimund Haas und Dr. Hans Welters vom Historischen Archiv des Erzbistums Köln; Diözesanarchivar Dr. Herman H. Schwedt und Waltraud Weber vom Diözesanarchiv Limburg; Diözesanarchivarin Dr. Sigrid Duchhardt-Bösken vom Diözesanarchiv Mainz; Domvikar Msgr. Friedrich Frei und Renate Bach von der Registratur des Erzbischöflichen Ordinariats München; Archivoberrat i. K. Dr. Peter Löffler und Wolfgang Pick vom Bistumsarchiv Münster; Oberverwaltungsrat i. K. Hans Schlömer vom Bischöflich Münsterschen Offizialat Vechta; Bistumsarchivar Dr. Wolfgang Seegrün und Kurt Rienermann vom Bistumsarchiv Osnabrück; Prof. Ulrich Wagener und Angela Prenger von der Kommission für kirchliche Zeitgeschichte im Erzbistum Paderborn; Dompropst i. R. Dr. Emil Janik (†) für Erhebungen in der Diözese Passau; Archivdirektor Msgr. Dr. Paul Mai und Oberarchivrätin i. K. Dr. Barbara Möckershoff vom Bischöflichen Zentralarchiv Regensburg; Bistumsarchivar Adalbert Baur und Marlies Engelhard vom Diözesanarchiv Rottenburg; Prälat Dr. Wolfgang Klemp, Apostolischer Visitator für Priester und Gläubige aus der Freien Prälatur Schneidemühl; Bistumsarchivar Dr. Hans Ammerich vom Bistumsarchiv Speyer; Bistumsarchivar Prälat Prof. Dr. Alois Thomas und Archivrat i. K. Martin Persch vom Bistumsarchiv Trier; Diözesanarchivar Dipl.-Theol. Erik Soder von Güldenstubbe und Dipl.-Theol. Norbert Kandler vom Diözesanarchiv Würzburg.

Dank gebührt ferner P. Dr. Karl Siepen CSSR, Generalsekretär der Vereinigung Deutscher Ordensobern, Herrn Dipl.-Theol. Hans Peter Aug, Archivar des Katholischen Militärbischofsamtes, und Herrn Hermann Kaiser von der Arbeitsgemeinschaft der katholischen Verbände Deutschlands für die Bereitstellung weiteren Materials. Prof. Dr. Dieter Albrecht, Regensburg, hat die Mühe auf sich genommen, die bayerischen Regierungspräsidentenberichte und die Inventare des Forschungsprojekts „Widerstand und Verfolgung in Bayern" durch Mitarbeiter seines Lehrstuhls auswerten zu lassen. Ihm sei ebenso herzlich gedankt wie P. Dr. Karl Josef Rivinius SVD, der zunächst als wissenschaftlicher Bearbeiter dieses Projekts vorgesehen war und sich in einem frühen Stadium der Erfassungsarbeiten Verdienste erworben hat.

Wie an anderer Stelle näher ausgeführt, wäre die Erfassung und Auswertung der unzähligen Einzelschicksale ohne Hilfe der elektronischen Datenverarbeitung nicht möglich gewesen. Hier ist es der noblen Großzügigkeit von Herrn Bundesminister a. D. Dr. Bruno Heck, dem Vorsitzenden der Konrad-Adenauer-Stiftung, zu verdanken, daß die Rechenanlage dieser Stiftung für unser Projekt zur Verfügung gestellt wurde. Die Kommission für Zeitgeschichte weiß diese grundlegende Unterstützung um so mehr zu würdigen, als sich Zeitaufwand und Schwierigkeiten der datenmäßigen Aufbereitung zu Beginn des Unternehmens auch nicht annähernd abschätzen ließen. Nachdem Dr. Klaus Gotto, Leiter des Archivs für Christlich-Demokratische Politik der Konrad-Adenauer-Stiftung, die Weichen für das weitere Vorgehen gestellt und chief operator Friedhelm Kranefeld in entgegenkommender Weise die nötigen Arbeitsmöglichkeiten zugesagt hatte, unterzog sich Götz Nestler der mühevollen Aufgabe, für die Erhebung ein spezielles Programm zu entwickeln, das in der Folgezeit den veränderten Anforderungen immer wieder angepaßt werden mußte und schließlich auch die Herstellung eines druckfertigen Manuskripts ermöglichen sollte; seine Geduld und Umsicht sind besonders anerkennenswert. Bei Textaufnahme und -korrektur haben sich die Mitarbeiter(innen) in Rechenzentrum und Archiv der Konrad-Adenauer-Stiftung sehr verdient gemacht, v. a. Elfi Baum, Peter-Paul Dreesbach, Michael Kaufmann, Ursula Parzer, Marlies Roosen und Käthe Ruf.

Die vorbereitenden Arbeiten selbst waren von der Kommission für Zeitgeschichte zu leisten; sie betrafen insbesondere die Festlegung einer einheitlichen Nomenklatur, die Reduzierung der zahllosen Sachbegriffe auf ein rechnerisch sinnvolles Maß, die Übertragung der über 8000 Fragebögen in maschinenlesbare Form und schließlich die Korrektur dieser Texte. Dieser langwierigen Aufgabe haben sich Markus Huttner, Clivia Kelch, Brigitte Laaf, Stefan Liesenfeld, Paul Nachtsheim und Hadwig Repgen angenommen. Ihnen allen sei auch an dieser Stelle vielmals gedankt. Besondere Hervorhebung verdient Martin Eberts; er hat bis zum Abschluß seines Studiums die Erfassungsarbeiten mit ausdauernder Ruhe und souveränem Überblick koordiniert und darüber hinaus zahlreiche eigenständige Vorarbeiten für die spätere Kommentierung geleistet, namentlich auch, was die Gestaltung des statistischen Teiles angeht. Nach seinem Fortgang ist Petra Stenz mit der ihr eigenen Zuverlässigkeit in die Bresche gesprungen und hat die sich gegen Abschluß der Arbeit häufenden Schwierigkeiten mit viel Geduld und Geschick gemeistert.

Das größte Verdienst an vorliegender Dokumentation hat jedoch Elisabeth Zimmermann vom Archiv der Konrad-Adenauer-Stiftung; sie hat das Projekt in allen seinen Stadien mit ihrem Rat, ihrem Einfallsreichtum und einem ungewöhnlichen persönlichen Einsatz begleitet. Ihr ist vor allen anderen zu verdanken, daß die datenmäßige Erfassung und Auswertung der Umfrageergebnisse, allen Hindernissen zum Trotz, zügig abgewickelt und auch bei komplizierten Fragen stets eine überzeugende Lösung gefunden werden konnte. Auch darf nicht unerwähnt bleiben, daß sie den Unterzeichner mit imponierender Geduld in die ihm fremde Welt der Datenverarbeitung eingeführt und mit stetigem Zuspruch bei seiner Arbeit ermuntert hat.

Der Bearbeiter weiß sich ferner Inge Hanxleden für die Niederschrift des Manuskripts und die vielen Hilfen bei der täglichen Arbeit, Dr. Klaus Gotto, Prof. Dr. Rudolf Lill, Prof. Dr. Rudolf Morsey und Prof. Dr. Konrad Repgen für willkommenen Rat und kritische Hinweise dankbar verbunden. Selbstverständlich fällt aber die Verantwortung für evt. Fehler allein auf ihn zurück.

Endlich darf auch der Hinweis nicht fehlen, daß diese Dokumentation trotz aller Bemühungen nur relative Vollständigkeit beanspruchen kann. Hierüber ist in der Einleitung das Nötige gesagt. Wer daher Namen und Vorfälle vermißt, möge dies bitte unter Angabe der näheren Einzelheiten der Kommission für Zeitgeschichte, 5300 Bonn 1, Königstraße 28, mitteilen. Für alle evt. Ergänzungen oder Berichtigungen sei bereits von dieser Stelle aus vielmals gedankt.

Bonn, im August 1984   U. v. H.

Vorwort zur 2. Auflage

Die Erstauflage war innerhalb weniger Monate vergriffen, so daß ein unveränderter Nachdruck erforderlich wurde. Er bringt jedoch im Anhang (S. 110*) einige Berichtigungen, die inzwischen eingegangen sind. Hierfür sei allen Einsendern verbindlichst gedankt. Für die tabellarische Auswertung konnten diese Korrekturen noch nicht berücksichtigt werden. Dies ist in einem späteren Ergänzungsband vorgesehen, der alle neu gemeldeten oder ermittelten Personen und Vorfälle enthalten soll. Entsprechende Hinweise, aber auch Nachträge und Berichtigungen zu bereits aufgenommenen Geistlichen werden an die Kommission für Zeitgeschichte, Königstraße 28, 5300 Bonn 1, erbeten.

Bonn, im März 1985   U. v. H.

Literaturverzeichnis

Adolph, Walter, Geheime Aufzeichnungen aus dem nationalsozialistischen Kirchenkampf 1935–1943, bearb. v. Ulrich *von Hehl* (VdKfZG, Reihe A: Quellen, Bd. 28), Mainz 1979 (zitiert: *W. Adolph*, Aufzeichnungen).

Adolph, Walter, Kardinal Preysing und zwei Diktaturen. Sein Widerstand gegen die totalitäre Macht, Berlin 1971 (zitiert: *W. Adolph*, Kardinal Preysing).

Adolph, Walter, Im Schatten des Galgens. Zum Gedächtnis der Blutzeugen in der nationalsozialistischen Kirchenverfolgung, Berlin [2]1953 (zitiert: *W. Adolph*, Im Schatten des Galgens).

Adolph, Walter, Sie sind nicht vergessen. Gestalten aus der jüngsten deutschen Kirchengeschichte, Berlin 1972 (zitiert: *W. Adolph*, Sie sind nicht vergessen).

Aretz, Jürgen, Katholische Arbeiterbewegung und Nationalsozialismus. Der Verband katholischer Arbeiter- und Knappenvereine Westdeutschlands 1923–1945 (VdKfZG, Reihe B: Forschungen, Bd. 25), Mainz 1979 (zitiert: *J. Aretz*, Arbeiterbewegung I).

Aretz, Jürgen, Die Katholische Arbeiterbewegung (KAB) im Dritten Reich, in: *K. Gotto/ K. Repgen* (Hrsg.), Die Katholiken und das Dritte Reich, Mainz [2]1983, S. 86–100 (zitiert: *J. Aretz*, Arbeiterbewegung II).

Arntz, H.-Dieter, Judaica. Juden in der Voreifel, Euskirchen 1983.

Aronson, Shlomo. Reinhard Heydrich und die Frühgeschichte von Gestapo und SD, Stuttgart 1971.

Bäumer, Remigius, Die Theologische Fakultät Freiburg und das Dritte Reich, in: *FDA* 103, 1983, S. 265–289.

Baumgärtner, Raimund, Weltanschauungskampf im Dritten Reich. Die Auseinandersetzung der Kirchen mit Alfred Rosenberg (VdKfZG, Reihe B: Forschungen, Bd. 22), Mainz 1977.

Baumjohann, Gerhard, Weltpriester des Erzbistums Paderborn in der Auseinandersetzung mit dem Nationalsozialismus, in: *Paderbornensis ecclesia.* Beiträge zur Geschichte des Erzbistums Paderborn *(Festschrift Lorenz Kardinal Jaeger),* Paderborn–München–Wien 1972.

Bayern in der NS-Zeit s. *Broszat*, Martin.

Bierbaum, Max, Nicht Lob, nicht Furcht. Das Leben des Kardinals von Galen nach unveröffentlichten Briefen und Dokumenten, Münster/Westf. [8]1978.

Billstein, Aurel (Hrsg.), Christliche Gegnerschaft 1933–1945 im Bereich der Gestapoaußendienststelle Krefeld, Krefeld 1978.

Bludau, Kuno, Gestapo – geheim! Widerstand und Verfolgung in Duisburg 1933–1945 (Schriftenreihe des Forschungsinstituts der Friedrich-Ebert-Stiftung, Bd. 98), Bonn-Bad Godesberg 1973.

Boberach, Heinz (Bearb.), Berichte des SD und der Gestapo über Kirchen und Kirchenvolk in Deutschland 1934–1944 (VdKfZG, Reihe A: Quellen, Bd. 12), Mainz 1971.

Bödefeld, Ceslaus, Die letzte Hymne: P. Kilian Kirchhoff, Werl 1952.

Boesmiller, Franziska, P. Rupert Mayer SJ. Dokumente, Selbstzeugnisse und Erinnerungen, München [6]1961.

Bollmus, Reinhard, Das Amt Rosenberg und seine Gegner. Zum Machtkampf im nationalsozialistischen Herrschaftssystem (Studien zur Zeitgeschichte, hrsg. vom Institut für Zeitgeschichte), Stuttgart 1970.

Bracher, Karl Dietrich, Stufen der Machtergreifung, in: *K. D. Bracher/W. Sauer/G. Schulz,* Die nationalsozialistische Machtergreifung, Köln–Opladen [2]1962, S. 31–368 (zitiert: *K. D. Bracher*).

Bracher, Karl Dietrich/*Funke*, Manfred/*Jacobsen*, Hans-Adolf (Hrsg.), Nationalsozialistische Diktatur 1933–1945. Eine Bilanz (Schriftenreihe der Bundeszentrale für politische Bildung, Bd. 192), Bonn 1983.

Bracher, Karl Dietrich/*Sauer*, Wolfgang/*Schulz, Gerhard*, Die nationalsozialistische Machtergreifung. Studien zur Errichtung des totalitären Herrschaftssystems in Deutschland 1933/34 (Schriften des Instituts für Politische Wissenschaft Berlin, Bd. 14), Köln–Opladen [2]1962.

Breidenbend, Dr. med. Peter Johann, Aus dem Leben eines Eifelpastors, in: Die Eifel 54/8, 1959, S. 116.

Breitinger, Hilarius, Als Deutschenseelsorger in Posen und im Warthegau 1934–1945. Erinnerungen (VdKfZG, Reihe A: Quellen, Bd. 36), Mainz 1984.

Broszat, Martin (Hrsg.), Bayern in der NS-Zeit, 6 Bde, hrsg. in Verbindung mit Elke *Fröhlich,* Anton *Grossmann,* Hartmut *Mehringer* und Falk *Wiesemann,* München–Wien 1977–1983 (zitiert: *M. Broszat* I–VI).

Broszat, Martin, Resistenz und Widerstand. Eine Zwischenbilanz des Forschungsprojekts, in: *M. Broszat* u.a. (Hrsg.), Bayern in der NS-Zeit, Bd. IV: Herrschaft und Gesellschaft im Konflikt, Teil C, München–Wien 1981, S. 691–709 (zitiert: *M. Broszat,* Resistenz).

Buchheim, Hans, Die SS – Das Herrschaftsinstrument, in: *H. Buchheim* u.a. (Hrsg.), Anatomie des SS-Staates, Bd. I, Olten und Freiburg i. Br. 1965, S. 13–253.

Bungartz, Edmund (Hrsg.), Katholisches Krefeld, Krefeld 1974.

Coppenrath, Albert, Der westfälische Dickkopf am Winterfeldtplatz. Meine Kanzelvermeldungen und Erlebnisse im Dritten Reich, Köln ²1948.

Corsten, Wilhelm (Hrsg.), Kölner Aktenstücke zur Lage der katholischen Kirche in Deutschland 1933–1945, Köln (1949).

Danziger Priesterbuch s. *Stachnik,* Richard.

Deckert, Adelbert, Karmel in Straubing. Jubiläumschronik, Rom 1968.

Derksen, Johannes, Erinnerungen an Bischof Petrus Legge, Leipzig 1952.

Diözese Hildesheim, Die, in Vergangenheit und Gegenwart s. *Engfer,* Hermann.

Doetsch, Wilhelm Josef, Württembergs Katholiken unterm Hakenkreuz 1930–1935, Stuttgart 1969.

Dokumente aus dem Kampf der katholischen Kirche im Bistum Berlin gegen den Nationalsozialismus, hrsg. vom Bischöflichen Ordinariat Berlin, Berlin 1946.

Domarus, Max, Bischof Matthias Ehrenfried und das Dritte Reich, Würzburg 1975.

Drobisch, Klaus, Wider den Krieg. Dokumentarbericht über Leben und Sterben des katholischen Geistlichen Dr. Max Josef Metzger, Berlin (Ost) 1970.

Ehses, Leo, Der Kampf um die katholischen Jugendverbände in der Zeit des Nationalsozialismus an Hand der Akten des Bistumsarchivs Trier. Unveröffentlichte wissenschaftliche Arbeit, Trier 1963.

Emig, E., Jahre des Terrors, Oberhausen 1967.

Engelbert, Kurt, Schlesische Priester im Dritten Reich. Nach Aufzeichnungen des Kapitularvikars Bischof D. F. Piontek, in: *Archiv für schlesische Kirchengeschichte* XXIII, 1965, S. 221–242.

Engelhardt, Paulus, Max Josef Metzger. Bruder Paulus (Theologie und Leben, Bd. 62), Meitingen-Freising 1980.

Engfer, Hermann (Hrsg.), Das Bistum Hildesheim 1933–1945. Eine Dokumentation (Die Diözese Hildesheim in Vergangenheit und Gegenwart, 37/38, 1970/71), Hildesheim 1971.

Ermlandbuch 1983, hrsg. von der Bischof-Maximilian-Kaller-Stiftung (Veröffentlichungen der Bischof-Maximilian-Kaller-Stiftung, Reihe I: Ermländischer Hauskalender, Nr. 34), Osnabrück 1983.

Fattinger, Josef, Kirche in Ketten. Die Predigt des Blutes und der Tränen. Zeitgemäße Beispielsammlung aus den Jahren 1938–1945, Innsbruck 1949.

Flosdorf, P. Wilhelm SJ, Die deutschen Jesuiten unter dem nationalsozialistischen Regime, in: *Mitteilungen aus den deutschen Provinzen der Gesellschaft Jesu* 16, 1946/48, S. 1–5.

Floud, Roderick, Einführung in quantitative Methoden für Historiker. Deutsche Bearbeitung, hrsg. v. *F. Irsigler,* Stuttgart 1980.

Freiburger Diözesan-Archiv s. *Ott,* Hugo.

Froitzheim, Dieter, Manfort und Pastor Krüger 1925–1940, 2 Tle, Leverkusen-Manfort 1983.

Gerlach, Bernhard/*Seeland,* Hermann, Geschichte des bischöflichen Gymnasiums Josephinum in Hildesheim, 2 Bde, Hildesheim 1950 u. 1952.

Göken, Johannes, Der Kampf um das Kreuz in der Schule. Eine Volkserhebung in Südoldenburg, Osnabrück ²1948.

Görlich, Ernst Josef, Die Kirche der Gegenwart, in: *Der Christ in der Welt.* Eine Enzyklopädie, hrsg. v. Johannes *Hirschmann,* Serie 9, Bd. 6, Aschaffenburg 1965, S. 56f.

Gotto, Klaus / *Hockerts,* Hans Günter / *Repgen,* Konrad, Nationalsozialistische Herausforderung und kirchliche Antwort. Eine Bilanz, in: *K. Gotto / K. Repgen* (Hrsg.), Die Katholiken und das Dritte Reich, Mainz ²1983, S. 122–139.

Gotto, Klaus / *Repgen,* Konrad (Hrsg.), Die Katholiken und das Dritte Reich (TOPOS-Taschenbuch Nr. 136), Mainz ²1983.

Gottschalk, Joseph, Breslauer Diözesanpriester im Konzentrationslager Dachau 1940–1945, in: *Archiv für schlesische Kirchengeschichte* XXV, 1967, S. 298–305 (zitiert: *Gottschalk*).

Gottschalk, Joseph (Hrsg.), Schlesische Priesterbilder, Bd. 5, Aalen/Württ. 1967 (zitiert: *Gottschalk,* Priesterbilder).

Graf, Christoph, Politische Polizei zwischen Demokratie und Diktatur. Die Entwicklung der preußischen Politischen Polizei vom Staatsschutzorgan der Weimarer Republik zum Geheimen Staatspolizeiamt des Dritten Reiches (Einzelveröffentlichungen der Historischen Kommission zu Berlin, Bd. 36), Berlin 1983.

Gritschneder, Otto (Hrsg.), Pater Rupert Mayer vor dem Sondergericht. Dokumente der Verhandlungen vor dem Sondergericht in München am 22. und 23. Juli 1937, München–Salzburg 1965.

Haas, Reimund, Résistance de l'Eglise catholique en Allemagne sous le régime nazi, d'après les archives des diocèses, in: Les archives religieuses et la vie de l'Eglise aujourd'hui, Paris 1982, S. 207–218 (zitiert: *R. Haas,* Résistance).

Haas, Reimund, Zum Verhältnis von katholischer Kirche und Nationalsozialismus im Erzbistum Köln. Stationen der Bewältigung und Erforschung in der Erzdiözese 1945–1981, in: *Schul-Informationen* 13, 1981, S. 57–73 (zitiert: *R. Haas,* Verhältnis).

Handbuch, Biographisches, der deutschsprachigen Emigration nach 1933. Bd. I: Politik, Wirtschaft, Öffentliches Leben, bearb. v. *W. Röder* u. *H. A. Strauss,* München–New York–London–Paris 1980.

Handbuch der deutschen Kolpingsfamilie, bearb. v. Th. *Rempe,* Köln ²1966/1967.

Harbich, Karl, Die Philosophisch-theologische Diözesanlehranstalt und das Priesterseminar in Weidenau, in: *K. Engelbert* (Hrsg.), Geschichte des Breslauer Domkapitels, Hildesheim 1964, S. 404–420.

Heeg, Egon, Kreuz wider Hakenkreuz. Aus dem Leben des Carl Havenith, Frechen 1981.

Hehl, Ulrich von, Bischof Berning und das Bistum Osnabrück im „Dritten Reich", in: *Osnabrücker Mitteilungen* 86, 1980, S. 83–104 (zitiert: *U. v. Hehl,* Bischof Berning).

Hehl, Ulrich von, Katholische Kirche und Nationalsozialismus im Erzbistum Köln 1933–1945 (VdKfZG, Reihe B: Forschungen, Bd. 23), Mainz 1977 (zitiert: *Hehl*).

Hehl, Ulrich von, Kirche, Katholizismus und das nationalsozialistische Deutschland. Ein Forschungsüberblick, in: *D. Albrecht* (Hrsg.), Katholische Kirche im Dritten Reich. Eine Aufsatzsammlung, Mainz 1976, S. 219–251 (zitiert: *U. v. Hehl,* Forschungsbericht I).

Hehl, Ulrich von, Kirche und Nationalsozialismus. Ein Forschungsbericht, in: *Rottenburger Jahrbuch für Kirchengeschichte* 2, 1983, S. 11–29 (zitiert: *U. v. Hehl,* Forschungsbericht II).

Hehl, Ulrich von, Das Kirchenvolk im Dritten Reich, in: *K. Gotto / K. Repgen* (Hrsg.), Die Katholiken und das Dritte Reich, Mainz ²1983, S. 65–85 (zitiert: *U. v. Hehl,* Kirchenvolk).

Heinsch, Franz, Priester der Grafschaft Glatz im „Dritten Reich", in: *Archiv für schlesische Kirchengeschichte* XXVI, 1968, S. 279–288.

Hess, Sales, Dachau, eine Welt ohne Gott, Nürnberg 1946.

Hetzer, Gerhard, Kulturkampf in Augsburg 1933–1945. Konflikte zwischen Staat, Einheitspartei und christlichen Kirchen, dargestellt am Beispiel einer deutschen Stadt (Abhandlungen zur Geschichte der Stadt Augsburg, Bd. 28), Augsburg 1982.

Heyen, Franz Josef, Nationalsozialismus im Alltag. Quellen zur Geschichte des Nationalsozialismus vornehmlich im Raum Mainz–Koblenz–Trier, Boppard 1967.

Hitler, Adolf, Mein Kampf. Ungekürzte Ausgabe, XXV. Auflage, München 1933 (zitiert: *A. Hitler,* Mein Kampf).

Hitler, Adolf, Monologe im Führerhauptquartier 1941–1944. Die Aufzeichnungen Heinrich Heims, hrsg. v. Werner *Jochmann,* Hamburg 1980 (zitiert: *A. Hitler,* Monologe).

Hockerts, Hans Günter, Die Goebbels-Tagebücher 1932–1941. Eine neue Hauptquelle zur Erforschung der nationalsozialistischen Kirchenpolitik, in: *Politik und Konfession. Festschrift für Konrad Repgen,* Berlin 1983, S. 359–392 (zitiert: *H. G. Hockerts,* Goebbels-Tagebücher).

Hockerts, Hans Günter, Die Sittlichkeitsprozesse gegen katholische Ordensangehörige und Priester 1936/37. Eine Studie zur nationalsozialistischen Herrschaftstechnik und zum Kirchenkampf (VdKfZG, Reihe B: Forschungen, Bd. 6), Mainz 1971 (zitiert: *H. G. Hockerts,* Sittlichkeitsprozesse).

Höfer, Josef, Erinnerungen an Dompropst Professor Dr. Paul Simon, in: *Paderbornensis ecclesia.* Beiträge zur Geschichte des Erzbistums Paderborn *(Festschrift Lorenz Kardinal Jaeger),* Paderborn–München–Wien 1972, S. 631–688.

Höllen, Martin, Katholische Kirche und „NS-Euthanasie". Eine vergleichende Analyse neuer Quellen in: *Zeitschrift für Kirchengeschichte* 91, 1980, S. 53–82.

Hofen, Karl, Das Bistum Speyer in den Jahren religiöser Bedrückung durch den Nationalsozialismus. Geschichtliche Notizen (Beilage zum Schematismus des Bistums Speyer 1947), Nachdruck Speyer 1980.

Hoffmann, Ernst / *Janssen,* Hubert, Die Wahrheit über die Ordensdevisenprozesse 1935/36, Bielefeld 1967 (zitiert: *Hoffmann / Janssen).*

Hoffmann, Karl, De Joanne Leodegario Kremer SAC, martyre in Nazista persecutione (*ASAC* VI 576), o.O., o.J.

Hoffmann, Peter, Widerstand, Staatsstreich, Attentat. Der Kampf der Opposition gegen Hitler, München 1969.

Hofmann, Konrad (Hrsg.), Hirtenrufe des Erzbischofs Gröber in die Zeit (Das christliche Deutschland 1933–1945. Katholische Reihe, Heft 7), Freiburg i. Br. 1947 (zitiert: *K. Hofmann,* Hirtenrufe).

Hofmann, Konrad (Hrsg.), Zeugnis und Kampf des deutschen Episkopats. Gemeinsame Hirtenbriefe und Denkschriften (Das christliche Deutschland 1933–1945. Katholische Reihe, Heft 2), Freiburg i. Br. 1946 (zitiert: *K. Hofmann,* Zeugnis).

Huber, Heinrich, Dokumente einer christlichen Widerstandsbewegung. Gegen die Entfernung der Kruzifixe aus den Schulen 1941, München 1948.

Hürten, Heinz, Die Tätigkeit Hans Filbingers als Marinerichter, in: *B. Heck* (Hrsg.), Hans Filbinger – Der Fall und die Fakten. Eine historische und politologische Analyse, Mainz 1980, S. 47–102 (zitiert: *H. Hürten,* Tätigkeit).

Hürten, Heinz, Katholischer Widerstand gegen Hitler aus deutscher und französischer Perspektive, in: *Stimmen der Zeit* 202, 1984, S. 475–486 (zitiert: *H. Hürten,* Widerstand).

Hürten, Heinz, Zeugnis und Widerstand der Kirche im NS-Staat. Überlegungen zu Begriff und Sache, in: *Stimmen der Zeit* 201, 1983, S. 363–373 (zitiert: *H. Hürten,* Zeugnis).

Hüttenberger, Peter, Heimtückefälle vor dem Sondergericht München, in: *M. Broszat* u.a. (Hrsg.), Bayern in der NS-Zeit, Bd. IV: Herrschaft und Gesellschaft im Konflikt, Teil C, München–Wien 1981, S. 435–526.

Jacewicz, Wiktor (Hrsg.), Martyrologium polskiego duchowieństwa rzymskokatolickiego pod okupacja Hitlerowska w latach 1939–1945, 4 Bde, Warschau 1977/78.

Junghanns, Albert, Der Freiburger Dogmatiker Engelbert Krebs (1881–1950). Ein Beitrag zur Theologiegeschichte, theol. Diss. Freiburg 1979.

50 Jahre Kolpingsfamilie Siedlinghausen. Festschrift, o.O., 1960.

100 Jahre Kolpingshaus Gelsenkirchen, 110 Jahre Kolpingsfamilie Gelsenkirchen. Festschrift, o.O., 1969.

Janik, Emil, Klerus und Klöster des Bistums Passau im Dritten Reich, Passau 1980.

Jedin, Hubert, Lebensbericht. Mit einem Dokumentenanhang hrsg. v. Konrad *Repgen* (VdKfZG, Reihe A: Quellen, Bd. 35), Mainz 1984.

Jörissen, Regina, Johannes van der Velden. Ein Laie sieht den Bischof, Essen 1962.

Kast, Augustin, Die badischen Martyrerpriester, Karlsruhe 1947.

Keller, Erwin, Conrad Gröber 1872–1948. Erzbischof in schwerer Zeit, Freiburg–Basel–Wien ²1982.

Keller, Peter, Die Geschichte der katholischen Arbeitervereine in Unterfranken von 1884–1934, Würzburg 1976.

Kempner, Benedicta Maria, Nonnen unter dem Hakenkreuz. Leiden – Heldentum – Tod. Die erste Dokumentation über das Schicksal der Nonnen im 3. Reich, Würzburg 1979 (zitiert: *B. M. Kempner, Nonnen*).

Kempner, Benedicta Maria, Priester vor Hitlers Tribunalen, München 1966 (zitiert: *B. M. Kempner, Priester*).

Kimmel, Günther, Das Konzentrationslager Dachau, in: *M. Broszat* u.a. (Hrsg.), Bayern in der NS-Zeit, Bd. II, München–Wien 1979, S. 349–413.

Klee, Ernst, „Euthanasie" im NS-Staat. Die „Vernichtung lebensunwerten Lebens", Frankfurt am Main 1983.

Klerus, Der Sudetendeutsche, in der Vertreibung nach dem Stand vom 15. September 1963, hrsg. vom Sudetendeutschen Priesterwerk, Königstein/Ts. 1963.

Kloidt, Franz, Verräter oder Märtyrer?, Düsseldorf 1962.

Knauft, Wolfgang (Hrsg.), Miterbauer des Bistums Berlin. 50 Jahre Geschichte in Charakterbildern, Berlin 1979.

Kock, Peter Jakob, Des Geistes Schwert über Hitler. Vor 30 Jahren starb der Priester-Dichter Georg Moenius, in: *Münchner Stadtanzeiger* Nr. 51 v. 5. 7. 1983.

Köhler, Joachim, Um das Gottesreich in deutscher Jugend. Diözesanpräses Gerhard Moschner vor dem Sondergericht in Ratibor 1936. Dokumente und Akten, in: *Archiv für schlesische Kirchengeschichte* 41, 1983, S. 1–66.

Koerbling, Anton, Pater Rupert Mayer. Überarbeitet und ergänzt von Paul *Riesterer,* München 1975.

Kopf, Paul / *Miller*, Max (Berab.), Die Vertreibung von Bischof Joannes Baptista Sproll von Rottenburg 1938–1945. Dokumente zur Geschichte des kirchlichen Widerstandes (VdKfZG, Reihe A: Quellen, Bd. 13), Mainz 1971.

Kosthorst, Erich, Die Lager im Emsland unter dem NS-Regime 1933–1945. Aufgabe und Sinn geschichtlicher Erinnerung, in: *GWU* 35, 1984, S. 365–379.

Kramer, Theodor, Geistlicher Rat Hermann Josef Meisenzahl, in: *Würzburger katholisches Sonntagsblatt* 111, 1964, S. 142.

Kreutzberg, Heinrich, Franz Reinisch. Ein Märtyrer unserer Zeit, Limburg 1952.

Kühn, Heinz, Blutzeugen des Bistums Berlin, Berlin 1952.

Laws, Ernst, Aufstand in Marienburg, in: *EHK* 83, 1950, S. 90–104 (zitiert: *Laws 1950*).

Laws, Ernst, Was ging 1935 in Marienburg vor? in: *EHK* 87, 1954, S. 142–175 (zitiert: *Laws 1954*).

Leidensweg Paderborner Priester im Dritten Reich, in: *Der Dom*, Nr. 16, 1948, S. 125.

Leimberger, J., Priester unter dem Fallbeil, in: *Monatsblätter der Oblaten* 6/7, 1946.

Lenz, Johann Maria, Christus in Dachau. Ein religiöses Volksbuch und ein kirchengeschichtliches Zeugnis, Wien 1956.

Lepper, Herbert, 175 Jahre Pfarre Herbach. Eine Gemeinde im Schatten ihrer Kirche, Aachen 1979.

Lexikon für Theologie und Kirche, 2. völlig neu bearbeitete Auflage, hrsg. v. *J. Höfer* u. *K. Rahner*, 11 Bde. u. 3 Erg.-Bde., Freiburg i. Br. 1957–1968.

Liebe und Vertrauen. Festschrift zum 50jährigen Bestehen des Caritas-Verbandes für die Diözese Fulda, Fulda 1967.

Lill, Rudolf, Ideologie und Kirchenpolitik des Nationalsozialismus, in: *K. Gotto* / *K. Repgen* (Hrsg.), Die Katholiken und das Dritte Reich, Mainz [2]1983, S. 24–35.

Maier, Hans, Das Recht auf Widerstand, in: *Internationale katholische Zeitschrift* 13, 1984, S. 231–242.

Maier, Joachim, Schulkampf in Baden 1933–1945 (VdKfZG, Reihe B: Forschungen, Bd. 38), Mainz 1983.

Mariawald. Geschichte eines Klosters, hrsg. von der Abtei Mariawald, Heimbach/Eifel, o.O. 1961.

Merl, Other, Der theresianische Karmel im Bistum Regensburg während des Dritten Reichs, in: *G. Schwaiger* / *P. Mai* (Hrsg.), Das Bistum Regensburg im Dritten Reich (Beiträge zur Geschichte des Bistums Regensburg, Bd. 15), Regensburg 1981, S. 367–387.

Möckershoff, Barbara, Nationalsozialistische Verfolgung katholischer Geistlicher im Bistum Regensburg, in: *G. Schwaiger* / *P. Mai* (Hrsg.), Das Bistum Regensburg im Dritten Reich (Beiträge zur Geschichte des Bistums Regensburg, Bd. 15), Regensburg 1981, S. 89–144.

Möhring, Marianne, Täter des Wortes. Max Josef Metzger – Leben und Wirken, Meitingen-Freising [1]1966.

Mörsdorf, Josef, August Froehlich. Pfarrer von Rathenow (Priestergestalten aus dem Bistum Berlin), Berlin 1947.

Morsey, Rudolf (Hrsg.), Zeitgeschichte in Lebensbildern, Bde. 1–(5), ab Bd. 3 hrsg. in Verbindung mit *J. Aretz* u. *A. Rauscher,* Mainz 1973–(1982).

Muckermann, Friedrich, Im Kampf zwischen zwei Epochen. Lebenserinnerungen, bearb. v. Nikolaus *Junk* (VdKfZG, Reihe A: Quellen, Bd. 15), Mainz 1973.

Müller, Josef, Bis zur letzten Konsequenz, München 1975.

Müller, Oskar, Ein Priesterleben in und für Christus, Celle 1948.

Münch, Maurus, Der Kaplan an der Dresdner Hofkirche, in: *Tag des Herrn* VI, 1956, S. 201.

Münch, Maurus, Unter 2579 Priestern in Dachau, Leutesdorf [2]1972.

Natterer, Alois, Der bayerische Klerus in der Zeit dreier Revolutionen 1918–1933–1945. 25 Jahre Klerusverband 1920–1945, München 1946.

Neuhäusler, Johann, Kreuz und Hakenkreuz. Der Kampf des Nationalsozialismus gegen die katholische Kirche und der kirchliche Widerstand. Zwei Teile in einem Band, München [2]1946 (zitiert: *Neuhäusler I/II).*

Neuss, Wilhelm, Kampf gegen den Mythus des 20. Jahrhunderts. Ein Gedenkblatt an Clemens August Kardinal Graf Galen, Köln 1947.

Niemöller, Wilhelm, Die Evangelische Kirche im Dritten Reich. Handbuch des Kirchenkampfes, Bielefeld 1956.

Ohler, Norbert, Quantitative Methoden für Historiker. Eine Einführung. Mit einer Einführung in die EDV von *Hermann Schäfer,* München 1980.

Opfer des Naziregimes. Josef Letzel, in: *Mitteilungen für die Präsides des Kolpingwerkes* 2, 1953, S. 70f.

Opfermann, Bernhard, Gestalten des Eichsfeldes, Heiligenstadt 1968 (zitiert: *B. Opfermann,* Gestalten).

Opfermann, Bernhard, Die Klöster des Eichsfeldes in ihrer Geschichte, Heiligenstadt [2]1962 (zitiert: *B. Opfermann,* Klöster).

Opfermann, Bernhard / *Pilvousek,* Josef, Kirchliche Opfer des Faschismus im Bereich des heutigen Bischöflichen Amtes Erfurt–Meiningen, Erfurt 1982 (zitiert: *B. Opfermann / J. Pilvousek).*

Ott, Hugo, Dokumentation zur Verurteilung des Freiburger Diözesanpriesters Dr. Max Josef Metzger und zur Stellungnahme des Freiburger Erzbischofs Dr. Conrad Gröber, in: *FDA* 90, 1970, S. 303–315 (zitiert: *H. Ott,* Dokumentation).

Ott, Hugo (Hrsg.), Erlebnisbericht und Dokumentation von KZ-Priestern der Erzdiözese Freiburg, in: *FDA* 90, 1970, S. 5–315 (zitiert: *H. Ott,* Erlebnisbericht).

Otzisk, Reinhold, Für die Menschen bestellt. Biographische Skizzen Bottroper Priester, Bottrop 1983 (zitiert: *R. Otzisk,* Menschen).

Otzisk, Reinhold, Kaplan Bernhard Poether (1. 1. 1906 – 5. 8. 1942). Eine biographische Skizze, Bottrop 1979 (zitiert: *R. Otzisk,* Poether).

Pelke, Else, Der Lübecker Christenprozeß 1943, Mainz 1961. Nachdruck Mainz 1974.

Peterson, Edward N., The Limits of Hitler's Power, Princeton 1969.

Petrusblatt. Katholisches Kirchenblatt für das Bistum Berlin, Berlin (West).

Peukert, Detlev, Alltag unterm Nationalsozialismus (Informationszentrum Berlin. Gedenk- und Bildungsstätte Stauffenbergstraße: Beiträge zum Thema Widerstand, H. 17), Berlin 1981.

Ploetz, Lothar, Fato profugi. Vom Schicksal ermländischer Priester 1939–1945–1965, Kiel 1965.

Poiess, Wilhelm, Gefangener der Gestapo, (Limburg) 1948.

Prantl, Helmut (Bearb.), Die kirchliche Lage in Bayern nach den Regierungspräsidentenberichten 1933–1943, Bd. V: Regierungsbezirk Pfalz 1933–1940 (VdKfZG, Reihe A: Quellen, Bd. 24), Mainz 1978 (zitiert: *H. Prantl,* RPB Pfalz).

Priester, Sudetendeutsche, in der NS-Verfolgung, in: *Sudetendeutsches Priesterwerk Königstein/Taunus,* 1968, Heft 3, S. 42–49.

Raem, Heinz-Albert, Katholischer Gesellenverein und Deutsche Kolpingsfamilie in der Ära des Nationalsozialismus (VdKfZG, Reihe B: Forschungen, Bd. 35), Mainz 1982 (zitiert: *H.-A. Raem,* Gesellenverein).

Raem, Heinz-Albert, Es geschah in Opladen. NS-Verfolgung und Kirchenkampf in der Pfarrei St. Remigius-Opladen, Leverkusen–Opladen & Bonn 1983 (zitiert: *H.-A. Raem,* Opladen).

Raem, Heinz-Albert, Pius XI. und der Nationalsozialismus. Die Enzyklika „Mit brennender Sorge" vom 14. März 1937, Paderborn–München–Wien–Zürich 1979 (zitiert: *H.-A. Raem,* Pius XI.).

Rapp, Petra Madeleine, Die Devisenprozesse gegen katholische Ordensangehörige und Geistliche im Dritten Reich, phil. Diss., Bonn 1981.

Rauschning, Hermann, Gespräche mit Hitler, Wien 1973.

Regierungspräsidentenberichte I–VII s. *Prantl,* Helmut (V); *Witetschek,* Helmut (I–III, VII); *Wittstadt,* Klaus (VI); *Ziegler,* Walter (IV).

Reifferscheid, Gerhard, Das Bistum Ermland und das Dritte Reich (Bonner Beiträge zur Kirchengeschichte, Bd. 7), Köln–Wien 1975.

Repgen, Konrad, Katholizismus und Nationalsozialismus. Zeitgeschichtliche Interpretationen und Probleme (Kirche und Gesellschaft Nr. 99), Köln 1983.

Ridder, Bernhard, Männer des Kolping-Werkes, Köln 1955 (zitiert: *B. Ridder,* Männer).

Ridder, Bernhard, Unter dem Kolpingsbanner. Kolpingssöhne und Präsides, wie sie lebten und wirkten, Köln 1957 (zitiert: *B. Ridder,* Kolpingsbanner).

Riebartsch, Erich, Als die braune Diktatur „Recht" sprach – Prozesse gegen Diözesanpriester, in: *H. Engfer* (Hrsg.), Das Bistum Hildesheim 1933–1945, Hildesheim 1971, S. 530–572.

Römer, Heinz (Hrsg.), Stimmen von Dachau, o.O., o.J.

Roon, Ger van, Neuordnung im Widerstand. Der Kreisauer Kreis innerhalb der deutschen Widerstandsbewegung, München 1967.

Rothe, Alfred, Geschichte der ostdeutschen Provinz der Gesellschaft Jesu, Schreibmaschinendruck, Berlin 1967.

St. Hedwigsblatt. Katholisches Kirchenblatt im Bistum Berlin, Berlin (Ost).

St. Petrus-Kalender. Folge des Märkischen Kalenders, Berlin.

Schäfer, Josef, Wo Seine Zeugen sterben, ist Sein Reich, Hamburg 1946.

Scheele, Paul-Werner / *Wittstadt,* Klaus (Hrsg.), Georg Häfner. Priester und Opfer. Briefe aus der Haft. Gestapodokumente, Würzburg 1983.

Schellenberger, Barbara, Katholische Jugend und Drittes Reich. Eine Geschichte des Katholischen Jungmännerverbandes 1933–1939 unter besonderer Berücksichtigung der Rheinprovinz (VdKfZG, Reihe B: Forschungen, Bd. 17), Mainz 1975.

Schewick, Burkhard van, Die katholische Kirche und die Entstehung der Verfassungen in Westdeutschland 1945–1950 (VdKfZG, Reihe B: Forschungen, Bd. 30), Mainz 1980 (zitiert: *B. van Schewick,* Kirche und Entstehung der Verfassungen).

Schewick, Burkhard van, Wilhelm Böhler (1891–1958), in: *J. Aretz / R. Morsey / A. Rauscher* (Hrsg.), Zeitgeschichte in Lebensbildern, Bd. 4, Mainz 1980, S. 197–207, 277f (zitiert: *B. van Schewick,* Wilhelm Böhler).

Schnabel, Reimund, Die Frommen in der Hölle. Geistliche in Dachau, Frankfurt/M.–Berlin (Ost) 1965.

Schneider, Burkhart (Bearb.), Die Briefe Pius' XII. an die deutschen Bischöfe 1939–1944 (VdKfZG, Reihe A: Quellen, Bd. 4), Mainz 1966.

Schulz, Johannes, Die Vollendeten. Vom Opfertod grenzmärkischer Priester 1945/46, Berlin 1957.

Schwaiger, Georg / *Mai,* Paul (Hrsg.), Das Bistum Regensburg im Dritten Reich (Beiträge zur Geschichte des Bistums Regensburg, Bd. 15), Regensburg 1981.

Schwark, Bruno, Ihr Name lebt. Ermländische Priester in Leben, Leid und Tod (Veröffentlichungen der Bischof-Maximilian-Kaller-Stiftung. Reihe II: Heimat und Geschichte), Osnabrück 1958.

Seitz, Josef, Gegen den Strom. Packende Erlebnisse des „Lumpensammlers von Tokio" P. Gereon Goldmann, o.O., o.J.

Selhorst, Heinrich (Hrsg.), Priesterschicksale im Dritten Reich aus dem Bistum Aachen. Zeugnis der Lebenden, Aachen 1972.

Siebert, Heinz, Das Eichsfeld unterm Hakenkreuz. Eine Dokumentation, o.O. 1982.

Siemer, Laurentius, Aufzeichnungen und Briefe, Frankfurt a. M. ²1958.

Spieker, Josef, Mein Kampf gegen Unrecht in Staat und Gesellschaft. Erinnerungen eines Kölner Jesuiten, Köln 1971.

Stachnik, Richard, Danziger Priesterbuch. 1920–1945, 1945–1965, Hildesheim 1965.

Stasiewski, Bernhard (Bearb.), Akten deutscher Bischöfe über die Lage der Kirche 1933–1945, Bd. 1: 1933–1934; Bd. 2: 1934–1935; Bd. 3: 1935–1936 (VdKfZG, Reihe A: Quellen, Bde. 5, 20 und 25), Mainz 1968, 1976 und 1979 (zitiert: *B. Stasiewski I–III*).

Steinert, Marlis G., Hitlers Krieg und die Deutschen. Stimmung und Haltung der deutschen Bevölkerung im Zweiten Weltkrieg, Düsseldorf–Wien 1970.

Storto, Hans, Verfolgungspolitik im III. Reich, hrsg. v. Bistum Limburg, o.O., o.J.

Stratmann, Franziskus M., In der Verbannung. Tagebuchblätter 1940 bis 1947, Frankfurt a. M. 1962.

Thuringia Franciscana. Aus den Klöstern der Thüringischen Franziskanerprovinz, hrsg. v. Provinzialat in Fulda, Kloster Frauenberg, Fulda 1948ff (zitiert: *Th. Fr.*).

Toten, Unseren, von 1933 bis 1945, hrsg. von der kirchlichen Hauptstelle für Männerseelsorge und Männerarbeit in den deutschen Diözesen, Fulda 1964.

Volk, Ludwig (Bearb.), Akten deutscher Bischöfe über die Lage der Kirche 1933–1945, Bd. IV: 1936–1939; Bd. V: 1940–1942; Bd. VI: 1943–1945 (i. Vorber.) (VdKfZG, Reihe A: Quellen, Bde. 30, 34 und 38), Mainz 1981, 1983 und 1985 (zitiert: *L. Volk,* Akten IV–VI).

Volk, Ludwig (Bearb.), Akten Kardinal Michael von Faulhabers 1917–1945. Bd. I: 1917–1934; Bd. II: 1935–1945 (VdKfZG, Reihe A: Quellen, Bde. 17 und 26), Mainz 1975 und 1978 (zitiert: *L. Volk,* Faulhaber I/II).

Volk, Ludwig, Die Enzyklika „Mit brennender Sorge". Zum hundertsten Geburtstag Kardinal von Faulhabers am 5. März 1969, in: *Stimmen der Zeit* 183, 1969, S. 174–194 (zitiert: *L. Volk,* Enzyklika).

Volk, Ludwig, Episkopat und Kirchenkampf im Zweiten Weltkrieg. I: Lebensvernichtung und Klostersturm 1939–1941, in: *Stimmen der Zeit* 198, 1980, S. 597–611 (zitiert: *L. Volk,* Lebensvernichtung).

Volk, Ludwig, Episkopat und Kirchenkampf im Zweiten Weltkrieg. II. Judenverfolgung und Zusammenbruch des NS-Staates, in: *Stimmen der Zeit* 198, 1980, S. 687–702 (zitiert: *L. Volk,* Judenverfolgung).

Volk, Ludwig, Der bayerische Episkopat und der Nationalsozialismus 1930–1934 (VdKfZG, Reihe B: Forschungen, Bd. 1), Mainz ²1966 (zitiert: *L. Volk,* Episkopat).

Volk, Ludwig, Der Widerstand der katholischen Kirche, in: *Ch. Kleßmann / F. Pingel* (Hrsg.), Gegner des Nationalsozialismus. Wissenschaftler und Widerstandskämpfer auf der Suche nach historischer Wirklichkeit, Frankfurt–New York 1980, S. 126–139 (zitiert: *L. Volk,* Widerstand).

Volkmann, Klaus J., Die Rechtsprechung staatlicher Gerichte in Kirchensachen 1933–1945 (VdKfZG, Reihe B: Forschungen, Bd. 24), Mainz 1978.

Vollmer, Bernhard, Volksopposition im Polizeistaat. Gestapo- und Regierungsberichte 1934–1936 (Quellen und Darstellungen zur Zeitgeschichte, Bd. 2), Stuttgart 1957.

Wagener, Ulrich, Leidensweg Paderborner Priester in der NS-Zeit, in: *Der Dom,* Nr. 5, 1983, S. 11ff.

Wagener, Ulrich / *Chronz,* Eberhard, Die katholische Kirche unter dem Nationalsozialismus. Die Eigenart kirchlichen Widerstandes. Ausstellungskatalog, Paderborn 1983.

Walker, Lawrence D., „Young Priests" as Opponents: Factors Associated with Clerical Opposition to the Nazis in Bavaria, 1933, in: *The Catholic Historical Review* LXV, 1979, S. 402–413 (zitiert: *L. D. Walker,* Young Priests).

Walker, Lawrence D., Priests vs. Nazis in the Diocese of Limburg 1934. The Confessional Factor, in: *Historische Sozialforschung/Quantum Information* 23, 1982, S. 55–65 (zitiert: *L. D. Walker,* Priests).

Walker, Lawrence D., Viennese Priests and the Nazis: Factors Associated with Opposition, in: *The Catholic Historical Review* LXIX, 1983, S. 403–413 (zitiert: *L. D. Walker,* Viennese Priests).

Walser, Gaudentius, Carl Lampert, (Bregenz) 1964.

Weiler, Eugen (Hrsg.), Die Geistlichen in Dachau sowie in anderen Konzentrationslagern und Gefängnissen, Mödling bei Wien 1971 (zitiert: *Weiler*)

Weiler, Eugen (Hrsg.), Die Geistlichen in Dachau sowie in anderen Konzentrationslagern und Gefängnissen, Bd. 2, Lahr 1982 (zitiert: *Weiler II*).

Wendehorst, Alfred, Das Bistum Würzburg 1803–1957, Würzburg 1965.

Widerstand und Verfolgung in Bayern 1933–1945. Archivinventare. Hilfsmittel im Auftrag des Bayerischen Staatsministers für Unterricht und Kultus hrsg. v. der Generaldirektion der Staatlichen Archive Bayerns, Bd. 1: Spezialinventar zum Bestand der Landratsämter im Staatsarchiv München; Bde. 3/1–3/6: Sondergericht München 1933–1945, München 1975–1977 (zitiert: *LRA/SG*).

Widerstand und Verfolgung in Essen 1933–1945. Dokumentation zur Ausstellung, hrsg. v. Kulturamt der Stadt Essen, Essen 1981.

Widerstand und Verfolgung in Köln 1933–1945, hrsg. v. Historischen Archiv der Stadt Köln, Köln 1974.

Witetschek, Helmut (Bearb.), Die kirchliche Lage in Bayern nach den Regierungspräsidentenberichten 1933–1943, Bd. I: Regierungsbezirk Oberbayern; Bd. II: Regierungsbezirk Ober- und Mittelfranken; Bd. III: Regierungsbezirk Schwaben; Bd. VII: Ergänzungsband Regierungsbezirke Oberbayern, Ober- und Mittelfranken, Schwaben 1943–1945 (VdKfZG, Reihe A: Quellen, Bde. 3, 8, 14 und 32), Mainz 1966, 1967, 1971 und 1981 (zitiert: *RPB I–III, VII*).

Witetschek, Helmut, Der gefälschte und der echte Mölders-Brief, in: *VfZG* 16, 1968, S. 60–65 (zitiert: *H. Witetschek,* Mölders-Brief).

Wittstadt, Klaus (Bearb.), Die kirchliche Lage in Bayern nach den Regierungspräsidentenberichten 1933–1943, Bd. VI: Regierungsbezirk Unterfranken 1933–1944 (VdKfZG, Reihe A: Quellen, Bd. 31), Mainz 1981 (zitiert: *RPB VI*).

Wollasch, Hans-Josef, „Euthanasie" im NS-Staat: Was taten Kirche und Caritas? „Ein unrühmliches Kapitel" in einem neuen Buch von Ernst Klee, in: *Internationale katholische Zeitschrift* 13, 1984, S. 174–189.

Wolna, H., Z dniejow duchowienstwa Opolskiego (Aus der Geschichte der Geistlichkeit der Oppelner Gebiete), Warschau 1966.

Würzburger Diözesangeschichtsblätter 21, 29, 37/38, 39, 42 und 43. (Würzburg) 1959, 1967, 1975, 1977, 1980 und 1981.

Zeitgeschichte in Lebensbildern s. *Morsey,* Rudolf.

Ziegler, Walter (Bearb.), Die kirchliche Lage in Bayern nach den Regierungspräsidentenberichten 1933–1943, Bd. IV: Regierungsbezirk Niederbayern und Oberpfalz 1933–1945 (VdKfZG, Reihe A: Quellen, Bd. 16), Mainz 1973 (zitiert: *RPB IV*).

Zipfel, Friedrich, Kirchenkampf in Deutschland 1933–1945. Religionsverfolgung und Selbstbehauptung der Kirchen in der nationalsozialistischen Zeit (Veröffentlichungen der Historischen Kommission zu Berlin beim Friedrich Meinecke-Institut der Freien Universität Berlin, Bd. 11), Berlin 1965.

Zumfeld, Heinz, Kirche im NS-Staat, in: *W. Frenken u.a.* (Hrsg.), Der Nationalsozialismus im Kreis Heinsberg, Heinsberg 1983, S. 75–84.

Abkürzungen

ASAC	Acta Societatis Apostolatus Catholici
BDM	Bund deutscher Mädel
Bd(e).	Band/Bände
Bearb./bearb.	Bearbeiter/bearbeitet
B.M.V.	Beata Maria Virgo
BPP	Bayerische Politische Polizei
Br.	Bruder
Btm.	Bistum
BVP	Bayerische Volkspartei
CFA	Congregatio Fratrum Cellitarum s. Alexianorum – Alexianer
CFMMA	Congregatio Fratrum de Misericordia sanctae Mariae Auxiliatricis – Barmherzige Brüder von Maria Hilf
CM	Congregatio Missionis Lazaristae/Vincentiani – Lazaristen/Vinzentiner
CMM	Congregatio Missionariorum de Mariannhill – Mariannhiller Missionare
CPPS	Congregatio Presbyterorum a Pretiosissimo Sanguine/Congregatio Pretiosissimi Sanguinis – Missionare vom Kostbaren Blut
CSSp	Congregatio S. Spiritus sub tutela Immaculati Cordis Beatissimae Virg. Mariae – Patres vom Heiligen Geist
CSSR	Congregatio Sanctissimi Redemptoris – Redemptoristen
DAF	Deutsche Arbeitsfront
Diss.	Dissertation
DJK	Deutsche Jugendkraft
Dr. iur. can.	doctor iuris canonici
Dr. iur. utr.	doctor iuris utriusque
Dr. phil.	doctor philosphiae
Dr. rer. nat.	doctor rerum naturarum
Dr. rer. pol.	doctor rerum politicarum
Dr. theol.	doctor theologiae
Ebtm.	Erzbistum
EHK	Ermländischer Hauskalender
FDA	Freiburger Diözesan-Archiv
FSC	Institutum Fratrum Scholarum Christianarum – Schulbrüder
Gen.V.	Generalvikariat
Gestapa	Geheimes Staatspolizeiamt
Gestapo	Geheime Staatspolizei
GWU	Geschichte in Wissenschaft und Unterricht
Gymn.Prof.	Gymnasialprofessor
HJ	Hitlerjugend
Hrsg./hrsg.	Herausgeber/herausgegeben
KAS	Konrad-Adenauer-Stiftung
KdF	Kraft durch Freude
KJMV	Katholischer Jungmännerverband
KLV	Kinderlandverschickung
KZ	Konzentrationslager
Lic. theol.	Lizentiat der Theologie
Lit.	Literaturangabe
LRA	Landratsämter (= Spezialinventar zum Bestand der Landratsämter im Staatsarchiv München)
LThK	Lexikon für Theologie und Kirche
MI	Ordo Clericorum Regularium Ministrantium Infirmis – Kamillianer
MIVA	Missions-Verkehrs-Arbeitsgemeinschaft
MSC	Missionarii Sacratissimi Cordis Jesu – Missionare vom heiligsten Herzen Jesu

MSF	Congregatio Missionariorum a S. Familia – Missionare von der Heiligen Familie
MSFS	Missionarii S. Francisci Salesii de Annecio – Missionare vom heiligen Franz von Sales
MSJ	Missionarii Sancti Joanni Baptistae – Missionare vom heiligen Johannes dem Täufer
MSSCC	Congregatio Missionariorum a SS. Cordibus Jesu et Mariae – Missionare von den heiligsten Herzen Jesu und Mariä
ND	Bund Neudeutschland
NS/ns	Nationalsozialismus/nationalsozialistisch
NSDAP	Nationalsozialistische Deutsche Arbeiterpartei
NSFO	NS-Führungsoffizier
NSKOV	Nationalsozialistische Kriegsopfer-Versorgung
NSLB	Nationalsozialistischer Lehrerbund
NSV	Nationalsozialistische Volkswohlfahrt
OCarm	Ordo Fratrum B.M.V. de Monte Carmelo – Beschuhte Karmeliten
OCD	Ordo Fratrum Carmelitorum Discalceatorum – Unbeschuhte Karmeliten
OCR	Ordo Cisterciensium Reformatorum sive Strictioris Observantiae – Reformierte Zisterzienser/Trappisten
o.D.	ohne Datum
OESA	Ordo Fratrum Eremitarum S. Augustini – Augustiner-Eremiten
OFM	Ordo Fratrum Minorum – Franziskaner
OFMCap	Ordo Fratrum Minorum Capuccinorum – Kapuziner
OFMConv	Ordo Fratrum Minorum Conventualium – Konventualen/Schwarze Franziskaner/Minoriten
o.J.	ohne Jahr
OKW	Oberkommando der Wehrmacht
OMI	Congregatio Oblatorum Missionariorum B.M.V. Immaculatae – Oblaten der Unbefleckten Jungfrau Maria
o.O.	ohne Ort
OP	Ordo Fratrum Praedicatorum – Dominikaner
OPraem	Candidus et Canonicus Ordo Praemonstratensis – Praemonstratenser / Norbertiner
Or	Institutum Oratorii S. Philippi Nerii – Oratorianer / Philippiner
OSB	Ordo Sancti Benedicti – Benediktiner
OSFS	Institutum Oblatorum S. Francisci Salesii – Oblaten des heiligen Franz von Sales
OSM	Ordo Servorum Mariae – Diener Mariens / Serviten
OT	Ordo Teutonicus S. Mariae in Jerusalem – Deutscher Orden / Deutschherren / Deutschritter
P.	Pater
PA	Patres Albi / Missionarii Africae – Weiße Väter / Missionare Unserer Lieben Frau von Afrika
Pg.	Parteigenosse
phil.	philosophisch(e/r)
PSM	Congregatio Presbyterorum a S. Maria de Tinchebray – Priester Unserer Lieben Frau von Tinchebray
PStGB	Polizeistrafgesetzbuch
Reg.-Bez.	Regierungsbezirk
RGBl.	Reichsgesetzblatt
RM	Reichsmark
RPB	Regierungspräsidentenberichte
RSHA	Reichssicherheitshauptamt
s./S.	siehe; sive / Sancta; Sanctus; Seite
SA	Sturmabteilung

SAC	Societas Apostolatus Catholici – Palottiner
SCJ	Congregatio Sacerdotum a Sacro Corde Jesu – Herz-Jesu-Priester
SD	Sicherheitsdienst
SDB	Societas S. Francisci Salesii / Societas Salesiana S. Joannis Bosco – Salesianer
SDS	Societas Divini Salvatoris – Salvatorianer
SG	Sondergericht (= Sondergericht München 1933–1945)
SJ	Societas Jesu – Gesellschaft Jesu / Jesuiten
SM	Societas Mariae / Marianistae – Gesellschaft Mariens/Marianisten
SMA	Societas Missionum ad Afros / Societas Lugdunensis pro missionibus ad Afros – Lyoner Afrikamission
SOCist	Sacer Ordo Cisterciensis – Zisterzienser
Sp.	Spalte
SS	Schutzstaffel
Ss.	Sanctissimu(m/s)
SSCC	Congregatio Sacrorum Cordium Jesu et Mariae necnon adorationis perpetuae Ss. Sacramenti altaris – Genossenschaft von dem heiligsten Herzen
StGB	Strafgesetzbuch
StR	Studienrat
SVD	Societas Verbi Divini – Gesellschaft des Göttlichen Wortes / Steyler Missionare
SXPR	Societas Christi Regis – Christkönigsgesellschaft vom Weißen Kreuz / Christkönigsbund
Th. fr.	Thuringia franciscana
Tle.	Teile
u.a.	unter anderem; und andere
U-Haft	Untersuchungshaft
UK-Stellung	unabkömmliche Stellung
v.	von / vom
v.a.	vor allem
VdKfZG	Veröffentlichungen der Kommission für Zeitgeschichte
VfZG	Vierteljahrshefte für Zeitgeschichte
VO	Verordnung
WHW	Winterhilfswerk
WRV	Weimarer Reichsverfassung

Einleitung

I. Zur Vorgeschichte der Dokumentation

1. Frühere Erfassungsversuche

Unter den Tagesordnungspunkten, die der Vorsitzende der Fuldaer Bischofskonferenzen, Erzbischof Joseph Frings von Köln, auf der ersten Plenarversammlung nach dem Krieg mit seinen Amtsbrüdern erörtern wollte, befand sich auch der Vorschlag: „Vorbereitung einer oder mehrerer Veröffentlichungen über die Verfolgung der katholischen Kirche durch das III. Reich".[1] Diese Anregung wurde bereits am ersten Verhandlungstag zum Beschluß erhoben. Im Protokoll der Nachmittagssitzung vom 21. August 1945 heißt es: „Um die Verfolgungen der Kirche und ihrer Glieder im 3. Reich einheitlich zu erfassen und zusammenzustellen, wird ein Fragebogen ausgegeben, der von den einzelnen Diözesen bis spätestens 1. Oktober ausgefüllt an Exzellenz von Köln zurückgegeben werden soll". Ferner erklärten sich die Bischöfe „damit einverstanden, daß ihre Denkschriften und Eingaben aus den vergangenen Jahren (bis zum 8. Mai 1945) ausgewertet und veröffentlicht werden dürfen, jedoch nur durch ein Mitglied der Konferenz und unter dessen Verantwortung".[2]

Was die Oberhirten zu dieser Initiative veranlaßte, ist den Konferenzunterlagen nicht zu entnehmen, ergibt sich jedoch aus der Mittlerrolle, die der Episkopat damals zwischen den Besatzungsbehörden und der Bevölkerung einnahm. Der Kölner Generalvikar David hat sie exakt umschrieben, als er im Auftrag der Bischöfe der Kölner und Paderborner Kirchenprovinz in einem späteren Zirkular vom 11. Dezember 1946 darauf hinwies, „daß es für den Erfolg der Bemühungen des deutschen Episkopats um Behebung der gegenwärtigen vielgestaltigen Not des deutschen Volkes gegenüber dem In- und Auslande von Bedeutung wäre, wenn ziffermäßig genaue Angaben über den Widerstand der Kirche gegen die christentumsfeindliche Politik des Nationalsozialismus gemacht werden könnten".[3] Es ging den Bischöfen also nicht zunächst um die Dokumentation eines historischen Sachverhalts, sondern um einen eminent seelsorgspraktischen und politischen Zweck: Den Alliierten sollte das Bild eines anderen, besseren Deutschland vor Augen geführt werden, um dem Vorwurf der Kollektivschuld wirksam begegnen und caritativ-politischen Anliegen entsprechenden Nachdruck verschaffen zu können. Daneben gab es auch ein spezifisch kirchliches Interesse. So wies etwa Mitte Juli 1946 das Generalvikariat München in einem Rundschreiben an die bayerischen Ordinariate auf die hier und da „zur Zeit im In- und Ausland" laut werdenden Zweifel an der „Haltung kirchlicher Kreise gegenüber dem Nationalsozialismus" hin, denen „im Interesse der Wahrheit, des Ansehens der hl. Kirche und der Ehre des Klerus" entgegengetreten werden solle.[4]

Während der Anregung, Hirtenbriefe und Eingaben der Bischöfe an das NS-Regime zu veröffentlichen, durch Wilhelm Corstens einschlägige Dokumentation von

---

(Literaturverweise sind im folgenden nur in abgekürzter Form gegeben; die vollständige bibliographische Angabe ist unschwer dem Literaturverzeichnis zu entnehmen.)

[1] Aufzeichnung Frings', vor 21. August 1945. Druck: *L. Volk*, Akten VI, S. 668f (= Nr. 1029).

[2] Protokoll der Plenarkonferenz des deutschen Episkopats, 21.–23. August 1945. Druck: *Ebda* S. 671–683 (= Nr. 1030/II), hier 673.

[3] David an den deutschen Episkopat, 11. Dezember 1946. Kopie: *Kommission für Zeitgeschichte*, Bonn.

[4] Vgl. *B. Möckershoff* S. 90.

1949 zumindest für das Erzbistum Köln in relativer Vollständigkeit entsprochen wurde[5] – Parallelunternehmen in anderen Diözesen kamen über schmale Auswahlausgaben nicht hinaus[6] –, sind die Ergebnisse der Umfrageaktion nicht zusammenfassend ausgewertet und publiziert worden. Schon der Rücklauf der Fragebögen ließ sich zögernd an.[7] Ein im Anschluß an die Fuldaer Bischofskonferenz vom 21. bis 23. August 1945 versandtes hektographiertes Formblatt „Vorläufige Erfassung der Verfolgungspolitik des Dritten Reiches gegen die Katholische Kirche" fand nur geringe Beachtung, zumal die Zeitumstände für ein solches Vorhaben alles andere als günstig waren. Daraufhin wurde durch die Generalstelle für kirchliche Statistik in Köln im Januar/Februar 1946 ein modifiziertes, gedrucktes Fragebogenformular verschickt, doch auch diesmal ließ die Beantwortung auf sich warten. Erst ein Mahnschreiben des Kölner Generalvikars vom 11. Dezember 1946 scheint mehr Erfolg gehabt zu haben.[8] Jedenfalls ist, soweit sich feststellen läßt, die Fragebogenaktion der Jahre 1945/46, wenn auch mit zeitlicher Verzögerung, in der Mehrzahl der (westdeutschen) Bistümer durchgeführt worden;[9] das Material ging nach Köln. In den bayerischen Kirchenprovinzen hat es gleichzeitig eine eigene, sehr detaillierte Umfrage gegeben.[10] Einzelne Diözesen haben schon damals das Ergebnis ihrer Erhebung veröffentlicht.[11]

Die geplante überdiözesane Zusammenfassung ließ dagegen zunächst auf sich warten und fiel schließlich ganz aus. Wie es dazu kam, läßt sich nicht exakt bestimmen, doch werden vier Gründe entscheidend gewesen sein: 1. die allgemeine Ungunst der Zeitumstände; 2. die Tatsache, daß sich zwar viele, aber eben nicht alle Diözesen an der Umfrage beteiligt hatten oder hatten beteiligen können; 3. fehlte ganz offenkundig ein geeigneter Bearbeiter, und 4. ließ die allmählich einsetzende Milderung der Besatzungsherrschaft den instrumentalen Charakter des Unternehmens in den Hintergrund treten, ohne daß ein genuin historisches Interesse an dessen Stelle gerückt wäre. So wandte sich die Aufmerksamkeit anderen kirchenpolitischen Themen zu, vor allem im Zusammenhang mit den Verfassungsberatungen in den Ländern und im Bund.[12] Auch zeigte sich, daß der „mit der Zusammenstellung und Sichtung des eingegangenen Materials" beauftragte Angestellte des Kölner Generalvikariats,[13] der Journalist Karl Schwarzmann, durch die Aufgabe sichtlich überfordert war; mehr als ein Jahrzehnt später, bei seinem Tod 1959, war er über Vorarbeiten noch nicht hinausgekommen. Als schließlich das Generalvikariat nach dem Ver-

---

[5] *Wilhelm Corsten* (Hrsg.), Kölner Aktenstücke zur Lage der katholischen Kirche in Deutschland 1933–1945, Köln 1949.

[6] Vgl. beispielsweise *K. Hofmann,* Zeugnis; *ders.,* Hirtenrufe; *Dokumente aus dem Bistum Berlin; J. Neuhäusler* I/II.

[7] Vgl. zum folgenden *R. Haas,* Verhältnis, S. 60ff; ferner *Karl Josef Rivinius,* Abschlußbericht über die Rundreise zu den Bistumsarchiven in der Bundesrepublik Deutschland, 15. April 1980. *Kommission für Zeitgeschichte,* Bonn.

[8] Wie Anm. 3.

[9] In den nichtbayerischen Diözesanarchiven sind, soweit ermittelt, folgende frühen, in aller Regel jedoch sehr lückenhaften Umfrageergebnisse erhalten: Aachen (1946), Ermland (1945/47), Hildesheim (1945/46), Limburg (1945), Mainz (1946/47), Münster (1946), Osnabrück (1945/46), Paderborn (1946/48), Rottenburg (1946), Trier (1946). In Köln, wo zumindest eine der ersten Nachkriegsbefragungen durchgeführt wurde, ist das Material verloren gegangen. Siehe hierzu unten Anm. 14.

[10] Die Fragebögen von 1946 liegen in allen acht bayerischen Diözesanarchiven (Augsburg, Bamberg, Eichstätt, München, Passau, Regensburg, Speyer und Würzburg) vor, Bamberg und Speyer verfügen darüber hinaus noch über Umfragen von 1945 bzw. 1947. Vgl. auch *B. Möckershoff* S. 89f.

[11] Vgl. *K. Hofen; Leidensweg Paderborner Priester im Dritten Reich.*

[12] Vgl. hierzu *B. van Schewick,* Kirche und Entstehung der Verfassungen.

[13] David an Schröer, 13. Februar 1947, zitiert bei *K. J. Rivinius* (wie Anm. 7), S. 3.

bleib der ausgelagerten Unterlagen forschte, stellte sich heraus, daß die Witwe des Verstorbenen das gesamte Schriftgut einem Altpapierhändler übergeben hatte.[14] Nicht nur Bücher, auch Akten haben zuweilen ihre Schicksale.

Unterdessen war längst Gras über die ersten Nachkriegserhebungen gewachsen. Als sich Anfang der 60er Jahre die Zeitgeschichtsforschung des Verhältnisses von Kirche und NS-Regime intensiv anzunehmen begann, standen andere Themen im Vordergrund: das Umbruchsjahr 1933, die Haltung der Bischöfe und des Vatikans und die Nachzeichnung des Kirchenkampfes auf überregionaler Ebene.[15] Die parallel dazu erscheinenden oder bereits erschienenen Lebensbeschreibungen und Biogramme zahlreicher NS-Opfer, darunter vieler Geistlicher, waren dagegen meist ohne wissenschaftlichen Anspruch, obwohl sie sich teilweise schon um systematische Erfassung bemühten.[16] So konnte Benedicta Maria Kempner das Schicksal von immerhin 130 Geistlichen aus Deutschland und den angegliederten und besetzten Gebieten schildern, die von der NS-Justiz zum Tode verurteilt und hingerichtet worden oder in der Haft umgekommen waren.[17] Reimund Schnabel und Eugen Weiler konzentrierten sich in ihren Publikationen auf die deutschen und ausländischen KZ-Priester, deren Namen, Lebens- und Haftdaten so vollständig als möglich in langen Listen zusammengestellt sind.[18] Darüber hinaus haben eine Reihe von Bistümern noch verschiedentlich den Versuch unternommen, durch neuere Umfragen festzustellen, welche Geistlichen im Dritten Reich aus politischen Gründen belangt worden sind.[19] Diese Fragebogenaktionen blieben meist ohne größeres Echo. Immerhin konnten auf diese Weise bereits etliche Diözesen, allerdings in unterschiedlicher Vollständigkeit, die Verfolgung ihres Klerus in Buchform dokumentieren; teilweise griffen sie dabei auf ältere Umfragen zurück.[20] Zu einem neuen – gesamtdeutschen – Erfassungsversuch ist es jedoch bis Ende der 70er Jahre nicht gekommen.

2. Die Initiative der Deutschen Bischofskonferenz vom 27. August 1979

Am 27. August 1979 beschloß der Ständige Rat der Deutschen Bischofskonferenz, zunächst noch ohne nähere Kenntnis der ersten Nachkriegsbefragungen, die während der NS-Zeit gegen katholische Priester und Laien aus politisch-religiösen Gründen ergriffenen Zwangsmaßnahmen ermitteln und das Ergebnis in Buchform veröffentlichen zu lassen. Bedenkt man das Scheitern früherer gesamtdeutscher Erfassungsversuche, so bedeutete dieser Beschluß ein Wagnis. Auch kam er nach Meinung mancher Skeptiker zu spät, denn immerhin waren seit den bewußten

---

[14] Vgl. *R. Haas*, Verhältnis, S. 63.

[15] Zum Gang der Forschung vgl. die Überblicke bei *U. v. Hehl*, Forschungsbericht I/II.

[16] Vgl. etwa *W. Adolph*, Im Schatten des Galgens; *J. Fattinger; W. Flosdorf*, Die deutschen Jesuiten; *A. Kast*, Die badischen Märtyrerpriester; *F. Kloidt; H. Kühn*, Blutzeugen des Bistums Berlin; *J. Leimberger; M. Münch*, Unter 2579 Priestern in Dachau; *A. Natterer*, Der bayerische Klerus; *E. Pelke*, Der Lübecker Christenprozeß; *J. Schäfer; J. Schulz*, Vom Opfertod grenzmärkischer Priester; *H. Storto; Unseren Toten.*

[17] Vgl. *B. M. Kempner*, Priester.

[18] Vgl. *R. Schnabel; E. Weiler* I/II.

[19] U. a. Berlin, Ermland, Essen, Freiburg, Köln, Passau und Schneidemühl. Für Köln vgl. auch *R. Haas*, Verhältnis, S. 65f, 69f.

[20] Vgl. *G. Baumjohann* (Paderborn); *K. Engelbert* u. *J. Gottschalk* (Breslau); *H. Engfer* (Hildesheim); *F. Heinsch* (Glatz); *E. Janik* (Passau); *Der Sudetendeutsche Klerus; B. Möckershoff* (Regensburg); *B. Opfermann/J. Pilvousek* (Fulda bzw. Erfurt-Meiningen); *H. Ott*, Erlebnisberichte (Freiburg); *L. Ploetz, G. Reifferscheid* u. *B. Schwark* (Ermland); *Sudetendeutsche Priester; H. Selhorst* (Aachen); *R. Stachnik* (Danzig).

Ereignissen nahezu vierzig Jahre vergangen, und eine nicht genau bezifferbare, aber jedenfalls sehr hohe Zahl von Betroffenen war zwischenzeitlich verstorben, konnte also nicht mehr befragt werden. Durch solche Erwägungen ließen sich die Initiatoren aber nicht abschrecken; sie gingen davon aus, daß es auch jetzt noch möglich sein müsse, zu repräsentativen Ergebnissen zu kommen. Mit anderen Worten: Wenn Vollständigkeit schon nicht zu erreichen war, sollte doch der Versuch gemacht werden, das heute noch Feststellbare mit aussagekräftigem Ergebnis zusammenzutragen.

Diese Überlegung erwies sich als richtig, wobei für den Erfolg des Unternehmens drei Voraussetzungen wesentlich wurden: Erstens stand von vornherein fest, daß die zu erwartende Materialfülle nur mit Hilfe standardisierter Fragebögen würde bewältigt werden, daß es also nur um stichwortartige Fallschilderungen würde gehen können. Zweitens war vorgesehen, nur die kirchliche Überlieferung heranzuziehen, und drittens sollte die Erfassung durch die Diözesanarchive vorgenommen werden, weil das Vorhaben die Möglichkeiten einer einzelnen Institution weit überstiegen hätte. Allerdings wurde die Kommission für Zeitgeschichte um die überdiözesane Zusammenstellung der Umfrageergebnisse und um deren wissenschaftliche Bearbeitung gebeten.[21] Sie konnte sich diesem Wunsch um so weniger verschließen, als das Projekt einer flächendeckenden Dokumentation auch ein dringendes Forschungsdesiderat zu erfüllen versprach.

Um das gemeinsame Vorgehen abzustimmen, kamen die Diözesanarchivare und der Vorstand der Kommission für Zeitgeschichte am 20. November 1979 in Bonn zusammen.[22] Zu dieser Sitzung lag bereits ein erster, später mehrfach verbesserter und ergänzter Fragebogenentwurf vor. Nachdem der Sekretär der Deutschen Bischofskonferenz das Anliegen des Ständigen Rats erläutert und die Archivvertreter den jeweiligen Stand der Akten- und Forschungslage in ihren Diözesen referiert hatten, wurden in ausführlicher Diskussion die Möglichkeiten und Risiken des Projekts erörtert. Hierbei ergab sich zunächst, daß die Umfrageergebnisse von 1945/46 nicht oder nicht mehr in allen Diözesanarchiven vorlagen. Einige Bistümer konnten auf spätere – und entsprechend lückenhafte – Ersatzdokumentationen zurückgreifen, andere verfügten auch darüber nicht. Die Quellenlage, das stand nach diesen Ausführungen bereits fest, war höchst unterschiedlich und ließ eine wirklich vollständige Erfassung aller Fälle nicht erwarten. Auch machten verschiedene Teilnehmer darauf aufmerksam, daß die oft dürren und unvollständigen Angaben in den kirchlichen Fragebögen die näheren Umstände des jeweiligen Falls kaum erkennen ließen, es also dringend erwünscht wäre, andere kirchliche oder staatliche Aktenbestände ergänzend hinzuzuziehen. Angesichts des hierfür erforderlichen Arbeitsaufwandes mußte dieser Schritt schon aus zeitlichen Gründen unterbleiben, doch hielt man es für unumgänglich, die Schikanen und Verfolgungsmaßnahmen des NS-Regimes möglichst in ihrer ganzen Breite zu erfassen, da eine Beschränkung auf kapitale Vorkommnisse wie Haft oder Tod die Wirklichkeit nicht zutreffend wiedergeben würde. Auf ähnliche Überlegungen der Staatlichen bayerischen Archivverwaltung, die ihrem Forschungsprojekt „Widerstand und Verfolgung in Bayern" ein entsprechend breites Spektrum zugrunde gelegt hatte, wurde ausdrücklich hingewiesen.[23]

---

[21] Schreiben des Sekretärs der Deutschen Bischofskonferenz an den Vorsitzenden der Kommission für Zeitgeschichte, 30. August 1979. *Kommission für Zeitgeschichte,* Bonn.

[22] Das Folgende nach dem Ergebnisprotokoll, 29. November 1979. *Kommission für Zeitgeschichte,* Bonn.

[23] Vgl. das Vorwort von Bernhard Zittel in: *Widerstand und Verfolgung in Bayern 1933–1945,* Bd. 1: LRA, S. If.

Die Diskussion ergab ferner, daß eine halbwegs erschöpfende Erfassung katholischer Laien aufgrund des in den Diözesanarchiven liegenden Quellenmaterials nicht möglich sein würde, von Schwierigkeiten wie etwa bei der Abgrenzung zum politischen oder militärischen Widerstand zu schweigen. So wurde beschlossen, die Umfrage zunächst auf Geistliche und Ordensangehörige zu konzentrieren und hierfür nach Möglichkeit auf frühere Fragebogenaktionen zurückzugreifen. Alle Gesprächsteilnehmer waren sich darüber im klaren, daß weiterreichende Vorstellungen nur wenig Aussicht auf Realisierung hätten; die Alternative lautete, entweder wissenschaftliche Perfektion anzustreben und damit den Abschluß des Unternehmens auf unabsehbare Zeit zu verschieben – oder das erreichbare Ergebnis in seiner Unvollkommenheit und Unvollständigkeit als das unter den gegebenen Umständen allein Mögliche, gleichwohl aber wissenschaftlich sehr Bedeutsame zu akzeptieren.

3. Die Durchführung der Umfrage

Der weitere Gang der Erfassungsarbeiten bestätigte, daß die Beschränkung auf Kleriker und der Rückgriff auf vorhandene Fragebögen der richtige Ansatz war, denn als das entscheidende Hindernis für einen raschen Abschluß erwies sich die Quellenlage. Während die meisten Archive über mehr oder weniger vollständige frühere Umfrageergebnisse verfügten und einige darüber hinaus bereits in eigener Regie erhebliche zusätzliche Vorarbeiten geleistet hatten, fehlten entsprechende Unterlagen in anderen Diözesen, so daß hier sehr zeitraubende Nachforschungen einsetzen mußten. Dabei erwies es sich als unmöglich, die vorhandenen Lücken völlig zu schließen. Das gilt namentlich für die Vertreibungsgebiete des deutschen Ostens, die nur sehr unvollständig erfaßt werden konnten; lediglich das Bistum Ermland bildet hier dank guter Forschungslage eine Ausnahme, mit Abstrichen auch Danzig und das Sudetenland.[24] Auch waren etliche Archive durch den unverhofften Erfassungsauftrag vor große personelle Probleme gestellt. So mußte der zunächst ins Auge gefaßte Abgabetermin mehrfach verlängert werden.

An der Erfassung haben sich unbeschadet der jeweiligen Quellenlage die Archive bzw. Beauftragten folgender Diözesen beteiligt: Aachen, Augsburg, Bamberg, Berlin, Branitz, Eichstätt, Ermland, Essen, Freiburg, Fulda (einschließlich des heutigen Bischöflichen Amtes Erfurt-Meiningen), Hildesheim, Köln, Limburg, Mainz, Meißen (heute Dresden-Meißen), München, Münster, Osnabrück (einschließlich des heutigen Bischöflichen Amtes Schwerin), Paderborn (einschließlich des heutigen Bischöflichen Amtes Magdeburg), Regensburg, Rottenburg (heute Rottenburg-Stuttgart), Schneidemühl, Speyer, Trier, Würzburg. Für Breslau (einschließlich der heutigen Apostolischen Administratur Görlitz), Danzig, Glatz, Passau und das Sudetenland konnten die Verantwortlichen lediglich auf gedruckt vorliegende Übersichten verweisen,[25] wobei das von Emil Janik herausgegebene Werk „Klerus und Klöster des Bistums Passau im Dritten Reich"[26] allerdings auf der Auswertung zweier Fragebogenaktionen aus den Jahren 1946 und 1979 beruht. Einen Sonderfall stellen die sudetendeutschen Priester dar, die kirchenrechtlich zumeist tschechischen Diözesen angehört haben. Sie wurden für unsere Dokumentation unter der Bezeichnung „Sudetenland" zu einer eigenen Einheit zusammengefaßt.

---

[24] Vgl. *L. Ploetz, G. Reifferscheid, B. Schwark; R. Stachnik; Der Sudetendeutsche Klerus, Sudetendeutsche Priester.*

[25] *Ebda,* ferner *K. Engelbert* und *J. Gottschalk* (Breslau); *F. Heinsch* (Glatz).

[26] Passau 1980.

Die Meldungen der Diözesanarchive betreffen neben insgesamt wenigen Laien, die zunächst unberücksichtigt bleiben müssen, meistens Weltpriester, enthalten darüber hinaus aber auch die Namen zahlreicher Ordenspriester und – in sehr geringem Umfang – Ordensbrüder, vor allem dann, wenn diese in der Pfarrseelsorge eingesetzt waren. Weitere Ordensleute wurden durch die Vereinigung Deutscher Ordensobern gemeldet, doch liegt der Prozentsatz der erfaßten Ordensangehörigen deutlich niedriger als bei den Weltpriestern.

In beschränktem Umfang ist schließlich noch Material durch das Militärbischofsamt, durch die Arbeitsgemeinschaft der katholischen Verbände Deutschlands sowie durch Einzelpersonen zusammengetragen worden. Zahlreiche Fälle konnte die Kommission für Zeitgeschichte zusätzlich aus der Literatur ermitteln. Eine systematische, aber außerordentlich aufwendige Durchsicht allen einschlägigen Schrifttums sowie vor allem der staatlichen Aktenüberlieferung würde eine Fülle weiterer Hinweise und neuer Namen erbracht haben; sie war aus zeitlichen und personellen Gründen nicht möglich. Völlig unberücksichtigt mußten auch die im Dritten Reich gemaßregelten oder verfolgten Ordensschwestern bleiben, deren systematische Erfassung ähnliche Schwierigkeiten aufwerfen dürfte wie diejenige der katholischen Laien. Im übrigen hat sich die Vereinigung der Ordensoberinnen Deutschlands auch nicht an der Umfrage beteiligt.[27]

Schon zu Beginn des Unternehmens zeichnete sich ab, daß die anfallende Materialfülle nur mit Hilfe der elektronischen Datenverarbeitung würde bewältigt werden können. Dank großzügigen Entgegenkommens der Konrad-Adenauer-Stiftung war es möglich, in engem Zusammenwirken mit dem Archiv für Christlich-Demokratische Politik und dem Sozialwissenschaftlichen Forschungsinstitut dieser Stiftung ein Programm zu entwickeln, das die datenmäßige Aufbereitung und Speicherung der vielen tausend Angaben erlaubte. Wie zeitraubend und personalintensiv die Vorbereitungsarbeiten hierzu auch immer waren, eröffneten sie doch die Möglichkeit, das Material über seinen biographischen Bezug hinaus zu strukturieren und für die Beantwortung übergreifender interpretatorischer Fragen verfügbar zu machen.

Indessen fehlte es bei der weiteren Bearbeitung auch nicht an retardierenden Momenten. Pater Dr. Karl Josef Rivinius SVD, der für die wissenschaftliche Betreuung vorgesehen war und in den Monaten Februar und März 1980 bereits eine Rundreise zu den Diözesanarchiven unternommen hatte, um sich einen Eindruck vom Stand der jeweiligen Materialsammlung zu verschaffen, wurde unvorhergesehenerweise von seinen Ordensoberen mit anderen Aufgaben betraut. Daraufhin wurde dem Unterzeichner die wissenschaftliche Betreuung aufgetragen. Als auch der für die datenmäßige Aufbereitung gewonnene Mitarbeiter ausfiel, blieb nur der Ausweg, das Projekt mit nebenamtlichen Kräften weiterzuführen. Der damit verbundene Zeitverlust erwies sich längerfristig als Vorteil. Vermutlich hätte ein einzelner Bearbeiter die Materialfülle nicht bewältigen können. Auch zeigte sich, daß es nur durch das kontinuierlich-langsame Fortschreiten der Arbeit möglich war, die verspätet eintreffenden Meldungen und die unerwartet große Zahl nachträglicher Korrekturen und Ergänzungen noch zu berücksichtigen.

---

[27] *B. M. Kempners* Dokumentation „Nonnen unter dem Hakenkreuz" führt – anders als es der Titel erwarten läßt und ohne ersichtlichen Grund – nur acht deutsche Ordensschwestern an, die überdies wegen jüdischer Abstammung ermordet worden sind. – Eine 1965 von Schwester Johanna Dominica im Auftrag der Kommission für Zeitgeschichte durchgeführte Befragung der deutschen Frauenorden hat lediglich kollektive Ergebnisse erbracht; nur in Einzelfällen sind persönliche Schicksale ermittelt. Vgl. Materialien *Frauenorden in der NS-Zeit. Kommission für Zeitgeschichte,* Bonn.

II. Grundlagen und Zielsetzung der Dokumentation

1. Art und Umfang der Erhebung

Die vorliegende Dokumentation politisch bedingter NS-Maßnahmen gegen katholische Weltpriester und Ordensleute beruht in aller Regel auf den Angaben, die der Kommission für Zeitgeschichte mittels Fragebögen durch die kirchlichen Archive zugegangen sind. Dabei haben sich die Archive auf die Ergebnisse früherer Nachkriegsbefragungen gestützt, sofern diese (noch) vorhanden waren. Vielfach konnten die teilweise dürftigen und unvollständigen Angaben aus anderen kirchlichen Quellen ergänzt werden. Wo die Fragebögen von 1945/46 fehlten, mußte auf spätere, meist lückenhafte Umfragen oder Ersatzdokumentationen zurückgegriffen werden. Wenn beides nicht vorlag, fiel das Ergebnis entsprechend dürftig aus.[28]

Die Beschränkung auf ausschließlich religiös oder politisch motivierte Verfolgungsmaßnahmen bedeutet, daß Geistliche, die wegen strafrechtlicher Delikte belangt wurden, strikt ausgeschlossen blieben. Dies gilt auch in Zweifelsfällen oder wenn die Vorgänge – wie im Falle der sogenannten Sittlichkeitsprozesse – dem Regime einen willkommenen Vorwand für antikirchliche Verleumdungsfeldzüge lieferten. Hingegen sind die wegen Devisenvergehen verurteilten Geistlichen von dieser rigorosen Abgrenzung nicht betroffen, da ihre Nichtberücksichtigung nur durch einen auf die Spitze getriebenen Rechtspositivismus hätte gerechtfertigt werden können. Grundsätzlich sollten auch Bischöfe mit erfaßt werden, jedoch unabhängig von ihrer regimekritischen Haltung nur dann, wenn sie persönlich mit irgendwelchen Maßnahmen belangt wurden. So erklärt sich, daß bekannte Regimegegner wie die Bischöfe Galen von Münster und Preysing von Berlin fehlen, weniger bekannte wie der wegen Devisenvergehen verurteilte Bischof Legge von Meißen oder der aus seiner Diözese vertriebene Bischof Sproll von Rottenburg dagegen aufgenommen worden sind.

Aus naheliegenden Gründen bewegt sich die Erfassung innerhalb der staatlichen Grenzen, wie sie in Deutschland zur Zeit der Vorfälle bestanden haben, doch wurde mit dem 31. Dezember 1937 ein Stichdatum *vor* den gewaltsamen territorialen Veränderungen der Folgejahre gewählt. Ausnahmen bilden lediglich das Sudetenland sowie das Gebiet der „Freien Stadt Danzig", die erst 1938 bzw. 1939 in den staatlichen Verband des Reiches „heimgeholt" wurden, wie es in damaliger Terminologie hieß. Ihre Berücksichtigung ist schon deshalb gerechtfertigt, weil Klerus und Bevölkerung beider Gebiete nach der Vertreibung 1945 zumeist in den Westen geflüchtet sind und in der (späteren) Bundesrepublik Deutschland ihre zweite Heimat gefunden haben. Hingegen blieben der österreichische Klerus sowie (deutschstämmige) Priester aus den später annektierten Gebieten in Ost und West unberücksichtigt. Ausnahmen wurden nur in verhältnismäßig wenigen Fällen gemacht, wenn die Betroffenen – neben österreichischen auch einige polnische und deutschbelgische Priester sowie Geistliche aus dem Memelgebiet – ihre seelsorgliche Tätigkeit ganz oder vorwiegend in deutschen Diözesen ausgeübt haben und innerhalb der Reichsgrenzen mit den NS-Behörden in Konflikt gekommen sind.

Neben dieser geographischen Eingrenzung wurde eine sehr grundsätzliche weitere schon genannt: Die Dokumentation mußte sich in der Regel darauf beschränken, *kirchliche* Umfragen auszuwerten.[29] Allerdings gibt es eine wichtige Ausnahme: Für

---

[28] Trotz teilweise erhaltener Umfragen oder späterer Nachforschungen ist die Quellenlage unbefriedigend für Aachen, Berlin, Branitz, Breslau, Fulda, Hildesheim, Köln, Osnabrück und Schneidemühl.

[29] Für die Erhebungen in Ermland, Köln, Paderborn und Trier sind nichtkirchliche bzw. staatliche Aktenbestände (in allerdings wohl beschränktem Umfang) mit herangezogen worden.

Bayern konnte ein zentraler Bestand der *staatlichen* Aktenüberlieferung mitberücksichtigt werden. Sowohl die gedruckt vorliegenden Regierungspräsidentenberichte als auch das von der Staatlichen Archivverwaltung herausgegebene Inventar „Widerstand und Verfolgung in Bayern 1933–1945" enthalten jeweils umfangreiche Namensverzeichnisse katholischer Priester, die zur Ergänzung der kirchlichen Meldungen ausgewertet wurden.[30]

Daß für die anderen Bistümer auf ein staatliches Korrektiv zumeist verzichtet werden mußte, ist auch deshalb bedauerlich, weil die kirchliche Aktenüberlieferung von höchst unterschiedlicher Dichte ist. Während für die bayerischen Diözesen mit Ausnahme Regensburgs eine durchaus gute Aktenlage mit entsprechend hohem Anteil gemaßregelter Priester festzustellen ist, zeigen die übrigen Kirchenprovinzen einschließlich des Bistums Meißen und deutscher Anteile tschechoslowakischer Diözesen überlieferungsmäßig ein weniger günstiges Bild.[31] Relativ einheitlich ist die aktenmäßige Überlieferung in den drei Bistümern der Kirchenprovinz Freiburg (Freiburg, Mainz Rottenburg) mit einer Erfassungsdichte jeweils unter dem Reichsdurchschnitt, sehr uneinheitlich dagegen in den Kirchenprovinzen Köln, Paderborn und Breslau. In der erstgenannten steht gut dokumentierten Bistümern mit hoher Erfassungsdichte wie Trier – wo in Zusammenarbeit mit dem Internationalen Suchdienst in Arolsen bereits vor Beginn dieser Erhebung umfangreiche zusätzliche Nachforschungen eingesetzt hatten – und Limburg die unbefriedigende Aktenüberlieferung in Osnabrück, Aachen, Köln und mit Einschränkung auch Münster gegenüber.

Noch stärker ausgeprägt sind die Unterschiede in den Kirchenprovinzen Breslau und Paderborn. Breslau mit einer Erfassungsdichte von nur 10,3% seines Weltklerus liegt am unteren Ende der Skala,[32] seine Suffragane Berlin und Schneidemühl erreichen zwar höhere, gleichwohl aber nur weit unterdurchschnittliche Werte, jedenfalls nicht vergleichbar mit dem gut erforschten Ermland, dessen Klerus zu zwei Dritteln erfaßt ist. Ein ähnliches Bild zeigt die Kirchenprovinz Paderborn. Das Erzbistum Paderborn selbst zählt dank guter Aktenlage und Vorarbeiten zu den Diözesen mit der höchsten Erfassungsdichte,[33] Hildesheim und m. E. auch Fulda zu den schlecht dokumentierten.

Ein wichtiger Gesichtspunkt ist ferner, daß sich keineswegs alle Betroffenen an den jeweiligen Umfragen beteiligt haben oder durch sie erreicht worden sind. Das gilt bereits für die Erfassungsversuche der frühen Nachkriegszeit, die ja im Regelfall die dokumentarische Grundlage unserer Erhebung bilden. Über die Gründe dieses Verhaltens zu spekulieren würde nicht weiter führen. Hier muß die Feststellung genügen, daß die jeweilige diözesane Quellenlage also nicht allein durch das Maß an Vollständigkeit erhalten gebliebener früherer Umfragen, sondern wesentlich auch

---

[30] Vgl. *H. Prantl*, RPB V (Pfalz); *H. Witetschek*, RPB I–III, VII (Oberbayern, Ober- und Mittelfranken, Schwaben, Erg.-Bd.); *K. Wittstadt*, RPB VI (Unterfranken); *W. Ziegler*, RPB IV (Niederbayern und Oberpfalz); ferner *Widerstand und Verfolgung in Bayern 1933–1945*, Bde 1 und 3/1–3/6.

[31] Vgl. zum folgenden die tabellarischen Übersichten 1a/b.

[32] Herr Apostolischer Protonotar *Hubert Thienel*, em. Apostolischer Visitator für Priester und Gläubige des Erzbistums Breslau, weist mit Schreiben vom 13. Juni 1984 an den Bearbeiter ausdrücklich darauf hin, daß die Veröffentlichungen von *Kurt Engelbert* und *Joseph Gottschalk,* denen die Breslauer Angaben großenteils entnommen sind, lediglich *kapitale* Maßnahmen wie Ausweisungen, Haftstrafen, KZ-Einweisungen und Todesfälle aufführten, während der Begriff „Maßnahme" in unserer Umfrage entschieden weiter gefaßt sei.

[33] Vgl. *G. Baumjohann; U. Wagener.*

durch spätere Nachforschungen mitbestimmt ist.[34] Insofern spiegelt unsere Dokumentation nicht das Ganze dessen wider, was wirklich geschehen ist, sondern nur einen Teil, und dieser Teil des Geschehens konnte nur insoweit berücksichtigt werden, als er in den herangezogenen Unterlagen seinen Niederschlag gefunden hat.

Diese Einschränkung macht sich gerade im Falle der Ordenspriester nachteilig bemerkbar. So hat etwa der „Klostersturm" des Jahres 1941 für zahllose Ordensangehörige bedeutet, daß sie innerhalb kürzester Zeit aus ihrem Lebens- und Wirkungsbereich vertrieben und zumeist mit einschneidenden staatspolizeilichen Aufenthaltsverboten oder sonstigen Zwangsmaßnahmen belegt wurden.[35] Wie anhand von Einzelfällen immer wieder festgestellt werden konnte, ist davon kaum etwas durch die frühen kirchlichen Umfragen erfaßt und somit in die vorliegende Dokumentation gedrungen. Auch mußte die Umfrage sich bei allen Priestern auf die Ermittlung der wichtigsten persönlichen Daten und auf die lediglich stichwortartige Wiedergabe des jeweiligen Falles beschränken. Dennoch sind die zur Verfügung stehenden Angaben von genügender Dichte, um einen eindeutigen Trend erkennen und entsprechende Schlußfolgerungen ziehen zu können. Ausnahmen dürften hier lediglich diejenigen Diözesen bilden, deren extrem schlechte Aktenlage kein repräsentatives Ergebnis zugelassen hat.

2. Die datenmäßige Erfassung und redaktionelle Bearbeitung der Umfrageergebnisse

Ungeachtet zahlreicher Nachmeldungen und nachträglicher Ergänzungen oder Korrekturen gingen der Kommission für Zeitgeschichte zwischen März 1980 und Mai 1982 über 8000 Fragebögen von gemaßregelten Priestern zu, die ihrerseits, wie schon eine flüchtige Durchsicht ergab, in eine weit größere Zahl von Vorfällen verwickelt waren. Zwar war die Materialfülle – wenigstens in den weitaus meisten Fällen – durch die stichwortartige Form ihrer Erfassung bereits „vorgeordnet", doch ihrer Herr zu werden wäre ohne elektronische Datenverarbeitung nicht möglich gewesen. Insofern hatten sich die Anstrengungen zunächst darauf zu konzentrieren, ein Programm zur Erfassung, Speicherung und Auswertung der Umfrageergebnisse zu entwickeln.

Hierfür waren zwei ebenso schwierige wie zeitraubende Voraussetzungen zu schaffen: Erstens mußte die in den Fragebögen enthaltene unübersehbare Vielfalt sachlich relevanter Begriffe – also im wesentlichen die Art der verhängten *Maßnahmen* (Strafen), die den Geistlichen zur Last gelegten *„Vergehen"* und die eingreifenden *NS-Instanzen* – auf ein überschaubares und statistisch sinnvolles Maß reduziert und zweitens mußten sämtliche Fragebögen handschriftlich auf maschinenlesbare Ablochbögen übertragen werden, wobei kurze, eindeutige Fallschilderungen zu formulieren und quantifizierende Leitbegriffe gesondert herauszufiltern waren. Es ging also um die Dokumentation der jeweiligen persönlichen Schicksale durch diözesanweise gegliederte, alphabetisch geordnete kurze Texte – sie machen vom Umfang her etwa drei Fünftel des vorliegenden Bandes aus – *und* um die quantifizierende Auswertung der vielen tausend Informationen.

---

[34] Laut Mitteilung des *Bistumsarchivs Trier* vom 30. Mai 1984 sind beispielsweise für Trier 1946 lediglich 382 Weltgeistliche und Ordenspriester als politisch verfolgt ermittelt worden, nach heutigem, durch intensive Nachforschung erreichtem Stand dagegen 780 Priester. Vgl. auch oben S. XXXIV.

[35] Zum „Klostersturm" vgl. unten S. LXVII sowie *L. Volk*, Lebensvernichtung.

Diese Arbeit verlangte von allen Beteiligten ein sehr großes Maß an Ausdauer, Genauigkeit und koordinierender Abstimmung. Schwierigkeiten bereitete nicht zuletzt die Verwendung einer möglichst einheitlichen Nomenklatur, die ihrerseits mit fortschreitender Erfassung den veränderten Erfordernissen angepaßt werden mußte. Daß mit jeder Schematisierung zwangsläufig ein gewisser Verlust an Farbigkeit verbunden ist, mußte im Interesse der statistischen Auswertung in Kauf genommen werden. Schließlich ging es nicht lediglich um die Aneinanderreihung vieler Tausender persönlicher Schicksale, sondern um das den biographischen Einzelfall übergreifende Typische; es ging über individuelles Verhalten hinaus um die Maßregelung eines ganzen Standes, des katholischen Klerus.

Bezüglich der biographischen Angaben haben sich die Mitarbeiter der Kommission für Zeitgeschichte in aller Regel auf die Meldungen der Diözesanarchive gestützt, die übernommenen Daten jedoch immer dann mit den ihnen zur Verfügung stehenden Hilfsmitteln überprüft, wenn ihnen die näheren Umstände des Falles zweifelhaft erschienen. Das hat dazu geführt, daß eine Reihe offenkundiger Bagatellfälle nicht aufgenommen wurden, aber auch eine sehr kleine Zahl von Personen ausschied, bei denen ein strafrechtliches – also nicht nur politisch bedingtes – Delikt nicht mit letzter Sicherheit auszuschließen war.

Weit stärker fielen jedoch andere redaktionelle Eingriffe ins Gewicht. So ergab sich durch systematischen Namensvergleich, daß ca. 150 Geistliche zwei- oder mehrfach gemeldet waren, und zwar aufgrund ihrer Tätigkeit in verschiedenen Bistümern. Alle diese Mehrfachnennungen wurden getilgt und die betreffenden Personen derjenigen Diözese zugeordnet, in der sie hauptsächlich gewirkt hatten. Sehr wenige Ausnahmen bestätigen hier wie immer die Regel.

Eine andere, teilweise einschneidende Veränderung der Archivmeldungen ergab sich aus dem Umstand, daß für die Erfassung grundsätzlich die Diözesangliederung des Jahres 1937 zugrundegelegt wurde. Daher mußten beispielsweise die vom Bistumsarchiv Essen gemeldeten Priester – das Ruhrbistum wurde bekanntlich erst 1958 errichtet – denjenigen Diözesen zugewiesen werden, denen sie damals angehört hatten, also zumeist den (Erz-)Bistümern Köln, Münster und Paderborn. Das gleiche gilt für die heimatvertriebenen Priester. Sie sind hier – unbeschadet der Meldung durch ihre heutigen Diözesen – denjenigen Bistümern zugeordnet, in denen sie während des Dritten Reiches tätig waren. Nur auf diese Weise war es etwa möglich, für die riesige Erzdiözese Breslau (einschließlich des heutigen Bischöflichen Amtes Görlitz) überhaupt eine größere Zahl von gemaßregelten Priestern zusammenzustellen. Die sudetendeutschen Priester sind, wie schon erwähnt, in einer eigenen Einheit aufgeführt. Wegen der kirchenrechtlichen Unterstellung des Sudetenlandes nach 1938 hätte unter Umständen auch eine andere Zuordnung vorgenommen werden können, sie ist jedoch wegen der Unübersichtlichkeit der Verhältnisse unterblieben. Selbstredend erscheinen Geistliche, die ihren Dienst *vor* 1945 in fremden Bistümern versehen haben und dort mit dem NS-Regime in Konflikt geraten sind, unter den Meldungen der fremden Diözese. Die *formale* Bistumszugehörigkeit konnte hier nicht ausschlaggebend sein; sie wurde aber jeweils erwähnt.

Da die Diözesaneinteilung grundlegendes Ordnungsprinzip für den biographischen Teil der Dokumentation war, wurden auch die Ordensleute nicht nach Ordenszugehörigkeit oder Ordensprovinz aufgeführt, sondern den Diözesen zugeteilt, in denen sie (überwiegend) tätig waren. Im Anschluß an den biographischen Teil sind jedoch sämtliche erfaßten Ordensleute in einem alphabetischen Verzeichnis zusammengestellt.[36]

---

[36] Vgl. unten Sp. 1585–1604.

Die biographischen Texte sind durchweg nach einheitlichem Schema aufgebaut. Sofern die betreffenden Angaben vorlagen, enthält Zeile 1 immer Namen und Vornamen des gemaßregelten Priesters. Bei Ordensgeistlichen ist der Ordensname in Klammern hinzugefügt, die Ordenszugehörigkeit steht – in gängiger Abkürzung – in Zeile 2. Die nächste Zeile nennt das Geburtsdatum, Zeile 4 den Wirkungsort, Zeile 5 enthält die Berufsbezeichnung, Zeile 6 akademische Grade. Die anschließende knappe Fallschilderung bringt die ermittelten Daten und Tatsachen in chronologischer Ordnung. Häufig auftretende Sachbegriffe, deren Kenntnis nicht ohne weiteres vorausgesetzt werden kann, sind in einem Glossar erklärt.[37] Den biographischen Texten folgen, wenn angegeben, Sterbedatum und Hinweise auf eine Erwähnung des jeweiligen Falles in der einschlägigen Literatur. Hierbei wurden in aller Regel die Angaben der Archive zugrundegelegt. Die Zitierweise der Literaturangaben zu vereinheitlichen war angestrebt, aus technischen Gründen aber nicht immer möglich.

Trotz aller Bemühungen um Einheitlichkeit zeigt der biographische Teil jedoch, daß mehrere Hände an ihm gearbeitet haben. Ohnehin wäre es illusionär und nicht einmal erstrebenswert gewesen, die inhaltlich wie formal stark differierenden Meldungen der Archive durch redaktionelle Bearbeitung über einen einzigen passenden Leisten zu spannen. Insofern verraten die kurzen Schilderungen der Vorfälle noch manches von ihrer ursprünglichen Vielfalt. Überdies war der Inhalt der einzelnen Fragebögen von unterschiedlichem Gewicht. Häufig fehlten neben persönlichen Daten auch Zeitangaben, die eine (nähere) Datierung der Vorfälle erlaubt hätten; oft war nicht angegeben, welche Gründe bzw. welches „Vergehen" einer Maßregelung zugrunde lagen oder welche Instanz die Strafe verhängt hat. In wieder anderen Fällen, etwa wenn ein Priester mehrfach mit NS-Behörden in Konflikt geraten und mehrfach belangt worden ist, war es aufgrund der vorliegenden Angaben nicht immer möglich, bestimmte Strafen bestimmten „Vergehen" zuzuordnen usw. Zwar konnten zahlreiche dieser Zweifelsfälle durch Rückfragen bei den Archiven geklärt werden, was dort teilweise sehr zeitraubende Nachforschungen notwendig machte, aber oft enthielten die Archivunterlagen die gewünschte Information nicht, so daß es bei unvollständigen Angaben bleiben mußte.

Im Anschluß an den biographischen Teil sind alle KZ-Häftlinge sowie alle durch den NS-Terror ums Leben gekommenen Welt- und Ordenspriester noch einmal eigens in alphabetischer Reihenfolge aufgeführt, weil ihr Schicksal eine besondere Herausstellung erfordert macht.[38] Im übrigen helfen ein Personen- und Ortsregister weiter, wenn das Gesuchte nicht an der erwarteten Stelle zu finden ist.

3. Die Gestaltung des tabellarischen Anhangs

Während der biographische Teil in knappen Sätzen den je besonderen Fall der 8021 erfaßten Geistlichen festhält, bündelt der tabellarische Anhang die zahllosen Einzeldaten zu einer Gesamtbilanz. Er zielt nicht auf individuelle Schicksale, sondern quantifiziert. Die Grundfrage lautet hier: Welche allgemeine historische Aussage erlaubt unsere Erhebung, und zwar unbeschadet aller Zufälle und Lücken der quellenmäßigen Überlieferung? Dieses methodische Vorgehen bedeutet zugleich, daß es erstmals möglich wird, die Ergebnisse der bisherigen Kirchenkampfforschung zu-

---

[37] Vgl. unten S. LXV–LXIX.
[38] Vgl. unten Sp. 1605–1629.

mindest für den Bereich des katholischen Klerus auf der Grundlage repräsentativen Datenmaterials systematisch zu überprüfen.[39]

Formal betrachtet besteht der statistische Anhang aus fünfzehn Tabellen, die auf zwei deutlich unterscheidbare Teile entfallen.[40] Teil 1 (Tab. 1–7) bringt Aussagen zu den einzelnen Diözesen, Teil 2 (Tab. 8–15) bezieht sich auf alle Bistümer zusammen. Die diözesanübergreifenden tabellarischen Angaben des 2. Teils sind grundsätzlich auch für jede einzelne Diözese zu ermitteln, doch verbot sich dieser Schritt hier aus Platzgründen.

Von der ersten Statistik abgesehen, die den Prozentsatz betroffener Priester nach Diözesen aufführt, sind die übrigen Tabellen jeweils als ein- oder mehrdimensionale Kreuzrechnungen angelegt: Je zwei statistische Größen werden dabei in Bezug zueinander gesetzt, also z. B. das Alter der Betroffenen mit dem Zeitpunkt ihres „Vergehens".[41] Die ermittelten Werte erscheinen im Regelfall in absoluten Zahlen und in Reihenprozenten, bei den Tab. 13, 14 und 15 *zusätzlich* in Spaltenprozenten, bei Tab. 10 lediglich in absoluten Zahlen und Spaltenprozenten. Reihenprozente sind dabei in den Tabellen horizontal, Spaltenprozente vertikal zu verfolgen; die Quersumme der einzelnen Reihen und die Summe der einzelnen Spalten ergeben jeweils 100%.

Was gemeint ist, kann ein Beispiel verdeutlichen: Tab. 13 zeigt, wie sich die *Gesamt*zahl der zwischen 1933 und 1945 ermittelten Maßnahmen auf die *Einzel*maßnahmen und Jahre verteilt. Die Tabelle der Absolutwerte (13a) sagt also, daß von den 22703 festgestellten Maßnahmen insgesamt 1615 auf berufliche Diskriminierung, 1573 auf Schulverbot usw. entfallen und daß andererseits 1586 dieser 22703 Maßnahmen ins Jahr 1933 datieren und diese 1586 Maßnahmen sich aufgliedern in 152 Fälle von beruflicher Diskriminierung, 32 Fälle von Schulverbot usf. Um den Stellenwert der jeweiligen Einzelmaßnahme, d. h. ihr Verhältnis zu den anderen Einzelmaßnahmen ermessen zu können, müssen diese absoluten Zahlen in (Reihen-)Prozentwerte umgesetzt werden. Hier gibt nun die Tabelle der Reihenprozentwerte (13b) nähere Auskunft. Ihr zufolge entfallen von den 1061 für 1934 ermittelten Maßnahmen 10,7% auf berufliche Diskriminierungen, 4,1% auf Schulverbot usw. Man sieht, um beim Beispiel 1934 zu bleiben, daß die prozentual am häufigsten vorkommenden Maßnahmen Verwarnungen (18,6%), Verhöre (17,6%) und Ermittlungsmaßnahmen (14,2%) sind. Will man dagegen die Entwicklung einer Einzelmaßnahme über den gesamten Zeitraum von 1933–1945 hinweg verfolgen, also etwa wissen, wann eine Maßnahme wie Ausweisung besonders häufig verhängt worden ist, hält die Tabelle der Spaltenprozente (13c) die entsprechenden Angaben bereit. Danach datieren allein 29,2% der 599 insgesamt festgestellten Ausweisungen ins Jahr 1941; gleichzeitig erreichen auch die KZ-Einweisungen, 1933 noch ohne Vorkommnis, mit 26,8% ihren Höhepunkt.

Insoweit Erläuterungen zu einzelnen Tabellen als notwendig erscheinen, sind sie an Ort und Stelle gegeben. Grundsätzlich gilt natürlich auch für den tabellarischen Anhang, daß nicht alles, was rechnerisch möglich ist, festgehalten wird, sondern das, was historisch sinnvoll und nötig ist.

Für die statistische Auswertung war vor allem erforderlich, die unübersehbare Stofffülle der vielen tausend Einzelmeldungen sinnvoll zu gliedern. Dabei konnte

---

[39] Zur allgemeinen Einführung in die quantitative historische Methode vgl. *R. Floud* und *N. Ohler*. – Erste nützliche Anwendungsversuche für unser Thema bei *L. D. Walker,* Priests; *ders.,* Viennese Priests, sowie *ders.,* Young Priests. Diese Arbeiten gründen jedoch auf zu schmaler Materialbasis, als daß sie ein repräsentatives Bild vermitteln könnten.

[40] Vgl. unten S. LXXIII–XC.

[41] Vgl. unten Tab. 12.

von den drei zentralen Erfassungskategorien ausgegangen werden, die auch den Fragebögen zugrundegelegen haben:

a) den *Zwangsmaßnahmen* des Regimes,
b) den *„Vergehen"*, die diese Maßregelungen provoziert und
c) den *Instanzen,* die die Bestrafung jeweils vorgenommen haben.

a) Die Zwangsmaßnahmen des Regimes

An religiös oder politisch bedingten (*Zwangs-*)Maßnahmen des NS-Regimes lassen sich weit mehr als ein halbes Hundert feststellen, die allerdings in unterschiedlicher Häufigkeit aufgetreten sind. Sie umfassen die gesamte Skala polizeistaatlicher Pressionsmöglichkeiten, angefangen bei den kleinen Schikanen des NS-Alltags über die zahllosen Gestapoverhöre bis hin zum Todesurteil durch den Volksgerichtshof. Ihre Vielfalt läßt sich um der besseren Überschaubarkeit willen in dreizehn Oberbegriffen zusammenfassen.

Da sind zunächst die Stichworte *Berufliche Diskriminierung* und *Schulverbot.* Hierunter sind all jene Maßnahmen subsumiert, die – wie beispielsweise Predigtverbote, erzwungene Versetzungen oder Entzug der Lehrbefugnis – den Geistlichen bei Ausübung seiner „normalen" seelsorglichen Tätigkeit bzw. beim schulischen (Religions-)Unterricht trafen, und zwar selbst aus vergleichsweise nichtigem Anlaß.

Einschneidender waren (staatspolizeilich verfügte) *Ausweisungen* (oder Aufenthaltsverbote), die in der Regel für ganze Regierungsbezirke oder Provinzen ergingen und jeweils bedeuteten, daß der Betroffene aus seinem gesamten bisherigen Wirkungsbereich herausgerissen wurde. Häufig kam es auch zu Haussuchungen, Beschlagnahmen, kurzfristigen Festnahmen oder Überwachung des Post- und Telefonverkehrs; hierfür ist in der tabellarischen Auswertung der Sammelbegriff *Ermittlungsmaßnahmen* verwendet. Auf Einschüchterung zielten die zahllosen *Verhöre,* die oft mit eindringlichen *Verwarnungen* (oder massiven Androhungen) verbunden waren.

Fielen diese Maßregelungen zumeist in das Ressort der behördlichen und (staats-)polizeilichen „Gegnerbekämpfung", so faßt das Stichwort *Terror* die für den NS-Staat typischen Aktionen gelenkten „Volkszorns" zusammen: Beleidigungen, Störungen, tätliche Bedrohungen, Überfälle durch HJ-Trupps oder SA-Kolonnen, Aufläufe erregter „Volksgenossen", aber auch jene unzähligen Denunziationen von „privater" Seite, die nach 1933 sprunghaft anstiegen und das oft kolportierte Wort hervorbrachten: „Der größte Lump im ganzen Land, das ist der feige Denunziant".

Griff die Justiz ein und kam es zu förmlichen Untersuchungen oder gar zum Prozeß – hier unter *Verfahren* aufgeführt –, so wurden oft drastische *Geld-* oder *Freiheitsstrafen* verhängt, die in einigen Tabellen nach Höhe bzw. Dauer weiter unterteilt sind.[42] Weit gefürchteter, weil jeder rechtsstaatlichen Kontrolle entzogen, war jedoch die berüchtigte *KZ-Haft,* die der ausschließlichen Verfügungsgewalt von Gestapo und SS – zu Beginn des Dritten Reiches teilweise auch der SA – unterstand. Die Einlieferung in ein Konzentrationslager bedeutete für viele, namentlich gesundheitlich labile Priester den sicheren Tod.[43] Damit ist die letzte, irreversible Stufe des NS-Terrors erreicht: Das Sichwort *Todesfälle* umfaßt neben Tod in der Gefängnishaft auch die „regulären" Hinrichtungen aufgrund eines Todesurteils sowie die gegen Kriegsende vorkommenden Ermordungen durch wilde SS-Kom-

---

[42] Vgl. unten Tab. 8, 9 und 11.
[43] Vgl. unten S. IL sowie Tab. 8.

mandos. Schließlich sind unter *Sonstiges* jene vergleichsweise wenigen Maßnahmen aufgeführt, die sich keinem der anderen Begriffe zuordnen lassen.

Wenngleich diese Maßnahmenskala eine unverkennbare Steigerung erkennen läßt, muß doch vor allen schematischen Vorstellungen gewarnt werden. Ein Redeverbot, ein Gestapoverhör oder eine Ausweisung mußten keineswegs „harmloser", also in ihren Folgen weniger gefährlich sein als das höherrangig angesiedelte Gerichtsurteil. Wie eine Maßnahme jeweils wirkte, was sie in der je besonderen psychologischen Situation für den Betroffenen *wirklich* bedeutete, kann nur nach Kenntnis der näheren Umstände beurteilt werden. Generalisierende Betrachtungen sind hier nicht möglich. Wenn überhaupt etwas in dem oft schwer entwirrbaren Kompetenzen- und Maßnahmenchaos des NS-Staats berechenbar war, so war es das allgemein verbreitete Klima der Rechtsunsicherheit und Angst. Selbst geringfügige Beanstandungen konnten – insbesondere nach Kriegsbeginn – von einschneidenden Folgemaßnahmen begleitet sein.

b) Die „Vergehen" der betroffenen Priester

Wenn in unserer Dokumentation von *Vergehen* der betroffenen Priester die Rede ist, muß zunächst mit Nachdruck betont werden, daß dieser Begriff nicht im (heutigen) strafrechtlichen Sinne einer leichteren rechtswidrigen Tat (§ 12 Abs. 2 StGB) verwandt wird, sondern ausschließlich eine nach nationalsozialistischer Auffassung gegen den Totalitätsanspruch des Regimes gerichtete Handlung bezeichnet. Dabei kann das „Recht" des NS-Staates berührt sein, muß es aber nicht, wie unzählige Vorfälle zeigen. Dies vorausgeschickt, bleibt noch hervorzuheben, daß die „Vergehen", deren sich die Betroffenen wirklich oder mutmaßlich „schuldig" gemacht hatten, vielfältig waren wie die Zwangsmittel, mit denen die Machthaber gegen mißliebige Kleriker vorgingen. Insofern sind die zahlreichen Einzelvergehen in den Tabellen gleichfalls zu rechnerisch sinnvollen Einheiten zusammengefaßt, wobei die auf den folgenden Seiten mit einem Hinweispfeil (→) versehenen Sachbegriffe im schon genannten Glossar erläutert werden.

Das erste Stichwort *Schule* umfaßt einen besonders sensiblen Bereich. Hierunter ist all' das gesammelt, was haupt- oder nebenamtlich im Schuldienst tätigen Geistlichen zur Last gelegt wurde, angefangen bei der Ohrfeige für den renitenten HJ-Pimpf über den (verbotswidrigen) Gebrauch der (→) Katechismuswahrheiten[44] im Religionsunterricht bis zum nachdrücklichen Eintreten für die (→) Bekenntnisschule[45] oder Protest gegen die behördlich verfügte Entfernung der (→) Schulkreuze[46] aus den Klassenzimmern.

Überraschend reich an Fallstricken war auch der ureigene Bereich priesterlichen Wirkens, der hier mit den Stichworten *Gottesdienst* und *Seelsorge* vertreten ist. Unter *Gottesdienst* fallen eng mit kultischen Handlungen verknüpfte Vergehen wie Kritik an der NS-Weltanschauung in Predigt und Christenlehre oder Verlesung regimekritischer Hirtenbriefe. Nach Kriegsbeginn ergaben sich die Konflikte zumeist aus den massiven Einschränkungen des gesamten kirchlichen Lebens. Es handelt sich etwa um Verstöße gegen (→) Feiertagsrecht,[47] (→) Läuteordnung[48] und

---

[44] Vgl. unten S. LXVII.
[45] Vgl. unten S. LXV.
[46] Vgl. unten S. LXIX.
[47] Vgl. unten S. LXV.
[48] Vgl. unten S. LXVII.

Verdunklungsbestimmungen oder um die verbotswidrige Abhaltung von Prozessionen oder (→) Gottesdiensten[49] nach nächtlichem Fliegeralarm.

Hingegen greift das Stichwort *Seelsorge* über den engeren gottesdienstlichen Rahmen hinaus; es umfaßt neben den allgemein seelsorglichen und caritativen Bemühungen namentlich den Einsatz in der kirchlichen Jugend- und Verbandsarbeit, vor allem nach der staatspolizeilichen Auflösung zahlreicher Organisationen, ferner die zahllosen Zusammenstöße mit konkurrierenden NS-Vereinigungen sowie die kaum vermeidbaren und daher häufigen Verstöße gegen (→) Sammlungsgesetz,[50] (→) Versammlungsverbote[51] oder (→) Feldpostbestimmungen.[52]

Noch argwöhnischer wurde seit Kriegsbeginn ein neues Feld seelsorglicher Betätigung beobachtet und durch zahlreiche Verbote reglementiert: die geistliche, häufig auch caritative Betreuung katholischer Fremdarbeiter und Kriegsgefangener, für die hier das Stichwort (→) Ausländerseelsorge[53] steht. Sie entsprach ebenso sehr christlichem Liebes- bzw. Feindesliebegebot wie pastoraler Notwendigkeit, zumal viele der Zwangsverpflichteten bei Pfarrangehörigen lebten und arbeiteten, war für die Geistlichen aber mit hohen Risiken behaftet, wie der stereotyp erhobene Vorwurf der Feindbegünstigung zeigt.

Höchst empfindlich reagierte das Regime auf jede vermeintliche oder tatsächliche Infragestellung seines totalitären Erfassungsanspruchs. Diesbezügliche Vergehen von Geistlichen sind unter drei Sachbegriffen aufgeführt, wobei die Grenzen hier und da fließend sein können: *Regimekritik* umfaßt neben allgemeinen regimekritischen Äußerungen Verstöße gegen das (→) Heimtückegesetz[54] sowie die (illegale) Verbreitung des (→) Mölders-Briefes[55] und der (→) Mundelein-Rede.[56]

Politische Unzuverlässigkeit ist ein Sammelbegriff für die zahlreichen Haltungs- oder Handlungsmöglichkeiten, mit denen man im Alltag seiner Reserve Ausdruck verleihen konnte: etwa Verweigerung oder unkorrekte Ausführung des Hitlergrußes („Heul Hitler!"), Lektüre verbotener Bücher oder (ausländischer) Presseerzeugnisse, Nichtbeflaggung oder demonstrativ unzureichende (→) Beflaggung[57] kirchlicher Gebäude mit Hakenkreuzfahnen, aber auch die Sabotage von Sammlungen nationalsozialistischer Organisationen oder verdächtiges Abstimmungsverhalten bei Wahlen und Volksentscheiden, überhaupt alles, was in den Augen der Machthaber geeignet schien, die Bevölkerung zu beunruhigen oder politisch zu beeinflussen.

Nach Kriegsbeginn waren die Überwachungsorgane rasch mit dem Vorwurf des *staatsfeindlichen Verhaltens* zur Hand, worunter hier defätistische oder „pazifistische" Äußerungen, die Verbreitung meist alliierter regimekritischer Flugblätter, Wehrkraftzersetzung, Landes- oder Hochverrat sowie bei Kriegsende das Hissen weißer Fahnen fallen, letzteres eine Maßnahme, die beim Anrücken der Alliierten sinnlose weitere Zerstörungen verhindern sollte. Ein eigenes Stichwort *Juden* faßt schließlich zusammen, was durch die Umfrage an kritischen Äußerungen zur NS-Rassenlehre und zur Judenverfolgung sowie an aktiver Hilfe für verfolgte Juden ermittelt werden konnte.

---

[49] Vgl. unten S. LXVI.
[50] Vgl. unten S. LXVIII.
[51] Vgl. unten S. LXIX.
[52] Vgl. unten S. LXV.
[53] Vgl. unten S. LXV.
[54] Vgl. unten S. LXVI.
[55] Vgl. unten S. LXVII f.
[56] Vgl. unten S. LXVIII.
[57] Vgl. unten S. LXV.

Alle übrigen feststellbaren Delikte sind unter *Sonstiges* subsumiert, darunter auch (→) Devisen-[58] und fälschlich behauptete (→) Sittlichkeitsvergehen,[59] ferner Beleidigungen oder beispielsweise Einsprüche gegen unchristliche Taufnamen. In der Spalte *Ohne Angaben* mußten alle diejenigen Fälle aufgeführt werden, bei denen der Grund der Maßregelung nicht angegeben war.

c) *Die strafenden NS-Instanzen*

Endlich waren auch die vielen tätig gewordenen NS-Instanzen zu überschaubaren Einheiten zusammenzufassen. Dies gelang bei der Gruppe *Gerichte/Justiz* – sie umfaßt die Gerichte (einschließlich der Sondergerichte und des Volksgerichtshofs) und Staatsanwaltschaften – ohne nennenswerte Probleme. Deutlich umfassender ist der Sammelbegriff *Verwaltungsbehörden;* er umschließt das breite Spektrum kommunaler, regionaler und Länderinstanzen bis hinauf zur Reichsregierung, wobei neu etablierte Überwachungsorgane wie Reichsschrifttums- oder Reichskulturkammer eine gewissermaßen semistaatliche Rolle spielten.

Polizei und *Gestapo* (einschließlich Geheimem Staatspolizeiamt) stehen als Ordnungsbegriffe nebeneinander. Dies entspricht dem Dualismus von regulärer, freilich zunehmend auch zur politischen Strafverfolgung eingesetzter Polizei und der speziell für die „Gegnerbekämpfung" geschaffenen Politischen Polizei im engeren Sinne, die in Bayern zunächst als Bayerische Politische Polizei, in Preußen und bald auch im Reich als Geheime Staatspolizei alle regimekritischen Regungen überwachte. Eine genaue terminologische Abgrenzung ist nicht immer möglich.

Das Stichwort *Partei* umgreift neben der NSDAP und ihren Ortsgruppen auch die ihr zugeordneten Organisationen wie SA, SS, HJ, BDM usw. Ohne nach herkömmlichem Staatsverständnis zur Strafverfolgung autorisiert zu sein, haben sich diese Kräfte doch in zahlreichen Fällen und auf vielfältige Weise eingeschaltet.

Eine allerdings nicht sehr große Anzahl von Geistlichen ist nach Kriegsbeginn von Behörden oder Instanzen der *Wehrmacht* gemaßregelt worden. Hierunter fallen auch Kriegs- und Standgerichtsverfahren. Alle übrigen Instanzen, darunter auch Privatpersonen, sind unter *Sonstige* zusammengefaßt. In zahlreichen Fällen ist nicht überliefert, welche Instanzen die Maßregelungen verhängt haben. Die entsprechenden Tabellenspalten notieren hier also: *Ohne Angaben*.

Zur Verdeutlichung sind die vorstehend erläuterten Gliederungspunkte weiter unten noch einmal in einer Liste zusammengestellt.[60]

III. *Zur statistischen Auswertung der Umfrage*

1. Das Gesamtergebnis

In der vorliegenden Umfrage sind die Namen und Schicksale von 8021 katholischen Priestern, nämlich 7155 Weltgeistlichen und 866 Ordensleuten erfaßt, die aus politischen und/oder religiösen Gründen, also jedenfalls nicht wegen strafrechtlicher Delikte zwischen 1933 und 1945 in irgendeiner Form von insgesamt 22703 Gewaltmaßnahmen des Regimes betroffen waren. Das entspricht bei den Weltpriestern, bezogen auf den Klerusstand von 1937, einem Anteil von im Reichsdurchschnitt 35,9%, also mehr als einem Drittel der damals tätigen Pfarr-, Schul- oder Anstalts-

---

[58] Vgl. unten S. LXV.
[59] Vgl. unten S. LXIX.
[60] Vgl. unten S. LXXI f.

seelsorger. Dieser Prozentsatz stellt jedoch keine absolute Obergrenze dar. Wie schon in anderem Zusammenhang ausgeführt, ist die Quellenlage in den einzelnen Diözesen so unterschiedlich, daß gleichwertige und insofern voll vergleichbare Ergebnisse nicht für alle Bistümer zu ermitteln waren. So ergaben sich für Branitz, Hildesheim und Breslau lediglich 6,6, 9,1 und 10,3% des Seelsorgsklerus als durch NS-Maßnahmen betroffen, für Eichstätt, Ermland, Augsburg oder Paderborn dagegen 80,8, 66,8, 62,3 und 62,0%.

Wieviele Geistliche jeweils in den einzelnen Diözesen bzw. Kirchenprovinzen betroffen waren, zeigt die Zusammenstellung in den Tabellen 1a und 1b. Dabei fällt auf, daß die Verfolgungsdichte in den bayerischen Kirchenprovinzen München und Bamberg mit durchschnittlich 42,4 bzw. 55,4% deutlich höher liegt als im Reichsdurchschnitt, in den Kirchenprovinzen Freiburg, Köln, Paderborn und Breslau mit 31,2, 30,3, 28,0 und 27,1% ebenso deutlich niedriger. Kann man demnach von einem Süd-Nord-Gefälle sprechen? Dem widerspricht, daß das Bild im Westen, Norden und Osten Deutschlands äußerst uneinheitlich ist. Bistümern mit sehr hohen Prozentanteilen wie Trier (54,1%) und Limburg (49,1%), Paderborn (62,0%) oder Ermland (66,8%) stehen Nachbardiözesen mit sehr geringen Werten gegenüber (z. B. Osnabrück: 12,6%; Aachen: 16,6%; Fulda: 13,0%; Berlin: 12,6%), und von den exemten Bistümern bzw. den deutschen Anteilen tschechischer Diözesen erreicht nur Danzig (44,4%) ein Ergebnis über dem Reichsdurchschnitt.

Wie sind diese teilweise gravierenden Unterschiede zu erklären? Im Prinzip ist natürlich nicht auszuschließen, daß die unterschiedlich hohen Prozentsätze betroffener Priester eine regional unterschiedliche Intensität des Kirchenkampfes widerspiegeln, doch ist beim gegenwärtigen Stand der Forschung vor voreiligen Schlußfolgerungen zu warnen. So gibt es zwar Hinweise, daß die Auseinandersetzungen zwischen Kirche und Regime zum Beispiel im Bistum Osnabrück wie vielleicht überhaupt in den norddeutschen Diasporagebieten durchweg „temperierter" verlaufen sind als etwa in Bayern,[61] andererseits aber steht völlig außer Frage, daß Köln oder Münster ähnlich wie das gut dokumentierte Trier Brennpunkte im Kirchenkampf gewesen sind.[62] Auch für Breslau oder Berlin legt die vergleichsweise hohe Anzahl KZ-Priester die Vermutung nahe, daß die ansonsten sehr geringe Erfassungsdichte im wesentlichen andere Ursachen hat.[63]

In der Tat ist augenfällig, daß geringe Verfolgungszahlen stets in Verbindung mit schlechter Quellenlage auftreten. Ein Musterbeispiel hierfür ist Köln, wo die vergleichsweise geringe Anzahl betroffener Priester ausschließlich dem Umstand zuzuschreiben ist, daß wegen des Verlustes der Unterlagen von 1945/46 im Jahre 1959 auf spätere, sehr lückenhafte Ersatzdokumentationen zurückgegriffen werden mußte.[64] Entsprechendes dürfte grosso modo auch für andere Diözesen gelten; der Zusammenhang von Erfassungsdichte und Quellenlage ist jedenfalls evident: Je besser die Akten- und Forschungslage in den einzelnen Diözesen, desto höher der Prozentsatz der erfaßten, d. h. von Maßnahmen betroffenen Priester. Diese Regel gilt unbeschadet der Feststellung, daß die absolute Höhe der Meldungen selbstverständlich auch wesentlich durch die Intensität, Umsicht und Sorgfalt der jeweiligen Bearbeitung in den Diözesanarchiven beeinflußt ist,[65] aber grundlegend bleibt doch

---

[61] Vgl. *U. v. Hehl*, Bischof Berning, S. 90 und passim.

[62] Vgl. *U. v. Hehl*, Erzbistum Köln; *M. Bierbaum*; *L. Ehses*.

[63] Vgl. *K. Engelbert* u. *J. Gottschalk* sowie oben S. XXXIV, Anm. 32; ferner *H. Kühn* u. *W. Adolph*, Im Schatten des Galgens.

[64] Vgl. oben S. XXVIII f. sowie *R. Haas*, Verhältnis, S. 60–63 u. 70f.

[65] Vgl. oben S. XXXV, Anm. 34.

die jeweilige quellenmäßige Überlieferung. Zwar lautet ein alter Rechtssatz: „Quod non est in actis, non est in mundo", doch ist nachdrücklich vor e-silentio-Schlüssen bei der Interpretation des vorliegenden Umfrageergebnisses zu warnen.

Der ursächliche Zusammenhang von Erfassungs- bzw. Verfolgungsdichte und Quellenlage wird noch deutlicher beim Blick auf die betroffenen Ordensleute. Von den 4667 Klerikern, die die Ordensstatistik für 1937 angibt, sind in unserer Erhebung 866 Personen erfaßt, das entspricht einem Anteil von 18,6%, also knapp einem Fünftel der Ordenspriester. Wenngleich prozentuale Angaben nach Diözesen nicht möglich sind, weil die entsprechenden Bezugsgrößen meist fehlen,[66] bleibt doch die Frage zu erörtern, warum dieser Prozentsatz so deutlich unter dem Reichsdurchschnitt der betroffenen Weltpriester liegt. Auch hier können vorschnelle Mutmaßungen auf Abwege führen. Den ermittelten Daten und Einzelschicksalen kann jedenfalls nicht entnommen werden, daß der Ordensklerus etwa qua Amt weniger exponiert gewesen wäre oder sich im allgemeinen systemkonformer verhalten hätte; sein vergleichsweise sehr hoher Anteil an den KZ-Häftlingen und Todesopfern belegt eher das Gegenteil.[67] Die Gründe sind vielmehr in einer besonders ungünstigen Quellenlage und in dem Umstand zu suchen, daß die Orden sich an der Fragebogenaktion nur sehr sporadisch beteiligt haben. Im wesentlichen konnte daher nur erfaßt werden, wer durch die Diözesanarchive gemeldet wurde. In welchem (prozentualen) Umfang dies geschah, ist nicht feststellbar; eine Relation zwischen jeweils hoher Erfassungsdichte des Welt- und entsprechender des Ordensklerus ist allenfalls für Limburg und Trier zu erkennen.

2. Einzelergebnisse

Während die Berechnung der diözesanen Erfassungsdichte eine Trennung nach Welt- und Ordenspriestern erforderte, ist diese Unterscheidung für die weitere statistische Auswertung nicht notwendig. Hier geht es um Fragen, die jeweils von der *Gesamt*zahl der betroffenen Geistlichen und ihrer Strafen, Vergehen und den eingreifenden NS-Instanzen ausgehen, gleichgültig, ob diese Angaben für den Bereich einer Diözese oder für das gesamte Erfassungsgebiet gemacht werden. In der folgenden Darstellung ist das Material jedoch der besseren Überschaubarkeit wegen unter vier Aspekten geordnet: a) nach näheren Angaben über die Altersstruktur der Betroffenen, b) nach Angaben über den Zeitpunkt der Maßregelungen, der Vergehen und des Eingreifens der Instanzen, c) nach der diözesanen Aufgliederung dieser drei Erfassungskategorien und d) nach ihrer wechselseitigen Abhängigkeit voneinander.

a) Die Altersstruktur der betroffenen Priester

Eine eingehende Betrachtung des Umfrageergebnisses legt zunächst die Frage nach der Altersstruktur der betroffenen Priester nahe. Sie ist in Tabelle 2 nach Zehnjahresgruppen aufgeschlüsselt, bezogen jeweils auf das Alter der Betroffenen zum

---

[66] Die verschiedenen Ausgaben des *Kirchlichen Handbuchs* listen nur nach Ordenszugehörigkeit auf, die *Diözesan-Schematismen* enthalten meist nur die Namen der Weltpriester.

[67] Vgl. unten Sp. 1609–1629. – 92 der 418 deutschen KZ-Priester und 25 der 110 im KZ Verstorbenen waren Ordensgeistliche. Bezogen auf das Gesamtergebnis bedeutet das: Mehr als jeder zehnte der insgesamt ermittelten 866 Ordensleute, aber „nur" jeder zweiundzwanzigste der 7155 betroffenen Weltpriester war KZ-Häftling. Noch auffälliger ist der hohe prozentuale Anteil des Ordensklerus bei den sonstigen Todesopfern: Von den insgesamt 59 Todesfällen entfallen 25 auf Ordensleute, nämlich 17 Todesfälle in der (Gestapo-)Haft und 8 Hinrichtungen.

Zeitpunkt ihrer Bestrafung.[68] Danach waren 24,4% der erfaßten Personen 30 Jahre oder jünger, 22% zwischen 31 und 40, 25,8% zwischen 41 und 50, 17,1% zwischen 51 und 60 Jahre alt, 10% älter als 60 Jahre. Die insgesamt geringe Anzahl von 52 Priestern (= 0,6%), von denen entsprechende Angaben fehlen, ließ sich nicht einordnen.

An diesen Ergebnissen fällt insbesondere der hohe Anteil der Neu- und Jungpriester auf. Geht man davon aus, daß das durchschnittliche Weihealter bei 25–26 Jahren lag, so stellen die Angehörigen von nur sechs aufeinander folgenden Geburtsjahrgängen nahezu ein Viertel aller Betroffenen, selbstverständlich mit Abweichungen nach oben und unten in den einzelnen Diözesen. Die verbleibenden drei Viertel verteilen sich – bei steigendem Alter mit fallender Tendenz – auf mehr als vierzig Geburtsjahrgänge. Diese Feststellung ist auch deshalb bemerkenswert, weil der Nationalsozialismus im allgemeinen doch gerade auf Angehörige der jüngeren Generation eine unverkennbare Anziehungskraft ausgeübt hat.

Deutlich geringer ist der prozentuale Anteil der 31- bis 40jährigen. Hierunter fallen die älteren Hilfsgeistlichen und jüngeren Pfarrer, wobei die Versetzung auf eine Pfarrstelle in Süddeutschland – wo man die Zwischenstufe des Kooperators kennt – im Durchschnitt später erfolgt ist als etwa in den westdeutschen Diözesen. Immerhin umfassen beide Altersgruppen zusammengenommen, also die 25- bis 40jährigen, 46,4% der bestraften Priester.

In der nächstfolgenden Gruppe der 41- bis 50jährigen steigt der Prozentsatz wieder an. Mit 25,8% stellen sie sogar den zahlenmäßig größten Anteil, fallen jedoch, auf den einzelnen Geburtsjahrgang umgerechnet, hinter den Jungpriestern auf den zweiten Rang zurück. Der Stellung nach dürfte es sich bei den Vierzigjährigen und Älteren im wesentlichen um Pfarrer gehandelt haben. Nimmt man die älteren Jahrgänge einschließlich der noch im aktiven Seelsorgsdienst stehenden über 70jährigen hinzu, so kommt man auf einen Gesamtanteil von 52,9%. Sieht man davon ab, daß in diesen Zahlen die Ordensleute sowie Weltgeistliche, die nicht in der Pfarrseelsorge eingesetzt waren, mit enthalten sind, und setzt man ferner als statistischen Durchschnitt für die Ernennung zum Pfarrer das 41. Lebensjahr an, so läßt sich demnach, grob vereinfacht, aber im statistischen Trend zweifellos korrekt, sagen: Von den betroffenen Priestern waren 46,4% Hilfsgeistliche, 52,9% Pfarrer oder Verwalter von Pfarrstellen. Dieser Befund erlaubt es nicht, vom eindeutigen Überwiegen einer der beiden Altersgruppen zu sprechen. Auch ist es aufgrund der vorliegenden Daten nicht möglich, die Altersstruktur der bestraften Geistlichen in ihrem absoluten und prozentualen Verhältnis zur Altersstatistik des Gesamtklerus näher zu bestimmen.

Interessante Hinweise gibt jedoch Tabelle 12, die die Vergehen der Bestraften in Beziehung zu ihrem Alter setzt.[69] Danach sind die bis 30jährigen bei Vergehen aus den Bereichen Schule, Gottesdienst, (Jugend-)Seelsorge, aber auch Judenhilfe prozentual weit stärker vertreten als die übrigen Altersgruppen, nicht dagegen bei im engeren Sinn „politischen" Delikten wie Regimekritik, politische Unzuverlässigkeit oder staatsfeindliches Verhalten. Das aber zeigt: Die Konflikte der Jungpriester ergaben sich im Regelfall aus ihrer „normalen" seelsorglichen Tätigkeit, also vor allem beim schulischen (Religions-)Unterricht, bei Predigt und Christenlehre in der Kirche, insbesondere jedoch bei der immer stärker eingeschnürten Arbeit für die katholischen (Jugend-)Vereine. Hingegen fällt bei der Gruppe der 31–40jährigen,

---

[68] Vgl. unten S. LXXV.
[69] Vgl. unten S. LXXXVII.

die an allen in Frage kommenden Delikten einen prozentual relativ gleichbleibenden Anteil haben, das aus dem Rahmen fallende Engagement in der Ausländerbetreuung auf. Überhaupt spielen bei ihnen wie auch bei den über 40jährigen Geistlichen die eben genannten „politischen" Delikte eine weit größere Rolle als bei den jungen Kaplänen und Ordensleuten: Ein knappes Drittel der 1545 Fälle von Regimekritik wurde beispielsweise allein den zwischen 51 und 60 Jahre alten Pfarrern und Ordenspriestern zur Last gelegt, und die relativ kleine Gruppe der über 71jährigen Geistlichen war zu einem Fünftel an den 1943 Fällen von politischer Unzuverlässigkeit beteiligt.

Dieser Eindruck bestätigt sich, wenn man nach dem Alter der Betroffenen zum Zeitpunkt ihrer Bestrafung fragt (Tab. 11).[70] Auch hier nur wenige Beispiele, die aus dem Bereich der kapitalen Strafen genommen sind: Von den 2059 verhängten kurz- oder längerfristigen Freiheitsstrafen (ohne KZ) entfallen „nur" 14,1% auf die bis 30jährigen, aber 29,2, 26,7 und 19,3% auf die drei nächstfolgenden Altersgruppen. Noch schärfer zeigt sich dieser Trend bei den KZ-Einweisungen, die in 418 Fällen erfolgt sind: Hier stellen die zwischen 31- und 40jährigen mit 34,9% den mit Abstand höchsten Anteil, gefolgt von den 41–50 Jahre alten Priestern mit 25,8 und den 51–60jährigen mit 19,1% der Fälle. Die über 61jährigen liegen mit insgesamt 9,6% nicht sehr weit unter den Jungpriestern mit 10,9%. Von den 110 im KZ umgekommenen Priestern gehören lediglich 6 zu den Jungpriestern, 30 zur Gruppe der bis 40jährigen, 29 zu den über 40jährigen, 25 zu den 51–60jährigen und 20 zur Altersgruppe der über 60 Jahre alten Geistlichen. Bei den 59 hingerichteten, ermordeten oder an den Folgen der Untersuchungshaft verstorbenen Priestern ergibt sich folgende Altersverteilung: 13 waren zwischen 31 und 40 Jahre alt, 20 bzw. 15 Geistliche gehören zu den beiden nächsten Altersgruppen und 11 waren über 60 Jahre alt; Jungpriester fehlen ganz. Indessen ist bei den KZ- und Todesopfern zu berücksichtigen, daß ihre Strafen fast durchweg in die Kriegsjahre fallen, ein Neupriester des Jahres 1933 also inzwischen längst in die nächsthöhere Altersstufe gewechselt und junge Priester vielfach zur Wehrmacht eingezogen und damit einem evt. Zugriff der Gestapo entzogen waren.

b) *Die zeitliche Einordnung der Maßregelungen, Vergehen und Eingriffe der Instanzen*

Bekanntlich ist der Kampf gegen die katholische Kirche nicht eingleisig-linear nach festem, generalstabsmäßig ausgearbeitetem Plan verlaufen, sondern in den für das NS-Regime typischen Wellenbewegungen mit zeitlichen Schwer- und Höhepunkten und je besonderen regionalen oder lokalen Akzentuierungen.[71] Von daher war zu erwarten, daß auch eine zeitliche Aufgliederung der gegen den Klerus ergriffenen Zwangsmaßnahmen, der geahndeten Vergehen und des Eingreifens der Instanzen Rückschlüsse auf die jeweilige Intensität der kirchenpolitischen Bedrückung zulassen würde.

Tatsächlich stellt Tabelle 4 gewissermaßen eine Fieberkurve des Kirchenkampfes dar.[72] Zwar waren bei einem knappen Fünftel der insgesamt 22703 ermittelten NS-Maßnahmen zeitliche Angaben nicht möglich, aber die verbleibenden datierbaren

---

[70] Vgl. unten S. LXXXVI.
[71] Knapper Überblick bei *R. Lill* mit weiteren Literaturhinweisen.
[72] Vgl. unten S. LXXVII f. – Die folgenden statistischen Angaben basieren auf Tab. 4, jedoch *ohne* Berücksichtigung der darin enthaltenen *un*datierbaren Maßregelungen. Die prozentualen Anteile sind entsprechend umgerechnet.

Anzahl der Maßnahmen je Jahr im Reichsdurchschnitt
(nach Tabelle 4)

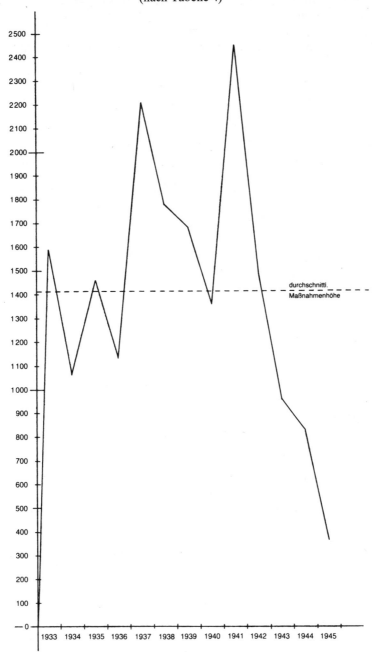

18346 Fälle zeigen, auf die zwölf Jahre der NS-Herrschaft verteilt, eine eindeutige Tendenz. Sie wird noch verstärkt, wenn man die zeitlich nicht einzuordnenden Pressionen außer Betracht läßt und lediglich eine prozentuale Aufschlüsselung der datierbaren Maßnahmen vornimmt. Danach entfallen im Reichsdurchschnitt – sieht man von den teilweise abweichenden Diözesanergebnissen ab, zu deren Erklärung jeweils die örtlichen Verhältnisse und insbesondere die jeweilige Quellenlage berücksichtigt werden müßten – 1586, das sind 8,6% aller datierbaren Maßnahmen, in das an Übergriffen reiche Jahr der „Machtübernahme". 1934 kommt es zu spürbarer Beruhigung; die Zahl der Maßregelungen nimmt um ein Drittel ab, doch schon 1935 ist ein erneuter Anstieg zu verzeichnen: Es ist das Jahr der ersten Devisenprozesse und verschärfter Angriffe auf das konfessionelle Verbandswesen.[73] Diese gespannte Lage hielt 1936 an, auch begann im Frühjahr 1936 mit den Sittlichkeitsprozessen eine zweite große Verfahrenswelle,[74] doch brachte die zweite Jahreshälfte mit den Olympischen Spielen in Berlin und dem Hitler-Projekt einer antibolschewistischen Einheitsfront von Kirchenführung und Regime ein taktisch bedingtes Anhalten.[75] Das änderte sich schlagartig nach Verlesung der Enzyklika „Mit brennender Sorge" am 21. März 1937.[76] Hitler antwortete mit der Wiederaufnahme der Sittlichkeitsprozesse, die von einem beispiellosen Verleumdungsfeldzug und massiven Eingriffen in die kirchlichen Wirkungsmöglichkeiten begleitet waren: „Der gläubige Katholik", stellte Bischof Preysing von Berlin damals öffentlich fest, „steht in Deutschland unter Ausnahmerecht".[77]

Diese Entwicklung spiegelt sich auch in den Verfolgungsmaßnahmen: Gut ein Achtel aller datierbaren Fälle, nämlich 2210, genau doppelt so viele wie 1936, fallen in das Jahr 1937. Dieses Ergebnis wird nur noch durch die Zahlen von 1941, dem Jahr des Rußlandfeldzugs und der gleichzeitigen kirchenpolitischen „Flurbereinigung", übertroffen, wo 2447 oder 13,3% aller Vorkommnisse registriert sind. Auch hier tritt der Zusammenhang mit der kirchenpolitischen Großwetterlage klar zutage: Seit der Jahreswende 1940/41 hat mit dem sogenannten (→) Klostersturm ein gewaltiger Raubzug von Partei und Gestapo gegen Klöster und kirchliche Einrichtungen eingesetzt. Gleichzeitig sorgt die unter dem Tarnnamen „Euthanasie" betriebene Vernichtung angeblich „lebensunwerten Lebens" für erhebliche Unruhe.[78] In Bayern ordnet Kultusminister Wagner die Entfernung der (→) Schulkreuze[79] aus den Klassenzimmern an, und unter dem Vorwand kriegsbedingter Notwendigkeiten greifen administrative Verfügungen so tief in das kirchliche Leben ein, daß Konflikte für die Seelsorger nahezu unvermeidlich sind.

Zwischen diesen beiden Höhepunkten verzeichnet die Statistik der NS-Maßnahmen in den Jahren 1938–1940 einen Rückgang von 9,7 auf 7,4%, der sich ab 1942 von 8,1 auf 2% (1945) fortsetzt. Beide Male treten aktuellere politische Interessen in den Vordergrund: in der Phase der unmittelbaren Kriegsvorbereitung Hitlers außenpolitisches Engagement,[80] mit nachlassendem Kriegsglück dann Rücksichtnahme auf die Volksstimmung.[81] Daß gleichzeitig kapitale Vorfälle wie KZ-Einweisungen oder Hinrichtungen sprunghaft zunehmen, ändert wegen der insgesamt wenig ins Gewicht fallenden absoluten Zahlen nichts am statistischen Gesamttrend.

---

[73] Vgl. hierzu *P. Rapp; B. Schellenberger; J. Aretz*, Arbeiterbewegung I/II; *H.-A. Raem*, Gesellenverein.
[74] Vgl. hierzu *H. G. Hockerts*, Sittlichkeitsprozesse.
[75] Hierzu jetzt sehr erhellend *ders.*, Goebbels-Tagebücher, S. 367–371.
[76] Vgl. *L. Volk*, Enzyklika; *H.-A. Raem*, Pius XI.
[77] Zitiert bei *W. Adolph*, Kardinal Preysing, S. 122.
[78] Vgl. unten S. LXVII sowie *M. Höllen* und *L. Volk*, Lebensvernichtung. – Zu der namentlich in den hier interessierenden Passagen bemerkenswert polemischen und voreingenommenen Arbeit von *E. Klee vgl. H.-J. Wollasch.*
[79] Vgl. unten S. LXIX.
[80] Vgl. hierzu *L. Volk*, Widerstand, S. 133, sowie, auf der Grundlage neuer Quellen, *H. G. Hockerts*, Goebbels-Tagebücher, S. 380f.
[81] Vgl. hierzu *M. G. Steinert.*

Sehr aufschlußreich ist in diesem Zusammenhang eine Betrachtung der verhängten Einzelmaßnahmen in zeitlicher Hinsicht. Dabei kann auf sich beruhen bleiben, wie sich die Gesamtzahl der 22 703 Maßnahmen auf die einzelnen Maßregelungen aufteilt; Tabelle 13 gibt hier die nötigen Auskünfte.[82] Vielmehr soll an Beispielen vor Augen geführt werden, wann die einzelnen Maßnahmen, jede für sich genommen, im zeitlichen Ablauf der Jahre 1933–1945 jeweils besonders häufig verhängt worden sind.

Von den insgesamt 1335 *datierbaren* Fällen von Schulverbot entfallen immerhin 22,3 bzw. 13,7% auf die Jahre 1937 und 1941, also exakt die Zeit, die durch besonders massive Vorstöße gegen den kirchlichen Einfluß im Schulbereich gekennzeichnet ist. Von den zeitlich einzuordnenden 539 Ausweisungen sind allein 234 oder 43,4% für die Jahre 1940 und 1941 registriert, wobei die Koinzidenz mit dem gleichzeitigen „Klostersturm" sofort ins Auge springt. Bei den 1744 *datierbaren* Gerichtsverfahren ist in den Jahren 1937–1939 ein Schwerpunkt festzustellen; insgesamt 42,3% aller Verfahren liegen in diesem Zeitraum, und der Rückgang von 12,1% (1939) auf nur noch 5,8% (1940) läßt vermuten, daß der Kriegsbeginn auch der innenpolitischen „Gegnerbekämpfung" andere Wege wies. Die 1099 *datierbaren* Fälle von politischem Terror verteilen sich im großen und ganzen relativ gleichmäßig auf die zwölf Jahre; es fällt jedoch auf, daß mehr als ein Fünftel der Vorkommnisse für 1933 registriert sind, das Jahr der Gleichschaltung, wo zunächst einmal eingeschüchtert und alte Rechnungen beglichen werden sollten.

Eine unübersehbare zeitliche Beziehung besteht schließlich zwischen KZ-Einlieferung und Krieg. Von den 418 KZ-Opfern sind lediglich 23 vor 1939 in Lagerhaft genommen worden. Höhepunkt des Gestapo-Zugriffs ist das Jahr 1941 mit 112 Einlieferungen. Gleiches gilt vice versa für die 59 Todesopfer (ohne die 110 im KZ Verstorbenen), von denen nur 3 vor 1939 umgekommen sind, hingegen 41 in den Jahren 1943–1945. Diese Zahlen belegen die gesteigerte Nervosität der Überwachungsorgane, namentlich der Gestapo, die selbst auf vergleichsweise harmlose Vorkommnisse mit unverhältnismäßig großer Härte reagierte.

Ergänzende Hinweise liefert die zeitliche Aufgliederung der insgesamt 17 580 ermittelten Vergehen, von denen 14 287 datierbar sind (Tabelle 14).[83] Auch auf diese Weise lassen sich die thematischen Schwerpunkte der jeweiligen antikirchlichen Agitation erkennen, etwa die schulpolitische Auseinandersetzung des Jahres 1937, das scharfe Vorgehen gegen die seelsorgliche Betreuung der Kriegsgefangenen und Fremdarbeiter in den Jahren 1940–1943/44 oder die massiven Eingriffe in das kirchliche Feiertagsrecht und die Gottesdienstordnung mit Höhepunkt im Jahre 1941. Es ist auch kaum Zufall, daß von den 91 datierbaren Fällen von Judenhilfe ein jeweils überproportionaler Anteil in die Jahre 1938 und 1941 fällt, die durch den Pogrom vom 9./10. November 1938 und den Beginn der Deportationen gekennzeichnet sind.

Prüft man endlich die vorliegenden Daten unter der Fragestellung, ob sich auch für das Eingreifen der staatlichen, halbstaatlichen, parteiamtlichen oder selbsternannten Bestrafungsinstanzen zeitliche Schwerpunkte feststellen lassen (Tabelle 15),[84] so ergibt sich Folgendes:

Die Gerichte und Justizbehörden begannen 1935 mit auffällig gesteigerter Aktivität, welche bis 1941 nahezu unvermindert anhielt und lediglich 1936 und 1940 kurz, seit

---

[82] Vgl. unten S. LXXXVIII. – Auch die folgenden statistischen Angaben aus Tab. 13 sind lediglich auf die *datierbaren* Maßregelungen bezogen.

[83] Vgl. unten S. LXXXIX.

[84] Vgl. unten S. XC. – Auch für die folgenden Beispiele sind die statistischen Angaben aus Tab. 15 lediglich auf die *datierbaren* und *einer bestimmten Instanz zuzuordnenden* Fällen bezogen.

KZ-Einweisungen je Jahr im Reichsdurchschnitt
(nach Tabelle 13)

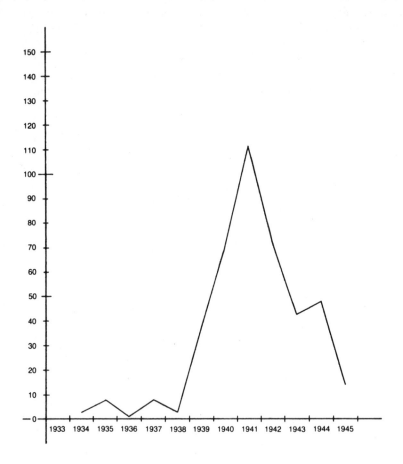

1942 anhaltend durch ein deutliches Abflauen unterbrochen war. Demgegenüber setzte die lebhafte Tätigkeit der Verwaltungsbehörden schon 1933 ein und blieb bis 1942 relativ gleichförmig, jedoch mit Schwerpunkten 1937 und 1941. Die Polizei hatte 1933 und 1941 ihre einsatzreichsten Jahre; die Gestapo entfaltete seit 1937 eine deutlich gesteigerte Aktivität und erreichte gleichfalls 1941 ihren Einsatzrekord. Beim Vergleich der Instanzen untereinander ergibt sich rasch, daß der Gestapo seit 1934 der mit Abstand größte Anteil an der planmäßigen „Gegnerbekämpfung" zukommt. Höhepunkt ist hier das Jahr 1942: Damals griff sie in 58,2% aller datierbaren und einer bestimmten Instanz zuzuordnenden Fälle ein.

Die NSDAP und ihre Gliederungen schließlich, die in 1683 datierbaren Fällen als strafende Instanz nachzuweisen sind, taten sich vornehmlich zu Beginn der NS-Herrschaft hervor; ein knappes Viertel ihrer (datierbaren) Vorstöße erfolgte 1933. Freilich ist ihr seit 1934 spürbar sinkender Einsatz nicht etwa mangelnder Tatkraft zuzuschreiben, sondern dem Umstand, daß nach Etablierung des Regimes andere Kräfte zur „Gegnerbekämpfung" bereitstanden.

c) Die Vorfälle im einzelnen

Wenn im Vorstehenden von insgesamt 8021 bestraften Weltpriestern oder Ordensleuten die Rede war, zeigt schon die ungleich größere Zahl der gegen sie verhängten
Maßnahmen (22703), aber auch der ihnen zur Last gelegten Vergehen (17580), daß
im statistischen Durchschnitt jeder der erfaßten Geistlichen *mehrfach* mit dem
Regime in Konflikt geraten ist. Tabelle 3 schlüsselt die durchschnittliche Häufigkeit
der Vorfälle auf,[85] wobei „Vorfall" zu verstehen ist als Verbindung von *einer* betroffenen Person mit *einem oder mehreren* Vergehen und *einer oder mehrerer* Strafmaßnahmen. Wir erfahren also, mit anderen Worten, wie oft ein Priester in einen mehr
oder weniger folgenschweren Vorfall verwickelt war, ohne daß Näheres darüber
gesagt wäre, aus wievielen Vergehen bzw. Maßnahmen dieser Vorfall jeweils bestand. Dabei ergibt sich, daß im Durchschnitt aller Diözesen nur gut die Hälfte der
erfaßten Geistlichen, nämlich 51,4% , lediglich einmal unliebsam aufgefallen ist,
23,8% dagegen zweimal und immerhin 24,8%, also fast genau ein Viertel, drei-
oder mehrmals. Eine nähere Aufgliederung nach Diözesen zeigt im übrigen, daß
Mehrfachbelangungen um so häufiger gemeldet wurden, je besser jeweils die Quellenlage ist.

Dieses Ergebnis beweist zunächst die permanente Bespitzelung des Klerus wie die
Tendenz zahlreicher Geistlicher, sich nicht schon durch den ersten Zusammenstoß
einschüchtern zu lassen. Legt man die Gesamtzahl der ermittelten Vergehen und
Maßnahmen auf die erfaßten Priester um, so ergibt sich, daß im Durchschnitt auf
jeden Geistlichen 2,2 Vergehen und 2,8 Maßnahmen unterschiedlicher Instanzen
entfallen. Selbst unter Berücksichtigung derjenigen Vorkommnisse, bei denen das
Regime mit *einer* Maßnahme auf mehrere Vergehen reagierte, ist also der umge-
kehrte Vorgang weit häufiger: daß nämlich *eine* oppositionelle Regung gleich mehrere Maßregelungen nach sich ziehen konnte. Bekannt ist beispielsweise der Fall des
Kölner Jesuiten Josef Spieker, den das Sondergericht Köln zwar 1935 vom Vorwurf
der Kanzelhetze freisprach und aus der Untersuchungshaft entließ, der beim Verlassen des Gerichtsgebäudes aber von der Gestapo festgenommen und in das KZ
Börgermoor eingeliefert wurde, womit seine Bekanntschaft mit staatspolizeilichen
Praktiken noch nicht beendet war.[86]

Wie der statistische Befund zeigt, war das kein Einzelfall, sondern eher die Regel:
Bei einem auf totale Beherrschung der Öffentlichkeit bedachten Regime mußte
jeder Geistliche damit rechnen, daß regimekritische Gesten oder Äußerungen gleich
mehrere Instanzen auf den Plan rufen konnten, angefangen bei der Denunziation
durch einen mißgünstigen Zeitgenossen, die etwa zur Vorladung durch den Ortsgruppenleiter und/oder Verwarnung durch ihn oder eine andere Stelle führte, bis zu
dem gerade erwähnten Fall „klassischer" Gestapo-Herrschaft, wo „unzeitgemäße"
Gerichtsurteile durch „Sondermaßnahmen", die keinerlei rechtlicher Nachprüfung
unterlagen, „korrigiert" wurden.

In welcher statistischen Häufigkeit wurden nun die einzelnen Strafmaßnahmen
verhängt, welche Vergehen waren jeweils der Grund, und wie oft griffen welche
Instanzen ein?

Prüft man die vorliegenden Daten in dieser Reihenfolge – wobei dies nur für den
Reichsdurchschnitt geschehen soll, da die diözesanen Ergebnisse teilweise stark
voneinander abweichen und hier nicht weiter verfolgt werden können –, so ergibt
sich zunächst, daß unter den Maßnahmen (Tab. 5)[87] Verhöre mit 18,5% die erste

---

[85] Vgl. unten S. LXXVI.
[86] Vgl. unten Sp. 570 sowie *J. Spieker*.
[87] Vgl. unten S. LXXIX f.

Die gegen Geistliche ergriffenen Strafmaßnahmen im Reichsdurchschnitt
(nach Tabelle 5)

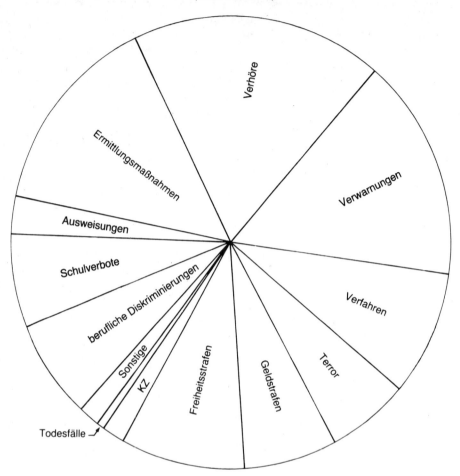

Stelle einnehmen, dicht gefolgt von Verwarnungen (16,4%) und Ermittlungsmaßnahmen (14,8%). Somit gehört knapp die Hälfte aller Maßnahmen (49,7%) in den
unteren Bereich nationalsozialistischer Überwachungstätigkeit: Ein Geistlicher fällt
auf, man zitiert ihn zum Verhör oder macht Hausdurchsuchung, verleiht dem Ganzen womöglich durch kurzfristige Festnahme zusätzlichen Nachdruck, verwarnt
eindringlich und droht im Wiederholungsfall drakonische Strafen an – dem Einfallsreichtum der Vernehmungsorgane waren hier keine engen Grenzen gesetzt.
In 6,9% der Fälle wurden Schulverbote ausgesprochen, ein Verwaltungsakt, der
zumeist den Entzug der Unterrichtserlaubnis für (nebenamtlichen) Religionsunterricht betraf und vielfach die Geistlichen zwang, die religiöse Unterweisung der
Kinder in kircheneigene Räume zu verlegen. Nahezu gleich groß ist mit 7,1% die
Zahl der sogenannten beruflichen Diskriminierungen, also Maßnahmen, die den
Beschuldigten unmittelbar bei Ausübung seiner täglichen Seelsorgsarbeit trafen:
etwa ein Rede- oder Predigtverbot oder die durch Androhung schärferen Einschreitens erzwungene Versetzung eines mißliebigen Geistlichen, ein besonders bei Hilfspriestern angewandtes Verfahren, da ihrer Versetzung noch keine kirchenrechtli

chen Hindernisse entgegenstanden. Noch wirkungsvoller war die Ausweisung, eine prozentual zwar „nur" mit 2,6% zu Buche schlagende Strafmaßnahme, die aber immerhin 599 Priester traf. In 9,1% aller Fälle kam es zu einem Ermittlungs- oder Gerichtsverfahren, ohne daß damit etwas über deren Ausgang gesagt ist. 6,9% der Maßnahmen entfallen auf Geld-, 9,1% auf Freiheitsstrafen (ohne KZ), 5,8% auf Terror, also die vielfältigen Formen nationalsozialistischer Selbstjustiz, die namentlich zu Beginn des Dritten Reiches auftraten. Zu erwähnen bleiben schließlich KZ-Einweisung (1,8%) und Tod (0,3%) als die in jeder Hinsicht härtesten, endgültigsten Strafen: Insgesamt 418 Priester, das sind 55 mehr als bisher bekannt, wurden in Konzentrationslager eingeliefert, mehr als ein Viertel davon, nämlich 110 Personen, erlagen den Strapazen der Haft. Darüber hinaus wurden 59 Priester hingerichtet, ermordet oder starben während der Kerkerhaft.[88]

Bei näherer Betrachtung der insgesamt 17580 festgestellten Vergehen (Tab. 6)[89] ist zu beachten, daß in einem knappen Drittel aller Fälle keine Gründe angegeben sind. Dies trifft auch für ansonsten gut dokumentierte Diözesen zu und dürfte im wesentlichen dem Umstand zuzuschreiben sein, daß nicht jeder Priester, der nach Kriegsende seinen Fragebogen ausfüllte, die systematischen Fragen späterer Historiker vor Augen hatte. Jedenfalls können die folgenden Angaben nur von den verbleibenden 12146 Vergehen ausgehen, deren prozentuale Aufgliederung entsprechend umgerechnet ist. Danach entfällt knapp die Hälfte aller Vergehen, über die nähere Angaben vorliegen, auf die Bereiche Gottesdienst (24,1%) und Seelsorge (21,8%); rechnet man die schulischen Delikte (5,5%) hinzu, so ergeben sich 51,4%.

An diesem Ergebnis ist vor allem bemerkenswert, in welch großem Ausmaß Geistliche bei Wahrnehmung ihres „normalen" seelsorglichen Auftrags „straffällig" werden konnten. Es bedurfte also keiner besonderen politischen Exponierung, um aufzufallen; schon der Alltag des Seelsorgers hielt zahllose jener Fallstricke bereit, die das totalitäre Regime für nichtkonformes Verhalten aufgespannt hatte, auch wenn die Nichtkonformität „nur" in der Unvereinbarkeit zweier Weltanschauungen bestand. Demgegenüber hatten die 488 Fälle von Ausländer- (4,0%) und die 108 Fälle von Judenhilfe bzw. Kritik an antijüdischen Maßnahmen (0,9%) bereits einen dezidiert „politischen" Anstrich. Wer sich gegenüber diesem zentralen Punkt der nationalsozialistischen Rassenlehre ablehnend verhielt und dies auch (öffentlich) kundtat, schädigte nach Meinung der Machthaber in unverzeihlicher Weise die Interessen des „völkischen Staates", selbst wenn jemanden dabei lediglich elementares Gerechtigkeitsgefühl oder christliches Liebesgebot leitete.

Regimekritik (12,7%), politische Unzuverlässigkeit (16,0%) und staatsfeindliches Verhalten (5,8%) machen zusammen ein gutes Drittel (34,5%) der Vergehen aus. Dieser prozentuale Anteil ist auffallend hoch. Da zahllose Beispiele zeigen, wie rasch das Regime – ständig bemüht, den Kirchenkampf zu politisieren – mit entsprechenden Anschuldigungen zur Hand war, muß es der Interpretation des je einzelnen Falles vorbehalten bleiben, um herauszufinden, welches Maß an politischem Protest sich dahinter verbirgt.

---

[88] Zahlen nach Tab. 5 *und* 8 (zu letzterer vgl. unten S. LVI). – Da die Angaben über die Nationalität der in Dachau einsitzenden KZ-Häftlinge schwanken – Bornefeld ermittelt 298, Weiler (basierend auf Schneider) 291 katholische deutsche Priester, korrigiert diese Zahl aber später in 285; Kimmel nennt unter Berufung auf eine polnische Quelle 411 Geistliche, doch sind darin die österreichischen und vermutlich auch einige sudetendeutsche Priester mitenthalten, die wiederum Weiler getrennt aufführt –, wurde das vorliegende Ergebnis aufgrund eines namentlichen Vergleichs mit den bei Weiler aufgeführten Klerikern ermittelt. Vgl. *R. Schnabel*; *E. Weiler* I S. 45f; *E. Weiler* II, Erg.-Heft S. 2f; *G. Kimmel* S. 375.

[89] Vgl. unten S. LXXXI.

„Vergehen" der Geistlichen im Reichsdurchschnitt
(nach Tabelle 6)

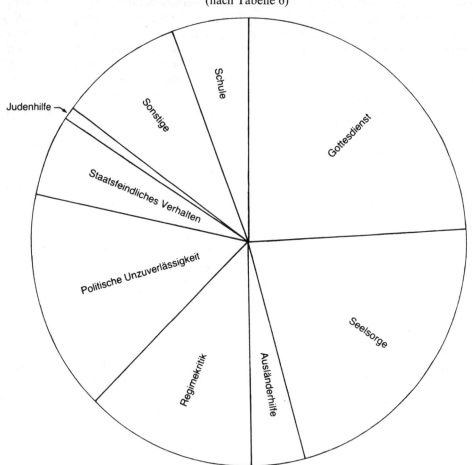

9,1% aller bekannten Vergehen entfallen auf Sonstiges.

Auch eine Aufgliederung der eingreifenden NS-Instanzen (Tab. 7)[90] muß berücksichtigen, daß von immerhin 28% aller Strafen nicht bekannt ist, wer sie verhängt hat.[91] Die insgesamt 16341 klar einer bestimmten Instanz zuzuordnenden Maßnahmen ergeben jedoch ein eindeutiges Bild: Im Reichsdurchschnitt ist unter entsprechender Umrechnung der Prozentangaben die Geheime Staatspolizei mit einem Anteil von 45,3% die mit weitem Abstand aktivste der eingreifenden Instanzen. Das entspricht ebenso der zentralen Stellung, die sie seit ihrem Ausbau von einer ursprünglich preußischen Einrichtung zur Politischen Polizei des ganzen Reiches im nationalsozialistischen Verfolgungsapparat einnahm, wie der Bedeutung, die ihre Auftraggeber der Observierung der Kirchen beimaßen. Seit dem 26. Juli 1935 verpflichtete beispielsweise ein Erlaß des Geheimen Staatspolizeiamtes alle Gestapo-(leit)stellen zu monatlichen Berichten über Maßregelungen katholischer (und evan-

---

[90] Vgl. unten S. LXXXII.

[91] Auch hier schwanken die diözesanen Angaben teilweise sehr stark: Passau etwa macht bei 71,9% der verhängten Maßnahmen keine Angaben über die strafende Instanz, Osnabrück lediglich bei 9,9% (Vgl. unten Tab. 7). Eine Erklärung hierfür müßte neben der örtlichen Quellenlage und der Qualität der jeweiligen Auswertung auch die Art der Problemstellung bei den seinerzeitigen Fragebogenaktionen berücksichtigen.

Die eingreifenden NS-Instanzen im Reichsdurchschnitt
(nach Tabelle 7)

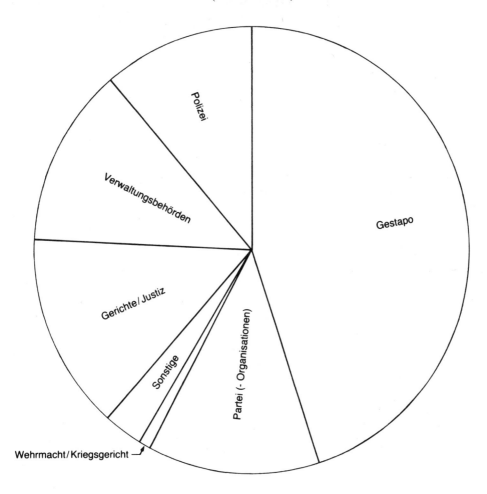

gelischer) Geistlicher.[92] Daß der Klerus ständig bespitzelt und – namentlich seit Kriegsbeginn – durch sogenannte V-Leute ausgehorcht wurde, ist vielfach belegt.
Die größere Hälfte der Maßregelungen verteilt sich relativ gleichrangig auf die übrigen Instanzen: 14,8% gehen auf die Justiz-, 13,1% auf die Verwaltungsbehörden zurück, doch steht zu vermuten, daß etliche ihrer Aktionen durch staatspolizeiliche Ermittlungen ausgelöst wurden. Die Polizei, also die Gendarmerie im herkömmlichen Sinn, griff in 10,5% der Fälle zu; auch hier mag die Grenze zur Gestapo zuweilen fließend sein. 12,6% der verhängten Maßnahmen gehen auf das Konto der NSDAP und anderer NS-Organisationen. Gering ist mit knapp 1% die Tätigkeit von Wehrmachtsbehörden oder Kriegsgerichten; 2,8% fallen auf sonstige „Instanzen", darunter auch Privatpersonen, die, aus welchen Beweggründen auch immer, die Gunst der Stunde zu persönlichen Rachefeldzügen nutzten oder auch nur aus politischer Verblendung handelten.

---

[92] Vgl. *H. Boberach* S. XXXVIII.

d) *Maßnahmen, Vergehen und Instanzen in ihren Beziehungen zueinander*

In der Auswertung des statistischen Befunds bleibt als letzter Punkt das Verhältnis der drei Erfassungskategorien zueinander zu behandeln, eine Aufgabe, die sich in drei Fragen konkretisieren läßt:

1. Mit welchen Maßnahmen wurden die einzelnen Vergehen bestraft? (Tab. 8)
2. Welche Maßnahmen wurden von welcher Instanz verhängt? (Tab. 9) und schließlich
3. Welche Vergehen wurden von welcher Instanz geahndet? (Tab. 10).

Gleich die erste Frage führt mitten in die Praxis nationalsozialistischer „Gegnerbekämpfung" hinein. Da zu ihrer Klärung jede Maßnahme zu jedem einzelnen Vergehen in Beziehung gesetzt werden muß, fällt die Antwort entsprechend vielfältig aus. Es genügt jedoch, an den Beispielen Geld- und Freiheitsstrafen, KZ-Haft und „Todesfällen" vor Augen zu führen, was Tab. 8 an Informationen bereithält.[93] Zur Verdeutlichung sind die Prozentwerte wiederum auf die Basis derjenigen Maßnahmen umgerechnet, die sich eindeutig bestimmten Vergehen zuordnen lassen. Danach sind von den insgesamt 1208 Geldstrafen, für die der Grund bekannt ist, nahezu ein Drittel, nämlich 32,2%, wegen irgendwelcher Verstöße im Bereich „Gottesdienst" verhängt worden, ein weiteres Fünftel (21,8%) wegen „seelsorglicher" Vergehen, weitere 3,1% wegen schulischer Vorkommnisse, 3,8% wegen verbotener Ausländerseelsorge oder -hilfe. Das macht zusammen 60,9%. Drei Fünftel aller Geldstrafen entfallen somit auf Delikte aus dem unmittelbaren Aufgabenbereich des Seelsorgers, wozu zahllose einengende Bestimmungen wie etwa das Reichsflaggen- oder das Sammlungsgesetz, nach Kriegsbeginn dann die behördlich verfügten Behinderungen des Gottesdienstes die juristische Handhabe boten. Nur gut ein Viertel aller Geldstrafen sind wegen Regimekritik (7,4%), politischer Unzuverlässigkeit (15,6%) und staatsfeindlichem Verhalten (4,5%) verhängt worden, 0,4% wegen Judenhilfe, 11,2% wegen sonstiger Vergehen.

Dagegen fällt bei den 1509 Freiheitsstrafen, die wegen näher bekannter Delikte verhängt wurden, der „seelsorgliche" Bereich mit insgesamt 36,8% deutlich kleiner aus als der politische mit 46,3%. Hier lassen Strafart und Strafmaß die unterschiedliche Gewichtung der Vergehen durch die (Justiz-)Behörden klar erkennen: Regimekritisches oder gar „staatsfeindliches" Verhalten wurde eher mit Haft- als mit Geldstrafen geahndet, das Risiko für die betroffenen Priester war also sichtlich höher. Noch eindeutiger ist dieser Zusammenhang bei den hingerichteten oder auf andere Weise umgekommenen Geistlichen (ohne KZ-Tote): Nur 13,0% der näher begründbaren Todesfälle stehen in Verbindung mit „seelsorglichen", weit über zwei Drittel (69,6%) in Verbindung mit „politischen" Vergehen.

Auffälligerweise halten sich bei den KZ-Opfern der seelsorgliche und der politische Bereich mit 45,1 bzw. 44,1% nahezu die Waage. Man wird hierin ein Indiz dafür sehen müssen, daß die Gestapo, die bei Verhängung dieser Strafe das Monopol hatte, nach Beginn des Krieges jedwede Art unerwünschten Verhaltens unterschiedslos hart ahndete. Sie dürfte dabei im Banne von Himmlers Theorie „über die geheimnisvolle Macht der Kirchen" und ihrer „Verschwörung mit den … Feinden des völkischen Lebens" gestanden haben,[94] wodurch es ihr unmöglich war, etwa nach der tatsächlichen „Gefährlichkeit" priesterlichen Verhaltens zu differenzieren.

In welchem Ausmaß Gestapo und übrige Instanzen in der „Gegnerbekämpfung" engagiert waren, ist bereits ausgeführt worden.[95] Ergänzend dazu schlüsselt Tab. 9

---

[93] Vgl. unten S. LXXXIII.
[94] Vgl. *H. Boberach* S. XL.
[95] Vgl. oben S. LIVf.

auf, welche Strafen die einzelnen Instanzen jeweils verhängt haben.[96] Bei näherer Betrachtung zeigt sich erwartungsgemäß, daß es „instanzentypische" Strafen gibt, gerade auch in den Bereichen, die neben der herkömmlichen Strafverfolgung bestehen: Bei aller Willkür, allem Kompetenzenwirrwarr, aller mangelnden Überschaubarkeit, die das NS-Regime auszeichneten, lassen sich an den Strafarten doch gewisse „Zuständigkeiten" ablesen.

Danach fällt eine Maßnahme wie Schulverbot – läßt man bei den folgenden Beispielen diejenigen Fälle außer Betracht, in denen eine eindeutige Zuordnung von Maßnahme und bestrafender Instanz nicht möglich ist – zunächst und vor allem in die Zuständigkeit der Schulaufsichtsbehörden, die in der Tat auch zwei Drittel der näher bekannten Fälle von Schulverbot verhängt haben. Bei beruflichen Diskriminierungen, deren Urheber wir kennen, haben drei Instanzen besondere Aktivität gezeigt: zunächst die Gestapo in 34,8% der Fälle, dann die Verwaltungsbehörden (26,6%) und schließlich Parteiorganisationen (17,7%). Stärker war die Partei an außernormativen Bestrafungs- oder Schikanierungsmöglichkeiten beteiligt, die unter dem Stichwort „Terror" zusammengefaßt sind: Immerhin 43,9% der zuschreibbaren Vorfälle gehen auf ihr Konto, und ordnet man auch die 21,6%, in denen „Sonstige", also vor allem Einzelpersonen, als Urheber auftreten, ihrem Dunstkreis zu, so ergibt sich ein Anteil von nahezu zwei Dritteln. Daß auch die Gestapo gut ein Fünftel der Terror-Fälle zu verantworten hat, zeigt die methodische Breite ihres Eingreifens. Selbst Geldstrafen wurden „nur" in 51,6% der näher bekannten Fälle durch die Gerichte verhängt; mit 36,1% ist auch hier die Beteiligung der Gestapo überraschend groß, insbesondere bei hohen Geldbußen, die zumeist als „Sicherungsgelder" verhängt wurden und den gemaßregelten Priester zu künftigem Wohlverhalten zwingen sollten.

Bei den Freiheitsstrafen ist das Beteiligungsverhältnis umgekehrt. Nur knapp ein Drittel der Fälle entfallen auf reguläre Untersuchungshaft oder sind Freiheitsstrafen aufgrund von Gerichtsurteilen, über drei Fünftel gehen dagegen auf Gestapo (55,8%) und Polizei (6,7%) zurück, wobei es sich im wesentlichen um Schutzhaft handeln dürfte. Noch eindeutiger sind Aufenthaltsverbote (Ausweisungen) und KZ-Einweisungen eine Domäne der Gestapo; sie tritt in 73,3 bzw. 85,8% aller zuzuordnenden Fälle als maßregelnde Instanz auf. Mit hoher Wahrscheinlichkeit ist anzunehmen, daß ihr auch diejenigen KZ-Einweisungen zugerechnet werden müssen, die in der Tabelle – wohl aufgrund irrtümlicher Angaben in den Fragebögen – anderen Instanzen zugeschrieben sind.

Von den 59 Todesopfern sind 28 durch die (Sonder-)Gerichte bzw. den Volksgerichtshof, 5 weitere durch Kriegsgerichte zum Tode verurteilt worden, immerhin 16 kamen im Gestapo- und Polizeigewahrsam um, bei 2 Toten liegen keine näheren Angaben vor. Unter den 8 Priestern, für deren Tod die NSDAP und ihre Organisationen das Verschulden trifft, sind auch diejenigen, die gegen Kriegsende Opfer wilder SS-Mordkommandos wurden.

Fragt man schließlich noch nach dem Zusammenhang von bestraften Vergehen und strafender Instanz (Tab. 10),[97] so ergibt sich auch hier, daß bei allen Delikten in erster Linie die Gestapo, und zwar mit weitem Abstand vor allen anderen Instanzen, tätig wurde, besonders auffällig in den Bereichen Seelsorge, Ausländerseelsorge, staatsfeindliches Verhalten und Judenhilfe. Lediglich bei den schulischen Vorkommnissen trat sie erst nach den Verwaltungsbehörden in Erscheinung. Daß die Geheime Staatspolizei, namentlich seit ihrer organisatorischen Verbindung mit

---

[96] Vgl. unten S. LXXXIV.
[97] Vgl. unten S. LXXXV.

der SS im Jahre 1936, die in Himmlers Amtsbezeichnung „Der Reichsführer-SS und Chef der Deutschen Polizei" ihren unüberhörbaren Ausdruck fand, in der national-sozialistischen „Gegnerbekämpfung" den entscheidenden Platz einnahm, wird somit auch durch das Ergebnis dieser Umfrage belegt.[98]

IV. Zusammenfassung

Während sich bisher die Erforschung des nationalsozialistischen Kirchenkampfes vor allem auf die Ebene der Staats- und Partei- bzw. Kirchenführung konzentriert hat, geht die vorliegende Dokumentation einen thematisch und methodisch anderen Weg: Sie fragt, wie sich die Auseinandersetzungen auf unterer Ebene, bei den Pfarrern, Hilfsgeistlichen und Ordensleuten, ausgewirkt haben, und sie sucht ihre Antwort nicht durch Interpretation von Verordnungen, Eingaben oder Hirtenwor-ten, sondern durch quantifizierende Zusammenstellung a) der ermittelten NS-Maß-nahmen, b) der den Priestern zur Last gelegten „Vergehen" und c) der strafenden Instanzen. Damit wird es erstmals möglich, die Realität des Kirchenkampfes an der vielgenannten Basis nachzuzeichnen, und zwar flächendeckend für das ganze Deut-sche Reich und für einen ganzen Berufsstand. Wir erleben den „Maßnahmen-Staat" in voller Aktion und erfahren, wie umgekehrt der Klerus auf den totalen Erfas-sungsanspruch reagiert hat. Künftiger Forschung muß überlassen bleiben, die hier festgestellten Ergebnisse durch biographische, lokale oder regionale Studien weiter zu vertiefen bzw. eine vergleichbare statistische Übersicht für andere konfessionell, sozial oder politisch umgrenzbare Bevölkerungsgruppen zu erarbeiten.
Welches Ergebnis hat unsere Dokumentation?
Gut ein Drittel des deutschen Welt- und knapp ein Fünftel des Ordensklerus, zu-sammen 7155 + 866 = 8021 mit Namen und Fall ermittelte Geistliche, wurden zwischen 1933 und 1945 von politisch bedingten Zwangsmaßnahmen des NS-Re-gimes betroffen. Dieses Ergebnis ist überraschend hoch, obwohl es aufgrund der verfügbaren Quellen nicht möglich war, *alle* in Frage kommenden Personen und Vorkommnisse zusammenzutragen. Bei näherem Hinsehen ergibt sich nämlich eine diözesan höchst unterschiedliche Erfassungsdichte, die von 80,8% im Bistum Eich-stätt bis zu lediglich 6,6% im Generalvikariat Branitz reicht und jeweils um so höher ausfällt, je besser die Quellenlage ist. Mithin muß angenommen werden, daß bei größerer Vollständigkeit der Unterlagen und bei weiterer systematischer Nachsu-che, die jedoch nur in diözesanem oder lokalem Rahmen erfolgen kann, deutlich höhere Endzahlen zu erwarten wären, selbst wenn man regionale Schwerpunkte der nationalsozialistischen Kirchenverfolgung in Rechnung stellt. Was in der hier vorlie-genden Untersuchung ermittelt werden konnte, sind nicht Höchst-, sondern Min-destzahlen.
Warum es bei den Auseinandersetzungen mit dem NS-Regime ausgerechnet die hier namentlich aufgeführten 7155 Weltpriester getroffen hat und nicht ihre ca. 12500 Amtsbrüder – und Entsprechendes gilt für die Ordensleute –, hat daher teilweise seinen Grund in der Quellenlage; es beruht zum anderen Teil aber auch auf jenen Zufällen, die, wenn überhaupt, nur nach Kenntnis der näheren Umstände erklärt werden könnten. Jedenfalls wäre es methodisch unzulässig, die in unseren Namens-listen nicht auftauchenden Geistlichen in ihrer Gesamtheit als weniger regimekri-

[98] Vgl. hierzu auch *H. Buchheim* S. 35–171 und *S. Aronson* S. 66–254. Die Entwicklung von der Preußi-schen Politischen Polizei zur Geheimen Staatspolizei des Dritten Reiches jetzt erschöpfend bei *Ch. Graf.*

tisch, mehr angepaßt, vorsichtiger oder ängstlicher ihren verfolgten Amtsbrüdern entgegenzusetzen. Unterschiedliche politische, religiöse und charakterliche Temperamente hat es selbstverständlich gegeben, aber sie sind statistisch nicht zu erfassen. Der Klerus bestand nicht aus den zwei Gruppen der hier als „betroffen" erfaßten bzw. nicht erfaßten Priester, sondern war im ganzen sehr einheitlich geformt. Auch bei den von Maßnahmen betroffenen Geistlichen ist ausweislich der Aktenlage meist nicht von einem Verhalten auszugehen, das den Zusammenstoß mit dem NS-Regime bewußt provozierte; sehr viele Priester sind vermutlich eher zufällig oder durch Unachtsamkeit über die Fallstricke der Gestapo gestolpert, während zahlreiche andere trotz vielleicht längerer „Sündenregister" das Glück hatten, nicht aufzufallen oder angezeigt zu werden.

Trotz nicht erreichbarer Vollständigkeit hat unsere Umfrage ein zentrales Ergebnis: Sie zeigt, wie sehr der katholische Klerus als Stand in Hitlers Reich gefährdet war und wie stark der Kirchenkampf von den Machthabern politisiert wurde. Es gab nahezu keinen Bereich priesterlichen Wirkens – die einzelnen Schicksale belegen das tausendfach –, in dem es nicht zu mehr oder weniger folgenschweren Konflikten kommen konnte. Nicht allein regimekritisches oder „staatsfeindliches" Verhalten wurde geahndet; die Aufmerksamkeit der NS-Behörden galt ebenso sehr dem ureigenen Arbeitsgebiet des Seelsorgers in Gottesdienst und religiöser Unterweisung. Selbst caritative Bemühungen konnten als „Feindbegünstigung" denunziert werden, wie das massive Einschreiten gegen die Betreuung von (meist polnischen) Fremdarbeitern oder Kriegsgefangenen zeigt. Überhaupt ist erstaunlich, aus welch geringfügigem Anlaß oftmals härteste Strafen verhängt wurden, vor allem nach Kriegsbeginn, als sich die Nervosität der Überwachungsorgane beträchtlich steigerte. Da bedurfte es nicht der Mitwisserschaft am 20. Juli 1944 oder der Beteiligung an Staatsstreichplänen wie bei Kaplan Hermann Wehrle, Prälat Otto Müller oder Pater Alfred Delp,[99] um die Betroffenen an den Galgen zu bringen; selbst ein politischer Witz, in hysterischer Aufregung zum Staatsverbrechen hochstilisiert, konnte von schrecklichen Folgen sein.

Die schrittweise Steigerung des Terrors läßt sich besonders deutlich an den Maßregelungen ablesen, deren härteste, nämlich die zahlreichen KZ-Einweisungen und Hinrichtungen, nahezu ausnahmslos in die Kriegsjahre fallen. Natürlich erschöpften sich darin die Zugriffsmöglichkeiten des Regimes nicht. Die weitaus meisten Bestrafungen waren weniger lebensbedrohlich; sie umfassen die ganze Vielfalt polizeistaatlicher Reglementierungen. Das begann etwa bei der erzwungenen Versetzung eines mißliebig gewordenen Kaplans oder dem Aufenthaltsverbot für eine bestimmte Region und reichte über Predigt- oder Redeverbote bis hin zu Gestapo-Verhören, Schutzhaft sowie Geld- und Freiheitsstrafen. Daneben gab es die für den NS-Alltag typischen Formen des Meinungsterrors mit seinen Anschuldigungen, Schikanen oder tätlichen Bedrohungen durch NS-Angehörige oder denunzierende Mitläufer.

Entsprechend breitgestreut waren die Organe der „Gegnerbekämpfung", neben den herkömmlichen wie Polizei, Justiz- und Verwaltungsbehörden steht das außernormative Eingreifen von Parteiorganisationen oder fanatisiertem Straßenpöbel. Eine unangefochtene Vorreiterrolle konnte die Gestapo behaupten; sie erscheint in nahezu der Hälfte aller Fälle als strafende Instanz. Eingriffe von Wehrmachtsbehörden während des Krieges spielen zahlenmäßig eine untergeordnete Rolle.

In biographischer Hinsicht muß durch die hier gebotene Art der Erfassung und Wiedergabe mancher Wunsch offenbleiben, denn die einzelnen Fallschilderungen

---

[99] Vgl. unten Sp. 785, 553 und 686f.

verraten in ihrer lakonischen Kürze nichts oder nur wenig von den Sorgen, Ängsten oder Leiden der gemaßregelten Priester. Mit einigem Recht könnte man sogar von einer Art „Vergewaltigung durch die Erfassungsmethode" sprechen: Ein menschliches Schicksal läßt sich eben nicht in einem Fragebogen abhandeln. Andererseits waren die meisten Vorkommnisse von – aus der Rückschau betrachtet – eher harmlosem Zuschnitt; sie brachten damals zwar Aufregung in das Leben des Betroffenen, gefährdeten aber nicht seine Existenz. Auch gab es kuriose Fälle wie den des Pfarrers Lorenz Süßmeir von Scheuring/Diözese Augsburg,[100] der – unter anderem – ein zweijähriges Aufenthaltsverbot für den Vorgarten (!) seines Pfarrhofs erhielt, oder der Vorgang um Pfarrer Karl Henn von Wiltingen/Diözese Trier,[101] der, vermutlich wegen Verstoßes gegen das Sammlungsgesetz, zur Herausgabe eines Teils seiner Mosternte verurteilt wurde.

Andere Vorfälle waren bei allem Ernst nicht ohne Komik: Gegen Pfarrer Michael Ostheimer von Starnberg/Diözese Augsburg[102] ermittelte das zuständige Amtsgericht, weil er mit erhobener Hand und „Gelobt sei Jesus Christus" gegrüßt hatte, und der zur Wehrmacht eingezogene Zisterzienserpater Sigismund (Eduard) Jakob,[103] dem verbotene Ausländerseelsorge vorgeworfen wurde, erhielt zur Verschärfung seiner Strafe „4 Wochen Dienstleistung in einem [Wehrmachts-]Bordell" zudiktiert, wobei es an höhnischen Kommentaren nicht gefehlt haben wird.

Ebenso gewiß aber ist, daß sich hinter zahllosen Schicksalen, selbst wenn sie sich eher belanglos anhören, ein Maß an nerven- und kräftezehrender Belastung verbirgt, das der später Geborene kaum zureichend nachempfinden kann. Wer konnte schon ahnen, was die Vorladung zur nächsten Gestapo-Dienststelle zu bedeuten hatte oder was einem bevorstand, wenn man in einer Nacht- und Nebelaktion auf ungewisse Zeit in Schutzhaft genommen wurde? Vielfach läßt selbst der nüchterne Telegrammstil des biographischen Teils noch etwas von der Tragik des Geschehens erahnen. Da ist der Hildesheimer Diözesanpriester Joseph Müller,[104] der wegen eines politischen Witzes denunziert und 1944 vom Volksgerichtshof wegen Wehrkraftzersetzung zum Tode verurteilt und hingerichtet wird, oder jener – zum Glück glimpflicher endende – Fall des Pfarrers Josef Knichel von Stadtkyll/Diözese Trier:[105] Knichel flüchtet, wegen Beleidigung der Reichsregierung angeklagt, nach Belgien und Südfrankreich, wird dort an die Gestapo verraten, verhaftet, vor Gericht gestellt und zum Tode verurteilt. Auf dem Weg zur Hinrichtung nach Aachen werden die Strafprozeßakten bei einem Fliegerangriff vernichtet. Dadurch entgeht Knichel der Hinrichtung, wird aber, da er zu seinem Fall keine weiteren Aussagen macht, in das KZ Dachau verbracht, wo ihn die Amerikaner am 29. April 1945 befreien. Gut vorstellbar, mit welcher Erleichterung er nach Monaten ständiger Todesdrohung das Ende des Dritten Reiches begrüßt hat.

Wie unsere Umfrage nur wenig über die je besondere psychologische Situation der gemaßregelten Priester aussagt, so enthält sie auch kaum etwas über die Motive für regimekritisches Verhalten. Letztere könnten ohnehin nur im Einzelfall erschlossen und gewürdigt werden, und zwar nach Auswertung ergänzender Quellen. Das war

---

[100] Vgl. unten Sp. 197.
[101] Vgl. unten Sp. 1321.
[102] Vgl. unten Sp. 152f.
[103] Vgl. unten Sp. 106.
[104] Vgl. unten Sp. 517 sowie *O. Müller; F. Kloidt* S. 151–171; *B. M. Kempner*, Priester, S. 301–310; *E. Riebartsch* S. 558–572.
[105] Vgl. unten Sp. 1334.

hier weder beabsichtigt noch möglich. Aber auch ohne eine solche vertiefende Sicht drängt sich bei Durchsicht des Materials der Eindruck auf, daß die Auseinandersetzungen einseitig durch den unbegrenzten Verfügungswillen und Vereinnahmungsdruck des Nationalsozialismus provoziert wurden. Das Regime zielte nicht allein auf Beherrschung aller politischen, sondern auch auf die Gleichschaltung aller geistig-weltanschaulichen Kräfte; es zielte „auf Erfassung der gesamten menschlichen Existenz, auf Sinngebung des Lebens und auf Gewissensformung".[106] Die Devise „Ein Volk, ein Reich, ein Führer, eine Weltanschuung" ließ keinen Raum für den Willen der Kirche, „Stadt auf dem Berge" zu sein und „weithin sichtbar in das öffentliche Leben hinein[zu]ragen".[107]

Den Bischöfen entging denn auch nicht, daß es nur eine Frage der Zeit, der politischen Taktik war, bis das Regime darangehen würde, „alle Machtmittel des totalitären Staates zur Durchführung [seines] christentumsfeindlichen Programmes" einzusetzen.[108] Seit Beginn seiner Herrschaft suchte es den kirchlichen Wirkungsbereich durch eine aus Terror und administrativer Unterdrückung gespeiste Politik zu begrenzen. In diesem Kirchenkampf war die Kirche die Angegriffene, nicht der Angreifer, und sie wurde – diese Erhebung zeigt es tausendfach – vor allem dort angegriffen, wo sie am verwundbarsten war, nämlich in ihren Dienern.

Während sich die Geistlichen in dem ihnen aufgezwungenen (Weltanschauungs-)Kampf zu behaupten suchten, empfand das Regime diese Abwehrhaltung als Beeinträchtigung seines universalen Machtanspruchs und sprach folgerichtig von Widerstand. In der Tat war es aus nationalsozialistischer Sicht „unerträglich, daß die Kirche eigenständige ‚Autorität neben dem Staat' bleiben" wollte;[109] entsprechend eindeutig sind die Urteile, mit denen der Klerus im innersten Führungszirkel um Hitler bedacht wurde: Da ist immer wieder von Wutausbrüchen gegen die „schwarze Brut", die „Verräter aus der Schwarzen Internationale" die Rede, und nach Verlesung der Enzyklika „Mit brennender Sorge" (21. März 1937) hielt Goebbels mit grimmiger Entschlossenheit in seinem Tagebuch fest, die „Pfaffen" würden nun „unsere Strenge, Härte und Unerbittlichkeit kennenlernen".[110]

In welchem Umfang dies während der zwölfjährigen NS-Herrschaft geschah, belegt unsere Dokumentation in eindeutiger Weise. Zu fragen bleibt jedoch, wie die Reaktion des Klerus historisch zu werten ist. War es schlechthin „Widerstand", wie das Regime argumentierte, und damit den Umsturzplänen der deutschen Opposition gleichzusetzen? Davon kann offenkundig schon deshalb keine Rede sein, weil es der großen Mehrzahl der betroffenen Geistlichen kaum in den Sinn gekommen ist, der Regierung Hitler den nach herkömmlicher Auffassung geschuldeten staatsbürgerlichen Gehorsam zu verweigern. Hier wirkten sich auch im katholischen Klerus traditionelle, biblisch begründete Vorstellungen von der Unterordnung des Christen unter die staatliche Obrigkeit aus, insbesondere die Berufung auf Röm. 13,1. Bezeichnenderweise heißt es denn auch im Strategiepapier des Kölner Kardinals Schulte vom 16. Januar 1937: „Vom Standpunkte des katholischen Gewissens aber, das auch an seinen staatsbürgerlichen Verpflichtungen unverbrüchlich festhält, ist ... Widerstand nur in einer Form denkbar, nämlich so, daß möglichst breite Schichten glaubensfreudiger und opferwilliger Katholiken einheitlich die Mitwir-

---

[106] *K. Gotto/H. G. Hockerts/K. Repgen* S. 123.

[107] Das Matthäus-Wort (5,13f) ist zitiert im gemeinsamen Hirtenbrief des deutschen Episkopats vom 20. August 1935. Druck: *B. Stasiewski* II S. 331–341 (= Nr. 230), hier 334.

[108] Stellungnahme Kardinal Schultes von Köln, 16. Januar 1937. Druck: *L. Volk,* Akten IV, S. 150–153 (= Nr. 346), hier 151.

[109] *K. Gotto/H. G. Hockerts/K. Repgen* (unter Verwendung eines Goebbels-Zitats) S. 131.

[110] Nachweis der Zitate bei *H. G. Hockerts,* Goebbels-Tagebücher, S. 377f u. 386.

kung bei glaubensfeindlichen Maßnahmen ablehnen und die Rechte ihres katholischen Gewissens mutig reklamieren".[111]

Von daher lag den Vorkommnissen in aller Regel kein „politischer" Widerstand, geschweige denn generelle Loyalitätsaufkündigung oder aktiv auf die gewaltsame Beseitigung des Regimes gerichtetes Tun zugrunde. Dies wurde nicht als Aufgabe des Priesters empfunden, bei aller (inneren) Ablehnung, die man dem NS-Regime entgegenbrachte. Der Klerus wollte vielmehr nichts anderes als auch nach Hitlers „Machtübernahme" seinen seelsorglichen Pflichten in Kirche und Öffentlichkeit nachzukommen und, gelegen oder ungelegen, die christliche Botschaft in ihrer ganzen religiösen und gesellschaftlichen Breite zu verkünden, und zwar durchaus im Sinne jener apostolischen Forderung, daß man, vor die konkrete Entscheidung gestellt, Gott mehr gehorchen muß als den Menschen (vgl. Apg. 5,29). Mit anderen Worten: Die Kirche sollte Kirche bleiben und nicht dem Verfügungsanspruch der Partei unterworfen werden.

Das aber war gleichbedeutend mit partieller Verweigerung, denn der herrschenden Staats- und Gesellschaftsdoktrin und namentlich der rassistischen Weltanschauung wurde in einem entscheidenden Punkt widersprochen, und da diese Haltung auch aller seelsorglichen Arbeit zugrunde lag, gelang es zugleich, einen sehr großen Teil der praktizierenden Katholiken gegen das Einsickern nationalsozialistischen Gedankengutes zu immunisieren. Nicht nur aus der – subjektiven – Sicht des Regimes mußte dies als Widerstand empfunden werden, es war auch Widerstand, wenn man von den – objektiven – Rahmenbedingungen ausgeht, die der nationalsozialistische Totalitätsanspruch setzte. Insofern darf der Begriff „Widerstand" nicht allein auf den aktiven politisch-militärischen Widerstand der Männer des 20. Juli 1944 beschränkt werden, sondern die vielfältigen Möglichkeiten nichtkonformen bzw. oppositionellen Verhaltens sind gleichermaßen zu berücksichtigen, um von daher die „Widerstandsqualität" des jeweiligen regimekritischen Verhaltens näher bestimmen zu können.[112]

Für diese Aufgabe ist die Stufung des Widerstandsbegriffs hilfreich, die Klaus Gotto, Hans Günter Hockerts und Konrad Repgen aufgrund der Ergebnisse der neueren Forschung vorgeschlagen haben, wobei die Grenzen zwischen den einzelnen Stufen sehr wohl fließend sind.[113] Danach wäre „punktuelle Unzufriedenheit" als *unterste* Stufe des Widerstands anzusetzen, ein zugegebenermaßen weites Feld, das im Einzelfall näher zu umgrenzen ist. In der seelsorglichen Praxis mochte sich diese „Unzufriedenheit" etwa Luft machen in einer kräftigen Bemerkung über den Ortsgruppenleiter, der die HJ-Buben des Dorfes angehalten hatte, nicht in den „rauchgeschwärzten Tempel zur Volksverdummung" zu gehen[114] – oder in demon-

---

[111] Wie Anm. 108.

[112] Zum Begriff und den Formen des Widerstands vgl. zuletzt *M. Broszat*, Resistenz; *P. Hüttenberger* S. 518–526; *D. Peukert* S. 24–30; *K. Repgen* S. 10–15 (in Fortentwicklung seines in Anm. 113 genannten, mit *K. Gotto* und *H. G. Hockerts* erarbeiteten Stufenmodells) und *H. Maier*. Sehr erhellend und namentlich auch für die innerkirchlich-theologische Diskussion förderlich jetzt *H. Hürten*, Zeugnis, und *ders.*, Widerstand. Hürten stellt dem der politischen Sphäre entnommenen Begriff „Widerstand" die christliche Kategorie des „Zeugnisses" gegenüber, womit er den Intentionen der damals – in beiden großen christlichen Kirchen – verantwortlich Handelnden gerechter werden dürfte, als dies mit dem Instrumentarium der aktuellen Widerstandsdiskussion möglich ist. Gleichwohl wird der Profanhistoriker, wie auch Hürten einräumt, auf Begriff und Sache „Widerstand" nicht verzichten können, wenn er das gesellschaftliche Phänomen „Kirche und Katholizismus im Dritten Reich" angemessen beschreiben will.

[113] Vgl. zum folgenden *K. Gotto/H. G. Hockerts/K. Repgen* S. 122–139, hier 122–125 mit Nachweis der Zitate. Wiederabdruck des Beitrags bei *K. D. Bracher/M. Funke/H.-A. Jacobsen* (Hrsg.) S. 655–668.

[114] Vgl. unten Sp. 157f.: Fall des Pfarrers Georg Raffler.

strativem Läuten während einer NS-Veranstaltung, die angesetzt war, um die gleichzeitig stattfindende Fronleichnamsprozession zu stören.

Eindeutiger ist die *zweite* Stufe des Widerstands, die sich mit Begriffen wie „Resistenz, Nicht-Anpassung, Selbstbewahrung" umschreiben läßt: ein Widerstand der Haltung, nicht unbedingt auch der Tat, also seinem Kern nach „defensiv". Man wird wohl alle betroffenen Priester dieser Kategorie zuordnen müssen, denn eben aus der Unvereinbarkeit von katholischer Glaubenslehre und nationalsozialistischer Weltanschauung, aus der Verneinung des herrschenden Totalitätsanspruchs erwuchs der Konflikt. Folgerichtig waren die seelsorglichen Bemühungen auf Abwehr christentumsfeindlicher Lehren gerichtet: Die vielgenannten „Katechismuswahrheiten", eine dezidiert antinationalsozialistische Glaubenslehre in Merksätzen, sind hier ein bezeichnendes Beispiel.

In sehr vielen Fällen blieb es nicht bei dieser Haltung eher passiver Resistenz, es kam, spontan oder wohlüberlegt, zu (öffentlichen) Bekundungen des Mißfallens. Damit ist die *dritte* Stufe des Widerstands erreicht, „der öffentliche oder mit der Androhung von Flucht in die Öffentlichkeit erhobene Protest". Hierunter wird man zahlreiche der hier erfaßten regimekritischen oder „staatsfeindlichen" Äußerungen rechnen müssen, ferner Kritik an den antijüdischen Maßnahmen des Regimes, aber auch öffentlich wahrnehmbare und bewußt kalkulierte Verstöße gegen bestehende Anordnungen wie etwa die Weigerung, kirchliche Gebäude mit der Hakenkreuzfahne zu beflaggen, oder die Ignorierung der staatlicherseits verfügten Einschränkung des kirchlichen Feiertagsrechts. Welche „Widerstandsqualität" dem Verhalten der betroffenen Priester jeweils zukommt, ist nur am einzelnen Fall zu beurteilen; die oftmals drakonische Härte der Strafen verrät jedoch einiges über die Einschätzung ihrer Delikte durch die NS-Behörden.

Die zahlreichen öffentlichen Proteste richteten sich zumeist gegen bestimmte Vorgänge oder einzelne Rechtsverletzungen; ein Aufruf zum Staatsstreich waren sie nicht. Letzterer setzt vielmehr eine generelle Gehorsamsaufkündigung voraus. Erst sie bildet die *vierte* und *höchste* Stufe des Widerstands, das, was die Autoren des Stufenmodells als „aktiven" oder „Widerstand im engeren Sinne" bezeichnen, also „alle Aktivitäten, die auf politischen Umsturz des Regimes hin orientiert waren". Daß dem Klerus hierbei keine führend tätige Rolle zufallen konnte, liegt auf der Hand. Immerhin zeigt die Liste der Opfer des 20. Juli, daß es auch unter Geistlichen Mitwisser und Mitverschworene gegeben hat – und solche, die den Verschwörern ihren seelsorglichen Beistand nicht verweigert haben. Im letzten kann die Zumessung einer bestimmten „Widerstandsqualität" für die historische Würdigung aber nicht ausschlaggebend sein. Das verbietet sich schon aus Respekt vor dem Schicksal derjenigen Blutzeugen, die aus vergleichsweise nichtigem Anlaß mit ihrem Leben bezahlen mußten.

Betrachtet man abschließend das Umfrageergebnis, so ist noch die Frage zu stellen, ob es außer dem katholischen Klerus eine zweite Berufsgruppe vergleichbarer Größenordnung gegeben hat, die in derart massiver Weise den Nachstellungen nationalsozialistischer Überwachungsorgane ausgesetzt war. Nach heutigem Kenntnisstand ist eine bejahende Antwort nicht möglich. Allerdings fehlen gerade für die evangelische Geistlichkeit, die durch ihr Amt vor ähnlichen Herausforderungen gestanden haben müßte, nähere Zahlenangaben.[115] So ist nach den Ermittlungen Eugen Wei-

---

[115] Die Evangelische Arbeitsgemeinschaft für kirchliche Zeitgeschichte in München hat eine vergleichbare Erfassung der vom NS-Regime verfolgten evgl. Pfarrer erwogen, das Vorhaben wegen der disparaten Quellenlage aber bislang noch nicht durchführen können. Die von *W. Niemöller* S. 303–307 veröffentlichten „Fürbittenlisten" der Bekennenden Kirche lassen zwar einerseits erkennen, daß die Gestapo auch gegen politisch mißliebige Tendenzen im Protestantismus rigoros einschritt, sind andererseits aber nicht quantifizierbar. Freundliche Mitteilung von *Dr. C. Nicolaisen* vom 29. Juni 1984 an den Bearbeiter.

lers und anderer Autoren bisher lediglich bekannt, daß von 321 deutschen geistlichen KZ-Häftlingen 285 katholisch und 34 evangelisch waren.[116] Unserer neuen
Erhebung zufolge verschiebt sich dieses Verhältnis, da inzwischen 418 katholische
deutsche KZ-Priester ermittelt sind. Aber auch eine Durchsicht neuer Quellenpubli-
kationen über Bayern[117] oder beispielsweise eine Analyse antikirchlicher Karikaturen in der nationalsozialistischen Presse zeigen,[118] daß die Nachstellungen besonders
katholischen Geistlichen gegolten haben, deren „Romhörigkeit" sie den NS-Verfol-
gern noch zusätzlich verdächtig machte. Typisch sind etwa die Goebbels-Kommen-
tare: „Das sind die Schwarzen. Sie haben über ihrem Vaterland eben einen höheren
Befehl: den der alleinseligmachenden Kirche" – oder, vier Jahre später, aus Anlaß
„neue[r] Konfliktstoffe": „Die katholische Kirche ist hier natürlich vorneweg, während die protestantischen Kirchen doch immerhin eine etwas betontere nationale
Haltung einnehmen".[119]
Diese Einschätzung ging letztlich auf Hitler selbst zurück. Schon in „Mein Kampf",
nach der Machtübernahme dann immer wieder im vertrauten Kreise hat er sich mit
einer bezeichnenden Mischung aus Bewunderung und Haß über die katholische
Kirche geäußert, während er dem deutschen Protestantismus nur „ostentative Geringschätzung" entgegenbrachte.[120] Er bewunderte ihr 2000jähriges Herrschaftswis-
sen, ihre übernationale Organisation, ihre Menschenkenntnis und vor allem ihre
tiefe „Instinkt-Verbundenheit mit der Gefühlswelt des Volkes", die er, überraschend genug, der zölibatär bedingten Rekrutierung ihres Klerus „aus den untersten
Schichten der Völker" zuschrieb.[121] In dieser Volksverbundenheit witterte er eine
Gefährdung seines eigenen universalen Herrschaftsanspruchs: „Scharf gegen die
Kirchen. Wir werden selbst eine Kirche werden", hat Goebbels bereits am 5. August 1933 nach einer Rede Hitlers vor den Reichs- und Gauleitern notiert[122] und
damit ein Ziel umschrieben, das sich, in allerdings unterschiedlicher Intensität,
durch das gesamte Jahrzwölft der NS-Herrschaft verfolgen läßt. Lediglich aus takti-
schen Gründen hat Hitler die Parole zur „Vernichtung der Pfaffen" bis nach dem
„Endsieg" zurückgestellt.[123] In der internen Umgebung des Führerhauptquartiers
ließ er dagegen verlauten: „Der Krieg wird sein Ende nehmen, und ich werde meine
letzte Lebensaufgabe darin sehen, das Kirchenproblem noch zu klären. Erst dann
wird die deutsche Nation ganz gesichert sein. Ich kümmere mich nicht um Glau-
benssätze, aber ich dulde nicht, daß ein Pfaffe sich um irdische Sachen kümmert.
Die organisierte Lüge muß derart gebrochen werden, daß der Staat absoluter Herr
ist".[124]

---

[116] Vgl. *E. Weiler* II, Erg.-Heft S. 2f sowie oben S. LIII, Anm. 88. – Legt man die von *G. Kimmel* S. 375
erarbeitete Konfessionsstatistik der deutschen (einschließlich der österreichischen und wohl auch
etlicher sudetendeutscher) Priester zugrunde (447, davon 411 katholisch, 36 evangelisch), so ergibt sich
ein Verhältnis von 92 zu 8%.

[117] Wie oben S. XXXIV, Anm. 30.

[118] Vgl. die soeben erschienene Dokumentationsmappe „Kreuz unterm Hakenkreuz. Ein Querschnitt
durch die antikirchlichen Karikaturen aus der Zeit des Nationalsozialismus" von *Josef Oswald*, Krunkel
[1983]. Eine analysierende Darstellung aus der Feder des gleichen Autors ist in Vorbereitung.

[119] Tagebucheintragungen vom 31. Januar 1937 und 15. September 1941, zitiert bei *H. G. Hockerts*,
Goebbels-Tagebücher, S. 376 u. 386.

[120] Vgl. zum folgenden auch *H. Rauschning* S. 48–57, Zitat 54; *A. Hitler*, Monologe, S. 107 u. passim;
H. G. Hockerts, Goebbels-Tagebücher.

[121] *A. Hitler*, Mein Kampf, S. 481.

[122] Zitiert bei *H. G. Hockerts*, Goebbels-Tagebücher, S. 364.

[123] *Ebda* S. 379.

[124] Äußerung vom 13. Dezember 1941. Druck: *A. Hitler*, Monologe, S. 150.

Erläuterung häufig auftretender Sachbegriffe

Ausländerseelsorge

Der Umgang mit ausländischen Zwangsarbeitern und mit Kriegsgefangenen wurde nach Kriegsbeginn durch eine ganze Reihe einschränkender und sich rasch verschärfender Verordnungen reglementiert. Ziel der Anordnungen war es, nach Möglichkeit jeden nichtdienstlichen Kontakt zwischen Deutschen und – vor allem – polnischen Fremdarbeitern, die durchweg katholisch waren, auszuschließen. Auch die Seelsorge unterlag entsprechenden Beschränkungen. Deutsche und polnische Gottesdienstbesucher sollten strikt getrennt bleiben, Gottesdienste in polnischer Sprache wurden 1942 verboten, desgleichen die Abnahme der Ohrenbeichte.

Lit.: *RPB VI* S. 163f, Anm. 2; *Hehl*, S. 201f.

Beflaggung kirchlicher Gebäude

Das Reichsflaggengesetz vom 15. September 1935 (*RGBl* 1935, I, S. 1145) und die ihm folgenden Durchführungsverordnungen verpflichteten auch die Kirchen, bei feierlichen Anlässen die Hakenkreuzfahne zu hissen. Wie sich in der Folge zeigte, boten die gesetzlichen Bestimmungen dem Regime eine Reihe von Möglichkeiten, gegen politisch mißliebige Geistliche vorzugehen. Häufig wurde neben der Nichtbeflaggung kirchlicher Gebäude auch die Beflaggung mit zu kleinen oder vorschriftswidrigen (kirchlichen) Fahnen geahndet.

Lit.: *H. Boberach* S. 375 u. 936; *RPB I* S. 106, Anm. 4.

Bekenntnisschule

s. Schulabstimmungen

Devisenprozesse/-vergehen

Die Devisenprozesse sind eine Reihe von ca. 40 Verfahren, die 1935/36 gegen katholische Priester und Ordensangehörige sowie sonstige kirchliche Mitarbeiter wegen angeblicher oder tatsächlicher Verstöße gegen die äußerst komplizierten deutschen Devisenbestimmungen geführt wurden. In der Regel lag den Vergehen, soweit sie überhaupt wissentlich begangen wurden, die Verpflichtung zugrunde, ausländische Gläubiger zu befriedigen oder im Ausland wirkende Ordensangehörige finanziell zu unterstützen. Dieses Motiv wurde in den Prozessen nur unzureichend gewürdigt und von der NS-Propaganda zu massiven Verleumdungen verfälscht. Insgesamt erweist sich die propagandistische Ausschlachtung der Prozesse als erster systematisch gesteuerter Versuch, die Glaubwürdigkeit der Kirche zu erschüttern.

Lit.: *P. Rapp; E. Hoffmann/H. Janssen*

Feiertagsrecht

Mit Verordnungen des Reichsinnenministers und Generalbevollmächtigten für die Reichsverwaltung Frick vom 15. Mai und 27. Oktober 1941 wurde die „Handhabung des Feiertagsrechts während des Krieges" geregelt (*RGBl* 1941, I, S. 269 u. 662). Unter Berufung auf angebliche kriegswirtschaftliche Notwendigkeiten waren danach kirchliche Feiertage, die auf Wochentage fielen (Christi Himmelfahrt, Fronleichnam, Reformationstag, Buß- und Bettag) auf den jeweils folgenden bzw. vorausgehenden Sonntag zu verlegen. Die ursprünglichen Festtage hatten als gewöhnliche Werktage zu gelten, was eine einschneidende Beschränkung kirchlicher Feierlichkeiten – etwa Prozessionen – bedingte.

Lit.: *L. Volk*, Akten V, S. 357f mit Anm. 1; 586 mit Anm. 1.

Feldpostbestimmungen

Durch Erlasse des OKW und des Reichskirchenministeriums vom 27. Oktober 1939 bzw. 12. April und 12. Juli 1940 war es allen Zivilgeistlichen und kirchlichen Stellen „aus allgemeinen militärischen Gründen" untersagt, Feldpostanschriften zu sammeln oder religiöses Schrifttum oder hektographierte Rundbriefe an eingezogene Gemeindemitglieder zu versenden. Dieses Verbot wurde kirchlicherseits als „herabwürdigendes Ausnahmerecht" empfunden, zumal die traditionelle Heeresseelsorge ohne die Hilfe der Heimatpfarreien durch ihre Aufgabe völlig überfordert war. Kirchliche Einsprüche blieben jedoch ohne Erfolg.

Lit.: *L. Volk*, Akten V, S. 54f, 73f, 76f.

Glaubensbewegung, Deutsche

Die von Jakob Wilhelm Hauer gegründete Bewegung war die größte und bekannteste der sogen. deutschgläubigen, völkisch-religiösen Gruppierungen. Ihr Name wird daher auch vielfach als Sammelbegriff für die disparaten neuheidnischen Strömungen im Dritten Reich verwandt. Die Deutsche Glaubensbewegung bekämpfte das Christentum als „artfremd"; sie strebte die Überwindung der konfessionellen Spaltung durch einen neuen „arteigenen deutschen Glauben" an. Wegen zahlreicher Berührungspunkte mit der gleichsam offiziell verbreiteten NS-Weltanschauung Alfred Rosenbergs maß die Kirche der Abwehr des Neuheidentums große Bedeutung zu.
Lit.: *B. Stasiewski II* S. 39, Anm. 1.

Glockenbeschlagnahme

Aufgrund der „Anordnung zur Durchführung des Vierjahresplans über die Erfassung von Nichteisenmetallen" vom 15. März 1940 (*RGBl* 1940, I, S. 510) mußten die Kirchenglocken – wie übrigens auch schon im Ersten Weltkrieg – aus kriegswirtschaftlichen Gründen abgeliefert werden. Eine „Bitte um Milderung der getroffenen Maßnahmen", die Kardinal Bertram von Breslau im Namen der deutschen Bischöfe an den Beauftragten für den Vierjahresplan, Generalfeldmarschall Hermann Göring, richtete, wurde brüsk abgelehnt.
Lit.: *L. Volk,* Akten V, S. 53f.

Goebbels-Brief

„Offener Brief" eines anonym gebliebenen Michael Germanicus an den Reichspropagandaminister, in dem Goebbels' Hetzrede vom 28. Mai 1937, die den Höhepunkt der mit den Sittlichkeitsprozessen verbundenen Verleumdungskampagne darstellte, schneidender Kritik unterzogen wurde. Der Brief wurde heimlich vervielfältigt und kursierte „monatelang hinter vorgehaltener Hand". Hinter dem Pseudonym verbarg sich der Eichstätter Diözesanpriester Prof. Dr. Joseph Lechner (vgl. hierzu unten Sp. 324 mit weiteren Literaturangaben).
Lit.: *H. G. Hockerts* S. 117ff.

Gottesdienst nach nächtlichem Fliegeralarm

Durch eine Anordnung Hitlers, die Reichskirchenminister Kerrl am 29. Oktober 1940 den Kirchenbehörden mitteilte, durften „kirchliche Veranstaltungen an Tagen nach nächtlichem Fliegeralarm nicht vor 10 Uhr stattfinden". Dieses Verbot stieß im Episkopat schon deshalb auf Widerstand, weil von der Einschränkung der allgemeine Arbeits- und Schulbetrieb, aber auch etwa der HJ-Dienst an Sonntagen völlig unberührt blieben. Nach zähen Verhandlungen wurde das Verbot am 28. Dezember 1940 dahin eingeschränkt, daß Gottesdienste vor 10 Uhr stattfinden durften, wenn die Entwarnung vor 24 Uhr erfolgt war.
Lit.: *Hehl,* S. 202f; *L. Volk,* Akten V, S. 234f u.ö.

Heimtückegesetz

Das „Gesetz gegen heimtückische Angriffe auf Staat und Partei und zum Schutz der Parteiuniform" vom 20. Dezember 1934 (*RGBl* 1934, I, S. 1269) stellte mit allgemeinen Formulierungen jede Art von Kritik am NS-Regime unter Strafandrohung. Jede „Schädigung des Ansehens" von Staat und Partei sowie ihrer Vertreter konnte auf diese Weise gesetzlich verfolgt werden. Anschließend an die „Verordnung des Reichspräsidenten zur Abwehr heimtückischer Angriffe gegen die Regierung der nationalen Erhebung" vom 21. März 1933 (RGBl 1933, I, S. 135) schuf das Heimtückegesetz somit ein Rechtsinstrument zur Ausschaltung abweichender Meinungsäußerungen. Dabei wurden sowohl öffentliche als auch (eventuell denunzierte) private Äußerungen unter Strafe gestellt.
Lit.: *RPB II* S. 96, Anm. 13.

Kanzelparagraph

Der § 130a StGB wurde durch Gesetz vom 10. Dezember 1871 eingeführt und am 26. Februar 1876 ergänzt. Er bedrohte Geistliche, die in Ausübung ihres Amtes „in einer den öffentlichen Frieden gefährdenden Weise" Angelegenheiten des Staates behandelten, mit bis zu zwei Jahren Gefängnis oder Festungshaft. Während des Kulturkampfes und in

der NS-Zeit diente der Vorwurf des „Kanzelmißbrauchs" der Reglementierung politisch mißliebiger bzw. regimekritischer Pfarrer. Für den Bereich der Bundesrepublik Deutschland wurde der Paragraph wegen seiner Unvereinbarkeit mit Art. 5 GG durch das 3. Strafrechtsänderungsgesetz vom 4. August 1953 aufgehoben.
Lit.: *LThK* Bd. 5, Sp. 1312; *K. J. Volkmann* S. 51–72.

Katechismuswahrheiten

Kurzgefaßte katholische Glaubenslehre in 35 Merksätzen, die zur Abwehr der NS-Weltanschauung bestimmt war. Initiator und Verfasser war der Leiter der Kölner Abwehrstelle, Domvikar Joseph Teusch. Auf Beschluß der Fuldaer Bischofskonferenz wurden die Katechismuswahrheiten 1936/37 in allen deutschen Diözesen verbreitet und bei der religiösen Unterweisung verwandt. Hierbei kam es vielerorts zu Konflikten mit Partei-, Polizei- oder Schulaufsichtsbehörden. Nach voraufgegangenen regionalen Verboten ordnete das Geheime Staatspolizeiamt im September 1937 die endgültige Beschlagnahme der Katechismuswahrheiten an. Sie hatten zuletzt eine Gesamtauflage von 5–6 Mill. Exemplaren erreicht.
Lit.: *Hehl,* S. 128–131; *H. G. Hockerts,* Goebbels-Tagebücher, S. 380; *J. Maier* S. 223–234.

Klostersturm

Mit einem Geheimerlaß Reichsleiter Bormanns vom 13. Januar 1941 an alle Gauleiter begann ein großangelegter Raubzug gegen kirchliches Eigentum, dem im sogen. Altreich insgesamt 123 Klöster und kirchliche Anstalten zum Opfer fielen. Die Insassen wurden jeweils vertrieben, die Gebäude enteignet und den zuständigen Parteidienststellen übergeben. Wegen der großen Unruhe, die die Aktion in der kirchlich gebundenen Bevölkerung auslöste, untersagte Hitler am 30. Juli 1941 weitere Beschlagnahmungen.
Lit.: *L. Volk,* Lebensvernichtung.

Kriegswirtschaftsverordnung

Die Kriegswirtschaftsverordnung vom 4. September 1939 (*RGBl* 1939, I, S. 1609–1613) enthielt kurze, aber sehr dehnbare Bestimmungen über „kriegsschädliches Verhalten" und regelte insbesondere die Frage der Kriegssteuern, Kriegslöhne und Kriegspreise. Danach hatten auch die Kirchen als Körperschaften des öffentlichen Rechts einen Kriegsbeitrag zu leisten, ohne ihrerseits Kirchensteuern oder -beiträge erhöhen zu dürfen. Weitere Bestimmungen ergingen durch das Reichsleistungsgesetz vom 1. September 1939 (*RGBl* 1939, I, S. 1645–1654), die Verordnung über die Verbrauchsregelung für lebenswichtige gewerbliche Erzeugnisse vom 14. November 1939 (*RGBl* 1939, I, S. 2221f) und zahlreiche – teilweise regional begrenzte – ergänzende Verordnungen. Ihre oftmals kleinliche, dezidiert antikirchliche Handhabung führte in der Seelsorgspraxis – etwa bei Lebensmittelspenden für Bedürftige – zu zahllosen Schwierigkeiten.
Lit.: *H. Boberach* S. 380 mit Anm. 1.

Läuteordnung

Während des Krieges wurde das kirchliche Glockenläuten vielfach durch Verordnungen und Erlasse eingeschränkt. So gab es eine Bestimmung, die jedes Glockenläuten früher als eine halbe Stunde vor Sonnenaufgang und später als eine halbe Stunde nach Sonnenuntergang untersagte. Außerdem sollte nicht länger als drei Minuten geläutet werden. Erlasse des Reichskirchenministers vom 25. und 29. Oktober 1940 verboten jedes Glockenläuten vor 13 Uhr, wenn es in der voraufgegangenen Nacht Fliegeralarm gegeben hatte. Ab 10 Uhr durfte geläutet werden, wenn die Entwarnung vor 24 Uhr erfolgt war.
Im Widerspruch zu den oft schikanösen Einschränkungen des kirchlichen Läutens wurde häufig das Läuten der Glocken aus nichtreligiösen Anlässen für Staat und Partei verlangt. Pfarrer konnten also sowohl für das Läuten der Kirchenglocken als auch für die Unterlassung belangt werden.
Lit.: *L. Volk,* Akten IV, S. 733f; *ders.,* Akten V, S. 287f, 297f u.ö.

Mölders-Brief

Ein angeblicher Brief des am 22. November 1941 tödlich verunglückten, bis dahin erfolgreichsten deutschen Jagdfliegers und Inspekteurs der Jagdflieger, Oberst Werner Mölders, in dem er sich als gläubiger Katholik bekannte. Der Brief war eine Fälschung des britischen Geheimdienstes und in vervielfältigter Form über Deutschland abgeworfen worden. Allerdings lag der Fälschung, die für großes Aufsehen und viele Gerüchte im Kirchenvolk Anlaß gab, ein echter Brief Mölders' vom 6. Oktober 1940 an den Direktor des katholischen Jugendamtes in Berlin zugrunde.

Lit.: *H. Boberach* S. 628f u.ö.; *H. Witetschek,* Mölders-Brief, passim.

Mundelein-Rede

Kardinal-Erzbischof George William Mundelein von Chicago griff am 18. Mai 1937 in einer an die Öffentlichkeit gedrungenen Rede vor seinem Diözesanklerus die verleumderische Berichterstattung der NS-Presse über die Sittlichkeitsprozesse, die Herrschaftsmethoden der Nationalsozialisten sowie auch Hitler und Goebbels persönlich in scharfer Form an. Der Inhalt der Rede wurde in Deutschland rasch gerüchteweise kolportiert. Das Regime nahm den Vorfall als willkommenen Anlaß, um seinen kirchenpolitischen Kurs zu verschärfen.

Lit.: *H. G. Hockerts* S. 113f, 150f u. 198.

Mythus, Der, des 20. Jahrhunderts

Das Hauptwerk des Parteiideologen Alfred Rosenberg trägt den Untertitel: „Eine Wertung der seelisch-geistigen Gestaltungskräfte unserer Zeit" und ist 1930 in München erschienen. Es war neben Hitlers „Mein Kampf" die weitestverbreitete Grundlegung der NS-Weltanschauung und wurde zahllosen Schulungsveranstaltungen der NSDAP und ihrer Gliederungen zugrunde gelegt. Seiner rassistischen und extrem christentumsfeindlichen Anschauungen wegen wurde der Mythus am 7. Februar 1934 – kurz nach Rosenbergs Ernennung zum obersten Parteiideologen – durch das Hl. Offizium indiziert. Die Kirchen sahen in Rosenberg einen ihrer Hauptgegner. Entsprechend heftig war ihre Gegenwehr in Wort und Schrift; sie brachte eine ganze Flut von Anti-Mythus-Publikationen hervor.

Lit.: *R. Baumgärtner; R. Bollmus; W. Neuss.*

Reichstagsbrandverordnung

Die Notverordnung des Reichspräsidenten „zum Schutz von Volk und Staat" vom 28. Februar 1933 (*RGBl* 1933, I, S. 83) wurde aufgrund von Art. 48 Abs. 2 WRV nur einen Tag nach dem Brand des Reichstages erlassen, angeblich „zur Abwehr kommunistischer staatsgefährdender Gewaltakte". In Wahrheit sicherte sie den damit faktisch ausgerufenen Ausnahmezustand verfassungsrechtlich ab und diente dem NS-Regime zur Etablierung seiner Herrschaft. Grundlegende persönliche Freiheitsrechte wurden durch die VO aufgehoben, andere wie das Recht auf freie Meinungsäußerung, die Pressefreiheit, die Vereins- und Versammlungsfreiheit, das Post- und Fernsprechgeheimnis konnten eingeschränkt werden. Darüber hinaus konnten bestimmte Straftatbestände mit drakonischen Strafen belegt werden. Die VO blieb während der gesamten NS-Zeit in Kraft. Sie diente u.a. als Grundlage für das Verbot zahlreicher katholischer Organisationen.

Lit.: *K. D. Bracher* S. 82–88.

Sammlungsgesetz

Gesetz vom 5. November 1934 (*RGBl* 1934, I, S. 1086ff) zur Regelung der öffentlichen Sammlungen und sammlungsähnlichen Veranstaltungen, das alle nicht von der NSDAP und ihren Gliederungen veranstalteten Sammlungen genehmigungspflichtig machte. Ausgenommen waren lediglich Sammlungen und sammlungsähnliche Veranstaltungen christlicher Religionsgemeinschaften öffentlichen Rechts, soweit diese vollständig in Kirchen und kirchlichen Versammlungsräumen stattfanden. Verschiedene verschärfende Durchführungsverordnungen brachten die kirchenfeindliche Stoßrichtung des Gesetzes deutlich zum Ausdruck. Insbesondere die Caritas-Straßensammlungen sowie Sachspenden aller Art sollten weitgehend ausgeschaltet sowie Konkurrenz zum (nationalsozialistischen) Winterhilfswerk verhindert werden.

Lit.: *K. J. Volkmann* S. 77–87.

Schulabstimmungen

Ungeachtet des Schutzes der Bekenntnisschule durch Art. 23 Reichskonkordat setzten 1935 in Bayern, 1936/37 auch in anderen Teilen des Reiches massive Bestrebungen ein,

die Erziehungsberechtigten mittels gelenkter Versammlungs- und Abstimmungswellen zur Stimmabgabe für die nationalsozialistische Deutsche Schule zu bewegen. Die Parole hieß: „Ein Volk, ein Reich, ein Führer, eine Schule!" In den westdeutschen Diözesen wurden daraufhin kirchliche Schulabstimmungen organisiert, die eindrucksvolle Mehrheiten für die Bekenntnissschule erbrachten. Dennoch wurde zu Beginn des Schuljahres 1939/40 auch in Preußen der Bekenntnischarakter der Volksschulen aufgehoben.
Lit.: *Hehl*, S. 116ff, 139–155, 186–192.

Schulkreuze, Entfernung der

Die – schrittweise – Entfernung der Schulkreuze aus den Klassenzimmern und ihre Ersetzung durch „zeitgemäße Bilder" steht in Zusammenhang mit den Vorstößen gegen das konfessionelle Schulwesen. Im Oldenburger Münsterland führte der sogenannte Kreuzkampf schon im November 1936 zu heftigen Protesten der Bevölkerung, die Gauleiter Röver zum Nachgeben zwangen. Meist regional begrenzte Kreuzentfernungen lösten 1937 bzw. 1941 auch im Westen und Süden Deutschlands lebhafte Unruhe aus. Erlasse des Reichserziehungsministeriums vom 21. April 1941 und des bayerischen Kultusministers Wagner vom 23. April 1941 ordneten darüber hinaus an, das morgendliche Schulgebet durch ein nationalsozialistisches Leitwort zu ersetzen.
Lit.: *J. Göken; H. Huber; Hehl*, S. 147f; *J. Maier* S. 75f; *L. Volk*, Akten V, S. 398 mit Anm. 4.

Sittlichkeitsprozesse/-vergehen

Die Sittlichkeitsprozesse der Jahre 1936/37 gegen katholische Ordensangehörige und Priester sind – nach den Devisenprozessen – die zweite große antikirchliche Prozeßwelle im Dritten Reich. Hierbei ging es um die strafrechtliche Ahndung homosexueller Sittlichkeitsdelikte, die vornehmlich in einigen Brudergenossenschaften vorgekommen waren. In der NS-Propaganda wurden die Vorgänge als schlechthin typisch für den katholischen Klerus hingestellt; in äußerst massiver Weise sollte das Ansehen der Kirche in der Öffentlichkeit untergraben werden.
Infolge der künstlich gesteigerten Erregung wurde der Vorwurf des Sittlichkeitsverbrechens vielfach gegen völlig unbescholtene, politisch jedoch mißliebige Priester erhoben, oft in eindeutiger Rufmordabsicht.
Lit.: *H. G. Hockerts*, Sittlichkeitsprozesse.

Versammlungsverbot

Der Preußische Ministerpräsident und Chef der Geheimen Staatspolizei Hermann Göring verbot am 7. Dezember 1934 alle „öffentlichen Veranstaltungen und Kundgebungen kirchlich-konfessionellen Charakters" außerhalb von Kirchenräumen. Dieses Verbot wurde bald reichsweit ausgedehnt, desgleichen eine Polizeiverordnung Heinrich Himmlers vom 23. Juli 1935, die den katholischen Jugendverbänden jede Betätigung nicht rein religiös-kirchlicher Art untersagte, darunter insbesondere auch uniformiertes Auftreten in der Öffentlichkeit. Daneben hielt beispielsweise die Bayerische Politische Polizei ihre bereits von 1933 datierenden Einschränkungen der Versammlungsfreiheit auch weiterhin aufrecht.
Lit.: *RPB II* S. 47 Anm. 1; *B. Schellenberger* S. 76–81; *K. J. Volkmann* S. 94–102.

Liste der tabellarischen Gliederungspunkte

I. NS-Maßnahmen

Berufliche Diskriminierung
– Predigtverbot
– Redeverbot
– Degradierung
– Entlassung
– Ausschluß
– Verweigerung
– Widerruf
– (Zwangs)Versetzung
– Gehaltskürzung
– Sonstiges

Schulverbot
– Unterrichtsverbot allgemein
– Entzug der Lehrbefugnis für Religionsunterricht

Ausweisung
– Ausweisung
– Aufenthaltsverbot

Ermittlungsmaßnahmen
– Beschlagnahme
– Haussuchung (Hausdurchsuchung)
– Überwachung
– Festnahme

Verhör
– Vorladung
– Verhör

Verwarnung
– Beanstandung
– Androhung
– Drohung
– Verwarnung

Terror
– Anschuldigung

– Beleidigung
– Bedrohung
– Denunziation
– Demonstration
– Fenster zertrümmert
– Sachbeschädigung
– Hausfriedensbruch
– Schikane
– Störung
– tätliche Bedrohung
– Prügel
– Überfall

Verfahren
– Anzeige
– Untersuchung
– Anklage
– Prozeß

Geldstrafen
– Geldstrafen
– Sicherungsgeld

Freiheitsstrafen
– Schutzhaft
– Untersuchungshaft
– Haft

Konzentrationslager (KZ)

Todesfälle
– Tod während der Haft
– Tod im KZ
– Hinrichtung
– Ermordung

Sonstiges

II. Vergehen

Schule
– Eintreten für die Bekenntnisschule
– Verhängung pädagogischer Maßnahmen
– Äußerungen im Religionsunterricht
– Katechismuswahrheiten
– Widerstand gegen die Entfernung der Schulkreuze
– schulrechtliche Fragen

Gottesdienst
– Äußerungen in der Predigt (Kanzelparagraph)
– Äußerungen in der Christenlehre
– Verlesung von Hirtenbriefen

– Verstoß gegen das Feiertagsrecht
– Verstoß gegen die Läuteordnung
– verbotswidrige Abhaltung von Gottesdiensten nach nächtlichem Fliegeralarm
– verbotswidrige Abhaltung von Prozessionen
– Verstoß gegen die Verdunklungsbestimmungen im Krieg

Seelsorge
– seelsorglicher Einsatz allgemein
– Jugendseelsorge
– verbotswidrige Arbeit im katholischen Vereinswesen

- Vereinsauflösung
- Verstoß gegen das Uniformverbot für kirchliche (Jugend-)Organisationen
- seelsorglich bedingte Auseinandersetzungen mit NS-Organisationen
- Verstoß gegen das Sammlungsgesetz
- Verstoß gegen Versammlungsverbote
- Verstoß gegen Feldpostbestimmungen
- Häftlingshilfe
- Verfolgtenhilfe

Ausländerseelsorge
- Fremdarbeiterseelsorge
- Fremdarbeiterhilfe
- Kriegsgefangenenseelsorge
- Kriegsgefangenenbetreuung
- Feindbegünstigung

Regimekritik
- regimekritische Äußerungen
- Verbreitung des Goebbels-Briefes
- Verstoß gegen das Heimtückegesetz
- Verbreitung des Mölders-Briefes
- Verbreitung der Mundelein-Rede

Politische Unzuverlässigkeit
- Verhalten bei Wahlen und Volksabstimmungen
- Beflaggung/Nichtbeflaggung kirchlicher Gebäude
- Beunruhigung der Bevölkerung
- politische Beeinflussung der Bevölkerung
- unkorrekter Hitlergruß/Verweigerung des Hitlergrußes
- verbotene Bücher, Presse, Sender

- Sabotage von Sammlungen nationalsozialistischer Organisationen
- Verweigerung
- Sonstiges

Staatsfeindliches Verhalten
- defätistische Äußerungen
- Verbreitung ausländischer oder regimekritischer Flugblätter
- Pazifismus
- Konspirationsverdacht
- Hochverrat
- Landesverrat
- Wehrkraftzersetzung
- Hissen weißer Fahne gegen Kriegsende
- Sonstiges

Juden
- Kritik der NS-Rassenlehre
- Kritik der antijüdischen Maßnahmen
- Eintreten für verfolgte Juden
- Judenhilfe

Sonstiges
- Beleidigung
- Beamtenbeleidigung
- angebliche Devisenvergehen
- angebliche Sittlichkeitsvergehen
- grober Unfug
- Einspruch gegen unchristliche Taufnahmen
- Sonstiges

Ohne Angaben

III. Instanzen

Gerichte/Justiz
- Amtsgericht
- Landgericht
- Gericht
- Sondergericht
- Volksgerichtshof
- Staatsanwalt

Verwaltungsbehörden
- Bezirksamt
- Bürgermeister
- Gemeinderat
- Stadtrat
- Kreisregierung
- Schulbehörde
- Landrat
- Regierungspräsident
- Reichspropagandaministerium
- Reichskommissar
- Reichsstatthalter
- Staatsministerium
- Reichsschrifttumskammer
- Reichskulturkammer
- Reichsmusikkammer

Polizei

Gestapo
- Gestapo allgemein
- Gestapo(leit)stelle
- Geheimes Staatspolizeiamt (Gestapa)
- Reichssicherheitshauptamt (RSHA)

Partei
- NSDAP
- SA
- SS
- HJ/BDM
- Sonstige NS-Organisationen

Wehrmacht
- Wehrmacht allgemein
- militärische Vorgesetzte
- Kriegsgericht
- Standgericht

Sonstige
- Privatpersonen
- Sonstige Instanzen

Ohne Angaben

Tabellarischer Teil

Tab. 1a): Anzahl der erfaßten Welt- und Ordenspriester nach Diözesen
(Stand 1937, jedoch einschließlich Bistum Danzig und Sudetenland)

Diözese	Kath. Be-völke-rungsanteil in %[1]	Diözesan-klerus 1937[2]	Erfaßte Weltprie-ster (WP)	Erfaßte Weltprie-ster in %	Erfaßte Ordens-leute (OL)	Summe WP + OL
Bistum Aachen	88,7	903	150	16,6	29	179
Bistum Augsburg	86,6	1256	782	62,3	25	807
Erzbistum Bamberg	34,9	471	181	38,4	5	186
Bistum Berlin	7,3	356	45	12,6	11	56
Generalvikariat Branitz	92,3	76	5	6,6	0	5
Erzbistum Breslau	37,0	1281	132	10,3	26	158
Bistum Danzig[3]	38,6	81	36	44,4	0	36
Bistum Eichstätt	52,8	333	269	80,8	17	286
Bistum Ermland	15,3	280	187	66,8	33	220
Erzbistum Freiburg	60,0	1511	448	29,6	35	483
Bistum Fulda	13,4	384	50	13,0	19	69
Generalvikariat Glatz	90,3	105	26	24,8	5	31
Bistum Hildesheim	7,6	243	22	9,1	6	28
Erzbistum Köln	58,6	1717	311	18,1	33	344
Bistum Limburg	34,6	407	200	49,1	109	309
Bistum Mainz	30,9	366	117	32,0	6	123
Bistum Meißen	3,7	165	43	26,1	7	50
Erzbistum München	88,5	1241	616	49,6	82	698
Bistum Münster	59,5	1411	437	31,0	62	499
Bistum Osnabrück	8,5	437	55	12,6	17	72
Erzbistum Paderborn	22,7	1401	868	62,0	67	935
Bistum Passau	98,5	480	170	35,4	24	194
Bistum Regensburg	88,9	1051	233	22,2	23	256
Bistum Rottenburg	31,5	1004	321	32,0	24	345
Freie Prälatur Schneidemühl	28,9	118	22	18,6	4	26
Bistum Speyer	45,6	420	205	48,8	6	211
Bistum Trier	76,1	1236	669	54,1	111	780
Bistum Würzburg	57,6	761	405	53,2	25	430
Deutsches Reich	32,9[4]	19495	7005	35,9	811	7816
Sudetenland			150		55	205
Gesamtsummen (Deutsches Reich + Sudetenland)			7155		866[5]	8021

[1] Berechnet nach den Angaben im *Kirchl. Handbuch XXII,* 1943, S. 396f.

[2] *Ebenda.* – Die Zahlen umfassen jeweils den aktiven Seelsorgsklerus einer Diözese einschließlich der hauptamtlich im Schuldienst oder in Anstalten tätigen Weltpriester.

[3] Angaben für 1936, nach *Kirchl. Handbuch XXI,* 1939, S. 352.

[4] Deutsches Reich 1933, incl. Saarland.

[5] Nach *Kirchl. Handbuch XXI,* 1939, S. 276, betrug die Zahl der Ordensleute 1937 im Deutschen Reich 4667, wobei in dieser Zahl, anders als bei den Weltgeistlichen, die im „Ruhestand" lebenden Ordenspriester mitenthalten sind. Die hier ermittelten Ordensleute entsprechen demnach einer Erfassungsdichte von 18,6%.

Tab. 1b): Anzahl der erfaßten Welt- und Ordenspriester nach Kirchenprovinzen
(ohne exemte Bistümer Meißen und Danzig, Generalvikariate Branitz und Glatz sowie Sudentenland)

Kirchenprovinzen Diözesen	Kath. Bevölkerungsanteil in %	Diözesanklerus 1937	Erfaßte Weltpriester WP	Erfaßte Weltpriester in %	Erfaßte Ordensleute OL	Summe WP + OL
München						
Erzbistum München	88,5	1241	616	49,6	82	698
Bistum Augsburg	86,6	1256	782	62,3	25	807
Bistum Passau	98,5	480	170	35,4	24	194
Bistum Regensburg	88,9	1051	233	22,2	23	256
Bamberg						
Erzbistum Bamberg	34,9	471	181	38,4	5	186
Bistum Eichstätt	52,8	333	269	80,8	17	286
Bistum Speyer	45,6	420	205	48,8	6	211
Bistum Würzburg	57,6	761	405	53,2	25	430
Freiburg						
Erzbistum Freiburg	60,0	1511	448	29,6	35	483
Bistum Mainz	30,9	366	117	32,0	6	123
Bistum Rottenburg	31,5	1004	321	32,0	24	345
Köln						
Erzbistum Köln	58,6	1717	311	18,1	33	344
Bistum Aachen	88,7	903	150	16,6	29	179
Bistum Limburg	34,6	407	200	49,1	109	309
Bistum Münster	59,5	1411	437	31,0	62	499
Bistum Osnabrück	8,5	437	55	12,6	17	72
Bistum Trier	76,1	1236	669	54,1	111	779
Paderborn						
Erzbistum Paderborn	22,7	1401	868	62,0	67	935
Bistum Fulda	13,4	384	50	13,0	19	69
Bistum Hildesheim	7,6	243	22	9,1	6	28
Breslau						
Erzbistum Breslau	37,0	1281	132	10,3	26	158
Bistum Berlin	7,3	356	45	12,6	11	56
Bistum Ermland	15,3	280	187	66,8	33	220
Schneidemühl	28,9	118	22	18,6	4	26

Tab. 2: Alter der Betroffenen zur Zeit der Bestrafung
a) Tabelle der Absolutwerte

Alter der Betroffenen zur Zeit der Bestrafung	gesamt	bis 30 Jahre	31 - 40 Jahre	41 - 50 Jahre	51 - 60 Jahre	61 - 70 Jahre	71 und älter	nicht ein- zuordnen	Rest
Insgesamt	8.021	1.961	1.764	2.072	1.369	544	259	52	0
Aachen	179	21	43	61	33	18	2	1	0
Augsburg	807	179	162	225	151	59	27	4	0
Bamberg	186	46	53	51	24	7	5	0	0
Berlin	56	6	16	21	9	3	1	0	0
Breslau	158	28	43	48	26	11	2	0	0
Eichstätt	286	89	66	56	47	19	9	0	0
Ermland	220	94	50	34	29	10	3	0	0
Freiburg	483	111	87	135	89	40	12	9	0
Fulda	69	10	18	16	17	8	0	0	0
Hildesheim	28	4	12	5	5	2	0	0	0
Köln	344	105	75	81	49	5	16	13	0
Limburg	309	94	79	60	47	14	14	1	0
Mainz	123	17	26	44	21	11	4	0	0
Meißen	50	12	13	12	8	4	0	1	0
München-Freising	698	204	132	168	117	40	33	4	0
Münster	499	114	110	91	121	47	15	1	0
Osnabrück	72	8	26	18	12	7	1	0	0
Paderborn	935	246	157	323	104	43	52	10	0
Passau	194	44	52	34	35	20	8	1	0
Regensburg	256	61	60	47	57	21	10	0	0
Rottenburg	345	97	71	97	56	19	4	1	0
Schneidemühl	26	4	6	9	3	3	1	0	0
Speyer	211	46	82	37	32	11	3	0	0
Trier	780	159	141	203	166	82	24	5	0
Würzburg	430	109	103	106	76	26	10	0	0
Branitz	5	3	1	0	0	1	0	0	0
Glatz	31	5	18	7	1	0	0	0	0
Danzig	36	3	10	13	6	3	1	0	0
Sudetenland	205	42	52	70	28	10	2	1	0
Rest	0	0	0	0	0	0	0	0	0

b) Tabelle der Reihenprozentwerte

Alter der Betroffenen zur Zeit der Bestrafung	gesamt	bis 30 Jahre	31 - 40 Jahre	41 - 50 Jahre	51 - 60 Jahre	61 - 70 Jahre	71 und älter	nicht ein- zuordnen	Rest
Insgesamt	8.021	24,4	22,0	25,8	17,1	6,8	3,2	0,6	0,0
Aachen	179	11,7	24,0	34,1	18,4	10,1	1,1	0,6	0,0
Augsburg	807	22,2	20,1	27,9	18,7	7,3	3,3	0,5	0,0
Bamberg	186	24,7	28,5	27,4	12,9	3,8	2,7	0,0	0,0
Berlin	56	10,7	28,6	37,5	16,1	5,4	1,8	0,0	0,0
Breslau	158	17,7	27,2	30,4	16,5	7,0	1,3	0,0	0,0
Eichstätt	286	31,1	23,1	19,6	16,4	6,6	3,1	0,0	0,0
Ermland	220	42,7	22,7	15,5	13,2	4,5	1,4	0,0	0,0
Freiburg	483	23,0	18,0	28,0	18,4	8,3	2,5	1,9	0,0
Fulda	69	14,5	26,1	23,2	24,6	11,6	0,0	0,0	0,0
Hildesheim	28	14,3	42,9	17,9	17,9	7,1	0,0	0,0	0,0
Köln	344	30,5	21,8	23,5	14,2	1,5	4,7	3,8	0,0
Limburg	309	30,4	25,6	19,4	15,2	4,5	4,5	0,3	0,0
Mainz	123	13,8	21,1	35,8	17,1	8,9	3,3	0,0	0,0
Meißen	50	24,0	26,0	24,0	16,0	8,0	0,0	2,0	0,0
München-Freising	698	29,2	18,9	24,1	16,8	5,7	4,7	0,6	0,0
Münster	499	22,8	22,0	18,2	24,2	9,4	3,0	0,2	0,0
Osnabrück	72	11,1	36,1	25,0	16,7	9,7	1,4	0,0	0,0
Paderborn	935	26,3	16,8	34,5	11,1	4,6	5,6	1,1	0,0
Passau	194	22,7	26,8	17,5	18,0	10,3	4,1	0,5	0,0
Regensburg	256	23,8	23,4	18,4	22,3	8,2	3,9	0,0	0,0
Rottenburg	345	28,1	20,6	28,1	16,2	5,5	1,2	0,3	0,0
Schneidemühl	26	15,4	23,1	34,6	11,5	11,5	3,8	0,0	0,0
Speyer	211	21,8	38,9	17,5	15,2	5,2	1,4	0,0	0,0
Trier	780	20,4	18,1	26,0	21,3	10,5	3,1	0,6	0,0
Würzburg	430	25,3	24,0	24,7	17,7	6,0	2,3	0,0	0,0
Branitz	5	60,0	20,0	0,0	0,0	20,0	0,0	0,0	0,0
Glatz	31	16,1	58,1	22,6	3,2	0,0	0,0	0,0	0,0
Danzig	36	8,3	27,8	36,1	16,7	8,3	2,8	0,0	0,0
Sudetenland	205	20,5	25,4	34,1	13,7	4,9	1,0	0,5	0,0
Rest	0	0,0	0,0	0,0	0,0	0,0	0,0	0,0	0,0

Tabellarischer Teil

Tab. 3: Häufigkeit der Vorfälle nach Diözesen
a) Tabelle der Absolutwerte

Häufigkeit der Vor- fälle nach Diözesen	gesamt	mit 1	mit 2	mit 3	mit 4	mit 5	mit 6	mit 7	mit 8	mit 9	10 und mehr	Rest
Insgesamt	8.021	4.123	1.910	949	498	253	133	58	44	21	32	0
Aachen	179	89	50	17	10	9	2	0	2	0	0	0
Augsburg	807	222	176	115	88	58	52	30	26	15	25	0
Bamberg	186	47	38	41	24	19	8	5	3	1	0	0
Berlin	56	31	12	8	3	0	1	1	0	0	0	0
Breslau	158	124	16	9	6	2	0	0	0	0	1	0
Eichstätt	286	82	68	43	37	27	16	6	3	1	3	0
Ermland	220	126	70	20	2	1	1	0	0	0	0	0
Freiburg	483	223	126	70	29	17	12	2	1	3	0	0
Fulda	69	37	24	6	1	1	0	0	0	0	0	0
Hildesheim	28	24	1	3	0	0	0	0	0	0	0	0
Köln	344	250	67	15	7	3	1	0	1	0	0	0
Limburg	309	175	71	37	14	7	2	2	1	0	0	0
Mainz	123	84	20	12	6	0	1	0	0	0	0	0
Meißen	50	48	2	0	0	0	0	0	0	0	0	0
München-Freising	698	319	193	101	45	24	11	3	0	1	1	0
Münster	499	265	114	56	36	16	8	2	1	0	1	0
Osnabrück	72	69	1	1	1	0	0	0	0	0	0	0
Paderborn	935	653	214	48	15	4	1	0	0	0	0	0
Passau	194	108	57	20	7	2	0	0	0	0	0	0
Regensburg	256	92	77	51	21	11	4	0	0	0	0	0
Rottenburg	345	192	83	39	22	5	2	1	1	0	0	0
Schneidemühl	26	17	8	1	0	0	0	0	0	0	0	0
Speyer	211	80	58	41	16	5	3	4	4	0	0	0
Trier	780	456	191	88	28	12	4	1	0	0	0	0
Würzburg	430	125	127	76	70	27	3	0	1	0	1	0
Branitz	5	4	1	0	0	0	0	0	0	0	0	0
Glatz	31	23	4	4	0	0	0	0	0	0	0	0
Danzig	36	18	11	4	2	1	0	0	0	0	0	0
Sudetenland	205	140	30	23	8	2	1	1	0	0	0	0
Rest	0	0	0	0	0	0	0	0	0	0	0	0

b) Tabelle der Reihenprozentwerte

Häufigkeit der Vor- fälle nach Diözesen	gesamt	mit 1	mit 2	mit 3	mit 4	mit 5	mit 6	mit 7	mit 8	mit 9	10 und mehr	Rest
Insgesamt	8.021	51,4	23,8	11,8	6,2	3,2	1,7	0,7	0,5	0,3	0,4	0,0
Aachen	179	49,7	27,9	9,5	5,6	5,0	1,1	0,0	1,1	0,0	0,0	0,0
Augsburg	807	27,5	21,8	14,3	10,9	7,2	6,4	3,7	3,2	1,9	3,1	0,0
Bamberg	186	25,3	20,4	22,0	12,9	10,2	4,3	2,7	1,6	0,5	0,0	0,0
Berlin	56	55,4	21,4	14,3	5,4	0,0	1,8	1,8	0,0	0,0	0,0	0,0
Breslau	158	78,5	10,1	5,7	3,8	1,3	0,0	0,0	0,0	0,0	0,6	0,0
Eichstätt	286	28,7	23,8	15,0	12,9	9,4	5,6	2,1	1,0	0,3	1,0	0,0
Ermland	220	57,3	31,8	9,1	0,9	0,5	0,5	0,0	0,0	0,0	0,0	0,0
Freiburg	483	46,2	26,1	14,5	6,0	3,5	2,5	0,4	0,2	0,6	0,0	0,0
Fulda	69	53,6	34,8	8,7	1,4	1,4	0,0	0,0	0,0	0,0	0,0	0,0
Hildesheim	28	85,7	3,6	10,7	0,0	0,0	0,0	0,0	0,0	0,0	0,0	0,0
Köln	344	72,7	19,5	4,4	2,0	0,9	0,3	0,0	0,3	0,0	0,0	0,0
Limburg	309	56,6	23,0	12,0	4,5	2,3	0,6	0,6	0,3	0,0	0,0	0,0
Mainz	123	68,3	16,3	9,8	4,9	0,0	0,8	0,0	0,0	0,0	0,0	0,0
Meißen	50	96,0	4,0	0,0	0,0	0,0	0,0	0,0	0,0	0,0	0,0	0,0
München-Freising	698	45,7	27,7	14,5	6,4	3,4	1,6	0,4	0,0	0,1	0,1	0,0
Münster	499	53,1	22,8	11,2	7,2	3,2	1,6	0,4	0,2	0,0	0,2	0,0
Osnabrück	72	95,8	1,4	1,4	1,4	0,0	0,0	0,0	0,0	0,0	0,0	0,0
Paderborn	935	69,8	22,9	5,1	1,6	0,4	0,1	0,0	0,0	0,0	0,0	0,0
Passau	194	55,7	29,4	10,3	3,6	1,0	0,0	0,0	0,0	0,0	0,0	0,0
Regensburg	256	35,9	30,1	19,9	8,2	4,3	1,6	0,0	0,0	0,0	0,0	0,0
Rottenburg	345	55,7	24,1	11,3	6,4	1,4	0,6	0,3	0,3	0,0	0,0	0,0
Schneidemühl	26	65,4	30,8	3,8	0,0	0,0	0,0	0,0	0,0	0,0	0,0	0,0
Speyer	211	37,9	27,5	19,4	7,6	2,4	1,4	1,9	1,9	0,0	0,0	0,0
Trier	780	58,5	24,5	11,3	3,6	1,5	0,5	0,1	0,0	0,0	0,0	0,0
Würzburg	430	29,1	29,5	17,7	16,3	6,3	0,7	0,0	0,2	0,0	0,2	0,0
Branitz	5	80,0	20,0	0,0	0,0	0,0	0,0	0,0	0,0	0,0	0,0	0,0
Glatz	31	74,2	12,9	12,9	0,0	0,0	0,0	0,0	0,0	0,0	0,0	0,0
Danzig	36	50,0	30,6	11,1	5,6	2,8	0,0	0,0	0,0	0,0	0,0	0,0
Sudetenland	205	68,3	14,6	11,2	3,9	1,0	0,5	0,5	0,0	0,0	0,0	0,0
Rest	0	0,0	0,0	0,0	0,0	0,0	0,0	0,0	0,0	0,0	0,0	0,0

Tab. 4: Zeitpunkt der Maßnahmen nach Diözesen
a) Tabelle der Absolutwerte

Zeitpunkt der Maßnahmen nach Diözesen	gesamt	1933	1934	1935	1936	1937	1938	1939	1940	1941	1942	1943
Insgesamt	22.703	1.586	1.061	1.459	1.135	2.210	1.776	1.681	1.358	2.447	1.490	953
Aachen	428	13	21	54	33	25	10	33	20	63	54	18
Augsburg	3.328	277	198	190	192	221	330	263	195	362	218	188
Bamberg	659	80	30	19	30	52	55	63	24	64	51	27
Berlin	146	4	3	28	0	11	6	11	10	13	15	20
Breslau	351	15	9	20	8	39	18	14	46	51	33	36
Eichstätt	966	118	36	29	32	68	103	34	29	146	103	70
Ermland	554	26	42	50	30	64	39	38	46	34	8	22
Freiburg	1.542	141	67	79	55	111	41	87	109	165	109	51
Fulda	153	17	10	21	15	11	3	5	38	14	5	2
Hildesheim	65	0	2	3	6	1	5	3	6	23	5	7
Köln	601	26	22	56	38	48	30	20	26	50	26	25
Limburg	844	33	13	67	38	50	60	104	48	53	119	46
Mainz	264	32	43	25	7	18	16	3	23	28	14	13
Meißen	84	0	0	12	3	3	5	3	14	22	7	2
München-Freising	1.831	122	82	120	84	112	156	121	126	170	82	73
Münster	1.293	46	65	106	87	227	92	134	51	140	103	46
Osnabrück	101	1	2	13	14	6	1	6	1	13	13	18
Paderborn	2.590	67	106	153	70	208	120	181	99	173	94	41
Passau	406	21	27	20	13	40	23	18	22	43	23	31
Regensburg	664	67	30	44	26	82	60	47	45	61	63	36
Rottenburg	827	50	37	39	65	99	87	78	55	60	29	21
Schneidemühl	69	0	3	4	3	0	5	19	6	7	7	2
Speyer	685	148	29	48	57	68	93	50	45	70	30	10
Trier	1.753	31	66	139	124	388	202	145	106	190	96	34
Würzburg	1.821	219	116	100	104	253	186	122	102	289	81	67
Branitz	8	0	0	0	0	0	3	0	0	0	0	1
Glatz	63	6	0	14	0	1	7	2	1	10	1	2
Danzig	106	26	2	4	1	4	7	32	16	0	0	3
Sudetenland	501	0	0	2	0	0	13	45	49	133	101	41
Rest	0	0	0	0	0	0	0	0	0	0	0	0

Zeitpunkt der Maßnahmen nach Diözesen	gesamt	1944	1945	??	Rest
Insgesamt	22.703	826	364	4.357	0
Aachen	428	15	12	57	0
Augsburg	3.328	159	56	479	0
Bamberg	659	28	2	134	0
Berlin	146	23	0	2	0
Breslau	351	4	13	45	0
Eichstätt	966	44	20	134	0
Ermland	554	10	2	143	0
Freiburg	1.542	46	40	441	0
Fulda	153	4	4	4	0
Hildesheim	65	2	0	2	0
Köln	601	29	5	200	0
Limburg	844	42	1	170	0
Mainz	264	13	3	26	0
Meißen	84	7	0	6	0
München-Freising	1.831	83	65	435	0
Münster	1.293	46	20	130	0
Osnabrück	101	6	2	5	0
Paderborn	2.590	59	23	1.196	0
Passau	406	18	24	83	0
Regensburg	664	37	17	49	0
Rottenburg	827	38	13	156	0
Schneidemühl	69	1	4	8	0
Speyer	685	15	12	10	0
Trier	1.753	27	7	198	0
Würzburg	1.821	40	13	129	0
Branitz	8	0	0	4	0
Glatz	63	1	0	18	0
Danzig	106	6	1	4	0
Sudetenland	501	23	5	89	0
Rest	0	0	0	0	0

Tabellarischer Teil

Tab. 4: Zeitpunkt der Maßnahmen nach Diözesen
b) Tabelle der Reihenprozentwerte

Zeitpunkt der Maßnahmen nach Diözesen	gesamt	1933	1934	1935	1936	1937	1938	1939	1940	1941	1942	1943
Insgesamt	22.703	7,0	4,7	6,4	5,0	9,7	7,8	7,4	6,0	10,8	6,6	4,2
Aachen	428	3,0	4,9	12,6	7,7	5,8	2,3	7,7	4,7	14,7	12,6	4,2
Augsburg	3.328	8,3	5,9	5,7	5,8	6,6	9,9	7,9	5,9	10,9	6,6	5,6
Bamberg	659	12,1	4,6	2,9	4,6	7,9	8,3	9,6	3,6	9,7	7,7	4,1
Berlin	146	2,7	2,1	19,2	0,0	7,5	4,1	7,5	6,8	8,9	10,3	13,7
Breslau	351	4,3	2,6	5,7	2,3	11,1	5,1	4,0	13,1	14,5	9,4	10,3
Eichstätt	966	12,2	3,7	3,0	3,3	7,0	10,7	3,5	3,0	15,1	10,7	7,2
Ermland	554	4,7	7,6	9,0	5,4	11,6	7,0	6,9	8,3	6,1	1,4	4,0
Freiburg	1.542	9,1	4,3	5,1	3,6	7,2	2,7	5,6	7,1	10,7	7,1	3,3
Fulda	153	11,1	6,5	13,7	9,8	7,2	2,0	3,3	24,8	9,2	3,3	1,3
Hildesheim	65	0,0	3,1	4,6	9,2	1,5	7,7	4,6	9,2	35,4	7,7	10,8
Köln	601	4,3	3,7	9,3	6,3	8,0	5,0	3,3	4,3	8,3	4,3	4,2
Limburg	844	3,9	1,5	7,9	4,5	5,9	7,1	12,3	5,7	6,3	14,1	5,5
Mainz	264	12,1	16,3	9,5	2,7	6,8	6,1	1,1	8,7	10,6	5,3	4,9
Meißen	84	0,0	0,0	14,3	3,6	3,6	6,0	3,6	16,7	26,2	8,3	2,4
München-Freising	1.831	6,7	4,5	6,6	4,6	6,1	8,5	6,6	6,9	9,3	4,5	4,0
Münster	1.293	3,6	5,0	8,2	6,7	17,6	7,1	10,4	3,9	10,8	8,0	3,6
Osnabrück	101	1,0	2,0	12,9	13,9	5,9	1,0	5,9	1,0	12,9	12,9	17,8
Paderborn	2.590	2,6	4,1	5,9	2,7	8,0	4,6	7,0	3,8	6,7	3,6	1,6
Passau	406	5,2	6,7	4,9	3,2	9,9	5,7	4,4	5,4	10,6	5,7	7,6
Regensburg	664	10,1	4,5	6,6	3,9	12,3	9,0	7,1	6,8	9,2	9,5	5,4
Rottenburg	827	6,0	4,5	4,7	7,9	12,0	10,5	9,4	6,7	7,3	3,5	2,5
Schneidemühl	69	0,0	4,3	5,8	4,3	0,0	7,2	27,5	8,7	10,1	10,1	2,9
Speyer	685	21,6	4,2	7,0	8,3	9,9	13,6	7,3	6,6	10,2	4,4	1,5
Trier	1.753	1,8	3,8	7,9	7,1	22,1	11,5	8,3	6,0	10,8	5,5	1,9
Würzburg	1.821	12,0	6,4	5,5	5,7	13,9	10,2	6,7	5,6	15,9	4,4	3,7
Branitz	8	0,0	0,0	0,0	0,0	0,0	37,5	0,0	0,0	0,0	0,0	12,5
Glatz	63	9,5	0,0	22,2	0,0	1,6	11,1	3,2	1,6	15,9	1,6	3,2
Danzig	106	24,5	1,9	3,8	0,9	3,8	6,6	30,2	15,1	0,0	0,0	2,8
Sudetenland	501	0,0	0,0	0,4	0,0	0,0	2,6	9,0	9,8	26,5	20,2	8,2
Rest	0	0,0	0,0	0,0	0,0	0,0	0,0	0,0	0,0	0,0	0,0	0,0

Zeitpunkt der Maßnahmen nach Diözesen	gesamt	1944	1945	??	Rest
Insgesamt	22.703	3,6	1,6	19,2	0,0
Aachen	428	3,5	2,8	13,3	0,0
Augsburg	3.328	4,8	1,7	14,4	0,0
Bamberg	659	4,2	0,3	20,3	0,0
Berlin	146	15,8	0,0	1,4	0,0
Breslau	351	1,1	3,7	12,8	0,0
Eichstätt	966	4,6	2,1	13,9	0,0
Ermland	554	1,8	0,4	25,8	0,0
Freiburg	1.542	3,0	2,6	28,6	0,0
Fulda	153	2,6	2,6	2,6	0,0
Hildesheim	65	3,1	0,0	3,1	0,0
Köln	601	4,8	0,8	33,3	0,0
Limburg	844	5,0	0,1	20,1	0,0
Mainz	264	4,9	1,1	9,8	0,0
Meißen	84	8,3	0,0	7,1	0,0
München-Freising	1.831	4,5	3,5	23,8	0,0
Münster	1.293	3,6	1,5	10,1	0,0
Osnabrück	101	5,9	2,0	5,0	0,0
Paderborn	2.590	2,3	0,9	46,2	0,0
Passau	406	4,4	5,9	20,4	0,0
Regensburg	664	5,6	2,6	7,4	0,0
Rottenburg	827	4,6	1,6	18,9	0,0
Schneidemühl	69	1,4	5,8	11,6	0,0
Speyer	685	2,2	1,8	1,5	0,0
Trier	1.753	1,5	0,4	11,3	0,0
Würzburg	1.821	2,2	0,7	7,1	0,0
Branitz	8	0,0	0,0	50,0	0,0
Glatz	63	1,6	0,0	28,6	0,0
Danzig	106	5,7	0,9	3,8	0,0
Sudetenland	501	4,6	1,0	17,8	0,0
Rest	0	0,0	0,0	0,0	0,0

Tab. 5: Aufgliederung der Maßnahmen nach Diözesen
a) Tabelle der Absolutwerte

Aufgliederung der Maßnahmen nach Diözesen	gesamt	berufl. Diskriminierung	Schulverbot	Ausweisung	Ermittlungsmaßnahmen	Verhör	Verwarnung	Verfahren	Terror	Geldstrafen	Freiheitsstrafen	KZ (einschließl. der im KZ Verstorbenen)
Insgesamt	22.703	1.615	1.573	599	3.351	4.201	3.718	2.058	1.321	1.567	2.059	418
Aachen	428	34	27	38	31	29	35	38	6	49	112	20
Augsburg	3.328	226	104	20	473	841	874	259	263	154	93	6
Bamberg	659	32	33	2	127	162	134	56	44	33	34	0
Berlin	146	1	3	6	31	13	13	8	7	3	37	16
Breslau	351	27	14	44	42	22	38	14	7	12	89	37
Eichstätt	966	61	51	9	134	137	214	103	90	106	52	1
Ermland	554	75	49	19	187	94	10	40	20	7	40	9
Freiburg	1.542	138	188	48	290	212	74	140	187	64	152	25
Fulda	153	5	1	9	8	10	22	13	12	8	53	11
Hildesheim	65	7	1	5	11	10	0	2	3	1	18	5
Köln	601	100	44	26	58	18	126	35	9	60	99	21
Limburg	844	49	45	24	107	219	97	56	48	34	139	22
Mainz	264	16	32	17	16	6	53	21	8	31	51	13
Meißen	84	1	1	3	2	3	1	8	2	5	42	14
München-Freising	1.831	176	114	18	283	291	437	136	96	130	124	14
Münster	1.293	96	85	31	182	281	189	79	97	73	99	38
Osnabrück	101	3	1	7	6	3	7	6	2	19	35	8
Paderborn	2.590	114	127	51	509	815	531	66	49	139	143	22
Passau	406	15	43	14	86	40	23	66	25	46	40	4
Regensburg	664	50	59	9	74	51	144	74	24	110	57	5
Rottenburg	827	64	219	18	48	103	59	33	60	122	88	11
Schneidemühl	69	3	0	11	14	5	2	1	4	0	20	8
Speyer	685	82	66	19	63	21	57	133	115	53	62	7
Trier	1.753	119	165	96	125	284	257	381	17	136	147	22
Würzburg	1.821	83	65	24	358	417	267	253	82	152	102	7
Branitz	8	1	0	1	2	0	0	0	1	0	2	1
Glatz	63	4	2	2	8	11	4	10	6	4	9	1
Danzig	106	9	1	1	20	7	2	6	27	4	14	13
Sudetenland	501	24	33	27	56	96	48	21	10	12	106	57
Rest	0	0	0	0	0	0	0	0	0	0	0	0

Aufgliederung der Maßnahmen nach Diözesen	gesamt	sonstige Todesfälle	Sonstiges	Rest
Insgesamt	22.703	59	164	0
Aachen	428	7	2	0
Augsburg	3.328	1	14	0
Bamberg	659	0	2	0
Berlin	146	7	1	0
Breslau	351	2	3	0
Eichstätt	966	0	8	0
Ermland	554	0	4	0
Freiburg	1.542	5	19	0
Fulda	153	0	1	0
Hildesheim	65	1	1	0
Köln	601	2	3	0
Limburg	844	2	2	0
Mainz	264	0	0	0
Meißen	84	0	2	0
München-Freising	1.831	3	9	0
Münster	1.293	1	42	0
Osnabrück	101	4	0	0
Paderborn	2.590	3	21	0
Passau	406	4	0	0
Regensburg	664	5	2	0
Rottenburg	827	0	2	0
Schneidemühl	69	0	1	0
Speyer	685	0	7	0
Trier	1.753	1	3	0
Würzburg	1.821	0	11	0
Branitz	8	0	0	0
Glatz	63	1	1	0
Danzig	106	2	0	0
Sudetenland	501	8	3	0
Rest	0	0	0	0

Tabellarischer Teil

Tab. 5: Aufgliederung der Maßnahmen nach Diözesen
b) Tabelle der Reihenprozentwerte

Aufgliederung der Maßnahmen nach Diözesen	gesamt	berufl. Diskriminierung	Schulverbot	Ausweisung	Ermittlungsmaßnahmen	Verhör	Verwarnung	Verfahren	Terror	Geldstrafen	Freiheitsstrafen	KZ (einschließlich der im KZ Verstorbenen)
Insgesamt	22.703	7,1	6,9	2,6	14,8	18,5	16,4	9,1	5,8	6,9	9,1	1,8
Aachen	428	7,9	6,3	8,9	7,2	6,8	8,2	8,9	1,4	11,4	26,2	4,7
Augsburg	3.328	6,8	3,1	0,6	14,2	25,3	26,3	7,8	7,9	4,6	2,8	0,2
Bamberg	659	4,9	5,0	0,3	19,3	24,6	20,3	8,5	6,7	5,0	5,2	0,0
Berlin	146	0,7	2,1	4,1	21,2	8,9	8,9	5,5	4,8	2,1	25,3	11,0
Breslau	351	7,7	4,0	12,5	12,0	6,3	10,8	4,0	2,0	3,4	25,4	10,5
Eichstätt	966	6,3	5,3	0,9	13,9	14,2	22,2	10,7	9,3	11,0	5,4	0,1
Ermland	554	13,5	8,8	3,4	33,8	17,0	1,8	7,2	3,6	1,3	7,2	1,6
Freiburg	1.542	8,9	12,2	3,1	18,8	13,7	4,8	9,1	12,1	4,2	9,9	1,6
Fulda	153	3,3	0,7	5,9	5,2	6,5	14,4	8,5	7,8	5,2	34,6	7,2
Hildesheim	65	10,8	1,5	7,7	16,9	15,4	0,0	3,1	4,6	1,5	27,7	7,7
Köln	601	16,6	7,3	4,3	9,7	3,0	21,0	5,8	1,5	10,0	16,5	3,5
Limburg	844	5,8	5,3	2,8	12,7	25,9	11,5	6,6	5,7	4,0	16,5	2,6
Mainz	264	6,1	12,1	6,4	6,1	2,3	20,1	8,0	3,0	11,7	19,3	4,9
Meißen	84	1,2	1,2	3,6	2,4	3,6	1,2	9,5	2,4	6,0	50,0	16,7
München-Freising	1.831	9,6	6,2	1,0	15,5	15,9	23,9	7,4	5,2	7,1	6,8	0,8
Münster	1.293	7,4	6,6	2,4	14,1	21,7	14,6	6,1	7,5	5,6	7,7	2,9
Osnabrück	101	3,0	1,0	6,9	5,9	3,0	6,9	5,9	2,0	18,8	34,7	7,9
Paderborn	2.590	4,4	4,9	2,0	19,7	31,5	20,5	2,5	1,9	5,4	5,5	0,8
Passau	406	3,7	10,6	3,4	21,2	9,9	5,7	16,3	6,2	11,3	9,9	1,0
Regensburg	664	7,5	8,9	1,4	11,1	7,7	21,7	11,1	3,6	16,6	8,6	0,8
Rottenburg	827	7,7	26,5	2,2	5,8	12,5	7,1	4,0	7,3	14,8	10,6	1,3
Schneidemühl	69	4,3	0,0	15,9	20,3	7,2	2,9	1,4	5,8	0,0	29,0	11,6
Speyer	685	12,0	9,6	2,8	9,2	3,1	8,3	19,4	16,8	7,7	9,1	1,0
Trier	1.753	6,8	9,4	5,5	7,1	16,2	14,7	21,7	1,0	7,8	8,4	1,3
Würzburg	1.821	4,6	3,6	1,3	19,7	22,9	14,7	13,9	4,5	8,3	5,6	0,4
Branitz	8	12,5	0,0	12,5	0,0	0,0	0,0	0,0	12,5	0,0	25,0	12,5
Glatz	63	6,3	3,2	3,2	12,7	17,5	6,3	15,9	9,5	6,3	14,3	1,6
Danzig	106	8,5	0,9	0,9	18,9	6,6	1,9	5,7	25,5	3,8	13,2	12,3
Sudetenland	501	4,8	6,6	5,4	11,2	19,2	9,6	4,2	2,0	2,4	21,2	11,4
Rest	0	0,0	0,0	0,0	0,0	0,0	0,0	0,0	0,0	0,0	0,0	0,0

Aufgliederung der Maßnahmen nach Diözesen	gesamt	sonstige Todesfälle	Sonstiges	Rest
Insgesamt	22.703	0,3	0,7	0,0
Aachen	428	1,6	0,5	0,0
Augsburg	3.328	0,0	0,4	0,0
Bamberg	659	0,0	0,3	0,0
Berlin	146	4,8	0,7	0,0
Breslau	351	0,6	0,9	0,0
Eichstätt	966	0,0	0,8	0,0
Ermland	554	0,0	0,7	0,0
Freiburg	1.542	0,3	1,2	0,0
Fulda	153	0,0	0,7	0,0
Hildesheim	65	1,5	1,5	0,0
Köln	601	0,3	0,5	0,0
Limburg	844	0,2	0,2	0,0
Mainz	264	0,0	0,0	0,0
Meißen	84	0,0	2,4	0,0
München-Freising	1.831	0,2	0,5	0,0
Münster	1.293	0,1	3,2	0,0
Osnabrück	101	4,0	0,0	0,0
Paderborn	2.590	0,1	0,8	0,0
Passau	406	1,0	0,0	0,0
Regensburg	664	0,8	0,3	0,0
Rottenburg	827	0,0	0,2	0,0
Schneidemühl	69	0,0	1,4	0,0
Speyer	685	0,0	1,0	0,0
Trier	1.753	0,1	0,2	0,0
Würzburg	1.821	0,0	0,6	0,0
Branitz	8	0,0	0,0	0,0
Glatz	63	1,6	1,6	0,0
Danzig	106	1,9	0,0	0,0
Sudetenland	501	1,6	0,6	0,0
Rest	0	0,0	0,0	0,0

Tab. 6: Aufgliederung der Vergehen nach Diözesen
a) Tabelle der Absolutwerte

Aufgliederung der Vergehen nach Diözesen	gesamt	Schule	Gottes-dienst	Seel-sorge	Aus-länder-seels./-hilfe	Re-gime-kritik	pol. Unzu-verläs-sigkeit	staats-feindl. Ver-halten	Juden	Sonsti-ge	ohne Anga-ben	Rest
Insgesamt	17.580	669	2.932	2.644	488	1.545	1.943	709	108	1.108	5.434	0
Aachen	369	1	19	30	4	24	28	21	2	23	217	0
Augsburg	2.838	73	532	336	47	250	309	108	22	136	1.025	0
Bamberg	578	10	61	43	9	46	48	10	2	28	321	0
Berlin	120	0	7	7	12	11	15	20	3	6	39	0
Breslau	239	6	20	23	9	23	21	24	2	24	87	0
Eichstätt	923	38	245	96	32	86	100	18	4	52	252	0
Ermland	412	23	90	128	59	19	21	5	2	19	46	0
Freiburg	1.173	104	198	138	23	72	80	54	8	36	460	0
Fulda	121	3	21	12	9	10	9	4	0	12	41	0
Hildesheim	39	2	1	6	1	4	2	5	0	11	7	0
Köln	536	15	78	101	8	52	46	59	9	53	115	0
Limburg	608	11	83	130	27	45	78	26	5	44	159	0
Mainz	192	0	12	7	4	14	9	6	1	3	136	0
Meißen	52	1	1	5	9	19	2	2	0	9	4	0
München-Freising	1.484	51	267	201	19	128	175	50	11	85	497	0
Münster	991	22	160	207	13	94	165	44	7	86	193	0
Osnabrück	81	2	7	5	5	9	7	11	1	7	27	0
Paderborn	1.670	48	250	443	89	105	203	65	6	117	344	0
Passau	339	21	53	54	14	33	44	16	0	17	87	0
Regensburg	612	28	139	76	12	93	84	24	4	31	121	0
Rottenburg	649	21	118	66	18	67	62	10	3	77	207	0
Schneidemühl	40	0	3	7	4	4	2	1	0	1	18	0
Speyer	516	11	63	57	6	58	57	19	1	30	214	0
Trier	1.387	121	117	232	20	157	161	38	1	107	433	0
Würzburg	1.144	47	337	180	19	90	156	41	9	64	201	0
Branitz	7	0	1	2	0	1	0	0	0	2	1	0
Glatz	49	0	5	10	3	6	6	4	0	2	13	0
Danzig	74	0	1	4	6	2	21	6	2	15	17	0
Sudetenland	337	10	43	38	7	23	32	18	3	11	152	0
Rest	0	0	0	0	0	0	0	0	0	0	0	0

b) Tabelle der Reihenprozentwerte

Aufgliederung der Vergehen nach Diözesen	gesamt	Schule	Gottes-dienst	Seel-sorge	Aus-länder-seels./-hilfe	Re-gime-kritik	pol. Unzu-verläs-sigkeit	staats-feindl. Ver-halten	Juden	Sonsti-ge	ohne Anga-ben	Rest
Insgesamt	17.580	3,8	16,7	15,0	2,8	8,8	11,1	4,0	0,6	6,3	30,9	0,0
Aachen	369	0,3	5,1	8,1	1,1	6,5	7,6	5,7	0,5	6,2	58,8	0,0
Augsburg	2.838	2,6	18,7	11,8	1,7	8,8	10,9	3,8	0,8	4,8	36,1	0,0
Bamberg	578	1,7	10,6	7,4	1,6	8,0	8,3	1,7	0,3	4,8	55,5	0,0
Berlin	120	0,0	5,8	5,8	10,0	9,2	12,5	16,7	2,5	5,0	32,5	0,0
Breslau	239	2,5	8,4	9,6	3,8	9,6	8,8	10,0	0,8	10,0	36,4	0,0
Eichstätt	923	4,1	26,5	10,4	3,5	9,3	10,8	2,0	0,4	5,6	27,3	0,0
Ermland	412	5,6	21,8	31,1	14,3	4,6	5,1	1,2	0,5	4,6	11,2	0,0
Freiburg	1.173	8,9	16,9	11,8	2,0	6,1	6,8	4,6	0,7	3,1	39,2	0,0
Fulda	121	2,5	17,4	9,9	7,4	8,3	7,4	3,3	0,0	9,9	33,9	0,0
Hildesheim	39	5,1	2,6	15,4	2,6	10,3	5,1	12,8	0,0	28,2	17,9	0,0
Köln	536	2,8	14,6	18,8	1,5	9,7	8,6	11,0	1,7	9,9	21,5	0,0
Limburg	608	1,8	13,7	21,4	4,4	7,4	12,8	4,3	0,8	7,2	26,2	0,0
Mainz	192	0,0	6,3	3,6	2,1	7,3	4,7	3,1	0,5	1,6	70,8	0,0
Meißen	52	1,9	1,9	9,6	17,3	36,5	3,8	3,8	0,0	17,3	7,7	0,0
München-Freising	1.484	3,4	18,0	13,5	1,3	8,6	11,8	3,4	0,7	5,7	33,5	0,0
Münster	991	2,2	16,1	20,9	1,3	9,5	16,6	4,4	0,7	8,7	19,5	0,0
Osnabrück	81	2,5	8,6	6,2	6,2	11,1	8,6	13,6	1,2	8,6	33,3	0,0
Paderborn	1.670	2,9	15,0	26,5	5,3	6,3	12,2	3,9	0,4	7,0	20,6	0,0
Passau	339	6,2	15,6	15,9	4,1	9,7	13,0	4,7	0,0	5,0	25,7	0,0
Regensburg	612	4,6	22,7	12,4	2,0	15,2	13,7	3,9	0,7	5,1	19,8	0,0
Rottenburg	649	3,2	18,2	10,2	2,8	10,3	9,6	1,5	0,5	11,9	31,9	0,0
Schneidemühl	40	0,0	7,5	17,5	10,0	10,0	5,0	2,5	0,0	2,5	45,0	0,0
Speyer	516	2,1	12,2	11,0	1,2	11,2	11,0	3,7	0,2	5,8	41,5	0,0
Trier	1.387	8,7	8,4	16,7	1,4	11,3	11,6	2,7	0,1	7,7	31,2	0,0
Würzburg	1.144	4,1	29,5	15,7	1,7	7,9	13,6	3,6	0,8	5,6	17,6	0,0
Branitz	7	0,0	14,3	28,6	0,0	14,3	0,0	0,0	0,0	28,6	14,3	0,0
Glatz	49	0,0	10,2	20,4	6,1	12,2	12,2	8,2	0,0	4,1	26,5	0,0
Danzig	74	0,0	1,4	5,4	8,1	2,7	28,4	8,1	2,7	20,3	23,0	0,0
Sudetenland	337	3,0	12,8	11,3	2,1	6,8	9,5	5,3	0,9	3,3	45,1	0,0
Rest	0	0,0	0,0	0,0	0,0	0,0	0,0	0,0	0,0	0,0	0,0	0,0

Tab. 7: Eingreifen der Instanzen bezogen auf die Maßnahmen
a) Tabelle der Absolutwerte

Eingreifen der Instanzen bezogen auf die Maßnahmen	gesamt	Gerichte/Justiz	Verwaltungsbehörden	Polizei	Gestapo	Partei	Wehrmacht/Kriegsgericht	Sonstige	ohne Angaben	Rest
Insgesamt	22.703	2.423	2.139	1.715	7.396	2.055	153	460	6.362	0
Aachen	428	83	4	1	161	10	5	4	160	0
Augsburg	3.328	241	440	508	580	626	46	119	768	0
Bamberg	659	51	69	87	152	58	0	22	220	0
Berlin	146	14	1	5	63	8	9	1	45	0
Breslau	351	69	9	18	153	19	2	1	80	0
Eichstätt	966	91	107	116	109	125	6	32	380	0
Ermland	554	25	15	36	354	18	1	9	96	0
Freiburg	1.542	83	281	23	709	199	5	39	203	0
Fulda	153	19	6	17	44	11	2	4	50	0
Hildesheim	65	6	2	0	48	1	0	1	7	0
Köln	601	63	51	4	350	17	1	1	114	0
Limburg	844	57	7	38	583	37	2	2	118	0
Mainz	264	38	45	9	56	3	4	2	107	0
Meißen	84	18	0	11	16	0	0	0	39	0
München-Freising	1.831	222	253	202	535	179	28	28	384	0
Münster	1.293	109	97	72	491	98	8	19	399	0
Osnabrück	101	24	1	1	61	3	0	1	10	0
Paderborn	2.590	227	58	63	862	53	6	12	1.309	0
Passau	406	35	1	5	45	23	2	3	292	0
Regensburg	664	115	68	60	74	66	3	12	266	0
Rottenburg	827	62	63	32	221	42	4	11	392	0
Schneidemühl	69	5	0	2	42	1	0	0	19	0
Speyer	685	119	57	17	210	111	0	42	129	0
Trier	1.753	301	237	8	762	28	1	58	358	0
Würzburg	1.821	297	222	356	433	254	9	27	223	0
Branitz	8	0	0	0	4	1	0	0	3	0
Glatz	63	6	3	0	32	5	2	4	11	0
Danzig	106	5	4	7	54	28	1	2	5	0
Sudetenland	501	38	38	17	192	31	6	4	175	0
Rest	0	0	0	0	0	0	0	0	0	0

b) Tabelle der Reihenprozentwerte

Eingreifen der Instanzen bezogen auf die Maßnahmen	gesamt	Gerichte/Justiz	Verwaltungsbehörden	Polizei	Gestapo	Partei	Wehrmacht/Kriegsgericht	Sonstige	ohne Angaben	Rest
Insgesamt	22.703	10,7	9,4	7,6	32,6	9,1	0,7	2,0	28,0	0,0
Aachen	428	19,4	0,9	0,2	37,6	2,3	1,2	0,9	37,4	0,0
Augsburg	3.328	7,2	13,2	15,3	17,4	18,8	1,4	3,6	23,1	0,0
Bamberg	659	7,7	10,5	13,2	23,1	8,8	0,0	3,3	33,4	0,0
Berlin	146	9,6	0,7	3,4	43,2	5,5	6,2	0,7	30,8	0,0
Breslau	351	19,7	2,6	5,1	43,6	5,4	0,6	0,3	22,8	0,0
Eichstätt	966	9,4	11,1	12,0	11,3	12,9	0,6	3,3	39,3	0,0
Ermland	554	4,5	2,7	6,5	63,9	3,2	0,2	1,6	17,3	0,0
Freiburg	1.542	5,4	18,2	1,5	46,0	12,9	0,3	2,5	13,2	0,0
Fulda	153	12,4	3,9	11,1	28,8	7,2	1,3	2,6	32,7	0,0
Hildesheim	65	9,2	3,1	0,0	73,8	1,5	0,0	1,5	10,8	0,0
Köln	601	10,5	8,5	0,7	58,2	2,8	0,2	0,2	19,0	0,0
Limburg	844	6,8	0,8	4,5	69,1	4,4	0,2	0,2	14,0	0,0
Mainz	264	14,4	17,0	3,4	21,2	1,1	1,5	0,8	40,5	0,0
Meißen	84	21,4	0,0	13,1	19,0	0,0	0,0	0,0	46,4	0,0
München-Freising	1.831	12,1	13,8	11,0	29,2	9,8	1,5	1,5	21,0	0,0
Münster	1.293	8,4	7,5	5,6	38,0	7,6	0,6	1,5	30,9	0,0
Osnabrück	101	23,8	1,0	1,0	60,4	3,0	0,0	1,0	9,9	0,0
Paderborn	2.590	8,8	2,2	2,4	33,3	2,0	0,2	0,5	50,5	0,0
Passau	406	8,6	0,2	1,2	11,1	5,7	0,5	0,7	71,9	0,0
Regensburg	664	17,3	10,2	9,0	11,1	9,9	0,5	1,8	40,1	0,0
Rottenburg	827	7,5	7,6	3,9	26,7	5,1	0,5	1,3	47,4	0,0
Schneidemühl	69	7,2	0,0	2,9	60,9	1,4	0,0	0,0	27,5	0,0
Speyer	685	17,4	8,3	2,5	30,7	16,2	0,0	6,1	18,8	0,0
Trier	1.753	17,2	13,5	0,5	43,5	1,6	0,1	3,3	20,4	0,0
Würzburg	1.821	16,3	12,2	19,5	23,8	13,9	0,5	1,5	12,2	0,0
Branitz	8	0,0	0,0	0,0	50,0	12,5	0,0	0,0	37,5	0,0
Glatz	63	9,5	4,8	0,0	50,8	7,9	3,2	6,3	17,5	0,0
Danzig	106	4,7	3,8	6,6	50,9	26,4	0,9	1,9	4,7	0,0
Sudetenland	501	7,6	7,6	3,4	38,3	6,2	1,2	0,8	34,9	0,0
Rest	0	0,0	0,0	0,0	0,0	0,0	0,0	0,0	0,0	0,0

Tab. 8: Wie wurden die einzelnen Vergehen bestraft?
a) Tabelle der Absolutwerte

Wie wurden die einzelnen Vergehen bestraft?	gesamt	Schule	Gottes-dienst	Seel-sorge	Aus-länder-seels./-hilfe	Regime-kritik	pol. Unzu-verläs-sigkeit	staats-feindl. Ver-halten	Juden	Sonsti-ge	ohne Anga-ben	Rest
berufl. Diskriminierung	1.615	33	105	176	29	117	225	62	10	127	731	0
Schulverbot	1.573	110	61	114	12	110	135	34	6	111	880	0
Ausweisung	599	11	34	34	12	29	34	26	5	69	345	0
Ermittlungsmaßnahmen	3.351	68	363	805	72	139	240	152	6	135	1.371	0
Verhör	4.201	158	838	784	141	348	405	120	22	210	1.175	0
Verwarnung	3.718	264	796	476	128	317	409	106	16	123	1.083	0
Verfahren	2.058	94	441	290	38	356	217	67	7	148	400	0
Terror	1.321	29	139	141	25	75	156	67	26	58	605	0
Geldstrafen	1.567	38	389	264	46	90	188	55	4	134	359	0
Betrag ???	89	1	16	15	2	6	11	2	0	10	26	0
unter 100 RM	484	18	102	91	6	14	103	15	1	46	88	0
100 bis 499 RM	596	11	203	123	10	37	44	21	2	36	109	0
500 bis 1000 RM	278	8	55	23	19	27	25	9	0	12	100	0
über 1000 RM	120	0	13	12	9	6	5	8	1	30	36	0
Freiheitsstrafen	2.059	47	228	186	95	343	169	185	15	241	550	0
bis zu einer Woche	261	4	27	26	16	31	19	13	1	22	102	0
8 Tage bis 6 Monate	1.114	31	144	111	57	195	90	107	10	119	250	0
6 Monate bis 3 Jahre	336	4	23	21	13	73	29	38	1	49	85	0
über 3 Jahre	37	1	2	1	0	5	2	6	0	13	7	0
ohne Angaben	311	7	32	27	9	39	29	21	3	38	106	0
KZ	418	7	53	44	33	45	31	58	8	25	114	0
bis zu einer Woche	2	0	0	0	0	0	0	1	0	0	1	0
8 Tage bis 6 Monate	49	2	2	4	3	9	3	8	0	1	17	0
6 Monate bis 3 Jahre	123	3	14	22	3	15	10	18	5	4	29	0
über 3 Jahre	125	2	26	10	16	12	11	20	1	7	20	0
verstorben	110	0	11	8	8	9	7	11	2	10	44	0
ohne Angaben	9	0	0	0	3	0	0	0	0	3	3	0
sonstige Todesfälle	59	0	0	1	5	5	6	21	0	8	13	0
Sonstiges	164	3	18	17	2	9	19	8	1	15	72	0

b) Tabelle der Reihenprozentwerte

Wie wurden die einzelnen Vergehen bestraft?	gesamt	Schule	Gottes-dienst	Seel-sorge	Aus-länder-seels./-hilfe	Regime-kritik	pol. Unzu-verläs-sigkeit	staats-feindl. Ver-halten	Juden	Sonsti-ge	ohne Anga-ben	Rest
berufl. Diskriminierung	1.615	2,0	6,5	10,9	1,8	7,2	13,9	3,8	0,6	7,9	45,3	0,0
Schulverbot	1.573	7,0	3,9	7,2	0,8	7,0	8,6	2,2	0,4	7,1	55,9	0,0
Ausweisung	599	1,8	5,7	5,7	2,0	4,8	5,7	4,3	0,8	11,5	57,6	0,0
Ermittlungsmaßnahmen	3.351	2,0	10,8	24,0	2,1	4,1	7,2	4,5	0,2	4,0	40,9	0,0
Verhör	4.201	3,8	19,9	18,7	3,4	8,3	9,6	2,9	0,5	5,0	28,0	0,0
Verwarnung	3.718	7,1	21,4	12,8	3,4	8,5	11,0	2,9	0,4	3,3	29,1	0,0
Verfahren	2.058	4,6	21,4	14,1	1,8	17,3	10,5	3,3	0,3	7,2	19,4	0,0
Terror	1.321	2,2	10,5	10,7	1,9	5,7	11,8	5,1	2,0	4,4	45,8	0,0
Geldstrafen	1.567	2,4	24,8	16,8	2,9	5,7	12,0	3,5	0,3	8,6	22,9	0,0
Betrag ???	89	1,1	18,0	16,9	2,2	6,7	12,4	2,2	0,0	11,2	29,2	0,0
unter 100 RM	484	3,7	21,1	18,8	1,2	2,9	21,3	3,1	0,2	9,5	18,2	0,0
100 bis 499 RM	596	1,8	34,1	20,6	1,7	6,2	7,4	3,5	0,3	6,0	18,3	0,0
500 bis 1000 RM	278	2,9	19,8	8,3	6,8	9,7	9,0	3,2	0,0	4,3	36,0	0,0
über 1000 RM	120	0,0	10,8	10,0	7,5	5,0	4,2	6,7	0,8	25,0	30,0	0,0
Freiheitsstrafen	2.059	2,3	11,1	9,0	4,6	16,7	8,2	9,0	0,7	11,7	26,7	0,0
bis zu einer Woche	261	1,5	10,3	10,0	6,1	11,9	7,3	5,0	0,4	8,4	39,1	0,0
8 Tage bis 6 Monate	1.114	2,8	12,9	10,0	5,1	17,5	8,1	9,6	0,9	10,7	22,4	0,0
6 Monate bis 3 Jahre	336	1,2	6,8	6,3	3,9	21,7	8,6	11,3	0,3	14,6	25,3	0,0
über 3 Jahre	37	2,7	5,4	2,7	0,0	13,5	5,4	16,2	0,0	35,1	18,9	0,0
ohne Angaben	311	2,3	10,3	8,7	2,9	12,5	9,3	6,8	1,0	12,2	34,1	0,0
KZ	418	1,7	12,7	10,5	7,9	10,8	7,4	13,9	1,9	6,0	27,3	0,0
bis zu einer Woche	2	0,0	0,0	0,0	0,0	0,0	0,0	50,0	0,0	0,0	50,0	0,0
8 Tage bis 6 Monate	49	4,1	4,1	8,2	6,1	18,4	6,1	16,3	0,0	2,0	34,7	0,0
6 Monate bis 3 Jahre	123	2,4	11,4	17,9	2,4	12,2	8,1	14,6	4,1	3,3	23,6	0,0
über 3 Jahre	125	1,6	20,8	8,0	12,8	9,6	8,8	16,0	0,8	5,6	16,0	0,0
verstorben	110	0,0	10,0	7,3	7,3	8,2	6,4	10,0	1,8	9,1	40,0	0,0
ohne Angaben	9	0,0	0,0	0,0	33,3	0,0	0,0	0,0	0,0	33,3	33,3	0,0
sonstige Todesfälle	59	0,0	0,0	1,7	8,5	8,5	10,2	35,6	0,0	13,6	22,0	0,0
Sonstiges	164	1,8	11,0	10,4	1,2	5,5	11,6	4,9	0,6	9,1	43,9	0,0

Tabellarischer Teil

Tab. 9: Welche Strafen wurden von welcher Instanz verhängt?
a) Tabelle der Absolutwerte

Welche Strafen wurden von welcher Instanz verhängt?	gesamt	Gerichte/Justiz	Verwaltungsbehörden	Polizei	Gestapo	Partei	Wehrmacht/Kriegsgericht	Sonstige	ohne Angaben	Rest
Insgesamt	22.703	2.423	2.139	1.715	7.396	2.055	153	460	6.362	0
berufl. Diskriminierung	1.615	44	265	43	346	176	68	53	620	0
Schulverbot	1.573	43	504	20	134	28	0	33	811	0
Ausweisung	599	21	27	6	264	33	0	9	239	0
Ermittlungsmaßnahmen	3.351	85	71	355	1.514	259	15	18	1.034	0
Verhör	4.201	160	335	737	1.959	252	8	10	740	0
Verwarnung	3.718	116	673	269	1.156	629	9	38	828	0
Verfahren	2.058	878	110	80	282	119	15	54	520	0
Terror	1.321	27	60	34	231	463	11	228	267	0
Geldstrafen	1.567	469	34	48	328	23	0	7	658	0
Betrag ???	89	15	4	3	16	3	0	0	48	0
unter 100 RM	484	137	13	17	58	8	0	1	250	0
100 bis 499 RM	596	246	11	21	82	8	0	5	223	0
500 bis 1000 RM	278	34	6	6	121	3	0	0	108	0
über 1000 RM	120	37	0	1	51	1	0	1	29	0
Freiheitsstrafen	2.059	502	33	107	892	43	18	4	460	0
bis zu einer Woche	261	26	9	23	121	18	2	2	60	0
8 Tage bis 6 Monate	1.114	242	17	63	535	13	5	2	237	0
6 Monate bis 3 Jahre	336	173	2	8	85	2	5	0	61	0
über 3 Jahre	37	24	0	0	6	0	2	0	5	0
ohne Angaben	311	37	5	13	145	10	4	0	97	0
KZ	418	25	2	7	242	3	1	2	136	0
bis zu einer Woche	2	0	0	0	2	0	0	0	0	0
8 Tage bis 6 Monate	49	5	0	1	34	0	0	0	9	0
6 Monate bis 3 Jahre	123	6	1	2	70	0	0	0	44	0
über 3 Jahre	125	9	1	4	69	0	0	0	42	0
verstorben	110	4	0	0	62	3	1	2	38	0
ohne Angaben	9	1	0	0	5	0	0	0	3	0
sonstige Todesfälle	59	28	0	1	15	8	5	0	2	0
Sonstiges	164	25	25	8	33	19	3	4	47	0
Rest	0	0	0	0	0	0	0	0	0	0

b) Tabelle der Reihenprozentwerte

Welche Strafen wurden von welcher Instanz verhängt?	gesamt	Gerichte/Justiz	Verwaltungsbehörden	Polizei	Gestapo	Partei	Wehrmacht/Kriegsgericht	Sonstige	ohne Angaben	Rest
Insgesamt	22.703	10,7	9,4	7,6	32,6	9,1	0,7	2,0	28,0	0,0
berufl. Diskriminierung	1.615	2,7	16,4	2,7	21,4	10,9	4,2	3,3	38,4	0,0
Schulverbot	1.573	2,7	32,0	1,3	8,5	1,8	0,0	2,1	51,6	0,0
Ausweisung	599	3,5	4,5	1,0	44,1	5,5	0,0	1,5	39,9	0,0
Ermittlungsmaßnahmen	3.351	2,5	2,1	10,6	45,2	7,7	0,4	0,5	30,9	0,0
Verhör	4.201	3,8	8,0	17,5	46,6	6,0	0,2	0,2	17,6	0,0
Verwarnung	3.718	3,1	18,1	7,2	31,1	16,9	0,2	1,0	22,3	0,0
Verfahren	2.058	42,7	5,3	3,9	13,7	5,8	0,7	2,6	25,3	0,0
Terror	1.321	2,0	4,5	2,6	17,5	35,0	0,8	17,3	20,2	0,0
Geldstrafen	1.567	29,9	2,2	3,1	20,9	1,5	0,0	0,4	42,0	0,0
Betrag ???	89	16,9	4,5	3,4	18,0	3,4	0,0	0,0	53,9	0,0
unter 100 RM	484	28,3	2,7	3,5	12,0	1,7	0,0	0,2	51,7	0,0
100 bis 499 RM	596	41,3	1,8	3,5	13,8	1,3	0,0	0,8	37,4	0,0
500 bis 1000 RM	278	12,2	2,2	2,2	43,5	1,1	0,0	0,0	38,8	0,0
über 1000 RM	120	30,8	0,0	0,8	42,5	0,8	0,0	0,8	24,2	0,0
Freiheitsstrafen	2.059	24,4	1,6	5,2	43,3	2,1	0,9	0,2	22,3	0,0
bis zu einer Woche	261	10,0	3,4	8,8	46,4	6,9	0,8	0,8	23,0	0,0
8 Tage bis 6 Monate	1.114	21,7	1,5	5,7	48,0	1,2	0,4	0,2	21,3	0,0
6 Monate bis 3 Jahre	336	51,5	0,6	2,4	25,3	0,6	1,5	0,0	18,2	0,0
über 3 Jahre	37	64,9	0,0	0,0	16,2	0,0	5,4	0,0	13,5	0,0
ohne Angaben	311	11,9	1,6	4,2	46,6	3,2	1,3	0,0	31,2	0,0
KZ	418	6,0	0,5	1,7	57,9	0,7	0,2	0,5	32,5	0,0
bis zu einer Woche	2	0,0	0,0	0,0	100,0	0,0	0,0	0,0	0,0	0,0
8 Tage bis 6 Monate	49	10,2	0,0	2,0	69,4	0,0	0,0	0,0	18,4	0,0
6 Monate bis 3 Jahre	123	4,9	0,8	1,6	56,9	0,0	0,0	0,0	35,8	0,0
über 3 Jahre	125	7,2	0,8	3,2	55,2	0,0	0,0	0,0	33,6	0,0
verstorben	110	3,6	0,0	0,0	56,4	2,7	0,9	1,8	34,5	0,0
ohne Angaben	9	11,1	0,0	0,0	55,6	0,0	0,0	0,0	33,3	0,0
sonstige Todesfälle	59	47,5	0,0	1,7	25,4	13,6	8,5	0,0	3,4	0,0
Sonstiges	164	15,2	15,2	4,9	20,1	11,6	1,8	2,4	28,7	0,0
Rest	0	0,0	0,0	0,0	0,0	0,0	0,0	0,0	0,0	0,0

Tab. 10: Von welcher Instanz wurden welche Vergehen geahndet?
a) Tabelle der Absolutwerte

Von welcher Instanz wurden welche Vergehen geahndet?	Schule	Got-tes-dienst	Seel-sorge	Auslän-derseels./-hilfe	Re-gime-kritik	pol. Unzu-verlässig-keit	staats-feindl. Verhalten	Juden	Sonsti-ge	ohne Anga-ben
Insgesamt	669	2.932	2.644	488	1.545	1.943	709	108	1.108	5.434
Gerichte/Justiz	53	378	300	29	348	207	78	8	195	377
Verwaltungsbehörden	197	229	162	16	145	247	46	10	79	655
Polizei	37	406	219	50	101	141	47	4	58	305
Gestapo	161	798	947	216	411	463	274	33	309	1.232
Partei	50	284	216	26	135	209	70	14	80	591
Wehrmacht/Kriegsgericht	0	12	7	6	7	14	19	1	13	48
Sonstige	14	43	36	1	33	50	18	15	33	177
ohne Angaben	157	782	757	144	365	612	157	23	341	2.049
Rest	0	0	0	0	0	0	0	0	0	0

b) Tabelle der Reihenprozentwerte

Von welcher Instanz wurden welche Vergehen geahndet?	Schule	Got-tes-dienst	Seel-sorge	Auslän-derseels./-hilfe	Re-gime-kritik	pol. Unzu-verlässig-keit	staats-feindl. Verhalten	Juden	Sonsti-ge	ohne Anga-ben
Insgesamt	669	2.932	2.644	488	1.545	1.943	709	108	1.108	5.434
Gerichte/Justiz	7,9	12,9	11,3	5,9	22,5	10,7	11,0	7,4	17,6	6,9
Verwaltungsbehörden	29,4	7,8	6,1	3,3	9,4	12,7	6,5	9,3	7,1	12,1
Polizei	5,5	13,8	8,3	10,2	6,5	7,3	6,6	3,7	5,2	5,6
Gestapo	24,1	27,2	35,8	44,3	26,6	23,8	38,6	30,6	27,9	22,7
Partei	7,5	9,7	8,2	5,3	8,7	10,8	9,9	13,0	7,2	10,9
Wehrmacht/Kriegsgericht	0,0	0,4	0,3	1,2	0,5	0,7	2,7	0,9	1,2	0,9
Sonstige	2,1	1,5	1,4	0,2	2,1	2,6	2,5	13,9	3,0	3,3
ohne Angaben	23,5	26,7	28,6	29,5	23,6	31,5	22,1	21,3	30,8	37,7
Rest	0,0	0,0	0,0	0,0	0,0	0,0	0,0	0,0	0,0	0,0

Tab. 11: Alter der Personen zum Zeitpunkt der Bestrafung
a) Tabelle der Absolutwerte

Alter der Personen zum Zeitpunkt der Bestrafung	gesamt	bis 30 Jahre	31 - 40 Jahre	41 - 50 Jahre	51 - 60 Jahre	61 - 70 Jahre	71 und älter	nicht ein- zuordnen	Rest
berufl. Diskriminierung	1.615	295	444	424	292	105	48	7	0
Schulverbot	1.573	287	457	414	276	109	29	1	0
Ausweisung	599	81	118	228	104	56	11	1	0
Ermittlungsmaßnahmen	3.351	806	864	914	483	183	79	22	0
Verhör	4.201	943	999	1.150	729	243	114	23	0
Verwarnung	3.718	756	845	1.038	653	263	134	29	0
Verfahren	2.058	402	558	475	415	146	58	4	0
Terror	1.321	211	358	369	254	97	20	12	0
Geldstrafen	1.567	254	371	395	337	156	48	6	0
Betrag ???	89	26	25	18	11	6	2	1	0
unter 100 RM	484	109	98	129	89	34	24	1	0
100 bis 499 RM	596	90	159	133	139	60	14	1	0
500 bis 1000 RM	278	22	61	84	69	34	6	2	0
über 1000 RM	120	7	28	31	29	22	2	1	0
Freiheitsstrafen	2.059	291	602	550	398	195	18	5	0
bis zu einer Woche	261	40	68	70	50	32	1	0	0
8 Tage bis 6 Monate	1.114	171	333	267	220	107	14	2	0
6 Monate bis 3 Jahre	336	35	103	97	67	32	2	0	0
über 3 Jahre	37	3	15	13	5	1	0	0	0
ohne Angaben	311	42	83	103	56	23	1	3	0
KZ	418	44	146	108	80	37	3	0	0
bis zu einer Woche	2	0	0	0	1	1	0	0	0
8 Tage bis 6 Monate	49	5	16	11	11	5	1	0	0
6 Monate bis 3 Jahre	123	11	46	38	20	8	0	0	0
über 3 Jahre	125	22	52	28	20	3	0	0	0
verstorben	110	6	30	29	25	20	0	0	0
ohne Angaben	9	0	2	2	3	0	2	0	0
sonstige Todesfälle	59	0	13	20	15	10	1	0	0
Sonstiges	164	25	46	43	37	7	5	1	0

b) Tabelle der Reihenprozentwerte

Alter der Personen zum Zeitpunkt der Bestrafung	gesamt	bis 30 Jahre	31 - 40 Jahre	41 - 50 Jahre	51 - 60 Jahre	61 - 70 Jahre	71 und älter	nicht ein- zuordnen	Rest
berufl. Diskriminierung	1.615	18,3	27,5	26,3	18,1	6,5	3,0	0,4	0,0
Schulverbot	1.573	18,2	29,1	26,3	17,5	6,9	1,8	0,1	0,0
Ausweisung	599	13,5	19,7	38,1	17,4	9,3	1,8	0,2	0,0
Ermittlungsmaßnahmen	3.351	24,1	25,8	27,3	14,4	5,5	2,4	0,7	0,0
Verhör	4.201	22,4	23,8	27,4	17,4	5,8	2,7	0,5	0,0
Verwarnung	3.718	20,3	22,7	27,9	17,6	7,1	3,6	0,8	0,0
Verfahren	2.058	19,5	27,1	23,1	20,2	7,1	2,8	0,2	0,0
Terror	1.321	16,0	27,1	27,9	19,2	7,3	1,5	0,9	0,0
Geldstrafen	1.567	16,2	23,7	25,2	21,5	10,0	3,1	0,4	0,0
Betrag ???	89	29,2	28,1	20,2	12,4	6,7	2,2	1,1	0,0
unter 100 RM	484	22,5	20,2	26,7	18,4	7,0	5,0	0,2	0,0
100 bis 499 RM	596	15,1	26,7	22,3	23,3	10,1	2,3	0,2	0,0
500 bis 1000 RM	278	7,9	21,9	30,2	24,8	12,2	2,2	0,7	0,0
über 1000 RM	120	5,8	23,3	25,8	24,2	18,3	1,7	0,8	0,0
Freiheitsstrafen	2.059	14,1	29,2	26,7	19,3	9,5	0,9	0,2	0,0
bis zu einer Woche	261	15,3	26,1	26,8	19,2	12,3	0,4	0,0	0,0
8 Tage bis 6 Monate	1.114	15,4	29,9	24,0	19,7	9,6	1,3	0,2	0,0
6 Monate bis 3 Jahre	336	10,4	30,7	28,9	19,9	9,5	0,6	0,0	0,0
über 3 Jahre	37	8,1	40,5	35,1	13,5	2,7	0,0	0,0	0,0
ohne Angaben	311	13,5	26,7	33,1	18,0	7,4	0,3	1,0	0,0
KZ	418	10,5	34,9	25,8	19,1	8,9	0,7	0,0	0,0
bis zu einer Woche	2	0,0	0,0	0,0	50,0	50,0	0,0	0,0	0,0
8 Tage bis 6 Monate	49	10,2	32,7	22,4	22,4	10,2	2,0	0,0	0,0
6 Monate bis 3 Jahre	123	8,9	37,4	30,9	16,3	6,5	0,0	0,0	0,0
über 3 Jahre	125	17,6	41,6	22,4	16,0	2,4	0,0	0,0	0,0
verstorben	110	5,5	27,3	26,4	22,7	18,2	0,0	0,0	0,0
ohne Angaben	9	0,0	22,2	22,2	33,3	0,0	22,2	0,0	0,0
sonstige Todesfälle	59	0,0	22,0	33,9	25,4	16,9	1,7	0,0	0,0
Sonstiges	164	15,2	28,0	26,2	22,6	4,3	3,0	0,6	0,0

Tab. 12: Alter der Personen zum Zeitpunkt der Tat
a) Tabelle der Absolutwerte

Alter der Personen zum Zeitpunkt der Tat	gesamt	bis 30 Jahre	31 - 40 Jahre	41 - 50 Jahre	51 - 60 Jahre	61 - 70 Jahre	71 und älter	nicht ein- zuordnen	Rest
Schule	669	200	150	126	135	52	6	0	0
Gottesdienst	2.932	897	718	560	534	204	19	0	0
Seelsorge	2.644	1.036	691	428	360	116	13	0	0
Ausländerseels./-hilfe	488	35	222	109	85	33	4	0	0
Regimekritik	1.545	186	407	315	483	140	14	0	0
pol. Unzuverlässigkeit	1.943	195	470	396	370	136	376	0	0
staatsfeindl. Verhalten	709	68	200	163	138	50	7	83	0
Juden	108	33	26	20	22	6	1	0	0
Sonstige	1.108	264	278	249	210	96	11	0	0
ohne Angaben	5.434	570	1.338	2.163	910	410	43	0	0

b) Tabelle der Reihenprozentwerte

Alter der Personen zum Zeitpunkt der Tat	gesamt	bis 30 Jahre	31 - 40 Jahre	41 - 50 Jahre	51 - 60 Jahre	61 - 70 Jahre	71 und älter	nicht ein- zuordnen	Rest
Schule	669	29,9	22,4	18,8	20,2	7,8	0,9	0,0	0,0
Gottendienst	2.932	30,6	24,5	19,1	18,2	7,0	0,6	0,0	0,0
Seelsorge	2.644	39,2	26,1	16,2	13,6	4,4	0,5	0,0	0,0
Ausländerseels./-hilfe	488	7,2	45,5	22,3	17,4	6,8	0,8	0,0	0,0
Regimekritik	1.545	12,0	26,3	20,4	31,3	9,1	0,9	0,0	0,0
pol. Unzuverlässigkeit	1.943	10,0	24,2	20,4	19,0	7,0	19,4	0,0	0,0
staatsfeindl. Verhalten	709	9,6	28,2	23,0	19,5	7,1	1,0	11,7	0,0
Juden	108	30,6	24,1	18,5	20,4	5,6	0,9	0,0	0,0
Sonstige	1.108	23,8	25,1	22,5	19,0	8,7	1,0	0,0	0,0
ohne Angaben	5.434	10,5	24,6	39,8	16,7	7,5	0,8	0,0	0,0

Tabellarischer Teil

Tab. 13: Verteilung der vorgekommenen Maßnahmen auf die Jahre
a) Tabelle der Absolutwerte

Verteilung der vorgekommenen Maßnahmen auf die Jahre	gesamt	berufl. Diskriminierung	Schulverbot	Ausweisung	Ermittlungsmaßnahmen	Verhör	Verwarnung	Verfahren	Terror	Geldstrafen	Freiheitsstrafen	KZ (einschl. der im KZ Verstorbenen)	sonstige Todesfälle	Sonstiges	Rest
insgesamt	22.703	1.615	1.573	599	3.351	4.201	3.718	2.058	1.321	1.567	2.059	418	59	164	0
1933	1.586	152	32	36	354	234	239	80	230	46	168	0	0	15	0
1934	1.061	114	44	33	151	187	197	115	89	45	76	3	0	7	0
1935	1.459	102	102	38	168	253	229	162	107	111	172	8	1	6	0
1936	1.135	88	107	19	151	202	171	132	82	80	92	1	1	9	0
1937	2.210	118	298	26	359	380	392	254	85	127	150	8	1	12	0
1938	1.776	123	151	34	312	350	237	271	98	100	87	3	0	10	0
1939	1.681	148	120	46	238	293	236	211	74	93	169	37	3	13	0
1940	1.358	158	94	59	140	191	193	101	38	58	242	69	1	14	0
1941	2.447	158	183	175	258	380	310	166	92	235	354	112	7	17	0
1942	1.490	93	105	26	151	283	239	99	60	142	206	72	3	11	0
1943	953	54	49	18	89	172	167	70	38	119	107	43	17	10	0
1944	826	41	37	15	91	147	133	58	49	100	83	47	14	11	0
1945	364	26	13	14	63	48	42	25	57	20	27	14	10	5	0
??	4.357	240	238	60	826	1.081	933	314	222	291	126	1	1	24	0
Rest	0	0	0	0	0	0	0	0	0	0	0	0	0	0	0

b) Tabelle der Reihenprozentwerte

Verteilung der vorgekommenen Maßnahmen auf die Jahre	gesamt	berufl. Diskriminierung	Schulverbot	Ausweisung	Ermittlungsmaßnahmen	Verhör	Verwarnung	Verfahren	Terror	Geldstrafen	Freiheitsstrafen	KZ (einschl. der im KZ Verstorbenen)	sonstige Todesfälle	Sonstiges	Rest
insgesamt	22.703	7,1	6,9	2,6	14,8	18,5	16,4	9,1	5,8	6,9	9,1	1,8	0,3	0,7	0,0
1933	1.586	9,6	2,0	2,3	22,3	14,8	15,1	5,0	14,5	2,9	10,6	0,0	0,0	0,9	0,0
1934	1.061	10,7	4,1	3,1	14,2	17,6	18,6	10,8	8,4	4,2	7,2	0,3	0,0	0,7	0,0
1935	1.459	7,0	7,0	2,6	11,5	17,3	15,7	11,1	7,3	7,6	11,8	0,5	0,1	0,4	0,0
1936	1.135	7,8	9,4	1,7	13,3	17,8	15,1	11,6	7,2	7,0	8,1	0,1	0,1	0,8	0,0
1937	2.210	5,3	13,5	1,2	16,2	17,2	17,7	11,5	3,8	5,7	6,8	0,4	0,0	0,5	0,0
1938	1.776	6,9	8,5	1,9	17,6	19,7	13,3	15,3	5,5	5,6	4,9	0,2	0,0	0,6	0,0
1939	1.681	8,8	7,1	2,7	14,2	17,4	14,0	12,6	4,4	5,5	10,1	2,2	0,2	0,8	0,0
1940	1.358	11,6	6,9	4,3	10,3	14,1	14,2	7,4	2,8	4,3	17,8	5,1	0,1	1,0	0,0
1941	2.447	6,5	7,5	7,2	10,5	15,5	12,7	6,8	3,8	9,6	14,5	4,6	0,3	0,7	0,0
1942	1.490	6,2	7,0	1,7	10,1	19,0	16,0	6,6	4,0	9,5	13,8	4,8	0,2	0,7	0,0
1943	953	5,7	5,1	1,9	9,3	18,0	17,5	7,3	4,0	12,5	11,2	4,5	1,8	1,0	0,0
1944	826	5,0	4,5	1,8	11,0	17,8	16,1	7,0	5,9	12,1	10,0	5,7	1,7	1,3	0,0
1945	364	7,1	3,6	3,8	17,3	13,2	11,5	6,9	15,7	5,5	7,4	3,8	2,7	1,4	0,0
??	4.357	5,5	5,5	1,4	19,0	24,8	21,4	7,2	5,1	6,7	2,9	0,0	0,0	0,6	0,0
Rest	0	0,0	0,0	0,0	0,0	0,0	0,0	0,0	0,0	0,0	0,0	0,0	0,0	0,0	0,0

c) Tabelle der Spaltenprozentwerte

Verteilung der vorgekommenen Maßnahmen auf die Jahre	gesamt	berufl. Diskriminierung	Schulverbot	Ausweisung	Ermittlungsmaßnahmen	Verhör	Verwarnung	Verfahren	Terror	Geldstrafen	Freiheitsstrafen	KZ (einschl. der im KZ Verstorbenen)	sonstige Todesfälle	Sonstiges	Rest
insgesamt	22.703	1.615	1.573	599	3.351	4.201	3.718	2.058	1.321	1.567	2.059	418	59	164	0
1933	7,0	9,4	2,0	6,0	10,6	5,6	6,4	3,9	17,4	2,9	8,2	0,0	0,0	9,1	0,0
1934	4,7	7,1	2,8	5,5	4,5	4,5	5,3	5,6	6,7	2,9	3,7	0,7	0,0	4,3	0,0
1935	6,4	6,3	6,5	6,3	5,0	6,0	6,2	7,9	8,1	7,1	8,4	1,9	1,7	3,7	0,0
1936	5,0	5,4	6,8	3,2	4,5	4,8	4,6	6,4	6,2	5,1	4,5	0,2	1,7	5,5	0,0
1937	9,7	7,3	18,9	4,3	10,7	9,0	10,5	12,3	6,4	8,1	7,3	1,9	1,7	7,3	0,0
1938	7,8	7,6	9,6	5,7	9,3	8,3	6,4	13,2	7,4	6,4	4,2	0,7	0,0	6,1	0,0
1939	7,4	9,2	7,6	7,7	7,1	7,0	6,3	10,3	5,6	5,9	8,2	8,9	5,1	7,9	0,0
1940	6,0	9,8	6,0	9,8	4,2	4,5	5,2	4,9	2,9	3,7	11,8	16,5	1,7	8,5	0,0
1941	10,8	9,8	11,6	29,2	7,7	9,0	8,3	8,1	7,0	15,0	17,2	26,8	11,9	10,4	0,0
1942	6,6	5,8	6,7	4,3	4,5	6,7	6,4	4,8	4,5	9,1	10,0	17,2	5,1	6,7	0,0
1943	4,2	3,3	3,1	3,0	2,7	4,1	4,5	3,4	2,9	7,6	5,2	10,3	28,8	6,1	0,0
1944	3,6	2,5	2,4	2,5	2,7	3,5	3,6	2,8	3,7	6,4	4,0	11,2	23,7	6,7	0,0
1945	1,6	1,6	0,8	2,3	1,9	1,1	1,1	1,2	4,3	1,3	1,3	3,3	16,9	3,0	0,0
??	19,2	14,9	15,1	10,0	24,6	25,7	25,1	15,3	16,8	18,6	6,1	0,2	1,7	14,6	0,0
Rest	0,0	0,0	0,0	0,0	0,0	0,0	0,0	0,0	0,0	0,0	0,0	0,0	0,0	0,0	0,0

Tab. 14: Verteilung der vorgekommenen Vergehen auf die Jahre
a) Tabelle der Absolutwerte

Verteilung der vorgekommenen Vergehen auf die Jahre	gesamt	Schule	Gottes-dienst	Seel-sorge	Aus-länder-seels./-hilfe	Re-gime-kritik	pol. Unzu-verläs-sigkeit	staats-feindl. Ver-halten	Juden	Sonsti-ge	ohne Anga-ben	Rest
Insgesamt	17.580	669	2.932	2.644	488	1.545	1.943	709	108	1.108	5.434	0
1933	1.262	38	171	167	8	121	172	41	4	81	459	0
1934	839	17	147	121	5	96	105	39	2	51	256	0
1935	1.159	32	177	199	8	110	164	44	9	115	301	0
1936	927	43	154	129	3	90	139	26	8	58	277	0
1937	1.767	173	306	305	13	146	190	34	8	165	427	0
1938	1.409	58	216	255	11	161	174	38	14	86	396	0
1939	1.316	44	179	210	33	150	145	46	8	102	399	0
1940	993	31	135	125	82	90	105	56	4	45	320	0
1941	1.805	68	369	194	73	132	164	67	13	113	612	0
1942	1.132	29	190	141	51	139	95	60	9	62	356	0
1943	729	20	138	87	56	58	57	60	4	39	210	0
1944	649	8	108	72	35	31	50	69	5	29	242	0
1945	300	7	27	28	10	14	27	46	3	16	122	0
??	3.293	101	615	611	100	207	356	83	17	146	1.057	0
Rest	0	0	0	0	0	0	0	0	0	0	0	0

b) Tabelle der Reihenprozentwerte

Verteilung der vorgekommenen Vergehen auf die Jahre	gesamt	Schule	Gottes-dienst	Seel-sorge	Aus-länder-seels./-hilfe	Re-gime-kritik	pol. Unzu-verläs-sigkeit	staats-feindl. Ver-halten	Juden	Sonsti-ge	ohne Anga-ben	Rest
Insgesamt	17.580	3,8	16,7	15,0	2,8	8,8	11,1	4,0	0,6	6,3	30,9	0,0
1933	1.262	3,0	13,5	13,2	0,6	9,6	13,6	3,2	0,3	6,4	36,4	0,0
1934	839	2,0	17,5	14,4	0,6	11,4	12,5	4,6	0,2	6,1	30,5	0,0
1935	1.159	2,8	15,3	17,2	0,7	9,5	14,2	3,8	0,8	9,9	26,0	0,0
1936	927	4,6	16,6	13,9	0,3	9,7	15,0	2,8	0,9	6,3	29,9	0,0
1937	1.767	9,8	17,3	17,3	0,7	8,3	10,8	1,9	0,5	9,3	24,2	0,0
1938	1.409	4,1	15,3	18,1	0,8	11,4	12,3	2,7	1,0	6,1	28,1	0,0
1939	1.316	3,3	13,6	16,0	2,5	11,4	11,0	3,5	0,6	7,8	30,3	0,0
1940	993	3,1	13,6	12,6	8,3	9,1	10,6	5,6	0,4	4,5	32,2	0,0
1941	1.805	3,8	20,4	10,7	4,0	7,3	9,1	3,7	0,7	6,3	33,9	0,0
1942	1.132	2,6	16,8	12,5	4,5	12,3	8,4	5,3	0,8	5,5	31,4	0,0
1943	729	2,7	18,9	11,9	7,7	8,0	7,8	8,2	0,5	5,3	28,8	0,0
1944	649	1,2	16,6	11,1	5,4	4,8	7,7	10,6	0,8	4,5	37,3	0,0
1945	300	2,3	9,0	9,3	3,3	4,7	9,0	15,3	1,0	5,3	40,7	0,0
??	3.293	3,1	18,7	18,6	3,0	6,3	10,8	2,5	0,5	4,4	32,1	0,0
Rest	0	0,0	0,0	0,0	0,0	0,0	0,0	0,0	0,0	0,0	0,0	0,0

c) Tabelle der Spaltenprozentwerte

Verteilung der vorgekommenen Vergehen auf die Jahre	gesamt	Schule	Gottes-dienst	Seel-sorge	Aus-länder-seels./-hilfe	Re-gime-kritik	pol. Unzu-verläs-sigkeit	staats-feindl. Ver-halten	Juden	Sonsti-ge	ohne Anga-ben	Rest
Insgesamt	17.580	669	2.932	2.644	488	1.545	1.943	709	108	1.108	5.434	0
1933	7,2	5,7	5,8	6,3	1,6	7,8	8,9	5,8	3,7	7,3	8,4	0,0
1934	4,8	2,5	5,0	4,6	1,0	6,2	5,4	5,5	1,9	4,6	4,7	0,0
1935	6,6	4,8	6,0	7,5	1,6	7,1	8,4	6,2	8,3	10,4	5,5	0,0
1936	5,3	6,4	5,3	4,9	0,6	5,8	7,2	3,7	7,4	5,2	5,1	0,0
1937	10,1	25,9	10,4	11,5	2,7	9,4	9,8	4,8	7,4	14,9	7,9	0,0
1938	8,0	8,7	7,4	9,6	2,3	10,4	9,0	5,4	13,0	7,8	7,3	0,0
1939	7,5	6,6	6,1	7,9	6,8	9,7	7,5	6,5	7,4	9,2	7,3	0,0
1940	5,6	4,6	4,6	4,7	16,8	5,8	5,4	7,9	3,7	4,1	5,9	0,0
1941	10,3	10,2	12,6	7,3	15,0	8,5	8,4	9,4	12,0	10,2	11,3	0,0
1942	6,4	4,3	6,5	5,3	10,5	9,0	4,9	8,5	8,3	5,6	6,6	0,0
1943	4,1	3,0	4,7	3,3	11,5	3,8	2,9	8,5	3,7	3,5	3,9	0,0
1944	3,7	1,2	3,7	2,7	7,2	2,0	2,6	9,7	4,6	2,6	4,5	0,0
1945	1,7	1,0	0,9	1,1	2,0	0,9	1,4	6,5	2,8	1,4	2,2	0,0
??	18,7	15,1	21,0	23,1	20,5	13,4	18,3	11,7	15,7	13,2	19,5	0,0
Rest	0,0	0,0	0,0	0,0	0,0	0,0	0,0	0,0	0,0	0,0	0,0	0,0

Tab. 15: Aktivität der einzelnen Instanzen während der Jahre
a) Tabelle der Absolutwerte

Aktivität der einzelnen Instanzen während der Jahre	gesamt	Gerichte/Justiz	Verwaltungsbehörden	Polizei	Gestapo	Partei	Wehrmacht/ Kriegsgericht	Sonstige	ohne Angaben	Rest
Insgesamt	22.703	2.423	2.139	1.715	7.396	2.055	153	460	6.362	0
1933	1.586	52	186	181	315	405	1	83	363	0
1934	1.061	90	119	97	285	155	0	26	289	0
1935	1.459	272	156	112	419	136	0	45	319	0
1936	1.135	214	133	69	286	103	6	40	284	0
1937	2.210	281	331	149	670	141	1	55	582	0
1938	1.776	252	166	129	565	140	2	49	473	0
1939	1.681	255	148	139	593	117	15	27	387	0
1940	1.358	162	140	86	540	65	13	20	332	0
1941	2.447	250	225	189	876	142	16	35	714	0
1942	1.490	145	137	92	659	72	19	9	357	0
1943	953	113	52	83	367	71	18	10	239	0
1944	826	61	59	76	323	60	21	9	217	0
1945	364	22	22	23	91	76	20	8	102	0
??	4.357	254	265	290	1.407	372	21	44	1.704	0
Rest	0	0	0	0	0	0	0	0	0	0

b) Tabelle der Reihenprozentwerte

Aktivität der einzelnen Instanzen während der Jahre	gesamt	Gerichte/Justiz	Verwaltungsbehörden	Polizei	Gestapo	Partei	Wehrmacht/ Kriegsgericht	Sonstige	ohne Angaben	Rest
Insgesamt	22.703	10,7	9,4	7,6	32,6	9,1	0,7	2,0	28,0	0,0
1933	1.586	3,3	11,7	11,4	19,9	25,5	0,1	5,2	22,9	0,0
1934	1.061	8,5	11,2	9,1	26,9	14,6	0,0	2,5	27,2	0,0
1935	1.459	18,6	10,7	7,7	28,7	9,3	0,0	3,1	21,9	0,0
1936	1.135	18,9	11,7	6,1	25,2	9,1	0,5	3,5	25,0	0,0
1937	2.210	12,7	15,0	6,7	30,3	6,4	0,0	2,5	26,3	0,0
1938	1.776	14,2	9,3	7,3	31,8	7,9	0,1	2,8	26,6	0,0
1939	1.681	15,2	8,8	8,3	35,3	7,0	0,9	1,6	23,0	0,0
1940	1.358	11,9	10,3	6,3	39,8	4,8	1,0	1,5	24,4	0,0
1941	2.447	10,2	9,2	7,7	35,8	5,8	0,7	1,4	29,2	0,0
1942	1.490	9,7	9,2	6,2	44,2	4,8	1,3	0,6	24,0	0,0
1943	953	11,9	5,5	8,7	38,5	7,5	1,9	1,0	25,1	0,0
1944	826	7,4	7,1	9,2	39,1	7,3	2,5	1,1	26,3	0,0
1945	364	6,0	6,0	6,3	25,0	20,9	5,5	2,2	28,0	0,0
??	4.357	5,8	6,1	6,7	32,3	8,5	0,5	1,0	39,1	0,0
Rest	0	0,0	0,0	0,0	0,0	0,0	0,0	0,0	0,0	0,0

c) Tabelle der Spaltenprozentwerte

Aktivität der einzelnen Instanzen während der Jahre	gesamt	Gerichte/Justiz	Verwaltungsbehörden	Polizei	Gestapo	Partei	Wehrmacht/ Kriegsgericht	Sonstige	ohne Angaben	Rest
Insgesamt	22.703	2.423	2.139	1.715	7.396	2.055	153	460	6.362	0
1933	7,0	2,1	8,7	10,6	4,3	19,7	0,7	18,0	5,7	0,0
1934	4,7	3,7	5,6	5,7	3,9	7,5	0,0	5,7	4,5	0,0
1935	6,4	11,2	7,3	6,5	5,7	6,6	0,0	9,8	5,0	0,0
1936	5,0	8,8	6,2	4,0	3,9	5,0	3,9	8,7	4,5	0,0
1937	9,7	11,6	15,5	8,7	9,1	6,9	0,7	12,0	9,1	0,0
1938	7,8	10,4	7,8	7,5	7,6	6,8	1,3	10,7	7,4	0,0
1939	7,4	10,5	6,9	8,1	8,0	5,7	9,8	5,9	6,1	0,0
1940	6,0	6,7	6,5	5,0	7,3	3,2	8,5	4,3	5,2	0,0
1941	10,8	10,3	10,5	11,0	11,8	6,9	10,5	7,6	11,2	0,0
1942	6,6	6,0	6,4	5,4	8,9	3,5	12,4	2,0	5,6	0,0
1943	4,2	4,7	2,4	4,8	5,0	3,5	11,8	2,2	3,8	0,0
1944	3,6	2,5	2,8	4,4	4,4	2,9	13,7	2,0	3,4	0,0
1945	1,6	0,9	1,0	1,3	1,2	3,7	13,1	1,7	1,6	0,0
??	19,2	10,5	12,4	16,9	19,0	18,1	13,7	9,6	26,8	0,0
Rest	0,0	0,0	0,0	0,0	0,0	0,0	0,0	0,0	0,0	0,0

Biographischer Teil

1. Bistum Aachen

ADAMS, JOSEPH HEINRICH
1903 02 12
Erkelenz-Holzweiler
Pfarrer
12 Vorladungen vor die Gestapo. Die Vorladungen hatten keine Folgen.

AHRENS, WILHELM
1883 01 27
Eschweiler-Feld
Pfarrer
Am 7.1.1937 von der Gestapo ins KZ Sachsenhausen verbracht. Nach Intervention des Bischofs Berning und des Kommissariats der Fuldaer Bischofskonferenz am 5.3.1937 aus dem KZ entlassen. Am 24.2.1948 verstorben.

ALEF, ALEX HEINRICH
1885 02 02
Sievernich
Pfarrer
Nach Anzeige durch Privatperson wegen Beeinflussung der Jugend 1944 von der Gestapo festgenommen und sieben Monate lang in Haft gehalten. Anschließend ins KZ Buchenwald verbracht. Ab 16.1.1945 im KZ Dachau und dort am 16.2.1945 verstorben.
Lit.: Weiler, 103.

ARNOLDS, JOHANN
1904 03 07
Montzen
Kaplan
Wegen Fluchthilfe für belgische Kriegsgefangene am 27.4.1944 vom Berliner Volksgerichtshof zum Tode verurteilt und am 28.8.1944 in Brandenburg hingerichtet.

BAEUMKER, FRANZ
1884 11 16
Aachen
Geistlicher, Assistent
Dr. theol.
Vom 27.1.1942 bis 30.1.1942 in Gefängnishaft. Am 29.7.1975 verstorben.

BAUER, LEONHARD MARIA HEINRICH
1893 12 03
Hellenthal
Pfarrer
Wegen Verbreitung von Schriften und Predigten im September 1941 in Haft genommen. Am 13.10.1941 Haftentlassung. Aufenthaltsverbot für das Rheinland und für Westfalen.
Verstorben am 29.8.1945.

BAUMSTEIGER, JOHANNES
1899 04 02
Titz
Pfarrer
Wegen Verstoßes gegen das Heimtückegesetz im Juli 1939 14 Tage lang in Untersuchungshaft gehalten. Durch ein Amtsgericht zu sechs Monaten und acht Tagen Haft verurteilt. Im Januar 1940 aus der Haft entlassen. Aufenthaltsverbot für das Rheinland und für Westfalen. Verstorben am 16.6.1969.

BAURMANN, JOHANNES FRANZ
1907 10 01
Aachen
Rektor
Insgesamt 14 Kreuzverhöre und drei Haussuchungen durch Gestapo. 1942 wegen Wehrkraftzersetzung zu 5000 RM Geldstrafe verurteilt. 1944 untergetaucht. Am 29.8.1969 verstorben.

BERGER, HUBERT
1880 04 22
Otzenrath
Pfarrer
Wegen Kanzelmißbrauchs am 19.12.1941 von der Gestapo ins KZ Dachau gebracht. Am 4.4.1945 Entlassung aus Dachau. Verstorben 1946.
Lit.: Weiler, 131.

BERGS, NIKOLAUS
1908 08 07
Mönchengladbach
Pfarrer
1935 ein Sondergerichtsverfahren wegen kritischer Äußerungen zum Landschuljahr. Das Verfahren wurde eingestellt. Am 24.6.1937 zu 150 RM Geldstrafe verurteilt, 1938 Amnestie.

BEULEN, GERHARD
1910 01 11
Roetgen
Rektor
1941 verwarnt.

BEULEN, HEINRICH JOSEF
1886 02 05
Gerderath
Pfarrer
Wegen Hörens ausländischer Sender am 17.10.1941 verhaftet und am 1.7.1942 zu einem Jahr Zuchthaus verurteilt. Am 21.1.1950 verstorben.
Lit.: Zumfeld: Kirche im NS-Staat, 75.

BOLTEN, FRIEDRICH KARL
1893 03 24
Aachen (St. Joseph)
Kaplan
1935 verwarnt. Am 2.5.1967 verstorben.

BRANDAU, P. ENGELBERT
SDS
o.D.
Steinfeld
1941 154 RM Geldstrafe.
1943 2000 RM Geldstrafe.
Nähere Angaben fehlen.

BRANDENBURG, JOSEPH JOHANN HEINRICH JULIAN
1896 11 14
Aachen
Pfarrer
Wegen Kritik an NS-Presse 1937 von der Gestapo
verwarnt. Am 12.7.1937 Unterrichtsverbot. Verstorben am 18.5.1974.

BRASSE, THEODOR
1903 01 26
Krefeld (St. Franziskus) / Schwaigern
Kaplan / Rektor
1934 wegen einer Predigt Verwarnung durch die
Schulbehörde sowie Entzug des Reisepasses. Von
1934 bis 1941 wegen Predigten mehrfach ange-
zeigt, fünfmal versetzt und von der Gestapo
aus verschiedenen Regierungsbezirken ausgewie-
sen. Öffentliche Anschuldigungen in der NS-
Presse. Wegen Regimekritik am 7.5.1941 von der
Gestapo verhaftet. Am 4.8.1941 Transport ins KZ
Dachau. Entlassung aus Dachau am 16.9.1943.
Lit.: 1.Selhorst, 21-25. 2.Weiler, 151.

BREIDENBEND, JOHANN PETER HUBERT
1855 12 30
Heimbach
Pfarrer
Dr. med.
Im April 1935 aufgrund einer anonymen Anzeige
verwarnt. Wegen einer Predigt im Juni 1935 durch
die Gestapo verhört und verwarnt. Erneute Ver-
warnung im Januar 1937 aufgrund einer Denun-
ziation. Verstorben am 6.5.1939.
*Lit.: 1.Vollmer, 247. 2.Dr. med. Peter Johann
Breidenbend - Aus dem Leben eines Eifelpastors.
In: Die Eifel. Monatsschrift des Eifelvereins
54/8 (1959), 116.*

BREIDERHOFF, JOSEF
1901 01 10
Kronenburg
Pfarrer
Am 10.8.1942 als Schikane der Feuerwehr und
der Ortspolizei zu Dienstleistungen zugewiesen.
Verstorben am 17.1.1943.

BROCK, JAKOB
1876 01 25
Würselen / Willich
Pfarrer
Im Dezember 1935 eine Anzeige wegen Beleidigung

des Ortsgruppenleiters. 1935 ein Strafverfahren
wegen Regimekritik. Daraufhin erfolgte die Versetzung Pfarrer Brocks. 1936 Unterrichtsverbot.
1940 Aufenthaltsverbot für mehrere Regierungsbezirke. Verstorben am 18.7.1959.
Lit.: Vollmer, 333, 350f.

BROCKHANS, GOTTFRIED
1878 12 02
Aachen
Pfarrer
Am 20.6.1934 zu 20 RM Geldstrafe verurteilt.
Wegen Regimekritik im Religionsunterricht 1935
Unterrichtsverbot. Verstorben am 8.11.1941.
Lit.: Vollmer, 333.

BROGSITTER, FRIEDRICH (P. ANAKLET)
OFM
1869 08 07
Aachen
Guardian
1941 nach Aufhebung des Klosters durch die
Gestapo Ausweisung aus der Rheinprovinz.
Verstorben am 1.5.1951.
*Lit.: Kurten, E.: Unsere Toten III, Mönchen-
gladbach 1979, 48.*

BROSCH, JOSEF
1907 03 20
Monschau
Kaplan
Prof. Dr.
Vom 4. bis 9.5.1934 in Schutzhaft. Verstor-
ben am 21.11.1978.

BUCHKREMER, JOSEF LUDWIG FERDINAND
1899 10 04
Aachen / Herzogenrath
Kaplan / Pfarrer
Nach einer Anzeige wegen regimekritischer Äußerungen am 18.4.1935 Unterrichtsverbot durch
den Regierungspräsidenten. Im Herbst 1935 vor
dem Sondergericht ein Verfahren, das nach Intervention des Regierungspräsidenten eingestellt wurde. Mehrere Vorladungen vor die Gestapo. 1941 wegen Unterstützung einer halb-
jüdischen Familie durch die Gestapo verhört.
Am 20.2.1942 wegen Wehrkraftzersetzung und Jugendseelsorge Haussuchung und Verhaftung durch
die Gestapo. Am 27.3.1942 Einlieferung ins KZ
Dachau. 1942 ergebnislose Intervention des Bischofs Wienken. Freilassung am 4.4.1945.
Joseph Buchkremer wurde am 21.12.1961 zum Weihbischof konsekriert.
Lit.: 1.Selhorst, 26-42. 2.Weiler, 158.

CARDUCK, P. JOSEF
MI
o.D.
Mönchengladbach
1934 Predigtverbot für den Regierungsbezirk
Aachen.

COENEN, FRANZ
1885 08 06
Stetternich
Pfarrer
1935 wegen Predigt von der Gestapo verwarnt.
Verurteilung zu 150 RM Geldstrafe. 1938 Aufenthaltsverbot für den Regierungsbezirk Aachen
von der Gestapo verhängt. Im Januar 1939 wegen
Verstoßes gegen das Heimtückegesetz und wegen
staatsfeindlichen Verhaltens vom Sondergericht
zu Gefängnishaft verurteilt. Verstorben am
13.10.1939.
Lit.: Vollmer, 290.

CONRADS, BERNHARD
1909 08 02
Rheydt (St. Marien)
Kaplan
Zwei Monate lang in Untersuchungshaft. Verstor-
ben am 29.5.1966.

CORDONNIER, LEONHARD
1874 11 17
Henri-Chapelle, Apostolische Administratur
Pfarrer
Am 27.11.1942 ins KZ Dachau eingeliefert, dort
am 29.12.1942 verstorben.
Lit.: Weiler, 180.
Gehört zur Diözese Lüttich.

CREMER, LAMBERT MARIA HUBERT
1884 10 24
Grothenrath
Pfarrer
Verurteilung zu einer Haftstrafe von drei Jah-
ren und sechs Monaten. Am 26.3.1962 verstorben.

CREMERS, HERMANN-JOSEF
1874 09 19
Hastenrath
Pfarrer
Im Januar 1940 10 Tage lang in Untersuchungshaft. Im Juli 1942 Sicherungsgeld gezahlt. Verstorben am 20.1.1963.

DAGGE, P. JOSEF
OMI
1887
Aachen
1934 Predigtverbot für den Regierungsbezirk
Aachen.
Verstorben 1949.

DANIELS, P. KONRAD
MI
1902 08 09
Aachen
1934 kurze U-Haft und 3000 RM Sicherungsgeld wegen Devisenvergehen.

DELHEZ, LEOPOLD
1879 06 14
Müssingen
Pfarrer
Wegen Predigtäußerungen am 19.5.1942 durch
die Gestapo in Schutzhaft genommen und am 21.
8.1942 ins KZ Dachau deportiert. Dort am 27.
1.1943 verstorben.
Lit.: Weiler, 194.
Gehört zur Diözese Lüttich.

DIENSBERG, P. ANTONIUS
OCR
o.D.
Heimbach (Abtei)
Superior
1941 einige Wochen Untersuchungshaft und Ausweisung aus dem Rheinland anläßlich der Klosteraufhebung.
Verstorben 1943.

DINSTUEHLER, FRIEDRICH
1896 10 20
Hückelhoven
Pfarrer
Seit 1937 Unterrichtsverbot. Am 18.12.1944 Einlieferung ins Gefängnis durch Gestapo. Im Januar 1945 ins KZ Buchenwald verbracht und dort
am 30.3.1945 infolge von Mißhandlungen gestorben.
Exequien am 6.8.1946 in Hückelhoven in St. Lambertus. Gedenkstein an der Außenwand des Cho-
res. Straße vor der Kirche nach ihm benannt.
*Lit.: Erinnerung an Pfarrer Dinstühler. In: Be-
gegnung 5 (1976).*

DOMINICK, JOSEF ANDREAS
1900 09 10
Hüls
Kaplan
1936 Unterrichtsverbot, Zwangsversetzung sowie
Aufenthaltsverbot für den Regierungsbezirk
Aachen.

DREISSEN, JOSEF
1910 11 26
Mechernich
Kaplan
Haussuchung, mehrere Verhöre und Verwarnungen
durch Gestapo. Öffentliche Anprangerung als
Staatsfeind. Wegen Regimekritik und Jugendar-
beit erfolgten drei Anzeigen. Daraufhin von der
Gestapo am 9.11.1939 festgenommen und bis zum

1.12.1939 in Gefängnishaft gehalten. Zum Schutze vor weiteren Maßnahmen vom bischöflichen Ordinariat 1940 versetzt.
Lit.: Selhorst, 42-46.

DUNKEL, JOSEPH
1906 02 19
Stolberg-Mühle / Dülken / Schmölln
Kaplan
Wegen Mißachtung des erhaltenen Predigtverbots am 30.5.1935 durch Gestapo festgenommen, aber nach Intervention des Erzbischofs Orsenigo freigelassen. Am 30.5.1935 Aufenthaltsverbot für Kreis Aachen durch Gestapo. Versetzung. Wegen Jugendseelsorge und Befürwortung der Bekenntnisschule 1936 Unterrichtsverbot. Vom 29.3.1939 bis zum 28.9.1939 von Gestapo in Untersuchungshaft gehalten. Wegen Heimtücke am 28.9.1939 vom Sondergericht zu sechs Monaten Haft verurteilt. Rechtsbeistand vom Bistum gestellt. Am 13.11.1939 Aufenthaltsverbot für Rheinprovinz durch Gestapo. Versetzung. Wegen Ausländerseelsorge am 11.9. 1939 Verhör durch Gestapo und Zahlung von 3000 RM Sicherungsgeld.
Lit.: 1.Selhorst, 46-62. 2.Vollmer, 218, 246.

ENGELS, JOSEF
1888 12 22
Rären
Pfarrer
Einen Monat lang in Untersuchungshaft wegen angeblichen Verstoßes gegen das Heimtückegesetz, dann Freilassung. Am 6.2.1960 verstorben.

ENGSTENBERG, WILHELM
1885 03 15
Winden
Pfarrer
Aufenthaltsverbot für das Rheinland. Verstorben am 19.9.1948.

ESCHWEILER, WERNER WILHELM HUBERT
1900 09 07
Strauch
Pfarrer
Dr. jur.
Nach Zusammenstößen mit der HJ Verwarnung durch Gestapo. Wegen Verstoßes gegen das Heimtückegesetz am 11.11.1937 von der Gestapo in Untersuchungshaft genommen. Zwei Haussuchungen durch Gestapo. Am 23.5.1938 wegen Amnestie entlassen, nach Erneuerung des Haftbefehls aber kurz darauf wieder festgenommen. Am 21.10.1938 endgültig freigelassen. 1939 vom Sondergericht zu 11 Monaten Gefängnis verurteilt. Strafe war bereits durch Anrechnung der Untersuchungshaft verbüßt.
Verstorben am 7.3.1976.
Lit.: Selhorst, 71-73.

ESSER, HUBERT JOHANN
1888 06 24
Steinkirchen
Pfarrer
Wegen Regimekritik und antinationalsozialistischer Beeinflussung von Schulkindern im Juli 1935 durch Gestapo Aufenthaltsverbot. Anzeige beim Sondergericht. Daraufhin wegen Heimtücke vom 29.9. bis zum 11.11.1935 in Untersuchungshaft gehalten und am 11.11.1935 vom Sondergericht zu acht Monaten Gefängnis verurteilt. Am 16.4.1942 Zahlung von 1000 RM Sicherungsgeld verfügt. 1944 erneute Anklage, daher Flucht nach Holland. Gestorben am 14.4.1969.
Lit.: Vollmer, 262, 292, 317.

FLORENZ, HEINRICH KLEMENS
1900 12 04
Gerderhahn
Pfarrektor
Wegen Hörens ausländischer Sender festgenommen und vom 17.10.1941 bis zum 28.2.1942 in Untersuchungshaft gehalten. Dann vom Sondergericht zu 18 Monaten Zuchthaus verurteilt. Vom 10.7.1943 an im Strafbataillon 999. Einsatz in der Sowjetunion. Im März 1945 in amerikanische Kriegsgefangenschaft geraten und daraus am 12.6. 1945 entlassen. Verstorben am 10.12.1967.
Lit.: Zumfeld: Kirche im NS-Staat, 75.

FRANKEN, P. BENEDIKT
OCR
o.D.
Heimbach (Abtei)
1941 anläßlich der Klosteraufhebung einige Wochen Untersuchungshaft sowie Ausweisung aus dem Rheinland.

FUHRMANN, P. FRITZ
SJ
o.D.
Aachen
1942 anläßlich der Klosteraufhebung durch die Gestapo Ausweisung aus dem Rheinland und Westfalen.

GERADS, JOSEF
1903 02 21
Krefeld
Kaplan / Pfarrer
Als Stadtjugendseelsorger zwei Verwarnungen, Betätigungsverbot und kurzfristige Festnahme durch die Gestapo. Verstorben am 13.8.1981.

GIELEN, VIKTOR
1910 03 26
Aachen, Apostolische Administratur
Pfarrer
500 RM Geldstrafe.
Gehört zur Diözese Lüttich.

GILZ, HUBERT SUITBERT JOSEF
1904 01 14
Mönchengladbach-Waldhausen
Kaplan
Am 5.4.1937 ohne Grundangabe verhaftet. Vom 6.6.
1941 an im KZ Dachau. Dort am 19.1.1943 verstorben.
Lit.: Weiler, 255.

GNOERICH, ALFRED KARL EMIL
1903 09 16
Merzenich
Kaplan
Im November 1936 Unterrichtsverbot. Strafverfahren aufgrund einer Amnestie eingestellt.

GOETTSCHES, JOHANN JOSEPH
1882 01 20
Aachen (St. Marien)
Pfarrer
Am 28.8.1941 einen Tag lang in Gestapohaft gehalten. Am 25.12.1950 verstorben.

GOOR, P. SYLVESTER
OFM
1880 12 31
Düren
1941 von der Gestapo verhaftet und in Schutzhaft genommen. Bald darauf wegen einer Krankheit in die Landesheilanstalt überwiesen.
Dort am 21.1.1942 verstorben.

GRAAB, HEINRICH
1906 10 05
Aachen (St. Joseph)
Kaplan, Religionslehrer
Wegen Herausgabe und Verbreitung eines Flugblatts im September 1935 gerichtlich zu 50 RM Geldstrafe verurteilt. Am 15.10.1935 Auferlegung einer Geldstrafe in Höhe von 25 RM.
Lit.: Vollmer, 292.

GRAAFEN, JOSEF
1892 03 14
Hahn
Pfarrer
Dr. theol.
Am 30.9.1941 Hinterlegung von 500 RM Sicherungsgeld. Verstorben am 9.9.1955.

GROTHE, THEODOR (P. WILHELM)
OFM
1885 02 06
Aachen
Vikar
1941 nach der Klosteraufhebung durch die Gestapo aus der Rheinprovinz ausgewiesen.
Verstorben am 28.6.1962.

Lit.: Kurten, E.: Unsere Toten III, Mönchengladbach 1979, 73.

HAERTEN, WILHELM LUDWIG
1901 06 12
Eschweiler
Pfarrer / Schuldirektor
Dr. phil.
1933 Entlassung als Schuldirektor und Unterrichtsverbot.

HAMM, ANTON
1909 03 27
Richterich / Breinig
Kaplan / Wehrmachtpfarrer
Dr. phil.
1937 wegen Kritik an der HJ angezeigt. Anzeige ohne weitere Folgen. Vom April 1940 an als Sanitäter und dann als Militärpfarrer im Felde. Während einer Kur als Kriegsversehrter am 21.8.1943 vom Militär aufgrund einer Anzeige verhaftet. Am 5.11.1943 wegen Wehrkraftzersetzung vom Kriegsgericht zu zwei Jahren Gefängnis und Dienstentlassung aus der Wehrmacht verurteilt. Nach Interventionen des Feldgeneralvikars und einiger hoher Offiziere wurde das Urteil am 7.3.1944 in zweiter Instanz aufgehoben. Am 25.3.1944 Bestätigung des Urteils in einem dritten Verfahren. Gleichzeitig KZ-Einweisung angeordnet. Zunächst in Lazaretthaft, vom 5.3. 1945 an in Gestapohaft und vom 17.3.1945 an im KZ Dachau. Auf dem Evakuierungsmarsch am 5.5. 1945 von amerikanischen Truppen befreit.
Lit.: 1.Selhorst, 74-84. 2.Weiler, 283.

HAMM, JOHANN JOSEF ANTON
1896 03 19
Müntz
Pfarrer
Wegen Verweigerung der Freigabe des Kirchturms als Beobachtungsposten und wegen unbefugter Beerdigung gefallener Soldaten vom 9.1.1945 bis zum 1.2.1945 in Untersuchungshaft. Anschließend Verurteilung zu 1500 RM Geldstrafe sowie Aufenthaltsverbot für linksrheinisches Gebiet.

HEINEN, LUDWIG
1900 06 12
Stolberg-Mühle / Krefeld / Roetgen
Kaplan, Präses d. Jungmännervereins / Pfarrer
Aufgrund seiner Jugendarbeit hatte Kaplan Heinen Schwierigkeiten mit der HJ. Deshalb wurde er 1934 mehrfach durch die Gestapo verhört und vom Regierungspräsidenten mit Unterrichtsverbot und Jugendarbeitsverbot belegt. Wegen fortgesetzter Jugendarbeit vom 24.5.1934 bis zum 16.6.1934 Inschutzhaftnahme durch die

Gestapo sowie am 30.8.1934 Ausweisung aus dem Kreis Aachen. 1935 wegen Jugendseelsorge wiederholt Vernehmungen durch die Gestapo. Wegen Freundschaft mit gefangenen Polen und Äußerungen gegen die NSV 1942 ein Verhör durch die Gestapo.
Lit.: Selhorst, 85-90.

HENDRIKS, PETER
1910 12 15
Kelmis, Apostolische Administratur
Kaplan
Wegen Jugendseelsorge 1940 durch Gestapo verhört. Im Herbst 1942 wegen Ausländerseelsorge vom Gericht zu sieben Monaten Gefängnis verurteilt. In einem zweiten Verfahren wurde das Strafmaß auf 18 Monate erhöht. Nach der Haftverbüßung am 4.5.1944 Verbringung ins KZ Dachau. Dort am 29.4.1945 befreit.
Lit.: 1.Selhorst, 90-95. 2.Weiler, 290.
Gehört zur Diözese Lüttich.

HERKENRATH, JOSEPH
1886 12 04
Tüschenbroich
Pfarrer
Wegen Hörens ausländischer Sender von Oktober 1941 bis März 1942 in Untersuchungshaft. Im März 1942 vom Sondergericht zu 18 Monaten Zuchthaus verurteilt. In zweiter Instanz am 1.6.1942 zu vier Jahren Zuchthaus verurteilt. Haftentlassung im April 1945. Verstorben am 14.10.1961.
Lit.: Zumfeld: Kirche im NS-Staat, 75.

HERMANNS, FERDINAND (P. ALBERTIN)
OFM
1911 07 14
Aachen / Oberursel / Seligenstadt
Kaplan
Zweimal von der Gestapo ausgewiesen: Juli 1941 anläßlich der Aufhebung der Franziskanerniederlassung in Aachen Ausweisung aus dem Rheinland und Westfalen; Oktober 1941 Ausweisung aus dem Regierungsbezirk Wiesbaden.

HEYNEN, EDUARD GERHARD
1897 01 05
Viersen (St. Joseph)
Kaplan
1934 Unterrichtsverbot wegen Nichtleistung des Hitlergrußes. Am 31.1.1969 verstorben.
Lit.: Vollmer, 381.

HILLEBRAND, WILHELM
1892 01 27
Rott
Pfarrer

1936 Stimmabgabe bei Reichstagswahl verweigert. 1937 Aufenthaltsverbot für das Rheinland wegen Predigten. Am 19.6.1959 verstorben.
Lit.: Vollmer, 381f.

HORTMANNS, ROBERT HERMANN JOSEF
1884 06 09
Golkrath
Pfarrer
Wegen Hörens ausländischer Sender vom 13.10. 1941 bis 28.2.1942 in Untersuchungshaft. Am 19.3.1942 Freispruch durch ein Sondergericht. Am 1.6.1942 in zweiter Instanz Freispruch durch das Reichsgericht. Verstorben am 20.2.1950 infolge von in der Haft zugezogenen gesundheitlichen Schäden.
Lit.: Kempner, 169.

ITTER, ALFRED VON
1883 07 10
Krefeld
Dechant
Am 11.11.1941 Inschutzhaftnahme. Auferlegung eines Sicherungsgeldes in Höhe von 3000 RM. Verstorben am 17.4.1954.
Lit.: Bungartz, Edmund (Hrsg.): Katholisches Krefeld. Krefeld 1974. 405-415.

JANSEN, LEONHARD
1870 03 23
Aachen
Pfarrer i. R.
Wegen Regimekritik vom Sondergericht zu einer Haftstrafe verurteilt.

JANSEN, NIKOLAUS JOSEF
1880 03 04
Aachen
Domkapitular, Stiftsherr, Generalvikariatsrat
Wegen Photographierens der zerbombten Stadt am 4.8.1941 in Untersuchungshaft genommen. Vom 26.12.1941 an im KZ Dachau. Durch die Amerikaner am 29.4.1945 befreit. Verstorben am 24.8.1965.
Lit.: Weiler, 311.

JEDERSBERGER, LUDWIG (P. ALFONS)
SCJ
1895 10 07
Krefeld
Geistl. Rektor
1936 im Krefelder Devisenprozeß zu drei Jahren Gefängnis und 50.000 RM Geldstrafe verurteilt. Intervention des Bischofs Berning ohne Erfolg. 1938 vorzeitig entlassen.
Verstorben am 10.10.1966.

JOCHHEIM, KARL
1902 01 28
Bedburdyck (Kloster St. Nikolaus)

Priester
1938 drei Monate lang in Haft, dann Amnestie.

JOHNEN, LEONHARD (P. GABRIEL)
OCR
1889 09 03
Mariawald (Kloster)
Im Zusammenhang mit der Auflösung des Klosters
Mariawald Aufenthaltsverbot für das gesamte
Rheinland von August 1942 bis November 1943.
Die Rückkehr wurde nur unter strengsten Auf-
lagen (Seelsorge- und Predigtverbot) und An-
drohung schärfster staatspolizeilicher Maß-
nahmen gestattet.
Verstorben am 17.2.1968.

KELLER, FRIEDRICH WILHELM MATTHIAS
1891 12 27
Stolberg
Pfarrer
Wegen Verstoßes gegen das Sammlungsgesetz, Defätismus und Wehrkraftzersetzung vom 15.11.1941
an in Untersuchungshaft. Nach Wochen von der Gestapo ins KZ Dachau gebracht. Dort Versuchsob-
jekt für medizinische Experimente. Am 14.1.1943
durch ein Amtsgericht von den oben genannten
Verhaftungsgründen freigesprochen. In einem
Prozeß vor dem Landgericht am 19.4.1943 in
zweiter Instanz zu 150 RM Geldstrafe verurteilt. Während der Schutzhaft am 15.5.1943 im
Gefängnis verhungert. Beigesetzt auf dem Friedhof Melaten in Köln.
Lit.: 1.Kempner, 172f. 2.Weiler, 341.

KLEIN, REINER
1886 02 07
Horbach
Pfarrer
Wegen Ablehnung der Verbreitung von NS-Propa-
gandamaterial im Kirchenchor Drohungen der ört-
lichen Parteistellen (Sommer 1933).
Ab 1.9.1937 Religionsunterrichtsverbot.
Wegen Predigtäußerungen am 30.9.1937 von der
Gestapo verhört und am 2.11.1937 verwarnt.
Ein weiteres Verhör am 17.3.1938 sowie Eröff-
nung eines Verfahrens wegen kritischer Bemer-
kungen zur NS-Ideologie in einer Predigt. Das
Verfahren wurde aufgrund der Amnestie anläß-
lich der Besetzung Österreichs am 13.8.1938 einge-
stellt.
Eine weitere Vorladung erging am 20.7.1938 wegen
der monatlichen Schreiben des Pfarrers an Sol-
daten seiner Gemeinde.
Verstorben am 6.5.1962.
*Lit.: Lepper, Herbert: 175 Jahre Pfarre Horbach.
Eine Gemeinde im Schatten ihrer Kirche.
Aachen 1979. 33-42.*

KNIEBELER, THEODOR
1909 09 28
Vorst
Kaplan / Wehrmachtspfarrer
Aufgrund einer regimekritischen Predigt vom
19.4.1942 Degradierung und Versetzung zu einem
Strafbataillon. Im März 1944 verwundet,
im April 1944 im Lazarett gestorben. Beigesetzt
auf dem Heldenfriedhof Sudauen in Ostpreußen.
*Lit.: Dohr, F.: „Vorst" - Aus der Geschichte
einer Gemeinde. Hrsg. Kath.Pfarrgemeinde
St. Godehard.*

KNORR, WILHELM
1875 11 16
Mönchengladbach
Pfarrer
1935 Anklage, am 7.8.1935 vom Amtsgericht freigesprochen. Revision der Staatsanwaltschaft am
16.10.1935 vom Oberlandesgericht verworfen. Gestorben am 8.11.1949.

KOENIGS, THEODOR
1905 01 24
Aachen
Pfarrer
Am 3.6.1934 eine Verwarnung. Am 18.3.1935 Auf-
erlegung von 10 RM Geldstrafe. Im März 1942
Verurteilung zu 1000 RM Geldstrafe sowie Ent-
lassung als Religionslehrer am 1.4.1942.
Mehrere Haussuchungen.

KOPPSHOFF, THEODOR
1901 09 30
Hergarten
Pfarrer
Wegen Widerstands gegen die Staatsgewalt und
Aufwiegelung der Bevölkerung im Februar 1945
Haftbefehl. Daraufhin geflohen und bis Kriegs-
ende untergetaucht. Verstorben am 24.2.1963.

KORR, HUBERT
1898 02 16
Aachen
Kaplan
Circa zehnmal von der Gestapo verhört und ver-
warnt. Wegen Vereinsarbeit im November 1935 von
der Gestapo zu 50 RM Geldstrafe verurteilt.
Lit.: Vollmer, 317.

KRAEMER, P. PETER
OSFS
1901 04 05
Jülich
Geistl. Lehrer
Wegen Auseinandersetzungen mit den National-
sozialisten (Verwarnung, Predigt- und Unter-
richtsverbot, Entzug des Reisepasses; 3 Monate
Haft, die allerdings unter Amnestie fiel) floh

der Pater nach Montevideo/Uruguay in die
dortige Oblaten-Mission.
Verstorben am 15.4.1977.

KREBSBACH, ALOIS (BR. GABRIEL)
OFM
1908 12 02
Aachen
Klosterbäcker
1941 nach Aufhebung des Klosters durch die
Gestapo als Hausmeister dienstverpflichtet
bis zur Einberufung zur Wehrmacht.
Im September 1941 gefallen.
*Lit.: Kurten, E.: Unsere Toten III, Mönchen-
gladbach 1979, 56.*

KREMER, GERHARD JOHANN
1891 02 26
Aachen
Stiftsvikar, Diözesanpräses d. Catholica Unio
Dr. theol.
1936 in Untersuchungshaft. Am 31.5.1942 verstorben.

KRINGS, JOSEF
1874 10 26
Wegberg
Pfarrer
Am 13.10.1941 zu zwei Jahren Zuchthaus verur-
teilt. Strafe verbüßt.

KRISCHER, JOHANN HUBERT
1885 04 09
Aachen
Pfarrer, Dechant
1939 von der Gestapo zweimal zu je 200 RM Geldstrafe verurteilt. Im März 1944 eine Verwarnung durch die Gestapo. Verstorben am 3.7.1966.

KUEPPERS, LEONHARD
1910 05 25
Ligneuville, Apostolische Administratur
Pfarrverwalter / Pfarrer
Wegen Militärseelsorge am 8.1.1945 vom Staats-
sicherheitsdienst verhaftet und am 14.1.1945 er-
mordet.
Gehört zur Diözese Lüttich.

LAMBORAY, NIKOLAUS
1900 03 10
Sourbrodt, Apostolische Administratur
Pfarrer
Wegen Regimekritik, Beunruhigung der Bevölkerung und Gebrauchs der französischen Sprache
im Gottesdienst und im Unterricht vom 17.1.1942
bis zum 30.5.1942 von der Gestapo in Untersuchungshaft gehalten. Am 19.6.1942 ins KZ Dachau
deportiert. Dort am 29.4.1945 befreit.
Lit.: 1.Selhorst, 96f. 2.Weiler, 398.
Gehört zur Diözese Lüttich.

LAMMERS, CLEMENS (BR. QUIRINUS)
SCJ
1890 08 27
Krefeld
Ökonom
Im Zusammenhang mit seiner Arbeit als Ökonom
in Sittard wurde Bruder Quirinus in die Devisenprozesse in Krefeld hineingezogen und am
4.4.1936 gerichtlich zu je drei Jahren Zuchthaus und Ehrverlust verurteilt. Außerdem
200.000 RM Ersatzeinziehung.
Der Bruder wurde am 18.5.1961 durch die
2. Große Strafkammer in Krefeld rehabilitiert.

LANGE, LEO
1904 12 15
Eschweiler-Pumpe-Stich / Krefeld-Bockum
Kaplan
Verwarnung; Geldstrafe; Unterrichtsverbot;
kurzfristige Festnahme. Nähere Angaben fehlen.

LAUFENBERG, WILHELM
1910 10 26
Merzenich
Kaplan
Wegen Jugendseelsorge am 14.5.1942 vom Gericht
zu 150 RM Geldstrafe verurteilt. Nach Einspruch
in Zweiter Instanz am 11.6.1942 freigesprochen.

LEDUR, BENOIT
1903 11 28
Robertville, Apostolische Administratur
Dechant
Wegen angeblicher Fluchthilfe für einen Kriegsgefangenen am 16.12.1942 von der Gestapo verhaftet und einen Monat lang in Untersuchungshaft
gehalten. Am 21.1.1943 vom Gericht zu einem Monat Gefängnis verurteilt. Keine Freilassung,
sondern Verbleib im Gefängnis. Am 14.9.1943
in einem Gerichtsverfahren gegen Amtskollegen
als Zeuge herangezogen. Einweisung ins KZ Dachau
am 24.9.1943. Auf dem Evakuierungsmarsch
am 1.5.1945 durch die Amerikaner befreit.
Lit.: 1. Selhorst, 98-102. 2.Weiler, 405.
Gehört zur Diözese Lüttich.

LENNARZ, HEINRICH JOSEF
1887 02 20
Mariaweiler
Pfarrer
Wegen Verstoßes gegen das Heimtückegesetz am
31.5.1939 in Untersuchungshaft genommen. Nach
131 Tagen Untersuchungshaft durch ein Gericht
zu vier Monaten Gefängnis verurteilt. Nach
der Haftentlassung Aufenthaltsverbot für den
Regierungsbezirk Aachen. Verstorben am 5.2.1966.

LENZEN, WILHELM
1903 02 03
Herzogenrath-Afden
Kaplan, Religionslehrer
Dr. phil.
Mehrmals Beanstandungen durch Gestapo.

LEUCHTENBERG, WILHELM
1913 12 25
Beeck
Kaplan
Mehrere Verhöre und Haussuchungen durch die
Gestapo. Ein Gerichtsverfahren wurde am 20.4.1944
aufgrund von Amnestie eingestellt.

LEYENDECKER, JOSEF NIKOLAUS
1900 06 26
Aachen
Kaplan
Wegen regimekritischer Predigt am 7.2.1934 von
der Gestapo in Schutzhaft genommen und vom Amts-
gericht zu einem Monat Gefängnis verurteilt.
Lit.: 1.Selhorst, 98. 2.Vollmer, 30.

LINDER, CLEMENS (P. CONCORDIUS)
OFM
1901 12 25
Aachen
Guardian
1941 Ausweisung aus der Rheinprovinz anläß-
lich der Klosteraufhebung.
Verstorben am 23.3.1959.
*Lit.: Kurten, E.: Unsere Toten III, Mönchen-
gladbach 1979, 38.*

LOESGEN, HEINRICH
1889 01 30
Frohngau
Pfarrer
Im Juli 1940 von der Gestapo einen Monat lang
in Schutzhaft gehalten. Ausweisung aus der
Rheinprovinz durch die Gestapo im Juli 1941. Am
19.1.1957 verstorben.

LOEVENICH, JOHANN ANTON
1889 06 09
Erkelenz
Pfarrer
Am 13.8.1936 Verhör, Haussuchung und kurzfristige Festnahme durch die Gestapo. 1938 Unterrichtsverbot.

LOH, FRANZ (P. STANISLAUS)
SCJ
1879 02 25
Provinzialoberer
1936 als Hauptangeklagter im Krefelder
Devisenprozeß in Abwesenheit zu 3 1/2 Jahren
Zuchthaus, 4 Jahren Ehrverlust und 80.000 RM

Geldstrafe verurteilt. Flucht nach Holland
und Luxemburg. Im Herbst 1940 jedoch gefaßt
und Einweisung in das Gefängnis Rheinbach.
Wegen eines schweren Zuckerleidens Verlegung
in das Gefängniskrankenhaus Düsseldorf.
Dort am 20.3.1941 seiner Krankheit erlegen.

LOVEN, KARL
1915 11 12
Roetgen
Pfarrektor
Von Mai bis Juli 1940 und vom 4.7.1944 bis zum
30.4.1945 inhaftiert. Durch die Amerikaner befreit.

LUDWIG, JOHANN JOSEF
1890 12 13
Aachen (St. Fronleichnam)
Pfarrer
Am 12.2.1940 wegen Verstoßes gegen die Kriegs-
wirtschaftsverordnung fünf Tage lang in Haft
gehalten. Ausweisung aus dem Rheinland und aus
Westfalen am 26.8.1944. Verstorben am 12.2.1949.

LUETTSCHWAGER, WILHELM
1899 11 13
Prummern
Pfarrer
Durch die Gestapo verwarnt. Im August 1943 von
der Gestapo zur Zahlung von 2000 RM Sicherungsgeld verurteilt. Am 11.5.1977 verstorben.

LUX, HERMANN-JOSEF
1901 06 12
Blankenheimerdorf
Pfarrer
Vom 17.1. bis zum 26.5.1935 Gestapohaft unter
Beschuldigung des Hoch- und Landesverrats.
Anschließend durch die Gestapo Aufenthalts-
verbot für das Rheinland und für Westfalen.
Verstorben am 6.3.1963.

MARGREF, FRIEDRICH WILHELM
1885 09 08
Unterbruch / Willich
Pfarrer
Am 28.9.1940 wegen einer Predigt fünf Wochen
lang in Untersuchungshaft gehalten. Schon früher durch Predigten aufgefallen. Nach Haftentlassung Zwangspensionierung. Am 3.4.1948 verstorben.
Lit.: Vollmer, 377.

MEYER, EDUARD JAKOB
1890 07 26
Warden
Rektor
Anklage vor Gericht. Unterrichtsverbot. Verstor-
ben am 20.7.1959.

MICHELS, JOSEF KARL
1884 01 11
Krefeld
Pfarrer
Am 20.10.1937 zu 2100 RM Geldstrafe verurteilt.
Verstorben am 9.7.1968.

MOEHLEN, JOSEF
1881 12 17
Waldniel
Pfarrer
Verurteilung zu 50 RM Geldstrafe. Am 13.4.1951
verstorben.

MUELLER, FRANZ AUGUST
1909 07 09
Aachen
Domvikar
Mehrere Verwarnungen durch die örtliche NSDAP-
Leitung. Verstorben am 5.4.1971.

MUELLER, PAUL
1897 05 14
Aachen
Pfarrer
Wegen Heimtücke, Hoch- und Landesverrats vom
10.11. bis zum 28.11.1936 in Untersuchungshaft,
dann bis zum 4.1.1937 in Schutzhaft. Anschließend Aufenthaltsverbot für den Regierungsbezirk Aachen. Verstorben am 10.10.1957.

MUENSTERMANN, FRANZ
1914 09 01
Heinsberg
Pfarrer
Vom 4. bis zum 14.4.1942 in Schutzhaft gehalten.

NIESSEN, JOHANNES
1910 06 13
Mönchengladbach-Holt
Pfarrer
1937 kurzfristig festgenommen. Am 12.7.1937 zu
einem halben Jahr Gefängnis verurteilt.

NUSSELEIN, ERNST WILHELM
1908 09 02
Aachen
Kaplan
Unterrichtsverbot am 8.5.1935.

OFFERGELD, EMIL
1880 05 22
Opgrimby, Apostolische Administratur
Pfarrer
Wegen Verbreitung eines defätistischen Frie-
densgebetes zu 500 RM Geldstrafe verurteilt.
Verstorben am 29.6.1952.
Gehört zur Diözese Lüttich.

OLBERTZ, JOSEPH
1902 04 22
Sourbrodt, Apostolische Administratur
Pfarrer
Wegen Jugendseelsorge mehrfach von der Gestapo
verhört, wegen Beihilfe zur Flucht eines
Kriegsgefangenen ab 16.12.1942 von der Gestapo
einige Wochen lang in Untersuchungshaft gehalten. Vom Gericht zu einem Jahr Gefängnis verurteilt. Nach Kassation des Urteils in zweiter
Instanz vom Gericht zu 15 Monaten Zuchthaus verurteilt. Nach Strafverbüßung am 10.
8.1944 ins KZ Dachau transportiert. Evakuierungsmarsch aus Dachau am 26.4.1945. Befreiung
durch die Amerikaner am 1.5.1945.
Lit.: 1.Selhorst, 109-121. 2.Weiler, 492.
Gehört zur Diözese Lüttich.

OLBRUECK, WILHELM
1867 01 16
Körrenzig
Pfarrer, Dechant
Mehrmals Haussuchungen und Verhöre durch Ge-
stapo. Verstorben am 12.11.1959.

ORTMANNS, PETER
1872 08 24
Disternich
Pfarrer
Zu einer Zuchthausstrafe verurteilt.
Verstorben am 23.6.1965.

PAFFRATH, JOSEF (P. BENNO)
OFM
1876 09 28
Aachen
Guardian
1941 Ausweisung aus der Rheinprovinz anläßlich der Klosteraufhebung. Der Ausweisungsbefehl wurde aufgrund der schlechten Gesundheit des Paters zurückgenommen. Er durfte
privat in Aachen wohnen.
Verstorben am 27.1.1948.
*Lit.: Kurten, E.: Unsere Toten III,
Mönchengladbach 1979, 16.*

PALMEN, JOSEF THEODOR
1889 07 06
Aachen
Geistl. Studienrat
Durch die Gestapo Haussuchung, Verhöre sowie
12 Stunden Hausarrest. Verstorben am 26.12. 1948.

PAUELS, P. HUBERT
OSFS
1907 08 04
Overbach
Geistl. Religionslehrer
Pater Pauels wurde am 1.11.1937 verhaftet.
Später gelang ihm die Flucht nach Holland.

PELZER, JOSEF
1911 07 15
Krefeld
Kaplan
Am 15.6.1939 vom Amtsgericht zu 25 RM Geldstrafe verurteilt.

PETERS, JOSEF MARTIN
1894 06 12
Malmedy, Apostolische Administratur
Kaplan
Wegen Ausländerseelsorge am 17.10.1942 verhaftet, vom Volksgerichtshof am 13.3.1943 zum Tode verurteilt und am 1.7.1943 in Berlin hingerichtet.
Lit.: Kempner, 322-324.
Gehört zur Diözese Lüttich.

PLAUM, GOTTFRIED JOHANN
1878 01 10
Klinkum
Pfarrer, Dechant
Wegen Hörens ausländischer Sender am 27.10.1941 zu dreieinhalb Jahren Zuchthaus verurteilt, am 1.6.1942 in zweiter Instanz zu sechs Jahren Zuchthaus verurteilt. Wegen Krankheit kurz vor Kriegsende entlassen. Am 3.7.1954 verstorben.
Lit.: Zumfeld: Kirche im NS-Staat, 75.

PLUM, WILHELM JOSEF
1892 09 22
Wanlo
Pfarrer
Eine Haussuchung sowie mehrere Verhöre durch die Gestapo. Eine Geldstrafe in Höhe von 1000 RM. Wegen Abhörens ausländischer Sender vom 17.10. bis zum 19.11.1941 in Untersuchungshaft gehalten. In einem diesbezüglichen Prozeß im März 1942 freigesprochen. Am 4.12.1958 verstorben.

POHL, CHRISTIAN WILHELM
1893 07 24
Merkstein-Hofstadt
Anstaltspfarrer
Kurzfristige Festnahme sowie Verwarnung durch die Gestapo. Gründe für die Maßnahmen sind nicht bekannt.

RADECKE, GERHARD JOSEF
1883 05 04
Eschweiler-Bergrath (St. Antonius)
Pfarrer
Wegen Seelsorge am 29.4.1942 in Haft genommen. Vom 19.6.1942 bis zum 9.4.1945 im KZ Dachau. Am 2.1.1955 verstorben.
Lit.: Weiler, 551.

REHLING, P. ENGELBERT
OMI
1906 06 29
Aachen, Salvatorberg
Ab 1937 mehrere Prozesse wegen Predigten. 1941 wegen pazifistischer Äußerungen verhaftet: Gefängnis Münster ab dem 28.10.1941, KZ Dachau ab dem 26.12.1941, am 26.4.1945 während des Evakuierungsmarsches geflohen. 1942 Intervention des Kommissariats der Fuldaer Bischofskonferenz ohne Erfolg. Verstorben am 25.11.1976.
Lit.: 1. Selhorst, 121-140. 2. Weiler, 556.

RINDERMANN, HANS
1910 04 10
Aachen-Forst (St. Katharina)
Kaplan
Wegen Predigt gegen das Euthanasiegesetz und wegen Jugendarbeit am 15.9.1941 Verhör, Festnahme und Haussuchung durch Gestapo. Am 1.11.1941 auf Veranlassung der Gestapo ins KZ Dachau gebracht. Am 26.4.1945 Evakuierungsmarsch aus Dachau. Während des Marsches von Amerikanern befreit.
Lit.: 1.Selhorst, 140-162. 2.Weiler, 560.

RINGS, KARL JOSEF HUBERT
1874 10 26
Kleingladbach
Pfarrer i. R.
Wegen Hörens ausländischer Sender vom 8.10.1941 bis zum 18.3.1942 in Untersuchungshaft. Am 19.3.1942 vom Sondergericht freigesprochen. Erneut am 26.5.1942 in Haft genommen und in zweiter Instanz am 28.5.1942 zu zwei Jahren Zuchthaus verurteilt. Am 12.9.1943 aus dem Zuchthaus entlassen. Verstorben am 12.3.1953.
Lit.: Zumfeld: Kirche im NS-Staat, 75.

ROCCA, ANTON HEINRICH MARIA MARTIN
1886 10 10
Richterich
Pfarrer
Ein Gerichtsverfahren wurde aufgrund einer allgemeinen Amnestie eingestellt. Verstorben am 15.1.1962.

RODY, GEORG CHRISTIAN MARIA
1873 02 05
Birkesdorf
Pfarrer
Vom 4. bis zum 14.4.1942 in Schutzhaft. Verstorben am 9.4.1944.

ROECKERATH, MICHAEL
1899 08 01
Aachen (St. Marien)
Kaplan

1935 wegen öffentlicher Stellungnahme zugunsten der Juden ein Sondergerichtsverfahren.
Anschließend Unterrichtsverbot und Entlassung.

RUETTERS, ERNST
1880 08 09
Horst
Pfarrer
Aufgrund einer Anzeige im Oktober 1935 mehrmals
verhört. Versetzung und Zwangspensionierung
auf Veranlassung der NSDAP.

SCHAUFF, KONRAD (P. FERDINAND)
SDS
1898 02 21
Steinfeld
1940 mehrere Monate Gefängnis.
Ausweisung aus dem Rheinland und Westfalen.

SCHEFFEN, JOSEF
1904 02 28
Aachen, Apostolische Administratur
Pfarrer, Dechant
Wegen angeblicher Fluchthilfe für einen Kriegs-
gefangenen am 21.1.1943 vom Gericht zu vier Mo-
naten Gefängnis verurteilt.
Verstorben am 10.7.1958.

SCHEIDT, KARL AUGUST
1903 09 07
Aachen (St. Jakob)
Kaplan
Wegen aktiver Mitgliedschaft in der Pax Christi
im September 1933 drei Tage lang von der Gesta-
po in Haft gehalten. Außerdem Haussuchung,
Beschlagnahme der Schreibmaschine, Verhör und
Verwarnung durch Gestapo. Wegen Jugendarbeit
1000 RM Geldstrafe von der Gestapo verhängt.
Unterrichtsverbot. Verstorben am 6.2.1974.
Lit.: Selhorst, 162f.

SCHERRER, FRANZ
1880 04 06
Kelmis, Apostolische Administratur
Pfarrer
Am 29.9.1942 wegen Kriegsgefangenenhilfe
von der Gestapo festgenommen und vier Monate
lang in Haft gehalten. Am 20.4.1943 Ausweisung
durch die Gestapo.
Verstorben am 17.11.1956.
Lit.: Selhorst, 181-184.
Gehört zur Diözese Lüttich.

SCHMETS, JOSEPH
1898
Bleyberg, Apostolische Administratur
Pfarrer
Von August 1944 bis zum Kriegsende in Haft ge-
halten.

SCHMIDT, P. HEINRICH
CSSP
o.D.
Broich
1944 zu 500 RM Geldstrafe verurteilt.
Mehrere Verwarnungen durch die Gestapo.
Nähere Angaben fehlen.

SCHMIDT, KARL (P. OTTO)
SDS
1906 06 27
Steinfeld
Ab dem 7.12.1938 U-Haft, zu Beginn des
Krieges aufgrund Amnestie entlassen und
aus dem Rheinland ausgewiesen.

SCHMITZ, JOHANN JOSEF
1883 02 20
Keyenberg
Pfarrer
1937, 1939 und 1942 jeweils verwarnt. Am 20.4.
1952 verstorben.

SCHMITZ, JOHANNES HEINRICH
1906 05 27
Begau
Rektor
Zahlung von 500 RM Sicherungsgeld. Nach dem
Krieg Rückerstattung des Geldes.

SCHNEIDER, JOSEF
1912 07 20
St. Tönis
Kaplan
Verwarnung. Unterrichtsverbot. Entlassung. Rede-
und Predigtverbot.
*Lit.: Christliche Gegnerschaft 1933-45 im Be-
reich der Gestapoaußendienststelle Krefeld.
Hrsg. von Aurel Billstein. Krefeld 1978. 18.*

SCHOPHOVEN, P. MICHAEL
OCR
1892 06 10
Heimbach (Abtei)
Aushilfspriester
1941 anläßlich der Klosteraufhebung festgenommen: zunächst 10 Tage Schutzhaft, dann
drei Monate Untersuchungshaft im Gefängnis in
Aachen, durch das Gericht zu drei Wochen Haft
verurteilt (durch die Untersuchungshaft abgebüßt), schließlich Ausweisung aus dem Rheinland.

SCHREIBER, HEINRICH
1902 10 11
Viersen
Kaplan
Wegen des Besitzes einer antinationalsozialisti-
schen Schrift am 16.3.1939 festgenommen und von

der Gestapo vier Tage lang in Untersuchungshaft gehalten. Ferner Haussuchung durch Gestapo. Am 27.4.1939 vom Schöffengericht zu einer Geldstrafe von 82,58 RM verurteilt. Später Verweigerung des Führerscheines.
Lit.: Selhorst, 164f.

SCHRIEVERS, JOHANN PAUL
1905 08 24
Rheydt (St. Marien)
Kaplan
1936 Entlassung aus dem Schuldienst. 13 Verhöre und zwei Haussuchungen. Verstorben am 28.12.1974.

SCHROER, P. CAROLUS
OCR
o.D.
Heimbach (Abtei)
1941 anläßlich der Klosteraufhebung einige Wochen Untersuchungshaft und zwei Monate Gefängnishaft.

SCHUERGERS, JOSEF (P. KONRAD)
Ordenszugehörigkeit unbekannt
1910 04 19
Mönchengladbach
Pfarrer
1939 Betätigungsverbot als Führer der ND-Gruppe Mönchengladbach.

SCHUETZ, LEOPOLD VON
1873 11 26
Aachen (St. Foillan)
Oberpfarrer
Anklage wegen Verstoßes gegen das Heimtückegesetz. Weitere Anklage wegen Besitzes verbotener Schriften. Verstorben am 11.11.1949.

SCHULTE-KRUMPEN, BERNHARD
1897 12 23
Düren (St. Marien)
Pfarrer, Religionslehrer
Verwarnung; Unterrichtsverbot; Entlassung als Kaplan des Arbeitsdienstlagers sowie Predigtverbot und Ausweisung.

SCHWAMBORN, GREGOR MAX ALBRECHT
1876 03 12
Krefeld (St. Dionysius)
Pfarrer, Stadtdechant, Domkapitular, Monsignore
Prof. Dr. theol.
Wegen staatsfeindlicher Betätigung vom 28.11. bis zum 18.12.1937 durch die Gestapo in Schutzhaft genommen. Verstorben am 22.10.1958.
Lit.: Nettelbeck, W.: Monsignore Gregor Schwamborn, Krefeld, o.J.

SEITZ, BERNHARD JOSEF
1876 01 07
Merbeck
Pfarrer
Wegen Hörens ausländischer Sender vom 2.10. 1941 bis März 1942 Untersuchungshaft durch die Gestapo. Im März 1942 durch ein Sondergericht zu sechs Monaten Gefängnis verurteilt. Am 26.5.1942 erneut festgenommen und in zweiter Instanz vom Volksgerichtshof zu zwei Jahren und sechs Monaten Zuchthaus verurteilt. Nach Strafverbüßung Freilassung. Am 13.9.1955 verstorben.
Lit.: Zumfeld: Kirche im NS-Staat, 75.

SELHORST, HEINRICH
1902 09 03
Aachen / Düren (St. Antonius)
Religionslehrer / Pfarrektor
Dr. theol.
Nach Anzeige eines Mitglieds der HJ am 6.11.1939 durch die Gestapo festgenommen und bis zum 7.12.1939 in Untersuchungshaft gehalten. Anschließend durch ein Sondergericht von der Anklage der Wehrkraftzersetzung freigesprochen. Des weiteren Unterrichtsverbot durch den Bürgermeister sowie Versetzung. Aufgrund einer Denunziation durch eine Privatperson wegen antinationalsozialistischer Beeinflussung am 27.4.1942 durch die Gestapo verhaftet, mehrmals verhört und am 8.5.1942 ins KZ Dachau eingeliefert. Am 27.3.1945 Entlassung aus Dachau. Verstorben am 20.11.1979.
Lit.: 1. Selhorst, 165-179. 2. Weiler, 597.

SERVOS, WILHELM
1883 01 31
Henri-Chapelle, Apostolische Administratur
Missionspriester
Wegen Einfuhr verbotener Schriften im August 1935 durch die Gestapo angezeigt. Nach Untersuchungshaft am 6.12.1935 durch ein Sondergericht zu fünf Monaten Gefängnis verurteilt.
Lit.: Vollmer, 280, 334.
Gehört zur Diözese Lüttich.

SIEPEN, PAUL
1909 05 23
Kempen
Kaplan
Kaplan Siepen erhielt eine Verwarnung; nähere Umstände sind nicht bekannt.

SINZIG, KASPAR
1891 12 13
Aachen (St. Jakob)
Pfarrer, Definitor
Pfarrer Sinzig wurde am 4.10.1944 festgenommen; nähere Angaben liegen nicht vor. Verstorben am 12.3.1975.

SPRICK, KARL FRIEDRICH
1885 05 14
Lövenich / Mönchengladbach-Windberg
Pfarrer
Wegen Entfernung einer Girlande vom Ehrenmal
der Kirche am 9.11.1934 eine Verwarnung durch
die Gestapo. Am 13.3.1935 Unterrichtsverbot.
Ein gerichtliches Verfahren wurde aufgrund von
Amnestie am 16.10.1937 eingestellt. Inhaftierung vom 16.7. bis zum 30.7.1940; anschließend Aufenthaltsverbot. Verstorben am 14.5.
1948.
Lit.: Vollmer, 130, 154.

SPUELBECK, PAUL
1902 08 09
Palenberg / Lommersdorf
Kaplan / Pfarrer
Wegen Verwicklung in einen Hochverratsfall
Inschutzhaftnahme durch die Gestapo von Februar
bis August 1936. 1943 zu 2000 RM Geldstrafe
verurteilt. Verstorben am 22.12.1962.
Lit.: Vollmer, 367.

STAPPERS, FRANZ
1884 11 02
Rickelrath
Pfarrer
Wegen Abhörens ausländischer Sender am 17.
10.1941 verhaftet und durch ein Gericht zu
fünf Jahren Zuchthaus verurteilt. Am 25.9.
1945 an den Folgen der Haft verstorben.
Lit.: Zumfeld: Kirche im NS-Staat, 75.

STRANG, HEINRICH
1893 09 27
Rath
Pfarrer
Wegen Abhörens ausländischer Sender von Oktober 1940 bis zum 23.3.1941 in Untersuchungshaft gehalten. Anschließend durch den Volksgerichtshof freigesprochen. Verstorben am
14.8.1951.
Lit.: Zumfeld: Kirche im NS-Staat, 75.

STROHMENGER, JOHANN
1878 03 27
Brachelen / Lauingen (Elisabethstift)
Hausgeistlicher / Pfarrer i. R.
1940 Verhör durch die Gestapo wegen Abhörens
feindlicher Sender. Verhör und Haussuchung
durch die Gestapo ohne Angabe eines Grundes.

STROICK, P. CLEMENS
OMI
1912 01 07
Bedburdyck
Vom 17. bis 24.12.1938 in U-Haft.
Nähere Angaben fehlen.

THELEN, WILHELM REMIGIUS
1904 10 01
Aachen
Rektor
Am 28.7.1941 Verhör, Verwarnung und Haussu-
chung durch die Gestapo.

THOENISSEN, JOHANNES
1915 04 28
Simmerath / Wegberg
Pfarrer
Verwarnung, anschließend Überwachung. Zwangs-
versetzung.

THOMA, JOHANNES
1901 04 06
Mönchengladbach-Hardt / Aachen (St. Jakob)
Kaplan / Rektor
Aufgrund des Verhaltens Kaplan Thomas während
der Wahlen 1936 Beschmierung des Pfarrhauses.
Wegen Seelsorge Verurteilung zu 100 RM Geldstrafe (die Strafe wurde ausgesetzt). Zeitweiliges Unterrichtsverbot auf Veranlassung
der NSDAP.

THOMAS, JOSEF
1880 03 17
Doveren
Pfarrer
Im Juli 1935 wegen Verstoßes gegen das Sammlungsgesetz und gegen den Kanzelparagraphen
durch die Gestapo angezeigt und verhört.
Vor Gericht freigesprochen. Beschädigung des Pfarrhauses durch die SA. Verstorben
am 4.5.1938.
Lit.: Vollmer, 262.

THOME, JOSEF PAUL HERMANN
1891 06 02
Mönchengladbach / Würselen-Morsbach
Kaplan / Pfarrer
Dr. theol.
Am 7.2.1936 Haussuchung und Festnahme durch die
Gestapo. Nach sechs Wochen Schutzhaft wegen
des Verdachts auf Hochverrat in Untersuchungshaft genommen. Im Juli 1936 ließ die Staatsanwaltschaft die Anklage fallen. Anschließend
für weitere sechs Wochen in Schutzhaft überstellt. Freilassung am 28.8.1936.
Lit.: Selhorst, 179-181.

THOREN, FRANZ-JOSEF
1903 05 05
Weisweiler / Mündt
Kaplan / Pfarrer
1934 und 1935 fünfmal durch die Gestapo ver-

warnt. Wegen Verteilung eines Flugblattes am
24.5.1935 durch die Gestapo Redeverbot sowie
Aufenthaltsverbot für den Landkreis. Im August
1935 wegen Verstoßes gegen das Heimtückegesetz eine Anzeige durch die Gestapo, Unterrichtsverbot durch den Regierungspräsidenten
und ein Haftbefehl durch ein Sondergericht.
Eine Intervention des bischöflichen Generalvikariats bei der Gestapo führte zu Haftentlassung gegen 10.000 RM Kaution. Im November
1935 wegen Heimtücke durch ein Sondergericht
zu 200 RM Geldstrafe verurteilt. Ferner eine
Geldstrafe in Höhe von 120 RM.
Lit.: Vollmer, 218, 246, 280, 317.

VAASEN, MATTHIAS
1875 01 13
Wegberg
Pfarrer
Am 17.10.1941 wegen Abhörens ausländischer
Sender festgenommen und zu zwei Jahren Zucht-
haus verurteilt.
Lit.: Zumfeld: Kirche im NS-Staat, 75.

VASSEN, GUSTAV HUBERT
1882 09 13
Oberzier
Pfarrer
Im November 1935 wegen Nichtbeflaggung eine Ver-
warnung durch die Gestapo. Am 24.5.1941 Verur-
teilung zu 300 RM Geldstrafe. Während des
Krieges wegen einer Trauung nach nächtlichem
Fliegeralarm festgenommen und acht Tage lang
in Haft gehalten. Verstorben am 27.6.1967.
Lit.: Vollmer, 315.

VELDEN, JOSEPH JOHANNES VAN DER
1891 08 07
Aachen
Generaldirektor des Volksvereins / Bischof
Am 2.7.1933 wegen einer Predigt durch die Ge-
stapo inhaftiert. Einstellung des gericht-
lichen Verfahrens am 2.1.1935. Verstorben am
19.5.1954.
Bischof van der Velden wurde am 7.9.1943 kon-
sekriert.
*Lit.: Jörissen, R.: Joh. Joseph van der Velden.
Essen 1962. 24f.*

VIANDEN, MATTHIAS
1884 03 27
Herzogenrath
Pfarrer
Drei Verwarnungen durch die Gestapo. Verstor-
ben am 3.6.1965.

VITUS, RUDOLF WILHELM
1896 05 18
Düren / Karken

Kaplan / Pfarrer
Dr. theol.
In der Zeit von 1933 bis 1945 12 Anzeigen
und 16 Verhöre durch die Gestapo. Verurteilung zu einer Geldstrafe in Höhe von
500 RM. 1943 Auferlegung eines Sicherungsgeldes in Höhe von 1000 RM.

VOSS, JOSEF OTTO
1905 10 01
Kohlscheid
Kaplan
1935 wegen Devisenvergehens zu 30 RM Geldstrafe
verurteilt. Am 7.5.1936 wegen einer Predigt zu
fünf Monaten Haft verurteilt. Verstorben am
3.7.1962.

WAGEMANN, HERMANN
1908 03 09
Krefeld-Linn
Kaplan
Verurteilung zu 200 RM Geldstrafe. Verstorben
am 11.11.1962.

WALKENBACH, P. XAVERIUS
OFM
1904 03 20
Aachen
Gefängnispfarrer
1938 Gerichtsverfahren - aufgrund Amnestie
eingestellt.
1941 Ausweisung aus dem Rheinland.
Nähere Angaben fehlen.

WERTH, PETER
1900 05 27
Aachen / Doveren
Religionslehrer / Pfarrer
1939 Unterrichtsverbot. 1940 Entlassung aus dem
Schuldienst.

WIPPERMANN, BALDUIN (P. ALBERT)
SDS
1910 08 18
Steinfeld / Köln
1941 während einer religiösen Jugendwoche
festgenommen und einen Monat in Düsseldorf
in U-Haft gehalten. Geldstrafe wegen einer
Predigt und Predigtverbot für das ganze Reich.

WIRTZ, PAUL
1909 09 07
Roetgen
Pfarrer / Rektor
Verwarnung. Unterrichtsverbot. Am 10.9.1937 Ver-
hängung von 30 RM Geldstrafe.

WOEBEL, CHRISTIAN HUBERT
1877 09 06
Hilfarth
Pfarrer
Wegen Regimekritik nach Anzeige durch Privatperson vom 21.11. bis zum 12.12.1941 in Haft gehalten. Verstorben am 11.12.1954.

XHONNEUX, NICOLAS
1907 09 05
Kelmis, Apostolische Administratur
Kaplan
Im September 1942 wegen Fluchthilfe für Kriegs-
gefangene von der Gestapo in Untersuchungshaft
genommen. Durch ein Landgericht zu zwei Jahren
Zuchthaus verurteilt. Nach Kassation des Ur-
teils in zweiter Instanz zu vier Jahren Zucht-
haus verurteilt. Am 1.4.1945 freigelassen.
Lit.: Selhorst, 181-184.
Gehört zur Diözese Lüttich.

ZAPP, AUGUST FRIEDRICH
1886 03 04
Hergarten
Pfarrer
Am 17.9.1941 von der Gestapo zur Hinterlegung
von 500 RM Sicherungsgeld veranlaßt. Wegen Verstoßes gegen das Sammlungsgesetz am 16.1.1942
durch die Gestapo mit 347 RM Geldstrafe belegt.
Mehrmals von der Gestapo verhört. Zwangspensionierung. Verstorben am 29.6.1963.

ZILLIGEN, HERMANN-JOSEF
1874 12 26
Scheven
Pfarrer
Wegen Verstoßes gegen das Sammlungsgesetz am
26.2.1935 zu 300 RM Geldstrafe verurteilt. Später Amnestie. Verstorben am 30.5.1956.

ZIMMERMANN, HEINRICH JOHANN
1889 09 08
Haaren / Istergiesel
Pfarrer
Predigtüberwachung durch die Gestapo. Am 10.
5.1940 Haussuchung durch die Gestapo. Ausweisung aus dem Rheinland am 8.7.1940. Wegen
Verstoßes gegen das Heimtückegesetz am 16.5.
1942 durch ein Sondergericht zu einem Jahr Gefängnis verurteilt. Strafverbüßung vom 26.
6.1942 bis zum 25.6.1943. Verstorben am
4.1.1960.

2. Bistum Augsburg

ABECHERLE, FRANZ-JOSEPH
1877 08 19
Euernbach / Paar
Pfarrer
Mehrere Verhöre und Verwarnungen durch die
Bezirksämter Pfaffenhofen (Anfang 1933, 1937-
1939) und Friedberg, u.a. wegen Verweigerung
des Hitlergrußes.
Außerdem bis 1939 mehrere Verhöre durch die
Polizei Scheyern sowie Beanstandungen, auch
durch örtliche Parteistellen und die Bezirks-
ämter. Androhung weiterer Maßnahmen.
NSV-Ausschluß wegen Beitragsverweigerung.

ABMAYR, JOHANN
1889 12 15
Maierhöfen
Pfarrer
1939 Verhör durch die Polizei wegen Verstoßes
gegen das Sammlungsgesetz. Der „Verstoß" lag
drei Jahre zurück: der Beschuldigte hatte
freiwillige Spenden angenommen. Die Angelegenheit wurde weitergeleitet an das Amtsgericht
Weiler. 1939 wurde das Verfahren wegen Amnestie
eingestellt. Die gespendeten Gelder (62,10 RM)
blieben beschlagnahmt.
1941 Verhör durch die Polizei Maierhöfen
wegen einer Prozession (feierliche Abholung der
Erstkommunikanten auf kircheneigenem Boden).
Die Gestapo verwarnte den Pfarrer schriftlich.

ADELSBERGER, JOSEF
1878 12 16
Dösingen / Egling
Pfarrer
Eine mündliche Beanstandung durch NS-
Propagandaleiter wegen Verlesung des Hirten-
briefes des Bischofs von Galen vom 19.3.1935.

AHLE, ANTON
1874 04 28
Diedorf
Pfarrer
Verwarnungen und Verhöre durch die Gendarmerie
sowie durch die Kreisleitung wegen der Äußerung
„Noch ist Polen nicht verloren" und durch das
Presseamt Augsburg wegen der Bemerkung „Wer den
‚Stürmer' liest, begeht eine Todsünde".
Der Pfarrer wurde im „Stürmer" in beleidigender
Weise angegriffen.
Ein Sicherungsgeld in Höhe von 500 RM wurde
nach drei Jahren zurückerstattet.

ALBERTSHOFER, JOHANN BAPTIST
1894 06 29
Ehrenberg / Attenhausen
Pfarrer
Verhöre und Drohungen durch Partei und
Bezirksamt Pfaffenhofen im November 1934.
Der Pfarrer sollte genötigt werden, den
Burschenverein in Ehrenberg aufzulösen. Im
Falle einer Weigerung drohte Zwangsversetzung.
Ein Verhör in Sachen Stanislaus Albertshofer
(seines Bruders) durch die Gestapo.
Postüberwachung von Juni bis August 1936.
Anzeige durch den Ortsgruppenleiter wegen des
Leonhardirittes 1938.

ALBERTSHOFER, STANISLAUS
1909 05 10
Lindau-Reutin / Grönenbach / Ludwigsmoos
Kaplan / Benefiziumsvikar / Pfarrer
1936 wegen Verdachts auf Landesverrat und angeblicher Sittlichkeitsdelikte verhaftet.
Vom 8.7. bis zum 20.8.1936 Haft im Untersuchungsgefängnis Augsburg; deshalb auch Unterrichtsverbot bis 1.9.1941 und Versetzung. Verfahren eingestellt wegen Mangels an Beweisen. Mehrere
Verhöre wegen unerlaubter Vereinstätigkeit.
1937 weitere gerichtliche Ermittlungen und
erneut Zwangsversetzung.
Verhöre durch den Landrat wegen der Friedhofs-
neuordnung, außerdem Postüberwachung, Haussuchungen, Drohungen, Beschlagnahmungen. Alle
Verfahren ergebnislos eingestellt.

ALBRECHT, JOHANN BAPTIST
1909 03 30
Augsburg (St. Georg)
Stadtkaplan
Im August 1937 eine Anzeige wegen Vergehens
gegen den Kanzelparagraphen.
Lit.: RPB III, 140.

ALLGER, JOSEPH
1889 12 25
Schönenberg
Pfarrer
1939 mehrere Verhöre durch die Kreisleitung
Günzburg; Drohungen mit der Gestapo. Öffentlich in den regionalen Zeitungen beschuldigt.

ANGERER, FRANZ
1886 11 25
Thalkirchdorf
Pfarrer
1937 eine schriftliche Beanstandung durch den
Ortsgruppenleiter aufgrund unerwünschter
politischer Äußerungen im Beichtstuhl, die
Beanstandung wurde zurückgenommen. 1942
eine Beanstandung durch den Ortsgruppenleiter wegen Bekanntgabe der Glockenabnahme-
verordnung. In der gleichen Angelegenheit Beanstandung durch den Kreishandwerksmeister und den
Zimmerei-Obermeister, „weil der Pfarrer die Bekanntgabe der Einstufung der Kirchenglocke verlangte."

APPEL, MARTIN
1882 05 04
Geretshausen
Pfarrer
Vom 14.2.1942 bis zum 16.9.1942 Unterrichtsverbot
wegen einer Predigt. Anzeigen durch die Gestapo
Augsburg oder in deren Auftrag wegen Verstößen
gegen das Sammlungsgesetz, unterlassenen Siegesgeläutes, Verlesung eines Hirtenbriefes.
Androhung von KZ-Haft sowie öffentliche Anschuldigungen.

ARMBRUSTER, LUDWIG ALBERT
1886 09 07
Berlin / Lindau
Universitätsprofessor
Dr. phil.
Professor Armbruster war bereits vor 1933 von
den Nationalsozialisten mehrfach öffentlich
angegriffen worden (u.a. im Preußischen Landtag). 1933 universitätsintern von einem NS-Ob-
mann vorgeladen und verhört.
1934 zwangsweise Versetzung in den Ruhestand.
Wegen verschiedener regimekritischer Äußerungen (u.a. Verweigerung der Unterschrift unter
eine NS-freundliche Erklärung) am 1.4.1934 Rede-
und Vorlesungsverbot. Gerichtsverfahren durch
das Landgericht Berlin, weil er eine Distan-
zierung von einem schweizerischen Mitarbeiter ablehnte, der die Besetzung der Tschechoslowakei verurteilt
hatte. Der Ausgang des Verfahrens ist unbekannt.
Armbruster hatte jedoch Gerichtskosten in Höhe
von 700 RM zu tragen. Weitere Ermittlungen wegen
politischer Unzuverlässigkeit, da er als Mitglied des Deutschen Komitees pro Palästina ca.
100 jüdische Studenten ins Ausland vermittelte.
Verbot der Fortführung einer wissenschaftlichen
Zeitschrift; vorangegangen waren zahlreiche
Beanstandungen durch die Reichskulturkammer.
1937 Haussuchung und Beschlagnahme wissenschaftlicher Unterlagen.

ARTMANN, JOSEPH
1867 06 08
Memmenhausen / Westheim
Pfarrer
Mehrere Verhöre wegen Kritik an HJ und Partei
in der Schule und während der Predigt.
Unter anderem ein anderthalbstündiges Verhör
durch Polizei und Bürgermeister wegen abfälliger Predigtäußerungen über den Hitlergruß.

ASSIMUS, HEINRICH
1878 07 15
Sigmarszell / Haldenwang
Pfarrer
Ein Verhör durch die Gendarmerie sowie eine
mündliche Verwarnung durch das Bezirksamt wegen
Predigtäußerungen.

ATZBERGER, FRANZ SER.
1878 01 21
Puch / Schenkenau
Pfarrer / Benefiziat
Eine Vorladung und ein Verhör durch die Polizei
wegen „Verächtlichmachung der Regierung und
führender Persönlichkeiten". In dieser Sache
vom Amtsgericht Schrobenhausen am 1.11.1940 zu
300 RM Geldstrafe zuzüglich 15 RM Gebühren
verurteilt.

AUER, MAX
1903 05 07
Minderoffingen
Pfarrer
Im September 1937 wegen Hetzreden gegen den
nationalsozialistischen Staat eine Anzeige
durch die Gestapo.
Lit.: RPB III, 142.

AUGART, LUDWIG
1878 01 02
Obenhausen
Pfarrer, Dekan
Sommer 1934 ein Verhör durch die Polizei.
Anzeige durch den Ortsgruppenleiter wegen einer
Äußerung („Wir haben in Deutschland jetzt eine
Diktatur", Februar 1935) sowie wegen einer Predigt
im März 1935; zweimaliges Verhör durch die Po-
lizei. Ein Verfahren in München wurde an das
Landgericht Memmingen, schließlich nach Berlin
abgegeben, wo es am 7.5.1935 eingestellt wurde.
Eine weitere Vorladung mit Verhör wegen einer
Sammlung.

AUMANN, JOSEPH
1871 09 01
Steinekirche
Pfarrer
Haussuchung durch die Polizei von Zusmarshausen,
Beschlagnahme von zwei Postkarten, die später
wieder zurückgegeben wurden.

AUMILLER, ULRICH
1874 03 23
Hopferau
Pfarrer
Aufgrund einer Grabrede vom 26.7.1937 durch das
Bayerische Staatsministerium verwarnt. In NS-
Zeitungen öffentlich angegriffen und von vier
aufgehetzten KDF-Urlaubern zusammengeschlagen.
Verstorben am 7.6.1938.

AURNHAMMER, PHILIPP
1896 06 14
München

Geistl. Studienrat
Dr. oec. publ.
Im Herbst 1934 wegen Verweigerung des Hitler-
grußes und Zurückhaltens des Präfekten der
Hansaheime vom SA-Beitritt auf Anordnung des
Kultusministers vom Schulleiter verhört.
Im Frühjahr 1936 wegen der Einladung von Schülern
zu Exerzitien ein weiteres Verhör.

BAER, FRANZ-JOSEF
1909 09 11
Seeg / Penzberg / Ellerbach / Aach
Pfarrer
Polizeiverhör aufgrund einer Anzeige der SS
wegen einer Predigt am 6.1.1937. Weitere Verhöre
wegen der Bonifatiussammlung und der Aufklärung
über die Schulabstimmung.
Eine Anzeige erfolgte wegen der Empfehlung des
Pfarrers an Kinder, nicht ständig den Hitler-
gruß zu verwenden.
Eine Beanstandung durch den Ortsgruppenleiter
wegen der in der Predigt geäußerten Kritik am
„Stürmer"-Kasten.
Gegen Kriegsende eine anonyme Morddrohung.

BAEURLE, MICHAEL
1889 06 01
Loppenhausen
Pfarrer
1941 gerichtliche Ermittlungen durch das Amtsgericht Mindelheim wegen Übertretung des Sammlungsgesetzes (er hatte Altgold zur Vergoldung
der Monstranz gesammelt). Aufgrund dessen Einzug von 88,10 RM Geldstrafe.
1941 sechs Monate Unterrichtsverbot ohne Angabe
von Gründen durch den Regierungspräsidenten.

BALLE, JOSEPH
1886 04 11
Oberbaar
Pfarrer
Im Dezember 1933 Beanstandungen durch die Regierung wegen der Hirtenbriefverlesung am Wahl-
sonntag und wegen in der Christenlehre geäußerter Kritik am Euthanasieprogramm der Regierung.
Verstorben am 18.1.1945.
Lit.: RPB III, 13, 129.

BANNWOLF, OTTMAR
1880 11 20
Augsburg (St. Joseph)
Stadtpfarrer
Im Juni 1935 Auseinandersetzungen mit der
Gestapo wegen einer unangemeldeten Überprü-
fung des zum Verkauf ausliegenden Druckmate-
rials.
Lit.: RPB III, 63.

BARFUESSLER, MATTHAEUS
1903 09 27
Ebershausen
Hausgeistlicher / Pfarrvikar
Dr. phil.
Nach seiner Priesterweihe am 17.3.1940 durfte er
aus unbekannten Gründen keinen Religionsunterricht erteilen. Der Antritt einer Stelle in
Marburg wurde ihm gleichfalls verwehrt.
Mehrfach Verwarnungen durch NSDAP-Funktionäre.
1942 Post- und Telefonüberwachung, eine Haussuchung durch die Gestapo sowie eine Verwarnung.
Am 28.7.1942 ohne Angabe von Gründen in Schutzhaft genommen. Da niemand über die Verhaftung
informiert worden war, ließen seine Angehörigen den Priester für tot erklären. Am 17.9.
1942 wurde er nach kurzem Verhör entlassen.

BARTH, MARTIN
1908 05 06
Rottach im Allgäu
Benefiziumsvikar
Verhör durch die Gestapo München wegen einer
Predigt. 1000 RM Sicherungsgeld mußten entrich-
tet werden. Die Summe wurde nach Kriegsende zu-
rückerstattet.
Mit Inhaftierung und Schulverbot bedroht.

BARTL, JOSEPH
1911 12 13
Pähl / Augsburg (St. Konrad)
Pfarrvikar
Wegen NS-feindlicher Äußerungen in der Zeit
vor 1933 denunziert und in der Fortführung des
Studiums behindert.
Anläßlich der Primiz Bartls am 27.6.1937 Be-
schlagnahme von 120 RM.
Am 9.5.1939 Vorladung vor die Gestapo wegen
Beleidigung Hitlers. Mündliche Verwarnung.
Ebenfalls im Mai 1939 Beschlagnahme von Bild-
material vom Eucharistischen Kongreß in Buda-
pest.

BAUDENBACHER, JOSEF
1905 11 27
Obergünzburg
Benefiziumsvikar
Trotz UK-Stellung 1940 eingezogen.

BAUER, ALOIS
1888 06 24
Echsheim
Pfarrer
Mehrere Verhöre, u.a. durch die Gestapo, wegen
einer Fronleichnamsprozession. Anzeigen und Be-
anstandungen durch den Landrat und die NSDAP.
Nähere Angaben fehlen.
Verbot der Mitwirkung bei der Kriegergedächt-
nisfeier durch den Landrat wegen Verweigerung

des Hitlergrußes.
Weitere Verwarnungen; in einem Fall durch den
Landrat wegen einer Sammlung.

BAUER, FRANZ XAVER
1883 06 20
Gundesdorf
Pfarrer
Im Pfarrhof von der Polizei wegen einer Prozession verhört. In derselben Angelegenheit eine
Vorladung zum Verhör durch die Gestapo München.
Wegen Verstoßes gegen das Sammlungsgesetz Verhör durch die Polizei sowie 200 RM Geldstrafe.
Beschlagnahme einer kirchlichen Wandzeitung und
eines für Soldaten bestimmten Hirtenbriefes.
Wehrunwürdigkeitserklärung durch die Wehrmacht
und längerfristige Überwachung des Pfarrhofes.
Die Vollstreckung eines offenbar schon vorlie-
genden Haftbefehls verhinderte der Ortsgruppenleiter.

BAUER, GEORG LORENZ
1880 10 16
Dillingen
Hochschulprofessor, Geistl. Rat
Dr. theol.
1934 in der Wohnung durch die Gendarmerie Bergtheim wegen einer Predigt verhört. Verwarnt
durch das Bürgermeisteramt Dillingen und die
Gestapo München.
Am 15.11.1939 Haussuchung, Beschlagnahme zahlreicher Schriftstücke und Verhaftung des Professors. Bis zum 8.12.1939 Polizeihaft, dann in
Untersuchungshaft in Augsburg. Am 20.7.1940 von
der zweiten Kammer des Sondergerichts München
zu sechs Monaten Haft unter Anrechnung der
Untersuchungshaft sowie Übernahme der Prozeßkosten aufgrund des Heimtückegesetzes
verurteilt.
Bis zum 11.1.1941 in Landsberg in Haft.
Am 19.5.1942 von der Dienststrafkammer München
wegen „Dienstvergehens" zu einer Gehaltskürzung
um ein Fünftel für fünf Jahre und Übernahme
der Verfahrenskosten verurteilt.
Am 1.1.1943 endgültig (nach Nötigung zu „frei-
willigem" Resignieren 1941) zwangsweise in den
Ruhestand versetzt.
Gehört zur Diözese Würzburg.

BAUER, JOSEF
1883 03 12
Bernbeuren
Pfarrer
Verhör durch die Gendarmerie wegen einer
Predigt. Verwarnungen durch die Parteileitung
von Bernbeuren. Verhör durch die Gestapo Mün-
chen sowie eine Verwarnung durch die Gestapo im
Oktober 1943.

Beschlagnahme von Predigten, die nach drei
Monaten zurückgegeben wurden.

BAUER, ULRICH
1882 09 12
Lautrach (Schutzengelheim)
Hausgeistlicher
Verwarnung durch den Bürgermeister im Dezember
1940. Nähere Angaben liegen nicht vor.

BAUMANN, FRANZ XAVER
1881 12 07
Hausen
Pfarrer
Ende 1943 wegen Vergehens gegen das Sammlungs-
gesetz Einzug von 400 RM Geldstrafe sowie Be-
schlagnahme von 146,70 RM Sammelgeld.
Lit.: RPB III, 247.

BAUMANN, KONRAD
1885 10 08
Eutenhausen
Pfarrer, Dekan
Verhör durch die Gendarmerie wegen einer
Predigt mit dem Thema „Kann ein Katholik Nazi
sein und warum nicht?" (am 17.3.1933).
Wegen Bezugs der holländischen katholischen
Wochenschrift „Der deutsche Weg" Verhör und
Verwarnung durch die Gestapo sowie eine Haus-
suchung und Beschlagnahme eines Elternkalenders
(Frühjahr 1935).
Verhör durch die Polizei wegen regimekritischer
und judenfreundlicher Predigten (1937).
Verhöre wegen politischer Unzuverlässigkeit
und verschiedener Predigtäußerungen durch die
Polizei und das Landratsamt (1937 und 1939).

BAUMGAERTNER, STEPHAN
1909 05 29
Nördlingen / Schongau
Pfarrer
1940 wegen einer Predigt Haussuchung und 200 RM
Sicherungsgeld.
1942 von der Gestapo München wegen Predigten
und der Verbreitung einer schriftlichen Einladung
zur Christenlehre verhört. Außerdem eine
Verwarnung durch den Kreisleiter von Schongau
und Unterrichtsverbot durch das Kultusministerium.

BAUR, WILHELM
1902 10 09
Wörleschwang
Pfarrer
Verhör durch die Gestapo wegen der Fronleichnamsfeier 1943; Verwarnung durch die Gendarmerie
im Auftrag der Gestapo.

BAYER, BRUNO
1891 08 10
Oberwittelsbach
Kuratus
Gerichtliche Ermittlungen durch das Reichs-
gericht wegen Heimtücke und Vorbereitung zum
Hochverrat. Kurzfristige Festnahme und Verhör
am 18.3.1936. Infolge Amnestie und Verjährung
kam es nicht zu einer Verurteilung.
Ein Verhör durch die Polizei wegen Verspottung
einer Altmaterialsammlung (1938).
Im September 1944 Verhör durch die Gestapo so-
wie Ermittlungen des Volksgerichtshofs wegen
Versteckens politisch Verfolgter. Vier Wochen
Post- und Telefonüberwachung. Infolge des
Kriegsendes kam es nicht zu einer Verurteilung.

BAYER, MAX
1884 05 21
Oberbechingen
Pfarrer
Schriftliche Verwarnung durch die Landesstelle
Schwaben des Reichsministeriums für Volksauf-
klärung und Propaganda wegen des Kirchenanzei-
gers sowie wegen kritischer Bemerkungen zur
„Dillinger Nationalzeitung" (1936).

BAYER, SEBASTIAN
1881 04 12
Freihalden
Pfarrer
Mehrfach Verhöre sowie zwei Verwarnungen durch
die Gestapo wegen Predigtäußerungen.
Ermittlungen des Sondergerichtes München wegen
Kanzelmißbrauchs und Vergehens gegen das
Heimtückegesetz. Am 31.10.1942 freigesprochen.
Von Februar 1942 bis April 1943 Unterrichtsver-
bot.
Vorladung und Verhör durch die Gestapo sowie
Beschlagnahme einer Geldspende für den Pfarrer
in Höhe von 800 RM (1943).

BECHLER, JOSEF
1901 10 10
Ichenhausen / Ziemetshausen
Pfarrer
1933 Haussuchung durch die Polizei, Beschlagnahme von Mitgliederlisten der katholischen
Jugendvereine und Jugendzeitschriften.
Ein Verhör durch die Ortspolizei im Auftrag
der Gestapo wegen Kritik an Alfred Rosenberg
(1937) sowie wegen einer Caritassammlung außerhalb der Kapelle (1938).
Im Sommer 1944 Verhör wegen „staatsabträglicher" Predigtäußerungen, Fortsetzung des
Gottesdienstes trotz Fliegeralarms (der zu spät
erfolgte) und Duldung einer Kirchenchorprobe in
der Kirche. Androhung von Schulverbot und
Schutzhaft durch die Gestapo für den Fall der

geringsten weiteren Verfehlung. Anordnung zur
Hinterlegung von 1000 RM Sicherungsgeld (später
zurückerstattet, nach Kriegsende).

BEHRINGER, GEORG
1870 01 18
Oberstaufen
Pfarrer
Wegen Nichtbeflaggung Beanstandungen durch den
Ortsgruppenleiter und den Bürgermeister.
Öffentliche Anschuldigungen durch den Ortsgruppenleiter, die auch von der Presse wiedergegeben wurden. Der Ortsgruppenleiter forderte
sogar in öffentlicher Rede, der Pfarrer müsse
aufgehängt werden (März 1934).

BENEDIKTER, FRANZ XAVER
1888 02 05
Röthenbach
Benefiziumsvikar
Wegen staatsfeindlicher Gesinnung ab 4.12.1940
bis Kriegsende Unterrichtsverbot. Vom 30.3.1940
bis zum 29.9.1940 Schutzhaft.
In der Schutzhaft von einem SS-Mann mit Erschießung bedroht.
Mehrfach mit erneuter Verhaftung bedroht.
Haussuchung und Beschlagnahme sämtlicher Ge-
schäftsbücher durch die Gestapo, angeblich
wegen Verdachts auf Devisenvergehen im Zusammenhang mit der Geschäftsführung caritativer
Anstalten.
Ab 1938 Post- und Telefonüberwachung.
500 RM Sicherungsgeld mußten gestellt werden
(Rückerstattung 1945).
Im März 1943 von der Polizei und der Gestapo verhört wegen Äußerungen in der Christenlehre
über die Tötung von Menschen; zur Unterzeichnung einer Schulderklärung gezwungen; bis zum
Kriegsende unter Polizeiaufsicht gestellt (Aufenthaltsbeschränkung).

BENEKE, ERICH
1913 01 16
Penzberg
Kaplan
1938 Verwarnung durch die Gestapo wegen Versammlung einer Kindergruppe. 1938 eine Haussuchung
im Zusammenhang mit der Auflösung der Jugendvereine. 1935 Beschlagnahme einer Schreibmaschine
und eines Vervielfältigungsapparates bei einer
weiteren Haussuchung wegen eines Jugendbriefes
sowie mehrere Vorladungen und Verhöre,
ebenfalls im Zusammenhang mit Jugend- und Fort-
bildungsarbeit, durch Bürgermeister und Ortspolizei.
Am 28.6.1940 Widerruf der UK-Stellung.

BENZ, ANDREAS
1875 08 27
Bidingen / Mering
Benefiziumsvikar
Ermittlungen des Amtsgerichts Marktoberdorf,
Verhör durch die Polizei und gerichtliche Vorladung. Zu 100 RM Geldstrafe verurteilt, die
jedoch aufgrund einer Amnestie nicht gezahlt werden
mußte (Sommer 1934; nähere Angaben liegen
nicht vor). Für den Fall weiterer „Straftaten"
Androhung von KZ-Haft.
Eine Verwarnung erfolgte auch durch das Ministerium für Unterricht und Kultus.

BERGER, JOSEF
1883 04 15
Bernbeuren
Benefiziumsvikar
Verwarnung und Verhör durch die Partei. Wegen
einer Predigt Beanstandung durch den Ortsgruppenleiter.

BERGER, SIGMUND
1903 07 31
Haunstetten (St. Albert)
Expositus
Wegen einer Leichenrede Verhör und Verwarnung
durch die Gestapo (1942). Beschlagnahme eines
Manuskriptes.

BERGLER, KASPAR
1912 04 12
Fischen
Kaplaneibenefiziumsvikar
Im November 1940 wurde der UK-Antrag abgelehnt.
1945 mußte er sich durch die Unterschrift verpflichten, im Lazarett Weißenburg keine Seelsorge auszuüben.

BERKMANN, MARTIN
1882 09 13
Oberlauben / Betzigau
Pfarrer
Am 19.7.1934 schriftliche Beanstandung durch
den NSV-Kreisleiter Kempten-Land wegen Predigtäußerungen im Interesse des Caritasverbandes
und gegen NSV-Bestrebungen.
Am 2.7.1939 von der Polizei im Auftrag der
Gestapo wegen verschiedener Predigten und privater Äußerungen verhört. Von der Gestapo
Augsburg schriftlich verwarnt (September 1939).
Im Frühjahr 1940 von der Polizei wegen angeblichen Verstoßes gegen das Sammlungsgesetz
verhört.

BERNHARD, FRANZ JOSEF
1887 12 16
Osterberg
Pfarrer
1934 Beanstandung durch die Kreisleitung wegen
staatsgefährdenden Verhaltens. Verwarnung durch
den Landrat wegen unkorrekter Erwiderung des
Hitlergrußes.
1934 und 1935 mehrfach wegen unkorrekter
Beflaggung durch die Polizei verhört.
1938 Vorladung und Verhör durch die Polizei
wegen eines Fronleichnamsgottesdienstes.
1939 gerichtliche Ermittlungen wegen Verstoßes
gegen das Sammlungsgesetz. Von der Staatsanwaltschaft Memmingen verhört. Vorladung durch die
Kreisleitung Babenhausen. Das Verfahren wurde
am 24.10.1939 wegen Amnestie eingestellt.
Öffentliche Anschuldigungen im „Stürmer"
wegen Kontaktes mit einem reisenden Juden, dem
er ein paar Socken abgekauft hatte.
Zunehmende Drohungen durch Parteifunktionäre,
Lehrer und den Bürgermeister, u.a. mit Einweisung ins KZ.
Im April 1941 Verzicht auf die Pfarrei Osterberg
und Versetzung nach Unterjoch.

BERNHARD, GEORG
1910 02 16
Heiligkreuz
Expositus
1937 schriftliche Verwarnung wegen Kritik an den
Sittlichkeitsprozessen durch die Gestapo.
Der Bürgermeister von Kaufbeuren drohte mit
Schulverbot. Drohungen mit einer polizeilichen
Anzeige durch den Kreisobmann für weltanschau-
liche Schulung wegen regimekritischer Äuße-
rungen und Predigten.
Im Dezember 1942 Verhör durch die Polizei wegen
Verstoßes gegen das Heimtückegesetz. Ein Pro-
zeß vor dem Sondergericht München endete
am 14.4.1943 mit einem Freispruch.

BERNHARD, RUDOLF
1911 05 24
Dillingen
Kaplan
1938 Verhör der Ortspolizei Dillingen im Zusam-
menhang mit der Aufhebung der Vereine.
In dieser Sache fand auch eine Durchsuchung des
Amtszimmers statt.
Durch die Ortspolizei wegen Übertretung des
Versammlungsgesetzes verhört; Anlaß war eine
Frauenwallfahrt. Ein weiteres Polizeiverhör wegen
unzulässigen Tragens von Uniformen bei einem
Ministrantentag. In beiden Fällen wurde eine hohe
Geldstrafe verhängt, die aber aufgrund einer Amnestie
erlassen wurde. Nähere Angaben liegen nicht vor.
Eine schriftliche Verwarnung mit Androhung des
Schulverbotes für ganz Bayern (näheres unbe-
kannt).
Zahlreiche weitere Verhöre durch den Ortsgrup-
penleiter.

BERTELE, JOHANN NEPOMUK
1885 09 05
Göggingen
Pfarrer
1939 Verhör durch die Polizei wegen einer Silvesterpredigt.
Mündliche Beanstandung durch den Kreisleiter wegen abwertender Bemerkungen über das „Dritte Reich" in der Schule.
Verhinderung der Anstellung einer Haushälterin durch den Kreisleiter.
Ein weiteres Verhör durch die Gestapo sowie Schulverbot von Mai 1940 bis Februar 1943 wegen einer Äußerung in der Schule (man dürfe die Engländer nicht hassen).
Eine Haussuchung und Drohung mit dem Sondergericht durch die Gestapo.
Jahrelang Überwachung von Post, Telefon und Predigten.

BESLER, PETER
1886 06 16
Eurishofen
Pfarrvikar
Im Oktober 1940 eine Verwarnung durch die Gestapo Augsburg wegen kritischer Predigtäußerungen bezüglich der Schulpflicht an Fronleichnam, durch die die Jugendlichen vom Besuch der Messe abgehalten würden.
Lit.: RPB III, 204f.

BETZ, LORENZ
1910 01 31
Kempten / Lechhausen / Gestratz
Kaplan
Am 30.5.1935 mündliche Verwarnung durch den Kreisleiter wegen kirchlicher Jugendfeiern.
Gerichtliche Ermittlungen wegen Erörterung der staatlichen Maßnahmen auf dem Gebiet der Erziehung. Das Verfahren wegen Heimtücke wurde jedoch am 9.9.1935 eingestellt.
Wegen angeblichen Verteilens von Flugblättern Vorladung und Verhör durch die Gestapo Augsburg (21.11.1937); schriftliche Verwarnung. Ermittlungen des Amtsgerichts Augsburg endeten im November 1937 mit einem Strafbefehl über 80 RM.
Aufgrund einer Denunziation schriftliche Verwarnung durch den Kreisleiter von Lindau am 10.12.1939.
Im Krieg verschiedentlich diskriminiert:
1941 Verweigerung einer vorgesehenen militärischen Auszeichnung.
1942 Verweigerung einer Beförderung wegen kritischer Äußerungen zum Kasinoleben. Durch Meldung zu einer kämpfenden Einheit wurde ein Disziplinarverfahren vermieden.

BEZLER, ANTON
1887 03 29
Stätzling
Pfarrer
1933 Durchsuchung der Amtszimmer durch die SA; Beschlagnahme von Schriften der BVP.
Verhör durch die Polizei wegen eines Hirtenbriefes und einer Schulangelegenheit.

BICHLER, BENNO
1881 12 28
Altenried
Pfarrer
Vorladung ins Bürgermeisteramt, wo ein Verhör durch den Ortsgruppenleiter von Weißenhorn im Zusammenhang mit dem Diebstahl eines Grabkreuzes stattfand. Hierzu sowie zu der angeblichen Rolle der Privatkanzlei Hitlers in der Angelegenheit liegen keine Einzelheiten vor.
Eine Postüberwachung wird angenommen.

BIHLER, JOSEF
1891 02 18
Siebnach
Pfarrer
Wegen kritischer Predigtäußerungen zu den Sittenprozessen Erstattung einer Strafanzeige im August 1940.
Lit.: RPB III, 200.

BIRETT, PAUL MARIA
1895 01 19
Schwifting
Pfarrer
1941 Verhör durch die Polizei wegen der Durchführung der Markusprozession.
Beschlagnahme eines Feldpostbriefes des Bischofs von Augsburg.
Am 19.4.1941 untersagte ihm die Polizei, öffentlich zu der Klosteraufhebung (St. Ottilien, 17.4.1941) Stellung zu nehmen.

BIRNER, ADAM
1897 10 06
Augsburg (Dom) / Günzburg
Pfarrer
Dr. iur. can.
Am 23.6.1934 wurde Dr. Birner, der Präses der süddeutschen katholischen Arbeiter- und Arbeiterinnenvereine war, wegen Verstoßes gegen das Heimtückegesetz verhaftet. Er hatte versucht, einen HJ-Führer zu beeinflussen, dem er die Gefährlichkeit des Nationalsozialismus und die moralische Verworfenheit der NS-Führer schilderte. Ein Verhör und eine Haussuchung erfolgten durch die Gestapo. Die Maßnahmen wurden durch den Gauleiter veranlaßt.
Am 4.4.1941 erneut Haussuchung, Festnahme und

Verhör durch Gestapo auf Veranlassung des
Kreisleiters. In Untersuchungshaft am 13.4.1941
an einer Embolie gestorben.
Nähere Einzelheiten sind nicht bekannt.
Lit.: RPB III, 25f.

BISSLE, KARL
1883 12 14
Rain
Pfarrer
Jahrelang durch einen Lehrerkollegen schikaniert
und vor den Kindern durch Verächtlichmachung
von Religionsunterricht und biblischer Unterweisung verspottet.
Ein Verhör und eine Haussuchung durch Gestapo;
nähere Angaben liegen nicht vor.

BLEICHER, KARL
1888 10 21
Beuern
Pfarrer
1934 eine Verwarnung durch das Bezirksamt wegen
Forderungen an die Christenlehrpflichtigen.
Wegen religiöser Forderungen an die Schulkinder
wiederholt Verhöre.
Gerichtliche Ermittlungen durch das Amtsgericht
Landsberg und das Sondergericht München wegen
Stellungnahme zum Kirchenkampf in Oldenburg
(26.8.1937).
Vervielfältigung und Verbreitung verbotener
Druckschriften (Denkschrift Schachts zur wirt-
schaftlichen Lage Deutschlands). Am 5.1.1939 in
dieser Sache Vorladung und Verhör durch das
Amtsgericht. Eine Haussuchung durch die Polizei
blieb ohne Ergebnis, da der gesuchte Vervielfältigungsapparat bereits beiseite geschafft
worden war. Das Verfahren beim Sondergericht
wurde am 17.4.1939 aufgrund einer Amnestie eingestellt. Ab 10.10.1941 Unterrichtsverbot und ein Strafbefehl über 100 RM infolge der Denunziation
der Eltern eines aufsässigen Schülers.
Wegen Predigtäußerungen öffentlich (in der
Kirche, unter Störung des Gottesdienstes) auf
Veranlassung des NS-Bürgermeisters in Greifenberg angeschuldigt.

BLINZLER, JOSEF
1910 07 07
Hilgertshausen
Theologiestudent
Dr. theol.
1935 als Student wegen Zwischenrufens auf einer
Versammlung durch den Stadtschulrat festgenommen. Nach einer Stunde gelang die Flucht aus
dem „Untersuchungsraum" im Bürgerbräukeller
in Hilgertshofen.
Am 23.6.1935 zum Priester geweiht.

BLOEDT, JOHANN
1871 11 20
Augsburg-Oberhausen
Stadtpfarrer
Aufgrund staatsfeindlicher Einstellung an-
dauernde Überwachung durch die Gestapo.
Lit.: RPB III, 62, 118.

BOBINGER, LEONHARD
1876 12 19
Aichen
Pfarrer
Verwarnung durch die Polizei, Verhör durch die
Polizei wegen Vergehens gegen das Sammlungs-
gesetz. Verhör durch die Polizei wegen Umgangs
mit Gefangenen. Nähere Angaben fehlen.

BOHNERT, PETER
1886 02 12
Peterswörth
Kommorant
1943 Verhör durch die Gestapo wegen zweier
Predigten.

BONER, STEPHAN
1905 07 08
Kempten / Rettenberg / Westendorf
Pfarrer
Im Dezember 1936 Beanstandung durch die Landes-
stelle Schwaben des Reichspropagandaministeriums
wegen einer Predigt.
Im Mai 1937 in öffentlicher Rede und in der Presse
durch den Kreisleiter beschuldigt und verwarnt.
Am 5.9.1938 wegen politischer Unzuverlässigkeit
zwangsweise als hauptamtlicher Religionslehrer
in Kempten abgesetzt.
Im Auftrag der Kreisleitung zwei polizeiliche
Haussuchungen und Verwarnungen (1944/45).
Ab 1943 bis Kriegsende Post- und Telefonüber-
wachung.
Im Spätherbst 1944 durch die Polizei Verhängung von 500 RM Sicherungsgeld; bei Weigerung
drohte sofortige Verhaftung.
Am 25.4.1945 wegen Hissens der weißen Fahne am
Kirchturm Versuch der SS, den Pfarrer zu er-
hängen. Es gelang ihm jedoch, sich zu verstecken.
Eine Geldstrafe von 500 RM durch die Polizei.

BRAECKLE, ADOLF
1911 01 28
Starnberg / Bad Wörishofen / Affalterbach
Pfarrvikar
1938 Verhör durch die Kreisleitung aufgrund der Anzeige einer Lehrerin wegen der Bemerkung in der
Katechese: „Auch Juden können in den Himmel kommen". In der gleichen Angelegenheit Verhör
durch das Ministerium für Unterricht und Kultus.
Am 24.1.1938 erfolgte durch die Gestapo eine

Haussuchung im Zusammenhang mit dem Verbot der katholischen Jugendverbände. Außerdem Beschlagnahme von Jugendzeitschriften und Abzeichen.

BRASS, MATTHIAS
1886 05 03
Obergessertshausen
Pfarrer
Verhör durch die Polizei wegen der Festtage Christi Himmelfahrt und Mariä Aufnahme.
Durch Parteistellen Beanstandung aus unbekannten Gründen.
Wegen Verstoßes gegen das Flaggengesetz durch die Polizei verwarnt.

BRAUNMILLER, ALOIS
1886 12 08
Weilheim
Stadtpfarrer
1938 Haussuchung durch die Gestapo, Beschlagnahme der Akten der Jungfrauenkongregation.
1942 Verhör durch die Polizei wegen eines Schreibens an die Eltern der Berufsschüler.
Post- und Telefonüberwachung während des ganzen Krieges.

BRAUNREITER, ALOIS
1912 11 22
Starnberg
Theologiestudent
1933 Haussuchung durch die BPP im Zusammenhang mit der Aktion gegen die katholischen Jugendverbände.
1937 Verhör durch den Kreisleiter in der Eigenschaft als Leiter des Studentenwerks wegen grundsätzlicher Verweigerung des Hitlergrußes.
Alois Braunreiter wurde am 2.7.1939 zum Priester geweiht.

BREINDL, P. LUDGER
OSB
1883 01 18
St. Ottilien
1935 wegen einer Predigt angezeigt.

BRENNER, IGNATIUS
1885 12 29
Untermeitingen
Pfarrer
Eine Geldstrafe in Höhe von 200 RM wegen Verstoßes gegen das Versammlungsgesetz entfiel aufgrund einer Amnestie.
Verschiedentlich wegen fortgesetzten regimefeindlichen Verhaltens schriftlich durch den Bürgermeister verwarnt; mit Haft bedroht. Am 16.2.1938 zunächst im Pfarrhof verhört wegen verschiedener pädagogischer Maßnahmen (Anfertigung von Benachrichtigungen an die Eltern von Schulkindern über deren - von einem Lehrer gefördertes - Verhalten sowie eine angebliche Ohrfeige für einen Schüler, der mit „Heil Hitler" gegrüßt hatte). Anschließend Festnahme des Pfarrers und Haussuchung, wobei Teile seiner Privatkorrespondenz und das Inventar der Studentenverbindung „Ludovicia" beschlagnahmt wurden. Im Landgerichtsgefängnis Augsburg (bis 25.3.1938) mehrfach verhört. Dann trotz Freispruchs durch das Sondergericht München (17.5.1938) weiter in Haft (bis 20.9.1938 in München, bis 24.9.1938 nochmals in Augsburg). Ab 1.10.1938 Unterrichtsverbot durch den Kreisschulrat, das erst 1946 aufgehoben wurde. Bereits kurz nach der Verhaftung war er als Standortpfarrer am Fliegerhorst Lechfeld entlassen worden. In der Presse wurde die Verhaftung gemeldet und mit scharfen Angriffen gegen den Pfarrer verbunden. Des weiteren Verurteilung zu 200 RM Geldstrafe wegen Vergehens gegen das Versammlungsgesetz. Die Strafe entfiel aufgrund einer Amnestie.

BRIECHLE, JOSEF
1899 07 27
Oettingen
Stadtpfarrer
1938 Haussuchung durch die Polizei, Beschlagnahme von Schriften und Vereinsmaterial des Jungmännervereins und der Marianischen Kongregation. 1942 mehrere Verhöre, u.a. wegen Verbreitung des Möldersbriefes. Verwarnung durch die Gestapo.

BRITZELMAYR, IGNAZ
1907 11 07
Füssen
Stadtkaplan
1940 eine Strafanzeige wegen Vereinsarbeit.
Lit.: RPB III, 202.

BROELL, LORENZ
1894 07 21
Wessling
Pfarrer
1940 Verhör durch die Polizei wegen Durchführung einer Bittprozession. Ein weiteres Verhör wegen Aufstellung einer Kartei, die „Beunruhigung der Bevölkerung" bewirkt habe.
Verwarnungen durch den Ortsgruppenleiter wegen Verstoßes gegen das Sammlungsgesetz, wegen Sabotage des Vierjahresplans durch Mahnung zur Sonntagsheiligung, wegen pädagogischer Maßnahmen Schulkindern gegenüber und Verweigerung des Hitlergrußes.
Eine Anzeige durch den Ortsgruppenleiter wegen angeblicher Sabotage der Kriegswirtschaft.
Während des Krieges Post- und Telefonüberwachung.
Zahlreiche Denunziationen des Pfarrers sowie 1944 Drohungen des Ortsgruppenleiters.

BRUDY, WILHELM
1910 06 13
Euernbach
Pfarrer
1944 Unterrichtsverbot für den Regierungsbezirk
Oberbayern wegen Züchtigung eines Hitlerjungen.
Verhör im Polizeipräsidium München durch
einen Kriminalbeamten am 28.2.1944. Ermittlungen
durch das Landgericht München. Verwarnung durch
den Landrat wegen einer Predigt und Prozessionen.
Zwangsversetzung nach Kempten. Verhöre durch
die Polizei. Nähere Angaben fehlen.

BRUEMMER, JOHANN BAPTIST
1902 07 02
Affaltern
Pfarrer
Wegen Predigten angezeigt. Beanstandung durch
verschiedene HJ-Führer. In der Lokalzeitung
angeschuldigt wegen Äußerungen in einer Wahl-
angelegenheit.
Nähere Angaben liegen nicht vor.

BRUGGER, ALOYS
1876 03 01
Friedberg
Stadtpfarrer
Haussuchung wegen Führung des katholischen
Jungmädchenvereins, Beschlagnahme von Schriften
über Jugendführung, Postüberwachung.

BRUMMER, LEONHARD
1896 01 15
Schongau / Kaufering / Probstried
Benefiziumsvikar / Pfarrer
Vorladung und Verhör durch die Gestapo München
aus nicht bekannten Gründen.
1935 Verweigerung der Beförderung. Nähere Angaben liegen nicht vor.
Mündliche Beanstandung durch die Schulleitung
in Schongau wegen Verweigerung des Hitlergrußes
außerhalb des Schulunterrichts.
Von 1940 bis 1944 wahrscheinlich regelmäßige
Post- und Telefonüberwachung.
Am 3.3.1941 nach Vorladung und Verhör schriftliche Verwarnung durch den Landrat von Landsberg.
1000 RM Sicherungsgeld für zwei Jahre. Nähere
Angaben liegen nicht vor.

BRUMMER, PETER
1884 06 28
Dillingen
Regens
Im August 1940 eine Strafanzeige wegen Nicht-
anmeldung einer Versammlung.
Lit.: RPB III, 200.

BUCHMAIER, FRANZ
1904 08 20
Haselbach / Nassenbeuren
Pfarrer
1941 wegen Abhörens fremder Sender von Pfarr-
kindern angezeigt. Der Pfarrer klagte seinerseits bei dem Amtsgericht gegen die Anzeigenden
wegen falscher Anschuldigung. Die Angeklagten
wurden freigesprochen, obwohl dem Pfarrer das
Abhören nicht nachgewiesen werden konnte.
Wegen dieser Angelegenheit auch öffentlich beschuldigt.
Am 27.7.1944 durch zwei Frauen wegen Predigtäußerungen angezeigt. Weitere Angaben liegen
nicht vor.

BUCHMEIER, ANTON
1892 02 12
Bachern / Zöschingen
Pfarrer
Vom 12.2.1937 bis zum 10.3.1937 Schutzhaft im Amtsgerichtsgefängnis in Friedberg aufgrund eines
Schutzhaftbefehls des Kreisleiters. Der Pfarrer
hatte die Anwendung des Hitlergrußes in der
Schule unterbunden und sich wiederholt regimekritisch geäußert. Seine Versetzung nach Zöschingen wurde erzwungen.
Vorladung, Verhör und Verwarnung durch die
Kreisleitung wegen Verweigerung des NSV-Beitritts.
Verhöre durch die Polizei wegen Verstoßes
gegen das Sammlungsgesetz und Predigtäußerungen.
1938 Beschlagnahme von Bildmaterial über den
Eucharistischen Kongreß in Budapest.
1941 Verhör durch die Polizei wegen Verlesens
des Möldersbriefes.

BUEHLER, GEORG
1889 01 22
Aresing
Pfarrer
Eine „Pfarrfamilienfeier" anläßlich des silbernen Priesterjubiläums des Pfarrers wurde
aus unbekannten Gründen verboten.
1944 Verhör durch die Polizei wegen eines Fronleichnamsgottesdienstes.

BUMILLER, JOHANN BAPTIST
1899 09 14
Freinhausen / Waidhofen
Pfarrer
Ermittlungen des Amtsgerichts Schrobenhausen wegen
einer Sammlung für Jugendfürsorge und Caritas und
Verbreitung einer Predigt Kardinal von Faulhabers
über P. Rupert Mayer. 100 RM Geldstrafe wurden
wegen einer Amnestie erlassen. Wegen einer Predigt,
Jugendseelsorge und eines Vergehens gegen das Heimtückegesetz Verhör durch die Polizei.

Wegen einer Jugendpredigt durch den Oberstaatsanwalt von Augsburg verwarnt.
Haussuchung durch die Gestapo und Beschlagnahme
einer Konferenzarbeit über Jugendseelsorge sowie verschiedener Jugendzeitschriften.
Post- und Telefonüberwachung vermutlich über
längere Zeit.
Verbot nächtlicher Andachten in Waidhofen durch
den Landrat von Schrobenhausen im Auftrag der
Gestapo.
Nähere Angaben liegen nicht vor.

BUNZ, ANTON
1907 04 04
Ellgau
Benefiziumsvikar
1937 Verwarnung durch die Gestapo wegen Nichtbeflaggung am Erntedankfest. 1942 Verhör durch
die Gestapo wegen einer Jugendpredigt, Verwarnung. Verbot durch den stellvertretenden Landrat
von Donauwörth „auf Jugendliche oder Eltern
wegen Besuchs der Christenlehre einen direkten
oder indirekten Druck auszuüben". Verwarnung.

BURKHART, JOHANNES
1904 03 11
Ettenbeuren / Markt Rettenbach / Oberhausen
Kaplan / Benefiziat / Pfarrer
1933 und 1934 mehrfach Vorladungen und Verhöre
durch Kreisleitung und Bezirksamt Günzburg wegen Vereinsarbeit.
Wegen verschiedener Jugendschriften Haussuchung
durch die Polizei Pfaffenhofen in Anwesenheit
des Bürgermeisters.
Mehrere Ermittlungsverfahren durch Amts- und
Landgericht Memmingen wegen regimekritischer
Äußerungen wurden 1936, 1938 und 1939 vom Son-
dergericht München, aufgrund einer Amnestie einge-
stellt. Frühjahr 1938 Beschlagnahme von Schreib-
maschine und Vervielfältigungsapparat wegen
Vervielfältigung von Predigten des Paters Rupert
Mayer S.J.; schriftlich verwarnt und angezeigt
(April 1937).
Mehrfach Beanstandungen durch Parteivertreter,
Anschuldigungen in der Presse sowie zahlreiche
Verhöre durch die Polizei; mehrfach verwarnt.
Ab Juli 1941 Unterrichtsverbot. Am 9.2.1942 verhaftet
und bis zum 18.4.1942 in Polizeihaft. Vom
19.4.1942 an im KZ Dachau. Das Sondergericht
München verurteilte den Pfarrer am 7.1.1943
wegen Heimtückevergehens, Wehrkraftzersetzung
und Kanzelmißbrauchs zu einem Jahr Gefängnis
unter Anrechnung der Schutzhaft. Pfarrer Burkhart mußte trotzdem im KZ bleiben und wurde
erst am 29.4.1945 von den Amerikanern befreit.
Während der Haft wurde er zu Malaria-Versuchen
herangezogen. Drei Wochen in Dunkelhaft.
*Lit.: 1.Weiler, 161. 2.RPB III, 135f, 157f, 174,
177, 221, 226, 234.*

BUSSIGEL, ERNST
1888 10 03
Edelstetten
Pfarrer
Am 4.10.1944 Verhör durch die Gestapo in der
Wohnung des Ortsgruppenleiters wegen Nachhilfe-
stunden für Oberschüler.

CHRISTA, JOSEF
1877 07 20
Untereichen
Pfarrer
Wegen Verlesung eines Hirtenbriefes erfolgte Verhör
durch den Landrat.

DAEUBLER, JOSEPH
1898 02 16
Hörzhausen
Pfarrvikar
Wegen einer Predigt durch die Gestapo verhört
und verwarnt.

DAEUBLER, MAX
1899 03 15
Halsbach
Pfarrer
Im Mai 1933 Haussuchung durch die Polizei und die
SA. Überwachung von Post und Telefon.
Wegen „politischer Einflußnahme" vom 27. bis
zum 30.6.1933 Schutzhaft.

DEMHARTER, MARTIN
1891 02 02
Staudheim
Pfarrer
Am 9.9.1934 Verhör und Verwarnung durch die
Polizei wegen Nichtbeflaggung der Kirche.

DEMLEITNER, JOSEPH
1877 03 22
Eschenlohe
Pfarrer
1933 wurden in zwei Fällen die Fenster des
Pfarrhauses eingeworfen, nachdem in der Nähe
NSDAP-Veranstaltungen stattgefunden hatten.
Die Post des Pfarrers wurde überwacht.
1933 in der Presse öffentliche Anschuldigungen.
1933 und 1934 mehrere Verwarnungen durch die Kreisleitung.
1934 Verhör durch den Gemeinderat, außerdem
wurden drei Zwangsversetzungen durch den
Gemeinderat versucht. 1942 fünf Tage Haft wegen
Kritik an den staatlichen Gebühren für kirchliche
Bittgänge.
1943 Verhör durch die Gestapo, Bedrohung mit
KZ-Haft in Dachau und Verhängung eines Sicherungsgeldes in Höhe von 2000 RM am 5.10.1943; das

Geld wurde 1945 zurückerstattet.
Ab November 1943 Unterrichtsverbot.
Außerdem: Ermittlungen durch das Amtsgericht
wegen Überschreitung des Züchtigungsrechts
(Ohrfeigen), Verfahren durch eine Amnestie einge-
stellt. Zwei Haussuchungen durch den Bürger-
meister, den Ortsgruppenleiter und die Polizei.
Daten und nähere Angaben hierzu fehlen.

DEMMLER, FRANZ XAVER
1880 04 06
Egg
Pfarrer
Im April 1943 Androhung einer Anzeige für den
Fall, daß der Pfarrer Jugendliche durch Ver-
pflichtung zum Gottesdienstbesuch von einem
„Dienstappell" fernhalten sollte.

DENI, MORITZ
1910 05 18
Neu-Ulm / Kempten / Augsburg / Göggingen
Benefiziat
Auf Initiative des Kreisamtsleiters des NSLB
und des Kultusministeriums Vorladung und Verhör
durch einen Schuldirektor in Neu-Ulm am 23.9.1935.
Im Januar 1936 Verhör durch die Kriminalpolizei
Kempten.
Im Mai 1937 Verhör durch die Gestapo Augsburg
wegen seiner Jugendarbeit.

DETTERBECK, AUGUST
1881 12 28
Unterhausen
Pfarrer
1935 wegen Nichtbeflaggung Verhör durch die
Polizei.

DETZEL, HEINRICH
1891 06 12
Hohenried / Iffeldorf
Pfarrer
1933/34 drei Monate und 10 Tage Schutzhaft
im Amtsgerichtsgefängnis.
1935 Verhör und Verwarnung durch den Kreisleiter wegen seiner Predigten.
1937 öffentliche Anschuldigung durch den
Kreisbauernführer wegen Beeinflussung der
Bevölkerung.
Untersuchungen durch das Sondergericht München
wegen der Bemerkung „Die Reichsregierung ist
gegen die katholische Kirche eingestellt".
Eine Verurteilung erfolgte jedoch nicht.

DEURING, CHRISTIAN
1874 12 17
Westerheim
Pfarrer
Mehrfach Verhöre durch die Polizei und NSDAP-
Funktionäre wegen seiner Predigten.

Verbot durch die Gestapo, die Christenlehre-
pflichtigen zur Teilnahme am Unterricht zu
nötigen.
Mehrmals öffentlich angeschuldigt, u.a. in der
Presse (Wahlverhalten des Pfarrers, politische Unzuverlässigkeit).
Beschlagnahme von 100 RM, die bei der traditionellen Versteigerung der Blumen vom Maialtar
für die Kirchenstiftung eingenommen worden
waren; Verwarnung des Pfarrers.
Androhung der Ausweisung aus der Gemeinde und
der Inschutzhaftnahme.
Ab September 1941 bis Kriegsende Unterrichtsverbot.
Im Dezember 1941 Verwarnung wegen Veranstaltung
einer polizeilich nicht genehmigten religiösen
Woche.

DIETMAYER, JOHANN EVANGELIST
1875 12 17
Eching
Pfarrer
1937 wegen seiner Predigten durch die Polizei verhört;
Ermittlungen des Amtsgerichts Landsberg und des
Landgerichts Augsburg (6.12.1937). Am 24.2.1938
Freispruch. Weitere Nachforschungen durch die
Gestapo wurden jedoch erst aufgrund einer Amne-
stie eingestellt. Die Predigten des Pfarrers
hatten sich mit der Gemeinschaftsschule befaßt.
Am 4.12.1940 Verhaftung des Pfarrers auf offener
Straße. Bis zum 12.12.1940 festgehalten und mehr-
fach verhört. Haussuchung und Beschlagnahme
von Büchern und Zeitschriften durch die Gestapo
München.

DIETMAYER, P. LEONHARD
OMI
1914 07 20
Gundelfingen
Aushilfspriester
1941 anläßlich der Klosteraufhebung
ausgewiesen.

DIETRICH, JOSEPH
1879 05 18
Heiligkreuz / Günzburg
Expositus i.R.
1940 Verhör durch den Landrat, weil der Pfarrer
sich weigerte, den Polen gesonderte Plätze in
der Kirche anzuweisen. Wegen der gleichen Angelegenheit Polizeihaft vom 14.7.1940 bis zum
12.9.1940.

DIETRICH, PETER
1868 10 18
Sonthofen
Spitalbenefiziat
1939 aus dem Marienheim in Sonthofen durch den
Bürgermeister ausgewiesen.

DIPPEL, JOSEF
1904 03 19
Friedberg / Holzheim
Pfarrer
1933 Haussuchung durch die Gestapo und SA,
Beschlagnahme von zwei privaten Schriften.
1937 durch die Polizei in Gegenwart des Bürgermeisters wegen Verteilung eines bischöflichen
Briefes zur Konfessionsschule verhört.

DIRR, ALBERT
1898 03 17
Uttenhofen
Pfarrer
Dr. phil.
1942 Verwarnung durch die Gestapo wegen Störung
des gemeindlichen Friedens. Der Pfarrer hatte
einen Jungen, der von der Christenlehre davon-
lief, zurückgerufen. Verhör und Verwarnung
durch den Landrat im Auftrag der Gestapo wegen
Übertretung des Feiertagsrechts, Androhung
staatspolizeilicher Maßnahmen.
300 RM Sicherungsgeld wurden durch die Gestapo
eingezogen, 1945 aber zurückerstattet.
Ermittlungen durch ein Gericht wegen nicht sofortiger Hissung der Hakenkreuzfahne, aufgrund
einer Amnestie eingestellt.
Beschlagnahme der Mitgliederlisten des
katholischen Fürsorgevereins. Androhung der
Zwangsversetzung durch den Zellenleiter.
Zahlreiche Verhöre durch die Polizei.

DISCHL, RUPERT
1878 08 24
Mering
Pfarrer
1939 Verhör durch die Gestapo wegen „Aufruhr
der Bevölkerung" bei Primiziantenempfang.
100 RM Geldstrafe wegen Bekanntgabe einer Samm-
lung im Kirchenzettel (3.7.1942).
Außerdem Redeverbot in den katholischen Vereinen.
Beschlagnahme von Geld und Schriften des
Arbeitervereines und des Frauenbundes.
Mehrfach Beanstandungen durch den Landrat.
Drohung mit Verhaftung durch einen Volkssturm-
leutnant. Nähere Angaben fehlen.

DISTEL, FRANZ XAVER
1891 08 24
Holzheim
Pfarrer
1933 Beanstandungen durch den Ortsbauernführer und
den politischen Leiter wegen abfälliger Äußerungen über die Partei.

DOLDI, JOHANN NEPOMUK
1880 04 18
Dürrlauingen
Pfarrer

1933 Haussuchung durch die Polizei, Beschlagnahme von Vorträgen. Vier Tage später erneute
Haussuchung durch Polizei und SA, Beschlagnahme
des gesamten Predigtmaterials (30.6.1933) sowie
Festnahme wegen „staatsfeindlicher Betätigung"
in Kirche, Schule und öffentlichem Leben. Bis
zum 5.7.1933 Schutzhaft in Günzburg.
Ab 1934 Post- und Telefonüberwachung.
Im Bezirksamt Günzburg in zwei Fällen Verhör
durch den Landrat wegen „Sabotage" staatlicher
Feiertage, Verweigerung des Glockengeläuts und
des Hitlergrußes.

DOMM, ROBERT
1885 02 17
Augsburg
Domdekan, Generalvikar
Dr. theol.
Wegen des Kirchenanzeigers 300 RM Geldstrafe
durch eine Parteistelle. Nähere Angaben liegen
nicht vor.

DORFMUELLER, ANTON
1882 05 10
Maria-Thann
Pfarrer
1940 Verhör und Beanstandung durch die Kreisleitung wegen einer Predigt. Ein weiteres Verhör und eine Verwarnung.

DUNAU, JOSEPH
1886 10 21
Asbach
Pfarrer
1933 Verhöre durch SS, SA, Polizei und Bürgermeister wegen einer Predigt, der Herausgabe eines kirchlichen Nachrichtenblattes und Nichtbeflaggung. Verwarnung durch SA sowie öffentliche
Androhung der Verhaftung durch den Kreisleiter.
Haussuchung durch die Polizei.

DURST, ANTON
1883 01 05
Unterelchingen
Pfarrer
Verhör durch die Polizei wegen Abhaltung des
Gottesdienstes an Fronleichnam und Christi
Himmelfahrt; Verwarnung durch die Gestapo (1943).
Verstorben am 19.11.1945.

EBERHARD, JOHANNES BAPTISTA
1894 04 03
Obergünzburg / Rommelsried
Pfarrer
1936 dreimal polizeilich verhört wegen Äußerungen über Hitler. Ein weiteres Verhör in
dieser Angelegenheit durch die NSDAP-Kreisleitung und den Ortsgruppenleiter sowie eine Verwarnung.

Wegen Äußerungen über den Arbeitsdienst Verhör und Verwarnung durch den Ortsgruppenleiter am 25.12.1938.
Eine weitere Beanstandung durch den Ortsgruppenleiter.

EBERHART, JOSEPH
1887 11 15
Unterrieden
Pfarrer
Gerichtliche Ermittlungen durch die Oberstaatsanwaltschaft Memmingen wegen Verstoßes gegen das Feiertagsrecht, Fronleichnam 1940 oder 1941. Das Verfahren wurde am 14.4.1942 eingestellt. Am 20.10.1943 Vorladung und Verhör durch die Gestapo, schriftliche Verwarnung und Einziehung von 1000 RM Sicherungsgeld für drei Jahre; die Summe wurde zurückerstattet.
Gegen Kriegsende Beanstandung durch den Leiter der Kohlenwirtschaftsstelle wegen angeblich zu hohen Kohlenbezugs von 1943 bis 1945; Sperrung weiterer Kohlenlieferungen.

EBERLE, GEORG
1877 02 09
Achsheim
Pfarrer
1941 Verhör durch die Polizei wegen Verlesung eines Hirtenbriefes.

EBERLE, MATTHIAS
1903 07 03
Missen
Pfarrer
Mehrfach Verhöre durch Polizei und Gestapo. Ein Verhör durch die Gestapo München und Einziehung von 1000 RM Sicherungsgeld sowie Verbot, über das Alte Testament zu predigen; Verwarnung. Das Sicherungsgeld wurde 1946 zurückerstattet. Nähere Angaben liegen nicht vor.

ECKL, JAKOB
1887 04 08
Schabringen / Unterfinning
Pfarrer
1933 für einen Tag festgenommen; Haussuchung, Beschlagnahme der Korrespondenzen durch die SA und die Polizei. Von 1933 bis 1945 „unzählige Male" Androhung von Schulverbot. Des weiteren sechs Monate Post- und Telefonüberwachung.
1934 zwangsweise Versetzung durch Beschluß des Gemeinderates wegen Nichtgleichschaltung, Parteifeindlichkeit und Verweigerung des Hitlergrußes. Ausweisung aus dem Kreis Dillingen durch den Ortsgruppenleiter und den Kreisleiter.
1939 Verhör und Verwarnung durch den Kreisleiter wegen angeblicher Anschuldigung des NSV-Kassenwarts.

Im April 1939 erfolgte ein ungefähr einstündiges Verhör durch Sicherheitsbeamte des Landratsamtes, weil der Pfarrer sich um das Verschwinden eines Gemeindemitglieds kümmerte, Verwarnung durch den Landrat.
Außerdem:
Zahlreiche weitere Verhöre durch SA, Stützpunktleiter, Landrat und Kreisleiter sowie mehrfach Androhung von Predigtverbot und Beschwerde der NSDAP-Ortsgruppe beim Ordinariat. In einem Fall wurde eine Geldstrafe von 35 RM verhängt. Die Vorwürfe bezogen sich auf regimefeindliches Verhalten des Pfarrers wie Bekämpfung der HJ und Verweigerung des Hitlergrußes.

EDELMANN, FRANZ JOSEF
1888 11 18
Klosterholzen / Burgheim / Oberbernbach
Pfarrer
1935 und 1936 Post- und Telefonüberwachung. Mehrere Anzeigen durch Privatperson und den örtlichen KdF-Leiter wegen einiger Predigten, Nichtbeflaggung und Vernachlässigung der Dienstpflicht. Beanstandung durch den Ortsgruppenleiter wegen zu geringer Abgaben für das WHW und bei den Materialsammlungen. Beschlagnahme von 6 RM, die für einen Kirchenbau in Wien bestimmt waren. Verwarnung durch den Bezirksamtmann wegen verschiedener Predigten.

EGGER, ALOYS
1882 11 11
Bedernau / Ursberg
Pfarrer / Superior
1935 und 1936 Post- und Telefonüberwachung. Ausschluß als Vorsitzender und Mitglied des Aufsichtsrates des Darlehenskassenvereins. Nähere Angaben fehlen.

EGGER, EDUARD
1884 09 23
Ebershausen
Pfarrer
1934 wegen Nichtbeflaggung bei der Kreisleitung angezeigt.

EGGER, FRANZ XAVER
1866 05 06
Kemnat
Pfarrer
Im Herbst 1935 Verhör und Verwarnung durch die Polizei wegen antinationalsozialistischen Auftretens im katholischen Burschenverein, in der Christenlehre und in Predigten. Mehrere weitere Verhöre; der Bürgermeister erstattete wiederholt Anzeige.
Androhung der zwangsweisen Versetzung in den

Ruhestand durch die Bayerische Politische Polizei. Im Frühjahr 1936 verzichtete der Pfarrer auf die weitere Ausübung seines Amtes.
Lit.: RPB III, 100.

EGGER, JOSEF
1873 03 26
Neu-Ulm / Kempten / Augsburg / Göggingen
Pfarrer
1935 zwangsweise versetzt wegen großer Schwierigkeiten mit der örtlichen NSDAP.
Verstorben am 12.1.1944.

EGGER, JOSEPH
1887 01 20
Großkötz
Pfarrer
Androhung der Verhaftung zusammen mit drei Pfarrmitgliedern; vermutlich gegen Kriegsende, nähere Angaben liegen nicht vor.

EICHHOEFER, KONRAD
1894 09 27
Burlafingen
Pfarrer
1943 wegen eines Abendgottesdienstes an Himmelfahrt und Fronleichnam Verhör durch die Polizei; Verwarnung durch Polizei im Auftrag der Gestapo.
1945 Beanstandung durch einen Unteroffizier wegen Verweigerung des Hitlergrußes, zur „Meldung" notiert.

EICHINGER, P. MARTIN
CSSR
1903 07 09
Günzburg
1938 Verhör und Verwarnung durch den Bürgermeister und den Polizeichef wegen einer Predigt in Buchdorf bei Donauwörth.

EINHAUSER, HERMANN
1883 08 18
Illereichen
Pfarrer
1937 wegen eines Ministrantenausflugs verwarnt.

EISELE, AUGUST
1874 08 15
Kettershausen
Pfarrer
1934 Verwarnung durch die Kreisleitung wegen Gegnerschaft zur Partei.
Als der Pfarrer 1935 wegen seines 25jährigen Dienstjubiläums Ehrenbürger der Gemeinde werden sollte, veröffentlichten Mitglieder der örtlichen NSDAP mehrere Plakate mit der Aufschrift „Ein unnationaler Pfarrer kann nicht Ehrenbürger unserer Gemeinde sein. Heil Hitler".

EISENLOHR, BARTHOLOMAEUS
1884 12 09
Kicklingen
Pfarrer
1940 Verbot, außerhalb der Pfarrei zu predigen.
1942 Verbot, Polengottesdienst zu halten.

ELZER, ANTON
1902 04 24
Stadl
Pfarrer
Wegen Nichtbeflaggung Verhör durch die Polizei, desgleichen wegen „staatsfeindlicher" Äußerungen in der Christenlehre.

ENDRAS, LUDWIG
1893 05 02
Hausen / Böhen
Pfarrer
1933 Verwarnung durch die Regierung von Schwaben wegen einer Predigt.
1934 Verhör durch den Kreisleiter wegen Fernbleibens von einer Parteiversammlung und Jugendseelsorge.
1935 Verhör durch den Landrat wegen Singens weltlicher Lieder mit der weiblichen Pfarrjugend nach der Bibelstunde.
1940 Verhör im Landratsamt wegen Betreuung polnischer Landarbeiter (Sondergottesdienst und Verteilung von Lebensmitteln). Haussuchung durch die Polizei. Öffentliche Anschuldigungen im „Völkischen Beobachter".
In derselben Angelegenheit gab es Ermittlungen des Landgerichts Augsburg. Das Verfahren wurde eingestellt.
Vom 31.3.1940 bis zum 27.7.1940 war der Pfarrer in Polizeihaft, danach in Schutzhaft (Schutzhaftbefehl unterzeichnet von Heydrich). Insgesamt acht Monate und 18 Tage Gefängnishaft; während dieser Zeit Postüberwachung.
Mehrfach Verhöre und Drohungen.
Bei der Haftentlassung Androhung von KZ-Haft.
Zwangsweise Versetzung auf Veranlassung der Regierung.
Am 21.6.1944 Verhör durch die Polizei wegen Verstoßes gegen das Feiertagsrecht.

ENDRAS, MAX
1892 01 18
Köngetried / Augsburg
Pfarrer
Von 1933 bis 1939 mehrfach wegen Predigten durch Bezirksamt, Landrat, Kreisleiter und Polizei verhört.
1935 durch Mitglieder der Bauernführerschule bedroht, mit Steinwürfen mehrere Fenster des Pfarrhauses eingeworfen. 1936 Zusammenstoß mit der Partei wegen eines Aushangs im Stürmerkasten.
Vom 16. bis zum 18.8.1939 Untersuchungshaft, wegen Kriegsgeschädigtenstatus entlassen. Am

Tag der Verhaftung Durchsuchung der Amtsräume, Beschlagnahme von Predigten und Hirtenbriefen Kardinal von Faulhabers, die später zurückgegeben wurden. Verfahren des Sondergerichts München, das aber infolge einer Amnestie am 9.9.1939 eingestellt wurde. Am 16.9.1939 erzwungener Verzicht auf die Pfarrei Köngetried. Ausweisung aus dem Kreis Mindelheim.
Im „Völkischen Beobachter" und im „Schwarzen Korps" öffentlich angegriffen und herabgesetzt.
Lit.: RPB III, 80, 165, 188.

ENDRES, LUDWIG
1893 07 03
Wasserburg / Wengen
Benefiziat / Pfarrer
1934 Beförderungsverweigerung vom Benefiziaten zum Pfarrer durch die Regierung von Schwaben wegen Predigtäußerungen und negativer Einstellung zur HJ.
Verhör durch den Landrat wegen Kanzelverkündigung gegen den Kreisleiter. Verhör durch den Stützpunktleiter im Auftrag der Kreisleitung wegen einer Predigt. Androhung durch den Kreisleiter, beim nächsten Anlaß werde der Pfarrer verhaftet.

ENDRES, RUPERT
1907 09 02
Augsburg (St. Georg) / Moorenweis
Pfarrer
1935 Verwarnung durch die Gestapo wegen Ausfluges mit dem Dienstmädchenverein.
Am 14.11.1941 durch das Landratsamt Fürstenfeldbruck Verhängung von 10 RM Geldstrafe wegen Läutens der Glocken nach 20 Uhr und unzureichender Verdunkelung eines Beichtstuhls.
Ein Verhör im Pfarrhaus durch die Polizei wegen Weitergabe des Möldersbriefes.
Anzeige bei der Gestapo München und Berlin und Verhör durch die Polizei wegen Glockengeläuts, das von einer Schallplatte stammte und vom Turm der Kirche abgespielt wurde, da die Glocken abgenommen worden waren.
Ein weiteres Verhör im Auftrag der Gestapo wegen Seelsorge an englischen und polnischen Kriegsgefangenen.
1944 Verhängung von 500 RM Sicherungsgeld durch die Gestapo wegen eines Gottesdienstes anläßlich Christi Himmelfahrt. Androhung des Schulverbots und schärferer Maßnahmen. Das Sicherungsgeld wurde später zurückerstattet.
Der Pfarrer mußte seine gesamte Motorradbereifung abliefern; nähere Angaben hierzu fehlen.

ENGLER, JOSEPH
1911 11 23
Obergünzburg / Aichach / Landsberg
Kaplan

Ende 1937 zwei Verhöre durch Ortsgruppenleiter und Bürgermeister wegen Predigtäußerungen.
Am 4.12.1937 Haussuchung durch die Polizei im Zusammenhang mit der Auflösung der katholischen Jugendvereine; Beschlagnahme von Akten.
1938 Verhör durch den Schulrat, weil die Klasse des Kaplans in der Erfüllung der Staatsjugendpflichten die nachlässigste sei.
Zwischen Februar 1938 und Januar 1939 fünfzehnmal durch die Kreisleitung wegen Kanzelmißbrauchs verhört und zweimal verwarnt. Die Maßnahmen erfolgten nach Denunziationen des Vorgesetzten des Kaplans, des Stadtpfarrers von Aichach.
1939 Verhör durch den Kreisleiter wegen Sabotage der Staatsjugendarbeit.
1945 Ermittlungen durch ein Kriegsgericht wegen einer Erklärung zur Gewissensfreiheit, die der Kaplan als Antwort auf einen Erlaß des Heeresgruppenarztes abgegeben hatte, Freispruch.

ENGLER, KALIXTUS
1901 07 10
Kleinkitzighofen
Pfarrvikar
Mehrfach öffentliche Anschuldigungen durch den Kreis- und Ortsgruppenleiter.
Verhör und Verwarnung durch die Polizei im Auftrag der Gestapo wegen Sammelns von Geldern in der Kirche.
Verhör und Verwarnung durch den Bürgermeister und Stützpunktleiter wegen Weihnachtspredigten sowie eine Beanstandung wegen der seit 1939 eingestellten Beitragszahlung zur NSV.
Ein weiteres Verhör 1941 wegen eines Gefallenengottesdienstes.
Außerdem: Androhung des Predigt- und Schulverbotes wegen verschiedener regimefeindlicher Verhaltensweisen (u.a. Verweigerung des Hitlergrußes). In einem Fall Verhängung einer Geldstrafe; nähere Angaben liegen nicht vor.

ENZENSBERGER, WILHELM
1882 02 10
Ingenried
Pfarrer
1936 Verwarnung durch den Stützpunktleiter wegen seiner Fastenpredigten.
1941 Verhör durch die Polizei und Verwarnung durch die Gestapo wegen Spendung der Ostersakramente an Polen während des Gottesdienstes.

EPPLE, OTTO
1902 03 21
Herrenstetten
Pfarrer
Beanstandung durch den Ortsgruppenleiter.
Nähere Angaben liegen nicht vor.

ERHARD, JOHANN BAPTIST
1887 01 18
Immenstadt / Lauchdorf / Obergünzburg
Pfarrer
1933 Beanstandung durch den Ortsgruppenleiter
mit der Aufforderung, den „Posten dort" sofort
zu verlassen. Drohung mit Verhaftung. Verwarnung durch die Polizei wegen seiner Predigten.
Beanstandung durch Reichsschrifttumskammer wegen
Verbreitung religiösen Schrifttums. Beschlagnahme von Seelsorgsbriefen und einer Broschüre.
Androhung einer Ordnungsstrafe bis zu 10.000 RM.
Öffentliche Anschuldigungen wegen staatsfeindlicher Haltung.

ERNST, JOHANNES
1890 12 30
Augsburg (St. Simpert)
Pfarrer
Drei Verhöre durch die Polizei. Zwei Verhöre
durch die Gestapo.
Des weiteren Verbot, Einkehrtage zu halten und
ehemalige Pfarrangehörige anzuschreiben. Post-
und Telefonüberwachung.
Beschlagnahme von Elternkalendern und Zeitschriften („Junge Front"). Nähere Angaben liegen nicht vor.

ERNST, JOSEPH
1876 03 18
Fahlenbach
Pfarrer
Verhör durch die Gestapo wegen staatsfeind-
licher Sätze in einem Privatbrief, Haussuchung.
Gerichtliche Ermittlungen durch das Sonder-
gericht München wegen Amnestie eingestellt.
Infolge einer Denunziation gab es ein weiteres
Verhör durch die Gestapo wegen einer Predigt.

ESS, ALOIS
1874 11 11
Grönenbach
Pfarrer
1941 schriftliche Verwarnung durch den Landrat,
übermittelt durch die Polizei, weil der Pfarrer
kirchliche Belange den staatlichen vorgezogen
haben sollte.

FEHRENBACHER, WILHELM
1913 03 04
Pöttmes / Lindau
Aushilfspriester
1940 erfolgte wegen des Versuchs, einen katholischen
Knaben- und Jungmädchenverein zu gründen,
eine Strafanzeige.
Lit.: RPB I, 319.

FELBER, ULRICH
1888 10 17
Kempten
Stadtpfarrer
1942 öffentlich von NSDAP-Mitgliedern mit KZ
bedroht. 1945 ähnliche Angriffe durch verschiedene Parteifunktionäre.

FENDT, FERDINAND
1872 05 08
Emersacker
Pfarrer
1939 Verhör durch die Polizei wegen einer Leichenrede, der Pfarrer führte den schlechten
Lebenswandel des Toten auf NS-Einflüsse durch
den Arbeitsdienst zurück.
1944 Verhör durch die Polizei wegen des Gottesdienstes an Himmelfahrt, Verwarnung.

FENDT, HEINRICH
1886 11 21
Eresing
Pfarrer
1941 Drohung und Verwarnung durch die Gestapo.
1943 Verhör durch die Polizei wegen schulischer
Tätigkeit; nach Meinung des Beschuldigten fand
das Verhör statt, um festzustellen, ob der Klerus des Dekanates Schwabenhausen den Tod des
Dekans Sager mit einer politischen Verfolgungs-
maßnahme in Verbindung bringe.

FICHTER, P. HEINRICH
SVD
1879 12 14
Pfronten-Ried
Hausgeistlicher
1941 zwei Wochen Schutzhaft wegen Hilfeleistung
bei einer nervenkranken Frau; Untersuchungen
des Landgerichts eingestellt; Haussuchung
durch die Gestapo und Beschlagnahme der Briefe
sowie der wertvollen sakralen Gegenstände, die
später zurückgegeben wurden.

FICHTL, HEINRICH
1906 11 19
Memmingen / Bayersried / Memmenhausen
Pfarrer
1934 polizeiliches Verhör wegen Verstoßes gegen das Flaggengesetz.
1938 Drohungen des Ortsgruppenleiters wegen des
Wahlverhaltens des Pfarrers.
1939 im „Stürmer" als „Judenknecht" bezeichnet
und angegriffen.
1942 Verhör durch die Polizei wegen des Gottesdienstes an Himmelfahrt.

FIEGER, GEORG
1885 05 03
Bissingen
Pfarrer

1942 und 1943 Verwarnungen durch die Polizei
wegen der Gottesdienste an Himmelfahrt und
Fronleichnam.
Anzeige durch den Bauernführer wegen einer Predigt; von der Polizei angesichts mangelnder
Beweise abgelehnt.

FIEGL, JOSEF
1892 08 20
Ottmaring
Pfarrer
Zwischen 1933 und 1938 Verhöre durch die Polizei wegen verschiedener Predigtäußerungen.
In zwei Fällen entging der Pfarrer einer Bestrafung durch eine Amnestie.
Am 15.8.1934 in Friedberg öffentlich von einem
SA-Führer als „Staatsfeind" denunziert, weil
er die Propaganda der SA für eine NS-Zeitung
behindert habe.
Im Herbst 1942 Vorladung und Verhör sowie eine
Verwarnung durch den Landrat von Friedberg.
Zahlreiche mündliche Beanstandungen durch den
Kreisleiter.
1943 Vorladung und Verhör durch die Gendarmerie
Friedberg wegen Wehrkraftzersetzung. Zwei Monate
Unterrichtsverbot durch die Gestapo. Ermittlungen durch das Amtsgericht Augsburg. Untersuchungshaft vom 25.5.1943 bis zum 4.8.1943.
In einem Prozeß am 4.8.1943 vom Oberlandesgericht
München freigesprochen. Bis zum 9.8.1943 noch in
Schutzhaft.

FIESEL, KARL
1886 02 17
Kutzenhausen
Pfarrer
1933 Verhör durch einen Oberregierungsrat wegen
Kanzelmißbrauchs. Verhör durch die SA wegen
angeblicher Aufbewahrung eines Maschinengewehrs
auf dem Dachboden der Kirche.
1943 Verhör durch die Gestapo wegen des
Gottesdienstes an Fronleichnam, Verwarnung.
Haussuchung durch die Polizei nach Mitgliederlisten katholischer Vereine und Feldpostadressen.

FILLER, NORBERT
1879 02 09
Stöttwang
Pfarrer
1940 wegen staatsabträglichen Verhaltens im
allgemeinen und aufgrund einer regimefeindlichen Grabrede anläßlich der Beerdigung
eines Polen zwei Monate Polizei- und Schutzhaft durch die Gestapo. Außerdem Einzug von
500 RM Sicherungsgeld.
Lit.: RPB III, 201f., 205.

FINGERLE, LEONHARD
1895 05 24
Attenhofen
Pfarrer
Verwarnung durch die Polizei wegen einer Predigt
und Verhör wegen Nichtbeflaggung; Ermittlungen
des Amtsgerichts Weißenhorn wurden aufgrund einer
Amnestie eingestellt.
Anzeige bei der Ortsgruppe wegen Predigten und
ablehnender Haltung gegen Partei und Politik im
"Dritten Reich"; auch bei der Polizei erfolgte
in dieser Sache eine Anzeige.

FINK, HERMANN
1888 04 08
Kaufbeuren
Stadtpfarrer
Im April 1940 wegen staatsabträglicher Äußerungen eine Verwarnung durch die Gestapo.
Lit.: RPB III, 196.

FINK, THEODOR
1913 10 22
Oberrieden / Asbach
Kaplan
Aufgrund eines Vergehens gegen das Sammlungsgesetz wurde im August 1939 eine Strafanzeige
erstattet.
Lit.: RPB III, 188.

FISCHER, ALEXANDER
1909 04 19
Wallerstein
Pfarrer
1939 Verhör durch die Polizei wegen Einsammlung
der Osterbeichtzettel; dies wurde als verbotene
Sammlung ausgelegt. Ermittlungen erfolgten durch
das Amtsgericht. Das Verfahren wurde durch eine
Amnestie eingestellt.

FISCHER, ANTON
1880 06 11
Durach
Pfarrer
1935 Verhör durch den Kreisleiter wegen feindseliger Einstellung zur Partei. Geldstrafe in
Höhe von 1 RM wegen Nichtbeflaggung der Kirche.
Mehrfach Verhöre durch die Polizei wegen
staatsfeindlicher Predigtäußerungen.
1937 wegen Predigten, eines Urlaubs bei Schweizer Juden und kommunistischer Umtriebe Verhör
durch den Landrat Dr. Jäger, der aber - wie
schon in anderen Fällen - eine weitere Verfolgung verhinderte. Ebenfalls 1937 kam es zu
Anschuldigungen im „Allgäuer Tagblatt" durch
den Ortsgruppenleiter.
1939 Beschlagnahme des Reisepasses und der Feldpostadressen.
1942 ein Verhör wegen einer zweiten Meßfeier
an Allerheiligen. Die Ermittlungen des Amts-

gerichtes wurden nach sechs Monaten eingestellt.
Mehrere Jahre Postüberwachung.

FISCHER, AUGUST
1893 05 11
Adelshausen
Pfarrer
1941 Verwarnung durch die Polizei, weil der
Pfarrer in der Öffentlichkeit das unentschul-
digte Fehlen bei der Christenlehre unter Namens-
nennung gerügt hatte.
Unter nicht bekannten Umständen wurden ca. 250
Bücher des katholischen Pressevereins beschlagnahmt.

FISCHER, AUGUSTIN
1889 04 25
Weißenhorn / Karlskron
Pfarrer
1933 im „Völkischen Beobachter" wegen parteifeindlicher Haltung angegriffen.
Ende 1935 Vorladung und Verhör durch den Bannführer in Ingolstadt.
Gerichtliche Ermittlungen wegen Verstoßes gegen
das Sammlungsgesetz wurden aufgrund einer Amnestie
eingestellt.
Mehrfach weitere Verhöre durch Parteifunktionäre, den Landrat und den Schulrat.
Eine schriftliche Verwarnung durch die Gestapo.
Mehrere Anzeigen wegen schriftlicher Einladungen
des Pfarrers zur Beichte und Kommunion für
Jugendliche.
Beanstandungen durch Parteiinstanzen wegen Verweigerung eines kirchlichen Begräbnisses für
eine „deutsche Mutter" sowie anderer Vorkommnisse; nähere Angaben liegen nicht vor.
Die Gauleitung und eine Lehrerin versuchten,
eine Zwangsversetzung des Pfarrers zu erreichen.
Drohungen des Kreisleiters mit Erschießung des
Pfarrers.
15 RM Geldstrafe wurden verhängt wegen mangelnder Verdunkelung.

FISCHER, FRANZ
1908 08 01
Untrasried
Pfarrer
Verhör durch die Polizei wegen Äußerungen
im Religionsunterricht. Eine Denunziation bei
der Gestapo war vorausgegangen.

FISCHER, FRANZ XAVER
1878 05 01
Genderkingen
Pfarrer, Dekan
Von 1936 bis 1938 zwei Haussuchungen. 1939 wegen
einer Bemerkung über die Länge des Krieges
angezeigt.

FISCHER, FRANZ XAVER
1889 10 28
Bliensbach
Pfarrer
1935 Verhör durch die Gestapo. Post- und Telefonüberwachung. Verwarnung durch die Gestapo.
1943 Verhör durch die Polizei. 500 RM Sicherungsgeld, das 1945 zurückerstattet wurde.

FISCHER, JOHANN BAPTIST
1901 08 20
Wallerstein
Pfarrer
Verhör durch die Polizei wegen einer Messe an
Fronleichnam. Verhör durch den Landrat wegen
Polenseelsorge.

FISCHER, JOSEF
1879 06 01
Friedingen / Augsburg (St. Elisabeth)
Hausgeistlicher, Expositus
Im Januar 1936 durch die Gestapo in Ulm verhört.
Mehrfach mündliche und schriftliche Beanstandungen der Gestapo. Am 13.6.1938 binnen Tagesfrist
aus dem Gau Württemberg-Hohenzollern ausgewiesen.

FISCHER, JOSEF
1906 12 01
Augsburg (St. Pankratius)
Expositus
1933 und 1934 Verfahren vor dem Sondergericht
München wegen Verbreitung verbotener Zeitungen,
Verfahren wegen Verjährung eingestellt.
Haussuchung durch Gestapo. Post- und Telefon-
überwachung.

FISCHER, KONRAD
1871 08 26
Frechenrieden
Pfarrer
Verhöre und Beanstandung durch die Polizei wegen
Nichtbeflaggung und Verlesung von Hirtenbriefen.

FISCHER, MAX
1884 03 16
Immelstetten
Pfarrer
1933 Beschmierung des Pfarrhofes mit Haken-
kreuzen.
1936 in öffentlicher Versammlung und in der
„Mindelheimer Zeitung" angegriffen.
1941 Beanstandung durch einen Lehrer wegen Abhaltung des Kommunionunterrichts in der Schule.
1943 öffentliche Anschuldigungen durch die NSDAP
wegen Verweigerung eines kirchlichen Begräbnisses.
Verhöre durch die Polizei wegen Verlesung von
Hirtenbriefen.

FISCHER, MAXIMILIAN
1912 06 29
Pöttmes
Expositus
1939 Verhör durch die Polizei wegen Übertretung des Sammlungsverbotes (eine Schwester des Krankenhauses von Pöttmes sammelte mit Wissen des Pfarrers für eine Stola zum silbernen Priesterjubiläum). Die Angelegenheit wurde weiterverfolgt durch das Amtsgericht Aichach und das Landgericht Augsburg, aufgrund einer Amnestie eingestellt.

FLEMISCH, OTTO
1887 11 28
Traubing
Pfarrer
Verhör durch die Polizei wegen einer Leichenrede. Wegen Predigten Beanstandungen und Verwarnungen durch den Ortsgruppenleiter. Drohung mit Zwangsversetzung und Verwarnungen durch den Kreisleiter. Wegen seiner Tätigkeit als Seelsorger durch die NS-Ortsgruppe öffentlich angegriffen.
Nähere Angaben liegen nicht vor.

FLESCHHUT, MEINRAD
1911 05 30
Starnberg / Pfaffenhofen
Pfarrvikar
1938 Haussuchung durch die Gestapo, Beschlagnahme von Vereinsakten, Privatbüchern und der Vereinskasse.
1942 Widerruf der UK-Stellung, Militärdienst.
10 Tage Kasernenarrest wegen Gehorsamsverweigerung.

FLUEGEL, ANTON (P. EWALD)
CMM
1915 02 19
Obergünzburg
Kaplan
1935 Verhör durch die Gestapo, weil der Kaplan eine Kopie des Filmes über den Eucharistischen Kongreß in Budapest besaß.
Beschimpfung durch einen Parteigenossen und Verhör durch die Polizei, weil der Kaplan eine singende Parteiformation auf dem Residenzpalast in Würzburg nicht gegrüßt hatte.
Dreimal Ablehnung der UK-Stellung, Beförderungsverweigerung bei der Wehrmacht.

FOEHR, JOHANN BAPTIST
1874 05 11
Augsburg (St. Moritz) / Reichertshofen
Pfarrer

1942 Verhör und Verwarnung durch die Gestapo wegen angeblicher Verlesung des Möldersbriefes. Beschlagnahme der Anschriftenlisten der Frontsoldaten. Anschuldigungen in der Presse.

FOERCH, JOHANN BAPTIST
1872 04 09
Leitershofen / Hirschbrunn
Kommorant
Verhör durch die Polizei wegen eines Vortrages im katholischen Arbeiterverein. Des weiteren Haussuchung und Beschlagnahme der Akten, der Bücherei und der Kasse der Marianischen Jungfrauenkongregation. Drohung durch den Kreisleiter, der Pfarrer sei ein „Staatsfeind", wenn er nicht der NSV beitrete.

FOERG, BALTHASAR
1908 08 31
Häder
Pfarrer
Verhör und Verwarnung durch einen Regierungsrat und den Landrat. Haussuchung durch die Polizei, Beschlagnahme von Flugblättern. Das beantragte Schulverbot konnte vom bischöflichen Ordinariat verhindert werden. Nähere Angaben fehlen.

FOERG, LUDWIG
1904 02 09
Ebenhausen
Pfarrer
1941 Verhör durch den Landrat und Schulrat wegen Wiederanbringung des Schulkreuzes.
1944 Verhör durch den Landrat und die Gestapo wegen Meßfeiern für Ausländer.
Ab 1.3.1945 Unterrichtsverbot.
1000 RM Sicherungsgeld durch Gestapo eingezogen.
Nähere Angaben liegen nicht vor.

FRANK, IGNAZ
1887 07 03
Hopferbach
Pfarrer
Am 19.4.1938 im „Obergünzburger Tagblatt" in Form eines Leserbriefes wegen seines Abstimmungsverhaltens heftig angegriffen und verleumdet. Im Herbst 1938 Verweigerung einer vom Ordinariat geplanten Versetzung nach Hopferau.
1941 Verhör durch die Polizei wegen Vorträgen in der Kirche.
Verhör durch die Polizei wegen Sakramentsspendung an polnische Gefangene. Verhör wegen eines Gottesdienstes für gefangene Franzosen und Polen, Verwarnung. Während längerer Zeit wurde Postüberwachung vermutet. Verwarnungen wegen Predigten und Gottesdiensten an Feiertagen, die offiziell nicht durchgeführt werden durften.

FRANKL, JOSEPH
1892 06 12
Polling
Benefiziumsvikar
1933 in einer Parteiversammlung als besonders
fanatischer Gegner der NS-Jugendorganisationen
angegriffen. 1937 Beanstandung durch den Stützpunktleiter wegen der Kirchenrestauration.
1939 wegen der Pfingstpredigt ein Verhör im
Landratsamt.
Ebenfalls im Sommer 1939 wegen regimefeindlicher
Einstellung mündliche Beanstandung durch den
Stützpunktleiter.

FREHNER, DOMINIKUS
1882 06 25
Dirlewang / Leuterschach
Pfarrer
1939 Beförderungsverweigerung. 1944 Beanstandung durch den Ortsgruppenleiter.

FREUDENREICH, KARL
1893 08 17
Bellenberg
Pfarrer
Wegen Verstoßes gegen die Feiertagsverordnung
Ermittlungen durch das Amtsgericht Illertissen.
Am 14.10.1941 verurteilt. Das Landgericht Mem-
mingen bestätigte das Urteil nach Berufung
(50 RM Geldstrafe, 10,12 RM Kosten) am 25.11.1941.
Von Juli 1941 bis April 1942 Unterrichtsverbot
durch den Regierungspräsidenten.

FREUDING, ANTON
1906 05 26
Kempten (St. Lorenz) / Weilheim
Benefiziumsvikar
Ab 1940 Unterrichtsverbot durch die Partei.
Vor 1939 eine Verwarnung. Nähere Angaben feh-
len.
Ab 1940 auf Betreiben von Parteistellen Unter-
richtsverbot.
1941 Beanstandung durch die Partei wegen Verlesung
des Möldersbriefes.
Verstorben am 1.5.1944.

FREY, KARL OTTO
1891 05 15
Lindenberg / Erkheim / Illertissen / Manching
Pfarrer
Nach Ermittlungen des Amtsgerichts Weiler wegen
Verstoßes gegen das Sammlungsgesetz zu 1800 RM
Geldstrafe in Kempten verurteilt.
Gerichtliche Vorladungen und Verhöre in Weiler
und Kempten wegen Mitgliederwerbung für einen
religiösen Bund. Eine polizeiliche Haussuchung.
Von 1936 bis 1938 zeitweise Überwachung von Post
und Telefon.

FREYMANNER, KARL MICHAEL
1900 03 03
Illereichen / Nattenhausen / Geisenried
Benefiziumsvikar / Pfarrvikar
1941 Verhör durch die Polizei wegen kirchlicher
Jugendstunden, Erpressung der Namen von Teilnehmern, Drohung mit „ernsteren staatspolizeilichen Maßnahmen" im Wiederholungsfalle, Verwarnung durch den Landrat (17.5.1941).
Vom 6.8.1941 bis 28.3.1942 Unterrichtsverbot durch
den Regierungspräsidenten, auf Vorstellung der
Kirchenverwaltung aufgehoben.

FRICK, KARL
1876 07 05
Obergermaringen
Pfarrer
Im Oktober 1941 wurde gegen den Pfarrer ein
Ordnungsverfahren eingeleitet, weil er angeblich als
Gegenleistung für die Abhaltung von Trauer-
gottesdiensten für Gefallene Lebensmittel ge-
fordert hatte. Außerdem erhielt er Unter-
richtsverbot.
Lit.: RPB III, 224, 228.

FUEGLEIN, JOHANNES (P. GAUDENZ)
OFM (bis 1937, dann Weltpriester)
1891 08 10
Kempten / Schwabmünchen / Ehrenberg / Streitheim
Kaplan / Pfarrvikar
Am 15.4.1935 Vorladung, Verhör und Verwarnung
durch die Gestapo München wegen kritischer
Äußerungen über Alfred Rosenberg während
des Einsatzes des Paters in der Volksmission.
Drohung mit sofortiger Verhaftung im Wiederholungsfalle.
Beschlagnahme einer von ihm verfaßten Broschüre mit dem Titel „Christliches Deutschland
erwache!".
Am 19.10.1937 Verhör durch die Gestapo im
St. Anna-Kloster München. Bei einer Haussuchung
im Provinzialat war das Austrittsgesuch Füg-
leins gefunden worden. Die Gestapo versuchte
deshalb, ihn zu belastenden Aussagen über das
Klosterleben zu veranlassen.
1938 bis 1940 zeitweise Postüberwachung.
1941 öffentlich als „Defätist" angegriffen.

FUELLE, ALOIS
1892 06 05
Pipinsried / Lauterbrunn / Wielenbach
Pfarrer
Verhöre durch die Polizei und durch den Landrat
aufgrund von Äußerungen in Predigt und Reli-
gionsunterricht.
Eine Haussuchung durch die Gestapo, Beschlag-
nahme von Briefen und privaten Schriften.
Eine weitere Haussuchung durch die Gestapo in
Abwesenheit des Pfarrers, dessen Wohnung zwangs-

weise geöffnet worden war.
Auf Veranlassung einer Parteistelle 500 RM Geldstrafe wegen feindlicher Einstellung zur NSDAP.
Außerdem eine Verwarnung durch die Parteidienststelle in Donauwörth.

FUENFER, ANDREAS
1875 12 25
Attenhausen
Pfarrer
Verhör durch die Polizei wegen Urkundenfäl-
schung und Unterschlagung. Weitere Verhöre
durch das Bezirksamt und den Ortsgruppenleiter.
Drohungen mit Verhaftung. Verwarnung durch den
Ortsgruppenleiter, weil der Pfarrer einer Vorla-
dung nicht Folge leistete.
Mehrfach bedroht und unter starken Druck ge-
setzt.
Verstorben am 19.1.1938.

GAENSSLER, EUGEN
1877 05 13
Rühlingsstetten
Pfarrer
Verbot durch die Polizei, die Christenlehre im
Winter in der Schule zu halten.

GAERTNER, KONSTANTIN
1898 10 12
Schwangau / Unterbechingen
Pfarrer
1938 Verhör. Beanstandung durch die Kreisleitung. 1939 Verwarnung durch den Landrat wegen
einer Predigt.

GAILHOFER, MAX
1880 08 22
Kleinerdingen
Pfarrer
Wegen Verlesung eines Hirtenbriefes angezeigt.

GASSNER, JOSEPH
1870 02 08
Rieden
Pfarrer
1935/36 zahlreiche Terrorakte durch NS-Anhän-
ger: Sachbeschädigung am Pfarrhaus (Fenster,
Antenne, Hakenkreuzschmierereien), Drohungen,
Schüsse auf das Arbeitszimmer des Pfarrers.
Mit Hilfe einer Unterschriftensammlung und
Unterstützung des Bezirksamtmanns sollte die
Versetzung des Pfarrers erzwungen werden.
Der Bürgermeister sorgte für die Aufhängung
eines großen Hakenkreuzes gegenüber dem Pfarrhaus.

GAUGLER, JOSEF
1890 01 13
Gablingen
Pfarrer

1934 durch den Ortsgruppenleiter bei der Gestapo
München wegen seiner staatsfeindlicher Gesinnung
und Betätigung angezeigt. 1940 Verhöre durch die
Gestapo wegen Predigten; Haussuchung und Beschlagnahme von Predigten und Schriftmaterial;
Verwarnung. Ermittlungen durch das Sondergericht München in der gleichen Angelegenheit, die mit Zustimmung des Reichsjustiz-
ministeriums eingestellt wurden. Die 1940 geplante
Zwangsversetzung durch die Gestapo wegen
Einmischung in Gemeindeangelegenheiten konnte
durch das Ordinariat verhindert werden.

GEBELE, EUGEN
1876 09 03
Leidling
Pfarrer
1941 wegen einer Predigt durch die Polizei verhört.
1941 wegen einer kirchlichen Angelegenheit von der
Gestapo und einem Regierungsrat verhört, Androhung
der Verhaftung.

GEBHART, JAKOB
1883 11 25
Diessen
Pfarrer
Verhör durch die Partei wegen Verteilung des
Bonifatiusblattes in einer Schulklasse,
das eine Bemerkung über Rosenberg enthielt.
Verwarnung durch den Kreisleiter wegen einer
Predigt.

GEHRING, PETER
1909 07 26
Lindau / Legau / Schrobenhausen / Bühl
Stadtkaplan / Benefiziumsvikar
Wegen regimekritischer Haltung seit 1936 unter
Aufsicht der Gestapo. Des weiteren zahlreiche
Verhöre und Verwarnungen durch die Gestapo.
Aufenthaltsbeschränkungen infolge Paßent-
zugs und Postüberwachung. Eine Haussuchung durch
die Gestapo.
1937 auf Drängen der Partei von Lindau nach
Legau versetzt.
Eine angestrebte akademische Laufbahn wurde
wegen der Bedingungen der Gestapo unmöglich.
Ab 1936 Unterrichtsverbot. 1937 nahm Gehring
den Unterricht dennoch wieder auf. Dies wurde mit
Rücksicht auf die öffentliche Meinung geduldet.
1943 Verhängung von 100 RM Geldstrafe; nähere
Angaben fehlen.
Einer von Gestapo und Offizieren angedrohten
Erschießung kurz vor Kriegsende wegen Äu-
ßerungen über Kriegsverbrechen entzog sich der
Pfarrer durch Flucht; bis zum Einmarsch
französischer Truppen hielt er sich versteckt.

GEIGER, ALBERT
1881 02 25
Haunshofen
Pfarrer
Dr. phil.
Zu geplanten Verhören im Bürgermeisteramt und
vor der Kreisleitung am 8.2.1940 erschien der
Pfarrer nicht.
Zwangsweise Versetzung geplant. Verwarnung durch
das Bezirksamt wegen eines Bittgangs am 1. Mai.
Verwarnung durch die Kreisleitung wegen einer
Silvesterpredigt und Auseinandersetzungen mit
dem Organisten, der zugleich Ortsgruppenleiter
war. Beanstandungen durch diesen Ortsgruppen-
leiter. Nähere Angaben liegen nicht vor.

GEIGER, ALFONS
1882 07 12
Trauchgau
Pfarrer
Mehrere Verhöre durch die Polizei. 1941 10
Tage Polizeihaft wegen Verteilung des katho-
lischen Feldgesangbuches.

GEISENFELDER, JOSEF
1884 02 20
Kadeltshofen
Pfarrer
Im Dezember 1933 polizeiliche Ermittlungen wegen
abfälliger Äußerungen über die NS-Regierung.
Im Juni 1934 wegen Herabsetzung des 1. Mai als
Feiertag in einer Predigt von der SA-Führung
Androhung von Schutzhaft und Verwarnung. Verbot
der Tätigkeit örtlicher katholischer Vereine.
Dem katholischen Burschenverein Kadeltshofen
wurde auf Veranlassung der BPP vom Bezirksamt
jede Betätigung verboten (Geisenfelder war Ver-
einspräses), 23.8.1934.
Am 12.7.1937 Anzeige wegen Vergehens gegen das
Heimtückegesetz (Äußerungen über Verfolgung
von Priestern).
Im Sommer 1941 ein Verfahren wegen Vergehens
gegen das Heimtückegesetz.
Im September 1941 und erneut im Oktober 1942
Unterrichtsverbot bis Kriegsende.
Außerdem weitere Verhöre durch die Gestapo, die
Partei und das Landratsamt wegen Predigtäußerungen,
Verstoßes gegen das Feiertagsrecht und regime-
feindlicher Haltung. In einem Fall kam es zu
einer Haussuchung auf Veranlassung der NSDAP;
vermutlich auch Post- und Telefonüberwachung.
In mindestens einem Fall wurde eine Geldstrafe
verhängt. Nähere Angaben hierzu fehlen.
Verstorben am 30.9.1945.
Lit.: RPB III, 10, 24, 34, 139, 215, 223.

GERSTLAUER, KARL
1913 11 04
Schongau (St. Vitus)
Benefiziumsvikar

1944 Disziplinarverfahren in der Wehrmacht wegen
eines Gottesdienstes. Das Verfahren wurde eingestellt.

GERSTMAYR, JOHANN
1907 12 29
Seeg / Haberskirch
Pfarrvikar
1938 Verhör durch die Polizei wegen Aufklärung
der Eltern über die Gemeinschaftsschule, Verwarnung und Drohung mit Schulverbot durch den
Landrat.
1944 Verhör durch die Gestapo wegen caritativer
Unterstützung einer Frau, deren Mann am 9.3.1944
vom Volksgerichtshof in Berlin zum Tode verurteilt und hingerichtet worden war.

GESSLER, WENDELIN
1906 07 25
Ziemetshausen / Fischen / Großaitingen
Benefiziumsvikar
1935 Verhör durch die Gestapo wegen einer Predigt
über die „Deutsche Glaubensbewegung"; Beschlagnahme des Predigtmaterials, das nach drei Wochen
zurückgegeben wurde.
Im März 1938 Verhör durch den Ortsgruppenleiter
wegen der Behandlung der Missionshilfe im Religionsunterricht; Drohung mit Schulverbot, Androhung durch die Versammlung von Kreis- und
Ortsgruppenleitern.
Durch den persönlichen Stab Hitlers wurde für
den Fall weiterer „Volksaufwiegelung" KZ-Haft
angedroht. Nähere Angaben hierzu fehlen.
Im Juli 1940 wurde die UK-Stellung Geßlers widerrufen. Seine Verwendung in der Wehrmacht
hatte Strafcharakter; er war Sanitätsunteroffizier, wurde aber nicht als solcher eingesetzt und durfte keine Seelsorge betreiben.

GLOEGGLER, ALOIS
1891 02 22
Pleß / Großkötz
Benefiziumsvikar
1937 Verhör und Verwarnung durch das Bezirksamt Memmingen wegen Verweigerung des Hitlergrußes.
Vom 1.9.1937 bis zum 16.2.1939 zwangsemeritiert.
1938 wegen einer Ohrfeige für ungebührliches
Verhalten in der Kirche 10 RM Geldstrafe.
1939 Verwarnung durch den Bauernführer wegen
einer Ohrfeige im Schulunterricht.

GLOGGER, GEORG
1879 12 23
Hawangen
Pfarrer
Verwarnungen wegen Übertretung des Feiertags-
rechtes und wegen Ministrantendienstes bei einem
Polengottesdienst.

GLOGGER, JOHANN NEPOMUK
1895 12 23
Buch
Pfarrer
Verhör durch die Polizei. Beanstandung durch
den Ortsgruppenleiter wegen Abhaltung der
Christenlehre in der Kirche und der Forderung
nach Teilnahmepflicht aller Christenlehrpflichtigen. Drohungen durch einen SS-Sturmführer
wegen negativer Äußerungen über die Partei,
die Wehrmacht und gefallene Soldaten. Androhung
scharfer polizeilicher Maßnahmen und eine Verwarnung durch den Landrat. Haussuchung durch die
Gestapo, Beschlagnahme von privatem Material.

GMACH, MAX
1912 02 26
Augsburg
Pfarrvikar
1940 Verhör wegen illegaler Tätigkeit
in der weiblichen Pfarrjugend durch die Gestapo,
Verwarnung.

GOEGLER, PAUL
1907 06 28
Kirchheim / Gansheim
Pfarrvikar
1936 Beanstandung durch die Ortsgruppe Eppishausen wegen einer Predigt. 1937 durch eine
Privatperson wegen Verweigerung des Hitlergrußes vor Lehrlingen und Schülern öffentlich
beschuldigt und mit Anzeige bedroht.

GOETT, MAGNUS
1881 11 02
Simmerberg
Pfarrer
Verhöre durch die Polizei wegen Nichtigkeiten,
offenbar nur Schikane. 1940 Verhör durch den
Staatsanwalt, die Ermittlungen wurden aber
eingestellt. 1941 zweimal Polizeihaft, insgesamt
fünf Wochen Haft, des weiteren Haussuchungen durch die Polizei und Beschlagnahme von
Briefen. Androhung von KZ-Haft durch den
Kreisleiter. Außerdem Einzug von 300 RM Sicherungsgeld. 30 Monate Unterrichtsverbot
durch die Gestapo ohne Angabe von Gründen.
Am 29.10.1941 erneut Polizeihaft aufgrund
spöttischer Predigtäußerungen über die Versorgungslage. Die Verhaftung erfolgte auf Veranlassung des Landrats und sollte „erzieherisch"
wirken. Nach 14 Tagen erfolgte die Freilassung
durch die Gestapo nach Stellung eines Sicherungsgeldes von 300 RM. Am 1.5.1941 und 1.11.1941
fanden polizeiliche Haussuchungen statt, private
Briefe wurden beschlagnahmt.
Verstorben am 21.7.1944.
Lit.: RPB III, 191, 196, 211, 213f., 226, 228,
230.

GOETZ, JOHANN BAPTIST
1909 03 11
Mindelheim / Asbach
Benefiziumsvikar
Zwei Verhöre und Verwarnungen durch die Gestapo
Augsburg, Androhung des Schulverbotes.
Zwei weitere Verhöre und eine erneute Androhung
des Schulverbotes durch den Bürgermeister wegen
der Haltung des Priesters zur Schulfrage.
Ein Verhör und eine schriftliche Verwarnung
sowie schwere Drohungen durch den Kreisleiter.

GOETZ, JOHANN EVANGELIST
1904 08 29
Senden
Pfarrer
Wegen einer Leichenrede im „Stürmer" öffent-
lich angeschuldigt.
Wegen Übertretung des Feiertagsrechts Verwar-
nung durch die Gestapo.

GOETZ, KARL
1890 06 02
Illerbeuren / Tapfheim
Pfarrer
1933 Drohung mit Diffamierung als Sittlichkeitsverbrecher in der Presse durch den Bezirksamtmann im Auftrag der Partei. Zwangsweise Verzicht auf die Pfarrei Illerbeuren. Eine Dis-
ziplinaruntersuchung, die der Pfarrer durch das
Ordinariat beantragt hatte, verlief
ergebnislos. 1933 und 1934 Postüberwachung.

GOLLINGER, GEORG
1903 04 06
Willprechtszell
Pfarrer
Am 6.7.1939 Verurteilung durch das Amtsgericht
Aichach wegen Sachbeschädigung.
Der Pfarrer hatte das Plakat „Parole der Woche"
abgerissen. 200 RM Geldstrafe, wegen Amnestie
erlassen.

GOTTERBARM, MICHAEL
1899 05 28
Boos
Pfarrer
Verhör durch den Ortsgruppenleiter.
Verhör und Beanstandung durch die Kreisleitung
wegen der Christenlehre.
Zwei Verhöre durch die Polizei.
Haussuchung durch die Gestapo wegen Abhörens
fremder Sender. Verwarnungen durch die Gestapo
wegen Verbreitung von Schriften und Gerüchten.

GRAF, JOSEPH
1897 04 16
Niederraunau
Pfarrer
Im Oktober 1938 wegen unerlaubter Sammlung
eine Strafanzeige durch die Regierung.
Lit.: RPB III, 172.

GRASMUELLER, MICHAEL
1889 08 01
Walleshausen
Pfarrer
1937 wegen einer Predigt Verhör und Verwarnung
durch die Polizei.
Ab 1937 durch den Stützpunktleiter von Mörslingen wegen seiner Predigten und Vorträge im Mütterverein; in der Öffentlichkeit - u.a. in der
NS-Presse - wiederholt angeschuldigt.

GREITER, REMIGIUS
1880 08 11
Engetried
Pfarrer
1939 Verwarnung durch die Polizei wegen Zusendung von Gebetszetteln an Soldaten.
1939 wegen Übertretung einer Vorschrift bei einer
Burschenvereinsfeier 20 RM Geldstrafe.1942 Drohung
mit Anzeige wegen Verteilung eines Seelsorgebriefes
durch die Kreisleitung.

GRIMM, HEINRICH
1889 04 10
Straß / Benediktbeuren
Pfarrer
1935 mehrere Monate Postüberwachung wegen
angeblicher Auslandsverbindungen.
1936 Verhör durch die Polizei wegen einer
Predigtäußerung zur NS-Pressekampagne gegen
das Franziskanerkloster Waldbreitbach und die
dortige Laien-Genossenschaft. Anzeige wegen
Kanzelmißbrauchs.
1943 und 1944 Verhöre wegen Übertretung
des Feiertagsrechts.
1944 Verwarnung durch die Polizei wegen „mehrfacher Übertretung polizeilicher Vorschriften".
Lit.: RPB III, 109.

GRIMM, JOSEF
1887 06 07
Schießen
Pfarrer
Beim Ortsgruppenleiter wegen seiner Predigten
mehrere Male angezeigt; der Ortsgruppenleiter leitete
jedoch die Anzeigen nicht weiter.

GRIMM, LORENZ
1895 08 12
Landsberg / Feldafing
Pfarrer
1933 Verwarnung durch den Stadtrat wegen Kritik
an Parteimaßnahmen.
1935 als Religionslehrer der „Reichsschule der
NSDAP" wegen parteifeindlicher Einstellung abge-
lehnt.
Eine Beförderung für die Stadtpfarrei Mariä
Himmelfahrt in Landsberg wurde verhindert.
Demonstrative Predigtüberwachung durch den
Ortsgruppenleiter.

GRIMMINGER, RUDOLF
1880 02 21
Gestratz
Pfarrer
1941 mehrere Verhöre durch die Ortspolizei Röthen-
bach wegen Predigten, Bemerkungen im Religions-
unterricht und „öffentlichen Einzugs" mit den
Kindern anläßlich der Erstkommunion in die
Kirche; mehrfach verwarnt.
Lit.: RPB III, 215.

GROLL, IGNAZ
1909 06 29
Oberpeiching / Unterthürheim
Pfarrer
Verhör durch die Gestapo. Mehrere Anzeigen. Bean-
standung durch den Schulrat. Verhinderung des
Religionsunterrichtes für drei Wochen. Nähere
Angaben fehlen.

GROMER, ALOIS
1887 06 14
Stein
Pfarrer, Dekan
1942 Verhör durch die Polizei wegen verbotener
Sammlung, weitergeleitet an das Amtsgericht Immenstadt, verurteilt zu 100 RM bzw. 10 Tagen Gefängnis und 21,50 RM Gebühren, außerdem Abgabe des Sammlungsertrages von 333,72 RM. Gegen
das Urteil legte der Pfarrer mit Erfolg Berufung
ein, der Staatsanwalt strengte dann beim Landgericht ein neues Verfahren an, doch auch hier
wurde der Pfarrer am 14.5.1943 freigesprochen.
Anzeige wegen Spaziergehens während einer
Führerrede. Verhör durch die Polizei wegen
einer weiteren Kollekte.

GROMER, GEORG
1883 03 05
Neuburg
Schulrat
Dr. theol.
Vom 26.6.1933 bis zum 5.7.1933 in Haft infolge eines
Schutzhaftbefehls der BPP München, Haussuchung
durch die Polizei. Wegen offener Verhöhnung des
Hitlergrußes zwangsweise Versetzung durch den
NS-Beamtenbund Neuburg versucht. Bis 1934 durch
„Stürmer", „Donauboten" und „Neuburger
Neueste Nachrichten" öffentlich angeschuldigt.

Vom 24.4.1944 bis zum 25.8.1944 Inschutzhaftnahme, ohne Grundangabe und ohne schriftlichen Schutzhaftbefehl.

GROPPER, HERIBERT
1906 06 28
Buchloe
Benefiziat
Verhör und Verwarnung durch den Bürgermeister wegen verschiedener Predigtäußerungen sowie eine mündliche Beanstandung durch den Ortsgruppenleiter.
Im Sommer 1941 wegen Tätigkeit als Gesundbeter bzw. Heilkundiger sowie angeblicher Erbschleicherei von der Gestapo verhaftet und nach langem Verhör drei Monate in Polizeihaft genommen. Weitere sechs Monate Schutzhaft (ebenfalls im Gerichtsgefängnis Buchloe; Schutzhaftbefehl vom 29.7.1941). Die Ermittlungen durch das Amts- und Landgericht ergaben jedoch nichts.
Durchsuchung der Amts- und Privaträume; Beschlagnahme des Wohnhauses und sämtlicher vorgefundenen amtlichen und privaten Schriften, von denen ein Teil vom Gericht zurückgegeben wurde.
Drei Jahre lang Postüberwachung.
Lit.: RPB III, 217, 230.

GRUENER, JOSEPH
1898 02 12
Aufheim / Wittislingen
Pfarrer
Am 9.11.1936 wegen Nichtbeflaggung Verhör durch die Polizei.
Im Mai 1943 eine Verwarnung durch die Gestapo wegen Beteiligung von Ostarbeitern am Ostergottesdienst.
Am 1.10.1944 wegen Abhaltung einer Drittordensversammlung im Kinderasyl durch den Ortsgruppenleiter angezeigt.
Beschlagnahme des Buches „Germanentum-Judentum-Christentum".

GRUENWALD, JOHANN BAPTIST
1876 12 03
Denklingen
Pfarrer
1940 veranlaßte der Landrat auf Antrag der NSDAP-Kreisleitung den Pfarrer, das für den Fronleichnamstag vorgesehene Hochamt abzusetzen.
Lit.: RPB III, 198.

GUENTHOER, JOSEF
1885 02 28
Kimratshofen
Pfarrer
Am 29.3.1938 wegen Einflußnahme auf das Wahlverhalten der Gemeindemitglieder Beanstandung durch den Kreisleiter, Androhung von geeigneten Schritten und Maßnahmen.

GUGGEMOS, PHILIPP
1879 05 01
Blöcktach
Pfarrer
Im Juli 1942 Strafanzeige durch die Regierung wegen zweier Singmessen an kirchlichen Feiertagen.
Lit.: RPB III, 239.

HAAB, LUDWIG
1910 03 09
Reichau / Unterliezheim / Villenbach
Pfarrer
1936 Verhör durch die Gestapo wegen des Religionsunterrichtes.
1941 Untersuchungen durch das Amtsgericht wegen Vergehens gegen das Sammlungsgesetz, Freispruch.
1942 Verhör durch die Gestapo wegen der Bezeichnung „Friedensfürst" für Christus, 200 RM Sicherungsgeld durch die Gestapo auf drei Jahre eingezogen.
Verhör durch den Bürgermeister wegen seiner Predigten. Verhör durch die Gestapo wegen Vergehens gegen das Sammlungsgesetz. Verhöre durch die Landräte von Illertissen und Wertingen.

HAAS, MICHAEL
1901 11 15
Starnberg / Ofterschwang
Pfarrer
1935 wegen der Predigt am Heldengedenktag Verhör und Verwarnung durch den Landrat von Starnberg.
In der gleichen Angelegenheit Verwarnung durch den Bürgermeister.

HAEFELE, JOSEF
1892 05 31
Holzheim
Pfarrer
1934 Beanstandung durch die Partei wegen einer Predigt.
1938 wegen einer Predigt angezeigt.

HAEFELE, SIXTUS
1905 07 29
Oberpeiching
Benefiziat
Wegen unterlassener Beflaggung von Kirche und Pfarrhof am 13.1.1936 („Saarabstimmungsgedenktag") Anzeige und am 17.7.1936 vom Amtsgericht zu acht Wochen Haft verurteilt. Nach Berufung wurde die Haftstrafe vom Landgericht in eine Geldstrafe umgewandelt.
In der „Augsburger Nationalzeitung" wurde er mit einem Artikel („Pfarrer Häfele will nicht flaggen") angegriffen.
Lit.: RPB III, 91, 100, 109.

HAGEL, ANDREAS
1886 12 12
Langenneufnach
Pfarrer
1935 Verhör durch einen „Sonderbeauftragten".
Gegenstand des Verhörs waren ein Gottesdienst
und ein Pfarrgrundstück, das beschlagnahmt werden
sollte.
Zwei Drohbriefe erhielt der Pfarrer vom ersten
NS-Bürgermeister des Ortes.
Verwarnung durch die Gestapo wegen Verbreitung
des Möldersbriefes.

HAGG, FRANZ XAVER
1872 03 17
Röthenbach / Könghausen
Kommorant
1937 zwangsweise Versetzung wegen staatsfeind-
lichen Verhaltens. Mehrere Verhöre durch Polizei und
Gestapo wegen „finanzieller Angelegenheiten".
Haussuchung durch die Gestapo. Verhör durch den
Kreisleiter. Beanstandung durch die Polizei wegen
seiner Predigten.
Verstorben am 30.1.1945.

HAIBEL, JOHANN
1911 05 13
Pfronten-Ried
Benefiziumsvikar, Sanitäter
Im März 1945 Verbot durch einen NS-Führungsoffizier,
Gottesdienste für Soldaten abzuhalten.
Haibel war Sanitätsunteroffizier im Reserve-
lazarett; der dortige Chefarzt konnte schärfere
Maßnahmen verhindern.

HAIDER, ALBERT
1907 01 02
Obergünzburg / Lenzfried / Hurlach
Pfarrer
Dr. phil.
1933 Drohbriefe durch den Sonderkommissar. 1934
Drohbriefe durch den Bannführer.
1934 auf einer Lehrerversammlung öffentliche
Angriffe. 1934 und 1935 Vorladung und Verhör
durch die Polizei sowie Verwarnung durch den
Landrat von Marktoberdorf.
Am 25.1.1938 Haussuchung durch die Gestapo wegen
der Tätigkeit des Pfarrers als Bezirkspräses
der katholischen Jugendvereine; Beschlagnahme
von Geld und Vereinsschriften.
Ermittlungen des Amtsgerichts Landsberg wegen
Kanzelmißbrauchs in einer Predigt vom Januar 1939
wurden aufgrund einer Amnestie eingestellt. Im
Sommer 1939 wegen Sammlung für das Priesterhilfswerk Strafbefehl des Amtsgerichts Landsberg in Höhe
von 45 RM.
1939 und 1940 Vorladung und Verhör durch die
Polizei. Am 27.1.1940 erfolgte eine Verwarnung durch
den Landrat von Landsberg.

Ermittlungen des Amtsgerichts Landsberg wegen
unerlaubter Kontakte mit polnischen Zivilarbeitern. Vom 6.2.1940 bis zum 9.2.1940 Polizeihaft im
Gefängnis in Buchloe. Das Verfahren wurde wahrscheinlich eingestellt.
1942 Anzeige wegen angeblichen Verstoßes gegen
die Kriegswirtschaftsverordnung (Eintauschen
von Lebensmitteln für das Einrahmen von Kommu-
nionsbildern).

HAIDER, LUDWIG
1892 04 26
Rehling / Immenstadt
Stadtpfarrer
Dr. phil.
1934 Verwarnung durch das Staatsministerium.
1940 und 1942 Verhöre durch den Kreisleiter,
Beanstandungen.
Verwarnung durch den Kreisleiter.

HALDER, OTTO
1876 03 09
Hausen
Pfarrer
1943 Verwarnungen durch den Ortsgruppenleiter
wegen eines Privatgesprächs und wegen des Religionsunterrichts.

HAMMERL, JOSEF
1868 02 27
Habach
Pfarrer
1937 Verhör durch die Gestapo.
Am 20.7.1941 Verhör durch die Gestapo wegen
Beleidigung einer „gottgläubigen" Lehrerin;
500 RM Sicherungsgeld, das später zurückerstattet
wurde, sowie ab Oktober 1941 bis Kriegsende Unterrichtsverbot.
Verwarnung durch die Gestapo wegen Kanzelmißbrauchs. Verwarnung durch die Gestapo wegen Vergehens gegen das Versammlungsverbot.
Beanstandung durch den Ortsgruppenleiter nach
Bespitzelung durch Schüler.

HAMPP, XAVER
1873 06 02
Krumbach
Stadtpfarrer
Ende Juni 1933 sieben Tage Schutzhaft. Nähere
Angaben liegen nicht vor.
Verstorben am 23.4.1938.

HANDERMANN, BERNHARD
1868 08 19
Ottacker / Kempten
Pfarrer
Verwarnung durch den Landrat wegen Äußerungen
in seinen Predigten und privaten Gesprächen.

Verwarnung durch den Ortsgruppenleiter wegen
einer Predigt.

HANSER, KARL
1899 12 21
Röthenbach
Pfarrer
1940 Verwarnung durch den Landrat wegen der
Osterpredigt.
Am 30.1.1941 durch den Kreisleiter von Lindau
Predigtverbot für eine Kapelle.
Im Mai 1941 Verwarnung wegen eines nicht
genehmigten traditionellen Umzuges.
Lit.: RPB III, 172, 215.

HARTL, JOHANNES EVANGELIST
1909 12 27
Pfronten-Steinach
Kaplan
1938 Verwarnung durch die Bannführung der HJ
Kaufbeuren.
1939 gerichtliche Ermittlungen und Verhör durch die
Staatsanwaltschaft Kempten. Das Verfahren wurde
offenbar eingestellt, nähere Angaben fehlen.
1941 wegen seiner Predigten Verhör durch
Ortsgruppenleiter.

HARTL, JOSEF
1903 08 28
Taiting
Pfarrer
Ab 1934 Beanstandungen und Verwarnungen durch
den Ortsgruppenleiter und den Kreisleiter.
Ab 1942 Postüberwachung durch die Postagentur
Taiting. Durch einen Nationalsozialisten auf offener
Straße verleumdet, beschimpft und angespien.
1944 mit 1000 RM Sicherungsgeld bestraft, das im Juni
1945 zurückerstattet wurde.
Am Aschermittwoch 1944 Bedrohung durch Errichten
eines Galgens am Eingang des Pfarrgartens. Androhung von Schutz- und KZ-Haft wegen der politischen Einstellung des Pfarrers.
Wegen Predigten, Christenlehre und Seelsorgetätigkeit mehrere Verhöre durch die Polizei.

HARTLMAIER, JOSEPH
1909 03 01
Mering / Göggingen / Landsberg
Geistl. Religionslehrer
1936 Ermittlungen durch das Amtsgericht Friedberg wegen Übertretung des Uniformverbotes;
Gesellen waren mit Fahnen und Abzeichen vom
Friedhof zur Kirche gegangen. Verurteilung zu
150 RM Geldstrafe. Das Oberlandesgericht München verwies das Verfahren nach Berufung zur
erneuten Verhandlung zurück. Die Strafe wurde
aufgrund einer Amnestie erlassen.
1936 Beanstandung wegen einer Buchausstel-
lung.

1937 Verhör durch die Gestapo wegen einer
Feier in der Kirche.
1938 Haussuchung durch Gestapo im Zusammenhang
mit der Auflösung des Jungmännerverbandes und Beschlagnahme des Eigentums des Verbandes.
Öffentlich Anschuldigungen vor versammelter HJ.
Verwarnung durch den Ortsgruppenleiter im Auftrag der HJ wegen Jugendarbeit.

HARTMANN, FRANZ XAVER
1880 03 04
Augsburg (St. Ulrich und Afra)
Stadtpfarrer
Dr. phil.
1933 Androhung von Gewalt in anonymen Droh-
briefen für den Fall der Nichtbeflaggung.
Am 26.3.1933 durch Gestapo Haussuchung (Amts-
und Privaträume) und Beschlagnahme von zwei
Predigtmanuskripten.
Durch die Gestapo Augsburg insgesamt sechs mehr-
stündige Verhöre wegen Verweige-
rung des Hitlergrußes, Kommunionfeiern auf Hitlers Geburtstag, Bekanntgabe der Kaplansverhaf-
tung, Predigten und Abhaltens einer „heiligen
Stunde" am Gründonnerstag.
1936 Beschädigung des Pfarrhauses nach Grabrede
für Propagandaleiter, deshalb auch Beanstandung
durch Landesstelle Schwaben für Volksaufklärung und Propaganda. Beschmierung des Pfarrhauses durch HJ.
Am 27.7.1936 erfolgte Beschwerde über das
bischöfliche Ordinariat wegen der Äußerungen des
Pfarrers zu den Koblenzer Prozessen.
Mehrere weitere Beanstandungen sowie häufige
Angriffe durch den Schriftleiter der „Augsburger Nationalzeitung".
Vermutlich Post- und Telefonüberwachung.

HARTMANN, JOSEF
1886 08 27
Bidingen
Pfarrer
1940 Verwarnung wegen Verstoßes gegen das
Feiertagsrecht.
1944 Verfahren vor dem Amtsgericht Marktoberdorf
wegen forgesetzten Vergehens gegen das Feiertagsrecht; verurteilt zu 210 RM Geldstrafe.

HASEL, ANTON
1888 12 18
Hoppingen / Weitnau
Pfarrer
Ermittlungen durch die Generalstaatsanwalt-
schaft Berlin wegen Devisenvergehens. In der
gleichen Angelegenheit Verhöre und Haussuchung
durch die Fahndungspolizei München. Beschlagnahme des Passes.
Verhör durch einen Kreisleiter wegen angeblicher Beleidigung seiner Person.

Verwarnung auf einer Versammlung durch
den Kreisleiter.
Verwarnung durch den Landesbauernführer wegen
Warnung der Pfarrangehörigen vor Hitler und
seiner Partei.

HASLACH, FRANZ-XAVER
1873 12 01
Asch
Pfarrer
In zwei Fällen wurde der Pfarrer von NSDAP-Mit-
gliedern wegen Predigtäußerungen bedroht.
Nähere Angaben fehlen.

HAUBER, ANTON
1911 02 20
Augsburg (St. Pankratius)
Kaplan
1943 Verhör durch die Gestapo wegen zu langer
Dauer der Christenlehre; Verwarnung.
1944 Verhör, Verwarnung und Drohung mit Strafkompanie aus folgenden Gründen: Verstoß gegen
das Reichspressegesetz, Schreiben von Seelsorgebriefen, Papierverschwendung im Kriege, Über-
belastung der Reichspost, geistige Einflußnahme auf die Jugend, Ausübung von Gewissenszwang zur Beichte und Kommunion vor Wehrmachts-
einberufung und Reichsarbeitsdienst, Verweigerung des NSV-Beitritts (als „vaterlandslose Gesinnung" ausgelegt).

HAUG, GEBHARD
1908 09 01
Oberstdorf / Sonthofen
Kaplan / Beneviziumsvikar
1936 Verhör durch die SS wegen Verächtlichmachung
des „deutschen Grußes".
Am 4.11.1936 Verhör durch die Polizei wegen
wiederholter Verletzung des Kanzelparagraphen.
1938 Haussuchung mit Beschlagnahme von Schriftmaterial im Zusammenhang mit der Auflösung
der Marianischen Jungfrauenkongregation.

HAUPELTSHOFER, KASPAR
1903 07 16
Peißenberg / Walda
Pfarrvikar
Eine Verwarnung durch die NSDAP aufgrund einer
Predigtäußerung über Stalingrad. Beanstandung wegen
seiner Predigten und Jugendseelsorge. Öffentliche
Angriffe durch einen HJ-Bannführer wegen Feier einer
Frühmesse mit HJ-Führern in Uniform.
An einem Winterabend warfen zwei „große Kerle"
dem Pfarrer eine Rauchbombe in den Hausflur.

HAUSER, PAUL
1884 02 26
Druisheim
Pfarrer
1933 mußte der Pfarrer seine Stelle als Sach-
verständiger für Naturschutz aufgeben.
1940 öffentliche Angriffe und Drohungen
durch einen sich in Fronturlaub befindenden
Soldaten.
1943 wegen Abhaltung eines Gottesdienstes an
Fronleichnam Androhung der Versetzung durch den
Ortsgruppenleiter von Mertingen.
Beschlagnahme von Feldpostbriefen mit religiösem Inhalt.

HAUSER, RUDOLF
1888 02 19
Bad Heilbrunn
Pfarrer
1939 durch den Ortsgruppenleiter bei der Gauleitung wegen Predigtäußerungen angezeigt.

HECKMANN, ERWIN GEORG
1884 12 02
Günz
Pfarrer
1934 wegen Sabotage durch den Landrat von Memmingen verwarnt, der Pfarrer hatte für eine
Buttersammlung der Caritas geworben.
1935 im „Stürmer" wegen Einkaufs bei Juden
angegriffen.

HEFFELE, WILHELM
1877 03 05
Stadtbergen
Stadtpfarrer
Von 1937 bis 1939 drei einstündige Verhöre durch die
Polizei wegen seiner Predigten.
1940 Verhör durch die Gestapo wegen der Feiern zum
40jährigen Priesterjubiläum. Im Januar
1945 Verwarnung durch die Kreisleitung wegen der
Mahnung der Fortbildungsschüler, die
die Christenlehre nicht besuchten. Drohung mit
Schulverbot.

HEGGENSTALLER, PAUL
1910 09 19
Augsburg / Aach / Weichering
Pfarrer
1936 Verhör durch die Gestapo aufgrund seines
Eintretens für die Juden in einer Predigt; Verwarnung.
Im April 1939 Anzeige wegen unerlaubter Verteilung einer religiösen Broschüre.
1939 Beanstandung wegen einer Predigt, in der
der Pfarrer Kirchenfeinde kritisiert hatte.
Drohung mit Anzeige durch den Ortsgruppenleiter.
1941 Beanstandung durch den Kreisleiter, weil
der Pfarrer eine Mutter aufgefordert hatte, sich
gegen die nichtkatholische Trauung ihres Sohnes
zu stellen; schriftliche Verwarnung.
Lit.: RPB III, 181.

HEICHELE, KARL
1881 04 22
Oberthingau
Pfarrer
1938 Verfahren vor dem Amtsgericht Marktoberdorf
wegen verbotener Sammlung für den Maialtar.
Der Pfarrer wurde zu 50 RM Geldstrafe verurteilt,
die aufgrund einer Amnestie erlassen wurde;
Beschlagnahme des Erlöses von 70 RM.

HEIDEL, JOHANNES BAPTIST
1910 12 02
Memmingen / Stetten
Expositus
1941 Verhöre, Verwarnungen, Haussuchung
(Beschlagnahme von Briefen und Büchern) durch die
Gestapo wegen Begünstigung und Unterstützung
Kriegsgefangener. Bei der Haussuchung am 4.2.1941
verhaftet und bis zum 10.2.1941 in Polizeihaft.
Post- und Telefonüberwachung bis Kriegsende.
Beanstandung durch die Partei wegen Äußerungen
gegen die HJ und die Partei.

HEINE, FRIEDRICH WILHELM
1891 12 20
Burlafingen / Sibratshofen / Maria-Rain
Pfarrer
1933 Verwarnung durch die HJ Neu-Ulm wegen einer
Äußerung über die HJ-Mitglieder.
Am 15.8.1933 Beanstandung durch den Stützpunkt-
leiter wegen Hetze gegen den Nationalsozialismus.
Im Januar 1934 mußte der Pfarrer erzwungener-
maßen um Versetzung nach Sibratshofen bitten,
da der Stützpunktleiter von Burlafingen star-
ken Druck ausgeübt hatte.
Am 13.3.1942 eine weitere Verwarnung durch einen
SA-Sonderbevollmächtigten beim Bezirksamt
Neu-Ulm wegen Äußerungen des Pfarrers über
Kriegsgefahr. 1940 erneute Versetzung, weil die
HJ-Jungen ständig seinen Religionsunterricht störten
und der Pfarrer das Gefühl hatte, daß etwas gegen ihn
„im Gange" sei.
1943 verhörte - in Abwesenheit des Pfarrers - die
Polizei seine Haushälterin.

HEINLE, ANTON
1892 11 13
Friedberg / Oberreitnau
Benefiziat / Pfarrer
Am 27.6.1934 und 1.10.1934 Haussuchung durch die
SA. Am 4.6.1935 eine Beanstandung durch den
Bürgermeister von Friedberg wegen Ablehnung des
Hitlergrußes; Verbot der weiteren Benutzung des
Stadtarchivs.
Ebenfalls 1935 Angriffe in der Presse gegen den
Pfarrer, da dieser die Bebilderung der Zeitschrift
„Schwabenland" als unschicklich bezeichnet hatte.
1937 Verbot der von Heinle redigierten „Fried-
berger Heimatblätter" und des von ihm 1926 ge-

gründeten und geleiteten Blattes „Jugendland"
für die Jugendvereine der Diözese.
Am 25.1.1938 und 20.7.1938 Haussuchung durch die
Gestapo.
Am 6.6.1939 vom Amtsgericht Friedberg zu 150 RM
Geldstrafe verurteilt; ein Berufungsverfahren
wurde aufgrund einer Amnestie gegenstandslos.
Am 2.1.1941 polizeiliches Verhör sowie eine
Verwarnung durch den Ortsgruppenleiter wegen
einer Predigt. Am 25.9.1941 eine weitere Verwarnung
wegen Verlesung des Möldersbriefes.
Am 17.1.1943 Verwarnung durch den Ortsgruppen-
leiter wegen einer Predigt. Am 16.11.1943 Verhör
und Verwarnung durch die Gestapo München.
Am 14.8.1944 Vorladung und Verhör durch den
Landrat sowie 1000 RM Sicherungsgeld wegen eines
Gottesdienstes am Himmelfahrtstag.
Das Geld erhielt er 1946 zurück.

HEINLE, LEONHARD
1907 12 02
Riedlingen
Pfarrer
Im März 1940 wegen Ausländerseelsorge eine
Strafanzeige durch die Regierung.
Im September 1940 wegen zweimaligen Vergehens
gegen das Sammlungsgesetz eine Anzeige durch
die Gestapo.
Lit.: RPB III, 169, 200, 203.

HEINZELMANN, FRIEDRICH
1901 12 28
Durach
Kaplan
1940 Beanstandung durch den Ortsgruppenleiter
wegen Nichtbeflaggung.
Mehrere Verhöre durch die Polizei wegen angeblich staatsfeindlicher Äußerungen. In dieser
Angelegenheit Verhör durch den Landrat, Verwarnung durch den Landrat im Auftrag der Gestapo.

HEINZELMANN, JOSEPH
1903 03 23
Unterbleichen
Pfarrer
Im August 1938 im „Stürmer" als „Judengenosse"
angegriffen.
1939 polizeiliches Verhör und Ermittlungen des
Sondergerichts München wegen „Heimtücke"; das
Verfahren wurde wegen der Amnestie vom 9.9.1939
am 17.1.1940 eingestellt.
Beanstandungen durch die Partei wegen Predigten
und eines Gefangenengottesdienstes.
Postüberwachung vermutet.

HEINZMANN, BERNHARD
1903 08 20
Illerbeuren
Pfarrvikar

Am 6.1.1941 wurde er wegen „beunruhigender"
Predigtäußerungen in Polizeihaft genommen und
am 19.3.1941 ins KZ Dachau eingeliefert. Dort
wurde er im September 1942 ermordet. Offizielle
Todesnachricht am 24.9.1942.
Lit.: 1.Weiler, 289. 2.Natterer, 318-320, 394f.
3.RPB III, 187, 208, 211.

HEISS, RUPERT
1897 10 17
Maria Beinberg / Sinning
Pfarrer, Dekan
Dr. theol.
1933 Verhör durch den Kreisleiter.
Im Januar 1936 Verwarnung durch den Landrat
von Neuburg; im August Beanstandung durch DAF.
1943 Verhör und 1000 RM Sicherungsgeld durch die Gestapo.
1944 Beanstandung durch NSV.
Wegen der Leichenrede für den Kreisbauernführer auf einer Versammlung öffentlich durch den
Kreisleiter angeschuldigt.

HELMLE, JOSEPH
1881 02 26
Altstädten
Pfarrer
1943 Anzeige beim Ortsgruppenleiter durch eine
Mutter, deren Kinder Schüler des Beschuldigten
waren. Die Kinder hatten Sätze aus dem Religionsunterricht falsch wiedergegeben.

HELTEN, JOSEF WILHELM
1904 02 11
Markt Wald / Pfaffenhofen / Klingsmoos
Pfarrer
Verhör, Verwarnung und Beanstandung durch den
Ortsgruppenleiter. Der Pfarrer hatte einen Satz,
der sich gegen die Juden richtete, im Religions-
unterrichtsraum beseitigt.
Verhör und Verwarnung durch den Schulrat wegen
mangelnder Erweisung des „deutschen Grußes" in
der Schule.
Androhung mit Strafe durch die Partei.

HEPP, FRANZ JOSEF
1899 03 25
Wengen
Pfarrer
Am 27.9.1940 1940 fünfstündiges Verhör durch die
Gestapo München wegen „abträglichen Verhaltens".

HERB, ALFONS
1889 10 06
Oberkammlach
Pfarrer
1933 zwei Verhöre durch die Kreisleitung wegen
Äußerungen in der Schule.

HERB, RICHARD
1897 03 28
Mödingen
Pfarrer
1938 Verhör durch die Gestapo wegen des Jungmännerverbandes, der DJK und der Jungfrauenkongregation, Haussuchung und Verwarnung durch
die Gestapo, Beschlagnahme eines Films, Betätigungsverbot in diesen Vereinen.

HERBURGER, PETER
1903 03 17
Neuburg
Pfarrer
Mehrfach Beanstandungen durch den Ortsgruppen-
leiter.
Im August 1939 Anzeige wegen Vergehens gegen das
Heimtückegesetz in einer Predigt über den
Krieg. Im September 1939 ein Verhör. Erneute
Anzeige wegen Heimtückevergehens im November
1939, weil der Pfarrer wegen des Hitler-Stalin-Paktes
den Nationalsozialismus und den Bolschewismus als
auf gleicher Stufe stehend bezeichnet hatte.
Das Verfahren wurde am 21.2.1940 von der Staats-
anwaltschaft München eingestellt.
Am 12.7.1940 vom Landgericht Memmingen wegen
Heimtücke („Der Hitler bekommt nicht genug")
zu zwei Monaten Haft verurteilt. Ab 25.11.1940
Unterrichtsverbot durch den Regierungspräsidenten von Augsburg wegen „staatsfeindlicher Äußerungen in der Öffentlichkeit".
Beanstandung durch den Ortsgruppenleiter.
Lit.: RPB III, 188, 191, 206.

HERMANN, JOHANN BAPTIST
1882 08 14
Weinried
Pfarrkuratus
Verhöre durch die Polizei wegen einer Äu-
ßerung über die HJ.
Verhör durch die Gestapo wegen einer Bemerkung
über das nächtliche Herumstreunen der Jugend,
Androhung von KZ-Haft. Des weiteren Unter-
richtsverbot für eineinhalb Jahre, weil der
Pfarrer mit dieser Bemerkung auch die deutsche
Mutter beleidigt habe, 500 RM Sicherungsgeld.
Das Geld wurde 1945 zurückerstattet.

HERTLE, ULRICH
1907 07 04
Kaufbeuren / Augsburg / Feuchtwangen
Stadtpfarrer
1934 durch einen HJ-Führer öffentlich angeschuldigt.
1941 durch Ortsgruppenleiter auf einer Parteiversammlung angeschuldigt.
Außerdem: Ermittlungen wegen verbotener Jugendversammlung. Diese wurden nach Fürsprache
eingestellt.

Verhöre und Verwarnungen durch Gestapo wegen
Jugendseelsorge. Verhör und Verwarnung durch
den Landrat wegen des Flaggengesetzes. Verhöre
und Verwarnungen durch den Ortsgruppenleiter und
den Landrat wegen Ausländerseelsorge. Verhör
durch Kreisleitung wegen Ausländerseelsorge.
Drohung mit Haft wegen Beunruhigung der Bevölkerung. Drohung mit Versetzung. Beanstandungen. Weitere Angaben fehlen.

HERTSCH, HEINRICH
1877 04 19
Erisried
Pfarrer
1935 Vorladung und Verhör durch die Polizei
in Mindelheim. Nähere Angaben fehlen.

HILDEBRAND, JOHANN EVANGELIST
1905 11 09
Donauwörth / Sigmarszell
Beneviziat / Pfarrer
1936 und 1937 Anschuldigungen durch den Kreisleiter
und die Ortsgruppe, Verhör wegen einer Osterpredigt, Verwarnung durch die Ortsgruppe.
Im Juli 1939 Strafanzeige wegen Verstoßes gegen
das Sammlungsgesetz.
1940 Verhör durch die Polizei wegen Kritik am
Verbot eines Hochamtes an Fronleichnam, Verwarnung durch den Landrat. 1941 Verhör durch die
Polizei wegen einer Leichenrede, Verwarnung
durch die Gestapo.
1944 ein weiteres Verhör durch die Polizei
wegen Abhaltung eines Gottesdienstes an Christi
Himmelfahrt, Verwarnung durch den Landrat.
Verwarnung durch die Polizei. 1945 Verhör durch die
Gestapo wegen einer Predigt, Androhung von
1000 RM Geldstrafe oder Gerichtsverfahren.
Lit.: RPB III, 186, 222.

HIMPSEL, WILHELM
1870 01 24
Grimoldsried
Pfarrer
1935 vier Verhöre durch die Polizei wegen Beleidigung des Reichsleiters Rosenberg. 1937 Androhung von KZ-Haft durch die Kreisversammlung
der politischen Leiter wegen der vom Pfarrer
geplanten Kirchenerweiterung.
Von 1943 bis 1945 Unterrichtsverbot durch die
Regierung von Schwaben wegen „unzeitgemäßer
Unterrichtserteilung".

HINDELANG, KARL
1914 06 07
Kirchheim
Kaplan
1941 Antrag auf UK-Stellung abgelehnt.
Nähere Einzelheiten sind nicht bekannt.

HIRNER, KARL
1908 03 23
Weißenhorn
Benefiziumsvikar
Von 1933 bis 1937 mehrere Verhöre durch die Polizei
wegen „Geldgeschäften". Beschlagnahme aller
finanziellen Unterlagen incl. Postscheckkonto
und Bankguthaben. Rückerstattung erfolgte nach
drei Monaten.
1937 Verhör durch die Gestapo. Haussuchung
durch die Polizei, Beschlagnahme von Büchern
und Zeitschriften.

HIRSCHVOGEL, JOSEF
1903 04 28
Neuburg / Lindau / Lindau-Aeschach
Kaplan / Expositus
1933 acht Tage Schutzhaft wegen einer kirchlichen Jugendfeier und Beeinflussung gegen die
Regierung.
1933 Verhör und Verwarnung durch den Kreisleiter wegen angeblicher Verachtung des nationalsozialistischen Kirchendieners; Androhung
von Schutzhaft.
1937 ein Verhör durch die Gestapo wegen Verlesung des Goebbelsbriefes.
1938 Verhör wegen katholischer Jugendarbeit,
Haussuchung durch die Gestapo, Beschlagnahme von
Schriften und Privatgeld.
1941 Ermittlungen durch das Amtsgericht Lindau
wegen verbotener Sammlung, zu 150 RM Geldstrafe
verurteilt.

HITZLER, JOHANN BAPTIST
1888 06 02
Burgau / Stiefenhofen
Pfarrer
1933 Haussuchung durch die Polizei, Beschlag-
nahme von Werbematerial. 1935 Post- und Telefon-
überwachung. Von 1939 bis 1940 Verhöre durch die
Polizei wegen verbotener Sammlung; in der gleichen
Angelegenheit Ermittlungen durch den
Oberstaatsanwalt am Landgericht Kempten; Ver-
fahren aufgrund einer Amnestie eingestellt. 1942
Verhöre durch die Polizei wegen des Möldersbriefes.
Der Pfarrer mußte als Aktionär beim „Burgauer
Anzeiger" ausscheiden.

HOEGEL, JOHANN BAPTIST
1888 03 02
Biberbach / Schwabmünchen
Stadtpfarrer
1936 Verhör und Verwarnung durch den Landrat
wegen einer Predigt, in der angeblich die Wehrmacht beleidigt wurde. Drohung mit schärfsten Maßnahmen durch die Gestapo.
1937 Anzeige bei der SA wegen unsozialen Verhal-

tens; der Pfarrer sollte angeblich einen Jungen wegen seiner Armut aus dem Erstbeichtunterricht entfernt haben. Anzeige durch einen Lehrer bei der Polizei wegen einer Predigt.
1943 Verhör durch die Polizei wegen Teilnahme von Polen am Palmsonntagsgottesdienst, Verwarnung durch die Gestapo. Verhör durch die Polizei wegen Ministrantendienstes eines Litauers in der Polenmesse, Verwarnung und Drohung mit schärfsten Maßnahmen durch die Gestapo.

HOERBERG, GEORG
1890 04 30
Deubach
Pfarrer
Im März 1941 Anzeige durch den Landrat wegen Ausländerseelsorge.
Lit.: RPB III, 210.

HOERINGER, JOSEF
1894 09 30
Dillingen
Anstaltsdirektor
1934 als Vereinsvormund des katholischen Jugendfürsorgevereins durch die Gestapo verhört. Androhung der DAF München gegenüber dem Caritasverband München, den Pfarrer als „politisch unzuverlässig" zu behandeln, weil er gegen das Vorgehen der DAF in den Anstalten Stellung genommen hatte.

HOERMANN, JOHANN BAPTIST
1875 06 12
Landsberg
Stadtpfarrer
Verwarnung durch die Dienststelle der Wehrmacht wegen Abhörens des Auslandssenders.
Nähere Angaben fehlen.

HOESLE, ANDREAS
1892 10 23
Unterreitnau
Pfarrer
1944 Verhör wegen der angeblichen Äußerung, daß die Wehrmacht „schon längst Schluß gemacht hätte, wenn nicht die Partei wäre". Enthebung aus dem Amt des Standortpfarrers von Prag und Versetzung zum Generalkommando nach München.

HOESLE, MICHAEL
1888 08 14
Klosterbeuren / Obergünzburg
Pfarrer
1938 Ermittlungen durch den Staatsanwalt am Landgericht Memmingen wegen einer Predigt und der Christenlehre; die Untersuchung wurde eingestellt. Von Teilnehmern an dem Reichsparteitag in Nürnberg erhielt der Pfarrer eine Karte mit „Galgenansicht" und der

Bemerkung, daß er dafür vorgemerkt sei.
Verstorben am 10.2.1943.

HOFER, JOSEF
1895 01 26
Oberstaufen / Gundelfingen
Stadtpfarrer
1933 wegen seiner Predigten umfangreiche Hetzartikel in der „Augsburger Nationalzeitung". Haussuchung durch die SA.
1934 Verhör durch einen Bannführer und einen SA-Mann, Verwarnung.
1935 durch den stellvertretenden Gauleiter von München öffentlich angeschuldigt. Zweimal Zertrümmerung der Fenster durch die HJ.
Beanstandung durch den Kreisleiter der NSV wegen Verweigerung der Beiträge.

HOFFMANN, HERMANN
1884 05 16
Immenstadt
Geistl. Religionslehrer
Verbot des Brautunterrichts im St. Antoniushaus.
Verbot der Eröffnung eines Winfriedbundheimes zur religiösen Schulung von Konvertiten.
Bedrohung durch die SA während eines abendlichen Demonstrationszuges.
Androhung der Entfernung aus Immenstadt wegen eines Schulungskurses für Studenten.

HOFMILLER, ANTON
1902 09 12
Petzenhausen / Staufen / Inchenhofen
Pfarrer
Verhöre durch die Polizei. Verhör durch die Kreisleitung. Verhör und Verwarnung durch den Landrat. Beanstandung wegen Wahlenthaltung und Verlesung eines Hirtenbriefes. Androhung von Schulverbot. Verwarnung durch die Partei wegen der Christenlehre und einer Predigt. Gerichtliche Ermittlungen wegen Sabotage von WHW und Arbeitsvermittlung. Nähere Angaben fehlen.

HOFSTETTER, JOHANN BAPTIST
1909 06 04
Dießen / Lechhausen / Mönchsdeggingen
Kaplan / Pfarrkuratievikar
Dr. theol.
1937 Beanstandung durch die NSDAP von Dießen wegen einer Predigt; im Juni 1937 Drohungen gegen den Kaplan. Ende 1937 dreimalige Vorladung mit Verhör durch die Polizei wegen der Jugendseelsorge als Stadtkaplan in Augsburg-Lechhausen.
1938 wegen einer Leichenrede durch die Ortsgruppe öffentlich angeschuldigt.
Am 14.2.1941 durch das Bezirksschulamt Nördlingen Verbot des Privatunterrichts wegen mangelnder „weltanschaulicher Voraussetzungen".

HOH, JOSEPH
1882 04 26
Ustersbach
Pfarrer
Dr. theol.
Am 8.6.1938 aus unbekannten Gründen verwarnt.
Im Juni 1940 eine weitere Verwarnung durch die
Gestapo Augsburg wegen „staatsabträglichen Ver-
haltens".
1942 Verhör und Verwarnung durch die Gendarme-
rie Fischbach wegen Kritik an der Abnahme der
Glocken.
Lit.: RPB III, 199.

HOLDER, ANTON
1889 10 12
Aichach / Bedernau
Stadtprädikaturbenefiziat / Pfarrer
1933 durch die „NS-Sonntag-Morgen-Post" öffent-
lich angeschuldigt.
Beförderungsverweigerung zum Stadtpfarrer von
Aichach durch den Stadtrat, dem der Pfarrer
„bekannt" war.
Anschuldigungen durch ein lokales Flugblatt.
Androhung von drei Monaten Gefängnishaft.
Nähere Angaben fehlen.

HOLNER, SEBASTIAN (P. ODILO)
OFMCAP
1904 09 26
Kempten (St. Anton)
Pfarrvikar
1936 Verhör im Bezirksamt Mindelheim wegen
einer Predigt.

HOLZMANN, JOHANN BAPTIST
1900 03 30
Pörnbach
Pfarrer
Von 1938 bis 1945 Unterrichtsverbot wegen staats-
feindlicher Einstellung und Volksaufwiegelung.
1939 Verhör durch den Ortsgruppenleiter wegen
„staatsfeindlicher Äußerungen".
1941 Verhör durch den Ortsgruppenleiter wegen
Beeinflussung der Jugend.
Wegen „staatsfeindlicher Einstellungen" Verhör
und Verwarnung durch den Bürgermeister und die
Gestapo. Durch den Ortsgruppenleiter Androhung
von KZ-Haft in Dachau.
In einem Fall Verhängung von 300 RM Geldstrafe.
Nähere Angaben liegen nicht vor.

HOLZMANN, JOSEPH
1875 01 22
Kempten (St. Lorenz)
Stadtpfarrer
Verhör durch den Staatsanwalt im Amtsgericht
Kempten wegen Abhaltung eines nicht genehmigten
Gottesdienstes.

HORCH, FRANZ SERVATIUS
1892 12 31
Schwabegg / Klimnach / Marktoffingen
Pfarrer
1935 wegen Nichtbeflaggung zu 12,50 RM Geldstrafe
durch das Amtsgericht verurteilt.
1937 durch einen Lehrer bei der Polizei angezeigt. Der Pfarrer hatte Fronleichnam sein Haus
mit kirchlichen Zierfähnchen geschmückt. Daher
Verhör und Haussuchung durch die Polizei sowie
Beschlagnahme der Fähnchen.
1942 Verhör durch die Polizei wegen einer Bemerkung bei der Glockenabnahme. Der Pfarrer
sagte, er wolle keine Bronzeglocken mehr an-
schaffen, damit der Staat die Glocken nicht mehr
als Kriegsreserve betrachten könne. Androhung
schärfster Maßnahmen durch die Gestapo, Unterrichtsverbot bis Kriegsende durch den Regierungspräsidenten.

HORLE, FRANZ XAVER
1887 11 04
Gundelfingen / Steinheim
Pfarrer
1933 Haussuchung durch Polizei und vier NSDAP-
Mitglieder, angeblich wegen des Verdachts auf
illegalen Waffenbesitz, Beschlagnahme von Bü-
chern und Schriften. Wegen der Tätigkeit des
Pfarrers in der Führung des katholischen Ge-
sellenvereins versuchte die Kreisleitung, seine
Versetzung zu erreichen.
Im November 1937 Ermittlungen des Amtsgerichts
Höchstädt wegen Predigtäußerungen und par-
teifeindlichen Verhaltens. Einen Tag lang stän-
dig verhört. Das Verfahren wurde aufgrund der
Amnestie vom 30.4.1938 eingestellt.
Lit.: RPB III, 151.

HORNDACHER, MARTIN
1887 11 13
Hütting
Pfarrer
1933 Beanstandung durch den Amtsleiter wegen
Nichtläutens der Kirchenglocken am Vorabend des
Erntedankfestes.
Verhör durch die Gestapo wegen angeblicher Ver-
lesung des sogenannten „Goebbelsbriefes".

HORNUNG, FRANZ XAVER
1897 07 22
Dinkelsbühl / Burgberg
Pfarrer
1933 Verhöre durch die Polizei wegen Äußerungen über die Vorfälle beim Gesellentag in
München, Verhaftung geplant. Von 1933 bis 1939 Post-
und Telefonüberwachung.

1938 Mordandrohung auf offener Straße.
1939 Haussuchung durch die Polizei. Der geplanten Beförderungsverweigerung konnte sich das Ordinariat erfolgreich widersetzen.
1941 gerichtliche Ermittlungen in Dinkelsbühl wegen angeblichen Betriebs eines illegalen Geheimsenders und Nachrichtenübermittlung an den Feind, Verfahren eingestellt.
1942 Verhör durch den Kreisleiter wegen einer Christenlehre und Jugendabenden. Betätigungsverbot für diese Bereiche.
Mehrfach Androhung von Gefängnis- und KZ-Haft durch den Kreisleiter. Diese Maßnahmen konnten wohlgesinnte Polizeibeamte verhindern.

HORNUNG, THADDAEUS
1876 06 15
Dillingen
Seminarinspektor
Am 16.5.1933 für einen Tag in Schutzhaft genommen.
1944 Verhör durch die Kreisleitung wegen angeblicher Verbindung zum Attentat auf Hitler, nach dem Verhör wurde der Pfarrer unter Polizeiaufsicht gestellt.
Eine Haussuchung durch drei SA-Leute fand statt; nähere Angaben hierzu fehlen.

HUBER, ALFRED
1896 09 27
Heimertingen / Waldberg
Pfarrer
1934 durch den Artikel „Zuerst die Pflicht, dann das Vergnügen" im „Schwarzen Korps" öffentlich angeschuldigt. Beanstandungen durch den Gemeinderat.
1935 zum Verzicht auf die Pfarrei gezwungen.
1938 Beanstandung durch den Gemeinderat.
1939 Beanstandung durch den Landrat.
1940 Beanstandung durch die Gauleitung Schwaben.
Weitere Maßnahmen: Verhöre durch Ortsgruppenleiter, Kreisleiter und Gemeinderat. Androhung von Schutzhaft durch Gemeinderat, von Versetzung durch Landrat und Gauleitung und von KZ-Haft in der Öffentlichkeit.
Mehrfach öffentlich durch die Partei angegriffen.

HUBER, ANTON
1899 08 15
Bubenhausen / Pleß
Pfarrer
1933 und 1939 wurde der Pfarrer aus unbekannten Gründen verwarnt.

HUBER, FRANZ XAVER
1885 12 02
Tapfheim / Pfronten
Pfarrer

Am 25.6.1933 auf Veranlassung des Bezirksamtes Dillingen Durchsuchung der Amtsräume des Pfarrers. Beschlagnahme von Büchern. Eintägige Haft. Die Maßnahmen erfolgten ohne Angabe eines Grundes und wurden von der SA und der Polizei ausgeführt.

HUBER, GEORG
1901 11 28
Haberskirch / Unterbrunn
Pfarrer
1933 wegen Nichtbeflaggung Verhöre durch die Polizei. Haussuchung durch die Polizei und die SA. Ständige Drohungen durch Partei und Gemeinderat unter Hinzuziehung eines Rechtsanwaltes.
1937 erfolgte schließlich ein Wechsel der Pfarrei.

HUBER, JOHANN EVANGELIST
1904 03 15
Tutzing / Grünenbaindt
Kaplan / Pfarrvikar
1933 Beanstandung durch den Ortsgruppenleiter wegen einer Predigt; desgleichen im Frühjahr 1934.

HUBER, JOHANN NEPOMUK
1870 03 28
Merching
Pfarrer
1936 Verhör durch die Gestapo wegen eines Privatgespräches.

HUBER, P. JOSEF
CPPS
1907 01 05
Kimratshofen
Kaplan
1939 Verhöre und Haussuchung durch die Polizei und die Gestapo wegen einer Predigt. Einer Gerichtsverhandlung entzog sich der Pater durch Flucht nach Spanien.
Lit.: RPB III, 177.

HUBER, JOSEF
1886 04 27
Nesselwang
Pfarrer, Geistl. Rat
1936 Verhör durch den Ortsgruppenleiter und den Gemeinderat wegen seiner Predigten.
1937 Verhör durch die Polizei wegen verbotener Sammlungen.
1940 Verhör durch die Polizei wegen einer Jugendwallfahrt. Eine Verwarnung wegen eines Gaststättenbesuchs mit Jugendlichen.
1941 zu 30 RM Geldstrafe durch die Reichsschrifttumskammer verurteilt, weil der Pfarrer ein Buch veröffentlicht hatte, ohne Mitglied in der Reichsschrifttumskammer zu sein. Vom 30.9.1941 bis zum 19.12.1944 Unterrichtsverbot durch den Regierungspräsidenten von Augsburg ohne Angabe eines

Grundes. Verwarnung durch die Gestapo wegen einer
Jugendwallfahrt. Post- und Telefonüberwachung.
1944 Verhör durch die Polizei wegen Erteilung des
Religionsunterrichtes an die Kinder eines KLV-Lagers.
Lit.: RPB III, 204, 226.

HUBER, MICHAEL
1892 01 10
Leuterschach
Pfarrer
1936 Beschlagnahme des Buches „Germanentum und
Christentum" von Konrad Algermissen.

HUG, JOSEF
1880 11 06
Obermaiselstein
Pfarrer
Nach der Wahl vom 5.3.1933 kam es zu Drohungen
gegen den Pfarrer mit Schüssen auf sein Haus.
Obwohl die Täter (NSDAP-Mitglieder) der Polizei
bekannt waren, wurde keine Strafverfolgung ein-
geleitet. Später wurden noch in drei Fällen
Fensterscheiben des Pfarrhauses eingeworfen.

HUMM, ANTON
1893 02 07
Deisenhofen / Holzheim
Pfarrer
Von 1936 bis 1939 mehrere Verhöre, Beanstandungen
und Androhungen durch den Bürgermeister und
Blockwart in Deisenhofen wegen antinationalsoziali-
stischer Einstellung.
1937 Verhör durch die Polizei wegen offener
Inschutznahme der „Sittlichkeitsverbrecher".
Wegen dieser und einer weiteren kritischen Predigt kam der Pfarrer vor das Amtsgericht, spä-
ter vor das Sondergericht. Die Anklage lautete auf
Verstoß gegen das Heimtückegesetz. Das Verfahren
wurde 1938 aufgrund einer Amnestie eingestellt,
jedoch wurde der Pfarrer vier Tage lang in
Untersuchungshaft gehalten.
Nachdem der Haftbefehl durch das zuständige
Sondergericht aufgehoben worden war, kam der
Pfarrer auf Verlangen der Gestapo vom 21.8.1937
bis zum 14.10.1937 in Schutzhaft.
1939 Verhör durch die Gestapo wegen Beschädigung des Hitlerbildes und privater Äußerungen.
Verwarnung und Androhung von Haft. Haussuchung
mit Beschlagnahme von Broschüren und Schriften.
In einer Lokalzeitung durch einen Lehrerkollegen
mehrmals öffentlich angegriffen (1938/39).
1943 Verhör durch die Polizei wegen einer Messe
an Christi Himmelfahrt, in der gleichen Angelegenheit
Verhör und Verwarnung durch die Gestapo.

HUMPF, MARTIN
1907 09 09
Kempten / Walda / Pfaffenhofen
Pfarrer

1936 Verhör, Verwarnung und Drohung mit Schulverbot durch den Stadtschulrat wegen angeblicher
Kritik an der Wehrmacht.
Von 1937 bis 1945 ständig durch die HJ bei der Ortsgruppenleitung angezeigt wegen dauernder Behinderung ihrer Tätigkeit.
Ende 1941 bis Frühjahr 1943 Unterrichtsverbot.
1942 Verhör durch den Landrat.

HURLER, JOSEPH
1881 08 25
Niederdorf
Pfarrer
Verwarnung wegen Unterlassung des Hitlergrußes
in der Schule. 300 RM Geldstrafe wegen angeblicher Beleidigung des Ortsgruppenleiters.
In mindestens zwei Fällen gab es Verhöre
und Verwarnungen durch die Polizei wegen nazi-
feindlicher Äußerungen. Verhör und Verwarnung
durch die Polizei wegen Übertretung des Feiertagsrechts. Wegen einer Fronleichnamsprozession
durch den Ortsgruppenleiter und zwei Zeitungen
öffentlich angegriffen. Postüberwachung wurde
vermutet. Drohungen durch die Partei, weil die
Kirchturmfahne vom Wind zusammengedreht war.
Offene Anschuldigungen in der Zeitung, weil der
Pfarrer an den Filmvorführungen der Nationalsozialisten nicht teilnahm.

HURTER, ALOIS
1900 06 03
Göggingen
Benefiziumsvikar
1935 Verfahren vor dem Amtsgericht Augsburg,
weil der Pfarrer die Pfadfinder veranlaßte,
ihre Uniformen in der Kirche zu tragen.
Der Pfarrer und 10 Pfadfinder wurden am 29.10.1935
zu 40 RM Geldstrafe verurteilt. In der „Bayerischen
Gerichtszeitung" wurde er in einem Artikel
angegriffen.
1938 wegen Auflösung des Jungmännerverbandes Haussuchung durch die Gestapo, Beschlagnahme von Jugendschriften.
Post- und Telefonüberwachung wahrscheinlich.

IBERL, FERDINAND
1895 03 05
Burgau
Stadtpfarrer
Im Oktober 1938 Anzeige wegen Kanzelmißbrauchs;
der Pfarrer hatte sich zu einem Sittlichkeits-
prozeß geäußert.
Im Juni 1941 Verhör durch die Polizei und
Verwarnung durch die Gestapo wegen eines nicht
genehmigten Gottesdienstes für französische
Kriegsgefangene.
Lit.: RPB III, 172, 219.

IHLEMANN, BERNHARD
1900 12 23
Opfenbach, Mywiler
Benefiziumsvikar
Im Januar 1940 Vorladung und Verhör durch den
Ortsgruppenleiter wegen kritischer Predigt-
äußerungen über die religiöse Einstellung von
NS-Führern; Verwarnung und Androhung der Wei-
terleitung des „Falles".

ILMBERGER, KASPAR
1908 09 27
Frauenstetten
Pfarrvikar
Dr. oec. publ.
Ein Ermittlungsverfahren durch das Amtsgericht
Wertingen wegen Übertretung des Feiertags-
rechts. Verfahrensausgang nicht bekannt.

IMHOF, KARL
1904 01 10
Lichtenau / Dorschhausen
Pfarrer
1934 Beanstandung und Androhung von KZ-Haft
durch den „Ortsamtsleiter" der Partei wegen
einer Predigt am Christkönigsfest.
Beanstandung und Anzeige beim Landrat durch den
Ortsgruppenleiter wegen der für den Staat „ent-
würdigenden Art" der Kirchenbeflaggung. Die
Fahne war relativ klein.

IMMLER, ANDREAS
1904 02 22
Dillingen / Langerringen / Thalhofen
Stadtkaplan / Benefiziumsvikar / Pfarrvikar
1935 durch den Ortsgruppenleiter als „Sittlichkeitsverbrecher, Schieber und Lump" öffentlich
angegriffen. Ende 1937 bis März 1938 Postüberwachung. Verhör durch den Bürgermeister und die
Polizei wegen Zugehörigkeit zur Jugendbewegung;
Haussuchung. Verhör durch den Bürgermeister
wegen Predigten und Christenlehre. Verhör durch
die Gestapo wegen Verbreitung des Möldersbriefes.
Schulverbot, Zwangsversetzung. Weitere Verhöre
durch Bürgermeister und Gestapo.
Im Pfarrhof kurzfristig „interniert".

IMMLER, LUDWIG
1899 08 24
Jedesheim
Pfarrer
Im März 1941 Verwarnung durch die Gestapo
Augsburg wegen regimekritischer Predigtäu-
ßerungen. Ein polizeiliches Verhör im Pfarrhof
wegen Predigtäußerungen.
1941 wegen zweier Fronleichnamsgottesdienste mit 150
RM Geldstrafe belegt.
Durch Polizei und Landrat von Illertissen aus
unbekannten Gründen schriftlich verwarnt.

Im Juli 1941 Unterrichtsverbot durch den Regierungspräsidenten von Schwaben für 18 Monate.
Lit.: RPB III, 209, 221.

INHUBER, JAKOB
1910 06 15
Augsburg / Kaisheim
Pfarrer
Verhör, Verwarnung und Haussuchung durch die
Gestapo, Beschlagnahme von privatem und amt-
lichem Material.

ISELY, FERDINAND
1891 11 16
Rettenbach
Pfarrer
Verhör durch den Landrat wegen Ministrantenaus-
flügen. Eine Verwarnung durch die Gestapo im
November 1938.

JAEGER, ANTON
1893 12 19
Burghagel
Pfarrer
1936 Verhör durch die Polizei wegen Bemerkungen gegen das Erbhofgesetz. Verhör durch
den Bezirksamtmann wegen Nichtverlesung eines
Wahlaufrufs.
1942 Verhör und Verwarnung durch die Polizei
wegen Verbreitung des Möldersbriefes. Verhöre durch
die Polizei wegen Beunruhigung der Bevölkerung. Der
Pfarrer hatte geäußert, daß der Heldentod
nicht für den Himmel genüge und daß die
Feinde auch sich wehrende und für das Vaterland
kämpfende Soldaten seien.

JAKOB, EDUARD (P. SIGISMUND)
OCR
1912 08 28
Mindelheim
Hausgeistlicher
1939 Beschlagnahme des Klosters Engelszell
(Österreich) durch die Gestapo. Flucht des
Paters in die Diözese Augsburg.
1940 Verhöre und Verwarnungen durch die
Gestapo wegen Regimekritik und Weglassung
der Fürbitte für die Verwundeten und
Gefallenen.
1941 Verhör durch die Gestapo wegen angeb-
lichen Verkaufs von Weihwasser.
Widerruf der UK-Stellung. Verurteilung durch
ein Militärgericht wegen Polenseelsorge.
Verbot jeglicher Zelebration und vier Wochen
Dienst in einem Wehrmachtsbordell.

JAUMANN, FLORIAN
1896 12 10
Eurasburg / Halsbach
Pfarrer

1933 Verhör vor dem Armenausschuß durch den
Bürgermeister wegen der angeblich unberechtig-
ten Besoldung aus der Kirchenkasse.
Androhung von Zwangsversetzung. Haussuchung und
Beschlagnahme eines Buches durch die Polizei und
SA. Angriffe wegen angeblichen Diebstahls aus der
Kirchenkasse.
1942 Androhung der Verhaftung durch den Orts-
gruppenleiter.
Verhör durch den Kreisleiter wegen seiner
Äußerungen, daß die Teilnahme an der Christenlehre
Pflicht sei. Verhör durch den Bürgermeister wegen Nichteintragung Hitlers
als Ehrenpate. Verhör durch die Polizei wegen
Übertretung des Sammlungsgesetzes; es handelte
sich um eine Holzspende für den Kirchenbau. Verhör durch die Polizei wegen der Engel-
amtssammlung. Verhör durch die Polizei wegen
Nichtbeflaggung. Verhör durch die Polizei wegen Bemerkungen über die Behandlung des Ablas-
ses im Geschichtsunterricht durch einen Lehrer;
darauf Unterrichtsverbot durch die Regierung
von Oberbayern. Beförderungsverweigerung. Verhör durch die Polizei wegen eines Privatgesprächs. Verhör durch die Gestapo wegen Polenseelsorge; man warf dem Pfarrer die feierliche
Taufe eines Polenkindes, die zu geringe Entfernung eines polnischen Grabes zu deutschen Grä-
bern und das Glockengeläut zu der Beerdigung
eines Polen vor. Zeitweise Postüberwachung
wegen des Bezugs des „Osservatore Romano".

JECK, AUGUST
1888 08 26
Utzwingen
Pfarrer
1933 Androhung von „geeigneten Maßnahmen" durch
die Kreisleitung; der Pfarrer hatte sich geweigert, auf Weisung der Kreisleitung die Glocken
zu läuten. Er wurde schriftlich verwarnt.
1935 Verhör durch die Polizei wegen Nichtbeflaggung. Die folgenden gerichtlichen Ermittlungen wurden infolge Amnestie eingestellt.
1940 Ausschluß aus der NSV, nachdem der Pfarrer
selbst bereits seinen Austritt erklärt hatte.

JEHLE, WILHELM
1881 05 07
Reichling / Billenhausen
Pfarrer
Im Oktober 1939 Verhör und Beanstandung durch
den Landrat von Schongau mit Androhung der Ver-
haftung wegen parteifeindlicher Äußerungen.
Gerichtliche Ermittlungen durch das Amtsgericht
Schongau; nähere Angaben fehlen.
Vorladung und Verhör durch den Staatsanwalt im
Amtsgericht Kempten wegen Verstoßes gegen den
Kanzelparagraphen. Das Verfahren wurde auf An-
trag des Verteidigers eingestellt.

JOB, KARL EUGEN
1898 05 01
Ried
Pfarrvikar
Verhör durch die Polizei wegen seiner Predigten.
Überwachung und Einschüchterung der Pfarrhaus-
besucher.

KAESSMAIR, JOHANN
1890 09 12
Ehingen
Pfarrer
1935 Verhör und Verwarnung durch das Bezirksamt
Wertingen wegen Vergehens gegen den Kanzelparagraphen. In der gleichen Angelegenheit auch
Ermittlungen durch das Amtsgericht. Die Strafe,
ein Monat Haft, wurde aufgrund der Amnestie
vom 23.4.1936 erlassen.
Zwei Jahre Post- und Telefonüberwachung.

KAISER, MATTHIAS
1905 01 11
Kaisheim
Kaplan
1933 Verhör, Verwarnung und Androhung weiterer
Maßnahmen durch den Landrat von Donauwörth
wegen einer Predigt zum Jugendtag in Kaisheim.

KALB, HEINRICH
1900 05 22
Mindelheim / Manching / Schmiechen
Benefiziumsvikar / Pfarrer
In Mindelheim Durchsuchung seines Arbeitszimmers
durch die Polizei; Beschlagnahme von ND-Akten.
1942 Drohungen durch den Bürgermeister wegen
der Weigerung, einen Heldengottesdienst für
einen exkommunizierten Gefallenen zu halten. Der
Pfarrer mußte die Pfarrei verlassen, um den
Folgen zu entgehen. Im Januar 1943 Wechsel von
Manching nach Schmiechen.

KALTMEYR, ADALBERT
1877 07 28
Rennertshofen
Pfarrer
1933 eine Beanstandung wegen eines Zusammenstoßes mit der HJ.
Im August 1934 eine Beanstandung wegen ungenügenden Glockengeläutes anläßlich Hindenburgs Tod.
Verstorben am 23.2.1941.
Lit.: RPB III, 13, 33.

KAPFHAMER, HEINRICH
1881 07 16
Schnellmannskreit
Pfarrer, Dekan
1938 Ermittlungen durch das Amtsgericht
wegen Übertretung des Viehseuchengesetzes.

Verurteilung zu 100 RM Geldstrafe.
1938 wegen Abstimmungsboykotts auf Plakaten mit
Ausweisung bedroht.
Am 14.9.1939 Verhandlung vor dem Sondergericht
München wegen Vergehens gegen das Heimtücke-
gesetz; infolge Beweismangels Abbruch der Ver-
handlung und Amnestiegewährung.
Im Mai 1940 Strafanzeige wegen versuchter Grün-
dung eines Knaben- und Mädchenvereins.
Vom 1.7.1940 bis zum Kriegsende Unterrichtsver-
bot durch den Regierungspräsidenten von Mün-
chen wegen feindseliger Einstellung dem Regime
gegenüber.
Eine Verwarnung durch den Landrat von Aichach.
Außerdem: mehrere Verhöre durch die Polizei,
den Landrat und das Amtsgericht Aichach.
Haussuchung durch die Polizei und Versuch, einen
Feldpostbrief des Bischofs zu beschlagnahmen.
Öffentliche Angriffe und Beleidigungen im
„Schwarzen Korps" und mehrfach durch Jugendliche
und NSDAP-Anhänger auf offener Straße.
Lit.: RPB I, 319.

KASTL, LEONHARD
1905 02 11
Kissing / Bodelsberg
Kaplan / Benefiziumsvikar
Am 20.7.1933 durch die SA und die Gestapo im
Zusammenhang mit dem katholischen Gesellentag
in München verwarnt.
Vom 1.5.1933 bis zum 1.1.1934 sowie vom 5.7.1935
bis zum 1.7.1936 Post- und Telefonüberwachung.
1933 in der „Neuburger Zeitung" als Kommunist
bezeichnet und heftig angegriffen.
Am 5.7. und 12.7.1935 Vorladung und Verhör
durch die Ortspolizei.
Am 17.8.1935 Vorladung und Verhör durch den
Landrat, verbunden mit mündlicher Verwarnung.
Im August 1935 Ermittlungen durch das Amtsgericht Kempten, im November durch das Landgericht. Nähere Angaben zu dem Vorgang fehlen.
Am 20.3.1936 mündliche Verwarnung durch den
Bürgermeister von Dürach.
Am 23.3.1936 Freispruch in einem Verfahren vor
dem Sondergericht München. Nähere Angaben
fehlen. Außerdem: ein Verhör im Benefiziaten-
haus durch die Ortspolizei und eine Androhung
der Verschickung ins KZ.

KASTNER, KARL
1913 05 20
München
Theologiestudent
1933 wegen Zugehörigkeit zum „Friedensbund
Deutscher Katholiken" durch die Fachschaft des
NS-Studentenbundes verhört und mit Ausschluß vom
Studium und Zulassungsverbot zum Religions-
lehrerexamen bedroht. Des weiteren mehrere Tage
von Rollkommandos verfolgt.

KATZENMEIER, JOHANN
1882 01 03
Igenhausen
Pfarrer
1936 Beanstandung durch die Kreisleitung wegen
einer Äußerung in der Schulpflegschafts-
sitzung.

KATZENSCHWANZ, KARL
1901 12 11
Amendingen
Pfarrer
1942 Verhör und Verwarnung durch die Polizei wegen
Zitierens des Möldersbriefes in einer Predigt.
Verhör durch die Polizei wegen eines Hirten-
briefes.
Verhör und Verwarnung durch die Polizei wegen
Übertretung des Feiertagsrechts.
Verhör durch die Polizei wegen der katholischen
Bücherei.

KEIL, JOHANN BAPTIST
1899 07 12
Ruderatshofen
Pfarrer
1937 und 1939 Verfahren vor dem Sondergericht
München. Das erste Verfahren endete mit einer
strengen Verwarnung, das zweite Verfahren wurde
eingestellt.
1944 in einem Zivilprozeß zu einem Vergleich mit
einem Kriminellen gezwungen.
Verhör durch die Polizei. Verhör durch den
Landrat. Dauernde Post- und Telefonüberwachung.
Nähere Angaben fehlen.
Lit.: RPB III, 177.

KELLER, ANTON
1914 08 31
Schwabmünchen
Kaplan
Im Juli 1940 Anzeige wegen Verstoßes gegen das
Sammlungsgesetz.
Ermittlungen durch ein Kriegsgericht we-
gen unerlaubter kirchlicher Feiern. Nähere An-
gaben zu dem Verfahren liegen nicht vor.

KELLER, PAUL
1903 03 21
Kemnat
Pfarrer
Im Juli 1937 Anzeige wegen Vergehens gegen
das Heimtückegesetz.
Im Juli 1940 aufgrund eines Vergehens gegen das
Sammlungsgesetz eine Anzeige durch die Gestapo.
Lit.: RPB III, 140, 202.

KEMPF, RICHARD
1886 02 12
Reinhartshausen
Pfarrer
1942, 1944, 1945 Verhöre durch den Ortsgruppenleiter wegen Predigten und angeblicher „Propaganda". Drohung einer Meldung beim Kreisleiter.
1943 Verhöre und Verwarnungen durch die Gestapo wegen des Möldersbriefes.
Verhör durch die Gestapo wegen Abhaltung eines
feierlichen Gottesdienstes an Christi Himmelfahrt (1943).

KEMPTER, JOSEF
1897 03 03
Zaiertshofen
Pfarrer
Durch den Landrat wegen Kanzelverkündigungen
angezeigt.
Anzeige bei den örtlichen Parteistellen, Ver-
warnung durch die Partei.

KESSLER, DANIEL
1900 04 05
Dillingen / Donaumünster
Pfarrer
Dr. theol.
1933 als Präfekt des Studienseminars von der
Polizei verhört. Im Stadtpfarrhof kurzfristig
festgenommen, nach drei Stunden Schutzhaftbefehl
aufgehoben. Mehrere Jahre Postüberwachung.

KESSLER, FRANZ XAVER
1906 03 03
Waldstetten
Pfarrer
1939 wurde der Pfarrer als bisher „unproduktive
Kraft des Ortes" aufgrund der Kriegsgesetze
als Landarbeiter zwangsverpflichtet.
Diese Maßnahme hatte der fanatische Bürgermeister und Ortsgruppenleiter veranlaßt. Wegen eines Protestschreibens des bischöflichen
Ordinariats nahm das Arbeitsamt Ulm die Maßnahme als „Irrtum" zurück. Dieser Vorfall war
einzigartig in Bayern.

KESSLER, HEINRICH
1887 02 15
Breitenbrunn
Pfarrer
1935 Verhör durch das Bezirksamt wegen Abhaltung
einer Maiandacht während einer Führerrede, Verwarnung durch einen Regierungsrat. 1941 Verfahren vor
dem Amtsgericht wegen Übertretung des Feiertagsrechts (Berufung gegen den Strafbefehl über 157,50
RM); Freispruch. Durch HJ-Jungen beim HJ-Führer
angezeigt, der Pfarrer hatte den Jungen wegen schlechten Benehmens und Fernbleibens von der Christenlehre gerügt. Postüberwachung.

KESSLER, HIERONYMUS
1897 01 01
Huglfing
Pfarrer
1934 Verhör durch die Polizei wegen „staatsfeindlicher Äußerungen" in einer Predigt. Der
Pfarrer war von einer Privatperson angezeigt
worden.

KIDERLE, ADOLF
1883 07 06
Dietmannsried
Pfarrer
1941 Verhör durch die Polizei.
1942 sechs Wochen Schutzhaft in Kempten,
ab Mai 1942 Unterrichtsverbot.
1943 Verfahren durch das Sondergericht München,
zu sechs Monaten Haft verurteilt. Der Pfarrer
war vom 16.2. bis zum 15.6.1943 inhaftiert, ein
Monat Untersuchungshaft wurde angerechnet und
ein Monat erlassen. Nähere Angaben fehlen.
Lit.: RPB III, 232.

KIECHLE, OTTO
1901 09 08
Unterdiessen
Pfarrer
1942 wegen Beerdigung eines Russen vom Landratsamt Kaufbeuren im Auftrag der Gestapo verhört.

KIENNINGERS, JOSEPH
1894 07 09
Eberfing
Pfarrer
Verhör durch die Polizei.
Verurteilung zu 50 RM Geldstrafe.
Nähere Angaben fehlen.

KIERMAIER, KASPAR
1899 02 18
Waal / Weißensberg
Pfarrer
Im April 1934 Verwarnung durch das Bezirksamt
Pfaffenhofen wegen Verweigerung des Hitlergrußes in der Schule in Waal.
Im Sommer 1941 ein Monat Haft wegen „staatsabträglicher Äußerungen" im Zusammenhang mit
der Entfernung der Kruzifixe aus den Schulen.
Ein Verfahren vor dem Sondergericht München
wurde eingestellt.
Ab November 1941 Unterrichtsverbot.
Außerdem wurde der Pfarrer sehr häufig von
Parteistellen, der Polizei und dem Bezirksamt
verhört, verwarnt und bedroht. Bei einer Haussuchung wurde ein Buch beschlagnahmt. Eine Geldstrafe in höhe von 75 RM wurde infolge Amnestie
erlassen. Die Betätigung als Schriftsteller

war dem Pfarrer verboten.
Lit.: 1.RPB I, 15. 2.RPB III, 225, 228, 230.

KIRCHMANN, GEORG
1905 03 28
Pfaffenhausen / Altusried / Petersthal
Kaplan
Zwischen 1933 und 1934 in Pfaffenhausen öffentlich angeschuldigt, man unternahm eine Unterschriftensammlung unter den Angehörigen von NS-
Organisationen. Ein Anzeige wurde vom zuständigen Gendarmeriekommissar unterdrückt. Verhöre und Verwarnungen durch Kreisleiter und
Ortsgruppenleiter auch in Altusried (1934/35).
1943 wegen einer Predigt angezeigt. Der Kaplan,
er war bereits eingezogen, kam vor ein Kriegsgericht. Wegen Verdachts auf Hochverrat und Wehr-
kraftersetzung 10 Monate Haft und anschließende Frontbewährung. Vom 21.3.1943 bis zum 15.9.1943
war der Pfarrer inhaftiert, danach Frontbewährung in der Sowjetunion.

KLAMBT, WILHELM
1886 01 23
Prittriching / Augsburg
Pfarrer / Emeritus
1938 zwei Verfahren wegen Kanzelmißbrauchs.
Im März 1938 Auseinandersetzungen mit einem
Lehrerkollegen, daraufhin Schulverbot und frei-
willige Resignation des Pfarrers.
Lit.: RPB I, 290.

KLAUS, FRANZ
1907 02 23
Dillingen / Jettingen
Kaplan, Religionslehrer
1934 wegen einer Bemerkung im Religionsunterricht zwei Wochen Unterrichtsverbot.
Öffentliche Anschuldigungen in einer Parteiversammlung und in der lokalen Tagespresse.
1937 Haussuchung durch Gestapo, Beschlagnahme
von amtlichem und privatem Material.
1938 Verhör und Verwarnung durch die Gestapo
wegen einer Predigt und einer Religionsstunde
zum Thema „Blut, Rasse und Mythus".
1940 Verhör durch die Polizei wegen einer
Predigt. Verhör im Landratsamt wegen des
Stellungsbefehls. 20 RM Geldstrafe wegen Verbreitung einer Predigt.

KLEEMANN, KARL
1884 08 23
Hasberg
Pfarrer
Dr. jur. utr.
Beanstandung durch die Partei, weil die Haken-
kreuzfahne des Pfarrers nur einseitig bedruckt
war. Post- und Telefonüberwachung vermutet.

KLEIBER, KARL
1902 11 29
Steingaden / Bühl / Schwabegg / Ried
Expositus
1933 Verhör und Verwarnung durch die Partei.
1935 Zwangsversetzung von Bühl nach Schwabegg.
1941 wegen einer Leichenrede festgenommen, drei
Wochen Polizeihaft, Verhöre durch die Polizei
und Gestapo, Haussuchung mit Beschlagnahme von
Predigten und Briefen durch Polizei.
Ab 1.8.1941 Unterrichtsverbot. Beförderung ver-
weigert.
Verhör durch Polizei in Schwabmünchen. Mehrere
Beanstandungen durch die Partei. Androhung von
Schutzhaft sowie mehrere Verwarnungen.
Nähere Angaben fehlen.
Lit.: RPB III, 219.

KLEIN, JOHANN BAPTIST
1879 04 12
Großaitingen
Pfarrer
1933 Androhung mit Ermordung, dem Drohbrief war
eine Kugel beigegeben, einmal wurde auf das
Pfarrhaus geschossen.
1941 wegen einer Predigt und einer dienstlichen
Räumungsklage ein Monat Polizeihaft, Verhör
durch Gestapo, Unterrichtsverbot.
In einer Versammlung öffentlich angeschuldigt. Postüberwachung.

KLIER, LUDWIG
1893 05 19
Waldkirch / Obersöchering
Pfarrer
1936 wegen Nichtbeflaggung und Abgabe eines
leeren Wahlzettels zur Wahl vom 29.3.1936 verfolgt. Verhör und Androhung von Freiheits- und
Geldstrafe durch den Kreisleiter, Prügel durch
Privatpersonen auf Geheiß des Kreisleiters.
Am 30.3.1936 für einen Tag in Schutzhaft genommen.
Öffentliche Anschuldigungen. Die „Nichtbeflaggung" wurde durch das Amtsgericht Günzburg
und das Landgericht Augsburg weiterverfolgt,
das Verfahren durch Amnestie eingestellt.
1938 bei der Gestapo wegen einer Grabrede angezeigt.
Während des Krieges wegen Entgegennahme freiwilliger Naturalabgaben eine Beanstandung durch
den Ortsbauernführer.
1939-1945 Postüberwachung.
Lit.: RPB III, 102.

KLINGENBERG, P. BERNHARD
CPPS
1904 11 12
Lindenberg
Stadtkaplan

1939 Unterrichtsverbot für die Berufsschule. Daraufhin hielt der Kaplan den
Unterricht in der Sakristei ab.
Verhör durch die Polizei, weil der Kaplan
nach einem Hollandbesuch gesagt hatte, daß
das Ausland friedlich gesonnen sei. Wegnahme
des Reisepasses. Ein weiteres Verhör in derselben Angelegenheit durch den Kreisleiter
hatte ebenfalls keine Folgen.
1942 Verwarnung durch den Bürgermeister
und Kreisleiter wegen Äußerungen im
Religionsunterricht.
1942 Widerruf der UK-Stellung.

KLOTZ, ANTON
1892 03 29
Wiedergeltingen
Pfarrer
1940 Verhör durch den Ortsgruppenleiter wegen
Abhörens fremder Sender.
1941 Verwarnung durch den Ortsgruppenleiter,
weil der Pfarrer sich zu viel an der Politik be-
teilige. Zwangsversetzung durch den Ortsgruppenleiter gefordert, Beaufsichtigung des Pfarrhauses durch die HJ, 1944 durch eine einquartierte
Familie (PG) auf Geheiß des Ortsgruppenleiters.
1943 Beanstandung durch den Schulrat wegen
zu harter Strafen für bestimmte Schüler.

KLUCKER, MELCHIOR
1870 12 04
Adelsried / Thannhausen
Pfarrer
1934 Verwarnung durch die Propagandastelle Augsburg wegen kritischer Predigtäußerungen gegenüber den Schlageterfeiern.
1936 Beanstandung durch die Propagandastelle
wegen eines Gebetes „für Deutschland" nach der
Verlesung des Hirtenbriefes über die Gemein-
schafts- und Bekenntnisschule.

KNAUS, ANTON
1898 11 26
Donauwörth / Winterrieden
Pfarrer, Dekan
1933 Haussuchung durch Polizei und SA.
1934-1935 zwei Verhöre und Verwarnungen durch die
Kreisleitung wegen Tätigkeit in der Kolpingsfamilie.
1938 Ermittlungen durch die Staatsanwaltschaft wegen Übertretung des Sammlungsverbotes,
das Verfahren wurde wegen Amnestie eingestellt.
Verhör durch die Polizei wegen Versammlungs-
tätigkeit. Verhör durch die Polizei wegen
Polenseelsorge. Beanstandung durch die Kreisleitung wegen Predigten. Viele Anzeigen wegen
Predigten.

KNAUS, FRANZ XAVER
1909 12 13
Mering / Reichau
Kaplan / Kuratievikar
1937 Haussuchung durch die Gestapo, Beschlagnahme von Jugendzeitschriften.
1938 wegen einer Predigt gerichtliche Ermittlungen; das Verfahren wurde infolge Amnestie eingestellt.
1939 Beförderungsverweigerung wegen schlechter
Beurteilung durch die Ortsgruppe.
1939-1944 mehrere Verwarnungen durch den Landrat
im Auftrag der Gestapo.
1941-1942 Ermittlungen durch das Amtsgericht; Verhängung von 50 RM Geldstrafe. Das Berufsverfahren vor dem Landgericht endete mit Freispruch.
1943 500 RM Sicherungsgeld durch Gestapo eingezogen.
1945 Anzeige durch die Schulleitung.
Außerdem wurden folgende Maßnahmen verhängt:
Verwarnung durch die Gestapo. Mehrere Verwarnungen und Anzeigen durch die Partei. Androhung
von KZ-Haft und Erhängung. Postüberwachung.

KNAUS, KARL
1886 03 31
Kühbach / Seeg
Pfarrer
Von 1933 bis 1944 12 Verhöre durch die Polizei.
1935 durch das Bezirksamt verwarnt wegen feindlicher Einstellung dem Nationalsozialismus gegenüber, insbesondere in Predigten.
1938 Verhör im Schulhaus durch den Landrat im
Beisein des Kreisleiters, der Polizei, des Ge-
meinderats und der Lehrerschaft. Androhung der
Zwangsversetzung.
Öffentliche Anschuldigungen durch Nazis wegen
des Verhaltens bei der Wahl vom 10.4.1938. Dem
Pfarrer wurde die Schuld an 12 Prozent Nein-
stimmen im Ort gegeben.
1943 Verhör durch den Landdienst-Gaulager-
führer.
1944 wegen Verstoßes gegen die Feiertagsverordnung
50 RM Geldstrafe.

KNEER, JOSEF
1894 04 02
Günzburg
Stadtpfarrer
1941 Beanstandung durch die Polizei wegen einer
Predigt.
1942 Beschlagnahme von Broschüren („Der Kirchliche Brautunterricht").
1943 Verhör durch die Polizei wegen des Vertriebes der Gottesdienstordnung, der eingestellt werden mußte.

KNOLL, JOSEPH
1885 07 24
Hainhofen
Pfarrer
Verhör durch die Polizei, weil der Pfarrer
mit „Heul Hitler" grüßte. Postüberwachung
vermutet. Verbot, einen Hirtenbrief zu verlesen.
Drohungen, weil der Pfarrer den Beitritt zur
NSV verweigerte.

KNOR, JOHANN BAPTIST
1876 09 01
Lautrach
Pfarrer
Wegen Predigten verwarnt durch den Ortsgruppenleiter. Zertrümmerung der Pfarrhausfenster,
weil der Pfarrer von den Kindern den Gruß
„gelobt sei Jesus Christus" verlangte.
Post- und Telefonüberwachung für ein Jahr.

KOBELL, MARKUS
1909 10 28
Krumbach / Pfaffenhofen / Hoppingen
Stadtkaplan / Pfarrer
1935 Verhör durch den Landrat wegen einer privaten Äußerung gegen die HJ und versuchter
Wiederherstellung der katholischen Jugendvereine. Zwangsversetzung von Krumbach nach Pfaffenhofen. 1936 erneute Versetzung (nach Obergünzburg) wegen einer politischen Äußerung
in der Schule. 1938 Ermittlungen durch das
Amtsgericht Obergünzburg wegen Vergehens gegen
das Pressegesetz. Der Pfarrer hatte ein anonymes
Flugblatt, in dem ein „Sittlichkeitsverbrechen"
bestritten wurde, verbreiten lassen. Das Verfahren wurde infolge Amnestie eingestellt.
1939 zwei Verhöre durch das Amtsgericht wegen
einer Predigt. Januar 1940 Ermittlungen durch
das Sondergericht München wegen Heimtücke.
Infolge Amnestie wurde das Verfahren jedoch
eingestellt; Verwarnung.
Mai 1944 Ermittlungen durch das Sondergericht
München wegen Heimtücke und Wehrkraftzersetzung. Das Verfahren wurde eingestellt; 1000 RM
Sicherungsgeld wurden eingezogen.
Im Dezember 1944 Drohungen in einem Flugblatt,
weil sich der Pfarrer geweigert hatte, einen
SS-Mann kirchlich zu beerdigen.

KOCH, RAIMUND
1876 04 22
Scheppach
Pfarrer
1934 in der „Deutschen Presse" und den „Stutt-
garter Blättern" wegen seiner Stellungnahme zu pornographischen Bildern in der „Günzburger Nationalzeitung" angeschuldigt. 1938
zwei Verwarnungen durch den Landrat von Günzburg, der auch wissen ließ, daß er den Pfarrer

gleich „nach Österreichs Fall erledigen" werde.
1939-1945 Postüberwachung.
Im Juni 1941 von der Gestapo wegen einer Predigtäußerung über Bombenschäden verwarnt.
Im August 1941 Unterrichtsverbot.
1942 Verhör durch die Polizei.
1942-1945 Unterrichtsverbot ohne Angabe von
Gründen ausgesprochen. Der Pfarrer bezahlte
seinen Stellvertreter für den Religionsunterricht mit 450 RM monatlich aus eigener Tasche.
Das Verbot für Erstbeichte und Kommunionunterricht konnte das Ordinariat rückgängig machen.
1943 zwei Verhöre durch die Polizei.
Lit.: RPB III, 219, 223.

KOEBERLE, THADDAEUS
1868 01 23
Lenzfried
Hausgeistlicher
1944 Verhör durch die Gestapo wegen Abhörens
von Auslandssendern, Beschlagnahme des Radiogerätes. Außerdem bestrafte die Gestapo den
Pfarrer mit 1500 RM Geldstrafe, die an die NSV
zu zahlen war.

KOEGEL, GERMAN
1895 12 16
Weicht
Pfarrer
1933 in dem Presseartikel „Pfarrer, die Flaggen
lächerlich finden" angeschuldigt.

KOELBL, HEINRICH
1892 02 17
Weiler / Oberfinning / Aidling
Pfarrer
1933 auf dem Gesellentag in München öffentlich
angegriffen. Bis 1937 mehrfach öffentliche Anschuldigungen durch den Kreisleiter von Lindau
und den Ortsgruppenleiter von Weiler.
Wegen der Tätigkeit des Pfarrers als Präses
des Gesellenvereins sollte er 1936 mit einem
umgehängten beleidigenden Plakat („ich bin der
größte schwarze Schuft des Allgäus") in Weiler herumgeführt werden. Da er jedoch äußer-
sten Widerstand androhte, unterblieb die Maßnahme. Durch HJ und SA wurden ihm die Fenster
des Hauses eingeschlagen.
Von 1934 bis 1936 mehrfach Verwarnungen durch
den Landrat von Lindau.
Ein Verfahren beim Amtsgericht Landsberg wegen
regimefeindlicher Reden und Verstoßes gegen
das Sammlungsgesetz endete mit Freispruch (Oktober 1939) und einer Verwarnung.
Im Oktober 1940 und später zu wiederholten
Malen bei öffentlichen Versammlungen durch NS-
Funktionäre angeschuldigt und mit KZ bedroht
wegen regimefeindlicher Haltung, Verweigerung
des Hitlergrußes und Defätismus.

Am 16.3.1944 Vorladung und Verhör durch die Polizei nach einer Anzeige wegen Abhörens ausländischer Sender.
Am 15.9.1944 nach Anzeige wegen Defätismus Vorladung, Verhör und 1000 RM Sicherungsgeld durch die Gestapo München.
Oktober 1944 Verhängung von Unterrichtsverbot. Außerdem Postüberwachung.

KOENIG, JOSEF
1866 03 25
Agawang
Pfarrer
Durch HJ-Führer wegen Abhaltens der Christenlehre belästigt.
Verstorben am 9.1.1946.

KOENIGSDORFER, FRANZ
1875 09 27
Lechbruck
Pfarrer
1940 wegen Vergehens gegen das Sammlungsgesetz durch das Landgericht Kempten mit 100 RM Geldstrafe belangt.
Verstorben am 15.3.1944.

KOENIGSDORFER, KARL
1909 02 18
Ichenhausen
Stadtpfarrer
1935 Verwarnung durch die Gestapo wegen Abhaltung einer Nikolausfeier im Jungmännerverein.

KOETT, JOHANNES
1885 05 19
Vesperbild
Benefiziumsvikar
Verwarnung durch den Direktor der Oberrealschule im Auftrag der Partei vor dem Lehrerkollegium wegen des mangelnden und fehlerhaften Hitlergrußes seitens des Pfarrers.
1937/38 Entlassung infolge Aufhebung der Oberrealschule mit dem Herz-Jesu-Heim, an der der Pfarrer als Lehrer und Spiritual angestellt war. Der Pfarrer war anschließend 18 Monate ohne Anstellung und Gehalt.

KOHLER, GOTTFRIED
1900 07 08
Manching / Weichenried
Kaplan / Pfarrer
1933 im „Donauboten" öffentlich angeschuldigt, weil der Kaplan in Manching stets als Gegenredner zu den NS-Versammlungsrednern auftrat.
1938 Verhör durch die Gestapo wegen feindlicher Haltung gegen den (NSDAP-)Ortslehrer, Beunruhigung der Bevölkerung und staatsfeindlichen Verhaltens sowie angeblichen Erregens öffentlichen Ärgernisses.

1938 Unterrichtsverbot durch die Regierung von Oberbayern für die Schule in Weichenried. Wegen „Kanzelhetze" Verhör und Verwarnung durch den Kreisleiter, Androhung der Bestrafung im Wiederholungsfalle.

KOLB, ALBERT
1888 11 14
Dietershofen
Pfarrer
Im März 1940 wegen Vergehens gegen das Sammlungsgesetz eine Anzeige durch den Landrat.
Lit.: RPB III, 195.

KONRAD, GEORG
1880 12 03
Langenreichen / Honsolgen
Pfarrer
1934 Zwangsversetzung ohne Grundangabe, vermutlich wegen seiner Tätigkeit als Präses des Burschenvereins.
1944 Verhör durch die Gestapo wegen Weiterleitung von Briefen und Fotos Vermißter. Am 13.1. Verhaftung. Bis zum 14.2. in Polizeihaft gehalten. Eine Verurteilung blieb aus. Während der Haftzeit Überwachung der Post des Pfarrers. Haussuchung mit Beschlagnahme von Briefen. Auferlegung einer „freiwilligen" Buße über 1500 RM an das Rote Kreuz.
Lit.: RPB III, 11, 14.

KOPP, RUDOLF
1890 05 02
Lengenfeld
Pfarrer
1942 Verhör und Verwarnung wegen Abhörens ausländischer Sender, Beschlagnahme des Radios.

KORN, MATTHIAS
1886 09 11
Zusamaltheim / Inchenhofen / Adelsried
Pfarrvikar
Am 19.3.1933 Überfall auf den Pfarrhof in Zusamaltheim durch SA. Infolge der Schikanen und verschiedener Anzeigen mußte der Pfarrer bis 1935 emeritiert werden. In Inchenhofen wurde der Terror jedoch fortgesetzt. Innerhalb von eineinhalb Jahren wurden dem Pfarrer sechsmal die Scheiben des Hauses von Jungen Nazis eingeworfen. Drei Verhöre durch die Kreisleitung, zahlreiche Anzeigen und Verwarnungen. Ein Verfahren wegen Heimtücke wurde 1938 nur infolge Amnestie eingestellt. Am 7.9.1939 zwangsweise Verzicht auf die Pfarrei.
Als Pfarrer von Adelsried am 19.4.1940 neun Stunden lang von der Gestapo Augsburg verhört; sechs Monate Untersuchungshaft. Freispruch am 23.10.1940. Des weiteren am 19.4.1940 eine Haussuchung durch die Gestapo Adelsried. Im Juni

Unterrichtsverbot. Gerichtliche Ermittlungen des Sondergerichts München wegen Heimtücke und Kanzelmißbrauchs. Fünf Wochen Polizeihaft und am 28.11.1940 zwangsweise Verzicht auf die Pfarrei.
Am 8.8.1944 viereinhalb Stunden Verhör durch die Gestapo München. Eine beabsichtigte Verschickung ins KZ unterblieb; 1000 RM Geldstrafe. Nähere Angaben hierzu fehlen.
Lit.: RPB III, 196, 199.

KOTTER, KARL
1890 07 03
Ried / Maria-Rain
Pfarrer
1933 sieben Tage Schutzhaft ohne Angabe von Gründen, des weiteren Haussuchung und Beschlagnahme von Zeitungsausschnitten.
Verwarnungen durch die Polizei und den Landrat wegen Nichtbeflaggung des Pfarrhofes.
Verhör durch den Sonderkommissar beim Bezirksamt Neuburg.
Androhung von Haft durch die Partei sowie weitere Drohungen durch die HJ.
Verstorben am 20.5.1940.

KRAKER, EGIDIUS
1875 09 01
Frauenzell
Pfarrer
1940 wegen verbotener Sammlung für Altarleuchter 52 RM Geldstrafe.
Drei Verwarnungen durch die Polizei wegen Predigten.
Verwarnung durch die Partei wegen einer Predigt über das hl. Kreuz.
Androhung durch die Partei wegen Verteidigung der Konfessionsschule.

KRAUS, P. FRIEDRICH
SJ
1884 01 14
Holzhausen
Hausgeistlicher
1934-1940 vier Verhöre und Verwarnungen durch die Gestapo wegen Predigten gegen das gesunde Volksempfinden, schließlich Androhung einer KZ-Haft.
1942 zwei Verhöre durch die Polizei aufgrund von Anzeigen des Bürgermeisters und des Ortsgruppenleiters. Es hieß, der Pater tauge als „Hetzredner" nicht zum Lazarettpfarrer.
Verwarnung und Androhung scharfer polizeilicher Maßnahmen durch die Gestapo wegen Predigten.

KREIL, LORENZ
1878 10 12
Schwenningen / Bießenhofen
Pfarrer

1933 drei Stunden Polizeihaft ohne Grundangabe, vermutlich wegen Mitgliedschaft in der BVP. Haussuchung durch die Polizei.
1935 Haussuchung durch die Polizei, Beschlagnahme eines Hirtenbriefes.
1940 Verwarnung durch den Landrat wegen Abhaltung eines feierlichen Amtes an Fronleichnam.

KREUTLE, MAX
1887 12 26
Kempten
Geistl. Studienrat
Dr. phil.
Wegen Jugendseelsorge 1934 Haussuchung durch die Gestapo und Beschlagnahme von Aktenmaterial.
Am 20.4.1937 wegen angeblichen Meineides angeklagt, später amnestiert.
Am 5.11.1937 nach Aschaffenburg versetzt.
Ab 1933 Beförderungsverweigerung und damit verbunden Gehaltseinbuße.

KREUZER, FRANZ XAVER
1885 03 21
Augsburg
Benefiziat / Finanzrat
1933 Verhör durch die Polizei wegen vermuteter Mitgliedschaft in der deutschen Friedensgesellschaft.
Haussuchung und Beschlagnahme eines Heftes des Friedensbundes deutscher Katecheten.
1934 Versuch der Entfernung als Krankenhauskurat wegen einer Ansprache bei der Weihnachtsfeier des Krankenhauses.
1937 Verhör durch die Gestapo wegen einer Bemerkung über ein Hitlerbild.
1942 Verhör durch die Gestapo wegen eines Kirchensteuerplakates.

KRIEG, BENNO MAGNUS
1906 09 06
Straß
Pfarrer
Verhör und Verwarnung durch den Landrat von Neuburg wegen Unterlassung des Hitlergrußes, unzulässiger Verteilung religiöser Zeitschriften und Autoritätsuntergrabung einer Lehrerin.
März 1939 Ermittlungen der Landgerichte in Neuburg und Augsburg wegen Vergehens gegen das Sammlungsgesetz. Haussuchung und Beschlagnahme von 400 RM (freiwillige Spenden für Kirchenrestauration) durch die Polizei und den Bürgermeister. Das Verfahren wurde eingestellt, die beschlagnahmte Summe zurückerstattet.

KRIENER, JOHANN
1906 09 20
Neuburg
Pfarrer

1938 in der Eigenschaft als Dekanatsjugendseelsorger verhört durch die Gestapo, Haussuchung
und Beschlagnahme aller Predigten, Tagebücher
und privaten Briefe.

KRIESMAIR, JAKOB
1908 09 22
Eurasburg / Rehrosbach
Pfarrer
1942 Verfahren vor dem Landgericht Augsburg wegen Abhaltung einer Andacht am Fronleichnams-
nachmittag, mit 100 RM Geldstrafe belegt.
Verhör und Verwarnung durch den Landrat wegen
einer Predigt.
Verhör durch die Polizei.

KRIMBACHER, LUDWIG
1878 01 03
Dießen
Superior
1937 Verhör durch die Gestapo wegen einer Predigt, in der gleichen Angelegenheit Ermittlungen
durch das Sondergericht, 1938 durch Amnestie
eingestellt.
1939 Verhör und Verwarnung durch die Gestapo
wegen einer Predigt. Post- und Telefonüberwachung.
1943 wegen Jugendseelsorge Verhör und Verwarnung durch die Gestapo. Der Pfarrer hatte
sich für ein Kind eingesetzt, das in ein Heim
kommen sollte.
Lit.: RPB III, 139.

KRONES, JOSEF
1891 03 16
Wengen / Kinsau / Schongau
Stadtpfarrer
Dr. phil.
1936 Verwarnung, Grund unbekannt. Außerdem:
Verhör durch das Bezirksamt wegen Nichtbeflaggung. Verhör und Beanstandung durch die Partei.
Drei Verhöre durch die Polizei. Mehrere Geldstrafen wegen mangelnder Verdunkelung; wegen
Abhaltung eines Gottesdienstes an Himmelfahrt
500 RM Geldstrafe. Eine weitere Geldstrafe durch
berufsständische Stellen. Nähere Angaben
fehlen.

KRUIS, JOHANN NEPOMUK
1881 07 03
Lengenwang
Pfarrer
1940 Verhör und Verwarnung durch Oberstaats-
anwalt im Landgericht Kempten wegen verbotener
Sammlung und Nichtbeflaggung (19.6.).
Postüberwachung.

KRUMBACHER, WILHELM
1904 12 11
Lindau / Heimenkirch / Nonnenhorn
Kapitelskaplan
1933/34 wurde der Pfarrer als Präses des
Jungmännervereins Lindau mehrere Male verhört
durch die Polizei.
1936 Verhör durch den Landrat wegen Predigten.
1938 Haussuchung und Beschlagnahme von Schallplatten und Jugendschriften im Zusammenhang mit
der Auflösung der katholischen Jungmännervereine durch die Gestapo.

KUCHENBUCH, P. ADALBERT
CPPS
1906 04 04
Manching
Kaplan
Im Juni 1937 wegen regimekritischer Bemerkungen
im Religionsunterricht Unterrichtsverbot durch
die Schulbehörde.
Lit.: RPB III, 136.
Gehört zur Diözese Fulda.

KUEBLE, RUDOLF
1898 08 09
Ettenbeuren
Pfarrer
1940 Verhör durch die Polizei. Verhör durch
die Polizei wegen Gefangenenseelsorge und der
Aufforderung des Pfarrers an den Vater eines
Täuflings, dem Kind auch einen christlichen
Namen zu geben.
1941 ein Ermittlungsverfahren beim Amtsgericht
Burgau. Aufgrund des Einsatzes des Bürger-
meisters und Ortsgruppenleiters sowie des Ge-
meinderates erhielt der Pfarrer nur eine Ver-
warnung.
Verhör durch die Polizei, weil bei einem
Kriegergottesdienst die Soldaten in Uniform
ministrierten. Verhör und Verwarnung durch die
Polizei wegen einer Messe an Fronleichnam.
Lit.: RPB III, 207.

KUEBLER, BRUNO
1896 02 18
Kottern
Kaplan
1938 wegen regimekritischer Bemerkungen in
einer Rede anläßlich eines Vereinsabends
Betätigungsverbot und Beschlagnahme des Vereinsvermögens durch das Bezirksamt.
Lit.: RPB III, 175.

KUEMMERLE, SEBASTIAN
1879 11 27
Bayerniederhofen
Pfarrer
1939 wegen Nichtbeflaggung Verhör und 100 RM

Geldstrafe durch das Amtsgericht Füssen.
In einem ähnlichen Fall eine Verwarnung.
Ab September 1941 Unterrichtsverbot ohne Angabe von Gründen.
1942 Verhör und 300 RM Sicherungsgeld durch die Gestapo wegen eines Gefallenengottesdienstes. Der Pfarrer erhielt das Geld zurück.
1944 400 RM Geldstrafe wegen einer feierlichen Messe an Fronleichnam. Öffentliche Anschuldigung durch den Bürgermeister. Androhung der „Beseitigung".
Mehrere Verwarnungen durch die Polizei. Mehrere Verhöre durch die Polizei wegen Predigten. In einer Beerdigungsansprache von dem Ortsgruppenleiter in schwerer Weise angeschuldigt.
Postüberwachung vermutlich.
Lit.: RPB III, 177, 226.

KUGELMANN, FRIEDRICH
1882 02 03
Bernried
Pfarrer
Wegen Verteilung religiöser Schriften Androhung des Schulverbots durch den Landrat.

KUGLER, JOSEF
1876 04 02
Ungerhausen
Pfarrer
1933 polizeiliches Verbot, das Hirtenwort der bayerischen Bischöfe zur Volksabstimmung am 12.11. zu verlesen.
1935 Beschlagnahme des Buches von K. Aleermissen „Germanentum und Christentum".
1935-1936 drei Verhöre durch die Polizei wegen Nichtbeflaggung.

KUHN, JAKOB
1870 09 02
Kellmünz / Ottobeuren
Pfarrer, Dekan, Geistl. Rat
1935 Verhör durch die Polizei wegen verbotener Sammlung; der Pfarrer hatte mit dem Beichtzettel auch freiwillige Gaben zum Maialtar angenommen. Die Angelegenheit kam auch vor das Landgericht Memmingen, Verfahren durch allgemeine Amnestie eingestellt.
Verhör durch die Polizei wegen Priesterzusammenkünften, die der Pfarrer als Dekan des Kapitels Illertissen leitete.

KUHN, KONRAD
1891 12 01
Dettenschwang
Stadtpfarrer
1933 durch eine Privatperson vor der ganzen Gemeinde heftig angeschuldigt wegen Verweigerung einer Spende zur neuen Hakenkreuzfahne.

KUHN, VIKTOR
1898 04 20
Wagenhofen
Pfarrer
1934 Anschuldigungen auf einer politischen Versammlung durch einen Lehrer, weil der Pfarrer in einer Predigt gegen den NS-Totalitätsanspruch in der Beziehung der Eltern zu ihren Kindern gesprochen hatte.
1935 Verhör durch die Polizei wegen Nichtbeflaggung.
Weitere Verhöre durch die Polizei wegen Verlesung bischöflicher Hirtenbriefe.

KUOLT, MAX
1885 05 14
Rettenbach
Pfarrer
1944 ohne Grundangabe Beschlagnahme des Pkw durch die Polizei.

KURZ, JOHANN
1882 03 11
Roggenburg
Pfarrer
1937 im „Schwarzen Korps" und den Lokalblättern angeschuldigt.
Im Juli 1942 Anzeige wegen privater Äußerung, im November wegen Predigtäußerungen.
Verwarnung durch die Gestapo. Nähere Angaben fehlen.
Lit.: RPB III, 239, 242.

KUSTERER, BRUNO
1892 01 29
Unterbechingen / Zusmarshausen
Pfarrer
1935 Anzeige beim Ministerium wegen Sabotage des WHW und Verletzung des Sammlungsgesetzes. Wegen dieser Angelegenheit kam es zu einer Parteiverhandlung, die mit Freispruch endete.
Aufgrund von Predigtäußerungen eine Anzeige.
Im März 1940 eine Verwarnung durch die Gestapo.
1941 Anzeige wegen einer Polenbeerdigung, vom Landrat wohlwollend zu den Akten gelegt.
1943 Anzeige wegen Bauarbeiten an der Kirche. Der Ortsgruppenleiter legte die Anzeige zu den Akten und konnte die Gestapo abwehren.
Anzeige wegen Holzlagerung. Anzeige wegen einer Bemerkung über das knappe Heizmaterial. Redeverbot außerhalb der Kirche durch das Bezirksamt.

KUSTERER, LEOPOLD
1879 12 26
Binswangen
Pfarrer, Dekan
1936 Verhör im Landratsamt wegen Predigten.

KUTZER, JOSEPH
1888 04 19
Aulzhausen / Mindelzell / Dietershofen
Pfarrer
1937 vier Polizeiverhöre wegen beleidigender Äußerungen gegen die Partei. Schließlich kam die Angelegenheit vor das Landgericht
Augsburg. Das Verfahren wurde eingestellt, nachdem der Staatsanwalt die Anklage zurückgezogen
hatte. 1937 sechs Monate Post- und Telefonüberwachung.
Ab 1942 Beförderungsverweigerung auf die Pfarrei Häder durch den Bürgermeister
1944 Verhöre durch die Polizei wegen Umgangs
mit Gefangenen, Verwarnungen. Unterrichtsverbot bis 1945.

KYRRMAYR, BARTHOLOMAEUS
1873 05 14
Eppishausen
Pfarrer
Drohung („das nächste Mal packen wir ihn")
durch berufsständische Stellen auf einem
Sprechabend. Nähere Angaben fehlen.

LAEMMLE, ALOIS
1911 05 04
Oberstimm
Pfarrvikar
Verwarnung durch den Kreisleiter wegen Demonstrationen, die ohne Rücksprache mit dem Pfarrer entstanden waren, nachdem der Blockwart
zweimal Kruzifixe hatte entfernen lassen.
Beanstandung durch den Reichsluftschutzbund.

LAIS, HERMANN
1912 07 16
München
Theologiestudent
Im November 1934 kurzfristige Festnahme. Lais
hatte anläßlich der Sprengung der Vollversamm-
lung des katholischen Akademikerverbandes im
Hörsaal der Universität Widerstand geleistet.
1935 kurzfristige Festnahme durch die SS wegen
Mitschreibens der Rede des Oberstadtschulrats
auf einer Großkundgebung gegen Kardinal Faulhaber.

LAMA, CAMILLUS VON
1885 07 21
Oberfinning / Waalhaupten
Pfarrer
1936 Verfahren vor dem Sondergericht München
wegen Führerbeleidigung und Heimtücke in zwei
Fällen, zu neun Monaten Haft verurteilt.
Nach der Beendigung der Gefängnisstrafe war
die Übernahme einer neuen Pfarrstelle nicht
mehr möglich. In der NS-Presse („Völkischer
Kurier", „Stürmer") heftige Angriffe gegen den

Pfarrer. Weitere Maßnahmen: Schikanen sowie
Verwarnung durch den Blockwart. Bedrohung durch
die SA, indem sie nachts vor dem Pfarrhaus auf-
marschierte. Androhungen eines PG wegen Predigten. Nähere Angaben hierzu fehlen.

LANG, FRANZ PAUL
1883 01 20
Kaisheim / Weil / Legau
Pfarrer
1935 Entlassung als Zuchthausseelsorger wegen
„politischer Unzuverlässigkeit". Oft beschuldigt durch Presse und Partei. Verhör durch den
Vertreter des Generalstaatsanwalts.
1937 Zwangsversetzung.
1938 Untersuchung durch das Amtsgericht wegen
einer Predigt über die Konfessionsschule,
Amnestie eingestellt.
1942 Verhör, Verwarnung und 200 RM Sicherungsgeld durch die Gestapo. Unterrichtsverbot bis
Kriegsende. Weitere Maßnahmen:
Verwarnung wegen des Möldersbriefes. Vier Verhöre durch einen Oberregierungsrat, Beanstandungen. Verhör durch die Polizei. Beanstandungen durch den Ortsgruppenleiter.

LANG, KARL
1883 02 04
Lamerdingen
Pfarrer, Dekan
1936 Verhör durch die Polizei. Verhör und Verwarnung durch den Bezirksamtmann wegen Beleidigung Rosenbergs.
1938 Anzeige durch den Ortsgruppenleiter wegen
seiner (angeblichen) Bemerkung: „die Hitlerfahne ist ein Putzfetzen". Schutzhaft vom 29.8.
1938 bis zum 9.12.1938 wegen Verbreitung „halt-
loser Grüchte". Der Pfarrer hatte in einer
Predigt auf die Kriegsgefahr angespielt; im
Ernstfall sollten die Männer und Söhne noch
einmal die Sakramente erhalten. Gerichtliche
Ermittlungen zu dieser Angelegenheit wurden
eingestellt. Fünf Bauern aus Lamerdingen versuchten bei der Gestapo Augsburg die Freilassung
ihres Pfarrers zu erreichen und wurden daraufhin
selbst in Haft genommen. Weitere Maßnahmen:
Postüberwachung. Durch einen Lehrer öffentlich
Anschuldigungen.
Lit.: RPB III, 170 f., 173, 175.

LANG, MICHAEL
1888 01 24
Edelshausen
Pfarrer, Dekan
1933 Ermittlungen durch die Staatsanwaltschaft
Augsburg wegen abfälliger Äußerungen über
den Staatsminister Adolf Wagner in München,
nach drei Monaten eingestellt. Verhör durch die
Polizei.

Verwarnung, Beanstandung und Androhung der „Meldung an höherer Stelle" durch den Ortsgruppenleiter und den Bürgermeister wegen einer Predigt.

LECHENBERGER, GOTTFRIED
1899 07 28
Göbelsbach
Pfarrer
Verhör durch die Polizei wegen Verkaufs von Missionskalendern, Beschlagnahme der Kalender.

LEDERMANN, FRANZ JOSEPH
1910 02 20
Peißenberg / Weilheim
Expositus
1936-1937 Verwarnungen durch die Partei wegen Jugendarbeit.
1937 Verhör durch die Partei wegen der großen Beteiligung der Jugendlichen an der katholischen Jugendfeier.
1938 Verhör durch die Gestapo wegen der Jugendverbände, drei Wochen Überwachung durch einen SA-Mann, Postüberwachung.

LEIDL, GEORG
1880 08 15
Echenbrunn
Pfarrer
1936 Beschlagnahme der Diözesan-Amtsblätter. Verwarnung wegen eines Sonntaggottesdienstes nach nächtlichem Fliegeralarm.

LENZ, JOSEPH
1879 04 05
Ambach
Pfarrer
Verwarnung und Androhung von Schulverbot durch den Landrat von Neuburg wegen ungünstiger Beeinflussung des Verhältnisses der örtlichen Bevölkerung zu einer Lehrerin (Mai 1941).

LEOPOLD, ADOLF
1887 03 11
Augsburg (St. Anton)
Stadtpfarrer
Verhör durch die Gestapo.
Beschlagnahme der Brautunterrichts-Büchlein.
Nähere Angaben fehlen.

LEUTHER, FRANZ
1870 04 16
Stein
Pfarrer
1938 Verhör durch den Landrat und Schulrat wegen schlechter Benotung der Mitglieder der HJ und des BDM.

LIDEL, MATTHIAS
1889 02 17
Stadl
Stadtpfarrer
Am weißen Sonntag 1938 auf einem Plakat in beleidigender Weise wegen seines Abstimmungsverhaltens angegriffen.

LIESCH, GEORG
1905 06 15
Pähl / Aindling / Wiggenbach / Reistingen
Kaplan / Pfarrvikar / Pfarrer
1933 Verwarnung wegen des Hitlergrußes. Redeverbot für den Bund „Neudeutschland".
1934 Ausweisung aus Mainz, damals noch als Theologiestudent.
Im Juni 1937 Ermittlungen der Gestapo München und Einleitung eines Verfahrens wegen abfälliger Bemerkungen über Hitler.
Zwischen 1936 und 1942 fünf Verhöre durch die Gestapo, vier Haussuchungen sowie Beschlagnahme von Schriftstücken, Büchern und Photos. Beanstandung, Androhung der Zwangsversetzung.
1940 Aufenthaltsbeschränkung für Reistingen.
Vom 11.9.1940 bis zum 18.12.1940 Polizeihaft in Augsburg.
1941-1942 Post- und Telefonüberwachung.
1945 Beanstandungen durch den Kreisbauernführer mit Morddrohung.
Insgesamt kam es zu sechs Gerichtsverhandlungen: ein Freispruch, eine Vertagung des Prozesses (durch das Kriegsende hinfällig), viermal Einstellung des Verfahrens infolge einer Amnestie.
3600 RM Gerichtskosten für den Angeklagten.
Morddrohungen durch einen Gerichtsvorsitzenden.
Außerdem zahlreiche gerichtliche und polizeiliche Vernehmungen. Nähere Angaben fehlen.
Lit.: RPB III, 136.

LINDER, ANTON
1865 02 16
Obergünzburg
Pfarrer
Aufgrund des Kanzelparagraphen Verhör durch den Ortsgruppenleiter und den Gemeinderat.
Nähere Angaben liegen nicht vor.
Verstorben am 13.1.1940.

LINDERMAYR, GEORG
1876 09 21
Augsburg / Ried
Pfarrvikar
Drei Haussuchungen durch die Gestapo, Beschlagnahme von Akten, Büchern und Briefen.
Mehrere Auflagen der Polizei, bestimmte Bücher aus der katholischen Bücherei zu entfernen, zuletzt Schließung der Bücherei.

LINDHUBER, LUDWIG
1885 04 14
Pähl
Pfarrer
1938 wegen einer Predigt Untersuchungen durch
das Amtsgericht, durch Amnestie eingestellt.
Verhör durch die Gestapo wegen Auseinandersetzungen um das Schulkreuz.

LOECHLE, JOSEF
1895 06 21
Günzburg
Benefiziat, Chorregent
1933 Verhör vor dem Sondergericht Günzburg
wegen „verleumderischer Gerüchtemacherei" über
Verlauf und Zerschlagung des Gesellentages in
München. 200 RM Sicherungsgeld eingezogen,
Androhung der Haft im Falle der Verweigerung des
Widerrufes in der Zeitung.

LOECKHER, FRANZ
1905 10 30
Zell
Pfarrer
1937 Ermittlungen durch das Landgericht wegen
einer Predigt, Freispruch.
1941 Unterrichtsverbot ohne Grundangabe, vermutlich wegen der Kritik des Pfarrers an der
Entfernung der Schulkreuze. Die Gestapo ermittelte in dieser Sache.
1942 Verwarnung durch die Regierung von Augsburg, vermutlich wegen der Kritik des Pfarrers
an der Glockenabnahme.
Verhöre durch Polizei und Gestapo wegen Predigten.
Lit.: RPB III, 225f, 232.

LOHNER, HERIBERT
1901 11 15
Rehling
Pfarrer
1938 Verhör durch die Polizei wegen einer
Sammlung für den Caritasausschußverein.
Mehrere Anzeigen wegen Predigten, durch den
Ortsgruppenleiter nicht weitergeleitet.

LORY, PETER
1905 03 28
Landsberg
Pfarrer
1933 Verhör durch den Bürgermeister und den
Ortsgruppenleiter, damit der Pfarrer das Gesel-
lenhaus an die Stadt abtrete. Androhung von
Haft.

LUIBLE, ANTON
1885 01 01
Dillingen / Ursberg / Augsburg
Anstaltsdirektor / Domkapitular

Dr. phil.
1933 Drohung mit Verhaftung durch den Kreisleiter, wenn eine bestimmte Oberin nicht abberufen würde. Die Oberin wurde daraufhin nach
Rücksprache mit dem Bischof abberufen.
Verwarnung und Beanstandung durch den Kreisleiter.

LUTZ, GEORG
1889 03 08
Biburg / Augsburg
Krankenhausseelsorger / Schriftleiter
1933 Verhör und Verwarnung durch die Polizei.
Verbot seines „Augsburger Sonntagsblattes", Berichte dazu in der NS-Presse. Androhung von
Schutzhaft, wohlwollende Behörde gab ihm den
Rat, sich zu verbergen.
Mehrfach Presseangriffe wegen der Einkehrtage
und volksmissionarischen Aktivitäten des Pfarrers. Die Münchner Buchprüfungsstelle ächtete
ein Buch des Pfarrers.
1933-1936 Post- und Telefonüberwachung.
1935 Verhör durch die Gestapo wegen angeblichen
Verbrennens einer SA-Fahne. In der NS-Presse
wegen eines religiösen Aufsatzes als ein „Maul-
wurf im Staate" bezeichnet.
1936 beschränkte Zulassung durch die Reichspressekammer; 1939-1941 zahlreiche Beanstandungen
durch die Kammer wegen nicht genehmigter Veröffentlichungen; Androhung eines vollständigen
Verbots literarischer und herausgeberischer Tätigkeit; 1941 Ausschluß aus der Kammer.
Androhung strenger Maßnahmen durch den Oberbürgermeister für den Fall weiterer Krankenbesuche als Hausgeistlicher im Vinzentinum.
Lit.: RPB III, 92.

LUTZ, HUBERT
1888 06 04
Oberalting / Heimertingen
Pfarrer
1935 Aufforderung durch die Partei zum soforti-
gen Verlassen der Pfarrei.
1941 18 Tage Polizeihaft ohne Vernehmung und
Verhandlung.
1941-1945 Unterrichtsverbot ohne Angabe von Gründen. Postüberwachung vermutet.
Verhöre durch die Polizei wegen Predigten,
Hirtenbriefen, der Ausleihbibliothek u.a.
Beanstandungen durch die Partei, Verwarnungen
sowie Anschuldigung im „Stürmer" wegen Einkaufs bei Juden.

LUTZ, JOHANN BAPTIST
1880 02 22
Erkheim
Pfarrer
1934 Verwarnung durch das Ordinariat im Auftrag
der Kreisregierung wegen einer Predigt.

1938 im „Stürmer" heftig angeschuldigt wegen Einkaufs bei Juden.
1939 Verhör durch die Polizei wegen einer Predigt, in der gleichen Sache Ermittlungen durch das Sondergericht München; durch Amnestie eingestellt. Verhör durch den Landrat.
1940 Verwarnung durch den Landrat wegen einer Messe an Fronleichnam.
1943 Verhör durch die Polizei wegen angeblicher Ausübung von Zwang auf Schüler zwecks Besuchs der Schulmesse. Verhör und Verwarnung durch den Landrat. Verwarnung durch den Regierungspräsidenten.
1944 Androhung von Unterrichtsverbot und Verbot der Jugendseelsorge durch den Regierungspräsidenten; Verwarnung.
Lit.: RPB III, 189.

MACK, HUBERT
1875 02 07
Herrenstetten / Lauingen
Pfarrer
1933 wegen eines Hirtenbriefs, abfälliger Äusserungen über die Partei und des Wahlverhaltens Verwarnung durch die Kreisleitung. Androhung von Schutzhaft.
Verhör durch den Kreisleiter wegen Beleidigung der Partei.
Sondersitzung im Bezirksamt mit der Gestapo, dem Bezirksamtmann, einem Lehrer und dem Bürgermeister „in Sachen Mack".

MACK, LUDWIG
1889 12 06
Puch
Pfarrer
1935 Verhör, Verwarnung und Androhung von Strafe durch die Polizei wegen Nichtbeflaggung.

MADER, FRANZ
1894 02 25
Engishausen
Pfarrer
1935 Verwarnung durch den Landrat wegen Nichtbeflaggung.
1937 Beanstandung durch den Ortsgruppenleiter wegen der „Art der Verlesung der Papstenzyklika".

MADER, JOHANN BAPTIST
1893 01 08
Osterzhausen
Pfarrer
Verhör durch die Polizei wegen eines Hirtenbriefes und eines bischöflichen Briefes an die Soldaten der Pfarrei.
Beanstandung durch den Kreisleiter wegen Auseinandersetzungen in der Schule.
Lit.: RPB III, 27.

MADLENER, PHILIPP
1909 03 11
Augsburg / Murnau
Pfarrer
1936 Verhör durch die Polizei.
1940 Ablehnung der UK-Stellung.

MAERZ, JOSEF
1898 10 07
Bonstetten / Weil
Pfarrer
1933 Beanstandung durch die Kreisleitung wegen Seelsorgetätigkeit.
1939 Verhör durch Oberregierungsrat. Verfahren vor dem Sondergericht München wegen Heimtücke, Freispruch.
1940 sechs Monate Schutzhaft.
1940 Unterrichtsverbot wegen politischer Unzuverlässigkeit (bis Kriegsende).
1941 Zwangsversetzung versucht durch den Stützpunktleiter.
1000 RM Sicherungsgeld eingezogen wegen Erteilung des Religionsunterrichtes in der Kirche.
Öffentliche Anschuldigungen durch den Ortsgruppenleiter (sehr häufig).

MAIER, JOSEF
1878 11 07
Reutern
Pfarrer
Fünf Verhöre durch die Polizei.
Nähere Angaben fehlen.

MAIER, JOSEF
1910 11 02
Oberbaar / Frauenriedhausen
Pfarrkurat
1940 wegen Predigten Anzeigen bei der Kreisleitung, Verwarnung und Zwangsversetzung.
Verhör durch den Ortsgruppenleiter wegen Regimegegnerschaft.

MAIER, MATTHIAS
1882 12 25
Modelshausen
Pfarrer
1942-1943 drei Verhöre durch die Gestapo.
1943 Verhör durch die Partei wegen Schädigung der Partei bei verschiedenen Anlässen.
Drohung und öffentliche Anschuldigungen durch Bürgermeister und Ortsgruppenleiter, die geplante Verhaftung wurde verhindert durch das mutige Eintreten einer Privatperson für den Pfarrer.

MAIR, JOHANN
1902 07 17
Augsburg
Stadtpfarrer

1944 Verhör und Verwarnung durch die Gestapo wegen des Versandes von Pfarrbriefen an ausgebombte Pfarrangehörige, Verbot des Versandes. Verhöre durch die Polizei. Beschlagnahme des Werbematerials und der Mitgliederlisten der katholischen Jugendfürsorge. Des weiteren ebenfalls 1944 eine Beanstandung durch die NSV wegen zu geringer Spenden für die NSV und die DAF. Verwarnungen durch die Partei.

MAIR, MATTHAEUS
1902 07 02
Burggen
Pfarrer
1939 geplante Verhaftung durch die Partei, durch den Landrat verhindert.
1942 geplante Verhaftung durch die Partei, durch die Pfarrgemeinde verhindert.
Verhöre durch die Polizei. Haussuchung mit Beschlagnahme einiger in Anlehnung an Predigten Kardinal von Faulhabers verfaßter religiöser Schriften. Weitere Maßnahmen: mehrere Geldstrafen durch die Partei. Benachteiligungen durch die Partei, Behinderung bei der Beschaffung von Verkehrsmitteln etc.
Verhör durch den Kreisleiter. Verhör durch den Landrat. Weitere Verwarnungen.

MAIROCK, GUSTAV
1914 11 11
Maierhöfen
Theologiestudent
1936 wegen eines Meßdienereinkehrtages mit 150 RM oder 30 Tagen Haft bestraft, die Strafe wurde wegen Amnestie nicht vollstreckt.
Verhör durch den stellvertretenden Kreisleiter wegen Betätigung in der Jungschar.
Mehrere Haussuchungen. Weitere Maßnahmen: überfallartig wurde dem Beschuldigten das Christuszeichen an der Priesterkluft abgerissen, die Kluft wurde ihm einmal auf offener Straße ausgezogen.
Ablehnung der UK-Stellung. Beförderungsverweigerung zum Unteroffizier.

MANGOLD, STEPHAN
1901 12 26
Bernbeuren / Rückholz
Pfarrer
1940-1943 Postüberwachung.
1941 Verhöre durch die Polizei wegen der Allerseelenpredigt. Verhör und Verwarnung durch die Gestapo und den Landrat. Versuchte Zwangsversetzung durch den Kreisleiter. Noch 1942 Verhör durch die Polizei im Auftrag der Gestapo wegen der Allerseelenpredigt aus dem Jahr zuvor.
Androhung der „Vernichtung" durch einen Parteiredner.
Beanstandungen durch den Kreisleiter und Orts-

gruppenleiter wegen Predigten und Leichenreden. Verwarnung durch den Ortsgruppenleiter.
Lit.: RPB III, 230.

MANNSNETTER, JOSEF
1893 03 15
Neuburg / Opfenbach
Pfarrer
Wegen seines Wahlverhaltens 1933 mit Ermordung bedroht.
Verhör und Verwarnung durch den Bürgermeister wegen „zu scharfer Predigten".
Beanstandung und Androhung von KZ-Haft durch den Ortsgruppenleiter.

MANZ, ANTON JOSEF
1885 09 03
Ludenhausen
Pfarrer
1939 Verhör durch Regierungsrat, weil der Pfarrer einen Pater mit in den Religionsunterricht genommen hatte, ohne die Unterrichtsberechtigung dieses Paters überprüft zu haben.
Wegen der Angelegenheit wurden im Landratsbezirk Landsberg sämtliche Volksmissionen verboten.

MARTIN, ALEXANDER
1898 01 21
Blaichach
Pfarrer
1942 Verhör durch die Gestapo wegen Einflußnahme auf die HJ; der Pfarrer hatte die Jugend zum Besuch der Sonntagsmesse, die gleichzeitig mit dem HJ-Appell stattfand, aufgerufen. Beanstandung und Androhung von Schulverbot durch den Ortsgruppenleiter.

MARTIN, FRANZ (BR.CLEMENS)
CPPS
1875 12 29
Baumgärtle
1943 verhaftet, weil er auf „Heil Hitler" stets mit „Grüß Gott" antwortete: zunächst Gefängnis Karlsbad, später (ab dem 29.1.1944) KZ Dachau; dort am 8.1.1945 verstorben.
Lit.: Weiler, 439.

MARTIN, JOHANN BAPTIST
1899 08 11
Bad Wörishofen
Benefiziat
1936 Haussuchung durch die Gestapo, Beschlagnahme von privaten und amtlichen Akten.
1937 Verwarnung durch das Landgericht wegen Übertretung des Kanzelparagraphen.
Verhör durch Amtsgericht wegen einer Kreuzpredigt.
Vier Jahre Postüberwachung.

Im August 1939 Strafanzeige wegen Predigtäu-
ßerungen über die Entfernung der Schulkreuze.
Verstorben am 15.6.1940.
Lit.: RPB III, 188.

MARTIN, P. JOSEPH
SDB
1903 01 25
Dreiborn, Luxemburg / Dillingen
Stellvertr. Direktor / Präfekt
Dr. theol.
Aufgrund von Beschwerden gegen die Beschlagnahme des Missionskollegs Dreiborn vom 22.1.
bis zum 30.1.1941 Schutzhaft durch die Sipo
Luxemburg. Am 30.1.1941 ein Verhör, Verbot
politischer Betätigung, zwangsweise Abdankung
als stellvertretender Direktor, zwangsweiser
Austritt aus der Kongregation der Missionare
des hl. Franz v. Sales, Ausweisung aus
Luxemburg und zugleich Aufenthaltsbeschränkung auf die Heimatdiözese Augsburg. Außerdem Überwachung der Post. Alle Maßnahmen
wurden durch die Sipo veranlaßt.
Im Juni 1941 auf Veranlassung der Gestapo
Unterrichtsverbot durch das Bayerische Kultusministerium.

MARTIN, MAXIMILIAN
1880 08 17
Buxheim
Pfarrer
Verhöre und Verwarnungen durch die Polizei wegen einer Predigt. Androhung einer Haussuchung.
Die drohende Verhaftung wurde durch das Eintreten des Ortsgruppenleiters und des Bürgermeisters verhindert.
Im Februar 1938 wegen Predigtäußerungen über
die NS-Propaganda Anzeige durch das Regierungs-
präsidium.
Geldstrafe laut Strafbefehl, wegen Amnestie
nicht eingezogen.
Lit.: RPB III, 160.

MARTINI, HEINRICH (P. ADALBERT)
OSB
1888 01 25
Erling-Andechs
Pfarrvikar
1936 Verurteilung durch das Amtsgericht zu
20 RM Geldstrafe oder vier Tagen Haft wegen einer
Sammlung für den Kirchenteppich.
1942 Verwarnungen und Beanstandung durch die
Partei wegen Verlesung des Möldersbriefs
in der Schule.
Verhör durch die Polizei wegen Überklebens
und späteren Entfernens eines gottesläster-
lichen Beitrags im Stürmerkasten.
Weitere Verhöre durch die Polizei.

MATTES, AUGUST
1888 10 13
Gempfing
Pfarrer, Dekan
1938 Verhör durch den Landrat wegen einer angeblichen Caritassammlung.
1939 Verhör durch die Polizei wegen des Hitlergrußes, mehrfach.
1940 Verhör durch die Polizei wegen Nichtbeflaggung, die Angelegenheit kam vor Gericht.
Verfahren eingestellt.
Lit.: RPB III, 203.

MAYER, ANSELM
1873 08 21
Walkertshofen
Pfarrer
1934 Haussuchung durch die Polizei wegen einer
Predigt gegen den „Stürmer". Der Pfarrer wurde
auch beschuldigt, die Stürmertafel zerstört zu
haben.
Verhör durch die Polizei wegen einer Predigt,
Verwarnungen durch die Polizei (zweimal).
Androhung von Schutzhaft wegen Beschimpfung des
HJ-Pfingstlagers.
In der „Augsburger Nationalzeitung" beschuldigt,
als Haupt einer „Schwarzen Clique" eine „Hitler-
linde" abgesägt zu haben.

MAYER, ANTON
1904 06 12
Markt Wald
Pfarrer
Verwarnung durch den Bürgermeister und Stütz-
punktleiter wegen Gefährdung der Autorität des
„Hoheitsträgers".
Verhör durch die Polizei, weil den Polen der
Gottesdienstbesuch nicht verboten wurde.

MAYER, FRANZ
1871 07 12
Wettenhausen
Pfarrer
1943 Verhör durch die Polizei wegen einer Abendmesse an Fronleichnam, Verwarnung durch die
Gestapo.

MAYER, JOHANN BAPTIST
1883 01 29
Ofterschwang
Pfarrer
1937 Zwangsabdankung wegen der „Schwierigkeiten
der Nazizeit", emeritiert vom 16.6.1937 bis zum
30.3.1939.
Festnahmen geplant, durch den Bürgermeister verhindert.

MAYER, KARL
1866 01 24
Altdorf
Pfarrer
1934 Verhör durch den Sturmbannführer und den
Ortsgruppenleiter wegen Beeinflussung des Wahl-
verhaltens der Bevölkerung, Androhung der
Zwangsversetzung.

MAYER, KARL
1875 02 24
Kirchheim
Pfarrer
Verhör durch die Polizei wegen eines Briefes
an den Dekan. In dem Brief bat der Pfarrer den
Dekan, einen Kollegen, der besonders von der
Partei überwacht wurde, zur Vorsicht zu mahnen.
Weil der Dekan unter Postüberwachung stand,
wurde der Briefinhalt bekannt.

MAYER, KARL
1890 02 11
Wallerstein / Altenberg
Benefiziat
1936 Haussuchung durch den Bürgermeister und
die Polizei wegen Beschäftigung von Frauen für
die Mission.
1937 Zwangsversetzung und Ausweisung durch die
Partei. Heftig angeschuldigt durch den Bürgermeister und den Ortsgruppenleiter wegen eines
kurzen Aufenthaltes in Wallerstein (nach der
Ausweisung).
Verhör durch die Polizei wegen Abschreibens
und Verbreitens des Mundeleinbriefes. Ermittlungen durch das Amtsgericht Nördlingen, Verfahren eingestellt (August 1937).
Ermittlungen durch das Amtsgericht Spaichingen
wegen angeblichen Sittlichkeitsverbrechens.
Zwei Tage Untersuchungshaft (September 1939).
1938 Verfahren vor dem Amtsgericht Dillingen
(wegen „Sittlichkeitsverbrechens") eingestellt; ebenso - wegen des gleichen angeblichen
Deliktes - ein Verfahren vor dem Amtsgericht
Nördlingen (3.3.1938). Im November 1941 ein
Verfahren vor dem Sondergericht München wegen
Heimtücke, durch Amnestie eingestellt.
1942-45 Unterrichtsverbot durch den Regierungspräsidenten.
1943 Verhör durch die Gestapo wegen einer Bemerkung über die Einquartierung einer Mutter
mit fünf Kindern in der Benefiziatenwohnung.
Durchsuchung des Schreibtisches und Festnahme
durch die Gestapo. Acht Tage Schutzhaft.
Zu allen Sittlichkeitsprozessen Berichte in den
Tageszeitungen.
Mehrere Beförderungsverweigerungen.

MAYER, KARL
1891 08 19
Augsburg (St. Kanisius)
Stadtpfarrer
Beschlagnahme der Adressen eingerückter Pfarr-
angehöriger. Nähere Angaben fehlen.

MAYER, OTMAR
1895 05 14
Höchstädt
Stadtpfarrer
1940 eine Strafanzeige wegen Vergehens gegen
das Feiertagsrecht (Meßfeier und Prozession
am Fronleichnamstag 1940).
Lit.: RPB III, 202.

MAYINGER, MAX
1912 09 14
Augsburg
Benefiziat / Wehrmachtspfarrer
1937 Verhör durch die Schulleitung wegen
Führerbeleidigung.
1941 Verhör durch das Generalkommando in
St. Nazaire-la Baule wegen Verbreitung des
Möldersbriefes.

MAYR, FRANZ SALES
1882 05 03
Hochaltingen
Pfarrer
Verwarnunge wegen zu kleiner Fahne, wegen
Bestrafung eines HJ-Jungen, wegen Nichtleistung
des Hitlergrußes, wegen offener Stellungnahme
von der Kanzel gegen Unmoral und Irr-
lehre.
1934-1936 drei Verhöre durch den Landrat.
Fünf Verhöre durch die Gestapo.
Durch den Stützpunktleiter öffentlich als
„Vaterlandsfeind" bezeichnet. Androhung
von KZ-Haft auf Versammlungen durch den
Stützpunktleiter. Nähere Angaben fehlen.

MAYR, GEORG
1894 05 28
Unterthingau
Benefiziat
1940 Verhör durch den stellvertretenden Landrat
wegen Predigten über den Führer und die Jugend, Androhung mit Haft, Verwarnung.
Lit.: RPB III, 207.

MAYR, JOSEF
1889 01 26
Lindach
Pfarrer
Verhör durch die Polizei wegen Verweigerung
eines Seelenamtes.
Verstorben am 16.2.1946.

MAYR, LUDWIG
1896 04 17
Bad Wörishofen
Pfarrer
1944 zwei Verwarnungen durch den Kreisleiter.
Verhör durch die Polizei wegen einer angeblich
unerlaubten Caritassammlung und einer angeblich
unerlaubten Messe.
Beanstandungen wegen verschiedener Vorträge
und Predigten.

MAYR, MAX
1891 10 12
Unterwindach / Schiltberg
Pfarrer
1933 Verhör durch den Bezirksamtmann wegen des
Widerstandes gegen die Auflösung der katholischen Vereine. Außerdem eine Verwarnung
sowie zwei Wochen Schutzhaft. Beanstandung
durch den Gebietsführer. Heftige Anschuldigung in der „Augsburger Gerichtszeitung".
1933-1940 Postüberwachung.
1934 Verfahren vor dem Sondergericht München.
Drei Wochen vor Prozeßbeginn wurde gegen Eintritt in die SA-Reserve die Einstellung des Verfahrens angeboten (abgelehnt). Verurteilt zu 300
RM Geldstrafe und 105 RM Gerichtskosten (bezahlt bis auf 150 RM). In der Presse angeschuldigt, mehrfach durch die Partei verwarnt.
1935 Zwangsversetzung. Verhör und Beanstandung
durch den Jungbannführer. Verwarnung durch das
Bezirksamt.
1936 ein Gerichtsverfahren wegen Verweigerung
des Hitlergrußes in der Schule. Öffentliche
Beschuldigung im Zusammenhang mit der Beerdigung
eines Oberförsters.
Der Pfarrer war bis 1940 ungefähr 50 mal angezeigt
worden. Vom 25.3.1940 bis zum 12.7.1940 Schutzhaft
wegen Beunruhigung der Bevölkerung. Am 12.7.
Überstellung in das KZ Dachau. Am 16.8.1940
nach Gusen verlegt; dort am 1.12.1940 unter Androhung der Ermordung zum Verzicht auf seine Pfarrei
gezwungen. Vom 8.12.1940 bis zum 9.4.1945 wieder im
KZ Dachau.
Lit.: Weiler, 445.

MEIER, HERMANN
1890 06 28
Birkhausen
Pfarrer
1939 Androhung der Einlieferung in ein KZ-
Lager durch die Partei. Aufgrund einer angeblichen Verächtlichmachung der Nationalhymne in einer kirchlichen Ansprache Verwarnung
durch den Blockwart im Auftrag des Kreisleiters.

MELLER, GEORG
1908 01 17
Waldkirch

Volksmissionar
1936 wegen der Neujahrspredigt vom Günzburger
Kreisleiter angezeigt und von der Polizei verhört.

MENDLER, ANTON
1884 05 14
Stötten
Pfarrer
1938 Verdacht auf Veranlassung des Bombenatten-
tates gegen einen fanatischen NS-Lehrer. Haussuchung durch die Polizei. Haftbefehl durch den
Kreisleiter, mit Rücksicht auf die Pfarrmitglieder zurückgenommen. Verhör durch die Gestapo.
1943 Ermittlungen durch das Landgericht Kempten
wegen verbotener Meßfeiern, eingestellt.
1944 Verhör durch die Gestapo wegen der
Pfingstpredigt. 1000 RM Sicherungsgeld eingezogen.
Verhör durch den Bezirksamtmann wegen der unvollständigen Verlesung eines Hirtenbriefes.
Der Pfarrer hatte die Stellen gestrichen, die
von Hitler als dem Kämpfer gegen den Bolschewismus handelten. Außerdem:
Fünf Anzeigen wegen angeblicher Verstöße
gegen das Feiertagsrecht.
Androhung von Schulverbot durch die Bezirksschulbehörde.

MENNEL, ALBERT
1908 09 21
Oberstaufen
Kaplan
1938 Verhör wegen der Tätigkeit des Kaplans im
Jungmännerverein, Verbot der Betätigung, Haussuchung durch die Gestapo, Beschlagnahme der
Akten des Jungmännervereins, der Fahne und einiger Bücher.
1941 Widerruf der UK-Stellung.

MERK, LUDWIG
1888 11 02
Steingaden
Pfarrer
1937 Beanstandung durch den Ortsgruppenleiter
wegen eines Zitates in der Karfreitagspredigt.
1944 Verhör durch die Polizei wegen einer Maiandacht an Himmelfahrt.

MESSMER, ALBERT
1877 11 16
Huttenwang
Pfarrer
Dr. oec. publ.
1936 beleidigende Angriffe durch Beschmierung
der Pfarrhauswände mit folgendem Spruch: „Hier
wohnt ein Gesinnungslump, ein Lügner, Verleumder, Ehrabschneider, Volksverräter." Als die

Polizei auf der Spur der Täter war, wurde ihr die Weiterverfolgung verboten.
Verstorben am 2.7.1941.

METZ, JOSEF
1895 01 12
Bad Wörishofen
Hausgeistlicher
1945 beim NSFO wegen Bemerkungen über das NS-Herrschaftssystem angezeigt. Der Beschuldigte war damals Lazarettpfarrer. Das drohende Verfahren vor dem Kriegsgericht konnte nicht mehr (Kriegsende!) abgehalten werden.

METZGER, JOSEPH
1888 01 03
Aitrang
Pfarrer
1936 Verhör durch die Polizei wegen heimtückischer Äußerungen gegen den Staat und die Partei in der Predigt. Dem Verhör folgten zwei weitere Maßnahmen: 1. Ermittlungen durch das Landgericht wegen der obengenannten Predigt. Weil dem Kreisleiter eine Verurteilung unerwünscht war, wurde die Untersuchung eingestellt. 2. Geldstrafe (20 RM) wegen Verweigerung der Namensangabe und weiterer Angaben gegenüber den Polizeibeamten.
Beschlagnahme des Buches von Algermissen „Germanentum und Judentum".
Juni 1936 bis Mai 1937 Post- und Telefonüberwachung vermutet.

MILLER, ALOIS
1899 02 17
Peißenberg / Karlshuld
Pfarrer
1933 Haussuchung durch die SA, Beschlagnahme der Kasse und einiger Schriftstücke des katholischen Gesellenvereins. Des weiteren eine Verwarnung durch die Ortsgruppe wegen Erzählens der Ereignisse auf dem Münchner Gesellentag.
1939 Verhör durch die Polizei in Angelegenheiten des herkömmlichen Seelenbeschriebes, Verbot des Seelenbeschriebes.
1941 Beanstandung durch den Kreisbeauftragten des WHW wegen zu geringer Beiträge.
1942 Verhör durch die Polizei wegen „Fronleichnamsfeierlichkeiten", 200 RM Geldstrafe (laut Strafbefehl durch das Amtsgericht). Der Pfarrer erhob Einspruch. Das sich anschließende Verfahren endete mit Freispruch, jedoch bis Februar 1943 Unterrichtsverbot.

MILLER, ANTON
1897 12 14
Tegernbach
Pfarrer

Aus unbekannten Gründen wurde die Post des Pfarrers überwacht. Nähere Angaben fehlen.
Verstorben am 14.9.1940.

MILLER, MATTHIAS
1897 06 14
Offingen
Pfarrer
Im Januar 1934 wegen regimekritischer Predigtäußerungen eine Verwarnung durch das Bezirksamt.
Am 6.1.1937 veranstalteten Nationalsozialisten eine nächtliche Demonstration gegen Pfarrer Miller, da dieser von der Kanzel herab den Austausch der Ordensschwestern in Kindergärten gegen NSV-Schwestern verurteilt hatte.
Am 9.1.1937 führten Anhänger des Pfarrers eine Gegendemonstration vor Bezirksamt und Kreisleitung durch, mehrere Teilnehmer wurden kurzfristig in Schutzhaft genommen.
Verstorben am 9.1.1946.
Lit.: RPB III, 14, 122f, 125.

MILLER, MAXIMILIAN
1880 09 11
Leinheim
Pfarrer, Dekan
1935 Angriffe in der Presse wegen Auseinandersetzungen mit einem Pg, der sich gegen die Unterstützung der Bettler gewandt hatte.

MINDERER, ALOIS
1877 09 25
Biburg
Pfarrer
Im April 1941 Verhör durch die Gestapo wegen abfälliger Predigtäußerungen über die „autoritäts- und gesetzlose Zeit". Am 5.8.1941 Unterrichtsverbot durch das Landratsamt Augsburg.
Außerdem wurde der Pfarrer von der Polizei verhört. Ein Sicherungsgeld in Höhe von 500 RM wurde 1944 zurückerstattet. Nähere Angaben hierzu fehlen.
Lit.: RPB III, 213, 223.

MOLL, LEONHARD
1892 05 05
Jettingen
Pfarrer
1944 Verhör und Verwarnung durch die Polizei im Auftrag der Gestapo wegen einer Meßfeier nach Fliegeralarm. Dasselbe wegen einer Abendmesse an Fronleichnam.
1945 kurzfristige Festnahme durch die SS wegen Hissens der weißen Fahne.

MOOSMANN, GEORG
1908 01 11
Altisheim
Pfarrer
1941 Anzeige wegen der Bemerkung „bevor ein
halbes Jahr vergeht, haben wir Krieg mit Rußland".
Verstorben am 8.6.1943.

MORGENSTERN, P. GREGOR
SMA
1899 04 18
Waltenhofen
Kaplan
1941 Verhöre durch die Polizei und den
Bürgermeister wegen einer Messe für Polen.
1942 Verhöre und Verwarnung durch die
Polizei wegen Verlesung des Möldersbriefs.
Verhör durch die Gestapo wegen der Pfingst-
predigt; man drohte dem Pater mit Versetzung
und Predigtverbot.
1943 öffentlich vom Bürgermeister als
„Schwarzer Lump" bezeichnet.

MOSER, ANTON
1910 05 13
Lindau-Reutin / Oettingen
Pfarrvikar
1936 Verhör durch den Landrat und den Schulrat
wegen „antinationalsozialistischer Beeinflussung
der Jugend", Unterrichtsverbot von drei Monaten.
Wegen fortgesetzter antinationalsozialistischer
Beeinflussung Verwarnung durch den Landrat und
Zwangsversetzung (1.12.1937).

MOSER, JOSEPH MAGNUS
1898 09 07
Adelzhausen / Rennertshofen
Pfarrer
1940 drei Gestapoverhöre aufgrund verschiedener Anzeigen (Verweigerung des Hitlergrußes, Vereinsarbeit, Regimekritik u.a.).
Nach ständigen Drohungen des Ortsgruppenleiters
Ende November 1940 zwangsweise versetzt.

MUELLER, ANTON
1908 09 18
Hellengerst
Theologiestudent
1936 Verhör und Verwarnung durch die Gestapo.
1936-1938 Post- und Telefonüberwachung vermutet.
Verhör, Verwarnung, Beanstandung und Drohungen
durch den Ortsgruppenleiter.
Anton Müller wurde 26.6.1938 zum Priester geweiht.

MUELLER, FERDINAND
1872 01 18
Pfaffenhofen
Stadtpfarrer

Verwarnung durch die Gestapo wegen eines Aus-
fluges mit den Erstkommunionkindern.
Verhör durch den Kreisleiter wegen einer
Fastenpredigt.
Anprangerung im „Stürmer"-Kasten, in dem ein Bild
ausgehängt war, das eine dem Pfarrer ähnlich sehende
Person beim Viehhandel mit einem Juden zeigte.
Darunter stand zu lesen: „Ein katholischer Pfarrer
handelt auf dem Viehmarkt in Landshut mit einem
Juden".
Verbot, das Glockengeläut auf Schallplatte auf-
zunehmen, weil dadurch „Unruhe" entstehen
könne.

MUELLER, JOSEPH
1879 09 22
Kleinaitingen
Pfarrer
1936 Verhör durch die Polizei wegen Verlesung
eines Hirtenbriefes.

MUELLER, JOSEPH
1897 04 18
Untertürheim / Heretsried
Pfarrer
1937 Drohung mit Inhaftierung durch die Kreisleitung, weil der Pfarrer sich für die Erhaltung des Pfarrhauses einsetzte, das ein
Kinderheim werden sollte.
Im Mai 1939 Anzeige wegen einer Sammlung für
die Instandsetzung der Kirche.
1939 Haussuchung durch die Gestapo, Beschlagnahme von Büchern.
Verstorben am 9.5.1944.
Lit.: RPB III, 183, 185.

MUELLER, LUDWIG
1882 09 16
Oberwaldbach
Pfarrer
Bestraft mit 500 RM Sicherungsgeld, 1945 zu-
rückerhalten.
Verhör durch die Polizei.
Verhör durch den Landrat.
Nähere Angaben fehlen.

MUELLER, OSKAR
1877 01 22
Bobingen
Pfarrer
Verhör und Verwarnung durch den Ortsgruppenleiter wegen eines Vortrages vor dem Mütterverein.
Verhör durch die Gestapo im Zusammenhang mit
dem Kinderbewahranstaltsverein.

MUELLER, PAUL
1885 02 18
Belzheim
Pfarrer
1938 durch den Kreisleiter in Versammlungen
als „Hetzer" gebrandmarkt, weil der Gemeinderat unter dem Einfluß des Pfarrers für
die Konfessionsschule stimmte.
Verhöre und Verwarnungen durch die Polizei
wegen Hirtenbriefverlesungen.

MUESMANN, ALFRED
1882 11 08
Laimering
Pfarrer
Verwarnung durch die Polizei wegen einer Pre-
digt.

MUNDIGL, KARL
1893 05 30
Inning / Kaufering
Pfarrvikar
Dr. phil.
1938-1945 Unterrichtsverbot durch die Gauleitung
München.
Verhör durch den Landrat, Verwarnung.
Verhör durch die Gestapo wegen „Spionage"
und Hochverrats, wegen Vergehens gegen das Heim-
tückegesetz, wegen Vergehens gegen das Gesetz
zum Schutz von Volk und Staat. 21 Tage
Polizeihaft, Haussuchung, Beschlagnahme der
Privatkorrespondenz. Außerdem mehrere Male
Beanstandungen durch den Landrat.

MUNDING, AUGUST
1881 06 05
Buttenwiesen
Pfarrer
Verhör im Landratsamt wegen angeblicher „heimtückischer Bemerkungen auf der Kanzel" gegen
die Sittlichkeitsprozesse und die Klosterskan-
dale, Verwarnung (1938).
Beanstandung durch die Kreisleitung wegen des zu
geringen Beitrags für die NSV.

NAEGELE, HANS
1911 02 21
Diemantstein
Pfarrvikar
1942 Verweisung von einem Friedhof durch den
Kreisleiter, weil ein vom Pfarrer bestellter
Redner sich anläßlich einer Heldengedenkfeier
regimekritisch geäußert hatte. Außerdem eine
Anzeige wegen Übertretung des Feiertagsrechts.

NEFF, BERNHARD
1879 07 24
Petersthal
Pfarrer

1933 wegen Nichtbeflaggung Verwarnung und Androhung von Strafe im Wiederholungsfall durch
den Landrat.

NEHER, ANTON
1886 07 07
Steinach
Pfarrer
Von November 1940 bis Januar 1941 Verweigerung
der Beförderung.
Beanstandungen durch den Bürgermeister.

NEIDHART, SEBASTIAN
1899 04 09
Augsburg / Kempten
Geistl. Religionslehrer
Zweimal aus unbekannten Gründen von der Gestapo
verwarnt.

NEIDLINGER, JOSEPH
1897 02 02
Weilheim / Oberreute
Pfarrer, Direktor (Schülerheim)
1934 Ermittlungen durch das Amtsgericht Weilheim. Zu 30 RM Geldstrafe verurteilt; wegen Amnestie erlassen.
Als Direktor des städtischen Schülerheims
entlassen.
1940 Anzeige wegen groben Unfugs (Kartenspiel
während einer Hitlerrede).
1942 Ermittlungen durch das Amtsgericht wegen
einer Meßfeier am Dreikönigstag und eines
Gottesdienstes für polnische Landarbeiter.
Verhängung von 200 RM Geldstrafe. Ebenfalls
1942 Ermittlungen durch das Amtsgericht, mit 50
RM bestraft; Näheres unbekannt.
1943 Beanstandung durch den Ortsgruppenleiter.
Lit.: RPB III, 196, 233.

NEUKAM, HERMANN
1904 03 10
Mickhausen
Pfarrer
1941 Verhör durch den Landrat wegen Untergrabung der Autorität des Führers und Wehrkraftzersetzung; in derselben Angelegenheit
Verhör durch die Polizei im Auftrag der Gestapo.
1943 Verhör durch die Polizei wegen des Möldersbriefes.
Unterschriftensammlung gegen den Pfarrer; es
kamen nur vier Unterschriften zusammen.
Verbot des zusätzlichen Beicht- und Kommunionunterrichtes in der Schule.
Des weiteren zwei Verwarnungen.

NEUMEIR, JOSEF
1886 09 17
Bergheim

Pfarrer
1944 Verwarnung durch den Schulrat wegen Unterlassung des Hitlergrußes in der Schule.

NEUREITER, LEONHARD
1877 10 15
Egling
Pfarrer
1934 Verhör durch die Polizei wegen öffentlicher Kritik an einer staatlichen Maßnahme. Ermittlungen durch das Amtsgericht. Aufgrund des „Kanzelparagraphen" zu 50 RM Geldstrafe verurteilt. Auf Versammlungen öffentlich angeschuldigt.

NIEDERHOFER, OTTO
1887 02 20
Neukirchen
Pfarrer
Wegen Predigten Beanstandungen durch den Ortsbauernführer, den Bürgermeister und die Schulbehörde.
Verstorben am 2.7.1946.

NIEDERMAIER, JOHANN
1875 02 13
Epfenhausen
Pfarrer
1933 Verhör durch die Polizei wegen einer Predigt über einen verbotenen Hirtenbrief, in der gleichen Angelegenheit Verurteilung zu 100 RM Geldstrafe durch das Amtsgericht Landsberg.
1941-1945 Unterrichtsverbot ohne Grundangabe.

NIEDERMEIR, FRANZ
1907 11 02
Memmingen / Lauingen
Benefiziat
1938 als Präses des Jugendvereins Verhöre durch Polizei und Gestapo, Haussuchung durch die Gestapo, Beschlagnahme der Bücher und Zeitschriften sowie der Kasse des Vereins.
Während seines Kriegseinsatzes im Feldlazarett wegen Abhaltung von Feldgottesdiensten Versetzung zu einem anderen Lazarett auf Betreiben eines Gauleiters hin.

NIKLAS, FRIEDRICH
1899 04 08
Anhofen / Dettenschwang / Landsberg
Stadtpfarrer
1933-1935 Post- und Telefonüberwachung.
1945 versuchte Verhaftung wegen Eintretens für französische Kriegsgefangene, der Ortsgruppenleiter konnte die Verhaftung verhindern.
Beschuldigung durch die Polizei wegen Begünstigung notgelandeter amerikanischer Piloten.
Verhör und Verwarnung durch den stellvertretenden Bezirksamtmann.

NOCKER, JOSEF
1888 07 16
Wehringen
Pfarrer
1943 Verhör durch die Polizei wegen Abhaltung eines Abendgottesdienstes an Fronleichnam.

NOLD, KARL
1903 01 28
Illdorf
Pfarrer
1938 im „SA-Mann" mit dem Artikel „ein Wohlmeinender Seelsorger" angeschuldigt.
Der Pfarrer hatte ein geschiedenes Pfarrmitglied vor der Ziviltrauung gewarnt.
1941 im Exerzitienhaus während der Exerzitien einen halben Tag durch die Gestapo festgehalten.
Mehrere Beförderungsverweigerungen durch die Partei herbeigeführt.
Verhör durch die Polizei wegen einer verbotenen Prozession an Fronleichnam.
Verhör durch die Polizei wegen der Bemerkung, daß die Gläubigen auch an den „abgeschafften" Feiertagen zum Kirchenbesuch verpflichtet seien.

NOTHEISEN, WENDELIN
1890 10 24
Friedberg
Pfarrer / Wallfahrtsdirektor
1940 12 Tage U-Haft
Verhör und Verwarnung durch die Polizei wegen einer Predigt.

NUBER, GEORG
1901 07 04
Bertoldsheim / Eggenthal / Reichling
Pfarrer
1933 offene Anschuldigungen in der „Neuburger Zeitung" wegen der Weigerung, das Erntedankfest einzuläuten.
1944 ein Gestapoverhör, es lagen drei „Vergehen" vor: 1. Der Pfarrer hatte sich geweigert, einen gefallenen protestantischen Offizier neben dem Priestergrab zu beerdigen. 2. Der Pfarrer hatte ein Pfarrmitglied beauftragt, dessen Sohn zur kirchlichen Trauung zu bewegen. 3. Der Pfarrer hatte sich für das Recht auf Leben bei Geisteskranken eingesetzt. Wegen des 1. Vergehens zog die Gestapo 2000 RM Sicherungsgeld auf drei Jahre ein, in derselben Angelegenheit verhängte der Landrat Unterrichtsverbot für den Landkreis Schongau. Für das 1. und 3. Vergehen bestrafte der Regierungspräsident den Pfarrer mit Unterrichtsverbot für den Gau Oberbayern. Durch den Kreisleiter wegen des 1. Vergehens angeschuldigt.

NUSCHELER, JOHANNES
1902 12 14
Augsburg / Markt Rettenbach
Pfarrer
1936 Verhör, Verwarnung und Beanstandung durch
die Gestapo wegen einer Predigt.
1942 Verhör und Verwarnung durch die Polizei
wegen einer Predigt und Schulangelegenheiten.

OBERACHER, JOHANN
1896 08 17
Wellheim / Wollbach
Benefiziumsvikar / Pfarrer
1933 durch den Bürgermeister von Wellheim Androhung von KZ-Haft wegen Tätigkeit im katholischen Burschenverein und im DJK, aber auch
wegen Nichteintritts der jungen Männer in die
SA.

OBERSTALLER, JOHANN NEPOMUK
1879 09 10
Augsburg
Domprediger
1940 wegen Vergehens gegen das Heimtückegesetz eine Anzeige durch die Gestapo.
Ende 1940 wegen staatsabträglicher Bemerkungen
in der Predigt eine Verwarnung durch die Gestapo.
Lit.: RPB III, 194, 205.

OEHLER, OTTO
1900 09 17
Schöffau / Unteregg
Expositus / Pfarrer
1937 Beanstandung und Verwarnung durch die
Kreisstelle wegen des Hitlergrußes, des weiteren Androhung von Schulverbot.
1943 Verhör und Verwarnung sowie Einzug von
1000 RM Sicherungsgeld durch die Gestapo wegen
Zulassung polnischer Arbeiter zum Gottesdienst.

OFFINGER, AMBROS
1892 07 11
Waal
Pfarrer
Verhör und Haussuchung durch die Polizei, Be-
schlagnahme von Büchern.
Verwarnung durch den Ortsgruppenleiter.

OHMAYER, HEINRICH
1911 10 25
Augsburg / Großkissendorf
Stadtkaplan / Pfarrvikar
1938 zwei Haussuchungen, eine Verwarnung sowie
zwei kurzfristige Festnahmen durch die Gestapo.
1939 wegen staatsfeindlicher Betätigung als
Pfadfinderpräses ein Verhör, eine Verwarnung
und Beschlagnahme von Büchern, Zeitschriften
und Photoapparat (Gesamtwert ca. 120 RM) durch

die Gestapo. Des weiteren sieben Wochen Untersuchungshaft. Die Intervention des Weihbischofs
Dr. Eberle aus Augsburg verhinderte ein Gerichtsverfahren.
Im November 1939 durch die Polizei eine Verwarnung wegen des Inhaltes von Feldpostpaketsen-
dungen. Außerdem Beschlagnahme von Hirtenbriefen.

OHREITER, ALOIS
1890 03 17
Illertissen
Pfarrer
Verwarnung durch den Landrat wegen Verlesung des
Möldersbriefes.
Verhör durch die Polizei.

OSTHEIMER, MAX
1900 04 15
Ettenbeuren / Schwabbruck
Pfarrer
1933 aufgrund staatsfeindlicher Einstellung
und Vereinstätigkeit ein Verhör durch den
Sonderkommissar.
1933/34 Post- und Telefonüberwachung.
1934 wegen der antinationalsozialistischen
Haltung des katholischen Gesellenbundes sowie
aufgrund des Verbotes, HJ-Fahnen mit
in die Kirche zu bringen, eine öffentliche
Kundgebung der HJ gegen den Pfarrer. Im Anschluß daran wegen hetzerischer Äußerungen
gegen die Partei, Auslandskorrespondenz und
absichtlichen Versäumens der Führerreden im
Radio ein Verhör durch Kreisleiter und Sonderkommissar mit der Aufforderung, die Pfarrei
zu verlassen. Eine Woche später ein erneutes
Verhör mit der Drohung, die „Parteigänger"
des Pfarrers zu verhaften, falls der Pfarrer
die Pfarrei nicht verlasse.
1937 Beschlagnahme eines Buches.
1939 durch einen Lehrer Androhung von Schulverbot aufgrund des Vertriebes von katholischen
Zeitschriften in der Schule.
1944 ein Verhör durch die Polizei wegen
staatsfeindlichen Verhaltens und der Zugehörigkeit zu „Organisationen".
Aufgrund eines Abendgottesdienstes an Christi
Himmelfahrt mehrere Verhöre durch die Polizei.

OSTHEIMER, MICHAEL
1875 12 04
Starnberg
Pfarrer
Von 1933 bis 1945 Post- und Telefonüberwachung.
1935 Haussuchung durch die Gestapo, Beschlagnahme des Materials der marianischen Jungfrauenkongregation.
1940 Verwarnung wegen einer Meßfeier an Christi
Himmelfahrt.

Verhör durch die Partei wegen „Vermahnung aus der Kirche Ausgetretener".
Ermittlungen durch das Amtsgericht Starnberg wegen Vermischung des Deutschen Grußes mit dem christlichen Gruß: Der Pfarrer sollte mit erhobener Hand „Gelobt sei Jesus Christus" gesagt haben. Die Ermittlungen wurden eingestellt.

OTT, FRANZ
1901 01 28
Affing
Pfarrer
1934 Beanstandung durch die Gauamtsleitung der NSV.
Eine Vorladung vor den Landrat.
Zwei Verhöre und eine Verwarnung durch die Gestapo wegen Besitzes verbotener Bücher sowie wegen Abhaltung von Versammlungen.
Durch die Polizei eine Haussuchung sowie Beschlagnahme von Zeitschriften. Androhung von Predigtverbot und KZ-Haft. Des weiteren 100 RM Geldstrafe.

OTT, GABRIEL
1899 03 13
Lauingen / Reistingen / Laub
Stadtkaplanei-Benefiziat / Pfarrvikar / Pfarrer
1933 eine Haussuchung durch Polizei und SA wegen Mitarbeit im katholischen Jungmännerverband.
1938 Einzug von 30 RM Geldstrafe wegen Verlesung eines Hirtenbriefes trotz vorherigen Verbotes durch die Polizei.

OTT, JOSEF
1896 12 14
Altenstadt
Pfarrer, Dekan
1935 Verwarnung und Androhung „schwerster Maßnahmen" durch die Gestapo, Anlaß war die Predigt eines Volksmissionars, der den Pfarrer gegenüber den Verhöhnungen der SA verteidigte und zur Wachsamkeit gegen die Schulkreuzentfernungen aufrief.
1936 Verwarnung durch die Gestapo wegen des Bezugs einer holländischen Zeitschrift. Haussuchung durch die Polizei.
1944 Verwarnung durch den Landrat wegen einer Messe an Christi Himmelfahrt.
Verhöre durch die Polizei auf Veranlassung der Kreisleitung und des Landrats. Ein Jahr lang Post- und Telefonüberwachung. Verwarnung und Androhung von Strafmaßnahmen durch den Kreisleiter aufgrund regimekritischer Äußerungen.
Eine Verwarnung durch die Polizei wegen Nichtbeflaggung.

PAULUS, HUBERT
1902 02 25
Augsburg (St. Georg)
Stadtkaplan
Mehrere Verhöre durch die Gestapo wegen der Führung des Lehrlingsheimes St. Georg, wegen der Leitung der katholischen Jugendbewegung Quickborn sowie aufgrund von Predigtäußerungen. Des weiteren Verwarnungen sowie eine Haussuchung mit Beschlagnahme einiger Privatbücher und Vereinsunterlagen.
Auf Veranlassung der Gestapo mehrere Verhöre durch die Ortsgruppenleitung z.B. wegen Verleumdungen durch NS-Organisationen, die HJ und die DAF.
Post- und Telefonüberwachung.

PFAU, MAX
1888 06 05
Unterjoch / Augsburg / Hindelang
Pfarrer / Domvikar / Pfarrer
1933 Verhör durch den Polizeipräsidenten wegen aufrührerischer Tätigkeit und wegen Verbreitung von verbotenen Schriften, die geplante Verhaftung und Versetzung konnte verhindert werden.
Verwarnungen durch die Polizei.

PFAU, MICHAEL
1883 09 25
Deisenhausen
Pfarrer
1941 Verhör durch die Polizei wegen Kritik an der Rede eines Stützpunktleiters, Verhör und Verwarnung durch den Landrat, Unterrichtsverbot durch den Regierungspräsidenten, auch das Unterrichtsverbot wurde mit dem obigen Vergehen begründet, es erfolgte jedoch wahrscheinlich auf einen Bericht der Schulleitung hin.
Verwarnung durch den Landrat wegen angeblicher Abhaltung von Religionsunterricht außerhalb der Schule. Verhinderung des Jungvolk-Appells.
1942 Beanstandung beim Ordinariat durch einen Lehrerkollegen wegen des Verhaltens als Erzieher und Religionslehrer.
1943 Verhör durch die Polizei wegen einer von einem Jesuitenpater gehaltenen Predigt.

PFEIFFER, JAKOB
1886 04 30
Schongau / Altusried
Benefiziat / Pfarrer
1933 sieben Tage Schutzhaft im Gefängnis Kaufbeuren.
Aufgrund von Nichtbeflaggung öffentliche Anschuldigung (Plakatanschlag).
1936 Verhör durch die Polizei wegen einer Unterschriftensammlung gegen den Abbau klösterlicher Lehrkräfte. Ermittlungen durch das Amts-

gericht Schongau wegen Kanzelmißbrauchs wurden
eingestellt.
1937 wegen Jugendarbeit eine Haussuchung und
Beschlagnahme von Vereinsabzeichen.
1941 Verhör durch den Gemeinderat wegen einer
defätistischen Äußerung.
1942 wegen Fronleichnamsfeierlichkeiten durch
das Amtsgericht Kempten mit 1000 RM Geldstrafe
belegt, das Geld wurde 1944 zurückerstattet.
Verstorben am 9.7.1944.

PFERSICH, JOSEF
1908 01 09
Rohr
Pfarrvikar
1942 Verhör durch die Gestapo wegen einer Zu-
sammenkunft mit einigen Geistlichen, unter denen
sich auch Ritter v. Lama befand.

PFISTER, GEORG
1903 02 16
Augsburg (St. Moritz) / Welden / Adelsried
Stadtkaplan / Benefiziumsvikar / Pfarrer
Dr. theol.
1934 Verhör durch die Gestapo im Zusammenhang
mit dem Hitlergruß.
Haussuchung durch die Polizei und den Bürgermeister, des weiteren Beschlagnahme des
Schrifttums des katholischen Jungmännerverbandes.

PISKALAR, JOSEPH
1880 08 18
Lachen
Pfarrer
Haftbefehl durch die Kreisleitung wegen einer
Predigt. Durch das energische Eintreten einer
einflußreichen Privatperson für den Pfarrer
konnte der Haftbefehl wieder aufgehoben werden.

PORTENLAENGER, OTTO
1901 11 12
Mindelheim / Augsburg (St. Georg) / Offingen
Spiritual / Aushilfspriester / Pfarrer
Vom 9.6.1941 bis zum 4.8.1941 Polizeihaft.
Verwarnung wegen einer Hirtenbriefverlesung.
Entlassung als Studienrat und Unterrichtsverbot.
Verhör durch Beauftragte der Gestapo. Haus-
suchung durch die Polizei, Beschlagnahme von
privaten und seelsorglichen Briefen.
Post- und Telefonüberwachung über mehrere
Monate hinweg.

PRECKLE, MATTHAEUS
1883 01 10
Lindenberg
Stadtpfarrer
1936 Aufenthaltsbeschränkung, Einreiseverbot
für Österreich.

Verhör durch den Ortsgruppenleiter und Kreisleiter wegen „Sabotage" einer NS-Gedenk-
feier, der Pfarrer hatte gleichzeitig einen
Gottesdienst abgehalten.

PRESTELE, ALFONS
1903 12 13
Lindenberg
Beneviziumsvikar
1935 Verhör durch den Kreisleiter und den Ortsgruppenleiter wegen einer Predigt zum Moral-
grundsatz „was dem Volke nützt, ist gut" und
zum „Mythus" Rosenbergs.
1938 Haussuchung durch die Gestapo im Zusammenhang mit der Aufhebung der katholischen Jugendvereine.

PRESTELE, ULRICH
1896 06 17
Akams
Pfarrer
1937 Beanstandung durch die Kreisleitung wegen
Kritik an Maßnahmen der NSDAP und der Nazi-
presse gegenüber der katholischen Kirche
auf einer Parteiversammlung.
Verwarnung durch den Kreisleiter.
Verweigerung einer Pfarrei.

PRIM, FRANZ XAVER
1906 05 23
Memmingen / Augsburg-Kriegshaber / Pobenhausen
Stadtkaplan / Pfarrer
1934 wegen einer Unterschriftensammlung gegen
die Abtretung eines Friedhofteiles zum Straßen-
bau sechs Tage Schutzhaft, des weiteren in der
Presse öffentlich angeschuldigt.
1935 Beanstandung durch die Gestapo wegen der
Tätigkeit in der Jugendseelsorge.
1936 öffentliche Anschuldigungen durch den
Kreisleiter wegen Nichteintritts in die NSV.
1937 öffentliche Anschuldigungen durch den
Kreisbauernführer.

PROELLE, RUDOLF
1889 04 15
Fleinhausen
Pfarrer
1933 auf den Versammlungen der NSDAP durch
den Parteiredner und späteren Oberbürgermeister von Augsburg wegen einer Predigt
(„Kreuz oder Hakenkreuz") öffentlich angeschuldigt.
1939 Beschlagnahme der Feldpostadressen.
Verwarnungen durch die Kreisleitung und Ortsgruppenleitung wegen Predigten.
Verwarnungen wegen zu geringer Spenden und Beiträge z.B. für die NSV.
Ein Verhör durch die Polizei aufgrund einer
zusätzlichen Erklärung nach einer Hirten-

briefverlesung.
Öffentliche Anschuldigungen wegen Abhörens
ausländischer Sender.

PROELLER, ALBERT
1902 02 06
Eppisburg
Pfarrer
Verhör und Verwarnung durch die Gestapo wegen
Übertretung des Feiertagsrechts, Nichtbeflag-
gung und allgemeiner Regimegegnerschaft.

RAAB, KARL
1882 12 29
Reichertshofen / Gundamsried
Pfarrvikar
Dr. theol.
1933 öffentliche Anschuldigungen im „Ingol-
städter Tagblatt" wegen einer Wahlrede vor
Frauen.
1934 eine Haussuchung mit Beschlagnahme privater Post durch die Polizei. Ein Schutzhaftbefehl der Gestapo kam wegen des Röhmputsches
nicht zur Ausführung. Post- und Telefonüberwachung. Wegen groben Unfugs vier Stunden
Polizeihaft. Ermittlungen des Amtsgerichts
wegen eines Vergehens gegen den Kanzelparagraphen wurden aufgrund einer Amnestie eingestellt. Ein Verfahren durch das Landgericht
wegen Verstoßes gegen das Sammlungsgesetz
wurde ebenfalls aufgrund von Amnestie eingestellt. Des weiteren ein Verhör durch die
Polizei. Verhöre, Verwarnungen und Verhaf-
tungsandrohungen durch die SA. Acht Verhöre durch den Landrat, u.a. wegen einer
Schulkreuzerklärung (dazu auch vom Kreisleiter verhört). Öffentliche Anschuldigungen
durch den Ortsgruppenleiter.

RAEDLER, HERMANN
1888 03 30
Wohmbrechts
Pfarrer
1941 und 1943 Beanstandung durch die Kreis-
leitung u.a. wegen der Nichtanmeldung von
Prozessionen.
Lit.: RPB III, 214f.

RAFFLER, GEORG
1898 06 01
Stadl / Fischach / Nesselwang
Pfarrer / Kommorant / Aushilfspriester / Pfarrer
1934 17 Tage Schutzhaft wegen abträglicher Bemerkungen über SA und NSDAP sowie
aufgrund von Nichtbeflaggung. Erzwungener Verzicht auf die Pfarrei und Aufenthaltsverbot.
Androhung von Verhaftung und KZ-Haft bei Rückkehr nach Stadl. Ein Verfahren vor dem Amtsgericht endete mit Freispruch. Ein Verhör durch

die Polizei. 1935 sechs Monate ohne Pfarrei,
durch Prozeß (s.o.) und Umzug 3000 RM Schulden.
Verwarnungen und ein Verhör durch den Kreis-
leiter. Drei Verhöre und mehrere Verwarnungen
durch einen Oberamtmann in Sachen „Politik und
Polizei". Zwei Verhöre und Verwarnungen durch
den Landrat. Aufgrund von Predigtäußerungen,
Grabreden, Jugendansprachen u.a.m.
20 Verhöre durch die Polizei. Vier Beanstandungen
durch die NSDAP-Ortsgruppe, deren Leiter die HJ-
Buben dazu anhielt, nicht in den „rauchgeschwärzten
Tempel zur Volksverdummung" zu gehen. Eine
Haussuchung durch die Polizei. Postüberwachung von
Herbst 1933 bis 1939.
Androhung von Rede-, Predigt- und Schulverbot.
Anschuldigungen in anonymen Briefen. Öffent-
liche Anschuldigungen aufgrund von Grabreden,
wegen angeblichen Abhörens ausländischer
Sender sowie wegen Verweigerung der Beerdigung
einer exkommunizierten Frau.
Zweimal Zertrümmerung der Pfarrhausfenster.
Lit.: RPB I, 13f.

RAMPP, ANDREAS
1888 11 29
Augsburg
Domkapitular
1938 Schutzhaft vom 12.8. bis zum 22.12.1938,
Haussuchung durch die Gestapo. Ermittlungen
durch das Sondergericht wurden eingestellt.
1939 Postüberwachung. Ein Verhör wegen eines
Briefes durch die Gestapo.
Beanstandungen durch den Ortsgruppenleiter und
den Stützpunktleiter.
Lit.: RPB III, 175.

RANZ, JOSEPH
1882 04 06
Dillingen
Stadtpfarrer
Wegen Abhaltung eines Ministrantentages mit 150
RM Geldstrafe belegt, die Strafe wurde durch
Amnestie erlassen.
Haussuchung durch die Gestapo.

RATHGEBER, ALPHONS M.
1888 06 08
Nürnberg / Lauchdorf
Hauptschriftleiter / Pfarrer
Verhör und Verwarnung durch den Polizeipräsidenten von Nürnberg.
Verhör und Beanstandung durch das Gaupropaganda-
amt Nürnberg. Wegen „mißliebiger Artikel"
Verwarnung durch das Reichs- und Gaupropaganda-
amt. Eintägiger Hausarrest. Post- und Telefonüberwachung. Öffentliche Anschuldigungen
durch die NS-Presse und auf Parteiversammlungen.
Verkauf der Bücher des Pfarrers durch die Gestapo unterbunden.

RAU, PHILIPP
1889 05 09
Berg Im Gau / Polling
Pfarrer, Dekan
1935 Verhör und Verwarnung durch den Kreisbauernführer wegen einer Predigt.
Verhöre, Verwarnungen und Androhungen durch die
Polizei wegen Nichtbeflaggung und wegen Nichtläutens bei militärischen Siegen.
Auf eine Anzeige durch Nationalsozialistinnen
wegen regimekritischer Äußerungen in Predigt
und Christenlehre folgte eine Beanstandung
durch den Stützpunktleiter.

REESS, JOHANNES
1890 03 27
Großkissendorf / Memhölz
Pfarrer
1933 20 RM Geldstrafe.
1937 Unterrichtsverbot durch den Regierungspräsidenten wegen der Bemerkung, daß der
Führer mitschuldig sei an der Entheiligung der
Feiertage. Aufgrund von Predigtäußerungen
Verwarnungen durch einen Regierungsrat.
1940 wurden Ermittlungen des Sondergerichts
aufgrund eines Vergehens gegen das Heimtückegesetz wegen Amnestie eingestellt.
1944-1945 infolge einer Anzeige der Gestapo wegen
Übertretung des Feiertagsrechtes durch das
Amtsgericht Kempten zu 600 RM Geldstrafe verurteilt.
Aufgrund von Predigtäußerungen vier Verhöre,
eine Haussuchung sowie Beschlagnahme von Zeitschriften durch die Polizei.

REICH, JOHANN
1867 12 08
Bießenhofen
Pfarrer, Dekan
Aufgrund seiner antinationalsozialistischen
Einstellung im November 1933 öffentliche,
aber anonyme Verleumdung.
Verstorben am 10.12.1940.
Lit.: RPB III, 10.

REIMBOLD, ALOIS
1901 05 05
Wattenweiler / Penzing
Pfarrer
1941-1942 dauernde Auseinandersetzungen mit einem
Lehrer und dessen Frau, dieser Zank führte
unter dem Schlagwort „Störung des Dorffriedens"
zu folgenden Maßnahmen: Ermittlungen durch das
Landgericht (später eingestellt), zwei Verhöre durch die Polizei; Verhör, Verwarnung
und Beanstandung durch die Kreisleitung; Verhör, Verwarnung und Androhung einer Gefängnisstrafe durch den Landrat; durch einen
zweiten Lehrer mehrere Anschuldigungen beim

Sonderkommissar; schließlich wurde der Pfarrer
zwangsversetzt.
In einem Zwangsvergleich mit 35 RM bestraft.

REINDL, LUITPOLD
1883 01 31
Anhausen
Pfarrer
Androhungen.

REINER, GEORG
1886 06 06
Markt Oberdorf
Kaplan
1942 wegen Verkaufs religiöser Zeitschriften
eine Verwarnung.

REINER, P. RUPERT
OSB
1897 03 21
Ottobeuren
Prior
Unterrichtsverbot durch die Gestapo
ohne Angabe von Gründen.

REISCH, JOHANN CHRYSOSTOMUS
1908 06 23
Nördlingen / Amerdingen
Stadtkaplan / Pfarrvikar
1936 Verhör und Verwarnung durch den Ober-
regierungsrat im Auftrag der Gestapo.
1936-1937 Verhöre und Beanstandung durch die
Kreisleitung wegen Predigten.
1942 Widerruf der UK-Stellung, aufgrund der
Intervention des Weihbischofs zurückgenommen.
Beanstandung durch den Ortsbauernführer wegen
Predigten und der Gesamteinstellung des Pfar-
rers. Öffentliche Androhungen durch den
Kreisleiter.

REISER, HUBERT
1868 10 30
Pestenacker
Pfarrer
1942 Verhör durch die Polizei wegen der feierlichen Abhaltung des Fronleichnamsfestes.

REISINGER, JOSEPH
1910 02 13
Gersthofen
Kaplan
1938 Verhör und Beanstandung durch die HJ wegen
Verweigerung des Hitlergrußes und einer
erlogenen Schüleraussage.

REISNER, ANDREAS
1878 09 12
Langweid / Dillishausen
Pfarrer / Emeritiert / Pfarrvikar

Aufgrund von Predigtäußerungen öffentliche Androhungen durch ein Gemeinderatsmitglied.

REISS, LUDWIG
1878 06 08
Mindelheim
Stadtpfarrer
Dr. phil.
Aufgrund einer Auseinandersetzung mit dem nationalsozialistischen Bürgermeister Einzug einer Geldstrafe.
Verstorben am 27.7.1939.

REITEMANN, WILHELM
1905 03 01
Augsburg-Oberhausen / Könghausen / Inning
Stadtkaplan / Pfarrvikar / Pfarrer
Von 1940 bis 1945 Post- und Telefonüberwachung.
1943 Verbot, Christenlehre zu erteilen.
Bei der Ortsgruppe angezeigt wegen angeblicher Bestrafung eines Mädchens, das mit „Heil Hitler" gegrüßt hatte.

REITER, JOHANN BAPTIST
1911 06 15
Augsburg (St. Anton) / Ried
Stadtkaplan / Pfarrvikar
1938 Verhör und Verwarnung durch die Gestapo aufgrund von Predigtäußerungen. Ein diesbezügliches Verfahren vor dem Sondergericht wurde wegen Amnestie eingestellt.

REITER, JOSEPH
1913 02 12
Oettingen / Füssen
Stadtkaplan / Aushilfspriester
Verhör durch die Polizei wegen einer Meßfeier nach Fliegeralarm.
Verhör durch die Polizei, weil Polen in deutscher Uniform beim Polengottesdienst ministrierten.

RENK, ANDREAS
1880 02 15
Pforzen / Augsburg / Lauterbach
Pfarrer / Kommorant / Pfarrer
1934 Festnahme und zwei Wochen Schutzhaft.
Im Gefängnis mußte der Pfarrer die Zwangsabdankung durch Unterschrift bestätigen, außerdem erhielt er Aufenthaltsverbot für den Bereich der früheren Pfarrei.
Öffentliche Anschuldigungen und Versuche, die Themen der Predigt zu manipulieren, durch den Stützpunktleiter.
Lit.: RPB III, 17.

RETH, OTTO
1894 03 03
Erisried
Pfarrer

1944 wegen Heimtücke, Wehrkraftzersetzung und Mißbrauchs der Amtsgewalt Ermittlungen durch das Amtsgericht München, weitergeleitet an das Volksgericht Berlin, Freispruch, weil der wichtigste Zeuge in der Verhandlung seine Aussage wesentlich abschwächte, jedoch Schutzhaft vom 4.7.1944 bis zum 17.8.1944 und anschließend zwölf Wochen Untersuchungshaft.
Aufgrund politischer Unzuverlässigkeit Unterrichtsverbot durch den Landrat. Zwei Verhöre durch die Gestapo. Haussuchung und Beschlagnahme von privatem Material durch die Polizei.
Lit.: RPB VII, 55.

REUTEMANN, FRANZ XAVER
1904 12 03
Biberachzell / Mörslingen
Pfarrer
1938 Ermittlungen durch das Landgericht Memmingen. Verhör durch die Gestapo, Haussuchung mit Beschlagnahme von Zeitschriften für die Jugend- und Mütterseelsorge. Verwarnung durch das Bezirksamt.
Verfahren vor dem Sondergericht wegen groben Unfugs, der Pfarrer hatte sich geweigert, am „Sieg Heil" teilzunehmen, die Geldstrafe (80 RM) wurde wegen Amnestie erlassen.
Beanstandungen durch den Ortsgruppenleiter und den Kreisleiter.
Lit.: RPB III, 214.

RIEDELE, WILHELM
1903 12 12
Gestratz / Grünenbach
Kaplan / Pfarrer
1936 Einreiseverbot für Österreich. Diese Maßnahme mußten alle Geistlichen des Kreises Lindau hinnehmen.
1937 Androhung und Verwarnung durch den Kreisleiter, weil der Pfarrer an einer Rede des Kreisleiters Kritik geübt hatte.
1938 Verbot, in der alten Pfarrei den Abschied und in der neuen Pfarrei den Antritt festlich zu begehen.
Ab 1939 Verweigerung der Erlaubnis der Motorradbenutzung und der Zuteilung der Fahrradbereifung.
1941 wegen Prozessionen zwei Verhöre durch die Polizei.
Lit.: RPB III, 214.

RIEDL, ANTON
1882 04 29
Pürgen / Purk
Pfarrer
1933-1935 vier Verhöre durch die Polizei wegen des Hitlergrußes in der Schule,

kritischer Bemerkungen in der Schule,
kritischer Bemerkungen gegen die Partei und
der Nichtteilnahme bei einer Flaggenhissung.
Die Anzeigen kamen immer von einem Lehrerkollegen.

RIEDLE, JOSEF
1907 09 19
Lauingen
Benefiziat
1938 Verhör durch die Polizei wegen Verwendung
einiger Passagen aus dem Möldersbrief in einer
Predigt, des weiteren eine Verwarnung durch die
Gestapo.
Beschlagnahme der Kasse und der Unterlagen des
katholischen Jugendvereins.
Postüberwachung während des Krieges.

RIEF, AUGUST
1886 12 27
Willishausen / Donaualtheim
Pfarrer
1937 durch den Ortsgruppenleiter bei der Kreisleitung wegen eines „Angriffs auf den Nationalsozialismus von der Kanzel herab" angezeigt, anschließend Predigtüberwachung durch
die Polizei.

RIEF, LEONHARD
1886 11 16
Rennertshofen / Reimlingen
Pfarrer
Bereits 1932 war der Druck der NS-Stellen mittels Kundgebungen und verleumderischen Zeitungsartikeln auf den Pfarrer so groß, daß er gezwungen war, die Pfarrei zu wechseln.
1934 Ermittlungen durch das Landgericht wegen
Vergehens gegen den Kanzelparagraphen. Mit
einer Verwarnung durch die Staatsanwaltschaft
wurde das Verfahren eingestellt.
1938 Ermittlungen durch das Landgericht wegen
eines Heimtückevergehens, das Verfahren wurde
mit einer Verwarnung eingestellt.
1942 wegen angeblicher Verbreitung des Möldersbriefes ein Verhör und Androhung von KZ-Haft durch den Landrat. Einzug von 500 RM Sicherungsgeld durch die Gestapo aufgrund politischer Unzuverlässigkeit.
Unterrichtsverbot von Mai 1942 bis November 1944.
Ein Verhör durch die Kreisleitung wegen angeblicher Verweigerung eines Kriegergottesdienstes.
Verhöre durch die Leitungen von BDM und HJ
wegen des Vorgehens gegen sittenlose Jugendführer und -führerinnen.
Verhör durch die Ortsgruppenleitung u.a. wegen
des Wahlverhaltens der Pfarrmitglieder.
Verhör durch die Ortsschulbehörde u.a. wegen
willkürlicher Verlängerung der Messe.

Von 1935 bis 1942 wurde der Pfarrer neunmal
verhört, anhand der Unterlagen lassen sich die
Daten, die Delikte und die vernehmenden Personen
nicht zuordnen, „Delikte": allgemeines Verhalten, Kanzelmißbrauch, Wallfahrt, Primizfeier,

RIEHL, GEORG
1875 05 10
Inningen
Pfarrer
Ermittlungen durch Augsburger Gerichte und das
Sondergericht München endete mit Freispruch.
Wegen Vergehens gegen das Heimtückegesetz
vier Monate Schutzhaft in Augsburg.
Verhör und Verwarnung im Auftrag des Landrats.
Haussuchung und Beschlagnahme von Büchern durch
die Gestapo.
Lit.: RPB III, 189.

RIEPP, REMIGIUS
1910 10 01
Nördlingen / Lindau
Stadtkaplan
1938 ein Verhör durch den Kreisleiter wegen angeblich ungerechter Bestrafung eines Schülers,
Unterrichtsverbot in der Klasse dieses Schülers.
1939 Verhör und Verwarnung durch den Kreisleiter und den Bürgermeister wegen eines Rundbriefes schulischen und kirchlichen Inhaltes an
Fortbildungsschüler.

RIGEL, JOHANN
1906 06 01
Uting / Kaufbeuren
Kaplan / Stiftungspriester
1936 Haussuchung durch Gestapo im Kolpingsheim,
Beschlagnahme der Kasse des Jungmädchenvereins
(300 RM) und der Jugendzeitschriften.

RITTER, ERNST
1895 09 10
Meitingen / Rennertshofen
Expositus / Pfarrvikar
Im Mai 1934 eine Beanstandung durch das Bezirksamt wegen einer Grabrede.
Aufgrund eines Vergehens gegen das Flaggengesetz im Juli 1936 kurzfristige Inhaftierung.
Im November 1939 wegen eines Vergehens gegen
das Heimtückegesetz eine Strafanzeige.
Lit.: RPB III, 22, 109, 191.

RITZER, RUPERT
1913 04 26
Senden / Augsburg (St. Joseph)
Kaplan / Aushilfspriester
Verhör durch die Polizei wegen Verbreitung von
Predigten.

RITZL, AUGUST
1880 10 09
Augsburg (St. Pankratius)
Stadtpfarrer
Drei Verhöre durch die Gestapo.
Zwei Verhöre sowie Beschlagnahme der Akten
der Hollandanleihe durch die Devisenfahndungs-
stelle.

ROETTINGER, ANTON
1882 04 02
Kempten
Studienprofessor
1934 wegen Mitarbeit im Bund „Neudeutschland"
ein Verhör sowie Haussuchung mit Beschlagnahme
der Akten und des Schriftsatzes des Bundes
durch die Gestapo.
Unterrichtsverbot für Religion und Hebräisch.

ROGENSTEIN, BERNHARD
1913 05 20
Pfaffenhofen / Starnberg
Kaplan / Aushilfspriester
1939 Verhör und Verwarnung durch die Kreisleitung wegen jugendseelsorglicher Tätigkeit,
schärfste Auseinandersetzungen mit der HJ-
Führung wegen der Jugendseelsorgestunden und
des Mißbrauchs der Beichte zur katholischen
Propaganda.
Verhör durch den Schulrat wegen „Vertretung des
katholischen Standpunktes in Religionsunterricht und allgemeiner Seelsorge". Unterrichtsverbot durch den Regierungspräsidenten zunächst für Pfaffenhofen, später für das
ganze Dritte Reich.
1939-1940 Post- und Telefonüberwachung.
1940 Kündigung der UK-Stellung wegen allgemeiner Regimegegnerschaft, innerhalb der Wehrmacht
erst nach 18 Monaten zum Gefreiten befördert.
Androhung von KZ-Haft wegen Nichterwiderung des
deutschen Grußes gegenüber einem uniformierten SS-Mann.

ROGG, AMBROSIUS
1883 05 14
Antdorf
Pfarrer
Verhör durch die Polizei im Auftrag der Gestapo
wegen Abhaltung verbotener Gottesdienste.
Haussuchung durch die Polizei wegen angeblichen
Verbergens von Lebensmitteln.
Androhung wegen einer angeblichen Äußerung
gegen den BDM.
Mehrere Verwarnungen wegen Predigten.

ROGG, ANTON
1915 03 21
Höchstädt

Kaplan
1937 Verhör und Verwarnung durch die Gestapo,
Androhung einer Strafe.
Ab 1939 Beförderungsverweigerung innerhalb der
Wehrmacht.

ROMBERG, WALTER
1899 12 27
Augsburg
Dompfarrkaplan
1935 Verhör durch die Gestapo wegen der Oster-
montagpredigt im Dom zu Augsburg, Ermittlungen
durch ein Gericht wurden aufgrund von Amnestie
eingestellt.

ROST, RUPERT
1897 01 21
Peterswörth / Gabelbach
Pfarrvikar / Pfarrer
1933 ein Verhör durch die Polizei wegen angeb-
lichen Unterhaltens eines politischen Zirkels
im Pfarrhaus.
Erstürmung einer Versammlung des katholischen
Burschenvereins durch die SA.
1934 Verhör durch die Polizei im Auftrag der
Gestapo wegen der Silvesterpredigt 1933 und
Verächtlichmachung einer staatlichen Einrich-
tung (Sammelbüchse des WHW) im Burschenverein.
1939 Sondersitzung der Partei wegen angeblicher
Fortführung eines getarnten katholischen
Mädchenvereins und Boykottierung des BDM.

ROTH, ALFONS
1905 11 30
Augsburg
Domvikar
Beförderungsverweigerung auf eine Religions-
lehrerstelle. Des weiteren Unterrichtsverbot.
Ermittlungen des Sondergerichts, durch Amnestie
eingestellt.

ROTH, FRANZ SERVATIUS
1893 08 11
Winterrieden / Willofs
Pfarrer
1935 Verhör durch den Bezirksamtmann wegen Verweigerung des Hitlergrußes und Behinderung der
örtlichen NS-Organisationen (SS, SA, HJ, BDM),
Beanstandung, Androhung einer Geldstrafe und
einer Gerichtsverhandlung durch den Kreisleiter.
Drei Tage Schutzhaft wegen eines spöttischen
Witzes über Hitler, Zwangsversetzung, Postüberwachung (bis 1936), öffentliche Anschuldigungen im „Allgäuer Beobachter" aufgrund der
oben geschilderten Vorkommnisse.
Beanstandung durch das NSV-Hauptamt.
Im „Schwarzen Korps" öffentlich angeschuldigt
wegen geschäftlichen Umgangs mit Juden.

ROTH, JULIUS
1885 12 08
Neuburg (Hl. Geist)
Stadtpfarrer
1937 eine Haussuchung wegen Mitarbeit in den
katholischen Vereinen. Ermittlungen durch den
Staatsanwalt wegen eines verbotenen Bittganges
im Jahr 1937 wurden eingestellt. Ebenso wurden die Ermittlungen wegen eines Bittganges
im Jahr 1938 eingestellt. Eine Haussuchung
wegen eines Briefes, in dem der Pfarrer sich
kritisch über Göbbels äußerte. 1941 eine
Verwarnung wegen angeblicher Sabotage arischer
Abstammungsnachweise.
Post- und Telefonüberwachung fast ständig.

ROTH, MAX
1910 08 17
Heilstätte Wasach
Hausgeistlicher
1942 Verwarnung durch die Gestapo wegen der Ausgabe von Osterbeichtzetteln.

ROTHAUSCHER, MARTIN
1911 03 09
Augsburg
Religionslehrer
1940 Ablehnung der UK-Stellung.

RUESS, JOSEPH
1900 03 16
Hohenzell / Dünzelbach
Pfarrer
1935 Verfahren vor dem Sondergericht München
wegen groben Unfugs, verurteilt zu 120 RM Geldstrafe plus Gerichtskosten, der Pfarrer hatte
sich von der Kanzel herab gegen die Sittenpro-
zesse geäußert. Öffentliche Anschuldigungen
durch die Presse und den Kreisleiter, als „Kan-
zelhetzer" bezeichnet. Beförderungsverweigerung
auf die Pfarreien des Regierungsbezirks Schwaben
und Neuburg. Ein Verhör durch die Polizei.
Postüberwachung ab 1935.
1941 Verwarnung durch den Landrat im Auftrag der
Gestapo wegen Beleidigung des BDM und dessen
örtlicher Leiterin.
1945 Androhung von KZ-Haft durch den Bürgermeister.
Lit.: RPB I, 91.

RUGEL, STEPHAN
1886 04 02
Lutzingen / Aislingen
Pfarrer / Benefiziat
Vom 13.4.1933 bis zum 5.5.1933 Schutzhaft
durch das Bezirksamt wegen Predigten gegen die
NS-Bewegung und die SA. Öffentliche Anschuldigungen durch die SA. Eine Haussuchung durch
durch die SA. Haussuchung durch die Polizei we-

gen Unterlagen des „Friedensbundes deutscher
Katholiken", Beschlagnahme von Zeitschriften,
pazifistischen Schriften und Briefen. Verhör
durch die Polizei wegen der Aufforderung an die
Schüler, ihn weiter mit dem christlichen Gruß
zu grüßen. Versetzung versucht durch das
Bezirksamt.
1934 Verhör durch die Polizei wegen einer
Predigt zum Verhalten der Nazis. Verhör durch
die Polizei wegen einer Predigt über den
„Mixtus (!) des 20. Jahrhunderts." Ein Verhör
auf dem Bezirksamt aufgrund einer Predigt über
Feindesliebe (16.10.1934). In der NS-Presse als
politisierender Pfarrer öffentlich angeschuldigt. Öffentliche Anschuldigungen auch durch
einen SA-Mann (Ende 1934).
1935 Verhör durch die Polizei wegen einer zwei-
deutigen Ansprache. Versetzung durch den Kreisleiter versucht.
1936 Weigerung des Pfarrers, weiterhin die
Kirchenanzeigen durch die „Dillinger Nationalzeitung" veröffentlichen zu lassen, daraufhin
Beanstandung und Androhung einer Strafe durch
die Landesstelle für Volksaufklärung und Propaganda wegen Nötigung und wegen des Angriffs
auf die NS-Presse.
1938 wegen des Einsatzes für die Bekenntnisschule
durch den Kreisamtsleiter öffentlich angeschuldigt.

RUGGABER, KARL
1888 03 06
Mauern
Pfarrer
1938 Verhör und Verwarnung durch den Landrat
wegen einer Unterrichtsbemerkung über den
Einmarsch in Österreich.
Verhör durch den Landrat wegen des Protestes
gegen Mädchensport im Badekostüm.

RUPP, JOSEF
1884 07 02
Heilbrunn / Oberstdorf
Pfarrer
1933 gemachte Äußerungen über die HJ ließen
den Pfarrer bis 1936 nicht mehr zur Ruhe kommen: Haussuchung durch die Polizei, öffentliche Anschuldigungen durch Partei und Presse,
1936 wechselte der Pfarrer wegen weiterer Ge-
hässigkeiten nach Oberstdorf.
1939 Verwarnung durch den Kreisleiter wegen
der Versendung von Feldpostbriefen an die Soldaten der Pfarrei.
500 RM Sicherungsgeld wegen eines Gottesdienstes
an Himmelfahrt eingezogen.

RUPP, JOSEF
1903 04 27
Buchlö / Oberostendorf
Beneviziumsvikar / Pfarrer
Im Zusammenhang mit der Aufhebung der katho-

lischen Jugendorganisationen Haussuchung und
Beschlagnahme von Jugendzeitschriften durch
die Polizei.

RUSS, P. JOHANNES
OMI
1887 12 27
Oberelchingen
Volksmissionar
1935 zwei Verhöre durch Beamte der Zollfahndung wegen Teilnahme an einer Wallfahrt nach
Lourdes; 42 Tage U-Haft und Verfahren vor
dem Sondergericht Berlin wegen Devisenvergehens, Freispruch.
1937 durch ein Gericht in Ravensburg wegen einer
Predigt für die Konfessionsschule zu 200 RM
Geldstrafe verurteilt.
Weitere Verhöre wegen seiner Tätigkeit
als Volksmissionar.

SAILER, FRANZ SERVATIUS
1874 01 27
Altenbaindt
Pfarrer
Verhör durch die Polizei wegen Übertretung
des Sammlungsgesetzes, Ermittlungen durch das
Amtsgericht endeten mit einer Verwarnung.

SAILER, MARTIN
1892 05 14
Graben
Pfarrer
1942 zwei Verhöre durch die Gestapo wegen der
Weigerung des Pfarrers, einen aus der Kirche
ausgetretenen SS-Mann zu beerdigen, 500 RM
Sicherungsgeld eingezogen (zurückerhalten).
1943 ein Verhör durch den Landrat.

SALGER, JOSEPH
1907 11 13
Oberreute
Benefiziumsvikar
Im Oktober 1938 eine Anzeige wegen Verbreitung
von Hetzschriften.
Im April 1940 Strafanzeige durch den Landrat
wegen groben Unfugs (Kartenspiel in einer
Gastwirtschaft während der Übertragung einer
Führerrede).
Lit.: RPB III, 172, 196.

SAMMER, JOHANN NEPOMUK
1885 09 15
Hechendorf
Pfarrer
Drei Verhöre durch die Gestapo.
Ein Verhör durch die Polizei.
Vier Monate Postüberwachung.

SATZGER, ALFONS
1899 11 08
Augsburg
Wallfahrtspriester / Diözesanjugendseelsorger
Ab 1933 Post-, Telefon- und Wohnungsüberwachung, weil der Pfarrer einen Informationsdienst für den Klerus unterhielt.
Zwischen 1935 und 1939 30 Verhöre,
15 Verwarnungen und acht Haussuchungen
durch die Gestapo (u.a. wegen Jugendseelsorge).
Bei den Haussuchungen beschlagnahmte die Gestapo Vereinseigentum und persönliches Inventar im Wert von 15000 RM.
In der Presse wurde die Jugendseelsorge pausenlos als staatsgefährdent und -zersetzend bezeichnet, ebenso im Rundfunk.
1937 durch die Gestapo achttägige Schließung
einer Druckerei, die auf Geheiß des Pfarrers
die Enzyklika „Mit brennender Sorge" hatte
drucken sollen. Der Pfarrer mußte 600 RM Entschädigung an die Druckerei zahlen.
1938 durch die Gestapo einen Tag lang festgehalten.
1939 drei Verhandlungen vor Sonder-, Amts- und
Schöffengericht, durch Amnestie eingestellt.
Ausweisung aus Bayern, Österreich und dem Sudetengau auf Lebenszeit durch das Reichssicherheitsamt Berlin.
Während des Krieges lehnte Hitler persönlich
eine hohe Tapferkeitsauszeichnung für den
Divisionspfarrer ab, weil dieser katholischer
Geistlicher war.

SATZGER, ALOIS
1881 12 23
Wettenhausen
Katechet, Hausgeistlicher, Studienprofessor
Verhör durch die Polizei, weil der Pfarrer
einen Witz über die NSV gemacht hatte.
Verstorben am 9.7.1945.

SAULACHER, ANTON
1904 08 03
Ollarzried / Illereichen
Pfarrer
Zwei Verwarnungen durch die Gestapo wegen Übertretung des Feiertagsrechts.
Mehrmals Androhung von Schulverbot.

SAULE, JOSEPH
1886 03 14
Hurlach / Altenmünster
Pfarrer
Anzeigen wegen Äußerungen gegen Hitler,
Äußerungen zur Bekenntnisschule,
Kritik an den Aushängen im Hurlacher Schaukasten.
Im „Völkischen Beobachter" wegen Predigten
gegen Hitler öffentlich angeschuldigt.

SCHAEFER, BONIFAZ HANS
1889 01 09
Auchsesheim
Pfarrer
1937 Verwarnung durch den Kreisleiter, weil der
Pfarrer den Pfarrmitgliedern mitgeteilt hatte,
daß eine zur Zeit laufende Sammlung nicht vom
Pfarramt, sondern vom Roten Kreuz ausgehe. Entziehung des Auslandspasses wegen politischer
Unzuverlässigkeit.
1940 Verhör durch die Polizei wegen Ausländerseelsorge und wegen des zu kurzen Siegesgeläuts anläßlich des Frankreichfeldzugs,
mit 500 RM Sicherungsgeld bestraft, 1943 Zurückerhalten. Verwarnung durch die Gestapo
wegen Regimekritik.
1940-1943 Post- und Telefonüberwachung.
Haussuchung durch die Partei und die Polizei.
Lit.: RPB III, 203f.

SCHAEFER, P. THEODOR
OMI
1900 12 25
Oberelchingen
Pfarrvikar
1942 Unterrichtsverbot durch den Regierungspräsidenten von Augsburg wegen politischer
Unzuverlässigkeit.
1943 Verhör und Verwarnung durch die Polizei
wegen Meßfeiern an Himmelfahrt und Fronleichnam.

SCHAEFFLER, JOSEPH
1891 08 07
Baiershofen
Pfarrer
1933 in einer NSDAP-Versammlung Androhung der
Erschießung des Pfarrers.

SCHAERFL, IGNAZ
1878 11 24
Fischen
Pfarrer
Einwurf der Pfarrhausfenster durch Nazis.
Verstorben am 24.2.1942.

SCHAIDNAGEL, GEORG
1871 01 15
Jedesheim / Winterrieden
Pfarrer / Emeritus
Vier Jahre Unterrichtsverbot.
Verstorben am 20.7.1946.

SCHEITLE, ANDREAS
1915 09 18
Reichertshofen
Aushilfspriester / Soldat
1941 Widerruf der UK-Stellung, Einberufung.
Wegen mangelnder nationaler Einstellung Ver-

setzung zu den Fallschirmjägern und Beförderungsverweigerung (bis 1944).

SCHEITLE, SEBASTIAN
1881 05 20
Weißensee
Pfarrer
1933 wegen politischer Unzuverlässigkeit Versuch der Zwangsversetzung durch den Gemeinderat.
1934 öffentliche Anschuldigungen im „Stürmer"
wegen der Absetzung des Pfarrmeßners sowie
aufgrund einer Predigt.
Verwarnung durch zwei Lehrer. Verhör und Verwarnung durch den Landrat. Verhöre durch die
Polizei, weil der Pfarrer von den Schülern den
christlichen Gruß verlangte. Beanstandungen
durch die Partei.

SCHELLMANN, AUGUST
1898 08 25
Gansheim / Roßhaupten
Pfarrer
1934-1938 Verhöre durch die Polizei wegen Predigten.
1937 Verhör durch den Landrat wegen „verschiedener Angelegenheiten".
1943 wegen einer Messe an Fronleichnam Verhör
und Verwarnung durch die Gestapo, Einzug von
50 RM Geldstrafe durch den Landrat.

SCHENZ, ALPHONS
1882 05 22
Illerberg
Pfarrer
Dr. theol.
Im August 1937 Erhebungen durch das Bezirksamt,
weil der Pfarrer angeblich in der Christenlehre
das Unglück des Luftschiffs „Hindenburg" in
Amerika als Strafe Gottes für den Unglauben
der Deutschen ausgelegt haben sollte.
Verstorben am 6.5.1945.
Lit.: RPB III, 103, 142.

SCHERER, HERFRIED
1910 08 09
Pfaffenhofen
Stadtkaplan
Verhör durch den Landrat wegen Regimekritik.

SCHERER, JOSEF
1873 01 05
Heimertingen
Emeritus, Frühmeßbenefiziant
1936 Verhör durch den 2. Bürgermeister und
den Kreisleiter wegen einer Predigt.
Entlassung als Mitglied des Spitalvorstandes
auf Initiative von acht Bürgermeistern.

SCHERER, SEBASTIAN
1903 12 03
Füssen / Marxheim
Stadtkaplan / Pfarrer
1937 Verhör durch die Kreisleitung wegen Maßnahmen und Äußerungen im Religionsunterricht gegen die HJ.
1939 Verfahren vor dem Landgericht wegen Übertretung des Sammlungsgesetzes, eingestellt.
Drei Verhöre durch die Polizei wegen Predigten.

SCHERR, P. ALFRED
CSSR
1901 09 03
Günzburg
Im Juni 1933 wegen einer regimekritischen Predigt ein Verhör und eine Verwarnung durch den Kreisleiter.

SCHEURLE, AUGUST
1893 09 06
Behlingen
Pfarrer
Beanstandung durch den Ortsgruppenleiter.

SCHILCHER, ALEXIUS
1882 07 17
Schlingen
Pfarrer
1940 Verwarnung durch den Ortsgruppenleiter wegen Predigtäußerungen.
1941 Verwarnung durch die Gestapo wegen der nichtangemeldeten Osterkommunionfeier für Polen, Verwarnung durch den Bürgermeister. 300 RM Sicherungsgeld durch die Gestapo eingezogen wegen eines Briefes des Pfarrers, der den jungen Ortsgruppenleiter vor einem Lehrgang auf der Ordensburg warnte.
1943-1945 Unterrichtsverbot. Verhör durch den Bürgermeister und die Polizei. Haussuchung.

SCHILCHER, AMBROSIUS
1908 02 24
Augsburg-Pfersee
Stadtkaplan
1938 und 1940 je ein Verhör durch die Gestapo wegen Vereinsarbeit mit der katholischen Jugend.

SCHILLINGER, JOSEPH
1913 01 09
Staufen
Pfarrvikar
Verwarnung durch die Gestapo.

SCHIMLER, JOSEF (P.ADALBERT)
CMM
1900 12 01
Hoppingen / Maria Beinberg

Benefiziumsvikar
1943 Unterrichtsverbot durch den Landrat wegen Mitgliedschaft in einem Orden.

SCHINEIS, JOSEF
1899 10 31
Lenzfried / Oberlauterbach
Kaplan / Pfarrer
1933 Verwarnung durch das Bezirksamt. Verwarnung und Androhung der Schutzhaft durch die Kreisleitung Kempten. In einer Augsburger NS-Zeitung wegen „Agitation" gegen die Nazis öffentlich angeschuldigt.
1934 Verhör durch die Kreisleitung Schrobenhausen.
1934-1944 Verwarnungen, Verhöre, Beanstandungen und Androhungen der Schutzhaft durch die Kreisleitungen, durch das Bezirksamt und durch die Polizei wegen antinationalsozialistischer Äußerungen, Wallfahrten und verbotener Sammlungen.
Verhör durch die Polizei wegen Beherbergung eines Amerikaners.

SCHLECHT, FRANZ XAVER
1884 12 04
Eppisburg / Blindheim / Schrattenbach
Pfarrer
1935 Verhör und Beanstandung durch die Kreisleitung wegen einer Predigt gegen die Beeinflussung der Jugend durch die NS-Ideologie.
1943 Verhöre durch die Ortsgruppen- und Kreisleitung wegen einer zu „römischen" Predigt nach dem „Umfall" Italiens.

SCHLEIBINGER, FRANZ XAVER
1907 02 28
Lindau-Reutin / Kempten
Stadtkaplan / Benefiziumsprovisor
1933 durch den Kreisleiter öffentlich als „Hetzkaplan" bezeichnet.
1934 Verhör und Verwarnung durch die Polizei wegen Predigten. Beanstandung durch die HJ. Beförderungsverweigerung.
1936 Beanstandung durch den Stadtschulrat. Öffentliche Anschuldigung durch den Bürgermeister.
1937 Verhör und Verwarnung durch die Polizei wegen der schulischen Tätigkeit des Pfarrers.
1938 wegen Vereinsarbeit Verhör und Haussuchung durch die Gestapo und die Polizei, Beschlagnahme privater Bücher und des Vermögens des Jungmännervereins. Beanstandung durch den NSKOV-Kreisleiter. Schutzhaft geplant, wegen Amnestie unterblieben. Verfahren vor dem Gericht wurde aufgrund von Amnestie eingestellt.
1939-1942 Post- und Radioüberwachung.
1940 Beanstandung durch den Bezirksschulrat und die Gestapo.
Lit.: RPB III, 195.

SCHLEIFER, HUGO
1882 11 26
Leeder
Pfarrer
Von Juni bis Dezember 1941 wegen Übertretung
des Feiertagsrechtes Unterrichtsverbot durch
den Regierungspräsidenten.

SCHLICHTING, KONRAD
1888 01 28
Glött
Pfarrer
1938 wegen Predigtäußerungen ein Verhör
durch die Polizei, die Ergebnisse wurden an
die Gestapo weitergeleitet. Ein diesbezügliches Verfahren wurde aufgrund von Amnestie
eingestellt.
Ein Verhör durch die Polizei wegen einer
Predigt sowie Bekanntmachungen am Anschlag-
brett. Des weiteren eine Verwarnung durch den
Landrat.

SCHMALHOLZ, MICHAEL
1878 01 13
Frankenried
Pfarrer
Wegen einer Prozession am Fronleichnamstag 1940
eine Anzeige durch die Gestapo.
Lit.: RPB III, 203.

SCHMID, ANTON
1883 12 08
Wildpoldsried
Pfarrer
1937 Verwarnung, weil der Pfarrer von seinen
Schülern den christlichen Gruß verlangte.
Verfahren vor dem Amtsgericht wegen einer Sammlung für die Kirchenfahne, bestraft mit 100 RM,
Beschlagnahme der bereits gesammelten 65,80 RM.
Verhör durch die Polizei wegen Übertretung
des Sammlungsverbotes. Verhör durch die Polizei
wegen Bemerkungen in der Schule zur Nächstenliebe auch gegenüber Juden. Beanstandung durch
den Ortsgruppenleiter wegen einer Predigt gegen
die HJ und SA. Beschlagnahme von Mitgliederlisten und Materialien des Frauenbundes.

SCHMID, ANTON
1911 02 21
Rain
Benefiziumsvikar
1937 wegen Übertretung des Sammlungsgesetzes
100 RM Geldstrafe durch das Gericht (plus 66 RM
Sammelerlös).
1938 Haussuchung durch die Gestapo wegen der
Tätigkeit des Pfarrers in den katholischen
Jugendvereinen. Des weiteren erfolgte die

Beschlagnahme von Briefen und Akten. Verhör
durch den Landrat wegen Bemerkungen zur Rassen-
frage im Religionsunterricht.
1939 Verhör durch den Landrat wegen Regimekritik des Pfarrers in Schule und Gemeinde.
Zweimal Androhung von Schulverbot.
Lit.: RPB III, 146f.

SCHMID, EDUARD
1877 11 07
Weißenhorn
Stadtpfarrer, Dekan
1935 in der lokalen Presse öffentlich angeschuldigt wegen der Verweigerung des Kirchen-
geläuts für weltliche Zwecke.
1935-1937 zwei Verhöre durch den Landrat wegen
Regimekritik.
Fünf Ermittlungen durch das Amtsgericht.
Vier gerichtliche Ermittlungen, die alle auf-
grund von Amnestie eingestellt wurden. Ein
Verfahren bezüglich einer Predigtverviel-
fältigung endete mit einer Verwarnung durch
den Staatsanwalt.
Ca. 20 Verhöre durch die Polizei wegen
staatsfeindlichen Verhaltens.
Haussuchung durch die Polizei.
Des weiteren Einzug von 60 RM Geldstrafe durch
eine Parteistelle wegen Nichtbeflaggung des
Pfarrhofes.
Lit.: RPB III, 135f.

SCHMID, ERHARD
1887 04 29
Wattenweiler
Pfarrer
1934 wegen einer Predigt angezeigt, ein wohl-
wollender Landrat verfolgte die Angelegenheit
nicht weiter.

SCHMID, GEORG
1901 07 11
Nantesbuch / Althegnenberg / Penzberg
Benefiziumsvikar / Pfarrer
1936 ca. vier Monate Untersuchungs- und Schutzhaft. Ein diesbezügliches Verfahren endete
mit Freispruch.
1937 Predigtverbot an Weihnachten.
Von September 1943 bis März 1944 Unterrichtsverbot.
Einzug von 1000 RM Sicherungsgeld.
Verhör durch die Polizei. Verhör durch die
Gestapo.

SCHMID, HEINRICH
1902 09 12
Griesbäckerzell
Pfarrer
1935-1939 Verwarnungen durch den Stützpunktleiter.

1938 Ermittlungen durch das Amtsgericht wegen Übertretung des Sammlungsgesetzes, weitergeleitet an ein Sondergericht, das Verfahren wurde eingestellt.
1939 durch das Amtsgericht zu 63 RM Geldstrafe verurteilt.
1940 Verhör durch die Polizei wegen Sabotage der NS-Veranstaltungen, Verwarnung durch den Landrat.
Zwei Beanstandungen durch die HJ.

SCHMID, JOHANN BAPTIST
1875 06 30
Hergensweiler
Pfarrer
1943 Verhör durch den Kreisleiter wegen einer Bemerkung im Religionsunterricht, Androhung des Schulverbotes.
Verhör und Verwarnung durch die Polizei wegen einer Äußerung gegen die Devisenprozesse.

SCHMID, JOSEF
1893 01 26
Dillingen
Hochschulprofessor
Dr. theol.
1933 wegen angeblicher Verweigerung der Beiträge zum Winterhilfswerk durch einen Lehrer angezeigt.
1935 wegen einer Bemerkung über Rosenberg während einer öffentlichen Bibeltagung durch einen Lehrer angezeigt. Die Anzeigen gingen jeweils an das Kultusministerium.
Auf dem deutschen Studententag 1935 öffentlich als Staatsfeind bezeichnet, „der entfernt werden sollte".
Gehört zur Erzdiözese München-Freising.

SCHMID, JOSEPH
1871 03 10
Memmingen
Stadtpfarrer, Dekan
1941 Verhör durch die Gestapo, Haussuchung und Beschlagnahme eines Radios und des Bargeldes, das Geld wurde zurückerstattet, von einer Verhaftung wurde abgesehen, weil das Gesundheitsamt den Pfarrer „haftunfähig" geschrieben hatte. Des weiteren Unterrichtsverbot.
Verstorben am 30.7.1943.

SCHMID, JOSEPH
1902 06 09
Fremdingen
Pfarrer
Verhör und Verwarnung durch den Landrat wegen Nichtbeflaggung und einer Predigt.
Androhung einer Geldstrafe durch die Reichspressekammer wegen religiöser Schriften.

SCHMITZ, HUGO
1900 07 15
St. Georgen / Bühl
Superior / Pfarrvikar
Aufgrund staatsfeindlicher Äußerungen und Handlungen im Frühjahr 1940 eine Haussuchung durch die Polizei. Aus obigem Grund am 23.7. 1940 eine Durchsuchung und Beschlagnahme des Klosters durch die Gestapo. Außerdem ein Verhör durch die Gestapo und am 30.7.1940 Ausweisung aus dem Kärntnerland.
Wegen einer Abendmesse an Christi Himmelfahrt und Fronleichnam ein Verhör durch den Ortspolizisten von Bühl.

SCHMOELZ, JOSEF
1906 08 14
Pitzling
Pfarrkuratievikar
1935 durch den Jungvolkführer wegen Zurechtweisung der Jugend angezeigt, der Ortsgruppenleiter trat für den Pfarrer ein und bewirkte die Absetzung des HJ-Führers.

SCHMUTTERMAIR, JOSEF
1892 07 23
Tutzing
Pfarrer
1937 Verhör durch Beauftragte der Gestapo wegen einer Predigt.
1939 durch den Bürgermeister bei der Gestapo angezeigt wegen „Störung des öffentlichen Friedens" (Volksmission).
1940 Verhör und Verwarnung durch Beauftragte der Gestapo wegen einer Predigt. Verwarnung durch den Ortsgruppenleiter wegen der Handhabung der Disziplin in der Schule.
1943 Verhör durch den Kreisleiter wegen der Verbreitung des Möldersbriefes.

SCHNEID, MATTHAEUS
1881 11 01
Oberstaufen
Pfarrer
Beanstandung durch den Ortsgruppenleiter wegen Nichtanbringung des Eisernen Kreuzes an der Tumba bei Kriegergottesdiensten.

SCHNEIDER, MICHAEL
1892 01 25
Dillingen
Direktor einer Kinderheilstätte
1940 Verhör durch den Bürgermeister wegen angeblicher Aufklärung und politischer Bemerkungen in der 3. Klasse einer Mittelschule. Des weiteren ein Jahr Unterrichtsverbot.

SCHNEIDER, P. BERNHARD
o.D.
Pitzling
Vikar
Im Juli 1942 Strafanzeige und Ortsverweis
durch die Regierung wegen Kanzelankündigungen,
die den Arbeitsfrieden der Gemeinde störten.
Lit.: RPB I, 344.

SCHNEIDER, SIMPERT
1884 03 14
Bernbach
Pfarrer
1940 Verwarnung durch die Polizei wegen der
Abhaltung einer Betstunde an Fronleichnam.

SCHOEFERLE, PHILIPP
1892 02 25
Thierhaupten
Pfarrer
Beschlagnahme von Büchern samt Bücherschrank.
Verstorben am 16.5.1946.

SCHOEN, JOSEPH
1888 07 17
Buchlö
Pfarrer
1934 versuchte der Gemeinderat die Versetzung
des Pfarrers -aufgrund staatsabträglichen
Verhaltens- zu erreichen. Des weiteren Anschuldigungen in der Lokalpresse.
1935 Beanstandung durch die HJ wegen der Gottesdienstordnung. Beanstandung durch die Partei
wegen Bemerkungen in der Christenlehre.
1936 Beanstandung durch den Ortsgruppenleiter
wegen einer Predigt.
1937 ein Verhör durch den Kreisleiter.
Öffentliche Anschuldigungen im „Schwarzen
Corps". Mehrere Verhöre durch die Polizei und
die Gestapo aufgrund von Predigtäußerungen.
Beanstandung durch den Kreisleiter wegen der
Gottesdienstordnung. Durch das Amtsgericht mit
50 RM bestraft wegen einer verbotenen Sammlung.
1937-1942 Unterrichtsverbot wegen des politischen
und pädagogischen Verhaltens.
1938 Verwarnung durch die Regierung wegen eines
liturgischen Lehrgangs in der Kirche. Zwei Haussuchungen durch die Polizei. Eine Haussuchung
durch die Gestapo. Außerdem Beschlagnahme von
Schriften und Predigten.
1939 Ausschluß aus der Reichsschrifttumskammer.

SCHOENLE, ANTON
1905 08 20
Hohenzell
Pfarrer
Zwei Verhöre durch die Polizei und ein Verhör
durch den Gemeinderat wegen schulischer Fragen.
Verhör durch die Ortsgruppe und die Kreisleitung wegen defätistischer Äußerungen, Beanstandung sowie Androhung von Schulverbot und
Haft. Die Zahlung von 100 RM Geldstrafe erfolgreich verweigert.

SCHOENMETZLER, FRANZ XAVER
1905 02 22
Neuburg / Frankenhofen
Stadtkaplan / Pfarrvikar
1936 wegen einer Predigt ein Verhör durch den
Kreisleiter, den Bürgermeister und die Polizei,
des weiteren ein Verhör durch den Oberamts-
richter sowie öffentliche Anschuldigungen
durch den Kreisleiter.
1937 Beförderungsverweigerung aufgrund der
Beurteilung durch die NSDAP.
1938 ein Verhör durch die Polizei wegen öffentlicher Äußerungen des Pfarrers zu den
Lügen in der Schulfrage. Diesbezügliche Ermittlungen des Sondergerichtes München wurden
aufgrund einer Amnestie eingestellt.
1940 Verhör durch den Bezirksamtmann im Auftrag der Gestapo wegen „Sabotage einer diszi-
plinarischen Maßnahme", Verwarnung, Androhung
strengster Maßnahmen im Wiederholungsfall
durch den Landrat.
1941 Verwarnung durch die Gestapo, weil der
Pfarrer die Verhaftung eines Kollegen öffentlich bekannt gegeben hatte.
Lit.: RPB III, 205f.

SCHORER, MARTIN
1892 10 04
Mindelheim
Stadtpfarrer
1940 Verwarnung wegen Übertretung des Sammlungsgesetzes.
1941 Beanstandung durch die Reichspressekammer
wegen der Herausgabe eines Kirchenanzeigers,
Androhung eines Gerichtsverfahrens und der
Beschlagnahme des Kirchenanzeigers.
1943 Verwarnung wegen Aufforderung der Oberschüler zur Teilnahme an einer Glaubensstunde.
Verhöre durch die Polizei.
Verhör durch den Kreispropagandaleiter wegen
einer Beerdigung eines Soldaten.
Anschuldigung durch eine Privatperson wegen
antivaterländischer Gesinnung.
Lit.: RPB III, 219.

SCHOTTORF, RUDOLF
1905 02 02
Mertingen / Übersfeld
Benefiziumvikar / Pfarrer
1936 Beanstandungen durch den Ortsgruppenleiter und den Kreisleiter. Verhöre durch
die Polizei und den Bezirksamtmann.
1938 öffentliche Anschuldigungen durch den
Kreisleiter.

1939 Ermittlungen durch die Staatsanwaltschaft
wegen Kanzelmißbrauchs. Einstellung des Verfahrens aufgrund von Amnestie.
1942 Verhör durch den Landrat.
1944 Verhör durch den Landrat. Beanstandung
durch den Ortsgruppenleiter.
Verwarnung durch den Ortsgruppenleiter. Androhung einer KZ-Haft.

SCHRANK, P. JOHANNES EV.
CPPS
1904 12 27
Röthenbach
Hausgeistlicher
1935 Verfahren vor dem Amtsgericht wegen
parteifeindlicher Äußerungen in Privat-
briefen; Urteil: drei Monate Korrespondenz-
verbot und scharfe Zurechtweisung. Post-
und Telefonüberwachung bis 1938.
1936 Verfahren vor dem Landgericht wegen eines
Devisenvergehens; Urteil: zwei Jahre und sechs
Monate Gefängnis und 20.000 RM Geldstrafe (oder,
anstatt Geldstrafe, 100 Tage Gefängnis und
28.750 RM Wertersatz abzüglich 17.000 RM, die
schon beschlagnahmt waren); Strafvollzug
im Gefängnis Landsberg/Lech: 8.1.1936 bis
20.3.1938.
Während der Haftzeit mehrere Anzeigen
wegen regimekritischer Äußerungen in
den Briefen nach draußen - ohne Folgen.

SCHUERER, JOSEPH
1896 08 17
Hirschbach
Pfarrer
Dr. theol.
1938 Anzeigen bei der Gestapo wegen Predigten.
1941 Verhör durch den Bürgermeister und
Ortsgruppenleiter wegen einer Predigt, Androhung
der Weiterleitung.

SCHUHMACHER, KARL
1889 07 31
Ingenried
Pfarrer
1941 Verhör durch die Gestapo. Unterrichtsverbot durch den Regierungspräsidenten.
200 RM Sicherungsgeld durch die Gestapo eingezogen.
Verstorben am 27.3.1944.

SCHULER, JOHANN EVANGELIST
1907 03 02
Bertoldsheim
Pfarrer
1943 Verwarnung wegen Abhaltung eines Abendgottesdienstes an Fronleichnam.

SCHUSTER, JOHANN EVANGELIST
1912 10 14
Haunstetten / Landsberg
Kaplan / Aushilfspriester
Zweimaliger Widerruf der UK-Stellung.
1945 Androhung der Verhaftung durch den Kreisleiter wegen der Bemerkung in einer Leichenrede: „... daß wir nicht hassen dürfen und wollen".

SCHWAIGER, HERMANN
1882 06 28
Immenstadt
Chordirektor
1937 zwei Wochen Unterrichtsverbot, nähere
Umstände sind nicht bekannt.

SCHWAIR, MICHAEL
1878 11 13
Haunstetten
Pfarrer
1936 gerichtliche Ermittlungen wegen Beleidigungen der NSV, per Gerichtsurteil Ausschluß aus
der NSV.
Eine Haussuchung durch die Gestapo. Zwei Beanstandungen wegen Auseinandersetzungen mit der
Hitlerjugend.

SCHWANDNER, GEORG
1897 09 08
Witzighausen / Wertach
Pfarrer
1934 Verhör durch den Sonderkommissar, den
Kreisleiter und den Ortsgruppenleiter wegen
einer Predigt am Jugendsonntag.
1936 Ermittlungen durch das Amtsgericht wegen
der Verbreitung eines Berichtes über den
Männersonntag in Weißenhorn. Des weiteren
eine Verwarnung.

SCHWARZ, MAX
1908 10 12
Oberhausen
Expositus
Beanstandung durch den Bürgermeister wegen
Predigten.

SCHWARZMAYR, EDMUND
1877 09 14
Bad Wörishofen
Pfarrer, Dekan
1942 wegen Abhaltung eines Hochamtes an
Himmelfahrt 300 RM Geldstrafe, der Pfarrer
verweigerte die Zahlung, eine Gerichtsverhandlung fand nicht statt, weil der Beschuldigte
verstarb.
Verstorben am 14.10.1942.

SCHWENGER, ALBERT
1890 03 30
Rehrosbach / Heimenkirch
Pfarrer
1933 Haussuchung durch die SA und die Polizei.
1939 Androhung des Schulverbotes wegen angeblicher politischer Äußerungen in der Schule.

SCHWENGER, HERMANN
1908 04 17
Schwabmünchen / Schwabegg
Kaplan / Expositus
1940 Verwarnung durch die Gestapo wegen der Übertretung des Feiertagsrechts. Ermittlungen durch das Amtsgericht wegen der Übertretung des Sammlungsgesetzes. Das Verfahren wurde bis nach Kriegsende verschoben.

SEDLMAYR, BARTHOLOMAEUS
1880 08 04
Hollenbach
Pfarrer
Verwarnung durch das Bezirksamt.
Verwarnung durch die Kreisleitung wegen zu geringer Spenden bei den staatlich durchgeführten Sammlungen.
Bedrohungen: Schüsse in den Pfarrhof, Einwurf der Fenster.

SEEBACH, ALOIS
1884 07 24
Unterglauheim
Pfarrer
Verhör durch die Kreisleitung.
Haussuchung durch die Polizei, Beschlagnahme von Hirtenbriefen und Elternkalendern.

SEITER, HUGO
1910 04 26
Freinhausen
Pfarrer
1944 Verfahren vor dem Amtsgericht wegen fortgesetzter Zuwiderhandlung gegen die Verordnung zur Förderung von Nutzholzgewinnung, Freispruch, Einspruchverfahren vor dem Landgericht, erneut Freispruch.

SEITER, WILHELM
1908 05 10
Oberdießen / Peterswörth / Zusamzell
Kaplan / Benefiziumsvikar / Pfarrvikar
Verhör durch den stellvertretenden Kreisleiter.
Haussuchung durch den Kreisleiter, Beschlagnahme von drei Zimmern zur Einquartierung.
Eine geplante Verhaftung (Grund: angebliche Zurechtweisung eines Hitlerjungen) konnte der Landrat verhindern.

SELZLE, ERICH
1906 03 21
Friedrichshafen
Kaplan
Am 27.12.1937 wegen angeblicher Homosexualität in München verhaftet. Schutzhaft im Lager Weilsheim, in den Konzentrationslagern Mauthausen und Dachau bis 1940. Anschließend ein Jahr Haft im Gefängnis Lindau. Daraufhin wieder KZ-Haft in Dachau, dort am 29.4.1945 befreit.
Lit.: Weiler, 598.

SENZEL, BERNHARD
1903 10 30
Hindenburg / Beuthen / Kirchhasloch
Kommorant / Geistl. Studienrat
1936 Betätigungsverbot in den katholischen Vereinen durch den Oberpräsidenten von Oppeln, der Dienstherr des Beschuldigten war.
1938 Androhung einiger „Maßnahmen" wegen Nichtbeflaggung durch den Ortsgruppenleiter.
1941 Verbot durch den Oberpräsidenten, weiterhin Schülergottesdienste abzuhalten.
1942 Verbot durch den Oberpräsidenten, Privat- und Nachhilfeunterricht zu erteilen.
1943 Absetzung als Klassenlehrer, Einschränkung auf den Unterricht im Fach Religion. Die Maßnahmen veranlaßte der Oberpräsident nach einer entsprechenden Beanstandung des NSLB.

SEPPERL, ANTON
1898 02 24
Ebersbach
Pfarrer
Androhung von KZ-Haft durch den Kreisbauernführer und den Bürgermeister.

SIGG, MEINRAD
1907 05 27
Tutzing / Murnau / Illereichen
Kaplan / Benefiziumsvikar / Kaplan
1935 Verhör durch die Polizei wegen Anbringens eines Kolpingplakates. Verhör durch die Polizei wegen Einbringung kritischer Zitate prominenter Persönlichkeiten in den Religionsunterricht, weitergeleitet an das Amtsgericht, mit 20 RM Geldstrafe belegt. Die Strafe wurde nach Einspruch erlassen.
1937 Verhör durch die Polizei wegen Verlesung eines bischöflichen Schreibens. Des weiteren ein Verhör durch die örtliche Polizei wegen Bemerkungen in der Christenlehre zum Verleumdungsfeldzug der Zeitungen gegen die katholischen Geistlichen.
1938 Verhör durch den Landrat wegen einiger Bemerkungen im Kirchenanzeiger, Verbot des Kirchenanzeigers. Unterrichtsverbot für den Religionsunterricht an der Fortbildungsschule

wegen Benutzung eines nicht genehmigten Buches, generelles Unterrichtsverbot ab 1940.
1939 Verhör durch die Polizei wegen Jugendseelsorge, Ermittlungen durch das Amtsgericht, Einstellung des Verfahrens mit einer Verwarnung. Wegen Regimekritik Verhör durch die Polizei, Ermittlungen durch das Sondergericht, Einstellung des Verfahrens, aber Untersuchungs- bzw. Schutzhaft vom 26.10.1939 bis zum 20.4.1940. Danach Zwangsversetzung und Unterrichtsverbot sowie Widerruf der UK-Stellung. Während der Haft Haussuchung und Beschlagnahme des Predigtmaterials durch die Polizei.

SIGL, JOSEPH
1907 09 09
Hirschbrunn / Unterwindach
Pfarrvikar / Pfarrer
1938 öffentliche Anschuldigungen wegen ungültiger Stimmabgabe bei der Volksabstimmung. Wegen einer Predigt eine Anzeige bei der Gestapo, ein Verhör durch die Polizei; Ermittlungen durch Amts- und Sondergericht endeten mit der Verurteilung zu drei Monaten Haft und drei Monaten Bewährung.
1939 eine Anzeige durch den Ortsgruppenleiter bei der Kreisleitung wegen der Beerdigung eines SA-Mannes.
Durch den Landrat Androhung von Unterrichtsverbot.
1941 Anzeige bei der Polizei wegen Predigtäußerungen.
1943 Anzeige durch den Jungvolkführer beim Ortsgruppenleiter wegen der Christenlehre. Anzeige beim Kompaniechef, der mit seiner Kompanie im Ort einquartiert war, wegen einer Predigt.
1944 Beanstandung durch die Partei wegen zu geringer Spenden für die NS-Hilfswerke.
Lit.: SG, 3276.

SIMNACHER, PAUL
1890 10 11
Scherstetten
Pfarrer
Verhör durch die Polizei wegen Verlesung des Möldersbriefes, Verwarnung durch die Gestapo.

SIMSON, JOSEPH
1901 03 24
Pfronten / Ettlishofen
Kaplan / Expositus
1935 Verhör durch den Oberregierungsrat wegen der Kritik an einer Führerrede.
1938 Verhör durch den Gemeinderat wegen Nichtbeteiligung an der Wahl im Jahre 1938.
Verwarnung durch die Polizei aufgrund wiederholten Verstoßes gegen die staatlichen Anordnungen auf kirchlichem Gebiet (z.B. unerlaubte Prozessionen, Feiertagsrecht usw.).

SINGER, IGNAZ
1903 02 17
Langenmoosen
Pfarrer
1940 Androhung der Inhaftierung wegen Begünstigung polnischer Kriegsgefangener (der Pfarrer hatte ihnen Rosenkränze gegeben) und Verwarnung durch den Landrat.
1944 Verhör durch die Gestapo wegen Verbreitung von Greuelnachrichten, Verhaftung geplant, Ermittlungen durch die Staatsanwaltschaft, Verfahren wegen Amnestie eingestellt.
Eine Verwarnung und Einzug von 500 RM Sicherungsgeld durch die Gestapo wegen einer Meßfeier an Christi Himmelfahrt.
Des weiteren dauernde Postüberwachung.

SINGHEISER, BALTHASAR
1913 04 19
Kempten
Stadtkaplan
1939/40 Beanstandung und Verwarnung durch die Partei wegen des großen Zulaufes zu den Jugendstunden, Verhör und Verwarnungen durch die Gestapo.

SINZ, HEINRICH
1871 04 10
Ichenhausen
Stadtpfarrer
1934 dreimal nächtliches Singen von Spottliedern im Pfarrhof. Auferlegung von 50 RM Geldstrafe durch die Reichsschrifttumskammer wegen Weiterveröffentlichung des Kirchenblattes trotz des Verbotes.

SOENNING, MICHAEL
1876 01 07
Gannertshofen
Pfarrer
Verwarnung durch den Kreisleiter wegen Nichtbeteiligung bei der Wahl.
50 RM Geldstrafe wegen Nichtbeflaggung an Hitlers Geburtstag.
Verhör durch den Landrat wegen Verweigerung des Hitlergrußes insbesondere in der Schule.
Beanstandung durch den Kreisleiter wegen der Weigerung, der NSV beizutreten, Beanstandung durch die Parteistelle Augsburg.
Öffentliche Anschuldigung im „Stürmer", weil der Pfarrer bei einem Juden Leibwäsche gekauft hatte.

SONNER, JOSEPH
1887 07 16
Weisingen
Pfarrer

Verhör durch die Polizei, weil der Pfarrer zum Besuch der Konfessionsschulen aufgefordert hatte.

SONNTAG, ENGELBERT
1882 04 19
Weiler
Pfarrer
Ermittlungen des Amtsgerichts wegen eines Vergehens gegen das Heimtückegesetz. Das Verfahren wurde eingestellt.
Verwarnung durch den Landrat wegen einer Predigt.
Verhör durch die Polizei wegen des Möldersbriefes. Außerdem aufgrund einer Anzeige ein weiteres Verhör durch die Polizei.

SONNTAG, JOHANN BAPTIST
1872 06 22
Wielenbach / Krumbach
Pfarrer / Kommorant
Verhör im Landratsamt wegen Regimekritik im Schulunterricht.

SORG, FRANZ SER.
1911 04 13
Penzberg
Benefiziumsvikar
1938 Verhör und Verwarnung durch die Polizei wegen einer Religionsstunde, in der über den Papst gesprochen wurde.
Haussuchung durch die Gestapo im Zusammenhang mit der Auflösung der katholischen Vereine, außerdem Beschlagnahme der Jugendzeitschriften und des Materials für die Jugendseelsorge.

SPAHN, EDMUND
1878 09 17
Rohrenfels / Oberschönberg
Pfarrer
Verhör und Verwarnung durch die Polizei, weil der Pfarrer einem Schüler ein HJ-Lied verboten hatte.

SPANIER, HEINRICH JOHANN
1878 05 06
Dasing
Pfarrer
Dr. jur. utr. et phil.
1944 durch den Gefolgschaftsführer eine Beanstandung wegen eines anberaumten Gottesdienstes.
Ein Verhör sowie öffentliche Anschuldigungen bezüglich der Kirchbaukasse durch die Polizei und die Partei, die NSDAP war wohl neidisch auf die Opferbereitschaft der Pfarrmitglieder und die gutgefüllte Kirchenbaukasse.
Des weiteren ein Jahr lang Postüberwachung.

SPATZ, JOHANN NEPOMUK
1871 02 13
Ruppertszell
Pfarrer
Im April 1934 Einleitung eines Verfahrens wegen staatsabträglicher Äußerungen in Predigt und Christenlehre.
Verstorben am 16.11.1937.
Lit.: 1.RPB I, 14. 2.LRA, 129.

SPATZ, KARL
1874 05 29
Neusäß / Wertingen
Freiresigniert / Benefiziumsvikar
Dr. rer. pol.
1935 ein Verhör durch die Gestapo wegen angeblicher Regimekritik, ebenso ein Verhör durch die Polizei. Ein Ermittlungsverfahren durch die Polizei wurde eingestellt.
Eine Beanstandung durch den Stützpunktleiter wegen Verhöhnung des Hitlergrußes, außerdem öffentliche Anschuldigung in der Presse. Beanstandung durch den Kreisamtsleiter wegen der Weigerung, der NSV beizutreten.
1943 Verhör durch den Landrat wegen staatsfeindlicher Äußerungen.
1944 Anzeige bei der Gestapo, weil der Pfarrer als Leiter der katholischen Pfarrbücherei „weltliche Bücher" ausgeliehen hatte.

SPENESBERGER, OTTO
1883 08 13
Niederrieden
Pfarrer
Mehrmals versuchte die Partei, den Pfarrer aus Niederrieden zu „verdrängen".

SPIES, JOSEF
1904 01 17
Oberfahlheim
Pfarrer
1944 Verwarnung durch die Gestapo wegen Abhaltung verbotener Gottesdienste.

SPIESS, LORENZ
1904 02 01
Thierhaupten / Augsburg / Emmenhausen
Kaplan / Benefiziumsvikar / Pfarrer
Verhör und Verwarnung durch den Kreisleiter von Augsburg. Verhör durch den Kreisleiter von Marktoberdorf.

SPINDLER, JOSEPH
1873 03 15
Scheidegg
Pfarrer
Dr. theol. et phil.
Verhör und Verwarnung durch den Landrat wegen einer Messe an Himmelfahrt.

300 RM Sicherungsgeld eingezogen wegen der
Bitte um Gebet für den Kaplan, der an die Ost-
front eingezogen wurde.
Unterrichtsverbot durch die Gestapo ohne Grund-
angabe.
Öffentliche Anschuldigung durch den Kreisleiter.

SPINGLER, ANTON
1885 03 31
Seehausen
Pfarrer
Mehrere Beanstandungen durch die Partei.

SPLEISS, JOHANN BAPTIST
1900 06 06
Schwabmünchen / Aichach
Kaplan
1934 Verhör durch die Gestapo wegen Vereinstätigkeit.

SPRINGER, ENGELBERT
1906 06 24
Entraching
Pfarrvikar
1937 Verwarnung und Beanstandung durch den Ortsgruppenleiter wegen des Einsatzes für die
Konfessionsschule.

SPRINGER, FRANZ XAVER
1880 02 22
Schwabmünchen
Pfarrer, Dekan
Im Februar 1939 eine Anzeige durch den Regie-
rungspräsidenten wegen Vergehens gegen das
Sammlungsgesetz.
Verstorben am 30.8.1942.
Lit.: RPB III, 179.

STADELMAIER, FRIEDRICH
1884 09 24
Ellzee
Pfarrer
Verwarnung und Androhung einer Strafe durch
die SS, weil der Pfarrer den Kirchenaustritt
eines SS-Mannes dessen Eltern mitgeteilt hatte.

STADLMAYER, WILHELM
1882 12 16
Oberfahlheim / Schretzheim
Pfarrer
1936 ein Verhör durch den Amtsrichter
wegen einer Predigt.

STAEDELE, ADALBERT
1888 07 24
Vöhringen
Pfarrer
1937 Verwarnung wegen eines Vergehens gegen das
Sammlungsgesetz.

1941 Verwarnung wegen einer Messe an Fronleichnam. Verhör und Androhung schwerster Strafen
durch die Gestapo wegen Kanzelmißbrauchs.
1942 Androhung des Schulverbotes.
Ein Verhör durch den Bürgermeister wegen
freundlichen Umgangs mit Juden. Des weiteren
ca. 12 Verhöre durch die Polizei.

STAHL, JAKOB
1905 04 13
Augsburg-Pfersee / Balderschwang / Kreuzthal
Stadtkaplan / Pfarrvikar / Pfarrer
1937 Verhör durch die Gestapo aufgrund von
Verleumdungen.
1938 wegen Predigtäußerungen ein Verhör
durch das Amtsgericht. Diesbezügliche Ermitt-
lungen des Sondergerichts wurden aufgrund von
Amnestie eingestellt.
1941 ein Verhör wegen einer Predigt, 10 Tage
Untersuchungshaft im Landgerichtsgefängnis;
des weiteren Unterrichtsverbot bis 1945 sowie
Androhung von KZ-Haft.
Verhör durch die Polizei wegen Predigten.
Androhung von KZ-Haft durch den Kreisleiter.
Lit.: RPB III, 224.

STAPFF, PAUL EDMUND
1913 01 20
Augsburg (St. Ulrich u. Afra)
Benefiziumsvikar
1940 Widerruf der UK-Stellung.

STAUBWASSER, HERIBERT
1905 09 26
Unterjoch / Schiltberg
Pfarrvikar / Pfarrer
1936 Haussuchung durch SS und Polizei. Bei den
Versammlungen der NSDAP, des RAD, der SS und
des Grenzschutzes öffentlich angeschuldigt.
Eine gerichtliche Untersuchung wegen Beleidigung der SS wurde eingestellt. Eine Verwarnung
durch den Bürgermeister. Mehrere Verhöre
durch die Polizei. Je eine Beanstandung durch
den Kreisleiter und Gauleiter.

STECK, FRANZ
1896 01 20
Bachern
Pfarrer
1944 Verhör durch die Gestapo wegen einer Meßfeier an Fronleichnam.

STEFFES, P. JAKOB
OMI
1898 06 25
Volksmissionar
1941 fünf Wochen Schutzhaft wegen einer Predigt
über die Kreuzentfernungen; anschließend

Predigtverbot und zwangsweise Abdankung auf
alle Pfarrstellen. Der Schutzhaftbefehl stammte
vom Innenminister.
Verwarnungen durch die Polizei wegen einer
Predigt, falscher Beflaggung und Abhaltung
eines Schülergottesdienstes.
Verwarnung durch die Partei wegen Mitarbeit
im Arbeiterverein.
Lit.: RPB III, 226.

STEGHERR, PETER
1868 07 03
Burggen / Petzenhausen
Pfarrer / Kommorant
1938 Zwangsabdankung, allerdings wäre der Pfarrer
wegen seines Alters ohnehin in Pension gegangen.
Ermittlungen durch ein „Nazi-Gericht" wegen
einer Predigt, die über die makkabäischen
Freiheitskämpfe ging, bei der Verhandlung
brüllte der Kreisleiter: „Und die Juden stellen Sie auch noch als Helden hin", Verurteilung
zu 60 RM Geldstrafe.
Verhöre durch das Bezirksamt, den Kreisleiter,
den Bezirksschulrat und die Polizei. Je ein Verhör durch die Gemeindeverwaltung und den Ortsgruppenleiter, weil der Pfarrer die HJ wegen
der Demolierung eines Feldkreuzes gerügt hatte.
Eine Haussuchung durch die Polizei. 13
Anzeigen aufgrund von Predigten und Christenlehre, viele Angriffe gingen von einem Lehrer
aus, der die Bibel als Märchenbuch bezeichnete.

STEGMANN, FRANZ (P. ADOLF)
OSB
1900 12 27
St. Ottilien
Novizenmeister
1937 mehrere Wochen U-Haft.
Nähere Angaben fehlen.
Verstorben 1975.

STEGMEYR, JOSEPH ANTON
1884 07 05
Horgau
Pfarrer
1933 Ermittlungen durch das Amtsgericht wegen
angeblicher Unsittlichkeit, im Freispruch wurde
die böswillige Verleumdung ausdrücklich festgestellt.
1934 Verhör durch die Gestapo wegen der Verweigerung des Hitlergrußes und eines „Atten-
tates" auf ein NS-Abzeichen.
1942 Beanstandung der Gottesdienstordnung.
Störung des Gottesdienstes. Verurteilung zu
einer Geldstrafe wegen Beherbergung des gerichtlich gesuchten P. Lang SJ. In einem Flugblatt Anschuldigung als Sittlichkeitsverbrecher.
Ein Verhör durch die Schulbehörde, außerdem
eine Verwarnung.

STEGMUELLER, MARTIN
1903 05 01
Großohrenbronn
Pfarrer
1934 Verhör durch den Ortsgruppenleiter.
1935 Verwarnung durch die Kreisleitung.
1936 Ermittlungen durch das Amtsgericht wegen
Nichtbeflaggung, Auferlegung von 120 RM Geld-
strafe und Einstellung des Verfahrens aufgrund
einer Amnestie. Verhöre durch den Bezirks-
amtmann und den Sturmbannführer. Androhung der
Zwangsversetzung durch den Sturmbannführer.
1937 ein Verhör durch die Gestapo wegen der
Predigtbemerkung: „Die deutsche Presse lügt."
1944 Verhör durch den Reichstreuhänder der
Arbeit wegen Dienstpflichtverweigerung und
Arbeitsvertragsbruch.
Mehrere Beanstandungen durch die Partei und das
Arbeitsamt. Androhung der Todesstrafe durch
Dienststellen der Wehrmacht wegen Umgangs mit
französischen Kriegsgefangenen. Ca. 10 Jahre
Post- und Telefonüberwachung. Verbot, eine
Haushälterin zu beschäftigen. In der „Frän-
kischen Tageszeitung" öffentliche Anschuldi-
gungen durch den Artikel „Schwarz wie sie sind".

STEHLE, MAX
1900 10 03
Biberachzell
Pfarrer
1945 wegen Hissens der weißen Fahne auf dem
Kirchturm von der SS kurzfristig festgenommen,
Androhung der Erschießung, mit dem Pfarrer
wurden noch der Bürgermeister und ein Land-
wirt festgenommen.

STEINER, WOLFGANG
1912 06 20
Markt Oberdorf / Augsburg-Lechhausen / Etting
Kaplan / Benefiziumsvikar
Ein Verhör im Bezirksamt. Ein Verhör durch
den Bürgermeister. Außerdem eine Verwarnung.

STEINHARDT, JOHANN EVANGELIST
1903 12 27
Bösenreutin
Pfarrer
Im Oktober 1941 Schutzhaft durch die Gestapo
wegen Predigtäußerungen bezüglich eines in
der Schulkreuzangelegenheit inhaftierten Pfarrers. Außerdem Unterrichtsverbot wegen politischer Unzuverlässigkeit.
Lit.: RPB III, 225, 228, 230.

STEINHART, IGNAZ
1879 02 15
Augsburg

Studienprofessor
1939 gerichtliche Ermittlungen wegen Kanzelmißbrauchs, das Verfahren wurde aufgrund einer
Amnestie eingestellt.
Aufgrund eines Disziplinarverfahrens am 3.9.
1941 Amtsenthebung durch das Ministerium. Am
24.10.1941 Wiedereinsetzung. Außerdem Post-
und Telefonüberwachung.
Verwarnung durch die Gestapo. Paßentzug und
Aufenthaltsbeschränkung. Beförderungsverweigerung. Betätigungsverbot in den katholischen Vereinen. Ein Verhör durch die Regierung von Augsburg. Verhöre, Beanstandungen,
Androhung der Verhaftung sowie Haussuchung mit
Beschlagnahme von Briefen und Akten durch die
Gestapo.
Verstorben am 21.9.1949.

STEININGER, JOHANN BAPTIST
1903 10 07
Schwennenbach
Pfarrvikar
1943 Beanstandung und Androhung strengster
Maßnahmen durch die NS-Kreisbauernschaft
wegen der Ermahnung der Gläubigen zur Heilighaltung des Sonntages.

STEINLE, ANTON
1889 01 31
Utting
Pfarrer
Verwarnung durch den Landrat, weil der Pfarrer
einen Jungen gerügt hatte, der die Christen-
lehre „geschwänzt" hatte.
Verhör durch die Polizei wegen Übertretung
des Feiertagsrechts.
Beschlagnahme eines Buches („Der Eucharistische
Kongreß von Budapest").

STEINLEHNER, JOHANN BAPTIST
1905 05 20
Langenreichen
Pfarrer
1937 Verhör durch die Polizei wegen einer
Predigt und einer angeblich verbotenen Sammlung, außerdem eine Verwarnung durch das Bezirksamt.
1938 wurde nachts auf dem Kirchhof ein Plakat,
das Strick und Galgen zeigte, angebracht.
1939 Verhör durch die Polizei.

STEINMAYER, JOSEF
1882 02 12
Konradshofen / Fischach
Pfarrer
Anzeige durch die Polizei wegen illegaler
Fortführung des katholischen Burschenvereins.

STEPPLER, GEORG
1888 06 03
Oberwiesenbach
Pfarrer
1935 wegen einer Predigt öffentliche Anschuldigungen in der Presse. Außerdem Predigtverbot für eine bestimmte Kapelle.
Verhöre im Landratsamt.
Ermittlungen durch das Amtsgericht wegen eines
Vergehens gegen den Kanzelparagraphen, Einstellung des Verfahrens.

STERNEGGER, BENEDIKT
1904 08 06
Oberreute / Großaitingen / Ruppertszell
Benefiziumsvikar / Pfarrer
1934 Verwarnung durch den Kreisleiter wegen
allgemeiner Regimegegnerschaft.
1937 Verhör durch die Polizei, weil der Pfarrer
den Schülern angeblich den Hitlergruß verboten
hatte. Nachdem der Pfarrer sich noch einige
Male kritisch geäußert hatte, wurde er, um
ihn vor der Volkswut zu schützen (!), zwangsversetzt.
Verwarnung durch einen NS-Lehrer wegen der
Richtigstellung der NS-Propaganda im Religionsunterricht.
Zwei kurzfristige Festnahmen: auf der Straße
zusammen mit dem Kaplan W. Krumbacher, an der
Grenzstation Scheidegg von Zollbeamten.
Beanstandung durch einen Lehrer, weil der
Pfarrer einen Kollegen, der Schulverbot hatte,
bei der Schülerbeichte vertrat.
Drohungen seitens der NSDAP wegen Fürbitten
für einen im KZ einsitzenden Pfarrer.
Öffentliche Anschuldigungen durch den Propa-
gandaleiter wegen der Sympathie des Pfarrers
für Österreich.

STEUER, ALFRED
1898 06
Unterwindbach / Kobel
Pfarrer / Benefiziat
1938 Anbringung eines Plakates im Pfarrhof mit
der Aufschrift: „Heraus mit dem Volksverräter".
Das Plakat und weitere Schwierigkeiten mit dem
nationalsozialistisch gesinnten Teil der Gemeinde
veranlaßten den Pfarrer, die Pfarrei zu wechseln.
Beanstandung durch den Obmann der NSV wegen des
Austritts aus der NSV.
Beanstandung durch den Ortsgruppenleiter wegen
der Bildung einer Jugendgruppe.

STIEFENHOFER, JOSEPH
1909 03 04
Landsberg / Maria Medingen / Weißenhorn / Klimmach
Kaplan / Religionslehrer / Vikar / Pfarrer
1934 Verhöre durch die Polizei wegen Vereinstätigkeit und Jugendseelsorge. Versetzung

durch den Stadtrat versucht, ohne Erfolg. Die Presse veröffentlichte Berichte von Stadtratssitzungen, die sich mit der Tätigkeit des Pfarrers befaßten.

1935 Verhöre durch die Polizei, den Landrat und den Bürgermeister wegen angeblich staatsfeindlicher Betätigung.

1938 Verhör durch die Polizei wegen Verbreitung verbotener Flugblätter, Ermittlungen durch das Landgericht, Verfahren wegen Geringfügigkeit mit einer Verwarnung eingestellt. Haussuchung durch die Gestapo, Beschlagnahme von Briefen und Materialien für die Jugendseelsorge.

1942 Verwarnung durch die Polizei wegen einer „Kreuz-Predigt".

1944 Beanstandung durch die NSV wegen der Beschwerde einer beim Pfarrer zwangseinquartierten Familie eines Generals.

Ablehnung des Pfarrers für zwei Pfarreien, um die sich der Pfarrer beworben hatte, weil er als radikaler Gegner der NSDAP bekannt war.

STOECKLE, ANDREAS
1889 10 11
Mittelneufnach
Pfarrer

1933 öffentliche Anschuldigung durch einen „NS-Pfarrer" auf einer großen Parteiversammlung. Verhör durch die Gestapo wegen Aufnahme von Diasporakindern. Verhör durch die Gestapo wegen heimlicher Weiterleitung eines Feldpostbriefes, ein weiteres Verhör wegen Versendung eines bischöflichen Feldbriefes und Versendung von Büchern an die Soldaten, Beschlagnahme der Bischofsbriefe und des Adressenverzeichnisses. Verhör durch die Gestapo wegen eines Gottesdienstes an Fronleichnam. Verhör durch den Bürgermeister. Verhör durch die Partei wegen einer Predigt und der Behandlung des „Mythus" in der Christenlehre, außerdem Beanstandung und Verwarnung. Verhör, Beanstandung und Verwarnung durch die NSDAP, weil der Pfarrer den Schülern ein schlechtes Vorbild sei (Verbot des Hitlergrußes etc.). Des weiteren eine Anzeige durch den Sonderkommissar.

Aufgrund der Grabrede für einen SA-Mann eine Anzeige durch den Sonderkommissar. Durch die Ortsgruppe eine Anzeige wegen einer Ansprache gegen die HJ. Außerdem öffentliche Anschuldigungen durch die „Augsburger Nationalzeitung" sowie durch einen Parteiredner.

STORR, IGNATIUS
1894 03 15
Bobingen / Leitershofen
Benefiziumsvikar / Pfarrer

Ab 1933 Postüberwachung.

1938 keine Genehmigung für eine neue Pfarrei wegen einer vier Seiten langen schlechten Beurteilung durch die Ortsgruppe Bobingen, durch den Einsatz des Weihbischofs Eberle erhielt der Pfarrer schließlich die Pfarrei Leitershofen.

1939 Verhör durch die Gestapo wegen einer Sammlung.

STREIT, ERNST
1883 02 24
Ludenhausen
Pfarrer

Verwarnung durch die Kreisleitung wegen Äußerungen gegen die Partei.

Verstorben am 14.6.1937.

STROBL, GREGOR
1889 02 10
Pörnbach / Sonthofen
Pfarrer, Dekan
Dr. theol.

1937 im „Pfaffenhofener Amtsblatt" öffentlich angeschuldigt, weil der Pfarrer einer Radioübertragung einer Goebbels- und Hitlerrede keine Aufmerksamkeit geschenkt hatte. Wegen der schlechten Beurteilung der Kreisleitung Pörnbach erhielt der Pfarrer 1938 zunächst keine neue Pfarrei, schließlich kam er nach Sonthofen.

Verhöre und Verwarnung im Landratsamt. Der Landrat zwang den Pfarrer, eine strittige Pachtangelegenheit, die ein Verwaltungsgericht zugunsten der Kirche bereits entschieden hatte, auf sich beruhen zu lassen. Verhör durch die Kreisleitung wegen einer Predigt.

STROBL, JOHANN
1902 10 16
Sulzberg / Dillingen
Pfarrer / Subregens / Regens

1936 Verwarnung durch den Landrat wegen Kritik am „Stürmer".

Ab 1939 Verhöre durch die Gestapo, weil der Beschuldigte monatlich Feldbriefe an Theologen schickte, Beschlagnahme der Briefe. Zwischen 1943 und 1945 mehrere Beanstandungen durch nationalsozialistische Stellen.

1944 Androhung der Einlieferung in ein KZ.

STROBL, JOSEF
1905 02 03
Augsburg / Schongau / Kinsau
Stadtkaplan / Benefiziumsvikar / Pfarrvikar

Verhör durch die Gestapo wegen körperlicher Züchtigung eines frechen HJ-Burschen, Verwarnung, Androhung des Schulverbotes sowie Einzug von 20 RM Geldstrafe in die Gestapokasse.

Verhör, Verwarnung und Beanstandung durch den Bürgermeister wegen Predigten, der Bürgermeister bemängelte u.a., daß in den Predigten nie der Führer vorkomme.

STROBL, JOSEPH
1875 03 17
Batzenhofen
Pfarrer
1940 wurde der Pfarrer für ca. zwei Monate in
Schutzhaft genommen, weil er im Unterricht die
Engländer als vorbildlich hingestellt hatte.
Verstorben am 18.1.1944.
Lit.: RPB III, 194.

STROBL, JOSEPH
1897 02 27
Bayerdilling
Pfarrer
1936 Verhör durch den Landrat. Verhör durch
die Polizei wegen Nichtbeflaggung. Öffentliche
Anschuldigung durch den Ortsgruppenleiter, weil
der Pfarrer zum Rosenkranzgebet während der
allgemeinen Arbeitszeit aufgefordert hatte.
1941 Verwarnung durch den Landrat. Verwarnung
durch die Regierung.
1943 durch den Landrat ein Verhör sowie Unterrichtsverbot bis Kriegsende.
Beanstandung durch die Bauernschaft, weil der
Pfarrer aus „religiösen Gründen" keine Pacht
bezahlte.

STROHMAYER, ANTON
1909 06 19
Maria Medingen / Adelzhausen
Hausgeistlicher, Religionslehrer / Pfarrer
1938 ein Verhör durch den Kreisleiter wegen
Jugendarbeit.
1942 Verhör durch die Polizei wegen einer
Papstpredigt, einer Bibelstunde und des Möldersbriefes, Beschlagnahme des Möldersbriefes.

SUESSMEIR, LORENZ
1898 10 10
Langenreichen / Scheuring
Pfarrer
1934 Verhör durch die Polizei wegen einer
Stellungnahme gegen Goebbels und Göring.
Verhör durch die Gestapo wegen einer Predigt
gegen den Artikel „Moral und Moralin" von
Goebbels.
1943 bis 1945 Aufenthaltsverbot für den Vorgarten (!)
des Pfarrhofs nach Kritik bei der Kreisleitung
wegen der Ermordung Geisteskranker.

SWOBODA, JOSEPH
1894 10 28
Weil / Kühbach
Pfarrer
1935 Verhör im Amtsgericht, durch das Schöffengericht zu 50 RM Geldstrafe verurteilt. Des
weiteren Verbot der Christenlehre durch das
Bezirksamt.

1938 Untersuchung durch das Amtsgericht wegen
eines Vergehens gegen den Kanzelparagraphen,
weitergeleitet an das Sondergericht, das Verfahren wurde aufgrund einer Amnestie eingestellt.

TAUSCH, JAKOB
1868 06 20
Schwabmühlhausen
Pfarrer
1944 Verhör und Verwarnung durch die Gestapo.
Verwarnung durch den Landrat wegen Übertre-
tung des Feiertagsrechtes.
Verstorben am 2.10.1944.

TAUSEND, JOSEPH
1876 10 23
Dasing
Pfarrer / Emeritus
Ermittlungen durch die Staatsanwaltschaft wegen
Beleidigung der HJ, das Verfahren wurde auf-
grund von Amnestie eingestellt.
Des weiteren eine Haussuchung.
Verstorben am 24.11.1947.

THALLMAIR, ALBERT
1908 12 28
Hohenwart / Tegernbach / Ehrenberg
Kaplan / Pfarrer
1937 Verhör und Verwarnung durch den Kreisleiter.
1941 wegen Predigten von der Gestapo festgenommen und verhört, vom 15.7.1941 bis zum
18.2.1942 in Untersuchungshaft gehalten. Wäh-
renddessen durch ein Sondergericht zu sechs
Monaten Haft verurteilt. Diese wurden als durch
die Untersuchungshaft verbüßt angesehen. An
Folgestrafen erlitt der Pfarrer Unterrichtsverbot bis 1945, Zwangsabdankung auf die Pfarrei Tegernbach sowie Aufenthaltsverbot für
Tegernbach.
Lit.: SG, 7042.

THOMA, JOSEPH
1879 05 14
Stockheim
Pfarrer
1942 durch das Amtsgericht wegen einer Sammlung
für die Orgel zu 50 RM Geldstrafe verurteilt.

TRAUB, LEONHARD
1892 01 11
Fristingen
Pfarrer, Dekan
Von 1933 bis 1945 Postüberwachung.
1939 übernahm die HJ mehrmals die nächtliche
Bewachung des Pfarrhofs. Einzug von 150 RM
Geldstrafe, weil der Dekan ohne staatliche Ge-

nehmigung einen Einkehrtag für die Ministranten seines Dekanates gestattet hatte. Die Geldstrafe fiel später unter Amnestie.
Haussuchung durch die Polizei, Beschlagnahme von älteren Zeitungen der Bayerischen Volkspartei. Öffentliche Anschuldigungen auf NS-Versammlungen durch den Ortsgruppen- und Gauschulungsleiter wegen Predigtäußerungen.

TRAUT, ANTON
1910 09 28
Manching / Klenau
Pfarrvikar
1938 wegen der Bemerkung „Hitler ist der größte Kriegshetzer" in der Schule Verhör durch den Bezirksamtmann.

TROLL, ANTON
1900 05 02
Ehekirchen
Pfarrer
Dr. theol.
1941 Beanstandung durch den Bürgermeister wegen übermäßigen Glockengeläuts.
1942 Ermittlungen durch das Sondergericht wegen eines Vergehens gegen das Heimtückegesetz. Das Verfahren wurde eingestellt. Jedoch Untersuchungshaft vom 28.4.1942 bis zum 23.10.1942. Während der Haft ein Verhör durch die Gestapo. Am 16.2.1942 eine Verwarnung und Unterrichtsverbot durch den Landrat. Außerdem Versuch der Zwangsversetzung.
1943 Verhör durch die Gestapo wegen einer Messe an Fronleichnam, eine Verwarnung und Einzug von 500 RM Sicherungsgeld. Eine Verwarnung durch den Landrat wegen Polenseelsorge.
Verhör durch die Polizei. Beanstandung wegen einer zu kleinen Hakenkreuzfahne am Kirchturm.
Lit.: RPB III, 238.

UNGLERT, MARTIN
1875 06 13
Waltenhofen
Pfarrer, Dekan
1941 10 Tage Schutzhaft, weil der Pfarrer auf Ersuchen eines Divisionspfarrers Gebetsbücher an die anwesenden Soldaten hatte verteilen lassen.
Einzug von 250 RM Geldstrafe.
Drei Verhöre durch die Polizei.
Beanstandung einer Predigt durch die Gestapo.
Lit.: RPB III, 214.

URBAN, ERNST
1911 08 03
Augsburg-Oberhausen / Kempten
Stadtkaplan / Religionslehrer
1940 Verhör durch die Gestapo wegen einer Predigt.

Verwarnung durch die Gestapo.
Androhung durch die Partei: „Dem werden wir es demnächst richtig besorgen."

VEIT, ADOLF
1883 11 12
Issing
Pfarrer
Beanstandungen durch den Bürgermeister und den Lehrer wegen Predigten.

VEIT, JOHANN BAPTIST
1912 01 17
Markt Oberdorf / Rettenberg
Kaplan / Benefiziumsvikar
1940 Verwarnung durch den Schulrat, weil der Beschuldigte in seiner Klasse nicht auf dem Hitlergruß bestanden hatte, der Vorfall zog weitere Maßnahmen nach sich: sofortige Einberufung, Beförderungs- und Auszeichnungsverweigerungen, Dienst mit Strafcharakter, z.B. regelmäßige Teilnahme an „Himmelfahrtskommandos" im Rußlandfeldzug.

VIDAL, JOHANN BAPTIST
1887 12 24
Peißenberg
Pfarrer
1938 Verhör durch den Landrat wegen Kritik an den Tätigkeiten der NS-Jugendorganisationen, Verhör durch die Regierung von Oberbayern, Verwarnung und Unterrichtsverbot bis 1944.

VIERTHALER, OTTO
1873 09 07
Unteregg
Pfarrer
Mehrere Anzeigen durch NSDAP-Mitglieder, ein Verhör durch die Polizei.
Verstorben am 27.6.1939.

VOELK, BENEDIKT
1886 03 15
Aretsried
Pfarrer, Dekan
1933 Verhör durch die Polizei und den Ortsgruppenleiter wegen einer vermeintlichen Anspielung auf den Reichstagsbrand in einer Predigt.

VOELK, JOSEPH
1880 02 21
Limbach
Pfarrer
Öffentliche Anschuldigung, weil der Pfarrer einer kranken Witwe eine katholische Schwester vermittelt hatte; die Patientin hatte die Vorgängerin abgelehnt, weil sie von keiner „braunen Schwester" gepflegt werden wollte. Der

Einsatz des Pfarrers für die Kranke wurde auf
Parteiversammlungen hochgespielt.

VOETTER, MICHAEL
1914 01 11
Karlshuld / Aichach
Kaplan / Aushilfspriester
1939 eine Anzeige bei der Kreisleitung wegen
angeblicher staatsfeindlicher Äußerungen.
1940 Widerruf der UK-Stellung.

VOGG, ALOIS
1907 05 29
Augsburg (St. Ulrich und Afra, St. Thaddaeus)
Stadtkaplan / Expositus
Im April 1934 eine Verwarnung durch die Gestapo
wegen Übertretung des Uniformverbotes durch
den katholischen Jungmännerverein.
Im Dezember 1938 erstattete die Gestapo Anzeige
gegen den Pfarrer, weil er durch Frauen seiner
Pfarrgemeinde Sammlungen für den Kirchenbau-
verein durchführen ließ. Des weiteren Beschlagnahme von 4000 RM Sammlungsgeld.
Lit.: RPB III, 21, 59, 174.

VOGG, ANTON
1912 01 11
Bachhagel
Pfarrvikar
1942 Verhör und Verwarnung durch die Gestapo
wegen staatsfeindlichen Verhaltens (z.B. Predigten, Feiertagsrecht etc.).
Verfahren vor dem Sondergericht wegen Arbeits-
verweigerung der Haushälterin des Pfarrers,
der Kreisleiter hatte versucht, sie zwangsweise
in eine Fabrik einzuweisen, das Verfahren endete
mit Freispruch.

VOGG, JOSEF
1903 09 13
Rieden / Kaisheim / Köngetried
Pfarrvikar / Pfarrer
1937 kurzfristige Beförderungsverhinderung
(zum Pfarrer) durch staatliche Stellen.
1938 Verhör und Verwarnung durch die Polizei
wegen Regimekritik.
1943 Anzeige, weil eine Polin am Sonntagsgottesdienst teilgenommen hatte.

VOLKERT, ALFRED
1911 04 09
Todtenweis / Biberach
Pfarrvikar / Pfarrer
1940 Verhör, Verwarnung und Androhung der Versetzung durch den stellvertretenden Landrat.
1940 bis 1943 Postüberwachung durch den Ortsgruppenleiter.
Haussuchung sowie Beschlagnahme von Büchern
durch die Polizei.

WACHTER, FERDINAND
1890 12 19
Untermaxfeld
Pfarrer
1933 in der „Neuburger Nationalzeitung" angeschuldigt, weil der Pfarrer vor der Machtergreifung vor der NSDAP gewarnt hatte.
1937 Verwarnung und Drohung seitens der Gestapo,
weil der Pfarrer sich heftig gegen die Einführung der Gemeinschaftsschule wehrte.
1938 Verhör und Haussuchung durch die Gestapo,
weil man den Pfarrer verdächtigte, im Besitz
des „Michael-Germanikus-Briefes" zu sein.
Lit.: RPB III, 129.

WACHTER, JOSEPH
1875 09 27
Benningen
Pfarrer
Verwarnung durch den Landrat wegen einer Messe
an Fronleichnam.
Verstorben am 27.11.1946.

WAELDER, JOSEF CLAUDIUS
1885 07 28
Thalfingen
Pfarrer, Dekan
Verhör und Verwarnung durch die Polizei wegen
Übertretung des Feiertagsrechts.

WAGNER, ALOIS
1886 03 21
Füssen / Krugzell
Pfarrer
1939 wurde ein Verfahren vor dem Landgericht
wegen Vergehens gegen das Heimtückegesetz
eingestellt. 1941 endete ein Verfahren vor dem
Amtsgericht wegen mehrfacher Übertretung des
Versammlungsgesetzes (Arbeitssitzungen mit
Caritashelferinnen) mit Verurteilung zu 150 RM
Geldstrafe. Außerdem als Folge Unterrichtsver-
bot vom 4.7.1941 bis zum 28.2.1942.
Beanstandung durch die Partei wegen Verkaufs des
Kirchenführers.
Verstorben am 29.10.1947.

WAGNER, P. FRIEDRICH
OSB
1909 02 19
St. Ottilien
Dr. theol.
Am 23.12.1940 von der Gestapo in St. Ottilien
verhaftet: sechs Wochen Gefängnis in München,
sechseinhalb Monate KZ Dachau.
Lit.: Weiler, 688.

WAGNER, FRIEDRICH
1909 10 20
Buchenberg / Marktoberdorf / Augsburg

Kaplan / Pfarrvikar
Dr. theol. et phil.
Verhör durch die Gestapo, weil der Vikar
mit den Eltern eines aus der Kirche aus-
getretenen Jugendlichen versuchte, diesen zum
Wiedereintritt zu bewegen, Verbot der Gestapo,
Kirchenaustritte bekannt zu geben, da die Be-
kanntgabe einen Gewissenszwang darstelle.
Beanstandung durch den Landrat wegen nur
zögernder Herausgabe einer alten Kriegerfahne,
zweier Gedächtnisreden und der Errichtung eines
Weihwasserkessels vor dem Kriegerdenkmal.

WAGNER, MAX
1867 07 11
Zankenhausen
Pfarrer
1938 Verhör durch die Polizei wegen angeblicher
Äußerungen gegen den Protestantismus, Unterrichtsverbot durch den Gauleiter, vermutlich
wegen derselben Angelegenheit Verwarnung durch
den Ortsbauernführer.
Verstorben am 9.8.1947.

WAIBEL, ALBERT
1901 05 04
Neu-Ulm
Stadtpfarrer
1941 aus der Fachschaft katholisch-kirchliche
Presse ausgeschlossen.
1943 Verhör und Verwarnungen durch die Gestapo
wegen Übertretungen des Feiertagsrechts.

WALL, MARTIN
1899 12 04
Tiefenbach
Pfarrer
1943 Ermittlungen durch das Amtsgericht wegen
Wehrkraftzersetzung, weitergeleitet an den
Volksgerichtshof Berlin, dort wurde das Ver-
fahren am 25.3.1943 eingestellt.
Insgesamt acht Verhöre, davon sieben auf An-
weisung der Gestapo, als Gegenstand der Verhöre
werden genannt: Sabotage der Milchablieferung,
Überschreitung des Prozessionsverbots (hierzu
eine Verwarnung durch die Gestapo), Wehr-
kraftzersetzung, Predigtäußerungen.
Post- und Telefonüberwachung über mehrere
Jahre hinweg.

WALTER, MAX
1904 04 27
Weißenhorn / Neu-Ulm / Berg im Gau
Benefiziumsvikar / Religionslehrer / Pfarrer
Ab 1934 vier Verhöre und zwei Verwarnungen
durch den Landrat.
Ein Verhör durch die Gestapo.
Beanstandungen durch die Partei.
Beschlagnahme der Jugendzeitschriften.
Androhung scharfer Maßnahmen wegen Predigten.

WANNER, ALFONS
1884 11 23
Markt Oberdorf
Pfarrer
Verhör durch die Polizei wegen der Mitglied-
schaft im ambulanten Krankenverein, Verwarnung
durch den Landrat, Zwangsentlassung durch den
Vorstand desselben Vereins.
Verhör durch die Polizei, weil der Pfarrer einen
Schriftenstand in der Kirche aufgebaut hatte.
Verhöre durch die Polizei und den Landrat wegen
der Abhaltung einer Totenmesse an Allerheiligen.

WANNER, ALOIS
1883 09 07
Dietkirch
Pfarrer
1938 durch den Kreisleiter auf einer NS-Versammlung öffentlich angeschuldigt. Zwei Verhaftungen waren geplant (u.a. wegen einer Predigt),
beide Male konnte ein wohlgesonnener Polizei-
beamter die Verhaftung verhindern.
Post- und Telefonüberwachung.

WASSERMANN, JOSEF
1873 04 12
Augsburg-Hochzoll
Pfarrer
1941 Verhör und Verwarnung durch die Gestapo,
weil der Pfarrer von der Nächstenliebe gegenüber Juden gesprochen hatte.

WASSERMANN, JOSEF
1912 03 04
Augsburg-Hochzoll
Aushilfspriester
Wegen seines geistlichen Standes Beförderungs-
benachteiligung in der Wehrmacht.

WEBER, JOSEF
1891 04 14
Augsburg-Pfersee (St. Michael) / Uffing
Benefiziat / Pfarrer
Ab 1933 Verhöre und Verwarnungen wegen
der Tätigkeit des Pfarrers im katholischen
Jungmännerverein.
1937 wegen Durchführung einer Protestveranstal-
tung gegen die Aufhebung der katholischen Bekenntnisschule Verhör und Verwarnung durch die
Gestapo, wegen eines außerdem verfaßten Protestschreibens an das Stadtschulamt Unterrichtsverbot durch die Gestapo und das Ministerium, das Unterrichtsverbot wurde durch das
Stadtschulamt wieder rückgängig gemacht.
Außerdem eine Verwarnung durch das Ministerium.
1939 Beförderungsverweigerung auf die Pfarreien

Illertissen und Mindelheim.
Verhöre und Verwarnungen durch die Gestapo
wegen: der Arbeit für die Pfarrbüchereien,
der Züchtigung eines HJ-Jungen und Nichtbeflaggung.

WEBER, OTTO
1877 03 14
Tussenhausen
Pfarrer
1937 wegen Verbreitung von Greuelmärchen (zum
Thema KZ!) durch die Gestapo verhört, Weiterleitung der Angelegenheit an ein Gericht, dort
Einstellung des Verfahrens aufgrund einer Amnestie. Dreimonatige Schutzhaft.

WEBER, WENDELIN
1865 06 11
Augsburg
Domkapitular
1943 Verhör und Verwarnung durch die Gestapo,
weil der Pfarrer einem Polen ein Exemplar
einer Enzyklika zu lesen gegeben hatte.
Verstorben am 23.12.1949.

WECKERLE, EMMANUEL
1885 09 06
Rechbergreuthen
Pfarrer
1933 Verhör im Bezirksamt wegen „Sabotage"
des Erntedankfestes.
1945 Androhung des Todes durch die SS, weil der
Pfarrer plante, das Dorf kampflos den Amerikanern zu übergeben. Der Bedrohte konnte sich
durch Flucht retten.

WEGMANN, HEINRICH
1877 02 25
Dorschhausen / Buchloe
Pfarrer / Kommorant
Beanstandung wegen einer Predigt, die das
Parteiprogramm zum Thema hatte.

WEIHER, KONRAD
1870 09 24
Apfeldorf
Pfarrer
1944 Verwarnung durch den Landrat, weil der
Pfarrer von der Kanzel herab die Gläubigen
auf den Versuch der Partei aufmerksam gemacht
hatte, die Kommunionfeier durch NS-Aktivitäten
zu verhindern.
Verstorben am 24.6.1947.

WEILBACH, MATTHIAS
1902 06 06
Scheidegg
Kaplan
Verhör und Verwarnung durch den stellver-

tretenden Landrat wegen der katholischen Volksbibliothek.
Verhöre und Beanstandungen durch den Ortsgruppenleiter.
Verhör und Verwarnung durch den Kreisleiter.
Verhör durch die Feldpolizei wegen Verbreitung
des Möldersbriefes in der Wehrmacht.

WEINMUELLER, LUDWIG
1886 03 27
Sachsenried
Pfarrer
1944 Verwarnung durch die Gestapo wegen Übertretung des Feiertagsrechts in zwei Fällen,
1000 RM Sicherungsgeld wurden nach dem Protest
des Pfarrers erlassen.

WEISS, KARL
1890 06 01
Krumbach
Stadtpfarrer
1939 ein Verfahren vor dem Amts- und Landgericht
wegen Übertretung des Sammlungsgesetzes,
durch Amnestie eingestellt, jedoch Beschlagnahme
des bis dahin gesammelten Geldes (107,90 RM).

WEIZENEGGER, THEODOR
1908 06 12
Augsburg (St. Kanisius)
Stadtkaplan
1935 Verhör, Verwarnung und Androhung der
Schutzhaft durch die Gestapo.

WENGENMAYR, MARTIN
1887 10 18
Aach / Schwenningen
Pfarrer
1934 Verfahren vor dem Landgericht wegen eines
angeblichen Sittlichkeitsverbrechens. Die Ermittlungen wurden aufgrund einer Amnestie eingestellt.
Verwarnungen durch das Bezirksamt, den Gemeinderat und den Ortsgruppenleiter.
Einzug von 32,50 RM Geldstrafe.
Verhöre durch die Polizei, den Polizeipräsidenten von Augsburg und den Kreisleiter.
Beanstandungen durch den Ortsgruppenleiter.
Jahrelang Postüberwachung.
Versetzung versucht durch den Ortsgruppenleiter,
den Kreisleiter, den Gauleiter, die Kreisregierung, die Gestapo und das Kultusministerium, ohne Erfolg.
Öffentliche Anschuldigungen durch den Ortsgruppenleiter und in der „Immenstädter Zeitung".

WENGENMAYR, RUPERT
1889 06 26
Wallenhausen / Willishausen

Pfarrer
1937 Verhör durch die Polizei wegen Verteilung
einer Predigt von P. Rupert Mayer, Beschlagnahme
von 10 Abzügen, Weiterleitung der Angelegenheit an das Landgericht, dort Einstellung der
Ermittlungen mit einer Verwarnung.
1938 Ermittlungen durch das Amtsgericht, weil
der Pfarrer „Das schwarze Corps" von einer
Anschlagtafel gerissen hatte, mit 40 RM bestraft. Drei RM Geldstrafe wegen einer „unerlaubten Volksversammlung unter freiem Himmel".

WENGENMAYR, ULRICH
1892 10 03
Röfingen / Bertoldshofen
Pfarrer
1936 Verweigerung der Beförderung auf die
Stadtpfarrei Immenstadt durch die Regierung
von Schwaben wegen der politischen Haltung
des Pfarrers.
Beschlagnahme mehrerer Buchexemplare von Schil-
gen: „Im Dienste des Schöpfers".
Durch den Kreisleiter wurde der Pfarrer
öffentlich als Vaterlandsverräter bezeichnet.

WESLE, KARL
1909 08 04
Rieden
Pfarrvikar
1939 Verwarnung durch den Landrat wegen einer
Predigt, die die Kürzung der Religionsstunden
zum Thema hatte.
1940 Anzeige durch die Gestapo wegen Abhaltung
einer Fronleichnamsprozession.

WESTENRIEDER, JAKOB
1883 04 10
Daiting
Pfarrer
1934 Verhör, Verwarnung und Beanstandung durch
den Kreisleiter wegen Einmischung in Gemeinde-
sachen und wegen einer Predigt.
1936 drei Verhöre durch den Kreisleiter wegen
Lebensmittelsammlungen von Mönchen in Daiting,
der Kreisleiter schrie immer derart, daß der
Pfarrer unter dem Eindruck der Verhöre an
Selbstmord dachte. Außerdem Einzug von 100 RM
Geldstrafe.
1939 öffentliche Anschuldigung durch den Bürgermeister wegen einer Predigt über Kindererziehung.
1943 aufgrund von Predigtäußerungen ein Verhör und eine Verwarnung durch die Gestapo.
1945 Beanstandung durch den Blockwart wegen
einer Predigt.
Zahlreiche Verhöre durch die Polizei.

WIECH, OSCAR
1892 12 15
Günzburg
Benefiziumsvikar / Stadtprädikaturbenefiziat
1933 Verhöre durch die Partei und den Landrat wegen Vereinsarbeit, der Beschuldigte
wurde in der Eigenschaft als Präses des Jungmännerverbandes verhört, Haussuchung durch
die Polizei, Beschlagnahme von amtlichem
Material.
1940 Verhör durch die Polizei wegen Verabschiedung eines kranken Kriegsgefangenen mit
Händedruck auf offener Straße, weiterhin:
Verwarnung durch die Polizei, Verhöre durch
den Kreisleiter und den Landrat in derselben
Angelegenheit.

WIEDEMANN, ANTON
1884 04 13
Gebenhofen
Pfarrer
1933 ein Verhör im Bezirksamt; nächtliche
Bewachung des Pfarrhofs durch Mitglieder der
SA.
1935 Verwarnung durch den stellvertretenden
Kreisleiter wegen der „Aktivitäten" des Pfar-
rers. Verwarnung durch das Bezirksamt wegen
einer Predigt.
Durch den Kreisleiter erfolgloser Versuch der
Versetzung.

WIEDEMANN, ANTON
1905 08 30
Babenhausen
Benefiziumsvikar
1938 wurde ein Gerichtsverfahren wegen Vergehens gegen den Kanzelparagraphen aufgrund
von Amnestie eingestellt. Außerdem eine Verwarnung durch die NSDAP.
Verhör durch die Kreisleitung wegen Predigten
und Vereinsarbeit.
Postüberwachung vermutet.

WIEDEMANN, JOSEPH
1889 03 19
Breitenthal
Pfarrer
1935 zwei Verwarnungen durch den Landrat wegen
Unterlassung des Hitlergrußes in zwei Fällen.
1937 Ermittlungen durch die Staatsanwaltschaft
Saarbrücken wegen eines Vergehens gegen den
Kanzelparagraphen, Ermittlungen aufgrund des
Straffreiheitsgesetzes von 1938 eingestellt,
des weiteren ein Verhör durch die Polizei.
1941 Unterrichtsverbot wegen „Schädigung des
Ansehens des Ortsgruppenleiters", Verwarnung
im Auftrag der Gestapo.
1942 Verhör und Androhung einer KZ-Haft durch
die Gestapo, weil der Pfarrer die Pfarrmit-

glieder angeleitet haben sollte, den Lastwagen
mit den abgenommenen Glocken zu beschädigen.
Lit.: RPB III, 53, 224, 228.

WIEDEMANN, LUDWIG
1876 03 06
Violau
Pfarrer
1935 Verhör durch den Landrat.
1943 Verhör durch die Gestapo wegen Abhaltung
einer Messe an Himmelfahrt, 300 RM Sicherungsgeld für drei Jahre eingezogen.
Verfahren vor dem Amtsgericht, weil der Pfarrer
bei seinen Schülern für die Mitgliedschaft
im Kindheit-Jesu-Verein warb, trotz des Frei-
spruches erhielt der Pfarrer Unterrichtsverbot
für drei Jahre durch die Gestapo, außerdem
wurden 60 RM Opfergeld des Vereins beschlagnahmt.
Mehrere Verwarnungen wegen Predigten.
Beanstandung durch berufsständische Stellen,
weil der Pfarrer in der Kirche kritisiert hatte,
daß nach der Stalingradkatastrophe noch Lust-
spiele aufgeführt wurden.

WIEDENMANN, ANTON
1904 05 01
Pürgen / Mindelau
Pfarrvikar / Pfarrer
1936 Verhör durch den Kreisleiter.
1937 Ermittlungen durch das Amtsgericht wegen
Kanzelmißbrauchs (Verkündigung eines Kirchenaustritts), Verurteilung zu 250 RM plus 100 RM
Gerichtskosten. Verhör und Verwarnung durch
den Landrat.
1939 Verhör und Verwarnung durch einen
Regierungsassessor. Ermittlungen durch das Amtsgericht wegen Kanzelmißbrauchs wurden aufgrund
einer Amnestie eingestellt.
1939 bis 1942 Unterrichtsverbot aufgrund nicht
näher bezeichneter Gründe durch den
Regierungspräsidenten, das Unterrichtsverbot
machte auch einen Pfarreiwechsel nötig.
1940 Ermittlungen durch das Sondergericht wegen
Defätismus. Das Verfahren endete mit Freispruch.
Verhör durch den Schulrat.

WILHELM, JOSEPH
1886 10 26
Nonnenhorn / Oberalting
Kapitels-Kaplan / Pfarrer
Zwischen 1933 und 1936 hatte der Pfarrer
unter den Maßnahmen (Verwarnungen, Verhöre,
Beanstandungen, Androhungen) des Ortsgruppen-
leiters zu leiden.

WILKE, JOHANN BAPTIST
1912 03 17
Augsburg (St. Ulrich u. Afra)
Kaplan
1940 wegen einer Predigt Verhör und Verwarnung
durch die Gestapo, ca. ein Monat Untersuchungs-
und Schutzhaft.
Bis 1941 Postüberwachung.
Ab 1941 (bei der Wehrmacht) Verwarnung wegen
Abhaltung von Gottesdiensten und zersetzenden
Reden. Beförderungsverweigerung.
Ermittlungen des Sondergerichts wegen Heim-
tückevergehens, das Verfahren wurde nach einem
Jahr ohne Begründung eingestellt.
Androhungen (u.a. KZ-Haft) durch einen
Lehrer, die Schulleitung und einen HJ-Führer.

WILLBOLD, FRANZ XAVER
1881 01 04
Lauingen
Stadtpfarrer, Dekan
Dr. theol.
1938 Beanstandung durch den Kreisobmann der
deutschen Arbeitsfront.
1941 Beschlagnahme des Telefons, weil „der
Luftschutzleiter ein Telefon haben müsse".
1942 Verhör durch die Polizei wegen Bekanntgabe des Möldersbriefes und der Dekanatskonferenz.

WILLE, JOSEPH
1897 02 01
Mindelheim / Rennertshofen / Irsee
Benefiziumsvikar / Pfarrer
1933 Unterrichtsverbot von März bis September durch den Sonderkommissar wegen Gegen-
rede auf NSDAP-Versammlungen.
1936 Anzeige wegen einer Predigt.
1940 Anzeige wegen einer Fronleichnamsprozession.

WINTER, PIUS
1887 10 31
Wilburgstetten
Pfarrer
Verhöre durch die Polizei wegen Versendung
von Feldpost und wegen Sammlung der Feldpost-
nummern. Der Pfarrer wurde von der Polizei
eingeschüchtert, er wurde ständig überwacht.
Beanstandung durch die Ortsgruppe wegen zu
geringer Geldspenden.

WOERSCHING, JOSEPH
1901 06 29
Neuburg / Sandizell
Studienpräfekt / Pfarrer
1933 Postüberwachung.
1935 Anzeige beim Staatsministerium für
Unterricht und Kultus.

1937 mußte der Geistliche wegen Umwandlung
des katholischen staatlichen Studienseminars
seine Stellung als Musikpräfekt aufgeben.
Verhör durch die Polizei.

WOLF, DAMIAN
1877 01 09
Lauingen
Oberstudienrat
Dr. theol.
1941 Zwangsabdankung als Religionslehrer
und stellvertretender Direktor der staatlichen
deutschen Aufbauschule.
Haussuchung durch Leute der Partei, Beschlagnahme von Briefen.

WOLF, SEBASTIAN
1907 01 09
Seifriedsberg / Bubenhausen / Brunnen
Kaplan / Pfarrvikar / Pfarrer
1938 Beförderungsverweigerung auf die Pfarrei
Klimmach. Als „Nein-Wähler" öffentlich angeschuldigt und verleumdet.
1942 Verhör und Verwarnung durch die Polizei
wegen einer Wallfahrt.

WOLFGRUBER, JOHANN BAPTIST
1868 03 18
Niederstaufen
Pfarrer / Freires. Pfarrer
Ein Verhör durch die Polizei, weil der
Pfarrer die aus der Kirche stürzende Schuljugend wie folgt getadelt hatte: „Benehmt euch
doch nicht wie Bolschewisten", außerdem erhielt
er auch Unterrichtsverbot bis Kriegsende. Verhör durch die Polizei wegen einer Predigt
gegen die Kreuzentfernung.
Androhung der Todesstrafe durch die Gestapo
wegen Führerbeleidigung, Verhöhnung der
Partei usw.

WOLPERT, JOHANNES BAPTIST
1899 08 18
Dinkelsbühl / Maihingen
Stadtkaplan / Pfarrer
1938 Verhör durch die Polizei wegen einer
Stellungnahme zur Judenverfolgung, abgegeben in
der 8. Klasse einer Knabenschule, außerdem
zehnmonatiges Unterrichtsverbot durch den Regierungspräsidenten.
1939 Beanstandungen durch den Ortsgruppenleiter wegen Jugendseelsorge.
1941 Verhöre durch die Gestapo und die Polizei
wegen Gefangenenseelsorge und Fortsetzung der
„katholischen Aktion", des weiteren 20
Tage Polizeihaft, Haussuchung und Beschlagnahme
von Briefen und Amtsunterlagen.
1943 Beanstandung, weil er evakuierte Frauen
gebeten hatte, das öffentliche Spotten über

den Rosenkranz zu unterlassen.
Verwarnung durch den Ortsgruppenleiter wegen
regimekritischer Bemerkungen.
Post- und Telefonüberwachung vermutet.
Lit.: RPB III, 208.

WONHAS, FRANZ XAVER
1883 11 09
Ludwigsmoos
Pfarrer
1938 wegen angeblicher Devisenschiebung sechs
Tage Haft durch die Gestapo, mehrere Haussu-
chungen, auch wegen des Goebelsbriefes.
Ermittlungen durch das Sondergericht wegen
einer Predigt zum Thema „Entkonfessionali-
sierung" wurden aufgrund von Amnestie einge-
stellt.
Beanstandungen durch die Partei.
Post- und Telefonüberwachung über lange Zeit.
Durch Neuburger Zeitungen sowie durch den
Kreisleiter öffentliche Anschuldigungen.
Verstorben am 19.1.1942.
Lit.: RPB III, 172f.

WUNDERLE, FRANZ XAVER
1889 12 01
Dillingen
Seminarpräfekt
1937 Verhör durch die Gestapo wegen angeblicher
sittlicher Verfehlungen mit Zöglingen des Knabenseminars, da dem Beschuldigten nichts nachzuweisen war, mußte er einen Revers unterschreiben, daß er über die Angelegenheit
Stillschweigen bewahren würde.
Verstorben am 14.5.1945.

WUNDERLE, JOSEPH
1877 07 16
Donauwörth
Stadtpfarrer
1935 öffentliche Anschuldigungen durch den
Gauredner einer NS-Versammlung. Die Rede
wurde auch in der schwäbischen NS-Presse abgedruckt.
1937 durch das Amtsgericht zu 400 RM Geldstrafe
wegen eines Vergehens gegen das Sammlungsgesetz
verurteilt, es handelte sich um eine Sammlung
für die Kirchenrestauration, später wurde
die Geldstrafe wegen Amnestie erlassen. Verwarnung durch den Kreisleiter wegen Aufsässig-
keit gegenüber den BDM-Mädchen.
1938 Beanstandung durch die Kreishandwerks-
kammer wegen Vergabe des Kirchenfensterauftrags.
1939 eingeschränktes Unterrichtsverbot durch
die Kreisregierung von Schwaben, weil der Pfarrer sich nicht in die „neue Zeit" einfinden
könne.
Verwarnung durch den Ortsgruppenleiter wegen
einer Bemerkung in der Schule gegen die Juden-

verfolgung. Beanstandung durch den Ortsgruppenleiter. Haussuchungen durch die Gestapo, Beschlagnahme des Vervielfältigungsapparates und
einiger Bücher und Predigten. Postüberwachung.

ZANKER, JOSEPH
1907 06 04
Illertissen / Rieden
Benefiziumsvikar / Pfarrer
1940 Verhör wegen Sammlung der Soldatenadressen, Beschlagnahme der Adressen durch
die Polizei.
Verhör durch die Polizei, weil der Pfarrer
einen Anschlag für die Kolpingfamilie nicht
namentlich, sondern mit „Der Präses" unterschrieben hatte.
Beanstandung durch die Kreisleitung wegen
Nichtbeitritts zur NSV.

ZECH, MARTIN
1906 01 22
Offingen / Krumbach / Landsberg
Kaplan
1933 Verhör durch die Polizei.
1934 Einzug einer Geldstrafe durch das Bezirksamt.

ZEHTER, GEORG
1906 12 20
Oberstdorf
Benefiziat
1938 Verhör durch die Gestapo wegen angeblicher Verbreitung kommunistischer Schriften,
des weiteren eine Haussuchung.
1939 Ermittlungen durch das Landgericht wegen
eines Vergehens gegen die Verordnung zum Schutz
von Volk und Staat, diese wurden aufgrund einer
Amnestie eingestellt.
Verhör und Haussuchung durch die Polizei wegen
eines Vergehens gegen das Edelmetallgesetz.
Verhör und Haussuchung durch die Polizei wegen
eines Devisenvergehens, diese Maßnahmen hatte
die Gestapo gefordert.
1942 Beförderungsverweigerung bei der Wehrmacht.

ZELLER, JOSEF
1884 01 01
Finningen
Pfarrer
1933 Durchsuchung des Burschenheims, des Pfarr-
stadels und der Kirche nach Waffen durch die SA,
Beschlagnahme eines unbrauchbaren ehemaligen
Militärwagens.
1935 Verhör durch den Landrat wegen Predigten
und der angeblichen Sprengung einer HJ-Ver-
sammlung.
1942 Verhör durch den Landrat wegen Befürwortung einer Prozession.

Verwarnung durch die Gestapo wegen einer Messe
am Fronleichnamsfest 1943.

ZETZL, JOSEF
1911 01 04
Aichach / Augsburg / Klingsmoos
Stadtkaplan / Expositus
Verhör und Haussuchung durch die Gestapo
wegen der Jugendarbeit des Pfarrers, Beschlagnahme des Vermögens des katholischen Jugendvereins.

ZIEGLER, ALBERT
1883 04 12
Donaumünster-Erlingshofen / Zusamaltheim
Pfarrer
1933 zweimal mehrere Tage in Schutzhaft genom-
men wegen der Tätigkeit des Pfarrers als
Vorsitzender der Bayerischen Volkspartei
Donauwörth und Vorsitzender des Bezirkstages
Donauwörth, schließlich zwangsweise Abdan-
kung auf die Pfarrei Erlingshofen.
Verstorben am 29.4.1945.

ZIEGLER, JOHANNES EVANGELIST
1906 05 03
Stötten / Augsburg (St. Anton) / Nördlingen
Kaplan
Verhör durch die Gestapo wegen der Veranstal-
tung religiöser Heimatabende.

ZIEGLER, JOSEPH
1909 04 29
Mönchsdeggingen / Hollenbach
Pfarrkuratievikar / Pfarrvikar
1938 Verbot, an der Mission in Mönchsdeggingen
mitzuwirken, ein Grund wurde nicht genannt,
vermutlicher Grund: der Pfarrer hatte bei der
Wahl vom 10.4.1938 mit „nein" gestimmt.
1938 bis 1939 einige Monate Postüberwachung.

ZIEGLER, MICHAEL
1880 09 15
Allmannshofen
Pfarrer
Verwarnungen durch die Polizei und das Bezirks-
amt.
Verstorben am 1.9.1940.

ZILL, MICHAEL
1887 10 27
Sulzberg
Pfarrer
Verhör durch die Gestapo.
Verhör durch den Landrat und den Regierungs-
rat wegen einer Predigtbemerkung über den
Krieg, Verwarnung und Androhung einer KZ-Haft-
strafe im Wiederholungsfall.

ZILLENBILLER, FRANZ XAVER
1863 01 02
Leuterschach
Pfarrer / Kommorant
1940 Verwarnung durch den Landrat.
1941 Verwarnung durch die Gestapo, weil der
Pfarrer sich den Hitlergruß verbeten hatte.
Verhör durch die Polizei.
Lit.: RPB III, 207f.

ZIMMERMANN, ERNST
1907 11 03
Schöffau / Murnau / Tiefenbach
Pfarrer
1934 Verhör durch die Polizei wegen dreimaliger
Verweigerung der Beflaggung der Kirche. Ein
diesbezügliches Verfahren durch das Amtsgericht wurde eingestellt.

ZIMMERMANN, JOSEF
1907 03 14
Anhofen
Expositus
1938 Ausweisung aus der Pfarrei durch die
Gestapo, die durch den Landrat verfügte
Schutzhaft wurde von der Polizei nicht ausgeführt.
1939 Verhör durch den Landrat und den Kreisleiter.
1941 Verfahren vor dem Amtsgericht wegen Hetze
gegen Reichsführung und Partei, Freispruch,
auch in der Berufungsverhandlung vor dem Landgericht wurde der Beschuldigte freigesprochen.
Verhöre, Verwarnungen und Haussuchung durch
die Polizei, an der Haussuchung beteiligte sich
auch ein fanatisches Gemeindemitglied.
Verhör, Verwarnung, Beanstandung und Androhung
(„Ich hätte Sie vom Altare weggeschossen")
durch den Kreisleiter u.a. wegen Heimtückevergehens.
Einwurf der Pfarrhoffenster durch Privatpersonen, Aufhetzung zu Gewaltakten gegen den
Geistlichen durch einen Plakatanschlag.

ZINT, GEBHARD
1909 01 05
Neuburg
Stadtkaplan
1938 Verhör des Beschuldigten in der Eigenschaft als Präses des katholischen Jugendvereins durch die Gestapo, Haussuchung, Beschlagnahme des Vereinsgutes und privater Briefe,
Aufhebung des Vereins und Betätigungsverbot,
Verbot, über diese Maßnahmen in der Öffentlichkeit zu sprechen.

ZOEPFL, FRIEDRICH
1885 01 06
Dillingen

Hochschullehrer
Dr. theol.
1938 wurde sein Buch „Das Reich als Schicksal
und Tat" auf Veranlassung Goebbels auf die
Liste der unerwünschten und schädlichen
Bücher gesetzt und verboten.
Beförderungsverweigerung zum ordentlichen
Hochschulprofessor.

ZOTT, MICHAEL
1870 01 05
Babenhausen
Pfarrer
Ab 1938 vermutlich Post- und Telefonüberwachung.
1943 durch das Amtsgericht zu 50 RM Geldstrafe
verurteilt wegen Überschreitung der Gottesdienstordnung.
Verstorben am 1.9.1946.

ZWICK, WILHELM
1896 10 08
Görisried
Pfarrer
Aufgrund eines Vergehens gegen das Sammlungs-
gesetz im Juni 1939 eine Strafanzeige durch
die Polizei.
Lit.: RPB III, 185.

ZWIESLER, ANTON
1879 08 25
Wolfertschwenden
Pfarrer
1940 Verwarnung durch die Polizei wegen eines
Hochamtes an Fronleichnam.
Verhör durch die Polizei wegen eines Hirten-
briefes.
Beanstandung durch ein Parteimitglied, weil der
Pfarrer einen Lehrer besucht hatte, dies wurde
„Einmischung in politische Dinge" genannt.
Beanstandung durch die Kulturkammer von Mem-
mingen, weil der Pfarrer und der Kirchenchor
gegen die Absetzung des Kulturwartes protestiert
hatten.

3. Erzbistum Bamberg

ARNETH, MICHAEL
1880 01 12
Hallerndorf
Pfarrer
Verwarnung durch den Landrat.
Im Juli 1939 Anzeige wegen Heimtücke und Vergehens gegen das Reichsflaggengesetz.
Schulverbot am 2.9.1939.
Lit.: RPB II, 320,328.

BALD, WILHELM
1883 11 03
Röthenbach / Nürnberg (Herz-Jesu)
Pfarrer
In Röthenbach wiederholte Verwarnung. Gestapoverhör, Haussuchung durch Gendarmerie und SA.
Am 6.5.1941 durch das Amtsgericht Nürnberg wegen Vergehens gegen das Sammlungsgesetz zu 300 RM Geldstrafe, ersatzweise 60 Tagen Gefängnis verurteilt. Androhung von Unterrichtsverbot.
Lit.: RPB II, 375,383.

BANK, GEORG
1898 03 16
Pressig
Pfarrer
Predigtüberwachung. Abhören von Privatgesprächen. Verbot von Lichtbildervorträgen durch die Polizei. Verhör vor dem Sondergericht Bamberg.

BANK, JOHANN
1884 10 17
Uetzing
Pfarrer
Verbot der Verlesung von Hirtenbriefen.

BARNICKEL, JOHANN BAPTIST
1870 08 11
Sambach
Pfarrer
Vorladung vor Bezirkskommissar und Landrat.
100 RM Geldstrafe wegen Vergehens gegen das Flaggengesetz. Androhung von Schulverbot durch den Regierungspräsidenten. Am 13.7.1937 Prozeß vor dem Landgericht Bamberg. Am 11.11.1940 Verurteilung zu 30 Tagen Haft bzw. 300 RM Geldstrafe wegen unerlaubten Verkehrs mit Kriegsgefangenen.
Lit.: RPB II, 366.

BARNICKEL, MAX MATTHAEUS
1900 12 15
Bamberg / Ludwigschorgast
Seminardirektor / Pfarrer
1933 zweimal in der Bamberger NS-Zeitung als Pazifist angeprangert.
Vorladung vor das Bezirksamt Bamberg. Verhör

durch die Gestapo. Als Direktor des staatlichen Studienseminars Aufseesianum zum 1.9.1934 zwangsversetzt. 1944 durch das Landratsamt Verbot der Erteilung privaten Musikunterrichtes.

BATZ, LORENZ
1907 01 07
Windheim / Waischenfeld / Rehau / Stöckach
Kaplan / Benefiziumsverweser / Pfarrverweser
Zweimalige Vorladung vor den Landrat. Verhör durch Oberinspektor am 18.10.1939. Verwarnung durch das Amtsgericht Erlangen wegen Nichtbeflaggung, aus dem gleichen Grund im November 1939 Verwarnung durch die Gendarmerie in Forth.
1940 Verfahren wegen Nichtbeflaggung der Kirche an Hitlers Geburtstag, eingestellt.
Am 23.10.1940 Verhör durch den Landrat.
Predigtüberwachung. Unterrichtsverbot ab 26.8.
1941 durch den Regierungspräsidenten. Festnahme durch die Gestapo am 25.9.1941, Inhaftierung im Gefängnis Bamberg bis 10.10.1941.
Lit.: RPB II, 354,368,392,396.

BAUER, JOSEPH
1904 01 29
Forchheim / Rothenkirchen / Hohengüßbach
Kaplan / Kurat
Im August 1934 Verwarnung durch die Polizei.
Gerichtliche Untersuchung durch das Amtsgericht, die eingestellt wurde.
Im September 1934 zwangsweise Versetzung nach Rothenkirchen durch den Kultusminister.
Von 1937 bis 1945 Predigtüberwachung durch die Ortsgruppe der NSDAP.

BAUMANN, JOSEF
1905 01 27
Aschaffenburg
1935 durch ein Sondergericht wegen einer Predigt zu fünf Wochen Haft verurteilt.

BAYER, ANDREAS
1889 04 16
Tiefenstockheim
Pfarrer
Verwarnung durch die Polizei 1937 und 1938.
Vorladung vor das Amtsgericht im März 1939 wegen Vergehens gegen das Heimtückegesetz.
1939 Post- und Telefonüberwachung.

BITTEL, ANDREAS
1908 01 08
Altenkunstadt / Ebersfeld
Kaplan
Wegen Verurteilung eines unanständigen Gedichts vor einer Schulklasse Unterrichtsverbot vom 5.9.1939 bis 31.10.1940 durch den Schulrat, Einspruch abgewiesen, Bestätigung des Unterrichtsverbots durch Bezirksregierung und Kultus-

ministerium. 1941 wegen Kanzelmißbrauchs Verfahren vor dem Sondergericht, eingestellt.

BLUM, ADOLF
1906 08 28
Neunkirchen / Buchbach / Großenbuch
Kaplan / Kurat
1933 Haussuchung durch die Gendarmerie Neunkirchen. Im gleichen Jahr Zwangsversetzung.
Von 1933 bis 1938 Post- und Telefonüberwachung.
1937 Anzeige wegen Übertretung des Pressegesetzes, durch das Amtsgericht zu 20 RM Geldstrafe verurteilt.
Verhöre durch die Gestapo im Mai 1938, im August 1943, im Mai 1944 und im August 1944.
Androhung von Schutzhaft 1944 durch die Gestapo.
Von 1938 bis 1945 Unterrichtsverbot.
Im Herbst 1944 gerichtliche Untersuchung durch das Sondergericht Bamberg, die mit Freispruch endete.
Lit.: RPB II, 159.

BOEHMER, JOHANN
1910 10 23
Nürnberg (St. Josef)
Kaplan
Drohungen des Obmanns des NSLB wegen Widerspruchs gegen falsche Äußerungen von Goebbels über Klöster.

BOOB, RUDOLF
1908 10 09
Nürnberg
Priester
Wegen Jugendseelsorge in der Marianischen Studentenkongregation Verhör, Verwarnung und Haftandrohung durch die Gestapo mit anschließender Post- und Telefonüberwachung. Im Dezember 1941 Verhör wegen Predigt.

BOSCHER, WILHELM
1900 03 23
Birnbaum / Breitengüßbach
Pfarrer
Verhör durch den Schulrat in Bamberg. Androhung von Versetzung und von Unterrichtsverbot im Dezember 1942 wegen Bekämpfung der religionsfeindlichen Einstellung des Lehrers. Androhung von KZ durch den Ortsgruppenleiter.

BREMAUER, RUDOLF
1905 11 10
Haßlach
Pfarrer
Vorladung vor das Amtsgericht Kronach, Androhung von KZ durch Kreisleiter und Landrat wegen Errichtung eines Heldenplatzes.

BUCHFELDER, JOHANN
1884 11 23
Weichenwasserlos
Pfarrer
Wegen Predigt Vorladung vor den Landrat und Verhör durch einen Regierungsrat.

BUCK, EUGEN
1900 07 08
Bamberg
Pfarrverweser
Dr.
Verwarnung 1933. Verhör durch die Gestapo Bamberg 1933 und 1935. Öffentliche Anschuldigung am 12.6.1933 in NS-Zeitung wegen Beeinflussung von Mitgliedern der Kolpingfamilie.

BUETTEL, GEORG
1905 02 23
Dankenfeld
Pfarrer
Wegen Predigtäußerung gegen Glaubensverhöhnung Verwarnung und Androhung von Verhaftung durch die Kreisleitung.

BURGER, ANTON
1899 06 11
Poppendorf
Kurat
Verhör durch die Gestapo wegen Stellungnahme gegen Judenverfolgung und Kirchenfeindlichkeit der NSDAP.
Androhung von Unterrichtsverbot durch den Schulleiter.

BURKARD, CHRISTOPH
1894 03 07
Ampferbach
Kurat
Verwarnung durch Ortsgruppe Burgebrach und Ortsgruppe Ampferbach. Verhöre durch die Gendarmerie am 5.6.1933, am 11.10.1935, im Juli 1939 und am 25.7.1941 wegen Anschuldigungen, die sich später als falsch erwiesen.

DINGES, WILHELM JOHANN
1905 03 11
Buttenheim / Seinsheim
Benefiziat / Pfarrer
Verhör, Haussuchung und Beschlagnahme durch die Gestapo Nürnberg. Amtliche Verwarnung. Überwachung der Versammlungen und Predigten durch Gestapo. Post- und Telefonüberwachung. Öffentliche Anschuldigung im „Stürmer" wegen Predigt.

DIPPOLD, GEORG
1884 08 02
Eggolsheim
Pfarrer

1942 wegen Ankündigung einer Wallfahrt Verwarnung durch das Bezirksamt und Androhung von Unterrichtsverbot.
Lit.: RPB II, 424.

DITTRICH, OTTO
1903 01 10
Staffelstein
Kaplan
Wegen Predigten 1933 und 1934 jeweils Verwarnung durch den Kreisleiter. Am 22.3.1939 20 RM Geldstrafe, verhängt durch das Amtsgericht.

DOERFLER, JOHANN
1885 11 04
Altenbanz
Pfarrer
Wegen aktiver Mitgliedschaft in der Bayerischen Volkspartei Schutzhaft vom 28.6.1933 bis zum 5.7.1933, vom Bezirksamt auf Antrag der SA veranlaßt.

DOTTERWEICH, THOMAS
1880 05 16
Ansbach
Pfarrer
Verhör und Haussuchung durch Gestapo und Kriminalpolizei wegen eines Hirtenbriefes.

DRUMMER, MICHAEL
1886 08 30
Nürnberg (St. Elisabeth)
Pfarrer
Verhör und Verwarnung durch die Gestapo wegen Durchführung einer Wallfahrt und wegen Abhaltung des Gottesdienstes durch ausländische Geistliche. Einwöchige Post- und Telefonüberwachung.

EBERLE, FRIEDERICH
1907 05 29
Bamberg / Nürnberg / Modschiedel
Kaplan / Pfarrer
Von 1934 bis 1942 siebenmal Verhör und Verwarnung durch die Gestapo ohne Angabe von Gründen. 1942 staatspolizeiliche Verwarnung wegen Verbreitung des Möldersbriefes.
Vom 8.5. bis 7.12.1942 Unterrichtsverbot.
Lit.: RPB II, 412.

EICHHORN, FRANZ XAVER
1900 01 29
Nürnberg
Pfarrer
Verhör, Haussuchung und Beschlagnahme durch die Gestapo 1938 im Zusammenhang mit dem Verbot der Jungfrauenkongregation sowie wegen der Vervielfältigung und Versendung eines Hirtenbriefes.

EISEN, RUDOLF
1881 02 26
Marktbibart
Pfarrer
Am 23.6.1940 Verwarnung durch das Bezirksamt wegen Abhaltung des Bittgangs am Tag der nationalen Arbeit.

ELLER, JOSEF
1905 04 22
Bamberg
Theologiestudent
1938 Verhör und Haussuchung durch Gestapo im Zuge der Aktionen gegen den Bund „Neudeutschland". Beschlagnahme privater Schriften.
Er wurde 1940 zum Priester geweiht.

EMIG, JOHANNES
1913 02 06
Lahm / Scheßlitz
Kaplan
Verhör und Haussuchung durch Gestapo wegen Verbreitung staatsfeindlicher Schriften. Unterrichtsverbot vom 8.5.1942 bis zum 6.1.1943 durch den Regierungspräsidenten; keine Angabe von Gründen. 1942 staatspolizeiliche Verwarnung wegen Verbreitung des Möldersbriefes.

ENGERT, FRANZ
1889 04 17
Stegaurach
Pfarrer
Wegen Verlesung eines Hirtenbriefes Verhör durch die Gendarmerie.
Wegen Äußerung über den „Stürmer" 1936 auf Weisung der Kreisleitung Predigtüberwachung.

FARRENKOPF, EDMUND
1906 09 07
Kronach
Benefiziat
Am 25.8.1937 Unterrichtsverbot für die Realschule Kronach, am 2.6.1938 Unterrichtsverbot für die Verbandsschule Kronach.

FENNEMANN, P. THEODOR
SDB
1901 08 17
Wegen Predigt im November 1935 Verhör und Verwarnung durch Gestapo. Im Juni 1937 Verhör und Haussuchung durch Gestapo wegen Predigt. Wegen angeblichen Hörens verbotener Sender vom 19.6. 1937 bis 28.7.1937 in Untersuchungshaft. Verfahren beim Volksgerichtshof wurde eingestellt. 1941 Post- und Telefonüberwachung durch Gestapo. Am 5.8.1941 Haussuchung und Verhängung eines Aufenthaltsverbots für Rheinland und Westfalen durch Gestapo.

FIEDLER, JOHANN
1903 01 22
Seßlach
Pfarrer
Haussuchung durch Gestapo.
1939 staatspolizeiliche Verwarnung wegen
einer Predigt. Öffentliche Anschuldigung
in Versammlungen wegen geäußerter Zweifel am
Endsieg.
Lit.: RPB II, 323,330.

FOERTSCH, MARTIN
1894 01 27
Hohengüßbach / Willersdorf
Kurat / Pfarrer
Verfahren wegen Beleidigung des Gauleiters von
Bayreuth, eingestellt. Im Mai 1933 Verfahren
wegen Beleidigung von Frick, Goebbels und Gauleiter Schemm beim Amtsgericht, endete mit Freispruch, Berufung vom Staatsanwalt beim Landgericht Bamberg verworfen. Ab 22.6.1933 Schutzhaft wegen Angriffs auf die Reichs- und Landesre-
gierung. 1934 Verfahren wegen Heimtücke vor dem
Landgericht, nach Amnestie eingestellt. 1935 Anzeige und Antrag auf Schutzhaft wegen Verstoßes
gegen das Flaggengesetz. Im Juni 1936 Verfahren
vor dem Sondergericht Bamberg wegen Kanzelmißbrauchs und Heimtücke, mangels Beweises Freispruch. 1937 zweimal Androhung von Schulverbot
wegen Kampfes gegen die Gemeinschaftsschule.
Lit.: RPB II, 9,63f.,80,99.

FRIEDRICH, FRITZ
1900 09 16
Eggenbach
Pfarrer
Von 1935 bis 1938 wegen einer Predigt, wegen
einer Äußerung zu einer Goebbelsrede und aufgrund einer Anzeige mehrmals von der Gendarmerie verhört.

FUCHS, HEINRICH
1909 02 15
Bamberg
Kurat
Verhör und Verwarnung durch Gestapo Nürnberg
ohne Angabe von Gründen. 1938 Unterrichtsverbot
wegen staatsabträglichen Verhaltens. 1941 Verwarnung durch die Gestapo im Zusammenhang mit
einem Trauergottesdienst.
Lit.: RPB II, 274,285,378f.,390.

FUSSEDER, JOSEF
1910 02 17
Seßlach / Bamberg (St. Gangolf)
Kaplan
1935 Vorladung durch Ortsgruppenleiter in Seßlach. Haussuchung wegen katholischer Jugendarbeit. 1940 Gestapoverhör wegen Weiterführung

des Jungmännervereins in Bamberg. 1942 Verhör
und Verwarnung durch die politische Partei Bamberg wegen Beibehaltung des Schriftstandes in
der Kirche.

GAERTLEIN, LUDWIG
1899 07 14
Nürnberg / Marktschorgast
Kaplan / Pfarrer
Im Juli 1936 Vorladung und Verwarnung durch Polizei Nürnberg. In Marktschorgast im November
1941 Anklage wegen einer Predigt, Aufreizung der
Bevölkerung, Unterlassung des Hitlergrußes und
Beleidigung eines NSDAP-Mitglieds.
1936 Unterrichtsverbot in der Oberschule, 1942
in der Volksschule wegen mangelnder Erziehung
im nationalsozialistischen Geist.

GAGEL, JOHANN BAPTIST
1900 10 29
Röthenbach / Steinberg
Kaplan / Pfarrer
Haussuchung durch Polizei und SA am 29.6.1933.
Beanstandung wegen Unterlassung des Hitlergru-
ßes. In Steinberg am 30.1.1939 Verwarnung in
öffentlicher Versammlung. Zwei Anzeigen wegen
Predigten.
Lit.: RPB II,224.

GAILER, JOHANN
1885 12 04
Heroldsbach
Pfarrer
Vorladung und Verhör beim Sondergericht. Amtliche Verwarnung und Androhung von Versetzung
1934 durch den Schulrat. Ständige Post- und
Telefonüberwachung. Verwarnung wegen Schwarz-
hörens. Beschuldigung wegen angeblicher Devisenschiebung in die Schweiz durch die Ortsgruppenleitung.

GEBHARD, FRIEDRICH
1905 09 09
Naila
Pfarrer
Anzeige durch den Bürgermeister wegen Verhinderung eines Beitritts zur NSDAP und wegen der
Verbreitung katholischer Schriften. Haussuchung
und Beschlagnahme von Büchern und Zeitschriften durch die Gestapo.

GEHRINGER, MICHAEL
1884 07 29
Hof
Stadtpfarrer, Dekan
Predigtüberwachung und Postüberwachung.
Wegen Verstoßes gegen die Sicherungsverordnung
vom 27.8.1939 am 13.10.1939 Verurteilung zu fünf
Monaten Gefängnis. Nach Berufung erfolgte Frei-

spruch. In Polizeihaft vom 6.11. bis 26.11.1939, in
Schutzhaft vom 26.11.1939 bis 17.2.1940. Unter-
richtsverbot von Oktober 1939 bis Dezember 1940.
Androhung von KZ.
Lit.: RPB II, 73.

GEIGER, HEINRICH
1901 05 23
Trieb
Kurat
Im Januar 1939 100 RM Geldstrafe wegen Verstoßes gegen das Versammlungsgesetz, verhängt
durch das Amtsgericht Ludwigstadt. Prozeß vor
dem Sondergericht Nürnberg 1939, Freispruch.
1939 Verurteilung durch Amtsgericht zu 200 RM
Geldstrafe, ersatzweise sechs Wochen Haft.
Straferlaß aufgrund einer Amnestie.

GEIGER, THEODOR
1863 08 14
Bamberg
Domkapitular
Mehrere Verhöre und Haussuchungen wegen Schriften. Einstellung eines Gerichtsverfahrens aufgrund der Amnestie vom 30.4.1938.

GEWINNER, GEORG
1902 05 13
Nürnberg
Kaplan
Mündliche Beanstandung durch Gaupropagandalei-
ter nach Denunziation durch einen Hitlerjungen.

GLASSNER, EDMUND
1887 09 20
Schwarzenstein
Hilfspriester
Verhör und Androhung von KZ-Haft durch Gestapo.

GRASMUELLER, OTTO
1898 02 20
Weismain
Stadtpfarrer, Dekan
Dr. phil.
Vorladung vor Gendarmerie Weismain und Amtsgericht Kronach. Verhör durch Gestapo. Beschlagnahme. Predigtüberwachung. Androhung von Unterrichtsverbot durch den Regierungspräsidenten.
Haft im Gefängnis Kronach vom 25.6.1933 bis
7.7.1933. Anklage wegen groben Unfugs und Verächtlichmachung des deutschen Grußes fiel
unter Amnestie. 1943 200 RM Sicherungsgeld wegen
Glaubensstunden für die katholische Jugend.
1944 Geldstrafe von 200 RM, verhängt durch
Gestapo.
Lit.: RPB II, 435.

GRIEB, ROBERT
1905 12 06
Bamberg / Obertrubach
Geistl. Religionslehrer / Pfarrer
Verhör durch Gestapo, Verwarnung durch die
Gestapo und den Regierungspräsidenten. Beförderungsverweigerung 1937 durch die Regierung
Ansbach. Am 15.7.1937 Unterrichtsverbot für
höhere Lehranstalten. Wegen kameradschaftlichen
Umgangs mit Kriegsgefangenen verhängte das Amtsgericht Bayreuth am 18.11.1940 einen Monat Gefängnis. Nach Berufung verhängte das Landgericht Bayreuth 250 RM Geldstrafe, ersatzweise
sieben Tage Haft.
Lit.: RPB II, 357,360,366f.

GROLL, MAX
1908 11 27
Ullstadt
Pfarrer
Vorladung, Verhör, Haussuchung und Beschlag-
nahme durch Gestapo, wahrscheinlich wegen des
Möldersbriefes von 1941.

GRUENER, THOMAS
1897 12 02
Kupferberg
Pfarrer
Zahlreiche Anzeigen in den Jahren 1937 bis 1944.

GRUNDLER, KARL
1908 04 10
Kirchröttenbach
Pfarrer
Zwangsversetzung durch Regierungspräsidenten
von Ansbach. Verfahren mit Androhung von 500 RM
Geldstrafe in der zweiten Verhandlung wegen
Geringfügigkeit eingestellt.
Unterrichtsverbot ab August 1941.
Lit.: RPB II, 395.

GUNSELMANN, ADAM
1884 02 13
Trunstadt
Pfarrer
1934 Beschlagnahme von Geldern der Jungfrauenkongregation und versuchte Beschlagnahme der
Fahne der Kongregation. 1938 wegen Bekämpfung
des BDM Verhör und Haussuchung durch Gendarmerie und Anklage, die fallengelassen wird. 1938
wegen Geldsammlung für Kirchenrestaurierung
Geldstrafe durch Amtsgericht Bamberg verhängt,
wegen Amnestie erlassen. Wegen Bekanntmachung
von Teilen des Möldersbriefes Unterrichtsverbot
durch die Kreisregierung im Juni 1943 oder 1944.
Verbot nach Protest im November aufgehoben.
Lit.: RPB II, 310.

HAEFNER, JOHANNES
1907 12 28
Nürnberg (St. Anton)
Kaplan
Predigtüberwachung sowie Post- und Telefon-
überwachung 1937 und 1938.

HAGEL, JOHANN
1902 09 27
Tschirn
Pfarrer
1937 Vorladung vor Landrat und Verhör durch Regierungsrat wegen Aufwiegelung der Bevölkerung.
Androhung von Unterrichtsverbot. Predigtüberwachung.

HART, JOHANNES
1882 03 11
Stadtsteinach / Scheßlitz
Pfarrer
1933 Verhör durch Landrat. 1936 Verhör durch
Ortsgruppenleiter. 1938 Verhör durch Gendarmerie. 1940 Antrag auf Unterrichtsverbot durch den
Schulrat. Wegen einer Predigt im Juni 1940 Verhör durch die Gestapo, Festnahme am 4.7.1940,
Untersuchungshaft. Vom Sondergericht Bamberg
mangels Beweisen am 23.9.1943 freigesprochen,
dennoch 200 RM Sicherungsgeld. Die ferner beabsichtigte Inschutzhaftnahme scheiterte an seiner
kränklichen Verfassung.
Lit.: RPB II, 355f.,364.

HARTL, JOHANN
1905 08 19
Poxdorf
Pfarrer
Unterrichtsverbot durch den Regierungspräsiden-
ten ab Oktober 1940. Verhör durch den Landrat.
Beschlagnahme der „Katechismus-Wahrheiten".

HECKEL, JOHANNES
1903 08 26
Bamberg / Stockheim
Domkaplan / Kurat
Mehrfach Vorladung und Verwarnung durch Gestapo.
Predigtüberwachung durch die Polizei. Vom 12.
2. bis 14.2.1934 in Schutzhaft. Denunziation
in der NS-Presse. 50 RM Geldstrafe wegen Verteilung von Zetteln kritischen Inhalts. Versetz-
zung nach Stockheim zum 1.4.1934.
Lit.: RPB II, 21.

HEINKELMANN, ADAM
1879 11 27
Leutenbach
Pfarrer
Verwarnung 1933 durch das Bezirksamt Forchheim
wegen Bezugs einer ausländischen katholischen
Nachrichtenkorrespondenz.

HELLDORFER, HEINRICH
1899 05 20
Lahm
Pfarrer
Am 31.10.1941 Verwarnung durch Landrat wegen
einer nicht genehmigten Wallfahrt.

HENKEL, GEORG
1899 10 17
Breitenloh
Pfarrer
Verhör durch Polizei wegen öffentlicher Kritik. Verwarnung durch Gendarmerie. Schutzhaft
von sechs Tagen.

HENKEL, JOHANN
1881 11 20
Litzendorf
Pfarrer
Unterrichtsverbot von 1939 bis 1945 wegen
staatsabträglichen Verhaltens. 1939 Strafanzeige
wegen antinationalsozialistischer Äußerung im Religionsunterricht, insgesamt mehr als 25 Anzeigen
wegen Äußerungen in Predigt und Schule, alle
niedergeschlagen. 1940 Vorladung durch den
Staatsanwalt, durch Amnestie hinfällig.
1942 Verhör durch die Gestapo.
Lit.: RPB II, 317,325.

HERMANN, JOHANN
1907 03 27
Herzogenaurach / Staffelbach / Viereth
Kaplan / Kurat
Am 27.6.1933 Festnahme. 1935 und 1936 drei Verhöre durch den Landrat. 1935 50 RM Geldstrafe
wegen Verbreitung von Flugblättern. 1935 Befehl
zur Verhaftung und Einweisung ins KZ wegen Amnestie nicht ausgeführt. Schriftliche Rüge
durch den Stützpunktleiter. In Viereth 1936
Haussuchung durch die Gestapo. Verhör durch den
Stützpunktleiter. Befragung durch Gendarmerie
wegen des Wahlverhaltens der Vierether Bevölkerung. 1939 Unterrichtsverbot durch Kreisleitung wegen Züchtigung eines Schülers.

HILDENBRAND, JOSEF
1906 10 19
Rothenburg / Dormitz
Kaplan / Kurat
Postüberwachung 1933 bis 1935. Vorladung und
Verhör durch die Gendarmerie und Verwarnung
durch den Zellenleiter der SA wegen der Jungfrauenkongregation und wegen Aufhängens eines
entfernten Schulkreuzes. Haussuchung durch die
Polizei auf Veranlassung der SA.
Beanstandung einer Caritasandacht mit Litanei
von der Nächstenliebe. 1938 öffentliche An-
anschuldigung durch NSDAP-Mitglieder.

HIPPACHER, JOHANN
1906 11 08
Enschenreuth
Pfarrer
Verhör durch die Gendarmerie am 30.8.1942 wegen einer nicht genehmigten Wallfahrt.

HOEFINGER, RUDOLF
1916 02 18
Bamberg
Theologiestudent
Verhör und Haussuchung durch die Polizei Bamberg. Androhung von Schulverweis und von Stadtverweis aus Bamberg. Im Reichsarbeitsdienst Versetzung. Angriffe in der Presse wegen Gründung einer katholischen Jugendgruppe. Beförderungsverweigerung für den Vater.

HOFMANN, FRANZ
1914 05 30
Coburg
Kaplan
Polizeiliches Verhör wegen angeblicher Heimtücke, Verfahren vor dem Landgericht Coburg im April 1941. Einstellung des Verfahrens.
Lit.: RPB II, 374.

HOFMANN, GEORG
1888 05 13
Glosberg
Pfarrer
Im März 1933 Verhör vor dem Amtsgericht wegen Heimtückevergehens. Des weiteren Beschlagnahme.

HOLZMANN, PAUL
1907 09 29
Fürth / Nürnberg / Bamberg
Kaplan
Verwarnung im Oktober 1933 und im Januar 1934. 1933 in NS-Presse mehrfach angegriffen. Vorladung, Verhör und Haussuchung durch die Polizei. Zwangsversetzung. 1937 Verweigerung einer Religionslehrerstelle.

HOTZELT, WILHELM
1888 06 02
Nürnberg
Geistl. Religionslehrer
Dr. phil.
Wegen politischer Unzuverlässigkeit am 1.2. 1934 als Religionslehrer entlassen.

JANN, JOHANNES
1889 11 30
Marktgraitz
Pfarrer
Dr. phil.
Mehrfach Verhör und Verwarnung durch Gendarmerie. Predigtüberwachung.

JUNG, GEORG
1897 06 15
Effeltrich
Pfarrer
Am 31.10.1940 Verhör durch Gestapo wegen Unterhaltung mit Kriegsgefangenen. Amtliche Verwarnung durch Regierung Ansbach. Am 2.1.1941 zu 20 RM Geldstrafe verurteilt durch das Amtsgericht. Androhung von Schulverbot.
Lit.: RPB II, 366,371.

JUNG, GEORG
1908 04 15
Herzogenaurach
Kaplan
Wegen Verweigerung des Beitritts zur NSV und wegen Nichtherausgabe der Mitgliederliste der katholischen Vereine Verhör und Haussuchung durch Polizei und Gestapo und zweimalige Verwarnung durch Gestapo. 1941 staatspolizeiliche Verwarnung wegen unvollständiger Bekanntgabe einer Verfügung des Landrats. Unterrichtsverbot von Juli 1942 bis April 1945.
Lit.: RPB II, 405.

KAISER, ANDREAS
1868 03 30
Wiesenthau
Pfarrer
1934 und 1935 Beanstandung wegen Zurückhaltung kirchlicher Nachrichten für die NS-Presse. Androhung von Unterrichtung des Kultusministeriums. Nach der Wahl am 30.3.1936 an der Schultafel durch Oberlehrer als Volksverräter gebrandmarkt.

KANZLER, GEORG
1894 05 14
Weingarts
Kurat
Dr. theol.
1933 Verwarnung durch den Ortsgruppenleiter wegen Gründung eines katholischen Burschenvereins.

KAPPAUF, ALOIS
1904 09 21
Hohenberg
Kurat
Im Zusammenhang mit einem Hirtenbrief 1936 ein Verhör durch die Polizei und eine Beanstandung durch den Ortsgruppenleiter.

KARCH, JOSEF
1906 01 31
Nürnberg (St. Anton)
Kaplan
1936 Verhör durch Gestapo wegen Betätigung im Jungmännerverein. Postüberwachung. Festnahme

für drei Stunden durch die Gestapo ohne Angabe von Gründen.

KLOPF, FERDINAND
1895 08 22
Stadtsteinach
Pfarrer
Dr.
1938 öffentliche Anschuldigungen in NSDAP-Versammlungen und in der Presse. 1943 Verwarnung durch den Regierungspräsidenten wegen Haltens von Vorträgen. Unterrichtsverbot angedroht.

KOCH, GEORG
1907 04 03
Bamberg (St. Gangolf)
Kaplan
1933 und 1934 wiederholt Vorladungen vor die Gestapo wegen Jugendarbeit. Beschlagnahme des Vereinsvermögens der katholischen Jugend. Verhör durch die Kriminalpolizei.

KOCHSEDER, GEORG
1902 11 12
Altmannshausen
Pfarrer
Wegen Nichtbeteiligung an einer SA-Veranstaltung am Gemeindefesttag Vorladung vor das Bezirksamt.

KOEHLER, GEORG
1899 03 26
Bamberg
Geistl. Religionslehrer
Dr. phil.
Vorladung vor die Gestapo. Verhöre durch die Kriminalpolizei, Haftandrohung. Überwachung des Unterrichts. Verbot der Erteilung von Unterricht in Kirchengeschichte. Denunziation durch den Schulleiter. 1944 und 1945 Post- und Telefonüberwachung.

KOHLBAUER, JOHANN
1882 07 06
Isling
Pfarrer
Verhör und Haussuchung durch Landrat und Gendarmerie sowie Verwarnung durch Landrat wegen körperlicher Züchtigung eines HJ-Jungen. 1933 14 Tage in Schutzhaft nach einer Denunziation. Verfahren vor dem Sondergericht Bamberg endete mit Freispruch. 1939 Anzeige wegen Heimtücke. Unterrichtsverbot vom 1.1.1944 bis 31.12.1944.
Lit.: RPB II, 325.

KOTZ, JOHANN
1874 02 03
Lohr
Geistl. Oberstudienrat
Verhör und Haussuchung durch die Gestapo, Haft-

androhung. Ab 1.9.1935 zwangsweise beurlaubt, ab 1.1.1936 in den Ruhestand versetzt.

KRAPF, FRANZ
1910 08 06
Motschenbach
Pfarrer
Über einen längeren Zeitraum Beobachtung durch Gendarmerie und HJ.

KRAUSS, JOHANN
1909 01 09
Coburg / Autenhausen
Kaplan / Pfarrer
Wegen Sammlung Verwarnung durch Gestapo Nürnberg. Verhör durch Gestapo und Gendarmerie wegen Predigt über Entfernung der Schulkreuze. Haussuchung durch Gestapo und Gendarmerie aufgrund angeblicher Annahme von Lebensmittelgeschenken.

KUEMMELMANN, GREGOR
1877 05 08
Bamberg
Domkapitular
Haussuchungen. Post- und Telefonüberwachung für anderthalb Jahre.

LANG, JOHANN
1896 02 21
Hohenmirsberg
Pfarrer
1936 Verhör durch Gendarmerie Trockau. Im Juli 1936 Verfahren vor dem Sondergericht wegen Vergleichs Deutschlands mit Rußland sowie Regimekritik. Am 28.6.1937 wegen Heimtücke durch das Landgericht zu sechs Monaten Haft verurteilt. 1939 Verwarnung durch den Landrat.
Lit.: RPB II, 107,202.

LEHNER, WILHELM
1909 04 15
Sassanfahrt
Kurat
Zweimal amtliche Verwarnung wegen Predigt. Zweimal öffentliche Anschuldigung in der Presse wegen katholischer Jugendorganisationen. 1944 Unterrichtsverbot durch den Regierungspräsidenten.

LUX, HERMANN JOSEF
1902 04 24
Seinsheim / Lettenreuth
Pfarrer
Verhör durch Gestapo. 1942 Androhung von Unterrichtsverbot wegen Verlesung des Möldersbriefes.

MADLENER, JOHANNES
1889 09 01
Kirchröttenbach
Pfarrer
Am 17.2.1937 Vorladung vor die Kreisleitung,
Verwarnungen und Drohungen.

MADLENER, WILHELM
1888 05 22
Nürnberg (St. Josef)
Pfarrer
Ohne Angabe von Gründen Haussuchung und Be-
schlagnahme von Schriften durch die Gestapo.
1940 wegen Fortführung der verbotenen Mariani-
schen Jungfrauenkongregation Verfahren vor dem
Landgericht, dieses wurde eingestellt.
Lit.: RPB II, 338,345.

MAENNLEIN, ADAM
1887 10 13
Kronach
Pfarrer
Verhör durch die Gestapo ohne Grundangabe. Vom
3.7.1933 bis 6.7.1933 Schutzhaft. Öffentliche
Anschuldigung in der NS-Presse führte zu Verfahren vor Schöffengericht, das mit Vergleich
endete.

MANN, GEORG
1891 04 10
Gaustadt
Pfarrer
Vorladung und Verhör durch den Landrat. Wegen
angeblicher Übertretung von NS-Gesetzen
mehrmals verhört. Das folgende Verfahren wurde
eingestellt. Nach Anzeige durch eine Lehrerin
wegen defätistischer Äußerungen Vorladung und
Verhör im September 1939 durch die Kreisleitung. Das Verfahren wurde eingestellt.

MARTIN, ANDREAS
1912 09 13
Nürnberg (St. Bonifaz)
Kaplan
Vorladung und Verhör durch die Gestapo. Am
1.10.1943 wegen Vergehens gegen das Heimtückegesetz Festnahme und Inhaftierung. Nach kurzer
Haft Einberufung zur Wehrmacht und Versetzung in
eine Strafkompanie. Bis heute vermißt. Martin
hatte Hitler in einem Privatgespräch der Schuld
„an dem Massenmord" bezichtigt.
1944 zu einem Jahr und sechs Monaten Haft verurteilt.
Lit.: 1.RPB II, 438-440. 2.RPB VII, 34.

MARTIN, GEORG
1891 03 28
Pressig / Gunzendorf
Kurat / Pfarrer

Drohungen durch den Bürgermeister. Predigtüberwachung durch die Polizei. Vom 26.6.1933
bis 5.7.1933 in Schutzhaft. 1935 wegen politischer Unzuverlässigkeit als Rechner des Darlehenskassenvereins entlassen. 1939 bis 1940 Postüberwachung.

MAYER, ALFRED
1912 09 12
Nürnberg
Kaplan
Wegen Verlesung des Möldersbriefes 1941 in der
Schule Verhör und Verwarnung durch die Gestapo.

MEIER, FRIEDRICH
1888 09 18
Neuzirkendorf
Kurat
Verwarnung wegen Nichtbeflaggung am Erntedankfest 1933. Verhör durch Gendarmerie wegen Spendenaufrufs für einen Wallfahrtsort.

MEKES, ALFRED (P. BRUNO)
OFM
1884 01 10
Bamberg
Guardian
Ende September 1942 Vorladung, Verhör und
Verwarnung durch die Gestapo.
Nähere Angaben liegen nicht vor.

MUELLER, ANTON
1911 12 31
Hallerndorf / Coburg
Pfarrverweser / Kaplan
Verhör durch die Gendarmerie Willersdorf.
Im Juni 1938 Strafanzeige wegen Umgehung des
Reichsflaggengesetzes, Einstellung des Verfah-
rens im Juli 1939. 1940 Verfahren wegen Verge-
hens gegen Reichsmeldeordnung und Reichsflaggen-
gesetz. Das Verfahren wurde eingestellt.
Lit.: RPB II, 289,353.

MUELLER, JOHANN
1889 08 02
Theisenort
Pfarrer
Verwarnung durch den Regierungspräsidenten.
Vorladung und Verhör durch das Amtsgericht. 370
RM Geldstrafe wegen verbotener Sammlung. Wegen
Heimtücke Anzeige und Gerichtsverfahren, nach
Amnestie am 21.5.1938 eingestellt. Wegen
Spionageverdachts Verhör durch die Gestapo.

MUELLER, JOHANN
1903 05 23
Kornhöfstadt
Pfarrer
Verwarnung wegen Abhaltung einer nicht angemel-
deten Bittprozession.

MUELLER, JOHANN
1909 08 17
Lichtenfels
Kaplan
1940 staatspolizeiliche Verwarnung wegen einer
staatsabträglichen Predigt.
Lit.: RPB II, 353.

MUELLER, WOLFGANG
1883 12 11
Rothenburg o.d.T.
Stadtpfarrer, Dekan
Am 29.6.1934 Verhör durch SA und Polizei wegen
Erhalts eines Briefes von der BVP. Zweimalige
Verwarnung wegen Abhaltung eines Polengottes-
dienstes. Wegen Verbreitung des Möldersbriefes
1942 Verhör durch den Landrat und einige Monate
Unterrichtsverbot.
Lit.: RPB II, 376,412.

NEDER, JOHANN
1887 07 16
Wattendorf
Pfarrer
Zeitweise Predigtüberwachung durch Gendarmerie.
Beschlagnahme des „Katholischen Elternkalen-
ders".

NEUNDOERFER, AMBROSIUS
1900 11 10
Erlangen
Kaplan
1933 Verwarnung. Verhör und Haftandrohung durch
die Gestapo wegen Vereinsarbeit. Entlassung als
Militärgeistlicher. 1941 Anzeige wegen Meßfeier nach Fliegeralarm. Am 24.9.1941 unbefristetes Unterrichtsverbot durch den Regierungspräsidenten, keine Angabe von Gründen.
Vier Tage Polizeihaft ohne Grundangabe. Post-
und Telefonüberwachung.
Lit.: RPB II, 373,395.

NICKL, GEORG
1902 09 24
Scheinfeld
Pfarrer
Dr.
Vorladung vor den Oberlandesgerichtspräsiden-
ten. Verhör durch die Gendarmerie. 15 RM Geld-
strafe wegen nicht rechtzeitigem Deutschen
Gruß vor Gericht.

NICOL, KONRAD CHRISTIAN
1907 08 18
Fürth (St. Heinrich)
Kaplan
Verhör und mündliche Verwarnung durch die Po-
lizei wegen Veranstaltung des Kolpingwerks, we-

gen Singens des Lieds „Wenn alle untreu werden",
wegen Grabrede und wegen angeblicher Verlesung
des Möldersbriefes. Haussuchung durch Gestapo
wegen des „Katholischen Elternkalenders".

NIESER, FRIEDRICH
1909 05 23
Hartenstein
Pfarrer
Im September 1944 Vorladung durch Gestapo Nürnberg wegen Zelebration eines französischen
Geistlichen in der Pfarrkirche. Die Gestapo verlangte deswegen Sicherungsgeld, das aber nicht mehr
hinterlegt zu werden brauchte.

NISSL, JOSEPH
1876 10 19
Zapfendorf
Pfarrer
Dr. phil.
150 RM Geldstrafe wegen Beleidigung Goebbels'
in einer Versammlung. 200 RM Geldstrafe wegen
Parteibeleidigung. In Schutzhaft als Mitglied
des Bezirksrates Staffelstein.

OTT, FRANZ
1889 10 31
Bamberg (St. Martin)
Stadtpfarrer
Vorladung und Verhör durch Gestapo. 500 RM
Sicherungsgeld durch Reichssicherheitshauptamt
verhängt. 1944 Androhung von Predigtverbot.
Mehrmals Unterrichtsverbot angedroht. Öffent-
liche Anschuldigung in der NS-Presse.

PFEILSTETTER, P. JAKOB
CSSR
1901 02 01
Forchheim
Missionar
Wegen antinationalsozialistischer Gesinnung Ver-
hör durch Gestapo. Am 7.6.1940 und am 27.6.
1940 amtlich verwarnt. Von 1940 bis 1945 Unter-
richtsverbot.
Verstorben am 27.3.1978.
Lit.: RPB II, 357.

PFLAUM, MICHAEL
1905 10 16
Burgkunstadt / Kirchehrenbach / Gunzendorf
Kaplan / Kurat
Vorladung und Verhör durch den Bürgermeister
von Burgkunstadt. Schutzhaft ab 27.6.1933 wegen
parteipolitischer Betätigung als BVP-Mitglied,
Zahlung der Schutzhaftkosten an die SA. 10 Jahre
lang Predigt- und Postüberwachung. Im Oktober
1941 Androhung der Einweisung ins KZ Dachau wegen einer Predigtäußerung. Mehrfach öffent-

liche Anschuldigungen in NS-Presse und auf Plakaten in Burgkunstadt. Zweimal Protestkundgebungen auf Veranlassung des Kreisleiters.

PIEGER, KONRAD
1902 06 22
Nürnberg / Erlangen-Bruck / Waischenfeld
Kaplan / Kurat / Pfarrer
Vorladung, Verhör und Verwarnung durch die Polizei wegen Abhaltung eines Einkehrtages. Ständige Überwachung. Öffentliche Anschuldigung in der NS-Presse. Im Mai 1933 Unterrichtsverbot für zwei Nürnberger Schulen, in Erlangen im Dezember 1937. Allgemeines Unterrichtsverbot am 14.11.1941. Wegen Verstoßes gegen die Feiertagsordnung 1941 zu 300 RM Geldstrafe, ersatzweise 20 Tagen Haft verurteilt. Am 25.9.1941 Verhandlung am Amtsgericht Bayreuth, die Anklage wurde fallengelassen.
Lit.: RPB II, 396,401.

POPP, JOHANNES
1880 10 10
Kulmbach
Pfarrer, Dekan
Verhör durch Gestapo und amtliche Verwarnung durch die Polizei wegen Regimekritik. Im Oktober 1933 in Untersuchungshaft. Predigtüberwachung. 1942 Unterrichtsverbot für einige Wochen. Wegen staatsabträglichen Verhaltens 1942 80 RM Geldstrafe.
Lit.: RPB II, 426.

POPP, PAUL
1908 04 05
Fürth
Kaplan
Verhör, Haussuchung und Beschlagnahme von Schriften durch die Gestapo wegen Vereinsarbeit und Verweigerung der Herausgabe von Mitgliederlisten. Mündliche Beanstandung durch die Frauenschaftsleiterin. Beschlagnahme des Amtszimmers.

PREGLER, KONRAD
1883 05 17
Neustadt a.d. Aisch
Pfarrer
Predigtüberwachung. Haussuchung 1933 ohne Angabe von Gründen. 1943 Einweisung ins KZ Dachau geplant, aber durch Fürsprache eines SS-Mannes verhindert.

QUINGER, JOHANN
1874 02 17
Altenkunstadt
Pfarrer
Verwarnung durch Polizei München. Geldstrafe von 10 RM. Schutzhaft vom 2.8.1934 bis 10.8.1934

wegen Widersetzung gegen das Trauergeläute anläßlich Hindenburgs Tod. Wiederholt Beanstandungen wegen staatsabträglichen Verhaltens. 1936 Anzeige wegen Nichtbeflaggung, Antrag auf Versetzung vom Ordinariat abgelehnt.
Lit.: RPB II, 32,89.

RAAB, JOHANN
1900 04 11
Niederndorf
Kurat
Wegen einer Predigt Verhör durch die Gestapo.

RATHGEBER, FRANZ
1891 03 20
Herzogenaurach
Pfarrer
Vorladung und Verhör durch die Gestapo, weil er französische Zivilarbeiter an Gottesdiensten teilnehmen ließ. 50 RM Geldstrafe wegen Vervielfältigung der Gottesdienstordnung. Post- und Telefonüberwachung. Vorladung durch den Gauinspektor wegen pfarramtlicher Vorhaltungen an die HJ. Verwarnung durch den Kreisabschnittsleiter wegen Nichtübergabe des katholischen Kindergartens an die Nationalsozialisten.

RAUCH, ANDREAS
1886 11 23
Nürnberg
Geistl. Studienprofessor
Dr. theol.
Mündliche Verwarnung durch die Gestapo.

RAUH, LORENZ
1880 02 27
Peulendorf
Pfarrer
1941 Strafanzeige wegen einer nicht genehmigten Prozession, aus dem gleichen Grund am 23.5.1942 Verwarnung durch den Regierungspräsidenten. Androhung von Unterrichtsverbot.
Lit.: RPB II, 396.

REITER, HERMANN JOSEF (P. MANFRED)
OFM
1901 10 07
Marienweiher
Pfarrer
Wegen Sammlungen (u.a. für die Caritas) mehrfach Verwarnungen durch die Kreisleitung der NSV sowie ein Verhör durch die Gestapo.

RIETH, ANTON
1886 07 10
Nordhalben
Pfarrer
Schutzhaft vom 26.6.1933 bis 30.6.1933 ohne Angabe von Gründen.

RITTER, JOHANN
1899 01 05
Hopfenohe / Auerbach
Pfarrer
1936 Aufgrund eines Vergehens gegen das Sammlungsgesetz durch die Gestapo verwarnt.
1943 Verwarnung durch die Gestapo wegen Verbreitung des Möldersbriefes. Von der Regierung für die Pfarrei Auerbach nicht bestätigt. Entlassung als Gefangenenseelsorger wegen Verteilung von Geschenken an polnische Gefangene. Circa 30 Anzeigen durch die Ortsgruppenleiter.

RITTER, OTTO
1897 01 31
Mönchherrnsdorf
Kurat
Verhör und mündliche Verwarnung durch die Gendarmerie wegen Nichtbeflaggung und Verächtlichmachung der Beflaggung am Neujahrstag 1935.

ROEMER, FRANZ KARL
1884 01 12
Mainroth
Pfarrer
Dreimal durch Gestapo verhört wegen Regimekritik. Dreimal Anklage, doch jeweils niedergeschlagen. Im April 1937 Anzeige wegen Verleumdung. Ab April 1937 Unterrichtsverbot wegen mangelnder Bereitschaft, die Kinder im nationalsozialistischen Geist zu erziehen. 1942 150 RM Geldstrafe wegen Vergehens gegen die Verordnung über die Verbrauchsregelung.
Lit.: RPB II, 180,426.

ROTH, JOHANNES
1881 05 06
Nürnberg (St. Karl)
Pfarrer
Zweimal Haussuchung durch die Polizei ohne Angabe von Gründen. Aufenthaltsverbot in der Pfarrei für einige Wochen. Öffentliche Anschuldigungen durch Gauleiter und durch die Presse.

RUPPERT, JOHANNES
1891 01 30
Ullstadt / Büchenbach
Pfarrer
1933 Zwangsversetzung nach Büchenbach wegen der Rede vom „Zuchthausstaat" und der „Unfähigkeit" Hitlers.
1933 und 1934 Verhör und Verwarnung. 1936 öffentliche Anschuldigung im „Stürmer" wegen Einkaufs in jüdischem Kaufhaus. Öffentliche Rüge durch Ortsgruppenleiter in Pegnitz wegen Nichtteilnahme an Veranstaltungen. Schriftliche Verwarnung 1944.

SCHEDER, GEORG
1890 09 16
Michelfeld
Pfarrer
Am 13.7.1937 Verhör durch die Gendarmerie. Gerichtsverfahren aufgrund Beschlusses vom 7.5.1938 eingestellt. Drohung durch den Führer einer Panzerjägerabteilung wegen defätistischer Äußerung.

SCHIRNER, ALFONS
1896 03 26
Hochstahl
Pfarrer
Verhör durch die Gendarmerie wegen Konfessionsschule. Predigtüberwachung.

SCHLERETH, ADOLF
1909 05 11
Oberailsfeld / Fürth / Schwarzenstein
Kooperator / Kaplan / Kurat
Predigtüberwachung 1935 und 1939 bis 1941. Am 3.7.1939 Einziehung des Reisepasses. Verhör durch die Gendarmerie. Anklage vor dem Amtsgericht, durch Amnestie niedergeschlagen.
Wegen Nichtbeflaggung und wegen des Möldersbriefes mehrfach Verhöre durch die Gendarmerie.

SCHMER, LORENZ
1904 10 13
Bamberg
Domvikar
1938 Verhör und Haussuchung durch die Gestapo wegen der Arbeitervereine. 1942 Verhör und Verwarnung wegen des Möldersbriefes.
Lit.: RPB II, 275,412.

SCHMIDT, JOHANN JOSEF
1913 10 12
Erlangen (St. Bonifaz)
Kaplan
Untersuchungshaft vom 17.3.1943 bis 24.8.1943 wegen angeblicher Unzucht, Verhandlung am Landgericht endete am 24.8.1943 mit Freispruch. Nach dem Freispruch Unterrichtsverbot durch den Regierungspräsidenten.

SCHMITT, FRANZ JOSEPH
1889 07 21
Coburg
Pfarrer
Im September 1943 Verhör durch die Gestapo wegen einer Predigt.

SCHMITT, GEORG
1883 11 17
Gremsdorf
Pfarrer
Verhör durch die Gendarmerie wegen Predigten.

SCHMITTLEIN, JOHANN
1906 11 03
Nürnberg
Geistl. Studienrat
Verhör und mündliche Verwarnung durch Regie-
rungsdirektor. Vorladung vor die Gestapo. Androhung von Schulverbot und Verhaftung. Verfahren
vor dem Amtsgericht eingestellt.

SCHMITZ, MATTHIAS
1893 01 29
Schönfeld
Pfarrer
Verweigerung der Rückkehr in seine frühere
Pfarrei Altmannshausen. Vorladung vor den Land-
rat, Verhör durch die Gendarmerie und Verwar-
nung durch die Kreisleitung.

SCHNAPP, FRIEDRICH
1904 06 25
Hof
Kaplan
Im Januar 1938 Verhör und Haussuchung durch Ge-
stapo ohne Angabe von Gründen. Anschließend
Post- und Telefonüberwachung.

SCHNEIDERBANGER, GEORG
1885 03 30
Drügendorf
Pfarrer
1933 Verleumdung durch die Presse. 1939 Beanstandung und Drohung wegen des Austrittsgesuchs
aus der NSV durch den zuständigen Beamten.

SCHOBER, FRANZ
1913 10 04
Schlüsselfeld
Kaplan
1939 Verhör und Verwarnung wegen Verlesung eines Hirtenwortes.

SCHRAMM, JOHANN
1897 08 30
Wilhelmsthal
Kurat
Verwarnung durch Ortsgruppenleiter. Verhör
durch Gendarmerie. Vermutlich Postüberwachung.
Wegen Predigt über das Hakenkreuz vom 26.6.1933
bis 1.7.1933 in Schutzhaft.

SCHRIMPF, ANDREAS
1907 07 16
Neuengrün
Kurat
1938 Verhör durch die Gendarmerie Steinwiesen
wegen Predigten und Volksaufwiegelung. Mündliche und schriftliche Beanstandungen.

SCHUETZ, MICHAEL
1884 07 22
Burgebrach
Pfarrer
Am 26.6.1933 in Schutzhaft genommen. 1933 drei
Verhöre durch Gendarmerie, zweimal Haussuchung
durch Gestapo. Ab 1933 Post- und Telefonüberwachung und persönliche Beschattung. 1938 nach-
weislich Predigtüberwachung. Im Juni 1939 wegen
einer Prozession Vorladung vor den Landrat.
Lit.: RPB II, 9,83,267.

SCHWALB, FRANZ
1889 09 22
Unterleinleiter
Pfarrer
Vorladung und Verhör durch Bürgermeister und
Stützpunktleiter wegen angeblicher Kritik an
der SA, mangels Beweises keine weiteren Folgen.

SCHWARZMANN, FRANZ
1885 09 30
Fürth (St. Heinrich)
Stadtpfarrer
Fünfmal Verhör durch die Gestapo. Haussuchung.
Post- und Telefonüberwachung. 1942 wegen Samm-
lung für Erstkommunikanten Verfahren und Geld-
strafe in Höhe von 525 RM.
Lit.: RPB II, 417.

SEIDERER, LUDWIG
1905 10 27
Röthenbach
Kaplan
Am 29.6.1933 Haussuchung durch Gendarmerie und
SA.

SIEBER, DANIEL
1883 02 16
Hüttenheim
Pfarrer
Mehrmals Verwarnung durch NSDAP-Parteistellen.
Wegen Glockengeläuts 100 RM Geldstrafe. Im Juni
1933 circa neun Tage Schutzhaft ohne Angabe von
Gründen. Haussuchung durch SA.

SOELLNER, FRANZ
1902 11 23
Kulmbach / Uffenheim
Kaplan / Kurat
1933 Haussuchung durch die Polizei. Zweimal
Haftandrohung wegen Verlesens von Hirtenbriefen, einmal Haftandrohung wegen einer Christkönigspredigt.

SPOERLEIN, CARL
1906 11 03
Königsfeld
Kaplan

Verhör durch die Gendarmerie und Verwarnung durch die politische Polizei wegen Predigt und Entlassung von Schulschwestern. 1937 Anklage wegen Verächtlichmachung des Hitlergrußes. Predigtüberwachung durch den Bürgermeister.
Lit.: RPB II, 159.

SPONSEL, GEORG
1876 03 01
Bamberg
Dompfarrer
Verhör und Haussuchung durch Gestapo wegen Predigt gegen den Kreisleiter und wegen der Marianischen Jungfrauenkongregation. Öffentliche Anschuldigungen durch den Kreisleiter und in der NS-Presse.

STAHL, JOHANNES
1888 01 25
Lauf
Stadtpfarrer
Schutzhaft am 30.6.1933. Verhör durch die Polizei und Verwarnung durch das Bezirksamt wegen schriftlicher Einladung zum Bekenntnistag der Jugend 1937. Öffentliche Anschuldigungen durch die Presse.
Lit.: RPB II, 9.

STEINFELDER, ADAM
1913 10 16
Seßlach / Nürnberg (St. Martin)
Kaplan
Anzeige beim Schulrat und Verhör wegen Gottesdienstbesuchs mit Schülern während des Religionsunterrichts und wegen Übertretung des Sammlungsverbotes. Androhung von Unterrichtsverbot. Anklage beim Oberlandesgericht führte wegen Amnestie zu keiner Strafe.

STRICKER, P. ANTON
SJ
1903 02 21
Nürnberg (St. Kunigund)
Kaplan
Verhör, Haussuchung und Beschlagnahme durch Gestapo ohne Angaben von Gründen. Einjährige Post- und Telefonüberwachung.

TRAUNER, RAIMUND
1884 05 16
Fürth
Pfarrer
1942 staatspolizeiliche Verwarnung wegen Verbreitung des Möldersbriefes.
1943 wegen Hirtenbriefverlesung Verhör, Verwarnung und Beschlagnahme durch Gestapo. Unterrichtsverbot für ein Jahr.
Lit.: RPB II, 412.

TREMEL, JOHANNES
1909 04 15
Auerbach
Kaplan
1938 Verwarnung durch das Amtsgericht. Vermutlich Postüberwachung seit 1938. 1939 Vorladung und Verhör durch Gestapo wegen staatsfeindlicher Gesinnung. Kurzfristige Festnahme am 1.8.1939. Am 20.10.1939 durch das Sondergericht zu einem Jahr Gefängnis aufgrund eines Vergehens gegen das Heimtückegesetz verurteilt. Am 3.2.1940 Unterrichtsverbot durch den Regierungspräsidenten. Wegen Beschimpfung eines Parteilokals 20 RM Geldstrafe.
Lit.: RPB IV, 247.

UHLEMAYR, WALTER
1904 09 29
Erlangen
Kaplan
Verweigerung der Beförderung zum hauptamtlichen Religionslehrer wegen früherer Mitgliedschaft im „Friedensbund deutscher Katholiken".

VETH, LEO
1900 06 10
Mistelfeld
Pfarrer
Schriftliche Beanstandungen am 4.5.1940 und am 18.12.1942 durch NSDAP-Ortsgruppe. Am 16.9.1943 Beanstandung durch Kreisleitung. Im März 1945 Vorladung vor Gestapo.

VITZTHUM, JOHANN
1905 10 17
Schlüsselfeld / Döringstadt
Kaplan / Pfarrer
Am 12.6.1933 für 12 Stunden in Schutzhaft. 1939 und 1944 Verwarnung durch Gendarmerie wegen Polengottesdiensten. Im Oktober 1940 Verfahren vor dem Landgericht, nach Amnestie eingestellt.

VOELKER, JOHANN THEODOR
1908 03 12
Bamberg (St. Gangolf) / Fürth
Kaplan
In Bamberg Verhör durch die Polizei. In Fürth wegen Predigten zweimal Haussuchung durch die Polizei.

VOGL, FRANZ
1906 11 20
Fürth (St. Heinrich) / Ansbach
Kaplan
Dr. theol.
Verhör und Haussuchung durch Kriminalpolizei. Im Herbst 1933 Anschuldigung in der Presse wegen Stellungnahme gegen Plakate der HJ. Am 6.1. 1938 Unterrichtsverbot an der Oberrealschule

Ansbach wegen politischer Unzuverlässigkeit. Im
Frühjahr 1938 Anschuldigung in öffentlichen
Parteiversammlungen wegen Bestrafung eines
Fähnleinführers in der Schule.

WAGNER, MAX
1888 10 08
Neukenroth
Pfarrer
Wegen Vereinsarbeit und Kritik an den sogenannten „Schulungsbriefen" Vorladung vor Gendarmerie
am 2.2.1938 sowie Verhör durch das Amtsgericht am 19.4.1938.

WALLNER, JOHANN BAPTIST
1909 07 24
Seinsheim
Kaplan
Wegen zwei Prozessionen Verhör durch Gendarme-
rie und Gestapo, dann Anklage durch die Gestapo.
Vom Amtsgericht zu 300 RM Geldstrafe oder zwei
Monaten Haft verurteilt, Strafe aufgrund einer
Amnestie erlassen.

WALTER, THOMAS
1898 07 10
Nankendorf
Pfarrer
Wegen Vertriebs des Diözesangebetbuches Verwar-
nung durch die Arbeitsfront. Verhör durch die
Gendarmerie. 1939 Verfahren wegen verbotener
Versammlung, Einstellung des Verfahrens.
Lit.: RPB II, 325.

WEBER, FRANZ
1900 02 26
Ebermannstadt / Höchstadt / Unterhaid
Kaplan / Kurat / Pfarrer
1933 Versetzung von Ebermannstadt nach Höchstadt durch das Generalvikariat nach Androhung
von Aktionen seitens der SA. 1933 in NS-Presse als Volksfeind bezeichnet. 1935 Vorladung vor
Kreisleiter und Schulbehörde. 1935 Kirchen-
raumsperrung durch Kreisleiter angedroht. 1937
Predigtüberwachung durch Gendarmerie wegen
Stellungnahme zur Schulabstimmung. 1940 Verfahren wegen Abhaltung einer verbotenen Andacht in
Pettstadt.

WEHRL, FRIEDRICH
1878 07 23
Ludwag
Pfarrer
1935 Verhör, Verwarnung und Haussuchung durch
Gendarmerie wegen Hirtenbriefverlesung und wegen
Predigt.

WEID, ANDREAS
1890 06 14
Neuhaus / Lahm
Kurat / Pfarrer
1933 Verwarnung durch die Gendarmerie. Festnahme
am 20.7.1937 wegen Regimekritik und Charakteri-
sierung Hitlers als ständigen Lügner. Vom
11.8.1937 bis 8.10.1937 in Schutzhaft. Resignation am
1.1.1938, Zwangsversetzung, Wiederanstellung
am 16.1.1942.
Lit.: RPB II, 8f.,207.

WEIDNER, CHRISTOPH
1883 08 29
Virnsberg
Pfarrer
1933 Androhung von Inhaftierung. 1936 Versetzung
von Virnsberg nach Amlingstadt nach Denunziation
durch einen Lehrer.

WEIRATHER, KONRAD
1892 05 29
Hollfeld
Pfarrer
Verwarnung und Androhung der Einweisung ins KZ
durch Gauleitung und Gaugericht wegen Predigten.

WEISS, GEORG
1875 02 11
Frensdorf
Pfarrer
Verhör und Verwarnung durch Gestapo wegen Chri-
stenlehre. Unterrichtsverbot beabsichtigt.

WEISSENBERGER, JOSEF
1874 08 14
Schlüsselfeld
Stadtpfarrer, Dekan
Nach Denunziation Verhör durch das Bezirksamt,
Verwarnung durch den Oberstaatsanwalt, Haussu-
chung mit Beschlagnahme von Büchern. Predigt-
überwachung. Im Juni 1942 Strafanzeige wegen
Vergehens gegen das Feiertagsrecht, Verfahren
eingestellt im Dezember 1942.
Lit.: RPB II, 419,428.

WERTHMANN, GEORG
1898 12 08
Bamberg
Geistl. Religionslehrer
Verwarnung durch das Kirchenministerium im
Herbst 1934. Haussuchung durch Gestapo Bamberg
1934 ohne Grundangabe.

WIESEND, MARTIN
1910 04 28
Nürnberg (Herz-Jesu)
Kaplan
Im Januar 1938 ein Tag Hausarrest. 1938 Verhör,

Haussuchung und Beschlagnahme von 20 RM und einer Rechnung durch die Gestapo wegen Vereinsarbeit. Verbot dieser Betätigung.

WILL, FRANZ
1903 10 24
Rothmannsthal
Kurat
Mündliche Verwarnung durch die Polizei wegen öffentlichen Protestes auf der Kanzel.

WILL, JOHANN
1896 07 26
Neuengrün
Kurat
1933 Verhör durch die Gendarmerie wegen Predigt. Nach Denunziation 11 Tage in Schutzhaft.

WIMPLINGER, LUDWIG
1907 10 17
Erlangen-Bruck
Kurat
Wegen Nichtzugehörigkeit zur NSDAP Verweigerung einer staatlichen Stelle in Hartenstein.

WINNERLING, ERNST
1899 08 21
Nürnberg
Krankenhausseelsorger
Im Juli 1937 kurzfristige Festnahme beim Grenzübertritt aus der Schweiz. Verhör, Verwarnung und Haussuchung durch Gestapo wegen Verbindung mit dem Ausland. 1937 Telefonüberwachung. Geldstrafe in Höhe von 40 RM.

WOLF, ADAM
1911 01 17
Bamberg
Kaplan
1938 Vorladung vor Gestapo Bamberg wegen Bestrafung eines Schülers.

WUERSTLEIN, GEORG
1903 08 27
Elsendorf
Kurat
Verwarnung wegen Predigten gegen Gemeinschaftsschule. Häufig Predigtüberwachung.

ZASCHKA, KARL
1893 07 31
Marktgraitz / Hochstadt
Pfarrverweser / Pfarrer
Schutzhaft vom 29.6.1933 bis 5.7.1933. Nach Anzeigen durch den Ortsgruppenleiter wegen Predigt von 1935 bis 1937 viermal von der Gestapo verhört. Zweimal Geldstrafe von je 250 RM. Am 18.6.1941 Untersuchung durch das Amtsgericht wegen Verstoßes gegen das Reichsflaggengesetz.

Unterrichtsverbot vom 1.12.1941 bis 1.9.1942.
Lit.: RPB II, 382,401.

ZELTINGER, MATTHIAS
1893 03 10
Schwürbitz
Kurat
Schutzhaft vom 28.7.1933 bis 8.8.1933. Verwarnung durch Kreisleitung und Landrat wegen öffentlicher Abstimmung für die Bekenntnisschule. Unterrichtsverbot durch Regierung Ansbach.

ZETHNER, ERHARD
1910 09 20
Kulmbach
Kaplan
Verhör und Verwarnung durch Gestapo Kulmbach. Zweijährige Predigtüberwachung nach Verlesung des Möldersbriefes. Vermutlich Telefonüberwachung. Unterrichtsverbot von Juli 1942 bis 1943.

ZIEGLER, JOHANN
1891 10 17
Vorra
Kuratus
Im März 1933 Haussuchung durch Polizei und SA wegen angeblichen Waffenbesitzes, Suche ergebnislos. Seit 1933 polizeiliche Überwachung des Gottesdienstes und des Privatlebens. Im Januar 1934 zweimal Verhör durch Gestapo wegen einer Predigt. Am 11.10.1941 schriftliche Beanstandung.

ZILLIG, ANDREAS
1879 01 04
Lohndorf
Pfarrer
Wegen Unterlassung des Hitlergrußes Überwachung durch Gendarmerie und Androhung von Schutzhaft.

ZIMMERMANN, LORENZ
1900 03 12
Preßeck / Prächting
Kurat / Pfarrer
1933 in Schutzhaft als BVP-Mitglied. Anzeige wegen Unterlassung des Hitlergrußes, Verfahren mangels Beweises eingestellt.

4. Bistum Berlin

ADAMUS, PAUL
1889 10 29
Swinemünde
Pfarrer
Wegen Polenseelsorge am 19.3.1941 verhaftet und
am 13.6.1941 ins KZ Dachau eingeliefert. Dort
am 4.4.1945 entlassen.
*Lit.: 1.Weiler, 101. 2.Schnabel, 208. 3.Petrus-
blatt 1954, 25; 1956, 12. 4.St.Hedwigsblatt
1954, 25.*

BANASCH, GEORG
1888 01 19
Berlin
Domkapitular
Dr. rer. pol.
Haussuchung durch die Gestapo und Gestapohaft
vom 22.11.1935 bis 6.3.1936. Die Nationalsozialisten
versuchten, einen Hochverratsprozeß zu kon-
struieren.
Verstorben am 23.12.1960.
*Lit.: 1. Adolph: Aufzeichnungen, 13 und passim.
2. Adolph: Kardinal Preysing, 31-34. 3.St.Hed-
wigsblatt 1955,26; 1956,2; 1958,3; 1961,1.
4.Petrusblatt 1945,5; 1958,3f. 5.Petruskalender
1962, 54.*

BARTSCH, PAUL
1901 03 31
Cammin
Pfarrer
Wegen Polenseelsorge am 8.5.1943 verhaftet und
vom 9.7.1943 bis 4.4.1945 im KZ Dachau.
Am 23.3.1950 ermordet bei Gransee/Mark.
*Lit.: 1.Weiler, 122. 2.Schnabel, 212. 3.Petrus-
blatt 1950, 14. 4.Boberach, 833.*

BERGER, LEONHARD
1908 11 04
Berlin-Tegel (Herz Jesu) / Zinnowitz
Kaplan
Am 14.2.1943 von der Gestapo im Rahmen einer
größeren Aktion wegen regimefeindlicher
Äußerungen verhaftet.
Am 20.12.1943 vom Reichskriegsgericht in Halle
zu eineinhalb Jahren Zuchthaus verurteilt.
Meldung zu einem Bewährungsbataillon (Februar
1944). Am 25.10.1944 bei einem Tiefflieger-
angriff auf den Transportzug in der Nähe von
Olmütz gefallen. Auf einem Soldatenfriedhof
beigesetzt.
*Lit.: 1.Kempner, 208, 211. 2.Kühn, 45-87.
3.Boberach, 829.*

BOEHMER, KARL
1904 01 22
Greifenberg / Bergen
Pfarrer
Prozeß vor dem Sondergericht Köln im Februar
1933.
Ein im Dezember eingeleitetes Strafverfahren
wurde am 9.9.1936 eingestellt.
Fast jedes Jahr Verhöre durch die Gestapo und
mehrere Verwarnungen. Verurteilt zu einer Haft
von Anfang Juli 1943 bis Februar 1945 durch das
Sondergericht Stettin (wegen Polenseelsorge
und Abhörens verbotener Sender).
Verstorben am 29.6.1981.
Lit.: Kempner, 208.

BOESCHEN, LEO (P. EPIPHAN)
OFM
1876 11 14
Fulda / Kelkheim
Provinz-Missionsprokurator
Wegen „fortgesetzten Devisenvergehens" wurde
Pater Epiphan 1935 durch die Gestapo verhaftet.
Ein Gericht verurteilte ihn deswegen zu vier
Jahren Zuchthaus, drei Jahren Ehrverlust (spä-
ter auf zweieinhalb Jahre verkürzt) und 80.000
RM Geldstrafe.
Anläßlich der Aufhebung des Klosters ohne
Grundangabe vom 11.2. bis 19.4.1939 von der
Gestapo in Schutzhaft gehalten.
*Lit.: Thuringia franciscana. Fulda 1948.
Heft 5, 5ff.*

BRAUN, LEO (P. ODILO)
OP
1899 11 18
Generalsekretär der Superioren-Vereinigung
Berlin
1937 aufgrund von Predigtbemerkungen eine
Verwarnung.
Untersuchungshaft vom 27.10.1944 bis zum
13.2.1945 in Berlin im Zusammenhang mit dem
Attentat auf Hitler vom 20.Juli 1944 sowie
im Zusammenhang mit der Mittlerfunktion des
Paters zwischen Ordensleitung und Fuldaer
Bischofskonferenz sowie aufgrund seiner aus-
führlichen Dokumentation über NS-Maßnahmen
gegen die verschiedenen Klöster.
*Lit.: 1.Petrusblatt 1958, 8; 1981, 33.
2.Adolph, W.: Kardinal Preysing und zwei
Diktaturen. Berlin 1971.*

BUNGE, WERNER
1908 08 10
Stettin (Christkönig)
Pfarrer
Am 14.2.1943 im Zusammenhang einer größeren
Aktion in Stettin verhaftet. Im Stettiner Poli-
zeigefängnis für eineinhalb Jahre festgehal-
ten. Ein Verfahren wegen Hochverrats wurde im
Dezember 1943 vom Reichskriegsgericht einge-
stellt.
Lit.: 1.Kempner, 208. 2.Kühn, 45-87.

COPPENRATH, ALBERT
1883 02 19
Berlin (St. Matthias)
Pfarrer
Im September 1934 Vernehmung aufgrund einer Anzeige durch die Gestapo wegen seiner Einstellung
zur Röhm-Affäre. 1935 mehrfach Gewaltaktionen
und Demonstrationen durch SA und HJ. Zwei Haussuchungen. Coppenraths öffentliche Gegenwehr
führte schließlich zu seiner Festnahme am
1.11.1935 (für einen Tag; zuvor gab es bereits
wegen Kanzelmißbrauchs sowie seiner Kollekte
für ein Denkmal zu Ehren des am 30. Juni 1934
ermordeten Dr. Klausener mehrfach Vernehmungen;
Sammlungsergebnisse wurden beschlagnahmt).
Am 3.8.1937 Prozeß vor dem Schöffengericht
Moabit. Freispruch von den genannten Anklage-
punkten sowie dem Vorwurf des Verstoßes gegen
das Flaggengesetz.
Aufgrund von Angriffen gegen Rosenberg und das
SS-Organ „Das schwarze Korps" Schutzhaft durch
die Gestapo vom 8.11. bis zum 6.12.1940.
Am 21.2.1941 Ausweisung aus der Diözese Berlin.
Verstorben am 27.11.1960.
*Lit.: 1.Coppenrath, Albert: Der westfälische
Dickkopf am Winterfeldtplatz. Köln 1948.
2.Adolph, W.: Aufzeichnungen, passim. 3.Petrus-
blatt 1958, 8. 4.Petruskalender 1962, 53.
5.Jauch, Ernst-Alfred: Albert Coppenrath (1883-
1960). In: Knauft, 93-110.*

DANIEL, ERNST
1896 12 23
Stettin
Propst
In Zusammenhang mit dem Stettiner Prozeß durch
das Reichskriegsgericht in Torgau am 20.12.1943
zu vier Jahren Haft verurteilt.
Zur Wehrmacht entlassen. Bewährungskompanie
500 am 9.1.1945.
Bis zum 3.9.1945 in Kriegsgefangenschaft.
Verstorben am 26.6.1975.
*Lit.: 1.Kempner, 208,215. 2.St.Hedwigsblatt
1962, 16; 1968, 16; 1975, 27.*

DOBCZYNSKI, ALOIS
1904 06 02
Barth
Pfarrer
Vom 29.11.1940 bis Januar 1941 in Haft.
Verstorben am 4.6.1945.

ERXLEBEN, FRIEDRICH
1883 01 29
Berlin (Invalidenhauskirche)
Pfarrer, Militärpfarrer a.D.
Dr. theol. et phil.

Am 17.5.1944 verhaftet wegen Verbindungen zum
Solf-Kreis. Bis zum 25.4.1945 in Haft im KZ
Ravensbrück, KZ Oranienburg sowie im Zuchthaus
Plötzensee. Wegen Hoch- und Landesverrat und
Vorbereitung zum Mord vom Volksgerichtshof zum
Tode verurteilt. Die Vollstreckung des Urteils
wurde durch die Wirren des Kriegsendes in Berlin
verhindert.
Verstorben am 9.2.1955.
*Lit.: Hoffmann, Peter: Widerstand - Staats-
streich - Attentat. Der Kampf der Opposition
gegen Hitler. München 1969, 635.*
Gehört zur Diözese Trier.

EUDENBACH, HEINRICH (BR. HERMANN MARIA)
MSJ
1905 08 25
Berlin
Wegen Verstoßes gegen Luftschutzbestimmungen
und Anordnungen der Gestapo wurde Bruder Hein-
rich am 5.5.1941 durch die Gestapo verhaftet.
Am 11.7.1941 erfolgte seine Einlieferung ins
KZ Dachau, aus dem er am 27.3.1945 entlassen
wurde.
Lit.: 1.Weiler, 221. 2.Münch, 107-113.

FOERSTER, FRIEDRICH KARL
1912 03 08
Potsdam / Greifswald
Kaplan
Unterrichtsverbot seit 1939.
In Zusammenhang mit der Aktion gegen Dr. Wachs-
mann in U-Haft vom 3.7.1943 bis 20.12.1943, dann
Verurteilung durch das Sondergericht Stettin zu
drei Jahren Haft.
Beschlagnahme aller Vorarbeiten für seine
Promotion durch die Gestapo.
Fünf Jahre Ehrverlust.
1953 5000 DM Haftentschädigung.
Lit.: Kempner, 164, 208, 445, 447-450.

FROEHLICH, AUGUST
1891 01 26
Dramburg / Rathenow
Pfarrer
Dreimal Verwarnungen (1933, 1934, 1935) wegen Beschwerden über Seelsorgebehinderungen.
1937 und 1941 Geldstrafen.
Wegen Polenseelsorge verhaftet durch die Gestapo
am 20.5.1941. Ab 28.7.1941 im KZ Buchenwald,
dann Ravensbrück; ab 15.5.1942 Dachau, wo er
am 22.6.1942 verstarb.
*Lit.: 1.Kempner, 84-91. 2.Kühn, 176-190.
3.Weiler, 238. 4.Schnabel, 234.
5.Mörsdorf, Josef: August Fröhlich. Priestergestalten aus dem Bistum Berlin. Berlin 1947.
6.Petrusblatt 1948, 15-18. 7.St.Hedwigsblatt
1972, 31.*

FUTTERER, P. OTTO
SJ
1906 06 23
Berlin
Kaplan
Wegen Wehrkraftzersetzung, Vorbereitung zum
Hochverrat und Feindbegünstigung wurde Kaplan
Futterer am 17.6.1941 durch die Polizei verhaf-
tet. Am 3.4.1942 verurteilte ihn der Volks-
gerichtshof unter Freisler zu drei Jahren
Einzelhaft. Anschließend an die Entlassung
am 17.6.1944 Deportation ins KZ Hinzert
(Hermeskeil). Der Pater floh am 19.3.1945
bei einem Arbeitseinsatz in der Nähe von
Mainz.

GEDIGA, PAUL ERNST
1887 06 18
Stolp
Pfarrer
Wegen Verbreitung verbotener Druckschriften
im März 1938 verhaftet.
Verstorben am 28.5.1945.
Lit.: Adolph: Aufzeichnungen, 236.

GOLUBSKI, BRUNO
1906 11 18
Brandenburg
Kaplan
Anfang Oktober 1937 im Zusammenhang mit Gerüch-
ten über den Tod des Pfarrers Schubert ver-
haftet.
Lit.: Adolph: Aufzeichnungen, 163.

GRETZ, GEORG
1902 07 14
Dramburg
Pfarrer
In Haft vom 21.12.1941 bis zum 21.3.1942.
Verstorben am 9.6.1979.
*Lit.: 1.Petrusblatt 1956, 31. 2.St.Hedwigsblatt
1972, 24.*

HACK, BERNHARD
1905 01 04
Berlin (St. Michael)
Kaplan
Vom 25.5.1937 bis zum 30.9.1937 inhaftiert
im Polizeipräsidium Berlin wegen Verbreitung
der Enzyklika „Mit brennender Sorge".
Das Verfahren wurde Anfang 1938 eingestellt.
*Lit.: 1.Adolph: Aufzeichnungen, 106f, 147, 236.
2. Adolph: Kardinal Preysing, 85.*

HERING, BERNHARD
1899 05 29
Petershagen
Pfarrer
Wegen seines Eintretens für die katholische

Jugend vom 7.11.1940 bis zum 28.8.1941
in Haft.
Verstorben am 9.11.1955.
Lit.: Petruskalender 1957, 60.

HIRSCH, ALBERT
1894 08 07
Louisenthal
Pfarrer
Wegen Verbreitung feindlicher Nachrichten am
2.3.1943 in Gestapohaft. Am 30.7.1943 durch das
Sondergericht Stettin zu vier Jahren Haft und fünf
Jahren Ehrverlust verurteilt.
Am 22.8.1944 im Zuchthaus Gollnow verstorben.
*Lit.: 1.Kempner, 163ff. 2.Kühn, 107-114.
3. Petrusblatt, 1946, 10.*

JORDAN, WILLIBALD
1902 07 06
Arnswalde
Pfarrer
Verhör und Verwarnung durch Ortspolizei und
Gestapo wegen Polengottesdiensten und wegen an-
geblicher Zersetzungsarbeit gegen den National-
sozialismus.
Post- und Telefonüberwachung 1943/44.
Androhung von KZ-Haft.

JUZEK, JOSEPH
1885 04 13
Stettin
Propst
Ende 1935 Strafverfahren wegen Verstoßes
gegen das Flaggengesetz (fehlende Beflaggung
anläßlich der Beisetzung des Gauleiters Löper
am 26.10. sowie zum 9.11.1935).
Verstorben am 2.9.1960.

KLEMT, GEORG
1900 12 25
Berlin-Hohenschönhausen
Pfarrer
Aus unbekannten Gründen für dreieinhalb
Wochen in Haft.
Verstorben am 25.5.1945.

KRAECHAN, ALOIS (P. ATHANASIUS)
SDS
1884 03 14
Berlin-Schmargendorf
Pfarrer
Dr.
Wegen Nichtbeflaggung Vorladung vor Polizei.
Mehrfach Haussuchung und Beschlagnahme von
Schriften und Büchern. Wegen Regimekritik vom
September 1939 bis zum 30.3.1940 in Gestapo-
haft.

LAMPERT, CARL
1894 01 09
Stettin
Pfarrer, Provikar der Diözese Innsbruck
Dr. jur. can.
Ab 5.7.1940 im Gestapogefängnis Innsbruck.
Vom 24.8.1940 bis 2.8.1941 im KZ Dachau und
Sachsenhausen.
Am 2.8.1941 Gauverweisung durch die Gestapo.
Aufenthaltsbeschränkung auf Pommern und Meck-
lenburg. Dort Aufnahme im Carolusstift Stettin.
Am 4.2.1943 im Zusammenhang der Stettiner Ver-
haftungsaktion festgenommen.
Am 20.12.1943 und am 28.7.1944 durch das Reichs-
kriegsgericht Torgau wegen Feindbegünstigung,
Wehrkraftzersetzung, Abhörens verbotener Sender
sowie Spionage zum Tode verurteilt. Gnadengesuche des Innsbrucker Bischofs Ruch blieben
ergebnislos. Dr. Carl Lampert wurde in Halle
am 13.11.1944 hingerichtet.
*Lit.: 1.Kempner, 207-219 und passim. 2.Kühn,
45-87. 3.Adolph: Kardinal Preysing, 180.
4.Adolph, Walter: Im Schatten des Galgens, 81f.
5.Weiler, 398. 6.Fattinger, Josef: Kirche in
Ketten, Die Predigt des Blutes und der Tränen.
Innsbruck 1949. 7.Walser, P. G.: Carl Lampert.*

LENZEL, JOSEPH
1890 04 21
Berlin-Niederschönhausen
Pfarrer
Lenzel war Präses der Kolpingfamilie in Berlin-
Pankow.
Wegen Polenseelsorge Ende 1941 Verwarnung und
am 7.1.1942 Verhaftung durch die Gestapo.
Ab 8.5.1942 im KZ Dachau. Dort am 3.7.1942
verstorben
*Lit.: 1.Kühn, 165-175. 2.Weiler, 409. 3.Hand-
buch Kolpingfamilie, 53. 3.Ridder, Bernhard:
Männer des Kolpingwerkes. Köln 1955. 159ff.
4.Opfer des Naziregimes. Josef Lenzel. In:
Mitteilungen für die Präsides des Kolping-
werkes 2, 1953, 70f. 5.Zipfel, 238.*

LICHTENBERG, BERNHARD
1875 12 03
Berlin (Dompfarrei St. Hedwig)
Dompropst
Seit 1938 war Dompropst Lichtenberg als Leiter
für das „Hilfswerk beim bischöflichen Ordinariat" tätig, das sich um verfolgte „Nichtarier"
kümmerte. Wegen Predigtäußerungen wurde er
am 23.10.1941 verhaftet und wegen Kanzelmißbrauchs und Heimtücke zu zwei Jahren Gefängnis
durch das Sondergericht Berlin I verurteilt.
Er hatte für die Juden öffentlich gebetet.
Nach der Entlassung durch die Gestapo erneut
verhaftet und am 5.11.1943 auf dem Transport
nach Dachau in Hof gestorben.

Die Beisetzung erfolgte auf dem St.-Hedwigs-
friedhof, später in der Krypta St. Hedwig.
Gedenkstätte: Kirche Regina Martyrum, Berlin.
*Lit.: 1.Kühn, 29-44. 2.Kempner, 227-237.
3.Mann, Hans-Georg: Bernhard Lichtenberg (1875-
1943), in: Knauft, 67-76. 4.Adolph: Sie sind
nicht vergessen, 207-212. 5 Adolph, Walter: Im
Schatten des Galgens, 33-36, 69f. 6.Zippel, 221,
224.*

LORENZ, P.FRIEDRICH
OMI
1897 06 10
Stettin
Kaplan
Wegen Wehrkraftzersetzung und Rundfunkverbre-
chens wurde Kaplan Lorenz am 4.2.1943 durch
die Gestapo inhaftiert. Das Reichskriegsgericht Thorgau verurteilte ihn im September
1944 zum Tode. Dieses Urteil wurde am 13.11.
1944 vollstreckt.
*Lit.: 1.Leimberger, J.(OMI): Priester unter
dem Fallbeil. In: Monatsblätter der Oblaten
1948, 6/7. 2.Kühn, 45-87. 3.Kempner, 208,
211, 215, 240ff, 384, 386, 446.*

LUENENBORG, P. JOSEPH
SJ
1898 02 15
Berlin (St. Clemens)
Kuratus
Dr.
Dr. Lünenborg wurde am 17.6.1941 inhaftiert
und bis zum 21.8.1941 festgehalten, an-
schließend aus dem Bistum Berlin ausge-
wiesen. Nähere Umstände sind nicht bekannt.
Verstorben am 16.6.1961.
Lit.: St. Hedwigsblatt 1961,25.

MAEDER, P. KURT LUDWIG
SJ
1904 05 22
Berlin
Anstaltsseelsorger
1939 in Frankfurt am Main eine Haussuchung
durch die Gestapo.
Eine Verwarnung durch die Gestapo wegen Unter-
stützung deutschlandflüchtiger Juden.
Aufgrund von Predigtäußerungen eine weitere
Verwarnung durch die Gestapo.
Drei kurzfristige Festnahmen durch die Gestapo.
Wegen Spionageverdachts infolge von Beziehungen
zu ausländischen diplomatischen Stellen in den
Jahren vor dem Krieg sowie wegen angeblichen
Vergehens gegen den Kanzelparagraphen 1940/41
mehrere Hausdurchsuchungen, Vorladungen und
Verhöre durch die Gestapo Berlin; des weiteren
Beschlagnahme mehrerer Schriften und Briefe.
Durch den Ortsgruppenleiter (Berlin) Haus-

suchung, Verwarnung, Entzug von Lebensmittel-
karten sowie Morddrohungen (1944/45).
Mehrere Jahre Post-und Telefonüberwachung.
Nähere Angaben fehlen.

MOEBIUS, CARL-HEINZ
1913 07 26
Stralsund
Kaplan / Marinepfarrer
Verhaftung am 5.10.1944. Wegen Wehrkraftzersetzung in zwei Fällen am 26.10.1944 in Tromsö
vom zuständigen Marinegericht zweimal zum Tode
verurteilt. Auf Initiative von Dr. Hans Filbinger hob das Oberkommando der Kriegsmarine das
Urteil am 21.12.1944 auf. Es gelang auch, die
erneute Verhandlung bis zum Kriegsende zu ver-
schleppen. Möbius wurde am 26.4.1945 entlassen.
Verstorben am 10.1.1976.
Lit.: 1.St.Hedwigsblatt 1962, 2, 7, 10; 1976, 5.
2.Petrusblatt 1978, 24. 3.Hürten, Heinz: Die
Tätigkeit Hans Filbingers als Marinerichter;
in: Hans Filbinger. Der „Fall" und die Fakten.
Hrsg. von Bruno Heck. Mainz 1980. 99f.

MUELLER, ADOLF
1880 07 02
Berlin-Dahlem
Pfarrer
Dr. theol.
Inhaftiert im Zuchthaus Gollnow und ab 15.5.1942
im KZ Dachau. Dort am 17.6.1942 verstorben.
Lit: Weiler, 468.

NOLEWAIKA, ADOLF
1892 06 16
Demmin
Pfarrer
Wegen Polenseelsorge am 20.9.1940 verhaftet
und ab 4.1.1941 im KZ Dachau.
Am 26.4.1945 befreit.
Verstorben am 8.10.1951.
Lit.: 1.Weiler, 483. 2.Petrusblatt 1951, 42.

PAGEL, KARL
1907 04 13
Nauen
Kaplan
Am 29.11.1937 verhaftet, am 7.2.1938 entlassen.
Verstorben 1979.

PLONKA, VINCENZ
1891 12 28
Wolgast
Pfarrer
Am 4.2.1943 verhaftet im Zusammenhang mit der
Stettiner Verhaftungsaktion. Vom Reichskriegs-
gericht zu sieben Jahren Haft wegen versuchter
Spionage verurteilt. Entlassen Frühjahr 1945.
Verstorben am 7.11.1951.
Lit.: Kempner, 208, 211.

ROBBEN, BERNHARD (P. FRANZISKUS)
SCJ
1911 02 05
Berlin
Theologiestudent / Kaplan
Kurz vor seiner Priesterweihe am 11.7.1937
wurde Pater Franziskus in Schutzhaft genommen
(7.-24.6.1937), weil er nach einer Predigt
Bischof Gröbers von Freiburg an Ovationen vor
dem erzbischöflichen Palais teilgenommen
hatte.
Nach einer Veranstaltung der Pfarrjugend
Hl.Kreuz (Berlin) kam es zu Auseinandersetzungen mit der HJ. Aus diesem Anlaß durchsuchte
die Gestapo Kaplan Robbens Wohnung und nahm
ihn unter dem Vorwurf, die Jugendveranstaltung
nicht rein religiös gehalten zu haben, fest.
Er blieb vom 13.7. bis zum 10.8.1942 in
Schutzhaft und wurde mehrmals verhört.

SAUER, KARL HEINZ
1910 03 02
Berlin-Lichterfelde
Kaplan
Am 26.1.1942 verhaftet, zu drei Jahren Haft verurteilt, weil er einem zur Waffen-SS gepreßten
jungen Holländer durch Leihen von Zivilkleidern
zur Flucht verholfen hatte.
Am 26.4.1945 entlassen.

SCHMIDT, P. BRUNO
SJ
1909 04 26
Berlin-Charlottenburg (St. Canisius)
Kaplan
Pater Schmidt wurde am 25.3.1942 wegen Jugendseelsorge durch die Gestapo verhaftet, Gerichtlich zu zweieinhalb Jahren Gefängnis verurteilt und nach Abbüßung der Strafe am 16.9.
1944 ins KZ Dachau eingeliefert. Er wurde am
26.5.1945 auf dem Evakuierungsmarsch befreit.
Lit.: Weiler, 586.

SCHMITT, HERMANN JOSEF
1896 07 01
Berlin
Pfarrer, Studentenseelsorger
Dr. theol.
Er war Diözesansekretär des Bonifatiusvereins;
seit 1928 Generalsekretär des Reichsverbandes
der katholischen Arbeiter- und Arbeiterinnenvereine.
Am 17.2.1938 im Zuge staatspolizeilicher Ermittlungen über Arbeitervereine, Standesorga-
nisationen etc. Durchsuchung der Wohnung und des
Büros Schmitts. Vernehmung durch die Gestapo.

Am 21.7.1944 durch die Gestapo verhaftet im Zusammenhang mit den Aktionen nach dem mißglückten Attentat auf Hitler.
Vom 9.12.1944 bis 26.4.1945 im KZ Dachau.
Verstorben am 23.4.1964.
Lit.: 1.Weiler, 587. 2.Adolph: Aufzeichnungen, 232.
Gehört zur Erzdiözese Köln.

SCHNURA, MAX
1882 09 07
Berlin-Charlottenburg (St. Thomas)
Pfarrer
Wegen Hilfe für eine erkrankte katholisch getaufte Jüdin (Herbst 1941) für 10 Wochen im Polizeipräsidium inhaftiert (Frühjahr 1942).
2000 RM Sicherungsgeld.
Verstorben am 14.8.1951.
Lit.: Boberach, 651.

SCHREIBMAYER, FRANZ KARL HEINRICH
1907 08 08
Berlin
Kaplan
Wegen Vervielfältigung und Verbreitung der Enzyklika „Mit brennender Sorge" im Juni 1937 Verhöre durch Gestapo, Untersuchungsrichter (Sept. 1937) und Staatsanwalt (Dez. 1937).
1943 Nichterneuerung der Erlaubnis Religionsunterricht zu erteilen.

SCHUBERT, BRUNO
1883 03 30
Brandenburg
Pfarrer
Im April 1937 von der Gestapo verhaftet und in das Polizeipräsidium eingeliefert. Am 6.5.1937 im Gefängnis verstorben. Es verbreitete sich das Gerücht, Pfarrer Schubert sei ermordet worden.
Er hatte unerlaubt Post für Strafgefangene der Strafanstalt Brandenburg befördert, wo er vertretungsweise als Seelsorger tätig war.
Lit.: 1.Adolph: Aufzeichnungen, 98, 163. 2.Petruskalender 1938, 121.

SIMOLEIT, HERBERT
1908 05 22
Greifswald
Kaplan
Im Zusammenhang mit der Stettiner Verhaftungsaktion am 4.2.1943 festgenommen und am 28.7.1944 vom Reichskriegsgericht Torgau wegen Hochverrats zum Tode verurteilt.
Am 13.11.1944 in Halle hingerichtet.
Lit.: 1.Kühn, 45-87. 2.Kempner, 208, 210f, 215, 241, 384ff., 446. 3.Adolph, Walter: Im Schatten des Galgens, 82f. 4.Adolph: Kardinal Preysing, 215.

STAHL, REINHOLD
1906 09 29
Berlin
Kaplan
Mehrere Vorladungen und Verhöre durch die Gestapo wegen Verbreitung eines Papstbriefes, wegen angeblicher Sabotage der Wahl am 19.8.1934 und wegen angeblicher heimlicher Trauung von Ostarbeitern sowie wegen Polenseelsorge.
Haussuchung nach dem Tod von Pfarrer Fröhlich am 22.6.1942 und Beschlagnahme des Abzugsapparates und der noch vorhandenen Totenbildchen.
Verbot der Militärseelsorge.
Anzeige wegen einer Predigt vom 24.2.1935.

STEININGER, FRANZ XAVER (P. OSWALD)
SDS
1902 04 28
Belgard
Kuratus
Pater Steininger wurde im September 1939 verhaftet und zu dreieinhalb Jahren Gefängnis verurteilt. Nähere Angaben fehlen.
Im Februar 1940 in Stettin aufgrund einer falschen Anklage wegen „despektierlicher Reden bezüglich des Führers" zu drei Jahren und vier Monaten Haft verurteilt; nähere Angaben fehlen.

STRATMANN, P. FRANZISKUS MARIA
OP
1883 09 08
Berlin / Rom
Wegen seiner Tätigkeit im „Friedensbund deutscher Katholiken" wurde Pater Stratmann von Juli bis September 1933 inhaftiert.
Verstorben am 13.5.1971.
Lit.: Stratmann, F.: In der Verbannung. Frankfurt a.M. 1962.

STREHL, JOHANNES
1887 08 02
Berlin-Potsdam / Berlin-Spandau
Pfarrer
Von 1933 bis 1943 Post- und Telefonüberwachung.
Zwischen 1935 und 1943 sechs Haussuchungen durch Gestapobeamte (u.a. wurde einmal nach dem Möldersbrief gesucht).
Zahlreiche Beschlagnahmungen von Predigten, Kirchenblättern, Hirtenbriefen und Gegenschriften gegen Rosenbergs „Mythus".
Durch Parteistellen Androhung von Rede- und Predigtverbot sowie von Schutzhaft.
Vier Verwarnungen durch den Propagandaminister.
Wegen Predigt- und Gesprächsäußerungen zehn Verhöre und Verwarnungen durch den Ortsgruppenleiter. Aus diesen Gründen je ein Verhör und eine Verwarnung durch Kreisleiter und Gauleiter.

TOMBERGE, HEINRICH
1902 11 03
Berlin-Schöneberg
Pfarrer
Verhängung eines Unterrichtsverbotes.
Vom 24.7.1944 bis 28.4.1945 in Gestapohaft wegen
Regimekritik. Prozeß vor dem Volksgerichtshof
Potsdam, Vertagung wegen Abwesenheit des Haupt-
belastungszeugen.
Verstorben am 2.5.1980.
Lit.: 1.Boberach, 893. 2.St.Hedwigsblatt 1980,
22.

ULITZKA, KARL
1873 09 24
Ratibor / Berlin-Karlshorst
Pfarrer / Päpstl. Hausprälat, Ehrendomherr
Am 30.6.1939 Aufenthaltsverbot für die Provinz
Schlesien und den Regierungsbezirk Troppau.
Übersiedelung nach Berlin.
Am 28.10.1944 verhaftet und vom 25.11.1944 bis
29.4.1945 im KZ Dachau (Zusammenhang mit den
Aktionen nach dem 20. Juli).
Verstorben am 12.10.1953.
Lit.: 1.Weiler, 679. 2.Schnabel, 320. 3.Archiv
für schlesische Kirchengeschichte 12 (1954);
23 (1965), 224, 242; 25 (1967), 302.
Gehört zur Erzdiözese Breslau.

WACHSMANN, ALFONS MARIA
1896 01 25
Greifswald
Pfarrer
Dr. phil.
Wegen Wehrkraftzersetzung und Verstoßes gegen
die Rundfunkverordnung im Zusammenhang mit der
Stettiner Verhaftungsaktion des Frühjahres am
23.7.1943 festgenommen. Am 4.12.1943 vom Volks-
gerichtshof zum Tode verurteilt. In Brandenburg
am 21.2.1944 hingerichtet.
Interventionen seitens des Kommissariates der
Fuldaer Bischofskonferenz und Bischof Preysings
waren erfolglos geblieben.
Die Beisetzung erfolgte zunächst in Branden-
burg.Am 31.5.1951 nach Greifswald überführt.
Lit.: 1.Kempner, 444-452. 2.Kühn, 115-132.
3.Adolph: Kardinal Preysing, 18, 193f, 215.

WIELINSKI, ANTON
1903 02 14
Berlin
Pfarrer
Ab 1.8.1942 im KZ Dachau. Dort am 5.9.1942 ver-
storben.
Lit.: Weiler, 703.

WIESINGER, GERHARD
1913 01 01
Potsdam

Kaplan
Freiheitsstrafe.
Weitere Angaben liegen nicht vor.

WILLIG, KURT
1899 04 22
Berlin-Schöneberg
Pfarrer
Dr. theol.
1934 und 1935 wegen „staatsfeindlichen Verhaltens" verwarnt.
Wegen Verbreitung von Predigten des Bischofs
von Galen und verschiedener anderer Schriften am
6.2.1942 verhaftet und vom 22.5.1942 bis 11.4.1945
im KZ Dachau.
Verstorben am 3.4.1961
Lit.: 1.Weiler, 707. 2.Schnabel, 326. 3.Petrus-
kalender 1962, 55. 4.St.Hedwigsblatt 1961, 14.

WILLIMSKY, ALBERT
1890 12 28
Friesack / Gransee / Podejuch
Pfarrer
Im März 1935 wegen öffentlichen Auftretens
gegen Rosenbergs „Mythus des zwanzigsten Jahrhunderts" aus Friesack ausgewiesen.
Am 1.10.1938 Haussuchung und Verhaftung wegen
regimekritischer Äußerungen. Am 1.5.1939
entlassen. Sofort wieder festgenommen und erst
nach einer Beschwerde beim Polizeipräsidenten
von Potsdam am 11.5.1939 freigekommen.
Am 29.10.1939 Vorladung zur Gestapo; dort verhaftet. Haussuchung im Pfarrhaus Podejuch. Bis
zum 31.1.1940 Einzelhaft im Polizeigefängnis
Stettin wegen defätistischer Äußerungen. Verlegung ins KZ Sachsenhausen; dort am 22.2.1940
verstorben.
Die Beisetzung erfolgte am 27.3. auf dem St.-
Michael-Friedhof in Podejuch.
Lit.: 1.Kühn, 160-164. 2.Kempner, 460f.
3.Weiler, 707.

5. Erzbistum Breslau

ADAMECKI, JOSEF
1912 12 12
Jablunkau
Kaplan
Wegen staatsfeindlicher Betätigung beim polnischen Nachrichtendienst am 17.3.1943 durch die Gestapo verhaftet.
Am 26.5.1944 im KZ Auschwitz verstorben.
Lit.: 1.Engelbert, 235. 2.Gottschalk, 304.

BAENSCH, OSKAR
1882 12 15
Schebitz
Pfarrer
Ab 19.5.1941 wegen defätistischer Flugblätter für zwei Jahre in Haft.
Vom 18.6.1943 bis 4.4.1945 im KZ Dachau.
Verstorben am 26.7.1957.
Lit.: 1.Weiler, 112. 2.Engelbert, 225.

BARTELLA, WILHELM
1902 05 21
Deutsch-Leuten
Pfarradministrator
Ende Mai 1943 Ausweisung aus dem Olsagebiet.
Lit.: Engelbert, 236.

BAUMGARTEN, HERMANN
1907 09 06
Kaplan
Wegen Heimtücke Verhör und Haussuchung durch die Gestapo. Verurteilung zu neun Monaten Haft durch das Sondergericht.
Zwangsweise Einziehung zur Wehrmacht.

BIENERT, ALFRED
1878 05 19
Friedland
Pfarrer
Am 25.9.1942 durch das Sondergericht zu einem Jahr und sechs Monaten Haft verurteilt wegen eines Briefes an seine Nichte in den USA im September 1941, in dem er sich über die Verhältnisse in Deutschland äußerte. Seit dem 12.9.1941 befand er sich in Untersuchungshaft.
Lit.: Engelbert, 230f.

BILKO, LEOPOLD
1892 10 15
Karwin
Pfarrer
Vom 19.9.1939 bis 29.4.1945 im KZ Dachau.
Verstorben am 17.5.1955 in Orlau.
Lit.: 1.Engelbert, 223. 2.Gottschalk, 302. 3.Weiler, 140.

BISCHOF, JOHANNES
1909 10 06
Waldenburg-Hermsdorf, Schlesien
Kaplan
Zweimal Kontrolle des Religionsunterrichts im Pfarrhaus, Beschlagnahme von Vorlesebüchern, Verhör bei der Gestapo und erzwungener Weggang von Hermsdorf. Im November 1938 zwei Prozesse vor dem Amtsgericht Waldenburg.

BLOCK, JOSEF
1877 09 07
Oderwinkel
Pfarrer
Am 26.11.1940 durch das Sondergericht zu einem Monat Haft verurteilt wegen Heimtücke.
Lit.: Engelbert, 225.

BOLIK, HERBERT
1913 12 09
Breslau (St. Hedwig)
Kaplan
Verwarnung durch die Gestapo.

BOMBIS, AEGIDIUS (P. NORBERT)
OFM
1892 09 01
Breslau-Carlowitz
Präses
Im Zusammenhang mit den Devisenprozessen 1935 zu zwei Jahren Haft durch ein Gericht in Berlin verurteilt.

BRAUN, WILHELM
1883 11 13
o.O.
Pfarrer
Prof.
Festgenommen am 11.12.1935.
Am 16.8.1940 in das KZ Dachau eingeliefert.
Am 12.8.1941 auf einem „Invalidentransport" umgebracht.
Lit.: Weiler, 151.

BRAUNER, VINCENZ
1877 11 18
Zuckmantel
Pfarrer, Geistlicher Rat
Wegen staatsabträglicher Äußerungen in Gestapohaft vom 6.5.1941 bis 7.6.1941. Aufenthaltsverbot für den Sudetengau und Schlesien mit Androhung von KZ-Haft bei Nichtbefolgung.
Verstorben am 30.1.1943.
Lit.: 1.Engelbert, 225ff. 2.Sudetendeutsche Priester, 47.

BROSIG, PAUL
o.D.
Breslau (St. Vincenz)
Pfarrer
Vom 21.7.1937 bis 11.11.1937 in Untersuchungs-
haft durch die Gestapo wegen Verbreitung des
„Offenen Briefes" an Dr. Goebbels.
Lit.: Engelbert, 239.

BRZESOWSKY, WILHELM (P. EWALD)
OFM
1888 05 19
Breslau
Im Zusammenhang mit den Devisenprozessen 1935
von der Gestapo verhaftet. Von einem Berliner Gericht zu vier Jahren Haft verurteilt.

BUCHALI, FRANZ
1901 09 17
Görlitz (St. Jakobus)
Pfarrer
Ab 9.3.1942 100 Tage in Gestapohaft wegen
Verwertung des sogenannten Möldersbriefes in
einer Predigt.
Lit.: 1.Gottschalk, Priesterbilder, 216-220.
2.Engelbert, 231.

BUJAKOWSKY, GEORG
1897 12 23
Groß Schmograu
Pfarrer
Wegen Polenseelsorge am 16.8.1941 verhaftet
und vom 26.12.1941 bis 4.4.1945 im KZ Dachau.
Lit.: 1.Weiler, 159. 2.Engelbert, 221, 231.

BURZIK, HERBERT
1909 01 29
Kühschmalz
Pfarrer
Am 3.9.1941 durch das Amtsgericht zu 200 RM
Geldstrafe verurteilt wegen eines Hochamtes an
Christi Himmelfahrt. Am 25.9.1942 durch das
Sondergericht zu 800 RM Geldstrafe verurteilt
wegen Kanzelmißbrauchs. Am 5.2.1943 Aufhe-
bung des Urteils im Strafausspruch durch das
Reichsgericht. Daraufhin Verurteilung durch das
Sondergericht am 16.3.1943 zu vier Monaten Haft.
Lit.: Engelbert, 231, 236.

CYRIS, FRANZ
1895 03 09
Wengern-Königshuld
Kuratus
Ausweisung aus Schlesien durch die Gestapo 1940.
Lit.: Engelbert, 223.

CZERWIONKA, HEINRICH
1911 11 30
Himmelwitz
Kaplan

Am 16.1.1943 durch ein Sondergericht zu 150 RM
Geldstrafe verurteilt wegen Kanzelmißbrauch.
Lit.: Engelbert, 236.

DUBIANSKI, PAUL
1906 06 18
Landsberg an der Warthe
Pfarrer
Wegen seiner Predigten gegen Sterilisation und
Gebeten für die Juden am 16.12.1943 verhaftet.
Ab 3.6.1944 im KZ Dachau und am 26.4.1945
evakuiert.
Verstorben am 15.7.1963 in Waltersdorf.
Lit.: 1.Weiler, 208. 2.Gottschalk, 301.

DUDEK, ALFRED
1891 11 05
Groß-Kochen
Pfarrer
Ausweisung aus Oberschlesien durch die Gestapo
wegen polenfreundlichen Verhaltens und Regime-
gegnerschaft.
Lit.: Engelbert, 223, 237.

DZIENDZIOL, JOHANNES (BR. SERAPHIN)
OFM
1886 03 29
St. Annaberg
Pförtner
Ausweisung aus dem Kreis Groß-Strehlitz und
Aufenthaltsverbot durch die Gestapo.

ECKELT, GEORG
1910 08 21
Breslau-Deutsch-Lissa
Kaplan
Vom 16.2. bis 16.5.1942 in Polizeihaft wegen
Verbreitung von Predigten Bischofs von Galen.
Verwarnung.
Lit.: Engelbert, 231.

ELLGUTH, JULIUS
1906 03 11
Breslau (St. Vinzenz)
Kuratus
Wegen Predigten Verhör durch die Gestapo und
am 29.6.1937 Unterrichtsverbot durch den Regierungspräsidenten.
Wegen seiner Tätigkeit als Diözesankolping-
präses Haussuchung und Beschlagnahme von Akten
sowie von persönlichem Eigentum durch die Gestapo.

FRIEMEL, ERICH
1913 06 07
Breslau
Kaplan
Wegen seiner Arbeit im Gesellenverein und im
ND Haussuchung und Beschlagnahme von Vereins-
material durch die Gestapo.

GADE, BERNHARD
1911 10 12
Waren
Kaplan
Am 22.5.1937 durch die Gestapo inhaftiert im
Warener Gefängnis.
Aufgrund der Intervention des Bischofs Dr.
Berning Entlassung am 20.8.1937. Einstellung
des Verfahrens durch das Sondergericht am
5.7.1938 aufgrund des Amnestiegesetzes.

GALOCZ, KLEMENS
1904 11 21
Wendrin
Pfarrer
Am 23.4.1940 von der Gestapo verhaftet,
am 8.12.1940 in das KZ Dachau eingeliefert
und dort am 26.11.1942 verstorben.
Lit.: 1.Engelbert, 223, 231. 2.Weiler, 245.

GALUSZKA, JOSEF
1913 03 13
Jablunkau
Kaplan
Am 15.9.1939 verhaftet.
Am 16.10.1939 in das KZ Buchenwald, am 9.3.
1940 in das KZ Mauthausen und am 8.12.1940
in das KZ Dachau eingeliefert.
Dort am 29.4.1945 befreit.
Lit.: 1.Engelbert, 223. 2.Weiler, 245.

GERHARD, JOSEF (P. ODILO)
OFM
1902 07 30
Krakau
Am 1.4.1942 wurde der Pater an der Grenze Ober-
schlesiens festgenommen und wegen Verdachts auf
Hoch- und Landesverrat, Devisenvergehen und
Amtsmißbrauch ins Gefängnis Oppeln eingelie-
fert. Ab dem 12.8.1942 im KZ Dachau. Am 26.4.
1945 auf dem Evakuierungsmarsch befreit.
Lit.: Weiler, 251.

GERSTENBERG, RUDOLF
1905 10 11
Peicherwitz
Pfarrer
Am 25.2.1943 Festnahme durch die
Gestapo wegen vermuteter Konspiration mit Über-
tretern der Kriegswirtschaftsverordnung.
Am 10.3.1943 wieder entlassen.
Lit.: Engelbert, 237.

GLADISCH, JOHANNES
1881 07 05
Guttentag
Pfarrer
Vom 7.2. bis 16.9.1942 in Haft im Zusam-
menhang mit den Sittlichkeitsprozessen. Am 30.

10.1942 nach einer Gerichtsverhandlung
freigesprochen.
Lit.: Engelbert, 232.

GOLISCH, LEO
1894 01 10
Rogau
Pfarrer
Am 7.4.1941 von der Gestapo verhaftet; Auf-
enthaltsverbot für den Regierungsbezirk Oppeln
und für die angrenzenden Bezirke.
Lit.: Engelbert, 226.

GONSKA, WALTER
o.D.
Jannowitz
Hausgeistlicher
Im Februar 1943 Festnahme durch die Gestapo wegen angeblichen Verstoßes gegen die Kriegswirtschaftsverordnung. Am 2.12.1943 im Gefängnis verstorben.
Lit.: Engelbert, 237.

GRAETZ, PAUL
1901 09 06
o.O.
Pfarrer
Eine Verwarnung durch den Amtsvorsteher, drei
Verwarnungen durch die Gestapo Breslau.
1939 Aufgrund von Werbetätigkeit für katho-
lische Vereine Unterrichtsverbot durch die
Gestapo. Wegen Abhaltung von Gottesdiensten
nach 9.00 Uhr zweimal durch das Amtsgericht
Grottkau zu Geldstrafen verurteilt (630 RM,
Mai 1942 / 420 RM, Juli 1942). Aufgrund von
Predigtbemerkungen und Heimabenden 14
Tage Untersuchungshaft, mehrere Verhöre und
gerichtliche Ermittlungen.
Ca. 10 Vorladungen und Verhöre durch den
Ortsbürgermeister; mehrere Verhöre durch
Gestapo und Gauleitung.
Eine Beanstandung durch das Reichspropaganda-
ministerium.
Haussuchung und Beschlagnahme privaten und
amtlichen Materials durch die Polizei.
1943 öffentliche Anschuldigungen auf einer
Parteiversammlung und in der Presse. 1945 An-
schuldigungen im Rundfunk aufgrund der anti-
nationalsozialistischen Einstellung seiner
Pfarreimitglieder.
Von 1943 bis 1945 Postüberwachung.
Ausweisung aus Schlesien, daraufhin Flucht
des Pfarrers.

GRAUPE, ALFRED
1913 09 09
Seitsch
Kaplan
Ab Juli 1942 zusammen mit Pfarrer Kornaczewski

für drei Wochen in Gestapohaft wegen Kontakt
mit einem Kriegsgefangenen.
Lit.: Engelbert, 233.

GRESSOK, PAUL
1881 02 12
Friedenau
Kuratialpfarrer
Wegen einer Predigt Festnahme am 21.4.1943,
vom 10.7.1943 bis 5.4.1945 im KZ Dachau.
Verstorben am 29.1.1949 in Sighartung.
Lit.: 1.Weiler, 273. 2.Gottschalk, 301.

GROEGER, GEORG
1888 01 06
Groß-Zöllnig
Pfarrer
1935 Verhör und Verwarnung durch die Polizei
wegen Nichtbeflaggung und Beeinflussung der Jugend. 1936 wiederholt verhört.
Am 29.6.1937 Vernehmung und Verwarnung durch
die Gestapo wegen Verlesung des Protestes der
deutschen Bischöfe gegen den „Stürmer", wegen
seines Einsatzes für Konfessionsschulen und
Schulkreuze. Haussuchung und Beschlagnahme von
kirchlichen Amtsblättern und Büchern. Bedrohung mit Gerichtsverhandlung und Entfernung aus
der Pfarrei. Im Juli 1939 öffentliche Anschuldigung wegen Hitlergrußverweigerung.
Im März 1938 wegen einer Predigt durch die Polizei verhört.
Erneut polizeiliches Verhör und Verwarnung am
24.6.1938.

GROSS, ALOIS
1907 06 17
Auendorf
Kuratialpfarrer
Am 4.12.1941 von der Gestapo wegen einer Pre-
digt verhaftet. Nach fünf Monaten probeweise
Entlassung bei freiwilliger Resignation.
Lit.: Engelbert, 226, 232.

GRUTZKA, WILLIBALD (P. EMMERICH)
OFM
1910 07 05
St. Annaberg
Ausweisung aus dem Kreis Groß-Strehlitz und
Aufenthaltsverbot durch die Gestapo.

HAASE, FELIX
1882 08 01
Breslau
Universitätsprofessor
Prof. Dr. theol.
1934 Verhör und Verwarnung durch die Gestapo
sowie Haussuchung mit Beschlagnahme von pazifistischen Schriften wegen seiner Teilnahme an
Versammlungen des Friedensbundes der Katholiken

Deutschlands, wegen judenfreundlicher Gesinnung
und wegen Hitlergrußverweigerung.
1935 Beanstandung durch die Kreisleitung wegen
Beleidung von Partei und Ortsgruppenleiter.
Verbot geplanter Vorträge durch den Gaupropagandaleiter und 1936 Unterrichtsverbot für die
Sonderausbildung katholischer Seelsorger in pol-
nisch sprechenden Gebieten. Ablehnung geplanter
Auslandsreisen.
1943 Verhör und Verwarnung durch die Gestapo
wegen Regimegegnerschaft und wegen geldlicher
Unterstützung antinationalsozialistischer Theologen.

HAHNER, P. KARL
OFM
o.D.
Orlau
Pfarradministrator
Von April bis August 1943 wegen defätistischer
Äußerungen in Haft.
Lit.: Engelbert, 238.

HAMPEL, OTTO
1889 12 11
Friedeberg
Pfarrer
Zwei Verhöre durch die Gestapo und Beschlagnahme
des Radios wegen Äußerungen 1943 und 1944.
Androhung eines Gerichtsverfahrens und
Unterrichtsverbot ab 1.7.1943.

HANEL, GEORG
1905 06 25
Breslau (St. Mauritius)
Kaplan
Am 17.8.1937 Haussuchung und Festnahme durch
die Polizei. Vom Sondergericht wegen Heimtücke in
Zusammenhang mit dem „offenen Brief" an Dr.
Goebbels zu einem Jahr Haft verurteilt.
Aufgrund eines allgemeinen Straferlasses wurde
die Strafe zur Bewährung ausgesetzt.
Lit.: Engelbert, 239.

HANISCH, ALFONS (P. ELMAR)
OFM
1907 08 01
Breslau-Carlowitz
Volksmissionar
Verwarnung durch die Gestapo.

HANISCH, LEO
1888 10 26
Haselbach
Kurat
Wegen Verstoßes gegen das Flaggengesetz durch
das Amtsgericht Landshut zu 50 RM Geldstrafe
verurteilt.

HANNEMANN, BRUNO
1886 12 20
Breslau
Pfarrer
Wegen angeblichen Verstoßes gegen das Sammlungsgesetz 1938 Gerichtsverfahren. Nach Einstellung des Verfahrens Arbeits- und Unterrichtsverbot durch die Polizei.
Verstorben am 23.3.1963.

HAUKE, JOSEPH (BR.BERARD)
OFM
1886 01 10
Neiße
1938 wegen Verunglimpfung des Führers zu einem Jahr
Haft verurteilt. Die Strafe wurde auf persönlichen
Wunsch in Arbeit am Westwall umgewandelt.

HEISIG, KARL
1886 09 29
Lauban (Kloster St. Maria Magdalena v. d. Busse)
Stiftsprobst, Kurat
1935 vom Berliner Schöffengericht wegen
Devisenvergehens zu drei Jahren und sechs
Monaten Zuchthaus und 40.000 RM Geldstrafe
verurteilt. Sowohl die Verteidigung wie auch
die Reichsdevisenstelle legten Berufung gegen
das Urteil ein. In dem Berufungsverfahren
wurde Heisig freigesprochen.
*Lit.: 1.Rapp, 79, 377. 2.Hoffmann / Janssen,
167, 186f, 218.*

HERZMANN, HERBERT
1902 10 13
Breslau (St. Heinrich) / Rothenbach
Kaplan / Kurat
Ab 16.2.1937 Unterrichtsverbot.
Vom 12.3. bis 2.4.1941 in Haft.
Entzog sich drohender KZ-Haft durch Versetzung
und Umzug.

HETTWER, NORBERT
1903 01 29
Breslau / Grothkau
Präfekt
1940 Verwarnung durch die Gestapo wegen wehr-
kraftzersetzender Äußerungen in der Schule.
Unterrichtsverbot.
Von 1939 bis 1944 Post- und Telefonüberwachung.
Öffentliche Anschuldigung in Versammlungen.
Mündliche Beanstandung durch die Kreisleitung.

HILLER, PAUL (P. LUDWIG)
SDS
1909 01 08
Heinzendorf
Haft im Gefängnis Breslau und im KZ Dachau
(22.5.1941-27.3.1945, entlassen) wegen

Predigten über die christliche Familie.
Verstorben am 12.3.1963.
*Lit.: 1.Weiler, 296. 2.Sudetendeutsche Priester,
48.*

HIMMEL, ALBERT
1889 08 06
Ruderswald
Pfarrer
Am 17.9.1940 durch das Sondergericht zu fünf Mona-
ten Haft wegen Heimtücke verurteilt.
Lit.: Engelbert, 226.

HOFFMANN, ALFRED
1886 09 18
Beuthen
Professor
1934 wurde er als Professor für katholische
Religion an der pädagogischen Hochschule in
Beuthen aus dem Dienst entfernt.
Seine Ernennung zum Domkapitular wurde von der
Regierung abgelehnt.
Verstorben am 13.8.1943.
Lit.: Gottschalk, Priesterbilder, 167ff.

HOFFMANN, GEORG
1913 04 15
Breslau (St. Konrad)
Verwarnung durch die Gestapo.
Ausweisung aus Schlesien.
Für den Schuldienst nicht zugelassen.

HOFFMANN, WILHELM
1885 01 08
Beuthen / Hindenburg
Geistl. Studienrat
1933 Strafversetzung von der Oberrealschule in
Beuthen an die Oberschule für Mädchen in Hin-
denburg wegen Gegnerschaft zur HJ.
1935 kriminalpolizeiliches Verhör wegen einer
Predigt gegen die HJ und Verwarnung durch den
Oberpräsidenten der Provinz.

HUNDECK, FRANZ
1907 02 13
Breslau
Kaplan
Am 17.8.1937 Festnahme durch die Polizei und
bis 11.11.1937 in Untersuchungshaft im Zusammen-
hang mit dem „offenen Brief" an Dr. Goebbels.
Lit.: Engelbert, 239.

JAESCHE, WALTER
1886 12 11
Himmelwitz / Comprachtschütz
Pfarrer
Ausweisung durch die Gestapo aus Oberschlesien,
erlangte aber die Erlaubnis zum Aufenthalt in
Ratibor.

Vom 23.1. bis 25.3.1942 in Polizeihaft
wegen Verstoßes gegen die Kriegswirtschaftsverordnung.
Lit.: Engelbert, 223, 232.

JANIK, PAUL
1888 10 14
Hindenburg (St. Hedwig)
Pfarrer
1941 Ausweisung aus Schlesien.
Lit.: Engelbert, 226.

JANISSEK, FRANZ
1907 04 18
Lübben
Pfarrer
Am 23.7.1942 verhaftet und am 6.11.1942 durch
das Landgericht zu neun Monaten Haft verurteilt
wegen eines Hinweises auf den Vatikansender in
einer Predigt.
Lit.: Engelbert, 232.

JARITZ, OTTO
1909 11 28
Neiße / Schweidnitz / Juliusburg
Kaplan / Pfarrer
1933 bis 1935 Verwarnung und Haussuchung; vom
Kreisleiter als „politisch unzuverlässig"
bezeichnet und so den späteren Dienststellen
gemeldet.
1935 bis 1938 Verhöre und Haussuchungen.
1938 bis 1944 Absetzung als Standortpfarrer,
weil Jaritz in den Akten der Gestapo fälschlich als Nichtarier geführt wurde.
Auseinandersetzungen um einen nichtarischen
Schüler; der Pfarrer konnte gegen die Gauleitung durchsetzen, daß der Junge in Juliusburg im Heim bleiben durfte.

JEDIN, HUBERT
1900 06 17
Breslau
Privatdozent der Kirchengeschichte, Kurat
Dr. theol.
1933 Entzug der Venia Legendi an der Universität in Breslau, weil seine Mutter jüdischer
Abkunft war.
1938 Verhaftung durch die Gestapo. Von 1939 bis
1949 Aufenthalt in Rom, um KZ und weiterer Verhaftungen zu entgehen.
Verstorben am 16.7.1980.
Lit.: H. Jedin.

JENDRZEJCZYK, HUGO
1912 03 10
Gleiwitz (St. Bartholomäus)
Kaplan
Vom 30.8. bis 18.9.1941 in Gestapohaft we-
gen einer Begräbnisansprache.
Lit.: Engelbert, 226.

JITSCHIN, BRUNO
1900 03 10
Wahlstatt
Pfarrer
Wegen defätistischer Äußerungen
1943 für eine Woche in Haft.
Lit.: Engelbert, 238.

JONIENTZ, GEORG
1902 07 18
Gleiwitz-Öhringen
Pfarrer
Vom 12.7. bis 16.9.1941 aus „staatspoli-
tischen Gründen" in Gestapohaft.
Lit.: Engelbert, 227.

JOREK, OTTO RUDOLF
1903 06 18
Sommerfeld
Kuratialpfarrer
1934 erzwungene Versetzung nach Sommerfeld.
1937 Verwarnung wegen seines Religionsunterrichtes.
Haussuchung; Beschlagnahme eines Radios und
anderer Sachen.
Wegen angeblicher Verbreitung von Greuelnachrichten am 4.11.1938 Festnahme durch die Gestapo, Schutzhaft, ab 31.5.1939 im KZ Sachsenhausen
und vom 14.12.1940 bis 6.4.1945 im KZ Dachau.
Verstorben am 19.3.1966.
*Lit.: 1.Neuhäusler, I, 337. 2.Weiler, 324.
3.Gottschalk, 301.*

JURECZKA, GEORG ROBERT ANTON
1879 05 27
Kalkau
Pfarrer
Zwei polizeiliche Verhöre wegen eines Gottesdienstes an Christi Himmelfahrt und wegen einer angeblichen Warnung vor Mischehen. Verwarnung.
Öffentliche Anschuldigung in der Lokalpresse
wegen der Ausweisung uniformierter Teilnehmer
eines Lagers aus der Kirche.

KALIGA, JOHANN
1903 05 13
Rosittnitz / Ratibor / Bolko
Kaplan
Wegen einer Predigt 1934 Verwarnung und Verfah-
ren wegen Heimtücke durch das Sondergericht.
Später eingestellt.
Wegen Nichtteilnahme an den NS-Morgenfeiern am
Gymnasium 1935 Verwarnung. Im gleichen Jahr
Unterrichtsverbot durch die Ortspolizei ange-
droht bei Weiterführung der Arbeit im Neu-
deutschland und in der Kolpingfamilie.
Verurteilung wegen Vergehens gegen das
Heimtückegesetz und nach Verbüßung der Ge-

fängnisstrafe (12.8.1936-12.2.1941) Überführung nach Auschwitz und anschließend
nach Dachau. Am 26.4.1945 befreit.
Lit.: 1.Weiler, 331. 2.Gottschalk, 301.
3.Janik, 24.

KLEIN, KONRAD
1891 11 14
Gurschdorf
Pfarrer
Wegen Verstoßes gegen die Kriegswirtschaftsver-
ordnung am 2.6.1942 durch die Gestapo verhaf-
tet und am 7.9.1942 durch das Sondergericht zu
einem Jahr und sechs Monaten Haft sowie drei Jahren
Ehrverlust verurteilt.
Lit.: Engelbert, 232ff.

KLEINEIDAM, RICHARD
1890 02 09
Berzdorf
Pfarrer
Durch die Gestapo Ausweisung aus dem Regierungs-
bezirk Breslau. Am 28.10.1937 wurde er Pfarrer
in Endersdorf.
Lit.: Engelbert, 223.

KNEBEL, MAX
1912 10 07
Görlitz (St. Jakobus)
Kaplan
Haussuchungen mit Beschlagnahme von Material
der Jugendgruppe Neudeutschland.
Lit.: Janik, 25.

KNYPS, LUDWIG
1875 07 25
Oberschreiberhau
Hausgeistlicher
Von Oktober bis Dezember 1943 in Gestapohaft.
Verbot geistlicher Betätigung außer Messele-
sen.
Lit.: Engelbert, 238.

KOPERA, AMAND
1900 12 15
Zobten am Berge / Weissen
Kaplan / Pfarrer
1936 Ermittlungen durch das Sondergericht Breslau wegen einer Predigt zum Thema
„Presse", zu zwei Monaten Gefängnis verurteilt.
Die Strafe fiel unter Amnestie, aber Unterrichtsverbot durch den Regierungspräsidenten.
Verhör durch den Bürgermeister und die
Gestapo wegen des Hitlergrußes, einer Predigt, Vereinstätigkeit und Protestes gegen die
Enteignung einer kircheneigenen Schule.
1940 Schutzhaftbefehl durch das RSHA wegen „Beunruhigung des Volkes", vom 12.7. bis 18.12.
1940 in Schutzhaft, danach bis zum 29.3.1945

KZ Dachau.
Verstorben am 12.2.1959.
Lit.: 1.Weiler, 360. 2.Neuhäusler, I, 337.
3.Gottschalk, 301.

KORCZOK, ANTON
1891 06 01
Gleiwitz (St. Maria)
Pfarrer
Dr. theol.
Verhaftung wegen Polenseelsorge. Am 20.9.1940
in das KZ Dachau eingeliefert und am 6.2.1941
dort verstorben.
Lit.: 1.Weiler, 361. 2.Gottschalk, 301.

KORNACZEWSKI, ANTON
1871 06 08
Seitsch
Pfarrer
Ab Juli 1942 drei Wochen in Gestapohaft wegen Aus-
länderseelsorge.
Lit.: Engelbert, 233.

KORNEK, ERNST (P. VINZENZ)
OFM
1910 07 31
St. Annaberg
Ausweisung aus dem Kreis Groß-Strehlitz und
Aufenthaltsverbot durch die Gestapo.

KOSCHYK, KARL (P. DOMINIKUS)
OSB
1888 11 04
Breslau-Carlowitz
Volksmissionar
Strenge Verwarnung durch die Gestapo.

KOSS, IGNAZ (P. FELIX)
OFM
1888 07 22
St. Annaberg
Wallfahrtsleiter, Vikar
Ausweisung aus dem Kreis Groß-Strehlitz und
Aufenthaltsverbot durch die Gestapo.

KOWALCZYK, FRANZ (P. JOSEF)
SXPR
1895 02 27
Buchenlust (Johannesheim)
Hausgeistlicher
Verhör durch Landrat im Juli 1933. Mehrere Verhöre durch Gestapo 1937 und 1941. Im Juli 1940
und im Januar 1941 Haussuchung und Beschlagnahme von Büchern, Schriften und Briefen durch Gestapo. Von 1933 bis 1940 mit Unterbrechungen
Post- und Telefonüberwachung. Im Juli 1940 Verwarnung und Aufenthaltsverbot durch die Gestapo,
im September 1940 Ausweisung aus Oberschlesien.
Wegen Verstoßes gegen das Sammlungsgesetz am

9.12.1940 vom Amtsgericht zu 137 RM Geldstrafe verurteilt. Im Dezember 1940 Auflösung des Johannesheims Buchenlust durch die Gestapo, Enteignung des Heims und Vertreibung seiner Bewohner. Im Februar 1941 Ausweisung durch Reichsstatthalter.

KRESSE, AUGUSTIN
1880 10 07
Wangern
Pfarrer
Ab 7.11.1935 in Schutzhaft durch die Gestapo wegen seiner Arbeit in der Jungschar und am 9.11.1935 Ausweisung aus Schlesien. Aufgrund der Intervention von Bischof Dr. Berning Aufhebung des Aufenthaltsverbotes am 24.12.1935.
Verstorben am 30.11.1958.
Lit.: Engelbert, 238.

KRIMPENFORT, OTTO
1910 03 03
Deutsch-Wartenberg / Ratenau
Kaplan
1939 Auflösung einer Versammlung des katholischen Jungmännervereins; Verwarnung durch den Ortsgruppenleiter.
1940 Ausweisung aus dem Warthegau.

KROEMER, ALFRED
1908 06 01
Breslau (St. Mauritius)
Kaplan
Vom 17.8. bis 11.11.1937 in Untersuchungshaft im Zusammenhang mit dem „offenen Brief" an Dr. Goebbels.
Lit.: Engelbert, 239.

KROEMER, RICHARD
1889 03 20
Frankenstein-Hirschberg
Geistl. Studienrat
1933 drei Monate Unterrichtsverbot. Einer zwangsweisen Versetzung kam der Geistliche mit dem Austritt aus dem höheren Schuldienst zuvor.
Am 27.4.1942 wegen staatsfeindlicher Äußerungen eine Verwarnung und Einzug von 100 RM Geldstrafe (für das Rote Kreuz) durch die Gestapo.

KUDZIELKA, ALBIN
1912 01 18
Obertierlitz
Pfarradministrator
Am 23.4.1940 verhaftet und ab 28.4.1940 im KZ Dachau.
Dort am 29.4.1945 befreit.
Lit.: 1.Engelbert, 223. 2.Weiler, 387.
Gehört zur Diözese Kattowitz.

KUEHN, ALOYSIUS
1886 07 20
Ritterswalde
Pfarrer
Im Januar 1935 Verfahren vor dem Sondergericht wegen Kanzelmißbrauch. Freispruch, danach Unterrichtsverbot durch die Regierung.
Verhör durch die Gestapo in Tolkemit (Ostpreußen) wegen Ausländerseelsorge.
Ab 1.3.1940 Ausweisung und Redeverbot für die Provinz Schlesien und den Regierungsbezirk Troppau.
Im August 1940 durch das Sondergericht Oppeln 500 RM Geldstrafe wegen Heimtücke.
Verhinderung der Einberufung als Divisionspfarrer im 2. Weltkrieg durch die Gestapo.
Lit.: Engelbert, 224.

KUEHN, PAUL
1885 03 31
Wartha
Pfarrer
Ausweisung aus Schlesien und Redeverbot für das ganze deutsche Reich. Später Aufhebung des Redeverbots.
Verstorben am 2.8.1940.
Lit.: Engelbert, 224.

LACHAWIETZ, PAUL
1914 03 16
Neusalz a. d. Oder
Kaplan
Wegen Mahnung einer Wöchnerin, ihr Kind aus gemischter Ehe katholisch taufen zu lassen, am 8.5.1941 verhaftet, vier Wochen in Polizeihaft und in Schutzhaft. Vom 4.7.1941 bis 6.4.1945 im KZ Dachau.
Lit.: 1.Neuhäusler, 337. 2.Engelbert, 227. 3.Weiler, 396.

LANGER, KARL
1905 11 02
Radwanitz / Neu-Oderberg
Kooperator / Geistl. Studienrat
Seit Juni 1941 Unterrichtsverbot für alle Fächer außer Religion.
1943 Anzeige wegen regimekritischen Predigten und wegen Ausländerseelsorge. Postüberwachung. Einziehung zur Wehrmacht wegen seines Religionsunterrichtes versucht.
Vorladung und Verhör durch die Gestapo wegen Nichtbefolgung der Verpflichtung zum Ostwallbau im August 1944.
Von Januar bis April 1945 wiederholt Androhungen durch den Ortsgruppenleiter wegen Nichtbefolgung der Evakuierungsparolen.
Lit.: Janik, 27.

LATZEL, KARL
1893 06 08
Jauernig
Pfarrer
Am 11.7.1941 Ausweisung aus dem Sudentengau durch die Gestapo im Auftrag des Reichssicherungs-Hauptamtes Berlin wegen seines staatsabträglichen Verhaltens.
Lit.: Engelbert, 227.

LEHMANN, GEORG
1909 08 22
Waldenburg (St. Barbara) / Brieg / Naumburg
Kaplan
Vom 3.4. bis 5.11.1940 in Untersuchungshaft. Nach gerichtlichem Freispruch durch das Sondergericht wegen Defätismus am 5.2.1941 verhaftet und bis 24.2.1941 in Schutzhaft. Vom 11.4. 1941 bis Kriegsende im KZ Dachau.
Lit.: 1.Weiler, 406. 2.Gottschalk, 302.
3.Neuhäusler I, 337. 4.Engelbert, 227.

LIGON, LEO
1910 03 18
Kattowitz-Bogutschütz
Pfarradministrator, Geistl. Studienrat
Eine Verwarnung durch den Oberschulrat.
Auf Betreiben der Gestapo Kattowitz Verurteilung zu 300 RM Geldstrafe durch ein Gericht.

LISCHKA, ANTON
1905 05 31
Sczedrzik
Pfarrer
Ab 16.8.1940 Aufenthaltsverbot für den Regierungsbezirk Oppeln durch die Gestapo, weil er in unerlaubter Weise kirchliche Organisationen in eine Auseinandersetzung zwischen ihm und dem Ortsgruppenleiter hineingezogen haben soll.
Lit.: Engelbert, 228.

MACIEJICZEK, JOSEF
1910 02 26
Swierczynowice
Kaplan
Am 1.9.1939 kriegsgefangen, ab 18.4.1940 im KZ Buchenwald und vom 7.7.1942 bis 29.4.1945 im KZ Dachau.
Lit.: 1.Gottschalk, 303. 2.Weiler, 423.

MAROSZ, JOHANNES
1907 12 12
Peterswald
Pfarradministrator
Vom 8.12.1940 bis 8.1.1944 im KZ Dachau.
Lit.: 1.Gottschalk, 303. 2.Weiler, 438.

MEIERHOFF, PETER
1924 03 11
Breslau
Stud. theol.
Am 8.8.1944 verhaftet und ab 9.4.1945 im KZ Dachau. Am 26.4.1945 befreit.
Lit.: Weiler, 448.

MELZ, JOHANNES
1884 06 24
Alt-Kosel / Költschen
Pfarrer
Von Oktober 1939 bis August 1940 im KZ Buchenwald.
Seit 29.10.1941 als Pfarrer in Költschen tätig. Im selben Jahr Ausweisung aus Oberschlesien durch die Gestapo.
Verstorben am 25.2.1957.
Lit.: 1.Wolna, 105-126. 2.Engelbert, 224.
3.Gottschalk, 304,

MICHALEC , FRANZ
1909 07 06
Deutsch-Leuten
Kaplan
Am 22.4.1940 verhaftet, ab 28.4.1940 im KZ Dachau und ab 5.6.1940 im KZ Gusen. Dort am 15.12.1940 entlassen.
Danach Verbot aller gottesdienstlichen Funktionen mit öffentlichem Charakter durch die Gestapo.
Lit.: 1.Engelbert, 228. 2.Weiler, 451.

MICHALEK, HUBERT (P. CANISIUS)
OFM
1906 10 10
Breslau
Pfarradministrator
Zwei Verwarnungen durch die Gestapo.

MOSCHNER, GERHARD MARIA
1907 09 15
Breslau
Domvikar / Direktor des Diözesanseelsorgamtes
Am 21.1.1936 aufgrund eines Vergehens gegen den Kanzelparagraphen durch ein Sondergericht zu 600 RM Geldstrafe sowie Tragens der Gerichtskosten verurteilt.
Des weiteren erlitt Gerhard Moschner in seiner Eigenschaft als Diözesan-Jugendseelsorger zahlreiche Vernehmungen und Haussuchungen durch die Gestapo. Seine Post und sein Telefon wurden ständig überwacht.
1945 Ausweisung aus Breslau durch die Gestapo.
Verstorben am 12.8.1966.
Lit.: 1.Gottschalk, Priesterbilder, 230-235.
2.Köhler, 1-66.

NOWAK, JOSEF
1908 12 05
Freistadt
Katechet, Vikar
Vom 14.4.1940 bis 29.4.1945 im KZ Dachau.
Lit.: 1.Gottschalk, 303. 2.Weiler, 485.

OLCZAK, HEINRICH
1887 07 11
Trzynietz
Pfarrer
Er starb im KZ Mauthausen bei Linz am 1.4.
1940.
Lit.: Engelbert, 224.

OLCZAK, JOSEF
1905 01 02
Dittmannsdorf
Pfarradministrator
Vom 8.12.1940 bis 22.10.1941 im KZ Dachau.
*Lit.: 1.Gottschalk, 303. 2.Weiler, 494.
3.Engelbert, 224.*

OPITZ, RUDOLF
1901 03 03
Peilau
Pfarrer
Am 14.4.1942 durch das Amtsgericht zu zwei Monaten
Haft verurteilt wegen Verstoßes gegen die
Kriegswirtschaftsverordnung. Er verbüßte einen
Monat, der zweite wurde ihm zur Bewährung
erlassen.
Lit.: Engelbert, 233.

PAWLUS, ALOIS
1910 02 21
Reichwaldau
Pfarradiminstrator
Am 25.8.1943 verhaftet, am 25.4.1944 in das
KZ Dachau eingeliefert und am 29.4.1945
befreit.
Lit.: 1.Gottschalk, 303. 2.Weiler, 511.

PAZDZIORA, AUGUSTIN
1886 08 22
Konskau
Pfarrer
Am 28.4.1940 in das KZ Dachau eingeliefert.
Am 5.6.1940 in das KZ Gusen eingeliefert und
dort am 13.9.1940 verstorben.
Lit.: 1.Weiler, 511. 2.Gottschalk, 304.

PEIKERT, PAUL
1884 10 01
Breslau (St. Mauritius)
Pfarrer
Vom 21.8. bis 11.11.1937 in Untersuchungs-
haft im Zusammenhang mit dem „offenen Brief" an
Dr. Goebbels.
Lit.: Engelbert, 239.

PERLITIUS, HUBERT
1914 08 12
Glogau / Breslau (St. Elisabeth)
Kaplan, Lazarett- u. Strafanstaltspfarrer
Aufgrund einer Beichtäußerung („liebet
eure Feinde") 1942/43 zwei Verhöre durch die
Gestapo sowie Versetzung auf Veranlassung
der Gestapo.
Verstorben am 13.12.1979.

PIECHOTTA, JOHANNES
1877 06 25
Groß-Schimmendorf
Pfarrer
Ab 8.2.1941 Aufenthaltsverbot durch die Gesta-
po für die Regierungsbezirke Oppeln, Katto-
witz, Troppau, Frankfurt a. d. Oder, ferner für
Warthegau, Danzig-Westpreußen und Ostpreußen.
Lit.: Engelbert, 228.

PLONKA, ROBERT
1883 05 25
Martinau
Pfarrer, Erzpriester
Vom 14.3. bis 26.8.1942 in Haft wegen Ver-
lesung des Möldersbriefes. Verwarnung.
Lit.: Engelbert, 233.

POHLEY, WALDEMAR
1905 09 07
Tschansch
Kaplan
Im Zuge der Sittlichkeitsprozesse zu einer Haftstrafe verurteilt. Nach Verbüßung der Strafe 1941 in Schutzhaft genommen und vom 17.4.
bis 9.12.1942 im KZ Dachau.
Lit.: 1.Weiler, 531. 2.Gottschalk, 302.

POTEMPA, ARTHUR (P. RUDOLF)
OFM
1910 09 30
Breslau
Von März bis November 1943 als politischer
Häftling in den Straflagern Rathenau und Ber-
nau durch die Gestapo Stettin. Die Strafe muß
im Zusammenhang mit den Vorkommnissen bei der
katholischen Geistlichkeit von Stettin gestanden haben.

RAUER, MAXIMILIAN
1889 05 29
Breslau
Hochschullehrer
Prof. Dr. theol.
Wegen seiner Tätigkeit beim Friedensbund deut-
scher Katholiken Lehrentzug und kurzfristige
Festnahme 1933 durch die Gestapo.

Verstorben am 12.7.1971.
Lit.: St. Hedwigsblatt 30 (1971), Berlin.

RIEGER, KONRAD
1903 03 16
Breslau (Hl. Familie)
Kaplan
Vom 21.8. bis 11.11.1937 in Untersuchungs-
haft im Zusammenhang mit dem „offenen Brief" an
Dr. Goebbels.
Lit.: Engelbert, 239f.

ROGIER, KARL
1904 01 12
Hindenburg
Kaplan
Vom 6.9.1937 bis 20.6.1938 in Gestapohaft.
Am 1.8.1939 durch das Sondergericht wegen
Heimtücke zu sechs Monaten Haft verurteilt im Zu-
sammenhang mit dem „Goebbels-Brief".
Lit.: Engelbert, 240.

ROMMERSKIRCH, P. ERICH
SJ
1904 02 12
Breslau
Jugendseelsorger
Wegen Jugendseelsorge 1942 und 1943 dreimal von
der Gestapo verhört. Androhung von KZ-Haft.
Haussuchung und Beschlagnahme eines von ihm
verfaßten Buches. Post- und Telefon-
überwachung 1941 bis 1943.
Am 14.10.1943 Überführung in die Landwehr mit
dem Vermerk „N.Z.V.".

ROTER, PAUL
1898 12 01
Kupferberg
Pfarrer
Am 25.2.1943 durch die Gestapo verhaftet und am
18.11.1943 durch das Oberlandesgericht zu acht Jahren Haft und Ehrverlust verurteilt wegen Abhörens feindlicher Rundfunksender.
Lit.: Engelbert, 240.

SAUER, PAUL
1892 09 26
Bunzlau
Pfarrer
Verhör durch die Gestapo wegen staatsabträg-
licher Äußerungen am 1.Adventssonntag 1941.
Verwarnung und ab 21.4.1942 21 Tage in Haft
weil er sich zunächst weigerte, die Verwarnung
zu unterschreiben.
Lit.: Engelbert, 233.

SCHERER, MICHAEL (P. GERHARD)
SOCIST
1892 03 15

Sächsisch Haugsdorf / Seligenporten
1939 von Juni bis Dezember inhaftiert.
Wegen Abhörens feindlicher Rundfunksender am
9.8.1943 von einem Sondergericht zu einem
Jahr und neun Monaten Zuchthaus und zwei
Jahren Ehrverlust verurteilt.
Im März 1944 im Zuchthaus an den Folgen
der Behandlung verstorben.
Lit.: 1.Kempner, 357. 2.Engelbert, 241

SCHIEBEL, GUENTER
1903 06 11
Profen
Kaplan
Am 22.7.1938 verhaftet und Verfahren vor dem
Kreisgericht am 5.9.1938 wegen einer Äuße-
rung über die neuheidnische Jugenderziehung.
Freispruch.
Lit.: Engelbert, 240.

SCHMIDT, ERICH
1914 10 15
Breslau
Alumnus
Obwohl seit 1.1.1940 Offiziersanwärter Beförderungsverweigerung durch die Wehrmacht wegen seines geistlichen Berufes.

SCHMIDT, RICHARD
1899 03 26
Schömberg
Kaplan
Im Zuge der Sittlichkeitsprozesse nach Verbü-
ßung der gerichtlichen Strafe in Schutzhaft ge-
nommen und 1941 in das KZ Auschwitz, 1942 ins
KZ Dachau überstellt. Am 26.4.1945 befreit.
Lit.: Weiler, 586.

SCHNAPKA, GEORG
1909 05 15
Krappitz / Guttentag
Kaplan
Von August 1936 bis Dezember 1940 Schulverbot
wegen politischer Unzuverlässigkeit.
Lit.: Janik, 35.

SCHNEIDER, IGNAZ (BR. DIDAKUS)
OFM
1886 07 24
St. Annaberg
Koch
Ausweisung und Aufenthaltsverbot für den Kreis
Groß- Strehlitz durch die Gestapo.

SCHOLL, MARTIN
1898 12 29
Auras
Pfarrer
Am 19.5.1941 wegen defätistischer Flugblätter

zusammen mit Pfarrer Bänsch durch die Gestapo
verhaftet und in das Untersuchungsgefängnis
eingeliefert.
Lit.: Engelbert, 228.

SCHOLZ, BERNHARD
1914 10 03
Strehlen
Kaplan
Am 3.2.1941 durch ein Sondergericht zu sechs Mona-
ten Haft wegen Heimtücke verurteilt.
Lit.: Engelbert, 228-229.

SCHOLZ, REINHOLD
1884 07 12
Ackerfelde
Pfarrer
25 RM Geldstrafe wegen Nichtbeflaggung.
Verhör durch die Gestapo wegen einer Predigt.
Vermutlich Postüberwachung von 1936 bis 1940.
Am 27.5.1940 verhaftet.
Am 15.10.1940 wegen Verdachtes auf Hochverrat
bzw. Mitwisserschaft durch den Volksgerichtshof
in Berlin zu sechs Monaten Haft verurteilt. Bereits
am 21.12.1940 in das KZ Dachau eingeliefert.
Am 26.4.1945 befreit.
Verstorben am 10.11.1957.
Lit.: 1.Weiler, 589. 2.Neuhäusler, I, 337.
3.Gottschalk, 302. 4.Engelbert, 224.

SCHULZ, GEORG
1884 04 10
Ratibor (Liebfrauen)
Pfarrer, Ehrenerzpriester
Im November 1940 auf Veranlassung Himmlers für
drei Tage in Haft. Man hielt ihm vor, die Gründe für den Kirchenaustritt eines SS-Mannes her-
ausfinden zu wollen. Androhung von KZ-Haft
im Wiederholungsfalle.
Lit.: Engelbert, 229.

SCHYMAINDA, JOHANNES (BR. ROGERIUS)
OFM
1890 06 24
St. Annaberg
Küster
Ausweisung aus dem Kreis Groß- Strehlitz und
Aufenthaltsverbot durch die Gestapo.

SCZYGIEL, FRANZ (P. PLACIDUS)
OFM
1879 09 04
Groß-Borek
Volksmissionar
Verfahren vor dem Amtsgericht 1941 wegen angeb-
licher Wehrmachtsverunglimpfung in der Predigt.
Trotz Freispruchs von der Gestapo nach
Dachau überführt. Dort am 11.12.1943 verstor-
ben.
Lit.:Weiler, 594.

SEGIETH, GEORG
1906 06 25
Tost
Kaplan
1938 Verwarnung durch den Schulrat wegen Jugend-
arbeit.
Verwarnung durch die Gestapo wegen Predigten.
Beschlagnahme von religiösen Filmen durch die
Polizei.

SIMON, ALOYSIUS (P. GEORG)
OFM
1873 09 01
Breslau-Carlowitz
Custos
Im Zuge der Devisenprozesse durch das Schöffen-
gericht Moabit zu zwei Jahren Haft verurteilt,
in einem Berufungsverfahren freigesprochen.

SKOBEL, PAUL
1878 03 24
Kamenz / Berg Neuland
Pfarrer, Ehrenerzpriester / Hausgeistlicher
Ab 3.11.1933 zwei Monate Schutzhaft und zur
Resignation gezwungen. Seit 1934 Aufenthalts-
verbot für Kamenz und Betätigungsverbot.
Wegen Abhörens feindlicher Sender gerichtliche
Verhandlung und vom 29.4.1943 bis Mai 1945 in
Schutzhaft. Drei Jahre Ehrverlust.
Verstorben am 17.7.1952.
Lit.: 1.Gottschalk, Priesterbilder, 134ff.
2.Engelbert, 241.

SLOWIK, ALOIS
o.D.
Oderberg-Stadt
Kaplan
Am 23.1.1942 durch das Sondergericht zu einem
Jahr Haft verurteilt wegen staatsfeindlicher
Äußerungen.
Lit.: Engelbert, 234.

SOLLORS, JOSEPH (P. HEINRICH)
OFM
1887 03 18
St. Annaberg
Hausgeistlicher
Nach einer Anzeige des Lehrers von
Zawadzki offiziell verwarnt und unter Polizei-
aufsicht gestellt. Der angesetzte Prozeß
wurde auf Veranlassung des
katholischen Landrates niedergeschlagen.

SOMMER, WILHELM
1908 01 01
Weisstein

Kaplan
Wegen kirchlicher Vereinsarbeit Verhör, Haussuchung und Beschlagnahme durch Gestapo Waldenburg. Ab November 1937 Unterrichtsverbot.

SROKA, KARL
1911 01 09
Breslau (Hl. Familie)
Kaplan
Am 17.8.1937 im Zusammenhang mit dem „offenen Brief des Michael Germanicus" durch die Gestapo verhaftet und bis zum 11.11.1937 in Untersuchungshaft gehalten.
Lit.: Engelbert, 239f.

STARKER, ALOIS
1906 07 30
Weißwasser
Pfarrer
Am 13.2.1943 verhaftet wegen Jugendarbeit. Vom 24.4.1943 bis 28.3.1945 im KZ Dachau.
Lit.: 1.Weiler, 629. 2.Gottschalk, 302.

STAWINOGA, KARL
1873 09 14
Haselgrund
Pfarrer, Ehrenerzpriester
Im Juli 1942 Aufenthaltsverbot durch die Gestapo für Oberschlesien, Warthegau und Danzig-Westpreußen weil er versehentlich die polnische Sprache während der Auferstehungsprozession angewandt hatte.
Lit.: Engelbert, 234.

STRAUCH, FRANZ
1889 04 24
Kesselsdorf
Pfarrer
Wegen Abhörens feindlicher Rundfunksendungen am 9.8.1943 durch ein Sondergericht zu zwei Jahren und sechs Monaten Zuchthaus sowie drei Jahren Ehrverlust verurteilt.
Lit.: Engelbert, 241.

SZYMECZEK, FRIEDRICH
1911 07 13
Reichwaldau
Kaplan
Am 25.8.1943 verhaftet und am 29.11.1943 im KZ Auschwitz verstorben. Anfang Februar 1944 kam die Nachricht, er sei wegen Hoch- und Landesverrat zum Tode verurteilt und bereits hingerichtet.
Lit.: 1.Engelbert, 241. 2.Gottschalk, 304.

TASKA, JOSEF
1905 12 29
Lonkau
Pfarrer

Nach Festnahme durch die Gestapo vom 1.9.1939 bis 1.12.1939 im KZ Skrochwitz. Vom 4.12.1939 bis 6.5.1940 in Gestapohaft.
Lit.: 1.Sudetendeutsche Priester, 47. 2.Klerus in der Vertreibung, 188.

THIEL, REINHOLD
1888 10 02
Kolzig
Pfarrer, Erzpriester
Vom 24.4. bis 15.5.1941 in Gestapohaft
Wegen einer pädagogischen Maßnahme. Am 10.6. 1941 in Schutzhaft genommen wegen Fenstereinwurf am Vorabend. Am 21.7.1941 wieder freigelassen und Aufenthaltsverbot für die Provinz Niederschlesien.
Lit.: Engelbert, 229f.

THOMAS, BRUNO
1901 05 14
Klettnitz
Kuratialpfarrer
Ab 14.8.1937 wegen Verdachtes auf Heimtücke in Untersuchungshaft durch die Gestapo. Am 30. 12.1937 Verfahren am Landgericht infolge Amnestie eingestellt.
Lit.: Engelbert, 241.

TOPIARZ, FRANZ
o.D.
Deutsch-Leuten
Kaplan
Ab 18.11.1942 einige Tage in Haft, weil man bei ihm Gesinnungsgemeinschaft mit dem tschechischen Steiger Gil vermutete, der staatsfeindliche Rundfunksender abgehört und staatsfeindliche Äußerungen getan haben soll.
Lit.: Engelbert, 235.

ULBRICH, GERHARD
1914 09 27
Weidenau
Kaplan
Im August 1941 Aufenthaltsverbot für den Sudetengau und Schlesien.
Lit.: Engelbert, 230.

URBANSKY, LEO
1887 04 11
Markdorf
Pfarrer
Vom 22.6. bis 2.9.1938 in Untersuchungshaft, am 20.6.1939 wegen Heimtücke von einem Sondergericht zu einem Jahr Haft verurteilt, ausgestellt auf Bewährung. 1942 sollte er die Strafe antreten. Auf sein Gnadengesuch erhielt er eine Bewährungsfrist von einem Jahr und eine Geldbuße von 2000 RM.
Am 15.1.1941 wegen verbotener Sammlung zu 200

RM Geldstrafe herangezogen.
Lit.: Engelbert, 242.

WALOSZEK, ADOLF
1906 02 16
Karwin
Katechet
Am 20.9.1939 verhaftet, ab 16.10.1939 im KZ
Buchenwald und vom 8.12.1940 bis zum 29.4.1945
im KZ Dachau.
Lit.: 1.Gottschalk, 304. 2.Weiler, 691.
3.Engelbert, 224.

WAWRO, FRANZ (P. CORNELIUS)
OFM
1901 10 15
St. Annaberg
Bibliothekar
Ausweisung und Aufenthaltsverbot für den Kreis
Groß-Strehlitz durch die Gestapo.

WEIDLICH, CLEMENS (P. MATERNUS)
OFM
1912 09 15
Breslau
Außerordentlicher Seelsorger
Wegen Seelsorge in der Festung Kirkenes Ver-
setzung vom Stab zur Truppe und Urlaubsverbot
durch die NSDAP.

WIESCHOLLEK, JOSEPH (P. BONIFATIUS)
OFM
1887 07 06
St. Annaberg
Guardian
Drei Wochen Schutzhaft. Außerdem Ausweisung aus
dem Kreis Groß-Strehlitz und Redeverbot für
das ganze Reich.

WILLINEK, JOSEPH
1902 03 16
Winzig
Pfarrer
1934 Verwarnung wegen Zurücksetzung nichtkatho-
lischer Kaufleute bei der Versorgung armer Erstkommunikanten und wegen seiner Jugendarbeit.
1937 Verhör, Verwarnung und Beschlagnahme einer
Schreibmaschine und eines Vervielfältigungsgerätes wegen seines Einsatzes für die Bekenntnisschule, wiederholt verhört 1940.
Ab 1938 Unterrichtsverbot.
1942 Verhör wegen Polenseelsorge. 1943 Verhör
und Verwarnung wegen Beleidigung der NSV.

WINKLER, JOSEF
1891 02 05
Würben / Kirchhain
Pfarrer
Ausweisung aus Schlesien durch die Gestapo 1940.
Lit.: Engelbert, 225.

WITTICH, ALEXANDER VON
1878 09 24
Steinseifersdorf
Pfarrer
1940 Ausweisung aus Schlesien durch die Gestapo.
Lit.: Engelbert, 225.

WOHL, FRANZ-JOSEF
1906 12 27
Löwenberg / Reichenbach-Niederstadt
Pfarrer
Vorladung vor den Landrat. Post- und Telefonüberwachung vom Winter 1933 bis zum August
1934. Schutzhaft durch die SS vom 2. bis 4.7.1934.
1935 Zwangsgeld von 50 RM wegen Abhaltens
von Vereinsabenden. 1940 als Schulbeirat wegen
politischer Unzuverlässigkeit abgelehnt.
Verstorben am 2.1.1969.

WOJCIECHOWSKI, KARL
1884 08 08
Reinschdorf
Kuratus
1940 Ausweisung aus Schlesien durch die Gestapo.
Lit.: Engelbert, 225.

WRZOL, LUDWIG
1881 12 27
Teschen
Religionslehrer, Päpstlicher Hausprälat
Dr. theol.
Am 12.5.1940 verhaftet, am 26.5.1940 in das
KZ Dachau und am 2.8.1940 in das KZ Gusen
eingeliefert. Dort am 30.9.1940 verstorben
(lt. Schnabel am 30.9.1942 in Dachau ver-
storben).
Lit.: 1.Harbich, 417f. 2.Weiler, 722.
3.Gottschalk, 304.

WYRWOL, GEORG
1901 04 25
Rutenau
Kaplan
Ab 13.7.1941 Ausweisung aus den Gebieten Oppeln, Kattowitz, Troppau, Frankfurt/Oder sowie
aus dem Warthegau, Danzig-Westpreußen und Ostpreußen durch die Gestapo wegen staatsfeindlichen Verhaltens.
Lit.: Engelbert, 230.

ZIMOLONG, FRANZ (P. BERTRAND)
OFM
1888 11 26
Breslau-Carlowitz
Ordenspriester
Prof. Dr. theol. et phil.
Zu zwei Jahren Haft verurteilt, in der Berufung
freigesprochen.

ZIPFEL, MAXIMILIAN
1911 10 21
Hindenburg (St. Franziskus)
Kaplan
Am 2.8.1941 wegen Verstoßes gegen das
Heimtückegesetz verhaftet und bis 1.10.1941
in U-Haft gehalten. Nach seiner Entlassung von
der Gestapo erneut verhaftet und am 23.6.1942
vom Sondergericht Oppeln zu acht Monaten Haft
verurteilt. Nach Anrechnung der U-Haft am
28.8.1942 entlassen.
Lit.: Engelbert, 230, 235.

6. Bistum Eichstätt

ABLASSMAYER, FRANZ XAVER
1876 11 14
Breitenthal
Benefiziumsprovisor
Verwarnung durch den Landrat am 24.8.1942 wegen
Umgangs mit Kriegsgefangenen und ausländischen
Zivilarbeitern.
Verstorben am 21.2.1977.

ABLASSMEIER, NIKOLAUS
1897 10 24
Megesheim
Pfarrer
1936 eine schriftliche Beanstandung
wegen kirchlicher Feier des Erntedankfestes.
Des weiteren eine Haussuchung.
Verstorben am 16.10.1957.

ARNOLD, JOHANN BAPTIST
1869 04 06
Pölling
Pfarrer, Schuldekan
1938 Ermittlungen wegen Heimtücke. Anlaß war
eine Äußerung in der Schule über Kriegsab-
sichten Hitlers. Eine Vorladung beim Amtsgericht Neumarkt sowie beim Bezirksamt und ein
Verhör durch den Amtsrichter und den Landrat.
Verstorben am 6.4.1953.
Lit.: RPB IV, 219.

ASSMUS, GEORG
1907 11 02
Schernfeld
Expositus
Gerichtliche Untersuchung wegen Boykottierung
einer Aktion gegen die Konfessionsschulen durch
Glockengeläute, Anklage wegen „groben Unfugs",
eingestellt aufgrund allgemeiner Amnestie 1937.
Am 25.9.1940 Unterrichtsverbot durch den Regierungspräsidenten wegen „unsachgemäßer Dar-
legung der Feindesliebe". Schutzhaft am 5.11.
1940, zwei Monate Gestapohaft in Nürnberg.
Anläßlich der Aufführung des Films „Jugend"
Verlesung eines bischöflichen Sonder-
schreibens, daraufhin Drohungen des Ortsgruppenleiters.

AUER, JOHANNES BAPTIST
1906 10 02
Herrieden / Denkendorf
Kooperator / Pfarrer
1936/37 polizeiliche Verwarnung wegen Verbreitung von Bischofspredigten. Verweigerung des
Visums für eine Italienfahrt durch den Landrat.
Ein Verfahren wegen Beamtenbeleidigung und Vergehens gegen das Heimtückegesetz wurde niedergeschlagen. Beschlagnahme von Hirtenbriefen.

Ein Strafverfahren wegen Vergehens gegen das
Sammlungsgesetz wurde 1941 wegen fehlender Beweise eingestellt.
Aufgrund eines Vergehens gegen das Feiertagsrecht 1942 zu einer Geldstrafe in Höhe von
80 RM verurteilt.
Lit.: RPB II, 375,387,425.

BAUCH, ANDREAS
1908 02 28
Eichstätt
Subregens
Dr. theol.
1935 Anklage wegen Volksverrats und Devisenvergehens. Ab 1937 jährlich Verhöre durch die Gestapo; 1938 13 Verhöre wegen angeblicher
sittlicher und politischer Vergehen der Prie-
sterseminaristen. Eine Verwarnung wegen einer
Meßfeier nach Fliegeralarm.
In der Zeit von 1933 bis 1935 Post- und Telefonüberwachung.

BAUER, JOHANN
1914 03 12
Aberzhausen
Expositus
Am 12.12. 1943 Anzeige durch Gendarmeriemeister
und Ortsgruppenleiter wegen Teilnahme von Polen
an einem deutschen Gottesdienst, Niederschlagung, da am vermeintlichen Ort kein Gottesdienst
stattgefunden hatte. Einmal trotz Zwangs Verweigerung des Hitlergrußes, keine Straffolgen.

BAUER, LUDWIG
1878 08 24
Beilngries
Frühmeßbenefiziat
Am 26.6.1933 Haussuchung. Im November 1934 Be-
schlagnahme von Mitgliederlisten der BVP und an-
geblich politischer Schriften.
Verstorben am 24.3.1959.

BAUERNFEIND, KASPAR
1907 03 09
Wolferstadt / Pavelsbach
Kooperator / Expositus
1934 wegen Beleidigung des Kreisleiters 80 RM
Geldstrafe. In Pavelsbach polizeiliche Verwarnung wegen Verlesens des Möldersbriefes, unter
Androhung der Verhaftung zur Verlesung einer von
der Partei fingierten bischöflichen Stellungnahme gezwungen.
1943 wegen Beleidigung eines Nationalsozialisten
1000 RM Geldstrafe. Im gleichen Jahr Schulverbot
ohne Angabe von Gründen. Vom Frühjahr bis
Herbst 1943 unter Polizeiaufsicht.
Zurücknahme eines Versetzungsdekretes nach
einer Unterschriftensammlung der Pfarrangehörigen. Schikanen durch den Bürgermeister.
Verstorben am 11.11.1983.

BAYERSCHMIDT, JAKOB
1891 05 29
Edelsfeld
Pfarrer
Anklage wegen „groben Unfugs" anläßlich einer
politischen Wahl im August 1934, in der Berufung
gegen das ergangene Urteil (Geldstrafen in Höhe
von 30 und 75 RM) Freispruch.
Verstorben am 8.6.1965.

BENGEL, JOSEF
1890 11 19
Batzhausen
Pfarrer
Mündliche Beanstandung durch den Ortsgruppen-
leiter wegen lässiger Aushängung der NS-Fahne
und Regimegegnerschaft.
Verstorben am 23.3.1950.

BENZ, JOSEF
1893 12 01
Hainsfarth
Pfarrer
Schriftliche Verwarnung durch die Gendarmerie
Öttingen wegen Zelebration einer Abendmesse am
Fronleichnamstag 1943.
Verstorben am 11.2.1975.

BERNHARD, MATHIAS
1881 01 22
Schambach
Pfarrer
Geldbuße wegen Nichtanmeldung einer Bittprozes-
sion.
Verstorben am 3.6.1954.

BERSCHNEIDER, WILLIBALD
1877 02 11
Pietenfeld
Pfarrer, Dekan
Vorladung durch die Staatsanwaltschaft beim
Landgericht Eichstätt wegen Vergehens gegen das
Sammlungsgesetz, eingestellt am 28.6.1938.
Verstorben am 25.8.1944.

BIEBEL, PETER
1893 10 07
Wemding / Salzburg
Pfarrprovisor / Wehrkreispfarrer
Verwarnung wegen einer Predigt gegen die natio-
nalsozialistische Weltanschauung.
1933 durch den Ortsgruppenleiter Androhung der
Verhaftung wegen der katholischen Jugendbewegung
und antinazistischer Gesinnung.
In Salzburg Vorladung durch die Gestapo wegen
einer Grabpredigt.
Verhör durch den Wehrkreisbefehlshaber wegen

Spendung der Sterbesakramente.
Verstorben am 18.10.1961.

BIERSACK, JOSEPH
1875 11 26
Liebenstadt
Pfarrer
Wegen Vergehens gegen das Feiertagsrecht an
Christi Himmelfahrt 1941 vom Amtsgericht zu
150 RM Geldstrafe verurteilt.
Verstorben am 14.3.1957.

BITTNER, FRANZ XAVER
1872 08 31
Gaimersheim
Pfarrer
Vorladung und Verhör wegen einer Predigt zur
Zeit der Röhmaffäre.
Verstorben am 12.5.1940.

BOEGL, GEORG
1902 11 08
Hepberg
Expositus
Mündliche und schriftliche Verwarnung durch die
Kreisleitung wegen Betätigung in katholischen
Jugendvereinen sowie wegen Predigten.
Am 5.7.1933 Festnahme durch das Sonderkommissa-
riat Ingolstadt.
Verstorben am 13.2.1976.

BOEHRINGER, KONRAD
1873 03 29
Joshofen / Unterstall
Pfarrer / Frühmeßbenefiziat
Haussuchung durch die Gendarmerie am 25.6.1933.
Zur gleichen Zeit ca. 12 Tage Schutzhaft
durch die Gestapo.
Predigtüberwachung durch Lehrer, Überwachung
in der Schule. Wiederholt Anschuldigungen in der
Lokalpresse und in Versammlungen.
Schutzhaft vom 25.6. bis 3.7.1938.
Verstorben am 31.12.1944.

BOESWALD, ANDREAS
1892 11 26
Zell
Pfarrer
1938 Haussuchung.
Verstorben am 14.3.1975.

BOSCHER, GEORG
1891 12 27
Röckenhofen
Pfarrer
100 RM Geldstrafe wegen Abhaltung eines Amtes an
Christi Himmelfahrt 1942.
Anzeige beim Landrat durch den Bürgermeister
wegen Mitführens der Jungfrauenfahne bei der

Fronleichnamsprozession.
Anläßlich der Beerdigung eines Mitgliedes der
Marianischen Kongregation trugen die Jungfrauen
die „Medaille am blauen Bande", diese wurde
beschlagnahmt.
Verstorben am 17.11.1979.

BRAUN, JOSEPH
1887 05 06
Meckenhausen
Pfarrer
1934 wegen katholischer Elternkalender eine
Haussuchung im Auftrag der Polizeibehörde.
Anzeige durch die Gendarmerie bei der Gestapo
wegen angeblicher öffentlicher Beleidigung des
Führers in einer Predigt (1938).
Verstorben am 26.10.1956.

BREINDL, MATTHIAS
1910 09 11
Berngau
Kaplan
Schulverbot durch die Regierung Niederbayern
wegen Ausübung von „Druck" auf Kinder zwecks
Teilnahme an Seelsorgstunden.

BREITENBERGER, P. FRANZ
OFMCAP
1913 08 13
Eichstätt
Aufgrund von Wehrdienstverweigerung Gefängnis-
haft in Nürnberg vom 7.2. bis zum 5.6.1941.
Anschließend KZ-Haft in Dachau bis zum
26.4.1945.
Lit.: 1.Neuhäusler, 338. 2.Weiler, 151.

BREITENHUBER, RUDOLF
1901 04 14
Ensfeld
Pfarrprovisor
Verwarnung; 1935 wegen regimekritischer Pre-
digtäußerungen eine Vorladung durch die Kreis-
leitung Donauwörth.
Eine Anklage wegen angeblicher Hinderung der
Kinder am Abhören der Rede Hitlers zum 1. Mai
stellte sich als falsche Anschuldigung eines
Lehrers heraus.
Anschuldigung in einer Riesner Zeitung wegen
einer Grabrede zum Tode eines HJ-Jungen (1936).
Verstorben am 5.7.1951.
Lit.: RPB III, 10, 240.

BREMS, ALOIS
1906 04 19
Eichstätt
Dir. d. Diözesan-Jugendseelsorgsamtes
Dr. theol.
Wegen Verstoßes gegen die Devisenbestimmungen
Einzug von 100 RM Geldstrafe durch die Devisen-

fahndungsstelle Nürnberg sowie eine Haussuchung
durch die Gestapo und die Devisenfahndungsstelle.
Entzug des Auslandspasses sowie Post- und Tele-
fonueberwachung.
Lit.: Bayern in der NS-Zeit II, 229.

BREMS, ANTON
1903 07 20
Tagmersheim
Pfarrer
Vorladung durch die Gestapo München am 7.12.1943
wegen Übertretung des Feiertagsverbots, ohne
weitere Straffolgen.

BREMS, RUPERT
1900 12 28
Berg
Pfarrer
1933/34 wegen enger Zusammenarbeit mit einem
Lehrer eine Beanstandung durch den Schulrat.
Am 15.8.1942 eine Verwarnung durch die Gestapo
Regensburg.
Einzug von 300 RM Sicherungsgeld.
20 RM Geldstrafe wegen Lichterprozession bei der
Christmette 1943.
Verstorben am 20.5.1965.
Lit.: RPB IV, 259.

BRENNER, MAX
1900 05 10
Obermäßing
Pfarrprovisor, Pfarrer
Durch den Landrat 1940-1941 mehrere Androhungen
von Unterrichtsverbot, im August 1941 ohne Begründung Schulverbot.
1941 wegen Vergehens gegen das Feiertagsrecht
(Fronleichnam) Einzug von 200 RM Geldstrafe.
Im Mai 1942 Verhaftungsandrohung wegen „Druck-
ausübung" bezüglich des Besuchs der Kinder-
seelsorgstunden.
1942 eine Verwarnung wegen Verlesung des Möldersbriefes.
Aufgrund körperlicher Züchtigung eines Jugendlichen im Juli 1942 eine Gerichtsverhandlung
und Einzug von 50 RM Geldstrafe.
Weitere Geldstrafen: 5 RM aufgrund einer Ver-
dunkelungsanzeige, 120 RM wegen Verstoßes gegen das Feiertagsrecht (Christi Himmelfahrt).
Verstorben am 29.12.1959.
Lit.: RPB II, 417, 419, 422.

BRENNER, OTTO
1894 11 16
Mitteleschenbach / Spielberg
Pfarrer / Benefiziat
Seit 1932 öffentliche Anschuldigungen durch
die nationalsozialistische Presse.
Ab dem 29.6.1933 als „unversöhnlicher Gegner

des Nationalsozialismus" auf der „schwarzen
Liste" geführt.
Von 1933 bis 1945 Postüberwachung.
Im Mai 1939 Entzug des Führerscheins für das
zu Filialfahrten dringend benötigte Motorrad.
Am 16.11.1939 durch die NSDAP und den Landrat
zum Verzicht auf die Pfarrei Mitteleschenbach
gezwungen.
Schikanen und Verwarnung durch den Kreisleiter,
den Ortsgruppenleiter, einen SA-Führer und
den Schulleiter.
Verstorben am 1.3.1981.
Lit.: RPB II, 260, 331.

BRUECKL, OTTO
1904 03 06
Wemding
Wallfahrtskooperator
Eine Verwarnung wegen der vom Sturm zerrissenen
NS-Flagge auf dem Kirchturm.
Schärfste Überwachung der „Fatimatage" sowie
Verhör des Predigers; 1938 Verbot der „Fatima-
tage".
Bedrohung wegen Meßgeldannahme.
Verbot der Autobusfahrten zur Wallfahrt sowie
Verbot geschlossener Wallfahrten.
Verwarnungen durch die Gestapo und die Gauluft-
stelle wegen Polen in der Wallfahrt und angeb-
licher Übertretung der Luftschutzvorschriften.
Von 1942 bis 1945 Unterrichtsverbot in Nörd-
lingen.
Verstorben am 30.8.1981.
Lit.: RPB III, 113f., 219.

BUCHNER, STEPHAN
1906 02 28
Beilngries / Eichstätt (Dompfarrei)
Kaplan, Domvikar
Vorladung der Kreisleitung wegen Verweigerung
des Hitlergrußes und regimekritischer Äußerungen.

BUTZ, KARL
1888 06 05
Kirchanhausen
Pfarrer
Verhör durch die Gendarmerie Kinding 1937 im
Pfarrhaus zu Kirchanhausen.
Verstorben am 21.9.1968.

DAUER, KARL
1879 10 25
Staufersbuch
Pfarrer
1941 aufgrund eines Vergehens gegen das Feiertagsrecht (Christi Himmelfahrt) ein Strafbefehl. Das Verfahren wurde am 5.5.1942 wegen
Einspruchs eingestellt.
Verstorben am 27.4.1961.

DAUM, GEORG
1900 12 12
Hagsbronn / Kinding
Kooperator / Pfarrer
1937 wegen einer Caritassammlung ein Verhör
durch die Gestapo.
1940 aufgrund mehrerer Feiertagsgottesdienste
eine Verwarnung durch die Staatsanwaltschaft
Eichstätt.
Verstorben am 2.1.1970.

DAUM, SIMPERT
1907 07 09
Heilsbronn
Expositus
Wegen Verlesens und angeblicher Verbreitung des
Möldersbriefes ab Frühjahr 1942 bis Septem-
ber 1942 Unterrichtsverbot. Durch das Eingreifen
des Wehrkreispfarrers wurde eine Enthebung als
Standort- und Lazarettpfarrer verhindert.
Verstorben am 17.2.1978.

DEBATIN, GUSTAV
1874 06 13
Eichstätt (St. Walburg) /Ingolstadt (St. Josef)
Stadtpfarrer / Kommorant
Androhung einer Haussuchung bezüglich der
Akten des Arbeitervereins.
In einer öffentlichen Versammlung durch den
Kreisleiter der Frechheit bezichtigt.
Verstorben am 27.2.1961.

DIRSCH, RICHARD
1914 05 21
Ingolstadt (St. Anton) / Theilenberg
Aushilfspriester / Pfarrvikar
Vor Schulkindern durch den Kreisleiter von
Ingolstadt und die Gestapo diskreditiert.
Wegen Jugendarbeit eine Verwarnung durch den
Kreisleiter von Ingolstadt.
Eine Verwarnung durch die Gestapo München.
Drei Wochen Haft im Amtsgericht Ingolstadt.
Einzug von 500 RM Sicherungsgeld.
Durch das Amtsgericht Ingolstadt zu 210 RM
Geldstrafe verurteilt wegen Körperverletzung
in Ausübung des Amtes.
Am 3.12.1943 Versetzung, da „als Lehrer und
Erzieher deutscher Jugend gänzlich ungeeignet".
Lit.: RPB I, 342f.

DIRSCH, PHILIPP
1908 05 24
Pleinfeld / Weißenburg / Spalt / Ingolstadt
Kooperator / Nebenamtl. Standortpfarrer / Kaplan
Wegen des Christusbanners und der Auflösung
des Jungmännerverbandes im Frühjahr 1938
eine Haussuchung.
Wegen Einhebung der Beiträge für das Werk der
hl. Kindheit ein Verhör durch einen Amtsrich-

ter.
Im Februar 1943 wegen Versendung von 300 Weihnachtsfeldpostpaketen an die Soldaten der Pfarrei ein Verhör. Vor Ostern Beschmierung der Haustür der Kaplanswohnung mit unflätigen Ausdrücken, unterschrieben mit „die deutsche Jugend".
Als Kaplan in St. Moritz Ingolstadt eine Vorladung vor das Amtsgericht.
Am 14.1.1943 auf Betreiben der Kreisleitung Ingolstadt des Amtes als Standortpfarrer enthoben.
Verstorben am 1.10.1970.

DOERR, FRIEDRICH
1908 03 07
Fünfstetten / Wemding / Dietfurt / Eichstätt
Kooperator / Benefiziumsprovisor
Dr. theol. et phil.
Im Mai 1938 eine Verwarnung durch den Landrat von Donauwörth (im Auftrage der Gestapo).
Verweigerung der Predigerstelle in Wemding durch den Bürgermeister von Wemding und den Kreisleiter in Donauwörth.
Am 20.4.1938 ein Verhör durch die Gendarmerie Wemding wegen regimekritischer Äußerungen.
Lit.: RPB III, 164.

DOERR, JOSEF
1898 02 22
Landershofen / Erkertshofen
Expositus / Pfarrer
1933 wurde zweimal ein schon ausgestellter Haftbefehl zurückgezogen (wegen Todesfall der Mutter und wegen einer Primizfeier). Im Juli 1933 öffentlich durch die HJ verspottet.
Im Oktober 1935 durch die Gendarmerie Eichstätt verhört.
Beschlagnahme des Personenkraftwagens.
1937 ein Verhör durch die Polizei.
Setzung auf eine „schwarze Liste Nr. 18".
1938 Redeverbot wegen Vergehens gegen den Kanzelparagraphen, ein diesbezügliches Verfahren wurde eingestellt.
Verstorben am 25.11.1969.

DORNER, FRANZ XAVER
1908 06 03
Eimskeim
Pfarrprovisor
Verwarnungen wegen Gottesdienstabhaltung an rein kirchlichen Tagen und wegen zusätzlichem Religionsunterricht.
Unterrichtsverbot wegen körperlicher Züchtigung eines Schülers.
Beanstandung des Ortsgruppenleiters wegen schulischer Angelegenheiten und Verwarnung wegen Nichtbeflaggung.
Lit.: RPB III, 235.

EHGARTNER, JAKOB
1876 08 08
Pleinfeld
Pfarrer
1941 wegen Kritik an sagenhaften Vornamen für Kinder eine Verwarnung und ein Verweis.
Wegen einer Meßfeier an Christi Himmelfahrt 1941 100 RM Geldstrafe, ein Verhör durch den Gendarm sowie eine Vorladung zum Landrat.
Mehrere Haussuchungen nach Hirtenbriefen.
Über lange Zeit hinweg Post- und Telefonüberwachung.
Verstorben am 7.1.1955.
Lit.: RPB II, 387f.

EICHENSEHER, WOLFGANG
1892 02 19
Raitenbuch / Röttenbach
Pfarrer
Eine Verwarnung durch das Oberlandesgericht Nürnberg.
1941 wegen Vergehens gegen das Feiertagsrecht (Fronleichnam und Christi Himmelfahrt) 500 RM Geldstrafe und ein ausführlicher Bericht über seine politische Haltung.
Beanstandung durch Kreisleiter und Ortsgruppenleiter.
Verwarnungen, Androhungen und Schikanen.
Über die Wahlzeit eine 14tägige Ausweisung aus der Pfarrei Röttenbach.
Anzeige und Schikanen durch den SS-Gendarmeriekommissar in Röttenbach.
Verstorben am 30.1.1970.

ENDRES, GEORG
1897 03 27
Raitenbuch
Pfarrer / Pfarrprovisor
Wegen Vergehens gegen das Heimtückegesetz am 28.9.1935 durch das Sondergericht Nürnberg zu vier Monaten Haft verurteilt.
Nach der Entlassung aus dem Gefängnis infolge 10monatiger Verzögerung der staatlichen Verleihung der Pfarrei Raitenbuch finanzielle Verluste.
Anzeigen wegen einer Sammlung für eine Marienfahne, wegen eines Opferganges für die Priestergräber sowie wegen Verherrlichung der Hebräerin Judith im Bibelunterricht.
Wegen Vergehens gegen den Kanzelparagraphen am 19.11.1941 eine Verhandlung vor dem Sondergericht München, diese endete mit Freispruch, der Pfarrer erhielt jedoch durch die Regierung von Mittelfranken für dreieinhalb Jahre Schulverbot.
Wegen Austritts aus der NSV am 1.12.1941 eine Verwarnung.
Im April 1943 eine Anzeige wegen Kanzelmißbrauchs und Beleidigung der deutschen Wehr-

macht, daraufhin Verwarnungen durch die Gestapo Nürnberg und den Oberstaatsanwalt in Eichstätt.
Verstorben am 1.2.1979.
Lit.: RPB II, 361, 368, 379, 383, 398, 401, 405, 431.

ENGELHARDT, FRANZ XAVER
1892 06 07
Wettstetten
Pfarrer
Im Januar 1939 wegen des Hitlergrußes in der Schule eine Verwarnung durch den Bezirksoberamtmann von Ingolstadt.
1944 wegen Nichtunterbrechung des Gottesdienstes trotz Fliegeralarms 500 RM Geldstrafe (nach Kriegsende zurückerhalten) sowie Unterrichtsverbot durch den Regierungspräsidenten von Oberbayern.
Des weiteren mehrere Verhöre und Androhung einer Haussuchung.
Verstorben am 18.6.1964.

ERNST, SEBASTIAN
1879 07 31
Oberhaunstadt
Pfarrer
1933 zwei Vorladungen durch einen Sonderkommissar.
Zwei Verwarnungen mit Haftandrohungen.
Ein Bittgesuch für die Abhaltung einer Generalversammlung des Arbeitervereins wurde abgelehnt.
Strenge Überwachung des Pfarrers (Warnung eines Gendarms).
Verstorben am 19.9.1958.

ETTL, JOHANN BAPTIST
1885 04 16
Breitenbrunn / Eichstätt (St. Walburg)
Pfarrer / Stadtpfarrer
Amtliche Verwarnung wegen wiederholter Abhaltung eines feierlichen Gottesdienstes.
Aufgrund von Predigtäußerungen eine Vorladung und eine Verwarnung.
Verstorben am 26.1.1968.

FAERBER, SEBASTIAN
1891 01 18
Arberg
Pfarrer
1938 wegen Kanzelmißbrauchs eine Verwarnung mit Strafandrohung durch den Landrat von Feuchtwangen.
Verstorben am 17.12.1957.

FEDERL, FRANZ XAVER
1908 02 19
Treuchtlingen / Berching / Ornbau / Ingolstadt

Kooperator / Prädikaturbenefiziumsprovisor
1935 und 1937 Verwarnungen, 1938 Schulverbot wegen Auseinandersetzungen mit Schülern über den Nationalsozialismus.
Öffentliche Anschuldigung: Mit Ölfarbe das Wort „Volksverräter" auf die Hausfront geschmiert.
Einschlagen der Fenster durch große Steine.

FEIERLER, MICHAEL
1900 08 30
Traunfeld
Pfarrer
Zweimal 200 RM Geldstrafe.
Durch den Regierungspräsidenten Unterrichtsverbot vom 15.10.1941 bis zum 31.3.1942.
Am 9.6.1942 wegen Vergehens gegen das Feiertagsgesetz (Himmelfahrts- und Fronleichnamstag 1941) durch das Amtsgericht Neumarkt zu 300 RM Geldstrafe verurteilt. Nach einer zweiten Berufungsverhandlung im Oktober 1942 teilweiser Strafnachlaß.
Verstorben am 1.8.1981.
Lit.: RPB IV, 298.

FEIHL, GEORG
1879 08 06
Emsing
Pfarrer
Androhungen wegen Predigtäußerungen und Unterlassung des Glockengeläutes am 1.Mai 1935.
Verstorben am 14.10.1947.

FETSCH, ALOYS
1910 06 14
Habsberg
Wallfahrtskooperator
Wegen Predigtäußerungen im Februar 1940 eine Verwarnung durch die Polizei.
Die Reichsschrifttumskammer zog 600 RM Geldstrafe ein aufgrund der Herausgabe eines Wallfahrtsbüchleins ohne Meldung bei der Kammer (Betrag 1946 zurückerhalten).

FLEISCHMANN, ALFONS
1907 05 26
Ingolstadt
Direktor des Canisiuskonvikts
Dr. theol.
Zwangsweise Abdankung am 15.5.1941 als Direktor des Studienseminars Canisiuskonvikt wegen antinationalsozialistischer Erziehung der studierenden Jugend.

FLOCK, MICHAEL
1907 01 27
Hilpoltstein
Kooperator
Im September 1933 ein Verhör durch die Polizei

wegen Versammlungen der Kolpingfamilie.
Während der Abstimmung für die Gemeinschaftsschule am 1.12.1937 durch die Gestapo im Landratsamt Hilpoltstein festgehalten und verhört.
Am 10.12.1937 wegen Verbreitung eines Hirtenbriefes bezüglich der Bekenntnisschule durch
die Polizei verhört sowie Haussuchung.
Im Februar 1938 anläßlich der Auflösung des
Jungmännervereins eine Haussuchung und Beschlagnahme von Schriften durch die Gestapo.

FORSTER, JOHANN BAPTIST
1900 04 23
Huisheim / Wemding
Pfarrer / Stadtpfarrer
Wegen Angriffs auf die HJ, Ausübung religi-
ösen Zwanges auf Christenlehrpflichtige und
wegen Abhaltung von feierlichen Gottesdiensten
an staatlich abgeschafften Feiertagen sechs
Verwarnungen durch den Landrat bzw. die Orts-
polizei im Auftrag der Gestapo München.
Androhung von Schulverbot; Einzug von 1000 RM
Sperrgeld für drei Jahre.
Vorladung ins Bürgermeisteramt wegen Abschaf-
fung der Fatimatage.
Seit Mai 1938 als staatsgefährdendes Element
ständig überwacht.
Ein kurz vor Kriegsende von der Gestapo ausgestellter Haftbefehl wurde wegen Feindnähe von
Ortspolizei und Landrat nicht mehr durchge-
führt.
Lit.: RPB III, 168, 211, 221.

FRANZ, JAKOB
1890 07 24
Neukirchen
Pfarrer
Zwei Verwarnungen durch die Polizei:
1940 wegen Unterstützung eines polnischen Zi-
vilarbeiters;
1943 aufgrund der Teilnahme ukrainischer
Arbeiter am Ostergottesdienst für polnische
Zivilarbeiter.
Wegen Abhaltung eines feierlichen Gottes-
dienstes an Christi Himmelfahrt 1941 Unter-
richtsverbot durch den Regierungspräsidenten
(2.11.1941 bis 1.4.1942).
Durch die Kreisleitung Androhung einer Verset-
zung.
Verstorben am 22.2.1966.
Lit.: RPB IV, 298.

FREMMER, JOSEPH
1904 01 25
Wemding / Ingolstadt (St. Joseph) / Huisheim
Wallfahrtskooperator / Benefiziumsprovisor / Pfarrer
Wegen des Möldersbriefes ein Verhör durch
die Gestapo.
Beschlagnahme von Feldpostbriefen und Karten

durch die Gendarmerie.
Verstorben am 13.6.1982.

FUCHS, JOHANN MARIA
1912 02 08
Deining / Habsberg / Walting / Ammerfeld
Wallfahrtskooperator / Pfarrprovisor
Wegen Kanzelmißbrauchs 1938 eine Vorladung
durch die Polizei.
Am 17.8.1938 wegen einer Predigt gegen die Gemeinschaftsschule ein Verhör vor dem Amtsge-
richt.
Im Herbst 1938 wegen staatsfeindlicher Betäti-
gung eine Verwarnung durch den Staatsanwalt.
Wegen kirchlicher Angelegenheiten Unterrichts-
verbot (Febr. bis Juni 1942) durch den Landrat.
Aufgrund Verletzung des Feiertagsgesetzes am
8.12.1943 Verhör und Vorladung durch die Ge-
stapo.
Im Juni 1944 wegen Übertretung des Feiertags-
gesetzes durch das Amtsgericht zu 100 RM Geldstrafe verurteilt.
Im November 1944 wegen Kanzelmißbrauchs eine
Verwarnung durch die Gestapo.
Verstorben am 13.3.1983.
Lit.: RPB III, 235.

GAESSL, LUKAS
1895 11 29
Hainsberg
Pfarrer
1941 wegen einer Prozession an Christi Himmelfahrt eine Vorladung durch die Gendarmerie.
1943 wegen Flurprozession 157,50 RM Geldstrafe durch ein Gericht.
Anordnung des Gendarmeriekommissars, die Kirchenfahne am Fronleichnamsfest mehrerer Jahre
einzuziehen.
Des weiteren Predigtüberwachung.
Verstorben am 19.1.1969.

GAGERN, FRIEDRICH FREIHERR VON
1872 06 02
Mündling
Pfarrer
Verhör durch den Landrat wegen Verlesung eines
Hirtenbriefes bezüglich der Konfessionsschulen
(1936).
Verstorben am 31.1.1952.

GEITNER, ANTON
1888 01 18
Großenried / Monheim
Pfarrer / Stadtpfarrer
Verweis der Gestapo und wiederholte Haftandro-
hungen.
Predigtüberwachung in Monheim und Großenried.
Wegen berechtigter sittlicher Beanstandung
eines Naziabgeordneten eine Verwarnung durch

den Ortsgruppenleiter.
Anzeige bei der Kreisleitung Ansbach wurde durch
den gemäßigten Ortsgruppenleiter Ostern 1937
niedergeschlagen.
Über mehrere Jahre hinweg Post- und Telefonüberwachung in Monheim.
Verstorben am 27.9.1972.

GERNER, MICHAEL
1889 09 23
Sulzbürg
Pfarrer
Dr. theol.
1935 wegen Predigten über „Katechismus-Wahrheiten" eine Verwarnung durch den Ortsgruppenleiter und den Kreisleiter.
Aufgrund politischer Unzuverlässigkeit 1936,
1938 und 1939 durch staatliche Stellen bei der
Bewerbung um eine Pfarrstelle übergangen.
1937 wegen zu geringer Gaben zum Winterhilfswerk
durch den Kreisleiter verwarnt und als „Sabo-
teur" bezeichnet.
Von 1933 bis zum Kriegsausbruch in Versammlungen ständig verhöhnt.
Wegen Geschenken zum 25jährigen Priesterjubiläum im Juni 1940 eine Vorladung und ein Verhör, der Landrat schlug das Verfahren jedoch
nieder.
Im Juni 1940 wegen Feindbegünstigung eine Verwarnung mit Strafandrohung durch den Landrat
(im Auftrag der Gestapo Regensburg).
Verstorben am 25.3.1969.

GERNGROSS, JOHANN BAPTIST
1890 02 08
Altdorf
Pfarrer
Im Mai 1935 wegen Predigtäußerungen eine Verwarnung.
1937 eine Anklage wegen groben Unfugs (Glockenläuten), das Verfahren wurde jedoch eingestellt.
Des weiteren Predigtüberwachung.
Verstorben am 13.4.1969.

GIRBINGER, ALFONS
1902 05 18
Greding / Joshofen
Kooperator, Pfarrprovisor
Eine Anzeige wegen Nichthissens der Hakenkreuz-
fahne.
Eine Anzeige bei der Staatsanwaltschaft Eich-
stätt wegen „öffentlicher Unruhestiftung"
(Läuten zum Schutz der Konfessionsschule).
Predigtüberwachung durch Polizei und NSDAP-
Mitglieder.
Da der Pfarrer bei der Reichstagswahl 1936 mit
„nein" gestimmt hatte, wurden die Fenster
seiner Wohnung eingeschlagen.

1936 Verhör, Haussuchung sowie Beschlagnahme
von Büchern und Post durch die Gestapo.
1939 wegen Predigtäußerungen ein Verhör
durch die Kreisleitung Neuburg.
Aufgrund einer Predigt am Christkönigsfest
1941 eine Verwarnung durch die Polizei.
Lit.: RPB II, 85.

GLOSS, JOSEF
1883 09 20
Heideck
Stadtpfarrer
Zweimal ein Fenster im Pfarrhof eingeworfen.
Eine Haussuchung durch Polizei, Bürgermeister
und Ortsgruppenleiter.
Wegen Unterlassung des Hitlergrußes in der
Schule eine Verwarnung durch die Schulbehörde.
Wegen Nichtanmeldung einer Frauenbundsversamm-
lung eine Verwarnung durch den Landrat.
Ein Strafverfahren vor dem Landgericht Nürn-
berg wegen Vergehens gegen das Feiertagsrecht
endete mit einer Verwarnung.
Lit.: RPB II, 299, 430.

GMELCH, JOSEF
1881 04 22
Eichstätt
Studienprofessor / Schriftleiter
Dr. phil.
Wegen antinationalsozialistischer Betätigung
am 22.9.1933 als „krankheitshalber dienstun-
fähig" beurlaubt und am 1.4.1934 aus dem
Staatsdienst entlassen und in den Ruhestand
versetzt.
Vom 28.6. bis zum 5.7.1933 als ehemaliger
Fraktionsvorsitzender der Bayerischen Volks-
partei im Stadtrat Eichstätt in Schutzhaft
genommen.
Am 22.9.1933 eine Protestkundgebung der NSDAP
zum Thema: „Religionslehrer Dr. Gmelch und der
Nationalsozialismus."
Verstorben am 17.3.1945.
Lit.: RPB II, 214, 220.

GOETTLER, WILLIBALD
1909 02 23
Mitteleschenbach
Pfarrer
150 RM Geldstrafe und 7.50 RM Gebühren we-
gen Abhaltung eines Gottesdienstes an
Christi Himmelfahrt 1941.
Vorladung und Verhör durch den Amtsrichter.
Verstorben am 30.11.1983.
Lit.: RPB II, 424.

GOETZ, FRANZ XAVER
1910 12 31
Kastl / Schelldorf
Kaplan / Benefiziumsprovisor / Pfarrer

1938 ein Verhör durch die Polizei wegen Volks-
beunruhigung aufgrund von Glockengeläute, Verlesens und Verbreitens eines Hirtenbriefes bezüglich der Gemeinschaftsschulabstimmung.
Im Juli 1941 wegen Predigtäußerungen ein
Verhör durch die Polizei.
Im Januar 1944 wegen einer „Erziehungspredigt"
eine Vorladung und eine Verwarnung durch den
Ortsgruppenleiter.

GOETZ, GEORG
1888 10 15
Hilpoltstein
Stadtpfarrer
Wegen Predigtäußerungen eine Verwarnung durch
den Kreisleiter.
Am 10.12.1937 ein Verhör durch die Gestapo.
1938 wurde eine Geldstrafe in Höhe von 40 RM
wegen groben Unfugs aufgrund einer Amnestie er-
lassen.
Wegen Predigtäußerungen Verwarnungen und An-
drohung einer Verhaftung durch den Parteige-
schäftsführer.
Wegen Verlesung von Hirtenbriefen mehrere
Haussuchungen durch die Polizei und die Gesta-
po.
Wegen Übertretung des Flaggenverbots an Fron-
leichnam und bei Primizen Beschlagnahme der
Flaggen und Verbot der Verwendung von Kranz-
schleifen in kirchlichen Farben durch die Gendarmerie.
Des weiteren Postüberwachung und zahlreiche
Verhöre durch die Gestapo.
Verstorben am 6.5.1948.
Lit.: RPB II, 292.

GOETZ, GEORG
1897 08 25
Preith / Unsernherrn
Pfarrer
Dr. theol.
Wegen Nichtbeflaggung am Frankentag 1940 ein
Verhör durch die Polizei.
Aufgrund Verlesens eines Hirtenbriefes bezüglich der Konfessionsschule ein Verhör durch
die Gestapo sowie ein Gerichtsverfahren, das
jedoch wieder eingestellt wurde.
Wegen eines Gottesdienstes an Christi Himmelfahrt 1941 ein Verhör durch die Gestapo sowie
gerichtliche Verurteilung zu 50 RM Geldstrafe
und Tragung der Kosten des Verfahrens (das Urteil wurde in der Berufung bestätigt).
Lit.: RPB II, 424.

GOETZ, JOHANN BAPTIST
1881 12 19
Ornbau
Stadtpfarrer
Wegen Predigtäußerungen Schutzhaft vom 30.6

bis zum 5.7.1933 sowie vom 5. bis zum 21.10.1933,
veranlaßt durch das Bezirksamt.
Des weiteren am 27.6.1933 eine Haussuchung
wegen Verweigerung des Hitlergrußes im Religionsunterricht.
Zwischen 1933 und 1937 mehrere Versetzungsge-
suche durch Partei- und Staatsstellen (z.B.
Kreisleitung, Reichskirchenministerium).
Im November 1935 wegen der Weigerung, einen
Eröffnungsnachweis zu einem Erlaß zur Beflaggung von Kirchengebäuden zu unterzeichnen,
eine Verwarnung durch das Bezirksamt Feuchtwangen.
1938 Schulverbot aufgrund der Nichtdurchfüh-
rung von Glockengeläute am Vorabend des Wahl-
tages (Pastoralblatt mit Anweisung nicht erhalten). Ebenfalls 1938 wegen fortgesetzten
staatsabträglichen Verhaltens nach der Wahl
eine Verwarnung durch die Gestapo. Des weiteren
wurden nach dem schlechten Wahlergebnis Fenster
im Pfarrhof eingeworfen.
Vom 7.1. bis Anfang April 1944 Schutzhaft,
daraufhin am 28.7.1944 „freiwillige" Resignation des Pfarrers.
Verstorben am 25.4.1954.
Lit.: RPB II, 270, 282, 285, 296.

GOTTSCHALK, JOHANN BAPTIST
1875 12 19
Berngau
Pfarrer
Verwarnung und Beschlagnahme von Hirtenbriefen
sowie Predigtüberwachung.
Da der Pfarrer im März 1933 trotz Aufforderung
seitens der SA nicht zur Wahl gegangen war,
wurden Fenster im Pfarrhaus zertrümmert und
der Pfarrer durch Beamte und Lehrer gesell-
schaftlich boykottiert.
Wegen Vergehens gegen die Verordnung über den
Himmelfahrts- und Fronleichnamstag 1941 zu 300
RM Geldstrafe und 18,80 RM Gebühren verur-
teilt.
Verstorben am 18.9.1950.

GRABER, RUDOLF
1903 09 13
Neumarkt / Wasserzell / Eichstätt
Religionslehrer / Expositus / Domprediger / Dozent
Prof. Dr. theol.
Im Juni 1933 erfolgte wegen politischer Differenzen eine Versetzungsanzeige durch den Real-
schuldirektor von Neumarkt.
1934 aufgrund einer Predigt über den „Anti-
christen" Androhung von KZ-Haft in Dachau.
Im Zusammenhang mit der Auflösung der katholischen Jugendverbände am 25.1.1938 eine Haussuchung durch die Gestapo Nürnberg.
1939 wurde ein Verfahren wegen angeblicher
Übertretung des Sammlungsgesetzes eingestellt.

Aufgrund angeblich unerlaubter Briefbeförderung nach Italien 1941 ein Verhör durch die Polizei.
Wegen verspäteten Hissens der Fahne, zu kurzem Glockengeläut beim Fall von Warschau usw. mehrere mündliche Verwarnungen durch den Ortsgruppenleiter.
Bis kurz vor Kriegsende Postüberwachung.
Prof. Dr. Graber wurde am 28.3.1962 zum Bischof von Regensburg ernannt.

GRAF, GEORG
1899 08 07
Hofstetten / Donaueschingen
Pfarrer / Wehrmachtspfarrer
Wegen angeblichen Vergehens gegen das Sammlungsgesetz eine Vorladung zum Landrat von Eichstätt sowie ein Verhör durch den Kreisamtsleiter der NSV.

GRAF, JOSEF
1880 10 26
Treuchtlingen
Stadtpfarrer
Wegen Möbelkaufs bei einem Juden durch die nationalsozialistische Presse verunglimpft.
Verstorben am 11.6.1939.

GRASER, JOHANN
1879 10 24
Oberweiling
Pfarrer
Im Zusammenhang mit der Feiertagsordnung ca. 10 Vorladungen zur Polizei sowie eine gerichtliche Untersuchung.
Verstorben am 25.1.1957.

GRIESBAUER, JOSEF
1892 05 20
Großalfalterbach
Pfarrer
1936 wegen Unterlassung des Hitlergrußes durch den Kreisleiter verwarnt.
Mehrere Verhöre und ein Versetzungsantrag durch den Bürgermeister aufgrund regimekritischer Äußerungen am 10.5.1941.
Des weiteren 100 RM Geldstrafe wegen Vergehens gegen das Feiertagsrecht (Christi Himmelfahrt 1941).
Verstorben am 23.6.1957.

GSANDNER, MATHIAS
1881 10 28
Kipfenberg
Pfarrer
Gleich nach der Machtübernahme als Geisel verhaftet und acht Tage in Eichstätt festgehalten.
Verstorben am 13.10.1939.

GUPPENBERGER, JOHANN
1905 09 18
Wemding / Neumarkt / Pölling
Kooperator / Expositus / Pfarrer
Wegen Vergehens gegen die Verordnung über den Himmelfahrts- und Fronleichnamstag 1941 durch das Amtsgericht Neumarkt zu 200 RM Geldstrafe verurteilt (vom Eichstätter Ordinariat zurückerhalten).
Von 1940 bis 1944 polizeiliche Überwachung.
Die Soldatenadressen der Pfarrei sowie 80 Feldpostpakete wurden durch die Gestapo beschlagnahmt (die Pakete wurden auf Verlangen zurückgegeben).
Verstorben am 24.4.1984.
Lit.: RPB IV, 212.

GUTTENBERGER, JOSEF
1883 03 19
Lenting
Pfarrer
Ablehnung seiner Beförderung durch Staat und Partei. Am 30.6.1933 bei der Teilnahme an einer Beerdigung von einem SA-Mann verhaftet. Nach 12 Tagen durch Vermittlung des Vaters des Reichsführers der SS entlassen.
Haussuchung sowie Beschlagnahme von Akten und Zeitungsartikeln.
Verstorben am 17.1.1945.

HACKER, HERMANN
1907 04 05
Gungolding / Lauterhofen / Kastl
Kaplan
1933 in Lauterhofen Aufmarsch eines auswärtigen SA-Sturmes vor dem Pfarrhof, Hetzreden, Bedrohungen und Beschimpfungen gegen die Ortsgeistlichen.
Wegen des Hitlergrußes 1933 zweimal verhört.
Bedrohung und Ausweisung aus der Schule mit Gewaltanwendung durch Lehramtsanwärter.
Mehrmals nach Verlesung von Hirtenschreiben Personalienaufnahme durch die Polizei.
Verstorben am 25.7.1951.

HARRER, FRANZ
1888 02 03
Tagmersheim / Töging
Pfarrer
1937 Verweigerung des Pfründetausches wegen „politischer Unzuverlässigkeit". In Tagmersheim festgehalten bis zum 3.3.1937 aufgrund Einspruchs der Kreisleitung Donauwörth gegen die Versetzung.
1942 wegen einer Meßfeier an Christi Himmelfahrt durch das Amtsgericht zu 60 RM Geldstrafe und 50 RM Gerichtskosten verurteilt.
Verstorben am 6.11.1964.
Lit.: RPB III, 230.

HARRER, JOHANN
1906 12 14
Ingolstadt (St. Joseph)
Kooperator
Im Zusammenhang mit der Aufhebung des katholischen Jungmännervereins Ingolstadt eine Haussuchung durch die Gestapo München sowie Beschlagnahme von amtlichem und privatem Material.

HARRER, LUDWIG
1896 10 04
Eutenhofen
Pfarrer
Wegen einer Meßfeier an Christi Himmelfahrt 1941 Einzug von 200 RM Sicherungsgeld (1944 mit Zinsen zurück).
Ab dem 6.11.1941 Schulverbot (ohne Begründung).
Verstorben am 1.12.1954.

HARRER, MARKUS
1905 04 23
Eichstätt / Feucht
Dompfarrkooperator / Pfarrer
1935 Verbot der Vorträge im Gesellenverein Eichstätt; religiöse Vorträge wurden überwacht.
Wegen aktiver Teilnahme an der Namenstagsfeier der katholischen Jugend für den Bischof eine Vorladung des Landgerichts Eichstätt.
1937 sollte ein päpstliches Schreiben beschlagnahmt werden, es war jedoch schon verteilt.
Als Präses des Gesellenvereins durch die Gestapo verhört.
1938 Schulverbot in der Berufsschule Eichstätt.
Wegen kirchlicher Regelung der Ehe eines Nationalsozialisten 1940 eine schriftliche Verwarnung durch den Kreisleiter.
Im Oktober 1943 wegen Arbeiten an der kriegsbeschädigten Pfarrkirche ein Verhör durch die Polizei.
Verstorben am 1.9.1983.
Lit.: RPB II, 242f.

HAUSMANN, HANS
1910 08 01
o.O.
Wehrmachtsangehöriger
1943 wurde eine Eingabe des Kompaniechefs bei der Heeresgruppe B zur Ernennung Hausmanns zum Reserveoffiziersanwärter und späterer Beförderung unter Hinweis auf den „Theologenparagraphen" abgelehnt.
Verstorben am 13.9.1981.

HAUSMANN, JOSEPH
1868 11 01
Windsbach
Kommorant
1939 wegen Nichthissens der Flagge zwei mündliche Verwarnungen durch die Polizei.
Eine Haussuchung nach dem „Möldersbrief" blieb erfolglos.
Ein Angriff im „Stürmer", weil der Kommorant einen Schwerkranken vor den Nationalsozialisten gewarnt hatte.
Des weiteren von Schulkindern verspottet und mit Schneebällen beworfen; Beschmutzung der Hauswände.
Verstorben am 4.1.1955.

HAUSNER, JOHANN BAPTIST
1877 02 24
Velburg
Stadtpfarrer
Ca. sieben Verhöre wegen Vergehens gegen das Feiertagsrecht (Christi Himmelfahrt) sowie eine Vorladung vor die Polizei. Ein Verfahren wurde niedergeschlagen.
Verstorben am 14.12.1947.

HEIGL, LUDWIG
1910 03 24
Neumarkt
Kaplan
Wegen „staatsfeindlicher Haltung im Unterricht" durch einen Berufsschullehrer bei der Polizei angezeigt. Da die Schüler zum Kaplan hielten, konnte die Polizei nichts ausrichten.
Störung der religiösen Unterweisung der Jugendlichen durch die Polizei.
Wegen Predigtäußerungen mehrfache Androhung von Anzeigen durch den Ortsgruppenleiter.
Des weiteren Predigtüberwachung. Der Kaplan wurde jedoch oft gewarnt.

HEINDL, ANDREAS
1912 03 17
Monheim
Kooperator
Ein Strafverfahren wegen einer „Osterbeichtzettelsammlung" wurde am 9.9.1939 durch die Staatsanwaltschaft Augsburg eingestellt.
Verstorben am 19.4.1983.

HEINDL, JAKOB
1883 01 20
Wissing
Pfarrer
Wegen feierlicher Abhaltung eines Gottesdienstes an Christi Himmelfahrt ein Verhör durch die Polizei. Eine gerichtliche Untersuchung blieb ergebnislos.
Verstorben am 11.12.1952.

HEINLOTH, WILLIBALD
1883 07 02
Ochsenfeld
Pfarrer
Am 3.3.1937 Aufenthaltsverbot für Pfarrei und
Diözese, im Juni Beschränkung des Verbotes
auf die Pfarrei Ochsenfeld.
Ein Strafverfahren wegen Kanzelmißbrauchs und
Vergehens gegen das Heimtückegesetz wurde am
5.9.1937 eingestellt.
Verstorben am 27.7.1955.
Lit.: Neuhäusler II, 174, 176.

HELLER, ALOIS
1913 09 18
Rom / Ingolstadt (St. Anton)
Theologiestudent, Kooperator
Von 1934 bis 1945 Postüberwachung.
Ab 1938 Devisensperre als Theologiestudent in
Rom und Sperre jeglicher Paketsendungen.
1941 Paßentzug („als Pfarrer kommen Sie nie
mehr nach Deutschland") und Konfiszierung von
Gegenständen beim Grenzübergang.

HELLER, NIKOLAUS
1871 02 08
Titting
Benefiziat
Wegen Beanstandung eines nationalsoziali-
stischen Werbeplakates zum Reichsparteitag eine
Verwarnung durch die Gestapo.
1941 wegen einer Predigt am Fest der „Kreuzer-
höhung" Einzug von 500 RM Sicherungsgeld (das
Geld 1945 samt Zinsen zurückerstattet).
Schulverbot durch den Landrat.
Zwei Protestversammlungen gegen den Geistlichen.
Bedrohung der persönlichen Sicherheit sowie
Verleumdung durch NS-Presse.
Verstorben am 6.7.1948.
*Lit.: RPB II, 72, 107, 114, 260, 296, 395, 407,
417.*

HEROLD, JOHANN RUDOLF (P. ADALBERT)
OFMCAP
1885 05 03
Wemding / Burghausen
Im Juni 1941 ein Verhör in Wemding.
Ein weiteres Verhör in Burghausen wegen
einer Messe an Himmelfahrt.
Verstorben am 4.11.1963.

HERRLER, ALOIS
1901 04 10
Thann
Expositus
Wegen eines Gottesdienstes an Christi Himmel-
fahrt (22.5.1941) Einzug von 150 RM Geldstrafe
und 7,50 RM Gebühr.
Durch die Polizei Holnstein eine Anzeige bei

der Gestapo.
Verstorben am 2.3.1982.

HEUBERGER, JULIUS
1913 12 30
Hilpoltstein
Kooperator
Vorladung und Verhör durch die Gendarmerie
wegen Jugendarbeit.
Verbot weiterer Jugendarbeit und Beschlagnahme
von Liederbüchern.
Lit.: RPB II, 364, 366, 368.

HEUMANN, FERDINAND
1905 03 07
Jahrsdorf
Pfarrer
Am 24.8.1942 wegen angeblicher Beleidigung
eines nationalsozialistisch gesinnten Bürgers
in der Predigt vom 9.8.1942 vor die Kreisleitung
geladen.
Verstorben am 21.9.1980.

HEYDER, FRANZ (P. GEBHARD)
OCD
1904 11 30
Neumarkt (Kloster Mariahilf)
Verurteilung zu 120 RM Geldstrafe wegen Abhaltung einer Meßfeier am Himmelfahrtstag 1941.
Außerdem Unterrichtsverbot und Postüberwachung bis 1945.
Aufgrund von Predigtäußerungen am 20.7.1944
durch die Gestapo verhaftet; am 20.12.1944 durch
den Volksgerichtshof Berlin zum Tode verurteilt; während des Marsches nach Dachau
im Mai 1945 (dort sollte der Pater hingerichtet
werden) durch amerikanische Soldaten befreit.
*Lit.: 1.Kempner, 148-162. 2.Neuhäusler, J.:
Kreuz und Hakenkreuz I, 56-59.*

HIRNER, JOHANNES
1868 12 25
Herrieden
Stadtpfarrer
Wegen entschiedener Ablehnung des nationalsozialistischen Systems im August 1933 eine
mündliche Beanstandung durch einen Partei-
agenten.
Verstorben am 20.1.1950.

HIRSCHBERGER, JOHANNES
1900 05 07
Eichstätt
Domvikar / Religionslehrer / Dozent
Dr. phil.
1932 wegen eines Aufsatzes im Klerusblatt gegen
E. Krieck und seine „nationale Erziehung" ein
Angriff im „Völkischen Beobachter".
Bei der Sonnwendfeier der HJ in Eichstätt ein

Angriff durch einen HJ-Führer (1934).
Eine Verwarnung durch das Bayerische Kultusministerium.

HOFBAUER, KARL
1876 03 02
Rohrbach
Pfarrer
Wegen Nichtgrüßens der Hitlerfahne bei der
Schulanfangsfeier 1938 eine Anzeige durch einen
Lehrer beim Schulrat. Daraufhin Vorladung und
Verhör durch den Landrat, Androhung von Unter-
richtsverbot sowie Haussuchung.
Verstorben am 8.11.1955.

HOINLE, LUDWIG
1910 07 30
Pfaffenhofen
Kurat
1941 aufgrund einer Predigtäußerung eine
Strafanzeige.
Ebenfalls 1941 Unterrichtsverbot.
Lit.: RPB IV, 284, 290.

HOLLWECK, JOSEPH
1885 11 19
Obermäßing / Laibstadt
Pfarrer
Im November 1933 wegen Vergehens gegen Ver-
sammlungsgesetz und Flaggengesetz ein Verhör
und eine Verwarnung.
1936 wegen Verlesens eines verbotenen Hirten-
briefes ein Verhör und eine Verwarnung.
1941 500 RM Geldstrafe oder 50 Tage Haft wegen
Übertretung des Gottesdienstverbots an Christi
Himmelfahrt und Fronleichnam.
1945 Verhör wegen eines Gottesdienstes für
Polen.
Verstorben am 10.1.1951.
Lit.: RPB II, 424.

HOLLWECK, PETER
1898 01 08
Waltersberg
Pfarrer
1933 wegen einer Ansprache zur Erstkommunionfeier eine Anzeige.
1937 Unterrichtskürzung.
1938 Verwarnung wegen einer Erläuterung zum
Fuldaer Hirtenbrief.
1941 Verwarnung wegen eines Gottesdienstes an
Christi Himmelfahrt.
1945 wegen politischer Äußerungen eine Verwarnung.
Verweis durch den Landrat wegen Teilnahme von
Polen am Gottesdienst.

HOPFENBECK, ANTON (P. GABRIEL)
OFM
1913 08 13
Freystadt / Forchheim
Einzug von 100 RM Geldstrafe wegen Abhaltung
einer Messe an Christi Himmelfahrt.

HUEBNER, LUDWIG
1885 05 30
Röckenhofen / Neunstetten
Pfarrer
Verhör und Verwarnung wegen der Weigerung, das
gesammelte Geld für die Kirchenrestaurierung
und die Liste der Spender auszuliefern.
Eine Anzeige wegen unterlassener Beflaggung.
Verstorben am 2.5.1949.
Lit.: RPB II, 345.

HUMMEL, MICHAEL
1886 08 31
Egweil
Pfarrer
Wegen eines kirchlichen Feiertages ein Verhör
durch die Gestapo.
Angriffe im „Stürmer" und hetzerische Reden
gegen Kirche und Geistliche.
Verstorben am 2.1.1971.

HUTTER, JOHANN
1875 07 05
Holnstein
Pfarrer
Wegen Glockenläutens eine Verwarnung durch
die Polizei.
1941 eine Anzeige wegen eines Gottesdienstes
an Christi Himmelfahrt; 1942 Verurteilung zu
100 RM Geldstrafe und 100 RM Gerichtskosten.

HUTTERER, JOSEF
1904 08 03
Biburg
Expositus
Wegen Vergehens gegen das Heimtückegesetz am
25.6.1933 Festnahme. Vom 16.7. bis zum 1.11.
1933 unter polizeilicher Aufsicht (jeden zweiten Tag bei der Ortspolizei melden).
1932 Anschuldigungen im „Stürmer", weil der
Geistliche angeblich schlechten Einfluß auf
die Jugendlichen ausübte.
Wegen Verdächtigung der Gründung eines Jugendvereines Einzug von 200 RM Geldstrafe
durch die Gestapo.
Aufgrund von Landfriedensbruch, Vergehens gegen
das Heimtückegesetz sowie wegen Beunruhigung
der Bevölkerung Schutzhaft vom 2.12.1937 bis
zum 6.1.1938.

JUNG, P. ALOIS
SJ
1902 08 03
Nürnberg
Kaplan
Aufgrund Vergehens gegen den Kanzelparagraphen
und das Heimtückegesetz (u.a. Vervielfälti-
gung und Verbreitung des „Michael-Germanicus-
Briefes") am 12.8.1937 in Untersuchungshaft ge-
nommen. Am 5.7.1939 zu zwei Jahren und acht
Monaten Gefängnis sowie Tragens der Verfah-
renskosten verurteilt. Ein Jahr und 10 Monate
Untersuchungshaft wurden angerechnet.

KAMMERBAUER, ANTON
1904 08 16
Seubersdorf
Pfarrer
1942 ein Verhör durch die Gestapo wegen Volks-
beunruhigung anläßlich eines Müttervereins-
vortrages.
Mehrere Beanstandungen durch den Ortsgruppenleiter wegen der Erhaltung des Priesterhauses
in Seubersdorf, wegen Kirchenchorproben während Parteiumzügen und Maiandachten an Werk-
tagen.

KARCH, GEORG
1911 09 29
Habsberg / Berching / Neumarkt
Kaplan
Vorladung durch die Ortspolizei Neumarkt im Auftrag der Gestapo wegen angeblicher Hinderung
der Jugend am HJ-Dienst. Da keine einstimmigen
Zeugenaussagen vorlagen, wurde das Verfahren
eingestellt.

KARL, JOSEPH
1880 08 01
Enkering
Pfarrer
1937 eine Anklage wegen Verlesens einer bischöflichen Verordnung gegen die Gemeinschaftsschule und wegen „groben Unfugs"
(Glockengeläut anläßlich der Abstimmung
über die Gemeinschaftsschule).
1941 eine Verwarnung wegen zweier Meßfeiern
an Allerheiligen.
Verstorben am 23.12.1960.

KASTNER, EDUARD
1881 07 04
Nassenfels
Pfarrer
Fünf RM Geldstrafe wegen ungenügender Ver-
dunkelung beim Abendrosenkranz.
Aufgrund einer Beschwerde gegen den Bürger-
meister Einzug von 10 RM Geldstrafe.
Nach Verlesung eines beschlagnahmten Hirten-

briefes Benzinentzug mit der Begründung:
„Seelsorge sei kein öffentliches Interesse".
Später eine Anzeige bei der Parteileitung in
Eichstätt sowie unter Androhung von 50.000 RM
Strafe Beschlagnahme des Autos.
Verstorben am 1.1.1967.
Lit.: Bayern in der NS-Zeit I, S.21.

KATZENBERGER, AUGUST
1890 01 07
Eichenhofen
Pfarrer
1936 eine Verwarnung durch die Kreisleitung
wegen der Bestrafung eines Kindes in der Schule.
Wegen eines Gottesdienstes an Christi Himmelfahrt 1941 ein Verhör.
1944 aufgrund der Teilnahme von Polen an den
Sonntagsgottesdiensten eine Verwarnung mit Androhung schwerster Strafen durch den Landrat.
Verstorben am 24.4.1956.

KIRCHBAUER, FRANZ ADOLF
1882 07 03
Ingolstadt (St. Joseph)
Stadtpfarrer
Androhung von Unterrichtsverbot; Überwachung
durch den SD; Haussuchung durch die Gestapo;
Telefonüberwachung.
Verstorben am 3.12.1958.

KLEBL, JOSEF
1890 12 15
Allersberg
Pfarrer
Verbot der Jugendarbeit und Antrag des Gemeinderates auf sofortige Versetzung.
1934 Schikanen und öffentliche Schmähungen
durch NSDAP-Mitglieder.
Ein 1937 eingeleitetes Verfahren wegen „groben
Unfugs" (Glockengeläute, Aufruf zur Beibehaltung der Bekenntnisschule) wurde am 20.5.1938
eingestellt.
Wegen eines Gottesdienstes an Christi Himmelfahrt 1942 Verurteilung zu 150 RM Geldstrafe
und 7,50 RM Gebühren.
Ein wegen eines Gottesdienstes an Allerheiligen
1942 eingeleitetes Verfahren wurde 1943 eingestellt.
Verstorben am 7.11.1963.
Lit.: RPB II, 299.

KNIPFER, STEPHAN
1879 10 24
Darshofen
Pfarrer
Ab dem 18.11.1941 ohne Begründung Unterrichts-
verbot durch die Regierung Regensburg.
Verstorben am 27.3.1952.
Lit.: RPB IV, 300.

KNOERR, AUGUSTIN
1904 07 20
Irlahüll
Pfarrer
Ein Verfahren wegen „groben Unfugs" (Sturmläu-
ten) wurde eingestellt.
1938 ein Verhör wegen des „Heuberger Briefes"
und wegen Feldpost.

KOEFERLER, PETER
1913 11 28
Allersberg
Aushilfspriester
Vorladung durch den Bürgermeister und Verhör
durch den Ortsgruppenleiter wegen der Neujahrspredigt 1944, dabei Einreichung einer Abschrift.

KOENIGER, MAXIMILIAN
1876 12 08
Ingolstadt (St. Anton)
Stadtpfarrer
Ab Juni 1933 kurzfristige Inhaftierung.
Des weiteren mehrere Verwarnungen sowie Andro-
hung von Predigt- und Unterrichtsverbot.
Am 11.4.1945 bei einem Fliegerangriff getötet.

KOLLER, FRANZ XAVER
1873 11 04
Großweingarten
Pfarrer
1933 wegen des Hitlergrußes öffentliche Angriffe in der NS-Presse.
Im Frühjahr 1934 wegen Nichtbeflaggung verleumderische Artikel in der NS-Presse.
1943 aufgrund von Predigtäußerungen (Dispens-
gewalt der Priester) eine schriftliche Verwarnung und Strafandrohung im Wiederholungsfall
durch die Gestapo.
Verstorben am 26.10.1959.
Lit.: RPB II, 422.

KOPF, JOSEF
1902 03 28
Stirn
Pfarrer
1933 wegen eines Briefes bezüglich der Störung einer Ehrung des Bischofs durch SA-Horden
zwangsweise Abdankung als bischöflicher Sekretär.
1000 RM Geldstrafe (wurden später zurückerstattet).
Aufgrund eines Gottesdienstes an Christi
Himmelfahrt Einzug von 152 RM Geldstrafe.
1942 eine Verwarnung wegen Jugendarbeit.
Wegen Feldpostbriefen 1943 eine Verwarnung.
Aufgrund von Predigtäußerungen im Juli 1944
ein Verhör durch die Gestapo.
Verstorben am 17.4.1982.

KORNBACHER, JOSEF
1902 09 10
Obererlbach
Pfarrer
Am 9.4.1938 Unterrichtsverbot durch die Regie-
rung Ansbach; Grund: Neinstimme bei der Wahl
1938 und Eintreten für Schuschnigg.
Lit.: RPB II, 282, 324, 370.

KRAEMER, JOSEPH
1879 12 31
Fünfstetten
Pfarrer
Eine Verwarnung wegen Vergehens gegen das
Feiertagsrecht.
Ein Verhör durch den Kreisleiter und Auswei-
sung aus der Pfarrei.
Festnahme und Haussuchung.
Lit.: RPB III, 5, 67.

KRAUS, JOHANNES
1890 11 26
Eichstätt
Dompfarrvikar
1937 wurde eine Anklage wegen Predigtäußerungen eingestellt. Einer Ausweisung aus der
Stadt kam der Geistliche nicht nach und erhielt
deshalb Unterrichtsverbot.
Zwischen 1937 und 1940 mehrere Anklagen mit gerichtlichen Untersuchungen wegen Predigten,
Vergehens gegen das Heimtückegesetz und Beamtenbeleidigung.
1938 wegen einer Bittprozession eine Verwarnung
durch den Bürgermeister.
1938/39 Telefonüberwachung und Anschuldigungen
in Presse und Versammlungen.
Zwischen 1940 und 1941 dreimal kurzfristig inhaftiert.
Verstorben am 9.1.1974.
Lit.: 1.RPB I, 209, 224. 2.RPB II, passim.
3.RPB III, passim.

KUERZINGER, JOSEF
1898 02 20
Eichstätt
Hochschuldozent / Standortpfarrer
Prof. Dr. theol.
Wegen seelsorgerischer Arbeit in der Landes-
polizeischule Eichstätt und aufgrund von Predigtäußerungen, die die Maßnahmen des
Staates gegen Geistliche verurteilten, öffentliche Angriffe durch die Partei sowie Haftandrohung durch den Bezirksoberamtmann (1933).
Als Schriftführer des katholischen akademischen Verbandes ein Verhör, Androhung einer
Haussuchung sowie Beschlagnahme der Protokoll-
bücher durch Gestapo und Ortsgruppenleiter.

1940 wegen Verdachts der Konspiration mit polnischen Kriegsgefangenen eine Vorladung beim
Generalkommando und eine öffentliche Belehrung
über das Verhalten zu Gefangenen.
Verstorben am 1.2.1984.

KUHN, JOSEF
1887 05 29
Günching
Pfarrer
Predigtbespitzelungen und Drohungen, z.T. durch
Lehrkräfte.
Wegen einer Nachmittagsandacht an Christi
Himmelfahrt 1941 eine Vorladung bei der Poli-
zei.
Verwarnungen und Haftandrohung (KZ Dachau).
Verstorben am 26.11.1964.

KURZENDORFER, MICHAEL
1884 02 02
Großhöbing
Pfarrer
Wegen Vergehens gegen die Verordnung über
Christi Himmelfahrt und Fronleichnam 1941 ein
Strafbefehl über 200 RM. Des weiteren ab dem
18.9.1941 Unterrichtsverbot.
Ebenfalls wegen Mißachtung der Feiertagsord-
nung (Christi Himmelfahrt und Fronleichnam) 1942
Einzug von 400 RM Geldstrafe.
Verstorben am 14.12.1970.
Lit.: RPB II, 395.

LABER, PAUL
1913 06 30
Lauterhofen
Aushilfspriester / Kaplan
Anklagen wegen Vergehens gegen die Feiertagsordnung (zweimal) und gegen das Pressegesetz.
Eine gerichtliche Untersuchung wurde 1942 eingestellt.
Zwei Verhöre wegen Predigtäußerungen gegen
Nacktkultur, wegen Gewissensbeeinflussung einer
kranken Frau sowie aufgrund der Zurechtweisung
eines Parteimitglieds bezüglich des Sonntagsgottesdienstes.
Öffentliche Anschuldigungen in der Schule
durch den Schulleiter und im Wirtshaus durch
den Ortsgruppenleiter.

LADENBURGER, JOSEPH
1904 01 10
Ornbau / Pettenhofen
Kooperator / Pfarrer
1934 wegen Beunruhigung von Schülern und wegen
Verweigerung des Hitlergrußes eine Verwarnung
durch das Kultusministerium.
1937 drei Verhöre bezüglich der Bekenntnisschule.
1938 eine gerichtliche Untersuchung wegen

Übertretung des Sammlungsgesetzes anläßlich
der Kirchenerweiterung 1936.
Bespitzelung der Seelsorgestunden und mehrere
Anzeigen durch Pfarrangehörige, daraufhin
Untersuchungen durch die Polizei.
Wegen unbefugten Läutens eine Verwarnung durch
den Landrat.
Eine mündliche Beanstandung durch den Kreis-
leiter wegen zu geringer Unterstützung des
Winterhilfswerkes.
Wegen unberechtigter religiöser Beeinflussung
von Angehörigen des Heeres eine Verwarnung
durch die Gestapo.
Im Frühjahr 1940 drei Monate Postüberwachung.
Verstorben am 27.9.1975.

LECHNER, FRANZ XAVER
1878 03 02
Litzlohe
Pfarrer
Am 10.3.1933 eine Haussuchung nach Waffen.
Verstorben am 26.10.1964.

LECHNER, JOSEPH
1893 01 29
Eichstätt
Hochschuldozent
Prof. Dr. theol.
Prof. Dr. Joseph Lechner verfaßte den „offenen
Brief an den Herrn Reichsminister für Volks-
aufklärung und Propaganda Dr. Josef Goebbels"
mit der Unterschrift „Michael Germanicus".
Verstorben am 31.1.1954.
Lit.: 1.RPB I, 247, 260. 2.RPB II, passim.
3.RPB III, 147. 4.Neuhäusler II, 283-287.

LECHNER, MARTIN
1874 10 10
Ellingen
Spitalbenefiziat
Im August 1944 Kündigung der Dienstwohnung
durch den Ortsgruppenleiter.
Verstorben am 14.3.1947.
Lit.: RPB II, 129.

LEDERER, ANDREAS
1881 10 28
Elbersroth
Pfarrer
Eine Haussuchung durch die Polizei.
Wegen tätlicher Beleidigung eines HJ-Jungen
Versuch eines Gebietsführers, den Pfarrer zu
verhören.
1933 und 1937 Angriffe durch NS-Presse wegen
Kritik an der NSDAP.
Verstorben am 1.5.1957.

LEDERER, FRANZ XAVER
1893 11 10
Deining
Pfarrer
Gerichtliche Verurteilung zu 100 RM Geldstrafe
wegen Vergehens gegen die Feiertagsordnung
(Christi Himmelfahrt 1941).
Durch die Gestapo Einzug von 200 RM Sicherungs-
geld wegen vervielfältigter Feldpostbriefe.
Verbot der Motorradbenutzung, Anzeige durch den
Ortsgruppenleiter wegen Ungehorsams (als unbe-
gründet verworfen), Drohungen des Ortsgruppen-
leiters, Telefon-, Radio- und Predigtüberwa-
chung.
Verstorben am 2.8.1977.

LEDERER, GEORG
1908 04 20
Berching / Herrieden / Preith
Kaplan / Pfarrer
Angriffe und Drohungen durch den Kreisleiter.
Angriffe im „Stürmer" wegen Aussageverweige-
rung einem Wachtmeister gegenüber.
Ein Polizeiverhör und Einzug von 200 RM Siche-
rungsgeld wegen Christenlehre.
1934/35 aufgrund von Vereinsarbeit eine Vorla-
dung und zwei mündliche Verwarnungen durch die
Kreisleitung.
Wegen staatsabträglichen Verhaltens 1940 und
1943 je eine Verwarnung durch die Gestapo.
Lit.: RPB II, 366.

LEHNER, JOSEPH
1908 08 27
Heng
Expositus
1942 drei Wochen Schutzhaft, weil der Pfarrer
in einer Versammlung bei der Ausbringung des
„Sieg Heil" auf Hitler auf seinem Platz sitzen-
geblieben war.
Lit.: RPB IV, 308.

LEINFELDER, JOHANN BAPTIST
1880 09 28
Untermässing
Pfarrer
Am 26.3.1934 eine Verwarnung durch die Kreis-
leitung wegen Verweigerung des Hitlergrußes.
Einberufung der Pfarrhaushälterin zu Ernte-
hilfsarbeiten ohne Überprüfung ihres Gesund-
heitszustandes.
Verstorben am 23.8.1956.

LINDNER, MICHAEL
1899 04 07
Laaber / Ochsenfeld
Expositus / Provisor / Pfarrer
1933 öffentliche Angriffe durch die nationalsozialistische Presse.

Im Dezember 1936 wegen Predigtäußerungen
gegen die HJ und nationalsozialistische Erzie-
hungsmethoden ein Verhör durch die Polizei und
eine Verwarnung durch das Bezirksamt.
Ein Verfahren wegen Vergehens gegen das Sammlungsgesetz wurde am 28.6.1938 durch die Staatsanwaltschaft eingestellt.
Verstorben am 30.12.1977.

LORENZ, NIKOLAUS
1906 12 13
Allersberg / Unsernherrn
Kaplan
Eine mündliche Beanstandung durch Orts- und
Stützpunktleiter. Auf Veranlassung der Gestapo
wurde 1934 die Abberufung des Kaplans beim
bischöflichen Ordinariat in die Wege geleitet.
Lit.: RPB II, 28.

LUDWIG, JOSEF
1890 10 13
München (Hansa-Heim) / Pappenheim
Direktor / Religionslehrer / Stadtpfarrer
Dr. theol.
Aufgrund politischer Unzuverlässigkeit am
1.8.1935 zwangsweise Abdankung als Direktor
des Hansa-Heimes.
Wegen unbefugten Läutens eine Verwarnung durch
die Gestapo Weißenburg.
Einwurf eines Pfarrhausfensters.
Aufgrund eines Vergehens gegen die Feiertagsordnung (Himmelfahrts- und Fronleichnamstag
1941) Anklageerhebung und Verurteilung zu
100 RM Geldstrafe.
Im Herbst 1944 auf Vorschlag des Landrats Not-
dienstverpflichtung zum Be- und Entladen von
Eisenbahnwaggons für Notfälle und Katastro-
phenzeiten, diese Verfügung trat nicht mehr
in Kraft.
Verstorben am 11.10.1959.

LUITZ, HEINRICH (P. MAURUS)
SOCIST
1916 08 19
Seligenporten
Eine Beanstandung der Kreisleitung wegen
Wehrkraftzersetzung. Ein Verfahren vor
dem Kriegsgericht wurde niedergeschlagen.

LUTZ, SEBASTIAN
1898 01 05
Dörndorf
Pfarrer
1933 wegen Sabotage der HJ eine Verwarnung
durch den Ortsgruppenleiter.
Wegen Mißbilligung der Schulkreuzentfernung
beim Ortsgruppenleiter angezeigt.
Wegen eines Gottesdienstes an Christi Himmelfahrt 1941 eine Strafanzeige und Einzug von

84 RM Geldstrafe.
Dienstverpflichtung der Pfarrhaushälterin zu
landwirtschaftlichen Arbeiten.
Verstorben am 17.8.1974.

MADER, ANTON
1897 03 01
Gebertshofen
Pfarrer
1933 kurzfristige Polizei- und Schutzhaft.
Wegen Nichtbeflaggung 10 Tage Gefängnishaft.
Zwei Beanstandungen bezüglich des Religions-
unterrichts. Öffentliche Anschuldigungen und
Androhung von KZ-Haft durch den Kreisleiter.
Verstorben am 15.4.1979.

MAERZ, JOSEF
1909 08 04
Gungolding / Breitenbrunn / Staadorf
Kooperator, Expositus, Pfarrer
Wegen abfälliger Äußerungen über die Ge-
fallenen des 9.11.1923 11 Tage Schutzhaft und
Versetzung (1934).
Aufgrund einer Flurprozession mit Festgottes-
dienst an Christi Himmelfahrt 1941 Einzug von
157 RM Geldbuße.

MAGER, OTTO
1875 07 05
Monheim / Dietfurt
Stadtpfarrer / Benefiziat
1933 Haussuchung und Beschlagnahme von Akten der
Bayerischen Volkspartei.
Mündliche Beanstandungen wegen regimekri-
tischer Äußerungen in Predigt und Religions-
unterricht.
Verwarnungen durch den Landrat wegen Vergehens
gegen das bezirksamtliche Verbot kirchlicher
Veranstaltungen.
1935 wegen eines Lichtbildervortrags eine Vor-
ladung und ein Verhör durch den Landrat.
Verstorben am 5.2.1955.
Lit.: RPB III, 196.

MAHLE, EBERHARD
1867 09 29
Absberg
Kommorant / Pfarrer
Haussuchung und Androhungen durch einen An-
schlag an der Kirchentür.
Verstorben am 13.5.1957.

MAIER, JOSEPH
1907 12 01
Ingolstadt (St. Moritz)
Kooperator
1938 Haussuchung durch die Gestapo und Beschlagnahme von sieben Schriften sowie einem Stempel

des katholischen Jugend- und Männervereins.
Verstorben am 30.7.1980.

MAIER, WILLIBALD
1868 07 06
Köttingwörth
Pfarrer
Wegen Verstoßes gegen das Feiertagsrecht an
Christi Himmelfahrt 1941 80 RM Geldstrafe.
Anpöbelung wegen Nichterwiderung des Hitler-
grußes. Denunzierung wegen vermuteter Versamm-
lung.
Verstorben am 11.9.1952.

MAILEN, ANDREAS
o.D.
Nürnberg
Kaplan
Aufgrund eines Vergehens gegen das Heimtücke-
gesetz am 29.3.1944 durch ein Sondergericht zu
einem Jahr und sechs Monaten Haft verurteilt.
Des weiteren Unterrichtsverbot.
Lit.: RPB VII, 35.

MAILINGER, ALBERT
1905 12 30
Dollnstein / Treuchtlingen / Greding
Kooperator
1933 wegen Beanstandung des Hakenkreuzes bei
einem Schulkind eine Verwarnung durch die NSDAP.
1936 Zerschlagung der Pfarrhausfenster in der
Nacht nach der Wahl sowie eine Anzeige wegen
Nichtbeflaggung.
1938 eine Anklage wegen Glockengeläutes während der Schulabstimmung.
1941 eine Verwarnung wegen grundsätzlicher
Verweigerung des Hitlergrußes.
Lit.: RPB II, 85, 374.

MAUDERER, ALOIS MARIA
1898 09 04
Meilenhofen / Gerolfing
Pfarrprovisor / Pfarrer
Dr. theol.
1934/35 öffentliche Versammlung und Demonstration vor dem Pfarrhof sowie öffentliche Anschuldigungen und Verspottungen durch den Kreisleiter.
Vier Verhöre durch die Polizei wegen pazifistischer und regimekritischer Predigten.
Zwei Vorladungen durch den Landrat, eine Vorladung durch das Amtsgericht.
1937 Beförderungsverweigerung für die Pfarrei
Mörnsheim.
Ab dem 7.6.1939 Unterrichtsverbot durch den Regierungspräsidenten in München.
Lit.: RPB I, 306, 308, 310.

MAUDERER, JOHANNES
1907 09 21
Gnadenberg
Pfarrer
1944 ein Verhör durch die Polizei wegen Durch-
führung eines Adventbrauches.
Eine Anzeige bei der Polizei.
Lit.: RPB IV, 339.

MAURER, ANTON
1902 05 18
Gosheim
Pfarrer
Zwei Vorladungen durch die Polizei, einmal wegen Verbreitung des Möldersbriefes (1942).
Ein Polizeiverhör aufgrund von Glaubensstunden
für die Jugend.
1943 eine Verwarnung durch den Landrat wegen
Vergehens gegen das Feiertagsrecht (Fronleichnam).

MAY, GEORG
o.D.
Gutenberg
Kuratus
1943 wegen Körperverletzung zu vier Wochen Haft
verurteilt. Der Geistliche soll den Lehrer ge-
drosselt und geschlagen haben, da dieser seine Ablehnung des Hitlergrußes in der Schule nicht
duldete.
Im gleichen Jahr ein Verfahren wegen Vergehens
gegen das Heimtückegesetz. Dieses wurde aufgrund fehlender Beweise eingestellt.
Lit.: RPB II, 429, 432, 434.

MAYER, DIONYS
1886 08 29
Nürnberg-Eibach
Stadtpfarrer
Ab 1935 Unterrichtsverbot.
Wegen Verweigerung des Beitritts zur NSV im
Januar 1937 eine Vorladung der NSV-Ortsgruppe
sowie zwei Massenversammlungen der örtlichen
NSDAP gegen den Pfarrer. Des weiteren öffent-
liche Angriffe durch NS-Presse, dreistündige
Festnahme (im Schulzimmer vor Schulkindern), ge-
richtliche Untersuchung sowie Einzug von 150 RM
Geldstrafe.
Verstorben am 3.4.1959.

MAYER, MICHAEL
1883 10 21
Forchheim
Pfarrer
1936 durch einen Parteiredner in einer Versamm-
lung Ausfälle gegen die Religion.
Des weiteren Predigtüberwachung.
Verstorben am 7.2.1969.

MAYR, GERMAN
1883 10 06
Roth
Stadtpfarrer
Im Juli 1942 wegen angeblicher Wehrmachtsseelsorge eine Verwarnung durch die Gestapo, für
den Wiederholungsfall Androhung von KZ-Haft.
1944/45 wegen Ausländerseelsorge eine Verwarnung und Androhung einer Anzeige bei höheren
Stellen durch den Ortsgruppenleiter.
Eine Inschutzhaftnahme des Pfarrers zu Beginn
der Verfolgungswelle gegen katholische Geistliche wurde durch die Stadt Roth abgelehnt.
Verstorben am 23.3.1950.
Lit.: RPB II, 428.

MEIER, BENNO
1882 05 05
Dietfurt
Stadtpfarrer
Drei Haussuchungen durch die Polizei, einmal
nach Flugblättern bezüglich der Entfernung
der Schulkreuze.
Öffentliche Anschuldigungen im „Stürmer".
Durch das Amtsgericht Verurteilung zu fünf
Tagen Haft.
Beschlagnahme von Feldpost und Anklage wegen
Paketsendungen an Soldaten.
Verstorben am 30.10.1956.

MEIER, FRANZ
1876 02 17
Kirchbuch
Pfarrer
Eine Anklage wegen eines Gottesdienstes zu ver-
botener Stunde endete mit Freispruch wegen der
Unbedeutsamkeit der Sache.
Verstorben am 12.3.1959.

MEILINGER, ANDREAS
1896 11 30
Ingolstadt (St. Anton)
Emeritus / Kurat
1934/35 wegen Predigtäußerungen ein Verhör
durch die Polizei auf Veranlassung der NSDAP.
Am 30.11.1944 Beschlagnahme des Pfarrhauses
(persönlicher Besitz des Pfarrers) durch einen
Leutnant (vier Monate Dauer).
Verstorben am 22.6.1977.

MEISSNER, HEINRICH
1914 11 06
Berngau / Reichertshofen / Deining
Aushilfspriester / Pfarrvikar / Kooperator
Am 11.6.1941 durch die Polizei Predigtverbot
für Fronleichnam (12.6.1941).
Wegen Vergehens gegen die Feiertagsordnung
(Himmelfahrt und Fronleichnam) Einzug von

300 RM Geldstrafe und 15,54 RM Gebühren. Am 7.4.1942 Anklage und Strafbefehl (Geldstrafe) durch das Amtsgericht Neumarkt.

MERZ, ERNST (P. HERMENEGILD)
OFM
1909 01 08
Ingolstadt / Klosterlechfeld
Kaplan
Aufgrund eines Vergehens gegen den Kanzelparagraphen 1935 eine Vorladung durch die Ortspolizei Ingolstadt.
Wegen Äußerungen in der Schule 1938 eine Vorladung, ein Verhör sowie Androhung von Unterrichtsverbot durch die Polizei in Klosterlechfeld.
Aufgrund eines Vergehens gegen den Kanzelparagraphen am 28.4.1942 durch das Sondergericht Bamberg zu vier Wochen Haft sowie Tragens der Gerichtskosten verurteilt. Die Strafe wurde umgewandelt in Bewährungsfrist bis zum 1.11.1945 und 200 RM Geldstrafe. Außerdem erhielt der Kaplan Unterrichtsverbot.

METSCHL, MELCHIOR
1888 02 21
Kipfenberg
Pfarrer
Eine Verwarnung wegen eines Gottesdienstes an Christi Himmelfahrt.
Verstorben am 8.5.1949.
Lit.: RPB II, 417.

MEYER, FRANZ
1903 07 25
Neumarkt / Altdorf
Katechet / Pfarrprovisor / Stadtpfarrer
Wegen Regimekritik Überwachung von Predigt, Post und Telefon. Zahlreiche Anzeigen und Verhöre. Verwarnung durch den Landrat wegen Verlesens von Hirtenbriefen; Versuch, diese zu beschlagnahmen. Schulverbot von Herbst 1938 bis Frühjahr 1939 wegen Kritik an den nationalsozialistischen Lehrkräften.
1943 Verbot der Benutzung des Dienstmotorrades durch den Landrat. Verbot von Polengottesdiensten für längere Zeit.
Im Kinderlandverschickungslager Altdorf Verbot religiöser Betreuung der Kinder.
Die Kreisleitung verbot ihren Parteimitgliedern und dem Militär die katholische Trauung.
Verstorben am 24.10.1979.
Lit.: RPB II, 345, 349.

MEYER, GOTTFRIED
1884 01 13
Laibstadt / Spalt
Pfarrer / Stadtpfarrer
Eine amtliche Verwarnung wegen verbotener

Soldatenbriefe (Weihnachtsgruß) sowie Beschlagnahme des Vervielfältigungsapparates.
Verstorben am 14.2.1964.

MEYER, JOSEF
1894 11 10
Waldkirchen
Pfarrer
Wegen Gottesdienstes und Prozession an Christi Himmelfahrt 1941 156,50 RM Geldstrafe.
Schulverbot vom 15.10.1941 bis Kriegsende.
Verstorben am 9.4.1957.
Lit.: RPB IV, 298.

MEYER, JOSEF
1900 12 10
Pfahldorf
Pfarrer
Eine Verwarnung wegen Verstoßes gegen das Feiertagsrecht an Christi Himmelfahrt.
Eine mündliche Beanstandung wegen Bibelstunden.
Verstorben am 12.1.1955.

MEYER, JOSEF
1901 06 17
Schönfeld
Pfarrer
Am 21.5.1942 ein Strafbefehl und Einzug von 100 RM Geldstrafe wegen Vergehens gegen das Feiertagsrecht an Christi Himmelfahrt und Fronleichnam 1941.
Eine Vorladung wegen Allerheiligen 1941.
Lit.: RPB II, 310.

MEYER, LUDWIG
1904 04 04
Mörsach
Pfarrprovisor
Am 19.2.1933 eine Verwarnung durch das Bezirksamt wegen einer Kanzelverkündigung über ein Schmähflugblatt gegen den Bischof von Eichstätt und die Bekenntnisschule.
Am 18.11.1935 eine Verwarnung durch das Bezirksamt, weil die Kirche am 9.11.1935 nicht beflaggt worden war.
Am 16.9.1938 Unterrichtsverbot wegen Eintretens für die Bekenntnisschule.
Lit.: RPB II, 304, 307, 341, 355.

MITTENHUBER, FRANZ
1876 12 21
Neumarkt
Stadtpfarrer
Eine Verwarnung durch die Gestapo wegen eines Vergehens gegen das Feiertagsrecht an Allerheiligen.
Eine mündliche Beanstandung und eine Verwarnung wegen Verweigerung des Hitlergrußes.
Wegen eines Vergehens an Christi Himmelfahrt

Anklage und Verurteilung zu 200 RM Geldstrafe. Im Berufungsverfahren gerichtlich freigesprochen, da der Pfarrer seitens der Polizei nicht über die Verordnungen unterrichtet worden war. Nach dem Verbot der Aufstellung einer Gottesdienstordnung Ausschluß aus der Reichspressekammer sowie Ausschluß aus der NSV. Verstorben am 7.11.1951.
Lit.: RPB IV, 221.

MOEGES, PETER
1906 11 11
Zandt
Pfarrprovisor / Pfarrer
50 RM Geldstrafe wegen versuchter Beamtenbestechung (Brief an Bahnhofsvorstand mit der Bitte um baldige Zusendung einer Paketsendung). 1938 ein Verfahren wegen „groben Unfugs" (Gottesdienst an Allerheiligen), später Einstellung der Untersuchung. Eine Strafandrohung wegen des Verkaufs von religiösen Büchern. Verstorben am 8.3.1976.

MOHR, JOSEPH KARL
1897 09 25
Buxheim
Pfarrer
1933 eine Verwarnung durch den Bürgermeister aufgrund von Predigtäußerungen. Am 25.1.1938 wegen Auflösung des Jungmännerverbandes eine Haussuchung sowie kurzfristige Festnahme durch die Polizei. 1938 eine mündliche Verwarnung durch den Bürgermeister wegen Kritik an der Gemeinschaftsschule. Am 24.5.1938 wurde ein Verfahren wegen „groben Unfugs" eingestellt. Ein Verfahren wegen Verstoßes gegen die Bauordnung (zur Kirche gehörenden Zaun repariert) wurde am 22.9.1942 wegen Geringfügigkeit eingestellt. Verstorben am 30.9.1957.

MORHARD, KONRAD
1872 10 16
Buxheim
Benefiziat
Wegen zweier Briefe an Dr. Höck im KZ Dachau ein Verweis und Androhung schwerer Strafen bei Weiterführung des Briefwechsels. Im Januar 1943 wegen dieser Briefe eine Vorladung zum Landrat von Eichstätt. Verstorben am 24.1.1964.
Lit.: RPB II, 408.

NAAB, KARL (P. INGBERT)
OFMCAP
1885 11 05

Eichstätt
Klerikermagister
Aufgrund seiner antinationalsozialistischen Einstellung erhielt der Pater schon sehr früh schriftliche Morddrohungen. Daraufhin flüchtete er am 27.6.1933 in die Schweiz. Er war Mitherausgeber der von den Nationalsozialisten bekämpften Zeitschrift „Der gerade Weg". Verstorben am 28.3.1935.
Lit.: 1. RPB II, 81. 2.Peterson, Edward N.: The limits of Hitler's power. Princeton/New Jersey 1969. 310f.

NAGLER, JOHANNES
1910 09 17
Ingolstadt (St. Moritz)
Kooperator
Wegen Vergehens gegen das Feiertagsrecht an Christi Himmelfahrt 1942 Einzug von 100 RM Geldstrafe. Verstorben am 13.1.1977.

NASS, ALBERT
1905 07 13
Laaber
Expositus
Im März 1941 eine Verwarnung durch Gestapo und Landrat wegen Nichtanwendung des Hitlergrußes im Unterricht. Wegen Vergehens gegen die Feiertagsordnung am Himmelfahrtstag 1941 eine Geldstrafe in Höhe von 80 RM. Am 1.9.1941 Unterrichtsverbot aufgrund Anhängigkeit eines Gerichtsverfahrens wegen Vergehens gegen das Heimtückegesetz, dieses endete am 17.12.1941 mit der Verurteilung zu einem Jahr Gefängnis und Beteiligung an den Gerichtskosten in Höhe von 683 RM. Des weiteren mehrere Anzeigen und Verhöre. Verstorben am 27.7.1966.
Lit.: RPB IV, 292, 298.

NIEBERLER, BONIFAZ (P. RUBERT)
OSB
1911 05 14
Plankstetten / Eichstätt
Präfekt
1941 als Präfekt des Schülerheims St. Benedikt in Eichstätt entlassen. Verhör und Verwarnung durch den Rektor wegen staatsfeindlicher Äußerungen im Religionsunterricht.

NIEBLER, GEORG
1898 11 15
Klapfenberg
Pfarrer
Ein Verhör durch die Polizei wegen Vergehens gegen die Feiertagsordnung (Himmelfahrt und

Fronleichnam). Ein diesbezügliches Verfahren
wurde eingestellt.
Aufgrund der Weigerung, der NSV beizutreten,
eine Beanstandung.
Verstorben am 22.4.1954.

NIEDERMEYER, JOSEF
1897 03 12
Ingolstadt (St. Anton)
Katechet
Im Juni 1933 Haussuchung und eintägige Inhaf-
tierung durch die Gestapo.
Verstorben am 12.7.1949.

NOBIS, P. ANTON
SDB
1913 12 30
Eichstätt
Ein Verfahren wegen Besitzes der Predigten des
Bischofs von Galen wurde eingestellt.
Ein Verfahren wegen Verteidigung des Lebens-
rechtes der Juden anläßlich der Judener-
schießung in Bessarabien durch den SD.
Durch ein Kriegsgericht 1942 ohne Begründung
zu sieben Tagen Haft verurteilt.

ODORFER, KARL
1905 12 03
Pelchenhofen
Pfarrprovisor
1936 eine mündliche Beanstandung des Pfarrers
wegen dessen Kritik an einer Veranstaltung des
„katholischen deutschen Frauenbundes" und an
dem Verhalten des Meßners, der ein Pult der
Kirche für eine politische Veranstaltung ausgeliehen hatte.
1941 Einzug von 20 RM Geldstrafe wegen Vergehens
gegen die Verdunklungsvorschriften (ewiges
Licht).
Wegen angeblicher Isolation der Familie des
Ortsgruppenleiters durch den Pfarrer ein Drohbrief durch den Ortsgruppenleiter und mündliche Drohungen eines Versammlungsredners der
NSDAP (1942).
Wegen 16 Kleiderkartenabschnitten 1942
Auferlegung von 20 RM Geldstrafe.
Am 9.11.1942 wegen Beunruhigung der Bevölke-
rung Verwarnung und versuchte Ausweisung durch
den Landrat.
Am 11.1.1945 wegen Teilnahme von Ausländern
an öffentlichen Gottesdiensten eine Verwar-
nung durch die Kreisleitung.
Verstorben am 7.7.1971.

ODORFER, MICHAEL
1911 01 29
Greding
Pfarrvikar
1941 wegen Abhaltens eines Gottesdienstes und

einer Predigt an Christi Himmelfahrt eine
Untersuchung durch das Amtsgericht Greding mit
abschließender scharfer Verwarnung und Verurteilung zu 126 RM Geldstrafe.
1943 wegen kirchlicher Beerdigung eines katholischen Polen öffentliche Anschuldigungen
durch den Kreisleiter.

PETER, GEORG
1897 01 07
Aurach
Pfarrer
Aufgrund von Predigtäußerungen eine münd-
liche Verwarnung durch den Ortsgruppenleiter.
Der Ortsgruppenleiter erklärte, daß er gegen
den Pfarrer nichts unternehmen könne, da die
Bevölkerung fest hinter diesem stünde.
Verstorben am 13.3.1969.

PFAETTISCH, KARL (P. JACOBUS)
OSB
1883 10 31
Plankstetten
Abt
1938 Festnahme des Abtes durch die Gestapo,
weil dieser sich weigerte, der Gestapo
grundlose Fragen über die sittlichen Zu-
stände im Kloster zu beantworten.
Daraufhin eine Haussuchung und ca. vier Wochen
Schutzhaft.
Verstorben am 15.12.1960.
Lit.: RPB IV, 195.

PFALLER, JOSEF
1901 10 27
Ingolstadt (St. Anton)
Kooperator
1933 eintägige Inhaftierung wegen Fortführung
aufgelöster Vereine.
Zwei Vorladungen sowie 1936 Androhung von KZ-
Haft.
Wegen Vereinsarbeit zwischen 1936 und 1938 meh-
rere Verwarnungen durch die Polizei.
Wegen Nichtbeachtung der Feiertagsordnung
Einzug von 127 RM Geldstrafe.
Lit.: RPB II, 375, 387.

PICKL, JOSEPH
1868 12 20
Walting
Pfarrer
Wegen Predigtäußerungen bezüglich der Ent-
fernung der Kreuze aus den Schulen eine An-
zeige, ein Verhör sowie eine gerichtliche
Untersuchung durch das Amtsgericht.
Verstorben am 21.2.1951.
Lit.: RPB II, 245.

PILLAND, JOSEPH
1881 11 07
Beilingries
Stadtpfarrer
Wegen Vergehens gegen die Feiertagsordnung (Himmelfahrt und Fronleichnamsfest 1941) Verurteilung zu 150 RM Geldstrafe.
Des weiteren Postüberwachung.
Verstorben am 3.11.1959.

POEHNLEIN, JOHANN
1878 12 04
Sulzdorf
Pfarrer
Eine Anzeige durch die Polizei wegen dreimaligem Läuten der Kirchenglocken am Sonntag.
Verstorben am 11.6.1962.

PREM, MAX
1901 11 13
Altendorf
Benefiziumsprovisor
Eine Verwarnung wegen regimekritischer Äußerungen.
1933 Schmähartikel in der NS-Presse, weil der Geistliche die Beerdigung eines HJ-Jungen demonstrativ verlassen hatte, als HJ-Führer mit Hetzreden gegen die Kirche begonnen hatten.
Verstorben am 7.1.1973.

PROBST, RUDOLF
1908 08 17
Gerolfing / Gelbelsee
Aushilfspriester / Pfarrprovisor
1938 wegen Predigtäußerungen eine Verwarnung durch den Landrat.
Geldstrafen wegen Abhaltung von Prozessionen.
Redeverbot durch den Lehrer und den Ortsgruppenleiter von Geibelsee.
Schikanen durch NSDAP-Mitglieder.
Da der Geistliche kein Parteigenosse war, wurde ihm sein Kraftwagen zu einem lächerlich niedrigen Preis weggenommen.

RAAB, MICHAEL
1909 02 03
Hilpoltstein
Kooperator
Vom 1.12.1937 bis zum Februar 1938 Schutzhaft wegen einer Aktion gegen die Gemeinschaftsschule.
Lit.: RPB II, 253.

RACH, TIMOTHEUS (P. THEOBALD)
SOCIST
1893 03 10
Seligenporten
1942 wurden gerichtliche Untersuchungen wegen angeblichen Abhörens ausländischer Sender eingestellt.
1943 eine Verwarnung durch die Gestapo wegen der Organisation eines Kirchenchor-Ausflugs.
Verstorben am 20.2.1951.

RACKL, MICHAEL
1883 10 31
Eichstätt
Bischof
Dr. theol.
Bischof Rackl wurde am 11.4.1937 auf einer Firmungsreise durch einen Demonstrationszug der HJ angepöbelt und belästigt.
Lit.: Neuhäusler, 36.

RAMOLD, JOSEF
1909 11 14
Berngau / Hausheim
Kaplan / Pfarrer
1935/36 mündliche Beanstandungen der NSDAP wegen Predigtäußerungen bezüglich Rosenbergs „Mythus" und wegen unerwünschter Weiterführung des Jungmännerverbandes.
1939 wegen Predigtäußerungen am Christkönigsfest ein Verhör durch die Polizei (im Auftrag der Gestapo) und Beschlagnahme der Predigt.
Eine Anzeige wegen Vergehens gegen das Heimtückegesetz wurde niedergeschlagen.
Wegen eines Verstoßes an Christi Himmelfahrt ein Verhör.
Verstorben am 1.2.1972.

REBELE, JOSEF
1899 03 12
Breitenbrunn
Pfarrer
Im Frühjahr 1941 wegen einer kritischen Predigt zur Entfernung der Schulkreuze eine Anzeige bei der Gestapo Regensburg. Des weiteren bei einer Feier anläßlich Hitlers Geburtstag öffentliche Anschuldigungen durch die örtliche Parteiführung.
Außerdem Predigtüberwachung.
Verstorben am 2.11.1950.

REGNET, JOSEF
1897 12 12
Titting
Pfarrer
1942 eine Verwarnung durch die Gestapo wegen Beanstandung einer ungültigen Ehe.
1943 aufgrund von Predigtäußerungen an Allerheiligen 1942 Unterrichtsverbot durch den Landrat.
1943 eine Verwarnung durch die Gestapo wegen einer Predigt zum Unterrichtsverbot durch den Landrat.
1944 durch die Gestapo unter Androhung von KZ-Haft Einzug von 600 RM Sicherungsgeld.

Verstorben am 15.2.1977.
Lit.: RPB II, 269, 405, 425, 427, 430.

REGNET, JOSEF
1910 10 08
Lauterhofen / Königstein
Kaplan / Pfarrer
Vorladung und Verhör wegen Kanzelmißbrauchs.
Drei Monate Postüberwachung.
Am 19.3.1940 ein Verhör wegen eines Hirten-
briefes.
Am 15.3.1945 ließ der Pfarrer während einer
Heldengedenkfeier zum Gottesdienst läuten.
Durch den Einmarsch der Amerikaner wurden
Strafmaßnahmen verhindert.
Verstorben am 2.6.1978.

REGNET, LUDWIG
1899 03 28
Trautmannshofen
Expositus / Pfarrer
Wegen Vergehens gegen das Feiertagsrecht
(Christi Himmelfahrt) Haussuchung, Anzeigen,
Verhöre und Einzug von 100 RM Geldstrafe.
Aufgrund entschiedenen Widerstandes gegen die
Einführung der Gemeinschaftsschule Androhung
einer Festnahme.
Verstorben am 16.12.1982.

REGNET, MICHAEL
1910 01 13
Eichstätt
Direktor des bischöflichen Knabenseminars
Ein Verhör durch die Gestapo.
Am 26.7.1944 wegen Feldpost an Seminaristen
eine Verwarnung durch die Gestapo und Einzug
von 500 RM Sicherungsgeld.
Lit.: RPB VII, 39.

RICHWIEN, P. HEINRICH
SVD
1913 10 08
Greding
Aushilfspriester
Wegen Führung eines geheimen Vereins (Kinder-
chor) und feierlicher Beerdigung eines Polen
eine Anzeige bei der Kreisleitung. Die Angelegenheit blieb ohne Folgen.

RIEDER, PHILIPP
1873 05 04
Wemding
Stadtpfarrer, Kommorant
Im Juli 1933 eine mündliche Beanstandung durch
die Kreisleitung.
Durch einen Parteigenossen über das Verhalten
in Predigt und Religionsunterricht belehrt.
Schutzhaft und Versuch der Versetzung.
Verstorben am 22.6.1950.

RIGER, GEORG (P. LUDWIG)
OSB
1878 11 04
Plankstetten
Prior
1938 ein Verhör durch die Gestapo wegen
vermeintlicher Sittlichkeitsverbrechen
im Kloster; außerdem Haussuchung und Predigtüberwachung.
Die Schüler des Priors wurden gefragt,
wie denn der Pater grüße.
Verstorben am 12.8.1950.

RINDFLEISCH (SEIT 1957 RIEDER), LUDWIG
1912 03 27
Wappersdorf
Expositus
Eine Verwarnung durch die Gestapo nahm der
Geistliche bei einer Vorladung zum Landrat
gegen Unterschrift zur Kenntnis.
Eine Zurechtweisung wegen Teilnahme von Aus-
ländern an Gottesdiensten und an einer Pro-
zession.
Des weiteren Predigtüberwachung.

RINDFLEISCH, (SEIT 1957 RIEDER) JOSEPH
1903 02 21
Eichstätt / Öning
Dompfarrkooperator / Domprovisor
Dr.
Aufgrund von Jugendarbeit und antinational-
sozialistischer Einstellung vom 5.6. bis zum
5.7.1933 Polizeihaft.
Am 27.6.1934 Festnahme, Verhör durch den Sonderbeauftragten des Regierungsbezirkes sowie
Erzwingung der Auslieferung eines Banners der
katholischen Jugend.
Wegen verbotener Jugendarbeit und angeblicher
Querverbindungen zu österreichischen Sturm-
scharen am 25.10.1935 durch die Polizei eine
Haussuchung mit Beschlagnahme von Musik- und
Spielgeräten des Jungmännervereins. Vom 28.10.
bis zum 20.12.1935 Schutzhaft. Des weiteren
öffentliche Anschuldigungen in Presse, Funk
und Versammlungen bis Ende 1935. Ein während
dieser Zeit durch das Sondergericht München
eingeleitetes Verfahren wegen Abhaltung verbotener militärischer Übungen und Kritik am
Staat wurde wieder eingestellt. Am 21.12.1935
Ausweisung aus dem Kreis Eichstätt. Im Februar
1936 Ablehnung der Ernennung zum Pfarrer in
Zell.
Wegen Kritik am Staat, dem Führer und leitender Persönlichkeiten von Staat und Partei
Schutzhaft. Die Verbringung nach Dachau wurde
durch Bischof Preysing verhindert.
*Lit.: 1. RPB II, 64. 2. Bayern in der NS-
Zeit II, 186, 188, 197, 207, 217, 225ff., 236.*

RITTER, JOHANN
1901 10 26
Rögling
Pfarrer
Am 3.10.1938 eine Verwarnung wegen Sabotage des
Wehrwillens der Jugend und wegen Volksbeunruhi-
gung aufgrund öffentlichen Gebetes um Abwendung der Kriegsgefahr.
Öffentliche Anschuldigungen wegen „vaterlands-
loser Gesinnung" durch den Kreisleiter.
Auf einem Versehgang (mit Allerheiligstem)
durch die Polizei belästigt und mit Fragen
zur Politik malträtiert.
Im Juni 1939 wegen einer verbotenen Sammlung
für „Herz-Jesu-Ämter" eine Verwarnung.
1939/40 sechs Monate Predigtüberwachung durch
die Polizei.
Mehrfach Untersuchungen durch die Polizei wegen
Aufforderungen zur Heilighaltung der Feiertage
und wegen Abhaltung von Flurprozessionen.
Im Dezember 1943 eine Verwarnung wegen der Aufforderung, knechtliche Arbeiten an Feiertagen
zu unterlassen.
Aufgrund von Beherbergung und Bewirtung zweier
französischer Geistlicher (Kriegsgefangener)
mündliche Beanstandung.
Des weiteren eine Mordandrohung.

ROITH, JOSEF
1887 02 21
Unterstall / Berching
Pfarrer
1932 bis 1940 Post- und Telefonüberwachung.
1935/36 eine Haussuchung.
1938 Versuch der Verschleppung, der Pfarrer
entkam in einem Auto versteckt.
1938 Beschlagnahme des Autos durch den Landrat.
Ein Angriff wegen Übergabe der Vereinsgelder
des Kriegsvereins an die Pfarrkirche (der Verein wollte damit das Geld dem Zugriff der Nazis
entziehen).
Des weiteren Beschlagnahme des Kellers der
Benefiziatenwohnung.
Verstorben am 1.12.1969.

ROTTER, KASPAR
1890 04 14
Etting
Pfarrer
Aufgrund einer Geldsammlung in der Pfarrkirche
eine Strafandrohung durch die Polizei.
Durch die Gestapo ein zweistündiges Verhör
über eine Konferenz mehrerer Geistlicher in
Gaimersheim.
Verstorben am 13.9.1959.

SAND, FRANZ
1901 02 01
Schernfeld / Landershofen

Expositus
1933 eine mündliche Beanstandung wegen antinationalsozialistischen Verhaltens.
Eine Geldstrafe wegen einer Prozession.
Eine Anklage aufgrund zweier Vergehen gegen
das Sammlungsgesetz fiel unter Amnestie.
Des weiteren Haussuchung, Post- und Telefonüberwachung.

SANGL, FLORIAN
1904 05 02
Ornbau / Ingolstadt
Kaplan / Benefiziumsprovisor
Am 6.7.1936 eine Verwarnung wegen Verlesens
eines Hirtenbriefes zur Aufhebung der klöster-
lichen Schulen.
Verstorben am 1.9.1967.

SCHADT, LUDWIG
1879 11 07
Gerolfing
Pfarrer
Im Juli 1933 in Abwesenheit des Pfarrers eine
Haussuchung durch die SA.
1935 ein Verweis durch die HJ-Geschäftslei-
tung.
Des weiteren Predigtüberwachung.
Jahrelange Denunziation durch einen NSDAP-
Hauptlehrer führte zum körperlichen Zusammen-
bruch des Geistlichen.
Verstorben am 23.9.1949.

SCHAETZ, JOHANN
1910 09 02
Gungolding / Aberzhausen / Fiegenstall
Kaplan / Expositus / Pfarrprovisor
Wegen einer Jugendpredigt eine Verwarnung.
Ein kurzes Verhör aufgrund der Verlesung
eines Hirtenbriefes.
Aufgrund eines Vergehens gegen das Feiertags-
recht (Christi Himmelfahrt 1941) Einzug von
500 RM Geldstrafe.
Verstorben am 18.11.1981.
Lit.: RPB II, 424.

SCHALK, ANTON V.P.
1870 12 18
Ellingen
Stadtpfarrer
Unterrichtsverbot - auch außerhalb der Schule.
Eine nächtliche Demonstration vor dem Pfarrhaus von Ellingen. Einer Festnahme konnte sich
der Pfarrer durch Flucht entziehen.
1942 wurde ein Verfahren wegen Vergehens gegen
das Sammlungsgesetz durch den Oberstaatsanwalt
eingestellt.
Aufgrund einer kirchlichen Trauerfeier für
die gefallenen Soldaten an Allerseelen ein
Verhör.

Verstorben am 17.4.1945.
Lit.: RPB II, 137, 407, 411.

SCHAUERMANN, KARL
1904 03 06
Morsbach / Weinberg
Pfarrer
1937 ein Verhör durch die Polizei wegen der
Verlesung eines Hirtenbriefes.
Drohungen durch den Ortsgruppenleiter.
Im November 1943 und im Februar 1945 je eine
Verwarnung durch die Kreisleitung.

SCHEIBER, JOSEF
1900 03 18
Arberg
Pfarrer
1940 Verwarnung und Androhung von Schulverbot
wegen der Verlesung eines Hirtenbriefes.
Telefonbeschlagnahme und Postüberwachung.
Aufforderung, mehr für das WHW zu spenden.
Drohung des NSV, Evakuierte im Pfarrhaus einzu-
quartieren.
Verweigerung von Bezugsscheinen.
Ein Versuch der SS, den Pfarrer am 19.4.1945
zu erhängen, scheiterte an der Flucht des
Opfers und am baldigen Einmarsch der Ameri-
kaner.
Verstorben am 1.8.1982.

SCHERB, FRANZ
1911 04 28
Lauterhofen
Kaplan / Pfarrprovisor
Wegen einer Christkönigsfeier, die von der
Gestapo als Angriff auf den Nationalsozialismus
betrachtet wurde, ein Verhör durch die
Kriminalpolizei.

SCHIELLE, JOHANN BAPTIST
1883 04 19
München / Eichstätt
Studienprofessor / Studienprofessor i. R.
Dr. phil.
1933 wegen der Betreuung einer Jugendgruppe
eine Haussuchung durch die Gestapo.
Aufgrund der Aufhebung des Religionsunter-
richtes ab der vierten Klasse der höheren
Schulen durch die NS-Regierung wurde
Dr. Schielle vorzeitig in den Ruhestand ver-
setzt (1.2.1941).
Verstorben am 31.12.1950.

SCHLAMP, GEORG
1879 03 16
Oberwiesenacker
Pfarrer
Mehrere Verhöre durch die Polizei.
Wegen eines Vergehens gegen das Feiertagsrecht

(Christi Himmelfahrt) Einzug von 250 RM Geldstrafe.
Verstorben am 1.11.1954.

SCHMALZL, JOHANN
1890 06 18
Pollenfeld
Pfarrer
1936 bis 1945 Schulverbot wegen antinationalsozialistischen Verhaltens.
1937 ein Strafbefehl über 32,50 RM wegen Verkaufs eines Hirtenbriefes vor der Kirche.
Ende 1937 eine Haussuchung nach einer Fahne
der Jungfrauenkongregation und eine Durchsuchung des Amtszimmers wegen Aktionen für die
Bekenntnisschule.
Im Februar 1938 wegen „groben Unfugs" (Glockengeläute für die Bekenntnisschule) durch die
Polizei angezeigt. Durch das Amtsgericht Eichstätt zu 80 RM Geldstrafe verurteilt, die
Strafe fiel jedoch unter Amnestie.
Ein im März 1937 eingeleitetes Strafverfahren
wegen Beleidigung fiel ebenfalls unter Amne-
stie.
Am 29.12.1938 eine Verwarnung durch den Landrat
aufgrund einer feierlichen Prozession anläß-
lich einer Primiz im Juni 1938.
Aufgrund eines Vergehens gegen das Jugend-
schutzgesetz am 1.4.1941 Redeverbot.
Wegen Zuwiderhandlung gegen das Feiertagsrecht
erfolgte am 10.2.1943 eine Verwarnung durch das
Landgericht.
Schutzhaft vom 11.2. bis zum 20.3.1944.
Am 11.2.1944 eine Durchsuchung des Amtszimmers
nach Hirtenbriefen.
Verstorben am 13.11.1949.
Lit.: 1.RPB II, 107f., 129, 177f., 297, 310.
2.Bayern in der NS-Zeit I, 585.

SCHMID, FRANZ XAVER
1884 03 09
Feucht
Pfarrer
1937 Verwarnungen durch Bürgermeister und
Polizei wegen Nichtbeteiligung an Umzügen,
Verweigerung des Geläutes und Nichthissens
der NS-Fahne sowie aufgrund des Verkaufs einer
Bischofspredigt. Des weiteren Androhung einer
Haussuchung.
Ebenfalls 1937 eine gerichtliche Untersuchung
aufgrund der Verteilung einer Bischofspredigt.
Ein wegen Vergehens gegen das Heimtückegesetz
eingeleitetes Verfahren wurde 1938 wieder ein-
gestellt.
Öffentliche Anschuldigungen in der Lokalpresse
und in Versammlungen.
Verstorben am 18.5.1967.

SCHMID, LORENZ
1911 12 01
Meilenhofen
Pfarrprovisor
Im Winter 1943/44 eine Verwarnung wegen eines
Polengottesdienstes, an dem auch andere Aus-
länder teilgenommen hatten.
Am 21.9.1944 wegen Predigtäußerungen eine
Vorladung zur Kreisleitung.
Haussuchung, Verhör und Beschlagnahme von
Pastoralblättern.
Am 7.2.1945 öffentliche Anschuldigungen in
einer Versammlung.

SCHNEEBERGER, FRANZ
1888 09 02
Dollnstein
Pfarrer
Eine mündliche Beanstandung durch den Orts-
gruppenleiter wegen Widerstandes gegen die
nationalsozialistische Weltanschauung.
Predigtüberwachung, ständige Verweigerung
von Bezugsscheinen für Schuhe (wegen Nicht-
mitgliedschaft in der NSDAP) sowie öffent-
liche Anschuldigung als Volksverräter.
Eine Verwarnung durch die Kreisleitung wegen
Vergehens gegen den Kanzelparagraphen.
Aufgrund eines Vergehens gegen das Feiertags-
recht (Christi Himmelfahrt 1941) eine Verwar-
nung und Einzug von 105 RM Geldstrafe durch den
Staatsanwalt.
Verstorben am 11.6.1953.
Lit.: RPB II, 310.

SCHNEID, ALFONS
1887 02 04
Großlellenfeld
Pfarrer
Am 30.6.1933 eine Haussuchung.
Am 7.8.1941 wegen der Besorgung eines Früh-
stücks für 27 polnische Landarbeiter,
die ein Jahresfest ihrer Erstkommunion begingen, eine Verwarnung und Androhung
von Unterrichtsverbot durch den Regierungspräsidenten.
Verstorben am 5.11.1953.
Lit.: RPB II, 348, 353.

SCHNEID, GREGOR
1910 06 14
Arberg / Nürnberg-Eibach / Hagsbronn
Kooperator
Eine Geldstrafe in Höhe von 300 RM, weil der
Geistliche einem Jungen, der auf die „Hitler-
schule" kommen sollte, eine Ohrfeige gegeben
hatte.
Des weiteren Unterrichtsverbot.
Verstorben am 20.4.1967.
Lit.: RPB II, 424.

SCHNEID, JOSEPH
1902 11 08
Lutzmannstein
Pfarrer
Wegen Verlesung eines Frontbriefes an Pfingsten
1944 und wegen eines Polengottesdienstes eine
Verwarnung und Einzug von 400 RM Sicherheitsgeld
durch die Gestapo.

SCHNEIDER, ANDREAS
1907 09 27
Neukirchen
Pfarrer
Im Februar 1944 wegen Kanzelmißbrauchs eine
Haussuchung und ein Verhör durch die Polizei
im Auftrag der Gestapo.
Am 12.4.1944 Einzug von 500 RM Sicherheitsgeld
durch die Gestapo.

SCHNEIDT, GEORG
1892 11 15
Neumarkt (St. Joseph)
Spiritual
Im März 1936 wegen Beeinflussung von Jugend-
lichen eine Haussuchung.
Verstorben am 24.2.1959.

SCHRAFL, FRANZ XAVER
1885 03 01
Burggriesbach
Pfarrer
Haussuchung wegen Jugendarbeit mit dem Burschen-
verein.
Aufgrund der Verlesung von „Kirche und Volk"
eine Vorladung.
Anzeige und Verhör wegen der Neujahrspredigt
1940.
Verstorben am 13.11.1954.

SCHREIBER, WILLIBALD
1888 07 07
Stopfenheim
Pfarrer
1943 aufgrund zu geringer Beitragszahlung an
den NSV eine schriftliche Beanstandung.
Wegen Ausländerseelsorge ein Verhör durch
die Polizei.
Öffentliche Beschimpfung in einer Versammlung;
Androhung von KZ-Haft sowie Anpöbelung wegen
Nichterweisung des Hitlergrußes.
Verstorben am 2.4.1956.
Lit.: RPB II, 148.

SCHUSTER, ANTON
1906 12 13
Ammerfeld / Emskeim / Wemding
Pfarrprovisor / Prädikaturbenefiziumsprovisor
Am 17.1.1935 wegen Eintretens für die Bekennt-
nisschule eine amtliche Verwarnung durch den

Landrat.
Im März 1942 wegen Verbreitung des Möldersbriefes vier Tage Polizeihaft.
Vom 25.6.1942 bis zum 13.5.1943 Unterrichtsverbot.

SCHUSTER, FRANZ XAVER
1876 08 13
Schwabach
Stadtpfarrer
Wegen Zulassung von Ministranten bei einer Po-
lenbeerdigung erfolgte am 10.10.1944 durch den
Landrat eine Verwarnung sowie Androhung von
Unterrichtsverbot.
Verstorben am 25.8.1962.
Lit.: RPB VII, 41.

SCHUSTER, RUPERT
1897 06 12
Ellingen
Kooperator
Aufgrund politischer Unzuverlässigkeit mehrere
Verhöre durch die Gestapo sowie Strafandrohung
durch die Kreisleitung.
Verstorben am 19.4.1961.

SCHWAMM, WILHELM (P. ISIDOR)
OFMCAP
1913 12 06
Eichstätt
Im Juli 1941 ein Verhör durch die Polizei auf-
grund von Predigtäußerungen (Kreuzpredigt).

SCHWENZEL, JOSEF
1876 02 18
Sondersfeld
Pfarrer
Mehrere Verwarnungen sowie Predigtüberwachung
durch die Polizei.
Wegen Vergehens gegen das Feiertagsrecht (Fest-
gottesdienst an Christi Himmelfahrt 1941) Verurteilung zu 100 RM Geldstrafe und Tragens der
Verfahrenskosten in Höhe von 500 RM. Des weiteren öffentliche Anschuldigungen in der Lokalpresse und in Versammlungen.
Verstorben am 6.4.1953.

SEBASTIAN, JAKOB
1876 10 14
Flotzheim
Pfarrer / Kommorant
Dr. oec. publ.
1933 ein Verhör durch die Gestapo, weil der
Pfarrer ein Parteiplakat, das ohne seine Ein-
willigung ans Pfarrhaustor angebracht worden
war, entfernt hatte.
1935 wegen Predigtäußerungen und Einladungen
zum „Fatimatag" fünf mündliche Beanstandungen.
1936 öffentliche Anschuldigungen durch Pla-

kate, die am Eingang zum Friedhof angebracht
waren.
Verstorben am 7.3.1952.

SEGER, KARL
1904 12 30
Hilpoltstein / Gelbelsee / Möhren
Provisor / Pfarrer
Im Frühjahr 1933 öffentliche Angriffe durch
nationalsozialistische Presse.
Im März 1934 eine Haussuchung.
Wegen Widerstandes gegen die Staatsgewalt und
Aufreizung der Bevölkerung zu einer verbotenen
Prozession vom 16.4. bis zum 8.5.1941 Schutz-
haft sowie von Juni 1941 bis Mai 1942 Unter-
richtsverbot.
Ein wegen Mißachtung der staatlichen Feier-
tagsordnung eingeleitetes Gerichtsverfahren
wurde eingestellt.
Verstorben am 12.8.1975.
Lit.: RPB III, 211, 213, 221.

SEITZ, JOSEF
1886 03 19
Fiegenstall / Wemding
Pfarrer / Kommorant
1940 wegen angeblichen Vergehens gegen die
Läuteordnung (Glockengeläute anläßlich
einer kirchlichen Hochzeit) eine Verwarnung
sowie Einzug von 5 RM Geldstrafe.
Eine Geldstrafe wegen ordnungsgemäßer Nutzung
des Pfründewaldes.
Eine Anzeige wegen Nichthissens der Hakenkreuzfahne, noch bevor das Flaggengesetz bestand.
Des weiteren mehrere Haussuchungen, Postüberwachung, Androhung von KZ-Haft sowie Einwerfen
von Fensterscheiben.
Verstorben am 6.3.1970.

SEITZ, SIMON
1903 07 04
Göggelsbuch
Expositus
Eine Anklage wegen „groben Unfugs" (Läuten
während der Schulabstimmung).
Eine weitere Anklage wegen eines Vergehens gegen das Heimtückegesetz (am 7.9.1939 eine Predigt gegen den Krieg).
Mehrere Anzeigen wegen Verweigerung des Hitlergrußes, Beflaggung in den päpstlichen Farben
sowie aufgrund der Abhaltung von Kinderseel-
sorgstunden.
Ein Verhör wegen einer Aktion gegen die Gemeinschaftsschule.
Außerdem eine Haussuchung.
Wegen eines Gottesdienstes an Christi Himmelfahrt 1941 Einzug von 210 RM Geldstrafe.
Aufgrund eines Vergehens gegen das Feiertagsrecht (Allerheiligen 1941) eine Verwarnung.

Im Frühjahr 1943 Unterrichtsverbot.
Verstorben am 23.6.1966.
Lit.: RPB II, 345, 413, 431.

SENN, HEINRICH (P. ROBERT)
SOCIST
1882 08 31
Seligenporten
1934 Vorladung vor das Amtsgericht.
Aufgrund von Predigtäußerungen 1939 ein Verhör durch den Staatsanwalt.
Eine Geldstrafe in Höhe von 600 RM wurde 1939 wegen Amnestie erlassen.
Verstorben am 15.2.1944.

SIEGERT, PETER
1909 02 20
Waldkirchen / Herrieden / Hamberg
Kaplan / Expositus
Eine Verwarnung durch die Polizei.
Des weiteren Predigtüberwachung, zwei Anzeigen sowie Haussuchung.
Wegen Mißachtung der staatlichen Feiertagsordnung Anklageerhebung durch die Polizei.
Aufgrund einer regimekritischen Predigt durch einen Lehrer vor Schulkindern öffentlich beschimpft.
Verstorben im September 1982.

SILBERHORN, JOHANN
1862 09 04
Österberg
Benefiziat
Einzug von 20 RM Geldstrafe wegen einer Postkartenunterschrift „Revolutionär von Österberg".
Eine Haussuchung durch die Polizei wegen Umdichtung des „Horst-Wessel-Liedes" in einer Predigt („katholische Aktion marschiert mit ruhig festem Schritt").
Verstorben am 1.2.1938.

SOELLNER, JOSEF
1912 09 04
Wolferstadt / Monheim / Schwabach
Kaplan / Aushilfspriester
Durch den Staatsanwalt eine Verwarnung wegen einer unerlaubten Sammlung.
Durch die Gestapo eine Vorladung und ein Verhör bezüglich des Briefes „Michael Germanicus".
Wegen Verlesung des französischen Textes der Generalabsolution ein Verhör durch die Kriminalpolizei.
1942 eine mündliche Verwarnung wegen Verächtlichmachung des Nationalsozialismus.
Mehrere Versuche durch die Kriminalpolizei Schwabach, den Pfarrer wegen politischer Unzuverlässigkeit durch Einziehung zum Wehrdienst

unschädlich zu machen.
Des weiteren Predigtüberwachung.

SOELLNER, JOSEPH
1900 04 14
Daßwang / Habsberg / Karlshof-Lauterhofen
Pfarrprovisor / Wallfahrtskoop. / Anstaltskurat
Aufgrund von Predigtäußerungen vom 5.5. bis zum 7.7.1933 Schutzhaft.
Einzug von 400 RM Geldstrafe wegen eines Vergehens an Christi Himmelfahrt.
Aufgrund eines Vergehens gegen das Heimtückegesetz Gefängnishaft vom 28.5.1942 bis zum 25.1.1943. Des weiteren zwangsweise Abdankung als Lazarettpfarrer am 30.9.1942 sowie Unterrichtsverbot ab dem 25.1.1943.
Verstorben am 21.10.1963.
Lit.: RPB IV, 292.

SPEINLE, ADOLF
1884 02 04
Hainsfarth / Herrieden
Pfarrer
Amtliche Verwarnungen wegen eines Ausfluges mit Ministranten, wegen Begräbnisverweigerung und angeblichen Abhörens fremder Sender (wegen letzterem auch Anzeige).
Aufgrund einer Predigt zur Entfernung der Schulkreuze im Juli 1942 eine Woche Untersuchungshaft.
Im September 1942 Unterrichtsverbot.
Vorladung und Verhör durch den Landrat; eine Haussuchung durch die Gestapo. Eine Anzeige wegen Mitführens verbotener Fahnen bei der Fronleichnamsprozession.
Des weiteren anonyme Drohbriefe, nächtliche Demonstrationen wegen des Wahlverhaltens Pfarrer Speinles, öffentliche Anschuldigung als „Volksfeind" sowie Einwerfen der Fensterscheiben in der Kaplanswohnung.
Verstorben am 13.11.1969.
Lit.: 1.RPB II, 366, 390, 418. 2.RPB III, 9.

SPERBER, JOHANNES
1883 02 15
Abenberg
Stadtpfarrer
Eine Anklage wegen Nichtbeflaggung kirchlicher Gebäude am 30.1.1938.
Wegen Mißachtung der staatlichen Feiertagsordnung (Himmelfahrt und Fronleichnam 1941) Einzug von 300 RM Geldstrafe durch das Amtsgericht.
Aufgrund angeblicher Verweigerung eines kirchlichen Begräbnisses Einzug von 500 RM Sicherungsgeld durch die Gestapo.
Nach der Einleitung eines Suchdienstes von Stalingrad-Vermißten durch die päpstliche Informationsstelle eine Untersuchung durch die

Gestapo sowie öffentliche Anschuldigungen
durch den Kreisleiter.
Verstorben am 7.11.1961.
Lit.: RPB II, 428, 437.

SPREITZER, PAUL
1901 05 18
Burgoberbach
Pfarrer
Mehrere Verwarnungen sowie Post- und Telefon-
überwachung.
Im Mai 1934 Inschutzhaftnahme für einen Tag.
Wegen verbotener Jugendarbeit durch ein Landge-
richt zu sechs Wochen Gefängnis verurteilt
(Amnestie beim Tode Hindenburgs).
Aufgrund eines Protestschreibens gegen die Ge-
meinschaftsschule eine Anzeige beim Landrat.
Wegen der Weigerung, mit der Fronleichnamspro-
zession am „Stürmerkasten" vorbeizugehen, eine
Anzeige bei der Kreisleitung.
Wegen Verbreitung von religiösem Schrifttum
eine Anzeige bei der Gestapo, daraufhin eine
Verwarnung mit Androhung weiterer Maßnahmen.
Verstorben am 28.5.1966.

SPRENG, NIKOLAUS
1879 11 09
Orsensollen
Pfarrer
Wegen des Gottesdienstbesuches von Ausländern
eine mündliche Beanstandung.
Überwachung und Meldung von Verfehlungen gegen
die Parteivorschriften. Die Maßnahmen wurden
durch einen Propagandaleiter durchgeführt.
Verstorben am 5.2.1960.

STEINER, GEORG
1872 02 09
Wettstetten
Pfarrer
1944 wegen einer Meßfeier während eines Flie-
geralarms eine Verwarnung und Einzug von 500 RM
Sicherungsgeld durch die Gestapo.
Lit.: RPB VII, 20.

STEINKOHL, LUDWIG
1903 08 10
Königstein / Möning
Pfarrer
Regierungsverweis wegen Hitlergrußverweigerung,
Androhung von Schulverbot,
Vorladung und Verhör durch den Landrat.
Verstorben am 25.1.1960.

STENGL, JOHANN BAPTIST
1884 08 20
Wachenzell
Pfarrer
Wegen einer Prozession 5 RM Geldstrafe.
Verstorben am 10.12.1966.

STENGL, MAX
1914 11 24
Wachenzell / Eichstätt (St. Walburg)
Aushilfspriester
Aufgrund des Verhaltens in der Schule eine
Vorladung und eine Verwarnung durch die Kreisleitung (1942).
1942/43 mehrere Beanstandungen durch den LSLB.
Ab 1943 Unterrichtsverbot durch den Regierungspräsidenten, weil der Pfarrer im Religionsunterricht die Kinder zum Gottesdienstbesuch
angehalten hatte.
Lit.: RPB II, 428f.

STICH, GEORG
1885 12 29
Möckenlohe
Pfarrer
Aufgrund der antinationalsozialistischen Ein-
stellung Pfarrer Stichs eröffnete die NS-
Presse 1931 einen Verleumdungsfeldzug gegen
seine Priesterehre. Der Rufmord scheiterte,
da ein Gericht im Januar 1933 einen öffentlichen Widerruf anordnete.
Des weiteren öffentliche Anschuldigungen in
Parteiversammlungen.
1939 wegen Predigtäußerungen eine Verwarnung
durch die Polizei.
Androhung von Unterrichtsverbot durch die
Kreisregierung aufgrund von Predigtbemerkungen.
Einzug von 200 RM Sicherungsgeld wegen der Bemerkung, daß der Bayerische Staat nichts mehr
zur Einkommensaufbesserung der Seelsorgsgeist-
lichen leiste.
Wegen eines Weihnachtsgottesdienstes für Polen
(1942) eine Verwarnung. Diese wurde auf einen
Einspruch des Generalvikariats hin im Mai 1943
zurückgenommen.
Verstorben am 3.1.1971.
Lit.: RPB II, 339, 429f.

STIGLER, JOHANNES
1884 12 29
Eichstätt
Hochschuldozent, Regens des Priesterseminars
Prof. Dr. phil.
Im Zusammenhang mit dem sogenannten „Goebbels-
brief" von Michael Germanicus eine Vorladung,
ein Verhör und eine mündliche Verwarnung
durch die Gestapo.
1938/39 mehrere Verhöre aufgrund der Eigenschaft als Regens im Priesterseminar.
Langfristige Post- und Telefonüberwachung.

STOECKL, ALOIS
1871 01 12
Großhöbing / Berching

Pfarrer / Kommorant
Einzug von 30 RM Geldstrafe wegen „groben Unfugs" (der Pfarrer hatte am Schluß der Ansprache zu einem Schauwetturnen sein Fenster
geschlossen).
Verstorben am 7.9.1947.

STRAUSS, LORENZ
1883 07 27
Illschwang / Gundelsheim
Pfarrer
Aufgrund eines Vergehens an Christi Himmel-
fahrt vom 1.11.1941 bis zum 1.4.1942 Unter-
richtsverbot durch das Kultusministerium.
Verstorben am 1.2.1968.
Lit.: RPB IV, 298.

STRIGL, HEINRICH
1892 08 08
Kaldorf
Pfarrer
Eine Haussuchung durch die Gestapo aufgrund
Pfarrer Strigls Aufstellung als Dekanatsjugend-
seelsorger. Des weiteren Beschlagnahme meh-
rerer Jahrgänge der Zeitschrift „Jugendfüh-
rung" und einiger Privatbriefe.
Verstorben am 25.3.1972.

STROBEL, KARL
1888 01 24
Kevenhüll
Pfarrer
Ein Verhör durch Polizei und Kreisleitung wegen
angeblicher Kritik an den Behörden.
Einer Anzeige durch die Kreisleitung und ein
Verhör durch die Polizei wegen Unterlassung des
Hitlergrußes in der Schule (1933 oder 1934).
Verschärfung der Bestimmungen für die Chri-
stenlehre.
Verstorben am 20.7.1972.

TISCHNER, PETER
1903 09 02
Dorsbrunn
Expositus
Ab 1936 Unterrichtsverbot durch die Regierung
Ansbach. Diesbezüglich ein Verhör durch den
Landrat sowie Haussuchung.
Eine Verwarnung durch den Landrat wegen Verwei-
gerung des Hitlergrußes.
Einzug von 105 RM Geldstrafe wegen eines Ver-
gehens an Christi Himmelfahrt.
Lit.: RPB II, 90, 148.

TRAUB, FRANZ
1898 06 10
Lengenfeld
Pfarrer
Fünf Vorladungen wegen Vergehens gegen das

Feiertagsrecht an Christi Himmelfahrt. Ein
diesbezüglich eingeleitetes Verfahren wurde
1942 eingestellt.
Verstorben am 25.8.1971.

TROST, RAPHAEL
1899 04 21
Schelldorf / Pilsach
Pfarrer
Im Mai 1933 Aufmarsch der SA vor dem Pfarrhaus.
Ca. 15 Vorladungen durch Landrat, Amtsgericht und Staatsanwaltschaft Eichstätt.
1937 Androhung von KZ-Haft.
Aufgrund Kanzelmißbrauchs 1938 Einzug von
400 RM Geldstrafe und Haussuchung. Ein diesbe-
züglicher Verfahren wurde aufgrund einer Amnestie eingestellt.
Im März 1938 ein Verhör durch den Landrat
und den Staatsanwalt.
Im August 1940 durch den Gauleiter zwei Tage
inhaftiert wegen eines Gottesdienstes für
französische Kriegsgefangene.
1942 ein Verhör durch die Polizei.
Eine Verwarnung mit Strafandrohung wegen eines
Polengottesdienstes (1943).
1943, nach zehn Jahren Verfolgung und Schikanen
durch die örtlichen Nationalsozialisten, freiwilliger Verzicht auf die Pfarrei Schelldorf.
Verstorben am 7.7.1972.
Lit.: RPB II, 202, 407, 429f.

UEBLER, LEONHARD
1910 09 06
Raitenbuch / Neumarkt / Altenfurt
Kaplan / Kooperator / Pfarrer
Eine Verwarnung durch den Landrat von Neumarkt
wegen Kritik an Rosenbergs „Mythus".
Ende 1939 eine Vorladung der Polizei wegen
Feldpost.
Einzug von 100 RM Geldstrafe wegen Abhaltung
eines Gottesdienstes an Fronleichnam (12.6.1941).
Aufgrund von Ausländerseelsorge eine Vorladung
vor die Gestapo Nürnberg.
Von 1943 bis 1945 vermutlich Post- und Telefon-
überwachung.
Lit.: RPB II, 428.

WAGNER, ANTON
1901 03 24
Aberzhausen / Denkendorf
Expositus / Pfarrer / Wehrmachtssanitäter
Unterrichtsverbot durch die Regierung von
Mittelfranken.
Vom 6.12.1938 bis zum 22.6.1939 Untersuchungs-
haft, zu 14 Monaten Gefängnis verur-
teilt (unter Anrechnung der Untersuchungshaft).

WAGNER, JOHANN PIUS
1885 03 25
Cronheim
Pfarrer
Aufgrund einer Hirtenbriefverlesung eine Verwarnung mit Haftandrohung durch Landrat und Kreisregierung.
Eine Geldstrafe in Höhe von 150 RM wurde durch drei Wochen Haft abgebüßt.
Öffentliche Anschuldigungen in NSDAP-Versammlungen.
Wegen des Verhaltens polnischen Arbeitern genüber vom 29.3. bis zum 19.4.1940 Schutzhaft sowie ab dem 19.4.1940 Unterrichtsverbot.
Am 29.6.1940 durch die Kreisleitung eine mündliche Beanstandung sowie das Verbot, das Krankenhaus in Wassertrüdingen zu betreten. Letzteres wurde wieder aufgehoben.
Verstorben am 16.4.1958.
Lit.: RPB II, 345f., 353, 357, 374, 383.

WAGNER, WILLIBALD
1872 01 01
Gaimersheim
Pfarrer
Durch ein Sondergericht Verurteilung zu neun Monaten Haft wegen Beleidigung Hitlers.
Auflösung des katholischen Arbeitervereins und Beschlagnahme des Vereinsvermögens auf Ersuchen der Bezirksämter Ingolstadt und Pfaffenhofen.
Lit.: LRA, 973.

WALDMUELLER, JOHANN
1886 09 09
Möhren / Flotzheim
Pfarrer
Am 9.11.1933 durch die Polizei ein Verhör und eine Verwarnung wegen Nichtbeflaggung.
Im Juli 1938 wegen Vergehens gegen das Heimtückegesetz eine Vorladung und eine Verwarnung durch den Landrat.
Verstorben am 23.3.1960.

WALDMUELLER, LUDWIG
1895 08 07
Böhmfeld / Ingolstadt / Neumarkt / Pfraunfeld
Pfarrer / Kommorant / Benefiziat / Pfarrer
Im Mai 1938 eine Verwarnung durch die Gestapo wegen Nichtbeflaggung am Tag der Wahl.
Am 10.4.1938 Unterrichtsverbot durch die Regierung von Oberbayern und Mittelfranken.
Einzug von 82 RM Geldstrafe aufgrund eines Vergehens an Christi Himmelfahrt 1940.
Wegen Ausländerseelsorge im August 1940 drei Tage Schutzhaft durch die Gestapo.
Drei Verhöre wegen eines Gottesdienstes an Allerheiligen (1.11.1941).
Verstorben am 4.2.1965.
Lit.: RPB II, 301.

WECHSLER, GEORG
1865 02 12
Gosheim
Pfarrer
1934/35 wegen Vergehens gegen den Kanzelparagraphen eine Verwarnung durch das Bezirksamt.
Verstorben am 11.2.1938.

WEIDENDORFER, JAKOB
1914 03 11
Ingolstadt (Canisiuskonvikt)
Präfekt / Kooperator
Am 13.5.1941 als Studienpräfekt entlassen (die gesamte geistliche Leitung wurde abgesetzt).
Aufgrund einer angeblichen Bemerkung über die Jugend Androhung eines Unterrichtsverbotes.
Im Januar 1944 eine Verwarnung durch den Kreisleiter.

WEIS, JOHANNES BAPTIST
1889 06 20
Dietkirchen
Pfarrer
Aufgrund eines Verstoßes gegen das Feiertagsrecht (Himmelfahrt und Fronleichnam 1941) Verurteilung zu 100 RM Geldstrafe und Tragens der Gerichtskosten in Höhe von 149,78 RM.
Wegen Kanzelmißbrauchs sieben Anzeigen sowie 1942 eine Verwarnung durch die Kreisleitung.
Verstorben am 17.4.1977.

WELKER, KARL
1914 12 13
Eibach / Eichstätt (Dompfarrei)
Aushilfspriester / Dompfarrkooperator
Aufgrund einer Verlesung des Möldersbriefes in der Schule ein Verhör durch die Gestapo.
Des weiteren am 8.5.1942 Unterrichtsverbot durch den Regierungspräsidenten.

WIEDEMANN, JOSEF
1887 03 12
Gnotzheim
Pfarrer
Im Juni 1933 aufgrund von Predigtäußerungen über die Ehrenwache Haussuchung und Vorladung durch die Gestapo.
Eine Beanstandung durch den Ortsgruppenleiter aufgrund einer „Sebastians-Predigt" 1934.
Im März 1936 wegen judenfreundlichen Verhaltens öffentliche Anschuldigungen in Versammlungen und in der NS-Presse.
Verstorben am 25.8.1972.

WILD, JOHANN
1906 03 08
Gaimersheim

Kooperatur-Benefiziumsprovisor
Durch den Kreisleiter eine mündliche Beanstandung in einer öffentlichen Versammlung.
Aufgrund einer anonymen Beschuldigung des Abhörens ausländischer Sender ständige Überwachung durch die Polizei (im Auftrag der Gestapo).

WINKELBEINER, GEORG
1906 02 12
Schwörsheim
Benefiziumsprovisor / Pfarrer
Vom 29.6. bis zum 20.7.1933 Schutzhaft.
Über anderthalb Jahre hinweg (1934/35) eine gerichtliche Untersuchung wegen eines Vergehens gegen den Kanzelparagraphen.
Wegen Nichtbeflaggung eine mündliche Beanstandung durch den Kreisleiter.
Vorladungen durch den Ortsgruppenleiter wegen „konfessioneller Hetze, defätistischer Äußerungen" (10.9.1939) und „Greuelpropaganda" (1.3.1943).
Mehrere Verwarnungen durch die Polizei wegen Vergehens gegen den Kanzelparagraphen und das Feiertagsrecht (Fronleichnam).
Am 1.3.1943 wegen Abhörens ausländischer Sender eine Anzeige.
Lit.: RPB III, 5.

WIRTH, P. NORBERT
OFM
1887 07 23
Freystadt
Superior
1934 mußte der Pater auf Verlangen des Ortsgruppenleiters vom Amt des Superiors zurücktreten und Freystadt verlassen wegen einer Äußerung über die Volksabstimmung vom 19.8.1934.
Verstorben 7.7.1940.

WITTMANN, ALBERT
1889 02 03
Freystadt
Pfarrer
Aufgrund eines Vergehens gegen das Feiertagsrecht an Christi Himmelfahrt 1941 Einzug von 200 RM Geldstrafe.
Verstorben am 26.8.1950.

WITTMANN, LUDWIG
1909 05 22
Dollnstein / Habsberg / Öning / Gelbelsee
Kooperator / Pfarrprovisor
Zahlreiche Verwarnungen:
Wegen Predigtäußerungen durch den Ortsgruppenleiter (12.8.1935),
wegen einer Friedhofsprozession (3.11.1936),
wegen Verächtlichmachung des Hitlergrußes
(2., 6., 7.1.1937),

wegen Buchausgabe an Juden (12.3.1937),
wegen Verteilung von Flugblättern (19.3.1937),
wegen Bauholzsammelns für Schulschwestern (7. 4.1937),
wegen Ausweisung des Arbeitsfrontdirektors aus der Kirche (16.4.1937),
wegen Verurteilung der Judenpogrome in einer Predigt (Nov. 1938).
1939 Ausweisung aus der Stadt.
Am 1.3.1939 zwangsweise Versetzung nach Öning.
Unterrichtsverbote: Am 9.12.1938 in Neumarkt, am 27.4.1939 in Öning und am 22.5.1939 in Staadorf.
Am 12.1.1943 eine Geldstrafe.
Des weiteren Predigtüberwachung.
Mehrere Gerichtsverfahren wegen Vergehens gegen das Heimtückegesetz:
Am 2.6.1938 und am 24.1.1939 durch die Staatsanwaltschaft Nürnberg, am 9.9.1939 durch ein Fürther Gericht und am 30.10.1939 durch das Amtsgericht Beilngries (endete mit einer Verwarnung).
Am 23.7.1941 ein Verfahren wegen Vergehens gegen die Feiertagsordnung.
Anschuldigungen in der Presse wegen Wahlverhaltens (1936), wegen Vorkommnissen in der Schule (1938), wegen einer Prozession und wegen Bemerkungen über die Ausweisung der Schulschwestern.
Lit.: RPB IV, 212.

WOHLMUTH, EDUARD
1908 10 18
Spalt
Kaplan
Aufgrund von Verweigerung des Hitlergrußes erfolgte 1938 eine Verwarnung.
Androhung einer Haussuchung durch die Polizei aufgrund der Verlesung eines Hirtenbriefes im November 1938. Wegen Nichtauslieferung des Hirtenbriefes zahlreiche Schikanen durch den Ortsgruppenleiter von Spalt.
Am 30.12.1939 wegen Übertretung des Züchtigungsrechtes und Nichterweisung des Deutschen Grußes Unterrichtsverbot durch die Regierung.
Lit.: RPB II, 342.

WOHLMUTH, GEORG
1865 04 04
Eichstätt
Dompropst, Apostol. Protonotar
Prof. Dr. phil. Dr. med. M.C.
Am 21.6.1933 eine Haussuchung.
Als ehemaliger Fraktionsvorsitzender der BVP im Bayerischen Landtag (bis April 1933) vom 30.6. bis zum 5.7.1933 in Schutzhaft genommen.
Am 7.7.1933 Entzug des Ministerialpasses.
Verstorben am 5.5.1952.
Lit.: 1.Bayern in der NS-Zeit II, 181, 186.
2.Bauch, Andreas: Wohlmuth, Georg. In: Lebensläufe aus Franken 6. Würzburg 1960, 605-615.

ZECH, ADOLF
1876 12 21
Irfersdorf
Pfarrer
1933/34 ein Verhör wegen angeblicher Mitgliedschaft in einer staatsgefährdenden Buchge-
meinde.
Wegen Abratens vom Besuch einer Parteiversammlung öffentliche Anschuldigungen durch nationalsozialistische Presse.
Aufgrund der Denunziation eines politischen
Gespräches durch einen wandernden Gärtner
Feststellung der Personalien durch die Gestapo.
Aufgrund von Werbung für die Konfessionsschule
eine Anzeige bei der Staatsanwaltschaft Eichstätt. Daraufhin ein Verhör. Eine diesbezüglich eingeleitete gerichtliche Untersuchung
wurde 1939 aufgrund einer Amnestie eingestellt.
Im Frühjahr 1942 eine mündliche Verwarnung
durch den Staatsanwalt wegen einer kirchlichen
Feier an Allerheiligen 1940. Eine gerichtliche
Untersuchung des Falles wurde niedergeschlagen.
Verstorben am 2.8.1975.

ZERWES, BERNHARD
1901 09 14
Pleinfeld
Kaplan
Aufgrund einer Predigtäußerung (Deutschland
sei für den Krieg verantwortlich) 1943 Einzug
von 300 RM Sicherungsgeld sowie Unterrichtsverbot.
Lit.: RPB II, 437.

ZIRNGIBL, JOSEF
1886 04 24
Gnadenberg / Lauterhofen
Pfarrer
Aufgrund politischer Unzuverlässigkeit 1933
durch die Gestapo Verbot jeder Vereinstätig-
keit.
1936/37 öffentliche Anschuldigungen in einer
Parteischrift.
Vom 15.10.41 bis zum 14.4.1942 Unterrichtsver-
bot aufgrund Vergehens gegen das Feiertags-
recht (Christi Himmelfahrt, Fronleichnam).
Wegen Übertretung des Pressegesetzes 1943 eine
gerichtliche Untersuchung und 50 RM Geldstrafe.
Im August 1944 Wegnahme der Hausgehilfin zum
Arbeitseinsatz.
Am 12.9.1944 durch die Gestapo eine Verwarnung
mit Strafandrohung.
Verstorben am 12.1.1962.
Lit.: RPB IV, 298.

ZOTTMANN, JOSEF
1895 07 13
Ingolstadt (St. Moritz) / Absberg
Kooperator / Pfarrer

Mündliche Verwarnungen und Androhung einer
Anzeige bezüglich einiger Hirtenbriefe.
Des weiteren Predigtüberwachung.
Verstorben am 11.5.1949.

ZWICKER, KASPAR
1878 02 28
Mailing / Beilngries
Pfarrer / Benefiziat
Eine Verwarnung durch den Regierungspräsidenten wegen Äußerungen im Religionsunterricht,
Warnung vor Mischehen sowie aufgrund der Verteidigung der katholischen Glaubenslehre gegen
die Angriffe des Ortsgruppenleiters.
Wegen Ausländerseelsorge (1939) vom 22.1. bis
zum 19.2.1940 Polizeihaft, vom 19. bis zum
26.2.1940 Gestapohaft. Laut Gerichtsurteil
deckte diese Haft die Strafe ab.
Einweisung ins Konzentrationslager war geplant,
wurde aber nicht ausgeführt.
Des weiteren Androhungen bei Parteiversammlungen.
Die Gestapo vermutete in der Person des Pfarrers einen Vertreter päpstlicher Geheimorganisation zum Sturz der Hitlerregierung.
Verstorben am 25.1.1965.
Lit.: RPB I, 306.

7. Bistum Ermland

ANGRIK, BRUNO
1897 12 01
Diwitten / Süßenberg
Kaplan / Pfarrer
1944 Überwachung, Verhör und Haft wegen
Seelsorge, Predigten und Jugendarbeit.
Verstorben am 26.5.1968.
Lit.: L. Plötz, 11.

ARENDT, PAUL
1892 07 20
Frauenburg / Braunsberg
Regens
Dr. Dr.
Anzeige durch einen Theologiestudenten 1936.

AUSTEN, FERDINAND
1875 08 01
Wormditt / Braunsberg / Elbing / Seeburg
Pfarrer
Lic.theol.
In den Jahren 1934-1936 mehrere Verhöre durch
die Gestapo und Beschlagnahme von Vereinsmate-
rial. Verwarnungen.
Verstorben am 28.10.1963.

BADER, P. OSKAR
SVD
1902 08 24
Mehlsack / Bilderweiten / Hochdünen
Religionslehrer / Pfarrer
Ostern 1938 Unterrichtsverbot nach einem Verhör
durch die Gestapo 1937.
1941 Bespitzelung wegen einer Predigt.
Überwachung durch Polizei und Gestapo während
der Gottesdienste für Ausländer und Kriegsgefangene.

BALLHAUSEN, P. ANTON
SVD
1895 11 09
Mehlsack (Missionshaus St. Adalbert) / Regerteln
Lehrer
Ab 1.4.1938 Unterrichtsverbot.
Im Sommer 1942 im Zusammenhang mit der Enteig-
nung des Missionshauses Ausweisung durch die
Gestapo.

BARTSCH, JOSEPH
1903 11 21
Langwalde / Kalkstein
Kaplan / Pfarrer
Wegen Pastoral und Meßdienerseelsorge
im Jahre 1941 einige Wochen in Haft und
Ausweisung seiner Schwester.
1945 auf dem Transport nach Rußland verstorben.

BASNER, BRUNO
1893 09 15
Heilsberg / Dt. Eylau
Pfarrer / Dekan
Wegen Jugendarbeit Beschlagnahme der Jugendfah-
nen und der Pfarrgemeindebücherei.
Unterrichtsverbot wegen seiner politischen Ein-
stellung und seiner Predigt.
Ungefähr 30 Verhöre und eine Haussuchung.

BASNER, FRANZ
1892 11 16
Braunsberg / Rosenberg / Ortelsburg
Pfarrer, Dekan
1935 Entfernung eines zum Fronleichnamsfest auf-
gestellten jüdischen Leuchters durch einen
SS-Mann. Verspottung des Pfarrers in der natio-
nalsozialistischen Zeitung „Weichselwacht".
Seit 1.4.1943 Unterrichtsverbot wegen seines
Religionsunterrichtes, seiner Predigten und Aus-
länderseelsorge durch die Gestapo.
Verstorben am 8.7.1962.
Lit.: Reifferscheid, 155.

BECKMANN, ERNST-NOTGER
1914 09 25
Rastenburg
Kaplan
Gelegentlich Bespitzelung und Verhör durch die
Gestapo 1943.

BEHLAU, P. LEO
SJ
1903 03 02
Kaunas / Albendorf / Mittelsteine
Überwachung durch die Gestapo und Einberufung
zur berüchtigten 1. Rekrutenkompanie im Lager
Drachenbronn/Elsaß.
Verstorben am 9.5.1942 in Kursk an Fleckfie-
ber.

BEHRENDT, JOSEF
1907 06 27
Gr. Lemkendorf / Wilkendorf / Bertung
Kaplan
Polizeiliches Redeverbot wegen Jugend- und
Polenseelsorge.
1945 von den Sowjets verschleppt und verschol-
len.

BEU, CHRISTIAN
1911 08 17
Plauten / Bertung / Rössel / Marienburg
Kaplan
1936 wegen Jugendarbeit und Hirtenbriefverlesung
Verhör und Beschlagnahme von Jugendakten durch
die Gestapo.
Im März 1941 Verhör und Verwarnung durch die
Gestapo wegen Polenseelsorge.

BISCHOFF, BRUNO
1904 01 22
Stuhm / Flammberg / Posilge
Kaplan / Pfarrer
1940/41 ein Gestapoverhör und mehrere Polizei-
vernehmungen wegen Ausländerseelsorge. Die Folge war Unterrichtsverbot.

BLAZEJEWSKI, AUGUST
1905 09 21
Wuttrienen / Bischofsburg
Kaplan
Wegen seines Religionsunterrichtes, seiner Predigten und Ausländerseelsorge Unterrichtsverbot durch Polizei und Gestapo 1940/41.

BLESKE, HUGO
1906 06 23
Bischofsburg / Diwitten / Allenstein
Kaplan
Wegen Ausländerseelsorge 2 Haussuchungen.
Schikanen und Verhöre durch Gestapo sowie
polizeiliche Überwachungen.
Lit.: Reifferscheid, 225.

BOENIG, HEINRICH
1909 11 24
Tolkemit / Elbing
Kaplan / Pfarrverweser
Dr.
1934 Verfahren gegen ihn wegen einer Werbeaktion
für die katholischen Jugendorganisationen durch
Polizei und Gestapo.
Verstorben am 21.11.1945.
Lit.: Reifferscheid, 98f.

BOENIGK, ALOYS
1898 07 29
Allenstein / Braunsberg
Kaplan / Pfarrer
Wegen Jugendarbeit und Polenseelsorge 3 Haussuchungen, 2 Verhöre, Bespitzelung 1934-1937
und Beschlagnahme des katholischen Jugendheimes.

BOENIGK, ANDREAS
1870 11 30
Siegfriedswalde / Springborn / Braunsberg
Kaplan / Geistl. Direktor / Hausprälat
1941 zu 1 Jahr Haft verurteilt wegen angeblicher
Hitlerbeleidigung. Nach 5 Monaten wegen Krank-
heit entlassen und begnadigt.
Verstorben am 12.2.1958.
Lit.: Reifferscheid, 251.

BRAUN, GREGOR
1907 03 12
Königsberg
Kaplan / Pfarrer
1934-1935 Post- und Telefonüberwachung wegen

einer vermuteten außerordentlichen Verbindung
Brauns mit dem Vatikan.
1935 2 Verhöre und Haussuchung wegen seines
Einsatzes für die katholische Jugend. Schlie-
ßung der Pfarrbücherei.
Schändung des Fronleichnamsaltars durch Aufkle-
ben von Nazi-Plakaten wegen Polenseelsorge.
Lit.: Reifferscheid, 267f.

BRAUN, LEONHARD
1894 11 04
Marienwerder / Wartenburg / Lichtenau
Kaplan / Pfarrer
Wegen Jugendarbeit 1936 Unterrichtsverbot, zwei
Anzeigen, zwei Verhöre durch Polizei und Gestapo.
Überwachung der Predigt und Haussuchung wegen
der Verlesung von „Mit brennender Sorge".

BREHM, WILHELM
1907 04 13
Allenstein / Königsberg / Bischofsburg
Geistl. Studienrat
Ausweisung aus dem Schulunterricht durch Verfü-
gung des Oberschulrates in Königsberg 1939.
1945 von den Russen verschleppt und verschollen.
Lit.: Reifferscheid, 229.

BROCKI, ALFONS
1894 10 24
Rastenburg / Angerburg / Blankensee
Kaplan / Pfarrer
Wegen Vereinsarbeit, Jugendseelsorge und Predigt
Überwachung, Haussuchung 1934, polizeiliches
Verhör sowie Gottesdienstverbot.

BUCHHOLZ, ALFONS
1874 12 18
Heilsberg
Erzpriester / Domkapitular
1934 Einleitung eines Strafverfahrens gegen ihn
wegen Staatsfeindlichkeit. 1935 für kurze Zeit
durch die Gestapo ausgewiesen. Am 1.4.1937 zum
Domkapitular ernannt.
Am 27.5.1937 durch das Sondergericht zu drei Jahren Haft verurteilt wegen seines Protestes gegen
die gewaltsame Wegnahme der Jugendfahnen während der Fronleichnamsprozession. Die Folge ist
das Verbot aller katholischen Vereine zum ersten
Mal in einer deutschen Diözese. Danach Ausweisung von Buchholz.
1938 Intervention und Befürwortung eines Gna-
dengesuches an Göring durch Bischof Berning.
Verstorben am 1.7.1957.
Lit.: Reifferscheid, 106, 108, 167-172.

BUDE, P. CARL
SVD
1889 09 27
Heilsberg

Wegen Polenseelsorge Überwachung und Geldstrafen durch die Gestapo.
Lit.: Reifferscheid, 241.

BULITTA, FRANZ
1900 12 02
Bischofsburg / Marienwerder / Willenberg
Kaplan / Pfarrer
1933 Versetzung von Bischofsburg nach Marienwerder auf Wunsch der Polizei.
1936 Unterrichtsverbot durch den Regierungspräsidenten wegen politischer Unzuverlässigkeit.
Mehrere Verhöre durch die Gestapo.
Überwachung durch die Polizei wegen einer regimekritischen Äußerung.
Lit.: Reifferscheid, 31, 98.

CZECHOWSKI, HUBERT
1900 07 13
Heilsberg / Schellen
Kaplan / Pfarrer
Sechs Haussuchungen und fünfGestapoverhöre wegen Polenseelsorge und Verlesens der Euthanasiepredigt von Galen. Vom 1.11. bis 20.12.1941 in Strafhaft durch den Staatsanwalt. 1939 Wiederanbringung eines aus dem Schulraum entfernten Kreuzes.
Vom 5.1.1942 bis 26.4.1945 im KZ Dachau.
Lit.: 1.Reifferscheid, 227. 2.Weiler, 186.

CZECZKA, ANDREAS
1885 06 07
Stuhm / Allenstein / Gr. Purden
Pfarrer
Wegen Polenseelsorge Verhör und Überwachung durch die Gestapo. Unterrichtsverbot.
Verstorben am 19.9.1955.

DANNELAUTZKI, ALBERT
1876 03 19
Tilsit / Memel
Pfarrer, Ehrendomherr, Prälat
Wegen Regimekritik ständige Reibereien mit dem Kreisleiter. Verhöre und Überwachung durch Gestapo und Polizei.
Verstorben am 31.1.1950.

DANNOWSKI, ALOYS
1910 04 04
Sensburg / Königsberg
Kaplan / Pfarrer
Bereits 1937 Unterrichtsverbot wegen seiner Jugendarbeit. Haussuchung und Verhör durch die Gestapo im Januar 1938.
Wegen seiner Christkönigspredigt 1937 Verhör und Überwachung durch die Polizei.
1941 wurde der Gottesdienst in der Mädchengewerbeschule verboten.
Wegen heimlicher Abhaltung einer Messe Überwachung der Gläubigen in den Jahren zwischen 1941 und 1945.

DAUTER, KONRAD
1885 07 02
Sensburg / Bischofstein
Pfarrer / Probst
Wegen seiner Predigten kurzfristige Festnahme durch die Polizei.
Wegen Sabotage des WHW 1940 Ausweisung aus Ostpreußen.
Verstorben am 11.10.1953.
Lit.: Reifferscheid, 228.

DITTRICH, JOHANNES
1885 09 09
Wuslack
Pfarrer
1939/40 wegen Ausländerseelsorge in Gestapohaft. Er hatte einen kriegsgefangenen polnischen Geistlichen aufgenommen und diesen das Hochamt feiern lassen.
Verstorben am 11.9.1946.
Lit.: Schwark, 146.

DOBBERSTEIN, LEO
1873 05 05
Allenstein / Danzig
Pfarrer, Geistl. Studienrat / Emeritus
Wegen öffentlicher Regimekritik 1935 verhaftet, freigelassen und wiederholt verhaftet sowie neuerliche gerichtliche Verurteilung zu zwei Jahren Haft.
Verstorben am 26.7.1945.
Lit.: 1.Reifferscheid, 154. 2.Danziger Priesterbuch, 100f.

DRESBACH, HEINRICH MARIA
1911 11 25
Allenstein
Kaplan
Wegen Wehrkraftzersetzung 1941 in Schutzhaft und ab dem 29.8.1941 KZ-Haft in Dachau bis zum 5.4.1945.
Lit.: 1.Reifferscheid, 228. 2.Weiler, 206

DYMEK, P. LEO
SJ
1903 03 03
Königsberg
Wegen seiner Predigten und seiner Männer- und Jugendvorträge in den Jahren 1937-1945 Verhöre, Haussuchung und Bespitzelung durch die Gestapo.
Verstorben am 22.9.1964.
Lit.: Rothe, 50ff.

DZIENDZIELEWSKI, PAUL
1895 12 10
Diwitten / Neukirch-Höhe

Pfarrer
1936 Unterrichtsverbot durch das Schuldezernat
der Bezirksregierung wegen seiner Predigten und
seines Religionsunterrichtes.
Von September 1940 an vier Wochen in Untersuchungshaft in Danzig wegen politischer
Unzuverlässigkeit. Daraufhin Ausweisung aus Ost- und
Westpreußen von Oktober 1940 bis Februar 1942
durch die Gestapo.
Verstorben am 4.5.1971.
Lit.: Reifferscheid, 228.

EVERS, JOHANNES
1911 04 10
Tolkemit / Elbing
Kaplan
Wegen Jugendarbeit und Predigten zwischen 1937
und 1940 Unterrichtsverbote, Haussuchungen, Beschlagnahme von Hirtenbriefen und Jugendkartei
sowie Anzeigen durch Gestapo und Polizei.
Wegen Ausländerseelsorge Verhör und Haft durch
die Polizei, Bespitzelung sowie 1940 Ausweisung
aus Ost- und Westpreußen durch Gestapo und Polizei.
Lit.: Reifferscheid, 225.

FILLBRANDT, PAUL
1911 01 20
Kaplan
Wegen seiner Predigten und Jugendarbeit zwischen
1937-1944 Bespitzelung durch Gestapo und Polizei.
Lit.: Reifferscheid, 187.

FITTKAU, GERHARD
1912 05 11
Frauenburg
Kaplan / Pfarrer
Dr. theol.
1938 Haussuchung und Beschlagnahme von Schreib-
maschinen im Zusammenhang mit dem Hirtenbrief
Bischof Kallers. Ausweisung aus Ostpreußen bis
1944 durch die Gestapo.
Lit.: Reifferscheid, 5, 157, 176.

FRIEDRICH, FRANZ
1886 11 12
Wegen Polenseelsorge zwei Verhöre 1940, vom
9.4.-15.5.1940 in Haft, danach Ausweisung aus
Ost- und Westpreußen.
Lit.: Reifferscheid, 225.

FUCHS, P. GOTTFRIED
SVD
1892 09 04
Mehlsack
Seit 1937 mehrfach Vernehmungen durch die Gestapo wegen der Seelsorgearbeit des Paters,
insbesondere an Polen.

1941 wurde das Kloster St. Adalbert in Mehlsack
zwangsweise aufgelöst.
Lit.: Reifferscheid, 193-197.

GOEBELS, KARL
1910 02 06
Arnsdorf / Legienen / Christburg / Allenstein
Kaplan
Wegen seiner Jugendarbeit in den Jahren 1936-
1944 Unterrichtsverbot. 1941, 1942 und 1943
Haussuchung und Verhör durch die Gestapo.
Bespitzelung der Predigten 1936 und 1939 durch
zwei Lehrer.

GOLLA, DESIDERIUS (P.STANISLAUS)
OFM
1894 11 16
Allenstein
Vikar
Wegen seiner Predigten, seines Religionsunter-
richtes und seiner Pastoral Unterrichtsverbot
und Versetzung nach Schlesien unter polizeili-
chem Druck.
Lit.: Reifferscheid, 227.

GOLLAN, GEORG
1913 02 03
Neidenburg
Kaplan
Bespitzelung wegen Jugendarbeit und Meßdiener-
seelsorge in den Jahren 1939-1940.

GOTTSCHLICH, P. ROBERT
SVD
1885 03 03
Mehlsack (Missionshaus St. Adalbert)
Wegen seiner Predigten als Volksmissionar mehrere
Anzeigen durch Privatleute. Daraufhin Versetzung
nach Schlesien durch die Oberen, um ihn den
dauernden Polizei- und Gestapoverhören zu entziehen.
Lit.: Reifferscheid, 197.

GRAW, OSKAR
1889 03 18
Lautern
Wegen Betreuung der katholischen Arbeitervereine
und Jugendarbeit 1939 bis 1945 Haussuchung und
Beschlagnahme eines Hirtenbriefes durch Gestapo und
Polizei.

GRAWE, EBERHARD
1894 07 24
Rössel
Geistl. Studienrat
1935 Anzeige wegen Kritik an Rosenbergs „Mythus"
wahrscheinlich durch einen Kollegen.
1938 zwangspensioniert.
Verstorben im Mai 1945 in Rußland.
Lit.: Reifferscheid, 155, 229.

GREIFF, ANTON
1889 12 18
Frauenburg
Rektor eines Krankenhauses
Dr.
Wegen seiner Predigten und seiner Pastoral an
Kranken und Schwestern Anzeige durch den An-
staltsarzt und Wegnahme der Verwaltung sowie der
Seelsorge des Krankenhauses.
Suizid am 9.2.1939.
Lit.: Reifferscheid, 249, 252, 296.

GRIMM, FRANZ
1906 02 05
Königsberg / Braunsberg / Marienwerder
Kaplan / Geistl. Studienassessor
Wegen seines Religionsunterrichtes und seiner
Jugendarbeit im ND sieben Verhöre durch Schulleiter,
Kriminalpolizei und Gestapo. Zwei Haussuchungen,
Überwachung seiner Wohnung durch die HJ.
1936 Entfernung von Kreuz- und Heiligenbildern
aus der Schule.
1938 Nichtanstellung als Studienrat, vorher be-
reits Entziehung der Unterrichtserlaubnis.
Überwachung seiner Predigten durch den Gymna-
sialrektor.
Lit.: Reifferscheid, 178, 229.

GRIMME, GEORG
1907 10 01
Guttstadt / Zinten
Kaplan / Kuratus
Seit 1936 Unterrichtsverbot.
Bespitzelung und Verhör wegen seiner Predigten.

GRODDE, JOSEF
1880 03 29
Dietrichswalde / Wusen / Plaßwich
Pfarrer
Wegen seines Religionsunterrichtes, seiner Pre-
digten und seiner Pastoral 1937 Verhör, Haus-
suchung nach Hirtenbriefen. 1936 bereits
Schließung der Borromäus-Bibliothek mit Be-
schlagnahme der Bücher.
Verstorben am 25.10.1945.

GROSS, ALFONS
1908 12 22
Bischofswerder / Guttstadt / Allenstein
Geistl. Studienassessor
Wegen seiner Predigten und seiner Jugendarbeit
1939 Verhör durch die Gestapo in Allenstein
und Nichtanstellung als Studienrat.
Lit.: Reifferscheid, 229.

GROSS, HUBERT
1908 01 31
Kaplan
Wegen der Verlesung des Hirtenbriefes Kallers
Von Juli 1937 bis April 1938 in Haft. Danach
Bespitzelung.
Verstorben im Januar 1946.
Lit.: Reifferscheid, 291.

GURSKI, FRANZ
1892 09 30
Elbing / Noßberg
Pfarrer
Wegen Predigten Verhöre durch Polizei und Ge-
stapo sowie Überwachung der Predigt.
Wegen Jugendseelsorge Verhöre, Schulkreuzent-
fernung, Schikanen und Angriffe in der Presse.
Während der Kriegsjahre wegen Polenseelsorge
polizeiliches Verfahren.
Lit.: Reifferscheid, 225.

HACKOBER, OTTO
1880 02 06
Wolfsdorf / Guttstadt
Wegen seiner Predigten Bespitzelung und Unter-
richtsverbot.
Verstorben am 7.12.1940.

HANOWSKI, JOHANNES
1873 02 01
Allenstein
Pfarrer
Wegen seiner katholischen Vereinstätigkeit nach
1937 Beschlagnahme des Vereinshauses und Be-
spitzelung.
Unterrichtsverbot, vorher Verhör und Bedrohung
durch Gestapo und Polizei wegen Jugendarbeit und
Polenseelsorge.
Lit.: Reifferscheid, 225.

HEIDE, P. GEORG
SVD
1885 08 22
Heiligkreuz / Braunsberg / Liebenberg
Wegen Volksmission und Predigten Anzeigen.
Von 1935-1936 in Haft durch die Gestapo.
Verstorben am 8.7.1945.
Lit.: Reifferscheid, 227.

HEINRICH, BRUNO
1906 08 31
Wormditt
Kaplan
Anzeige und mehrere Gestapoverhöre wegen Kan-
zelmißbrauchs.
1943 vermißt.
Lit.: 1.Schwark, 199. 2.Reifferscheid, 292.

HERRMANN, FRANZ
1891 04 29
Garnsee
Pfarrer
Wegen seiner Predigten und seiner Pastoral dauernde
Überwachung.
Wegen Polenseelsorge 1 Jahr in Haft 1937-1938.

HERRMANN, PAUL
1910 08 30
Tilsit
Pfarrer
1937/38 Überwachung und Strafandrohung durch
die Polizei in Tilsit wegen Predigten.

HETTWER, P. FRANZ
SVD
1885 12 28
Mehlsack (Missionshaus St. Adalbert)
Rektor
Wegen seiner Predigten Haussuchung, Verhör und
Überwachung. 1941 Schließung des Missionshau-
ses.
Verstorben am 16.1.1958.
Lit.: Reifferscheid, 196.

HEYDUSCHKA, FRANZ
1879 10 04
Seeburg / Frauenburg
Erzpriester / Domkapitular
Dr. iur. can.
Wegen Predigten und Hirtenbriefverlesungen
Haussuchung. Bespitzelung ab 1937.
Verstorben am 2.1.1946.
Lit.: Reifferscheid, 140.

HIMMEL, ANTON
1885 05 27
Basien
Pfarrer
Wegen seiner Predigten Bespitzelung während der
Zeit von 1933-1939.
Verstorben am 3.5.1939.
Lit.: Reifferscheid, 293.

HINZMANN, EDMUND (P. ANGELUS)
OCR
1908 08 08
Wuttrienen / Pestlin / Dt. Eylau / Bertung
Kaplan
Jugendarbeit in den Jahren 1935-1940. Bespitze-
lung und Einziehung zur Wehrmacht auf Befehl der
Gestapo.

HINZMANN, HUGO
1908 01 28
Migehnen / Thurau
Kaplan
Wegen seiner Predigten und seiner Meßdiener-

seelsorge Überwachung und Verhör in den Jahren
1935-1941 durch die Gestapo.
Verstorben am 10.11.1942.

HIPPEL, WALTER
1904 11 13
Kaplan
Teilnahme an der Heilsberger Fronleichnamsprozession 1937 und Zurücknahme der geraubten Fahnen der Jugend. Nach einem Sondergerichtsverfahren vom 27.5.1937-20.12.1938 in Haft. Danach
Ausweisung aus Ostpreußen bis 8.12.1939, dann
Ausweisung aus den Kreisen Braunsberg, Heilsberg, Rössel und Allenstein.
Lit.: Reifferscheid, 167-172.

HIRSTOWSKI, GERHARD
1911 06 19
Königsberg
Kaplan
Wegen seiner Predigten Überwachung von 1939-
1941.
1940 Haus- und Pfarrbüchereidurchsuchung wegen
Jugendarbeit.
Während der Kriegszeit Verbot der Polenseelsor-
ge.
Lit.: Reifferscheid, 225.

HOEHN, ALOYS
1883 03 29
Glottau
Dr. theol.
Wegen seiner Predigten und Wallfahrten 1933-1945
Überwachung durch die Gestapo.
Verstorben am 9.12.1945.

HOPPE, PAUL
1900 06 22
Elbing / Goldap / Königsberg
Wegen seiner Predigten Bespitzelung.
1934/35 Strafverfahren durch die Gestapo wegen
seines Einsatzes für die katholische Jugend.
Lit.: Reifferscheid, 78, 98f.

HOPPE, SIEGFRIED
1885 12 15
Mehlsack / Peterswalde / Heiligkreuz
Wegen seines Einsatzes für die katholischen Ar-
beitervereine mehrere Verhöre, Schutzhaft und
1937 zur Abdankung gezwungen.
Verstorben 1976.
Lit.: Reifferscheid, 150.

HRUCZA, P. WALTER
SJ
1892 06 25
Allenstein
Pater
Wegen aktiver Seelsorge 1940 Ausweisung und

Überwachung durch die Gestapo. Des weiteren Redeverbot.
Lit.: Reifferscheid, 186.

HUETTERMANN, JOSEF
1899 06 30
Tilsit / Ragnit
Pfarrer
Bespitzelung wegen seiner Jugendseelsorge. Verbot, Lokale für Stationsgottesdienste zu benutzen.
Lit.: Reifferscheid, 96.

IMPING, HEINRICH (P. JOHANNES)
OFM
1878 09 13
Marienburg
Volksmissionar
Ab 10.5.1935 durch die Gestapo 10 Monate in Untersuchungshaft wegen Verdacht auf Verschiebung von Geheimerlassen.
Lit.: Reifferscheid, 153.

JABLONSKI, ALFONS
1883 01 12
Tiedmannsdorf
Pfarrer
Wegen seiner Predigten Überwachung durch Polizei und Gestapo. Schulverbot.
Verstorben am 15.12.1941.

JASCHINSKI, PAUL
1909 11 15
Tilsit / Königsberg
Kaplan / Pfarrer
Wegen Predigten Verwarnung, Bespitzelung und Unterrichtsverbot durch die Gestapo.
Verstorben am 29.9.1945.
Lit.: Reifferscheid, 244.

JORDAN, JOHANNES
1892 03 22
Heilsberg
Pfarrer / Kuratus
1937 aufgrund eines Zusammenstoßes mit NS-Organisationen bezüglich einer Fronleichnamsprozession Verurteilung zu 12 Monaten Haft durch ein Sondergericht.
Verstorben am 1.7.1972.
Lit.: Reifferscheid, 167-172.

JUNG, P. PAUL
SVD
1895 01 28
Mehlsack
Wegen seines Einsatzes für die Erhaltung des Klosters St. Adalbert und seiner Predigten Verwarnung und Überwachung.
Lit.: Reifferscheid, 193-197.

JUNKER, WALTER
1903
Rosenberg
Kaplan
Wegen seiner Jugendarbeit, besonders im DJK, Verhaftung durch die Gestapo versucht, er konnte jedoch fliehen.
1935/36 Ausweisung aus dem Regierungsbezirk Marienwerder.
Verstorben am 17.2.1938.

KALLER, MAXIMILLIAN
1880 10 10
Frauenburg / Memel
Bischof
Regimegegnerschaft während der ganzen Zeit. Vergehen in nicht zählbarer Menge.
Im März 1933 Kanzelaufruf zur letzten sogenannten freien Wahl am 5.3.1933. Daraufhin polizeiliche Überwachung.
1934 rege Seelsorgtätigkeit und besondere Maßnahmen der katholischen Aktion. Anzeige durch einen Studienrat bei Göring und strengste Überwachung durch Polizei und Gestapo.
Wegen seiner Hirtenbriefe 1935-1938 Verbot der Verlesung durch die Polizei.
Verhaftung durch die Gestapo und Abtransport nach Danzig und ins Reichsinnenministerium aufgrund seines Aufrufes zum Widerstand.
Als einziger Bischof meldete er sich zur Betreuung der Juden im KZ.
Verstorben am 7.7.1947.
Lit.: Reifferscheid, passim.

KAMINSKI, LEO
1895 04 11
Klaukendorf / Zempelburg
Pfarrer / Bischöfl. Kommissar
Wegen Polenseelsorge im Mai 1941 im Gestapogefängnis Bromberg.
Lit.: Reifferscheid, 225.

KANTERS, JOHANNES
1903 10 09
Braunsberg / Fleming
Pfarrer / Pfarrkurat
Jugendseelsorge und regimekritische Predigten 1940-1944. 1937 Verbot seelsorgerischer Tätigkeit durch die Gestapo.

KATHER, ARTHUR
1883 12 07
Elbing
Probst / Dekan
Wegen Polenbetreuung und Seelsorge 1933-1940 Verhör, Bedrohung sowie Ausweisung aus Ost- und Westpreußen durch Gestapo und Polizei.
Verhör wegen Verstoßes gegen das Sammlungsgesetz und wegen Beichtabnahme.

Verstorben am 25.7.1957.
Lit.: Reifferscheid, 4, 225ff.

KEHRBAUM, JOSEF
1888 05 03
Pfarrer
Beschlagnahme von verbotenen Hirtenbriefen durch
Polizei und Gestapo 1935-1939.

KEUCHEL, JOSEPH
1874 04 07
Roggenhausen
Pfarrer
Wegen Devisenvergehens Festnahme durch die Ge-
stapo. Wegen zu intensiver Jugendarbeit 1934/35
zur Pensionierung gezwungen.
Verstorben am 27.10.1947.

KEUCHEL, PAUL
1894 01 17
Braunsberg / Pfullendorf
Subregens
Dr. theol.
Wegen seiner Seminartätigkeit 1933-1945 Verhör
durch die Gestapo 1935/36.

KLUTH, WINFRIED
1912 11 15
Christburg
Kaplan
Haussuchung während seiner Amtszeit als Deka-
natsjugendseelsorger. Am 10.12.1940 Einziehung
zur Wehrmacht.
Am 27.5.1944 in Galizien gefallen.
Lit.: Schwark, 273f.

KOCH, P. GERHARD
SJ
1905 03 23
Königsberg
Superior
Wegen seiner besonders intensiven Studentenbe-
treuung 1935-1945 mehrere Verhöre und Haussu-
chungen sowie dauernde Bespitzelung durch die
Gestapo.
Lit.: 1.Rothe. 2.Reifferscheid, 186, 197f.

KORZENIEWSKI, PAUL
1897 01 08
Qüetz / Seeburg / Mühlhausen
Kaplan / Pfarrer
Überwachung wegen regimekritischen Verhaltens.
Wegen Polenseelsorge 1939-1945 Verhöre und
Überwachung.
1945 in Rußland verschollen.
Lit.: Schwark, 253f.

KOWALSKI, VIKTOR
1865 08 21
Wartenburg / Oliva (Btm. Danzig)
Pfarrer / Emeritus
Strafanstaltspfarrer in Wartenburg. Wegen seiner
Seelsorge dort 1933-1944 mehrere Haussuchungen
und Verhöre durch die Gestapo.
Zu Beginn des Krieges wegen Abhörens auslän-
discher Sender mehrere Haussuchungen und Ver-
höre durch die Gestapo.
Verstorben am 5.9.1945.
*Lit.: 1.Schwark, 286f. 2.Danziger Priesterbuch,
67ff.*

KRAUSE, ALPHONS
1908 04 30
Sensburg / Langwalde / Freudenberg / Allenstein
Kaplan / Pfarrverweser
Wegen seiner intensiven Seelsorge 1935-1943,
auch an Polen 1937 Verhör und Einleitung eines
Strafverfahrens, Amnestie 1938 durch die Öster-
reich-Besetzung.
1943 Einziehung zur Wehrmacht durch die Gestapo.

KRAUSE, ERNST
1883 06 08
Wegen Regimekritik Gestapoverhör, Überwachung
durch die Polizei sowie ein Sondergerichtsverfahren, welches mit Freispruch endete.
Verstorben am 26.1.1946.
Lit.: Schwark, 280f.

KUHN, ANTON
1901 12 03
Königsberg / Elbing
Kaplan / Standortpfarrer
Verhöre wegen Nichtzugehörigkeit zur NSV, Leitung des Jungmännervereins, Jugendseelsorge.
Nichtanstellung wegen seiner Wehrmachtspredigten
und Regimekritik in der Ermländer Presse bereits seit 1931. Bespitzelung und schließlich
Strafversetzung nach Leoben 1938.
1934 Verbot seiner Rundfunkpredigten, 1935 Haussuchung wegen Hirtenbriefverlesung und Beschlagnahme derselben. Öffentliche Anschuldigung in
der NS-Presse und zwischen 1935 bis 1938 keine
Verbeamtung wegen politischer Unzuverlässigkeit.
Lit.: Reifferscheid, 31, 123, 231.

KUHN, JOHANNES
1885 11 12
Braunsberg
Geistl. Studienrat
Unterrichtsverbot durch die Gestapo wegen seines
Einflusses auf die Jugend.
Verstorben am 5.6.1952.
Lit.: Reifferscheid, 229.

KUNKEL, KARL
1913 11 08
Allenstein / Königsberg
Kaplan / Spiritual
1940 Verhör wegen seiner Predigten und seiner
Jugendseelsorge durch die Gestapo.
Am 15.7.1944 Haussuchung und Einlieferung in
das KZ Ravensburg, am 22.7.1944 in das KZ Dachau, im Frühjahr 1945 dann von der SS als
Geisel nach Südtirol verschleppt und am 28.4.
befreit. Dies alles geschah unter dem Vorwand
der Anklage des Widerstandes und der Verbindung
mit Kreisen des 20. Juli 1944.
*Lit.: 1.Reifferscheid, 227, 229, 244. 2.Weiler,
390.*

KUTSCHKI, BRUNO
1912 02 21
Marienwerder
Kaplan
Wegen Polenseelsorge Verhör, Überwachung und
1939 Verbot der Krankenhausseelsorge durch Poli-
zei und Gestapo.
Verstorben am 23.11.1973.
Lit.: Reifferscheid, 225.

LANGE, AUGUST
1911 11 17
Kalkstein / Langwalde
Kaplan
Wegen seiner Jugendseelsorge Einziehung zur
Wehrmacht durch die Gestapo.
Am 11.1.1943 bei Stalingrad gefallen.

LANGWALD, FRANZ
1911 01 05
Grieslienen / Dt. Eylau / Passenheim/Wartenburg
Kaplan
Einziehung zur Wehrmacht 1942 auf Gestapobefehl
wegen Jugendarbeit und Seelsorge.

LANGWALD, KARL
1886 12 14
Stolzhagen
Kaplan / Pfarrer
Wegen Polenseelsorge Gestapobespitzelung.
Verstorben.
Lit.: Schwark, 179f.

LAWS, ERNST
1903 08 07
Guttstadt / Marienburg/ Königsberg
Geistl. Studienrat / Pfarrer
Wegen seines Religionsunterrichtes, seiner
Zentrumsmitgliedschaft und seiner Pressebei-
träge Unterrichtsverbot 1933 durch NSDAP
und Polizei.
Wegen seines Einsatzes für die Konfessionsschu-
le, seiner Seelsorge und seiner Predigten vom

13.8.1935-26.1.1936 in Gestapohaft.
Lit.: Reifferscheid, 32f., 152ff.

LEBIG, HEINRICH
1912 12 12
Tolkemit
Kaplan
Wegen Polenseelsorge 1938-1940 Bespitzelung
durch die Gestapo.

LETTAU, JOSEPH
1898 12 31
Heilsberg / Rosengarth / Wormditt
Kaplan / Pfarrer, Diözesanpräses
Wegen seiner intensiven Jugendarbeit mehrere
Haussuchungen ab 1935, besonders 1937. Oft Ver-
höre und Bespitzelung durch die Gestapo sowie
Beschlagnahme der Jugendheime.
Verstorben am 27.11.1959.
Lit.: Reifferscheid, 14, 78, 83, 187, 268.

LILIENTHAL, ADALBERT
1912 04 09
Rastenburg / Tolkemit
Kaplan
1939 Einziehung zur Wehrmacht. 1940-1943 Kaplan
in Tolkemit. Dort Verwarnung, Verhör und Haftandrohung durch die Gestapo.
Verstorben im Oktober 1945.
Lit.: Schwark, 22f.

LINDENBLATT, JOHANNES
1882 06 23
Rastenburg
Pfarrer
Wegen seiner Predigten und seiner Seelsorge
Verhör, Bespitzelung sowie Beschlagnahme eines
Grundstückes der katholischen Kirchengemeinde.
Am 27.1.1945 von den Russen erschossen.

LINGNAU, OSKAR
1877 11 12
Layß
Pfarrer
1934 Unterrichtsverbot. Häufige Verhöre durch
die Gestapo. Anzeige wegen Christenlehre.
Verbot der Fronleichnamsprozession und Denunziation in der Presse.
Verstorben auf der Flucht am 13.3.1945.

LUEPSCHEN, HEINRICH
1898 12 09
Arys / Johannisburg / Lötzen / Ortelsburg
Landhelferseelsorger
Wegen seiner Seelsorge und seiner Predigten Be-
spitzelung und Schikanen bei der Durchführung
der Seelsorge durch Polizei, Gestapo und NSDAP.
Verstorben am 12.9.1963.
Lit.: Reifferscheid, 95f.

MACHHAUS, P. JOHANNES BAPTIST
SJ
1881 12 26
Königsberg
Superior
Überwachung, Verhöre und Haussuchungen 1935-1939 durch Polizei und Gestapo wegen seiner Studentenseelsorge und seiner Predigten.
Verstorben am 18.3.1945.

MARQUARDT, P. ALOIS
SVD
1878 09 10
Mehlsack (Missionshaus St. Adalbert)
Rektor
Anzeige und Verhöre durch die Gestapo sowie Haussuchung wegen seiner Regimegegnerschaft und seiner Beeinflussung der Jugendlichen.
1935 wurde ihm grundlos Devisenvergehen vorgeworfen. Dies leitete die Aufhebung des Missionshauses ein. Marquardt mußte die Klosterleitung niederlegen und Ostpreußen verlassen.
Verstorben am 6.2.1968.
Lit.: Reifferscheid, 175, 193-197.

MARQUARDT, ALOYS
1891 01 05
Frauenburg
Dr.
Regimegegnerschaft und enge Zusammenarbeit mit Bischof Kaller.
1937 und 1938 mehrere Haussuchungen und Verhöre im Zusammenhang mit dem Hirtenbrief von Kaller.
1940 Vorladung durch die Gestapo wegen Beleidigung derselben.
Lit.: Reifferscheid, passim.

MATTERN, ALOYS
1884 06 20
Mehlsack
Erzpriester
Schon vor 1933 kritische Aufsätze in der Kirchenzeitung über den Nationalsozialismus.
1937 Verhöre und Überwachung durch die Gestapo wegen seines Einsatzes für die Bekenntnisschule.
Verstorben am 26.8.1959.
Lit.: Reifferscheid, 123f.

MATTERN, PAUL
1882 01 09
Bludau
Pfarrer
Von Oktober bis November 1939 Schutzhaft durch die Gestapo.
Verstorben am 5.10.1958.
Lit.: L. Plötz, 45, 119.

MEISTER, P. JOSEPH
PSM
1883 02 03
Rössel (St. Bruno)
Bei Auflösung des Missionshauses ein Verhör durch die Gestapo.

MIANECKI, P. PAUL
SJ
1907 07 07
Königsberg
Wegen seiner Missionspredigten 1939-1945 verhör, Haussuchung und Bespitzelung durch die Gestapo.
Verstorben am 26.1.1965.

MILLER, OTTO
1879 07 27
Thiergart
Pfarrer, Dichter, Schriftsteller
Dr.
Er schrieb zahlreiche Essays gegen den Nationalsozialismus im Ermländischen Kirchenblatt. Dieses wurde deshalb mehrmals verboten.
Häufige Verhöre Millers durch die Gestapo sowie Überwachung. 1938 wurde er auf Druck der Königsberger Regierung vorzeitig pensioniert.
Verstorben am 4.1.1958.
Lit.: Reifferscheid, passim.

MOHN, ALOYS
1900 04 25
Braunsberg
Kaplan
Aktive Jugendseelsorge und Predigten. 1934 Unterrichtsverbot durch Gestapo und Kreisleitung.
1940 Einziehung zur Wehrmacht.
Verstorben am 15.11.1968.
Lit.: Reifferscheid, 31.

MORITZ, ALOYS
1892 03 22
Braunswalde
Pfarrer
Wegen regimekritischer Predigten und Polenseelsorge Bespitzelung durch die Gestapo.
1945 in Rußland verstorben.

NADOLSKI, RICHARD
1888 03 26
Johannisburg / Bischofswerder
Kuratus / Pfarrer
Wegen Regimegegnerschaft und Predigten zweimal verhaftet und 1937 zum Verzicht auf die Pfarrstelle Bischofswerder gezwungen durch Gestapo und Polizei.
Verstorben am 26.3.1955.
Lit.: Reifferscheid, 227.

NEUMANN, ERICH
1911 01 16
Wormditt / Bludau / Mehlsack
Kaplan
Wegen seines Einsatzes für die Bekenntnisschule in
den Jahren 1938 bis 1940 ca. 14 Tage Gestapo-Haft
(1940).
Lit.: Reifferscheid, 229.

NEUMANN, LEO
1879 07 13
Stuhm
Pfarrer, Dekan
Wegen Jugend- und Polenseelsorge Verhöre und
Überwachung durch die Gestapo.
Verstorben am 6.2.1950.

NIX, MICHAEL
1912 04 09
Glottau / Elbing
Kaplan
Wegen Jugendseelsorge 1938-1940 Überwachung
durch die Gestapo. 1940 Einziehung zur Wehrmacht
und am 4.2.1945 gefallen.

NORDA, JOHANNES
1913 11 12
Königsberg / Tapiau
Kaplan / Kuratus
Dr. theol.
In Königsberg 1942 und in den folgenden Jahren
Bespitzelung seiner Predigten durch die Gestapo.

OHL, ALBERT
1885 04 25
Marienburg
Geistl. Studienrat
Wegen seines Religionsunterrichtes und seines
Einsatzes für die Jugendorganisation Neu-
deutschland Unterrichtsverbot.
1940 wegen Nichtbeteiligung an NS-Veranstaltun-
gen vorzeitig pensioniert.
Verstorben am 11.9.1964.
Lit.: Reifferscheid, 229.

OLSCHEWSKI, LEO
1894 04 14
Bilderweiten / Tilsit
Pfarrer, Dekan / Probst
Wegen Regimegegnerschaft, Predigten und wegen
seines Unterrichtes Bespitzelung und Verhör
1941. Am 25.8.1941 von der Gestapo verhaftet
und ab 15.12.1941 im KZ Dachau. Dort am 11.8.
1942 verstorben.
Lit.: Weiler, 494.

OSINSKI, WENCESLAUS
1868 02 12
Wuttrienen
Pfarrer

Wegen Jugendseelsorge Eintreten der Pfarrhaustür 1933 durch jugendliche Nationalsozialisten.
1933 unter Druck Verzicht auf die Pfarrstelle.
1939 wegen Polenseelsorge für einige Monate im
KZ Dachau durch die Gestapo. Danach Gestapo-
prozeß.
Verstorben am 17.3.1945 auf der Flucht.

PARSCHAU, JOHANNES FRANZ
1910 07 15
Allenstein / Breslau / Frauenburg
Kaplan / Ordinariatssekretär
Im Juni 1937 Verbot der Übungsabende des Kir-
chenchores im Gemeindehaus durch die Gestapo.
1941 Anzeige beim Bürgermeister durch ein
NSDAP-Mitglied wegen Denunziation.

PAWLETTA, PAUL (P. GILBERT)
OFM
1890 04 23
Allenstein
Guardian
Verhör durch die Gestapo und Schikanen der
Partei im Zusammenhang mit der zwangsweisen
Auflösung des Allensteiner Franziskanerklosters
Anfang 1941.
Verstorben am 1.8.1960.
Lit.: Reifferscheid, 201 f.

PETER, FRANZ
1895 12 22
Schulen / Heilsberg
Pfarrer
Wegen seiner Predigten und Prozessionen Verbot
der Fronleichnamsprozession durch SA und Poli-
zei ab 1936.
Verstorben am 30.7.1943.

PETERSDORF, OSKAR
1910 01 22
Wuttrienen / Grieslienen
Kaplan / Pfarrer
1937 Anklage durch die Gestapo wegen angeblichen
Verstoßes gegen das Sammlungsgesetz.
Verstorben am 10.5.1974.

PIENSKI, PAULINUS
1886 08 17
Tapiau / Hohenstein
Kurat / Pfarrer
Wegen Polenseelsorge Bespitzelung durch die Ge-
stapo 1936-1945.
Verstorben am 21.7.1960.

PIETSCH, ALFONS (P. BRUNO)
OFM
1887 09 23
Springborn / Marienburg
Präses

Wegen angeblichen Abhörens des Vatikansenders
1941 verhaftet und zu drei Jahren Zuchthaus
verurteilt. Nach Verbüßung der Haft 1944
entlassen.
Verstorben am 13.12.1964.

PIEZOCHA, JOSEF
1879 07 17
Lemkendorf / Wartenburg
Pfarrer / Prodekan
Wegen Polenseelsorge Unterrichtsverbot, Be-
spitzelung und Haussuchung durch die Gestapo.
Verstorben am 13.12.1964.

PINGEL, FRANZ
1872 09 15
Marienburg
Porpst, Dekan
Häufige Nichtbeflaggung.
Vom 12.8.1935-24.1.1936 in Haft durch die Ge-
stapo ohne Grundangabe.
Nach der Entlassung weitere Überwachung.
Verstorben am 5.7.1955.
Lit.: Reifferscheid, 152f.

PINZKER, ANTON (BR. THOMAS)
SVD
1908 04 03
Mehlsack (Missionshaus St. Adalbert)
Wegen seiner Ablehnung des Anschlusses Öster-
reichs 1938 ein Verhör durch die Polizei.
Anzeige durch einen Landarbeiter wegen seiner
Aussagen über den Krieg.
Lit.: Reifferscheid, 193.

PODLECH, FERDINAND
1878 02 22
Reichenberg
Pfarrer
Wegen seiner Jugendarbeit Überwachung durch
Parteimitglieder und Schulverbot.
1946 in Sibirien verstorben.

POHL, BRUNO
1910 03 28
Lemkendorf / Mehlsack / Braunsberg
Kaplan
Überwachung wegen Jugendseelsorge und Predigten
durch die Gestapo. 1940 Einziehung zur Wehr-
macht.
Verstorben am 21.10.1961.
Lit.: Reifferscheid, 230.

POSCHMANN, ANTON KARL
1894 03 11
Allenstein / Königsberg
Standortpfarrer / Wehrkreispfarrer
Regimegegner als Mitglied der Zentrumspartei.
Als Wehrkreispfarrer 1933 zwangspensio-

niert.
1942 500 RM Geldstrafe wegen Polenseelsorge.
Verstorben am 29.5.1970.
Lit.: Reifferscheid, 21, 232.

POSTULAT, BRUNO
1890 12 21
Allenstein
Kaplan / Geistl. Studienrat
Wegen seines Unterrichtes auch in weltlichen
Fächern Unterrichtsverbot 1943 durch den Ober-
schulrat.
Verstorben am 23.11.1949.

PREUSS, ALFRED
1914 03 29
Purden / Jonkendorf / Allenstein
Kaplan
Wegen Jugendseelsorge und Laienkatechetenausbil-
dung Verwarnung, Bespitzelung durch die Gestapo
und Unterrichtsverbot. 1943 Einziehung zur Wehrmacht.
Am 26.3.1945 gefallen.
Lit.: 1.Reifferscheid, 186, 230.
2.Schwark, 82ff.

PREUSS, JOHANNES
1910 12 12
Dt. Eylau / Frauenburg
Kaplan / Ordinariatssekretär
Wegen Jugendarbeit in Dt. Eylau 1935 Verhör und
Bedrohung durch Polizei und Gestapo.
1944 Verweigerung der Ernennung zum Standort-
pfarrer.
Verstorben im Jahre 1978.

PRUSS, FRANZ
1888 07 22
Marienwerder
Pfarrer, Dekan
Wegen Predigten Bespitzelung und Verhör durch
Polizei und Gestapo.

PRUSZKOWSKI, ROBERT
1907 02 01
Allenstein / Stuhm / Wengoyen
Kaplan / Pfarrer
Wegen Polenseelsorge vom 28.7.-15.10.1940 in
Untersuchungshaft durch die Gestapo. Am 25.10.
1940 Einlieferung in das KZ Dachau. Ab 11.12.
1940 in Buchenwald und vom 5.9.1941 bis 28.3.
1945 erneut in Dachau.
Lit.: 1.Reifferscheid, 237. 2.Weiler, 541.

PRZEPERSKI, JOSEPH
1895 08 08
Tapiau / Liebenberg
Kaplan / Pfarrer
Wegen der Ablehnung eines Taufnamens Anzeige,

Verhör und Bedrohung durch die Gestapo.
1939 Ausweisung aus Ostpreußen wegen Polenseelsorge.
Verstorben am 19.11.1951.
Lit.: Reifferscheid, 154, 235, 237.

PUCK, ERICH
1913 12 25
Jonkendorf / Wartenburg
Kaplan
Aktive Jugendseelsorge. 1943 Einziehung zur
Wehrmacht durch die Gestapo.

PULINA, OTTO
1878 08 02
Bönhof
Pfarrer
Wegen Jugendarbeit 1937 zwei Haussuchungen durch
Polizei und Gestapo, Verhör und Beschlagnahme
von Fahrtenhemden sowie von Wimpeln.
Verstorben am 3.7.1941.

REIFFERSCHEID, GERHARD
1913 03 06
Heinrikau / Königsberg / Wormditt
Kaplan
Wegen Jugendarbeit und Predigten Verfahren 1938
durch die NSDAP. Niederschlagung, obwohl mit
Verhaftung gedroht wurde.
Eine Anzeige wegen einer Predigt durch einen
Bauern. Daraufhin 1943 Einziehung zur Wehrmacht
durch die Gestapo.
Lit.: Reifferscheid, 227.

REIS, JOSEPH
1912 03 09
Rehhof / Braunsberg
Theologiestudent / Kaplan
Während seines Theologiestudiums Verhör und
Verfahren wegen Widersetzung gegen die Anord-
nung des Rektors, SA-Sportdienst zu betreiben.
Wegen Predigten und Jugendseelsorge Bespitzelung
durch die Gestapo.
Lit.: Reifferscheid, 43, 74f.

REITER, P. MAXIMILIAN
SJ
1903 06 15
Königsberg
Wegen seiner Predigten 1943 Ausweisung aus Ost-
preußen durch die Gestapo.
Am 24.4.1945 bei einem Bombenangriff ums Leben
gekommen.

RIEDL, P. BERNHARD
SJ
1904 04 16
Königsberg
Aufgrund seiner Verbindung zum „Bund

Neudeutschland" Haussuchung, Verhör und Bespitzelung.
Lit.: Reifferscheid, 81f.

ROSCH, FRANZ
1914 07 22
Mehlsack
Kaplan
Wegen seines Einsatzes für die Bekenntnisschule
seit 1937 mehrere Verhöre, 10 Tage in Haft und
Bespitzelung durch die Gestapo.
1940 Einziehung zur Wehrmacht wegen Jugendar-
beit.
Verstorben am 12.9.1975.
Lit.: Reifferscheid, 229f.

ROSENBERGER, BRUNO
1915 01 10
Heilsberg
Kaplan
Beschränkung der Meßdienerzahl durch die Gestapo.
1940 Einziehung zur Wehrmacht.
Lit.: Reifferscheid, 230.

ROSENKRANZ, OTTO
1902 11 06
Mehlsack / Johannisburg
Pfarrer
1934 Anzeige und Verhöre durch die Gestapo
wegen der Veranstaltung eines großen Passions-
spieles mit ca. 100 Mitwirkenden.
Wegen seiner Vereinsarbeit als Kolpingspräses
Schließung des Treffpunktes der Gesellenfamilie
Kolping und Bespitzelung des neuen Lokales.
Haussuchung in der Borromäus-Bibliothek.
Bedrohung wegen Predigten. Neun Verhöre und Ver-
warnung durch die Gestapo.
Verstorben am 27.1.1971.
Lit.: Reifferscheid, 150, 198, 292.

ROST, GERHARD
1895 04 14
Warpuhnen
Pfarrer
Mitbegründer des Quickborn nach dem ersten
Weltkrieg.
Wegen Predigten und Katechese Verwarnung durch
die Gestapo. 1936 Denunziation in der national-
sozialistischen Presse Ostpreußens.
Verstorben im Jahre 1980.
Lit.: Reifferscheid, 82.

RUDOLL, ALFONS (P. FIDELIS)
OFM
1906 09 12
Allenstein
1941 Einziehung zur Wehrmacht und 1946 im Lager
5385 Tula verstorben.
Lit.: Reifferscheid, 201f.

RZYMELKA, JOHANNES (P. ALFONS)
OFM
1902 12 11
Marienburg
Verwarnung und Bespitzelung durch die Gestapo
wegen der „Marienburger Affäre".
Verstorben am 27.1.1946.

SAGER, PAUL (BR. RADBERTUS)
SVD
1905 07 17
Mehlsack (Missionshaus St. Adalbert)
1941 Anzeige eines Privatmannes bei der Polizei
wegen einer Äußerung gegen den Krieg. Am
1.10.41 wegen Feindbegünstigung zu drei Jahren
Haft verurteilt. Danach Aufenthaltsverbot für
die Kreise Braunsberg und Heilsberg sowie die
Provinz Schlesien. Fünf Wochen später Einziehung zum Sanitätsdienst.
Verstorben am 22.12.1972.
Lit.: Reifferscheid, 194.

SALZWEDEL, REINHOLD
1898 11 22
Wormditt / Bischofswerder
Kaplan / Pfarrer
Wegen Polenseelsorge Bespitzelung durch die Ge-
stapo.
Verstorben im November 1951.

SANDER, FRANZ-XAVER
1862 07 15
Dompropst
Wegen seiner Predigten und seines Einsatzes für
die Erhaltung der katholischen Verbände Über-
wachung durch die Gestapo.
Verstorben am 27.4.1945 auf der Flucht.
Lit.: Reifferscheid, 13, 147, 176.

SAUERMANN, JOSEF VALENTIN
1901 02 05
Braunsberg / Goldap
Kaplan / Kurat
1935 wegen seiner Tätigkeit in Arbeitervereinen
drei Monate in Haft. Danach Bespitzelung durch die
Gestapo und Verbot, sich um staatliche Stellen
zu bewerben.
Verstorben am 6.12.1964.
Lit.: Reifferscheid, 150.

SCHABRAM, FRANZ
1897 01 21
Rössel / Insterburg
Diözesanpräses der Borromäusvereine.
Wegen Predigten kurzfristige Festnahmen und
Geldstrafen durch die Gestapo 1936.
1934 bereits Unterrichtsverbot wegen Verweigerung des Hitlergrußes und politischer Unzuverlässigkeit.

SCHACHT, FRANZ
1883 04 26
Heydekrug
Pfarrer
Zwei Haussuchungen wegen Suche nach Hirtenbriefen.
Acht Verhöre durch Polizei und Gestapo wegen Po-
lenseelsorge.
150 RM Geldstrafe wegen Abhaltung eines Sta-
tionsgottesdienstes.
Verbot einer Fronleichnamsprozession.
1941 Beschlagnahme der Katechumenenanstalt.
1943 Unterrichtsverbot.
Verstorben am 15.6.1971.
Lit.: Reifferscheid, 256.

SCHAEFER, P. KARL
PSM
1899 03 29
Rössel / Braunsberg
Rektor des Konviktes
Jugendseelsorge und Religionsunterricht.
Bespitzelung durch HJ-Schüler und oft Verhöre
durch die Gestapo.
Lit.: Reifferscheid, 147, 200, 227.

SCHAEFER, KARL THEODOR
1900 07 27
Braunsberg
Dozent
Prof. Dr.
Wegen seiner Mitarbeit an den Studien zum „Mythus"
Rosenbergs 1934 und 1935 Ablehnung der Anstel-
lung an der staatlichen Akademie in Braunsberg
durch das Reichskultusministerium.
Lit.: Reifferscheid, 70.

SCHAEFERHOFF, PAUL
1911 09 06
Rastenburg / Marienburg
Kaplan / Geistl. Studienrat
Wegen seiner Jugendseelsorge Überwachung und
1938 Verhör durch die Gestapo.

SCHAFFRIN, HARTMUT
1914 11 25
Braunsberg
Kaplan
Wegen seiner Jugendarbeit im Bund Neudeutschland
Verhör 1935/36 und drei Haussuchungen durch die
Gestapo.
Unterrichtsverbot.
1940 Einziehung zur Wehrmacht.

SCHARNOWSKI, AUGUST
1892 09 14
Stuhm / Allenstein / Braunsberg / Wuttrienen

Kaplan / Caritasdirektor / Pfarrer
Aufgrund von Caritasarbeit 1941 durch ein Son-
dergericht zu 18 Monaten Haft verurteilt.
Verstorben am 30.1.1963.
Lit.: Reifferscheid, 126, 243, 251.

SCHIKOWSKI, ULRICH
1907 08 04
Schloßberg / Ebenrode / Gumbinnen
Kaplan
Dr. phil.
Wegen seiner Zugehörigkeit zum kirchlichen
Seelsorgedienst (KSD) Verhöre, Anzeigen und
Bespitzelung durch die Gestapo.
Am 27.1.1945 von den Russen erschossen.

SCHILAKOWSKI, FRANZ
1907 10 11
Dt. Damerau / Gr. Purden
Kaplan
Wegen Polenseelsorge Bespitzelung zwischen 1939
und 1942.
1942 Einziehung zur Wehrmacht.

SCHLUESENER, OTTO
1889 08 04
Braunsberg
Geistl. Direktor
1941 wegen Heimtücke vom Sondergericht
zu einem Jahr Haft verurteilt;
aufgrund Haftunfähigkeit früher entlassen;
auch bei der zweiten Festnahme wurde wegen
der angeschlagenen Gesundheit des Geistlichen
auf eine längere Inhaftierung verzichtet.
Verstorben am 7.5.1950.
Lit.: Reifferscheid, 251.

SCHMAUCH, ALOYS
1899 06 17
Schillehnen / Elbing-Pangritz (St. Adalbert)
Pfarrer
1934 Bespitzelung der Predigten.
Wegen Jugendseelsorge 1936 Unterrichtsverbot und
seit 1938 Störung der Arbeit durch die HJ.
Wegen Vereinsarbeit und Hirtenbriefverlesung
1937 und 1939 Haussuchungen sowie Beschlagnahme
von Arbeitervereinsakten und Hirtenbriefen. Dabei zwei Verhöre durch die Gestapo.

SCHMIDT, REINHOLD
1914 10 07
Benern / Heilsberg
Bespitzelung durch die Gestapo wegen seiner
Seelsorge im Knabenwaisenhaus.
1941 Einziehung zur Wehrmacht.
Verstorben am 20.3.1980.
Lit.: Reifferscheid, 145.

SCHMITZ, WERNER
1908 07 19
Heilsberg
Kaplan
Wegen seiner Jugendseelsorge im Waisenhaus
Joseph-Stift Bespitzelung durch die Gestapo.

SCHOLTEN, ALFRED
1912 10 03
Lautern
Kaplan
Wegen Jugendseelsorge 1940 Verhör und Bespitzelung durch die Gestapo.
1940 Einziehung zur Wehrmacht, nachdem ein Lehrer
ihn angezeigt hatte.

SCHOTTKOWSKI, LEOPOLD
1911 08 03
Altmark / Wartenburg / Reiffenrode
Kaplan / Pfarrer
Wegen Polenseelsorge und Jugendarbeit Bespitze-
lung durch die Gestapo.
Fronleichnamsprozession überwacht durch die
Gestapo.

SCHROETER, JOHANNES
1888 09 02
Tolkemit
Pfarrer, Propst
Wegen seines Einsatzes für die Schulkreuze Be-
spitzelung ab 1934 und Verhör durch Polizei und
Gestapo.
Verstorben am 11.6.1944.

SCHUL, FRANZ
1905 11 29
Insterburg / Bischofsburg / Wartenburg
Kaplan / Geistl. Studienrat
Wegen seiner Jugendseelsorge 1939 Unterrichts-
verbot nach Anzeigen. Versetzung unter dem Druck
der Partei nach Wartenburg. Bespitzelung des
Unterrichtes durch HJ-Schüler.

SCHULZ, ALOYS
1871 04 07
Braunsberg
Erzpriester
Schulz war Diözesanpräses der katholischen
Arbeitervereine. Im Juli 1935 wurde er zu acht Mo-
naten Haft verurteilt durch die Gestapo. 1942
zur Resignation gezwungen.
Verstorben am 21.5.1953.
Lit.: Reifferscheid, 31, 150.

SCHWARK, BRUNO
1883 12 29
Wormditt
Erzpriester
Dr.

1937 Verfahren durch die Gestapo wegen Verlesung des Hirtenbriefes von Bischof Kaller.
Wegen Polenseelsorge und Religionsunterricht Bespitzelung.
Verstorben am 17.10.1964.
Lit.: Reifferscheid, 292.

SCHWARTZ, PAUL
1878 03 03
Siegfriedswalde
Pfarrer
Wegen Polenseelsorge 1940 Verhör und Überwachung durch die Gestapo.
Am 12.2.1945 von den Russen erschossen.

SCHWINDEN, NIKOLAUS
1903 12 10
Lyck / Königsberg / Ludwigsort
Kaplan / Wehrmachtspfarrer / Kuratus
Dekan der wandernden Kirche.
Verbote der Seelsorge, Bedrohung und Anzeige durch die Gestapo.

SEVERIN, WILHELM
1910 12 07
Bischofsburg
Kaplan
Wegen Jugendseelsorge Überwachung und 1940 Einziehung zur Wehrmacht durch die Gestapo.

SIKORSKI, ANTON
1897 03 09
Stuhm / Flammberg / Wuttrienen
Kaplan / Pfarrer
Wegen Polenseelsorge Überwachung 1940-1945.
Verstorben am 31.3.1963.

SIMON, GERHARD
1903 08 11
Lyck / Insterburg / Liebemühl / Saalfeld
Kaplan
Wegen seiner Seelsorge in der wandernden Kirche Überwachung und Verbote der Seelsorge durch die Gestapo.

SKOLASTER, P. HERMANN
PSM
o.D.
Rössel
Wegen seiner Jugendarbeit im Missionshaus St. Bruno Bespitzelung durch die Gestapo.

SOCHACZEWSKI, BRONISLAUS
1886 05
Schönwiese
Pfarrer
Pfarrer Sochaczewski flüchtete vor Beginn des Polenfeldzuges 1939 nach Warschau. Nach seiner Rückkehr wurde er durch die SS gefangenge-

nommen und in das KZ Stutthof eingeliefert (1939). Im April 1940 erfolgte seine Verlegung ins KZ Oranienburg, wo er im Mai 1940 durch drei SS-Scharführer zu Tode gequält wurde.
Lit.: 1. Reifferscheid, 235. 2. L. Plötz, 58.

STEINHAUER, ADOLF
1910 04 08
Elbing
Kaplan
Wegen Polenseelsorge Verhör und am 12.9.1940 Ausweisung aus Ostpreußen durch die Gestapo.
Wegen Jugendseelsorge Unterrichtsverbot durch die Gestapo.
Lit.: Reifferscheid, 225f.

STEINKI, JOSEF
1889 12 19
Braunsberg / Frauenburg / Allenstein
Caritasdirektor / Domkapitular / Hausgeistlicher
Wegen seiner Caritasarbeit 1941 zu drei Jahren Haft durch das Sondergericht verurteilt. Danach Verzicht auf seine Stelle als Domkapitular.
Verstorben am 16.2.1945.
Lit.: Reifferscheid, 243, 259.

SZINCZETZKI, HUGO
1907 03 09
Heilsberg
Kaplan
Wegen Jugendarbeit Bespitzelung durch NSDAP und Gestapo.
Im Zusammenhang mit der Störung der Heilsberger Fronleichnamsprozession durch die NSDAP von der Gestapo verhaftet und durch ein Sondergericht zu zweieinhalb Jahren Haft verurteilt. Anschließend Ausweisung aus Ostpreußen.
Diese Aktion gegen die Fronleichnamsprozession war Auftakt der Nationalsozialisten zum Kampf gegen die Jugendverbände.
Am 9.8.1943 in Rußland gefallen.
Lit.: Reifferscheid, 167-171.

SZUDZINSKI, ANASTASIUS
1882 01 14
Thurau
Pfarrer
Wegen Polenseelsorge vom 7.9.1939 bis 14.1. 1941 in Gestapohaft. Dann bis zum 26.4.1945 im KZ Dachau.
Verstorben im Jahre 1964.
Lit.: 1. Reifferscheid, 235f.
2. Weiler, 656.

TARNOWSKI, MAX
1883 05 29
Goldap / Örtelsburg / Wartenburg
Pfarrer / Erzpriester
Wegen Polenseelsorge Bespitzelung durch die Ge-

stapo und mehrere Verhöre.
Wegen Jugendseelsorge Unterrichtsverbot.
Verstorben im Jahre 1981.

TECKENTRUP, ERICH
1911 08 28
Seeburg
Kaplan
Wegen Jugendseelsorge Bespitzelung durch die Gestapo und Unterrichtsverbot.
Wegen Polenseelsorge Einziehung zur Wehrmacht.
1943 bei Stalingrad vermißt.

TESCHNER, HUBERT
1911 03 20
Lötzen / Neukirchhöhe / Braunsberg-Neustadt
Kaplan
Wegen Jugendseelsorge Unterrichtsverbot.
Wegen Polenseelsorge Bespitzelung, Anzeige, Verhör durch die Gestapo. Einziehung zur Wehrmacht.
Am 9.6.1942 gefallen.

TESCHNER, VIKTOR
1877 06 19
Heilsberg
Prodekan
Wegen seiner Jugendarbeit Überwachung durch die Polizei. Teschner war Sturmscharpräses.
Verstorben am 13.1.1952.

THIDIGK, FRANZ
1888 07 30
Königsberg / Thiergart
Kurat / Pfarrer
Wegen Jugendseelsorge Unterrichtsverbot und wegen Polenseelsorge Bespitzelung durch die Gestapo.
Verstorben am 23.01.1958.

THIMM, KARL
1909 08 03
Frauenburg / Königsberg / Lichtfelde
Kaplan / Pfarrer
Dr. Dr.
Wegen Predigten, Religionsunterricht, Jugendarbeit und Dozentur in der Zeit von 1935 bis 1944 Überwachung, Unterrichtsverbot und Verhöre durch die Gestapo.

TREBBAU, JOHANNES
1870 06 20
Rautenberg
Pfarrer
Wegen Jugendarbeit und Predigten dreimal Geldstrafen durch die Gestapo.
Verstorben am 23.12.1953.

TRZECIOK, ALFONS
1911 06 23
Heinrikau / Köllen / Schellen / Lemkendorf
Kaplan
Wegen Jugendseelsorge und Predigten Bespitzelung, Unterrichtsverbot und Einziehung zur Wehrmacht durch die Gestapo.
Verstorben im Lazarett am 22.11.1944.

URMITZER, P. PAUL
SJ
1892
Königsberg / Heiligelinde
Er war geistlicher Führer der Neudeutschlandgruppen im ostpreußischen Raum.
Verbot seiner Vorträge. Versetzung von Heiligelinde nach Schlesien durch die Gestapo.
Verstorben im Jahre 1967.

VOSSWINKEL, AUGUST
1912 05 24
Königsberg / Oberhaberberg
Kaplan
Wegen Polenseelsorge Unterrichtsverbot. Haussuchung mit Schließung der Borromäusbibliothek und Bespitzelung durch die Gestapo.

WALASCHEWSKI, AUGUST
1898 07 24
Bischofsburg
Geistl. Studienrat, Kaplan
Wegen seines Religionsunterrichtes 1934 Unterrichtsverbot. Im gleichen Jahr Haussuchung und Beschlagnahme von Mitgliederlisten durch die Gestapo wegen Vereinsarbeit.

WEDIG , GEORG
1879 08 18
Bischofsburg
Pfarrer, Erzpriester
Wegen Jugendarbeit und Polenseelsorge Bespitzelung, Verhör und Haussuchung sowie Unterrichtsverbot durch die Gestapo.
Verstorben am 6.4.1950.
Lit.: Reifferscheid, 31.

WEICHSEL, BRUNO
1903 10 11
Marienburg / Frauenburg / Saalfeld
Kaplan / Ordinariatsrat / Kuratus
Wegen Predigten, Jugendarbeit und Polenbetreuung wurde 1933 von SA-Leuten oder NSDAP-Anhängern in seine Wohnung geschossen.
Wegen Jugendarbeit 1935 zu fünf Monaten und zwei Wochen Haft verurteilt.
Im Zuge der Vernichtung der Caritas 1941 zu 30 Monaten Haft durch das Sondergericht verurteilt wegen seiner Ordinariatsarbeit.
1945 in der Kapelle von den Russen getötet.
Lit.: Reifferscheid, 152, 251, 259.

WEIN, OTTO
1887 05 23
Fleming
Pfarrer
1940 wegen Polenseelsorge Festnahme, Verhör und
Ausweisung bis 1945 durch die Gestapo.
Verstorben am 22.6.1957.
Lit.: Reifferscheid, 225.

WENSKOWSKI, ALBIN
1892 05 21
Pestlin / Marienwerder / Allenstein / Frauenburg
Kaplan / Pfarrer
Wegen Polenseelsorge Anzeigen und Verhöre durch
die Gestapo. Seine Wirtin mußte ins Gefängnis,
weil sie die Orgel zu den Gottesdiensten
spielte.
Verstorben am 14.11.1964.

WESKI, BRUNO
1888 08 04
Wegen Verteilung von Hirtenbriefen an die Gemeinde Haussuchung am 3.2.1937.
Verstorben am 12.4.1964.

WESSENDORF, P. ANTONIUS
SJ
1873 10 15
Königsberg / Heiligelinde
1938 Verhöre, Anzeigen und Bedrohung wegen seiner Seelsorge. Verbot, einen Lautsprecher vor
der Kirche aufzustellen und Ablehnung der Fas-
sadenerneuerung der Barockkirche.
Verstorben am 19.7.1945.
Lit.: Rothe, 48.

WESTPFAHL, HANS
1894 12 27
Lemkendorf / Marienfelde / Heiligenbeil
Kaplan / Pfarrer
Wegen Polenseelsorge 300 RM Geldstrafe, Gottes-
dienstverbot, jährliches Verhör durch Gestapo
und Polizei sowie Predigtüberwachung.
Lit.: Reifferscheid, 190.

WIEMERS, P. AUGUST
PSM
1877 02 21
Braunsberg
Rektor
Wegen angeblicher Mißhandlung einiger HJ-
Schüler Gestapohaft vom 23.6. bis zum 9.7.1935.
Anschließend Ausweisung aus Ostpreußen.
Lit.: Reifferscheid, 148.

WIEN, JOHANNES
1873 08 03
Schalmey
Pfarrer
Wegen Jugendseelsorge ein Verhör durch die Gesta-
po und zwei durch die Polizei.
Verstorben am 30.7.1958.

WILL, KONRAD
1900 12 17
Marienwerder / Friedland
Kaplan / Kurat
Wegen Jugendseelsorge und Religionsunterricht
Haussuchung am 1.7.1933, zwei Verhöre 1935 und
Unterrichtsverbot im August 1936. Geldstrafe.
Überwachung und Anzeige wegen Polenseelsorge.

WILLIMSKY, P. LEOPOLD
SJ
o.D.
Heiligelinde
Superior
Wegen Wallfahrten und Prozessionen Haussuchung
durch die Gestapo. Inhaftnahme von Ostern bis
Pfingsten 1938.
Nach der Entlassung wegen einer Predigt erneut
für einige Tage Haft. Versetzung nach Schlesi-
en.
Verstorben am 1.3.1948.

WITT, GERHARD
1912 07 03
Legienen / Heilsberg
Kaplan
Wegen Jugendseelsorge und Polenbetreuung Unter-
richtsverbot und Bespitzelung durch die Gestapo.
Am 19.5.1945 in russischer Gefangenschaft ver-
storben.

WOBBE, ERWIN
1913 03 03
Tilsit / Ragnit
Kaplan / Kuratus
Wegen seiner Verteidigung der Juden 1942 Androhung der Verhaftung durch die Gestapo.
1944 durch die Gestapo zwei Monate dienstverpflichtet in einem Zementwerk.

WOELKI, ERNST
1913 12 09
Sensburg
Pfarrvertreter
Ende 1940 Verbot der Einladung männlicher Ju-
gendlicher in seine Wohnung durch die Gestapo.
Anzeige bei der Gestapo wegen Polenseelsorge.
Anfang 1944 Haussuchung und Beschlagnahme von
Filmen für die Religionskatechese durch die Ge-
stapo.

WOLFF, PAUL
1907 10 20
Wormditt / Braunsberg / Marienwerder / Dt. Eylau
Kaplan / Geistl. Studienassessor
Intensive Jugendarbeit in Quickborn und Neu-
deutschland.
Im Juli 1938 wegen politischer Unzuverlässig-
keit aus dem Staatsdienst (Gymnasium) entlassen.
Bespitzelung durch die Gestapo.
Lit.: Reifferscheid, 178, 185, 187.

WOLSKI, RUPERT
1908 03 27
Guttstadt / Wormditt
Wegen politischer Unzuverlässigkeit 1941 Versetzung nach Wormditt. Dort wegen Jugendarbeit
1942 Einziehung zur Wehrmacht.

ZEHNHOFF, SIEGFRIED AM
1911 10 26
Allenstein
Kaplan
Ab 1936 Unterrichtsverbot durch das Schuldezernat ohne Begründung.
1938 Haussuchung und Beschlagnahme der Jugend-
banner.
1939 Verhör durch die Gestapo und Verbot der
Briefsendung an Soldaten.
Lit.: Reifferscheid, 228.

ZIEGLER, ARTHUR
1876 09 13
Frauenburg / Braunsberg
Pfarrer / Prodekan
Ab 1935 Unterrichtsverbot.
Bespitzelung durch die Gestapo wegen Polenseel-
sorge.
Haussuchung wegen Hirtenbriefverlesung 1937.
Verstorben am 4.10.1962.
Lit.: Reifferscheid, 291.

ZIGANKI, ANTON
1901 08 09
Königsberg
Pfarrer
Anzeige, Verhör und Bestrafung wegen Verstoßes
gegen das Sammlungsgesetz durch die Gestapo.
Verstorben am 11.7.1965.

ZIMMERMANN, BERNHARD
1874 10 24
Fürstenwerder
Pfarrer
Wegen Geringschätzung bzw. Herabsetzung Hitlers wurde Pfarrer Zimmermann während des
Krieges mehrere Male durch die Gestapo verhört (der Pfarrer hatte Sitzungen des Raiff-
eisenvereines vor der „Führerehrung" verlassen).
Lit.: Danziger Priesterbuch, 194.

ZIMMERMANN, JOSEF
1913 05 29
Marienburg / Elbing
Kaplan
Jugendarbeit und Hirtenbriefverlesung bewirkten
Bespitzelung, Verhöre durch die Gestapo und
Beschlagnahme von Akten.
Verstorben am 10.1.1946.

ZMIJENSKI, VIKTOR
1914 05 24
Schulen / Allenstein
Kaplan
Von Juni bis November 1937 in Haft wegen angeblicher Schriftenverbreitung.
1940 Einziehung zur Wehrmacht durch die Gestapo
wegen Jugendseelsorge.
Lit.: L. Plötz, 74, 119.

ZUSKE, STANISLAUS
1903 09 23
Marienwerder
Geistl. Studienrat
Wegen Polenseelsorge – er war Religionslehrer am
polnischen Gymnasium – 1939 KZ-Einweisung
(Dachau) durch die Gestapo. Dort ist er 1942
verstorben.
Lit.: 1.Reifferscheid, 236. 2.Weiler, 742.

8. Erzbistum Freiburg

**ALTENHOEFER, JOSEF (P. JUSTINIUS)
OESA**
1897 03 19
Walldürn
Pfarrverweser
Überwachung in Kirche und Schule, Anzeige und
Verhör durch Bürgermeister und Schulleiter.
Aufgrund von Äußerungen im Religionsunter-
richt Schulverbot vom 16.6.42 bis 1945 durch
den Kultusminister.
Verstorben im Jahre 1950.

ANDRIS, GUIDO
1879 12 14
Löffingen / Steinbach
Pfarrer
Aus politischen Gründen zwang die Gestapo
Pfarrer Andris am 23.6.1934 unter Schutzhaft-
androhung, Löffingen zu verlassen. Nach seiner
Ausweisung wurde der Pfarrer im Oktober 1935
in Steinbach investiert.

ANDRIS, STEPHAN
1904 12 07
Wehr
Vikar
Anzeige wegen Wahlbeeinflussung. Überwachung.
Verhör und Verwarnung durch Ortsgruppenleiter.

AUER, HEINRICH
1903 07 16
Baden-Baden
Vikar
Überwachung, Anzeige und Verhör
durch die Gestapo. Nähere Umstände unbekannt.

AUGENSTEIN, EDELBERT
1888 10 09
Varnhalt
Pfarrer
Aufgrund einer Bemerkung über das Verhalten
von Gläubigen durch die Gestapo vom 29.2.
31.3.1941 in Schutzhaft genommen.
Wegen angeblicher körperlicher Züchtigung
eines Schülers zwecks Erzwingung der Teilnahme
an der Christenlehre Unterrichtsverbot durch das
Kultusministerium am 15.9.1941.

AUGENSTEIN, EUGEN
1880 01 30
Offenburg
Stadtpfarrer
Aufgrund beleidigender Äußerungen gegen die
HJ und deren Erziehungsziele Unterrichtsverbot
am 12.11.1936.

AYDT, BERNHARD
1909 07 08
Heidelberg / Mannheim
Geistl. Religionslehrer / Vikar
Am 2.11.1939 Unterrichtsverbot durch den Kul-
tusminister sowie Ortsverbot wegen im Religions-
unterricht getätigter Äußerungen über die
Polen, über deutsche Soldaten und die Glaub-
würdigkeit der deutschen Presse.
Aus nicht bekannten Gründen 25 RM Geldstrafe.
Vermißt seit dem 13.11.1943.
Lit.: FDA 82/83 (1962/63), 406.

BAEUMLE, AUGUST
1881 05 23
Weizen
Pfarrer
Aufgrund staatskritischer Äußerungen Jugendlichen gegenüber nahm die Gestapo Pfarrer
Bäumle 1940 für 21 Wochen in Schutzhaft und
erteilte ihm am 29.5.1940 Unterrichtsverbot.
In einem Prozeß vor dem Sondergericht Freiburg
wurde er am 4.3.1941 des Landes verwiesen und
zwangspensioniert. Dieses Urteil wurde am 25.
6.1947 aufgehoben.

BANHOLZER, GUSTAV
1886 02 17
Murg
Pfarrer
Dr. rer. pol.
Am 28.1.1936 Unterrichtsverbot.
Wegen Vergehens gegen den Kanzelparagraphen und
angeblicher „Sittlichkeitsverbrechen" am 27.
1.1942 durch das Landgericht Waldshut zu zwei
Jahren und sechs Monaten Gefängnis verurteilt.
Am 1.9.1944 ins KZ Dachau eingeliefert, dort
am 29.4.1945 befreit.
Verstorben am 4.8.1969.
Lit.: 1.Weiler, 116. 2.FDA 93 (1973), 357f.

BANK, OSKAR
1910 01 09
Rickenbach
Vikar
Überwachung, drei Verhöre, Anzeige und 50 RM
Geldstrafe durch die Gestapo. Androhung von
Schulverbot durch den Kultusminister.

BAUER, JOSEPH
1864 12 04
Mannheim (St. Ignatius)
Pfarrer, Prälat
Von NSDAP-Anhängern bespitzelt und öffentlich
beleidigt. Post- und Telefonüberwachung.

BAUMANN, GEORG
1908 08 18
Karlsruhe-Daxladen

Vikar
Bespitzelung, Anzeige, bis Ende 1942 mindestens
fünf Verhöre durch die Gestapo. Gründe für
die Maßnahmen waren zumeist Äußerungen in der
Jugendarbeit (u.a. Verächtlichmachung des Hitlergrußes).

BAUMANN, KARL
1895 02 05
Götzingen
Pfarrverweser
Die NSDAP-Kreisleitung Buchen versuchte, die
Besetzung der Pfarrei Götzingen durch Pfarrer
Baumann zu verhindern.

BAUR, JOSEPH
1908 08 17
Önsbach
Vikar
1936 wurde eine Gefängnisstrafe wegen Amnestie aufgehoben. Nähere Umstände sind nicht
bekannt.

BAUR, KARL
1907 03 24
Mimmenhausen
Pfarrverweser
Wegen Vergehens gegen das Feiertagsrecht an
Christi Himmelfahrt und Fronleichnam 1941 vom
28.7. - 18.8.1941 Schutzhaft durch die Ge-
stapo.

BAUR, KARL (P. BENEDIKT)
OSB
1877 12 09
Beuron
Erzabt
Die Wehrmacht beschlagnahmte das Kloster
Beuron als Lazarett, während des Sonntags-
gottesdienstes stellten sich bedrohliche Wachen
an die Klosterpforte, das St. Benediktus-
heim wurde zwangsweise geschlossen.
Verstorben am 10.11.1963.

BEICHERT, ALOIS
1893 09 23
Oberwittstadt
Pfarrer
Am Ostersonntag 1945 wurde Pfarrer Beichert von
SS-Soldaten so schwer verwundet, daß er am dar-
auffolgenden Tag (2.4.1945) den Verletzungen
erlag.
Lit.: FDA 70 (1950), 240.

BEIL, ALFONS
1896 09 03
Tiefenbach / Heidelberg
Pfarrverweser / Pfarrer
Dr. theol.

Pfarrer Beil wurde überwacht, mündlich bedroht und angezeigt.
Die Gestapo verhörte ihn viermal: Erstens wegen angeblicher Störung einer Parteiveranstaltung durch Gäste des Pfarrers, zweitens wegen
Jugendarbeit, drittens aufgrund seiner Feldpostbriefe an Soldaten und viertens wegen Verlesens und Anschlags des Sonetts „Allein den Be-
tern kann es noch gelingen" von R. Schneider.

BELSER, WILHELM
1909 04 29
Sigmaringen
Vikar
Überwachung, Verhör, Haussuchung, Trauungs-
verbot sowie Ausweisung aus Sigmaringen und
dem Land Hohenzollern durch die Gestapo.

BENZ, LUDWIG
1902 06 13
Neuhausen / Untergrombach / Ketsch
Vikar
Vikar Benz wurde überwacht, angezeigt, neunmal durch die Gestapo verhört, verwarnt, erhielt Ortsverbot sowie Verbot der Vereinsarbeit. Nähere Umstände sind nicht bekannt.

BENZ, WILHELM
1895 04 23
Sasbach
Geistl. Religionslehrer
Wegen eines Gottesdienstes in Reicholzheim
durch den Ortsgruppenleiter angezeigt, durch
die Kriminalpolizei Heidelberg verhört und
drei Wochen in Untersuchungshaft gehalten.

BERBERIG, JOSEPH ANTON
1897 12 09
Schönau
Pfarrer
Wegen Predigtäußerungen überwacht und durch
die Gestapo verhört.
Am 8.10.1937 Unterrichtsverbot.

BERGER, P. HUBERT
SJ
1908 06 21
Karlsruhe
Kaplan
Der Pater war -weil Jesuit- „wehrunwürdig"
und erhielt keine Unterrichtserlaubnis. Ein Plan
der Nationalsozialisten sah für den 1.5.1935
seine Erhängung vor.

BERGER, PHILIPP KONSTANTIN
1885 05 01
Schwerzen
Pfarrer
Am 11.9.1936 durch das Sondergericht München

zu drei Monaten Gefängnis verurteilt wegen Kritik an der Zwangssterilisation. Der Pfarrer äußerte sich darüber anläßlich der Beerdigung einer dabei verstorbenen Frau. Befristetes Unterrichtsverbot am 20.11.1936, unbefristetes am 10.12.1942. Verstorben am 9.2.1953.

BERNHARD, ADOLF
1882 09 21
Hondingen
Pfarrer
Am 10.3.1939 Unterrichtsverbot, aufgehoben am 6.12.1939, erneut verhängt am 20.4.1940. Wegen einer gegen die NS-Weltanschauung gerichteten Grabrede am 3.4.1940 durch die Gestapo verhaftet, am 21.8.1940 entlassen und am 17.9.1940 erneute Verhaftung, der er sich widersetzte. Daraufhin Anklage wegen Widerstands gegen die Staatsgewalt. Durch das Amtsgericht Donaueschingen am 20.1.1941 zu zwei Wochen Gefängnis verurteilt. Auf Anordnung des Reichsführers der SS am 21.3.1941 ins KZ Dachau eingeliefert. Dort am 11.7.1942 verstorben. Der Grund für die KZ-Einlieferung war eine regimekritische Grabansprache.
Lit.: Weiler, 132.

BERTHOLD, WALTER
1908 03 19
Mannheim / Mosbach
Vikar
Die Prozessionen des Pfarrers wurden durch die SA Mannheim überwacht, er wurde verhört und verwarnt. 1935 in Mannheim Unterrichtsverbot, deshalb Versetzung nach Mosbach.

BEUSCHLEIN, JOHANN JOSEF
1877 09 02
Baden-Balg
Pfarrer
Wegen Äußerungen in der Christenlehre am 4.12.1935 befristetes Unterrichtsverbot, am 20.12.1941 wegen angeblichen Überschreitens des Züchtigungsrechtes unbefristetes Unterrichtsverbot durch die Schulbehörde.
Am 7.9.1936 wegen zweimaligen Kanzelmißbrauchs durch das Sondergericht Mannheim zu sechs Monaten Gefängnis verurteilt. Die Strafe wurde bedingt erlassen.
Verstorben am 16.8.1943.

BIEHLER, VALENTIN
1885 10 08
Mösbach
Pfarrer
Am 12.6.1939 Unterrichtsverbot durch den Kultusminister. Zahlreiche Verhöre. Wegen abträglicher Äußerungen über den Krieg vom 11.12.

1941 - 11.3.1942 Schutzhaft durch die Gestapo. Verstorben am 26.10.1956.

BIEMER, JOSEF
1901 06 17
Höpfingen
Vikar
Wegen Äußerungen über die Erziehungsarbeit der Nazis und über Rosenberg Überwachung, Anzeige und Verhör durch die Gestapo.
Verstorben am 9.10.1966.

BIGOTT, FRIDOLIN
1906 01 04
Brenden
Pfarrer
Wegen Vergehens gegen das Sammlungsgesetz von Juni 1939 bis September 1940 Unterrichtsverbot. Ein diesbezügliches Verfahren wurde am 14.10.1939 aufgrund Amnestie durch den Oberstaatsanwalt eingestellt.
Verstorben 2.10.1973.

BIHLER, KARL
1890 02 12
Aulfingen
Pfarrer
Wegen seiner antinationalsozialistischen Einflußnahme auf die öffentliche Meinung versuchte der Ortsgruppenleiter den Pfarrer 1939 wegen Amtsanmaßung zu belangen.

BIKEL, HERMANN JOSEF
1870 04 07
Weiher
Pfarrer
Dr. phil.
Da Pfarrer Bikel in einer Predigt vom 14.2.1934 die Staatsregierung lächerlich gemacht haben sollte, erhielt er Orts- und Bezirksverbot durch die Gestapo.
Verstorben am 24.12.1954.

BIRKLE, PAUL
1888 11 29
Langenenslingen
Pfarrer
Wegen Abhörens ausländischer Sender und Verbreitung von deren Nachrichten wurde Pfarrer Birkle am 5.9.1940 durch das Sondergericht Stuttgart zu drei Jahren Zuchthaus verurteilt, desgleichen wurden ihm die bürgerlichen Ehrenrechte auf drei Jahre aberkannt. Nach zwei Jahren und sieben Monaten Haft wurde der Pfarrer mit Bewährungsfrist bis zum 1.1.1946 entlassen. Er mußte sich bis Kriegsende täglich bei der Gestapo melden.
Verstorben am 13.10.1956.
Lit.: FDA 82/83 (1962/63), 413.

BLASER, FRANZ XAVER
1869 09 29
Ilmensee
Pfarrer
Wegen abträglicher Äußerungen zum Kriegsbeginn setzte der Kultusminister die Zwangspensionierung Pfarrer Blasers durch. Am 20.6.1940 Ausweisung aus dem Land Baden durch die Gestapo. Aufgrund Intervention seitens des Erzbischöflichen Ordinariats konnte der Pfarrer nach zwei Jahren zurückkehren.

BLATTMANN, STEPHAN
1886 12 19
Todtnau
Pfarrer
Wegen Abhörens feindlicher Sender, Verbreitung von Feindnachrichten und Vervielfältigung einer Hetzschrift (Auszüge aus Hitlers „Mein Kampf") wurde er am 28.2.1940 durch die Gestapo verhaftet, erhielt am 12.9.1940 Unterrichtsverbot und wurde am 11.10.1940 durch das Sondergericht Stuttgart zu vier Jahren Zuchthaus und Ehrverlust verurteilt. Im Mai 1942 Zuteilung zu einem Arbeitslager. Am 10.10.1943 auf Intervention des Erzbischöflichen Ordinariats Freiburg vorzeitig entlassen. Nach drei Tagen ohne Begründung erneut durch die Gestapo verhaftet und erst am 31.1.1944 aus der Schutzhaft entlassen. Straftilgung am 20.3.1946. Verstorben am 9.2.1964.
Lit.: FDA 89 (1969), 541-543.

BLATZ, JOSEF
1881 03 03
Buchen
Pfarrer, Dekan
Pfarrer Blatz erhielt eine Verwarnung durch die Gestapo, weil er nach Schließung der Kirche aufgrund einer Typhusepidemie Gläubigen, die sich in Privathäusern versammelt hatten, die Kommunion brachte.
Verstorben am 12.7.1946.

BLINK, FRIEDRICH
1895 12 22
Karlsruhe-Durlach
Stadtpfarrer
Wegen Überschreitung des Züchtigungsrechtes am 6.2.1941 Unterrichtsverbot durch den Kultusminister.
Verstorben am 13.2.1947.

BLUM, ROBERT ALBAN
1907 07 07
Weisenbach
Pfarrer
Wegen Erteilung von Privatunterricht in Latein und Untergrabung der weltanschaulichen Erziehung

der Hitlerjugend Überwachung, Anzeige und mündliche Bedrohung durch den Ortsgruppenleiter und den Oberlehrer.

BOCH, JAKOB
1891 09 30
Markdorf
Pfarrer
Aufgrund der Fertigung eines Gedenkbüchleins für den gefallenen Kaplan Morath zahlreiche Verhöre, Schikanen sowie am 1.10.1943 ein Strafbefehl über 1000 RM Sicherungsgeld durch die Gestapo.
Verstorben am 15.3.1952.

BOGENSCHUETZ, MATTHIAS
1884 05 13
Trochtelfingen
Pfarrer, Dekan
Weil Pfarrer Bogenschütz am 10.12.1939 im Anschluß an ein Hirtenwort angeblich die deutsche Wehrmacht beleidigt hatte, wurde er am 19.4. 1940 durch das Sondergericht Stuttgart zu sechs Monaten Gefängnis und dem Tragen der Gerichtskosten verurteilt, des weiteren erhielt er Unterrichtsverbot.
Auf Intervention des erzbischöflichen Ordinariats Freiburg und Bischof Wienkens von Berlin wurden zwei Monate Haft erlassen.
Verstorben am 30.3.1944.

BONMANN, P. OTTOKAR
OFM
1906 05 05
Todtmoos
Pfarrvikar
Dr. phil.
Unterrichtsverbot durch das Kreisschulamt Waldshut.

BOPP, FRANZ (P. ROMUALD)
OFM
1906 09 03
Lautenbach
Pater Romuald wurde 1942 durch die Gestapo kurzfristig festgenommen; nähere Umstände sind nicht bekannt.
Lit.: Thuringia franciscana (1958), Heft 13, 175.

BRAENDLE, JOSEPH
1880 01 07
Siberatsweiler
Pfarrer
Aufgrund Pfarrer Brändles antinationalsozialistischer Einstellung sowie wegen seines Fernbleibens von der „Volksabstimmung" am 10. 4.1938 versuchte der Regierungspräsident seine Abberufung beim Erzbischof durchzu-

setzen, jedoch ohne Erfolg.
Verstorben am 8.10.1950.

BRAENDLE, JOSEPH
1911 12 22
Osterburken
Vikar
Anzeige wegen Unterlassung des Hitlergrußes.
Von 1939 bis 1942 Unterrichtsverbot durch den
Kultusminister.
Des weiteren Anzeigen und Schikanen durch die
Gestapo Lörrach.

BRANNER, WILLIBALD
1907 10 26
Dogern / Obrigheim / Bad Imnau
Vikar / Pfarrverweser
Anzeige durch den Schulleiter. Überwachung,
Drohungen, Schikanen durch die Gestapo, Drohun-
gen gegen ihn auch in der Presse. Zwei Verhöre
durch die Gestapo. Schulverbot in Bad Imnau.

BRAUN, EUGEN
1901 07 03
Lauf
Pfarrer
Wegen der Aufforderung zum Gebet für einen
aus der Kirche ausgetretenen Jungmann Über-
wachung, Bedrohung und drei Verhöre durch die
Gestapo Karlsruhe. Vom 15.7.1940 an
$11^1/_2$ Wochen in Schutzhaft (Einzelhaft). Keine
Verurteilung, jedoch Auferlegung der Gerichts-
kosten plus 1.50 RM Kostgeld pro Tag des Ge-
fängnisaufenthaltes.

BRECHT, OTTO
1901 03 17
St. Blasien
Hausgeistlicher
1935 auf Betreiben des Bürgermeisters Abberufung aus St. Blasien wegen unerwünschter Presseartikel.
Verstorben am 6.5.1965.

BREINLINGER, AEMILIAN
1867 01 15
Bamlach
Pfarrer
Wegen Vergehens gegen das Heimtückegesetz (Beschimpfungen des Führers) am 3.6.1935 durch
das Sondergericht Mannheim zu acht Monaten Gefängnis verurteilt. Die Anwendung des Amnestiegesetzes wurde abgelehnt. Am 3.7.1935
Unterrichtsverbot durch den Kultusminister.
Verstorben am 25.4.1939.

BREITINGER, LORENZ (P. HILARIUS)
OFMCONV

1907 06 07
Tauberbischofsheim / Warthegau
Pfarrer / Apostolischer Administrator
Durch die Gestapo zahlreiche Vorladungen (z.T.
mehrere Male im Monat); vier Haussuchungen mit Beschlagnahme von Hirtenbriefen,
Schreibmaschinen, Vervielfältigungsapparat,
Kassenbüchern und Korrespondenz (teilweise
wieder erhalten). Außerdem wegen eines Protestes beim Reichsstatthalter gegen die Trennung
von Deutschen und Polen öffentliche Anschuldigungen durch Parteimitglieder.
Eine Verwarnung wegen Gottesdienstes an Karfreitag und brieflicher Nachrichten über Vorgänge im Warthegau. Sechs Monate Schreibverbot
und Verbot, vervielfältigte Nachrichten in den
Warthegau zu verschicken.
Des weiteren zwei Jahre Aufenthaltsverbot
für den Warthegau.
Wegen Hirtenbriefen Auferlegung von 3000 RM
Sicherungsgeld. Alle Maßnahmen wurden
durch die Gestapo verfügt.
Lit.: H. Breitinger.

BREITNER, VINZENZ
1890 06 12
Wettelbrunn
Pfarrer
Wegen der in der Christenlehre getätigten Bemerkung, daß der Gottesdienst jedem anderen
Dienst vorgehe, wurde Pfarrer Breitner zweimal
durch die Gestapo verhört und vom 21.2. - 12.
3.1942 in Schutzhaft gehalten. Am 6.3.1942
erhielt er Unterrichtsverbot durch den Kultusminister.
Verstorben am 4.1.1967.

BROCKHOFF, FRANZ
1913 02 26
Radolfzell
Vikar
Vikar Brockhoff erhielt am 8.7.1940 Unter-
richtsverbot durch den Kultusminister, da er im
Religionsunterricht behauptet habe, SS-Männer
und der Führer könnten nicht als Paten zuge-
lassen werden.
Verstorben am 1.3.1975.

BRUESTLE, GOTTLIEB
1914 05 11
Bad Rippoldsau
Vikar
Wegen staatsfeindlichen Verhaltens am 23.6.1938
befristetes Unterrichtsverbot durch den Kultusminister, am 12.9.1938 umgewandelt in endgültiges Unterrichtsverbot.
Verstorben am 8.12.1971.

BRUTSCHER, ALOIS
1891 04 11
Hoppetenzell
Pfarrer
Eine Verwarnung durch den Amtsrichter in
Stockach.
Zwei Anzeigen durch den Hauptlehrer und den
Stützpunktleiter.
Zwei Verhöre durch die Gestapo.

BUCHER, ALBERT
1880 07 15
Limpach
Pfarrer
Mehrfach angezeigt bei der Kreisleitung und dem
Kultusminister, z.B. wegen Beleidigung Hitlers
(er soll Hitler am 5.3.1933 „Obermörder" genannt haben).
Denunziation in der Presse, dauernde Überwachung. Wegen angeblicher Hetze gegen den Lehrer
des Ortes und abfälliger Äußerungen über die
NS-Weltanschauung wurde die Versetzung des Pfarrers verlangt, vom Ordinariat aber abgelehnt.
Daraufhin am 29.11.1939 Unterrichtsverbot durch
den Kultusminister.
Weil Bucher am 5.6.1940 Hitler als Menschen
ohne Glauben und „Heuchler" bezeichnet hatte,
wurde er am 30.6.1940 durch die Gestapo verhaftet, bis zum 21.12.1940 in Schutzhaft gehalten, auf seinen Geisteszustand hin untersucht
und des Landes Baden verwiesen. Am 10.5.1941
wegen obiger Äußerung durch das Sondergericht
Freiburg zu neun Monaten Gefängnis verurteilt.
Verstorben am 28.7.1961.
Lit.: FDA 89 (1969), 442f.

BUCHHOLZ, JOSEF
1895 03 14
Großschönach
Pfarrer
Vom 3.3. - 4.5.1934 Schutzhaft durch die
Gestapo.

BUECHE, JOSEF
1888 12 10
Untermettingen
Pfarrer
1936 eine Anklage bei der Gestapo, nähere Um-
stände sind nicht bekannt.
Aufgrund gesundheitlicher Schäden wie auch
gehässiger Angriffe von nationalsozialistischer
Seite mußte Pfarrer Büche vorzeitig in den
Ruhestand treten.
Verstorben am 1.3.1969.

BURGER, WOLFGANG
1912 07 14
Reichenau-Münster
Vikar

Wegen Äußerungen im Religionsunterricht Anzeige und Verhör durch den Kreisschulrat in
Konstanz.

BURGERT, FRIDOLIN
1908 02 14
Freiburg (Dompfarrei) / Immendingen
Vikar / Pfarrverweser
Predigtüberwachung durch die Gestapo. Wegen
Äußerungen im Religionsunterricht Anzeige
durch einen Lehrer, mehrere Verhöre durch die
Gestapo. In Freiburg 1936 circa sechs Monate Unter-
richtsverbot.

BUSAM, JOSEF
1912 03 03
Todtnau
Vikar
Wegen Abhörens ausländischer Sender nahm die
Gestapo Vikar Busam am 12.3.1940 in Schutz-
haft. Das Sondergericht Stuttgart verurteilte
ihn am 11.10.1940 zu einem Jahr Gefängnis. Am
12.9.1940 erhielt er Unterrichtsverbot.
Verstorben am 14.7.1960.

CLAUSS, JOSEF
1868 05 20
Konstanz / Freiburg
Archivar, Geistlicher
Dr. theol.
Wegen eines Vergehens gegen die Devisenverord-
nung am 13.7.1933 von einem Schnellrichter zu
sechs Monaten Gefängnis und 8 000 RM Geld-
strafe verurteilt. Durch die Gestapo aus Kon-
stanz vertrieben.
Auf Intervention des erzbischöflichen Ordina-
riats wurde die Haftstrafe von sechs auf vier
Monate und die Geldstrafe von 8 000 auf 5 000
RM herabgesetzt.
Verstorben am 26.9.1949.

DAHRINGER, ANDREAS
1912 04 23
St. Peter
Theologiestudent
Während des Studiums schriftliche Bedrohungen.
Priesterweihe am 2.4.1940.

DALLINGER, ADAM
1906 08 22
Meßkirch
Vikar
Anzeige wegen Predigtäußerung. Verhör durch
die Gestapo Lörrach. Wegen unerlaubten Gottesdienstes 200 RM Geldstrafe.

DEININGER, HUBERT (P. FRANZISKUS)
OSB
1893 11 03

Beuron (Abtei)
Geistl. Dozent
Dr. theol.
Beschlagnahme mehrerer Exemplare Pater Deinin-
gers 1933 erschienener Schrift „Sterilisierung
und Seelsorge" sowie zahlreiche Verhöre durch
die Gestapo. Ein Verfahren vor dem Sondergericht wurde eingestellt.
1935 beim Sondergericht Stuttgart wegen Heimtücke (Beleidigung und Verleumdung der Reichsregierung) angeklagt; nach Intervention des
Bischofs Berning keine Strafverfolgung.
Wegen Fluchthilfeleistung für eine Jüdin
Auseinandersetzungen mit einem Ortsgruppenleiter.
Entlassung als Lazarettpfarrer aufgrund antinationalsozialistischer Gesinnung.

DEPPISCH, OSKAR
1891 04 18
Osterburken
Pfarrer
Von 1933 - 1934 Überwachung auf Anordnung des
Kreisleiters. Am 30.6.1934 durch die Gestapo
kurzfristig festgenommen und verhört. Vom 2. -
20.7.1934 Schutzhaft, anschließend Ausweisung
aus dem Bezirk Adelsheim.
Verstorben am 18.7.1939.

DEURINGER, KARL
1911 02 19
Freiburg
Vikar
Dr. theol.
Im Sommer 1942 wurde die im Buchhandel vorliegende Dissertation des Vikars durch die Gestapo
beschlagnahmt und eingestampft, angeblich wegen
fehlender Papiergenehmigung. Danach wurde sie
wieder freigegeben.

DIETERICH, P. MAJOLUS
OSB
1893 11 28
Bärenthal
Pfarrvikar
1936 aufgrund eines Vortrages, der „die Wehr-
macht verächtlich machte und eine sittliche
Gefährdung der Kinder bedeutete", Anklage und
Ausweisung aus Bärenthal.

DIETRICH, ERWIN
1886 12 31
Oberlauchringen
Pfarrer
Wegen Verdachts der Mithilfe zur Landesflucht
Überwachung und mehrere Verhöre durch die Ge-
stapo, Untersuchungshaft vom 8.12.1944 bis zum
24.4.1945. Außerdem Haussuchung durch Gestapo.
Verstorben am 11.11.1965.

DISCHL, P. ALFONS
SCJ
1906 03 13
Seelbach
Pater
1934 erhielt Pater Alfons aufgrund einer Aufforderung an Schüler, ihn nicht mit dem Hitlergruß zu grüßen, da er Schweizer sei, Unterrichtsverbot durch den Kultusminister.
Am 12.1.1935 Landesverweis und Abschiebung
in die Schweiz.

DOERNER, KARL
1893 10 14
Weinheim / Heidelberg
Geistlicher
Prof.
Überwachung. Drei Gestapoverfahren.
Verstorben am 24.3.1956.

DOLD, AUGUSTIN
1878 06 28
Hecklingen
Pfarrer
Dr. phil.
Durch örtliche Parteimitglieder wurde 1936
Pfarrer Dolds Pensionierung erzwungen.
Verstorben am 31.12.1960.

DOLD, RICHARD
1887 07 06
Karlsruhe
Stadtpfarrer, Dekan, Prälat, Geistl. Rat
Dr. phil.
Am 5.12.1941 wegen Vergehens gegen das Samm-
lungsgesetz durch das Amtsgericht Singen zu
150 RM Geldstrafe - ersatzweise 15 Tagen Ge-
fängnis - verurteilt. 1942 ebenfalls wegen
Vergehens gegen das Sammlungsgesetz Verurtei-
lung zu 300 RM Geldstrafe.
Am 24.5.1943 durch SS-Angehörige in Schutz-
haft genommen, am 24.7.1943 sollte er ins KZ
Dachau gebracht werden; auf dem Transport in
Ingolstadt erkrankt und dort befreit.
Verstorben am 19.1.1969.
Lit.: Weiler, 202.

DREHER, WILHELM
1891 06 17
Veringenstadt
Pfarrer
Wegen angeblicher Herabwürdigung des Hitlergrußes und antinationalsozialistischer Gesinnung erhielt Pfarrer Dreher Drohungen und wurde
dreimal durch die Gestapo verhört.
Verstorben am 11.4.1960.

DRESEL, ALFONS
1907 07 31
Neuhausen
Vikar
1935 eine Hausdurchsuchung durch die Gestapo
und der erfolglose Versuch einiger Parteiange-
höriger, die Versetzung des Vikars zu erwirken.
Verstorben am 8.11.1961.

DUFFNER, FRANZ
1904 03 09
Heidelberg
Geistl. Religionslehrer
Angezeigt und dreimal durch die Gestapo ver-
hört. Postüberwachung.

EBEL, JOHANN
1887 10 19
Uissigheim / Lembach
Pfarrverweser / Pfarrer
Wegen einer Predigtbemerkung über Friedrich den
Großen nahm die Gestapo den Pfarrer 1933 drei
Tage in Schutzhaft, schikanierte ihn und wies
ihn aus der Pfarrei Uissigheim aus.
Verstorben am 8.7.1965.

EBERWEIN, HELMUT
1913 03 02
Mannheim
Vikar / Rektor
Wegen Jugendarbeit Post- und Predigtüberwa-
chung, Beschlagnahme von Arbeitsmaterial und
mündliche Bedrohung, ferner vier Gestapoverhö-
re und von 1939 bis 1945 sieben Haussuchungen.
Der Vikar hatte die Flucht einer jüdischen
Familie finanziell unterstützt.

ECKERT, ALOIS
1887 01 09
Freiburg
Caritasdirektor
Postüberwachung, mündliche Verwarnungen,
mehrere Verhöre durch den Kreisleiter sowie
Verbot von Pilgerfahrten nach Einsiedeln.

ECKERT, HERMANN
1897 03 20
Herdwangen
Pfarrverweser
Wegen verschiedener politischer Äußerungen
versuchte der Kultusminister 1934 erfolglos,
Eckerts Versetzung aus Herdwangen zu erwirken.

ECKSTEIN, ADAM (P. JOSEF)
OESA
1889 04 10
Walldürn
Pfarrer, Prior
Aufgrund von Predigtäußerungen und Verbreitung

der Schrift „Offener Brief an Reichsminister
Goebbels" ein Strafverfahren (später eingestellt), Verhöre, sieben Monate Haft, mündliche Drohungen sowie Überwachung in Kirche
und Vereinen. Des weiteren eine Anzeige durch
einen Bürgermeister.
Verstorben am 9.11.1943.

EGGER, JOHANNES
1908 04 13
Säckingen
Vikar
Wegen seelsorgerischer Betreuung französischer
Zivilarbeiter angezeigt, mündlich bedroht,
durch die Gestapo Mannheim verhört und mit 500
RM Geldstrafe belegt.

EHRLER, KARL
1879 03 17
Gommersdorf
Pfarrverweser
Aufgrund der Aufstellung eines Feldkreuzes mit
der Aufschrift: „Christus - Herr der neuen
Zeit!" wurde Pfarrer Ehrler wegen illoyaler
Haltung durch das Innenministerium verwarnt,
die Aufschrift mußte entfernt werden.
Am 13.5.1937 Schulverbot durch das Kultusmini-
sterium.
Verstorben am 30.6.1957.

EICHENLAUB, CHRISTOPH
1878 05 26
Reute
Pfarrer
Am 26.3.1939 beschlagnahmte die Gestapo den
Film „Der eucharistische Kongreß in Budapest."
Des weiteren unangenehm aufdringliche - jedoch
erfolglose - Werbung zum Beitritt zur NSV.
Verstorben am 18.5.1952.

EICHHORN, HANS
1920 03 24
Freiburg
Theologiestudent
Wegen seiner Mitgliedschaft im „Bund Neudeutschland", verbotener Kontakte mit Kriegsgefangenen,
seines Kampfes gegen NS-Jugendverbände durch
die HJ überwacht und zweimal durch HJ-Bannführer verhört.
Priesterweihe 1948.

EIDEL, JOSEPH
1907 07 13
Kenzingen
Vikar
Anfang 1941 Schutzhaft durch die Gestapo.

ENGESSER, EMIL
1902 02 11
Laiz / Röhrenbach
Pfarrverweser
In Laiz 400 RM Geldstrafe wegen Verlesung eines
Hirtenbriefes trotz vorheriger mündlicher Ver-
warnung. Schikaniert durch den Schulleiter.
Predigtüberwachung.
Wegen eines Fronleichnamsgottesdienstes in Röh-
renbach am 15.8.1941 durch die Gestapo verhaf-
tet, bis 5.9.1941 in Schutzhaft gehalten.

ENGLERT, JOSEPH IGNAZ
1883 01 28
Hockenheim
Pfarrer
Wegen Eingriffen der Nazis in kirchliche Belange
stellte der Pfarrer im August 1933 ein Versetzungsgesuch, dem nicht stattgegeben wurde.
Einmal tätlich angegriffen von einem Nationalsozialisten. Von der Ortsgruppenleitung für untragbar erklärt. Durch die Gestapo mehrfach
verhört wegen Ausübung seelsorgerischer
Pflichten.
Verstorben am 24.3.1953.

ENGLERT, LUDWIG
1881 03 17
Grünsfeld
Pfarrverweser
Wegen Beleidigung eines nationalsozialistischen
Lehrers Unterrichtsverbot am 21.8.1940 für den
Pfarrverweser, der den Nazis aufgrund seiner NS-
feindlichen Gesinnung und als Verteiler der Hir-
tenbriefe an die Pfarrer des Kapitels Lauda
mißliebig war. Mehrfach durch die Gestapo ver-
hört, bedroht und schikaniert.
Verstorben am 9.1.1951.

EPPLE, PAUL
1904 07 28
Oppenau
Vikar
Als Sanitätsgefreiter bei der Wehrmacht trotz
Erkrankung drei Wochen in verschärfter Einzel-
haft gehalten wegen abfälliger politischer Be-
merkungen in einem Brief, den die Gestapo ge-
öffnet hatte.
Verstorben am 9.8.1970.
Lit.: FDA 93 (1973), 400f.

ERHART, KURT
1911 11 18
Sasbach
Präfekt
Durch Parteimitglieder in der Schule und auf der
Kanzel überwacht, mündlich bedroht. Wegen kri-
tischer Äußerungen durch einen Lehrer ange-
zeigt, daraufhin durch den Schulrat verhört.

Der Vikar verhalf Verfolgten zum Grenzübertritt in die Schweiz.

FAERBER, ADALBERT
1902 06 21
Heinstetten
Pfarrverweser
Wegen eines Festgottesdienstes an Christi Him-
melfahrt 1941 von der Gestapo für drei Wochen
in Schutzhaft genommen.
Lit.: FDA 93 (1973), 299.

FALLMANN, FRANZ ANTON
1890 09 13
Neckarhausen
Pfarrer
Ab 1937 örtliches Schulverbot.
Verstorben am 1.6.1954.

FARRENKOPF, KARL FERDINAND
1869 03 04
Reicholzheim
Pfarrer
Wegen Heimtücke 1935 durch das Sondergericht
Mannheim zu sechs Monaten Haft verurteilt, nach
Amnestie erlassen, jedoch Unterrichtsverbot.
Verstorben am 20.1.1949.

FEHRENBACH, MATTHAEUS
1874 10 27
Owingen
Pfarrer
Wegen staatsabträglicher Äußerungen am 8.
7.1937 Unterrichtsverbot durch den Kultusminister.
Da Pfarrer Fehrenbach anläßlich der Beerdigung eines gefallenen Soldaten geäußert
hatte: „Der Krieg ist doch eine große Heimsuchung Gottes!", nahm ihn die Gestapo vom
5.8.1940 bis zum 7.11.1940 in Schutzhaft
und verwies ihn anschließend des Landes.
Verstorben am 27.1.1948.

FETTIG, JOHANN FRIEDRICH
1877 05 23
Eßlingen
Pfarrer
Wegen angeblicher Schikanierung von Schülern,
Verächtlichmachung des Buches „Mein Kampf" und
des Verlesens eines Hirtenbriefes an die Jugend
im Dezember 1939 zwei Verhöre und zwei Ver-
warnungen durch die Gestapo.
Verstorben am 25.7.1967.

FEURSTEIN, HEINRICH KARL JOSEPH
1877 04 11
Donaueschingen (St. Johann)
Stadtpfarrer, Monsignore
Dr. rer. pol.

Aufgrund einer Neujahrspredigt gegen das Euthanasieprogramm der Nationalsozialisten nahm
die Gestapo Pfarrer Feurstein am 7.1.1942
in Schutzhaft. Am 24.1.1942 erteilte der Kultusminister Unterrichtsverbot. Am 15.6.1942
wurde der Pfarrer ins KZ Dachau überstellt,
wo er am 2.8.1942 verstarb.
Zahlreiche Interventionen kirchlicherseits bei
staatlichen Institutionen blieben ohne Erfolg.
Die Urne Dr. Feursteins wurde am 30.9.42
in der Stadtkirche in Donaueschingen feier-
lich beigesetzt.
Lit.: Weiler, 227.

FINK, KARL
1900 04 04
Biesendorf
Pfarrverweser
Wegen körperlicher Züchtigung eines Schülers
ab 18.8.1944 Schulverbot.
Verstorben am 4.2.1968.

FISCHER, HEINRICH (P. LEANDER)
OSB
o.D.
Beuron
1935 beim Sondergericht Stuttgart wegen
Heimtücke (Beleidigung und Verleumdung
der Reichsregierung) angeklagt; nach Intervention des Bischofs Berning keine Strafverfolgung.

FISCHER, JOSEPH
1881 08 24
Lauf
Pfarrer
Wegen einer regimekritischen Predigtäußerung
Anzeige und Bedrohung durch die Gestapo.
Verstorben am 28.3.1953.

FOEHR, ERNST GOTTLIEB
1892 04 15
Sölden / Offenburg / Freiburg
Pfarrverweser / Pfarrer
Dr. rer. pol., Dr. theol. h. c.
Wegen eines Friedensgebetes mit Kindern ange-
zeigt und am 3.1.1935 durch die Gestapo ver-
hört.
Des weiteren mehrere Verhöre und eine Haus-
durchsuchung (1943) durch die Gestapo.
Eine Verurteilung zu drei Monaten Haft wurde
durch Amnestie aufgehoben.
Verstorben am 19.1.1976.

FOERY, EMIL
1889 01 01
Honau / Leibertingen
Pfarrer
Als ehemaliger Zentrumspolitiker und entschiede-

ner Gegner der NSDAP war Pfarrer Föry ständigen Angriffen der NS-Presse ausgesetzt.
Am 13.7.1933 mußte er nach einer Demonstration
auswärtiger Nichtkatholiken Honau verlassen.
Am 18.8.1939 wegen „Herabsetzung der Autorität
des weltlichen Lehrers" Unterrichtsverbot durch
den Kultusminister.
Verstorben am 8.5.1967.

FORNER, FRANZ JOSEF
1899 07 13
Ichenheim / Gamshurst
Pfarrer
1941 - 1945 Unterrichtsverbot durch den Kultus-
minister.
Post- und Telefonüberwachung, in Ichenheim
wegen Jugendarbeit vierteljährliche Gestapo-
Verhöre, in Gamshurst drei Verhöre und in
Baden-Baden ein Verhör durch die Gestapo; drei
Wochen Schutzhaft.
Pfarrer Forner verhalf Dr. Selma Wertheimer aus
Lahr zur Flucht nach Amerika.

FRAENZNICK, FRANZ ANTON
1889 08 09
Bollschweil
Pfarrer
Aufgrund einer Kanzeläußerung zur Weigerung
des Bürgermeisters, die Wege des Pfarrwaldes
zu pflegen, wurde Pfarrer Fraenznick am 27.6.
1942 in Bollschweil durch die Gestapo verhaftet
und am 7.8.1942 ins KZ Dachau überstellt.
Dort verstorben am 26.1.1944.
Lit.: Weiler, 234.

FRANK, EMIL OTTO
1882 11 04
Heiligenberg / Menzenschwand
Pfarrkurat
Durch politische Machenschaften in der Anfangs-
zeit des Hitlerregimes aus Heiligenberg ver-
drängt.
Verstorben am 2.11.1956.

FREY, JOSEPH
1878 08 01
Freiburg
Geistlicher
Professor
1935 als Professor am Freiburger Bertholdsgymna-
sium zwangsweise in den Ruhestand versetzt.
Verstorben am 18.2.1955.

FREY, OSKAR
1893 08 18
Rheinsheim
Pfarrer
In der Nazizeit vielfach schikaniert.
Verstorben am 30.6.1958.

FRIEDLEIN, ANTON
1897 06 06
Lohrbach / Bargen
Pfarrverweser
Wegen seiner regimekritischen Haltung erzwang
die Kreisleitung der NSDAP 1935 gegen den ausdrücklichen Willen der Lohrbacher Gemeindemitglieder die Versetzung Friedleins.

FRITZ, ERNST
1886 02 27
Oberöwisheim
Pfarrer
Wegen unerlaubter Verbreitung des „Michael-
Germanicus-Briefes" nahm die Gestapo Pfarrer
Fritz vom 15.7. - 7.12.1937 in Schutzhaft.
Des weiteren sprach am 30.8.1937 der Kultus-
minister Unterrichtsverbot aus.
Verstorben am 13.11.1947.

FRITZ, JOSEF
1880 05 03
Hondingen
Pfarrer
Wegen staatsfeindlicher Äußerungen im Religionsunterricht ein Verhör durch die Gestapo
sowie vom 7.10.1937 bis zum 22.6.1943 Unterrichtsverbot durch den Kultusminister.
Verstorben am 7.9.1957.

FROEHLICH, FRANZ JOSEF ERHARD
1875 08 11
Billigheim
Pfarrer
Aufgrund staatsfeindlichen Verhaltens, kri-
tischer Predigtäußerungen sowie wegen Ver-
achtung des deutschen Grußes stand Pfarrer
Fröhlich unter behördlicher Überwachung.
Verstorben am 8.3.1942.

FUERST, HANS
1911 04 15
Waldkirch
Vikar
Anläßlich einer Seelenmesse für Ausländer
ein Verhör durch die Gestapo sowie eine Haussuchung, bei der eine Schreibmaschine, vervielfältigte Exemplare der Enzyklika „Mystici
corporis" vom 29.6.1943, Predigten und
ein Foto beschlagnahmt wurden.
Verstorben am 8.7.1979.

FUERSTOS, EUGEN
1906 10 10
Pforzheim / Mannheim / Zell
Vikar / Pfarrverweser
Überwachung von Predigt und Lehrtätigkeit.
Behinderung der Jugendarbeit. Zwei Anzeigen
durch eine Privatperson, ein Verhör durch die
Gestapo. Verbot der Erteilung von Religions-
unterricht in der Schule. Nach einer Anzeige
Behinderungen einer Fronleichnamsprozession in
Zell durch die Gestapo.

GAA, ADOLF
1885 09 13
Herbolzheim
Pfarrer
Aufgrund ungebührlicher Beeinflussung von Jugendlichen (Pfarrer Gaa hatte den Jugendlichen
in Herbolzheim am 16.7.1941 ein Faß Bier als
Belohnung für ihre Teilnahme an einem Bekennt-
nisgottesdienst gestiftet) erteilte der Kultusminister am 7.11.1941 Unterrichtsverbot.
Verstorben am 18.12.1942.

GAISERT, MICHAEL
1864 08 21
Steinhilben
Pfarrer
1933 wegen antinationalsozialistischer Predigtäußerungen Verwarnung und Aufforderung zum
Verzicht auf die Pfarrstelle durch den Regierungspräsidenten.
Verstorben am 25.10.1933.

GANTER, HUGO
1886 03 24
Untergrombach
Pfarrer
Wegen Predigtäußerungen am 8.7.1937 ein
Verhör durch die Gestapo. Ein diesbezüglich
eingeleitetes Verfahren wurde am 23.5.1938
infolge einer Amnestie durch das Sondergericht
Mannheim eingestellt.
Verstorben am 14.1.1959.

GANTNER, MARTIN
1904 12 29
Bietingen
Vikar
Am 24.6.1936 Unterrichtsverbot durch den
Kultusminister.

GAUDERMANN, ALBERT
1909 01 31
Oberharmersbach / Öflingen
Vikar / Pfarrverweser
Ständige Überwachung, Predigtmitschriften,
Schikanen bei der Jugendarbeit, Auflösung
seiner Versammlungen, Hausdurchsuchung und Beschlagnahme von Literatur, Blockflöten, Geld
und Banner durch die Gestapo. Eine Anzeige
durch den Ortsgruppenleiter, mehrere Verhöre
durch die Polizei.

GEBERT, JOHANNES
1901 09 30
Ottenhöfen / Osterburken
Vikar / Pfarrer
Wegen Jugendseelsorge in Ottenhöfen kurzfristige Schutzhaft durch die Gestapo.
In Osterburken mehrere Verhöre durch die Gestapo sowie 1938 Verurteilung zu sechs Monaten Gefängnisstrafe, die jedoch unter Amnestie fiel.
Verstorben am 5.12.1967.

GEHRIG, FRANZ
1915 04 18
Forst
Vikar
Aufgrund staatsabträglicher Äußerungen durch die Gestapo vom 24.6. - 15.7.1940 Schutzhaft.
Des weiteren am 4.7.1940 für ein Jahr Unterrichtsverbot durch den Kultusminister.

GEHRIG, KILIAN
1892 05 07
Boxtal
Pfarrer
Wegen Unterlassung eines Siegesgeläutes vom 7.6. - 1.10.1940 Schutzhaft durch die Gestapo sowie am 25.6.1940 Unterrichtsverbot durch den Kultusminister.
Verstorben am 7.3.1972.

GEIER, BERNHARD
1911 08 12
Donaueschingen / Freiburg
Vikar
Da Pfarrer Geier zum Gebet für zwei aus der Kirche ausgetretene Schüler aufforderte, wurde er durch Kreisschulrat und Gestapo verhört sowie durch den Kultusminister mit einem halben Jahr Schulverbot belegt.
Des weiteren ständige Überwachung durch die Gestapo.

GEIGER, ALOIS
1874 06 26
Biesendorf / Degernau
Pfarrer
Aufgrund seiner antinationalsozialistischen Einstellung hatte Pfarrer Geiger zahlreiche Schikanen und Anschuldigungen durch Angehörige der NSDAP zu erdulden. Dies führte schließlich zu seiner Versetzung.
In Degernau durch die NSDAP Überwachung und erfolglose Versuche, Schulverbot und Ortsverweis durch den Kultusminister gegen ihn zu erreichen.

GEILER, HEINRICH KARL
1869 03 02
Kuppenheim
Pfarrer, Erzbischöfl. Geistl. Rat
Da Pfarrer Geiler in Kuppenheim ein Hindernis für die Entwicklung der NSDAP war, wurde er durch Parteimitglieder schikaniert, angezeigt, und mußte auf Betreiben der örtlichen NSDAP 1935 aus Bietingen versetzt werden.
Nach schriftlicher Intervention des Generalvikars beim Innenminister wurde er durch den Minister schriftlich „zu einem loyalen Verhalten gegenüber dem Nationalsozialismus" aufgefordert.
Verstorben am 9.6.1951.

GEISSLER, KARL FRIEDRICH
1889 01 30
Hilzingen
Pfarrer
Aufgrund „andauernden staatsbeeinträchtigenden Verhaltens" im September 1944 Ausweisung aus Hilzingen und Auferlegung eines Sicherungsgeldes in Höhe von 2000 RM durch die Gestapo.
Durch den Kultusminister Unterrichtsverbot.
Verstorben am 17.9.1970.

GERSTER, AUGUST (P. ATHANASIUS)
OSB
1877 08 04
Abtei Neuburg In Ziegelhausen
Am 6.5.1941 zusammen mit dem Konvent aus Trier ausgewiesen.
Am 24.7.1944 wurde P. Athanasius wegen Wehrkraftzersetzung durch die Gestapo verhaftet.
Im Januar erfolgte eine gerichtliche Verurteilung zu drei Jahren Gefängnis. Der Pater starb am 15.3.1945 unter mysteriösen Umständen in seiner Gefängniszelle.
Lit.: Kempner, 114.

GERTEISER, EDUARD
1885 08 05
Bietingen / Dettingen
Pfarrer
Aufgrund unwahrer Anschuldigungen beim Kultusminister durch Bürgermeister, Bauernführer und Stützpunktleiter mußte Pfarrer Gerteiser in eine andere Pfarrei versetzt werden.
Verstorben am 25.4.1960.

GESSLER, ERNST
1904 09 28
Bubenbach
Vikar / Pfarrverweser
Ständige Überwachung durch Gestapo und NSDAP; Prozessionsbehinderungen; mündliche und schriftliche Bedrohungen; mehrere Anzeigen wegen Äußerungen in Predigten und im Religions-

unterricht sowie mehrere Gestapoverhöre.
Kurz vor Kriegsende wurde Pfarrer Geßler von
durchziehenden SS-Leuten mit Erschießung be-
droht, weil er sich für die Sicherheit seiner
Pfarrangehörigen eingesetzt hatte.
Der Pfarrer hat Verfolgten mit Kleidern und
Lebensmitteln geholfen.

GLASER, WALTER
1902 05 28
Mannheim / Karlsruhe-Grünwinkel
Vikar / Pfarrkurat
Aufgrund seiner antinationalsozialistischen
Haltung wurde Pfarrer Glaser durch die Gestapo
scharf überwacht und mehrmals verhört.
Verstorben am 16.1.1972.

GLOECKLER, EMIL JOHANN
1889 06 09
Sigmaringendorf
Pfarrer
Pfarrer Glöckler erhielt 1939 Schulverbot.
Verstorben am 18.8.1970.

GLUNZ, GUSTAV ADOLF
1873 08 04
Wiechs
Pfarrer
Pfarrer Glunz hatte für die Finanzierung des
Kirchen- und Pfarrhausbaus in einem benachbar-
ten Schweizer Dorf ein Baudarlehen aufgenommen.
Aus diesem Grund bedrohte ihn die Gestapo wegen
Devisenvergehens mit einer Haftstrafe.
Verstorben am 29.6.1937.

GOTTLOB, THEODOR
1890 09 07
Freiburg
Geistlicher, Dozent
Prof. Dr. theol.
Infolge seiner antinationalsozialistischen Ge-
sinnung verweigerte das Regime Prof. Gottlob
einen ordentlichen Lehrstuhl.
Gehört zur Erzdiözese Köln.

GRAF, MAX
1884 11 08
Unteralpfen
Pfarrer
Wegen Predigtäußerungen mehrere Gestapoverhöre sowie Bedrohungen.
Am 10.10.1944 wegen staatsabträglichen Verhaltens durch die Gestapo verhaftet, am 7.2.1945
ins KZ Dachau überführt und dort am 25.4.45
an Flecktyphus gestorben.
Lit.: Weiler, 271.

GRAF, OTTO
1909 08 01
Buchen / Karlsruhe
Vikar / Hausgeistlicher
Ständige Überwachung durch die NSDAP.
Am 29.6.1939 Unterrichtsverbot durch den Kul-
tusminister.

GRAMLING, THOMAS
1867 03 07
Werbach
Pfarrer, Dekan
Pfarrer Gramling wurde am 24.4.1933 in der
nationalsozialistischen Presse angegriffen.
Verstorben am 20.5.1938.

GRAU, JOSEPH
1894 09 13
Steinmauern
Pfarrer
Überwachung des Unterrichts und der Jugendar-
beit, Anzeige durch den Ortsgruppenleiter,
zwei Verhöre durch den Kreisschulrat und die
Gendarmerie.

GRESS, KARL FRIEDRICH
1888 07 21
Bubenbach
Pfarrer
Dr. phil.
Aufgrund des gegen Pfarrer Greß erhobenen Vorwurfs, in einer jüdischen Synagoge mitgewirkt
zu haben, wurde er von der Gestapo bedroht.
Nach einer angeblichen Anzeige durch Schülerinnen wurde der Pfarrer kurzfristig inhaftiert,
zum Verzicht auf seine Pfarrei gezwungen und
des Landes verwiesen. Der wahre Grund lag wohl
in seiner der NSDAP nicht genehmen Haltung.
Verstorben am 27.10.1971.

GRIMM, P. ALOIS
SJ
1886 10 24
Freiburg / Feldkirch-Tisis
Geistl. Studienrat
1934 wurde die Schule „Stella Matutina" in
Freiburg durch die Nationalsozialisten ge-
schlossen. P. Grimm konnte am Kolleg
St. Blasien weiterlehren. 1939 schlossen die
Nazis auch diese Schule und P. Grimm wurde
von seinem Orden an das Noviziat der Jesuiten
in Feldkirch-Tisis gesandt. Nachdem staatliche
Stellen im Herbst 1940 die Schließung des
Noviziats veranlaßt hatten, lebte der Geistli-
che im Pfarrhaus in Tisis als Aushilfspriester
und Wissenschaftler.
Im Frühjahr 1943 bat ein Flak-Gefreiter den
Pater um geistlichen Beistand bezüglich seiner
eigenen Aufnahme in die Kirche und der seiner

Frau. Einige Zeit später erschien ein
Freund dieses Mannes und bat ebenfalls
um die Hilfe des Paters. Während der Unter-
richtsstunden im Privatzimmer des Geistlichen
entwickelten sich auch Gespräche über politische Themen, bei denen sich beide Männer
als Pazifisten ausgaben. Am 14.10.1943
wurde P. Grimm aufgrund der Anzeige dieser
beiden, die sich als Gestapo-Spitzel heraus-
stellten, durch die Gestapo verhaftet.
Am 12.8.1944 verurteilte der Volksgerichtshof
Berlin unter Vorsitz von Freisler den Pater
aufgrund der Aussagen der beiden Gestapo-
agenten wegen Defätismus zum Tode. Das Urteil
wurde am 11.9.1944 vollstreckt.

GROEBER, CONRAD
1872 04 01
Freiburg
Erzbischof
Dr. theol.
Zahlreiche Stellungnahmen zur Lage der Kirche
in der Zeit in Hirtenbriefen sowie Eingaben an
Kultusminister und Reichsminister.
1934 Demonstration von NSDAP-Anhängern bei
einem öffentlichen Auftritt des Bischofs.
Im Dezember 1936 Verbot eines Hirtenbriefes,
der sich gegen die Angriffe gegen die Kirche
verwahrte. 1935 und 1936 Verbot je einer
Schrift des Bischofs.
Am 11.6.1941 störten NSDAP-Anhänger den Gottesdienst Dr. Gröbers mit einem Schreckschuß.
Verstorben am 14.2.1948.
*Lit.: 1. Hirtenworte des Erzbischofs Gröber in
die Zeit. Freiburg 1947. 2.FDA 1969 (S.15-22) sowie
1971 (S.216ff.). 3.Neuhäusler I/II, passim.
4. E. Keller.*

GROM, KONRAD
1893 03 11
Stein / Harthausen
Pfarrer
Pfarrer Grom erlitt durch die Kreisleitung der
NSDAP und die Gestapo zahlreiche Schikanen.
Verstorben am 20.12.1967.

GRUBER, JOHANN
1873 01 15
Sulzbach
Pfarrer, Dekan
Pfarrer Gruber hatte aufgrund seiner antinatio-
nalsozialistischen Einstellung viele Schikanen
durch die NS-Machthaber zu erleiden.
Verstorben am 22.1.1957.

GUETLE, JOSEF
1873 05 15
Niederrimsingen / Elsenz
Pfarrer

Pfarrer Gütle wurde 1933 durch die SA bedroht,
beleidigt und gezwungen, seine Pfarrei aufzugeben.
Verstorben am 18.1.1945.

GUTMANN, FRANZ JOSEF
1884 02 10
Waldhausen / St. Georgen
Pfarrer
Aufgrund seiner antinationalsozialistischen Ein-
stellung mußte Pfarrer Gutmann 1933 versetzt
werden.
Verstorben am 13.10.1948.

HAAS, KARL JOSEF
1892 05 30
Tengen / Zell
Pfarrer
Predigtüberwachung; wegen mündlicher Äuße-
rungen mehrere Anzeigen durch Parteigenossen,
Gendarmerie, Ortsgruppenleitung sowie Gestapo.
Vom 31.12.1939 bis zum 20.8.1940 Gefängnis-
haft in Lörrach und Säckingen, weil Pfarrer
Haas polnischen Kriegsgefangenen mit Lebens-
mitteln und Kleidung geholfen hatte.
Am 13.3.1940 Unterrichtsverbot, ab September
1940 Orts- und Landesverbot.
In Tengen wegen Vergehens gegen das Sammlungs-
gesetz 50 RM Geldstrafe, ebenso in Zell/Wiesen-
tal wegen Abhaltens eines Jugendtages.

HABERSTROH, OTTO
1908 02 12
Ettlingenweier / Ichenheim
Vikar / Pfarrverweser
Überwachung in der Schule; Prozessionsbehin-
derung sowie eine Verwarnung durch den Landrat
in Bühl.

HABICH, KURT
1912 01 31
Pforzheim / Bräunlingen
Vikar
Wegen Äußerungen in Religions- und Firmunterricht, wegen Jugendseelsorge und „kirchlicher Betätigung unter freiem Himmel" zahlreiche Gestapoverhöre, Predigtüberwachung,
Bespitzelung in der Schule und bei der Jugendarbeit sowie vom 25.3. - 15.4.1942 Schutzhaft in Karlsruhe, anschließend Unterrichtsverbot durch den Kultusminister.
Am 9.6.1942 wegen Jugendarbeit in Bräunlingen durch die Gestapo verhaftet, am 7.8.
1942 ins KZ Dachau überführt, dort am 28.3.
1945 entlassen.
Lit.: Weiler, 281.

HAESSLE, JOHANNES
1894 02 11
Weiher
Pfarrverweser
Dr. rer. pol., Dr. phil., Dr. theol.
Durch Denunziation erfuhr die Gestapo vom Vorgehen Dr. Häßles gegen sittlich nicht einwandfreie Vorkommnisse unter der Schuljugend, daraufhin leitete die Gestapo ein monatelanges Untersuchungsverfahren ein, das mit Orts- und Bezirksverbot für den Pfarrverweser endete.
Verstorben am 20.6.1970.

HAFNER, JOSEF
1895 04 05
Weingarten
Pfarrer
Pfarrer Hafner wurde durch Gestapo und SS überwacht. Als er 1937 trotz Verbots die päpstliche Enzyklika „Mit brennender Sorge" verlas, erfolgte eine Anzeige durch die SS, daraufhin ein Verhör und eine Verwarnung durch die Gestapo und nur das Dazwischentreten des Bürgermeisters verhinderte die Verhaftung des Pfarrers.

HAFNER, KARL THEODOR
1879 04 05
Rulfingen
Pfarrer
Aufgrund seiner antinationalsozialistischen Einstellung hatte Pfarrer Hafner im Dritten Reich zahlreiche Schikanen zu erleiden, u.a. erhielt er Unterrichtsverbot.
Verstorben am 20.7.1959.

HAHN, HERMANN
1901 11 03
Freiburg / Riedböhringen
Vikar / Pfarrer
Predigtüberwachung, Bespitzelung in der Schule, durch Gewerbeschüler bei Schulamt und Kreisleitung angezeigt, im Beichtstuhl provoziert, durch die nationalsozialistische Presse verleumdet, mündlich bedroht, Haussuchung durch die Gestapo Donaueschingen, fünf Verhöre durch Gestapo und Kreisschulrat.
Ein Prozeß wegen Vergehens gegen das Sammlungsgesetz wurde niedergeschlagen.
Wegen Predigtäußerungen am Palmsonntag 1941 acht Wochen Gefängnis.
Am 2.9.1941 verhaftet, am 3.10.1941 ins KZ Dachau überführt, dort am 2.4.1942 entlassen.
Lit.: Weiler, 282.

HALL, HEINRICH
1904 08 11
Mannheim / Ittendorf / Burbach
Vikar / Pfarrverweser / Pfarrer
1936 wurde das von Vikar Hall geleitete katholische Jugendlager Mannheimer Ministranten in Hammereisenbach durch die Gestapo aufgelöst.
1941 eine Anzeige durch das Landratsamt Karlsruhe, daraufhin Auflösung des Kirchenbauvereins, Beschlagnahme des vereinseigenen Vermögens sowie Androhung der Festnahme des Pfarrers durch die Gestapo.

HANNER, P. BONAVENTURA
SOCIST
1878 08 27
Konstanz-Wollmatingen / Singen
Pater
Dr.
Unterrichtsverbot, nähere Umstände sind nicht bekannt.

HANSERT, JOSEPH
1903 10 04
Karlsruhe (St. Stephan) / Haltingen
Vikar / Kurat
Predigtüberwachung und Bespitzelung durch Gestapo und Schulleiter.
Eine Anzeige und ein Verhör durch die Gestapo Lörrach.

HARDER, EMIL JOSEF
1909 02 21
Rastatt
Vikar
Wegen angeblicher körperlicher Züchtigung seiner Schüler wurde Vikar Harder gerichtlich zu 100 RM Geldstrafe (ersatzweise 10 Tage Haft) verurteilt und durch den Kultusminister am 18.7.1940 mit Unterrichtsverbot belegt.
Verstorben am 16.8.1972.

HARTMANN, KARL (P.KARL)
SAC
1880 07 30
Karlsruhe
Kaplan
Aufgrund von Urkundenfälschung durch das Amtsgericht Karlsruhe zu 100 RM Geldstrafe bzw. 10 Tagen Haft verurteilt.

HASELMEIER, FERDINAND
1901 05 07
Krumbach
Pfarrer
Wegen Vergehens gegen das Feiertagsrecht an Fronleichnam 1941 durch die Gestapo in Schutzhaft genommen.

HAUG, OSWALD
1902 10 22
Emmendingen / Renchen
Pfarrer
Aufgrund einer Predigtäußerung („es ist an
der Zeit, daß wir Glauben und Beten lernen")
zwei Verhöre durch die Gestapo, Schutzhaft ab
dem 9.3.1942, am 5.6.1942 ins KZ Dachau
überführt und dort am 24.12.1942 entlassen.
Anschließend durch den Kultusminister Unterrichtsverbot und Ortsverbot für Emmendingen.
In Renchen wegen Abhaltung von Religionsunterricht im Anschluß an den weltlichen Unterricht
Auferlegung von 1000 RM Geldstrafe.
Lit.: Weiler, 286.

HAUSWIRTH, WILHELM
1908 12 23
Engen / Gernsbach / Gottmadingen
Vikar
Am 2.8.1936 wurde wegen einer Predigt Vikar
Hauswirths Versetzung erzwungen.
Nach mehreren Schikanen erhielt er am 9.3.1937
durch den Kultusminister Schulverbot für das
Land Baden und mußte von Gernsbach wegver-
setzt werden.
Vikar Hauswirth fiel am 20.1.1944 südlich
von Leningrad.

HEBBEL, FRIEDRICH
1898 09 09
Karlsruhe / Freiburg / Kirrlach / Radolfzell
Vikar / Gefängnisseelsorger / Pfarrer
Briefkontrolle, Überwachung sowie Prozessions-
behinderung durch die Gestapo.
Aufgrund einer Bemerkung über den Dollfuß-
mord Anzeige durch einen Gefangenen in Freiburg. Mindestens sechsmal von der Gestapo verhört, der Pfarrer wehrte sich jedoch mit for-
maljuristischen Argumenten und blieb deshalb
unbehelligt.

HEFFNER, KARL
1876 02 17
Steinbach
Pfarrer
Im Sommer 1933 versuchten die nationalsozialis-
tischen Behörden, Pfarrer Heffners Versetzung
zu erwirken.
Verstorben am 30.11.1938.

HEILER, JOSEF
1889 03 19
Schielberg
Kurat
Dr. phil.
Zahlreiche Schikanen durch die Gestapo.
Verstorben am 25.10.1954.

HEILMANN, OTTO
1884 03 19
Mannheim
Geistlicher
Professor
Professor Heilmann erhielt Religionsunterrichts-
verbot für die oberen Klassen.
Verstorben am 17.3.1960.

HEIM, HERMANN
1912 04 25
Eberbach
Vikar
Wegen Vergehens gegen das Heimtückegesetz
(Pfarrer Heim hatte in einer Wirtschaft er-
wähnt, daß beim Bau des Westwalls ein als
Nazifeind bekannter Mann lebendig in das Bau-
material hineingeworfen worden sei) wurde er
am 22.4.1940 durch das Sondergericht Stutt-
gart zu vier Monaten Gefängnis verurteilt.
Am 17.6.1940 erteilte ihm der Kultusminister
Unterrichtsverbot.

HELD, KONRAD
1898 11 24
Hegne / Donaueschingen
Spiritual / Pfarrverweser
Durch die Gestapo Überwachung sowie Bedro-
hungen, derentwegen zweimalige Flucht.

HEMMER, FRIEDRICH
1903 07 13
Mörsch / Wiesenbach
Vikar / Pfarrverweser / Pfarrer
Da Pfarrer Hemmer polnische Kriegsgefangene
gelobt hatte, nahm ihn die Gestapo vom 1.1.
1940 bis zum 30.4.1940 in Schutzhaft, das
Amtsgericht Konstanz verurteilte ihn zu 400 RM
Geldstrafe und der Kultusminister sprach am
15.5.1940 Unterrichtsverbot aus.
Weil der Pfarrer am Fronleichnamsfest 1941
Gottesdienst feierte, das Freysche Katholiken-
lied durch Schulkinder vortragen ließ und
polnischen Zivilarbeitern die Teilnahme am
öffentlichen Gottesdienst erlaubt hatte, wurde
er am 2.7.1941 durch die Gestapo verhört
am 20.8.1941 in Schutzhaft genommen und am 10.
10.1941 ins KZ Dachau überführt, wo er am 11.
2.1942 entlassen wurde.
Lit.: Weiler, 290.

HEPP, ALFONS
1899 12 02
Litzelstetten
Pfarrer
Wegen Verlesens eines Hirtenbriefes durch die
Gestapo mit KZ-Haft bedroht; zwei Gestapover-
höre sowie eine Anzeige durch einen Parteige-
nossen.

HERBERICH, RICHARD
1893 09 27
Weilersbach
Pfarrer
1936 Unterrichtsverbot und Beschimpfung durch
die nationalsozialistische Presse.
Wegen Gottesdiensten an Christi Himmelfahrt 1941
Schutzhaft vom 1.8.1941 - 1.11.1941.
Verstorben am 15.10.1955.

HERP, ALFONS
1905 10 25
Altglashütten / Waldhausen / Weilersbach / u.a.
Vikar
Am 3.8.1933 Beschimpfung durch die NS-Presse;
Demonstrationen vor dem Pfarrhaus.
Die Gestapo drohte mit Schutzhaft, daraufhin
mußte der Vikar fliehen.
Er wurde in zwei Jahren fünfmal zwangsver-
setzt.
Verstorben am 8.11.1973.

HERR, LUDWIG
1870 02 01
Säckingen
Pfarrer
Aufgrund angeblichen Vergehens gegen das Volks-
verratsgesetz - der Pfarrer soll Beihilfe zur
Umgehung des Devisengesetzes geleistet haben -
1934 durch die Gestapo verhaftet. Baldige Freilassung wegen Haft- und Lagerunfähigkeit sowie
mangels Beweisen.
Verstorben am 30.11.1946.

HERRMANN, HUGO
1893 05 30
Freiburg
Rektor
Dr. theol.
Überwachung durch Schüler und nationalsozia-
listische Professoren; Bedrohung durch NS-
Presseartikel; 1935 ein Demonstrationszug der
HJ zum Konvikt; 1935 - 1942 Unterrichtsverbot.

HERRMANN, JOSEPH
1892 02 29
Wieden
Pfarrer
Wegen eines Seelsorgebriefes an die Pfarrange-
hörigen zur Vorbereitung einer eucharistischen
Christkönigswoche (21.-28.10.1934) vom Bezirks-
amt Lörrach zu 120 RM Geldstrafe -ersatz-
weise sechs Tage Haft- verurteilt. Das Ober-
landesgericht Karlsruhe hob am 14.3.1935 das
Urteil auf und stellte das Verfahren ein.
Verstorben am 3.7.1969.

HETTICH, PRIMUS
1898 11 09
Schollach / Höllstein
Kurat / Pfarrverweser
Auf Betreiben der NSDAP 1936 (oder 1937) aus
Schollach versetzt.
Verstorben am 2.7.1973.

HILS, ALBAN
1875 06 21
Feldkirch
Pfarrer
Im Dritten Reich mehrfach schikaniert.
Verstorben am 14.10.1963.

HIMMELSBACH, FRANZ ANTON
1885 06 08
Sasbach
Pfarrer
Aufgrund seiner antinationalsozialistischen
Einstellung wurde Pfarrer Himmelsbach mehr-
mals durch Mitglieder der NSDAP bedroht; des-
gleichen wegen einer Sühneandacht.
Verstorben am 10.12.1967.

HIRT, EUGEN
1902 02 11
Mannheim / Rielasingen
Vikar / Pfarrverweser
Aufgrund eines persönlichen Gespräches mit
dem örtlichen HJ-Führer wurde Pfarrer Hirt
durch die Gestapo neun Tage in Schutzhaft genommen und mehrmals verhört; das Sondergericht
Mannheim leitete ein Verfahren ein; der Kultusminister erteilte am 17.9.1937 Unterrichtsverbot und erwirkte die Zwangsversetzung.
Verstorben am 21.11.1973.

HIRT, HERMANN
1894 05 30
Oberschopfheim
Pfarrverweser
Dr. theol.
Aufgrund seiner antinationalsozialistischen
Haltung als Redakteur des Donauboten versuchte
die Gestapo 1935, Hirts Berufung zum Pfarrer
von Merzhausen zu verhindern.
Verstorben am 24.7.1953.

HODAPP, LEOPOLD
1908 09 08
Bühl-Kappelwindeck / Karlsruhe
Vikar
Überwachung, mündlich bedroht mit Schutzhaft,
schriftlich durch NS-Presse und in Anschlägen
der NSDAP bedroht.

HOFER, ANTON
1874 10 06
Glatt
Pfarrer
Predigtüberwachung durch Parteimitglieder.
Pfarrer Hofer verstarb am 16.1.1953.

HOFFMANN, HERMANN (P. IGNATIUS)
1893 03 27
Düsseldorf
Jugendmissionar
Im Winter 1938/39 wurde Pater Ignatius während
einer Jugendwoche in Tauberbischofsheim wegen
Predigtäußerungen durch die Gestapo verhaf-
tet. Er wurde vier Monate in Untersuchungs-
haft gehalten, mehrmals verhört und anschlie-
ßend mit Predigtverbot für Baden belegt.
Verstorben am 17.8.1963.
Gehört zur Erzdiözese Köln.

HOFHERR, HERMANN
1881 12 27
Freiburg / Baden-Baden
Geistlicher, Lehrer
Prof. Dr. phil.
Prof. Hofherr wurde durch einen Lehrer ange-
zeigt, erhielt vorläufiges Schulverbot und
wurde schließlich veranlaßt, frühzeitig in
den Ruhestand zu treten.
Verstorben am 9.2.1960.

HOFMANN, LUDWIG
1900 01 21
Heidelberg / Külsheim
Vikar / Pfarrer
Überwachung in der Schule; mehrmals mündlich
bedroht; Anzeigen wegen Jugendarbeit, Verlesens
eines Hirtenbriefes und wegen eines Polengottesdienstes. Mehrmals durch die Gendarmerie verhört, Schulverbot.

HOFSTETTER, BERNHARD
1909 07 20
Schönau
Vikar
Vikar Hofstetter wurde wegen seiner Predigt
vom 26.7.1942 sechsmal durch die Gestapo ver-
hört, hatte ein Sicherungsgeld in Höhe von
500 RM zu hinterlegen und erhielt am 4.11.1942
Unterrichtsverbot.
Verstorben am 11.4.1963.

HOG, GUSTAV
1889 09 19
Bodman
Pfarrer
Aufgrund seiner Äußerungen im Religionsunter-
richt erhielt Pfarrer Hog am 30.3.1940 durch
das Kreisschulamt Stockach Unterrichtsverbot.
Verstorben am 13.4.1955.

HOG, JOSEPH
1910 12 22
Pforzheim / Karlsruhe (St. Stephan) / Villingen
Vikar
Durch Gestapo und NSDAP überwacht; durch HJ
angezeigt, durch die Gestapo Karlsruhe verhört und bedroht, Durchsuchung der Wohnung
im Pfarrhaus in Karlsruhe. Schulverbot ab 1942.

HOLDERBACH, LINUS
1909 11 09
Offenburg / Mannheim / Hundheim
Vikar / Pfarrverweser
Überwachung (Predigt, Schule) durch einen
Hauptlehrer in Hundheim; durch den Schulrektor
in Offenburg mündlich bedroht; Anzeigen durch
Eltern und Schüler; vier Gestapoverhöre;
Schulverbot von 1939-1940.

HOLTSTEGER, HUGO (P. BENNO)
OFM
1904 04 09
Istein
Kaplan
Wegen einer Predigt wurde Pater Benno am 25.2.
1942 durch die Gestapo verwarnt und mit Unter-
richtsverbot belegt.
*Lit.: Thuringia Franciscana (1963), Heft 18,
137.*

HOLZAPFEL, EGIDIUS
1909 07 12
Radolfzell / Achern
Vikar
Dr. theol.
Predigtüberwachung; wegen Verweigerung des
deutschen Grußes in der Schule 1937 durch den
Kreisschulrat verhört; durch den Bürgermeister mündlich bedroht.
1939 wegen Abhörens verbotener Sender durch
die Gestapo in Schutzhaft genommen, Hausdurchsuchung und mehrere Verhöre. Durch das Sondergericht Mannheim zu einem Jahr Zuchthaus und
Ehrverlust verurteilt. Seit Mai 1940 Unterrichtsverbot.
Verstorben am 17.1.1981.

HORNUNG, JOHANNES
1906 04 11
Freiburg
Klinikseelsorger
Überwachung durch Vertreter der Verwaltungs-
direktion. Wegen Vereinstätigkeit im Hausge-
hilfinnenverband Verwarnung und Bedrohung. Ein
Verhör durch die Kreisleitung der NSDAP wegen
verschiedener Krankenbesuche. Wegen einer Weihnachtsansprache und der Verteidigung „un-

produktiver Volksgenossen" durch den Oberarzt KZ angedroht. Wegen Verteilung des Möldersbriefes bei Krankenbesuchen angezeigt, zwei Verhöre durch Kreisleitung und Wehrmachtsoffizier, verwarnt und zur Vernichtung des Möldersbriefes verpflichtet. Nach Verlesung der Enzyklika „Mit brennender Sorge" wurde der Pfarrer bedroht.
Pfarrer Hornung hat Juden und Polen geholfen.

HUBER, JAKOB
1907 07 24
Reilingen
Pfarrer
Wegen Jugendarbeit und Predigtäußerungen wurde Pfarrer Huber durch die Gestapo überwacht, mehrmals angezeigt und verhört.
Verstorben am 28.12.1962.

HUCK, ARTUR
1913 03 19
Rielasingen
Vikar
Predigtüberwachung durch die Gestapo.

HUEFNER, KARL
1902 01 22
Blumberg
Pfarrverweser
Am 21.6.1938 durch den Bürgermeister Prozessionsverbot, Ablehnung einer Kreuzesweihe und Verbot des Tragens 50 gelb-weißer Fähnchen.

HUGELMANN, KARL FRIEDRICH
1893 10 12
Schonach
Pfarrer
Aufgrund von Pfarrer Hugelmanns „staatsfeindlichem" Verhalten durchsuchte die Gestapo am 29.9.1942 das Pfarrhaus und beschlagnahmte Lebensmittel.

HUGGER, P. VIKTOR
SJ
1876 07 11
St. Blasien
Rektor des Kollegs
Wegen eines Devisenvergehens vom 22.2.1936 bis zum 7.4.1936 Untersuchungshaft. Nähere Umstände sind nicht bekannt.
Verstorben am 3.4.1945.

HUND, KARL FRIEDRICH
1889 11 23
Rheinfelden-Nollingen
Pfarrer
Aufgrund angeblicher Äußerungen gegen den örtlichen HJ-Führer erhielt Pfarrer Hund am 24.2.1940 durch den Kultusminister Unterrichtsverbot.
Verstorben am 28.4.1974.

HUND, RICHARD
1882 01 18
Waldkirch
Pfarrer
Aufgrund seiner antinationalsozialistischen Haltung wurde Pfarrer Hund oftmals durch Parteimitglieder und Gestapo bedroht.
Verstorben am 2.5.1951.

HUND, STEPHAN
1895 02 17
Buchheim
Pfarrer
Wegen Vergehens gegen das Feiertagsrecht im Jahre 1941 am 17.7.1942 durch das Amtsgericht Meßkirch zu 300 RM Geldstrafe verurteilt.
Verstorben am 28.3.1946.

ISENMANN, ANTON
1907 06 15
Schonach
Vikar
Predigtüberwachung; Bespitzelung; mündliche Bedrohung; durch einen Ortsgruppenleiter angezeigt; vier Verhöre durch SS-Leute; zwei Jahre Schulverbot; durch die Gestapo Schließung des Vereinshauses sowie Beschlagnahme von Banner, Fahnen und Liederbüchern, des weiteren Durchsuchung des Pfarrhauses.

JORDAN, LUDWIG
1909 04 15
St. Trudpert / Säckingen / Mannheim
Vikar
Predigtüberwachung; Bespitzelung; mündlich bedroht; wegen Jugendarbeit durch die HJ-Führung angezeigt; vier Verhöre durch die Kreisleitung Staufen und Säckingen; 21 Monate Unterrichtsverbot.

JOST, OTTO HERMANN
1878 07 04
Eiersheim
Pfarrer
Wegen Vergehens gegen das Feiertagsrecht (Nachmittagsandachten an Christi Himmelfahrt und Fronleichnam 1941) nahm die Gestapo Pfarrer Jost vom 4. - 25.8.1941 in Schutzhaft, anschließend erteilte der Kultusminister Unterrichtsverbot.
Verstorben am 14.2.1964.

JUD, ALPHONS (P. ADELHELM)
OSB
1880 10 03
Bohlingen
Pater

1933 wegen Predigtäußerungen und Nichterwiderung des Hitlergrußes (weil Schweizer) inhaftiert.
Verstorben am 11.1.1962

KAISER, GOTTFRIED
1886 11 25
Singen (Herz-Jesu)
Stadtpfarrer
1935 erhielt Pfarrer Kaiser durch die Gestapo
Redeverbot in der Öffentlichkeit.
1937 mußte der Pfarrer wegen Verstoßes gegen
das Sammlungsgesetz 80 RM Geldstrafe bezahlen,
außerdem beschlagnahme die Gestapo einen
Filmapparat.
Nachdem der Pfarrer in einem Brief erklärt
hatte, daß er alle Kinder in seiner Pfarrei
(auch die polnischen Kinder) taufen wolle und
müsse, wurde er durch die Gestapo mehrere Male
verhört und vom 31.5.1944 bis zum 25.8.1944
inhaftiert. Des weiteren wurde er verwarnt und
zur Hinterlegung von 2000 RM Sicherheitsgeld gezwungen. Der Kultusminister sprach am 27.6.1944
Unterrichtsverbot aus.
Verstorben am 1.11.1973.

KAISER, JOSEPH
1912 03 25
Herbolzheim / Gengenbach
Vikar
Bespitzelung; Predigtüberwachung; Anzeige
durch einen Schulleiter; drei Verhöre durch
Gestapo und Gendarmerie.
1937 wegen Verstoßes gegen das Sammlungsge-
setz durch das Bezirksamt Emmendingen zu 100 RM
Geldstrafe verurteilt.
Am 7.7.1937 erklärte die Gestapo Vikar
Kaiser für verhaftet, nach einem Verhör wurde
die Hafterklärung jedoch zurückgenommen. Der
Vikar mußte versetzt werden, um drohender
KZ-Haft zu entgehen.

KAISER, OSKAR
1887 03 16
Schluchsee
Pfarrer
Bespitzelung und Predigtüberwachung durch die
Ortsgruppenleitung der NSDAP. Mündliche Be-
drohung des Pfarrers durch den Kreisleiter.
Zwei Anzeigen durch einen nationalsozialisti-
schen Lehrer und den Kreisleiter. Fünf
Gestapoverhöre sowie am 8.3.1937 ein Verhör
durch den Oberstaatsanwalt.
Vom 2.2. bis 2.5.1942 inhaftiert. Unter-
richtsverbot von Mai 1942 bis Kriegsende.

KARRER, JOSEF
1890 04 03
Bonndorf

Pfarrverweser
Wegen anhaltender Angriffe von nationalsozialistischer Seite mußte der Pfarrverweser ein Versetzungsgesuch einreichen. Anlaß der Feind-
seligkeiten war die Abstimmung vom 10.4.1938.

KARY, JOSEF
1913 08 06
Hornberg
Vikar
Überwachung in der Schule, zwei Vorladungen auf
das Bürgermeisteramt Hornberg.
Wegen Beleidigung des Führers („Antichrist
und Mörder") zwei Verhöre durch den Bürgermeister sowie Androhung des Landesverbotes.

KAST, AUGUSTIN
1876 07 29
Ettlingen
Pfarrer, Dekan
In der Nacht zum 2.7.1933 stürmten einige
hundert Menschen unter Führung eines nationalsozialistischen Oberamtmannes das Pfarrhaus
und führten Pfarrer Kast unter Drohungen ab.
Aufgrund der Verweigerung eines katholischen Begräbnisses für einen verstorbenen Parteigenossen sowie wegen der Verächtlichmachung
einer nationalsozialistischen Zeitung wurde der
Pfarrer durch Gestapo und NSDAP bedroht, schikaniert, in Schutzhaft genommen und im November
1933 zwangsversetzt.

KAUPP, KARL
1887 11 05
Sigmaringen
Direktor des Waisenhauses
1936 verbreitete und verlas Pfarrer Kaupp
einen verbotenen Hirtenbrief. Die von der Polizei deswegen geforderten 30 RM Geldstrafe
mußte er aufgrund eines Formfehlers nicht
zahlen.
Verstorben am 26.11.1959.

KELLER, EGON HUGO
1898 04 05
Lenzkirch
Pfarrer
1938 verbot die Gestapo die Herausgabe des
Pfarrbriefes.

KELLER, ERWIN
1907 04 10
Waldkirch / Grenzach
Vikar
Überwachung, Hausdurchsuchung und Beschlagnahme sämtlichen Lichtbildmaterials sowie
zahlreicher Bücher der Pfarrbibliothek durch
die Gestapo.
Aufgrund caritativer Betreuung polnischer

Kriegsgefangener mündliche Bedrohung durch
die NSDAP Waldkirch.
Wegen Vergehens gegen das Sammlungsgesetz durch
einen Ortsgruppenleiter angezeigt, daraufhin
durch die Gestapo Lörrach zwei Verhöre mit
Strafandrohung.

KELLER, FRANZ
1873 07 24
Freiburg
Geistlicher Dozent
Prof. Dr. theol., Dr. rer. pol.
Aufgrund des Gesetzes zur Wiederherstellung
des Berufsbeamtentums wurde Professor Keller
am 7.4.1933 durch den Kultusminister in den
Ruhestand versetzt.
Verstorben am 6.6.1944.

KELLER, JOSEF
1910 03 29
Waldshut
Vikar
Vikar Keller wurde durch die Gestapo überwacht, mündlich und schriftlich verwarnt sowie mit KZ-Haft bedroht. Des weiteren zahlreiche Verhöre durch Gestapo und Sicherheitsdienst, u. a. wegen der Freundschaft mit einem
in Dachau inhaftierten Priester. Eine Anzeige
durch Unbekannt.

KELLER, WILHELM
1895 09 28
Grafenhausen
Pfarrer
Pfarrer Keller wurde in der Schule durch einen
Oberlehrer überwacht, durch Parteimitglieder
wurden seine Predigten mitgeschrieben, seine
Hausseelsorge kontrolliert und die Durchführung seiner Prozessionen erschwert. Er wurde
durch einen Polizeichef mündlich bedroht,
durch die NS-Presse als „Sittlichkeitsverbrecher" verleumdet. Fast jede Woche ein Verhör durch Partei und Gestapo, zahlreiche Hausdurchsuchungen, drei Monate Schulverbot.
1945 sollte der Pfarrer erschossen werden, da
er angeblich gesagt hatte, der Krieg sei verloren.

KERN, OTTO
1885 02 02
Stockach
Pfarrer, Dekan
Aufgrund von Verleumdungen wurde ein Prozeß
gegen Dekan Kern angestrengt. Die Verhandlung
endete mit Freispruch.
Verstorben am 8.11.1943.

KIESEL, EMIL
1910 08 28
Pforzheim
Vikar
Vikar Kiesel wurde bespitzelt, seine Predigten wurden mitgeschrieben, er wurde in der
Schule überwacht und erhielt im August 1940
wegen Äußerungen über Polen (Feindesliebe)
im Religionsunterricht Schulverbot.
1938 Ausweisung aus dem Kreis Konstanz, ein
Vermerk im Reisepaß: „national unzuverlässig".
Am 16.10.1940 wegen Jugendseelsorge und Anwesenheit eines Polen im Gottesdienst verhaftet. Am 14.12.1940 ins KZ Dachau überstellt,
dort am 28.3.1945 entlassen.
Alle Maßnahmen wurden von der Gestapo eingeleitet.
Lit.: Weiler, 343.

KILTHAU, AUGUST
1915 01 09
Lahr / Muggensturm / Rheinfelden
Vikar
Predigtüberwachung, Anzeige, mehrere Verhöre
aufgrund eines Rundbriefes an die Jugend von
Lahr sowie 1940 Schul- und Schreibverbot; alle
Maßnahmen wurden durch die Gestapo verfügt.
Am 14.10.1943 wurde Vikar Kilthau wegen ver-
botener Jugendarbeit durch die Gestapo Karls-
ruhe in Schutzhaft genommen, am 20.6.1944 ins
KZ Dachau überbracht und am 26.4.1945 auf dem
Evakuierungsmarsch befreit.
Pfarrer Kilthau verstarb am 10.6.1974.
Lit.: Weiler, 344.

KIMMIG, KARL
1910 05 02
Meßkirch
Spiritual
1942 Verhör durch Gestapo Mannheim.
1943 wegen Predigt mit „staatsfeindlichen"
Äußerungen verhaftet. 8.2.1943 bis 23.2.1943
Schutzhaft, danach wurde der Pfarrer ohne Gerichtsverhandlung zu KZ verurteilt, die Überstellung fand jedoch nicht statt. Bis Mai 1945
setzte man den Pfarrer in Dienstgebäuden der SS
und der Polizei in Leipzig und Kiel als „Mädchen für alles" ein, zudem mußte der Pfarrer
2000 RM Sicherheitsgeld hinterlegen. Haussuchung durch SS und Gestapo, Beschlagnahme von
Briefen und Listen vom „lebendigen Rosenkranz".

KIRCHGAESSNER, BRUNO
1911 12 14
Oberachern / Freiburg / Mannheim
Vikar
Predigtüberwachung, Seelsorgeüberwachung,
eine Anzeige sowie ein Verhör in Mannheim.

Alle Maßnahmen wurden durch die Gestapo verhängt.

KIRCHGESSNER, JOSEF
1906 05 09
Ersingen / Bühl / Offenburg / Kupprichhausen
Vikar / Pfarrverweser
Predigtüberwachung und Verleumdung durch Parteimitglieder, eine Anzeige durch einen Lehrer.
Von der Gestapo dreimal verhört, schriftlich
und mündlich bedroht. Aufenthaltsverbot für
den Kreis Pforzheim.

KLEIBRINK, FERDINAND JOSEF
1892 08 31
Stein / Gailingen
Pfarrer
Wegen vielfacher Behinderung in der Seelsorge
wechselte Pfarrer Kleibrink 1941 die Pfarrei.

KLING, P. ANTON
SJ
1906 02 20
Karlsruhe
Kaplan
Aufgrund von Predigtäußerungen Überwachung
in Kirche und Vereinen. Des weiteren zwei Ver-
höre sowie 1942 vier Wochen Haft und 1944 drei
Wochen Haft durch die Gestapo.

KNEBEL, JOHANN BAPTIST
1871 12 15
Kiechlinsbergen
Pfarrer, Dekan
Dr. theol. h.c.
Aufgrund seiner antinationalsozialistischen
Einstellung erlitt Pfarrer Knebel zahlreiche
Schikanen durch die Gestapo und Mitglieder der
NSDAP. Aus diesem Grund bat er 1939 um seine
Pensionierung, die ihm auch zugestanden wurde.
Pfarrer Knebel starb am 27.11.1944 in Freiburg
durch einen Fliegerangriff.

KNEBEL, LEONHARD
1898 10 25
Ewattingen
Pfarrer
Aufgrund seiner Fürbitte für Jan Seczka,
einen gefangenen und anschließend im Kriegs-
gefangenenlager erschossenen Polen, wurde Pfarrer Knebel vom 27.6. bis zum 27.9.1941 durch
die Gestapo inhaftiert. Am 7.7.1941 erhielt
er durch den Kultusminister Unterrichtsverbot.
Pfarrer Knebel verstarb am 28.11.1958.

KNOEBEL, FRANZ
1902 01 18
Breisach / Waibstadt
Vikar / Pfarrer

1933 angezeigt wegen seiner Karfreitagspredigt.
1937 durch das Kultusministerium Androhung von
Unterrichtsverbot.
1943 seitens des Kreisleiters Androhung einer
Verhaftung.
Verstorben am 15.12.1959.

KNOPF, KURT
1912 02 25
Pfaffenweiler
Vikar
Aufgrund seiner antinationalsozialistischen
Einstellung wurde Pfarrer Knopf durch Mitglie-
der der NSDAP bedroht, außerdem warf man die
Fensterscheiben seiner Wohnung ein.
Verstorben am 24.1.1963.

KOCH, THEODOR
1891 06 08
Stetten
Pfarrer
Pfarrer Koch wurde vom 9.6.1941 bis zum
8.8.1941 durch die Gestapo in Schutzhaft ge-
nommen. Die Maßnahme erfolgte im Zusammenhang
mit der Auslandsflucht eines Mitarbeiters des
Reichsministers Heß.
Pfarrer Koch verstarb am 18.5.1953.

KOEHLER, WILHELM OTTO
1904 04 16
Bruchsal / Oppenau / Görwihl
Vikar / Pfarrverweser
1933 erzwang die Gestapo wegen angeblicher
„Entgleisungen" im Religionsunterricht Vikar
Köhlers Versetzung. 1935 versuchte sie die
Zurücknahme des Vikars aus der Seelsorge zu
erpressen.
Am 30.3.1940 sprach der Kultusminister wegen
Äußerungen im Unterricht das Unterrichtsverbot aus.
Aufgrund hinterhältiger und reichsfeindlicher
Äußerungen im Unterricht verhaftete die Gestapo den Pfarrer am 21.7.1941. Am 5.9.1941
wurde er auf Anweisung des Reichssicherheitshauptamtes Berlin ins KZ Dachau gebracht. Das
Sondergericht Freiburg verurteilte ihn am 6.
12.1941 - wegen Vergehens gegen das Heimtückegesetz - zu 14 Monaten Gefängnis. Diese Strafe
verbüßte Pfarrer Köhler im Gefängnis Rottenburg. Anschließend (12.2.1943) brachte man
ihn wieder ins KZ Dachau, wo er am 6.4.1945
entlassen wurde.
Lit.: Weiler, 353.

KOENIG, HEINRICH
1907 06 03
Todtnau / Mühlenbach
Pfarrer
Aufgrund seiner antinationalsozialistischen

Einstellung erlitt der Pfarrer zahlreiche
Schikanen durch die Gestapo.

KOENIG, JOSEF
1904 06 28
Nöggenschwiel
Pfarrer
Aufgrund abträglicher Äußerungen über die
Wehrmacht wurde Pfarrer König am 23.11.1944
durch die Gestapo in Schutzhaft genommen. Er
wurde am 20.4.1945 entlassen, zwei Tage danach in ein Krankenhaus eingeliefert und verstarb am 13.5.1945.

KORNWACHS, FRIEDRICH
1907 05 13
Schutterwald / St. Georgen / Tiengen / Weildorf
Vikar / Pfarrer
Überwachung durch Mitglieder der NSDAP in Kirche und Schule. Störung seiner Jugendarbeit
durch die HJ.
1934 erzwang das Kultusministerium die Versetzung des Vikars.
Ortsgruppenleiter und Lehrer erstatteten Anzeige gegen ihn.
1934, 1938 und 1940 Verhöre durch die Gestapo.
Von 1939 bis 1945 Unterrichtsverbot durch den
Kultusminister.
Aufgrund des Tragens des Christuszeichens (An-
stecknadel) Androhung einer Geldstrafe.

KOVALLEK, P. PAUL
SAC
1897 01 21
Konstanz
Pater
1942 Verhöre durch die Gestapo sowie Unterrichtsverbot durch den Kultusminister.

KRAEMER, JOSEF
1901 10 11
Krautheim / Öflingen
Kaplan / Pfarrer
Kaplan Krämer wurde in der Kirche, in der
Schule und bei Vereins- und Gruppenarbeit
überwacht. Seine Fronleichnamsprozessionen
wurden behindert und er selbst wegen des katholischen Grußes mündlich bedroht.
Wegen einer Predigt über Mischehen in Krautheim polizeilich verhört.
In Öflingen durch die Gestapo Hausdurchsuchung, Verhör und Beschlagnahme von Filmen
und eines Fotoapparates. Die drohende Einweisung
ins KZ Dachau konnte durch eine wohlgesonnene
Nationalsozialistin verhindert werden.

KRAMER, BENNO
1888 09 11
Jungingen

Pfarrer, Monsignore
Am 9.10.1936 wurde Pfarrer Kramer eine feierliche Prozession zur Konsekration neuer Kreuz-
wegstationen vom Landratsamt Hechingen fern-
mündlich verboten.
Verstorben am 31.3.1949.

KRAUS, JOHANN ADAM
1904 03 18
Dietershofen
Pfarrer
Aufgrund seiner antinationalsozialistischen
Einstellung wurde Pfarrer Kraus 1941 zum Mi-
litärdienst eingezogen.

KRAUS, KARL JOHANN
1882 12 06
Langenrain
Pfarrer
Pfarrer Kraus erhielt 1937 zwei Jahre Unterrichtsverbot.
1941 mußte er wegen Abhaltens einer Meßfeier
an Christi Himmelfahrt eine Geldstrafe zahlen.
Der Pfarrer verstarb am 30.12.1952.

KRAUTHEIMER, ALBERT
1905 04 17
Mannheim / Bietingen
Vikar / Pfarrverweser
Auf Drängen der NSDAP erhielt Vikar Krauthei-
mer Unterrichtsverbot.
Wegen eines verbotenen Gottesdienstes an Fron-
leichnam wurde er gerichtlich vorgeladen.
Verstorben am 23.10.1966.

KREBS, ENGELBERT
1881 09 04
Freiburg
Hochschullehrer
Prof., Dr. phil. et theol.
Aufgrund der Äußerung „wir werden von Räu-
bern, Mördern und Verbrechern regiert" enthob
der Kultusminister 1936 Professor Krebs seines
Lehramtes; im darauffolgenden Jahre wurde er
dienstentlassen.
Wegen einer 1943 in Ödsbach gehaltenen Predigt
nach Feststellung der Haftunfähigkeit zur Zah-
lung eines Sicherungsgeldes in Höhe von 7500
RM verurteilt, ferner Redeverbot für das ganze
deutsche Reich.
Verstorben am 29.11.1950.
*Lit.: 1.FDA 71 (1951), 260-265. 2.Junghanns,
Albert: Der Freiburger Dogmatiker Engelbert
Krebs (1881-1950). Ein Beitrag zur Theologiegeschichte. Freiburg 1979. 3.Oberrheinisches
Pastoralblatt 52 (1951), 10-19. 4.Bäumer, Remigius, die theologische Fakultät Freiburg und
das Dritte Reich, in: FDA 103 (1983), 265-289.*

KREMS, HEINRICH
1888 01 12
Neuthard
Pfarrer
Pfarrer Krems wurde bespitzelt, bedroht, schikaniert, in der nationalsozialistischen Presse
(„Der Führer") beschimpft, seine Predigten
wurden von NSDAP-Mitgliedern mitgeschrieben und
seine Gottesdienste gestört.
Zahlreiche Verhöre durch die Gestapo sowie am
9.3.1942 Auferlegung eines Sicherungsgeldes
in Höhe von 300 RM.
Verstorben am 12.6.1965.

KRIEG, BERNHARD
1866 08 18
Bellingen
Pfarrer
Aufgrund einer regimekritischen Äußerung in
der Schule wurde Pfarrer Krieg am 30.6.1933
durch die Gestapo kurzfristig des Ortes verwiesen; der Kultusminister verhängte Unterrichtsverbot.
Verstorben am 23.6.1934.

KRIEG, HEINRICH
1903 03 11
Sinsheim / Oberwittstadt / Niedereschach
Vikar / Pfarrverweser / Pfarrer
Aufgrund eines Vergehens gegen den Kanzelparagraphen Hausdurchsuchung, Verhör und Auferlegung von 500 RM Geldstrafe durch die Gestapo.
Wegen Gottesdienstes an Christi Himmelfahrt
450 RM Geldstrafe. Wegen Schulkreuz-Predigt Verhör durch die Gestapo sowie Beschlagnahme
einer Schreibmaschine.
Des weiteren Postüberwachung, Bespitzelung,
mündliche Bedrohung durch einen Bürgermeister sowie ab 1941 Unterrichtsverbot.

KUHN, WALTER
1902 05 26
Neckarelz
Pfarrverweser
Angezeigt durch einen SS-Angehörigen, der eine
kirchliche Trauung ablehnte. Wegen Vereinsarbeit
zweimal durch die Gestapo verhört.
Des weiteren Bespitzelung, Predigtüberwachung,
Störungen von Prozessionen sowie Bedrohungen.
Verstorben am 16.5.1969.

KURRUS, THEODOR
1916 05 13
Urloffen
Vikar
Dr. theol.
Predigtüberwachung und Bespitzelung durch
NSDAP-Mitglieder. Bezüglich des Hitlergrußes
durch den Kreisschulrat verwarnt.

Durch NSDAP-Mitglieder zur Teilnahme an einem
Flaggenappell gezwungen.
Prozessionen mußten auf die nächste Umgebung
der Kirche beschränkt werden.

LAHNER, JOHANN
1877 01 07
Schlossau
Pfarrer
Durch Gestapo und NSDAP überwacht und ange-
zeigt.
Verstorben am 13.8.1934.

LAKOMY, P. FRANZ
SCJ
1907 09 18
Freiburg
Pater
Der Pater wurde am 21.6.40 in Freiburg ver-
haftet, vom 9.5.41 bis zum 29.1.1942 wurde
er im KZ Dachau festgehalten.
Lit.: Weiler, 397.

LANDIS, EUGEN KARL
1892 01 24
Obertsrot
Kurat
Aufgrund seiner antinationalsozialistischen
Einstellung erhielt Kurat Landis 1937 drei
Jahre Schulverbot; ein diesbezügliches Ver-
fahren wurde eingestellt.
1941 wegen einer Meßfeier am Fronleichnamstag
für 10 Tage in Schutzhaft genommen.
Verstorben am 15.3.1968.

LASSAULX, HUBERT VON
1887 07 21
Sigmaringen / Wuppertal-Elberfeld
Geistl. Studienrat
Aufgrund politischer Unzuverlässigkeit veran-
laßte die NSDAP die Versetzung des Studienrats
nach Wuppertal-Elberfeld zum 1.4.1941.
Verstorben am 2.7.1955.

LAUBER, OTTO
1883 08 19
Konstanz-Wollmatingen
Pfarrer
Aufgrund einiger Äußerungen in seiner Weih-
nachten 1936 in der Anstalt Reichenau gehal-
tenen Predigt erhielt Pfarrer Lauber durch den
Innenminister Hausverbot für die Anstalt.
An Christi Himmelfahrt polizeilich verhört.
Verstorben am 26.11.1964.

LEBFROMM, FRIEDRICH
1911 04 30
Stetten / Schwerzen
Vikar

Aufgrund einer Anzeige durch einen nationalsozialistischen Lehrer aus Stetten wurde Vikar
Lebfromm im Dezember 1938 durch das Schulamt
in Stockach verhört und im Januar 1939 verwarnt und mit Schulverbot bedroht.
1941 wegen Vergehens gegen das Feiertagsrecht -
Christi Himmelfahrt - durch die Polizei verhört.

LEDERER, ALOIS
1903 05 05
Baden-Oos / Mannheim / Schlageten
Vikar / Pfarrkurat
Aufgrund systemfeindlicher Äußerungen im
Religionsunterricht 1933 Schutzhaft durch die
Gestapo.
In der Schule überwacht, durch das Schulamt
verhört und verwarnt.
Wegen verbotener Vereinstätigkeit angezeigt
und zu 30 RM Geldstrafe verurteilt.
Durch einen Ortsgruppenführer bedroht; durch
einen nationalsozialistischen Lehrer im Reli-
gionsunterricht behindert.
Aufgrund mißliebiger Äußerungen gegen die
NSDAP durch eine Lehrerin angezeigt und drei-
mal von der Gestapo verhört.

LEGLER, HERMANN
1906 12 11
Leutkirch
Pfarrverweser
Der Pfarrverweser wurde am 11.9.1944 in Leutkirch durch die Gestapo verhaftet und am 22.11.
1944 nach Dachau verschickt. Am 26.4.1945
konnte er auf dem Evakuierungsmarsch entfliehen.
Lit.: Weiler, 405.

LEHN, EDMUND
1896 08 16
Gündelwangen
Pfarrer
1936 Schulverbot durch den Kultusminister, dieses wurde auf Druck der Bevölkerung wieder zurückgenommen. Angriffe durch die NS-Presse.
Verstorben am 1.4.1967.

LEIPERT, JOHANN
1885 09 13
Schluchtern
Pfarrer
Ein 1938 gegen Pfarrer Leipert eingeleitetes
Strafverfahren wegen staatsfeindlicher Äuße-
rungen fiel unter das Amnestiegesetz vom
30.4.1938.
Verstorben am 8.3.1962.

LENZ, OTTO
1876 10 29
Karlsdorf
Pfarrer
Aufgrund seiner antinationalsozialistischen
Haltung im Religionsunterricht erteilte der
Kultusminister Pfarrer Lenz am 14.2.1940 Un-
terrichtsverbot.
Verstorben am 19.5.1964.

LESERER, JOHANN
1890 11 27
Wallbach
Pfarrer
Wegen Verschickung eines Seelsorgebriefes an die
Soldaten der Pfarrei durch die Gestapo am 22.9.
1941 für drei Wochen in Schutzhaft genommen.
Wegen angeblicher Übertretung des Sammlungsge-
setzes verhängte das Amtsgericht eine Geldstra-
fe in Höhe von 100 RM.
Des weiteren bedroht, angezeigt und mehrmals
durch die Gestapo verhört.
Verstorben am 27.8.1969.

LIEBENSTEIN, ERNST
1896 11 12
Pfohren
Pfarrer
Pfarrer Liebenstein wurde mündlich bedroht
und beleidigt sowie auf das Bezirksamt vorgeladen.

LINK, ALFRED
1913 07 05
Elchesheim
Vikar
Vikar Links Predigten und seine Lehrtätigkeit
in der Schule wurden überwacht.
In der Seelsorge durch Schikanen örtlicher
NSDAP-Mitglieder behindert. Der Vikar feierte
trotz Verbots Gottesdienste für Polen.

LINZ, ALOIS
1883 02 28
Wiesloch
Pfarrer, Dekan
Am 6.3.1941 Unterrichtsverbot durch den Kul-
tusminister.
Verstorben am 8.1.1958.

LOCHER, JOHANN BAPTIST
1896 12 06
Höfendorf
Pfarrer
1937 wegen einer Predigt ein Verhör durch die
Gestapo.
1942 wegen Verlesens des Möldersbriefes durch
die Gestapo verhört, verwarnt und mit KZ-Haft
bedroht.
Verstorben am 9.3.1972.

LOEHLE, ERNST
1910 06 11
Mannheim
Vikar
Am 29.4.1939 Unterrichtsverbot durch den Kultusminister.

LOSSEN, RICHARD MARIA HERMANN
1875 03 11
Heidelberg
Geistlicher Religionslehrer
Dr. phil., Professor
Professor Lossen wurde 1934 vom Kultusminister zwangspensioniert. 1938 Schulverbot.
Verstorben am 21.2.1952.

LURZ, GEORG LUDWIG
1891 08 24
Burgweiler
Pfarrer
Da Pfarrer Lurz angeblich den Hitlergruß nicht immer erwiesen hatte, wurde ihm 1938 vom Kultusminister Unterrichtsverbot angedroht. 1939 mußte der Pfarrer auf Betreiben des Kultusministeriums seine Pfarrei verlassen.
Verstorben am 11.7.1958.

MAGNANI, HEINRICH
1899 01 24
Hettingen
Pfarrverweser / Pfarrer
Pfarrer Magnanis Predigten und Versammlungen wurden bespitzelt, sein Religionsunterricht in der Schule überwacht.
Eine seiner Wallfahrten wurde durch bewaffnete NSDAP-Mitglieder unter mündlichen Drohungen aufgelöst.
Des weiteren Anzeigen durch Lehrer, Bürgermeister, NSDAP-Mitglieder; insgesamt 16 Verhöre durch Gestapo und Polizei.
1935 Unterrichtsverbot für die Gewerbeschule Mannheim sowie Verurteilung zu 1000 RM Geldstrafe.

MAIER, BERNHARD ALFONS
1912 01 16
Jestetten / Freiburg / Heidelberg
Vikar
Post- und Predigtüberwachung; Überwachung des Religionsunterrichtes; mündliche Bedrohungen; mehrere Anzeigen. Mehrere Verhöre durch die NSDAP-Kreisleitungen Waldshut und Karlsruhe. Die NSDAP plante die Verhaftung des Vikars.

MAIER, JOSEF
1882 07 24
Möhringen / Überlingen
Pfarrer
1941 mußte Pfarrer Maier aufgrund des Drucks der NSDAP die Pfarrei wechseln.
Verstorben am 9.11.1949.

MAIER, JOSEF ANTON
1909 07 05
Neusatz / Erzingen / Waldshut / Rastatt
Vikar
Durch NSDAP-Mitglieder bespitzelt sowie bei Predigten und Prozessionen überwacht.
Wegen Jugendarbeit in Neusatz von einem NSDAP-Gebietsführer schriftlich bedroht.
Auf eine Anzeige erfolgte ein Verhör durch die Gestapo Erzingen, in dessen Verlauf Vikar Maier mündlich bedroht wurde.

MAIER, OTTO
1910 07 19
Achern
Vikar
Wegen Abhörens verbotener Radiosender verurteilte das Sondergericht Mannheim Vikar Maier am 21.11.1939 zu einem Jahr Zuchthaus und Ehrverlust. Ebenfalls aus diesem Grund verhängte der Kultusminister im Mai 1940 Unterrichtsverbot.

MAIER, WILHELM
1893 03 02
Windschläg
Pfarrer
Aufgrund staatsabträglichen Verhaltens erteilte die Gestapo Pfarrer Maier 1940 eine Verwarnung. Wegen körperlicher Züchtigung von Kindern erteilte der Kultusminister 1941 Unterrichtsverbot.
Verstorben am 7.7.1967.

MARBE, KONRAD
1886 06 29
Baden-Baden
Pfarrer
Nachdem Pfarrer Marbe an die Eltern von Schülern schriftliche Aufforderungen zur Teilnahme an außerschulmäßigem Religionsunterricht gesandt hatte, erteilte ihm die Gestapo 1941 eine Verwarnung.

MARDER, HERMANN
1907 10 05
St. Peter
Vikar
Aufgrund einer Predigtbemerkung vom 1.4.1934 eine Anzeige sowie am 1.5.1934 ein Verhör durch die Staatsanwaltschaft in Waldshut.

MARTIN, PHILIPP
1889 09 18
Heddesheim
Pfarrer
Aufgrund einer staatsfeindlichen Bemerkung
nahm die Gestapo Pfarrer Martin vom 3.11.1941
bis zum 3.2.1942 in Schutzhaft, der Kultusminister erteilte am 18.11.1941 Unterrichtsverbot. – Der Pfarrer hatte in einem Gespräch
gesagt: „Unser Herrgott ist nicht Schuld, sondern die Menschen. England und Amerika haben
keinen Krieg gewollt, sondern nur die, die
rüsten".
Verstorben am 3.2.1959.

MAURATH, FERDINAND
1908 06 28
Karlsruhe (St. Peter und Paul)
Vikar
Predigtüberwachung durch die Gestapo; aufgrund
staatsfeindlicher Äußerungen im Religionsunterricht Bespitzelung in der Schule, durch HJ
Störung der Jugendarbeit, Überwachung der
Hausseelsorge. Neun Verhöre, mehrere mündliche Bedrohungen sowie mehrere Hausdurchsuchungen durch die Gestapo. Zwei schriftliche
Drohungen durch die Schulbehörde, eine durch
das Landratsamt.
Wegen Versendens von Bibeln an die Soldaten
seiner Pfarrei nahm die Gestapo Vikar Maurath
vom 2.5. bis zum 2.8.1941 in Schutzhaft.
Am 20.8.1941 erteilte der Kultusminister Unterrichtsverbot. Am 2.8.1941 wurde der Vikar
in das KZ Dachau überstellt, wo er am 9.4.
1945 entlassen wurde.
Lit.: Weiler, 444.

MAYER, AUGUSTIN
1897 10 05
Todtnauberg
Pfarrer
Wegen verbotenen Abhörens ausländischer Sender wurde Pfarrer Mayer am 13.3.1940 festgenommen und am 2.8.1940 durch das Sondergericht Mannheim zu einem Jahr und drei Monaten
Zuchthaus, zwei Jahren Ehrverlust und Tragen
der Gerichtskosten verurteilt. Außerdem wurde
sein Radiogerät beschlagnahmt. Am 30.3.1940
verhängte der Kultusminister Seelsorge- und
Unterrichtsverbot (bis Kriegsende). Nach der
Haftentlassung ordnete das Reichssicherheitshauptamt Berlin 1941 Landesverbot für den
Pfarrer an. Er hatte sich an jedem neuen Aufenthaltsort bei der Gestapo und beim Arbeitsamt zu melden.
Verstorben am 7.5.1952.

MECKLER, OTTO
1892 09 19
Meßkirch
Pfarrer
Aufgrund antinationalsozialistischer Predigtäußerungen forderte der Kultusminister 1937
erfolglos die Versetzung Pfarrer Mecklers durch
das Ordinariat. Wegen Erziehung der Schüler zum
christlichen Gruß anstelle des Hitlergrußes
erteilte der Kultusminister am 11.10.1937 Unterrichtsverbot. Wegen Verstoßes gegen die Feiertagsordnung an Christi Himmelfahrt 1941 nahm die
Gestapo den Pfarrer vom 30.7. bis 20.8.1941
in Schutzhaft.
Wegen staatsabträglicher Äußerungen wurde er
2 1/2 Stunden durch die Gestapo verhört.
Verstorben am 17.8.1944.

MEIER, AUGUST
1905 09 05
Mannheim / Rauenberg
Vikar / Pfarrverweser
Wegen Jugendarbeit und Predigtäußerungen ca.
50 Verhöre durch die Gestapo. Aus diesen
Gründen am 15.3.1942 durch die Gestapo in
Schutzhaft genommen und zur Überstellung ins
KZ Dachau vorgesehen. Auf Druck der Bevölke-
rung Ende Juni 1942 wieder freigelassen und
des Landes verwiesen.
Des weiteren Predigtüberwachung und eine An-
zeige durch ein NSDAP-Mitglied.

MEIER, HERMANN
1912 01 12
Singen / Waldshut
Vikar
Mündliche Drohung durch einen Lehrer in Sin-
gen; Androhung des Schulverbotes durch einen
Erlaß des Kultusministers vom 13.7.1939.
Verstorben am 17.1.1975.

MEISTER, JULIUS
1866 04 12
Bräunlingen
Pfarrer, Dekan
Wegen Nichterwiderung des deutschen Grußes,
regimekritischer Äußerungen, Abwehr national-
sozialistischer Propaganda und Nichthissens der
Hitlerflagge versuchte der Kultusminister schon
1934 die Versetzung Pfarrer Meisters aus seiner
Pfarrei zu erreichen. Am 23.9.1935 sprach die
Gestapo dauerndes Ortsverbot aus. Im Oktober
1935 fand eine Demonstration für die Entfer-
nung des Dekans aus Bräunlingen statt.
Verstorben am 15.7.1944.

MENGES, EMIL MATTHIAS
1867 10 23
Ebersteinburg

Pfarrer
Pfarrer Menges erhielt durch den Kultusminister
Unterrichtsverbot.
Verstorben am 11.11.1952.

MENZEL, BRUNO
1913 11 06
Osterburken / Wiesloch / Mannheim
Vikar
Da Vikar Menzel für staatsfeindliche Handlungen der katholischen Sturmschar in Wiesloch verantwortlich war, hatte er 50 RM Geldstrafe an das Bezirksamt Heidelberg zu zahlen.
Der Kultusminister sprach am 14.10.1937 Unterrichtsverbot aus. Die Sturmschar wurde aufgelöst.
Wegen einer Bemerkung im Religionsunterricht
in Weinheim am 24.7.1939 erneutes Unterrichtsverbot durch den Kultusminister.
Verstorben am 17.2.1944.

MERKEL, FRIDOLIN
1888 02 17
Wieden
Pfarrer
Wegen Abhörens ausländischer Sender (bis
Februar 1940) erteilte der Kultusminister Pfar-
rer Wenzel am 2.4.1940 Unterrichtsverbot und
verfügte Seelsorgeverbot. Das Sondergericht
Mannheim verurteilte den Pfarrer zu einem
Jahr und neun Monaten Zuchthaus sowie zu zwei
Jahren Ehrverlust, außerdem wurde die Be-
schlagnahme des Radiogerätes angeordnet.
Nach der Entlassung aus dem Zuchthaus mußte
sich der Pfarrer bis zum 29.9.1943 regel-
mäßig bei der Gestapo melden.
Verstorben am 7.7.1948.

METZGER, MAX JOSEPH
1887 02 03
Meitingen / Berlin
Pfarrer
Dr. theol.
Dr. Metzger war Gründer und Generalleiter der
Christkönigsgesellschaft (Weltfriedensorganisa-
tion vom Weißen Kreuz, seit 1919; Umbenennung
1927) in Meitingen bei Augsburg. Auch die „Una
Sancta"-Bewegung geht auf seine Initiative zu-
rück.
Seine Post wurde überwacht. Am 23.1.1934 Fest-
nahme und drei Tage Haft in Augsburg wegen einer
Friedensdenkschrift für die deutschen Dekane.
Predigtüberwachung, Hetzartikel der NS-Presse,
Verbot seiner Rundbriefe sowie Beschlagnahme von
Werbematerial seiner Gesellschaft.
Am 9.11.1939 erneute Verhaftung unter dem Vorwand des Zusammenhangs mit dem Münchener Atten-
tat auf Hitler. Bis zum 4.12. festgehalten.
1940 Umzug Dr. Metzgers nach Berlin-Wedding.

Am 29.6.1943 aufgrund der Denunziation einer
Mitarbeiterin (Gestapo-Agentin „Babs", d.i.
Dagmar Imgart), die Kontakt zu einem schwe-
dischen Bischof herstellen sollte, verhaftet.
Wegen Hochverrat und Feindbegünstigung vom
Volksgerichtshof zum Tode verurteilt. Hinrich-
tung am 17.4.1944 in Brandenburg.
Bemühungen des Freiburger Erzbischofs Gröber
waren ergebnislos geblieben. Die Beisetzung er-
folgte auf dem St.-Hedwigs-Friedhof in Berlin.
*Lit.: 1.Kempner, 273-289. 2.Kühn, 133-146.
3.Drobisch, passim. 4.Zipfel, 240ff. 5.Ott:
Dokumentation, passim. 6.Möhring, passim.
7.Engelhardt, passim.*

MEYER, THEODOR JOSEPH
1871 03 19
Karlsruhe
Geistlicher, Chefredakteur Des „Donauboten"
Dr. theol. h. c.
Wegen eines von ihm verfaßten Artikels im
„Donauboten" mußte Meier aus der Redaktion
ausscheiden.
Verstorben am 8.10.1945.

MOCK, WILHELM (P.OTHMAR)
OFM
1902 10 04
Freiburg
Wegen Kanzelmißbrauchs wurde Pater Othmar im
Juni 1940 durch die Gestapo verwarnt und er-
hielt Predigtverbot für ganz Deutschland.
Des weiteren vom 21.6.1940 bis zum 22.3.1941
Inhaftierung sowie Ausweisung aus Baden.

MOEHRLE, ANTON
1897 03 14
Überlingen / Ottersweier
Benefiziumsverweser / Pfarrer
Wegen einer Predigt vom 19.3.1933 Anzeige bei
der Staatsanwaltschaft Konstanz, mehrere Verhöre und eine Verwarnung.
Aufgrund einer Predigt vom 9.5.1943 (gegen
den Sonntagsvormittagsdienst der HJ) verfügte
der Kultusminister Unterrichtsverbot (14.8.1943)
sowie die Zahlung eines Sicherungsgeldes in
Höhe von 1000 RM.
Verstorben am 9.3.1951.

MOGG, EUGEN
1906 07 26
Mannheim / Freiburg-Zähringen / Hofweier
Vikar / Pfarrer
Unterricht, Gruppenarbeit, Fronleichnamsprozession (1937/38) und Fastenpredigten (1945)
wurden durch Gestapo oder Spitzel überwacht.
Wegen einer pädagogischen Maßnahme im Religionsunterricht fand 1938 eine Demonstration
vor dem Pfarrhaus statt, des weiteren Verhöre,

vorläufiges Unterrichtsverbot sowie Auferlegung einer Geldstrafe in Höhe von 50 RM durch das Stadtschulamt Freiburg.
Verstorben am 13.4.1974.

MORATH, FRIEDRICH
1904 01 22
Markdorf
Kaplaneiverweser
Wegen staatsfeindlicher Einstellung mehrere Verhöre, Verwarnungen und Haussuchungen durch die Gestapo.
Wegen Streifens der HJ-Uniform mit dem Stock bei der Züchtigung eines Schülers erteilte der Kultusminister 1936 Unterrichtsverbot.
Verstorben am 9.2.1943.

MORGENTHALER, FRIEDRICH
1906 09 07
Mannheim (St. Joseph)
Vikar
Aufgrund einer pädagogischen Maßnahme Verhör und Verwarnung durch die Polizei.
Überwachung der Jugendarbeit, Predigt- und Prozessionsüberwachung, Zimmerdurchsuchung, mündliche und schriftliche Drohungen sowie drei Verhöre durch nationalsozialistische Organisationen.
Verstorben am 18.4.1976.

MUECKENHAUSEN, JOSEPH
1892 02 09
Pfullendorf
Kaplaneiverweser
Wegen staatsfeindlicher Äußerungen im Religionsunterricht am 27.4.1935 erteilte die Gestapo Bezirksverweis.
Des weiteren sprach das Kreisschulamt am 2.5.1935 vorübergehendes Unterrichtsverbot aus.
Verstorben am 8.5.1945.

MUELLER, ADOLF
1895 02 20
Biesendorf
Pfarrer
1937 forderte der Kultusminister aufgrund einer provokativen Geste Pfarrer Müllers erfolglos dessen Versetzung durch das Ordinariat.
Am 30.5.1940 Unterrichtsverbot durch den Kultusminister.
Verstorben am 1.8.1961.

MUELLER, ALBIN JOHANN
1880 01 17
Rohrbach / Wettelbrunn
Pfarrer
Aufgrund staatsfeindlicher Äußerungen in seinen Predigten und im Religionsunterricht

erteilte der Kultusminister Pfarrer Müller am 9.8.1937 Unterrichtsverbot. Des weiteren am 18.10.1937 eine Anklage beim Sondergericht Mannheim.
Verstorben am 29.11.1939.

MUELLER, AUGUST (P. HERIBERT)
OFM
1888 12 04
Nußbach
Pater Heribert wurde 1940 durch die Gestapo verhört und verwarnt, weil er „etwas Gutes über Polen" gesagt haben sollte.

MUELLER, FRANZ (P. MICHAEL)
OSB
o.D.
St. Ilgen
Pfarrvikar
Durch das Schulamt Unterrichtsverbot im Kreis Heidelberg.

MUELLER, HERMANN
1911 09 07
Murg
Pfarrvikar
Nachdem Pfarrer Müller am 24.4.1942 aus dekorativen Gründen bei einer Meßfeier im Teillazarett Wilhemshöhe das Führerbild verhüllt hatte, setzte ihn das Militär als Standortpfarrer ab. Durch die Gestapo erfolgte ein Verhör und eine mehrwöchige Schutzhaft.
Verstorben am 21.4.1972.

MUELLER, JOSEF
1888 12 30
Au am Rhein / Säckingen
Pfarrer
Pfarrer Müller wurde durch die Gestapo überwacht und dreimal verhört.

MUELLER, LUDWIG
1873 03 02
Nußbach
Pfarrer
Aufgrund antinationalsozialistischer Predigtäußerungen versuchte der Kultusminister 1939 mehrmals erfolglos die Versetzung Pfarrer Müllers beim Ordinariat zu erreichen. Daraufhin sprach die Gestapo im April 1940 ein Landesverbot für Baden aus.
Verstorben am 27.5.1945.

MUELLER, WENDELIN
1900 10 14
Hohentengen
Pfarrer
Aufgrund einer Fastenpredigt vom 28.2.1937 wurde Pfarrer Müller am 1.4.1937 durch die

Gestapo Waldshut verhört. Ein diesbezüglich eingeleitetes Verfahren beim Sondergericht Mannheim wurde am 9.8.1937 eingestellt.
Verstorben am 5.6.1958.

MUELLER, WOLFGANG
1905 03 13
Mannheim / Kirrlach / Karlsruhe / Schielberg
Vikar / Kurat
Dr. theol. et phil.
Aufgrund seiner aktiven Mitgliedschaft im Quickborn und seiner Feldpost ein Verhör mit mündlicher Bedrohung, Haussuchung sowie Überwachung durch die Gestapo.
In Herrenalb daran gehindert, einen Hirtenbrief zu verlesen. Der Text wurde beschlagnahmt.

MUENCH, KARL LUDWIG
1911 01 05
Villingen-Rietheim / Karlsruhe / Mannheim
Vikar
Durch die Gestapo und Mitglieder der HJ wurden Kaplan Münchs Predigten, seine Post, sein Religionsunterricht und seine Jugendarbeit überwacht.
Die Gestapo störte die Spendung der Sakramente im Villinger Krankenhaus sowie eine Fronleichnamsprozession, sie durchwühlte das Pfarrhaus und beschlagnahmte Kirchenfahnen und Vereinskassen sowie sämtliche Keller- und Küchenvorräte. Der Vikar wurde einen Tag in Schutzhaft genommen und unter Drohungen und Erpressungsversuchen ununterbrochen verhört.

MUTZ, ALOIS
1909 12 21
Singen
Vikar
Vikar Mutz wurde in der Schule, in Vereinen, bei Prozessionen und Predigten durch die Gestapo überwacht. Er erhielt mündliche und schriftliche Drohungen, wurde einmal angezeigt und dreimal durch die Gestapo verhört. Der Kultusminister sprach zwei Jahre Unterrichtsverbot aus.

NELL, P. ALFONS
SOCIST
o.D.
Markdorf
Vikar
Unterrichtsverbot; nähere Umstände nicht bekannt.

NEUMAIER, FRANZ XAVER
1888 04 21
Durmersheim
Pfarrer
Wegen einer Meßfeier an Christi Himmelfahrt 1939 sowie wegen der körperlichen Züchtigung von sieben Schülern im Religionsunterricht am 4.7.1939 Unterrichtsverbot. Endgültiges Unterrichtsverbot vom 24.7.1939 bis zum 2.3.1941. Außerdem erschien am 15.6.1939 im „Schwarzen Korps" ein polemischer Artikel gegen Pfarrer Neumaier.
Verstorben am 12.12.1956.

NEYMEYER, FRIEDRICH
1891 02 03
Zell
Pfarrer
Die Gemeinde Unterentersbach (Bezirksamt) stellte am 1.4.1939 die Pfarrer Neymeyer bisher zukommenden finanziellen Zuwendungen aus dem St. Nikolauskapallenfond ein.
Verstorben am 13.9.1949.

NOWACK, ALBERT
1896 07 01
Sasbach / Hochdorf / Reicholzheim
Oberstudienrat / Pfarrverweser
Nach der Nazifizierung der Heimschule Lender mußte Pfarrer Nowack die Schule 1939 verlassen.
Wegen Feierns einer Messe an Fronleichnam 1941 nahm die Gestapo den Pfarrer drei Wochen in Schutzhaft. Eine vom Amtsgericht Wertheim verfügte Geldstrafe in Höhe von 150 RM galt durch die Schutzhaft als verbüßt. Am 15.9. 1941 sprach der Kultusminister Unterrichtsverbot aus.
Verstorben am 31.3.1971.

OECHSLER, JOSEPH
1885 03 28
Freiburg (St. Martin)
Pfarrer
Durch Mitglieder der NSDAP Predigtüberwachung; Ermahnungen der Schulleitung, den Religionsunterricht mit dem Hitlergruß zu beginnen.
Durch die Gestapo Verbot der Vereinstätigkeit, Verbot nächtlicher Anbetung nach Kriegsausbruch wegen Ruhestörung, Überwachung einer Männerwallfahrt, Drohungen sowie drei Hausdurchsuchungen im Pfarrhaus.
Verstorben am 23.1.1975.

OPITZ, FRIEDRICH
1916 02 20
Eberbach
Vikar
Nachdem Vikar Opitz 1944 gegen Hitlerjungen, die ein Pfarrhaus belagerten, vorgegangen war, wurde er durch die Eltern der Jungen angezeigt und von der Gestapo verhört. Vor einer durch den Ortsgruppenleiter angeordneten Beteiligung an Gemeinschaftsarbeiten kehrte der Vikar an die Front zurück.

ORSINGER, ENGELBERT
1874 07 06
Hausen
Pfarrer
Pfarrer Orsinger wurde durch einen Hauptlehrer in Gündelwangen angezeigt und daraufhin zu einer Gefängnisstrafe verurteilt. Nähere Umstände sind nicht bekannt.
Verstorben am 8.12.1955.

OSER, AUGUSTIN
1904 08 26
Unterlauchringen
Pfarrkurat
Aufgrund der Grabrede anläßlich der Beerdigung einer früheren BDM-Führerin erhielt Pfarrer Oser durch die Gestapo eine Verwarnung sowie eine Schutzhaftandrohung.
Der Aufforderung, sich am 14.11.1944 bei der Gestapo Waldshut einzufinden, entzog sich der Pfarrer durch Flucht in die Schweiz.

OSSWALD, GUSTAV
1885 09 24
Immendingen
Pfarrer
Da Pfarrer Osswald 20 Polen je eine Zigarette geschenkt hatte, wurde er am 29.1.1940 durch die Gestapo für 100 Tage in Schutzhaft genommen.
Verstorben am 4.7.1962.

OSSWALD, KARL ARTUR
1900 04 25
Dilsberg
Pfarrer
Da Pfarrer Osswald einen kirchlichen Verein (St.-Elisabethen-Verein) als Träger einer Schwesternstation eintragen ließ, wurde er durch die Gestapo mehrmals verhört.
Verstorben am 29.12.1961.

P. WIENFRIED
SOCIST
o.D.
Birnau
Pater
Wegen staatsfeindlichen Verhaltens drohte Schutzhaft, der Pater entzog sich ihr durch Flucht ins Ausland (1935).

P. WILLENS
CM
o.D.
Baden-Baden
Pater
Am 31.11.1934 Inschutzhaftnahme durch die Gestapo, anschließend Überführung nach Karlsruhe. Weitere Umstände sind nicht bekannt.

PETER, HERMANN GEORG
1870 04 23
Zell / Lippertsreute
Pfarrer
Dr. phil.
Aufgrund von Predigtäußerungen ein Verhör sowie Ortsverweis vom 26.4.1935 bis zum 6.5. 1935 durch die Gestapo. Ein diesbezügliches Verfahren wurde eingestellt.
Aufgrund einer Äußerung im Religionsunterricht beim Sondergericht angezeigt.
Außerdem erhielt er am 2.5.1935 kurzfristiges Unterrichtsverbot durch den Kultusminister.
Wegen Körperverletzung einer Schülerin im Religionsunterricht verhängte die Gestapo am 11.3.1939 eine Geldstrafe in Höhe von 50 RM, des weiteren sprach der Kultusminister unbefristetes Unterrichtsverbot aus.
Am 2.3.1939 im „Schwarzen Korps" verunglimpft.
Verstorben am 26.2.1962.

PFLUEGER, BENEDIKT
1911 09 04
Emmendingen
Vikar, Krankenhauspfarrer
Überwachung der Predigten und des Religionsunterrichtes durch NSDAP-Mitglieder, Lehrer und Schüler. Mündliche Drohungen, eine Anzeige und ein Verhör durch die Gestapo.
Einer aufgrund einer Anzeige drohenden Verhaftung durch die Gestapo entzog sich Vikar Pflüger am 9.9.1942 durch freiwillige Meldung zum Militär.

PROBST, JOSEF
1889 01 04
Sulzbach / Unteribach
Pfarrer
Aufgrund des Verkaufs von Devotionalien wurde Pfarrer Probst 1936 durch das Amtsgericht Gernsbach zu 15 RM Geldstrafe verurteilt.
Wegen seiner antinationalsozialistischen Einstellung mußte der Pfarrer 1938 versetzt werden.
Verstorben am 22.1.1961.

QUARDT, ROBERT (P. BRUNO)
SCJ
1893 08 27
Freiburg
Geistl. Rektor
1936 im Krefelder Devisenprozeß zu sechs Monaten Zuchthaus verurteilt. Flucht nach Holland und Luxemburg. Am 10.12.1940 gefaßt und für vier Monate in ein Gefängnis bzw. Lage gebracht.
Verstorben am 17.6.1971.

RATHMANN, ALFONS (P. SIGMUND)
o.D.
Vöhrenbach
Vikar
Unterrichtsverbot. Nähere Umstände und Lebens-
daten sind nicht bekannt.

RATZ, GEORG
1914 09 24
Mannheim
Vikar
Wegen Jugendarbeit ein Verhör durch die Ge-
stapo Mannheim.

RAUCH, WENDELIN
1885 08 30
Mainz
Geistlicher, Dozent
Prof. Dr. phil. et theol., Päpstl. Hausprälat
1935 beschlagnahmte die Reichsschrifttumskammer
die dritte Auflage Prof. Rauchs Vortrag:„Probleme der Eugenik im Lichte der christlichen
Ethik".
Die badische Regierung verhinderte 1934 die Berufung auf den Freiburger Lehrstuhl für Moral-
theologie, lehnte 1936 die Ernennung zum Weihbischof von Fulda ab und kritisierte 1938 die Ernennung zum Domkapitular und Konviktsdirektor.
Rauch wurde 1948 zum Erzbischof von Freiburg
ernannt.
Verstorben am 28.4.1954.

REICHERT, KARL
1891 06 08
Oberbühlertal / Sandweier
Kurat / Pfarrer
Aufgrund einer pädagogischen Maßnahme im Re-
ligionsunterricht am 7.3.1933 erfolgte eine
Beschwerde vor dem Bürgermeisteramt. Darauf-
hin wurde der Kultusminister eingeschaltet,
der die Versetzung des Kurats erzwang.
Verstorben am 14.3.1970.

REICHGAUER, JOHANN JOSEF EDUARD
1892 02 28
Pfohren / Worblingen
Vikar / Pfarrverweser / Pfarrer
Aufgrund politischer Unzuverlässigkeit stän-
dige Überwachung, Störung der Jugendarbeit
sowie mehrere Anzeigen durch Hitlerjugend und
NSDAP-Mitglieder.
Zahlreiche Verhöre, Hausdurchsuchungen und
Beschlagnahmungen durch die Gestapo; des wei-
teren 1934 Schutzhaft und Ortsverbot in Donau-
eschingen.
Auferlegung eines Sicherungsgeldes in Höhe
von 500 RM; durch den Kultusminister Ersuche
um Versetzung des Pfarrers.
Verstorben am 12.12.1969.

REINHARD, FRANZ EUGEN PROTUS
1889 09 10
Rheinhausen / Distelhausen
Pfarrer
Anzeige mit drohender Verhaftung, weil er die
Nationalsozialisten als „Ketzer und Irrlehrer"
bezeichnete.
Bespitzelung, Predigtüberwachung und münd-
liche Drohungen durch NSDAP-Mitglieder.
Ein Verhör durch die Polizei.
Verstorben am 9.8.1975.

REST, HERMANN
1874 01 08
Bauerbach / Erlach
Pfarrer
Nach einer pädagogischen Maßnahme Pfarrer
Rests im Mai 1933 forderte eine Demonstranten-
menge die Versetzung des Pfarrers; er wurde
in Schutzhaft genommen und im Juli unter Bezirksverbot freigelassen. Im Juli 1933 erfolgte
seine Versetzung nach Erlach.
Verstorben am 25.5.1953.

RIEHLE, ERICH
1904 02 26
Sasbach
Geistlicher, Lehrer
Der Geistliche mußte im Dritten Reich die Len-
dersche Lehranstalt in Sasbach verlassen.

RIEHLE, KARL LUDWIG
1888 01 03
Malsch
Pfarrer
Aufgrund seiner antinationalsozialistischen
Einstellung wurde Pfarrer Riehle 1933 durch
die Nationalsozialisten verleumdet.
Verstorben am 15.8.1954.

RIESCHER, JOSEF
1887 02 06
Jungnau
Pfarrer
Aufgrund einer körperlichen Züchtigung im
Religionsunterricht entzog der Regierungsprä-
sident am 4.12.1936 dem Pfarrer das Züchti-
gungsrecht.
Verstorben am 11.4.1964.

RIESTERER, ALBERT
1898 03 21
Mühlhausen
Pfarrer
Aufgrund nichtgenehmigter Prozessionen in Mühl-
hausen sowie wegen der Herausgabe des Pfarr-
blattes Überwachung durch örtliche NSDAP-
Mitglieder. Wegen Predigtäußerungen 20
RM Geldstrafe sowie drei Verhöre durch

die Gestapo.
Wegen Sabotage der NS-Jugenderziehung durch die
Gestapo Schutzhaft vom 2.7.1941 bis zum 14.11.
1941 sowie Landesverbot vom 3.9.1941 bis zum
26.10.1941. Am 14.11.1941 in das KZ Dachau abtrans-
portiert, dort am 9.4.1945 entlassen.
Lit.: Weiler, 560.

RITTER, KARL FRIEDRICH
1892 09 15
Hierbach / Buchholz
Pfarrer
Da Pfarrer Ritter in der Schule Zweifel am
deutschen Endsieg geäußert hatte, erteilte
ihm der Kultusminister 1940 Unterrichtsverbot.
Verstorben am 11.12.1962.

RITTER, WILHELM JAKOB
1893 07 24
Orsingen
Pfarrverweser
1933 Angriffe in der „Bodenseerundschau" auf
den Pfarrverweser.
Verstorben am 6.11.1949.

RITZI, LUDWIG
1908 06 10
Ladenburg
Vikar
Aufgrund einer Äußerung im Religionsunterricht wurde Vikar Ritzi durch die Gestapo
vom 16. bis 21.6.1934 in Schutzhaft genommen,
mehrmals verhört und geschlagen. Der Kultusminister erwirkte seine Versetzung, eine Ausübung der Seelsorge war erst in Februar 1935
wieder möglich.

ROEDERER, JOSEPH
1888 04 22
Elzach
Pfarrer
Aufgrund einer Predigtbemerkung am 27.6.1937
eine Verwarnung, wegen Äußerungen im Religionsunterricht am 19.8.1937 Schulverbot sowie am 17.10.1942 Verbot, an Religionsprü-
fungen teilzunehmen. Alle Maßnahmen wurden
durch den Kultusminister verhängt.
Verstorben am 16.12.1959.

ROEGELE, KARL
1873 07 08
Rötenbach
Pfarrer, Dekan
Aufgrund einer Predigt als Reaktion auf die
Schließung des katholischen Kinderhortes am
4.7.1937 erhielt Pfarrer Rögele einen pole-
mischen Brief.
Verstorben am 4.9.1937.

ROESCH, ADOLF
1869 08 31
Freiburg
Generalvikar, Domdekan, Apostol. Protonotar
Dr. jur. utr. et Dr. theol. h.c.
Da Dr. Rösch Priester verteidigte, die mit
dem Regime in Konflikt geraten waren, wurden
ihm Gewaltmaßnahmen angedroht.
Verstorben am 2.10.1962.

ROESSLER, WALTER
1908 05 08
Bühl
Vikar
Aufgrund einer Predigt über die Entfernung
der Schulkreuze nahm die Gestapo den Vikar
für drei Wochen in Schutzhaft, des weiteren
am 7.11.1941 Unterrichtsverbot.

ROMBACH, NIKOLAUS
1886 11 13
Herrischried
Pfarrer
Aufgrund einer pädagogischen Maßnahme im
Religionsunterricht am 22.6.1938 Androhung
des Unterrichtsverbotes durch den Kultusminister.
Wegen Kanzelmißbrauchs (Protest gegen die Beschlagnahme des Pfarrsaales für Einquartie-
rungszwecke) Verurteilung zu sechs Wochen Haft
durch das Amtsgericht Säckingen sowie Schulverbot durch den Kultusminister (24.7.1940).
Wegen der Teilnahme polnischer Zivilarbeiter
an Gottesdiensten mehrere Verhöre und
Schutzhaft (8.8.1941-7.11.1941) durch die Gestapo.
Verstorben am 18.1.1963.

RONECKER, LUDWIG
1905 08 02
Urloffen / Weier
Vikar
Am 8.11.1941 Haft, am 20.11.1941 Unterrichtsver-
bot sowie 1944 Unterrichtsverbot. Nähere
Umstände sind nicht bekannt.

ROTH, FRANZ ADOLF
1864 06 16
Oberkirch
Pfarrer
1935 wurde Pfarrer Roth die Prozession am
Skapulierfest verboten.
Verstorben am 5.1.1940.

ROTHENBILLER, JOSEPH
1888 10 28
Karlsruhe
Geistlicher, Rektor des Kolpinghauses Freiburg
Professor

Am 13.10.1933 Schulverbot durch den Kultusminister, weil Prof. Rothenbiller die Schul-
gedächtnisfeier am 12.9.1933 zu Beginn der
zweiten Strophe des Deutschlandliedes verlassen
hatte.
1934 durch die Gestapo Verhöre, Schutzhaft
sowie Gesuche an das Ordinariat, einen neuen
Rektor für das Kolpinghaus zu bestimmen.
Wegen angeblicher „Störung des Wehrwillens des
deutschen Volkes" am 20.3.1941 zur Unterzeichnung eines Reueschreibens aufgefordert.
Verstorben am 1.10.1960.

ROTZINGER, GEORG
1890 04 19
Rohrbach
Pfarrer
1934 Unterrichtsverbot durch den Kultusminister.
Verstorben am 18.3.1961.

RUESCH, GEORG
1885 11 24
Honstetten
Pfarrer
Da Pfarrer Rüsch NS-Wimpel bei Prozessionen
ablehnte, nahm die Gestapo ihn für zwei Tage
(15.6.-17.6.1933) in Schutzhaft und forderte
seine Versetzung unter Androhung weiterer
Schutzhaft.
Aufgrund von Predigtbemerkungen wurde der
Pfarrer immer wieder von nationalsoziali-
stischen Katholiken angezeigt und durch die
Gestapo verhört.
Verstorben am 22.3.1972.

RUF, AUGUST
1869 11 05
Singen
Pfarrer, Päpstlicher Geheimkämmerer
1936 aufgrund staatsfeindlicher Äußerungen
eine Verwarnung durch die Gestapo.
Wegen der Herausgabe einer Druckschrift ohne
Genehmigung der Reichsschrifttumskammer am
14.3.1941 Unterrichtsverbot durch den Kultusminister.
Da Pfarrer Ruf einer Jüdin über die Grenze
geholfen hatte, wurde er trotz Haftunfähigkeit
zu sechs Monaten Haft verurteilt (ab 10.12.1943,
vorzeitig entlassen am 03.4.1944), ferner
erhielt er Aufenthaltsverbot für das Grenz-
gebiet. Er wurde durch Schikanen während der
Haft so geschwächt, daß er fünf Tage nach
seiner Entlassung, am 8.4.1944, verstarb.
Lit.: Kempner, 354ff.

RUF, HERMANN
1886 12 20
Oberweier / Önsbach
Pfarrer

Aufgrund seiner politischen Tätigkeit vor
1933 erzwang das Kultusministerium die Versetzung Pfarrer Rufs.
Verstorben am 20.2.1966.

RUF, JOSEPH
1884 05 04
Beuren
Pfarrer
Wegen Weiterverwendung der „Katechismuswahr-
heiten" sowie verletzender Bemerkungen über
Lehrer vor den Schülern erfolgten drei An-
zeigen durch einen Hauptlehrer sowie durch
das Kreisschulamt Konstanz die Androhung des
Unterrichtsverbotes (27.2.1937).
Verstorben am 10.7.1957.

RUFF, BRUNO
1908 06 29
Müllheim
Vikar / Pfarrverweser / Pfarrer
Mehrere Anzeigen durch Mitglieder der Hitler-
jugend sowie zwei Verhöre durch die Gestapo.
Verstorben am 6.6.1980.

SACHS, KARL CHRISTIAN
1903 12 13
Gündelwangen / Tengen
Pfarrverweser
1938 aufgrund von Äußerungen im Religions-
unterricht eine Anzeige, Vernehmung durch den
Oberschulrat und Ortsverweis, der nach einer
Rechtfertigung zurückgezogen wurde.
1939 auf Drängen nationalsozialistischer
Kräfte Versetzung nach Tengen.

SACK, MARTIN STANISLAUS
1871 11 11
Poppenhausen
Pfarrer
Mehrere Anzeigen bei der Gestapo; Störung des
Sonntagsgottesdienstes am 20.8.1933 durch
SA-Angehörige.
Verstorben am 18.2.1957.

SAELZLER, FELIX
1874 05 13
Bühl-Kappelwindeck
Pfarrer
Aufgrund körperlicher Züchtigungen im Reli-
gionsunterricht und in der Kirche am 18.7.1938
Unterrichtsverbot durch den Kultusminister.
Bezüglich der Heiratsangelegenheit eines
Leutnants am 7.7.1943 ein Verhör und eine
Verwarnung durch die Gestapo.
Verstorben am 18.3.1968.

SARTORY, ALOIS
1900 02 12
Gremmelsbach / Hoppetenzell
Vikar / Pfarrverweser
Wegen Kanzelmißbrauchs Überwachung der Meßfeier durch NSDAP-Mitglieder, Verbot des Gottesdienstes für Polen, Verlegung der Prozessionen
in Nebenstraßen, wegen Verweigerung des Hitler-
Grußes eine Anzeige bei der Polizei, wegen
der Trauung eines Polen Bedrohung mit Prügeln.
Verstorben am 23.1.1976.

SAUR, JAKOB
1878 07 17
Neckarelz
Pfarrer
Aufgrund seiner regimekritischen Einstellung
überwachten die Nationalsozialisten Pfarrer
Saur und versuchten, seine Versetzung zu er-
reichen.
Verstorben am 5.7.1952.

SAURER, LEO
1875 11 05
Weilheim
Pfarrer, Dekan
Ab 1938 verweigerte die Gemeinde Pfarrer
Saurer bis dahin geleistete Zuschüsse.
Verstorben am 14.4.1959.

SAUTER, ANTON
1881 03 05
Sigmaringen
Rektor Des Gymnasialkonvikts
Das Konvikthaus wurde für Lazarettzwecke be-
schlagnahmt.
Verstorben am 12.6.1954.

SAUTER, ANTON
1887 09 18
Bärenthal
Pfarrer
Aufgrund staatsfeindlicher Äußerungen Pfarrer
Sauters mehrere Verhöre durch die Gestapo sowie 1938 Vorsprache des Regierungspräsidenten
beim Erzbischöflichen Ordinariat mit der Bitte,
die „Einstellung des Pfarrers zum Staat zu
überprüfen".
Verstorben am 11.11.1966.

SCHACH, FRANZ JOHANN
1868 01 01
Bingen
Pfarrer, Dekan
Wegen Verstoßes gegen das Heimtückegesetz
wurde Dekan Schach am 16.5.1940 durch die Gestapo verhaftet, am 10.10.1940 durch das Sondergericht Stuttgart zu acht Monaten Gefängnis abzüglich der Untersuchungshaft verurteilt und

am 2.12.1940 vorzeitig entlassen.
Am 16.1.1941 Unterrichtsverbot durch den Re-
gierungspräsidenten.
Verstorben am 31.10.1951.

SCHAEFER, FRIEDRICH
1910 10 14
Kollnau / Waldshut
Vikar
Wegen Weiterführung der Jugendseelsorge in
den Verbänden, wegen Singen des Liedes „Komm
Emanuel, mach frei dein armes Israel" sowie
aufgrund einer Äußerung über die SS (auf
Anfrage im Beichtstuhl) wurde Pfarrer Schäfer
mehrmals angezeigt, viermal durch die Gestapo
verhört, überwacht, Haussuchungen unterzogen
und mündlich bedroht.

SCHAEFER, LUDWIG
1910 07 19
Freiburg
Vikar
Unterrichtsverbot durch den Kultusminister.
Nähere Umstände sind nicht bekannt.

SCHAEUFELE, HERMANN
1906 11 14
Freiburg
Geistlicher
Dr. theol. et phil.
Wegen Verbreitung des Möldersbriefes wurde
der Geistliche am 3.3. und 26.3.1942 durch
die Gestapo verhört, im Mai kurzfristige
Schutzhaft sowie Beschlagnahme seiner Schreib-
maschine und des Vervielfältigungsapparates.
1955 wurde Dr. Schäufele zum Weihbischof von
Freiburg konsekriert, 1958 zum Erzbischof von
Freiburg ernannt.
Verstorben am 26.6.1977.

SCHATZ, OTHMAR
1887 12 03
Bargen / Hemmenhofen
Pfarrverweser
Aufgrund einer Predigt und eines Vortrages (Ju-
den betreffend) wurde Pfarrer Schatz durch die
Gestapo verhört und mit Redeverbot belegt.
Des weiteren erschien ein polemischer Artikel
im „Stürmer". Außerdem mußte der Pfarrer aus
dem Dienst genommen werden (1936).
Verstorben am 4.11.1964.

SCHEDLER, P. JOHANN
SVD
1914
Mannheim
Pfarrvikar
Zwei Gestapovorladungen. Nähere Umstände
sind nicht bekannt.

SCHELL, ALOIS JOHANN
1872 06 24
Ubstadt
Pfarrer / Dekan
Aufgrund der Verlesung eines Schreibens des
Erzbischofs (vom 29.11.1941), das der Kultusminister als gegen sich gerichtet betrachtete,
wurde Dekan Schell am 18.12.1941 durch die Gestapo verhört und vom 23.1.1942 bis zum 24.4.
1942 in Schutzhaft genommen, des weiteren verwarnt und mit schärferen Maßnahmen bedroht.
Am 6.1.1942 sprach der Kultusminister Unterrichtsverbot aus.
Verstorben am 23.12.1951.

SCHEUERMANN, JOSEPH IGNAZ
1885 06 26
Rauenberg
Pfarrer
Wegen Vergehens gegen das Sammlungsgesetz ver-
urteilte das Amtsgericht Wertheim Pfarrer
Scheuermann 1939 zu acht Wochen Haft, 1200 RM
Geldstrafe sowie zur Tilgung der Gerichtskosten.
Des weiteren wurde das gesammelte Geld be-
schlagnahmt und es erschien ein polemischer
Artikel in „Der Alemanne".
Eine Berufung beim Landgericht Mosbach ergab
am 6.7.1939 eine Strafverminderung um acht
Wochen Haft und 100 RM Geldstrafe.
Verstorben am 11.4.1957.

SCHIESSLE, JOSEF
1890 03 21
Eigeltingen
Pfarrer
Aufgrund verschiedener Predigtäußerungen,
Bemerkungen im Religionsunterricht sowie ab-
fälliger Aussagen über Träger des „Eisernen
Kreuzes" I. Klasse" forderte der Kultusminister
am 7.7.1937 die Entlassung des Geistlichen.
Da das Ordinariat diesem Gesuch nicht statt-
gab, sprach der Kultusminister am 24.8.1937
Unterrichtsverbot aus.
Verstorben am 2.3.1939.

SCHINZINGER, FRIDOLIN FRANZ
1891 10 02
Freiburg / Westwall / Prag
Wehrmachtoberpfarrer
Überwachung, mehrere Anzeigen, vier Verhöre
durch einen Oberfeldrichter, zwei Verhöre
durch einen Führungsoffizier, ein Verhör
durch einen Feldgeneralvikar sowie vom 23.8.
1944 bis zum 21.1.1945 Verbot der Militärseelsorge.
Verstorben am 4.3.1975.

SCHLAGETER, EMIL
1914 08 16
Herbolzheim
Vikar
Vikar Schlageter wurde zeitweise bespitzelt.
Nähere Umstände sind nicht bekannt.

SCHLINDWEIN, RAIMUND
1880 02 08
Neckargemünd
Pfarrer, Definitor des Kapitels Heidelberg
Weil Pfarrer Schlindwein Kinder zum Besuch des
Schülergottesdienstes gedrängt hatte, wurde
er durch den Bürgermeister angezeigt, am 11.12.
1942 von der Gestapo verwarnt und am 5.12.1942
durch den Kultusminister mit Unterrichtsverbot belegt.
Verstorben am 21.10.1947.

SCHMID, LEO
1906 04 07
Freiburg-Zähringen
Vikar
1934 ein Strafverfahren wegen staatsfeindlicher
Äußerungen im Religionsunterricht; dieses Verfahren wurde Aufgrund einer Amnestie eingestellt. Der Kultusminister sprach am 24.9.1934
eine Verwarnung aus.
Verstorben am 31.1.1959.

SCHMIDER, FRANZ XAVER
1915 04 27
Hockenheim
Vikar
Vikar Schmider wurde überwacht. Nähere Um-
stände sind nicht bekannt.

SCHMIDT, WILHELM HEINRICH
1894 09 12
Heidelsheim
Pfarrer
Aufgrund einer Anzeige durchsuchte die Ge-
stapo am 14.1.1944 das Pfarrhaus und beschlag-
nahmte verschiedene Briefe und religiöse
Rundschreiben. Am 21.1.1944 wurde der Pfarrer
verhört und am 5.4.1944 verwarnt für den
Wiederholungsfall der Herstellung und Verbrei-
tung religiöser Schriften.
Verstorben am 22.8.1968.

SCHMITT, ALOIS
1870 09 18
Freiburg
Geistlicher
Prof. Dr. phil. et theol.
Aufgrund des Gesetzes zur Wiederherstellung
des Berufsbeamtentums mußte Prof. Schmitt
am 1.5.1933 vorzeitig in den Ruhestand treten.
Verstorben am 21.7.1951.

SCHMITT, JOHANN KARL
1887 07 26
Forst
Pfarrer
Aufgrund angeblicher unerlaubter Beziehungen zu
einem weiblichen Gemeindemitglied sprach der
Kultusminister (auf Veranlassung der Gestapo)
Unterrichtsverbot vom 23.12.1940 bis zum
16.4.1942 aus.
Verstorben am 3.4.1972.

SCHMITT, JOSEF
1874 12 07
Dittwar
Pfarrer
Wegen einer Predigt am Weißen Sonntag 1935
Erhebungen durch die Gestapo.
Überwachung von Predigt und Christenlehre.
Verstorben am 5.8.1945.

SCHMITT, RICHARD
1903 09 15
Freiburg
Vikar
Aufgrund von Äußerungen über die Tätigkeit
der Gestapo eine Anzeige und zwei Verhöre
durch die Gestapo.

SCHNEIDER, ALBERT
1915 06 08
Karlsruhe (St. Bonifatius)
Vikar
Anzeigen, Bespitzelungen und Vernehmungen durch
die Gestapo.
Aufgrund einer Predigt vom 17.8.1941 (Ausfüh-
rungen über Christenverfolgungen in früheren
Zeiten mit Bezug zur Gegenwart) erhielt Vikar
Schneider am 7.11.1941 Unterrichtsverbot durch
den Kultusminister. Einer Schutzhaft entging
er nur durch Meldung zum Militär.
Verstorben am 12.6.1942.

SCHNEIDER, HERMANN ALBAN
1890 03 15
Niederwihl / Gremmelsbach
Pfarrer
Wegen angeblicher Sittlichkeitsdelikte am 9.6.
1939 durch die Gestapo verhaftet, bis zum 2.9.
1939 in Untersuchungshaft gehalten. Die Anschul-
digungen waren unhaltbar, das Verfahren endete
mit Freispruch. Das am 31.7.1939 vom Kultus-
minister ausgesprochene Unterrichtsverbot
wurde dennoch nicht aufgehoben.
Der Pfarrer wurde versetzt.
Am 11.6.1943 durch das Arbeitsamt Villingen
Verpflichtung zum „totalen" Kriegseinsatz.
Verstorben am 21.11.1969.
Lit.: FDA 93 (1973), 387.

SCHNEIDER, OTTO
1877 05 08
Jöhlingen
Pfarrer, Dekan
1933 im Zusammenhang mit der Inschutzhaftnahme
Pfarrer Rests mündliche Bedrohung durch NSDAP-
Mitglieder.
Verstorben am 28.10.1952.

SCHNEIDER, RICHARD
1893 01 05
Beuggen
Pfarrer
Aufgrund von Vorträgen über Weltanschauung
im Jungmännerverein, Briefverkehrs mit Soldaten sowie der Aufnahme eines nichtarischen Ehepaares im Pfarrhaus Überwachung in Kirche,
Schule und bei der Hausseelsorge, Anzeigen,
Verhöre und Beantragung des Unterrichtsverbotes durch die Gestapo.
Wegen einer Warnung vor dem Eintritt in die SS
wurde Pfarrer Schneider am 7.9.1940 durch
die Gestapo verhaftet und am 22.11.1940 ins
KZ Dachau überführt. Dort am 29.3.1945 entlassen.
Lit.: Weiler, 588.

SCHNORR, KARL
1903 09 09
Baden-Baden / Todtmoos
Vikar / Pfarrer
Aufgrund einer angeblichen Beleidigung des
Führers zwei Verhöre durch die Gestapo.
Wegen Flaggenhissung, Verstoßes gegen das
Sammlungsgesetz sowie Judenhilfe eine Anzeige
durch einen nationalsozialistischen Lehrer und
insgesamt sieben bis acht Verhöre durch die
Gestapo. Sämtliche Straftaten fielen unter die
Führeramnestie bei Kriegsanbruch.

SCHOENECKER, ALBERT
1878 11 02
Steinenstadt
Pfarrer
Pfarrer Schönecker erhielt Schulverbot.
Nähere Umstände sind nicht bekannt.
Verstorben am 8.6.1961.

SCHOTT, LUDWIG (P. HUGO)
OESA
1909 06 06
Walldürn
Pfarrverweser
Pater Hugo Stand in dem Verdacht, dem NS-Staat
gegenüber feindselig eingestellt zu sein und
den „offenen Brief an Reichsminister Goebbels"
mitverfaßt zu haben, aus diesen Gründen

erteilte ihm der Kultusminister am 30.12.1938
Unterrichtsverbot.

SCHRECK, RICHARD
1905 08 25
Wutöschingen
Pfarrkurat
Störungen des Religionsunterrichts durch Hit-
lerjugend. Unterrichtsverbot von Juli 1937 bis
1945 durch den Kultusminister. Mündliche Dro-
hungen durch Nationalsozialisten. Durch die
Gestapo acht Verhöre sowie Landesverweis von
April 1941 bis 1945.

SCHREMPP, LUDWIG
1905 11 26
Kirrlach
Vikar
Nachdem Vikar Schrempp 1937 einem aus der
Kirche ausgetretenen HJ-Führer ein kirchliches
Begräbnis verweigert hatte, wurde eine Hetz-
kampagne gegen ihn eingeleitet.

SCHULER, PIUS
1904 05 12
Bruchsal / Säckingen
Vikar
Wegen kirchlicher Jugendarbeit wurde der Vikar
durch einen nationalsozialistischen Lehrer an-
gezeigt und von der Gestapo verhört und einen
Tag inhaftiert.
Da er der Gestapo am späten Abend den Einlaß
zur Zimmerdurchsuchung verweigerte, wur-
de er weitere zweimal verhört.
Ansonsten Überwachung in Schule, Verein und
Kirche sowie Ausweisung aus Schwetzingen durch
die Gestapo.

SCHULTHEISS, KARL ARTUR
1881 03 27
Oberried
Pfarrer
Wegen der christlichen Beerdigung acht amerikanischer Flieger sowie aufgrund einer wehr-
machtszersetzenden Äußerung Weihnachten 1944
wurde Pfarrer Schultheiß bei der Kreisleitung
angezeigt. Daraufhin erfolgte eine Vorladung
durch die Gestapo mit anschließender Schutzhaft vom 29.1.1945 bis zum 21.4.1945.
Verstorben am 16.6.1956.

SCHWAER, ALFRED
1892 05 31
Pforzheim
Pfarrer
Aufgrund einer Kanzelverkündigung mit anschließendem Gebet anläßlich der Verhaftung
des Vikars Habich nahm die Kriminalpolizei,
im Auftrag der Gestapo, Pfarrer Schwär vom

22.5.1942 bis zum 11.6.1942 in Schutzhaft.
Am 3.7.1942 sprach der Kultusminister Unter-
richtsverbot aus.
Verstorben am 7.11.1966.

SCHWALBACH, OTTO
1911 05 09
Todtnau / Hockenheim / Neulußheim
Vikar / Kurat
Wegen Jugendarbeit 1939 und 1942/43 insgesamt
drei Verhöre durch die Gestapo, ferner Beschlagnahme von zwei Bildbänden.

SCHWALL, JOHANN MICHAEL
1901 09 14
Raithaslach
Pfarrverweser
Nachdem Pfarrer Schwall am 5.10.1941 BDM-
Mädchen beschimpft hatte, weil sie nicht
zum Gottesdienst gekommen waren, wurde er am
9.10.1941 durch die Gestapo in Schutzhaft ge-
nommen. Am 7.11.1941 ordnete der Kultusminister
Unterrichtsverbot an. Am 12.12.1941 ins KZ
Dachau überstellt, dort am 10.4.1945 entlas-
sen.
Verstorben am 2.5.1978.
Lit.: Weiler, 593.

SCHWALL, MAX LUDWIG
1894 03 16
Mannheim / Rauenberg
Religionsprofessor / Pfarrverweser
Aufgrund seiner antinationalsozialistischen
Einstellung, seiner Prediger- und Lehrtätigkeit, seiner Arbeit als Bezirkspräses und der
Herausgabe eines Seelsorgebriefes in 46.000 Exemplaren im Jahr 1937 in Mannheim wurde Prof.
Schwall ständig überwacht, von 1933 bis 1945
28 mal bei der Gestapo vorgeladen, zweimal
verhaftet, zu einem Jahr Gefängnis verurteilt
(mußte die Strafe jedoch nicht abbüßen) und
ab März 1935 einer Brief- und Fernsprech-
zensur unterworfen. Anläßlich einer Hausdurchsuchung am 7.2.1939 beschlagnahmte die
Gestapo sämtliches Material seiner politischen
Tätigkeit in der Zentrumspartei. 1942 wurde er
auf Veranlassung der Gestapo als Religionsprofessor in den Ruhestand versetzt und am
5.12.1942 mit Unterrichtsverbot belegt.
Verstorben am 19.3.1958.

SCHWEIZER, ERNST KONRAD
1871 11 22
Bad Peterstal
Pfarrer
Pfarrer Schweizer erhielt 1937 durch den Kul-
tusminister Unterrichtsverbot.
Verstorben am 25.6.1946.

SEEGER, KARL AUGUST
1877 12 18
Stollhofen
Pfarrer
Aufgrund von Bemerkungen Pfarrer Seegers
gegenüber Erstkommunikanten richtete
der Stützpunktleiter von Stollhofen
ein Beschwerde- und Drohschreiben an das Ordinariat sowie an den Kultusminister (26.4.1935).
Verstorben am 6.12.1952.

SEIDEL, ANTON
1894 07 24
Moosbronn
Pfarrer
Aufgrund zweier Vergehen gegen das Heimtückegesetz 1938 Anzeigen, Verhöre und Überwachung
durch die Gestapo.
Am 24.6.1939 durch das Sondergericht Mannheim
zu drei Monaten Gefängnis verurteilt.
Wegen einer Körperverletzung in der Schule
am 18.7.1940 ein Verhör und Schulverbot durch
das Kreisschulamt Baden.
Verstorben am 26.12.1955.

SEIFRIED, ALBERT
1896 09 14
Merzhausen / Schapbach
Pfarrer / Pfarrverweser
Aufgrund einer Predigt vom 1.7.1934 („die
nationalsozialistische Partei ist nicht der
Staat …") am 28.8.1934 Orts- und Amtsbezirks-
verweis durch die Gestapo.
Weil er durch Ausübung von Gewissenszwang Mädchen von der sportlichen Betätigung abzuhalten
suchte, wurde der Pfarrer am 12.6.1936 durch die
Gestapo verhört und am 15.8.1936 durch den Kultusminister mit Unterrichtsverbot belegt.
Da der Pfarrer nach Erteilung des Religionsun-
terrichtsverbotes Christenlehre für Kinder abhielt, forderte das Kreisschulamt am 14.1.1937
beim Ordinariat die Einstellung dieses Unterrichts.
Am 19.8.1937 durch die Gestapo Ausweisung aus
dem Bezirk Wollach.
Verstorben am 7.10.1948.

SEITERICH, EUGEN
1903 01 09
Freiburg
Geistlicher, Dozent
Prof. Dr. phil. et theol.
Die Parteileitung in Berlin lehnte am 8.9.1938
Dr. Seiterichs Antrag auf die Venia Legendi ab
(trotz sehr guter Qualifikationen).
Prof. Seiterich wurde 1952 zum Weihbischof von
Freiburg ernannt, ab 1954 Erzbischof von Frei-
burg.
Verstorben am 3.3.1958.

SEMMLER, ANDREAS (P. LUCHESIUS)
OFM
1877 11 25
Gorheim (Kloster)
Wegen Kanzelmißbrauchs Verwarnung und kurz-
fristige Festnahme durch die Gestapo.
Lit.: Thuringia Franciscana (1954), Heft 9, 61.

SICKINGER, WILHELM
1869 09 07
Bad Imnau
Pfarrer
1935 drohte Pfarrer Sickinger Schulverbot.
Verstorben am 13.5.1951.

SIEFKE, P. MANSUETUS
OFM
1889 07 16
Steißlingen
Pater
Unterrichtsverbot. Nähere Umstände sind
nicht bekannt.

SIEGEL, KARL
1911 01 22
Untermünstertal
Vikar
Da er keinen roten Winkel erhalten hatte,
konnte Vikar Siegel 14 Monate lang nicht
zur Schule und zu den Kapellen fahren. Wegen
Fahrens ohne roten Winkel hatte er 50 RM Geldstrafe zu zahlen und erhielt das Verbot, Münsterhalden zu besuchen. Des weiteren wurde er
mündlich bedroht. Alle Maßnahmen verhängte
die örtliche Parteileitung.

SPIES, ANTON
1909 11 24
Ketsch
Vikar
Vikar Spies wurde am 28.2.1941 durch die Gestapo verhaftet und am 22.5.1941 vom Landgericht Mannheim wegen eines angeblichen Sittlichkeitsverbrechens zu zwei Jahren Zuchthaus und
drei Jahren Ehrverlust verurteilt. Nach Verbüßung der Strafe am 22.9.1943 ins KZ Dachau überführt, wo er am 19.4.1945 an Flecktyphus
starb.
Lit.: 1.Kempner, 390-393. 2.Weiler, 621.

SPINNER, CHRISTIAN
1883 07 24
Mannheim-Seckenheim
Pfarrer
Wegen Vergehens gegen das Sammlungsgesetz
am 18.12.1941 durch das Amtsgericht Mannheim zu
100 RM Geldstrafe verurteilt.

SPINTZIK, JOSEF
1908 11 16
Brühl / Lahr / Ettlingen / Mannheim
Vikar / Pfarrkurat
Wegen Unterlassung des Hitlergrußes, Vereinsarbeit, Stellungnahme zu den Sittlichkeitsprozessen gegen Geistliche sowie aufgrund religiöser Vorträge für Kinder wurde Vikar Spintzik in Kirche, Schule und Vereinen überwacht, mehrmals angezeigt und bedroht, fünfmal verhört und zu 10 RM Geldstrafe verurteilt. Des weiteren eine Hausdurchsuchung und Beschlagnahme zweier Filme. Alle diese Maßnahmen wurden durch die Gestapo verhängt. Außerdem eine Anklage durch den Kultusminister.

SPOHRER, LUDWIG
1913 04 28
Mannheim-Seckenheim
Vikar
Aufgrund von staatsabträglichen Äußerungen in Predigten und im Religionsunterricht sowie wegen Nichtbeachtung der Anordnung über die Abhaltung von Gottesdiensten nach nächtlichem Fliegeralarm sprach der Kultusminister am 21.3.1941 Unterrichtsverbot aus. Am 31.3.1941 erfolgte der Landesverweis aus Baden durch die Gestapo.
Verstorben am 28.1.1948.

STATTELMANN, FRANZ
1898 11 25
Plankstadt / Bietingen
Pfarrer
Wegen Vergehens gegen Heimtückegesetz und Kanzelparagraphen KZ-Aufenthalt vom 29.8. bis 14.10.1935 (KZ Kislau).
Nachdem Pfarrer Stattelmann sich gegen die gewaltsame Entfernung eines Aushängekastens der Pfarrjugend durch SA- und HJ-Mitglieder gewehrt hatte, verurteilte ihn das Sondergericht Mannheim zu neun Monaten Gefängnis, anschließend wurde er aus dem Bezirk Mannheim verwiesen. Am 16.5.1936 sprach der Kultusminister Unterrichtsverbot aus.
Verstorben am 17.6.1965.

STEHLE, KLEMENS
1889 10 30
Nenzingen / Neusatzeck
Pfarrer / Benefiziat, Superior
Wegen angeblichen Verbotes des deutschen Grußes erschienen am 22.9.1933 in der NS-Presse polemische Artikel (Bodenseerundschau / Alemanne) gegen Pfarrer Stehle. Außerdem mußte er auf Betreiben der Kreisleitung Stockach seine Pfarrei verlassen.
Verstorben am 1.12.1956.

STEINBERGER, HERMANN (P. REGIMBERT)
OFM
1913 05 09
Rastatt / Mühlingen
Pfarrvikar
Pater Regimbert wurde 1942 wegen eines „ungebührlichen Witzes" verwarnt und kurzfristig festgenommen.
Unterrichtsverbot. Nähere Umstände unbekannt.

STEINHART, P. RAIMUND
SOCIST
1876 04 18
Steißlingen
Pater
Am 27.11.1941 Unterrichtsverbot durch den Kultusminister.

STENGEL, PAUL BENNO
1883 06 10
Gammertingen / Engelswies
Pfarrer
Dr. theol.
Da Pfarrer Stengel den Pfarrgarten für den NSV-Kindergarten verweigerte, wurde er öffentlich beschimpft und schikaniert; der Pfarrgarten wurde zwangsverkauft.
Aufgrund seiner politischen Unzuverlässigkeit mußte er seine Pfarrei verlassen, außerdem untersagte die Reichsschrifttumskammer jegliche schriftliche Tätigkeit.
Am 11.8.1941 durch das Landgericht Konstanz zu 60 RM Geldstrafe, am 12.11.1941 durch das Amtsgericht Meßkirch zu 40 RM Geldstrafe verurteilt.
Verstorben am 31.12.1948.

STENGELE, CONRAD
1913 02 20
Zell / Mannheim
Vikar
Überwachung in Kirche, Schule und Vereinen; mündliche Drohungen im Zusammenhang mit Dr. H. Feurstein.
Sechs Verhöre durch die Gestapo.

STETTEN, LEO VON
1880 02 03
Herbolzheim
Pfarrer
Im August 1937 aufgrund von Predigtäußerungen eine Vorladung und ein Verhör durch die Gestapo. Eine diesbezügliche gerichtliche Untersuchung wurde 1938 eingestellt.
Verstorben am 24.6.1956.

STIEFVATER, ALOIS
1905 09 15
Waldshut

Vikar
Dr. theol.
1933 anläßlich der Inschutzhaftnahme eines
Redakteurs mündlich bedroht.

STORK, JOSEF
1900 09 02
Aftholderberg
Pfarrer
Wegen Gottesdiensten an Christi Himmelfahrt und
Fronleichnam 1941 sowie wegen angeblicher
Störung des Ortsfriedens zwei Verhöre durch
die Polizei sowie vier Verhöre und drei Wochen
Schutzhaft durch die Gestapo, vom Amtsgericht
Meßkirch zu 840 RM Geldstrafe verurteilt.
Verstorben am 25.4.1969.

STRAUB, KARL ANTON
1900 03 21
Mannheim
Kurat
Dr. theol.
Durch nationalsozialistische Spitzel Über-
wachung in Schule und Kirche.
Verstorben am 1.6.1978.

STRECK, JOSEF
1912 02 14
Grünsfeld / Kronau
Vikar
Am 10.12.1941 Unterrichtsverbot, anschließend
Versetzung.

STRIEBEL, JOSEPH
1910 10 09
St. Georgen / Pforzheim / Freiburg / Waldshut
Vikar
Wegen der Leitung der Jungfrauenkongregation
Freiburg und zweimaligen Mithörens des Senders
Beromünster wurde der Vikar durch die Gestapo
ständig überwacht, dreimal verhört, für
drei Jahre mit 500 RM Sicherungsgeld belegt
und vom 14.4.1943 bis zum 14.7.1943 in
Schutzhaft genommen. Der Kultusminister ver-
hängte am 9.8.1943 Unterrichtsverbot.

STRITT, THOMAS
1899 03 17
Hollerbach
Vikar
Haftstrafe und nach deren Verbüßung Verset-
zung. Nähere Umstände sind nicht bekannt.

STRITTMATTER, EDUARD
1900 06 05
Freiburg / Mannheim / Berau
Vikar / Pfarrer
Eine Anzeige durch einen Lehrer.
Überwachung und Verhör durch die Gestapo.

STRITTMATTER, LEO
1880 02 02
Göggingen
Pfarrer, Dekan
Aufgrund Vergehens gegen den Kanzelparagraphen
Androhung von Schutzhaft und Verwarnung durch
die örtliche Parteistelle.
Verstorben am 1.8.1958.

STROBEL, EKKEHARD
1911 01 20
Weilersbach
Vikar
Da Vikar Strobel am 26.1.1939 und am 3.2.1939
wegen persönlicher Verhinderung Schüler zum
Religionsunterricht in das Pfarrhaus bestellte
und sie dort von Pfarrer Herberich, der Unterrichtsverbot hatte, unterrichten ließ, erteilte ihm das Kreisschulamt Villingen Unterrichtsverbot.
Verstorben am 9.3.1944.

STROHMEYER, WILLIBALD
1877 07 06
St. Trudpert
Pfarrer, Dekan
Am 22.4.1945 wurde Dekan Strohmeyer durch eine
in Münsterhalden stationierte Jagdtruppe der
SS aus dem Pfarrhaus entführt und erschossen.
Es lagen keinerlei Gründe für diese Maß-
nahme der Jagdtruppe vor.

THOMA, EMIL
1889 06 26
Eppingen
Pfarrer
Am 2.7.1941 verhaftete die Gestapo Pfarrer
Thoma wegen Polenseelsorge. Am 12.9.1941
wurde er ins KZ Dachau überstellt, aus dem
er am 28.3.1945 entlassen wurde.
Verstorben am 1.8.1957.
Lit.: Weiler, 665.

THOMA, RICHARD
1888 06 24
Schonach
Pfarrer
Aufgrund einer Äußerung über das Mitbringen
von Hakenkreuzfahnen in die Kirche am 20.8.1933
kurzfristige Inschutzhaftnahme, nach der Haftentlassung Orts- und Kreisverbot; des weiteren
am 22. und 23.8.1933 feindliche Artikel im „Ale-
mannen" sowie mehrere Versuche des Kultusministers, Pfarrer Thomas Versetzung zu erreichen.
Verstorben am 8.11.1949.

THOMA, VINZENZ
1903 11 22
Emmendingen / Pülfringen

Vikar / Pfarrverweser
Wegen angeblicher „Jugendverführung" (der Vikar
hatte eine Schrift verteilt) Überwachung in der
Schule, vier Verhöre durch die Gestapo. Der
Vikar wurde verwarnt und von der Schulbehörde
vorübergehend mit Unterrichtsverbot belegt.
Wegen der Leitung einer Ministrantengruppe 63 RM
Geldstrafe.
Vikar Thoma wurde bezichtigt, schweizer Zeitun-
gen Mitteilung über die Behandlung der Juden
in Emmendingen gemacht zu haben.
Verstorben am 4.6.1977.

TRABOLD, EDUARD
1877 11 19
Kollnau
Pfarrer
Aufgrund von Bemerkungen zur Gemeinschafts-
schule, zur Enzyklika (1937) sowie zu den
„Katechismuswahrheiten" 21 Tage Schutzhaft,
Überwachung sowie ein Gesuch des Kultus-
ministers an das Ordinariat, den Pfarrer zu ver-
warnen (30.8.1937).
Verstorben am 9.5.1949.

TRAPP, WALDEMAR
1908 01 12
Schonach
Vikar
Dr.
Da Vikar Trapp im Religionsunterricht weiter-
hin den katholischen Gruß verwendete, erzwangen
die örtliche NSDAP und der Kultusminister seine
Versetzung (1933).

TRAUB, JOSEF
1908 06 17
Sigmaringen / Venedig
Vikar / Auslandsseelsorger
Überwachung in Kirche, Schule und Vereinen
durch die Gestapo, ein Verhör durch die
Staatsanwaltschaft, zwei Anzeigen von Unbe-
kannt.

TRENKLE, EMIL
1871 08 31
Niederwasser
Pfarrer
Aufgrund einer Äußerung zu Rosenbergs
„Mythus des 20. Jahrhunderts", der Absage
einer Religionsprüfung am 26.3.1935 sowie
wegen des Verdachts, Berichte des Erzbischöflichen Ordinariats nach Rom ins Lateinische
übersetzt zu haben, eine Haussuchung durch die
Gestapo (1937), Störungen des Religionsunterrichtes durch Kinder sowie ein Beschwerdeschrei-
ben eines Oberlehrers (29.4.1935) an das Ordinariat.
Verstorben am 16.11.1954.

TROENDLE, LUDWIG
1884 01 09
Oberharmersbach
Pfarrer
Aufgrund der Unterlassung eines „Siegesläutens"
zehn Tage Schutzhaft durch die Gestapo.
Verstorben am 29.11.1952.

TRUEBY, ALBERT
1888 03 26
Bad Rippoldsau
Pfarrer
Pfarrer Trüby wurde am 28.5.1940 aufgrund
seiner antinationalsozialistischen Gesinnung
durch die Gestapo verhaftet und am 8.8.1941
ins KZ Dachau überführt. Am 26.4.1945 wurde
er während des Evakuierungsmarsches befreit.
Lit.: Weiler, 672.

TRUNZER, BRUNO
1912 07 13
Todnauberg
Vikar
Durch die Gestapo Offenburg Überwachung der
Predigt sowie ein Verhör. Weiteren Strafmaß-
nahmen entging der Vikar durch Einzug zum Mi-
litär.

ULLRICH, ANTON
1896 01 17
Mannheim
Professor / Wehrmachtsoberpfarrer
Aufgrund staatsfeindlicher Äußerungen
verschob der Kultusminister Pfarrer Ullrichs
Verbeamtung am 22.8.1933 um ein Jahr und for-
derte seine Versetzung, am 23.7.1936 Unter-
richtsverbot und Strafversetzung.
Ein Todesurteil während der Militärzeit wurde
nicht vollstreckt, da der Pfarrer von seinen
Kameraden geschützt wurde.
Verstorben am 28.8.1973.

ULLRICH, THEO
1912 11 25
Mingolsheim / Weinheim
Vikar
Aufgrund von Vervielfältigung und Verbreitung
des „Möldersbriefes", des „Peter-Wust-Ab-
schiedsbriefes" sowie von Predigten des Bischofs v. Galen Überwachung in Kirche, Schule
und Vereinen sowie bei Prozessionen. Des weiteren drei Verhöre und mündliche Drohungen.

ULMER, THEODOR
1901 07 19
Kappel
Pfarrer
Da Pfarrer Ulmer im Religionsunterricht zu den
Vorlesungen eines Lehrers über angebliche „Ver-

brechen" Geistlicher Stellung genommen hatte, wurde er von einer Schülerin angezeigt und daraufhin durch den Schulrat verhört.
Nach einer angeblichen Hetzkampagne gegen die NSDAP-Presse wurde dem Pfarrer u.a. mit Unterrichtsverbot gedroht. Des weiteren strich die Gemeinde 1937 alle Leistungen für die Kirche. 1944 stellte die Gemeinde Holzkirch die Leistungen für die Fahrten zum Gottesdienst ein.
Verstorben am 26.5.1976.

ULRICH, FRANZ
1905 03 03
Villingen / Sasbach / Offenburg / Bruchsal
Vikar / Pfarrverweser
Überwachung in Kirche und Vereinen, mehrere mündliche Drohungen, vier Monate Schutzhaft, zahlreiche Haussuchungen sowie ca. 40 Verhöre durch die Gestapo.
Im Herbst 1940 Unterrichtsverbot; eine Anklage vor dem Sondergericht Mannheim fiel unter Amnestie (1938).
Wegen eines Gottesdienstes (Fronleichnam 1941) durch die Gestapo verhört.

ULSAMER, WILHELM GEBHARD
1895 09 13
Mannheim
Geistlicher Lehramtsassessor
Dr. rer. nat.
Am 18.6.1935 schied Dr. Ulsamer mit Einverständnis des Ordinariats aus der Seelsorge aus, um zur Erteilung des Unterrichts an badischen höheren Schulen zur Verfügung zu stehen. Am 4.9.1939 durch den Kultusminister aus dem Schuldienst entlassen.
Verstorben am 7.1.1966.

UTTENWEILER, FRANZ ALOIS
1886 01 21
Wintersdorf
Pfarrer
1934 versuchte die Gemeinde, ihre Unterstützung für Bittprozessionen, Holz und Pfarrgarten einzustellen.
Verstorben am 8.5.1959.

VETTER, AUGUST
1888 05 04
Haslach
Pfarrer
Überwachung in Kirche, Schule und Vereinen, mündliche und schriftliche Bedrohungen, 10 RM Geldstrafe sowie acht Verhöre durch die Gestapo. Von 1936-1945 Unterrichtsverbot durch den Kultusminister.
Verstorben am 31.7.1976.

VOEGT, ERNST
1912 03 01
Schönau / Todtnau / Eberbach
Vikar
Wegen der Verbarrikadierung des von HJ umstellten Pfarrhauses eine Anzeige wegen „Landfriedensbruchs" durch die HJ, daraufhin ein Verhör durch die Gestapo.
Insgesamt sieben Verhöre durch die Gestapo, Überwachung der Fronleichnamsprozessionen 1938/39 sowie im März 1940 zwei Tage Untersuchungshaft.

VOGEL, KARL
1898 01 23
Weiher
Pfarrer
Aufgrund kritischer Äußerungen auf der Kanzel und in Vereinen sowie wegen Nichtbeflaggung im Spanienkrieg mündliche Drohungen, mehrere Verhöre, 100 RM Geldstrafe, Predigtüberwachung sowie Beschlagnahme des Vermögens katholischer Vereine durch die Gestapo.

VOGEL, KARL GEORG
1879 03 18
Straßberg
Pfarrer, Erzbischöfl. Geistlicher Rat
Mit der Machtübernahme der Nationalsozialisten 1933 mußte Pfarrer Vogel als Vorsitzender der Hohenzollerischen Landeskommunalverwaltung ausscheiden und sein von der Zentrumspartei empfangenes Mandat niederlegen.
Wegen Abhörens des Vatikan- und Schweizer-Senders wurde der Pfarrer am 21.5.1940 durch die Gestapo festgenommen und am 8.9.1940 vom Sondergericht Stuttgart zu 10 Monaten Haft verurteilt (davon wurden ihm drei Monate erlassen). Außerdem mußte er nach der Haftentlassung zwei Jahre lang seinen Aufenthaltsort bei der Staatsanwaltschaft angeben. Der Kultusminister erteilte Unterrichtsverbot.
Verstorben am 13.5.1968.

VOGELBACHER, AUGUST
1910 12 27
Reichenau / Meßkirch / Hechingen / Mannheim
Vikar
Überwachung und Störung der katholischen Vereinsarbeit durch Gestapo, SA- und HJ-Mitglieder. Wegen des Religionsunterrichtes in Meßkirch eine Anzeige und ein Verhör durch die Gestapo sowie durch den Kultusminister ab 1937 Unterrichtsverbot.
1940 mußte Vikar Vogelbacher nach Mannheim versetzt werden, wo er überwacht wurde.

VOGELBACHER, MEINRAD
1879 11 14
Freiburg
Geistl. Religionslehrer
Dr. theol. et phil.
Die Erlaubnis, Religionsunterricht zu erteilen, wurde auf Klassen im Volksschulalter beschränkt.
Am 28.5.1935 Verbot außerschulischen Religionsunterrichtes.
Verstorben am 29.9.1965.

VOGT, JOHANN
1891 10 27
Oberprechtal
Pfarrer
Eine Anzeige durch BDM-Mädchen, zwei Verhöre sowie Überwachung durch die Gestapo. Nähere Umstände sind nicht bekannt.

VOLK, JOHANN
1913 03 03
Rickenbach
Vikar
Überwachung in der Schule durch HJ-Mitglieder, Anzeigen durch NSDAP-Mitglieder.
1942 und 1944 je ein Verhör durch die Gestapo.
Ab 1942 Unterrichtsverbot durch den Kultusminister.
1944 zwangsweise Anlegung von 500 RM zugunsten der NSV.

VOMSTEIN, JOSEPH
1876 11 24
Bad Krozingen
Pfarrer
Aufgrund einer pädagogischen Maßnahme im Religionsunterricht am 23.3.1942 Unterrichtsverbot durch den Kultusminister.
Verstorben am 23.5.1962.

VOMSTEIN, WILLI
1912 08 19
Durmersheim
Vikar
Dr. theol.
Am 15.6.1939 erschien im "Schwarzen Korps" ein Hetzartikel gegen Dr. Vomstein. Nähere Umstände sind nicht bekannt.

VORBACH OTTO
1894 01 05
Unterlauchringen
Pfarrkurat
Am 14.6.1933 wegen angeblicher Gründung einer Stahlhelmgruppe eine Vorladung auf das Bezirksamt Waldshut, vom 25.6. bis 26.6.1933 Schutzhaft.
Des weiteren eine organisierte Demonstration vor dem Pfarrhaus, Durchsuchung des Pfarrhauses

sowie Prozessionsteilnahme der HJ in Uniform.
Verstorben am 17.11.1976.

WACKER, WILHELM
1888 06 25
Weil-Leopoldshöhe
Pfarrkurat
Wegen Überschreitung des Züchtigungsrechtes sowie wegen Vergehens gegen das Heimtückegesetz am 27.4.1935 Unterrichtsverbot und Bezirksverweis durch den Kultusminister. Am 13.8.1935 durch das Sondergericht Mannheim zu drei Monaten Gefängnis verurteilt.
Verstorben am 11.12.1972.

WAELDELE, JAKOB
1870 06 14
Neudingen
Pfarrer i. R.
Als Geistlicher im Ruhestand erhielt Wäldele 1939 durch das Kreisschulamt Villingen keine Unterrichtserlaubnis.
Verstorben am 27.4.1946.

WAGNER, MARTIN
1899 10 09
Bohlsbach
Pfarrer
Wegen staatsfeindlicher Äußerungen auf der Kanzel und wegen pädagogischer Maßnahmen 1937 ein Verhör durch die Gestapo. Ein Prozeß vor dem Sondergericht endete mit Freispruch, die Gemeinde stellte alle Leistungen an die Kirchengemeinde ein. Am 21.9.1939 Unterrichtsverbot durch den Kultusminister.
1943 wegen seelsorgerischer Betreuung französischer Zivilarbeiter sowie wegen einer Grabrede anläßlich der Beerdigung von Fliegeropfern (6.9.1943) Anklagen bei der Gestapo, Verhöre, Beschlagnahmung von Briefen, Adressen und Broschüren, Auferlegung eines Sicherungsgeldes in Höhe von 3000 RM sowie Androhung von KZ-Haft durch die Gestapo.
Verstorben am 4.8.1959.

WAIDELE, ALEXANDER
1900 02 20
Rickenbach
Pfarrer
Als Pfarrer Waidele während einer Predigt Bischof Gröbers in Säckingen Ruhestörer zu fotographieren versuchte, schlug ihm ein SA-Mann mit der Faust ins Gesicht.
1942 wurde sein Pkw entgegen einer Anordnung des Landrats durch den Kreisleiter beschlagnahmt.
Verstorben am 19.12.1954.

WALLESER, ARTUR
1905 02 07
Grafenhausen
Pfarrer
Da Pfarrer Walleser am 30.1.1942 während der
Übertragung einer Führerrede eine Seelsorge-
stunde abgehalten hatte, erhielt er am 30.3.1942
durch den Kultusminister Unterrichtsverbot.
Verstorben am 7.6.1971.

WALTER, EUGEN
1906 03 19
Lippertsreute
Pfarrer
Dr. theol.
Die Gestapo versuchte, Pfarrer Walter zur Mit-
arbeit beim Sicherheitsdienst zu nötigen und
vertrauliche Nachrichten von ihm zu erhalten.
Dauernde Postkontrolle.

WALTER, KARL
1894 05 11
Reichenbach
Pfarrer
Überwachung in Kirche, Schule und Vereinen
durch die Gestapo. 1935 Verbot der Jugendarbeit.
Fotografieren der Prozessionen, mündliche
Drohungen sowie Anzeigen. Sechs Verhöre und
Auferlegung eines Sicherungsgeldes in Höhe
von 500 RM durch die Gestapo.
Verstorben am 28.3.1974.

WALTER, MARTIN
1896 11 07
Bräunlingen / Dielheim
Vikar / Pfarrer
Aufgrund seiner regimefeindlichen Einstellung
erzwang die NSDAP die Versetzung des Vikars.
Überwachung in Kirche und Schule, Schikanen,
Fotografieren der Prozessionen, mündliche
und schriftliche Drohungen durch Ortsgruppenleiter und Gestapo, zehn Verhöre durch die Gestapo.
Wegen des Verlesens eines verbotenen Schreibens
durch die Gestapo schriftlich verwarnt.

WALZ, JOSEPH KARL
1895 05 11
Albbruck / Lohrbach
Kurat / Pfarrer
Aufgrund von Predigtäußerungen, Ausländerseelsorge, Nichtleisten des Hitlergrußes sowie
wegen finanzieller Unterstützung des 1935 ge-
gründeten Kirchenbauvereins Predigtüberwachung durch NSDAP-Mitglieder, Prozessionsverbot durch den Bürgermeister und am 12.9.1937
durch die Gestapo ein Strafbefehl über 400RM
Geldstrafe.
Verstorben am 11.10.1975.

WANGLER, WILHELM (P. ELZEAR)
OFM
1900 03 02
Gorheim (Kloster)
1934/35 wurde Pater Elzear wegen Kanzelmißbrauchs durch die Gestapo verwarnt.
*Lit.: Thuringia Franciscana (1963), Heft 18,
65f.*

WASMER, ADOLF
1871 04 30
Niederwasser / Straßberg
Pfarrer / Kaplaneiverweser
Pfarrer Wasmer erhielt Unterrichtsverbot, das
unter der Bedingung aufgehoben werden sollte,
daß Wasmer zum Kaplaneiverweser von Straßberg ernannt würde.
Verstorben am 25.5.1950.

WASMER, PAUL
1901 07 24
Nordrach / Bingen
Vikar / Benefiziat
Nach der Unterzeichnung des deutsch-russischen
Abkommens 1939 verbreitete Vikar Wasmer 50
kritische Flugblätter zu Hitlers „Mein Kampf".
Daraufhin wurde er am 23.2.1940 durch die Gestapo verhaftet und am 11.11.1940 wegen Vergehens gegen das Heimtückegesetz und Wehrkraftzersetzung durch ein Sondergericht zu
dreieinhalb Jahren Haft verurteilt. Im Anschluß
an die Haft vom 23.3.1944 bis zum 11.4.1945
im KZ Dachau.
*Lit.: 1.Weiler, 694. 2.Wasmer, Paul: Gefangen-
schaftsbericht. in: FDA 90 (1970), 297-302.
3.Ott, Hugo: Möglichkeiten und Formen kirchlichen Widerstands gegen das Dritte Reich von
Seiten der Kirchenbehörde und des Pfarrklerus.
Dargestellt am Beispiel der Erzdiözese Freiburg im Breisgau. In: Historisches Jahrbuch 92
(1972), 312-333, dort 331f.*

WEBER, GEBHARD
1869 08 27
Liggeringen
Pfarrer
Aufgrund seiner antinationalsozialistischen
Einstellung erzwang die Gemeinde Liggeringen
1933 Pfarrer Webers Pensionierung.
Verstorben am 30.12.1962.

WEBER, HEINRICH
1908 01 01
Karlsruhe / Konstanz / Lörrach
Vikar
Aufgrund seiner Zugehörigkeit zur Schönstattbewegung sowie wegen staatsfeindlicher Äußerungen in der Jugendgruppe überwachte die Gestapo von 1934 bis 1945 Vikar Webers Vereins- und

Gruppenarbeit sowie seine Post. Des weiteren
zwei Anzeigen, zwei Verhöre sowie eine Haus-
suchung in Lörrach.
Vikar Weber verhalf Juden durch finanzielle
Unterstützung zur Flucht in die Schweiz.
Verstorben am 19.7.1980.

WEBER, RICHARD JOSEPH
1896 06 27
Unzhurst
Pfarrer
Am 6.9.1937 eine Vorladung auf die Polizei-
wache Achern.
Eine Mahnung Pfarrer Webers im Juli 1941, den
Portiunkula-Ablaß zu gewinnen, wurde als „Sa-
botage der Kriegswirtschaft" ausgelegt und von
der Gestapo mit 21 Tagen Schutzhaft bestraft.
Der Kultusminister reagierte am 8.11.1941 mit
Unterrichtsverbot.
Verstorben am 30.7.1962.

WEICK, ERICH JOSEF
1883 02 01
Tauberbischofsheim
Pfarrer
Aufgrund seiner antinationalsozialistischen
Einstellung wurde Pfarrer Weick gezwungen, das
Amt des Bezirkspflegers für Kunst und Alter-
tümer abzugeben.
Verstorben am 5.5.1946.

WEICKHARDT, KARL
1905 12 14
Hockenheim / Karlsruhe
Vikar
Aufgrund seiner antinationalsozialistischen
Einstellung erzwang die NSDAP im Oktober 1933
die Versetzung Vikar Weickhardts.
Des weiteren eine Vorladung vor die Gestapo
Karlsruhe.
Verstorben am 26.3.1977.

WEILER, EUGEN
1900 05 26
Rheinfelden / Meßkirch / Wiechs
Vikar / Kaplaneiverweser / Pfarrer
Wegen Unterlassung des Hitlergrußes, Kritik am
BDM, Äußerungen im Religionsunterricht und in
Predigten mehrfach angezeigt, verhört und
bedroht. Überwachung von Predigt und Vereinsarbeit, Überwachung in der Schule. Schulverbot
durch den Kultusminister. Wegen Umgehung des
Schulverbots Einzug von 50 RM Geldstrafe durch
die Gestapo.
Wegen Beihilfe zum Grenzübertritt einer Jüdin
in die Schweiz im Mai 1942 wurde Pfarrer Weiler
am 1.6.1942 für vier Monate inhaftiert, am
5.10.1942 erfolgte der Abtransport ins KZ Dachau. Dort war er vom 20.10.1942 bis 11.4.1945,

bei der Entlassung erhielt er Ortsverbot.
Lit.: Weiler, 698, 1127-1139.

WEINMANN, FRANZ
1909 01 03
Mannheim
Vikar
Aufgrund von Äußerungen in Predigt und Christenlehre Überwachung in Kirche und Vereinen,
bei Prozessionen und Hausseelsorge; mehrere
Anzeigen, Drohungen und zwei Verhöre durch
die Gestapo.
Am 16.3.1942 verhaftet und bis zum 5.6.1942
in Untersuchungshaft gehalten. Anschließend
ins KZ Dachau gebracht, dort am 11.4.1945
entlassen. Der Kultusminister hatte am 27.3.
1942 Unterrichtsverbot ausgesprochen.
Lit.: Weiler, 698.

WEIS, CLEMENS
1912 07 23
Karlsruhe
Kaplan
Unterrichtsverbot. Nähere Umstände sind nicht
bekannt.

WEISSHAUPT, HEINRICH
1881 07 15
Achberg-Esseratsweiler
Pfarrer
Da Pfarrer Weißhaupt nach dem Flandernsieg nur
einmal anstatt dreimal läutete, nahm ihn die
Gestapo am 18.6.1940 in Schutzhaft. Er wurde
am 29.6.1940 mit einer Verwarnung entlassen und
erhielt am 30.7.1940 durch den Regierungspräsidenten Unterrichtsverbot.
Wegen Vergehens gegen das Heimtückegesetz und
den Kanzelparagraphen im Juni und August 1943
je eine Vorladung vor die Gestapo. Am 9.2.1944
durch das Sondergericht Stuttgart zu acht
Monaten Haft verurteilt.
Verstorben am 17.12.1961.

WEITZEL, WILHELM
1884 11 03
Staufen
Pfarrer
21 Verhöre, KZ-Androhung und einmalige Verhaftung durch die Gestapo.
Durch den Bürgermeister Schikane und Überbe-
lastung durch persönliche Haftpflicht und In-
standhaltung des als öffentlicher Luftschutz-
raum ausgewiesenen Pfarrkellers.
Verstorben am 21.11.1971.

WESSNER, EUGEN
1914 08 30
Neuhausen
Vikar

Überwachung der Jugendseelsorge. Wegen wiederholter Nichtbeachtung staatlicher Anordnungen
(Feiertagsrecht, Verordnung über nichtnational-
sozialistische Jugendverbände) am 5.9.1941
verhört, anschließend inhaftiert. Entlassung
aus der Haft (Schutzhaft sowie 14 Tage Haft
durch Strafverfügung des Landrats) am 5.12.1941.
Am 6.1.1942 Unterrichtsverbot durch den Kultusminister.

WESTERMANN, GUSTAV JOSEF
1880 10 04
Ketsch
Pfarrer
Wegen der Bemerkung, daß die HJ mitschuldig
am Tode seiner Schwester sei, drohte der Kultusminister Pfarrer Westermann am 12.10.1937 Unterrichtsverbot an und forderte das Ordinariat
auf, den Pfarrer streng zur Rechenschaft zu
ziehen.
Des weiteren eine Vorladung in einer
Pfarrjugendangelegenheit.
Verstorben am 20.4.1952.

WETTERER, ERNST
1895 08 12
Häg / Nöggenschwiel / Ottenheim / Ludwigshafen
Pfarrverweser / Pfarrer
Wegen Bemerkungen im Religionsunterricht durch
einen Hauptlehrer bei der Kreisleitung angezeigt.
Wegen Beleidigung des Kreisschulrates (Stellungnahme gegen dessen propagandistische Hetze)
durch die Gestapo Auferlegung von 50 RM Geldstrafe sowie Aufforderung, die „Beleidigung"
zurückzunehmen.
Wegen mehrerer Verstöße gegen die Schulord-
nung am 24.4.1937 durch den Kultusminister Androhung des Unterrichtsverbotes.
Wegen politischer Unzuverlässigkeit erzwang
der Kultusminister mehrere Male Pfarrer
Wetterers Versetzung.
Wegen einer Bemerkung über einen Schulausflug
in Ludwigshafen am 10.6.1942 ein Verhör.
Aufgrund einer Überschreitung des Züchtigungsrechtes Auferlegung eines Sicherungsgeldes in
Höhe von 500 RM. Beide Maßnahmen wurden durch
die Gestapo verfügt.
Nach einer Betaufforderung für Kriegsgefangene,
Äußerungen im Religionsunterricht und päd-
agogischen Maßnahmen erteilte der Kultusmini-
ster am 16.12.1942 Unterrichtsverbot.
Verstorben am 9.2.1956.

WETZEL, HERMANN
1907 03 01
Mannheim (St. Jakob)
Vikar
Aufgrund seiner antinationalsozialistischen

Einstellung und daraus resultierenden Schwierigkeiten mit nationalsozialistischen Lehrern und
SA-Mitgliedern erwirkte der Kultusminister am
1.6.1933 die Versetzung Vikar Wetzels.
Verstorben am 10.4.1956.

WIESLER, PAULIN
1894 09 02
Röhrenbach / Schönau
Pfarrer
Aufgrund seiner antinationalsozialistischen
Einstellung, pädagogischer Maßnahmen und
katholischer Jugendarbeit wurde Pfarrer Wiesler
durch NS-Lehrer angezeigt und durch die Gestapo
verhört und verwarnt. Des weiteren sprach der
Kultusminister am 14.12.1940 Unterrichtsverbot
aus.
Am 27.2.1942 wegen Predigtäußerungen Durch-
suchung des Studierzimmers, Beschlagnahme der
Kartothek und Verhör durch die Gestapo.
Außerdem ständige Überwachung durch den Orts-
gruppenleiter.
Verstorben am 06.4.1944.

WINKEL, ROBERT
1897 08 31
Löffingen
Pfarrer
1937 wegen Hirtenbriefverlesens und Beleidigung
der NSDAP Entzug von gemeindeeigenen Räumen,
Einstellung der Holzkompetenzen und Zurück-
ziehung der Allmendstücke durch die politische
Gemeinde Löffingen. Nach einer Intervention
des Erzbischöflichen Oberstiftungsrats wurden
die Maßnahmen durch das Bürgermeisteramt zurückgenommen.
Verstorben am 8.10.1972.

WINTER, HEINRICH
1870 02 21
Weier
Pfarrer
Wegen Vergehens gegen das Heimtückegesetz ver-
urteilte das Sondergericht Mannheim Pfarrer
Winter am 1.7.1937 zu sechs Monaten Haft.
Der Kultusminister sprach am 19.8.1937 Unter-
richtsverbot aus und forderte das Ordinariat
auf, den Pfarrer aus der Seelsorge zurückzu-
ziehen.
Verstorben am 9.9.1942.

WINTER, KARL JOSEF
1885 06 19
Laiz
Pfarrer
Aufgrund von Äußerungen in Religionsunterricht und Christenlehre mehrere Verwarnungen
durch den Schulrat.
1936 bestand der Regierungspräsident auf der

Versetzung Pfarrer Winters, andernfalls wollte
er Unterrichtsverbot aussprechen.
Verstorben am 20.3.1959.

WINTERHALDER, ALBAN
1879 07 13
Duchtlingen
Pfarrer
Wegen der Bestrafung eines Schülers in der
Kirche am 25.3.1941 forderte der Kultusmini-
ster das Ordinariat auf, den Geistlichen zur
Rechenschaft zu ziehen und drohte am 22.7.1941
für den Wiederholungsfall mit Unterrichtsver-
bot.
Des weiteren 17 Vorladungen vor die Gestapo.
Verstorben am 9.1.1951.

WINTERHALDER, MARTIN
1875 07 16
Schuttern
Pfarrer
Am 10.8.1933 erschien in der „Lahrer Zeitung"
ein Hetzartikel gegen Pfarrer Winterhalder.
Aufgrund von Predigtäußerungen verhängte
der Kultusminister am 8.7.1937 Unterrichts-
verbot.
Verstorben am 21.7.1941.

WINTERHALTER, ADOLF
1912 04 14
Bonndorf-Lahr / Tauberbischofsheim
Vikar
Durch NSDAP-Mitglieder in Kirche, Schule und
Vereinen sowie bei Hausseelsorge und Prozessi-
onen überwacht.
Aufgrund von Äußerungen in Predigten und im
Religionsunterricht sowie wegen katholischer
Jugendarbeit fünf Verhöre und mehrere Ver-
warnungen durch die Gestapo.

WITZ, KARL
1913 05 29
Schopfheim / Karlsruhe (Vinzentiushaus)
Vikar / Rektor
1940 eine Anzeige durch ein SS-Mitglied (Vater
eines Schülers).
Zwei Verhöre durch die Gestapo.
Ab 1940 Unterrichtsverbot in Baden.

WOLF, JOSEF
1868 02 25
Sauldorf
Pfarrer, Dekan
Dr. theol.
Am 7.5.1935 Unterrichtsverbot durch das
Kreisschulamt. Nähere Umstände sind nicht
bekannt.
Verstorben am 10.9.1943.

WOLF, LORENZ
1910 08 07
Mannheim (St. Peter)
Vikar
Aufgrund katholischer Jugendarbeit eine Haus-
suchung.

WUERTH, JOHANNES
1901 12 12
Vikar / Pfarrverweser / Pfarrer
Überwachung in Schule und Vereinen sowie bei
Prozessionen, Zensur des Pfarrblattes durch das
Bezirksamt, Verbot der Fronleichnamsprozession.
Am 22.5.1935 eine Demonstration von 200 Per-
sonen vor dem Pfarrhaus, Zertrümmerung sämt-
licher Fensterscheiben sowie Sprechchöre.
Schriftliche Verwarnungen, zehn Verhöre und
mehrere Haussuchungen durch die Gestapo.
Drei Wochen Ortsverbot durch den Landrat.
Wegen Verbreitung der „Katechismuswahrheiten"
und der Enzyklika „Mit brennender Sorge" von
September 1937 bis Februar 1938 Untersuchungshaft.
Außerdem 1937 Unterrichtsverbot durch den
Kultusminister.
Aufgrund von Äußerungen in Kirche und Reli-
gionsunterricht sowie wegen katholischer Ju-
gendarbeit jeweils 100 RM Geldstrafe.

WUEST, THEODOR
1889 09 11
Völkersbach
Pfarrer, Dekan
Die NSDAP erzwang die Resignation des anti-
nationalsozialistisch eingestellten Dekans.
Verstorben am 16.9.1942.

WUNSCH, EMIL
1909 09 06
Lörrach / Rastatt / Sasbach
Vikar / Präfekt
Wegen Jugendarbeit in Lörrach und Verbreitung
des Flugblattes „Vom guten Recht der katholischen Jugend" 1934 eine Anzeige und ein Straf-
mandat über 30,50 RM (fiel unter Amnestie).
1941 wegen Bemerkungen im Religionsunterricht
Überwachung, Verwarnung und das Verbot, in den
Räumen der Heimschule zu unterrichten.
Aufgrund einer Anzeige wegen Wehrkraftzersetzung durch einen SS-Arzt drohte eine Verhaftung
mit Einlieferung ins KZ oder Stellungsbefehl.
Alle Maßnahmen wurden von der Gestapo verfügt.

WUSSLER, KARL
1910 01 28
Friedenweiler / Malsch / Bargen
Vikar / Pfarrverwalter
Überwachung und Mitschreiben der Predigt durch

NSDAP-Spitzel.
Verstorben am 27.4.1979.

ZAEUNER, ALFRED GABRIEL
1894 07 27
Marlen / Bauerbach
Pfarrer
Am 24.9.1934 durch die Gestapo schriftliche
Beanstandung des Verhaltens Pfarrer Zäuners
beim Ordinariat.
Wegen Äußerungen im Religionsunterricht am
12.1.1938 erteilte der Kultusminister am
7.5.1938 Unterrichtsverbot. Dieses wurde
am 28.2.1939 unter der Bedingung aufgehoben,
daß der Pfarrer Marlen verließ.
Aufgrund seiner antinationalsozialistischen
Einstellung wurde der Pfarrer von zwei wei-
teren Gemeinden abgelehnt.
Verstorben am 17.9.1946.

ZANGER, KARL
1915 12 14
Vikar, Soldat
Aufgrund unpassender Antworten auf die Fragen
eines NS-Offiziers einer Propagandaschulung
im Reservelazarett Eilenburg wurde Vikar Zanger
dem Sicherheitsdienst gemeldet. Er entging jedoch der Überstellung zur Gestapo durch eine
vorzeitige Entlassung aus dem Lazarett durch
den Chefarzt.

ZIEGLER, AUGUST
1896 08 14
Unterbaldingen / Wagenstadt
Vikar / Pfarrverweser / Pfarrer
Überwachung, Mitschreiben der Predigt, münd-
liche Drohungen und Verleumdungen durch NSDAP-
Spitzel.
Verstorben am 3.9.1975.

ZIEGLER, WILHELM
1899 08 07
Mauer
Pfarrer
Wegen körperlicher Züchtigung im Religionsunterricht, Unterlassung des Hitlergrußes
und Abhaltung der Kinder von Veranstaltungen
der Spielschar der NS-Frauenschaft erteilte
der Kultusminister am 5.7.1939 Unterrichtsverbot.
Verstorben am 8.10.1943.

ZUERN, BRUNO ANTON
1910 08 09
Bad Krozingen / Emmendingen / Nordrach
Vikar
Wegen Äußerungen im Religionsunterricht eine
Haussuchung, Schutzhaft vom 11.3.1940 bis 24.6.1940
sowie am 18.3.1940 ein Verhör durch die Gestapo.

Wegen Übersehens eines Hitlergrußes auf dem
Schulhof in Krozingen am 9.5.1941 Unterrichts-
verbot durch den Kultusminister.
Des weiteren eine Anzeige, vier Verhöre, drei
Zimmerdurchsuchungen und in Krozingen fast ein
Monatsgehalt Geldstrafe durch die Gestapo.
Des weiteren Überwachung in Kirche, Schule,
Vereinen und Jugendarbeit sowie Störungen der
Beerdigungen durch NSDAP-Mitglieder.
Verstorben am 11.10.1974.

9. Bistum Fulda

ABEL, KARL
1899 07 31
Dingelstädt / Breitenworbis
Vikar
1933 durch einen Schüler angezeigt.
Im Juni 1935 wegen angeblicher hetzerischer
Tätigkeit in der Jugendarbeit (negative Einstellung zur HJ) eine Verwarnung sowie viertel-
jährliches Aufenthaltsverbot für den Regierungsbezirk Erfurt.
Verstorben am 10.8.1961.

ALBINGER, JOSEF
1911 12 20
Hanau
Kaplan
Am 1.11.1941 wegen Verbreitung der Predigten
des Bischofs von Galen verhaftet und am 5.2.
1942 ins KZ Dachau eingeliefert. Dort am 4.4.
1945 entlassen.
Lit.: Weiler, 103.

AREND, ADOLF
1887 12 04
Ershausen
Pfarrer
Ende Mai 1940 wurde Pfarrer Arend wegen einer
Kanzelverkündigung bezüglich einer verbotenen
Fronleichnamsprozession für einige Tage in
Polizeigewahrsam genommen und verwarnt.
Verstorben am 2.2.1977.

AVERESCH, P. JOSEF
CSSR
1902 04 01
Heiligenstadt / Bischofferode
Aushilfsseelsorger
Als Aushilfsseelsorger in Bischofferode führte
Pater Averesch ein Beichtgespräch mit einem
weiblichen Pfarrmitglied. Deren Sohn, ein
SS-Mann,erstattete daraufhin Anzeige. Am
6.2.1941 wurde der Pater verhaftet, am 19.7.
41 in das KZ Buchenwald und am 19.9.1941 ins
KZ Dachau überführt. Dort erhielt er als Ver-
suchsobjekt Malaria-Injektionen; im Mai 1945
wurde er befreit. Pater Averesch wurde ein
Opfer des Beichtgeheimnisses. Er verstarb am
20.6.1949 an den Folgen seiner Haft.
Lit.: 1. Weiler, 110, 801-804. 2. Siebert, H.:
Das Eichsfeld unter dem Hakenkreuz. Paderborn
1982, 70ff. 3. Neuhäusler,J.: Kreuz und
Hakenkreuz. Bd.1. München 1946, 339.

BECKER, P. ROBERT
OMI
1888 06 03
o.O.
Dr.
1941 wurde das Kloster Hünfeld aufgelöst
und Pater Becker ausgewiesen.
Verstorben am 22.11.1974.
Lit.: Opfermann, B.: Gestalten des Eichsfeldes.
Heiligenstadt 1968, 144.

BEIER, FRANZ-JOSEF
1888 02 10
Fulda / Borsch
Caritas-Direktor
Wegen eines Devisenvergehens (Verkauf von Wert-
papieren für einen Pater) gab Pfarrer Beier
1935 seine Stelle als Caritas-Direktor in Fulda
auf und ging als Pfarrer nach Borsch. Aus
obigem Grund wurde er von April bis Dezember
1936 in Untersuchungshaft genommen und am 7.
5.1937 durch die Strafkammer Eisenach zu einem
Jahr und sechs Monaten Haft (unter Anrechnung
der Untersuchungshaft), 20000 RM Geldstrafe
sowie 18200 RM Wertersatz verurteilt.
Pfarrer Beier verstarb am 17.9.1946 an einem
durch die Haft zugezogenen Herzleiden.
Lit.: Liebe und Vertrauen. Festschrift zum
50jährigen Bestehen des Caritas-Verbandes für
die Diözese Fulda. Fulda 1967.

BRAUN, JULIUS
1872 08 29
Fulda
Pfarrer
Pfarrer Braun wurde wegen eines Artikels für
die Baseler Nachrichten „Die Wahrheit über die
katholische Kirche in Deutschland" 1935 durch
ein Sondergericht zu vier Monaten Gefängnis
verurteilt.

BRINKMANN, P. BERNHARD
CSSR
1879
o.O.
Pater Brinkmann wurde 1935 wegen Devisenvergehens zu zehn Monaten Haft (14.2. bis 19.12.35)
verurteilt.
Verstorben am 5.8.1937.
Lit.: Opfermann, B.: Die Klöster des Eichs-
feldes in ihrer Geschichte. Heiligenstadt 1962,
226ff.

BRODMANN, JOSEF
1893 01 01
Wingerode
Pfarrer
Wegen eines Polengottesdienstes im August 1940
eine Woche Haft sowie eine Verwarnung.
Verstorben am 31.5.1969.
Lit.: Opfermann, B.: Marienkalender 59 (1957), 79.

BRUNKE, WILHELM (P. THADDAEUS)
OFM
1903 01 21
Fulda
Guardian
Am 14.12.1940 beschlagnahmte die Gestapo das
Kloster Frauenberg. Alle Patres wurden ausge-
wiesen und erhielten Unterrichtsverbot. Pater
Thaddäus wurde verhaftet und zunächst ins
Arbeitslager Breitenau, am 16.5.1941 ins KZ
Dachau verbracht. Dort verstarb er am 5.8.
1942.
*Lit.:1. „Bruder Franz". In: Thuringia Francis-
cana. Fulda 1949, Heft 3. 2.Weiler, 153.*

BUCH, ROBERT
1874 02 28
Heiligenstadt
Bischöflicher Kommissarius, Propst
In seiner Funktion als bischöflicher Kommis-
sarius wurde der Geistliche mehrfach vor die
Gestapo geladen.
Verstorben am 18.5.1941.

CIRE, JOSEF
1891 05 14
Kirchworbis
Pfarrer
Wegen Nichtbeachtung der staatlichen Bestim-
mungen bezüglich der Polengottesdienste wurde
Pfarrer Cire im August 1940 eine Woche inhaf-
tiert und verwarnt.
Verstorben am 27.4.1947.
Lit.: Opfermann, B.: Marienkalender 59 (1957), 79.

DROEDER, JOHANNES
1874 10 14
Jützenbach
Pfarrer
Aufgrund von Auseinandersetzungen um den
kirchlichen Kindergarten in Jützenbach wurde
Pfarrer Dröder Anfang 1936 verhaftet. Nach
seiner Rückkehr hielt er bezüglich dieser
Maßnahme eine kritische Predigt. Deswegen wurde
er im Mai 1936 aus fünf Bezirken und drei
Ländern ausgewiesen.
Verstorben am 6.10.1956.
*Lit.: 1. Opfermann,B.: Gestalten des Eichsfel-
des. Heiligenstadt 1968, 164. 2. Barthel, R.:
Begegnung 20 (1980), Heft 2, 20f.*

FISCHER, JOSEF
1910 10 20
Lutter
Theologiestudent
Im Sommer 1935 wurde in Lutter ein Hitlerbild
beschmiert. Der Theologiestudent Fischer wurde
der Tat verdächtigt, vier Wochen inhaftiert
und verwarnt.

Er wurde 1937 geweiht.
Lit.: Opfermann, B.: Marienkalender 59 (1957), 78.

GELLINGS, P. CANISIUS
MSSCC
1880 05 05
Ferna
Pfarrvikar
Aufgrund seiner antinationalsozialistischen
Einstellung wurde Pater Canisius 1933 durch
die NS-Presse verleumdet.
Am 19.3.1936 wurde er durch das Amtsgericht
mit einer Geldstrafe belegt, weil die Kirche
nicht mit der Hakenkreuzfahne beflaggt war.
Verstorben am 16.7.1959.

GOERGE, AUGUST
1906 04 18
Künzell
Pfarrer
Am 10.10.1940 im Zusammenhang mit der Auflösung des Kolpingwerks in der Diözese Fulda
kurzfristige Festnahme durch die Gestapo.
Mehrere Verhöre durch die Geheime Staatspolizei.

GOERICH, NIKOLAUS
1881 12 31
Bickenriede
Pfarrer
Wegen hetzerischer Predigten und Äußerungen
gegen den Staat wurde Pfarrer Görich 1933 an-
gezeigt. Daraufhin erfolgte eine polizeiliche
Verwarnung.
Verstorben am 5.12.1934.
*Lit.: 1.Opfermann: Gestalten des Eichsfeldes.
Heiligenstadt 1968, 44. 2.Barthel, R.: Begeg-
nung 5 (1965), Heft 4, 11f.*

GOLDMANN, NORBERT
1895 06 06
Brehme
Pfarrvikar
Aufgrund von Predigtbemerkungen (u.a. zur Wahl)
wurde 1933 ein Ermittlungsverfahren wegen Beleidigung des Reichskanzlers gegen Vikar Goldmann eingeleitet. Es kam jedoch nur zu einer
Verwarnung.
*Lit.: 1.Barthel, R.: Eichsfelder Heimathefte
8 (1978), 104. 2.Barthel, R.: Begegnung 20
(1980), Heft 2. 20.*

GUENTHER, JOSEF (P. WENDELIN)
OFM
o.D.
Fulda (Kloster Frauenberg)
Am 10.11.1935 in einem Gerichtsverfahren wegen

angeblicher Devisenvergehen freigesprochen.
Lit.: 1.Hoffmann-Janssen, 174. 2.Rapp, 379.

GUTMANN, JOSEF JUSTIN
1913 01 06
Bad Brückenau
Theologiestudent
Aufgrund kritscher Äußerungen über staats-
tragende Nationalsozialisten wurde der Theologiestudent Gutmann vom 24.6.1937 bis zum 19.8.
1937 in Schutzhaft und anschließend bis zum
16.11.1937 in Untersuchungshaft genommen. Am
27.10.1937 verurteilte ihn das Sondergericht
Bamberg zu sechs Monaten Gefängnis. Außerdem
erfolgte die Relegierung von allen deutschen
Universitäten.

HANNAPPEL, MARTIN
1898 07 15
Hildebrandshausen
Pfarrer
Dr. phil.
Aufgrund Vergehens gegen das Verbot der Fron-
leichnamsprozession Untersuchungshaft (25.5.-
7.6.1940) und Verwarnung.
*Lit.: Opfermann, B.: Marienkalender 59 (1957),
79.*

HARTMANN, PAUL
1904 10 11
Gotha
Kaplan
Aufgrund der Verbreitung eines offenen Briefes
an Goebbels sowie dreier Predigten wurde Ka-
plan Hartmann vom 20.9.1937 bis Mai 1938 in
Untersuchungshaft genommen, anschließend ins
KZ Sachsenhausen überführt, wo er bis Mai
1939 festgehalten wurde. Am 20. und 21.6.39
verurteilte ihn das Sondergericht Gotha zu
einem Jahr und sechs Monaten Gefängnis; die
Strafe galt als durch die vorher erlittenen
Strafen abgebüßt.
Verstorben am 1.9.1979.
Lit.: 1.Schnabel, 243. 2.Weiler, 285, 792.

HELBIG, THEODOR
1886 01 18
Heyerode
Pfarrer
Wegen Nichtbeachtung der staatlichen Bestim-
mungen über Polengottesdienste wurde Pfarrer
Helbig im August 1940 für eine Woche inhaf-
tiert und anschließend verwarnt.
Verstorben am 12.8.1958.
*Lit.: Opfermann, B.: Marienkalender 59 (1957),
79.*

HELBING, KARL
1879 10 09
Wachstedt
Pfarrer
Aufgrund von staatsabträglichen Predigtbemerkungen wurde Pfarrer Helbing 1936 durch
eine HJ-Führerin angezeigt. Daraufhin erfolgten ein Verhör und eine Verwarnung sowie
im Herbst 1936 die Ausweisung aus Thüringen
und den Regierungsbezirken Erfurt und Kassel.
Verstorben am 1.5.1969.
*Lit.: 1.Opfermann, B.: Marienkalender 59 (1979),
79. 2.Opfermann, B.: Gestalten des Eichsfeldes. Heiligenstadt 1968, 203.*

HENKEL, HERMANN
1909 12 06
Fulda
Domkaplan
Wegen Werbens für den „Bonifatiusboten" eine
Verwarnung durch die Gestapo.
1936 wegen eines Spendenaufrufs für die Fran-
ziskaner ein Strafbefehl über 400 RM. Die
Strafe wurde später aufgrund Amnestie erlassen.
Wegen einer Zurechtweisung von Kindern, die in
der Kirche Unfug trieben, wurde Pfarrer Henkel
zu drei Monaten Gefängnis verurteilt.

HIMMELMANN, RICHARD
1903 10 07
Ulmbach
Kaplan
Erhielt wegen Nichterweisung des „Deutschen
Grußes" durch den Regierungspräsidenten in Kassel
eine Beanstandung. Anschließend Intervention durch
den Bischof von Fulda.

HORNEMANN, AUGUST
1873 08 10
Hildebrandshausen
Pfarrer
Aufgrund von regimekritischen Predigtäuße-
rungen wurde Pfarrer Hornemann angezeigt.
Daraufhin erfolgten eine Vorladung und eine
Verwarnung (1933).
Verstorben am 25.7.1937.
*Lit.: 1.Barthel, R.: Begegnung 20 (1980),
Heft2, 20. 2.Barthel, R.: Eichsfelder Hei-
mathefte 18 (1978), 104.*

HUNSTIGER, WILHELM
1884 12 24
Nordhausen
Pfarrer, Dechant
Am 12.8.1934 wurde Dechant Hunstiger von
einer SA-Rotte aus dem Pfarrhaus gezerrt, an
einer Kette stundenlang durch die Stadt geführt und gezwungen, ein Transparent zu tragen:
„Einen Selbstmörder beerdigt er, einem SA-

Mann verweigert er das Begräbnis!" (diese Behauptung entsprach jedoch nicht der Wahrheit). Der Priester wurde geschlagen und getreten, während die örtliche Polizei untätig zuschaute; später nahm sie ihn für einige Tage in Haft.
Verstorben am 5.3.1963.
Lit.: 1.Opfermann, B.: Marienkalender 59 (1957), 78. 2.Kirchl. Amtsblatt für die Diözese Fulda 79 (1963), Nr. 46.

HUTH, HEINRICH
1904 12 06
Fulda
Kaplan
Dr.
Kaplan Huth wurde am 7.2.1940 in Fulda verhaftet und ins KZ Sachsenhausen verbracht. Am 14.12.1940 wurde er ins KZ Dachau überstellt, wo er am 3.1.1941 entlassen wurde. Nähere Umstände sind nicht bekannt.
Lit.: Weiler, 306.

KELLNER, JOHANNES
1872 02 12
Silberhausen
Pfarrer
Pfarrer Kellner wurde 1933 durch einen Schulleiter verleumdet und angezeigt, weil er sich weigerte, eine Kriegervereinsfahne kirchlich zu weihen.
Wegen Nichtbeachtung des Verbotes der Fronleichnamsprozession wurde der Pfarrer vom 25.5. bis 7.6.1940 in Polizeihaft genommen und anschließend verwarnt.
Verstorben am 29.5.1943.
Lit.: Opfermann, B.: Gestalten des Eichsfeldes. Heiligenstadt 1968, 226.

KOETHE, P. PAUL
OMI
1893 10 13
Ökonom des Klosters
Aufgrund eines angeblichen Wirtschaftsvergehens wurde Pater Köthe 1939 in Untersuchungshaft genommen und gerichtlich zu zwei Jahren Zuchthaus verurteilt.
Verstorben am 13.12.1967.
Lit.: Opfermann, B.: Gestalten des Eichsfeldes. Heiligenstadt 1968, 234.

KOX, P. JOHANNES PETER
CSSR
1884 03 24
Heiligenstadt
Superior
Wegen angeblichen Devisenvergehens wurde Pater Kox am 2.9.1935 zu einem Jahr und drei Monaten Zuchthaus sowie zu 10.000 RM Geldstrafe

und 16.000 RM Wertersatz verurteilt. Zur Deckung der Geldstrafe wurde Eigentum des Klosters zwangsversteigert.
Verstorben am 5.2.1960.
Lit.: 1.Opfermann, B.: Die Klöster des Eichsfeldes in ihrer Geschichte. 2.Aufl., Heiligenstadt 1962, 226. 2.Reddemann, G.: Seit 45 Jahren Redemptoristenkloster Heiligenstadt. Eichsfelder Heimatstimmen 10 (1966), 181-185.

KRENZER, FRANZ JOSEF
1891 03 29
Eisenach
Pfarrer
1941 aufgrund eines Vergehens gegen die Feiertagsordnung (Himmelfahrtstag) vier Wochen Haft.
Verstorben am 9.8.1963

KUGEL, P. JOHANNES
CSSR
1885 05 05
Heiligenstadt (Kloster)
Verwalter
Wegen angeblichen Devisenvergehens wurde Pater Kugel am 15.2.1935 in Untersuchungshaft genommen und am 2.9.1935 durch das Sondergericht Berlin wegen Devisenverbrechens in Tateinheit mit Abgabe einer falschen eidesstaatlichen Versicherung zu drei Jahren Zuchthaus, 10.000 RM Geldstrafe und 21.000 RM Wertersatz verurteilt. Ähnlich wie bei Pater Johannes Peter Kox mußte das Kloster wertmäßig haften.
Verstorben am 17.11.1959.
Lit.: 1.Opfermann, B.: Die Klöster des Eichsfeldes in ihrer Geschichte. 2.Aufl. Heiligenstadt 1962, 226. 2.Reddemann, G.: Seit 45 Jahren Redemptoristenkloster in Heiligenstadt. Eichsfelder Heimatstimmen 10 (1966), 181ff.

LERCH, MICHAEL
1884 10 18
Struth
Pfarrer
Wegen einer regimekritischen Predigt vom 8.4. 1934 wurde Pfarrer Lerch angezeigt. Daraufhin erfolgte eine Verwarnung.
Verstorben am 5.12.1960.
Lit.: Opfermann, B.: Gestalten des Eichsfeldes. Heiligenstadt 1968, 243.

LIPPERT, KARL
1880 10 20
Großkrotzenberg
Pfarrer
Pfarrer Lippert wurde 1935 durch unberechtigte Angriffe bedroht. Nach einer diesbezüglichen

Intervention Bischofs Bernings (Osnabrück) beim
Reichsminister des Innern, Berlin, wurden die
beteiligten Personen verwarnt.

MARTIN, ALFONS
1903 09 28
Kassel
Pfarrer
Am 3.12.1942 ein Verhör durch die Gestapo
sowie zwei Tage Schutzhaft.
Im Mai 1944 wegen einer regimekritischen Pre-
digt mehrere Verhöre und Auferlegung eines
Sicherhungsgeldes in Höhe von 800 RM durch die
Gestapo.
Ende Oktober 1944 bis Januar 1945 Postüber-
wachung.
Im Januar 1945 mehrere lange Gestapoverhöre
wegen der verbotenen Taufen von drei ukrai-
nischen Kindern.

MARTIN, JULIUS
1877 09 02
Pfarrer, Dechant
Da im Juni 1936 die Fronleichnamsprozession be-
hördlich verboten worden war, lehnten die
Katholiken in Geisa mit Pfarrer Martin aus
Protest die Aufnahme von volksdeutschen Kin-
dern aus Polen für die Ferienzeit ab. Dar-
aufhin erhielt der Dechant sofortiges Aufenthalts-
verbot für Thüringen und den Regierungsbezirk
Kassel.
Verstorben am 11.2.1937.
*Lit.: Eckhardt, K.H.: Jahr des Herrn 15
(1966), 349.*

MAZUROWSKI, JOSEF
1902 08 19
Neustadt an der Orla
Pfarrer
Am 7.6.1937 wurde Kaplan Mazurowski wegen
angeblichen Sittlichkeitsvergehens an Jugendlichen verhaftet und zu sieben Jahren Zuchthaus verurteilt. Anfang 1943 wurde er ins KZ
Buchenwald gebracht und dort zu Malariaver-
suchen mißbraucht. Am 7.1.1945 kam er ins
KZ Dachau, dort wurde er am 26.4.1945 während des Evakuierungsmarsches befreit.
Lit.: 1.Weiler, 447. 2.Schnabel, 275.

MOEDER, P. GREGOR
OMI
1908 06 10
Hünfeld (Bonifatiuskloster)
Aufgrund von Predigtbemerkungen wurde Pater
Gregor wegen Vergehens gegen das Heimtückege-
setz und den Kanzelparagraphen zu vier Monaten
Haft verurteilt, die jedoch durch die erlittene
Untersuchungshaft als abgebüßt galten (1935).

NOLTE, IGNAZ
1905 08 26
Nordhausen
Kaplan
Aufgrund seiner regimekritischen Predigten
wurde Kaplan Nolte am 10.4.1938 durch die Ge-
stapo für einen halben Tag in Schutzhaft ge-
nommen. In dieser Zeit demonstrierte eine von
SA-Mitgliedern angeführte Menge vor dem
Pfarrhaus und zerstörte dort ca. 60 Fenster-
scheiben. Der Kaplan wurde noch am gleichen
Abend aus dem Landkreis ausgewiesen.
Verstorben am 16.2.1970.

NOLTE, P. DONATUS
OFM
o.D.
Waldliesborn
Seit 1941 aus dem Kloster Frauenberg/Fulda
ausgewiesen.

OBERTHUER, ALOIS
1871 01 16
Birkungen
Pfarrer
Im Oktober 1933 wurde Pfarrer Oberthür in
einem Gerichtsverfahren wegen Beschimpfung der
Reichsflagge freigesprochen.
1935 wurde er aufgrund kritischer Äußerungen
über HJ und Nationalsozialismus vorläufig
aus dem Regierungsbezirk Erfurt ausgewiesen,
durfte aber 1936 als Ruhestandsgeistlicher zurückkehren.
Verstorben am 3.8.1956.
*Lit.: Opfermann, B.: Gestalten des Eichsfel-
des. Heiligenstadt 1968, 264. 2.Barthel, R.:
Eichsfelder Heimathefte 18 (1978), 104.*

OPFERMANN, BERNHARD
1913 02 03
Petersberg
Kaplan
Dr.
Wegen der Maßregelung eines Schülers im Religionsunterricht wurde Kaplan Opfermann angezeigt. Daraufhin nahm ihn die Polizei vom
1.3.1942 bis zum 15.4.1942 in Gewahrsam. Ende
April 1942 verurteilte ihn das Amtsgericht Fulda
zu vier Monaten Gefängnis. Unter Anrechnung
der schon erlittenen Haft mußte der Geistliche
weitere sechs Wochen Gefängnis verbüßen.
*Lit.: Beck,E.: Priester und Historiker. Be-
gegnung 21 (1981), Heft 2, 18ff.*

PFANNMUELLER, LUDWIG (BR. DONATUS)
OFM
1873 03 02
Fulda / Ottbergen

Wegen angeblicher Greuelhetze im Ausland inhaftierte die Gestapo Bruder Donatus von April 1937 bis Februar 1938.
Vom 1.5.1940 bis zum 30.8.1940 erneute Festnahme durch die Gestapo.
Des weiteren Ausweisung.
Lit.: Thuringia Franciscana. Fulda 1949, Heft 1, 51.

PIATKOWSKI, PAUL (BR. WOLFGANG)
OFM
1907 09 19
Fulda
Kochgehilfe, Novize
Bruder Wolfgang wurde wegen Wehrkraftzersetzung angeklagt, zunächst einer Strafkompanie zugeteilt und anschließend ins KZ Flossenburg gebracht. Er starb am 9.4.1945 auf dem Todesmarsch von Flossenburg. Die Maßnahmen wurden durch die Wehrmacht angeordnet.
Lit.: Thuringia Franciscana. Fulda 1947, Heft 6, 3ff.

RHODE, JOHANNES
1910 04 30
Diedorf
Vikar
Wegen Verstoßes gegen das Verbot der Fronleichnamsprozession wurde Vikar Rhode vom 25.5. bis zum 5.6.1940 in Polizeihaft genommen.
Verstorben am 6.6.1957.
Lit.: Opfermann, B.: Marienkalender 59 (1957), 79.

RODENBECK, P. JOSEF
SDB
1903 12 01
Kassel
Wegen Ausländerseelsorge am 2.12.1940 von der Gestapo verhört und bis zum 3.12.1940 in Haft gehalten. Bei der Freilassung Verwarnung und Strafandrohung durch die Gestapo.

ROHDE, JOHANNES
o.D.
Silberhausen
Vikar
Am 25.5.1940 von der Gestapo festgenommen und 11 Tage in Haft gehalten, weil er nicht freiwillig auf die Fronleichnamsprozession verzichtet hatte.
Lit.: Siebert, Heinz: Das Eichsfeld unterm Hakenkreuz. O.O., 1982, 56f.

ROTH, FRANZ XAVER
1869 07 12
Leinefelde
Pfarrer, Dechant
Als Protestmaßnahme gegen die Ausweisung des

Pfarrers Alois Oberthür ordnete Dechant Roth im Juli 1935 an, daß in dessen Pfarrei Birkungen in Zukunft werktags kein und sonntags nur ein Gottesdienst ohne Orgelmusik gehalten werden sollte. Wegen dieser Verfügung wurde Dechant Roth durch die nationalsozialistische Presse öffentlich angegriffen.
Verstorben am 6.2.1952.
Lit.: Opfermann, B.: Gestalten des Eichsfeldes. Heiligenstadt 1968, 281f. 2.Barthel, R.: Begegnung 20 (1980), Heft 2, 20.

SCHMAND, ALOYS ANTON
1901 08 02
Kassel / Fulda
Diözesancaritasdirektor / Kaplan
Am 17.5.1934 kurzfristige Festnahme.
Vom 20.5.1944 bis zum 17.4.1945 Untersuchungshaft, anschließend Zuchthaus bis zum 3.5.1945; infolge der Kriegswirren kam ein ordentlicher Gerichtsprozeß nicht zustande. Nähere Umstände sind nicht bekannt.

SCHMIDT, HERMANN
1895 07 18
Heiligenstadt
Konviktpräses
Dr.
Als das Konvikt in Heiligenstadt am 18.5.1937 aufgrund angeblicher sittlicher Verfehlungen an Jugendlichen durch die Gestapo geschlossen wurde, verlor auch Schmidt sein Amt.
Verstorben am 22.8.1962.
Lit.: 1.Opfermann, B.: Gestalten des Eichsfeldes. Heiligenstadt 1968, 286f. 2.Kramann, M.: Eichsfelder Heimathefte 5 (1965), 165. 3.Siebert, H.: Das Eichsfeld unterm Hakenkreuz. Paderborn 1982, 33ff.

SCHMIDT, P. KARL
SDB
1904 06 02
Kassel
Aufgrund seines Mißtrauens gegen die deutschrussische Freundschaft nach dem Polenfeldzug wurde der Ordensgeistliche Schmidt am 19.10. 1939 durch die Gestapo inhaftiert, am 7.3. 1940 ins KZ Sachsenhausen und am 14.12.1940 ins KZ Dachau überstellt. Dort wurde er am 10.4.1945 entlassen.
Lit.: 1.Weiler, 586. 2.Hess, P. Sales: Dachau, eine Welt ohne Gott. Nürnberg 1946, 208.

SCHNABEL, RUDOLF (P. LEANDER)
OFM
1901 08 31
Fulda
Aufgrund einer Anzeige wegen Predigtäußerungen wurde Pater Leander verwarnt.

SCHOENEN, P. FRANZ
OMI
1892 08 21
Hünfeld
Wegen Verstoßes gegen das Heimtückegesetz
wurde Pater Franz zu einem Jahr Gefängnis verurteilt, wobei jedoch ein halbes Jahr Untersu-
chungs- und Schutzhaft angerechnet wurden.

SCHOLL, JOSEF
1898 02 24
Weißenborn-Lüderode
Pfarrvikar
Da Pfarrvikar Scholl im Juni 1940 bei der ange-
ordneten Beflaggung anläßlich des siegreichen
Einzugs der deutschen Truppen in Paris die
Flagge aus einem „unwürdigen" Fenster ge-
hängt hatte, wurde er für zwei Wochen in Gestapohaft genommen.
1941 brannte die Weißenborner Kirche bei Dach-
deckerarbeiten durch Brandstiftung eines
Handwerkers (der dazu von einem Nationalsozialisten veranlaßt worden war) aus. Die
Kirche durfte in den nächsten Jahren nicht
wieder aufgebaut werden.
Verstorben am 3.8.1946.
Lit.: Opfermann, B.: Marienkalender 59 (1957),
79.

SCHREIECK, NIKOLAUS
1884 12 15
Niedergailbach / Wandersleben, Thüringen
Pfarrer
Im Dezember 1939 und November 1940 als Flücht-
lingspfarrer in Wandersleben bei Erfurt durch
die Gestapo je ein Verweis wegen Flüchtlings-
und Polenseelsorge.
Verstorben am 27.9.1951.
Gehört zur Diözese Speyer.

SCHROECK, FRANZ XAVER
1912 06 12
Pirmasens (St. Pirmin) / Römhild, Thüringen
Kaplan
Am 30.10.1939 Schulverbot durch das thürin-
gische Volksbildungsministerium.
Am 18.6.1940 ein Strafbefehl des Amtsgerichts
Römhild (Thüringen) über 40 RM wegen Besuchs
der rückgeführten Pfarrangehörigen außer-
halb des Aufenthaltsortes.
Verstorben am 10.3.1950.
Gehört zur Diözese Speyer.

SCHULTE, KASPAR
1885 02 10
Rudolstadt
Pfarrer
Aufgrund seiner antinationalsozialistischen
Einstellung erlitt Pfarrer Schulte in der

Zeit von 1933 bis zu seinem Tode im Jahr
1940 zahlreiche Verhöre durch die Gestapo
sowie etliche Verleumdungen und Gewalt-
androhungen durch NSDAP-Mitglieder.
Verstorben am 4.1.1940.
Lit.: Eckardt, K.H.: Jahr des Herrn 15 (1966),
126f.

SIMON, HERMANN
1876 01 14
Bremen, Rhön
Pfarrer
Wegen der Teilnahme von Polen am Ostergottesdienst 1941 wurde Pfarrer Simon auf Betreiben
des Bürgermeisters für drei Wochen in Haft
genommen, anschließend erfolgte seine Ausweisung aus Thüringen und dem Regierungsbezirk Kassel.
Verstorben am 27.4.1953.
Lit.: Eckhardt, K. H.: Jahr des Herrn 15 (1969),
349.

STAENDER, HEINRICH
1874 06 17
Heuthen
Pfarrer
Da Pfarrer Ständer am 12.3.1933 vier Männern
in SA-Uniform die Teilnahme am Gottesdienst
verwehrte und staatsfeindliche Predigtäuße-
rungen machte, verurteilte ihn die Strafkammer
Nordhausen am 30.11.1933 zu einem Monat Ge-
fängnis.
Verstorben am 5.4.1956.
Lit.: 1. Opfermann, B.: Gestalten des Eichsfel-
des. Heiligenstadt 1968, 299. 2. Barthel, R.:
Begegnung 5 (1965), Heft 4, 12f.

STROTHEICHER, WILHELM
1890 04 16
Gernrode
Pfarrer
1936 eine Haussuchung durch die Gestapo wegen
der Vereinsarbeit Pfarrer Strotheichers.
Im Herbst 1940 verhinderte der Bürgermeister
eine Verhaftung des Pfarrers durch die Gestapo.
Verstorben am 12.6.1975.

TRAGESER, KONRAD
1884 05 18
Marbach
Pfarrer
Pfarrer Trageser wurde am 5.12.1941 ins KZ Dachau
eingeliefert, dort verstarb er am 14.1.1942.
Nähere Umstände sind nicht bekannt.
Lit.: Weiler, 669.

VOGT, GUSTAV
1890 04 09
Deuna

Pfarrer
Pfarrer Vogt wurde im August 1940 wegen eines
Polengottesdienstes eine Woche lang inhaftiert.
Aufgrund einiger regimekritischer Bemerkungen
vom 20.8.1940 wurde er durch einen nationalsozialistischen Lehrer angezeigt. Am 4.10.1940
erfolgte die Verhaftung und am 6.2.1941
verurteilte ihn das Sondergericht Erfurt wegen
Vergehens gegen das Heimtückegesetz zu vier
Monaten Haft. Anschließend wurde Pfarrer
Vogt am 25.3.1941 ins KZ Dachau gebracht, wo
am 12.7.1942 verstarb.
Lit.: 1. Kempner, 440ff. 2. Schnabel, 322.
3. Barthel, R.: Begegnung 20 (1980), Heft 2, 21.
4. Ziesnitz, H.- Rothe, G.: Der Leidensweg
eines Eichsfeld-Priesters. Pfarrer Gustav Vogt.
Begegnung 15 (1975), Heft 3, 22f. 5. Weiler,
685. 6. Siebert, H.: Das Eichsfeld unterm Haken-
kreuz. Paderborn 1982, 74-89.

WAND, JOSEF
1906 12 14
Zella
Pfarrvikar
Wegen Verstoßes gegen das Verbot der Fronleichnamsprozession wurde Vikar Wand am 25.5.
1940 durch die Gestapo verhaftet, er mußte
jedoch wegen schwerer Krankheit für haftunfähig erklärt werden. Es folgte eine Verwarnung.
Verstorben am 18.1.1966.
Lit.: Opfermann, B.: Marienkalender 59 (1957),
79.

WIEGEL, ALFONS
1876 07 12
Mühlhausen
Pfarrer
Wegen eines verbotenen Polengottesdienstes
wurde Pfarrer Wiegel im August 1940 für
eine Woche inhaftiert.
Verstorben am 15.11.1953.
Lit.: Opfermann, B.: Gestalten des Eichsfel-
des. Heiligenstadt 1968, 326.

WILD, LUDWIG (P. SIEGFRIED)
OFM
1907 06 15
Fulda
1936 wegen Kanzelmißbrauchs eine Verwarnung
durch die Gestapo.
Des weiteren Verurteilung zu zwei Monaten
Gefängnis.

WURTH, WALDEMAR (BR. PANKRAZ)
OFM
1889 02 16
Fulda
Missionsprokuratorsgehilfe

Wegen fortgesetzten Devisenvergehens wurde
Bruder Pankraz 1935 durch die Gestapo inhaf-
tiert.Des weiteren gerichtlich zu einem Jahr
Gefängnis und 2000 RM Geldstrafe verurteilt.

ZEUCH, FRANZ
1883 11 15
Heiligenstadt (St. Ägidien)
Pfarrer
Ein Verhör durch die Gestapo, weil der Pfarrer
das uneheliche Kind eines aus der Kirche ausgetretenen SS-Mannes getauft hatte.
1940/41 Gefängnisaufenthalt und KZ-Haft, weil
der Pfarrer eine Frau vor der Heirat mit einem
aus der Kirche ausgetretenen SS-Mann gewarnt
hatte. Dem Pfarrer wurde mitgeteilt, daß er
hauptsächlich zur Abschreckung so hart bestraft würde:
19.10.1940-4.12.1940 Polizeigefängnis Erfurt,
5.12.1940-11.12.1940 auf Sammeltransport,
12.12.1940 KZ Sachsenhausen,
13.12.1940-18.3.1941 KZ Dachau (Entlassung).
Verstorben am 7.11.1964.
Lit.: 1.Weiler, 733. 2.Wagener, Ulrich: Lei-
densweg Paderborner Priester in der NS-Zeit.
In: Der Dom. 5 (1983), 13, 125. 3.Opfermann:
Gestalten, 331.

10. Bistum Hildesheim

ASSMANN, GEORG (P. FLORIBERT)
OFM
1901 02 22
Ottbergen
Guardian
1941 Predigtverbot, Ausweisung und sechs Tage
Haft anläßlich der Klosteraufhebung durch
die Gestapo.

BANK, BERNHARD
1908 10 16
Woltwiesche
Pfarrvikar
Anfang 1942 Schließung einer von ihm gerade zu einer
Notkapelle umgebauten alten Molkerei durch die
Gestapo.
Verstorben am 14.8.1942.

BANK, JOHANNES
1902 09 03
Hildesheim (St. Joseph)
Kaplan
Religionsunterrichtsverbot durch die Schulleitung 1935.
Anpöbeleien und Entfernung kirchlicher Fahnen
1935.
1936 Haussuchung, Beschlagnahme der Schreibmaschine sowie zwei Verhöre durch die Gestapo.

BANK, OTTO
1900 08 22
Hildesheim (St.Godehardi)
Pfarrer
Wegen staatsfeindlichen Verhaltens 10.000 RM
Sicherungsgeld im Jahre 1938.
Am 19.7.1939 vom Landgericht Hannover aufgrund
Vergehens gegen das Heimtückegesetz zu einem
Jahr Gefängnis verurteilt. Am 28.7.1939 wurde
der Pfarrer wegen Amnestie aus der Haft ent-
lassen, jedoch sofort durch die Gestapo bis
zum 14.9.1940 in Schutzhaft genommen.
*Lit.: Die Diözese Hildesheim in Vergangenheit
und Gegenwart. 37/38 (1970/71), 532ff.*

BECKMANN, ALOYS
1889 02 14
Hannover-Linden
Pfarrer
Wegen seiner Tätigkeit als Vorsitzender des
kath. Vereins für soziale Schwierigkeiten
mehrere Gestapoverhöre in den Jahren 1941/42.
Verstorben am 8.10.1958.

BEHRENS, WALTER
1905 07 26
Wolfenbüttel (St. Peter)
Kaplan

Wegen Feindbegünstigung, Abhörens ausländischer Sender und Wehrkraftzersetzung durch
das Sondergericht Braunschweig am 5.11.1943
zu drei Jahren Haft verurteilt.
*Lit.: Die Diözese Hildesheim in Vergangenheit
und Gegenwart. 37/38 (1970/71), 534.*

CLAUSING, JOSEPH
1879 07 31
Hildesheim
Geistl. Oberstudiendirektor
Dr. phil.
Nach der Übernahme des bischöflichen Gymnasiums Josephinum durch die Stadt Hildesheim
wurde Dr. Clausing durch das Reichserziehungs-
ministerium zum 1.7.1943 in den Ruhestand
zwangsversetzt.
*Lit.: Gerlach/Seeland: Geschichte des bischöf-
lichen Gymnasiums Josephinum in Hildesheim.
1952, 155.*

GNEGEL, WILHELM
1893 05 19
Bad Salzgitter
Pfarrer
Aufgrund staatsfeindlichen Verhaltens und Wahrung des Beichtgeheimnisses mehrere Verhöre
und Haussuchungen. Am 24.3.1943 Inschutzhaftnahme durch die Gestapo. Am 28.5.1943 Einweisung ins KZ Dachau, dort am 28.3.1945 entlassen.
Verstorben am 25.1.1968.
*Lit.: 1.Weiler, 259. 2.Die Diözese Hildesheim
in Vergangenheit und Gegenwart. 37/38 (1970/
71), 537.*

GOERGE, BERNHARD
1890 12 18
Wesermünde-Lehe (Herz-Jesu)
Pfarrer
Lic. theol.
Wegen Regimekritik vom 3.11.1944 an in Schutz-
haft durch die Gestapo.
Verstorben am 29.6.1947.
*Lit.: Die Diözese Hildesheim in Vergangenheit
und Gegenwart. 37/38 (1970/71), 538.*

GROSS, LUDWIG
1905 03 08
Braunschweig (St. Nikolaus)
Kaplan
Öffentliche Mißhandlung im Frühjahr 1936
(offenbar auf Veranlassung der Gestapo). Kaplan
Groß wurde Opfer eines Racheaktes, der wohl
seinem Amtsbruder Bernward Neise galt. Dieser
hatte einen Ministranten in HJ-Uniform geohrfeigt.
Verstorben am 28.6.1958.

GUENTER, JOSEF (P. WENDELIN)
OFM
1899 10 05
Hannover
Wegen eines Devisenvergehens kurzfristig
festgenommen, Verfahren jedoch eingestellt.

HACKETHAL, CHRISTOPH
1899 03 28
Bad Harzburg-Bündheim
Pfarrer
Am 18.4.1941 Inschutzhaftnahme durch die Ge-
stapo. Am 26.7.1941 Einlieferung ins KZ
Dachau, dort am 28.8.1942 angeblich an
Lungenentzündung gestorben.
Interventionen des Kommissariats der Fuldaer
Bischofskonferenz sowie des Generalvikars Dr.
Offenstein beim Reichssicherheitshauptamt in
Berlin blieben ohne Erfolg.
*Lit.: 1. Weiler, 281. 2. Die Diözese Hildes-
heim in Vergangenheit und Gegenwart. 37/38
(1970/71), 539-550. 3. Domkalender 1967, 40.*

HARTMANN, ROBERT
1894 02 13
Sarstedt / Rhumspringe
Pfarrer
Wegen seiner Stellungnahme im Schulkampf 1937/38
mehrere Verhöre durch die Gestapo.
Wegen Verbreitung des Möldersbriefes am 17.
3.1942 ein Verhör durch die Gestapo; am
18.3.1942 Inschutzhaftnahme und am 27.1.1943
gerichtlicher Freispruch von der Anklage.
Denoch erfolgte am 17.3.1943 die Einlieferung
ins KZ Dachau. Von dort konnte der Pfarrer am
26.4.1945 entfliehen.
Interventionen Bischof Wienkens beim Reichssicherheitshauptamt Berlin zeigten keinen Erfolg.
Verstorben am 11.9.1955.
*Lit.: 1. Weiler, 286. 2. Die Diözese Hildesheim
in Vergangenheit und Gegenwart. 37/38 (1970/
71), 550.*

HENKE, FRIEDRICH
1909 10 05
Hildesheim
Diözesanjugendseelsorger
Wegen Weiterführung der kath. Jugendarbeit und
einer Predigt 1940 Haussuchung und Beschlagnahme
des Arbeitsmaterials sowie Schutzhaft und Ver-
hör durch die Gestapo.
Die Gestapo verhinderte 1940/41 die Ernennung
Henkes zum Kriegspfarrer.
Der Domsyndikus Beitzen ermöglichte ihm das
Untertauchen bei der Wehrmacht.

HILLENBRAND, ISIDOR (P. MACARIUS)
OFM
1913 02 25
Ottbergen
1941 bei Aufhebung des Klosters Predigtverbot,
Aufenthaltsverbot sowie sieben Tage Haft durch
die Gestapo.

HUNOLD, EDUARD
1898 12 13
Hildesheim
Geistl. Studienrat
Wegen seines Standes als kath. Priester berufliche
Nachteile im Schulbereich: keine feste Anstel-
lung und Ausschluß von der Beförderung.
Verstorben am 13.7.1956.

JAEGER, JOHANNES
1913 09 28
Goslar (St. Jakobus d. Ä.)
Kaplan
Wegen einer Äußerung bezüglich der Ehe
am 30.4.1941 Inschutzhaftnahme durch die Gestapo. Am 13.6.1941 Einweisung ins KZ Dachau,
wo am 29.3.1945 die Entlassung erfolgte.
*Lit.: 1. Weiler, 308. 2. Die Diözese Hildesheim
in Vergangenheit und Gegenwart. 37/38 (1970/
71), 556.*

KOCH, ADAM (BR. STURMIUS)
OFM
1901 05 18
Ottbergen
Geistl. Koch
1941 anläßlich der Klosteraufhebung ca.
zwei Monate Haft durch die Gestapo, anschließend
Aufenthaltsverbot im Umkreis von 100 km.

KOETTER, HEINRICH
1910 10 28
Tiftlingerode
Pfarrvikar
Aufgrund von Wehrkraftzersetzung am 29. und 30.10.
1941 Haussuchung und Verhör durch die Gestapo. Am 30.10.1941 Internierung im Arbeitslager Liebenau; am 28.11.1941 Einweisung ins KZ
Dachau, dort erfolgte am 27.3.1945 die Entlassung.
*Lit.: 1. Weiler, 354. 2. Die Diözese Hildesheim
in Vergangenheit und Gegenwart. 37/38 (1970/
71), 557.*
Vikar Kötter gehörte zur Diözese Münster.

KRAWIEC, JOHANNES
1901 10 08
Hildesheim-Moritzberg
Kaplan
Wegen Weiterführung der kath. Jugendarbeit 1938

Haussuchung, Beschlagnahme von Akten, Schreibmaschine und Vervielfältigungsapparat sowie
ein Verhör durch die Gestapo.
Verstorben am 14.10.1970.

MACHENS, JOSEPH GODEHARD
1886 08 29
Hildesheim
Bischof
Dr. theol.
Am 3.7.1938 entfernte die Polizei unmittelbar
vor dem Kirchenzug des Bischofs die Fahnen
vor dem Pfarrhof. Außerdem zogen NSDAP-An-
hänger durch die Straßen und sangen Hetz-
lieder.
Verstorben am 14.8.1956.
Lit.: Neuhäusler, 36.

MAXEN, WILHELM
1867 07 30
Hannover
Pfarrer, Ehrendomherr
D. Dr.
1935 eine Vernehmung durch die Gestapo.

MUELLER, JOSEPH
1894 08 19
Großdüngen
Pfarrer
Am 28.8.1944 wegen Wehrkraftzersetzung – Müller
hatte einen politischen Witz erzählt – durch
den Volksgerichtshof unter Freisler zum Tode
verurteilt. Die Anklage wurde aufgrund einer
Denunziation erhoben. Das Urteil wurde am 11.9.
1944 vollstreckt.
Lit.: 1.Kempner, 301-310. 2.Müller, J.: Ein
Priesterleben in und für Christus. Celle 1948.
3.Unitas. Sonderheft Juni 1965 Köln.
4.Kloidt, F.: Verräter oder Märtyrer. Düs-
seldorf 1962.

SAUERMOST, ANTON
1894 05 05
Hildesheim
Kaplan
Kaplan Sauermost wurde als Halbarier durch die
Gestapo gesucht und konnte sich 1934 einer
Festnahme nur durch Flucht nach Holland ent-
ziehen, wo er sechs Monate verblieb.
Verstorben am 24.7.1945.

SCHLAGHECK, JOSEF
1909 11 13
Hildesheim
Domlektor
Aufgrund fortgesetzter Ausübung katholischer
Jugendarbeit 1940/41 ein Verhör durch die
Gestapo.

SEELMEYER, OTTO
1877 01 03
Hildesheim
Generalvikariatsrat
Dr. jur. can.
Aufgrund angeblicher Devisenvergehen 1936 durch
das Sondergericht Berlin zu drei Jahren Zucht-
haus verurteilt. Zahlreiche Interventionen des
Bischofs von Hildesheim, Kardinalstaatssekre-
tärs Pacelli sowie Bischof Bernings u.a. beim
Reichsjustizminister in Berlin führten zur
vorzeitigen Haftentlassung Dr. Seelmeyers
(Haftzeit: 11.5.1936 bis 14.7.1937).
Verstorben am 24.1.1942.
Lit.: Die Diözese Hildesheim in Ver-
gangenheit und Gegenwart. 37/38 (1970/71),
507-529.

SEUBERT, KONRAD (P. JAKOB)
OFM
1893 09 22
Ottbergen
1941 bei Aufhebung des Klosters Predigtverbot,
Aufenthaltsverbot (im Umkreis von 100 km) und
sieben Tage Haft durch die Gestapo.

SOMMER, ANDREAS (P. EPHREM)
OFM
1890 06 30
Ottbergen
1941 bei Aufhebung des Klosters Predigtverbot,
Aufenthaltsverbot und sieben Tage Haft durch die
Gestapo.

11. Erzbistum Köln

ALERTZ, PAUL
1899 07 07
Houverath
Pfarrer
Dr. phil.
Am 20.7.1944 wegen defätistischer Äußerungen
über den Kriegsausgang von der Gestapo verhaftet und ins KZ Buchenwald gebracht. Er war
durch einen Schulhelfer aus Houverath denunziert
worden. Im April 1945 wurde er vom Volksgerichtshof Berlin freigesprochen, anschließend
kehrte er in seine frühere Pfarrstelle zurück.
Verstorben am 18.2.1967.

ALFES, GEORG
1900 05 01
Engelskirchen / Düsseldorf
Kaplan
Aufgrund der Herausgabe seines Buches „Glaubens-
verkündigungen an die weibliche Jugend", das
mit Anordnung der Gestapo vom 12.5.1941 beschlagnahmt wurde, hat man ihm die Betätigung als
religiöser Schriftsteller verboten.

ALLEKOTTE, WILHELM
1904 08 28
Troisdorf
Kaplan
Wurde 1938 vom Landgericht Bonn und vom Sonder-
gericht Köln wegen einer Predigt über die
Kreuzentfernung in den Schulen verwarnt.
Verstorben am 13.10.1971.

ANGENENDT, REINHARD
1907 03 26
Ratingen / Köln (St. Maria im Kapitol)
Kaplan
Er wurde verdächtigt, durch katholische Kinder
die Lehrer in der Schule bespitzeln zu lassen
sowie Greuelpropaganda zu treiben. Seine Predigten wurden überwacht.

ANTWEILER, ANTON
1900 10 12
Bonn-Endenich (Kuranstalt St. Paulus)
Krankenhauspfarrer
D.Dr.
Die Reichsschrifttumskammer verweigerte ihm we-
gen der Veröffentlichung zweier religiöser
Schriften ohne Genehmigung die Dozentur für
katholische Theologie, verbot ihm, sich als
Schriftsteller zu betätigen und erlegte ihm ei-
ne Geldstrafe auf.

ARETS, JOHANNES
1888 05 10
Eitorf

Pfarrer
Wegen Beeinflussung der Schulkinder 1944 von der
Gestapo zu 150 RM Geldstrafe verurteilt.
Verstorben am 1.6.1962.

BAUER, MICHAEL GEORG (BR. AGATHANGELUS)
CSSP
1906 02 06
Knechtsteden
1941 wegen Speisung französischer Kriegs-
gefangener in Schutzhaft genommen.
Später zur Wehrmacht.
Gefallen am 11.6.1944.

BAYER, JOHANNES
1894 01 19
Honnef-Selhof
Pfarrektor
Wegen seiner Tätigkeit im Jungmännerverein von
der Gestapo verwarnt.
Verstorben am 17.12.1956.

BECHER, THEODOR
1892 08 15
Köln-Lindenthal / Essen-Königsstelle
Kaplan
Eine Anklage wegen Verstoßes gegen den Heim-
tückeparagraphen wurde eingestellt. Eine Ver-
warnung.
Verstorben am 10.7.1953.

BECKERS, MATTHIAS
1900 05 06
Düsseldorf-Unterrath
Pfarrer
Wurde wegen defätistischer Reden von der Ge-
stapo verwarnt. Am 25.10.1940 aus dem Rheinland
und Westfalen ausgewiesen, erhielt am 4.1.1941
Aufenthaltsverbot für Rüdesheim und Hessen.
Vom 10.12.1941 bis 31.12.1941 Gefängnisaufenthalt in
Lörrach. Am 31.7.1945 Rückkehr in seine Düssel-
dorfer Pfarrei.

BERGHEIM, WILHELM
1902 05 21
Köln-Zollstock
Kaplan
Die Gestapo leitete ein Strafverfahren wegen
Verächtlichmachung der Parteiuniform ein. Es
wurde später eingestellt.
Verstorben am 18.6.1955.

BERGHS, JAKOB
1898 03 24
Leverkusen-Wiesdorf
Kaplan
Wegen einer Aussage über die Ehe des Propagan-
daministers, der Sabotage des Winterhilfswerkes
und der Tätigkeit als Präses im katholischen

Jungmännerverband von der Gestapo verwarnt und
mit 1000 RM Geldstrafe belegt worden.

BIESING, OTTO
1912 12 29
Elzach (Ebtm. Freiburg) / Adendorf
Kaplan
Aufgrund seines Einwirkens auf die katholische
Jugend von Elzach Verwarnung durch die Gestapo
Freiburg. Wegen seiner Einflußnahme auf die
zum Wehrdienst Eingezogenen der Pfarre Schutz-
haft vom 21.8.1940 bis zum 10.9.1940.

BLUMENTRATH, JOHANNES
1909 08 21
Köln (St. Severin)
Kaplan
Wegen des Versandes von religiösem Schrifttum
an die im Felde stehenden Soldaten seiner Pfarrei St. Severin, sowie wegen seiner Tätigkeit
in der katholischen Jugend von der Gestapo verhört und verwarnt.

BOEHLER, WILHELM
1891 11 18
Düsseldorf / Essen-Altendorf
Pfarrer
Aufgrund seiner Stellung als Vertrauensmann des
ehemaligen Zentrumskanzlers Marx und seiner Be-
ziehungen zu Krupp von Bohlen und Halbach,
ferner aufgrund des Sammelns von parteiamtlichen
Papieren in der Dienststelle Düsseldorf sowie
im Zusammenhang mit der Auflösung der katholi-
schen Organisationen wurde er vom 7.2. bis 19.3.
1938 von der Gestapo in Schutzhaft genommen.
Von 1938 bis 1943 Postüberwachung.
Verstorben am 25.7.1958.
Lit.: 1.Hehl, 133, 151, 176f. 2.Schewick,
Burkhard van: Wilhelm Böhler (1891-1958), in:
Zeitgeschichte in Lebensbildern, Band 4,
Mainz 1980, S.197-207.

BOEHM, FRANZ
1880 10 03
Sieglar / Monheim
Pfarrer
1935 Unterrichtsverbot, vom 4.7.1935 bis zum 16.4.
1936 Aufenthaltsverbot für den Reg.Bez. Köln.
Am 12.4.1939 wegen Vergehens gegen das Sammlungsgesetz vom Amtsgericht Opladen zu 50 RM Geldstrafe bzw. 10 Tagen Haft verurteilt. Am 19.12.
1943 zu 3000 RM Geldstrafe verurteilt. Wegen seiner Kritik deutscher Filme sowie seiner staatsfeindlichen und den öffentlichen Frieden stö-
renden Haltung wurde er am 12.8.1944 von der Gestapo ins KZ Dachau gebracht und verstarb dort
am 13.2.1945.
Lit.: 1.Hehl, 222. 2.Weiler, 144.

BOERKEY, WILHELM
1903 03 17
Köln-Ehrenfeld / Köln-Vingst
Kaplan
Wegen Züchtigung eines Hitlerjungen im Religionsunterricht erhielt er 1936 vom Regierungspräsidenten
in Köln eine Verwarnung und Unterrichtsverbot.

BOETZKES, LEONHARD MARIA
1899 10 20
Münstereifel
Pfarrer, Präses des Collegiums Josephinum
Aufgrund der Wahrung des kirchlichen Charak-
ters des Konvikts Münstereifel gegen HJ und
NSDAP erlitt der Pfarrer berufliche Nachteile.
Verstorben am 11.9.1970.

BORNHOLD, THEODOR
1904 02 14
Köln-Deutz / Essen-Frohnhausen (St. Antonius)
Kaplan
1938 Auflösung der Kolpingfamilie, deren Präses er war.
Verstorben am 5.11.1977.

BOSCH, HEINRICH
1878 11 25
Essen-Altendorf
Pfarrer
Wegen staatsfeindlicher Äußerungen Ablehnung
des Antrages auf Aufnahme in die Berufsliste der
Schriftsteller sowie Beschlagnahme einiger Aus-
gaben der „Essener Kirchenblätter", deren
Schriftleiter er war.
Verstorben am 4.9.1946.

BOSKAMP, KARL
1907 03 05
Neuß / Düsseldorf (St. Rochus) / Köln
Kaplan
Wegen Kanzelmißbrauchs und Nichtbeflaggung Ver-
warnung durch die Gestapo.

BRACH, KARL
1906 09 07
Leverkusen-Bürrig / Köln (St. Peter)
Kaplan
Wegen Kanzelmißbrauchs Verwarnung. 1935 Aufgrund verbotenen Umzugs 30 RM Geldstrafe. Wegen
seelsorgerischer Betätigung in der katholischen
Jugend 1941 Auferlegung eines Sicherungsgeldes
in Höhe von 200 RM. Alle Maßnahmen wurden von
der Gestapo verhängt.

BRANDT, ADOLF
1878 05 20
Wuppertal-Elberfeld
Pfarrer, Stadtdechant
Erhielt am 24.4.1939 das Verbot der Herausgabe

seiner Pfarrnachrichten.
Verstorben am 15.11.1959.

BRANDT, AUGUST
1898 08 08
Essen-Holsterhausen
Kaplan
Wegen Beleidigung der Hitlerjugend 1934 vom Sondergericht zu 300 RM Geldstrafe verurteilt. 1936
entzog ihm der Kreisschulrat auf Betreiben der
Gestapo die Erlaubnis zur Erteilung des Religionsunterrichtes.

BRANDT, JOSEPH MARIA
1899 09 18
Köln-Buchforst / Kerpen / Troisdorf
Kaplan
Aus unbekannten Gründen kurzfristig festge-
nommen.
Verstorben am 3.7.1969.

BRAUNS, WILHELM
1907 09 03
Köln (St. Andreas) / Bonn (St. Martin)
Kaplan
Wegen bündischen Vergehens durch das Sonderge-
richt des Sicherungshauptamtes der SS in Berlin
zu einer einjährigen Haftstrafe verurteilt.
Diese wurde im Kölner Klingelpütz verbüßt.

BREM, PAUL
1910 07 02
Neuß
Kaplan, Krankenhauspfarrer
Wegen des Verdachts auf unerlaubte geheime Arbeit in der katholischen Jugend 1944 von der Gestapo verwarnt und zur Zahlung eines Sicherungsgeldes in Höhe von 1000 RM verurteilt. Wegen
eines versehentlichen Besuchs der Frau eines NS-
Zellenleiters im Krankenhauszimmer mußte er
eine Geldstrafe zahlen.

BREUER, FRANZ
1897 03 09
Siegburg (St. Servatius)
Kaplan
Wegen des Verdachts der Leitung einer illegalen
Jugendgruppe sowie der Verbreitung von gedruck-
ten Hirtenbriefen wurde er von der Gestapo in
Schutzhaft genommen.
Verstorben am 5.6.1974.

BRODESSER, PETER
1899 06 07
Düsseldorf-Heerdt / Köln-Ehrenfeld
Kaplan
Er wurde in Schutzhaft genommen, verbüßte
Gefängnis- und Zuchthausstrafen.
Verstorben am 5.10.1959.

BROEHL, JOHANNES
1906 05 10
Köln-Lindenthal
Krankenhauspfarrer
Wegen eines Vergehens gegen das Heimtücke-
gesetz von der Gestapo, wegen des Verfassens
und Verteilens eines Briefes an die katholische
Jugend von der Staatsanwaltschaft verwarnt.

BRORS, FRANZ
1885 06 13
Radevormwald
Pfarrer
Wurde 1933 wegen Widerstandes gegen SA-Eingriffe
von der Gestapo kurzfristig festgenommen. Auf-
grund einer Predigt gegen illegale Tötungen
wurde er 1934 verwarnt.
Verstorben am 15.5.1967.
Lit.: Hehl, 71.

BRUDERS, AUGUST
1915 01 28
Neunkirchen / Duisburg-Bissingheim
Theologiestudent
1938 von der Strafkammer Duisburg wegen eines
Vergehens gegen die Verordnung zum Schutz von
Volk und Staat zu 150 RM Geldstrafe verurteilt.
Priesterweihe 1940.

BRUECKEN, JOHANNES
1909 04 17
Mülheim / Düsseldorf / Wissen
Kaplan
Aus nicht näher bekannten politischen Gründen
von der Gestapo vom 9.9.1939 bis 11.7.1940 im Zuchthaus Siegburg und im Kölner Gefängnis Klingelpütz festgehalten.

BUESCHER, JOSEF
1902 01 05
Quadrath / Köln-Poll
Kaplan
Aufgrund seiner Betätigung in der katho-
lischen Jugend vor Gericht gestellt.
Wegen der Zusammenarbeit mit seinem - später
verurteiltem - Pfarrer wurde er für „politisch
unzuverlässig" erklärt und erlitt berufliche
Nachteile.
Verstorben am 8.3.1949.

BUESCHER, WILHELM (P. ENGELBERT)
OFM
1902 02 28
Düsseldorf / Kleinenbroich
Volksmissionar / Hilfsgeistlicher
Drei Verhaftungen durch die Gestapo bzw. SA wegen
regimekritischer Äußerungen (1934, 1935, 1941);
schließlich 1941 Redeverbot für das gesamte

Reichsgebiet wegen staatsabträglicher Äußerungen in Predigten etc.
Lit.: Kurten, E.: Unsere Toten III, Mönchengladbach 1979, 25.

BURG, HERMANN JOSEF
1895 06 25
Bonn-Poppelsdorf / Bliesheim / Erpel
Kaplan, Pfarrer
Dr.
Wegen Schwächung des Kriegseinsatzes vom 1.7.
1941 bis zum 23.8.1941 von der Gestapo in Schutzhaft genommen. Anschließend Ausweisung aus der Pfarrstelle bis nach Kriegsende.
Verstorben am 28.2.1955.

CARDAUN, JOSEF
1893 08 25
Köln (Maria Himmelfahrt)
Pfarrer, Sekretär der Exerzitien-Organisation
Durch die Gestapo Überwachung der Predigt sowie am 23.6.1942 wegen regimekritischer Äußerungen Redeverbot für die gesamte Rheinprovinz.
Verstorben am 26.11.1944.

CARL, NIKOLAUS
1911 07 06
Düsseldorf / St. Wendel
Kaplan
Am 13.6.1941 wegen Abhörens ausländischer Sender zu einem Jahr und sechs Monaten Zuchthaus verurteilt.
Verstorben am 4.4.1968.

CARLS, JOHANNES
1886 12 17
Wuppertal-Elberfeld
Pfarrer, Caritasdirektor
Wegen staatsgefährdender Predigten am 13.3.1942 von der Gestapo ins KZ Dachau eingeliefert. Dort am 29.4.1945 befreit.
Verstorben am 3.2.1952.
Lit.: 1.Hehl, 224. 2.Weiler, 164.

CLEMENS, JAKOB
1890 12 04
Düsseldorf / Köln-Riehl
Pfarrer, Generalsekretär Des KJMV
Am 19.11.1935 von der Gestapo verhaftet. Das im Hochverratsprozeß Rossaint gegen ihn eingeleitete Verfahren wurde wegen Mangels an Beweisen eingestellt. Entlassung aus der Haft am 17.7.1936.
Verstorben am 23.5.1963.
Lit.: 1.Hehl, 31, 102ff, 114f, 160. 2.Schellenberger, 10f.

CONTZEN, ALBERT VON
1878 08 15
Rhöndorf
Pfarrer
Wegen Kanzelmißbrauchs und Nichthissen der Nazifahne an der Kirche von der Gestapo verwarnt.
Verstorben am 30.5.1954.

CUERTEN, HEINRICH
1901 12 16
Köln-Nippes
Kaplan
1935 Unterrichtsverbot nach einer Romfahrt. 1937 Haussuchung. 1938 Vorladung durch die Gestapo und Vorladung durch den Staatsanwalt wegen Beleidigung der Partei. Zu 14 Tagen Haft verurteilt, Straferlaß laut Amnestie vom 24.9.1939. Am 17. 9.1941 500 RM Geldstrafe wegen Verstoßes gegen das Reichskulturkammergesetz. Am 26.3.1943 Vorladung vor den Polizeipräsidenten wegen Verteilung von Drucksachen, am 1.4.1943 zu 10 RM Geldstrafe oder zwei Tagen Haft verurteilt.

DAMBACH, KARL
1888 10 31
Leverkusen-Rheindorf / Köln-Ehrenfeld
Pfarrer
Wegen Kanzelmißbrauchs am 19.5.1941 von der Gestapo verhaftet. Am 23.8.1941 aus dem Gefängnis Klingelpütz entlassen. Zugleich bis Kriegsende aus dem Rheinland und Westfalen ausgewiesen.
Verstorben am 16.11.1966.

DEMUTH, JOSEPH
1877 04 25
Mondorf / Bruchhausen
Pfarrer
Wegen einer Predigt gegen die Entfernung der Kreuze aus der Schule am 8.3.1937 von der Gestapo verhaftet. Nach mehreren Monaten entlassen und gleichzeitig aus dem Reg.-Bez.Köln ausgewiesen. Erst 1938 nach Versetzung nach Bruchhausen Rückkehr in die Seelsorge. Intervention Bischof Bernings.
Verstorben am 26.12.1947.
Lit.: Hehl, 148.

DERICHS, HEINRICH
1899 04 19
Leverkusen-Wiesdorf
Geistl. Religionslehrer
Ein Ermittlungsverfahren wegen Vergehens gegen das Heimtückegesetz wurde 1938 eingestellt. Verwarnung wegen Kanzelmißbrauchs. 1943 unter dem Vorwand, es seien zu wenig Schüler für den Religionsunterricht da, aus dem Schuldienst entlassen.
Verstorben am 22.10.1979.

DIEFENBACH, MICHAEL
1887 08 28
Köln-Zollstock / Köln (St. Pantaleon)
Pfarrer
Wegen Kanzelmißbrauchs, Abhaltung des Gottes-
dienstes und Läuten vor 10 Uhr morgens von der
Gestapo verwarnt.
Verstorben am 27.3.1961.

DOEHMER, MAXIMILIAN
1865 05 23
Düsseldorf (St. Rochus)
Pfarrer / Stadtdechant / Domkapitular
1937 vom Amtsgericht Düsseldorf wegen Verstoßes gegen das Reichspressegesetz zu 30 RM
Geldstrafe verurteilt. Überwachung seiner Predigten durch die HJ. Von seiten der Gestapo
wurde ihm vorgeworfen, der Klerus unterhalte
Beziehungen zu den Freimaurern. Dadurch entstanden ihm berufliche Nachteile.
Verstorben am 18.3.1947.

DOPPELFELD, FRANZ
1905 07 19
Neuß (St. Marien) / Neuß-Reuschenberg
Kaplan / Pfarrektor
Drei Ermittlungsverfahren gegen ihn mußten
wegen fehlender Beweise abgebrochen werden. Aufgrund einer Predigt über Zeitfragen nahm ihn
die Gestapo am 12.5.1941 in Schutzhaft. Am 22.
8.1941 wurde er ins KZ Dachau überführt. Am
8.11.1944 Einberufung zur Wehrmacht, Kriegsgefangenschaft, Rückkehr 1950.
Verstorben am 24.11.1964.
Lit.: 1.Hehl, 222f. 2.Weiler, 205.

DRESEN, HEINRICH
1894 09 30
Essen-Steele / Siegburg-Wolsdorf
Geistl. Religionslehrer / Pfarrektor
1933 aufgrund des Gesetzes zur Wiederherstellung
des Berufsbeamtentums aus seiner Stellung als
Studienrat entlassen. 1935 im Verlauf einer
Aktion der HJ in Schutzhaft genommen. Aus nicht
bekannten Gründen 1939 von der Gestapo verwarnt.
Verstorben am 3.1.1971.

DRESLER, HERMANN
1899 07 25
Essen-Stoppenberg
Kaplan
Mußte wegen einer Predigt Sicherungsgeld
hinterlegen.
Verstorben am 16.2.1965.

DRISSEN, JOSEPH
1904 11 11
Köln-Klettenberg / Köln-Mülheim
Kaplan
Wegen Jugendarbeit durch die Gestapo verwarnt.

DRUX, FRIEDRICH
1908 07 14
Berzdorf / Lichtenberg
Kaplan, Pfarrektor
1934 wegen eines Verstoßes gegen den Kanzelparagraphen von der Gestapo verwarnt. 1938 wurde
ein Verfahren wegen Vergehens gegen das Heimtückegesetz vor dem Sondergericht eingestellt.

EICHEN, KARL
1882 06 25
Köln
Geistl. Studienrat, Prälat
1933 aus nicht genannten Gründen vorübergehend
vom Amt suspendiert, dann versetzt. Kürzung des
Ruhegehalts. 1937 aus unbekannten Gründen ein
Verfahren bei der Gestapo.
Verstorben am 5.7.1952.

EINK, FRIEDRICH
1906 02 26
Immigrath / Köln-Mülheim / Düsseldorf / Köln
Kaplan / Jugendseelsorger / Domvikar
Erhielt vom Regierungspräsidenten in Köln
wegen Werbung für katholische Jugendvereine
am 25.3.1937 Unterrichtsverbot. Von der Gestapo
wegen Kanzelmißbrauchs verwarnt.

EMONDS, JOSEPH
1898 11 15
Essen-Steele / Kirchheim
Pfarrer, Dechant
Seit 1933 wegen seiner regimefeindlichen Haltung
von der Gestapo überwacht.
1938 nach Kirchheim versetzt, da er aufgrund
seiner vielfältigen Aktivitäten zum Schutz
Verfolgter als „nicht mehr tragbar" galt (u.a.
hatte er Pässe, verschiedene Unterlagen etc.
besorgt und geheime Grenzübertritte organisiert
sowie Kontakt zu anderen Regimegegnern gepflegt,
die im Untergrund lebten). Bis Kriegsende setzte er seine Hilfsarbeit fort und rettete zahlreiche Juden, Priester und andere Verfolgte. Auch zur
Gruppe des 20. Juli (1944) hatte er Kontakt.
Verstorben am 7.2.1975.
*Lit.: Arntz, H.-Dieter: Judaica. In: Kirchen-
zeitung für das Erzbistum Köln (1983), Nr. 1,
S.25; Nr.6, S.25,27; Nr.7, S.25.*

ENGELS, HEINRICH
1906 07 27
Leverkusen-Schlebusch
Kaplan
Wegen verbotener Betätigung in der katholischen
Jugend von der Gestapo zu 200 RM Geldstrafe
verurteilt.

ESSER, ANTON
1866 04 10
Süngscheidt
Pfarrer
Wegen Kanzelmißbrauchs von der Gestapo ver-
warnt.
Verstorben am 21.1.1953.

EWERS, HEINRICH
1888 03 17
Brühl-Kierberg
Pfarrer
Wegen defätistischer Äußerungen über den
Kriegsausgang und die Hitlerjugend von der Ge-
stapo kurzfristig festgenommen und verwarnt.
Verstorben am 23.2.1952.

FALKENSTEIN, HEINRICH
1877 09 19
Blankenberg / Uckerath
Pfarrer, Dechant
Wegen beleidigender Äußerungen über Hitler
sowie wegen der Kritik an der Demolierung von
Judengeschäften am 29.4.1944 durch die Gestapo
verhaftet. Vom 29.4. bis 13.7.1944 im Klingelpütz
in Köln, vom 22.7. bis 18.9.1944 im Landgerichtsgefängnis Berlin-Potsdam, vom 27.10. bis 8.12.1944
wieder im Klingelpütz in Köln festgehalten.
Freispruch vor dem Volksgerichtshof Berlin,
aber Ausweisung aus dem Siegkreis.
Verstorben am 5.3.1955.

FASSBENDER, ADAM
1909 04 16
Köln-Kalk / Brühl / Köln
Pfarrer, Studienassessor
Wegen Streichung bzw. Kürzung des Religionsunterrichts vom Oberpräsidenten der Rheinprovinz am 1.1.1943 aus dem Beamtenverhältnis
und dem höheren Schuldienst entlassen.

FASSBENDER, HERMANN
1881 09 24
Brühl-Schwadorf / Düsseldorf / Siegburg
Strafanstaltspfarrer
Wegen der Vervielfältigung und des Versandes
von Abschriften der Predigten von Bischof Graf
Galen von der Gestapo mit einer Geldstrafe be-
legt sowie strafversetzt.
Verstorben am 2.10.1956.

FECKES, CARL
1894 07 30
Bensberg
Pfarrer
Professor
1941 von der Gestapo aus der Wohnung in Bensberg
vertrieben.
Verstorben am 8.3.1958.

FELDHOFF, ALEXANDER
1911 02 27
Opladen
Kaplan
Ein Verfahren wegen Vergehens gegen das Heim-
tückegesetz wurde 1937 eingestellt. Ebenfalls
1937 Unterrichtsverbot.
Verstorben am 29.7.1974.

FETTEN, HERMANN JOSEF
1891 04 29
Hersel (Kloster) / Ittenbach
Pfarrer
Wegen Kanzelmißbrauchs von der Gestapo ver-
warnt sowie von 1941 bis 1945 Aufenthaltsverbot.

FINKE, BERNHARD
1912 12 10
Düsseldorf-Gerresheim
Kaplan
Wegen Unterlassung des deutschen Grußes und abfälliger Bemerkungen über die Erziehung der
deutschen Jugend von der Gestapo verwarnt.

FLATTEN, JOSEPH
1895 05 10
Leverkusen-Rheindorf
Pfarrer, Dechant
Von der Gestapo mit 500 RM Geldstrafe belegt,
weil er nach nächtlichem Fliegeralarm gelegent-
lich Gottesdienst gehalten hatte.
Verstorben am 11.8.1970.

FLINK, JOSEPH
1893 09 02
Köln-Nippes / Essen (St. Joseph)
Kaplan
Wegen Kanzelmißbrauchs Verwarnung durch die
Gestapo. 1937 wegen angeblicher sittlicher Ver-
gehen 5 Monate Haft, danach Entlassung ohne Ver-
handlung oder ein Urteil.
Verstorben am 28.2.1961.

FLINTROP, JOHANNES
1904 05 23
Mettmann
Kaplan
Wegen defätistischer Äußerungen von der
Gestapo am 13.4.1942 in Schutzhaft genommen. Am
1.5.1942 ins KZ Dachau gebracht, dort am 18.8.
1942 gestorben.
*Lit.: 1.Hehl, 223. 2.Weiler, 232. 3.Kirchenzei-
tung des Erzbistums Köln vom 22.3.1974.*

FLOSSDORF, AUGUSTIN
1901 01 01
o.O.
Missionar, Pfarrer
Dem am 28.3.1936 in Freiburg (Schweiz) für
Brasilien Geweihten wurde die Ausreise in seine
Diözese (Ilheos) verweigert. Nach einer Haftzeit - vermutlich im KZ - konnte der Pfarrer
sich offenbar weiterem Zugriff seitens der Nationalsozialisten entziehen.
Genauere Angaben fehlen. Nach dem Krieg erhielt
er eine Wiedergutmachungszahlung.
Verstorben am 11.8.1967.

FRIELINGSDORF, JOHANNES MARIA
1899 10 03
Wuppertal-Elberfeld / Bliesheim
Pfarrer
Wegen Verlesung des Möldersbriefes in einer
Versammlung Verhaftung durch die Gestapo sowie
10 Tage Gefängnis in Bonn. Außerdem Verbot
der Abhaltung weiterer Bibelabende.
Verstorben am 23.4.1952.

FRINGS, JOSEPH
1887 02 06
Altenberg / Köln
Regens / Erzbischof
Ende 1940 aufgrund eines Vergehens gegen die
Verdunkelungsvorschriften gerichtlich mit einem
Strafbefehl über 105 RM Geldstrafe belegt.
Am 21.6.1942 Konsekration und Inthronisierung
zum Erzbischof von Köln.
Von 1942 bis 1944 Überwachung seiner Predigten
und Hirtenbriefe durch die Gestapo.
Verstorben am 17.12.1978.

FROTZ, AUGUST
1903 05 25
Köln
Domvikar, Diözesanpräses des KJMV
D.Dr.
Wegen Herausgabe von Druckschriften ohne Ver-
fasserangabe Vorladung und Verhöre durch die
Gestapo.
Lit.: Hehl, 182.

FUNKE, ANTONIUS
1892 08 11
Köln
Pfarrer, Monsignore, Sonderbeauftragter
D.Dr.
Aufgrund aktiver katholischer Pressearbeit und
deren Finanzierung kurzfristige Festnahme
sowie Verwarnung durch die Gestapo. Aus den
gleichen Gründen fanden vier Prozesse statt.
Gehört zur Diözese Mainz.

GEHLEN, KARL
1908 04 10
Rodenkirchen
Kaplan
Wegen Vervielfältigung und Verbreitung der
Predigten Bischof Galens wurde er von der Gestapo vom 10. bis 14.1.1942 in Schutzhaft genommen,
auch hatte er ein Sicherungsgeld in Höhe von 250 RM
zu zahlen.

GERMANN, WALTER
1913 06 25
Heidelberg / Düsseldorf
Kaplan
Am 24.2.1942 in Heidelberg Verhaftung wegen Wehr-
kraftzersetzung (Zusendung des Möldersbriefes
ins Feld). Schutzhaft bis 22.6.1942. Zwischen-
zeitlich Abwendung der bereits verfügten Über-
weisung in das KZ Dachau.
Ab 22.6.1942 Aufenthaltsverbot für das Land
Baden, monatliche Meldepflicht bei der Gestapo
Düsseldorf.

GEULEN, JOHANNES
1902 01 06
Oberhausen / Leverkusen / Eisenach
Religionslehrer / Pfarrer
Entlassung aus dem Schuldienst. 1944 Ausweisung
aus dem Rheinland und Westfalen. In Eisenach
(Diözese Fulda) kurzfristige Festnahme.

GICKLER, JOHANNES
1892 06 04
Köln
Pfarrer
1933 als Herausgeber einer katholischen Zeitschrift von der Gestapo einige Tage in Schutzhaft genommen. Nach 1937 Verwarnung wegen Übertretung der staatlichen Verfügung über den Beginn des Gottesdienstes.

GOERRES, JOSEPH
1877 08 07
Metternich
Pfarrer
Wegen seiner judenfreundlichen Haltung öffent-
lich angegriffen und beschimpft.
Eine Haftstrafe. Nähere Angaben liegen nicht
vor.
Verstorben am 5.6.1954.
*Lit.: Arntz, H.-Dieter: Judaica. In: Kirchen-
zeitung für das Erzbistum Köln, 1983, Nr. 2,
S. 25.*

GOLDMANN, P. GEREON
OFM
1916 10 25
Köln
P. Gereon wurde Ende August 1939 zum Heeres-

dienst eingezogen und einer Einheit der Waffen-SS zugeteilt. Aufgrund seiner regimekritischen Einstellung wurde er 1941 als „SS-unwürdig" zur Wehrmacht zurückversetzt.

1942 fand der Pater mittels falscher Ausweispapiere Zugang in das KZ Dachau.

Ebenfalls 1942 Anklageerhebung wegen Wehrkraftzersetzung, Feindbegünstigung und Verletzung der Schweigepflicht. Der Prozeß endete jedoch mit Freispruch.

P. Goldmann hatte Kontakt mit dem Kreis der Widerstandskämpfer vom späteren 20. Juli 1944.

Im Januar 1944 geriet der Pater in Italien in französische Kriegsgefangenschaft und wurde in ein algerisches Lager deportiert. Dort erhielt er am 24.6.1944 durch den Erzbischof von Algier die Priesterweihe.

Der Priester war in verschiedenen afrikanischen Gefangenenlagern seelsorgerisch tätig.

Am 26.2.1946 erfolgte aufgrund der verleumderischen Denunziation durch ehemalige Nationalsozialisten die Festnahme und Verurteilung zum Tode. Nur durch Intervention höchster kirchlicher Stellen (Papst?) gelang es, die Unschuld des Paters zu beweisen und das Todesurteil aufzuheben.

Nach weiteren Monaten der Kriegsgefangenschaft kehrte der Pater 1947 nach Deutschland zurück.

GRANDERATH, ALBERT
1889 04 16
Essen-Steele-Rott
Pfarrer
Wegen Verteilung von Hirtenbriefen in der Kirche, einhergehend mit Beamtennötigung, von der Gestapo von September 1935 bis zum 25.11.1935 inhaftiert.
Verstorben am 19.12.1953.

GRIMM, OSKAR
1887 02 24
Niederkassel
Pfarrer
Wegen einer Predigt über die Umhängung der Kreuze in der Schule Niederkassel am 6.3.1937 von der Gestapo verhaftet und ins Gefängnis Klingelpütz in Köln gebracht. Dort mehrere Monate inhaftiert, auch wurde ihm die Unterrichtserlaubnis entzogen.
Verstorben am 16.4.1949.
Lit.: Hehl, 148.

GROSCHE, ROBERT
1888 06 07
Brühl-Vochem / Düsseldorf / Köln
Pfarrer, Stadtdechant
Dr.phil. Dr.theol. h.c., a.o. Professor

1933 durch das Ministerium Entzug des Lehrauftrages an der Kunstakademie Düsseldorf. Durch die Gestapo Verwarnung wegen Mitarbeit in der katholischen Jugendbewegung.
Verstorben am 21.5.1967.
Lit.:Hehl,237-240.

GUELPEN, ANTON
1899 03 02
Düsseldorf / Essen (St. Gertrud)
Kaplan
Aus unbekannten Gründen inhaftiert.

HAHN, BR.
CSSP
o.D.
Knechtsteden
Geistl. Ökonom
1941 sieben Monate Schutzhaft und 300 RM Geldstrafe durch die Gestapo wegen eines Vergehens gegen die Kriegswirtschaftsverordnung (vgl. den Fall Br. Leonhard).

HALTER, FRITZ
1876 01 15
Dollendorf / Bonn-Poppelsdorf
Pfarrer
Wegen Kanzelmißbrauchs - Zurückweisung lügnerischer Behauptungen der Nazipresse - von der Gestapo verwarnt.
Verstorben am 10.4.1954.
Gehört zur Diözese Aachen.

HANRATH, JOSEPH
1908 08 12
Essen-Bredeney
Kaplan
Wegen staatsabträglicher Äußerungen im Religionsunterricht Antrag der NSDAP auf Unterrichtsverbot.

HAVENITH, CARL
1896 03 03
Frechen / Essen-Holsterhausen / Düsseldorf
Kaplan
Wegen angeblicher Bestrebungen, die katholische Jugend dem nationalsozialistischen Staat zu entfremden, drängte die Gestapo das Kölner Generalvikariat dazu, Kaplan Havenith von Frechen nach Essen-Holsterhausen zu versetzen.
Lit.: Heeg, Egon: Kreuz wider Hakenkreuz.
Aus dem Leben des Carl Havenith. Broschüre,
Frechen 1980.

HECKER, JOSEPH
1876 07 28
Neuß
Geistl. Studienprofessor
Wegen beleidigender Äußerungen über den Reichs-

parteiredner und evangl. Pfarrer Münchmeyer in der Predigt 1935 als Religionslehrer vom Dienst suspendiert. Ein aus diesem Grund eingeleitetes Verfahren mußte eingestellt werden.
Verstorben am 11.12.1938.
Lit.: Hehl, 98f.

HEINDRICHS, JOSEPH
1901 02 02
Köln-Kalk
Kaplan
Wegen Verdächtigungen im Zusammenhang mit der Anklage gegen den Generalpräses des KJMV, Wolker, und Rossaint 1936 kurzfristige Festnahme durch die Gestapo.
Verstorben am 9.5.1974.
Lit.: Hehl, 103.

HEINRICH, AUGUST
1907 12 24
Köln-Brück / Köln-Dünnwald / Remscheid
Kaplan
Aufgrund der Betätigung in konfessionellen Verbänden und angeblicher Angriffe gegen den NS-Staat von der Gestapo verwarnt und mit einer Geldstrafe belegt.
Verstorben am 23.4.1976.

HELBACH, GEORG
1900 12 06
Essen / Wuppertal-Elberfeld / Honnef
Kaplan / Pfarrektor
Die Gestapo lehnte einen Antrag des Erzbischofs von Köln auf Genehmigung der Versetzung von Essen nach Köln aufgrund der feindlichen Einstellung des Kaplans gegenüber der NSDAP ab.
Verstorben am 14.2.1973.

HELTEN, THEODOR
1897 04 09
Nierenheim / Meckenheim / Heisterbacherrott
Rektoratspfarrer
Aus nicht bekannten Gründen 18 Monate Untersuchungshaft, anschließend von der Gestapo ins KZ Oranienburg gebracht und dort am 18.5.1942 verstorben.
Lit.: Hehl, 225.

HENGST, JOSEPH
1914 11 03
Köln-Lindenthal
Theologiestudent
Wegen seiner Betätigung im „Bund Neudeutschland" 1933 durch die Gestapo verwarnt. 1934 und 1935 kurzfristige Festnahmen. Er wurde 1944 zum Priester geweiht.

HERREN, EDMUND
1870 02 27
Köln-Ehrenfeld
Pfarrer
Aus unbekannten Gründen von der SA in der Nacht vom 15. zum 16.7.1935 verhaftet. Von der Gestapo verwarnt.
Verstorben am 30.3.1949.

HERWIG, EWALD
1905 10 02
Düsseldorf-Unterrath / Köln / Düsseldorf
Kaplan
Wegen Tätigkeit als Jugendseelsorger 1936 (oder 1937 ?) Unterrichtsverbot, am 3.4.1942 200 RM Sicherungsgeld, mehrmals Vorladung zum Verhör durch die Staatspolizei.

HESSEN, JOHANNES
1889 09 14
Köln
Geistl. Professor
D.Dr.
Aus unbekannten Gründen 1940 Absetzung und Gehaltssperre. 1943 Redeverbot für das gesamte Reichsgebiet, Beschlagnahme und Einstampfung dreier seiner Bücher. Die Maßnahmen wurden von der Gestapo und dem Kultusministerium verhängt. Gehört zur Diözese Münster.

HEUSER, PETER
1901 05 23
Düsseldorf
Rektor, Leiter der bischöfl. Hauptarbeitsstelle
Als Gefahr für die öffentliche Sicherheit und Ordnung von der Gestapo vom 19.1. bis 30.5.1938 in Schutzhaft genommen. Durch die Reichskulturkammer Betätigungsverbot.
Verstorben am 7.2.1979.
Lit.: Hehl, 21, 133, 176f.

HEXGES, HERMANN
1894 07 29
Düsseldorf / Holzbüttgen
Geistl. Religionslehrer / Pfarrektor
Am 20.7.1934 von der Gestapo aus nicht genannten Gründen als katholischer Religionslehrer abgesetzt.
Verstorben am 4.6.1970.

HEXGES, KARL (P. GREGOR)
OFM
1890 12 23
Düsseldorf
Provinzökonom
Vom 27.11.1936 bis 7.1.1938 Haftstrafe wegen „Begünstigung staatsfeindlicher Elemente".
Verstorben am 13.7.1965.
Lit.: Kurten, E.: Unsere Toten III, Mönchen-Gladbach 1979, 79.

HEYER, KARL JOHANNES
1904 12 05
Essen-Holsterhausen (St. Mariä Geburt)
Kaplan
Dr. phil.
1933 Verbot, weiterhin am staatlichen Aufbaugymnasium in Kettwig Religionsunterricht zu erteilen, da er als „Halbjude" galt.
Wegen Durchführung einer Gemeinschaftsfahrt der
Essener Pfarrjugend im Oktober 1937 von der Gestapo verwarnt und zu einer Geldstrafe in Höhe
von 200 RM verurteilt.
1941 wegen des fehlenden „Ariernachweises" als
„wehrunwürdig" aus seiner Tätigkeit als Sanitäter im Kriegslazarett Nancy entlassen.
Im gleichen Jahr erklärte er sich auf Anfrage
seiner kirchlichen Oberen in Köln bereit, als
Seelsorger im KZ Dienst zu tun, kam aber nicht
zum Einsatz.
Lit.: Ruhrwort, JG. 25 (1983), Nr. 10, 3.

HILBERT, JOHANNES
1899 02 25
Overath / Neuß / Wuppertal-Barmen
Kaplan
Aufgrund eines Marsches mit uniformierten Sturmscharmitgliedern sowie der Provokation der nationalsozialistischen Bewegung und der Staatsautorität veranlaßte die Gestapo im April 1935
das Kölner Generalvikariat, Pfarrer Hilbert zu
versetzen.

HILGER, KARL
1891 11 28
Düsseldorf / Essen-Haarzopf
Pfarrer
Im Zusammenhang mit der Anklage der Verschwörung gegen Kaplan Rossaint 1936 von der Gestapo
einige Zeit in Schutzhaft genommen. Wegen Vergehens gegen das Sammlungsgesetz 1937 und 1938 und
wegen Abhaltens von Glaubensstunden in Privaträumen 1943 Verwarnungen sowie Überprüfung
der Bücher.
Verstorben am 25.7.1963.

HILLEKE, KARL
1884 04 19
Rosellen
Pfarrer
Anfang 1934 wurde der Pfarrer wegen einer Predigtbemerkung durch einen Lehrer aus der Gemeinde bei der Gestapo angezeigt, die Sache
schlug sich jedoch nieder.
Am Fronleichnamstag 1934 wurden die Tore des
Pfarrhauses und der Vikarie mit HJ-Flugblättern beklebt.
Im Mai 1935 Verbot eines Pfarrfestes in einem

privaten Saale durch die Polizei, da der Veranstalter Pfarrer, d.h. konfessionell gebunden
sei.
1935 fünf Vorladungen und Verhöre vor
Bürgermeister und Landrat.
Wegen einer Bemerkung im Religionsunterricht
erfolgte 1936 eine Verwarnung durch die Gestapo.
Ebenfalls 1936 wurden aufgrund fehlender Verfasserangaben die Einladungen an Mitglieder der
Matthiasbruderschaft beschlagnahmt, und der
Pfarrer wurde vom Amtsgericht Neuß zu 25 RM
Strafe verurteilt.
Die NSDAP verhinderte 1936 die Aufnahme des
Pfarrers in den Ehrenausschuß eines Gesangvereins.
1937 erhob die Staatsanwaltschaft Düsseldorf
wegen einer Predigtäußerung über die Entfernung der Schulkreuze Anklage gegen den
Pfarrer. Aufgrund einer allgemeinen Amnestie
wegen des Anschlusses Österreichs an das
deutsche Reich (März 1938) wurde die Sache
nicht weiter verfolgt.
Verstorben am 9.12.1953.
Lit.: Pfarrinformationen für St. Peter Rosellen,
3 (1981), Heft 5, S. 14-21.

HOFFMANN, P.
CSSP
o.D.
Knechtsteden
Am 25.7.1935 aus dem Zeugenstand (vgl.
den Fall P. Pohlen) wegen Devisenvergehens
von der Gestapo verhaftet, am 22.10.1935
entlassen.

HOFFMANN, P. ADOLF
OP
o.D.
Walberberg (Kloster)
1941 Ausweisung aus dem Kloster Walberberg,
nachdem sich der Pater geweigert hatte, in
dem von der Gestapo in ein Lazarett umgewandelten Kloster zu arbeiten.

HOLTKAMP, HEINRICH
1903 02 04
Essen (St. Johann)
Kaplan
Dr.phil.
1934 kurzfristige Festnahme.

HORACK, EWALD
1907 10 10
Oberhausen / Remscheid
Kaplan
Im Juni 1935 wegen Kanzelmißbrauchs durch die
Gestapo verhaftet und ins Gefängnis Wuppertal
eingeliefert.

HOUBEN, KARL
1880 08 22
Köln / Düsseldorf-Lohausen
Pfarrer, Beauftragter für Religionsunterricht
Wegen staatsfeindlicher Äußerungen vor Berufs-
schülern sowie diffamierender Aussagen über
Hitler, Partei und Staat von der Gestapo am 3.4.
1937 aus dem Reg.Bez. Köln ausgewiesen. Am 10.6.
1938 wurde ein gegen ihn wegen Heimtücke eingeleitetes Verfahren eingestellt. Vom Generalvikariat nach Lohausen versetzt. Vom 3.10.1941 bis
27.2.1942 von der Gestapo in Schutzhaft genommen und erst gegen ein Sicherungsgeld in
Höhe von 3000 RM entlassen.
Verstorben am 23.8.1959.
Lit.: Hehl, 174, 222.

HUERTGEN, ROBERT
1905 05 23
Köln
Erzbischöflicher Kaplan
Dr. phil.
Beobachtung in seiner Eigenschaft als Erz-
bischöflicher Kaplan und Geheimsekretär.
Verstorben am 25.10.1979.

HUERTH, THEODOR
1877 05 18
Köln
Pfarrer
Überwachung wegen Verdachts auf staatsabträg-
liches Verhalten.
Verstorben am 27.9.1944.

HUETTEN, REINER
1898 11 11
Elberfeld-Vohwinkel / Altenberg
Kaplan / Pfarrer
Aus nicht bekannten Gründen Predigtverbot
und berufliche Nachteile.
Ende 1940 aufgrund eines Vergehens gegen die
Verdunkelungsvorschriften ein gerichtlicher
Strafbefehl über 105 RM Geldstrafe.
Verstorben am 6.6.1975.

HUETTENBUEGEL, JOHANNES
1912 04 23
Triberg (Ebtm. Freiburg) / Kirchheim
Pfarrvikar
Am 28.8.1941 wegen Vergehens gegen das Jugend-
gesetz von der Gestapo Konstanz verhaftet;
zwei Wochen Gefängnishaft und drei Monate
Schutzhaft. Anschließend eine Verwarnung.
Am 24.11.1941 Unterrichtsverbot.
Wegen seiner regimekritischen Haltung mußte
der Pfarrvikar von September bis Dezember 1944
„untertauchen".
Eine geplante Deportation nach Dachau wurde
nicht durchgeführt.

Nähere Angaben liegen nicht vor.
Lit.: Arntz, H.-Dieter: Judaica, 7. In:
Kirchenzeitung für das Erzbistum Köln 7, 1983,
_S.25._

JAEKEL, ALFONS
1910 04 26
Essen / Euskirchen / Vandsburg, Westpreußen
Kaplan
Wegen Abhaltung eines Gottesdienstes an dem zum
Arbeitstag erklärten Himmelfahrtstag von der
Gestapo zu sechs Tagen Gefängnis und 100 RM
Geldstrafe verurteilt.

JANSEN, AUGUST
1910 03 26
Büderich / Niederdonk / Köln-Vingst
Kaplan
Wegen seiner Tätigkeit in der katholischen
Jugend wurde er im April 1943 aus dem Gestapobe-
reich Düsseldorf ausgewiesen.

JANSEN, JAKOB GEREON MARIA
1886 11 20
Essen-Rütterscheid (St. Andreas)
Pfarrer
Aufgrund einer Predigt über die Haßpropaganda
gegen die Kirche sowie der Ablehnung einer Werbung für die NSV vom 29.11.1943 bis 10.12.1943 von
der Gestapo in Schutzhaft genommen und verwarnt,
vom Regierungspräsidenten Unterrichtsverbot
erhalten.
Verstorben am 6.2.1961.

JANSEN, PETER
1912 08 27
Riegelsberg, Saar / Kyllburg / Bliesheim
Kaplan
Wegen Stellungnahme gegen die Ermordung Kranker
und Wehrloser in einem Vortrag vor Jugendlichen 1939 Verbot jeglicher kirchlicher Jugendarbeit durch die Gestapo. Wegen Verlesens des
Möldersbriefes Auferlegung von 300 RM Geldstrafe durch die Gestapo. Am 1.9.1944 Beschluß
der SS, ihn zu erschießen, daraufhin Flucht.

JENTGENS, GERHARD
1888 04 15
Mülheim
Pfarrer
Dr. phil.
1939 durch den Oberpräsidenten der Rheinprovinz
Verbot, die weltlichen Fächer, in denen er
Fakultas hatte, zu lehren. Seit 1940 allgemeines
Predigtverbot durch die Gestapo. Gründe für
die Maßnahmen sind nicht bekannt.
Verstorben am 7.6.1978.

JUNGBLUT, JOHANNES
1911 10 28
Kendenich / Kalscheuren
Kaplan
Im Juni 1943 von der Gestapo wegen der Spendung
des Taufsakramentes an das uneheliche Kind einer
Ostarbeiterin und eines Deutschen verwarnt.

KAHLES, WILHELM
1901 01 27
Köln
Geistl. Religionslehrer
Dr. theol.
Aus unbekannten Gründen im März 1940 vom
Regierungspräsidenten als Religionslehrer ent-
lassen.

KALLEN, JOSEPH
1909 04 28
Düsseldorf-Eller / Brühl
Kaplan
Erhielt im Sommer 1936 Unterrichtsverbot.

KALLEN, PETER
1905 08 27
Köln-Mülheim / Köln
Kaplan
Dr. iur. can.
Wegen der Korrespondenz mit der Schwester seines
Vaters, die als Ordensfrau in Buenos Aires leb-
te, 1942 von der Gestapo verwarnt.

KANN, ADAM VON
1903 07 21
Leverkusen-Schlebusch / Gustorf / Essen
Kaplan / Pfarrer
Ein Ermittlungsverfahren wegen Beleidigung des
Reichskanzlers endete 1933 mit Freispruch. Er
wurde strafversetzt.
Lit.: Hehl, 74.

KARP, JOSEPH
1891 02 02
Velbert
Pfarrektor
Dr. phil.
Wegen Verbreitung des Möldersbriefes 1943 von
der Gestapo verwarnt.

KASPAR, P. FERDINAND
SJ
1895 07 28
Düsseldorf
1938 Redeverbot für das ganze Reichsgebiet durch die Gestapo.

KAUWS, GERHARD
1886 11 23
Essen-Altendorf

Pfarrer
Aus unbekannten Gründen Schutzhaft.
Verstorben am 7.12.1934.

KILINSKI, JULIAN
1909 07 09
Kreuzweingarten / Essen
Kaplan
Aufgrund des Verdachts, Rückgrat einer pol-
nischen Geheimorganisation zu sein, am 28.9.1939
von der Gestapo ins KZ Sachsenhausen gebracht.
Am 14.12.1940 ins KZ Dachau, dort am 29.4.1945 be-
freit.
Lit.: Weiler, 343.

KINTZINGER, JOSEPH
1899 10 11
Essen / Düsseldorf-Heerdt
Kaplan / Pfarrektor
Wegen staatsfeindlicher Äußerungen von der Ge-
stapo Essen vom 1. bis 11.6.1934 in Schutzhaft ge-
nommen. Wegen angeblich zersetzender Kritik am
Wehrmachtsbericht 1941 von der Gestapo sechs
Monate in Haft genommen. Anschließend unbe-
fristetes Aufenthaltsverbot für das Rheinland
und Westfalen.
Lit.: Hehl, 223.

KLAIS, JOSEPH
1878 02 17
Ittenbach
Pfarrer
Wegen einer Predigt angezeigt. Daraufhin mit Un-
terrichtsverbot und Geldstrafe belegt.
Verstorben am 16.3.1945.

KLEIN, PETER
1912 01 31
Köln
Kaplan, Assistent am Hist. Archiv des Erzbistums
Aufgrund seiner rassischen Herkunft (Halbjude)
verhängte die Gestapo Betätigungsverbot.
Er fand Unterschlupf im Historischen Archiv
des Erzbistums Köln und im Collegium Leoninum,
verunglückte am 11.5.1944 tödlich und wurde
auf dem Melaten-Friedhof Köln beigesetzt.

KLINKENBERG, WILHELM
1889 09 22
Leverkusen-Wiesdorf
Pfarrer
Wegen Übertretung des Reichspressegesetzes am
16.12.1937 50 RM Geldstrafe. Am 21.6.1939 Entzug
der Schriftleiterzulassung. Beide Maßnahmen
erfolgten durch die Reichspressekammer.
Verstorben am 24.12.1954.

KLINKHAMMER, CARL
1903 01 22
Essen / Köln-Ehrenfeld
Kaplan
Dr. phil.
Wegen staatsfeindlicher Betätigung und Beleidigung der Reichsregierung durch die Gestapo vom 25. bis 26.4.1933 und vom 24.11. bis 20.12.1933 in Schutzhaft genommen. Am 27.11.1933 deshalb in Essen wegen Vergehens gegen den Kanzelparagraphen zu sechs Monaten Gefängnis verurteilt, die Strafe fiel unter Amnestie. 1936 suchte er Zuflucht in der Diözese Speyer. Am 7.7.1937 vom Sondergericht Frankenthal wegen fortgesetzten Kanzelmißbrauchs in Tateinheit mit fortgesetztem Vergehen gegen das Heimtückegesetz zu acht Monaten Gefängnis verurteilt.
Lit.: RPB V, 126, 193.

KLOTH, KARL
1874 04 29
Zündorf
Pfarrer
Aus unbekannten Gründen Haftstrafe.
Verstorben am 29.9.1949.

KNOPP, PETER
1897 08 16
Köln-Holweide
Kaplan
1942 wegen seiner Stellungnahme zum Kirchenaustritt von NSDAP-Mitgliedern durch die Gestapo verwarnt.
Verstorben am 18.6.1976.

KOEHLER, ALOIS
1906 02 08
Duisburg / Neuß / Köln
Geistl. Religionslehrer / Kaplan
Wegen angeblicher Durchführung militärischer Übungen mit der Jungschar Verwarnung durch die Gestapo. Wegen eines beanstandeten Schreibens an die Teilnehmer eines Einkehrtages für Entlaßschüler am 28.2.1938 durch die Gestapo aus seiner Stellung als Rektor entlassen.

KOENEN, JOSEPH
1909 10 14
Köln
Pfarrer, Rektor der Uni-Frauenklinik
D.Dr.
1942 wegen Nichtbeachtung des Taufverbotes Entlassung als Seelsorger der Uni-Frauenklinik.

KOENIG, RUDOLF
1907 05 01
Düsseldorf
Kaplan
Aus unbekannten Gründen eine Hausdurchsuchung

nach Schrifttum durch die Gestapo.
Verstorben am 19.10.1962.

KOENN, JOSEF
1876 03 22
Köln (St. Aposteln)
Pfarrer
Dr.
Wegen Verschickung von Rundbriefen an Soldaten aus seiner Pfarrei von der Gestapo verwarnt.
Mehrere Haussuchungen.
Verstorben am 31.7.1960.
Lit.: Kolping, Adolf: Josef Könn 1876-1960.
Pfarrer an St. Aposteln in Köln. Münster 1970.

KOHLER, OTTO JOHANNES WILHELM
1909 03 31
Oberhausen (St. Joseph)
Kaplan
Hatte einem aus dem Lager Köln-Deutz geflohenen getauften Juden Unterschlupf gewährt. Daraufhin wegen Hintergehung der Rassengesetze und Mißbrauchs seines geistlichen Amtes am 5.4. 1944 von der Gestapo verhaftet und am 27.8.1944 ins KZ Dachau eingeliefert. Auf dem Evakuierungsmarsch am 26.4.1945 zu den Jesuiten an den Starnberger See geflüchtet.
Lit.: Weiler, 354.

KOLPING, ADOLF
1909 12 12
Bonn-Endenich / Bonn
Kaplan, Universitätsprofessor
Dr. theol.
Wegen Ohrfeigung eines Hitlerjungen von der Gestapo verwarnt. Wegen Kanzelmißbrauchs verweigerte der Wissenschaftsminister 1942 die Venia Legendi an der Universität Bonn.

KORTH, HEINRICH
1899 08 02
Essen-Katernberg / Duisburg-Hüttenheim
Rektoratspfarrer
1935 wegen Bestrafung eines Hitlerjungen, der den Gottesdienst störte, Verwarnung durch die Gestapo. 1936 wegen Sabotierung der Winterhilfssammlungen 100 RM Geldstrafe.

KRAEMER, KARL
1879 04 25
Neuß-Weißenberg
Pfarrer
Eine Verwarnung. Nähere Umstände sind nicht bekannt.
Verstorben am 31.10.1941.

KREMER, KARL
1901 12 15
Düsseldorf-Lierenfeld / Remscheid

Kaplan
Im Zusammenhang mit dem Hochverratsprozeß gegen
Kaplan Rossaint wurde er am 6.2.1936 verhaftet.
Am 27.4.1937 vom Volksgerichtshof Berlin wegen
Vorbereitung eines hochverräterischen Unterneh-
mens zu einem Jahr und sechs Monaten Gefängnis
verurteilt. Am 28.8.1937 aus dem Gefängnis ent-
lassen.
Lit.: Hehl, 103, 160, 174.

KREMERS, WILHELM
1890 08 01
Zülpich-Hoven
Anstaltspfarrer
Verwarnung und Auferlegung eines Sicherungs-
geldes in Höhe von 1000 RM durch die Gestapo.
Grund: seine Forderung nach kirchlicher Betreu-
ung der aus Kloster Hoven nach Hadamar verlegten
Geisteskranken.

KREUELS, JAKOB
1912 02 28
Lechbruck / Vilich
Kaplan
Wegen einer Predigt über die Enzyklika „Mit
brennender Sorge" wurde er von der Ortspolizei
Lechbruck verwarnt.

KREUSER, AUGUST
1884 09 12
Essen-Bergerhausen
Pfarrer
Inhaftierung vom 10.8. bis 25.9.1937 wegen
„Heimtücke". Der Pfarrer hatte den Beitritt zur
NSV abgelehnt.
Verstorben am 15.12.1965.

KRONENBUERGER, JOSEPH
1905 07 28
Köln-Mauenheim
Kaplan
Unterrichtsverbot durch den Schulrat wegen
einer Religionsunterrichtsstunde über
Nächstenliebe, die auch Kommunisten gegen-
über geboten sei.
Wegen einer abfälligen Bemerkung über die
Kleidung der HJ wurde er von der Gestapo ver-
warnt.

KRUDEWIG, HEINRICH
1892 09 11
Solingen-Höhscheid
Pfarrer
Wurde durch die NSDAP in seiner Seelsorgearbeit
behindert.
Verstorben am 24.3.1966.

KUBIAK, P. NORBERT
OP
1892
Köln
1942 Tod im KZ.
Nähere Angaben fehlen.

KUEPPERS, HEINRICH
1896 02 05
Oberhausen-Styrum
Kaplan
Schutzhaft durch die Gestapo ab dem 21.1.1943 wegen
Verdachts auf Hochverrat (u.a.: Besitz feindlicher
Flugblätter), ab 31.10.1943 Verurteilung durch das
Sondergericht zu vier Monaten Gefängnis, am 1.2.1944
Verurteilung durch das Landgericht zu zwei Monaten
Gefängnis, nach der Haftverbüßung Einweisung ins
KZ Dachau (19.8.1944; laut Weiler Festnahme am
13.1.1943 und Dachau ab dem 13.7.1944), am
29.4.1945 befreit.
Lit.: Weiler, 387.

KUNTZE, KARL
1904 10 30
Opladen / Ratingen
Kaplan
Wegen seiner Betätigung in konfessionellen Jugendverbänden am 2.6.1939 durch das Schöffengericht Düsseldorf zu 200 RM Geldstrafe oder
20 Tagen Haft verurteilt. Aus demselben Grund
1943 verhört.
Verstorben am 13.4.1971.

KURTENBACH JOSEPH
1888 06 01
Uckendorf-Stockem
Rektoratspfarrer
Am 4.7.1944 wegen zu früher Abhaltung der Meß-
feiern für die Polen Auferlegung von 1500 RM
Sicherungsgeld durch die Gestapo.
Verstorben am 6.1.1954.

LASSLEBEN, JOHANNES
1898 09 11
Opladen / Metternich
Pfarrer, Religionslehrer
Wegen seiner Seelsorgtätigkeit in Opladen von
der Gestapo verwarnt.
Verstorben am 6.12.1973.

LAUSCHER, ALBERT
1872 02 18
Bonn
Geistl. Professor
Dr. theol.
Aufgrund des Berufsbeamtentumsgesetzes 1934 vom
Wissenschaftsminister in den Ruhestand versetzt.
Intervention Bischof Bernings ohne Erfolg.
Verstorben am 23.5.1944.

LEFARTH, JOHANNES
1881 02 09
Düsseldorf-Oberbilk
Pfarrer
Der Pfarrer wurde verwarnt und erlitt berufliche Nachteile. Die näheren Umstände sind nicht bekannt.
Verstorben am 7.3.1945.

LENZEN, JOHANNES
1876 09 19
Zülpich
Geistl. Schulrektor
Da er Geistlicher war, wurde er von der NSDAP am 1.4.1938 genötigt, sein Amt als Rektor der privaten Mädchenschule niederzulegen.
Verstorben am 5.10.1954.

LEONHARD, BR.
CSSP
o.D.
Knechtsteden
1941 wurde Br. Leonhard, Metzgermeister des Klosters, verhaftet wegen einer Angelegenheit, die bereits zwei Jahre zurücklag. Von einer Notschlachtung im Winter 1939 hatte man staatlichen Stellen Fleisch abgegeben, das später auf dem Schwarzen Markt angeboten worden war. Das Vergehen der Beamten wollte man auch dem Metzgermeister des Klosters zur Last legen. Mit sieben Monaten Schutzhaft und 300 RM Geldstrafe durch die Gestapo kam Br. Leonhard schließlich davon.

LEUCHTENBERG, MATTHIAS
1894 05 29
Köln-Bickendorf
Kaplan
Im Zusammenhang mit dem Hochverratsprozeß gegen Kaplan Rossaint vom 8.2. bis 22.2.1936 durch die Gestapo in U-Haft genommen. Dann ohne Prozeß freigelassen.
Verstorben am 13.10.1952.
Lit.: Hehl, 103.

LIEDMANN, HUGO
1879 11 04
Neuß
Pfarrer, Dechant
1934 wegen Verweigerung des Hitlergrußes Verweisung aus der Schule. 1935 Unterrichtsverbot. 1939 vom Amtsgericht Neuß wegen Bekanntgabe von Kirchenaustritten zu 200 RM Geldstrafe verurteilt. Vom Amtsgericht Düsseldorf am 29.8.1939 wegen Verstoßes gegen das Sammlungsgesetz zu 120 RM Geldstrafe verurteilt. 1934 bis 1944 laufend Predigt- und Postüberwachung.
Verstorben am 21.6.1963.

LOUIS, PETER
1886 02 02
Leverkusen-Bürrig
Pfarrer
Dr.theol.
Wegen Kanzelmißbrauchs Verwarnung durch die Gestapo.
Verstorben am 16.10.1956.

LUEGER, P. WILHELM
CSSR
1911 09 02
Bonn
Geistl. Lehrer / Erzieher
1941 anläßlich der Klosteraufhebung durch die Gestapo Entlassung aus dem Schuldienst und Ausweisung aus Bonn.

LUTZE, P. ALOIS
CSSR
1911 02 06
Bonn
Geistl. Lehrer / Erzieher
1941 anläßlich der Klosteraufhebung durch die Gestapo als Lehrer und Erzieher entlassen.

LUTZENBERGER, KARL VON
1875
Zülpich
Pfarrer
Wegen Predigtäußerungen gegen den nationalsozialistischen Judenhaß, Rosenbergs „Mythus des 20. Jahrhunderts" und den Kampf gegen die Kirche erhob die Staatsanwaltschaft Anklage wegen Kanzelmißbrauchs. Beim Landgericht Bonn wurde die Einleitung eines Verfahrens zunächst abgelehnt, da der Pfarrer lediglich antichristliche Strömungen, nicht aber den Staat angegriffen habe. Das Oberlandesgericht verwarf am 22.3.1935 eine Beschwerde der Staatsanwaltschaft gegen diese Entscheidung. Die NSDAP sah in der Angelegenheit einen Präzedenzfall und veranlaßte über das Reichsministerium dennoch die „Herbeiführung geeigneter Maßnahmen". Weitere Angaben liegen nicht vor.
Anläßlich der Novemberpogrome 1938 teilte der Pfarrer schriftlich der Jüdischen Gemeinde in Zülpich sein Mitgefühl über die Zerstörung der Synagoge mit.
Lit.: Arntz, H.-Dieter: Judaica. In: Kirchenzeitung für das Erzbistum Köln, 1983; Nr. 2, S.25.

MAEURER, JOSEPH
1890 02 23
Altenberg / Bensberg / Wipperfürth
Pfarrer

Wegen seiner Tätigkeit in der katholischen Jugend und der Bekämpfung der Hitlerjugend von der Gestapo mit 2000 RM Sicherungsgeld belegt.

MAGER, JOSEPH
1907 05 17
Balkhausen / Neuß / Essen / Düsseldorf
Kaplan
Wegen Kanzelmißbrauchs am 10.3.1936 von der Gestapo verhaftet. Am 25.3.1936 vom Sondergericht Köln zu zwei Monaten Haft verurteilt.
Verstorben am 3.8.1965.

MAINZ, WILHELM
1905 04 16
Opladen / Rosellen / Mülheim-Saarn
Kaplan
Wegen Äußerungen gegen die weltanschaulichen Irrtümer des Nationalsozialismus und des Einsatzes für die katholischen Jugendorganisationen von der Gestapo verwarnt.

MANDEL, P. WILHELM
CSSR
1882 07 13
Lohmar
Bonn
Am 2.9.1935 wurde Pater Mandel durch das Sondergericht Berlin wegen angeblichen Devisenverbrechens zu zwei Jahren und sechs Monaten Zuchthaus sowie zu 10.000 RM Geldstrafe und 37.000 RM Wertersatz verurteilt.
Verstorben am 21.11.1967.
Lit.: Hoffmann-Janßen, 190, 270.

MANGOLD, KURT FERDINAND
1914 10 14
Bensberg
Pfarrvikar
1944 verwarnt.

MANSTETTEN, KARL
1892 03 08
Köln-Zollstock / Köln-Bayenthal
Rektoratspfarrer
Aufgrund der Beschuldigung, die Predigten des Bischofs Galen von Münster vervielfältigt und verteilt zu haben, vom 12.9. bis 15.9.1941 von der Gestapo in Schutzhaft genommen.
Verstorben am 11.5.1967.

MARTIN, FRANZ
1881 08 20
Frielingsdorf
Pfarrer
Wegen staatsfeindlichen Verhaltens am 11.4.1940 aus der Rheinprovinz ausgewiesen.
Für den Regierungsbezirk Münster wurde ihm (während seines Aufenthalts in Waldliesborn)

das Abhalten von Gottesdiensten von der Gestapo verboten.
Erst am 23.5.1945 konnte der Pfarrer nach Frielingsdorf zurückkehren.
Verstorben am 8.3.1960.

MARX, BERNHARD (P. EPIPHANIUS)
OFM
1889 04 16
Köln
Volksmissionar
1940 eineinhalb Jahre Zuchthaus durch ein Sondergericht wegen staatsabträglicher Äußerungen, Verwarnungen und Redeverbot durch die Gestapo.
Verstorben am 4.6.1970.
Lit.: Kurten, E.: Unsere Toten III, Mönchengladbach 1979, 59.

MAYBAUM, JAKOB
1888 12 26
Köln-Höhenhaus / Etzweiler
Pfarrektor
Aus unbekannten Gründen Schutzhaft.
Verstorben am 17.3.1978.

MEININGHAUS, ERNST
1904 07 04
Neuß / Essen-Frohnhausen
Kaplan
Wegen aktiver Jugendarbeit wurde er durch die Gestapo kurzfristig festgenommen und verwarnt.
Außerdem entstanden ihm berufliche Nachteile.
Verstorben am 25.7.1973.

MENG, CLEMENS
1898 12 11
Köln-Nippes / Leverkusen-Schlebusch
Kaplan
Wegen illegaler Verteilung von Hirtenbriefen durch Mitglieder der vom Kaplan geleiteten Jungfrauenkongregation Verwarnung durch die Gestapo.

MENNIKEN, HUBERT
1889 09 11
Neuß / Düsseldorf-Gerresheim
Pfarrer, Krankenhausrektor, Religionslehrer
Auf Druck der NSDAP mußte er vom Generalvikariat versetzt werden.
Verstorben am 28.11.1939.

MERGENTHEIM, LEO
1882 01 20
Düsseldorf
Geistl. Studienrat
Dr. iur. utr.
Mergentheim entstanden berufliche Nachteile (er war Halbjude). Er erhielt Unterrichtsverbot, die näheren Umstände sind nicht bekannt.
Verstorben am 24.9.1938.

MEUREN, FRANZ
1890 03 20
Köln / Wülfrath / Düsseldorf
Pfarrektor
Aufgrund seiner Werbung für die katholischen
Jugendverbände und der Propaganda gegen die
Staatsjugend erhielt er am 5.11.1935 durch den
Regierungspräsidenten Religionsunterrichtsver-
bot. Wegen Verlesens des Möldersbriefes von
der Kanzel vom 9.2. bis 2.3.1942 Schutzhaft und
Auferlegung eines Sicherungsgeldes in Höhe von
3000 RM durch die Gestapo.
Verstorben am 16.9.1950.

MEYER, PAUL
1881 11 18
Mettmann / Egen / Niederberg
Pfarrer
Am 1.10.1933 von der Gestapo festgenommen, da er
sich gegen das Eindringen eines SA-Scharführers
in seine Wohnung zur Wehr gesetzt hatte.
Verstorben am 12.2.1960.

MICHALAK, LEO
1905 06 26
Köln-Vingst
Kaplan
Ein Verfahren wegen Vergehens gegen das Heim-
tückegesetz fiel am 20.12.1934 unter Amnestie.
Außerdem Verwarnung durch die Gestapo.

MICHEL, P. WILHELM
SDS
o.D.
Mehrmals verhört und ausgewiesen.

MIESEN, P. HEINRICH
1913 10 02
o.O.
Geistlicher, Schriftleiter
Dr.
Der Geistliche wurde am 3.9.1944 verhaftet
und am 26.10.1944 in das KZ Dachau eingeliefert.
Dort wurde er am 29.4.1945 befreit.
Lit.: Weiler, 456.

MILDE, HERMANN
1890 12 25
Opladen
Pfarrer
Aufgrund des Vorwurfs der Volksverhetzung vom
17.6.1938 bis zum 2.1.1939 Aufenthaltsverbot für
Opladen durch die Gestapo.
Verstorben am 1.6.1939.

MILDE, PAUL
1904 07 26
Süng / Köln-Bickendorf
Kaplan

Wegen seiner Werbung für die katholische Ju-
gendbewegung sowie der Widersetzung gegen das
Verbot, einen Einkehrtag für die katholische
Jugend durchzuführen, wurde er 1935 von der Ge-
stapo kurzfristig festgenommen und erhielt
Unterrichtsverbot.
Verstorben am 27.2.1975.

MOHNEN, JOHANNES
1883 02 17
Düsseldorf / Köln
Geistl. Studienrat
Dr. theol.
Aufgrund des Berufsbeamtentumsgesetzes 1933 vom
Minister für Wissenschaft, Kunst und Volksbil-
dung aus seiner Stellung als Religionslehrer
entlassen.
Verstorben am 16.11.1971.

MOLITOR, JOSEPH
1903 12 11
Pützchen / Merten / Meckenheim
Geistl. Religionslehrer / Kaplan
D.Dr.
Schutzhaft wegen einer Predigt.
Verstorben am 24.7.1978.

MORSCHHEUSER, PETER
1907 01 13
Grevenbroich / Mülheim
Kaplan
Wegen Sabotage des BDM am 2.7.1937 vom Amtsgericht Grevenbroich zu 150 RM Geldstrafe verurteilt.

MUECHER, KARL JOSEPH
1900 05 10
Grevenbroich / Ratingen
Pfarrer, Religionslehrer
1942 Unterrichtsverbot.
Berufliche Nachteile sowie Haftstrafe im Gefängnis.
Nach der Verurteilung 1945 der Hinrichtung
durch Zufall entzogen. Nähere Angaben liegen
nicht vor.

MUELLER, ALOIS
1897 07 11
Buschdorf / Bonn
Geistl. Professor
Dr. phil.
1939 aus unbekannten Gründen Entlassung aus der
Stellung als Professor an der Universität Bonn.
Verstorben am 4.12.1952

MUELLER, HELMUT
1911 02 18
Honnef
Kaplan

Dr.phil.
Wegen seiner Arbeit in der katholischen Jugend
von der Gestapo zu 500 RM Sicherungsgeld verurteilt.
Verstorben am 9.6.1958.

MUELLER, JOSEF
1877 05 04
Bergisch-Gladbach
Pfarrer, Dechant
Wegen herabsetzender Äußerungen über die
„Gottgläubigen" im Religionsunterricht am 14.4.
1937 durch den Kölner Regierungspräsidenten
verwarnt.
Verstorben am 26.3.1952.

MUELLER, OTTO
1870 12 09
Köln
Prälat, Verbandspräses der Kath. Arbeiterver.
Dr. rer. pol.
Wegen Beteiligung an der Planung des Attentats
auf Hitler - 20.7.1944 - von der Gestapo inhaf-
tiert. Von der Strafanstalt Berlin-Tegel in das
„Staatskrankenhaus der Polizei" verlegt. Dort
verstarb er am 12.10.1944.
*Lit.: 1.Kempner, 311f. 2.Wittschier, Bernd: Vom
Kettelerhaus nach Plötzensee. Die Märtyrer der
KAB-Zentrale Köln. Sonderbeilage Nr.7 zur Kir-
chenzeitung des Erzbistums Köln, Nr.15 vom 12.
4.1974, 17ff. 3.Zeitgeschichte, Bd.3, 191-203,
291f. Dort weitere Lit.*

MUND, NIKOLAUS
1902 10 02
Düsseldorf / Immendorf
Pfarrer
Dr. phil., Apostolischer Protonotar
Im Zusammenhang mit der Auflösung des Canisius-
vereins als Gefahr für die öffentliche Sicher-
heit und Ordnung durch die Gestapo vom 29.1. bis
30.5.1938 inhaftiert.
Verstorben am 31.12.1979.
Lit.: Selhorst, 102-109.

NELLESSEN, FRANZ PETER
1886 02 28
Bonn-Ippendorf
Pfarrer
Wegen Unterlassung des Hitlergrußes durch die
Gestapo verwarnt.
Verstorben am 28.2.1965.

NEUENHEUSER, PETER
1877 04 18
Opladen
Geistl. Studiendirektor
Dr.phil.
Da Neuenheuser den Schülern seines Konvikts die

Teilnahme an einer kirchenfeindlichen Parteiveranstaltung verbot, wurde er am 9.7.1935 kurzfristig in Schutzhaft genommen. Die Gestapo
sprach für den Reg.-Bez.Düsseldorf ein Aufenthaltsverbot vom 15.7.1935 bis zum 18.4.1936 aus
sowie vom 15.7.1935 bis zum 23.5.1936 Unterrichtsverbot. Am 29.12.1936 erneutes Unterrichtsverbot
wegen eines ähnlichen Vorfalles.
Verstorben am 6.2.1940.
Lit.: Hehl, 98, 145f.

NEUSS, WILHELM
1880 07 24
Bonn
Geistl. Professor
Dr. theol.
Wegen seiner Kritik an der nichtchristlichen
Tendenz der im Unterricht verwandten neuen Ge-
schichtsbücher wohl ab 16.9.1939 Überwachung.
Verstorben am 31.12.1965.
Lit.: Hehl, 5, 88, 90, 228.

NOLDEN, JOHANNES
1902 09 20
Neuß / Köln (Herz-Jesu) / Erkrath
Kaplan
Wegen Äußerungen gegen die NSDAP und ihre
führenden Mitglieder von der Gestapo verwarnt.
Aufgrund seiner Tätigkeit in der katholischen
Arbeiterbewegung und im „Neuen Deutschland" be-
wirkte die NSDAP seine Versetzung von Neuß nach
Köln.

ODENBREIT, MAXIMILIAN
1904 01 13
Düsseldorf (St. Bonifatius) / Neuß
Kaplan
Wegen Zuwiderhandlung gegen das Verbot jeglicher
nicht rein kirchlich-religiöser Betätigung
konfessioneller Jugendverbände am 8.10.1939 vom
Amtsgericht Neuß zu 200 RM Geldstrafe verurteilt.

OFFERGELD, WILHELM
1884 01 11
Wollersheim
Pfarrer
Wegen seiner Warnung vor dem Eintritt in den
BDM und seiner Kritik an der Gemeinschaftsschule
erteilte ihm der Regierungspräsident in Aachen
am 30.6.1937 Religionsunterrichtsverbot.
Verstorben am 27.3.1971.

OFFERMANN, PETER
1897 02 20
Düsseldorf / Lechenich / Heddinghoven
Kaplan
Aus unbekannten Gründen vom 16.5. bis 6.6.1942
Schutzhaft in Bonn.
Verstorben am 10.7.1967.

ORTSIEFER, ANTONIUS (P. DIONYSIUS)
OFM
1874 11 18
Köln
Domprediger
Viele Verwarnungen durch die Gestapo
wegen seiner Predigten.
Verstorben am 19.1.1946.
Lit.: Kurten, E.: Unsere Toten III, Mönchen-
gladbach 1979, 12.

OSPEL, WILHELM
1915 01 28
Büderich
Kaplan
Wegen Abhaltung des Gottesdienstes in öffent-
lichen Gebäuden und Beunruhigung der Bevölke-
rung am 15.5.1944 von der Gestapo mit 1000 RM
Geldstrafe belegt.

OVERATH, JOHANNES
1913 04 15
Immekeppel / Köln-Nippes
Kaplan
Wegen Jugendarbeit, Abhaltung von Glaubensstun-
den und Jugendpredigten Verhöre, Haussuchungen
und Verwarnungen durch die Gestapo.
Lit.: 800 Jahre Immekeppel. Ein Heimatbuch. Hrsg.
Arbeitskreis „Heimatbuch Immekeppel". 1966,
S.144f.

PANTFOERDER, P. HEINRICH
CSSP
1909 04 22
Knechtsteden
1941 Enteignung des Klosters durch die Gestapo.
Pater Pantförder durfte allerdings bleiben. Er
wurde dienstverpflichtet und mußte im neu
eingerichteten Lazarett arbeiten. Da er von
Veruntreuungen seitens der neuen Klosterherren
wußte, wurde er zur Wehrmacht abgeschoben -
am 7.6.1944 gefallen.

PANTHEN, MAXIMILIAN
1910 07 23
St. Ingbert / Mettmann
Kaplan / Pfarrvikar
Wegen eines Vergehens gegen das Heimtückege-
setz durch die Gestapo Unterrichtsverbot und
Verwarnung. Außerdem eine Anklage vor dem
Sondergericht.
Verstorben am 10.3.1962.

PEIFER, RUDOLF
1906 06 21
Euskirchen / Essen-Steele
Kaplan
Wegen Kanzelmißbrauchs und Betätigung in ka-
tholischen Jugendverbänden wurde er von der Ge-

stapo verwarnt, ein Verfahren vor dem Sondergericht Köln wurde am 7.5.1938 eingestellt.

PEIFER, WILHELM
1901 04 28
Overath-Heiligenhaus
Pfarrektor
Wegen angeblicher Äußerungen gegen den BDM
sowie Aufhetzung im Beichtstuhl sowie wegen der
Führung einer Adressenliste der im Felde stehenden Soldaten seiner Pfarrei am 12.8.1943 von
der Gestapo verwarnt und zu einem Sicherungsgeld
in Höhe von 1500 RM verurteilt.

PEIL, RUDOLF
1901 09 15
Honnef / Köln / Buschbell
Pfarrer
Dr. phil.
Wegen einer verbotenen Jugendwanderung, die als
Luftschutzübung getarnt war, von der Gestapo
verwarnt.

PFEIFER, ANDREAS
1914 11 16
Kaarst / Essen-Heisingen
Kaplan
Wegen seiner antinationalsozialistischen Haltung
von der Gestapo verwarnt.

PLUM, MARTIN
1883 09 09
Wißkirchen
Pfarrer
Aus unbekannten Gründen Schutzhaft.
Verstorben am 23.2.1962.

POHL, JOHANNES
1903 07 31
Köln-Mülheim / Köln-Sülz
Kaplan
Wegen Vorgehens gegen den Führer eines Land-
jahrlagers Verwarnung durch die Gestapo.
Verstorben am 6.7.1965.

POHLEN, P.
CSSP
o.D.
Knechtsteden
Geistl. Prokurator
1935 durch Beamte der Zollfahndung wegen
Devisenvergehen verhaftet, Umwandlung der
U-Haft in Schutzhaft (Gefängnis Köln, KZ
Oranienburg, Gefängnis Moabit) durch die
Gestapo, kurz vor Weihnachten 1935 gegen
hohe Kaution entlassen.

POHLHAUSEN, ERNST
1879 01 18
Bornheim
Pfarrer
Wegen Beleidigung des Reichskanzlers und der
Reichsregierung am 15.2.1935 vom Sondergericht
Köln zu einer Haftstrafe verurteilt. Am 26.2.
1936 von der Gestapo aus dem Regierungsbezirk
Köln ausgewiesen, da das Kölner Generalvika-
riat eine Versetzung ablehnte.
Verstorben am 26.1.1950.

POTH, HUGO
1905 07 20
Duisburg-Hüttenheim / Köln-Flittard
Kaplan
Dr. phil.
Wegen verächtlicher Äußerungen über die
NSDAP in der Predigt 1934 Verwarnung und Unter-
richtsverbot durch die Gestapo.

POTTGIESSER, ALEXANDER
1882 02 06
Düsseldorf
Geistl. Religionslehrer
Dr. theol.
Aus unbekannten Gründen vom 4.10. bis 21.10.1941
Schutzhaft durch die Gestapo.
Verstorben am 11.7.1953.

POTTING, STEPHAN (P. WIGBERT)
OFM
1910 04 25
Velbert
Verwarnung wegen Glockengeläutes.
Predigt- und Betätigungsverbot für das
Exerzitienhaus Neviges anläßlich dessen
Beschlagnahme.
Unterrichtsverbot durch die Partei.
Bespitzelung der Predigten durch die Gestapo
und Beschimpfung durch NS-Funktionäre.

PRINZ, CLEMENS
1900 02 28
Essen-Bergeborbeck / Ratingen-Tiefenbroich
Kaplan, Pfarrektor
Wegen seiner Tätigkeit in der katholischen Ju-
gend kurzfristige Festnahme und Verwarnung
durch die Gestapo.
Verstorben am 25.5.1960.

PROBST, MAXIMILIAN
1883 08 30
Duisburg-Huckingen / Bonn-Dottendorf
Pfarrer
Wegen seiner aktiven Antistellung zur NSDAP sowie wegen der Mithilfe bei der Dienstenthebung
eines nationalsozialistischen Lehrers wurde er
1935 von NSDAP-Leuten überfallen. Danach war

der Pfarrer drei Monate dienstunfähig.
Verstorben am 16.9.1963.

PUHL, JOHANNES
1898 02 02
Wipperfeld
Pfarrer
Wegen seiner Stellungnahme von der Kanzel aus zu
einem Film, in dem die englische Kolonialpolitik
verunglimpft wurde, am 20.11.1941 von der Gestapo
verwarnt und zu einem Sicherungsgeld von 1000 RM
verurteilt.
Verstorben am 23.3.1970.

RADEMACHER, PETER
1912 12 02
Köln-Dünnwald
Kaplan
Aus nicht bekannten Gründen am 20.11.1941 von der
Gestapo zu einem Sicherungsgeld in Höhe von
3000 RM verurteilt.
Verstorben am 19.2.1975.

RECKERS, ERNST
1892 11 16
Köln
Pfarrer, Domkapitular
Dr.theol.
Am 25.5.1944 wegen staatsabträglicher Äuße-
rungen zu einem Sicherungsgeld von 2000 RM ver-
urteilt.
Verstorben am 18.9.1946.

REGH, JOSEF
1888 03 09
Happerschoß
Pfarrer
Aufgrund seiner feindlichen Einstellung zum
nationalsozialistischen Staat von der Gestapo am
3.5.1944 zu einem Sicherungsgeld von 2000 RM
verurteilt und verwarnt.
Verstorben am 9.2.1958.

REIERMANN, ALOIS
1899 06 21
Essen / Köln / Altenberg / Hildesheim
Geistl. Religionslehrer / Rektor
Am 31.3.1935 wegen seiner Tätigkeit in katholischen Jugendverbänden als Religionslehrer
in Essen entlassen. Wegen staatsabträglicher
Äußerungen Postüberwachung. 1937 in Köln
erneute Entlassung als Religionslehrer. Nach
Schließung des Erzbischöflichen Exerzitienhauses „Haus Altenberg", dessen Rektor er war,
am 21.7.1941 kurzfristige Festnahme, am 31.7.1941
Ausweisung aus dem Rheinland und Westfalen.
Am 26./27.12.1944 in Hildesheim kurzfristige Festnahme wegen einer Predigt.

REIFF, P. MICHAEL
CSSP
1908 05 28
Knechtsteden
1941 Enteignung des Klosters durch die Gestapo.
Pater Reiff durfte jedoch bleiben. Er wurde
dienstverpflichtet und mußte im Lazarett
arbeiten. Da er von Veruntreuungen seitens
der neuen Klosterherren wußte, wurde er zur
Wehrmacht abgeschoben.
Am 15.2.1945 gefallen.

REINARTZ, HEINRICH
1892 01 05
Frauenthal / Lommersum
Pfarrer
Wegen Widerstandes gegen die NSDAP durch die Ge-
stapo verwarnt.
Verstorben am 10.9.1970.

REINERS, WILHELM
1903 07 08
Essen (St. Marien) / Bergheim
Kaplan
Da er 1938 einen Bericht über die sozialen Verhältnisse in seiner Pfarre St.Marien an die
kirchliche Behörde sandte, wurde er von der Gestapo wegen Vergehens gegen das Heimtückegesetz
verwarnt und neun Tage im Gefängnis inhaftiert.
Verstorben am 7.9.1953.

REINTGES, THEODOR
1911 07 07
Weiden / Essen / Waldbröl / Remscheid
Kaplan
Wegen Nichtbeachtung des Hitlergrußes in der
Schule durch die Gestapo verwarnt. Wegen poli-
tischer Unzuverlässigkeit Verweigerung der
Unterrichtserlaubnis für Latein in der höheren
Schule durch den Regierungspräsidenten.

REISEN, JOSEPH
1891 10 11
Leverkusen-Küppersteg
Rektoratspfarrer
Am 15.8.1935 vom Amtsgericht Opladen wegen Ver-
gehens gegen das Reichspressegesetz zu 50 RM
Geldstrafe bzw. fünf Tagen Haft verurteilt.
Am 13.4.1937 Ausschluß aus der Reichspressekam-
mer. Wegen Kanzelmißbrauchs am 23.4.1939 von der
Gestapo verwarnt. Erneute Verwarnung aufgrund
staatsabträglicher Beeinflussung von Schulkin-
dern am 11.12.1939.
Verstorben am 2.12.1965.

RENK, PAUL WALTER
1897 04 06
Oberpleis / Holzheim
Kaplan

Wegen staatsfeindlichen Verhaltens von der Gestapo aus dem Reg.Bez. Köln ausgewiesen.

RENNER, KARL
1912 04 12
Solingen-Krahenhöhe
Kaplan
Dr. theol.
Im Zusammenhang mit den Stettiner Prozessen
verhaftet. Renner war bei Pfarrer Wachsmann,
Greifswald (Bistum Berlin) zu Gast.
Lit.: Kempner, 208.

RICHARZ, EVERHARD
1904 06 03
Köln-Lindenthal / Oberhausen
Kaplan
Im Februar 1939 verhaftet wegen Devisenvergehens, Wirtschaftsvergehens und Vorbereitung zum
Hochverrat sowie wegen Transferierung von Kapi-
talien jüdischer Familien nach Holland. Ein
Jahr im Untersuchungsgefängnis Köln-Klingelpütz, dann Verlegung nach Berlin-Moabit. Dort
an Lungenentzündung erkrankt und vor einem
möglichen Prozeß am 13.2.1941 in Mondorf an
dieser Krankheit gestorben. In Mondorf bestat-
tet.
*Lit.:1.Wittschier, Bernd: Die Blutzeugen unseres
Erzbistums aus der Zeit des Nationalsozialismus
1933-45. Sonderbeilage Nr.1 zur Kirchenzeitung
des Erzbistums Köln, Nr. 9 vom 1.3.1974, 14ff.
2.Hehl, 224.*

RICHARZ, HERMANN
1907 01 30
Solingen-Krahenhöhe / Düsseldorf (St. Vinzenz)
Kaplan
Wegen zersetzender und staatsfeindlicher Betätigung innerhalb der katholischen Pfarrjugend
erhielt er am 7.2.1935 Unterrichtsverbot vom
Regierungspräsidenten in Düsseldorf. Wegen
Fernhaltung der Jugend vom HJ-Dienst sowie
staatsfeindlicher Äußerungen und Hetzreden
von der Kanzel nahm ihn die Gestapo am 17.11.1942
in Schutzhaft. Bemühungen des Pfarrers E. Schilden und der Antrag des Generalvikars David auf
Haftentlassung vom 1.12.1942 bei der Gestapo
Düsseldorf blieben ohne Erfolg. Am 22.12.1942
wurde er in das KZ Dachau eingeliefert. Dort am
29.3.1945 entlassen.
Lit.: 1.Weiler, 558. 2.Hehl, 223.

RICHRATH, PETER
1902 05 07
Rheinbach / Neuß
Pfarrektor
Wegen Kanzelmißbrauchs durch die Gestapo ver-
warnt.

RICHTER, HEINRICH

1898 12 23
Köln
Kaplan
Im Zusammenhang mit dem Attentat vom 20.7.1944 von der Gestapo am 15.8.1944 verhaftet, 10 Wochen KZ-Durchgangslager Köln-Deutz, 10 Wochen Gefängnis Köln-Klingelpütz, dann KZ Buchenwald-Ohrdruf. Dort wahrscheinlich am 4.4.1945 gestorben, evtl. hingerichtet.
Lit.: 1.Wittschier, B.: Die beiden Märtyrer des Kolpingwerkes Köln. Sonderbeilage Nr. 3 zur Kirchenzeitung des Erzbistums Köln, Nr.11 vom 15.3.1974, 16ff. 2.Hehl, 236. 3.Handbuch Kolpingsfamilie, 53. 4.Blutzeugen des Kolpingwerkes. Gedenkfeier für Präses Heinz Richter und Theodor Babylon. In: Kolpingsblatt Nr. 5, Mai 1965, S.10.

RIDDER, BERNHARD

1896 06 25
Duisburg / Mülheim / Opladen
Geistl. Studienrat
Dr. theol.
Wegen seiner Antinazieinstellung 1938 vom Regierungspräsidenten als Studienrat entlassen. Wegen schriftstellerischer Tätigkeit Verwarnung durch die Reichspressekammer. 1942 Predigtverbot durch die Gestapo.
Verstorben am 4.5.1967.
Gehört zur Diözese Münster.

ROEHRIG, JOHANNES

1881 05 03
Düsseldorf
Pfarrer
Wegen politischer Hetzreden und angeblicher moralischer Vergehen Festnahme durch die Gestapo.
Verstorben am 17.4.1938.

ROENTGEN, JOSEF

1879 03 09
Düsseldorf / Köln-Bayenthal
Pfarrer
Wegen Kanzelmißbrauchs Verwarnungen durch die Gestapo sowie vom 27.11. bis 1.12.1937 Schutzhaft. Aus dem gleichen Grund im November 1938 Verhängung eines Aufenthaltsverbotes für den Reg. Bez. Düsseldorf.
Verstorben am 6.11.1943.

ROESLER, JOSEPH

1901 11 29
Opladen
Kaplan
Wegen politischer Unzuverlässigkeit im Herbst 1936 Unterrichtsverbot.

ROLING, HEINRICH

1907 02 18
Wipperfürth / Efferen
Kaplan
Wegen einer Predigt mit staatsfeindlichem Inhalt - er zog aus einem Vergleich mit Spanien negative Rückschlüsse auf Deutschland - im Juli 1937 vom Sondergericht Köln zu vier Monaten Haft verurteilt.

ROSENBAUM, FRITZ (BR. WOLFGANG) OFM

1915 05 27
Köln / Vlodrop / Wörden
Der konvertierte Jude Wolfgang Rosenbaum wurde am 1.4.1939 aus Sicherheitsgründen nicht in einem deutschen, sondern in einem holländischen Franziskanerkloster (Kolleg St. Ludwig in Vlodrop) eingekleidet. Um nationalsozialistischer Verfolgung zu entgehen, zog er im November 1939 ins Kloster Wörden um. Dort wurde er als Antwort auf den Hirtenbrief der holländischen Bischöfe gegen die gewaltsame Verschleppung der Juden am 2.8.1942 durch die Gestapo verhaftet. Er kam zusammen mit Edith Stein nach Auschwitz, wo er am 30.9.1942 gestorben ist.

ROSSAINT, JOSEPH

1902 08 05
Düsseldorf
Kaplan
Dr. phil.
Wegen hochverräterischer Beziehungen zu Funktionären des ehemaligen kommunistischen Jugendverbandes mit dem Ziel der Gründung einer katholisch-kommunistischen Einheitsfront am 26.1.1936 verhaftet. Im Prozeß vom 7.4. bis 29.4.1937 durch den Volksgerichtshof Berlin zu 11 Jahren Zuchthaus und 10 Jahren Ehrverlust verurteilt.
Lit.: Hehl, 103, 160f., 178.

ROTH, ERNST MORITZ

1902 01 31
Dattenfeld / Bonn / Schwarz-Rheindorf
Kaplan
Wegen Verhinderung der Gründung von nationalsozialistischen Jugendorganisationen 1935 Unterrichtsverbot durch den Regierungspräsidenten in Köln. Im August 1935 vom Generalvikariat auf Druck der Gestapo nach Bonn versetzt.
Verstorben am 12.3.1945.

ROTH, KARL GUSTAV

1905 08 22
Bonn (St. Joseph)

Kaplan
Wegen Verdachts der Beteiligung am Attentat auf
Hitler vom 20.7.1944 verhaftet.

ROTH, P. LEONHARD
OP
1904 05 28
Walberberg (Kloster)
1937 floh der Pater vor der Gestapo in die
Schweiz, „weil er nicht seine patriotische
Pflicht erfüllen wollte". Bei seiner Rückkehr 1941 von der Gestapo verhaftet:
5.3.1941 bis 20.5.1943 Gefängnis Köln,
21.5.1943 bis 29.4.1945 KZ Dachau (befreit).
Lit.: Weiler, 568.

ROTH, WILHELM
1910 12 01
Opladen / Essen-Rellinghausen
Kaplan
Im Zusammenhang mit der Verweigerung der Teil-
nahmeerlaubnis an einer Parteiveranstaltung für
die Schüler des Erzbischöflichen Gymnasiums
Aloysianum/Opladen, wo er Assistent war, wurde
er im Herbst 1936 durch die Gestapo kurzfristig
festgenommen und verwarnt, ferner wurde ein Verfahren wegen Vergehens gegen das Heimtückegesetz eingeleitet. Siehe auch: Neuenheuser, P.

ROTTLAENDER, GERHARD
1888 04 03
Bergneustadt / Lindlar / Hückeswagen
Pfarrer
Wegen defätistischer Reden Verhängung eines
Sicherungsgeldes in Höhe von 1000 RM durch die
Gestapo.
Verstorben am 3.2.1973.

RUPP, PAUL
1892 11 05
Köln
Kaplan
1941 aus nicht bekannten Gründen Vernehmung
durch die Gestapo und Unterrichtsverbot durch
den Kölner Oberbürgermeister.
Verstorben am 9.9.1960.

RUST, FRANZ ALBERT
1910 10 27
Remscheid / Madrid / Grevenbroich
Kaplan
Wegen angeblicher Predigten gegen die nationalsozialistische Bewegung Ausweisung aus Spanien
und Entlassung aus der Tätigkeit als Seelsorger der deutschen Kolonie.

SACHS, JOHANNES
1904 02 10
Köln-Niehl / Eitorf

Kaplan
Wegen seiner Tätigkeit im katholischen Jungmännerverein 1938 und 1942 Verwarnungen durch
die Gestapo.
Verstorben am 15.9.1979.

SAINT-GEORGE, JOHANNES VON
1908 06 30
Wuppertal-Barmen
Kaplan
Wegen einer Predigt Verwarnung durch die Gesta-
po. Wegen einer Wallfahrt mit Ministranten
Unterrichtsverbot durch den Schulrat.

SALGET, FRANZ
1893 12 24
Stommeln
Kaplan
Wegen diffamierender Äußerungen über die
Hitlerjugend und Rosenbergs „Mythus" Ver-
warnung durch die Gestapo.
Verstorben am 12.7.1957.

SALZ, GOTTFRIED
1892 03 15
Essen-Rüttenscheid / Siegburg-Mülldorf
Kaplan
Wegen Jugendarbeit, Verteilung vertraulicher
Rundschreiben an die Kaplaneien in Essen sowie
der Verbreitung der Denkschrift der deutschen
Bischöfe an Hitler im August 1935 vom General-
vikariat auf Druck der Gestapo versetzt. Auch
Postüberwachung.
Verstorben am 4.12.1953.

SARTER, JOHANNES
1913 05 07
Köln-Brück / Essen-Borbeck
Kaplan
Aufgrund seiner Versuche, aus der Kirche Ausge-
tretene zum Wiedereintritt zu bewegen, von der
NSDAP-Ortsgruppe Köln-Brück bei der Gestapo
angezeigt.

SAUREN, JOSEF
1895 10 06
Köln / Egen / Kierdorf
Pfarrer, Direktor des Statistischen Amtes
Aus nicht bekannten Gründen verhinderte die
Reichsschrifttumskammer seine Publikationen.
Verstorben am 9.8.1961.

SCHAEFER, FRIEDRICH
1903 10 12
Neunkirchen / Mülheim-Ruhr / Neuß
Kaplan
Aus nicht bekannten Gründen von der Gestapo
verwarnt.

SCHAEFER, MAXIMILIAN FRIEDRICH
1906 03 20
Solingen-Wald / Köln / Creglingen, Tauber
Kaplan
Wegen aktiven christlichen Zeugnisses Verwarnung
durch die Ortsbehörden.

SCHAIN, PETER
1904 08 29
Köln / Düsseldorf / Wuppertal-Elberfeld
Kaplan
Weil er eine Kundgebung der katholischen Jugend
vor der Michaeliskirche angeordnet hatte, ver-
urteilte ihn das Sondergericht Köln zu einem
Monat Gefängnis.

SCHEIERMANN, WILHELM
1899 03 21
Köln-Nippes / Köln-Niehl / Köln-Ehrenfeld
Kaplan, Pfarrer
Aus nicht bekannten Gründen von der Gestapo
verwarnt.
Verstorben am 19.7.1974.

SCHILDEN, ENGELBERT
1898 02 04
Düsseldorf
Rektoratspfarrer
Wegen Jugendseelsorge, Kanzelmißbrauchs sowie
der Verbreitung gedruckter gottesdienstlicher
Mitteilungen Verwarnung durch die Gestapo.
Verstorben am 2.9.1946.

SCHLOESSER, ANTON
1906 01 02
Mülheim-Speldorf / Beuel
Kaplan
Dr. phil.
Wegen des Verkaufs nicht genehmigter Druckschriften sowie der Untergrabung der Autorität eines aus der Kirche ausgetretenen Schulleiters Unterrichtsverbot durch den Regierungspräsidenten in Düsseldorf.

SCHMELZER, FRANZ
1901 10 13
Düsseldorf-Lohausen / Leverkusen-Bürrig
Kaplan
Vom 9.8. bis 16.8.1940 auf Veranlassung des Ortsgruppenleiters durch die Gestapo in Schutzhaft
genommen und verwarnt. Grund: Er hatte das Aufenthaltsverbot gegen einen anderen Pfarrer be-
kanntgegeben.
Verstorben am 6.9.1976.

SCHMIDT, HERMANN JOSEF
1884 01 15
Neuß
Geistl. Studienrat
Dr. theol.

Wegen Äußerungen im Religionsunterricht 1000
RM Geldstrafe und Unterrichtsverbot für Ge-
schichte und Latein.
Gehört zur Erzdiözese Paderborn.

SCHMITZ, BERNHARD
1900 07 25
Essen / Weiler
Kaplan
Vierzehnstündige Festnahme durch die Gestapo
wegen Verbreitung eines Briefes.

SCHMITZ, JOSEF
1887 09 15
Quadrath / Wuppertal-Elberfeld
Pfarrer
Wegen „Verächtlichmachung der Flagge des natio-
nalen Staates und der Fahne des Reiches" von
der Kölner Strafkammer 1933 zu drei Monaten
Gefängnisstrafe verurteilt.
Verstorben am 3.12.1969.
Lit.: Hehl, 45.

SCHMITZ, MATTHIAS
1912 02 24
Quettingen
Kaplan
Aufgrund seiner Tätigkeit in der katholischen
Jugend zweimalige Verhaftung durch die Gestapo.

SCHNEIDER, P. HEINRICH
1915 01 13
Wuppertal-Vohwinkel / Remscheid
Kaplan
Wegen seiner Tätigkeit in der katholischen Ju-
gend von der Gestapo verwarnt.

SCHNEIDER, P. HERMANN
KONGREGATION VOM ALLERHEILIGSTEN
SAKRAMENT
1907 10 24
Ommerborn
Geistl. Lehrer
1937 Entlassung durch die Partei nach Auf-
hebung der Gymnasial-Klosterschule Ommerborn.

SCHNEIDER, JAKOB
1901 07 08
Essen / Köln-Bayenthal / Gremberghoven
Kaplan, Pfarrer
Wegen angeblicher Vergehen gegen den Staat durch
die Gestapo verwarnt.

SCHNITZLER, THEODOR
1910 04 01
Köln-Nippes / Ensen
Kaplan
D.Dr.
Ohne Angabe von Gründen zeitweilig keine Zu-

lassung zur Promotion. Mehrere Verhöre durch die Gestapo.

SCHOELLGEN, WERNER
1893 09 23
Bonn
Geistl. Dozent, Rektor
D.Dr.
Beschlagnahmung des von Schöllgen verfaßten Buches „Vererbung und sittliche Freiheit" durch die Gestapo sowie Versagung des Titels „Professor" wegen dieses Buches.

SCHRAEDER, HERMANN (P. ALBRECHT)
OFM
1901 11 06
Düsseldorf / Remagen / Aachen
1936 20 RM Geldstrafe oder zwei Tage Haft durch die Gestapo wegen einer Predigtäußerung.
1938 Redeverbot durch die Gestapo wegen Regimekritik, 1940 aufgrund des Redeverbots aus der Reichsschrifttumskammer ausgeschlossen (also Verbot seiner schriftstellerischen Tätigkeit), Beschlagnahme seiner Kleinschriften.
Außerdem 10 Verwarnungen durch die Gestapo; über ein Gerichtsverfahren in Aachen liegen keine näheren Angaben vor.

SCHREIBER, PETER
1886 12 25
Köln-Mauenheim
Pfarrer
Wegen seiner Predigten wurde er verhört und verwarnt, außerdem entstanden ihm berufliche Nachteile.
Verstorben am 23.5.1967.

SCHREIBER, WILHELM
1881 05 18
Köln-Bickendorf
Pfarrer, Dechant
Wegen angeblicher Beleidigung des Staatsrats Börger 1935 durch den Untersuchungsrichter verwarnt. Aus nicht bekannten Gründen acht Verhöre durch die Gestapo.
Verstorben am 8.4.1959.

SCHREYER, MAXIMILIAN
1909 09 28
Neustadt, Weinstraße / Bellheim / Neuß
Kaplan
1935 Verfahren vor dem Sondergericht Frankenthal (Diözese Speyer) wegen Kanzelmißbrauchs, Einstellung des Verfahrens mangels Beweisen, jedoch Verwarnung durch die Gestapo sowie Versetzung nach Bellheim.
In Neuß Unterrichtsverbot am 1.8.1937, Haussuchung am 1.2.1938, daraufhin Betätigungsverbot für Jugendarbeit.

SCHUELLER, FRANZ
1871 10 10
Köln-Ehrenfeld
Pfarrer
Wegen Kanzelmißbrauchs von der Gestapo verwarnt.
Verstorben am 9.5.1958.

SCHUELLER, JOSEF
1892 08 01
Leverkusen-Wiesdorf
Geistl. Studienrat
Weil er katholischer Priester war, erhielt er Unterrichtsverbot für das Fach Latein.
Verstorben am 9.11.1973.

SCHULTE-PELKUM, HERMANN
1874 07 01
Essen
Pfarrer, Stadtdechant
Von 1934 bis 1943 Postüberwachung.
Verstorben am 4.4.1945.
Lit.: Hehl, 150.

SCHULTE, ARNOLD
1906 07 12
Wuppertal
Kaplan
Verwarnung wegen Weihnachtspredigt 1937. Behinderung der Jugendarbeit.

SCHUMACHER, HUBERT
1878 09 11
Duisburg-Mündelheim
Pfarrer, Dechant
Aus nicht bekannten Gründen von Gestapo und Sondergericht verwarnt.
Verstorben am 31.12.1945.

SCHWANITZ, PAUL (P. HERIBERT)
OFM
1875 03 28
Köln
Volksmissionar
Mehrere Verwarnungen durch die Gestapo, floh 1935 ins Ausland (es drohte ein Verfahren vor dem Volksgerichtshof wegen angeblichen Staatsverrats).
Verstorben am 21.2.1963.
Lit.: Kurten, E.: Unsere Toten III, Mönchengladbach 1979, 24.

SCHWARZ, ANTON
1910 04 21
Fischenich / Kreuzweingarten
Kaplan
Am 2.2.1936 Beschwerde des Kölner Reg. Präsi-

denten beim Generalvikariat. Am 16.5.1940 durch die Gestapo festgenommen, weil er im Gottesdienst „für den Frieden und die Freiheit der Kirche, besonders in unserem Vaterlande", gebetet hatte. Am 21.12.1940 Einlieferung ins KZ Dachau. Dort am 19.7.1941 entlassen.
Lit.: Weiler, 593.

SEIBERTZ, LORENZ (P. LAURENTIUS)
OFM
1890 04 13
Köln
Volksmissionar
Mehrere Verwarnungen durch die Gestapo. Ab 1941 Redeverbot durch die Gestapo für das gesamte Reichsgebiet wegen staatsabträglicher Äußerungen.
Verstorben am 27.6.1961.
Lit.: Kurten, E.: Unsere Toten III, Mönchengladbach 1979, 72.

SENDKER, ADALBERT
1912 05 15
Braunschweig (St. Nikolaus)
Kaplan
Aufgrund von Predigtäußerungen und Mißachtung des Versammlungsverbotes außerhalb der Kirchenräume drei Verhöre und drei Verwarnungen durch die Gestapo sowie eine Anzeige durch den Gauleiter (die Anzeige wurde niedergeschlagen).
Wegen Fortführung der katholischen Jugendarbeit Verbot der Jugendarbeit sowie mehrere Verhöre und Verwarnungen durch die Gestapo. Des weiteren Unterrichtsverbot durch die Schulbehörde. Gehört zur Diözese Hildesheim.

SEUL, WILBERT
1903 12 22
Essen-Rüttenscheid / Gerolstein / Mondorf
Kaplan
Dr. phil.
Aufgrund seiner feindlichen Einstellung gegenüber der HJ von der Gestapo verwarnt.

SIEMER, JOSEF (P. LAURENTIUS)
OP
1888 03 08
Köln
Provinzial
Ab dem 9.4.1935 Untersuchungshaft aufgrund Verdachts des Devisenvergehens.
Am 30.10.1936 durch das Landgericht zu 15 Monaten Gefängnis verurteilt.
Am 29.1.1937 im Einspruchsverfahren freigesprochen.
Ab dem 16.9.1944 auf der Flucht vor der Gestapo untergetaucht bis Kriegsende.
Verstorben am 21.10.1956.

Lit.: 1.Siemer, Laurentius: Aufzeichnungen und Briefe. Frankfurt am Main, 2.Aufl. 1958. 2.Rapp, 86f. 3.Hoffmann, Janßen, 173, 199.

SIMONS, PETER HUBERT
1896 06 09
Honnef / Seelscheid
Kaplan / Pfarrer
Verwarnung durch die Gestapo aufgrund des Verdachts kommunistischer Umtriebe. Anklage wegen Wehrkraftzersetzung.
Verstorben am 12.12.1972.

SPANS, HEINRICH
1898 05 29
Remscheid / Wülfrath-Flandersbach
Kaplan, Pfarrektor, Bezirkspräses KJMV
Wegen seiner Tätigkeit als Bezirkspräses des KJMV am 8.8.1935 Unterrichtsverbot und Entlassung als Religionslehrer des Oberlyzeums durch den Regierungspräsidenten und den Oberpräsidenten der Rheinprovinz.
Verstorben am 17.11.1974.

SPIEKER, P. JOSEF
SJ
1893 06 18
Düsseldorf / Köln
Wegen Regimegegnerschaft am 19.11.1934 verhaftet und für zwei Wochen in Haft gehalten.
Am 1.3.1935 erneut verhaftet. Am 12.3. wegen Mangels an Beweisen vom Sondergericht Köln freigesprochen (Gegenstand der Anklage war eine Predigt vom Christkönigssonntag 1934). Die Gestapo behielt Spieker trotz des Freispruchs in Schutzhaft. Am 1.5.1935 als erster katholischer Priester ins KZ überstellt (KZ Börgermoor). Nach einer Haftzeit im Tempelhofer Feld wieder nach Köln verlegt und am 20.1.1936 zu 15 Monaten Haft verurteilt, die er im Gefängnis Wittlich absaß. Nach der Freilassung wurde Josef Spieker zu seiner eigenen Sicherheit vom Orden ins Ausland versetzt.
Verstorben am 29.9.1968.
Lit.: Spieker, Josef: Mein Kampf gegen Unrecht in Staat und Gesellschaft. Erinnerungen eines Kölner Jesuiten. Köln 1971.

SPILLES, BERTRAM
1913 12 10
Much
Wegen Unterstützung von Kriegsgefangenen Verwarnung durch die Gestapo.

STAHL, JOSEF
1890 01 19
Bonn / Ratingen / Brenig
Kaplan / Pfarrer
Wegen Abhörens ausländischer Sender von seinem

Schwager angezeigt. Am 30.3.1943 von der Gestapo verhaftet, am 17.9.1943 ins KZ Dachau eingeliefert. Am 26.4.1945 während des Evakuierungsmarsches befreit.
Verstorben am 7.9.1976.
Lit.: Weiler, 626.

STAMMEL, LAURENZ
1879 09 06
Essen-Steele
Pfarrer
Aus unbekannten Gründen Haftstrafe.
Verstorben am 12.4.1954.

STEDEN, FRANZ
1905 07 07
Grevenbroich-Elsen / Königswinter
Kaplan
Wegen Verbreitung der Enzyklika „Mit brennender Sorge" vom 28. bis 31.12.1937 von der Gestapo in Schutzhaft genommen.

STEIN, GOTTFRIED
1911 09 08
Alfter
Kaplan
Wegen allgemeiner Seelsorgearbeit kurzfristige Festnahme durch Gestapo und SS.

STEIN, HEINRICH VON DER
1889 01 14
Essen-Borbeck / Königshoven
Geistl. Studienrat / Pfarrvikar
Auf Druck der Gestapo versetzt, die Gründe dafür sind unbekannt. 1943 Redeverbot wegen staatsfeindlicher Äußerungen.
Verstorben am 6.2.1965.

STEINBACH, JOHANNES
1908 07 02
Köln-Ehrenfeld
Kaplan
Wegen Fotografierens einer durch Bomben zerstörten Kirche Festnahme und Verhör durch die Gestapo.

STEINBERG, JOSEF
1904 11 24
Bonn / Köln
Studentenseelsorger
Dr. theol.
Seine Tätigkeit als Wanderprediger bei kirchlichen Veranstaltungen der katholischen Jugend wurde ständig von der Gestapo überwacht.

STIESCH, RUDOLF
1910 10 02
Düsseldorf-Kaiserswerth / Köln-Bickendorf
Kaplan

Wegen angeblich weltlicher Themen -Kriegserlebnisse- auf einem Heimabend katholischer Jungmänner von der Gestapo zur Hinterlegung eines Sicherungsgeldes in Höhe von 600 RM verurteilt.

STOECKER, JOHANNES
1891 10 08
Düsseldorf / Villip / Bonn-Poppelsdorf
Geistl. Studienrat / Pfarrer
Wegen staatsfeindlicher Haltung im Unterricht am 1.4.1938 durch die Reichsschrifttumskammer aus dem höheren Schuldienst entlassen. Wegen NS-Feindlichkeit der Pfarrgemeinde am 25.11.1944 von der Gestapo verwarnt.

STRACK, KARL
1883 11 29
Morsbach
Pfarrer
Pfarrer Strack wurde von der Gestapo vorgeladen und erhielt eine Verwarnung.
Verstorben am 22.3.1975.

STRAUSS, FRIEDRICH
1879 11 01
Köln
Pfarrer, Schriftleiter der Kath. Kirchenzeitung
Wegen eines Artikels in der Kirchenzeitung Verwarnung durch die Gestapo am 12.2.1935. Wegen Beleidigung des Kreisleiters am 5.6.1935 Auferlegung einer Geldstrafe in Höhe von 20 RM durch die Gestapo.
Verstorben am 12.11.1952.

STUESSER, JAKOB
1896
Euskirchen / Bonn
Pfarrer
1934 wegen abfälliger Äußerungen über Hitler und den Nationalsozialismus (in einem Brief) zu zehn Monaten Haft verurteilt.
Nähere Angaben liegen nicht vor.
Verstorben 1960.
Lit.: Arntz, H.-Dieter: Judaica. In: Kirchenzeitung für das Erzbistum Köln, Nr. 2, 1983, S. 25.

STUHLWEISSENBURG, HERMANN (P. THOMAS)
OP
1881 06 22
Düsseldorf
Provinzial
1935 wegen angeblicher Devisenvergehen zu einer mehrjährigen Haftstrafe verurteilt.
Am 3.10.1935 im Gefängnis in Oldenburg verstorben.

STUMPE, HERMANN
1893 04 25
Bonn / Troisdorf
Geistl. Religionslehrer / Pfarrer
1938 ohne Begründung aus der Stellung als
Religionslehrer am Liebfrauen-Oberlyzeum/Bonn
entlassen.

TAENTZSCHER, GOTTFRIED
1906 07 03
Remscheid
Kaplan
Verwarnung durch die politische Staatsanwalt-
schaft Köln. 1936 Unterrichtsverbot wegen
Jugendarbeit.

TEMMING, THEODOR
1877 03 05
Köln (St. Michael)
Pfarrer
Aus nicht bekannten Gründen Verwarnung durch
die Gestapo sowie Verbot schriftstellerischer
Tätigkeit durch die Reichsschrifttumskammer.

TEUSCH, JOSEPH
1902 02 15
Köln
Domvikar, Leiter d. Abwehrstelle d. Gen. Vik.
Wegen Predigten und Verbreitung von antinatio-
nalsozialistischen Druckschriften mehrfach
durch die Gestapo verwarnt sowie überwacht.
Verstorben am 20.9.1976.
Lit.: 1.Hehl, 5,79f.,86-89 u.ö. 2.Baumgärtner:
Weltanschauungskampf im Dritten Reich, Mainz
1977, 154f.

THEISSEN, ALOIS
1899 12 13
Essen-Steele / Haarlem
Auslandsseelsorger
Aufgrund seiner Verbindung zur holländischen
katholischen Presse sowie staatsfeindlicher
Briefe im September 1940 in Holland von der
Gestapo verhaftet und am 20.6.1941 ins KZ Dachau
eingeliefert, dort am 10.4.1945 entlassen.
Verstorben am 9.9.1961.
Lit.: Weiler, 664.

THOMAS, KONRAD
1894 09 02
Elsen
Pfarrer
Wegen seines mutigen christlichen Auftretens
erlitt der Pfarrer berufliche Nachteile durch
die NSDAP. Aus nicht bekannten Gründen wurde er
von der Gestapo verwarnt.
Verstorben am 12.9.1977.

TOENNES, KARL
1882 02 12
Heiligenhaus / Düsseldorf (St. Antonius)
Pfarrer
Wegen der Behauptung, die Nazis hätten den
Reichstag selbst in Brand gesteckt, sowie der
Ausweisung von uniformierten SA-Leuten aus der
Kirche noch nach Aufhebung des Uniformverbotes
vom Landrat mit Aufenthaltsverbot für den Be-
zirk Wuppertal belegt.
Verstorben am 30.1.1964.

TOTT, EWALD
1907 12 06
Essen-Holsterhausen / Essen-Dellwig
Kaplan
Wurde 1942 von der staatlichen Behörde für
eine Stelle als Pfarradministrator abgelehnt,
da er als politisch unzuverlässig galt.

UMPFENBACH, ALBERT (P. RUDOLF)
OFM
1898 07 01
Köln
Volksmissionar
Mehrere Verwarnungen durch die Gestapo.
Seit 1940 Redeverbot; außerdem mußte
sich seine Tätigkeit auf das Kloster be-
schränken, was Verbot seiner volksmissio-
narischen Arbeit bedeutete.
Verstorben am 10.10.1955.
Lit.: Kurten, E.: Unsere Toten III, Mönchen-
gladbach 1979, 112.

URFEY, FRANZ
1908 12 24
Hürth / Köln
Geistl.Religionslehrer / Kaplan
Wegen zersetzender Tendenz seiner Jugendarbeit
und angeblicher Fälschung von Hirtenbriefen
Entlassung aus der Stellung als Religionslehrer
sowie Verwarnungen durch Gestapo und Regierungspräsident Köln.

VAASSEN, FRANZ
1881 10 23
Wittlär
Pfarrer
Wegen Predigten Schutzhaft durch die Gestapo.
Verstorben am 2.10.1944.

VASEN, MATTHIAS
1875 01 11
Königshoven
Pfarrer i.R.
Aus unbekannten Gründen inhaftiert.
Verstorben am 25.10.1952.

VELTEN, WALTER JOSEF
1895 10 01
Essen
Religionslehrer / Jugendpfarrer
Wegen Reden und Predigten vor der katholischen
Jugend von der Gestapo verwarnt.
Verstorben am 8.6.1973.

VIETEN, CARL FRIEDRICH
1908 07 21
Lindlar / Eitorf
Kaplan
Wegen Besitzes von Geheimdokumenten der Gestapo
kurzfristig festgenommen und von der Gestapo
verwarnt.

VIETEN, PETER
1897 01 10
Beuel / Essen-Borbeck
Kaplan / Pfarrektor
Am 27.5.1936 wurde ein Verfahren wegen Kanzel-
mißbrauchs vor der Strafkammer des Landge-
richts Bonn eingestellt. Grund des Verfahrens
waren die Behauptung, nationalsozialistisches
Schrifttum gefährde die Kinder, sowie der Ap-
pell an die Eltern, Kinder in die katholischen
Jugendorganisationen zu schicken.
Verstorben am 14.2.1941.

VOGEL, HEINRICH
1899 06 21
Essen-Altendorf / Köln / Leverkusen-Wiesdorf
Kaplan / Pfarrektor
Aus unbekannten Gründen von der Gestapo kurz-
fristig festgenommen und vom Landgericht ver-
warnt.
Verstorben am 3.5.1953.

VOGT, ARTHUR
1902 04 27
Düsseldorf / Weilerswist / Köln
Gefängnisseelsorger / Kaplan
1934 ohne Begründung von der Gestapo aus der
Stelle als Gefängnisseelsorger entlassen, vermutlich wegen seelsorgerischer Betreuung zum Tode verurteilter Kommunisten.
Verstorben am 6.11.1962.

VOLBERG, WILHELM
1907 08 24
Köln-Mauenheim
Kaplan
Nachdem er mit mehreren Meßdienern, von denen
ein Teil in Sturmscharkluft war, nach Alten-
berg gefahren war, erhielt er eine Verwarnung.
Verstorben am 25.6.1978.

VORAGE, P. ERNST
CM
o.D.
Köln
Im Juli 1935 wegen mehrerer Devisenvergehen
in seiner Eigenschaft als Geschäftsführer
der „Missionsgesellschaft der Vinzentiner GMBH"
vom Berliner Schnellschöffengericht zu
zwei Jahren und sechs Monaten Zuchthaus und
40.000 RM Geldstrafe verurteilt.
Lit.: 1.Rapp, 79. 2.Hoffmann-Janssen, 166,
183f.

VORSPEL, P. FRITZ
SJ
o.D.
Essen
Durch die Gestapo inhaftiert; nach
Intervention Bischof Bernings (1935)
wurde die Strafverfolgung 1936 zurück-
genommen.

VOSPOHL, WILHELM
1899 04 20
Köln-Ehrenfeld
Geistl. Religionslehrer
Wurde 1941 aus dem Schuldienst entlassen, weil
an Berufsschulen kein Religionsunterricht mehr
erteilt werden durfte.

WACHOWSKY, BERNHARD
1892 08 01
Oberhausen / Bonn (St. Marien)
Pfarrer, Polenseelsorger
Aus nicht bekannten Gründen Verwarnung durch
die Gestapo und ein Verfahren vor dem Volksge-
richtshof, welches mit Freispruch endete.
Verstorben am 19.6.1977.

WASIAK, EDUARD
1877 11 19
Wipperfürth
Pfarrer
Wegen seines entschiedenen christlichen Zeugnis-
ses erlitt er berufliche Nachteile und wurde
durch Parteiinstanzen verwarnt.
Verstorben am 28.3.1940.

WEHMER, JOSEPH
1899 10 18
Köln-Niehl / Essen-Borbeck / Stotzheim
Kaplan / Pfarrer
Aufgrund abfälliger Äußerungen über einen
Jungvolksfähnleinführer und Züchtigungen von
Angehörigen des Jungvolks wegen Nichtteilnahme
am Gottesdienst Verwarnung durch die Gestapo.
Verstorben am 16.1.1973.

WERHAHN, HERMANN JOSEPH
1907 06 16
Godesberg-Mehlem / Essen-Margaretenhöhe
Kaplan
Wegen einer Predigt am 6.10.1939 von der Gestapo
verhaftet. Zunächst ins KZ Sachsenhausen gebracht, ab 14.12.1940 im KZ Dachau. Dort am 09.12.
1942 entlassen.
Lit.: Weiler, 697.

WERNER, WILHELM JOSEF
1909 10 27
Wuppertal-Elberfeld
Kaplan
Wegen politischer Unzuverlässigkeit im Juni
1936 Unterrichtsverbot.

WESTERHOFF, P GERHARD
CSSR
o.D.
Bonn
Entlassung als Seelsorger wegen der Weigerung,
NS-Organisationen beizutreten.

WETZELS, JOSEF
1898 10 22
Wuppertal-Barmen / Duisburg-Wedau
Kaplan
Wegen Entfernung eines Wahlplakates im Juni 1933
kurzfristig festgenommen. Wegen angeblicher Sa-
botage der Kinderlandverschickung 1944 verwarnt.
Beide Maßnahmen erfolgten durch die Gestapo.

WICHARTZ, JAKOB
1902 05 22
Bottenbroich / Köln-Mülheim
Kaplan
Wegen ablehnender Haltung zum NS-Staat Unter-
richtsverbot durch den Regierungspräsidenten.

WIRTZ, HEINRICH
1896 02 02
Hermerath / Rövenich
Pfarrer
Wegen Beleidigung Adolf Hitlers Verfahren vor
dem Landgericht Bonn. Wegen materieller Unterstützung alliierter Kriegsgefangener 1941 kurzfristige Schutzhaft durch die Gestapo.
Verstorben am 28.7.1962.

WISDORF, JOSEF
1914 11 17
Köln
Geistl. Assistent im Erzbischöfl. Seelsorgeamt
Wegen des Verfassens der „Führerbriefe des Neu-
deutschlandbundes" am 20.11.1941 von der Gestapo
zur Zahlung von 3000 RM Sicherheitsgeld verurteilt. Wegen seiner Tätigkeit als Assistent
beim Jugendseelsorgeamt des Erzbischöflichen

Generalvikariats am 5.3.1943 durch die Gestapo
Redeverbot für Rheinland und Westfalen.

WITTEBRUCK, ALBERT
1903 10 16
Köln-Mülheim / Köln (St. Pantaleon)
Kaplan
Erhielt Seelsorgeverbot im städtischen Kranken-
haus Köln-Mülheim, weil er einen sterbenden
SS-Mann auf dessen Wunsch hin mit den Sterbe-
sakramenten versehen hatte.

WOLFEN, LEO
1901 03 25
Siegburg
Kaplan
Wurde 1937 wegen Aufhetzung des Volkes bezüg-
lich der Umhängung der Kreuze in der Schule
von der Gestapo in Schutzhaft genommen.
Intervention Bischof Bernings beim Geheimen
Staatspolizeiamt in Berlin.

WOLFF, PAUL
1903 06 29
Bonn-Dottendorf
Kaplan
D.Dr.
Erhielt 1941 durch die Reichsschrifttumskammer
Betätigungsverbot als theologischer Schrift-
steller.

WOLKER, LUDWIG
1887 04 08
Düsseldorf
Generalpräses der Jugend- u. Jungmännervereine
Mehrere Verwarnungen wegen Vereinsarbeit.
Zeitweilig Unterrichtsverbot.
Im Zusammenhang mit dem Hochverratsprozeß gegen
Kaplan Rossaint - Einheitsfrontbestrebungen
zwischen katholischen Jugendführern und kom-
munistischen Funktionären - vom 6.2. bis 12.5.
1936 von der Gestapo in Schutzhaft gehalten.
Des weiteren grobe Anschuldigungen in Presse
und Rundfunk.
Ausschluß aus der Reichspressekammer, Nicht-
aufnahme in die Reichsschrifttumskammer.
1936 führte die Schließung des Jugendhauses
und des Jugendführungsverlages durch die
Gestapo zum Verlust der Stellung.
Verstorben am 17.7.1955.
Lit.: 1.Hehl, 103f., 170. 2.RPB I, 224, 253.
Gehört zur Erzdiözese München-Freising.

WUENNENBERG, FRANZ
1880 09 17
Friedrich-Wilhelmshütte
Pfarrektor
Wegen Durchführung einer Männerwallfahrt
sowie wegen Tätigkeit im katholischen Arbei-

terverein des Siegkreises Verwarnung durch die Gestapo.
Verstorben am 25.5.1959.

WUESTEN, HUBERT
1891 03 29
Köln / Honnef
Pfarrer
Im Zusammenhang mit der Auflösung des katholischen Jungmännervereins Honnef wurde er von der Gestapo vier Stunden in Gewahrsam genommen.
Verstorben am 23.2.1962.

WULFERS, JOSEF
1903 04 05
Köln-Mülheim / Düsseldorf (St. Bonifatius)
Kaplan
Wegen beleidigender Kritik an einer Rede des preußischen Ministerpräsidenten Göring am 10.8.1937 vom Sondergericht Köln zu Haft verurteilt.

ZAUNBRECHER, JOSEPH
1891 02 09
Köln-Dellbrück / Essen (St. Johann)
Pfarrer
Postüberwachung.
Verstorben am 25.6.1969.

ZEHNHOFF, KARL HELMUT
1915 07 01
Leichlingen / Wuppertal
Kaplan
Siebenmal Verwarnung durch die Gestapo.
Kurzfristige Festnahme durch die Gestapo. 3000 RM Sicherungsgeld.

ZENDER, JOHANNES
1877 08 16
Düsseldorf
Pfarrer
Postüberwachung.
Verstorben am 14.8.1948.

ZENTIS, GERHARD
1878 02 20
Düsseldorf-Oberkassel
Pfarrer
Der Pfarrer wurde in der Schule von einem NS-Lehrer verleumdet, was jedoch nicht geahndet wurde. Er hatte berufliche Nachteile hinzunehmen.
Verstorben am 20.9.1956.

ZIMMERMANN, ARNOLD
1902 04 18
Pattscheid
Pfarrektor

Wegen seelsorgerischer Bemühungen um polnische Zivilarbeiter mehrfach Verhöre und Verwarnungen durch die Gestapo.

ZORN, PETER
1905 07 03
Köln-Ehrenfeld
Kaplan
Aus nicht bekannten Gründen Verwarnung durch die Gestapo.
Verstorben am 29.10.1964.

12. Bistum Limburg

ABSCHLAG, WALTER
1909 05 21
Frankfurt am Main-Heddernheim
Kaplan
Aufgrund seines Wahlverhaltens wurde er am
10.4.1938 überfallen, verprügelt und an-
schließend ins KZ Buchenwald gebracht. Freilas-
sung erfolgte am 3.1.1939.
Verstorben am 4.2.1981.
Lit.: Weiler, 99.

ACKERSCHOTT, P. HANS
SDB
o.D.
Marienhausen
Vom 29.3.1939 bis 4.4.1939 von der Gestapo
in Haft gehalten. Nach der Freilassung erfolgte
ein Aufenthaltsverbot seitens der Gestapo.

ADLHOCH, WALTER
1913 06 06
Wetzlar / Weilmünster
Kaplan
Verhör wegen Seelsorge.

ALBRECHT, BR. KONRAD
SAC
1880 07 30
Limburg
Wegen Verstoßes gegen das Sammlungsgesetz vom
13.8.1941 bis 15.8.1941 in Untersuchungshaft
gehalten. Am 28.1.1944 bei der Gerichtsverhandlung freigesprochen.

ALMES, P.
SDB
o.D.
Marienhausen
Direktor
Vom 29.3.1939 bis 4.4.1939 von der Gestapo
in Haft gehalten. Nach der Freilassung erfolgte
ein Aufenthaltsverbot seitens der Gestapo.

AMEKE, ADOLF
1892 03 02
Hofheim-Marxheim / Pütschbach
Rektor / Vikar
Im August 1939 Haussuchung und Ausweisung durch
die Gestapo. Später wegen Hirtenbriefverlesung
von der Polizei verhört.
Verstorben am 21.3.1957.

ANDRES, FRIEDRICH
1882 03 28
Frankfurt am Main
Hochschulprofessor
Dr. theol.

Am 8.2.1937 ohne Angabe von Gründen Entzug
des Lehrauftrages für weltanschauliche Vorlesungen an der Universität Frankfurt.

ATZERT, FRIEDRICH
1906 07 26
Hofheim / Wiesbaden
Kaplan
1933/34 Auseinandersetzungen mit HJ- und Jung-
volkführern. Wegen des Verfassens und Verteilens von Kinder- und Jugendbriefen 1938 Vorladung vor Gestapo. Verbot der Briefe durch Gestapo.

BALDUS, JOHANN
1879 09 19
Werschau
Pfarrer
Unterrichtsverbot.
Verstorben am 13.6.1966.

BANGE, P. WILHELM
SAC
1904 04 20
Limburg
Rektor
Dr.
Wegen angeblichen Verstoßes gegen die Kriegs-
wirtschaftverordnung vom 21.7.1942 bis
22.12.1943 von der Gestapo in Haft gehalten.
Dann ohne Gerichtsverfahren freigelassen.

BAUM, ALOYS
1910 08 02
Villmar / Frankfurt am Main-Ginnheim
Kaplan
Dr. theol.
Am 3.7.1937 vom Sondergericht wegen Hoch- und
Landesverrats angeklagt. Intervention seitens
des Bischöflichen Ordinariats.

BAUMANN, P. JOHANN
SAC
1880 06 24
Limburg
Provinzial
Wegen angeblicher Devisenvergehen vom
11.2.1935 bis 15.3.1935 von der Gestapo
in Haft gehalten. Dann ohne Gerichtsverhandlung freigelassen.

BECHTEL, EUGEN
1908 07 28
Frankfurt am Main-Schwanheim / Villmar
Kaplan
1939 wegen Predigt Verhör durch Gestapo und
Vorladung vor das Sondergericht Frankfurt, durch
Amnestie hinfällig. 1940 Verhör durch Gestapo
wegen Abhaltens eines Kindergottesdienstes wäh-

rend des Schulunterrichts. Im Januar 1941 wegen Vereinsarbeit von der Gestapo verhört. Gleichzeitig Mißhandlung von Jungmännern durch die Gestapo. 1941 wegen Predigt und Verbreitung der Hirtenbriefe des Bischofs von Galen verhört. Verstorben am 26.5.1965.

BECKER, HANS
1905 03 24
Hachenburg / Frankfurt am Main-Höchst
Kaplan
Unterrichtsverbot wegen politischer Unzuverlässigkeit. Wegen Vereinsarbeit erfolgte am 30.6. 1934 auf Veranlassung der Gestapo eine Demonstration. Die geplante Schutzhaft wurde durch die Intervention eines katholischen SA-Mannes nicht verwirklicht. 1937 erfolgte Untersuchung durch Gestapo wegen Verbreitung der Enzyklika. Verhöre wegen Vereinsarbeit. Seit 1940 Auseinandersetzungen mit dem Ortsgruppenleiter aus Wehrheim u.ä. Wegen Polenseelsorge. Verstorben am 7.1.1980.

BEHR, JOSEF AUGUST
1898 03 06
Thalheim
Pfarrvikar / Pfarrer
Nach einem Schulstreik der Eltern und Kinder, der wegen antikirchlicher Haltung der Lehrer erfolgt war, wurde der Vikar im März 1939 mehrmals von der Gestapo verhört. Anschließend wurden Kinderseelsorge sowie der Einsatz von Laien in der Seelsorge verboten.
Verstorben am 20.10.1958.

BELL, JOSEF
1912 01 29
Helferskirchen / Wallmerod / Frickhofen
Kaplan
Aufgrund einer Anzeige verhört. Wegen des Besitzes verbotener Bücher und der Sammlung von Feldpostadressen wurden zwei Haussuchungen durchgeführt. Zur Zahlung von 1000 RM Sicherungsgeld gezwungen.

BELLM, FRIEDRICH
1902 08 02
Rennerod
Pfarrer
Wegen Verstoßes gegen die Kriegswirtschaftsverordnung mehrfach von der Gestapo verhört. Am 9. und 10.12.1941 führte die Gestapo wegen Verbreitung verbotener Bücher, Verstoßes gegen das Sammlungs- und Vervielfältigungsgesetz, Kontrolle des Religionsunterrichtes eines Lehrers sowie wegen verbotener Mitgliederwerbung eine Haussuchung durch. Im Anschluß daran wurde der Pfarrer von der

Gestapo festgenommen und bis zum 6.1.1942 in Schutzhaft gehalten.
Verstorben am 18.11.1979.

BENDEL, BERNHARD
1908 10 20
Mammolshain
Pfarrkurat
Wegen angeblicher Beleidigung des Führers und wegen Polenseelsorge am 18.5. und am 3.6.1942 von der Gestapo verhört und verwarnt.
Verstorben am 19.1.1980.

BENNER, ROBERT
1907 05 08
Rennerod
Kaplan
Am 20.1.1937 verhängte der Regierungspräsident Unterrichtsverbot.

BENTZ, JAKOB
1891 04 30
Frankfurt am Main-Oberrad
Pfarrer
Am 29.5.1937 in Haft genommen. Vom 1.5.1942 an im KZ Dachau. Dort verstorben, wahrscheinlich am 15.9.1942.
Lit.: Weiler, 129.

BERNHARDT, KARL
1896 09 13
Frankfurt am Main-Oberrad / Wellmich
Pfarrer
Wegen Defätismus vom 16.10. bis 11.11.1943 in Haft auf Veranlassung der Gestapo. Nach der Entlassung Sicherungsgeld von 3000 RM hinterlegt. Am 2.2.1944 wegen Gefangenenseelsorge von der Gestapo verhört.
Verstorben am 1.8.1975.

BESSE, ANTON (BR. UBALD)
OFM
1913 10 17
Kelkheim
Anläßlich der Aufhebung des Klosters ohne Grundangabe vom 11.2.1939 bis 19.4.1939 von der Gestapo in Schutzhaft genommen.

BETZ, FRANZ (BR. JOHANN-BAPTIST)
OFM
1908 03 03
Hadamar
Anläßlich der Aufhebung des Studienheims ohne Grundangabe vom 1.3.1939 bis 14.3.1939 von der Gestapo in Schutzhaft genommen.

BEY, P. OTTMAR
BARMHERZIGE BRUEDER MONTABAUR
o.D.
Montabaur
Generaloberer
Im August 1935 wegen Devisenverbrechens und
wegen „Verrats der deutschen Volkswirtschaft"
vom Berliner Sondergericht zu vier Jahren Zucht-
haus und 50.000 RM Geldstrafe verurteilt.
Lit.: 1.Hoffmann-Janssen, 188. 2.Rapp, 382.

BIEL, ANTON (P. SERAPHIN)
OFM
1882 04 25
Kelkheim
Anläßlich der Aufhebung des Klosters ohne
Grundangabe vom 11.2.1939 bis 19.4.1939 von
der Gestapo in Schutzhaft genommen.
Lit.: Thuringia Franciscana, 13 (1958), 171.

BILL, JOSEPH MATTHIAS
1874 02 22
Großholbach
Pfarrer
Nach einer Anzeige wegen Spendung der Kom-
munion an ein nicht rein arisches Kind von der
Polizei verhört.
Verstorben am 18.12.1952.

BINZ, P. RAIMUND
SSCC
o.D.
Arnstein
Pfarrer
Der Pater erhielt Unterrichtsverbot.

BLEUTGE, GEORG
1882 11 09
Frankfurt am Main-Heddernheim
Pfarrer
Wegen Ausländerseelsorge von der Gestapo unter
Androhung von KZ-Haft verwarnt und zur Hinter-
legung von 3000 RM Sicherungsgeld veranlaßt.
Verstorben am 1.1.1957.

BOERNER, ERWIN
1905 09 19
St. Goarshausen
Pfarrer
Dr. phil. et theol.
1943 wegen geplanter Polenseelsorge
von der Gestapo verwarnt.

BOESCHEN, LUDWIG
1903 05 23
Höhn-Schönberg
Pfarrer
Wegen Verbreitung eines Hirtenbriefes unter Sol-
daten im Juli 1943 Haussuchung und Verhör

durch die Gestapo, die Prügel und Einweisung
ins KZ androhte.
Verstorben am 13.9.1967.

BORN, FRANZ PETER
1895 11 21
Limburg / Baumbach
Domvikar, Kanzleidirektor / Pfarrer
Wegen Verlesung von Hirtenbriefen viermal von
der Polizei verhört. Haussuchung durch die Ge-
stapo.
Verstorben am 26.3.1978.

BORN, ALOIS
1893 07 24
Niederselters
Pfarrer
Wegen Predigt am 19.3.1942 von der Gestapo
festgenommen und 10 Tage lang in Haft gehal-
ten.
Verstorben am 12.12.1970.

BRAND, KARL
1912 09 09
Rennerod
Kaplan
Wegen Arbeit im Jungmännerverein und antinationalsozialistischer Beeinflussung der Jugendlichen von der Gestapo verhört, mißhandelt
und vom 20.12.1941 bis 13.1.1942 in Schutzhaft
gehalten.
Verstorben am 7.7.1971.

BRANDENBURGER, FELIX
1900 12 28
Daisbach
Pfarrer
Am 10.12.1942 Verhör durch die Gestapo
wegen eines Requiems für einen gefallenen
Soldaten, für den noch keine amtliche
Todeserklärung vorlag.
Verstorben am 11.8.1965.

BRAUN, HUBERT
1899 01 14
Elsoff
Pfarrer
Wegen Jugendseelsorge und Vereinsarbeit 1940
durch Gestapo verhört. Verbot von Jugendarbeit
und von Religionsunterricht. Sperrung des
Staatszuschusses.

BREIDLING, ALOYS
1903 10 11
Wiesbaden / Hadamar / Steinbach / Montabaur
Pfarrvikar, Geistl. Studienrat / Pfarrer
Im Februar 1935 kurzfristige Festnahme
durch die NS-Kreisleitung wegen Äußerungen
über Rosenbergs „Mythus".

Ab dem 7.12.1938 Unterrichtsverbot und
Aberkennung des Titels Studienrat.
1944 Verhör durch die Gestapo wegen
Verteilung von Caritas-Zetteln.
Verstorben am 1.2.1981.

BREITHECKER, WILHELM
1897 01 31
Dietkirchen
Pfarrer
Wegen Betätigung im „Bund Neudeutschland" vom
7.3.1939 bis 4.3.1940 von der Gestapo in
Haft gehalten. Dann ohne gerichtliche Untersu-
chung vom 7.3.1940 bis 13.12.1940 im KZ Sach-
senhausen inhaftiert. Vom 14.12.1940 an im KZ
Dachau. Freilassung erfolgte am 28.3.1945.
Verstorben am 04.7.1982.
Lit.: Weiler, 151.

BRIEMLE, JOSEF (P. THEODOSIUS)
OFM
1883 11 27
Kelkheim
Wegen Predigten drohte 1939 die Verhaftung, der
sich P. Theodosius durch Ausreise ins Ausland
entziehen konnte.
Lit.: Thuringia Franciscana 27 (1972), 43-51.

BRUEMMER, P. JOSEF
BARMHERZIGE BRUEDER MONTABAUR
o.D.
Montabaur
Generalökonom
Im August 1935 wurde er vom Berliner Sondergericht wegen „Beihilfe zum Verrat der deutschen Volkswirtschaft" und wegen Devisenvergehens in zwei Fällen zu zwei Jahren Zuchthaus und 20.000 RM Geldstrafe verurteilt.
Lit.: 1.Hoffmann-Janssen, 188. 2.Rapp, 382.

BUHL, P.
SDB
o.D.
Marienhausen
Vom 29.3.1939 bis 4.4.1939 ebenso wie andere
Patres des Klosters von der Gestapo in Haft ge-
halten. Nach der Freilassung erfolgte ein Auf-
enthaltsverbot seitens der Gestapo.

CALMANO, JOHANNES
1897 03 16
Niederzeuzheim
Pfarrer
Wegen Kritik an religionsfeindlichem Lehrerver-
halten im Juni 1937 von der Gestapo verhört.
Wegen Jugendseelsorge erfolgte am 2.11.1940
durch die Gestapo ein Verhör, bei dem mehrere
Jugendliche geschlagen wurden, um sie zu be-
lastenden Aussagen zu zwingen. Die Gestapo ver-

bot weitere Jugendarbeit.
Verstorben am 6.7.1976.

CORNELY, ALFRED
1902 10 09
Wetzlar
Pfarrer
Verhör wegen Ausländerseelsorge.
Verstorben am 4.11.1974.

CORZILIUS, WILHELM
1891 05 25
Hahn
Pfarrer
Unterrichtsverbot am 21.5.1937 verhängt. Von
der Kreisleitung Westerburg wegen zu geringer
Sammlung für das Winterhilfswerk verwarnt.
Verstorben am 8.4.1963.

DEHNE, P. KURT
SJ
1901 05 30
Frankfurt am Main (St. Georgen)
Spiritual
Prof. Dr.
Wegen Predigten erhielt der Pater 1939
Predigtverbot von der Gestapo. Wegen
Übertretung dieses Verbots und wegen
Verstoßes gegen das Heimtückegesetz
vom 25.12.1943 bis 26.4.1945 auf Ver-
anlassung der Gestapo im KZ Dachau.
Interventionen seitens des Kommissariats
der Fuldaer Bischofskonferenz und
Bischof Bernings bei der Sicherheits-
polizei Berlin 1939 und 1943 ohne Erfolg.
Lit.: Weiler, 194.

DEITMER, P. HERMANN
SJ
o.D.
Berlin / Bonn / Frankfurt / Limburg
1934 eine Verwarnung, Betätigungsverbot als
Journalist und Schutzhaft (27.7. bis 4.8.1934)
wegen Regimekritik (u.a. wegen eines Artikels
der Monatsschrift „Heerbann Mariens"); Gestapo
und Reichsschrifttumskammer führten diese
Maßnahmen gegen den Leiter der Marianischen
Männerkongregation durch.

DEY, JOSEPH
1907 04 04
Limburg / Montabauer / Wiesbaden
Kaplan / Studienassessor
Dr. theol. lic. bibl.
Am 7.3.1939 zufällig bei Haussuchung im bischöflichen Konvikt anwesend, dort kurzfristig
festgenommen und nach zwei Tagen entlassen. Wegen Stellungnahme im Unterricht zu Juden März
1940 Verhör durch Gestapo. Am 1.9.1940 er-

folgte Unterrichtsverbot. Im September 1944 wegen angeblicher Vermittlung von Briefkontakten zugunsten einer ausländischen Gefangenen von der Gestapo verhört.

DICKOPF, ANTON LEO
1905 04 09
Bad Ems
Kaplan
Wegen Jugendseelsorge zweimal von der Gestapo verhört.

DIEWALD, BR. RICHARD
SAC
1915 03 06
Limburg
Nach einer Haussuchung durch die Gestapo am 14.2.1940 gemeinsam mit sieben Confratres festgenommen und bis zum 29.5.1940 in Haft gehaltten.

ECKERT, ALOIS
1890 02 16
Frankfurt am Main (St. Bernhard)
Pfarrer
1933 wegen Predigt vom Sondergericht verhört. Am 9.11.1935 wegen Nichtbeflaggung von der Gestapo verhört und zu 1000 RM Geldstrafe verurteilt. Zudem vom 9.11.1935 an drei Monate lang im Gefängnis. Am 25.6.1936 vom Gericht zu 18 Tagen Haft verurteilt. Die Freilassung erfolgte am 13.7.1936. Am 6.10.1936 in einem weiteren Gerichtsverfahren zu sechs Wochen Haft verurteilt. Nach vergeblicher bischöflicher Intervention erfolgte die Strafverbüßung von Februar bis Mai 1937. Wegen Versendung von Rundbriefen führte die Gestapo 1937 eine Haussuchung mit Beschlagnahme durch. Aus dem gleichen Grund erfolgte 1938 ein Verhör durch die Gestapo. 1942 wegen angeblicher Konspiration von der Gestapo verhört.
Verstorben am 5.12.1969.

ECKERT, FERDINAND
1910 11 03
Wellmich
Kaplan
Verhör wegen Verlesung des Möldersbriefes.

EDEL, BR. FRANZ
SAC
1907 05 12
Limburg
Im Juli 1942 wegen Bruchs der Siegel, mit denen die Gestapo Teile des Missionshauses verschlossen hatte, von der Gestapo in Untersuchungshaft genommen. Am 8.4.1943 vom Amtsgericht zu fünf Monaten Gefängnis verurteilt, die durch die Untersuchungshaft bereits verbüßt waren.

Ausweisungsbefehl der Gestapo mißachtet, daher am 24.7.1943 erneut von der Gestapo verhaftet. Vom 22.1.1944 bis 21.5.1945 im KZ Dachau.
Lit.: Weiler, 218.

EHL, ANTON
1882 06 09
Offheim
Pfarrer, Definitor
1933 nach Anzeige wegen Zurechtweisung eines Jungvolkführers Verhör und Verwarnung durch Gestapo. 1934 nach Anzeige wegen Äußerungen zur Bauernzeitung Verhör und Verwarnung durch Gestapo. 1935 Verhör und Verwarnung durch Gestapo nach Anzeige wegen Gründung einer Kongregation. Im Juli 1943 Verhör durch Gestapo wegen Verleihens weltlicher Bücher aus der Pfarrbibliothek; Beschlagnahme von Büchern.
Verstorben am 30.5.1965.

EICHELER, P. IDESBALD
SOCIST
1896 12 05
Marienstatt
Abt
Dr.
Am 1.4.1942 wegen angeblicher Nichtanmeldung der Glocken von der Gestapo verhört. Das eingeleitete Strafverfahren endete mit Freispruch. Wegen Verstoßes gegen das Flaggengesetz im April und Mai 1942 von der Gestapo verhört und zur Zahlung von 3000 RM Sicherungsgeld veranlaßt. Das Geld wurde nach dem Krieg erstattet.

ENGLERT, FRANZ
1876 11 15
Leuterod
Pfarrer
Aufgrund von Denunziationen 1938 von der Gestapo in Haft genommen. Nach der Freilassung Ausweisung aus der Pfarrei und Aufenthaltsverbot für den Regierungsbezirk Wiesbaden.
Verstorben am 26.10.1946.

ERNST, JOSEF (P. PETRUS)
OFM
1878 10 01
Bornhofen
Wegen einer Predigt im Oktober 1939 von der Gestapo zwei Wochen lang in Schutzhaft gehalten, verhört und verwarnt.
Lit.: Thuringia Franciscana 6 (1951), 147.

EUFINGER, BERNHARD
1879 11 30
Oestrich
Pfarrer, Dekan
1934 Anzeige wegen fehlender Spende für das Winterhilfswerk - keine Folgen.

Im Oktober 1942 wegen Rosenkranzandacht nach
einer Führerrede Verhör, Verwarnung und
Überwachung durch die Gestapo.
Verstorben am 20.5.1949.

FALKENSTEIN, ANTON GEORG
1903 05 01
Wirges / Königstein / Frankfurt am Main
Kaplan / Pfarrer
Predigtüberwachung. Aufenthaltsverbot für den
Kreis Bad Schwalbach und Montabaur.
Im August 1933 wegen Jugendarbeit vier Tage in
Schutzhaft, dann 10 Tage lang Aufenthaltsver-
bot. Zwei Untersuchungen durch die Gestapo.
Zweimal fanden Gerichtsverhandlungen statt.
Zweimal wurde der Pfarrer auf offener Straße
überfallen.
Verstorben am 14.1.1957.

FAXEL, CARL
1895 01 11
Pütschbach / Niederhadamar
Vikar / Pfarrer
Am 2.5.1933 wegen Nichtbeflaggung von der Gestapo verhört. Wegen Predigten dreimal in den
dreißiger Jahren und einmal am 6.5.1941 von
der Gestapo verhört. 1942 nach Anzeige wegen
Jugendarbeit Verhör durch Gestapo. Allen Verhören folgten Verwarnungen.
Verstorben am 11.3.1974.

FEIN, CASPAR
1882 09 26
Elz
Pfarrer
1934 mehrmals von der NSDAP schikaniert
(Plakate, Verhinderung der Prozessionen u.a.).
1935 Verhör durch die Gestapo wegen Verkaufs
der Zeitschrift „Junge Front". Am 7.9.1935
öffentlich als Judenknecht beschimpft. Am
18.12.1935 Verhör durch die Gestapo wegen
einer Predigt sowie wegen einer Kollekte für
die Kirchenheizung. Außerdem wurden 1935
Kreuz und Muttergottesbild gestohlen.
Am 7.5.1936 Verwarnung und Androhung von
Schutzhaft durch die Gestapo wegen Verweigerung
einer Beerdigung.
Seit dem 9.7.1936 Unterrichtsverbot durch
den Regierungspräsidenten.
1938 wegen Aufhetzung der Schulkinder Verhör
durch die Gestapo.
Verstorben am 27.10.1965.

FENDEL, HEINRICH
1878 02 17
Limburg
Pfarrer
Drei Verhöre durch die Gestapo u.a. wegen
Eheberatung. Beschlagnahme der Pfarrbücherei

von der Gestapo. Unterrichtsverbot sowie
Verbot mehrerer Prozessionen (zwischen 1935
und 1945) und Verbot der Caritas-Straßen-
Sammlung.
Verstorben am 10.11.1965.

FIEBIG, P. GEORG
ORDENSZUGEHOERIGKEIT UNBEKANNT
1898 07 03
In der Zeit vom 4.6.1939 bis 6.12.1944 mehrmals Verhöre und Haussuchungen durch die Gestapo.
Mehrfach kurzfristig von der Polizei festgenommen. Aufenthaltsbeschränkung vom 4.6.1939
bis 28.3.1943. Predigtüberwachung.

FINSTER, BR. JOSEF
SAC
1913 03 15
Limburg
Am 14.2.1940 nach einer Haussuchung gemeinsam
mit sieben Confratres von der Gestapo festgenommen und bis zum 29.5.1940 in Haft gehalten.

FLECK, BERNHARD (P. SALVATOR)
OFM
1911 08 20
Kelkheim
Anläßlich der Aufhebung des Klosters ohne
Grundangabe vom 11.2.1939 bis 19.4.1939 von
der Gestapo in Schutzhaft gehalten.

FLINK, ROBERT
1891 08 30
Wirges
Pfarrer
Nach Anzeige wegen Äußerung zum geringen Be-
such der Pfarrstunde Verhör und Verwarnung
durch Gestapo. 1940 Verhör durch Gestapo wegen
Predigt. 1944 Verhör und Drohungen durch
Gestapo wegen Sabotage des NSV-Kindergar-
tens.
Verstorben am 9.1.1963.

FRIEDRICH, P. JOSEF
SAC
1898 03 13
Pillich
Wegen Taufe von drei Polenkindern 1944 zu drei
Monaten Haft verurteilt, die der Pater im
KZ Buchenwald verbüßte.

FRIEDRICH, P. KARL JAKOB
SAC
1899 08 01
Limburg
Provinzialprokurator
Am 8.4.1943 wegen Billigung eines Siegel-
bruchs vom Amtsgericht zu 300 RM Geldstrafe ver-

urteilt. Wegen defätistischer Äußerungen und
wegen angeblichen Devisenvergehens am 28.4.
1943 von der Gestapo in Untersuchungshaft genommen. Am 2.11.1943 vom Landgericht freigesprochen. Dennoch keine Freilassung, sondern
Verbleib in Schutzhaft. Vom 24.3. bis 2.6.
1944 im SS-Sonderlager Hinzert, vom 16.6.1944
an im KZ Dachau. Die Entlassung aus Dachau
erfolgte am 5.4.1945.
Lit.: 1.Weiler, 237. 2.Münch, 122f.

FRINK, OTTO
1908 10 16
Frankfurt am Main (Dom) / Niederhöchstadt
Kaplan / Pfarrverwalter
1935 nach Anzeige wegen Verstoßes gegen das
Sammlungsgesetz Überwachung durch Gestapo.
1941 und 1942 Haussuchungen durch die Gestapo;
man suchte nach den Predigten des Bischofs von
Galen.1944 erfolgte nach einer Anzeige wegen Häusersegnung ein Verbot der Häusersegnung durch die Gestapo. Wegen Jugendseelsorge
von der Gestapo verhört und verwarnt.

FROEHLICH, RHABAN
1872 08 26
Frankfurt am Main-Eschersheim
Pfarrer, Definitor
Wegen Regimekritik am 18.10.1938 von der Gesta-
po verhört. Aufgrund einer Predigt Vorladung
und Strafandrohung durch Gestapo. Anschließend
Predigtüberwachung. Zudem wurde Unterrichtsver-
bot verhängt.
Verstorben am 19.8.1953.

FUCHS, KARL
1903 05 04
Dernbach
Kaplan
Wegen Regimekritik am 9.12.1938 von der Gestapo verhört und anschließend in Schutzhaft genommen. Am 30.3.1939 freigelassen.

FUERBASS, P. JOSEF
SAC
1912 08 17
Limburg
Bei der Haussuchung am 14.2.1940 fand die
Gestapo im Zimmer des Paters Notizen über
den Polen-Feldzug. Daraufhin von der Gestapo
festgenommen und bis zum 10.5.1940 in Haft gehalten.

GAIDA, P. LEO
SDB
1906 04 11
Marienhausen
Vom 29.3.1939 bis 4.4.1939 von der Gestapo
in Haft gehalten. Nach der Freilassung erfolgte

ein Aufenthaltsverbot seitens der Gestapo.

GEIER, P. GUIDO
SOCIST
o.D.
Marienstatt
Wegen Regimekritik am 19.4.1942 von der Gesta-
po verhört.

GELHARD, FELIX
1893 08 07
Herborn
Pfarrer
1938 wegen einer Predigt angezeigt und durch
die Staatsanwaltschaft verwarnt. Wegen Verbreitung eines Feldpostbriefes zum Weihnachts-
fest 1940 erfolgten öffentliche Anschuldigungen in der NS-Presse.
Verstorben am 12.3.1968.

GERHARD, ERNST GEORG
1899 12 22
Frankfurt am Main
Geistl. Studienassessor
Dr. phil.
Ein Verhör durch die Gestapo. Nähere Angaben
liegen nicht vor.
Verstorben am 29.4.1981.

GERHARZ, P. JOHANNES
SAC
1888 05 16
Limburg
Dr. theol.
Am 19.7.1943 von der Gestapo verhört. Wegen
Defätismus und der Weigerung, Pater Schulte zu
belasten, am 26.11.1943 von der Gestapo in
Schutzhaft genommen. Im März 1944 Verlegung
ins SS-Sonderlager Hinzert. Vom 17.6.1944 an
im KZ Dachau. Befreiung aus Dachau erfolgte am
29.4.1945.
Lit.: Weiler, 252.

GERSBACH, JOHANNES
1879 05 27
Kronberg
Pfarrer
1936 wegen politischer Unzuverlässigkeit Unterrichtsverbot.
Verstorben am 6.7.1945.

GIESEN, JOSEF
1907 05 21
Höhr
Kaplan
Wegen Verbreitung eines Flugblatts angezeigt.
Am 26.2.1936 Verhör durch Gestapo wegen des
Flugblatts und wegen Vereinsarbeit. An-
schließend in Schutzhaft genommen. Freilassung

erfolgte am 20.6.1936. Verbot von Vereinsarbeit durch die Gestapo.
Verstorben am 30.12.1980.

GIESENDORF, ALOIS
1887 08 13
Dernbach
Pfarrer, Dekan
Führung einer Pfarrkartei von der Gestapo verboten. Beschlagnahme von Büchern der Pfarrbibliothek durch Gestapo. Predigtüberwachung. Wegen eines Heimabends für Jungmänner Haussuchung durch Gestapo am 31.3.1941. Mehrfach Verhöre durch Gestapo. 1942 und 1943 Überwachung und teilweise Einbehaltung der Post.
Verstorben am 6.6.1961.

GLOTZBACH, ADOLF JOHANN ADAM
1877 01 06
Bleidenstadt
Pfarrer
Am 30.3.1933 festgenommen, jedoch am nächsten Tag wieder freigelassen. Anschließend Aufenthaltsverbot für die Pfarrei verhängt.
Verstorben am 10.11.1934.

GOEB, JOSEF
1904 11 29
Höhn-Schönberg / Dorchheim
Kaplan / Pfarrvikar
Wegen Vereinsarbeit am 27.6.1933 von der Polizei festgenommen und bis zum 28.6.1933 in Haft gehalten. Im Januar 1943 von der Gestapo wegen angeblicher Sammlung von Büchern für verwundete Soldaten verhört.
Verstorben am 17.1.1974.

GOEBEL, ERNST
1885 02 11
Hadamar
Pfarrer, Dekan
Wegen Beflaggung Rüge durch die NSDAP-Kreisleitung. weil der Pfarrer sich geweigert hatte, einen evangelisch getrauten Parteigenossen zu beerdigen, Verhör und Verwarnung durch die Gestapo.
Verstorben am 13.3.1946.

GOLDMANN, HEINRICH
1907 07 03
Frankfurt am Main-Nied
Kaplan
Wegen regimekritischer Äußerung von einem Jungen denunziert und am 15.1.1944 von der Gestapo unter Androhung von KZ-Haft verhört. Des weiteren Verwarnung und Einzug von 500 RM Sicherheitsgeld.
Verstorben am 2.3.1956.

GOLLASCH, ALFRED
1897 08 18
Frankfurt am Main (St. Bonifatius)
Pfarrer
Dr. jur. can.
Im Mai 1941 Unterrichtsverbot erhalten. Im August und September 1943 Verhör durch Gestapo wegen Ausländerseelsorge.
Verstorben am 12.3.1958.

GRAEF, JOHANNES
1888 04 14
Montabaur/ Fulda
Studienrat
Dr. phil.
Dr. Gräf wurde als Religionslehrer am Gymnasium versetzt.
Verstorben am 23.7.1973.

GRANDPRE, WILHELM
1869 12 19
Meudt
Pfarrer, Definitor
Am 1.7.1937 erfolgte ein Unterrichtsverbot.
Verstorben am 28.3.1940.

GREDIG, WALTER (P. DEOCHAR)
OFM
1904 05 09
Kelkheim
Anläßlich der Aufhebung des Klosters ohne Grundangabe vom 11.2.1939 bis 19.4.1939 von der Gestapo in Schutzhaft gehalten.

GROLL, KARL
1905 10 17
Biedenkopf
Pfarrer
Wegen polenfreundlicher Gesinnung wurde vom 1.5.1943 an der Staatszuschuß gesperrt.

GUNKEL, JOSEF (P. NOTKER)
OFM
1909 02 10
Hadamar / St. Blasien (Btm. Freiburg)
Präfekt / Pfarrvikar
1939 wegen angeblichen Sittlichkeitsvergehens von der Gestapo festgenommen und acht Monate lang in Untersuchungshaft gehalten. Am 31.10.1939 wegen erwiesener Unschuld vom Oberlandesgericht freigesprochen. Danach Aufenthaltsverbot.
Des weiteren Verhängung von Unterrichtsverbot, nähere Umstände sind nicht bekannt.
Lit.: Thuringia Franciscana 32 (1977), 308-318.

GUNTERMANN, BR. JOSEF
SAC
1901 08 20

Limburg
Wegen angeblichen Verstoßes gegen die Kriegswirtschaftsverordnung vom 22.7.1942 bis 22.12.
1943 von der Gestapo in Haft gehalten. Dann ohne Gerichtsverfahren freigelassen.

GUTFLEISCH, PAUL
1906 04 27
Frankfurt am Main / Kiedrich
Kaplan / Chorregent
1938 Unterrichtsverbot für das Fach Religion
wegen politischer Unzuverlässigkeit.
Im Mai 1941 sechs Verhöre durch die Gestapo
wegen Übertretung des Sammlungsgesetzes,
Abhaltung von außerschulischem Religionsunterricht sowie wegen Jugendarbeit (Leitung
des Jugendchores). 1943 drei Vorladungen vor
die Gestapo wegen Unternehmungen mit der
Jugend. Im April 1944 Verhör durch die
Gestapo nach einer Anzeige des Direktors
der Landesheilanstalt Eichberg wegen Einmischung in die inneren Angelegenheiten der
Anstalt; Gutfleisch hatte trotz Zutritts-
verbots Seelsorge in der Anstalt geleistet.
Verstorben am 25.8.1977.

HAEUSSER, OTHMAR
1913 08 06
Frankfurt am Main-Heddernheim
Kaplan
Wegen angeblicher Verlesung des Möldersbriefes
Verhör durch Gestapo.
Verstorben am 15.3.1980.

HAHN, CLEMENS
1893 03 06
Wiesbaden (St. Kilian)
Pfarrer
Dr. phil. et theol.
Überwachung durch NSDAP. Mehrfach erfolgten An-
zeigen. Beschlagnahme von Büchern aus der
Pfarrbibliothek durch Gestapo. Warnung von be-
freundeter Seite, daß vermutlich Einweisung
ins KZ geplant sei.
Verstorben am 27.2.1971.

HAHN, JOSEF
1902 08 20
Frankfurt am Main
Kaplan
Verhör durch Gestapo. Nähere Angaben liegen
nicht vor.
Verstorben am 24.3.1970.

HALBRITTER, ANTON
1896 11 08
Neuhäusel
Pfarrvikar
Wegen Verstoßes gegen das Feiertagsrecht und

wegen Kritik an Glockenabnahme mehrfach von der
Gestapo verhört und verwarnt.
Verstorben am 21.12.1954.

HAMM, BERNHARD
1896 05 12
Mittelheim
Pfarrer
Wegen Aufforderung an Erstkommunionkinder zur
Unterstützung Bedürftiger zweimal durch Ge-
stapo verhört und mit 500 RM Sicherungsgeld be-
legt.
Verstorben am 25.2.1968.

HAMM, BR. ALOIS
SAC
1912 09 07
Limburg
Vom 6.12.1941 bis 29.12.1941 von der Gestapo
in Haft gehalten, weil der Bruder einem
Jungen Heiligenbildchen gegeben hatte.

HANNAPPEL, JOHANNES
1905 04 10
Katzenelnbogen
Pfarrer
Im Mai 1942 Streichung des Staatszuschusses.
Verstorben am 30.3.1978.

HARSCHE, EDGAR
o.D.
Frankfurt am Main
Theologiestudent
Wegen Vervielfältigung der Galenbriefe von der
Gestapo verhört und geschlagen. 12 Tage
lang in Haft gehalten.

HARTMANN, BR. JOHANN
SAC
1913 11 06
Limburg
Wegen regimekritischer Äußerung in einem
Brief vom 21.5.1943 bis 9.6.1943 von der Ge-
stapo in Haft gehalten.

HARTMANN, JOSEF
1889 03 31
Oberursel
Pfarrer
Wegen des Kirchenbauvereins dreimal von der Gestapo verhört. 315 RM Geldstrafe wegen Übertretung des Sammlungsgesetzes. Mehrere Haussuchungen durch die Gestapo. Wegen Predigt für
einen gefallenen Soldaten von der Gestapo verhört. Das Abhalten der Pfarrstunde nach Eintritt der Dunkelheit wurde unter Androhung von
KZ-Haft verboten.
Verstorben am 23.11.1972.

HARTUNG, JOSEF
1914 08 24
Salz
Kaplan
Wegen Predigten und Jugendarbeit fünfmal von der Gestapo verhört. Schließlich am 31.07.1944 von der Gestapo festgenommen: Zunächst Polizeigefängnis Frankfurt, 9.12.1944 bis 5. 4.1945 KZ Dachau.
Lit.: Weiler, 286.

HAUCK, JOSEF ANTON
1894 07 26
Wiesbaden-Frauenstein
Pfarrer
Verwarnungen durch Ortsgruppenleiter wegen Christenlehre und wegen Weiterführung des Kindergartens.
Verstorben am 25.11.1974.

HECK, P. JOSEF
SDB
1907 02 18
Wiesbaden (Augustinusheim)
Präfekt
1937 bis 1939 mehrere Beanstandungen durch HJ-Führer. Im November 1944 erfolgte Post- und Telefonüberwachung durch die Gestapo. Anläßlich der Beschlagnahme des Augustinusheims am 22.11.1944 von der Gestapo in Haft genommen. Es erfolgte Anklage wegen Verbreitung verbotener Schriften, Verweigerung des Hitlergrußes und antinationalsozialistischer Beeinflussung der Jugendlichen. Wahrscheinlich zum Tode verurteilt. Am 9.3.1945 aus der Haft geflohen.

HEEP, JOSEF
1881 05 16
Langenhahn
Pfarrer
Zwei Verhöre durch die Gestapo.
Nähere Angaben fehlen.
Verstorben am 7.10.1944.

HEINDL, RUDOLF
1909 06 10
Oberlahnstein
Kaplan
Gemeinsam mit 17 Mitgliedern einer katholischen Jugendorganisation verhaftet, später amnestiert.

HELMKE, P. DAMIAN
OFM
o.D.
Bornhofen
Wegen eines drohenden Prozesses aufgrund Devisenvergehens ins Ausland geflohen.

HENSLER, JOSEPH
1885 04 08
Frankfurt am Main
Geistl. Studienrat
Dr. theol.
Verhör durch die Gestapo wegen Zelebrierens einer Messe in der Wohnung des Studienrats.
Verstorben am 4.11.1954.

HERBORN, HEINRICH
1876 01 20
Hochheim
Pfarrer, Definitor
Wegen Forderung des Kirchenvorstands nach Rückgabe des kircheneigenen Kindergartens und wegen Äußerung über den Papst dreimal von der Gestapo verhört und mit 3000 RM Sicherungsgeld bestraft.
Verstorben am 7.5.1950.

HERR, JAKOB
1867 01 08
Frankfurt am Main (Dom)
Prälat
Dr. phil. et theol.
Unterrichtsverbot. Wegen Beeinflussung der Bevölkerung von der Gestapo verhört und in Haft genommen.
Verstorben am 30.5.1950.

HERWEIG, FRANZ
1905 01 11
Steinefrenz
Pfarrverwalter, Studienrat
Am 7.12.1938 wegen politischer Unzuverlässigkeit aufgrund von Gutachten der Gestapo und der Polizei Unterrichtsverbot. 1940 wegen Sammlung, Vereinsarbeit, Jugendseelsorge, Abhaltung der religiösen Woche, fehlenden Geläutes zum Frankreich-Sieg durch Gestapo und Polizei mehrfach verhört und verwarnt. Nach Protest der Bevölkerung gegen die am 16.3.1943 erfolgte Glockenabnahme Verhöre und Verwarnungen durch Gestapo.

HERZMANN, CHRISTIAN
1905 09 24
Wetzlar
Kaplan
Aufgrund von Vereinsarbeit Demonstrationen durch die HJ, die katholische Jugendliche nach Gruppenabenden verprügelte. Wegen Staatsfeindlichen Verhaltens mehrfach von der Gestapo verhört und verwarnt. Im Februar 1935 wegen einer Predigt angezeigt und von der Gestapo sieben Wochen lang in Schutzhaft gehalten.
Verstorben am 18.4.1953.

HEYER, HERMANN JOSEF
1912 02 11
Niederzeuzheim
Kaplan
Am 10.2.1941 nach Haussuchung von der
Gestapo festgenommen. Wegen Jugendseel-
sorge vom 7.2.1942 an ca. sieben Wochen
lang von der Gestapo in Haft gehalten.
Anschließend erfolgte ein Verbot der
Jugendseelsorge.

HILFRICH, ANTONIUS
1873 10 03
Limburg
Bischof
Dr. phil. et theol.
1939 mußte eine Anklage wegen angeblicher
separatistischer Umtriebe sowie wegen einer
regimekritischen Predigt (23.4.1939) durch die
Staatsanwaltschaft eingestellt werden.
Verstorben am 5.2.1947.

HILKER, OTTO
o.D.
Frankfurt am Main (St. Bonifatius)
Geistl. Studienrat
Nach mehrfachen stundenlangen Verhören durch
die Gestapo ließ sich Hilker vorzeitig
pensionieren.

HILPISCH, WILHELM
1886 02 11
Kelkheim-Münster
Pfarrer
Unterrichtsverbot. Kurzfristige Festnahme,
da Anwesenheit im Kloster Kelkheim bei
Auflösung desselben.
Verstorben 23.8.1965.

HINDEL, BR. AUGUST
SAC
1881 07 27
Limburg
Wegen Fotografierens von Kriegsgefangenen von
der Gestapo verhört, geschlagen und vom 15.12.
1942 bis 19.12.1942 in Haft gehalten. Der Foto-
apparat wurde beschlagnahmt.

HOECKEL, HANS
1910 07 08
Oberursel
Kaplan
Überwachung, Verhöre und Haussuchungen durch
die Gestapo wegen Jugendseelsorge.

HOEHLER, JOSEF
1887 03 31
Frankfurt am Main-Bornheim (St. Josef)
Pfarrer

Wegen Sammlungen und Ausländerseelsorge 1935,
1940 und 1942 insgesamt viermal von der Gestapo
verwarnt.
Verstorben am 29.10.1953.

HOEREN, PETER
1876 01 16
Wetzlar
Pfarrer
Dr.
Verhör wegen Predigten. Am 23.4.1942 von
der Gestapo verwarnt.
Verstorben am 12.7.1956.

HOERLE, GEORG HEINRICH
1889 01 23
Frankfurt am Main-Riederwald (Hl. Geist)
Pfarrer
Dr. theol.
Mehrmals Verhöre und Haussuchungen durch
Gestapo. Persönliche Bedrohung am 11.12.1933.
Beschädigung des Pfarrhauses und der Kirche in der
Nacht zum 26.9.1937. Störungen des Gottesdien-
stes am 27.2.1938, 10.4.1938 und 12.9.1939.
Verstorben am 25.8.1942.

HOLSCHBACH, JOSEF (BR.OTTOKAR)
ORDENSZUGEHOERIGKEIT UNBEKANNT
o.D.
Montabaur
1936 von der Gestapo in Schutzhaft genommen. Es
folgte eine Intervention Bischof Bernings.

HORZ, HANS (P. HILARION)
OFM
1895 03 06
Hadamar
Anläßlich der Aufhebung des Klosters und des
Schülerinternates ohne Grundangabe von der Ge-
stapo vom 1.3.1939 bis 14.3.1939 in Schutz-
haft gehalten. Anschließend Aufenthaltsverbot.
*Lit.: Thuringia Franciscana, Neue Folge 24
(1969), 117ff.*

HUBER, BR. ANTON
SAC
1913 05 19
Limburg
Wegen Siegelbruchs vom 4.8.1942 bis 8.4.
1943 in Untersuchungshaft. Am 8.4.1943 vom
Amtsgericht zu einem Monat Gefängnis verur-
teilt. Die Untersuchungshaft wurde angerechnet.

HUEFNER, AUGUST
1878 02 25
Wiesbaden (Dreifaltigkeit)
Pfarrer
Dr. theol.
Wegen der Aufschrift auf einem Opferstock von

der Gestapo verhört.
Verstorben am 3.2.1954.

HUELSTER, P. PLACIDUS
SOCIST
o.D.
Marienstatt
Kaplan
Wegen angeblicher Züchtigung eines Hitlerjun-
gen 1934 angezeigt und von der Polizei ver-
hört. Am 2.2.1935 wegen Jugendarbeit zu 30
RM Geldstrafe verurteilt. Am 16.8.1935 erfolg-
te ein gewaltsamer Überfall der SA auf den Ka-
plan und Jungmänner. Wegen staatsfeindlicher
Gesinnung erging am 6.11.1935 eine Anzeige.
Das sich anschließende Verfahren wurde auf-
grund einer Amnestie eingestellt.

HUFMANN, P. KARL
SAC
o.D.
Neuhäusel / Olpe (Ebtm. Paderborn)
Novizenmeister
Dr.
Wegen der Versendung von Feldpostbriefen von
der Gestapo verhört.
1941 Ausweisung aus Südwestfalen nach der
Klosteraufhebung durch die Gestapo.
Verstorben am 25.8.1943.

HURM, EMIL
1894 06 23
Camberg / Hausen
Frühmessereiverwalter / Pfarrer
Am 17.10.1935 Unterrichtsverbot erhalten. 1936
nach Anzeige wegen Predigt von der Gestapo ver-
hört und verwarnt. Anschließend Predigtüber-
wachung durch Gestapo. Am 12.12.1939 wegen
Christkönigspredigt von der Gestapo in Haft ge-
nommen. Am 30.3.1940 ins KZ Sachsenhausen
gebracht und vom 14.12.1940 an im KZ Dachau.
Freilassung erfolgte am 29.3.1945.
Verstorben am 24.1.1965.
Lit.: Weiler, 306.

IMMEL, ALBERT
o.D.
Thalheim
Priester
Wegen Predigt über Nächstenliebe, die auch
für Juden gelte, wegen Kritik an der Moral der
Hitlerjugend und wegen Jugendarbeit am 8.10.
1935 in Haft genommen. Vom Sondergericht am
13.2.1936 zu einem Jahr Gefängnis ohne Anrechnung der Untersuchungshaft verurteilt.

JAEGER, ANTON ALOYS
1884 06 21
Montabaur

Pfarrer
Wegen Predigten mehrmals von der Gestapo ver-
hört und schließlich verhaftet.
Verstorben am 4.12.1943.

JAEGER, FRANZ-JOSEF
1913 08 24
Wirges / Hadamar
Kaplan
1939 Beschlagnahme von Einladungsrundbriefen an
Jungmänner und Verbot solcher schriftlichen
Einladungen durch die Polizei. 1944 wegen Jugendarbeit zur Zeit des HJ-Dienstes und antinationalsozialistischer Beeinflussung mehrfach
von der Gestapo verhört und unter Androhung
von KZ verwarnt.

JANSEN, FRIEDRICH
1886 08 15
Fischbach
Pfarrer
Als Regimegegner bekannt, daher Demonstrationen
und Schikanen durch HJ. Pfarrhaus wurde mit
Tränengaspistolen beschossen.
Verstorben am 21.11.1951.

JUNG, P. GEORG
SAC
1903 02 23
Limburg
Vizerektor
Wegen Verstoßes gegen die Kriegswirtschaftsverordnung vom 21.7.1942 bis 17.3.1944 von der
Gestapo in Untersuchungshaft gehalten. Am 17.3.
1944 vom Sondergericht zu vier Monaten Gefängnis verurteilt. Da die Untersuchungshaft angerechnet wurde, erfolgte Freilassung.

KAHLERT, BR. WILHELM
SAC
1915 10 28
Limburg
Am 14.2.1940 nach einer Haussuchung gemeinsam
mit sieben Confratres von der Gestapo festgenommen und bis zum 14.6.1940 in Haft gehalten.

KAISER, GERD
o.D.
Frankfurt am Main
Theologiestudent
Wegen Vervielfältigung der Galenpredigten von
der Gestapo 18 Monate lang in Haft gehalten. Nach der Freilassung bis zur Einberufung
zur Wehrmacht unter Überwachung der Gestapo.

KAISERS, P. BENEDIKT
SSCC
o.D.
Arnstein

Kaplan
Unterrichtsverbot wurde verhängt.

KEIDEL, ERNST
1906 09 03
Höhn-Schönberg
Kaplan
Am 29.4.1936 wegen einer regimekritischen Predigt vom Gericht zu einem Monat Gefängnis verurteilt. Strafe wurde wegen Amnestie erlassen.

KEIL, CHRISTIAN
1881 09 15
Hillscheid
Pfarrer
Wegen eines Jugendabends am 21.4.1938 Verhöre und Beschlagnahme einiger Schriften durch die Gestapo; der Kaplan von Hillscheid wurde festgenommen.
1941 wegen Feldpost Haussuchung durch die Gestapo. 300 RM Geldstrafe sowie Verhör und Verwarnung durch den Landrat.
Am 5.5.1952 verstorben.

KERSTING, BR. RUDOLF
SAC
1902 10 12
Limburg
Wegen Siegelbruchs Untersuchungshaft durch die Gestapo vom 4.8.1942 bis 8.4.1943;
am 8.4.1943 vom Amtsgericht zu drei Monaten Gefängnis unter Anrechnung der Untersuchungshaft verurteilt.

KEUTNER, HERMANN
1901 02 07
Holzappel
Pfarrer
Wegen einer Jugendfeier vom Sondergericht mit Strafe belegt. Verhör durch Gestapo wegen Mahnung in der Kirche, ein Gebetbuch mitzubringen. Zweimal von der Gestapo verhört. Verfahren am Sondergericht. Öffentliche Anschuldigung durch Gauleiter und in der Presse.

KEUTNER, PHILIPP MARIA
1875 06 13
Bad Homburg-Kirdorf
Pfarrer
1941 wegen Läutens am Fronleichnamsfest durch Polizei und Gestapo verhört. 1942 Verhör durch Gestapo wegen des Möldersbriefes. 1943 durch Gestapo verhört nach Denunziation der HJ wegen Ansetzung der monatlichen Beichte.
Verstorben am 6.4.1960.

KEUYK, JOSEF RICHARD
1894 09 20
Oberhöchstadt

Pfarrer
Am 4.11.1943 wegen Restaurierung der Pfarrkirche von der Gestapo verhört.
Verstorben am 5.2.1968.

KIRCHGAESSNER, ALFONS
1909 04 13
Frankfurt am Main (Dom)
Kaplan
Dr. theol.
1937 Unterrichtsverbot. Wegen Vereinsarbeit mit den Jungmännern im November 1938 Verhör und Haussuchung durch Gestapo und Untersuchungshaft vom 26.11.1938 bis 1.12.1938. Im September 1942 Haussuchung und Beschlagnahme von Feldpostbriefen und Drucksachen durch Gestapo.

KIRCHHARZ, BR. JAKOB
SAC
1891 05 03
Limburg
Wegen Umgangs mit Kriegsgefangenen von der Gestapo vom 23.8.1941 bis 13.9.1941 in Haft gehalten.

KISSEL, FRANZ
1911 09 28
Hillscheid
Kaplan
Wegen eines Jugendabends am 21.4.1938 von der Gestapo festgenommen, nach zehn Tagen Untersuchungshaft wieder freigelassen.

KLARMANN, JOHANNES
1898 12 04
Aulhausen
Geistl. Direktor (St. Vinzenzstift)
1936 Entlassung als Direktor des St. Vinzenzstiftes, zudem Sperrung des Staatszuschusses.
Vom 10.2.1938 bis 16.11.1939 von der Gestapo in Schutzhaft gehalten.
Verstorben am 23.1.1978.

KLEIN, P. KARL
SJ
o.D.
Frankfurt am Main (St. Ignatius)
Pfarrer
Wegen Seelsorge mehrmals von der Gestapo verhört. Zudem Haussuchung und Beschlagnahme von Briefen und Schriften durch die Gestapo.

KLEIN, P. PAUL
SJ
1883 09 22
Frankfurt am Main (St. Ignatius)
Pfarrer
Dr. phil.
Wegen Predigten von Gestapo verhört.

Verstorben am 4.4.1957.
Gehört zur Erzdiözese Paderborn.

KLEMANN, WALTER
1907 12 19
Frankfurt am Main-Bonames
Pfarrvikar
Dr. phil.
Am 10.4.1940 und am 27.5.1940 wegen Veranstaltung von Gottesdiensten für auswärtige Katholiken und wegen Regimekritik von der Gestapo verhört und verwarnt. Am 10.10.1941 Vorladung vor Gestapo. Am 2.4.1942 Haussuchung durch Gestapo sowie Verhör am folgenden Tag. Beschlagnahme von Büchern und von 100 RM durch Gestapo erfolgte am 27.5.1942. Verhör und Verurteilung zu 600 RM Sicherungsgeld durch Gestapo am 19.8.1942. Wegen Meßfeiern von der Gestapo am 06.1.1944 verhört. Vorladung vor Gestapo und Zahlung von 3000 RM Sicherungsgeld am 17.2.1944.
Verstorben am 20.3.1950.

KLINKNER, BR. JOHANN
SAC
1916 11 21
Limburg
Am 14.2.1940 nach einer Haussuchung gemeinsam mit sieben Confratres von der Gestapo festgenommen und bis zum 14.6.1940 in Haft gehalten.

KLIPPEL, WILHELM
1903 12 10
Frankfurt am Main
Jugendpfarrer
Mehrfach Vorladung durch Gestapo wegen Jugendseelsorge. Zweimal Haussuchung durch Gestapo. 1938 Verweigerung der Pfarrstelle Schönau auf Betreiben der NSDAP.

KLUBA, P. JOHANNES
SDB
1893 02 03
Marienhausen
Vom 29.3.1939 bis 4.4.1939 ebenso wie andere Patres des Klosters von der Gestapo in Haft gehalten. Nach der Freilassung erfolgte ein Aufenthaltsverbot seitens der Gestapo.

KOCH, P. LIBORIUS
SSCC
o.D.
Waldernbach
1936 wurde von der Gestapo wegen Tragens der Kongregationsfahne bei einer Prozession ein Strafverfahren eingeleitet, das mit einem Verweis endete. Die Ausstellung eines Reisepasses wurde verweigert. Im Juli 1941 verbot die Gestapo die Abhaltung von Exerzitien. Am 26.3.1945

erfolgte Predigtverbot.

KOENIG, AUGUST
1904 02 20
Bad Ems
Pfarrer
Wegen politischer Unzuverlässigkeit 1939 Unterrichtsverbot für Religionsunterricht an höheren Schulen.
Verstorben am 11.5.1976.

KOETTGEN, P. MAX
SJ
o.D.
Frankfurt am Main (St. Ignatius)
Wegen Seelsorge von der Gestapo sechs Wochen lang in Haft gehalten und fast täglich verhört.

KOK, P. STEPHAN
BARMHERZIGE BRUEDER MONTABAUR
o.D.
Montabaur
Generalassistent
1935 vom Berliner Sondergericht wegen Devisenvergehens zu einem Jahr Gefängnis und 3000 RM Geldstrafe verurteilt.
Lit.: 1.Hoffmann-Janssen, 188. 2.Rapp, 382.

KORB, BR. NEVELON
OFM
o.D.
Kelkheim
Anläßlich der Aufhebung des Klosters 1939 ohne Grundangabe drei Wochen lang von der Gestapo in Schutzhaft gehalten.

KRAUS, JULIUS
1885 02 04
Nievern
Pfarrer
1940 zweimal von der Polizei verhört wegen Versendung eines Weihnachtsbriefes an alle Soldaten der Pfarrei. Ferner Beschlagnahme der Anschriften durch die Polizei.
Verstorben am 10.8.1951.

KRELLWITZ, ROBERT
1876 10 25
Eltville
Stadtpfarrer, Definitor
Am 1.7.1933 erzwang die Gestapo Einsicht in die Mitgliederlisten des Gesellenvereins. Entlassung aus dem Schuldienst am 30.4.1936. Beschlagnahme der Bibliothek durch die Gestapo am 25.6.1941.
Am 14.7.1942 Abnahme der Kirchenglocken.
Verstorben am 19.10.1948.

KREMER, BR. JOHANNES LEODEGAR
SAC
1893 04 30
Limburg
Wegen Verstößen gegen das Sammlungsgesetz vom
13.8.1941 bis 15.8.1941 in Untersuchungshaft.
Am 28.1.1944 deswegen vom Gericht zu acht Tagen Haft verurteilt, im Berufungsverfahren am
15.6.1944 vom Landgericht freigesprochen.
Aufgrund einer Denunziation am 30.6.1944
wegen Defätismus verhaftet. Am 4.10.1944
vom Volksgerichtshof zum Tode verurteilt und
am 6.11.1944 enthauptet. Gnadengesuche seitens
des Ordens und der Angehörigen ohne Erfolg.
Lit.: 1.Hoffmann, Karl Sac: De Joanne Leode-
gario Kremer Sac. In: ASAC 6,576.
2.Kempner, 201-204.

KRUG, KARL (BR. DOMINIKUS)
OFM
1873 07 31
Kelkheim
Anläßlich der Aufhebung des Klosters ohne
Grundangabe vom 11.2.1939 bis 19.4.1939 von
der Gestapo in Schutzhaft gehalten.

KUNKEL, BR. HEINRICH
SAC
1900 11 21
Limburg
Wegen angeblichen Verstoßes gegen die Kriegswirtschaftsverordnung vom 14.7.1942 bis 22.12.
1943 von der Gestapo in Haft gehalten. Dann ohne Gerichtsverfahren freigelassen.

KUNST, DAMIAN
1867 03 08
Bad Ems
Pfarrer
Wegen politischer Unzuverlässigkeit 1938 Un-
terrichtsverbot für höhere Schulen.
Verstorben am 5.3.1944.

KUNZ, ALOYS
1890 07 12
Oberbrechen
Pfarrer
Nach Anzeige wegen Kritik an Parteigenossen Ver-
hör und Verwarnung durch Gestapo.
Verstorben am 26.9.1962.

KURZ, JOSEF
1884 08 15
Leuterod
Pfarrer
Da Pfarrer Kurz das Singen eines weltlichen Lie-
des im Gottesdienst verbot, wurde er im Juli
1942 angezeigt. Verhör und Verwarnung durch
Gestapo folgten. Ferner Anzeige sowie Verhör

und Verwarnung durch Gestapo wegen Verstoßes
gegen die Flaggenordnung.
Verstorben am 26.3.1956.

LAMP, JOHANNES
1881 12 01
Frankfurt am Main-Niederrad
Pfarrer
Verhör durch die Gestapo wegen Abhaltung
der Schulentlassungsfeier in der Kirche.
Vier weitere Verhöre und eine Haussuchung
durch die Gestapo wegen des Pfarrers Tätig-
keit als Diözesanpräses der katholischen
Arbeitervereine.
Verstorben am 09.4.1956.

LANGENFELD, BR. MATTHIAS
SAC
1902 01 08
Limburg
Präfekt
Von der Gestapo vom 11.8.1941 bis 16.8.1941
in Haft gehalten mit der Absicht, belastende
Aussagen über Postulanten zu erpressen.

LAUCK, JOHANNES LUDWIG
1900 08 24
Frankfurt am Main-Zeilsheim
Kaplan
Wegen Bestrafung eines Kindes am 2.3.1938
von der Gestapo verhaftet. Am 11.7.1939
zu neun Monaten Gefängnis verurteilt
und unter Anrechnung der Untersuchungshaft
(ca. 17 Monate) entlassen.

LEERS, KURT MATTHIAS VON
1912 07 22
Frankfurt am Main
Theologiestudent
Im November 1942 wegen Jugendseelsorge von der
Gestapo verhaftet und am 19.2.1943 ins KZ
Dachau gebracht. 1942 und 1943 Intervention
durch das Kommissariat der Fuldaer Bischofs-
Konferenz sowie durch Bischof Berning
beim Reichssicherheitshauptamt. Im Herbst 1943
aufgrund schwerer Lungenkrankheit entlassen.
Verstorben am 3.8.1945.
Lit.: Weiler, 405.

LEHNERT, JOSEF KARL
1906 11 28
Weilburg / Limburg
Kaplan
Wegen Arbeit im Jungmännerverein im Februar
1942 Kontrolle und Beschlagnahme bischöflicher
Anweisungen durch die Gestapo. Seitdem Über-
wachung der Vereinsabende.
Verstorben am 17.2.1977.

LEISTER, EDUARD (BR. VOLKWIN)
OFM
1910 02 27
Hadamar
Anläßlich der Aufhebung des Klosters und des
Internats ohne Grundangabe von der Gestapo vom
1.3.1939 bis 14.3.1939 in Schutzhaft gehal-
ten. Anschließend Aufenthaltsverbot.

LENFERDING, ANTON
1886 05 23
Wiesbaden-Schierstein / Frankfurt am Main
Pfarrer
1933 und 1935 Verwarnung durch die Polizei. Am
25.6.1933 Überfall auf ein Jungscharzelt-
lager und Bedrohung mit Pistolen. 1941 Drohung
durch Gestapo wegen der Weigerung, das Schwe-
sternhaus für den NSV-Kindergarten zu räumen.
Wegen Protestes gegen die Schulkreuzentfernung
am 16.2.1942 von der Gestapo verhört und verwarnt. Am 4.12.1942 wegen Verweigerung der Kommunion für eine geschiedene und wiederverheira-
tete Frau Verhör und Verwarnung durch Gestapo.
Am 23.2.1943 Vorladung und Verhaftung durch
die Gestapo wegen Mißbrauchs des geistlichen
Amtes. Einlieferung in das KZ Dachau am 26.3.
1943. Am 29.3.1945 entlassen.
Verstorben am 29.12.1962.
Lit.: Weiler, 408.

LENFERDING, KARL
1887 07 15
Schwalbach
Pfarrer
1940 wegen Verweigerung des Hitlergrußes und
wegen Predigtäußerung über die Schule Verhör und Verwarnung durch Gestapo. 1941 Verhör
durch Gestapo. Wegen Polengottesdienstes und
wegen Abhaltung der Kinder von der Hitlerjugend
Verhör, Verwarnung und Bestrafung mit 300 RM
Sicherungsgeld durch Gestapo.
Verstorben am 30.6.1961.

LEUSSLER, WALTER
1905 04 19
Rüdesheim / Bleidenstadt
Kaplan / Pfarrer
Im Oktober 1935 gerichtliches Verfahren wegen
Beleidigung eines Mitglieds der Deutschen Arbeitsfront während des Schulunterrichts. Am
28.3.1940 Verhör durch Gestapo wegen Regimekritik.

LINDT, JOHANNES
1876 08 27
Westernohe
Pfarrvikar
Wegen Äußerung zu einer Rede von Ley 1935 An-
zeige und Vorladung vor das Sondergericht Frank-

furt. Daraufhin Flucht in die Schweiz.
Verstorben am 9.8.1957.

LOEHR, ENGELBERT LUDWIG
1894 06 26
Frankfurt am Main-Nied
Pfarrer
Im Herbst 1937 Unterrichtsverbot für die Volks-
schule.
Verstorben am 1.5.1973.

LOEHR, GEORG
1911 05 26
Höhr-Grenzhausen
Kaplan
Verwarnung durch Gestapo wegen Jugendarbeit.

LOHAUSEN, PETER (P. RAYMUND)
SOCIST
1897 04 16
Marienstatt
Kaplan
Wegen regimefeindlicher Predigten und Jugend-
seelsorge am 6.1.1943 von der Gestapo in Haft
genommen und am 25.6.1943 Einlieferung ins KZ
Dachau. Geflohen am 29.4.1945 während des Eva-
kuierungsmarsches.
Verstorben am 30.1.1948.
Lit.: Weiler, 416.

LORENZ, BR. HEINRICH
SAC
1883 07 07
Limburg
Wegen Devisenvergehens am 9.2.1935 in Haft genommen. Am 15.3.1935 ins KZ Oranienburg eingeliefert. Im April 1935 ins Untersuchungsgefängnis gebracht. Vom Gericht am 28.9.1935 zu einem Jahr Zuchthaus verurteilt. Am 5.4.1936
aus der Haft entlassen. Das Gerichtsurteil wurde am 26.5.1936 aufgehoben.

LOSKANT, ANTON (P. STURMIUS)
OFM
1910 04 01
Kelkheim
Anläßlich der Aufhebung des Klosters ohne
Grundangabe von der Gestapo vom 11.2.1939 bis
19.4.1939 in Schutzhaft gehalten. Ferner verhängte die Gestapo Rede-, Predigt- und Unterrichtsverbot.

LUCAS, P. JOSEF
SAC
1875 12 14
Limburg
Wegen Umgangs mit Kriegsgefangenen vom 16.12.
1942 bis 21.12.1942 von der Gestapo in Haft gehalten.

LUECKER, JOSEF
1911 03 23
Hundsangen / Obererbach
Kaplan / Kirchenrektor
Wegen Verlesung des Möldersbriefes sowie
wegen Vereinsarbeit ca. 20 Verhöre durch
die Gestapo (1941/1942). Schließlich vom
5.3.1942 bis 19.3.1942 von der Gestapo
in Haft gehalten. Am 20.3.1942 Entlassung
unter Androhung von KZ-Haft bei weiterer Jugend-
und Vereinsarbeit.

MAIER, BR. FRANZ XAVER
SAC
1910 08 05
Limburg
Am 24.7.1942 von der Gestapo verhört und anschließend in Haft genommen. Am 18.8.1942 verstorben. Während die Gestapo als Todesursache
Selbstmord angab, machte ein Augenzeuge nach
dem Krieg die Aussage, Bruder Maier sei infolge von Mißhandlungen von seiten der Gestapo gestorben.

MARON, JOHANNES
1901 03 29
Frankfurt am Main-Höchst / Aßmannshausen
Rektor / Pfarrer
Im Herbst 1938 Verbot der Krankenhausseelsorge
durch den Oberbürgermeister von Frankfurt/Main.
1942 wegen Beeinflussung von Soldaten durch religiöse Schriften und wegen Erteilung von zu-
viel Religionsunterricht Verhör durch Gestapo.
Ausweisung bzw. KZ-Haft von der Gestapo
angedroht. Im Mai 1942 Entzug des staatlichen Gehalts
auf Veranlassung der Gestapo.
Verstorben am 29.9.1962.

MARX, ALBERT
1877 08 18
Stierstadt
Pfarrer, Definitor / Dekan
Am 4.7.1933 Verhaftung durch SA geplant, aber
verschoben und dann aufgrund des Konkordates
nicht mehr erfolgt. Im August 1933 von der
Partei wegen Predigten beim Regierungs-
präsidenten angezeigt - keine Folgen.
Verstorben am 16.10.1954.

MASSENKEIL, GREGOR
1893 03 01
Niedererbach
Pfarrer
Wegen Abhaltung einer Andacht während einer
Führerrede vom 15.3.1938 bis 25.3.1938 in
Haft.
Verstorben am 4.12.1942.

MAYER, FRANZ
1874 02 12
Bad Schwalbach
Dekan
Wegen unerlaubter Beflaggung und wegen Sammlun-
gen mehrmals verhört.
Verstorben am 6.2.1951.

MENGES, JAKOB
1880 07 26
Niederlahnstein
Pfarrer, Dekan
Wegen angeblicher Urkundenfälschung 1938 von
der Gestapo verhört, verwarnt und zur Zahlung
von 3000 RM Sicherungsgeld verurteilt.
Verstorben am 1.3.1957.

MICHEL, KARL (P. JUSTUS)
OFM
1901 09 03
Hadamar
Rektor (Internat)
Wegen Vernachlässigung der Aufsichtspflicht
im Fall Gunkel wurde der Pater
am 1.3.1939 von der Gestapo festgenommen
(nach Freispruch P.Gunkels, dem Sittlichkeitsvergehen im Internat vorgeworfen worden waren,
lautete der Verhaftungsgrund für P.Michel:
Verstoß gegen den Kanzelparagraphen).
Ohne Gerichtsverfahren zunächst KZ Oranienburg,
dann KZ Dachau (ab 12.7.1941).
Aufgrund der Intervention weltlicher Persönlichkeiten am 5.6.1943 aus dem KZ Dachau entlassen. Einberufung zur Wehrmacht.
Lit.: Weiler, 454.

MIES, JOSEF
1899 03 19
Büdingen
Pfarrvikar
Wegen Verstoßes gegen das Flaggengesetz zu 50
RM Geldstrafe verurteilt.
Verstorben am 21.7.1979.

MOELLER, ADOLF
1892 10 10
Usingen
Pfarrer
Wegen Vereinsarbeit von der Gestapo verhört.
1938 Unterrichtsverbot aufgrund politischer Unzuverlässigkeit. Nach Intervention des Provin-
zialschulkollegiums wurde das Unterrichtsverbot
aufgehoben.
Verstorben am 7.7.1971.

MORENT, BR. NIKODEMUS
OFM
o.D.
Kelkheim

Anläßlich der Aufhebung des Klosters 1939 ohne Grundangabe drei Wochen von der Gestapo
in Schutzhaft gehalten.

MORPER, BR. KARL
SAC
1889 03 10
Limburg
Der Pallottinerbruder wurde am 5.10.1942
von der Gestapo verhaftet, damit er gegen
die Pallottiner Jung und Nicklas aussagen
möge, die wegen Nichteinhaltung der
Kriegswirtschaftsverordnung einsaßen. Als
die Gestapo ihr Ziel nicht erreichte, brachte
sie den Verhafteten am 20.10.1943 nach Dachau.
Entlassung am 28.3.1945.
Lit.: Weiler, 465.

MUELLER, P. GEORG
SAC
1885 09 18
Limburg
Am 20.2.1940 von der Gestapo ohne Grundangabe
festgenommen und bis zum 20.4.1940 in Haft gehalten. Der Verhaftungsgrund bestand wohl
darin, daß der Pater wichtige Papiere vor
der Haussuchung der Gestapo in Sicherheit
gebracht hatte.

MUENZ, P. ROBERT
SOCIST
o.D.
Westerburg
Pfarrer
Überwachung von Predigten. Wegen verbotener
Schriften erfolgte eine Haussuchung durch die
Polizei.

NATTERMANN, JOSEF
1901 11 01
Nauort
Pfarrer, Definitor
Viele Verhöre durch die Gestapo in den Jahren
1939, 1941, 1942 und 1943 wegen Predigten, Verlesung eines Hirtenbriefs und Jugendarbeit. Es
folgten Verwarnungen sowie Haussuchung, Sperrung eines Kontos mit 200 RM und Streichung der
Staatszuschüsse durch die Gestapo.
Verstorben am 18.1.1975.

NELL-BREUNING, P. OSWALD VON
SJ
1890 03 08
St. Georgen
Prof. Dr. theol.
1936 ein Verfahren, nähere Umstände sind
nicht bekannt.
Am 23.12.1943 wegen Devisenvergehens durch
das Sondergericht München zu drei Jah-

ren Zuchthaus und 500.000 RM Geldstrafe verurteilt. Die Zuchthausstrafe wurde wegen Haftunfähigkeit nicht vollstreckt.

NEUMANN, ROBERT (P. ILDEFONS)
OFM
1889 04 29
Kelkheim
Anläßlich der Aufhebung des Klosters ohne
Grundangabe von der Gestapo vom 11.2.1939 bis
19.4.1939 in Schutzhaft gehalten.

NEUROTH, CHRISTIAN
1895 03 31
Niedergladbach / Johannisberg
Pfarrer
Wegen regimekritischer Predigt 1935 angezeigt.
Sodann Vorladung und Verhör durch das Amts-
gericht sowie durch die Oberstaatsanwaltschaft.
Keine Anklageerhebung.
Verstorben am 5.4.1964.

NEUS, WILHELM
1916 05 14
Frankfurt am Main
Theologiestudent
Wegen Betätigung im „Bund Neudeutschland" von
der Gestapo sechs Monate lang in Haft gehalten.
Wilhelm Neus wurde am 29.6.1948 zum Priester
geweiht.

NICKLAS, BR. JOSEF
SAC
1893 02 05
Limburg
Wegen angeblichen Verstoßes gegen die Kriegswirtschaftsverordnung vom 22.7.1942 bis 1.4.
1944 von der Gestapo in Untersuchungshaft gehalten. Am 17.3.1944 vom Sondergericht verurteilt. Am 1.4.1944 in einer zweiten Verhandlung vom Sondergericht freigesprochen und aus
der Haft entlassen.

NIELEN, JOSEF MARIA
1889 03 07
Frankfurt am Main
Hochschulpfarrer
Dr. theol.
1938 Verhör und Haussuchung durch Gestapo we-
gen Studentenseelsorge. Ab 1940 keine Bestäti-
gung mehr als Prüfer für katholische Religion.
Im März 1942 Haussuchung und Beschlagnahme
der Briefe und Adressen von Studenten und Solda-
ten. Im Juli 1943 Haussuchung und Verhör durch
Gestapo wegen Studentenseelsorge. Warnung vor
Verhaftung durch Wehrmacht wegen angeblicher
Verbindung mit Männern des „20. Juli 1944".
Verstorben am 19.1.1967.

NIKOLAI, ANDREAS
1897 01 04
Frankfurt am Main-Hausen (St. Anna)
Pfarrvikar
Wegen Beflaggung zu Fronleichnam und wegen Teilnahme von Ausländern am Gottesdienst Verwarnungen durch Gestapo.

NILGES, GEORG
1891 06 06
Frankfurt am Main-Bornheim (Hl. Kreuz)
Pfarrer
Wegen Kritik an der nationalsozialistischen Einstellung des Verlegers der Kirchenzeitung Verhör und Verwarnung durch Gestapo. Wegen Regimekritik von der Gestapo verhört und verwarnt.
Verstorben am 11.8.1972.

NOLL, JOSEF
1877 07 29
Kamp
Pfarrer
1934 aufgrund Züchtigung eines Jungen wegen Leistung des Hitlergrußes Beanstandung durch die NSDAP. Im Mai 1935 zweimal wegen Predigt von der Gestapo verhört und verwarnt. Verhör durch Gestapo am 3.6.1938 wegen angeblicher Ablehnung, das Winterhilfswerk zu unterstützen.
Verstorben am 7.3.1939.

NOLL, JOSEF
1905 03 19
Büdingen
Pfarrvikar
1939 wegen Prozessionen am Fronleichnamstag Verhör und Verwarnung durch die Polizei. 1940 und 1941 mehrfach von der Polizei wegen Übertretung des Läuteverbotes verwarnt. Aufgrund der Jugendseelsorge von der NSDAP als politisch unzuverlässig eingestuft.

NORMANN, ALOIS
1908 02 08
Wiesbaden (St. Bonifatius)
Kaplan
Im November 1937 von der Gestapo verhört und mit Verhaftung bedroht (nach einer Anzeige betreffs Jugendarbeit). 1942 wegen angeblicher Verächtlichmachung der HJ im Firmunterricht Verhör und Haftandrohung durch die Gestapo.

OEFFLING, P. MATTHIAS
SDB
1898 12 18
Wiesbaden
Direktor
Dr. theol.
Im August 1942 wegen Verbreitung des Mölders-

briefes von der Gestapo verwarnt. Am 22.11.1944 Haussuchung sowie Beschlagnahme des Lehrlingsheims durch die Gestapo. Am gleichen Tag wegen Nichtleistung des Hitlergrußes, Wehrkraftzersetzung und angeblicher Mitwisserschaft am Attentat vom 20. Juli 1944 von der Gestapo in Haft genommen. Keine Gerichtsverhandlung, jedoch nach den Aussagen von Gestapo-Beamten zum Tod durch Erschießen bestimmt. Am 9.3.1945 gelang die Flucht aus dem Gefängnis.

ORTH, FERDINAND
1887 07 07
Rüdesheim-Eibingen
Pfarrer
Wegen Zeugenaussage, die der Aussage eines Gestapo-Beamten widersprach, am 17.2.1942 von der Gestapo verhört.
Verstorben am 12.6.1970.

OSSOWSKI, BR. EDUARD
SAC
1878 07 03
Limburg
Wegen staatsfeindlicher Gesinnung am 13.12.1942 von der Gestapo in Haft genommen. Am 17.9.1943 vom Sondergericht zu 18 Monaten Gefängnis verurteilt unter Anrechnung von nur drei Monaten der Untersuchungshaft. Im Anschluß an die Haft sollte Bruder Ossowski wegen geistiger Unzurechnungsfähigkeit in eine Heilanstalt kommen. Er verstarb jedoch am 14.1.1944 im Gefängnis, vermutlich an Unterernährung.
Lit.: Kempner, 316ff.

PABST, HANS
1889 05 06
Limburg
Domkapellmeister
Unterrichtsverbot als Religionslehrer.
Verstorben am 3.5.1968.

PAPST, HUGO
1884 07 25
Wiesbaden (Maria Hilf)
Pfarrer
Mehrfach wegen des katholischen Kinderheims von der Gestapo verhört. Wegen Predigt und wegen Unterstützung eines Ausländers jeweils Verhör und Verwarnung durch Gestapo.
Verstorben am 13.6.1957.

PASCHER, FRIEDRICH MARIA
1891 05 23
Salz
Pfarrer
1935 nach Anzeige wegen Verkaufs von Broschüren gegen Rosenberg in der Kirche Vorladung vor

das Amtsgericht. Kein Verfahren, da Amnestie erfolgte. Am 2.6.1937 Unterrichtsverbot. Mehrfach Verhör durch Gestapo wegen Appells an die Gemeinde, den Schulbesuch der Kinder am Dreikönigsfest zu verweigern. 1944 Haussuchung und zweimal Vorladung durch die Gestapo wegen Anstiftung zur Abhaltung von Andachten für den verhafteten Kaplan Hartung.

PERABO, ALBERT
1885 04 23
Frankfurt am Main (St. Gallus)
Pfarrer
Zwei Verhöre und 1000 RM Geldstrafe wegen Abfassung von Seelsorgebriefen an Kinder. Des weiteren Unterrichtsverbot.
Verstorben am 11.12.1957.

PERABO, FRANZ
1876 03 22
Höhr-Grenzhausen
Pfarrer
Wegen Jugendarbeit Verhör und Verwarnung durch Gestapo.
Verstorben am 29.12.1941.

PETRY, P. XAVERIUS
SSCC
o.D.
Arnstein
Kaplan
Wegen einer Predigt von der Gestapo verhört. Ein weiteres Verhör durch die Gestapo erfolgte wegen Jugendseelsorge und Verstoßes gegen das Sammlungsgesetz.

PIPBERGER, JOSEF
1889 03 04
Kalbach
Pfarrer
Dr. theol. et rer. pol.
1937 nach Anzeige wegen Ausländerseelsorge Vorladung vor Gestapo und Haussuchung mit Beschlagnahme der Bibliothek und einiger Schriften. Anschließend Festnahme durch Gestapo und eine Woche lang in Untersuchungshaft. Es folgte ein Strafverfahren. Wegen Ausländerseelsorge erneut Vorladung, Haussuchung und Einleitung eines Verfahrens durch die Gestapo.
Verstorben am 16.9.1969.

PLANZ, PAUL
1911 04 23
Lorch
Kaplan
Als Präses des katholischen Gesellenvereins vom März 1936 an von der Gestapo überwacht und mehrmals bedroht. Verweigerung der Erlaubnis zur Erteilung des Religionsunterrichts.

Im Oktober 1939 Anzeige bei der Gestapo wegen Verächtlichmachung der NS-Organisation „Kraft durch Freude" - 150 RM Geldstrafe.

POIESS, P. WILHELM
SAC
1904 01 12
Eschhofen
Kaplan
Am 22.12.1942 wegen Jugendseelsorge und Regimekritik von der Gestapo in Haft genommen. Vom 12.5.1944 an im KZ Dachau. Während des Evakuierungsmarsches am 1.5.1945 von den Amerikanern befreit.
Lit.: 1.Poiess, P.Wilhelm SAC: Gefangener der Gestapo. 1948. 2.Weiler, 531.

PRANTL, BR. FRANZ
SDB
o.D.
Aulhausen
Von der Gestapo am 24.7.1939 kurzfristig festgenommen.

PREISINGER, BR.MICHAEL
SAC
1906 07 06
Limburg
Wegen Umgangs mit Kriegsgefangenen am 19.12. 1942 von der Gestapo in Untersuchungshaft genommen. Am 25.2.1943 vom Gericht zu drei Monaten Gefängnis unter Anrechnung der Untersuchungshaft verurteilt. Die Freilassung erfolgte am 17.3.1943.

PRITZE, P. KARL
SDB
1897 05 20
Marienhausen
Spiritual
Vom 29.3.1939 bis 4.4.1939 von der Gestapo in Haft gehalten. Nach der Freilassung erfolgte ein Aufenthaltsverbot seitens der Gestapo.

QUERNHEIM, GEORG
1885 01 06
Arzbach
Pfarrer
Wegen Ablehnung der Sonntagsarbeit und wegen Nichtanerkennung der Hakenkreuzfahne am 13.2. 1942 Vorladung, Verwarnung und Androhung von KZ durch die Gestapo.
Verstorben am 29.2.1968.

RAAB, LEO (P. ENGELBERT)
OFM
1901 02 15
Hadamar
Anläßlich der Aufhebung des Klosters und des

Internats von der Gestapo ohne Gundangabe vom
1.3.1939 bis 14.3.1939 in Schutzhaft gehalten. Anschließend Aufenthaltsverbot.

RAMB, FRANZ
1911 08 01
Holler
Kaplan
Im September 1939 wegen kritischer Äußerungen
zum Krieg von der Gestapo in Untersuchungshaft
genommen , dem Militärgericht übergeben und im
Dezember 1939 freigelassen.
Verstorben am 19.12.1977.

REICHWEIN, ALOYS
1879 06 16
Weißkirchen
Pfarrer
Nach Anzeige wegen Beunruhigung der Bevölkerung erfolgte eine Untersuchung, die eingestellt wurde. Verhör und Verwarnung durch Gestapo wegen
Abhaltung eines Gottesdienstes nach nächtlichem Fliegeralarm. Aufgrund der Behauptung,
der Pfarrer sei ein Gegner der Feuerwehr,
Verhör durch die Gestapo. Weitere Anschuldigungen von Parteigängern wurden vorgetragen,
blieben jedoch ohne Folgen.
Verstorben am 16.10.1964.

REITZ, JOSEF
1895 01 13
Wilsenroth
Pfarrvikar
1934 nach Anzeige wegen Umwandlung des Arbeitervereins in eine Männerkongregation Beanstandung durch Polizei und Kreisleiter. 1935 Haussuchung durch Gestapo, zudem Verhaftung beabsichtigt, aber nicht ausgeführt. 1937 Beschlagnahme der Fahne des Arbeitervereins. Wegen Aufhängens von Schulkreuzen 1937 gerügt.
Verstorben am 4.6.1977.

RENK, OTTO (BR. PIRMIN)
OFM
1911 04 01
Hadamar
Anläßlich der Aufhebung des Klosters und des
Internats vom 1.3.1939 bis 14.3.1939 von der
Gestapo ohne Grundangabe in Schutzhaft gehalten.
Anschließend Aufenthaltsverbot.

RENTZ, CHRISTIAN
1884 01 02
Wiesbaden-Biebrich
Pfarrer
1941 zweimal von der Gestapo wegen Predigt verhört mit anschließender Strafandrohung.
Ausgangspunkt der Auseinandersetzungen war
die Übernahme des Kindergartens durch die

NSV gegen den Protest des Pfarrers.
Verstorben am 22.7.1952.

REUSS, HEINRICH
1869 06 10
Winkel
Pfarrer, Dekan
Wegen Predigt Beanstandung durch NSDAP; einige
Pfarrhausfenster wurden eingeschlagen. Unterrichtsverbot. Wegen mangelnder Unterstützung
des Winterhilfswerks erfolgte im Dezember 1935
ein Überfall durch Jugendliche. Daraufhin am
19. und 20.12.1935 von der Polizei in Schutzhaft gehalten. Öffentliche Anschuldigungen
durch die Ortsgruppenleitung.
Verstorben am 9.10.1940.

RHEINBERGER, JOSEF
1903 03 19
Frankfurt am Main (St. Antonius) / Seck-Irmtraut
Kaplan / Pfarrer
Im September 1936 Unterrichtsverbot. Wegen Abhaltung von Pfarrstunden im beschlagnahmten Kir-
chenheim am 25.10.1940 Verhör und Verbot jeglicher Pfarrstunden durch die Gestapo. Auf Anordnung des Regierungspräsidenten erfolgte am
1.1.1941 die Streichung des Staatszuschusses.

RICHTER, PETER
1898 12 14
Frankfurt am Main (St. Leonhard)
Pfarrvikar
Dr. theol. habil.
Wegen Seelsorge mehrmals von der Gestapo ver-
hört.
Verstorben am 3.8.1963.

ROMPEL, GEORG
1897 09 05
Frankfurt am Main (St. Bernardus) / Bremthal
Kaplan / Pfarrer
Überwachung von Predigten und von Heimabenden
der Jugend durch die Partei. Beschlagnahme von
Gebetbüchern. Wegen Verbreitung der Galenpre-
digten und wegen Glockengeläuts während einer
Führerrede Verhör, Verwarnung, Androhung von
KZ-Haft und Verurteilung zur Zahlung von 3000 RM
Sicherungsgeld durch die Gestapo.
Verstorben am 26.4.1982.

ROOS, ERNST PAUL
1903 09 15
Hillscheid / Bad Homburg
Kaplan
Verhör, Haussuchung und Beschlagnahme von
Schriften durch die Gestapo. Am 23.11.1942 Ver-
hör mit anschließender Festnahme durch die Ge-
stapo. Vom 23.11.1942 bis 21.12.1942 in Haft.
Aufgrund schwerer Erkrankung am 21.12.1942 ge-

gen Zahlung von 400 RM Sicherungsgeld freigelassen.

ROTH, BR. HEINRICH
SAC
1902 02 17
Limburg
Wegen eines Briefes von einem Mitbruder kam der damals zur Wehrmacht gehörende Bruder Roth vom 13.11.1943 bis 25.11.1943 in Haft. Er wurde außerdem degradiert.

ROTH, WALTER ANDREAS
1889 02 03
Lahr
Pfarrer
Wegen Kritik an der NS-Presse und wegen Predigt viermal von Polizei und Bürgermeister im Auftrag der Gestapo verhört und verwarnt.
Verstorben am 18.4.1965.

RUMPF, VALENTIN
1899 10 13
Wiesbaden-Bierstadt
Pfarrer
Wegen Ausländerseelsorge und wegen Jugendseelsorge mehrfach von der Gestapo verhört und verwarnt. Anläßlich von Kirchenrestaurierungsarbeiten Schikanen. Vom September 1940 an Entzug des Staatszuschusses.
Verstorben am 2.8.1977.

RUPP, ALEXANDER
1891 07 07
Dorndorf / Frankfurt am Main-Zeilsheim
Pfarrvikar / Pfarrer, Definitor
Wegen staatsfeindlichen Verhaltens und wegen Abhaltung von Polengottesdiensten mehrmals von der Gestapo verhört. Ausländerseelsorge von der Gestapo verboten. Genehmigung zur Erteilung von Religionsunterricht wurde verweigert.
Verstorben am 3.2.1959.

SAND, HEINRICH
1882 06 07
Frankfurt am Main (St. Antonius)
Pfarrer
Wegen Seelsorgetätigkeit am 19.2.1939 und im August 1939 von der Gestapo verhört. Schränke des Pfarrheims wurden von der Gestapo für einige Monate versiegelt.
Verstorben am 1.2.1958.

SATTLER, BR. FRANZ
SAC
1901 09 10
Limburg / Vallendar
Nach einer Anzeige wegen Regimekritik am 12.3.1938 in Österreich von der Gestapo

verhaftet und ins KZ Dachau gebracht. Nach einer schriftlichen Eingabe von Pater Schröder von der nordamerikanischen Pallottiner-Provinz an Hitler kam Bruder Sattler am 16.7.1938 wieder frei.

SCHAEFER, MAGNUS (BR. FABIAN)
OFM
1856 02 10
Kelkheim
Anläßlich der Aufhebung des Klosters von der Gestapo ohne Grundangabe vom 11.2.1939 bis 19. 4.1939 in Schutzhaft gehalten.

SCHAEFER, RICHARD
1904 03 22
Frankfurt am Main-Höchst
Kaplan
Wegen politischer Unzuverlässigkeit am 23.9.1936 Unterrichtsverbot durch den Regierungspräsidenten von Wiesbaden.

SCHAEFER, THEODOR
1905 12 18
Herborn / Frankfurt am Main-Schwanheim
Kaplan / Pfarrverwalter / Pfarrvikar
1935 wegen angeblicher Züchtigung eines Schülers Anzeige und Verfahren, das eingestellt wurde.
Zwischen 1942 und 1945 mehrere Verhöre, Drohungen und Verwarnungen durch die Gestapo wegen Seelsorge; zwei Haussuchungen und Beschlagnahme der Wohnung durch die Gestapo.

SCHAEFER, WILHELM HEINRICH
1900 12 01
Stahlhofen
Pfarrvikar
Wegen Predigtäußerung zum Reichsarbeitsdienst Anzeige durch den Ortsgruppenleiter und mehrere Verhöre. Beanstandung eines Gebets für den Frieden durch den Ortsgruppenleiter, der ein Gebet für den Sieg forderte. 1940 Beschlagnahme der Adressen von Soldatenangehörigen.
Verstorben am 18.1.1951.

SCHERMULY, JOHANNES
1884 07 07
Lindenholzhausen
Pfarrer
Am 27.12.1933 Verhör durch die Polizei wegen angeblicher Züchtigung eines Hitlerjungen. Am 4.6.1937 Unterrichtsverbot wegen politischer Unzuverlässigkeit.
Verstorben am 4.5.1946.

SCHEUERMANN, VALENTIN
1896 11 27
Rauenthal
Pfarrer
Wegen angeblicher Unterstützung eines Amtskollegen auf Veranlassung der NSDAP-Ortsgruppe vom 11.12.1941 bis zum 13.12.1941 in Haft. Zudem verhört und bedroht.
Verstorben am 30.10.1975.

SCHIEMER, HERMANN (P. ALFONS)
OFM
1908 11 07
Kelkheim
Anläßlich der Aufhebung des Klosters ohne Grundangabe vom 11.2.1939 bis 19.4.1939 von der Gestapo in Schutzhaft gehalten.

SCHLATTMANN, BR. ALFONS
SAC
1910 10 09
Limburg
Wegen regimekritischer Äußerung von einem Privatmann angezeigt. Daraufhin im August 1935 von der Polizei in Untersuchungshaft genommen. Am 2.10.1935 fand die Gerichtsverhandlung statt. Die Freilassung erfolgte am 18.10.1935.

SCHLITT, HANS
1909 05 13
Wirges
Kaplan
Weil der Kaplan die Jugend wegen Ausschreitungen zurechtgewiesen hatte und weil er bei einer Predigt gesagt hatte, die Macht des Schutzengels sei größer als die Undurchdringlichkeit des Westwalls, wurde er von zwei Studenten angezeigt. Am 15.9.1939 Festnahme durch die Gestapo. Gerichtsverhandlung. Am 16.7.1940 entlassen. Aufenthaltsverbot für die Kreise Unter- und Oberwesterwald.
Verstorben am 13.10.1978.

SCHMEING, P. MAX
SDB
1900 01 13
Marienhausen
Pfarrer
1939 bis 1941 mehrmals von der Gestapo verhört und verwarnt. Am 31.5.1940 zehn Stunden von der Gestapo auf dem Abort eingesperrt. Am 1.4.1943 Ausweisung aus Marienhausen durch den Oberbannführer Becker (HJ). Im Juli 1944 Verhör und Verwarnung durch den Oberbannführer.
Außerdem seit 1939 allgemeine Überwachung und Postüberwachung durch die Gestapo, die HJ und die Ortsgruppe.

SCHMIDT, HERMANN
1876 04 22
Girod
Pfarrer
Wegen Predigt zweimal von der Gestapo verhört und verwarnt.
Verstorben am 8.12.1946.

SCHMIDT, JOSEF ERNST
1896 12 13
Marienhausen / Neuenhain
Pfarrvikar / Pfarrer
1935 wegen Predigt von der Gestapo verhört und verwarnt. 1943 wegen einer Grabrede zweimal von der Gestapo verhört und zur Zahlung von 500 RM Sicherungsgeld verpflichtet.
Verstorben am 23.4.1959.

SCHNEIDER, JOSEF
1889 08 21
Eddersheim
Pfarrer
Wegen einer Predigt, wegen Kritik an der Schließung des katholischen Kindergartens und wegen Übertretung des Sammlungsgesetzes sechsmal von der Gestapo verhört. Vom 12.8.1941 an Gehaltssperre ohne Angabe von Gründen.
Verstorben am 14.6.1962.

SCHRAEDER, JOSEF
1885 05 25
Hausen / Erbach
Pfarrer
Wegen Regimegegnerschaft im Sommer 1935 Vorladung vor den Landrat. Am 14.7.1939 von der Gestapo verhört. Verhör und Haussuchung durch Gestapo am 26.1.1940.
Verstorben am 12.8.1976.

SCHUESSLER, BR. MICHAEL
OFM
o.D.
Kelkheim
Anläßlich der Aufhebung des Klosters 1939 ohne Grundangabe drei Wochen lang von der Gestapo in Schutzhaft gehalten.

SCHUH, BR. JOSEF
SAC
1910 08 15
Limburg
Wegen Siegelbruchs vom 6.8.1942 bis 20.8. 1942 von der Gestapo in Haft gehalten. Vom Gericht am 6.8.1943 zu zwei Wochen Gefängnis verurteilt. Die Strafverbüßung wurde für den inzwischen Einberufenen bis Kriegsende ausgesetzt.

SCHULTE-KUECKELMANN, P. JOHANNES
Ordenszugehörigkeit unbekannt
o.D.
Niederlahnstein
Wegen Predigten angezeigt. Daraufhin Vorladung
und Verwarnung durch die Polizei.

SCHULTE, P. HEINRICH
SAC
1901 03 20
Limburg
Provinzial
Dr. phil.
Bis 1943 mehrere Verhöre durch die Gestapo.
Am 26.11.1943 als Provinzial der Limburger
Pallottiner-Provinz von der Gestapo verhaftet.
Zunächst Gefängnis Frankfurt und Darmstadt
(Arbeit in einer Kiesgrube); ab dem 26.5.1944
KZ Dachau; am 2.5.1945 (laut Weiler 26.4.)
während des Evakuierungsmarsches befreit.
Verstorben am 14.3.1980.
Lit.: Weiler, 591.

SCHUMACHER, P. STEPHAN
OFM
o.D.
Kelkheim
Anläßlich der Aufhebung des Klosters ohne
Grundangabe vom 11.2.1939 bis 19.4.1939 von
der Gestapo in Schutzhaft gehalten.

SCHUMANN, LEANDER
1874 09 05
Frankfurt am Main-Eckenheim
Pfarrer, Dekan
Als Präses des Jungmännervereins Unterrichts-
verbot in der Schule. Zwei Wochen lang Post-
überwachung.
Verstorben am 27.10.1956.

SCHUTH, ALOYS
1897 05 25
Frankfurt am Main (St. Antonius) / Oberelbert
Kaplan / Pfarrer
Im September 1936 Unterrichtsverbot. 1940 er-
folgte nach einer Anzeige wegen Predigten ein
Gerichtsverfahren. Verurteilung zu drei Jahren
Haft mit Bewährung und zu 400 RM Geldstrafe.
Verstorben am 8.8.1974.

SCHWARZ, KARL
1907 08 08
Winkel / Frankfurt am Main (Dom)
Kaplan
1940 wegen Jugendseelsorge, 1941 wegen Vereinsarbeit von der Gestapo verhört.
Verstorben am 23.3.1978.

SCHWARZ, WILHELM
1878 04 09
Frankfurt am Main (Allerheiligen)
Pfarrer
Wegen politischer Unzuverlässigkeit Unter-
richtsverbot erhalten.
Verstorben am 20.7.1945.

SCHWERTEL, WILHELM
1910 10 30
Villmar
Kaplan
Vom 10.1.1941 bis 4.3.1941 von der Gestapo
in Schutzhaft gehalten. Nach der Freilassung
vom 4.3.1941 bis 18.4.1942 unter Überwachung der Gestapo, die dem Kaplan die Ausübung seines Berufes verboten hatte.
Vom 18.4.1942 an als Sanitäter bei der
Wehrmacht.

SCHWICKERT, RICHARD
1892 07 18
Seck-Irmtraut / Frankfurt am Main (Allerheiligen)
Pfarrer
1937 erfolgte Unterrichtsverbot. Wegen Verbreitung des Möldersbriefes und wegen Ausländerseelsorge von der Gestapo verwarnt. Zu 100 RM
Geldstrafe wegen Werbung von Caritas-Mitglie-
dern verurteilt. Insgesamt sechsmal von der Gestapo verhört.
Verstorben am 29.8.1962.

SEIWERT, P. JOHANN
SAC
1883 01 21
Limburg
Provinzprokurator
Am 9.2.1935 von der Gestapo wegen Devisen-
vergehens festgenommen. Am 28.9.1935 vom
Gericht zu drei Jahren Zuchthaus verurteilt.
Haft im Gerichtsgefängnis Limburg, KZ Oranien-
burg sowie in den Gefängnissen Berlin-Moabit,
Plötzensee und Brandenburg. Im Mai 1936 Auf-
hebung des Urteils. Pater Seiwert kehrte
erst am 25.10.1936 ins Mutterhaus zurück.

SEUFERT, JOSEF JOHANN
1885 05 26
Frankfurt am Main-Fechenheim
Pfarrer
Aufgrund einer Anzeige zweimal von der Gestapo
verhört.
Verstorben am 12.10.1972.

SIMEON, HERMANN (P. XAVER)
OFM
1900 11 29
Hadamar
Dr. phil.

Anläßlich der Aufhebung des Klosters von der Gestapo vom 1.3.1939 bis 14.3.1939 ohne Grundangabe in Schutzhaft gehalten. Im Anschluß daran Aufenthaltsverbot.

SIMON, NIKOLAUS
1880 11 10
Hofheim
Pfarrer
Dr. jur. can.
Wegen Spendung der Sterbesakramente und wegen Regimekritik Anzeige durch Privatperson. Daraufhin Verhör und Verwarnung durch Gestapo.
Verstorben am 4.11.1955.

SPECHT, BR. FRIEDRICH
SAC
1889 12 19
Limburg
Wegen Verstoßes gegen das Sammlungsgesetz vom 11.8.1941 bis 15.8.1941 in Untersuchungshaft gehalten. Deswegen am 28.1.1944 vom Amtsgericht zu zwei Monaten Haft verurteilt. Im Berufungsverfahren vor dem Landgericht am 15.6. 1944 freigesprochen.

SPEIER, JOHANNES
1889 05 29
Langhecke
Pfarrvikar
Wegen Beaufsichtigung des katholischen Jugendsports angezeigt. Weitere Anzeige wegen unkorrekter Beflaggung. Keine Bestrafung.
Verstorben am 16.8.1960.

SPERRER, BR. JOHANN
SAC
1914 11 26
Limburg
Am 14.2.1940 nach einer Haussuchung gemeinsam mit sieben Confratres von der Gestapo festgenommen und bis zum 11.6.1940 in Haft gehalten.

SPITZHORN, JOHANNES
1883 11 07
Mengerskirchen
Pfarrer
Wegen Ausländerseelsorge mehrmals von der Gestapo verhört und mit 450 RM Geldstrafe belegt.
Verstorben am 9.8.1953.

SPIX, WALTER (P. ALFONS)
SSCC
1894 07 16
Arnstein
Superior
Mehrmals von der Gestapo verwarnt. Am 19.11.

1941 wegen Ausländerseelsorge und Regimegegnerschaft von der Gestapo in Untersuchungshaft genommen. Im Februar 1942 ins KZ Dachau eingeliefert. Dort am 9.8.1942 verstorben, angeblich an Darmkatarrh.
Lit.: Weiler, 623.

STAAT, BERNHARD
1898 11 27
Camberg
Pfarrer
Unterrichtsverbot seit dem 1.5.1937.
Verstorben am 25.3.1973.

STAAT, FRANZ
1898 07 19
Stahlhofen / Balduinstein
Pfarrvikar / Pfarrer
Circa acht Anzeigen durch die NSDAP.
Wegen Nichtbeflaggung 100 RM Geldstrafe und zwei Monate Haft durch die Gestapo (1933).
Verstorben am 13.9.1977.

STEIGELS, P. WINAND
SJ
o.D.
Frankfurt am Main (St. Ignatius)
Weil der Pater im Besitz von Jugendfilmen war, wurde er von der Gestapo verhört; Beschlagnahme der Filme. Schreibverbot.

STEINEBACH, LEO
1909 04 23
Bad Homburg / Bad Ems
Kaplan
Wegen politischer Unzuverlässigkeit seit dem 1.10.1936 Unterrichtsverbot.

STEINMETZ, LORENZ
1882 07 19
Frankfurt am Main-Sindlingen
Pfarrer
Wegen Aufforderung an Schulkinder zu sonntäglichem Kirchgang angezeigt. Daraufhin im Februar 1936 Gerichtsverfahren und Verurteilung zu 30 RM Geldstrafe. Anschließend Unterrichtsverbot.
Verstorben am 19.8.1952.

STILLGER, GREGOR
1877 07 28
Marienrachdorf
Pfarrer
Wegen Sammlungen mit 50 RM Geldstrafe belegt. 1938 Streichung des Staatszuschusses für 15 Monate. Wegen Predigten von der Gestapo unter Androhung von KZ-Haft verhört und zur Zahlung von 500 RM Sicherungsgeld veranlaßt.
Verstorben am 14.1.1957.

STOECKLER, BR. HUGO
SAC
1887 02 24
Limburg
Wegen Umgangs mit Kriegsgefangenen am 12.12.
1942 von der Gestapo in Untersuchungshaft genommen. Am 21.1.1943 vom Gericht zu zwei Monaten
Gefängnis unter Anrechnung der Untersuchungshaft verurteilt. Die Freilassung erfolgte am
17.2.1943.

TALLEUR, GODEHARD (P. WUNIBALD)
OFM
1900 10 19
Hofheim
Jugendseelsorger
Wegen Jugendseelsorge drohte Verhaftung, der
sich Pater Wunibald 1939 durch Ausreise entzog.
*Lit.: Thuringia Franciscana 26 (1971), 19-26,
30 (1975), 213-220.*

THIELEMANN, AUGUST
1901 09 27
Frankfurt am Main / Frankfurt am Main-Praunheim
Kaplan / Pfarrvikar / Pfarrer
Nach Anzeige wegen Regimekritik erfolgte am
3.7.1935 vor dem Sondergericht ein Verfahren,
das mit Freispruch mangels Beweisen endete. Unterrichtsverbot wurde verhängt. 1938 wurden zu
Fronleichnam Altäre zerstört, Prozessionsteil-
nehmer von Mitgliedern der Partei mißhandelt,
fotografiert und gemeldet; ferner wurde
das Pfarrhaus beschmiert. 1939 wegen Versendung
von Kommunioneinladungen von der Gestapo vorgeladen und unter Androhung von Strafe verwarnt.
1942 Verhör und Verwarnung durch Gestapo wegen
Verbreitung des Möldersbriefes.

THOMAS, HEINRICH
1882 10 14
Steinefrenz
Pfarrvikar
1935 wegen Kritik am BDM vom Sondergericht zu
einem Jahr Gefängnis verurteilt, wobei die
Strafe wegen Amnestie erlassen wurde. Nach Anzeigen wegen Predigtäußerungen von der Polizei verhört und verwarnt. Am 1.5.1937 in den
Ruhestand versetzt.
Verstorben am 2.12.1970.

TICK, P. JOHANN
SAC
1900 06 01
Limburg / Wien / Rößel
Wegen Besitzes verbotener Bücher vom 26.10.
1937 bis 18.3.1938 von der Gestapo in Haft gehalten.

TIELITZ, P. ALOIS
SJ
o.D.
Frankfurt am Main (St. Ignatius)
Wegen Lektüre eines verbotenen Buches
Verhör durch die Gestapo. Außerdem
Schreibverbot durch die Gestapo.

TRAEM, P. OTTO
SJ
o.D.
Frankfurt am Main (St. Ignatius)
Wegen Predigten und wegen Jugendseelsorge mehrfach Vorladung vor Gestapo. Zudem Schreibverbot
von der Gestapo verhängt.

UHRLAND, P. AUGUSTIN
OFM
o.D.
Bornhofen
Wegen einer Predigt sechs Wochen lang von der
Gestapo in Schutzhaft gehalten.

USINGER, HANS
1911 06 07
Offheim / Kalbach / Wiesbaden / Wetzlar
Kaplan
Wegen Jugendseelsorge im Herbst 1934 Anzeige,
der Haussuchung durch Gestapo folgte. 1934 wegen des Besitzes eines Flugblatts von der Gestapo festgenommen. Vom 8.2.1938 bis 2.5.1938
wegen Vereinsarbeit von der Gestapo in Haft gehalten und dreimal verhört, aufgrund Amnestie entlassen. Unterrichtsverbot wurde
verhängt.

VOLKMAR, FRIEDEL
1912 02 16
Wiesbaden (St. Bonifatius)
Kaplan
Wegen Predigten und wegen Versendung von Rundbriefen an Schulkinder 1942 dreimal von der Gestapo verhört. Verbot der Rundbriefe und Androhung von Predigtüberwachung durch Gestapo.
Verstorben am 8.12.1976.

WAGENHAEUSER, FRANZ
1907 07 02
Frankfurt am Main-Nied
Kaplan
1936 wegen angeblicher Betätigung im Jungmännerverein Ausweisung aus der Schule.
Am 6.5.1981 verstorben.

WAGNER, JOSEF
1898 06 09
Presberg
Pfarrer
Wegen Predigt und wegen Christenlehre mehrfach

von der Gestapo verhört. Beanstandung der
Meßfeiern durch die Gestapo.
Verstorben am 9.5.1960.

WAHL, RUDOLF
1900 11 14
Stephanshausen
Pfarrer
Dr. theol.
Vom 1.10.1936 an Unterrichtsverbot wegen Juden-
freundlichkeit und wegen Verstoßes gegen das
Sammlungsgesetz. 1941 Untersuchungen seitens
der Gestapo wegen Verstoßes gegen das
Feiertagsrecht sowie wegen Wehrkraftzer-
setzung; in zwei Grabreden hatte der Pfarrer
von der Grauenhaftigkeit des Krieges gesprochen.
Verstorben am 22.12.1971.

WECKBACHER, JAKOB
1889 08 12
Nastätten
Pfarrer, Definitor
Wegen Grabpredigt für einen Soldaten am 7.1.
1941 von der Gestapo verhört und verwarnt. An-
schließend Sperrung des Staatszuschusses durch
Gestapo veranlaßt.
Verstorben am 12.5.1958.

WEIAND, BR. BERNHARD
SAC
1915 04 22
Limburg
Am 14.2.1940 nach einer Haussuchung gemeinsam
mit sieben Confratres von der Gestapo festgenommen und bis zum 14.6.1940 in Haft gehalten.

WEIAND, JOHANNES
1897 06 18
Nassau
Pfarrer
Wegen Kritik an Besetzung der katholischen Lehrerstelle mit einem Protestanten am 29.1.1943
von der Gestapo verhört, die Ausweisung aus
der Diözese androhte.
Verstorben am 1.5.1977.

WEIAND, JOSEF
1909 01 11
Elz / Frankfurt am Main (St. Antonius)
Kaplan / Jugendpfarrer
Weil der Kaplan zwei Jungen wegen unflätigen
Benehmens ermahnt hatte, wurde er am 7.2.1936
von der Gestapo festgenommen und zwölf Tage
in Haft gehalten. Wegen Vereinsarbeit zusammen
mit Jungmännern festgenommen und verhört.
Gefallen am 20.12.1941.

WEIDMANN, FRIEDRICH
1906 02 22
Frankfurt am Main (Allerheiligen) / Schönau
Kaplan / Pfarrer
Unterrichtsverbot wegen politischer Unzuver-
lässigkeit. Verhör und Verwarnung durch
die Gestapo, weil man für das Fehlen einiger
Kinder in der Schule an „Peter und Paul" den
Pfarrer verantwortlich machte (1943).
Verstorben am 19.9.1961.

WEIER, ALOIS
1910 05 23
Höhr-Grenzhausen
Kaplan
Wegen Jugendarbeit von der Gestapo verhört und
verwarnt. Predigtüberwachung durch Gestapo.
Verstorben am 6.4.1976.

WEYAND, PETER
1875 05 16
Villmar
Pfarrer, Dekan
1935 wegen Vereinsarbeit Haftandrohung durch
die Partei. Am 29.6.1940 Verhör durch die
Gestapo wegen Änderung der Kindergottesdienst-
zeiten. Beschlagnahme der Pfarrbücherei und
Drohung mit Ausweisung durch die Gestapo.
Verhör und Haftandrohung wegen angeblichen
Verstoßes gegen das Feiertagsrecht.
Verstorben am 4.2.1963.

WILHELMI, BR. JOSEF
SAC
1914 12 16
Limburg
Am 14.2.1940 nach einer Haussuchung gemeinsam
mit sieben Confratres von der Gestapo festgenommen und bis zum 29.5.1940 in Haft gehalten.

WILKE, BERNHARD (P. LEONARD)
OFM
1882 10 08
Wiesbaden
Verhör durch die Gestapo wegen seelsorglicher
Angelegenheiten (Predigt, Einladungsschreiben
zur Monatskommunion, Hirtenbriefverlesung).
Beschlagnahme der Zeugnisformulare für
Pfarrstundenbesuche. Zweimal versuchte die
Gestapo Teile der Pfarrbücherei zu beschlag-
nahmen. Überwachung der seelsorglichen Tätig-
keiten durch die Gestapo.
Lit.: Thuringia Franciscana 22 (1967), 47-52.

WILL, JOSEF
1907 10 13
Oberursel
Kaplan
Wegen kritischer Äußerung zur Moral von Land-

heim-Mädchen am 15.1.1936 vom Gericht zu sechs Monaten Gefängnis verurteilt. Nach hundert Tagen Haft erfolgte eine Amnestie.

WIMMER, P. JOHANNES
SAC
1884 02 12
Limburg
Wegen der Weigerung gegen den Provinzial, Pater Schulte, auszusagen, am 26.11.1943 von der Gestapo in Schutzhaft genommen. Vom 9.6.1944 an im KZ Dachau. Freilassung erfolgte am 11.4. 1945.
Lit.: Weiler, 708.

WOHLRABE, ALBERT
1895 09 15
Dombach
Pfarrer
1937 nach einer Anzeige wegen einer Predigt von der Polizei verhört und verwarnt. Wegen Vereinsarbeit angezeigt und daraufhin von der Polizei verhört und verwarnt.
Verstorben am 5.6.1978.

WOLF, ALOYS
1877 12 29
Kriftel
Pfarrer
Wegen Ausländerseelsorge und wegen Duldung der Mißachtung des NSV-Kindergartens zweimal von der Gestapo verhört. Wegen einer Äußerung beim Entlassungsunterricht von der Gestapo verhört und zur Zahlung von 500 RM Sicherungsgeld veranlaßt.
Verstorben am 15.5.1951.

WOLF, FRIEDRICH
1884 01 07
Wiesbaden
Stadtpfarrer, Dekan
Wegen angeblicher Regimekritik 1933 von der Gestapo verhört. Anschuldigung durch Gestapo.
Verstorben am 4.3.1970.

WUEST, LORENZ
1885 05 05
Wiesbaden-Biebrich
Pfarrer
1933 zweimal Vorladung vor Kriminalpolizei wegen Schlägereien zwischen Jungmännern und HJ. Wegen Jugendseelsorge und Verteilung katholischer Schriften zweimal Vorladung vor Gestapo. Wegen Unterstützung einer jüdischen Familie Vorladung, Verwarnung und Strafandrohung durch Gestapo.
Verstorben am 26.11.1953.

ZENTGRAF, THEODOR
1882 04 10
Oberreifenberg
Pfarrer
Mehrfach von der Gestapo verhört. Vom 21.9.1935 bis 23.9.1935 von der Gestapo in Untersuchungshaft gehalten. Wegen Nichtleistung des Hitlergrußes, regimekritischer Predigt, Befürwortung der päpstlichen Kleidervorschrift und Protestes gegen Kreuzentfernung am 30.4.1936 vom Gericht zu fünf Monaten Gefängnis auf Bewährung verurteilt.
Verstorben am 14.12.1965.

ZOELLNER, P. JOSEF
SDB
1901 01 20
Marienhausen / München
Von 1937 bis 1939 Post- und Telefonüberwachung durch die Gestapo. Im gleichen Zeitraum ein- bis zweimal pro Monat von der Gestapo verhört. Vom 27.3. bis zum 4.4.1939 durch die Gestapo in Schutzhaft gehalten und einem 14stündigen Verhör unterzogen. Anschließend Aufenthaltsverbot für Hessen-Nassau durch die Gestapo. Von 1941 bis 1945 drohten verschiedene NSDAP-Parteistellen mit Anzeige.

13. Bistum Mainz

ADAM, ADOLF
1912 03 19
Ober-Mörlen
Kaplan
Prof. Dr. theol.
1940 von der Gestapo verwarnt wegen Kanzelprotestes gegen das Verhalten der HJ. Beschlagnahme von Predigten und religiösen Vorträgen.
Vom 22.8.1941 bis 12.9.1941 ohne Verhör im Gefängnis.

ADAMS, JOSEPH
1902 07 19
Bürstadt
Pfarrer
Wegen Beeinflussung der Jugend in antinationalsozialistischem Sinne am 24.5.1943 in Haft genommen. Vom 15.7.1943 an im KZ Dachau.
Am 4.3.1945 Entlassung aus Dachau.
Verstorben am 7.8.1966.
Lit.: Weiler, 100.

ANGERT, JOHANNES
1904 12 26
Offenbach-Bürgel / Darmstadt
Kaplan
1934 Strafandrohung. Unterrichtsverbot von 1936 bis 1938.
Verstorben am 24.4.1982.

BALLWEG, JOSEPH
1878 04 27
Mainz-Gustavsburg
Pfarrer
Verhör durch Gestapo wegen Verstoßes gegen das Sammlungsgesetz.
Verstorben am 15.3.1955.

BARTH, KARL
1899 07 15
Astheim
Pfarrer
Zur Zahlung von 250 RM Sicherungsgeld veranlaßt. Wegen judenfreundlichen Verhaltens vom 6.5.1942 bis 6.8.1942 in Haft. Vom 17.5.1943 bis 4.4.1945 im KZ Dachau wegen Wehrkraftzersetzung.
Verstorben am 29.9.1968.
Lit.: Weiler, 120.

BAYER, FRANZ
1891 03 26
Burgholzhausen
Pfarrer
Am 20.10.1942 verwarnt und zur Zahlung von 300 RM Sicherungsgeld veranlaßt.
Verstorben am 31.12.1980.

BECKER, JOSEPH
1872 10 09
Urberach
Pfarrer
Am 9.2.1935 Verwarnung und Androhung eines Ortsverweises durch die Gestapo.
Verstorben am 23.8.1938.

BECKERLE, FRANZ
1885 12 07
Ruhlkirchen
Pfarrer, Dekan
Wegen Weigerung, den katholischen Kindergarten den Nationalsozialisten zu übergeben, vom 17.10.1941 bis 7.11.1941 in Schutzhaft gehalten.
Zahlung von 500 RM Sicherungsgeld. Beschlagnahme von Privateigentum.
Verstorben am 18.1.1956.

BENDER, JOHANNES
1914 05 02
Steinheim (St. Nikolaus)
Kaplan
Verurteilung zu 50 RM Geldstrafe.

BERGMANN, JAKOB
1900 01 20
Oberingelheim / Marienborn
Kaplan
Dr. theol.
Vom 19.6.1934 bis 23.7.1934 Unterrichtsverbot durch Schulamt. Am 21.2.1936 wegen Vereinsarbeit festgenommen. Im Juni 1936 erneutes Unterrichtsverbot durch Schulbehörde verhängt.
Aufgrund einer Anzeige am 16.4.1942 durch die Gestapo verhört.

BESCHER, PHILIPP
1879 05 29
Mainz (St. Quintin)
Pfarrer
Am 11.10.1935 für einen Tag von der Gestapo in Schutzhaft genommen. Am 23.10.1935 Protestschreiben des Bischofs an die Gestapo und an mehrere Minister.
Verstorben am 18.10.1950.

BICKERLE, KARL
1887 04 02
Lämmerspiel
Pfarrer
Am 5.6.1934 von der Gestapo verwarnt.
Verstorben am 16.8.1957.

BLUMOEHR, KARL
1875 05 01
Wickstadt
Pfarrer
Am 9.12.1933 Beanstandung und Forderung nach

Versetzung durch das hessische Staatsministerium.
Verstorben am 2.2.1956.

BLUMOER, JOSPEH
1907 01 31
Dieburg / Ober-Roden / Bürstadt
Kaplan
Hinterlegung von 300 RM Sicherungsgeld.
Verstorben am 13.12.1966.

BRANTZEN, JOHANNES
1912 10 22
Heusenstamm
Kaplan
Wegen Jugendseelsorge am 17.9.1941 in Gefäng-
nishaft genommen und am 7.11.1941 ins KZ Dachau
gebracht. Am 28.3.1945 aus Dachau entlassen.
Verstorben am 18.10.1979.
Lit.: Weiler, 150.

CHRISTGEN, FRIEDRICH
1899 01 05
Griesheim
Pfarrer
Am 14.11.1935 Unterrichtsverbot durch Schulbehörde veranlaßt. Am 12.12.1935 erfolglose Intervention des bischöflichen Ordinariats.

COMO, FRANZ ALOIS
1892 08 18
Dietersheim
Pfarrer
Von der Staatsanwaltschaft eingeleitetes Strafverfahren am 15.10.1934 eingestellt aufgrund
des Amnestieerlasses vom August 1934. 1934 und
1935 zweimal vom Schulamt und zweimal von der
Polizei verwarnt. Am 5.1.1935 vom Schulamt zusätzlich mit 50 RM Ordnungsstrafe belegt. Am
28.2.1935 erfolgloser Einspruch des bischöflichen Ordinariats gegen die Ordnungsstrafe beim
Schulamt.
Verstorben am 3.2.1968.

CROENLEIN, GEORG
1887 11 27
Lich
Pfarrer
In einem Fall (dessen nähere Umstände nicht
bekannt sind) wurde der Pfarrer verwarnt.
Verstorben am 17.5.1956.

DANZ, CHRISTIAN
1883 06 04
Darmstadt (St. Fidelis)
Pfarrer
Zahlung von 75 RM Geldstrafe. Nach einem Monat
Haft amnestiert.
Verstorben am 9.6.1958.

DARMSTADT, ANTON KARL MARIA
1900 02 27
Klein-Krotzenburg
Pfarrer
Im Juli 1941 Verwarnung wegen Regimekritik. Wegen Verstoßes gegen das Pressegesetz zu 35 RM
Geldstrafe verurteilt. Im Juli 1943 Verhör wegen Abhaltens der Pimpfe vom HJ-Dienst. Anschließend Verfahren, aus Mangel an Beweisen eingestellt.
Verstorben am 25.11.1981.

DEGEN, LEO (P. ANTON)
OSM
o.D.
Mainz (St. Stephan)
Kaplan
1934 ca. einen Monat Religionsunterrichtsverbot
durch das hessische Staatsministerium.

DEGEN, VALENTIN
1902 01 03
Darmstadt (St. Elisabeth)
Pfarrer, Redakteur eines Kirchenblatts
Dr. theol. et phil.
Am 28.6.1937 auf Veranlassung des Reichsstatt-
halters in Hessen 46 Tage lang in Schutzhaft ge-
halten. Am 30.7.1937 Intervention des Dekans im
Namen aller Darmstädter Pfarrer beim Reichs-
statthalter.
Verstorben am 16.10.1961.

DEGEN, WILHELM JAKOB
1902 05 01
Münster b. Dieburg
Kaplan
Am 2.5.1935 von der Gestapo verwarnt.
Verstorben am 18.3.1969.

DENGLER, GEORG
1902 07 28
Zwingenberg
Pfarrkurat
Beschlagnahme diverser Gegenstände, u.a. eines
Filmprojektors.
Verstorben am 24.6.1976.

DIETEWIG, KARL
1869 10 14
Nieder-Mörlen
Pfarrer, Dekan
Im Dezember 1935 Beginn eines Verfahrens vor
dem Sondergericht wegen Verstoßes gegen das
Heimtückegesetz und gegen den Kanzelparagra-
phen. Am 1.8.1936 Einstellung des Verfahrens.
Verstorben am 30.8.1952.

DORY, ANTON
1873 10 31
Neckarsteinach
Pfarrer
Dr.
Ab 13.7.1937 Unterrichtsverbot wegen nur
bedingten Treuegelöbnisses.
Verstorben am 1.4.1945.

DUTTENHOEFER, JOSEF
1888 06 02
Hirschhorn
Pfarrer
Erhielt 1937 Schulverbot für das ganze Reich
wegen Verweigerung des Treuegelöbnisses auf
den Führer.
Verstorben am 4.2.1953.

EDELBAUER, JAKOB
1874 02 26
Groß-Umstadt
Pfarrer
Am 12.12.1934 Verwarnung durch das hessische
Staatsministerium.
Verstorben am 23.9.1949.

EICH, MICHAEL
1871 09 03
Bingen
Pfarrer, Dekan, Vereinspräses
Wegen drohender Verhaftung im April 1933 geflohen, am 15.6.1933 zurückgekehrt. Die Rückkehr
löste eine Demonstration gegen Pfarrer Eich aus.
Aufenthaltsverbot durch Gestapo verfügt. Nach
zweimaliger Intervention des bischöflichen Ordinariats Aufhebung des Verbots im Frühjahr
1936, aber bald darauf erneutes Aufenthaltsverbot durch Gestapo.
Verstorben am 27.5.1948.

ENGEL, JOSEF VALENTIN WILHELM
1909 02 14
Hohen-Sülzen
Pfarrverwalter
Erhielt 1942 eine Verwarnung.

EULER, PETER JOSEPH
1887 12 04
Guntersblum
Pfarrer
Am 6.7.1934 Beschwerde der Gestapo beim bi-
schöflichen Ordinariat.
Verstorben am 22.11.1957.

FAHNEY, RICHARD JOSEPH MARIA
1909 09 08
Braunshardt
Pfarrer, Rektor des Exerzitienhauses
Nach Festnahme am 17.7.1941 drei Wochen lang in

Haft. Im Februar 1942 Ortsverweis. Wegen Jugendseelsorge am 28.5.1944 polizeilich verwarnt und
mit 3500 RM Geldstrafe belegt. Gleichzeitig wurde Abhaltung religiöser Heimabende verboten.

FETSCH, GEORG
1893 11 22
Weinolsheim
Pfarrer
Wegen antinationalsozialistischer Gesinnung vom
23.10.1937 bis 23.2.1938 in Untersuchungshaft.
Verstorben am 7.5.1952.

FINK, JOHANN JOSEPH
1891 09 09
Mainz-Finthen
Domkapitular, Pfarrer
Wegen Kritik an einer Goebbelsrede am 6.6.1934
von der Gestapo verwarnt.
Verstorben am 24.1.1968.

GEORGEN, JAKOB
1909 09 04
Mainz
Kaplan
Erhielt am 28.10.1935 Unterrichtsverbot durch
Schulbehörde.
Verstorben am 15.8.1978.

GESSER, GUSTAV JOHANNES PETER
1885 09 12
Hirschhorn
Pfarrer, Hausgeistlicher
Wegen Hörens verbotener Sender vom 14.3.1945
an drei Wochen lang von der Gestapo in Haft ge-
halten.
Verstorben am 24.2.1966.

GOEHLE, FRANZ
1877 07 23
Bensheim
Geistl. Studienrat
Am 25.4.1933 vom Kultusministerium vom Schul-
dienst beurlaubt. Am 1.7.1933 aus dem Staats-
dienst entlassen.
Verstorben am 2.2.1949.

GRAFENBERGER, ALOIS PAUL
1901 09 01
Hainhausen
Pfarrer
Wegen Verlesung des Möldersbriefes vom 22.5.
1942 an von der Gestapo in Schutzhaft gehalten.
Vom 8.10.1942 bis 5.4.1945 im KZ Dachau.
Verstorben am 8.1.1966.
Lit.: Weiler, 271.

GREMM, JOHANNES
1908 12 15
Mainz
Divisionspfarrer
Wegen Wehrkraftzersetzung und Regimekritik am
24.4.1945 in Norwegen festgenommen und vor ein
Kriegsgericht gestellt. Im Verfahren Todesstrafe
beantragt. Aufgrund des Kriegsendes am 10.5.
1945 freigelassen.

GREMM, JOSEPH
1910 09 26
Worms-Horchheim
Kaplan
92 Tage lang in Schutzhaft.

GREMM, MARTIN
1901 10 22
Viernheim (St. Aposteln)
Pfarrer
1941 von der Gestapo festgenommen und vier Wochen lang in Haft gehalten. 1941 vorübergehend
Aufenthaltsverbot. Zahlung von 1200 RM Geldstrafe.
Verstorben am 31.1.1975.

GRIESHEIMER, ERNST
1892 09 05
Offenbach (St.Paul)
Pfarrer
Am 11.1.1935 Unterrichtsverbot durch das hessische Staatsministerium erlassen. Intervention
des bischöflichen Ordinariats beim Staatsministerium vom 23.1.1935. Aufhebung des Verbots am
2.2.1935. Wegen Verstoßes gegen das Heimtückegesetz von der Gestapo vom 12.5.1938 bis 9.7.1938 in
Schutzhaft gehalten. Anschließend noch bis zum
29.9.1938 in Haft.
Verstorben am 23.6.1974.

HAENLEIN, JOHANNES
1903 06 24
Lorsch
Kaplan
Am 14.10.33 Unterrichtsverbot durch das hessi-
sche Staatsministerium verhängt.

HATTEMER, CARL HEINRICH
1905 02 07
Mainz-Kostheim
Kaplan
Im Oktober 1936 Unterrichtsverbot.
Verstorben am 26.2.1962.

HATTEMER, JAKOB
1870 01 06
Marienborn
Pfarrer, Dekan
Am 29.12.1933 Beschwerde des hessischen Staats-

ministeriums beim bischöflichen Ordinariat. Am
19.2.1934 Beschwerde der Polizei.
Verstorben am 20.8.1943.

HATTEMER, NIKOLAUS
1900 04 26
Heppenheim
Kaplan
Dr. jur.
1937 Unterrichtsverbot.
Verstorben am 7.7.1970.

HAUPT, CARL
1891 12 11
Zellhausen
Pfarrer
1936 mit 35 RM Geldstrafe belegt. 1940 wegen Abhaltung einer Fronleichnamsprozession verwarnt.
Verstorben am 8.4.1978.

HEBERER, JOHANNES
1903 12 15
Dromersheim
Pfarrer
Vom Juni bis November 1941 148 Tage lang
in Gestapohaft. Verurteilung zu 1000 RM Geld-
strafe.
Verstorben am 13.6.1964.

HEINSTADT, HEINRICH
1872 08 19
Lorsch
Pfarrer, Dekan
Wegen Verstoßes gegen das Heimtückegesetz und
den Kanzelparagraphen am 12.1.1934 von der Gestapo in Haft genommen. Gleichzeitig Einleitung
eines Strafverfahrens vor dem Sondergericht,
das mit Freispruch aus formalen Gründen endete. Am 19.1.1934 Unterrichtsverbot durch das
hessische Staatsministerium. Aufenthaltsverbot
am 20.1.1934 durch Gestapo verhängt. Am 22.1.
1934 Haftentlassung. Interventionen des bischöflichen Ordinariats am 30.1.1934, am 28.1.
1936 und 4.4.1936 führten am 20.4.1936 zur
Aufhebung des Aufenthaltsverbotes.
Verstorben am 8.4.1956.

HELMLING, JOHANNES JOSEF
1883 04 22
Heidesheim
Pfarrer
Unterrichtsverbot (Näheres unbekannt).
Verstorben am 2.8.1965.

HOFMANN, JOHANN EDUARD
1881 02 26
Sprendlingen
Pfarrer

Vom hessischen Staatsministerium wurde am 10.10.
1933 Versetzung gefordert.
Verstorben am 20.6.1958.

IGEL, JOHANNES
1880 03 13
Jugenheim
Geistl. Studienrat
Dr. phil.
Vom 28.8. bis 17.9.1940 in Schutzhaft.
Verstorben am 30.4.1965.

JAKOB, JAKOB PETER
1875 02 21
Badenheim
Pfarrer
Erhielt 1943 eine Verwarnung (Näheres unbe-
kannt).
Verstorben am 11.1.1954.

JAKOBI, JOHANNES
1879 03 23
Hohen-Sülzen / Dromersheim
Pfarrer
1933 Beschießung der Pfarrwohnung. Daraufhin
Versetzung in andere Pfarrei im März 1933. Am
17.10.1934 Verwarnung durch Gestapo.
Verstorben am 31.6.1962.

JOEST, GEORG
1906 02 05
Herbstein
Pfarrer
Zahlung von 500 RM Sicherungsgeld.
Nähere Umstände unbekannt.

JUNG, ANTON BARDO
1884 01 23
Klein-Zimmern
Geistl. Rektor eines Erziehungsheimes
Am 10.6.1939 durch den Gauleiter entlassen.
Verstorben am 3.5.1971.

JUNG, THEODOR
1873 08 16
Mainz (St. Emmeran)
Geistl. Studienrat
Am 1.4.1935 durch die Schulbehörde Unter-
richtsverbot verhängt.
Verstorben am 13.3.1947.

KAPPLER, KONRAD
1880 02 16
Jügesheim
Pfarrer
Am 15.8.1944 Zahlung von 750 RM Sicherungsgeld.
Verstorben am 18.6.1957.

KASTELL, WILHELM
1879 06 20
Darmstadt (St. Ludwig)
Pfarrer, Dekan, Ehrendomkapitular
Zahlung von 1000 RM Sicherungsgeld.
Verstorben am 30.8.1958.

KEMPF, FRANZ JOSEF WILHELM
1880 02 23
Eich
Pfarrer
Am 22.9.1933 Forderung nach Versetzung, am 15.
12.1933 Zwangspensionierung durch das hessische
Staatsministerium. Gerichtliches Verfahren we-
gen Verstoßes gegen den Kanzelparagraphen wur-
de am 27.3.1936 eingestellt. Im März 1940
Festnahme wegen Verstoßes gegen das
Heimtückegesetz, am 27.11.1940 Anklage vor dem
Landgericht.
Verstorben am 9.1.1948.

KERN, PHILIPP JOSEF ANTON
1911 02 21
Mainz-Bretzenheim
Kaplan
Im Herbst 1937 Unterrichtsverbot.
Verstorben am 6.12.1972.

KIRSCHHOCH, HEINRICH
1905 07 25
Bürstadt
Kaplan
Am 28.4.1934 Verwarnung durch die Kreisregie-
rung.
Verstorben am 11.4.1958.

KNUSSMANN, MATTHIAS
1875 08 01
Sörgenloch
Pfarrer
Die Staatsanwaltschaft beim Landgericht der
Provinz Rheinhessen leitete am 8.4.1933 ein
Verfahren wegen Meineides ein. Nähere Angaben
liegen nicht vor.
Verstorben am 4.10.1953.

KOZELKA, LEO
1893 04 20
Bensheim / Worms
Pfarrer, Geistl. Studienrat
Dr. phil.
Am 25.4.1933 Beurlaubung, am 1.7.1933 Entlas-
sung aus dem Schuldienst durch den Kultusmini-
ster. Am 16.4.1934 Wiedereinstellung in den
Staatsdienst. Widerrufung der Entlassung am
27.9.1934.

KRAEMER, JOSEF VALENTIN
1891 09 14
Dienheim
Pfarrer
Im April 1933 Schüsse auf das Pfarrhaus.
Schutzhaft geplant, aber nach Protest des Pfar-
rers nicht durchgeführt.
Verstorben am 4.2.1976.

KRIEGER, WILHELM
1899 08 27
Butzbach
Hausgeistlicher der Strafanstalt
Vom 3.8.1935 bis 3.10.1935 in Schutzhaft. Am
9.8.1935 vom Generalstaatsanwalt des Amtes
als Anstaltsgeistlicher enthoben. Am 4.10.1935
Aufenthaltsverbot für Butzbach durch Gestapo
verhängt.
Verstorben am 21.7.1974.

KUHN, EDMUND
1898 04 17
Nieder-Roden
Pfarrer
Am 29.9.1933 Beanstandung und Versetzungsan-
drohung durch das Kultusministerium. Am 31.1.
1934 gütliche Regelung.
Verstorben am 29.4.1977.

LAMBERT, PHILIPP
1875 10 30
Seligenstadt
Pfarrer, Dekan
Nach Anzeige wegen einer Predigt am 5.7.1935
Verhör durch die Gestapo. Am 18.10.1943 zur
Zahlung von 500 RM Sicherungsgeld veranlaßt.
Verstorben am 11.2.1964.

LAUFENBERG, PAUL
1888 09 23
Butzbach
Gefängnisseelsorger
Dr. phil. et theol.
Vom 27.1.1934 bis 14.2.1934 von der Gestapo auf
Anordnung des Staatsministers in Schutzhaft ge-
nommen. Am 3.2.1934 Protestschreiben des bi-
schöflichen Ordinariats beim Staatsminister.
Am 14.2.1934 Entlassung aus dem Staatsdienst
und Aufenthaltsverbot für Butzbach von
der Gestapo verhängt. Öffentliche Anschuldi-
gungen in der Presse. Daher am 19.2.1934 Straf-
antrag des bischöflichen Ordinariats gegen eine
Tageszeitung wegen Ehrverletzung und Verleumdung.
Am 20.4.1936 Aufhebung des Aufenthaltsverbotes.
Verstorben am 3.5.1958.

LEWALTER, WALTER
1903 02 18
Bodenheim / Hammelbach
Kaplan

Am 19.6.1933 Unterrichtsverbot vom Kreisschulamt verhängt. Vom 23.5.1944 bis 12.6.1944 in
Schutzhaft. Aufenthaltsverbot für Hammelbach
am 12.6.1944 erlassen.
Verstorben am 4.7.1978.

MALSY, ANDREAS
1900 07 12
Erbes-Büdesheim
Pfarrer
Verwarnung durch die Gestapo. Wegen Regimekritik
Prozeß vor einem Sondergericht.

MAURER, WALTER
1895 08 22
Mosbach
Pfarrer
1942 Verwarnung. Sicherungsgeld von 300 RM.
Verstorben am 10.10.1946.

MAY, WILHELM
1905 11 21
Bingen / Mainz / Oppershofen / Bad Nauheim
Kaplan
1935 Verwarnung. Vom 22.2.1938 bis 28.9.1938 in
Untersuchungshaft auf Veranlassung der Gestapo.
Wegen Amnestie entlassen. 1941 von der Wache eines Kriegsgefangenenlagers verwarnt wegen Kontakts zu Insassen. 1942 wegen Polenseelsorge
verwarnt.
Verstorben am 2.8.1960.

MAYER, KARL JOSEPH
1878 10 18
Gau-Bickelheim
Pfarrer, Dekan
Am 6.7.1933 Unterrichtsverbot durch Schulamt
und Verwarnung durch die Kreisregierung. Vom
7.7.1933 bis 22.7.1933 wegen drohender Verhaftung Entfernung aus der Pfarrei auf Anweisung
des Bischofs. Am 28.8.1933 erfolgte Einspruch
des bischöflichen Ordinariats gegen das Unterrichtsverbot beim Kultusministerium. Am 27.9.
1933 bestätigte das Kultusministerium das Verbot und forderte Versetzung. Intervention eines
Kaplans beim Reichsinnenminister. Am 6.10.1933
Verwarnung durch den Reichsstatthalter in Hessen. Am 31.1.1934 Aufenthaltsverbot für den
Kreis von der Gestapo erlassen. Am 5.5.1934
bedingt aufgehoben.
Verstorben am 29.5.1959.

MEFFERT, JOHANNES
1887 09 25
Unter-Hambach
Pfarrer
Am 4.10.1933 Unterrichtsverbot. Am 1.1.1934
zwangsweise Versetzung in den Ruhestand durch
die Schulbehörde verfügt.
Verstorben am 4.1.1975.

MERTENS, BERNHARD
1880 06 12
Sprendlingen
Pfarrer
Als Schriftleiter des Martinusblattes wurde
ihm am 6.11.1937 die Eintragung in die Sonder-
liste der Schriftleiter konfessioneller Zeitschriften verweigert.
Verstorben am 1.8.1950.

MONTWE, LEONHARD (P. HUGO)
OFMCAP
1887 05 31
Dieburg
Guardian
1940 10 Tage Haft in Darmstadt.
1941 wegen Predigten verhaftet, nach kurzer
Schutzhaft KZ Dachau (18.4.1941 bis 9.4.1945).
Lit.: Weiler, 463.

MOSTER, ERWIN
1910 01 24
o.O.
Kooperator
Polizeiverhöre und Haussuchung mit Beschlagnahme von Jugendbannern. 1938 Schulverbot.

MUELLER, ANTON
1903 11 14
Bad Nauheim
Kurat
1942 von der Gestapo verwarnt.
Verstorben am 19.3.1978.

MUELLER, FRANZ XAVER
1890 12 15
Nieder-Liebersbach
Kurat
Hinterlegung von 500 RM Sicherungsgeld verfügt.
Verstorben am 9.11.1962.

MUELLER, HEINRICH JOSEPH EDUARD
1891 03 27
Lützel-Wiebelsbach
Pfarrer
Am 13.2.1934 Aufenthaltsverbot für den Kreis
Erbach durch die Gestapo verfügt. Interventio-
nen des bischöflichen Ordinariats am 14.1.1936 und
am 4.4.1936 beim Reichsminister für kirch-
liche Angelegenheiten führten am 18.4.1936 zur
Aufhebung des Aufenthaltsverbots.
Verstorben am 6.12.1959.

MUELLER, WOLFGANG
1902 04 19
Offenbach-Bürgel
Kaplan
Am 26.3.1935 Verwarnung und Androhung eines

Ortsverweises durch die Gestapo.
Verstorben am 10.9.1979.

MUENCH, ALBERT
1905 02 25
Alzey / Offenbach / Mainz (St. Ignaz)
Kaplan
Dr. jur.
Am 27.6.1934 auf Veranlassung des Kreisamtes
verhaftet. Am 25.5.1936 wegen Verstoßes gegen
das Heimtückegesetz zu vier Monaten Gefängnis
verurteilt. Die Strafverbüßung wurde bedingt
ausgesetzt. Am 13.7.1936 Unterrichtsverbot.
1938 vor dem Sondergericht wegen Heimtücke
angeklagt. Vom 26.2.1938 bis 9.7.1938 von der
Gestapo in Schutzhaft gehalten, anschließend
bis 29.9.1938 in Untersuchungshaft. Am 17.2.
1940 Ausweisung. 1941 Niederschlagung des Verfahrens. Beschlagnahme der Schreibmaschine.
Verstorben am 22.8.1980.

NAU, JOHANNES MATTHIAS GEORG
1906 12 01
Gensingen
Pfarrer
Verwarnung. Hinterlegung von 300 RM Sicherungsgeld. Wegen Ausländerseelsorge vom 30.4.1944 bis
1.8.1944 von der Gestapo in Schutzhaft gehalten. Bei der Entlassung 2000 RM Sicherungsgeld hinterlegt.
Verstorben am 6.2.1978.

NIKLAUS, ANDREAS
1896 01 24
Mainz
Kurat
Vom 8.3.1938 bis 15.7.1938 in Schutzhaft. Bei
der Verhaftung Beschlagnahme des Vervielfältigungsapparates, der Schreibmaschine und des Autos. Prozeß, aber kein Gerichtsurteil. Wegen
des Prozesses als Kriegspfarrer aus der Wehrmacht entlassen.
Verstorben am 22.7.1964.

NIKODEMUS, JOSEF
1898 02 19
Wöllstein
Pfarrer
Aufenthaltsverbot für den Kreis. 360 Tage in
Haft. Am 6.9.1944 Gerichtsverfahren wegen
Wehrkraftzersetzung. Freispruch mangels Bewei-
ses.

OTT, ADAM
1892 08 23
Mainz (St. Ignaz)
Pfarrer, Vereinspräses, Dekan

Wegen Predigt Prozeß. Am 23.8.1941 in Schutzhaft genommen. Vom 24.10.1941 bis 29.3.1945 im KZ Dachau.
Verstorben am 10.9.1978.
Lit.: Weiler, 498.

PEIFER, JAKOB PHILIPP
1884 07 14
Urberach
Pfarrer
1939 Verwarnung. Geldstrafe von 500 RM.
Verstorben am 20.12.1969.

PFEIFER, ADAM
1903 01 07
Rüsselsheim
Pfarrverwalter
Am 16.9.1941 in Schutzhaft genommen. Aufenthaltsverbot.

PFUHL, FRANZ JOSEPH
1887 01 19
Hammelbach
Kurat
Im Sommer 1937 inhaftiert.
Verstorben am 2.2.1968.

POTH, GEORG
1887 07 01
Klein-Winternheim
Pfarrer
1938 verwarnt; nähere Umstände unbekannt.
Verstorben am 9.5.1959.

RACHOR, JOHANNES THEODOR
1872 10 03
Bechtheim
Pfarrer
Am 30.1.1934 von der Gestapo in Schutzhaft genommen, am 1.2.1934 auf ärztliches Befürworten hin entlassen. Am 26.2.1934 Aufenthaltsverbot durch die Gestapo verhängt. Trotz des Amnestieerlasses vom 9.4.1936 Bestätigung des Verbots am 19.6.1934. Am 26.2.1935 Verwarnung und Androhung von Versetzung in den Ruhestand durch die Polizei.
Verstorben am 26.3.1962.

RAINFURTH, ROBERT
1894 02 11
Herbstein
Pfarrer
Vom 14.8.1939 an 10 Monate lang in Untersuchungshaft. 1940 zu drei Jahren Zuchthaus und fünf Jahren Ehrverlust verurteilt. Bis zum 1.6.1943 im Zuchthaus. Ab 29.6.1943 im KZ Dachau. Am 26.4.1945 während des Evakuierungsmarsches geflohen.

Verstorben am 21.9.1972.
Lit.: Weiler, 552.

RENKEL, ALOIS
1893 01 25
Rockenberg
Pfarrer
Vom 9.12.1933 bis 31.8.1934 Unterrichtsverbot vom Kultusministerium verhängt. Vom 7.2.1934 bis 17.8.1934 Aufenthaltsverbot für den Kreis Friedberg von der Polizei verfügt. Betätigungsverbot als Anstaltsgeistlicher im Zuchthaus im Februar und Mai 1934, vom 1.7.1938 bis 1.6.1939 und ab 1.9.1942 durch das hessische Justizministerium. Kurzfristige Festnahme auf Betreiben der NSDAP-Ortsgruppe gegen Widerstand des Justizministeriums.
Verstorben am 11.12.1956.

RODACH, BENEDIKT
1910 05 02
Fürth
Kaplan
Am 11.9.1935 Unterrichtsverbot durch die Schulbehörde verhängt. Wegen Verstoßes gegen den Kanzelparagraphen am 2.12.1935 vom Bezirksschöffengericht zu sechs Monaten Gefängnis auf Bewährung verurteilt. Am 20.1.1941 festgenommen. Ab 7.6.1941 im KZ Mauthausen, ab 11.8.1941 im KZ Dachau. Am 9.4.1945 aus Dachau entlassen.
Lit.: Weiler, 562.

ROLLY, HEINRICH
1888 09 09
Ober-Erlenbach
Pfarrer
Wegen einiger Bücher der Pfarrbücherei im Januar 1943 von der Gestapo verwarnt und zu 200 RM Geldstrafe verurteilt. Die Strafe wurde im Februar 1945 erlassen.
Verstorben am 5.2.1969.

ROSSKOPF, JOHANN PETER
1874 02 22
Bad Wimpfen
Pfarrer
Unterrichtsverbot. Nähere Umstände unbekannt.
Verstorben am 8.6.1967.

SAUER, JAKOB (P. EVARIST)
OFMCAP
1905 05 07
Werne / Cappenberg / Dieburg
Pfarrverwalter
Wegen Predigten am 10.3.1941 verhaftet, am 18.4.1941 Einlieferung in das KZ Dachau, dort am 9.4.1945 entlassen.
Lit.: Weiler, 579.

SCHACHNER, THEOBALD
1899 06 01
Hesselbach / Gau-Odernheim
Pfarrer
Am 22.1.1935 und 5.6.1936 jeweils Beanstandung und Androhung von Versetzung durch das Kultusministerium. Am 25.4.1937 Androhung von
Rede- und Aufenthaltsverbot durch die Gestapo.
28 Tage lang in Haft. Am 2.11.1940 Aufenthaltsverbot für den Gau und Versetzung.
Verstorben am 14.6.1971.

SCHMIDT, BERNHARD
1898 06 16
Mainz (St. Peter)
Kaplan
Am 11.1.1934 Suspendierung vom Religionsunterricht, am 15.2.1934 Unterrichtsverbot durch
die Schulbehörde. Verbot am 8.3.1934 mit Ausnahme von Mainz wieder aufgehoben.
Verstorben am 22.2.1970.

SCHNEIDER, MATTHIAS JOSEPH
1897 01 08
Worms-Horchheim
Pfarrer
1934 verwarnt. 1940 10 Tage lang in Schutzhaft.
1942 Hinterlegung von 500 RM Sicherungsgeld.

SCHNEIDER, VIKTOR
1889 10 28
Mainz
Krankenhausseelsorger
Gehaltskürzung, Näheres unbekannt.
Verstorben am 13.11.1957.

SCHOENMEHL, LUDWIG
1907 09 01
Dieburg / Lindenfels
Assistent am Konvikt / Kaplan
Am 20.4.1937 von der Gestapo verwarnt. Reli-
gionsunterrichtsverbot am 2.10.1937 verhängt.

SCHOLZ, JOHANNES
1904 12 15
Viernheim / Wickstadt
Kaplan
Im Herbst 1936 Unterrichtsverbot. Am 4.6.1937
Anklage wegen Kanzelmißbrauchs durch den Oberstaatsanwalt. Am 30.7.1937 vom Landgericht
freigesprochen. 1941 Verwarnung wegen Polenseelsorge.

SCHORN, VALENTIN JOSEPH
1884 03 30
Darmstadt
Geistl. Studienrat

Am 1.4.1934 Zwangspensionierung durch das Kultusministerium.
Verstorben am 23.7.1943.

SCHUBERT, JOHANN BAPTIST
1886 05 02
Mainz-Amöneburg
Pfarrer
Am 25.8.1933 und 14.9.1933 Abberufung als Religionslehrer von der Schulbehörde gefordert.
Abberufung erfolgte am 23.9.1933 durch das
bischöfliche Ordinariat, das sie aber am 8.10.
1934 aufhob. Am 8.12.1934 Unterrichtsverbot durch Ministerium verfügt und am 30.1.1935
durch das Stadtschulamt bestätigt. Wegen Verstoßes gegen das Heimtückegesetz am 5.4.1934
vom Sondergericht zu vier Monaten Gefängnis
verurteilt. Gnadengesuch des Bischofs vom 16.4.
1934 abgelehnt. Erneutes Gnadengesuch des Bischofs vom 19.7.1934 wurde durch das Amnestiegesetz vom August 1934 gegenstandslos.
Verstorben am 5.5.1953.

SCHWALBACH, JOHANN BAPTIST
1889 03 27
Mainz-Kastel
Pfarrer, Diözesanpräses
Verurteilung zu einer Geldstrafe. Vom 11.2.1938
bis 29.9.1938 in Schutzhaft. Ein eingeleitetes Verfahren wurde niedergeschlagen. 1941 drei Wochen
lang in Haft auf Veranlassung des Reichssicherheitshauptamtes.
Verstorben am 26.4.1957.

SCHWARZ, JOSEF
1892 05 19
Zornheim
Pfarrer
Beschlagnahme von Filmen. Nähere Angaben
liegen nicht vor.
Verstorben am 19.7.1979.

SEEBACHER, JOHANNES ADAM
1879 07 09
Hainstadt
Pfarrer
Zur Zahlung von 50 RM und von 200 RM Geldstrafe
verurteilt. Zudem Hinterlegung von 300 RM Si-
cherungsgeld.
Verstorben am 23.1.1948.

SEHN, FRIEDRICH WILHELM BONIFAZ
1883 07 07
Flonheim
Pfarrer
Zur Zahlung von 300 RM Sicherungsgeld veran-
laßt. Am 1.7.1933 der geplanten Verhaftung
durch Abwesenheit entgangen.
Verstorben am 28.4.1950.

SYNDICUS, P. EDUARD
SJ
o.D.
Seligenstadt
Kaplan
1943 1000 RM Geldstrafe wegen politischer
Betätigung.

TYHIUS, BERNARDUS (BR. RAPHAEL)
OCARM
1913 10 10
Mainz
Aufgrund eines Vergehens gegen das Heimtücke-
gesetz wurde Bruder Raphael am 25.7.1940 in
Mainz in Haft genommen. Nach über 19
Monaten Gefängnisaufenthalt wurde er am 13.3.1942
in das KZ Dachau eingeliefert. Dort erfolgte
am 29.4.1945 seine Befreiung.
Lit.: 1.Weiler, 677. 2.Weiler II, 250, 380f.

UNGER, JOHANNES
1866 06 01
Lampertheim
Pfarrer
Am 15.3.1934 in Haft genommen und verhört.
Später Freispruch und Haftentlassung. Am 15.4.
1934 Aufenthaltsverbot für den Ort von der Ge-
stapo verhängt. Am 17.4.1934 Unterrichtsverbot
durch die Schulbehörde. 1934 Intervention des
Bischofs Berning beim Reichsinnenminister.
Verstorben am 6.8.1935.

URBAN, PAUL LUDWIG
1910 04 19
Gernsheim
Kaplan
Am 11.9.1940 festgenommen und bis zum 14.9.
1940 in Gefängnishaft. Ab 15.9.1940 im KZ Dachau, vom 11.12.1940 an im KZ Buchenwald, vom
14.11.1941 an wieder in Dachau. Am 28.3.1945
aus dem KZ entlassen.
Lit.: Weiler, 680.

WALDHELM, PHILIPP
1897 03 18
Darmstadt (Liebfrauen)
Kurat
Wegen Beflaggung der Kirche verwarnt.
Verstorben am 14.12.1973.

WEBER, HEINRICH
1888 05 14
Kirschhausen
Pfarrer
Am 8.2.1937 Beschwerde und Forderung nach Ver-
setzung durch den Reichsstatthalter in Hessen.
Verstorben am 19.10.1946.

WEISSBAECKER, JAKOB JOHANNES
1884 07 06
Klein-Auheim
Pfarrer
Am 4.10.1933 Beschwerde durch die Schulbehör-
de. Wegen Verstoßes gegen das Pressegesetz am
23.8.1939 vom Amtsgericht zu 35 RM Geldstrafe
verurteilt. Am 3.8.1942 Konfiszierung von 500
RM als Sicherungsgeld durch die Gestapo.
Verstorben am 9.10.1963.

WESSELKAMP, GERHARD
1893 02 20
Ober-Hilbersheim
Pfarrer
Wegen Nichtbeflaggung Anzeige, dann aber Amne-
stie.

WETZEL, PHILIPP
1909 09 25
Münster b. Dieburg
Kaplan
Wegen einer Predigt, die Kritik an der NS-Presse enthielt, vom 22. bis 23.2.1937 auf Veranlassung
der Gestapo in Schutzhaft. Am 5.4.1937 Religionsunterrichtsverbot durch das Schulamt,
am 14.5.1937 Bestätigung des Verbots.
Verstorben am 23.10.1980.

WINTER, JOSEPH
1894 03 01
Eppertshausen / Unter-Schönmattenwag
Pfarrer
Am 14.10.1933 Unterrichtsverbot durch die Schulbehörde verhängt, am 1.1.1934 aufgehoben. Am
20.7.1934 Haussuchung; Beschlagnahme des Vervielfältigungsgerätes. Am 30.3.1935 Unterrichtsverbot durch die Schulbehörde. Am 5.6.
1935 Aufenthaltsverbot für den Kreis von der
Gestapo verfügt. Nach Amnestie erneutes Aufenthaltsverbot durch die Gestapo am 8.6.1936. Am
14.1.1936 und 4.4.1936 jeweils Intervention
des bischöflichen Ordinariats wegen des Aufenthaltsverbots beim Minister für kirchliche Angelegenheiten. Vom Herbst 1943 an im KZ Dachau.
Im April 1945 aus Dachau entlassen.
Verstorben am 15.10.1971.
Lit.: Weiler, 709.

WOITAS, EUGEN
1888 03 19
Friesenheim
Pfarrer
Prozeß wegen Nichtbeflaggung, später Amnestie.
Hinterlegung von 500 RM Sicherungsgeld.
Verstorben am 18.7.1954.

WOLF, FRANZ
1859 03 22
Viernheim
Pfarrer, Dekan
Wegen Verstoßes gegen das Heimtückegesetz am
16.4.1937 vom Sondergericht zu drei Monaten Ge-
fängnis verurteilt. Am 5.7.1937 bedingter
Straferlaß aufgrund von Amnestie. Am 29.7.1937
Unterrichtsverbot durch die Schulbehörde. Ver-
hängung einer Geldstrafe.
Verstorben am 18.8.1942.

ZOEHREN, HEINRICH (P. DIONYSIUS)
OFMCAP
1903 07 27
Gernsheim
Am 20.3.1941 verhaftet, zunächst U-Haft,
ab Mai 1941 KZ Dachau.
Dort am 3.2.1943 verstorben.
Lit.: 1.Weiler, 742. 2.Bungartz, Edmund (Hrsg.):
Katholisches Krefeld. Krefeld 1974, 260.

14. Bistum Meißen

ANDRITZKI, ALOYS
1914 07 02
Dresden
Kaplan
Wegen Jugendseelsorge und staatsfeindlicher
Äußerungen am 21.1.1941 verhaftet,
fünf Monate in Untersuchungshaft, am 17.7.1941 zu
sechs Monaten Haft verurteilt. Ab dem 10.10.1941
im KZ Dachau, dort am 3.2.1943 verstorben.
Lit.: 1. Weiler, 105. 2. Schnabel, 209.
3. Münch, M. OSB: Der Kaplan an der Dresdener
Hofkirche. In: Tag des Herrn. VI (1956), 201.

BURSY, PAUL
1913 06 28
Falkenstein / Grunau / Ralbitz / Crostwitz
Pfarrvertreter / Kaplan
Wegen Angriffs auf Staat und Partei am 19.11.
1941 in Untersuchungshaft genommen und am 9.4.
1942 verurteilt. Auf Intervention Bischof Wienkens am 11.6.1943 aus der Haft entlassen.
Verstorben am 13.12.1979.

CARL, PAUL
1882 01 25
Oberbärenburg / Weißwasser (Ebtm. Breslau)
Pfarrer / Hausgeistlicher
Wegen staatsfeindlicher Äußerungen vom 1.9.
1939 bis zum 12.9.1939 in Untersuchungshaft und
vom 5.7.1943 bis zum 8.5.1945 in Gefängnis-
haft.
Verstorben am 3.6.1953 in Dresden.
Lit.: Engelbert, 236.

CEPELAK, WALTER
1889 06 26
Rositz
Pfarrer
Wegen eines heimtückischen Angriffs auf Staat
und Partei am 1.7.1937 verhaftet.
Verstorben am 15.8.1964 in Dresden.

DEGENHARDT, P. JOHANNES
OMI
1912 11 25
Wermsdorf-Oschatz
Kaplan
Wegen Vergehens gegen das Heimtückegesetz wurde Pater Degenhardt vom 2.2.1942 bis zum
23.3.1942 in Polizeihaft genommen. Des weiteren
verurteilte ihn das Sondergericht Leipzig zu
einem Jahr Gefängnis. Da der Pater inzwischen
als Sanitäter Wehrdienst leistete, wurde die
Strafvollstreckung für die Kriegszeit ausgesetzt.

DERKSEN, JOHANNES
1898 10 25
Reichenbach
Pfarrer
Bischöflicher Rat, Päpstlicher Geheimkämmerer
Wegen eines Gottesdienstes für Kriegsgefangene
am 6.11.1940 für einen Tag in Untersuchungs-
haft genommen.
Verstorben am 6.10.1973 in Emmerich.

DESSAUER, PHILIPP
OR
1898 05 11
Leipzig-Leutzsch
Pfarrer
Im Zusammenhang mit dem Attentat auf Hitler
am 8.11.1939 in München wurde Pfarrer Dessauer vom 9.11.1939 bis kurz vor Weihnachten
1939 in Schutzhaft genommen.

DORNIK, NIKOLAUS
1877 05 09
Sdier
Pfarrer
Wegen Verdachts des Sittlichkeitsverbrechens
in sieben Fällen am 4.9.1936 Inhaftierung
durch die Gestapo. Das Verfahren wurde nieder-
geschlagen und der Pfarrer am 6.4.1937 aus der
Haft entlassen.
Verstorben am 24.10.1946 in Schirgiswalde.

DUSCHAK, ALPHONS
1905 04 27
Dresden
Kaplan
Wegen Jugendseelsorge am 19.5.1941 in Schutzhaft
genommen und am 2.8.1941 ins KZ Dachau trans-
portiert. Dort am 28.3.1945 entlassen.
Lit.: 1.Schnabel, 229. 2.Weiler, 213.

GELHARDT, WERNER
1907 07 27
Eisenberg
Vikar
Wegen Ausländerseelsorge vom 15.1.1940 bis
zum 31.1.1940 inhaftiert, das Verfahren wurde
eingestellt. Vom 25.10.1940 bis zum 17.11.1940
in Schutzhaft gehalten.

GROHMANN, EDMUND
1869 02 18
Seitendorf
Pfarrer
Wegen Benutzung einer kirchlichen Fahne in der
Öffentlichkeit am 12.10.1937 angeklagt. Dieses
Verfahren wurde am 9.6.1938 eingestellt.
Verstorben am 16.12.1963 in Zittau.

GRUHL, HUGO
1872 06 12
Königshain
Pfarrer
Am 21.10.1937 wegen einer öffentlichen Samm-
lung des Kirchgeldes angeklagt; das Verfahren
wurde am 19.5.1938 eingestellt.
Verstorben am 24.4.1946 in Schirgiswalde.

GUNKEL, THEODOR MARIA
OR
1898 09 11
Leipzig-Lindenau
Pfarrer
Wegen Spionageverdachts kurzfristige Festnahme
vom 21.2.1944 bis zum 29.2.1944.
Verstorben am 17.1.1972 in Leipzig-Connewitz.

HORNIG, PAUL
1907 12 20
Bautzen
Kaplan
Dr. phil.
Wegen seines Einsatzes für Kriegsgefangene
vom 19.1.1942 bis zum 11.2.1942 in Schutzhaft im
Polizeigefängnis in Dresden.

JOCH, PAUL
1906 11 09
Böhlen
Vikar / Erzvikar
Wegen Ausländerseelsorge vom 18.8.1941 bis zum
16.9.1941 in Schutzhaft.

KAHLEFELD, HEINRICH
OR
1903 01 06
Leipzig
Studentenseelsorger
Dr. phil.
Im Zusammenhang mit dem Münchner Attentat auf
Hitler wurde Dr. Kahlefeld vom 9.11.1939 bis
kurz vor Weihnachten 1939 durch die Gestapo
inhaftiert.
Verstorben am 5.3.1980 in Oberursel.

KENTER, FRITZ
1909 05 13
Dresden-Neustadt
Kaplan
Wegen Regimekritik vom 8.6.1935 bis zum 8.8.
1937 in Schutzhaft.

KIRSCH, LUDWIG
1891 12 09
Chemnitz
Pfarrer
Der bischöfliche Rat Ludwig Kirsch war Vor-
sitzender der Zentrumspartei in Sachsen.

Vom 2.9.1935 bis zum 22.12.1935 wurde er in
Schutzhaft gehalten, danach ins KZ Sachsen-
hausen deportiert.
Verstorben am 22.1.1950.

LABUS, MAX (P. LEO)
OFM
1906 11 28
Ratibor
Pfarradministrator
Verwarnung und Verurteilung zu körperlicher Arbeit am Wochenende. Nach Einspruch der bischöflichen Behörde aufgehoben.

LEGGE, PETRUS
1882 10 16
Meißen
Bischof
Dr. h.c.
Wegen Devisenvergehens vom 9.10.1935 bis zum 23.11.
1935 Inschutzhaftnahme. Am 23.11.1935 durch
das Reichsgericht Berlin zu 100.000 RM Geld-
strafe verurteilt. Des weiteren durch das Land-
gericht bis 1937 Aufenthaltsverbot für das
Bistum Meißen.
Hilfsmaßnahmen durch die Apostolische Nuntia-
tur und die Fuldaer Bischofskonferenz.
Verstorben am 9.3.1951.
*Lit.: Derksen, J.: Zum Gedenken an Bischof
Petrus Legge. Leipzig 1953.*

MAIER, JOHANNES
1907 06 26
Zittau
Kaplan
Aufgrund einer staatsfeindlichen Äußerung
erhielt Kaplan Maier am 10.7.1936 Unterrichtsverbot.

MOTT, ANTON
1884 02 02
Schirgiswalde
Pfarrer
Am 17.2.1938 eine Anklage wegen staatsfeind-
licher Äußerungen, dieses Verfahren wurde
am 13.5.1938 eingestellt.
Verstorben am 5.2.1960.

NEUMANN, ROBERT
1879 10 28
Heidenau
Pfarrer
Aufgrund staatsfeindlicher Äußerungen vom
6.10.1939 bis zum 10.8.1940 Untersuchungshaft.
Der Staatsanwalt hatte für das Vergehen
die Todesstrafe beantragt, der Pfarrer wurde
jedoch freigesprochen, weil ein Spitzel den
Eid auf seine Aussage verweigerte.
Verstorben am 31.1.1961 in Augsburg.

NOACK, JOSEF
1895 01 05
Dresden (Propstei)
Pfarrer
Wegen eines heimtückischen Angriffs auf Staat
und Partei Inschutzhaftnahme vom 1.11.1944 bis zum
20.11.1944.
Verstorben am 1.1.1978 in Bautzen.

OER, KARL FREIHERR VON
1889 08 08
Großenhain
Pfarrer
1942 in Untersuchungshaft wegen Verstoßes gegen
das Religionsgesetz.
Verstorben am 17.10.1979 in Dresden.

PFEIFFER, ERNST
1901 04 17
Dresden / Altenburg
Pfarrer
Aufgrund staatsfeindlicher Äußerungen dreimal Schutzhaft durch die Gestapo: Vom 28.4.1938
bis zum 21.12.1938, vom 28.1.1940 bis zum 31.12.1939
sowie vom 8.11.1940 bis zum 9.11.1940.
1944 wegen Ausländerseelsorge Auferlegung
einer Geldstrafe in Höhe von 3000 RM sowie
Betätigungsverbot in bezug auf Ausländer.

PFISTERSHAMMER, FELIX
1898 12 31
Marienberg
Pfarrer
Wegen Verstoßes gegen das Sammlungsgesetz am
21.10.1937 angeklagt.
Aufgrund unerlaubter Finanzaktionen Schutz-
haft vom 16.11.1940 bis zum 12.12.1940.
Verstorben am 26.11.1962 in Högling.

PIES, P. OTTO
SJ
1901 04 26
Hoheneichen
1941 wegen Protestes gegen die Klosteraufhebung von der Gestapo verhaftet; aus dem
Gefängnis Dresden ins KZ Dachau gebracht
(2.8.1941); dort am 27.3.1945
entlassen.
Verstorben am 1.7.1965.
Lit.: 1.Weiler, 520. 2.Münch, 100-106.

REICHELT, GEORG
1914 03 30
Dresden
Kaplan
Wegen Auseinandersetzungen mit Wehrmachtsange-
hörigen ein Verhör am 31.10.1942.
Verstorben am 22.8.1949 in Reutlingen.

REMY, FRITZ
1901 08 17
Markranstädt
Kurat
Aufgrund Eintretens für polnische Kriegsge-
fangene Untersuchungshaft vom 25.11.1939 bis
zum 14.3.1940. Anschließend bis zum 14.12.1940
Aufenthalt im KZ Sachsenhausen. Von dort ins
KZ Dachau gebracht, wo am 29.1.1944 wegen Tbc
die Entlassung des Geistlichen erfolgte.
Lit.: 1.Weiler, 556. 2.Schnabel, 296.

ROTHE, JOHANNES
1910 02 13
Altenburg
Kaplan
Dr. phil.
Aufgrund staatsfeindlicher Äußerungen kurz-
fristige Festnahme vom 11.10.1939 bis zum 14.10.1939.
Am 9.12.1939 wiederholte Inschutzhaftnahme; am
6.2.1940 Deportation ins KZ Sachsenhausen, von
dort am 14.12.1940 ins KZ Dachau, wo am 28.7.
1943 die Entlassung erfolgte.
Intervention durch Bischof Heinrich Wienken.
Verstorben am 28.4.1960 in Salzburg.
Lit.: 1.Weiler, 568. 2.Schnabel, 299.

SCHALL-RIAUCOUR, ADAM CLEMENS GRAF VON
1911 10 30
Chemnitz
Kaplan
Mehrere Monate in Schutzhaft wegen Verbreitung
staatsfeindlicher Hetzschriften (Graf von
Galen).
Verstorben am 28.3.1956 in Burg Heimerzheim.

SCHEIPERS, HERMANN
1913 07 24
Hubertusburg
Kaplan
Wegen Betreuung polnischer Zivilarbeiter
Schutzhaft vom 4.10.1940 bis zum 28.3.1941; an-
schließend Haft im KZ Dachau. Kaplan Schei-
pers konnte am 26.4.1945 auf dem Evakuierungs-
marsch fliehen.
Lit.: 1.Weiler, 582. 2.Schnabel, 301.

SCHEURING, KARL
1882 06 03
Oelsnitz
Pfarrer
Aufgrund einer staatsfeindlichen Äußerung
eine Anklage. Das Verfahren wurde am 10.3.1938
eingestellt.
Verstorben am 17.8.1965 in Bamberg.

SCHMITT, FRANZ
1916 03 10
Chemnitz
Kaplan
Wegen staatsfeindlicher Betätigung ab August
1941 in Schutzhaft; am 21.11.1941 zu 10 Monaten Haft verurteilt. Am 31.8.1942 wurde der
Kaplan aus der Untersuchungshaft entlassen und
gezwungen, sich „freiwillig" zum Militär zu
melden.
Lit.: Begegnung 1980, Heft 6, 14.

SCHMITZ, ARNOLD
1900 04 06
Mittweida
Pfarrer, Geistl. Rat
Wegen Mißhandlung eines Knabens am 26.10.1942
in Untersuchungshaft genommen, am 29.1.1943
zu drei Monaten Gefängnis verurteilt und am
29.7.1943 aus der Haft entlassen.
Verstorben am 11.4.1977.

SCHOLZE, ALOIS
1893 09 04
Leutersdorf
Pfarrer
Aufgrund staatsfeindlicher Äußerungen am
5.6.1941 Inschutzhaftnahme. Am 2.8.1941 ins
KZ Dachau eingeliefert, dort am 2.9.1942 er-
mordet.
*Lit.: 1.Weiler, 589. 2.Blutzeugen der Wahr-
heit. Dresden 1952.*

SCHOLZE, BENNO
1891 10 16
Pirna
Pfarrer
Dr. phil.
Aufgrund von Polenseelsorge und Eintretens
für wendische Volkstumsinteressen am 26.1.
1941 Inschutzhaftnahme; am 4.4.1941 Über-
führung ins KZ Dachau. Dort am 29.4.1945
durch die Amerikaner befreit.
Verstorben am 4.8.1938 in Dresden.
Lit.: 1.Weiler, 590. 2.Schnabel, 303.

SCHULZ, MAX
1880 03 14
Radeberg
Pfarrer
Aufgrund staatsfeindlicher Äußerungen am
2.8.1938 und am 8.8.1938 je ein Verhör.
Schutzhaft vom 9.2.1942 bis Ende April 1942.
Verstorben am 17.7.1954 in Menzelen.

SCHWARZ, JOSEF
1903 09 13
Dresden-Johannstadt
Kaplan

Am 11.6.1935 Inschutzhaftnahme; von September
1935 bis zum 20.12.1935 Aufenthalt im KZ Sachsenhausen. Nähere Umstände sind nicht bekannt.
Verstorben am 20.6.1943 in Dresden.

SOPPA, WILHELM PAUL
1888 09 27
Bautzen
Generalvikar
Dr. theol.
Aufgrund Devisenvergehens Schutzhaft vom 20.
3.1935 bis zum 17.2.1937. Durch das Landge-
richt Berlin zu fünf Jahren Ehrverlust sowie
70.000 RM Geldstrafe verurteilt.
Verstorben am 27.2.1962 in Bautzen.
Vgl. Bischof Petrus Legge.

STADNICZUK, WILHELM
1916 09 15
Chemnitz
Administrator
Als Umsiedlerseelsorger hatte der Geistliche
einen Streit mit dem Leiter des Umsiedlerla-
gers. Daraufhin wurde er am 28.4.1941 in
Schutzhaft genommen und am 21.6.1941 ins KZ
Dachau überliefert. Dort wurde er am 26.4.1945
auf dem Evakuierungsmarsch befreit.
Lit.: Weiler, 625.

TENDERICH, JOHANNES
1900 12 13
Gera
Pfarradministrator
Wegen Zulassung eines französischen Priesters
zur Zelebration Auferlegung einer Geldstrafe
in Höhe von 1000 RM durch die Gestapo.
Verstorben am 14.9.1970 in Bochold.

TODDENROTH, BERNHARD
1898 10 19
Chemnitz
Pfarradministrator / Pfarrer
Im März 1935 wegen verbotener Sammlungen ein
Verfahren, das aber niedergeschlagen wurde.
Vom 5.3.1944 bis zum 2.6.1944 Haft; 1944 Aufent-
haltsverbot für Chemnitz; nähere Um-
stände sind nicht bekannt.

WAGNER, ALFRED (P. ROMUALD)
OFM
1903 01 10
Nebelschütz
Pfarradministrator
315 RM Geldstrafe wegen einer Predigt
am Festtag Christi Himmelfahrt.
Acht Wochen Schutzhaft durch die Gestapo wegen
der Bemerkung, daß eine sorbische Frau,
die ihre Volkstracht ablegt, leicht auch
ihre religiöse Volksbindung lockert. Die

Anzeige lautete: „Überbewertung der Volkstracht".

WARG, ERNST
1911 09 05
Chemnitz
Kaplan
Wegen Verbreitung der Predigten des Bischofs
von Galen Inschutzhaftnahme durch die Gestapo
vom 9.11.1941 bis zum 8.2.1942.

WENSCH, BERNHARD
1908 07 07
Dresden
Diözesanseelsorger
Dr. theol.
Dr. Wensch wurde am 19.5.1941 in Schutzhaft ge-
nommen und am 7.11.1941 ins KZ Dachau über-
wiesen, wo er am 15.8.1942 verstarb. Nähere
Umstände sind nicht bekannt.
Lit.: 1. Weiler, 699. 2. Schnabel, 324.

ZENTGRAF, LORENZ
1889 12 11
Annaberg
Pfarrer
Ein Verhör durch die Gestapo (1942).
Verstorben am 8.2.1942.

ZIESCH, JOHANN
1883 12 19
Hainitz
Pfarrer
Wegen Hoch- und Landesverrats am 13.12.1940
Inschutzhaftnahme. Am 4.4.1941 Einweisung ins
KZ Dachau, dort am 29.4.1945 befreit.
Verstorben am 8.8.1948.
Lit.: 1. Weiler, 737. 2. Schnabel, 332.

ZIMMERMANN, JOHANNES
1905 06 15
Freital
Kaplan
Aufgrund staatsfeindlicher Äußerungen (Schul-
angelegenheiten) Schutzhaft vom 27.5.1941 bis
zum 30.6.1941. Anschließend Einweisung ins KZ
Mauthausen und am 16.8.1941 Einweisung ins
KZ Dachau. Dort am 29.3.1945 entlassen.
Verstorben am 25.7.1945.
Lit.: 1. Weiler, 738. 2. Schnabel, 332.

15. Erzbistum München-Freising

ABENTHUM, KARL
1901 03 08
München (St. Franziskus)
Kaplan / Domkooperator
1933 eine Haussuchung durch die Gestapo.
Aufgrund von Predigtäußerungen, Jugendseelsorge und wegen eines Ehe-Hirtenbriefs Vorladung und Verhör durch die Gestapo.
Verstorben am 27.12.1976.

AERZBAECK, GEORG
1879 11 23
Dietramszell
Pfarrer
Eine Geldstrafe in Höhe von 40 RM wegen Ab-
wehr von NS-Propaganda.
Verstorben am 24.7.1958.

AICHER, SEBASTIAN
1912 11 12
Flintsbach
Kaplan
1941 Vorladung vor den Landrat Rosenheim wegen
außerkirchlicher Betätigung in der Jugend.

AIGNER, KORBINIAN
1885 05 11
Hohenbercha
Pfarrer
Wegen Vergehens gegen das Heimtückegesetz (im
Zusammenhang mit dem Attentat auf Hitler am
8.11.1939) am 22.11.1939 inhaftiert. Zu sieben
Monaten Haft verurteilt. Am 12.9.1940 ins KZ
Sachsenhausen gebracht, am 3.10.1941 ins KZ
Dachau überstellt. Von dort am 26.4.1945 eva-
kuiert und am 30.4.1945 befreit.
Verstorben am 5.10.1966.
Lit.: 1. Weiler, 102. 2. Neuhäusler, 335.
3. RPB I, 315.

AIGNER, P. SEBASTIAN
CSSR
1876 01 04
München
Provinzprokurator
Wegen Devisenvergehens am 14.3.1935 nach einer
Haussuchung von der Polizei in Untersuchungshaft genommen. Am 5.8.1935 in erster Verhandlung vom Schöffengericht zu vier Jahren Zuchthaus plus Geldstrafe verurteilt. Nach Berufung
am 28.5.1936 in zweiter Verhandlung vom Landgericht zu vier Jahren und drei Monaten Zuchthaus und zur Zahlung von ca. 600.000 RM Geldstrafe
verurteilt. Haftverbüßung bis zum August
1939. Die Geldstrafe wurde durch Übereignung
eines Klosters abgegolten, wofür dem Provinzialat nach 1945 eine Geldentschädigung gege-

ben wurde. Ein Gnadengesuch des Provinzialates
vom 3.7.1936 war erfolglos geblieben.
Verstorben am 29.3.1946.

ALBERT, GEORG
1897 04 18
Oberschleißheim / Hörlkofen
Kaplan / Expositus
Am 12.7.1933 Demonstrationszug der Partei wegen
einer pädagogischen Maßnahme in der Schule.
Drei Wochen später Wiederholung der Demonstra-
tion sowie Schutzhaftandrohung.
Durch Vermittlung des erzbischöflichen Ordina-
riates und des Kultusministeriums konnte die
Angelegenheit gütlich beigelegt werden.
Am 29.8.1937 eine Verwarnung durch die Gestapo
aufgrund von Predigtäußerungen.
Verstorben am 6.5.1966.

ALBL, ANTON
1906 07 25
München (St. Franziskus)
Kaplan
Ab Mai 1937 Unterrichtsverbot für alle Münche-
ner Schulen durch die Regierung von Oberbayern
wegen Verächtlichmachung der germanischen Kul-
tur sowie wegen Verweigerung des Hitlergrußes.
Am 25.1.1938 eine Haussuchung durch die Gesta-
po und Beschlagnahme von ca. 300 Jugendbüchern,
Schallplatten etc.
Verstorben am 3.12.1946.

ALBRECHT, JAKOB
1877 06 02
Bad Aibling
Stadtpfarrer
Wegen mehrerer regimekritischer Artikel im
Aiblinger Pfarrblatt und wegen Nichtbeflaggung
an einem nationalen Feiertag eine Verwarnung.
Vom 29.6.1933 bis zum 1.7.1933 Schutzhaft wegen
Regimegegnerschaft.
Am 6.6.1941 Vorladung und Verhör durch die
Gestapo wegen Nichtbeflaggung.
Einzug von 200 RM Sicherungsgeld für drei
Jahre.
Am 21.3.1942 Unterrichtsverbot durch die Regie-
rung von Oberbayern.
Verstorben am 12.7.1962.

ALTENWEGER, JOSEF
1889 03 11
Altfraunhofen
Pfarrer
Wegen Nichtbeflaggung 1934 Verurteilung zu
drei Tagen Haft (Strafe wurde in Geldstrafe
umgewandelt).
Verstorben am 29.9.1938.

ALTINGER, JOSEPH
1880 03 13
Mühldorf
Pfarrer
Wiederholt Vorladungen auf das Bezirksamt wegen
Durchführung oberhirtlicher Verordnungen.
Im Juni 1938 durch das Amtsgericht zu 50 RM
Geldstrafe verurteilt.
Verstorben am 11.7.1948.

AMMER, ALFONS
1890 02 25
München
Geistl. Studienprofessor
Am 24.4.1934 ein Verhör und eine Verwarnung
durch die Gestapo aufgrund einer Äußerung
in der Schule.
Im September 1936 Anzeige bei der Stadtschulbe-
hörde wegen Inschutznahme der Juden.
Verstorben am 31.12.1968.

ANDRAE, MARTIN
1897 12 25
Hohenlinden
Pfarrer
1943 eine Verwarnung durch die Gestapo wegen
einer Fronleichnamsfeier mit Prozession.
Verstorben am 26.11.1961.

ANGERMEIER, THOMAS
1871 12 20
Großinzemoos
Pfarrer
Aufgrund einer kritischen Äußerung gegen eine
Sammlung zur Mütterhilfe Verurteilung zu zwei
Monaten Haft respektive 400 RM Geldstrafe.
Verstorben am 23.10.1942.

ANISER, MICHAEL
1891 07 04
München / Stuttgart / Grabenstätt
Wehrkreispfarrer / Standortpfarrer / Pfarrer
1936 durch den General von Reichenau Predigtverbot
anläßlich einer Totenfeier in München.
Außerdem Absetzung als Wehrkreispfarrer in
München und zwangsweise Versetzung nach Stutt-
gart. Dort Degradierung zum Standortpfarrer und
Versetzung nach Landau auf Veranlassung von
R. Heß und v. Reichenau. 1937 Abdankung.
Im Oktober 1943 eine gerichtliche Untersuchung
wegen Vergehens gegen die Feiertagsordnung.
Verstorben am 1.12.1964 in Blaichach.

ANTHOLZNER, ALOIS
1907 01 19
Törwang
Kaplan
1934 wegen Predigtäußerungen und Hitlergruß

eine Verwarnung durch den Stützpunktleiter.
Verstorben am 9.11.1978.

APPEL, BENEDIKT
1881 02 02
Kraiburg
Pfarrer
Dr. phil.
1937 wurde sein Religionsbuch für Berufsschulen
„Glaube und Leben" von der Liste der Lehrmittel
gestrichen, weil es den Forderungen der Partei
nicht entsprach.
Verstorben am 20.4. 1953.

ARNOLD, P. WILLIBALD
SJ
1901 09 25
München (Haus St. Ignatius)
Seelsorger
Im Sommer 1936 wegen Tätigkeit im Bund „Neudeutschland" Verhör, Haussuchung und Beschlagnahme von Predigten sowie Korrespondenzen
durch die Gestapo. Im Anschluß daran Aufhebung
des Bundes in Württemberg.
Im Frühjahr 1939 wegen Vorkommnissen im Religionsunterricht ein Verhör durch die Gestapo.
Am 13.7.1939 Unterrichtsverbot durch den Regie-
runspräsidenten von Ansbach wegen Regimekritik.
Am 29.3.1943 Wehrunwürdigkeitserklärung durch
Geheimverfügung OKH.

ASCHAUER, RUPERT
1909 03 15
Pfaffing
Kooperator
Verweigerung der UK-Stellung. Be-
schlagnahme eines Personenkraftwagens.
Verstorben am 18.6.1955.

ASTNER, PETER
1905 06 30
Hörgersdorf / Eschlbach
Expositus / Pfarrvikar
Vorladung und Verhör durch das Amtsgericht
wegen Einsammelns der Missionsbeiträge der Mit-
glieder.
Am 24.12.1939 Beschlagnahme der Jahresbeiträge
zum Ludwigsmissionsverein durch zwei Polizisten.
Wiederholt Verhaftungs- und KZ-Androhung wegen
Predigten.

ATZINGER, JOSEF
1902 05 09
Landshut (St. Jodok)
Benefiziumsverweser, Prediger
Wegen Predigtäußerungen eine Verwarnung durch
das Bezirksamt. Am 30.4.1940 eine gerichtliche
Untersuchung durch das Sondergericht, im August

Verurteilung zu drei Monaten Haft (7.12.1940 bis
7.3.1941). Des weiteren im Dezember 1940 Unterrichtsverbot.
Aufgrund der politischen Bestrafung erst nach
zweijährigem Feldeinsatz zur Beförderung vorgeschlagen.
Verstorben am 15.12.1967.

AUER, JOSEF
1886 02 09
Kottgeisering
Pfarrer
Am 8.9.1936 Verwarnung durch Vertreter der
NSV.
Verstorben am 4.2.1966.

AUMUELLER, VALENTIN
1906 12 01
München
Geistl. Religionslehrer
Am 23.3.1938 Verwarnung durch die Gestapo wegen
Äußerungen im Religionsunterricht.
Trotz hauptamtlicher Verwendung im Staatsdienst
keine Übernahme in das Beamtenverhältnis als
Studienrat.
Verstorben am 12.6.1957.

AXENBOECK, LUDWIG
1881 01 05
Schönau
Pfarrer
1935 Vorladung und Verhör durch den Landrat
wegen einer Predigt.
Verstorben am 6.12.1948.

BACH, JOSEF
1904 03 16
München (St. Andreas)
Kaplan, Chorleiter
Dreimal Verhör und zweimal Haussuchung durch
die Gestapo.
Verstorben am 6.1.1977

BACH, KARL
1901 01 02
Planegg
Priester
1938 wegen Predigtäußerungen eine Verwarnung
durch die Gestapo.
Verstorben am 6.8.1975.

BACHMAIER, GEORG
1899 03 29
Taufkirchen
Pfarrvikar
1937 wegen Befürwortung der Bekenntnisschule
verwarnt.
Verstorben am 18.9.1973.

BACK, FRANZ
1903 06 11
Garmisch-Partenkirchen / Kammer
Kaplan / Kooperator
Circa achtmal durch Kreisleiter und Landrat verwarnt. Redeverbot bezüglich katholischer Vereine. 1936 wegen politischer Unzuverlässigkeit
Verbot einer Reise nach Österreich durch den
Landrat. 1937 durch die Schulbehörde Unterrichtsverbot aufgrund politischer Unzuverlässigkeit. Wegen verbotener Vereinsarbeit Haussuchung und Beschlagnahme von Mitgliedsli-
sten durch die Polizei. Im Februar 1944
wegen Begünstigung eines französischen Kriegsgefangenen (Geistlicher) -Erlaubnis des Ce-
lebrierens in der Kirche- eine gerichtliche
Untersuchung, die eingestellt wurde.
Verstorben am 23.2.1980.

BADER, JOSEPH
1886 05 25
München
Geistl. Studienrat, Offiziator
Dr. theol. et phil.
Ohne Grundangabe Entlassung als Direktor der
Maria-Theresia-Anstalt. Beförderungsverweige-
rung als Studienrat. Haussuchung und Beschlag-
nahme von Briefen durch Gestapo. Vom 12.6.1936 bis
zum 18.6.1936 in Polizeihaft.
Verstorben am 7.3.1960.

BALS, ANDREAS
1905 11 07
Wolfratshausen
Kaplan
Im Juni 1942 Verhör durch Gestapo wegen poli-
tischer Beeinflussung von Schülern. Aus diesem
Grund am 22.6.1942 Unterrichtsverbot.
Verstorben am 2.9.1979.

BARTHEL, GEORG (P. MARTIN)
OSB
1891 05 05
Schäftlarn
Religionslehrer
Am 3.3.1945 ein Verhör durch die Gestapo auf-
grund eines Vergehens gegen das Heimtücke-
gesetz.

BASTGEN, HUBERT (P. BEDA)
OSB
1876 08 21
Schäftlarn
Dr. phil. et theol. et.jur. can.
Pater Beda war während des 1. Weltkrieges auf
dem südöstlichen Kriegsschauplatz(Balkan) für
diplomatische Fragen zuständig. 1940 wurde er
wegen jener Tätigkeit durch die Gestapo verhört. Des weiteren wurde sein Zimmer durch-

sucht und einige seiner Schriften wurden beschlagnahmt.
Verstorben am 4.5.1946.

BAUER, CHRISTIAN
1897 07 16
Landshut (St. Martin)
Kaplan, Chorvikar
Am 3.9.1941 ein Verhör durch die Kriminal-
polizei und am 16.10.1941 ein Verhör durch den
Staatsanwalt. Vom 14.10.1941 bis zum 3.2.1943
Unterrichtsverbot durch den Regierungspräsi-
denten (ohne Grundangabe).
Verstorben am 27.9.1977.

BAUER, FRIEDRICH
1902 02 23
München
Inspektor des Kath. Jugendfürsorgevereins
Zwei Verwarnungen wegen Unterbringung von Kindern im Ausland. Von 1936 bis 1942 mehrere Verwarnungen durch den BDM aufgrund geringer Beteiligung der Heiminsassen.

BAUER, JOHANN NEPOMUK
1884 03 26
Jarzt
Pfarrer
Ein Verhör durch die Gestapo wegen Regime-
gegnerschaft.
Verstorben am 10.7.1963.

BAUER, JOSEF
1893 02 06
Moosburg / Marktschellenberg / Schwindkirchen
Kooperator / Pfarrer / Kooperator
1933 wurde das Pfarrhaus von einem Mitglied der
NSDAP beschossen. Aufgrund von Predigtäuße-
rungen mehrere Verwarnungen durch den Landrat.
Wegen mangelnder Unterstützung des WHW eine
Verwarnung durch die Gestapo. Eine gerichtliche
Untersuchung wegen „Jugendverführung durch
den Beichtunterricht" wurde eingestellt.
Am 11.1.1945 durch die Gestapo verhaftet, von
der geplanten Verbringung nach Dachau wurde
abgesehen und der Geistliche mit einem Schweige-
gebot entlassen.
Verstorben am 15.10.1967.

BAUER, KASPAR
1879 10 26
Geisenhausen
Pfarrer
Eine Verwarnung durch den Ortsgruppenleiter.
1936 wegen eines Vergehens gegen das Heimtückegesetz eine gerichtliche Untersuchung
durch das Amtsgericht. Diese wurde eingestellt.
Verstorben am 21.9.1954.

BAUER, MARTIN
1892 04 07
Mammendorf
Pfarrer
Am 4.4.1941 Haussuchung und Beschlagnahme von
2000 RM Sammelgeldern durch die Gestapo. Die
Gelder wurden am 19.2.1942 zurückgegeben.
Mehrere Verhöre durch Gestapo, Polizei und
Landrat. Eine Verwarnung durch die Gestapo.
Ein Gerichtsverfahren wurde im April 1941
durch den Staatsanwalt eingeleitet und am
27.10.1941 eingestellt.
Verstorben am 6.8.1956.

BAUERNFEIND, JOHANN BAPTIST
1883 02 23
Kirchdorf
Pfarrer
Dr. öc. publ.
1933 wegen Wahlverhaltens Beschmierung des
Pfarrhauses durch NSDAP-Mitglieder. 1939 eine
Haussuchung durch die Gestapo. 1943 wegen Pre-
digtäußerungen eine Fahndung durch die Ge-
stapo.
Verstorben am 29.3.1969.

BAUMANN, JOHANNES
1901 12 29
Surheim
Kurat
Dr. theol.
Wegen Verstoßes gegen das Feiertagsrecht am
26.11.1944 Verwarnung durch Gestapo. Gerichtli-
che Untersuchung durch das Amtsgericht wegen
Durchführung einer Wallfahrt wurde eingestellt.

BAUR, LORENZ
1880 01 11
Pemmering
Pfarrer
1934 eine Verwarnung durch das Bezirksamt.
Verstorben am 3.2.1952.

BAYER, P. JOSEPH ANTON
SJ
1893 01 29
München
Vorladung und Verhör durch die Gestapo im Janu-
ar 1942 wegen Erlaubniserteilung zu religiösen
Wochen im Dezember 1941.

BAYRRSCHMIDT, PAUL
1903 07 02
München
Hausgeistlicher
Mehrere Vorladungen und Verwarnungen durch die
Gestapo.

BECHER, P. LUDWIG
CSSR
1878 11 24
München
Provinzialstellvertreter
1936 als Stellvertreter des damaligen Provinzi-
als der oberdeutschen Redemptoristenprovinz in
München durch den Staatsanwalt ein Verhör
im Zuge der Devisenprozesse. Des weiteren Beschlagnahme von Schriftstücken.
1939 ein Verhör durch die Gestapo bezüglich
der Hausmission.

BEER, ALFONS
1894 05 23
München
Kurat
1934 wegen Vereinsarbeit vier Tage lang auf Ver-
anlassung der SA in Polizeihaft gehalten. Eine
Vorladung vor die Gestapo. 1940 wegen eines
Verstoßes gegen das Versammlungsgesetz durch
den Staatsanwalt verwarnt.
Verstorben am 1.4.1967.

BEHRENDT, STEPHAN
1907 09 25
München (Maria Schutz)
Katechet
1939 eine Verwarnung durch Gestapo, Polizei und
Ortsgruppe. Einzug von 200 RM Sicherungsgeld
durch die Gestapo. 1940 öffentliche Anschuldigung auf einer NSDAP-Kundgebung. 1941 ohne
Grundangabe Unterrichtsverbot durch das Kultusministerium.
Verstorben am 21.12.1967.

BELZ, LUDWIG
1887 08 08
Rosenheim (Christkönig)
Pfarrer
1941 wegen Verstoßes gegen das Sammlungsgesetz
zu 50 RM Geldstrafe verurteilt. 1944 Einzug
von 1000 RM Sicherungsgeld wegen Vergehens
gegen das Feiertagsrecht.
Verstorben am 3.10.1948.

BENDERT, ALOIS
1903 12 17
Seeon / Esting
Kaplan / Benefiziat
1933/1934 von SA-Angehörigen beschossen. Demonstrationen vor dem Pfarrhaus. Haussuchung durch
Polizei. Eine Geldstrafe von 32 RM wegen Verstoßes gegen das Flaggengesetz fiel unter Amnestie. 1940 Ablehnung der UK-Stellung, erneute
Gewährung erst nach persönlicher Rücksprache.
1941 ein Einbruch im Pfarrhaus (hoher Sach-
schaden), Indizien wiesen auf einen SA-Mann
als Täter hin.

BENGL, JOHANN
1912 12 23
Freilassing-Salzburghofen
Hilfspriester
Aufgrund von Predigtäußerungen ein Verhör
durch die Polizei. Im Juni 1941 eine Verwarnung durch die Polizei.

BERGER, ANTON
1908 10 17
Neuaubing
Kaplan
Wegen Predigt und wegen Vereinsarbeit mehrere
Verhöre durch Gestapo, Landrat und Bürgermei-
ster. 1939 wegen Verteidigung der Juden im
Schulunterricht Verwarnung und Androhung von Un-
terrichtsverbot durch Regierungspräsidenten.
Verstorben am 13.4.1980.

BERGER, WOLFGANG
1902 12 04
Weichs / Brannenburg
Kooperator / Benefiziumsverwalter
Wegen Regimekritik im September 1937 ein Verhör
durch die Gestapo. Im Anschluß ein Gerichtsver-
fahren, das im Januar 1938 mangels Beweises ein-
gestellt wurde. Im August 1938 Verwarnung und
Androhung von Unterrichtsverbot durch das Be-
zirksamt. Am 10.11.1941 ein Verhör durch die
Polizei wegen Unterstützung eines Juden.
Verstorben am 25.6.1964.

BERGHAMMER, JOSEF
1891 02 01
Gauting
Pfarrer
1936 Verhör und Verwarnung durch Gestapo. 1944
ein Verhör durch den Ortsgruppenleiter.
Verstorben am 2.8.1968.

BERGMAIER, LUDWIG
1889 08 20
Tegernsee
Pfarrer
Wegen religiöser Vorträge eine Verwarnung
durch die Gestapo. Androhung des Unterrichtsverbotes durch den Landrat. Ein Verhör durch
die Polizei wegen regimekritischer Äußerungen
im Religionsunterricht.
Verstorben am 22.9.1974.

BERGMAIER, PETER
1883 06 24
Großkarolinenfeld
Pfarrer
Vom 19.2.1934 bis zum 24.3.1934 in Unter-
suchungshaft. Wegen groben Unfugs ein Ver-

fahren vor dem Landgericht, das im Mai 1934 eingestellt wurde. Verurteilung zu 200 RM Geldstrafe.
Verstorben am 28.10.1973.

BERNRIEDER, JOSEF
1883 02 22
Rosenheim (St. Nikolaus)
Pfarrer
Im Juli 1933 aufgrund von Predigtäußerungen eine Verwarnung durch die Kreisleitung. 1936 wurde der Protest des Pfarrers gegen die Anbringung von Wahlplakaten im Pfarrhof beanstandet. Im gleichen Jahr Demonstration und Zertrümmerung der Pfarrhausfenster durch NSDAP-Anhänger. 1937 eine Haussuchung. Am 2.2.1937 wegen kirchlicher Trauung eines SA-Mannes eine Anklage durch das Amtsgericht. Der Fall fiel unter Amnestie.
Verstorben am 5.9.1951.
Lit.: RPB I, 136, 145.

BESLMUELLER, ALOIS
1907 06 21
Berganger
Kurat
Im Januar 1943 wegen Ausländerseelsorge verwarnt. Bezüglich der Aufhebung der „Weißen Rose" eine Haussuchung durch die Gestapo.

BESOLD, KARL
1879 06 19
Großholzhausen
Pfarrer
Am 21.6.1933 eine Haussuchung durch die Polizei wegen Konspirationsverdachts. 1935 wegen Predigtäußerungen durch den Ortsgruppenleiter verwarnt. 1940 eine Verwarnung durch das Amtsgericht. 1943 aufgrund eines Verstoßes gegen das Heimtückegesetz Zahlung von 1000 RM Sicherungsgeld durch die Gestapo verfügt.
Verstorben am 21.3.1954.

BETZINGER, LUDWIG
1909 06 21
Degerndorf
Kurat
Wegen einer Predigt gegen die Schulkreuzentfernung eine Verwarnung durch die Gestapo. 1940 wegen Verbreitung verbotener Presse Androhung von Unterrichtsverbot durch den Regierungspräsidenten.
Verstorben am 28.10.1975.

BEYER, MAXIMILIAN
1906 04 24
Schönberg
Schulexpositus
Verwarnung wegen Verstoßes gegen die Läuteordnung.

BICHLER, ANTON
1910 03 29
Geisenhausen
Kooperator
Wegen Christenlehre eine Verwarnung durch die Schulleitung.

BIERPRIGL, FRANZ
1913 04 27
Olching
Koadjutor
Aufgrund eines Vergehens gegen das Feiertagsrecht eine Verwarnung durch den Ortsgruppenleiter.
Verstorben am 24.4.1969.

BIRKMEIER, ANTON
1906 06 28
Wolfersdorf
Kaplan
1934 Verhör durch Bezirksamt. Paßausstellung vom Bezirksamt verweigert. 1940 Verwarnung durch Gestapo wegen pädagogischer Maßnahme. 1940 Verwarnung durch Gestapo wegen Bestrafung von Schulkindern wegen Nichtteilnahme an Meßfeiern.

BITTEL, JOSEF
1890 09 02
Garmisch-Partenkirchen
Benefiziat
Im Herbst 1936 wegen politischer Unzuverlässigkeit vom NSDAP-Kreisleiter als Standortpfarrer abgelehnt. Eine Haussuchung durch die Polizei.
Verstorben am 27.11.1967.

BLEIBRUNNER, JOSEF
1889 04 05
Polling / Vilsheim
Expositus / Pfarrer
Durch Polizei und durch NSDAP jeweils einmal verwarnt.
Verstorben am 21.3.1947.

BLEIENSTEIN, P. HEINRICH
SJ
1884 09 23
München / Dillingen
Spiritual
Verwarnung und Predigtverbot anläßlich der Auflösung der Lehrerinnen-Kongregation. Eine Verwarnung bezüglich der Weigerung des Paters, als Präses die Mitgliederlisten der Münchner Kongregation herauszugeben. Mehrere Verhöre durch die Gestapo, Paßverweigerung für In- und Auslandsreisen, ständige Telefonüberwachung, zeitweise Postüberwachung.

BLEYER, WILHELM
1905 07 14
München
Religionslehrer / Direktor eines Lehrlingsheims
Am 13.7.1933 kurzfristige Festnahme. 1933
Haussuchung durch SA. Am 15.1.1934 Entlassung
als Direktor eines katholischen Lehrlingsheims.
Im Herbst 1937 einen Tag lang in Gestapohaft.
Verwarnung durch Gestapo im Herbst 1938.

BLUM, STEPHAN
1876 04 04
Haslach
Pfarrer
Am 3.7.1940 Verwarnung und Androhung von
Unterrichtsverbot durch den Regierungspräsi-
denten.
Verstorben am 13.4.1947.

BLUMSCHEIN, MAX
1884 11 20
München (Hl. Blut)
Pfarrer
Wegen Vereinstätigkeit Haussuchung und Be-
schlagnahme von Briefen und Jugendzeitschrif-
ten durch die Gestapo.
Verstorben am 13.10.1965.

BOECK, JOSEF
1901 09 23
Leobendorf
Kurat
Am 19.10.1938 wegen Verweigerung des Hitler-
grußes und wegen Beunruhigung der Bevölkerung
vom Landrat verhört. Verurteilung zu 200 RM
Geldstrafe, ersatzweise drei Wochen Gefängnis.
Strafe nach Amnestie erlassen.
Verstorben am 17.3.1959.

BOEHM, JOSEF
1890 08 30
Altenerding
Pfarrer
Am 15.3.1945 Beschlagnahme des Pfarrhofs.
Am 30.4.1945 wurde der Pfarrer wegen Hissens
einer weißen Fahne durch eine SS-Patrouille
beschossen. Seine Erschießung wurde nur aufgrund des Dazwischentretens einiger Schwerver-
wundeter verhindert.
Verstorben am 5.4.1962.

BOEHM, LORENZ
1881 03 02
Kollbach
Pfarrer
Wegen Predigten und wegen Verweigerung des Hit-
lergrußes circa fünfmal verwarnt. Androhung
von Unterrichtsverbot und von Redeverbot.
Verstorben am 23.4.1955.

BOESWIRTH, KARL
1910 05 25
Hausham
Katechet / Hilfspriester
1937 wegen eines angeblich als „Singstunde" getarnten Jugendvereins ein Verhör durch die
Polizei (im Auftrag der Gestapo).

BOGENRIEDER, FRANZ XAVER
1887 09 14
Oberammergau
Pfarrer
Dr. phil.
Eine Haussuchung; nähere Umstände sind
nicht bekannt.
Verstorben am 26.5.1963.

BOXHORN, OTTO
1876 12 17
Glonn
Pfarrer
1938 wegen Vereinsarbeit Einzug von 100 RM
Geldstrafe. 1943 eine Verwarnung durch den
Landrat. Im Juli 1944 aufgrund eines Vergehens
gegen das Feiertagsrecht eine Untersuchung
durch die Gestapo.
Verstorben am 27.1.1974.
Lit.: RPB VII, 18.

BRACHETTI, HEINRICH
1873 11 05
Egenburg
Pfarrer
Aufgrund von Predigtäußerungen vom 2.9.1940 bis
zum 7.9.1940 Schutzhaft durch die Gestapo.
Ein diesbezüglich eingeleitetes Gerichtsver-
fahren wurde später eingestellt.
Verstorben am 3.3.1955.

BRAEDL, ANDREAS
1885 12 22
Vierkirchen
Pfarrer
Haussuchung durch Polizei wegen Verstoßes gegen die Kriegswirtschaftsverordnung. 1945 wegen Hissung der weißen Fahne mit dem Tode bedroht.
Verstorben am 14.9.1951.

BRAND, FRIEDRICH
1885 01 27
Schlehdorf
Pfarrer
1933 eine Verwarnung durch Mitglieder der SS
aufgrund von Regimekritik.
1934 ein Verhör wegen Kritik am Hitlergruß.
1939 Verhör aufgrund von Nichtbeflaggung. 1940
wegen Verstoßes gegen die Läuteordnung von
der Polizei verwarnt.
Verstorben am 16.2.1970.

BRANDHUBER, P. GEORG
CSSR
1889 10 16
Gars
Lektor, Präses d. Marianischen Jungfrauenkong.
Dr. theol.
Beschlagnahme des Eigentums, der Mitgliederliste und 10 RM der Marianischen Jungfrauenkongregation am 25.1.1938. Vorausgegangen waren
mehrere Verhöre durch die Ortspolizei.
Ein Verfahren wegen Vergehens gegen das Heimtückegesetz wurde aufgrund einer Amnestie
am 19.5.1938 durch den Staatsanwalt eingestellt.
Im Oktober 1938 durch das Amtsgericht eine
Verwarnung aufgrund Verstoßes gegen das Heimtückegesetz.

BRANDL, RUDOLF
1880 11 21
München
Geistl. Studienprofessor
1935 wegen regimekritischer Bemerkungen im
Religionsunterricht ein Verhör durch die
Polizei.
Verstorben am 22.3.1974.

BRAUN, JOSEF
1905 03 27
Attenhausen
Kurat
1939 wegen Predigtäußerungen ein Verhör
durch die Polizei (im Auftrag der Gestapo).

BRAUN, LUDWIG
1913 01 20
Miesbach
Kaplan / Sanitäter
Ohne Grundangabe Unterrichtsverbot durch den
Regierungspräsidenten. Sechs Monate später,
nach Einspruch, Aufhebung des Verbots.
1941 wegen einer Grabrede ein Verhör durch
die Polizei.
Beförderungsverweigerung im Heer aufgrund
des geistlichen Standes.

BREINL, P. FROWIN
OFM
o.D.
München
Wegen Beihilfe zu Devisenvergehen 1935 zu drei
Monaten Gefängnis und 4000 RM Geldstrafe
verurteilt.
Lit.: Rapp, 381.

BREITENEICHER, JOSEPH
1873 02 24
Jesenwang
Pfarrer
Wegen Nichtbeflaggung der Kirche ein Verhör
durch die Polizei.
Verstorben am 15.5.1958.

BRENNER, MATTHIAS
1912 01 19
Garmisch-Partenkirchen
Pfarrer
Wegen Verstoßes gegen das Feiertagsrecht, wegen Jugendarbeit und wegen Gegnerschaft zu HJ
und BDM durch die Gestapo verwarnt (1943).

BRUGGER, GOTTFRIED
1892 11 05
Degerndorf / Odelzhausen
Expositus / Pfarrer
1937 Anklage wegen Verstoßes gegen das Heimtückegesetz, das Verfahren wurde aufgrund
einer Amnestie eingestellt. Wegen Hirtenbriefverlesung und Taufe eines polnischen
Kindes jeweils Androhung von Schutzhaft. 1940
endete ein Sondergerichtsverfahren wegen Vergehens gegen das Heimtückegesetz mit Freispruch. 1941 wegen Vergehens gegen das Sammlungsgesetz durch ein Amtsgericht zu 1000 RM
Geldstrafe und 371 RM Verfahrenskosten verurteilt. Mehrere Verwarnungen durch Polizei,
Bürgermeister und Landrat.

BRUNNER, GEORG
1888 04 13
München
Geistl. Studienprofessor
1935 wegen Verweigerung des Hitlergrußes, wegen Nichtteilnahme an vaterländischen Schul-
feiern und wegen Werbung für katholische Organisationen Verhör, Verwarnung und Androhung eines Disziplinarverfahrens durch die Schulbehörde.
Verstorben am 1.6.1973.

BRUNNER, MARTIN
1901 03 21
Kohlgrub / Hausham
Kaplan / Pfarrer
Wegen Hirtenbriefverlesung ein Verhör durch
die Polizei.
1941 ebenfalls ein Verhör durch die Polizei
wegen Verbreitung des Möldersbriefes.
Des weiteren eine Verwarnung durch die Gestapo.

BRUNNHUBER, CHRISTOPH
1904 07 07
München (St. Sylvester)
Kaplan

Am 16.7.1934 wegen Ablehnung des BDM durch den Kultusminister verwarnt.
Verstorben am 11.1.1962.

BUCHWIESER, FERDINAND
1874 10 10
München
Generalvikar
Mehrmals von der Gestapo verhört und verwarnt. 1936 wegen verspäteter Ablieferung des Amtsblattes an die Polizei vom Amtsgericht zu 50 RM Geldstrafe verurteilt, in der Berufungsverhandlung freigesprochen. Im Februar 1937 Beanstandung eines von Buchwieser verfaßten Zeitungsartikels durch die Gestapo. Am 5.2.1941 Haussuchung und Beschlagnahme von Büchern und Schriften durch die Gestapo.
Verstorben am 16.12.1964.
Lit.: RPB I, 123f., 187, 204.

BURGER, P. MAX JOHANN
SDB
1904 12 14
München (St. Augustin)
Kaplan
Wegen eines Vortrags im August 1940 von der Polizei verhört. Ein durch die Staatsanwaltschaft eingeleitetes Verfahren wurde eingestellt. Von Dezember 1940 bis Dezember 1941 und 1944 Überwachung des Religionsunterrichts durch Mitglieder der NSDAP.

BURGMAYR, BALTHASAR
1887 08 12
Lenggries
Pfarrer
Am 30.4.1945 wegen Hissens der weißen Fahne von der SS kurzfristig festgenommen, verhört und bedroht.
Verstorben 20.9.1965.

BURGSTALLER, JOHANNES EVANGELIST
1880 03 29
Niederbergkirchren
Pfarrer
Wegen regimekritischer Äußerungen in der Schule von September 1935 bis November 1935 Unterrichtsverbot. Im Oktober 1935 Verhör und Verwarnung durch die Kreisleitung. 1941 aufgrund unzureichender Verdunkelung vom Landrat zu 50 RM Geldstrafe verurteilt.
Verstorben am 30.8.1957.

CHRISTALLER, JAKOB
1879 07 05
Griesstätt
Pfarrer
Eine Verwarnung durch den Landrat.
Einzug von 2000 RM Sicherheitsgeld.

Am 14.4.1944 Unterrichtsverbot.
Verstorben am 25.10.1951.

DAFFENREITER, ALOIS
1883 06 15
München (St. Johann-Baptist)
Pfarrer
Dr. rer. pol.
Je sechs Vorladungen und Verhöre durch die Gestapo.
Verstorben am 30.3.1968.

DANKERL, THOMAS
1915 07 18
Garmisch-Partenkirchen
Benefiziat
Androhung von Schulverbot im Zusammenhang mit der Schulkreuzentfernung.
Anzeige bei der Kreisleitung durch den NS-Führungsoffizier wegen einer Predigt.
Verstorben am 18.2.1966.

DANNER, MARTIN
1889 11 11
Freising
Geistl. Studienprofessor
Wegen seiner Arbeit in der Studentenkongregation 1938 Haussuchung, Beschlagnahme des Materials und der Kasse der Kongregation durch die Gestapo. Verbot der Weiterführung der Kongregation.
Verstorben am 3.5.1972.

DAURER, MARTIN
1911 11 08
München (St. Rupert)
Kaplan
Wegen Einladungen zu Jugendfeiern und Gemeinschaftsmessen drei Verhöre und eine Verwarnung durch die Gestapo. Des weiteren Verbot jeglicher schriftstellerischen Betätigung auf Lebenszeit.
Verstorben am 24.6.1966.

DAXBERGER, JOHANN
1877 10 26
Linden
Expositus
Wegen Predigten Vorladung vor das Amtsgericht. Einbruch in das Expositurhaus durch Parteimitglieder.
Haussuchung nach belastendem Material.
Verstorben am 4.5.1940.

DELP, P. ALFRED
SJ
1907 09 15
München (Hl. Blut)
Dr. phil.

1941 kurzfristig von der Gestapo in Schutzhaft genommen. Wegen Mitarbeit im Kreisauer Kreis am 28.7.1944 von der Gestapo verhaftet und nach Berlin überstellt. Während der Haftzeit gefoltert. Vom 9. bis 11.1.1945 erfolgte ein Verfahren wegen Hochverrats vor dem Volksgerichtshof unter Vorsitz des Richters Freisler. Der Prozeß endete mit einem Todesurteil, das am 2.2.1945 vollstreckt wurde.
Eine Gedenkstätte befindet sich in der Kirche Maria Regina Martyrum in Berlin-Plötzensee.
Lit.: 1.Kempner, 61-73. 2.Roon, G. van: Neuordnung im Widerstand, 170-180. 3.Neuhäusler I, 162f. (u.a.).

DEMPF, ANTON
1877 11 01
Marktschellenberg
Pfarrer
Am Heldengedenktag im März 1934 mehrere Stunden in polizeilicher Schutzhaft wegen Nichtbeflaggung des Kirchenturmes.
Verstorben am 22.6.1944.

DENGL, FRANZ XAVER
1903 11 15
Petersberg
Expositus
Wegen Kanzelmißbrauchs zwei Verhöre durch die Gestapo.
300 RM Geldstrafe und Unterrichtsverbot durch die oberbayerische Regierung wegen einer Predigt anläßlich der Schulkreuzentfernung (1942).
Verstorben am 21.9.1969.
Lit.: RPB I, 18.

DIETRICH, ANTON
1908 02 12
Lenggries / Grassau
Kurat / Kooperator
Je drei Vorladungen und Verhöre durch die Polizei.

DOBLER, FRANZ XAVER
1876 12 30
Ampermoching
Pfarrer
1934 wegen Predigtäußerungen und Religionsunterricht ein Verhör durch die Polizei.
Verstorben am 7.9.1954.

DOETSCH, GEORG
1885 04 20
Adelshofen / Kirchseeon
Expositus
1933 von der Polizei festgenommen und eine Woche lang in Schutzhaft gehalten. Ab 1938 Unterrichtsverbot. Versetzung vom Kreisleiter angedroht. Eine Ernennung zum Pfarrer wurde durch die Kreisregierung verhindert.
Verstorben am 9.7.1970.

DOHLUS, JOSEF
1907 01 23
Waging
Kaplan
Androhung einer Versetzung. Einzug von 30 RM Geldstrafe.

DONY, JOSEF
1892 12 27
München (Mariä Heimsuchung)
Kooperator
Gestapoverhör wegen Leitung der Marianischen Studentenkongregation.
Verstorben am 20.9.1969.

DOSSENBACH, IGNAZ (P. MAXIMIN)
OFMCAP
1870 10 06
München (Kloster St. Anton)
Am 25.8.1934 wegen einer Volksmissionspredigt Vorladung und Verwarnung durch die Gestapo.
Am 13.7.1940 wegen angeblichen Vergehens gegen das Heimtückegesetz, das Pressegesetz und die Kriegswirtschaftsordnung durch die Gestapo festgenommen und bis zum 22.7.1940 in Schutzhaft gehalten. Außerdem wurden 124 RM Geldstrafe einbehalten.
Verstorben am 15.12.1960.

DUERNEGGER, JOSEF
1869 10 26
Törwang
Pfarrer
Aufgrund einer Meßfeier an Fronleichnam ein Verhör durch die Polizei.
Verstorben am 15.9.1952.

EBERL, JOSEF
1896 01 10
Kirchensur / Pellheim
Kurat / Pfarrer
Verwarnung durch den Landrat, durch NSDAP und durch Polizei. Ernennung zum Pfarrer von der Regierung verweigert, nach Intervention des Generalvikars bewilligt. Steinwürfe und Gewehrschüsse gegen das Pfarrhaus.
Verstorben am 10.11.1974.

EBERLEIN, KURT
1908 08 09
Oberammergau
Kaplan
Eine Verwarnung wegen Predigtäußerungen.
Verweigerung jeglicher Versammlungsgenehmigung und Verbot der Jugendseelsorge.

EBERWEIN, HEINRICH
1881 01 07
Niedertaufkirchen
Pfarrer
Begrenztes Unterrichtsverbot.
Verstorben am 22.2.1974.

EBNER, JOHANN
1897 11 02
Unterlaus
Expositus
Telefonüberwachung durch die Gestapo; nähere
Angaben liegen nicht vor.
Verstorben am 6.11.1973.

EDER, JOSEF
1879 05 25
Ruhpolding
Pfarrer
Eine Verwarnung durch die Gestapo.
Verstorben am 10.12.1955.

EDERER, WOLFGANG
1907 06 23
Mittenwald
Kaplan
Beanstandung durch den Landrat wegen Kolping-
versammlungen.

EGENTER, RICHARD
1902 05 03
Passau
Hochschulprofessor
Dr.
Wegen seiner Arbeit im Bund „Neudeutschland"
Haussuchungen.
Im Dezember 1943 als Religionslehrer von der
Oberschule für Mädchen in Passau entfernt.
Gehört zur Diözese Rottenburg.

EGGER, EDUARD
1887 03 02
Hörbering
Pfarrer
Wiederholt Beanstandungen des Religionsunter-
richtes durch staatliche Schulbehörde und Ge-
stapo.
Verstorben am 31.5.1973.

EGLSEDER, P. FRANZISKUS
OFMCONV
1908 11 19
Maria Eck
Wallfahrtskurat
1937 Festnahme und Verhör durch die Gestapo
wegen Äußerungen über die Sittlichkeitsprozesse.

EGLSEER, MICHAEL
1873 09 29
Oberneukirchen
Pfarrer
Ein Verfahren und Einzug von 500 RM Sicherungs-
geld wegen Verstoßes gegen das Feiertagsrecht
an Fronleichnam.
Verstorben am 31.5.1954.

EGLSEER, STEFAN
1886 10 12
Wackersberg / München (St. Ursula)
Pfarrer
Einmal durch das Bezirksamt und zweimal durch
die Gestapo verwarnt.
Verstorben am 9.8.1963.

EIBL, GEORG
1891 03 21
Altmühldorf / Ecksberg
Kaplan / Kurat
Durch den Landrat Verbot, die Heilanstalt zu
betreten, eine Verwarnung sowie 1941 Entlassung
als Anstaltskurat.
Ein Verhör sowie Einzug von 500 RM Geldstrafe
durch die Gestapo.
1945 nur durch den Einmarsch der amerikanischen
Truppen vor einem Standgericht der SS bewahrt.
Verstorben am 5.1.1954.

EICHER, LUDWIG
1890 07 14
Mitterndorf
Pfarrer
Aufgrund von Predigtäußerungen eine Verwarnung durch den Regierungspräsidenten. Des
weiteren Androhung von Schulverbot und Fenstereinwurf im Pfarrhaus.
Verstorben am 11.1.1976.

EICHNER, GEORG
1898 01 16
Unterwössen
Kurat
1939 Unterrichtsverbot. Zwei Verwarnungen durch
den Oberstaatsanwalt. Durch das Sondergericht
zu 700 RM Geldstrafe, ersatzweise 11 Monaten
Haft, verurteilt.
Verstorben am 6.12.1964.

EIMANN, EDMUND
1891 12 12
Bad Reichenhall (St. Zeno) / Peiting
Pfarrvikar / Pfarrer
Aufgrund von Predigtäußerungen und Auslän-
derseelsorge mehrere Verhöre durch die Poli-
zei.
Verstorben am 30.4.1951.

EISELE, OTTO
1885 11 26
München
Geistl. Studienrat
Durch einen Wehrmachtsangehörigen Schikanen
und Androhung von KZ-Haft.
Verstorben am 26.3.1974.

ELFINGER, JOSEF
1893 02 11
Bockhorn
Pfarrer
Mehrere Verwarnungen durch den Ortsgruppen-
leiter. Einzug einer Geldstrafe in Höhe von
200 RM. Androhung einer Einweisung ins KZ.
Verstorben am 24.12.1951.

ELS, GEORG
1901 04 23
Traunstein
Prediger
Eine Verwarnung durch den Bürgermeister. Ab-
lehnung als Standortpfarrer durch die SA. Von
SA-Mitgliedern tätlich angegriffen.

ENDRES, OTTO
1897 01 15
München (Zwölf Aposteln)
Kurat
Eine Verwarnung durch die Polizei.
Verstorben am 17.9.1971.

ENGARTNER, OSKAR
1909 04 20
Glonn
Kooperator
150 RM Geldstrafe wegen Arbeit in der Kolpingfamilie.
Verstorben am 18.9.1978.

ENGL, JAKOB
1899 07 13
Erding / Obertaufkirchen
Pfarrer
Dreimal Haussuchung durch Polizei und Gestapo.
Fünf Verwarnungen durch die Gestapo. Einzug
von 50 RM Geldstrafe und 300 RM Sicherungsgeld.

ENGLBRECHT, GEORG
1901 08 01
Hartpenning / Niklasreuth
Vikar
Eine Haussuchung durch die Polizei.
Verstorben am 21.4.1969.

ENGLMAIER, JOHANN CHRYSOSTOMUS
1873 01 12
Straußdorf / Palling
Pfarrer / Benefiziumsverweser

Wegen Äußerungen über HJ und BDM eine Haus-
suchung. Des weiteren durch das Landgericht zu
einem Jahr und sechs Monaten Haft verurteilt.
Wegen Alter und schlechter Gesundheit des
Pfarrers vier Monate Straferlaß.
Verstorben am 9.2.1955.

ENGLMANN, WILHELM
1902 01 19
Kirchdorf / Kreuth
Koadjutor / Pfarrer
Aufgrund von Predigtäußerungen eine Verwar-
nung durch die NSDAP. Durch das Amtsgericht
zu 200 RM Geldstrafe verurteilt.
Verstorben am 4.12.1966.

ERHARD, PETER
1907 10 30
Bruckmühl
Kaplan
Aufgrund von Predigtäußerungen 1941 eine
Verwarnung durch die örtliche NSDAP.
Lit.: RPB I, 333.

ERL, KASPAR
1891 01 08
Isen / Attel
Kaplan
1934 Aufmarsch von SA-Truppen vor dem Pfarr-
haus, der Kaplan sollte während des Röhm-
Putsches erschossen werden.
Wegen abfälliger Bemerkungen über die partei-
amtlichen Gefallenenfeiern 1942 12 Tage
Gestapohaft sowie durch die oberbayrische Re-
gierung Unterrichtsverbot von Mai 1942 bis
Januar 1943.
Des weiteren eine Haussuchung.
Verstorben am 15.6.1964.
Lit.: RPB I, 342.

ERTL, ANTON
1909 07 01
Tegernsee / München (Mariä Heimsuchung)
Aushilfspriester / Kaplan
Zwei Tage lang in Polizeihaft gehalten. Zudem
eine Verwarnung durch die Polizei.

ERTL, JOHANN
1893 04 07
München (St. Ulrich)
Pfarrer
Verwarnung sowie Beschlagnahme von Büchern
durch die Gestapo. Drei Wochen lang Postüberwachung.

ERTL, JOSEF
1908 08 22
Freising (St. Georg)
Kaplan

Verhör, Haussuchung und Beschlagnahme von Büchern, Briefen und Fotografien durch die Gestapo. Verstorben am 9.1.1973.

ESTENDORFER, MICHAEL
1908 09 04
Rattenkirchen
Kaplan
Eine Verwarnung durch den Landrat.

ETTL, P. JOSEF
SJ
1886 08 22
München
1936 und 1937 Predigtüberwachung. 1940 Haussuchung und Beschlagnahme von Briefen durch Gestapo. Am 18.4.1941 wurde das Haus von der Gestapo beschlagnahmt.

FAESSLER, EUGEN
1870 08 13
Bad Tölz
Kommorant
Redeverbot bei Versammlungen des katholischen Burschenvereins.
Verstorben am 13.5.1951.

FAEUSTLE, JOSEF
1883 02 22
Rieden
Pfarrer
Mehrere Verhöre und Haftandrohung durch Parteistellen.
Verstorben am 4.2.1975.

FALTERMEIER, ALOIS
1908 03 26
München (Mariä Heims.) / Landshut (St. Martin)
Kaplan / Kooperator
Eine Verwarnung durch die Schulbehörde.
Mehrmals durch die Polizei verhört.

FALTERMEIER, GEORG
1888 03 23
Inning am Holz
Pfarrer
Eine Verwarnung durch die NSDAP.
Verstorben am 4.9.1948.

FASSNAUER, ALOIS
1912 06 24
Ebersberg
Kaplan / Kriegspfarrer
Am 13.12.1944 Predigt- und Tätigkeitsverbot als Kriegspfarrer. Aufgrund angeblicher Wehrkraftzersetzung Haft vom 2.1.1945 bis zum 10.3.1945. Ein diesbezügliches Kriegsgerichtsverfahren endete am 15.2.1945 mit Freispruch.
Verstorben am 28.9.1977.

FAULHABER, MICHAEL
1869 03 05
München
Erzbischof, Kardinal
Am 25.10.1935 störte eine wütende Demonstration von NSDAP-Anhängern einen öffentlichen Auftritt des Erzbischofs.
Am 11.11.1938 (zwei Tage nach dem Sturm auf die jüdischen Geschäfte) erfolgte ein Sturm auf den Bischofshof.
Aufgrund von Predigtäußerungen erfolgten zahlreiche Angriffe durch die nationalsozialistische Presse.
Lit.: Neuhäusler, passim.

FAUSTNER, MARTIN
1896 03 04
Fürstenfeldbruck
Kaplan
Aufgrund von Äußerungen in Predigt und Religionsunterricht Haussuchung und Verhöre durch Parteistellen.
Verstorben am 5.9.1975.

FELBER, ANTON
1903 06 16
Kirchensur
Expositus
Vorladung durch den Bürgermeister im Zusammenhang mit der Abstimmung über die Gemeinschaftsschule.

FENZL, MAX (P. TUTO)
OFM
1899 02 06
Berchtesgaden / Waffenbrunn (Btm. Regensburg)
Kaplan
Am 31.7.1939 Schulverbot durch den Landrat wegen einer Äußerung im Religionsunterricht.
1939 Anfeindungen von seiten der SS wegen einer Grabrede.

FERNEKESS, P. GUSTAV
SJ
1884 02 25
München
Seit 1943 Post- und Telefonüberwachung.

FERSTL, ANTON
1905 03 22
Gauting / Pasing / Maisach / Ottobrunn
Hilfspriester / Kaplan / Pfarrkurat
Am 15.8.1933 kurzfristige Festnahme.
Eine Anklage wegen Vergehens gegen das Heimtückegesetz endete mit Freispruch, es wurde jedoch am 1.9.1940 Unterrichtsverbot verhängt.

Des weiteren Einzug von 25 RM Geldstrafe sowie ein Verhör durch die Gestapo, 20 Verhöre durch die Polizei und eine körperliche Mißhandlung durch Mitglieder der SS.
Lit.: RPB I, 317.

FERTL, ANTON
1867 05 14
Tittmoning / Landshut
Pfarrer / Benefiziumsverweser / Kanonikus
Eine Anklage durch das Amtsgericht wegen eines Auslandsaufenthaltes endete mit Freispruch.
Des weiteren eine Haussuchung.
Verstorben am 2.10.1952.

FINSTERER, JOSEF
1889 03 31
Pfaffenhofen
Pfarrer
Polizeiverhör sowie Post- und Telefonüberwachung wegen einer Fronleichnamsfeier.
Verstorben am 3.11.1952.

FISCHBACHER, JOSEF
1907 02 19
München (Mariahilf) / Bad Tölz
Kaplan / Vikar
Gestapoverhör wegen Inschutznahme der Juden im Religionsunterricht.
Verstorben am 12.2.1967.

FISCHER, FRANZ
1909 09 30
München (St. Pius)
Kaplan
Gestapoverhör wegen des Besuches eines Offiziers. Telefonüberwachung.
Als Soldat Verbot jeglicher priesterlicher Tätigkeit unter Kameraden.

FISCHER, HUBERT
1912 07 18
München
Religionslehrer, Hausgeistlicher
Dr. theol.
Wegen Tätigkeit im Bund „Neudeutschland" Verwarnung und Auferlegung einer Geldstrafe durch die Gestapo.
Verfahren und Amnestie wegen öffentlichen Aushängens eines Hirtenbriefes.
Haussuchung, Wegnahme von Zeitschriften, Schriftgut usw.

FISCHER, JAKOB
1883 08 11
Aschheim
Pfarrer
Kurzfristige Festnahme und Verwarnung durch Polizei. Hinterlegung von 300 RM Sicherungsgeld.

Unterrichtsverbot und Ausweisung aus der Pfarrei.
Verstorben am 21.3.1971.

FISCHER, KONRAD (P. PIUS)
OSB
1902 04 24
Ettal (Abtei)
Geistl. Studienrat
Dr.
1933 aufgrund von Predigtäußerungen ein Haftbefehl, dieser wurde nach einer Untersuchung zurückgenommen.
Zwischen 1935 und 1940 zahlreiche Verhöre, Vorladungen und Haussuchungen durch die Polizei. 1935 Angriffe durch die NS-Presse gegen seine schriftstellerische Arbeit. 1940 Verbot seiner Schriftenreihe.
1938 Ausschluß aus dem Luftschutzbund; 1941 Ausschluß aus dem NSLB. 1941 Ablehnung der Einstellung als Feldgeistlicher und Dolmetschersonderführer, weil Ordensmann.

FISCHER, KORBINIAN
1895 11 14
Haimhausen
Pfarrer
Predigtverbot.
Verstorben am 10.6.1960.

FISCHER, MARTIN
1898 11 06
Oberaudorf / Steingau / Gaissach
Kooperator / Expositus / Pfarrer
Ein Gerichtsverfahren wegen Predigtäußerungen wurde aufgrund einer Amnestie eingestellt.

FLEIDL, JOSEF
1886 04 06
Schönbrunn
Pfarrer
Verwarnung durch den Landrat. 1944 Einweisung in eine Nervenheilanstalt wegen angeblicher Gemeingefährlichkeit.
Verstorben am 18.1.1978.

FLOETZL, STEPHAN
1888 03 23
München (St. Maximilian) / Piding
Kaplan / Pfarrer
Unterrichtsverbot wegen Befürwortung der Feindesliebe im Religionsunterricht. Ausweisung aus der Pfarrei. Vom 18.7.1941 bis 22.8.1941 in Gestapohaft. Freilassung erfolgte auf Intervention des erzbischöflichen Ordinariats.
Verstorben am 21.11.1965.

FORSTER, JOSEF
1904 01 25
Eichenried

Expositus, Kooperator
Aufgrund von Predigtäußerungen eine polizei-
liche Verwarnung.
Ein wegen Vergehens gegen das Heimtückegesetz
eingeleitetes Strafverfahren wurde durch den
Staatsanwalt eingestellt.

FORSTHUBER, ANTON
1904 07 15
München
Kaplan
Verwarnung durch die Gestapo wegen staatsfeind-
licher Darstellung der deutschen Geschichte im
Religionsunterricht.
Verstorben am 28.12.1977.

FRANZ, JOHANN
1901 09 11
Freising (St. Lantpert)
Kurat
Haussuchung durch Gestapo.

FREIBERGER, GEORG
1892 03 04
München
Anstaltsgeistlicher
Aufgrund von Predigtäußerungen vier Verwar-
nungen und eine kurzfristige Festnahme.
Ein Gerichtsverfahren wegen Verstoßes gegen
den Kanzelparagraphen wurde aufgrund einer
Amnestie eingestellt.
Verstorben am 13.6.1957.

FREYTAG, JOSEF (P. KONSTANTIN)
OFMCAP
1898 03 23
München (St. Josef) / München (St. Anton)
Pfarrer
1935 wegen Predigten Festnahme, Verhör und Verwarnung durch die Gestapo.
1938 Beschlagnahme von mehreren Büchern der
Pfarrbibliothek und Schließung derselben.
1942 wegen eines Briefes an einen Berufsschüler
ein Verhör durch die Gestapo.

FRIES, OTTO (P.CORNELIUS)
OFMCAP
1885 07 08
München
Aufgrund der Weitergabe von Geldern an eine Mis-
sion in Chile wegen Devisenvergehens am 10.6.
1936 vom Gericht zu einem Jahr Haft und 20.000
RM Geldstrafe verurteilt. 1937 wegen Devisen-
vergehens zu 60.000 RM Geldstrafe verurteilt.
Das Provinzialat der Kapuziner stellte den
Strafverteidiger. Das Generalat des Ordens half
bei der Zahlung der Geldstrafe.
Verstorben am 11.1.1941.
Lit.: RPB I, 138.

FRIESINGER, ROMAN
1905 03 09
München
Präses des Zentralgesellenvereins
Anläßlich der Schließung des Zentralgesellen-
hauses eine Verwarnung. Des weiteren eine Haus-
suchung und Beschlagnahme von Schriften.
Verstorben am 30.3.1977.

FROEHLICH, KARL
1906 10 12
Salzburghofen / München (St. Paul)
Kaplan
Dr. theol.
Vom 7.12.1940 bis zum 4.4.1941 Schutzhaft
durch die Gestapo.
Eine Anklage vor dem Sondergericht wegen Ver-
gehens gegen das Heimtückegesetz wurde auf-
grund mangelnder Beweise eingestellt.
Des weiteren eine Haussuchung und Beschlag-
nahme von zwei Koffern mit Büchern.

FUCHS, JOHANN
1905 07 19
Erding / München (St. Johann Baptist)
Prediger
Dr. phil.
Wiederholt Verwarnungen wegen Jugendstunden.
Absetzung als Leiter der Maria Theresia-Anstalt
durch das Stadtjugendamt.
Verstorben am 21.1.1961.

FUCHS, STEPHAN
1896 12 12
Unterstein / Langenbach
Expositus / Kooperator
Verurteilung zu 50 RM Geldstrafe. Abhaltung
kirchlicher Singstunden wurde verboten. Vom
Amtsgericht zu acht Monaten Haft verurteilt.
Aufgrund einer Amnestie keine Strafverbüßung.
Verstorben am 26.6.1978.

FUCHSREITER, HEINRICH
1903 07 02
Geisenhausen / München (St. Andreas) / Nickelheim
Kooperator / Kaplan / Kurat
Durch die Große Strafkammer Landshut Verur-
teilung zu 100 RM Geldstrafe aufgrund eines
Vergehens gegen den Kanzelparagraphen.

FUHRER, JOHANN
1910 08 16
Elbach
Koadjutor / Sanitätssoldat
Wegen Verlesung zweier Predigten des Bischofs
von Galen zwei Polizeiverhöre sowie ein drohendes
Kriegsgerichtsverfahren. Dieses wurde durch den
kommandierenden General niedergeschlagen.
Verstorben am 19.11.1976.

FURTNER, ANDREAS
1885 11 26
Kreuzholzhausen
Pfarrer
Wegen Predigten durch das Amtsgericht verwarnt.
Verstorben am 18.1.1959.

GABLER, MAX
1899 07 23
Erlstätt / Bad Kohlgrub
Kurat / Pfarrer
Mehrmals Haussuchungen und Beschlagnahme von
Hirtenbriefen.
Verstorben am 26.9.1965.

GAIGL, ARNULF
1890 01 25
Au am Inn / Babensham
Pfarrvikar / Pfarrer
Aufgrund von Predigtäußerungen und Regimekritik mehrere Verhöre sowie am 12.12.1934
eine Untersuchung durch das Amtsgericht, die
mit Freispruch endete.
Verstorben am 5.3.1961.

GALLER, P. MARKUS
MSC
o.D.
Birkeneck
Aufgrund von der Gestapo erpreßter Zeugenaus-
sagen, die sogleich widerrufen wurden, neun
Monate Haft wegen angeblicher Sittlichkeitsvergehen
(1938).

GALLMANN, P. VICTOR
SAC
1900 12 09
Abens
Seelsorger
1935 Vorladung zum Kultusministerium und Verweigerung der Lehrtätigeit am Missionsseminar
wegen politischer Unzuverlässigkeit.
1940 Vorladung vor das Kriegsgericht nach Paris
wegen zu milder Behandlung der Polen in Warschau. Im Januar 1941 Wehrunwürdigkeitserklärung. 1942 ein Verhör durch die Gestapo wegen
Äußerungen zum Kriegsverlauf.
Aufgrund von Predigtäußerungen drei Verhöre
durch die Kreisleitung.
Widerruf der UK-Stellung als Standortpfarrer.
Aufgrund der Proteste des Standortältesten
schlugen drei Versuche, den Geistlichen in
KZ-Haft zu bringen, fehl.

GAMMEL, MATTHIAS
1910 07 13
Garmisch-Partenkirchen (St. Martin)

Kaplan
1938 eine Haussuchung durch die Polizei.

GANSLER, JOHANN
1895 05 30
Bad Wiessee
Expositus / Pfarrer
Zweimal Verhör durch Gestapo. Verwarnung, Haussuchung und Beschlagnahme von Büchern durch
die Gestapo. 2000 RM Geldstrafe sowie eine
kurzfristige Festnahme. Im Juli 1944 Unterrichtsverbot durch die Schulbehörde.
Verstorben am 1.8.1969.

GASSER, JOHANN
1887 07 11
Pürten
Pfarrer
Polizeiliches Verhör wegen Vergehens gegen das
Feiertagsrecht an Fronleichnam.
Verstorben am 13.12.1953.

GASTAGER, OTTO
1892 09 26
Altmühldorf
Pfarrer
Verhör durch den Kreisleiter wegen Einladung
zur Pastoralkonferenz.
Verstorben am 23.2.1977.

GATZ, MAX (P. JOHANNES BAPTIST)
OFM
1902 12 12
Pfreimd / München
Kooperator
Wegen Verächtlichmachen des Deutschen Grußes
25 Tage in Schutzhaft durch die Gestapo.
Wegen Jugendarbeit Schikanen durch den Ortsgrup-
penleiter, Einschränkung der Redefreiheit,
Verwarnung durch die Gestapo, Schulverbot und
Versetzung aus Pfreimd. Des weiteren mehrere
Vorladungen und Verhöre durch die Gestapo.

GAULER, FRANZ
1901 02 24
München (St. Augustin)
Pfarrkurat
Auflösung des katholischen Jugendwerkes der
Pfarrei durch die Gestapo.
Verstorben am 12.11.1978.

GEISENHOFER, ANTON
1907 04 24
München (St. Wolfgang) / München (Hl. Kreuz)
Kaplan / Hilfspriester, Katechet
Mehrere Vorladungen vor den Bezirksschulrat
mit Androhung von Schulverbot.

GEISS, EDUARD
1903 12 30
Glonn / Vagen
Kooperator / Pfarrkurat
Beschlagnahme religiöser Schriften durch die
Polizei im Auftrag der Gestapo.

GEOFFROY, JOSEF
1879 02 18
Maisach
Pfarrer
Eine Verwarnung durch die Gestapo. 1941 Unter-
richtsverbot durch den Regierungspräsidenten.
Verstorben am 3.1.1953.

GERHAUSER, MICHAEL
1860 05 14
München
Schriftleiter
Verlust der Arbeit und der Pension als Schrift-
leiter des „Sonntagsblattes für die katholische
Familie". 1935 bereits Verwarnung durch das Pro-
pagandaministerium.
Verstorben am 2.7.1950.

GEWSERT, P. GEORG
SJ
1874 11 08
München
Missionar
Wegen einer verbotenen Sammlung Verhör, Haus-
suchung und Beschlagnahme von altem Silbergeld
durch die Gestapo. Durch das Landgericht zu 20
RM Geldstrafe verurteilt. Des weiteren
Beschlagnahme von „Liebe deine Kirche", 2. Auf-
lage, durch die Reichspressekammer.

GIERLINGER, ALOIS
1907 03 03
München (St. Ulrich) / Bad Reichenhall (St. Zeno)
Kaplan
Verwarnung durch Gestapo. Ab 1942 Unterrichts-
verbot. Entzug des Reisepasses.

GLEITSMANN, PAUL
1913 07 04
Grassau
Kaplan
Verwarnung durch Polizei und Landrat. Ab April
1942 Unterrichtsverbot. Kurzfristige Festnahme
durch Polizei.
Verstorben am 12.12.1974.

GMEINER, JOHANN MICHAEL
1904 11 10
Rosenheim (St. Nikolaus)
Kaplan
Wegen Jugendarbeit Verwarnung durch Bürgermei-
ster und Gestapo, Unterrichtsverbot für einen

Monat, Verbot der Jugendarbeit, zwei Tage Polizeihaft und vier gerichtliche Untersuchungen
mit drei Geldstrafen in Höhe von 200, 60 sowie
30 RM (einmal Amnestie).

GODERBAUER, ISIDOR
1882 05 06
Traunstein
Krankenhauskurat
Wegen Jugendarbeit Absetzung als Vorstand des
katholischen Vereinshauses und des katholischen
Jugendbundes.
Kurzfristige Schutzhaft.
Ein Protest der Lazarettverwaltung verhinderte
seinen Abtransport nach Dachau.
Verstorben am 28.10.1948.

GOERGEN, P. ALOYS
CPPS
1911 01 14
München / Freising
Priester
Dr. phil. et theol.
Beim Militär wegen „katholischer Propaganda"
als Hauptfeldwebel enthoben und zur Kampftruppe
strafversetzt.

GOETTL, HEINRICH
1887 01 18
München (St. Peter)
Stadtpfarrprediger
Aufgrund von Predigtäußerungen monatelange
Ausweisung aus der Diözese.
Verstorben am 21.4.1940.
Lit.: Neuhäusler, I, 50, 136.

GOETZ, GEORG
1899 09 05
Garching / Freutsmoos
Kurat / Expositus
Aufgrund von Regimekritik zwei Verwarnungen
durch die Gestapo und das Landratsamt. Des
weiteren sechs Wochen Unterrichtsverbot,
Zwangsversetzung sowie Zerstörung der Fenster
der Dienstwohnung.
Verstorben am 25.1.1968.

GOETZ, KARL
1898 08 20
Hirnsberg / Margarethenried
Expositus / Pfarrer
Verwarnung durch die Gestapo wegen angeblicher
Flugblattverteilung.
Verstorben am 19.6.1973.

GOETZEL, GUSTAV
1885 05 09
München
Benefiziat

Verbot der von ihm herausgegebenen Schrift
„Religionslehre in Wort und Bild".
Verstorben am 29.6.1950.

GRABMEIER, JOHANN BAPTIST
1905 08 03
Mühldorf (St. Peter und Paul)
Kurat
Öffentliche Anschuldigung und Bedrohung durch
den NSDAP-Kreisleiter.

GRABMEIER, JOHANN EVANGELIST
1879 11 26
Massenhausen
Pfarrer
Polizeiliches Verhör wegen Verlesens eines ver-
botenen Hirtenbriefes.
Verstorben am 2.9.1955.

GRAF, CARL
1884 02 20
Dorfen / München (St. Michael)
Pfarrer
Dr. jur. can.
Als Schriftwalter der Zeitschrift „Die christliche Einkehr" Ausschluß aus der Reichspressekammer, vorangegangen waren zwei Verwarnungen,
eine Haussuchung durch die Gestapo sowie Zertrümmerung der Pfarrhausfenster und einwöchige Schutzhaft.
Auf Intervention des Generalvikars wurde die
Schutzhaft nicht im Gefängnis, sondern in einem
kirchlichen Haus durchgeführt. Kardinal Faulhaber verbot Glockengeläut und Orgelspiel bis
zur öffentlichen Rechtfertigung des Pfarrers.
Verstorben am 1.12.1956.

GRAF, GEORG
1883 05 21
Aufkirchen
Pfarrer
Aufgrund von Predigtäußerungen und Christen-
lehre eine Verwarnung und mehrere Verhöre
durch das Bezirksamt.
Durchsuchung der Sakristei wegen eines Hirten-
briefes.
Beanstandung und Störung des Gottesdienstes
für Polen.
Verstorben am 25.9.1959.

GRAIN, VITUS
1904 09 01
Ebersberg / München / Freising / Rosenheim
Kooperator / Kaplan
Wegen Predigten Verwarnungen durch das Kultusministerium. Vier Tage in Schutzhaft, Haussuchung durch Polizei und SA. Ein Verfahren vor
dem Amtsgericht wurde aufgrund einer Amnestie
eingestellt.

Verhinderung einer Beförderung bei der Wehrmacht und Degradierung zum Sanitätsge-
freiten.

GRAMEL, P. FRANZ XAVER
CSSR
1869 02 20
Gars
1937 wegen Schmückens des Klosters anläßlich
des Fronleichnamsfestes von der Polizei verhört. Wegen regimekritischer Predigten sechsmal angezeigt. 1938 wegen Predigten Verhör
durch Polizei und Verhör vor dem Amtsgericht.
Ein Gerichtsverfahren durch das Sondergericht
wurde eingestellt. Verhör durch Polizei und
Bezirksamt wegen möglicher Hilfe für einen ins
Ausland geflohenen Klosterbruder.

GRASMUELLER, MAX
1893 09 21
München-Grünwald
Pfarrer
Eine Verwarnung durch die Gestapo aufgrund
einer Romreise mit Pfarrangehörigen.
Verstorben am 16.11.1962.

GRAU, KARL (P. THEODOR)
OFM
1886 04 10
München (St. Gabriel)
Chordirektor
Im Zuge der Devisen- und Sittlichkeitsprozesse
Haussuchung und Verhör durch die Berliner Gestapo im November 1937. Diese Begegnung mit der
Gestapo schilderte er einem Reporter vom Schwarzen Sender. Daraufhin Redeverbot, der Pater
aber verweigerte dazu seine Unterschrift.
1940/41 Verhör durch die Ortspolizei und den
stellvertretenden Kreisleiter.
Am 1.12.1944 Beschlagnahme des Waldheims durch
den Landrat für HJ und BDM.

GREIN, GEORG
1901 05 16
Oberdorfen / Zeilhofen
Kooperator / Benefiziumsverweser
Wegen Regimekritik in Predigt und Unterricht
eine Verwarnung; ab 1940 Unterrichtsverbot.
Des weiteren vier Wochen Haft im Gefängnis
des Amtsgerichtes.
1943/44 zehn Monate Haft wegen Wehrkraftzersetzung in einem Feldpostbrief.

GREINWALD, JOSEPH
1903 03 27
Egern / München / Landshut
Kaplan / Kooperator
Wegen einer Religionsstunde Verwarnung durch die
Staatsanwaltschaft und wegen Jugendarbeit Ver-

warnung durch die NSDAP.
Ab 1940 Unterrichtsverbot für Oberbayern,
umgangen durch die Versetzung nach Landshut.

GREIS, JOSEF
1905 03 06
Miesbach / München-Milbertshofen / Ast
Kaplan
Aufgrund von Predigtäußerungen mehrere Verhöre und Verwarnungen.

GRETSCHMANN, LUDWIG
1882 07 08
Gmund / Tittmoning / Prutting
Pfarrer / Stiftsdekan / Pfarrer
Wegen Regimekritik Haussuchung durch den Ortsgruppenleiter und Beschlagnahme des „Klerusblattes".
Verstorben am 14.9.1967.

GRIES, PETER
1894 04 03
Wasserburg / Laufen
Kooperator / Pfarrer, Stiftsdekan
1000 RM Geldstrafe wegen Abhaltung eines Fronleichnamsamtes.
Des weiteren mehrere Verwarnungen und Unterrichtsverbot.
Der Geistliche führte einen Prozeß gegen verschiedene Zeitungen, die ihn in verleumderischen Artikeln als Sittlichkeitsverbrecher hingestellt hatten. Die vom Gericht zugebilligte Publizierung des Urteils und ein Widerruf in den Zeitungen durften auf Eingreifen der Partei hin nicht erscheinen.
Verstorben am 13.4.1977.

GRIMM, JOSEF
1900 01 13
Götting
Pfarrer
Wegen Hissens der bayrischen Fahne durch SS-Mitglieder verhaftet. Am 28.4.1945 durch SS-Angehörige ermordet.

GRUBER, ANDREAS
1915 07 21
Rosenheim / Hausham
Kaplan / Aushilfspriester
Aufgrund von Jugendarbeit fünf Verhöre sowie Verbot, Jugendstunden abzuhalten und Einladungen an Eltern und Jugendliche zu schicken.
Außerdem Aufenthaltsverbot für Rosenheim.

GRUBER, FRANZ
1887 06 29
Haag
Pfarrer
Dr. phil.

Eine Verwarnung durch den Landrat wegen Predigtäußerungen. Des weiteren ein
Verhör durch die Polizei wegen einer Fronleichnamsfeier.
Verhör durch die Gestapo wegen eines Artikels im Pfarrblatt.
Verstorben am 22.2.1949.

GRUBER, JOSEF
1884 07 26
Taufkirchen
Pfarrer
Wiederholt Verwarnungen wegen Prozessionen und Sammlungen. Einzug von 300 RM Geldstrafe.
Ab 1943 Unterrichtsverbot durch die oberbayrische Regierung.
Verstorben am 17.3.1963.

GRUBER, SEBASTIAN
1902 01 20
Wasserburg
Chordirektor
Aufgrund der Anzeige eines Lehrers ein Verhör durch den Schulrat.
Verstorben am 8.10.1959.

GSCHWANDTNER, MICHAEL
1901 07 22
Oberdarching / Rosenheim
Kurat / Vikar
Wegen Regimegegnerschaft Verhöre und Verwarnungen; 1940 Verweigerung der Beförderung zum Pfarrer; Geldstrafe in Höhe von 200 RM; eine Woche Polizeihaft und Androhung von KZ-Haft.
Zunächst lokales Schulverbot, ab 1942 allgemeines Unterrichtsverbot; außerdem Zwangsversetzung.

GUGGENBERGER, FRANZ
1912 03 12
Garmisch-Partenkirchen / Oberschleißheim
Vikar / Kaplan
Wegen Abhörens ausländischer Sender am 27.7.
1940 durch das Sondergericht München zu sieben Monaten Haft verurteilt.
Ab Mai 1941 Unterrichtsverbot.

GUGGETZER, MARTIN
1872 04 03
Ebersberg
Pfarrer
Mehrere Schutzhaftandrohungen. Zerstörung der Fenster des Pfarrhauses.
Verstorben am 8.8.1950.

GUNDLACH, ANTON
1904 07 16
München (St. Margaret) / München (Hl. Kreuz)
Kaplan / Prediger

Überwachung der Jugendseelsorgearbeit, Haussuchung, Beschlagnahme unpolitischer Dinge und Verweigerung der Papiergenehmigung für religiöses Schrifttum.

HAAS, ANTON
1914 01 15
Schliersee / München / Berchtesgaden
Koadjutor / Kaplan
Verbot der Jugendseelsorge durch den Landrat. Öffentliche Primiz vom Landrat verboten. Zudem Beschlagnahme von 240 RM, die dem Primizianten zugedacht waren. Ein Einspruch des bischöflichen Ordinariats blieb erfolglos. 1944 Betätigungsverbot als Lazarettpfarrer, das Verbot wurde nach Protest aufgehoben.

HAAS, JOSEF
1887 08 07
München
Landessekretär des St. Michaelbundes
Nach Vorträgen Verhör und Verwarnung durch Gestapo. Haussuchung und Beschlagnahme von Briefen, Akten und Büchern durch Gestapo. Redeverbot von der Gestapo verhängt. 1940 als Verlagsleiter der Münchener Katholischen Kirchenzeitung wegen Verstoßes gegen das Schriftleitergesetz vom Amtsgericht zu 150 RM Geldstrafe verurteilt.
Gehört zur Diözese Regensburg.

HACKL, GEORG
1880 04 19
Rappoltskirchen
Pfarrer
1933 wegen Predigtäußerungen durch den Bürgermeister verwarnt.
Verstorben am 27.5.1963.

HAERLE, KARL
1881 03 06
Aspertsham
Eine Anzeige wegen Predigtäußerungen blieb ohne Folgen. Nähere Angaben liegen nicht vor.

HAEUSLER, ADOLF
1892 02 09
Paunzhausen
Pfarrer
Aufgrund der Verlesung eines Hirtenbriefes ein Verhör durch die Polizei.
Verstorben am 15.3.1957.

HAHN, JAKOB
1906 08 19
Hirnsberg
Kurat
Wegen Vereinsarbeit und wegen Verstoßes gegen das Sammlungsgesetz vom Amtsgericht und in zweiter Instanz vom Landgericht zu 100 RM Geldstrafe verurteilt.

HAHN, P. HIERONYMUS
OSB
1895 10 01
Ettal (Abtei)
Cantor, Sekretär
Als Sekretär des Abtes (P. Angelus Kupfer) im März 1938 im Zusammenhang mit einer Aktion gegen das Kloster wegen angeblicher unsittlicher Vorkommnisse für acht Tage inhaftiert.
1939 Ausweisung aus Ettal.

HAHNER, JOSEF
1889 02 28
München (St. Johann Baptist)
Pfarrer
Wegen eines Seelsorgschreibens durch die Gestapo verhört und verwarnt. Drohbriefe von seiten der NSDAP und der SA.
Verstorben am 19.11.1974.

HAIDER, MICHAEL
1884 09 01
Feldkirchen
Pfarrer
Vorladung und Verhör durch die Gestapo.
Verstorben am 3.7.1963.

HAMMER, JOHANN BAPTIST
1907 09 04
Rechtmehring / München / Trostberg / Rosenheim
Kooperator / Kaplan
1934 wegen Jugendarbeit durch den Kreisleiter verwarnt. 1940 wurde die Erteilung unentgeltlichen Geigenunterrichts durch die Reichsmusikkammer verboten. 1941 Haussuchung und Beschlagnahme von Feldpost durch die Gestapo. Vom 2.5. bis zum 23.5.1941 Schutzhaft durch die Gestapo wegen Regimekritik. Anschließend Zwangsversetzung auf Veranlassung der Gestapo. 1941 Unterrichtsverbot durch den Regierungspräsidenten. 1942 Einzug von 200 RM Sicherungsgeld durch die Gestapo.

HAMMER, RAYMUND
1900 12 03
München (St. Ulrich) / München (St. Raphael)
Kaplan / Kurat
Dr. theol.
1933 und 1935 Verhöre durch die Polizei. 1937 wegen Vergehens gegen das Heimtückegesetz durch die Gestapo verhört. Ein durch die Staatsanwaltschaft eingeleitetes Verfahren wurde eingestellt. 1939 wegen Verstoßes gegen das Sammlungsgesetz ein Verhör durch den Staatsanwalt.
Verstorben am 6.3.1978.
Lit.: RPB I, 279.

HANDWERKER, GEORG
1902 04 21
München (St. Ludwig) / Olching
Kaplan / Pfarrer
Wegen Verbreitung eines Kirchenblatts, Ausgabe
eines Taufscheins an einen getauften Juden und
aufgrund von Predigtäußerungen im Zeitraum
von 1935 bis 1944 mehrmals durch die Gestapo
verhört und verwarnt.
1938 Haussuchung und Beschlagnahme von Schriften und Vereinsgeld durch Gestapo.
Verstorben am 22.5.1975.

HARTIG, MICHAEL
1878 09 28
München
Domkapitular
Dr. phil. et dr. theol. h.c.
Wegen Verweigerung des Hitlergrußes Verwarnung
durch die Gestapo. Wegen Vereinszugehörigkeit
Haussuchung und Beschlagnahme von Briefen und
Schriften durch die Gestapo sowie gerichtliche
Untersuchung.
Aufgrund der Herausgabe einer kirchlichen
Schrift durch die Reichsschrifttumskammer
mit 50 RM Geldbuße belegt.
Verstorben am 12.4.1960.

HARTIG, VITUS
1870 05 28
Esting / Olching
Benefiziat / Kommorant
Mehrere Verhöre durch Gestapo und Landrat.
Verstorben am 12.6.1962.

HARTINGER, ALBERT
1914 07 31
Sünzhausen
Primiziant
1940 wurde die öffentliche Primiz durch den
Gauleiter verboten.

HARTL, SEBASTIAN
1908 01 20
Palling
Kaplan
Aufgrund einer Grabpredigt Androhung einer Anzeige durch den Ortsgruppenleiter.

HARTMANN, JOHANN BAPTIST
1871 06 23
München
Pfarrer
Dr. phil.
1942 wegen Beigabe eines christlichen Taufnamens durch die Gestapo verwarnt.
Verstorben am 17.8.1950.

HARTMANN, P. AUGUST
CSSR
1913 10 27
Gars / Kirchdorf
Kaplan
Wegen Protestes gegen die Entfernung der Schulkreuze erteilte der Schulrat im Herbst 1941
Unterrichtsverbot.
1941 Vorladung vor die Polizei.

HASLWIMMER, ALOIS
1897 05 10
Otting
Pfarrer
Wegen Gottesdienstfeiern an Fronleichnam und zu
Christi Himmelfahrt zweimal von der Polizei verhört.
Verstorben am 10.6.1975.

HAUPT, P. MAX
CSSR
1903 12 12
Gars
Lehrer
Beanstandung wegen Mißachtung des Hitlergrußes
in der Schule.
1940 allgemeine ministerielle Aufhebung der Ordensschulen in Bayern.

HAUSER, FRIEDRICH
1884 11 22
München
Direktor eines Studienseminars
1937 wegen Jugendarbeit Verhör und Haussuchung
durch Gestapo. Im Mai 1939 anläßlich der Umwandlung des katholischen Studienseminars in eine interkonfessionelle Einrichtung als Direktor
des Seminars entlassen.
Gehört zur Diözese Regensburg.

HAUSLADEN, JOHANN MICHAEL
1901 03 23
München (St. Pius) / München (St. Ludwig)
Katechet / Benefiziums-Verweser
Wegen Beschäftigung einer Jüdin durch den
Kreisleiter verhört.
Aufgrund von Vereinsarbeit ein Verhör, Haussuchung und Beschlagnahme von Vereinsakten durch die Gestapo.

HECKELSMUELLER, P. KONRAD
OSB
1912 07 29
München (Ottilien-Kolleg)
Am 29.4.1941 anläßlich der Beschlagnahme des
Ottilien-Kollegs durch die Gestapo ausgewiesen.

HEICHELE, OTTO
1894 07 28
Gmund
Pfarrer
1939 wegen Verstoßes gegen das Sammlungsgesetz
durch die Polizei verhört.

HEILMANN, ALFONS
1883 10 05
München
Schriftleiter
Dr. theol.
Am 31.7.1936 durch die Reichspressekammer zum
Rücktritt als Schriftleiter der Zeitschrift
„Deutscher Hausschatz" gezwungen. Daraufhin
Übernahme der Schriftleitung des „Katholischen
Sonntagsblattes", dessen Erscheinen im Mai 1941
verboten wurde. Am 28.4.1942 vom Reichsverband
der deutschen Presse aus der Berufsliste der
Schriftleiter gestrichen.
Gehört zur Diözese Rottenburg.

HEIMBUCHER, MAX JOSEPH
1859 06 10
Miesbach
Geistl. Hochschullehrer
Dr. theol.
Haussuchung durch die Polizei.
Verstorben am 24.8.1946.

HEININGER, MAX
1892 11 09
Niederthann
Expositus
Beschlagnahme einer kirchlichen Broschüre
durch die Polizei.
Verstorben am 30.6.1962.

HEINZINGER, KORBINIAN
1878 07 04
Erding
Pfarrer
Vorladung, kurzfristige Festnahme und Verwar-
nung durch die Gestapo. Aufgrund einer Grab-
predigt ein Verhör durch den Landrat.
Verstorben am 30.9.1960.

HELD, JOHANN BAPTIST
1888 02 18
Kolbermoor / Beuerberg
Katechet / Pfarrer
Wegen Regimekritik und wegen Abhaltung eines
Gottesdienstes an Fronleichnam zwei Verhöre
durch den Landrat.
Verstorben am 26.2.1969.

HELDMANN, ANTON
1883 03 21
Münsing

Pfarrer
Aufgrund von Predigtäußerungen eine Verwarnung. Haftandrohung im Falle einer Hirtenbriefverlesung.
Verstorben am 30.3.1967.

HELDWEIN, JOHANN BAPTIST
1907 12 10
Hohenpeißenberg / Inzell
Kooperator / Koadjutor
Zwei Verwarnungen durch die Gestapo (1937 /
1939). Vom 17.8.1940 bis zum 20.8.1941 in Schutz-
und Untersuchungshaft. Im Juni 1941 durch ein
Sondergericht zu sechs Monaten Gefängnis verurteilt, welche durch die Untersuchungshaft als
verbüßt galten. Am 5.8.1941 Unterrichtsverbot durch den Regierungspräsidenten.
Verstorben am 3.4.1980.

HERDEGEN, KARL
1880 03 03
Moosinning
Pfarrer
Ein Verfahren vor dem Landgericht wegen Ver-
gehens gegen das Heimtückegesetz wurde 1936
aufgrund einer Amnestie eingestellt.
Verstorben am 21.1.1962.

**HERRMANN, ANTON (P. JOHANNES NEPOMUK)
OFMCAP**
1912 05 02
München
Aufgrund einer Denunziation erfolgte am 10.1.
1940 eine Vorladung vor die Gestapo. Dort wegen
Mißbrauchs des Beichtsakraments verhaftet und
bis zum März 1940 in Haft gehalten.

HERRMANN, JOHANN
1884 03 07
Garching
Pfarrer
1937 wegen Werbung für die Bekenntnisschule angezeigt.
Verstorben am 19.5.1955.

HERTLE, MAX
1884 11 16
Nandlstadt
Pfarrer
Ein Gerichtsverfahren wegen Vergehens gegen
das Sammlungsgesetz wurde aufgrund einer
Amnestie eingestellt.
Verstorben am 1.9.1969.

HESSENHOFER, ALFONS
1910 12 21
Freilassing
Kaplan
Wegen Jugendarbeit einige Wochen lang durch die
Schulbehörde mit Unterrichtsverbot belegt.

HILLREINER, JOSEF
1904 10 16
München
Domkooperator
1938 nach einem Kuraufenthalt in der Schweiz
beim Grenzübertritt durch die Gestapo ohne
Grundangabe festgenommen, stundenlang verhört
und mit Erschießung bedroht. Anschließend
freigelassen.

HILZENSAUER, JOSEF
1906 08 30
München (Zwölf Aposteln) / München
Kaplan / Koadjutor
Aufgrund von Predigtäußerungen und wegen Ju-
gendbeeinflussung im Religionsunterricht mehrere Verhöre und Verwarnungen durch die Gestapo (1934 u. 1943). Ein wegen Vergehens gegen
das Uniformverbot eingeleitetes Strafverfahren
wurde eingestellt.
Verstorben am 3.7.1972.

HIMMLER, PETER
1915 03 26
Glonn
Kooperator / Sanitäter
Wegen Hörens verbotener Sender am 6.3.1940 in
Untersuchungshaft genommen und am 27.7.1940 vom
Sondergericht zu sieben Monaten Gefängnis ver-
urteilt. Am 14.10.1940 aus der Haft entlassen.
Verstorben am 23.4.1978.

HINTERREITER, JOHANN
1911 05 14
Schlehdorf
Kaplan
1936 aufgrund von Predigtäußerungen durch die
Polizei verwarnt, anschließend Predigtüberwachung.

HINTERWIMMER, SIMON
1877 07 16
Gars
Pfarrer
1936 Verurteilung zu 20 RM Geldstrafe. Am 19.8.
1937 endete ein Verfahren vor dem Amtsgericht
wegen Verstoßes gegen das Pressegesetz mit
einem Freispruch. Dagegen legte der Staatsanwalt Revision ein, worauf eine Amnestie erfolgte.
Verstorben am 5.12.1947.

HOBMAIR, JOSEF
1893 08 06
Feldkirchen
Pfarrer
Wegen Predigten, verbotener Sammlungen, Ver-

kaufs der Kirchenzeitung und regimekritischer
Äußerungen mehrmals von der Gestapo verhört
und verwarnt.
Verstorben am 17.10.1970.

HOCH, JOSEF
1900 05 08
Grunertshofen / München (St. Johann Baptist)
Anstaltsdirektor / Benefiziums-Verw. / Pfarrer
Eine Verwarnung wegen Kirchengeschichtsunter-
richts. Kurzfristige Festnahme wegen Ablehnung
der Hitlerjugend, auf Anordnung des Regierungspräsidenten wieder freigelassen.
Verstorben am 17.11.1979.

HOCHMAIER, NIKOLAUS
1886 04 18
Kirchanschöring / Markt Schwaben
Pfarrer
1935 wegen Vereinsarbeit vom Landrat verwarnt.
1937 wurde ein Jahr lang die Übernahme einer
neuen Pfarrei verwehrt. Wegen Verstoßes gegen
das Heimtückegesetz und wegen einer Predigt
wurden 1939 zwei gerichtliche Verfahren eingeleitet, jedoch beide eingestellt. Im Juli 1944
beanstandete die Gestapo einen Verstoß gegen
das Feiertagsrecht.
Verstorben am 17.7.1967.
Lit.: RPB VII, 18.

HOECK, MICHAEL
1903 09 20
München (Liebfrauen) / München (St. Benno)
Schriftleiter der Kirchenzeitung / Kurat
Dr. phil. et theol.
Wiederholt durch die Gestapo verwarnt. Wegen
Verbreitung verbotener Presse zu 50 RM sowie
zu 120 RM Geldstrafe verurteilt. Aufgrund
wehrkraftzersetzender Äußerungen im Oktober
1939 kurzfristige Festnahme. 1940 endete ein
Gerichtsverfahren mit Freispruch. Am 23.5.1941
aufgrund katholischer Pressearbeit in Schutz-
haftnahme durch die Gestapo. Am 25.6.1941 ins
KZ Sachsenhausen eingewiesen, am 11.7.1941 ins
KZ Dachau überwiesen, dort am 5.4.1945 ent-
lassen.
Lit.: 1.RPB I, 41, 83, 119, 193. 2.Weiler, 298.

HOEGL, JOHANN
1889 05 22
Gelting / Pauluszell
Kurat / Pfarrer
Aufgrund von Predigtäußerungen mehrere Verhöre und Verwarnungen.
1935 wegen Verstoßes gegen das Versammlungsgesetz Einleitung eines Strafverfahrens, das infolge einer Amnestie eingestellt wurde. 1941
aufgrund der Abhaltung eines Gottesdienstes an
Christi Himmelfahrt vom Amtsgericht zu 150 RM

Geldstrafe verurteilt.
Verstorben am 3.10.1972.

HOEGN, JOSEF
1902 01 06
München (St. Jakob) / München
Kaplan / Geistl. Studienrat
Dr. theol.
Aufgrund von Predigtäußerungen zwei Verwarnungen durch die Gestapo, einmal mit Androhung
von KZ-Haft. Im August 1934 wegen Mitführung
verbotener österreichischer Schriften Entzug
des Reisepasses. 1941 Unterrichtsverbot durch
den Kultusminister wegen Befürwortung der
Feindesliebe.
Verstorben am 27.4.1974.

HOENIG, WILHELM
1903 06 01
München (Mariahilf)
Pasing / München (Mariahilf)
1933 eine Haussuchung durch die Gestapo.
Im August 1933 Zwangsversetzung. Des weiteren
Verwarnung und Androhung von KZ-Haft durch den
Bürgermeister.
Verstorben am 13.6.1951.

HOERMANN, JOSEPH
1888 12 24
München (Heilig Kreuz)
Predigerbenefiziat / Stadtpfarrer
Aufgrund von Predigtäußerungen durch die
Gestapo verhört. 1937 Unterrichtsverbot durch
den Gauleiter.
Verstorben am 31.3.1969.

HOERNIG, LUDWIG
1875 08 25
Heldenstein
Pfarrer
1944 wegen Verstoßes gegen das Feiertagsrecht
durch die Gestapo verwarnt, des weiteren 200 RM
Sicherungsgeld eingezogen.
Verstorben am 29.6.1958.

HOESS, AUGUSTIN
1909 09 14
Kolbermoor / St. Wolfgang
Kaplan
Wegen Befürwortung der Monarchie vom 24.8.1939
bis zum 22.9.1939 in Polizeihaft gehalten. Anschließend Schutzhaft bis zum 4.1.1940. Am
5.1.1940 wegen Hochverrats ein Verfahren vor
dem Volksgerichtshof. Am 22.4.1940 Wehrunwürdigkeitserklärung. 1940 Unterrichtsverbot
durch den Regierungspräsidenten.
Verstorben am 19.4.1979.
Lit.: RPB I, 332.

HOFFMANN, RICHARD
1876 09 16
München
Konservator am Landesamt für Denkmalspflege
Dr. phil.
1937 wegen seines geistlichen Standes aus dem
Staatsdienst entlassen.
Verstorben am 21.5.1947.

HOFMANN, ANTON (P. ODILO)
OSB
1907 05 06
Wolfratshausen
Institutspräfekt, Fachlehrer
Vorladung vor die Gestapo am 16.4.1942 und noch-
mals später bezüglich des Möldersbriefes.
Am 22.4.1942 Entzug des Führerscheines aufgrund
einer Anzeige beim NBV München.
Am 3.6.1942 Schulverbot wegen einer politischen
Äußerung. Vorher bereits Überwachung des Re-
ligionsunterrichtes.
Am 3.12.1943 eine Verwarnung durch den Land-
rat wegen angeblicher Umgehung des Schulver-
botes.

HOFMANN, MATTHIAS
1907 12 02
Peiting
Hilfspriester, Chorregent
1940 Verwarnung und Androhung von Unterrichtsverbot durch den Regierungspräsidenten.

HOGGER, JOSEF
1911 10 03
München (St. Vinzenz)
Kaplan
Dr. phil.
Am 12.9.1940 eine Verwarnung durch die Gestapo
wegen Religionsunterrichtes. Gleichzeitig Ver-
hängung von Unterrichtsverbot, das später mit
Einschränkungen wieder aufgehoben wurde.

HOLZER, ALOIS
1900 03 13
Pfraundorf / Pellheim
Kurat / Pfarrer
Wegen Verstoßes gegen das Feiertagsrecht er-
folgte ein amtsgerichtliches Verfahren, das mit
Freispruch endete. Hinterlegung von 1000 RM Si-
cherungsgeld. Im Januar 1945 wegen Befürwor-
tung der kirchlichen Eheschließung durch die
Gestapo verwarnt.
Verstorben am 12.8.1971.

HOLZER, JOSEF
1904 05 20
München (Herz Jesu) / München (Christkönig)
Kaplan / Prediger
Dr. theol.

1936 wurde die Ernennung zum Religionslehrer durch die NSDAP verhindert. 1940 wegen Vereinsarbeit durch die Gestapo unter Androhung von KZ-Haft verwarnt.
Verstorben am 19.10.1977.

HORT, JOSEF
1891 06 14
Gündlkofen
Pfarrer
Am 20.3.1933 wegen angeblichen Waffenbesitzes Haussuchung durch Polizei und SA.
Verstorben am 18.5.1963.

HUBER, ANTON
1906 12 21
Großinzemoos
Pfarrer
1940 wegen Verstoßes gegen das Sammlungsgesetz mehrere Verhöre und ein Verfahren vor dem Amtsgericht (dieses wurde eingestellt).

HUBER, ERHARD
1905 04 25
Oberbergkirchen
Pfarrer
1938 aufgrund einer Anzeige wegen angeblichen Verstoßes gegen die Kriegswirtschaftsverordnung ein Verfahren vor dem Amtsgericht und in zweiter Instanz vor dem Landgericht. Beide Verfahren endeten mit Freispruch. Ab September 1940 Unterrichtsverbot. Vom 21.10. bis zum 25.10.1940 Gestapohaft. 1943 wegen einer Meßfeier an Fronleichnam Einzug von 1000 RM Sicherungsgeld durch die Gestapo.

HUBER, GEORG
1886 04 07
Wartenberg
Pfarrer
Im Februar 1937 durch den Ortsgruppenleiter Verbot einer Predigt während eines Heldengottesdienstes. Ein wegen Vergehens gegen das Sammlungsgesetz eingeleitetes Verfahren wurde im Januar 1941 eingestellt. Wegen Ausländerseelsorge 1943 Einzug von 1000 RM Sicherungsgeld.

HUBER, JOHANN
1902 03 23
Wambach / Rottau
Pfarrvikar / Expositus
1934 Verbot der Versendung einer kirchlichen Wochenschrift. 1935 wegen Nichtbeflaggung vom Amtsgericht zu 5 RM Geldstrafe verurteilt. Im April 1944 von der Gestapo wegen der Abhaltung von Glaubensstunden für Kinder verwarnt.
Verstorben am 1.11.1971.
Lit.: RPB VII, 10.

HUBER, JOHANN BAPTIST
1884 05 21
Thanning
Pfarrer
Wegen Religionsunterrichts mehrmals durch die Schulbehörde verwarnt.
Verstorben am 24.7.1954.

HUBER, KASPAR
1887 05 06
Ramsau
Kurat
1936 wegen schriftlicher Werbung für die Beibehaltung der Klosterschulen Einleitung eines gerichtlichen Verfahrens. Im Dezember 1936 wurde das Verfahren vom Landgericht eingestellt.
Verstorben am 13.8.1969.

HUBER, KASPAR
1891 09 11
Peterskirchen
Pfarrer
1935 fand wegen Verstoßes gegen das Sammlungsgesetz ein Verfahren vor dem Amtsgericht statt, das mit Freispruch endete. 1937 wegen Predigtäußerungen durch Gestapo und Polizei verhört und verwarnt. 1938 eine Verwarnung durch den Landrat wegen Jugendseelsorge.
Verstorben am 1.4.1959.

HUBER, LORENZ
1906 01 25
München (St. Vinzenz)
Kaplan
1937 wegen Jugendseelsorge durch die Gestapo eine Verwarnung sowie zwei Haussuchungen mit Beschlagnahme von 160 RM Vereinsgeld, Schriften und Büchern.

HUBER, LUDWIG
1892 07 10
Oberhaching
Pfarrer
Wegen einer Predigt, die sich scharf gegen die Entfernung von Schulkreuzen wandte, von der Gestapo am 24.9.1941 festgenommen und bis Ende Oktober in Haft gehalten. Eine gerichtliche Untersuchung auf Betreiben der Gestapo. Einzug von 300 RM Sicherungsgeld auf drei Jahre. Predigt- und Unterrichtsverbot durch die Gestapo.
Verstorben am 16.5.1944.
Lit.: RPB I, 333.

HUBER, LUDWIG
1894 07 04
München (Allerseelen)
Pfarrer
Aufgrund von Predigtäußerungen durch die

Gestapo verwarnt.
Verstorben am 9.3.1977.

HUBER, MAXIMILIAN
1900 05 05
Ebersberg / Brunnthal
Kaplan / Kurat
1933 erfolgte wegen einer Predigt eine Untersuchung durch das Amtsgericht und anschließend
ein Verfahren vor dem Landgericht, das mit Freispruch endete. Wegen Predigtäußerungen sieben
Verwarnungen sowie Rede- und Predigtverbot
durch die Gestapo. 1944 wurden die Fenster des
Kuratiehauses durch Mitglieder der HJ mit
Steinen beworfen.
Verstorben am 4.11.1952.

HUBER, MICHAEL
1875 09 28
München
Spiritual
1935 von der Gestapo wegen eines Briefes verhört.
Verstorben am 22.4.1955.

HUBER, MICHAEL
1889 05 15
Vagen
Expositus
1935 wegen Nichtbeflaggung durch das Amtsgericht verwarnt.
Verstorben am 21.3.1968.

HUBER, MICHAEL
1889 11 07
Lindach
Kurat
1941 wurde eine Predigt vom Bürgermeister beanstandet. 1942 nahm die Polizei an einem Polengottesdienst Anstoß.
Verstorben am 24.10.1958.

HUFNAGEL, JOHANN
1907 10 14
Fridolfing / Gauting / München (St. Ulrich)
Koadjutor / Kaplan
1933 wegen Hitlergrußverweigerung durch
die NSDAP-Kreisleitung verwarnt. 1934 Verwarnung durch HJ wegen Äußerung über NS-Propaganda. Im gleichen Jahr von der NSV wegen Schü-
lerbeeinflussung gerügt. 1934 bei einem Fest-
nahmeversuch, der von der Bevölkerung vereitelt wurde, mißhandelt. 1939 von der Gestapo
wegen Abhaltung von Bibelstunden verhört.

HUGO, GUSTAV (P. ADALBERO)
OFMCAP
1881 07 07
München

Wegen Verstoßes gegen das Heimtückegesetz am
7.8.1937 durch ein Sondergericht zu zwei Jahren Gefängnis mit Bewährung verurteilt.
Mehrere Berufsverfahren vor dem Amtsgericht
und dem Landgericht, 1938 Einstellung der Angelegenheit durch eine Amnestie. Das Provinzialat stellte bei den Prozessen den Verteidiger.
Verstorben am 18.4.1956.

HUNKLINGER, GEORG
1905 09 17
Bad Tölz / Waakirchen
Kaplan / Pfarrer
1936 endete ein Sondergerichtsverfahren wegen
Vergehens gegen das Heimtückegesetz mit Frei-
spruch. 1943 wegen Predigtäußerungen ein
Verhör und Androhung von KZ-Haft durch die
Polizei.

ILMBERGER, JOSEF
1904 01 08
Miesbach
Geistl. Studienrat
Verhaftungsandrohung wegen einer Weihnachts-
stunde in der Oberschule.
Verstorben am 9.10.1949.

IMMINGER, JOSEF
1886 03 21
Holzkirchen
Pfarrer
1941 wegen eines Requiems für gefallene Soldaten von der Polizei im Auftrag der Gestapo verwarnt. Mehrmals von der Polizei verhört. Am
27.10.1943 Verhör durch Gestapo und Landrat wegen der Feier des Fronleichnamsfestes. Nach Intervention des bischöflichen Ordinariats unterblieben weitere Maßnahmen. Am 1.5.1945 wegen
Hissens der weißen Fahne auf dem Kirchturm
Androhung der Erschießung durch SS-Mitglieder.
Verstorben am 24.6.1956.

INGERL, LORENZ
1893 07 01
Landshut
Geistl. Studienrat
Beförderungsverweigerung.
Verstorben am 24.6.1956.

IRGER, VINZENZ
1898 07 18
München (St. Achaz)
Pfarrer
Wegen Verbreitung einer katholischen Zeit-
schrift Verhör und Verwarnung durch Gestapo.

IRLBACHER, FRANZ
1896 03 11
Oberndorf / Johanniskirchen

Expositus
Im Frühjahr 1937 aufgrund von Äußerungen
über die HJ Unterrichtsverbot durch den Regierungspräsidenten. Außerdem Zwangsversetzung; dadurch sollte eine Verurteilung durch
das Sondergericht vermieden werden. Dieses
Strafverfahren wurde am 29.5.1938 aufgrund
einer Amnestie endgültig eingestellt.

ISEMANN, ALOIS
1902 03 15
Kronwinkl / Wall
Schulbenefiziat / Verwalter
Unterrichtsverbot durch die Gauleitung. 1941/42
eine Verwarnung wegen Verweigerung des Hitlergrußes. Wegen Verbreitung der Enzyklika „Mit
brennender Sorge" Haussuchung und Beschlagnahme
der Schrift durch die Polizei.
Verstorben am 18.3.1964.

JACOB, FRIEDRICH
1894 09 17
München (St. Emmeran)
Pfarrkurat
Eine Verwarnung durch die Polizei.

JAEGER, ANTON
1882 09 10
Prien
Pfarrer
1935 wegen Verstoßes gegen die Läuteordnung
Antrag auf Versetzung durch den Ortsgruppenleiter. Ein Fenster des Pfarrhauses wurde zertrümmert.
Verstorben am 4.9.1960.

JAEGER, JOHANN
1907 11 06
Kay
Pfarrvikar / Pfarrer
Wegen Kritik an der HJ 1936 und 1937 durch Ortsgruppenleiter verwarnt. 1939 Anzeige bei der Gestapo wegen Beunruhigung der Bevölkerung.

JELL, JOHANN
1878 09 08
Ilmmünster
Pfarrer, Dekan
1938 und 1939 Verwarnung durch den Landrat wegen Beleidigung der BDM-Führerin und wegen
einer Äußerung bezüglich des Konzentrations-
lagers Dachau. Wegen ungenügenden Läutens anläßlich des Frankreichsieges Polizeihaft vom
8.8. bis zum 13.8.1940.
Verstorben am 4.6.1946.
Lit.: RPB I, 320 f.

JELL, JOSEPH
1909 05 15
Schellenberg
Kooperator
Im März 1934 von Mitgliedern des KDF tätlich
bedroht.

JELL, SEBASTIAN
1886 12 19
Königsdorf
Pfarrer
1938 wegen Unterlassung des Hitlergrußes durch
das Landratsamt verwarnt. Wegen Kritik an der
Rassenpolitik der NSDAP (im Religionsunterricht) 1940 durch den Regierungspräsidenten
verwarnt.
Verstorben am 30.3.1964.

JUNGBAUER, FRANZ (P. REPARAT)
OFMCAP
1901 01 11
München
Stadtpfarrprediger
1935 wegen einer Predigt ein Verhör durch
die Polizei. 1936 endete ein Verfahren vor dem
Sondergericht -wegen Vergehens gegen das Heim-
tückegesetz- mit Freispruch.

JUNGMANN, JOHANN BAPTIST
1887 10 29
Neufahrn
Pfarrer
Wegen Einsatzes für die Bekenntnisschule Verwarnung durch das Landratsamt. 1938 Beförderungsverweigerung durch das Kultusministerium.
Vom 12.9.1939 bis zum 12.1.1940 ohne Grundangabe in Schutzhaft gehalten. Anschließend
unter Beschuldigung des Hochverrats in Untersuchungshaft überstellt. Am 5.4.1940 freigelassen. Einzug von 500 RM Sicherungsgeld.
1941 Unterrichtsverbot durch den Regierungspräsidenten.
Verstorben am 3.9.1953.

KAGERMEIER, JOHANN
1899 05 03
Ostermünchen / Seebruck
Pfarrvikar / Expositus
Aufgrund von Predigtäußerungen drei Verwarnungen sowie Androhung von Predigt- und Unterrichtsverbot. 1937 durch SA-Angehörige beschossen, doch nicht verletzt. Am 19.3.1938
auf Anordnung des Landrats eine Haussuchung.
Verstorben am 21.2.1959.

KAINDL, FRANZ
1907 04 28
Anger / Holzhausen
Pfarrvikar / Pfarrer

Aufgrund von Predigtäußerungen am 17.7.1938 durch die Polizei verhört, im August 1938 durch die Polizei im Auftrag der Gestapo vorgeladen sowie im September schriftlich verwarnt und mit Predigtverbot bedroht.

KALTENHAUSER, JOHANN
1902 07 04
Ebersberg / Holzhausen
Kooperator / Expositus
Wegen verbotener Presse, wegen Namenstagsfeier und aufgrund von Predigtäußerungen jeweils verwarnt. In der Nacht vom 29. zum 30. Juni 1934 durch SA-Angehörige kurzfristig festgenommen wegen des Versuchs, die Nachricht von der Verhaftung des Kaplans Grein weiterzuleiten. Im November 1942 wegen Predigtäußerungen ein Verhör durch den Landrat.
Verstorben am 21.7.1979.

KALTNER, FRANZ SALES
1889 01 23
Oberhummel
Pfarrvikar
Verwarnung durch den Landrat. 1934 Vorladung und Verhör wegen Regimekritik.
Verstorben am 4.4.1966.

KANDLBINDER, JOHANN
1887 10 16
Ising / Hart
Expositus / Pfarrer
1935 wegen angeblicher Entfernung eines Plakats gegen Geistliche mehrfach Verhöre durch Polizei, zudem Anklage, die aufgrund einer Intervention des erzbischöflichen Ordinariats fallengelassen wurde. 1937 Verhör wegen Werbung für die Konfessionsschule.
Verstorben am 15.5.1956.

KANDLER, JOSEPH
1888 12 18
Föching
Expositus
1933 Haussuchung durch SA und Polizei. 1935 wegen Unterlassung des Hitlergrußes in der Schule Vorladung und Verhör durch die Polizei.
Verstorben am 3.4.1968.

KANDLER, P. MAURUS
OSB
1887 11 27
Ettal (Abtei)
Pfarrvikar
Im März 1938 wegen angeblicher Sittlichkeitsvergehen inhaftiert. Nähere Angaben fehlen.

KARL, LORENZ
1870 04 27
Grabenstätt
Pfarrer
Aufgrund von Predigtäußerungen durch die Gestapo verhört und vom 9.7. bis zum 10.7. 1937 in Schutzhaft gehalten.
Verstorben am 8.11.1965.

KASTNER, ANTON
1894 05 06
Baumgarten
Expositus
1933 und 1934 Vorladung, Verhör und Verwarnung durch das Bezirksamt wegen Kritik am Arbeitsdienst.
Verstorben am 10.1.1974.

KEBINGER, AUGUSTIN
1887 11 05
Feldkirchen / Fridolfing
Expositus / Pfarrer
1933 wegen Predigten und Verteilung eines Hirtenbriefs Haftandrohung durch die NSDAP. Zum Schutz vor etwaigen Maßnahmen versetzt.
Verstorben am 15.3.1944.

KELLER, GUSTAV VIKTOR
1870 01 20
Waakirchen / Wenigmünchen
Pfarrer
Wegen Nichtbeflaggung der Kirche 150 RM Geldstrafe. Etwa acht Jahre lang Unterrichtsverbot wegen Unterlassung des Hitlergrußes. Außerdem Haussuchung. Vorladung und Verhör durch das Bezirksamt.
Verstorben am 3.4.1954.

KELLER, JOHANN
1894 01 11
Neubiberg-Waldperlach
Expositus / Pfarrkurat
Wegen Verweigerung des Hitlergrußes Verwarnung und Haftandrohung im Wiederholungsfall durch Gestapo. 1934 Verhör durch Polizei wegen Predigtbemerkungen. 1935 wegen Äußerungen zur Nichtbeflaggung ein Verhör durch die Polizei.
Verstorben am 7.12.1967.

KELLERER, JAKOB
1890 06 27
München
Geistl. Studienrat
Wegen Regimekritik im Religionsunterricht im Februar 1936 Vorladung und Verhör durch Gestapo. Des weiteren Beförderungsverweigerung.
Verstorben am 26.5.1966.

KELLERER, JOSEPH
1872 02 22
Aying
Pfarrer
Verhör und Verwarnung durch das Bezirksamt.
Verstorben am 16.10.1953.

KELLNER, GOTTLIEB
1867 02 24
Niklasreuth / Weyarn
Pfarrer / Kommorant
1938 wegen Verstoßes gegen das Heimtückegesetz Anzeige und Einleitung eines Strafverfahrens beim Landgericht. Einstellung des Verfahrens infolge einer Amnestie. Haussuchung. 1939
aufgrund von Predigtäußerungen verwarnt.
Verstorben am 1.12.1956.

KERN, MATTHIAS
1877 05 30
Wolfratshausen / Isen-Bachleiten / Anzing
Pfarrer / Kommorant / Pfarrvikar
1933 Haussuchung durch Kriminalpolizei. 1934
zwei Verwarnungen durch die Kreisleitung. 1935/
36 wurde ein Sondergerichtsverfahren eingestellt. Erneute Anklage vor dem Sondergericht, überwiesen ans Amtsgericht. Verurteilung zu einer Geldstrafe von 5 RM. Strafe im Berufungsverfahren aufgehoben. Am 5.6.1939
Unterrichtsverbot. Im August 1942 einige Tage
lang in Gestapohaft gehalten. Haussuchung durch
Gestapo. Nach der Freilassung Verzicht auf die
Pfarrei. Im Juni 1943 Ortsverbot durch Gestapo.
Am 11.8.1944 wegen Inanspruchnahme des Feiertagsrechts von der Gestapo zur Hinterlegung von
2000 RM veranlaßt. Wegen Verstoßes gegen die
Kriegswirtschaftsverordnung zu 200 RM Geldstrafe verurteilt. Mehrere Vorladungen und Verhöre
durch das Amtsgericht und den Landrat.
Verstorben am 6.2.1963.

KERN, MATTHIAS
1889 02 02
Anger
Pfarrer
Beförderungsverweigerung auf Veranlassung des
Kreisleiters.
Verstorben am 6.4.1961.

KIENITZ, ERWIN RODERICH VON
1906 11 05
München
Domkapitular
Prof. Dr. theol. et iur. utr.
Im Dezember 1933 Verweigerung der Bestätigung
als Privatdozent durch das Kultusministerium.
Schreibverbot von der Reichsschrifttumskammer
verhängt. Zwei seiner Bücher als staatsab-
trächlich eingestuft. Ausschluß aus der Reichs-

schrifttumskammer. 1939 Verweigerung eines Auslandspasses durch die Polizei.
Verstorben am 22.9.1948.

KIENLE, RUDOLF
1886 02 25
Obermarchenbach
Pfarrer
1935 von der Polizei wegen Seelsorge verwarnt.
1937 aufgrund von Predigtäußerungen eine
Verwarnung durch die Polizei.
1939 Anzeige durch eine Privatperson wegen Aufrufs
an Eltern zur religiösen Kindererziehung.
Verstorben am 16.6.1953.

KIENMOSER, KARL
1901 04 29
Brannenburg / Laufen
Schulbenefiziat / Kuratkanonikatsverweser
Aufgrund einer Anzeige durch eine Privatperson
vom 30.6. bis zum 3.7.1933 durch die Gestapo
in Schutzhaft gehalten. Durch einen Sonderkommissar verhört.
Im Dezember 1933 Zertrümmerung der Pfarrhaus-
fensterscheiben. Im gleichen Monat Zwangsversetzung. Wegen Inanspruchnahme des Feiertagsrechts
zu 160 RM Geldstrafe verurteilt.
Verstorben am 5.4.1975.
Lit.: RPB I, 10.

KIFINGER, GEORG
1889 11 10
München (Maria Ramersdorf)
Geistl. Studienrat / Stadtpfarrer
1933, 1935, 1938 und 1942 Haussuchungen und
Verhöre durch die Gestapo. Zwischen 1935 und
1938 mehrere Verwarnungen durch die Schulbehörde. Des weiteren Beförderungsverweigerung.
Verstorben am 14.5.1976.

KISLINGER, JOSEF
1898 03 27
Tengling
Vikar / Pfarrkurat
Im Mai 1934 Verhör durch Polizei und Verwarnung durch den Landrat. Wegen Predigt am 19.10.
1934 durch die Polizei verhört. Am 23.6.1942
wegen Beeinflussung von Schülern zugunsten der
Juden Unterrichtsverbot durch den Regierungspräsidenten. Wegen Abhaltung von Kinderseel-
sorgestunden trotz Unterrichtsverbots am 31.10.
1942 eine Vorladung vor den Landrat.
Verstorben am 30.12.1963.

KLAPFENBERGER, JOSEF
1905 06 25
Dachau / Miesbach
Koadjutor / Kaplan
Zwischen 1933 und 1939 mehrere Vorladungen vor

das Bezirksamt. Aufgrund von Predigtäußerungen mehrere Verwarnungen durch den Landrat.

KLEES, HUBERT
1904 02 03
Traunstein
Kooperator
Dr. phil.
1937 und 1938 Verhör und Haussuchung durch Gestapo. Wegen Jugendseelsorge vom Amtsgericht zu
50 RM Geldstrafe verurteilt.

KLEIDORFER, JOSEF
1892 12 14
Hohenpeißenberg
Pfarrer
Wegen Inanspruchnahme des Feiertagsrechts von
der Gestapo zur Hinterlegung von 500 RM Sicherungsgeld veranlaßt. Am 8.8.1944 Androhung
von Unterrichtsverbot durch die Gestapo. 1944
Beanstandung einer Erstkommunion am Muttertag
durch die Kreisleitung.
Verstorben am 2.11.1960.

KLENK, JOSEF (P. NOTKER)
OFM
1907 02 08
Landshut / Pattendorf
Zwischen 1936 und 1939 wegen Predigtäuße-
rungen zwei Anklagen, die zweite Anklage fiel
unter Amnestie.
Im Dezember 1939 wegen einer Predigt durch die
Gestapo vorgeladen und vom 7.2. bis zum 11.
5.1940 im Landgerichtsgefängnis inhaftiert.

KLOECK, LUDWIG
1909 01 24
Ampfing / Fürstenfeldbruck / Neufarn
Kooperator / Expositus
1938 Anzeige wegen Einspruchs gegen die Wahlord-
nung, nach Amnestie niedergeschlagen. Von 1941
bis 1943 ohne Grundangabe Unterrichtsverbot
durch den Gauleiter verhängt. Verbot des
außerkirchlichen Umgangs mit Jugendlichen wegen Gefahr der Beeinflussung. Am 2.4.1945 ein
Verhör durch einen Offizier bezüglich einer
Anordnung zur Beseitigung der Panzersperren.

KLUG, P. FRANZ SALES
OSB
1900 05 15
München
Verhör, Haussuchung und Beschlagnahme von Bü-
chern, Briefen und Predigten durch die Gestapo.
Ferner von der Gestapo amtlich verwarnt. Unter-
richtsverbot wurde vom Bezirksamt verhängt.

KNAB, WILHELM
1900 08 20
Ebersberg
Koadjutor, Chorregent
1938 Haussuchung durch Polizei. 1942 Vorladung
vor den Schulleiter wegen Inanspruchnahme des
Feiertagsrechts. Beeinflussung von HJ-Mitglie-
dern durch die NSDAP-Kreisleitung beanstandet.

KNOEBL, KARL
1893 12 06
o.O.
Kriegspfarrer
1941 aufgrund eines Vergehens gegen den
Kanzelparagraphen durch den Divisionsleiter
verwarnt. Im gleichen Jahr aufgrund einer Predigt als Divisionspfarrer abgelöst.
Verstorben am 12.5.1971.

KNOGLER, JOSEF
1882 11 02
München (St. Martin)
Pfarrer
1934 Kritik am Fernbleiben vom Schulgottesdienst schriftlich beanstandet. 1937 Werbung
für die Bekenntnisschule schriftlich beanstandet.
Verstorben am 6.1.1967.

KNOTT, JOSEF
1887 12 14
München
Geistl. Studienprofessor
Aufgrund von Predigtäußerungen mehrere Bean-
standungen durch den Ortsgruppenleiter. Wegen
Kritik an Vereinsauflösungen ein Verhör durch
die Gestapo.
Verstorben am 12.11.1978.

KNUENZ, P. JOSEF
SJ
1877 02 04
München
Provinzialsekretär
Verhör und Verwarnung durch die Gestapo im Ja-
nuar 1941 wegen eines Briefes an Angehörige
deutscher Missionare in Poona in Indien.

KOBLECHNER, JOSEF
1881 02 11
Wasserburg
Pfarrer
Wegen Verstoßes gegen das Sammlungsgesetz Ver-
warnung und Einzug von 40 RM Geldstrafe.
Verstorben am 17.3.1959.

KOCH, P. ANTON
SJ
1898 02 19

München
Geistl. Religionslehrer
Wegen Jugendpredigten 1935 und 1937 je ein Verhör durch die Gestapo. 1936 wurde ein Sondergerichtsverfahren wegen Amnestie eingestellt.
1938 Zimmerdurchsuchung durch die Gestapo wegen
eines Briefes einer Arbeiterin aus dem Arbeitslager.
Anschuldigungen durch die HJ und Denunziation
durch einen Lehrer 1935 wegen seines Religionsunterrichtes.
Kampf Rosenbergs gegen seine Broschüre „Der
neue Mythos und der alte Glaube" und Beschlagnahme sowie Einstellungsverordnung derselben.
Lit.: RPB I, 72, 164.

KOENIG, P. LOTHAR
SJ
1906 01 03
Pullach
Wegen Verbindung zum Kreisauer Kreis nach dem
20.7.1944 steckbrieflich gesucht, doch nicht
gefunden.
Verstorben am 5.5.1946.
*Lit.: 1.Kempner, 70, 349. 2.Neuhäusler II, 14,
271-276. 3.van Roon: Neuordnung im Widerstand. 200ff.*

KOENIGER, AUGUST
1872 01 01
Traunstein
Geistl. Studienrat
1933 eine Haussuchung durch die Polizei. Am
11.4.1934 Aufforderung durch das Kultusministerium, die Versetzung in den Ruhestand zu be-
antragen. Nach Weigerung Zwangspensionierung.
Verstorben 18.1.1947.

KOEPPL, LUDWIG
1903 05 23
Hartpenning / Überacker / Steinhöring
Pfarrvikar / Koadjutor / Pfarrer
1933 wegen Beleidigung eines Ministers vom
NSDAP-Kreisleiter kurzfristig in Schutzhaft genommen. Wegen Verlesung eines Hirtenbriefs kurzfristig festgenommen. 1943 wegen Regimekritik
gerichtliche Untersuchung und Verurteilung zu
300 RM Geldstrafe auf Veranlassung der Gestapo.

KOERBLING, P. ANTON
SJ
1902 12 29
München
Männerseelsorger
Aufgrund von Predigtäußerungen und wegen
eines Ministrantenausfluges zwischen 1937 und
1939 mehrere Gestapoverhöre.
1938 kurzfristige polizeiliche Festnahme wegen
Unruhestiftung bei der Jubiläumsfeier der Ma-

riensäule.
Am 1.9.1939 durch ein Sondergericht wegen
Kanzelmißbrauchs zu fünf Monaten Haft verurteilt. Wegen Einberufung zum Militär Aufschub
der Strafe und Amnestie zum Kriegsbeginn.
Im Zuge der Verfügung der Wehrunwürdigkeitserklärung vom 26.4.1941 entlassen.

KOESTLER, HEINRICH
1905 08 05
Prien / Wasserburg
Kooperator / Geistl. Studienrat
Im November 1935 Anzeige des Bezirksamts wegen
Predigtäußerungen. Am 3.12.1935 eine Vorla-
dung vor das Amtsgericht. 1936 und 1940 je zwei
Vorladungen vor das Landgericht. 1940 Vorladung
und Unterrichtsverbot durch den Regierungsprä-
sidenten.
Lit.: RPB I, 108.

KOHLHAUF, INNOZENZ
1887 10 13
Großdingharting
Pfarrer
Wegen zweier Predigten vom Landrat und von der
Polizei verwarnt.
Verstorben am 1.1.1963.

KOLLER, HUGO
1879 12 13
Finsing / München
Pfarrer / Pfarrvikar / Kommorant
1936/37 Aufenthaltsverbot. Unterrichtsverbot.
Im Mai 1937 polizeiliche Festnahme. Im Juni
1937 vom Gericht zu 10 Monaten Gefängnishaft
verurteilt. Am 8.12.1941 wegen Vergehens gegen
das Heimtückegesetz ein Verhör durch die Gestapo. 1941 Einzug von 1000 RM Sicherungsgeld.
Am 10.4.1942 durch ein Sondergericht zu 10
Monaten Gefängnis verurteilt.
Verstorben am 21.9.1946.

KORNLEITER, JOSEF
1902 04 14
München (St. Andreas) /München (Mariä Heims.)
Katechet / Pfarrkurat
1933 Verwarnung wegen Verstoßes gegen das Flaggengesetz. Erneute Verwarnung wegen Begünstigung eines politischen Häftlings. 1934 nochmals verwarnt aufgrund eines Schulgebets für
einen inhaftierten Priester. Ein Verhör durch
die Gestapo. Wegen politischer Unzuverlässigkeit Ablehnung als Stadtpfarrer in München
(Mariahilf).
Verstorben am 13.12.1971.

KOTHIERINGER, ANTON
1888 09 04
München

Exerzitienhausdirektor
Vorladung und Verhör durch die Gestapo wegen
angeblicher Verbindung zu einem österreichischen Pater. 1940 eine Haussuchung durch
die Gestapo.
Am 13.6.1944 bei einem Luftangriff ums Leben
gekommen.

KOTTERMAIR, JOSEF
1910 09 29
Landshut (St. Margaret)
Chorregentenkaplan
Im Oktober 1938 und im Dezember 1939 Vorladung
und Verhör durch Kriminalpolizei wegen Jugendarbeit.

KOTZ, ANTON
1892 09 28
Bad Aibling / Siegsdorf
Prediger, Benefiziant / Pfarrer
Ein Verhör wegen angeblicher Züchtigung eines
Schülers, der den Hitlergruß leistete. 1942
wegen Eintretens für die Juden öffentliche
Anschuldigungen durch den Ortsgruppenleiter.
Am 3.5.1945 wurde ein Erschießungsbefehl
durch einen Generalleutnant ausgefertigt. Die
Exekution wurde aufgrund des Eintreffens
amerikanischer Truppen nicht ausgeführt.
Verstorben am 2.8.1950.

KRAEMER, P. GEORG
SJ
1912 12 09
München
Student
Entlassung als wehrunwürdig wegen Zugehörigkeit
zum Jesuitenorden am 3.8.1942.

KRAMMER, FRANZ
1899 11 24
Kirchseeon
Expositus / Pfarrkurat
Von 1933 bis 1938 mehrmals durch die Polizei
verhört. Am 3.1.1936 eine amtsgerichtliche
Untersuchung. Ein Verfahren vor dem Landgericht
wegen Vergehens gegen das Heimtückegesetz
wurde am 3.1.1938 mangels Beweises eingestellt. Am 3.1.1938 eine Verwarnung durch den
Regierungspräsidenten.

KRANZ, JOSEF
1883 03 17
Oberschleißheim
Pfarrer
Am 14.7.1933 Aufenthaltsverbot von der NSDAP beantragt. 1937 eine Verwarnung durch den Landrat. Im Juni 1938 Verurteilung zu 20 RM Geldstrafe wegen Vergehens gegen das Pressegesetz.
Am 28.8.1939 Haussuchung und Festnahme durch

die Gestapo. Bis zum 6.1.1940 in Schutzhaft
behalten, dann unter Beschuldigung des Hochverrats in Untersuchungshaft überstellt. Bis zum
12.4.1940 in Untersuchungshaft. Im August 1941
Unterrichtsverbot durch den Regierungspräsidenten.
Verstorben am 24.12.1974.

KRANZ, MICHAEL (P. PETRUS)
OSB
1901 06 13
Hohenschäftlarn
Expositus, Religionslehrer
Drei Vorladungen durch den Ortsgruppenleiter
wegen Unterlassung des Trauergeläutes für Hindenburg, wegen teilnehmender Worte in der Religionsstunde anläßlich der Ermordung von Dollfuß 1934 und wegen einer pädagogischen Maßnahme in der Religionsstunde.

KRIEGER, FRANZ
1884 11 23
München (St. Sylvester)
Pfarrer
1933 wegen Verbreitung einer verbotenen Schrift
von seiten der NSDAP Versetzung angedroht. 1935
Vorladung und Verhör durch die Gestapo wegen
seines Religionsunterrichtes. 1939 ein Verhör
durch die Gestapo aufgrund des angeblichen
Kaufes eines Kronprinzenbildes. Der Ortsgruppenleiter beanstandete des Pfarrers Befürwortung der Konfessionsschule.
Verstorben am 2.6.1951.

KRIEGER, GEORG
1906 11 19
Bad Aibling
Kooperator
1934 Vorladung vor das Bezirksamt wegen Entfernung eines kirchenfeindlichen Plakats. 1938
oder 1939 eine Haussuchung durch die Gestapo.
Verstorben am 18.10.1970.

KRIMMER, JOHANN BAPTIST
1890 05 16
Palling
Pfarrer
Am 30.6.1942 eine Verwarnung durch den Regie-
rungspräsidenten wegen des Versuchs, eine An-
ordnung des Ortsgruppenleiters zur Heldenge-
denkfeier der Schule abzuändern. Des weiteren
Androhung von Unterrichtsverbot.
Verstorben am 23.6.1973.

KROENNER, MICHAEL
1895 01 23
Zolling
Pfarrer
Am 13.8.1942 eine gerichtliche Untersuchung

am Landgericht. Am 10.10.1942 Unterrichtsverbot durch den Regierungspräsidenten. Gerichtliche Verurteilung zu 200 RM Geldstrafe am 16. 10.1942. Am 19.5.1944 Verurteilung zu 600 RM Geldstrafe.
Verstorben am 18.10.1972.

KRONAST, JOSEF
1902 07 26
München (St. Korbinian) / München / Egern
Kaplan / Domkooperator / Pfarrer
1936 ein Verhör durch die Gestapo. 1943 Verhör und Verwarnung durch die Gestapo wegen Verteilung von Handzetteln.
Lit.: RPB I, 347-349.

KUEFFNER, LUDWIG
1882 09 06
Niederroth
Pfarrer
Ein Verhör durch die Polizei wegen Nichtbeflaggung.
Verstorben am 10.1.1955.

KUHN, LUDWIG
1879 09 08
München / Eisenärzt
Geistl. Studienprof. / Kommorant / Hausgeistl.
Im Februar 1935 Vorladung und Verhör durch die Schulbehörde. Wegen Lähmung des Kampfeswillens der Bevölkerung am 1.5.1945 Verhaftung und Androhung der Erschießung durch die Wehrmacht.
Verstorben am 20.5.1952.

KUKOWSKI, LEON VON
1903 10 23
Moosen / Tuntendorf / Ostermünchen
Kooperator / Koadjutor / Pfarrvikar
1938 nach einer Anzeige durch einen Lehrer wegen einer Predigt ein Verhör durch die Polizei. Wegen Jugendseelsorge am 1.1.1939 Unterrichtsverbot. Im Frühjahr 1941 aufgrund von Predigtäußerungen eine Verwarnung durch die NSDAP-Ortsgruppe. Im Dezember 1941 eine Verwarnung durch die Gestapo wegen eines Lichtbildervortrags.
Verstorben am 17.9.1978.

KUNSCHIR, JOHANN BAPTIST
1893 06 13
Frauendorf / Ensdorf
Kooperator
Verurteilung zu 35 RM Geldstrafe wegen Vergehens gegen die Kriegswirtschaftsverordnung. Ein Verhör wegen Ausländerseelsorge.
Verstorben am 16.12.1949.

KUPFER, P. ANGELUS
OSB
1900 01 19
Ettal (Abtei)
Abt
Dr. theol.
Post- und Telefonüberwachung während vieler Monate in den Jahren zwischen 1933 und 1945. Am 23.3.1938 Haussuchung durch die Gestapo und Beschlagnahme von Akten, 1600 Bildern des Kunstverlages und Liederheften des „Bundes Neudeutschland".
Im März 1938 eintägige Haft, weil der Abt Auskünfte über etwaige Sittlichkeitsvergehen verweigerte.

LAMPL, INNOZENZ
1881 08 09
Tuntenhausen
Pfarrer, Wallfahrtskustos
1941 Verhör und Verwarnung durch die Ortspolizei. 1942 Einzug von 2000 RM Sicherungsgeld. 1943 ein Verhör durch die Gestapo. Am 17.12.1943 Unterrichtsverbot.
Verstorben am 23.6.1961.

LAMPRECHT, JOSEF
1909 01 18
Aufkirchen / Allershausen / Niederroth
Koadjutor / Kooperator / Pfarrvikar / Sanitäter
Von 1933 bis 1938 mehrmals von NSDAP-Funktionären verwarnt. Wegen Verstoßes gegen das Heimtückegesetz 1938 und 1939 Verfahren am Amtsgericht. Einziehung zur Wehrmacht. Beförderungsverweigerung. Am 20.4.1945 wegen Wehrkraftzersetzung vom Kriegsgericht zum Tode verurteilt. Das Urteil wurde nicht vollstreckt.

LANDGRAF, IGNAZ
1884 10 02
München (St. Maximilian)
Pfarrer
Eine Vorladung vor den Ortsgruppenleiter. Im Mai 1934 durch die Gestapo eine Haussuchung und Beschlagnahme von Briefen, die nach vier Wochen zurückgegeben wurden.
Verstorben am 4.4.1949.

LANG, ALOIS
1901 10 26
München
Generalsekretär des Ludwig-Missionsvereins
Zwischen 1937 und 1940 mehrere Verhöre durch die Devisenfahndungsstelle. 1940 eine Haussuchung durch die Zollfahndungsstelle. 1941 Haussuchung und Beschlagnahme von Akten des Ludwigs-Missionsvereins durch die Gestapo. Einzug von 30 RM Geldstrafe wegen der Bezeichnung „Ortsgruppe" für eine Pfarrgruppe.
Verstorben am 16.2.1975.

LANG, P. BERTHOLD
SJ
1881 09 17
München
1937 und 1941 Verwarnungen durch die Gestapo
wegen Tätigkeit im Landesverband der katholischen Männervereine sowie aufgrund von Predigtäußerungen.
1943 zwei Verhöre durch die Staatsanwaltschaft
München wegen Beteiligung an einer religiösen
Woche im Oktober 1942.
Am 8.6.1943 durch das Sondergericht München
zu sechs Monaten Haft verurteilt wegen Verächtlichmachung der deutschen Wehrmacht.

LECHNER, JOSEF
1879 03 24
Söllhuben
Pfarrer
Wegen Vergehens gegen das Heimtückegesetz
Untersuchungshaft vom 17.12.1940 bis zum 1.4.
1941. Am 5.4.1941 durch ein Sondergericht zu
sechs Monaten Gefängnis verurteilt. Unter Anrechnung der Untersuchungshaft am 6.6.1941
aus der Haft entlassen. Am 13.6.1941 Unterrichtsverbot durch den Landrat. Ausweisung aus
der Pfarrei am 1.8.1941.
Verstorben am 2.3.1953.
Lit.: RPB I, 324, 326.

LECHNER, JOSEF
1914 09 06
Bruckmühl
Kaplan
Beförderungsverweigerung.

LEDERER, OTTO
1905 09 20
München (Christi Himmelfahrt)
Kuratus
Auf Veranlassung der NSDAP wegen katholischer
Vereinsarbeit vom 27.2. bis zum 13.3.1934 in
Schutzhaft gehalten.
Verstorben am 17.5.1977.

LEEB, FRANZ XAVER
1902 12 14
München (St. Ludwig) / Nandlstadt /Allershausen
Pfarrer
1935 eine Vorladung durch die Gestapo wegen An-
beraumung eines Einkehrtages für die Führe-
rinnen der „Weißen Rose". 1940 wegen Jugendarbeit Androhung von KZ-Haft durch einen HJ-
Führer. 1943 eine Verwarnung aufgrund von Ausländerseelsorge. Im gleichen Jahr Verbot der
Jugendarbeit durch die Kreisleitung der NSDAP.

LEICHER, P. ALOIS
SJ
1899 08 13
München
Provinzprokurator
1935/36 wegen Devisenangelegenheiten mehrere
Verhöre durch die Zollfahndungsstelle Mün-
chen, den Staatsanwalt u.a.; des weiteren
Beschlagnahme von Akten der Provinzialverwal-
tung.

LEINFELDER, P. ALOIS
SDB
1896 09 07
München
Leiter des kath. Jugendheims
Dr. theol.
Mehrere Beanstandungen durch die HJ. Mehrere
Vorladungen, Verhöre und Haussuchungen (drei)
durch die Gestapo sowie Beschlagnahme von
Büchern, Fahnen und Korrespondenz. Androhung
der Auflösung des Heimes.

LEISTL, JOSEF
1882 09 18
Ascholding
Pfarrer
Wegen Regimekritik auf Betreiben der Gestapo vom
24.9. bis zum 28.10.1941 in Polizeihaft gehalten. Am 28.10.1941 Verwarnung durch den Landrat
und Einzug von 500 RM Sicherungsgeld. Ohne Grundangabe am 19.3.1942 Unterrichtsverbot
durch den Regierungspräsidenten.
Verstorben am 27.10.1956.
Lit.: RPB I, 333, 335.

LELL, GEORG
1901 08 23
München (St. Benno)
Kooperator
Im Juli 1934 wegen Regimekritik durch die
Gestapo verwarnt.
Verstorben am 13.8.1971.

LENZ, LEONHARD
1907 01 02
München (St. Ulrich) / Bad Reichenhall
Kaplan / Benefiziat
Wegen angeblicher Diskriminierung von Angehörigen des Jungvolks 1934 schriftlich vom Landrat verwarnt. 1937 wegen Vereinsarbeit Haussuchung durch die Gestapo, dabei Beschlagnahme
von Geldern, Liederbüchern und der Fahne der
marianischen Kongregation.

LEONPACHER, ALFRED
1876 04 11
München
Geistl. Studienrat

Vorladung, Verhör und Haussuchung durch Gestapo. Unterrichtsverbot auf Weisung des Unterrichtsministeriums.
Verstorben am 21.1.1956.

LEVELING, HERBERT VON
1906 06 26
Ismaning / Tuntenhausen / Hirnsberg
Koadjutor / Kooperator / Aushilfspriester
1933 eine Verwarnung durch die Polizei. Aufgrund von Predigtäußerungen 1936 zwei Verwarnungen durch die NSDAP-Ortsgruppe. Am 16. und 18.6.1938 wegen Predigtäußerungen durch die Polizei verhört.

LIEBL, SEBASTIAN
1875 01 24
Moosach
Pfarrer
Wegen Verstoßes gegen das Heimtückegesetz zu Beginn des Jahres 1942 von der Gestapo in Untersuchungshaft genommen. Nach circa zwei Wochen freigelassen. Sechs Wochen später erneut verhaftet, aber aufgrund schwerer Krankheit wieder entlassen. Einleitung eines Strafverfahrens. Am 20.12.1942 verstorben, daher fand die anberaumte Gerichtsverhandlung nicht mehr statt.
Lit.: RPB I, 342.

LINDER, AUGUST
1899 02 06
Rappoltskirchen
Pfarrvikar
Wegen Nichtbeflaggung der Kirche am 9.11.1935 durch die Polizei verhört.
Verstorben am 5.12.1975.

LINHARD, JOSEF
1874 10 09
Berchtesgaden
Pfarrer, Dekan
Ein Protest des Dekans beim Bezirksamt Berchtesgaden wegen der Einschränkung der Fronleichnamsprozession führte zu einem Strafbefehl über 100 RM. Der Bezirksamtsvorstand hatte wegen Beamtenbeleidigung geklagt (Juli 1937).

LINHARDT, ROBERT
1895 03 24
Freising
Priester und Hochschulprofessor
Dr. theol.
Am 27.5.1933 eine Verwarnung durch die Gestapo aufgrund einer akademischen Festrede. Nach einer Anzeige durch die NSDAP wegen regimekritischer Rede eine gerichtliche Untersuchung vom 20.2.1934 bis zum 12.4.1934. Im Juli 1938 eine Haussuchung durch die Gestapo.

LINSENMAYER, MAXIMILIAN
1900 02 16
München (St. Lorenz) / Ising / Steinkirchen
Kooperator / Expositus /
1935 vom Jungvolk mit Steinen beworfen. 1936 wegen Predigtäußerungen eine Vorladung durch die Gestapo. 1941 Drohungen seitens des Ortsgruppenleiters und des Bürgermeisters wegen Bestrafung eines Schülers. Wegen Jugendseelsorge eine Anzeige durch die Gestapo, der Staatsanwalt stellte die Untersuchung jedoch ein.
Lit.: RPB I, 340.

LIPP, GEORG
1884 10 16
Ampfing
Pfarrer
Dr. theol.
Wegen Entfernung einer Hakenkreuzfahne aus dem Pfarrgarten eine Verwarnung durch die NSDAP-Kreisleitung im November 1933.
Verstorben am 23.7.1968.

LIPP, GEORG
1904 04 15
Rosenheim
Kaplan, Wehrmachtpfarrer
Wegen antinationalsozialistischer Predigten von der NSDAP-Kreisleitung und von Wehrmachtsdienststellen verwarnt. Beförderungsverweigerung wegen politischer Unzuverlässigkeit.

LIPP, KARL
1890 10 19
München / Weyarn / Straußdorf
Katechet / Pfarrer
Dr. phil.
1936 eine Verwarnung durch die Gestapo. Am 19.10.1937 Aufenthaltsverbot durch die Gestapo. Vom 19.10.1939 bis zum 15.11.1939 in Polizeihaft. Ein Gerichtsverfahren wegen schwerer Körperverletzung wurde eingestellt, da dem Pfarrer Notwehr zugebilligt werden mußte. Am 15.2.1940 Zwangsversetzung. Vom 24. bis zum 26.6.1941 Gestapohaft.
Verstorben am 24.4.1961.

LOEBACH, WILHELM (P. XAVERIUS)
OP
1881 02 13
Wasserburg
Missarius
1937/38 mehrmals Vorladung und Verhör durch die Gestapo sowie eine Verwarnung wegen Predigtäußerungen. Des weiteren Androhung von Predigtverbot.

LOIDL, JOSEF
1876 06 04
Wörth
Pfarrer
Am 6.5.1941 eine Haussuchung durch einen
Privatmann.
Verstorben am 27.4.1951.

LOITHALER, JOSEF
1908 03 26
München (St. Rupert)
Geistl. Chordirektor
1941 eine Verwarnung durch die Gestapo wegen
Verbreitung des Möldersbriefes.
Verstorben am 29.9.1979.

LORENZER, KARL
1885 06 04
Garmisch-Partenkirchen (Maria Himmelfahrt)
Pfarrer
Wegen Nichtleistung des Hitlergrußes Verwarnung durch den Schulrat. Im Sommer 1938 wegen
Vereinsarbeit Verhör, Haussuchung und Beschlagnahme von Mitgliederverzeichnissen durch Kriminalpolizei. 1940 wegen politischer Unzuverlässigkeit Ernennung zum Standortpfarrer vom Kreisleiter verweigert. 1941 eine Anzeige durch
die Polizei aufgrund eines Bittganges; die Angelegenheit blieb ohne Folgen.
Verstorben am 26.9.1967.

LUBER, FRANZ XAVER
1904 05 12
Schwindkirchen
Kooperatur-Verweser
Am 30.9.1941 wegen Verweigerung des Hitlergrußes Unterrichtsverbot, das trotz zweimaligen Einspruchs nicht aufgehoben wurde. Vorladung und Verhör durch den Landrat am 29.8.1941,
durch die Gestapo am 14.10.1941. Vom 14. bis
zum 17.10.1941 in Gestapohaft.

LUKAS, FRANZ
1883 03 16
München (St. Georg)
Pfarrer
Eine Verwarnung durch das Propagandaministerium
wegen verbotener Presse. Aufgrund von Predigtäußerungen eine Vorladung und ein Verhör
durch die Gestapo.
Verstorben am 14.12.1953.

LUKAS, JOSEF
1879 06 29
Gebensbach
Pfarrer
Verwarnung wegen Abhaltung eines Gottesdienstes
an einem nichtstaatlichen Feiertag.
Verstorben am 5.11.1955.

LUNGHAMER, GREGOR
1876 08 23
Ecksberg / Geisenhausen
Benefiziat, Wallfahrtspriester / Missarius
Wegen Verbreitung des Gerüchts naher Kriegsgefahr am 16.3.1938 in Haft genommen und als An-
staltsleiter entlassen, zudem am 26.3.1938 unter Anklage gestellt. Vom Gericht freigesprochen. Aufenthaltsverbot auf Veranlassung der
NSDAP. Verurteilung zu 500 RM Geldstrafe.
Verstorben am 23.7.1940.

LUTTENBACHER, JOHANN
1870 07 24
Halfing
Pfarrer
Verwarnung durch den Landrat wegen Unterlassung
des Hitlergrußes und wegen Äußerung über Be-
schlagnahme von Sammlungsgeldern.
Verstorben am 3.7.1947.

LUTZ, GEORG
1901 08 20
Obergangkofen
Schulexpositus
1934 wegen Vergehens gegen das Sammlungsgesetz
ein Verhör durch die Gestapo.
Verstorben am 17.4.1957.

MAENNER, HERMANN
1895 10 09
Altfraunhofen
Pfarrer
1941 Verwarnung durch Polizei wegen Abhaltung
eines Gottesdienstes an Christi Himmelfahrt.
Verstorben am 23.12.1962.

MAENNER, JOHANN BAPTIST
1885 09 27
Gammelsdorf
Pfarrer
Aufgrund von Predigtäußerungen eine Verwar-
nung mit Androhung der Festnahme durch die
Gestapo. Forderung der Versetzung durch den
Ortsgruppenleiter.
Verstorben am 11.6.1966.

MAIER, BENEDIKT
1878 04 01
Stephanskirchen
Benefiziat
Aufgrund von Predigtäußerungen eine Verwar-
nung durch die Gestapo.
Verstorben am 2.4.1952.

MAIER, FRANZ SERAPH
1880 11 12
Moosen
Pfarrer

Drei Verhöre durch die Polizei.
Verstorben am 13.9.1956.

MAIER, FRANZ XAVER
1904 11 19
Jettenbach-Grafengars / Attenhausen
Kurat, Schulbenefiziat / Expositus
Wegen pädagogischer Maßnahme zum Rücktritt
veranlaßt.
Verstorben am 19.2.1971.

MAIER, GEORG
1914 05 14
Zorneding
Kaplan
1941 Beschlagnahme des Motorrades.

MAIER, JOHANN
1902 06 09
Traunstein
Kooperator
1934 hatte das bischöfliche Ordinariat aufgrund der Ausweisung des Stadtpfarrers Läuteverbot angeordnet. Wegen Befolgung der Anordnung wurde der Geistliche von Mitgliedern der
SS verprügelt.
Verstorben am 13.8.1979.

MAIER, JOHANN EVANGELIST
1889 09 23
München / Velden
Honorarkatechet / Pfarrer
Am 30.6.1938 Entlassung als Katechet. Einzug
von 150 RM Geldstrafe. Zwei Gerichtsverhand-
lungen endeten ohne Urteil.
Verstorben am 24.5.1974.

MAIER, JOSEF
1902 01 29
Haslach
Aushilfspriester
Dr. phil.
Beförderungsverweigerung. 1934 wurde ein Ver-
fahren vor dem Landgericht wegen Verbreitung
von Greuelnachrichten aufgrund von Amnestie
eingestellt. Im Juli 1934 Redeverbot durch das
Kultusministerium.
Verstorben am 20.2.1968.

MAIR, JOHANN EVANGELIST
1891 08 31
Traunstein
Geistl. Studienseminarleiter
Dr. phil.
Strafandrohung durch NSDAP-Kreisleiter wegen
Weigerung, das Studienseminar zu verlassen.
1939 Beanstandung einer Weihnachtsansprache
durch Kreisleitung. Verbot der Teilnahme an
einer Feier im Seminarlazarett durch die Kreis-
leitung.
Verstorben am 15.11.1971.

MAIR, JOSEPH
1870 07 03
Rosenheim
Kommorant
Am 25.3.1944 Einzug von 2000 RM Sicherungs-
geld durch die Gestapo.
Verstorben am 25.2.1948.

MALLINCKRODT, MEINULF VON
1907 08 30
München
Stud. theol.
Am 9.12.1943 wegen Regimegegnerschaft ver-
haftet, am 25.11.1944 ins KZ Dachau einge-
wiesen, dort am 25.4.1945 entlassen.
Lit.: Weiler, 433.

MARSCHALL, KASPAR
1885 05 08
Töging
Pfarrer
1937 wegen Vergehens gegen den Kanzelparagraphen eine Verwarnung. Im gleichen Jahr wurde
die Ernennung zum Stadtpfarrer verweigert. Im
Mai 1940 wegen Verweigerung des kirchlichen Begräbnisses für einen Angehörigen der SS
durch ein SS-Mitglied bedroht.
Verstorben am 22.2.1960.

MARSMANN, THOMAS
1905 12 20
Au am Inn
Benefiziat
Wegen Konspirationsverdachts eine Untersuchung
durch das Landgericht. Ein 1937 durch das Amtsgericht eingeleitetes Verfahren wurde 1938 eingestellt.
Verstorben am 24.8.1974.

MAURACHER, JOHANNES
1906 07 17
Freilassing
Kaplan
Vom 26.4.1939 bis zum 8.5.1939 wegen Abhaltung von Jugendsingstunden Unterrichtsverbot
durch den Bürgermeister.

MAYER, ADALBERT
1887 04 25
München (St. Peter)
Benefiziat
1933 Verhör und Haussuchung durch Gestapo. Am
30.6.1933 kurzfristige Festnahme durch Polizei.
1938 Verhör und Haussuchung durch Gestapo. Im
März 1941 Verweigerung einer nebenamtlichen
Pfarrstelle durch die Wehrmacht.

MAYER, HANS (P. CHRISTOPH)
OFMCAP
1905 06 24
Erding / Mariasorg
Superior
1936 aufgrund des Wahlverhaltens Zwangsversetzung.
1939 Verhör und Haussuchung durch die Gestapo wegen einer Predigt.

MAYER, HEINRICH
1881 10 26
Bamberg
Hochschulprofessor
Dr. theol.
Verbot jeglicher Lehrtätigkeit (nähere Angaben fehlen).
Verstorben am 15.2.1957.

MAYER, HERRMANN
1878 07 23
Aschaffenburg / Bad Wiessee
Studienseminardirektor / Kommorant
Am 1.9.1934 auf Betreiben der HJ zwangspensioniert.
Verstorben am 9.3.1958.

MAYER, JOSEF
o.D.
Mößling
Pfarrer
Am 29.7.1937 wegen Vergehens gegen den Kanzelparagraphen an Stelle einer Haftstrafe von 15 Tagen vom Amtsgericht Traunstein zu 150 RM Geldstrafe verurteilt.

MAYER, P. KARL
1914 10 06
Dachau
Kaplan
Wegen einer Wallfahrt im September 1943 von der Gestapo verwarnt.

MAYER, OTTO
1895 01 15
Schwabhausen
Pfarrer
Am 4.5.1940 eine Verwarnung durch den Landrat.
Verstorben am 30.5.1966.

MAYER, P. RUPERT
SJ
1876 01 23
München
Wegen regimekritischer Predigten am 16.5.1937 von der Gestapo mit Redeverbot, am 28.5.1937 mit Predigtverbot belegt. Am 5.6.1937 auf Veranlassung der Gestapo in Untersuchungshaft ge-

nommen. Die Verhaftung löste Proteste in der Bevölkerung aus. Am 22.7.1937 wegen Kanzelmißbrauchs vom Sondergericht zu sechs Monaten Gefängnis verurteilt. Es erfolgte eine erneute Verhaftung durch die Gestapo am 3.11.1939. Einweisung ins KZ Sachsenhausen am 22.12.1939. Vom 6.8.1940 bis zum 11.5.1945 durch die Gestapo ins Kloster Ettal verbannt.
Lit.: 1.Boesmiller, Franziska: Pater Rupert Mayer SJ. München 1961. 2.Gritschneder, Otto (Hrsg.): Pater Rupert Mayer vor dem Sondergericht. München-Salzburg 1965. 3.Körbling, Anton: Pater Rupert Mayer. München 1950. 4. RPB I, passim.

MAYERHOFER, JOSEF
1902 12 12
Straußdorf / Wang
Pfarrvikar / Pfarrer
Von Juni bis Juli 1941 Redeverbot. Von Juni 1941 bis September 1942 Redeverbot. Versetzung auf Veranlassung der Gestapo. Im August 1942 endete ein Gerichtsverfahren mit Freispruch. Des weiteren Beschlagnahme von Kirchenstiftungsrechnungen.
Verstorben am 9.5.1952.

MAYR, GEORG
1910 01 21
München (St. Ursula)
Kaplan
Dr. phil.
1935 wegen Vereinsarbeit ein Verhör durch die Gestapo.

MAYR, JOHANN (P. JOSEF)
OSB
1889 11 05
Ettal (Abtei)
Geistl. Studienrat
Im Sommer 1937 wegen politischer Unzuverlässigkeit (Nacherzählen politischer Witze) ein Verhör durch die Gestapo sowie Unterrichtsverbot durch das bayrische Unterrichtsministerium.

MAYR, JOSEF
1875 08 22
Mößling
Pfarrer
Am 29.7.1937 durch das Amtsgericht zu 150 RM Geldstrafe verurteilt.
Verstorben am 1.4.1948.

MAYR, MARTIN
1888 01 17
München (Hl. Geist) / Fürstenfeldbruck
Prediger, Benefiziat / Stadtpfarrer
Dr. theol.

Am 1.9.1933 als Schriftleiter einer religiösen Zeitungsbeilage entlassen. Unterrichtsverbot durch den Regierungspräsidenten am 28.8.1941. Am 1.10.1942 wegen politischer Unzuverlässigkeit als Standortpfarrer entlassen. Verstorben am 3.1.1959.

MAYRHOFER, LUDWIG
1895 10 23
München (Hl. Kreuz)
Kaplan
Verwarnung und Androhung von Schutzhaft durch Gestapo und Oberstaatsanwalt.
Verstorben am 14.3.1970.

MEHLER, MARTIN
1909 07 07
München (St. Margaret) / Petersberg
Kaplan / Expositus
1937 wegen Differenzen mit der HJ Verhör durch Gestapo. 1939/40 Entlassung als Schulleiter wegen politischer Unzuverlässigkeit.

MEISEL, PAUL
1897 04 27
München (St. Pius)
Pfarrer
Circa zwölfmal von der Gestapo verwarnt. Wegen Vervielfältigung von Seelsorgeschreiben Verurteilung zu 15 RM Geldstrafe. 1939 wegen Kritik an SS-Befehl mehrtägiges Verhör durch Gestapo. Ein Verfahren vor dem Amtsgericht aufgrund eines Ausflugs mit der katholischen Jugend endete mit Freispruch. Vom 6.3. bis zum 13.5. 1940 in Gestapohaft. Vom 13.5. bis zum 3.10. 1940 Haft im KZ Dachau.
Verstorben am 17.11.1958.
Lit.: Weiler, 448.

MEISL, FRANZ XAVER
1887 02 28
München (Hl. Familie)
Pfarrer
Aufgrund von Predigtäußerungen eine Verwarnung durch die Gestapo.
Verstorben am 30.4.1951.

MELF, FERDINAND
1911 11 19
Eching
Kaplan
Ein Verhör durch die Gestapo wegen Vereinsarbeit.

MENCKE, HERMANN
1882 09 23
Garmisch-Partenkirchen (St. Martin) / Dorfen
Pfarrer
1936 auf Betreiben der Kreisleitung als Stand-

ortpfarrer abgelehnt. Am 6.1.1940 durch die Gestapo verhaftet. Am 27.7.1940 durch das Volksgericht zu 15 Monaten Zuchthaus verurteilt. Am 3.5.1941 aus der Haft entlassen. Während der Strafverbüßung Mitteilung vom Unterrichtsverbot zugestellt. 1941 Aufenthaltsverbot für den Landkreis.
Verstorben am 1.12.1946.

MERKL, JOSEF
1907 01 06
Griesstätt
Kaplan
Eine Vorladung durch die Polizei, ein Verhör durch den Schulrat sowie Unterrichtsverbot durch die Schulbehörde. Eine Anklage durch die Kreisschulbehörde vor dem Schöffengericht fiel unter Amnestie.

MESCHUETZ, GEORG
1881 05 04
Ismaning
Pfarrer
1938 aufgrund von Predigtäußerungen eine Verwarnung durch die Gestapo.
Verstorben am 25.4.1955.

MESSERER, HERMANN
1880 02 03
Paunzhausen / Reichertshausen
Pfarrer
Während des Religionsunterrichts von einem Hitlerjungen mit dem Dolch bedroht. 1941 wegen Inanspruchnahme des Feiertagsrechts und Beeinflussung der Bevölkerung ein Verhör durch die Polizei.
Verstorben am 17.2.1959.

METZGER, JOSEF
1913 01 10
Fürstenfeldbruck
Kaplan
Aufgrund eines Vergehens gegen den Kanzelparagraphen eine Verwarnung durch die Schulbehörde.

MEYER, FRANZ
1914 11 22
München / Rom
Alumnus
Dr. theol.
Einem Antrag auf Rückreise nach Deutschland wurde im Juli 1941 nicht stattgegeben. Nach mehrmaligen Vorstellungen wurde im Oktober 1941 die Bewilligung erteilt.

MICHEL, ALBERT
1906 03 18
Haag / Gilching / Alling

Koadjutor / Kaplan / Expositus
Wegen Jugendseelsorge Verhör durch Polizei.
Verhör und Haussuchung durch Gestapo.

MICHL, JOHANN
1904 09 25
München (Hl. Kreuz) / Regensburg
Kaplan / Vertreter d. Prof. f. Neues Testament
Dr. theol.
Im März 1933 eine Haussuchung. Am 30.5.1940
Verweigerung einer Professur.
Verstorben am 4.7.1977.

MITTERER, ANTON (P. SIGISBERT)
OSB
1891 07 20
Schäftlarn (Abtei)
Abt
Dr. phil.
1935 aufgrund Vergehens gegen das Reichspresse-
Gesetz polizeiliche Beschlagnahme der „Bay-
rischen katholischen Kirchenzeitung“.
Zur Zeit der Devisenprozesse 1938 Beschlagnahme
aller Akten, auch der Personalakten durch die
Gestapo. Androhung eines Devisenprozesses,
Sperrung eines Teiles des Klosterbankkontos für
einige Monate, Entzug des Reisepasses. Gegen
Zahlung von 5000 RM wurde der drohende Prozeß
niedergeschlagen.
Im Zusammenhang mit den Sittlichkeitsprozessen
ein Verhör durch die Gestapo, ein diesbezügliches Gerichtsverfahren wurde wegen Amnestie
eingestellt.
Lit.: RPB I, 111, 112.

MOCK, JOSEF
1879 05 22
München (Hl. Kreuz)
Pfarrer
1938 wegen angeblicher Hilfe bei der Flucht des
Kaplans Siegfried Huber mehrere Verhöre durch
Gestapo.
Verstorben am 8.5.1964.

MODLMAYR, LEONHARD
1905 01 22
Lenggries / Pasing / Buchrach
Kurat / Kaplan / Pfarrer
Mehrere Verwarnungen durch die Polizei. 1936,
1939 und 1940 gerichtliche Untersuchungen, die
mit Freispruch endeten. Am 31.1.1940 wegen Vergehens gegen das Sammlungsgesetz zu 50 RM Geldstrafe verurteilt. Vom 3.9.1942 bis zum 27.
4.1943 wegen Verstoßes gegen die Kriegswirtschaftsordnung Untersuchungshaft. Am 11.12.
1942 Unterrichtsverbot durch den Regierungspräsidenten. Auf Betreiben der Gestapo am 25.11.1943 Wiederaufnahme des Verfahrens
wegen Kriegswirtschaftsvergehens und Verurtei-

lung zu vier Monaten Gefängnis. Am 14.4.1944
wegen einer Grabrede durch die Gestapo festgenommen und zur Zahlung von 3000 RM Sicherungsgeld veranlaßt.
Lit.: 1.RPB I, 345. 2.RPB VII, 7, 10.

MODLMEIER, FRANZ XAVER
1911 01 29
Garmisch-Partenkirchen
Kaplan
Verwarnungen durch den Landrat wegen Regimekritik und wegen eines Ministrantenausfluges. Haussuchung durch Kriminalpolizei.

MOERNER, ALOIS
1882 07 22
Hohenegglkofen
Pfarrer
1933 Verwarnung durch Ortsgruppenleiter wegen
Unterlassung des Hitlergrußes. 1934 Verwarnung
durch die Polizei wegen einer Hirtenbriefverlesung.
Verstorben am 14.7.1958.

MORATH, KARL
1899 06 26
München
Spiritual
1937 Verwarnung durch Gestapo wegen Predigten
und wegen Verbreitung der Enzyklika. Haussuchung wegen Verstoßes gegen das Sammlungsgesetz.
Verstorben am 14.7.1952.

MOSER, JAKOB
1895 03 06
Traunstein / Trostberg
Pfarrer
1935 wegen Predigt verwarnt. 1939 wegen Notizen
im Pfarramtsblatt von der Reichspressekammer
verwarnt. 1942 Ausschluß aus der Reichspressekammer.
Verstorben am 22.2.1949.
Lit.: RPB I, 107.

MOSER, MAX
1905 10 13
München (Hl. Kreuz) / Unterschleißheim
Kaplan / Pfarrkurat
Aufgrund von Predigtäußerungen eine Verwarnung durch die NSDAP. Ein Verhör und eine
Haussuchung durch die Gestapo wegen Vereinsarbeit. Wegen einer pädagogischen Maßnahme
am 1.6.1943 Unterrichtsverbot durch den
Landrat. Des weiteren eine Untersuchung durch
das Amtsgericht. Verurteilung zu 30 RM Geldstrafe, ersatzweise sechs Tagen Haft.

MOSER, PETER
1898 06 22
Ebing
Koadjutor
1936 wegen Vergehens gegen den Kanzelparagraphen eine Verwarnung und Androhung von
Redeverbot durch das Bezirksamt. 1938 aufgrund
von Predigtäußerungen eine Verwarnung durch
die Polizei.

MUEHL, MICHAEL
1887 04 11
Riding
Pfarrer
Wegen zwei Predigten ein Verhör und Einzug
von 1000 RM Sicherungsgeld durch die Gestapo.
Verstorben am 5.1.1962.

MUEHLEGGER, ANDREAS
1896 06 03
München
Priester und Präses des Maria-Theresia-Heims
Verwarnung wegen Aufnahme einer Auslandsdeut-
schen in das Maria-Theresia-Heim bei angebli-
cher Zurücksetzung deutscher Mädchen.
Verstorben am 13.4.1973.

MUEHLRATZER, NIKOLAUS
1881 07 29
Maitenbeth
Pfarrer
Wegen Hörens ausländischer Sender und Über-
tretung der Feiertagsordnung ein Verhör durch
Mitglieder der SS.
Verstorben am 11.4.1953.

MUELLER, ANTON
1900 05 12
Unteralting
Pfarrer
Im Juli 1942 wegen Kritik an der HJ Unter-
richtsverbot durch den Regierungspräsidenten.
Verstorben am 31.5.1967.

MUELLER, P. FRANZ JOSEF
SJ
1906 11 17
München
Hochschulseelsorger
Anfang 1937 Verhör durch die Gestapo wegen Wei-
terführung der verbotenen Vereinigung „Akademi-
sche Elisabethkonferenz". Verbot der Vereinigung
und Beschlagnahme des Vermögens.
Im Juni 1937 Verhör und Haussuchung durch die
Gestapo wegen Vervielfältigungen von verbotenen
Hirtenbriefen und Verbreitung des Goebbelsbrie-
fes. Beschlagnahme von Schriftstücken.
Mehrere Verhöre, Haussuchung und Beschlagnah-

me von Notizbüchern 1938.
Ständig Post- und Telefonüberwachung.
Wehrunwürdigkeitserklärung als Jesuit.
Wegen Fluchthilfe für den Provinzial P. Rösch
vom 30.8.1944 bis zum 7.1.1945 in Polizei-
haft und vom 7.1.1945 bis zum 9.4.1945 Haft
im KZ Dachau.
Lit.: 1.RPB I, 198. 2.Weiler, 469.

MUELLER, FRIEDRICH
1884 08 25
Törring
Pfarrkuratus
1935 oder 1936 wegen Verstoßes gegen das Sammlungsgesetz zu 20 RM Geldstrafe verurteilt.
Verstorben am 30.11.1955.

MUELLER, JOHANN
1892 09 12
Rosenheim
Prediger, Benefiziat
Am 15.12.1939 wegen politischer Unzuverlässig-
keit als Gesellenpräses vom Landrat und vom
Oberbürgermeister abgesetzt. Mitglieder der
NSDAP beanstandeten Predigtäußerungen. An-
drohung der Einweisung ins KZ.
Verstorben am 28.4.1956.

MUHLER, EMIL
1892 04 21
München (St. Andreas)
Stadtpfarrer
Dr. rer. pol.
Wegen politischer Unzuverlässigkeit Verweigerung einer Pfarrei. Aufgrund einer Grabrede einzug von 2000 RM Sicherungsgeld. Ausschluß als
Ehrenmitglied des Kriegervereins. Sechsmal Haussuchung durch Polizei mit Beschlagnahme von Büchern und Zeitschriften. Fünfmal von der Polizei verwarnt. Wegen Vergehens gegen das Heimtückegesetz Untersuchungshaft vom 29.11.1933
bis zum 24.1.1934. Am 24.1.1934 durch ein Sondergericht zu vier Monaten Haft verurteilt. Vom
2.4. bis zum 31.12.1940 durch die Gestapo in
Schutzhaft gehalten. Vom 18.9.1944 bis zum
26.4.1945 Haft im KZ Dachau. Während des Evakuierungsmarsches am 26.4.1945 geflohen.
Verstorben am 19.2.1963.
Lit.: 1.Weiler, 470. 2.RPB I, 120, 188, 205.

NAEGELE, RICHARD (P. BEDA)
OCD
1894 03 22
München (St. Theresia)
Pfarrer
1935 polizeiliche Beschlagnahme von im Kloster
verfaßten Druckschriften. Polizeiliche Postüberwachung.
Verhör und Verwarnung wegen Predigt, Nichtbe-

flaggung und eines Elternbriefes durch Ortsgruppe sowie Gestapo.
1939 durch den Volksgerichtshof zu acht Monaten Schutzhaft verurteilt wegen monarchistischer Gesinnung und Vorbereitung zum Hochverrat.
Am 20.6.1941 Unterrichtsverbot.
In der nationalsozialistischen Lokalpresse erschienen wegen eines Schulbriefes Hetzartikel gegen den Geistlichen.
Lit.: RPB I, 76f.

NAMBERGER, ALOIS
1907 05 13
Mühldorf
Kooperator / Pfarrvikar
Verwarnung durch NSDAP-Kreisleitung unter Androhung von Aufenthaltsverbot. 1935 Unterrichtsverbot für die Realschule und 1939 für die Volksschule.
Lit.: RPB I, 17.

NATTERER, ALOIS
1884 04 13
München
Pfarrer, Geistl. Rat
Natterer war als Landessekretär der Diözesanpriestervereine Bayerns tätig. Die Gestapo verhörte ihn viermal: Wegen Äußerungen zum Sammlungsgesetz, Rundschreiben an die Bezirksvorsitzenden des Klerusverbandes, Kritik am Verbot des Klerusblattes und Verbreitung von Kritik an der HJ; in drei Fällen wurde der Pfarrer verwarnt, einmal Strafverfolgung angedroht. Am 14.10.1933 Haussuchung durch die Gestapo.
Wegen angeblichen Devisenvergehens 200 RM Geldstrafe; wegen Amnestie erlassen.
1935 und 1936 im „Schwarzen Korps" angegriffen.
Gehört zur Diözese Augsburg.

NEUBAUER, JOHANNES
1907 02 10
München (St. Maximilian)
Kaplan
Haussuchung und Beschlagnahme von Briefen und Schriften durch die Polizei. Wegen Verstoßes gegen das Versammlungsgesetz im August 1943 Verwarnung und Androhung von Schutzhaft durch Gestapo.
Verstorben am 9.5.1977.

NEUHAEUSLER, JOHANN BAPTIST
1888 01 27
München
Domkapitular
Dr. theol. h.c.
Im Dezember 1933 kurzfristige Festnahme wegen Vergehens gegen das Versammlungsgesetz. Aufgrund Missionsgeldversands ein Verhör durch die

Polizei. Eine Haussuchung und Beschlagnahme von Büchern und Akten durch die Gestapo.
Aufgrund angeblicher Verbindung mit „politischem Katholizismus im Ausland" am 4.2.1941 durch die Gestapo in Haft genommen.
Am 20.3.1941 Ausstellung eines Schutzhaftbefehls. Am 24.5.1941 Einlieferung ins KZ Sachsenhausen, am 12.7.1941 Überstellung ins KZ Dachau. Dort im „Ehrenbunker" bis zum 24.4.1945 gefangengehalten.
Am 4.5.1945 auf dem Evakuierungsmarsch nach Tirol durch amerikanische Truppen befreit.
Verstorben am 14.12.1973.
Lit.: 1.Weiler, 478. 2.RPB I, 187f., 269.
3.Neuhäusler, passim.

NEUMAIR, JOHANN BAPTIST
1877 05 23
Oberornau
Pfarrer
Im Juli 1944 wegen Inanspruchnahme des Feiertagsrechts von der Gestapo verwarnt. Wegen Hilfeleistung für den als Mitglied des Kreisauer Kreises polizeilich gesuchten August Rösch im Januar 1945 durch die Gestapo verhaftet. Am 11.1. 1945 Einlieferung in das KZ Dachau. Am 12.1. 1945 Überstellung in ein Berliner Gefängnis, dort im März/April 1945 entlassen.
Verstorben am 3.2.1963.
Lit.: 1.RPB VII, 18, 23. 2.Weiler, 478.

NEUMAIR, LORENZ
1905 07 22
München (St. Peter) / München (St. Ulrich)
Kaplan
1934 eine Haussuchung. Vom 30.5. Bis zum 15. 6.1941 Schutzhaft durch die Gestapo. Am 18.6. 1941 durch den Regierungspräsidenten Unterrichtsverbot, dieses wurde 1944 bedingt wieder aufgehoben.
Verstorben am 8.3.1969.

NEUMEYR, JOSEF
1883 11 17
Inzell
Pfarrer
1940 Verbot jeglicher Ausländerseelsorge. Zudem Verwarnung durch den Landrat wegen Umgangs mit Kriegsgefangenen. 1940 Entlassung aus der Verwaltung eines Krankenhauses auf Veranlassung der Kreisleitung. Wegen mangelnder Verdunkelung der Kirche Verurteilung zu 10 RM Geldstrafe.
Verstorben am 6.2.1975.

NEUNER, THEODOR
1881 09 25
Bayrischzell
Pfarrer
1933 eine Haussuchung durch die Polizei. Am

21.1.1944 ein Verhör durch die Gestapo.
Verstorben am 1.11.1954.

NIEDERHUBER, JOSEF
1884 04 15
Weichs
Pfarrer
Wegen verbotener Presse und wegen aktiver Befürwortung der Bekenntnisschule am 8.6.1937
ein Verfahren vor dem Amtsgericht und am 28.
10.1937 vor dem Oberlandesgericht. Beide Verfahren endeten mit Freispruch.
Verstorben am 24.4.1971.

NIEDERMAYER, JOSEF
1874 12 05
Saaldorf
Pfarrer
Wegen Abhaltung eines Gottesdienstes an Fron-
leichnam Zahlung von 1000 RM Sicherungsgeld.
1940 Verwarnung durch Polizei wegen Umgangs mit
Kriegsgefangenen.
Verstorben am 27.1.1951.

NIGGL, GEORG
1887 04 12
München (Mariä Himmelfahrt) /München (Herz-Jesu)
Pfarrer
1933 Verwarnung durch Gestapo wegen Gottes-
dienstteilnahme der katholischen Jugend in Uniform. Anläßlich der Auflösung der Bayrischen
Volkspartei durch die Polizei kurzfristig
festgenommen.
Verstorben am 24.4.1971.

NIRSCHL, ERHARD
1884 09 11
Schönberg
Pfarrer
Wegen politischer Unzuverlässigkeit am 10.7.
1939 Unterrichtsverbot. Wegen Abhaltung eines
Gottesdienstes an Fronleichnam 1943 zu 300 RM
Geldstrafe verurteilt. Im April 1944 wegen ei-
nes Vergehens gegen den Kanzelparagraphen eine
Anzeige durch eine Privatperson, daraufhin
durch die Gestapo Einzug von 2000 RM Sicherungs-
geld. Wegen Verstoßes gegen das Heimtücke-
gesetz vom 13.3. bis zum 15.3.1945 in Polizei-
haft. Vom 15.3. bis zum 21.4.1945 in Gestapo-
haft. Am 21.4.1945 ins KZ Dachau überstellt.
Dort am 29.4.1945 befreit.
Verstorben am 27.10.1953.
Lit.: 1.RPB VII, 10, 14, 25. 2.Weiler, 482.

NODERER, JOSEF
1883 04 16
Albaching
Pfarrer
1936 Verwarnung durch Landrat wegen Vereinsar-

beit. 1940 wegen Predigtäußerungen und Hirtenbriefverlesung Androhung einer Festnahme.
Verstorben am 3.8.1972.

NOPPENBERGER, FRANZ
1889 01 24
München
Geistl. Studienrat
Wegen Mitgliedschaft in der Bayrischen Volks-
partei zeitweilig Beförderungsverweigerung.
Unterrichtsverbot durch Schulbehörde. Verstor-
ben am 22.4.1968.

NOTHAFT, GEORG
1914 12 10
Fridolfing
Koadjutor
Wegen Annahme von Geldgeschenken zur Primiz
1939 Verfahren vor dem Amtsgericht. Im Urteil
Beschlagnahme der Gelder verfügt. 1940 in der
Berufungsverhandlung Freispruch und Rückgabe
des Geldes.

OBERHAUSER, JOHANN
1903 12 16
Teisendorf
Kooperator
Wegen Vereinsarbeit Haussuchung und Beschlagnahme von Zeitschriften und Vereinsmaterial
durch die Gestapo.

OBERHUBER, JAKOB
1910 02 04
Dorfen
Kaplan
Verhör, Haussuchung und Beschlagnahme durch
Gestapo.

OBERLINNER, JOSEF
1883 11 20
Bergkirchen
Pfarrer
Wegen einer Ansprache eine Verwarnung durch
die Gestapo.
Verstorben am 24.7.1956.

OBERMAIER, MAX
1902 03 27
Obertaufkirchen
Kooperator
Aufgrund von Predigtäußerungen eine Verwar-
nung durch den Landrat. 1943 wegen Regime-
kritik eine Verwarnung durch die Gestapo.
Verstorben am 3.8.1976.

OELLER, FRIEDRICH
1905 02 19
Berchtesgaden / Vachendorf
Missarius am Krankenhaus / Koadjutor
Im Mai 1935 Versetzung nach Bedrohung durch HJ.

ORTNER, FRANZ
1891 01 08
Markt Schwaben / Überacker
Koadjutor
1933 eine Haussuchung durch Polizei und SA.
Im Sommer 1933 wegen Regimekritik fünf Tage
Schutzhaft und Ausweisung aus der Pfarrei.
Verstorben am 27.2.1970.

OSTLER, HEINRICH
1876 03 02
Fürstenfeldbruck
Pfarrvikar und Geistl. Studienrat
Dr. phil.
Wegen Regimekritik in der Schule im September
1941 Unterrichtsverbot durch Regierungspräsidenten verhängt. Einspruch des Ordinariats gegen das Unterrichtsverbot blieb erfolglos.

OSWALD, JOHANN BAPTIST
1910 04 05
Mittenwald
Aushilfspriester
1938 anläßlich der Auflösung katholischer
Vereine eine Haussuchung durch die Polizei.

OSWALD, JOSEF
1884 07 27
Aubing
Pfarrer
Verfahren wegen Verstoßes gegen das Heimtücke-
gesetz wurde am 24.3.1938 eingestellt.
Verstorben am 2.2.1963.

OSWALD, MARTIN
1889 08 07
Altkirchen / Osterwarngau / Beyharting
Pfarrer
1935 aufgrund von Predigtäußerungen durch
den Landrat verwarnt. Am 13.10.1941 eine Verwarnung und Einzug von 1000 RM Sicherungsgeld
durch die Gestapo. Versetzung auf Veranlassung
der Gestapo. Aufgrund einer verbotenen Versammlung 1942 eine Verwarnung durch den Landrat. Am 7.3.1942 Unterrichtsverbot durch
den Regierungspräsidenten.
Verstorben am 22.12.1954.

PARZINGER, ANTON (P. BEDA)
OSB
1900 05 27
Scheyern
Pfarrvikar
Zwei Verhöre durch die Gestapo.

PENTENRIEDER, JOSEF
1901 03 26
Erding / Landshut (St. Jodok)
Kaplan
Am 17.12.1939 wegen Differenzen mit der HJ Un-
terrichtsverbot für die Pfarrei durch Regie-
rungspräsidenten. Anschließend Versetzung.
1941 erweitertes Unterrichtsverbot durch den
Regierungspräsidenten.
Verstorben am 11.4.1967.

PFAFFINGER, MICHAEL
1909 01 21
Forstinning / Zorneding / Petting
Koadjutor / Pfarrvikar / Kooperator / Pfarrer
1935 aufgrund von Predigtäußerungen eine Ver-

warnung durch die Polizei. Im Januar 1936 Versetzung aus politischen Gründen. Je eine Verwarnung wegen Hirtenbriefverlesung (1937) und
aufgrund eines Vergehens gegen den Kanzelparagraphen (1940). 1943 wegen einer Heldengedenk-
ansprache Einzug von 500 RM Sicherungsgeld
durch die Gestapo.
Verstorben am 2.2.1972.

PFAFFINGER, OTTO
1888 11 17
Irschenberg
Pfarrer
Wegen Ausländerseelsorge und wegen Verstoßes
gegen die Läuteordnung mehrmals vom Landrat
verwarnt.
Verstorben am 18.12.1971.

PFAFFINGER, SIEGFRIED
1904 08 05
Rosenheim / Landshut
Chorregent
Im Mai 1933 Verwarnung durch Polizei. Verurteilung zu 75 RM Geldstrafe wegen Übertretung des
Uniformverbots durch katholischen Jugendverband. Vorübergehend Unterrichtsverbot. Untersuchung durch das Amtsgericht. Nach Bestrafung
von Hitlerjungen im Mai 1936 Demonstration von
einigen hundert Personen verschiedener NS-Organisationen. Bedrohung und Mißhandlung des Pfarrers, der zum eigenen Schutz von der Polizei
festgenommen wurde. Anschließend Ortsverweis.
Verstorben am 21.4.1969.
Lit.: RPB I, 145f.

PFANZELT, FRIEDRICH
1881 08 24
Dachau
Pfarrer
1937 eine Anzeige wegen Verleumdung. Das Verfahren wurde 1937 eingestellt. 1943 wegen Vervielfältigung von Feldpostbriefen durch die
Gestapo verwarnt und mit 500 RM Geldstrafe be-

legt.
Verstorben am 9.9.1958.

PFEIFFER, MICHAEL
1902 03 23
München (Hl. Geist) / Unterpfaffenhofen
Kooperator / Pfarrer
1935 Verwarnung durch Polizei wegen Vereinsarbeit. 1940 Verbot einer kirchlichen Feier am Kriegerdenkmal. 1943 wegen Predigtäußerungen ein Verhör durch die Polizei.
Verstorben am 25.12.1965.

PFISTER, GEORG
1887 12 11
Frauenneuharting / Priel / München
Kuratbenefiziat / Pfarrer / Kommorant
1935 Unterrichtsverbot und Zwangsversetzung. 1938 verwarnt und mit 150 RM Geldstrafe belegt. 1940 Verwarnung und Versetzung auf Betreiben der NSDAP. Vom 13.11. bis zum 23.11.1940 wegen staatsabträglichen Verhaltens in Gestapohaft. Anschließend bis zum 23.12.1940 in Untersuchungshaft gehalten. Am 1.3.1941 wegen verbotenen Umgangs mit Kriegsgefangenen vom Sondergericht zu vier Monaten Gefängnis verurteilt. Am 30.4.1941 aus der Haft entlassen.
Verstorben am 24.11.1974.
Lit.: RPB I, 12, 323.

PFLUEGER, WILHELM
1906 03 09
Töging / Aufkirchen / Inzell /Neufahrn /Goldach
Kaplan / Kooperator / Koadjutor /Expositus
1934 und 1935 wegen Jugendarbeit mehrmals von der Gestapo verwarnt. Wegen Vorbereitung zum Hochverrat vom 5.8. bis zum 16.8.1939 in Polizeihaft, vom 17.8.1939 bis zum 2.12.1940 in Schutzhaft. Außerdem am 5.8.1939 Haussuchung. Vom Frühjahr 1941 an Unterrichtsverbot. Wegen Verweigerung des Hitlergrußes vom 7.11. 1942 bis zum 15.11.1942 in Polizeihaft. Wegen staatsfeindlichen Verhaltens und wegen Defaitismus am 28.12.1944 ins KZ Dachau gebracht. Am 26.4.1945 auf dem Evakuierungsmarsch durch die Amerikaner befreit.
Verstorben am 12.10.1967.
Lit.: 1.RPB I, 324. 2.RPB VII, 20f.
3.Weiler, 517.

PICHLER, EDUARD
1892 08 01
Schleching
Pfarrer
1938 ein Verhör durch die Polizei wegen Verbreitung eines Hirtenbriefs. 1940 wegen Jugendseelsorge ein Verhör durch die Polizei. Wegen Verstoßes gegen das Feiertagsrecht im Juni 1943 ein Verhör durch die Polizei und am 6.

12.1943 eine Vorladung vor die Gestapo.
Verstorben am 10.12.1971.

PLOECKL, RAYMUND
1898 12 05
Landshut
Kaplan
1938 Haussuchung und Beschlagnahme von Büchern und Schriften durch Gestapo und Kriminalpolizei. 1940 Verwarnung durch Kriminalpolizei im Auftrag der Gestapo wegen angeblicher Propaganda für England.

PONGRATZ, FRANZ XAVER
1909 11 13
Königsdorf
Koadjutor
Im Januar 1939 Vorladung und Verhör durch die Polizei. Am 10.10.1939 eine Haussuchung.

POPFINGER, JOHANN
1910 01 31
Siegsdorf
Koadjutor / Pfarrvikar
Wegen Jugendseelsorge Verwarnung durch den Landrat.

PRAUN, SIEGFRIED
1897 09 29
München (St. Maximilian)
Benefiziat
Am 1.1.1939 Unterrichtsverbot aus rassischen Gründen. 1941 wegen Verbreitung des Möldersbriefes eine Verwarnung durch die Gestapo.
Verstorben am 27.6.1957.

PRAUNSEYS, OTTO
1902 04 08
Indersdorf
Kaplan
1933 wegen Wahlverhaltens polizeilich verhört. Wegen regimekritischer Äußerungen Vorladung und Verhör durch den Landrat. Aufgrund eines Abonnements katholischer Auslandszeitungen mehrfach durch die Polizei verhört.
Verstorben am 26.12.1977.

PREYSING, ALBERT GRAF VON
1883 07 11
Landshut (St. Martin)
Stadtpfarrer
Verwarnung wegen Unterlassung des Glockenläutens anläßlich des Einmarsches deutscher Truppen in Paris.
Verstorben am 14.10.1946.

PREYSING, JOSEF GRAF VON
1884 08 03
München (St. Vinzenz)

Pfarrer
Aufgrund angeblicher Wehrkraftzersetzung durch
Predigtäußerungen eine Verwarnung. Wegen
angeblicher Kurierfahrt Vorladung und Verhör.
Verstorben am 23.9.1961.
Lit.: RPB I, 155.

PRIBILLA, P. MAX
SJ
1874 11 22
München
Im Oktober 1935 Beschlagnahme seiner Druck-
schrift "Fürchtet euch nicht".
Lit.: RPB I, 101f.

PRILLMEIER, JOHANN
1905 10 11
Schwindkirchen
Kaplan
Wegen monarchistischer Gesinnung im Herbst 1934
Haussuchung durch Polizei. Wegen Verstoßes gegen das Heimtückegesetz vom 18.6. bis zum
27.12.1938 in Untersuchungshaft. Verfahren vor
dem Sondergericht eingestellt. Wegen Regimegegnerschaft am 17.11.1938 Unterrichtsverbot durch
den Regierungspräsidenten.
Verstorben am 17.6.1974.

RAAB, ALOIS
1902 05 22
o.O.
Geistlicher, Sanitäter
Am 31.1.1944 aus dem Offiziersrang in den
Mannschaftsdienstgrad zurückversetzt.
Verstorben am 15.11.1955.

RADECKER, JOSEF
1905 03 06
Gmund / Freising / Elbach / Höhenmoos
Koadjutor / Präfekt / Koadjutor / Pfarrvikar
Aufgrund einer Anzeige durch den Landrat verwarnt. 1933 eine Haussuchung durch die Polizei.
1935 eine Haussuchung durch die Gestapo.

RADINGER, LEONHARD
1899 03 04
Haindlfing
Pfarrvikar
1940 Verwarnung durch Polizei wegen Verstoßes
gegen das Sammlungsgesetz. Wegen Hirtenbriefverlesung durch die Polizei verhört.
Verstorben am 6.3.1977.

RADLMAIER, LORENZ
1876 08 09
Neuburg
Direktor des staatl. Studienseminars
Dr. phil.
1937 auf Betreiben der NSDAP zwangspensioniert.
Verstorben am 2.8.1954.

RALL, GOTTFRIED
1882 10 20
München (St. Clemens)
Stadtpfarrer
1939 eine schriftliche Verwarnung. Wegen einer
Beichtstuhlangelegenheit Vorladung und Verhör
durch die Gestapo.
Verstorben am 17.9.1968.

RANNER, BALTHASAR
1888 01 13
Indersdorf
Pfarrer
Wegen Unterlassung der Beflaggung eine Verwar-
nung durch die Polizei.
Verstorben am 18.6.1953.

RATHSPIELER, JOSEF
1910 01 01
Mittenwald / Bad Tölz / Markt Grafing
Aushilfspriester / Kaplan / Kaplaneibenefiziat
1938 wegen Vereinsarbeit Verhör und Haussuchung durch die Polizei; des weiteren Beschlagnahme von Vereinsgeldern, die 1943 zurückerstattet wurden. 1943 ein Verhör durch die
Polizei.
Verstorben am 30.4.1976.

RAUBINGER, GOTTFRIED
1903 01 23
Moosburg
Kooperator
Etwa 10 Verwarnungen. Eine gerichtliche Untersuchung endete im August 1938 mit Freispruch.
Wegen Vereinsarbeit Haussuchung und Beschlagnahme von Geldern und Akten des Vereins durch
die Gestapo.

RAUSCHER, FRANZ
1904 12 19
München (St. Ursula)
Kaplan
Wegen Bezugs einer verbotenen Zeitschrift im Juli
1935 durch die Gestapo verwarnt.

REIDEL, JOSEF
1910 02 19
Ruhpolding
Kooperator
Am 19.4.1940 Unterrichtsverbot durch den Regierungspräsidenten. Das Verbot wurde durch
die Versetzung am 1.10.1941 hinfällig.

REISBERGER, JOHANN BAPTIST
1868 02 22
Salmannskirchen
Benefiziat

Am 22.6.1941 Unterrichtsverbot durch die
Kreisleitung.
Verstorben am 24.6.1951.

REISCHL, GEORG
1898 03 20
Vachendorf
Koadjutor
1941 Verwarnung durch den Landrat wegen Verteilung einer Missionszeitschrift in der Schule.

REITER, JOSEF
1879 10 27
Mettenheim
Kommorant
Am 26.8.1939 Beschlagnahme des Pfarrhofs durch
Wehrmacht. Freigabe des Pfarrhofs am 15.4.1940.
Verstorben am 12.5.1970.

REITHMAIER, HANS (P. ANTONIN)
OFM
1889 10 01
Mühldorf
Katechet
· Wegen Äußerungen im Religionsunterricht und
Kritik an HJ und BDM im Sommer 1933 Androhung
der Versetzung durch den Kreisleiter. Daraufhin
Versetzung durch die Ordensoberen nach Kauf-
beuren.

REITMAIER, JOSEPH (P. JOACHIM)
OFMCAP
1893 06 07
München
Stadtpfarrer
Verwarnung durch die Gestapo wegen Sabotage des
Winterhilfswerkes.
Mehrere Verwarnungen wegen Vergehens gegen den
Kanzelparagraphen. Ein diesbezügliches Ver-
fahren wurde 1934 durch den Staatsanwalt nie-
dergeschlagen.
Haussuchung und Beschlagnahme von 10000 RM Or-
densgeldern durch Gestapo und Zollfahndungs-
stelle (1936).

RIEDER, ALOIS
1875 01 15
Flintsbach
Pfarrer
Verwarnung durch Regierungspräsidenten und
durch NSDAP wegen Verstoßes gegen das Flaggen-
gesetz.
Verstorben am 10.10.1948.

RIEDER, OTMAR
1914 12 23
Freising
Theologiestudent
1939 wegen Mitgliedschaft im akademischen

Bonifatiusverein eine Verwarnung und Erteilung
von Redeverbot durch die Gestapo. Zudem Haussuchung und Beschlagnahme von Vereinseigentum
durch die Gestapo.

RINGMEIR, FRANZ
1889 09 28
Waging
Pfarrer
1941 Verwarnung durch Polizei wegen Vereinsarbeit und wegen Hirtenbriefverlesung. 1944 Verhör durch Polizei wegen Abhaltung eines Gottesdienstes an Christi Himmelfahrt.
Verstorben am 16.1.1965.

RINSER, MATTHIAS
1905 01 26
Pittenhart / Obing / Wallgau / Aufkirchen/Dorfen
Koadjutor / Aushilfspriester / Expositus
Von 1935 an mehrmals durch den Landrat verwarnt. 1937 Zwangsversetzung. Im Februar 1944
wegen Ablehnung des Hitlergrußes und wegen Ausländerseelsorge Einzug von 500 RM Sicherheitsgeld durch die Gestapo.
Lit.: RPB VII, 9.

ROECK, ALOIS
1881 11 06
Hohenaschau
Schloßkaplan, Benefiziat
Dr. phil.
Im August 1935 Verhör, Haussuchung und Be-
schlagnahme von Briefen und Schriften durch die
Gestapo.
Verstorben am 27.12.1961.

ROEDL, FRANZ
1891 03 30
Planegg
Aushilfspriester
Dr. phil.
Ein Verhör sowie seit 1942 Predigtüberwa-
chung durch die Gestapo.
Verstorben am 8.7.1969.
Gehört zur Diözese Speyer.

ROESCH, P. AUGUSTINUS
SJ
1893 05 11
München
Jesuitenprovinzial
Wegen Verbindung zum Kreisauer Kreis nach dem
20.7.1944 steckbrieflich gesucht. Am 11.1.
1945 gefaßt und ins KZ Dachau eingewiesen. Am
12.1.1945 nach Berlin überführt. Insgesamt
106 Verhöre. Vor einer geplanten Hinrichtung
wurde der Pater am 25.4.1945 durch russische
Truppen befreit.
Verstorben am 7.11.1961.

*Lit.: 1.Kempner, 60, 70, 129f., 349-353. 2.Neu-
häusler II, 14, 164, 271-276. 3.RPB VII, 22.
4.van Roon, 167ff. 5.Weiler, 563.*

ROOS, KARL (P. THOMAS)
SOCIST
1887 10 23
Bad Reichenhall
Kuratbenefiziat
Dr. theol.
Am 11.6.1943 aufgrund einer Anzeige durch NS-
Organisationen wegen antinationalsozialistischer
Gesinnung Erteilung von Unterrichtsverbot durch
den Kultusminister. Am 24.2.1944 Wiederholung
des Unterrichtsverbotes.
Aufgrund von Predigtäußerungen eine Verwar-
nung durch den Kreisleiter.
Bei der Polizei stand sein Nahme auf der Liste
der noch nach Dachau zu verhaftenden Personen.

ROSSNAGL, KASPAR
1905 04 30
Rosenheim (Christkönig)
Kaplan
Am 12.7.1936 wegen einer Predigt verwarnt.

ROTH, P. EMANUEL
SJ
1904 05 21
München
Mehrere Verhöre durch die Gestapo wegen Predig-
ten.

ROTHBAUER, MARTIN
1893 04 13
München (St. Rupert) / Gerolsbach / Forstinning
Katechet / Koadjutor / Pfarrer
Wiederholt verwarnt. Im März 1935 kurzfristig
festgenommen. Verurteilung zu 50 RM Geldstrafe.
Hinterlegung von 1000 RM Sicherungsgeld. Ab
1942 Unterrichtsverbot wegen einer Traueranspra-
che für einen Gefallenen.
Lit.: RPB I, 342.

RUEPPEL, ALFONS
1904 09 23
München (St. Benno)
Kooperator
1934 wegen Kritik an der HJ eine Verwarnung
durch die Gestapo.
Verstorben am 26.5.1975.

RUHLAND, BENNO
1898 02 06
Eching / Emmering
Kuratus / Expositus / Pfarrer
1938 wegen Abhaltung einer Fronleichnamsprozession vom Amtsgericht zu 150 RM Geldstrafe verurteilt. Strafe am 19.9.1939 aufgrund einer Amnestie erlassen. 1944 Verwarnung durch Polizei
wegen Abhaltung eines Gottesdienstes an Christi
Himmelfahrt.

RUSCH, ANDREAS
1883 05 28
Unterammergau
Pfarrer
Mehrere Verwarnungen durch den Ortsgruppen-
leiter.
Eine Anklage vor dem Landgericht wegen Ver-
gehens gegen den Kanzelparagraphen wurde
aufgrund einer Amnestie eingestellt.
Verstorbcn am 17.5.1979.

SAMMA, FRANZ SALES
1899 06 19
München
Geistl. Studienrat
Dr. phil.
Aufgrund staatsfeindlicher Gesinnung Auseinandersetzungen mit Schülern, Kollegen und
dem Schulleiter, die zu Anzeigen und Verwarnungen durch den Schulleiter und den „Stürmer"
führten. Des weiteren Verweigerung der Beförderung zum Studienprofessor wegen seines
geistlichen Standes.
Gehört zur Diözese Augsburg.

SARTORIUS, P. THEODOR
SDB
1885 06 22
Passau / München
1934 ein Verhör durch die Gestapo. Wegen Ver-
einsarbeit Haussuchung und Beschlagnahme von
Fahnen und Schriften durch die Gestapo. Eine
Verwarnung aufgrund von Predigtäußerungen.
1935 wegen Jugendseelsorge Strafandrohung durch
SA-Mitglieder.

SCHAD, LEO
1903 08 26
Zorneding / Moosburg
Kaplan
Wegen vermuteter Zugehörigkeit zu den verbotenen Pax-Vereinigungen 1934 und 1935 polizeiliche
Haussuchung.
1938/39 Haussuchung anläßlich der Auflösung
der Jugendvereine und Beschlagnahme von Jugend-
führungsmaterial durch Gestapo und Polizei.
Verstorben am 25.4.1951.

SCHARL, ANDREAS
1893 11 08
Mößling
Pfarrer
Verhör und Verwarnung durch die Polizei und Ge-
stapo wegen angeblicher Äußerungen gegen den
Hitlergruß.

Verhör und Verwarnung durch den Landrat wegen
Erstkommunionunterricht, Seelsorgestunden im
Pfarrhaus und unerlaubter Vereinsgründung
(Mütterverein).
Verstorben am 3.3.1960.

SCHARL, EMMERAM
1911 12 04
München (Ill. Kreuz)
Kaplan
Dr. theol.
Wegen religiöser Beeinflussung Haussuchung
durch die Gestapo in der Pfarrbücherei und Be-
schlagnahme von ca. 150 Büchern.
Verstorben am 30.10.1967.

SCHEFBECK, JOHANN
1902 05 23
Oberbiberg-Kreuzpullach / München
Kurat / Katechet
1933 Anklage durch die NSDAP wegen angeblicher
Beleidigung des Bürgermeisters und des Ortsgruppenleiters in einer Predigt. Einstellung des
Verfahrens.
1941 oder 1942 wegen angeblich defätistischer
Äußerungen in der Schule Verhör und Verwarnung durch die Gestapo mit Androhung von Schulverbot.
Verstorben am 14.6.1953.

SCHEID, JOHANN
1909 06 07
Wartenberg
Chordirektor, Hausgeistlicher
Wegen angeblicher Beleidigung eines SA-Mannes
geringe Geldbuße.

SCHEIDHAMMER, JOSEF
1875 05 08
Obermarbach
Kommorant
Aufgrund von Predigtäußerungen je eine Ver-
warnung durch den Bürgermeister und den Block-
leiter.
Verstorben am 19.9.1953.

SCHELS, WILHELM
1913 02 03
Dachau
Koadjutor
1941 Anklage wegen Übertretung des Jugend-
schutzgesetzes, weil er nach 21.00 Uhr eine
Glaubensstunde abgehalten hatte. Das Verfahren
wurde eingestellt.

SCHERER, WILLIBALD KAJETAN
1891 07 07
Beuerberg
Spiritual

Dr. theol.
Im Juni 1942 von der Gestapo verwarnt und zur
Zahlung von 150 RM Sicherheitsgeld veranlaßt.
Verstorben am 12.2.1958.

SCHERZL, P. SIMON
CSSR
1896 10 12
München (St. Andreas)
Wegen Predigten mehrmals von NSDAP-Parteistel-
len bzw. von Parteigenossen angezeigt. Darauf-
hin jeweils von der Gestapo verhört und ver-
warnt.
Verstorben am 3.11.1959.
Lit.: RPB I, 150f.

SCHEURMANN, FELIX
1913 07 24
Ebersberg
Kooperator
Verwarnung und Strafandrohung durch Regierungs-
präsidenten.
Verstorben am 15.11.1965.

SCHIELA, LUDWIG
1881 04 12
München / Obersalzberg / Unterhaching
Präses / Kurat / Hausgeistlicher / Expositus
Dr. öc. publ.
Absetzung als Vorsitzender des Bayrischen Ju-
gendausschusses.
200 RM Geldstrafe wegen einer verbotenen Sammlung der Gemeindemitglieder für ein Abschieds-
geschenk für ihn.
Untersuchung wegen Unterschlagung im Zusammenhang mit der Leohaus-Druckerei, die Angelegenheit hatte keine weiteren Folgen.
Verstorben am 7.2.1950.

SCHIESSL, JOSEF
1905 01 13
Traunstein
Vikar
Wegen Regimekritik im Unterricht 1938 Unterrichtsverbot für Berufsschulen durch die Regierung von Oberbayern und den Bürgermeister.
1939 Verwarnung durch den Regierungspräsidenten und 1940 durch den Landrat wegen Äußerungen im Religionsunterricht in der Volksschule.

SCHIML, ALOIS
1892 03 28
Pasing / München (St. Ludwig)
Katechet
Am 6.4.1939 Festnahme durch die Gestapo ohne
Angabe des Grundes, im Juni 1939 Amnestie - das
Vergehen war angebliche Führerbeleidigung.
Ende August 1939 Unterrichtsverbot durch die
Stadtschulbehörde wegen politischer Unzuver-

lässigkeit.
Verstorben am 6.2.1968.

SCHLAIPFER, JOSEF
1910 03 23
Maria Dorfen / Unterdarching
Kooperator / Expositus
Unterrichtsverbot durch den Landrat ohne Grund-
angabe für vier Wochen und Verwarnung durch die
Gestapo.
1940 ein Bestechungsversuch durch die Gestapo,
um den Geistlichen der Kirche zu entfremden.
1943 Verwarnung durch die Gestapo wegen einer
Kirchensammlung.
Verstorben am 15.8.1975.

SCHLEMMER, JOSEF
1898 03 06
Bad Aibling
Benefiziat
1933 Vorladung durch die SA-Führung wegen einer
Predigt anläßlich einer Jugendkundgebung.
Im März 1935 Anklage im Zusammenhang mit dem
Winterhilfswerk. Das Verfahren wurde mangels
Beweises eingestellt.
Verstorben am 12.5.1963.

SCHLERETH, AUGUSTIN (P. MAXIMILIAN)
OFM
1896 01 02
München
Missionar
Zwischen 1933 und 1935 aufgrund von Predigt-
äußerungen drei Vorladungen durch die
Gestapo.

SCHMID, JOHANN NEPOMUK
1886 05 06
Vogthareuth
Pfarrer
1943 Verwarnung durch die Gestapo wegen Abhaltung einer verbotenen Fronleichnamsprozession.
Verstorben am 9.4.1955.

SCHMID, JOSEF
1872 06 29
Aufkirchen an der Maisach
Pfarrer
1933 Verwarnung durch den Schul- und Ortsgruppenleiter wegen Vernachlässigung des Hitlergrußes.
Verstorben am 27.12.1948.

SCHMID, JOSEF
1905 11 06
Neukirchen / Olching
Kooperator / Koadjutor / Sanitäter
1934 polizeiliches Verhör wegen Hirtenbriefverlesung.

1937 polizeiliche Vorladung wegen negativer
Äußerungen über die HJ vor der Jugend und
wegen Werbung für die Bekenntnisschule, dabei
Beschlagnahme von Werbematerial.
Eine Verhandlung wegen Wehrkraftzersetzung vor
dem Kriegsgericht Berlin endete am 16.12.1942
mit Freispruch.

SCHMID, PHILIPP
1877 06 23
Steinhöring / Schliersee
Pfarrer / Kommorant
1936 sechs fehlgegangene Schüsse auf das
Schlafzimmerfenster des Pfarrers.
1937 wegen ungenügender Beflaggung zu 50 RM
Geldstrafe durch das Amtsgericht verurteilt,
später Amnestie.
Verstorben am 2.8.1948.

SCHMIDT, EDUARD (P. ULRICH)
OFM
1877 04 18
München (St. Gabriel)
Mithelfer in der Seelsorge
Dr. theol.
Am 12.6.1939 wegen Vergehens gegen das Heim-
tückegesetz durch ein Sondergericht zu einem
Jahr und vier Monaten Haft verurteilt. Der
Geistliche hatte Kritik am Führer geübt.

SCHMITT, MICHAEL
1888 06 01
Eitting
Pfarrer
Verurteilung zu 150 RM Geldstrafe. Ein Ver-
fahren vor dem Amtsgericht endete am 8.5.1942
mit Freispruch.
Verstorben am 1.5.1955.

SCHMITTER, JAKOB
1876 07 04
Lafering-Taufkirchen / Pasenbach
Pfarrer / Kommorant
1935/37 Verwarnung durch die Kreisleitung wegen
Wallfahrten der Jungfrauen-Kongregation.
1941 wegen Handhabung des Hitlergrußes kurzfristige Festnahme durch die Gestapo und durch
das Amtsgericht zu 300 RM Geldstrafe sowie zur
Tragung von 34 RM Kosten verurteilt. Ab Juli
1941 Unterrichtsverbot durch die Regierung
von Oberbayern und Ausweisung aus der Pfarrei.
Verstorben am 24.3.1964.
Lit.: RPB I, 330.

SCHMITTINGER, PETER
1893 10 15
Hattenhofen
Kooperator
Im Mai 1943 Verhör durch Gestapo und Polizei,

weil die Gemeinde das 25-jährige Priesterjubiläum feierte.
Verstorben am 9.1.1960.

SCHMITZ, JAKOB
1887 07 04
München
Honorarkatechet
818 Exemplare seines Werkes „Ein heiliger Stamm,
religiöse Bildungsarbeit an der Familie" wurden in der Druckerei in Kempten im Beisein der
Gestapo vernichtet. 30 RM Geldstrafe.
Verstorben am 12.9.1950.

SCHNEEWEIS, JOSEF
1890 05 24
Wang
Pfarrer
1935/36 mehrere Verhöre durch Regierungsrat,
Landrat und Kommissare wegen Vergehens gegen das
Feiertagsgesetz, Nichtteilnahme am Empfang des
Ministers Wagner, angeblicher Bemühung um
Gründung eines Jugendvereins, verbotener Samm-
lung sowie wegen Verlesung eines Hirtenbriefes.

SCHNEIDER, JOHANN BAPTIST
1886 08 21
München
Geistl. Studienrat
Eine Verwarnung sowie ab 1936 Beförderungs-
verweigerung.
Verstorben am 11.3.1961.

SCHNEIDER, JOSEF
1893 01 10
München
Polizeioberpfarrer / Kommorant
Dr. phil.
Bereits im Juli 1935 in den Ruhestand versetzt.
1937 Verweigerung des Einreisevisums nach
Österreich.
1938 Festnahme aufgrund eines Schutzhaftbefehls
von Heydrich. Nach sechs Monaten entlassen und
sofort wieder durch die Gestapo verhaftet.
Im Januar 1940 wegen schwerer Krankheit end-
gültig entlassen.
Durch die SA Androhung der Erschießung.

SCHNEIDER, LUDWIG (P. JOHANNES)
OSB
1889 08 16
Hohenschäftlarn
Kaplan
Wegen seines Wahlverhaltens im März 1936 öf-
fentliche Brandmarkung durch den Bürgermeister.
Öffentliche Anschuldigung in der NS-Presse im
August 1936 wegen seiner Kritik an der HJ.
Am 1.2.1935 Haussuchung durch die Gestapo
im Zusammenhang mit den Devisenprozessen.

SCHNEIDERBAUER, FRANZ XAVER
1882 01 08
München
Geistl. Studienprofessor
Aufgrund seines geistlichen Standes erhielt
der Priester 1943 Unterrichtsverbot für
Deutsch und Geschichte.
Verstorben am 7.1.1947.

SCHNELL, FRIEDRICH JOSEF MARIA
1900 04 29
Altenau / Bruckberg
Koadjutor / Pfarrer
Vom 12.11. bis zum 9.12.1938 in Untersuchungshaft. Keine Gerichtsverhandlung, nach Haftbe-
schwerde Freilassung. Vom 9.12.1938 bis Februar
1939 Aufenthaltsverbot. Im Herbst 1942 wegen
Verstoßes gegen das Versammlungsgesetz und wegen Vereinsarbeit Unterrichtsverbot, das nach
erfolgtem Einspruch aufgehoben wurde.
Verstorben am 22.10.1973.

SCHOENIG, ADELBERT
1908 10 21
Aufkirchen
Kooperator
Verwarnung durch den Bürgermeister wegen eines
verbotenen öffentlichen Flurumganges.
Verstorben am 11.3.1979.

SCHOETTL, P.MARTIN
OSB
1884 07 29
Ottenhofen
Expositus
Predigt wurde vom Ortsgruppenleiter beanstandet.

SCHOETZ, JOHANN (P. IGNAZ)
OFM
1897 03 23
Mühldorf
Kooperator
Ein durch das Bezirksamt ausgestellter Schutzhaftbefehl wegen Regimekritik in der Schule konnte
nicht vollstreckt werden, da der Pater am 19.9.1935 in
die Diözese Regensburg flüchtete.

SCHRALLHAMMER, JOSEPH
1881 02 07
München (St. Paul)
Pfarrer
Wegen Judenunterstützung, Arbeit im „Bund Neudeutschland" und im Friedensbund eine Verwarnung, 1942 acht Tage Schutzhaft sowie eine
gerichtliche Untersuchung.
Wegen Hirtenbriefverlesung mehrere Haussuchungen sowie Beschlagnahme von Hirtenbriefen
und Zeitschriften.
Verstorben am 7.1.1950.

SCHUELLER, OTTO
1910 03 06
Berchtesgaden
Kaplan / Pfarrer
1936 Verwarnung durch den Landrat. 1940 Unterrichtsverbot für die Volksschule, 1944 für
die Oberschule.

SCHUH, FRANZ
1877 02 27
Oberaudorf
Kommorant
Am 13.12.1933 Entzug des Grenzscheins zum Über-
tritt nach Österreich durch die Gestapo
wegen politischer Unzuverlässigkeit.
Am 6.12.1936 Streichung der Gültigkeit für
Auslandsreisen im Reisepaß.
Verstorben am 18.9.1950.

SCHULTE, P. JOSEF
OMI
1909 11 15
München (St. Maximilian)
Kaplan
1937 eine Verwarnung wegen einer Unterhaltung
mit einem Rabbiner. 1942 Androhung von KZ-Haft
durch den Schulrat. Im März 1945 KZ-Einweisung
durch den Ortsgruppenleiter befürwortet.

SCHULZ, JOHANN BAPTIST
1898 03 27
Gabersee
Anstaltspfarrer
Verhör durch die Kreisleitung wegen einer
Äußerung anläßlich der Schließung der Kir-
che.
Am 27.8.1940 zwangsweise Abdankung als beamte-
ter Anstaltspfarrer.
Am 22.1.1941 Ausweisung aus der Wohnung in Ga-
bersee.
Verstorben am 17.10.1954.

SCHUSTER, KARL
1905 03 13
Wolfratshausen / München (St. Johann Baptist)
Kooperator / Benefiziat / Aushilfspriester
1935 wegen seiner Tätigkeit im katholischen
Arbeiterverband Prügel durch einige Zivilisten.
1938 wegen Plakatentfernung vom Benefizianten-
haus zwangsweise Versetzung von Wolfratshausen
nach München.
Wegen seiner Beziehung zum monarchistischen
Kreis um Margarethe von Stengel 1938/39 zwei
Haussuchungen durch Gestapo und Polizei, vom
12.8.1939 bis zum 7.1.1940 in Polizeihaft.
1942 Unterrichtsverbot. 1944 wegen Vorbereitung
zum Hochverrat Verurteilung zu mehreren Jahren

Haft und Aberkennung der bürgerlichen Ehren-
rechte.
Verstorben am 19.12.1978.
Lit.: 1.RPB I, 91, 291. 2.RPB VII, 17.

SCHWAIGER, LEOPOLD
1875 11 13
Altomünster
Pfarrer
Am 30.1.1942 Verwarnung durch die Gestapo wegen
des Möldersbriefes.
Verstorben am 3.12.1954.

SCHWAIGER, LUDWIG
1875 07 31
Schwindkirchen
Pfarrer
Verhör durch die Gestapo wegen einer Predigt
und einer Ehesache.
Durch das Gericht zu 500 RM Bewährungsgeld
verurteilt wegen angeblicher Verdächtigung eines Nazi-Anhängers. Später wurde die Sache
eingestellt.
Verstorben am 21.1.1944.

SCHWANKL, NIKOLAUS
1904 04 16
Wolfratshausen / München (Hl. 14 Nothelfer)
Koadjutor / Kaplan
Ab März 1939 Unterrichtsverbot für Wolfrats-
hausen durch den Landrat und ab 1942 allgemeines
Schulverbot durch die Regierung von Oberbayern
wegen politischer Unzuverlässigkeit.

SCHWARZ, LEOPOLD
1897 04 05
Günzburg / München
Benefiziat / Verbandspräses
Im Zusammenhang mit der Tätigkeit als Verbandspräses der süddeutschen Arbeiter- und
Arbeiterinnenvereine in München erlitt der
Geistliche folgende Maßnahmen:
Ca. 60 Vorladungen, Verwarnungen und Androhungen durch die Gestapo München;
zwei Verhöre durch die Gestapo Berlin;
vier Haussuchungen durch die Polizei (eine
davon unmittelbar nach dem Attentat auf Hitler am 22.7.1944);
viermaliges Verbot der von ihm herausgegebenen
Zeitschrift;
Beschlagnahme und Verbreitungsverbot mehrerer
seiner Broschüren;
Überwachung des Post- und Telefonverkehrs
sowie der Vorträge und Reisen;
eine öffentliche Todesandrohung und eine Androhung „öffentlicher Nachtauspeitschung".
Am 26.4.1945 Verhaftung durch SS-Mitglieder
und Festsetzung der Erschießung auf 17.00 Uhr.
Um 16.45 Uhr durch den Einmarsch amerikanischer

Truppen gerettet. Grund der Festnahme: Bewahrung des Heimatortes Zusmarshausen vor sinnloser Zerstörung.
Gehört zur Diözese Augsburg.

SCHWEIGER, ANDREAS
1900 02 07
Pang
Koadjutor
Am 31.12.1944 Verwarnung durch den Ortsgruppenleiter wegen einer wehrkraftzersetzenden Äußerung.
Verstorben am 4.10.1973.

SCHWENDNER, CHRISTIAN
1912 05 29
Traunstein
Kooperator
Im Januar 1938 Haussuchung, Vorladung und Verhör durch die Gestapo wegen seiner Arbeit in der Jungfrauenkongregation.

SCHWERTFIRM, JOHANNES
1891 06 10
Wackersberg
Pfarrer
Wegen Vergehens gegen das Feiertagsrecht an Allerheiligen eine Verwarnung durch den Landrat.
Verstorben am 19.4.1971.

SEDLMAIER, PAUL
1907 01 29
Marquartstein
Expositus
1939 Vorladung und Verhör durch die Polizei, das Amtsgericht und die Staatsanwaltschaft wegen eines Vergehens gegen das Heimtückegesetz; außerdem eine Verwarnung durch den Staatsanwalt.
Verstorben am 9.9.1954.
Lit.: RPB I, 306.

SEDLMEIER, JOHANN EVANGELIST
1887 12 15
Diemannskirchen
Expositus
1939 eine Verwarnung durch den Landrat.
Verstorben am 8.4.1955.

SEEBAECK, ANTON
1890 05 30
Egern / Bad Tölz
Pfarrer
Dreimal verwarnt, einmal unter Androhung von Verhängung eines Aufenthaltsverbotes. Unterrichtsverbot durch den Regierungspräsidenten (15.5.1942).

SEIBOLD, FRANZ
1896 03 25
Buchat (St. Leonhard)
Kooperator
Im Juni 1937 Verwarnung durch die Gestapo wegen einer Predigt.
Verstorben am 26.3.1967.

SEIDENBERGER, JOSEF
1881 02 26
Hohenkammer
Pfarrer
Wegen Predigtäußerungen 1934 eine Verwarnung durch den Stützpunktleiter und 1938 eine Verwarnung durch die Polizei.
Am 25.5.1941 Einzug von 50 RM Geldstrafe wegen Abhaltung eines Feldumganges.
Am 27.4.1945 Beschlagnahme seines Fahrrades durch eine SS-Mannschaft.
Verstorben am 12.10.1973.

SEITZ, JOHANN EVANGELIST
1882 08 02
München-Pasing / München (Maria Schutz)
Pfarrer
Dr. phil.
Verwarnung durch die Gestapo wegen angeblicher Verhöhnung des Landrates.
Durch das Amtsgericht zu 300 RM Geldstrafe wegen verbotener Verheimlichung der Autorenschaft verurteilt, Summe jedoch nie bezahlt.
Nächtliche Demonstration vor dem Pfarrhof und Fenstereinwurf.
Verstorben am 17.3.1967.

SEITZ, OSKAR
1894 03 30
München
Geistl. Studienrat
Verwarnung durch die Gestapo wegen seiner Tätigkeit in der Studentenkongregation.
Verstorben am 7.6.1960.

SENFTL, JOSEF
1886 02 26
Oberdorfen
Pfarrer
Verwarnung und 1000 RM Geldstrafe 1940 wegen einer staatsfeindlichen Äußerung im Gespräch.
Verstorben am 27.7.1943.

SENNINGER, MAX
1909 03 08
München-Moosbach (St. Martin)
Kaplan
Vom 23.7. bis zum 25.8.1937 Gestapohaft wegen Kanzelmißbrauchs.
Haft vom 10.8.1939 bis zum 27.8.1940 wegen Vorbereitung zum Hochverrat und politischer Partei-

bildung (Beziehungen zum Heimat- und Königs-
bund).
Ab Herbst 1940 Unterrichtsverbot.
Lit.: RPB I, 254.

SICKINGER, ALBERT
1904 06 25
Schliersee
Koadjutor
Im Juni 1933 wegen einer verbotenen Sammlung
durch das Amtsgericht zu 50 RM Geldstrafe verur-
teilt und verwarnt.
Verstorben am 4.11.1966.

SIMMERDING, GOTTFRIED
1905 02 03
München-Pasing / München (Liebfrauen)
Katechetenkaplan / Domkooperator
Verwarnung durch die Gestapo wegen Einladung
Jugendlicher zu religiösen Vorträgen.
Versetzung durch das Kultusministerium von Pa-
sing nach München und keine Beförderung im
Lehrfach.

SIMON, JOHANN BAPTIST
1895 06 22
Oberau / Sachrang
Expositus / Pfarrkurat / Pfarrer
Mehrere Verwarnungen durch die Polizei: Zweimal
wegen Vergehens gegen die Feiertagsordnung;
dreimal wegen Hirtenbriefverlesung; je einmal
wegen Predigtäußerungen, Vereinsarbeit und
Arbeit in der Pfarrbücherei.
1937 Störung einer Predigt durch die Polizei
und SA.
Als Vorstand des Kinderheimes in Oberau abgesetzt und unter Androhung von KZ-Haft nach
Sachrang versetzt.

SITTLER, JOSEF
1890 03 17
Kirchdorf
Frühmesser
1933 Verwarnung durch die Kreisleitung wegen
Differenzen mit dem nationalsozialistischen
Bürgermeister.
Verstorben am 12.10.1967.

SOLLACHER, GEORG
1905 02 16
München (Hl. Kreuz) / Steinhöring
Kaplan / Kooperator
1933 Haussuchung durch Gestapo. Am 28.11.1933
von der Gestapo festgenommen und zwei Monate
lang in Schutzhaft gehalten. Am 24.1.1934 vom
Sondergericht zu fünf Monaten Gefängnis verurteilt. Nach Haftverbüßung am 24.6.1934
freigelassen. Im Januar 1942 Verwarnung durch
Gestapo wegen Verbreitung des Möldersbriefes.

Im Mai 1942 ohne Grundangabe Unterrichtsverbot
durch den Regierungspräsidenten.
Verstorben am 16.12.1979.

SPERR, HEINRICH
1909 02 27
München
Kaplan
Fünfmal verhört und einmal verwarnt.
Verstorben am 19.11.1964.

SPITZAUER, P. FRANZ XAVER
SJ
1884 10 18
München
Wegen Verbindung zum steckbrieflich gesuchten
Pater Lothar König am 28.8.1944 von der Gesta-
po in Haft genommen. Am 9.1.1945 ins KZ
Dachau eingeliefert. Freilassung erfolgte am
28.3.1945.
Lit.: Weiler, 622.

SPITZL, JOSEF
1906 05 21
o.O.
Sanitäter
Von der Wehrmacht kurzfristig festgenommen. Androhung standrechtlicher Erschießung.
Verstorben am 4.9.1975.

SPOERLEIN, JOHANN
1911 03 02
München (Hl. Familie)
Kaplan
Eine gerichtliche Untersuchung wegen Vergehens
gegen das Heimtückegesetz wurde 1937 durch
den Staatsanwalt eingestellt.

SPRENGART, SEBASTIAN
1874 04 08
St. Georgen
Pfarrer
Verwarnung durch die Gauleitung München wegen
unerlaubten Aufenthaltes eines französischen
kriegsgefangenen Priesters in einem Klassenzim-
mer während einer Religionsstunde.
Verstorben am 17.6.1955.

STADLER, FRANZ
1899 03 18
München
Direktor der Geschäftsstelle „Liga"
Wegen seiner Funktion als Direktor der „Liga"
Verhör durch die Gestapo und Haussuchung sowie
Anfang 1945 sechs Wochen Haft.
Verstorben am 25.11.1977.

STADLER, HERBERT
1904 02 14
München (St. Clemens)
Kaplan
Wegen Predigtäußerungen eine Verwarnung
durch die Gestapo.
Verstorben am 14.3.1952.

STAUSS, OTTO
1905 08 06
Landshut (St. Jodok) / Eglfing-Haar / Eichenau
Kooperator / Pfarrvikar / Exp. Koadjutor
1933 eine Haussuchung, 1938 eine Verwarnung
durch die Gestapo.
Vom 29.2. bis zum 4.3.1940 in Polizeihaft wegen
schriftlichem Bericht über die ersten Abtrans-
porte aus der Anstalt Eglfing-Haar. Haussuchung
durch die Gestapo und Beschlagnahme von Akten
sowie Zeitschriften. Versetzung von Eglfing nach
Eichenau.
1943 Einzug von 200 RM Sicherungsgeld wegen
Ermahnung einer Mutter, ihr Kind taufen zu
lassen.
Verstorben am 26.8.1970.

STEFFL, ANTON
1880 06 01
Eiselfing
Pfarrer
1936 Verwarnung durch den Landrat wegen einer
Predigt.
Verstorben am 13.7.1950.

STEHBOECK, JOSEF
1902 02 18
Hausham / Mühldorf / München (St. Michael)
Kaplan / Katechetenkaplan
Unterrichtsverbot am 13.3.1939 durch das Bezirksschulamt und am 16.8.1939 durch die oberbayerische Regierung mit der Begründung, er sei
als Erzieher ungeeignet.
Haussuchung durch die Polizei.

STEIGENBERGER, ALBERT
1888 04 14
Großberghofen
Expositus
Oft verwarnt wegen Predigten und zu humaner Be-
handlung französischer Kriegsgefangener.
Verstorben am 14.5.1965.

STELZLE, JOSEF
1873 06 04
Traunstein
Pfarrer
Im Oktober 1933 Fenstereinwurf und SA-Aufmarsch
vor dem Pfarrhof wegen Verächtlichmachen des
Hitlergrußes. Ein diesbezügliches Verfahren
wurde 1934 eingestellt.

Wegen einer Dreikönigspredigt Schutzhaft vom
6. bis zum 24.1.1934. Am 18.3.1934 kurz-
fristiges Aufenthaltsverbot. Am 17.4.1934 erneut
Stadtverweis bis zum 21.10.1934, danach acht
Wochen lang nächtliche Bewachung des Pfarrhofs
durch SA-Truppen. Im April 1934 wurde eine
Bombe auf den Pfarrhof geworfen, die einen
Steinbalkon und 86 Fenster zertrümmerte.
Verstorben am 6.12.1947.
Lit.: RPB I, 8, 11, 16.

STEMMER, ANTON
1887 05 28
Böbing
Pfarrer
1937 Beschlagnahme von Akten über die Abstim-
mung für die Konfessionsschule.
Am 29.4.1945 drangen SS-Leute in die Kirche ein
und drohten, den Pfarrer wegen der weißen
Fahne in der Glockenstube zu erschießen.
Verstorben am 4.5.1964.

STERR, JOHANN
1901 06 14
Mühldorf (St. Nikolaus)
Pfarrer
Mehrmals Vorladung vor den Landrat. Wiederholt
von Polizei und Gestapo verhört. Verwarnung mit
Androhung von Schutzhaft. Hinterlegung von 300
RM Sicherungsgeld gefordert, jedoch verweigert.
Verstorben am 6.9.1950.

STOEKLE, P. ALOIS
SJ
1891 05 31
München
Ab 1933 mehrere Verhöre, Verwarnungen und Haus-
suchung mit Beschlagnahme von privatem Material
wegen Predigten.
Zwei Verwarnungen durch die Reichspressestelle
wegen Veröffentlichung eines Urteils des ameri-
kanischen Botschafters über die katholische
Kirche und bei Erwähnung der Konfession eines
Fliegeroffiziers.

STOERCHLE, P. FRANZ JOSEF
SJ
1914 09 28
Pullach
1937 Haussuchung im Berchmannskolleg durch Gestapo. 1942 Verweigerung der Beförderung zum
Offizier durch die Wehrmacht. Einspruch dagegen
von der Wehrmacht verworfen.

STOETTNER, PETRUS
1880 06 28
München (Hl. Geist)
Benefiziat
Eine Verwarnung durch die NSDAP wegen Predigt-

äußerungen und Katechese.
Verstorben am 14.2.1953.

STRAHBERGER, LUDWIG
1892 08 24
München / Pietzenkirchen
Studienprofessor / Kommorant
1933 im „Völkischen Beobachter" durch einen
Leserbrief öffentlich angeschuldigt.
Ein Verhör durch die Gestapo, weil der Pfarrer
gesagt hatte, man habe ihm einen Spion in die
Klasse gesetzt.
Verhör und Verwarnung durch den Stadtschul-
direktor wegen der Anzeige eines Lehrerkollegen.
Verhör durch die Gestapo wegen Jugendarbeit.
Vierzehn Tage Post- und Telefonüberwachung.
1940 Zwangsabdankung als städtischer Studienprofessor an der Oberschule für Mädchen,
zunächst auf Wartegeld gesetzt, dann Ruhe-
standsversetzung.

STRASSER, HUGO
1872 07 01
Landshut (St. Jodok)
Stadtpfarrer
Durch das Amtsgericht zu 200 RM Geldstrafe ver-
urteilt wegen Vergehens gegen das Sammlungsge-
setz. In der Berufungsverhandlung erfolgte
Freispruch.
Verstorben am 3.2.1955.

STRAUB, GEORG
1902 04 04
Übersee / Gelting
Pfarrvikar / Kuratbenefiziat
Im Dezember 1933 Anzeige wegen einer Äußerung
gegenüber der HJ.
1939 im April Verhör vor dem Amtsgericht wegen
unerlaubter Verbreitung von Druckschriften, im
Mai Verbot der Verteilung von Druckschriften
durch die Kreispolizei, im Juli Einstellung des
Verfahrens durch den Oberstaatsanwalt.
Lit.: RPB I, 10.

STROBL, LORENZ
1875 06 03
Sauerlach
Pfarrer
Verwarnung durch das Bezirksamt wegen seines
Religionsunterrichtes.
Verstorben am 4.10.1953.

STUHLREITER, GEORG
1877 06 06
Kirchdorf
Pfarrer
1933 von der NSDAP Versetzung gefordert, vom bischöflichen Ordinariat jedoch verweigert, daher Verwüstung eines Zimmers des Pfarrhauses

durch eine Handgranate.
Verstorben am 26.1.1973.

STURM, FRANZ XAVER
1872 08 23
Kirchdorf / Altötting
Pfarrer / Kanonikus
Geldstrafe von 20 RM. 1940 Haussuchung und Be-
schlagnahme von 362 RM durch die Gestapo. Am
26.7.1940 Gerichtsverhandlung.
Verstorben am 5.5.1957.

STURM, JOSEPH (P. HARTMANN)
OFM
1901 04 17
München
Volksmissionar
Wegen staatsfeindlicher Hetze in Predigten 1934
und 1940 Verhöre und Androhung von Predigt- und
Redeverbot sowie von Schutzhaft und Strafverfol-
gung durch die Gestapo.

SULZBERGER, LEONHARD
1888 10 17
Elbach
Pfarrer
Am 21.6.1933 Haussuchung durch Polizei.
Verstorben am 14.12.1967.

TAUBENBERGER, JOHANN
1902 03 20
Olching
Pfarrvikar
1936 eine Verwarnung durch das Bezirksamt.

TEILLEFER, ALBERT
1884 06 28
Evenhausen
Pfarrer
Vom 22.8.1941 bis zum 30.1.1943 Unterrichtsverbot.
Verstorben am 18.12.1951.

THALER, OSKAR
1905 11 11
München (St. Andreas)/München (Mariä Heimsuchung)
Kaplan / Katechetenkaplan
1933 und 1938 Haussuchungen und Beschlagnahme
der Mitgliederkartei der marianischen Kongregation sowie des gesamten Schriftverkehrs mit derselben.
Vom 29.11.1933 bis zum 24.1.1934 Schutzhaft, des
weiteren Verurteilung zu drei Monaten Haft
durch ein Sondergericht wegen Greuelpropaganda.
Verstorben am 9.12.1958.

THALHAMMER, GEORG
1883 08 01
Taching
Pfarrer

Gerichtliche Untersuchung am 18.7.1944 und am
28.2.1945 durch das Sondergericht wegen Heimtückevergehens, das Verfahren endete mit
Freispruch.
Verstorben am 3.10.1961.

THALHAMMER, JOSEF
1900 08 06
München
Domvikar
Anläßlich der Auflösung der katholischen
Jugendvereine Haussuchung und Beschlagnahme
privaten Materials am 25.1.1938. Untersuchungshaft vom 1.2. bis zum 4.3.1938. Da
die Verdächtigung der Zusammenarbeit mit der
Auslandspresse und der Mitarbeit an einem
politisch-katholischen Nachrichtendienst nicht
begründet werden konnte, wurden die Gerichtlichen Ermittlungen eingestellt.
1941 aufgrund einer von der Partei nicht genehmigten Trauung mehrere Wochen Haft.

THOMA, FRANZ XAVER
1890 01 13
Wasserburg / München-Pasing
Direktor eines Schülerheims / Studienrat
Dr. theol.
Am 31.8.1933 als städtischer Schulheimdirektor
fristlos gekündigt. Keine Beförderung
mehr.
1938 Beschlagnahme von 310 RM durch die Gestapo
im Zusammenhang mit dem katholischen Studenten-
haus Alemannia München.
1941 in den Ruhestand versetzt.
Verstorben am 17.7.1978.

THRAINER, GEORG
1867 04 09
Erding
Hausgeistlicher
Im April 1945 eine Haussuchung durch SS-Mit-
glieder.
Verstorben am 4.1.1947.

TRAPP, P. GEORG
SJ
1915 06 21
Pullach
Schulverbot aufgrund der allgemeinen Verordnung
für Ordensgeistliche.
Am 6.6.1944 aus der Wehrmacht entlassen,
weil Jesuit.
Im Februar 1945 Entzug seiner Wohnung durch die
am 21.12.1944 ausgesprochene Beschlagnahme des
Berchmannskollegs durch den Reichsverteidigungs-
kommissar.

TRASBERGER, JOHANN
1889 03 28
Miesbach
Stadtpfarrer
Verwarnung durch den Landrat wegen eines Elternbriefes.
Gerichtliche Untersuchung wegen einer angeblich
verbotenen Sammlung.
1938 zwangsweise Abdankung als Vorstand des Kindergartens wegen staatsfeindlicher Gesinnung.
Verstorben am 20.7.1964.

UNTERHOLZNER, P. JOHANNES
SDB
1902 08 02
München (Hl. Kreuz)
Kaplan
1935 wegen Jugendseelsorge von der NSDAP-Kreisleitung verwarnt. Schließlich Verbot jeglicher
Jugendarbeit. 1938 Verhör, Haussuchung und Beschlagnahme des Jugendbanners durch die Gestapo. Im Herbst 1944 vor die Gestapo vorgeladen
und unter Strafandrohung amtlich verwarnt.

UNTERMAIER, JOSEF
1886 12 23
Tattenhausen / Walpertskirchen
Pfarrkurat / Pfarrer
Verwarnung durch den Landrat wegen Nichtbeflaggung am 9.11.
Im Mai 1937 Beschlagnahme der für ein Ab-
schiedsgeschenk von den Tattenhausenern gesammelten Summe. Verbot einer Abschiedsfeier.
Verzögerung seines Antritts in Walpertskirchen
durch die Kreisleitung. Durch den Landrat wurde
der Antritt dann doch ermöglicht.
Verstorben am 18.5.1956.

UNTERSEHER, JOSEF
1900 06 08
Haag / Großhöhenrain
Koadjutor / Expositus
Durch einen Kommissar eine Verwarnung mit An-
drohung von Polizeiaufsicht wegen Äußerungen
über Hitler. Eine diesbezügliche gerichtliche
Untersuchung wurde mangels Beweises eingestellt.
Drei Verwarnungen durch das Bezirksamt und die
Polizei wegen Singens des Kolpingliedes, Hal-
tung einer Volksbibliothek und wegen Nichter-
scheinens trotz Einladung bei einer Wahlrund-
reise des Gauleiters.
Verstorben am 12.2.1971.

USCHOLD, KARL
1889 08 14
Freising / Nußdorf / Aschaffenburg / Armstorf
Prediger / Pfarrkurat / Kommorant / Hausgeistl.
1935 wurde eine gerichtliche Untersuchung
wegen Kanzelmißbrauchs durch das Landgericht

eingestellt.
Ein weiteres Strafverfahren wegen Vergehens
gegen das Heimtückegesetz wurde aufgrund
einer Amnestie am 30.4.1938 eingestellt.
Verstorben am 16.6.1961.
Lit.: RPB I, 47.

UTZMEIER, BENNO
1906 01 07
Dachau / Wolfratshausen / Schellenberg
Koadjutor / Kooperator / Pfarrer
Vier Verhandlungen 1934 durch eine Sonderkommis-
sion wegen eines verbotenen Jugendvereinsabends,
1939 und 1941 durch den Bürgermeister und den
Ortsgruppenleiter wegen seines Religionsunterrichtes sowie 1944 durch den HJ-Bannführer wegen eines KLV-Gottesdienstes.

VEICHT, KASPAR
1871 05 13
Langengeisling
Kommorant
Im Mai 1945 eine Haussuchung durch SS-An-
gehörige.
Verstorben am 18.1.1958.

VEIT, JOHANN NEPOMUK
1898 09 11
Unterstein
Kooperator
1941 Verwarnung durch die Gestapo wegen Werbens
für einen Einkehrtag für die männliche Jugend.
Verstorben am 15.8.1978.

VIERTHALER, JOSEPH
1881 04 26
München
Studienprofessor / Hausgeistlicher
1935 Verwarnung durch das Ministerium und An-
drohung scharfer disziplinärer Maßnahmen bei
Wiederholung wegen angeblich schlechter Benotung
von HJ-Schülern.
Am 1.9.1941 vorzeitige Pensionierung.
Verstorben am 11.5.1970.

WACHINGER, STEPHAN
1885 09 09
Surberg
Pfarrer
Im Oktober 1939 Verwarnung durch die Polizei im
Auftrag des Landrates wegen Nichterwähnung des
Führers beim Kriegergottesdienst.
Verstorben am 20.8.1979.

WACKER, ADOLF
1880 04 21
Bockhorn
Kooperator

Ständig Verwarnungen wegen Predigten.
Im Oktober 1939 gerichtliche Untersuchung durch
die Staatsanwaltschaft wegen Beleidigung des
Führers in der Religionsstunde. Am 1.9.1939
Schulverbot.
Verstorben am 11.5.1945.

WALDBURG-ZEIL, P. FRANZ GEORG VON
SJ
1903 02 23
München / Haar / Leutkirch
Volksmissionar
Drei Verhöre wegen Predigten und Regimekritik:
Im Mai 1939 durch die Gestapo mit anschließender Verwarnung;
im Februar 1940 durch Gestapo und Bürgermeister
mit Androhung von Ortsverweis;
im Juni 1941 durch die Gestapo.
Schulverbot bestand durch die Ordenszugehörigkeit.

WALDHERR, KASPAR
1884 01 05
Jetzendorf
Pfarrer
Verwarnung durch die Gestapo wegen Predigten.
1944 wegen Nichtverdunkelung der Pfarrkirche
Einzug von 150 RM Geldstrafe durch die Polizei.
Verstorben am 23.9.1956.
Lit.: RPB VII, 20.

WALL, GEORG
1894 01 13
Bruck
Pfarrer
Am 20.1.1942 ohne Grundangabe Unterrichtsver-
bot durch die oberbayrische Regierung.
Verstorben am 26.5.1967.

WALLNER, JOSEF
1904 09 12
Kiefersfelden
Pfarrer
1943 Verwarnung durch die Gestapo wegen Segens-
erteilung am Fronleichnamstag.

WALTER, FRANZ XAVER
1870 02 07
Neumarkt (St. Veit)
Kommorant
Prof. Dr. theol.
Verwarnung durch den Ortsgruppenführer wegen
angeblich zu geringen Beitrages zu Sammlungen.
Verstorben am 3.12.1950.

WALTERBACH, CARL
1870 11 06
München
Verbandspräses der Kath. Arbeitervereine

Aufgrund angeblicher Untreue und Nichtanmeldung eines Konkurses von Mai bis September 1933 in Schutzhaft. Anschließend Untersuchungshaft bis Oktober 1934. Die gerichtliche Untersuchung endete mit Freispruch. Nach der Entlassung monatelang unter polizeilicher Aufsicht und Meldepflicht.
Verstorben am 4.5.1951.

WEBER, JOSEF
1883 12 18
Hirschenhausen
Pfarrer
Verwarnung durch den Landrat wegen einer antinationalsozialistischen Predigt.
Beschlagnahme von einem Hirtenbrief und Büchern der Pfarrbücherei.
Verstorben am 23.1.1945.

WEBER, KARL
1894 05 31
Moosburg
Benefiziat, Chorregent
1937 und 1939 Verwarnungen durch den Bürgermeister sowie den Ortsgruppenleiter wegen Regimegegnerschaft.
Verstorben am 11.6.1964.

WECHSELBERGER, HANS (P. ERICH)
SDS
1909 06 25
Wegen einer Ohrfeige für einen Feldwebel, der ihn als „Schwarze Sau" bezeichnet hatte, wurde er (seit 1939 Soldat) zu einer Strafkompanie versetzt.

WEGELE, JOSEF
1901 03 18
Bad Aibling
Benefiziat, Prediger
1939 Haussuchung durch Gestapo.
Verstorben am 9.11.1962.

WEHRLE, HERMANN JOSEF
1899 07 26
München (Hl. Blut)
Kaplan
Dr. theol.
Am 14.9.1944 wegen angeblicher Mitwisserschaft des Attentats vom 20.7.1944 durch den Volksgerichtshof in Berlin zum Tode verurteilt und am gleichen Tage hingerichtet.
Lit.: Kempner, 453-458.

WEIDENAUER, MAX
1890 07 31
Taufkirchen
Pfarrer
Am 20.6.1936 Androhung der Verhaftung bei Verlesung des Hirtenbriefes über die geplante Auflösung der klösterlichen Schulen.
Am 22.10.1941 nochmals Androhung der Verhaftung wegen seines Eintritts für die Schulkreuze.
Verstorben am 8.2.1968.

WEINGAND, ANDREAS
1885 02 18
Haag
Pfarrer
Drei Verhöre durch die Polizei: Aufgrund von Nichtbeflaggung, wegen Werbens für die Bekenntnisschule und wegen Verlesung eines Hirtenbriefes.
Verstorben am 20.12.1961.

WEINSTEIGER, ANTON
1866 07 15
Haag
Pfarrer / Kommorant
Wegen Übertretung des Pressegesetzes Verurteilung zu 20 RM Geldstrafe. In der Berufungsverhandlung freigesprochen.
Androhung der Verhaftung bei Verlesung eines Hirtenbriefes.
Verstorben am 16.12.1952.

WEINZIERL, KARL
1902 04 16
Bad Aibling
Benefiziat, Prediger
Dr. theol. et iur. utr.
Verwarnung, weil er als Seelsorger im städtischen Krankenhaus in das Zimmer eines Nationalsozialisten hineingeschaut hatte.
1937 Angriffe in der NS-Presse.
1939 aus politischen Gründen durch das Staatsministerium Verweigerung der Zulassung als Dozent in Tübingen.
Verstorben am 17.5.1974.

WEISS, LUDWIG
1873 08 22
Arget
Pfarrer
Am 1.5.1933 Verwarnung durch den Kreisleiter wegen Nichtabhaltung eines von den Nationalsozialisten befohlenen Festgottesdienstes.
Fenstereinwurf wegen Verlesung des Hirtenbriefes über Schule und Klöster.
Verstorben am 16.4.1959.

WELKHAMMER, KARL
1905 02 18
Eiselfing / Bad Reichenhall / Petting
Kooperator / Hausgeistl. / Koadjutor / Pfarr-Vikar
1934 Verwarnung durch den Landrat wegen einer Predigt und wegen Nichterweisung des Hitlergrußes in der Schule.

1939 eine weitere Verwarnung durch den Landrat wegen kriegsgegnerischer Äußerungen und Verdachts der Kurierdienste für den Königsbund, dabei polizeiliche Haussuchung.
Verstorben am 23.6.1969.

WENIG, ANTON
1875 04 09
Trutlaching
Pfarrer
Verweigerung der Ausstellung eines Reisepasses wegen politischer Unzuverlässigkeit.
Die Gründung der katholischen Jugendorganisation „Weiße Rose" wurde telefonisch verboten.
Verstorben am 22.9.1942.

WERKMEISTER, JOSEF
1867 01 07
Baierbach
Pfarrer
80 RM Geldstrafe wegen Nichtbeflaggung am 9.11.1935.
Verstorben am 5.3.1936.

WESTENTHANNER, MARKUS
1901 08 13
Salzburghofen
Pfarrer
Im Dezember 1937 Verwarnung durch den Landrat wegen einer Predigt über religiöse Kindererziehung.
Vom 26.4. bis zum 9.5.1939 Unterrichtsverbot durch den Bürgermeister wegen einer Namenstagsfeier der Pfarrjugend für den Pfarrer.
Verstorben am 13.2.1980.

WESTERMAIR, ANTON
1884 11 12
München
Oberstudienrat / Kommorant
1937 Entlassung aus dem Lehramt wegen Verlesung von Teilen der Enzyklika „Mit brennender Sorge" in der Schule.
Verstorben am 3.10.1957.
Lit.: RPB I, 226, 227.

WIDMANN, PETER
1882 12 31
München (St. Rupert)
Pfarrer
1936 wegen politischer Unzuverlässigkeit Verbot der Durchreise durch Österreich anläßlich einer Rom-Pilgerfahrt.
Verstorben am 23.8.1965.

WIDMANN, SEBASTIAN
1878 04 11
Teisendorf
Pfarrer / Kommorant

1933 Verwarnung durch das Bezirksamt wegen einer Ansprache bei einem Primiziantenempfang und Haussuchung durch die Gestapo.
1942 Verwarnung durch die Polizei wegen der Durchführung eines Kriegergottesdienstes, wobei in Uniform ministriert wurde.
Verstorben am 19.1.1951.

WIEDENMANN, P. JOHANN BAPTIST
SJ
1902 07 07
München
Wegen Predigten mehrfach verwarnt. Am 27.10. 1944 wegen Unterstützung eines verfolgten Flüchtlings von der Gestapo in Haft genommen.
Einweisung ins KZ Dachau erfolgte am 9.1.1945.
Am 18.4.1945 freigelassen.
Lit.: Weiler, 702.

WIEDENMANN, P. KASPAR
SJ
1907 12 10
München
Volksmissionar
Aufgrund von Verstößen gegen den Kanzelparagraphen 1943 durch die Gestapo ein Verhör mit Verwarnung und ein Verhör mit Reiseverbot in Kärnten.
Post- und Telefonüberwachung von Mai bis September 1943. Öffentliche Anschuldigung durch den Kreisleiter in einer Versammlung.

WIEDHOLZ, JOSEF
1910 10 30
München (St. Benno)
Kaplan
Mehrmals Verwarnung durch die Gestapo wegen regimekritischer Äußerungen in der Schule.
Überwachung im Beichtstuhl durch Scheinpönitenten.
1937/38 gerichtliche Untersuchung durch das Sondergericht wegen Übertretung der Vereinsgesetzgebung.
Im Juli 1943 erneut gerichtliche Untersuchung wegen Vergehens gegen das Heimtückegesetz.

WIESHEU, JOHANNES
1887 06 22
Reit im Winkl
Pfarrer
Wegen seines Eintretens für die Bekenntnisschule wiederholt Verwarnungen durch die Gestapo.
Vom 1.9. bis zum 30.9.1937 Schutzhaft aufgrund angeblich staatsabträglicher Bemerkungen während eines Bibelabends. Des weiteren Entzug des Reisepasses.
Verstorben am 19.3.1964.
Lit.: RPB I, 259, 261f.

WILHELM, ALFONS
1893 08 02
Haunzenbergersöll
Kurat
50 RM Geldstrafe wegen groben Unfugs. Er hatte
eine angeblich aufhetzende Rede gegen einige
Träger des goldenen Parteiabzeichens gehalten.
Die Geldstrafe wurde jedoch amnestiert.
Am 12.1.1942 Unterrichtsverbot durch den Regie-
rungspräsidenten.
1944 eine Verwarnung wegen in Wien gekaufter
Kirchenparamente.
Verstorben am 6.10.1967.

WILLI, AUGUST
1893 05 31
Landshut
Geistl. Studienrat
Haussuchung durch Gestapo. Beförderungsverwei-
gerung.

WIMMER, ISIDOR
1898 10 10
Brannenburg
Expositus
30 RM Geldstrafe wegen Vergehens gegen das Sammlungsgesetz.
Verstorben am 19.3.1965.

WIMMER, JOSEF
1893 12 14
Güntersdorf
Kaplan
Im Herbst 1937 Haussuchung durch Gestapo.
Verstorben am 8.9.1969.

WIMMER, MARTIN
1885 10 13
Lohkirchen
Kooperator
1937 Verwarnung, weil er Eltern vom Besuch einer
Versammlung abgehalten hatte.
1944 500 RM Sicherungsgeld wegen mehrerer Vergehen gegen das Feiertagsgesetz.
Verstorben am 15.12.1962.

WINHART, JOHANN
1903 01 19
Dachau
Kurat
Verwarnung durch die Kreisleitung und Androhung
von Schulverbot aufgrund angeblich staatsfeindlicher Umtriebe.

WINKLER, ANTON
1907 10 01
München (St. Andreas)
Kaplan
Haussuchung und Verwarnung durch die Gestapo
bei der Verhaftung von Stadtpfarrer Dr. Muhler.

WINKLER, JOSEF
1908 04 25
Oberhaching
Pfarrvikar
30 RM Geldstrafe wegen Vereinsarbeit.
Verstorben am 23.12.1959.

WINKLMEIER, JOSEF
1912 06 29
Freilassing-Salzburghofen
Hilfspriester
Unterrichtsverbot durch den Bürgermeister.

WINSTETTER, GEORG
1911 02 16
Kirchdorf a. d. A.
Kooperator
Eine 1937 durch das Landgericht eingeleitete
gerichtliche Untersuchung wegen eines Vergehens
gegen das Heimtückegesetz wurde aufgrund
einer allgemeinen Amnestie eingestellt.

WINTER, STEPHAN
1886 04 06
Engelsberg
Pfarrer
Aufgrund eines Vergehens gegen das Feiertags-
recht eine Verwarnung und eine gerichtliche
Untersuchung. Wegen Predigtäußerungen eine
Verwarnung.
Verstorben am 14.2.1966.

WIRTHMUELLER, JOHANN BAPTIST
1893 09 09
Freising
Geistl. Studienrat
Dr. theol.
Haussuchung durch die Gestapo anläßlich der
gewaltsamen Auflösung der marianischen Jung-
frauenkongregation.
Verstorben am 11.2.1964.

WITTIG, AUGUSTIN
1900 09 06
Fridolfing
Pfarrvikar
Ende Juni 1944 polizeiliches Verhör im Auftrag
der Gestapo wegen Umgehung des Feiertags-
rechtes.
Verstorben am 5.9.1973.

WOELFL, FELIX
1900 10 09
Feldkirchen
Expositus
Verwarnung durch den Landrat wegen einer Pre-
digt.
Verstorben am 7.9.1961.

WOELFLE, EDMUND
1869 04 02
Oberaudorf
Kommorant
Entzug des Grenzscheins, Haussuchung durch den Bürgermeister, einen Polizisten sowie einen SS-Mann und Beschlagnahme von Schriften über den Mord an Dollfuß und Dr. Gerlich.
Verstorben am 15.9.1958.

WOLFART, HEINRICH (P. EDUARD)
OFMCAP
1890 12 07
München
Im April 1936 wegen Devisenvergehens vom Schöffengericht zu zwei Jahren und neun Monaten Zuchthaus und zu 50000 RM Geldstrafe verurteilt. In der Berufungsverhandlung vom 10.6. 1936 setzte das Landgericht die Haftstrafe auf zwei Jahre herab. 1937 wegen Devisenvergehens zu 60000 RM Geldstrafe verurteilt. Das Provinzialat haftete für die Geldstrafen und stellte auch den Verteidiger.
Verstorben am 30.4.1967.
Lit.: RPB I, 138, 153.

WOLFF, KASPAR
1897 04 05
Landshut (St. Martin)
Kooperator
1935 Unterrichtsverbot wegen „deutschfeindlicher" Äußerungen.

WOLZ, KASPAR (P. BONIFATIUS)
CFA
1882 11 26
Malseneck
Wegen angeblicher sittlicher Verfehlungen im Frühjahr 1938 durch die Gestapo ergebnislos verhört.

WORLITSCHEK, ANTON
1873 05 30
München
Kommorant
Die von Pfarrer Worlitschek verfaßte, im Huber-Verlag erschienene Broschüre „Papsttum und Deutschtum" wurde im August 1935 durch die Polizei beschlagnahmt.
Anschuldigungen in der NS-Presse.
Verstorben am 24.6.1954.
Lit.: RPB I, 83.

WUERMSEER, LEONHARD (P. NOTKER)
OSB
1898 04 06
Ebenhausen-Zell

Direktor des Progymnasiums
Im Zusammenhang mit der Auflösung der Klosterschulen ein Verhör durch die Gestapo am 1.2.1938. Eine diesbezügliche gerichtliche Untersuchung wurde amnestiert.
1940/41 Schließung des Progymnasiums durch das Kultusministerium.

ZACH, LUDWIG
1872 12 23
Kemathen-Dettendorf
Pfarrvikar
1933 Verhör durch den Ortsgruppenleiter wegen angeblicher Verletzung der Hoheitszeichen.
Mehrmals nachts Fenstereinwurf.
Verstorben am 25.12.1955.

ZACHERL, QUIRIN
1874 11 29
Volkmannsdorf
Pfarrer
1935 10 RM Geldstrafe wegen Nichtbeflaggung.
Verstorben am 18.3.1957.

ZEILHOFER, JOHANN
1912 05 16
Anger
Kaplan
Polizeiliche Festnahme und dreitägige Haft wegen Kritik am deutschen Einmarsch in Belgien.

ZEITLER, LUDWIG
1883 01 15
Riedering / Neumarkt
Pfarrer / Kommorant
1934 Versetzung in den Ruhestand wegen politischer Unzuverlässigkeit.
Verstorben am 26.10.1965.

ZIEGLER, ADOLF WILHELM
1903 03 09
Freising
Dozent und Präfekt im Klerikalseminar
Dr. theol.
1939 wegen Hilfeleistung für einen Kriegsgefangenen beim Generalkommando angezeigt. 1941 durch die Gestapo angezeigt, verwarnt und mit KZ-Haft in Dachau bedroht.
Am 15.5.1940 wegen politischer Unzuverlässigkeit als Dozent an der Universität Würzburg entlassen und von jeglicher Verwendung im Hochschuldienst ausgeschlossen.
1944 Widerruf der UK-Stellung.

ZIELBAUER, KARL
1912 03 06
Mühldorf / München (Königin des Friedens)
Katechetenkaplan / Kaplan
Im November 1938 Unterrichtsverbot durch den

Landrat wegen Äußerungen in der Schule.
1939 Haussuchung durch die Gestapo im Zusammenhang mit der Auflösung der neudeutschen Theologengemeinschaft.

ZIGON, ALBERT
1912 02 09
München (St. Martin)
Kaplan
1938/39 Verwarnung durch den Stadtschulrat wegen
Äußerungen in der Schule.
Verstorben am 2.3.1960.

ZINK, ALOIS
1878 01 13
Bayersoien
Pfarrer
Verwarnung durch den Landrat.
Verstorben am 29.3.1952.

ZISTL, MAX
1904 05 15
München (St. Ursula)
Kaplan
1935 Verwarnung durch die Gestapo wegen Schmä-
hung der deutschen Jugend.

ZUGS, JOSEF
1910 10 19
Rott
Kooperator, Chordirektor
Verwarnung durch den Gau München wegen Störung
einer öffentlichen Veranstaltung durch Dirigie-
ren der Liedertafel.

16. Bistum Münster

ABEL, THEODOR
1873 04 29
Feldhausen
Pfarrektor
Der Pfarrektor wurde verhört, weil man
wegen seiner Anfrage zum Glockengeläut
ihm vorwarf, er habe die Führerrede zur
Läuteordnung nicht gehört und wolle außer-
dem die zuständigen Beamten nur bei ihrer
Arbeit stören.
Verstorben am 10.7.1954.

AENGENVOORT, FRANZ
1879 11 17
Duisburg (St. Joseph)
Geistl. Studienrat
Dr. theol.
Wegen Ablehnung der Lehren Rosenbergs
frühzeitig pensioniert.

AENGENVOORT, GOTTFRIED
1865 08 28
Menzelen
Pfarrer
Ab dem 1.9.1937 Unterrichtsverbot für
Religion.
Am 17.2.1941 Entlassung aus dem Schulbeirat.
Verstorben am 18.3.1949.

ALBERS, THEODOR
1885 11 08
Hervest-Dorsten / Kirchhellen
Pfarrektor
1933 kurz nach der Machtergreifung Verhör
durch die Polizei wegen früherer antinationalsozialistischer Äußerungen im Religionsunterricht; der Pfarrektor mußte eine Stellungnahme abgeben. Der Bürgermeister verhinderte
Schlimmeres.
1934 Beschwerde beim Vorgesetzten des Pfarr-
rektors durch den Bürgermeister wegen der
Dreikönigspredigt.
1944 wegen Verlesung des Evangeliums an Himmelfahrt Verwarnung durch die Polizei.
Anzeige wegen angeblicher Nichtausstellung
von Geburtsurkunden. Drohungen seitens des
Bürgermeisters und des Ortsgruppenleiters.
Verstorben am 2.10.1959.

ALT-EPPING, THEODOR
1876 08 30
Erkenschwick
Pfarrer
1935 Verfahren wegen Nichtbeflaggung anläßlich des Todes von Reichsstatthalter und
Gauleiter Löper - aufgrund Beweismangels
eingestellt.

1937 drei Verhöre durch die Gestapo aufgrund der Anzeigen eines Lehrers.
1939 Verfahren vor dem Sondergericht, weil
der Pfarrer einen Mann von seinem Entschluß
abbringen wollte, aus der Kirche auszutreten -
Freispruch
1944 Verwarnung und Drohung mit KZ durch die
Gestapo wegen des gleichen Vergehens.
Verstorben am 19.1.1954.

ALTHOFF, JOSEPH
1876 09 27
Recklinghausen (St. Gertrud)
Pfarrer
1935 Unterrichtsverbot im Fach Religion, weil
der Pfarrer religionsfeindliche Äußerungen
eines Lehrers korrigiert hatte.
1940 wegen staatsfeindlicher Äußerungen zu
sieben Monaten Gefängnis verurteilt; weil der
Pfarrer auf seine Pfarrstelle verzichtete, wurde
er einige Tage früher entlassen.
Verstorben am 8.11.1956.

AMMERMANN, FRITZ
1909 07 17
Emsdetten / Warendorf
Religionslehrer / Vikar
1935 auf der Straße von einem Arbeitslager-
führer geschlagen. Der Generalvikar protestierte und forderte Wiedergutmachung.
Am 8.12.1941 von der Gestapo verhaftet wegen
Fortführung des Religionsunterrichtes und
der Jugendseelsorge; Haussuchung und 6 Verhöre;
Ende Mai 1942 aus der Schutzhaft entlassen
(10 Wochen als Häftling im Krankenhaus an
Gesichtsrose behandelt).

APERDANNIER, THEODOR
1881 10 07
Gimbte
Pfarrer
1938 Drohung eines Parteigenossen mit Anzeige
wegen einer Predigt.
Verstorben am 23.1.1959.

ASSELHOFF, WILHELM
1888 07 26
Groß-Reken
Pfarrer
1942 Verbot der vom Pfarrer abgehaltenen
Einkehrtage durch die Polizei mit der Be-
gründung, die Teilnehmer würden von der
Arbeit abgehalten.
Verstorben am 4.6.1953.

AUSTERMANN, AUGUST
1873 11 17
Raesfeld
Pfarrer

1935 Verhör durch die Polizei wegen einer
Sammlung für die Kirchenheizung.
1940 Verhör durch die Gestapo wegen abfälliger
Äußerungen über das Militär und wegen der
Weigerung, SS-Soldaten aufzunehmen.
Verstorben am 9.4.1955.

AUTERING, BERNHARD
1903 12 31
Recklinghausen (St. Josef) / Marl (St. Georg)
Kaplan
Wegen Jugendseelsorge Entzug des angemieteten
Versammlungsheims durch den Bürgermeister;
Verhör durch die Gestapo wegen Verlesung
eines Hirtenbriefes zu Schulangelegenheiten
des Bischofs Bornewasser, Trier (1933-1937).
Überwachung der Kolpingabende, die in
der Wohnung des Kaplans stattfanden; einmal
gab ein SS-Mann einen Schuß auf ein Fenster
der Wohnung ab (um 1937).
1939 Beschlagnahme des Films „Der eucharisti-
sche Kongreß in Budapest" durch SA und
Polizei.
Eine Nacht mußte sich der Kaplan verstecken,
weil das Gerücht umging, es sollten alle
Geistlichen Marls umgebracht werden.
Tatsächlich wurde in dieser Nacht nach dem
Vorgesetzten des Kaplans gesucht.

AVERBERG, P. THEODOR
SVD
1878 12 12
Ottmarsbocholt
Aushilfspriester
Am 16.5.1943 von der Gestapo wegen einer
Predigt verhaftet:
Zunächst mehrere Monate Gefängnis Münster,
ab 30.7.1943 KZ Dachau.
Am 26.4.1945 während des Evakuierungs-
marsches befreit.
Lit.: Weiler, 110.

AWICK, WILHELM
1879 11 24
Oberhausen-Sterkrade (Herz Jesu)
Pfarrer
1939 wegen einer Predigt von einem Lehrer
angezeigt - drei Verhöre durch die Gestapo.
Verstorben am 14.12.1960.

BAAKEN, HEINRICH
1900 03 15
Duisburg-Hamborn (St. Franziskus)
Pfarrektor
1934 Überfall von sechs SS-Männern auf das
Pfarrhaus; der Pfarrektor war glücklicher-
weise nicht zu Hause.
1937 Anzeige durch einen Parteigenossen beim
Schulamt, weil der Pfarrektor die Kinder

zwinge, am Religionsunterricht teilzunehmen -
Angelegenheit nicht weiter verfolgt.
Verhör durch die Gestapo wegen des allzu
großen Andrangs von Jugendlichen bei der
Kevelaer-Wallfahrt.
Anzeige wegen Verächtlichmachung des Lehrer-
kollegiums; der Pfarrektor hatte die Eltern
aufgefordert, auch entgegen den Empfehlungen
der Lehrer, die Kinder zum Kindergottesdienst
zu schicken.
Vier Verhöre durch die Gestapo wegen einer
Predigt; der Beschuldigte mußte schriftlich
versichern, keine Stellungnahmen mehr zu
Kriegsfragen abzugeben.
Verhör durch die Gestapo wegen eines Rund-
schreibens (Einladung zur Prozession).
Verstorben am 11.5.1976.

BAERS, JAKOB
1882 01 30
Dinslaken
Pfarrer
1936 Verhöre von der Gestapo, weil der
Pfarrer gegen die Sittlichkeitsprozesse
Stellung bezogen hatte.
1942 wegen Weitergabe des Möldersbriefes von
der Gestapo verhört und aufgefordert, 2000
RM Sicherungsgeld zu zahlen; der Pfarrer lehnte
ab und wurde nur verwarnt.
Weitere Verhöre, weil der Pfarrer eine Mutter
aufgefordert hatte, ihren Sohn in den Religionsunterricht zu schicken.
Verstorben am 8.1.1961.

BAKENECKER, FRANZ
1879 12 29
Mesum
Pfarrer
1936 Verwarnung durch die Gestapo wegen Bekanntgabe des Sammlungsverbots anläßlich der
Johannesprozession.
1937 Unterrichtsverbot; als Begründung
führte der Regierungspräsident ein Über-
angebot an Lehrkräften an.
Außerdem: Ca. 15 Verhöre durch die Polizei
und die Gestapo, viele Anzeigen durch Parteigenossen; nach Kriegsende fand man aufgrund
der Akten heraus, daß der Pfarrer kurz vor
der Deportation nach Dachau gestanden hatte.
Verstorben am 12.5.1973.

BARKHOLT, P. WERNER
SJ
1902 05 25
Rhede
Kaplan
1938 Predigtverbot durch die Gestapo.
1940 wegen Jugendseelsorge und Kritik an
leitenden Persönlichkeiten der Regierung

und der Partei von der Gestapo verhaftet (wohl
Juli 1940); nach 12 Monaten U-Haft durch das
Sondergericht Dortmund zu neun Monaten Gefängnis
verurteilt; nach der Freilassung von der
Gestapo erneut festgenommen und am 8.8.1941 in
das KZ Dachau gebracht; dort am 18.7.1942 verstorben.
*Lit.: 1.Weiler, 119. 2.Bocholter Borkener Volksblatt,
17.7. 1982. 3.Kempner, 21ff.*

BAUMEISTER, AUGUST
o.D.
Appeldorn
Kooperator
Pater Baumeister bekam 1941 während der
Abhaltung einer religiösen Woche Redeverbot
von der Gestapo. Das Sondergericht hob die
Maßnahme wieder auf.
Seit 1941 Verwarnung und Androhung schwerer
Strafen durch die Gestapo wegen Feldpost-
korrespondenz.

BAUMEISTER, HEINRICH
1878 06 26
Orsoy
Pfarrer
1937 Entlassung aus dem Schulvorstand.
Mehrmals vom Amtssekretär zum Abonnieren
der NS-Zeitschriften aufgefordert.
Verstorben am 25.11.1948.

BAUSCH, JOSEF
1893 06 25
Kleve (St. Mariä Empfängnis)
Kaplan
1939 wegen einer kritischen Äußerung
über den Propagandaminister Goebbels
vor der Jungfrauenkongregation zu 200 RM
Geldstrafe durch das Sondergericht verurteilt;
aufgrund Amnestie brauchte der größte Teil
der Summe nicht bezahlt zu werden.

BEBBER, HERMANN VAN
1889 03 04
Gaesdonk
Geistl. Studienrat
Verhör durch die Gestapo anläßlich der
Räumung der privaten Oberschule für Jungen.

BECK, JOSEF VAN DER
1885 09 30
Ibbenbüren
Pfarrer
Der neu eingeführte Pfarrer erhielt von vornherein keine Unterrichtsbefugnis für das
Fach Religion (1936).
1936-1938 Beschlagnahme der Schreibmaschine,
weil der Pfarrer auf ihr den Ablauf einer

kirchlichen Feierstunde geschrieben hatte.
Seit 1936 Predigtüberwachung.
Verstorben am 3.12.1958.

BECKING, HEINRICH
1891 01 06
Bocholt (Hl. Kreuz)
Pfarrektor
1936 20 RM Geldstrafe wegen Nichtbeflaggung
anläßlich des Todes von General Litzmann.
1941 Verhör durch die Gestapo wegen Bekanntgabe der Verhaftung eines Religionslehrers.
1944 Arbeitsbefehl zur Errichtung von Schanzen -
nach Widerspruch zurückgenommen.
Verstorben am 29.6.1973.

BECKMANN, PAUL
1906 06 29
Gelsenkirchen-Horst (St. Laurentius)
Kaplan
1936 mehrere Verhöre durch die Gestapo wegen
eines Artikels in der Kirchenzeitung gegen
das Sammlungsgesetz.
Beschlagnahme der Schreibmaschine und des
Vervielfältigers durch die Gestapo, weil
der Kaplan Gottesdienstordnungen geschrieben
und verteilt hatte.
Seit 1937 Unterrichtsverbot im Fach Religion.

BECKS, JULIUS
1885 03 28
Bösensell
Pfarrer
1941 Verhör und Verwarnung durch die Gestapo,
weil der Pfarrer Predigten Galens erwähnt
hatte und die Gläubigen aufgefordert hatte,
für den Bischof zu beten.
Verstorben am 12.7.1961.

BEEREN, WILHELM
1871 08 05
Appeldorn
Pfarrer
Wegen Korrespondenz mit im Felde stehenden
Soldaten verwarnt und mit scharfen Maßnahmen
durch die Gestapo bedroht.
Verstorben am 4.3.1947.

BENEDICK, FRANZ
1873 01 09
Alpen
Pfarrer, Dechant
Durch den persönlichen Einsatz eines Laien
wurde seine versuchte Verschleppung in ein KZ
verhindert.
Verstorben am 1.11.1950.

Bistum Münster

BENNINGHAUS, P. AUGUST
SJ
1880 10 07
Münster
Im März 1941 wegen Äußerungen bei einem
Männereinkehrtag von der Gestapo verhaftet:
Zunächst Gefängnis Münster;
Verfahren vor dem Sondergericht aus Mangel
an Beweisen eingestellt.
Einlieferung durch die Gestapo ins KZ Sachsen-
hausen.
Am 11.3.1942 verlegt ins KZ Dachau,
dort am 20.7.1942 verstorben.
Lit.: Weiler, 128.

BENSCH, ERICH (EHEMALS BOMBITZKY)
1905 02 17
Recklinghausen
Kaplan
1933 24 Stunden Schutzhaft und zwei Verhöre
wegen Verteidigung des Jungmännervereins
gegen NS-Verleumdungen; bei der Entlassung
mußte sich der Kaplan durch Unterschrift
verpflichten, auf jede politische Tätigkeit
zu verzichten.
1935 24 Stunden Schutzhaft und scharfe Verwarnung aus denselben Gründen.
Verstorben am 17.10.1969.

BERGMANN, THEODOR
1871 06 18
Büderich
Pfarrer
1937 Unterrichtsverbot.
Ausschluß aus der NSV wegen oppositionellen
Verhaltens und Plakatentfernung;
für die Plakatentfernung warf man im Pfarrhaus
fünf Fensterscheiben ein.
Verstorben am 30.4.1964.

BERNHARD, LORENZ
1907 10 21
Freren / Bocholt / Recklinghausen-Suderwich
Kaplan
1934 zwei Verhöre und Verwarnungen durch
die Gestapo wegen Jugendarbeit.
1935 Versetzung wegen einer Predigt in das
Heimatbistum Münster des Kaplans (zwischen
1933 und 1935 war der Kaplan als Ausleihpriester
im Bistum Osnabrück tätig) durch den
Regierungspräsidenten.
Ab 1935 zwei Verhöre durch die Gestapo wegen
einer Predigt und wegen Wahlverweigerung.
1937 Beschlagnahme der Schreibmaschine und
des Vervielfältigers wegen Weiterveröffentlichung der Gottesdienstordnung und der Pfarrnachrichten im Anschluß an das Verbot der
Kirchenzeitung.
Haussuchung und Beschlagnahme von Geld und

Unterlagen des Jungmännervereins im
Zusammenhang mit der Auflösung desselben.
Unterrichtsverbot für das Fach Religion,
jedoch Weiterführung der Christenlehre
und privater Jugendreisen.

BERNING, ANTON
1889 04 21
Rhedebrügge
Pfarrer
1937 Unterrichtsverbot.
Verhör und Verwarnung durch die Gestapo
wegen angeblich falscher Angaben gegenüber der Gestapo in Zusammenhang mit dem
Bezug der Kirchenzeitung; Beschlagnahme
einer Kirchblatt-Nummer (1937).
1942 wegen Lesung zweier Messen an Fronleichnam drei Verhöre durch die Gestapo; nach vier
Monaten wurde dem Pfarrer Schutzhaft und
KZ für den Wiederholungsfall angedroht.
Verbot der Abhaltung von Rekruten-Exer-
zitien mit der Begründung, im Krieg dürfe
den jungen Soldaten keine zusätzliche
seelische und körperliche Belastung auf-
gebürdet werden.
Verstorben am 16.4.1955.

BEUING, KONRAD
1876 06 18
Saerbeck
Pfarrer, Dechant
1934 sollte der Pfarrer von einem SS-Kommando
verhaftet werden wegen Verlesung eines
Artikels aus einer Kirchenzeitschrift (K.A.);
der Landrat entschied gegen Verhaftung, um
keinen Märtyrer zu schaffen.
1937 Verhör und Verwarnung.
1938 Verhör wegen der Fronleichnamspredigt.
1939 Verhör vor dem Amtsgericht wegen angeblicher Herabsetzung der NS-Schwesternschaft -
Ermittlungen eingestellt.
Verstorben am 2.3.1957.

BIRKENFELD, BERNHARD
1885 09 19
Freckenhorst
Prälat, Pfarrdechant
Verwarnung wegen Zulassung einiger Polen zum
Gottesdienst.
Kurzfristige Festnahme und fünf Verhöre, weil
der Prälat von der Kanzel herab vor Kirchen-
austritten gewarnt hatte.
Außerdem wurde er noch kurz vor Kriegsende
zweimal gemustert, als „kriegsverwendungsfähig"
eingestuft und gezwungen, sich am Aufbau von
Autobahnsperren gegen die vorrückenden Amerikaner
zu beteiligen.
Verstorben am 19.12.1955.

BITTER, BERNHARD
1892 12 31
Coesfeld (St. Lamberti) / Recklinghausen
Vikar / Pfarrektor
1933 im Zuge der Maßnahmen gegen den
Junggesellenverein von der SA zum Gesellen-
haus geführt.
1937 Unterrichtsverbot.
Verstorben am 17.8.1945.

BITTER, WILHELM
1885 08 18
Lohne
Pfarrer
1939 Überwachung der Predigten.
Am 24.5.1940 von der Gestapo verhaftet
wegen Korrespondenz mit Lohner Soldaten im
Feld; auf Druck der Lohner Bürger hin am
24.9.1940 entlassen.
Lit.: Heimatblätter, Beilage zur Olden-
burgischen Volkszeitung 208 (Sept. 1980),
6-7.

BLANKE, HERMANN
1899 01 25
Bockum-Hövel / Ossenberg
Vikar / Pfarrektor
1935 Ausweisung aus dem Regierungsbezirk
Münster wegen Verfassung eines an junge
Leute im Arbeitsdienst und beim Militär
gerichteten Rundschreibens. Haussuchung
und Beschlagnahme der Schreibmaschine.
Unterrichtsverbot wegen Verweigerung des
Hitlergrußes und wegen einer Erklärung vor
den Schülern, wie man den Hitlergruß sinn-
voll verstehen könnte: Da alles Heil nur von
Gott komme, wünsche man dem Führer Gottes
Segen für eine rechte Staatsführung.
Verwarnung wegen Vervielfältigung und Verteilung einer Predigt Galens an Laien durch
die Gestapo.

BLEISTER, ADOLF
1877 09 30
Südlohn
Pfarrer
1937 vom Gericht in Vreden zu 25 RM Geldstrafe
verurteilt, da Meßdiener anläßlich der
Glockenweihe kleine Glöckchen vor der Kirchen-
türe verkauft hatten. Später wurde die
Geldstrafe aufgrund Amnestie erlassen.
Verhör im Amt Stadtlohn, weil der Pfarrer
gegen die Judenspottlieder gepredigt hatte.
Verstorben am 23.6.1952.

BOCKEY, CASPAR
1878 02 20
Hörstel
Pfarrer

1943 Verhör und Verwarnung durch die Gestapo
wegen einer Predigt über Feindesliebe;
außerdem Zahlung von 2000 RM Sicherungsgeld;
seitdem Überwachung der Predigten.
Verstorben am 19.3.1946.

BOCKS, LAURENZ
1878 07 28
Münster (St. Mauritz)
Geistl. Studienrat i. R., Synodalrichter
1941 wegen abträglicher Äußerungen gegen
die NS-Führung Münster einige Tage inhaftiert.
Verstorben am 10.4.1944.

BOECKER, HEINRICH
1897 07 30
Mettingen
Geistl. Konrektor
Weil der Konrektor die Schüler nicht zum
Eintritt in die NS-Jugendorganisation bewegte,
wurde er mit kleiner Pension entlassen.
Verstorben am 26.12.1956.

BOECKER, OTTO
1882 03 12
Vinnenberg
Geistl. Rektor
1941 Verhör und Ausweisung aus Westfalen
und der Rheinprovinz im Zusammenhang mit
der Auflösung des Klosters.
Vom Sondergericht zu neun Monaten Gefängnis
und fünf Monaten Festung verurteilt;
nähere Angaben fehlen.
Verstorben am 12.2.1965.

BOEGGERING, LAURENZ
1904 01 30
Haltern
Vikar
Ab 1937 Unterrichtsverbot.

BOEKER, FRANZ
1907 05 01
Dinslaken
Vikar
1942 wegen Verteilung des Möldersbriefes
zu einer Zahlung von 1000 RM Kaution aufgefordert; sofortige Verhaftung, nachdem der
Vikar sich geweigert hatte zu zahlen;
weil schließlich der Bruder des Beschuldigten
die Summe zahlte, kam der Vikar wieder frei.

BOEMER, BERNHARD
1863 07 15
Münster (Hl. Kreuz)
Pfarrer i. R.
1934 Verhör durch die Gestapo wegen eines
„Werbebriefes" an Jugendliche.
Verstorben am 29.10.1937.

BOERSTING, FRIEDRICH
1883 04 23
Badbergen / Eckernförde
Pfarrer
Aufenthaltsverbot für die Pfarrei Badbergen,
weil der Pfarrer einer katholischen Kindergärtnerin die Folgen des Kirchenaustrittes
erklärt hatte.
Wahrscheinlich damals in die Diözese Osnabrück
versetzt.
1941 21 Tage von der Gestapo inhaftiert
wegen Zulassung der Polen zum Gottesdienst.

BOESSER, HEINRICH
1881 10 23
Düffelward
Pfarrer
Anzeige wegen Verlesung eines Auszugs aus
dem „Osservatore Romano"; der wohlmeinende
Bürgermeister gab die Anzeige nicht weiter.
Verstorben am 24.2.1967.

BOETZKES, JOSEPH
1877 12 26
Walsum-Aldenrade
Pfarrer
Seit 1933 von der HJ gestört und belästigt.
1934 vom Bürgermeister über das Verbot
außerkirchlicher Betätigung belehrt.
Verstorben am 22.1.1955.

BOKERN, ANTON
1898 12 22
Walstedde
Vikar
1938 zwei Verhöre, eine Verwarnung
und Zutrittsverbot für die Schule
durch das Amtsgericht Münster, weil
der Vikar den Wahlaufruf der österreichischen
Bischöfe, den die Nationalsozialisten auf
Plakaten abgedruckt hatten, als Fälschung
bezeichnet hatte.
Verstorben am 8.11.1957.

BOOK, JOSEPH
1891 04 05
Marl-Brassert
Pfarrektor
1938 Anzeige durch eine Privatperson wegen
einer regimekritischen Äußerung;
es folgte ein Verhör und sechs Monate später
die Aufforderung, zur Belehrung am Dorstener
Gericht zu erscheinen. Dort wurde dem Pfarrektor nur mitgeteilt, es läge nichts Strafbares
gegen ihn vor.
Verstorben am 21.1.1960.

BORCHELT, ALFRED
1876 07 20
Oberhausen-Osterfeld (St. Joseph)
Pfarrer
1937 wegen fehlender Angaben über die
Herausgeber auf der Gottesdienstordnung
von der Gestapo verhört und vom Amtsgericht mit 32,50 RM bestraft.
1938 Vorladung wegen Nichtbeflaggung;
Einstellung der Angelegenheit aufgrund Amnestie.
Verstorben am 22.11.1946.

BORGARD, JOSEPH
1899 03 15
Epe
Kaplan
1933 wegen Regimekritik Anzeige durch den
Kreisleiter.
1934 wegen einer Filmvorführung Aufforderung
der Partei zur Stellungnahme.
1935 zwei Verhöre, Verwarnung und scharfe
Drohung wegen Versendung eines Rundbriefes
an die Jugendlichen vom Aufrechtbund.
Die Maßnahmen wurden von der Gestapo verhängt.
Aufforderung des Landbürgermeisters, in
Zukunft die als Meßdienerfahrten getarnten
Ausflüge mit den katholischen Jugendverbänden zu unterlassen (27.9.1935).
1942 zur Zahlung von 500 RM Sicherungsgeld
von der Gestapo gezwungen, weil der Kaplan
seine Schüler aufgefordert hatte, Mölders-
bücher mit in den Unterricht zu bringen.
Außerdem Verwarnung und Androhung härterer
Strafen bei weiteren Verfehlungen.
Verstorben am 3.7.1966.

BORGELT, THEODOR
1867 12 01
Dreierwalde
Pfarrer
1937 Haussuchung im Rahmen der Maßnahmen
gegen kirchliche Vereine.
Verstorben am 20.4.1950.

BORNEFELD, ANTON
1898 07 20
Duisburg-Hamborn (St. Johann)
Kaplan
1939 zwei Haussuchungen durch die Gestapo
wegen Vereinsarbeit.
Im Unterricht verhaftet; nach fünf Monaten
Gefängnis Recklinghausen am 5.2.1944
nach Dachau gebracht. Dort am 29.4.1945 von
den Amerikanern befreit.
Verstorben am 14.3.1980.
Lit.: Weiler, 146.

BR. MAURITIUS
OESA
o.D.
Karthaus
Bruder Mauritius wurde 1937 von
SS-Männern ins Refektorium
gesperrt und verhört.

BR. SIEGFRIED
FSC
o.D.
Wadersloh
1937 anläßlich der Auflösung der
Klosterschule in Wadersloh festgenommen;
nach neun Monaten U-Haft bei einer Gerichtsverhandlung freigesprochen und entlassen.
Nähere Angaben fehlen.

BR. WOLFRAM
OESA
o.D.
Karthaus
Bruder Wolfram wurde 1937 von
SS-Männern ins Refektorium
gesperrt und verhört.

BRAND, EBERHARD
1911 11 08
Telgte
Kaplan
Dr. theol.
1941 Verhöre und Verwarnung durch den Orts-
gruppenschulungsleiter und den stellvertre-
tenden Volksschulrektor wegen angeblicher
Propaganda gegen die HJ und die KLV.
1942 Verwarnung durch die Gestapo wegen Ver-
lesung des Möldersbriefes.
Wegen Jugendseelsorge acht Wochen Schutzhaft und
1000 RM Sicherungsgeld durch die Gestapo.
Möglicherweise kam der Kaplan nicht ins KZ
aufgrund des entschlossenen Eintretens der
Telgter Ortsbauernschaft, der Ortsgruppe
Altenoythe (Heimatgemeinde des Kaplans; die
Ortsgruppe hatte gedroht, es fände keine
Parteiarbeit mehr statt, wenn der Kaplan nicht
freikäme) und des Weihbischofs Wienken.

BRANDT, ANTON
1874 04 19
Bottrop-Boy (St. Johann)
Pfarrer
1939 wurde der Pfarrer gezwungen, die
Hakenkreuzfahne über den Haupteingang
der Kirche zu hängen.
Verstorben am 24.1.1949.

BRAUKAEMPER, ANTON
1887 06 13
Oelde

Pfarrer
1945 von der Gestapo wegen einer Predigt zur
Zahlung von 2000 RM Sicherungsgeld.
verpflichtet; Drohung mit KZ für den
Wiederholungsfall.
Im März desselben Jahres wegen einer
weiteren Kanzeläußerung mit 3000 RM
Geldstrafe belegt.
Verstorben am 6.4.1953.

BRIMMERS, JAKOB
1882 10 16
Goch (St. Maria Magdalena)
Pfarrer, Dechant
Fünf Verhöre durch die Gestapo, das letzte
wegen Verbreitung des Möldersbriefes;
Verwarnung und Drohung mit Schutzhaft.
Am 5.1.1945, als sich die Front der
Pfarrei Goch näherte, wurde der Geist-
liche ausgewiesen.
Verstorben am 6.5.1949.

BRINGEMEIER, CLEMENS
1889 07 05
Duisburg-Neuenkamp (Hl. Kreuz)
Pfarrektor
1937 Verhör in Zusammenhang mit den Untersuchungen gegen einen Sturmscharführer.
Verhör wegen Herausgabe der Kirchennach-
richten als Ersatz für die verbotene
Kirchenzeitung; Beschlagnahme der Schreibmaschine.
Verhör wegen Versendung eines Rundschreibens,
das zum Besuch der Pfarrbibliothek einlud.
Verstorben am 27.11.1970.

BRINK, JOSEF
1915 02 25
Lengerich / Tecklenburg / Neumark / Merseburg
Aushilfsgeistlicher
1939 Verhör durch die Gestapo wegen
Übertretung des Versammlungsverbots und
Zersetzung der Wehrkraft; Androhung
einer Haftstrafe.
1944 Verhöre durch die Gestapo, weil der
Beschuldigte während seines Heimaturlaubs
(er war damals bei der Wehrmacht) einen
Nachmittag mit Vortrag und Gespräch für
die aktive weibliche Pfarrjugend veranstaltet
hatte; den Folgen entging er durch Rück-
meldung an die Front.

BRINKERT, WILHELM
1891 02 24
Altlünen / Straelen
Kaplan
1934 mehrere Beanstandungen seitens der NSDAP-
Mitglieder wegen Predigten; ein Fall kam
vor das Gericht, wurde jedoch aufgrund Amnestie

eingestellt.
Bis zum 11.9.1935 Religionsunterrichtsverbot.
Beschlagnahme von privaten Geldwerten im
Zusammenhang mit der Auflösung des
Jungmännervereins.
Verstorben am 13.6.1961.

BRINKMANN, P. WILHELM
CSSR
o.D.
Rheine
Im August 1935 wurde er vom Berliner Sondergericht wegen Devisenvergehens zu sechs Jahren
und einem Monat Zuchthaus, 103.000 RM Geldstrafe
und 184.000 RM Wertersatz verurteilt.
Lit.: 1.Rapp, 80. 2.Hoffmann-Janssen, 168,
189f, 270.

BROCKHAUSEN, PHILIPP
1879 03 19
Duisburg-Ruhrort
Pfarrer
Überwachung der Predigten.
Verwarnungen durch die Gestapo.
Verstorben am 13.7.1951.

BROECKER, JOSEPH
1877 12 30
Stromberg
Pfarrer
1941 Entlassung aus dem Schulbeirat. Mit 1000
RM Sicherungsgeld bestraft wegen Bekanntgabe
einer Polenmesse.
1942 weitere 1000 RM Geldstrafe wegen Aufforderungen zu Gruppenwallfahrten (Aug.1941/42).
Verhöre durch die Gestapo und Gerichtsverhandlung; durch Intervention eines hohen
SS-Offiziers bekam der Beschuldigte ein „mildes"
Urteil: 2000 RM Sicherungsgeld und drei Jahre
auf Bewährung anstatt die erwartete KZ-Haft.
Verhör durch die Gestapo wegen Verlesung
des Möldersbriefs.
1943 wegen Übertretung des Sammlungsgesetzes
200 RM Geldstrafe plus die Kosten des Verfahrens; eine weitere Anklage wegen „Währungs-
sabotage" mußte zurückgenommen werden.
Außerdem: Anzeige wegen Übertretung des
Sammlungsgesetzes; um den Folgen zu entgehen
gab der Pfarrer den Sammlungsbetrag an die NSV.
Dreimaliger Versuch der Kreisleitung, den
Pfarrer in das KZ zu bringen; erfolglos, weil
der „Zeuge" keine Unterschrift leistete.
Verstorben am 12.11.1957.

BROMENNE, ALFONS
1894 02 04
Bertlich
Pfarrektor
1936 Verbot der Betätigung in konfessionellen
Jugendvereinen.
Aufgrund einer Verfügung vom 10.12.1938 durfte
der Pfarrer kirchlichen Schulunterricht nur
noch an Nachmittagen halten.

BRUECKELMANN, PAUL
1896 06 29
Kranenburg
Kaplan
1935 sollte der Kaplan wegen einer Predigt
durch den Bürgermeister im Auftrag der Gestapo
verhört und verwarnt werden; das Verhör
fand nie statt.
1936 Verwarnung durch den Bürgermeister
wegen einer Predigt.
1937 Verwarnung durch den Staatsanwalt.
Drohungen seitens des Volksschulrektors,
Maßnahmen gegen die Schulmesse zu ergreifen,
wenn der Kaplan nicht die Politik von der
Kanzel lasse.
Verstorben am 23.5.1972.

BRUEGGEMEIER, KARL
1875 09 04
Steinbeck
Pfarrer
Haussuchung durch die Gestapo wegen Vereins-
arbeit, Beschlagnahme der Mitgliederlisten
der Jünglingskongregation und der Jugend-
zeitschriften.
Aufforderung des Schulrates, den Hitlergruß
lauter zu äußern.
Religionsunterrichtsverbot.
Anzeigen von Privatpersonen wegen angeblicher
Regimekritik des Pfarrers; einmal sollte
dazu der Pfarrer von zwei Polizeibeamten ver-
hört werden.
Verstorben am 11.11.1950.

BUDDENBROCK, JOHANNES
1908 03 11
Gelsenkirchen-Buer (St. Barbara)
Pfarrer
Der Pfarrer hatte insgesamt neun Prozesse
(dreimal Landgericht Münster, zweimal Ober-
landesgericht Hamm, zweimal Reichsgericht
Leipzig und zweimal Justizministerium Berlin).
Nähere Angaben fehlen.
Nächtliche Flucht vor NS-Schergen wegen
einer Predigt.

BUEGELMAN, WERNER
1908 10 14
Olfen
Kaplan
1937 Beschlagnahme der Schreibmaschine,
weil der Kaplan im Anschluß an das Verbot
der Kirchenzeitung die Gottesdienstordnung
selbst herausgegeben hatte.

BUELTEN, JOSEPH
1877 03 11
Vreden
Pfarrer, Dechant
1937 Verhör durch den Schulrat bezüglich
des Dekanatsbeschlusses, daß das WHW nicht
mehr unterstützt werden solle;
Unterrichtsverbot;
Ausschluß aus der NSV wegen Verweigerung der
Beiträge.
Entlassung als Schulbeiratsmitglied (1941).
Verstorben am 3.11.1958.

BUESCHER, HERMANN
1898 02 27
Borghorst / Hamborn
Vikar
1934 Angriffe der Partei und der HJ auf den
Vikar in dessen Eigenschaft als Jugendpräses.
Versetzung nach Hamborn wegen Verweigerung
des Hitlergrußes.
1935 Gerichtsverfahren wegen Verletzung des
Kanzelparagraphen; die ursprüngliche Strafe,
sechs Wochen Festungshaft, wurde in 200 RM Geldstrafe umgewandelt.
Verstorben am 13.5.1972.

BULLMANN, JOSEPH
1885 08 30
Kellen
Pfarrer
1937 öffentliche Anschuldigung in der
NS-Zeitschrift „Schwarzes Korps".
1945 zweimal versuchte Ausweisung aus Kellen.
Verstorben am 12.3.1967.

BUSCH, P. KARL
MSC
o.D.
Hiltrup
Am 12.2.1936 Predigtverbot und Androhung
der Inschutzhaftnahme im Auftrag der Gestapo.

BUSCHE, CLEMENS
1911 09 23
Haltern
Kaplan
1937 Unterrichtsverbot durch den Bürgermeister im Anschluß an das vom Regierungspräsidenten erlassene generelle Unterrichtsverbot für Geistliche im Fach Religion
vom 3.9.1937.

CANTAUW, ALEXANDER
1901 05 12
Recklinghausen / Murnau (Btm. Augsburg)
Geistl. Studienrat
Dem Studienrat wurde die Wohnung gekündigt,
weil er regimekritische Predigten gehalten hatte.

CLUSE, HEINRICH
1909 07 18
Herten-Scherlebeck
Kaplan
1937 wurde der Pfarrer vor die Wahl gestellt:
Entweder Auflösung der Jungschar oder Ein-
stellung des Religionsunterrichts.
Nach Rücksprache mit dem Bischof entschied
sich der Kaplan für den Religionsunterricht.
Kurz darauf Unterrichtsverbot.
Verhör durch die Gestapo wegen Vereinsarbeit.
1939 Beschlagnahme des Vermögens des
Jungmännervereins.

CUVELLIER, LAURENZ
1873 10 21
Oberhausen-Sterkrade (St. Clemens)
Pfarrer, Dechant
1938 Verhör durch die Gestapo im Zusammenhang
mit dem spektakulären Bischofsempfang (Ende
1938).
Verstorben am 18.12.1954.

DABECK, P. FRANZ
SVD
1900 07 06
Münster
Am 26.5.1942 wegen angeblich staatsfeindlichen Ver-
haltens von der Gestapo verhaftet:
Gefängnis Münster bis zum 25.9.1942,
danach KZ Dachau, dort am 27.3.1945 entlassen.
Lit.: Weiler, 188.

DAHLMANN, JOSEF
1889 03 27
Angelmodde
Pfarrer
1939 200 RM Geldstrafe durch das Landgericht
Münster wegen eines Vergehens gegen das
Heimtückegesetz.
Verstorben am 14.6.1946.

DALDRUP, WILHELM
1890 06 19
Ibbenbüren
Kaplan
1937 Verhör wegen eines Gebetsausflugs
mit den Schulkindern; Verbot weiterer
Ausflüge.
Unterrichtsverbot im Fach Religion.

DEILMANN, CLEMENS
1874 10 15
Lüdinghausen
Pfarrer, Dechant
1933 Austritt aus dem WHW.
1937 Religionsunterrichtsverbot;

Protest gegen das Verbot - ohne Erfolg.
Auseinandersetzungen zwischen dem Dechant
und einem Studienrat, der öffentlich die
Geistlichen, insbesondere den Erzbischof
Gröber angegriffen hatte; nach Stellungnahmen von der Kanzel und einem Briefwechsel
mit der Schule, an der der Studienrat unterrichtete, wurde die Angelegenheit zugunsten
des Dechanten eingestellt.
1938 Verhör und Verwarnung durch die
Polizei wegen einer Sammlung an den Kirchen-
türen.
1939 Verwarnung wegen Beflaggung zum Tode von
Pius XI.
1942 aufgrund einer Verleumdung drei Verwarnungen,
1000 RM Geldstrafe und Drohung mit KZ
für den Wiederholungsfall durch die Gestapo;
1943 konnte der Dechant seine Unschuld beweisen,
erreichte aber nur die mündliche Zurücknahme
des Urteils.
Verteidigung gegen öffentliche Beleidigungen
des Ortsgruppenleiters durch Stellungnahmen
von der Kanzel und Protestschreiben.
Verstorben am 1.12.1953.

DERKS, THEODOR
1890 09 04
Aengenesch
Pfarrektor
1937 Religionsunterrichtsverbot und 1941
Entlassung aus dem Schulbeirat.
Verwarnungen wegen Abhaltens von Meßfeiern
nach Fliegeralarm.

DIRKING, AUGUST
1884 02 13
Münster (St. Joseph)
Geistl. Studienrat
Dr. phil.
1934 Verwarnung durch den stellvertretenden
Direktor der Wasserturmschule Münster wegen
Werbung für die katholischen Jugendverbände.
1935 Verweis durch die Gestapo wegen Verteilung eines Hirtenschreibens an die Schüler.
1939 Aufforderung zur Stellungnahme durch
die Schulbehörde, nachdem der Studienrat
sich für die konfessionelle Volksschule
ausgesprochen hatte.
1939 Verwarnung durch den Direktor, weil
der Studienrat Rosenberg als Feind des Christentums bezeichnet hatte.
Verbot des außerschulischen Religionsunterrichts durch den Schuldirektor.
1944 Predigtverbot durch das bayerische
Kultusministerium im KLV-Lager Fischbachau.
Unterrichtsverbot für das Fach Latein.
Seinen verbleibenden Unterricht (sieben Wochen-
stunden Religion) mußte der Pädagoge in
der unbeheizten Kapelle abhalten.

Am 12.2.1945 Entlassung aus dem KLV-Lager
durch den Direktor.
Verstorben am 19.11.1952.

DITTMAR, P.
Ordenszugehörigkeit unbekannt
o.D.
Westkirchen
1937 Polizeiüberwachung der Fastenpredigten
des Paters, die viele Gläubige anzogen.

DOENNEBRINK, ALOIS
1877 07 21
Vorhelm
Pfarrer
1935 Belehrung durch die Gestapo über
die Vorschriften betreffend die Genehmigung
religiöser Veranstaltungen; der Pfarrer
hatte zuvor zu einem Diskussionsabend
eingeladen.
1939 Verhör durch die Polizei, weil der
Pfarrer über die Mutter eines jungen Mannes
versucht hatte, diesen vom Kirchenaustritt
abzuhalten.
Verstorben am 27.1.1950.

DOEPPER, CHRISTOPH
1874 04 08
Altenberge / Albachten
Pfarrer / Pfarrer i.R.
1936 wurde der Pfarrer, der vielleicht die
Betreuung der Fürsorgezöglinge übernehmen
sollte, als politisch unzuverlässig von
der NSDAP abgelehnt. Als das Schreiben seinen
Adressaten erreichte, war der Pfarrer
bereits
verstorben am 14.6.1936.

DOHRMANN, P. ANTON
MSC
1890 04 22
Gelmer / Freudenberg
Aushilfspriester
1941 wurde dem Pater, der den verhafteten
Pfarrektor Stammschrör vertrat, angedroht,
man werde ihn an den selben Ort wie den
Pfarrektor bringen.
Ausweisung aus dem Regierungsbezirk Düssel-
dorf im Zusammenhang mit der Klosterauf-
hebung.

DUELMER, CLEMENS
1885 01 30
Bocholt (Liebfrauen)
Pfarrer
Wegen Versendung einer Einladung zur religiösen
Woche wurde der Pfarrer von der Gestapo ver-
warnt und mit KZ-Haft bedroht.
Verstorben am 27.11.1967.

DUESTERHUS, FRANZ
1913 09 29
Materborn / Salzwedel
Kaplan
1944 kam der Kaplan vor ein Sondergericht
der Partei wegen abfälliger Bemerkungen über
den Führer (der inoffizielle Grund war die
geschickte „Jugendarbeit" des Kaplans,der
eine übergroße Schar von Meßdienern anstelle der verbotenen Jungschar betreute);
die 1. Verhandlung verlief ergebnislos,
eine weitere fand wegen der Kriegsereignisse
nicht mehr statt.
Nach der Versetzung in den Gau Magdeburg
verhinderte die dortige Parteiorganisation,
daß der Kaplan ein Zimmer bekam; er mußte
12 km weg von der Pfarrei Unterkunft beziehen.

DUHR, PAUL
1902 03 08
Uedem
Kaplan
Ab 7.12.1935 Unterrichtsverbot.

EBBING, JOSEF
1910 10 21
Ahlen
Kaplan
1935 150 RM Geldstrafe, weil der Kaplan
mit der katholischen Jugend Fußball gespielt
hatte; die Strafe fiel später unter Amnestie.

ECHELMEYER, CLEMENS
1895 04 09
Münster
Domkapitular
1941 Ausweisung des Domkapitulars aus dem
Rheinland und Westfalen durch die Gestapo
und Einweisung (bis Kriegsende) in das
Dorf Visselhövede/Lüneburger Heide, weil
Bischof Galen Echelmeyer gegen den
Willen der Regierung zum Domkapitular er-
nannt hatte.
Intervention der Bischöfe Berning und Galen
ohne Erfolg.
Verstorben am 19.1.1968.
Lit.: Kirche und Leben 24 (14.6.1981), 16.

EFFING, FRANZ
1872 01 18
Gladbeck (St. Lamberti)
Pfarrer
Schon vor der Machtübernahme heftige Attacken
der NS-Presse gegen den Pfarrer, der das
Aufstellen der NS-Fahnen in der Kirche untersagt hatte und die Rede eines Parteigenossen
anläßlich einer Beerdigung verhindert hatte.
Ab 1933: Entlassung aus dem Schulbetrieb, u.a.
weil der Pfarrer zum Besuch der Schulmesse

aufforderte.
300 RM Geldstrafe.
Zur Zahlung von 1000 RM Geldstrafe verurteilt wegen Bekanntgabe des Möldersbriefs
und Herausstellung des Fliegers als Vorbild
für die Jugend (1942).
Verstorben am 12.4.1947.

EING, HEINRICH
1891 04 11
Holsterhausen (St. Antonius)
Pfarrer, Definitor
Scharfes Verhör durch die Gestapo im
Zusammenhang mit den Maßnahmen gegen
den Jungmännerverein.
1937 Haussuchung durch die Gestapo.
1941 drohte die Verhaftung wegen Verlesung
der Bischofspredigten.

EINIG, WILHELM
1902 02 18
Duisburg-Hamborn (Liebfrauen)
Kaplan
Verwarnung durch die Gestapo wegen einer
Predigt.
Verstorben am 6.2.1965.

EISELE, P.
PA
o.D.
Rietberg
Der Pater wurde 1935 von der Polizei wegen
Äußerungen zur NS-Rassenlehre verhört.

EISING, HERMANN
1908 02 04
Münster / Berlin (St. Matthias)
Bischöflicher Kaplan
Prof. Dr. theol.
1939 Verhör, Beschlagnahme der Kasse und
der Mitgliederlisten des Bundes Neudeutschland
anläßlich des Verbots des ND und der Reichs-
theologengemeinschaft (in beiden Organisationen
hatte der Kaplan leitende Stellungen).
1941 Verbot des Schrifttums der Reichs-
theologengemeinschaft, das der Kaplan mit-
herausgab.
1942 Verhör und Haussuchung durch die Gestapo,
weil sich der Kaplan in einem abgefangenen
Brief zum Möldersbrief geäußert hatte
(Postüberwachung!).
Ein Unterrichtsverbot für den Kaplan war
schon lange erlassen, bevor es zuletzt wegen
der Sache „Möldersbrief" und dem Vergehen,
Juden getauft zu haben, Anwendung fand.

ELIGMANN, BERNHARD
1882 02 15
Laggenbeck

Pfarrer
1943 wegen Regimekritik Verhandlung vor
dem Amtsgericht, Verfahren eingestellt.
1944 Verwarnung durch die Polizei wegen
einer Messe und einer Prozession am Sonntag
nach Fronleichnam.
Verstorben am 12.7.1950.

ELSEMANN, WILHELM
1914 05 17
Eppinghoven
Kaplan
1942 im Zusammenhang mit dem Möldersbrief
zur Zahlung von 1000 RM verurteilt;
wegen Zahlungsunfähigkeit wurde die Summe
auf 250 RM herabgesetzt.
Verstorben am 4.1.1969.

ENGELS, GOTTFRIED
1888 04 20
Peheim / Walbeck
Pfarrer
Am 1.9.1939 in Walbeck verhaftet;
nach kurzer Zeit im KZ Sachsenhausen am
14.12.1940 ins KZ Dachau eingeliefert;
dort am 17.5.1942 „überstellt", d.h. Gaskammer.
Lit.: Weiler, 220.

ENGEMANN, P. JOHANNES BAPTISTA
OFMCAP
o.D.
Münster
1937 wegen Jugendseelsorge von der Gestapo
verfolgt; Haussuchung und Beschlagnahme
von Predigten und Jugendzeitschriften.

ENSTE, NORBERT
1905 12 11
Ahlen (St. Maria)
Kaplan
1933 Verwarnung durch die Gestapo, weil
sich der Kaplan als Leiter der Jungschar
gegen den Aufruf des Ahlener Standortführers
des DJ (Deutsches Jungvolk) gewandt hatte,
bei der Lehrlingseinstellung Angehörige des DJ
zu bevorzugen.
1935 von drei betrunkenen SA-Leuten verprügelt;
bei dem gerichtlichen Vergleich kam der
Haupttäter überaus glimpflich davon.

ERDBUERGER, HERMANN
1905 08 03
Recklinghausen
Kaplan
1934 erhielt der Kaplan Schulverbot.
Verstorben am 4.1.1937.

ESSER, KARL
1886 11 04
Mehr
Pfarrer
1942 Verhör und Androhung schwerer Strafen
für den Wiederholungsfall, weil der Pfarrer
einem verfolgten Pater Unterkunft gewährt hatte.
Verstorben am 4.12.1955.

ESSFELD, AUGUST
1878 07 07
Epe
Pfarrer
1935 wegen falscher Beflaggung angezeigt.
Verstorben am 7.9.1957.

FECHTRUP, JODOKUS
1883 05 11
Ascheberg
Pfarrer
1937 Unterrichtsverbot; aufgrund einer
Sondergenehmigung durfte der Pfarrer
in den Schulräumen weiter Beichte und
Kommunionunterricht abhalten (dies wurde
1940 vom Bürgermeister verboten).
1939 Verhör durch die Polizei und die
Landjäger im Auftrag der Gestapo wegen
der Neujahrspredigt.
Verstorben am 27.4.1954.

FELDMANN. JOSEPH
1879 09 11
Datteln (St. Joseph)
Pfarrer, Definitor
Verhört und/oder verwarnt wurde der
Pfarrer von der Gestapo wegen:
Einer Predigt (1934),
einer Kanzeläußerung zur KLV (1941),
einer Messe nach Fliegeralarm (1941),
der Glaubensstunden für Mädchen,
der Nicht-Verdunkelung des Kindergartens und
einer nicht angemeldeten Versammlung (1942)
sowie eines nicht gemeldeten Heimabends
der katholischen Jungfrauen (1942).
Verstorben am 28.2.1966.

FELTEN, P.
MSC
o.D.
Freudenberg
Superior
1939 Verfahren vor Gericht wegen Flugblattverteilung (Einladung zu Exerzitien);
scharfe Verwarnung und Androhung schwerer
Strafen (KZ) im Wiederholungsfall.

FILTMANN, WILHELM
1905 07 27
Walsum-Wehofen / Griethausen
Kaplan
Im Zuge der Maßnahmen gegen katholische
Vereine wurden bei einer NS-Aktion auch
persönliche Gegenstände des Kaplans
beschlagnahmt.
Schriftlich mußte der Kaplan erklären, er
verzichte auf außerreligiöse Jugendbetreuung, um nicht den Religionsunterricht
zu gefährden.

FISCHEDICK, FRANZ
1910 10 11
Albersloh
Vikar
1935 wurde der Vikar verwarnt, weil einige
Gläubige bei einer Prozession die Provokationen
eines vorbeimarschierenden SA-Trupps mit
Pfui-Rufen bedacht hatten.

FOCKE, HEINRICH
1887 10 11
Neuenkirchen
Pfarrer
1942 zu einer Geldstrafe von 2000 RM verurteilt, verwarnt und mit KZ bedroht, weil
der Pfarrer einige Mütter veranlaßt hatte,
gegen die Streichung einer Stunde Religion
zu protestieren.
Verstorben am 3.7.1953.

FRAENKERT, JOHANNES
1878 04 28
Metelen
Pfarrer, Dechant
1937 Verwarnung durch die Gestapo wegen
Regimekritik.
Verwarnung durch den Staatsanwalt, weil
der Dechant eine Bekanntgabe des bischöflichen Generalvikariats zur Bekenntnisschule
in seinem Dekanat verschickt hatte.
Verstorben am 19.1.1964.

FRANCKEN, JOSEPH
1881 02 26
Homberg (St. Johann)
Pfarrer
Im Anschluß an Aktionen gegen die Juden
wurden dem Pfarrer zweimal Fensterscheiben
eingeworfen.
Verstorben am 8.9.1951.

FREITAG, HEINRICH
1911 04 23
Marienfeld
Kaplan
1938 Verhör durch die Polizei und Verhör

durch die Gestapo wegen einer Feierstunde
mit Meßdienern.

FRESENBORG, HEINRICH
1900 05 02
Neuscharrel
Pfarrer
Am 18.9.1941 wegen einer Predigt gegen
die Euthanasie verhaftet,
KZ Dachau vom 28.11.1941 bis zum 28.3.1945.
Lit.: Weiler, 237.

FREUDE, ALBERT
1877 09 28
Bevergern
Pfarrer, Dechant
1935 Verhör wegen Entfernung eines NS-Plakats.
1937 Haussuchung im Rahmen der Maßnahmen
gegen die Jünglingssodalität.
Religionsunterrichtsverbot.
1939 „Massenverhör" (Pfarrer und 20 Laien)
wegen eines Verstoßes gegen das Flaggengesetz
an Fronleichnam.
Zur Zahlung von 500 RM verurteilt (zuzüglich der
Verfahrenskosten), weil der Pfarrer sich geweigert hatte, den Namen eines Franziskaner-
paters zu nennen, der in der Pfarrei vorübergehend als Aushilfe tätig gewesen war und
eine kritische Predigt gehalten hatte.
Verstorben am 12.8.1956.

FRIEDRICHS, REINHOLD
1886 05 08
Münster (St. Aegidii)
Unterrichtsverbot und zwangsweise Versetzung
in den Ruhestand wegen politischer Unzuver-
lässigkeit (Maßnahmen durch die Stadt
Münster um 1935).
Überwachung der Predigten durch die Gestapo.
1941 im Anschluß an eine religiöse Woche
in Recklinghausen von der Gestapo verhaftet:
Zunächst Gefängnis Münster,
ab dem 20.3.1941 KZ Sachsenhausen,
vom 12.9.1941 bis zum 5.4.1945 KZ Dachau.
Intervention des Bischofs Berning bei der
Gestapo Berlin ohne Erfolg.
Verstorben am 28.7.1964.
*Lit.: 1.Weiler, 237. 2.Kirche und Leben 8
(1.3.1981), 9.*

GASSMANN, HUBERT (P. ALKUIN)
OFM
1890 11 26
Recklinghausen
1939 endete ein Verfahren wegen Kanzelmißbrauchs mit Freispruch.
Am 11.8.1942 von der Gestapo in Recкling-
hausen wegen einer Predigt verhaftet:
Zunächst Gefängnis Münster,

vom 6.11.1942 bis zum 5.4.1945 KZ Dachau.
Verstorben am 26.3.1966.
Lit.: Weiler, 247.

GERBERT, GUSTAV
1898 05 13
Walsum-Wehofen
Pfarrektor
1934 Belehrung beim Bürgermeister darüber
daß außerkirchliche Betätigung verboten
sei.
1937 schriftliche Rüge vom Bürgermeister
wegen einiger Pfarrbriefe. Beschlagnahme der
Schreibmaschine, des Vervielfältigungsgerätes und einiger Pfarrbriefe; Verhör;
ein weiteres Verhör durch die Polizei wegen
der Pfarrbriefe; 1939 wurde mitgeteilt, die
Schreibmaschine und das Vervielfältigungsgerät
blieben wegen der staatsfeindlichen Verwendung
in Staatsbesitz.
1937 Geldstrafe, weil der Pfarrektor nicht
der Androhung der Polizei, den Pfarrabend aufzulösen, Folge geleistet hatte.
1938 Verfahren wegen einer Kirchenchorfeier -
aufgrund Amnestie eingestellt.
Verhör durch die Polizei wegen kritischer
Äußerungen von der Kanzel und eines angeblichen Verstoßes gegen das Sammlungsgesetz.
Verhör durch die Polizei wegen der Fronleichnamsprozession.
1939 100 RM Geldstrafe durch ein Gericht, weil
der Beschuldigte 84 Ferienkinder untergebracht hatte.
1940 Schreibverbot wegen politischer Unzuverlässigkeit.
1941 Verwarnung durch die Gestapo, weil der
Pfarrektor die Schulentlassung an dem Tag
feierte, als die Aufnahme in die HJ stattfinden
sollte.
1941 Beschlagnahme einiger Schriften.

GERDEMANN, HEINRICH
1900 12 19
Selm (St. Joseph)
Pfarrektor
Dreimal angezeigt wegen Überschreitung
des Flaggengesetzes: Zweimal freigesprochen;
einmal erhielt der Pfarrer eine Geldstrafe.
Anzeige wegen einer Predigt - nicht verfolgt.
Predigtüberwachung.
Verstorben am 27.12.1954.

GERTZ, WILHELM
1914 10 12
Hamm-Bossendorf / Rheine / Bottrop-Eigen
Kooperator / Kaplan / Aushilfspriester
1940 Verhör durch die Gestapo wegen
Jugendarbeit; Beschlagnahme der Schreibmaschine und des Vervielfältigungsgerätes

(trotz mehrerer Mahnungen der bischöflichen
Behörde nicht zurückgegeben); Verwarnung
und Androhung einer Schutzhaft.

GILLMANN, WILHELM
1897 05 28
Vechta
Vikar
Seit 1934 als Schriftleiter des Dekanats-
blattes und der Regional-Kirchenzeitung
„Kirche und Leben" Auseinandersetzungen
mit der Reichsschriftumskammer (mehrmals
Zeitungsverbot).
1941 fünf Monate KZ Wilhelmshaven.
Intervention durch Weihbischof Wienken.
*Lit.: Kirche und Leben, Kirchenzeitung
für Oldenburg 39 (Sept. 1980), 12.*

GLEIS, HERMANN
1883 04 30
Groß-Reken
Kaplan
1936 Schulverbot wegen Nichtbeteiligung
an der Wahl.

GLEUMES, HEINRICH
1897 02 06
Emmerich (St. Aldegundis)
Regens, Studienrat
Dr. theol.
1936 Absetzung als Regens und Studienrat
am Gymnasialkonvikt Emmerich wegen Verletzung
der Gehorsamspflicht gegenüber dem weltlichen
Dienstvorgesetzten.
Verstorben am 26.8.1951.

GLOSEMEYER, FRIEDRICH
1911 09 10
Coesfeld (St. Lamberti)
Kaplan
1939 Verhör durch die Gestapo wegen
Verlesung eines Protestschreibens gegen
die Einführung der Gesamtschule von
der Kanzel.
Verhör zum Religionsunterricht.
Überwachung der vom Kaplan abgehaltenen
„Versammlungen" durch die Partei.

GOEBELS, P. JOHANNES
SM
1896 08 27
Lüdinghausen
Präfekt / Direktor
am 16.9.1943 wegen Jugendseelsorge
verhaftet:
Zunächst Gefängnis Recklinghausen,
ab 6.2.1944 KZ Dachau,
dort am 17.3.1944 verstorben.
Lit.: Weiler, 260.

GOELLMANN, CARL
1909 01 15
Bottrop (St. Ludger) / Münster
Kaplan
Dr. phil.
1934 Verhör und Verwarnung durch die Gestapo
wegen Regimekritik im Jugendheim; Androhung
schärferer Maßnahmen (KZ) für den Wiederholungsfall.
1939-1945 Nichtzulassung zum Referendardienst.

GRAWELOH, THEODOR
1901 01 02
Neuenkirchen
Kaplan
Mehrere Verwarnungen und Geldstrafen.
Nähere Angaben fehlen.

GROSSBOELTING, P. PETRUS CANISIUS
OFMCAP
1907 08 22
Münster
Bibliothekar
Dr. theol.
Vorladung, weil er gegen die Vor-
schrift, daß nach nächtlichem Alarm die
Meßfeiern nicht vor 10 Uhr beginnen durften,
verstoßen hatte (1941).

GROSSE VORHOLT, HERMANN
1909 01 24
Duisburg-Wanheimerort (St. Michael)
Kaplan
Verhöre durch die Polizei wegen
einer Betstunde.

GROSSE, P. LUDGER
OESA
o.D.
Karthaus
1937 von der SS im Kloster gefangen genommen,
ins Refektorium eingesperrt, verhört und
anschließend nach Münster gebracht; dort
nochmals verhört und wieder entlassen.

GROTHUES, WILHELM
1889 10 07
Coesfeld (St. Jakobi)
Kaplan
Dem Kirchenchor wurde untersagt, dem Kaplan
zum silbernen Priesterjubiläum zu singen;
zu diesem Zweck hatte die Polizei das
Singen im Freien verboten (1939).

GRUENDING, AUGUST
1882 07 26
Oeding
Pfarrer
1938 Vorladung vor die Gestapo wegen eines

Gebets für die Bekenntnisschule.
Verstorben am 21.7.1949.

GRUENER, LEO
1900 01 13
Werl / Vreden
Kaplan / Studienassessor / Religionslehrer
Dr. phil.
1937 Entlassung als Studienassessor und
Religionslehrer in Werl wegen seines
religiösen Engagements in- und außerhalb
der Schule.
Verhöre durch die Polizei wegen Regime-
kritik.
Mehrere Verhöre im Dez.-Jan. 1937/38 wegen
Jugendarbeit.
1938 Verfahren vor dem Sondergericht Dort-
mund wegen Beeinflussung der Jugend und
Veranlassung einer Gegenaktion zu den
NS-Maßnahmen gegen die Juden, kurz vor
Kriegsausbruch Einstellung des Verfahrens.
Außerdem zwischen 1937 und 1938:
Verhör, weil der Kaplan auf die Bitte
einer Mutter hin den Sohn zu einem
religiösen Leben hatte bewegen wollen.
In einem weiteren Verhör wurde der
Kaplan beschuldigt, eine Prügelei zwischen
der HJ und der katholischen Jugend veranlaßt
zu haben.
1941 von der Gestapo verhaftet: Verhöre,
Haussuchung und Beschlagnahme einiger
Gegenstände, fünf Monate U-Haft;
durch ein Gericht anschließend zu sechs Monaten
Gefängnis verurteilt (Anrechnung der U-Haft);
wegen des Militärdienstes vor KZ-Verschleppung
bewahrt.

GRUETER, ANDREAS
1898 11 22
Ahlen (St. Maria)
Kaplan
1934 zu zwei Jahren Haft verurteilt, weil der
Kaplan im Arbeiterverein Vorträge über
den „Mythus" gehalten hatte.
1935 in der „Nationalzeitung" vom 16.8.
diffamiert.
Verwarnung durch die Staatspolizei, weil
der Kaplan angeblich das Gerücht mitverbreitet
haben sollte, daß Bischof Galen ermordet
werden sollte und deshalb nach Holland
geflüchtet sei.
Verfahren wegen eines Verstoßes gegen das
Sammlungsgesetz - begnadigt.
Verstorben am 10.1.1974.

GRUETER, JOHANNES
1881 05 20
Haltern
Pfarrer

1934 von der HJ rüpelhaft belästigt.
Verstorben am 23.10.1965.

HACKMANN, AUGUST
1892 02 13
Billerbeck
Vikar
1942 wurde der Vikar von der Gestapo
wegen einer Predigt verhört, verwarnt
und zur Zahlung von 1000 RM Sicherungsgeld
gezwungen.
Verstorben am 17.9.1947.

HAESKE, BERNHARD
1881 11 01
Waltrop (St. Peter)
Pfarrer
1937 Religionsunterrichtsverbot.
1941 Entlassung aus dem Schulbeirat aufgrund
eines ministeriellen Erlasses.
Verhör durch die Gestapo, weil der Pfarrer
die Bekleidung der BDM-Mädchen anstößig
gefunden hatte; 10 Tage Polizeihaft und
Verwarnung.
Als das Gerücht umging, alle Geistlichen
sollten „sichergestellt" werden, floh der
Pfarrer und versteckte sich kurze Zeit bei
Bauern.
Verstorben am 28.8.1946.

HAGEDORN, BERNHARD
1889 03 17
Lüdinghausen
Kaplan
1933 Bedrohungen seitens des Kreisleiters,
weil der Kaplan das vereinseigene Gesellen-
haus nicht für Veranstaltungen der NSDAP
hergegeben hatte.
Verstorben am 3.5.1959.

HAHN, JULIUS (BR.VITUS)
OSB
1888 02 17
Gerleve (Abtei)
1941 acht Monate inhaftiert, weil er be-
schuldigt wurde, bei der Beschlagnahme des
Klosters Klostereigentum versteckt zu haben.
Danach Ausweisung aus dem Rheinland und
Westfalen.

HALBEISEN, KARL
1905 09 30
Hiltrup
Kaplan
1936 Verhör durch die Polizei, nachdem ein
NS-Hetzplakat von Unbekannten abgerissen
worden war.
Mehrere Verhöre durch die Gestapo, weil
der Pfarrer zwei Schülerinnen zur Rede

gestellt hatte, die den Sonntagsgottesdienst
wegen einer BDM-Schwimmveranstaltung versäumt hatten.
Verstorben am 11.8.1946.

HALBEISEN, PHILIPP
1891 08 18
Xanten
Kaplan
1934 Religionsunterrichtsverbot - offenbar
stand diese Maßnahme im Zusammenhang mit
einer Auseinandersetzung, die der Kaplan
kurz vor dem Verbot mit dem NS-Bürgermeister hatte.
Verstorben am 11.6.1970.

HAMMANS, NORBERT
1884 06 02
Elten
Vikar
Ab 1936 Religionsunterrichtsverbot
durch den Regierungspräsidenten wegen
Arbeit im katholischen Jungmännerverein.
Verstorben am 4.2.1974.

HANISCH, EMANUEL
1910 06 03
Duisburg (St. Gabriel)
Kaplan
1941 mußte der Kaplan der Gestapo eine schriftliche
Aussage machen über die Arbeit mit katholischen
Gruppen.

HANNEKEN, BERNHARD
1912 11 27
Goldenstedt
Kaplan
1938 kurz inhaftiert und Aufenthaltsverbot
für Oldenburg.
Verstorben am 10.11.1968.

HANSSEN, JAKOB
1914 10 10
Münster
Stud. theol. Weihe am 19.3.1941
1935 gerichtliche Untersuchung wegen Jugendarbeit - eingestellt.
Verstorben am 7.1.1943.

HARRIER, BERNHARD
1889 09 05
Brock Westbevern
Pfarrektor
Wegen Nichtbeflaggung angezeigt.

HARRIER, GERHARD
1883 05 26
Olfen
Pfarrer

1937 Verhör wegen eines Artikels in der
Kirchenzeitung.
1940 Verhöre, Verwarnung und Haussuchung
durch die Gestapo wegen eines Briefwechsels
mit Soldaten im Feld.
Verhöre durch die Gestapo und die Polizei
wegen Äußerungen zum
Hitlergruß während des Religionsunterrichts.
Verstorben am 7.2.1960.

HASKER, HEINRICH
1874 10 07
Marienfeld
Pfarrer, Definitor
Der Pfarrer erhielt Unterrichtsverbot
für das Fach Religion.
Verstorben am 31.12.1957.

HAVERKAMP, JOSEPH
1896 02 20
Goch (St. Maria Magdalena)
Kaplan
Als die Front näher kam, wurde der
Kaplan am 5.1.1945 ausgewiesen.
Verstorben am 16.10.1954.

HAVERSATH, LUDWIG
1902 06 02
Dingden
Kaplan
Zwei Verhöre durch die Gestapo wegen Predigten
im September 1935 und im Mai 1937.
1937 Haussuchung nach den Unterlagen und
dem Eigentum des Jungmännervereins.
Verhör und Beschlagnahme der Schreibmaschine
und des Vervielfältigers durch die Polizei
wegen eines schriftlichen Aufrufs zum Bekenntnistag der katholischen Jugend; zusätzlich von der Gestapo verhört.
Beschlagnahme der Geschenke für den Kaplan
anläßlich seiner Verabschiedung aus der
Pfarrei; die Geschenke wurden beschlagnahmt,
weil sie von Sammlungsgeldern gekauft worden
waren (Sammlungsgesetz!); schließlich durfte
der Kaplan die Geschenke doch mitnehmen, da
er sie noch einmal (aus eigener Tasche) bezahlte.
Der Kaplan wurde oft von Parteigenossen
beschimpft.
Verstorben am 8.2.1966.

HEGEMANN, KARL
1868 10 08
Sassenberg
Pfarrer
1940 aus dem Beichtstuhl heraus verhaftet
und über ein halbes Jahr von der Gestapo
festgehalten.
Verstorben am 7.6.1948.

HEINEMANN, P. GABRIEL
OSB
1904 11 21
Gerleve (Abtei)
Nach der Beschlagnahme des Klosters am
13.7.1941 führte der Pater, der mit der
Verwaltung des Klosters beauftragt war,
seine Tätigkeit weisungsgemäß bis zum
1. August fort; bei der Entlassung versuchte
man, dem Pater Unzuverlässigkeit in der
Verwaltung nachzuweisen; ca. 20 Verhöre;
Belästigungen noch während der Militärzeit.

HEITMANN, CLEMENS
1878 09 22
Heessen (St. Stephan)
Pfarrer
1935 Verhör durch die Polizei wegen Gründung
der Frohschar und Abhaltung eines Weihnachts-
basars.
1936 wurde nach einem Protest die Maßnahme
aufgehoben, die Anmeldepflicht für alle
Veranstaltungen der Pfarrgemeinde außerhalb
der Kirche vorsah.
1937 Verhör wegen einer Kollekte für neue
Kirchenglocken; ein Verfahren wurde aufgrund
Amnestie eingestellt - jedoch: Beschlagnahme
des bereits Gesammelten und Verbot, weiter
zu sammlen.
1939 Verhör, Beschlagnahme der Schreibmaschine
und des Vervielfältigungsapparates sowie
Verwarnung und Drohung mit KZ durch die
Gestapo, weil der Pfarrer Einspruchsformulare
gegen die bereits eingeführte Gemeinschaftsschule verteilt hatte.
Verstorben am 15.3.1960.

HEITMEYER, HEINRICH
1911 06 06
Oberhausen-Osterfeld (St.Pankratius)
Kaplan
1941 wegen Predigten von der Gestapo gefoltert
und mehrmals verhört; der Kaplan durfte
zwischen KZ und Wehrmacht wählen; er ging
zur Wehrmacht.

HELLMANN, BERNHARD
1893 02 20
Üdemerbruch
Pfarrektor
Der Pfarrektor „hatte jeweils dreimal mit
der Ortspolizei und der Gestapo zu tun".
Nähere Angaben fehlen.

HELLRAETH, PAUL
1875 12 06
Kleve (St. Mariä Empfängnis)
Pfarrer, Definitor

Vorladung zur Gestapo wegen regimekritischer
Äußerungen vor Schulabgängern.
Verstorben am 22.9.1956.

HELMIG, BERNHARD
1907 08 09
Selm (St. Ludger)
Vikar
1937 Verhör durch die Gestapo wegen
eines Meßdienerausflugs.
Haussuchung im Zuge der Maßnahmen gegen
den Jungmännerverein.
1938 Versuch der Gestapo, die Schreibmaschine
und den Vervielfältigungsapparat des Vikars
zu beschlagnahmen; der Vikar hatte einen
Text für eine kirchliche Feierstunde zusammengestellt, vervielfältigt und verteilt;
zur Beschlagnahme kam es nicht, da der Befehl
dazu später unter Amnestie fiel.

HELMUS, JOSEPH
1886 04 19
Walsum-Vierlinden / Schmedehausen / Gladbeck
Pfarrektor / Pfarrer
1934 vom Bürgermeister über das Verbot
außerkirchlicher Aktivität belehrt.
1935 Ausweisung aus dem Regierungsbezirk
Düsseldorf.
Ab 1937 Unterrichtsverbot.
1942 in Gladbeck wegen Sabotage des Arbeits-
prozesses verhaftet:
Zunächst Gefängnis Gladbeck,
vom 18.12.1942 bis zum 5.4.1945 KZ Dachau.
Verstorben am 11.11.1966.
Lit.: Weiler, 289.

HEMING, LUDWIG
1872 03 13
Dorsten
Pfarrer, Definitor
1934 wegen der Predigt anläßlich der Schulentlassungsfeier durch die NS-Ortsgruppe angezeigt.
1935 in einem Brief von einer Privatperson
heftig angegriffen wegen Verlesung der
Fürbitten (Gebet für die Saarabstimmung).
1936 25 RM Geldstrafe wegen einer Äußerung
über einen Dorstener Arzt.
Ab 1937 Religionsunterrichtsverbot.
Verstorben am 27.5.1940.

HENDRICKS, HERMANN
1885 04 09
Praest
Pfarrer
1943 wurde der Pfarrer verwarnt, weil er geduldet
hatte, daß eine Marienschwester mit Kindern bastelte,
sich also nicht auf rein Religiöses beschränkte.
Verstorben am 16.2.1972.

HENNEN, HEINRICH
1907 01 13
Münster (Hl. Geist)
Kaplan
Am 20.11.1941 wegen einer Predigt verhaftet,
zunächst Gefängnis Münster,
30.1.1942 - 5.4.1945 KZ Dachau.
Lit.: Weiler, 291.

HENNIGMANN, HEINRICH
1902 10 23
Hopsten
Vikar
Drei Verhöre und eine Verwarnung
durch die Gestapo
wegen Abhaltung einer Meßfeier am Morgen
nach Fliegeralarm.

HERZOG, HEINRICH
1912 03 04
Oelde
Kaplan
1940 Verhöre durch die Polizei auf Anweisung
der Gestapo wegen einer Predigt;
ein halbes Jahr lang mußte der Kaplan sich
bei der Ortspolizei immer wieder melden.

HESELMANN, JOHANN
1878 02 28
Milte
Pfarrer
Drei Vorladungen vor die Gestapo.
Nähere Angaben fehlen.
Verstorben am 25.5.1956.

HESSE, P. GEROLD
OFM
1902 06 26
Dorst / Rhade / Buldern
1938 Verhör und Verwarnung durch die Gestapo
wegen einer Predigt.
Wegen derselben Predigt, an einem anderen
Ort gehalten, von einem Lehrer angezeigt -
keine Folgen.
Verhör wegen seiner Vorträge vor der Jugend.
1939 suchte die Polizei und die Gestapo
dreimal nach dem Pater, weil dieser zu
einem Erlaß von Hess über uneheliche Kinder
gepredigt hatte; stets war der Pater ab-
wesend - keine Folgen.
1944 drei Verhöre und eine Verwarnung
wegen einer Predigt.

HESSING, HEINRICH (P. AUGUSTIN)
OSB
1897 11 04
Gerleve (Abtei)

Geistl. Ökonom
Nach der Aufhebung des Klosters Gerleve
durch die Gestapo sollte der Pater noch
eine Weile als Ökonom tätig sein und
im Kloster bleiben; nach zwei Wochen beschuldigte ihn die Gestapo, er trage Unruhe in
die Bevölkerung; diese Unruhe war jedoch durch die Aufhebung selbst entstanden;
am 31.7.1941 verhaftet und in das Gefängnis
Münster eingeliefert, anschließend vom
10.10.1941 - 27.3.1945 KZ Dachau.
Verstorben am 29.7.1975.
Lit.: Weiler, 295.

HEUKELUM, GERHARD VAN
1877 09 23
Geldern
Pfarrer
Wegen Kritik an der NSDAP wurde der
Pfarrer vom Ortsgruppenleiter aufgefordert,
seine weltlichen Ämter niederzulegen (1934).
Verhör durch die Polizei, später durch
das Sondergericht.
1938 wegen einer Messe am Herz-Jesu-Freitag
bestraft: Einziehung der Beiträge des
Elisabethvereins und 100 RM Geldstrafe oder
10 Tage Haft und Einziehung des Herz-Jesu-
Korbes (für die Armen) und 50 RM Geldstrafe
oder fünf Tage Haft.
Verfahren wegen Kritik an den „Sittlichkeitsprozessen" - eingestellt (Sondergericht).
Verwarnt wegen Auseinandersetzungen zwischen
Gläubigen und Nazis während der Fronleichnamsprozession.
Um 1939 mehrere Anzeigen, Verhöre und Verwarnungen wegen seiner Predigten; Überwachung
der Predigten.
1943 nachts Haussuchung und Festnahme durch
die Gestapo (29.12.); wegen des schlechten
Gesundheitszustandes wurde von einer Verschickung nach Dachau abgesehen; am 7.1.1944
nach der Zahlung von 3000 RM Kaution entlassen.
Weitere Maßnahmen nach der Entlassung:
Vorladungen, Reichsredeverbot (veröffentlicht
im „Reichsanzeiger" mit Photo).
1945 Schließung der Kirche und Aufforderung,
die Stadt zu verlassen.
Verstorben am 9.11.1948.

HEYDEN, BERNHARD VAN
1902 12 14
Dorsten / Holsterhausen (St. Bonifatius)
Kaplan / Pfarrektor / Lazarettpfarrer
1935 von einem Lehrer mit der Beschuldigung
angezeigt, der Kaplan verwende Meßdiener
als Spitzel.
Ab 1937 Religionsunterrichtsverbot; Drohung
mit KZ, als der Kaplan die Schüler zu außerschulischem Religionsunterricht einladen

hatte.
Bespitzelung durch die Gestapo.
1937/38 viele Verhöre, Verwarnungen, Haussuchungen und Beschlagnahmen mit dem Ziel,
den Kaplan „mürbe" zu machen.
1938 Verwarnung durch die Gestapo wegen zweier
Vorträge; die geplante Festnahme konnte
verhindert werden. Auch am Dreifaltigkeits-
sonntag gelang es dem Kaplan, sich durch
geschickte Täuschung der Verhaftung zu entziehen.

HOEING, FRITZ
1904 12 10
Bottrop (Liebfrauen)
Kaplan
1936 150 RM Geldstrafe durch das Amtsgericht
wegen eines Ausflugs mit Jungen.
Verstorben am 11.7.1966.

HOEKE, P. SERAPHIN
OFM
1893
Warendorf
Guardian
1935 wegen Devisenvergehens vor das Amtsgericht gestellt - den weiteren Nachstellungen
entzog sich der Pater durch Flucht nach
Holland.

HOELKER, ANTON
1905 09 25
Sassenberg
Kaplan
1943 Verhör durch die Gestapo wegen der
Karfreitagsprozession.

HOELKER, HEINRICH
1870 02 05
Tecklenburg
Geistl. Rektor
Der Rektor wurde zwei Tage festgehalten, weil
er einem Polen, der in seinem Garten arbeitete,
eine Zigarre und ein Butterbrot gegeben hatte.
Verstorben am 14.1.1941.

HOELSCHER, ANTON
o.D.
Kaplan
Vier Wochen Haft wegen Versendung eines Rundschreibens an junge Leute im Arbeitsdienst
und beim Militär.

HOELSCHER, HEINRICH
1902 08 31
Rheine
Kaplan
1937 von der Kreisleitung als politisch
unzuverlässig bezeichnet und deshalb als

Betreuer der Fürsorgezöglinge abgelehnt.
Verstorben am 6.3.1945.

HOEYNCK, PAUL
1886 06 29
Millingen
Kaplan
Wegen Abhaltung von Versammlungen der Jungmänner nach der Vereinsauflösung drohte
der Ortsgruppenleiter dem Kaplan mit Gegen-
maßnahmen.
Verhör des Kaplans, nachdem dieser von
der Kanzel herab bekannt gegeben hatte,
daß einem Lehrer die „missio canonica" entzogen
worden sei.
Verstorben am 11.9.1953.

HOLLE, HERMANN
1879 09 06
Dolberg
Pfarrer
1934 Verhör wegen Abfassung eines
Artikels für die Kirchenzeitung,
im Anschluß daran Agitation gegen
den Pfarrer seitens eines naiven Lehrers.
Verweis und Androhung einer Schutzhaft
wegen einer Predigt.
Verstorben am 23.2.1970.

HOLSTEIN, HEINRICH
1886 04 30
Münster (St. Martini) / Münster (Hl. Kreuz)
Kaplan / Pfarrer
1934 wegen schriftlicher Werbung für die
katholische Jugend von der Gestapo vorgeladen.
1937 Verhör und Bedrohung durch die Gestapo
wegen Abfassung eines Artikels für die
Kirchenzeitung.
Vorladung bei der Gestapo wegen Predigten.
Verwarnung durch die Gestapo, weil der
Pfarrer einem Patienten aus der Nerven-
heilanstalt, der geflohen war, Geld gegeben
hatte.
Verhör und Verwarnung wegen eines
Gottesdienstes am Morgen nach Fliegeralarm.
Verstorben am 8.11.1958.

HOLTERS, HEINRICH
1882 03 24
Rinkerode
Pfarrer
Der Pfarrer verweigerte die Unterschrift zu
einem Protokoll, das das Verbot von Exerzitien
bekannt gab mit der Begründung, im Krieg
seien unnötige „Leistungsanforderungen" an
die Bevölkerung zu vermeiden.
Verstorben am 17.3.1974.

HOLTMANN, WILHELM
1882 04 20
Kevelaer
Pfarrer, Dechant
1934 von der Gestapo vorgeladen.
Am 2.1.1944 verhaftet wegen der Weigerung
des Pfarrers, die Bevölkerung zur Evakuierung
aufzurufen; mehrere Verhöre und am 15.2.1944
Entlassung.
Verstorben am 24.6.1949.

HOMMEL, ANTON
1896 10 31
Bocholt (St. Ewaldi)
Pfarrektor
1937 wegen einer Sammlung an Pfingsten durch
ein Gericht zur Zahlung von 200 RM verurteilt.
Wegen Nichtbeflaggung - ebenfalls am Pfingst-
fest - zu 27.63 RM Geldstrafe verurteilt.
Ab 1937 Religionsunterrichtsverbot.
Verstorben am 13.12.1967.

HONE, ANTON D'
1908 05 17
Duisburg / Belgrad
Kaplan / Seelsorger für die kath. Auslandsdeutschen
1937 von der Gestapo inhaftiert.
Intervention von Bischof Berning mit
Erfolg: Am 22.12.1937 entlassen.

HONE, HEINRICH D'
1911 06 26
Ahlen (St. Joseph)
Kaplan
1939 vor Gericht geladen wegen Auseinandersetzungen mit BDM-Führerinnen, die eine
NS-Karnevalsfeier absichtlich auf die Religionsstunden gelegt hatten; Untersuchungen aufgrund Amnestie eingestellt.

HOOGEN, GOTTFRIED
1880 12 04
Labbeck
Pfarrer
1939 und 1940 zum Bürgermeister vorgeladen
wegen Verhetzung der Jugend; Verbot, die
Schulräume zu betreten und Androhung
schlimmer Strafen bei Zuwiderhandlung.
Verstorben am 26.11.1949.

HORTEN, FRANZ (P. TITUS)
OP
1882 08 09
Vechta
Prior / Missionsprokurator
Dr. phil.
Wegen Devisenvergehens am 8.5.1935 verhaftet
(P. Titus leitete den Albertus-Magnus-Verlag
für Missionsschrifttum und betreute eine

Dominikanermission in China); zu zwei Jahren
Gefängnis und 70.000 RM Geldstrafe verurteilt;
am 25.1.1936 in der Haft verstorben.
Lit.: 1.Kempner, 166ff. 2.Deutsche Tages-
post Würzburg (13./14. August 1982).

HUELS, FRANZ
1900 10 25
Walsum-Aldenrade / Duisburg-Neuenkamp
Kaplan
1934 vom Bürgermeister mit strengen Strafen
bedroht wegen Differenzen zwischen der katholischen und der Hitler-Jugend; von der HJ
oftmals öffentlich angeschuldigt.
1936 verhört.
1939 Verhör wegen zweier Ausflüge mit
Meßdienern; Untersuchungen aufgrund Amnestie
eingestellt.

HUELST, FRANZ JOSEF VON
1912 02 10
Waltrop
Kaplan
1939 wegen Verschickung von Pfarrbriefen
an die Jungmänner Verhör durch die Gestapo
und Beschlagnahme der Schreibmaschine sowie
des Vervielfältigungsapparates; Verwarnung
und Androhung einer Haftstrafe für den
Wiederholungsfall.

HUERFELD, BERNHARD
1891 04 05
Lüdinghausen
Geistl. Studienrat
Dr.
Am 16.9.1943 wegen mangelnder Erziehung
der Schüler im Sinne des Nationalsozialismus
verhaftet:
Zunächst Gefängnis Recklinghausen,
ab dem 6.2.1944 KZ Dachau,
dort am 26.4.1945 während des Evakuierungs-
marsches befreit.
Verstorben am 13.10.1966.
Lit.: Weiler, 304.

HUESMANN, ALFONS
1899 10 31
Greven
Kaplan
Ab 1938 Unterrichtsverbot für das Fach
Religion.
Am 30.6.1942 wegen einer angeblichen
Beleidigung verhaftet.
Verstorben am 20.11.1949.

HUGENROTH, BERNHARD
1879 11 10
Stadtlohn
Pfarrer

Mehrere Verhöre durch die Polizei wegen Vervielfältigung und Verbreitung bischöflicher Äußerungen.
1939 Verfahren vor dem Amtsgericht wegen
Sabotage des Winterhilfswerks - ermahnt und
freigesprochen.
Verstorben am 17.10.1953.

HUSEN, PAUL VAN
1905 07 23
Duisburg-Obermeiderich (St. Bernhard)
Kaplan
Weil der Kaplan 1937 die Posten des Bezirkspräses und des Präses im Jungmännerverein
nicht niederlegte, bekam er Unterrichtsverbot.
Beschlagnahme des Eigentums des Jungmännervereins sowie einiger persönlicher Gegenstände des Kaplans; weil er dagegen
protestierte, drei Verhöre durch die Gestapo.

JACOBS, JOSEPH
1882 04 16
Isselburg
Pfarrer
1940 verfügte die Reichsschrifttumskammer
daß der Pfarrer nur noch 12 kleinere Schriften
veröffentlichen dürfe.
1941 Verbot jeglicher Veröffentlichung.
Zwei Denunziationen gegen den Pfarrer blieben
ohne gerichtliche Folgen.
Schikanen seitens der Partei, um den Pfarrer
„mürbe" zu machen.
Verstorben am 22.8.1967.

JAEGERS, FERDINAND
1872 06 22
Everswinkel
Pfarrer
Drei Verhöre und eine Verwarnung durch
die Gestapo wegen eines Gottesdienstes
am Morgen nach Fliegeralarm.
Verstorben am 3.2.1956.

JANNING, ANTON
1888 05 05
Ottenstein
Pfarrer
Ab 1937 Unterrichtsverbot wegen Kürzung
der Goebbels-Rede, die im Unterricht behandelt.
worden war.
Verstorben am 15.5.1966.

JANSEN, GERHARD
1907 09 05
Homberg (Liebfrauen)
Kaplan
1935 Unterrichtsverbot; bei „freiwilliger"
Versetzung wurde die Erlaubnis zur Erteilung
des Unterrichts in Aussicht gestellt.
Verstorben am 20.12.1964.

JANSEN, AUGUST
1877 03 29
Nordwalde
Pfarrer
1933 Festnahme und Schutzhaft aufgrund der
Verleumdung eines SA-Mannes.
1935 Verwarnung wegen Beeinflussung der
Bevölkerung gegen die NSDAP durch eine
Sühne-Andacht.
1936/37 18 Monate lang wegen angeblicher Sitt-
lichkeitsverbrechen gerichtlich verfolgt.
Untersuchung eingestellt.
1937 Religionsunterrichtsverbot.
1941 21 Tage Schutzhaft. Einer weiteren
Verhaftung und drohenden Verschleppung ins
KZ konnte der Pfarrer aufgrund seines
schlechten Gesundheitszustandes entgehen.
Außerdem: sieben Vorladungen zur Gestapo wegen
Regimekritik, Gerüchtemacherei etc.
Eine Todesanzeige, die der Pfarrer aufgegeben
hatte, durfte in der Zeitung nicht gedruckt
werden.
Ein Prozeß gegen Denunzianten des Pfarrers
wurde nur sehr nachlässig geführt.
Verstorben am 17.3.1968.

JANSEN, THEODOR
1898 09 06
Oberhausen-Buschhausen
1937 Verwarnung durch den Regierungspräsidenten wegen einer Predigt.

JANSEN, WILHELM
1914 06 15
Recklinghausen (St. Elisabeth)
Kaplan
1934 Auseinandersetzungen mit der HJ, weil
der Kaplan - damals noch Abiturient und
HJ-Führer - sich weigerte, an einem Marsch
gegen Kardinal Faulhaber teilzunehmen.
1941 bei der Wehrmacht einige Male vom
Vorgesetzten wegen Predigten verwarnt; in
den Wehrmachtsakten des Kaplans stand: „Auf
Jansen ist wegen Zersetzung der Wehrmacht
besondere Obacht zu geben".

JANSSEN, EDMUND
1886 11 30
Anholt
Pfarrer
1938 Gerichtsverfahren wegen einer Predigt -
eingestellt.
Verstorben am 9.3.1957.

JANSSEN, GERHARD
1889 03 07
Donsbrüggen
Pfarrer

1937 Haussuchung und Beschlagnahme
mehrerer persönlicher Gegenstände
durch die Gestapo.
Verstorben am 22.2.1958.

JANSSEN, THEODOR
1905 05 12
Duisburg-Hamborn (St. Norbert)
Kaplan
Verwarnung durch die Gestapo wegen Einladung
der Kinder zu einer religiösen Woche.
Drei Haussuchungen und mehrere Verhöre durch
Gestapo und Polizei wegen Jugendseelsorge etc.

JEKEN, FRANZ
1893 03 17
Heiden
Vikar
1937 Haussuchung durch die Gestapo.
1938 Störung einer Reihe von Predigten zum
Alten Testament durch Nationalsozialisten.
Verstorben am 3.6.1951.

JOERGENS, HEINRICH
1869 01 07
Castrop-Rauxel
Pfarrer
Schon 1932 von der braunen Lokalpresse
wegen Predigten angegriffen.
Verstorben am 22.10.1933.

JUERGENS, HERMANN
1893 07 02
Westbevern / Ammeloe
Vikar
1935 Unterrichtsverbot für das Fach Religion,
da der Vikar nach Aussage der Partei eine Gefahr für die Stadtjugend war.
Ein Verhör war angesetzt worden, weil man
den Pfarrer verdächtigte, ein Wahlplakat
heruntergerissen zu haben. Es stellte sich
heraus, daß die Haushälterin, Frl. Menke,
den „Frevel" begangen hatte. Verwarnung durch
die Polizei und die Verpflichtung, zu dem
Fall Stillschweigen zu bewahren.
Um 1938 Verhöre wegen Nichtbeflaggung und
Beseitigung des Stürmerkastens.

JUERGENS, KARL
1878 10 08
Keeken
Pfarrer
Bespitzelung des Pfarrers durch den
Wachtmeister und den Ortsgruppenleiter.
1935 wurde durch den Kreisleiter Antrag
auf Schutzhaft gestellt - offenbar nicht
stattgegeben.
Verstorben am 1.11.1946.

KAEMPERS, HEINRICH
1878 08 15
Herten-Disteln
Pfarrer
1938 drei Verhöre wegen Überschreitung des
Sammlungsgesetzes.
Mehrere Verhöre wegen feierlicher Beflaggung
der Kirche und des Pfarrhauses zu Fronleichnam.
Verstorben am 1.9.1955.

KALDENHOFF, WILHELM
1904 06 27
Coesfeld (St. Lamberti)
Kaplan
1941 aufgrund einer von der Partei initiierten
Verleumdungsaktion beinahe verhaftet; ein-
flußreiche Leute konnten es verhindern.
Verstorben am 17.9.1965.

KALSCHEUR, ANTON
1881 08 09
Twisteden
Pfarrer
Von der Gestapo zum deutschen Gruß
angehalten.
Verstorben am 25.3.1950.

KALSCHEUR, JAKOB
1912 11 07
Geldern
Kaplan
1938 Verhör und Beschlagnahme der Kasse und
des Kassenbuchs des katholischen Jugendvereins
durch Beamte der Polizei oder der Gestapo
im Zuge der Maßnahmen gegen die katholischen
Jugendverbände.

KAMP, BERNHARD
1909 05 23
Münster (Friedrichsburg)
Hausgeistlicher
Dr. theol.
1940 Nichtzulassung zum Referendardienst,
nachdem der Kaplan, zunächst aufgrund
eines positiven Bescheids, den Dienst
bereits begonnen hatte.

KAMPSCHULTE, P. JOSEF
MSC
1904 09 02
Hiltrup
Superior
1936 gerichtliche Untersuchungen wegen
Kalendervertriebs.

KANN, ERICH
1910 11 07
Nieukerk
Kaplan

1941 Verhör, Verwarnung und Drohung mit
KZ für den Wiederholungsfall durch den
Bürgermeister wegen „Beunruhigung" der
Bevölkerung; der Kaplan hatte die Schüler
nach ihrem sonntäglichen Kirchgang befragt.

KAUP, HERMANN
1882 10 07
Borghorst
Pfarrer
1936 Einschränkung des Religionsunterrichts
durch den Schulrat.
1937 Verfahren gegen den Pfarrer wegen Einberufung einer Elternversammlung, auf der
die Gemeinschaftsschule kritisiert worden war -
Verwarnung.
Verhör durch die Polizei wegen geplanter
Jungmänner-Abende; die Treffen wurden
schließlich mit der Auflage gestattet, in
diesem Kreis nicht über die Auflösung des
Jungmänner-Verbandes zu sprechen (um 1938).
1939 Verhör durch die Gestapo wegen eines
Verstoßes gegen den Kanzelparagraphen.
1940 Verbot, Briefe an die Soldaten im Feld
zu verschicken.
1941 Verbot von Exerzitien, Jugendlagern etc.
durch die Gestapo aus „kriegswirtschaftlichen"
Gründen.
Verstorben am 2.1.1958.

KEMPER, LUDWIG
1910 10 01
Warendorf (St. Marien)
Vikar
1939 Verhör durch die Polizei wegen Verlesung
eines Schreibens von Bischof Galen.

KEMPER, THEODOR
1908 11 19
Rheine (St. Antonius)
Kaplan
1936 durfte wegen „kommunistischer Umtriebe"
ein Gemeinschaftssingen der Kirchenchöre
aus dem Dekanat Rheine nicht stattfinden.
Anläßlich dieser Angelegenheit wurde der
Kaplan von der Gestapo verhört; das Singen
wurde nur noch in den Kirchenräumen gestattet.
1938 Androhung der Verhaftung, nachdem sich
der Kaplan in der Kristallnacht für Juden
eingesetzt hatte.
Beschlagnahme der Briefe, die der Kaplan
von einem ND-Mann im Arbeitsdienst erhalten
hatte; Anlaß war folgendes Gebet, von dem
der ND-Mann aus dem Lager berichtet hatte:
„Komm, Herr Jesus, sei unser Gast.
Doch wenn du selber Kohldampf hast,
dann bleib nur fern,
wir essen unsern Fraß
auch selber gern."

KEMPGES, JOHANNES
1880 01 08
Issum
Pfarrer
1941 20 RM Strafe wegen Abhaltung von
Prozessionen.
Vorladung beim Staatsanwalt wegen Über-
tretung des Flaggengesetzes - Untersuchung
eingestellt.
Verstorben am 8.2.1946.

KERKHOFF, HEINRICH
1898 06 01
Ochtrup
Kaplan
1935 Anzeige bei der Gestapo wegen Verweigerung
des Hitlergrußes in der Schule.
1936 Kürzung des Religionsunterrichtes -
später generelles Unterrichtsverbot.

KERSSEN, ALBERT
1878 11 20
Neuenkirchen
Vikar
1942 zwei Monate Haft wegen wehrkraftzersetzender Reden im Lazarett.
Verstorben am 15.10.1963.

KERSTIENS, WALTER
1906 01 26
Gescher / Münster (Antoniusstift)
Kaplan / Rektor
Verwarnung durch das Landgericht Münster.
Nähere Angaben fehlen.

KIENE, BR. PAUL
MSC
1899 01 26
Hiltrup
Geistl. Schlosser / Mechaniker / Elektriker
1941 zehn Tage in Haft, weil Bruder Kiene bei
der Beschlagnahme des Klosters versucht hatte,
Klostereigentum in Sicherheit zu bringen.
Verstorben am 8.12.1974.

KILS, HEINRICH
1903 04 14
Nieukerk
Kaplan
1936 Verhör im Zusammenhang mit den Maßnahmen gegen eine Privatperson (Devisenvergehen?).

KITTEN, CLEMENS
1885 02 16
Gelsenkirchen-Buer (Herz Jesu)
Pfarrer
Ab 1937 Unterrichtsverbot.
Ein Ausflug mit dem Kirchenchor, den Sing-
knaben und den Meßdienern wurde von der
Gestapo vorzeitig beendet; wegen Gründung
eines neuen Jugendverbandes mußte der
Pfarrer 100 RM Geldstrafe zahlen.
Verstorben am 5.1.1970.

KLAPHECK, BERNHARD
1888 10 13
Recklinghausen (St. Anton)
Pfarrer / Wanderseelsorger
1939 Verwarnung durch die Gestapo wegen
Ausländerseelsorge.
Haussuchung durch die Gestapo wegen angeb-
licher Zusammenarbeit mit polnischen Ver-
einen.
1940 betrieb das Sicherheitsamt beim
Kirchenministerium die Absetzung des
Pfarrers als Wanderseelsorger.
Verstorben am 9.10.1959.

KLAPHECK, HERMANN
1884 05 21
Duisburg-Hamborn (Liebfrauen)
Pfarrer
Beanstandung wegen Beichtabnahme in polnischer
Sprache
Verstorben am 14.2.1960.

KLEINEN, HEINRICH
1914 08 27
Herten (St. Joseph)
Kaplan
Verhör durch die Gestapo wegen Verweigerung
des Hitlergrußes (1940).

KLINKER, ENGELBERT
1909 02 07
Sevelten / Osterfeine / Varrelbusch
Kaplan
1933 Verhör durch einen Regierungsrat wegen
einer Unterschriftenaktion für Papst und
Kirche; Beschlagnahme der Listen durch die
Polizei.
1935 Verhör durch die Polizei wegen Verbreitung eines antinationalsozialistischen
Gedichts.
1938 Verhör durch die Gestapo wegen Verlesung eines Hirtenbriefs und Weiterführung
des Jungmännervereins; fünf Wochen darauf
Untersuchungen seitens der Staatsanwaltschaft -
aufgrund Amnestie eingestellt.

KLUEMPEN, FRIEDRICH
1908 03 23
Oberhausen-Osterfeld (St. Joseph) / Datteln
Kaplan
Ab April 1935 Unterrichtsverbot im Fach
Religion durch den Schulrektor wegen
der Predigt vom 31.3.1935;

am 3.4.1935 schriftliche Mitteilung des
Kreisschulrates, daß der Kaplan aus der
Volksgemeinschaft ausgeschlossen sei.
5.4.1935: Beschmierung des Pfarrhauses
mit weißer Ölfarbe und braunen Parolen.
7.4.1935 von der „Essener Nationalzeitung"
als Verräter bezeichnet;
11.4.1935: Verhör durch die Polizei;
ab dem 3.5.1935 Aufenthaltsverbot für
Oberhausen, später für die Rheinprovinz
durch die Gestapo;
nach der Versetzung nach Datteln nochmals
von der „Essener Nationalzeitung" öffentlich
angegriffen.
Bei der Einführung als Vizepräsident der
Kolpingsfamilie von der SS bedroht.
Ab 1941 Verbot der schriftstellerischen
Betätigung durch die Reichsschrifttumskammer.
Ständig überwacht und kontrolliert.

KLUMPE, JOHANNES
1893 05 09
Stadtlohn
Vikar
Am 28.10.1941 von der Gestapo wegen Ver-
teidigung der Juden verhaftet;
ab dem 23.12.1941 KZ Dachau;
am 6.4.1945 entlassen.
Verstorben am 13.5.1970.
Lit.: Weiler, 349.

KNEPPER, THEODOR
1876 11 01
Dülmen (St. Viktor)
Pfarrdechant, Dechant
1942 wegen „Überlastung der Reichsbahn"
(Wallfahrt mit Zug) 750 RM Geldstrafe durch
die Gestapo.
Verstorben am 9.12.1944.

KOCHEN, ARNOLD
1883 06 06
Materborn
Pfarrer
1944 Vorladung und Verwarnung durch die
Gestapo, weil der Pfarrer nach einem
nächtlichen Fliegeralarm den Gottesdienst
am nächsten Tag zu früh gehalten hatte.
Verstorben am 19.2.1947.

KOEDDEWIG, JOSEPH
1886 07 11
Davensberg
Vikar
1939 aufgrund der Denunziation eines
SS-Mannes von der Gestapo verhört.
1941 Verhör durch die Gestapo.
Verstorben am 14.4.1962.

KOESTER, FRIEDRICH
1882 12 11
Xanten
Pfarrer, Probst, Dechant
1939 Verhör wegen einer Äußerung über
den Hitlergruß; Bürgermeister und Landrat
traten für den Pfarrer ein.
25 RM Geldstrafe wegen Herausgabe eines
Flugblattes anstatt der verbotenen Kirchenzeitung.
Verhör wegen einer Predigt des Probstes
über den Film: „Ich klage an".
Verhör, weil der Probst angeblich Schüler
wegen einer Prozession vom Schulgang abgehalten
haben soll.
Verstorben am 3.10.1956.

KOESTER, HEINRICH
1903 09 20
Duisburg-Ruhrort / Duisburg-Wanheimerort
Kaplan / Religionslehrer
Wegen Äußerungen im Religionsunterricht
ab Oktober 1935 aus fast allen Schulen
Duisburgs ausgewiesen; 1936 Ausweisung
aus den Berufsschulen.
Drei Verhöre durch die Gestapo und eine Ver-
warnung wegen Predigten (1936-1938).
Vorladung und Verwarnung im Zusammenhang
mit amtlichen Maßnahmen gegen die
Verbreitung eines Hirtenbriefs.
Am 3.12.1944 wegen Regimekritik fest-
genommen und bis Kriegsende von
der Gestapo inhaftiert.
Verstorben am 27.2.1973.

KOHAUS, ANTON
1905 01 25
Dülmen (St. Viktor)
Kaplan
1942 wegen „Überlastung der Reichsbahn"
(Wallfahrt mit Zug) 750 RM Geldstrafe
durch die Gestapo (vgl. Dechant Knepper).
Der Kaplan wurde dafür verantwortlich
gemacht, daß die Jungfrauenkongregation
nicht nur religiöse Lieder sang. Geldstrafen
für den Dirigenten und jedes Mitglied.
Verstorben am 26.1.1967.

KONERMANN, AUGUST
1881 05 24
Münster (St. Elisabeth)
Diözesanpräses der kath. Arbeitervereine
Dr. theol.
1936 14 Tage Schutzhaft und Ausweisung aus
Bayern, dem Rheinland und Westfalen wegen
Heimtücke; Verfahren vor dem Sondergericht
eingestellt und nach sieben Monaten Aufhebung
der Ausweisung.
Sieben Wochen Haft; nähere Angaben fehlen.

Nach einer Vorstandssitzung des Arbeitervereins wurde der Diözesanpräses zusammen
mit dem Arbeitersekretär Jakob von der Gestapo
festgenommen; Grund war die kritische Haltung
gegenüber der DAF; durch Bemühungen des
Bezikspräses schnell wieder freigekommen.
Verstorben am 15.4.1950.

KONERMANN, CLEMENS
1874 11 30
Walstedde
Pfarrer, Dechant
Wegen Kritik an den staatlichen Maßnahmen
gegen eine Prozession auf dem Domplatz in
Münster sollte der Dechant - nach einer
schriftlichen Mitteilung von Goebbels -
festgenommen werden; schließlich mußte
er nur eine schriftliche Stellungnahme
abgeben (1939).
Verstorben am 2.1.1971.

KORTE, JOHANNES
1879 09 16
Hullern
Pfarrer
Von der SA und der SS mehrmals zur Einhaltung
der „10-Uhr-Verordnung nach Fliegeralarm"
aufgefordert (am Morgen nach Nachtalarm durften
Messen nicht vor 10 Uhr gelesen werden).
Überwachung durch die Gestapo.
Verstorben am 4.3.1950.

KRABBE, P. JOHANNES
Ordenszugehörigkeit unbekannt
1909
Lembeck
Der Pater wurde von der Gestapo wegen
seiner Predigten verhört; die drohende
KZ-Strafe konnte ein Parteimitglied, das
dem Pater wohlgesonnen war, in eine
Geldstrafe über 3000 RM umwandeln.

KRAEHENHEIDE, P. ANTON
MSC
1886 12 08
Hiltrup / Hellefeld
1934 Verhör durch die Gestapo.
1.-10.7.1941 Gefängnis Dortmund,
weil man beim Pater bei der Beschlagnahme
des Hauses eine bischöfliche Predigt gefunden
hatte.
Am 16.6.1942 wegen seiner Predigten verhaftet:
Zunächst Gefängnis Dortmund,
ab dem 2.9.1942 KZ Dachau,
am 6.4.1945 entlassen.
Verstorben am 21.5.1974.
Lit.: Weiler, 374.

KRAMER, JOSEF
1905 05 12
Recklinghausen (St. Suitbert)
Kaplan
Zwei Vorladungen und zwei Verhöre durch die
Gestapo.
Verstorben am 4.10.1958.

KRAMPE, P. JOHANNES
MSC
1904
Hiltrup
Verwalter
1941 Bespitzelung durch die Gestapo nach der
Auflösung des Klosters.

KREWITT, P. HELWICH
OFM
1908 05 01
Münster
Guardian
1937 stattete die Gestapo dem Pater einen
Besuch ab, da er wegen seiner Predigten
ständig überwacht wurde.
1938 Redeverbot für ganz Deutschland.
Im Aug. desselben Jahres setzte sich der
Pater nach einem Verhör durch die Gestapo
wegen einiger Jugendvorträge in die USA ab.

KRICK, JULIUS
1883 02 18
Münster (St. Martini)
Pfarrer
Religionsunterrichtsverbot ab 1937.
Verstorben am 7.1.1967.

KRIENEN, KONRAD
1877 11 29
Birten
Pfarrer
Dreimal wurde der Pfarrer angezeigt.
Verstorben am 7.4.1962.

KRIMPHOVE, ANTON
1872 09 12
Wetten
Pfarrer, Dechant
1935 wegen „staatsfeindlicher Tendenzen"
in den Predigten bei der Kreisleitung
angezeigt; die örtliche Parteileitung
verfolgte die Angelegenheit nicht.
Verstorben am 4.4.1947.

KRIMPHOVE, BERNHARD
1907 09 17
Moers
Kaplan
Wegen falscher Beflaggung angeklagt -
Verfahren aufgrund Amnestie

eingestellt (um 1938).
Verstorben am 15.6.1961.

KRUSE, HERMANN
1888 08 20
Lette
Pfarrer
Verhör durch die Polizei wegen
einer Kollekte für Jugendexerzitien.
Verstorben am 4.10.1955.

KRUSS, JAKOB
1869 05 26
Nieukerk
Pfarrer, Definitor
Verfahren vor dem Sondergericht wegen
Äußerungen im Religionsunterricht -
eingestellt.
Überwachung durch die Polizei.
Verstorben am 12.1.1945.

KUECK, WILHELM
1889 08 04
Goch / Frasselt
Kaplan / Pfarrer
1933 seitens der NS-Presse heftig angegriffen, nachdem sich der Kaplan geweigert
hatte, Hitlerbilder und NS-Abzeichen anbringen
zu lassen.
1942/43 Schwierigkeiten mit dem Bürgermeister in Grafwegen, weil der Pfarrer
dort einmal im Monat aushalf und die
Messe las.
Verstorben am 26.2.1966.

KUEPPERS, BERNHARD
1910 09 14
Oberhausen-Osterfeld / Duisburg-Hamborn
Kaplan
1937 durch das Amtsgericht mit 32,50 RM
Geldstrafe bedacht wegen fehlender Heraus-
geberangaben auf der Gottesdienstordnung.
Anzeige beim Schulrat wegen Abhaltung des
Religionsunterrichts in der Kirche.
1941 Untersuchungen wegen angeblicher
Verbreitung eines Hirtenbriefes; der
Kaplan entzog sich den Nachstellungen
durch Dienst in der Wehrmacht.
Vermißt im Jahre 1941.

KUHLMANN, JOSEPH
1886 07 17
Heiden
Pfarrer
Ab 1938 Unterrichtsverbot im Fach Religion
für das 4. Schuljahr.
1938 Verhör der Gestapo zu Äußerungen
im Unterricht, die bereits ein ganzes Jahr
zurücklagen (!).

1939 nächtliche Angriffe auf das Pfarrhaus.
Die örtliche Geistlichkeit wurde nicht -
wie gewohnt - zum Schützenfest eingeladen.
1940 absichtliche Beschädigung des Pfarrhaus-
zaunes.
Verstorben am 30.5.1964.

LAACKMANN, ERNST
1888 07 09
Gescher (Haus Hall)
Geistl. Direktor
Entlassung als Direktor der Erziehungs-
und Pflegeanstalt für geistig Behinderte
wegen „mangelnde(r) Aufsicht und falsche(r) Er-
ziehungsmethoden";
Protest des bischöflichen Generalvikariats
und des Bischofs Galen - ohne Erfolg.
Verstorben am 1.6.1968.

LACKMANN, HEINRICH
1883 06 09
Münster (Hl. Kreuz)
Pfarrer / Anstaltsseelsorger
1935 Verfahren gegen den Pfarrer, weil
er für einen inhaftierten Kaplan Haft-
erleichterung durchgesetzt hatte,
eingestellt.
1938 sollte der Pfarrer versetzt werden;
aufgrund eines ärztlichen Gutachtens
durfte der Pfarrer auf der alten Stelle
bleiben. Ebenso sollte der Pfarrer seine
Dienstwohnung räumen - er weigerte sich
mit Erfolg.
1941 sollte ein Runderlaß (zur Betätigung
der Glaubensgemeinschaften in den öffentlichen Kranken-, Heil- und Pflegeanstalten)
von Frick die Seelsorge in Heilanstalten
beschränken - der Pfarrer schränkte
seine Seelsorgetätigkeit nicht ein.
Außerdem: Streichung des Etats für die
Anstaltsseelsorger (800 RM).
Paßentzug wegen Verdachts auf Landesverrat -
nach kurzer Zeit zurückgegeben.
Verstorben am 16.11.1950.

LAMMERDING, FRANZ
1899 01 28
Harsewinkel
Vikar
Acht Monate Gefängnis wegen Regimekritik.

LANGE, THEODOR
1905 11 26
Duisburg-Hamborn (St. Joseph)
Kaplan
Verhör durch die Gestapo wegen eines
Einladungsschreibens an Jungmänner.
Verhör durch die Polizei, weil der
Pfarrektor des Kaplans überschüssiges

Mehl an Eltern der Kommunionkinder verteilt hatte.

LANGENHORST, WILHELM
1891 05 07
Duisburg-Hochfeld / Xanten
Pfarrer
Der Pfarrer hatte einen Prozeß, der
bis zum Reichsgericht Leipzig ging.
Nähere Angaben fehlen.
Verstorben am 4.4.1955.

LANSING, BERNHARD
1880 10 16
Klein-Reken
Pfarrer
1880 10 16
Verwarnung und Sperrung von 3000 RM
Sicherungsgeld durch die Gestapo,
weil der Pfarrer längere Zeit
die Messen nach nächtlichem Fliegeralarm vor 10 Uhr gehalten hatte;
aufgrund seines Alters sah man von
einer Verschleppung ins KZ ab (1942).
Verstorben am 28.8.1951.

LAUVERS, HERMANN
1905 11 02
Beckum / Gescher
Vikar
1937 Haussuchung durch die Gestapo und die
Polizei; Beschlagnahme des Eigentums des
katholischen Jungmännervereins und des
Musikvereins sowie einiger persönlicher
Gegenstände des Vikars.
1939 Verfahren vor dem Amtsgericht wegen
eines Meßdieneraus flugs - Freispruch.
Mitteilung des Oberstaatsanwalts, daß das
laufende Verfahren unter Amnestie falle; dazu
fehlen nähere Angaben.
Verwarnung durch den Oberstaatsanwalt
wegen angeblicher Regimekritik; zum schriftlichen Schuldeingeständnis gezwungen.

LEENEN, ALOIS
1915 08 05
Gelsenkirchen-Bür
Kaplan
1942 mußte sich der Kaplan sechsmal vor
Wehrmachts-Gerichten verantworten wegen
Kritik an einem kirchenfeindlichen Vortrag
vor Soldaten (der Kaplan war zu diesem
Zeitpunkt Wehrmachtsangehöriger):
zwei Tage Arrest, in den Akten als politisch
unzuverlässig geführt, Beförderungsverweigerung.

LEENEN, HEINRICH
1884 01 23
Dornick
Pfarrer
Verwarnung wegen Nichtbeflaggung durch
das Gericht.
Drohung des Lehrers, daß die Unterlassung
des Hitlergrußes Unterrichtsverbot nach
sich ziehen könne. Anzeige des Lehrers, der
behauptete, der Pfarrer sei für die lasche
Ausführung des Hitlergrußes in Dornick
verantwortlich.
Störung des Gottesdienstes durch den NS-
Lehrer und Gleichgesinnte während der
Hirtenbriefverlesungen.
Anzeige wegen einer angeblichen Äußerung
des Pfarrers zur Sterilisation.
Am Schützenfest durfte der Pfarrer nicht
mehr teilnehmen.
Verstorben am 20.11.1956.

LEIFKER, HERMANN
1912 06 27
Westkirchen
Vikar
1937 Meldung des Lehrers an den Schulrat,
der Vikar verteile konfessionelle Druckschriften an Schüler; eine weitere Meldung
wegen der Verteilung von Einladungen
zur Monatskommunion; derselbe Lehrer versuchte auch, die Schülerbeteiligung an
der Schulmesse zu unterbinden.
1938 Beanstandung des Ortsgruppenleiters, weil
der Vikar eine Filmvorführung zeitgleich
mit der Übertragung einer Führerrede angesetzt hatte.
Haussuchung der Gestapo.
Bei einer weiteren Haussuchung wurde ein
Film beschlagnahmt.

LEISNER, KARL
1915 02 28
Münster
Diakon
Ab 1937 erste Zusammenstöße mit der
Gestapo; der Theologiestudent Leisner
war damals Diözesanjungscharführer.
Wegen Erkrankung an Lungentuberkulose zur
Ausheilung nach St. Blasien/Schwarzwald;
dort am 9.11.1939 wegen einer Äußerung
zum Attentat auf Hitler (8.11.) von der
Gestapo festgenommen:
Zunächst Gefängnis Freiburg und Mannheim
ab dem 16.3.1940 KZ Sachsenhausen,
ab dem 14.12.1940 KZ Dachau.
Im KZ trat die Krankheit erneut auf;
als sein Tod abzusehen war, erfüllten ihm
seine Leidensgenossen seinen größten
Wunsch und weihten ihn heimlich zum

Priester (17.12.1944); Leisner starb nach
der Befreiung aus Dachau (4.5.1945)
am 12.8.1945 im Sanatorium Planegg/München.
Lit.: Weiler, 406.

LENGELING, EMIL
1916 05 26
Gelsenkirchen-Bür
Theologiestudent
Verhör durch die Gestapo wegen eines
Besuchs bei Kaplan Dr. Fritz Lohmann,
der vor den Nationalsozialisten nach
Holland geflüchtet war (um 1935; Lenge-
ling war damals noch Theologiestudent
und in der katholischen Jugendarbeit tätig);
Haussuchung durch die Gestapo bei den
Eltern Lengelings.

LENZEN, HEINRICH
1880 03 20
Huisberden
Pfarrer
Verhör wegen Überschreitung
der Vorschriften bei Fliegeralarm.
Verstorben am 13.3.1945.

LETMATHE, ANTON
1875 12 29
Kessel
Pfarrer
Haussuchung der Gestapo nach Hirtenbriefen.
Verstorben am 28.6.1950.

LEUGERS, HERMANN
1869 02 14
Herten (St. Anton)
Pfarrer, Dechant
Verwarnung durch die Gestapo wegen Nicht-
beflaggung anläßlich des Todes eines
bekannten Fliegeroffiziers (um 1933).
Eine weitere Verwarnung wegen angeblicher
Regimekritik bei einer Versammlung des
Frauen- und Müttervereins.
Verstorben am 15.10.1947.

LEUSDER, BERNHARD
1912 10 11
Everswinkel
Kooperator
1941 wegen Predigten Verhör durch die
Gestapo und Ausweisung aus dem Rheinland,
Westfalen und Hannover; Überwachung
der Predigten. 150 RM Geldstrafe wegen
angeblich zu späten Erscheinens zur
Musterung - der Betrag mußte an die
Kreispolizeibehörde bezahlt werden.

LINNENKEMPER, JOSEF
1880 01 04
Ramsdorf
Pfarrer
Zwei Verwarnungen durch die Gestapo,
weil der Pfarrer sich kritisch zur
Regierung geäußert hatte und die Polen
in bezug auf deren religiöses Verhalten
gelobt hatte.
Verstorben am 24.9.1947.

LIPS, PAUL
1887 05 08
Rheine (St. Dionys)
Hausgeistlicher
1937 mußte der Hausgeistliche nach der
Schließung des Kinderheims dasselbe verlassen.

LODDE, JOSEPH
1879 01 26
Coesfeld (St. Lamberti)
Dechant / Standortpfarrer
1935 Verhör durch die Gestapo zum
Religionsunterricht; ein weiteres Verhör
wegen eines Protestschreibens gegen die
Einführung der Gesamtschule, das von der
Kanzel verlesen worden war; nach diesen
Vorfällen von der Partei in einem Gut-
achten als politisch unzuverlässig und
Hetzer bezeichnet.
Verfahren wegen verbotener Versammlungen -
dazu fehlen nähere Angaben.
Verhör wegen Beunruhigung der Bevölkerung
durch eine Predigt.
Haussuchung und Inhaftierung wegen angeblich
defaitistischer Äußerungen gegenüber
Soldaten; Entlassung nach ca. sieben Wochen Haft,
nachdem ein Militärgericht auf Freispruch
entschieden hatte (1940).
Die im Juli 1942 von der Partei geplante
Festnahme des Pfarrers konnten einflußreiche Leute verhindern.
Am 26.10.1942 wegen Äußerungen zur Zivil-
ehe von der Gestapo verhaftet:
Zunächst Gefängnis Münster,
ab dem 30.12.1942 KZ Dachau,
dort am 27.2.1943 verstorben.
Lit.: Weiler, 416.

LOEBBERDING, HEINRICH
1888 10 14
Zwillbrock
Pfarrer
In einem Schreiben Goebbels an den Bischof
wurden Äußerungen des Pfarrers
Heinrich Löbberding als ein
Beispiel staatsfeindlicher Agitation des
Katholizismus herausgestellt.
Verstorben am 23.10.1968.

LOHMANN, P. FRIEDRICH
OFM
1906 09 27
Kevelaer
Kaplan
Dr. phil.
Kaplan Lohmann floh nach Holland, nachdem
er vom Bürgermeister von Bocholt öffent-
lich bedroht worden war.
Verstorben am 12.11.1965.

LUDWIG, FERDINAND
1904 10 26
Münster (St. Elisabeth)
Kaplan
Nach der Versetzung nach
Münster wurde der Kaplan nicht mehr zum
Religionsunterricht zugelassen (ab 1936).
Haussuchung und Beschlagnahme der Vereins-
kasse und -zeitschriften im Zusammenhang
mit den Maßnahmen gegen katholische
Jugendverbände (um 1937).
Schließung einer Pfarrbücherei; aus anderen
Büchereien durfte der Kaplan bestimmte Titel
nicht mehr ausleihen (um 1937).

LUETKENHAUS, HEINRICH
1906 07 14
Bottrop (Liebfrauen)
Kooperator, Kaplan
Verhör durch die Gestapo; der offizielle
Grund lautete: Werbung für eine konfessionelle
Jugendzeitschrift; tatsächlich fand das
Verhör wohl deshalb statt, weil der Kaplan
einem Beamten der Gestapo vor allen Gläubigen
in der Sonntagsmesse die Niederschrift seiner
Predigt überreicht und gemeint hatte, er,
der Gestapo-Beamte, brauche nun nicht mehr
mitzuschreiben.

LUYVEN, MARTIN
1909 03 31
Bimmen
Pfarrverwalter
Nachdem der Pfarrverwalter gegen die
Abschaffung der Bekenntnisschulen
gepredigt hatte, erwog der Orts-
gruppenleiter die Verhaftung des
Geistlichen, die dann doch nicht
erfolgte.

MAAGS, HEINRICH
1884 04 15
Haldern
Pfarrer
Wegen Regimekritik fünf Verhöre
durch die Gestapo.
1943 Ausweisung aus dem Kreis Rees
und Überwachung durch die Polizei,

nachdem die Haftfähigkeit des
Kaplans durch eine ärztliche Unter-
suchung festgestellt worden war.
Verstorben am 15.3.1945.

MAIKAEMPER, HEINRICH
1883 06 03
Laer
Pfarrer
1935 wurde der Pfarrer verwarnt, weil er
beim „Horst-Wessel-Lied" nicht aufgestanden
war.
Unterrichtsverbot für das Fach Religion durch
die Schulbehörde, nachdem der Pfarrer Kritik
an der Sportbekleidung der Schülerinnen
geübt hatte.
Androhung mit Ausweisung und KZ-Haft, weil
der Pfarrer sich für eine Strafgefangene
eingesetzt hatte (1937).
1937 wegen politischer Unzuverlässigkeit
von der Kreisleitung als Betreuer für
Fürsorgezöglinge abgelehnt.
Verstorben am 22.3.1952.

MARING, P. ALBERT
SJ
1883 04 06
Münster
1941 wegen Abhaltung von Exerzitien von
der Gestapo verhaftet (3.2.):
Zunächst Gefängnis Münster und Herne,
ab dem 19.6.1942 KZ Dachau,
dort am 7.4.1943 verstorben.
Intervention des Kommissariats der Fuldaer
Bischofskonferenz beim Gestapo-Amt Berlin
ohne Erfolg.
Lit.: 1.Weiler, 437. 2.Münch, Maurus:
Unter 2579 Priestern in Dachau. Trier
1970, 58-63.

MARKFORT, BERNHARD
1883 10 03
Herten (St. Joseph)
Pfarrer
1937 Beschlagnahme der Schreibmaschine durch
die Gestapo wegen angeblicher Verbreitung
illegaler Schriften - später zurückerhalten.
Verstorben am 28.10.1958.

MARKOETTER, JOSEPH (P. ELPIDIUS)
OFM
1911 10 08
Warendorf
Guardian
Am 4.6.1940 von der Gestapo wegen einer
Predigt verhaftet:
Zunächst Gefängnis Münster
und KZ Oranienburg,
ab dem 26.9.1941 KZ Dachau,

dort am 28.6.1942 verstorben.
Lit.: 1.Weiler, 438. 2.Schlömer, Hans:
Der Totenschein kostete 60 Pfennig. In:
KNA, Westdeutscher Dienst 3, 26.6.1982.

MATZERATH, HUBERT (P. PAUL)
OSB
1904 09 15
Gerleve (Abtei)
Dr. theol.
1941 Verhaftung des Paters durch die
Gestapo, weil dieser im Zuge der Beschlagnahme des Klosters versucht hatte,
den Meßwein in Sicherheit zu bringen;
ein Jahr Untersuchungshaft in den Gefängnissen
Coesfeld und Münster; im Anschluß daran
durch das Sondergericht zu sechs Monaten Haft
verurteilt (Anrechnung der Untersuchungshaft).
Intervention des Kommissariats der Bischofskonferenz beim Reichssicherheitsamt Berlin -
Entlassung am 17.7.1942.

MEHRING, ANTON
1865 09 21
Mettingen
Pfarrer
3000 RM Geldstrafe wegen Regimekritik -
Betrag später zurückerstattet.
Verstorben am 14.9.1945.

MEHRING, BERNHARD
1866 08 29
Ahlen (Neue Pfarre)
Pfarrer, Definitor
1935 Verwarnung durch die Gestapo, weil der
Pfarrer angeblich das Gerücht mitverbreitet
haben soll, daß Bischof Galen aus
Furcht vor einem Mordanschlag der Nazis
nach Holland geflüchtet sei;
von der National-Zeitung (225, 16.8.1935)
öffentlich beschuldigt.

MEISSEN, MORITZ
1885 07 07
Einen
Pfarrer
1935 Überwachung des Pfarrers durch die
Polizei.
Verwarnung durch den Bürgermeister im
Auftrag des Landrats, weil der Pfarrer sich
für zwei Jungen eingesetzt hatte, die
Ärger mit der HJ gehabt hatten.
1936 scharfe Verwarnung durch den Bürger-
meister im Auftrag des Landrats wegen falscher
Beflaggung anläßlich der Firmung.
Beanstandung der Polizei wegen zu spärlicher
NS-Beflaggung.
1937 Haussuchung durch die Gestapo anläßlich
der Auflösung der Jünglingskongregation.

Wegen einer Adventspredigt angezeigt.
1942 Verhör wegen Äußerungen über Mölders.
1943 Vorladung zur Gestapo Münster wegen
Bewirtung einer Jugendgruppe im Pfarrhaus.
Außerdem ständige „Überwachung" und
Behinderung der Seelsorgetätigkeit durch
ein eifriges NS-Fräulein.
Verstorben am 8.10.1963.

MENGELMANN, WILHELM
1898 05 11
Ahlen (St. Ludger)
Vikar
Ab 1935 Verbot, das Fach Religion in
der Schule zu unterrichten.
Verstorben am 27.8.1965.

MERTENS, MATTHIAS
1906 12 05
Oberhausen-Sterkrade-Nord
Kaplan
1935 Verfahren vor dem Sondergericht;
nähere Angaben fehlen.
1941 Verhör durch die Gestapo wegen
Würdigung der bischöflichen Verlaut-
barungen; am 6.1.1942 verhaftet:
Zunächst Gefängnis Oberhausen,
ab dem 17.4.1942 KZ Dachau,
dort am 9.4.1945 entlassen.
Verstorben am 1.2.1970.
Lit.: Weiler, 449.

MEYER, FRANZ
1880 11 08
Ahaus
Pfarrer
Vorladung und Androhung schwerer Strafen
für den Wiederholungsfall durch die
Gestapo wegen einer Meßfeier (vor 10 Uhr)
nach nächtlichem Fliegeralarm.
Verstorben am 13.4.1949.

MEYER, JOSEF
1897 01 12
Südlohn
Vikar
1937 25 RM Geldstrafe durch das Gericht zu
Vreden wegen Übertretung des Sammlungs-
gesetzes.
Am 8.3.1942 durch die Gestapo wegen einer
Predigt über den Möldersbrief verhaftet:
Zunächst Gefängnis Ahaus und Münster,
ab dem 29.5.1942 KZ Dachau,
dort am 29.3.1945 entlassen.
Verstorben am 24.7.1974.
Lit.: Weiler, 450.

MEYER, JOSEF
1905 08 19
Wilhelmshaven-Rüstringen / Wangerooge / Lohne
Kaplan
1933-1935 viele Verhöre durch die Gestapo
wegen Jugendarbeit.
1936 Verwarnung durch den Amtshauptmann
wegen Beleidigung eines Nationalsozialisten.
1937 Haussuchung durch die Gestapo anläßlich
des Verbots des Jugendvereins; Beschlagnahme einiger persönlicher Gegenstände.
1940 Beanstandung durch die Kreisleitung
wegen Wehrkraftzersetzung (der Kaplan hatte
versucht, einen standesamtlich getrauten Soldaten
zur kirchlichen Trauung zu bewegen).

MEYER, P. EMMERAN
OFM
o.D.
Münster
Geistl. Lehrer
Nach einem Verhör wegen politischer
Unzuverlässigkeit wurde der Pater
1938 aus dem höheren Schuldienst entlassen.

MEYER, P. WENDELIN
OFM
1882 08 10
Münster
Guardian
1935 Vorladung zur Gestapo wegen Nichtbeflaggung.
1940 Verhör durch die Gestapo wegen eines
vom Pater abgefaßten Totenzettels; dazu
14 Tage später ein weiteres Verhör;
Überwachung des Paters durch die Gestapo.

MEYER, WILHELM
1913 01 14
Raesfeld
Kaplan
Wegen einer Predigt über die Feindesliebe
von der Gestapo am 21.10.1940 verhaftet:
Nach Verhören am 22.10. wieder entlassen,
jedoch nur Stunden später erneut festgenommen:
Zunächst Gefängnis Borken und Münster,
ab dem 6.6.1941 KZ Dachau,
dort am 29.3.1945 entlassen.
Lit.: Weiler, 451.

MICKLINGHOFF, THEODOR
1865 01 28
Lette
Pfarrer
Von der „National-Zeitung" scharf
angegriffen wegen seiner
Äußerungen zur Badebekleidung
bei Schulkindern (1933).
Verstorben am 21.3.1940.

MOELLER, HERMANN
1897 09 10
Duisburg (St. Gabriel)
Kaplan
Vom Rektor und einer Lehrerin wegen
Gestaltung der Schulentlassungsfeier
beim Schulamt angezeigt (1938).
Weil der Kaplan das Abonnement der „Nationalzeitung" ablehnte, drohte man ihm mit
einem Verhör seitens der Partei; durch
das entschiedene Auftreten des Kaplans
kam es jedoch zu keiner Vernehmung.
Verstorben am 30.11.1967.

MOLITOR, P. RAPHAEL
OSB
1873 02 02
Gerleve (Abtei)
Prälat, Abt-Präses
Dr. theol.
1941 Ausweisung aus dem Rheinland
und Westfalen nach der Beschlagnahme
des Klosters durch die Gestapo.

MORISSE, HEINRICH
1888 04 10
Bilk
Pfarrektor
1937 Beschlagnahme einiger Schriften durch
die Gestapo anläßlich der Maßnahmen gegen
die konfessionellen Verbände.
Ab Okt. 1937 Unterrichtsverbot für die
Volksschulen, ab Nov. für die ländlichen
Fortbildungsschulen.
1941 mußte der Pfarrektor bei der Polizei
unterschriftlich anerkennen, daß nunmehr
Exerzitien, Missionen etc. verboten seien.
1944 Verbot, die Glocken zu läuten, aus
Gründen der Reichsverteidigung.
Verstorben am 7.1.1965.

MORTHORST, FRANZ
1894 12 13
Visbek
Vikar
Ausweisung aus dem Land Oldenburg.
Beim Tode seines Bruders bat der Kaplan
die Gestapo um die Erlaubnis, an der
Beerdigung teilzunehmen; die Erlaubnis
erhielt der Kaplan erst am Beerdigungstag
und somit absichtlich zu spät.
Verstorben am 6.7.1970.

MUCKERMANN, P. FRIEDRICH
SJ
1883 08 26
Münster

Geistl. Schriftleiter
Dr.
Ermittlungen der Gestapo gegen den Pater wegen
angeblich staatsfeindlicher Betätigung (Kontakte ins
Ausland); Einbehaltung des Reisepasses und Verbot
der Schriften des Paters; 1934 Verfahren vor dem
Volksgerichtshof wegen Hochverrats.
Schon früh ging der Pater ins Ausland (zunächst
Holland, später - um 1935 - Rom).
Intervention von Bischof Berning beim Gestapo-Amt
Berlin ohne Erfolg.
1938 auf Veranlassung Himmlers Aberkennung der
deutschen Staatsbürgerschaft.
Lit.: 1. Handbuch Emigration I, 510.
2. F. Muckermann, 519-651.

MUECKSHOFF, KARL AUGUST (P. MEINOLF)
OFMCAP
1908 01 11
Stühlingen / Münster
Geistl. Dozent
Dr. theol.
1937 wegen Predigten von der Gestapo gesucht;
daraufhin verließ der Pater das badische Land.
1942 Verhör und Verwarnung durch die
Gestapo Münster wegen der Predigten des
Paters im Dom und in der Pfarrei St. Lamberti.
1944 Verhör wegen einer Predigt und Verwarnung.
Ständige Überwachung durch die Gestapo.

MUEHLSIEPE, PAUL
1893 07 06
Gladbeck (Christ König)
Pfarrektor
1938 Vorladung zur Gestapo.
Nähere Angaben fehlen.
Verstorben am 5.3.1971.

NAGEL, DIETRICH FREIHERR VON
1880 04 06
Schöppingen
Pfarrer
1939 Ermittlungen durch die Gestapo
gegen den Pfarrer wegen einer Predigt;
Monate später mit einem Verweis bestraft.
Ständige Überwachung der Predigten.
Verstorben am 4.6.1955.

NEPPESSEN, GUSTAV
1875 02 05
Till
Pfarrer
1936 wurde der Pfarrer von Regierungsstellen
beschuldigt, einen uniformierten Hitlerjungen
aus der Kirche gewiesen und den Schülern
den Hitlergruß verboten zu haben.
Gerichtliche Ermittlungen wegen Äußerungen
im Religionsunterricht; der Regierungspräsident drohte mit Unterrichtsverbot.

Überwachung der Predigten durch die Polizei.
Die geplante Festnahme durch die Gestapo
konnten zwei Familien, die die haltlosen
„Verhaftungsgründe" widerlegten, verhindern.
Postüberwachung durch den Ortsgruppen-
leiter versucht.
Verstorben am 9.9.1949.

NEYER, P. PASCHALIS
OFM
1883 06 28
Münster
1941 Verhör durch die Gestapo, weil
der Pater eine Postkarte von einem
Mitbruder aus Italien erhalten hatte.
Überprüfung der politischen Zuverlässigkeit anläßlich der Ausstellung
eines Schriftleiterpasses.

NIEBECKER, ENGELBERT
1895 01 03
Borken
Geistl. Studienrat
Dr. theol.
1933 Vorladung vor den Ortsgruppenleiter
wegen einer religiösen Ansprache in
der Petrikirche/Münster; Domvikar Leiwering
verhinderte Folgestrafen.
1939 Haussuchung bei Niebecker in seiner
Eigenschaft als Ortsleiter des (bereits
aufgelösten) Albertus-Magnus-Vereins.
Der Studienrat wurde angezeigt, weil er
mit der Klasse vor dem Unterricht betete und
eine wegen Alarms ausgefallene Religionsstunden durch Stundentausch nachgeholt hatte.
Der Glaubensunterricht, den der Studienrat
nach dem Verbot des Religionsunterrichtes
eingeführt hatte, wurde vom Direktor untersagt.
Die Unterrichtserlaubnis wurde dem Studienrat
nicht entzogen, weil er Bekannte im NSLB hatte.

NIEHOFF, JOSEPH
1893 12 13
Gladbeck (St. Lamberti)
Vikar
Wegen einer Predigt Verwarnung durch
die Gestapo.
Verstorben am 15.3.1966.

NIEMEYER, ADOLF
1910 08 04
Warendorf (St. Laurentius)
Kaplan
Beschlagnahme von privaten Gegenständen
durch die Gestapo im Zuge der Maßnahmen
gegen den Jungmännerverband (um 1937).
1942 Verhör und Verwarnung durch die
Gestapo, weil der Kaplan im Anschluß

an den Volksschulunterricht die Kinder
ins Pfarrhaus zum Religionsunterricht
geführt hatte.

NIENHAUS, ALBERT
1879 08 31
Dinslaken-Lohberg
Pfarrer
1936 Verhör durch die Gestapo, weil der
Pfarrer angeblich eine politische Äußerung
gemacht hatte.
1937 weitere Maßnahmen seitens der Gestapo
gegen den Pfarrer wegen seiner Predigten; insgesamt
bearbeitete der zuständige Beamte die
Fälle so wohlwollend, daß keine
ernsthaften Maßnahmen folgten.
Verstorben am 24.4.1968.

NIEWERTH, ALBERT
1899 11 21
Hamborn (St. Paul) / Repelen
Kaplan / Pfarrektor
Verhör durch die Gestapo wegen Regimekritik.
1937 Religionsunterrichtsverbot wegen
politischer Unzuverlässigkeit.

NIGGEMEYER, CLEMENS
1902 09 11
Duisburg (St. Ludger)
Kaplan
1934 wegen einer Kundgebung der katholischen
Jugend vierstündiges Verhör.
1935 Verhör wegen Werbung für die
„Junge Front".
1936 Verhör und Haussuchung durch die
Gestapo wegen verschiedener Gerüchte,
die gegen den Kaplan im Umlauf waren
(z.B.: der Kaplan besitze kommunistische
Flugblätter); Überwachung durch einen
Spitzel und noch drei Verhöre.
Wegen Auseinandersetzungen zwischen
der HJ und der katholischen Jugend wurde
dem Kaplan als Präses der katholischen
Jugend eine Geldstrafe über 5,50 RM
von der Gestapo auferlegt (1937).
Verstorben am 12.5.1973.

NONHOFF, HEINRICH
1869 05 29
Münster (St. Antonius)
Pfarrer, Definitor
Mehrere Vorladungen vor die Gestapo wegen
Übertretung des Flaggengesetzes; schließ-
lich wurde der Pfarrer angeklagt; nachdem
die Gerichtstermine mehrmals vertagt worden
waren, fiel die Angelegenheit nach 18
Monaten unter Amnestie. Die Anwaltskosten
mußte der Pfarrer tragen.
Verstorben am 18.10.1948.

NORDHUES, THEODOR
1903 02 25
Emsdetten / Recklinghausen (St. Paul)
Kaplan
1937 Vorladung zur Polizei und scharfe
Zurechtweisung wegen einer schriftlichen
Einladung zur Osterkommunion an die
Jungen und Jungmänner; Androhung strenger
Maßnahmen für den Wiederholungsfall.
Nach der Versetzung nach Recklinghausen
durfte der Kaplan keinen Religionsunter-
richt mehr geben (ab Juli 1937).
In einem Schreiben der Kreisleitung
Steinfurt an die Kreisamtsleitung der
NSV Abtlg. Jugendhilfe vom 27.8.1937 wurde
erklärt, der Kaplan sei politisch unzuver-
lässig und deshalb als Betreuer für
Fürsorgezöglinge abzulehnen.
Haussuchung durch die Gestapo im Zuge
der Maßnahmen gegen den katholischen
Jungmännerverband.
Verstorben am 6.6.1955.

OECHTERING, ALFONS
1883 05 12
Ochtrup
Pfarrer
Vorladung zur Gestapo Münster, weil der
Pfarrer nach nächtlichem Fliegeralarm
Frühgottesdienste gehalten hatte. Für
den Wiederholungsfall drohte man ihm mit KZ.
Verstorben am 26.9.1970.

OENNING, HEINRICH
1904 04 03
Duisburg-Wanheimerort (St. Michael)
Kaplan
Wegen Jugendarbeit und Gebrauchs der alten
Bezeichnungen wie z.B. Jungmannschaft zunächst
verwarnt;
aufgrund eines Rundschreibens an Männer
am 16.1.1941 in Duisburg verhaftet:
Ab dem 22.8.1941 KZ Dachau;
dort am 13.1.1942 entlassen und an
ein Gericht überstellt, das den Kaplan
zu einer Haftstrafe verurteilte;
nach Verbüßung der Haft zur Wehrmacht
eingezogen.
Lit.: Weiler, 490.

OHLMEYER, P. ALBERT
OSB
1905 10 31
Gerleve (Abtei)
Subprior
Dr. theol.
Wegen Versendung eines Rundbriefs
an Frontsoldaten wurde der Subprior 1941
drei Wochen gefangengehalten; der Brief

handelte von der Klosteraufhebung in
Gerleve und enthielt die Aufforderung,
ihn zur Lektüre an andere Soldaten
weiterzureichen;
mit knapper Not entging der Geistliche
der KZ-Verschleppung.

OOMEN, JOHANNES
1909 12 01
Lintfort
Kaplan
1937 Geldstrafe über 15 RM wegen Versendung
eines Einladungsschreibens an die katholische
Jugend ohne Verfasserangaben.
Haussuchung im Zusammenhang mit den Maßnahmen gegen den Jungmännerverein.

OOSTENDORP, GERHARD
1892 05 12
Kinderhaus
Kaplan
Der Kaplan wurde auf HJ-Plakaten attackiert,
weil er zuvor NS-Plakate beseitigt und
dazu gegenüber einem SA-Mann Stellung
bezogen hatte.
Verstorben am 12.4.1970.

OOYEN, WILHELM VAN
1909 04 24
Recklinghausen (Liebfrauen)
Kaplan
1939 durch das Sondergericht zu 50 RM
Geldstrafe verurteilt wegen Verlesung
einer Erklärung zur Bekenntnisschule
im Auftrag des Dechanten.

OSLISLO, GUENTHER
1911 11 28
Recklinghausen / Duisburg
Kaplan
1937 nach einem Schützenfest zur Gestapo
vorgeladen; man warf dem Kaplan vor, er
habe sich mit einem katholischen Verein
nicht rein religiös betätigt und also gegen
das Konkordat verstoßen. Keine weiteren
Folgen, weil der Kaplan durch Unterschrift
zu Protokoll gab, er kenne den entsprechenden
Konkordatsartikel nicht.
1939 Schutzhaft durch die Gestapo vom 29.6.
Bis zum 9.10. wegen eines Meßdienerausflugs;
danach Ausweisung aus dem Regierungsbezirk
Münster.
Gleich nach der Versetzung vorgeladen, damit
man den Kaplan „kennenlerne".
In der Wehrmacht dreimal strafversetzt
wegen Meßfeiern; von der Gestapo im
Führungszeugnis als politisch unzuverlässig
bezeichnet (ab 1942).

OSTERKAMP, ANTON
1878 03 14
Lengerich
Pfarrer, Definitor
Wegen Predigten drohte mehrmals eine
Verhaftung. Zeitweise wurden die
Sonntagspredigten überwacht.
Ständige Auseinandersetzungen mit
der Polizei wegen falscher Beflaggung.
Öffentlich wurden dem Pfarrer „unlautere"
Beziehungen zu einer Frau nachgesagt.
Ein vom Pfarrer angestrebtes Verfahren
gegen seine Verleumder wurde aufgrund
Amnestie niedergeschlagen.
Verstorben am 24.11.1951.

OSTERMANN, P. HEINRICH
SJ
o.D.
Duisburg-Hamborn (St. Franziskus)
Von der Polizei kurzfristig festgenommen
wegen Teilnahme eines deutschen Meßdieners
an der Beerdigung eines Ukrainers.

OSTERMANN, WILHELM
1909 10 14
Gelsenkirchen-Buer (Herz Jesu)
Kaplan
1937 Verhör durch die Gestapo wegen
eines Meßdienerausflugs; danach Belehrung
und Verwarnung durch die Staatsanwaltschaft.
1939 Haussuchung und Beschlagnahme des
gesamten Eigentums des katholischen Jungmännerverbandes.

OTTEN, AUGUST
1883 03 23
Bedburg
Pfarrer
1934 vom Zellenleiter angezeigt; wegen
der Nichtigkeit der Angelegenheit keine
weiteren Folgen.
Im Oktober 1942 wurde der Pfarrer von der
Gestapo festgenommen, weil er den Begriff
„Verbrecher" für die Kriegsgegner nicht
gelten lassen wollte; nach der Entlassung
am 1.11.1942 mußte der Pfarrer 3000 RM Strafe
zahlen.
Zeitweise Predigtüberwachung durch einen
Polizisten, der jedoch dem Pfarrer wohl
gesonnen war und nichts weiterleitete.
Verstorben am 15.5.1964.

OVERMEYER, JOSEPH
1882 03 24
Loikum
Pfarrer
1936 Haussuchung im Zuge der Maßnahmen
gegen die Jünglingskongregation.

Vorladung vom Staatsanwalt zum Amtsgericht
wegen Verlesung eines Hirtenworts zur
Aufhebung des Jünglingsvereins.
Eine weitere Vorladung wegen einer Predigt, die
die Aushänge im Stürmer-Kasten und die
Entfernung der Schulkreuze in den Schulen
einer Nachbargemeinde behandelte.
Verstorben am 8.1.1962.

PAESSENS, ARNOLD
1908 05 21
Walsum-Aldenrade
Kaplan
1942 drei Monate U-Haft durch die Gestapo
wegen Verlesung des Möldersbriefs am
Heimabend der Jungmänner; nach der Entlassung
bald zum Wehrdienst eingezogen.
Verstorben am 15.8.1963.

PANTENBURG, P. MANFRED
OFM
o.D.
Bardel
1934 kurzfristige Festnahme und Verhör
wegen der Pfingstpredigt; dreimonatiges
Redeverbot für den Regierungsbezirk Münster;
mit einer Vorladung vor das Amtsgericht
endeten die Ermittlungen gegen den Pater.

PARDUN, BERNHARD
1889 01 02
Recklinghausen (St. Marien)
Pfarrer / Geschäftsführer eines Krankenhauses.
Der Pfarrer wurde von der DAF gerügt, weil
er das Krankenhaus Elisabethstift nicht im
Sinne des Nationalsozialismus führte.
Verstorben am 1.9.1973.

PEUS, FERDINAND
1904 11 29
Moers
Kaplan, Religionslehrer
1944 wegen angeblicher Wehrkraftzersetzung
verhaftet; nach wenigen Wochen aufgrund
Beweismangels entlassen.
Verstorben am 24.11.1956.

PIEPER, JOSEPH
1879 11 23
Wüllen
Pfarrer, Dechant
Vorladung zum Bürgermeister wegen der
Verlesung einiger Hirtenbriefe sowie wegen
Predigten; der Bürgermeister wollte wissen,
welcher Geistliche gelesen oder gepredigt
hatte und wie die Reaktion der Gläubigen
gewesen war - keine Folgen.
Verstorben am 19.2.1956.

PITZ, P. HEINRICH
MSC
1879 06 06
Hamm
Geistl. Verwalter
Im Zusammenhang mit der Beschlagnahme des
Klosters durch die Gestapo vom 31.7. bis 18.8.
1941 in Schutzhaft.
Verstorben am 14.5.1946.

PLUGGE, HEINRICH
1900 03 20
Münster / Duisburg-Laar
Kaplan
1934 Schriftwechsel mit NS-Stellen, die
den Kaplan aufforderten, zu einer Beschwerde
des Bauleiters Stellung zu nehmen; im Laufe
des Schriftwechsels wurden dem Kaplan
Störung des Gemeindefriedens und weitere
„Vergehen" vorgeworfen - keine weiteren Folgen.
1935 vom Stadtschulrat drei Monate vom Religionsunterricht beurlaubt; ab Dez. 1935 ganz
vom Religionsunterricht suspendiert. Diese
Maßnahmen wurden aufgrund der Berichte (s.o.)
über den Kaplan getroffen.
Verstorben am 31.3.1966.

PLUGGE, HEINRICH
1908 07 28
Dinslaken-Lohberg
Kaplan
1941 Haussuchung nach dem Möldersbrief
durch die Gestapo; der Kaplan war nicht
im Besitz dieses Schriftstücks, statt
dessen fanden die Beamten Bischofspredigten.
Verstorben am 4.9.1943.

POETHER, BERNHARD
1906 01 01
Bottrop
Kaplan
Am 22.9.1939 wurde der Kaplan wegen Jugendarbeit
und Polenseelsorge von der Gestapo festgenommen:
Zunächst Gefängnis Bottrop; ab März 1940 KZ
Sachsenhausen; ab dem 18.4.1941 KZ Dachau; dort
verstarb der Pater am 15.8.1942 an den Folgen der
Ruhr; aus Angst vor Vergasung hatte er sich nicht
krank gemeldet.
*Lit.: 1.Weiler, 530. 2.Otzisk: Menschen, 15ff.
3.Otzisk: Pöther.*

POOTH, JOHANNES
1889 03 08
Gelsenkirchen-Horst (St. Laurentius)
Pfarrer
Am 3.9.1937 wurde dem Pfarrer die Erlaubnis
zur Erteilung des Religionsunterrichts
entzogen.

PRICKING, AUGUST
1906 10 12
Münster (Hl. Kreuz)
Kaplan
Vorladung zur Gestapo wegen einer Predigt.

PRICKING, HERMANN
1872 11 24
Nordkirchen
Pfarrer, Definitor
1933 Verhör durch die Polizei wegen Teilnahme
an einer Versammlung des Zentrums.
Ein weiteres Verhör wegen eines Verstoßes
gegen das Sammlungsgesetz; der Pfarrer
hatte zugunsten der Kindererholung eine
Sammlung durchgeführt; Ermittlungen aufgrund
Amnestie eingestellt.
Verstorben am 9.6.1946.

PRINZ, WILHELM
1906 05 09
Münster (St. Lamberti)
Kaplan
1935 Belehrung seitens der Gestapo zur
Druckschriftenverteilung und außerkirchlichen
Jugendarbeit.
Ab 1937 Unterrichtsverbot im Fach Religion.
Verstorben am 23.9.1970.

PROEBSTING, JOSEF
1911 05 31
Wesel
Kaplan
Verwarnung durch die Polizei wegen eines
Einladungsschreibens zur Monatskommunion
an die Jungmänner; Anstoß erregte der
satz: „Christus ist der Herr".

PRUELLAGE, JOHANNES
1877 12 27
Coesfeld (St. Jakobi)
Pfarrer, Dechant
1937 vom „Stürmer" heftig attackiert.
Beschlagnahme der Schreibmaschine und
des Vervielfältigungsgerätes wegen des
Drucks von Handzetteln zum Bischofsempfang.
Verwarnung wegen einer Wallfahrt des
Müttervereins.
Eine weitere Verwarnung durch die Gestapo
wegen einer Meßfeier an einem verbotenen
Feiertag.
Verstorben am 11.3.1950.

QUATMANN, FRANZ
1909 09 23
Borghorst
Kaplan

1937 Haussuchung und Verhör anläßlich
der Aufhebung des Jungmännerverbandes;
Beschlagnahme der Vereinsfahnen.
1938 wegen einer Predigt angezeigt.
Verhör durch die Gestapo, weil der Kaplan
seine Schüler aufgefordert hatte, einen
Klassenkameraden zum Besuch des Religionsunterrichtes zu bewegen. Die Schüler hatten
die Aufforderung zu ernst genommen
und den Säumigen an einen Baum gebunden.

QUINDERS, JOSEPH
1906 07 17
Dinslaken
Kaplan
Haussuchung im Zuge der Maßnahmen zur
Vereinsauflösung; für kurze Zeit wurde
der Kaplan in der Wohnung festgehalten.
Verstorben am 30.11.1959.

RADEMACHER, P. HEINRICH
MSC
1903 05 02
Hiltrup
Dr. phil.
1935 wegen angeblicher Devisenverbrechen verhaftet und ins „Columbia-Haus, Berlin"
verschleppt. Nach 18 Tagen Haft wegen erwiesener Unschuld entlassen.
Verbot des Studiums an der Universität Münster.
Verstorben am 5.3.1964.

RADEMACHER, HEINRICH
1912 07 10
Meerbeck
Kaplan
Auseinandersetzungen mit der Gestapo
wegen der Bischofspredigt; die Beamten
sahen von einer Strafverfolgung ab,
weil sie beim Kaplan nur ein Exemplar
und keine Vervielfältigungen vorfanden (1941).

RATTE, JOSEPH
1908 08 20
Alstätte
Pfarrer
1934 wurde der Pfarrer angezeigt, weil er
am Weltmissionstag von der übernationalen
Welt-Kirche gesprochen hatte; die Sammlung
für die Mission wurde untersagt.

RECKERS, KARL
1900 08 13
Lintfort
Kaplan
1937 Geldstrafe über 15 RM wegen Versendung
eines Einladungsschreibens an die katholische
Jugend ohne Verfasserangaben.
Verstorben am 21.3.1961.

RECKFORT, FRANZ
1908 02 06
Hötmar
Vikar
1938 Vorladung zur Gestapo und Verwarnung
wegen einer Predigt über den „Stürmer".
1941 angezeigt wegen zu später Beflaggung
anläßlich des Führergeburtstages.
Verhör und Androhung einer KZ-Haft
wegen eines Einkehrtages mit den Jungfrauen von Hötmar.

REDDEMANN, OTTO
1879 03 12
Hiltrup
Pfarrer
1942 wegen einer Meßfeier für den im
KZ Dachau umgekommenen Kaplan Bernhard
Pöther Vorladung zur Gestapo.
Offiziell warf man dem Pater verbotene
Meßfeier nach Fliegeralarm vor. Nach
einer zweiten Vorladung zur Zahlung von
1000 RM Sicherungsgeld verurteilt (nach
drei Jahren zurückerhalten).
Verstorben am 14.10.1959.

REIDICK, FRANZ
1887 12 04
Münster (St. Ludgeri)
Pfarrer
1943 Haussuchung und Verwarnung durch
die Gestapo wegen eines Einladungsschreibens
an Frauen und Mütter ohne Verfasserangaben.
Verwarnung durch die Gestapo wegen einer
morgendlichen Meßfeier nach nächtlichem
Fliegeraralarm.
Verstorben am 31.3.1967.

REINHOLD, HUBERT
1911 06 23
Ochtrup
Kaplan
1938 wegen eines Ausflugs mit Jugendlichen
und der (bereits aufgelösten) Zentrale
der katholischen Jugend Deutschlands
Verhör durch die Polizei im Auftrag der
Gestapo; auch Jugendliche wurden verhört,
manche sogar in Einzelhaft genommen.
Verwarnung und Androhung einer KZ-Haft für
den Wiederholungsfall durch die Gestapo.
1945 stand die Verhaftung des Kaplans
auf Befehl des Obersturmbannführers wegen
Weiterführung von Jugendgruppen bevor;
bis zum Zusammenbruch verhinderte die
Ochtruper Bevölkerung die Festnahme.

REKERS, HERMANN
1891 01 18
Walsum-Vierlinden
Pfarrektor
Seit 1937 Unterrichtsverbot für das
Fach Religion an der Volksschule (ab 1.9.)
und der Berufsschule (ab dem 25.10.).
Verstorben am 17.1.1960.

RENSINGHOFF, AUGUST
1880 02 16
Leer
Pfarrer
Wegen der Verteilung katholischer Jugendschriften von zwei Lehrern beim Schulrat
angezeigt. Im Beisein der Lehrer wurde
der Pfarrer verwarnt und mit einer Anzeige
bei der Gestapo bedroht.
Verstorben am 22.7.1960.

REUKES, JOSEPH
1889 05 22
Gronau
Pfarrer
Am 3.3.1941 wegen staatsfeindlichen
Verhaltens (politischer Katholizismus,
Gebet für Juden) verhaftet:
Zunächst Gefängnis Münster,
ab dem 14.6.1941 KZ Sachsenhausen,
ab dem 10.10.1941 KZ Dachau,
am 26.4.1945 während des Evakuierungs-
marsches befreit.
Verstorben am 31.12.1961.
Lit.: Weiler, 558.

RIESEN, THEODOR
1897 08 18
Issum / Nieukerk
Kaplan
1935 wegen einer Predigt vom Sondergericht
zu vier Monaten Haft verurteilt; der Kaplan
trat die Haft zunächst wegen Erkrankung
nicht an; später fiel die Haft unter
Amnestie.
Als Strafen blieben übrig: Redeverbot und
Nichtzulassung zum Religionsunterricht.

RINSCHEDE, HEINRICH
1881 04 21
Spellen
Pfarrer
Verhör durch die Gestapo, nachdem der
Pfarrer gegen die Beschlagnahme von
Büchern protestiert hatte.
Verstorben am 2.10.1950.

ROER, WALTHER
1894 04 03
Bocholt / Hagen / Schmallenberg

Geistl. Studienrat
Dr. phil.
1933-1935 Verhör durch die Gestapo
wegen Jugendseelsorge.
1937 Dienststrafverfahren wegen Kritik
am Führer im Unterricht; zu einer Geldstrafe (75 v.H. des Gehaltes) und Bezahlung
der Gerichtskosten (30,37 RM) verurteilt;
mehrmals versetzt; ab 1939 schließlich
durch das Kultusministerium beurlaubt.
Im August 1939 Einzug zur Wehrmacht.

ROHE, THEODOR
1905 05 09
Dinslaken
Kaplan
1935 von der SA und der HJ wegen einer
Predigt gegen Rosenberg und Hauer bedroht;
das Vorgehen der NS-Organisationen wurde
für den Kaplan so gefährlich, daß ihn sein
Vorgesetzter vorsorglich versetzen mußte.
Während des Krieges 17 Monate Haft wegen
Abhörens verbotener Sender.
Verstorben am 05.12.1947.

ROLEFF, HEINRICH
1878 08 25
Münster
Weihbischof
1939 wurde das Programm des Weihbischofs
(Firmungsfeier, Schulbesuch) beim Besuch
der Liebfrauen-Pfarrei/Homberg im Auftrag
der Regierung gestört bzw. eingeschränkt.
Verstorben am 5.11.1966.

ROOSEN, ERNST
1883 12 27
Gelsenkirchen-Bür (St. Urban)
Pfarrer
Viele Verhöre durch die Gestapo,
einmal wegen Äußerungen im Beichtstuhl.
Ermittlungen gegen den Pfarrer, weil
dieser durch die Aussage eines wegen
Landesverrats zum Tode verurteilten Soldaten
belastet worden war, eingestellt.
Verstorben am 30.4.1958.

ROTH, HERMANN
1882 02 19
Lembeck
Pfarrer
1937 zwei Verhöre durch die Gestapo wegen
angeblicher Weiterführung des Jugendvereins
nach dessen Auflösung.
1938 scharfes Verhör durch die Gestapo,
die dem Pfarrer vorwarf, er halte das
Vermögen des aufgelösten Jünglingsvereins
zurück.
1939 600 RM Geldstrafe durch den Staats-

anwalt, weil der Pfarrer auf Hochzeiten
für die neue Kirche gesammelt hatte.
Verstorben am 2.2.1949.

ROWALD, PAUL
1913 09 24
Alsleben, Saale / Münster / Gladbeck
Kooperator / Kaplan / Religionslehrer
Wegen eines Einladungsschreibens an
Jugendliche zu einem religiösen Vortrag
zwei Verhöre, Androhung ernster Strafen
für den Wiederholungsfall und Beschlag-
nahme der Schreibmaschine und des Verviel-
fältigers durch die Gestapo (1939).
Durch Parteifunktionäre wurden die Predigten bei zwei
Jugendgottesdiensten mitgehört.

RUDOLPH, LEO
1878 07 18
Ginderich
Pfarrer, Definitor
1937 Verhör und Verwarnung durch die
Gestapo wegen einer Predigt zur NS-Lehre
über „Blut und Boden".
Verstorben am 2.11.1951.

SAALFELD, PAUL
1908 12 30
Lastrup / Barssel
Vikar / Pfarrkooperator
Überwachung der Predigten und der
Vereinsarbeit des Vikars durch
die Partei (1936-1939).

SAHNER, WILHELM JAKOB
1904 10 22
Gelsenkirchen-Buer
Geistl. Lehrer / Pfarrkurat
Dr. phil., Dr. theol.
Mehrere Verhöre durch die Gestapo und den SD.
Nichternennung zum Studienrat.
Unterrichtsverbot (wohl ab Kriegsbeginn).
Seelsorgeverbot für die Luftwaffenhelfer
in Gelsenkirchen nach Denunziationen durch
die HJ; Beschlagnahme des Motorrades.
Überwachung der seelsorglichen Betreuung
der nicht-evakuierten Gymnasialschüler
durch einen Pater, der für die Gestapo
Spitzeldienst leistete.

SALM, JOHANNES
1912 06 04
Pfalzdorf
Kaplan
Seit 1941 wegen Jugend- und Soldatenseelsorge
von der Gestapo verfolgt.
1943 zu 1000 RM Geldstrafe verurteilt;
der drohenden KZ-Strafe entging der
Kaplan durch Eintritt in die Wehrmacht.

SANDKUEHLER, HERMANN
1904 11 09
Coesfeld (St. Jakobi)
Kaplan
1935 Verfahren vor dem Amtsgericht
wegen Gefährdung von Partei und Staat
(tatsächlicher Grund: Leitung einer
Jugendgruppe) - Freispruch;
jedoch wurde der Mitangeklagte Paul Beinke
nicht zum Abitur zugelassen und der Kaplan
vom Religionsunterricht „befreit".

SCHACKMANN, JOHANNES
1878 02 03
Hamminkeln
Pfarrer
1934 in einer Nacht von der HJ belästigt,
die den Kirchenschlüssel verlangte, um
läuten zu können.
1937 Haussuchung durch die Gestapo und
Beschlagnahme des Eigentums der Jünglings-
sodalität.
Anzeigen gegen den Geistlichen wegen:
Einer Predigt,
Fürbitten für den Vorstand des Jung-
männerverbandes Düsseldorf sowie
eines Gottesdienstes nach nächtlichem
Fliegeralarm.
Außerdem wurde der Pfarrer mit Finger-
abdrücken und Photographie in das
„Verbrecheralbum" aufgenommen.
Verstorben am 1.1.1957.

SCHANZ, JOHANNES
1907 05 10
Liesborn / Werne / Billerbeck
Kaplan / Rektor / Militärgeistlicher
Mehrere Verhöre durch die Polizei bzw.
Gestapo wegen Jugendarbeit;
Haussuchung und Beschlagnahme des Eigentums
der Jungmänner.
Weitere Verhöre wegen Verbreitung von
Gerüchten (zur Ermordung Geisteskranker)
sowie wegen Regimekritik; Verwarnung
seitens des Landratsamtes und Androhung
einer KZ-Haft.

SCHARPEGGE, HEINRICH
1892 02 17
Nordkirchen
Vikar
1933 von der Polizei wegen Teilnahme an einer
Zentrumsversammlung verhört und einige
Tage inhaftiert.
Verstorben am 30.8.1972.

SCHEULEN, FRANZ
1908 12 05
Haltern
Vikar
Vom 15.6.1941 bis zum 17.2.1942 von
der Gestapo und NS-Behörden inhaftiert
wegen weltlicher Aktivitäten (Sport) mit
den Mitgliedern der Kolpingsfamilie;
der eigentliche Grund war wohl, daß man
den Vikar verdächtigte, heimliche Vorbe-
reitungen für eine Vereinsgründung zu
treffen;
der Vikar war nur zu drei Monaten verurteilt
worden; die übrige Zeit wurde
als Schutz- und U-Haft bezeichnet.

SCHLETTERT, JOSEPH
1898 04 30
Telgte / Ahlen
Vikar / Pfarrektor
1937 Entzug der Erlaubnis zur Erteilung
des Religionsunterrichtes durch den
Regierungspräsidenten.
1942 Verhör und Verwarnung durch die
Gestapo im Zusammenhang mit den Maßnahmen
gegen Kaplan Sonnenschein (siehe dort).

SCHLIEKER, ANTON
1870 10 01
Duisburg-Hochfeld (St. Peter)
Pfarrer, Definitor
1937 Entzug der Erlaubnis zur Erteilung
des Religionsunterrichtes.
Verstorben am 23.3.1944.

SCHMAEING, ALOIS
1900 05 23
Münster (St. Lamberti)
Kaplan
1935 Vorladung zur Gestapo und Belehrung
über das Verbot der Druckschriftenverteilung
und außerkirchlicher Jugendbetreuung.
1936 Vorladung zur Gestapo wegen Einladung
der weiblichen Pfarrjugend zu religiösen
Veranstaltungen.
1937 Religionsunterrichtsverbot.
1944 Verhör und Inhaftierung durch die
Gestapo (8.8.-20.9.), nachdem der
Kaplan von einem Brautpaar angezeigt
worden war; vermutlich kam der Kaplan
nur aufgrund des persönlichen Einsatzes
von Pfarrer Uppenkamp frei.
Von einem SA-Mann zur Angabe der Personalien
aufgefordert wegen Beseitigung eines
NS-Plakats gegen den Generalpräses des
Jungmännervereins; der Kaplan kam der
Aufforderung nicht nach.
Verstorben am 26.12.1958.

SCHMALE, HUBERT
1873 05 21
Langenhorst
Pfarrer
1935 wegen einer „witzigen" Äußerung
nur knapp der Festnahme durch die SA
entgangen - 100 RM Geldstrafe.
Verstorben am 17.5.1938.

SCHMEDDING, BERNHARD
1872 12 08
Benteler
Pfarrer, Definitor
1940 wegen einer Predigt Verwarnung und
Drohung mit KZ für den Wiederholungsfall.
Verstorben am 14.11.1954.

SCHMEDDING, LAURENZ
1894 08 06
Dorsten
Geistl. Rektor
1943 500 RM Geldstrafe wegen Ausländerseelsorge.
Am 11.8.1943 wegen eines Schülerausflugs
von der Gestapo festgenommen:
Zunächst Gefängnis Münster,
ab dem 19.11.1943 KZ Dachau,
am 10.4.1945 entlassen.
Verstorben am 21.3.1972.
Lit.: Weiler, 585.

SCHMIDLIN, JOSEPH
1876 03 29
Münster
Geistl. Dozent
Prof. Dr. phil. et theol.
Aufgrund seiner regimefeindlichen Einstellung
1934 Zwangspensionierung, Verbot der
Lehrtätigkeit, Entzug des Reisepasses.
1941 in das KZ Schirmeck verschleppt und
dort am 10.7.1944 zu Tode mißhandelt.
Lit.: Lthk Bd. 9, 333.

SCHMIDT, P. MARIA JOSEPH
MSC
1908 08 09
Hiltrup
1934 am Tag seiner Primiz (19.8.) wurde der Pater
angezeigt wegen Saarspionage und Angriffen auf Partei
und Staat während der Abenddandacht.
1941 Ausweisung aus Westfalen und dem Rheinland im Zusammenhang mit der Klosteraufhebung
durch die Gestapo.
Flucht vor der Gestapo in den Schwarzwald
wegen Weiterbetreuung des Hiltruper Missionswerks.
1944 erneute Flucht und Sicherstellung der
Unterlagen zum Wiederaufbau der Missions-
propaganda (Presseorgan des Missionswerks).

SCHMIDT, WILHELM
1890 01 20
Borghorst
Kaplan
1935 im Zusammenhang mit den Maßnahmen gegen
den Arbeiterverein inhaftiert; erst auf
Bemühungen eines Kanonikus hin entlassen und
einstweilen aus dem Regierungsbezirk Münster
ausgewiesen; Anlaß der Maßnahme war ein
Schreiben des Kaplans an den Arbeitersekretär.
Verhör durch die Polizei wegen geplanter
Jungmänner-Abende; die Abende wurden schließ-
lich gestattet mit der Auflage, nicht zur
Auflösung des Jungmänner-Verbandes Stellung
zu beziehen.
Verstorben am 17.1.1942.

SCHMITT, EGON
1909 07 30
Coesfeld
Geistl. Religionslehrer
1938 als Religionslehrer an den Berufsschulen
entlassen.

SCHMITZ, FRANZ
1909 12 12
Walsum
Kaplan
Im Zuge der Maßnahmen gegen katholische
Vereine mußte der Kaplan die Beschlagnahme
privater Gegenstände hinnehmen.
Verstorben am 3.9.1956.

SCHMITZ, JOHANNES
1908 08 11
Gladbeck (Hl. Kreuz)
Kaplan
1936 Verwarnung durch die Gestapo.

SCHNIEDER, STEPHAN
1885 11 01
Cappenberg
Pfarrer
Der Pfarrer hatte Auseinandersetzungen mit
dem Ortsgruppenleiter durchzustehen, wenn
es um die Festlegung der Gottesdienstzeiten
(am Morgen nach Fliegeralarm) ging, wenn
die Kinder auf dem Weg zur Kirche vom Fliegeralarm überrascht wurden und wenn die Schule
keine Meßdiener stellen wollte.
Verstorben am 6.2.1959.

SCHNURA, WALTER
1900 10 05
Henrichenburg
Vikar
Ab 1936 Verbot des schulischen Religions-

unterrichts.

1937 wurden die Jugendlichen Teilnehmer eines
Heimabends von der Gestapo verhört; der
Vikar als Leiter des Heimabends erhielt eine
Vorladung; die katholische Pfarr-
jugend als Verein wurde verboten.

1938 Haussuchung und Beschlagnahme pfarramtlicher und persönlicher Gegenstände.

In öffentlichen Versammlungen vom Ortsgruppenleiter häufig angegriffen.

Verstorben am 13.5.1948.

SCHOELLING, JOHANNES
1883 06 09
Meerbeck
Pfarrer
1941 Verhör wegen einer Meßfeier am Morgen
nach nächtlichem Fliegeralarm; keine Folgen,
da der Pfarrer nachweisen konnte, daß er
den Fliegeralarm überhört hatte.
75 RM Geldstrafe wegen Übertretung des
Sammlungsgesetzes.
Verstorben am 11.3.1943.

SCHOENE, FRANZ
1889 02 22
Hervest-Dorsten (St. Marien)
Pfarrektor
1943 Vorladung und Einziehung von 500 RM
Sicherungsgeld durch die Gestapo wegen
Beerdigung eines Ostarbeiters;
seit diesem Vorfall Überwachung der
Predigten und Prozessionen.
Verstorben am 22.11.1961.

SCHOLAND, P. THEODOR
OFM
1911 09 18
Recklinghausen
Dr. phil.
1941 wurde der im Militärdienst stehende
Pater wegen Wehrkraftzersetzung verhaftet;
durch den persönlichen Einsatz eines
Generalfeldmarschalls entging der Pater
der Todesstrafe.

SCHOLTEN, WILHELM
1906 08 17
Rees / Gelsenkirchen-Buer (St. Ludger)
Kaplan
1937 im Zusammenhang mit der Auflösung des
Jungmännerverbandes einen ganzen Tag lang
von der Gestapo und der SS festgehalten:
Verhör, Haussuchung, Beschlagnahme von
Büchern, Predigten und der Gelder des
Jungmännervereins; Schließung des Jugend-
heims.
1940 von der Gestapo polizeilich erfaßt.

SCHOLTHOLT, HEINRICH
1892 07 05
Rheine (St. Antonius)
Kaplan
1938 ohne Angabe von Gründen als Religionslehrer an
der Berufs- und Handelsschule entlassen.
Verstorben am 27.11.1957.

SCHRAEDER, HEINRICH
1896 06 24
Mesum
Kaplan
1938 vier Tage inhaftiert wegen angeblicher
Bekanntgabe des „Goebbelsbriefs" dem Vorstand
der Jünglingskongregation; weil der Vorstand
das „Vergehen" auf sich nahm, kam der
Kaplan frei.
Verstorben am 20.2.1970.

SCHREIBER, GEORG
1882 01 05
Münster
Geistl. Professor
Prof. D. Dr.
1933 zwangsweise Eremitierung aufgrund des
Berufsbeamtengesetzes durch den Minister
für Wissenschaft, Erziehung und Volksbildung,
Berlin, wegen seiner politischen Arbeit in der
Deutschen Zentrumspartei.

SCHROER, HEINRICH
1902 10 28
Mesum
Kaplan
2000 RM Geldstrafe, weil der Kaplan hungernden
Kindern aus Duisburg Unterkunft in Mesum
verschafft hatte.
18 Monate Gefängnis wegen Abhörens des
Auslandssenders.
Verstorben am 9.10.1952.

SCHRULL, ADAM
1873 02 08
Telgte
Propst, Pfarrer, Dechant
1935 wegen Herunterreißens eines NS-Plakats durch
ein Schnellgericht zu drei Monaten Gefängnis
verurteilt; von der „Nationalzeitung" deshalb heftig
angegriffen; Aufhebung des Gerichtsurteils nach
einigen Monaten.
Verstorben am 3.9.1937.

SCHUERMANN, AUGUST
1883 10 23
Stockum
Pfarrektor
Am 12.10.1938 wegen angeblicher Sittlichkeits-
vergehen verhaftet.
Verstorben am 5.5.1969.

SCHUERMANN, BERNHARD
1899 03 04
Duisburg-Hamborn / Oschersleben
Kaplan
Mehrere Verwarnungen.
Zum Schutz vor NS-Jugendlichen mußte sich
der Kaplan eine Nacht in Schutzhaft begeben.
Ausweisung aus der Pfarrei.
Ab 1936 Religionsunterrichtsverbot.
Verhöre durch die Gestapo wegen Predigten;
Predigtüberwachung.

SCHUERMANN, P. HERMANN-JOSEF
OFM
1904 02 18
Dortmund / Hagen / Kiel
Vikar / Pfarrer
1934 während einer Eisenbahnfahrt von einem
Zivilisten niedergeschlagen; dieser gab nach
der Verhaftung durch die Bahnpolizei an, er
hasse die Priester.
1935 Durchsuchung des Zimmers des Vikars
durch die Gestapo, vermutlich weil der Vikar
als Jugendseelsorger tätig war.
Verhör durch die Gestapo wegen Verbindung
mit den „Lübecker Kaplänen" (z.B. H. Lange).
Haussuchung, Verhöre und Überwachung durch
die Gestapo im Anschluß an diesen Vorfall.

SCHULTE, FRANZ
1880 04 04
Dülmen
Geistl. Studienrat
Dr. phil.
1934 aufgrund der Anzeige eines Schülers
wegen Äußerungen im Schulunterricht verhört.
1944 auf Druck der Partei hin in den Ruhestand versetzt.
Verstorben am 7.1.1962.

SCHUMANN, P. EMIL
MSC
1908 12 28
Raschung (Btm.Ermland) / Bockum-Hövel
1937 Verwarnung wegen einer Predigt.
Wegen bevorstehender Verhaftung versetzt
nach Bockum-Hövel.
Dort am 20.9.1941 von der Gestapo verhaftet,
weil sich der Pater gegenüber einer BDM-
Führerin im Beichtstuhl defaitistisch ge-
äußert haben soll:
Bis zum 1.12.1941 Gefängnis Münster,
danach bis zum 29.4.1945 KZ Dachau.
Wiedergutmachung nach Kriegsende 6000 DM.
Lit.: 1.Weiler, 592. 2.Reifferscheid, 225.

SCHWAKE, THEODOR (P. GREGORIUS)
OSB
1892 04 15
Gerleve (Abtei)
Dr. phil.
Am 6.10.1943 aus einer Volkschoralgruppe
heraus verhaftet; Grund war die erfolgreiche
Seelsorgearbeit des Paters im süddeutschen
Raum bzw. Österreich;
zunächst Gefängnis Linz, ab dem 2.1.1944 KZ
Dachau, dort am 10.4.1945 entlassen.
Verstorben am 13.6.1967.
Lit.: Weiler, 593.

SCHWARTE, BERNHARD
1906 12 12
Lüdinghausen / Bottrop / Rheine
Dekanatsjugendseelsorger
Verhör durch die Gestapo im Landratsamt;
dem Angeschuldigten wurde vorgeworfen,
er fordere die Jugendlichen zum Austritt
aus der HJ auf.
Weitere Verhöre, Drohung mit KZ, Überwachung
durch die Gestapo.

SCHWERING, HEINRICH
1901 12 08
Duisburg-Wanheimerort
Kaplan
1934 Verhör und Predigtverbot für den
Kaplan wegen staatsfeindlicher Äußerungen;
der Protest des Pfarrers Essfeld blieb
ergebnislos.

SELLENSCHEIDT, AUGUST
1907 08 09
Lembeck
Kaplan
1937 zwei Verhöre durch die Gestapo wegen
angeblicher Weiterführung des Jugendvereins
nach Auflösung der Vereine; Haussuchung
ohne Ergebnis; 1938 fiel die Angelegenheit
unter Amnestie.
1938 erneutes Verhör durch die Gestapo wegen
weltlicher Betätigung (Handarbeit) der
Jungfrauenkongregation; ein Verfahren konnte
verhindert werden, nachdem die Polizei Lembeck
dem Kaplan politische Zuverlässigkeit
bestätigt hatte.

SIEVERT, BERNHARD
1877 11 18
Lünen
Pfarrer
1934 Beanstandung der Predigten durch die
Ortsgruppenleitung.
Verstorben am 10.8.1934.

SMEETS, JOHANNES
1903 12 14
Recklinghausen (St. Johannes)
Kaplan
1936 Verhör nach einer Anzeige des Jugend-
lagers, Kreis Geldern, weil der Kaplan
Kinder bei verwandten Familien in der
Heimat untergebracht hatte.
Verstorben am 7.10.1944.

SODDEMANN, THEODOR
1911 01 05
Beckum (Liebfrauen)
Kaplan
1939 Verfahren vor dem Sondergericht wegen
kommunistischer Umtriebe - keine Folgen.

SONNENSCHEIN, JOHANNES
1912 05 30
Ahlen
Kaplan
Am 8.3.1942 wegen Entfremdung der Jugend gegen-
über dem nationalsozialistischen Staat verhaftet:
Zunächst Gefängnis Ahlen und Münster,
vom 29.5.1942 bis zum 9.4.1945 KZ Dachau.
Lit.: Weiler, 617.

SPIEKER, JOSEPH
1881 08 13
Albachten
Pfarrer
Unterrichtsverbot durch die Regierung sechs
Monate vor dem allgemeinen Unterrichts-
verbot für Geistliche.
Aufgrund von Anzeigen mehrere Vorladungen
vor Gericht - keine Folgen.
Verstorben am 10.2.1962.

SPRUENKEN, FRANZ
1867 03 12
Emmerich (St. Aldegundis)
Pfarrer, Dechant
1937 Unterrichtsverbot für das Fach Religion
durch die Regierung, weil die katholische
Pfarrgemeinde Emmerich gegen die Entfernung
der Schulkreuze in den Klassenzimmern
protestiert hatte.
Verstorben am 30.3.1948.

STAMMSCHROEER, HERMANN
1890 02 07
Gelmer
Pfarrektor
Seit der Machtergreifung von der Polizei
bespitzelt;
vom Lehrer des öfteren denunziert;
am 31.7.1941 von der Gestapo wegen Verlesung einer Bischofspredigt verhaftet;
zunächst Schutzhaft in Münster;

ab dem 10.10.1941 KZ Dachau;
am 10.4.1945 entlassen.
Verstorben am 7.10.1957.
Lit.: Weiler, 627.

STEINHOFF, P. BERNHARD
OFM
1889 08 06
Warendorf
1936 Anklage aufgrund eines angeblichen Sittlichkeitsvergehens.
Haft im Gefängnis Warendorf und im KZ Buchenwald (nähere Angaben fehlen), anschließend
ab dem 7.1.1945 KZ-Haft in Dachau. Am 26.4.1945
während des Evakuierungsmarsches befreit.
Lit.: Weiler, 633.

STEINKUHL, P. ANSELM
OFM
o.D.
Bocholt (Hl. Kreuz)
Kaplansvertreter
1944 einen Monat lang zu halbtägigen
Schanzarbeiten herangezogen.

STEVES, JAKOB
1884 02 24
Wemb
Pfarrer, Definitor
Drei Anzeigen wegen einer Predigt,
Äußerungen im Religionsunterricht
sowie wegen falscher Beflaggung.
Verstorben am 6.6.1958.

STEWERING, AUGUST
1873 09 28
Recklinghausen (St. Michael)
Pfarrer
Um die NSV nicht zu schädigen und zu
beeinträchtigen, wurde dem Pfarrer 1935
die Verteilung von Brot an die Armen durch
den Ortsgruppenführer verboten.
Ab 1937 Unterrichtsverbot für das Fach
Religion.
Verstorben am 4.3.1961.

STIENS, ALOIS
1904 05 15
Herten-Langenbochum / Castrop-Rauxel
Kaplan
1933 von der SA aufgefordert, die katholischen
Jugendvereine in die entsprechenden NS-Organisationen zu überführen; wegen der Weigerung
des Kaplans Festnahme und Schutzhaft in
Herten und Recklinghausen; nach intensivem
Verhör wieder entlassen.
1936 Unterrichtsverbot für das Fach Religion.
1937 Ausweisung aus dem Regierungsbezirk
Düsseldorf. Erneutes Unterrichtsverbot für

das Fach Religion (Volksschule Castrop-Rauxel).
1938 Vorladung und Verhör durch die Gestapo
wegen eines feierlichen Bischofempfangs
anläßlich der Firmung.

STORM, GERHARD
1888 04 01
Emmerich (St. Aldegundis)
Kaplan, Religionslehrer
1933 von Nationalsozialisten, die Hetzplakate
angebracht und die Kaplanswohnung beschmiert
hatten, beschimpft und herumgestoßen; die
Polizei sah zu und griff nicht ein.
1942 wegen Predigten verhaftet (15.5.):
Zunächst Polizeigefängnis Düsseldorf,
ab dem 24.7.1942 KZ Dachau;
dort am 20.8.1942 verstorben.
Lit.: Weiler, 637.

STRATMANN, BERNHARD
1909 04 07
Haltern / Ahaus / Gronau / Oelde
Kaplan / Rektor
1937 Versetzung wegen politischer Unzuverlässigkeit.
1941 Verhaftung durch die Gestapo wegen
Abhaltens religiöser Jugendstunden;
vier Monate Haft in Gronau und Münster.
Danach Überwachung durch die Gestapo.

STROETMANN, HUBERT
1889 08 22
Beckum (Liebfrauen)
Kaplan
1935 gemeinsam mit Zivilpersonen angeklagt
wegen Entfernung von NS-Plakaten;
zu drei Wochen Haft verurteilt.
Verstorben am 30.5.1971.

SURKAMP, WILHELM
1907 09 12
Ibbenbüren
Vikar
Ab 1936 mehrere Verhöre durch die
Polizei wegen Predigten; Überwachung
der Predigten.
Haussuchung und Beschlagnahme der Unter-
lagen des Jungmännervereins.
1937 Verhör durch die Polizei wegen
eines Meßdienerausflugs; Verbot solcher
Veranstaltungen.
Verstorben am 4.5.1967.

SURMANN, HEINRICH
1886 03 04
Werne
Geistl. Schulrektor
1936 wegen Regimekritik zum Bürgermeister
vorgeladen; der Beschuldigte erschien nicht,
sondern reichte eine schriftliche Stellungnahme ein; zur selben Angelegenheit vom
Regierungsrat verhört und Versetzung
angedroht.
Anzeige durch eine Lehrerin wegen der
Art der geschichtlichen Darstellung
Karls des Großen - Verweis.
1937 fünfmal angezeigt.
1939 vorzeitig in den Ruhestand versetzt.
Verstorben am 26.9.1968.

TENBRINK, P.
SVD
o.D.
Mehr
Mehrere Auseinandersetzungen mit
NS-Stellen.
Eine Zeitlang war der Pater in Haft.
Nähere Angaben fehlen.

TENHUMBERG, HEINRICH
1915 06 04
Marl-Brassert
Kaplan
Verhör durch die Gestapo und 20 RM Geldstrafe
durch den Regierungspräsidenten wegen
Abfassung und Vervielfältigung eines
Rundschreibens an die männliche Pfarr-
jugend (1940).
Seit 1969 Bischof von Münster.
Verstorben am 16.9.1979.

TENSUNDERN, THEODOR
1890 02 23
Hövel (St. Pankratius)
Pfarrer
1938 Verbot der seelsorglichen Betreuung
der Slowenen.
Verstorben am 21.7.1972.

TERHALLE, P. ALBERIKUS
OCR
1898 03 08
Maria Veen (Kloster)
1942 wegen Unkorrektheiten bei der
Nahrungsmittelverteilung von der Gestapo
verhaftet; nach einem Jahr Untersuchungshaft von
einem Sondergericht zu drei Jahren
Gefängnis verurteilt; in einem Einspruchsverfahren erhielt der Pater schließlich
17 Monate Gefängnis unter Anrechnung
der Untersuchungshaft.

TERHARDT, THEODOR
1884 08 14
Zyfflich
Pfarrer
Überwachung der Predigten.

TERTILT, AUGUST
1888 06 26
Hohenholte
Pfarrer
1942 nach einer Anzeige des Ortsgruppen-
leiters von der Gestapo verhört - keine
Folgen.
Von einem NS-Lehrer des öfteren beschimpft.
Verstorben am 19.3.1966.

THEELE, HEINRICH
1900 03 12
Altenberg / Waldliesborn
Kaplan / Pfarrektor
1937 in einem Schreiben der Kreisleitung
für politisch unzuverlässig erklärt
und als Betreuer für Fürsorgezöglinge
abgelehnt.
Polizeiliche Untersuchung wegen einer Versammlung der Jungmänner, auf der angeblich
politische Fragen behandelt worden waren;
später wurde die Angelegenheit eingestellt.

THEISSELMANN, HEINRICH
1882 02 15
Walsum
Pfarrer, Dechant
1934 zum Bürgermeister vorgeladen und über
das Verbot außerkirchlicher Betätigung
belehrt.
Bei einer Lehrerkonferenz erklärte der
Schulrat dem Dechanten, daß es unzulässig
sei, geschichtliche Inhalte in den
Religionsunterricht zu tragen.
Verhör durch den Schulrat wegen Auseinandersetzungen des Dechanten mit einem Lehrer.
1937 Unterrichtsverbot mit der Begründung,
der Dechant sei wegen seiner staatsfeindlichen
Äußerungen für die Erziehung deutscher
Kinder ungeeignet.
1943 wurde dem Dechanten verboten, Gottesdienste für ausländische Arbeiter in deren
Muttersprache zu halten.
Verstorben am 21.7.1969.

THIELE, JOSEPH
1898 01 21
Ahlen (Neue Pfarre)
Kaplan, Religionslehrer
1937 Entlassung als Religionslehrer an
der Berufsschule durch den Direktor mit
Genehmigung des Landrates;
der Kaplan wehrte sich mit Erfolg gegen
die Entlassung: Nach zweieinhalb Jahren
Gerichtsverfahren (Landgericht, Oberlandes-
gericht) erhielt der Kaplan die gesamte
Gehaltsnachzahlung und das Recht auf
Wiedereinstellung.
Verstorben am 25.8.1965.

THIELEN, KONRAD
1883 11 17
Duisburg (St. Ludger)
Pfarrer
1936 Verhör und scharfe Verwarnung durch
die Gestapo wegen Vervielfältigung
verbotener Schriften und Verteilung
der Pfarrnachrichten.
1941 Vorladung zur Gestapo wegen Übertretung des Feiertagsrechts.
Verstorben am 12.2.1967.

THIEMANN, HEINRICH
1904 01 01
Ahlen (Neue Pfarre)
Geistl. Rektor
1935 Verwarnung durch die Gestapo wegen
Verbreitung des Gerüchts, daß Bischof
Galen aus Furcht vor Ermordung durch
NS-Schergen nach Holland geflüchtet sei;
in derselben Angelegenheit von der „National-
zeitung" diffamiert.

THIERING, AUGUSTIN
1869 04 07
Recklinghausen (St. Suitbert)
Pfarrer
Verwarnung durch die Gestapo.
Nähere Angaben fehlen.
Verstorben am 25.3.1959.

TIPKEMPER, FRANZ
1889 01 17
Ascheberg
Kaplan
1940 wegen mehrerer Predigten zum 4. Gebot
zur Gestapo vorgeladen und verwarnt.
Verstorben am 19.12.1966.

TOEMMERS, JOSEPH
1905 09 22
Sprakel
Pfarrektor
1937 wegen Übertretung des Flaggengesetzes
angezeigt.

TOMBRINK, HUBERT
1914 01 30
Gelsenkirchen-Buer (St. Michael)
Kaplan
1940/41 Überwachung und Störung der
Jugendarbeit; Verwarnung durch die SA.
1941 wegen Predigten über die Tötung
Geisteskranker verhaftet (16.11.) - Verhöre,
Drohungen, Einzelhaft.
Am 10.1.1942 entlassen; das Vermögen des
Kaplans wurde eingezogen; er mußte eine
Geldstrafe bezahlen und wurde noch am gleichen
Tag zur Wehrmacht eingezogen.

TOMBRINK, THEODOR
1901 08 29
Raesfeld
Kaplan
1936 von Nationalsozialisten wegen der Predigt
eines Franziskaners angezeigt, von der man
glaubte, daß sie aus der Feder des Kaplans
stamme.
Verstorben am 24.6.1964.

TOVAR, HEINRICH
1890 09 02
Wulfen
Kaplan
1933 wegen der Predigten von Karfreitag und
Ostermontag angezeigt.
Weil der Kaplan sich geweigert hatte, im
Zusammenhang mit den Maßnahmen gegen die
Jünglings-Sodalität das Christusbanner
herauszugeben, drohte die Gestapo mit einem
Gerichtsverfahren.
Bespitzelung bei der Verlesung von Hirten-
briefen.
Verstorben am 11.10.1969.

TRAPPE, WILHELM
1908 08 19
Ahlen (St. Bartholomäus)
Kaplan
Mehrere Vorladungen und Verwarnungen.
Nähere Angaben fehlen.

UCKELMANN, HEINRICH
1880 08 19
Hauenhorst
Pfarrer
1935 Haussuchung durch die Gestapo und
Beschlagnahme privater Gegenstände.
1936 Vorladung beim Amtsgericht wegen
einer Angelegenheit des Frauenhilfswerks.
1937 störte ein Polizist die Messe, in
der die Enzyklika „Mit brennender Sorge"
verlesen wurde; nach einer pfarramtlichen
Beschwerde wurde der Polizist bestraft.
In einem Schreiben der Kreisleitung als
politisch unzuverlässig bezeichnet und
als Betreuer der Fürsorgezöglinge abgesetzt.
Haussuchung und Beschlagnahme aller Gegenstände des Jungmännervereins durch die
Gestapo. Der Pfarrer protestierte dagegen
und erreichte auf Anweisung des Oberpräsidenten der Provinz Westfalen, daß wenigstens
die privaten Gegenstände, die außerdem
mitbeschlagnahmt worden waren, zurückgegeben werden sollten.
Verstorben am 27.7.1953.

UEKOETTER, ANTON
1883 05 14
Horneburg
Pfarrer
1937 Verbot des schulischen Religionsunterrichtes.
Auf örtlichen Parteiversammlungen wurde
der Pfarrer wegen seines Verhaltens gegenüber der NSDAP mehrmals angegriffen.
Vier Vorladungen zur Gestapo wegen Nichtbeachtung des Flaggengesetzes, des Läute-
verbots und der Vorschrift, daß kein Gottesdienst vor 10 Uhr morgens nach nächtlichem
Fliegeralarm stattfinden durfte;
wegen des letzten Delikts außerdem
1000 RM Geldstrafe.
Verstorben am 19.2.1958.

UPPENKAMP, FELIX
1881 04 25
Münster (St. Lamberti)
Pfarrer
1937 wegen Äußerungen im Brautunterricht von der
Gestapo verhört; Einleitung einer Untersuchung durch
das Sondergericht wegen Verstoßes gegen das
Heimtückegesetz - später aufgrund Amnestie
eingestellt.
Im gleichen Jahr Verbot des schulischen
Religionsunterrichts.
1939 Vorladung zur Gestapo, weil der Pfarrer
mit Gläubigen über den Kirchenaustritt
einer Familie gesprochen hatte.
Verstorben am 9.8.1960.

UTSCH, P. MARTIN
MSC
1883 07 09
Hiltrup
Provinzialverwalter
Am 14.3.1935 wegen Devisenvergehens fest-
genommen; nach U-Haft in Dortmund, Münster
und Berlin am 22.7.1935 zu vier Jahren
Zuchthaus, 75000 RM Geldstrafe und zum
Entzug der bürgerlichen Ehrenrechte auf
fünf Jahre verurteilt.
Im Revisionsverfahren wurde das Urteil
am 28.3.1936 aufgehoben: Der Pater wurde
freigelassen und verpflichtet, nicht
über diese Angelegenheit zu sprechen.
Verstorben am 23.8.1945.
Lit.: 1.Rapp, 79. 2.Hoffmann-Janssen, 166, 184.

VAHLHAUS, ARNOLD
1899 08 15
Stockum
Pfarrektor
Seit 1939 war es dem Pfarrektor
verboten, in der Schule Religionsunterricht zu erteilen.

VELL, P. HERMANN
CSSR
1894 11 17
Gelsenkirchen-Schalke
Vikar
Pater Vell sollte 1943 angeblich einem SS-Mann
ein hitlerfeindliches Flugblatt gegeben haben.
Deshalb wurde er mehrfach durch die Gestapo
verhört. Am 1.2.1944 erfolgte die Verhaftung und anschließend die Einweisung ins
KZ Dachau. Durch die Wirren des Krieges sowie wegen des mutigen Verhaltens eines katholischen Beamten kam es erst am 6.4.1945 zu
einem Prozeß vor dem Volksgerichtshof Berlin,
der mit der Verurteilung zum Tode endete. Das
Urteil wurde nicht vollstreckt, da Pater
Vell am 27.4.1945 aus dem Zuchthaus Brandenburg befreit werden konnte.
Verstorben am 19.7.1965.
Lit.: 1.Kempner, 437. 2.Schnabel, 321.
3.Weiler, 684. 4.Siebert, H.: Das Eichsfeld
unterm Hakenkreuz. Paderborn 1982, 68f.
5. Wagener, U.: Leidensweg Paderborner Priester
in der NS-Zeit. In: Der Dom. 5 (1983), 13.

VENNEBUSCH, BERNHARD
1882 12 03
Münster (St. Joseph)
Pfarrer
Am 20.3.1936 wurde dem Pfarrer die Beauf-
sichtigung der Kinder beim Schulgottesdienst
verboten.
1937 Religionsunterrichtsverbot.
1940 Androhung einer Strafe wegen
Nichtbeflaggung der Kirche.
Verwarnung durch die Gestapo wegen
Frühmessen nach nächtlichem
Fliegeralarm.
Verstorben am 1.9.1947.

VENNEMANN, FRANZ
1904 11 20
Anholt
Kaplan
Verhör durch Parteistellen wegen Stellung-
nahme zu einem Vortrag eines NS-Redners.

VENNEMANN, JOSEF MATTHIAS MARIA
1912 06 02
Isselburg
Kaplan
1936 bis 1937 Kontrolle und Verhör durch
die Gestapo. Nähere Angaben fehlen.
1938 Unterrichtsverbot durch den
Schulleiter wegen politischer Unzuverlässigkeit.

VERFUERTH, GOTTFRIED
1886 07 01
Schaephuysen
Pfarrer
1941 aus dem Schulbeirat entlassen.
Wegen Predigten gingen mehrere Anzeigen
beim Ortsgruppenleiter ein, die dieser
aber nicht weiterleitete.
Verstorben am 14.9.1967.

VERHUELSDONK, CORNELIUS
1879 11 18
Sevelen
Pfarrer
1937 erschienen in der Zeitung der DAF
zwei Hetzartikel gegen den Pfarrer;
der Anlaß zum einen war die geringe
Spendenbeteiligung für Eintopfsamm-
lungen, zum anderen die Nichteinsetzung
eines DAF-Betriebsrates im Krankenhaus,
an der der Pfarrer Anteil hatte.
Verstorben am 9.9.1938.

VERSTEGE, BERNHARD
1895 08 02
Orsoy
Kaplan
1941 wurde dem Kaplan im Zuge der
Maßnahmen gegen die Borromäus-
bibliothek mit Verhaftung gedroht.
Verstorben am 20.8.1973.

VOELKERING, HEINRICH
1895 12 08
Münster (St. Martini)
Kaplan
Am 10.2.1940 festgenommen und bis zum
22.8.1940 inhaftiert, weil der Kaplan
im Religionsunterricht über Hermann Löns
gesprochen hatte; es hieß, der Kaplan
habe der Jugend ein Ideal genommen.
Nach der Entlassung Ausweisung aus
dem Rheinland und Westfalen.
Verstorben am 26.1.1966.

VOLLMERIG, P. WILHELM
MSC
1904 08 08
Freudenberg
1938 gerichtliche Untersuchung wegen eines
Werbeschreibens für Exerzitien und
Einkehrtage; scharfe Verwarnung und Androhung
einer KZ-Haft.
Ausweisung des Paters nach der Auflösung
des Klosters.

VORNEFELD, HEINRICH
1882 01 28
Münster (St. Erpho)

Pfarrer
Vier Verhöre durch die Gestapo.
Zwei Vorladungen zur Staatsanwaltschaft;
Verwarnung und Androhung einer KZ-Haft.
Nähere Angaben fehlen.
Verstorben am 24.6.1965.

VORWERK, FRANZ
1884 10 25
Vechta / Münster
Bischöfl. Offizial, Domkapitular
1938 Aufenthaltsverbot für das Land
Oldenburg und den Regierungsbezirk Aurich
wegen Beteiligung an einem Schulstreik.
1941 Aufenthaltsverbot für das Rheinland
und Westfalen und Versetzung in das Dorf
Brüel in Mecklenburg durch den SD wegen
politischer Unzuverlässigkeit; diese Maßnahme erfolgte, weil der SD mit der Beförderung Vorwerks zum Domkapitular nicht einverstanden war, laut Preußen-Konkordat aber
rechtlich nichts daran ändern konnte;
Interventionen der Bischöfe Galen und
Berning sowie des Kommissariats der
Fuldaer Bischofskonferenz ohne Erfolg.
Lit.: Kirche und Leben, 14.6.1981, 16.

VREY, THEODOR
1902 07 16
Nordwalde
Vikar
1937 in einem Schreiben der Kreisleitung
Steinfurt als politisch unzuverlässig
bezeichnet und als Betreuer für Fürsorgezöglinge abgelehnt.
Verstorben am 7.6.1948.

WAGNER, P. ALEXANDER
OFM
1890
Münster
Diözesan-Kommissar
1933 Verwarnungen von NS-Seite nach
Predigten des Paters zum Nationalsozialismus.

WANSING, JOSEPH
1900 12 18
Hövel (Christkönig)
Pfarrektor
1937 Verhör durch die Gestapo wegen
Mitnahme eines Fußballs zur
Meßdienerwallfahrt; außerkirchliche
Jugendarbeit warf man dem Pfarrer vor.
Ständige Überwachung durch Partei und
Polizei.

WEBER, WILHELM
1889 06 03
Bockum-Hövel (St. Pankratius)

Pfarrer
Weil der Pfarrer sich weigerte, Dissidenten
zu beerdigen, wurde er am 27.11.1943
von der Gestapo verhaftet:
Zunächst Gefängnis Münster,
vom 19.2.1944 bis zum 11.4.1945
KZ Dachau (entlassen).
Verstorben am 3.2.1963.
Lit.: Weiler, 696.

WEDDELING, ALOIS
1880 07 25
Polsum
Pfarrer
Verwarnung wegen Predigten und
eines Gottesdienstes nach nächtlichem
Fliegeralarm.
Verstorben am 10.10.1958.

WEGMANN, HEINRICH
1887 04 16
Haltern
Vikar
1935 wurde der Vikar vom Bürgermeister
gemaßregelt und von der „National-Zeitung"
öffentlich angeschuldigt.
1936 klagte man den Vikar an, weil er
einen Schüler wegen der Bemerkung, der
Bischof sei ein Verräter, geohrfeigt
hatte; an Hitlers Geburtstag fiel die
Angelegenheit unter Amnestie.
Verstorben am 22.4.1961.

WEHLING, THEODOR
1885 12 27
Münster (St. Elisabeth)
Pfarrektor
50 RM Geldstrafe wegen Nichtbeflaggung.
Verwarnung wegen einer Meßfeier nach
nächtlichem Fliegeralarm.
Verstorben am 19.11.1946.

WEHNINCK, HEINRICH
1904 11 09
Warendorf (St. Laurentius)
Kaplan
1936 wegen politischer Unzuverlässigkeit Unterrichtsverbot für das Fach
Religion an der Berufsschule.
1938 Beschlagnahme der Schreibmaschine
und des Vervielfältigungsgerätes,
weil damit Werbezettel für die
Pfarrbücherei hergestellt worden
waren; später erhielt der Kaplan die
Geräte zurück.
Verstorben am 26.4.1966.

WEIPER, FRANZ
1885 12 18
Bocholt (St. Joseph)
Kaplan
1937 Verbot einer Saalfeier, die anläßlich
des silbernen Priesterjubiläums des Kaplans
stattfinden sollte.
Verstorben am 25.9.1980.

WEMPE, AUGUSTIN
1875 02 10
Osterwick
Pfarrer, Definitor
Aufgrund regimekritischer Äußerungen
angezeigt.
Verstorben am 11.6.1943.

WENKER, WILHELM
1874 09 19
Gelsenkirchen-Horst (St. Hippolytus)
Pfarrer
1937 Beschlagnahme der Schreibmaschine
und des Vervielfältigungsgerätes
durch die Gestapo, weil der Pfarrer
nach dem Verbot der Kirchenzeitung
versucht hatte, ein eigenes Kirchenblatt
herauszugeben.
Seit 1941 Überwachung der Predigten
durch den Schulrektor.
Fünf Vorladungen zur Gestapo wegen
Nichtbeflaggung in mehreren Fällen
sowie wegen eines Ausflugs mit dem
Mütterverein.
In einem Verfahren vor dem Sondergericht
wegen Regimekritik freigesprochen.
Verstorben am 16.8.1956.

WEPPELMANN, HEINRICH
1906 01 17
Oberhausen-Sterkrade (Herz Jesu)
Kaplan
1938 von der Gestapo verhaftet und nach
zwei Tagen aufgrund der Bemühungen des
Pfarrers von Sterkrade entlassen.
1939 Verwarnung durch die Gestapo.
Verstorben am 26.11.1942.

WERHEIT, WILHELM
1891 06 23
Bottrop (St. Cyriakus)
Vikar
1934 mehrere Verhöre durch die Gestapo
wegen regimekritischer Äußerungen
im Unterricht; Rede- und Unterrichtsverbot wurden dem Kaplan angedroht.
1939 mehrere Verhöre und eine Verwarnung,
weil der Kaplan die Berichterstattung
über die angeblichen Untaten eines
Priesters an der Front im Unterricht

als Lüge bezeichnet hatte. Androhung
schärfster Strafen im Wiederholungsfall.
Verstorben am 27.11.1965.

WERSCHMANN, BERNHARD
1886 08 19
Kaldenhausen
Pfarrer
1936 Vorladung zum Parteibüro; dabei ging es
um den Bezug einer NS-Zeitung;
der Pfarrer kümmerte sich nicht
um die Vorladung - keine Folgen.
Seit 1937 Unterrichtsverbot im Fach
Religion.
Verstorben am 17.9.1969.

WESEMANN, LUDWIG
1877 05 15
Griethausen
Pfarrer
Dr. theol. et phil.
Verhör wegen Ablehnung einer Einladung
der NS-Frauenschaft.
Überwachung des Religionsunterrichts
durch den Schulleiter.
Schließlich erfolgte eine Anzeige, weil
der Pfarrer die Lehren Rosenbergs negativ
besprochen hatte; der wohlgesinnte Schulrat
verfolgte die Angelegenheit nicht weiter.
Anzeige wegen außerkirchlicher Jugend-
betreuung; im Interesse des Religions-
unterrichts verzichtete der Pfarrer
schriftlich auf weitere nichtreligiöse
Jugendarbeit.
Überwachung der Predigten sowie der
Verlesungen von Hirtenbriefen.
Verwarnung und Androhung schärferer
Maßnahmen im Wiederholungsfall wegen
Nichtbeflaggung anläßlich des Anschlusses
Österreichs.
Ein weiteres Verhör wegen falscher
Beflaggung.
1944, zwei Monate nach der Evakuierung
der Pfarre, wurde auch der Pfarrer von
der „Grünen Polizei" zum Verlassen des
Ortes binnen einer Stunde aufgefordert.
Verstorben am 30.9.1949.

WESSING, AUGUST
1880 01 18
Hötmar
Pfarrer, Dechant
1938 Verwarnung durch die Gestapo
wegen Übertretung des Sammlungsgesetzes.
1941 Verhör wegen Abhaltung eines
Einkehrtages für Jungfrauen; Androhung
einer KZ-Haft.
Verbot der Predigten in polnischer Sprache.

Am 18.7.1942 wurde der Pfarrer verhaftet,
weil er einer Polin ein Kleidungs-
stück geschenkt hatte:
Zunächst Gefängnis Münster,
ab dem 2.10.1942 KZ Dachau,
dort am 4.3.1945 an Flecktyphus verstorben.
Lit.: Weiler, 700.

WESTEMEYER, P. DIETMAR
OFM
o.D.
Warendorf
Der Pater wurde von der Polizei mehrmals
verhört und einmal verwarnt.
Nähere Angaben fehlen.

WESTERMANN, HEINRICH
1881 08 25
Hervest
Pfarrer
Überwachung der Predigten durch Partei-
genossen im Auftrag der Gestapo.
1937 Beschlagnahme der Schreibmaschine und
des Vervielfältigungsgerätes durch
die Gestapo.
1940 Verhör und Verwarnung durch die
Gestapo, weil der Pfarrer vor einem
NS-Film gewarnt hatte und daraufhin die
Zuschauerzahl gering geblieben war.
Außerdem drohte die Gestapo bei
weiteren Vergehen mit KZ-Haft.
Verstorben am 26.5.1963.

WESTERMANN, P. SYLVESTER
OFMCAP
1889 02 02
Oberhausen-Sterkrade
Wegen Regimekritik wurde der Pater von
einer Krankenschwester angezeigt - keine
Folgen.

WESTHOFF, FRANZ
1891 11 21
Dorsten
Pfarrer
1943 wurde der Pfarrer verwarnt, weil
er mit einer Prozession das Verdunkelungs-
gebot unbeabsichtigt überschritten hatte.
Mit dem „Devisenlied" wurde auch Pfarrer
Westhoff verspottet.
Verstorben am 21.10.1956.

WIEDEHAGE, KARL
1884 03 07
Bocholt (St. Joseph)
Pfarrer
1939 Ermittlungen gegen den Pfarrer wegen
Übertretung des Flaggengesetzes bei der
Fronleichnamsprozession; am 24.9.1939 fiel

die Angelegenheit unter Amnestie.
1940 Verwarnung durch die Polizei wegen
des Drucks und der Verteilung von Einladungen
zur Gotteswoche; gegen die Verwarnung erhob
der Pfarrer Einspruch.
1941 Vorladung zur Polizei zur Information
über das Verbot von Exerzitien und Einkehrtagen.
1944 beschlagnahmte die Gestapo 800 Zeugnisformulare für die Teilnahme an kirchlichen
Seelsorgestunden.
Verstorben am 30.6.1945.

WIEMANN, THEODOR
1899 11 06
Duisburg-Beeckerwerth / Emmerich
Kaplan
Zwischen 1931 und 1937 bekam der Kaplan
die Hetze der Nationalsozialisten besonders
zu spüren, weil er schon frühzeitig
auf die von den Nationalsozialisten aus-
gehende Kriegsgefahr hingewiesen hatte.
1934 70 RM Geldstrafe wegen Abhaltung
„Religiöser Spiele"; zudem wurde der
Kaplan von der NS-Presse heftig attackiert.
Ab 1937 wurden die Predigten des Kaplans
von der Gestapo überwacht.
Verstorben am 27.11.1965.

WIENHUES, WILHELM
1888 03 20
Rheine (St. Antonius) / Dreierwalde
Kaplan / Pfarrer
1933 Unterrichtsverbot für das Fach Religion
an den Berufsschulen durch die Stadt Rheine.
1935 Erweiterung des Unterrichtsverbotes
auf die Volksschulen, weil der Kaplan als
Präses der Jungfrauenkongregation vorstand.
Von der HJ wurde der Kaplan öffentlich
beschimpft, nachdem bekannt geworden war,
daß ein von der Kanzel verlesenes Recht-
fertigungsschreiben zu Anschuldigungen
der Nationalsozialisten gegen Geistliche von ihm stammte.
1938 drei Verhöre durch die Polizei wegen
Gründung kirchlicher Vereine und Übertretung des Sammlungsgesetzes. 1939 fielen
die Angelegenheiten unter Amnestie.
1941 von der Gestapo aus Westfalen, dem
Rheinland und Oldenburg ausgewiesen und
mit Redeverbot für das deutsche Reich
bestraft; später hob die Gestapo in einem
Verhör diese Maßnahmen auf und erließ
eine scharfe Verwarnung.
Am 29.11.1941 von der Gestapo kurzfristig
festgenommen und verhört wegen „Sabotage
des Kriegsernährungswerks". Es hieß,
wegen der Seelsorgestunden würden die
Kinder von der Kartoffelernte ferngehalten;

noch am gleichen Tag entlassen und
keine weiteren Folgen.
Verstorben am 14.11.1968.

WIES, BERNHARD
1884 11 09
Stenden
Pfarrer
1944 wegen eines Frühgottesdienstes nach
nächtlichem Fliegeralarm vernommen.

WIGGER, JOSEF
1896 03 24
Coesfeld (St. Lamberti)
Kaplan
1939 wurde er mit weiteren Geistlichen
aus Coesfeld zweimal von der Gestapo verhört
wegen Verlesung eines Protestschreibens
gegen die Einführung der Gemeinschaftsschule;
ein parteiliches Gutachten bescheinigte
ihm politische Unzuverlässigkeit;
in demselben Gutachten war von einem
schwebenden Verfahren gegen ihn
wegen Abhaltens verbotener Versammlungen
die Rede; in dieser Angelegenheit wurde
er jedoch nie belangt.
Der Versuch der Partei, ihn in
Haft zu bringen, scheiterte am Einsatz
einflußreicher Leute für den Verfolgten.
Verstorben am 1.1.1959.

WILDEN, PETER
1877 06 24
Borth
Pfarrer
Behinderung des Religionsunterrichts
und verschiedentlich Beschimpfungen
durch die Nationalsozialisten ausgesetzt.
Verstorben am 14.12.1954.

WILLENBRINK, JOSEPH
1901 07 05
Waltrop (St. Peter)
Vikar
Dem Kaplan wurde es verboten, den Religionsunterricht in der Nähe der Schule
abzuhalten.
1943 mußte der Kaplan wegen Verächtlichmachung des Hitlergrußes 1000 RM Sicherungsgeld hinterlegen (1945 zurückerhalten).

WILLIE, RUDOLF
1901 09 05
Lüdinghausen
Kaplan
1942 wegen Äußerungen im Religionsunterricht von der Gestapo verwarnt und zu 1000 RM

Geldstrafe verurteilt.
Verstorben am 30.3.1945.

WILMSEN, P. RUDOLF
MSC
1888 03 09
Hiltrup
Provinzial
Am 14.3.1935 wegen angeblicher Devisen-
vergehen verhaftet und in U-Haft gesetzt:
Nach Gefängnisaufenthalten in Münster
und Berlin wurde der Pater in der Verhandlung
am 22.7.1935 zu drei Jahren Zuchthaus, 20000
RM Geldstrafe und zum Verlust der bürger-
lichen Ehrenrechte auf fünf Jahre verurteilt.
Im Revisionsverfahren am 28.3.1936 wurde
das Urteil aufgehoben, der Pater freige-
sprochen und verpflichtet, zu dieser
Angelegenheit zu schweigen sowie auf
Schadensersatzansprüche zu verzichten.
Verstorben am 3.3.1947.
*Lit.: 1.Rapp, 79. 2.Hoffmann-Janssen, 95, 166,
184, 220.*

WINKELMANN, AUGUST
1881 04 13
Marienthal
Pfarrer
Während mehrerer Vorladungen zur Gestapo
wurde der Pfarrer mit Verhaftung bedroht
und zur Hinterlegung von 500 RM Sicherungs-
geld verpflichtet.
Nähere Angaben fehlen.
Verstorben am 26.12.1954.

WINKELS, P.WILHELM
SDB
1881
Marienhausen (Btm. Limburg) / Mehr
Aushilfspriester
Im Rahmen der Ausweisung der Salesianer
aus dem Regierungsbezirk Düsseldorf
mußte der Pater nach nur knapp dreiwöchiger
Tätigkeit die Pfarrei Mehr verlassen (1942);
Pfarrer Esser sorgte dafür, daß der
Pater dabei dem Zugriff der Gestapo entging.
1943 wurde der Pater von der Gestapo ver-
haftet, weil er für Kinder, die im Kloster
untergebracht waren, Schuhe gekauft hatte.
Vom 29.3. bis 4.4.1939 von der Gestapo in
Schutzhaft gehalten. Entlassung mit der Auflage, den Umkreis seiner Wohnung von 50 km
nicht zu verlassen.

WINTERS, GERHARD
1898 10 17
Münster (St. Ägidii)
Kaplan
1938 Verhör durch die Gestapo wegen einer

Predigt, in der der Kaplan den Bischof
gegen Verleumdungen der Nationalsozialisten
verteidigt hatte.
1939 wegen Regimekritik für 24 Stunden
in Schutzhaft genommen, verhört und von
der Gestapo mit KZ bedroht.
Ab 1941 wurde der Kaplan von der Gestapo
bespitzelt, weil man ihn für den Leiter
der Schönstatt-Gemeinschaft in Münster
hielt.
Zweimal konnte sich der Kaplan, nachdem er
heimlich gewarnt worden war, der Festnahme
durch die Nationalsozialisten entziehen.
Verstorben am 2.9.1966.

WISCHELER, JOSEF
1913 10 03
Münster / Gescher
Kaplan
An der Westfront verteilte der seit 1940
einberufene Kaplan Predigten seines Bischofs
Galen; deshalb wurde er zur Ostfront versetzt, von einem Kriegsgericht zum Tode
verurteilt, später begnadigt und in eine
Strafkompanie beordert. Während des
ersten Einsatzes ist Kaplan Wischeler
gefallen.

WITTE, KARL
1906 02 18
Freckenhorst
Vikar
1939 wegen Bekanntgabe der Schließung
der Borromäus-Bibliothek (von der Kanzel)
durch die Gestapo verwarnt.
Verstorben am 1.1.1944.

WITTHAKE, PAUL
1907 06 27
Schöppingen
Kaplan
1938 wurde der Kaplan wegen
einer Predigt bedroht.
Weitere Angaben fehlen.
Verstorben am 18.8.1962.

WOESTE, WILHELM
1911 10 03
Coesfeld (St. Jakobi)
Kaplan
1937 Verhör durch die Gestapo wegen
Verfassung und Versendung eines Einladungs-
schreibens zur Kommunionfeier an die
Jungmänner.
Haussuchung durch die Polizei im Rahmen
der Auflösung des Jungmännervereins;
Beschlagnahme der Kasse (9,30 RM), einiger
Bücher und Schriften.

WOLTERS, FERDINAND
1891 12 31
Asterlagen
Pfarrer
1933 Verhör durch den Landrat wegen der
vom Pfarrer traditionell an Ostern durchgeführten Eiersammlung.
1937 Unterrichtsverbot für das Fach
Religion.
1939 Verhör durch die Polizei wegen Übertretung der Beflaggungsvorschriften bei
der Fronleichnamsprozession; später fiel
die Angelegenheit unter Amnestie.
Häufige Überwachung der Meßfeiern durch
einen Polizisten.
Ausschluß aus der NSV wegen Verweigerung der
Beitragszahlung und gleichzeitiger Mitgliedschaft in der Caritas.
Verstorben am 2.11.1968.

WORMLAND, BERNHARD
1907 12 10
Goch (St. Maria Magdalena)
Kaplan
1937 Beschlagnahme des Vereinseigentums
des Jungmännerverbandes sowie persönlicher
Gegenstände des Kaplans im Zusammenhang
mit der Auflösung der Jungmännervereine.
Verstorben am 4.9.1961.

WUEBOLT, HEINRICH
1884 07 28
Duisburg-Hamborn (St. Norbert)
Pfarrer
Vorladung und Verwarnung durch die Gestapo
wegen Einladung der Kinder zur religiösen
Woche.
Verstorben am 19.3.1943.

WUERMELING, JOHANNES
1905 09 16
Dülmen / Münster
Kaplan / Militärseelsorger
Dr. phil.
1942 ohne Angabe eines Grundes als
Militärseelsorger entlassen;
inoffiziell erfuhr der Priester, daß
er wegen seiner vor dem Krieg geleisteten
Jugendarbeit sowie wegen einer Predigt
vom Oktober 1941 gegen die Tötung Geisteskranker seiner Anstellung enthoben wurde;
nach Rücksprache mit Bischof Galen blieb
Wuermeling als Sanitäter bei der Wehrmacht,
um vor einer zusätzlichen Gestapo-Verfolgung
sicher zu sein.

WULF, JOSEF
1904 03 10
Oberhausen-Sterkrade (St. Clemens)

Kaplan
1934 Verhör und Verwarnung durch die
Gestapo wegen Übertretung der Beflaggungsvorschriften.
1935 wurde der Kaplan von der Gestapo verhört, verwarnt und als Kommunist beschimpft
wegen angeblicher Zerstörung eines Bildes,
das Hitler mit Hindenburg gezeigt hatte.
1936 Verhör und Belehrung über konfessionelle
Jugendarbeit durch die Gestapo, nachdem der
Kaplan während eines Meßdienerausflugs
mit den Jungen Sport betrieben hatte.
1937 Verwarnung wegen Jugendarbeit.
200 RM Geldstrafe wegen Unterstützung
zweier Holländer (Zwangsarbeiter auf
der Flucht).

WULFF, FELIX
1901 10 09
Wessum
Vikar
Fünf Verwarnungen durch die Gestapo bzw.
das Sondergericht Dortmund wegen Predigten
und Jugendarbeit.
Der Vikar wurde mit 1000 RM Sicherungsgeld
bestraft, weil er Kinder aus dem Industrie-
gebiet in angeblich bombengefährdetes
Gebiet gebracht hatte.
Ein anderes Mal mußte der Vikar 500 RM
Sicherungsgeld hinterlegen, weil er seinem
Bischof Bericht von einer kirchenfeindlichen
NS-Maßnahme erstattet hatte.

ZUMEGEN, FERDINAND
1891 02 05
Goch (Liebfrauen)
Pfarrer
Dr. phil.
Der Pfarrer wurde am 5.1.1945 bei
Annäherung der Front ausgewiesen.

ZUMHASCH, JOSEF
1910 07 30
Heck / Buer-Hassel / Ahlen
Kaplan
1937 Beschlagnahme der Fahnen und Banner
der Jünglingssodalität.
1938 überfiel die HJ das katholische
Freizeitheim in Buer; die Jungen des
Kaplans setzten sich zur Wehr und prügelten
die Eindringlinge heraus - keine Folgen.
Um 1940 mehrere Verwarnungen durch die
Gestapo wegen Jugendarbeit.

ZUMHUELSEN, JOSEPH
1892 07 12
Recklinghausen (St. Elisabeth)
Pfarrektor
1937 wurde der Pfarrektor von der Gestapo

verwarnt, weil er gegen die Einführung
der Gemeinschaftsschule protestiert hatte.
Verstorben am 9.2.1957.

17. Bistum Osnabrück

ALBERS, BERNHARD
1907 01 26
Leer
Vikar
Erhielt am 17.7. 1935 Unterrichtsverbot.
Ab 27.3.1935 Aufenthaltsverbot für den Bezirk Osnabrück; dieses wurde am 20.9.1935 aufgehoben. Die Maßnahmen wurden von der Gestapo Osnabrück verhängt.
Verstorben am 29.5.1970.

ALBERTI, PAUL
1892 05 20
Bützow
Pfarrer
Wurde am 27.11.1940 durch den Präsidenten der Reichsschrifttumskammer wegen politischer Unzuverlässigkeit aus der Reichspressekammer ausgeschlossen.
Verstorben am 15.12.1971.

BARLAGE, JOSEF (P. AMBROSIUS)
SCJ
1897 01 06
Handrup
1936 im Krefelder Devisenprozeß zu zwei Jahren Haft und 20.000 RM Geldstrafe verurteilt.
Während der Verhaftung hielt sich der Pater in Holland auf. Er blieb auch dort, so daß er die Haft nie antrat (auch nicht während des Krieges).
Verstorben am 23.11.1946.

BERGES, JOSEF (P. LUDGERUS)
OFMCAP
o.D.
Clemenswerth
P. Ludgerus wurde am 13.7.1935 wegen Vorbereitung zum Hochverrat, Vergehens gegen das Heimtückegesetz sowie gegen das Gesetz zum Schutz der Parteiuniform verhaftet, weil er Briefe von Häftlingen, die er als Geistlicher betreute, bei der Post aufgegeben hatte.
Lit.: E. Kosthorst: Die Lager im Emsland unter dem NS-Regime 1933-1945. Aufgabe und Sinn geschichtlicher Erinnerung. In: GWU 35, 1984, S. 365-379.

BRACKEL, OTTO
1906 09 04
Oestede (Kloster) / Tinnen
Kaplan
Wurde durch Beschluß des Amtsgerichts Osnabrück vom 13.7.1937 an in Untersuchungshaft genommen. Diese wurde am 20.12.1938 unterbrochen (nach einer Intervention des Generalvikariats Osnabrück bei der Staatsanwaltschaft Hannover

sowie Bischof Bernings beim Berliner Justizminister). Das Landgericht Hannover stellte aufgrund des Straffreiheitsgesetzes vom 5.7.1939 das Verfahren ein. Am 27.4.1943 setzte die Gestapo Münster ein Sicherungsgeld von 1000 RM fest.

BRUEMMER, GERHARD
1868 01 21
Hagen
Pfarrer, Dechant
Versagte 1934 der HJ eine Kranzniederlegung an der Gefallenengedenktafel in der Kirche.
Wurde von der Gestapo vernommen. Diese übergab den Fall dem Generalvikariat Osnabrück zur Einwirkung auf den Geistlichen.
Verstorben am 13.2.1941.

BUFFO, CURT
1904 08 16
Haren/ Herzlake
Kaplan
Wurde von der Gestapo zweimal (1936 und 1938) förmlich verwarnt. Daraufhin mündliche Verhandlungen des Generalvikariats Osnabrück mit der Gestapo Osnabrück.
Verstorben am 27.4.1961.

CLASSEN, P. LAMBERT
SJ
o.D.
Hamburg / Dortmund-Hörde
1944 2500 RM Sicherungsgeld und Predigtverbot durch die Gestapo;
nach Intervention des Kommissariats der Fuldaer Bischofskonferenz erhielt der Pater ein neues Tätigkeitsfeld in Dortmund.

DETERMANN, P. BERNHARD
SJ
1907 06 27
Teglingen
Pfarrvikar
1942 durch das Sondergericht Celle zu zwei Jahren Gefängnis wegen Heimtücke verurteilt.
Intervention Bischof Bernings ohne Erfolg.
Lit.: Kirchenzeitung für das Erzbistum Köln, 22.3.1961.

DOPP, JOHANNES
1909 09 03
Twist
Kaplan
1942 Einzug von 500 RM Sicherungsgeld.
Kaplan Dopp wurde als Kriegsteilnehmer im Januar 1945 als vermißt gemeldet und 1975 für tot erklärt. Nähere Angaben fehlen.

EHRENBRINK, BR. JOHANNES
MSC
1889 06 05
Johannesburg
Geistl. Schreiner
1941 anläßlich der Klosteraufhebung von der
Gestapo festgenommen und ausgewiesen.
Verstorben am 16.3.1970.

FIPP, JOSEF
1891 02 22
Norderney
Pfarrer
Wurde in einem Artikel des „Schwarzen Korps" vom
18.6.1936, der den Kirchbau „Stella Maris" auf
Norderney betraf, öffentlich angegriffen.
Verstorben am 8.8.1952.

FISCHER, KARL
1900 12 20
Neubrandenburg, Mecklenburg
Pfarrer
Die Staatsanwaltschaft Neustrelitz erließ
1943 Haftbefehl und leitete ein Strafverfahren
ein. Der Pfarrer tauchte daher unter und wurde
von der Polizei gesucht.
Das Kommissariat der Fuldaer Bischofskonferenz
intervenierte beim Reichssicherheitshauptamt
Berlin.
Verstorben am 28.3.1972.

FLACH, LUDWIG
1900 07 20
Stavenhagen, Mecklenburg
Pfarrer
Ab 30.8.1938 Schutzhaft durch die Gestapo.
Auf Betreiben des Generalvikariats Osnabrück
intervenierte das Reichsamt Spiegelburg bei der
Gestapo Schwerin. Daraufhin erfolgte am 2.9.1938
die Entlassung aus der Schutzhaft.
Verstorben am 1.3.1980.

FRERKER, AUGUST
1900 12 22
Alfhausen / Neumünster / Pinneberg
Kaplan
Durch die Gestapo Schutzhaft vom 29.6. bis 15.7.
1933; außerdem Aufenthaltsverbot im Regierungs-
bezirk Osnabrück, eine Geldstrafe von 100 RM,
Gestapobesuch wegen des Männerapostolats in
Neumünster sowie wegen Nichtbeflaggung der
dortigen Kirche am 8.11.1935. Zwei weitere Ge-
stapobesuche wegen der Borromäusbibliothek in
Pinneberg.

GARTMANN, FRANZ
1881 11 10
Osnabrück (Dom)
Dompfarrer
Die Gestapo Osnabrück setzte am 28.10.1941 ein
Sicherungsgeld in Höhe von 500 RM fest.
Am 31.10.1941 verhängte die Gestapo Schutzhaft.
Aufgrund der Intervention des Generalvikariats
Osnabrück erfolgte die Entlassung aus der
Schutzhaft am gleichen Tag.
Verstorben am 23.5.1956.

GOERSMANN, GUSTAV
1873 09 29
Gellenbeck
Pfarrer
Verhaftung erfolgte am 7.3.1941 wegen verbotenen Umgangs mit französischen Kriegsgefangenen. Das Landgericht Osnabrück verurteilte
Pfarrer Görsmann zu vier Wochen Gefängnis, vom
2.4.1941 an. Am 3.10.1941 wurde er ins KZ Dachau
gebracht, wo er am 15.9.1942 verstarb. Seine
Urne wurde auf dem Friedhof in Gellenbeck
beigesetzt.
Interventionen des Generalvikariats Osnabrück
bei der Gestapo waren ohne Erfolg geblieben.
Lit.: 1.Kempner, 115f. 2.Weiler, 260.

GROESSER, P. MAX
SAC
1887
Hamburg
Geistl. Generalsekretär des Raphaels-Vereins
Dr.
1937 von der Gestapo inhaftiert;
Intervention seitens des Kommissariats der
Fuldaer Bischofskonferenz mit Erfolg: Ent-
lassung im Februar 1938.

GRONAU, KARL (P. BONAVENTURA)
SCJ
1889 07 27
Handrup
Geistl. Ökonom
1936 wegen Devisenvergehens zu zwei Jahren Haft
und 20.000 RM Geldstrafe verurteilt. Der
Pater floh nach Österreich, wurde aber dort
1938 von der Gestapo gefaßt und zur Verbüßung seiner Haftstrafe von 1936 in ein
Wiener Gefängnis gesteckt. Am 13.9.1940
wegen guter Führung vorzeitig entlassen.
Verstorben am 8.3.1971.

HAACKE, WALTER
1912 05 21
Hamburg-St. Georg (St. Marien)
Vikar
Dr.
Wegen Leitung eines Religionsunterrichtszirkels

am 9.8.1944 von der Gestapo ins KZ Hamburg-Fuhlsbüttel gebracht. Vom Volksgericht Hamburg 1945 zu 10 Jahren Zuchthaus verurteilt. Am 19.5.1945 von den Engländern aus dem KZ befreit.
Interventionen seitens des Kommissariats der Fuldaer Bischofskonferenz und Bischof Bernings beim Reichssicherheitshauptamt Berlin blieben ohne Erfolg.

HAWIGHORST, GERHARD
1902 01 02
Hamburg
Kaplan
Am 11.5.1936 vom Sondergericht Hamburg wegen Vergehens gegen das Heimtückegesetz zu drei Monaten Gefängnis verurteilt. Aufgrund des Straffreiheitsgesetzes vom 23.4.1936 wurde die Strafe erlassen. Bischof Berning intervenierte 1936 beim Reichsjustizminister in Berlin.
Verstorben am 13.1.1962.

HEBBELMANN, P. GEORG
SM
o.D.
Meppen
1937 drei Tage U-Haft im Gerichtsgefängnis Osnabrück. Nach Intervention seitens des Generalvikariats Osnabrück entlassen.

HEGHMANS, P.
SVD
o.D.
Grumsmühlen
1942 400 RM Sicherungsgeld und 21 Tage Haft durch die Gestapo; Intervention des Generalvikariats Osnabrück wohl ohne Erfolg.

HEY, ALBIN
1912 08 17
Gellenbeck
Kaplan
Am 26.11.1942 Inhaftierung durch die Gestapo (Haftbefehl des Amtsgerichts Osnabrück).
Das Sondergericht Hannover erhob Anklage wegen Vergehens gegen das Heimtückegesetz.
Aufgrund der Intervention Bischof Bernings beim Reichsjustizministerium in Berlin erfolgte am 17.2.1943 die Entlassung aus der Haft.
Das Verfahren wurde am 22.4.1943 eingestellt.
Verstorben am 31.12.1975.

HILLING, GERHARD
1876 10 13
Lingen (St. Bonifatius)
Pfarrer, Monsignore
Geldstrafe von 50 RM wegen unbefugten Geläutes. Sicherungsgeld von 500 RM (1942, drei Jahre Bewährung), da er nach einem nächtlichen Fliegeralarm vor 10 Uhr einen Gottesdienst abhielt.
Das Sicherungsgeld verfiel, weil Hilling am 16.5.1943 ein Glockenzeichen gab, um anzudeuten, daß ein Fliegeralarm fälschlich gegeben worden sei und die Messe weitergehe.
Verstorben am 23.11.1951.

HOLTEL, CLEMENS
1880 09 05
Emsbüren
Pfarrer
Verhielt sich angeblich provozierend bei der Beerdigung eines Ortsgruppenleiters der NSDAP im Juli 1936 auf dem Friedhof zu Emsbüren. Daraufhin schrieb der Minister für kirchliche Angelegenheiten aus Berlin an den Bischof von Osnabrück. Dieser antwortete, daß kein Anlaß für ein disziplinarisches Vorgehen bestehe.
Verstorben am 13.3.1964.

JUENEMANN, ALFONS
1901 12 23
Parchim, Mecklenburg
Pfarrer
Am 21.10.1943 vom Amtsgericht Ludwigslust wegen Beleidigung des mecklenburgischen Landvolks zu einer Gefängnisstrafe von sechs Monaten verurteilt. Nach einer Intervention des Osnabrücker Bischofs Berning beim Justizminister in Berlin wurde am 15.11.1944 bedingte Strafaussetzung gewährt.

KLEMMSWART, P. LUDGER
MSC
o.D.
Vinnen
1935 von der Gestapo inhaftiert.

KOTTMANN, HEINRICH CHRISTOPH
1915 03 08
Neustrelitz, Mecklenburg
Vikar
Sieben RM Geldstrafe wegen Zulassung von polnischen Arbeitern zum Gottesdienst (22.10.1940).

LAMMERS, HEINRICH
1909 09 09
Bawinkel
Kaplan
Erhielt am 9.3.1939 Aufenthaltsverbot für den Bereich der Gestapostellen Wilhelmshaven, Osnabrück, Münster, Dortmund und Düsseldorf.
Verstorben am 7.5.1972.

LANGE, HERMANN
1912 04 16
Lübeck (Herz-Jesu)
Vikar
Am 15.6.1942 festgenommen. Haftbefehl durch das

Amtsgericht Lübeck erging am 29.9.1942.
Überführung aus dem Untersuchungsgefängnis
Lübeck nach Hamburg. Am 24.6.1943 vom Volksge-
richtshof wegen Vorbereitung zum Hochverrat zum
Tode verurteilt. Am 10.11.1943 wurde Vikar Lange
in Hamburg hingerichtet. Seine Urne wurde 1946
auf dem Friedhof in Leer beigesetzt. In der
Herz-Jesu-Kirche in Lübeck wurde eine Gedenk-
stätte eingerichtet.
Die Interventionen Bischof Bernings beim
Justizminister sowie dem Vizepräsidenten des
Volksgerichtshofes (Dr. Crohne) in Berlin blie-
ben ebenso erfolglos wie ein Gnadengesuch vom
23.6.1943 an den Reichsjustizminister.
*Lit.: 1.Schäfer, 40-63. 2.Pelke, 160-178 und
passim. 3.Kempner, 248-260.*

LEFFERS, WILHELM
1871 03 26
Rostock, Mecklenburg
Pfarrer, Monsignore
Am 6.3.1935 Haftbefehl des Amtsgerichts Rostock.
Intervention Bischof Bernings beim Reichs-
justizminister, daraufhin Freilassung am 15.3.
1935. Am 12.4.1935 vom Sondergericht Schwerin auf-
grund des Heimtückegesetzes zu einer
Gefängnisstrafe von eineinhalb Jahren verur-
teilt. Ein Gnadengesuch wurde dem Reichsjustiz-
minister vorgelegt, am 6.9.1935 wurde bedingte
Aussetzung der Reststrafe gewährt.
Verstorben am 25.4.1952.

LESSMANN, FRIEDRICH
1904 03 15
Osterbrock
Pfarrer
Wurde 1936 durch die Gestapo verhört. Das Ver-
fahren wurde eingestellt.
Verstorben am 9.9.1972.

LEWELS, MAXIMILIAN
1879 10 19
Hamburg-Eppendorf
Geistl. Rektor
Dr. phil.
Am 30.9.1939 Schutzhaft aus unbekannten Gründen.
Auf Intervention Prälat Wintermanns am 30.12.1939
wieder aus der Haft entlassen.
Verstorben am 4.3.1964.

LOEGERING, ALFONS
1914 11 04
Lingen / Münster
Theologiestudent
Aus unbekannten Gründen von der Gestapo
einige Tage in Schutzhaft genommen. Auf
Intervention Bischof Bernings bei Polizei-
dienststellen wieder freigelassen.
Lögering wurde 1946 zum Priester geweiht.

LUEFOLDING, OTTO
1886 11 22
Osnabrück-Haste (Schule St. Angela)
Geistl. Oberlehrer
Im Zusammenhang mit der Aufhebung und Durch-
suchung der St.-Angela-Schule für sechs Wochen
Aufenthaltsverbot sowie Beschlagnahme ver-
schiedener Bücher.
Verstorben am 3.8.1960.

LUEKEN, HERMANN
1878 03 02
Westrhauderfehn, Ostfriesland
Pfarrer
Aufgrund von Äußerungen bei Besucherinnen
1935 Vernehmung durch die Polizei. Mündliche
Verhandlungen von Bischof Berning im Kirchen-
ministerium Berlin.
Verstorben am 1.6.1959.

LUETKEMEYER, AUGUST
1888 09 28
Rendsburg
Pfarrer
Am 2.12.1943 vom Landgericht Kiel zu sechs Monaten Gefängnis verurteilt, da er ein pol-
nisches Paar ohne vorherige standesamt-
liche Trauung getraut hatte.
Verstorben am 25.10.1960.

MACKELS, ALBERT
1912 04 20
Glücksburg
Vikar
Die Gestapo veranlaßte 1937 die Einleitung
eines Verfahrens wegen Vergehens gegen das
Heimtückegesetz.

MECKLENBURG, BERNHARD
1903 03 11
Bremen (Herz-Jesu)
Pfarrer
Am 2.2.1943 wegen Äußerungen zur Judenfrage
verhaftet. Ab 2.7.1943 in Dachau, am 29.4.1945
dort befreit.
Intervention des Kommissariats der Fuldaer
Bischofskonferenz beim Reichssicherheits-
hauptamt in Berlin (1943).
Verstorben am 3.2.1962.
Lit.: Weiler, 447.

MEYER, RUDOLF
1874 04 07
Neuenhaus
Pfarrer
300 RM Sicherungsgeld wegen politischer
Äußerungen im Jahr 1943.
Verstorben am 27.12.1949.

MEYER, WALTER
1885 04 19
Nordstrand
Pfarrer
Durch die Gestapo Kiel 1941 Schutzhaft wegen
der Feier des Gottesdienstes am Tage Christi
Himmelfahrt.
Intervention Bischof Bernings bei der Ge-
stapo Kiel.
Verstorben am 18.6.1963.

MOELLERHAUS, KLEMENS
1912 12 09
Papenburg
Kaplan
Im September 1941 wegen Verbreitung der Predigt
des Bischofs von Münster von der Gestapo
in Schutzhaft genommen. Auf Intervention
Bischof Bernings beim Reichssicherheits-
hauptamt Berlin am 22.10.1941 aus der
Schutzhaft entlassen.
Verstorben am 23.6.1970.

MOSCHNER, FRANZ MARIA
1896 07 02
Bremen
Geistl. Religionslehrer
Von der großen Strafkammer des Landgerichts
Bremen im April 1936 wegen Beleidigung des
Reichsleiters der NSDAP, Alfred Rosenberg, zu
zwei Monaten Gefängnis verurteilt. Die Strafe
wurde aufgrund des Amnestiegesetzes erlassen.
Verstorben am 8.3.1971.

MUCKERMANN, P. HERMANN
SJ
1877 08 30
Berlin
Professor
Dr. phil.
Von seinen Pflichten als Priester beurlaubt, war
Muckermann im Kaiser-Wilhelm-Institut für An-
thropologie, menschliche Erblehre und Eugenik
als Leiter der Abteilung Eugenik tätig (bis
1933). Im August 1936 erhielt er für das ganze
Reichsgebiet Redeverbot.
Eine Intervention Bischof Bernings beim
Ministerium für kirchliche Angelegenheiten in
Berlin (Dezember 1936) bewirkte nur eine vor-
übergehende Aufhebung des Verbotes. Am 23.3.1937
wurde es erneuert, diesmal endgültig.
Verstorben am 27.10.1962.

MUELLER, BERNHARD (P. EUCHARIUS)
SCJ
1879 05 29
Handrup
Geistl. stellvertretender Rektor
1936 im Krefelder Devisenprozeß zu vier Monaten

Haft verurteilt.
Verstorben am 23.7.1962.

MUELLER, EDUARD
1911 08 20
Lübeck
Kaplan
Am 22.6.1942 verhaftet und ins Untersuchungsgefängnis Lübeck gebracht. Am 29.9.1942 erließ das
Amtsgericht Haftbefehl. Überführung nach Hamburg. Wegen Vorbereitung zum Hochverrat am
24.6.1943 vom Volksgerichtshof zum Tode verurteilt und am 10.11.1943 hingerichtet.
Intervention Bischof Bernings beim Justizminister und beim Vizepräsidenten des Volksgerichtshofes Berlin, Dr. Crohne. Am 23.6.1943 Gnadengesuch an den Justizminister.
Beigesetzt auf dem Urnenfriedhof Neuengamme,
Gedenkstätte in der Herz-Jesu-Kirche Lübeck.
Lit.: 1.Schäfer, 64-75. 2.Kempner, 248-260.
3.Ridder, 179ff. 4.Pelke, 139-159 und passim.

OBERNUEFEMANN, JOHANNES
1887 02 16
Neustadtgödens
Pfarrer
Im November 1942 aus unbekannten Gründen von
der Gestapo verhaftet. Im April 1943 in das
KZ Mauthausen bei Linz überführt, wo er am
10.8.1944 starb.
Bischof Berning intervenierte erfolglos bei
der Gestapo Berlin.

OLDOPP, BERNHARD
1894 10 25
Grafeld / Brual
Pfarrer
Erhielt am 5.7.1935 Aufenthaltsverbot für den
Regierungsbezirk Osnabrück, diesen hob die
Gestapo im Oktober 1935 auf. Durfte nicht
mehr im Kreis Bersenbrück angestellt werden.
Verstorben am 23.7.1960.

PAUL, WILHELM
1910 03 17
Osnabrück (St. Joseph)
Vikar
Verwarnung wegen Versendung religiösen Schrifttums an Wehrmachtsangehörige. 1942 Sicherungsgeld in Höhe von 300 RM. Beide Maßnahmen durch
die Gestapo Osnabrück verhängt.
Am 1.8.1943 in Rußland gefallen.

PFUERTNER, P. STEPHANUS
OP
o.D.
Lübeck
1942 durch das Volksgericht wegen angeblicher
Vorbereitung zum Hochverrat zu einer Gefängnisstrafe verurteilt.

PHILIPS, THEODOR
1881 12 18
Osnabrück
Pfarrer / Geistl. Studienrat
Dr. theol.
1935 wurde vom Oberstaatsanwalt Osnabrück wegen Erörterung von Staatsangelegenheiten in der Kirche ein Ermittlungsverfahren eingeleitet, am 31.1.1936 aber wegen Mangels an Beweisen eingestellt.
Verstorben am 4.6.1951.

PRASSEK, JOHANNES
1911 08 13
Lübeck
Kaplan
Am 18.5.1942 in Lübeck verhaftet. Am 29.9.1942 erließ das Amtsgericht Lübeck Haftbefehl. Überführung nach Hamburg. Am 24.6.1943 durch den Volksgerichtshof zum Tode verurteilt und am 10.11.1943 hingerichtet.
Interventionen Bischof Bernings beim Justizminister und beim Vizepräsidenten des Volksgerichtshofes Berlin. Am 23.6.1943 Gnadengesuch an den Justizminister.
Beigesetzt auf dem Urnenfriedhof Neuengamme, Gedenkstätte in der Lübecker Herz-Jesu-Kirche.
Lit.: 1.Schäfer, 16-39. 2.Pelke, 83-138 und passim. 3.Kempner, 248-260.

REINEKE, P. CORBINIAN
OFM
o.D.
Ohrbeck
1941 anläßlich der Klosteraufhebung durch die Gestapo Aufenthaltsverbot für die Diözese Osnabrück und die Provinz Westfalen; Intervention des Generalvikariats.

SCHEPERS, HERMANN
1892 12 12
Osnabrück
Domvikar
Von der Gestapo 1943 wegen Versendung kirchenamtlicher Mitteilungen an Nichtpriester (Theologiestudenten) Sicherungsgeld in Höhe von 1000 RM verhängt.
Verstorben am 10.6.1949.

SCHMITT, JAKOB
1910 09 25
Wismar, Mecklenburg
Kaplan
Am 5. und 26.7.1941 Schutzhaft durch die Gestapo wegen Abhaltung von Gottesdiensten für polnische Zivilarbeiter. Am 28.8.1941 erneut Schutzhaft, ab 21.9.1941 im KZ Hamburg-Neuengamme. Ab 17.5.1942 im KZ Dachau. 1945 von den Alliierten befreit (29.April).
Intervention Bischof Bernings beim Reichssicherheitshauptamt war erfolglos.
Lit.: Weiler, 587.

SCHNEIDER, JOHANNES
1898 02 02
Wismar, Mecklenburg
Pfarrer
Am 16.8.1941 wegen mißbräuchlicher Benutzung eines Kraftfahrzeuges durch einen Strafbefehl des Amtsgerichtes Wismar zu einer Geldstrafe von 300 RM verurteilt. Am 13.1.1942 hob das Landgericht Schwerin den Strafbefehl auf.
Verstorben am 14.8.1958.

SCHNEIDER, ROCHUS
1912 06 24
Twistringen
Vikar
Vom 24.6.1937 bis zum 13.7.1937 von der Gestapo Düsseldorf ohne Haftbefehl inhaftiert.
Intervention Bischof Bernings beim Minister für kirchliche Angelegenheiten in Berlin.
Verstorben am 15.11.1944.

SCHNIERS, HEINRICH
1880 03 25
Leer
Pfarrer
Am 11.12.1941 wegen angeblicher defätistischer Äußerungen von der Gestapo verhaftet. Auf Befehl des Reichssicherheitshauptamtes am 3.4.1942 in das KZ Dachau eingeliefert. Dort am 30.8.1942 verstorben. Die Interventionen des Bischofs von Osnabrück beim Reichssicherheitshauptamt blieben ohne Erfolg.
Beisetzung der Urne in Wippingen am 14.10.1942.
Lit.: 1.Kempner, 358f. 2.Weiler, 588.

SCHWENTNER, BERNHARD
1891 09 28
Neustrelitz, Mecklenburg
Pfarrer
Dr. theol. und jur. can.
Am 21.10.1943 von der Gestapo verhaftet. Am 20.4.1944 erhob der Volksgerichtshof Berlin Anklage wegen staatsfeindlicher Äußerungen. Vom Volksgerichtshof am 15.9.1944 zum Tode verurteilt und am 30.10.1944 in Brandenburg hingerichtet.
Die Urne wurde am 26.11.1949 in Neustrelitz beigesetzt.
Interventionen Bischof Bernings und des Kommissariats der Fuldaer Bischofskonferenz beim Reichssicherheitshauptamt in Berlin. Das Gnadengesuch vom 18.9.1944 an den Justizminister wurde nicht beantwortet.
Lit.: Kempner, 368-375.

SENGE, P.
SVD
o.D.
Freren
1939 Verwarnung durch die Gestapo und
Beschlagnahme der Predigtmaterialien.

SIGGE, FRANZ (P. TIMOTHEUS)
o.D.
Bawinkel
Kaplan
Dr.
Am 13.3.1942 von der Gestapo festgenommen
wegen Verlesung des Mölders-Briefes während
der Predigt; Interventionen des Generalvikariats Osnabrück und des Kommissariats
der Fuldaer Bischofskonferenz hatten Erfolg:
Entlassung am 6.6.1942.

STANGIER, WILHELM
1905 04 18
Fehndorf
Pfarrer
Am 9.3.1942 von der Gestapo Osnabrück zu 500 RM
Sicherungsgeld verurteilt. Das Generalvikariat
stellte die Summe als Darlehen zur Verfügung.
Verstorben am 13.11.1978.

STEFFENS, GERHARD
1904 07 28
Aschendorf
Vikar
Erhielt am 30.3.1937 ein Schreiben der Kreisleitung der NSDAP Aschendorf wegen Untersagung
des Singens von Liedern in Kirchennähe durch
die Jungmädel.
Verstorben am 16.10.1980.

THIEMANN, WILHELM
1887 07 23
Belm
Pfarrer
Geldstrafe von 20 RM wegen Nichtbeflaggung.
Verstorben am 17.12.1958.

VLEUGELS, P. RENATUS
SJ
o.D.
Hamburg
1941 Inhaftierung durch die Gestapo;
Intervention des Kommissariats der Fuldaer
Bischofskonferenz.

VOSSE, STEPHAN
1902 01 17
Osnabrück (Dom)
Domvikar
Die Gestapo Osnabrück sperrte vom 25.10.1941 bis
zum 1.1.1945 500 RM Sicherungsgeld wegen Ver-

sands von religiösen Druckschriften an polnische Staatsangehörige.

WEBER, JOHANNES (BR. SUSO)
SCJ
1900 09 10
Handrup
Geistl. stellvertretender Ökonom
1936 im Krefelder Devisenprozeß zu vier Monaten
Gefängnis verurteilt.
Verstorben 8.6.1945.

WELLERMANN, GUSTAV
1867 06 05
Twistringen
Pfarrer
Wird in einem Schreiben der SA Hannover an den
Bischof von Osnabrück vom 13.9.1934 als Urheber
von Anfeindungen gegen Führer der SA und der
Partei bezeichnet.
Pfarrer Wellermann wurde vom Generalvikariat
vernommen, das daraufhin am 18.9.1934 das Schrei-
ben beantwortete.
Verstorben am 9.10.1934.

WIEMKER, LEOPOLD
1909 02 26
Schwerin / Glandorf
Vikar
Wurde am 21.2.1939 von der Gestapo Schwerin inhaftiert. Am 15.6.1939 vom Sondergericht Schwerin
wegen Heimtücke zu zwei Jahren Gefängnis verurteilt. Aufgrund von Interventionen Bischof
Bernings und des Kommissariats der Fuldaer
Bischofskonferenz sowie eines Gnadengesuchs an
den Reichsjustizminister wurde die Verbüßung
der Haftstrafe nach fünf Monaten ausgesetzt. Am
10.12.1940 erneut verhaftet. Überführung in das
KZ Dachau. Dort am 29.4.1945 von den Alliierten
befreit.
Interventionen des Bischofs in den Jahren 1940 bis
1945 waren erfolglos.
Verstorben am 7.1.1976.
Lit.: Weiler, 703.

WUESTE, BERNHARD
1893 07 10
Hebelermeer
Pfarrer
Am 19.5.1941 wegen staatsfeindlicher Hetze von
der Gestapo Osnabrück verhaftet. Ab 12.7.1941 im
KZ Sachsenhausen, ab 30.1.1942 im KZ Dachau. Dort
am 29.4.1945 von den Amerikanern befreit.
Die Intervention Bischof Bernings beim Reichs-
sicherheitshauptamt Berlin blieb ohne Erfolg.
Verstorben am 23.6.1971.
Lit.: Weiler, 723.

ZURMUSSEN, HEINRICH
1902 07 12
Hagenow, Mecklenburg
Pfarrer
Im Sommer 1944 Geldstrafe von 56 RM wegen Fortsetzung des Gottesdienstes während eines Fliegeralarms (er gab an, die Sirene überhört zu
haben).
Verstorben am 24.11.1975.

18. Erzbistum Paderborn

AHLERS, P. JOSEF
MSF
1880 05 01
Oberhundem
Pfarrvikar
Eine Verwarnung durch die Gestapo, weil der Pfarr-
vikar polnischen Arbeitern Beichtgelegenheit gab.
Verstorben am 29.11.1954.

AHRENHOEFER, JOSEF
1905 02 03
Blankenstein
Vikar
Aufgrund allgemeiner Seelsorge, insbesondere
wegen Jugendseelsorge und einer Friedhofsprozession drei Verhöre, Schutzhaftandrohung
sowie Unterrichtsverbot.
Verstorben am 29.6.1978.

ALLERBECK, LEO
1900 04 16
Bad Lippspringe
Pfarrer
1934 bis 1945 Kontrolle und Beobachtung.
Aufgrund eines Rundschreibens an katholische
Männer (Aufruf zu einer Männerkundgebung)
und wegen regimekritischer Äußerungen Haftstrafe vom 15.10. bis zum 23.12.1940. Der Haftbefehl war von SS-Obergruppenführer Heydrich
unterzeichnet.
Des weiteren aufgrund antinationalsozialistischer Predigten mehrere Anzeigen, drei Haussuchungen, fünf Verhöre und fünf Verwarnungen durch die Gestapo.
Verstorben am 27.8.1977.

ALLROGGEN, CHRISTOPH
1907 12 26
Herne / Düsseldorf / Dortmund
Vikar
Aufgrund der Tätigkeit des Vikars im Jugendhaus Düsseldorf ab 1935 Postüberwachung,
Verhöre und Verwarnungen durch die Gestapo.
1939 Jugendhausbesetzung und Beschlagnahme
des persönlichen Eigentums Allroggens.
Entzug des Schrifttumsausweises und Ablehnung
durch die Reichsschrifttumskammer Berlin.
1940 durch Einzug zur Wehrmacht einer drohenden Inhaftierung entgangen.
Durch das Propagandaministerium und das SD-
Hauptamt in Berlin Ablehnung der von Wehr-
machtsdekanen mehrfach beantragten Beförderung
zum Divisionspfarrer.
Alle Maßnahmen wurden mit politischer Unzuverlässigkeit begründet, besonders belastend
wirkte sich die Jugendseelsorge im Jugendhaus
Düsseldorf aus.

ALTENHOEVEL, HEINRICH
1888 05 15
Gelsenkirchen-Hüllen
Pfarrer
Der Pfarrer erhielt eine Verwarnung. Nähere
Angaben fehlen.
Verstorben am 8.6.1948.

AMMERMANN, AUGUST
1903 12 16
Gelsenkirchen
Vikar
Je zwei Verhöre und Verwarnungen wegen Jugend-
arbeit.
Verstorben am 8.7.1960.

AMMERMANN, HEINRICH
1909 04 14
Drolshagen
Vikar
Vier Verhöre und zwei Verwarnungen. Nähere
Angaben fehlen.

ANTWEILER, GUSTAV
1889 06 02
Husen
Pfarrvikar
Da der Vikar die Einquartierung von Soldaten
verweigerte, wurde er am 2.5.1940 in Untersuchungshaft genommen. Eine diesbezügliche
Verhandlung vor dem Sondergericht endete am
27.7.1940 mit Freispruch. Anschließend nahm
die Gestapo Vikar Antweiler bis zum 1.9.1940
in Schutzhaft. Er erhielt Aufenthaltsverbot
für Westfalen und wurde deshalb nach Trier
versetzt.
Verstorben am 17.9.1943.

APEL, HERMANN
1895 10 15
Gelsenkirchen / Lünen
Pfarrer
1935 anläßlich der Auflösung der katholischen Arbeitervereine Haussuchung und Verwarnung durch die Gestapo.
1938 aufgrund Verstosses gegen das Sammlungsgesetz ein Verhör durch die Gestapo sowie
durch das Amtsgericht Auferlegung einer Geldstrafe in Höhe von 50 RM.
1942 wegen angeblich zu häufigen Läutens
mehrere Verhöre und Androhung von KZ-Haft
durch die Gestapo.
Verstorben am 2.1.1977.

ARENDES, JOHANN
1904 09 21
Egeln

Vikar
1940 Verhör wegen einer Messe an Fronleichnam.

ARENDT, P. AUGUST
SAC
o.D.
Olpe / Dumicke
Spiritual / Pfarrvikar
1941 Ausweisung aus Südwestfalen durch die
Gestapo nach der Auflösung des Klosters;
die Ausweisung wurde wieder rückgängig gemacht, da P. Arendt schon vorher zum Pfarrvikar ernannt worden war.
Verstorben am 10.8.1966.

ARENS, RICHARD
1908 08 16
Wilnsdorf
Pfarrvikar
Einmal während des Studiums von SA-Männern
überfallen.
Ab 1940 wegen Feldpostverkehrs Verhöre und
eine Haussuchung durch die Gestapo.
1945 durch die Gestapo zur Arbeit am Westwall
befohlen, aber nicht angetreten.
Jahrelange Überwachung.

ATORF, KARL
1912 06 26
Neheim
Geistl. Religionslehrer
Der Religionslehrer wurde einmal verhört.

AUFDERBECK, PAUL
1914 09 27
Stargard, Pommern
Pfarrvikar / Domkapitular
1943 wegen der Seelsorgearbeit in der wandernden
Kirche belangt: 75 RM Sicherungsgeld durch die
Gestapo eingezogen, durch das Sondergericht
eine Verwarnung.

AUFENANGER, HERMANN
1901 01 07
Stassfurt
Pfarrvikar, Geistl. Religionslehrer
Wegen Vereinsarbeit und Religionsunterricht insge-
samt drei Verhöre, zwei Verwarnungen und eine
Haussuchung durch die Gestapo und die Polizei,
Unterrichtsverbot für Volksschulen und höhere
Schulen.

AUFENANGER, KARL
1879 03 03
Schwerte
Pfarrer
Verhör, Verwarnung und Haussuchung durch die
Gestapo nach der Auflösung des Jungmänner-
vereins.

15 RM Geldstrafe durch das Amtsgericht wegen
einer Sammlung bei der Grundsteinlegung der
Kirche.
Je ein Verhör und eine Verwarnung durch die Gestapo
wegen Übertretung des Flaggengesetzes und
wegen einer Meßfeier nach Fliegeralarm.
Verstorben am 7.5.1953.

AUFENANGER, WILHELM
1876 06 17
Dortmund
Probst
Zwei Verhöre und eine Haussuchung (es wurde
nach einer Vereinsfahne gesucht) durch die
Gestapo.
Verstorben am 23.2.1960.

BACHMANN, ERNST
1901 02 01
Hamm
Pfarrvikar
1938 wegen eines offenen Briefes an Goebbels
(Heimtückevergehen) zwei Monate Untersuchungshaft. das Verfahren vor dem Amtsgericht wurde
aufgrund von Amnestie eingestellt.
Verstorben am 6.4.1949.

BACHMANN, JOSEF
1906 01 02
Bochum
Vikar
Verhöre, Haussuchungen und eine kurzfristige
Festnahme anläßlich der Auflösung des Jungmännerverbandes, Vernichtung der Mitgliederlisten. Alle Maßnahmen führte die Polizei
durch.

BACHWINKEL, THEODOR
1910 10 08
Obermarsberg
Pfarrvikar
Wegen Vereinsarbeit und Ausländerseelsorge:
Verhöre, Verwarnung, Haussuchung, Entlassung
als Mitglied des Schulbeirates und Unterrichts-
verbot für Volksschulen.
Verstorben am 10.3.1980.

BACKS, CHRISTIAN
1878 10 30
Geseke
Geistl. Rektor
Verhör und Betätigungsverbot als Leiter der
höheren Stadtschule; die Maßnahmen wurden
verhängt wegen der Tätigkeit des Beschuldigten als Vorsitzender des Albertus-Magnus-Vereins.
Verstorben am 19.8.1962.

BAECKER, KARL
1903 07 17
Hagen
Geistl. Studienrat
Verhör und Entlassung als Studienrat, ständige
Überwachung.
Verstorben am 4.7.1967.

BAHRENBERG, JOHANNES
1907 11 23
Lichtenau
Vikar
Dr. phil.
Zwei Verhöre durch die Gestapo. Wegen
Züchtigung der Schüler und staatsfeindlicher
Bemerkungen verhaftet, Haussuchung, Schutzhaft
vom 29.10.1940 bis zum 20.6.1941. Verurteilung
durch das Sondergericht zu einer Haftstrafe vom
6.7.1941 bis 29.10.1941, ab dem 29.10. erneut
Schutzhaft. Am 9.1.1942 ins KZ Dachau einge-
liefert, dort am 28.3.1945 entlassen.
Verstorben am 14.12.1972.
*Lit.: 1.Weiler, 112. 2.Wagener, Ulrich: Lei-
densweg Paderborner Priester in der NS-Zeit.
In: Der Dom. 5 (1983), 11.*

BALKENHOL, HEINRICH
1902 09 02
Fredeburg / Bestwig
Vikar
1936 bis 1937 Verhöre und Haussuchung im
Zusammenhang mit der Auflösung des Jungmänner-
vereines. Des weiteren Beschlagnahme des Vereins-
vermögens. Alle Maßnahmen wurden durch die
Gestapo verfügt.
Verstorben am 29.3.1974.

BALKENHOL, WILHELM
1906 01 09
Gelsenkirchen / Werdohl
Vikar
1938 (Okt.-Dez.) Postüberwachung und Beschlag-
nahme von 350 Büchern aus der Pfarrbücherei.
1942 Untersagung eines Gottesdienstes in einem
Bauernhaus.
Verhör, Verwarnung und Haussuchungen wegen
Jugendseelsorge und Ausländerseelsorge.
Verstorben am 11.5.1980.

BALZER, HEINRICH
1868 01 05
Istrup
Pfarrer
1941 Verhör durch die Gestapo wegen der
Teilnahme des Pfarrers an der Dekanats-
konferenz in Driburg.
Verstorben am 11.7.1949.

BANGE, BERNHARD (P. ROMANUS)
OFM
1880 01 02
Bochum (Christkönig)
Pfarrvikar
Der Pater starb am 21.7.1941 während der
Auflösung des Klosters durch die Polizei
an Herzversagen.

BANGEN, ANTON
1903 07 10
Stukenbrock
Pfarrvikar
Wegen staatsfeindlicher Hetze (Werbung für
die Konfessionsschule) insgesamt 10 Verhöre,
eine Verwarnung und eine Haussuchung. Ein Verfahren vor dem Sondergericht wurde 1938 aufgrund einer Amnestie eingestellt.
Verstorben am 25.6.1978.

BARHEINE, OSWALD
1880 07 13
Dortmund-Öspel-Kley
Pfarrer
Wegen Ausländerseelsorge vier Verhöre und
eine Verwarnung durch die Gestapo.
Weitere Verhöre durch die Gestapo wegen Regime-
kritik und Nichtbeflaggung.
Verstorben am 30.5.1959.

BARONOWSKI, PAUL
1881 01 25
Drenke
Pfarrer
Ein Verhör, Grund nicht bekannt.
Verstorben am 8.10.1942.

BARTOLD, ERICH
1900 12 15
Arnsberg / Süddinker / Irmgarteichen
Geistl. Religionslehrer
Dr. theol.
Wegen fortgesetzter Bekämpfung der Rassenlehre und Freundschaft mit einem Juden hatte
der Beschuldigte viele Maßnahmen seitens
der Gestapo, der Polizei und eines Regierungs-
assessors zu erleiden: 1934 bis 1936 Beurlaubung
aus dem höheren Schuldienst, 1938 kurzfristige
Festnahme (ein Tag); 1945 drei Monate Aufenthaltsverbot (vermutl. für seine Pfarrei),
außerdem finanzielle Einbußen, Teilnahmever-
bot an Exerzitien; Verbot, nach Holland zu
reisen; Entlassung als Vikar.

BARTOLDUS, JOSEF
1898 01 05
Dortmund
Pfarrer
Wegen Vereinsarbeit, Verbreitung von Hirten-

briefen sowie Predigtäußerungen wurde Pfarrer
Bartoldus durch die Gestapo sechsmal verhört
und dreimal verwarnt; außerdem wurde seine
Wohnung viermal durchsucht.
Im Oktober 1937 eine zweitägige Festnahme:
Vom 5.9. bis zum 16.10.1939 Schutzhaft.
Ein Sondergerichtsverfahren wurde wegen
Amnestie eingestellt.
Verstorben am 20.8.1960.

BARTOLDUS, ROBERT
1892 08 24
Eversen
Pfarrvikar
Mehrere Verhöre durch die Gestapo und den
Oberstaatsanwalt, weil der Vikar am Fronleich-
nams- und Patronatsfest kirchlich geflaggt
hatte und außerdem die Kinder vom Unterricht
befreit hatte. Die Ermittlungen des Staats-
anwalts fielen bei Kriegsausbruch unter
Amnestie.
Verstorben am 15.5.1961.

BAST, PAUL
1881 06 26
Hamm
Geistl. Studienrat
Verhör und Verwarnung wegen verschiedener
Schulangelegenheiten (Äußerungen u.a.).
Verstorben am 20.3.1970.

BAUMANN, AUGUSTINUS
1881 12 09
Paderborn
Weihbischof, Kapitularvikar
Post- und Telefonüberwachung.
Verstorben am 20.2.1953.
Lit.: Boberach, 720.

BAUMHEUER, HEINRICH
1896 05 19
Benolpe
Pfarrvikar
Drei Verhöre durch das Sondergericht wegen
Nichtbeflaggung, Predigt und kirchlicher Be-
flaggung.
Des weiteren veranlaßte das Sondergericht
drei Haussuchungen nach der Zeitschrift „Junge
Front", dem kirchlichen Amtsblatt und einem
Schreiben des Pfarrers über die HJ.
Verstorben am 28.2.1951.

BAUMJOHANN, GERHARD
1898 11 03
Welper
Pfarrvikar
1939 drei Tage Polizeihaft wegen Nichtläutens
bei der Eroberung Warschaus.
1942 Verhaftung durch die Gestapo wegen einer

Stellungnahme gegen die Tötung von Geistes-
kranken; Haft im KZ Dachau vom 4.4.1942 bis
zum 28.3.1945.
Insgesamt 26 Verhöre, drei Haussuchungen und
eine Verwarnung durch Polizei, Gestapo und
Staatsanwaltschaft wegen Kritik an HJ und
NS-Frauenschaft, Jugendseelsorge, Unterlassung
des Hitlergrußes, Übertretung des Sammlungs-
gesetzes und Verteilung eines Hirtenbriefes.
In zwei Fällen wurden die Untersuchungen
(Sammlungsgesetz, Jugendseelsorge) wegen
Amnestie eingestellt.
Verstorben am 23.9.1977.
*Lit.: 1. Leidensweg Paderborner Priester im 3. Reich.
In: Der Dom. 16 (1948), 125. 2.Weiler, 123.*

BECKER, ALBERT
1908 07 08
Wattenscheid
Vikar
Verhöre und Haussuchungen im Zusammenhang
mit der Auflösung des katholischen Jungmän-
nervereins durch die Gestapo.
Wegen Verbreitung der Enzyklika „Mit brennender
Sorge" mehrere Verhöre und eine Verwarnung
durch die Gestapo sowie eine Untersuchung durch
das Amtsgericht.
Verstorben am 10.6.1971.

BECKER, ALOIS
1903 10 09
Weidenau / Bochum
Vikar
1937 Unterrichtsverbot (beschränkt auf die
Schule, an der der Vikar unterrichtete),
1938 totales Schulverbot wegen nationaler
Unzuverlässigkeit.
Verhöre und Haussuchungen im Zusammenhang
mit der Auflösung des kath. Jungmännerver-
eins sowie wegen eines Hirtenbriefes.
Verstorben am 22.9.1976.

BECKER, ANTON
1877 12 15
Castrop-Rauxel (St. Lambertus)
Pfarrer
Verwarnung durch die Gestapo wegen eines Rund-
briefes an Evakuierte.
Fünf Verhöre durch die Gestapo.
Verstorben am 11.10.1953.

BECKER, BERNHARD
1871 03 19
Altengeseke
Pfarrer
1933 NS-Demonstration gegen den Pfarrer in
Altengeseke.
Aufgrund seiner antinationalsozialistischen
Einstellung (er bezeichnete die Nazis als

„Judasse" und „Verräter") erhielt der Pfarrer
vier Verwarnungen sowie Unterrichtsverbot für
Volksschulen, außerdem wurde er aus dem El-
ternbeirat ausgeschlossen.
Des weiteren ein anonymer Schmähbrief an den
Pfarrer.
Verstorben am 18.6.1959.

BECKER, BERNHARD
1908 01 16
Gelsenkirchen-Hüllen
Vikar
Wegen seiner Arbeit im Jungmännerverein und
in der Pfarrbücherei wurde Vikar Becker durch
die Gestapo viermal verhört und einmal verwarnt.

BECKER, FRIEDRICH
1889 05 25
Westernkotten
Pfarrer
Wegen antinationalsozialistischer Äußerungen
im Unterricht und Anprangerung der Kirchenaustritte wurde Pfarrer Becker durch die Gestapo
zweimal verhört und einmal verwarnt.
1944 1000 RM Sicherungsgeld durch die Gestapo
eingezogen.
Verstorben am 4.1.1974.

BECKER, FRIEDRICH
1906 06 25
Altenbeken
Pfarrvikar
1939 Auferlegung einer Geldstrafe in Höhe von
30 RM durch ein Amtsgericht, weil der Pfarrvikar einen HJ-Jungen geohrfeigt hatte.
Aufgrund von Predigtäußerungen, Jugendseelsorge und Verbreitung des Möldersbriefes vier
Verhöre, zwei Haussuchungen und zwei Verwarnungen durch die Gestapo.
Verstorben am 28.5.1968.

BECKER, HEINRICH
1882 12 31
Haaren
Pfarrer
1937 wegen angeblichen Sittlichkeitsvergehens
Zuchthausstrafe.
1939 wegen Entfernens einer Hakenkreuzfahne
durch das Sondergericht zu zwei Jahren und
drei Monaten Haft verurteilt (Juli 1939 bis
Oktober 1941). Am 16.1.1942 wurde der Pfarrer
ins KZ Dachau eingewiesen. Am 26.4.1945 wurde
er auf dem Evakuierungsmarsch befreit.
Verstorben am 25.10.1964.
*Lit.: 1.Weiler, 123. 2.Wagener, Ulrich: Lei-
densweg Paderborner Priester in der NS-Zeit.
In: Der Dom. 5 (1983), 11.*

BECKER, HEINRICH
1908 05 27
Letmathe
Pfarrer
Am 20.8.1936 wegen politischer Unzuverlässig-
keit Unterrichtsverbot.
Des weiteren drei Verhöre und drei Verwar-
nungen.
Alle Maßnahmen wurden durch die Gestapo ver-
hängt.

BECKER, JOSEF
1902 04 06
Hüingsen
Pfarrvikar
Der Pfarrvikar wurde einmal verhört.

BECKER, LORENZ
1872
Scharfenberg
Pfarrer
Ein Verhör durch die Gestapo wegen Übertre-
tung der Läuteordnung.
Verstorben am 27.12.1957.

BECKER, WILHELM
1880 05 10
Bad Driburg
Pfarrer
1941 18 Tage Haft durch die Gestapo
aufgrund seelsorglicher Tätigkeit des Pfarrers, anschließend Ausweisung aus Westfalen und
dem Rheinland; u.a. warf man dem Pfarrer vor,
daß er auf der Dekanatskonferenz die Verlesung
eines holländischen Hirtenbriefes geduldet
hatte.
Verstorben am 16.5.1963.

BECKER, WILHELM
1896 07 26
Dortmund / Hamm / Hausberge
Pfarrer
Am 1.10.1935 wegen politischer Unzuverlässigkeit Entlassung als Mittelschullehrer (u.a.
hatte sich der Pfarrer in katholischen Jugendverbänden gegen Rosenbergs „Mythus" ausgesprochen).
Am 1.8.1937 Entlassung als Religionslehrer
und Unterrichtsverbot.
Des weiteren vier Verhöre.
1941 Anzeige wegen einer Meßfeier an Fronleichnam.
Verwarnung wegen einer Leichenrede anläßlich
der Beerdigung eines polnischen Arbeiters.
Verstorben am 28.10.1964.

BEHRE, JOSEF
1874 11 20
Vörden
Pfarrer
1939 ein Verhör und 10 Tage Haft durch die Gestapo, weil der Pfarrer anläßlich der Eroberung Warschaus nicht richtig geläutet hatte.
Verstorben am 8.6.1960.

BEIER, KONRAD
1885 12 01
Dortmund-Berghofen
Pfarrer
Drei Verhöre und Schutzhaft vom 18. bis zum 25.9.1941 durch die Gestapo. Der Pfarrer litt später an schweren Haftdepressionen.
Verstorben am 18.3.1957.

BEINERT, WILHELM
1877 11 03
Herzebrock
Pfarrer
Drei Verhöre und drei Verwarnungen, ständige Überwachung, Auferlegung einer Geldstrafe in Höhe von 10 RM; Unterrichtsverbot. Nähere Angaben fehlen.
Verstorben am 16.11.1963.

BELKE, HERMANN
1900 10 24
Paderborn (Herz-Jesu)
Vikar
Im Juni 1935 zwei Verhöre und eine Verwarnung durch die Gestapo und den Landrat, weil der Vikar von der Kanzel herab seinen Pfarrer verteidigte, gegen den ein Devisenprozeß angestrengt wurde.
Gegen die Versetzung des Vikars wehrte sich das Generalvikariat in Paderborn mit Erfolg.
Verstorben am 17.9.1963.

BERENDES, GUSTAV
1899 02 22
Westenfeld
Pfarrer
Zwei Verhöre; nähere Angaben fehlen.
Verstorben am 25.7.1960.

BERENDES, HEINRICH
1871 05 18
Hamm (St. Joseph)
Pfarrer
1933 fünf Verhöre, eine Verwarnung, zwei Tage Haft und vier Wochen Aufenthaltsverbot, weil der Pfarrer 1932 verboten hatte, anläßlich der Beerdigung eines NSDAP-Mitglieds Parteireden am Grabe zu halten. Des weiteren wurde der Pfarrer noch zwei Jahre bespitzelt.
Verstorben am 14.4.1955.

BERG, HERMANN
1897 04 25
Hettstedt / Borgentreich / Falkenberg
Pfarrer
1935 ein Verhör durch die Gestapo wegen angeblicher Propaganda gegen die Rückgliederung der Saar.
1937 ein Verhör und eine Haussuchung durch die Gestapo, weil der Pfarrer sich weigerte, das Vermögen und die Mitgliederlisten des Jungmännervereins herauszugeben.
1942 Anzeige und Verwarnung wegen eines Polengottesdienstes, Verbot weiterer Polengottesdienste.
Überwachung des Gottesdienstes sowie des Telefonverkehrs.
Haftandrohung, weil der Pfarrer von den „Irrlehren" des Nationalsozialismus sprach.
Verstorben am 24.3.1975.

BERGES, ANTON
1899 02 22
Oestrich
Pfarrer
Wegen Jugendarbeit drei Verhöre und zwei Haussuchungen durch die Polizei.

BEULE, WILHELM
1909 04 11
Attendorn
Präses (im Konvikt)
Da der Geistliche mit Soldaten (ehemaligen Schülern) korrespondierte, durchsuchte die Gestapo am 25.10.1942 seine Wohnung und erteilte ihm am 26.10.1942 eine Verwarnung. Des weiteren wurden seine Briefe beschlagnahmt und er erhielt Unterrichtsverbot.
Verstorben am 2.2.1972.

BEVERUNGEN, BERNHARD
1894 07 05
Himmighausen
Vikar
Zwischen 1936 und 1941 fünf Verhöre, eine Haussuchung und zwei Verwarnungen durch die Gestapo wegen der Abgabe von Lichtbildstreifen.
Verstorben am 8.3.1968.

BEYER, ALOIS (P. BERNHARD)
SDS
1899 09 27
Sennelager
1940 Vertreibung aus dem Exerzitienhaus nach der Auflösung desselben durch die Gestapo.
Verstorben am 23.9.1961.

BEYER, HERMANN
1892 07 20
Wanne-Eickel
Vikar
Insgesamt 20 Verhöre wegen einer Predigt gegen den „Mythus". Des weiteren Predigtbespitzelung und 1935 ein Verfahren, das mit Freispruch endete.
Verstorben am 12.3.1959.

BIEKER, HERMANN
1913 05 01
Paderborn (Herz-Jesu)
Vikar
1944 1000 RM Geldstrafe durch die Gestapo wegen fünf Predigten, in denen der Vikar gegen die militärische und antireligiöse Jugenderziehung des Staates protestiert hatte.
Des weiteren Androhung von KZ-Haft.

BIEKER, JOHANNES
1911 09 12
Bödefeld
Vikar
Wegen Jugendarbeit und Predigten vier Verhöre, zwei Verwarnungen, 500 RM Sicherungsgeld und Unterrichtsverbot durch die Gestapo, außerdem Beschlagnahme der Liederbücher und des Filmprojektors mit 70 Filmen. Das von der Gestapo gewünschte Unterrichtsverbot wurde bald wieder aufgehoben, weil die zuständige Stelle nicht unterschreiben wollte.

BIEKER, JOSEF
1905 02 20
Bödefeld / Paderborn
Vikar, Präfekt
Dr. theol.
Wegen Jugendarbeit ein Verhör und Auferlegung von 30 RM Sicherungsgeld durch die Gestapo.
Verstorben am 22.3.1945.

BIESSLE, JAKOB (P. HARDUIN)
OSB
1903 11 23
Königsmünster
Geistl. Studienrat, Schulleiter
1940 Entlassung als Schulleiter, Unterrichtsverbot.
1941 im Zuge der Klosteraufhebung durch die Gestapo Haussuchung und Ausweisung aus dem Regierungsbezirk Arnsberg.

BIRKER, HEINRICH
1907 09 15
Rudersdorf
Kooperator
Verhör und Verwarnung wegen einer Elternversammlung anläßlich der Einführung der Gemeinschaftsschule.

BITTER, FRANZ
1878 11 12
Finnentrop
Pfarrer
Verhör, Haussuchung und ständige Überwachung durch die Gestapo und Staatsanwaltschaft wegen einer Predigt, Betreuung des kath. Jugendvereins und Verweigerung des Hitlergrußes (1935).
Verstorben am 20.2.1956.

BLOEINK, JOSEF
1896 05 16
Hamm
Hamm (St. Joseph)
Aufgrund eines Vortrags über den eucharistischen Kongreß in Budapest sowie wegen Vereinsarbeit 1938 vier Verhöre, zwei Haussuchungen und zwei Verwarnungen durch die Gestapo. Das Unterrichtsverbot vom 14.12.1938 wurde durch Amnestie aufgehoben.
Verstorben am 10.7.1977.

BODENSTAFF, JOSEF
1869 02 14
Borgholz
Dechant
Vom 19.3. bis zum 20.3.1940 kurzfristige Festnahme sowie ein Verhör durch die Gestapo wegen Verstoßes gegen das Kriegswirtschaftsgesetz (Ostereiersammlung).
Verstorben am 10.4.1943.

BOECKELMANN, THEODOR
1895 02 24
Soest
Vikar
Wegen der Herausgabe von Jugendschriften sowie der Weigerung, katholische Jugend in die HJ eintreten zu lassen, insgesamt 10 Verhöre, zwei Haussuchungen, eine Verwarnung sowie sechs Tage Haft durch die Gestapo. Durch das Landgericht Verurteilung zu 400 RM Geldstrafe.
Am 15.8.1935 demolierten Nazis das Pfarrhaus in Soest.
Verstorben am 9.12.1958.

BOECKENDORF, FRIEDRICH
1909 05 18
Dortmund-Derne
Vikar
Wegen Jugendarbeit zwei Verhöre und eine Haussuchung durch die Gestapo. Verurteilung zu 300 RM Geldstrafe durch das Amtsgericht. Am 25.9.1939 wurden aufgrund einer Amnestie 270 RM Geldstrafe erlassen.

BOEDDICKER, WILHELM
1882 04 23
Balve
Pfarrer
1936 aufgrund der Aufführung eines religiösen
Theaterstücks bei geschlossener Gesellschaft
Auferlegung von 100 RM Geldstrafe durch das
Amtsgericht.
1942 200 RM Strafe durch das Amtsgericht wegen
einer „unerlaubten" Kollekte.
Verhöre und Haussuchung durch die Gestapo
wegen der Zerstörung der Piuskapelle. Die Gestapo versuchte, den Tatverdacht auf den Pfarrer zu lenken.
Verstorben am 11.5.1958.

BOEHMER, KARL
1886 01 19
Bochum
Rektor des St. Josephshospitals
Vier Verhöre, zwei Haussuchungen und zwei Verwarnungen durch die Gestapo wegen eines Gottesdienstes für russische Kriegsgefangene.
1945 kurzfristige Festnahme durch die Gestapo,
weil der Rektor Einspruch gegen die Verprüge-
lung eines Krankenhausangestellten durch die Gestapo erhoben hatte. Des weiteren Androhung
von Schutzhaft.
Verstorben am 21.6.1952.

BOEHNER, JOSEF
1887 05 21
Affeln
Pfarrer
Zwei Verhöre durch die NSDAP wegen falschen
Läutens und der Weigerung des Pfarrers, über
eine Person Auskunft zu geben.
Verstorben am 1.8.1966.

BOEHNER, THEODOR
1875 03 19
Albaxen
Pfarrer
Aufgrund von Predigten und der Züchtigung eines
Schülers im Oktober 1936 11 Verhöre, eine
Haussuchung und 12 Verwarnungen durch Gestapo
und NSDAP. 3000 RM Sicherungsgeld wurden einge-
zogen, drei Wochen Schutzhaft verhängt. Ein
Verfahren vor dem Sondergericht wurde 1937 ein-
gestellt.
Verstorben am 12.10.1945.

BOEMER, JOSEF
1881 01 07
Arnsberg
Probst, Pfarrer
1936 aufgrund von Jugendarbeit durch das Sondergericht Auferlegung von 150 RM Geldstrafe,
die später aufgrund von Amnestie erlassen wurde.

Sieben Monate Haft durch das Amtsgericht wegen
unerlaubter Beflaggung, aus der Haft schon
nach kurzer Zeit wegen Krankheit entlassen.
1941 wegen Predigtäußerungen 150 RM Geldstrafe durch das Sondergericht.
Verstorben am 15.2.1942.

BOENNINGER, JOHANNES
1884 12 01
Alme
Pfarrer
1941 Verwarnung und 200 RM Strafe durch das Amtsgericht wegen einer Messe an Christi Himmelfahrt.
Verstorben am 22.2.1964.

BOHEN, CLEMENS
1910 04 03
Menden
Vikar
Ein Verhör, nähere Angaben fehlen.
Verstorben am 8.4.1977.

BOLZE, HEINRICH
1912 03 05
Gerbstedt
Pfarrvikar
1941 Verhöre und eine Verwarnung durch den Orts-
gruppenleiter und die Gestapo wegen der Abhal-
tung von Sondergottesdiensten für Polen.
Weiterhin Verhör und Verwarnung durch die
Gestapo und den Bürgermeister, weil der Vikar
angeblich eine Mutter zwang, ihr Kind in den
Religionsunterricht zu schicken.
Verstorben am 31.3.1952.

BONGARD, P.
SOCIST
o.D.
Jakobsberg
Prior
Am 12.9.1935 vom Frankfurter Schöffengericht
wegen Devisenvergehens zu drei Jahren und sechs
Monaten Zuchthaus und einer hohen Geldstrafe
verurteilt.
Lit.: Rapp, 85.

BORNEMANN, FRIEDRICH
1895 08 17
Warburg / Borgholz
Pfarrer, Direktor eines Fürsorgeheims
1937 wegen Vereinsarbeit ein Verhör und eine
Verwarnung durch die Gestapo.
Bei der Besetzung des Fürsorgeheimes eine
weitere Verwarnung durch die Gestapo.
1944 Haftandrohung durch die Gestapo, weil
eine Schulentlassungsfeier, die der Pfarrer
mitorganisiert hatte, parallel mit einer
HJ- und BDM-Veranstaltung stattfand.
Verstorben am 14.7.1978.

BRAECKLING, ALOIS
1881 06 08
Paderborn
Vorsitzender des erzbischöfl. Caritasvereins
Dr. theol.
Drei Verhöre durch die Gestapo wegen Caritas-
sammlungen und wegen eines Vortrags über die
Caritas. Entlassung als Vertrauensmann der Un-
fallberufsgenossenschaft für Gesundheitsdienst
und Wohlfahrtspflege.
Verstorben am 11.1.1965.

BRAMKAMP, OTTO
1881 07 10
Obermarsberg
Pfarrer
Verhör und Verwarnung, nähere Angaben fehlen.
Verstorben am 28.6.1963.

BRANDENBURG, ALBERT
1908 05 10
Bahrendorf
Pfarrvikar
Drei Verhöre, zwei Verwarnungen, eine Haussuchung,
300 RM Geldstrafe, nähere Angaben fehlen.
Verstorben am 22.9.1978.

BRAUN, JOHANN (P. WILLIGIS)
OSB
1897 02 07
Königsmünster
1941 Haussuchung, Ausweisung aus dem Rheinland und Westfalen und Schutzhaft (21.3.1941-
20.7.1941) durch die Gestapo im Zuge der
Klosteraufhebung. Außerdem drei Monate Gefängnis (unter Anrechnung der Schutzhaft) durch
das Sondergericht wegen eines Verstoßes gegen
die Kriegswirtschaftsverordnung sowie wegen
Abhörens feindlicher Sender; frühzeitige
Entlassung aufgrund von Haftunfähigkeit.
Verstorben am 25.4.1960.

BRECHTING, AUGUST
1895 08 28
Hachen
Pfarrer
1937 Verhör durch die Gestapo und einen
SA-Sturmführer wegen einer Predigt.
Verstorben am 25.11.1975.

BREMERICH, JOHANNES
1895 05 15
Langenei
Pfarrer
Ab 1934 fünf Verhöre, drei Verwarnungen und
eine Haussuchung durch die Gestapo. Dies aus
folgenden Gründen: Wegen einer Jungmänner-

Versammlung, anläßlich der Aufhebung
des Jungmännervereins (1937), anläßlich
der Verhaftung des Kooperators (1940), wegen
Predigten und einer Verlesung der Namen der
Christenlehre-Pflichtigen (1943), außerdem:
Unterrichtsverbot für Volksschulen.
Verstorben am 31.7.1960.

BRILL, JOSEF
1888 07 24
Schloß Holte
Pfarrer
Drei Haussuchungen durch die Gestapo wegen Ver-
einsarbeit.
Verstorben am 4.8.1957.

BRILL, JOSEF
1889 07 13
Wattenscheid-Westenfeld
Pfarrvikar
1937 Verhöre und eine Verwarnung durch die Gestapo
und die NSDAP wegen einer Pfingstpredigt.
1938 Verhöre und eine Verwarnung durch den Oberstaatsanwalt wegen eines Meßdienerausflugs.
Verstorben am 30.10.1974.

BRINKER, ERNST
1897 03 14
Gardelegen
Pfarrer, Standortpfarrer
1939 ein Verhör durch die Gestapo, weil der
Pfarrer einen nicht kirchlich getrauten Partei-
genossen versehen hatte.
1940 ein Verhör durch die Gestapo wegen eines
Polengottesdienstes, Behinderung der weiteren
Kriegsgefangenengottesdienste.
Verstorben am 28.3.1975.

BRINKTRINE, JOHANNES
1889 03 22
Paderborn
Dozent
Dr. theol.
Drei Verhöre durch die Gestapo und den Ortsgruppenleiter:
1938 wegen Kritik an den antikirchlichen Nazi-
prozessen;
ebenfalls 1938 aufgrund eines nicht angemeldeten griechisch-katholischen Gottesdienstes;
1943 wegen Unterlassung des deutschen Grußes
in den Jahren 1935/36.
Verstorben am 12.12.1965.

BROCKE, KARL
1898 01 15
Brilon
Geistl. Oberstudiendirektor
Dr. theol.
Verhör durch die Gestapo wegen einer Predigt.

Des weiteren zwei Verwarnungen.
Unterrichtsverbot in Deutsch und Latein durch
die zuständige Stelle.
Verstorben am 22.2.1971.

BROCKMANN, JOSEF
1903 08 01
Delitzsch
Pfarrer, Religionslehrer
Sechs Verhöre, zwei Verwarnungen sowie Unter-
richtsverbot für Höhere Schulen; nähere
Angaben fehlen.

BRUESER, JOSEF
1905 03 25
Gelsenkirchen-Bismarck
Vikar
Verhör und Haussuchung anläßlich der Auf-
lösung des Jungmännerverbandes. Des weiteren
Beschlagnahme der Vereinskasse.

BRUNE, MAXIMILIAN
1872 12 10
Gelsenkirchen
Pfarrer
1935 wegen Nichtbeflaggung zwei Verhöre durch
die Gestapo.
Verstorben am 23.11.1940.

BRUNS, FRANZ
1878 02 16
Verne
Pfarrer
Zwei Verhöre durch die Gestapo, weil eine Ver-
tretung des Pfarrers sich in einer Predigt
politisch geäußert hatte.
Haussuchung anläßlich der Auflösung des
Jungmännervereins durch die Gestapo.
Verstorben am 24.9.1950.

BUCHEN, ALOYS
1894 08 24
Wiemeringhausen
Pfarrvikar
Fünf Verhöre durch die Polizei im Auftrag der
Gestapo wegen Feiertagsgottesdiensten (zweimal),
Glockenläutens, der Predigt eines Vertreters
und der Einberufung eines Abituriententreffens.
Des weiteren eine Verwarnung.
Verstorben am 25.6.1958.

BUCKEL, JOSEF (P. ALBAN)
OSB
1901 05 08
Königsmünster
Prior
Dr.
Im Zusammenhang mit der Klosteraufhebung 1941
Verhöre, Haussuchung, Schutzhaft vom 19.3.1941 bis

5.8.1941 und Ausweisung aus dem Rheinland
und Westfalen durch die Gestapo (im Auftrag des
Reichssicherheitshauptamtes in Berlin). Des
weiteren Beschlagnahme des Prioratsvermögens.
Außerdem durch ein Sondergerichtsverfahren
wegen Übertretung der Kriegswirtschaftsverordnung und Abhörens feindlicher Sender
zu drei Monaten Gefängnis verurteilt (unter
Anrechnung der Schutzhaft).
Proteste des Kapitularvikars und des Erzbischofs von Paderborn blieben ohne Erfolg.
Verstorben am 7.4.1957.

BUECKER, ADOLF
1893 10 03
Attendorn
Geistl. Studienassessor
Fand wegen politischer Unzuverlässigkeit keine
Anstellung.
Verstorben am 21.1.1956.

BUENGENER, GOTTFRIED
1912 01 14
Brilon-Wald
Pfarrvikar
Zwei Verhöre, eine Haussuchung, nähere An-
gaben fehlen.

BUETTERWEGGE, FRANZ
1895 04 12
Bochum-Riemke / Bochum-Hiltrup
Pfarrer
Wegen politischer Unzuverlässigkeit drei Verhöre, eine Verwarnung und Unterrichtsverbot.
Die Maßnahmen wurden u.a. durch den Oberbürgermeister verfügt.
Zwei Haussuchungen: Suche nach Flugblättern
für die Bekenntnisschule und Suche nach Mitgliederlisten des Jungmännervereins.

BURGARD, ANTON
1879 01 07
Neuenbeken
Pfarrer
Wegen Predigten, Geldsammlungen und des „Goeb-
bels-Briefs" 10 Verhöre, je zwei Verwarnungen
und Haussuchungen sowie Auferlegung von 100 RM
Sicherungsgeld.
Verstorben am 27.6.1965.

BUSCHMEIER, HERMANN
1897 06 01
Dortmund / Varensell
Vikar / Pfarrvikar / Rektor eines Klosters
Acht Verhöre, zwei Verwarnungen und eine
Haussuchung durch die Gestapo wegen
Jugendseelsorge und einer Predigt.
Verstorben am 30.6.1971.

CLAES, JOHANNES
1912 10 03
Theissen-Reussen
Pfarrvikar
1941 Bespitzelung der Predigten und Androhung
des Betätigungsverbots wegen Polenseelsorge.

CLEMENS, JOSEF
1879 02 21
Hagen (St. Michael)
Pfarrer
1933 wegen Bestrafung eines Hitlerjungen ein
Verhör durch die Gestapo; Anklage wurde nicht
erhoben.
1939 ein Verhör durch die Gestapo wegen falscher Beflaggung.
Ein weiteres Gestapoverhör aufgrund defätistischer Äußerungen in einer Predigt.
Verstorben am 25.10.1953.

CLERMONT, WILHELM
1893 05 14
Wanne-Holsterhausen
Pfarrer
Wegen Einwirkens auf eine evangelische Frau
zwecks katholischer Trauung vom 2.10. bis zum
16.10.1937 Untersuchungshaft durch die Gestapo
Dortmund.
Interventionen seitens des Paderborner Erz-
bischofs und des Generalvikariats beim Reichs-
kirchenministerium in Berlin.
Verstorben am 29.8.1942.

CLUTE, JOSEF
1880 03 21
Meggen
Pfarrer
1938 wurde ein Verfahren wegen Vergehens gegen
das Heimtückegesetz durch das Amtsgericht
bzw. das Sondergericht mit einer Verwarnung
eingestellt.
Verstorben am 19.2.1948.

COEPPICUS, LUDWIG
1881 10 18
Menden
Geistl. Oberstudienrat
1937 Entlassung als stellvertretender Direktor
sowie Unterrichtsverbot in den weltlichen Fächern (Engl., Franz., Erdk.).
Verstorben am 6.11.1970.

COERDT, WILHELM
1882 12 17
Dortmund-Altstadt
Geistl. Studienrat
1937 durch das Kultusministerium ein Verhör
und Versetzung in den Ruhestand.
Verstorben am 1.8.1961.

COPPIUS, BERNHARD
1886 06 19
Heddinghausen
Vikar
Verhör und Verwarnung durch die Gestapo.
Ein Gerichtsurteil wurde durch Amnestie aufge-
hoben.
Verstorben am 8.10.1950.

CRAMER, JOHANNES
1881 01 04
Erwitte / Bad Driburg
Geistl. Rektor
1940 aufgrund politischer Unzuverlässigkeit
als Oberschullehrer entlassen und mit Unterrichtsverbot belegt. Anschließend zum Volks-
schullehrer ernannt, diese Einstellung wurde
jedoch nach 15 Monaten aufgehoben. Des weiteren
wurden die Pensionsbezüge des Geistlichen aus-
bezahlt. Regierungspräsident und Gestapo verfügten die Maßnahmen.
Verstorben am 23.6.1962.

DEIMEL, JOSEF
1902 04 19
Störmede
Vikar
Mehrere Verhöre durch die Gestapo wegen Ver-
einsarbeit.
Verstorben am 29.3.1974.

DEPPE, HUBERT
1910 05 24
Niedermarsberg
Vikar
Aufgrund von Verleumdung durch eine Privatper-
son 1940 vier Tage Haft sowie eine Verwarnung.

DEUSTER, ADOLF
1887 03 25
Lünen-Süd
Pfarrer
1937 Verwarnung durch die Gestapo wegen Weiterführung des Ferien-Kinderhilfswerks.
Verwarnung durch die Gestapo, weil der Pfarrer
in einer Predigt die Kinder namentlich genannt
hatte, die den Religionsunterricht nicht besuchten.
Wegen Vereinsarbeit Verhöre und Haussuchung
durch die Gestapo.

DEVENTER, FRIEDRICH
1910 10 08
Ostwig / Giesenslage
Vikar / Kooperator
1938 Verhöre durch die Gestapo wegen Jugendarbeit. Des weiteren eine scharfe Verwarnung
durch das Landgericht.
1941 wegen Zulassung von Polen zu Gottesdienst

und Prozession Verhöre und Auferlegung von
500 RM Sicherungsgeld durch die Gestapo.
Einzug einer Geldstrafe in Höhe von 788 RM,
weil der Beschuldigte Polen als Taufpaten für
ein deutsches Kind zuließ.

DEWENTER, JOHANNES
1874 03 30
Eissen
Pfarrer
1934 Verhöre durch den Schulrat und die
Kreisleitung wegen Auseinandersetzungen
zwischen der Jungschar und der HJ.
1936 wegen Predigtäußerungen eine Verwarnung
durch die NSDAP.
Verstorben am 24.6.1963.

DIEBENBUSCH, WILHELM
1891 01 08
Heggen
Pfarrer
Zwei Verhöre, eine Verwarnung, 50 RM Geldstrafe,
nähere Angaben fehlen.
Verstorben am 2.1.1977.

DIECKMANN, HEINRICH
1871 03 17
Dortmund
Pfarrer
Durch die Gestapo Verhöre und Untersuchungs-
haft vom 21.9. bis zum 5.11.1937.
Vom 4.2. bis zum 23.2.1941 Haft durch die
Gestapo, Entlassung vermutlich wegen Krankheit.
Verstorben am 2.6.1942.

DIEDERICH, HEINRICH (P. HONORATUS)
OFM
1909 06 26
Attendorn
Mehrere Verhöre und Verwarnungen durch die
Gestapo wegen einer Predigt, schließlich
Haftstrafe vom 15.10.1941 bis zum 29.10.1941,
danach Hausarrest.

DIEDERICHS, WILHELM
1888 10 29
Falkenhagen
Pfarrer
Mehrere Haussuchungen, nähere Angaben fehlen.
Verstorben am 10.1.1952.

DIEHL, SIEGFRIED
1906 09 15
Silberg
Pfarrvikar
1943 aufgrund von Predigtäußerungen eine Ver-
warnung durch die Gestapo.
Zwei Verhöre und eine Haussuchung durch die
Gestapo wegen der folgenden „Vergehen": Verlesung

der Enzyklika „Mit brennender Sorge", Verbreitung
der „Galen-Predigten", Jugendarbeit, Kritik an der
Verhaftung des Pfarrers Grebe.

DIEKAMP, FRANZ
1893 03 09
Hörste
Vikar
1934 wegen Jugendarbeit zwei Verhöre und eine
Verwarnung durch den Landrat.
Verstorben am 27.2.1964.

DIEKAMP, SIGISMUND
1894 07 28
Ende-Syburg
Pfarrvikar
Im Zusammenhang mit der Beschlagnahme des Ju-
gendheimes in Ende fünf Verhöre, eine Haus-
suchung und eine Verwarnung. Des weiteren drei-
monatige Schließung des Gemeindehauses und
Einschränkung der Jugendarbeit.
Verstorben am 6.3.1960.

DIEKAMP, WILHELM
1887 10 03
Bochum
Geistl. Studienrat
1943 wegen Schulangelegenheiten ein Verhör
durch den Kultusminister, zeitweise an eine
andere Schule strafversetzt, später Unterrichtsverbot.
Verhör durch den Kreisleiter wegen Polenseelsorge.
Verstorben am 7.12.1954.

DIEKHANS, KARL
1897 01 21
Iggenhausen
Pfarrer
Zwei Verhöre und eine Verwarnung durch die Gestapo
wegen Korrespondenz mit einem ausländischen
Geistlichen.
Verstorben am 5.3.1967.

DIERKS, HUBERT
1882 07 13
Warburg
Pfarrer
Mehrere Verhöre durch die Gestapo.
Verstorben am 22.11.1956.

DIETRICH, JOHANNES
1900 01 09
Werl / Dortmund
Vikar / Geistl. Rel.-Lehrer / Diözesanpräses
Dr.
1936 wegen einer Stellungnahme zur Mundelein-
rede und zum katholischen Priestertum (in einer
Versammlung der Kolpingfamilie) ein Verhör

durch die Gestapo.

Ab März 1942 drei Haussuchungen, mehrere Verhöre sowie drei Verwarnungen durch die Gestapo aufgrund der Tätigkeit des Vikars als Diözesanpräses der Kolpingfamilie.

Weitere Verhöre durch die Gestapo wegen: Stellungnahmen zu Goebbelsreden, Fotoaufnahme einer zerstörten Kreuzwegstation, Soldatenseelsorge und Religionsunterricht.

Verstorben am 4.2.1964.

DIETRICH, RUDOLF

1907 04 12

Paderborn

Geistl. Caritasdirektor

Dr.

Mehrere Verhöre durch die Gestapo wegen Verbreitung von „Hetzschriften".

Mehrere Verhöre, um Auskünfte über angeblich staatsfeindliche Personen zu erhalten (z.B. Vorsitzende christlicher Vereine). Des weiteren Verwarnungen durch die Gestapo.

Haft vom 10.3. bis zum 29.4.1942 wegen staatsfeindlicher Einstellung in der Wehrmachtsseelsorge. Des weiteren eine telegraphische Verwarnung durch SS-Obergruppenführer Heydrich.

Verstorben am 26.7.1966.

DIPPOLD, WALTER

1907 04 27

Dortmund-Hörde

Vikar

Verhöre, Verwarnungen und Haussuchungen wegen nichtreligiöser Jugendarbeit. Des weiteren Beschlagnahme persönlichen Eigentums (63 Bildbände, Schallplattenspieler, 45 Platten, Projektor und Bücher). Alle Maßnahmen wurden durch die Gestapo verfügt.

Ein Sondergerichtsurteil (Haftstrafe) fiel unter die Amnestie anläßlich der Eroberung Polens.

DITZ, HEINRICH

1887 06 17

Iserlohn / Lipperode

Pfarrer

Drei Verhöre, eine Verwarnung und eine Haussuchung durch die Gestapo wegen der Vereinsarbeit des Pfarrers als Bezirkspräses der Jungmänner im Dekanat Geseke.

Verstorben am 11.5.1968.

DOBBELSTEIN, PAUL

1874 08 04

Bochum

Pfarrer

Zwei Verhöre, eine Verwarnung sowie Beschlagnahme der „Katechismuswahrheiten". Nähere Umstände sind nicht bekannt.

Verstorben am 27.5.1955.

DOBBENER, HEINRICH

1888 11 03

Bönen / Züschen

Pfarrer, Dechant

1934 ein Verhör durch die Gestapo wegen der Weigerung des Pfarrers, an einem von der SA gestalteten Gottesdienst teilzunehmen.

Wegen einer Sammlung für eine neue Orgel verurteilte das Amtsgericht den Pfarrer 1939 zu einer Spende von 100 RM für das Winterhilfswerk.

1943 aufgrund einer Meßfeier an Christi Himmelfahrt durch das Amtsgericht Verurteilung zu einer Geldstrafe in Höhe von 300 RM.

Verstorben am 21.5.1971.

DOHLE, THEODOR

1897 11 29

Werdohl / Steinheim

Pfarrer

1934 wegen Predigtäußerungen mehrere Verhöre durch Polizei und Gestapo. Des weiteren eine Verwarnung sowie anderthalbjährige Ausweisung aus der Diözese Paderborn (bis zum 1.11.1935). Nach dem 1.11.1935 wegen Polenseelsorge Verhöre und eine Verwarnung durch die Gestapo in Steinheim. Dauernde Versuche der örtlichen NSDAP, die Versetzung des Pfarrers aus Steinheim zu erreichen.

Verstorben am 31.7.1951.

DOLLE, THEODOR

1896 06 08

Iserlohn (Hl. Geist)

Pfarrvikar

200 RM Geldstrafe wegen Übertretung des Sammlungsgesetzes.

Wegen Verteilung von Schrifttum von Juli bis September 1937 Haft.

Verstorben am 18.10.1965.

DONNER, JOSEF

1872 04 28

Hohenlimburg

Pfarrer

1934 200 RM Geldstrafe durch die Gestapo wegen einer Wallfahrt.

Aufgrund von Anzeigen durch Gemeindemitglieder Verhöre und Verwarnungen.

Wegen Umgangs mit Ostarbeitern Auferlegung von 1000 RM Sicherungsgeld durch die Gestapo.

Verstorben am 23.2.1951.

DORNSEIFER, EDUARD

1904 10 28

Dortmund-Derne

Pfarrer

Verhöre und Haussuchung anläßlich der Auflösung des Jungmännervereins.
Ein Gerichtsverfahren wurde aufgrund der allgemeinen Amnestie beim Anschluß Österreichs
eingestellt.

DREESEN, THEODOR
1873 09 16
Thülen
Pfarrer
Zwei Verwarnungen, nähere Angaben fehlen.
Verstorben am 28.4.1969.

DREHMANN, LORENZ
1871 02 02
Soest
Propst
1936 durch die Große Strafkammer Arnsberg
aufgrund einer beleidigenden Bemerkung zu
1000 RM Geldstrafe verurteilt. Die Geldstrafe
wurde wegen Amnestie erlassen.
Intervention durch Bischof Berning (Osnabrück).
Verstorben am 17.3.1946.

DRENHAUS, THEODOR
1910 06 05
Drolshagen
Lazarettpfarrer
Verhör und Verwarnung, Unterrichtsverbot
in einem religiösen Kursus für Fortbildungsschüler.

DREPPER, JOSEF
1899 06 26
Badersleben
Pfarrer
1937 ein Verhör anläßlich der Aufhebung des
Jungmännervereins.
Verstorben am 29.12.1963.

DREYMANN, FRIEDRICH
1877 12 07
Bad Oeynhausen
Pfarrer
Ein Verhör durch die Polizei wegen einer Messe
an Christi Himmelfahrt.
Verstorben am 28.11.1947.

DRIESSEN, P. HERMANN
CSSR
1911 01 06
Bochum
1941 Vertreibung im Zusammenhang mit
der Aufhebung des Klosters.
Im Krieg vermißt.

DRILLING, KONRAD
1898 12 05
Husen
Vikar
Ab 1937 Verhöre, Aufenthaltsverbot (für
den Regierungsbezirk Minden, Oktober 1937) und
kurzfristige Festnahme durch die Gestapo wegen
Jugendarbeit.
Verstorben am 17.10.1944.

DRISSEL, JOSEF
1892 10 26
Hünsborn
Pfarrvikar
Drei Verhöre und zwei Haussuchungen durch die Gestapo wegen Vereinsarbeit (Jungmännerverein, Kirch-
bauverein), Beschlagnahme der Vereinskassen mit
zusammen 2800 RM (wurden später zurückgezahlt).
Verstorben am 21.9.1959.

DROLL, EDUARD
1870 05 26
Calle / Hallinghausen
Pfarrer
Ab Mai 1934 durch die Gestapo Aufenthaltsver-
bot für Calle. Intervention Bischof Bernings
beim Innenminister in Berlin erfolglos (1935).
Verstorben am 17.10.1945.

DROSTE, EBERHARD
1910 08 06
Castrop-Rauxel
Vikar
1938 Haussuchung durch die Gestapo.
1939 Verhör durch die Gestapo.
Nach Einberufung zur Wehrmacht Predigtverbot
im Reservelazarett. Strafversetzung zum Feld-
heer, weil der Vikar einem sterbenden SS-Mann
christlichen Zuspruch erteilt hatte.

DROSTE, JOSEF
1911 12 23
Bitterfeld
Vikar
Wegen Besitzes nicht-religiöser Bildbände
ein Verhör und eine Verwarnung. Zwei Vernehmungen bezüglich der Borromäusbibliothek,
drei Vernehmungen wegen Erteilung von Religionsunterricht in nichtkirchlichen Räumen sowie
je eine Vernehmung aufgrund von Jugend- und
Ausländerseelsorge. Alle Maßnahmen wurden
durch die Gestapo ausgeführt.

DUBIELZIG, ADOLF
1896 10 17
Sönnern
Pfarrvikar
Wegen Jugendseelsorge vier Verhöre und monate-
lange Postüberwachung durch die Gestapo.
Verstorben am 5.4.1965.

DUECHTING, JOHANNES
1910 04 16
Neuenbeken
Vikar, Geistl. Rektor
Ein Verhör durch die Gestapo wegen Arbeit mit
Kinder- und Jugendgruppen.

DUENNEBACKE, ANTON
1906 07 24
Dortmund-Husen
Pfarrvikar
Zwei Verhöre und eine Verwarnung, nähere An-
gaben fehlen.

DURSTEWITZ, GOTTFRIED
1889 10 07
Gelsenkirchen
Geistl. Studienassessor
Aufgrund politischer Unzuverlässigkeit 1939
Absetzung als Klassenlehrer und beschränktes
Unterrichtsverbot (für die Klassen 5-8),
1943 allgemeines Unterrichtsverbot sowie 1944
Entlassung aus dem Staatsdienst.
Verstorben am 15.10.1975.
Lit.: Opfermann, B.: Gestalten des Eichsfeldes.
Heiligenstadt 1968, 166.

DUWE, FERDINAND
1909 10 30
Schloß Neuhaus
Vikar
1939 wegen eines Verstoßes gegen das Heimtückegesetz eine Vernehmung und eine Verwarnung durch die Oberstaatsanwaltschaft Dortmund. Ein diesbezügliches Gerichtsverfahren
wurde aufgrund der allgemeinen Amnestie zum
Polenfeldzug eingestellt.
Verstorben am 3.11.1974.

EBERS, ANTON
1879 02 03
Kirchveischede / Wewer
Pfarrer
1934 durch die Gestapo und die örtliche
Parteileitung fünf Verhöre, eine Verwarnung sowie zwei Haussuchungen wegen Behinderung der Parteiarbeit durch Agitation auf
der Kanzel und in den kirchlichen Vereinen.
Des weiteren durch ein Sondergericht Auferlegung von 2000 RM Sicherungsgeld sowie Verurteilung zu sieben Monaten Haft (16.12.1935-
16.7.1937).
Interventionen Erzbischof Kleins blieben
erfolglos.
Verstorben am 22.3.1953.

EBERT, CLEMENS
1908 09 08
Friedrichsdorf / Messinghausen
Pfarrvikar
Da der Vikar sich weigerte, der NSV beizutreten
und für das Winterhilfswerk zu spenden, wurde
er 1938 in einem Artikel der Tageszeitung und
einem Aushang im „Stürmer"-Kasten bedroht und
beleidigt.
Verhör und Verwarnung durch die Gestapo wegen
der Verteilung von Andenken bei einer kirchlichen Schulentlassungsfeier.

ECHTERLING, ANTON
1896 10 07
Wanne-Eickel (St. Barbara)
Pfarrer
Pfarrer Echterling wurde viermal verhört,
nähere Angaben fehlen.
Verstorben am 25.3.1962.

ECKHARDT, JOHANNES
1883 04 19
Bochum-Langendreer
Pfarrer
1935 ein Verhör durch die Gestapo wegen Nichtbeflaggung.
1939 wurde der Pfarrer in seiner Eigenschaft
als Bezirkspräses des Männerarbeitervereins
verhört.
Weitere Verhöre im Zusammenhang mit der Auflösung des katholischen Jungmännervereins.
1942 Verwarnung durch die Gestapo wegen Verbreitung unwahrer Gerüchte über die Schlacht
bei Stalingrad.
Verstorben am 28.8.1967.

EGGERS, LUDWIG
1901 09 27
Paderborn
Vikar
Verhöre, Verwarnung und Haussuchung durch
die Gestapo und den Staatsanwalt wegen illegaler
Jugendarbeit. Des weiteren 1937 fünf Tage
Haft.
Verstorben am 14.5.1973.

EICHELBERG, P. JOHANNES
MSC
1895 07 06
Hamm
Pfarrvikar / Superior
Mehrere Verhöre, Haussuchung und Schutz-
haft (31.7.1941-4.9.1941) durch die Gestapo
im Zusammenhang mit der Aufhebung des Klosters
in Hamm.
Verstorben am 9.8.1970.

EICKEL, KARL
1882 03 21
Lünen-Süd
Pfarrer
1934 Verhör und 15 RM Geldstrafe durch die
Gestapo wegen Verteilung eines Flugblattes.
Verstorben am 17.6.1937.

EICKELMANN, ROBERT
1894 01 24
Dortmund-Hörde
Vikar
Drei Verhöre und zwei Verwarnungen; nähere
Angaben fehlen.
Verstorben am 12.2.1973.

EICKHOFF, FRANZ
1897 10 22
Alhausen / Holzwickede
Pfarrvikar
1934 drohte dem Vikar aufgrund von Predigtäußerungen Redeverbot; deshalb wurde er
durch das Generalvikariat versetzt.
1936 ohne Grundangabe zwei Tage inhaftiert, Verhöre und Haussuchung.
Verstorben am 11.5.1975.

EICKHOFF, JOSEF
1899 08 16
Magdeburg
Geistl. Studienassessor
1938 drei Verhöre sowie Unterrichtsverbot;
nähere Angaben fehlen.
Verstorben am 17.10.1950.

EISENHUT, AUGUST
1872 08 11
Warstein
Geistl. Pro-Rektor
1934 wegen staatsfeindlicher Einstellung
aufgrund des Gesetzes zur Wiederherstellung des
Berufsbeamtentums entlassen.
Verstorben am 6.6.1957.

ELSING, HEINRICH
1883 01 31
Herringen
Pfarrer
Verhöre und Haussuchungen wegen Auslands-
korrespondenz.
Verhöre und Verwarnungen, weil der Pfarrer
Juden zu Einkehrtagen geladen hatte.
Verstorben am 4.10.1950.

ENGELS, JOSEF
1877 02 08
Grönebach
Pfarrer
1944 eine Haussuchung, weil der Pfarrer kri-

tische Predigten eines Paters in seiner Pfarrei
geduldet hatte. Ein Haftbefehl wurde wegen
Krankheit und Tod des Pfarrers nicht vollstreckt.
Verstorben am 2.10.1944.

ENGEMANN, JOHANNES
1881 10 10
Sudhagen
Pfarrvikar
Zwei Verhöre, eine Verwarnung und Unterrichts-
verbot für Volksschulen wegen Jugendarbeit und
einer Messe an Himmelfahrt.
Verstorben am 6.1.1958.

ENGMANN, KARL
1899 08 26
Dortmund-Hörde
Vikar
Ein Verhör und Auferlegung einer Geldstrafe in Höhe von 200 RM durch das Amtsgericht, weil der Vikar den Meßdienern
weltliche Filme vorgeführt hatte, später
wurde die Geldstrafe wegen Amnestie erlassen.
Verstorben am 29.4.1945.

EPE, HEINRICH
1892 09 03
Werries / Niederlandenbeck
Pfarrvikar
1938 Verhöre und Haussuchung durch die Gestapo
und den Landrat wegen Verkaufs von verbotenen
Schriften. Des weiteren Beschlagnahme kirch-
lichen Eigentums.
1941 Verhöre, Verwarnung und Schutzhaft (22
Tage) durch den Oberstaatsanwalt und die
Gestapo wegen Predigten und Nichtbeflaggung.
Verstorben am 14.11.1964.

EPKE, EWALD
1911 04 18
Dortmund (St. Gertrudis)
Pfarrvikar
1939 acht Tage Schutzhaft wegen einer verbotenen Sammlung.

ERLEMEIER, FRANZ
1879 03 08
Hirschberg
Pfarrer
Verhör durch die Gestapo wegen des Mölders-
briefes.
Verhör und 30 RM Sicherungsgeld durch die
Gestapo wegen einer Wallfahrt.
Eine weitere Wallfahrt wurde von der Polizei
angehalten und aufgelöst.
Verstorben am 26.10.1950.

ERMECKE, GUSTAV
1907 02 28
Paderborn
Geistl. Präfekt
Dr.
Ein Verhör wegen einer Predigt.
Mitangeklagt in einem Sondergerichtsverfahren,
das jedoch bald wegen Amnestie eingestellt
wurde.

ERNST, FRIEDRICH
1895 11 09
Soest
Pfarrvikar
Drei Verhöre durch die Gestapo wegen Vereins-
arbeit, einer Predigt und eines Vortrags.
Verstorben am 28.3.1962.

ERNST, HEINRICH
1906 08 19
Atteln / Brilon
Vikar
Im Zusammenhang mit der Auflösung des Jungmännervereins sowie aufgrund einer Predigt
1937 fünf Verhöre, drei Verwarnungen und
eine Haussuchung mit Beschlagnahme von Schreibmaschine und Büchern durch Polizei und Gestapo.
Eine Sondergerichtsanklage wegen Vergehens
gegen das Heimtückegesetz fiel 1938 unter
Amnestie.
Verstorben am 23.10.1979.

ERNST, STEPHAN
1904 12 25
Wetter
Vikar
Wegen der Jugendzeitschrift „Junge Front" Verhöre und Haussuchungen durch die Gestapo,
ab 1934 ständige Bespitzelung. Eine gerichtliche Verurteilung zu sechs Monaten Haft fiel
unter Amnestie.

ESSER, LUDWIG
1910 05 01
Schkeuditz / Blankenstein
Vikar / Pfarrvikar
Wegen Ausländerseelsorge zog die Gestapo
500 RM Sicherungsgeld ein. Weiterhin durch die
Gestapo: Verhöre, Verwarnungen, Haussuchungen
und Beschlagnahme staatsfeindlicher Bücher
aus dem Privatbesitz des Vikars.

EULERICH, HUBERT
1895 09 27
Hallenberg / Peckelsheim
Vikar
1937 Haussuchung durch die Gestapo im Zusammenhang mit der Auflösung des Jungmännerverbands.

1941 Verhör durch die Gestapo, weil der Vikar
an der Dekanatskonferenz in Bad Driburg teilgenommen hatte, auf der ein holländischer
Hirtenbrief verlesen worden war.
Verhör und Verwarnung durch die Gestapo, weil
der Vikar sich angeblich abfällig zum Arbeitsdienst geäußert hatte.
Verstorben am 13.1.1965.

EUSTRUP, ALBERT
1893 08 01
Oedingen / Irmgarteichen
Vikar / Pfarrer
1937 Beschlagnahme der persönlichen Schriften
durch die Gestapo.
1941 Verwarnung durch die Gestapo.
Verstorben 4.6.1961.

EVERS, HEINRICH
1903 10 30
Menden
Vikar
Fünf Verhöre und eine Haussuchung wegen
Jugendarbeit.
Verstorben am 16.7.1952.

EWERS, HEINRICH
1906 02 18
Anröchte
Vikar
Durch die Gestapo ständige Überwachung und
Unterrichtsverbot.
Von Januar bis Februar 1945 aus rassenpoli-
tischen Gründen Internierung im Mischlings-
lager, diese Maßnahme wurde durch die Gestapo
veranlaßt.

FARWER, EDUARD
1901 08 17
Alsleben, Saale
Pfarrvikar
1938 wurde der Pfarrvikar wegen mehrerer Verstöße gegen das Heimtückegesetz (Predigten,
Caritastätigkeit, Devisen-Angelegenheiten und
verdächtiger Briefverkehr) von der Gestapo
verhaftet, Schutz- bzw. KZ-Haft:
20.1.1938 - 16.12.1939 Polizeigefängnis Halle,
16.12.1939 - 16.3.1941 Gerichtsgef. Naumburg,
16.3.1941 - 18.4.1941 Polizeigef. Halle und
18.4.1941 - 29.4.1945 KZ Dachau (von den
Amerikanern befreit). Insgesamt 15 Verhöre,
eine Verwarnung und zwei Haussuchungen.
Verstorben am 24.4.1971.
Lit.: 1.Weiler, 224. 2.Wagener, Ulrich: Leidensweg Paderborner Priester in der NS-Zeit.
In: Der Dom. 5 (1983), 11.

FASTABEND, OTTO
1901 12 23
Bochum-Werne
Vikar
Zwei Haussuchungen, nähere Angaben fehlen.
Verstorben am 23.6.1975.

FELDMANN, JOSEF
1905 06 26
Höxter (St. Nicolai)
Vikar
Haussuchung und Beschlagnahme der Jugend-
und Liederbücher sowie antinationaler Schrif-
ten.
Verstorben am 8.4.1977.

FELDMANN, JOSEPH
1901 12 01
Dortmund / Wanne-Eickel
Vikar
Ab 1934 drei Verhöre, zwei Verwarnungen und 50 RM
Geldstrafe durch die Gestapo wegen Jugend-
arbeit.

FERKINGHOFF, BERNHARD
1907 11 24
Gommern
Pfarrvikar
Sieben Verhöre und eine Haussuchung, nähere
Angaben fehlen.
Verstorben am 23.6.1967.

FERNHOLZ, JOSEF
1870 03 12
Dünschede
Pfarrer
Zwei Verwarnungen, nähere Angaben fehlen.
Verstorben am 11.6.1953.

FESTER, JOSEF (P. LAMBERT)
OFM
1893 01 03
Werl
Wallfahrtsleiter
Zwei Verhöre, eine Verwarnung, Bespitzelung
und Verbot einer Meßdienerwallfahrt durch die
Gestapo wegen seelsorglicher Betreuung der
Meßdiener, Briefverkehrs mit polnischen
Zivilgefangenen sowie wegen Verbreitung der
Nachrichten über feindliche Bombenangriffe.
Verstorben am 25.10.1955.

FICKERMANN, FRANZ
1906 09 30
Liesen / Beverungen
Vikar / Pfarrvikar
Fünf Verhöre, nähere Angaben fehlen.
Verstorben am 5.3.1957.

FINDHAMMER, WILHELM
1890 07 01
Dortmund
Geistl. Studienrat
Aufgrund staats- und parteifeindlicher Ein-
stellung sowie entsprechender Äußerungen
Entlassung als Dozent an der Hochschule für
Lehrerbildung (Dortmund) und Auferlegung von
50 RM Geldstrafe. Die Maßnahmen wurden auf
Betreiben des nationalsozialistischen Lehrer-
bundes durch die örtliche NSDAP verhängt.
Verstorben am 8.1.1963.

FINKE, FRANZ
1907 04 23
Werl
Konviktpräses
Aufgrund einer verleumderischen Denunziation
durch ein HJ-Mitglied 1939 zu zwei Jahren Haft
verurteilt. Anschließend (Dezember 1941) ins KZ
Sachsenhausen eingeliefert. Dort am 3.7.1942
infolge körperlicher Mißhandlungen verstorben, als Todesursache wurde offiziell „Lungenentzündung" angegeben.
*Lit.: 1.Weiler, 230. 2.Wagener, Ulrich: Lei-
densweg Paderborner Priester in der NS-Zeit.
In: Der Dom. 5 (1983), 12.*

FINKE, HEINRICH
1883 02 16
Berge
Pfarrvikar
Mehrere Verhöre wegen zwei Meßfeiern an
Himmelfahrt.
Verstorben am 7.10.1959.

FINKE, KONRAD
1883 09 09
Herbede
Pfarrer
Verhöre (10), Verwarnungen (zwei) und Haussuchungen (drei) durch die Gestapo und die Polizei
wegen falscher Beflaggung, Nichtentfernung
des Bücherstandes aus der Kirche, Gefangenen-
meßfeiern sowie Meßfeiern nach Fliegeralarm,
Kritik an der Auflösung der Konfessionsschule
und der Weigerung, die Bücher der Pfarrbücherei herauszugeben.
Verstorben am 23.6.1959.

FINKELDEY, WILHELM
1903 08 28
Altenrüthen
Vikar
Vier Verhöre, nähere Angaben fehlen.

FISCHER, FRANZ
1902 12 08
Wanne-Eickel / Hagen

Vikar
1935 fünf Wochen Aufenthaltsverbot für den
Kreis Meschede.
1936 300 RM Geldstrafe.
1941 Entziehung der Polenseelsorge.
Die Maßnahmen wurden durch das Landgericht
und die SS stets wegen Polenseelsorge und
kritischer Predigten veranlaßt, außerdem
vier Verhöre und eine Verwarnung.
Verstorben am 29.12.1975.

FISCHER, WILHELM
1888 01 26
Bochum-Dahlhausen / Eversberg
Pfarrer
1938 wegen einer Predigt, in welcher der Pfarrer Kritik an der Judenhetze geübt hatte,
eine Verwarnung sowie Androhung von KZ-Haft
durch die Gestapo.
1941 wegen seelsorgerischer Betreuung von Polen
Verbot der Ausländerseelsorge sowie Auferlegung von 500 RM Sicherungsgeld durch die Gestapo.
Bezüglich der Pfarrbücherei und des Jugendvereins zwei Haussuchungen durch die Partei.
Weitere Verhöre und Verwarnungen durch die
Gestapo wegen der Arbeit des Pfarrers mit dem
Kirchenchor.
Verstorben am 23.1.1961.

FLOERKEN, THEODOR
1887 11 28
Breckerfeld
Pfarrer
Mehrere Verhöre, nähere Angaben fehlen.
Verstorben am 20.3.1951.

FLORMANN, LUDWIG
1884 08 21
Mönninghausen
Pfarrer
Ein Verhör wegen Sabotage des NS-Hilfswerkes
„Mutter und Kind".
Verstorben am 8.9.1951.

FLOTTMANN, HEINRICH
1884 12 22
Herten
Geistl. Studienrat
Wegen allgemeiner staatsfeindlicher Einstellung
und insbesondere aufgrund regimekritischer
Äußerungen im Unterricht vom 16.2.1942 bis
zum 2.10.1942 Schutzhaft durch die Gestapo.
Des weiteren ein Verhör und drei Anzeigen bei
der Schulbehörde durch die Gestapo.

FORTHAUS, FRANZ
1905 05 26
Dortmund

Vikar
Verhöre und Haussuchung wegen Vereinsarbeit
und wegen der Leitung der Pfarrbücherei.
Unterrichtsverbot für höhere Schulen.
Lit.: Baumjohann, 186.

FRANKE, JOHANNES
1873 03 27
Nordenau
Pfarrvikar
Prof.
Verhör und Verwarnung durch die Gestapo
wegen der Karfreitagspredigt 1942.
Verstorben am 9.9.1959.

FRANKE, JOSEF
1900 02 18
Lichtringhausen
Pfarrvikar
Fünf Verhöre, zwei Verwarnungen und 30 RM Geldstrafe durch den Landrat, weil der Pfarrvikar
angeblich die Eltern zum Streik gegen die
Aufhebung kirchlicher Feiertage aufgerufen
hatte.

FRANKRONE, VITUS (P. ADEODATUS)
OFM
1901 04 10
Bochum
Jugendseelsorger
Ab dem 2.1.1941 Aufenthaltsverbot für
Bochum, anschließend in Dresden tätig.
Am 14.2.1945 bei einem Luftangriff auf Dres-
den in der Hofkirche umgekommen.

FRANZEN, ALFRED
1904 11 07
Burgörner
Pfarrvikar
1941 Verhör durch die Gestapo wegen eines
nicht genehmigten Gottesdienstes mit Polen.
1942 Verhör durch die Gestapo im Zusammenhang mit der Auflösung der Pfarrbücherei.
Der drohenden Sicherstellung der Bücher kam
der Pfarrvikar zuvor, indem er sie an die
Pfarrangehörigen verschenkte.
Verstorben am 18.12.1975.

FRANZEN, P. FRIEDRICH
SAC
1893 02 05
Olpe
Geistl. Vize-Rektor
Verhör, Haussuchung, Schutzhaft (19.6.1941-
18.7.1941) und Ausweisung aus Südwestfalen
durch die Gestapo wegen der Exerzitientätig-
keit des Paters.
Verstorben am 22.12.1974.

FRANZKOWIAK, HEINRICH
1914 05 25
Sümmern
Pfarrvikar
Verhör und Verwarnung durch die Gestapo
wegen der Anwesenheit von polnischen Zivilisten
beim Gottesdienst (1941).

FRECKMANN, WILHELM
1894 02 27
Paderborn
Geistl. Generalsekretär des Bonifatiusvereins
1935 wegen eines Devisenvergehens durch das
Schöffengericht Berlin zu fünf Jahren Zuchthaus und Ehrverlust sowie zu 150.000 RM Geldstrafe verurteilt. Am 10.4.1939 vorzeitig aus
der Haft entlassen.
Verstorben am 22.3.1945.

FREIBOTT, OTTO (P. CAECILIUS)
OFM
1905 10 28
Paderborn
Klerikermagister
Wegen Feldpost an Mitbrüder Verhör, Ver-
warnung, Haussuchung und Beschlagnahme des
Schreibmaterials.

FREIBURG, ANTON
1877 02 14
Beringhausen
Dechant
1933 ein Verbot der Gestapo, Meßdiener bei
Krankenbesuchen mitzunehmen.
1934 Verhör wegen einer Maiandacht, Störung
des Gottesdienstes. Verwarnung wegen Verteilung von Flugblättern.
1938 ein Verhör wegen Verteidigung des katholischen Eherechts in einer Predigt.
1939 Behinderung der Fronleichnamsfeier. Verwarnung, weil der Dechant Krankenwein im Pfarrhaus anbot.
1942 Verhör wegen Erteilung privater Nach-
hilfe und wegen einer Predigt.
1943 Verwarnung, weil der Dechant sich angeblich geweigert hatte, der Mutter eines Parteigenossen die Kommunion zu reichen.
Insgesamt 21 Verhöre, drei Verwarnungen, drei Haussuchungen und Unterrichtsverbot für Volksschulen durch den Staatsanwalt, Vertreter des
Landratsamtes, die Polizei bzw. die Gestapo.
Verstorben am 9.1.1957.

FREISTUEHLER, ALFONS
1914 03 04
Halver
Pfarrvikar
Mehrere Verhöre, zwei Verwarnungen und zwei Haussuchungen durch die Gestapo wegen einer Predigt,
des Möldersbriefes, caritativer Betätigung,
unerwünschten Glockengeläutes und Kinderseelsorge.

FREYTAG, THEODOR
1872 01 19
Büderich
Pfarrer
1944 für einen Tag kurzfristig von der Polizei
festgenommen.
Verhör und Haussuchung durch die Polizei,
Beschlagnahme einiger Papiere.
Weitere Verhöre, Verwarnungen und Haus-
suchungen, Unterrichtsverbot für Volksschulen.
Verstorben am 12.7.1950.

FRIEDRICH, JOSEF (P. FIDELIS)
OSB
1913 02 06
Königsmünster
1941 Haussuchung und Ausweisung aus dem
Regierungsbezirk Arnsberg durch die Gestapo
im Zusammenhang mit der Klosteraufhebung.

FRIELING, ADOLF
1897 04 18
Dortmund
Vikar
Wegen einer Predigt zwei Verhöre und zwei
Verwarnungen durch die Gestapo.
Verstorben am 19.3.1968.

FRIGGER, JOSEF
1902 02 07
Schwitten
Pfarrvikar
1940 wegen antimilitärischer Äußerungen
während der Musterung sechs Verhöre und 17 Tage
Haft durch die Gestapo.

FRISSE, WILHELM
1901 08 27
Bochum
Diözesanpräses der Kolpingfamilie
150 RM Geldstrafe, weil der Präses sich bei
Fliegeralarm nicht in Sicherheit gebracht hatte.
Aufgrund eines Einspruchs wurde die Geldstrafe
in eine Verwarnung umgewandelt.
Zwei Haussuchungen durch die Gestapo, die erste
erfolgte ohne Grundangabe, die zweite wegen
Versendung religiöser Schriften ins Feld;
des weiteren Verhöre.
Verstorben am 13.3.1975.

FRITSCHE, ALBERT
1863 02 10
Hellefeld
Pfarrer
Dr. phil.

1936 Predigtverbot durch den Landrat wegen Predigten gegen den „Mythus". Da weitere Predigten folgten, verurteilte das Sondergericht den Pfarrer am 18.2.1936 zu einer Haftstrafe, der sich der Verurteilte durch Flucht nach Holland entzog.
Verstorben am 19.2.1942.

FRUEHAUF, JOSEF
1904 09 15
Hamm
Vikar, Standortpfarrer
1942 wegen staatsfeindlichen Verhaltens am Bekenntnistag der Jugend für drei Tage durch die Gestapo inhaftiert. Die Zahlung von 500 RM Sicherungsgeld verweigerte der Vikar erfolgreich.
Aufgrund einer Denunziation sowie wegen Nichtbeflaggung zwei Verhöre durch die Gestapo. Zwei Haussuchungen durch die Gestapo wegen Vereinsarbeit und Wehrmachtsseelsorge.
Verstorben am 8.7.1977.

FUCHS, ALOYS
1877 06 19
Paderborn
Geistl. Dozent
Prof. Dr. theol. et phil.
Die Partei verhinderte, daß eine wissenschaftliche Arbeit des Professors veröffentlicht und vertrieben werden konnte, weil das der Arbeit zugrundeliegende Geschichtsbild nicht den Vorstellungen des Nationalsozialismus entsprach. Des weiteren Aufenthaltsverbot.
Verstorben am 25.6.1971.

FUELLER, FRANZ (P. ELISEUS)
OFM
1899 11 06
Paderborn
Guardian
1939 ein Verfahren vor dem Landgericht wegen Überschreitung des Sammlungsgesetzes. Dieses wurde aufgrund einer Amnestie eingestellt.

FUEST, HEINRICH
1875 08 11
Dössel
Pfarrer
1939 Verhöre und Haussuchung durch die Gestapo, weil der Beschuldigte für eine neue Orgel gesammelt hatte, Beschlagnahme des Sammlungserlöses (300 RM) sowie 80 RM privaten Geldes, das Verfahren vor Gericht wurde vom Staatsanwalt eingestellt, nachdem der Pfarrer auf die 380 RM verzichtet hatte.
Verstorben am 22.6.1945.

FUHLROTT, JOHANNES
1898 09 10
Bochum / Marsberg
Vikar
Dr.
Ab 1937 Verhöre und eine Verwarnung durch die Gestapo, folgende Gründe lagen vor: Äußerung über ein SA-Bild im Religionsunterricht, Organisation einer Jugendversammlung, Beichtunterricht, Kritik an der Aufhebung des Fronleichnamsfestes als staatlicher Feiertag.

FUNKE, FRANZ
1883 08 07
Oelinghausen
Pfarrer
Der Pfarrer wurde einmal verhört, nähere Angaben fehlen.
Verstorben am 7.1.1967.

FUNKE, HEINRICH
1880 03 04
Menden
Pfarrer
1935 durch das Gericht Arnsberg zu zwei Geldstrafen verurteilt: Verstoß gegen das Heimtückegesetz (200 RM), Verstoß gegen das Flaggengesetz (50 RM); eine Verwarnung durch das Propagandaministerium.
Verstorben am 8.5.1966.

FUNKE, LEO
1882 05 16
Mellrich
Pfarrer
1935 Verhöre und Haussuchungen durch die Polizei wegen Verdachts auf Unterschlagung und Bücherfälschung, Verfahren vor dem Amts- und Landgericht, nach 10 Tagen aus der Untersuchungshaft entlassen, das Verfahren wurde 1936 eingestellt.
1936 Verhöre und Verwarnung durch die Gestapo und das Landratsamt wegen einer Predigt.
Verstorben am 27.2.1958.

GABRIEL, ALEX
1886 06 04
Paderborn
Geistl. Vizepräsident des Bonifatiusvereins
1941 als Schriftleiter abgesetzt und aus der Reichsschrifttumskammer entlassen.
Verstorben am 5.4.1966.

GABRIEL, ANTON
1882 09 14
Netphen
Pfarrer

Drei Verhöre durch Polizei und Gestapo.
Verstorben am 4.4.1963.

GABRIEL, HEINRICH
1877 01 08
Listernohl
Pfarrer
Verhöre und Verwarnung durch die Gestapo
wegen Predigten, mit Rücksicht auf das hohe
Alter wurde von einer Verhaftung abgesehen,
stattdessen mußte der Pfarrer 1000 RM
Sicherungsgeld zahlen, Überwachung der
Predigten (1943/1944).
Verstorben am 11.10.1956.

GABRIEL, JOHANNES
1867 03 11
Witten
Pfarrer
Drei Verhöre und eine Verwarnung.
50 RM Geldstrafe wegen Übertretung des Flaggen-
gesetzes.
Verstorben am 12.9.1947.

GASSMANN, RUDOLF
1909 03 19
Niederwenigern / Endorf
Vikar
1937 Verwarnung durch die Partei wegen Predigten
über die „Katechismuswahrheiten".
1938 von der Partei für den schlechten Wahl-
ausgang in der Pfarrei (Endorf-Neindorf) verantwortlich gemacht, die drohende Verhaftung
verhinderte der geschlossene Einsatz des
ganzen Dorfes sowie einige einflußreiche
Katholiken.
1942 weitere Verwarnungen wegen einer Predigt
über Nächstenliebe auch den Gefangenen gegenüber.
1945 einer SA-Streife durch Verkleidung knapp
entkommen. Bis 1945 Postüberwachung.
Weiterhin: Nachts überfallen, von einem
Gestapo-Spitzel (Sommergast in Endorf) überwacht, Androhung von Versetzung und KZ-Haft,
mehrere Inhaftierungsversuche und eine Haussuchung.

GASTREICH, FERDINAND
1902 11 12
Bruchhausen / Höxter
Vikar
Dr.
Verhör und Verwarnung wegen eines Verstosses
gegen die Flaggenordnung.

GATZ, HEINRICH
1908 02 04
Magdeburg
Vikar

Fünf Verhöre, drei Verwarnungen und zwei
Haussuchungen wegen Jugendseelsorge, politischer
Äußerungen und des Möldersbriefes, zeitweilig
Unterrichtsverbot für höhere Schulen.

GEISTHOEVEL, JOHANNES
1906 05 02
Schmallenberg
Vikar, Lehrer
1939 wegen eines Verstoßes gegen das Heimtückegesetz sechs Tage Haft und 2000 RM Sicherungsgeld.
Verstorben am 14.2.1947.

GEMMEKE, ALOIS
1872 10 05
Holzwickede
Pfarrer, Dechant
1937 Haussuchung durch die Gestapo wegen Vervielfältigung der Enzyklika „Mit brennender Sorge", Beschlagnahme der Schreibmaschine und des Vervielfältigungsapparates.
Ein Verhör durch die Gestapo, weil der Pfarrer
öffentlich gegen die Zerschlagung eines aus
der Schule geraubten Kruzifixes protestiert
hatte.
Verstorben am 30.12.1953.

GENAU, ALFONS
1902 04 01
Wittenberg
Pfarrer, Dechant
Verhöre und Haussuchung wegen der folgenden
Gründe: Arbeit mit dem Jungmänner- und
Männerverein, Verwaltung der Pfarrbücherei,
falsche Beflaggung und Polenseelsorge.
Verstorben am 25.10.1953.

GERLACH, FRIEDRICH
1881 07 26
Lemgo
Pfarrer
Verhör durch die Gestapo, weil der Pfarrer
die Vervielfältigung der Galen-Predigten
in seiner Pfarrei geduldet hatte.
Zwei Verwarnungen durch die Gestapo wegen
Nichtbeachtung der Hakenkreuzfahne und
Versendung von Päckchen an Gemeindemitglieder.
Dies, so teilte man dem Pfarrer mit, sei Sache
der NSV.
Verstorben am 12.12.1952.

GERLACH, KARL
1895 07 22
Lünen-Horstmar
Pfarrvikar
Verhöre, Verwarnungen und 100 RM Geldstrafe
durch das Amtsgericht wegen Mitführens der
Kirchenfahne bei den Prozessionen, später fiel

die Geldstrafe unter Amnestie.
Verstorben am 4.4.1973.

GETZ, P. FRANZ
CSSR
1880 11 19
Bochum
Im Zuge der Klosteraufhebung vertrieben.
Verstorben am 30.11.1967.

GIERSE, ANTON
1894 06 10
Halle, Saale
Geistl. Direktor
1935 Haussuchung durch die Gestapo (Durchsuchung
der Privaträume sowie des Mutterhauses der
Grauen Schwestern, in dem der Betroffene Direktor war). Die Gestapo suchte nach regimekritischen Schriften und nach einem Sender.
Verstorben am 4.1.1977.

GIERSE, FRANZ
1895 12 27
Anröchte
Vikar
Vier Verhöre, zwei Verwarnungen und eine Haus-
suchung wegen angeblich illegaler Fortsetzung
der Sturmschar. Des weiteren Beschlagnahme von
Vermögensstücken sowie Verbot der Pfarrbü-
cherei.
Verstorben am 5.4.1958.

GIES, JOSEF
1888 11 05
Dortmund
Vikar
1935 wegen einer Schulangelegenheit ein Gerichtsverfahren, Haft vom 19.11.1935 bis zum
4.3.1936, Unterrichtsverbot und Verwarnung,
ein tätlicher Angriff durch einen NS-Lehrer.
Verstorben am 17.12.1951.

GIPPERT, P. FRANZ
SAC
1877 08 23
Olpe
Spiritual
1941 Ausweisung aus Südwestfalen nach der
Klosteraufhebung durch die Gestapo.
Verstorben am 24.11.1951.

GIRKE, P. PETER
SAC
1877 09 08
Olpe
Seelsorger
1941 Ausweisung aus Südwestfalen nach der
Klosteraufhebung durch die Gestapo. Der
Pater durfte jedoch aufgrund seines schlechten

Gesundheitszustandes bei Verwandten im Nachbar-
ort bleiben.
Verstorben am 6.7.1953.

GIRKE, WILHELM
1908 11 25
Torgau
Vikar
Der Vikar wurde dreimal verhört, nähere An-
gaben fehlen.

GLASER, JOHANNES (P. LUCIUS)
OFM
1900 06 17
Bielefeld (St. Joseph)
Vikar
1943 Verhör, Verwarnung, Haussuchung und
Überwachung durch die Gestapo wegen einer
Neujahrspredigt.
Verstorben am 29.3.1971.

GOEBEL, HUBERT
1906 08 24
Paderborn
Geistl. Lehrer
1939 drei Verhöre, eine Verwarnung und eine
Haussuchung wegen staatsfeindlichen Verhaltens.
Des weiteren Entlassung als Lehrer und Unter-
richtsverbot.
Ein Gerichtsverfahren wurde ebenfalls einge-
leitet, nähere Angaben fehlen.

GOEDEKE, LUDWIG
1888 08 15
Huysburg
Pfarrer
Drei Verhöre, eine Verwarnung sowie 500 RM
Sicherungsgeld, nähere Angaben fehlen.
Verstorben am 16.5.1967.

GOERTZ, EDUARD
1870 05 13
Höxter
Dechant
Ein Verhör und 30 RM Geldstrafe wegen falscher
Beflaggung.
Verstorben am 30.12.1948.

GRAFE, JOSEF
1891 03 15
Wanne-Eickel
Geistl. Studienrat
Dr. phil.
Zwei Verwarnungen, nähere Angaben fehlen.
Verstorben am 17.11.1962.

GRAFF, LUDWIG
1898 10 12
Altenhundem

Vikar
Wegen Jugendarbeit und „Hetze" gegen den
Nationalsozialismus mußte der Vikar
durch die Gestapo bzw. das Amtsgericht folgende
Maßnahmen bzw. Strafen ertragen: 38 Verhöre,
vier Verwarnungen, acht Haussuchungen, zwei
Geldstrafen (80 und 30 RM), 50 RM Sicherungsgeld,
Ausschluß aus der Reichsschrifttumskammer,
Betätigungsverbot als Schriftsteller, kurz-
fristige Festnahme (aus Sorge vor Aufsehen
schnell wieder freigelassen).
Verstorben am 20.8.1966.

GRASKAEMPER, KARL
1902 03 15
Castrop-Rauxel
Vikar
1935 Verwarnung durch die Gestapo wegen einer
Predigt, in der der Vikar gegen die HJ Stellung
bezogen hatte.
Weiterhin neun Verhöre wegen Jugendarbeit.
Verstorben am 11.3.1966.

GRAWE, FRANZ
1908 11 08
Hagen
Geistl. Lehrer
1939 Entlassung als Lehrer und Unterrichtsverbot.

GRAWE, WILHELM
1881 03 14
Rheda
Pfarrer
1944 Verhöre und Verwarnung durch die Gestapo,
weil der Pfarrer seinem kriegsgefangenen französischen Kollegen erlaubt hatte, eine Messe
für dessen Landsleute zu lesen. Außerdem
Einzug von 3000 RM Sicherungsgeld.
Drei Verhöre durch die Polizei.
Verstorben am 10.8.1967.

GREBE, JOSEPH
1892 10 08
Kückelheim
Pfarrvikar
Zwei Verhöre, eine Verwarnung.
Anweisung der Gestapo an die Polizei, den Pfarr-
vikar auf das Schärfste zu beobachten.
Verstorben am 23.8.1971.

GREBE, PETER
1896 04 24
Lippstadt / Kohlhagen
Vikar
Ab 1933 Überwachung der Predigten durch die
Polizei.
Unterrichtsverbot und 500 RM Sicherungsgeld
durch die Gestapo wegen Verweigerung des Hitler-
grußes.
Haussuchungen ohne Grundangabe.
1943 durch den Volksgerichtshof Berlin zum
Tode verurteilt, weil der Angeklagte in einem
Gespräch geäußert hatte, der Krieg sei ver-
loren. Haft vom 15.10.1943 bis zum 27.4.1945.
Am 26.3.1945 aufgrund der Intervention des
Generalvikars Rinteln zu 10 Jahren Zuchthaus be-
gnadigt, vier Monate lang an Händen und Füßen
gefesselt in der Todeszelle, durch sowjetische
Truppen befreit.
Verstorben am 20.3.1962.
*Lit.: Wagner, U.: Leidensweg Paderborner Prie-
ster in der NS-Zeit. In: Der Dom. 5 (1938), 12.*

GREINEMANN, FRANZ
1886 12 04
Tangermünde
Pfarrer
1941 wegen Polenseelsorge ein Verhör durch
die Gestapo.
Weiterhin Verhör, Verwarnung und Haussuchung
wegen Jugendarbeit.
Verstorben am 28.12.1954

GREWE, FERDINAND
1898 06 06
Rüthen
Vikar
Haussuchung durch die Gestapo wegen Vereins-
arbeit.
Acht Verhöre und drei Verwarnungen.

GREWELING, FRANZ
1896 09 04
Kaunitz
Pfarrer
Wegen Regimekritik und Ausländerseelsorge
zwei Verhöre und eine Verwarnung durch den Orts-
gruppenleiter, außerdem veranlaßte dieser
Unterrichtsverbot.

GRIMME, JOSEF
1868 05 20
Fleckenberg
Pfarrer
Zwei Verhöre und eine Haussuchung, nähere
Angaben fehlen.
Verstorben am 10.4.1964.

GROTMANN, PAUL
1909 12 19
Medelon
Pfarrvikar
Der Pfarrvikar wurde einmal verhört,
nähere Angaben fehlen.
Verstorben am 12.8.1960.

GRUENE, FRIEDRICH
1867 11 19
Brakel
Pfarrer, Dechant
1941 Verhör und Verwarnung durch die Gestapo
wegen staatsfeindlicher Äußerungen,
Haft vom 20.2.1941 bis zum 18.3.1941,
vom 5.4.1941 bis zum 1.3.1944 Aufenthaltsverbot für Rheinland, Westfalen, Lippe und
Schaumburg-Lippe (ursprünglich bis zum Tode).
Intervention Bischof Bernings beim Reichssicherheitshauptamt in Berlin.
Verstorben am 1.3.1944.

GRUENEWALD, FRIEDRICH
1890 02 20
Sundern
Vikar
1940 Entlassung als Lehrer und Unterrichtsverbot. Des weiteren drei Verhöre und eine
Haussuchung.
Verstorben am 17.11.1950.

GRUETTERS, FRIEDRICH
1904 06 12
Dortmund
Vikar, Krankenhausseelsorger
Zwei Verhöre, eine Verwarnung sowie zeitweise
Post- und Predigtüberwachung.

GRUETTERS, HUBERT
1908 09 10
Müschede
Pfarrvikar
1940 wegen Polenseelsorge Verhör, Verwarnung
und drei Monate Postkontrolle durch die Gestapo,
zunächst Verbot weiterer Polengottesdienste,
später erneute Genehmigung.

GRUMPE, FRANZ
1911 04 13
Meschede
Pfarrvikar
Ab 1937 mehrere Verhöre wegen Jugendseelsorge
und Wallfahrten.
150 RM Geldstrafe wegen Meßdienerbetreuung.

GRUNDMANN, HERMANN
1900 10 04
Lüdenscheid
Vikar
Acht Verhöre, zwei Verwarnungen sowie Unterrichtsverbot.
Verstorben am 8.3.1948.

GUENNEWICH, OTTO
1902 04 04
Niedersalwey
Pfarrvikar

Weil der Pfarrvikar zur Fronleichnamsprozession
1941 Fahnen mitführte und nicht nur auf dem
Kirchplatz blieb, sondern auch durch die
Dorfstraßen ging, wurde er in Schutzhaft
genommen: Ab 12.7.1941 Gefängnis Dortmund,
ab 15.8.1941 Gefängnis Bochum und
ab 21.11.1941 KZ Dachau, Tod in der Gaskammer am 10.8.1942, die offizielle Todesursache lautete: Darmkatarrh.
*Lit.: 1. Weiler, 278. 2. Leidensweg Paderborner Priester
im 3. Reich. In: Der Dom. 16(1948), 125.*

GUENTHER, DIETRICH
1879 09 24
Geistl. Studienrat
1937 wurde der Studienrat zwangspensioniert.

GUNKEL, PAUL
1895 04 24
Eilenburg
Pfarrer
Zwei Verhöre durch die Gestapo wegen Predigtäußerungen.
Verstorben am 21.8.1965.

GUNTERMANN, FRIEDRICH
1898 09 14
Unna
Geistl. Studienrat
Dr. theol.
1944 von der Polizei in Unna festgenommen
und der Gestapo in Hamm vorgeführt, Verhör
und Unterrichtsverbot, weil man glaubte,
der Beschuldigte habe Verbindungen zu den
Männern des „20. Juli" gehabt.
Verstorben am 11.1.1954.

HABBEL, FRANZ
1894 02 29
Alhausen
Pfarrvikar
1933 Verhöre durch die Gestapo wegen
kritischer Äußerungen im Religionsunterricht, Verweis durch den Regierungspräsidenten, Unterrichtsverbot.
Haussuchung durch die Gestapo, weil der Pfarrvikar für die Verbreitung einer regimekritischen Predigt gesorgt hatte.
Verstorben am 23.8.1978.

HABERHAUSEN, ALOIS
1894 04 01
Klostermannsfeld
Pfarrvikar
1934 durch die Gestapo ein Verhör wegen der
Entfernung eines Plakates, das gegen die katholische Jugend gerichtet war.
Weitere Verhöre durch die Polizei und die
Gestapo wegen Jugendarbeit und Polenseelsorge.
Verstorben am 16.4.1976.

HAEHLING, RAINER VON
1899 06 26
Dortmund
Vikar
Verhör und Unterrichtsverbot.
Verstorben am 19.11.1967.

HAENER, JOHANNES
1879 09 01
Verl
Pfarrer
Ein Verhör, nähere Angaben fehlen.
Verstorben am 7.6.1956.

HAENSDICKE, ALOIS
1911 10 22
Grafstadt
Vikar
Ein Verhör, nähere Angaben fehlen.

HAGEMANN, LUDWIG
1859 11 30
Niedermarsberg
Probst
Drei Verhöre durch die Gestapo, weil der
Probst ein Buch zur Geschichte Marsbergs
herausgegeben hatte. Nachdem der Vikar
einige Exemplare an die Gemeindemitglieder
verkauft hatte, wurden die restlichen von
der Gestapo sichergestellt mit der Bemerkung: „Geschichte machen wir".
Verstorben am 18.11.1941.

HAGEMEIER, FRANZ
1906 11 20
Wiedenbrück
Vikar, Lehrer
Verhöre und Überwachung des Unterrichts
wegen Regimekritik. Aufgrund seines Einsatzes
für die Konfessionsschule sowie wegen seiner
Art der Jugendführung wurde der Vikar
schließlich als nebenamtlicher Religionslehrer entlassen und erhielt Unterrichtsverbot.

HAGEN, JOSEF VON DER
1895 07 25
Gleidorf / Kreuztal
Pfarrvikar
1942 ein Verhör durch die Polizei nach einer
Anzeige der örtlichen NSDAP. Weitergeleitet
an das Gericht. Der Staatsanwalt stellte die
Untersuchung jedoch ein (1935).
1938 zwei Verwarnungen durch die Polizei wegen
Verlesung der Enzyklika „Mit brennender Sorge".
Haussuchung wegen Jugendarbeit.
Verstorben am 1.9.1972.

HAGGENEY, HEINRICH
1904 05 27
Manrode
Pfarrvikar
Ein Verhör und zwei Verwarnungen; nähere An-
gaben fehlen.
Verstorben am 20.1.1964.

HALLERBACH, WILHELM
1899 11 23
Paderborn
Vikar
Zwei Verhöre und zwei Haussuchungen wegen
Jugendseelsorge.
Verstorben am 1.5.1967.

HAMEL, FRANZ
1889 06 08
Bünde
Pfarrer
Zwei Verhöre, eine Verwarnung sowie Auferle-
gung von 1000 RM Sicherungsgeld durch die
Gestapo.
Verstorben am 10.5.1967.

HAMEYER, WILHELM
1911 01 23
Bochum-Riemke
Vikar, Studienrat
1943 bis 1944 Unterrichtsverbot durch die Gestapo
wegen Evakuiertenseelsorge.

HAMM, PETER FRIEDRICH
1901 04 05
Eiserfeld
Pfarrer
Dr. theol.
Ein Verhör und eine Verwarnung; nähere Anga-
ben fehlen.
Verstorben am 29.7.1970.

HAMMEKE, EUGEN
1907 06 04
Rahrbach / Hessler / Ennest
Vikar
1933 sollte der Vikar verhaftet werden, da er
sich für Männer, die angeblich eine Hakenkreuzfahne am Schulgebäude entfernt hatten,
eingesetzt hatte, die Verhaftung fand nicht
statt, weil der beauftragte SA-Mann verunglückte und Katholiken, die ihn bargen,
den Haftbefehl verschwinden ließen.
1934 Verhör wegen Kritik an der HJ-Werbung.
1935 bis 1938 Verhöre und Überwachung der
Predigten.
Ab 1938 weitere Verhöre wegen Predigten,
Prozessionen, falschen Läutens und Beflaggens.
Versuch, einen Hirtenbrief zu beschlagnahmen;
der Vikar lehnte die Herausgabe jedoch ab.

1941 eine Verwarnung wegen Messen an Himmelfahrt und Fronleichnam.
1942 wegen einer Äußerung im Polengottesdienst Auferlegung von 500 RM Sicherungsgeld durch das Sondergericht.
Weitere 100 RM Geldstrafe durch das Amtsgericht. Haussuchung im Zusammenhang mit der Auflösung des Jungmännervereins.
Verstorben am 3.9.1974.

HANSKNECHT, WILHELM
1889 01 22
Meschede
Vikar
Drei Verhöre und zwei Verwarnungen, weil der Vikar 1934 zum Vortrag eines NS-Redners über mittelalterliche Kirchengeschichte Stellung genommen hatte.
Verstorben am 17.8.1961.

HAPPE, JOHANNES
1897 10 29
Iserlohn (Hl. Geist)
Vikar
Drei Verhöre und eine Verwarnung wegen Jugendarbeit, einer Predigt und des Schriftenstandes in der Kirche.
Verstorben am 9.8.1972.

HARBERT, ALBRECHT
1885 12 25
Magdeburg-Sudenburg
Pfarrer
Sieben Verhöre aus folgenden Gründen:
Stellungnahme zur Ermordung Klauseners, falsche Beflaggung, Verteilung von Schriften und Ausländerseelsorge.
Verstorben am 17.11.1973.

HARDEBUSCH, FRANZ
1875 08 03
Eppe
Pfarrer
1937 Verhör und Haussuchung im Zusammenhang mit der Auflösung des Jungmännervereins.
Verstorben am 8.10.1960.

HAREN, JOSEPH VAN (P. FLORIBERT)
OFM
1887 03 18
Dortmund
Volksmissionar
P. Floribert wurde einmal verwarnt.
Nähere Angaben fehlen.
Verstorben am 14.12.1943.

HATTING, WILHELM
1911 07 20
Niederbonsfeld

Pfarrvikar
1939 wegen Caritasarbeit mehrere Verhöre und eine Haussuchung durch die Gestapo. Ein diesbezügliches Verfahren durch das Landgericht wurde aufgrund von Amnestie eingestellt.
Weitere Verhöre und Verwarnungen durch die Gestapo wegen Jugendseelsorge und Predigten.

HAUPEY, ANTON (P. MARKWART)
OFM
1907 08 04
Dortmund
Seelsorger
1935 Verhör, Verwarnung und Aufenthaltsverbot für den Bezirk Paderborn wegen Predigten.
Verstorben am 2.4.1976.

HAVERKAMP, WILHELM
1908 11 08
Wanne-Eickel
Vikar
Zwei Verhöre und eine Verwarnung; nähere Angaben fehlen.

HEBBEKER, JOSEF
1900 06 05
Bad Lippspringe / Maumke
Pfarrvikar
1937 zwei Verhöre und eine Verwarnung durch die Gestapo und den Bürgermeister wegen Predigten gegen Rosenberg sowie wegen einer verbotenen Sammlung. Ein diesbezügliches Verfahren wurde aufgrund einer Amnestie mit einer Verwarnung durch den Staatsanwalt eingestellt.
Wegen weiterer Verfolgungen ließ sich der Pfarrvikar nach Maumke versetzen.
Dort schlug der wohlwollende Ortsgruppenleiter viele Anzeigen nieder.
Verstorben am 20.2.1968.

HECKER, PAUL
1910 10 16
Eickelborn
Kooperator
Verhöre, Verwarnung und Haussuchungen durch die Gestapo wegen Verlesung des Möldersbriefes in einer Glaubensstunde. Des weiteren Beschlagnahme der Jugendliederbücher, einiger Briefe sowie der Schreibmaschine.
Amtsenthebung als Pfarrvikar von Eickelborn.

HECKMANN, PAUL
1899 11 28
Bochum (St. Meinolph)
Vikar
Fünf Verhöre durch die Gestapo.
Zwei Haussuchungen durch die Gestapo, weil der

Vikar als Präses dem Jungmännerverein
vorstand.

HEDDERGOTT, KARL (P. ANGELICUS)
OFM
1904 04 25
Halberstadt / Dortmund
Vikar
Vier Verhöre und zwei Haussuchungen wegen
Arbeit mit Jungmädchen. Das Verfahren wurde
aufgrund einer Amnestie eingestellt.

HEER, JOSEPH
1892 04 08
Bochum-Gerthe
Geistl. Studienrat
Eingeschränktes Unterrichtsverbot.
Vom 1.7. bis zum 31.12.1943 Aufenthaltsverbot.
Verstorben am 13.11.1968.

HEIDE, AUGUST
1890 06 11
Niedermarsberg
Anstaltspfarrer
Ein Verhör durch die Gestapo wegen einer
Adventspredigt.
Verstorben am 1.6.1969.

HEIDE, WILHELM
1907 10 30
Ottenhausen
Pfarrvikar
Verhör und Verwarnung wegen einer Predigt.

HEIMANN, KARL
1873 03 16
Letmathe (St. Aloisius)
Pfarrer
Drei Verhöre und eine Verwarnung durch die
Gestapo wegen Predigten.
Verstorben am 29.4.1955.

HEIMHARDT, KARL
1879 09 21
Bochum
Pfarrer
Fünf Verhöre, zwei Verwarnungen und eine
Haussuchung.

HEIMING, THEODOR
1901 05 18
Hövelhof
Vikar
Verhöre, Verwarnung und Haussuchung durch
die Gestapo wegen falscher Beflaggung sowie
anläßlich der Aufhebung des Jungmännervereins.

HEINE, FRANZ
1890 02 11
Meinerzhagen
Pfarrer
Pfarrer Heine wurde einmal verwarnt.
Verstorben am 21.5.1968.

HEINEMANN, BERNHARD
1889 03 30
Soest
Geistl. Studienrat
Dr.
Anläßlich der Auflösung des katholischen
Akademikerverbandes sowie aufgrund einer verbotenen Sammlung und der Verlesung eines Hirtenbriefes 1935 und 1936 drei Verhöre durch die
Polizei.
1940 eine Verwarnung durch die Gestapo und Beurlaubung vom Unterricht durch das Schulkolle-
gium wegen Regimekritik im Unterricht.
1941 vorzeitig pensioniert.
1945 fanden die Amerikaner beim Ortsgruppenleiter eine Liste mit Namen von Personen, die
„liquidiert" werden sollten, auch der Name des
Studienrats gehörte dazu.
Verstorben am 28.3.1978.

HEINEMANN, FRANZ
1897 01 31
Schwerte
Vikar
1934 ein Verhör wegen öffentlicher Beleidigung der HJ. Ein Verfahren vor dem Landgericht
wegen Kanzelmißbrauchs endete mit Freispruch.
Weitere Verhöre und Verwarnungen, Überwachung der Predigten und des Religionsunterrichts.
Verstorben am 9.9.1975.

HEINZ, JOHANNES
1906 11 24
Westönnen
Pfarrer
Wegen Jugendarbeit eine Haussuchung durch die
Gestapo. Des weiteren ein Verhör und drei
Verwarnungen durch die Gestapo.
Durch das Sondergericht Verurteilung zu 500 RM
Geldstrafe; die Strafe wurde später aufgrund
einer Amnestie erlassen.

HEITE, ROBERT
1882 12 25
Paderborn
Spiritual, Oberstudiendirektor
1934 Entlassung als Oberstudiendirektor wegen
politischer Unzuverlässigkeit.
Verstorben am 30.12.1964.

HELFBEREND, JOHANNES
1887 08 30
Cobbenrode
Pfarrer
Zahlreiche Verhöre durch die Gestapo u.a.
wegen falscher Beflaggung.
Verstorben am 16.5.1943.

HELLE, FRIEDRICH
1865 03 09
Großeneder
Pfarrer
1935 ein Verhör durch die Gestapo wegen einer
Predigt zu den Devisenvergehen, zur Pensionie-
rung gezwungen.
Verstorben am 16.9.1943.

HELLMANN, JOSEF
1882 11 27
Neheim-Hüsten
Pfarrer
Verhör und Unterrichtsverbot für Volks-
schulen.
Verstorben am 15.10.1965.

HELLMICH, BERNHARD
1878 03 25
Wattenscheid
Probst
1939 Verhöre, Verwarnungen und eine Woche
Schutzhaft wegen Verteidigung der christlichen
Ehe.
Verstorben am 5.10.1956.

HELLWEG, CLEMENS
1889 05 03
Niedermarsberg
Probst
Drei Verhöre, eine Verwarnung sowie zwei
Haussuchungen. Nähere Angaben fehlen.
Verstorben am 12.10.1966.

HELLWEG, GERHARD
1902 12 28
Siegen / Haßlinghausen
Vikar
1933 wegen Vereinsarbeit eine Haussuchung, Verhöre und eine Verwarnung durch die Gestapo.
1936 ein Strafverfahren wegen falscher Beflaggung, dieses wurde aufgrund einer Amnestie
eingestellt.
1937 eine Haussuchung nach einer Kirchenfahne,
Verhöre und eine Verwarnung.

HENGSBACH, FRANZ
1910 09 10
Herne (St. Marien)
Vikar
Dr. theol.

1938 zwei Haussuchungen durch die Gestapo mit
Beschlagnahme des Eigentums des Jungmännervereins und der Pfarrbücherei. Als der Vikar
sich weigerte, die Akten des Jungmännervereins
herauszugeben, drohte man ihm mit Verhaftung.
Der Geistliche wurde am 18.11.1957 zum ersten
Bischof von Essen ernannt und am 1.1.1958
inthronisiert.

HENGSBACH, KONRAD
1879 08 02
Gelsenkirchen
Pfarrer
Wegen Nichtbeflaggung und Regimekritik sechs
Verhöre, drei Verwarnungen und zwei Haussu-
chungen durch die Gestapo bzw. den Staatsan-
walt.

HENKE, KARL
1890 01 15
Dreis-Tiefenbach
Pfarrvikar
Ab 1942 drei Verhöre durch die Gestapo wegen
Ausländerseelsorge u.a.
Verstorben am 24.9.1947.

HENKEL, FRANZ
1904 01 26
Hovestadt
Pfarrvikar
1940 Unterrichtsverbot durch die Gestapo, weil
der Pfarrer mehr Religionsstunden hielt, als
ihm erlaubt worden war.
Verhöre und Verwarnung wegen Leitung der
Borromäusbücherei und Durchführung einer
Fronleichnamsprozession, Androhung der Ver-
haftung.
Verstorben am 18.6.1963.

HENNEKE, LORENZ
1897 06 29
Iserlohn
Heerespfarrer
Verhöre durch die Gestapo wegen Verlesung
eines Galen-Hirtenbriefes sowie wegen seelsorglicher Betreuung von Taubstummen,
eine Verwarnung durch das Sondergericht wegen
einer Stellungnahme gegen die Sterilisation
von Taubstummen.
Verstorben am 14.2.1974.

HENNES, WILHELM
1911 08 07
Zappendorf
Pfarrvikar
1939/40 wegen Polenseelsorge zwei Verhöre,
zwei Verwarnungen und eine Haussuchung durch
die Gestapo und den Amtsvorsteher.
Verstorben am 23.2.1971.

HENSE, HEINRICH
1908 10 11
Gütersloh / Medebach
Vikar
Der Vikar wurde im Dritten Reich aufgrund
nachstehender „Vergehen" verfolgt:
Tätigkeit in Arbeiter- und Jugendvereinen,
Streit mit dem Leiter einer Heilanstalt, ver-
botene sportliche Betätigung, Meßdiener-
betreuung, Predigten und kritische private
Äußerungen, verbotene Vervielfältigung.
Die Maßnahmen (26 Verhöre, sechs Verwarnungen,
vier Haussuchungen, Unterrichts- und
Aufenthaltsverbot, Strafversetzung sowie zwei
kurzfristige Festnahmen) wurden durch die Gestapo,
die Partei, das Amts- und das Sondergericht
durchgeführt.
Zwei Verfahren vor dem Sondergericht konnte der
Bruder des Beschuldigten, der bei der Staatsanwaltschaft beschäftigt war, niederschlagen.
Verstorben am 30.1.1972.

HENSENGERTH, WILHELM
1907 07 30
Mellen / Liesen
Pfarrvikar
Ein Verhör wegen einer Messe an einem aufge-
hobenen kirchlichen Feiertag.
Zwei Verwarnungen sowie Unterrichtsverbot.
Verstorben am 8.9.1960.

HERING, JOSEF
1902 03 17
Dortmund-Dorstfeld / Milspe
Vikar, Pfarrvikar
Zwei Verhöre, zwei Verwarnungen und Unter-
richtsverbot durch die Gestapo.

HERMANN, FRIEDRICH
1908 04 19
Detmold / Rösenbeck / Gelsenkirchen
Pfarrvikar
1934/35 Verhöre, Verwarnung und Haussuchung
durch die Gestapo wegen Jugendarbeit.
1937 erneute Ermittlungen der Gestapo, weil
der Pfarrvikar einen Artikel über die religiöse Lage in Deutschland verfaßt hatte und
außerdem Radiopredigten für das Ausland hielt.
1938 Ermittlungen der Gestapo wegen leitender
Stellung im „Bund Neudeutschland".
1940/41 Verfolgung durch die Gestapo wegen
Predigten und Jugendarbeit.
1942 ein Verfahren vor dem Sondergericht. Der
drohenden Verhaftung entging der Pfarrvikar,
indem er sich freiwillig zum Militär meldete,
das Militärgericht verwarnte den Beschuldigten
und erkannte auf Frontbewährung.

HERMANN, MATTHIAS
1902 01 12
Bochum-Harpen
Pfarrvikar
Zwei Verhöre und drei Haussuchungen durch die
Gestapo im Zusammenhang mit der Auflösung der
Jugendvereine.

HERMANN, THEODOR
1910 06 10
Oeventrop
Vikar
1938 wegen Heimtücke ein Verfahren vor dem
Sondergericht; dieses wurde aufgrund einer
Amnestie eingestellt.
1943 strenge Postkontrolle.
Weitere Verhöre durch die Gestapo, die Polizei
und das Amt Freienohl wegen Jugendarbeit,
Korrespondenz mit den Soldaten und einer
Predigt, außerdem Haussuchungen und Verwar-
nungen.
Verstorben am 11.1.1976.

HESSE, HEINRICH
1892 01 24
Paderborn (St. Georg)
Vikar
Verhöre durch die Gestapo wegen Jugendseel-
sorge. Haussuchung und Beschlagnahme der
„Katechismuswahrheiten".
Verstorben am 3.7.1951.

HESSE, JOSEF
1883 10 16
Paderborn
Pfarrer
Durch die Gestapo wegen Nichtbeflaggung zwei
Verwarnungen und zwei Verhöre. Aufgrund einer
Predigt und eines Rundschreibens an die Ge-
meindemitglieder je eine Verwarnung und ein
Verhör, ebenfalls durch die Gestapo.
Verstorben am 24.5.1954

HESSE, JOSEF
1889 03 26
Paderborn
Rendant
Ein Verhör durch die Gestapo wegen Beflaggung
des Priesterseminars zu Fronleichnam.
Verstorben am 31.8.1959.

HESSE, KARL
1868 03 31
Naumburg
Pfarrer
Ein Verhör und eine Verwarnung. Nähere An-
gaben fehlen.
Verstorben am 24.10.1954.

HESSE, OTTO
1870 09 02
Korbach
Pfarrer
Wegen staatsfeindlichen Verhaltens fünf Verhöre, zwei Verwarnungen und eine Haussuchung
durch die Gestapo. Des weiteren Verurteilung
zu 300 RM Geldstrafe durch das Sondergericht.
Verstorben am 7.12.1955.

HETZEL, KLEMENS
1888 11 27
Harth
Pfarrvikar
Drei Verhöre, zwei Verwarnungen und eine
Haussuchung durch die Gestapo bzw. das Sonder-
gericht, weil der Vikar einem Verfolgten ge-
holfen hatte. Außerdem Unterrichtsverbot und
Verbot, die Poststelle zu betreten.
Verstorben am 30.12.1955.

HICKING, EUGEN
1913 03 14
Bochum-Langendreer
Pfarrer
Zwischen 1933 und 1934 bekam der Pfarrer -
damals noch Gymnasiast - große Schwierigkeiten an seiner Schule, weil er sich zum
einen als engagierter Katholik hervortat und
zum anderen sich weigerte, NS-Organisationen
beizutreten. Maßnahmen: Verwarnung, schlechte
Benotung, Verweigerung der Hochschulreife.

HILLEBRAND, FRANZ
1915 06 02
Hamm (Liebfrauen)
Vikar
Vier Verhöre, zwei Verwarnungen und eine Haus-
suchung durch die Gestapo wegen: Jugendarbeit,
Soldatenbetreuung und Religionsunterrichts.

HILLEBRAND, FRIEDRICH
1908 06 14
Hillmecke
Vikar
1939 wegen Kanzelmißbrauchs drei Verhöre und
drei Verwarnungen, Einzug von 500 RM Sicherungsgeld sowie zwei Tage Untersuchungshaft
durch die Gestapo bzw. das Sondergericht.

HIMMELREICH, HEINRICH
1907 04 12
Dortmund
Vikar
1937 wegen Vervielfältigung und Verbreitung
der Enzyklika „Mit brennender Sorge" Verhör,
Unterrichtsverbot und Beschlagnahme der
Schreibmaschine und des Vervielfältigungs-
apparates durch die Stadtverwaltung Dortmund.
Verstorben am 25.9.1971.

HOBERG, PETER
1902 09 13
Attendorn / Magdeburg
Vikar / Pfarrer
1941/42 Verhöre, Verwarnungen und Haussuchungen
durch die Gestapo, weil der Vikar als Jugendpräses mit in die Aktion gegen die katholische
Jugend des Sauerlandes hineingezogen wurde.
Freiwillige Versetzung wegen ständiger Reibereien mit der örtlichen HJ und Gestapo.
Ein Verhör durch die Gestapo Magdeburg.

HOCKELMANN, JOSEPH
1874 03 09
Silbach
Pfarrer
1934 ein Verhör und 11 Tage Haft durch die
Gestapo, weil der Pfarrer die Schulkinder vor
dem Eintritt in die HJ gewarnt hatte. Zudem
versuchte die Gestapo ständig, die Versetzung
des Pfarrers zu erreichen.
Verstorben am 19.5.1948.

HOEFER, JOSEF
1896 11 15
Paderborn
Geistl. Privatdozent
Prof. Dr.
Bis 1940 sechs Verhöre durch die Gestapo und
den Sicherheitsdienst (der Beschuldigte galt
als politisch verdächtig wegen eines längeren
Romaufenthaltes).
Weiterhin: Verhinderung der Ernennung zum or-
dentlichen Professor für Pastoraltheologie,
Aufenthaltsverbot sowie Entlassung als Privat-
dozent (1940).
Verstorben am 7.4.1976.

HOELSCHER, JOSEF
1889 09 19
Lünen
Vikar
Zwei Verhöre und Unterrichtsverbot für Volks-
schulen durch die Gestapo.
Verstorben am 22.2.1962.

HOETGER, BR. ANTON
CSSR
1899 02 26
Bochum
Geistl. Ökonom
1941 im Zusammenhang mit der Auflösung des
Klosters durch die Gestapo vier Verhöre, Haft
(21.7.-20.8.1941) und Ausweisung aus Westfalen bis Kriegsende. Insbesondere warf
man dem Pater vor: Tätigkeit in der „Erzbruderschaft der hl. Familie", Unruhestiftung

und Betreiben eines Schwarzsenders.
Interventionen des Erzbischofs blieben ohne
Erfolg.
Verstorben am 25.2.1957.

HOEVEL, KORNELIUS VAN DEN
1894 03 02
Belecke / Antfeld
Pfarrvikar
Wegen Verletzung des Kanzelparagraphen vom
30.4. bis zum 6.6.1935 Haft durch das Sondergericht. Im Oktober erneute Aufnahme des
Verfahrens, anschließend 10 Monate Haft.
Ein Sondergerichtsverfahren wegen Kanzelmißbrauchs wurde 1937 eingestellt.
1940 durch das Sondergericht für staatenlos
erklärt. Im Krieg dauernde Bespitzelung.
Viele Verhöre wegen Vereins- und Jugendarbeit,
einer Geldsammlung für den Neubau der Kirche,
Anlegen eines Kreuzweges sowie der Sammlung
von Silber für eine Monstranz.
Verstorben am 22.11.1974.

HOEVELMANN, JOSEF
1885 04 11
Bruchhausen
Pfarrer
Vier Verhöre und eine Haussuchung durch die
Gestapo aus folgenden Gründen: Regimekritik,
Gründung einer Schwesternstation, Beeinflussung
der Eltern, ihre Kinder nicht in den NSV-Kinder-
garten zu geben.
Verstorben am 14.7.1973.

HOFFMANN, ERNST
1895 05 03
Dortmund
Vikar
Fünf Verhöre durch die Gestapo wegen einer
verbotenen Sammlung, Ausländerseelsorge und
Verbreitung von Schriften, zweimal für
mehrere Wochen Postkontrolle.
Verstorben am 11.6.1970.

HOFFMANN, KARL
1909 04 02
Bochum-Linden / Stendal
Vikar
1937 Verhöre und Haussuchung durch die
Gestapo im Zusammenhang mit der Auflösung
des Jungmännerverbandes.
1940 wegen Zulassung polnischer Zivilarbeiter
zum Gottesdienst Schutzhaft bzw. KZ-Haft:
11.9.-2.10.1940 Schutzhaft in Stendal,
1.11.-10.11.1940 KZ Dachau,
11.12.1940-2.10.1941 KZ Buchenwald und
ab dem 3.10.1941 erneut KZ Dachau.
Am 23.7.1942 aufgrund eines Gnadengesuchs des
Erzbischofs Jäger entlassen.

Lit.: 1. *Westfalenblatt*, 164 (1973). 2. *Leidensweg
Paderborner Priester im Dritten Reich. In: Der Dom.*
16 (1948), 125. 3. *Weiler*, 299.

HOFFMEISTER, HEINRICH (P. DOMINIKUS)
SDS
1906 11 17
Sennelager
1940 aus dem Exerzitienhaus vertrieben, da
es durch die Gestapo aufgelöst wurde.
Verstorben am 24.12.1978.

HOFIUS, SIEGFRIED
1897 11 29
Geseke
Vikar
Fünf Verhöre und Verwarnungen durch die Ge-
stapo wegen Predigten und Jugendseelsorge.
Auf Partei- und HJ-Veranstaltungen öffentlich
angeschuldigt.
Fensterscheiben des Pfarrhauses wurden von
Nationalsozialisten eingeworfen.
Verstorben am 8.3.1976.

HOGREBE, JOHANNES
1879 10 30
Dresden / Körbecke
Pfarrer
1933 Verhör und Verwarnung durch die Polizei,
weil der Pfarrer an der Mißhandlung „alter
Kämpfer", die wegen Störung der Fronleichnamsprozession von Katholiken verprügelt worden
waren, für mitschuldig befunden wurde.
1934 Verhör und Verwarnung durch die Polizei,
weil der Pfarrer den Gemeindemitgliedern geraten
hatte, einen SA-Tanzabend nicht zu besuchen.
Zwei Monate Haft durch die Gestapo wegen Verbreitung der Galen-Predigten.
Verstorben am 27.10.1950.

HOHN, MATTHIAS
1885 10 21
Gelsenkirchen-Bulmke
Pfarrer
1935 Verhöre, Verwarnung und Haussuchungen
durch die Gestapo bzw. das Landgericht wegen
des Pfarrers Tätigkeit im Arbeiter- und im
Knabenverein.

HOISCHEN, HEINRICH
1881 08 15
Bochum
Geistl. Studienrat
1938 Verhör und Verwarnung durch die Gestapo
wegen Verwendung der „Katechismuswahrheiten"
im Religionsunterricht, obwohl diese bereits
seit einem Jahr verboten waren.
Verstorben am 31.7.1956.

HOLLING, JOHANNES
1903 11 02
Hohenlimburg
Vikar
1937 Unterrichtsverbot; nähere Angaben fehlen.
Verstorben am 19.3.1966.

HOLLMANN, FRANZ
1910 12 29
Rheda
Vikar
1937 Verhöre durch die Gestapo wegen Predigten.
1943 wegen Verkehrs mit französischen
Theologen Verhöre durch die Gestapo.

HOLTERMANN, ALEX
1886 03 29
Bochum / Riesel
Vikar
1934 wegen einer Stellungnahme gegen die Mord-
taten der Regierung (Röhm u.a.) ein Verfahren
vor dem Landgericht, zwei Monate Haft und anschließend ständige Überwachung durch die
Gestapo.
1939 wurde eine gerichtliche Untersuchung wegen
falscher Beflaggung wieder eingestellt.
Verstorben am 30.9.1965.

HOLTGREVE, CHRISTIAN
1902 10 18
Gelsenkirchen
Vikar
Verhöre, Verwarnungen, Haussuchungen,
Postkontrolle und Unterrichtsverbot durch
die Gestapo bzw. den Staatsanwalt wegen
Jugendarbeit und Wehrmachtsbetreuung, die
man als Wehrkraftzersetzung auslegte.
1944 von der Gestapo steckbrieflich gesucht.

HOLTHAUS, GEORG
1887 09 13
Menzel
Pfarrvikar
1934 wegen der Erörterung der Röhm-Affäre
in einer Predigt ein Verhör durch die Gestapo.
Verstorben am 30.12.1972.

HOLTKAMP, JOSEF
1895 09 12
Lichtendorf
Pfarrvikar
Verhör und Verwarnung wegen einer Grabrede.
Verstorben am 3.1.1963.

HOLTKOTTE, FRANZ
1899 08 04
Eickelborn
Anstaltspfarrer
Verhöre und Verwarnung durch die Gestapo

wegen Verbreitung religiöser Schriften.
Verstorben am 19.7.1954.

HOLTMANN, ANTON
1909 10 26
Olpe
Geistl. Religionslehrer
Ein Verhör durch die Gestapo aufgrund von
„Sabotage der weltanschaulichen Arbeit der HJ".

HOLZEM, PAUL
1904 10 01
Weißenfels
Pfarrer
Zwei Verhöre sowie Unterrichtsverbot; nähere
Angaben fehlen.

HOMPEL, MAX TEN
1882 02 28
Paderborn
Geistl. Direktor
Dr.
Fünf Verhöre und zwei Haussuchungen durch
die Gestapo aus folgenden Gründen:
Rundschreiben zur Schulfrage an Eltern,
Abhaltung eines verbotenen Gottesdienstes und
Vervielfältigung und Verteilung eines
Schreibens mit regimekritischem Inhalt.
Verstorben am 10.12.1960.

HOMPEL, PAUL TEN
1886 08 26
Wanne-Eickel (Herz-Jesu)
Pfarrer
Zwei Verhöre durch die Gestapo.
Verstorben am 27.11.1959.

HOPPE, HERMANN
1912 05 02
Dortmund (Liebfrauen)
Vikar
Wegen Vereinsarbeit ein Verhör durch die Ge-
stapo.
Verstorben am 12.2.1981.

HUCKESTEIN, JOSEF
1888 10 02
Drolshagen
Vikar
Wegen Jugendarbeit und angeblicher Auseinander-
setzungen mit einem Lehrer vier Verhöre, zwei
Haussuchungen, eine Verwarnung, drei Monate
Betätigungsverbot in der Jungmännerseelsorge
sowie Auferlegung von 50 RM Geldstrafe durch
die Gestapo bzw. die Polizei.
Verstorben am 21.10.1966.

HUCKSCHLAG, HEINRICH
1901 04 03
Stukenbrock
Vikar
Wegen Vereinsarbeit und Auseinandersetzungen
mit einem HJ-Führer zwei Verhöre, eine Ver-
warnung und eine Haussuchung durch die Gestapo.
Verstorben am 14.5.1971.

HUELSEY, HERMANN
1886 12 06
Welver
Pfarrer
Verhör und Verwarnung wegen einer Predigt.
Verstorben am 16.6.1962.

HUELSMANN, P. JOHANNES
OSB
1894 12 27
Olpe
Spiritual
1941 drei Verhöre, eine Verwarnung und eine
Haussuchung anläßlich der Aufhebung des
Klosters durch die Gestapo.

HUELSMANN, HEINRICH
1902 09 07
Westenholz
Vikar
Verhöre durch die Gestapo wegen Vereinsarbeit, einer Predigt und der angeblichen
Vorführung eines religiösen Films. Eine diesbezüglich angesetzte Haussuchung konnte nicht
durchgeführt werden, da der Vikar verreist
war.
Verstorben am 28.9.1978.

HUEPPER, FRANZ
1901 02 05
Dortmund
Geistl. Lehrer
Aufgrund der Tatsache, daß der Geistliche ein
ehemaliges Zentrumsmitglied war, erhielt er
1935 eingeschränktes Unterrichtsverbot; später wurde seine Einstellung als Studienrat
verweigert.

HUETTE, JOSEF
1911 12 17
Eickelborn
Vikar
1938 Verwarnung durch den Oberpräsidenten
von Westfalen.

HUPPERTZ, STEFAN
1907 10 26
Osterwieck-Wolfen
Pfarrvikar
Zwei Verhöre und eine Verwarnung; nähere
Angaben fehlen.

IBA, KONRAD
1881 08 24
Dortmund-Brackel
Pfarrer
Ein Verhör und eine Verwarnung; nähere An-
gaben fehlen.
Verstorben am 27.5.1950.

IMMEKUS, JOSEF
1907 11 28
Warburg
Vikar
1937/38 Verhöre durch die Gestapo wegen nicht
rein religiöser Vereinsarbeit.
Verhör und Haussuchung durch die Gestapo
wegen Vervielfältigung und Verbreitung der
Galen-Predigten.
Verstorben am 22.6.1976.

INKMANN, WILHELM
1898 06 23
Wiedenbrück
Vikar
Drei Verhöre, zwei Verwarnungen und Unterrichtsverbot durch die Gestapo bzw. den Landrat
wegen angeblicher Regimekritik sowie wegen
eines Plakats des Kolpingvereins. Die gefor-
derte Versetzung des Vikars lehnte das Generalvikariat Paderborn mit Erfolg ab.

ISEKE, FRANZ
1872 12 01
Halberstadt
Pfarrer, Diözesanjugendpräses
1937 Verhöre und Haussuchung durch die Polizei
wegen Jugendarbeit. 10 Tage Haft wegen eines
angeblichen Sittlichkeitsverbrechens. Außerdem Ausweisung aus Halberstadt.
Verstorben am 24.1.1938.
Lit.: Opfermann, B.: Gestalten des Eichsfeldes.
Heiligenstadt, 1958, 218.

ISKENIUS, FRANZ
1897 02 28
Quedlinburg
Pfarrer
Vier Verhöre, zwei Verwarnungen (einmal durch
den Landrat) und eine Haussuchung; nähere Angaben fehlen.

JACOBY, WILHELM
1886 12 16
Erwitte / Ossendorf
Vikar / Pfarrer
1934 bis 1936 wegen Kanzelmißbrauchs fünf Verhöre
und zwei Verwarnungen durch die Polizei.

1938 wurde ein Verfahren wegen Vergehens gegen das Sammlungsgesetz durch das Amtsgericht eingestellt.
Verstorben am 2.7.1956.

JAEGER, HEINRICH
1913 08 01
Osternienburg
Pfarrvikar, Vikar
Kontrolle der Bücher der Pfarrbücherei, später Beschlagnahme nahezu aller Bücher.
Des weiteren drei Verhöre.

JAHN, KARL
1886 07 08
Willebadessen
Pfarrer
Drei Verwarnungen durch die Polizei: 1941 wegen Bination an Himmelfahrt, 1942 wegen Feierns des Patronatsfestes trotz Arbeitspflicht, 1944 wegen Beherbergung eines französischen Geistlichen. Zeitweise Predigtüberwachung.
Verstorben am 20.3.1955.

JANSEN, JOSEF
1891 12 25
Soest
Geistl. Studienrat
Drei Verhöre durch die Oberschulbehörde Münster. 1941 Verbot, außerschulischen Religionsunterricht zu erteilen; 1942 vorzeitig in den Ruhestand versetzt.
Verstorben am 19.12.1976.

JANSEN, MARTIN
1900 12 30
Bergheim
Pfarrer
1937 Verhör durch die Polizei und die Gestapo wegen einer Kollekte für eine neue Heizung.
Verstorben am 22.3.1973.

JELKMANN, KARL ERNST
1915 07 24
Magdeburg (St. Sebastian)
Vikar
Zwei Verhöre sowie eine Verwarnung; nähere Angaben fehlen.

JOCH, ALBERT
1882 11 22
Dortmund (St. Liborius)
Pfarrer
Verhör und Verwarnung wegen Nichtbeflaggung anläßlich der Beerdigung eines höheren NS-Mitgliedes.
Verstorben am 10.8.1957.

JOHANNESMANN, HEINRICH
1869 11 18
Fürstenberg
Pfarrer
1934 Verhöre durch die Gestapo wegen staatsfeindlicher Äußerungen einem Parteimann gegenüber, die Ermittlungen waren noch nicht abgeschlossen, als der Pfarrer starb.
Verstorben am 13.1.1936.

JOHANNTOBERENS, HEINRICH
1909 08 12
Dortmund (Propstei St. Johann Baptist)
Pfarrer
Ein Verhör und eine Verwarnung; nähere Angaben fehlen.
Verstorben am 9.12.1973.

JOSEPHS, HEINRICH
1902 08 20
Verl
Vikar
1934 drei Verhöre; nähere Angaben fehlen.
Verstorben am 23.11.1976.

JUENNEMANN, OTTO
1883 04 10
Dortmund-Dorstfeld
Pfarrer
Pfarrer Jünnemann wurde dreimal verhört, nähere Angaben fehlen.
Verstorben am 29.12.1952.

JUSTUS, RICHARD
1906 12 15
Herne
Vikar
1936 fünf Verhöre und eine Haussuchung durch das Landgericht Bochum im Zusammenhang mit der Auflösung des Jungmännerverbandes.
1937 eine Verwarnung durch das Landgericht wegen eines Verstoßes gegen das Heimtückegesetz. Das noch schwebende Verfahren wurde 1938 aufgrund einer Amnestie eingestellt.
Verstorben am 18.1.1971.

KAEMPER, MEINOLPH
1900 10 20
Werdohl-Eveking
Pfarrvikar
Wegen Ausländerseelsorge drei Verhöre und zwei Verwarnungen durch die Gestapo.

KAHLE, WILHELM
1893 03 26
Arnsberg
Geistl. Studienrat
Dr. phil.
Ab 1944 Verbot, weltliche Fächer zu lehren.
Verstorben am 28.7.1972.

KAHMEN, ALOIS
1905 05 08
Nieheim
Vikar
1941 Verhör und Verwarnung, weil der Vikar
eine Kanzelerklärung gegen eine Theaterver-
anstaltung der NSDAP gegeben hatte.
hatte.
Verstorben am 18.10.1967.

KAISER, KARL
1910 06 08
Schkopau
Pfarrvikar
Drei Verhöre, drei Verwarnungen, eine Haussuchung (Suche nach einem Film) sowie Unterrichtsverbot; nähere Angaben fehlen.

KALTHOFF, HEINRICH
1884 08 29
Dortmund (St. Suitbert)
Pfarrer
Ein Verhör durch die Gestapo.
Verstorben am 24.5.1957.

KAMPER, MAXIMILIAN
1908 08 26
Herne (St. Bonifatius)
Vikar
Zwei Verhöre wegen Tätigkeit im Borromäus-
verein und im „Bund Neudeutschland“.

KAMPMANN, ALBERT
1889 01 22
Ottfingen
Pfarrer
Zwei Verhöre und eine Haussuchung anläßlich
der Auflösung des Jungmännervereins.

KAMPSCHULTE, FRANZ
1898 09 10
Unna
Vikar
Wegen Betreuung der zur Wehrmacht eingezogenen
Kolpingsöhne ein Verhör, eine Verwarnung
sowie eine Haussuchung.

KARHAUSEN, HEINRICH
1876 08 09
Dortmund
Pfarrer
Wegen Nichtbeflaggung des Kirchplatzes sowie
aufgrund eines Protestes anläßlich der Beschlagnahme des Brüderkrankenhauses zwei Verhöre, eine Verwarnung und eine Haussuchung
durch die Gestapo.
Verstorben am 25.11.1956.

KARTHAUS, ERICH
1903 10 27
Hagen
Vikar, Religionslehrer
Wegen politischer Unzuverlässigkeit zwei Ver-
höre und 1937 Unterrichtsverbot.
Verstorben am 2.3.1956.

KAUFHOLD, FERDINAND
1880 04 27
Wolmirsleben
Pfarrer
Verhöre und Haussuchungen durch die Gestapo
wegen eines angeblichen Devisenvergehens (1935)
und wegen Vereinsarbeit (1937).
Verstorben am 25.7.1960.
Lit.: Opfermann, B.: Gestalten des Eichsfeldes.
Heiligenstadt 1968, 224.

KAUFHOLD, NIKOLAUS
1884 03 08
Gelsenkirchen
Pfarrer
1937 100 RM Geldstrafe durch das Amtsgericht
wegen unerlaubter Arbeitsvermittlung für
Jugendliche.
Verhöre wegen Nichtbeflaggung und Polen-
seelsorge.
Verstorben am 21.4.1965.

KAUP, FRIEDRICH
1903 11 14
Menne
Pfarrvikar
Zwei Verhöre, eine Verwarnung, eine Haussuchung sowie Auferlegung von 2000 RM Sicherungsgeld anläßlich einer Aktion gegen die Jugendverbände.
Verstorben am 30.4.1961.

KAUP, JOSEF
1879 04 01
Bosseborn
Pfarrer
Anläßlich der Aufhebung des katholischen
Jungmännervereins zwei Verhöre, eine Haus-
suchung sowie Beschlagnahme der Vereinsfahne
durch die Gestapo.
Verstorben am 2.9.1949.

KAYSER, ANTON
1877 05 20
Dortmund-Hörde
Pfarrer
Aufgrund von Verstößen gegen die Feiertags-
ordnung und Vervielfältigung von Schriften
Verhöre, Geldstrafen (500 und 100 RM) und
Aufenthaltsverbot (ein Monat).
Des weiteren gerichtliche Verurteilung zu

16 Monaten Gefängnis.
Verstorben am 24.6.1951.

KAYSER, JOSEF
1895 11 22
Höxter
Vikar
Wegen staatsfeindlichen Verhaltens („organi-
sierte Zersetzungsarbeit") vier Verhöre, zwei
Haussuchungen und eine Verwarnung durch die
Gestapo. Ein diesbezügliches Verfahren vor dem
Amtsgericht wurde mangels Beweises eingestellt.

KEESPE, ENGELBERT
1876 03 27
Warstein
Pfarrer
Zwei Verhöre und eine Haussuchung ohne Grund-
angabe.
Verstorben am 10.8.1949.

KEESPE, JOSEPH
1893 04 03
Versmold
Pfarrer
Aufgrund von Kanzelmißbrauch ein Verhör,
eine Verwarnung und Unterrichtsverbot durch
die Gestapo.
Androhung staatspolizeilicher Maßnahmen
durch den Ortsgruppenleiter wegen eines
Polengottesdienstes.
Verstorben am 20.5.1951.

KEMNA, ANTON
1909 10 05
Naumburg
Vikar
Aufgrund von Polengottesdiensten drei Verhöre, zwei Verwarnungen und eine Haussuchung
durch die Gestapo.

KEMPER, JOHANNES
1911 04 16
Vörden
Kooperator
1937 Haussuchung durch die Gestapo, Beschlagnahme des Jungmänner-Banners.

KEMPER, JOSEF
1892 01 11
Willebadessen
Vikar
Verhör und Haussuchung anläßlich der
Auflösung des Jungmännerverbandes.
Verstorben am 13.11.1962.

KEMPER, JOSEF
1892 04 16
Dortmund

Pfarrvikar
Drei Verhöre, eine Verwarnung und zwei Haus-
suchungen; nähere Angaben fehlen.
Verstorben am 10.1.1955.

KEMPER, OTTO
1909 08 08
Scharmede / Germete
Kooperator, Hausgeistlicher
Ab 1938 wegen Polenseelsorge und Religions-
unterricht 10 Verhöre durch die Gestapo. Des
weiteren Verbot der Polenseelsorge und 1942
Verbot der Hausseelsorge.
Vom 9.4.1944 bis zum 14.5.1945 Haft im KZ
Buchenwald.
*Lit.: 1.Weiler, 341. 2.Wagener, Ulrich: Lei-
densweg Paderborner Priester in der NS-Zeit.
In: Der Dom. 5 (1983), 13.*

KERKMANN, ANTON
1881 04 21
Ostenland
Pfarrvikar
1939 bis 1945 Ausweisung aus der Erzdiözese Paderborn wegen Störung der öffentlichen Sicherheit
und Kanzelhetze gegen Behörden und Partei.
Ein Verfahren vor dem Sondergericht wegen
mehrerer Verstöße gegen das Heimtücke- und
das Sammlungsgesetz wurde aufgrund mangelnder
Beweise eingestellt.
Verstorben am 17.7.1966.

KESSELS, JOHANNES
1909 03 25
Eisleben
Vikar, Divisionspfarrer
1935 eine Verwarnung wegen Vereinsarbeit.
1936 eine Anzeige wegen der Tätigkeit in der
katholischen Stadtmission.
1937 eine Anzeige wegen Äußerungen im Religionsunterricht. Eine Verwarnung wegen Kanzelmißbrauchs.
1944 wegen Herausgabe einer Schrift („Das
Gottesreich in der Zeit. Sonette und Aufsätze
des Dichters Reinhold Schneider") vom Dienst
als Divisionspfarrer suspendiert. Durch mehrfache Versetzung den Nachforschungen der geheimen Feldpolizei entzogen. 1945 zwei Verhöre, ein Haftbefehl vom 5.4.1945 konnte
wegen Kriegsende nicht mehr zur Ausführung
gelangen.

KESTING, FRANZ
1885 10 04
Bruchhausen
Pfarrer
1941 ein Verhör und zehnstündiges Festhalten;
nähere Angaben fehlen.
Verstorben am 25.12.1977.

KETTELER, HANS-GUENTHER
1909 08 24
Ottbergen / Torgau
Vikar
Sieben Verhöre und zwei Verwarnungen durch
die Gestapo wegen Unterbringung von Pflege-
kindern sowie wegen Verteilung einiger
Seelsorgeschriften.

KETTELGERDES, STEPHAN
1905 03 16
Höxter
Vikar
Vier Verhöre, eine Verwarnung, eine Haus-
suchung; nähere Angaben fehlen.

KETTERMANN, HEINRICH
1898 07 08
Belecke
Vikar
Ein Verhör und eine Verwarnung; nähere
Angaben fehlen.
Verstorben am 5.3.1957.

KETZLICK, P. BERNHARD
MSC
1907 10 16
Hamm
Vikar
Schutzhaft und KZ-Aufenthalt durch die
Gestapo wegen staatsabträglicher Predigt-
äußerungen und beleidigender Provokation der
Beamten bei der Beschlagnahme des Klosters 1941:
Vom 31.7.1941 - 23.1.1942 Aufenthalt
in den Gefängnissen Hamm, Dortmund und Bochum,
23.1.1942-30.1.1942 Transport nach Dachau,
30.1.1942-6.4.1945 KZ Dachau (von den
Amerikanern befreit).
Hilfsmaßnahmen des Kapitularvikars und des
Erzbischofs von Paderborn blieben ohne Erfolg.
Verstorben am 26.2.1951.
*Lit.: 1.Weiler, 342. 2.Wagener, Ulrich: Lei-
densweg Paderborner Priester in der NS-Zeit.
In: Der Dom. 5 (1983), 12.*

KEVEKORDES, JOSEF
1889 03 21
Oestinghausen
Pfarrer
Wegen Polenseelsorge und einer Fronleichnamsprozession zwei Verhöre durch die Gestapo.
1939 wurde ein Verfahren wegen Vergehens
gegen das Reichsflaggengesetz durch die Oberstaatsanwaltschaft Detmold eingestellt.
Verstorben am 25.11.1971.

KEWES, KARL
1890 05 29
Westig

Vikar
Verhör und 50 RM Geldstrafe durch die Gestapo
Wegen Verbreitung der Galen-Predigten.
Verwarnung wegen Jugend- und Soldatenbetreuung.
Kurzfristige Festnahme.
Verstorben am 23.8.1971.

KINOLD, JOSEF
1907 05 05
Siegen (St. Marien)
Vikar
Wegen Aufführung eines Passionsspieles sowie
aufgrund von Vereinsarbeit ein Verhör und
zwei Haussuchungen durch die Gestapo.
Betätigungsverbot als Gefängnisseelsorger.

KIRCHHOFF, JOSEPH (P. KILIAN)
OFM
1892 12 17
Rietberg / Wiedenbrück
Geistl. Forscher (Hymnologe) und Schriftsteller
Wegen Regimekritik (vom Volksgerichtshof
als Wehrkraftzersetzung und Feindbegünstigung
bezeichnet) zum Tode verurteilt:
Verhaftung am 21.10.1943,
Verkündigung des Todesurteils durch den Volks-
gerichtshof am 7.3.1944.
Hinrichtung am 24.4.1944;
außerdem Beschlagnahme und Vernichtung eines
großen Teils seiner Schriften.
Hilfsmaßnahmen des Erzbischofs Jäger, des
Nuntius Orsenigo sowie zahlreicher Wissen-
schaftler blieben ohne Erfolg.
*Lit.: 1.Kempner, 176-192. 2.LThK. Bd. VI, 301.
3.Bödefeld, Ceslaus (P.): Die letzte Hymne:
P. Kilian Kirchhoff. Werl 1952. 4.Wagener,
Ulrich: Leidensweg Paderborner Priester in der
NS-Zeit. In: Der Dom. 5 (1983), 12.*

KIRCHNER, JOHANNES
1895 04 03
Wilnsdorf
Pfarrer
1944 durch die Gestapo eine Haussuchung nach
religiösen Schriften.
Wegen Verbreitung von Hirtenbriefen ein Verhör
durch die Gestapo.
Verstorben am 11.9.1973.

KISSING, KARL
1902 03 21
Ostwennemar
Vikar
Drei Verhöre, Verwarnung, Haussuchung und
Unterrichtsverbot aus folgenden Gründen:
1937 im Zusammenhang mit der Auflösung des
katholischen Männervereins,
1938 Ohrfeigen an einen Schüler.
Verstorben am 28.6.1978.

KLAHOLT, ANTON
1889 01 23
Herne-Holthausen
Pfarrer
Ein Verfahren vor dem Landgericht wegen Über-
schreitung des Züchtigungsgesetzes im Reli-
gionsunterricht endete 1937 mit Freispruch.
Verstorben am 16.11.1963.

KLAUSENBERG, EBERHARD
1877 11 06
Erwitte
Pfarrer
Wegen Widerstandes gegen die Interessen der
NSDAP mehrere Verwarnungen und zahlreiche
Schikanen durch die Gestapo und den Bürger-
meister.
Verstorben am 3.4.1945.

KLEESCHULTE, JOSEF
1879 05 15
Drolshagen
Pfarrer
Zwei Verhöre und zwei Verwarnungen durch die
Gestapo.
Verstorben am 4.2.1952.

KLEFF, MEINOLF
1910 01 25
Wanne-Eickel / Dortmund
Vikar
1935 und 1937 Unterrichtsverbot (in Wanne-Eickel
bzw. Dortmund), weil der Vikar Widerstand
gegen die Eingliederung der katholischen Jugend
in die HJ leistete und sich weigerte, dem NSV
beizutreten.
Zwischen 1936 und 1941 30 Verhöre,
fünf Verwarnungen sowie zwei Haussuchungen
durch die Gestapo wegen der leitenden Tätigkeit des Vikars in der Sturmschar.
Überwachung seiner Tätigkeiten.

KLEFFNER, JOHANNES
1891 12 11
Hovestadt
Pfarrer
Vier Verhöre, vier Verwarnungen und eine Haussuchung wegen Vergehens gegen das Heimtückegesetz. Ein diesbezügliches Verfahren des Sondergerichtes wurde aufgrund einer Amnestie 1939
eingestellt.
Verstorben am 31.3.1949.

KLEIN, ALOIS
1907 11 01
Dortmund-Hörde
Vikar, Rektor
1941 eine Verwarnung; nähere Angaben fehlen.

KLEIN, JOSEF
1886 10 06
Dortmund-Mengede / Wanne-Eickel
Vikar / Pfarrer
Fünf Verhöre, zwei Verwarnungen, zwei Haus-
suchungen sowie Unterrichtsverbot durch die
Polizei.
Verstorben am 4.10.1960.

KLEIN, KARL
1912 12 22
Alsleben
Missionspfarrer
Mehrere Monate Haft (Dez. 1939-April 1940)
durch die Gestapo wegen seelsorglicher Betreuung polnischer Kriegsgefangener,
Voraussetzung für die Haftentlassung war
die Versetzung in eine neue Pfarrei.

KLEIN, KASPAR
1865 08 28
Paderborn
Erzbischof
Dr. theol.
Anfang 1935 erhielt der Erzbischof anonyme
Drohungen und Beleidigungen.
Am 12.5.1935 veranstaltete die HJ eine
öffentliche, beleidigende Demonstration
gegen Erzbischof Klein.
Verstorben am 26.1.1941
Lit.: Neuhäusler, 35, 131.

KLEINJAHNS, KARL
1897 09 04
Schwalenberg
Pfarrer
Wegen einer Predigt gegen die Gemeinschafts-
schule fünf Verhöre, drei Verwarnungen und
kurzfristige Festnahme.
Verstorben am 4.5.1966.

KLENS, HERMANN
1880 09 21
Paderborn
Monsignore, Ehrendomherr
Ablehnung eines Antrags auf Aufnahme in die
Berufsliste der Schriftleiter, Verbot weiterer
schriftstellerischer Betätigung.
Verstorben am 25.8.1972.

KLENS, JOSEF
1904 02 14
Iserlohn (Hl. Geist)
Vikar
Drei Verhöre sowie Beschlagnahme eines Sammlungserlöses (150 RM), der für ein Meßge-
wand bestimmt war.

KLOECKNER, KARL
1910 09 23
Hemer
Vikar
1944 Verhör und Verwarnung durch die Gestapo.

KLUEPPEL, WILHELM
1881 04 25
Bochum-Dahlhausen
Pfarrer
Verhöre und Haussuchungen wegen politischer
und jugendseelsorglicher Schriften.
Verstorben am 17.8.1950.

KNAUER, JOHANNES
1904 02 09
Entrup
Pfarrvikar
Verhöre und Aberkennung der deutschen
Staatsangehörigkeit durch die Gestapo.
Verstorben am 1.10.1967.

KNIES, GEORG
1905 01 31
Reuthen / Clarholz
Vikar
Drei Verhöre und eine Verwarnung durch die
Polizei, die Gestapo und das Sondergericht we-
gen Predigten und allgemeiner seelsorglicher
Tätigkeit.

KNIPS, PETER
1901 09 17
Wanne-Eickel (St. Franziskus)
Pfarrer
Drei Verhöre und eine Verwarnung; nähere
Angaben fehlen.
Verstorben am 24.8.1968.

KNOERZER, FERDINAND
1884 01 28
Grotewiese / Listerscheid
Pfarrvikar
Drei Verhöre und eine Verwarnung; nähere
Angaben fehlen.
Verstorben am 23.5.1965.

KNOKE, ANTON
1887 02 06
Arnsberg (Liebfrauen)
Vikar, Pfarrvikar
Vier Verhöre durch die Gestapo wegen folgender
Gründe: Verkauf religiöser Schriften, Ver-
lesung eines Hirtenbriefes, falsche Beflaggung
sowie Tätigkeit im Arbeiterverein.
Weiterhin Verwarnung und Haussuchung.
Verstorben am 12.9.1973.

KNOSTMANN, BERNHARD
1880 11 21
Parsit
Pfarrer
Mehrere Verwarnungen durch die Gestapo (oftmals
ohne Grundangabe).
Da der Pfarrer 1941 die Verfügungen des Generalvikariats zur Kenntnisnahme an den Amtsbürgermeister schickte, verfügte ein Sondergericht die Auferlegung von 2000 RM Sicherungsgeld sowie fünf Wochen Haft (ohne Urteil).
Aufgrund der Haftfolgen mußte der Pfarrer
gleich nach seiner Entlassung pensioniert
werden.
Verstorben am 4.4.1958.

KOCH, FRANZ
1879 05 27
Dortmund-Mengede (St. Remigius)
Pfarrer, Dechant
Pfarrer Koch wurde einmal verhört;
nähere Angaben fehlen.
Verstorben am 9.9.1951.

KOCH, HEINRICH
1902 06 17
Dortmund
Vikar
Eine Haussuchung; nähere Angaben fehlen.
Verstorben am 31.10.1963.

KOCH, JOHANNES
1908 09 24
Gelsenkirchen-Hessler
Vikar
1937 Haussuchung im Zusammenhang mit der
Aufhebung des Jungmännervereins.
Verhöre wegen Nichthissens der Hakenkreuz-
fahne und einer Meßfeier an Himmelfahrt.
Verstorben am 14.3.1974.

KOCH, OTTO
1879 02 12
Paderborn / Dortmund
Probst, Oberstudienrat
Verhöre, Verwarnungen und Betätigungsverbot
als Oberstudienrat (ab 1933).
Haussuchung durch die Gestapo, weil der Pfarrer
für alle Neugeborenen, deren Mütter dem
Mütterverein angehörten, ein Sparkonto an-
gelegt hatte.
3000 RM Sicherungsgeld durch den SD eingezogen.
Verstorben am 7.9.1952.

KOEHNE, ANTON
1879 09 23
Peckelsheim
Pfarrer

Verhör und Haussuchung im Zusammenhang mit
der Auflösung des Jungmännervereins.
Ab 1942 Unterrichtsverbot.
Verstorben am 3.10.1943.

KOEHNE, JOSEF
1886
Dortmund-Hörde
Geistl. Studienrat
Dr.
1938 zwei Verhöre durch den Oberpräsidenten
(Schulabteilung) wegen Äußerungen gegen
den „Mythus" von Rosenberg und wegen Vertei-
digung des Papstes gegenüber dem Schulleiter.
1939 Beurlaubung vom Dienst, schließlich
Zwangsversetzung in den Ruhestand.
Verstorben am 17.1.1946.

KOEHNE, WILHELM
1888 12 26
Paderborn (St. Bonifatius)
Pfarrvikar
1933 verlangte die HJ die Versetzung des
Pfarrers, dem wurde von Erzbischof Klein jedoch
nicht entsprochen.
1937 Beschlagnahme des Jungmänner-Banners, das
der Vikar nicht freiwillig herausgegeben hatte,
drei Verhöre und eine Verwarnung durch Gestapo und Polizei.
Der Vikar ließ seinerseits nicht zu, daß HJ-
Angehörige in die katholische Jugend aufgenommen wurden.
Verstorben am 21.7.1968.

KOELLER, WILHELM
1898 07 14
Calbe, Saale
Pfarrer
Zwei Verhöre, zwei Verwarnungen sowie eine
Geldstrafe in Höhe von 70,50 RM.
Verstorben am 19.10.1952.

KOENIG, HEINRICH
1900 06 24
Gelsenkirchen
Vikar
Vikar König kam am 30.9.1941 in Haft wegen
eines angeblich wehrkraftzersetzenden Ge-
sprächs mit Wehrmachtsangehörigen.
Ab Dez. 1941 Dachau, dort an den Folgen eines
Unfalles gestorben (24.6.1942).
Eine Intervention des Kapitularvikars blieb
erfolglos.
*Lit.: 1. Weiler, 354. 2. Leidensweg Paderborner
Priester im 3. Reich. In: Der Dom. 16 (1948),
125. 3. Festschrift: 100 Jahre Kolpinghaus
Gelsenkirchen. 1969, 21 ff. 4. Wagener, Ulrich:
Leidensweg Paderborner Priester in der NS-Zeit.
In: Der Dom. 5 (1983), 12.*

KOEPPING, FRIEDRICH
1884 11 05
Niedermarsberg
Geistl. Rektor
Entlassung aus dem Schuldienst.
Verstorben am 14.12.1971.

KOESTER, JOHANNES
1905 11 13
Görzig
Pfarrvikar
1937 50 RM Geldstrafe durch das Amtsgericht,
weil der Vikar am Heldengedenktag nicht die
Hakenkreuzfahne hinausgehängt hatte.

KOESTER, JOSEF
1896 11 09
Rönkhausen
Pfarrvikar / Pfarrer
Fünf Verhöre und zwei Verwarnungen durch die
Gestapo und die Polizei wegen Jugendarbeit,
Schulangelegenheiten und einer Predigt.
1944 Einzug von 500 RM Sicherungsgeld durch
die Gestapo als Präventivmaßnahme wegen
staatsabträglichen Verhaltens.
Verstorben am 26.9.1960.

KOESTER, WILHELM
1876 08 04
Werl
Probst
Zwei Verhöre, eine Verwarnung sowie eine
Haussuchung nach Vereinsunterlagen.
Verstorben am 26.6.1951.

KOHL, PAUL
1899 01 27
Dortmund / Neuastenberg
Vikar / Pfarrer
Drei Verhöre und eine Verwarnung durch die
Gestapo wegen Männerseelsorge, der Be-
tätigung im Borromäusverein und einer
Wallfahrt.
Des weiteren eine Haussuchung nach staats-
feindlichen Schriften durch die Gestapo.
Verstorben am 1.7.1970.

KOLANCZYK, KONSTANTIN
1889 08 15
Dortmund-Lanstrop
Pfarrer
1939 wegen Vergehens gegen das Heimtückege-
setz Verurteilung zu sechs Wochen Haft, die
Strafe fiel jedoch unter Amnestie.
Des weiteren 18 Verhöre, mehrere Verwarnungen
und 500 RM Sicherungsgeld durch die Gestapo.
Die Maßnahmen wurden alle aufgrund von An-
zeigen verhängt, die aus der Lehrerschaft kamen.
Verstorben am 20.12.1964.

KOLLWITZ, JOHANNES
1902 02 28
Paderborn
Diözesansekretär des Bonifatiusvereins
1935 98 Tage Haft wegen Verdachts auf Devisenvergehen, außerdem Verhöre, Haussuchung
und Aufenthaltsverbot von Juni 1935 bis 1936.
Verstorben am 11.6.1957.

KOLLWITZ, JOHANNES
1903 04 03
Paderborn
Geistl. Dozent
Prof. Dr. theol.
Die Erlangung einer Dozentur wurde verhindert;
nähere Angaben fehlen.
Verstorben am 1.4.1968.

KOPP, KLEMENS
1886 02 28
Paderborn
Geistl. Studienrat
Dr.
Aufgrund antinationalsozialistischer Einstel-
lung zwei Verhöre sowie Amtsenthebung als
Studienrat durch die Gestapo.
Verstorben am 12.9.1967.

KORFF, FRANZ
1905 02 12
Halle, Saale
Pfarrer
Wegen Kriegsgefangenenseelsorge eine Verwar-
nung.
Des weiteren zwei Verhöre und eine Haussu-
chung.

KORTE, ANTONIUS (P. GANDULF)
OFM
1897 04 28
Bochum / Paderborn
Vikar / Lektor
Dr. theol.
Eine Untersuchung durch den Volksgerichtshof
wegen Wehrkraftzersetzung (die Gestapo hatte
einen Spitzel zu den Konferenzen der Vinzenzbrüder eingeschleust, der den Pater
belastete). Das Verfahren wurde nicht zu Ende
geführt, da der Beschuldigte während eines
Luftangriffs auf das Gefängnis am 4.11.1944
ums Leben kam (Untersuchungshaft vom 5.7.1944
bis zum 4.11.1944).

KORTE, GEORG
1899 01 08
Wetter / Witten
Vikar / Religionslehrer

Wegen der Tätigkeit als Jugendseelsorger je
ca. 10 Verhöre, Haussuchungen und Verwarnungen.
Verstorben am 26.6.1980.

KORTE, THEO
1913 05 28
Kierspe
Pfarrvikar
Verbot der Behörden (Oberregierungsrat,
Landrat, Kreisbaurat, Amtsbürgermeister und
Polizei), den Gottesdienst und den Religionsunterricht in einer Scheune abzuhalten, nachdem die Kirche infolge des Krieges zerstört
worden war.
Eingaben des Erzbischofs Lorenz an den Gauleiter und des Generalvikars Rintelen an
den Regierungspräsidenten ohne Erfolg.

KOTTHOFF, HEINRICH
1881 07 10
Altenhundem
Pfarrer
1937 fünf Tage Haft durch die Gestapo wegen
Vervielfältigung eines geheimen Papiers
der HJ, das von der Bekämpfung der katholischen Jugendverbände handelte.
Des weiteren Verhöre, Haussuchung und Auferlegung von 50 RM Geldstrafe.
Verstorben am 8.5.1967.

KRAELING, LUDWIG
1904 04 01
Klein-Wanzleben / Bochum-Weitmar
Vikar / Pfarrvikar
Neun Verhöre und eine Verwarnung durch die
Gestapo wegen Nichtbeflaggung, Boykotts der
Winterhilfe und antideutscher Äußerungen.
Ein Sondergerichtsverfahren im Zusammenhang
mit der Nichtbeflaggung wurde aufgrund von
Amnestie eingestellt (1938).

KRAFT, HEINRICH
1912 01 30
Gelsenkirchen
Vikar
Zwei Verhöre, eine Verwarnung und eine Haussuchung wegen Vervielfältigung und Verbreitung von Flugblättern religiösen Inhalts
(„Die wandernde Kirche"). Des weiteren Beschlagnahme der Schreibmaschine und des Vervielfältigungsapparates.
Verstorben am 27.4.1977.

KRAMER, WILHELM
1889 12 05
Dortmund-Husen / Warburg
Pfarrvikar / Pfarrer
Fünf Verhöre durch die Gestapo.

kurzfristige Festnahme durch die Polizei.
Verstorben am 31.10.1954.

KREIS, LEO
1906 03 17
Stargard / Bochum
Landjahrseelsorger / Vikar
Zwei Verhöre und eine Verwarnung wegen Polenseelsorge und Regimekritik.

KREMP, WILHELM
1900 01 01
Boke
Vikar
Verhöre wegen Predigten, in drei Fällen
kam es zu Verfahren vor dem Land-, Reichs- und
Sondergericht - zweimal Freispruch, einmal Amnestie.
1937 eine Haussuchung wegen Mitarbeit im katholischen Jugendverband.

KRETSCHMAR, HERMANN
1897 11 19
Dortmund
Diözesanpräses der kath. Jugend
Wegen nichtreligiöser Jugendarbeit stand
der Beschuldigte zweimal vor dem Schöffengericht Dortmund - beide Verfahren wurden aufgrund von Amnestie eingestellt.
Weiterhin: 43 Verhöre, mehrere Verwarnungen,
vier Haussuchungen, Geldstrafen (150 und 500
RM), Amtsenthebung als Diözesanpräses sowie
Beschlagnahme des Pkw. Einer Festnahme entzog
sich der Geistliche durch Flucht.
Verstorben am 28.4.1963.

KRIETER, HEINZ HERIBERT
1913 04 09
Herne
Vikar
Ein Verhör, eine Verwarnung und eine Haussuchung nach verbotenen Filmen; der Vikar war
Leiter des Albertus-Magnus-Vereins.
Verstorben am 27.8.1976.

KRIEWETH, FRANZ
1895 11 04
Himmighausen / Beckum
Pfarrer
Neun Verhöre, zwei Verwarnungen und eine Haussuchung durch die Gestapo bzw. den Landrat
wegen Polenseelsorge und Abhaltung der Gesellen vom Eintritt in die SA.
Des weiteren Androhung des Aufenthaltsverbotes.
Verstorben am 6.8.1964.

KRUSE, BERNHARD
1904 10 04
Genthin

Vikar
Eine Verwarnung, weil der Vikar Polen zum
Gottesdienst zugelassen hatte.

KRUSE, LUDGER
1909 05 12
Wiedenbrück
Vikar
Dr. theol.
Wegen Vereinsarbeit zwei Verhöre, eine Verwarnung und eine Haussuchung; ein Antrag auf
Lehrzulassung für höhere Schulen wurde abgewiesen.

KUEHLER (P. VIKTOR)
OFM
1890 12 08
Bochum
Seelsorger
Vom 6.7.1944 an Untersuchungshaft durch
die Gestapo wegen Teilnahme an den Konferenzen
der Vinzenzbrüder (Verdacht auf Wehrkraftzersetzung).

KUEHN, JOSEF
1892 12 08
Lippstadt (St. Joseph)
Vikar
Fünf Verhöre und zwei Haussuchungen wegen
Jugendseelsorge und Verbreitung der Schrift
„Christus, nicht Hitler".

KUELPMANN, FRANZ
1904 01 16
Großkayna
Pfarrvikar
Ein Verfahren vor dem Amtsgericht wegen falscher Beflaggung wurde eingestellt.
Verhör und Haussuchung anläßlich der Aufhebung des Jungmännervereins.
Verstorben am 8.9.1971.

KUENSTING, JOSEF
1880 06 15
Meschede
Pfarrer
Vier Verhöre, zwei Verwarnungen sowie Unterrichtsverbot für höhere Schulen; nähere
Angaben fehlen.
Verstorben am 3.7.1962.

KUHFUS, WILHELM
1908 09 26
Halver
Pfarrvikar
Vier Verhöre und eine Verwarnung durch die
Gestapo; nähere Angaben fehlen.

KUHLMANN, ERNST
1909 07 18
Werl
Präfekt
Verhör und Haussuchung anläßlich der
Auflösung des Jungmännervereins.
Durch den Erhalt eines Amnestiebescheids
erfuhr der Präfekt erst, daß auch ein
Verfahren gegen ihn eingeleitet worden war.

KURTH, JOHANNES
1890 01 26
Lügde
Pfarrer
Vier Verhöre und Verwarnungen durch die Gesta-
po wegen der Unterbringung von Kindern, einer
Taufe, der Tätigkeit als Krankenhausvor-
sitzender und Auseinandersetzungen um ein
Kloster.
Verstorben am 13.11.1969.

LAMERS, JOHANNES
1877 08 29
Giershagen
Pfarrer
Dr.
Verhöre und Verwarnungen durch die Gestapo
wegen Übertretung des Sammlungsgesetzes
(Goldmünzen für Kelch), zwei Monate Gehalts-
sperre und 200 RM Geldstrafe durch das Amts-
gericht.
Verstorben am 28.5.1965.

LANFER, KARL
1902 05 24
Querfurt
Pfarrvikar
Dr.
Drei Verhöre, zwei Verwarnungen und zwei Haus-
suchungen durch die Gestapo wegen Mitarbeit im
Borromäusverein und Verbreitung der Schriften
Pater Schilgens SJ.
Verstorben am 3.1.1969.

LANG, MAX (P. LUITPOLD)
OSB
1902 12 31
Königsmünster
Geistl. Internatsleiter
1941 Verhör, Haussuchung und Ausweisung aus
dem Rheinland und Westfalen durch die Gestapo
anläßlich der Klosteraufhebung. Des weiteren
ein Verfahren vor dem Sondergericht wegen Übertretung der Kriegswirtschaftsordnung und Abhörens feindlicher Sender. Von März bis Juni
1941 Untersuchungshaft, anschließend zur
Wehrmacht eingezogen. Am 17.1.1944 in der
Sowjetunion gefallen.

LANGE, KLEMENS
1905 03 25
Schkeuditz
Pfarrvikar
Wegen Predigten gegen den „Mythus" und die
Judenpogrome 30 RM Geldstrafe durch das Amts-
gericht. Des weiteren zwei Haussuchungen.
Verstorben am 4.3.1973.

LANGSCH, JOHANNES
1909 06 02
Bernburg
Pfarrer
Dr.
Verhör, Verwarnung und Haussuchung (nach
Schriften) durch die Gestapo.

LAUENROTH, P.
SOCIST
o.D.
Jakobsberg
Am 12.9.1935 vom Frankfurter Schöffengericht
wegen Devisenvergehens zu zwei Jahren und sechs
Monaten Zuchthaus und einer hohen Geldstrafe
verurteilt.
Lit.: Rapp, 85.

LAUER, JOSEF (P. ELEAZAR)
OFM
1906 12 15
Halle, Saale / Halberstadt
Seelsorger
Drei Verhöre und eine Haussuchung im Zusammen-
hang mit der Auflösung des katholischen
Jungmädchenvereins.

LEBERLE, GEORG (P. LINUS)
OSB
1880 09 04
Königsmünster
Geistl. Leiter des Studienkollegs
Verhöre und Ausweisung aus dem Regierungsbezirk Arnsberg im Zusammenhang mit der
Klosteraufhebung; der Pater wurde auch nach
einem ihm bekannten Priester befragt, der
nach einem Urlaub in der Schweiz nicht mehr
zurückgekehrt war (1941). Alle Maßnahmen
wurden durch die Gestapo eingeleitet.
Verstorben am 9.1.1956.

LECLAIRE, LUDOLF
1914 02 12
Halberstadt / Wernigerode
Vikar
Verhör und Verwarnung wegen Spionage in einem
kriegswichtigen Betrieb: 1939 hatte der Vikar
bei einem Betriebsleiter für seelsorgliche
Zwecke eine Adressenliste der Arbeiter ange-
fordert.

LEGGE, THEODOR
1889 01 24
Paderborn
Generalsekretär des Akad. Bonifatiusvereins
Dr.
1935 wegen Devisenvergehens ein Verfahren vor
dem Landgericht. Verurteilung zu fünf Jahren
Haft und Ehrverlust sowie zu 70.000 RM Geld-
strafe. Vorzeitige Haftentlassung.
Lit.: Hoffmann / Janssen, 95, 174ff., 201f.

LEHMEN, GUSTAV
1871 08 13
Scherfede
Pfarrer
Der Pfarrer wurde einmal verhört; nähere
Angaben fehlen.
Verstorben am 13.4.1954.

LEHMKUEHLER, ANTON
1900 08 04
Blankenstein
Pfarrer
Fünf Verhöre und zwei Verwarnungen durch die
Gestapo wegen einer Predigt (1938) und falscher
Beflaggung.
1939 wurde ein Verfahren vor dem Sondergericht
wegen Vergehens gegen das Heimtückegesetz
aufgrund einer Amnestie eingestellt.

LEHMKUL, JOSEF THEODOR
1902 03 25
Gelsenkirchen
Rektor
1000 RM Sicherungsgeld durch die Gestapo
wegen einer Predigt eingezogen.
Weiterhin zwei Verhöre, eine Verwarnung, Entlassung als nebenamtlicher Gefängnisseelsorger
und drei Wochen Haft.
Verstorben am 7.6.1949.

LEHRE, THEODOR (P. MAURUS)
OSB
1911 07 16
Königsmünster
Haussuchung und Ausweisung aus dem Regierungs-
bezirk Arnsberg durch die Gestapo im Zusammen-
hang mit der Klosteraufhebung (1941).
Seit August 1944 in Rumänien vermißt.

LEIMANN, HEINRICH
1884 02 15
Plettenberg
Pfarrer
Fünf Verhöre und drei Verwarnungen durch die
Gestapo bzw. Polizei.
Verstorben am 12.8.1950.

LEINEWEBER, KARL
1889 10 08
Ostwig
Pfarrer
1937 Unterrichtsverbot für Volksschulen wegen
Mitgliedschaft im „Friedensbund deutscher
Katholiken".
1943 bis 1944 Verhöre durch die Gestapo, weil der
Pfarrer mehrmals einen Schüler wegen schlechten
Benehmens gegen die Lehrerin geohrfeigt hatte,
Verwarnung, Androhung der Schutzhaft, an zwei
Tagen Verbot, die Schule zu betreten.
Verstorben am 16.4.1971.

LEISTER, HEINRICH
1891 09 19
Oberhenneborn
Pfarrvikar / Studienrat
Verhör und Verwarnung wegen Verweigerung
des Hitlergrußes.
Verstorben am 13.5.1957.

LEONARD, CHRISTIAN
1908 08 26
Warburg / Eickelborn
Präfekt / Pfarrvikar, Anstaltspfarrer
Verhör des Geistlichen in seiner Funktion als
Präfekt des Fürsorgeheims, Beschlagnahme
einiger Teile des Heiminventars.
Verhör in der neuen Funktion als Pfarrvikar
und Anstaltspfarrer, weil man ihn kennenlernen
wollte und außerdem versuchte, in Erfahrung
zu bringen, wer Exemplare der Zeitschrift
„Schönere Zukunft" verteilt hatte.
Alle Maßnahmen führte die Gestapo durch.
Verstorben am 18.2.1962.

LEONHARDT, HEINRICH
1878 11 08
Ramsbeck
Pfarrer
Je vier Verhöre und Verwarnungen durch die
Polizei und die Gestapo wegen angeblichen
Widerstands gegen Anordnungen der National-
sozialisten.
Verstorben am 13.10.1960.

LEPPER, THEODOR
1878 01 02
Dortmund (Dreifaltigkeit)
Pfarrer
Vom 16.4.1935 bis zum 5.6.1935 Untersuchungshaft wegen eines angeblichen Devisenvergehens.
Das Verfahren wurde durch die Generalstaatsan-
waltschaft Berlin eingestellt.
1937 140 RM Geldstrafe durch das Amtsgericht,
weil der Pfarrer die Namen derer nicht nannte,
die bei der Verbreitung der Papstenzyklika
geholfen hatten.
Verstorben am 15.2.1953.

LESSMANN, ARNOLD
1912 03 29
Benhausen
Pfarrvikar
Drei Verhöre und eine Haussuchung; nähere
Angaben fehlen.
Verstorben am 24.10.1976.

LEUE, KARL
1904 02 23
Dortmund (St. Anna)
Vikar
Zwei Verhöre und zwei Verwarnungen durch
die Gestapo.

LEWE, JOSEF
1901 07 17
Albaum
Pfarrvikar
Vier Verhöre, zwei Haussuchungen und Auferlegung von 30 RM Geldstrafe durch die Polizei
und die Gestapo wegen Vergehens gegen das Heimtückegesetz (Stellungnahme gegen Rosenbergs
„Mythus" und gegen die Judenpogrome).

LIEBLER, FRANZ
1902 08 31
Dortmund-Derne / Menden
Vikar
Wegen Jugendseelsorge und anläßlich der
Auflösung des Jungmännervereins zwei Ver-
höre, eine Verwarnung und eine Haussuchung.
Verstorben am 14.9.1967.

LIMPER, BERNHARD
1898 10 03
Allagen / Bielefeld
Vikar
Fünf Verhöre, eine Verwarnung und drei Haussuchungen durch Polizei und Gestapo aus folgenden Gründen:
Suche nach der Schrift „Christus, nicht Hitler",
anläßlich der Auflösung des Volksvereins sowie wegen
Regimekritik (1933 bis 1935).
1936 Verhör, um unter Verletzung des Beichtgeheimnisses Aussagen gegen einen Geistlichen
einzuholen, der angeblich ein Sittlichkeitsverbrechen begangen hatte. Der Vikar
schwieg zum Inhalt der Beichte.
1937 Maßnahmen anläßlich der Aufhebung des
Jungmännervereins.
1942 Maßnahmen wegen Soldatenseelsorge.

LIMPER, FERDINAND
1887 03 09
Hellinghausen
Pfarrer

Drei Verhöre, eine Verwarnung und zwei Haussuchungen durch die Gestapo wegen:
Mitarbeit im Volksverein, Jungmännerverband und im Borromäusverein sowie einer Predigt und Polenseelsorge.
Am 26.12.1937 nach dem Hochamt von der Gestapo
für kurze Zeit festgenommen, weil der Pfarrer
sich gegen die Gemeinschaftsschule ausgesprochen
hatte.
Verstorben am 12.1.1962.

LINDEN, P. ERNST
SAC
1910 12 28
Olpe
Prokurator
Verhör, Haussuchung, Schutzhaft (19.6.1941 bis
16.7.1941) und Ausweisung aus Südwestfalen
durch die Gestapo wegen der Exerzitientätig-
keit des Paters.

LINHOFF, JOSEF
1901 02 15
Dortmund / Neheim / Altenbögge
Vikar / Pfarrer
Verhöre, Verwarnung und Haussuchung durch
die Gestapo aus folgenden Gründen:
Abstimmungsergebnis der Wahl von 1934 (63 Nein-
Stimmen), Leitung (als Präses) oder Mitarbeit
in katholischen Vereinen, geschäftliche
Beziehungen des Christinenstiftes mit einem
Juden, Predigten sowie Auseinandersetzungen mit
der Partei um den Kindergarten.
Betätigungsverbot als Gefängnisseelsorger.
Eine schriftliche Androhung von KZ-Haft, die
der Pfarrer gegenzeichnen mußte.
Verstorben am 30.7.1967.

LIPKA, ALBERT
1913 05 06
Bielefeld
Lagerpfarrer
Einziehung der Fahrerlaubnis durch die Gestapo,
so daß der Pfarrer bei der Umquartierten-
seelsorge erheblich behindert war.
Überwachung der Sakramentenspende an einen
zum Tode verurteilten Polen.
Verstorben am 8.8.1977.

LISSY, HEINRICH
1889 04 13
Kleinenberg
Pfarrer
Der Pfarrer wurde einmal verwarnt; nähere
Angaben fehlen.
Verstorben am 13.6.1961.

LITZINGER, LUDWIG
1880 08 25
Dortmund (Hl. Kreuz)
Pfarrer
Durch ein Gericht zu drei Monaten bzw. acht
Monaten Haft verurteilt (1942/1943); nähere
Angaben fehlen.
Verstorben am 30.9.1946.

LOBREYER, WILHELM
1890 12 24
Hamm (St. Bonifatius)
Pfarrer
Zwei Verhöre, eine Verwarnung und zwei Haus-
suchungen ohne Grundangabe.
Verstorben am 28.3.1960.

LOEDIGE, CONRAD
1907 06 24
Hagen-Haspe
Vikar
Drei Haussuchungen, weil der Vikar als Jugend-
präses katholischen Jugendvereinen vorstand.

LOEDIGE, WILHELM
1889 09 16
Altenbögge
Pfarrer
700 RM Sicherungsgeld sowie eine Verwarnung
durch das Sondergericht.
Verstorben am 23.4.1952.

LOEER, PAUL
1902 08 24
Iserlohn (St. Aloysius)
Pfarrer
Dr.
Sechs Verhöre und zwei Haussuchungen wegen
Verbreitung des Möldersbriefes, Mitglied-
schaft in einer katholischen Studentenverbin-
dung, Soldatenseelsorge und einer Predigt.

LOEW, VINZENZ (P. THEODUL)
SDS
1890 04 24
Klausheide / Sennelager
Pfarrvikar / Superior
1940 11 Verhöre, zwei Verwarnungen, fünf
Haussuchungen, Unterrichtsverbot, Betätigungs-
verbot als Pfarrvikar und Schutzhaft (17.1.
1940 bis 9.2.1940) durch die Gestapo wegen der
Sammlung der Predigten des Dompredigers von
Eichstätt, sowie aus Anlaß der Auflösung des
Jungmännerverbandes und des Exerzitienhauses.
Außerdem bemühte sich die Gestapo durch Verhöre
der Jugendlichen, dem Pfarrer Homosexualität
nachzuweisen - ohne Erfolg; daraufhin massive

Proteste der Gemeindemitglieder gegen die
Gestapo.
Verstorben am 31.5.1967.

LOHMANN, RICHARD (P. CLEOPHAS)
OFM
o.D.
Werl
Finanzsekretär
1935 wurde er wegen fortgesetzten Devisenver-
gehens zu einem Jahr und fünf Monaten Zucht-
haus, 50.000 RM Geldstrafe und drei Jahren
Ehrverlust verurteilt.
Lit.: 1.Rapp, 380. 2.Hoffmann-Janssen, 95, 257.

LOHMANN, WILHELM
1898 08 07
Hagen-Haspe
Vikar
Vier Verhöre durch die Gestapo wegen Mitarbeit
im Borromäusverein.
Eine Haussuchung durch die Gestapo wegen Mit-
arbeit im Arbeiterverein.
Wegen einer Predigt eine Verwarnung durch die
Gestapo.

LOHNE, FRANZ
1880 05 01
Gardelegen / Blankenstein / Salzkotten
Pfarrer
1936 Verwarnung und 500 RM Geldstrafe durch das
Sondergericht Essen wegen Regimekritik in
der Schule sowie in Privatgesprächen.
Ein Jahr Unterrichtsverbot durch den Schulrat
wegen politischer Äußerungen.
Verstorben am 2.6.1949.

LOHOFF, PAUL
1889 07 07
Bochum / Bielefeld
Vikar / Pfarrer
1936 50 RM Geldstrafe durch das Sondergericht
wegen Nichtbeflaggung.
Verhöre, Haussuchungen und Verwarnung wegen
Predigten, Gefangenenseelsorge und in des
Pfarrers Eigenschaft als Vorsitzender des
„Friedensbundes deutscher Katholiken".
Verstorben am 30.9.1962.

LUBELEY, JOSEF
1896 02 10
Dortmund-Hörde
Vikar
1934 Verhör, weil der Vikar der HJ verboten
hatte, auf dem Kirchengelände Plakate anzu-
bringen.
Des weiteren eine Haussuchung sowie Unterrichtsverbot.
Verstorben am 17.8.1953.

LUDWIG, JOSEF
1907 01 31
Zipsendorf / Neuenwedel
Pfarrvikar / Pfarrer
Zwei Verhöre und eine Haussuchung wegen Eva-
kuiertenseelsorge und anläßlich der Auflö-
sung des Jungmännerverbandes.
Verstorben am 25.12.1974.

LUETKEMEYER, WILHELM
1909 06 01
Elpe
Pfarrvikar
Vier Verhöre, zwei Verwarnungen sowie offi-
zielle Predigt- und Postüberwachung; nähere
Angaben fehlen.

LUETTEKEN, PHILIPP
1904 08 13
Hattingen
Vikar
1941 zwei Verhöre und eine Verwarnung durch
die Gestapo wegen Zulassung eines französischen Priesters zur Meßfeier.
Verstorben im März 1943 in sowjetischer Gefangenschaft.

LUETTMANN, HEINRICH
1900 08 24
Meschede
Vikar
Acht Verhöre, eine Verwarnung sowie zwei Haus-
suchungen; nähere Angaben fehlen.
Verstorben am 2.11.1959.

LUIG, RICHARD
1910 01 17
Neuenheerse
Vikar
1939 Verhör und Verwarnung durch den Oberstaatsanwalt wegen angeblich staatsfeindlicher
Äußerungen, des weiteren 40 Tage Untersuchungshaft.

LUTTERBERG, BERNHARD
1900 05 19
Gelsenkirchen
Vikar
1939 ein Verhör durch das Sondergericht Essen
wegen einer Predigt.

MAAS, ANTON
1873 12 14
Hamm
Pfarrer
Fünf Verhöre, eine Verwarnung und zwei Haus-
suchungen durch das Landgericht aus folgenden

Gründen:
Ungebührliches Verhalten gegenüber der
Gestapo, Verweigerung des Hitlergrußes, Nicht-
beflaggung und Hirtenbriefverlesung.
Verstorben am 15.1.1954.

MAASHAENSER, GERHARD
1907 05 25
Hellefeld / Geseke / Bilme
Vikar / Pfarrvikar
1937 wurde die Arbeit des Vikars (Jugendarbeit,
Einsatz für die Bekenntnisschule und Predigten)
von der Gestapo als Staatsgefährdung
und Aufwiegelung der Bevölkerung bezeichnet -
nach Verhören, Verwarnungen und Haussuchungen
Inhaftierung: 3.4.1937 bis 15.9.1937 Gefängnis
Dortmund, 15.9.1937 bis 20.4.1939 KZ Buchenwald.
Wegen Polenseelsorge erneut inhaftiert:
7.3.1942 bis 11.6.1942 in den Gefängnissen Dortmund
und Herne und 11.6.1942 bis 30.4.1945 KZ Dachau.
Verstorben am 29.11.1957.
*Lit.: 1.Weiler, 420. 2.Leidensweg Paderborner Priester
im 3. Reich. In: Der Dom. 16 (1948), 125. 3.Wagener,
Ulrich: Leidensweg Paderborner Priester in der
NS-Zeit. In: Der Dom. 5 (1983), 12.*

MAEDGE, FELIX
1905 12 25
Tangermünde
Vikar
1934 Haussuchung und Beschlagnahme der Akten
und des Vermögens des Gesellen- und Jünglingsvereins.

MAI, KARL
1908 02 22
Theißen-Reußen / Bochum-Langendreer
Vikar / Pfarrvikar
1937 75 RM Geldstrafe anläßlich der Aufhebung des katholischen Jungmännervereins
durch das Amtsgericht.
1940 Verhör und Haussuchung wegen Mitarbeit
im Borromäusverein.

MAINZER, JULIUS
1888 02 29
Dortmund-Schüren
Pfarrer
1935 100 RM Geldstrafe wegen Übertretung
des Sammlungsgesetzes.
Verstorben am 3.5.1951.

MAIWORM, JOSEF
1889 08 31
Hagen-Boelerheide
Pfarrer
14 Verhöre, zwei Verwarnungen und zwei
Haussuchungen durch die Gestapo wegen Heraus-

gabe eines Pfarrbriefes sowie wegen Durchführung des Firmunterrichts, während parallel dazu BDM-Dienst stattfand.
Vom 29.4.1939 bis zum 2.5.1939 kurzfristige Festnahme.
Eine Verurteilung zu 1100 RM Geldstrafe durch das Landgericht wurde wegen Amnestie erlassen.
Verstorben am 31.8.1968.

MANDEL, HEINRICH
1901 11 18
Arnsberg / Dortmund
Vikar
1936 150 RM Geldstrafe durch das Sondergericht wegen Verlesung eines Galen-Hirtenbriefes sowie wegen Jugendarbeit. Die Strafe wurde aufgrund einer Amnestie erlassen.
1937 Unterrichtsverbot, nähere Umstände sind nicht bekannt.
1938 Untersuchungen durch das Landgericht wegen Predigtäußerungen, aufgrund einer Amnestie Einstellung des Verfahrens.
Wegen Kanzelmißbrauchs eine Verwarnung durch die Gestapo.
Verstorben am 19.6.1964.

MANGEL, JOHANNES
1907 06 28
Ballenstedt
Pfarrvikar
Ein Verhör wegen Verbreitung verbotener Bücher, Beschlagnahme der Bücher.

MARTIN, JOSEF
1904 11 26
Hattingen / Gevelsberg
Vikar, Religionslehrer
1934 Versetzung als Religionslehrer.
Wegen Jugendarbeit acht Verhöre und zwei Verwarnungen.
Zwei Haussuchungen wegen einer Kollekte für eine Orgel. Alle Maßnahmen wurden durch die Gestapo eingeleitet.
Verstorben am 22.1.1979.

MARX, HEINRICH
1885 11 21
Bödefeld
Pfarrer
Drei Verhöre sowie Entlassung aus dem Elternbeirat.
Ein Strafverfahren wurde aufgrund einer Amnestie eingestellt.
Nähere Angaben fehlen.
Verstorben am 8.8.1971.

MARX, JOSEF
1875 06 28
Obermarsberg

Zwei Verhöre, eine Verwarnung und eine Haussuchung durch die Polizei.
1939 wurde ein Sondergerichtsverfahren aufgrund einer Amnestie eingestellt.
Verstorben am 9.3.1941.

MAURER, FRANZ
1909 07 10
Dortmund
Vikar
Zwei Verhöre und eine Haussuchung wegen kirchlicher Beflaggung des Kirchplatzes am Weißen Sonntag sowie anläßlich der Aufhebung des katholischen Jungmännerverbandes.

MEHLER, GUSTAV
1883 12 16
Dortmund-Asseln
Pfarrer
Drei Verhöre und eine Verwarnung wegen Jugendarbeit und Polenseelsorge.
Verstorben am 27.9.1955.

MEIER, JOHANNES
1909 06 26
Neuenbeken
Vikar
Drei Verhöre, Haussuchung und Beschlagnahme von Geldern, Zeitschriften und Büchern anläßlich der Auflösung des Jungmännerverbandes.

MEINHOLZ, JOSEF
1909 11 24
Witten-Wengern
Pfarrvikar
Zwei Verhöre und eine Verwarnung; des weiteren Unterrichtsverbot durch den Ortsgruppenleiter.

MENGE, ADOLF
1889 09 21
Dortmund (Hl. Kreuz)
Vikar
Neun Verhöre sowie Einzug von 500 RM Sicherungsgeld durch die Gestapo.
Verstorben am 13.5.1955.

MENKE, FRANZ
1884 02 16
Olpe
Pfarrer
Wegen politischer Unzuverlässigkeit drei Verhöre, eine Verwarnung und Unterrichtsverbot durch die Gestapo bzw. die Polizei, Ablehnung als Wanderseelsorger für polnische Zivilarbeiter.
Verstorben am 17.3.1955.

MENKE, JOHANNES
1890 06 18
Heeren
Pfarrer
Drei Verhöre, nähere Angaben fehlen.
Verstorben am 3.3.1949.

MENNE, WILHELM
1875 06 22
Godelheim
Pfarrer
Drei Verhöre, drei Verwarnungen sowie zwei
Haussuchungen wegen Caritasangelegenheiten und
anläßlich der Auflösung des Jungmänner-
verbandes.
Eine Untersuchung wegen Nichtbeflaggung durch
den Oberstaatsanwalt wurde 1939 eingestellt.
Verstorben am 1.2.1948.

MENTROP, HEINRICH
1892 03 13
Attendorn
Vikar
Ein Verhör durch die Polizei wegen zu reger
Tätigkeit in den Jugendvereinen.
Wegen einer angeblich verbotenen Männer-
wallfahrt ein Verhör durch die Gestapo.
Verstorben am 15.11.1955.

MEYER, ALFRED
1887 04 02
Aschersleben / Westönnen
Pfarrer
Wegen Kanzelmißbrauchs drei Verhöre durch
die Polizei.
Verstorben am 28.12.1968.

MEYER, GUSTAV
1876 03 03
Altenbüren
Pfarrer
Verhör und Verwarnung durch die Gestapo
wegen falscher Beflaggung.
Verstorben am 10.7.1948.

MEYER, WILHELM
1875 04 14
Schwaney
Pfarrer
Zwei Verhöre und zwei Verwarnungen wegen
Nichtbeflaggung.
Verstorben am 28.1.1951.

MICHEL, HEINRICH
1904 04 14
Dortmund-Lütgendortmund
Vikar
1938 wurde ein gegen den Vikar eingeleitetes
Verfahren aufgrund einer Amnestie eingestellt;

nähere Angaben fehlen.
Ein Verhör durch die Gestapo, weil die Jungmänner angeblich Uniformen getragen hatten
(was nicht stimmte - Kleidung als Uniform de-
klariert).
Ein Verhör wegen Werbung für katholische Jugendvereine.
Haussuchung und Beschlagnahme von Vereinsgeldern.
Verstorben am 18.7.1977.

MITTROP, FRIEDRICH
1886 04 20
Bielefeld (St. Joseph)
Pfarrer
Neun Verhöre, drei Verwarnungen und drei Haussuchungen durch die Gestapo und die Polizei aus
folgenden Gründen:
1937 anläßlich der Auflösung des Jungmännervereins,
1938 anläßlich unerwünschter Aktivitäten
des Jungfrauenvereins (unerlaubte Stellenver-
mittlung),
1941 wegen einer Gold- und Silbersammlung für
die Monstranz - Beschlagnahme der Monstranz,
1943 wegen Predigten, Verlesung eines Hirtenbriefs und ungenügenden Siegesgeläuts.
Des weiteren eine kurzfristige Festnahme - nach
drei Stunden Dauerverhör entlassen.
Überwachung durch Gestapo und Partei.
Verstorben am 17.1.1967.

MOEBIUS, OTTO
1886 10 09
Weidenau
Pfarrer
Vier Verhöre, zwei Verwarnungen und Androhung
einer KZ-Haft durch die Gestapo, weil der Pfarrer sich für die Konfessionsschule einsetzte,
des weiteren durch das Amtsgericht Verurteilung
zu 120 RM Geldstrafe.
Verstorben am 14.5.1975.

MOENIG, HERIBERT (P. KUNIBERT)
OSB
1912 03 16
Königsmünster
1941 Haussuchung und Ausweisung aus dem
Regierungsbezirk Arnsberg durch die Gestapo
im Zuge der Klosteraufhebung.

MOLITOR, EMIL
1892 01 11
Albaum
Pfarrvikar
1940 wegen unterlassener Siegesbeflaggung
(Eroberung Paris) Verhöre (zwei), Verwarnungen
(zwei), eine Geldstrafe (30 RM) sowie Unterrichtsverbot für Berufsschulen.
Verstorben am 13.11.1950.

MOLSBERGER, HERMANN
1901 08 21
Eisleben
Pfarrvikar
1938 Verhöre, Verwarnungen und Haussuchung im Zusammenhang mit der Aktion gegen das Düsseldorfer Jugendhaus.

MONSCHEIDT, ROBERT
1882 04 13
Hellinghausen-Overhausen
Pfarrer
Wegen einer verbotenen Sammlung sowie wegen Predigtäußerungen ein Verhör, eine Verwarnung sowie Androhung einer KZ-Haft durch die Polizei.
Ein Gerichtsverfahren wegen falscher Beflaggung wurde aufgrund einer Amnestie eingestellt.
Verstorben am 23.1.1957.

MONTAG, P. ALOYS
OFM
o.D.
Werl
Provinzial
Am 18.10.1935 wegen Devisenvergehens vom Schöffengericht Arnsberg zu einem Jahr und neun Monaten Gefängnis und 45.000 RM Geldstrafe verurteilt.
Lit.: Rapp, 85.

MOSCHNER, ALBERT
1906 07 11
Königsau
Pfarrvikar
Eine Haussuchung wegen Arbeit in katholischen Jugendvereinen.
1940 ein Verhör, eine Verwarnung sowie sieben Tage Schutzhaft wegen Zulassung polnischer Zivilarbeiter zum Gottesdienst.

MUDER, WILHELM
1884 05 23
Dortmund (St. Michael)
Pfarrer
Zwei Verhöre, eine Verwarnung und eine Haussuchung beim Pfarrer in seiner Eigenschaft als Bezirkspräses der katholischen Arbeitervereine.
Verstorben am 3.6.1959.

MUEGGE, AUGUST
1889 11 01
Massen
Pfarrer
Fünf Verhöre, vier Verwarnungen und 100 RM Geldstrafe durch ein Landgericht wegen Pre-

digtäußerungen und Vorträgen.
Verstorben am 21.7.1965.

MUEHLEN, P. JOHANNES
CSSR
1896 08 05
Bochum
Geistl. Rektor
1941 im Zusammenhang mit der Beschlagnahme und Aufhebung des Klosters ein Verhör, eine Haussuchung, ein Monat Gefängnishaft sowie Ausweisung aus Westfalen (bis 1945). Außerdem warf man dem Pater Unruhestiftung, Betreiben eines Schwarzsenders und Tätigkeit in der „Erzbruderschaft der hl. Familie" vor.
Verstorben am 8.3.1972.

MUELLER, FERDINAND
1881 05 14
Rösebeck
Pfarrer
1933 ein Verhör, eine Verwarnung und Unterrichtsverbot wegen Beleidigung des Reichskanzlers.
Eine Haussuchung im Zusammenhang mit der Auflösung des Jungmännervereins.
Verstorben am 15.2.1953.

MUELLER, JOHANNES
1889 06 24
Iserlohn
Geistl. Studienrat
Dr.
Zwei Haussuchungen wegen Mitgliedschaft im „Bund Neudeutschland" und im Albertus-Magnus-Verein.
Verstorben am 1.9.1956.

MUELLER, JOSEF
1903 02 17
Paderborn
Vikar
1935 durch das Landgericht Verurteilung zu fünf Monaten Gefängnis wegen politischer Äußerungen und Beleidigung der HJ.
Des weiteren zwei Verhöre und eine Haussuchung.

MUELLER, JOSEF
1912 03 09
Herzberg
Vikar
Der Vikar wurde zweimal verhört; nähere Angaben fehlen.
Verstorben am 17.4.1980.

MUELLER, JOSEF
1914 10 26
Rhode / Neger

Vikar / Pfarrvikar
500 RM Sicherungsgeld auf Anweisung des Amtsgerichts eingezogen, weil der Vikar in der
Glaubensstunde mit den Schülern Hirtenbriefe
des Bischofs von Münster gelesen hatte.
Außerdem drei Verhöre, drei Verwarnungen
und eine Haussuchung.
Verstorben am 6.12.1968.

MUELLER, WILHELM
1912 05 29
Siedlinghausen / Lippstadt
Vikar / Pfarrvikar
1938 Verhöre und Verwarnung, weil der Vikar
sich für die „katholische Ehe" einsetzte.
1944 Verhöre, Verwarnung und 500 RM Sicherungsgeld wegen Abfassung und Vervielfältigung
eines Beichtspiegels für junge Menschen.

MUELLER, WILHELM XAVER
1909 08 02
Heringhausen
Pfarrvikar
Vier Verhöre und zwei Verwarnungen durch die
Gestapo und die Polizei wegen Beleidigung der
SA, Predigtäußerungen und Abweichung vom
vorgeschriebenen Prozessionsweg.

MUENCH, ALBERT
1906 08 12
Paderborn
Vikar
1935 vier Verhöre und drei Verwarnungen durch
die Gestapo, weil der Vikar auf der Kanzel seinen Pfarrer verteidigte, gegen den ein Devisenprozeß stattfand; auf Betreiben der Gestapo
Versetzung.

MUENSTERMANN, BERNHARD
1904 06 04
Bochum
Geistl. Religionslehrer
1934 aufgrund einer Denunziation durch die weltlichen Kollegen Unterrichtsverbot - schließlich Entlassung (1935), nach einer Intervention
des Erzbischofs Klein erneute Einstellung.

MUENZER, PAUL
1906 07 29
Schwerte
Vikar
Wegen eines Rundbriefes an die katholischen
Eltern betreffs Schulentlassung sowie anläß-
lich der Auflösung der katholischen Jungmän-
nervereine zwei Verhöre, zwei Verwarnungen
und eine Haussuchung.
Verstorben am 23.8.1971.

MUERMANN, AUGUST
1884 07 15
Paderborn (Herz-Jesu)
Pfarrer
Aufgrund einer verbotenen Sammlung für die Kir-
chenuhr vier oder fünf Verhöre, zwei Verwarnungen, eine Haussuchung sowie Beschlagnahme
des gesammelten Geldes. Dieser Betrag wurde
später zurückerstattet.
Verstorben am 10.3.1955.

MUES, EBERHARD
1887 01 05
Schmallenberg / Neuenkirchen
Vikar / Pfarrer
1933 wegen Jugendarbeit Verhöre, Verwarnung,
Haussuchung und Ausweisung durch den Bürgermeister und Ortsgruppenleiter, die Ausweisung
wurde später zurückgenommen.
Wegen Regimekritik 1943 durch das Landgericht
zu 200 RM Geldstrafe verurteilt.
Verstorben am 15.10.1962.

NABERSCHULTE, HEINRICH
1888 07 07
Wiedenbrück
Vikar
Ein Verhör wegen Verlesens eines Berichtes zum
Verhalten der HJ beim Bischofsbesuch.
Verstorben am 5.12.1972.

NEUHAUS, KARL
1899 01 23
Völlinghausen
Pfarrvikar
Ein Verhör und eine Verwarnung durch die NSDAP
wegen staatsfeindlicher Äußerungen und Nicht-
beflaggens der Kirche am 9. November.
Verstorben am 2.1.1962.

NEUNZIG, JOSEF HEINRICH
1904 03 01
Fraulautern / Freisen / Halver
Kaplan / Pfarrvikar
Pfarrer Neunzig hatte aufgrund seines Eintretens für die Bekenntnisschule, seiner Jugendarbeit, Wallfahrten sowie seines Wahlverhaltens
zahlreiche Verhöre und Hausdurchsuchungen
durch die Gestapo zu erleiden.
Am 24.6.1935 festgenommen und bis Oktober 1935 in
Haft gehalten.
Am 16.7.1937 eine Verwarnung sowie Unterrichtsverbot. Am 15.2.1939 eine weitere Verwarnung.
Am 8.9.1939 wurde er durch das Sondergericht
Dortmund zu acht Monaten Gefängnis mit Bewährung verurteilt. Am 30.11.1939 aus dem Gebiet
der Diözese Trier ausgewiesen. Der Pfarrer
übersiedelte nach Halver (Erzdiözese Paderborn).
Am 23.8.1941 verhaftet und ins Gefängnis Dort-

mund verbracht. Ab 17.10.1941 im KZ Dachau
wegen Polenseelsorge.
Interventionen seitens des Kommissariats der
Fuldaer Bischofskonferenz beim Geheimen Staats-
polizeiamt Berlin blieben ohne Erfolg.
Am 9.4.1945 entlassen.
Verstorben am 4.8.1965.
Lit.: 1.Weiler, 479. 2.Münch, 114-121.

NEUWOEHNER, JOHANNES
1901 09 07
Lippstadt (St. Nicolai)
Vikar
Vier Verhöre und eine Verwarnung im Zusammenhang mit der Auflösung des Jugendvereins,
wegen Predigten gegen Rosenbergs „Mythus" und
anläßlich einer Untersuchung gegen den Diözesanjugendseelsorger.

NIEDERMEIER, ALOYS
1905 05 07
Essen-Kupferdreh-Byfang (St. Barbara)
Pfarrvikar
Vier Verhöre, eine Verwarnung und zwei Haus-
suchungen wegen Verteilung von Schriften an
Soldaten und wegen Sicherstellung der Pfarr-
bücherei vor Beschlagnahme.

NIEHOERSTER, JOSEF
1906 12 05
Warstein
Vikar
Aufgrund von Jugendarbeit und Predigtäußerungen sechs Verhöre, drei Haussuchungen und
zwei Verwarnungen.
1936 wegen Predigtbemerkungen und staatsfeindlicher Gesinnung Unterrichtsverbot.
Des weiteren 1938 aufgrund Verstoßes gegen
das Heimtückegesetz Unterrichtsverbot.
Verstorben am 19.10.1976.

NIEMANN, EBERHARD
1898 07 20
Herford
Vikar
Ein Verhör und vier Haussuchungen (nach Ju-
gendschrifttum); nähere Umstände sind nicht
bekannt.
Verstorben am 8.4.1964.

NIGGEMEYER, MEINOLF
1890 03 16
Gelsenkirchen
Pfarrer
Wegen angeblich staatsfeindlicher Äußerungen
untersagte der Bürgermeister dem Pfarrer
die Benutzung der Schulräume für den
Religionsunterricht.
Verwarnungen durch die Gestapo wegen Duldung

von Polen im Gottesdienst.
Verstorben am 13.2.1949.

NILLIES, JOHANNES
1874 04 19
Langeneicke
Pfarrer
1939 wegen Vergehens gegen den Kanzelparagraphen (Stellungnahme gegen den Krieg) ein Verhör, zwei Verwarnungen und drei Tage Haft
durch die Gestapo.
Verstorben am 26.8.1960.

NOECKER, FRANZ
1909 06 20
Neheim-Hüsten
Vikar
Der Vikar wurde zweimal verhört, nähere
Angaben fehlen.

NOLTE, ALBERT
1882 05 22
Halle a. d. Saale
Pfarrer
58 RM Geldstrafe und eine Haussuchung durch das
Amtsgericht wegen Nichtbeflaggung und einiger
verbotener Bücher aus dem Privatbesitz des
Pfarrers bzw. aus der von ihm betreuten Pfarr-
bücherei.
Verstorben am 1.5.1962.

NUEHSE, FRANZ
1877 10 11
Allendorf
Pfarrer
Zwei Verhöre durch Gestapo und Polizei wegen
Zulassung von Deutschen oder Russen zum Polen-
gottesdienst.
Verstorben am 25.1.1957.

NUESCHEN, ALOIS
1902 12 18
Warburg
Vikar
Sechs Verhöre, sechs Verwarnungen, zwei Haus-
suchungen sowie Betätigungsverbot für die
Kolpingfamilie durch die Gestapo aus folgenden
Gründen: Verteilung des Möldersbriefes,
Jugendarbeit, Predigt und kritische Äuße-
rungen im Religionsunterricht.

OBERHAUS, WILHELM
1902 01 31
Dortmund-Hombruch / Bockwitz
Vikar / Pfarrvikar
Wegen Predigtäußerungen 1936 durch das Sondergericht Bochum Verurteilung zu fünf Monaten Haft (nach drei Monaten entlassen).
1941 sechs Monate Haft durch das Amtsgericht

Elsterwerda, weil der Vikar ein BDM-Mädchen
wegen Versäumung des Religionsunterrichtes
geohrfeigt hatte - nach der Entlassung Überführung ins KZ Dachau (10.10.1941), wo der
Pfarrvikar am 20.9.1942 an Hunger und unbe-
handelter Phlegmone verstarb.
*Lit.: 1.Weiler, 490. 2.Kempner, 314f. 3.Wa-
gener, Ulrich: Leidensweg Paderborner Priester
in der NS-Zeit. In: Der Dom. 5 (1983), 12.*

OCHSE, WILHELM
1878 12 12
Siegen (St. Marien)
Pfarrer
1934 Betätigungsverbot als Gefängnisseel-
sorger; fünf Haussuchungen, weil man annahm,
der Pfarrer beschaffe sich Bilder von im Ge-
fängnis gefolterten Gefangenen. 1935 acht
Monate Haft durch das Sondergericht wegen
Regimekritik und wegen des Einsatzes für die
Bekenntnisschule, während der Verhandlung
Demonstration der Gemeindemitglieder für die
Freilassung ihres Pfarrers - ohne Erfolg,
nach der Entlassung Androhung einer KZ-Haft.
Außerdem mußte der Pfarrer 900 RM für die
Beköstigung im Gefängnis zahlen.
Insgesamt 12 Verhöre und Verwarnungen durch
die Gestapo bzw. die Polizei.
Verstorben am 31.12.1960.

OSTENDORF, ADOLF
1878 06 14
Bochum-Weitmar
Pfarrer
Verhöre durch die Gestapo wegen Predigten,
Kinderseelsorge und verbotener Sammlungen.
Dauernde Bespitzelung durch die Ortsgruppe,
1935 Unterrichtsverbot für Volksschulen.
1939 10 Tage Untersuchungshaft sowie Auferle-
gung von 1500 RM Geldstrafe durch das Sonder-
gericht wegen Regimekritik im Religions-
unterricht und in der Beichte.
Eine Intervention Bischof Bernings blieb ohne
Erfolg.
Verstorben am 8.6.1964.

OSTERMANN, HEINRICH
1881 11 06
Bochum-Linden
Pfarrer
Wegen Wehrkraftzersetzung und Feind-
begünstigung 21 Verhöre durch die Gestapo.
Des weiteren Verbüßung von vier Haftstrafen
in verschiedenen Gefängnissen. Am 3.11.1944
während einer Haftverlegung geflohen und bis
Kriegsende im Sauerland untergetaucht.
Verstorben am 1.12.1967.

OSTERMANN, PAUL
1909 10 26
Herne / Friedrichsdorf
Vikar
Zwei Verhöre, eine Verwarnung und eine Haus-
suchung durch die Gestapo wegen einer Predigt
gegen die NSV (1939) und der Ausgabe verbotener
Bücher (1942).
Störung einer Jugendstunde durch die Polizei.

OSTERMANN, WALTER
1911 01 14
Bochum-Gerthe / Schwerte
Vikar
Vier Verhöre und eine Haussuchung wegen Ju-
gendarbeit und politischer Unzuverlässigkeit.

OTTERSBACH, FRITZ
1906 08 23
Westönnen
Vikar
Der Vikar erhielt Unterrichtsverbot; nähere
Angaben fehlen.
Verstorben am 23.8.1971.

OTTO, JOHANNES
1884 10 20
Bad Meinberg
Geistl. Studiendirektor
Mehrere Verhöre durch die Gestapo und die
Staatsanwaltschaft, 1937 aus dem Schuldienst
entlassen, in der „Essener Nationalzeitung"
und auf einer Elternversammlung öffentlich
denunziert.
Verstorben am 27.11.1958.

PAAS, JOSEF
1901 03 18
Rietberg
Vikar
Zwei Verhöre, eine Verwarnung und eine Haus-
suchung (mit zeitweiliger Beschlagnahme von
Akten, Büchern und Schallplatten) anläßlich
der Aufhebung des Jungmännerverbandes und der
Feier des 60jährigen Bestehens der Kolping-
familie (1939).

PADBERG, RUDOLF
1910 02 03
Delbrück
Vikar
Mehrere Verhöre, zwei Verwarnungen und eine
Haussuchung wegen Kritik am Führer und an der
Zeitschrift „Der SA-Mann".

PARENSEN, JOSEF
1888 03 16
Minden
Propst

1940 Verhöre, Verwarnung und Haussuchung wegen Polenseelsorge (Gottesdienst und Verschickung von Einladungen). Des weiteren Beschlagnahme der Schreibmaschine und des Vervielfältigungsapparates. Alle Maßnahmen wurden von der Gestapo durchgeführt.
Verstorben am 29.12.1976.

PEETZ, FRANZ
1896 11 06
Dortmund
Vikar
Zwei Verhöre, eine Verwarnung und eine Haussuchung wegen angeblich illegaler Jugendarbeit. Des weiteren Verbot eines Sturmschartreffens.
Verstorben am 24.12.1973.

PEINE, HEINRICH
1881 09 16
Siegen (St. Michael)
Pfarrer
Durch Gestapo und Staatsanwalt 25 Verhöre, eine Verwarnung und drei Haussuchungen wegen Vereinsarbeit, Vorführens verbotener Jugendfilme und des Empfangs der Zeitschrift „Der deutsche Weg“.
Verstorben am 4.12.1959.

PEITZ, HEINRICH
1878 11 04
Welschen-Ennest
Pfarrer
Fünf Verhöre, eine Verwarnung und eine Haussuchung anläßlich der Aufhebung des Jungmännerverbandes.
Verstorben am 23.7.1953.

PEITZ, PAUL
1898 07 01
Heddinghausen
Pfarrer
Verhör, Verwarnung und Unterrichtsverbot für den Regierungsbezirk Arnsberg durch die Polizei bzw. den Blockwart wegen Predigten.
10 RM Geldstrafe wegen Beerdigung eines Kindes vor der standesamtlichen Eintragung.
Verstorben am 2.3.1966.

PETERS, ALBERT
1897 09 10
Paderborn
Vikar
Wegen Jugendseelsorge drei Verhöre, eine Verwarnung und eine Haussuchung sowie dauernde Bespitzelung durch die Gestapo.
Verstorben am 28.9.1980.

PETERS, FRANZ
1882 01 06
Bochum
Probst
Überwachung der Post, der Predigten und der Telefonate durch die Gestapo, weil der Probst wegen seiner häufigen Eingaben an die Behörden unangenehm auffiel.
Verstorben am 10.7.1953.

PETERS, P. JOSEF JOHANNES
STUDIT
1905 02 28
Lemberg
Sekretär des Erzbischofs von Lemberg
Am 11.12.1942 Verhaftung wegen angeblich deutschfeindlicher Pressetätigkeit und Beschlagnahme seines Büros in Krakau; Haft im SS-Gefängnis Lemberg. Am 10.7.1943 wegen Verdachts auf Landes- und Hochverrat in das KZ Dachau eingeliefert. Lagerhaft bis 26.4.1945, auf dem anschließenden Evakuierungsmarsch geflohen.
Lit.: Weiler, 516.

PETERSEN, FRIEDRICH KARL
1904 04 06
Fribourg / Soissons (Studienaufenthalt)
Kaplan, zum Studium beurlaubt
1943 aus der Schweiz ausgewiesen (weil Deutscher). Am 12.2.1943 von der Gestapo wegen belastender Korrespondenz verhaftet. Nach drei Monaten Untersuchungshaft erfolgte am 14.7.1943 die Überführung nach Dachau, wo der Kaplan am 7.11.1944 verstarb.
Lit.: 1.Weiler, 516. 2. Leidensweg Paderborner Priester im 3. Reich. In: Der Dom. 16 (1948). 125.

PETRASCH, JOSEF
1901 10 31
Elleringhausen
Pfarrvikar
Drei Verhöre und eine Verwarnung wegen Jugendseelsorge.
Ein durch den Oberstaatsanwalt eingeleitetes Verfahren wurde aufgrund des Gnadenerlasses vom 9.9.1939 eingestellt.

PFITZENREUTHER, KARL
1893 05 12
Torgau
Pfarrer
1941 wegen Polenseelsorge drei Wochen Gefängnis. Interventionen seitens des Kapitularvikariats Paderborn und Weihbischof Wienkens (Berlin).
Weiterhin Verhöre, Verwarnungen und Haussuchungen durch die Gestapo wegen Polenseelsorge - der Pfarrer hatte einem polnischen

Feldgeistlichen Zelebration ermöglicht (1941) -,
Versendung von Schriften an die Soldaten
(1942) und der Arbeit in der Borromäusbücherei (1942).
Verstorben am 3.3.1977.

PIEL, ANTON
1889 11 27
Saalhausen
Pfarrer
1940 durch den Ortsgruppenleiter angezeigt,
weil der Pfarrer die Kinder angewiesen hatte,
nicht mit „Heil Hitler", sondern mit „Grüß
Gott" oder „Guten Tag" zu grüßen.
Verhör und Verwarnung durch die Gestapo
wegen Vertriebs religiöser Schriften und
eines Gottesdienstes für Polen.
Verstorben am 28.5.1961.

PIEPER, P. FRIEDRICH
SJ
1885 03 08
Lenhausen
Kooperator
1935 Predigtverbot durch die Gestapo.
Des weiteren zwei Verhöre und Redeverbot sowie
1941 Schutzhaft. Nähere Angaben fehlen.

PIEPER, HEINRICH
1890 01 31
Altenbochum
Pfarrer
Wegen Predigten vier Verhöre und zwei Ver-
warnungen.

PIEPER, JOSEF
1892 01 26
Iserlohn / Iserlohn-Langscheid
Vikar / Pfarrvikar
1935 wegen Verstoßes gegen den Kanzelparagraphen durch das Sondergericht zu sechs Monaten
Haft verurteilt (verbüßt drei Monate und
fünf Tage).
Aus dem gleichen Grund 1939 10 Monate Gefängnis.
Ebenso 1944: 30.8.1944 bis 15.12.1944 Gefängnishaft
in Dortmund und Herne. 10 Tage nach der Entlassung Einweisung in das KZ Dachau. Dort am
26.4.45 von den Amerikanern befreit.
Verstorben am 24.2.1966.
*Lit.: 1.Weiler, 519. 2.Wagener, Ulrich: Lei-
densweg Paderborner Priester in der NS-Zeit.
In: Der Dom. 5 (1983), 13.*

PLATTFAUT, THEO
1907 01 15
Atteln
Vikar
1935 50 RM Geldstrafe durch die Gestapo wegen

Jungmännerseelsorge.
Weitere Maßnahmen wegen Betreuung der Jung-
männer in der Wehrmacht.
Verstorben am 12.7.1963.

PLETTENBERG, WILHELM
1881 12 21
Witten-Annen
Pfarrer
Verhöre, Verwarnungen bzw. Haussuchung wegen
Warnung der Jugend vor dem „Mythus" (1934),
Nichtbeflaggung zum Tode des Gauleiters (1937),
Verbreitung des Hirtenwortes (1937) und
Verlesung des Bischofswortes zur Bekenntnis-
Schule (1939).
1944 1500 RM Sicherungsgeld eingezogen, weil
der Pfarrer einen HJ-Jungen aus der Glaubens-
stunde hinausgeworfen hatte.
Verstorben am 10.9.1956.

PLUEMPE, JOSEF
1894 02 21
Altena
Vikar
Verhör und Verwarnung durch den Kreisleiter
wegen Predigten.
Entlassung angedroht, weil der Vikar durch
sein Verhalten im Religionsunterricht eine
„feindselige Haltung gegenüber der nationalsozialistischen Staatsführung" erkennen ließ.
Verstorben am 6.7.1952.

PLUEMPE, NORBERT
1906 11 14
Rolfzen
Vikar
Verhöre und Verwarnung wegen Verbreitung
staatsfeindlicher Schriften.
Verstorben am 21.6.1980.

POEPPE, WALTER
1910 08 17
Paderborn / Lippstadt (Knabenseminar)
Vikar / Präfekt
Haussuchung, Verwarnungen, Unterrichtsverbot
und Überwachung der Predigten anläßlich
einer Fahndung nach verbotenen Schriften
(Hirtenbriefe, Jugendschriften etc.) durch
Gestapo und Polizei.
Verstorben am 1.5.1978.

POLL, WILHELM
1874 10 07
Rahrbach
Pfarrer
Verhör, Verwarnungen und Haussuchung wegen
kirchlicher Jugendarbeit.
Verstorben am 3.3.1959.

POLLE, AUGUST
1891 07 17
Erwitte
Vikar
Wegen Predigten drei Verhöre und zwei Ver-
warnungen durch die Polizei.
Verstorben am 7.2.1971.

PRANGE, FRITZ
1896 02 08
Maumke / Cobbenrode
Pfarrvikar / Pfarrer
Fünf Verhöre, eine Verwarnung und eine Haus-
suchung durch Gestapo und Polizei aus folgenden
Gründen: Polenseelsorge, Errichtung eines
Kreuzes außerhalb der Kirche, Auflösung
des katholischen Jünglingsvereins und Streit
um die Vereinsfahne.
Außerdem ein Jahr Unterrichtsverbot.

PREISING, RUDOLF
1904 06 04
Soest / Bilme
Geistl. Studienassessor / Pfarrvertreter
Nach starkem Beschuß durch die Amerikaner
hatte man in Bilme die weiße Fahne gehißt
(April 1945), am nächsten Tag kam eine
zusammengewürfelte SS-Horde in den Ort, um
den Bürgermeister und den Pfarrer wegen
Landesverrats hinzurichten; Preising gelang
die Flucht.

PRIOR, KARL
1886 09 22
Beverungen
Pfarrer
Verhör und Verwarnung durch die Gestapo.
Verstorben am 18.5.1955.

PUETTER, HEINRICH
1910 01 14
Dessau
Vikar
Drei Verhöre, zwei Verwarnungen und eine Haus-
suchung im Zusammenhang mit der Auflösung der
Jungmännervereine.

PUETTER, HERMANN
1901 01 06
Dortmund-Aplerbeck
Vikar
Verhör, Verwarnung und Haussuchung durch die
Gestapo wegen der Tätigkeit des Vikars im
Kolpingwerk und im Jungmännerverein, Beschlag-
nahme von Büchern, Schriften und Spielen.

PUETTMANN, PAUL
1902 02 25
Olpe / Paderborn

Vikar
Verhör und Verwarnung durch den Landrat, weil
die katholische Jugend nicht an dem Fest der
HJ anläßlich der Saarabstimmung teilgenommen
hatte (1935).
Verhör und Verwarnung durch die Gestapo auf-
grund der Anzeige eines Schülers (1938).
Verstorben am 22.1.1968.

QUISKAMP, ROBERT
1882 03 19
Benninghausen
Pfarrer
Dr. phil. et theol.
1940 durch das Sondergericht Bielefeld wegen
Heimtücke (Polenseelsorge, Regimekritik)
zu einem Jahr und sechs Monaten Gefängnis ver-
urteilt. Am 29.7.1943 an den Folgen der Haft
(Anämie) gestorben.

RADEMACHER, ANTON
1889 09 23
Niederntudorf
Pfarrer
Zwei Verhöre und zwei Verwarnungen; nähere
Angaben fehlen.
Verstorben am 18.1.1973.

RASCHE, EDUARD
1900 08 31
Niederalbaum
Vikar
Drei Verhöre, eine Verwarnung und eine Haus-
suchung; nähere Angaben fehlen.
Verstorben am 19.10.1978.

RASCHE, JOHANNES
1889 05 11
Menne
Pfarrvikar
1937 30 RM Geldstrafe durch das Amtsgericht
wegen Nichtbeachtung des Flaggengesetzes.
Verhör und Haussuchung anläßlich der Auf-
lösung des Jungmännervereins durch die
Polizei.
Verstorben am 4.8.1953.

RATH, EMIL
1900 01 12
Dortmund (Hl. Geist)
Pfarrvikar
20 Verhöre, mehrere Verwarnungen und eine
Haussuchung durch die Gestapo und den Staatsanwalt aus folgenden Gründen:
1935 Sammlung des Kirchenbauvereins, Verlesen
eines Hirtenbriefs,
1936 verschiedene Nachrichten im Kirchenanzeiger (Beschlagnahme der Gelder des Kirchenbauvereins),

1940 Sammlung von Silber für eine Monstranz,
1941 Kanzelmißbrauch.

RATH, RUDOLF
1905 11 06
Dortmund
Vikar
Fünf Verhöre durch die Gestapo wegen Verbreitung der Enzyklika „Mit brennender Sorge" und
wegen einer Vereinsmitteilung im Kirchenblatt.
Drei Verhöre durch die Gestapo wegen einer
Predigt und wegen der Abfassung von Soldatenrundbriefen.
Verstorben am 6.4.1979.

RAUTERKUS, JOSEF
1896 12 11
Altenhundem
Vikar
50 RM Geldstrafe durch das Amtsgericht wegen
falscher Beflaggung.
Verhör und Haussuchung durch die Gestapo,
weil der Vikar auf Flugblättern den Kampf
der HJ gegen die katholischen Jugendverbände
angeprangert hatte.
Verstorben am 18.9.1973.

RAWE, HEINRICH
1902 12 22
Kamen
Pfarrer
Verhör und Verwarnung durch die Gestapo
wegen „asozialer Haltung" (der Pfarrer hielt
werktags zwei Tore zum Kirchplatz geschlossen;
die Gestapo war der Meinung, der Pfarrer habe
damit unzulässigerweise den Weg der Gläubigen
zur Kirche verlängert).

RECHMANN, JOHANNES
1881 09 24
Witten
Pfarrer
Ein Verhör und zwei Verwarnungen durch die Gestapo wegen Verlesens eines Hirtenbriefes und
infolge der Anschuldigung, der Pfarrer verdächtige die SA, den Fronleichnamsschmuck zerstört zu haben (1937).
Verstorben am 22.9.1958.

REDEKER, AUGUST
1907 03 31
Gelsenkirchen-Horst
Pfarrer
1942 wegen einer Predigt zur Euthanasie
von der Gestapo scharf verwarnt. Der Pfarrer
mußte unterschriftlich anerkennen, daß
er im Wiederholungsfalle ins KZ komme.
Nach der Angelegenheit erhielt der Pfarrer
den Stellungsbefehl.

REFFELMANN, HEINRICH
1907 07 05
Langenweddingen-Egeln
Pfarrvikar
1938 fälschlicherweise in einem Artikel der
SS-Zeitschrift „Schwarzes Korps" beschuldigt,
bei einem Autounfall nicht genug Hilfe geleistet
zu haben. Ein Verhör durch den SS-Standartenführer Berlin und einen Beamten des Reichsministeriums für Volksaufklärung und Propaganda. Richtigstellungen durch das Generalvikariat im Reichs- und Kirchenministerium
wurden nicht beachtet.

REIMETZ, WILHELM
1904 08 02
Neuhaldersleben
Pfarrvikar
Vier Verhöre, eine Verwarnung und eine Haussuchung wegen Polenseelsorge sowie anläßlich
der Auflösung der Jugendmission.
Verstorben am 8.1.1968.

REINEKE, AUGUSTINUS
1908 05 09
Paderborn
Diözesanjugendseelsorger
Wegen Jugendarbeit zahlreiche Verhöre, drei
Haussuchungen und drei Verwarnungen, 500 RM
Sicherungsgeld und Beschlagnahme aller nichtreligiösen Bücher durch die Gestapo bzw. das
Sondergericht.

REINEKE, FRIEDRICH
1865 09 28
Mülheim
Pfarrer
Wegen einer Predigt, in der der Pfarrer das
„Schwarze Korps" und die „Kartoffelkäfer-Suchaktion" während des Hauptgottesdienstes
(NS-Maßnahme, um Kinder von der Messe fernzuhalten) kritisiert hatte, zwei Verhöre und
eine Verwarnung durch die Gestapo und die
Polizei (1939).
Verstorben am 23.11.1952.

REINEKE, OTTO
1880 01 28
Herdecke
Pfarrer, Dechant
Der Dechant wurde einmal verhört und verwarnt.
Nähere Angaben fehlen.
Verstorben am 11.1.1970.

REINHOLD, FRANZ
1905 08 19
Zörbig
Pfarrer
1937 30 RM Geldstrafe durch die Polizei, weil

der Pfarrer einen Film vorgeführt hatte, ohne
in der Reichsfilmkammer zu sein.
1940 Verhör und Verwarnung durch die Gestapo
wegen der Teilnahme von Polen an einem Gottesdienst des Pfarrers.
Verstorben am 25.4.1978.

REINHOLD, LUDWIG
1886 11 29
Niederlandenbeck
Pfarrer, Religionslehrer
1935 als Religionslehrer und Polizeiseelsorger
entlassen wegen der antinationalsozialistischen
Geisteshaltung, die der Pfarrer im Unterricht
erkennen ließ.
Insgesamt fünf Verhöre, drei Verwarnungen und
drei Haussuchungen durch Gestapo und Polizei.
Verstorben am 9.5.1962.

REKER, GERHARD
1909 07 06
Oberveischede
Pfarrvikar
Drei Verhöre, zwei Verwarnungen und 250 RM
Sicherungsgeld; nähere Angaben fehlen.
Verstorben am 19.6.1976.

REKER, JOHANNES
1886 07 17
Meinerzhagen
Pfarrer
Wegen Predigten über Rosenbergs „Mythus" und
über eine Rundfunkrede Goebbels' „Zur Sittlich-
keit der Geistlichen" vier Verhöre, zwei Verwarnungen und zwei Haussuchungen durch die Gestapo und politische Stellen.
1937 wurde eine Enzyklika während der Messe
beschlagnahmt.
Verstorben am 6.8.1976.

REKER, PHILIPP
1874 04 18
Esbeck
Pfarrer
Pfarrer Reker wurde zweimal verhört; nähere
Angaben fehlen.
Verstorben am 21.6.1955.

REMBERG, ANTON
1902 01 06
Altena
Vikar
1938 Unterrichtsverbot wegen Regimegegnerschaft.
Verstorben am 3.4.1967.

REMMEL, CLEMENS
1911 08 29
Bochum
Vikar, Religionslehrer

1937 Verhör, Haussuchung und Unterrichtsver-
bot im Zusammenhang mit der Auflösung des
Jungmännervereins sowie wegen politischer
Unzuverlässigkeit.
Verstorben am 18.10.1967.

REMMEL, FERDINAND
1884 09 14
Dahlhausen / Höxter
Pfarrer
Drei Verhöre und zwei Verwarnungen durch den
Kreisleiter und die Gestapo wegen einer Kollekte
für Ordensschwestern, einer Predigt gegen
den Stürmerkasten, Übertretung des Läute-
verbots und wegen der Baufälligkeit des
katholischen Kindergartens.
Verstorben am 4.2.1949.

RHODE, JOSEF
1889 12 20
Paderborn
Geistl. Rat
1935 zwei Verhöre und eine Haussuchung wegen
angeblicher Beteiligung an einem Devisenvergehen.
Verstorben am 12.11.1963.

RICKE, HERMANN
1903 03 03
Halberbracht
Pfarrvikar
Ein Verhör durch die Gestapo, weil der Vikar
einmal nicht nach Vorschrift geflaggt hatte.
Verstorben am 26.7.1950.

RICKEN, JOSEF
1890 11 08
Haaren
Pfarrer
Dr.
1937 Verhör und Haussuchung wegen Jugend-
seelsorge.
Verstorben am 9.12.1972.

RICKERT, LUDWIG
1892 10 07
Anröchte
Dechant
1937 Verhör, Haussuchung und kurzfristige
Festnahme durch die Gestapo wegen Verteilung
der Enzyklika „Mit brennender Sorge".
1938 Verhör und Verwarnung wegen Nichtläutens beim Anschluß Österreichs.
1942 Verhör wegen Gottesdienstbeginns
vor 10 Uhr nach Vollalarm.
Verhör und Verwarnung durch die Gestapo,
weil der Dechant einen HJ-Jungen bestraft
hatte, der während der Meßfeier NS-Plakate
an der Kirche angebracht hatte.
Verstorben am 11.10.1966.

RICKING, FRIEDRICH (P. EPHREM)
OFM
1880 03 07
Paderborn
Lektor der Theologie
Dr. theol.
Haftstrafe vom 28.11.1936 bis zum 16.3.1937, weil
der Pater einem Kollegen zur Flucht nach
Holland verholfen hatte.
Verstorben am 30.12.1959.

RIEKE, FRANZ
1873 12 09
Ottbergen
Pfarrer
Drei Verhöre und vier Verwarnungen durch die
Gestapo und die Polizei aus folgenden
Gründen:
1935 und 1937 Regimekritik,
1938 Richtigstellung einer Zeitungsnachricht
über Kardinal Verdi in einer Predigt sowie
falsche Beflaggung.
1939 wurde ein Gerichtsverfahren wegen obigen
Vergehens gegen das Flaggengesetz durch den
Oberstaatsanwalt eingestellt. Bürgermeister
und Ortsgruppenleiter konnten eine Verhaftung
verhindern.
Verstorben am 10.11.1958.

RIEKE, MAX (P. LIBORIUS)
OFM
1907 07 10
Dortmund
Vikar
Der Pater wurde einmal verwarnt; nähere
Angaben fehlen.
Verstorben am 1.9.1974.

RIEKES, JOSEF
1890 05 31
Dortmund
Stadtvikar, Schriftleiter
Von 1933 bis 1937 durch die Gestapo zahlreiche
Verhöre und Verwarnungen wegen der Arbeit des
Vikars als Schriftleiter des „Kirchlichen An-
zeigers". Des weiteren mehrmalige Beschlagnahme des Kirchenblattes.
1937 ein Gerichtsverfahren, weil der Vikar eine
Kanzelverkündigung, in der es um die Rettung
des katholischen Brüderkrankenhauses vor dem
staatlichen Zugriff ging, mitverfaßt und
mitversandt hatte. Das Verfahren wurde eingestellt.
Verstorben am 9.4.1968.

RIEPE, P. FRANZ
SVD
1885 07 26
Bad Driburg
1941 wegen Teilnahme an einer Dekanatskonferenz,
auf der ein Hirtenbrief der holländischen Bischöfe besprochen worden war, durch die Gestapo verhaftet:
Vom 20.2.1941 bis 9.5.1941 Schutzhaft in Bielefeld,
anschließend Überstellung ins KZ Dachau. Dort
verstarb der Pater am 13.8.1942.
Lit.: Weiler, 559.

RINDERMANN, PETRUS (P. CANDIDUS)
OFM
1890 01 15
Dortmund
Pfarrer
Zwei Verhöre und Beschlagnahme des Materials
für die Jugendarbeit durch die Gestapo im
Zusammenhang mit der Jubiläumsfeier des
Vinzenz- und Elisabethvereins.
Verstorben am 20.5.1963.

RINGWELSKI, FRIEDRICH (P. PAULUS)
OSB
1909 12 31
Königsmünster
Geistl. Studienrat
1941 zwei Verhöre, zwei Verwarnungen und Ausweisung aus dem Regierungsbezirk Arnsberg durch
die Gestapo anläßlich der Klosteraufhebung.

RINSCHEIDT, ALBERT
1881 05 26
Stukenbrock
Pfarrer
Zwei Verhöre, eine Verwarnung und eine Haus-
suchung durch die Gestapo und den Staatsanwalt,
weil der Pfarrer sich angeblich über Goebbels'
Klumpfuß geäußert hatte.
Verstorben am 29.8.1962.

RINTELEN, FRIEDRICH
1899 12 12
Paderborn
Generalvikar
Dr. theol.
Ein Verhör und zwei Haussuchungen wegen der
Tätigkeit des Generalvikars als Jugendpräses
und Generalsekretär des Bonifatiusvereins.

ROELLE, FRANZ
1887 03 04
Bochum / Hattingen
Vikar / Pfarrer
20 Verhöre durch die Gestapo.
1935 durch ein Sondergericht zu sechs Monaten
Gefängnis verurteilt, eingesessen aber nur

20 Tage.
1945 von der HJ mit dem Tode bedroht.
Verstorben am 12.1.1957.

ROER, WILHELM
1888 06 07
Mönninghausen
Pfarrer
1940 Verbot des Gottesdienstes und des
„Ewigen Gebets" an Pfingsten.
14 Verhöre, vier Verwarnungen und eine
Haussuchung wegen Jugendseelsorge.
Des weiteren unter Androhung eines Skandals
aufgefordert, einen Mitarbeiter wegen Unsitt-
lichkeit anzuzeigen.
Verstorben am 8.2.1961.

ROERIG, ALFONS
1913 05 11
Zeitz
Pfarrvikar
Verhör und Verwarnung durch die Gestapo
wegen eines Polengottesdienstes.
Haussuchung und Verwarnung wegen Verbreitung
einer religiösen Broschüre.

ROERIG, JOSEF
1886 03 19
Schmallenberg
Pfarrer
1939 zwei Verhöre, eine Haussuchung, acht
Tage Untersuchungshaft sowie Entlassung aus
dem Schulbeirat durch die Gestapo beziehungs-
weise den Regierungspräsidenten von
Arnsberg, weil der Pfarrer sich weigerte, die
Namen derjenigen zu nennen, die ihm Informationen über das Verhalten einer Lehrerin
gegeben hatten.
Verstorben am 21.8.1953.

ROESELER, JOSEPH
1881 08 22
Helbra
Dechant
Drei Verhöre, eine Verwarnung und eine Haus-
suchung (1937) anläßlich der Auflösung des
Jungmännervereins.
Verstorben am 9.10.1959.

ROHDEN, HEINRICH
1903 03 13
Hattingen
Vikar
Drei Verhöre und eine Verwarnung durch die Gestapo bzw. die Polizei wegen Nichtbeflaggung
anläßlich des Todes eines thüringischen Ministers sowie wegen Zulassung eines französischen Geistlichen zur Zelebration (Dez. 1941 bis
Sept. 1942).

ROHLEDER, HERMANN
1901 11 01
Niedersorschel
Vikar
1935 Unterrichtsverbot wegen ablehnender Haltung
gegenüber der Hitlerjugend (vom 1.12.1935 bis
zum 25.3.1936).
Verhör wegen einer Predigt über die Glaubwürdigkeit gewisser Zeitungen (tatsächlich
hatte die Predigt jemand anders gehalten).
Verstorben am 22.2.1978.

ROHM, ANDREAS
1902 09 25
Bremen
Vikar
Fünf Verhöre wegen Vergehens gegen den Heimtückeparagraphen. Weitere Untersuchungen wurden aufgrund einer Amnestie eingestellt.

ROSE, P. FRANZ
MSC
1907 02 12
Hamm
Vikar
1941 Verhöre und Verwarnung im Zusammenhang
mit der Klosteraufhebung.
1945 Verhöre und Verwarnung, weil der Vikar
Gottesdienste und Seelsorgestunden in einer
Privatwohnung abhielt.

ROSENBERG, HEINRICH
1878 06 24
Lünen (Herz-Jesu)
Pfarrer
1938 50 RM Geldstrafe durch das Amtsgericht.
1942 wurde der Pfarrer aufgrund seines
schlechten Gesundheitszustandes nach drei Tagen aus der Untersuchungshaft entlassen; er
verstarb bald darauf (23.2.1942).
Nach Mitteilung der Gestapo wäre der Pfarrer,
wenn er nicht ohnehin gestorben wäre, ins
KZ gekommen oder gar hingerichtet worden.
Nähere Angaben bezüglich der Gründe für
die Strafmaßnahme fehlen.

ROSENFELD, PETER
1867 09 29
Heinsberg
Pfarrer
Zwei Verhöre, eine Verwarnung, eine Haussuchung (Beschlagnahme der Gemeindebücherei)
und Unterrichtsverbot durch die Polizei bzw.
den Staatsanwalt wegen einer Predigtbemerkung
über das „Schwarze Korps".
Verstorben am 11.4.1948.

ROSENTHAL, ALFONS
1908 07 24
Greprin
Pfarrvikar
Ein Verhör und eine Verwarnung wegen der
Taufe eines polnischen Kindes.
Ein Verhör und eine Haussuchung nach ver-
botenen Büchern aus der Pfarrbücherei.
Alle Maßnahmen wurden von der Gestapo aus-
geführt.
Verstorben am 2.2.1968.

ROSIN, HERMANN
1895 02 20
Scharmede
Pfarrvikar
Aufgrund angeblicher politischer Beeinflussung
ein Verhör und eine Verwarnung.
Wegen Mitgliedschaft im Bund „Neudeutsch-
land" zwei Verhöre und eine Verwarnung.
Verstorben am 27.2.1966.

ROTHER, JOHANNES
1909 11 17
Gerbstedt
Pfarrvikar
Zwei Verhöre und eine Haussuchung wegen Mit-
gliedschaft im Bund „Neudeutschland".

ROTTHOFF, ERNST-MARIA
1879 01 12
Bochum (St. Antonius)
Pfarrer
14 Verhöre, eine Verwarnung und drei
Haussuchungen durch die Gestapo bzw. den Volksgerichtshof wegen Aufbewahrung der Kirchenvor-
standsbücher, der Müttervereinsakten und
der Kirchenfahnen sowie wegen der Tätigkeit
des Pfarrers als Geschäftsführer einer katholischen Baugenossenschaft.
Sterbedatum nicht bekannt.

RUESCHE, FRANZ
1888 03 28
Paderborn
Geistl. Hochschullehrer
Prof. Dr.
Beschlagnahme seines Buches „Blut und Geist"
durch die Gestapo.
Verstorben am 16.4.1971.

RUESING, AUGUST
1894 09 16
Dortmund / Wormbach
Vikar / Pfarrer
1935 drei Verhöre sowie Entlassung als Schulbeirat wegen einer Veranstaltung der Sturmschar
unter Leitung des Vikars.
1944 Verwarnung durch die Gestapo wegen Polenseelsorge.
Verstorben am 9.2.1978.

RUETHER, THEODOR
1885 02 24
Gelsenkirchen
Geistl. Studienrat
Dr.
Haussuchung und vorzeitige Pensionierung
wegen Arbeit im „Friedensbund deutscher
Katholiken".
Verstorben am 6.8.1968.

RUNIG, ANTON
1877 03 26
Wünnenberg
Pfarrer
Auf Veranlassung des Regierungspräsidenten
von Minden, des Landrates von Büren und
der Gestapo wurde der Pfarrer wegen Predigten
von seinem Generalvikariat versetzt.
Verstorben am 7.4.1934.

RUPIEPER, HEINRICH
1899 05 23
Horn / Kirchhundem
Vikar
Wegen übler Nachrede (der Vikar wurde beschuldigt, zu einem Mord beigetragen zu haben)
1934 vom Sondergericht Dortmund zu sechs Monaten
Gefängnis verurteilt. Die Strafe wurde aufgrund einer Amnestie erlassen, der Vikar wegen
der gleichen Angelegenheit noch zweimal vor
Gericht gestellt, schließlich in KZ-Haft genommen:
8.1.1937 bis 15.9.1939 Lager Esterwege,
15.9.1939 bis 18.6.1942 KZ Neuengamme,
19.6.1942 bis 29.4.1945 KZ Dachau, von den
Amerikanern befreit.
Verstorben am 1.1.1964.
*Lit.: 1. Weiler, 572. 2. Leidensweg Paderborner Priester
im 3. Reich. In: Der Dom. 16 (1948),
125.*

SAMMELMANN, JOSEF
1869 07 03
Störmede
Pfarrer
Zwei Verhöre, eine Verwarnung und drei Tage
Haft (6. bis 8.9.1939); nähere Angaben fehlen.
Verstorben am 30.3.1949.

SANDER, KONRAD
1897 11 18
Attendorn
Vikar
1934 zwei Verhöre, eine Verwarnung und Unterrichtsverbot wegen politischer Unzuverlässigkeit.
Verstorben am 13.10.1974.

SARRAZIN, FRIEDRICH
1884 01 12
Buke
Pfarrer
Zwei Verhöre und Verbot der katholischen
Jugendgruppe.
Verstorben am 15.6.1954.

SASSE, JOSEPH
1898 12 14
Niederwenigern
Pfarrer
Drei Verhöre, eine Verwarnung und drei Haussuchungen wegen Arbeit in verschiedenen Vereinen (Männer- und Jugendvereine), außerdem Schreibverbot.
Verstorben am 27.1.1972.

SCHAEFER, EWALD
1883 10 09
Sandebeck
Pfarrer
Zwei Verhöre und zwei Verwarnungen durch die
Gestapo wegen einer Predigt.
Verstorben am 17.1.1965.

SCHAEFER, KONRAD
1905 09 08
Bochum-Harpen
Pfarrvikar
Drei Verhöre, zwei Verwarnungen und eine Haussuchung wegen Arbeit in der Jungschar sowie wegen eines Marsches mit den Firmlingen zur Nachbargemeinde, wo die Firmungsfeier stattfand
(der Marsch wurde als staatsgefährdende
Prozession angesehen).
Verstorben am 7.5.1976.

SCHAEFERS, HEINRICH
1903 04 05
Brakel
Vikar
1938 drei Verhöre, eine Verwarnung und eine
Haussuchung anläßlich der Aufhebung der Ju-
gendvereine.
Verstorben am 8.8.1966.

SCHAEFERS, JOHANNES
1867 07 09
Paderborn
Prälat, Vizepräsident des Bonifatius-Vereins
1938 wurde ein Verfahren vor dem Amtsgericht
eingestellt.
1939 100 RM Geldstrafe durch das Amtsgericht
wegen eines Verstoßes gegen das Sammlungsgesetz.
Verstorben am 17.7.1941.

SCHAMONI, WILHELM
1905 01 04
Oeynhausen
Vikar
1939 wegen Predigtäußerungen ein Verfahren
vor dem Amtsgericht; Entlassung durch den Generalstaatsanwalt, jedoch von der Gestapo sogleich in Schutzhaft genommen:
30.12.1939 bis 24.6.1940 Untersuchungshaft in Paderborn,
24.6.1940 bis 9.10.1940 Schutzhaft in Paderborn und Bielefeld,
11.10.1940 bis 11.12.1940 KZ Dachau,
11.12.1940 bis 29.9.1941 KZ Buchenwald und
29.9.1941-27.4.1945 KZ Dachau, von dort
während des Todesmarsches geflohen.
Intervention des Generalvikars Rintelen
blieb ohne Erfolg.
*Lit.: 1.Weiler, 580. 2.Wagener, Ulrich: Lei-
densweg Paderborner Priester in der NS-Zeit.
In: Der Dom. 5 (1983), 13.*

SCHARLEWSKI, WALTER
1876 10 27
Iseringhausen
Pfarrvikar
Zwei Verhöre, eine Verwarnung und eine Haus-
suchung (nach Schriften für den Jünglingsver-
ein), Überwachung der Predigten.
Verstorben am 18.10.1965.

SCHAUT, HEINRICH
1906 02 09
Wanne-Eickel
Vikar
Ein Verhör wegen einer Wanderung des Jung-
männervereins, Beschlagnahme des Verviel-
fältigungsapparates.
Verstorben am 12.1.1962.

SCHECH, HERMANN
1886 10 31
Bochum-Laer
Pfarrer
Überwachung der Gottesdienste, Beschlagnahme
des halben Bestandes der Pfarrbücherei.
Verstorben am 26.4.1957.

SCHEELE, AUGUSTIN
1887 08 15
Sundern
Pfarrer
Ein Verhör, zwei Haussuchungen und Überwa-
chung der seelsorglichen Tätigkeit durch die
Gestapo.
Verstorben am 7.6.1964.

SCHEIFERS, ANTON
1876 07 14
Wennemen
Pfarrer
Fünf Verhöre und zwei Verwarnungen durch die
Gestapo, die Polizei bzw. das Amtsgericht aus
folgenden Gründen: Predigtäußerungen, falsche
Beflaggung, Abhaltung der Glaubensstunde und
Mitarbeit im Volksverein.
Ein Unterrichtsverbot durch den Bürgermeister
wurde nach einer Beschwerde sofort wieder auf-
gehoben.
Verstorben am 30.6.1954.

SCHENUIT, JOHANNES
1909 04 19
Hallenberg
Vikar
Sechs Verhöre, zwei Verwarnungen, eine Haus-
suchung und Beschlagnahme der Bildbände und
Jugendzeitschriften.

SCHERER, RUPRECHT
1909 05 23
Siddessen
Pfarrvikar
Behinderung und Störung der Seelsorge
(Prozessionen, Beerdigungen).

SCHETTER, THEODOR
1906 04 30
Bernburg / Dortmund
Vikar
Verhöre und Verwarnung wegen Regimekritik
durch die Gestapo.

SCHIEFERECKE, JOHANNES
1879 02 24
Gelsenkirchen
Pfarrer
Drei Verwarnungen und 22 Verhöre
durch die Gestapo wegen Nichtbeflaggung und
Verstoßes gegen das Sammlungsgesetz.
Verstorben am 19.5.1961.

SCHIFFER, WILHELM
1901 07 18
Berleburg / Brakel / Brede
Pfarrer, Studienassessor
1940 (allgemeines) Unterrichtsverbot für
Geistliche in „Geschichte", aus dem Schuldienst
freiwillig ausgetreten wegen Umwandlung der
Bekenntnisschule in eine weltliche Schule.
Zwei Verhöre und eine Verwarnung durch die
Gestapo wegen Polenseelsorge (1942).
Verstorben am 30.8.1976.

SCHILLING, KARL
1894 01 01
Lippstadt
Studienrat / Wehrmachtspfarrer
1937 Verhör und Unterrichtsverbot durch den
Schuldirektor und den Oberpräsidenten wegen
Bildung religiöser Zirkel.
1943 drei Tage Arrest durch den Divisions-
kommandeur wegen Verteilung des Möldersbriefs.
Verstorben am 2.9.1972.

SCHIRPENBACH, JOHANNES
1911 10 13
Seehausen
Pfarrvikar
Vier Verhöre und eine Verwarnung wegen
falscher Beflaggung, Ausländerseelsorge (Ver-
lesung einer polnischen Predigt, Trauung von
Ukrainern) und des Möldersbriefs.
Verstorben am 12.2.1979.

SCHIRPENBACH, LUDWIG
1904 06 05
Wattenscheid-Günnigfeld
Vikar
Drei Verhöre, zwei Verwarnungen und zwei Haus-
suchungen; nähere Angaben fehlen.
Verstorben am 28.5.1961.

SCHLEIFSTEIN, KASPAR
1900 11 06
Paderborn
Geistl. Religionslehrer
Dr. phil.
Dr. Schleifstein wurde einmal verhört; nä-
here Angaben fehlen.

SCHLENGER, JOSEPH
1904 02 06
Letmathe
Vikar
1937 fünf Verwarnungen und Unterrichtsverbot
durch die Gestapo wegen Predigten.
Verstorben am 27.1.1948.

SCHLINKERT, WILHELM
1892 09 09
Delitzsch / Suttrop
Pfarrer
Sieben Verhöre, vier Verwarnungen und vier
Haussuchungen (Suche nach religiösen Schrif-
ten) durch die Gestapo. Des weiteren Unter-
richtsverbot von 1941 bis 1944.
Verstorben am 30.10.1971.

SCHLUETER, ALFONS
1906 01 25
Dortmund-Aplerbeck
Vikar

Zwei Verhöre, drei Verwarnungen und eine
Haussuchung; nähere Angaben fehlen.

SCHLUETER, WILHELM
1879 06 16
Langenstraße
Pfarrer
Ein Jahr Verbot der Polenseelsorge, weil der
Pfarrer einmal Polen zum gewöhnlichen Gottes-
dienst zugelassen hatte.
Verhör und Verwarnung, weil der Pfarrer
eine Frau davor gewarnt hatte, einen Anders-
gläubigen zu heiraten.
Unterrichtsverbot wegen Abhaltung einer
Religionsstunde im Anschluß an eine Messe.
Alle Maßnahmen wurden durch die Gestapo bzw.
die Polizei durchgeführt.
Verstorben am 20.2.1954.

SCHMALLENBACH, HEINRICH
1871 08 20
Fröndenberg
Pfarrer
Der Pfarrer wurde zweimal verwarnt und
dreimal verhört; nähere Angaben fehlen.
Verstorben am 23.5.1958.

SCHMIDT, BERNHARD
1911 12 09
Siegen
Pfarrer
Haussuchung nach Predigten, Überwachung
der Predigten.
Wegen Jugendarbeit verhört und überwacht.
Alle Maßnahmen durch die Gestapo.
Durch freiwillige Meldung zum Heerdienst
weiteren Verfolgungen entgangen.

SCHNEIDER, JOSEF
1867 10 21
Lenhausen
Pfarrer
Der Pfarrer wurde zweimal verhört; nähere
Angaben fehlen.
Verstorben am 7.3.1953.

SCHNEIDER, OTTO
1900 07 19
Hattingen
Pfarrer
Drei Verhöre, zwei Verwarnungen und eine Haus-
suchung wegen Mitarbeit in katholischen Jugend-
organisationen.
Verstorben am 10.8.1966.

SCHNEIDER, PAUL
1904 01 01
Borgholz
Vikar

Vier Verhöre, zwei Verwarnungen und eine Haussuchung wegen falschen Läutens sowie anläßlich des Verbots der Jugendorganisationen und
aufgrund der Eigenschaft des Vikars als Bezirkspräses des Borromäusvereins.

SCHNEPPER, ALOIS
1903 04 23
Neuhaus
Vikar
1934 Unterrichtsverbot (das bedeutete auch
Entlassung als Leiter des Studienheimes
St. Clemens).
Des weiteren fünf Verhöre und eine Ver-
warnung.
Verstorben am 18.8.1968.

SCHNIEDER, FRIEDRICH
1886 08 17
Thale
Dechant
1937 100 RM Geldstrafe durch das Schöffengericht wegen Beleidigung des Hauptschrift-
leiters der Tageszeitung von Thale.
Schutzhaft vom 11.7.1941 bis 1.8.1941 durch
die Gestapo wegen Zulassung von Polen zur
Fronleichnamsfeier.
Verstorben am 29.11.1956.

SCHNIEDERTUENS, PHILIPP
1885 10 06
Paderborn
Geistl. Studienrat
1942 Strafversetzung, die auf Einspruch zurückgenommen wurde. Nähere Angaben fehlen.

SCHNITZ, WILHELM
1887 05 13
Langenberg
Pfarrer, Dechant
Der Pfarrer wurde einmal verhört.
Nähere Angaben fehlen.
Verstorben am 14.2.1965.

SCHNITZLER, P. GERHARD
MSF
1881 10 15
Oberhundem
1942 drei Verhöre, eine Verwarnung und drei
Wochen Schutzhaft durch die Gestapo wegen
Polenseelsorge.

SCHNUETTGEN, EMIL
1896 10 18
Wiedenbrück
Pfarrdechant
Verhör, Verwarnung und 1000 RM Sicherungsgeld durch die Gestapo wegen Unterbringung
von Kindern in katholischen Familien (1944).

1945 durch ein Sondergericht zum Tode verurteilt wegen Hissens der weißen Fahne, Vollstreckung aufgrund des Einmarsches der amerikanischen Truppen nicht ausgeführt.
Verstorben am 16.10.1954.

SCHOENBRUNNER, P. JOSEF
MSF
1904 03 21
Wanne-Eickel / Fröndenberg
Pfarrvikar
Zwei Verhöre und zwei Verwarnungen durch die Gestapo aus folgenden Gründen:
Taufe eines Ostkindes, offenes Tragen der Kirchenfahne, Hinweisung auf die Heimabende von der Kanzel und angebliche Warnung der katholischen Jungfrauen vor dem Nationalsozialismus.

SCHOENEBORN, JOSEF (P. ROLAND)
SDS
1910 07 03
Sennelager
Pfarrvikar
Zwei Verhöre wegen seelsorglicher Betreuung der evakuierten Paderborner Diözesanen.

SCHOEPPER, HEINRICH
1909 07 10
Brilon
Pfarrvikar
1940 Verhör und Verwarnung durch die Gestapo, weil der Pfarrer Eltern von schulpflichtigen Kindern brieflich aufgefordert hatte, diese in den Religionsunterricht zu schicken.

SCHOETT, AUGUST
1902 06 03
Minden
Pfarrer, Religionslehrer
Wegen politischer Unzuverlässigkeit zwei Verhöre, eine Haussuchung (nach illegalen Schriften), Unterrichtsverbot sowie Ablehnung als Militär- und Gefängnispfarrer. Des weiteren einen Tag lang als Volksschädling inhaftiert. Die Maßnahmen wurden durch die Gestapo, die Polizei und den Gauleiter verhängt.

SCHOLLMEYER, FRANZ
1880 08 21
Beberstedt
Pfarrer
Dr. phil.
Drei Verhöre, eine Verwarnung sowie Unterrichtsverbot wegen Sakramentenspendung an Polen.
Verstorben am 15.1.1954

SCHOPPMEIER, HEINRICH
1901 09 10
Dortmund (St. Suitbert)
Vikar
Zwei Verhöre wegen feierlicher Beflaggung bei Prozessionen.
Verstorben am 15.1.1954.

SCHRADER, WILHELM
1906 11 27
Holzwickede
Vikar
1935 50 RM Geldstrafe durch das Amtsgericht, weil er den Sohn eines SS-Mannes geohrfeigt hatte.
1937 Verhöre, Haussuchung und Beschlagnahme des Vervielfältigungsapparates sowie einiger Zeitschriften wegen Vervielfältigung der Enzyklika „Mit brennender Sorge" und des Protests gegen eine Kreuzzerschlagung.
Weiterhin Verhöre und Haussuchung anläßlich der Auflösung des Jungmännerverbandes.
Verstorben am 12.8.1974.

SCHROEDER, BRUNO (P. EKKEHARD)
OFM
1903 08 12
Paderborn
Verhör und Verwarnung vermutlich durch die Gestapo wegen der Christkönigspredigt 1942.

SCHROEDER, FRIEDRICH
1891 10 14
Paderborn
Geistl. Studienrat
1937 Unterrichtsverbot sowie Androhung der Amtsenthebung durch den Kultusminister. Des weiteren Schließung der Schulkapelle und Verkauf der liturgischen Gegenstände. Die Maßnahmen erfolgten aufgrund antifaschistischer Äußerungen im Religionsunterricht.
1938 Ausweisung aus Westfalen.
Verstorben am 29.1.1966.

SCHROEDER, P. JOSEF
MSF
1907 06 09
Langenei
Kooperator
1941 Verhör und Schutzhaft (30.7.1941 bis 8.8.1941) durch die Gestapo wegen Predigten.

SCHROEDER, JOSEF
1885 09 17
Wischerhöfen
Pfarrer
Zwei Verhöre und zwei Verwarnungen wegen einer Predigtäußerung über die Ermordung Geisteskranker.
Verstorben am 24.9.1959.

SCHROEDER, JOSEF
1887 04 16
Paderborn (St. Meinolf)
Pfarrer
Vier Verhöre, eine Verwarnung und eine Haus-
suchung, weil man beim Pfarrer Exemplare des
Möldersbriefes vermutete.
Verstorben am 30.7.1970.

SCHROER, FRIEDRICH
1889 06 24
Oberkirchen
Pfarrer
Wegen Predigtäußerungen ein Verhör durch
die Gestapo.
Verstorben am 2.7.1974.

SCHROETER, ALOIS
1909 08 15
Dortmund
Kooperator
Zwei Verhöre, eine Verwarnung und eine Haus-
suchung anläßlich der Auflösung des
Jungmännerverbandes.
Verstorben am 1.1.1976.

SCHUBERT, JOSEF
1878 03 03
Bochum (St. Josef)
Pfarrer
Ein Verhör und eine Verwarnung; nähere
Angaben fehlen.
Verstorben am 26.9.1957.

SCHUEBELER, PHILIPP
1888 05 12
Wennigloh
Pfarrvikar
Verhör und Verwarnung wegen Weitergabe
des Möldersbriefs.
Verstorben am 17.11.1967.

SCHUERMANN, HEINRICH
1913 01 18
Bernburg / Nienburg
Kooperator / Pfarrvikar
Verhör und Verwarnung wegen Militär-
seelsorge (Versendung religiöser Schriften
an Geistliche im Feld) und Abhaltung von
Studientagen für jüngere Geistliche.

SCHUETTE, JOSEF
1906 03 07
Erwitte
Vikar
Vier Verhöre, vier Verwarnungen und 500 RM
Sicherungsgeld wegen Predigtäußerungen und

Meßdienerbetreuung.
Verstorben am 4.4.1966.

SCHUETTFORT, JOSEF
1893 01 16
Gelsenkirchen
Geistl. Studienrat
Zwei Verhöre, eine Verwarnung sowie 1938 eingeschränktes Unterrichtsverbot (im Fach Religion in der Mittelstufe).

SCHUHMACHER, PETER
1897 03 15
Neheim-Hüsten (Hl. Geist)
Pfarrer
1937 10 RM Geldstrafe durch das Amtsgericht
wegen eines Verstoßes gegen das Sammlungsgesetz.
Verstorben am 28.10.1975.

SCHUHMACHER, WILHELM
1873 04 02
Ossendorf
Pfarrer
1933 ein Verhör durch den Kreisleiter wegen
Benachteiligung eines BDM-Mädchens (bei der
Schulentlassung nicht mit einem Bild be-
schenkt).
Verstorben am 4.9.1949.

SCHULTE, ALBERT
1898 04 08
Dortmund-Scharnhorst
Pfarrer
Drei Verhöre, zwei Verwarnungen und zwei
Haussuchungen, weil man beim Pfarrer einen
Hirtenbrief suchte.

SCHULTE, ALOIS
1894 06 10
Husen
Pfarrvikar
1940 drei Verhöre, eine Haussuchung und kurzfristige Festnahme durch die Gestapo, weil der
Vikar anläßlich einer Hauseinweihung Oster-
eier als Geschenk des Hausbesitzers angenommen
hatte. Dem Pfarrer wurde Verstoß gegen die
Kriegswirtschaftsordnung vorgeworfen.
Verstorben am 12.10.1976.

SCHULTE, ANTON
1889 04 01
Bellersen
Pfarrer
Zwei Verhöre durch den Oberstaatsanwalt wegen
Nichtbeflaggung (1937) und eines Verstoßes
gegen das Sammlungsgesetz.
Verstorben am 15.8.1966.

SCHULTE, CASPAR
1899 09 15
Nordherringen / Paderborn
Domvikar, Diözesanpräses der Arbeitervereine
Dr. theol.
Acht Verhöre, eine Verwarnung und drei Haussuchungen aufgrund der Tätigkeit des Domvikars
für die Arbeitervereine sowie wegen eines
Schriftwechsels mit Ausländern.
Verstorben am 14.4.1980.

SCHULTE, FRIEDRICH
1888 08 20
Boke
Pfarrer
Verhör und Beschlagnahme des Vereinsvermögens anläßlich der Auflösung des
Jungmännervereins.
Verstorben am 16.9.1964.

SCHULTE, HEINRICH
1881 10 26
Sümmern
Pfarrer
Vier Verhöre, eine Verwarnung und eine Haussuchung anläßlich der Auflösung des Jungmännervereins.
Verstorben am 11.6.1957.

SCHULTE, JODOKUS
1899 07 04
Menden
Pfarrer
Zwei Verhöre, eine Verwarnung und eine Haussuchung; nähere Angaben fehlen.

SCHULTE, JOHANNES
1886 11 20
Wattenstein / Bilstein
Pfarrer
1937 ein Verhör aufgrund von Nichtbeflaggung beim Tode des Gauleiters.
1939 Verhandlung vor dem Amtsgericht wegen
Körperverletzung (der Pfarrer hatte einen
HJ-Jungen bestraft, der den Religionsunterricht gestört hatte); die Klage wurde abgewiesen, der Pfarrer kam jedoch für 11 Tage
in Untersuchungshaft.
Verstorben am 30.8.1953.

SCHULTE, JOSEF
1876 06 12
Altendorf
Pfarrer
1936 Verhör durch den Oberstaatsanwalt wegen
Nichtbeflaggung anläßlich des Todes eines
hohen NS-Funktionärs.
Haussuchung nach einem Hirtenbrief.
Verstorben am 8.11.1958.

SCHULTE, JOSEF
1883 12 30
Hesborn
Pfarrer
1938 zwei Verhöre und eine Verwarnung durch
die Gestapo wegen eines Verstoßes gegen das
Sammlungsgesetz.
Unterrichtsverbot und Entlassung als Schulvorstandsmitglied durch das Amt Hallenberg.
Verstorben am 29.7.1960.

SCHULTE, JOSEF
1887 07 06
Olsberg
Pfarrer
Verhör, Verwarnung und 500 RM Sicherungsgeld.
Nähere Angaben fehlen.
Verstorben am 9.1.1962.

SCHULTE, JOSEF
1899 08 15
Holzweißig
Pfarrvikar
Drei Verhöre wegen Verwaltung der Borromäusbücherei sowie anläßlich der Auflösung
des polnischen Josephsvereins und des Jünglingsvereins.

SCHULTE, JOSEPH
1892 05 09
Bruchhausen
Pfarrer
Zwei Verhöre, eine Verwarnung, 50 RM Geldstrafe und Unterrichtsverbot wegen Verweigerung des Deutschen Grußes und Aktivitäten
der Jungschar.
Verstorben am 16.9.1974.

SCHULTE, JOSEPH
1895 12 14
Herne
Vikar
Vier Verhöre sowie Unterrichtsverbot aus
folgenden Gründen:
Anläßlich der Auflösung des Jungmännerverbandes und des katholischen Akademikervereins sowie bei der Beschlagnahme
der Unterlagen des Knappenvereins und des
Volksvereins.
Zwei Gerichtsverhandlungen wegen Übertretung
der Gewerbeordnung endeten mit Freispruch.
Verstorben am 28.2.1980.

SCHULTE, KARL
1907 05 16
Sende
Pfarrvikar
Drei Haussuchungen anläßlich des Verbots
des Jungmänner- und Arbeitervereins.

Des weiteren Beschlagnahme kirchlicher
Schriften und Unterrichtsverbot.

SCHULTE, NORBERT
1881 05 04
Büthen
Pfarrer, Dechant
Zwei Verhöre und eine Verwarnung; nähere
Angaben fehlen.
Verstorben am 4.6.1954.

SCHULTE, PAUL
1905 11 12
Oberröblingen
Pfarrvikar
Verhör und Verwarnung wegen Abhaltung
einer Fronleichnamsfeier.

SCHULTE, WILHELM
1903 03 06
Mühlenrahmede
Pfarrvikar
Von September 1937 bis Januar 1938 Unter-
richtsverbot; nähere Angaben fehlen.
Verstorben am 21.7.1966.

SCHULZE, CHRISTIAN
1908 01 12
Rhynern
Vikar
Der Vikar wurde einmal verhört; nähere
Angaben fehlen.
Verstorben am 22.3.1979.

SCHUPP, PETER
1916 03 05
Gelsenkirchen
Vikar
1941 Verhör und Haussuchung wegen Besprechung
der Galen-Predigten mit der Pfarrjugend.
1944 durch das Zentralgericht des Heeres
11 Monate Haft (bis Kriegsende) wegen einer
Predigt über Feindesliebe und wegen Entfernung
des Hitlerbildes beim Feldgottesdienst.

SCHWAN, JOHANNES
1881 10 18
Gelsenkirchen / Kirchveischede
Pfarrer
Zwei Verhöre, eine Haussuchung; nähere
Angaben fehlen.
Verstorben am 10.5.1948.

SCHWEDE, ANTON
1903 07 15
Lippstadt
Vikar, Religionslehrer
1938 aufgrund einer Anzeige zwei Verhöre,
eine Verwarnung und Unterrichtsverbot durch

die Gestapo bzw. das Amtsgericht.
Verstorben am 7.8.1973.

SCHWINGENHEUER, ANTON
1902 04 20
Altenhundem
Vikar, Jugendseelsorger
Verhör und Unterrichtsverbot durch die
Gestapo, weil der Vikar polnischen Zivil-
arbeitern die Osterbeichte gehört hatte.

SCHWIRLING, HERMANN
1880 09 25
Herne (St. Marien)
Pfarrer
1937 wegen einer Wallfahrt zwei Verhöre
und eine Verwarnung durch die Gestapo.
Verstorben am 5.12.1951.

SCHWUNK, RICHARD
1874 03 11
Attendorn
Ehrendechant
Sechs Verhöre, eine Haussuchung, 500 RM Si-
cherungsgeld, Ausweisung aus Westfalen, dem
Rheinland und der Erzdiözese Paderborn sowie
zwei kurzfristige Festnahmen. Nähere Angaben
fehlen.
Verstorben am 27.1.1955.

SECK, KARL
1905 07 03
Gelsenkirchen-Schalke (St. Joseph)
Vikar
1942 vier Verhöre, drei Verwarnungen, mehrere
Haussuchungen mit Beschlagnahme des Vervielfältigungsapparates und der Schreibmaschine
sowie drei Wochen Polizeigefängnis und Auferlegung von 2000 RM Sicherungsgeld durch die
Gestapo wegen Abfassung und Verbreitung eines
Rundbriefes an Mädchen. Der Vikar wurde aufgrund der Bemühungen seines Bruders, eines
Marineoffiziers, freigelassen.

SENGEN, ERNST
1911 05 25
Wanne-Eickel
Vikar
1938 Verhöre und Verwarnung durch die
Gestapo wegen eines Schreibens an die
Frauenjugend.
1940 kurzfristige Festnahme, weil der Vikar
einen Bombenschaden in der Nähe des Pfarr-
hauses photographieren wollte.
Weitere Verhöre durch die Gestapo wegen
Jugendarbeit.

SIEBERS, WILHELM
1873 10 27
Gelsenkirchen-Ückendorf
Pfarrer
Vier Verhöre und eine Verwarnung durch die
Gestapo wegen Vereinsarbeit, Nichtbeflaggung
und Übertretung des Sammlungsgesetzes.
Verstorben am 26.6.1952.

SIEMEN, ALFONS
1910 08 03
Etteln / Küstelberg
Vikar
Vier Verhöre, zwei Verwarnungen, zwei Haussuchungen, Aufenthalts- und Betätigungsverbot
für die Pfarrei Etteln (ab Sept. 1939) durch
die Gestapo und das Sondergericht wegen
Predigten (1938), Regimekritik und Jugendseelsorge (1939).
Verstorben am 1.11.1966.

SIEMEN, ANTONIUS (P. AURELIUS)
OFM
1906 07 07
Bochum
Vikar / Klosterpräses
Untersuchungshaft vom 6.7.1944 bis zum 9.9.
1944 durch die Gestapo wegen Zulassung
defätistischer Äußerungen der Vinzenzbrüder bei den Vinzenzkonferenzen, an
denen der Vikar teilgenommen hatte.

SIGGEMEIER, STEFAN
1900 11 26
Dortmund-Huckarde
Vikar
Verhör und Haussuchung durch die Gestapo
wegen Jugendarbeit.
Überwachung der Predigt; der Vikar konnte sich
darauf einstellen, nachdem ihn ein katholischer
Parteigenosse gewarnt hatte.
Verstorben am 25.4.1974.

SIMON, PAUL
1882 08 23
Paderborn
Dompropst
Prof. Dr. theol. et phil.
1936 durch die Gestapo Beschlagnahme und Verbot
von Dompropst Simons Buch „Das Menschliche in
der Kirche".
Ständige Bespitzelung durch die Gestapo wegen
der römischen Ausbildung des Dompropstes.
Verstorben am 25.11.1946.
Lit.: 1.Höfer, Josef: Erinnerungen an Dom-
propst Professor Dr. Paul Simon. In: Pader-
bornensis ecclesia. Hrsg. von Paul-Werner
Scheele. München 1972, 631-688. 2.Boberach,
183, 204f., 212.

SOMMER, AUGUST
1887 10 10
Pömbsen / Siddessen
Pfarrvikar / Pfarrer
Wegen Jugendarbeit, wegen angeblicher Sabotage
des NSV-Werkes und aufgrund der Beschuldigung
unsittlicher Handlungen zahlreiche Verhöre
und zwei Haussuchungen durch die Gestapo. Des
weiteren vom 17.6.1936 bis zum 17.2.1937 Untersuchungshaft sowie ein Prozeß vor dem Landgericht Paderborn, der mit Freispruch endete.
Verstorben am 1.3.1966.

SONDERMANN, WILHELM
1875 06 21
Grevenbrück
Pfarrer
1936 wegen Predigten gegen die Sittlichkeitsprozesse eine Anklage durch das Sondergericht
sowie drei Verhöre und eine Haussuchung.
Verstorben am 4.8.1950.

SORETH, THEODOR
1876 08 09
Altenrüthen
Pfarrer
Zwei Verhöre durch das Amtsgericht wegen einer
Sammlung für den Kirchbau.
Verstorben am 16.8.1958.

SPARENBERG, FRANZ
1882 12 24
Brunskappel
Pfarrer
Zwei Verhöre, weil der Pfarrer an Christi Him-
melfahrt eine zweite Messe gefeiert hatte.
Verstorben am 17.8.1957.

SPECKENMEIER, BERNHARD
1885 03 07
Marienmünster
Pfarrer
Der Pfarrer wurde bei der seelsorglichen
Betreuung der Kriegsgefangenen behindert.
Verstorben am 4.10.1974.

SPIEKER, ALBERT
1902 02 11
Gelsenkirchen / Wiescherhoefen-Daberg
Vikar / Pfarrer
Zwei Verhöre und Beschlagnahme der Schriften
des Knappen- und Vinzenzvereins.
Verstorben am 24.2.1977.

SPIEKER, ANTON
1880 02 05
Espeln
Vikar
Ein Verhör durch die Gestapo wegen Zelebration

einer Messe während des HJ-Dienstes.
1940 ein Verhör durch die Gestapo wegen Verweigerung des Siegesgeläutes anläßlich des Frankreichfeldzuges.
Schließlich schaltete sich das Sondergericht ein wegen fortgesetzter heimtückischer Angriffe auf Partei und Staat - 10 Monate Haft (unter Anrechnung von sechs Monaten Untersuchungshaft). Am 9.3.1941 kam der Vikar bei einem Luftangriff auf das Gefängnis Bochum ums Leben.

SPORCK, IGNATZ
1876 06 12
Bielefeld-Schildesche
Pfarrer
Zwei Verhöre und eine Verwarnung; nähere Angaben fehlen.
Verstorben am 1.9.1949.

SPRENGER, FERDINAND
1885 12 06
Ahden
Pfarrer
1939 sechs Wochen Gefängnis durch das Sondergericht wegen einer Predigt (volksbeunruhigende Äußerungen über Krieg und Bolschewismus); aufgrund des Einsatzes eines Rechtsanwalts aus Paderborn gehörte der Pfarrer zu denen, die am 4.10.1939 wegen Amnestie anläßlich des Polenfeldzuges freikamen.

STACHE, RUDOLF
1902 03 17
Lünen-Beckinghausen
Pfarrvikar
Ein Verhör wegen einer Auseinandersetzung zwischen Jungschar und HJ.
Eine Haussuchung anläßlich der Auflösung des Verbandes der Jungmännervereine.
Verstorben am 3.3.1976.

STAHLSCHMIDT, JOSEPH
1904 03 05
Wiescherhöfen-Daberg
Pfarrvikar
Sechs Verhöre, zwei Verwarnungen, vier Haussuchungen, 12 Tage Aufenthaltsverbot (für seine Pfarrei) sowie eintägige Festnahme; nähere Angaben sind nicht bekannt.

STAKEMEIER, EDUARD
1904 06 09
Paderborn
Geistl. Dozent
Prof. Dr.
Ein Verhör und Betätigungsverbot als Rektor der Mellinschen Stiftung (1944).
Verstorben am 30.12.1970.

STAKEMEIER, JOSEF
1887 11 30
Fölsen
Pfarrer
1934 vom Schulleiter öffentlich angeklagt, an den Mißerfolgen der NSDAP in der Pfarrei Schuld zu sein.
Wegen Predigten und Seelsorge (öffentliches Gebet) drei Verhöre, zwei Verwarnungen, eine Haussuchung sowie eine fünfstündige Festnahme.
Verstorben am 1.2.1975.

STAMM, WERNER
1884 04 16
Hagen
Pfarrer
Ein Verhör, weil der Pfarrer angeblich gegen die Bestimmungen zum Polengottesdienst verstoßen hatte.
Verstorben am 2.4.1961.

STAPELMANN, WILHELM
1901 08 08
Bochum-Linden / Serkenrode
Vikar / Pfarrvikar
Wegen Weiterführung illegaler Jugendarbeit nach der Verbandsauflösung neun Verhöre, zwei Verwarnungen und zwei Haussuchungen sowie vom 10.11.1937 bis zum 17.11.1937 Untersuchungshaft.

STARK, P. MAURUS
SDS
o.D.
Sennelager / Troppau
Wegen aktiver Familienseelsorge Verwarnung, Predigtverbot, Ausweisung und kurzfristige Festnahme durch die Gestapo.
Wo die Maßnahmen stattfanden (Erzbistum Olmütz oder Paderborn), ist leider nicht zu ermitteln.

STEDEN, HEINRICH
1907 06 03
Dortmund-Huckarde / Zschornewitz
Vikar
Drei Verhöre durch die Gestapo:
Aufgrund einer Anzeige, der Vikar habe den Führer verleumdet;
1940 wegen Gründung eines illegalen Jugendverbands;
1943 wegen Taufe eines polnischen Kindes.
Verstorben am 19.11.1977.

STEDEN, OTTO
1906 09 21
Torgau / Krombach / Weidenau
Pfarrvikar

Sechs Verhöre, drei Verwarnungen und eine
Haussuchung durch die Gestapo wegen
eines Ausflugs mit Jungfrauen (1941),
versuchter Betreuung von Zivilrussinnen,
einer Versammlung von Müttern in Privaträumen,
angeblicher Beunruhigung einer Familie,
der Leitung der Pfarrbücherei sowie wegen
eines Gottesdienstes in einem Privathaus (1944).
1941 drei Wochen Schutzhaft durch die Gestapo
wegen Polenseelsorge. Freilassung auf Betreiben
Weihbischof Wienkens und des Kirchen-
vorstandes Torgau mit der Auflage, in Zukunft
nicht mehr für die Polen seelsorglich tätig
zu sein.
Verstorben am 20.10.1976.

STEFFEN, FRANZ
1894 02 02
Schwelm
Vikar
Zwei Verhöre durch die Gestapo wegen Vereins-
arbeit (kath. Männer- und Jungmännerverein).

STEFFENS, ANDREAS
1886 10 18
Bochum-Langendreer
Pfarrer
Ein Verhör, weil der Pfarrer sich über einen
Nazi-Lehrer kritisch geäußert hatte.
Verstorben am 24.12.1947.

STEFFENSMEIER, FRANZ
1896 03 22
Lügde
Vikar
1940 wegen Regimekritik zu sieben Monaten
Gefängnis verurteilt.
Am 23.10.1945 von ehemaligen polnischen
Kriegsgefangenen ermordet.

STEINAU, JOSEF
1883 03 29
Arnsberg / Berleburg
Geistl. Studienrat
Sechs Verhöre, eine Verwarnung, eine Haussu-
chung sowie Unterrichtsverbot; nähere Anga-
gaben fehlen.
Verstorben am 14.6.1966.

STEINBERG, CHRISTIAN (P. GELASIUS)
OFM
1881 03 10
Dortmund / Paderborn
Guardian, Pfarrvikar
Drei Verhöre und zwei Verwarnungen wegen Nicht-
beflaggung und wegen eines Gottesdienstes nach
Fliegeralarm.
Verstorben am 5.7.1953.

STEINBRUECK, WILHELM
1874 07 12
Lippstadt
Pfarrer, Dechant
Der Pfarrer wurde dreimal verhört; nähere
Angaben fehlen.
Verstorben am 25.3.1956.

STEINRUECKE, FRIEDRICH
1898 10 08
Arnsberg
Geistl. Religionslehrer
1944 Unterrichtsverbot.
Verstorben am 31.5.1969.

STEINRUECKEN, JOSEF
1890 01 21
Effeln
Pfarrer
1942 ein Verhör durch die Gestapo wegen Benutzung der Schulräume für den Religionsunterricht sowie aufgrund der Anzeige einer Frau
betreffs einer Beichte.
Verstorben am 13.2.1958.

STEINRUECKEN, PAUL
1887 06 27
Sommersell
Pfarrer i.R.
Der Pfarrer wurde einmal verhört; nähere
Angaben fehlen.
Verstorben am 23.11.1950.

STELZNER, WILHELM
1909 05 20
Gelsenkirchen (Hl. Familie)
Vikar
Wegen politischer Unzuverlässigkeit 1940 ein
Verhör und Ablehnung als Militärseelsorger.

STIENS, JOHANN HEINRICH (P. MEINOLF)
OP
1886 04 06
Warburg
Eine Haussuchung wegen Tätigkeit im Arbeiter-
verein.
Vier Verhöre, eine Verwarnung und ein Tag Haft
wegen Verteilung der Galen-Predigten (1941).
Verstorben am 8.6.1959.

STIER, KARL
1885 10 20
Herne-Horsthausen (St. Josef)
Pfarrer
Drei Verhöre und eine Haussuchung (Suche
nach einem Hirtenbrief).
Verstorben am 8.6.1956.

STOCKHAUSEN, JOSEPH
1899 03 10
Entrup
Pfarrvikar
Zwei Verwarnungen durch den Ortsgruppenleiter
wegen weltlicher Betätigung in den katholischen Jugendvereinen sowie wegen Ignorierung
der Partei bei einer Soldatenbeerdigung.
Verstorben am 22.9.1978.

STOCKMANN, BERNHARD
1900 08 11
Neheim-Hüsten (St. Johann Baptist)
Vikar
Wegen Regimegegnerschaft drei Verhöre, zwei
Verwarnungen sowie Unterrichtsverbot.
Verstorben am 3.8.1970.

STOECKER, AUGUST
1893 10 24
Dortmund
Pfarrer
Wegen Vergehens gegen den Kanzelparagraphen
sowie gegen das Heimtückegesetz durch ein Sondergericht zu 15 Monaten Haft verurteilt (26.6.1933 bis 24.11.1934).
Verstorben am 14.3.1976.

STOERMANN, JOHANNES
1898 04 16
Delbrück
Vikar
1941 ein Verhör und drei Wochen Schutzhaft
durch den Ortsgruppenleiter bzw. die Gestapo
wegen Einübung und Aufführung eines Theater-
spiels mit einer Jugendgruppe.
Verstorben am 8.9.1968.

STOLTE, FRANZ
1893 10 23
Hadmersleben
Pfarrer
Verhör und Haussuchung wegen Jugendvereins-
arbeit.
Verstorben am 14.10.1962.

STOLTE, KARL
1886 01 28
Bochum-Hordel
Pfarrer
Drei Verhöre, drei Verwarnungen sowie Unter-
richtsverbot; nähere Umstände sind nicht
bekannt.
Verstorben am 28.9.1966.

STOLZE, FRANZ
1889 03 08
Bochum
Geistl. Studienrat

Im August 1943 aus dem Schuldienst entlassen,
bis November 1943 ohne Lehrauftrag.
Verstorben am 25.11.1958.
Gehört zur Diözese Trier.

STRACKE, EWALD
1908 01 07
Bad Salzuflen
Vikar
Acht Verhöre und eine Verwarnung durch die
Gestapo wegen Verlesens von Hirtenbriefen und
Rundschreiben.

STRACKE, JOSEF
1886 11 08
Marienloh
Pfarrer
Fünf Verhöre und fünf Verwarnungen durch die
Gestapo bzw. den Staatsanwalt wegen eines Ver-
gehens gegen das Heimtückegesetz; ein im Janu-
ar 1939 eingeleitetes Verfahren wurde aus Be-
weismangel eingestellt.
Verstorben am 29.9.1955.

STRACKE, JOSEF
1905 11 05
Arnsberg
Vikar
Dr. phil.
Wegen politischer Unzuverlässigkeit fünf Ver-
höre, zwei Verwarnungen, zwei Haussuchungen
und Unterrichtsverbot (1936).
Verstorben am 29.5.1960.

STRATMANN, ERNST
1892 09 09
Fröndenberg-Warmen
Pfarrvikar
Ein Verhör, zwei Verwarnungen sowie öffent-
liche Diffamierung in Zeitungen und auf NS-
Versammlungen.
Verstorben am 17.3.1971.

STRATMANN, WILHELM
1883 08 31
Unna
Pfarrer
Vier Verhöre, zwei Verwarnungen und 100 RM
Geldstrafe durch die Gestapo und das Amtsge-
richt.
Verstorben am 23.9.1962.

STRAWE, HEINRICH MAURITIUS
1891 09 20
Neuenkleusheim
Pfarrer
Behinderung der Vereins- und Seelsorgearbeit
des Pfarrers durch Nationalsozialisten auf
Veranlassung des Landrats und des Bürger-

meisters; außerdem stand der Name des Pfarrers
auf der „Schwarzen Liste" und der „Liste der
zu Erschießenden", die von den Alliierten
gefunden wurden.
Verstorben am 8.8.1968.

STRAWE, JOHANNES
1898 06 24
Bochum-Hamme
Vikar
Zwei Verhöre, zwei Verwarnungen sowie Unter-
richtsverbot (1939); nähere Angaben fehlen.

STREIER, WILHELM
1902 07 21
Wattenscheid-Leithe / Geseke
Pfarrvikar
Aufgrund politischer Unzuverlässigkeit drei
Verhöre, zwei Verwarnungen, zwei Haussuchungen
und Unterrichtsverbot durch die Schulbehörde.
Verstorben am 21.12.1967.

STRUCK, BERNHARD
1871 06 29
Paderborn (Herz-Jesu)
Pfarrer
Wegen eines pfarramtlichen Rundschreibens
über die religionsfeindlichen Grundsätze
der NSDAP sowie wegen Abwicklung von Devisen-
geschäften für das Klarissenkloster Paderborn am 31.5.1935 von der Gestapo verhaftet,
am 1.6.1935 nach Berlin ins KZ Columbia-Haus
gebracht; nach Hinterlegung einer Kaution über
10.000 RM entlassen.
Im März 1936 durch ein Berliner Gericht zu
sechs Monaten Gefängnis und einer hohen Geldstrafe verurteilt, die Haftstrafe wurde wegen
des schlechten Gesundheitszustandes des Pfarrers auf Bewährung ausgesetzt.
Verstorben am 4.1.1947.
Lit.: 1. Leidensweg Paderborner Priester im 3. Reich. In:
Der Dom. 16 (1948), 125. 2. Wagener, Ulrich:
Leidensweg Paderborner Priester in der NS-Zeit. In:
Der Dom. 5 (1983), 13.

STRUGHOLZ, FRIEDRICH
1904 11 21
Brakel
Vikar
Fünf Verhöre und Unterrichtsverbot wegen
Vereinsarbeit, anläßlich der Inhaftierung des
Dechanten Grüne sowie wegen Gründung einer
religiösen Gemeinschaft.

STRUNZ, HUBERT
1912 01 10
Salzkotten
Vikar

Verhör und Verwarnung wegen Umgangs mit
französischen Geistlichen aus einem Kriegs-
gefangenenlager.
Verstorben am 14.1.1956.

STUTTE, FRANZ
1913 02 01
Wiedenbrück
Vikar
Ein Verhör und eine Verwarnung sowie offene
Kontrolle bei Veranstaltungen des Kreuzbundes;
nähere Umstände sind nicht bekannt.
Verstorben am 17.11.1973.

SUDHOFF, WILHELM
1910 02 25
Altendorf
Vikar
Fünf Verhöre und eine Haussuchung wegen Jugendarbeit, Vereinsarbeit und Vervielfältigung
einiger Hirtenbriefe.

SUNDER, HEINRICH
1908 05 10
Paderborn
Domvikar
Cirka zehn Verhöre, eine Verwarnung und eine
Haussuchung durch Polizei und Gestapo wegen
Predigtäußerungen, falscher Beflaggung, Durch-
führung einer Prozession und Arbeit im
Borromäusverein, Arbeiterverein und im
Kolpingwerk.
150 RM Geldstrafe durch die Polizei, weil
der Domvikar 600 Jugendlichen als Besuchern
der Bischofsweihe Unterkunft besorgt hatte.

TACK, WILHELM
1897 07 26
Hövelriege
Pfarrvikar
Dr. theol.
Anläßlich der Auflösung der Jugendvereine
wurde der Vikar als Jugendpräses einmal ver-
hört.
Verstorben am 17.5.1962.

TAMPIER, JOHANNES
1888 07 31
Eisborn
Pfarrer
Haussuchung durch die Gestapo am 23.3.1937
wegen einer Kreuzes- und Kapellenschändung,
für die die Gestapo die Geistlichkeit ver-
antwortlich machte.
Des weiteren drei Verhöre und eine Verwarnung.
Verstorben am 24.8.1950.

TECKLENBURG, ALBERT
1896 10 11
Welver
Vikar
Zwei Verhöre, eine Verwarnung sowie Unterrichtsverbot durch die Gestapo.

TEMME, HEINRICH
1906 07 16
Adersleben
Pfarrvikar
1936 wurde ein Verfahren vor dem Amtsgericht wegen Überschreitung des Züchtigungsrechtes eingestellt.
Zwei Verhöre und zwei Haussuchungen durch die Gestapo wegen eines Hirtenbriefs und anläßlich der Auflösung der DJK.

TEMME, WILHELM
1901 03 10
Soest
Vikar
Durch die Gestapo bzw. das Schulministerium Verwarnung und ein Jahr Unterrichtsverbot wegen Verweigerung des Hitlergrußes.

THAUERN, PAUL
1904 09 04
Dortmund (St. Michael)
Pfarrverweser
Wegen Jugendseelsorge drei Verhöre durch die Gestapo.
Verstorben am 22.4.1956.

THIELE, JOHANNES
1865 11 02
Körbecke
Pfarrer
1937 wurde Pfarrer Thiele verhört, weil man ihn verdächtigte, eine Josefsstatue zerstört zu haben.
Verstorben am 4.2.1957.

THIELE, JOHANNES
1908 07 24
Kirchhundem
Vikar
Drei Verhöre, zwei Verwarnungen und eine Haussuchung; nähere Angaben fehlen.
Verstorben am 8.11.1977.

THOENE, ANTON
1876 09 20
Paderborn (Busdorfkirche)
Pfarrer
Ein Verhör durch die Polizei wegen Abhaltung einer Meßfeier nach Fliegeralarm. Die Anzeige wurde hinfällig durch den Beweis, daß die Messe nicht am Morgen nach dem Alarm, sondern an einem anderen Tag gehalten worden war.
Verstorben am 19.12.1953.

THOENE, FRANZ
1906 09 09
Weißenfels / Gelsenkirchen
Pfarrvikar
Wegen politischer Unzuverlässigkeit drei Verhöre, zwei Verwarnungen, zwei Haussuchungen sowie Unterrichtsverbot durch das Provinzialschulkollegium Münster.

THOENE, HERMANN
1898 02 12
Beckinghausen
Vikar
1935 durch das Sondergericht zu vier Monaten Haft verurteilt aufgrund Vergehens gegen das Heimtückegesetz und den Kanzelparagraphen, sechs Tage Haft aufgrund Amnestie erlassen.
100 RM Geldstrafe durch das Amtsgericht.
Verhöre und zwei Haussuchungen wegen Streitereien zwischen der HJ und der katholischen Jugend.
Verstorben am 9.8.1976.

THRAEN, IGNAZ
1887 02 18
Huysburg / Brenkhausen
Pfarrer
Drei Verhöre und 30 RM Geldstrafe wegen einer Filmvorführung und der vom Pfarrer den Schwestern von Huysburg gegebenen Erlaubnis, Gäste zu bewirten.
Verstorben am 13.2.1981.

TILKE, GUSTAV
1889 09 29
Hagen-Boele / Avenwedde
Pfarrer
Zwei Verhöre wegen Äußerungen über die HJ und anläßlich der Aufhebung des Jungmännervereins.
Eine Haussuchung wegen Verbreitung des Berichts über die Behandlung Erzbischof Kleins in Hamm.
Verstorben am 25.2.1962.

TILLMANN, HEINRICH
1905 02 18
Witten (St. Marien)
Vikar
Drei Verhöre, eine Verwarnung, zwei Haussuchungen und Unterrichtsverbot durch Gestapo und Amtsgericht wegen Übertretung des Sammlungsgesetzes (Verkauf von Postkarten für den Bau eines Jugendheims); das Gerichtsverfahren wurde aufgrund einer Amnestie eingestellt.

TIMMERMANN, WILHELM
1898 11 21
Rünthe
Pfarrer
Sechs Verhöre und drei Verwarnungen durch
das Sondergericht aus folgenden Gründen:
Tätigkeit in der DJK, falsche Beflaggung,
Predigten über die Behandlung im KZ, Ver-
weigerung des Deutschen Grußes, Kritik an
Hitler und Abhalten von Gottesdiensten nach
Fliegeralarm; dreimal stellte das Sonder-
gericht seine Untersuchungen aufgrund einer
Amnestie ein; einmal 250 RM Geldstrafe
(Begründung: antinationale Haltung); einmal
Verbot, die Schulräume zu benutzen (1938).
Verstorben am 15.10.1971.

TODT, JOHANNES
1861 02 04
Bödexen
Pfarrer, Geistlicher Rat
Drei Verhöre und eine Haussuchung mit Beschlag-
nahme der Jungmännerfahne durch die Gestapo.
Verstorben am 7.6.1957.

TOELLE, WILHELM
1885 08 25
Oberelspe
Pfarrvikar
Zehn Verhöre, eine Verwarnung sowie zwei
Haussuchungen; nähere Angaben fehlen.
Verstorben am 3.10.1970.

TOENNE, HEINRICH
1903 04 22
Berlin-Charlottenburg / Herne
Pfarrvikar
Drei Verhöre, zwei Verwarnungen, eine Haus-
suchung (Suche nach Jugendarbeitsmaterial),
Unterrichtsverbot und kurzfristige Festnahme;
nähere Angaben fehlen.

TRAPHAN, JOSEF
1896 02 13
Dortmund-Hombruch
Pfarrer
Zwei Verhöre, eine Verwarnung und eine Haus-
suchung wegen Jugendarbeit.
Verstorben am 8.8.1970.

TREMPER, EMIL
1901 12 05
Coswig
Pfarrvikar
Zwei Verhöre und zwei Verwarnungen; nähere
Angaben fehlen.
Verstorben am 27.9.1964.

TRIMBORN, JOHANNES
1898 03 31
Schmallenberg
Vikar
Sechs Verhöre und sechs Verwarnungen durch Gestapo, SA und Ortsgruppenleiter wegen Predigtäußerungen („Katechismuswahrheiten") und Verweigerung des Hitlergrußes; ein Verhör im
Februar 1938 dauerte über zwei Stunden, wäh-
renddessen wurde dem Vikar nicht gestattet, in
dem vorsätzlich überheizten Raum Mantel und
Schal abzulegen.
Verstorben am 30.7.1956.

TRINN, HUBERT
1904 11 03
Hövelhof
Vikar
Drei Verhöre aus folgenden Gründen:
Verkauf der Zeitschrift „Junge Front",
Verstoß gegen das Sammlungsgesetz und
Kritik am Führer.

TRISTRAM, JOSEPH (P. THOMAS)
OFM
1898 04 27
Dortmund / Halle a. d. Saale
Vikar / Pfarrvikar
Drei Verhöre, eine Haussuchung und Beschlag-
nahme von Arbeitsmaterial durch die Gestapo im
Zusammenhang mit der Auflösung des katholischen
Jungmädchenvereins.
Verstorben am 2.2.1971.

TRONDT, HEINRICH
1907 06 23
Attendorn
Vikar
12 Verhöre und zwei Haussuchungen wegen
angeblich illegaler Jugendarbeit.
Verstorben am 14.8.1973.

TUSCH, FRANZ-JOSEF
1883 04 30
Wewelsburg
Pfarrer
Verhör und Haussuchung anläßlich
der Aufhebung des Jungmännervereins.
Verstorben am 28.5.1971.

TUSCHEN, WILHELM
1903 05 22
Dortmund (St. Michael)
Pfarrer
1939 wegen Polenseelsorge ein Verhör und Androhung von KZ-Haft durch die Gestapo.
Verstorben am 21.6.1961.

UNGEMACH, RICHARD
1883 03 02
Fürstenau
Pfarrer
1939 ein Verfahren vor dem Amtsgericht wegen
eines angeblichen Verstoßes gegen das Sammlungsgesetz; das Verfahren wurde eingestellt,
da eine Beteiligung des Pfarrers an der Sammlung nicht nachgewiesen werden konnte.
Außerdem Haussuchung, Verwarnung, 50 RM
Geldstrafe und Erschwerung des Religionsunterrichtes durch die Polizei.
Verstorben am 19.3.1949.

UNTERBERG, JOHANNES (P. REINHOLD)
SDS
1893 10 05
Sennelager
Superior
Ab 1939 mehrere Verhöre und drei Haussuchungen
wegen der Tätigkeit des Paters als Superior
des Exerzitienhauses (Abhaltung der Exerzitien, eigenmächtige Unterbringung einiger
Soldaten im Haus etc.), schließlich erfolgte
die Verhaftung durch die Gestapo.
5.10.1939 bis 23.12.1939 Schutzhaft in Paderborn
und Bielefeld,
ab dem 23.12.1939 KZ Sachsenhausen, dort am
23.5.1940 unter ungeklärten Umständen verstorben (offiziell: an Lungenentzündung).
*Lit.: 1.Wagener, Ulrich: Leidensweg Paderborner
Priester in der NS-Zeit. In: Der Dom. 5 (1983),
13. 2. Widerstand und Verfolgung in Essen 1933-
1945. Dokumentation zur Ausstellung. Hrsg.:
Kulturamt der Stadt Essen. Essen 1981, 62ff,
88.*

UNTERBERG, RUDOLPH
1912 08 04
Soest
Pfarrvikar
Der Pfarrvikar wurde einmal verwarnt.
Nähere Angaben fehlen.

VALPERTZ, LIBORIUS
1899 08 08
Hagen
Pfarrvikar / Pfarrer
Mehrere Verhöre und Verwarnungen sowie vier
Haussuchungen mit Beschlagnahme persönlicher
Gegenstände aus folgenden Gründen:
Jugend- und Lazarettseelsorge, Arbeit im
Borromäusverein, Bestellung eines verbotenen
Buches (1938).
Verstorben am 26.3.1952.

VELTUM, KLEMENS
1874 03 31
Dortmund

Pfarrer
Vier Verhöre und vier Verwarnungen, weil der
Pfarrer die Rechte der Kirche verteidigt hatte.
Verstorben am 14.1.1966.

VETTER, FRIEDRICH
1886 05 28
Schönholthausen
Pfarrer
Zwei Verhöre, zwei Verwarnungen, zwei Haus-
suchungen, Entlassung als Mitglied des Jugend-
amtes und 500 RM Geldstrafe aus folgenden
Gründen:
Predigt für einen geordneten Religions-
unterricht (1944); Aufbewahrung von Schriftenmaterial
sowie im Zusammenhang mit dem Vorgehen der
Nationalsozialisten gegen einen Jesuitenpater.
Verstorben am 19.1.1948.

VETTER, HUBERT
1898 08 30
Niedersalwey
Pfarrvikar
Wegen einer Predigt Verhör und Verwarnung.
Verstorben am 2.1.1966.

VIEGENER, JOHANNES
1884 08 15
Bigge
Direktor der Josephsgesellschaft
Drei Verhöre durch die Gestapo wegen angeb-
licher Beleidigung der HJ (1936) sowie wegen
Begünstigung von Juden (1937).
Verstorben am 31.1.1950.

VIEGENER, RICHARD
1900 08 05
Velmede
Vikar
Zwei Verhöre, eine Verwarnung, eine Haussuchung, Unterrichtsverbot (kurzfristig) und Entlassung als Standort- und Lazarettpfarrer durch
den Bürgermeister und die Gauleitung wegen
einer Fastenpredigt sowie der Verweigerung
des Eintritts in die NSV.

VINBRUCK, BERNHARD
1873 02 24
Siedlinghausen
Pfarrer, Dechant
Wegen seiner ablehnenden Haltung gegenüber
dem Nationalsozialismus hatte der Pfarrer
ab 1933 unter den Maßnahmen der Gestapo zu
leiden: Verhöre, strenge Überwachung, Verhaftung zweimal im letzten Augenblick abgewendet (1933, 1934/35), Ausweisung aus dem
Regierungsbezirk Arnsberg am 2.7.1937 mit
der besonderen Auflage, alle sechs Wochen den

Aufenthaltsort zu wechseln.
Verstorben am 1.10.1938.
Lit.: Festschrift „50 Jahre Kolpingsfamilie
Siedlinghausen". 1960.

VISARIUS, THEODOR
1882 08 15
Gehrden
Pfarrer
Drei Verhöre und eine Haussuchung wegen einer
Caritassammlung, eines Lichtbildvortrages
im Mütterverein sowie aufgrund der Denunziation
eines Gemeindemitglieds.
Verstorben am 22.8.1956.

VOELKER, CHRISTOPH
1890 05 31
Paderborn
Domkapitular, Archivar
Dr. theol.
Am 24.8.1939 Verhör und Haussuchung im
Archiv, Beschlagnahme der Archivalien sowie
der Akten über eine Privatperson.
Verstorben am 24.3.1945.

VOELLMECKE, KARL
1890 02 27
Paderborn (Marktkirche)
Pfarrer
Drei Verhöre, zwei Verwarnungen, zwei Haussu-
chungen; nähere Angaben fehlen.
Verstorben am 21.12.1972.

VOGT, JOSEPH
1902 09 10
Wickede
Pfarrer
Zwei Verhöre und zwei Verwarnungen wegen
Predigtäußerungen und Vereinsarbeit.
300 RM Sicherungsgeld wegen Beerdigung eines
polnischen Jungen mit vollem kirchlichen
Zeremoniell.

VOGT, KARL
1901 10 20
Horn
Pfarrer
Ein Verhör durch die Gestapo.
Verstorben am 6.11.1979.

VOLLMER, FRIEDRICH
1886 03 13
Dortmund-Eving
Pfarrer
Vier Verhöre und zwei Verwarnungen wegen Kan-
zeläußerungen und Verbreitung regimekri-
tischer Schriften (1936).
Verstorben am 16.7.1951.

VONDERHAGEN, THEODOR
1889 11 19
Dortmund
Pfarrer
Drei Verhöre und drei Verwarnungen; nähere
Angaben fehlen.
Verstorben am 16.1.1956.

VONDERHEIDE, GEORG (P. MEINRAD)
OFM
1885 03 27
Werl
Provinzialoberer
1936 durch ein Berliner Schöffengericht wegen
Devisenvergehens zu 25.000 RM Geldstrafe verur-
teilt. Anschließend durch die Gestapo in ein
KZ verbracht. Nach Intervention Bischof
Bernings im selben Jahr wieder entlassen.
Verstorben am 12.1.1936.
Lit.: Rapp, 380. - Vgl. Nachtrag S. 110*

VONNAHME, ALBERT
1905 03 17
Olpe (St. Martin)
Vikar
Ein Verhör wegen Jugendarbeit.
Verstorben am 31.12.1964.

VOSSHAGEN, OTTO
1903 10 24
Olsberg
Vikar
Ein Verhör durch die Gestapo wegen Durchfüh-
rung einer Prozession; die Gemeinde mußte
zur Strafe 500 RM Sicherungsgeld hinterlegen.
Verstorben am 30.8.1967.

VOSSMANN, FRANZ
1869 12 27
Wormeln
Pfarrer
1934 Verhör durch den Landrat wegen Predigten.
Verstorben am 18.9.1941.

WAECHTER, ALOIS
1907 12 02
Bleche
Pfarrvikar
14 Verhöre, drei Verwarnungen sowie eine
Haussuchung nach der regimekritischen Schrift
„Michael Germanicus".
Verstorben am 18.2.1974.

WAGENER, THEODOR
1903 03 19
Loburg
Pfarrvikar / Pfarrverweser
Ein Verhör und eine Verwarnung; nähere An-
gaben fehlen.
Verstorben am 30.5.1981.

WAGNER, GEORG
1915 04 12
Hüsten
Pfarrseelsorger
Dr.
1940 Verhör und Verwarnung wegen Ausgabe
schriftlicher Einladungen zu Heimabenden
der Jugend. Auf Veranlassung der Gestapo
zur Wehrmacht eingezogen.

WAHLE, FELIX
1909 04 14
Artern
Pfarrvikar
Drei Verhöre, drei Verwarnungen, eine Haussu-
chung, 33 RM Geldstrafe und Unterrichtsverbot
durch die Gestapo und die Kreisleitung aus fol-
genden Gründen:
Seelsorge an Polen und Franzosen (1940 bis 1942),
Treffen der Gemeinschaft „Una Sancta" (1943),
Auseinandersetzung zwischen dem Vikar und
dem Ortsgruppenleiter wegen der kirchlichen
Beisetzung eines Parteigenossen und
angeblich vorsätzlicher Störung einer Feier
des deutschen Volkes.
Verstorben am 27.8.1980.

WAHLE, WALTER
1911 11 10
Dortmund-Brackel
Vikar
1939 wegen Verdachts auf Landesverrat drei Verhöre, eine Verwarnung, eine Haussuchung sowie
vom 24.10.1939 bis zum 3.11.1939 Untersuchungshaft.

WANDROWETZ, FRANZ
1898 01 23
Gelsenkirchen-Bismarck / Fronhausen
Vikar
Vier Verhöre, fünf Verwarnungen, zwei Haus-
suchungen und mehrmalige Androhung einer KZ-
Haft durch die Gestapo und die NSDAP aus fol-
genden Gründen:
Kritik an der Auflösung des Volks- und
Jungmännervereins (1933),
Einsatz für ein minderbemitteltes Kind,
Aufforderung im Religionsunterricht, doch
die Fronleichnamsfeier zu besuchen (1941).
Aufgrund der Hilfe einflußreicher Bekannter
und gutwilliger Parteigenossen verliefen manche
Angelegenheiten ohne Sanktionen.
Verstorben am 26.11.1966.

WEBER, FRANZ
1878 06 29
Holzhausen
Pfarrer
1939 zweimal 50 RM Geldstrafe durch das Landgericht wegen eines Verstoßes gegen das

Flaggengesetz - die Strafe wurde aufgrund einer
Amnestie erlassen.
Verstorben am 6.9.1952.

WEBER, P. FRITZ
CPPS
1900 08 16
Weidenau
Pfarrseelsorger
1941 wegen Verlesung einer Galen-Predigt
Schutzhaft im Polizeigefängnis Dortmund
(11.8.1941 bis 4.10.1941) durch die Gestapo.
Weiterhin Verhöre, eine Verwarnung, eine
Haussuchung und Einzug von 150 RM Geldstrafe
durch die Gestapo wegen Predigtäußerungen
und wegen eines Ausfluges mit den Meßdie-
nern.
Verstorben am 8.12.1974.

WEBER, KONRAD (P. INNOZENZ)
OFM
1900 04 03
Bochum / Halberstadt
Vikar
Sieben Verhöre, eine Verwarnung und zwei Haus-
suchungen anläßlich der Auflösung des KJMV
sowie im Zusammenhang mit dem Tod P. Romanus.
Ab dem 21.7.1941 Aufenthaltsverbot für das
Rheinland und Westfalen, des weiteren Ent-
lassung als Vikar. Alle Maßnahmen wurden durch
die Gestapo eingeleitet.
Verstorben am 29.6.1981.

WEDEKIND, JAKOB
1874 03 30
Egeln
Pfarrer
Zwei Verhöre, eine Verwarnung und zwei Haus-
suchungen anläßlich der Auflösung des Jungmänner-
vereins 1937 und wegen einer Messe an Fronleichnam
1940.
Zwei Gerichtsverfahren wegen Trauungen von
Polen endeten mit Verwarnungen.
Verstorben am 26.9.1952.
Lit.: Opfermann, 319.

WEGGARTNER, FRANZ (P. HERMANN)
OSB
1888 05 15
Königsmünster
Haussuchung und Ausweisung aus dem Regierungs-
bezirk Arnsberg durch die Gestapo im Zusammen-
hang mit der Klosteraufhebung.
Verstorben am 10.9.1962.

WEIDEKAMP, JOSEF
1883 06 24
Kirchrarbach

Pfarrer
Vom 18.6.1934 bis zum 15.8.1934 Gefängnishaft in
Arnsberg, anschließend Ausweisung aus dem
Kreis Meschede. Der Pfarrer kehrte am 9.6.1935
in seine Pfarrei zurück, wurde am 26.6.1935
erneut ausgewiesen, weigerte sich aber und
blieb in der Pfarrei. Nähere Angaben fehlen.
Verstorben am 21.5.1939.

WEINS, JOSEF
1906 09 30
Geseke
Pfarrverwalter
Verhör und Haussuchung wegen Leitung
des Jünglingsvereins.

WEISSENFELD, BERNHARD
1905 04 07
Lüchtringen
Vikar
Drei Verhöre sowie Überwachung durch Gestapo,
Polizei und Landrat aus folgenden Gründen:
Stellung zur HJ (1933);
Aufnahme in die Jungschar (1933);
regimekritische Predigtäußerungen.
Ab 1941 bei der Wehrmacht, am 5.9.1944 ge-
fallen.

WELLEN, JOHANNES
1879 10 14
Delbrück
Pfarrer
Drei Verhöre und drei Verwarnungen; nähere
Angaben fehlen.
Verstorben am 5.8.1964.

WENSKE, EMIL
1869 06 10
Warburg
Geistl. Rektor
Drei Verhöre, drei Verwarnungen sowie Aufer-
legung von 500 RM Sicherungsgeld; nähere An-
gaben fehlen.
Verstorben am 7.9.1953.

WENZEL, P. WILHELM
SAC
1891 09 08
Olpe
Geistl. Rektor
Dr.
Verhör, Haussuchung, Schutzhaft (23.6.1941 bis
18.7.1941) und Ausweisung aus Südwest-
falen durch die Gestapo wegen der Exerzitien-
tätigkeit des Paters.
Verstorben am 14.11.1949.

WERN, FRIEDRICH
1878 03 30
Hemer
Pfarrer, Domkapitular
Zwei Verhöre; nähere Angaben fehlen.
Verstorben am 24.7.1953.

WERTH, HEINZ
1909 08 12
Bad Driburg
Präfekt im Studienheim
Dr.
Ein Verhör wegen Durchführung einer Wall-
fahrt.
Eine Verwarnung, weil der Präfekt mit einer
Jugendgruppe Wanderungen unternommen hatte.
Drei Haussuchungen wegen der Sammel- und Werbe-
tätigkeit des Präfekten für das Priester-
hilfswerk.
Mitunter kamen die Angelegenheiten vor Amts-
und Landgerichte, es wurde jedoch kein Verfah-
ren eingeleitet.
Verstorben am 21.2.1979.

WESKAMM, WILHELM
1891 05 13
Magdeburg
Propst
Verhöre im Zusammenhang mit der Sanierung
eines Krankenhauses.
1944 wegen Umgangs mit französischen Kriegs-
gefangenen ein Untersuchungsverfahren durch
das Reichssicherheitshauptamt Berlin. Der Zu-
sammenbruch 1945 setzte diesem Verfahren ein
Ende.
Der Geistliche Wilhelm Weskamm wurde 1951 zum
Bischof von Berlin ernannt und inthronisiert.
Verstorben am 21.8.1956.

WESSELS, KARL
1907 03 18
Halberstadt
Vikar
Zehn Verhöre, zwei Verwarnungen, vier Haussuchungen sowie Predigtüberwachung aufgrund
folgender Vergehen:
Aufbewahrung staatsfeindlicher Schriften,
Tätigkeit des Vikars als Jugendseelsorger,
regimekritische Predigten
sowie im Zusammenhang mit dem Vorgehen der Nationalsozialisten gegen einen Kaplan.
Verstorben am 8.10.1972.

WESTERBARKEY, P. JOHANNES
SJ seit 1939
1903 04 17
Stukenbrock
Vikar
1933 Verhör durch den Regierungspräsidenten

von Minden wegen Hetze gegen den Führer
im Gottesdienst; Versetzung gefordert, die
jedoch nicht erfolgte.
Verstorben am 17.4.1975.

WESTHOFF, GERHARD
1897 07 03
Hamm / Dahlbruch
Vikar / Pfarrer
Zwei Verhöre wegen Verweigerung des Hitler-
grußes und Verstoßes gegen die Feiertagsord-
nung.
Eine Haussuchung anläßlich der Auflösung der
katholischen Arbeitervereine.
Verstorben am 23.3.1951.

WETZEL, HEINRICH
1891 04 15
Paderborn
Geistl. Studienrat
Vier Verhöre, zwei Verwarnungen, eine Haussu-
chung und Unterrichtsverbot durch den Oberprä-
sidenten und die Gestapo aus folgenden Grün-
den: religiöse außerschulische Betreuung der
Kinder, Abhaltung von Glaubensstunden in
anderen Pfarreien sowie anläßlich der
Auflösung des „Bundes Neudeutschland".
Verstorben am 21.10.1948.

WICKL, WILHELM
1908 07 27
Gelsenkirchen
Vikar
Vier Verhöre, eine Verwarnung und eine Haus-
suchung durch die Gestapo wegen feindseliger
Haltung gegenüber der HJ; durch das
Amtsgericht zu einem Monat Gefängnis verur-
teilt. Die Strafe wurde aufgrund einer Amnestie
erlassen (1938).
Verstorben am 29.5.1966.

WIDEKIND, WILHELM
1908 05 13
Referinghausen
Pfarrvikar
1939 wegen eines Verstoßes gegen das Sammlungsgesetz (Sammlung für DJK) ein Verhör
sowie Einzug von 2,75 RM Geldstrafe durch die
Gestapo.
1941 ein Verhör durch die Gestapo, weil die
Jugend für den Pfarrer eine Weihnachts-
stunde als Weihnachtsgeschenk vorbereitet
hatte.
1943 Verhör und Verwarnung durch die Gestapo
wegen einer „getarnten Wanderung" (Wallfahrt
mit den Jungfrauen).
Verstorben am 20.3.1961.

WIEDEKING, HEINRICH
1877 08 29
Fretter
Pfarrer
Sechs Verhöre, eine Verwarnung und 10 Wochen Postkontrolle durch das Landgericht, die
Gestapo bzw. den Amtsbürgermeister aus folgenden Gründen:
1933 Verwendung des Wortes „Christus-
jugend" in einer Predigt,
1935 Arbeit in den Jugendvereinen,
1937 Verlesung eines Hirtenbriefes.
1942 Haussuchung durch die Gestapo ohne
Nennung des Grundes.
Verstorben am 29.3.1954.

WIEHOFF, WILHELM
1883 09 20
Olsberg
Pfarrer
Drei Verhöre, zwei Verwarnungen und zwei
Haussuchungen durch die Gestapo und die
NS-Kreisorganisation wegen einer Predigt,
der Bekanntmachung eines Kirchenaustritts,
der Herausgabe von Rundbriefen (staatsabträg-
lichen Inhaltes) an Frauen sowie aufgrund
verschiedener Anzeigen.
Verstorben am 13.9.1965.

WIEMANN, JOHANNES
1903 09 17
Bochum-Altenbochum
Vikar
Drei Verhöre, eine Haussuchung sowie drei
Jahre Postüberwachung wegen Jugendarbeit.

WIEMER, FRANZ
1894 06 05
Dortmund
Geistl. Rektor
Fünf Verhöre und drei Verwarnungen; nähere
Angaben fehlen.

WIENAND, LORENZ
1864 02 05
Daseburg
Pfarrer
Ein Verhör durch die Gestapo.
Verstorben am 16.9.1942.

WIENEKE, JOSEF
1894 04 02
Gelsenkirchen
Pfarrer
1944 vier Verhöre und eine Verwarnung, weil
der Pfarrer ruthenischen Frauen die Teilnahme
am Gottesdienst erlaubt hatte.
Verstorben am 29.7.1954.

WIESE, WILHELM
1904 12 24
Hamm
Vikar
Verhör und Verwarnung durch das Landgericht
wegen „ungebührlichen Benehmens".
Verstorben am 9.2.1960.

WIETBUESCHER, HEINRICH
1907 10 27
Sundern
Pfarrer
Fünf Verhöre, fünf Verwarnungen, eine Haussuchung und 50 RM Geldstrafe durch die Gestapo
anläßlich der Auflösung des Jungmännervereins.

WIGGEN, FRANZ
1881 01 22
Holzen-Bösperde
Pfarrer
Vier Verhöre, zwei Verwarnungen und eine Haus-
suchung anläßlich der Auflösung des Arbei-
tervereins.
Verstorben am 29.3.1948.

WIGGER, ANTON
1903 12 04
Drolshagen
Vikar
1937 ein Verhör anläßlich der Auflösung
des Jungmännervereins.
Verstorben am 27.12.1957.

WILLE, FRITZ
1897 03 25
Hagen (Herz-Jesu)
Vikar
Ein Verhör, zwei Verwarnungen, drei Haussu-
chungen und Unterrichtsverbot durch die Poli-
zei.
Verstorben am 30.8.1975.

WILLEKE, HEINRICH
1904 02 17
Hagen (St. Joseph)
Vikar
Je 32 Verhöre und Verwarnungen,
vier Haussuchungen, Unterrichtsverbot und Ausweisung aus Westfalen wegen angeblicher Fortführung der Jungmännervereine sowie wegen
angeblicher Aufbewahrung verbotener Schriften.
Verstorben am 5.3.1957.

WILLMES, JOSEF
1896 10 27
Letmathe
Vikar
Drei Verhöre, zwei Haussuchungen mit Be-

schlagnahme der DJK-Kasse und Unterrichtsverbot durch die Polizei wegen einer Predigt
(1935). Ein diesbezügliches Verfahren vor dem
Landgericht wurde eingestellt.

WILMSEN, THEODOR
1905 04 02
Hamm (St. Joseph)
Vikar
Fünf Verhöre, eine Verwarnung und zwei Haussuchungen anläßlich der Auflösung des Ar-
beiter- und Jungmännervereins.

WINKEL, HEINRICH
1909 06 12
Ilberstedt
Pfarrvikar
Drei Verhöre und eine Verwarnung wegen eines
Verstoßes gegen die Läuteordnung, Benutzung
weltlicher Räume für den Gottesdienst sowie
wegen Verteilung von Kriegsgefangenenschrift-
tum.
Verstorben am 1.1.1973.

WINKELMANN, HEINRICH
1911
Völpke
Pfarrvikar
Ein Verhör, weil der Pfarrvikar einem Slowenen
die Teilnahme am Gottesdienst gestattet hatte.

WINTER, JOSEF
1887 09 13
Wiescherhöfen
Pfarrer
Entlassung als Mitglied des Schuleltern-
beirates.
1945 wegen Hissens der weißen Fahne in Untersuchungshaft genommen (drei Tage) und durch
ein Sondergericht der SS Kamen zum Tode verurteilt. Der Einmarsch der Amerikaner verhinderte
die Vollstreckung des Urteils.

WITTE, BERNHARD
1899 07 19
Verne/ Lendringsen
Vikar
Vier Verhöre, eine Verwarnung, eine Haussuchung und 1944 kurzfristiges Betätigungsverbot
durch die Gestapo und den Amtsbürgermeister
aus folgenden Gründen:
anläßlich der Auflösung des Jungmännervereins, gleichzeitiger Veranstaltungen
der katholischen Jugend und der Staatsjugend,
Teilnahme der Jugend an nächtlicher Bußpro-
zession, Predigtäußerungen sowie wegen Behandlung weltlicher Themen im Religionsunterricht.
Verstorben am 8.8.1966.

WITTELSBACH, KLEMENS
1897 12 23
Lichtendorf / Nörde
Pfarrvikar
1934 erwirkte der Landrat wegen Agitation gegen
den Nationalsozialismus die Versetzung des
Vikars.
1936 durch ein Sondergericht zu acht Monaten
Haft verurteilt, weil der Geistliche in der
Predigt das Thema Gemeinschaftsschule be-
handelt hatte - trotz Verbots des Landrats.
Die Strafe wurde jedoch nicht vollstreckt.
Verstorben am 8.10.1972.

WITTHAUT, JOSEF
1898 11 06
Brügge
Pfarrer
Zwei Haussuchungen durch die Gestapo nach Feldpost, dem Möldersbrief und dem Jungmänner-
banner.
1944 Gefängnisaufenthalt und KZ-Haft durch
die Polizei und die Gestapo wegen der Verlesung
von Hirtenbriefen, der Beerdigung eines Polen
sowie wegen der Beanstandung der Unterrichts-
versäumnisse der Kommunionkinder:
17.3.1944 bis 6.8.1944 Polizeigefängnis Hamm,
7.8.1944 bis 10.4.1945 KZ Dachau.
Verstorben am 11.2.1979.
*Lit.: 1.Weiler, 711. 2.Wagener, Ulrich: Lei-
densweg Paderborner Priester in der NS-Zeit.
In: Der Dom. 5 (1983), 13.*

WITTHUIT, FRANZ
1905 01 05
Bochum-Linden
Vikar
Zwei Verhöre, zwei Verwarnungen, eine Haussu-
chung und kurzfristige Festnahme durch die
Gestapo im Zusammenhang mit der Verhaftung und
der Flucht des Pfarrers.

WITTLER, JOSEF
1893 08 16
Paderborn / Neuhaus
Domvikar / Pfarrer
1937/38 Verhöre und Haussuchung nach verbotenen Schriften durch die Oberstaatsanwaltschaft wegen Predigten gegen den Nationalsozialismus - die Untersuchungen fielen unter
Amnestie.
1945 durch den Kommandanten zum Tode verurteilt, weil der Pfarrer die Übergabe
von Neuhaus gefordert hatte, um die Beschießung
zu beenden. Das Urteil wurde nicht vollstreckt,
da der Kommandant, nachdem er schon drei Zivilisten getötet hatte, Selbstmord beging.
Verstorben am 21.10.1972.

WOERDEHOFF, ERNST
1873 06 11
Dringenberg
Pfarrer
Drei Verhöre wegen Beflaggung des Kirch-
platzes.
Verstorben am 25.10.1967.

WOLF, KLEMENS AUGUST
1868 10 20
Nieheim
Pfarrer
Verhör und Verwarnung, weil der Pfarrer
die Jugendlichen vor der Teilnahme an einer
NS-Veranstaltung gewarnt hatte. Der Pfarrer
sollte verhaftet werden, was durch den
geschlossenen Widerstand der Gemeinde verhindert wurde (1941).
Verstorben am 13.12.1953.

WOMMELSDORF, FRANZ
1886 11 13
Freudenberg
Pfarrer
Ein Verhör wegen einer Messe an Himmelfahrt.
Ein weiteres Verhör, weil der Pfarrer sich
weigerte, das Jugendheim der HJ zur Verfügung
zu stellen.
Verstorben am 1.11.1965.

WULF, ANTON
1867 03 17
Wattenscheid-Günnigfeld
Pfarrer
Drei Verhöre, 12 Verwarnungen, zwei Haus-
suchungen sowie Unterrichtsverbot. Nähere
Angaben fehlen.
Verstorben am 30.5.1949.

WULF, HEINRICH
1899 08 01
Leuna
Pfarrer
Ein Verhör anläßlich der Auflösung des
Jungmännervereins.
Verhör und Haussuchung wegen Verteilung
des Möldersbriefes.
Verstorben am 21.5.1977.

WULF, LUDWIG
1900 08 01
Gelsenkirchen / Neumark
Vikar / Pfarrvikar
Verhör und Haussuchung im Zusammenhang mit
der Auflösung des Jugendvereins.
Verstorben am 24.10.1977.

WULFF, OTTO
1892 07 28
Bochum-Langendreer
Vikar
Ein Verhör durch die Gestapo aufgrund einer
Verleumdung.
Verstorben am 17.10.1968.

WURM, HERMANN
1862 06 05
Paderborn
Pfarrer, Domkapitular
Dr.
Aufgrund eines Verstoßes gegen das Heimtücke-
gesetz mehrere Verhöre durch das Sonderge-
richt. Die Untersuchungen wurden mit einer
Verwarnung eingestellt (1939).
Verstorben am 12.9.1941.

WURM, LUDWIG
1909 04 11
Olpe
Vikar
Ein Verhör und eine Verwarnung; nähere An-
gaben fehlen.
Verstorben am 2.6.1967.

WURM, RICHARD
1912 12 22
Dünschede
Vikar
Wegen einer Predigt drei Verhöre, zwei Ver-
warnungen und Einzug von 200 RM Sicherungs-
geld (Betrag erstattet) durch die Gestapo.
Verstorben am 8.4.1965.

ZACKER, GOTTFRIED
1911 01 01
Wanne-Eickel
Pfarrverwalter
Ein Verhör und eine Verwarnung; nähere An-
gaben fehlen.

ZEPPENFELD, ALOIS
1896 12 01
Wattenscheid (St. Joseph)
Pfarrer
12 Verhöre, drei Verwarnungen, eine Haussuchung, Androhung einer KZ-Haft und jahrelange Überwachung durch die Gestapo wegen
Jungmännerseelsorge.
Verstorben am 12.9.1954.

ZIEBACH, FRANZ
1911 12 18
Neuastenberg
Vikar
Einzug von 500 RM Sicherungsgeld wegen
Verweigerung des Hitlergrußes und staats-

abträglicher Jugendarbeit.
Verstorben am 14.8.1954.

ZIEMANN, WILHELM
1900 06 22
Westeregeln
Pfarrvikar
Fünf Verhöre und drei Verwarnungen; nähere
Angaben fehlen.
Verstorben am 9.7.1967.

ZIMMERMANN, BERNHARD
1880 12 23
Bad Driburg (Heim St. Clemens)
Geistl. Direktor
Neun Verhöre wegen der Tätigkeit des Geistlichen als Direktor des St. Clemensheims
für Spätberufene; Androhung, ihn „umzulegen";
1941 Beschlagnahme und Schließung des Heims.
Verstorben am 4.4.1969.

ZIMMERMANN, JOSEF
1876 02 07
Lenne
Pfarrer
Der Pfarrer wurde zweimal verhört;
nähere Angaben fehlen.
Verstorben am 2.6.1953.

ZINK, EWALD
1881 05 21
Hötensleben
Pfarrer
Sechs Verhöre und zwei Verwarnungen; nähere
Angaben fehlen.
Verstorben am 8.10.1965.

19. Bistum Passau

Alle Passauer Angaben sind der Publikation von
E. Janik entnommen

AIGNER, SEBASTIAN
1888 02 08
Schwanenkirchen
Pfarrer
Im November 1944 Sicherungsgeld wegen Heimtücke.
Verstorben am 8.11.1962.
Lit.: RPB IV, 337.

ASEN, FRANZ
1886 01 24
Künzing
Pfarrer
Im Juni 1942 Verhör, Verwarnung und Beschlagnahme von Feldpostadressen.
Verstorben am 6.11.1950.

AUBERGER, JOSEF
1907 04 19
Karlsbach
Pfarrer
Am 6.9.1944 wegen Verstoßes gegen den Kanzelparagraphen 300 RM Geldstrafe.

AUER, ANTON
1906 01 30
Schaibing
Expositus
Anzeige wegen Heimtücke und angeblicher Holzsammlung für den Kirchenbau.

BAUER, JOHANN
1903 10 31
Innernzell / Hutthurm
Kooperator
1934 schriftliche Beanstandung wegen ungenügender Beflaggung, 1939 wegen Unterlassung des Hitlergrußes.
Verstorben am 19.2.1979 in Waging.

BAUER, JOSEF
1913 02 15
Wegscheid / Herzogsreut
Kooperator / Pfarrer
Verhör wegen einer Gefallenenansprache im Frühjahr 1945.

BAUER, MICHAEL
1894 07 21
Walburgskirchen
Pfarrer
Mehrere Verhöre wegen Einsatzes für die Schulkreuze.
Verstorben am 19.5.1977.

BAUER, ROBERT
1904 09 11
Passau
Domvikar
Dr.
Im Herbst 1937 Anzeige wegen einer Predigt zur Schulabstimmung.

BAUMGAERTLER, JOHANN
1889 03 13
Passau
Dompfarrer
Dr.
Schulverbot und wiederholt Verhöre durch einen Offizier des Sicherheitsdienstes wegen eines angeblichen Beichtgespräches.
Verstorben am 3.6.1973.

BAUMGARTNER, EUGEN
1906 01 13
Breitenberg / Arnstorf
Kooperator
Zwei Haussuchungen nach Vereinsfahnen, Büchern und Zeitschriften.
Mehrere Anzeigen und Verwarnungen wegen Nichtbeflaggung sowie Unterlassung des Hitlergrußes.

BAUMGARTNER, GEORG
1876 09 30
Perach
Pfarrer
Aufgrund antinationalsozialistischer Propaganda in Predigten und Religionsunterricht mehrere Vorladungen und Verwarnungen sowie Unterrichtsverbot.
Verstorben am 25.6.1950.

BECK, KARL
1904 01 25
Arnstorf
Kooperator
Vorladung und polizeiliche Verhöre, Haussuchung wegen Jugendseelsorge 1933.
Verstorben am 22.11.1962.

BEHAM, MATTHIAS
1886 05 14
Pörndorf
Pfarrer
Im April 1937 Verwarnung wegen einer Predigt.
Verstorben am 18.9.1960.

BIERINGER, ALOIS
1894 07 14
Osterhofen
Pfarrer i.R.
Im März 1942 Festnahme und Untersuchung durch die Gestapo wegen „versuchter Bestechung".

Verstorben am 10.5.1978.
Lit.: RPB IV, 306.

BIERINGER, ANTON
1892 10 23
Passau-Innstadt / Roßbach
Kooperator / Pfarrer
Im Februar 1938 Geldstrafe wegen Verstoßes
gegen das Pressegesetz.
Im Februar 1941 Anzeige wegen einer verbotenen
Sammlung. Ab 25.9.1941 Schulverbot.
Verstorben am 17.6.1969.
Lit.: RPB IV, 195.

BIERINGER, GEORG
1906 02 17
Haag
Pfarrer
1941 wegen einer Predigt gegen die Schulkreuz-
entfernung Schulverbot bis Mai 1945 und 300 RM
Sicherungsgeld.
Auf Vermittlung von Generalvikar Dr. Riemer dem
KZ entgangen.
Kurz vor Einmarsch der Amerikaner wäre er bei-
nahe von der SS erschossen worden wegen Aushän-
gens der weißen Fahne am Kirchturm - der Messner
hatte die Schuld auf sich genommen.
Verstorben am 23.3.1952.

BINDER, JOSEF
1889 09 03
Würding
Pfarrer
Verhör wegen Mittragens der Marienfahne bei der
Fronleichnamsprozession.
Verwarnung durch die Gestapo wegen eines Seel-
sorgebriefes.
Verstorben am 19.5.1973.

BOECKL, KARL
1888 09 19
Vilshofen
Stadtpfarrer
Im März 1937 Anzeige wegen unbefugter Verbreitung von Flugblättern, Fenstereinwurf im Pfarrhaus.
1940 Anzeige und drei Verhandlungen wegen
unerlaubter Prozessionen, zweimal 59 RM Geldstrafe.

BOXLEITNER, IGNAZ
1881 12 24
Thyrnau
Pfarrer
Schriftliche Verwarnung wegen zu geringer NSV-
Spenden.
Beanstandung durch den Kreisleiter wegen einer
Kanzelverkündigung anläßlich der Beschlag-
nahme des Bistumsblattes.
Verstorben am 29.9.1968.

BRANDNER, MAX
1911 09 28
Neukirchen
Kooperator
150 RM Geldstrafe wegen Verstoßes gegen das
Versammlungsgesetz, Verwarnung wegen Abhaltens
von Singproben.
Beanstandung durch den Kreisleiter wegen zu geringer WHV-Spenden.

BRAUN, LUDWIG
1902 03 07
Hengersberg / Freyung
Kooperator
Mehrmals Anzeigen und Verurteilungen. Wegen Pre-
digten gegen die Schulkreuzentfernung und de-
fätistischer Äußerungen Einlieferung in das
KZ Dachau am 21.3.1942. Dort am 4.4.1945
entlassen.
Lit.: 1.RPB IV, 306. 2.Weiler, 151.

BRETZL, PETER
1880 05 08
Burgkirchen
Pfarrer
Verhöre und Verwarnung wegen Verdächtigung der
Zusammenarbeit mit dem Stahlhelm und wegen ab-
fälliger Äußerungen über den Polenfeldzug
1939.
Verstorben am 13.10.1961.

BRUNNER, LUDWIG
1886 12 03
Münchham
Pfarrer
Von August 1941 bis Februar 1942 in Haft wegen
Verstoßes gegen den Kanzelparagraphen.
Verstorben am 18.5.1964.

BUSLER, JOHANN
1874 11 18
Arnstorf
Pfarrer
1940 Verhandlung vor dem Sondergericht München
wegen böswilliger Beschimpfung von Hitler und
von Minister Wagner, Freispruch.
Zeitweiliges Schulverbot.
Verhandlung beim Landgericht wegen Kanzelmißbrauchs, Freispruch.
Verstorben am 3.8.1957.

CORDIER, LEOPOLD
1899 05 10
Kirchdorf
Kooperator
1937 Verhör und Verwarnung wegen Stellungnahme
gegen Einführung der Gemeinschaftsschule,
300 RM Geldstrafe wegen Heimtücke.
Verstorben am 23.8.1960.

DANNER, GEORG
1903 03 24
Pocking / Simbach
Kooperator
Fenstereinwurf durch die HJ in Pocking, zwei Tage
Schutzhaft. In Simbach Anzeige wegen Kanzelmiß-
brauchs, Schulverbot.
Verstorben am 9.2.1980.

DRUNKENPOLZ, JOHANN (P. ENGELBERTUS)
OFMCAP
1909 08 31
Passau (Kloster Mariahilf)
Im August 1937 eine Vorladung und ein Verhör
durch die Gestapo Passau wegen einer Missions-
predigt in Nendingen (Württemberg).
Widerruf der UK-Stellung und Einberufung zur
Wehrmacht im November 1941.
Wegen Ordenszugehörigkeit keine Verwendung
als Militärgeistlicher; im Januar 1945 Verbot, als Sanitäter die Verwundeten seelsorglich zu betreuen.

DUSCHL, FRANZ XAVER
1875 02 17
Mittich
Pfarrer
Im Mai 1946 durch das Sondergericht wegen Heim-
tücke zu drei Monaten Haft verurteilt, Schulver-
bot, anschließend erzwungene Resignation.
Verstorben am 27.12.1967.
Lit.: SG, 5935.

DUSCHL, JOHANN
1904 05 10
Tann
Kooperator
1939 Anzeige wegen Heimtücke,
ab Juli 1939 bis Kriegsende Schulverbot,
50 RM Geldstrafe.
14 Tage verschärfter Arrest wegen Messelesens
in Udine/Italien.

EBERTH, JOSEF
1891 12 14
Passau
Domvikar
Im Januar 1937 Anzeige wegen einer unerlaubten
Versammlung in der Kirche.
Verstorben am 23.10.1973.

ECKL, LUDWIG
1907 08 16
Exing
Provisor
Im Februar 1941 Schulverbot wegen unzuverläßi-
ger Haltung.
Verstorben am 27.4.1978.

ECKMILLER, FRANZ
1884 03 20
Schöfweg / Rogglfing
Pfarrer
1940 Verhör wegen einer Grabrede bei der Beerdigung
eines Hitlerjungen.
500 RM Sicherungsgeld wegen Ausländerseelsorge.
Verstorben am 1.9.1961.

EDER, GEORG
1903 05 02
Hauzenberg / Feichten
Kooperator
Wegen intensiver Seelsorge im Burschenverein
Hauzenberg im April 1934 Einwurf der Wohnungs-
fenster. Der anschließend drohenden Schutzhaft
entging er durch Weggang ins Oberland.
Verstorben am 14.5.1975.

EDHOFER, JOHANN
1896 01 21
Finsterau
Pfarrer
Im Juli 1936 Anzeige wegen regimekritischer
Äußerungen. Im November 1938 wegen Heimtücke
160 RM Geldstrafe. Am 29.4.1945 wegen Hissens
einer weißen Fahne Festnahme und Deportation
nach Außergefild, von dort Flucht nach Kreuzberg.
Verstorben am 3.4.1970.

EGGERSDORFER, FRANZ XAVER
1870 02 22
Passau
Hochschulprofessor / Domkapitular
Dr.
Beschlagnahme einer Sendung von antinationalso-
zialistischen Vorträgen am 13.5.1933, Haussu-
chung und Beschlagnahme zahlreicher Bücher und
Schriften.
Das von ihm herausgegebene Handbuch der Erzieh-
ungswissenschaft wurde beim Verlag vernichtet.
Am 21.6.1933 Sturm der SA auf seine Wohnung - er
hatte sich vorher in Sicherheit gebracht.
Ausweisung aus Passau. Im Herbst 1933 Absetzung
als Rektor und Professor und Entlassung aus dem
Staatsdienst ohne Pension.
Zum Protest ernannte ihn der Bischof am 20.11.
1933 zum Domkapitular in Passau.
Verstorben am 20.5.1958.

EIBL, HEINRICH
1885 08 05
Burchkirchen
Pfarrer
Im Januar 1937 Haussuchung mit Beschlagnahme
kirchlicher Akten.
Verstorben am 30.11.1945.

EICHINGER, ANTON
1883 05 16
Perlesreut
Pfarrer
Im September 1937 Anzeige wegen Kanzelmiß-
brauchs, Freispruch.
Verstorben am 28.4.1944.

EICHINGER, JOSEF
1911 12 11
Oberkreuzberg
Kooperator
Dr.
Im April 1938 Schulverbot wegen Fernbleibens an der
Abstimmung über Österreich.

ENDL, MICHAEL
1875 11 26
Emmersdorf
Pfarrer
Verfahren beim Amtsgericht wegen Kanzelmiß-
brauchs, Freispruch.
Verstorben am 16.4.1954.

EUSTACHI, P. ADOLF
SAC
1905 10 11
Außergefild
Administrator
Im Sommer 1937 Haussuchung; Verhör wegen einer
Predigt.
Verstorben am 15.8.1975.

FALKE, P. JOSEF
SM
1908 12 10
Fürstenzell
Verhör durch die Gestapo wegen Tätigkeit in
der MIVA. Im Mai 1943 Haussuchung mit Beschlagnahme des amtlichen Materials der MIVA. Störung
von MIVA-Veranstaltungen durch HJ und BDM.
Verstorben am 19.4.1947.

FEDERL, P. EKKEHARD
OSB
1905 02 26
Schweiklberg
Dr.phil.
Im Zusammenhang mit der Aufhebung der Abtei
Schweiklberg Haussuchung und Gauverweis am 2.
4.1941. Im Herbst 1941 in Würzburg Schulver-
bot als Religionslehrer.

FELDMEIER, ISIDOR
1900 02 02
Kirchberg
Kooperator
Im Juli 1933 Androhung der Schutzhaft wegen Pre-
digten, umgewandelt vom Ortsgruppenleiter in

Aufenthaltsbeschränkung.
Verstorben am 6.4.1977.

FELDMEIER, LUDWIG
1890 09 20
Mehring
Pfarrer
Im September 1941 drei Wochen Haft wegen Beteili-
gung an einer Aktion für die Schulkreuze.
Verstorben am 2.6.1962.

FERTALA, FRANZ
1904 02 18
Altötting
Pfarrer a.D., Aushilfe
Wegen Slowenenseelsorge in der Diözese Passau
am 4.5.1943 in Poggersdorf festgenommen, Haft
im Gefängnis München. Am 18.6.1943 Einliefe-
rung ins KZ Dachau, dort befreit am 29.4.1945.
Lit.: Weiler, 226.
Gehört zur Diözese Gurk-Klagenfurt.

FESSL, PETER
1902 06 29
Johanniskirchen
Kooperator
Im Juni 1934 mehrere Tage in Schutzhaft wegen
Beleidigung der HJ.
Schulverbot wegen Ungeeignetheit als Lehrer und
Erzieher deutscher Jugend.
Verstorben am 13.2.1947.

FISCHER, JOHANN
1895 09 29
Niedergottsau
Expositus
Verschiedene Anzeigen wegen Kanzelmißbrauchs.
1939 Haussuchung und Beschlagnahme von nichtre-
ligiösen Büchern der Pfarrbücherei.
Verstorben am 20.12.1953

FREY, PAUL
1912 11 10
Wollaberg
Kooperator
Im September 1937 Anzeige und Verfahren wegen
einer abträglichen Äußerung über die NSDAP,
Amnestie nach dem Einmarsch in Österreich.
Verwarnung wegen seiner Korrektur einer falschen
Aussage eines Lehrers.
Verstorben am 25.11.1958.

FUERST, FRIEDRICH
1903 04 16
Grafenau
Kooperator
Im April 1938 Schulverbot wegen Fernbleibens von
der Abstimmung über den Anschluß Österreichs.

FUERSTBERGER, KARL
1892 03 26
Postmünster / Exing
Kooperator / Pfarrer
1934 Fenstereinwurf im Kaplanhaus.
1937 Haussuchung mit Beschlagnahme einer Erntedankspende in Naturalien.
1940 Verfahren wegen Kanzelmißbrauchs, niedergeschlagen. Schulverbot für 5 Monate.
Verstorben am 9.2.1952.

GAHBAUER, KARL
1910 06 30
Otterskirchen / Unterdietfurt / Birnbach
Kooperator
Wegen Jugendarbeit von 1936 bis 1945 Anzeigen, Verhöre, wiederholtes Schulverbot, Verhandlung beim Landgericht mit Freispruch, Sicherungsgeld von 600 RM am 24.1.1945.

GANTENBERG, HERMANN
1905 09 14
Künzing
Diözesanjugendseelsorger
Dr.
Im November 1944 Anzeige wegen Predigten in Pfarrkirchen.

GEIER, ALOIS
1884 02 05
Wittibreut
Pfarrer
Wegen Beleidigung Hitlers Schutzhaft vom 29.6. bis 3.7.1934, Verfahren vor dem Sondergericht eingestellt durch Amnestie.
Verstorben am 31.8.1948.
Lit.: SG, 695.

GLASHAUSER, JOSEF
1908 11 01
Zeitlarn
Kooperator
Im Nov. 1934 Anzeige wegen Kanzelmißbrauchs. Weitere Anzeigen und eine Geldstrafe wegen Jugendarbeit.

GLIMSCHE, FRANZ
1905 08 04
Schönau
Pfarrverweser
Wegen „Irreführung" der Jugend im Dezember 1943 500 RM Geldstrafe und Haftandrohung.

GOETZ, MARTIN
1911 09 19
Grafenau
Kooperator
Im April 1938 Schulverbot wegen Fernbleibens von der Abstimmung über den Anschluß Österreichs.
Am 25.8.1942 im Felde gefallen.

GRUENDINGER, JOSEF
1887 04 30
Dommelstadl
Pfarrer
Am 31.7.1940 Verhör und Verweis im Zusammenhang mit der Fronleichnamsprozession. Am 9.2. 1943 Haussuchung durch die Gestapo, Durchsicht der Pfarrakte. Dabei wurden Nachforschungen angestellt nach etwaiger kirchlicher Trauung einer Tochter des Kreisleiters.
Verstorben am 28.10.1967.

GRUENEIS, ALFONS
1906 08 20
Aidenbach
Kooperator
Am 12.2.1944 unbefristetes Schulverbot wegen politischer Unzuverlässigkeit.

HABERSBRUNNER, P. DIONYS
OFMCAP
1872 01 18
Passau
Domprediger
1937 auf Druck der NSDAP Absetzung als Domprediger wegen regimekritischer Predigten.
Verstorben am 3.3.1940.

HACKER, JOSEF
1914 12 22
Frauenau
Kooperator
Im Februar 1942 Verhör wegen Jugendvereinsarbeit.
Verstorben am 8.1.1962.

HACKL, NIKOLAUS
1882 07 19
Regen
Stadtpfarrer
Im August 1933 wegen Verweigerung des Hitlergrußes 43,50 RM Ordnungsstrafe. Im gleichen Jahr zweimalige Verhaftung, insgesamt 10 Tage Arrest wegen Heimtücke.
Verstorben am 2.3.1963.

HAIDN, FRANZ XAVER
1896 01 15
Schaufling
Pfarrer
Verwarnung wegen Verstoßes gegen das Pressegesetz und wegen des Versands von Druckschriften an Soldaten der Pfarrei.
Verstorben am 8.6.1976.

HANNES, FRIEDRICH
1909 07 11
Untergriesbach
Kooperator
Im September 1937 Anzeige wegen Kanzelmißbrauchs, Freispruch. Im September 1938 Anzeige
wegen Fortführung der verbotenen Jungfrauenkongregation.

HARTL, FRANZ XAVER
1890 10 26
Winzer
Pfarrer
Wegen Zertrümmerung eines Aushängekastens
der NSDAP kurzfristige Zwangseinweisung in
eine Heil- und Pflegeanstalt.
Verstorben am 16.1.1943.
Lit.: Janik, 20.

HEITZMANNSBERGER, MARTIN
1880 10 23
Ruhstorf
Pfarrer
Er mußte die Erteilung des Religionsunterrichts
aufgeben, da ein größerer Teil der Eltern die
Kinder gegen ihn aufgehetzt hatte.
Verstorben am 20.8.1946.

HELLER, JOSEF
1904 10 07
Breitenberg
Kooperator
Mehrere Anzeigen wegen Predigten und Äußerun-
gen in der Berufsschule. Durch das tatkräftige
Eintreten von Generalvikar Dr.Riemer konnte eine
Verhaftung abgewendet werden.

HEUFELDER, P. EMMANUEL
OSB
1898 03 30
Niederalteich
Prior
Dr.
Verbot weiterer religiöser schriftstellerischer
Tätigkeit durch die Reichsschrifttumskammer.
Verhöre und Haussuchung durch die Gestapo wegen
P. Edmund Pontiller, wegen ostkirchlicher Arbeit
und wegen Aufnahme von Schülern der aufgeho-
benen Schule Schweiklberg.

HEUWIESER, ANTON
1882 04 10
Kirchdorf
Pfarrer
Im September 1941 wegen Eintretens für die
Schulkreuze 300 RM Geldstrafe.
Verstorben am 9.6.1947.

HIEBL, AUGUSTIN
1885 05 13
Kirchberg
Pfarrer
Am 2.9.1936 Anzeige und Verfahren wegen Kan-
zelmißbrauchs, eingestellt am 7.5.1937.
Verstorben am 15.1.1962.

HIERMEIER, P. ANACLET
SDS
1904 05 12
Karpfham
Kooperator
Verhöre und Haussuchung im Mai 1942,
16 Tage Haft wegen Möldersbriefverlesung.
Verstorben am 16.12.1959.

HINTERLEITNER, FRANZ
1884 06 03
Neureichenau / Straßkirchen
Pfarrer
Am 14.1.1934 Fenstereinwurf in Neureichenau wegen Protests gegen Plakatanschlag der NSDAP an
der Kirchentür. Ihm drohte Schutzhaft, er konnte sich in der Pfarrei nicht halten. Nach der
Versetzung nach Straßkirchen mehrmals Anzeigen
wegen Heimtücke und Verweigerung des Hitlergrußes. 500 RM Sicherungsgeld wegen Abnahme von
Polenbeichten.
Verstorben am 28.7.1957.

HIRSCHENAUER, HEINRICH
1906 03 03
Eging
Kooperator
1933 wegen Kanzelmißbrauchs und antinationaler
Beeinflussung der Jugend fünf Tage Haft.
Verstorben am 19.12.1949.

HOFMANN, FRIEDRICH
1902 06 16
Prachatitz
Stadtpfarrer, Dechant
Dr.
Im April 1940 Anzeige wegen Verstoßes gegen das
Pressegesetz.
Verstorben am 9.1.1977.

HOFMANN, P. ALEXANDER
OSB
1901 02 11
Schweiklberg
Novizenmeister
Gauverbot für Niederbayern-Oberpfalz am 2.4.
1941, für Unterfranken am 8.5.1941.
Schulverbot in Wallern und Prachatitz am 29.4.
1943.

HOFMAYR, WILHELM
1881 11 01
Peterskirchen
Pfarrer
Im September 1937 Verfahren wegen Kanzelmiß-
brauchs, eingestellt.
Verstorben am 30.1.1948.

HOHENESTER, JOSEF
1903 01 25
Altötting
Stadtpfarrkooperator
Wegen Jugendarbeit mehrere Verhöre durch Kreisleiter und Bürgermeister, Androhung der Einlieferung ins KZ.
Im April 1945 auf der „Schwarzen Liste" der noch
vor dem Zusammenbruch zu liquidierenden Regimegegner. Haussuchung durch die Gestapo. Beschlagnahme des Drittordensverlages und Vernichtung
sämtlicher Bücher.
Das Haus wurde enteignet und der NS-Frauenschaft
geschenkt.

HOLZHAMMER, FRANZ
1881 02 02
Birnbach
Pfarrer
Verhöre und Haussuchung wegen Heimtücke.
1936 Fenstereinwurf im Pfarrhof.
Verstorben am 14.5.1948.

HOPPER, JOSEF
1892 03 06
Nitzau / Schüttwa
Pfarradministrator
Wegen Kanzelmißbrauchs und Heimtücke 1936
Schul- und Ortsverbot, später Haft im Gestapo-
gefängnis und schließlich im KZ Dachau vom
19.1.1941 bis 26.4.1945.
Verstorben am 1.4.1956.
Lit.: 1.RPB IV, XLIV. 2.Weiler, 302.

HUBER, ALOIS
1909 01 11
Tittling
Kooperator
Am 4.8.1939 wegen Heimtücke zu 10 Monaten Gefängnishaft durch das Sondergericht München
verurteilt. Am 24.4.1940 bedingter Straferlaß
mit 3 Jahren Probezeit. Unbefristetes Schulverbot.
Lit.: RPB IV, 245.

HUBER, JOHANN BAPTIST
1892 04 02
Landau
Stadtpfarrer
Seit 1933 Zusammenstöße mit den Nationalsozia-
listen, besonders wegen seiner Predigten. Ins-

gesamt von 23 Maßnahmen betroffen. 1935 Redeverbot in Versammlungen, 150 RM Geldstrafe wegen
Verstoßes gegen das Versammlungsgesetz. 1937 bis
1939 13 Anzeigen gegen ihn. 1937 Verbot des von
ihm herausgegebenen Pfarrblatts. Im gleichen
Jahr Verfahren wegen Kanzelmißbrauchs. 1941 wegen
einer Grabrede 10 Tage Haft.
Seit November 1939 polizeiliche Ermittlungen und
mehrmalige Verwarnung wegen eines von ihm orga-
nisierten Feldpostversands. Am 14.4.1942 Verhaftung durch die Gestapo wegen fortgesetzter
Vervielfältigung und Versendung von Feldpostbriefen. Am 5.6.1942 Einlieferung ins KZ Dachau, dort schwer mißhandelt, verlegt ins
Schwabinger Krankenhaus, dort am 13.9.1942
verstorben.
Lit.: 1.RPB IV, passim. 2.Weiler, 304.

JANIK, EMIL
1906 09 29
Passau
Bischofssekretär / Subregens
Dr.
Drei Haussuchungen mit Beschlagnahme der gesamten
Korrespondenz und von Manuskripten der Schrift-
leitung des Passauer Bistumsblattes.
Anzeige wegen übler Nachrede gegen Kreisleiter
Moosbauer, eingestellt.
Im Januar 1938 Anzeige wegen Kanzelmißbrauchs.

JUNGBAUER, JOSEF
1905 08 13
Passau-Ilzstadt
Kooperator
Verhöre durch den Kreisleiter, Haussuchung mit
Beschlagnahme von Eigentum der Pfarrjugend und
persönlichem Eigentum, Verächtlichmachung in
der Presse wegen Jugendseelsorge.

KAUFMANN, OTTO
1891 08 09
Iggensbach
Pfarrer
Im Juni 1939 Anzeige wegen Kanzelmißbrauchs,
Amnestie.
Verstorben am 1.9.1948.

KERSCHBAUM, JOSEF
1911 11 23
Wollaberg
Kooperator
1940 Anzeige wegen einer verbotenen Veranstaltung, Einstellung des Verfahrens.

KESSLER, P. JOSEF ANTON
OFMCAP
1868 01 09
Altötting
Im März 1940 Haussuchung mit Beschlagnahme von

3000 Exemplaren einer Broschüre. Wegen eines
darin enthaltenen Gebetes für die Rückkehr
Englands zur römisch-katholischen Kirche Gesta-
po-Verhör, Vorwurf: Versuchte Durchbrechung der
Front gegen England.
1941 Verweigerung der Ausreiseerlaubnis nach Ungarn als päpstlicher Generalvisitator der un-
garischen Klöster.
Verstorben am 26.10.1947.

KIRMER, P. IVO
OSB
1905 12 30
Bergfried / Burgkirchen
Superior / Kooperator
Dr. phil.
Haussuchung im Kolleg Bergfried. Aufenthaltsver-
bot für Niederbayern, später beschränkt auf
den Landkreis Vilshofen. Vorladung und Verhöre
in Altötting wegen Kinderseelsorge.

KIRSCHNER, LUDWIG
1882 02 07
Stubenberg
Pfarrer
Vom 13.8.1940 bis zum 13.10.1940 in Haft, weil er
wiederholt einen polnischen Landarbeiter als
Ministranten einsetzte.
Verstorben am 25.6.1962.
Lit.: RPB IV, 272.

KOEBERL, JOSEF
1911 11 13
Zeilarn
Kooperator
Im August 1937 im Zusammenhang mit der
Renovierung der Pfarrkirche 100 RM Geldstrafe.

KOECK, JOHANN
1879 12 20
Kirchdorf
Pfarrer
Im April 1937 Anzeige wegen Sammlung für die
aus der Schule vertriebenen Klosterfrauen.
Verstorben am 15.11.1949.

KOLLINGER, JOHANN
1867 03 21
Neuötting
Stadtpfarrer
Haussuchung und Beschlagnahme von 4000 RM Kir-
chengeldern, nach längeren Verhandlungen
Zurückgabe.
Verstorben am 20.4.1947.

KORMAIER, MAX
1880 04 17
Kirchberg

Pfarrer
Im September 1942 wegen Nichtbeitritts zum
Reichsluftschutzbund 500 RM Sicherungsgeld.
Verstorben am 19.1.1961.

KREILLER, OTTO
1888 11 06
Neukirchen
Pfarrer
Im September 1941 Anzeige wegen Vergehens gegen
den Kanzelparagraphen im Zusammenhang mit der
Entfernung der Schulkreuze.
Verstorben am 7.10.1964.

KREUZEDER, LUDWIG
1873 08 24
Eichendorf
Pfarrer
Im September 1942 neun Tage Haft wegen seelsorg-
licher Ermahnung eines nur in Zivilehe lebenden
Ehepaares.
Verstorben am 17.3.1963.
Lit.: RPB IV, 313.

KRISTL, FRANZ
1892 12 30
Wittibreut
Pfarrer
Dr.
Fenstereinwurf im Pfarrhaus durch einen SA-Mann
wegen Führerbeleidigung. Am 25.10.1941 Schul-
verbot. 1943 100 RM Geldstrafe wegen Abhaltung
einer verbotenen Prozession. 500 RM und 600 RM
Geldstrafe wegen Zulassung von Ostarbeitern bzw.
Kriegsgefangenen zum Gottesdienst.
Verstorben am 5.8.1956.
Lit.: RPB IV, 316.

KRONER, MAX
1902 09 12
Langdorf
Pfarrer
1942 für 21 Tage in Polizeihaft wegen volksbe-
unruhigender Äußerungen anläßlich einer
Trauerfeier für einen Gefallenen.
Lit.: RPB IV, 312.

KROTTENTHALER, BERNHARD
1908 06 16
Mitterfirmiansreut
Expositus
700 RM Geldstrafe.
Trotz Expositur keine UK-Stellung, im Feld ein Monat Strafarbeitskommando und ständige Schikanen, Einteilung zu besonders gefährlichen
Diensten, zum Beispiel Pflege von Fleckfieber-
kranken.
Verstorben am 30.8.1951.

KUFNER, MAX
1904 11 09
Simbach / Pocking
Kooperator
Beschlagnahme eines Vervielfältigungsapparates
und eines Radiogerätes sowie verschiedener
Schriften bei einer Haussuchung.
Anzeige wegen Nichtgrüßens der Hitlerfahne bei
einer Kriegerfeier.

KULZER, LUDWIG
1897 05 06
Mauth
Pfarrer
Er entging einer Verhaftung durch die SS, die
ihm wegen seiner Predigt vom 30.4.1945 drohte,
durch Flucht.
Verstorben am 17.10.1959.

KULZER, ROBERT
1905 05 15
Schönau
Kooperator
Drei Anzeigen und Verwarnungen durch den Kreis-
leiter wegen Kanzelmißbrauchs.

LAMPERT, JOHANN
1906 10 18
Grafenau / Reut / Rom / Passau
Kaplan / Krankenhausbenefiziat
1933-1943 vier Haussuchungen und Beschlagnahme
von Schriften und Soldatenbriefen.
1933-1936 vier Verwarnungen wegen seiner Predigten.
1935 an der Grenze als Kurier der Nuntiatur
festgehalten.
1942 Schulverbot und Gestapoverhör.
Am 28.4.1945 als führendes Mitglied der Freiheitsaktion Bayern in Abwesenheit durch den
Gauleiter zum Tode verurteilt.

LANG, FRANZ XAVER
1904 05 24
Freyung / Auerbach
Benefiziat / Kooperator
Wegen Heimtücke durch das Sondergericht München zu 200 RM Geldstrafe verurteilt.
1943-1945 Schulverbot.

LAUX, KARL (P. CAJETAN MARIA)
OFMCAP
1900 04 12
Neuötting
Guardian
Wegen einer Predigt in St. Pantaleon (Oberösterreich) vom dortigen Bürgermeister angezeigt
und am 17.3.1944 in Altötting verhaftet. Am
18.3.1944 nach Linz (Österreich) überstellt. Am
10.8.1944 Verhandlung vor dem 1. Senat des
Volksgerichtshofes in Berlin; am 6.10.1944 frei-

gesprochen und Anfang Dezember aus der Haft
entlassen. Das Provinzialat in Altötting sowie
die Ordinariate Linz und Berlin hatten sich für
den Pater eingesetzt. Nach seiner Entlassung
erhielt er Aufenthaltsverbot für Neuötting.
Verstorben am 22.12.1962.

LEEB, FRIEDRICH
1883 03 08
Burghausen
Stadtpfarrer
Dr.
Im April 1937 wegen zweier Predigten Schulverbot.
Verfahren wegen Herstellung von Meßkoffern für
Priestersoldaten, das aber eingestellt wurde.
Verstorben am 29.6.1966.

LEUTGEB, MAX
1901 05 12
Passau
Geistl. Religionslehrer
Mehrere Verhöre, wohl wegen seines Einflußes
auf die Jugend. Schließlich zwangsweise Abdan-
kung als Religionslehrer.
Verstorben am 25.4.1975.

LUNGLHOFER, JOHANN
1903 08 30
Wegscheid
Kooperator
Mehrere Verhöre und Haussuchung mit Beschlag-
nahme von Jugendschriften. Durch gemeine Hetze
zum Verlassen von Wegscheid gezwungen.
Verstorben am 3.5.1978.

MANDL, JOHANN
1884 10 14
Eppenschlag
Pfarrer
Fünf Monate in Haft wegen Heimtücke.
Verstorben am 18.9.1976.

MAUERER, FRANZ JOSEF
1873 11 26
Pfarrkirchen
Stadtpfarrer
Vom 1.7.1933 bis zum 10.7.1933 Schutzhaft nach
Fenstereinwurf im Pfarrhaus. Eigentlicher Grund
waren seine Regimekritik und Jugendseelsorge.
Verstorben am 8.8.1950.
Lit.: RPB IV, 14.

MAYER, FRANZ XAVER
1879 11 29
Mettenhausen
Pfarrer
Verhöre wegen Ausländerseelsorge.
1941 drei Wochen Haft im Landgerichtsgefängnis.
Verstorben am 25.5.1963.

MAYER, KONRAD
1898 02 01
Tettenweis
Kooperator
Fenstereinwurf und zweimalige Haussuchung wegen antinationalsozialistischer Predigtäußerung und Ohrfeigung eines Hitlerjungen.

MAYR, P. CYPRIAN
OSB
1907 09 29
Bergfried / Mitterfirmiansreut
Superior / Expositus
Mehrere Verhöre, Haussuchung mit Beschlagnahme von Privateigentum. Wegen Nichteinführung der HJ im Kolleg Bergfried Versuch, den dortigen Kirchenbau durch Grundenteignung zu verhindern. In Mitterfirmiansreut Schulverbot bis 1945.

MEISL, MORITZ
1898 11 19
Passau
Dompfarrkoadjutor
Bis 1935 Direktor der Jugendfürsorge in Passau. sieben Haussuchungen mit Beschlagnahme von Akten, schließlich Zwang zur Abdankung als Jugendbetreuer.
Am 2.6.1934 Mißhandlung durch drei österreichische SA-Männer.
Gerichtsverfahren vor dem Sondergericht München wegen Anschlags der päpstlichen Osterbotschaft, eingestellt auf Betreiben des Bischofs.
Verstorben am 4.11.1952.

MEIXNER, LUDWIG (P. ELIGIUS)
OFMCAP
1903 11 16
Fürstenstein
Verhör und Verwarnung durch die Staatsanwaltschaft Passau am 21.6.1935 wegen einer am 19.4.1935 in Fürstenstein gehaltenen Predigt.
Verstorben am 27.5.1937.

MERK, P. DAMIAN
OSB
1888 06 25
Niederalteich
Kooperator
Haussuchung in der Klosterzelle und im Klosterarchiv. Zwei Anzeigen wegen Kanzelmißbrauchs wurden niedergeschlagen.
Verstorben am 23.5.1961.

MIEDL, ALOIS
1887 03 16
Simbach
Kooperator
Im Juni 1935 Haussuchung mit Beschlagnahme von Predigten und Briefen, ein Jahr Gefängnis,

Verdacht der Zusammenarbeit mit der österreichischen Presse vor dem Anschluß.

MITGUTSCH, LORENZ
1907 09 10
Schöllnstein
Expositus
Im Mai 1941 Geldstrafe wegen Heimtücke.
Verstorben am 29.6.1964.

MITTERBAUER, JOSEF
1903 09 03
Passau
Dompfarrkooperator
Wiederholte Verhöre durch Kreisleiter und Schulamt. Als nebenamtlicher Militärpfarrer wegen Wehrkraftzersetzung zweimal angezeigt.
1943 Schulverbot, 100 RM Geldstrafe.

MITTERER, LUDWIG
1883 06 02
Otterskirchen
Pfarrer
Wegen Wehrkraftzersetzung und Feindbegünstigung durch den Volksgerichtshof Berlin am 1.10.1943 zum Tode verurteilt, hingerichtet am 1.11.1943. Das Urteil war rechtswidrig, da die wehrkraftzersetzende Äußerung Mitterers nicht öffentlich geschehen war.
Lit.: 1.Kempner, 291-297. 2.RPB IV, 322.

MOEGINGER, OTTO
1899 11 14
Mettenhausen
Pfarrer
Am 19.2.1942 Haussuchung wegen angeblicher Verschickung von Feldpostbriefen.
Verstorben am 25.2.1977.

MUEHLDORFER, FERDINAND
1888 03 13
Alkhofen
Pfarrer
Im Januar 1938 zwei Geldstrafen über je 12,50 RM wegen Übertretung des Reichspressegesetzes.
Verstorben am 1.11.1974.
Lit.: RPB IV, 195.

NEUMAYR, P. MAXIMILIAN
OFMCAP
1906 02 23
Passau
Domprediger
Dr. theol.
Am 3.9.1937 Haussuchung durch die Gestapo mit Beschlagnahme von Briefen; Postüberwachung.

NIEDERHOFER, JOSEF
1871 10 25
Kellberg
Pfarrer
Am 27.6.1933 in Schutzhaft. Nach der Entlassung drei Wochen Zwangsurlaub.
Verstorben am 25.3.1957.

NIESWANDT, ALOIS
1910 11 25
Tittling
Kooperator
Wegen Verstoßes gegen den Kanzelparagraphen aufgrund eines Sondergerichtsurteils vom 10.7.
1941 bis 24.4.1942 in Haft, Haussuchung und Schulverbot.
Lit.: SG, 7066.

NOTHAFT, KARL
1879 10 24
Aicha a. d. Donau
Pfarrer
Vom 7. bis zum 9.12.1944 in Haft wegen angeblichen Abhörens ausländischer Sender.
Verstorben am 25.5.1952.

OBERMAIER, MARKUS
1880 04 25
Ottmaring
Expositus
Wegen einer verbotenen Sammlung für eine Andacht im Oktober 1937 Verurteilung zu 50 RM Geldstrafe oder 10 Tagen Gefängnis.
Verstorben am 4.3.1953.
Lit.: RPB IV, 160.

OBERPIERINGER, ISIDOR
1875 04 04
Pocking
Pfarrer
Fensterzertrümmerung im Pfarrhof, weil seine Schwester der Wahl im November 1933 fernblieb.
Verstorben am 10.6.1955.

OELLER, ALOIS
1877 02 16
Zimmern
Pfarrer
Im Juni 1941 Schulverbot. Im September 1941 Anzeige wegen Kanzelmißbrauchs.
Verstorben am 6.2.1945.

PAINTNER, JOSEF
1880 05 12
Rainding
Pfarrer
Mehrere Verhöre wegen Predigten, Abhören von Auslandssendern; 150 RM Sicherungsgeld.
Verstorben am 12.6.1946.

PEER, JOSEF
1910 05 12
Breitenberg / Passau
Kooperator / Seminarpräfekt
Im August 1937 Haussuchung, Beschlagnahme persönlicher Akten.
Mehrmals Vorladungen wegen Predigten.
Um einer Gerichtsverhandlung zu entgehen, zahlte er ein Bußgeld von 15 RM an die NS-Volkswohlfahrt.

PENZKOFER, LUDWIG
1909 05 28
Passau
Dompfarrkoadjutor
Verhör wegen angeblichen Verstoßes gegen das Sammlungsgesetz.
Verwarnung wegen Verbreitung des Möldersbriefes.
Überwachung von Dienstreisen als Caritasdirektor.

PICHLER, MATTHAEUS
1907 07 21
Aunkirchen
Kooperator / Provisor
Verwarnung durch den Kreisleiter wegen Predigten.
Verstorben am 13.3.1980.

PLEDL, JOSEF
1877 12 19
Reischach
Pfarrer
1939 100 RM Geldstrafe wegen einer unerlaubten Sammlung.
Verstorben am 1.10.1950.

PONTILLER, JOSEPH (P. EDMUND)
OSB
1889 11 04
Niederalteich / Lambach / Bakonybel, Ungarn
Ordensgeistlicher
Verbot der Jugendarbeit, mehrere Verhöre. 1936 Flucht nach Österreich, um der wegen angeblichen Kanzelmißbrauchs drohenden Verhaftung zu entgehen. 1938 nach Ungarn; dort Verhaftung im Mai 1944 wegen angeblicher Vorbereitung zum Hochverrat und Wehrkraftzersetzung. Vom Volksgerichtshof in Salzburg am 15.12.1944 zum Tode verurteilt. Hinrichtung am 9.2.1945 in Stadelheim.
Lit.: 1.Kempner, 329-333. 2.Staff, Ilse (Hrsg.): Justiz im Dritten Reich.Eine Dokumentation. Frankfurt 1964, 240-244.

POPPENWIMMER, MAX
1906 12 18
Altreichenau

Pfarrer
Drei Verhöre, 1941 Schulverbot und 200 RM Sicherungsgeld.

POSCHNER, ALOIS
1897 04 12
Burghausen
Stadtpfarrer
1939/40 Schulverbot.
Vom 1.10.1941 bis zum 27.10.1941 in Polizeihaft wegen einer Schulkreuzdemonstration.
Verstorben am 18.6.1969.

PRAMBS, JAKOB
1910 04 11
Fürstenstein / Hauzenberg
Kooperator
Kooperator in Fürstenstein und Katechet in Hauzenberg.
Verfahren wegen einer Predigt am Heldengedenktag am 17.2.1935, niedergeschlagen im Zuge der Saar-Amnestie.

PREIS, ALBERT
1899 07 09
Altötting
Geistl. Studienrat
Ab 1939 Schulverbot wegen „Untauglichkeit als Erzieher der deutschen Jugend".

PRINZ, KARL
1913 04 05
Kaltenbach
Expositus
1943 Anzeige wegen Wiederanbringung der Schulkreuze.
Gehört zur Diözese Budweis.

PROBST, FRANZ XAVER
1865 11 15
Hutthurm
Pfarrer
Ab 1938 Schulverbot wegen Unterlassung des Hitlergrußes.
Verstorben am 12.1.1952.

PROBST, P. GUENTHER
OSB
1907 07 16
Hauzenberg
Kooperator
Am 10.1.1942 Schulverbot in Hauzenberg und Wolkar wegen Nichterweisens des Hitlergrußes.

PUFF, JOHANN (P. JORDAN)
OSB
1902 10 10
Niederalteich
In den Jahren 1934 bis 1938 endete ein Sonderge-

richtsverfahren wegen Verunglimpfung Hitlers in einer Predigt mit Freispruch. Des weiteren Einzug von 1000 RM Geldstrafe.

RAPP, ERNST (P. HUBERT)
SDS
1909 05 02
Röhrnbach
Kooperaturverweser
Untersuchungshaft vom 10.12.1944 bis zum 1.4.1945 bewußt hinausgeschoben, kurz vor Kriegsende Entlassung.

RASTER, JOSEF
1886 05 08
Büchlberg
Pfarrer
1935 Haussuchung mit Beschlagnahme von Material der Jugendseelsorge.
1938 Fenstereinwurf im Pfarrhof.
Gerichtsverfahren mit Amnestisierung.
Verstorben am 24.2.1956.

REITBERGER, JOSEPH
1886 03 14
Ransfeld
Pfarrer
Der Pfarrer erhielt eine Verwarnung,
weil er sich 1935 durch einen ausländischen Geistlichen in der Seelsorge hatte vertreten lassen.
Lit.: RPB IV, 66.

REITER, RUPERT
1912 01 16
Postmünster
Kooperator
Im November 1941 mehrere Anzeigen, Verhör beim Sondergericht mit anschließendem Schulverbot.

REITMEIER, ANTON
1904 04 26
Pfarrkirchen / Landau
Kooperator
1933 auf Anordnung der Gestapo wegen angeblicher reaktionärer Beeinflussung der Jugend 10 Tage Schutzhaft; den Hintergrund bildeten die Auseinandersetzungen um die Auflösung des örtlichen katholischen Sportvereins.
Am 25.1.1938 in Landau Haussuchung mit Beschlagnahme von Jugendliteratur durch die Gestapo.
Lit.: RPB IV, 14.

RIEMER, FRANZ SERAPH
1884 09 30
Passau
Generalvikar, Dompropst
Dr.

Am 28.11.1935 Haussuchung durch die Gestapo wegen Verdachts der Konspiration mit der Informationsstelle der bischöflichen Ordinariate in Berlin. Dort vom 2.12. bis zum 4.12.1935 in Polizeihaft. Beschlagnahme des Vervielfältigungsapparates wegen Vervielfältigung des Hirtenbriefes der deutschen Bischöfe im August 1938. Verstorben am 28.10.1965.
Lit.: RPB IV, passim.

RINGELMANN, KONRAD
1909 10 06
Ering
Expositus
1944 Verurteilung zu einem Monat Haft und 200 RM Geldstrafe durch das Landgericht wegen unerlaubten Kontakts mit einem französischen Kriegsgefangenen (Geistlicher).
Lit.: RPB IV, 336.

RUDERER, LUDWIG
1880 03 27
Denkhof
Pfarrer
Im Juli 1942 für neun Monate Schulverbot ohne Grundangabe.
Verstorben am 3.7.1958.

RUF, MARTIN
1905 02 23
Passau (St. Paul)
Kooperator
Im Februar 1942 Schulverbot wegen politischer Unzuverlässigkeit.
Verstorben am 5.6.1973.

SCHAFNIZL, GEORG
1887 09 11
Passau (St. Severin)
Stadtpfarrer
Im März 1943 Verhör und 50 RM Geldstrafe wegen Beamtenbeleidigung.
Verstorben am 27.5.1961.

SCHMIDT, ERNST (P. ALBERT MAGNUS)
OSB
1895 05 18
Abtei Niederaltaich / Kirchschletten (Bamberg)
Superior
1938 Haussuchungen durch die Gestapo. Von April bis August 1939 Haft, Verhöre durch die Gestapo. (Grund: P. Albert sollte den Aufenthaltsort der 1936 geflüchteten Patres Edmund Pontiller und Chilian Stieber verraten). Schwere gesundheitliche Schädigung durch die Inhaftierung.
Verstorben am 13.1.1974.

SCHNED, MAX
1870 02 22
Aidenbach
Pfarrer
Wegen Verstoßes gegen das Versammlungsgesetz zu sechs Monaten Haft verurteilt, Amnestie. Zahlung von 48 RM Gerichtskosten.
Verstorben am 20.8.1953.

SCHWARZ, P. ETHELBERT
OSB
1913 05 29
Vilshofen
Katechet
Ab Oktober 1940 Schulverbot wegen des Unterrichtsthemas „Nächstenliebe".

SCHWARZBAUER, GEORG
1892 11 09
Zwiesel
Kooperator
Im Mai 1933 zwei Haussuchungen mit Beschlagnahme von Akten der BVP. Im Juni 1933 als Vorstand der BVP Zwiesel fünf Tage in Haft.
Verstorben am 10.1.1970.

SCHWARZMAIER, JOHANNES
1878 01 25
Sandbach
Pfarrer
Ab Juni 1941 Schulverbot wegen Einsatzes für die Schulkreuze.
Verstorben am 15.1.1951.

SCHWEIKL, JOHANN
1880 11 21
Neuhofen
Pfarrer
Seit 1939 Schulverbot wegen seines Einsatzes für die Bekenntnisschule.
Verstorben am 26.11.1952.

SEIBOLD, P. EDELFRIED
OSB
1908 05 08
Schweiklberg
Konventuale
Wegen Äußerungen zur Klosteraufhebung in Griechenland 1941 vom Unteroffizier zum Mannschaftsdienstgrad degradiert und zu zwei Jahren Gefängnis verurteilt.
Wegen eines Weihnachtsgottesdienstes in Rußland 1942 Verhandlung vor dem Kriegsgericht wegen „Wehrmachtzersetzung". Auf Intervention eines Kriegspfarrers Umwandlung der beantragten Todesstrafe in vier Jahre Zuchthaus und ein Jahr Strafkompanie. Von Russen am 8.5.1944 ermordet.

SEIDL, FRANZ
1904 01 12
Hohenwart
Expositus
Im September 1941 einige Tage in Haft wegen Einsatzes für die Schulkreuze.

SEIDLMEIER, JOSEF
1881 03 02
Zwiesel
Stadtpfarrer
10 RM Geldstrafe durch das Amtsgericht verhängt
wegen Verteilung eines Flugblattes zugunsten
der Bekenntnisschule am 8.10.1936.
Verstorben am 4.5.1955.

SICKINGER, HEINRICH
1881 07 01
Aholming
Pfarrer
Haussuchung. 1944 Schulverbot.
Am 28.2.1945 Anzeige wegen Wehrkraftzersetzung,
Einstellung des Verfahrens.
Verstorben am 5.9.1963.

SIGLMUELLER, MATTHIAS
1889 09 08
Ruderting / Ringelai
Expositus / Pfarrer
1934, 1935 und 1940 Haussuchungen mit Beschlagnahme von Schriftstücken.
1940 50 RM Geldstrafe und 100 RM Geldstrafe.
Anschließend Schulverbot.
Verstorben am 2.5.1951.

SIMETH, JOHANN
1893 03 04
Kumreut
Pfarrer
Anfang 1940 drei Verhöre wegen Versendung von Gebetbüchern und anderen Schriften an Soldaten.
Verstorben am 16.8.1968.

SITZBERGER, JOSEF
1874 03 27
Dommelstadl
Pfarrer
Im August 1935 Haussuchung und Beschlagnahme von
religiösen Schriften durch die Gestapo.
Verstorben am 7.9.1942.

SPORRER, PAUL
1874 01 13
Ering
Pfarrer
Im Oktober 1938 Anzeige wegen der Behauptung,
die sudetendeutsche Bevölkerung sei von den
Tschechen gar nicht mißhandelt worden.
Verstorben am 13.1.1949.

STEININGER, MICHAEL
1910 05 30
Eging / Hauzenberg / Kellberg
Kooperator
1937 Geldstrafe wegen Mittragens der Burschenvereinsfahne bei der Fronleichnamsprozession.
Im Juli 1937 Schulverbot wegen einer Grabrede.
Im Mai 1941 Anzeige wegen Heimtücke.

STIEBER, JOSEPH (P. CHILIAN)
OSB
1883 10 14
Niederalteich / Kirchschletten
Ordensgeistlicher, Aushilfspriester
1936 nach Hinweis eines Polizisten auf die wegen
seiner antinationalsozialistischen Predigten drohende
Verhaftung Flucht nach Österreich.
Verstorben am 6.12.1956.

STOCKER, JOSEPH
1907 02 24
Perlesreut
Kooperator
Im November 1944 Einzug von 300 RM Sicherungsgeld wegen einer nicht genehmigten Wallfahrt
nach Altötting.
Lit.: RPB IV, 337.

STOCKINGER, FRANZ XAVER
1899 09 19
Passau
Domvikar
Im September 1938 Anzeige wegen Verstoßes gegen
den Kanzelparagraphen.
Verstorben am 17.2.1966.

STOCKINGER, JOSEF
1909 11 03
Spiegelau / Mauth
Kooperator
1934 Fensterzertrümmerung und Demolierung des
Jugendheims durch HJ und BDM.
Im April 1938 öffentliche Beschimpfung durch
den Ortsgruppenleiter anläßlich der Abstimmung
über Österreich.

STOEGMAIER, AUGUSTIN
1902 07 05
Zeitlarn
Expositus
1936 zwei Haussuchungen mit Beschlagnahme der
Müttervereinsfahne und der Müttervereinskasse.
Verstorben am 26.3.1955.

STRAUBINGER, JOSEF
1889 11 16
Reischach
Pfarrer
1943 Verfahren wegen Verstoßes gegen das Feier-

tagsrecht an Fronleichnam.
Verfahren wegen Zulassung eines Theologen in Wehrmachtsuniform zum Ministrieren beim Gedenkgottesdienst für einen gefallenen Kameraden.
Verstorben am 23.2.1960.

SUMMER, ALOIS
1905 02 11
Thyrnau
Kooperator
Andauernde Behinderung der Jugendseelsorge, Schikanen durch den Ortsgruppenleiter.

TEICHTWEIER, GEORG
1913 05 08
Passau
Dompfarrkooperator
Dr.
Haussuchung mit Beschlagnahme verschiedener Schriften.
Ab 1941 Schulverbot wegen Einsatzes für die Schulkreuze.
Im September 1943 wegen Wehrkraftzersetzung 200 RM Sicherungsgeld und Predigtverbot für Oberösterreich.
Lit.: RPB IV, 289,322.

TREMMEL, MAX
1902 11 30
Passau
Seminarpräfekt
1939 Haussuchung mit Beschlagnahme von Feldpostbriefen.
Anklage wegen regimekritischer Äußerungen, Amnestie.
Verstorben am 7.1.1980.

UNVERDORBEN, KASPAR
1909 02 10
Dietersburg
Kooperator
Verwarnung wegen Predigten und Einwurf von sieben Fensterscheiben wegen verbotener Wahlbeeinflussung.

VOGL, ADALBERT
1876 03 08
Altötting
Stiftsdekan
Vogl stand auf der „schwarzen Liste" der vor dem Einrücken der Amerikaner zu erschießenden Personen; am 28.4.1945 von der SS erschossen. Auslösendes Moment war die bayerische Freiheitsaktion in den letzten Kriegstagen.
Lit.: RPB IV, XLIII.

VOGL, KARL
1876 03 08
Altötting (St. Rupert)

Stiftskanonikus, Schriftleiter Liebfrauenbote
Im Zuge der Verbote katholischer Presseorgane wurde der Geistliche Karl Vogel als Schriftleiter des „Altöttinger Liebfrauenbotens" abgesetzt und später sogar eine zeitlang des Landes verwiesen.
Lit.: Neuhäusler, 770f.

WACHTER, FRANZ
1907 03 16
Unterdietfurt
Kooperator
Schulverbot von 1944 bis 1945.
Verstorben am 5.6.1959.
Gehört zur Diözese Linz.

WAGNER, ALOIS
1902 09 30
Altreichenau
Expositus
Am 18.2.1938 Schulverbot wegen Protests gegen die Verspottung alttestamentlicher Gestalten durch einen Lehrer.
Verstorben am 12.2.1970.

WAGNER, JAKOB
1878 04 10
Windorf
Pfarrer
Im Januar 1936 Anzeige wegen Kanzelmißbrauchs, am 1.2.1936 Haftbefehl durch das Amtsgericht wegen Fluchtgefahr; Freispruch.
Als er 1937 Schulverbot erhielt, setzte er den Religionsunterricht in der Kirche fort.
1938 Anzeigen wegen Beeinflussung der Bevölkerung bei der Abstimmung über die Gemeinschaftsschule sowie wegen Kanzelmißbrauchs.
Verstorben am 9.7.1966.
Lit.: RPB IV, 73,78ff.,157,196,216.

WEBER, WILHELM
1900 07 22
Simbach
Kooperator
Im November 1944 wegen einer nicht genehmigten Wallfahrt 150 RM Geldstrafe.
Im Februar 1945 Anzeige wegen Heimtücke.
Verstorben am 16.9.1953.
Lit.: RPB IV, 337,339.
Gehört zur Erzdiözese Freiburg.

WEIHERER, JOSEF
1869 02 07
Waldkirchen
Pfarrer i.R.
Verfahren wegen Wehrkraftzersetzung. Eingestellt im März 1945.
Verstorben am 19.5.1947.

WEINZIERL, RUPERT
1905 07 15
Passau / Frauenau
Dompfarrkooperator / Pfarrer
Von 1934 bis 1938 Haussuchungen wegen Neudeutsch-
land, Arbeiterverein und Heliand.
1941 500 RM Sicherungsgeld und Schulverbot bis
Kriegsende wegen einer Schulkreuzpredigt.
1942 Beschlagnahme von Schreibmaschine und
Vervielfältigungsapparat wegen Herausgabe von
Pfarrbriefen.
800 RM Sicherungsgeld wegen einer Predigt an
Christi Himmelfahrt nach dreistündigem Gestapo-
verhör.

WIESLHUBER, JOSEF
1876 09 24
Aldersbach
Pfarrer
Ab 28.2.1940 für 116 Tage in Haft auf Anord-
nung des Reichssicherheitshauptamtes wegen Aus-
länderseelsorge.
Verstorben am 14.4.1963.
Lit.: RPB IV, 260.

WIMBERGER, PETER
1874 04 10
Thundorf
Pfarrer
Am 16.9.1936 durch das Schöffengericht Deggen-
dorf wegen Kanzelmißbrauchs zu 300 RM Geldstra-
fe nebst Tragen der Prozeßkosten verurteilt.
Verstorben am 15.8.1953.

WINKLER, JOHANN
1885 11 16
Hutthurm
Pfarrer
Nach einer Haussuchung am 26.4.1945 zwei Verhöre wegen einer kleinen amerikanischen Flagge,
die man im Nähkörbchen seiner Haushälterin
gefunden hatte. Nach dem zweiten Verhör verschleppt und wohl noch am gleichen Tag von der
SS erschossen.
Lit.: RPB IV, XLIII.

WINKLER, LUDWIG
1892 07 27
Passau (St. Anton)
Stadtpfarrer
Im Februar 1943 300 RM Sicherungsgeld wegen
Äußerungen bei einem Trauergottesdienst, die
angeblich den Heldentod herabwürdigten.
Verstorben am 18.11.1959.
Lit.: RPB IV, 316.

WINKLHOFER, ALOIS
1907 08 04
Passau

Seminarpräfekt / Subregens
Dr.
1935 Verächtlichmachung im Schwarzen Corps
wegen eines Artikels zur Verteidigung der Orden
und Klöster.
Im Januar 1945 Vertreibung aus seiner Dienstwohnung durch die Lazarett-Leitung.
Verstorben am 3.1.1971.

WOEHRLE, JOHANN
1884 06 22
Würding
Pfarrer
1934 Haussuchung mit Beschlagnahme von 52 Pre-
digten. Ausweisung für vier Monate aus dem Kreis
Griesbach. Als Grund wurde angegeben: Ins
Pfarrhaus war geschossen worden.
Verstorben am 26.8.1959.

WOLFGRUBER, P. KONSTANZ
OFMCAP.
1908 08 13
Altötting
Wallfahrtspriester
Drei Anzeigen wegen Kanzelmißbrauchs, Verhör
durch die Gestapo, Einstellung des Verfahrens
wegen Unsicherheit der Anklägerin.

WUERZINGER, ANTON
1905 09 15
Neuötting / Egglfing
Kooperator / Expositus
1937 Haussuchung durch die Gestapo mit Beschlagnahme einer Kassette.
In Egglfing Beanstandung wegen zu häufiger
Seelsorgsbesuche im Polenlager. Dies wurde ihm
als Spionage ausgelegt.

ZELLBECK, HEINRICH
1910 09 24
Büchlberg
Kooperator
Von 1935 bis 1937 größte Schwierigkeiten wegen
Jugendseelsorge, besonders wegen des Jungmänner-
eins. Im Sommer 1935 Haussuchung mit Beschlag-
nahme aller Korrespondenz, von Predigten und von
Schriftmaterial des Jungmännervereins. Wegen
Abhaltung verbotener Versammlungen 50 RM Geld-
strafe.
Verstorben am 29.4.1975.

ZEUSS, JOHANN
1879 06 19
Berg
Pfarrer
Im Dezember 1940 Anzeige wegen Heimtücke mit
anschließender Verurteilung zu vier Monaten
Haft durch ein Sondergericht.

ZITZELSBERGER, JOHANN
1902 01 28
Kösslarn
Kooperator
Am 31.1.1938 Haussuchung mit Beschlagnahme von
Jugendschriften und von anderen religiösen Schrif-
ten.
Verstorben am 13.9.1969.

20. Bistum Regensburg

ACH, ANDREAS
1889 04 22
Hohenburg / Kelheim-Affecking / Windberg
Benefiziumsprovisor / Pfarrer
1934 Verhör durch das bischöfliche Ordinariat im Auftrag des Kultusministeriums und Angriff in der „Bayrischen Ostmark" wegen Regimekritik. 1937 Verwarnung durch die Staatsanwaltschaft sowie Einleitung eines Verfahrens wegen Vergehens nach dem Heimtückegesetz. Im März 1939 mußte er, nachdem Unbekannte auf sein Haus geschossen und Fensterscheiben eingeworfen hatten, "auf Anraten" der Gestapo Kelheim verlassen. Im Mai erhielt er Betätigungsverbot. Im Juli 1939 vom Sondergericht Nürnberg wegen staatsabträglicher Äußerungen zu 10 Monaten Haft verurteilt. Im gleichen Jahr Entziehung der Unterrichtserlaubnis.
Lit.: RPB IV, 156,226,243,251.

ALTMANN, FRANZ XAVER
1897 12 03
Neunaign / Ast
Pfarrer
Vom 7.9. bis 21.9.1942 in Haft wegen Verstoßes gegen das Verbot gemeinsamen Gottesdienstes von deutscher Bevölkerung und polnischen Arbeitern.
Lit.: RPB IV, 313.

AMAN, ADOLF
1875 12 30
Mainburg / Oberviehbach
Pfarrer
In der Messe am 21.6.1936 Kritik an der Beleidigung des Bischofs Buchberger bei dessen Aufenthalt in Mainburg. Am 25.6.1936 Verhör durch die BPP, Beschädigung des Pfarrhofs bei einer Demonstration. Daraufhin Versetzungsgesuch, ab 1.10.36 in Oberviehbach.
Lit.: RPB IV, 95.

AMBERGER, FRANZ
1881 03 01
Riedenburg
Pfarrer
Telefonische Vorladung durch den Kreisleiter nicht befolgt, keine weiteren Maßnahmen.

ARNOLD, FRANZ SERAPH
1892 09 30
Paulsdorf / Floß
Pfarrer
1942 Verwarnung durch Gestapo wegen Teilnahme einer Polin an einer Prozession, Androhung einer Bestrafung im Wiederholungsfall.

ARTMANN, GEORG
1900 02 07
Böhmischbruch
Pfarrer
Am 22.6.1940 wegen Unterlassens des Geläutes am 5.6. und 6.6.1940 anläßlich der siegreichen Flandernschlacht für 14 Tage in Polizeihaft genommen.
Lit.: RPB IV, 268.

AUNKOFER, JOHANNES BAPTIST
1888 06 18
Pielenhofen
Pfarrer
Mündliche Beanstandung durch den Sturmbannführer, Vorladung ins Bezirksamt, Verhör. Anzeige bei der politischen Polizei niedergeschlagen aufgrund der Unsicherheit der Zeugen.

BABL, JOHANNES BAPTIST
1910 04 13
Pilsting
Kooperator
1937 in Schutzhaft, da es zu Ausschreitungen von Seiten der Bevölkerung gegen ihn kam. Er verweigerte ständig den Hitlergruß, „diffamierte" die HJ und hielt entgegen dem Religionsunterrichtsverbot Christenlehre in der Kirche ab. Mit der Versetzung nach Kösching am 1.12.1937 Entlassung aus der Schutzhaft.
Lit.: RPB IV, 162-166, 188.

BAEUMEL, JOSEF
1907 07 29
Neunaign / Frauenberg / Plattling
Kooperator
1938 wegen Verstoßes gegen das Flaggengesetz zu 150 RM Geldstrafe oder 30 Tagen Haft verurteilt. 1939 wegen einer Predigt Verhör durch den Amtsgerichtsrat. 1940 Anzeige durch den Ortsgruppenleiter wegen Ohrfeigung eines Knaben, 15 RM Strafe durch das Amtsgericht. Androhung von Schulverbot durch den Kreisleiter und den Schulrat. 1941 Hintertreibung der Ernennung zum Kreispfarrer durch den Kreislazarettchef.

BAUER, EUGEN FRANZ
1879 08 13
Schwarzhofen / Rothenstadt
Pfarrer
Dr.phil.
Wegen Landfriedensbruchs gerichtliche Untersuchung durch die Gendarmerie und den Landrat, weitere Untersuchung durch die Kriminalpolizei. Verbot der Rückkehr nach Schwarzhofen. Am 7.5.1933 Schutzhaft, beendet am 10.5.1933 auf ministerielle Anordnung.
Lit.: RPB IV, 8.

BAUER, GEORG
1905 05 26
Altendorf / Stadlern / Osseltshausen
Expositus
Verhör durch die Ortspolizei Stadlern wegen
einer Sammlung für die Kirchenrenovierung.
1941 wegen Gottesdienstes an Christi Himmelfahrt von der Polizei verhört, vom Amtsgericht Mainburg zu 150 RM Geldstrafe verurteilt.

BAUER, JOHANNES BAPTIST
1894 12 16
Ehenfeld / Kirchendemenreuth / Ammerthal
Pfarrer
Im Mai 1933 Haussuchung durch Polizei sowie
SA. Wegen NS-Fahnenverhöhnung zwei Gerichtsverhandlungen: Mai 1933 vor dem Amtsgericht Vilseck, September 1933 vor dem Landgericht Weiden,
mangels Beweisen Freispruch in beiden Verhandlungen.
Neun Tage Schutzhaft im Juni 1933.
Im Juli 1933 wegen anhaltenden Naziterrors Versetzung nach Kirchendemenreuth. Dort Schikanen
wie Fenstereinwerfen und wiederholte Denunziationen in Presse und politischen Versammlungen.
1939 wegen Wahlverhalten und Äußerungen gegen
Reichstagsmitglieder 25 RM Geldstrafe.

BAUER, JOSEF
1910 06 10
Neukirchen / Ruhmannsfelden / Harrling
Expositus
Anzeige durch einen NS-Lehrer wegen angeblicher
Überschreitung des Züchtigungsrechts, darauf-
hin Verhör durch den Landrat am 8.11.1940 und
durch die Gestapo am 6.5.1941. Am 18.6.1941 Ver-
warnung durch den Landrat wegen Erteilung von
Religionsunterricht, vom 11.7.1941 bis 1945
Unterrichtsverbot durch den Regierungspräsiden-
ten.
Lit.: RPB IV, 285,290.

BAUER, JOSEPH
1882 04 24
Amberg
Geistlicher, Studienprofessor
Am 27.6.1933 kurzfristige Festnahme durch die SA,
Freilassung auf Einspruch kirchlicher und welt-
licher Stellen.

BAUMGARTNER, OTTO
1897 07 08
Kirchberg
Pfarrer
200 RM Strafe wegen zweier Gottesdienste
an Christi Himmelfahrt 1943, Niederschlagung
nach einem halben Jahr wegen Geringfügigkeit.

BAYER, GEORG
1896 04 05
Rattiszell
Pfarrer
1941 gebührenpflichtige Verwarnung wegen verbotenen Geläutes.
Lit.: RPB IV, 280.

BAYER, MAXIMILIAN
1899 05 18
Pirkensee / Rothenstadt
Pfarrer
Ostern 1938 als Expositus von Pirkensee Polizeiliches Verhör wegen Verlesens der Enzyklika
„Mit brennender Sorge". 1940 Androhung der Ausweisung aus Rothenstadt wegen Kritik am „Stürmer" und Verweigerung des Hitlergrußes.

BEER, JOHANN
1910 05 10
Pressath
Expositus
1939 Vorladung vor Bürgermeister und Ortsgruppenleiter wegen einer Grabrede, die beleidigende
Äußerungen gegen Nationalsozialismus und einen
verstorbenen Nationalsozialisten enthalten habe;
Verwarnung und Androhung eines Gerichtsverfahrens und der Versetzung.

BEER, JOHANNES BAPTIST
1908 03 27
Gangkofen / Roggenstein / Pfettrach
Kooperator / Pfarrprovisor
1937/38 mehrmals Haussuchungen und Beschlagnahme
von Material der katholischen Jugendvereine.
1939 Vernehmung und Predigtüberwachung durch
die Polizei.

BERGER, ADOLF
1904 01 08
Thalmassing / Niederleyerndorf / Hailing
Kooperator
1935 als Wallfahrtspriester in Niederleyerndorf
Verwarnung durch den Landrat wegen einer
Predigt, Predigtüberwachung durch die Polizei.
Verhör durch den Landrat wegen Grußverweige-
rung. 1939 Verhör durch die Gestapo wegen Pre-
digt und Schultätigkeit.
15 RM Geldstrafe wegen Nichtbeflaggung.
Öffentliche Verwarnung an der Gemeindetafel von
Hailing wegen zu geringer WHW-Spenden.

BLEICHER, JOSEPF
1910 03 19
Schwarzach / Bernried
Expositus
Am 27.12.1937 wegen Flugblattverteilung gegen die
Gemeinschaftsschule 17,50 RM Geldstrafe oder drei
Tage Haft.

Im Herbst 1944 Vernehmung wegen Ankündigung von Polengottesdiensten, Anzeige mangels Beweise niedergeschlagen.

BODENSTEINER, PAUL
1909 06 29
Kollbach
Pfarrer
50 RM Strafe wegen Verstoßes gegen das Feiertags-recht an Christi Himmelfahrt und Fronleichnam.

BOGENBERGER, FERDINAND
1911 03 02
Runding
Kooperator
1939 Untersuchung durch Sondergericht Nürnberg wegen Heimtücke und Predigt, vom 12.10.1939 bis zum 12.5.1940 inhaftiert. 1940 Schulverbot.
Lit.: RPB IV, 232,250,264.

BOGENBERGER, JOSEPH
1891 01 29
Ergoldsbach / Wolfsbach
Benefiziat
November 1942 300 RM Sicherungsgeld wegen einer Predigt in Ergoldsbach. November 1944 ohne Begründung Schulverbot durch den Regierungs-präsidenten.
Öfter Schwierigkeiten wegen Predigten, Vereins-arbeit und schulischer Tätigkeit, jedoch ohne größere Folgen.

BRETZENDORFER, P. JOSEF
CSSR
1911 02 02
Deggendorf
Kooperator
1944 Verhöre und Verwarnungen durch den Bür-germeister und Ortsgruppenleiter wegen partei- und regimefeindlicher Äußerungen in Briefen und anläßlich einer Beerdigung. Verwarnung und Drohungen der Gestapo für den Wiederho-lungsfall.

BREU, JOSEPH
1878 11 24
Pösing
Benefiziat
Er hatte 1933 als Rechner des Darlehenskassen-vereins für Kreditempfänger angeblich den Aus-tritt aus der SA verlangt, nach Volksauflauf Schutzhaft vom 7.5. bis zum 10.5.1933 auf Ver-anlassung des SA-Sonderkommissars.
Lit.: RPB IV, 8.

BROMBIERSTAEUDL, IGNAZ
1879 07 27
Großmehring / Biburg
Pfarrer

1933 in Großmehring Festnahme und Verhör wegen Zurechtweisung eines SA-Redners. In Biburg 1935 wegen Vereinsarbeit 60 RM Geldstrafe. Vernehmung durch die Gendarmerie wegen Predigten.
1938 Verwarnung wegen Kirchenbeflaggung und einer Primizfeier.
1939 Verwarnung durch den Bürgermeister wegen der Fronleichnamsprozession. 1941 400 RM Geldstrafe wegen Messen an Christi Himmelfahrt und Fronleichnam. Schulverbot ohne Grundangabe durch den Regierungspräsidenten, im September 1942 aufgehoben.
Lit.: RPB IV, 295.

BRUMBACH, JOSEF
1890 03 02
Wenzenbach
Pfarrer
1939 Anzeige wegen Verstoßes gegen das Heimtük-kegesetz (Grund: Äußerung in einer Predigt), am Vorabend von Fronleichnam 1939 Verhör durch die Gestapo. 1941 100 RM Geldstrafe oder 20 Ta-ge Haft wegen Verstoßes gegen das Feiertagsrecht an Fronleichnam.
Am 27.1.1942 Festnahme und Anklage wegen staats-abträglicher Äußerungen anläßlich der Glocken-beschlagnahme. Am 15.5.1942 Verhandlung vor dem Sondergericht, Verurteilung zu 18 Monaten Haft (Vollzug 15 Monate),während Haftdauer Gehalts-entzug, Unterrichtsverbot vom 23.3.1942 bis zum 25.4.1945 durch den Landrat.
Lit.: RPB IV, 235,304.

BRUNNER, JOHANNES BAPTIST
1900 01 27
Bernhardswald
Expositus
1934 Anzeige durch den Gauleiter wegen Predigten in Bernhardswald.

BUCHBERGER, MICHAEL
1874 06 08
Regensburg
Bischof
Dr. theol.
Polizeiliche Beschlagnahme des „Regensburger Sonntagsblattes" vom 29.11.1936 wegen des Ab-drucks von (noch entschärften) Auszügen einer Predigt des Bischofs. 1937 Unterbindung der Ver-breitung des Fastenhirtenbriefes. 1938 wegen der Vervielfältigung eines Hirtenbriefes Beschlag-nahme einer Schreibmaschine und zweier Verviel-fältigungsapparate. Verbot des von ihm verfaß-ten Büchleins „Gibt es noch eine Rettung?".
Lit.: RPB IV,106f.,110,118.

BUECHERL, JOSEF
1888 10 23
Nagel / Marktredwitz
Pfarrer

1932/33 Anklage durch Graf Schwerin wegen Kampfes gegen seine Euthanasievorstellungen. 1933 verlangt die Gauleitung Bücherls Versetzung wegen angeblicher Angriffe gegen die Regierung. Das Ordinariat trat für ihn ein. 1942 mehrmalige Verwarnung -u.a. wegen Polengottesdienst, wegen letzterem 250 RM Sicherungsgeld. Vom 10.6.42-5.1.44 Schulverbot wegen des Möldersbriefes. Ab Januar 1945 polizeiliche Überwachung wegen Werktagsgottesdiensten für Gefallene.
Lit.: RPB II, 421.

BUGL, ANTON
1894 01 10
Großmehring
Pfarrer
150 RM Geldstrafe wegen Verstoßes gegen das Feiertagsrecht an Christi Himmelfahrt und Fronleichnam.

BURGER, TIBERIUS
1886 10 20
Wiesent
Pfarrer, Dekan
Anklage wegen Verweigerung des Fahnengrußes, vom Amtsgericht Regensburg 1940 in erster Instanz zu zwei Wochen Haft, 1941 in zweiter Instanz zu 150 RM Geldstrafe verurteilt.
Verwarnung durch den Ortsgruppenleiter wegen Nichtherausgabe der Bühne des kath. Burschenvereins.
Lit.: RPB IV, 275.

DEDIO, P. KARL
CPPS
1900 05 11
Bodenmais
1940 wegen seines öffentlichen Einsatzes für die Juden Verhöre und 10 Wochen Haft durch die Gestapo. Anschließend wurde der Pater aus dem Gau Salzburg, in dem er sich zu der Zeit aufhielt, ausgewiesen. Nach Rückkehr in seine Heimatdiözese Regensburg polizeiliche Überwachung und Meldepflicht bei der Gestapo.

DENK, OTTO
1884 01 01
Eschelbach
Pfarrer
Dr.theol.
1937 Verwarnung durch den Landrat und die Regierung von Oberbayern wegen Eintretens für die Bekenntnisschule. Ständige Schwierigkeiten in der Schule (Schulkreuzentfernung, deutscher Gruß u.a.), Androhung von Unterrichtsverbot durch den Regierungspräsidenten. 1937 Reisepaßentzug für drei Monate, einige Zeit Kleiderkartenentzug. Predigtüberwachung durch die Partei.

DIETL, ALOIS (P. MAURUS)
OSB
1883 06 15
Metten
Prior
Prof.
1938 Verhör durch die Gestapo wegen Begünstigung. Einleitung der gerichtlichen Untersuchung, die jedoch aufgrund einer Amnestie eingestellt wurde.

DIMPFL, JOHANNES BAPTIST
1906 02 18
Amberg
Geistl. Religionslehrer
Ostern 1938 Unterrichtsverbot.
Vorladung und Verhör durch den Oberbürgermeister von Amberg im Beisein eines Vertreters der Partei.

DIRMAIER, EDUARD
1873 10 20
Feldkirchen
Pfarrer
100 RM Geldstrafe wegen unerlaubter Sammlung. Anordnung durch die Gestapo, das Sammelgeld einzuziehen. 1941 Gerichtsverhandlung nach Anzeige durch die Partei wegen angeblichem Verstoßes gegen das Nahrungsmittelgesetz, Freispruch. Unterrichtsverbot von September 1941 bis März 1942. Die 1944 erstattete Anzeige wegen seiner Predigt über die Unsittlichkeit kam nicht mehr zur Anklage.
Lit.: RPB IV, 300.

DOBLINGER, MICHAEL
1888 08 25
Wiesbach
Expositus
1935 Artikel gegen ihn im Völkischen Beobachter und in der Lokalzeitung wegen angeblicher Verweigerung des Kriegerjahrtages.
1941 in Versammlungen Vorwürfe wegen der geringen Beiträge zu Sammlungen, Verhör durch die Gestapo und zweimal durch den Landrat. Beantragung von Unterrichtsverbot durch die Kreisleitung, nicht ausgeführt.

DOBMEIER, ANDREAS
1884 04 13
Rainertshausen
Pfarrer
Laufend kleinere Schwierigkeiten wegen Predigt, Verhinderung der Aufnahme von Nazis in die Kirchenverwaltung, Beeinflussung der Jugend und Verweigerung des Hitlergrußes.
Verwarnung wegen einer pädagogischen Maßnahme im Katechismusunterricht.
212 RM Geldstrafe wegen Verstoßes gegen das Feiertagsrecht an Christi Himmelfahrt.

EBNER, ERNST
1881 05 17
Chamerau / Neukirchen
Pfarrer
Im August 1934 vier Wochen Schutzhaft wegen Verhinderung des Glockenläutens in Chamerau anläßlich Hindenburgs Tods. Im Oktober 1934 durch das Ordinariat nach Neukirchen versetzt.
Verstorben am 8.10.36.
Lit.: RPB IV, 34.

EDERER, MICHAEL
1874 08 26
Aholfing
Pfarrer
300 RM Geldstrafe wegen Verstoßes gegen das Feiertagsrecht an Christi Himmelfahrt und Fronleichnam.

EDERER, WOLFGANG
1884 05 24
Pappenberg / Wolfskofen
Pfarrer
1934 Verwarnung wegen Nichthissens der Hakenkreuzfahne.
1938 Haussuchung und Beschlagnahme von Mitgliederverzeichnissen der Männer- und Jungfrauenkongregation durch die Gendarmerie.
1943 Verwarnung wegen Ehrensaluts bei Abhaltung der Kriegergottesdienste.
1944 Anzeige bei der Gestapo und Verhör durch die Gendarmerie wegen eines Polengottesdienstes.

EIBER, ADOLF
1871
Hebrontshausen / Waldershof
Pfarrer
1936 mündliche Verwarnung durch den Ortsgruppenleiter von Herbrontshausen wegen Eintretens für die Schulschwestern bei deren Vertreibung.

ENGEL, P. ANDREAS
CSSR
1888 07 06
Deggendorf
Am 5.7.1935 Verhör durch die Polizei aufgrund von Predigtbemerkungen.
1937 wegen Kanzelmißbrauchs zwei Verhöre durch die Polizei und eine Verwarnung durch den Landrat.

ENGL, ALFONS
1915 07 29
Marktredwitz
Kooperator
Vom 20.10.1943 bis Kriegsende Schulverbot wegen seiner Bemerkungen über die Mischehe im Religionsunterricht.
Lit.: RPB VII, 30.

ENGLMANN, LUDWIG
1901 01 27
Waldsassen
Geistl. Religionslehrer
Als Katechet in Waldsassen 1933 bis 1941 wiederholt angegriffen. 1935 Verunglimpfung in einem Zeitungsartikel.

ERTL, WILHELM
1873 03 27
Hohenfels
Pfarrer
Im November 1937 zu 50 RM Geldstrafe oder 10 Tagen Haft verurteilt wegen Verteilung von Flugblättern gegen die Gemeinschaftsschule im April 1937 (Verstoß gegen das Pressegesetz).
Lit.: RPB IV, 161.

FEIGL, JAKOB
1877 12 06
Freihung / Piegendorf
Pfarrer
1932 bis 1941 Pfarrer in Freihung, dann in Piegendorf.
1937 Angriffe durch einen Lehrer in der Bayreuther Parteizeitung wegen einer Predigt.
1942/1943 wegen Predigt 400 RM Sicherungsgeld, zurückerhalten 1945.

FISCHER, JOSEPH
1873 10 10
Kollbach / Mintraching
Pfarrer
1923 bis 1940 Pfarrer in Kollbach, danach in Mintraching.
1937 Verwarnung wegen Predigt. 100 RM Geldstrafe wegen Äußerung im Anschluß an das Hirtenwort vom 13.12.1936. 1940 wegen Beschwerde gegen das Verbot von Religionsunterricht an Fortbildungsschulen 300 RM Geldstrafe.
Im Juli Schulverbot wegen seiner Angriffe gegen das Amtsgericht.
Lit.: RPB IV, 19,111,141,269,273,287.

FISCHER, MICHAEL
1905 08 10
Thalmassing / Burkhardsreuth / Pullenried
Kooperator
Im September 1935 als Kaplan von Thalmassing durch die Gendarmerie wegen Vergehens gegen den Kanzelparagraphen verhört, daraufhin Versetzung nach Burkhardsreuth.

FORSTER, MATTHIAS
1894 05 22
Egglkofen
Benefiziumsprovisor
Seit 1924 definitive Anstellung als Bürgerschulkatechet. Im Dritten Reich erhielt er nie das Definitivum.

1939 mündliche Verwarnung durch den Kreisschulrat im Auftrag des Regierungsschulrates.
Priester der Diözese Leitmeritz.

**FRAMMELSBERGER, P. MAXIMILIAN
SAC**
1880 11 16
Oberglaim
Pfarrer
1933 14 Tage in Schutzhaft wegen Predigten. Im
November 1939 wegen Äußerungen über den Krieg
in Feldpostbriefen auf Veranlassung der Gestapo
Verwarnung durch das Ordinariat.
Polizeiliche Inhaftierung im November 1943
wegen Feldpost (Anklage: Wehrkraftzersetzung),
Transport nach Berlin zur Vernehmung, dort am
16.1.1944 gestorben.
*Lit.: 1.RPB IV, 146, 325f., 328. 2.Kempner, 82-
86.*

FREUND, JOSEPH
1868 12 30
Steinberg
Pfarrer
1944 Verwarnung wegen Unterlassung des
Hitlergrußes in der Schule. 12 RM Geldstrafe wegen
Nichtaushängens der Hitlerfahne an der Kirche und
220 RM Geldstrafe wegen Verstoßes gegen das
Sammlungsgesetz.

FROEHLICH, PAULINUS
1903 01 31
Weiding
Pfarrer
Auferlegung von 200 RM Sicherungsgeld (genaue
Umstände unbekannt). Im November 1941 Unter-
richtsverbot. 1942 Verurteilung zu 18 Monaten
Gefängnis durch das Sondergericht Nürnberg
wegen Heimtücke und Kanzelmißbrauch.
Lit.: RPB IV, 300.

FUSS, GEORG
1887 10 05
Marktleuthen / Sandsbach
Pfarrer
1936 in Marktleuthen Nachforschungen wegen angeblicher Kritik im Religionsunterricht an
Jungvolk und Stürmer sowie indirekter Ablehnung
des Hitlergrußes. 1938 in Sandsbach Anzeige
durch die Schulleitung wegen Nichterteilung des
Religionsunterrichtes an Mariä Empfängnis.
1939 Anzeige durch den Ortsgruppenleiter wegen
regimekritischer Äußerungen im Religionsunterricht.
Verwarnung durch die Gestapo wegen der Vervielfältigung von Auszügen aus einem Hirtenbrief
und deren Zusendung an Soldaten im Feld.
Lit.: RPB II, 129.

GARR, GEORG
1879 04 12
Dietelskirchen
Pfarrer
1934 wegen Äußerung über den Röhmputsch 20 RM
Geldstrafe.
1936 Verhandlung beim Amtsgericht wegen Kanzelmißbrauchs, Freispruch.
Lit.: RPB IV, 39,101.

GASCHLER, NORBERT
1915 08 06
Miesbrunn
Pfarrprovisor
Ausweisung aus dem Ostgebiet, Aufenthaltsbe-
schränkung auf das „Altreich" vom 8.12.1940 bis zum
6.12.1941.
Priester der Diözese Jassy, Rumänien.

**GIETL, HEINRICH (P. CLEMENS)
OSB**
1900 07 13
Metten
Prof.
1936 Verhör durch die Polizei wegen seiner Kritik am
„Stürmer" im Unterricht.

GIGLER, ALOIS
1899 01 25
Brand / Grafenkirchen / Arnschwang
Kooperator / Expositus / Pfarrer
1931 bis 1934 Kooperator in Brand, 1934 bis 1937
Expositus in Grafenkirchen.
1933 mündliche Verwarnung durch die Polizei wegen politischer Äußerungen an Fronleichnam.
1937 schriftliche Verwarnung wegen Beleidigung
Hitlers und Göbbels. Ebenfalls 1937 Strafanzeige wegen Regimekritik.
Lit.: RPB IV, 152.

GILLITZER, OTTO
1904 11 10
Chammünster
Pfarrkurat
Polizeiliches Verhör, Beschlagnahmung von Feldpostadressen.
1943 öffentliche Verunglimpfung durch Nazis
wegen Verweigerung des Hitlergrußes.

GNOGLER, JOHANNES
1888 03 03
Johannesbrunn / Hebramsdorf
Pfarrer
1930 bis 1936 Expositus in Johannesbrunn, ab 1936
Pfarrer in Hebramsdorf.
1933 kurzfristige Festnahme wegen Heimtücke.
1941 Verurteilung durch das Landgericht zu drei Monaten Haft und Schulverbot wegen Heimtücke
(Äußerungen zur Kriegslage).Nach Begnadigungs-

gesuch Aussetzung der Haftstrafe auf Bewährung.
Lit.: 1.RPB IV, 276. 2.SG, 5946.

GOESSL, GEORG (P. PLACIDUS)
1911 01 12
Neuhausen
Pfarrer
1943 Unterrichtsverbot durch den Regierungs-
präsidenten.
1944 Verhör durch die Polizei wegen einer
Messe am abgeschafften Feiertag. Ein weiteres
Verhör wegen einer Sammlung für das
Caritashaus Pielenhofen.

GOETZ, ANTON
1867 05 24
Vilsbiburg
Pfarrer
Dr.phil.
Seit 1937 ständige Schwierigkeiten im Reli-
gionsunterricht und bei seelsorgerischen Funk-
tionen. im April 1940 Anzeige wegen Heimtücke,
Anlaß war eine Äußerung im Religionsunter-
richt zur Versorgungslage der Bevölkerung.
Um 1940 Verwarnung durch den Landrat wegen
Äußerungen über die Zivilehe. 1000
RM Strafe und Androhung schärferer Maßnahmen
bei weiterem staatsabträglichen Verhalten.
Seit Januar 1943 Unterrichtsverbot.
Lit.: RPB IV, 266.

GOETZ, JOHANNES BAPTIST
1908 10 18
Plattling / Weiden
Kooperator
Verwarnungen wegen Möldersbriefverbreitung und
wegen Gleichstellung eines Ausländers mit
einem Deutschen.
Ende März 1945 Entzug der nebenamtlichen Militärseelsorge wegen politischer Unzuverlässigkeit.

GRABINGER, JOSEPH
1906 02 18
Amberg / Gleiritsch
Kooperator / Expositus
Ständig Anzeigen und Verhöre wegen Seelsorgerischer Tätigkeit, aber keine Strafen. 1934
Verwarnung wegen eines Aufmarsches der kath.
Jugend bei Abschiedsfeier für einen Priester.
1937 in Gleiritsch 200 RM Strafe wegen Lebens-
mittelsammlung in der Kirche, auf Einspruch
erlassen.
1937/1938 Prozeß wegen Kanzelmißbrauchs, später
Niederschlagung. Im November 1938 erneute Anzeige wegen einer Predigtäußerung.
Lit.: RPB IV, 134,219.

GRAF, GEORG
1906 11 23
Leiblfing / Vilzing / Wolfring
Kooperator / Expositus
1937 Verwarnung durch das Sondergericht München
wegen Kanzelmißbrauchs.
1942 Verhör wegen Möldersbriefverbreitung.
Schwierigkeiten wegen Nichtteilnahme an einen
Trauerzug beim Gefallenengottesdienst.
1942/1943 Predigtüberwachung.

GRAF, JOSEPH
1884 08 19
Burglengenfeld
Pfarrer
Im November 1942 wegen Heimtücke und Kanzel-
mißbrauchs in U-Haft genommen, am 19.5.1943 vom
Sondergericht Nürnberg zu fünf Jahren Haft
verurteilt; Anwaltskosten und Verpflegung für
fünf Jahre hatte der Angeklagte zu zahlen.
Am 18.5.1945 durch die Amerikaner befreit.
Am 3.11.1942 Unterrichtsverbot, das bereits 1939
durch den Regierungspräsidenten angedroht worden
war.
Lit.: RPB IV, 314,319f.

GREISINGER, JOHANNES BAPTIST
1875 02 02
Altheim / Artlkofen
Pfarrer
1937 als Pfarrer von Altheim zu 70 RM Geldstrafe
verurteilt wegen Nichtbeflaggung einer Filial-
kirche. 300 RM Geldstrafe wegen Verstoßes gegen
das Feiertagsrecht an Christi Himmelfahrt in
Artlkofen.
Lit.: RPB IV, 155.

GRIEBEL, KARL (P. CANISIUS)
OSB
1905 06 28
Metten
Pfarrer
1942 Unterrichtsverbot durch den Regierungspräsidenten ohne Grundangabe.
Mehrere Verwarnungen durch den Ortsgruppenleiter wegen staatsfeindlichen Verhaltens.
Drei Verhöre wegen zu kurzen Siegesgeläuts,
Kritik an den Schulkreuzentfernungen und wegen
einer seelsorglichen Mitteilung im Kirchen-
aushang.

GROETSCH, ALOIS
1890 10 27
Mockersdorf
Pfarrer
1935 Vorladung vor den Landrat auf Veranlassung
der Gestapo wegen Regimekritik - keine weiteren
Maßnahmen.

GRUBER, JOHANNES BAPTIST
1899 09 22
Stadteschenbach / Gottfrieding
Kooperator / Pfarrer
1933 in Schutzhaft. Im April 1937 Unterrichtung
der Staatspolizeileitstelle München über seine
staats- und NS-feindlichen Predigten. 1937 Verwarnung durch Ortsgruppenleitung Gottfrieding
und Kreisleitung.
Lit.: RPB IV, 128.

GRUBER, JOSEF
1907 04 25
Pfatter / Moosbach
Kooperator / Benefiziumsprovisor
1934 kam ein Verhaftungsbefehl wegen angeblicher
Entfernung der Hoheitszeichen nicht zur Ausführung.
In Moosbach mehrmals Beanstandung durch Orts-
gruppenleitung, Sportplatzverbot.

GUENTHER, KARL
1910 06 12
Schwarzhofen / Wunsiedel
Kooperator
1936 bis 1938 Kooperator in In Schwarzhofen, 1938 bis
1940 in Wunsiedel.
1937 Verwarnung durch die Kreisleitung wegen
Verweigerung des Hitlergrußes; Verbot, mit der
Jugend zusammenzukommen.
Am 9.11.39 „Pfarrhofsturm" durch die Partei:
Durchsuchung aller Privatzimmer, kurzfristige
Verhaftung und Verhör. Im Mai 1940 Aufforde-
rung, nicht weiterhin Eltern zum Wiedereintritt
ihrer aus dem Religionsunterricht ausgetretenen
Kinder zu veranlassen.
Lit.: RPB II, 353.

GUENTNER, GEORG
1909 03 28
Marktredwitz / Amberg / Regensburg
Kooperator
In Marktredwitz am 26.11.1934 vom Be-
zirksamt wegen Aktivitäten der katholischen
Jugend verwarnt, 1935 Gerichtsverfahren vor dem
Amtsgericht, eingestellt mangels Beweisen.
Am 3.12.35 Verwarnung durch die Regierung Mit-
telfranken.
In Amberg Überwachung seines Religionsunter-
richts ab 24.11.1936 bis zu seiner Versetzung nach
Regensburg (1.1.1937).
1938/1939 Beschlagnahme von Schriften und Spar-
kassenbüchern des Jungmännervereins.

HAERTLE, HERMANN
1882 12 11
Schmidmühlen
Pfarrer
Verwarnung wegen der Teilnahme polnischer
Gefangener am Pfarrgottesdienst.

HAIMERL, LUDWIG
1899 04 27
Hüttenkofen
Expositus
1938 Verwarnung durch Ortsgruppenleiter.
1939 amtsgerichtliche Untersuchung wegen Heimtücke, Grund war eine Predigtäußerung. Am
9.9.1939 Einstellung des Verfahrens wegen Amnestie.
Im April 1940 Verwarnung durch den Landrat.
Lit.: RPB IV, 230.

HALLER, GEORG
1873 11 13
Waldthurn
Pfarrer
Wiederholte schriftliche Verwarnung durch den
Stützpunktleiter wegen seiner Predigten.

HAMMER, JOSEF
1890 09 27
Regensburg / Hof
Studienprofessor
Am 1.1.1942 Zwangsversetzung von Regensburg nach
Hof wegen Regimegegnerschaft.

HAMMOOR, BR. ALOIS
SDB
1909 01 13
Ensdorf
Wegen eines angeblichen Sittlichkeitsvergehens
vom 8.5. bis 25.5.1938 in Untersuchungshaft
und mehrfach von der Gestapo verhört. Am
25.5.1938 freigelassen.

HAUNSCHILD, ANTON
1877 01 13
Stammham
Pfarrer
Mehrere Verwarnungen, davon eine durch das Kultusministerium. 1935 schriftliche Verwarnung
durch die Kreisleitung wegen Kritik am BDM.

Unterrichtsverbot vom 1.2.1939 bis 1945 durch
den Regierungspräsidenten wegen Regimekritik.
Kurzfristige Festnahme (14.10.1941 bis 3.11.1941)
durch die Gestapo wegen seines Einsatzes für
Schulkreuze. Hinterlegung von 1000 RM
Sicherungsgeld vom 15.11.1941 bis 1944.
Am 1.4.1942 zwangsweise Abdankung durch
„freiwillige Resignation".
Lit.: RPB I, 172,222,304f.,335.

HEIGL, JOSEF
1885 02 13
Falkenstein
Pfarrer
Mehrfach Anzeigen, Verhöre und Verwarnungen we-
gen politischer Äußerungen in Schule, Predigt

und sonstiger seelsorgerischer Tätigkeit, vorwiegend 1937.
Lit.: RPB IV, 152f.

HEIMERL, WOLFGANG
1893 03 03
Amberg / Loizenkirchen
Geistl. Studienrat / Pfarrer
Am 4.12.1934 erfolgte ein Strafbefehl
über fünf Tage Haft oder 50 RM Geldstrafe wegen Jugendarbeit. Am 9.1.1935 Verfahren
am Amtsgericht, Freispruch. 1934/1935 zwei Verwarnungen durch den Landrat. Demonstrationen und
Schmähungen der HJ gegen ihn.
Am 22.2.1937 Entlassung als Religionslehrer durch
den Oberbürgermeister. Am 3.7.1937 Unterrichtsverbot wegen regimekritischer Äußerungen.
1939 Verwarnung durch den HJ-Stammführer.
Lit.: RPB IV, 119,124.

HEINRICH, JOSEPH
1895 01 06
Mamming
Pfarrer
70 RM Geldstrafe wegen Verstoßes gegen das Feiertagsrecht an Christi Himmelfahrt und Fronleichnam.
Verstorben am 29.4.1945.

HERTL, JOSEF
1893 02 08
Bernried
Expositus
20 RM Geldstrafe wegen Verbreitung eines Elternbriefes, in dem er für die Bekenntnisschule
eintrat.

HERZOG, JOHANN BAPTIST
1905 07 05
Leuchtenberg / Frauensattling
Pfarrer
1941 als Pfarrer von Leuchtenberg zu 35 RM
Geldstrafe oder sieben Tagen Haft wegen Sammlung
für die Orgelrestaurierung verurteilt. Von August
1941 bis 1943 Unterrichtsverbot.
Lit.: RPB IV, 285,290.

HIERL, PAUL
1899 09 17
Abensberg
Benefiziumsprovisor
Am 10.11.1938 Verwarnung durch den Regierungspräsidenten.

HILBURGER, KARL
1881 03 06
Ast / Sollern / Prien
Pfarrer
Im Mai 1933 Verlassen der Pfarrei Ast nach vielfältigen Drohungen und Schikanen wegen politischen Äußerungen in Predigt und sonstiger
Seelsorgetätigkeit.
Verstorben am 9.10.41.

HIRN, ADOLF
1890 09 04
Teunz
Pfarrer
Verwarnung durch das Bezirksamt wegen Nichtteilnahme an einer Kundgebung der NSDAP am 1.5.1933.

HOESL, JOHANNES BAPTIST
1887 07 02
Regensburg
Stadtpfarrer
Schutzhaft vom 27.6.1933 bis zum 7.7.1933 in der
Regensburger „Augustenburg".
Zwei Verwarnungen durch die Gestapo wegen Predigt
und wegen Verteilung religiöser Schriften an
Soldaten.

HOFBAUER, MICHAEL
1880 03 11
Rudelzhausen
Pfarrer
1935 Anzeige durch die Kreisleitung und Verhör
wegen angeblicher Angriffe auf Regierung und
NSV. Am 9.11.1943 Verwarnung durch die Gestapo
wegen Bekanntgabe des staatlichen Gottesdienstverbotes, 600 RM Sicherungsgeld.
Unterrichtsverbot von Mitte Dezember 1943 bis
Kriegsende.
Lit.: RPB IV, 326.

HOFMANN, JOSEPH
1896 02 09
Rettenbach
Pfarrer
Verhör durch die Gendarmerie, Durchsuchung des
Amtszimmers und Beschlagnahme des Mitgliederverzeichnisses, des Kassenbuches und sämtlicher
Akten der Jungfrauenkongregation.

HOFMEISTER, ALEXANDER (P. KORBINIAN)
OSB
1891 02 26
Metten
Abt
Dr. h.c.
1938 von der Gestapo verhaftet, ca. einen Monat
im Gefängnis.
Am 19.4.1943 erneute Verhaftung; Gefängnis
München und Berlin; 18.4.1944 bis 5.4.1945
KZ Dachau.
Verstorben am 24.10.1966.
*Lit.: 1.Weiler, 300. 2.Müller, Josef: Bis
zur letzten Konsequenz. München 1975. 70ff.,
75f., 87, 188.*

HOHENESTER, ANTON
1881 06 04
Pfraundorf / Oberlauterbach
Pfarrer
1928 bis 1935 Pfarrer in Pfraundorf, dann in Oberlauterbach.
Schutzhaft vom 28.6.1933 bis zum 7.7.1933 wegen Betätigung in der BVP.
Verwarnung am 21.1.38 durch das Bezirksamt im Auftrag der Gestapo wegen einer Predigt.

HOLZER, FRIEDRICH WOLFGANG
1890 02 04
Egglkofen / Fichtelberg / Mühlhausen
Pfarrer
Dr.
Unterrichtsverbot in Fichtelberg und Mühlhausen. 1933 in Egglkofen, 1936 in Fichtelberg Vertreibung von seinem Posten.
1935 Denunziation wegen einer Predigt, Unterstützung durch das Ordinariat, gleichzeitig Verwarnung.
Im März 1945 Hinterlegung von 500 RM Sicherungsgeld.

HOLZGARTNER, KARL
1879 03 26
Mindelstetten
Pfarrer
Am 25.1.1935 Verwarnung durch die Kreisleitung wegen seiner Predigt gegen Rosenbergs „Mythus" und den deutschen Nährstandskalender.
Von August 1937 bis Januar 1939 Sondergerichtsverfahren wegen Anti-Goebbels-Predigt vom 11.7.1937, Einstellung des Verfahrens am 23.1.1939.

HUBER, ALOIS
1894 04 03
Viehhausen / Niederhornbach
Pfarrer
Am 13.3.35 als Benefiziumsprovisor von Viehhausen wegen einer Grabrede durch das Bezirksamt verwarnt. Als Pfarrer von Niederhornbach am 21.4.1938 durch das Bezirksamt wegen Christenlehre, am 13.4.42 durch die Gestapo wegen Verlesung des Möldersbriefes verwarnt.

HUBER, GEORG
1883 05 01
Vohburg
Pfarrer
1938 Verwarnung wegen Grabrede für einen Jungscharführer und wegen Flurumgängen.
Anklage wegen Teilnahme des katholischen Burschenvereins an der Fronleichnamsprozession mit Fahne, Barett und Schärpe, durch allgemeine Amnestie niedergeschlagen.

HUNDHAMMER, ANDREAS
1878 04 14
Regensburg
Geistl., Bischöflicher Verwaltungsdirektor
Im Juni/Juli 1933 12 Tage in Haft.

IBERL, MAX
1901 04 12
Kößnach
Pfarrer
50 RM Geldstrafe wegen Berufsbeleidigung.

JOBST, FRANZ XAVER
1905 11 15
Sulzbach / Neunburg
Pfarrer, Kooperator
1934 nach Kritik an der HJ wegen Versäumnisses des Sonntagsgottesdienstes Demonstration der HJ vor seiner Wohnung, daraufhin Versetzung nach Neunburg durch das Ordinariat.
Lit.: RPB IV, 29.

KAESS, FRANZ JOSEPH
1910 09 01
Alendorf
Kooperator
1937 Geldstrafe wegen Beleidigung des Gendarmeriebeamten, der ihn auf die Reichsstraßenverkehrsordnung anläßlich der Fronleichnamsprozession hingewiesen hatte.
Lit.: RPB, 155.

KAISER, P. LORENZ
CSSR
1898 08 08
Eitting / Langengeisling
Missionsprediger
Beschlagnahme einer Primizpredigt 1937 in Eitting. 1939 Haussuchung durch die Polizei. Polizeiliche Überwachung einer Christuswoche in Langengeisling 1944 wegen Predigten.
Lit.: RPB VII, 7, 8.

KAMMERMEIER, ANDREAS
1903 03 13
Wörth / Langenerling
Kooperator
Im Juni 1933 Verwarnung durch den Kommissar der NSDAP sowie Schutzhaft durch die Polizei wegen Unterbindung eines nationalsozialistischen Schulgebetes, Aufhebung der Schutzhaft nach Ankündigung der Versetzung.

KAMPE, P. WILHELM
OCD
1879 03 30
Regensburg
Am 4.4.1934 Verhandlung in München wegen regimekritischer Äußerungen gegenüber

Privatleuten - Freispruch aus Mangel an
Beweisen.
1935 Verwarnung und Verhör durch die Gestapo
wegen zweier Predigten.
Am 26.9.1944 von der Gestapo festgenommen;
Durchsuchung der Klosterzelle und Beschlag-
nahme eines Kofferradios; Polizeihaft und
Schutzhaft bis zur Befreiung am 14.4.1945;
die Anklage lautete auf Wehrkraftzersetzung,
Führerbeleidigung, Rundfunkverbrechen und
Feindbegünstigung.

KARL, ALFONS
1910 01 01
Waldmünchen / Essenbach / Ehenfeld
Kooperator / Pfarrkurat
Dr. theol.
1935 Verwarnung durch die Kreisleitung Wald-
München wegen Betätigung für den KJV.
1937 Verweis durch die Schulleitung Essenbach
wegen einer Predigt gegen den „Mythus".
1942 Verfahren wegen Glockengeläuts in Ehenfeld.
1943 Verfahren vor dem Sondergericht Nürnberg
wegen Heimtücke (Silvesterpredigt 1942),
1944 wegen letzterem Schulverbot durch
den Landrat.

KARL, MAXIMILIAN
1915 05 20
Straubing
Präfekt
400 RM Sicherungsgeld.
Unterrichtsverbot Ende 1944 wegen einer Anzeige
durch eine Schülerin.
Lit.: RPB IV, 337.

KATTUM, FRANZ XAVER
1884 11 17
Grafenwöhr
Pfarrer
Dr. theol.
Bezirkspolizeiliche Verwarnung wegen einer Predigt
über den Ehestand.

KATZENDOBLER, ALOIS
1887 11 06
Irlbach
Pfarrer
1938 Verunglimpfung (Gemeindetafelanschlag) wegen Elternbefragung bezüglich der Beibehaltung
der klösterlichen Lehrkräfte.

KELLER, GOTTFRIED
1911 12 29
o.O.
Neupriester, Sanitätsfeldwebel
Keller war als Sanitätsfeldwebel u.a. in Wien
stationiert. Dort wurde er Anfang Juli 1944
zusammen mit einigen Freunden wegen „reichs-

feindlicher Betätigung" verhaftet. Nach er-
folgter Entlassung aus der Wehrmacht wurde er
in ein Zivilgefängnis überstellt.
Weitere Angaben liegen nicht vor.

KIENBERGER, ALOIS
1891 12 02
Oberpiebing
Pfarrer
Wegen Verstoßes gegen das Feiertagsrecht an
Christi Himmelfahrt und Fronleichnam
150 RM Geldstrafe.

KILGER, ANTON
1908 11 09
Kümmersbruck / Cham
Kooperator
Wegen Verstoßes gegen das Sammlungsgesetz
50 RM Geldstrafe.

KIMNI, P. ADOLF
OSB
1880 01 18
Metten
Vom 4.3.1944 bis zum 26.4.1945 KZ Dachau.
Lit.: Weiler, 344.

KINDL, GEORG
1913 04 05
Burglengenfeld
Kooperator
1942 Verwarnung durch den Regierungspräsidenten
wegen Verweigerung des Hitlergrußes.

KLEBER, JOHANNES NEPOMUK
1886 04 03
Wiefelsdorf
Pfarrer
1933 acht Tage Schutzhaft wegen regimefeindlicher
Einstellung sowie Verwarnung wegen Verweigerung
des Hitlergrußes. 1934 drei Tage Schutzhaft wegen
des verspäteten Trauergeläutes für Hindenburg.
Anklage beim Sondergericht, Freispruch am
27.6.1935.
Lit.: RPB IV, 33f.

KOESTLBACHER, HERMANN
1907 08 26
Schwandorf / Frontenhausen
Kooperator
Am 1.9.1935 Versetzung nach Frontenhausen wegen
eines Rundbriefes an die Mitglieder des kath.
Jungmädchenvereins.
Lit.: RPB IV, 59.

KOHL, AUGUST
1907 07 20
Bonbruck
Kooperator

Wegen Nichtbeflaggung 12,50 RM Geldstrafe, 1935
wieder erlassen.
Verwarnung im Mai 1939 wegen Abhaltens von Prozessionen.
Zusammenstoß mit der SA wegen des Burschenvereins Aich.

KOLLER, JOHANNES BAPTIST
1872 06 22
Amberg / Kümmersbruck
Pfarrer
Wegen Verstoßes gegen das Sammlungsgesetz 1937
150 RM Geldstrafe.
Verstorben am 31.8.1945.
Lit.: RPB IV, 160.

KOLLER, WOLFGANG
1898 07 18
Pechbrunn / Geisenhausen
Expositus / Pfarrprovisor
1941 Unterrichtsverbot.
Am 21.1.1942 Verfahren vor dem Sondergericht;
wegen Heimtückevergehens zu neun Monaten
Gefängnishaft verurteilt.

KOLLMER, JOHANN
1891 07 26
Pemfling / Ascha
Pfarrer
Im Frühjahr 1937 Verweis durch die Gestapo auf
dem Landratsamt, am 22.4.1937 Schulverbot durch
den Regierungspräsidenten.
Am 1.11.1938 Versetzung nach Ascha.

KRAMER, KARL
1881 10 24
Schnaittenbach
Pfarrer
Unterrichtsverbot,
Am 2.9.1944 wegen Heimtücke zu fünf Monaten
Gefängnis verurteilt. Am 27.3.1945 im Gefängnis
Landsberg gestorben.
Lit.: 1.Kempner, 194f., 2.RPB IV, XLIII,337.

KRAUS, JOSEF
1895 12 23
Regensburg
Pfarrer
1933 Verwarnung durch die Gestapo wegen Ankün-
digungen am Schwarzen Brett.
1939 Haussuchung, Beschlagnahme von Briefen an
Soldaten und einer Soldatenkartei.

KRAUS, MICHAEL
1881 10 16
Wenzenbach / Straubing
Pfarrer
1924 bis 1936 in Wenzenbach, dann in Straubing.
Verwarnung 1935, am 20.2.1936 durch ein Gericht

wegen Kanzelmißbrauchs zu 150 RM Geldstrafe
verurteilt, Amnestie im April 1936.
Haussuchung 1937 wegen Jugendverbandsarbeit.
Lit.: RPB, 78.

KREUTNER, KARL
1897 02 02
Amberg / Schmidgaden / Theuern
Pfarrer
1934 in Amberg polizeiliche Haussuchung wegen
Schrifttums des Jungenverbandes Neudeutschland.
1936/1937 in Schmidgaden 150 RM Geldstrafe wegen
einer Prozession.
Am 28.2.1941 Verurteilung zu 18 Monaten Haft
durch das Sondergericht wegen Heimtücke.
Unterrichtsverbot ab Juni 1941.
Lit.: RPB IV, 274,287.

KROEN, ALOIS
1887 10 01
Köfering
Pfarrer
Verwarnung durch den Landrat.
Am 10.4.38 wegen Nein-Stimme gegen den Anschluß Österreichs Sturm auf den Pfarrhof
durch Parteimitglieder. 1944 Schwierigkeiten mit
der Gutsherrschaft wegen einer Predigt, Drohung
mit Anzeige, freiwillige Resignation in Scheuer.
Lit.: RPB IV, 198.

KROTTENTHALER, VINZENZ
1873 04 05
Eining
Pfarrer
Am 5.12.1935 Verurteilung zu zwei Monaten Haft
durch das Amtsgericht wegen Kanzelmißbrauchs,
Freispruch durch das Landgericht am 14.2.1936.
Am 19.12.1935 durch das Amtsgericht zu
50 RM Geldstrafe verurteilt wegen
Nichtbeschaffung der Hakenkreuzfahne, Amnestie.
Am 22.5.1941 Anklage wegen Verstoß gegen das Fei-
ertagsrecht an Christi Himmelfahrt, am 28.10.1941 zu
30 RM Geldstrafe durch das Amtsgericht verurteilt.
Am 16.12.1941 60 RM Strafe durch das Landgericht.
Lit.: RPB IV, 68,73,78.

KUTZER, WILHELM
1906 12 22
Neukirchen / Rötz / Bruck / Hausen
Kooperator
1933/1934 Verwarnung durch die Kreisleitung wegen
Äußerungen über HJ und BDM.
1934 Ausweisung aus Neukirchen durch die Kreisleitung.
Im Oktober 1935 Verhör durch die Gendarmerie,
im März 1938 Verhör wegen Eintretens für die
Bekenntnisschule.
1940 für die Neubesetzung der Pfarrstelle
Leuchtenberg wegen politischer Unzu-

verlässigkeit abgelehnt.
Beförderung zum Pfarrer erst 1944.

LANDGRAF, JOHANNES
1900 08 10
Etsdorf / Kösching
Pfarrer
1929 bis 1941 in Etsdorf, dann in Kösching.
1934 Verwarnung wegen Kanzelmißbrauchs,
Zwei Verwarnungen durch die Gestapo, drei durch
den Landrat und eine durch den Regierungspräsidenten.
1939 wegen Beflaggung an Fronleichnam 30 RM
Strafe oder sechs Tage Haft. Ab 22.10.1941 Unterrichtsverbot wegen Aufforderung der Schüler zur
Unterlassung des Hitlergrußes.
1942 Predigtverbot für einen Sonntag.
Polizeihaft vom 14.1.1942 bis 3.2.1942.
Am 3.2.1942 Ausweisung aus Kösching. Erneute
Inhaftierung bei der Gestapo vom 20.2.1942 bis 14.4.
1942.
Ohne Prozeß Einlieferung ins KZ Dachau am
17.9.1942, dort am 6.4.1945 entlassen.
Lit.: 1.Weiler, 399. 2.RPB I, 338. 3.RPB IV,247.

LANG, JOSEPH
1888 08 10
Teisnach
Pfarrer
Verwarnung durch den Ortsgruppenleiter,
Haussuchung durch die Gestapo und Beschlagnahme
von Zeitschriften.
Am 27.2.1939 240 RM Geldstrafe oder 40 Tage Haft,
Amnestie.

LANZINGER, JOSEF
1897 02 23
Michaelspoppenricht
Pfarrer
1937 wegen Vergehens gegen das Sammlungsgesetz
Verurteilung zu einer Geldstrafe.
Lit.: RPB IV, 124.

LANZL, JOHANNES BAPTIST
1886 07 08
Münchenreuth / Neukirchen / Volkenschwand
Pfarrer
1931 bis 1936 in Münchenreuth, 1936 bis 1940 in
Neukirchen, 1940 bis 1946 in Volkenschwand.
1933 Verwarnung durch den Landrat im Auftrag des
Ministeriums wegen Hirtenbriefverlesung, dabei
Verteidigung Lanzls durch das Ordinariat.
1934 bis 1936 mehrere Verfahren wegen seiner
Predigten. 1943 200 RM Geldstrafe wegen Verstoßes
gegen das Feiertagsrecht an Christi Himmelfahrt, nach
Berufung Freispruch, darauf Einspruch durch den
Staatsanwalt, zuletzt Niederschlagung durch die
Oberstaatsanwaltschaft.

LAUERER, JOSEPH
1874 12 10
Hagenhill
Pfarrer
Verwarnung durch das Bezirksamt.
Predigtüberwachung.
Haussuchung mit Beschlagnahme aller Schriften,
die den kath. Burschenverein betrafen.
1938 Verfahren wegen Heimtücke, 1939 allgemeine
Amnestie.

LEIBL, KARL
1910 08 24
Mitterteich / Burkhardsrieth
Kooperator / Expositus
1938 Nachforschungen der Polizei in Mitterteich
wegen Verweigerung des Hitlergrußes und verbotener Versammlung, Einstellung des Verfahrens
durch den Staatsanwalt im Mai 1938.
Im Mai 1942 in Burkhardsrieth Haussuchung durch
die Polizei und Beschlagnahme von Adressen von
Frontsoldaten, am 15.6.1942 400 RM Kaution wegen
Sammlung von Frontsoldatenadressen und Sendung
von Möldersbriefen an Soldaten.

LINDNER, MATTHIAS
1886 02 23
Neunburg / Appersdorf
Pfarrer
Am 19.2.1940 Unterrichtsverbot wegen Äußerung
über die Richtigkeit von Zeitungsmeldungen im
Unterricht.
Haft vom 14.1. 1940 bis zu 12.5.1944 wegen
angeblicher Verunglimpfung eines Gefallenen.
Verfahren vor dem Sondergericht, später jedoch
eingestellt.
Von Mai 1944 bis zur Versetzung nach Appersdorf
im November 1944 Betätigungsverbot für
Neunburg.
Lit.: RPB IV, 261f.,328.

LINK, JOHANNES (P. PETRUS THOMAS)
OCD
1877 05 05
Schwandorf
Benefiziumsverweser / Wallfahrtsdirektor / Prior
1937 Verfahren vor dem Sondergericht Nürnberg wegen einer Predigt, Freispruch.
1938 Verwarnung durch die Gestapo wegen
Zelebration einer Messe an Himmelfahrt.

LIPPERT, LORENZ
1881 08 10
Moosthann
Pfarrer
Verwarnung wegen Nichtaushängens der Haken-
kreuzfahne.
Haussuchung mit Beschlagnahme der Soldatenadres-
sen der Pfarrei.

LOSCH, JOSEF
1900 01 21
Miesbrunn
Pfarrer
Wiederholt Verwarnungen. 500 RM Geldstrafe.
1939 Anzeige wegen Heimtücke (Beleidigung des
Führers).
Polizeihaft vom 21.9.1941 bis 19.10.1941, Unterrichts-
verbot im September 1941. Polizeihaft vom 21.9.
1941 bis 19.10.1941. Am 16.1.1944 Anklage und Ver-
haftung wegen Wehrkraftzersetzung,
Am 24.11.1944 Verurteilung zum Tode durch den
Volksgerichtshof in Berlin, am 29.1.1945
Hinrichtung in Berlin-Brandenburg.
Lit.: 1.Kempner, 244-247.
2.RPB IV, 233,238,292,328,338.

LUDSTECK, JOSEPH
1867 01 10
Kelheim
Pfarrer
Wegen Verteilung von Einladungen zu einer
Mission in Kelheim 40 RM Geldstrafe.
Androhung von Unterrichtsverbot. Geldstrafe von
300 RM mit Bewährungsfrist wegen
Aufforderung einer Frau zur Osterbeichte beim
Verlassen des Luftschutzkellers.
Lit.: RPB IV, 229,337.

MAIER, JOHANNES
1906 06 23
Regensburg
Domprediger
Dr. phil.
Am 23.4.1945 bei einer Kundgebung wegen der Bitte
um die kampflose Übergabe der Stadt Regensburg
verhaftet, standgerichtliche Verurteilung,
öffentliche Hinrichtung durch den Strang auf
dem Moltkeplatz durch die SS am 24.4.1945.
Lit.: 1.Weikl, Ludwig: Domprediger Dr. Joh.
Maier. Nürnberg 1963. 2.Kempner, 267-269.

MAIER, SEBASTIAN
1881 01 20
Oberempfenbach
Pfarrer
Am 22.5.1941 150 RM Geldstrafe wegen Verstoßes
gegen das Feiertagsrecht an Christi Himmelfahrt.
Am 24.5.1941 Verhör durch die Gendarmerie wegen
seiner Predigt vor gefangenen Franzosen.
Am 20.6.1942 Verwarnung durch den Landrat.

MAIERHOFER, AUGUSTIN
1904 06 20
Tirschenreuth / Kirchendemenreuth / Regensburg
Kooperator / Expositus
1933 in Tirschenreuth in Schutzhaft genommen im
Zusammenhang mit Unruhen wegen der Jugend.
Als Expositus von Kirchendemenreuth 1935 durch

das Landgericht wegen Beleidigung Rosenbergs zu
450 RM Geldstrafe verurteilt. 1936 Inhaftierung,
wegen Haltung zur Wahl, Einleitung einer Strafverfolgung wegen seiner Predigt über Jugenderziehung.
Haussuchung 1938 in Regensburg.
Am 24.4.1940 in Cham wegen eines Jugendgottes-
dienstes als Diözesanjugendseelsorger verhaftet, vier
Monate Polizeihaft, vom Sondergericht zu einem Jahr
Gefängnis verurteilt, Entlassung am 11.3.1941,
daraufhin Versetzung nach Eschenbach.
Lit.: RPB II.83. RPB IV,9,51,95,235,265,271.

MALTRY, RUDOLF
1891 02 25
Schneidhart / Wondreb
Pfarrer
Im November 1933 Versetzung von Schneidhart nach
Wondreb wegen einer Hirtenbriefverlesung.
Haussuchung und Beschlagnahme der Pfarrbiblio-
thek.
Wegen angeblicher Überschreitung des Züchti-
gungsrechts Unterrichtsverbot von Juni bis
Dezember 1942 sowie 50 RM Geldstrafe.

MARTIN, FRANZ XAVER (P. NORBERT)
1902 08 06
Edenstetten
Pfarrer
1941-1945 Unterrichtsverbot.
1942 Verfahren vor dem Sondergericht München,
Freispruch.

MAYER, GEORG
1898 08 19
Berghausen
Expositus
Verwarnung durch den Bürgermeister und Kreis-
bauernführer wegen seiner Predigten.
Haussuchung und polizeiliche Beschlagnahme aller
Akten, Zeitschriften und der Kasse der
Marianischen Jungfrauenkongregation.

MAYER, JOHANNES BAPTIST
1877 12 28
Oberdolling
Pfarrer
Am 20.2.1940 Verfahren wegen Kanzelmißbrauchs,
eingestellt durch den Staatsanwalt.
Am 2.4.1940 Verwarnung durch den Regierungspräsi-
denten.

MEISTER, JOHANNES BAPTIST
1889 08 10
Regensburg
Dompfarrvikar
Wegen Verstoßes gegen das Reichsflaggenge-
setz 35 RM Geldstrafe.
Verstorben am 8.4.1946.

MEIXNER, THEODOR
1889 11 12
Mainburg
Pfarrer
Verwarnung und 600 RM Sicherungsgeld durch die
Gestapo.
Verhör durch die Polizei im Juli 1943 wegen
Verlesung der Feiertagsverordnung.
Verstorben am 27.3.1946.

MENACHER, MICHAEL
1900 09 27
Harrling
Pfarrer
Am 30.1.1938 Verwarnung durch den Landrat wegen
Nichtbeflaggung, am 11.2.1938 durch den Orts-
gruppenleiter bei der Schulabstimmung.
Polizeiliches Verhör wegen Sendung eines Geld-
betrages nach Österreich vor dem Anschluß.

METZLER, ALEXIUS
1882 09 17
Biegendorf
Kommorant
Im Februar 1943 schriftliche Verwarnung durch
die Gestapo.
Verstorben am 30.10.1952.
Gehört zur Diözese München.

MEYER, JOHANNES BAPTIST
1899 11 30
Wackersdorf
Pfarrer
1940 wegen Flugblattverteilung 40 RM Geldstrafe.
Lit.: RPB IV, 269.

MUELLNER, MICHAEL
1902 06 04
Cham / Speyer
Geistl. Religionslehrer
1935 polizeiliches Verhör. 1938 Verwarnung
durch einen Gestapo-Inspektor wegen seiner
Äußerungen in der Schule. Im November 1940
zwangsweise Versetzung nach Speyer.

MULZER, MICHAEL
1902 08 16
Neusorg
Pfarrer
Strafbefehl am 10.3.1936 über 50 RM oder 10 Tage
Haft wegen Verstoßes gegen das Flaggengesetz.
Haussuchung am 19.4.1945 durch die Polizei.

NEUBAUER, ANDREAS (P. BASIL)
OFM
1906 10 31
Eggenfelden
Geistl. Religionslehrer
Wegen seines Religionsunterrichts zweiAnzeigen,
eine durch den SD.
Ab Sommer 1944 Schulverbot durch den Landrat und
die Regierung in Regensburg.

NEUMEIER, ALFONS
1898 07 22
Geisenfeld / Eggenfelden
Pfarrer
Am 6.9.1935 wegen Züchtigung 50 RM Geldstrafe
oder 10 Tage Haft.
In der zweiten Septemberhälfte von acht vermummten
Männern in Geisenfeld festgenommen, verschleppt
und mißhandelt.
In Eggenfelden Verwarnung durch die Polizei.
Lit.: RPB I, 92.

OBERMEIER, ALOIS
1875 10 22
Eschlkam / Lindkirchen
Pfarrer
1933 Verhör durch drei SA-Leute und Beschlagnahme
von Burschenvereinsgeldern, Vertreibung aus
Eschlkam.
Am 21.4.1942 kurzfristige Festnahme.
Anfeindungen durch die Kreisbauernschaft. Am
21.7.1942 750 RM Sicherungsgeld durch die Gestapo
wegen politischer Mißliebigkeit.
Am 1.8.1942 Unterrichtsverbot durch den Regie-
rungspräsidenten.
Am 13.8.1942 zwei Wochen in Haft.
Lit.: RPB IV, 309,312.

PILLER, MICHAEL
1872 05 14
Pondorf
Pfarrer
Am 31.5.1935 Anzeige und am 26.9.1935 Verhandlung
vor dem Sondergericht wegen Heimtücke, zu
drei Monaten Haft verurteilt.

PITZL, SEBASTIAN
1901 11 28
Schnimmbach
Expositus
1937 wegen Kanzelmißbrauchs am 29.6.1936 200 RM
Geldstrafe. Wegen Verunglimpfung eines Gefallenen
im Dezember 1944 zu 10 Monaten Gefängnis
verurteilt, Unterrichtsverbot im Januar 1945.
Lit.: RPB IV, 148, 337f.

PONGRATZ, JOSEPH
1889 08 04
Straubing / Eschlkam
Pfarrer
1933 Verdrängung aus dem Stadtrat von Straubing
und als Diözesansekretär der kath. Arbeiter-

und Arbeiterinnenvereine, drei Monate auf der
Flucht vor der SA. Ab August 1933 Pfarrer von
Eschlkam. Einleitung eines Verfahrens wegen
Veruntreuung, 1934 vom Staatsanwalt eingestellt.
1935 Verwarnung wegen Sabotage des Winterhilfs-
werkes.
Lit.: RPB IV, 8,9.

PRECHTL, WOLFGANG
1883 09 10
Pattendorf
Benefiziumsprovisor
Studienprofessor a.D.
Prozeß wegen Verstoßes gegen Kriegswirt-
schaftsverordnung. Einstellung des Verfahrens.
Vom 9.9.1943 bis 20.4.1945 Verfahren aus politischen
Gründen - er war früher BVP-Mitglied und Land-
tagsabgeordneter, Auferlegung einer Buße von
1500 RM.
Lit.: RPB IV, 143.

PROEM, GEORG
1893 02 17
Thann
Expositus
Diverse Anzeigen wegen Predigten in den Jahren
1933 bis 1938.
Schriftliche und mündliche Verwarnungen durch
den Bezirksamtmann wegen seines
Protestes gegen die Streichung der Bezüge als
Expositus.

PRONADL, ANTON
1886 11 29
Maxhütte
Pfarrer
Haussuchung und Beschlagnahme von Zeitschriften
wegen Vereinsarbeit (Bezirkspräses des kath.
Jungmännervereins).
Verwarnung wegen Verweigerung weiterer NSV-
Beiträge und wegen einer Grabrede 1936.

PUERCHNER, FRANZ XAVER
1881 01 30
Regensburg
Vereinsgeistlicher
1933 mündliche und schriftliche Verwarnung
wegen einer Predigt.
Wiederholt Verhöre durch die Gestapo.

RADLINGER, ANDREAS
1901 08 22
Großmehring / Muschenried
Kooperator / Expositus
Verschiedene Anzeigen und Schwierigkeiten als
„kämpferischer" Pazifist.
Verwarnung im Herbst 1941 wegen Sabotage
der Wehrmacht.

RAITH, SIGMUND
1884 10 16
Falkenberg
Pfarrer
Mehrere Verfahren:
Im Juli 1938 Anzeige wegen Andacht der Maria-
nischen Jungfrauenkongregation,
im Januar 1939 Anzeige wegen eines politischen
Briefes in das Sudetenland.
1940 wegen Äußerungen über die SS.
Jeweils Freispruch, jedoch verschärfte Gestapo-
aufsicht.
Zeitweise Unterrichtsverbot.
Lit.: RPB IV, 206,220,260,263.

RASS, JAKOB
1869 08 21
Floß
Pfarrer
1933 Haussuchung durch die SA.
1940 Beschlagnahme von Räumen, die er für eine
Kinderschule verwandte.

RAUCH, GEORG (P. THEODOR)
OCD
1890 08 22
Regensburg
1943 Verhör und Verwarnung durch die Gestapo
wegen einer Predigt.
20 RM Geldstrafe wegen unerlaubten Photographierens.

REGAUER, ANTON
1903 11 10
Staudach
Pfarrer
50 RM Geldstrafe wegen Verstoßes gegen das Feiertagsrecht an Christi Himmelfahrt und Fronleichnam.

REICHENBERGER, ALOIS
1908 07 23
Marktredwitz / Wetzelsberg
Kooperator / Pfarrer
1937 und 1944 Prozeß wegen Heimtücke vor dem
Sondergericht, beide Male niedergeschlagen.
1937 Prozeß wegen Verteilung von Einladungszet-
teln zur Mission in Marktredwitz, eingestellt
aufgrund der Amnestie vom 1.5.1938.
1941 wegen Verstoßes gegen die Läuteordnung gebührenpflichtige Verwarnung.
Im Frühjahr 1945 Verwarnung durch den Ortsgruppenleiter wegen Entfernung der Berufsschüler
von der Männerempore.
Lit.: RPB IV, 280.

REICHENBERGER, GOTTFRIED
1876 01 07
Wetzelsberg

Pfarrer
1936 Verhängung einer Geldstrafe von 300 RM
durch das Amtsgericht wegen Beleidigung des
Reichsleiters Rosenberg.
Lit.: RPB IV, 78,89.

REINWALD, JOHANNES BAPTIST
1889 10 26
Roding
Pfarrer
1935 Verwarnung durch den Landrat nach Anzeige
einer BDM-Funktionärin wegen Katechese in
der Berufsschule.

REITER, MAX
1889 07 11
Sulzbach
Pfarrer
Polizeiliche Haussuchung und Beschlagnahme von
politischem und amtlichem Material. Am 26.6.1933
kurzfristige Festnahme für zwei Tage als Funk-
tionär der BVP (Kreisvorstand).
Verfahren der Kreisleitung wegen Heimtücke,
wieder eingestellt.

REITINGER, JOSEF
1900 10 15
Sarching
Pfarrer
Vom 1. bis 6.12.1941 kurzfristige Festnahme im
Gerichtsgefängnis, wegen Krankheit freigelassen. Nach
der Inhaftierung Aufhebung des für 1942-1945 an-
geordneten Schulverbots.

REITINGER, P. MICHAEL
1898 02 02
Hohentreswitz / Premberg / Binabiburg
Pfarrer
1934 ließ er sich wegen politischer Umtriebe
nach Premberg versetzen.
1943 in Binabiburg Verwarnung wegen Ankündigung
von Polengottesdiensten.

REMBERGER, P. FRANZ XAVER
CSSR
1883 03 10
Cham / Salzburg
Rektor
1936/37 Haussuchung und Beschlagnahme eines
Hirtenbriefes durch die Polizei.
Im Mai 1942 Predigtverbot in Salzburg.

RIEGER, MICHAEL
1882 09 19
Illkofen / Westen
Pfarrer
1926 bis 1940 in Illkofen, dann in Westen. Am
25.9.1935 Verhör durch das Amtsgericht, 1938 durch
die Gestapo, am 5.6.1939 durch den Staatsanwalt.

Zweimal Anklage wegen Heimtücke, jeweils Einstellung des Verfahrens.
Im Sommer 1942 Verwarnung durch das Amtsgericht
im Auftrag des Sondergerichtes.
Unterrichtsverbot durch den Regierungspräsidenten vom 4.10.1941 bis 29.9.1942.
Lit.: RPB IV, 298.

ROBOLD, GEORG
1895 10 12
Franken
Expositus
1934 Anzeigen bei der Kreisleitung wegen Predigten. 1935 Verhör wegen Vorwürfen gegen den
BDM, Einstellung des Verfahrens.
Wegen Verstoß gegen das Flaggengesetz
im November 1935 10 RM Geldstrafe.

ROESCH, GEORG
1905 05 25
Leiblfing / Schwarzenfeld / Hohenfels / Wolfsegg
Kooperator
1933 Verwarnung durch den Bezirksamtlichen Sonderkommissar wegen Grußverweigerung und Regimekritik, zweite Vorladung im Herbst 1933.
1934 zwangsweise Versetzung von Schwarzenfeld
nach Hohenfels wegen Wahlverhaltens im Oktober
1934.
1938 in Wolfsegg 160 RM Geldstrafe oder 10 Tage
Haft wegen Abhalten von Prozessionen.
Nach seinem Protest Vorladung durch die Staatsanwaltschaft, Amnestie.
Verschiedene Verhöre, Haussuchung und Beschlagnahme der Kasse der Marianischen Jungfrauenkongregation sowie der Errichtungsurkunde.
Lit.: RPB IV, 33,36.

ROESCH, JOSEPH
1876 12 07
Ensdorf
Pfarrer
Anzeigen beim Landratsamt wegen Nichthissens der
Hitlerfahne, wegen Mitführens der Muttergottes-
fahne bei Prozessionen durch Mitglieder der
Marianischen Jungfrauenkongregation u.a.m.

ROESCH, JOSEPH
1898 03 04
Plattling / Kirchdorf
Pfarrer
Als Religionslehrer in Plattling im Juli 1934
wegen Nichterheben der Hand beim Horst-Wessel-
Lied Verwarnung, 150 RM Geldstrafe und Verset-
zung nach Kirchendorf.

ROHRMEIER, MARTIN
1906 10 13
Cham / Deggendorf / Landshut / Regensburg

Kooperator / Geistl. Religionslehrer / Pfarrer
Verwarnungen durch die Ortspolizei Cham 1933/34,
1934 erzwungene Versetzung nach Deggendorf, dort
weitere Verwarnungen 1934 bis 1936.
In Landshut Haussuchung sowie Beschlagnahme
von Privatpost und Büchern durch die Gestapo,
Verwarnung. 1938 erzwungene Versetzung nach
Oberviechtach.
1939 Verwarnung nach Schließung des englischen
Instituts in Regensburg, wo er seit September
1938 Religionslehrer war. Ab 1939 in Kelheim-
Affecking. Erneut Verwarnungen.
Am 10.10.1941 Festnahme durch die Gestapo wegen
Protests gegen Schulkreuzentfernung. Zwei Monate
Haft, Unterrichtsverbot. Ohne Prozeß Einliefe-
rung ins KZ Dachau am 13.12.1941. Dort am 9.4.1945
entlassen.
Lit.: 1.Weiler, 564. 2.RPB IV, 298.

ROSNER, FRIEDRICH
1914 07 19
Selb
Kooperator
Verwarnung wegen Einladung zur Christenlehre in
Selb und wegen Grußverweigerung 1940, wegen
letzterem Antrag auf Entlassung aus dem Schul-
dienst.

ROTHAMMER, RUDOLF
1894 04 03
Dornwang
Expositus
1943 Verwarnung durch den Bürgermeister im Auftrag der Gestapo wegen Teilnahme polnischer
Zivilarbeiter am Gottesdienst.

SAUTER, P. GERHARD
ORDENSZUGEHOERIGKEIT UNBEKANNT
1908 04 30
Wegen Abhaltung einer kirchlichen Veranstaltung während der Übertragung einer Führerrede von der Polizei verhört. Im Februar 1942
wurde Verweigerung des Hitlergrußes vom Ortsgruppenleiter beanstandet. Wegen regimekritischer Predigt verwarnt.

SCHAEBL, JOSEPH
1884 03 03
Polsting / Pfeffenhausen
Pfarrer
1935 Strafanzeige wegen Kanzelmißbrauchs.
Wegen regimekritischer Predigten 1937 Ausschrei-
tungen von Seiten der Bevölkerung gegen ihn,
Verwüstung des Pfarrhofs am 4.11.1937 nach einer
NSDAP-Versammlung. Daraufhin Schutzhaft für
Pfarrer Schäbl bis zur Versetzung nach Pfeffen-
hausen am 1.1.1938.
1938 und 1942 in Pfeffenhausen Anzeige wegen
Heimtücke.
Lit.: RPB IV, 60,163ff.,208,313.

SCHAECHTL, GEORG
1890 02 01
Mantel / Kirchaitnach
Pfarrer
1936 Verwarnung nach Anzeige durch die HJ mit
Aufforderung zur Umstellung.
Am 15.6.1937 durch das Sondergericht zu einem Jahr
Haft verurteilt wegen Führerbeleidigung,
Amnestie im März 1938.
Unterrichtsverbot nach der Entlassung.
Versetzung aus der Pfarrei Mantel nach Kirch-
aitnach.
Lit.: RPB IV, 141,179.

SCHAETZL, JOSEF
CSSR
1902 04 01
Cham
1940 durch das Sondergericht Nürnberg zu
10 Monaten Haft verurteilt wegen Herabwürdigung des Deutschen Grußes im Religionsunterricht; außerdem Unterrichtsverbot.
Verstorben 19.4.1978.

SCHALLER, FRANZ XAVER
1885 11 08
Pettendorf / Obertraubling
Pfarrer
1939 zweimal Verwarnung durch den Landrat wegen
angeblicher Bekämpfung der HJ. Anklage, Ver-
warnung und Androhung von Schulverbot wegen
Heimtücke (Predigt). Durch politische Hetze zur
Eingabe um Versetzung aus Plettenberg gedrängt.
Lit.: RPB IV, 232.

SCHAMBERGER, JOSEPH
1902 04 11
Deggendorf
Kooperator
Beschlagnahme von Büchern der katholischen
Pfarrbücherei.
Im Juni 1939 Verwarnung wegen einer Wallfahrt durch einen Teil des Sudetenlandes, Straf-
freiheit durch Amnestie.
1945 Verhör durch die Gestapo wegen judenfreundlicher Äußerungen im Religionsunterricht, wegen Kriegsende kein Verfahren.

SCHEFBECK, ALOIS
1888 12 17
Dietldorf / Laberweinting
Pfarrer
Verwarnung 1934 in Dietldorf. In Laberweinting
ab 1938 mehrfach Verwarnungen wegen politischer
Äußerungen. 1938 polizeiliche Haussuchung,
Beschlagnahme von Büchern und zweier kirchli-
cher Fahnen.

1940 Anzeige wegen Verschließens einer Kirchentür bei einem Gottesdienst.
Ab Juli 1941 Unterrichtsverbot wegen Regimekritik, wegen Vernachlässigung des Hitlergrußes und wegen Verteidigung der Juden.
Am 3.6.1941 Festnahme, drei Wochen Polizeihaft wegen angeblicher Wehrkraftzersetzung (Feldpostbrief).
Lit.: RPB IV, 275,292.

SCHERM, JOSEPH
1890 04 11
Amberg
Pfarrer
Wegen Verstoßes gegen das Sammlungsgesetz 30 RM Geldstrafe. 1937 Sicherstellung einer als „staatsabträglich" beurteilten Druckschrift seiner Predigten.
Verstorben am 5.4.1943.
Lit.: RPB IV, 119.

SCHIERLINGER, JOSEPH
1904 09 30
Johannesbrunn
Expositus
Wegen Messen an Christi Himmelfahrt und Fronleichnam 150 RM Geldstrafe.

SCHIESL, JOHANNES BAPTIST
1898 05 16
Bubach / Vilzing / Schorndorf
Benefiziumsprovisor / Pfarrer
Predigt- und Schulüberwachung in Bubach, Vilzing und Schorndorf.
1933 Verwarnung durch den Landrat.
Geldstrafe von 40 RM in Bubach.
Am 21.4.1942 in Schorndorf kurzfristige Festnahme und Verhör wegen religiöser Angelegenheiten.
1942 Verschleppung nach Dachau durch Ortsgruppenleiter verhindert.
Am 13.1.1943 polizeiliche Haussuchung.

SCHLEGL, JOSEPH
1914 01 31
Schönsee / Plöß
Kooperator
Ab 1942 Unterrichtsverbot an sudetendeutschen Schulen wegen Erteilung von Seelsorgestunden in Plöß.

SCHLOSSER, JOSEPH
1905 04 04
Ihrlerstein
Pfarrer
Am 18.8.1941 wegen Meßfeier an Christi Himmelfahrt 150 RM Geldstrafe, durch Berufung auf 30 RM reduziert, Prozeßkosten 200 RM.

SCHMATZ, P. ALBERT
OCD
1901 04 21
Schwandorf
Prokurator / Seminardirektor
1939 im Zusammenhang mit der Klosteraufhebung inhaftiert: Vom 29.6.1939 bis 15.10.1939 U- bzw. Schutzhaft; Verfahren wegen Meineids, Freispruch.
Auflösung einer Prozession und Verbot des Glockengeläutes durch die Polizei.

SCHMIDT, ADOLF
1881 08 11
Massing
Pfarrer
150 RM Geldstrafe wegen Verstoßes gegen das Feiertagsrecht an Christi Himmelfahrt und Fronleichnam.
Verstorben am 5.12.1945.

SCHOEN, JOSEPH
1899 11 03
Straubing
Geistl. Religionslehrer
1939 Anzeige wegen Verstoßes gegen das Sammlungsgesetz. Ohne Ergebnis. Am 18.5.1940 Unterrichtsverbot durch die Regierung.
Mehrmals Verhöre wegen Wallfahrten und Prozessionen.

SCHOSSER, LUITPOLD
1909 04 28
Vilseck / Wolfsegg
Expositus
Mehrmals Verwarnung wegen Vereinsarbeit, wegen Christenlehre und Feldpost.
Wegen der Verkündigung der Aussegnung eines verstorbenen Polen vom 1.6.1942 bis 14.6.1942 in Polizeihaft, gerichtliche Untersuchung ergebnislos, doch Unterrichtsverbot vom 20.8.1942 bis 20.4.1945.
Am 19.9.1942 Inhaftierung wegen Predigt über die falschen Propheten, Sondergerichtsurteil vom 19.12.1942: 15 Monate Haft. Nach der Haftzeit Verbot der Rückkehr nach Vilseck.
Lit.: RPB IV, 310,315.

SCHREINER, SIGMUND
1881 04 05
Rötz
Pfarrer
Am 12.10.1937 Verwarnung durch das Bezirksamt wegen Stellungnahme zu den Sittlichkeitsprozessen und zur Schulabstimmung.

SCHREMS, FRIEDRICH
1890 08 01
Hahnbach

Pfarrer
1933 Verwarnungen durch den Bürgermeister wegen
angeblich staatsfeindlicher Äußerungen, durch
das Kultusministerium wegen Bestrafung eines
Schülers. 1934 160 RM Geldstrafe wegen Vereinsarbeit, freigesprochen.
1937 Strafbefehl über 80 RM wegen angeblicher
Beleidigung des Bürgermeisters, Freispruch.
1941 30 RM Geldstrafe wegen Unterschriftverwei-
gerung zur Einladung zum Jugendsonntag.
1942 Anzeige wegen Vaterlandsverrat, eingestellt.
Versetzung von Hahnbach nach Atting.

SCHREMS, JOHANNES BAPTIST
1889 11 17
Wolfring / Großgundertshausen
Pfarrer
Im April 1933 bezirksamtliche Verwarnung wegen
Äußerung zur Reichstagswahl in der Kirche.
Als Pfarrer von Großgundertshausen am 28.3.1940
angezeigt durch die Kreisleitung wegen Störung einer
Versammlung durch Zwischenruf - niedergeschlagen
durch den Landrat.
150 RM Geldstrafe wegen Verstoß gegen das
Feiertagsrecht an Christi Himmelfahrt.

SCHREYER, HERMANN
1909 02 10
Regensburg
Geistl. Religionslehrer
1940 Haussuchung im Dompfarrhof und Beschlagnahme von Feldpostbriefen.

SCHULTES, JOSEF
1898 05 24
Hankofen / Greilsberg
Benefiziumsprovisor / Expositus
1939 durch das Sondergericht Nürnberg wegen
Vergleichs des Bolschewismus mit dem Nationalsozialismus in der Schule zu fünf Monaten Haft
verurteilt.
Am 26.3.1940 im Sanatorium Mallersdorf wohl an
den Folgen der Haft gestorben.
Lit.: RPB IV, 219.

SCHWEIGER, GOTTFRIED
1880 07 03
Riekofen
Pfarrer
Verfahren wegen Gegnerschaft zur Gemeinschaftsschule, am 19.5.1938 von der Staatsanwaltschaft
aufgrund der Amnestie eingestellt.

SEIDL, JOHANNES EVANG.
1905 10 20
Tirschenreuth / Stein
Expositus
Ende Mai 1933 eintägige Schutzhaft wegen Ar-
beit in der katholischen Jugendseelsorge.

1941 in Stein Unterrichtsverbot. Am 28.8.1941 vom
Sondergericht zu acht Monaten Haft verurteilt
wegen Heimtückevergehens.
Lit.: RPB IV, 9, 299.

SEIDL, MICHAEL
1901 09 14
Weiden / Plattling / Wiesenfelden
Kooperator / Geistl. Religionslehrer / Pfarrer
1933 Anzeige durch das Amtsgericht wegen einer
Predigt in Weiden, durch Amnestie Straferlaß.
In Plattling 1935 Verwarnung durch die Gestapo
und Verbot der Betreuung der katholischen Jugend.
In Wiesenfelden 1936 28 RM Geldstrafe. 1937
Anzeige wegen Heimtücke.
Lit.: RPB IV, 114.

SEITZ, KARL
1873 06 23
Kirchroth
Pfarrer
Im November 1933 Verwarnung durch die SA.
Im November 1936 Verwarnung wegen Verweigerung
des Hitlergrußes.
1936 Sondergerichtsverfahren wegen Predigt, eingestellt im September 1938.

SIGL, MAXIMILIAN
1877 04 21
Geisenfeld
Pfarrer
Dr. phil.
Zweimal Verfahren wegen Ausschreibung einer Samm-
lung für die Glocken und die Orgel, Geldstra-
fen über kleinere Beträge.
Verwarnung durch die Regierung München wegen
Ausstellung von arischen Zeugnissen.
1941 (oder 1942 ?) sechs Tage Schutzhaft wegen einer
Äußerung zur Listensammlung.
Unterrichtsverbot ab 1941 bis Kriegsende wegen
angeblicher Sabotage der Sonntagsarbeit.
Lit.: RPB I, 321,345.

SIMBUERGER, FRANZ PAUL
1890 08 02
Selb / Landshut
Pfarrer
1934 in Selb Verwarnungen durch die Polizei
wegen einer Predigt und wegen einer Äußerung
zum Tode Hindenburgs.
Durch Agitation der Parteistellen in Selb wurde
seine Bewerbung um die Pfarrei Plattling vereitelt.
Am 18.12.1940 150 RM Geldstrafe wegen unangemel-
deter Abhaltung eines Einkehrtages für Mäd-
chen in Landshut.
Wegen Überschreitung des Züchtigungsrechts
Unterrichtsverbot ab August 1943 sowie 250 RM
Geldstrafe.
Lit.: RPB IV, 276.

SINDERSBERGER, SIMON
1895 11 07
Weiden
Geistl. Religionslehrer
1934 Verwarnung wegen einer Predigt durch das Landratsamt.
Im Mai 1939 Unterrichtsverbot durch den Schulrat wegen Äußerungen zum Kirchenaustritt, Beförderungsverweigerung durch die Regierung in Regensburg.
Lit.: RPB IV, 251.

SOLLMANN, ADOLF
1880 06 10
Zeitlarn
Pfarrer
1935 bezirksamtliche Verwarnung wegen Kanzelmißbrauchs.

SPANNER, SEBASTIAN
1874 01 03
Pondorf
Pfarrer
1937 150 RM Geldstrafe wegen ungenügender Beflaggung des Kirchengebäudes.
1938 Verwarnung durch die Gestapo.
1941 150 RM Geldstrafe wegen Übertretung des Läuteverbotes. Unterrichtsverbot.
Lit.: RPB IV, 141,295.

SPIELBAUER, P. JOSEF
CSSR
1911 03 11
Deggendorf
Volksmissionar
1936 bis 1938 Verhöre durch die Gestapo. In NS-Kreisen wurde der Missionar als „Hetzpater" bezeichnet seiner Predigten wegen.
1939 Verwarnung durch das Amtsgericht wegen einer Predigt.
1940 Unterrichtsverbot.
Lit.: RPB II, 317.

SPIESSL, LUDWIG
1906 09 05
Waldershof / Weiden / Erbendorf
Benefiziumsprovisor
Am 23.7.1933 Verwarnung durch die Ortsgruppe Waldershof wegen einer Predigt.
In Weiden 1937 Haussuchung durch die Gestapo und Anklage beim Landgericht wegen seiner Arbeit im Neu-Deutschland, vom Staatsanwalt niedergeschlagen. 1938 Anklage durch die Kreisleitung wegen seiner Tätigkeit als Religionslehrer und Beschlagnahme von Sammelmappen für die Jugendseelsorge.
Am 7.12.1939 in Erbendorf von der Gestapo

verhaftet wegen Ordnung einer Mischehe für den katholischen Teil auf dem Sterbebett, bis zum 4.2.1940 im Polizeigefängnis, anschließend ins KZ Sachsenhausen, vom 13.12. 1940 bis 29.3.1945 im KZ Dachau.
Lit.: 1.Weiler, 621. 2.RPB IV, 261.

SPITZER, RUPERT
1885 03 26
Straubing / Cham
Geistl. Religionslehrer
Dr. theol.
1939 Beförderungsverweigerung. Bis zur Versetzung nach Cham dienstenthoben vom 18.6. bis 15.11.1940.

STADLER, JOSEF
1891 03 04
Weidenthal
Pfarrer
Am 19.4.1937 150 RM Geldstrafe wegen Verstoßes gegen das Sammlungsgesetz.

STAHLOFEN, GREGOR JOHANN (P. NORBERT)
OCD
1909 03 12
Straubing
1937 wegen einer Predigt zu drei Monaten Haft durch das Sondergericht Nürnberg verurteilt.
Lit.: Deckert, Adalbert: Karmel in Straubing. Jubiläumschronik. Rom 1968, 59.

STANGL, MAXIMILIAN
1882 10 11
Reisbach
Pfarrer
Verwarnung und 20 RM Geldstrafe durch die Polizei wegen unzureichender Beflaggung am 9.11.1937.
50 RM Geldstrafe an die NSV gezahlt.
Polizeiliche Haussuchung und Beschlagnahme der Bibliothek der Marianischen Kongregation.
Wegen seiner Nein-Stimme bei der Wahl vom 10.4. 1938 Schikanen durch Parteimitglieder sowie Unterrichtsverbot vom 29.6.1938 bis 23.8.1940. Von der Regierung wurde seine Versetzung gefordert.
Lit.: RPB IV, 198.

STEINBERGER, SEBASTIAN
1896 01 07
Landshut / Pilsting
Kooperator / Pfarrer
Haussuchung und Schikanen 1937 in Landshut durch SA-Leute wegen beharrlicher Erinnerung an das Schicksal seines von der NSDAP verhafteten Amtsvorgängers (s.o. Schabl, Joseph).
150 RM Geldstrafe, durch Zahlungsverzögerung verjährt.
Ab 1940 Unterrichtsverbot wegen politischer

Äußerungen in der Schule und Ablehnung des
Hitlergrußes.
Lit.: RPB IV, 218,221,264,266.

STEINDL, JOSEPH
1907 08 01
Wiesau / Burglengenfeld / Bubach
Kooperator / Expositus
1934 Versetzung durch das Ordinariat nach Burglengenfeld wegen Äußerungen über die Taufnamen Horst und Adolf.
In Burglengenfeld 1937 Anzeige wegen nicht zu-
gelassener Heimabende des katholischen Jungmädchenvereins. Am 14.8.1941 als Expositus von
Bubach wegen Heimtücke (Grabrede für den NSV-
Ortsamtsleiter) durch das Sondergericht Nürnberg
zu einem Jahr Haft verurteilt, im September
1941 Unterrichtsverbot.
Lit.: RPB IV, 134,282,292.

STROHMEIER, GEORG
1884 11 25
Cham
Pfarrer
Verwarnung durch den Landrat wegen Abhaltung
eines Levitenamtes an Fronleichnam.
1940 61 RM Geldstrafe wegen der Verteilung von
Einladungskarten für ein Jugendtreffen.
Lit.: RPB IV, 268.

THUERRIGL, ANTON
1879 01 16
Langquaid
Pfarrer
Verwarnung durch den Landrat wegen Verteilung
einer Beichtnummer der kath. Kirchenzeitung.
Strafbefehl wegen Nichtbeflaggung, nach seiner
Rechtfertigung zurückgenommen.
Versetzung von nationalsozialistischer Seite be-
antragt, jedoch nicht durchgeführt.

TREIBER, MATTHIAS
1900 02 22
Bubach / Englmar
Expositus / Pfarrer
1935 50 RM Geldstrafe wegen Beleidigung des
Gauinspektors.
In Englmar 1936 Verwarnung wegen Mitführens von
Vereinsfahnen bei der Fronleichnamsprozession,
1938 wegen Eintretens für die Bekenntnisschule.

TREML, ALOIS
1901 09 30
Abensberg / Schönsee
Benefiziumsprovisor / Pfarrer
In Abensberg wegen seiner Arbeit in der
katholischen Jugend wiederholt Vorladung
bei der Polizei, Verweise durch den Regierungspräsidenten 1936/37, zwangsweise Ver-

setzung durch Haftandrohung 1936, Unterrichtsbe-
schränkung sowie Bespitzelung durch den Schulleiter und den Ortsgruppenleiter.
In Schönsee von 1939 bis 1944 wiederholt Schwierigkeiten wegen Vereins- und Jugendarbeit.
1938 polizeiliche Haussuchung und Beschlagnahme von kirchlichen Fahnen, Listen und Amtsblättern, Störung der Fronleichnamsprozession
durch die Polizei.
Am 24.7.1939 zu 40 Tagen Haft oder 210 RM Geldstrafe durch das Amtsgericht verurteilt wegen
Verstoß gegen das Gesetz zum Schutz von Volk
und Staat.
1941 Verweis durch die Reichspressekammer wegen
des Kirchenanzeigers.

TREMMEL, AUGUSTIN
1900 09 17
Bayerbach
Pfarrer
Verwarnung durch das Amtsgericht wegen Nichtbe-
flaggung.
Beanstandung durch den Schulrat wegen Maßrege-
lung eines Hitlerjungen.
Zwei Anzeigen wegen angeblicher sittlicher Verge-
hen, jeweils Freispruch.
Beschlagnahmung der Pfarrbibliothek.
Schwierigkeiten wegen Wallfahrten.

TREMMEL, LUDWIG
1893 01 20
See
Pfarrer
80 RM Geldstrafe wegen Verstoßes gegen das Feiertagsrecht an Christi Himmelfahrt und Fronleichnam.
500 RM Sicherungsgeld 1943 wegen Verstoßes gegen
die Kriegswirtschaftsverordnung.
Lit.: RPB IV, 322.

TRIEBSWETTER, FRANZ XAVER
1902 10 17
Allkofen
Kooperator
Verwarnung durch das Landratsamt wegen Verweige-
rung des Hitlergrußes in der Schule.

UTZ, SIMON
1887 09 25
Rosenberg-Hütte / Schnaittenbach
Pfarrer
1941 Unterrichtsverbot. Im September 1944 Aufenthaltsverbot für den Kreis und 1000 RM
Sicherungsgeld wegen Beurteilung einer Zivilehe.
45 RM Geldstrafe wegen abfälliger Äußerung
über die deutsche Ehe.
Lit.: RPB IV, 298,335.

VOIT, MATTHIAS
1915 05 11
Wackersdorf / Rattenberg
Kooperator
Im Dezember 1940 zwangsweise Versetzung von
Wackersdorf nach Rattenberg.
Vom 6.12.1940 bis 1945 Unterrichtsverbot.
Am 29.5.1941 zu 90 RM Geldstrafe verurteilt
(mit Gerichtskosten insgesamt 302,84 RM) durch
das Landgericht wegen Überschreitung des
Züchtigungsrechts in der Schule.
Lit.: RPB IV, 276.

VOLLATH, JOSEF
1913 02 22
Abbach / Wutschdorf / Mitterteich
Kooperator
Wegen Heimtücke durch das Sondergericht Nürnberg am 20.8.1940 zu sieben Monaten Haft verurteilt,
von September 1940 bis April 1941 im Gefängnis Nürnberg, dann Bewährungsfrist bis
31.3.1944.
Unterrichtsverbot ab Herbst 1940.
In Wutschdorf und Mitterteich kleinere Querelen
aus politischen Gründen.
Lit.: RPB IV, 275.

WAGNER, AUGUSTIN
1898 08 17
Ebrantshausen
Benefiziumsprovisor
Wegen Bereitstellung der weißen Fahne zum
Schutz der denkmalgeschützten Kirche von
Ebrantshausen Anzeige bei der SS am 27.4.1945,
Verhaftung und Verschleppung in der Nacht zum
28., erschossen wohl am 28.4.1945 bei Holz-
mannshausen.
Lit.: RPB IV, XLIII.

WAGNER, JAKOB
1871 03 31
Regensburg-Stadtamhof
Stadtpfarrer
Vom 27.6. bis 5.7.1933 ohne Grundangabe in Polizei-
haft.

WAGNER, JOHANN
1896 07 07
Eslarn
Pfarrer
Mündliche Verwarnung durch den Ortsgruppenleiter wegen einer Caritas-Sammlung.
1941 300 RM Geldstrafe wegen eines Gottesdienstes an Christi Himmelfahrt, auf Berufung Einstellung des Verfahrens.

WAGNER, MICHAEL MARTIN
1903 12 09
Neukirchen

Expositus
Verwarnung 1942 wegen Ausflug mit den Sängern
an Christi Himmelfahrt,
1944 wegen Ablehnung des Hitlergrußes in der
Schule.

WALTER, ANDREAS
1905 11 24
Diepoltskirchen
Kooperator
100 RM Geldstrafe zuzüglich der Gerichtskosten
wegen Verstoß gegen das Feiertagsrecht an
Christi Himmelfahrt 1941.

WANKERL, JOHANNES CHRYSOSTOMUS
1870 11 06
Pechbrunn / Geisenhausen
Pfarrer
Zu 40 Tagen Haft, umgewandelt in 400 RM Geld-
strafe, verurteilt. Durch Amnestie erlassen.
Lit.: RPB IV, 73.

WEBER, WOLFGANG (P. WILLIBALD)
1893 10 16
Metten
Katechet / Direktor
1945 Verwarnung durch den Landrat im Auftrag
der Gestapo.
Wegen Versendung von Feldbriefen an Mitbrüder
zur Zahlung von 400 RM Sicherungsgeld verpflichtet (nach dem Krieg erstattet).

WEEGER, JOSEPH
1909 05 07
Gottfrieding / Runding / Dürling / U.a.
Kooperator / Pfarrprovisor
1933 eine Verwarnung durch den Ortsgruppenleiter wegen Vernichtung eines nationalsozialistischen Flugblattes.
1937 beim Abschied in Runding Redeverbot wegen
der Gefahr der Volksverhetzung.
Des weiteren Verhöre und Schikanen sowie
Haussuchungen und Beschlagnahme von Schriftgut.
Lit.: RPB IV, 149f.

WEIG, JOSEF
1884 12 04
Kulmain
Pfarrer
1939 Verwarnung wegen Verstoßes gegen das Sammlungsgesetz.

WEIGL, ALFONS
1903 03 16
Regensburg / Werdenfels
Diözesanpräses des KJMV
1937 bis 1945 Direktor des Diözesanexerzitienhauses
Werdenfels.
Verwarnung durch die Gestapo 1936 wegen Über-

mittlung von Informationsmaterial an den Bischof.
Am 25.1.1938 Haussuchung und Beschlagnahme von 158 persönlichen Büchern und Akten über Jugendarbeit.
Lit.: RPB IV, 66.

WEINBIR, JOSEPH
1884 07 08
Loizenkirchen
Pfarrer
Am 18.10.1935 richterlicher Haftbefehl wegen staatsabträglicher Äußerungen.
Verstorben am 6.7.1937.
Lit.: RPB IV, 65.

WELLNHOFER, FRANZ (P. EBERHARD)
OCD
1886 01 12
Regensburg
Verhör und Verwarnung im Dezember 1943 durch die Gestapo wegen einer Predigt.

WELNHOFER, LAURENTIUS
1906 08 10
Amberg
Geistl. Religionslehrer
Am 25.1.1938 Haussuchung und Beschlagnahme von Privatakten, Geldbeträgen sowie Büromaterial.
Später Rückgabe des Privatgeldes.

WILD, ALOIS
1883 05 18
Schwandorf
Pfarrer
1937 Verwarnung wegen Vernachlässigung des Hitlergrußes.

WILLKOFER, JOSEPH
1902 01 10
Bruck / Rötz / Neustadt a. D. / Schmidgaden
Pfarrer
1935 Verwarnung und Versetzung nach Rötz wegen Unterlassung des Hitlergrußes. In Neustadt 1938/39 Verhör wegen Züchtigung in der Schule.
In Schmidgaden 1941 Beschlagnahme von Schriften für christliche Braut- und Eheleute.

WINTER, JOSEPH
1905 12 03
Biberach
Kooperator
90 RM Geldstrafe wegen Verstoßes gegen das Feiertagsrecht an Christi Himmelfahrt und Fronleichnam.

WINTERS, JOHANN ADRIAN
1881 01 06
Windberg

Pfarrer
1937 Verbot jeder kirchlichen Funktion.
Androhung der Ausweisung.
Vom 14.5.1940 bis 29.6.1940 wegen seiner holländischen Nationalität inhaftiert.

WOEHRL, JOSEPH
1879 09 30
Gaindorf
Pfarrer
Gerichtliche Untersuchung wegen staatsfeindlicher Äußerungen in der Schule.

WOLFERSTETTER, P. STEPHAN
SDB
1881 05 22
Ensdorf
Die Verfassung und Verbreitung kirchlicher Schriften wurde von der Gestapo verboten. Öfters erfolgten amtliche Verwarnungen. Am 10.4.1934 wurde das Realschul-Pensionat beschlagnahmt. Am 11.11.1937 Verhör und Haussuchung durch Gestapo. Drohungen durch NSDAP-Kreisleiter.

WUNDER, JOSEPH
1879 12 12
Niederviehbach
Pfarrer
180 RM Geldstrafe wegen Verstoßes gegen das Feiertagsrecht an Christi Himmelfahrt und Fronleichnam.

WUTZ, FRANZ XAVER
1880 04 09
Tännesberg
Pfarrer
300 RM Geldstrafe wegen Verstoßes gegen das Feiertagsrecht an Christi Himmelfahrt und Fronleichnam.

ZEHETBAUER, GEORG
1892 06 26
Zinzenzell / Prunn
Expositus
Im August 1937 Strafanzeige wegen Predigtäußerung.
Im Herbst 1937 Verwarnung durch den Staatsanwalt wegen Zurückweisung des Vorwurfs des Devisenvergehens bezüglich des Caritasverbandes.
20 RM Geldstrafe wegen angeblicher Beleidigung des Schullehrers.
Schulverbot für Zinzenzell, Versetzung nach Prunn. 1940 Anzeige wegen Züchtigung. Im Juni 1941 Strafanzeige wegen einer Predigt.
Ab 20.10.1941 Schulverbot.
1944 600 RM Geldstrafe wegen Zulassung von Polen und Ukrainern zum Gottesdienst.
Lit.: RPB IV, 153,264,287,299.

ZIMMERER, ALOIS
1907 02 09
Geisenfeld / Lobsing
Pfarrer
Wegen Predigt in Geisenfeld Anzeige, Verhör und
Verwarnung durch die Gestapo 1937.
In Lobsing mehrfach verwarnt.

ZIMMERER, JOSEPH
1905 04 12
Niedernkirchen
Kooperator
150 RM Geldstrafe wegen Verstoßes gegen das Feiertagsrecht an Christi Himmelfahrt und Fronleichnam.

ZIMMERMANN, PETER
1891 09 26
Furth
Benefiziumsprovisor
Ende Juni 1933 14 Tage in Schutzhaft wegen
journalistischer Tätigkeit.
Verstorben am 28.12.1936.

ZINTL, JOHANNES
1896 02 17
Vilshofen
Pfarrer
Beanstandung und Verhör durch die Gendarmerie
wegen des Kirchenbesuchs der Kinder am Sonntag-
nachmittag.

21. Bistum Rottenburg

ABELE, JOHANNES
1907 10 14
Ulm-Söflingen / Trossingen
Vikar / Stadtpfarrer
1934 20 RM Geldstrafe wegen Herabsetzung der HJ
und Unterrichtsverbot für den Kreis Ulm.
1937 Gehaltskürzung und Unterrichtsverbot für
ganz Württemberg.

ACKERMANN, HUGO
1910 02 15
Waldsee
Kaplan
Von 24.9. bis 27.10.1939 in Schutzhaft wegen einer
politischen Äußerung.

ADAM, KARL
1876 10 22
Tübingen
Universitätsprofessor
Dr. theol.
Wegen Regimekritik während einer religiösen
Veranstaltung in Stuttgart Angriffe im NS-Kurier
und Demonstrationen gegen ihn.
Seit Oktober 1919 Professor in Tübingen.

ALBINGER, JOSEF
1900 07 27
Magolsheim-Münsingen
Pfarrer
An Karfreitag 1938 wurde in der Kirche ein nationalsozialistisches Hetzblatt angebracht.
1942 Verhör durch die Gestapo.

ALLMENDINGER, ALFONS
1888 10 30
Lauffen
Pfarrer
1933 10 Tage in Schutzhaft wegen angeblich ent-
stellender Berichte über den Terror der SA.
Das eingeleitete Verfahren wurde niedergeschlagen, von der Schulbehörde wurde er jedoch zu
200 RM verurteilt.
Er mußte auf Anordnung der württembergischen
Regierung die Pfarrei verlassen.

ALLMENDINGER, RICHARD
1875 03 27
Ertingen
Pfarrer
Seit 1938 Unterrichtsverbot.

ARNOLD, FRANZ
1910 08 25
Horb / Königseggwald
Pfarrer
Drei Verhöre durch die Gestapo wegen Predigten.

Vom 18.6. bis 17.8.1937 in Untersuchungshaft wegen
Weitergabe des Goebbels-Briefes.
Seit Mitte September 1937 Unterrichtsverbot.

ASSFALG, GUSTAV
1906 07 18
Ennetach
Pfarrer
Am 5.10.1942 wegen Verstoßes gegen das Sammlungsgesetz zu 129,70 RM Geldstrafe ersatzweise
20 Tagen Haft verurteilt.

AUBELE, JOSEF
1893 05 17
Waiblingen
Stadtpfarrer, Dekan
Unterrichtsverbot.

BACH, ANDREAS
1913 03 13
Wangen
Vikar
1938 wegen Überschreitung des Züchtigungsrechtes Verhör durch die Kreisleitung und
Unterrichtsverbot.

BACHER, JOHANN
1898 06 03
Wurmlingen
Pfarrer
1933/34 Verhör durch die Gestapo.
Seit 1.4.1938 Unterrichtsverbot.
1940 Beschmierung des Pfarrhauses und Verleumdung Bachers in der Zeitung.

BAERTLE, JOSEF
1891 02 15
Stuttgart
Pfarrer
1935 Vorladung beim politischen Landespolizeiamt
Stuttgart wegen angeblicher staatsfeindlicher
Äußerungen in Brasilien.
Intervention von Staatsrat Bischof Dr. Wilhelm
Berning beim politischen Landespolizeiamt.

BALLES, FRANZ
1901 10 07
Neuler / Seedorf
Vikar / Pfarrverweser
Wegen Kanzelmißbrauchs und angeblichem Flucht-
verdacht im September 1936 Unterrichtsverbot
und Schutzhaft (vom 2.10. bis zum 2.12.1936)
durch die Gestapo.
1940 aufgrund von Predigtäußerungen zwei
Monate Haft sowie Ausweisung aus dem Kreis.

BALLMANN, THOMAS
1869 12 04
Hohenberg

Pfarrer
Unterrichtsverbot.

BALLUFF, VIKTOR
1885 08 02
Neufra
Pfarrer
Seit 1936 Unterrichtsverbot.

BAMBERGER, ARTUR
1904 03 26
Dewangen
Vikar
Vom 23.7. bis 9.8.1937 Schutzhaft durch die Gestapo wegen Verlesung des sogenannten Goebbels-
briefes. Seit 1937 Unterrichtsverbot.
1938 aufgrund einer Amnestie freigesprochen.

BARETH, ALBAN
1908 07 06
Böttingen
Pfarrer
Verhöre, Verwarnungen unter Androhung von KZ,
Haussuchungen und 1941 dreimal je einen Tag in
Untersuchungshaft durch die Gestapo.

BARTH, ALFRED
1907 02 06
Rottenburg
Subregens am Priesterseminar
In Haft im Zusammenhang mit dem sogenannten
SA-Brief.

BAUMANN, WENDELIN
1883 10 14
Salzstetten
Pfarrer
30 RM Geldstrafe wegen Verlesung eines verbotenen Hirtenbriefes.

BAUMEISTER, GEORG
1886 03 03
Reutlingendorf
Pfarrer
Seit 1942 Unterrichtsverbot.

BAUMGAERTNER, ALFONS
1904 05 09
Stuttgart
Caritasdirektor
Vom 23.7. bis 16.8.1937 in Untersuchungshaft durch
die Gestapo wegen Verbreitung des Goebbels-
Briefes. Staatsrat Bischof Dr. Wilhelm Berning
hatte beim Reichsjustizminister in Berlin
interveniert.
Am 15.8.1939 durch das Sondergericht wegen
Heimtücke zu 10 Monaten Haft verurteilt. Die
Strafe wurde mit dreijähriger Bewährungsfrist
amnestiert.

BECK, KARL
1878 08 04
Zußdorf
Pfarrer
Drei Verhöre durch Gestapo und Polizei.

BENZ, FRANZ
1910 12 15
Isny (St. Georg)
Kaplaneiverweser
Im Winter 1939/40 wiederholt Verwarnungen und
Bedrohungen wegen kirchlicher Jugendarbeit.
Ab 6.1.1942 Unterrichtsverbot.

BENZ, JULIUS
1895 03 14
Renquishausen
Pfarrer
1937 Verwarnung durch den Stützpunktleiter der
NSDAP wegen einer Predigt. Unterrichtsverbot.

BERTSCH, AUGUST
1887 01 21
Friedrichshafen
Geistl. Studienrat
Dr. phil.
Entzug bestimmter Lehrfächer an der Oberschule.
1939 drei Verhöre durch die Gestapo.
1942 als politisch unzuverlässig als Kreisar-
chivpfleger abgelehnt.

BETZLER, WILHELM
1909 02 20
Eislingen / Pommertsweiler
Pfarrer
Zweimal kurzfristige Festnahmen wegen Verlesung
eines verbotenen Hirtenbriefes, und weil er bei
Auflösung des kath. Jungmännervereines die
Namen der Mitglieder nicht genannt hatte.
Unterrichtsverbot.
Mehrere polizeiliche Verhöre wegen Abhaltung
von Polengottesdiensten.

BIEDLINGMAIER, GEBHARD
1884 08 24
Beuren
Pfarrer
Unterrichtsverbot seit 2.3.1942 wegen Ertei-
lung von Christenlehre.

BIHR, GEORG
1910 09 14
Deißlingen
Vikar
Unterrichtsverbot seit 30.6.1937.
Betätigungsverbot für kirchliche Jugendarbeit
seit März 1938.

BIHR, JOHANNES
1900 12 23
Bad Mergentheim
Kaplan
Zwei Verhöre durch die Gestapo.

BIKEL, JOHANN
1877 02 14
Amrichshausen
Pfarrer
Verhör wegen einer regimekritischen Predigt.

BINDER, ANTONIUS (P. FABIAN)
OFM
1887 02 11
Saulgau
Ordenspriester
Verwarnung und Zimmerdurchsuchung durch die Ge-
stapo wegen angeblicher Weitergabe eines Erlas-
ses des Reichsführers SS.
Lit.: Th.Fr. 13 (1958) 268.

BIRKENMAYER, ANTON
1906 02 10
Erbstetten
Pfarrer
Unterrichtsverbot seit 28.6.1937.
1938 30 RM Geldstrafe wegen Verlesung eines
Hirtenbriefes durch die Gestapo.
1940 Geldstrafe durch die Gestapo wegen einer
politischen Äußerung.
1938 und 1940 je ein Verhör durch die Gestapo.

BLANK, THEODOR
1887 12 09
Villingendorf
Pfarrer, Dekan
Seit 1937 Unterrichtsverbot.

BLESSING, JOSEF
1892 02 22
Reichenbach
Pfarrer
1933 bis 1936 polizeiliche Verhöre u.a. wegen
kirchlicher Jugendarbeit und Angriffe in verschiedenen Zeitungen.
1938 30 RM Geldstrafe wegen Verlesung eines verbotenen Hirtenbriefes.
1939 Unterrichtsverbot.

BLESSING, OTTO
1907 04 03
Neukirch
Pfarrer
Seit 1939 Unterrichtsverbot.

BOEHRINGER, ALOIS
1905 07 13
Geislingen / Ahldorf

Pfarrer
1934 Verhör durch die Gestapo wegen einer Predigt.
Wegen Verlesung eines verbotenen Hirtenbriefes
am 7.8.1938 Verhör durch die Gestapo und
am 28.8.1938 30 RM Geldstrafe.
Seit 1943 Unterrichtsverbot.

BOESS, LEONHARD
1888 06 22
Marbach
Pfarrer
80 RM Geldstrafe wegen Verstoßes gegen das
Sammlungsgesetz.

BOK, GABRIEL
1880 03 15
Irrendorf
Pfarrer
Ab 29.5.1940 Unterrichtsverbot durch die Schul-
behörde.

BOLSINGER, EUGEN
1897 04 10
Westerheim
Pfarrer
30 RM Geldstrafe wegen Hirtenbriefverlesung.
Seit Juni 1937 Unterrichtsverbot.

BOLTER, EUGEN
1904 08 09
Oberdischingen / Hohenrechberg
Vikar / Pfarrer
1935 und 1936 in Oberdischingen. In dieser Zeit
zahlreiche Verhöre durch Kreisleiter und Schulrat wegen Verweigerung des Hitlergrußes in der
Schule und Arbeit in den kath. Jugendverbänden.
Ein drohendes Strafverfahren wurde durch die
Versetzung nach Hohenrechberg umgangen.
30 RM Geldstrafe wegen Vervielfältigung eines
verbotenen Hirtenbriefes.
1940 in Untersuchungshaft durch die Gestapo wegen Hitlergrußverweigerung.
1941/42 Verhöre und Haussuchungen durch die Gestapo wegen Predigten und Wallfahrten. 150 RM
Geldstrafe sowie Entzug der Lebensmittelkarten
für sechs Monate wegen Jugendwallfahrten. 55 RM
Geldstrafe wegen verbotener Sammlung.

BORTER, P.
SJ
o.D.
Rosenharz
Ausweisung durch die NSDAP aus dem Gertrudisheim
in Rosenharz.

BOSCH, KARL
1876 01 10
Oberteuringen

Pfarrer
100 RM Geldstrafe wegen Verstoßes gegen das
Sammlungsgesetz.

BREUCHA, HERMANN
1902 08 27
Stuttgart (St. Maria)
Pfarrer
Vom 16. bis 18.8.1933 in Untersuchungshaft. Am 19.
8.1933 Verfahren wegen einer Bemerkung über
Hitler und zu 14 Tagen Haft verurteilt.

BRIEL, NIKOLAUS
1892 05 09
Deilingen
Pfarrer
1936 politische Demonstration gegen Briel.
Seit Sommer 1939 Unterrichtsverbot.

BROSS, PETER
1890 10 24
Rißtissen
Pfarrer
Seit 1.4.1939 Unterrichtsverbot.
Verhör durch die Polizei wegen Einrichtung ei-
nes Saales für den Religionsunterricht.

BUCHTA, ERICH
1911 08 18
Gschwend
Kaplan, Divisionspfarrer
Drei Wochen Hausarrest durch die Division und
Strafversetzung wegen Entfernung eines Hitler-
bildes aus einem Saal, in dem der Gottesdienst
abgehalten wurde.

BUEHLER, JOSEF
1896 12 05
Deißlingen
Pfarrer
Unterrichtsverbot seit 30.6.1937.
Verbot kirchlicher Jugendarbeit seit März 1938.

BUERKLE, JOSEF
1885 08 17
Hohenstadt
Pfarrer
Verwarnung durch die Kreisleitung wegen Aufklärung einer Braut über die Folgen einer Mischehe.
Am 12.2.1939 Haussuchung durch Polizei und SA
sowie Unterrichtsverbot seit Frühjahr 1939.

BUESCH, ALBERT
1913 08 15
Tannhausen
Vikar
Zu 10 Monaten Haft verurteilt wegen Verstoßes
gegen den Kanzelparagraphen.

Einberufung zu einer Strafeinheit des Heeres,
dort am 22.9.1941 gefallen.

BUNDSCHUH, ADOLF
1907 05 11
Pfauhausen-Wernau / Giengen
Pfarrverweser / Expositurvikar
Wegen Abreißens eines Hetzplakates im August
1935 Unterrichtsverbot, von 1935 bis 1936 und ab
1937 ein Verfahren, welches später eingestellt
wurde.

BUNDSCHUH, FRANZ
1876 10 18
Wißgoldingen
Pfarrer
1933 Verwarnung durch die Kreisleitung wegen
Empfehlung der katholischen Presse von der Kanzel.
1937 Unterrichtsverbot.
1938 Geldstrafe wegen Verlesung eines verbotenen Hirtenbriefes.
1941 und 1942 Verhöre wegen Kritik am Mädchen-
landjahrheim sowie Androhung einer Gehaltssperre.

BURGER, FRANZ
1893 08 24
Drackenstein
Pfarrer
1938 30 RM Geldstrafe wegen Verlesung eines verbotenen Hirtenbriefes.
Am 10.2.1939 Haussuchung durch Polizei und SA
sowie seit 8.4.1939 Unterrichtsverbot.

BUTSCHER, DOMINIKUS
1912 05 30
Stuttgart / Lauffen
Vikar / Pfarrverweser
Drei Verhöre durch die Gestapo und Hausdurch-
suchung.

BUTSCHER, KONRAD
1905 09 09
Waldburg
Pfarrer
1936 zwei Anklagen wegen Heimtücke, beide Verfahren wurden eingestellt.
1939 50 RM Geldstrafe oder fünf Tage Haft wegen
Verstoßes gegen das Sammlungsgesetz.
Vom 6. bis 29.12.1939 in Untersuchungshaft in Ravensburg. 1940 durch das Sondergericht Stuttgart
wegen zwei Vergehen gegen das Heimtückegesetz zu
sechs Monaten Haft verurteilt.

DANGELMAIER, ALOIS
1889 03 25
Metzingen / Öffingen
Stadtpfarrer / Pfarrer

Vom 5.1.1934 bis 20.3.1934 im KZ Ulm-Kuhberg wegen Regimekritik und einer Messe für die Kölner Hingerichteten.
Seit 5.2.1937 Unterrichtsverbot wegen seines Verhaltens bei der Einführung der deutschen Schule.
Am 14.1.1944 zu drei Monaten Haft verurteilt wegen Heimtücke. Die Strafe wurde in eine Geldstrafe von 900 RM umgewandelt.

DANGELMAIER, ALOIS
1889 11 14
Eglofs
Pfarrer
Seit 1938 Unterrichtsverbot durch die Lehrer.
1939 drei Verhandlungen wegen Verstoßes gegen das Sammlungsgesetz.
1942 mehrere Verhöre und eine Verwarnung durch die Gestapo wegen Feldpost.

DEINIGER, GUSTAV
1871 02 17
Lautern
Pfarrer
30 RM Geldstrafe wegen Verlesung eines verbotenen Hirtenbriefes.
Unterrichtsverbot.

DEISSLER, FRANZ
1912 04 08
Göppingen
Vikar
Seit 1937 Unterrichtsverbot.
1938 und 1939 Verhöre und Verbot einer geplanten Italienfahrt durch die Gestapo.

DENKINGER, JOHANN NEPOMUK
1872 12 01
Wört
Pfarrer, Dekan
1936 Verwarnung durch das Kultusministerium, weil er die Vorwürfe des Kirchenchors gegen den Hauptlehrer und Ortsgruppenleiter der NSDAP bezüglich der Einführung der deutschen Schule nicht zurückwies.
30 RM Geldstrafe wegen Verlesung eines verbotenen Hirtenbriefes.
Zu drei Wochen Haft im Juli 1937 verurteilt wegen Verbreitung des Goebbels-Briefes. Die Strafe fiel unter Amnestie. Am 7.10.1937 Unterrichtsverbot durch den Kultusminister.

DICK, ANTON
1901 05 11
Bissingen
Pfarrer
Hausdurchsuchung durch die Gestapo und Untersuchungshaft vom 20. bis 24.11.1939.

DIEM, GEORG
1889 06 17
Jagstberg
Pfarrer
1936 Ausschluß aus dem Ortsschulrat wegen Protestes gegen die Gemeinschaftsschule.
1938 Unterrichtsverbot.

DIETERICH, WILHELM
1901 06 11
Kochertürn
Pfarrer, Dekan
Wegen Ausländerseelsorge Geldstrafe.
Unterrichtsverbot.

DOMOGALLA, KARL
1911 01 25
Ludwigsburg
Gefängnisseelsorger
Vom 24.6. bis 2.7.1938 in Untersuchungshaft wegen Verdachts auf illegale Jugendarbeit (ND).

EGE, ANTONIUS (P. NIKODEMUS)
OFM
1902 05 03
Ulm
Verhör und Verwarnung wegen einer Predigt 1938 durch die Gestapo.
Lit.: Th.Fr. 19 (1964) 141.

EGENRIEDER, LEOPOLD
1911 05 27
Altshausen
Kaplan, Jugendseelsorger
Am 3.9.1937 durch das Amtsgericht zu 25 RM Geldstrafe verurteilt wegen einer pädagogischen Maßnahme.
Seit Juni 1940 Unterrichtsverbot.
Im Oktober 1941 Beschlagnahme einer Schreibmaschine und eines Vervielfältigungsapparates durch die Gestapo wegen Vervielfältigung eines Andachtstextes.
1942/43 zahlreiche Verhöre durch die Gestapo und 500 RM Sicherungsgeld wegen katholischer Jugendarbeit.

EGGER, FRANZ
1882 09 06
Schwalldorf
Pfarrer
1940 wegen Abhörens von ausländischen Sendern zu Haft verurteilt.

EHRMANN, BERNHARD
1907 04 24
Nagelsberg
Pfarrer
Ab 28.6.1937 Unterrichtsverbot.
1939 Demonstration der HJ und Beschmierung des

Pfarrhauses wegen Äußerungen gegen die HJ.
1941 Verhör durch die Gestapo wegen Beeinflussung der HJ-Mitglieder.

ENDERLE, JOSEF
1886 01 20
Aufhausen / Zimmern ob Rottweil
Pfarrer
1933 zahlreiche Verhöre und Verhaftung durch
die Gestapo.
1934 mehrere Verhöre durch den Ortsgruppenleiter wegen Sabotage der HJ, Predigten und Christenlehre.
Unterrichtsverbot.

ENDRICH, ERICH
1898 02 19
Buchau
Stadtpfarrer
1934 Anklage wegen Landfriedensbruchs.
1938 Verweigerung eines Reisepasses.
1939 Anklage wegen Verstoßes gegen das Sammlungsgesetz und Unterrichtsverbot.

EPPLE, ALFONS
1896 09 18
Fridingen
Stadtpfarrer, Dekan
Am 14.9.1936 Verhör und Verwarnung durch das
Kultusministerium wegen seines Einsatzes für
die Bekenntnisschule.
Ab 8.4.1939 Unterrichtsverbot wegen politischer Unzuverlässigkeit.
Im Juli 1939 Gerichtsverfahren wegen Kanzelmißbrauchs, aufgrund einer Amnestie eingestellt.
Am 19.1.1942 Verfahren vor dem Sondergericht
wegen Kanzelmißbrauchs und Heimtücke. Das Urteil lautete auf 600 RM Geldstrafe und 500 RM
Verfahrenskosten.

ERNST, EMIL
1886 01 31
Dorfmerkingen
Pfarrer
Nächtliche Demonstration der
SA vor dem Pfarrhaus.

FARNY, HUGO
1888 09 29
Rottweil
Kaplan
Vom 21.6. bis 24.6.1933 in Schutzhaft wegen einer
Äußerung über den Münchner Gesellentag.

FINK, GEORG
1879 04 22
Bergatreute
Pfarrer
1935 50 RM Geldstrafe.

1936 Verleumdung in der NS-Presse wegen Stellungnahme gegen die Gemeinschaftsschule.

FISCHER, FRIEDRICH
1893 03 03
Schnürpflingen
Pfarrer
Im Dezember 1933 30 RM Geldstrafe wegen einer
pädagogischen Maßnahme und Kritik an der HJ.
1934 mehrere Verhöre wegen Verweigerung von
Festgottesdiensten für die Partei, wegen Entlassung des in die NSDAP eingetretenen Meßners
sowie wegen wiederholter Kritik an HJ und BDM.
1936 Festnahme durch die Gestapo wegen Predigt
und Christenlehre.
1939 Verhör durch die Gestapo, weil er sich
weigerte, in sein Pfarrhaus Flüchtlinge aufzunehmen.

FISCHER, ROBERT
1876 02 26
Wildbad
Stadtpfarrer
Unterrichtsverbot.

FLECK, NORBERT (P. VALENTIN)
OFM
1890 05 01
Wangen
Verhör und Verwarnung 1935 durch die Gestapo
wegen angeblicher Devisenvergehen. Im Mai hatte
er Überweisungen für die Mission nach Japan
getätigt.
Lit.: Th.Fr. 12 (1957) 124.

FLESCHHUT, MAX
1888 06 03
Ebersbach
Pfarrer
1936 Strafverfahren wegen Verstoßes gegen das
Flaggengesetz, eingestellt.
1938 30 RM Geldstrafe durch die Gestapo wegen
Verlesung eines verbotenen Hirtenbriefes.
Vom 13.2. bis 24.7.1940 in verschiedenen Gerichtsgefängnissen und im KZ-Lager Welzheim.
Am 8.7.1940 Verurteilung zu vier Monaten Haft
unter Anrechnung der Untersuchungshaft wegen
Polenseelsorge in der Weihnachtspredigt 1939.

FREI, JOSEF
1905 03 26
Reutlingen
Vikar
Verwarnung durch den Schulrat.

FREIST, JOHANN
1891 03 13
Mutlangen
Pfarrer

Dr.
Am 2.4.1943 wegen Kanzelmißbrauchs und Heimtücke durch das Sondergericht Stuttgart zu 500 RM Geldstrafe verurteilt.
Gehaltskürzung um monatlich 144 RM durch das Kultusministerium.
Er kam am 19.4.1945 bei einem Fliegerangriff ums Leben.

FRICK, ROBERT
1910 06 02
Iggingen
Pfarrer
30 RM Geldstrafe wegen Verlesung eines verbotenen Hirtenbriefes.
Unterrichtsverbot.
Im Oktober 1944 polizeiliches Verhör im Auftrag der Gestapo wegen Ausländerseelsorge.

FRIESER, RUDOLF
1885 06 29
Backnang / Herrenzimmern
Pfarrer
Zahlreiche Verhöre durch Gestapo und Polizei wegen Predigten.
Unterrichtsverbot.

FRITTRANG, FRANZ
1901 01 27
Mettenberg
Pfarrer
Wegen politischer Unzuverlässigkeit Unterrichtsverbot.

FUCHS, EUGEN
1876 12 04
Ravensburg
Geistl. Studienrat
Dr. phil.
Von 1939 bis 1941 Zwangspensionierung durch den Kultusminister wegen Kritik an einem nationalsozialistischen Kollegen und wegen einseitiger Ausstattung der Schülerbibliothek.

FUCHS, KARL
1908 01 18
Tannhausen
Vikar
35 RM Geldstrafe wegen Verlesens eines Hirtenbriefes.
Unterrichtsverbot.

FUELLER, KARL
1901 11 21
Ellwangen / Meckenbeuren
Pfarrer
1937 30 RM Geldstrafe wegen Verlesung der Enzyklika „Mit brennender Sorge".
Seit 1937 Unterrichtsverbot wegen angeblicher

Herabsetzung nationalsozialistischer Bevölkerungspolitik.
Im Oktober 1939 Anklage vor dem Sondergericht wegen Heimtücke, aufgrund einer Amnestie eingestellt.

FUERST, GEORG
1899 05 18
Geislingen
Stadtpfarrer
30 RM Geldstrafe oder sechs Tage Haft wegen Verlesung eines verbotenen Hirtenbriefes.

FUETTERLING, ADOLF
1879 04 14
Talheim
Pfarrer
Unterrichtsverbot.

FUNK, KARL
1875 06 01
Rottweil
Konviktsdirektor, Gymnasialprofessor
Dr. phil.
Wegen eines politischen Witzes vom 15. bis 20.5. 1936 in Untersuchungshaft, zwei Verfahren vor dem Sondergericht endeten mit Freispruch. Durch die Dienststrafkammer dann zu 300 RM Geldstrafe verurteilt.
Am 1.7.1937 Zwangspensionierung.

GALLI, P. MARIO VON
SJ
1904 10 20
Stuttgart
Am 14.2.1935 Redeverbot und später Landesverweis.
Galli gehörte der Jesuitenniederlassung Stella Maris an.

GAUSS, OTTO
1877 12 29
Tigerfeld
Pfarrer
Seit 1936 Unterrichtsverbot.

GAWATZ, JOSEF
1883 11 25
Weigheim
Pfarrer
Seit 1.7.1937 Unterrichtsverbot.

GEIGER, ALFONS
1899 03 03
Göttelfingen
Pfarrer
1938 Haussuchung und Verhör durch die Gestapo wegen Ministrantenwallfahrt.
30 RM Geldstarfe wegen Verlesung eines verbote-

nen Hirtenbriefes.
Seit 1944 Unterrichtsverbot.
1941 Verhöre und Haussuchungen durch die
Gestapo.

GEIGER, ANTON
1886 01 23
Straßdorf
Pfarrer
Verwarnung durch das Oberamt.
Unterrichtsverbot.
Ein geplanter Pfarrhaussturm durch Parteieinhei-
ten wurde durch die Ortsfeuerwehr verhindert.

GEIGER, FRANZ
1905 11 30
Kirchhausen
Pfarrer
Wegen mehrmaliger Verstöße gegen die Feier-
tagsordnung ab 31.10.1941 in Haft.
Vom 12.12.1941 bis 26.4.1945 im KZ Dachau.
Lit.: Weiler, 250.

GEIGER, HERMANN
1907 09 14
Massenbachhausen
Pfarrer
Unterrichtsverbot.

GESSLER, ALOIS
1881 11 24
Eggmannsried
Pfarrer
1939 30 RM Geldstrafe wegen Verlesung eines verbotenen Hirtenbriefes.
Am 20.3.1944 durch die Gestapo verhaftet und im
KZ Welzheim bis 1.7.1944. Der Grund für seine
Festnahme: Er hatte sich am Ende einer zur politischen Versammlung umfunktionierten Luft-
schutzversammlung geweigert, die Nationalhymne
mitzusingen.

GESSLER, FRANZ
1886 05 27
Äpfingen
Pfarrer
Wegen politischer Unzuverlässigkeit Unter-
richtsverbot.

GINTER, ANDREAS
1883 02 01
Lauffen
Pfarrer
Unterrichtsverbot.

GOEGLER, FRANZ
1894 07 30
Tettnang
Stadtpfarrer
Seit 1.7.1937 Unterrichtsverbot.

GOESER, ALOIS
1884 10 26
Riedlingen
Stadtpfarrer, Dekan
Seit 1936 Unterrichtsverbot.

GOLD, ALBERT
1903 03 21
Lauterbach
Stadtpfarrer
Zweimal Geldstrafe von jeweils 200 RM wegen
staatsfeindlicher Äußerungen.

GOSSNER, HERMANN
1897 11 15
Neukirch
Pfarrer
Seit 30.6.1937 Unterrichtsverbot wegen seiner
Verweigerung des Treueides auf Hitler.
Am 6.12.1940 Verhör und Verwarnung durch die
Gestapo.
1941 zwei Verhöre und 300 RM Sicherungsgeld durch
die Gestapo wegen einer Osterpredigt.

GROMER, ALOIS
1906 09 27
Reinstetten
Pfarrer
Verwarnung durch die Kreisleitung am 18.9.1933
wegen Hitlergrußverweigerung gegenüber den
Schülern.
Unterrichtsverbot aus weltanschaulichen Grün-
den.

GROSS, ALBRECHT
1883 01 07
Laupheim
Stadtpfarrer
1936 20 RM Geldstrafe und Verweis.

GROS, WILHELM
1914 02 17
Baienfurt
Vikar
Unterrichtsverbot.

GUTKNECHT, MAX
1901 02 21
Blochingen
Pfarrer
1934 Verwarnung durch die Gestapo wegen Beeinflussung eines jungen Mannes, nicht in die SA
einzutreten.
Seit 1939 Unterrichtsverbot.

HAAG, THOMAS
1880 12 17
Kiebingen
Pfarrer, Dekan
30,55 RM Geldstrafe wegen Verlesung verbotener
Hirtenbriefe.

HAEFELE, EUGEN
1905 11 21
Eggenrot / Langenschemmern
Pfarrer
1936 Verhöre durch Schulrat und Gestapo wegen
seines Eintretens für die Bekenntnisschule,
1937 wurde ein Verfahren gegen ihn eingestellt.
Am 29.5.1942 500 RM Sicherungsgeld wegen regimekritischer Äußerungen und Teil-Gehalts-
sperre von monatlich 144 RM ab März 1943.
Am 5.4.1944 500 RM Sicherungsgeld wegen Predigten. Am 21.6.1944 durch das Sondergericht
wegen Kanzelmißbrauchs zu sechs Monaten Haft
verurteilt und Einziehung der Kaution von 500 RM zugunsten der NSV am 12.4.1944.

HAEGELE, ALBERT
1896 07 02
Eislingen / Pommertsweiler
Pfarrer
Unterrichtsverbot.

HAEGELE, ANTON
1895 09 21
Eutingen
Pfarrer, Kommissär
Am 11.11.1938 30 RM Geldstrafe wegen Verlesung
eines verbotenen Hirtenbriefes.
Seit 16.4.1939 Unterrichtsverbot.
Am 31.10.1941 Gestapoverhör wegen seines Ein-
satzes für die Erhaltung des katholischen Kin-
dergartens.

HAENSLER, P. HEINRICH
OSB
o.D.
Liebenau
Hänsler lebte als Flüchtling aus Prag in der
Heil- und Pflegeanstalt Liebenau.
Ausweisung durch die Gestapo.

HAGEN, KARL
1888 01 27
Ravensburg
Geistl. Studienrat
Dr. phil.
Seit 23.11.1935 Unterrichtsverbot durch das Kul-
tusministerium wegen Regimekritik und Werbung
für die katholische Jugendorganisation.

HAGER, RUDOLF
1906 12 16
Burgberg / Baienfurt
Pfarrer
30 RM Geldstrafe wegen Verlesung eines verbotenen Hirtenbriefes.
Seit Sommer 1937 Unterrichtsverbot.

HAHN, ANTON
1882 06 12
Ahlen
Pfarrer
Unterrichtsverbot, Zeit und Grund nicht angege-
ben.

HAMMER, JOSEF
1880 09 17
Zwiefaltendorf
Geistl. Studienrat, Pfarrverweser
Dr. phil.
1937 zwangspensioniert.

HANOLD, JOSEF
1902 06 28
Aschhausen
Pfarrer
Mehrere Gestapoverhöre wegen Kritik an NS-Jugendorganisationen, wegen Predigten und Beeinflussung in den Jahren 1934 bis 1940. Androhung der
Einweisung in ein KZ.
Am 19.5.1937 Unterrichtsverbot durch das Kultusministerium wegen angeblicher Überschreitung
des Züchtigungsrechtes.
1938 Entzug des Führerscheins wegen politischer
Unzuverlässigkeit. 30 RM Geldstrafe wegen seines Protestes zum Führerscheinentzug.

HANSSLER, BERNHARD
1907 07 23
Ulm / Tübingen
Jugendpfarrer / Studentenseelsorger
1934 bis 1936 Geldstrafen von 200 und 250 RM in
verschiedenen Fällen. 1937 32,50 RM Geldstrafe
wegen Beamtenbeleidigung.
1938 auf Verlangen der Gestapo durch Gerichtsurteil als Liquidator des Albertus-Magnus-Ver-
eines disqualifiziert.
1940 Redeverbot für den Bereich der Gestapo
Münster und Verbot jeder schriftstellerischen
Tätigkeit durch die Reichsschrifttumskammer.

HARLACHER, ANTON
1899 12 22
Tettnang
Kaplan
Wegen einer pädagogischen Maßnahme am 10.7.
1934 50 RM Geldstrafe und von Juli bis Oktober 1934
Unterrichtsverbot durch den Kultusminister.

HARLACHER, BENEDIKT
1906 09 05
Ertingen
Kaplan
Seit 1938 Unterrichtsverbot.

HARTMANN, RAPHAEL
1885 10 21
Rupertshofen
Pfarrer
Wegen Polenseelsorge vom 7.2.1940 bis 29.2.1940
in Untersuchungshaft, vom 1.3.1940 bis 31.5.1940
in Schutzhaft, vom 1.6.1940 bis 9.7.1940 im Po-
lizeigefängnis und am 4.6.1940 zu fünf Monaten
Haft durch das Sondergericht verurteilt.
Gehaltskürzung um monatlich 226 RM.

HAUG, JOHANNES
1908 08 18
Dormettingen
Pfarrer
Seit 1.7.1937 Unterrichtsverbot.
Von Oktober bis Dezember 1939 in Gestapohaft.

HAUG, PAUL
1906 08 04
Bachenau / Untergröningen / Weiler i. d. Bergen
Vikar / Pfarrer
1935 kurzfristige Festnahme und Verhör durch
die Gestapo wegen einer Predigt.
20,54 RM Geldstrafe wegen Zulassung von Polen zu
den Gottesdiensten.
Ab 1.7.1937 Unterrichtsverbot.
Mehrmalige Verhöre durch die Gestapo.
1944/45 Unterhaltung eines Bordells im Pfarrhaus
für Angehörige der Wehrmacht und der OT.
Gescheiterter Versuch von SS-Offizieren, den
Pfarrer am 21./22.4.1945 vor der Besetzung des
Dorfes durch die Amerikaner zu entfernen.

HAUPS, P. EDUARD
SJ
1898 04 04
Stuttgart
Am 14.2.1935 in Schutzhaft genommen wegen Kon-
ferenzen gegen Rosenberg, entlassen am 1.3.
1935 bei der Saar-Amnestie.
Etwa fünf Verhöre durch die Gestapo und heftige
Angriffe in NS-Zeitungen.
Haups gehörte der Jesuitenniederlassung Stella
Maris in Stuttgart an.

HECKMANN, ARTUR
1906 08 06
Herlikofen
Pfarrer
Unterrichtsverbot.

HEINE, ANTON
1903 08 16
Schwäbisch Gmünd
Kaplan
Unterrichtsverbot.

HERZ, JOSEF
1882 02 19
Höchstberg
Pfarrer
Seit 1939 Unterrichtsverbot.

HERZ, JULIAN
1890 12 22
Leinzell
Pfarrer
1937 öffentliche Anprangerung wegen Einkaufs
bei Juden.
Unterrichtsverbot.
Ab 15.9.1936 sechs Wochen in Schutzhaft, danach in
Untersuchungshaft wegen Abhörens ausländischer
Sender. Am 8.2.1940 Verfahren vor dem Sonder-
gericht Stuttgart; eingestellt, da der Richter
ein Kriegskamerad des Pfarrers war.
Beschlagnahme des Radios.

HESS, OSKAR
1878 08 05
Bühl
Pfarrer
30,55 RM Geldstrafe wegen Verlesung eines verbotenen Hirtenbriefes.

HEZEL, JOSEF
1901 03 21
Nordstetten
Pfarrer
Mehrere Verhöre durch die Gestapo.

HEZEL, PAUL
1888 06 28
Zimmern unter der Burg
Pfarrer
Verhöre wegen Predigten und wegen Verlesung
eines verbotenen Hirtenbriefes.
Unterrichtsverbot.

HIEBER, MAX
1909 01 06
Laudenbach / Bremelau
Vikar / Pfarrer
Einige Verwarnungen und seit 1937 Unterrichts-
verbot.

HILDENBRAND, AUGUST
1907 04 24
Alpirsbach
Stadtpfarrer
Verbot jeder schriftstellerischen Betätigung

durch Verfügung der Reichsschrifttumskammer wegen politischer Unzuverlässigkeit.

HIRNER, ANTON
1872 01 24
Hussenhofen
Pfarrer, Dekan
30 RM Geldstrafe wegen Verlesung eines verbotenen Hirtenbriefes.

HOEGERLE, P. GEORG
CSSR
1891 04 09
Stuttgart
Missionar, Rektor
Von 26.6. bis 15.7.1933 in Schutzhaft durch die Gestapo wegen einer heimtückischen Predigt. Vorzeitige Entlassung anläßlich einer Amnestie. Androhung von Konzentrationslager und unter Polizeiaufsicht gestellt.
Im August 1939 Verwarnung durch die Gestapo wegen einer herabsetzenden Bemerkung über den deutschen Sport.

HOERNER, JOSEF
1906 01 18
Schramberg
Kaplan
Vom 12.5. bis 18.9.1941 in Haft wegen einer Predigt. Am 18.9.1941 durch das Sondergericht Stuttgart zu vier Monaten Haft verurteilt unter Anrechnung der Untersuchungshaft.

HOFMANN, ERNST
1904 08 20
Wernau-Pfauhausen
Pfarrer
Dr. phil.
1938 400 RM Geldstrafe wegen eines Vergehens gegen das Sammlungsgesetz.
1938 Unterrichtsverbot.
1940 weitere Geldstrafe.

HOPFENSIZ, MAX
1881 02 26
Löffelstelzen
Pfarrer
Verwarnung durch die Gestapo wegen einer Äußerung gegen Hitler.
Unterrichtsverbot 1938 wegen einer pädagogischen Maßnahme.

HUBBUCH, P. JOHANN BAPTIST
SJ
o.D.
Liebenau
Ausweisung aus der Heil- und Pflegeanstalt Liebenau.

HUBER, P. HERMANN
SJ
1890 08 13
Ravensburg
Superior, Kaplan
Am 16.12.1939 durch das Sondergericht zu sechs Monaten Haft verurteilt wegen Heimtücke in zwei Fällen.
Am 30.7.1942 in Untersuchungshaft wegen angeblichen Verstoßes gegen das Sammlungsgesetz.

HUGGER, EUGEN
1870 08 30
Stetten
Pfarrer, Dekan
Unterrichtsverbot.

JAUCH, WILHELM
1889 10 26
Marbach
Pfarrer
Unterrichtsverbot

JOERG, JOHANNES
1911 08 03
Hausen
Pfarrverweser
Seit 1941 15 Verhöre durch Gestapo und Polizei sowie zwei Haussuchungen.
Verweigerung von Bezugsscheinen jeder Art während des Krieges.
Am 15.5.1944 Beschimpfung und Bedrohung durch NSDAP-Mitglieder. Im März 1945 Androhung der Erhängung.

KAES, JOHANNES
1904 06 24
Untertalheim
Pfarrer
Unterrichtsverbot.

KAIM, EMIL
1871 01 23
Rottenburg
Domkapitular
Dr. theol.
Am 23.8.1944 kurzfristige Festnahme durch die Gestapo ohne Grundangabe.

KAIM, JOSEF
1885 07 26
Rottweil-Altstadt
Stadtpfarrer
Seit 28.6.1937 Unterrichtsverbot.

KEES, ALFRED
1909 03 05
Heilbronn / Bad Mergentheim / Schwäbisch Gmünd
Vikar / Präfekt / Kaplan

1934 Unterrichtsverbot in Heilbronn.
Im August 1939 in Mergentheim als Präfekt der
bischöflichen Studienanstalt wegen Ablehnung
des Weltanschauungsunterrichts und wegen der
sonstigen Jugenderziehung für untragbar erklärt durch das Kultusministerium.
1940 Verwarnung durch die Gestapo nach einem
Verhör wegen angeblich staatsfeindlicher
Äußerungen im Religionsunterricht in Schwäbisch Gmünd.

KEHL, JOHANN BAPTIST
1883 05 14
Obereschach / Graz
Pfarrer
Im Frühjahr 1936 vom Schulrat in Ravensburg
wegen illegaler Jugendarbeit verhört und verwarnt; ebenso ein Verhör durch die Gestapo mit
Androhung der Verhaftung.
In der Presse als angeblicher Sittlichkeitsverbrecher angegriffen. Ermittlungen des Landgerichts Rottweil wurden mangels Beweises eingestellt. Vom 10.8. bis zum 15.9.1936 in Untersuchungshaft. Des weiteren schließlich
ab Juni 1936 Unterrichtsverbot durch das württembergische Kultusministerium. Der Pfarrer
mußte auf die Pfarrstelle verzichten.
Im Januar 1941 Verhör und Verwarnung durch die
Gestapo Graz (Steiermark), wo er sich im Auftrag des „Weißen Kreuzes" als Aushilfsseelsorger befand, wegen unerlaubter „religiöser
Propaganda".

KEILBACH, KARL
1899 05 02
Schloß Zeil
Pfarrer
Dr. theol.
30 RM Geldstrafe wegen Verlesung eines verbotenen Hirtenbriefes.

KERN, DIETER
1905 11 10
Oberndorf
Vikar
Am 15.6.1938 inhaftiert durch die Gestapo wegen
Regimekritik. Am 1.7.1938 wurde er wegen einer
Haftpsychose in die Nervenheilanstalt Rotten-
münster eingeliefert. Dort am 27.1.1939 ent-
lassen und auf eine andere Stelle versetzt.

KIECHLE, ANTON
1882 03 21
Deggingen
Pfarrer
Seit 1939 Unterrichtsverbot. Am 10.9.1939 Haus-
suchung durch die Gestapo.

KILLMAYER, THEODOR
1872 08 26
Stafflangen
Pfarrer
Vom 1.2. bis 3.3.1940 in Untersuchungshaft,
dann zu vier Monaten Haft wegen Ausländerseelsorge verurteilt.

KING, EUGEN
1891 03 19
Freudenstadt
Stadtpfarrer, Dekan
Unterrichtsverbot.

KLAUS, ADALBERT
1911 02 22
Neuler
Vikar
Unterrichtsverbot.

KLAUSMANN, JOHANNES
1893 03 14
Denkingen
Pfarrer
1933 einen Tag in Untersuchungshaft durch die Gestapo wegen Regimekritik und Arbeit im katholischen
Jungmännerverein.
1938 30 RM Geldstrafe wegen Verlesung eines verbotenen Hirtenbriefes.

KNUPFER, FRANZ
1888 11 08
Isny (St. Georg)
Stadtpfarrer
Seit 6.1.1942 Unterrichtsverbot.

KOCH, WILHELM
1874 09 21
Tettnang
Stadtpfarrer, Dekan, Professor
Dr. theol.
Am 22.1.1937 Verwarnung durch den Kultusmini-
ster.
Im Mai 1941 wegen Predigten und Regimekritik
Haussuchung, drei Wochen in Gestapohaft und Kreis-
verbot.
Ab 21.7.1941 Gehaltskürzung um 144 RM monat-
lich wegen Regimekritik.
Am 12.9.1941 Verurteilung zu 300 RM Geldstrafe
durch das Sondergericht wegen Verstoßes gegen
den Kanzelparagraphen.

KOENIG, JOHANN
1901 12 22
Kirchbierlingen
Pfarrer
Dr. phil.
Er sollte auf Verlangen des Ortsgruppenlei-
ters 1945 hingerichtet werden, da er nicht ver-

hinderte, daß bei der Besetzung des Pfarrdorfes die Bauern weiße Fahnen hißten.

KOHLER, WILHELM
1877 05 10
Westhausen
Pfarrer
Verwarnung durch das Landratsamt wegen Geläutes.
Verweis durch den Reichsstatthalter in Württemberg wegen Eintretens für Bischof Dr. Sproll.
1939 Verhör durch die Gestapo wegen Vergehens gegen das Flaggengesetz.
Polizeiliches Verhör zur Ermittlung der Stifter von Meßkoffern.
Am 12.3.1943 Verhör durch die Gestapo wegen Zurechtweisung einer BDM-Angehörigen.

KOLB, MATTHAEUS
1887 09 09
Uttenweiler
Pfarrer
400 RM Geldstrafe wegen Sammlung für die Caritas.

KONRAD, MATTHIAS
1906 08 07
Huldstetten
Pfarrer
Seit 28.6.1937 Unterrichtsverbot ohne Grundangabe.
1938 30,55 RM Geldstrafe wegen Verlesung eines verbotenen Hirtenbriefes. Vorher polizeiliches Verhör.

KOPF, AUGUSTIN
1883 11 19
Bavendorf
Pfarrer
Verwarnung durch den Kreisleiter wegen einer Predigt.
Gerichtsverfahren wegen Verstoßes gegen das Flaggengesetz, amnestiert.

KRAEMER, FRANZ
1889 02 11
Sießen
Pfarrer
Seit 18.4.1939 Unterrichtsverbot unter Berufung auf den Erlaß des Reichserziehungsministeriums vom 1.7.1937, wonach der Religionsunterricht soweit möglich von staatlichen Lehrkräften zu erteilen sei.
Mehrere Verhöre durch die Gestapo wegen seiner Predigten.

KRAEUTLE, JOHANNES
1883 02 05
Regglisweiler / Braunenweiler
Pfarrer

Verwarnung durch das Kultusministerium wegen Verlesung eines verbotenen Hirtenbriefes.
Seit 31.1.1939 Unterrichtsverbot.
Am 10.6.1935 58,89 RM Geldstrafe wegen Verstoßes gegen das Sammlungsgesetz.
Verhör durch die Gestapo und am 16.10.1939 Verfahren wegen Kanzelmißbrauchs; Kräutle wurde später amnestiert.

KRAMER, GEORG
1905 05 26
Waldsee / Schorndorf
Vikar / Stadtpfarrer
Vom 24. bis 28.6.1933 in Schutzhaft wegen Verbreitung eines „Gerüchtes" über Hitler.
Verhöre und Verwarnungen durch die Gestapo wegen Abhaltung von Polengottesdiensten.
Ab Juni 1938 Unterrichtsverbot.
30 RM Geldstrafe wegen Verlesung eines verbotenen Hirtenbriefes.

KREBS, AUGUST
1880 11 22
Laudenbach
Pfarrer
1934 Verwarnung durch die Gestapo.
Unterrichtsverbot.

KRUCKER, JOSEF (P. DOMINIKUS)
OFM
1893 03 04
Ulm
1941 und 1943 kurzfristige Festnahmen durch die Gestapo wegen Predigten. 1943 Verurteilung durch das Sondergericht zu neun Monaten Haft.

KUCHER, EDUARD
1875 08 15
Steinhausen
Pfarrer
Unterrichtsverbot aus weltanschaulichen Gründen.

KUCHER, PAUL
1902 06 28
Treffelhausen
Pfarrer
30 RM Geldstrafe oder sechs Tage Haft wegen Verlesung eines verbotenen Hirtenbriefes.

KUGLER, FRANZ
1911 05 19
Ravensburg (St.Jodok)
Vikar
1935 400 RM Geldstrafe,
später amnestiert.

KUHNLE, KARL
1881 02 17
Schechingen / Laimnau

Pfarrer
Ab 1933 wiederholt Verleumdungen in der
NS-Presse und Verhöre durch die Gestapo,
am 21.7.1934 durch das Sondergericht zu 150 RM
Geldstrafe verurteilt wegen Verweigerung der
Teilnahme an der Heldengedenkfeier, Angriffen
gegen die HJ und Beleidigung des Kultusministers. Unterrichtsverbot und Ausweisung aus der
Pfarrei Schechingen.
1936 Verhör und Anprangerung in der NS-Presse
wegen seiner Stellungnahme gegen die Gemeinschaftsschule.
1937 und 1938 wiederholt Verwarnungen durch das
Kultusministerium und seit 12.2.1939 erneut
Unterrichtsverbot.
Am 20.7.1939 34,40 RM Geldstrafe wegen zweimaliger Nichtbeflaggung.

KULMUS, JOSEF
1898 04 10
Ennabeuren
Pfarrer
1936 20 RM Geldstrafe wegen Hitlergrußverweige-
rung.
Seit 1936 Unterrichtsverbot.
Am 17.8.1936 einen Tag in Untersuchungshaft und
Haussuchung durch die Gestapo.
Im August 1937 Verhör durch die Gestapo und
Gerichtsverfahren wegen Verlesung des
„Goebbels-Briefes", durch Amnestie eingestellt.
Im Januar 1944 polizeiliches Verhör im Auftrag
der Gestapo.

KUOLT, WILHELM
1899 07 05
Dietingen
Pfarrer
Seit 30.6.1937 Unterrichtsverbot.
Zahlreiche Verhöre durch Polizei und
Parteidienststellen.

LAKNER, FRANZ
1901 12 15
Schömberg
Stadtpfarrer
Seit 30.6.1937 Unterrichtsverbot.
1939 zwei Verfahren vor dem Sondergericht wegen
Heimtücke und Verstoß gegen das Versammlungsgesetz. Später Aufgrund einer Amnestie eingestellt.

LANDWEHR, KARL
1880 12 18
Frommenhausen
Pfarrer
1938 30 RM Geldstrafe wegen Verlesung eines verbotenen Hirtenbriefes.

LAUER, KARL
1881 05 14
Degmarn
Pfarrer
Unterrichtsverbot.

LEICHT, ANTON
1901 09 03
Irslingen
Pfarrer
Seit Juni 1937 Unterrichtsverbot. Verhör durch
die Gestapo.

LEICHT, KARL
1897 01 04
Salach
Pfarrer
100 RM Geldstrafe wegen Abhaltung eines Gottesdienstes während einer Sperrzeit.
Unterrichtsverbot ohne Grundangabe.

LEIPRECHT, CARL JOSEPH
1903 09 11
Ehingen an der Donau / Rottweil
Konviktsvorsteher / Stadtpfarrer
Wiederholt zahlreiche Verhöre durch die Ge-
stapo.
Verwarnung durch die Gestapo wegen Abhal-
tung einer Frauenwallfahrt.

LEISSLE, JOSEF
1879 03 13
Elchingen / Schwarzenbach
Pfarrer
Seit 1933 verschiedene Verhöre und Haussuchungen
durch die Gestapo, dabei Beschlagnahme eines
Buches, wegen Regimekritik.
Verwarnung und Androhung von KZ durch die
Gestapo.
Vom 19.1. bis 23.2.1934 im KZ Ulm-Kuhberg durch
die Gestapo. Die Freilassung erfolgte nur unter
der Bedingung des Pfarreiwechsels.
Unterrichtsverbot.

LINSENMANN, EUGEN
1883 02 09
Tannhausen
Pfarrer
35 RM Geldstrafe wegen Verlesung eines verbotenen Hirtenbriefes.
Unterrichtsverbot.
Aberkennung seines Ehrenbürgerrechtes wegen
„unwürdigen Verhaltens".

LUIGART, WILHELM
1893 07 20
Auernheim
Pfarrer
Verhör durch die Gestapo und Geldstrafe wegen

Verlesung eines verbotenen Hirtenbriefes.
Unterrichtsverbot.

LUTZ, FRANZ
1891 10 14
Tuttlingen
Stadtpfarrer
Unterrichtsverbot.

MAAG, WILHELM
1883 06 23
Schwäbisch Gmünd
Geistl. Studienrat
Zum 31.12.1933 Entlassung als Religionslehrer durch das Kultusministerium aufgrund des Gesetzes zur Wiederherstellung des Berufsbeamtentums.

MAIER, KARL
1891 01 27
Gosbach
Pfarrer
30 RM Geldstrafe wegen Verlesung eines Hirtenbriefes.
Unterrichtsverbot.

MANDEL, KARL
1876 01 04
Unterböbingen
Pfarrer
Seit Juni 1937 Unterrichtsverbot.

MANUWALD, P. MARTIN
SJ
1882 12 08
Stuttgart
Spiritual
Am 17.10.1936 Festnahme durch die Gestapo nach einer Vortragsreise über Pater Philipp Jeningen. Fünf Tage in Haft.
Mehrere Verhöre, Haussuchungen und Beschlagnahme von Jugendsachen wegen seiner Jugendarbeit.
Schreibverbot durch die Reichsschrifttumskammer, weil er Jungen vom Eintritt in die HJ abgehalten habe, ständige Überwachung seines Briefverkehrs.
Manuwald gehörte der Jesuitenniederlassung Stella Maris an.
Verstorben am 20.7.1961.

MANZ, ALBERT
1907 01 24
Schwenningen
Vikar
1938 in Untersuchungshaft wegen Verdachts auf illegale Jugendarbeit (ND).

MARK, ALFONS
1880 03 23
Heidenheim
Stadtpfarrer
Wegen Defätismus in Polizeihaft vom 7.1. bis 1.6.1944 und im KZ Dachau vom 2.6.1944 bis 8.4.1945.
Lit.: Weiler, 438.

MAUCH, FRANZ
1897 05 28
Affaltrach / Aixheim
Pfarrer
Wegen fortgesetzter Regimekritik mehrere Verhöre, Verwarnungen und Bedrohungen durch Gestapo und Parteidienststellen. Unterrichtsverbot.
Ein Verfahren gegen ihn fiel unter Amnestie.
Benachteiligung bei der Zuteilung von Bezugsscheinen.

MAYENBERGER, ALFONS
1901 09 26
Seedorf
Pfarrer
1937 wurde ein Verfahren wegen Kanzelmißbrauchs anhängig gemacht, vom Gericht jedoch Ablehnung der Eröffnung des Hauptverfahrens.
1937 Unterrichtsverbot.
1939 Verfahren wegen Verstoßes gegen das Sammlungsgesetz, eingestellt aufgrund einer Amnestie.

MAYER, HERMANN
1884 12 14
Schwäbisch Gmünd
Stadtpfarrer, Dekan
Dr. theol.
30 RM Geldstrafe wegen Verlesung eines verbotenen Hirtenbriefes.
Unterrichtsverbot.

MAYR, P. BERNHARD
ORDENSZUGEHOERIGKEIT UNBEKANNT
1913 08 10
Obereßlingen
Vikar
Verhör 1942 durch die Gestapo wegen eines Polengottesdienstes. Überwachung durch die Gestapo während der Jahre 1941 bis 1943.
Verweigerung der Unterrichtserlaubnis in Württemberg und Bayern.

MERK, FRANZ
1874 02 01
Altheim
Pfarrer
Unterrichtsverbot aus weltanschaulichen Fragen.

MESLE, EUGEN
1879 04 29
Mühlhausen
Pfarrer
Unterrichtsverbot.

MICHEL, JOSEF
1898 02 10
Waldhausen
Pfarrer
Wegen Verlesung eines verbotenen Hirtenbriefes
Geldstrafe durch die Gestapo. Vorher Verwarnung
unter Androhung strenger Maßnahmen (KZ) und drei
Verhöre durch die Gestapo.

MOHR, VALENTIN
1889 03 28
Friedrichshafen
Stadtpfarrer
Unterrichtsverbot.

MOSER, MARTIN
1911 11 02
Schlechtbach / Ulm
Pfarrer
30 RM Geldstrafe wegen Verlesung eines verbotenen Hirtenbriefes.
Ab Juli 1938 Unterrichtsverbot.

MUEHLBEYER, JOSEF
1893 03 28
Mittelbuch
Pfarrer
30 RM Geldstrafe wegen Verlesung eines verbote-
nen Hirtenbriefes des Bischofs von Rottenburg.
Unterrichtsverbot aus politischen Gründen.
Vom 7.5. bis 8.9.1941 in Polizeihaft.
Vom 8.9.1941 bis 28.12.1942 im KZ Welzheim und
vom 1.1.1943 bis 29.3.1945 im KZ Dachau.
Lit.: Weiler, 468.

MUEHLEISEN, JOSEF
1887 08 25
Weißenstein
Stadtpfarrer
Von Juli 1937 bis 1945 Unterrichtsverbot.

MUELLER, ALFONS
1881 12 15
Saulgau
Stadtpfarrer
Dr. phil.
Am 29.9.1942 wegen Heimtücke durch das Sonder-
gericht zu zwei Monaten Haft verurteilt. Diese
Strafe wurde umgewandelt in 600 RM Geldstrafe,
das Reichsgericht in Leipzig bestand jedoch auf
der Haftstrafe.
Seit November 1942 Unterrichtsverbot.
Im Januar 1944 3000 RM Sicherungsgeld.

MUELLER, ANSELM
1897 06 10
Wiesensteig
Stadtpfarrer
30 RM Geldstrafe wegen Verlesung eines verbotenen Hirtenbriefes.
Seit 1933 Unterrichtsverbot.

MUELLER, FRANZ XAVER
1877 12 20
Ebenweiler
Pfarrer, Dekan
Seit 18.4.1939 Unterrichtsverbot.

MUELLER, JOSEF
1880 03 23
Oberndorf / Erlenbach
Stadtpfarrer
Ab 1937 Unterrichtsverbot.
Verschiedene Verhöre durch die Gestapo.

MUELLER, KARL
1906 04 14
Bochingen
Pfarrer
1940 Verhör durch die Gestapo und 40 RM Geldstrafe, weil er die Fahne nicht grüßte.

MUNDING, MAX
1887 06 02
Weilheim
Pfarrer
Zwei Verhöre 1944 und 1945 durch die Gestapo wegen
politischer Äußerungen.

MUTTELSEE, FRIEDRICH
1893 11 27
Heilbronn-Sontheim
Stadtpfarrer
Unterrichtsverbot.

NAGEL, OTTO
1909 04 26
Geislingen-Altenstadt
Stadtpfarrer
Seit 1939 Unterrichtsverbot.

NEU, EUGEN
1886 10 01
Wellendingen
Pfarrer
Seit 30.6.1937 Unterrichtsverbot.

NEUMAYR, P.
SJ
o.D.
Liebenau
Anstaltsgeistlicher
P.Neumayr war Geistlicher der Heil- und Pflege-

anstalt Liebenau.
Ausweisung aus der Anstalt durch die Gestapo.

NICOLAUS, P. JOHANN
OMI
1882 04 26
Aufhofen
Während des Dritten Reiches zwei Jahre in Haft.

NIEDER, EDWIN
1885 01 05
Ravensburg (Liebfrauen)
Stadtpfarrer
Seit Februar 1937 Unterrichtsverbot.

NUSS, KILIAN
1899 11 19
Berlichingen
Pfarrer
Bedrohung durch die SA wegen seines Eintretens
für die Juden während der Kristallnacht und
durch eine Erklärung nach dem Gottesdienst am
nächsten Tag.
Seit 1.7.1937 Unterrichtsverbot.

NUSSER, ALBERT
1909 09 01
Hüttlingen / Aalen / Stuttgart / Ulm
Vikar / Jugendpfarrer
1933 in einem Gerichtsverfahren zu 20 RM Geldstrafe wegen Verstoßes gegen das Pressegesetz
verurteilt.
30 RM Geldstrafe wegen Verlesung eines verbotenen Hirtenbriefes.
Seit 5.3.1938 Unterrichtsverbot, ab 27.5.1938
Redeverbot für ganz Württemberg durch die Gestapo und am 23.11.1938 Ausweisung aus Württemberg.
Seit 1933 Versuche der Partei, seinen Verzicht
auf die kirchliche Jugendarbeit zu erreichen.
Zahlreiche Verhöre durch die Gestapo und zwei
Haussuchungen.
Aufgrund politischer Unzuverlässigkeit im
Mai 1940 Unterrichtsverbot in Bayersried
(Bistum Augsburg).
1942 300 RM Sicherungsgeld wegen einer Äuße-
rung gegen eine Goebbels-Rede.
Lit.: RPB III, 197, 238.

OBERER, EDMUND
1906 03 04
Pfahlheim
Pfarrer
1938 56 RM Geldstrafe wegen Verlesung eines ver-
botenen Hirtenbriefes.
Ab 31.5.1938 Unterrichtsverbot.
Im November 1941 Haussuchung durch die Gestapo.
1942 56 RM Geldstrafe wegen Ausländerseelsorge,
Aufhebung dieser Strafe durch das Amtsgericht

am 5.10.1942.
1944 180 RM Geldstrafe wegen angeblich verbotener Reparaturen an der Pfarrkirche.

OHRENBERGER, EDMUND
1906 08 21
Unterdeufstetten
Pfarrer
30 RM Geldstrafe oder sechs Tage Haft wegen Verlesung eines verbotenen Hirtenbriefes.

OHRNBERGER, WILHELM
1907 07 25
Crailsheim
Stadtpfarrer
Seit 1937 Unterrichtsverbot.

OTTEN, KARL
1883 03 16
Enkenhofen / Ottenbach
Pfarrer
50 RM Geldstrafe wegen Verlesung und Vervielfältigung eines verbotenen Hirtenbriefes.
Seit 1937 Unterrichtsverbot.
50 RM Geldstrafe wegen Polenseelsorge.

PAUL, JOSEF
1910 10 31
Dischingen
Pfarrer
30 RM Geldstrafe wegen Verlesung eines verbotenen Hirtenbriefes.

PFEIFER, P. THEOPHIL
OFMCAP
1882 11 11
Deggingen
Superior
Verwarnung wegen einer Predigt und 60 RM Geld-
strafe wegen Verlesens eines Hirtenbriefes.
Pfeifer war Superior des Klosters Ave Maria
in Deggingen.

PFITZER, JOSEF
1885 11 15
Neuler
Pfarrer
30 RM Geldstrafe wegen verbotener Sammlung.
1933 und 1934 Beanstandung von Predigten durch
den Stützpunktleiter der NSDAP. Prozeß vor
dem Sondergericht mit Freispruch.

PFLEGHAR, EUGEN
1883 08 07
Altheim
Pfarrer
Wegen Abhörens feindlicher Sender vom 21.5. bis
5.9.1940 in Untersuchungshaft durch die Gestapo. Durch das Sondergericht zu einem Jahr und

vier Monaten Haft verurteilt. Kürzung des Gehaltes um 226 RM monatlich durch das Kultusministerium.

PISCHL, ALFONS
1890 12 28
Dotternhausen
Pfarrer
Wegen Kanzelmißbrauchs Verfahren, amnestiert.
Seit 28.6.1937 Unterrichtsverbot.

PRESTEL, EDMUND
1894 07 01
Eisenharz
Pfarrer
Unterrichtsverbot.

PRINZ, P. FRANZ XAVER
SJ
1905 11 14
Stuttgart
Arbeiterseelsorger / Hausgeistlicher
1940 wegen zwei Predigten verhaftet; vom Sondergericht aus Beweismangel freigesprochen, jedoch durch die Gestapo Schutzhaft und KZ:
22.1.1940 bis 9.5.1940 Haft in Stuttgart,
10.5.1940 bis 29.6.1940 KZ Welsheim.
Lit.: Neuhäusler, J.: Kreuz und Hakenkreuz I, 162.

RATHGEB, HUGO
1915 01 03
Tuttlingen
Vikar
Unterrichtsverbot.

RAUCH, ERNST
1910 05 16
Erberstal
Pfarrer
Verhör und Verfahren wegen Anprangerung eines von der SS begangenen „Kreuzesfrevels", Einstellung mangels Beweisen.
Seit 29.6.1937 Unterrichtsverbot.

REICH, JOSEF
1891 03 10
Ochsenhausen
Pfarrer
Unterrichtsverbot aus weltanschaulichen Gründen.

REISCHMANN, FRIEDRICH
1912 04 06
Fellbach
Vikar
Seit Juni 1937 Unterrichtsverbot.
Körperliche Mißhandlung durch die SA anläßlich der Wahl von 1938.

REUTLINGER, JOSEF
1911 08 05
Schnürpflingen
Pfarrverweser
Wegen seines Wahlverhaltens am 10.4.1938 mehrere Verhöre durch Kreisleiter, Ortsgruppenleiter und Kreisschulrat sowie Gestapo. Sofortige Versetzung durch das Bürgermeisteramt gefordert, und seit Juni Unterrichtsverbot durch das Kultusministerium verhängt.
1942 200 RM Sicherungsgeld durch die Gestapo.
Verwarnung durch die Gestapo.

RINGLER, VITUS
1905 01 27
Hohentengen
Kaplan
Seit Dezember 1938 Unterrichtsverbot.

RIST, WILHELM
1908 07 30
Altshausen / Justingen
Kaplan / Pfarrer
1937 Anprangerung in der Parteizeitung „Flammenzeichen".
1938 wegen Verweigerung der Wahl Demonstration vor der Kaplanei und Fenstereinwurf.
Verleumdet durch Aufschriften „Kaplan Rist Volksverräter".
Seit 1938 Unterrichtsverbot.
1943/44 Verbot, für die Mütter der Erstkommunikanten Einkehrtage abzuhalten.
Im Krieg wiederholt Verwarnungen der Kreisleitung wegen Ausländerseelsorge.

RITTER, OTTO
1914 07 21
Rottweil
Vikar
Unterrichtsverbot.

RODER, ANTON
1896 03 19
Saulgau
Pfarrer
Drei erlassene Haftbefehle wurden nicht vollstreckt.
Er wurde jedoch genötigt, Saulgau zu verlassen.

ROMBOLD, WILHELM
1892 02 13
Altingen
Pfarrer
Unterrichtsverbot.

ROMER, JOSEF
1894 01 04
Friedrichshafen / Altshausen
Pfarrer
Unterrichtsverbot.

ROTHENFELS, FLORIAN
1902 03 12
Untergriesheim
Pfarrer
Geldstrafe ohne Grundangabe.
Verhöre sowie Beschlagnahme sämtlicher
Predigtaufzeichnungen durch die Gestapo (die
Aufzeichnungen wurden am 21.4.1938 zurückge-
geben).
Da er katholischer Geistlicher war, wurde
der Pfarrer am 10.1.1945 als „Geheim-
schreiber" abgesetzt, ebenso drei Wochen spä-
ter als „Chefarztschreiber" beim Reservelaza-
rett in Garmisch-Partenkirchen.
Verstorben am 15.6.1972.

RUEF, VINZENZ
1906 02 07
Dietmanns
Pfarrer
30 RM Geldstrafe wegen Verlesung eines verbotenen Hirtenbriefes.

RUF, JOSEF
1904 09 25
Neuenbürg / Unterböbingen
Stadtpfarrverweser / Pfarrer
Ab 1937 Unterrichtsverbot.
Ab 1938 in Unterböbingen tätig. Im November
1938 Geldstrafe wegen Verlesung eines verbote-
nen Hirtenbriefes.
Verstorben am 28.8.1961.

RUF, PHILIPP
1900 11 08
Stuttgart-Hofen
Stadtpfarrer
Verhöre durch die Gestapo und Verwarnung am
4.9.1936 durch den Kultusminister wegen seines
Einsatzes für die Konfessionsschule.
Seit 1937 Unterrichtsverbot
Verhör, Verwarnung mit KZ-Androhung durch die
Gestapo und Gehaltskürzung um 144 RM wegen ei-
nes Verstoßes gegen den Reichsstatthaltererlaß
vom 11.8.1942.

RUNDEL, EUGEN
1909 03 22
Westernhausen
Pfarrer
Seit 28.6.1937 Unterrichtsverbot.

RUSS, ULRICH
1876 01 30
Steinberg
Pfarrer
1938 Einreihung in die „Schwarze Liste" der

NSDAP. Zahlreiche Verhöre durch die Gestapo.
1939 Verfahren durch das Sondergericht Stuttgart
wegen Heimtücke, eingestellt aufgrund der Amnestie vom 9.9.1939.

SAILER, KARL
1893 02 12
Allmendingen
Pfarrer
30 RM Geldstrafe wegen Verlesung eines verbotenen Hirtenbriefes.
Vom 17.6. bis 1.7.1940 im KZ Welzheim wegen unterlassenen Läutens anläßlich des Flandern-
schlachtsieges. Ab Mitte Juli Unterrichtsverbot.

SANDEL, ALOIS
1907 06 19
Ballmertshofen
Pfarrverweser
Wegen seines Einsatzes für die Bekenntnisschule
mehrere Verhöre, kurzfristige polizeiliche
Festnahmen und Drohung mit Erhängen.
Ab 19.9.1936 Unterrichtsverbot durch den Kul-
tusminister.

SANDEL, JOSEF
1884 07 09
Neckarsulm
Stadtpfarrer
Unterrichtsverbot.

SASS, OTTO
1902 12 02
Leutkirch / Schwenningen / Neuler
Kaplan / Pfarrer
Wegen Regimegegnerschaft und Jugendarbeit vom
17. bis 28.6.1933 in Schutzhaft im Amtsgerichtsgefängnis Leutkirch. Am 22.6.1933 Versetzung und
Unterrichtsverbot durch den Kultusminister.
1936 und 1937 erneut Schulverbote und Zwangsversetzung wegen Regimekritik und Äußerungen gegen einen Lehrer.
Am 11.9.1933 100 RM Geldstrafe wegen feindbegünstigender Äußerungen.
Wegen Verbreitung von Hirtenbriefen und Stati-
stiken zwei Verhöre durch die Gestapo, Beschlagnahme der Schreibmaschine und des Vervielfältigungsapparates und 30 RM Geldstrafe.

SAUPP, KARL
1893 03 03
Kösingen
Pfarrer
1936 bis 1938 drei Verfahren vor dem Amtsgericht und
vor dem Oberlandesgericht, die alle mit Freispruch endeten.
1937 Verleumdung in der Parteizeitung „Flammenzeichen".
1938 Verfahren durch die Gestapo.

SAUTER, HUGO
1897 10 12
Leupolz
Pfarrer
Am 10.2.1939 polizeiliches Verhör.
Seit 18.4.1939 Unterrichtsverbot.

SCHAEFER, ANTON
1903 10 02
Ehestetten
Pfarrer
Seit 28.6.1937 Unterrichtsverbot.

SCHAUPP, ANTON
1910 07 21
Eglingen
Pfarrer
Seit 1944 von der SS belästigt und bedroht.
Auf der von der örtlichen NSDAP aufgestellten
Todesliste an erster Stelle.

SCHEEL, BERNHARD
1891 01 11
Balgheim
Pfarrer
1935 mehrere Verhöre und zwei Verwarnungen durch
Gestapo und Parteidienststellen sowie 30 RM
Geldstrafe durch das Kultusministerium wegen
Regimekritik und Verstoß gegen das Verbot des
Innenministers, an der Fronleichnamsprozession
nicht in Vereinskleidung teilzunehmen.
Vom 16.5. bis 12.6.1940 in Haft wegen seiner Kri-
tik am BDM.

SCHLOZ, EUGEN
1880 08 24
Mochenwangen
Pfarrer
Juni/Juli 1942 drei Wochen in Haft wegen einer
Leichenpredigt.

SCHMAUDER, JULIUS
1887 03 06
Schwäbisch Gmünd-Wetzgau
Stadtpfarrer
Am 29.9.1940 Verhör durch die Gestapo und Ver-
warnung wegen feindbegünstigender Äußerungen.
Unterrichtsverbot.

SCHMID, ANTON
1912 01 23
Leinstetten
Pfarrverweser
Unterrichtsverbot.

SCHMID, BENEDIKT
1909 04 09
Hailtingen
Kaplan
Am 14.8.1935 zu neun Monaten Haft verurteilt wegen
Heimtücke. Unterrichtsverbot.

SCHMID, HERMANN
1893 06 10
Neckarsulm (St. Katharina)
Pfarrer
1935 drei Tage in Schutzhaft wegen feindseliger
Einstellung gegen die HJ
1935 bis 1937 Unterrichtsverbot.

SCHMID, JOHANNES
1887 03 14
Eislingen, Fils
Pfarrer, Dekan
200 RM Geldstrafe wegen Abhaltung eines Gottesdienstes trotz staatlichen Verbotes wegen einer
Viehseuche.
Anprangerung in der Parteizeitung „Flammenzeichen" wegen seines Eintretens für die Konfessionsschule.
Ab 29.6.1937 Unterrichtsverbot.
Am 28.8.1939 Enthebung vom Amt des Standortpfarrers in Göppingen wegen poitischer Unzuverlässigkeit.

SCHMID, JOSEF
1881 03 19
Hausen
Pfarrer
Seit 1942 Unterrichtsverbot.

SCHMID, WUNIBALD
1873 06 22
Christazhofen
Pfarrer
Mehrere Verhöre durch die Gestapo.
Unterrichtsverbot.

SCHMIDER, JOHANNES
1885 11 19
Dunningen
Pfarrer
Seit 30.6.1937 Unterrichtsverbot.

SCHMIDT, EUGEN
1902 08 08
Schwäbisch Gmünd / Reute
Kaplan / Pfarrer
Vom 11. bis 26.4.1938 in Schutzhaft wegen kirchlicher Jugendarbeit.
Erneute Schutzhaft vom 3. bis 23.11.1944 mit anschließender Untersuchungshaft vom 23.11. bis 8.12.
1941 wegen Beleidigung von Himmler, Göring
und Rosenberg. Verurteilung zu 50 RM Geldstrafe,
die durch die Haft als abgegolten angesehen
wurde.
Ausweisung aus Nordwürttemberg für sieben
Jahre und aus Südwürttemberg für zwei Jahre.
Lit.: Boberach, 618.

SCHMITT, EUGEN
1882 04 27
Mengen
Stadtpfarrer
1936 Verwarnung durch das Bezirksschulamt.
Vernichtung eines vom Pfarrer verfaßten Buches. 1940 und 1941 Verhöre durch die Gestapo
und seit Herbst 1940 Unterrichtsverbot.
Androhung der Ermordung.

SCHMITT, HERMANN
1890 04 07
Schramberg
Stadtpfarrer, Dekan
Anklage wegen Verstoßes gegen das Sammlungsgesetz, aufgrund einer Amnestie eingestellt.
12 RM Geldstrafe wegen Übertretung des Luftschutzgesetzes.

SCHNEIDER, JAKOB
1895 07 16
Bühl
Pfarrer
1943 Verwarnung durch die Gestapo wegen Ausländerseelsorge.

SCHORER, ADOLF
1887 01 24
Scheer
Kaplaneiverweser
Gehaltskürzung von monatlich 35 RM wegen Fern-
bleibens von einer Wahl.
Ab 17.7.1939 Unterrichtsverbot.

SCHRAIVOGEL, KARL
1904 04 27
Rottweil / Bolstern
Repetent / Pfarrer
Seit 23.3.1934 Unterrichtsverbot und Versetzung
wegen politischer Unzuverlässigkeit.
Am 30.5.1942 Verwarnung wegen Ausländerseel-
sorge.

SCHREIBER, P. APOLLINARIS
OFMCAP
1870 08 25
Deggingen
Wegen Äußerungen Verwarnung durch die Gestapo.
Schreiber gehörte zu den Patres des Klosters
Ave Maria in Deggingen.

SCHRODI, WILHELM
1888 05 04
Schörzingen
Pfarrer
Seit 13.4.1939 Unterrichtsverbot.
Am 28.10.1944 Haussuchung durch die SS.

SCHWARZ, ALBERT
1887 10 02
Großengstingen
Pfarrer
Seit 1937 Unterrichtsverbot.
1938 35 RM Geldstrafe wegen Verlesung eines verbotenen Hirtenbriefes.

SCHWARZ, ANTON
1911 08 27
Mieterkingen
Pfarrverweser
30 RM Geldstrafe wegen Verlesung eines verbotenen Hirtenbriefes.
Seit Juli 1941 Unterrichtsverbot.

SCHWARZ, ULRICH
1905 11 26
Oberkessach
Pfarrer
1937 befristete Gehaltssperre wegen Verweigerung
des Treueides auf Hitler.
1937 bis 1945 Unterrichtsverbot.

SCHWEIZER, SIMON
1877 03 07
Rottenburg
Schulleiter des Progymnasiums
1935 Zwangspensionierung, da er als katholischer
Geistlicher in seinem Amt untragbar war.

SCHWERDTLE, JOSEF
1912 12 03
Rottenburg / Ebersbach
Alumne / Vikar
Im September 1938 einen Tag in Untersuchungshaft
bei der Gestapo.
1939 bis 1945 Unterrichtsverbot.

SEDLMEIER, WILHELM
1898 04 28
Tübingen
Direktor des Wilhelmsstiftes, Domkapitular
Haft. Nähere Umstände unbekannt.

SEEHOFER, JOSEF
1896 03 31
Bargau
Pfarrer
30 RM Geldstrafe wegen Verlesung eines verbotenen Hirtenbriefes.

SELIG, THEODOR
1874 09 16
Uigendorf
Pfarrer
Seit 1942 Unterrichtsverbot.

SELIG, WILHELM
1908 10 19
Schweinshausen
Pfarrer
30 RM Geldstrafe wegen Verlesung eines verbotenen Hirtenbriefes.

SIEBER, WILHELM
1898 09 09
Ringschnait
Pfarrer
Unterrichtsverbot aus weltanschaulichen Gründen.

SIESSEGGER, JOSEF
1904 03 12
Oberndorf / Seitingen
Vikar / Pfarrer
Wegen Jugendarbeit 1935 Verwarnung, 1936 ein Tag in Untersuchungshaft, 1938 drei Verhöre durch die Gestapo. Seit 1939 Unterrichtsverbot.
1940 bis 1942 fünf weitere Verhöre durch die Gestapo und Polizei.
1942 130 RM Geldstrafe wegen Feldpostversendung und Beschlagnahme des Vervielfältigungsapparates.

SINGER, KARL
1903 12 11
Stuttgart
Geistl. Studienrat
Am 1.8.1943 Entlassung als hauptamtlicher Religionslehrer durch das Kultusministerium ohne Grundangabe.

SOHLER, ANTON
1882 04 29
Roggenzell
Pfarrer
Seit 18.4.1939 Unterrichtsverbot.

SONNTAG, ERWIN
1910 08 26
Gutenzell
Pfarrer
Unterrichtsverbot aus weltanschaulichen Gründen.

SORG, ANTON
1905 12 25
Ebnat
Pfarrer
Zweimal verwarnt durch die Gestapo wegen Predigten.
50 RM Geldstrafe wegen Verlesung eines verbotenen Hirtenbriefes.
Unterrichtsverbot.
1943 wegen Verbreitung des Möldersbriefes verhaftet. Er entrichtete freiwillig 150 RM Buße, um eine Haftstrafe zu vermeiden.

SPAETH, EUGEN
1890 06 12
Oberstetten
Pfarrer
Seit 4.7.1937 Unterrichtsverbot.
Im August und September 1937 Verhöre durch die Gestapo.

SPRINGMANN, ADOLF
1905 10 14
Schwäbisch Gmünd
Kaplan
Unterrichtsverbot.

SPROLL, JOANNES BAPTISTA
1870 10 02
Rottenburg
Bischof
Dr. theol. et phil.
Im April 1938 drei und im Juli 1938 vier Demonstrationen, bei denen das Palais gestürmt und verwüstet sowie der Bischof beleidigt wurden.
Aufgrund seiner Weigerung, an der Reichstagswahl 1938 und der Abstimmung zum Anschluß Österreichs teilzunehmen, wurde der Bischof am 24.8.1938 aus seiner Diözese ausgewiesen.
Er lebte bis zu seiner Rückkehr am 12.6.1945 als Verbannter in Bayern.
Verstorben am 4.3.1949.
Lit.: Kopf, Paul / Miller, Max : Die Vertreibung von Bischof Joannes Baptista Sproll von Rottenburg und die Heimkehr in die Diözese 1938-1945. Veröffentlichungen der Kommission für Zeitgeschichte bei der katholischen Akademie in Bayern. Reihe A, Bd. 13.

STAUDACHER, ADOLF
1903 08 19
Affaltrach
Pfarrer
Vom 24. bis 28.6.1933 in Schutzhaft und Verurteilung im August durch das Amtsgericht zu 120 RM Geldstrafe wegen verbotener Sammlung, sowie 100 RM wegen versuchter Nötigung im Amt.
1933 und 1935 Unterrichtsverbot, sowie zweimal erzwungene Versetzung.
Mai/Juni 1935 Verurteilung durch das Amtsgericht zu drei Geldstrafen: 100 RM und 50 RM wegen Beamtenbeleidigung, 15 RM wegen verbotener Sammlung.
Am 30.5.1935 Pfarrhaussturm.
Am 9.1.1936 durch das Landgericht zu drei Monaten Haft wegen zweimaligen Kanzelmißbrauchs verurteilt, durch Amnestie eingestellt. Am 21.9.1936 Entzug des Staatsbeitrages an die Pfarrstelle von monatlich 226 RM durch den Kultusminister wegen der nicht rechtskräftig gewordenen Verur-

teilung.
Am 5.2.1942 vom Sondergricht zu sechs Monaten
Haft verurteilt wegen Heimtücke und Kanzelmiß-
brauch. Untersuchungshaft vom 29.8.1941 bis zum
29.4.1942. KZ-Haft vom 29.4.1942 bis zum 10.4.1945.
Lit.: Weiler, 630.

STEEB, ALOIS
1891 04 19
Bad Ditzenbach
Pfarrer
Verwarnung wegen Stellungnahme gegen HJ und BDM.
30 RM Geldstrafe wegen Verlesung eines verbotenen Hirtenbriefes.

STEEB, RUDOLF
1910 12 19
Buchau
Kaplan
Dr. theol.
1938 als Spielleiter einer Theaterauffüh-
rung der Kirchengemeinde wegen politischer Unzuverlässigkeit abgelehnt.
Seit 1939 Unterrichtsverbot.
1940 Verhör und Haussuchung durch die Gestapo.
1944 zwei Verhöre durch die Gestapo, 1000 RM Sicherungsgeld und Androhung von Schutzhaft.

STEGMANN, ANTON
1885 10 06
Heilbronn (St. Peter und Paul)
Stadtpfarrer, Dekan
Dr. theol.
Am 17.5.1933 Überfall auf das Pfarrhaus und
Prügel durch die SA. Am 19.2.1934 wiederholter
Überfall und Festnahme für einen Tag.
Verleumdungen in Zeitungen mit wiederholter
Aufforderung, Heilbronn zu verlassen.
1934 Streichung des staatlichen Gehaltszuschus-
ses, Versagung der beantragten Steuerermäßi-
gung als „stadtbekanntem Staatsfeind" und
Ausschluß aus dem Ortsschulrat. Vom 20.2. bis
31.7.1934 Stadtverbot.
Enthebung vom Amt eines nebenamtlichen Gefäng-
nispfarrers, dadurch Gehaltseinbuße von 1000 RM
pro Jahr.
Gründonnerstag 1945 einer Verhaftung durch
Flucht entgangen.

STEHLE, OTTO
1869 09 23
Wilhelmskirch
Pfarrer
30 RM Geldstrafe wegen Verlesung eines verbotenen Hirtenbriefes.

STEHLE, P. NICOLAUS
OMI
1878 02 22

Aufhofen
Superior
Aufgrund von Predigten Verurteilung zu einem
Jahr Haft.

STEIDLE, GEORG
1908 08 05
Rottweil
Kaplan
Seit 29.6.1937 Unterrichtsverbot.
Im August 1938 30 RM Geldstrafe wegen Verlesung
eines verbotenen Hirtenbriefes.

STEINER, P. GOTTFRIED
OSFS
1912 10 27
Lehrensteinsfeld
Pfarrer
3000 RM Geldstrafe.
Unterrichtsverbot.
Aufenthaltsverbot im Kreis Niederdonau.
Im Stadtgefängnis von Znaim vom 20.3. bis 20.4.
1944 inhaftiert.
Überwachung durch die Gestapo in Wien.
Erfolglose Intervention des Generalvikars Linke.

STEMMER, GUSTAV
1878 06 01
Rengershausen
Pfarrer
Unterrichtsverbot.

STOCKER, HERMANN
1881 09 23
Oberginsbach
Pfarrer
1934 polizeiliches Verhör wegen Verweigerung
einer Information für einen Journalisten einer
nichtkatholischen Zeitung.
Wegen Verbreitung des „offenen Briefes des Michael Germanikus an Dr. Goebbels" vom 22.6. bis
14.8.1937 in Untersuchungshaft im Amtsgerichtsgefängnis und Unterrichtsverbot. 1938 Einstellung
des Verfahrens.

STOPPER, WILHELM
1912 05 08
Rottenburg
Alumne
Haft im Zusammenhang mit dem „SA-Brief".

STRAHL, ALOIS
1907 01 08
Oggelshausen
Pfarrer
Seit 1940 Unterrichtsverbot.

STRAHL, JOSEF
1884 03 31
Achstetten
Pfarrer
Häufige Verhöre durch die Gestapo.
Betätigungsverbot.

STRASSER, BERNHARD
1908 10 04
Nordhausen
Vikar
Drei Wochen in Haft wegen einer Predigt gegen eine
durch die SS begangene Kreuzeslästerung.

STRAUB, ANTON
1905 08 28
Rottweil
Kaplan
Unterrichtsverbot.

STRAUB, FRIDOLIN
1889 02 03
Wernau / Dellmensingen
Diözesanjugendseelsorger / Pfarrer
Zahlreiche Verhöre durch die Gestapo während
seiner Amtszeit als Diözesanjugendseelsorger.
Viereinhalb Monate in Untersuchungshaft wegen
angeblichen Verstoßes gegen das Heimtückegesetz.
Einstellung des Verfahrens wegen fehlender Be-
weise.

STRIEBEL, HERMANN
1909 07 10
Stuttgart-Feuerbach / Erlenbach
Vikar / Kaplan
Seit Mai 1939 Unterrichtsverbot.
Mehrere Verhöre durch die Gestapo.
Am 4.4.1945 wollte der Ortsgruppenleiter ihn
erschießen, was nur durch das Dazwischentreten
einiger Männer verhindert wurde.

STRIEGEL, KARL
1881 01 24
Rohrdorf
Pfarrer, Dekan
Seit 1937 mehrere Verhöre durch die Gestapo und
andere Instanzen.
Seit Januar 1938 Unterrichtsverbot.
Im Winter 1940 wurde ein Gartenhaus im Pfarrgar-
ten, als politischer Racheakt, in Brand gesteckt.

STUEBE, ALFONS
1888 10 20
Amtzell
Pfarrer
Haftbefehl wegen Verteilung von Flugblättern
nach einer Goebbelsrede - nach Stellung einer
Kaution aufgehoben.

STURM, JOSEF
1885 06 09
Waldhausen
Pfarrer
Vom 5.1. bis 20.2.1934 in Schutzhaft wegen
Regimegegnerschaft.

STURM, RICHARD
1885 08 30
Fellbach
Stadtpfarrer
Im August 1936 Verhör durch die Gestapo wegen
seines Einsatzes für die Bekenntnisschule.
Am 10.4.1938 Pfarrhaussturm und Mißhandlung
wegen seines Wahlverhaltens.
Unterrichtsverbot.

THROM, FRANZ
1880 06 07
Leinstetten
Pfarrer
1933 Verhör durch die Oberschulbehörde anläßlich eines Streites zwischen Pfarrer und
Lehrer.
1939 mehrere Verhöre durch die Gestapo.
1941 Sperrung des Treibstoffes.

TIMME, OTTO
1891 08 03
Weißenau
Pfarrer
Zwei Verhöre wegen Predigten.
Unterrichtsverbot.

TRAUB, MARTIN
1914 03 21
Ulm
Vikar
Seit Februar 1939 Unterrichtsverbot.

TREIBER, WILHELM
1886 02 12
Waldstetten / Schwendi
Pfarrer
1933/34 Verhöre durch die Gestapo und Verleum-
dung in der Parteizeitung „Flammenzeichen" wegen
Sabotage des HJ-Aufbaues und einer Wahl.
Seit Juli 1937 Unterrichtsverbot.
Im April 1938 bewaffnete Demonstration vor dem
Pfarrhaus. Verhaftung und Ausweisung bis 1941
wegen seines Wahlverhaltens.
Am 20.2.1945 durch das Sondergericht zu vier Mona-
ten Haft verurteilt wegen Heimtücke, Defätis-
mus, positiver Einstellung zu den Juden und
Veranstaltung von Gegenkundgebungen bei Partei-
veranstaltungen.

UHL, ANTON
1889 04 24
Bösingen
Pfarrer
Seit Juni 1937 Unterrichtsverbot.
Am 8.12.1939 Verwarnung.
Wegen Verstoßes gegen das Sammlungsgesetz
ein Verfahren. Es wurde eingestellt, da es
unter Amnestie fiel.

UHL, FRANZ
1898 04 10
Ravensburg
Kaplan
1935 400 RM Geldstrafe, später jedoch amnestiert.

UNTERGEHRER, P. STEFAN
CSSR
1886 12 26
Stuttgart / München
Volksmissionar, Geistl. Rektor
Im November 1934 regimekritische Flugschriften
zur Mission verteilt. Daraufhin polizeiliche
Beschlagnahme.
Wegen Predigten und religiöser Veranstaltungen
1943 bis 1945 Bedrohungen und Verhöre mit der
Auflage, jede Predigt fünf Tage vorher bei der
Gestapo anzumelden.
Verstorben am 19.12.1969.
Lit.: RPB I, 40.

UTZ, P. JOHANNES
MSFS
1906 06 29
Vikar
Aufenthaltsverbot für Deutschland von 1933 bis
1938.
Seit 1939 Unterrichtsverbot.
1941 wegen Jugendarbeit zwei Verhöre durch die
Gestapo. Das Verfahren wurde durch die Einberu-
fung zum Militärdienst beendet.

VESENMAYER, JOSEF
1879 03 30
Hohenberg
Pfarrer
30 RM Geldstrafe wegen Verlesung eines verbote-
nen Hirtenbriefes.
Unterrichtsverbot.
Mehrere Verhöre und eine Haussuchung durch die
Gestapo.

VILLING, ALFONS
1894 09 22
Horgen
Pfarrer
Seit 1937 Unterrichtsverbot.
Haussuchung durch die Gestapo.

VOITH, ERWIN
1906 04 16
Heidenheim / Mengen
Vikar / Kaplaneiverweser
Wegen politischer Äußerungen am 24.6.1933 und
am 5.9.1933 je 165 RM Geldstrafe. Am 24.6.
1933 Unterrichtsverbot und bereits vom 14. bis
16.6.1933 in Schutzhaft nach zweimaliger Demonstration durch die SA. Am 21.6.1933 Versetzung
durch das Ordinariat auf Aufforderung der Gestapo hin.
Am 27.6.1936 erneut Unterrichtsverbot wegen
einer Predigt gegen die „Deutsche Schule".
Wiederholt Verhöre durch die Gestapo wegen
Auseinandersetzungen mit dem HJ-Bannführer.

VOLK, HUBERT (P. WERNER)
OFMCAP
1889 09 22
Bad Mergentheim / Kleve
Vikar
Wegen seines Wahlverhaltens tätliche Mißhandlungen durch die SA und sofortiger Landesverweis
durch die Gestapo.
1941 eine Beanstandung durch die Gestapo wegen
eines Glückwunschgedichtes des Paters.
Gehört zur Diözese Münster.

WAESCHER, VINZENZ
1886 09 20
Stafflangen
Pfarrer
Unterrichtsverbot aus weltanschaulichen Grün-
den.

WAESCHLE, GREGOR
1896 12 28
Wellendingen / Seekirch / Göppingen
Pfarrverweser / Stadtpfarrer
Verhör durch die Kriminalpolizei wegen kirch-
licher Jugendarbeit.
Fenstereinwurf im Pfarrhaus.
Enthebung vom Amt des Standortpfarrers in
Göppingen.
Anprangerung in der Parteizeitung „Flammenzei-
chen".
Geldstrafe von mindestens 100 RM wegen Beleidi-
gung der deutschen Presse.

WAHR, EMIL
1880 05 25
Kisslegg
Pfarrer
Unterrichtsverbot.

WAIBEL, FRANZ
1886 12 29
Altoberndorf / Eriskirch
Pfarrer

Wiederholt Verwarnungen:
Am 13.3.1933 wegen Kritik an der Regierung,
am 25.7.1933, am 9.2.1937 sowie am 13.6.1942
wegen Predigten und am 12.2.1945 wegen Ausländerseelsorge.
Zwei Haussuchungen durch die Gestapo.
1944 Abtransport der Schwester und Haushälterin
zu einem Arbeitseinsatz.
Unterrichtsverbot.

WALZ, JOSEF
1887 11 29
Aach
Pfarrer
Dr. med.
Ab 1933 kam es zu dauernden Auseinandersetzungen
mit „Nazi-Ärzten", die Ärzte schalteten dabei
das württembergische Innenministerium ein,
damit dem Pfarrer „rasch das Handwerk gelegt
werde", schließlich ging der Pfarrer bis zur
Versetzung in den Ruhestand ins Ausland.

WEBER, BENEDIKT
1891 12 19
Nendingen
Pfarrer
Nach der dritten nächtlichen Demonstration war
der Pfarrer gezwungen, seine Pfarrei zu verlassen.

WEBER, HERMANN
1902 09 22
Marlach
Pfarrer
Seit 1937 Unterrichtsverbot und Ausschluß aus
dem Ortsschulrat.

WEINER, JOHANNES
1905 04 19
Neckarsulm
Kaplan
1937 Beanstandung einer Predigt in der Parteizeitung „Flammenzeichen".
Am 19.5.1938 wegen einer weiteren Predigt Unterrichtsverbot.

WEISS, FRANZ
1892 07 30
Söflingen
Stadtpfarrer
Am 26.5.1936 Unterrichtsverbot durch den Kultusminister wegen seines Einsatzes für die Bekenntnisschule und seiner Haltung gegenüber der
HJ.
Im Oktober 1938 öffentliche Demonstration
gegen den Pfarrer.
Am 19.2.1939 Aufenthaltsverbot (Kaution von
2000 RM) durch die Gestapo ohne Grundangabe und
am 16.5.1939 Gehaltskürzung um jährlich

2712 RM durch den Kultusminister.
30 RM Geldstrafe wegen Verlesung eines verbote-
nen Hirtenbriefes.
Festnahme am Karfreitag 1939 nach einer Predigt
wegen Übertretung des Aufenthaltsverbotes.
Am 22.6.1939 durch das Sondergericht zu einem Jahr
Haft verurteilt.
Vorzeitig entlassen am 12.4.1940.
Am 1.4.1944 Haftbefehl zwecks Einweisung in
ein KZ. Er konnte jedoch rechtzeitig entkommen.
Zahlreiche Haussuchungen und Verhöre durch die
Gestapo.

WEISS, GEORG
1901 10 21
Böhringen
Pfarrer
Seit 1937 Unterrichtsverbot.
Vom 22.5. bis 4.6.1942 durch die Gestapo in Haft
wegen Christenlehre. Er habe in einer Predigt im
Dezember 1941 die Russen begünstigt und die
deutschen Soldaten diskriminiert.

WELTE, BENEDIKT
1875 06 06
Zwiefalten
Pfarrer, Dekan
Seit 28.6.1937 Unterrichtsverbot.

WIEDMANN, PAUL
1904 08 31
Stetten
Pfarrer
Seit Juli 1937 Unterrichtsverbot.

WIELAND, RUDOLF
1909 05 27
Nagold
Stadtpfarrer
Unterrichtsverbot.

WIGGENHAUSER, VINZENZ
1883 04 17
Eglofs / Horgenzell
Kaplan / Pfarrer
Vom 16.8. bis 28.10.1936 in Untersuchungshaft durch
die Gestapo wegen Heimtücke. Am 9.4.1937 Ver-
handlung vor dem Oberlandesgericht Stuttgart.
Freispruch.
Bereits seit 17.9.1936 Unterrichtsverbot.

WINTER, JOSEF
1902 08 06
Altoberndorf
Stadtpfarrer
Vom 26.3. bis 10.4.1941 in Gestapo-Haft.

WIRTH, P. ADOLF
CSSR
1907 06 15
Schönenberg
Volksmissionar
Verhör und Verwarnung Ende 1935 durch Kreisleiter, Gestapo und Bürgermeister wegen Jugendarbeit, angeblicher Vereins-Arbeit und negativer
Äußerung über Hitler. Ab 9.1.1936 Schulverbot.
1936 Verfahren wegen Heimtücke, jedoch im April
amnestiert. Versetzung in das Kloster Forchheim.

WIRTH, EUGEN
1906 03 05
Ravensburg (Liebfrauen)
Kaplan
Seit Mai 1938 Unterrichtsverbot.

WOLF, AEGIDIUS
1909 01 13
Suwalki
Pfarrer
1938 mehrere Monate unter Polizeikontrolle wegen
eines Treffens mit polnischen Geistlichen.
1939 bis 1941 Verhöre durch die Gestapo wegen Predigten und einer Jugendveranstaltung am
Christkönigsfest. 1940 Verwarnung durch die Gestapo. 1941 150 RM Geldstrafe wegen einer Predigt und ein Tag Untersuchungshaft durch
die Gestapo.
Im Dezember 1944 Haussuchung durch die Gestapo.
Gehört zum Erzbistum Olmütz.

ZEITLER, ERNST
1867 07 16
Sindeldorf
Pfarrer
Von 1937 bis 1945 Unterrichtsverbot.

ZELLER, ANTON
1867 06 06
Kirchheim
Pfarrer, Dekan
30 RM Geldstrafe wegen Verlesung eines verbotenen Hirtenbriefes.

ZEYER, GUSTAV
1887 07 23
Heuchlingen
Pfarrer
Wegen staatsfeindlichen Verhaltens vom 18.12.
1944 bis 19.2.1945 in Gestapohaft und ab 20.2.1945
im KZ Welzheim.

ZIEHER, WILHELM
1906 03 08
Friedrichshafen
Kaplan

Haussuchung anläßlich der Aufhebung der kirchlichen Jugendvereine.
Unterrichtsverbot.

ZIERLEIN, FRANZ
1902 12 18
Simprechtshausen
Pfarrer
1938 bis 1945 Unterrichtsverbot und Ausschluß aus
dem Ortsschulrat.

ZIESEL, JOSEF
1879 01 24
Biberach
Pfarrer
1937 Verwarnung durch die Gestapo, weil der
Pfarrer in einer Predigt Gehorsam gegenüber den
Worten der Bischöfe gefordert hatte.
Lit.: LRA, 1504.
Gehört zur Diözese Augsburg.

ZIMMERMANN, OTTO
1907 08 16
Rottenburg / Stuttgart-Untertürkheim
Präfekt / Vikar
Ab 26.2.1935 in Schutzhaft. Im Februar forderte
der Kultusminister seine Entlassung als Präfekt. Vom 2.3. bis 8.7.1935 in Untersuchungshaft. Am 30.10.1935 durch das Sondergericht in
Stuttgart wegen „politischer Verleumdung" zu
vier Monaten Haft und Bezahlung der Prozeßkosten
von 362,35 RM verurteilt.

ZORELL, STEPHAN
1870 12 25
Ravensburg (St.Jodok)
Stadtpfarrer
Dr. phil.
Durch das Landgericht Ravensburg 1935 zu 400 RM
Geldstrafe verurteilt, später amnestiert.
Zorell hatte trotz Verbotes während einer Kin-
derlähmungs-Epidemie Gottesdienste gehalten.

ZORN, WENDELIN
1892 02 08
Bieringen
Pfarrer
Im Juli 1933 Haussuchung. 10 Verhöre zwischen
1933 und 1937 durch Polizei, Kreisleitung und
Staatsanwaltschaft wegen Regimegegnerschaft.
Am 16.6.1936 Entzug der Vormundschaft und des
Rechtes, ein Pflegekind zu betreuen wegen poli-
tischer Unzuverlässigkeit.
Zwei Verwarnungen:
Am 27.9.1936 durch das Kultusministerium unter
Androhung des Schulverbotes und am 17.4.1944
durch die Gestapo.
Ab 31.1.1937 Unterrichtsverbot.

22. Bistum Speyer

ABEL, PHILIPP OTTO
1882 12 04
Hambach
Pfarrer
Wegen seiner Stellungnahme in der Schulfrage
wurde er am 21.6.1933 in der nationalsozialistischen Presse öffentlich angegriffen. In der
Nacht vom 9.11. auf den 10.11.1938 fand, im Anschluß an den Synagogensturm in Neustadt, vor
dem Pfarrhaus in Hambach die Demonstration
einer ortsfremden Menge statt. Die Verhaftung
des Pfarrers konnte nur durch das Eingreifen
des Bürgermeisters verhindert werden. Im
Mai 1942 erfolgte ein staatspolizeiliches Untersuchungsverfahren, da durch die Abhaltung der
Markusprozession eine Parteiveranstaltung
verhindert worden war.
Verstorben am 10.7.1961.

ACKERMANN, JOSEF GEORG
1899 03 14
Rodalben
Pfarrer
Ein wegen der Trauung einer Sterilisierten ein-
geleitetes Strafverfahren wurde im Jahre 1942
durch die Oberstaatsanwaltschaft Zweibrücken
eingestellt. Der Forderung des Gauleiters
Bürckel auf Versetzung des Pfarrers wurde mit
Rücksicht auf die katholische Bevölkerung
nicht stattgegeben.
Verstorben am 17.2.1963.

ALTHAUSEN, HEINRICH
1911 09 13
Pirmasens (St. Anton)
Kaplan
Wegen Vergehens gegen die Verordnung zum Schutze
von Volk und Staat am 18.2.1935 durch die Straf-
kammer Bonn zu 150 RM Geldstrafe, ersatzweise 10
Tagen Gefängnis, verurteilt. Im Juni 1939 vom
Vorwurf des Verstoßes gegen das Heimtückegesetz
freigesprochen.
Verstorben am 6.10.1979.

ANGERMAIER, NIKOLAUS JOSEF
1900 02 09
Oberotterbach / Schönau / Neupotz
Pfarrer
1933 wegen parteifeindlicher Haltung dreimal
vor den Sonderkommissar der NSDAP in Bergzabern geladen und streng verwarnt. Die Gestapo München verlangte Entfernung des Pfarrers aus Oberotterbach, daher verzichtete dieser
auf die Pfarrei. Während des Krieges leitete
das Reichssicherheitshauptamt Berlin wegen Zersetzung der Wehrkraft durch Feldpostbriefe ein
staatspolizeiliches Verfahren gegen ihn ein.
Verstorben am 19.8.1981.

ARENTH, BERNHARD
1907 02 05
Frankenthal
Kaplan
Im Dezember 1937 wegen politischer Unzuverläs-
sigkeit durch das bayerische Staatsministerium
für Unterricht und Kultus als nebenamtlicher
Religionslehrer am Progymnasium Frankenthal
entlassen.
Verstorben am 7.9.1973.

ARMENDINGER, ROBERT MICHAEL
1906 04 28
Zweibrücken
Kaplan
Am 7.10.1935 durch die SD-Außenstelle Zweibrücken der Kreisleitung als gefährlicher
Agitator der katholischen Aktion gemeldet, der
eine stete Gefahr für die Erziehung bilde
und ständiger Überwachung bedürfe. Am 30.11.
1935 wurde dem Kaplan das Betreten der
Oberrealschule und damit die Tätigkeit als
nebenamtlicher Religionslehrer verboten.
1938 verhinderte ein Einspruch der NSDAP seine
Ernennung zum hauptamtlichen Heerespfarrer.
Verstorben am 13.5.1969.

BALLOF, KARL
1894 08 15
Habkirchen
Pfarrer
Ein Strafverfahren vor dem Schöffengericht
Saarbrücken wegen öffentlicher (politischer)
Beleidigung wurde aufgrund der allgemeinen Amnestie
am 23.5.1938 eingestellt.
Verstorben am 29.4.1961.

BARDENS, HUGO
1894 08 21
Reinheim
Pfarrer
Ein Strafverfahren wegen angeblichen Kanzelmißbrauchs und Vergehens gegen die Heimtücke-
verordnung wurde im August 1934 aufgrund einer
Amnestie eingestellt. Am 20.4.1938 erhielt er
Schulverbot. Wegen Verhinderung einer Filmvorführung der Gaufilmstelle am Karfreitag
hatte er am 23.4.1943 eine Geldbuße von 50 RM
zu entrichten.
Verstorben am 15.5.1948.

BAUER, LUDWIG
1904 06 03
Neustadt
Pfarrer
1936 wurde ein Strafverfahren wegen angeblichen
Kanzelmißbrauchs eingestellt. Am 15.8.1942

wegen Krankenseelsorge Verhaftung durch die Gestapo. Schutzhaft in Neustadt bis zum 30.11.1942;
ab 4.12.1942 Haft im KZ Dachau bis zum 4.4.1945.
Lit.: Weiler, 122.

BAUMGAERTNER, KARL
1896 02 16
Annweiler
Pfarrer
Am 22.6.1933 fand ein nächtlicher Überfall auf
das Pfarrhaus Annweiler durch SA und HJ statt,
dabei entstanden erhebliche Sachschäden. Der
Pfarrer selbst wurde durch die Menge bedroht
und beschimpft, seine Verhaftung jedoch infolge
beherzten Eingreifens katholischer Einwohner
verhindert. Im Mai 1938 wurde ein Strafverfahren wegen angeblichen Kanzelmißbrauchs und
Heimtückevergehens aufgrund der Amnestie vom
30.4.1938 eingestellt. 1943/44 wiederholte Störungen
des Gottesdienstes durch HJ.
Verstorben am 23.2.1964.

BECKER, EWALD
1901 06 08
Waldfischbach / Carlsberg
Pfarrer
Im Herbst 1933 als Pfarrer von Waldfischbach
durch den Ortsgruppenleiter bei der Gauleitung wegen Verweigerung der Stimmabgabe bei
einer Wahl angezeigt. Daraufhin von der Gauleitung aufgrund politischer Unzuverlässigkeit
als Religionslehrer für das Gymnasium Speyer
abgelehnt. Weitere Folge war ein staatspolizeiliches Untersuchungsverfahren.

BEIL, KARL
1902 06 18
Medelsheim
Pfarrer
Ein Strafverfahren beim Sondergericht Saarbrücken
wegen Heimtückevergehens wurde am 14.5.1938
aufgrund der Amnestie vom 30.4.1938 eingestellt.

BERGMANN, KARL
1912 12 16
Ludwigshafen (St. Sebastian)
Pfarrer
Wegen Behandlung der Judenfrage im Religionsunterricht fand im November 1940 ein staatspolizeiliches Untersuchungsverfahren statt. Am
18.6.1941 wurde Schulverbot ausgesprochen,
dieses 1943 wieder aufgehoben. Am 9.2.1944
Verhaftung durch die Gestapo in der Schule.
Schutzhaft bis zum 15.2.1944, anschließend
erneutes Schulverbot.

BERGWEILER, JAKOB
1904 02 17
Hettenleidelheim / Lauterecken

Pfarrer
Nach der Machtübernahme in Hettenleidelheim
öffentlich als Gegner des Nationalsozialismus
beschuldigt. Im Juni 1933 Demonstration vor dem
Pfarrhaus. Auf Drängen der Partei, die mit
Zwangsmaßnahmen drohte, mußte er aus Hettenleidelheim versetzt werden. 1936 wegen Vergehens gegen das Flaggengesetz Geldstrafe durch
das Amtsgericht Neunkirchen. Am 11.11.1941
Schulverbot. Verwarnung durch die Gestapo.

BETTINGER, AUGUST
1900 11 11
Winnweiler
Pfarrer, Dekan
Erhielt am 7.3.1939 Schulverbot sowie eine
strenge Verwarnung wegen seiner „staatsfeindlichen Haltung". Erneute Verwarnung
1942 wegen Verlesung des Möldersbriefes.

BETTSCHEIDER, JAKOB HEINRICH
1902 05 13
Otterberg
Pfarrer
Erhielt am 4.3.1940 Schulverbot. Des weiteren
insgesamt 30 Anzeigen aus politischen Gründen,
13 Verhöre und drei Haussuchungen durch die
Gestapo.
Verstorben am 12.3.1963.

BIEHL, LUDWIG
1901 08 02
Waldfischbach
Pfarrer
Dr.
Am 27.5.1935 Unterrichtsverbot durch das bayerische Staatsministerium für Unterricht und
Kultus. 1936 staatspolizeiliche Verwarnung. Vom
März 1940 bis Juli 1941 Verweigerung der Betätigung als Pfarrer in Kaiserslautern (St.Martin)
durch die Regierungsbehörden in der Pfalz. Vom
11.7. bis zum 21.12.1941 Untersuchungshaft, anschließend Schutzhaft. Am 22.4.1942 wegen angeblichen Kanzelmißbrauchs und Heimtücke-
gehens vom Sondergericht Saarbrücken zu einem
Jahr Gefängnis verurteilt. Haftentlassung am
11.7.1942, anschließend Schulverbot.
Verstorben am 15.3.1956.

BINHOLD, FRANZ
1897 04 28
Kaiserslautern (St. Martin)
Pfarrer
1941 ein staatspolizeiliches Untersuchungsverfahren. Am 2.4.1941 durch den Präsidenten
der Reichsschrifttumskammer aufgrund politischer Unzuverlässigkeit Verbot der Betätigung als Schriftsteller.
Verstorben am 23.9.1970.

BISSON, JAKOB
1883 10 30
Speyer (St. Josef)
Geistl. Studienrat
Dr.
Vom 26.6. bis 1.7.1933 Schutzhaft im Landgerichtsgefängnis Zweibrücken. Vom 4.10.1941 bis 9.10.1942 durch das bayerische Staatsministerium für Unterricht und Kultus ohne Begründung vom Dienst beurlaubt.
Verstorben am 8.3.1963.

BLUM, JAKOB
1886 11 29
Meckenheim
Pfarrer
Am 25.6.1933 Sturm auf das Pfarrhaus in Meckenheim. Schwere Sachbeschädigung. Verhaftung und Mißhandlung des Pfarrers. Ein Tag Schutzhaft. Nach der Rückkehr in die Pfarrei öffentliche Aufstellung einer Tafel mit beschimpfender Inschrift. Im Mai 1938 wurde ein Strafverfahren wegen angeblichen Kanzelmißbrauchs und Heimtückevergehens durch das Sondergericht Frankenthal aufgrund einer Amnestie eingestellt. Durch einen öffentlichen Anschlag als Volksverräter beschimpft. Am 10.1.1938 Schulverbot.
Verstorben am 28.10.1963.

BOLD, ALEX
1901 11 25
Busenberg
Pfarrer
Ein Strafverfahren beim Sondergericht Frankenthal wegen angeblichen Heimtückevergehens und Kanzelmißbrauchs wurde am 30.7.1938 aufgrund einer Amnestie eingestellt.
Verstorben am 12.6.1970.

BOSSONG, P. HUGO
CSSP
o.D.
Haßloch
Kaplan
Am 16.5.1941 durch die Gestapo aus dem beschlagnahmten Kloster Knechtsteden verwiesen. Aufenthaltsverbot für das linke Rheinufer.

BOSSUNG, JOHANNES
1882 02 15
Mittelbexbach
Pfarrer
Am 19.6.1938 Verbot des Religionsunterrichtes für die 1. und 2.Klasse der Volksschule. Am 1. 12.1938 völliges Schulverbot. Ein Strafverfahren wegen Vergehens gegen das Flaggengesetz (Mitführen von Kirchenfahnen bei der Fronleichnamsprozession 1939) wurde aufgrund einer Amnestie eingestellt.
Verstorben am 3.4.1957.

BOSSUNG, KARL
1915 01 01
Steinschönau / Böhmisch-Kamnitz
Kaplan
1941 Schulverbot in Steinschönau, Sudetenland. Im November 1941 durch die Gestapo schriftliche Verwarnung und Verbot der Aufklärung der Katholiken in der Angelegenheit des Religionsunterrichtes unter Androhung „schärfster Bestrafung insbesondere Inhaftnahme auf unbestimmte Zeit" bei Zuwiderhandlungen.
Gehört zur Diözese Leitmeritz

BOURDY, AUGUST
1907 09 26
Kusel / Annweiler / Schifferstadt
Kaplan
Im August 1935 als Kaplan in Kusel Unterrichtsverbot für die Schulen des Kreises Trier. Im Sommer 1937 als Kaplan in Annweiler staatspolizeiliches Untersuchungsverfahren sowie scharfer Verweis durch die Gestapo. Im Sommer 1938 als Kaplan in Schifferstadt erneuter Verweis wegen angeblichen Kanzelmißbrauchs und Verächtlichmachung des Reichsarbeitsdienstes.

BRAUN, JOHANNES
1892 11 04
Breitenbach
Pfarrer
Am 28.6.1933 kurzfristig in Schutzhaft genommen. Am 30.6.1934 (Röhm-Affäre) nächtliche Pistolenschüsse auf das Pfarrhaus in Breitenbach. 1938 wurde ein Strafverfahren wegen Abhaltung der Allerheiligenprozession eingestellt. Ein Hetzartikel vom 20.10.1938 im „Schwarzen Korps" wurde drei Wochen lang im öffentlichen Zeitungskasten der Gemeinde ausgestellt.
Verstorben am 23.7.1948.

BREMS, LUDWIG (P. EHRENFRIED)
OFMCAP
1904 08 31
Bierbach / Blieskastel
Am 29.6.1937 Verhör durch die Gestapo St. Ingbert wegen einer Predigt. Am 23.8.1937 wegen einer weiteren mißliebigen Predigtäußerung Beschlagnahme sämtlicher Predigtaufzeichnungen. Wegen der Predigten (am 30.5. und 18.8.1937) kam es zu Anklagen, jedoch nicht zu einer Verurteilung. Die beschlagnahmten Unterlagen wurden am 21.4.1938 zurückgegeben.
Verstorben am 15.6.1972.

BUNSEN, WILHELM
1903 02 02
Ottersheim
Pfarrer
Am 23.4.1936 wurde ein Strafverfahren wegen
Vergehens gegen das Flaggengesetz aufgrund einer
Amnestie eingestellt. Februar 1942 staatspolizei-
liches Verfahren. Am 16.3.1942 erging eine
schriftliche Verwarnung durch die Gestapo Neu-
stadt, am 26.6.1943 eine erneute Verwarnung durch
die Gestapo wegen parteifeindlicher Predigten.
Verstorben am 26.11.1971.

BURNIKEL, SIMON.
1903 03 23
Schweigen / Bundenthal / Schopp
Pfarrer
Im März 1933 Versetzungsforderung der Partei.
Am 12.11.1933 Überfall und Mißhandlung durch
zwei SS-Männer im Pfarrhaus Schweigen, am 13.
11.1933 Schutzhaft im Gefängnis Bergzabern.
Ab 14.11.1933 eine Woche Hausarrest im Pfarrhaus
Bergzabern. Rückkehr in die Pfarrei erst am 27.11.
1933 erlaubt. Am 28.10.1934 durch die bayerische
politische Polizei Androhung schärfster Maßnahmen und Anordnung strenger Überwachung.
Am 9.7.1936 durch das Schöffengericht Pirmasens
wegen Beleidigung der HJ zu drei Monaten Gefängnis mit Bewährungsfrist verurteilt. Diese
Strafe wurde am 28.2.1940 wegen Amnestie erlassen. Zwei Strafverfahren wegen Kanzelmißbrauchs
wurden am 5.8.1936 eingestellt, ein drittes
endete mit Freispruch. Ein Verfahren wegen öffentlicher Beleidigung und ein zweites wegen Kanzelmißbrauchs wurden 1938 durch Amnestie eingestellt. Vom 21.11. bis 2.12.1939 wegen Flüchtlingsseelsorge in Schutzhaft. Am 2.12.1939 Ausweisung aus Thüringen mit schriftlicher Verwarnung. Im Januar 1941 durch wiederholte Beschlagnahme des Pfarrhauses in Bundenthal an der
Rückkehr in die Pfarrei gehindert. 1941 und 1942 mehrere staatspolizeiliche Untersuchungen. Am
1.10.1941 schriftliche Verwarnung durch die Gestapo mit KZ-Androhung und Festsetzung von
200 RM Sicherungsgeld. Am 5.11.1942 zum Verzicht auf die Pfarrei Bundenthal gezwungen.
Lit.: RPB V, 24, 84, 94, 123f.

BUSCHLINGER, ALFONS
1908 12 20
Speyer (St. Josef)
Kaplan
Buschlinger wurde 1935 von der bayerischen
politischen Polizei verwarnt, weil er im Religionsunterricht durch einen seiner Schüler
schildern ließ, wie schön die Tätigkeit des
Bundes „Neudeutschland" im Gegensatz zur HJ
sei.
Lit.: RPB V, 98.

CAROLI, WILHELM
1895 04 07
Rheingönheim / Kottenheim / Saarlautern
Pfarrer, Dekan
In der Nacht vom 26./27.6.1933 vor dem Pfarrhaus
von drei SA-Männern überfallen und bewußtlos
geschlagen. Am Abend des 8.7.1935 Demonstra-
tion von 800 bis 1000 Personen vor Pfarrhaus und
Kirche. Ein SS-Scharführer und Sprechchöre
forderten die Entfernung und sogar Ermordung des
Pfarrers. Zahlreiche Demonstranten beschädigten
Kirchen- und Pfarreigentum. Polizeilicher Schutz
blieb aus. Am 10.7.1935 Ortsverweis durch das
Bezirksamt Ludwigshafen. Die Regierung der Pfalz
verlangte am 6.3.1936, 27.11.1936, 9.12.1936
und am 13.4.1937 die Versetzung des Pfarrers.
Am 7.4.1937 Aufenthaltsverbot für Pfalz und
Saarland durch die Gestapo Neustadt. Am 16.7.1937
durch das Sondergericht Frankenthal wegen fortgesetzten Vergehens gegen das Flaggengesetz und
Beleidigung zu acht Monaten Gefängnis und 50 RM
Geldstrafe verurteilt. Am 27.2.1937 Amtsenthebung durch den Bischof. Nach Übersiedlung
in die Diözese Trier wegen angeblichen Kanzelmißbrauchs verhaftet und ins KZ Dachau überstellt (18.2.1942). Dort am 23.8.1942 an
Darmkatarrh verstorben. Die Leiche wurde einge-
äschert.
Lit.: 1. Weiler, 165. 2. RPB V, 86f, 112, 124,
138, 239 und passim. 3. Münch, 33-40.

DEHS, FRANZ
1884 06 08
Jägersburg / Bobenheim
Pfarrer
Am 28.4.1943 wegen Vergehens gegen das Heim-
tückegesetz durch die Gestapo verhaftet. U-Haft
bis zum 8.11.1943; anschließend aufgrund eines
Beschlusses des Sondergerichts Saarbrücken
Unterbringung in der Heil- und Pflegeanstalt
Klingenmünster bis zum 21.4.1945.
Verstorben am 4.7.1964.

DIEHL, ADAM
1899 01 19
Rubenheim
Pfarrer
Ein Strafverfahren wegen Nichtbeflaggung der
Kirche am 9.11.1935 wurde eingestellt. Ein Verfahren wegen Vergehens gegen das Sammlungsgesetz wurde aufgrund einer Amnestie am 23.4.1936
eingestellt. Am 31.12.1937 Schulverbot. Weitere
Strafverfahren wegen der Allerseelenprozession
1937 und der Fronleichnamsprozessionen 1938 und
1939 wurden eingestellt. 1938 und 1942 durch
öffentliche Anschläge des Ortsgruppenleiters
als Volksschädling beschimpft. September 1940

Verbot der Abhaltung von Gottesdiensten in der Pfarrei; Oktober 1940 Beschlagnahmung des Pfarrhauses durch die Kreisleitung. Rückkehr in die Pfarrei erst im Dezember 1940, teilweise Wiederbenutzung des Pfarrhauses erst im Oktober 1941 wieder gestattet.
Verstorben am 3.1.1973.

DIPPELHOFER, JOHANNES
1904 11 15
Labach
Pfarrer
Erhielt 1938 Schulverbot.
Verstorben am 19.10.1954.

DRAUDEN, JOHANNES
1899 08 06
Eppenbrunn / Rohrbach
Pfarrer
Ein Strafverfahren durch die Staatsanwaltschaft Frankenthal wegen Abhaltens einer nicht althergebrachten Prozession wurde am 23.4.1937 eingestellt. Am 22.9.1937 60 RM Geldstrafe durch das Amtsgericht Pirmasens wegen Vergehens gegen das Sammlungsgesetz. Am 23.7.1938 Schulverbot. Wegen Kanzelmißbrauchs am 15.3.1939 Strafverfahren durch das Landgericht Zweibrücken. Ein Verfahren wegen Vergehens gegen das Heimtückegesetz durch das Sondergericht Zweibrücken am 9.9.1939 und wegen Vergehens gegen das Sammlungsgesetz durch das Amtsgericht Pirmasens am 23.11.1939 aufgrund einer Amnestie eingestellt. Am 3.6.1942 wegen angeblichen Kanzelmißbrauchs durch die Gestapo verhaftet. Insgesamt viereinhalb Wochen Schutzhaft in den Gefängnissen Pirmasens und Neustadt. Zum Verzicht auf die Pfarrei Eppenbrunn gezwungen.
Verstorben am 25.8.1967.

EHNES, ERNST HEINRICH
1898 01 27
Gossersweiler / Neustadt
Pfarrer
Am 28.7.1937 vom Sondergericht Frankenthal von einer Anklage wegen Kanzelmißbrauchs freigesprochen. Im März 1938 erging ein Strafbefehl des Amtsgerichts Annweiler über 150 RM (ersatzweise 10 Tage Gefängnis) wegen Vergehens gegen das Sammlungsgesetz. Zwei Strafverfahren wegen Heimtückevergehens und Kanzelmißbrauchs am 25.9.1939 durch das Sondergericht Kaiserslautern aufgrund einer Amnestie eingestellt.
Verstorben am 7.8.1978.

EICHENLAUB, KARL
1900 09 04
Herxheim / Obermoschel
Pfarrer

1934/35 wiederholte öffentliche Beschimpfungen durch den Bürgermeister und Ortsgruppenleiter in Herxheim und durch herumfahrende Lautsprecherwagen. Ein Strafverfahren wegen Vergehens gegen das Flaggengesetz (Nichtbeflaggung der Kirche) wurde im Mai 1936 aufgrund einer Amnestie eingestellt. Ein weiteres Verfahren wegen Heimtückevergehens und Kanzelmißbrauchs wurde durch den Oberstaatsanwalt in Kaiserslautern eingestellt. 1936 Schmähartikel im „Stürmer". 1938 und 1941 staatspolizeiliche Untersuchungsverfahren.
Verstorben am 20.10.1954.

EISNER, KARL
1900 03 11
Steinfeld
Pfarrer
Zahlreiche Anzeigen der Gendarmerie Steinfeld und der Schulleitung Niederotterbach wegen „politischer" Predigten. 1936 auf Betreiben der Kreisleitung Bergzabern wegen Beamtenbeleidigung angezeigt. Das Strafverfahren wurde am 16.6.1937 aufgrund eines Vergleichs vor dem Schöffengericht Landau eingestellt. Ein Strafverfahren vor dem Sondergericht wegen Abhaltens verbotener Jugendversammlungen wurde am 5.2.1937 eingestellt. 1939 Verweis wegen Kanzelerklärungen zu Schändungen religiöser Bilder. Nach der Rückkehr aus der Evakuierung 1940 erneute Anzeige bei der Gestapo und Verweigerung der Rückkehr in die Pfarrei Steinfeld bis 15.8.1941.
Verstorben am 17.1.1965.
Lit.: RPB V. 137f, 184, 278.

ENGEL, ALOIS
1901 09 07
Kaiserslautern (St. Maria) / Schwanheim
Pfarrer
Im August 1937 Schmähartikel im „Schwarzen Korps" und mehreren Tageszeitungen wegen einer Stellungnahme in der Schulfrage. Anzeige wegen Verteilung religiöser Schriften im Herbst 1937. 1940/41 staatspolizeiliche Untersuchungsverfahren. Im Juni 1941 Schulverbot.
Verstorben am 18.4.1956.
Lit.: RPB V, 205.

ENGLER, EUGEN
1910 12 14
Landau-Mörlheim
Pfarrer
Ein Strafverfahren vor dem Sondergericht Frankenthal wegen Heimtückevergehens und wegen Mitführens von Fahnen der katholischen Jugend bei der Fronleichnamsprozession 1937 aufgrund der allgemeinen Amnestie vom 30.4.1938 am 11.5.1938 eingestellt.
Verstorben am 19.6.1980.

ERNST, JAKOB
1880 05 08
Ludwigshafen (St. Sebastian)
Pfarrer
Der Pfarrer wurde 1934 vom Amtsgericht Ludwigs-
hafen zu einer Geldstrafe in Höhe von 20 RM
oder zu fünf Tagen Gefängnis verurteilt,
weil er ohne Genehmigung eine öffentliche
Sammlung durchgeführt hatte (zur Renovierung
der Kirche, 1020,90 RM). Der noch unverbrauchte
Restbetrag (620 RM) wurde eingezogen.
Lit.: RPB V, 47, 52.

FATH, ADAM
1881 02 20
Wolfstein / Zweibrücken / Rülzheim
Pfarrer
Am 22.6.1933 durch SA gewaltsam aus dem Pfarrhaus in Wolfstein geholt und bis zum 25.6.1933
im Gefängnis Zweibrücken in Schutzhaft gehalten.
Verstorben am 12.1.1955.

FELL, JAKOB
1905 03 06
Rheinzabern
Pfarrer
Am 15.8.1943 Schulverbot für die städtische
Oberschule Neustadt, ab Oktober 1943 völliges
Schulverbot.
Verstorben am 5.5.1966.

FORTKORD, PAUL
1901 01 11
Hördt
Pfarrer
Im Oktober 1937 Schulverbot. Am 18.9.1941 durch
das Amtsgericht Germersheim von einer Anklage
wegen Übertretung des Luftschutzgesetzes
(Abhalten eines Gottesdienstes und Läuten der
Kirchenglocken unmittelbar nach einem Flieger-
alarm) freigesprochen. Dagegen wegen Vergehens
gegen die Verdunklungsvorschriften in der
Kirche 1941 zu 150 RM Geldstrafe verurteilt.
Verstorben am 18.4.1977.

FRANK, EDUARD
1891 01 24
Ormesheim
Pfarrer
Am 18.12.1935 durch das Schöffengericht Landau
wegen Kanzelmißbrauchs zu vier Monaten Gefängnis verurteilt. In der Berufungsverhandlung am
25.2.1936 durch die Strafkammer Landau auf zwei
Monate Gefängnis ermäßigt. Die Strafe wurde
wegen einer Amnestie bedingt erlassen.

FREY, EDUARD
1911 05 26
Haßloch
Pfarrer
Am 5.6.1937 Strafbefehl des Amtsgerichts
Ludwigshafen über 40 RM Geldstrafe wegen fort-
gesetzten Vergehens gegen das Sammlungsgesetz.
Verstorben am 22.4.1978.

FUHRER, WENDELIN (P. MARIANUS)
OFMCONV
1908 11 08
Neustadt / Oggersheim
Kaplan
Wegen Abhaltens von Turnstunden ein Verhör
durch die Polizei, eine Verwarnung sowie
Androhung von KZ-Haft.
Aufgrund eines Protestschreibens des Paters im
Zusammenhang mit der Beschlagnahme des Eigentums
des Jungmännervereins 1933 wurde vom Amtsge-
richt Edenkoben Anklage wegen Beleidigung des
Kreisleiters erhoben. Zu einer Verhandlung kam
es jedoch nicht.
Während einer Haussuchung im Kloster zu Neu-
stadt wurde der Pater fünf Stunden lang von
der Gestapo verhört.
Während seines Aufenthalts im Kloster in Oggersheim Überwachung der Post (1940-1945).

FUNK, KARL
1904 04 01
Edigheim / Ottersheim
Pfarrer
Im Herbst 1933 Schmähartikel in der Presse. Am
12.11.1933 nächtliche Demonstration vor dem Pfarrhaus in Edigheim durch SA und HJ; Ortsverbot
durch die Gauleitung.
Verstorben am 13.12.1981.

GERALDY, HANS
1908 12 12
Herxheim / Godramstein
Kaplan
Am 21.8.1935 durch das Schöffengericht Landau
wegen Vergehens gegen die Verordnung zum Schutz
des deutschen Volkes und Staates vom 28.2.1933
zu 20 Tagen Gefängnis und 250 RM Geldstrafe
verurteilt. Die Strafe wurde auf Berufung durch
die Strafkammer Landau am 12.11.1935 auf 200 RM
ermäßigt.
Verstorben am 17.4.1979.
Lit.: RPB V, 90 (Anm.5).

GLASER, JOSEF
1890 08 08
Homburg (Landeskrankenhaus)
Pfarrer
1935 Kirche und Pfarrwohnung im Landeskrankenhaus Homburg mit beleidigenden Inschriften be-

sudelt. Am 15.5.1935 als Anstaltspfarrer durch
den Reichskommissar für das Saarland entlassen.
1935 und 1936 durch die Regierung der Pfalz
Verweigerung der Bestätigung als Pfarrer in
Kapsweyer und Martinshöhe. Vom 7.1. bis 28.
1.1942 Schutzhaft durch die Gestapo Neustadt
wegen Nichtverhinderung des Glockengeläutes
bei Wegnahme der Glocken.
Verstorben am 3.3.1979.

GLASER, LUDWIG
1904 08 01
Landau
Geistl. Studienrat
Dr.
Im Herbst 1934 wegen Verbreitung von Zeitungs-
meldungen aus dem Saarland angezeigt.
1935 vorübergehendes Schulverbot; 1936 vier
Monate Verbot des Religionsunterrichtes an
der Oberschule Bad Dürkheim. 1940 als haupt-
amtlicher Religionslehrer an der Oberschule
Landau entlassen.
Lit.: RPB V, 39.

GOETTGENS, KARL
1876 06 11
Klingenmünster
Pfarrer
Zwei Strafverfahren wegen Devisenvergehens und
Vergehens gegen das Flaggengesetz wurden einge-
stellt. 1938 Schulverbot. Am 10.7.1941 wegen
Heimtückevergehens von der Gestapo verhaftet,
drei Monate Schutzhaft im Gerichtsgefängnis
Neustadt.
Verstorben am 5.12.1959.
Lit.: RPB V, 228, 280, 287.

GOLSONG, EDMUND
1895 06 03
Homburg
Pfarrer
Dr.
Im August 1936 durch den Reichskommissar für
das Saarland willkürlich und gesetzwidrig als
Beamter gehaltlich zurückgestuft. Dadurch ent-
stand dem Pfarrer insgesamt eine finanzielle
Einbuße von 5367 RM.
Verstorben am 16.7.1960.

GOUTHIER, LUDWIG
1895 07 22
Schifferstadt (St. Laurentius)
Pfarrer
Mit Verfügung des bayerischen Staatsministers
für Unterricht und Kultus vom 24.9.1941 „in-
folge Einschränkung des Religionsunterrichts"
als Studienrat am Gymnasium und Realgymnasium
Ludwigshafen in den Wartestand versetzt.
Verstorben am 30.1.1971.

GROESCHEL, RICHARD
1901 04 26
Eisenberg
Pfarrer
Am 9.8.1934 durch das Amtsgericht Kirchheimbolanden wegen groben Unfugs (Nichterweisen
des Deutschen Grußes bei der Maifeier) zu
80 RM Geldstrafe, ersatzweise 20 Tagen
Haft, verurteilt. Die Strafe wurde aufgrund
einer Amnestie erlassen.

GROMMES, HEINRICH
1900 09 30
Imsweiler
Pfarrer
Am 4.3.1936 wegen Vergehens gegen das Flag-
gengesetz (Nichtbeflaggen der Kirche am 9.11.
1935) vom Amtsgericht Rockenhausen zu 20 RM
Geldstrafe verurteilt.
Am 16.1.1937 schriftliche Verwarnung durch den
Landrat von Rockenhausen wegen der Veranstal-
tung einer Weihnachtsfeier.
Verstorben am 7.12.1974.

GUNDERMANN, FRIEDRICH
1906 02 26
Kaiserslautern
Geistl. Studienrat
Nach mehrmaligen Vernehmungen und einer Haus-
suchung durch die Gestapo verwarnt.

HAAS, ALOIS
1883 06 21
Biesingen
Pfarrer
Am 5.10.1937 Schulverbot. Ein Strafverfahren
wegen Heimtückevergehens beim Sondergericht
Saarbrücken wurde wegen Amnestie eingestellt.
Verstorben am 28.12.1963.

HAAS, JOHANNES
1872 10 08
Erweiler-Ehlingen
Pfarrer
1938 Schulverbot. Am 21.4.1938 Strafbefehl
des Amtsgerichts Blieskastel über 100 RM Geldstrafe (ersatzweise 10 Tage Gefängnis) wegen
Vergehens gegen das Sammlungsgesetz.
Verstorben am 16.3.1945.

HABERMEHL, MICHAEL
1896 11 14
Ludwigshafen-Oggersheim
Geistl. Studienrat
Dr.
1934 wegen Ablehnung Rosenbergs im Religionsun-
terricht ein Untersuchungsverfahren durch die
Gestapo und den NSLB.
Beleidigung durch den Bannführer der HJ

Ludwigshafen vor den Teilnehmern einer
Schüler-Pilgerfahrt nach Rom.
1935/36 mehrere Anzeigen bei Partei, HJ und NSLB
wegen seiner Stellungnahme gegen die Kirchen-
austrittspropaganda.
Verstorben am 17.12.1964.

HARTMUTH, JAKOB
1902 11 04
Gerbach / Contwig
Pfarrer
Im Oktober 1935 Untersuchungsverfahren bei
Landrat und Kreisleitung wegen Läutens der
Kirchenglocken in Gerbach während der Hitler-
rede am Erntedankfest. Einer Verhaftung entzog
sich der Pfarrer durch Flucht; erst nach meh-
reren Wochen konnte er in die Pfarrei zurück-
kehren.
1940 wurde ihm durch die Regierung mehrere
Wochen lang die Bestätigung als Pfarrer in
Contwig verweigert.

HAUCK, FRIEDRICH
1905 11 14
Bellheim / Bechhofen
Pfarrer
Mußte im Juli 1933 auf Drängen der Partei als
Kaplan von Bellheim wegversetzt werden.
Ein Strafverfahren wegen Kanzelmißbrauchs und
Beamtennötigung wurde 1938 aufgrund einer Amnestie
eingestellt.

HAUCK, GEORG ANDREAS
1890 06 06
Schönau / Höningen
Pfarrer
Am 28.1.1933 ein Sprengstoffanschlag durch
Nationalsozialisten auf das Pfarrhaus Schönau,
Zerstörung der Fensterscheiben an Pfarr- und
Nachbarhaus. Ebenfalls 1933 mehrere Schmäh-
artikel in der NS-Presse.
Im Mai 1933 durch wiederholte Beschlüsse des
gesetzwidrig gebildeten NS-Gemeinderates
aus der Pfarrei Schönau verdrängt und des im
Jahr 1930 verliehenen Ehrenbürgerrechts für
verlustig erklärt.
Drei Versuche zur Verhaftung durch NS-Organisa-
tionen im Mai und Juni 1933 aufgrund Eingreifens
der Gendarmerie, der Haltung der katholischen
Bevölkerung und zuletzt durch Flucht verhin-
dert. Verbot der Rückkehr nach Schönau.
Am 28.6.1933 erneuter Schmähartikel in der
NS-Presse.
Am 13.1.1941 Schulverbot.
Verstorben am 10.5.1967.

HEILWECK, HERMANN
1893 03 04
Herxheim

Geistl. Studienrat
Dr.
Am 1.3.1937 wegen seiner Stellungnahme gegen
die Verwendung von Rosenbergs Mythus im Geschichtsunterricht von Landau nach Lohr versetzt.
Am 24.9.1941 wegen Einschränkung des Religionsunterrichtes an den höheren Schulen in
den Wartestand versetzt.
Verstorben am 7.5.1951.

HEIM, GEORG
1885 08 07
Waldhambach
Pfarrer
Ein Strafverfahren beim Sondergericht Franken-
thal wegen Heimtückevergehens wurde 1938 durch
den Tod des Beschuldigten am 2.3. hinfällig.
Lit.: RPB V, 84, 211, 240.

HEINY, KARL
1893 12 21
Brücken
Pfarrer
In der Nacht vom 14./15.10.1933 Überfall
auf das Pfarrhaus in Brücken, Einwerfen und
Zerschlagen von Fensterläden und Scheiben sowie
Eindringen von bewaffneten SA- und SS-Leuten
in das Pfarrhaus.
Verstorben am 12.10.1976.

HEITER, ALOIS
1910 06 22
Waldhambach
Pfarrer
Am 5.9.1941 Schulverbot für Volksschule und
Progymnasium Grünstadt, anschließend Unter-
suchungsverfahren durch die Gestapo Neustadt.
Verstorben am 13.3.1981.

HELFRICH, WALTER ANDREAS
1911 04 19
Dudenhofen
Pfarrer
Im Juli 1941 ein Untersuchungsverfahren durch
die Gestapo Saarbrücken wegen Abhaltens eines
Gottesdienstes am Fronleichnamstag.
Im März 1942 Verwarnung durch die Gestapo
wegen seiner Betätigung in der katholischen
Jugend.
Verstorben am 14.10.1974.

HERKEL, ROBERT
1906 06 28
Pirmasens / Ludwigshafen / Hagenbach
Pfarrer
Von 1933 bis 1938 als Kaplan in Pirmasens und
Ludwigshafen wiederholte Haussuchungen und
häufige Verhöre durch die Gestapo wegen

seiner Betätigung in der katholischen Jugend.
1939/40 während der Evakuierung wegen eines
Rundbriefes an die Pfarrkinder ein Untersuchungsverfahren durch die Reichspressekammer.
Behinderung der Flüchtlingsseelsorge durch
die Gendarmerie von Wiesentheid (Unterfranken).
1942 wegen Verbreitung eines „staatsfeindlichen"
Flugblattes strenger Verweis mit Androhung
von KZ-Haft und Festsetzung von 1000 RM
Sicherungsgeld durch die Gestapo.
Am 11.2.1945 Verbot des Gottesdienstes und
des Glockenläutens durch die Kreisleitung
Speyer; Entzug der Aufenthaltsgenehmigung und
Anordnung der Verhaftung, die jedoch nicht
mehr durchgeführt werden konnte.

HEROLD, EDMUND
1901 05 03
Schweigen-Rechtenbach
Pfarrer
1938 und 1939 durch das Amtsgericht Bergzabern
zu je 150 RM Geldstrafe wegen Beleidigung (Auseinandersetzungen mit Lehrern in Religions-
unterrichtsfragen) verurteilt.
1939 Verweigerung der Bestätigung als Pfarrer
von Marktbreit (Unterfranken) durch das bayerische Kultusministerium.
1940, nach der Rückführung aus der Evakuierung, Verbot der Rückkehr in die Pfarrei
Schweigen-Rechtenbach durch das Landratsamt
Bergzabern. Bezug des Pfarrhauses erst im
Mai 1942 wieder gestattet.
Verstorben am 17.1.1972.

HERRMANN, JOHANN
1878 04 18
Blieskastel
Pfarrer, Dekan
Erhielt im Jahre 1938 Schulverbot.
Verstorben am 20.5.1950.

HERRMANN, PHILIPP
1906 01 15
Weidenthal
Pfarrer
Ein Strafverfahren vor dem Sondergericht
Kaiserslautern wegen Vergehens gegen das
Heimtückegesetz und Kanzelmißbrauchs
wurde im September 1939 aufgrund einer Amnestie
eingestellt.
Lit.: RPB V, 153f. u.ö.

HESS, JOSEF
1903 03 01
Hochspeyer
Pfarrer
Im Herbst 1935 Verwarnung durch die Gestapo.
1937 Schulverbot.
1941 kurze Festnahme durch Gendarmerie wegen

der Veranstaltung einer Wallfahrt mit Meßdienern.
Verstorben am 20.6.1979.

HILLER, ADAM
1882 01 19
Schifferstadt / Speyer
Domkapitular
Als Pfarrer von Schifferstadt am 4.5.1933
in Schutzhaft genommen. Zwei scharfe Verweise
durch das Staatspolizeiamt und die Kreisleitung
Speyer. Ausschluß aus dem Bezirkswohlfahrts-
ausschuß Speyer.
Als Domkapitular in Speyer wiederholte Ver-
nehmungen und eine Haussuchung durch die Ge-
stapo wegen Betätigung in den katholischen
Arbeitervereinen.
Verstorben am 20.3.1957.

HOBERG, FRANZ
1901 10 01
Koblenz
Pfarrer
1936 wegen seiner Tätigkeit als Gefängnis-
geistlicher in Koblenz (Sittlichkeitsprozesse
gegen Ordensangehörige) in der Presse angegriffen und mehrmals von der Gestapo vernommen.
1941 staatspolizeiliches Untersuchungsverfahren wegen seiner Stellungnahme gegen die
„deutsche Eheweihe".
Verstorben am 23.6.1979.

HOFFMANN, JOSEF
1881 01 29
Godramstein
Pfarrer
Am 19.6.1933 Sturm auf das Pfarrhaus in God-
ramstein und Inhaftierung des Pfarrers durch
die Gestapo.
Verstorben am 30.9.1938.

HOLZ, KARL
1896 12 05
Rohrbach / Schwanheim
Pfarrer
Am 15.12.1937 Schulverbot. Vier Strafverfahren beim
Sondergericht Saarbrücken wegen Kanzelmißbrauchs
und Heimtückevergehens am 4.5. 1938 aufgrund der
Amnestie vom 30.4.1938 eingestellt.
Verstorben am 9.2.1959.

HORKENBACH, P. HERMANN JOSEF
CSSP
o.D.
Germersheim / Broich
Hilfspriester, Superior
1940 als Superior im Missionshaus Broich wegen
Vergehens gegen das Sammlungsgesetz vom Amtsge-
richt Aachen zu 150 RM Geldstrafe verurteilt.

HUBER, CLEMENS
1895 11 18
Bliesmengen-Bolchen
Pfarrer
Ein Strafverfahren wegen Vergehens gegen das
Sammlungsgesetz wurde am 18.5.1938 aufgrund
der allgemeinen Amnestie vom Amtsgericht
Blieskastel eingestellt.

HUBER, FLORIAN
1897 10 14
Minfeld
Pfarrer
Am 26.6.1936 ein Schmähartikel gegen ihn in
der NS-Presse.
Verstorben am 21.12.1971.

HUBER, JOHANNES
1898 08 09
Böhl / Mutterstadt
Pfarrer
1933 Demonstration der SA vor dem Pfarrhaus in
Böhl. Einer Verhaftung entzog sich der Pfarrer
durch Flucht. Mehrere Hetzartikel im Haß-
locher Tageblatt.
1941 bis 1942 Verweigerung eines Raumes im
Schulhaus zur Abhaltung des Religionsunterrichtes; wegen Abhaltung in der Kirche Untersuchungsverfahren bei Gestapo und Landratsamt.
Verwarnung.
Verstorben am 6.1.1980.

HUND, FRANZ
1897 03 15
Kriegsfeld
Pfarrer, Dekan
Am 3.12.1938 Verhör durch die Gestapo wegen des
Verlesens eines Augenzeugenberichtes über
die Behandlung des Kardinals Innitzer in Wien.

JANSON, JOHANNES
1903 04 20
Dielheim / Oberndorf / Lambrecht
Pfarrer
Im Frühjahr 1933 Ortsverweis durch den Bürger-
meister und Ortsgruppenleiter aus Dielheim.
Ein Strafverfahren wegen Heimtückevergehens
wurde 1933/34 aufgrund einer Amnestie eingestellt.
Wegen Übertretung des Versammlungsverbots zu
25 RM Geldstrafe verurteilt.
Frühjahr 1936 SA-Demonstration in Oberndorf.
Der Pfarrer entzog sich seiner Verhaftung durch
Flucht.
Ein Strafverfahren wegen Heimtückevergehens
und Kanzelmißbrauchs wurde aufgrund einer Amnestie
eingestellt.
Ein staatspolizeiliches Untersuchungsverfahren

wurde 1937 wegen angeblichen Kanzelmißbrauchs
eingeleitet.
Im August 1938 wegen Verweigerung von Partei-
propaganda aus der Organisation der Amateur-
funker ausgeschlossen. Eine weitere Betätigung wurde ihm unter Androhung der Todesstrafe verboten.

KARY, FRITZ
1896 03 03
Kaiserslautern / Bad Dürkheim
Geistl. Studienrat
Dr.
Am 4.10.1934 durch das bayerische Staatsministerium für Unterricht und Kultus wegen politischer Unzuverlässigkeit aus dem Staatsdienst
entlassen (Kary war Religionslehrer an der Oberrealschule in Kaiserslautern). Am 1.3.1935
konnte er eine Pfarrstelle in Bad Dürkheim
übernehmen.
Verstorben am 3.12.1979.

KLEIN, JOHANNES
1881 09 19
Rheinzabern
Pfarrer
Im Sommer 1935 Anzeige wegen Kanzelmißbrauchs.
Am 17.7.1944 wegen seiner Stellungnahme zur
beabsichtigten Mischehe eines katholischen
Soldaten der Pfarrei und wegen Beanstandungen
aus früheren Jahren von der Gestapo verhaftet
und ins Gefängnis Speyer eingeliefert. Die an-
geordnete Überweisung ins KZ wurde wegen seines
schlechten Gesundheitszustandes im Dezember 1944
vorläufig aufgehoben. Im Februar 1945 ohne
Verhandlung wegen Haftunfähigkeit entlassen;
Verwarnung und Festsetzung von 5000 RM Sicherungsgeld. Am 14.3.1945 in seiner Pfarrei an der
erlittenen Verschlimmerung seines Herz-Asthma-
leidens verstorben.
Lit.: RPB V, 84 (Anm. 18).

KLEIN, P. KUNO
OFMCAP
o.D.
St. Ingbert (Haus St. Fidelis)
Am 3.2.1941 durch eine Anordnung des Reichs-
kommissars für das Saarland seines Amtes als
Heimleiter des ordenseigenen Schülerinternats
im St.Fidelishaus enthoben und durch eine weltliche Lehrkraft ersetzt.

KLEIN, PHILIPP ALBERT
1867 01 12
Speyer
Dompropst
Am 9.4.1936 Strafbefehl des Amtsgerichts
Speyer über 450 RM (ersatzweise 15 Tage Ge-
fängnis) wegen Vergehens gegen das Flaggenge-

setz (Nichtbeflaggen des Domes und der Gebäude
des Domkapitels anläßlich der Beisetzung des
NS-Landesleiters Wilhelm Gustloff am 12.2.1936
trotz Anordnung des Reichsinnenministers).
Verstorben am 16.9.1945.
Lit.: RPB V, 111, 115.

KLEMM, JOHANNES ADAM
1873 11 10
Contwig
Pfarrer, Dekan
Ein Strafverfahren wegen Vergehens gegen das
Flaggengesetz (Mitführen einer Kongregations-
fahne bei der Fronleichnamsprozession) wurde
aufgrund einer Amnestie eingestellt.
Verstorben am 13.4.1950.

KNECHT, GEORG
1882 03 04
Berlin
Pfarrer i.R., Schriftsteller
Dr.
Mußte im Juni 1938 wegen Nichtmitgliedschaft
in der Reichsschrifttumskammer und scharfer
Verwarnungen der Reichspressestelle beim Ger-
mania-Verlag Berlin entlassen werden.
Ein Strafverfahren wegen Kanzelmißbrauchs wurde
im August 1940 eingestellt.
Verstorben am 24.6.1953.

KNECHT, HUBERT
1900 11 03
Vinningen
Pfarrer
1934 Besetzung der Kirche durch 150 SA-Leute
zwecks Verhinderung der Christenlehre. Am
gleichen Tage Demonstration der HJ vor dem
Pfarrhaus.
1938 Schulverbot.
1941 auf Anstiften eines politischen Leiters in
zwei Nächten Steinwürfe gegen das Pfarrhaus,
Einwerfen von Fenstern sowie Blockierung der
Pfarrhaustür.
Verstorben am 29.1.1963.

KOLLING, PETER
1905 03 14
Germersheim
Kaplan
Am 10.2.1936 Strafbefehl des Amtsgerichts Kusel
über 20 RM wegen Vergehens gegen das Flaggengesetz (Nichtbeflaggen der Kirche am 9.11.1935).

KONRATH, ALOIS
1895 01 12
Ensheim
Pfarrer
Im Juli 1935 Verwarnung durch die Gestapo wegen
Anbringung eines zwei Meter großen, nachts be-

leuchteten Christuszeichens auf dem Turm der
Kirche.
Im August 1936 Einbruch ins Pfarrhaus und Ent-
wendung politischer Aufzeichnungen. Erneute
Verwarnung durch die Gestapo.
1938 Schulverbot sowie vier Wochen Predigtver-
bot.
Insgesamt drei Haussuchungen und 30 Vernehmungen
durch die Gestapo.
Verstorben am 23.10.1967.

KOOB, WILHELM
1907 08 28
Rodalben
Kaplan
Am 9.7.1936 durch das Schöffengericht
Pirmasens wegen Kanzelmißbrauchs (Erörterung
der Schulfrage) zu drei Monaten Gefängnis mit
Bewährungsfrist verurteilt.
Ein Strafverfahren wegen Vergehens gegen das
Heimtückegesetz durch das Sondergericht wurde
am 28.1.1939 aufgrund einer Amnestie eingestellt.
Verstorben am 9.5.1953.

KOPP, GEORG
1894 10 10
Jockgrim
Pfarrer
1937 wegen „feindseliger Propaganda" auf der
Kanzel Verwarnung durch die Kreisleitung
Germersheim.
Verstorben am 11.6.1966.

KRAEMER, FELIX
1884 05 29
Niederkirchen
Pfarrer, Dekan
Am 9.6.1939 durch das Amtsgericht Bad Dürkheim
wegen Vergehens gegen das Sammlungsgesetz zu
50 RM Geldstrafe verurteilt. Sammelgelder für
den Kirchenbau in Höhe von 6806,10 RM wurden
durch die Gestapo beschlagnahmt.
Verstorben am 24.12.1960.
Lit.: RPB V, 276.

KUECHLE, AUGUST
1902 02 26
Steinfeld / Winnweiler / Kottweiler-Schwanden
Kaplan
Mußte 1933 auf Drängen der Partei aus Stein-
feld versetzt werden.
Im Februar 1941 Schulverbot.
Im August 1941 wegen Abhaltens einer Jugend-
veranstaltung Verwarnung durch die Gestapo.
Verstorben am 14.8.1977.

KUPPER, JOHANNES JOSEF
1906 03 09
Glanmünchweiler

Pfarrer
1938 nach vorausgegangenen wiederholten Vernehmungen Verwarnung durch die Gestapo.
Verstorben am 20.7.1978.

LANG, FRANZ
1879 12 20
Sondernheim
Pfarrer
In der Nacht vom 21. auf den 22.6.1933 Überfall und Haussuchung im Pfarrhaus durch SA und SS.
Am 18.9.1933 verleumnderischer Artikel in der NS-Presse.
Am 13.1.1936 wegen Nichtbeflaggens der Kirche am 9. November des Vorjahres vom Amtsgericht Germersheim zu 50 RM Geldstrafe verurteilt.
Verstorben am 5.8.1973.

LANNINGER, JOHANN BAPTIST
1885 11 08
Stetten / Hütschenhausen
Pfarrer
Im Juni 1933 zwei nächtliche Sprengstoffattentate auf das Pfarrhaus in Stetten. Der Pfarrer mußte von Stetten wegversetzt werden.
Verstorben am 23.10.1974.
Lit.: RPB V, 4ff.

LAUER, NIKOLAUS
1897 05 11
Speyer
Geistl. Studienrat
Lauer war Hauptschriftleiter des „Christlichen Pilgers".
1936 Verwarnung und Beschlagnahme einer Nummer wegen staatsfeindlicher Artikel durch das Reichspropagandaministerium.
1938 und 1939 Verwarnungen durch das Reichspropagandaministerium wegen Abdrucks unerwünschter Berichte.
1939 Verwarnung und Verbotsandrohung durch die Gestapo wegen eines Artikels zu Fronleichnam. Verwarnung und Verbotsandrohung wegen eines Hinweises auf die Missionskundgebung im Vatikansender. Kürzung des Umfangs auf sechs Seiten.
1940 vorübergehendes Verbot des „Christlichen Pilgers" wegen eines Neujahrsartikels.
1941 Haussuchung in Büro und Wohnung durch die Gestapo, kurze Festnahme und Verhör.
Im Juni 1941 Verbot des Bistumsblattes aus kriegswichtigen Gründen, Beschlagnahme der Restauflage von 50000 Stück, Verbot des Pilgerkalenders (gleichzeitig Verbot sämtlicher kirchlicher Blätter der Diözese).
Ausschluß aus dem Reichsverband der deutschen Presse.
1942 durch Reichsschriftumskammer Verbot jeder schriftstellerischen Betätigung.
Verstorben am 13.2.1980.
Lit.: RPB V, 40, 52, 134 (Anm. 5).

LAYES, LUITPOLD
1899 02 28
Höcherberg-Frankenholz
Pfarrer
Im Frühjahr 1937 bezüglich des „Frankenholzer Schulstreiks" (wegen Anbringung des Hitlerbildes anstelle des Kreuzes in der katholischen Schule durch Ortsgruppen- und Schulleiter) durch die Gestapo verhört. Öffentliche Angriffe durch Gauleiter Bürckel und den Kreisleiter von Homburg. Presseangriffe.
1938 Schulverbot.
1939 wurde eine Geldstrafe in Höhe von 50 RM wegen Vergehens gegen das Flaggengesetz aufgrund einer Amnestie erlassen.

LEIDL, RAIMUND
1912 05 06
Zweibrücken (Hl. Kreuz)
Kaplan
1939/40 Verweise durch die Gestapo und Ausweisung aus dem Rückführungsgebiet (Gotha).
Verstorben am 21.5.1961.

LEIST, EDUARD
1902 02 04
Schifferstadt / Bruchweiler
Kaplan
Im Frühjahr 1940 ein staatspolizeiliches Untersuchungsverfahren in Thüringen wegen Betreuung der evakuierten Pfarrkinder.
Im November 1940 eine Verwarnung durch die Gestapo und Festsetzung von 500 RM Sicherungsgeld wegen Nichterwiderung des deutschen Grußes.
Verstorben am 29.10.1971.

LENHART, VINZENZ
1885 11 14
Kübelberg
Pfarrer
Wurde am 23.6.1933 in Schutzhaft genommen.

LOESCH, ERICH
1909 04 01
Petersberg
Pfarrer
1941 ein staatspolizeiliches Untersuchungsverfahren wegen verbotener Sammlung für Paramente; ebenso eine schriftliche Verwarnung.
Im Frühjahr 1945 eine Anzeige bei der Gestapo und ein Strafverfahren wegen angeblicher Feindbegünstigung.

MAGIN, RUDOLF
1904 12 31
Schönau
Pfarrer

Am 7.8.1937 Schulverbot.
Ein Strafverfahren beim Sondergericht Frankenthal wegen Heimtückevergehens (Beleidigung von Goebbels und Hitler) wurde eingestellt wegen der Amnestie vom 30.4.1938.
Verstorben am 20.6.1980.

MAGINOT, ALOIS
1909 07 12
Berg
Pfarrer
Am 9.2.1945 Verbot des Gottesdienstes in Berg durch die Kreisleitung in Speyer.

MANN, JOHANNES
1889 06 29
Hohenecken / Bellheim
Pfarrer
Wurde am 21.3.1933 durch die SA verhaftet und durch das Dorf geführt.
Ein Strafbefehl des Amtsgerichts Kaiserslautern über 100 RM Geldstrafe wegen Störung des nationalen Feiertags (1.5.1933) durch Veranstalten eines Umzugs in Hohenecken.
Im Juni 1933 vier Tage Schutzhaft.
1939 ein Strafbefehl des Amtsgerichts Kaiserslautern über 150 RM Geldstrafe wegen Vergehens gegen das Sammlungsgesetz.
Verstorben am 25.12.1950.

MARTIN, HEINRICH
1880 10 27
Enkenbach
Pfarrer
Vom 22. bis 24.6.1933 Schutzhaft im Gefängnis Kaiserslautern.
Am 1.2.1938 durch das Amtsgericht Kaiserslautern von der Anklage der Übertretung des Artikels 58a PStGB (Verleitung von Kindern zum Fernbleiben von der Schule an Allerheiligen) freigesprochen.
Am 2.6.1938 Schulverbot.
Verstorben am 1.1.1951.

MARTIN, JAKOB
1880 08 08
Königsbach
Pfarrer
Im Juni 1933 unter schweren körperlichen Mißhandlungen in Schutzhaft genommen.
Verstorben am 23.7.1938.

MATHEIS, KARL
1898 11 10
Imsweiler / Fehrbach
Pfarrer
Am 17.6.1933 durch 150 bis 200 Demonstranten nächtlicher Sturm auf das Pfarrhaus Imsweiler. Zahlreiche Schüsse und Steinwürfe; viele

Fensterscheiben, Fensterrahmen und zwei Haustüren beschädigt. Der Pfarrer wurde blutig mißhandelt und für acht Tage ins Gefängnis Obermoschel in Schutzhaft genommen. Am 18.6.1933 Gottesdienst und Predigt (zwölfstündiges Gebet) durch SA verhindert. Matheis mußte von Imsweiler versetzt werden.
Am 18.1.1934 durch das Landgericht Kaiserslautern wegen Beleidigung der SA, der Regierung und Hitlers statt der eigentlich vorgesehenen Gefängnisstrafe von zwei Monaten zu 200 RM Geldstrafe verurteilt.
Verstorben am 30.10.1966.

MATT, JULIUS
1911 12 07
Gossersweiler
Kaplan
Im März 1938 ein Strafbefehl des Amtsgerichts Annweiler über 100 RM Geldstrafe wegen Vergehens gegen das Sammlungsgesetz.
Weitere Lebensdaten unbekannt.

MAURER, BERNHARD
1902 09 02
Hornbach / Hagenbach / Otterbach
Pfarrer
Am 18.11.1937 Verbot des nebenamtlichen Religionsunterrichts an Gymnasium und Oberschule Zweibrücken durch das bayerische Kultusministerium (wegen „politischer Unzuverlässigkeit").
1944 ein Untersuchungsverfahren bei der Kreisleitung in Kaiserslautern.

MAUTHE, ALFONS
1910 09 03
Kaiserslautern (St. Maria) / Maria Rosenberg
Kaplan
Am 5.10.1935 wegen staatsfeindlicher Haltung Religionsunterrichtsverbot durch den Oberbürgermeister von Frankenthal.
Am 23.6.1937 wegen Kanzelmißbrauchs und Heimtückevergehens durch das Sondergericht Frankenthal zu fünf Monaten Gefängnis verurteilt.
Verweigerung der deutschen Staatsbürgerschaft für den (staatenlosen) Kaplan.
Vom 15.3.1938 bis zum 7.6.1942 Reichsverweisung aufgrund eines Beschlusses der Regierung der Pfalz vom 7.2.1938, da er als „äußerst gehässiger Gegner des Nationalsozialismus" betrachtet wurde. Aufenthalt in Holland (als Spiritual in Schinwald bei Heerlen).
Verstorben am 14.10.1950.
Lit.: RPB V, 123, 155f, 180, 187f.

MAYER, GEORG
1888 05 22
Arzheim
Pfarrer

Der Pfarrer wurde 1937 vom Sondergericht Frankenthal „anstelle einer an sich verwirkten Gefängnisstrafe von 15 Tagen" zu einer Geldstrafe von 150 RM verurteilt, weil er am 23.3. 1937 100 Abdrucke von Pius' XI bekannter Enzyklika vom 14.3.1937 über die Lage der katholischen Kirche im deutschen Reich in seiner Pfarrei außerhalb der Kirche verteilen ließ.
Lit.: RPB V, 165, 207.

MECKES, FERDINAND
1911 12 08
Schaidt / Homburg-Nord / Stadtroda, Thüringen
Kaplan
1940 Verweigerung des Räumungs-Familien-Unterhalts durch den Landrat in Stadtroda, da Zuzug eines Seelsorgers unerwünscht. Erschwerung der Rückwandererseelsorge durch wiederholte Wegnahme von Gottesdiensträumen und ständiger Kontrolle in Stadtroda.

MENTZ, KARL
1909 07 07
Speyer
Kaplan
Im Oktober 1937 aufgrund seiner Weltanschauung Unterrichtsverbot an der höheren Mädchenschule in Speyer durch das bayerische Kultusministerium.
Verstorben am 20.10.1971.

MINGES, EMIL
1908 12 18
Eppenbrunn
Pfarrer
1942 Verwarnung durch die Gestapo wegen des Verlesens des Möldersbriefes in der Glaubensstunde der Pfarrjugend.

MINGES, KARL AUGUST
1894 03 12
Höcherberg-Höchen
Pfarrer
Ein Strafverfahren wegen Beleidigung (Stellungnahme in der Schulfrage) wurde aufgrund der Amnestie vom 30.4.1938 vom Schöffengericht Neunkirchen eingestellt; ebenso ein Verfahren wegen Vergehens gegen das Flaggengesetz.
Schulverbot.
Verstorben am 23.8.1968.

MOLL, OTTO
1907 06 01
Duttweiler
Pfarrer
1941 in Duttweiler staatspolizeiliches Untersuchungsverfahren, Verwarnung mit KZ-Androhung und Festsetzung von 100 RM Sicherungsgeld durch die Gestapo.
Verstorben am 18.1.1979.

MUELLER, LUDWIG
1886 07 24
Geinsheim
Pfarrer
Ein Strafverfahren wegen Kanzelmißbrauchs und Heimtückevergehens wurde 1934 eingestellt.
Am 15.5.1941 wegen der Teilnahme von Polen am Gottesdienst von der Gestapo verhaftet und 10 Tage in Schutzhaft genommen.
Verstorben am 20.2.1957.

NACHTIGALL, JOSEF ERNST
1872 03 04
Burrweiler
Pfarrer
Juli 1938 Verbot, Religionsunterricht zu erteilen.
Am 19.6.1939 in Schutzhaft genommen.
Verstorben am 10.8.1939.
Lit.: RPB V, 257.

NAGEL, JAKOB
1904 02 26
Dannstadt
Pfarrer
1936 ein Untersuchungsverfahren beim Bezirksamt Ludwigshafen wegen Verweigerung des Hitlergrußes in der Schule zu Schauernheim.
Im Juni 1938 Anzeige wegen Mitführens der Fahne einer katholischen Kongregation bei der Fronleichnamsprozession.
Lit: RPB V, 254.

NAUERZ, THEODOR
1909 03 20
Lautzkirchen / Speyer / Dudenhofen / Eußerthal
Kaplan
1935 ein Untersuchungsverfahren durch die Regierung Saarbrücken wegen Verweigerung des Hitlergrußes.
1936 Zeitungsangriffe wegen Mißachtung eines politischen Umzuges in Speyer.
Wegen eines Vergehens gegen das Heimtückegesetz vom 9.8. bis zum 26.8.1940 Untersuchungshaft, Verlust der Pfarrstelle in Eußerthal sowie Verurteilung zu einer Geldstrafe in Höhe von 190 RM durch das Sondergericht Saarbrücken.
Im Oktober 1941 Schulverbot.

NEUBERGER, KARL
1875 04 16
Herxheim
Pfarrer
Am 6.6.1933 nächtliche Demonstration vor dem Pfarrhaus in Herxheim mit der Aufforderung, die Pfarrei zu verlassen. Am 20.6.1933 erneute

nächtliche Demonstration mit Beschimpfungen, Drohungen, Steinwürfen und Zertrümmerung eines Fensters. Der Pfarrer entzog sich seiner Verhaftung durch Flucht.
Im Juli 1935 Anzeige wegen Kanzelmißbrauchs. Am 1.8.1935 in den Ruhestand versetzt. Pfarrverweser in Fußgönheim am 1.1.1939.
Verstorben am 20.8.1962.
Lit.: RPB V, 84.

NOHR, HERMANN
1886 09 29
Obermohr / Venningen
Pfarrer
Am 2.4.1936 nächtlicher Sturm auf das Pfarrhaus Obermohr wegen Nichtbeteiligung an der Wahl vom 29.3.1936, starke Mißhandlungen durch Stockhiebe und Fußtritte. Ein Tag Schutzhaft und Ortsverbot.
Nach der Wiedereinsetzung in die Pfarrei im Dezember 1936 sofortige erneute Verhaftung, Enthebung von der Pfarrstelle und Ausweisung aus dem Bezirk Landstuhl.
Verstorben am 27.3.1956.

PETER, AUGUST
1900 07 23
Bechhofen / Lindenberg
Pfarrer
Am 11.3.1933 als Expositus von Bechhofen Flucht ins Saargebiet, um drohender Verhaftung und Mißhandlung zu entgehen. Eine Rückkehr war erst am 4.4.1933 möglich. Am 30.4.1933 Demonstration vor dem Pfarrhaus Bechhofen, Überfall, Mißhandlung und Verhaftung des Pfarrers. Bis zum 26.5.1933 Schutzhaft im Gefängnis Zweibrücken, Verbot der Rückkehr nach Bechhofen. Nach der Entlassung erneuter Haftbefehl. Dieser Verhaftung entzog sich der Pfarrer durch Flucht.
Ein Strafverfahren wegen Heimtückevergehens vor dem Sondergericht Kaiserslautern am 9.9.1939 und ein weiteres Strafverfahren wegen Geheimnisbruchs am 2.10.1939 durch den Oberstaatsanwalt Frankenthal aufgrund einer Amnestie eingestellt.
Am 17.6.1940 Schulverbot.
Am 30.9.1941 ein Strafbefehl des Amtsgerichts Neustadt über 100 RM Geldstrafe wegen Vergehens gegen das Sammlungsgesetz.
1941 durch die Gestapo vorübergehend verhaftet.
Verstorben am 8.6.1969.

POTH, JOSEF
1880 08 28
Hettenleidelheim
Pfarrer, Dekan
Im Jahr 1933 wurden zwei Verhaftungsversuche durch die Haltung der katholischen Bevölkerung und durch Flucht verhindert. Eine Rückkehr in

die Pfarrei war erst nach vier Wochen möglich. Verstorben am 20.12.1954.

QUACK, HERMANN
1898 05 09
Maximiliansau
Pfarrer
Am 2.10.1935 durch das Schöffengericht Landau von der Anklage des Kanzelmißbrauchs und des Heimtückevergehens freigesprochen. Die Berufung des Staatsanwalts wurde am 19.11.1935 durch die Strafkammer Landau zurückgewiesen. Am 16.1.1942 Verhaftung durch die Gestapo wegen „hetzerischen" Inhalts seiner Feldpostbriefe an die Soldaten seiner Pfarrei. Am 13.3.1942 Verbringung ins Konzentrationslager Dachau. Dort am 29.3.1945 entlassen.
Verstorben am 14.10.1955.
Lit.: Weiler, 548.

RANKER, JOSEF
1912 03 18
Kaiserslautern
Kaplan
Ein Verfahren beim Sondergericht Frankenthal wegen Vergehens gegen die Verordnung des Reichspräsidenten zum Schutz von Volk und Staat wurde am 11.5.1938 aufgrund der allgemeinen Amnestie vom 30.4.1938 eingestellt.

REMBOR, JULIUS
1901 06 14
Trippstadt / Homburg-Nord (St. Andreas)
Pfarrer
1937 ein Untersuchungsverfahren durch Gestapo und Gauleitung wegen seines Verhaltens bei der Schulabstimmung und angeblichen Kanzelmißbrauchs. Daraufhin im September 1937 Unterrichtsverbot.
Lit.: RPB V, 211.

RIEDMATTER, PAUL
1899 12 01
Utrecht
Auslandsseelsorger, Dozent für Kunst
Dr.
Der Kaplan wurde am 18.10.1941 wegen einer Auslandsreise mit fremdem Paß in Utrecht verhaftet und in verschiedenen Gefängnissen (Hamburg, Hannover, München, Berlin) festgehalten. Am 9.2.1944 erfolgte die Einlieferung ins KZ Dachau, dort wurde er am 29.4.1945 befreit.
Lit.: 1.RPB V, LVI. 2.Weiler, 559.

RINDER, HEINRICH
1907 10 19
Kaiserslautern / Duttweiler
Kaplan / Pfarrer

Im November 1936 Verbot einer Totenfeier der Kolpingfamilie in Kaiserslautern, die Kaplan Rinder in seiner Funktion als deren Präses abhalten wollte.
Am 15.6.1941 im Schulhaus in Speyerdorf während des Religionsunterrichts wegen Polenseelsorge von der Gestapo verhaftet. Drei Wochen im Gefängnis Neustadt in Schutzhaft gehalten, zum Verzicht auf die Pfarrei Duttweiler gezwungen. Bei der Gefängnisentlassung KZ-Androhung und Stellung unter Gestapoaufsicht.

ROEDER, ALBRECHT
1907 12 01
Speyer
Domvikar
Dr. theol.
Im Juli 1935 Verfahren wegen Reisens mit Schülern in Kleidung katholischer Jugendverbände.
Wegen Hochverratsverdachts vom 22.5. bis zum 18.11.1944 von der Gestapo im Gefängnis Speyer in Schutzhaft genommen.
Lit.: RPB V, 85.

ROEMER, HEINZ ROBERT
1913 03 01
Ludwigshafen (St. Sebastian) / Schifferstadt
Kaplan
Ein Strafverfahren wegen angeblichen Kanzelmißbrauchs beim Schöffengericht Ludwigshafen wurde am 2.5.1938 aufgrund der allgemeinen Amnestie vom 30.4.1938 eingestellt.
Am 20.12.1940 wegen angeblich staatsgefährlichen Verhaltens bei der Ausübung der Krankenseelsorge durch die Gestapo verhaftet und am 22.2.1941 nach Dachau verbracht. Dort wiederholten schweren körperlichen Mißhandlungen, die dauernde Gesundheitsschäden zur Folge hatten, ausgesetzt. Am 9.4.1945 entlassen.
Lit.: 1.RPB V, LVI, 199. 2.Weiler, 563.

ROESSLER, JOHANNES
1882 02 05
Landau / Niederwürzbach / Burrweiler
Pfarrer, Studienprofessor
Dr. theol.
Am 1.12.1933 als Studienprofessor in Landau aufgrund des Gesetzes zur Wiederherstellung des Berufsbeamtentums durch das bayerische Kultusministerium ohne Pension aus dem bayerischen Staatsdienst entlassen (Rössler war wegen seiner politischen Aktivität in der BVP, bis 1933, mißliebig).
Wegen Vergehens gegen das Flaggengesetz am 8.1.1935 ein Strafbefehl des Amtsgerichts Blieskastel über 50 RM Geldstrafe (ersatzweise fünf Tage Gefängnis).
Am 7.2.1938 Strafbefehl des Amtsgerichts Blieskastel über 200 RM Geldstrafe (ersatz-

weise 20 Tage Gefängnis) wegen Vergehens gegen das Sammlungsgesetz (herkömmliche Sammlung für die Inneneinrichtung der Kirche).
Am 4.1.1940 auf Veranlassung der Kreisleitung Verweigerung der Zuzugsgenehmigung auf die Pfarrei Burrweiler.
Am 10.2.1940 durch Verfügung des Landrats (Landau) polizeilich aus Burrweiler ausgewiesen.
Am 21.8.1941 Strafbefehl des Amtsgerichts Blieskastel über 200 RM Geldstrafe (ersatzweise 20 Tage Gefängnis) wegen Vergehens gegen das Flaggengesetz (Mitführen von kirchlichen Fahnen bei der Fronleichnamsprozession).
Verstorben am 3.3.1965.
Lit.: RPB V, 268, 282.

RUTHIG, LUDWIG
1881 03 11
Neustadt, Weinstraße
Pfarrer
Als Pfarrer von Neustadt wiederholte Vorladungen und Vernehmungen bei der Kreisleitung und der Gestapo Neustadt, dabei einmal vorübergehend verhaftet.
Verstorben am 6.11.1965.

RUTHIG, MARTIN
1882 12 26
Bebelsheim / Bechhofen
Pfarrer
Im Jahr 1933 an der Ausübung der Seelsorge in Bechhofen (für den durch politische Maßnahmen verhinderten Expositus Peter) durch Androhung von Gewaltmaßnahmen gehindert.
1939 wegen seiner Stellungnahme in der Schulfrage von der Gestapo verwarnt.
Im Juni 1940 durch die Gestapo abgeholt und unter der Anschuldigung, kirchliche Geräte nach Frankreich verbracht zu haben, nach Saarbrücken gebracht.
Verstorben am 5.9.1948.

SCHAEFER, LUDWIG
1890 04 01
Erbach-Reiskirchen / Godramstein
Pfarrer
Am 18.9.1937 wegen staatsfeindlichen Verhaltens aus dem Gau Saarpfalz ausgewiesen.
Dieses Verbot wurde mit Wirkung vom 25.8.1938 auf das Saarland beschränkt.
Verstorben am 16.7.1973.

SCHAEFFLER, WILHELM
1890 01 31
Pirmasens (St. Anton)
Pfarrer, Dekan
1934 Beschlagnahme des Buches „Die Welt über uns". Nach der Freigabe 1938 erneute Beschlagnahme durch die Gestapo.

1935 Verhör und Haussuchung sowie Druckverbot für das katholische Pfarrblatt Pirmasens wegen eines Artikels „Mehr Mut und weniger Furcht" durch die Polizei.
Ein Strafverfahren wegen Heimtückevergehens beim Sondergericht Frankenthal wurde aufgrund der Amnestie vom 30.4.1938 eingestellt.
Ein Strafverfahren wegen Beleidigung des Ober-bürgermeisters von Pirmasens (Stellungnahme zur Schulabstimmung) wurde durch einen Vergleich beim Landgericht Zweibrücken beendigt.
Wegen Abhaltens einer verbotenen Versammlung (religiöser Lichtbildervortrag) 1940 durch das Amtsgericht Bamberg zu 150 RM Geldstrafe, ersatzweise 30 Tagen Gefängnis, verurteilt.
Auf Berufung durch die Strafkammer Bamberg freigesprochen.
1942/43 staatspolizeiliches Untersuchungsver-fahren wegen Polen- und Ostarbeiterseelsorge.
Verstorben am 26.11.1969.
Lit.: RPB V, 88, 94, 246.

SCHENKEL, JAKOB
1882 06 02
Weitersweiler / Bruchmühlbach
Pfarrer
Am 25.6.1933 ein nächtlicher Überfall durch SA und SS auf das Pfarrhaus in Weitersweiler.
Schwere körperliche Mißhandlung des Pfarrers, die Einlieferung ins Krankenhaus und längeren Kuraufenthalt nötig machte. Eine Rückkehr in die Pfarrei Weitersweiler wurde durch die Partei verhindert.
Verstorben am 5.12.1960.

SCHERR, THEODOR
1903 07 17
Clausen
Pfarrer
Ein Strafverfahren wegen Vergehens gegen das Sammlungsgesetz wurde aufgrund der allge-meinen Amnestie von 1939 eingestellt.

SCHERUEBL, JOSEF
1907 01 23
Mechtersheim
Kaplan
Am 15.2.1938 wurde ein Strafverfahren wegen Mitführens des Christusbanners der katho-lischen Jugend und der Beteiligung des Jung-männervereins bei der Fronleichnamsprozession 1937 durch das Amtsgericht Speyer eingestellt.
1939 ein Strafbefehl des Amtsgerichts Speyer über 50 RM Geldstrafe wegen Vergehens gegen das Sammlungsgesetz.
Im August 1942 wegen Mißachtung der staat-lichen Läuteordnung durch die Gestapo ver-haftet und drei Monate in Schutzhaft genommen.

SCHEURICH, RICHARD
1905 10 13
Hanhofen / Katzweiler / Waldhambach
Kaplan / Pfarrer
Am 23.6.1933 durch die SA verhaftet und drei Tage in Schutzhaft gehalten.
Im Herbst 1933 durch die Kreisleitung Speyer aus dem Bezirk Speyer ausgewiesen.
Einer erneuten Verhaftung entzog er sich am 21.2.1937 durch Flucht.
Ein Strafverfahren wegen Heimtückevergehens und Kanzelmißbrauchs vor dem Sondergericht Frankenthal wurde am 11.5.1938 aufgrund der Amnestie vom 30.4.1938 eingestellt.
Am 9.5.1938 Schulverbot. Schimpfliche Ver-weisung aus der Schule in Hirschhorn durch den Gemeindediener noch vor der Bekanntgabe der Verfügung.
Am 24.8.1939 wegen Heimtückevergehens und Kanzelmißbrauchs vom Sondergericht Kaisers-lautern zu drei Monaten Gefängnis verurteilt.
Die Strafe wurde aufgrund einer Amnestie erlassen.
Im März 1940 eine scharfe Verwarnung durch die Gestapo unter Androhung der Verweisung aus Pfalz und Rheinprovinz.
Verstorben am 5.1.1979.
Lit.: RPB V, 153, 199f, 249.

SCHIESS, ANTON
1888 03 03
Elnstein, Weinstraße
Pfarrer
Am 21.8.1942 ins KZ Dachau eingeliefert und am 12.12.1942 dort gestorben.
Lit.: Weiler, 584.

SCHILL, PETER
1901 02 05
Rülzheim / Speyer / Niederschlettenbach
Pfarrer
Mußte im Juli 1933 auf Drängen der Partei von Rülzheim wegversetzt werden.
Im September 1937 ein Strafbefehl des Amtsge-richts Pirmasens über 30 RM Geldstrafe wegen Vergehens gegen das Sammlungsgesetz.
Verstorben am 30.12.1962.

SCHINDLER, JOSEF REINHARD
1884 09 28
Gersheim
Pfarrer
1944 wegen einer Grabrede Untersuchungsver-fahren und scharfer Verweis durch die Gestapo.
Verstorben am 6.3.1980.

SCHLACHTER, OSKAR ISIDOR
1904 04 02
Kirchheimbolanden / Haßloch / Großbockenheim
Pfarrer

Im Juni 1933 Demonstration vor dem Pfarrhaus Kirchheimbolanden gegen den „Schwarzen Hetz-kaplan" sowie öffentliche Anprangerung als Parteigegner durch einen Plakatanschlag in der Hauptstraße. Kaplan Schlachter mußte wegver-setzt werden.
1938 wurde ein Strafverfahren wegen Vergehens gegen das Flaggengesetz aufgrund einer Amnestie eingestellt.
1942 ein staatspolizeiliches Untersuchungsver-fahren mit Verwarnung, KZ-Androhung und Fest-setzung eines Sicherungsgeldes in Höhe von 500 RM.
Verstorben am 17.1.1982.

SCHLICH, LUDWIG
1897 06 02
Ludwigshafen (St. Bonifaz)
Pfarrer
Ein Strafbefehl des Amtsgerichts Ludwigshafen vom 28.12.1934 über 25 RM Geldstrafe wegen Nichtbeachtung des Hitlergrußes durch einen Schüler.
Im November 1937 bei der Gestapo Neustadt ge-meldet wegen Predigtäußerungen über die Not der Kirche.
Lit.: RPB V, 214.

SCHLICK, JOHANNES
1869 11 21
Bliesdalheim
Pfarrer
1937/38 für zwei Monate Unterrichtsverbot.

SCHMICH, GUENTHER
1913 12 29
Speyer
Kaplan
Im Frühjahr 1934 wegen seiner Betätigung in einer katholisch-bündischen Jugendorganisa-tion 10 Tage Schutzhaft.
Vom 9. bis 16.12.1937 Schutzhaft und anschließend bis zum 12.3.1938 Untersuchungshaft im Landes-gefängnis Freiburg wegen Fortführung einer katholisch-bündischen Jugendorganisation. Ein deswegen eingeleitetes Strafverfahren wurde im Mai 1938 aufgrund der allgemeinen Amnestie vom 30.4.1938 durch das Sondergericht Mannheim eingestellt.

SCHMID, ANTON
1909 03 29
Dudenhofen / Mundenheim / Breitenbach
Kaplan
Im November 1936 Strafanzeige wegen einer Äus-serung in einer Predigt am 25.10. Der Kaplan be-harrte jedoch in einer weiteren Predigt auf dem Gesagten (22.11.).
Im Mai 1937 ergab sich eine ähnliche Situation

im Zusammenhang mit Äußerungen des Kaplans an-läßlich der Sittlichkeitsprozesse.
Im August 1937 Anzeige wegen abfälliger Äus-serungen über das Dritte Reich und Spitzel.
1938 und 1939 wurden zwei Strafverfahren wegen Kanzelmißbrauchs und Heimtückevergehens auf-grund einer Amnestie durch das Sondergericht Frankenthal eingestellt.
1941 durch die Gestapo wegen Abhaltung von Ein-kehrtagen zweimal verwarnt.
Lit.: RPB V, 139, 179, 199.

SCHMITT, ALOIS JOHANNES
1910 06 06
Schaidt
Pfarrverweser
1933 wurde ihm die Fortsetzung der philoso-phischen Universitätsstudien an der Universi-tät Frankfurt wegen parteifeindlicher Ein-stellung verweigert.
Am 6.5.1941 als Angehöriger der Benedikti-nerabtei St.Mathias in Trier aus Stadt und Regierungsbezirk Trier ausgewiesen.
1941 vorübergehendes Schulverbot bis zum 1.6.1942.
Verstorben am 11.2.1980.

SCHMITT, AUGUST
1905 01 08
Speyer (Dom) / Pirmasens (St. Pirmin)
Pfarrer
Wegen Jugendarbeit und Mitarbeit an der Schrift „Junge Kirche" Verhöre, Haussuchung, Beschlag-nahme und Verbot der Schrift durch die Gestapo (1934/35).
Am 26.4.1938 wurde ein Strafverfahren vor dem Amtsgericht Pirmasens wegen Beleidigung und falscher Anschuldigung von HJ-Führern ein-gestellt.
Wegen Vergehens gegen das Heimtückegesetz vom 8. bis 15.10.1939 Schutzhaft im Augustinerkloster Münnerstadt, anschließend Ortsarrest in Seckenbach bei Lohr/Main bis Juli 1940. Das Strafverfahren wurde am 28.1.1941 durch das Sondergericht Bamberg eingestellt.
Gefallen am 15.3.1945.
Lit.: RPB V, 40, 60, 90 u.ö.

SCHNETZER, LUKAS
1889 10 18
Leimen
Pfarrer
Ein Strafbefehl des Amtsgerichts Waldfischbach vom 3.3.1938 über 100 RM Geldstrafe (ersatz-weise 20 Tage Gefängnis) wegen Vergehens gegen das Sammlungsgesetz.
Verstorben am 15.12.1969.

SCHROEDER, JOSEF
1870 08 05
Deidesheim
Pfarrer, Dekan
Am 24.6.1937 durch das Landgericht Frankenthal wegen Beleidigung des Gauleiters Bürckel zu 200 RM Geldstrafe (ersatzweise 10 Tagen Gefängnis) verurteilt. (sog. „Frankenthaler Prozeß). Bürckel hatte in einer Rede am 19.3.1937 den Bischof Dr. Sebastian heftig angegriffen. Daraufhin wurde am 25.4.1937 in den pfälzischen Kirchen eine Erklärung der Dekane der Diözese verlesen, die gegen die unwürdige Behandlung des Bischofs in der Öffentlichkeit und für die Bekenntnisschule eintrat.
Schröder wurde dafür als Verantwortlicher von Bürckel verklagt.
Verstorben am 14.3.1940.
Lit.: RPB V, 169, 178, 184f, 188.

SCHUCK, ALFRED
1910 04 23
Dahn
Kaplan
Ein Strafverfahren beim Sondergericht wegen Heimtückevergehens wurde aufgrund der Amnestie vom 30.4.1938 eingestellt.
Verstorben am 21.5.1971.

SCHULER, FRIDOLIN
1862 02 09
Deidesheim
Pfarrer
Ein Strafverfahren beim Sondergericht Frankenthal wegen Heimtückevergehens wurde aufgrund der Amnestie vom 30.4.1938 eingestellt.
Verstorben am 1.2.1949.

SCHULER, SEBASTIAN
1873 11 18
Hornbach / Eschbach
Pfarrer
Am 8.1.1934 nächtlicher Sturm auf das Pfarrhaus Hornbach unter starkem Lärmen und Sturmgeläut. Der Pfarrer wurde schließlich durch die Gendarmerie in Schutzhaft genommen und, nur notdürftig bekleidet, zur Gendarmeriestation gebracht; unterwegs körperlich mißhandelt und ins St. Elisabeth-Krankenhaus Zweibrücken gebracht.
Ab März 1934 war Schuler Pfarrer in Eschbach.
Im März 1939 Schulverbot.
Verstorben am 28.4.1945.

SCHULTZ, ALOIS
1912 09 26
Frankenthal
Kaplan
1939 wegen Behandlung nicht rein religiöser Stoffe im Religionsunterricht durch die Gestapo verwarnt.

SCHULTZ, KARL THEODOR
1905 02 18
Waldsee
Pfarrer
Ein Strafbefehl des Amtsgerichts Speyer vom 18. 8.1936 über 20 RM Geldstrafe oder zwei Tage Gefängnis wegen Vergehens gegen das Flaggengesetz (Nichtbeflaggen von Kirche und Pfarrhaus in Waldsee am 3.6.1936 anläßlich der Beisetzung General Litzmann trotz Anordnung des Reichsinnenministers).
Verstorben am 23.4.1969.

SCHULZ, JOSEF LUDWIG
1904 01 01
Bad Dürkheim / Rheinzabern / Ulmet
Kaplan
Ein Strafverfahren beim Sondergericht Saarbrücken wegen Heimtückevergehens wurde am 11.6.1937 aufgrund einer Amnestie eingestellt.
Im April 1944 Einwerfen der Fensterscheiben der Kirche in Ulmet, sowie üble Verunreinigung der Kirche und der Umgebung des Gotteshauses durch die HJ.

SCHWALB, JAKOB
1872 08 04
Göllheim
Pfarrer, Dekan
Am 23.6.1933 nächtlicher Sturm auf das Pfarrhaus mit Steinwürfen und zahlreichen scharfen Schüssen; dabei wurden viele Fenster zertrümmert. Der Pfarrer wurde unter Beschimpfungen nach Kirchheimbolanden in Schutzhaft verbracht. Nach zwei Tagen wurde er entlassen, und die NSDAP verbot ihm die Rückkehr in seine Pfarrei.
Verstorben am 25.4.1934.

SEBASTIAN, LEONHARD
1885 04 04
Böhl
Pfarrer
Am 6.11.1937 Schulverbot.
Ein Strafverfahren wegen einer Sammlung für das Herz-Jesu-Liebeswerk wurde am 26.9.1936 aufgrund einer Amnestie eingestellt.
Im Dezember 1941 wurde er durch den Bürgermeister und Ortsgruppenleiter anläßlich der Wintersachensammlung öffentlich verleumdet. Wiederholtes Einwerfen von Fensterscheiben in Pfarrhaus und Kirche in den Jahren 1938 und 1942.
Verstorben am 24.5.1960.

SEBASTIAN, LUDWIG
1862 10 06
Speyer
Bischof
Dr. theol.
Am 19.3.1937 durch Gauleiter Bürckel vor der
Lehrerschaft des Gaues in öffentlicher, durch
Rundfunk übertragener und durch die Presse
verbreiteter Rede scharf angegriffen und beleidigt.
Im anschließenden „Frankenthaler Prozeß"
gegen Dekan Schröder (Deidesheim) am 24.6.1937
als Zeuge vernommen. Aufgrund dieses Prozesses
in der ganzen deutschen Parteipresse und in
der parteiamtlichen Wandzeitung „Parole der
Woche" vom 14.7.1937 unter dem Titel „Roms
alte Männer" verleumderisch des Konkordats-
bruchs und illegalen Briefverkehrs bezichtigt.
Am 15.8.1937 zwecks Verhinderung und Störung des goldenen Priesterjubiläums des Bischofs Veranstaltung eines Gauparteitages in
Speyer, so daß die Jubiläumsfeier in aller
Stille außerhalb der Diözese begangen werden
mußte.
Verstorben am 20.5.1943.
Lit.: RPB V, passim.

SEEL, ALOIS
1893 04 19
Grethen / Eschringen / Blickweiler
Pfarrer
Der Pfarrer erfuhr insgesamt neun Vernehmungen
durch die Gestapo mit wiederholten Verwarnungen
sowie Androhung der Landesverweisung und
schlimmeren Maßnahmen.
Verstorben am 2.4.1977.

SEITHER, AUGUST
1868 01 04
Rockenhausen / Herzheim
Pfarrer
In der Nacht vom 18./19.6.1933 Sturm auf das
Pfarrhaus von Rockenhausen mit insgesamt 13
Einschüssen ins Pfarrhaus; seiner Verhaftung
entzog sich der Pfarrer durch Flucht.
1934 wurde ein erneutes Komplott gegen den
Pfarrer durch die Mitteilung eines Parteige-
nossen und das Eingreifen behördlicher
Stellen verhindert.
Verstorben am 23.4.1947.
Lit.: RPB V, 47f.

SEITZ, FRIEDRICH
1905 01 28
Zweibrücken / Ludwigshafen / Schallodenbach
Kaplan
Am 23.6.1933 Haussuchung durch SA und HJ im
Pfarrhaus Zweibrücken.

Am 12.2.1936 durch die Gestapo Ludwigshafen
ein vollständiges Redeverbot für die Pfalz.
Diese Maßnahme wurde jedoch am 13.3.1936
zurückgenommen.
Ein Strafverfahren wegen Vergehens gegen das
Heimtückegesetz vor dem Sondergericht Franken-
thal wurde am 27.5.1936 eingestellt.
Am 1.4.1937 Angriffe Unbekannter auf das
Pfarrhaus Schallodenbach (Fensterscheiben zer-
trümmert).
Am 23.4.1937 Verweigerung der Bestätigung als
Pfarrer durch die Regierung der Pfalz.
Für ihn Gesammeltes wurde beschlagnahmt (1937).
Am 13.5.1938 Schulverbot wegen fortgesetzter
Verweigerung des Hitlergrußes.
Am 16.1.1940 verhaftet (Gefängnis Neustadt bis
zum 16.2.; nach 10 Tagen erneute Festnahme)
wegen eines Besuchs von drei polnischen Zivilarbeitern im Pfarrhaus sowie wegen deren Teilnahme an einem Gottesdienst. Aus der Schutzhaft im Gestapogefängnis Neustadt wurde er am
29.6.1940 in das KZ Dachau überführt. Am
16.8.1940 verbrachte man ihn nach Gusen und
am 8.12.1940 wieder zurück nach Dachau, von
wo er am 28.3.1945 aus der Haft entlassen
wurde.
Verstorben am 18.3.1949.
Lit.: 1.Weiler, 596. 2.RPB V, passim.

SIMONIS, FRANZ
1908 04 09
Ludwigshafen
Kaplan
Erhielt am 25.1.1938 Schulverbot.
Ein Strafverfahren vor dem Sondergericht
Frankenthal wegen eines Heimtückevergehens
wurde am 17.5.1938 aufgrund der Amnestie vom
30.4.1938 eingestellt.

SOMMER, GEORG
1881 03 12
Hauenstein
Pfarrer, Dekan
Im April 1933 einwöchige Pfarrhausbesetzung
durch zwei bewaffnete SA-Posten. Im Juni 1933
einen Tag Schutzhaft für den Pfarrer.
Im September 1936 wegen Vergehens gegen das
Flaggengesetz durch das Schöffengericht Pirmasens zu 200 RM Geldstrafe verurteilt. Auf
Berufung Freispruch durch die Strafkammer
Zweibrücken.
Im März 1938 eine Haussuchung durch die Gestapo, anschließend sechs Wochen Untersuchungshaft in Pirmasens und im Gefängnis-
lazarett Zweibrücken wegen Verbreitung politischer Schriften (Oldenburger Schulkreuzangelegenheit). Ein anschließendes Strafverfahren wegen Vergehens gegen die Verordnung des
Reichspräsidenten zum Schutz von Volk und Staat

vom 28.2.1933 wurde aufgrund der Amnestie
vom 30.4.1938 eingestellt.
Am 3.11.1939 eine Haussuchung durch mehrere
SS-Offiziere und Anschuldigung der Spionage.
Verstorben am 17.3.1968.

SPIESS, KARL
1884 04 25
Iggelheim
Pfarrer
Im Jahr 1936 öffentliche Beschimpfung durch
einen Demonstrationszug in Iggelheim.
Verstorben am 20.10.1958.

STAAB, PETER
1895 08 16
Lingenfeld
Pfarrer
Im Juli 1933 mußten alle Schüler der prote-
stantischen Schule in Bottenbach, die auch von
katholischen Schülern besucht wurde, einen
politischen Hetzbrief gegen den Pfarrer als
Aufsatz schreiben.
Am 13.10.1936 wegen Vergehens gegen das Flag-
gengesetz ein Strafbefehl des Amtsgerichts
Germersheim über 50 RM Geldstrafe oder 10
Tage Gefängnis.
Am 15.10.1937 ein Schmähartikel im Pfälzer
Anzeiger.

STABEL, GEORG
1877 11 11
Ormesheim
Pfarrer, Dekan
Ein Strafverfahren beim Schöffengericht Saarbrücken wegen öffentlicher Beleidigung
eines SA-Sturmbannführers wurde am 13.5.1938
aufgrund der Amnestie vom 30.4.1938 eingestellt.
Verstorben am 11.3.1942.

STAMER, ALFONS
1895 10 04
Speyer
Pfarrer, Konviktsdirektor
Am 12.10.1935 ein Presseangriff in der na-
tionalsozialistischen Zeitung.
Verstorben am 23.7.1960.

STAMER, KARL
1877 10 12
Lauterecken / Großfischlingen / Leimen
Pfarrer
In den Jahren 1933 bis 1936 wurden Kirche und
Pfarrhaus in Lauterecken wiederholt mit Spott-
versen beschmiert.
1936 fand eine Demonstration vor dem Pfarrhaus
sowie eine Haussuchung statt, seiner Verhaftung entzog sich der Pfarrer durch Flucht.
Am 10.5.1940 durch die Gestapo verhaftet und

am 20.10.1940 durch ein Sondergericht wegen
Heimtückevergehens zu fünf Monaten Gefängnis, verbüßt durch die Untersuchungshaft,
verurteilt. Auf dem Transport vom Gefängnis
Edenkoben zum Gefängnis Annweiler wie ein ge-
meiner Verbrecher gefesselt und am Bahnhof
Landau öffentlich zur Schau gestellt.
Nach der Haftentlassung wurde ihm der Zuzug
nach Weyer und Neustadt/Hardt durch die Partei
verboten.
Verstorben am 4.3.1962.

STEETS, JOHANN JOSEF
1893 12 15
Otterstadt
Pfarrer
Erhielt vom 4.4.1938 bis zum 7.12.1941
Schulverbot.
Verstorben am 30.3.1947.

STEMMLER, STEPHAN
1893 01 04
Schallodenbach
Pfarrer
Als Pfarrer von Schallodenbach im Juni 1933
von Partei-Formationen nach einem Sturm auf das
Pfarrhaus verhaftet und unter Mißhandlungen
und Todesandrohungen (Scheinexekution) verschleppt. Seitdem schwerste gesundheitliche
Schädigungen, die auf seinen verhältnismäßig frühen Tod eingewirkt haben. Er
mußte von Schallodenbach wegversetzt werden.
Verstorben am 21.4.1944.

STRAUB, JOSEF
1902 07 19
Kirchmohr
Pfarrer
Im Jahre 1944 wurde ein staatspolizeiliches
Untersuchungsverfahren wegen seiner Stellungnahme zur Frage der religiösen Erziehung
eines katholischen Kindes aus der Mischehe
eines gefallenen Soldaten eingeleitet.
Eine drohende Verhaftung durch die Gestapo
wurde aufgrund einer Intervention des Generalvikars abgewendet.
Verstorben am 1.5.1977.

STREFF, KARL
1911 04 09
Frankenthal / Ludwigshafen (St. Ludwig)
Kaplan
Erhielt im Juli 1937 Schulverbot für Berufsschule und Lyzeum Frankenthal wegen Äußerungen
zu der Welle von Sittlichkeitsprozessen gegen
katholische Geistliche.
Zwei Strafverfahren beim Sondergericht Frankenthal wegen Verbreitung illegaler Druckschriften und Kanzelmißbrauchs wurden im

Mai 1938 aufgrund der Amnestie vom 30.4.1938 eingestellt.

SUESS, JOSEF
1900 03 19
Ulmet / Birkenhördt
Pfarrer
1933 Haussuchung durch Kreisleiter, Bürgermeister, SA und Gendarmerie im Pfarrhaus in Ulmet. Am 24.6.1933 Verhaftung und ein Tag Schutzhaft.
Am 6.10.1935 Eindringen von SA-Männern in Kirche und Pfarrhaus wegen „Störung" der Hitlerrede am Erntedanktag durch Glockengeläut.
Am 6.4.1936 wurde ein Strafverfahren wegen Kanzelmißbrauchs und Heimtückevergehens vor dem Sondergericht aufgrund einer Amnestie eingestellt. Ein weiteres Strafverfahren wegen Heimtückevergehens wurde am 11.5.1938 ebenfalls, aufgrund der Amnestie vom 30.4.1938 eingestellt.
Verstorben am 5.2.1974.

TRAUTHWEIN, KARL
1897 02 18
Ludwigshafen
Pfarrer
Ein Strafverfahren beim Sondergericht Saarbrücken wegen Vergehens gegen das Heimtückegesetz wurde am 14.5.1938 aufgrund der Amnestie vom 30.4.1938 eingestellt.
Verstorben am 11.7.1960.

TRIQUART, WILHELM
1876 11 20
Höcherberg-Oberbexbach
Pfarrer
Der Pfarrer erhielt 1937 Schulverbot.
Im Jahre 1938 wurden nach mehreren Vernehmungen durch die Gestapo drei Strafverfahren wegen Heimtückevergehens beim Sondergericht Saarbrücken eingeleitet, die jedoch aufgrund der allgemeinen Amnestie wieder eingestellt wurden.
Verstorben am 13.7.1957.

ULLRICH, FRIEDRICH
1898 01 31
Schifferstadt (St. Laurentius)
Pfarrer
Der Pfarrer erhielt 1938 durch das Bezirksamt Speyer eine Verwarnung, weil er im Unterricht nicht den deutschen Gruß erwiesen hatte.
Lit.: RPB V, 257.

VATTER, OSKAR
1906 05 05
Herxheim / Kaiserslautern / Wernersberg
Pfarrer
Am 6. und 20.6.1933 nächtliche Demonstration

vor dem Pfarrhaus in Herxheim mit Drohungen und der Aufforderung, die Stelle zu verlassen.
Im Juli 1933 ein „Verhör" durch 15 SA-Männer und zwei Polizisten.
Am 2.2.1937 Schulverbot.
Ein Strafverfahren wegen Kanzelmißbrauchs wurde 1939 eingestellt.
Verstorben am 2.3.1949.

VATTER, PIRMIN KILIAN
1900 09 07
Esthal
Pfarrer
Im Juli 1936 Schmähartikel in der Zeitung „Die Hitlerjugend".
Am 2.11.1937 Schulverbot.
Am 2.11.1940 ein Strafbefehl des Amtsgerichts Neustadt über 50 RM Geldstrafe wegen Abhaltens der Markus- und Bittprozession.
Verstorben am 10.11.1966.

VEITL, MAX
1901 06 30
Herxheim
Pfarrer
Ein Strafverfahren wegen Vergehens gegen das Sammlungsgesetz wurde aufgrund der Amnestie vom 30.4.1938 eingestellt.
Spenden für die Renovierung der Kirche in Höhe von 5421,15 RM wurden durch einen Beschluß des Amtsgerichts Landau vom 28.2.1940 eingezogen.
Verstorben am 31.3.1963.

VOGELSANG, HUGO
1908 08 17
Ulmet / Neidenfels
Kaplan
Am 22.5.1942 wegen Polenseelsorge eine Verwarnung durch die Gestapo Neustadt unter Festsetzung von 200 RM Sicherungsgeld.
Am 4.8.1944 schriftliche Verwarnung durch die Kreisleitung Neustadt wegen kirchlicher Jugendarbeit.

VOGT, LUDWIG
1886 05 26
Imsbach / Clausen
Pfarrer
Am 28.6.1933 entzog sich der Pfarrer einer Verhaftung durch zusammengezogene SA durch Flucht. Er erhielt Ortsverweis und mußte auf Drängen der Partei in den einstweiligen Ruhestand versetzt werden.
Im Juni 1938 Presseangriffe in der Lehrerzeitung und „NSZ-Rheinfront" sowie ein öffentlicher Anschlag an der Ortstafel von Imsbach wegen seiner Stellungnahme in der Schulfrage.
Verstorben am 5.10.1970.

WAGNER, HEINRICH
1905 01 05
Pleisweiler / Neustadt-Ost (St. Josef)
Kaplan
1936 wegen politischer Unzuverlässigkeit als
Religionslehrer am humanistischen Gymnasium
St. Ingbert abgelehnt.
Erhielt im November 1942 Schulverbot.
Am 2.2.1943 Verwarnung und Festsetzung von
1000 RM Sicherungsgeld durch die Gestapo.
Verstorben am 23.2.1970.

WAGNER, KARL HILARIUS
1875 12 01
Kaiserslautern (St. Maria) / Ebernburg
Pfarrer
Im Juni 1933 als Pfarrer von St. Maria in Kaiserslautern in Schutzhaft genommen. Im Oktober 1933
durch das Sondergericht Frankenthal vom Vorwurf
des Heimtückevergehens freigesprochen. Verbot
der Rückkehr nach Kaiserslautern.
Am 17.9.1937 wegen Vergehens gegen das Flaggengesetz ein Strafbefehl des Amtsgerichts
Obermoschel über 150 RM Geldstrafe.
Im November 1938 Schulverbot wegen Verweigerung
des Hitlergrußes und Abhaltens des Unterrichts
in der Kirche.
Verstorben am 18.9.1941.
Lit.: RPB V, 263.

WAHRHEIT, WILHELM
1905 11 29
Speyer (Dom)
Kaplan
1937 durch das Kultusministerium Unterrichtsverbot am Mädchengymnasium in Speyer.

WALLACHER, FRIEDRICH
1902 08 17
Großsteinhausen
Pfarrer
Im März 1935 wurde dem Pfarrer von Groß-
steinhausen bei Saarbrücken der „Kleine
Grenzschein" entzogen, um seine Verbindung mit
dem Nachbarpfarrer in Lothringen zu verhindern.
Verstorben am 11.6.1968.

WALLE, JOSEF
1901 07 13
Waldmohr / Ensheim / Heßheim
Kaplan / Pfarrer
Einer Verhaftung aufgrund eines Schutzhaftbe-
fehls vom 16.4.1933 entzog sich der Pfarrer
durch Flucht. Er mußte als Lokalkaplan von
Waldmohr wegversetzt werden.
Am 30.6.1935 Aufmarsch der SA vor dem Pfarr-
haus in Heßheim wegen Störung des „Tages
der Jugend" durch die Fronleichnamsprozession.
Eine Verhaftung des Pfarrers, während der

Stürmung des Pfarrhauses, verhinderte dieser
durch Flucht.
Im Oktober 1936 fand ein SA-Aufmarsch und ein
anschließendes staatspolizeiliches Untersuchungsverfahren wegen der Störung einer
Hitlerrede durch Abhaltung einer Volksmission
statt. Die Verhaftung des Pfarrers und der
Missionspatres durch ein Überfallkommando
konnte verhindert werden.
Im März 1938 erfolgte ein erneuter SA-Aufmarsch wegen der Abgabe einer ungültigen
Stimme bei der Wahl anläßlich der Angliederung Österreichs.

WALZER, MARTIN
1883 05 17
Ludwigshafen (St. Ludwig)
Pfarrer
1936/37 Presseangriffe im „Stürmer".
Am 24.2.1938 Haussuchung, Festnahme und zwei
Tage Haft wegen staatsfeindlicher Schriften.
Ein nachfolgendes Strafverfahren wurde auf-
grund der Amnestie vom 30.4.1938 eingestellt.
Verstorben am 28.2.1958.

WEBER, P. JOSEF
CSSP
1887 01 03
Speyer (St. Guido)
Expositus
Erhielt 1935 und 1938 staatspolizeiliche Ver-
warnungen aufgrund Vergehens gegen das Heim-
tückegesetz.
Am 16.1.1941 Ausschluß aus der Reichskultur-
und Reichsschrifttumskammer.

WEBER, JOSEF
1902 02 25
Hornbach
Pfarrer
Nach einer Zwangsräumung von 1939/40 wurde
seine Rückkehr in die Pfarrei durch eine
Parteidienststelle verhindert. Erst vom 29.6.
1942 ab wurde ihm ein Zimmer im Pfarrhaus zur
Untermiete überlassen.
Verstorben am 15.11.1969.

WEIGEL, ALBERT
1902 12 14
Neuleiningen
Pfarrer
Zwei Strafverfahren vor dem Sondergericht
Frankenthal wegen Heimtückevergehens und
Kanzelmißbrauchs wurden aufgrund der allge-
meinen Amnestie vom 30.4.1938 eingestellt.
Am 18.5.1938 Schulverbot.
1941 ein staatspolizeiliches Untersuchungsver-
fahren, Festnahme, fünf Tage Schutzhaft im
Gestapogefängnis Neustadt sowie Festsetzung
von 200 RM Sicherungsgeld.

WEIHMANN, PETRUS MARIA
1897 08 21
Schifferstadt (St. Jakobus)
Pfarrer
In den Jahren 1934/35 mehrere Untersuchungsverfahren bei der politischen Polizei Ludwigshafen und dem Staatspolizeiamt Speyer wegen
parteifeindlicher Gesinnung und Betätigung.
Am 6.7.1935 eine schriftliche Verwarnung
durch die bayerische politische Polizei München sowie Androhung energischen Einschreitens.
Das Staatspolizeiamt Speyer forderte am 14.9.
1935 seine Versetzung und drohte Schutzhaft
an. Der Pfarrer erhielt drei Monate Beurlaubung
wegen Bedrohung seiner persönlichen Sicherheit durch Partei-Formationen.
Ein Strafverfahren wegen Heimtückevergehens
wurde am 28.1.1939 eingestellt.
Am 20.7.1938 Schulverbot.
Verstorben am 2.6.1962.
Lit.: RPB V, passim.

WEILER, HUGO
1911 04 01
Schifferstadt
Kaplan
Dezember 1937 Anzeige wegen Ohrfeigens eines
Schülers, der den Hitlergruß erwies. Daraufhin
am 21.1.1938 Schulverbot.
Lit.: RPB V, 222, 229.

WEINSPACH, EUGEN
1906 01 15
Schweighofen
Pfarrer
Ein Strafbefehl des Amtsgerichts Grünstadt
über 20 RM Geldstrafe wegen Vergehens gegen
das Sammlungsgesetz (Sternsingen der Meßdiener
am Dreikönigstag). Die hierbei gespendete
Summe in Höhe von 10,35 RM wurde durch die
Polizei beschlagnahmt.
Verstorben am 22.6.1979.

WENGER, RUDOLF
o.D.
o.O.
Kaplan
Aufgrund mehrerer Vergehen gegen das Sammlungsgesetz ein Strafbefehl des Amtsgerichts
Edenkoben über eine Geldstrafe in Höhe von
100 RM.

WENZ, FRIEDRICH PHILIPP
1897 11 02
Berghausen
Pfarrer
Am 11.1.1937 eine Verwarnung durch das Staats-

polizeiamt Speyer wegen seiner Stellungnahme
in der Schulfrage.
Vom 22.10.1938 bis zum 15.6.1940 Schulverbot.
Verstorben am 30.3.1976.

WILDANGER, HEINRICH
1878 10 09
Harthausen
Pfarrer
Am 23.6.1933 durch SA verhaftet und nach
Speyer verbracht. Dort öffentlich mit einem
Spottschild um den Hals zum Stadthaus und zum
Gefängnis geführt, erst nach drei Tagen wie-
der entlassen.
Am 8.11.1937 und am 3.5.1938 Spott- und
Schmähartikel in der „NSZ-Rheinfront".
Im Sommer 1940 von der Gestapo gezwungen, die
kirchlichen Fahnen einzuholen, da sie die Haken-
kreuzfahnen an Größe übertrafen.
Verstorben am 2.12.1942.
Lit.: RPB V, 214f, 249, 286.

WILHELM, ERICH
1906 09 06
Homburg-Nord / Trippstadt
Pfarrer
Wegen Jugendbetreuung insgesamt etwa 20 Ver-
nehmungen durch die Gestapo.
Von September 1938 bis April 1939 Schulverbot.
Verstorben am 20.8.1978.

WILHELM, HERBERT
1903 12 10
Ludwigshafen / Hauenstein / Laumersheim
Pfarrer
Am 19.4.1934 durch das Schöffengericht Pirmasens von der Anklage des Abhaltens einer
verbotenen Jugendversammlung sowie des Kanzelmißbrauchs freigesprochen.
Am 10.8.1939 während seiner Exerzitien durch
die Gestapo verhaftet, jedoch wieder freigelassen.
Im Dezember 1941 wurde er durch einen Anschlag
an der Gemeindetafel öffentlich beschimpft.
Verstorben am 4.1.1982.

WITTMER, HERMANN
1893 02 22
St. Martin
Pfarrer
Aufgrund einer Anzeige durch örtliche Partei-
dienststellen erfolgte 1940 ein staatspolizei-
liches Untersuchungsverfahren.
Am 21.2.1941 Schulverbot.
Verstorben am 5.6.1965.

WOKART, OTTO
1902 11 11
Homburg (St. Michael)

Pfarrer
1936 ein öffentlicher Angriff des Kreisleiters
von Homburg in einer Versammlung der NS-Frauenschaft wegen Pfarrer Wokarts Werben für einen
religiösen Einkehrtag.
Am 25.1.1938 eine siebeneinhalbstündige Haussuchung, einige Wochen später eine nächtliche
Vernehmung mit schimpflicher Behandlung durch
die Gestapo (zusammen mit den Pfarrern Bossung,
Layes, Minges und Triquart).
Wegen politischer Unzuverlässigkeit vom Kreisleiter als nebenamtlicher Standortpfarrer von
Homburg abgelehnt.
Vom 23.2.1939 bis zum 25.8.1942 Schulverbot.
Verstorben am 1.3.1977.

WOTHE, MARTIN
1885 11 15
Weyher
Pfarrer, Dekan
Ein Strafverfahren wegen Vergehens gegen das
Sammlungsgesetz (Sammlung für die Erweiterung
der Kirche) wurde aufgrund der allgemeinen
Amnestie vom September 1939 eingestellt.
Die Spenden in Höhe von 2364 RM wurden durch
Urteil des Amtsgerichts Edenkoben vom 30.1.
1940 eingezogen.
Verstorben am 6.11.1969.

ZIEGER, ANTON
1910 01 16
Oberlustadt
Theologiestudent
Am 12.8.1935 wegen Entfernens und Zerreißens
eines Plakates gegen den „politischen Katholizismus" verhaftet. Bis zum 19.9.1935 Untersuchungshaft in Bruchsal. Ein Strafverfahren
wegen Heimtückevergehens wurde eingestellt.
Am 5.7.1936 Priesterweihe in Speyer.

ZOELLER, THEODOR
1914 02 12
Winnweiler
Kaplan
1933 fünf Tage Schutzhaft; 1934 drei Tage
Schutzhaft; Verwarnungen durch die politische
Polizei.
Am 3.7.1938 wurde Zöller zum Priester
geweiht.
Am 7.3.1939 Schulverbot.

ZORN, JOSEF
1908 07 19
Zweibrücken / Germersheim / Schifferstadt
Kaplan
Am 8.3.1936 Verbot des Religionsunterrichts
an den höheren Schulen in Germersheim; dieses
wurde am 1.6.1937 auch auf die dortige
Volksschule ausgedehnt.

Im Juli 1944 wurde die Wallfahrtskapelle
auf dem Kolmerberg durch die HJ schwer beschädigt
(Tabernakel erbrochen, Reliquien entwendet,
Fenster eingeworfen) und verunreinigt.

23. Bistum Trier

ADAMS, FRANZ
1875 12 17
Longuich
Pfarrer
Am 2.3.1937 wegen „Katechismuswahrheiten"
Verwarnung und Androhung des Unterrichtsver-
botes durch den Regierungspräsidenten von
Trier. Dieser sprach am 15.7.1937 wegen Lei-
tung der Kreuzritterschaft das Unterrichtsver-
bot aus.
Verstorben am 29.12.1954.

AGETHEN, P. EMMERAN
SSCC
1908 09 25
Weibern (Noviziatshaus)
1939 drei Monate Schutzhaft, Ausweisung aus
der Rheinprovinz sowie Predigtverbot. Nähere
Umstände sind nicht bekannt.

ALFES, P. JOSEF
SCJ
1907 03 27
Maria Martental (Kloster)
Pater Alfes wurde am 17.4.1941 aus dem Regie-
rungsbezirk Koblenz ausgewiesen.

ALLES, WENDELIN
1884 02 21
Norath
Pfarrer
Aufgrund staatsabträglicher Äußerungen im
Anschluß an die Verlesung eines Hirtenbriefes
zur Bekenntnisschule am 18.2.1937 Verwarnung
durch die Gestapo.
Am 11.5.1944 Verwarnung und Verhängung eines
Sicherungsgeldes in Höhe von 500 RM durch die
Gestapo wegen der Taufe des Kindes einer pol-
nischen Zivilarbeiterin und der dabei gedul-
deten Anwesenheit Deutscher.

ALTMEYER, ALFONS
1898 02 16
Kutzhof
Pfarrer
Erhielt am 30.11.1938 aus unbekannten Gründen
durch den Regierungspräsidenten Unterrichtsverbot.

ANDRIES, ERICH
1913 03 25
Kirchen
Kaplan
Ein Verfahren wegen verbotener öffentlicher
Betätigung in Jugendverbänden wurde aufgrund
der Amnestie vom 30.4.1938 durch das Son-
dergericht Köln eingestellt.

Am 6.8.1939 wurde Andries zum Priester geweiht
und am 24.1.1940 zum Kaplan in Kirchen ernannt.
Im September 1942 wegen Verlesung des Möldersbriefes eine Verwarnung durch die Gestapo.

ANNEL, FRANZ
1903 10 24
Bitburg
Geistl. Religionslehrer
Pfarrer Annel wurde 1938 durch Laienkräfte im
Religionsunterricht ersetzt.

ARENS, EDUARD
1907 01 05
Trier / Neunkirchen / Mesenich
Kaplan / Pfarrer
Dr. theol.
Acht Gestapo-Verhöre, fünf Haussuchungen,
sieben gerichtliche Vorladungen, zwei Verfahren vor der großen Strafkammer Saarbrücken wegen Vergehens gegen den Kanzelparagraphen sowie am 21.9.1939 eine kurzfristige
Festnahme durch die Gestapo.

ARENZ, ANTON
1893 09 13
Roth
Pfarrer
Am 10.11.1935 eine Anzeige wegen Verstoßes
gegen das Flaggengesetz. Die Meldung hatte jedoch keine Folgen.

ARLT, JOHANN
1908 11 02
Mudersbach
Kaplan
Die Staatsanwaltschaft Koblenz strengte drei
Strafverfahren gegen den Pfarrer an, wegen
Entfernens von Plakaten der NSDAP, wegen Ver-
triebs der Zeitung „Junge Front" sowie wegen
Verteilens von Flugblättern für den Jung-
männerverein. Alle drei Verfahren wurden eingestellt.

ARMKREUTZ, P. LUDWIG
SCJ
1906 10 13
Maria Martental (Kloster)
Pater Armkreutz wurde am 17.4.1941 aus dem Re-
gierungsbezirk Koblenz ausgewiesen.

ASSENMACHER, JOHANN
1892 03 03
Betzdorf
Geistl. Studienrat
Dr. phil.
Ende Juni oder Anfang Juli 1935 wegen eines
Marsches der Jungschar durch die Gestapo ver-
hört.
Verstorben am 10.9.1956.

AUSTGEN, P. THEOBALD
SCJ
o.D.
Maria Martental (Kloster)
Pater Austgen wurde am 17.4.1941 aus dem Regierungsbezirk Koblenz ausgewiesen.

BAATZ, THEODOR
1882 06 03
Ralingen
Pfarrer
Am 21.9.1937 wegen Verstoßes gegen das Flaggengesetz durch die Oberstaatsanwaltschaft zu 100 RM Geldstrafe verurteilt.
Am 17.10.1939 aufgrund der Abhaltung einer Andacht aus Anlaß des Kriegsausbruches von der Gestapo Koblenz verhört und verwarnt sowie aus Ralingen ausgewiesen.
Wegen Nichtbeachtung der Meldevorschriften am 15.12.1939 eine Geldstrafe durch die Gestapo.
Verstorben am 7.6.1956.

BACKES, JAKOB
1910 10 23
Merzig
Kaplan
Unterrichtsverbot vom 12.8.1937 bis zum 17.1.1938.

BACKES, JOHANN
1878 12 30
Vallendar
Pfarrer
Wegen Vergehens gegen das Sammlungsgesetz am 4.2.1936 vom Schöffengericht Koblenz zu 200 RM Geldstrafe verurteilt.

BACKES, JOSEF
1906 10 23
Bad Neuenahr / Kleinblittersdorf
Pfarrer
Bis 1944 mehrfach von der Gestapo verhört.

BACKES, P. NIKOLAUS
SVD
1886 02 28
St. Wendel (Missionshaus)
Wegen Vergehens gegen das Heimtückegesetz am 7.8.1937 verhaftet und in Untersuchungshaft genommen; Grund für die Verhaftung war die Verbreitung von Hirtenworten des Bischofs von Galen.

BACKES, NIKOLAUS
1878 11 30
Münstermaifeld / Linz
Geistl. Studiendirektor
Dr. theol.

Aufgrund des Gesetzes zur Wiederherstellung des Berufsbeamtentums Entziehung der Schulleitung der Oberschule in Münstermaifeld durch den Oberpräsidenten.
Ab 1.4.1934 als Religionslehrer an der Oberschule in Linz.

BALDUS, KARL
1903 07 12
Trier (Liebfrauen)
Kaplan
Dr. phil. et theol.
Wegen Leitung des Jungmännerverbandes am 15.7.1937 Unterrichtsverbot.

BALLMANN, NIKOLAUS
1879 10 10
Bollendorf
Pfarrer
1934 Anzeige wegen einer Meßfeier für den ermordeten Erich Klausener. Nähere Umstände sind nicht bekannt.

BAMBERG, JOHANN LORENZ
1906 01 06
Oberkirchen
Kaplan
Am 10.3.1936 durch ein ordentliches Gericht von der Anklage des Verstoßes gegen den Kanzelparagraphen freigesprochen.

BARTH, KARL
1900 06 13
Strotzbüsch
Pfarrer
Am 4.7.1936 wegen Vergehens gegen das Flaggengesetz zu 100 RM Geldstrafe verurteilt.
Vom 1.4.1939 bis 1945 Gehaltssperre.
Verstorben am 11.11.1958.

BARTHEL, JOSEF
1905 08 14
Koblenz-Pfaffendorf
Kaplan
Am 12.4.1937 wegen eines Gebetes zur Erhaltung der Bekenntnisschule Unterrichtsverbot durch den Regierungspräsidenten.
Verstorben am 14.10.1957.

BARTHEN, JOHANN
1904 12 30
Kirchen
Kaplan
Am 9.1.1936 gerichtlicher Freispruch vom Vorwurf des Vergehens gegen das Sammlungsgesetz (Sammlung nach der Vorführung eines Werbefilmes des Bonifatius-Vereins Wehbach).

BARTZ, JOHANN
1884 07 09
Bettenfeld
Pfarrer
Am 7.2.1935 wegen Vergehens gegen das Sammlungsgesetz durch das Amtsgericht Wittlich
zu 100 RM Geldstrafe verurteilt.
1938 ein Verfahren wegen Pfandverschleppung,
das aufgrund des Straffreiheitsgesetzes eingestellt wurde.
Am 20.2.1941 wegen Predigtbemerkungen Verwarnung durch die Gestapo.

BASTUCK, ALOIS
1893 08 03
Gillenbeuren
Pfarrer
Am 13.8.1936 Anzeige wegen angeblichen Kanzelmißbrauchs. Die Meldung hatte dann jedoch keine Folgen.

BATZILL, P. PAUL
OSB
o.D.
Trier
Pater Paul wurde am 6.5.1941 gemeinsam mit
dem gesamten Konvent von Trier-St.Matthias,
wo er sich aufhielt, ausgewiesen.

BAUER, JOHANN
1908 12 20
Simmern
Kaplan
Da er polnischen Kriegsgefangenen auf ihren
Gruß hin gedankt hatte, Festnahme vom 7. bis
8.6.1940 sowie Verwarnung durch die Gestapo.

BAUS, KARL NIKOLAUS
1904 09 18
Nonnenwerth
Geistl. Religionslehrer / Rektor
Dr. theol.
In den Jahren 1934 bis 1938 drei Anzeigen bei der
Gestapo Koblenz wegen Predigtäußerungen,
wegen Verweigerung des deutschen Grußes so-
wie wegen Verweigerung des Treuegelöbnisses
auf den Führer.
Im November 1942 Ausweissperre.
1943 durch die Gestapo ein Verhör über sein
Verhältnis zu Prälat Kaas, anschließend
Paßentzug.

BAUSELER, KARL-JOSEF
1884 03 05
Karweiler / Kreuznach
Pfarrer
Wegen Beleidigung Baldur von Schirachs am 19.
6.1934 durch ein ordentliches Gericht zu
einer Geldstrafe in Höhe von 300 RM verur-

teilt. Pfarrer Bauseler legte Berufung gegen
das Urteil ein, daraufhin wurde das Verfahren
im September 1934 eingestellt.
Zwei Monate Postüberwachung durch die Gestapo.

BECHER, HEINRICH
1882 03 14
Mülheim
Pfarrer
Erhielt am 22.6.1937 wegen seines Kampfes
gegen die Gemeinschaftsschule durch den Regierungspräsidenten Unterrichtsverbot.

BECHTEL, PETER JOSEF
1879 07 18
Niedermendig
Pfarrer
Wegen Vergehens gegen das Flaggengesetz vom
Amtsgericht Mayen am 6.3.1936 zu 50 RM Geld-
strafe verurteilt.
Da der Pfarrer die staatlichen Ehegesetze be-
züglich der Ehen mit geschiedenen Personen
nicht anerkannte, wurde er am 9.1.1941 durch
die Gestapo verhaftet und mehrmals verhört.
Am 7.2.1941 erfolgte seine Einlieferung in das
KZ Dachau.
Ab 1.2.1942 trat eine Gehaltssperre in Kraft.
Am 12.8.1942 im KZ Dachau verstorben.
Lit.: 1.Weiler, 123. 2.Münch, 48-51.

BECKER, ALBERT
1892 01 24
Wiesbach
Pfarrer
Erhielt am 17.1.1938 Unterrichtsverbot.

BECKER, P. FRIEDRICH
SCJ
1896 11 24
Maria Martental (Kloster)
Pater Becker wurde am 17.4.1941 aus dem Regie-
rungsbezirk Koblenz ausgewiesen.

BECKER, JOHANN
1879 07 27
Obermendig
Pfarrer
Am 2.2.1940 wegen Verstoßes gegen das Samm-
lungsgesetz Verwarnung durch die Gestapo. Ein
daraufhin eingeleitetes Strafverfahren wurde
wieder eingestellt.
Wegen kirchlicher Handlungen vor 10 Uhr mor-
gens 500 RM Sicherungsgeld.
Weitere 550 RM Sicherungsgeld verfielen als
Geldstrafe.
Am 28.1.1943 Verwarnung durch die Gestapo,
weil er sich weigerte, einen Geschiedenen
kirchlich zu trauen.
Verstorben am 23.1.1957.

BECKER, JOSEF
1896 05 22
Kotzenroth
Pfarrer
Die Staatsanwaltschaft Siegen eröffnete
drei Verfahren wegen Verstoßes gegen das
Flaggengesetz und eines wegen Vergehens
gegen das Sammlungsgesetz gegen den Pfarrer.
Alle vier Verfahren wurden eingestellt.

BECKER, NIKOLAUS
1881 04 15
Merl
Pfarrer
Am 5.3.1937 wegen Leitung der Marianischen
Jungfrauenkongregation Unterrichtsverbot durch den
Regierungspräsidenten.
Wegen Beleidigung des BDM vom 21.7.1941 bis
27.2.1942 Schutzhaft durch die Gestapo Koblenz. In dieser Sache am 29.1.1942 durch das
Sondergericht Koblenz zu sieben Monaten Gefängnis (unter Anrechnung der Schutzhaft)
verurteilt. Nach der Entlassung aus der Haft
am 27.2.1942 aus demselben Grund Verwarnung
durch die Gestapo.

BECKER, WILHELM
1910 04 07
Saarlouis / Koblenz
Kaplan
Ein Strafverfahren der Oberstaatsanwaltschaft
Koblenz wegen Überschreitens des Züchti-
gungsrechts wurde am 4.10.1939 eingestellt.
Am 24.2.1942 durch die Gestapo Haussuchung,
Verhör sowie Schutzhaft bis zum 2.3.1942;
anschließend Ausweisung aus Stadt und Pfarrei
Koblenz.

BECKERS, ALBERT (P.WIGBERT)
OFMCAP
1890 12 27
Pater Wigbert wurde am 30.3.1942 wegen politischer Äußerungen durch die Gestapo verhaftet und am 2.1.1943 sechs Stunden in Saarbrücken verhört. Am 17.3.1943 wurde er
ins KZ Dachau verbracht, wo er bis zum
Evakuierungsmarsch am 26.4.1945 blieb.
Auf diesem Evakuierungsmarsch konnte der Pater
flüchten.
Lit.: 1.Weiler, 124. 2.Münch, 65, 153f.

BEGON, JAKOB
1907 05 28
Wemmetsweiler
Kaplan
Am 31.12.1937 Unterrichtsverbot durch den
Reichskommissar Saarland.
Wegen Führens eines konfessionellen Vereines
und Äußerungen über die Sittlichkeitspro-

zesse durch die Gestapo Verhör und Verfahren
wegen Vergehens gegen das Heimtückegesetz.
Das Verfahren wurde am 11.5.1938 eingestellt.

BEGON, PETER
1874 05 06
Allenz
Pfarrer
Vor dem Sondergericht Köln wurden drei Strafverfahren wegen Verstoßes gegen das Sammlungsgesetz, wegen Heimtückevergehens sowie
aufgrund unerwünschter Predigtbemerkungen
gegen den Pfarrer eröffnet. Zwei Strafverfahren wurden eingestellt, über den Ausgang
des dritten ist nichts bekannt.
Am 27.4.1940 mußten 250 RM Sicherungsgeld
hinterlegt werden.

BENDER, HEINRICH
1908 10 06
Herdorf
Kaplan
Am 15.1.1936 wegen Tätigkeit im Jungmännerverband durch den Amtsbürgermeister mit einem
Sicherungsgeld in Höhe von 20 RM belegt.
Am 9.2.1938 wegen Verhinderung staatspolizeilicher Maßnahmen ein längeres Verhör
durch die Gestapo Koblenz sowie eine Verwarnung durch den Altenkirchener Landrat.

BENDER, JAKOB
1863 09 30
Kesten
Pfarrer
Am 27.2.1937 wegen der „Katechismuswahrheiten"
Verwarnung sowie Androhung des Unterrichtsver-
botes durch den Regierungspräsidenten.

BENZ, MATTHIAS
1874 03 09
Bitburg
Pfarrer
Geldstrafen in Höhe von 50 RM und 300 RM so-
wie mehrere Verhöre durch die Gestapo.
Ein Verfahren wegen Vergehens gegen das Heim-
tückegesetz wurde am 17.10.1938 durch das
Amtsgericht Bitburg eingestellt.
Der Reichskirchenminister verhinderte seine
Ernennung zum Ehrendomherrn, die erst nach
1953 erfolgte.
Verstorben am 19.9.1957.

BERG, CHRISTOPH
1876 11 21
Saarburg
Pfarrer
Erhielt am 25.7.1935 wegen Verweigerung des
deutschen Grußes und angeblicher Körperverletzung eines Schülers Unterrichtsverbot

durch den Regierungspräsidenten. Ein nachfolgendes Strafverfahren wegen angeblicher
Körperverletzung eines Schülers wurde am
13.2.1936 durch die Staatsanwaltschaft eingestellt.
Von 1940 bis 1945 Gehaltssperre.
Verstorben am 26.3.1952.

BERG, STEFAN
1896 03 12
Vischel / Kaifenheim
Pfarrer
Die Staatsanwaltschaft leitete ein Straf- und
Ermittlungsverfahren wegen Vergehens gegen
das Flaggengesetz ein; über den Ausgang der
Angelegenheit ist nichts bekannt.
Eine Geldstrafe in Höhe von 50 RM, zwei An-
zeigen sowie ein Verhör durch die Gestapo.

BERK, EDMUND VAN
1871 01 09
Graach
Pfarrer
Am 27.2.1937 wegen „Katechismuswahrheiten"
Verwarnung sowie Androhung des Unterrichtsver-
botes durch den Regierungspräsidenten.

BERNARDI, ALBERT
1887 08 10
Wemmetsweiler / Altenahr
Pfarrer
Zwischen 1935 und 1938 dreizehnmal Vorladung
und Verhör vor der Gestapo.
Wegen Beleidigung des BDM im Juli 1935 eine
Verwarnung durch die Gestapo.
Zwei Strafanzeigen wegen Vergehens gegen das
Flaggengesetz und wegen des Wahlverhaltens des
Pfarrers 1938 wurden zurückgezogen.
Wegen Kanzelmißbrauchs und eines Rundschrei-
bens an die Eltern bezüglich Seelsorgeunter-
richts am 5.1.1939 durch den Reichskommissar
Saarland Ausweisung aus dem Saarland. Seel-
sorgeverbot bis Ende April 1943.
Verhör sowie Schutzhaft vom 3.2.1941 bis
10.3.1941 durch die Gestapo Koblenz.
Ausweisung aus dem Rheinland, Westfalen und
Hessen; Gehaltssperre von 1941 bis 1945.

BERSCH, JAKOB
1896 08 04
Großkampen
Pfarrer
Am 27.2.1937 wegen „Katechismuswahrheiten" Verwarnung und Androhung des Unterrichtsverbotes durch den Regierungspräsidenten.

BETTENDORF, LUDWIG
1887 09 27
Heimbach, Nahe

Pfarrer
Am 18.7.1940 wegen „Soldatenbeleidigung" Verhaftung und Verhör durch die Gestapo. Anschließend Überbringung in das KZ Sachsenhausen, im Dezember 1940 in das KZ Dachau; am
4.4.1945 entlassen.
Lit.: 1.Weiler, 134. 2.Münch, 81-85.

BETTSCHEIDER, JOHANN ALOIS
1901 05 10
Andernach / Habscheid
Kaplan / Pfarrer
Wegen Leitens konfessioneller Jugendverbände
ab 24.8.1936 in Andernach, ab 15.7.1937 in
Habscheid Unterrichtsverbot durch den Regie-
rungspräsidenten.
Wegen der Predigt eines Konfraters 1937 ein
Verhör durch die Gestapo.

BIDGENBACH, JOSEF
1893 12 25
Beuren
Pfarrer
Ein Verfahren wegen Vergehens gegen das Sammlungsgesetz wurde 1936 aufgrund einer Amnestie durch
die Staatsanwaltschaft eingestellt.

BIER, ADAM
1874 01 08
Lehmen / Zerf
Pfarrer
Wegen eines Angriffs auf die NS-Presse vom
10.10.1933 bis zum 18.10.1933 Schutzhaft durch
die Gestapo.
Wegen „Katechismuswahrheiten" am 2.3.1937
Verwarnung und Androhung des Unterrichtsver-
botes durch die Gestapo.
Am 26.7.1939 wegen Körperverletzung von
Schülern zu einer Gefängnisstrafe von einem
Jahr verurteilt. Der Pfarrer erkrankte in der
Haft, wurde vorzeitig aus der Haft entlassen
und starb bald darauf an den Folgen des Ge-
fängnisaufenthaltes.
Gehaltssperre ab 16.3.1940.

BISCHOF, ANDREAS
1876 07 15
Cond
Pfarrer
Ein Strafverfahren wegen Herabsetzung des
„Eisernen Kreuzes I" wurde 1936 durch die
Staatsanwaltschaft Koblenz eingestellt.

BLAECKER, FRANZ
1906 02 28
Adenau
Kaplan
Am 4.7.1935 wegen einer Wanderung mit dem
Jungmännerverein Auferlegung eines Siche-

rungsgeldes in Höhe von 50 RM durch den Amtsbürgermeister Adenau.

BLANCKART, FRIEDRICH
1903 12 25
Koblenz
Geistl. Religionslehrer
Wurde am 1.11.1937 durch den Regierungspräsi-
denten als Religionslehrer entlassen.

BLASEN, MICHAEL
1903 01 31
Engers
Kaplan
Der Pfarrer erhielt am 22.11.1937 eine Verwarnung durch die Gestapo, weil er Kindern gedroht hatte, ihre Namen von der Kanzel zu verlesen, falls sie am Ersatz-Religionsunterricht
nicht teilnehmen sollten.

BLATT, WALTER
1912 03 13
Bassenheim
Kaplan
Ein Ermittlungsverfahren der Gestapo wegen
staatsabträglicher Äußerungen in einer
Predigt zu Pfingsten 1940 wurde eingestellt.

BLOTT, FRIEDRICH WILHELM
1901 07 26
Altlay
Pfarrer
Ein Verfahren wegen Vergehens gegen das Flaggengesetz wurde am 27.12.1937 durch die Oberstaatsanwaltschaft Koblenz eingestellt.

BLUM, GERHARD
1885 07 14
Metternich
Pfarrer
Wegen Vergehens gegen das Flaggengesetz 50 RM
Geldstrafe.
Ein Strafverfahren wegen Verbreitung eines
Hirtenbriefes in Broschürenform wurde am
13.8.1934 durch die Staatsanwaltschaft Kob-
lenz eingestellt.
Verstorben am 17.11.1959.

BODE, BR. GERVASIUS
SCJ
o.D.
Maria Martental (Kloster)
Bruder Gervasius wurde am 17.4.1941 aus dem
Regierungsbezirk Koblenz ausgewiesen.

BODEN, JOHANN
1877 06 07
Irsch
Pfarrer

Wegen versteckter Angriffe auf den Staat zwei
Anzeigen und ein Verhör durch die Gestapo.

BOEHNCKE, GUSTAV
1872 02 29
Wolsfeld
Pfarrer
Am 27.2.1937 wegen „Katechismuswahrheiten"
durch den Regierungspräsidenten Verwarnung
und Androhung eines Unterrichtsverbots.

BOESEN, JOHANN
1889 11 30
Ordorf
Pfarrer
Am 29.11.1937 Verhaftung durch die Gestapo so-
wie Schutzhaft bis zum 28.1.1938 aufgrund
folgenden Kommentars zur Zerschlagung eines
Christuszeichens: „Alle, die gerecht denken
und noch katholisch fühlen, müssen darüber
doch wenigstens ein Kopfschütteln haben".
Ein Verfahren wegen Verstoßes gegen das Samm-
lungsgesetz (28.10.1942) endete mit einem
Freispruch.
Verstorben am 26.5.1959.

BOHNE, BR. ELIGIUS
SCJ
o.D.
Maria Martental (Kloster)
Bruder Eligius wurde am 17.4.1941 aus dem Re-
gierungsbezirk Koblenz ausgewiesen.

BORNEWASSER, FRANZ RUDOLF
1866 03 12
Trier
Bischof
Dr. theol. h.c.
Zwischen 1935 und 1938 wurden fünf Vorverfah-
ren gegen den Bischof eröffnet (zweimal wegen
Verstoßes gegen den Kanzelparagraphen, zweimal
wegen Verstoßes gegen das Flaggengesetz und
einmal wegen Eidesverletzung). Die Verfahren
wurden jedoch alle niedergeschlagen.
Im Mai 1935 veranstaltete die HJ anläßlich
einer Firmung eine Demonstration gegen den
Bischof
Am 15.4.1943 Verhör vor der Staatsanwalt-
schaft Trier.
Lit.: Neuhäusler, passim.

BOSCH, PETER
1905 02 10
Gebhardshain
Kaplan
Am 28.4.1938 Auferlegung eines Sicherungsgeldes in Höhe von 150 RM durch die Gestapo,
weil Pfarrer Bosch in einer Predigt die Ein-

stellung des Staates zu kirchlichen Fragen kritisiert hatte.

BRACH, GEORG
1872 03 27
Lonnig / Münstermaifeld / Eckendorf
Pfarrer
Verurteilung zu vier Geldstrafen: 100 RM wegen Verstoßes gegen den Kanzelparagraphen, 100 RM wegen Vergehens gegen das Flaggengesetz, 30 RM wegen Verstoßes gegen das Sammlungsgesetz sowie 500 RM wegen angeblicher Körperverletzung. Die Maßnahmen wurden von ordentlichen Gerichten verhängt.
Vom 8.11.1938 bis zum 6.5.1940 Gehaltssperre.

BRAND, KARL
1881 04 30
Karden
Pfarrer
Ein Strafverfahren wegen Verhöhnung der Nationalflagge wurde am 6.6.1936 durch die Staatsanwaltschaft eingestellt.
Im August 1938 ein Verhör durch die Gestapo aufgrund einer Wallfahrt des Müttervereins.

BRAND, WERNER
1860 08 01
Weiler
Pfarrer
Ein Strafverfahren wegen Verstoßes gegen das Flaggengesetz wurde eingeleitet, über den Ausgang ist jedoch nichts bekannt.

BRANDS, ALFONS
1902 01 03
Düsseldorf / Koblenz
Reichskaplan des KJWV
Kaplan
Während seiner Tätigkeit in der Jugendzentrale Düsseldorf etwa 30 Verhöre durch die Gestapo.
Am 15.8.1938 verhängte die Gestapo Düsseldorf ein Redeverbot für alle öffentlichen Räume wegen „staatsabträglicher Äußerungen" im Rahmen einer Feierstunde der katholischen Jugend in Koblenz (am 12.6.1938 in der dortigen Herz-Jesu-Kirche).
Eine Anklage vom 24.7.1939 wegen Vergehens gegen das Heimtückegesetz wurde am 4.10.1939 aufgrund einer Amnestie eingestellt (Sondergericht Köln).

BRAUN, AUGUST
1890 06 10
Köllerbach / Saarbrücken
Pfarrer
Am 1.9.1934 endete ein von der NSDAP ange-

strengtes Strafverfahren wegen Korruption und Amtsmißbrauchs des Pfarrers in seiner Eigenschaft als Kreisausschußmitglied mit einem Freispruch wegen erwiesener Unschuld.
Am 17.6.1937 durch den Reichskommissar Saarland Unterrichtsverbot für das gesamte Saargebiet aufgrund „dauernder Hetze gegen den nationalsozialistischen Staat".
Verstorben am 24.10.1959.

BRAUN, ENGELBERT
1904 02 25
Mayen / Seesbach
Kaplan / Pfarrer
Ein Strafverfahren wegen Vergehens gegen das Heimtückegesetz wurde 1938 durch die Oberstaatsanwaltschaft Koblenz eingestellt; im Anschluß daran am 8.3.1938 eine Verwarnung.

BRAUN, GEORG
1889 10 01
Bachem / Ehrang
Kaplan / Pfarrer
Am 5.3.1936 Verhör vor der Gestapo Merzig aufgrund eines Verstoßes gegen das Sammlungsgesetz.
Verhör durch die Gestapo Trier im Februar 1938 bezüglich einer Angelegenheit des Kirchbauvereins.
Ein weiteres Verhör durch die Gestapo wegen eines Vergehens gegen das Versammlungsgesetz. Mindestens einmal fand bei dem Pfarrer eine Haussuchung statt. Einzelheiten hierzu sind nicht bekannt.
Verstorben am 11.9.1955.

BRAUN, PETER
1882 05 21
Niederfischbach
Pfarrer
Ein Strafverfahren wegen angeblich unwahrer Behauptungen über die nationalsozialistische Presse wurde am 9.3.1936 durch die Oberstaatsanwaltschaft Siegen eingestellt.

BRAUN, PETER MATTHIAS MARIA
1880 10 01
Beckingen
Pfarrer
Am 13.9.1937 wegen Vergehens gegen den Kanzelparagraphen angeklagt und mehrmals durch die Gestapo verhört. Das Verfahren wurde am 25.5.1938 aufgrund der Amnestie vom 30.4.1938 durch die Staatsanwaltschaft eingestellt.

BREIDT, ALOIS
1906 02 24
Trier (St. Gangolf)
Kaplan

Am 27.2.1937 Unterrichtsverbot durch den Regierungspräsidenten auf Veranlassung der Kreisleitung der NSDAP.
Verwarnung durch die Gestapo am 13.6.1941 wegen Durchführung eines Gottesdienstes für polnische Zivilarbeiter und französische Kriegsgefangene.
Verstorben am 2.9.1959.

BREIT, AUGUST
1902 03 28
Neuendorf
Kaplan
Ein Strafverfahren wegen Vergehens gegen das Heimtückegesetz wurde am 15.8.1935 durch die Oberstaatsanwaltschaft Koblenz eingestellt.

BREITBACH, WILHELM
1866 09 30
Niederfell
Pfarrer
Am 29.11.1935 und am 4.12.1935 kurzfristige Festnahmen durch die Gestapo.
Am 15.1.1936 durch das Sondergericht Köln von einer Anklage gegen das Heimtückegesetz freigesprochen.
Durch das Amtsgericht Sinzig am 21.1.1936 wegen Verstoßes gegen das Sammlungsgesetz zu 50 RM Geldstrafe verurteilt.

BREMM, RICHARD
1880 01 09
Koblenz-Lützel
Pfarrer
Der Pfarrer erhielt am 1.10.1938 eine Verwarnung durch die Gestapo Berlin, weil er sich mit drei anderen Geistlichen zusammen mit einer Eingabe an den Reichserziehungsminister gewandt und darüber Klage geführt hatte, daß den aufs Land verschickten Kindern keine Gelegenheit zum Kirchgang eingeräumt wurde.

BRETTNACHER, PETER
1891 03 03
Üdersdorf
Pfarrer
20 RM Geldstrafe, nähere Gründe sind nicht bekannt.
Vom 16.8. bis zum 30.11.1933 wegen angeblich antinationaler Einstellung Unterrichtsverbot.
Verstorben am 16.6.1957.

BRILL, JAKOB
1887 08 09
Kinheim
Pfarrer
1937 wegen Leitung der Jugendverbände Unterrichtsverbot durch den Regierungspräsidenten.
Verstorben am 15.5.1954.

BRUEHL, FRANZ
1907 01 29
Andernach (St. Albert)
Vikar
Am 5.3.1938 wurde ein Strafverfahren gegen den Pfarrer eingestellt.
Am 9.8.1939 wegen Vergehens gegen das Sammlungsgesetz Verurteilung zu einer Geldstrafe in Höhe von 100 RM durch das Amtsgericht Andernach.
Ebenfalls 1939 durch die Gestapo ein Verhör bezüglich des Kirchbauvereins.

BRUNGS, HERMANN
1880 10 19
Mudersbach
Pfarrer
1935 Einleitung eines Strafverfahrens wegen Beleidigung eines NS-Bürgermeisters; über den Ausgang der Sache ist nichts bekannt.

BUCHHOLZ, BR. MAGNUS
OSB
o.D.
Trier
Bruder Magnus wurde am 6.5.1941 zusammen mit dem Konvent St. Matthias (Trier), wo er sich aufhielt, ausgewiesen.

BUECHEL, PETER
1866 04 30
Kapellen-Stolzenfels
Pfarrer
Ein Verfahren wegen Verteilens eines Hirtenbriefes wurde am 13.8.1934 wegen einer Amnestie von der Staatsanwaltschaft Koblenz eingestellt.

BUECKLER, JAKOB
1896 02 18
Bell
Pfarrer
Weil der Pfarrer Landessekretär des Volksvereins war, wurde seine Wohnung durchsucht und er selbst, nach zweimaligem Verhör, vom 3. bis zum 9.7.1933 in Schutzhaft genommen.

BUHR, ANTON
1876 10 25
Bleialf
Pfarrer
Am 26.8.1939 Strafbefehl über 400 RM Geldstrafe wegen fortgesetzten Verstoßes gegen das Sammlungsgesetz (Kollekten des Kirchbauvereins). Die Maßnahme wurde durch die Oberstaatsanwaltschaft Trier verhängt.

BUNGART, PETER
1910 09 16
Bitburg

Kaplan
Ein gerichtliches Verfahren wegen Beschimpfung
der Wehrmacht endete am 20.8.1941 mit einem
Freispruch.
Wegen staatsabträglichen Verhaltens am 30.6.
1942 Verhaftung und sechs Wochen Schutzhaft
sowie am 16.7.1942 Entzug der katholischen
Wehrmachtsseelsorge in Bitburg durch die Gestapo.
Weitere Maßnahmen: Vier Festnahmen des Pfarrers,
zahlreiche Verhöre und mehrmalige Verwarnungen sowie fünf Monate Unterrichtsverbot
und Verurteilung zu 1000 RM Sicherungsgeld.

BUNGARTEN, FRANZ
1900 08 05
Koblenz / Kappel
Kaplan / Pfarrer
Verschiedene Verfahren gegen den Pfarrer wurden eingestellt. Außerdem erlebte er ungefähr
30 Anzeigen, Verhöre, Berichte und Protokolle
sowie mehrere Verwarnungen durch die Gestapo.
Die Maßnahmen wurden wegen Beleidigung eines
Scharführers, Kriegsgefangenenseelsorge u.a.
verhängt.

BUNGARTEN, FRANZ JOSEF
1876 02 04
Saarbrücken (St. Josef)
Pfarrer
1936 zwei Tage Schutzhaft bei der Gestapo sowie Unterrichtsverbot und Ausweisung aus dem
Saarland durch den Reichskommissar Saarland,
weil der Pfarrer nicht an der Reichstagswahl
teilgenommen hatte.
Weil er ein Siegesgeläute verweigert hatte,
1940 sieben Wochen Schutzhaft, Ausweisung aus
Rheinland und Westfalen, Zahlung eines Sicherungsgeldes in Höhe von 500 RM sowie Gehaltssperre bis 1945.

BUSCH, HUGO
1905 01 06
Remagen / Trier
Kaplan
Aufgrund der Verbreitung von Schriftstücken,
die geeignet erschienen, „Angelegenheiten des
Staates in einer den öffentlichen Frieden gefährdenden Weise" zu erörtern, am 23.6.1934
durch die Gestapo in Remagen ein Verhör und
anschließend bis zum 27.6.1934 Schutzhaft in
Koblenz.
Im Jahre 1938 wegen Jugendarbeit Beschlagnahme
eines privaten Vervielfältigungsapparates.
1942 bezüglich der 30 „Programmpunkte der nationalen Reichskirche Deutschlands" verhört.
Beide Maßnahmen wurden von der Gestapo durchgeführt.

BUSCH, JOHANNES
1894 02 19
Gladbach
Pfarrvikar
Dr. phil.
Ein Strafverfahren gegen Busch wurde 1937 ein-
gestellt. Näheres ist nicht bekannt.
Am 13.7.1939 wegen Vergehens gegen das Flag-
gengesetz Verwarnung durch die Gestapo.

BUSCH, JOSEF
1875 09 30
Heddesheim
Pfarrer
Da der Pfarrer am 18.1.1938 („Reichsgrün-
dungstag") nicht geflaggt hatte, wurde er
durch den Landrat in Bad Kreuznach am 5.3.
1938 verwarnt.
Verstorben am 5.7.1955.

BUSENBENDER, ANTON ADOLF
1881 03 05
Güls
Pfarrer
Nach einem Verhör am 1.2.1937 ein erneutes
Verhör und Festnahme durch die Gestapo am
3.2.1937. Schutzhaft in Koblenz für drei Wochen.
Am 19.2.1937 Unterrichtsverbot.
Am 7.7.1937 vom Schöffengericht Koblenz
wegen Kanzelmißbrauchs anstelle einer ver-
wirkten Haftstrafe von 14 Tagen zu 150 RM
Geldstrafe verurteilt; die Strafe galt durch
die Schutzhaft als verbüßt.
Bischof Dr. W. Berning (Osnabrück) sprach
wegen dieses Falles 1937 beim Geheimen Staats-
polizeiamt Berlin vor.

BUSENBENDER, PAUL WALTER
1907 06 11
Schiffweiler / Hönningen, Rhein
Kaplan
Erhielt im August 1935 wegen seiner Einstel-
lung zur Hitlerjugend eine Verwarnung durch
die Gestapo.
Am 9.3.1936 Unterrichtsverbot durch den
Regierungspräsidenten.
Des weiteren mehrere Verhöre. Nähere Um-
stände sind nicht bekannt.

BUSS, KARL
1877 11 24
Valwig
Pfarrer
Im Jahre 1938 Postüberwachung durch die
Gestapo.
Verstorben am 13.5.1959.

BUTZ, WILHELM
1889 06 09
Neustadt, Wied
Pfarrer
Im November 1938 Anzeige wegen angeblich verbotener Sammlung, die Angelegenheit blieb jedoch ohne Folgen.

CANDELS, P. PAUL
PA
1900 06 26
Trier (Missionshaus)
Volksmissionar
Am 3.8.1938 ein neunstündiges Verhör, am 8.8.1938 Redeverbot für den Bezirk Trier und am 22.8.1938 unbefristetes totales Redeverbot für das gesamte deutsche Reich. Alle Maßnahmen wurden durch die Gestapo Trier verhängt.
Am 16.9.1940 wegen Predigten mit „staatsabträglichem Inhalt" Verwarnung durch die Gestapo.

CAPITAIN, LEO
1890 09 06
Dockweiler
Pfarrer
Wegen „Katechismuswahrheiten" am 3.3.1937 Verwarnung und Androhung des Unterrichtsverbotes durch den Regierungspräsidenten.

CAROLI, ADOLF
1884 01 01
Kell
Pfarrer
Am 18.2.1934 eintägige Festnahme.
Abfällige Äußerungen des Pfarrers über Hitler (noch aus der Zeit vor der „Machtergreifung" der Nationalsozialisten) fanden Aufnahme in eine Denkschrift der Reichsregierung an das Vatikanische Staatssekretariat - als Beweis für die feindselige Einstellung des katholischen Klerus zum NS-Staat (März 1934).
Vom 4.8.1934 bis zum 10.8.1934 Schutzhaft wegen Nichtläutens am Todestag Hindenburgs.
20 RM Geldstrafe, mehrere Verwarnungen sowie Beschlagnahme von Deputatfrüchten durch die Gestapo.
Mehrere Ermittlungs- und Strafverfahren wurden von der Staatsanwaltschaft wieder eingestellt.

CASPAR, BENEDIKT
1906 04 15
Saarbrücken / St. Thomas
Geistl. Religionslehrer / Vikar
Caspar wurde wegen angeblicher Verbreitung der 30 „Programmpunkte der nationalen Reichskirche Deutschlands" von der Gestapo verhört.
Er konnte eine Stelle als Hospitalpfarrer in Kues aufgrund eines Einspruchs des Regierungspräsidenten nicht antreten.
Einem Beschluß der SS vom 1.9.1944, ihn zu erschießen, entzog er sich durch die Flucht.
Caspar promovierte 1950 zum Dr.theol.

CHARDON, HEINRICH LUDWIG FRANZ
1882 10 12
Koblenz
Pfarrer
Dr. theol.
Ein wegen Verkaufs religiöser Zeitschriften im Gottesdienst gegen Pfarrer Chardon eingeleitetes Strafverfahren wurde 1935 eingestellt.
Postüberwachung im Jahre 1938.
Verstorben am 20.8.1955.

CHRIST, JOSEF
1889 06 25
Holz
Pfarrer
Am 12.8.1937 wegen „staatsfeindlicher Einstellung" Unterrichtsverbot durch den Regierungspräsidenten.
Am 17.11.1941 wegen Hörens ausländischer Sender Festnahme und U-Haft bis zur Verhandlung am 14.1.1942. Er wurde durch ein Sondergericht zu einem Jahr Gefängnis unter Anrechnung der U-Haft verurteilt.
Wegen angeblicher Sabotage des Winterhilfswerks ein Verhör durch die Gestapo sowie Einleitung eines Verfahrens, welches jedoch wieder eingestellt wurde.
Die gleichen Maßnahmen erfolgten wegen eines Vergehens gegen das Heimtückegesetz.

CONDNE, PETER
1889 10 01
Hönningen, Ahr
Pfarrer
Vom 23.7. bis zum 15.8.1941 wegen „Erschwerung polizeilicher Ermittlungen" inhaftiert; anschließend eine Verwarnung.
50 RM Geldstrafe, die näheren Umstände sind nicht bekannt.
Ein Verfahren wegen Verstoßes gegen das Flaggengesetz wurde eingeleitet, über den Ausgang ist nichts bekannt.
Verstorben am 1.5.1954.

CONEN, NIKOLAUS
1873 07 11
Liersberg
Pfarrer
Am 4.3.1937 wegen „Katechismuswahrheiten" Verwarnung sowie Androhung des Unterrichtsverbotes durch den Regierungspräsidenten.
Verstorben am 18.12.1959.

CONZE, JOHANN (BR. LIBORIUS)
OFM
1866 06 06
Untersuchungshaft wegen Verdachts des Devisenvergehens. Nähere Umstände sind nicht bekannt.

CORDIE, ANTON
1872 12 18
Wißmannsdorf
Pfarrer
1942 wegen „fortgesetzten staatsabträglichen
Verhaltens" Hinterlegung eines Sicherungsgeldes
in Höhe von 2000 RM sowie vom 21.5.1942 bis
zum 31.3.1945 Gehaltssperre. Beide Maßnahmen
wurden durch die Gestapo Trier verhängt.

CZECHOLINSKI, EDUARD
1883 12 21
Schwarzenholz
Pfarrer
Im Juni 1941 durch die Gestapo verhört.
Verstorben am 16.3.1954.

DELANUIT, BR. MATERNUS
OSB
1895 01 31
Trier
Bruder Maternus wurde am 6.5.1941 zusammen mit
dem Konvent St. Matthias (Trier) ausgewiesen.

DEMMER, NIKOLAUS
1892 04 30
Mandern
Pfarrvikar
100 RM Geldstrafe wegen Beleidigung des Orts-
vorstehers („Marionette der Nazis").
Nach mehreren Verhören und Ausstellung eines
Haftbefehls durch die Gestapo flüchtete der
Pfarrer ins Ausland und hielt sich dort ver-
borgen. Die Staatsanwaltschaft leitete wegen
Vergehens gegen das Heimtückegesetz und wegen
verschiedener Predigtäußerungen ein Strafverfahren gegen ihn ein.
1939 Aberkennung der Staatsbürgerschaft.
Verstorben am 4.7.1954.

DESSOY, VALENTIN
1880 03 31
Ürzig
Pfarrer
Wegen „Katechismuswahrheiten" am 2.3.1937 Ver-
warnung. Am 15.7.1937 aufgrund verbotener
Jugendarbeit Unterrichtsverbot. Beide Maß-
nahmen wurden durch den Regierungspräsidenten
verhängt.
Verstorben am 31.10.1952.

DETHIER, FRIEDRICH
1900 02 22
Harspelt
Pfarrer
Ab 27.2.1935 Unterrichtsverbot.
Vom 11.11.1937 bis zum 30.1.1938 Schutzhaft
durch die Gestapo.
Aufgrund kritischer Äußerungen in Predigten
und Schulen sowie Jugendarbeit verschiedene
Strafanzeigen und Verfahren, die alle einge-
stellt wurden. Alle Maßnahmen wurden von der
Gestapo ausgeführt.
In den Jahren 1937 und 1938 mehrere Verwar-
nungen durch die Gestapo.

DEWALD, ALFONS
1901 06 27
Konz
Kaplan
Aufgrund Vergehens gegen das Sammlungsgesetz
sowie Jugendarbeit fünf Verhöre durch die
Gestapo Trier.
Ein Verfahren wegen Vergehens gegen das Heim-
tückegesetz wurde 1938 durch das Sonderge-
richt Köln eingestellt.

DIDAS, JAKOB
1886 09 28
Spiesen
Pfarrer
Wegen Beunruhigung des Volkes vom 7.8. bis
18.8.1935 Schutzhaft durch die Gestapo; durch
den Reichskommissar Saarland am 21.8.1935
Ausweisung aus dem Saargebiet sowie Gehaltssperre vom 1.10.1935 bis zum 1.3.1936. Ein
aus obigem Grund eingeleitetes Verfahren wurde
im November 1935 eingestellt.

DIEDERICH, JOHANN
1886 02 23
Kenn
Pfarrer
Anzeige und Verhör durch die Gestapo im Jahre
1935.

DIEDERICHS, BR. GOTTFRIED
SCJ
o.D.
Maria Martental (Kloster)
Bruder Diederichs wurde am 17.4.1941 aus dem
Regierungsbezirk Koblenz ausgewiesen.

DIENHART, JOSEF MARIA
1886 10 15
Unkelbach
Pfarrer
Im Jahre 1941 „einige Zeit in Haft". Nähere
Umstände sind nicht bekannt.

DILLMANN, JOHANN
1904 09 08
Güchenbach
Kaplan
Am 29.9.1937 wegen Körperverletzung (Bestrafung von Schülern) angeklagt. Das Verfahren wurde am 19.5.1938 eingestellt.

DINCHER, NIKOLAUS
1883 01 13
Sehlem
Pfarrer
Am 2.3.1937 wegen „Katechismuswahrheiten" Verwarnung und Androhung des Unterrichtsverbotes durch den Regierungspräsidenten.
Verstorben am 17.5.1953.

DINGELS, PETER
1889 11 09
Konfeld
Pfarrer
Am 18.6.1937 50 RM Geldstrafe wegen Vergehens gegen das Reichsflaggengesetz.

DISTELKAMP, P. HEINRICH
SAC
1906 05 26
Vallendar
Wegen religiöser Vorträge und Exerzitienkurse von der Gestapo verfolgt. Noch nach der Einberufung mehrere Verhöre und Untersuchungshaft vom 9.6.1942 bis 9.10.1942.

DITSCHEID, AEGIDIUS
1874 05 04
Offenbach
Pfarrer
Am 26.2.1937 wegen „Katechismuswahrheiten" eine Verwarnung durch den Regierungspräsidenten. Wegen Verlesens eines Hirtenbriefes und Nichtgrüßens der Fahne zwei Anzeigen.
Die näheren Umstände dieser Vorkommnisse sind nicht bekannt.
Verstorben am 28.7.1954.

DOERR, JOHANNES ALFONS
1900 05 31
Müllenbach
Pfarrvikar
Am 31.8.1937 Unterrichtsverbot durch den Regierungspräsidenten.

DOHMES, P. AMBROSIUS
OSB
1901 04 20
Maria Laach (Abtei)
Pater Ambrosius wurde am 21.11.1941 verhört und mußte 200 RM Sicherheitsgeld hinterlegen. Nähere Umstände sind nicht bekannt.

DORNOFF, BRUNO
1908 10 09
Fischbach-Camphausen
Kaplan
Wegen Körperverletzung im Amt (Schule) im Februar 1938 ein Verhör sowie Einleitung eines Strafverfahrens. Des weiteren am 18.7. 1938 Unterrichtsverbot durch den Regierungspräsidenten.

DRAUDEN, ALFONS
1905 12 29
Trier (St. Gervasius)
Kaplan
Am 18.7.1935 Unterrichtsverbot durch den Regierungspräsidenten.
Am 4.8.1937 wegen Verstoßes gegen das Heimtückegesetz und den Kanzelparagraphen durch das Sondergericht Köln zu drei Monaten Gefängnis verurteilt.
Ab 1.4.1939 Gehaltssperre durch den Regierungspräsidenten.
Zwei weitere Strafverfahren wegen verbotener Seelsorgebriefe und Vergehens gegen das Reichsflaggengesetz wurden durch den Oberstaatsanwalt eingestellt.

DRECHSLER, BR. PHILIPP
OSB
o.D.
Trier
Bruder Philipp wurde am 6.5.1941 zusammen mit dem Konvent Trier-St.Matthias, wo er sich aufhielt, ausgewiesen.

DUECHTING, P. JOSEF
SCJ
1906 11 02
Maria Martental (Kloster)
Pater Düchting wurde am 17.4.1941 aus dem Regierungsbezirk Koblenz ausgewiesen.

DUELMER, P. BERNHARD
SCJ
1897 12 10
Maria Martental (Kloster)
Aufgrund von Äußerungen über Rosenberg wurde Pater Dülmer vom 14.6.1934 bis zum 14.7.1934 in Schutzhaft genommen.

DUEREN, P. PETRUS
SM
1880 02 18
Meppen
Nach der Beschlagnahme des Missionshauses in Meppen erhielt Pater Düren am 16.5.1941 Aufenthaltsverbot im Umkreis von 100 km von Meppen.

DUERK, PHILIPP (P. JAKOB)
OSB
1906 09 18
Trier / Hettenleidelheim (Btm. Speyer)
Aushilfspriester
Pater Jakob wurde am 6.5.1941 zusammen mit
dem Konvent Trier-St.Matthias, wo er sich auf
hielt, ausgewiesen.
1942 aus unbekannten Gründen Schulverbot.

DUPLANG, NIKOLAUS PETER
1873 04 12
Wassenach
Pfarrer
1935 wurde ein Strafverfahren wegen Vergehens
gegen das Reichsflaggengesetz eingeleitet,
über den Ausgang der Sache ist nichts bekannt.
Am 10.5.1937 erhielt der Pfarrer Unterrichtsverbot, weil er die Schulkinder den Satz „unser Heil kommt von den Juden" im Chor nach-
sprechen ließ. In dieser Angelegenheit wurde
er auch verhört.

EBEL, P. BASILIUS
OSB
1896 04 21
Trier
Abt
Abt Basilius wurde am 5.6.1941 zusammen mit
seinem Konvent Trier-St.Matthias ausgewiesen.

EBENAU, LUDWIG
1882 10 03
Alken
Pfarrer
Nachweisbar sind drei eingestellte Verfahren,
drei Hausdurchsuchungen und drei Verhöre vor
der Gestapo.
Am 25.7.1936 Anzeige wegen verbotenen Sam-
melns.
Verstorben am 20.3.1956.

EBERHARD, JULIUS
1873 08 07
Bacharach
Pfarrer
Zwei Strafverfahren wegen Vergehens gegen das
Heimtückegesetz und wegen Äußerungen
über die Sittlichkeitsprozesse wurden 1936
bzw. 1938 durch das Sondergericht Köln einge-
stellt.
Am 15.4.1941 wegen Verkehrs mit Kriegsgefan-
genen Verwarnung durch die Gestapo.
Verstorben am 31.7.1952.

EBERT, EDMUND
1894 02 13
Waldröckelheim / Hirschfeld
Pfarrer
Ein eingeleitetes Verfahren wegen eines Vergehens gegen das Reichsflaggengesetz wurde
eingestellt.
1942 Beschlagnahme eines Hirtenbriefes.

EBERTZ, JOSEF
1884 08 03
Nonnweiler
Pfarrer
Am 5.8.1935 wegen Kanzelmißbrauchs verhaftet und drei Monate in U-Haft gehalten. Am
11.12.1935 vom Landgericht Trier zu einer
neunmonatigen Gefängnisstrafe (unter Anrechnung der dreimonatigen Untersuchungshaft) verurteilt.
Am 29.1.1936 Unterrichtsverbot durch den Regierungspräsidenten.
Vom 1.4.1939 bis Kriegsende Gehaltssperre.
Vom 6.8. bis zum 22.9.1941 wieder in Haft,
anschließend durch den Regierungspräsidenten
Ausweisung aus dem Rheinland, Westfalen, Hessen-Nassau und dem gesamten linksrheinischen
Gebiet.

ECK, PETER
1892 03 31
Prüm
Geistl. Studienrat
Dr. phil.
1937 Anzeige und Verhör wegen schulischer
Angelegenheiten.
1942 Predigtverbot für die Stadt Prüm.
Häufige Maßregelung wegen ungenügender Beteiligung an Sammlungen der NSDAP. Alle Maßnahmen erfolgten durch die Gestapo.

ECKER, WILHELM BALTHASAR
1874 04 30
Cochem
Pfarrer
75 RM Geldstrafe, weil er öffentlich zum
Eintritt in den Bonifatiusverein aufge-
fordert hatte.
Eine von der Oberstaatsanwaltschaft Koblenz
verfügte Haussuchung im Zusammenhang mit der
Einführung der Gemeinschaftsschule.

ECKERT, FRANZ
1864 12 27
Klausen
Pfarrer
Am 2.3.1937 wegen „Katechismuswahrheiten"
Verwarnung und Androhung des Unterrichtsver-
botes durch den Regierungspräsidenten.

ECKERT, JOHANN
1871 06 20
Piesport
Pfarrer
Im Mai 1936 Verhör durch die Gestapo - es ging
um eine Predigt Bischof von Galens.

ECKERT, JOHANN NIKOLAUS
1875 06 19
Wintrich
Pfarrer
Am 27.2.1937 wegen „Katechismuswahrheiten" Verwarnung und Androhung des Unterrichtsverbotes. Am 15.7.37 Unterrichtsverbot aufgrund von
Jugendarbeit. Beide Maßnahmen wurden durch
den Regierungspräsidenten verhängt.

EDEL, BERNHARD WILHELM
1897 09 14
Morscheid
Pfarrer
Ab 1937 Unterrichtsverbot.
500 RM Geldstrafe, zahlreiche Verhöre und
Haussuchungen sowie eine „strenge" Verwarnung
durch die Gestapo.
Die Oberstaatsanwaltschaft leitete eine Anklage wegen Verstoßes gegen das Heimtückegesetz ein, eine Verhandlung fand jedoch nie
statt.

EHSES, EWALD
1910 11 01
Hostenbach
Kaplan
Am 19.3.1938 Unterrichtsverbot durch den
Reichskommissar Saarland wegen Verächtlich-
machung der Partei und des Staates.

EISE, P. ALBERT
SAC
1896 11 07
Vallendar / Schönstatt (Exerzitienhaus)
Am 11.2.1937 verwarnt, danach mehrmals verhört.
Am 4.8.1941 wegen Abhaltung eines Exerzitien-
kurses von der Gestapo verhaftet, am 14.11.1941
ins KZ Dachau eingeliefert und dort am 3.9.1942
verstorben.
Lit.: Weiler, 218.

EISVOGEL, JOHANN
1882 02 18
Ernst
Pfarrer
Wegen Verstoßes gegen die Verordnung zum Him-
melfahrtstag am 21.5.1941 Verwarnung durch
die Gestapo.
Verstorben am 6.7.1952.

ELGAS, JOHANN JAKOB
1890 08 22
Überherrn / Ehrenbreitstein
Pfarrer
Am 28.5.1936 vor der Großen Strafkammer des
Landgerichts Saarbrücken von der Anklage des
Vergehens gegen Sammlungsgesetz und Kanzel-
paragraphen freigesprochen.
Ebenfalls 1936 eine Anzeige und mehrere Ver-
höre durch die Gestapo.
Wegen angeblich geäußertem Zweifel am Sieg
der deutschen Waffen vom 28.3.1940 bis zum
18.4.1940 Schutzhaft, außerdem Verwarnung
durch die Gestapo. Ab diesem Zeitpunkt aus
obigem Grund Gehaltssperre durch den Regie-
rungspräsidenten.
Des weiteren eine staatspolizeiliche Verwarnung.
Verstorben am 28.2.1959.

ENGEL, ENGELBERT
1887 01 21
Trier
Pfarrverwalter
Zwei Strafbefehle über 15 RM und 30 RM in den
Jahren 1937 und 1938 wegen Herstellung des
Pfarrbotens ohne Angabe von Drucker und Ort.
Ein Verfahren wegen Verstoßes gegen das Samm-
lungsgesetz wurde aufgrund Amnestie 1938 durch
die Staatsanwaltschaft eingestellt.
Ab 28.3.1939 Gehaltssperre.

ENGEL, GEORG ANTON
1891 03 14
Sien
Pfarrer
Ein Verfahren wegen Kanzelmißbrauchs wurde
durch die Oberstaatsanwaltschaft Koblenz ein-
gestellt.
Verstorben am 16.7.1952.

ENGEL, JOHANN
1877 03 17
Densborn
Pfarrer
Am 19.4.1937 Verhör vor der Gestapo, am
24.4.1937 Unterrichtsverbot durch den Regierungspräsidenten.
Des weiteren wegen Predigten und Jugendarbeit
mehrere Verhöre durch die Gestapo.
Über ein gegen ihn eingeleitetes Strafverfahren ist nichts Näheres bekannt.

ENGEL, KONRAD
1896 11 26
Gutweiler / Niederfischbach
Pfarrer
Am 19.9.1935 verhaftet, mehrmals verhört
und bis zum Prozeß am 12.2.1936 in Untersuchungshaft gehalten. Durch das Sondergericht

Köln wegen Vergehens gegen das Heimtückegesetz zu einer Gefängnisstrafe von sechs Monaten verurteilt. Am 4.2.1936 Unterrichtsverbot durch den Regierungspräsidenten.
Am 22.8.1938 Aufenthaltsverbot für den Regierungsbezirk Trier.
Vom 1.10.1939 bis 1945 Gehaltssperre. Beide
Maßnahmen wurden ebenfalls durch den Regierungspräsidenten verhängt.
Ein Strafverfahren aufgrund Vergehens gegen das
Sammlungsgesetz wurde eingestellt.
Wegen Vergehens gegen das Reichsflaggengesetz
eine Verwarnung durch die Gestapo.

ENGEMANN, P. ANTONELLUS
OFM
o.D.
Marienthal
Präses
Eine Verwarnung durch die Waffen-SS.

ENZWEILER, JOHANNES
1904 05 04
Trier
Kaplan / Geistl. Religionslehrer
Wegen Jugendarbeit Sicherungsgelder in Höhe
von 30 RM und 20 RM durch die Gestapo.

ERNZERHOF, PETER
1896 03 22
Weidenbach
Pfarrer
Wegen „Katechismuswahrheiten" am 3.3.1937 Verwarnung und Androhung des Unterrichtsverbotes
durch den Regierungspräsidenten.

ESCHER, JOSEF
1900 08 18
Farschweiler
Pfarrer
Ein von der Oberstaatsanwaltschaft Koblenz
eingeleitetes Verfahren wegen Vergehens gegen
das Heimtückegesetz (Verächtlichmachung der
NSDAP) wurde eingestellt.
Postüberwachung.

ESCHWEILER, P. ALBERT
SCJ
1888 12 25
Waldbreitbach
Generaloberer
Schutzhaft wegen Verlesung eines Hirtenbriefs
des Bischofs von Trier.

ESSER, KURT
1909 10 23
Koblenz (St. Kastor)
Kaplan
Dr. theol.

Am 19.1.1939 Verhör durch die Gestapo.
Viele weitere Verhöre durch die Gestapo aufgrund von Jugendarbeit, Werbung für Kinderseel-
sorgstunden und Schulmessen sowie wegen Predigtbemerkungen.

ETTEN, CHRISTIAN
1885 07 08
Baustert
Pfarrer
Gehaltssperre vom 1.11.1940 bis zum 15.10.
1941, dem Zeitpunkt seiner Emeritierung.

EWEN, JOHANN
1910 04 19
Altenwald
Kaplan
Erhielt am 6.4.1938 Unterrichtsverbot.

EWERHART, JOHANN
1880 11 03
Irrel
Pfarrer
Wegen Führens konfessioneller Jugendverbände
und Werbens für sie am 15.7.1937 Unterrichtsverbot durch den Regierungspräsidenten.
Ein Verfahren wegen Vergehens gegen das Heimtückegesetz wurde 1937 eingestellt.
Wegen Vergehens gegen das Pressegesetz 1937
Verhör, Haussuchung und Beschlagnahme persönlichen Eigentums durch die Gestapo. Ein
daraufhin eingeleitetes Verfahren wurde eingestellt.

EYKMANNS, P. LUDGER
OSB
o.D.
Trier
Pater Ludger wurde am 6.5.1941 mit dem gesamten Konvent von Trier-St.Matthias, wo er
sich aufhielt, ausgewiesen.

FANDEL, JOHANN JOSEF
1884 01 25
Lasel
Pfarrer
Am 27.2.1937 wegen „Katechismuswahrheiten"
Verwarnung und Androhung des Unterrichtsver-
botes durch den Regierungspräsidenten.

FASSBINDER, HEINRICH
1867 05 22
Erden
Pfarrer
Am 27.2.1937 wegen „Katechismuswahrheiten"
Verwarnung und Androhung des Unterrichtsver-
botes durch den Regierungspräsidenten.
Verstorben am 22.11.1954.

FAULHAUER, JOHANN BAPTIST
1890 03 30
Daleiden
Pfarrer
Wegen Verstoßes gegen das Sammlungsgesetz
1938 durch das Amtsgericht Waxweiler zu 100 RM
Geldstrafe verurteilt.
Vom 1.4.1939 bis 1945 Gehaltssperre.

FECHLER, PAUL
1907 03 22
Koblenz
Caritasrektor, Dominikanerinnenrektor
Als Vorsitzender des Kreuzbundes wegen eines
Kaffeekränzchens mit diesem im Juni 1939
durch die Gestapo verwarnt.

FEILEN, JOHANN
1906 09 22
Saarlouis
Kaplan
Erhielt am 15.2.1935 Unterrichtsverbot durch
den Regierungspräsidenten.

FELDMANN, P.KARL
CSSR
1895 02 04
Trier
Rektor
Der Redemptorist Karl Feldmann wurde 1935 wegen
Devisenvergehens zu vier Monaten Gefängnis ver-
urteilt.
Verstorben am 5.11.1974.
Lit.: 1.Opfermann, B.: Klöster, 226ff.
2.Hoffmann-Janssen, 190, 270.

FENDEL, NIKOLAUS
1860 09 02
Unkel
Emeritus
Im April 1939 wegen Unterlassens des „Deutschen
Grußes" durch die Gestapo verwarnt.

FERRES, MATTHIAS
1884 04 09
Kruft
Pfarrer
Ein im Jahre 1935 gegen Pfarrer Ferres einge-
leitetes Strafverfahren wegen Verkaufs von
Druckschriften vor der Kirche wurde durch die
Staatsanwaltschaft Koblenz eingestellt.
Verstorben am 29.10.1954.

FEUSER, AUGUST
1883 08 09
Arzheim
Pfarrer
Aufgrund der Verbreitung religiöser Schriften
sowie „staatlicher Anordnungen" 1940 und 1941
insgesamt vier Verwarnungen durch die Gestapo.

FISCH, NIKOLAUS
1910 11 20
Friedrichsthal
Kaplan
Erhielt am 22.4.1938 Unterrichtsverbot.

FISCHER, BALTHASAR
1912 09 03
Neunkirchen
Kaplan
Dr. theol.
Erhielt am 9.8.1938 Unterrichtsverbot.
1939 wegen Übertretung des Versammlungsge-
setzes ein Verhör durch die Gestapo.

FISCHER, P. JOSEF
SAC
1904 12 05
Schönstatt
Vom 1.3.1940 bis zum 20.4.1940 nahm die Gestapo Pater Fischer in Schutzhaft.
Am 24.3.1941 Ausweisung aus dem Sudentenland
sowie Redeverbot.
Aufgrund von Differenzen mit der Hitlerjugend
am 18.4.1941 durch die Gestapo festgenommen,
mehrmals verhört und am 6.6.1941 ins KZ Dachau überwiesen, wo er am 29.4.1945 befreit
wurde.
Lit.: Weiler, 230.

FISENI, JAKOB AUGUST
1879 06 24
Illingen
Pfarrer
Wegen einer Wallfahrt des Marienvereins 1936
eine Anzeige; nähere Umstände sind nicht be-
kannt.
Am 17.2.1938 wurde Pfarrer Fiseni in seiner
Eigenschaft als Diözesanpräses der Arbeiter-
vereine durch die Gestapo Saarbrücken drei
Stunden lang verhört.

FOLLERT, JOHANN NIKOLAUS
1861 06 06
Pommern
Pfarrer / Emeritus
Ein Strafverfahren wegen Vergehens gegen das
Reichsflaggengesetz wurde 1936 eingestellt.

FORTUIN, ARNOLD WILHELM
1901 10 19
Kreuznach / Beuren
Geistl. Religionslehrer / Pfarrer
Da der Pfarrer im Unterricht für die konfessionellen Jugendverbände geworben hatte,
wurde er als Religionslehrer aus dem Staats-

dienst entlassen.
Als Pfarrer von Beuren Unterrichtsverbot durch
den Regierungspräsidenten.

FRANZ, JOHANN BAPTIST
1871 08 28
Hirzenach
Pfarrer
Am 9.8.1943 Verwarnung durch die Gestapo,
weil der Pfarrer Ostarbeitern die Teilnahme
an Gottesdiensten gestattet hatte.

FREICHEL, EMIL
1897 12 14
Igel
Pfarrer
Am 24.4.1935 Verhaftung und Untersuchungshaft
bis zum Prozeß am 11.9.1935; vom Landgericht
Trier wegen Kanzelmißbrauchs zu drei Monaten
Festungshaft verurteilt, die durch die U-Haft
als verbüßt galten. Durch den Regierungspräsidenten Unterrichtsverbot vom 13.8.1935
bis zum 8.6.1936.
Wegen Verbreitung des Möldersbriefes Auferlegung eines Sicherungsgeldes in Höhe von
500 RM durch die Gestapo.

FREISEM, AUGUST
1885 07 03
Weiler / Bingerbrück
Pfarrer
Wegen staatsabträglicher Äußerungen auf Betreiben eines Ortsgruppenleiters zwei Verwarnungen (1938 und 1941) durch die Gestapo.
1941 wurde er von der Gestapo genötigt, zu
resignieren.

FRENSCH, JOSEF
1879 10 24
Litdorf-Rehlingen
Pfarrer
Am 2.3.1937 wegen „Katechismuswahrheiten"
Verwarnung und Androhung des Unterrichtsver-
botes durch den Regierungspräsidenten Trier.

FRIEDGEN, VALENTIN
1895 02 13
Mittelstrimmig
Pfarrer
1939 Verwarnung durch die Gestapo.

FRIEDRICH, FRANZ XAVER
1891 07 03
Waldrach
Pfarrer
Aufgrund staatsabträglichen Verhaltens,
einer Prozession an Fronleichnam, mangelnder
Verdunkelung der Kirche, abendlichen Läutens
nach 20 Uhr sowie Nichtläutens nach dem Fall

von Belgien und Holland am 7.6.1940 durch
die Gestapo verhaftet und bis zum 5.7.1940
inhaftiert. Des weiteren durch das Reichssicherheitshauptamt am 7.6.1940 Ausweisung aus dem
Rheinland und Westfalen, später ausgedehnt
auf das gesamte linksrheinische Gebiet, sowie
vom 1.7.1940 bis 1945 Gehaltssperre. Pfarrer Friedrich beziffert seine durch diese
Maßnahmen entstandene finanzielle Einbuße
auf 11.657 RM.
Der Pfarrer erlebte sieben Verhöre durch
die Gestapo; außerdem wurden gegen ihn zwei
Verfahren wegen Vergehens gegen Heimtückegesetz und Sammlungsgesetz eingeleitet.

FRIEDRICH, KARL JOSEF
1877 01 02
Dhron
Pfarrer
Am 27.2.1937 wegen „Katechismuswahrheiten" Ver-
warnung und Androhung des Unterrichtsverbotes
durch den Regierungspräsidenten.
Verstorben am 4.10.1957.

FRIESENHAHN, KARL
1912 04 04
St. Wendel
Kaplan
Anfang April 1941 verhaftet und in Untersu-
chungshaft bis zum Prozeß. Am 13.6.1941
wegen Abhörens ausländischer Sender zu zwei
Jahren Zuchthaus verurteilt.

FRIESENHAHN, OTTO
1879 11 17
Koblenz-Neuendorf
Pfarrer
Am 3.8.1934 durch die Gestapo verhaftet und
acht Tage in Schutzhaft gehalten, weil er aus
Anlaß des Todestages von Hindenburg nicht geläutet hatte.
Aufgrund angeblicher Angriffe gegen das Winterhilfswerk am 21.5.1935 durch das Schöffengericht Koblenz zu einer Gefängnisstrafe von
sechs Monaten verurteilt; nach vier Monaten
Haftzeit Begnadigung. Der Regierungspräsident
sprach am 10.8.1935 Unterrichtsverbot aus.
Vom 1.4.1939 bis zum 1.7.1944 Gehaltssperre.
Verstorben am 19.5.1954.

FRITZSCHE, HERMANN EMIL
1908 04 28
Marpingen
Kaplan
Drei Verwarnungen durch die Gestapo Neunkir-
chen bzw. Gestapo Saarbrücken, weil der
Kaplan versuchte, Pfarrangehörige vom Ein-
tritt in die SA abzubringen und weil er sich

negativ über das Gesetz zur Verhütung erb-
kranken Nachwuchses geäußert hatte.
Am 3.4.1936 Unterrichtsverbot durch den
Reichskommissar Saarland, weil er bei der
Reichstagswahl mit „nein" gestimmt haben
sollte; wegen dieser Angelegenheit kam es auch zu
zwei Verhören durch die Gestapo.

FROEHNER, JAKOB
1878 01 02
Trier
Domkapitular und Geistlicher Rat
Im Februar 1942 wegen angeblicher Verbreitung
der berüchtigten „Programmpunkte der nationalen Reichskirche Deutschlands" ein Verhör
durch die Gestapo.
Verstorben am 2.12.1956.

FUCHS, ALOIS
1908 01 01
Andernach
Kaplan
1937 wegen Verweigerung des „Deutschen Grußes"
von der Ortspolizei verwarnt.

FUCHS, WILHELM
1895 10 18
Emmersweiler
Pfarrer
Aufgrund eines Vergehens gegen den Kanzelparagraphen ab August 1938 Unterrichtsverbot sowie
am 22.9.1938 Ausweisung aus dem Saarland;
beide Maßnahmen wurden durch den Reichskommissar Saarland verhängt.

FUHRMANN, IGNAZ
1892 02 17
Merzig (St. Josef)
Pfarrer
Von drei Verfahren vor der Großen Strafkammer
Saarbrücken (u.a. wegen Züchtigung von
Schulkindern) wurden zwei eingestellt, eines
endete mit Freispruch.
Unterrichtsverbot vom 9.7.1936 bis zum 13.4.1937.
Aufgrund Kanzelmißbrauchs 200 RM Geldstrafe;
wegen Vergehens gegen das Flaggengesetz 50 RM
Geldstrafe. Beide Maßnahmen wurden durch die
Gestapo verhängt.
Verstorben am 8.10.1958.

FUNCK, EDMUND
1894 11 20
Haag
Pfarrer
Mehrere Verhöre durch die Gestapo.
Gehaltssperre ab dem 1.11.1939.
1942 wurde ein Ermittlungsverfahren wegen Verstoßes gegen das Kriegswirtschaftsgesetz durch
die Oberstaatsanwaltschaft Koblenz eingestellt.

FUNK, ALOIS
1896 10 15
Trier / Kirchen
Pfarrer
Dr. phil.
Beim Verbot des Trierer Bistumsblattes „Paulinus" 1938 ging Pfarrer Funk seines Postens
als Schriftleiter verlustig.
Am 30.10.1941 in einem Verfahren wegen Verstoßes gegen die Verordnung über den Himmel-
fahrts- und Fronleichnamstag durch das Amtsgericht Kirchen freigesprochen.
Aufgrund der Taufe von Ostarbeiterkindern Verwarnung und Auferlegung eines Sicherungsgeldes
in Höhe von 300 RM durch die Gestapo.

GAUER, PETER
1908 06 10
Hermeskeil
Kaplan
Anfang 1942 wegen „staatsabträglicher Äuße-
rungen von der Kanzel" Auferlegung eines Si-
cherungsgeldes in Höhe von 200 RM durch die
Gestapo.

GAUL, P. DOMINIKUS
OCARM
1906 06 18
Springiersbach (Kloster)
Prior
Im März 1943 wurde Prior Dominikus durch die
Gestapo Koblenz verhört; nähere Umstände
sind nicht bekannt.

GEISEN, ALOIS
1902 07 27
Elkenroth
Pfarrvikar
1937 Unterrichtsverbot durch den Regierungspräsidenten, weil er die „Deutsche Jugend-
kraft" weiterführte.

GELLWEILER, CHRISTOPH
1911 08 27
Saarbrücken (St. Josef)
Kaplan
1941 wegen Auseinandersetzungen mit dem BDM ein
Verhör durch die Gestapo.

GERHARDS, PETER
1886 04 18
Köwerich
Pfarrer
Am 2.3.1937 wegen „Katechismuswahrheiten"
Verwarnung und Androhung des Unterrichtsver-
botes durch den Regierungspräsidenten.

GERHARDUS, FERDINAND
1891 09 19
Irlich
Pfarrer
Zwei Strafverfahren wegen Jugendarbeit und Vergehens gegen das Flaggengesetz wurden durch die Staatsanwaltschaft eingestellt.
Ein Verhör durch die Gestapo.
Im Zusammenhang mit der Verbreitung des Möldersbriefes Auferlegung eines Sicherungsgeldes in Höhe von 1000 RM durch die Gestapo.

GERHARTZ, JOHANN WILHELM
1884 06 24
Sotzweiler
Pfarrer
Wegen einer Äußerung zur Schulabstimmung eine Vorladung durch die Gestapo. Aufgrund einer wohlmeinenden Zeugenaussage wurde die Anzeige niedergeschlagen.

GERLACH, WILHELM
1903 04 29
Völklingen
Kaplan
Aufgrund der Beleidigung einer NS-Lehrerin Unterrichtsverbot vom 24.7.1935 bis Januar 1936 sowie ab dem 11.11.1936; die Maßnahmen wurden durch den Reichskommissar Saarland verhängt.

GESSNER, JAKOB
1884 08 01
Altscheid
Pfarrer
Dr. phil.
Wegen Herabsetzung des Winterhilfswerkes und der Partei am 28.9.1933 Festnahme durch einen Unterführer der NSDAP und Schutzhaft bis zum 8.10.1933.
Verstorben am 4.4.1952.

GESSWEIN, VALENTIN
1908 02 26
Saarbrücken (St. Josef) / Masburg
Kaplan / Pfarrer
1936/1937 Unterrichtsverbot durch den Reichskommissar Saarland.
Verhängung eines Sicherungsgeldes in Höhe von 2000 RM durch die Gestapo, weil der Pfarrer angeblich durch seine Predigten die Bevölkerung verunsichert hatte.
Am 22.9.1943 in einer Gerichtsverhandlung von der Anklage dreier Verstöße gegen das Sammlungsgesetz freigesprochen. Anschließend Berufungen und Revisionen bis zum Reichsgericht; die Kriegsereignisse ließen die Sache jedoch nicht zum Abschluß kommen. Im gleichen Zusammenhang am 21.3.1944 eine Verwarnung durch die Gestapo Koblenz.

GILEN, JAKOB
1903 01 24
Mayen / Ormont
Kaplan / Pfarrer
Aufgrund Vergehens gegen den Kanzelparagraphen und Beleidigung Rosenbergs im Januar 1935 ein Verhör durch die Gestapo. Aus vorgenannten Gründen am 29.1.1935 verhaftet und bis zum 1.7.1935 in Untersuchungshaft gehalten. Vom Landgericht Koblenz am 13.5.1935 zu fünf Monaten Gefängnis verurteilt, wobei die Untersuchungshaft angerechnet wurde.
Vom 1.4.1939 bis 1945 Gehaltssperre.

GILLES, ANTON JOSEF
1883 09 22
Saarlautern
Pfarrer
Zwei Verwarnungen wegen Wallfahrten ohne vorherige Anmeldung.
Ein Verfahren aufgrund Vergehens gegen das Flaggengesetz wurde eingestellt.

GLESIUS, JULIUS
1894 06 23
Wallersheim
Pfarrer
Aufgrund einer Bemerkung über die Entfremdung der Kinder vom Glauben am 17.6.1937 und am 3.7.1937 Verhöre durch die Gestapo sowie am 8.7.1937 Unterrichtsverbot durch den Regierungspräsidenten.

GNIDA, P. EMIL
SCJ
o.D.
Maria Martental (Kloster)
Pater Gnida wurde am 17.4.1941 aus dem Regierungsbezirk Koblenz ausgewiesen.

GOERGEN, JOSEF
1904 01 14
Bernkastel
Kaplan
Dr. theol.
Am 10.8.1935 wegen Vergehens gegen das Heimtückegesetz durch die Gestapo verhaftet und bis zum 15.8.1935 in Schutzhaft gehalten. Ein Strafverfahren in dieser Angelegenheit wurde am 22.2.1936 eingestellt.

GOERTLER, OTTO (BR. EPIPHAN)
OFM
1894
Waldbreitbach
Generalökonom
Im Mai 1935 wurde er von einem Berliner

Schöffengericht wegen Devisenschmuggels in
sechs Fällen zu 10 Jahren Zuchthaus, fünf
Jahren Ehrverlust und 600.000 RM Geldstrafe
verurteilt. Außerdem wurden IG-Farben-Aktien
im Wert von 400.000 RM eingezogen.
1940 vorzeitig aus der Haft entlassen.
Lit.: 1.Rapp, 72, 375, 382, 391.
2.Hoffmann-Janssen: 181f, 276.

GOERTZ, ANTON
1887 03 01
Illerich
Pfarrer
Zwei Tage Schutzhaft durch die Gestapo Koblenz,
Grund und Datum sind unbekannt.

GRAEF, PHILIPP
1881 11 03
Pünderich
Pfarrer
Zwei Verfahren wegen Vergehens gegen den Kan-
zelparagraphen und wegen Beleidigung (Par.186
STGB) wurden 1938 durch die Staatsanwaltschaft
eingestellt.

GREBE, BR. URBAN
SCJ
o.D.
Maria Martental (Kloster)
Bruder Urban wurde am 17.4.1941 aus dem Regie-
rungsbezirk Koblenz ausgewiesen.

GREFF, WILHELM
1872 05 14
Hermeskeil
Pfarrer
Da der Pfarrer in einer Predigt das Verhält-
nis Deutschlands zu Polen mit dem Goliaths zu
David verglichen hatte, wurde er im September
1939 vom Ortsbürgermeister in dieser Angele-
genheit verhört und mit einem kurzfristigen
Predigtverbot belegt.
Vom 24.4.1940 an Gehaltssperre.

GREIF, JOHANN
1893 08 26
Deudesfeld
Pfarrer
Am 3.3.1937 wegen „Katechismuswahrheiten"
Verwarnung durch den Regierungspräsidenten.
Aufgrund einer Anzeige von Seiten der SA be-
züglich des Hitlergrußes Verhör vor Land-
rat und Gestapo.

GREVENSTETTE, BR. SIEGFRIED
SCJ
o.D.
Maria Martental (Kloster)
Bruder Siegfried wurde am 17.4.1941 aus dem
Regierungsbezirk Koblenz ausgewiesen.

GREWELING, NIKOLAUS
1883 04 06
Plaidt
Pfarrer
Aufgrund von Predigtbemerkungen (z.B. „Wir
wählen weder das heidnische Hakenkreuz noch
den Sowjetstern Moskaus") ein Ermittlungsverfahren,
jedoch keine Klageerhebung durch die Staatsanwaltschaft Koblenz.
Aus oben genannten Gründen am 26.10.1934
Unterrichtsverbot durch den Regierungspräsidenten.

GRIEFING, BR. CASIMIR
SCJ
o.D.
Maria Martental (Kloster)
Bruder Casimir wurde am 17.4.1941 aus dem Re-
gierungsbezirk Koblenz ausgewiesen.

GRIES, ANTON LEO
1900 07 10
Saarburg / Oberheimbach
Expositus / Pfarrer
Wegen Verweigerung des Deutschen Grußes 1935
eine Verwarnung durch die Gestapo sowie sechs
Monate Unterrichtsverbot durch den Regierungs-
präsidenten.
Am 26.8.1936 ein Verhör durch die Gestapo,
da anläßlich einer Beerdigung die Kolping-
fahne öffentlich getragen worden war.
Verstorben am 7.5.1956.

GROSS, GREGOR VALENTIN
1905 09 01
Lebach
Kaplan
Zwei Verfahren wegen Vergehens gegen das Heim-
tückegesetz in den Jahren 1936 und 1937. Beide
Verfahren wurden durch die Staatsanwaltschaft
eingestellt. Aufgrund dieser Angelegenheiten
am 19.4.1937 Unterrichtsverbot durch den
Reichskommissar Saarland.
Des weiteren mehrere Verhöre durch die Gestapo
Saarbrücken und Saarlouis.

GROSS, HEINRICH
1908 04 02
Neustadt
Kaplan
Im April 1939 Unterrichtsverbot durch den
Reichskommissar Saarland, der damit eine beab-
sichtigte Versetzung des Pfarrers nach
Völklingen zunichte machte.

GROSS, JOHANN
1911 08 04
Cochem
Kaplan
Am 21.4.1937 wegen Seelsorgbriefen ein Verhör durch die Gestapo.
Am 1.7.1939 Unterrichtsverbot durch den Regierungspräsidenten.

GRUENFELDER, BR. PIRMIN
SCJ
o.D.
Maria Martental (Kloster)
Bruder Pirmin wurde am 17.4.1941 aus dem Regierungsbezirk Koblenz ausgewiesen.

GULDNER, JOSEF
1898 05 08
Ernzen
Pfarrer
Aufgrund der Bemerkung, die Reichsregierung habe den Krieg vom Zaun gebrochen, am 20.9. 1939 Verhaftung durch die Gestapo und Schutzsowie Untersuchungshaft bis zur Hauptverhandlung. Am 5.2.1940 vom Sondergericht Köln freigesprochen; nach zwei Tagen aus der Schutzhaft entlassen.
Vom 1.4.1940 bis 1945 Gehaltssperre.

HAIK, ERNST
1908 07 18
Kelberg
Kaplan
Im August 1934 wegen einer Predigt über „Kreuz und Hakenkreuz" durch die Gestapo verhört, einen Tag in Schutzhaft gehalten sowie mit drei Wochen Ortsarrest in Kelberg belegt.

HAINTGES, P. FRIEDRICH
SSCC
o.D.
Rheinböllen
Kaplan
Kaplan Haintges wurde 1944 durch die Gestapo verhört, weil er einem Soldaten eine Predigt Bischof Galens geschickt hatte.

HAMMES, ANTON
1878 10 27
Adenau
Pfarrer, Dechant
Da der Pfarrer am 5.6.1940 (Beendigung des Frankreich-Feldzuges) nicht geläutet hatte, wurde er am 17.6.1940 von der Gestapo verhört und verwarnt. Der Maßnahme vorausgegangen war eine Anzeige des Adenauer Dorfpolizisten bei der Gestapo.

HAMMES, HEINRICH ANDREAS
1871 03 05
Burgbrohl
Pfarrer, Dechant
Am 2.8.1934 aufgrund Nichtläutens am Sterbetag Hindenburgs durch die Gestapo verhaftet, mehrmals verhört und bis zum 5.8.1934 in Schutzhaft behalten.

HANSEN, FRANZ
1902 09 01
Burgbrohl
Kaplan
Am 2.8.1934 wegen Nichtläutens am Sterbetag Hindenburgs durch die Gestapo verhaftet, mehrmals verhört und bis zum 5.8.1934 in Schutzhaft gehalten.
Bei einer Haussuchung 1937 Beschlagnahme persönlichen Eigentums im Wert von 1000 RM. Auch diese Maßnahme wurde von der Gestapo durchgeführt.

HARIG, RICHARD
1883 02 01
Senheim
Pfarrer
Ab 1937 wegen eines Vergehens gegen das Heimtückegesetz mehrere Verhöre und strenge Überwachung durch das Sondergericht Köln.

HARTZ, P. THEODOR
SDB
1887 01 02
Essen-Borbeck / Trier
Direktor des St. Johannesstiftes
1940 Verhör und amtliche Verwarnung durch Gestapo. 1941 erfolgte Post- und Telefonüberwachung von seiten der Gestapo. Am 5.8.1941 Haussuchung und Beschlagnahme von Briefen und Geld durch die Gestapo. Anläßlich der Enteignung des St. Johannesstifts seines Postens als Direktor enthoben. 1941 wurde von der Gestapo ein Aufenthaltsverbot verhängt. Im Frühjahr 1942 Verhör, Haussuchung sowie Post- und Telefonüberwachung durch die Gestapo. Kurz darauf von der Polizei in Haft genommen. Anschließend Einweisung ins KZ Dachau. Dort am 22.8.1942, vermutlich infolge einer Krankheit, verstorben.
Lit.: 1.Weiler, 286. 2.Kempner, 52-55.

HASER, HEINRICH MICHAEL
1884 12 09
Schönbruch
Pfarrer
Wegen Verstoßes gegen das Sammlungsgesetz zwei Verhöre sowie am 4.3.1938 Auferlegung einer Geldstrafe in Höhe von 50 RM durch die Gestapo.

HAU, P. JOHANNES
OSB
1899 03 18
Trier
Pater Hau wurde am 6.5.1941 mit dem gesamten
Konvent Trier-St.Matthias ausgewiesen.

HAU, PAUL
1885 01 04
Kaltenengers
Pfarrer
Am 19.9.1935 wegen Vergehens gegen das Flag-
gengesetz eine Verwarnung durch die Gestapo.
Des weiteren 1000 RM Geldstrafe und acht Tage
Schutzhaft. Beide Maßnahmen wurden von der
Gestapo verhängt, Grund und Datum sind jedoch
nicht bekannt.
Verstorben am 24.9.1955.

HAU, PETER
1906 09 28
Bendorf / Merzig (St. Peter)
Kaplan
Da der Kaplan sich angeblich einer Werbung für
die HJ entgegengestellt hatte, erhielt er am
13.8.1934 durch den Regierungspräsidenten
Unterrichtsverbot für den Regierungsbezirk
Koblenz.
Eine Anklage wegen Auftretens der Sturmschar
in Bundestracht anläßlich einer Beerdigung
reichte nicht zur Eröffnung eines Hauptverfahrens aus.
Über den Ausgang einer weiteren Anklage aufgrund einer Ohrfeige, die er einem HJ-Angehörigen gegeben hatte, ist nichts bekannt.

HAUSMANN, FRANZ
1906 01 11
Friedrichsthal
Kaplan
Wegen einer Prozession, die als Protestaktion
gegen die Verhaftung seines Prinzipals gedeu-
tet wurde, am 1.11.1937 kurzfristige Festnahme und Verhör des Pfarrers durch die Gestapo
sowie am 10.11.1937 eine Haussuchung.
Aufgrund der Anzeige eines HJ-Führers am
7.2.1938 eine Sondergerichtsanklage wegen Führens eines konfessionellen Jugendvereines.
Dieses Verfahren wurde am 14.5.38 eingestellt.
1941 ein Verhör durch die Gestapo.

HAUTH, WALTER
1908 08 13
Cochem
Kaplan
Im Zusammenhang mit dem Möldersbrief vom 5.
2. bis 7.2.1942 Schutzhaft durch die Gestapo.

HAW, P. JOHANNES MARIA
MSJ
1871 05 26
Leutesdorf (Haus Christkönig)
Direktor des Johannesbundes
1933 durch die Gestapo kurzfristig festgenommen und mehrmals verhört, wahrscheinlich
wegen der Schriften des Johannesbundes, dessen
Gründer und Direktor P. Johannes war (1935 Generalpräses).

HECK, JOHANN LEONHARD
1887 06 17
Ittel
Pfarrer
Von Juli 1934 bis März 1935 Rede- und Unterrichtsverbot, nähere Umstände sind nicht bekannt.

HECKEN, JOHANN
1877 03 13
Saarbrücken (St. Jakob)
Pfarrer
Am 21.6.1940 wegen Verschickung von Rundbriefen an seine evakuierten Pfarrkinder ein
Verhör durch die Gestapo. Die Rundbriefe
wurden verboten, weil sie geeignet seien, eine
defätistische Haltung zu erzeugen.

HEIBGES, MATTHIAS
1874 11 15
St. Wendel
Pfarrer, Dechant
Aufgrund der Verbreitung einer Predigt des
Dompfarrers Kraus von Eichstätt vom 28.8.1937
bis zum 17.9.1937 Schutzhaft durch die Gestapo.
Ein daraufhin eingeleitetes Verfahren wegen
Vergehens gegen das Heimtückegesetz wurde am
15.7.1938 eingestellt.

HEIDER, P. WILHELM
SCJ
1896 01 31
Maria Martental (Kloster)
500 RM Geldstrafe wegen Vergehens gegen das
Sammlungsgesetz.
Am 10.1.1941 ein Verhör und zwei Tage Haft
in Koblenz.
Am 17.4.1941 Ausweisung aus dem Regierungsbe-
zirk Koblenz.

HEIDRICH, ARNOLD
1909 01 16
Arenberg
Kaplan
Aufgrund von Jugendarbeit ein Strafverfahren
durch die Oberstaatsanwaltschaft Koblenz.
Nähere Angaben fehlen.

HEILEMANN, BR. GREGOR
SCJ
o.D.
Maria Martental (Kloster)
Bruder Gregor wurde am 17.4.1941 aus dem Regierungsbezirk Koblenz ausgewiesen.

HEIN, JOHANN
1879 11 28
Trier
Domkapitular, Regens des Priesterseminars
Prof.
Im Januar 1942 aufgrund religiöser Rundschreiben an seine im Felde stehenden Theologen eine Verwarnung durch die Gestapo. Ebenfalls 1942 ein Verhör vor der Gestapo Trier im Zusammenhang mit den Vorgängen um die „Programmpunkte der nationalen Reichskirche Deutschlands".

HEINTZ, ALBERT PETER
1908 03 12
Sinzig
Kaplan
Aufgrund der Weitergabe einer Schmähschrift gegen katholische Geistliche mit der Bemerkung, diese sei von HJ-Angehörigen vor dem Speyerer Dom verbreitet worden, vom 23.6.1934 bis zum 27.6.1934 Schutzhaft und mehrere Verhöre durch die Gestapo.

HEINZ, FELIX
1908 07 22
Horhausen / Koblenz-Ehrenbreitstein
Kaplan
Drei Haussuchungen, eine Verwarnung und ca. 15 Verhöre durch die Gestapo.

HEINZEN, ALOIS
1905 11 16
Saarlouis
Kaplan
1936 oder 1937 eine Haussuchung sowie ein Verhör durch die Gestapo.

HELBACH, PETER
1885 07 10
Hönningen am Rhein
Pfarrer
Wegen Kanzelerklärungen und Vergehens gegen das Pressegesetz Geldstrafen in Höhe von 500 RM, 20 RM und 150 RM sowie im Jahre 1937 Unterrichtsverbot; alle Maßnahmen wurden durch die Gestapo verhängt.
Des weiteren acht Anzeigen, die zumeist unter Amnestie fielen, nähere Umstände sind nicht bekannt.
Verstorben am 29.12.1958.

HELBRON, PETER AUGUST
1870 09 17
Bernkastel-Kues / Pölich
Rektor des Cusanus-Hospitals / Pfarrvikar
Prof.
Infolge der Beschwerde eines Sonderbeauftragten der Obersten SA-Führung über das politische Verhalten des Pfarrers Amtsenthebung als Rektor des Cusanus-Hospitals.
Am 4.6.1934 Pfarrvikar in Pölich, am 1.10.1935 emeritiert (Hilbringen).

HELD, FRIEDRICH NIKOLAUS MARIA
1899 03 24
Rheinböllen
Kaplan
Ein Verhör durch die Gestapo, weil der Pfarrer Plakate der NSDAP abgerissen hatte.

HELL, FRANZ
1886 04 02
Spiesen
Pfarrer
Am 12.6.1937 wegen Äußerungen über Sittlichkeitsprozesse Unterrichtsverbot durch den Reichskommissar Saarland.
Nach Verhör und Anzeige wegen Überschreitens des Züchtigungsrechtes am 12.7.1937 vom Landgericht Saarbrücken zu einer Geldstrafe in Höhe von 300 RM verurteilt.

HELLBRUECK, ALOIS
1906 12 12
Trier (St. Paulin)
Kaplan
Mehrere Anzeigen, deren nähere Umstände jedoch nicht bekannt sind.

HELMERT, FELIX
1899 05 07
Glaadt
Pfarrer
Nach Verhör Einleitung eines Verfahrens. Am 8.11.1935 durch das Schöffengericht Trier Geldstrafe in Höhe von 75 RM wegen Vergehens gegen das Sammlungsgesetz (Sammlung zugunsten der alljährlichen Wallfahrt der St. Matthias-Bruderschaft).

HELMS, MAX BERNHARD
1883 08 09
Großlittgen
Pfarrer
Am 14. oder 15.5.1935 verhaftet und ab 16.5.1935 bis zum Prozeß am 13.9.1935 in U-Haft; durch das Landgericht wegen Kanzelmißbrauchs zu vier Monaten Gefängnis unter Anrechnung der Untersuchungshaft verurteilt. Durch die Gestapo Unterrichtsverbot vom 31.7.1935 bis zum 23.12.1935.
Verstorben am 9.9.1938.

HENN, KARL
1880 04 07
Wiltingen
Pfarrer
Am 2.3.1937 wegen „Katechismuswahrheiten"
Verwarnung sowie Androhung des Unterrichtsver-
botes durch den Regierungspräsidenten.
Am 27.10.1937 zur Herausgabe einer gewissen
Menge von Most verurteilt, wahrscheinlich
wegen eines Vergehens gegen das Sammlungsge-
setz, nähere Einzelheiten sind jedoch nicht
bekannt.

HENNEN, BERNARD
1881 04 18
Trier
Ökonom des Priesterseminars
Am 28.9.1938 durch die Gestapo kurzfristig
festgenommen und verhört; Grund für die
Maßnahme waren Bemerkungen des Pfarrers gegen-
über einigen Arbeitern bezüglich eines be-
vorstehenden Krieges.
Verstorben am 2.6.1956.

HERMANN, JOHANNES
1881 12 07
Eisenschmitt
Pfarrer
Am 2.3.1937 wegen „Katechismuswahrheiten"
eine Verwarnung sowie Androhung des Unterrichtsverbotes durch den Regierungspräsidenten.

HERRMANN, ALOIS
1905 06 04
Horchheim
Kaplan
Am 26.8.1935 wegen kritischer Äußerungen
über das Winterhilfswerk Unterrichtsverbot
durch den Regierungspräsidenten.

HESELS, MATTHIAS
1904 12 15
Kleinblittersdorf
Kaplan
Am 13.8.1937 wegen Nichtanwendens des „Deut-
schen Grußes" ein Verhör durch die Gestapo.
Verstorben am 9.9.1957.

HESS, JOHANN
1875 11 04
Engers
Pfarrer, Dechant
Mehrere Verhöre durch die Gestapo sowie am
12.6.1936 durch das Sondergericht Köln Freispruch von der Anklage eines Vergehens gegen
das Heimtückegesetz. Die Maßnahmen wurden
durchgeführt, weil Pfarrer Heß sich gegen die
Verleumdung katholischer Priester gewandt hatte.

HESSEL, WILHELM
1910 11 14
Bad Kreuznach
Kaplan
Dr. phil.
Da Kaplan Hessel anläßlich eines Aufmarsches
der SA in Bad Kreuznach am 21.8.1936 die SA-
Fahnen nicht gegrüßt hatte, wurde ein Ver-
fahren gegen ihn eingeleitet.
Dieses wurde am 26.9.1936 vom Oberstaatsan-
walt eingestellt.

HIERMES, JOSEF
1909 05 04
Oberthal
Kaplan
Aufgrund eines Vergehens gegen den Kanzelpara-
graphen ein Verfahren der Staatsanwaltschaft
Saarbrücken. Nähere Angaben fehlen.

HIERY, MATTHIAS
1890 01 07
Stromberg
Pfarrer
Pfarrer Hiery wurde am 7.8.1939 wegen einer
Fronleichnamsprozession durch die Gestapo ver-
warnt.

HINTZEN, JOHANNES
1910 01 09
Kordel
Pfarrer
Ab 1940 Unterrichtsverbot, nähere Umstände
sind nicht bekannt.

HIRTZ, OTTO
1895 01 15
Moselweiß
Caritasrektor
Dr. phil. et theol.
Wegen Tätigkeit im Caritasverband ein Straf-
verfahren durch die Oberstaatsanwaltschaft
Koblenz; nähere Umstände sind nicht bekannt.

HOEFFLING, NIKOLAUS
1870 02 05
Ernst
Pfarrer
Mehrere Verhöre und Einleitung eines Verfahrens durch das Amtsgericht Cochem. Die Gründe
für die gegen den Pfarrer ergriffenen Maßnahmen waren Predigtäußerungen, Verstoß gegen
das Flaggengesetz und Unterlassen des Trauergeläutes für Hindenburg sowie Gebete für den
Frieden.
Im Juni 1936 wurde das Verfahren eingestellt.

HOEFFLING, NIKOLAUS
1899 04 17
Forst
Kaplan
1940 durch die Gestapo Verbot der Abhaltung religiöser Vorträge in kleinen Kreisen.

HOEFLER, FERDINAND
1893 10 15
Schnorbach / Helfant
Pfarrer
Die Staatsanwaltschaft leitete ein Verfahren wegen Mißhandlung eines Schülers sowie ein Verfahren aufgrund Verstoßes gegen die Verordnung über den Himmelfahrtstag gegen den Pfarrer ein. Über den Ausgang der Anklageerhebungen ist nichts bekannt.
Verstorben am 6.8.1955.

HOELTZENBEIN, JOHANN WILHELM JULIUS
1875 12 06
St. Goar / Niederfell
Pfarrer, Dechant
Vom 28.8.1935 bis zum 22.2.1936 wegen angeblicher Verweigerung des „Deutschen Grußes" Unterrichtsverbot durch den Regierungspräsidenten.
Verstorben am 23.9.1955.

HOETZEL, BR. HILARIUS
OSB
o.D.
Trier
Bruder Hilarius wurde am 6.5.1941 zusammen mit dem Konvent Trier-St.Matthias ausgewiesen.

HOFFMANN, ANTON JOSEF
1883 03 27
Brebach
Pfarrer
Aufgrund Vergehens gegen das Reichsflaggengesetz ein Verfahren; nähere Angaben fehlen.

HOFFMANN, FERDINAND (BR. RUDOLF)
CFMMA
o.D.
Trier
Bruder Rudolf wurde verhaftet und wegen angeblicher Devisenvergehen angeklagt; nähere Umstände sind nicht bekannt.

HOFFMANN, JOHANN (BR. KALIXTUS)
OFM
1891 10 28
Bruder Kalixtus wurde in Untersuchungshaft genommen; nähere Umstände sind nicht bekannt.

HOFFMANN, JOHANN PHILIPP
1876 12 26
Kanzem
Pfarrer
Aufgrund Vergehens gegen den Kanzelparagraphen und Eintretens für die Bekenntnisschule mehrere Verhöre, eine Hausdurchsuchung, verschiedene Anzeigen, kurzfristige Festnahme vom 5.12.1938 bis zum 7.12.1938 sowie Gehaltssperre vom 1.4.1940 bis zum 31.7.1941. Sämtliche Maßnahmen wurden durch die Gestapo veranlaßt.

HOFFMANN, RUDOLF
1883 05 24
Lind
Pfarrer
1936 ein Strafverfahren wegen Vergehens gegen das Reichsflaggengesetz.

HOFMANN, LINUS
1911 11 05
Sinzig
Kaplan
Ab dem 31.5.1937 wegen Betätigung in konfessionellen Vereinen Unterrichtsverbot durch den Regierungspräsidenten.

HOHN, WILHELM
1871 01 14
Wien
Pfarrer
Dr. phil.
1938 unter dem Verdacht, Auswanderer unter Vorspiegelung falscher Tatsachen nach Südamerika zu vermitteln, festgenommen und sieben Monate in Haft gehalten.

HOLTKAMP, JOHANN BERNHARD MARIA
1873 07 04
Briedel
Pfarrer
Am 15.11.1935 eine Verwarnung durch den Regierungspräsidenten in Koblenz.

HOLZER, FRIEDRICH
1894 03 18
Reinsfeld
Pfarrer
1936 Unterrichtsverbot durch den Regierungspräsidenten.

HOMSCHEID, ALBERT
1875 04 11
Koblenz
Pfarrer, Dechant, Ehrendomherr
Ende 1934 eine Strafsache wegen Gewerbevergehens. Nähere Umstände sind nicht bekannt.
Verstorben am 19.2.1955.

IBALD, ANTON NIKOLAUS
1881 01 17
Sayn
Pfarrer
Da der Pfarrer in einer Predigt dazu aufgefordert hatte, die Zentrumspartei zu wählen, wurde er am 19.7.1933 aufgrund einer Strafkammeranklage zu 500 RM Geldstrafe verurteilt.
Am 29.8.1935 Unterrichtsverbot durch den Regierungspräsidenten.
Des weiteren verschiedene Verhöre durch die Gestapo und eine Anklage wegen Vergehens gegen das Heimtückegesetz durch das Sondergericht Köln.

IRSCH, JOHANN NIKOLAUS
1872 11 30
Trier
Domkapitular, Leiter des Bischöflichen Museums
Prof. Dr. phil., Monsignore
1937 ein Verhör durch die Gestapo, weil Professor Irsch angeblich Plastiken von Prälat Kaas im Bistumsmuseum aufgehoben und zur Weitergabe nach Rom freigegeben hatte.
Verstorben am 15.10.1956.

ISERMANN, PETER
1881 02 02
Oberbreisig
Pfarrer
Vom 25.6. bis zum 27.6.1934 in Haft gehalten sowie mehrere Verhöre durch die Gestapo wegen Weitergabe einer Schmähschrift, zu der Pfarrer Isermann bemerkte, daß sie von HJ-Angehörigen vor dem Speyerer Dom verteilt worden sei.
Verstorben am 4.12.1952.

ISRAEL, PETER
1911 10 10
Besseringen
Kaplan
Am 9.4.1938 Unterrichtsverbot durch den Reichskommissar Saarland.

JACOBS, MATTHIAS
1881 01 11
Morbach
Pfarrer
Ein Verfahren wegen Vergehens gegen den Kanzelparagraphen wurde 1937 durch die Staatsanwaltschaft eingestellt.

JACOBY, PETER JOSEF
1881 02 21
Niederemmel
Pfarrer
Am 27.2.1937 wegen der „Katechismuswahrheiten" Verwarnung sowie Androhung des Unterrichtsverbotes durch den Regierungspräsidenten.

JAECKEL, JOSEF
1863 09 08
Ediger
Pfarrer
Am 2.4.1936 eine Anklage wegen Verstoßes gegen das Heimtückegesetz; dieses Verfahren wurde am 28.7.1936 durch das Sondergericht Köln eingestellt.
Verstorben am 17.10.1938.

JAEGER, FRANZ
1914 03 08
Boppard
Kaplan
Die Gestapo Trier verweigerte Jäger die Ausstellung eines Reisepasses. Nähere Umstände sind nicht bekannt.

JAEGER, MICHAEL
1879 02 15
Bietzen
Pfarrer
Wegen einer beanstandeten Predigt am 4.1.1938 Unterrichtsverbot. Des weiteren mehrere Verhöre und eine Hausdurchsuchung. Alle Maßnahmen wurden durch die Gestapo ausgeführt. Ein Verfahren wegen Vergehens gegen das Heimtückegesetz stellte die Staatsanwaltschaft am 14.5.1938 ein.

JAKOBY, MATTHIAS
1900 02 25
Saarbrücken (Ursulinen)
Geistl. Religionslehrer, Rektor
1938 von der Stadt Saarbrücken nicht als Religionslehrer weiterbeschäftigt.

JANSSEN, P. ERICH
SCJ
o.D.
Der Geistliche wurde am 17.4.1941 aus dem Regierungsbezirk Koblenz ausgewiesen.

JERRENTRUPP, EMIL ANTON
1878 01 17
Oberkail
Pfarrer, Dechant
Am 27.2.1937 wegen „Katechismuswahrheiten" Verwarnung sowie Androhung des Unterrichtsverbotes durch den Regierungspräsidenten.

JOST, JOHANN
1883 08 21
Reimsbach
Pfarrer
Am 2.2.1938 Unterrichtsverbot durch den Re-

gierungspräsidenten.
Wegen Vergehens gegen Heimtückegesetz und
Sammlungsgesetz sowie wegen angeblicher Verun-
treuung mehrere Verhöre und Strafanzeigen
durch die Gestapo.
Des weiteren eine Geldstrafe in Höhe von 50 RM.

JUNG, JOHANN
1900 04 19
Winterspelt
Pfarrer
Am 27.2.1937 wegen „Katechismuswahrheiten"
Verwarnung und Androhung des Unterrichtsverbo-
tes durch den Regierungspräsidenten.
Verstorben am 27.12.1958.

JUNGBLUTH, JOSEF
1892 03 19
Nalbach
Pfarrer
Am 10.8.1935 wegen angeblicher Verweigerung
des „Deutschen Grußes" im Religionsunterricht
ein Verhör durch die Gestapo.

JUNGES, JOHANN PETER
1890 12 04
Longkamp
Pfarrer
Am 27.2.1937 wegen „Katechismuswahrheiten"
Verwarnung und Androhung des Unterrichtsver-
botes durch den Regierungspräsidenten.

JUNGLAS, JOSEF
1886 10 10
Neuwied
Geistl. Studienrat
Zwei Verfahren wegen Vergehens gegen das Heim-
tückegesetz wurden eingestellt.
Im Jahre 1940 teilweise Gehaltssperre.
Verstorben am 27.4.1957.

JUNK, MATTHIAS
1874 07 30
Boppard
Geistl. Studienrat
Prof.
Am 14.12.1938 Unterrichtsverbot durch den Re-
gierungspräsidenten, weil Junk in der Schule
für Exerzitien geworben hatte.

JURIS, OTTO
1894 11 11
Lünebach
Pfarrer
Am 15.7.1937 wegen Leitung des Jungmänner-
verbandes Unterrichtsverbot durch den Regie-
rungspräsidenten. Bei der anschließenden
Auflösung des Jungmännervereins beschlag-
nahmte die Gestapo Privateigentum Pfarrer
Juris' im Wert von 1100 RM.

KAMMER, KARL
1881 04 26
Trier (Dom)
Pfarrer, Domkapitular
Wegen „staatsfeindlicher" Haltung des Pfarrers
erzwang die Gestapo seine Absetzung als Vorsitzender des Exerzitienbundes am 12.7.1940.
Wegen angeblicher Devisenvergehen Untersuchungshaft; nähere Umstände sind nicht bekannt.
Ein Verfahren wegen Beleidigung Baldur von
Schirachs wurde durch die Oberstaatsanwaltschaft Trier eingestellt. Wegen dieser Belei-
digungssache sowie wegen Äußerungen im Zusammenhang mit den „30 Programmpunkten der nationalen Reichskirche Deutschlands" mehrere Verhöre durch die Gestapo.

KANDELS, JOHANN
1873 11 11
Rommersheim
Pfarrer
Am 27.2.1937 wegen der „Katechismuswahrheiten"
Verwarnung sowie Androhung des Unterrichtsver-
botes durch den Regierungspräsidenten.

KARP, ALFRED
1905 09 13
Windesheim
Pfarrer
Wegen der Taufe eines Kindes einer Ostarbeiterin Eintreibung einer Geldstrafe in Höhe
von 50 RM durch die Gestapo (1940 oder 1941).

KARST, PAUL
1907 08 22
Saarburg
Kaplan
1935 wegen Verweigerung des „Deutschen Grußes"
Verwarnung sowie zwei Monate Unterrichtsverbot
durch den Regierungspräsidenten.

KASTER, JOHANNES
1881 01 01
St. Goar
Pfarrer, Dechant
Dr. theol. et phil.
Wegen einer Predigt gegen die Gemeinschafts-
schule Verwarnung durch die Gestapo.
Ein Verfahren wegen Vergehens gegen das Heim-
tückegesetz wurde durch die Oberstaatsanwalt-
schaft Köln eingestellt. Ein Verfahren wegen
Vergehens gegen das Flaggengesetz stellte die
Oberstaatsanwaltschaft Koblenz ein. Des wei-
teren durch die Gestapo Postüberwachung sowie
Verbot des Vertriebes religiöser Jugendzeit-
schriften.
Verstorben am 20.2.1953.

KATGELI, JOHANN
1902 03 01
Hunolstein
Pfarrer
Wegen Jugendarbeit und Sabotage gegen den
Vierjahresplan - er hatte einen Bauern auf die
Befolgung der Sonntagsruhe aufmerksam gemacht -
mehrere Verhöre und eine Anzeige durch die
Gestapo.
1937 Unterrichtsverbot durch den Regierungs-
präsidenten.

KAUFMANN, ALOIS
1902 01 02
Bleiderdingen
Pfarrer
1939 eine Verwarnung durch die Gestapo, weil
Pfarrer Kaufmann die Maivorfeier sabotiert
hatte.
Des weiteren ein Ermittlungsverfahren wegen
staatsabträglicher Äußerungen.

KEES, JOHANNES MARKUS
1900 04 25
Isenburg
Pfarrer
Wegen einer Predigt Verwarnung durch die Ge-
stapo.
Ein Strafverfahren wegen Vergehens gegen das
Flaggengesetz wurde eingeleitet; nähere Um-
stände sind nicht bekannt.
Verstorben am 7.4.1959.

KELLER, WILHELM
1882 05 06
Gillenfeld / Kripp
Pfarrer
Dr. phil.
Insgesamt etwa 30 Verhöre durch die Gestapo
wegen Predigten, angeblicher Beleidigung von
örtlichen Parteifunktionären, Verweigerung des
Hitlergrußes sowie wegen Vergehens gegen das
Sammlungsgesetz. Außerdem mehrere Anzeigen und
drei Gerichtsverhandlungen, die alle mit Frei-
spruch endeten.
Am 18.2.1937 Unterrichtsverbot durch das Amts-
gericht, weil der Pfarrer einen konfessio-
nellen Verband leitete.
Eine Geldstrafe in Höhe von 500 RM durch das
Oberlandesgericht Köln.

KENN, MATTHIAS MARTIN
1884 11 07
Friedrichsthal
Pfarrer
Wegen Vergehens gegen das Heimtückegesetz vom
18.8.1937 bis 23.12.1937 Untersuchungshaft. Ein

diesbezügliches Verfahren wurde durch die
Oberstaatsanwaltschaft Saarbrücken eingestellt.
1938 aufgrund der Bemerkung Pfarrer Kenns, daß
99 % des Zeitungsinhalts erlogen seien, mehrere Verhöre durch die Gestapo sowie eine
Sondergerichtsanklage. Dieses Verfahren wurde
eingestellt.
Verstorben am 22.3.1955.

KENTENICH, P. JOSEPH
SAC
1885 11 18
Schönstatt
Am 20.9.1941 wurde Pater Kentenich als Gründer der „Schönstattbewegung" durch die Gestapo
Koblenz verhaftet, mehrmals verhört und am
13.3.1942 ins KZ Dachau eingeliefert. Dort
wurde er am 6.4.1945 entlassen.
Lit.: 1.Weiler, 342. 2.Münch, 137ff. 3.Joos,
J.: Leben auf Widerruf. Begegnungen und Beobach-
tungen im KZ Dachau 1941-1945. Trier 1949. 132-
136. 4.Monnerjahn,E.: Häftling Nr.29392. Der
Gründer des Schönstattwerkes als Gefangener
der Gestapo 1941-1945. Vallendar 1973.

KERSCHT, WILHELM
1910 10 23
Bad Salzig
Kaplan
Am 26.6.1941 wegen Jugendarbeit eine Verwarnung durch die Gestapo.
Ein Strafverfahren wegen einer Stellungnahme
des Pfarrers zu Fragen der Ehescheidung wurde
1942 durch die Oberstaatsanwaltschaft Koblenz
eingestellt.

KESSENICH, WILHELM
1892 03 25
Bleiderdingen / Birkenfeld
Pfarrer, Definitor
Ein Verfahren wegen Vergehens gegen das Reichs-
flaggengesetz wurde am 23.5.1936 vom Amtsge-
richt Idar-Oberstein eingestellt.
Wegen staatsabträglichen Verhaltens Verwar-
nung durch die Regierung Oldenburgs, nähere
Umstände sind nicht bekannt.

KESSLER, JOHANNES
1900 03 12
Heidenburg / Lonnig
Pfarrer
Wegen Vergehens gegen das Flaggengesetz Aufer-
legung einer Geldstrafe in Höhe von 150 RM
durch die Gestapo.
Ein Verfahren wegen Verstoßes gegen das Samm-
lungsgesetz wurde eingestellt.
Am 4.4.1944 wegen politischer Äußerungen im

Unterricht verhaftet, verhört, in Schutzhaft genommen und am 9.6.1944 ins KZ Dachau
überbracht. Am 6.4.1945 aus dem KZ Dachau
entlassen. Die Verbringung ins KZ erfolgte
auf Initiative des Reichssicherheitshauptamtes.
Lit.: 1.Weiler, 342. 2.Münch, 151.

KETTEL, MICHAEL JOSEF
1907 02 20
Bundenbach
Pfarrer
1939 wegen einer Männerwallfahrt durch die
Gestapo verwarnt.
Des weiteren durch die Gestapo mehrere Vorla-
dungen und Verhöre wegen Jugendarbeit und
Vergehens gegen das Sammlungsgesetz.

KETZER, JAKOB
1871 09 05
Erbach
Pfarrer i. R.
Zwei Strafverfahren der Oberstaatsanwaltschaft
Koblenz wegen angeblicher Unterschlagung wur-
den eingestellt.

KEUTHEN, P. ALBERT
SCJ
o.D.
Maria Martental (Kloster)
Pater Keuthen wurde am 17.4.1941 aus dem Re-
gierungsbezirk Koblenz ausgewiesen.

KIEBEL, HEINRICH
1890 10 15
Reil
Pfarrer
Im Jahre 1941 wegen politischer Äußerungen
in einer Predigt durch einen Pfarrangehörigen
bei der Gestapo angezeigt. Daraufhin Verhör,
Verwarnung und Beschlagnahme einer Schreibmaschine durch die Gestapo.

KIEFER, JAKOB
1895 02 12
Pfalzel
Pfarrer
Frühjahr 1942 Auferlegung eines Sicherungsgeldes in Höhe von 100 RM durch die Gestapo,
weil er nach vorausgegangenem nächtlichem
Fliegeralarm vor 10 Uhr morgens einen Gottesdienst abgehalten hatte.

KIEFER, VIKTOR
1898 08 18
Waxweiler
Pfarrer
Am 27.2.1937 wegen „Katechismuswahrheiten"
Verwarnung und Androhung des Unterrichtsver-
botes durch den Regierungspräsidenten.

Des weiteren mehrere Verhöre und eine Verwarnung durch die Gestapo sowie ein Strafverfahren wegen Verleumdung der Gestapo, das aber im
April 1938 wegen Amnestie eingestellt wurde.

KINNEN, JOHANN
1883 08 24
Niederöfflingen
Pfarrer
Am 2.3.1937 wegen „Katechismuswahrheiten"
Verwarnung und Androhung des Unterrichtsverbotes durch den Regierungspräsidenten.
Zwei Verfahren wegen Verbreitens von Seelsorgbriefen und Vergehens gegen das Flaggengesetz
wurden von der Oberstaatsanwaltschaft Trier
eingestellt.

KIRCHHOFF, MICHAEL
1893 07 06
Nachtsheim
Pfarrer
1935 hatte sich der Pfarrer in der Christenlehre gegen „die politischen und staatlichen
Zustände" ausgesprochen, daraufhin zwei Verhöre durch die Gestapo; ein diesbezügliches
Verfahren wurde durch die Oberstaatsanwaltschaft Koblenz eingestellt.

KIRSTEIN, ANTON
1906 11 26
Trier
Kaplan, Diözesansekretär des Bonifatiusvereins
Ein Strafverfahren wegen Vergehens gegen das
Sammlungsgesetz wurde 1939 vom Amtsgericht
Cochem eingestellt.

KLASSEN, JOHANNES
1904 12 21
Trier
Domvikar, Domkapellmeister
Wegen Verweigerung des „Deutschen Grußes" und
angeblicher fachlicher Mängel im Jahre 1935 von
der staatlichen Hochschule für Musik in Köln
(wo er sich im Rahmen eines Studienurlaubs seit
1932 aufhielt) entlassen.
Verstorben'am 23.12.1957.

KLEE, JAKOB ALFONS
1888 11 11
Bundenbach
Pfarrer
Ein Verhör sowie Auferlegung eines Sicherungsgeldes in Höhe von 100 RM durch die Gestapo,
weil Pfarrer Klee sich in einer Predigt über
das Flaggenverbot an Fronleichnam geäußert
hatte.

KLEE, JOHANN BAPTIST JOSEF
1884 02 27
Bildstock
Pfarrer
Im Anschluß an ein Kanzelwort gegen die Gemeinschaftsschule mehrere Verhöre durch die Gestapo. Während eines dieser Verhöre wurde Pfarrer Klee von einem Gestapo-Angehörigen mißhandelt.

KLEIKNOP, BR. EGBERT
SCJ
o.D.
Maria Martental (Kloster)
Bruder Egbert wurde am 17.4.1941 aus dem Regierungsbezirk Trier ausgewiesen.

KLEIN, AUGUST
1898 01 22
Ockfen
Pfarrvikar
Wegen Verweigerung des Hitlergrußes und Vergehens gegen das Heimtückegesetz vom 22.10. bis zum 25.10.1938 kurzfristige Festnahme durch die Gestapo und Ausweisung aus dem Regierungsbezirk Trier durch den Regierungspräsidenten. Des weiteren mehrere Anzeigen, Verhöre und Hausdurchsuchungen sowie eine Gehaltssperre vom 1.4.1939 bis 1945 durch die Gestapo.
Verstorben am 21.8.1954.

KLEIN, JOHANN KONRAD
1889 09 14
Dieblich
Pfarrer
Verurteilung zu einer Geldstrafe in Höhe von 500 RM durch den Regierungspräsidenten, weil der Pfarrer anläßlich einer Wallfahrt auf offener Straße ein Lied hatte singen lassen. Wegen Jugendarbeit dreimal von der Gestapo verhaftet, verhört und am gleichen Tag wieder freigelassen; des weiteren zwei Verwarnungen, eine davon wegen „Mißbrauchs dogmatischer Erörterungen".
Verstorben am 5.9.1957.

KLEIN, PETER JOSEF
1887 10 09
Brotdorf / Graach
Pfarrer
Wegen eines Vergehens gegen das Reichsflaggengesetz von der Staatsanwaltschaft zu 300 RM Geldstrafe verurteilt, die wegen Amnestie nicht bezahlt werden mußte.
Am 19.8.1937 Unterrichtsverbot durch den Regierungspräsidenten.
Am 9.5.1938 durch den Reichskommissar Saarland Ausweisung aus dem Saargebiet.
Mehrere Verhöre und einen Tag Schutzhaft durch die Gestapo.

KLEUSCH, JAKOB
1901 01 19
Klausen / Pellingen
Kaplan / Pfarrer
Am 2.3.1937 wegen „Katechismuswahrheiten" eine Verwarnung und Androhung des Unterrichtsverbotes durch den Reichskommissar Saarland. Vier Tage Schutzhaft sowie Verhängung einer Geldstrafe in Höhe von 200 RM durch die Gestapo, weil Pfarrer Kleusch „am Himmelfahrtstage gegen die Arbeitspflicht der Werktätigen gehetzt" hatte.
Verstorben am 6.3.1952.

KLINKNER, PETER
1905 12 16
Koblenz (St. Josef)
Kaplan
1937 wegen Führens eines konfessionellen Jugendvereines Unterrichtsverbot durch den Regierungspräsidenten.
Am 18.10.1937 Verhör und Hausdurchsuchung durch die Gestapo.

KNAUBER, ADOLF
1907 07 29
Völklingen
Geistl. Religionslehrer
Dr. phil.
Am 15.1.1938 durch den Reichskommissar Saarland Unterrichtsverbot für die Schulen Völklingens und persönliches Berufsverbot für die Gaue Moselland, Westmark und Baden, da ein Sondergerichtsverfahren wegen Landesverrats und Vergehens gegen das Heimtückegesetz anhängig sei.

KNICHEL, JOSEF-MICHAEL
1889 02 10
Stadtkyll
Pfarrer
Nach einer Anklage wegen Beleidigung der Regierung flüchtete Pfarrer Knichel nach Belgien und Südfrankreich. Er wurde jedoch an die Gestapo verraten, am 24.7.1943 verhaftet, vor Gericht gestellt und zum Tode verurteilt. Zur Hinrichtung brachte man ihn nach Aachen, aber alle Akten wurden bei einem Luftangriff vernichtet. Er wurde darauf mehreren Verhören unterzogen, und - da er keine Angaben machte - am 5.6.1944 ins KZ Dachau gebracht, wo er am 29.4.1945 befreit wurde.
Verstorben am 14.10.1955.
Lit.: Weiler, 351.

KNOPP, JOHANNES
1908 11 17
Prüm
Kaplan
Im Februar 1938 aufgrund einer Anzeige mehrere
Male durch die Gestapo verhört.

KOEHLER, MATTHIAS (P. PAULINUS)
OFM
1889 12 13
St. Thomas
Zwischen Weihnachten und Neujahr 1936 kritisierte P. Paulinus in einer Predigt die deutsche Medienpolitik, die es nicht zuließ, die
Weihnachtsansprache des Papstes im deutschen
Rundfunk zu übertragen. Nach dem Gottesdienst
wurde der Pater durch die Gestapo verhaftet
und ein volles Jahr ohne Verhör und Verhandlung in Schutzhaft gehalten.
Verstorben am 12.11.1965.

KOERBES, JOHANN
1876 08 27
Minheim
Pfarrer
Am 2.3.1937 wegen „Katechismuswahrheiten"
eine Verwarnung sowie Androhung des Unterrichtsverbotes durch den Regierungspräsidenten.
Verstorben am 11.4.1955.

KOERBES, JOSEF
1892 03 14
Trier
Pfarrer, Bistumspräses der Cäcilienvereine
Im Mai 1939 von SD-Leuten zusammengeschlagen,
nähere Umstände sind nicht bekannt.
Verstorben am 17.11.1954.

KOHLBECHER, LEOPOLD
1885 05 16
Bombogen
Pfarrer
Am 23.11.1936 Unterrichtsverbot.
Am 28.5.1941 eine Anklage der Oberstaatsan-
waltschaft Trier wegen Verstoßes gegen das
Sammlungsgesetz.

KOLL, JOHANN JOSEF
1873 11 30
Engers
Pfarrer i. R.
Am 23.8.1939 von der Jugendschutzkammer in
Trier vom Vorwurf der Überschreitung des
Züchtigungsrechtes freigesprochen.
Verstorben am 2.6.1953.

KOLLING, NIKOLAUS
1899 05 13
Oberhausen
Pfarrer
Am 27.5.1936 durch das Schöffengericht
Kreuznach vom Vorwurf, öffentlich gehässige
Äußerungen über leitende Personen des
Staates und der Partei gemacht zu haben, frei-
gesprochen.
Am 6.7.1937 Unterrichtsverbot, weil er
öffentlich zum Eintritt in den Jungmänner-
verband aufgefordert hatte.
Ein Strafverfahren wegen Vergehens gegen das
Sammlungsgesetz wurde durch die Oberstaatsan-
waltschaft Saarbrücken eingestellt.
Des weiteren eine Hausdurchsuchung und Be-
schlagnahme persönlichen Eigentums durch die
Gestapo.

KOLLMANN, JOHANN JOSEF
1888 03 17
Obergondershausen
Pfarrer
Aufgrund einer Anzeige wegen Verbreitung eines
Schulhirtenbriefes drei Verhöre durch die Ge-
stapo.

KOOS, LEONHARD
1894 11 30
Mudersbach
Pfarrer
1941 wegen Verbreitung des Möldersbriefes
Auferlegung eines Sicherungsgeldes in Höhe
von 300 RM durch die Gestapo.

KORNE, PETER
1899 12 14
Buch
Pfarrer
Bezüglich des Möldersbriefes ein Verhör
und am 22.6.1942 Auferlegung eines Sicherungsgeldes in Höhe von 500 RM durch die Gestapo Koblenz.

KORNELIUS, WILHELM
1905 02 16
Koblenz-Pfaffendorf
Pfarrer, Heimpräses
Wegen Seelsorgebriefen eine Verwarnung durch
die Gestapo Koblenz.

KOST, JOHANN
1915 05 27
Trier
Theologiestudent
Im Oktober/November 1937 wegen angeblicher Ver-
höhnung nationalsozialistischer Symbole Ver-
hör und Verwarnung durch die Gestapo Trier.
Johann Kost wurde 1946 zum Priester geweiht.

KOSTER, MATTHIAS
1911 10 18
Ottweiler / Fürth
Kaplan / Expositus
Wegen Überschreitens des Züchtigungsrechtes
eine Anklage der Staatsanwaltschaft Saarbrücken; nähere Umstände sind nicht bekannt.

KOSTER, NIKOLAUS
1889 04 09
Trier-Pallien
Pfarrvikar
Am 15.7.1937 Unterrichtsverbot durch den Re-
gierungspräsidenten.
Ein Verfahren wegen Körperverletzung wurde
am 14.11.1939 eingestellt.
Ab dem 16.3.1940 Gehaltssperre durch die Ge-
stapo veranlaßt.

KRAEMER, BR. FABIAN
SCJ
o.D.
Maria Martental (Kloster)
Bruder Fabian wurde am 17.4.1941 aus dem Re-
gierungsbezirk Trier ausgewiesen.

KRAEMER, JAKOB
1876 09 29
Losheim / Rimlingen
Pfarrer i. R. / Pfarrverwalter
Dr. phil. et theol.
Aufgrund einer Anzeige wegen einer Predigt
über die Bekenntnisschule ein Verhör durch
die Gestapo.

KRAEMER, JOHANN
1897 07 13
Petershausen / Furschweiler
Pfarrvikar / Pfarrer
Am 29.6.1934 wegen Jungmännervereinszeit-
schriften ein Verhör durch die Gestapo.
Ein weiteres Verhör am 21.5.1942.

KRAEMER, JOSEF
1911 05 19
Bad Kreuznach (St. Nikolaus)
Kaplan
Die Gestapo ermittelte wegen eines Vergehens
gegen das Sammlungsgesetz gegen den Pfarrer,
das Verfahren wurde eingestellt.

KRAEMER, THOMAS
1874 09 30
Kehrig
Pfarrer
Ein Strafverfahren wegen Vergehens gegen das
Sammlungsgesetz wurde von der Oberstaatsan-
waltschaft Koblenz eingestellt.
Verstorben am 25.5.1954.

KRANZ, BR. DOMINIKUS
OSB
o.D.
Trier
Bruder Dominikus wurde am 6.5.1941 zusammen
mit dem Konvent Trier-St.Matthias ausgewiesen.

KRANZ, KASPAR
1879 08 31
Trier
Pfarrer, Domkapitular
Im Februar 1942 wegen Verbreitung der „30
Programmpunkte der nationalen Reichskirche
Deutschlands" von der Gestapo verhört.

KRATZ, JOSEF
1890 12 03
Trierweiler
Pfarrer
Am 5.12.1935 vom Schöffengericht Trier von
der Anklage freigesprochen, bei einer nicht
angemeldeten öffentlichen Versammlung als
Redner aufgetreten zu sein.
Verstorben am 20.10.1955.

KRAUS, JOSEF
1893 07 29
Birresborn
Pfarrer
Am 31.10.1939 wegen angeblich staatsfeindlicher Bemerkungen Verbot jeder Betätigung
in der katholischen Jugend durch die Gestapo.

KRAUS, KARL
1901 07 06
Neuwied / Ferschweiler
Kaplan / Pfarrer
Zwischen 1935 und 1944 sechs Verhöre durch
die Gestapo aufgrund von Predigtäußerungen
und der kritischen Einstellung des Pfarrers
gegenüber der Staatsjugend. Bei der sechsten
Vernehmung wurde der Pfarrer schwer mißhandelt.

KRAUSE, REINHOLD FERDINAND
1872 04 21
Engers
Pfarrer
Ein Strafverfahren wegen Seelsorgebriefen wurde
eingestellt. Nähere Umstände sind nicht bekannt.

KRAYER, PETER
1868 08 27
Besseringen
Pfarrer
Am 9.9.1941 wegen Verstoßes gegen die Ver-

ordnung über den Himmelfahrts- und Fronleichnamstag Verurteilung zu 100 RM Geldstrafe
durch die Staatsanwaltschaft.

KREMER, PHILIPP ANTON
1889 03 30
Saarbrücken
Pfarrer, Dechant
Dr. theol.
Am 23.4.1936 aufgrund eines „Volksaufruhrs"
anläßlich der Ausweisung eines Mitbruders
ein Verhör durch die Gestapo.

KREUTZ, FRIEDRICH
1889 08 02
Bous
Pfarrer
Wegen Beleidigung zweier NSV-Schwestern, die
sich bei der Fronleichnamsprozession unge-
bührlich benommen hatten, wurde Pfarrer Kreutz
am 6.8.1941 durch den Reichskommissar Saarland aus Bous, der Westmark und dem Regierungsbezirk Trier ausgewiesen.

KREUZ, KARL
1910 08 07
Forst
Kaplan
Zwei Verhöre durch die Gestapo.
Ein Verfahren wegen Jugendarbeit wurde einge-
stellt.
1938 eine Verwarnung durch den Landrat aus Co-
chem, da der Pfarrer in Gastwirtschaftsräumen
Religionsunterricht erteilt hatte.

KREY, LEO
1883 04 07
Arenrath
Pfarrer
Am 2.3.1937 wegen „Katechismuswahrheiten"
eine Verwarnung sowie Androhung des Unterrichtsverbotes durch den Regierungspräsidenten.

KRUMMEICH, ERHARD JOSEF
1904 03 21
Waldesch
Pfarrvikar
Am 3.5.1937 wegen Leitens eines konfessionellen Jugendverbandes sowie aufgrund der Gegnerschaft des Pfarrers zur HJ Unterrichtsverbot durch den Regierungspräsidenten.
Des weiteren durch die Gestapo acht Verhöre
wegen Jugendarbeit.

KUEHNE, BR. CLETUS
SCJ
o.D.
Maria Martental (Kloster)

Bruder Cletus wurde am 17.4.1941 aus dem Regierungsbezirk Trier ausgewiesen.

KUEMPEL, P. CHRYSOSTOMUS
OSB
1888 04 28
Trier
100 RM Geldstrafe wegen Vergehens gegen das
Sammlungsgesetz.
Pater Chrysostomus wurde am 6.5.1941 zu-
sammen mit dem gesamten Konvent Trier-
St.Mattias ausgewiesen.

KUENKER, P. HEINRICH
OMI
1885 12 14
Maria Engelport (Kloster)
Ein Strafverfahren wegen Äußerungen auf einer
Missionswoche wurde am 10.8.1938 eingestellt.

KUHN, MATTHIAS
1886 01 26
Kell
Pfarrer
Am 2.3.1937 wegen „Katechismuswahrheiten"
eine Verwarnung sowie Androhung des Unterrichtsverbotes durch den Regierungspräsidenten.
Verstorben am 1.7.1959.

KUNRET, P. HIERONYMUS
OSB
1876 11 15
Trier
1935 erhielt Pater Hieronymus Unterrichtsverbot, woraufhin er nach Gerleve ging.

KURTENBACH, HEINRICH
1877 12 31
Leiwen
Pfarrer
Im Mai 1936 wegen einer Galen-Predigt durch
die Gestapo verhört.
Die dem Pfarrer zustehende Naturalleistung im
Wert von etwa 2000 RM wurde für acht Jahre
verboten.
1937 300 RM Geldstrafe, nähere Umstände sind
nicht bekannt.

KYLL, NIKOLAUS
1904 10 23
Engers
Kaplan
Da der Kaplan die katholische Jugend bei der
Fronleichnamsprozession in Tracht hatte an-
treten lassen, nahm ihn die Gestapo vom 1. bis
2.6.1934 in Schutzhaft. Ein diesbezügliches
Verfahren wurde wegen Amnestie eingestellt.

LABBE, THEODOR
1890 09 10
Beinhausen / Zell (St. Peter)
Pfarrer
Am 11.12.1939 aufgrund einer Anzeige wegen
einer Predigtbemerkung ein Verhör durch die
Gestapo Trier.
Vom 1.4.1940 bis 1945 Gehaltssperre durch
die Gestapo Trier.

LACKAS, PETER
1892 11 28
Ahrweiler
Geistl. Studienrat
Dr. phil.
Im Zusammenhang mit Äußerungen über die
Frage der Erlaubtheit des Selbstmordes wurde
Pfarrer Lackas am 27.1.1940 durch die Gestapo
verhaftet und bis zum 20.3.1940 in Schutzhaft
gehalten. Nach der Entlassung aus der Schutzhaft am 20.3.1940 eine Verwarnung durch die
Kreisleitung der NSDAP in Ahrweiler sowie Enthebung von seinem Amt als Studienrat bis zum
5.12.1940 durch den Regierungspräsidenten in
Koblenz. Die Hälfte seines Gehaltes wurde bis
zur Aufhebung der Dienstenthebung am 5.12.1940
einbehalten. Es fand wegen dieser Angelegenheit auch ein Verhör von seiten der Schulbehörde statt, die ein Disziplinarverfahren
einleitete. Eine weitere Maßnahme diesbezüglich war die Ausweisung aus dem gesamten
linksrheinischen Gebiet, Hessen und Hessen-
Nassau am 8.3.1941 durch den Regierungspräsidenten. Der Pfarrer verblieb bis Kriegsende
in Würzburg.

LAKE, HEINRICH
1911 03 04
Mayen
Kaplan
1936 wegen Verweigerung der NS-Verpflichtungs-
formel Unterrichtsverbot.

LAMBERTY, PETER
1881 07 03
Bengel
Pfarrer
Am 2.3.1937 wegen „Katechismuswahrheiten"
eine Verwarnung sowie Androhung des Unterrichtsverbotes durch den Regierungspräsidenten.
Verstorben am 5.7.1959.

LAMBERTZ, MATTHIAS
1894 08 11
Großlittgen
Pfarrer
Am 13.12.1940 durch ein ordentliches Gericht

von der Anklage der Körperverletzung (Züchtigung von Schulkindern) freigesprochen.

LANGE, JOSEF
1908 06 16
Rübenach
Kaplan
Wegen Eintretens für die Bekenntnisschule am
24.2.1937 durch den Reichskommissar Saarland
aus dem Saargebiet ausgewiesen.
Wegen Jugendarbeit und Eintretens für die Bekenntnisschule mehrere Anzeigen und Strafverfahren bei der Gestapo; nähere Umstände
sind nicht bekannt.

LAROS, MATTHIAS
1882 03 01
Geichlingen
Pfarrer
Dr. theol.
Wegen angeblicher Neigung zum Separatismus von
1934 bis 1939 Unterrichtsverbot durch den Regie-
rungspräsidenten.
Die Ausstellung eines Reisepasses für Pfarrer
Laros wurde abgelehnt.
Vom 20.10.1940 bis 20.12.1940 und vom 29.7.1941 bis
29.9.1941 Postüberwachung.
Wegen Abhaltung kirchlicher Veranstaltungen
nach nächtlichem Fliegeralarm ein Ermitt-
lungsverfahren durch die Gestapo.
Am 13.9.1943 eine staatspolizeiliche Verwar-
nung wegen eines Gottesdienstes, an dem Ost-
arbeiterinnen teilnahmen.

LASKA, BR. MEDARD
OSB
o.D.
Trier
Bruder Medard wurde am 6.5.1941 zusammen
mit dem Konvent Trier-St.Matthias ausgewiesen.

LAUER, ALEXANDER
1898 03 21
Franken
Pfarrer
Da der Pfarrer ein Plakat der NSDAP, das
Schmähungen gegen den Papst enthielt, herab-
gerissen hatte, wurde er vom 11. bis 12.8.1938
durch die Gestapo festgehalten. Schließlich
zu zwei Monaten Gefängnis verurteilt (17.3. bis
17.5.1939).
Gehaltssperre vom 1.4.1939 bis zum 30.6.
1944.

LAUER, FRIEDRICH KARL NIKOLAUS
1880 02 18
Ehrang
Pfarrer, Dechant
Am 15.7.1937 wegen Leitung der Pfadfinder und

der Frohschar Unterrichtsverbot durch den Regierungspräsidenten.

LAUER, JOHANN
1907 08 07
Spiesen
Kaplan
Ein Verfahren wegen Überschreitens des Züchtigungsrechtes wurde 1937 eingestellt. Es erging jedoch eine Verwarnung durch den Reichskommissar Saarland.

LAUMEN, BR. JAKOBUS
SCJ
o.D.
Maria Martental (Kloster)
Bruder Jakobus wurde am 17.4.1941 aus dem Regierungsbezirk Koblenz ausgewiesen.

LAURENT, JOHANN
1898 12 11
Namedy
Pfarrvikar
Wegen Läutens nach einem Fliegerangriff 1940 Verhör und Verwarnung durch die Gestapo. 1942 aufgrund Verlesens des Möldersbriefes ebenfalls Verhör und Verwarnung durch die Gestapo.

LECLERC, ERHARD
1897 09 04
Trier / Koblenz
Geistl. Studienassessor
Dr. phil.
Wegen eines Rundschreibens an die Eltern bezüglich des Schulgottesdienstes am 23.6.1937 eine Verwarnung durch den Oberpräsidenten. Am 30.3.1940 aus dem Schuldienst entlassen.

LEHNERT, ANTON
1898 03 25
Kirf
Pfarrer
Am 2.3.1937 wegen „Katechismuswahrheiten" eine Verwarnung sowie Androhung des Unterrichtsverbotes durch den Regierungspräsidenten.

LEHNERT, P. PAULINUS
OSB
o.D.
Trier
Pater Paulinus wurde am 6.5.1941 zusammen mit dem Konvent Trier-St.Matthias ausgewiesen.

LEISMANN, JOHANN
1883 02 01
Polch
Pfarrer

Ein Verfahren wegen Vergehens gegen das Sammlungsgesetz wurde am 12.9.1935 durch die Staatsanwaltschaft eingestellt.

LELLMANN, JOSEF
1883 02 25
Kirchen
Pfarrer
Am 26.7.1933 wegen Beleidigung eines Polizisten vom Schöffengericht Kirchen zu 50 RM Geldstrafe verurteilt.

LENHARD, PETER
1908 05 29
Schiffweiler
Kaplan
Am 9.8.1938 Unterrichtsverbot; nähere Umstände sind nicht bekannt.
Aufgrund mehrerer Angriffe auf die HJ am 4.7.1939 eine Verwarnung durch die Gestapo.

LENNARTZ, GERHARD (P. THOMAS)
SCJ
1879 04 20
Bendorf
Geistl. Rektor
1936 in einem Devisenprozeß zu sechs Monaten Haft und 5000 RM Geldstrafe verurteilt. Entzog sich der Strafe durch Flucht nach England, Österreich und Italien.
Verstorben am 13.3.1939.

LENZ, ANTON
1906 08 13
Mayen
Kaplan
Ein Ermittlungsverfahren wegen Eintretens für die Bekenntnisschule, nähere Umstände sind nicht bekannt.

LENZ, JAKOB
1899 10 04
Linz / Thalfang
Kaplan / Pfarrer
Am 20.12.1935 vom Amtsgericht Linz wegen Verstoßes gegen das Sammlungsgesetz zu einer Geldstrafe von 80 RM verurteilt.
Am 27.9.1936 wegen Verweigerung des Hitlergrußes Unterrichtsverbot durch den Regierungspräsidenten.
Da der Pfarrer sein Hausmädchen nicht immer zu den Veranstaltungen des BDM geschickt hatte, am 16.6.1942 Auferlegung eines Sicherungsgeldes in Höhe von 600 RM durch die Gestapo.
Im Jahr 1943 ein weiteres Strafverfahren, dessen nähere Umstände nicht bekannt sind.

LENZ, JOSEF
1909 09 28
Rheinbrohl
Kaplan
Am 11.12.1939 wegen Kritik an den außenpolitischen Maßnahmen der Reichsregierung Verhör
und Verwarnung durch die Gestapo.

LENZ, P. WILLIBALD
OSB
1905 05 18
Nickenich
Pfarrverwalter
Zwei Verhöre; nähere Umstände sind nicht
bekannt.

LENZ, PETER JOHANN
1895 02 21
Heidweiler
Pfarrer
1936 eine Verwarnung durch den Regierungspräsidenten, weil Pfarrer Lenz mit „Gelobt sei
Jesus Christus" gegrüßt hatte.
Am 7.4.1937 Verwarnung und Unterrichtsverbot
durch den Regierungspräsidenten, da der Pfarrer zwei Schüler während der Unterrichtszeit
als Ministranten angeworben hatte.

LEY, ADOLF KARL
1876 11 01
Gevenich
Pfarrer
Mehrere Anzeigen und drei Verhöre; nähere
Umstände sind nicht bekannt.
Ein Strafverfahren wegen Vergehens gegen das
Flaggengesetz wurde 1936 von der Oberstaatsanwaltschaft Koblenz eingestellt.

LEYGERS, BR. GUALBERT
SCJ
o.D.
Maria Martental (Kloster)
Bruder Gualbert wurde am 17.4.1941 aus dem Regierungsbezirk Koblenz ausgewiesen.

LIEBERICH, HERMANN
1891 08 02
Edingen / Fenne
Pfarrer
Vom 23.7.1935 bis 23.12.1935 wegen Verweigerung des
„Deutschen Grußes" Unterrichtsverbot durch den
Reichskommissar Saarland.
Am 4.3.1937 eine Verwarnung durch den Regierungspräsidenten.
Des weiteren 20 RM Geldstrafe wegen Verstoßes
gegen das Flaggengesetz.

LIEBLANG, JOSEF
1883 02 08
Völklingen
Pfarrer, Dechant
Am 15.8.1941 wegen eines Verstoßes gegen die
Verordnung über den Himmelfahrts- und Fronleichnamstag durch die Staatsanwaltschaft zu
75 RM Geldstrafe verurteilt.
Verstorben am 23.5.1959.

LIEMERSDORF, JOSEF
1883 07 23
Waldalgesheim
Pfarrer
1941 wegen eines Gottesdienstes für polnische
Zivilarbeiter (in der Kirche) eine Verwarnung
durch die Gestapo.
Verstorben am 11.7.1958.

LINDEN, JOHANN
1871 12 20
Trittenheim
Pfarrer
Am 12.1.1938 wegen Vergehens gegen das Flaggengesetz Auferlegung einer Geldstrafe in
Höhe von 50 RM durch die Gestapo.
Am 2.5.1939 Ausweisung aus dem Regierungsbezirk Trier, vom 4.5. bis 5.5.1939 Schutzhaft
und Verhör in Trier, ab dem 28.3.1939 Gehaltssperre; alle Maßnahmen wurden durch die
Gestapo verhängt, Begründungen sind nicht
bekannt.

LODENKEMPER, P. ANTON
MSF
1890 08 24
Biesdorf
Rektor des Missionshauses
Vom 5.9.1935 bis zum 13.3.1936 in Trier und
Moabit inhaftiert, nähere Umstände sind nicht
bekannt.

LOEW, ALOIS
1899 02 02
Vettelschoß / Oberkirchen
Pfarrvikar / Pfarrer
Am 19.7.1934 vom Amtsgericht Neuwied von der
Anklage der Beleidigung des Führers freigesprochen; diesbezüglich im August 1934 eine
Verwarnung durch die Gestapo.
Des weiteren mehrere Verhöre durch die Gestapo.

LORENZ, NIKOLAUS
1891 01 07
Leidingen
Pfarrer
Aufgrund einer Predigt über die Sittlichkeitsprozesse entzog die Gestapo dem Pfarrer
Paß und Grenzkarte, um ihm den Grenzüber-

tritt nach Lothringen unmöglich zu machen.
Des weiteren wegen Nichtbeflaggens der Kirche
ein Verhör durch die Gestapo.

LORIS, JOSEF
1905 04 06
Kues
Kaplan
Am 27.2.1937 wegen „Katechismuswahrheiten"
eine Verwarnung und Androhung des Unterrichtsverbotes durch den Regierungspräsidenten.

LORSCHEID, JOSEF
1867 02 01
Trier (St. Paulin)
Pfarrer
Ein Verfahren wegen Vergehens gegen das Heimtückegesetz wurde eingestellt, nähere Umstände sind nicht bekannt.

LOYO, KARL
1884 10 12
Wincheringen
Pfarrer
Wegen Herabsetzung des „Nationalblattes" am
10.11.1936 Unterrichtsverbot durch den Regierungspräsidenten sowie ein Strafverfahren,
welches durch das Amtsgericht Trier eingestellt wurde.
Vom 9.10.1937 bis 15.10.1937 kurzfristige Festnahme
durch die Gestapo.
Wegen Jugendarbeit, Schriftenverkauf in der
Kirche sowie Caritaswerbung drei Strafverfahren, die alle eingestellt wurden.
Eine Verwarnung durch die Gestapo Kassel, weil
der Pfarrer Rückgeführten gegenüber beun-
ruhigende Äußerungen über Plünderungen
gemacht hatte.
Des weiteren zahlreiche Verhöre durch die Gestapo.

LUDWIG, FRANZ PAUL
1890 02 22
Niederlützingen
Pfarrer
Dr. phil.
Aufgrund eines Vergehens gegen das Flaggenge-
setz ein Strafbefehl über 20 RM Geldstrafe.
Verstorben am 3.5.1953.

LUDWIG, MICHAEL
1890 01 12
Merchweiler
Pfarrer
Am 21.2.1937 eine Verwarnung durch den Reichskommissar Saarland, weil der Pfarrer sich abfällig über das Frauenturnen geäußert
hatte.
Verstorben am 14.12.1957.

LUECK, MATTHIAS
1889 11 03
Saarbrücken
Geistl. Studienrat
Am 25.6.1937 Zwangspensionierung.
1938 wurde ein Verfahren wegen Vergehens gegen
das Heimtückegesetz durch die Staatsanwaltschaft eingestellt.
Am 24.9.1943 wegen Vergehens gegen das Heimtückegesetz durch ein Sondergericht zu fünf
Monaten Gefängnis verurteilt. Die Strafe
wurde 1944 in eine Geldstrafe von 500 RM mit
dreijähriger Bewährung umgewandelt.

LUNG, FRANZ JOSEF JOACHIM
1885 03 20
Weiskirchen
Pfarrer
Wegen Vergehens gegen das Flaggengesetz, das
Sammlungsgesetz, das Heimtückegesetz und den
Kanzelparagraphen wurden insgesamt sechs Verfahren eröffnet, von denen vier eingestellt
wurden, während von zweien der Ausgang unbekannt ist. Im Zusammenhang mit einem eingestellten Verfahren Verhör und Verwarnung sowie vom 19.6.1939 bis 20.6.1939 kurzfristige Festnahme durch die Gestapo.

LUXEM, JOHANNES
1886 03 26
Horchheim
Pfarrer
Am 8.12.1937 wegen Vergehens gegen das Sammlungsgesetz ein Strafbefehl über 100 RM
Sicherungsgeld durch das Amtsgericht Koblenz.
1938 aufgrund eines Ausfluges mit dem Kirchenchor eine Verwarnung durch die Gestapo.

MAGAR, JOHANN
1875 10 05
Macken
Pfarrer
Eine Anzeige wegen Vergehens gegen das Sammlungsgesetz, dieser folgte jedoch kein Strafverfahren.

MAI, JOHANN
1912 01 17
Neunkirchen (St. Vinzenz)
Kaplan
Ein Verfahren wegen Veranstaltung von Heim-
abenden wurde am 30.4.1938 durch ein Sonder-
gericht eingestellt.
Am 28.5.1938 Unterrichtsverbot durch den
Reichskommissar Saarland, da der Kaplan beim
Marsch einer SA-Formation deren Fahnen nicht
gegrüßt hatte.

MAILAENDER, JOHANN
1901 11 17
Boppard
Rektor (Hospital)
Ein Verfahren wegen Urkundenfälschung wurde
1939 von der Staatsanwaltschaft Koblenz eingestellt. Im gleichen Jahr wurde Pfarrer Mai-
länder durch die Ortspolizeibehörde in Boppard die Ausstellung eines Passes verweigert.

MALBURG, PETER
1906 06 19
Trier (St. Gervasius)
Kaplan
Wegen Jugendarbeit am 5.12.1935 ein Strafbe-
fehl über 50 RM Geldstrafe durch die Gestapo.
Des weiteren mehrere Verhöre durch die Gestapo.

MARTINY, JOHANN
1895 11 28
Berndorf
Pfarrer
Am 2.3.1937 wegen „Katechismuswahrheiten"
eine Verwarnung sowie Androhung des Unter-
richtsverbotes durch den Regierungspräsiden-
ten.
Eine Anzeige wegen Verstoßes gegen das Samm-
lungsgesetz und verschiedene Verhöre wegen
Verstößen gegen das Flaggengesetz durch die
Gestapo.

MARX, LEO KARL
1902 06 22
Heimersheim
Kaplan
Am 5.6.1935 Unterrichtsverbot durch den Re-
gierungspräsidenten.
Wegen Jugendarbeit ein Verhör durch die Gestapo
sowie am 25.2.1936 ein Strafbefehl über 50 RM
Geldstrafe.

MASSON, JOHANN
1870 12 05
Bisten / Wadgassen
Pfarrer / Definitor
Im Oktober 1935 Strafanzeige wegen Nichtbeflag-
gung der Kirche zu Bisten; ein daraufhin einge-
leitetes Verfahren wurde jedoch durch die
Staatsanwaltschaft Saarbrücken eingestellt.
Verstorben am 14.5.1954.

MASSON, JOSEF
1865 11 26
Ochtendung
Pfarrer, Dechant
Ein Verfahren wegen Verkaufs von Broschüren
vor der Kirche wurde 1936 eingestellt.
Verstorben am 7.3.1937.

MAURER, FRANZ
1880 06 02
Neuerburg
Pfarrer, Dechant
Am 3.5.1937 wegen Pfarrer Maurers Eintreten
für die Bekenntnisschule ein Verhör durch
die Gestapo.

MAXEIN, KARL
1879 08 09
Ochtendung
Pfarrer
Dr. phil.
1939 wegen „abträglicher" Predigten und aufgrund einer Warnung an die Mädchen (vor den
Soldaten) zwei staatspolizeiliche Verwarnungen.

MAY, NIKOLAUS
1905 01 21
Niederfischbach
Kaplan
1940 wegen Vergehens gegen das Heimtückegesetz fünf Monate und fünf Tage Schutz- und
Untersuchungshaft. Am 26.8.1940 durch das
Sondergericht Dortmund zu einem Jahr Gefängnis unter Anrechnung der Untersuchungshaft
verurteilt.
Am 26.3.1941 Ausweisung aus der Rheinprovinz
und absolutes Seelsorgeverbot im Exil durch die
Gestapo.

MAYER, JOHANN
1895 11 03
Nörtershausen
Pfarrvikar
Am 15.11.1935 ein polizeiliches Verhör, da
Mayer am 9.11.1935 (NS-Gedenktag für den Hitler-
Putsch von 1923) nicht geflaggt hatte.

MAYER, JOSEF
1887 07 27
Olzheim
Pfarrer
Ein Verfahren wegen Vergehens gegen das Heimtückegesetz wurde eingestellt, nähere Umstände sind nicht bekannt.

MAYER, JOSEF
1915 02 05
Münstermaifeld
Kaplan
Kaplan Mayer erhielt im Dezember 1942 eine
Verwarnung durch die Gestapo; nähere Umstände
sind nicht bekannt.

MEFFERT, HEINRICH
1905 02 24
Schweich

Kaplan
Am 2.3.1937 wegen „Katechismuswahrheiten"
eine Verwarnung sowie Androhung des Unterrichtsverbotes durch den Regierungspräsidenten. Dieser sprach am 15.7.1937 das Unterrichtsverbot aus.
Ein Verfahren wegen Vergehens gegen das Heimtückegesetz wurde eingestellt.

MEID, EDUARD FLORIN
1912 06 06
Horchheim
Kaplan
Am 15.6.1937 wegen Führens eines konfessionellen Jugendverbandes Unterrichtsverbot durch
den Regierungspräsidenten.

MEID, PETER
1897 02 28
Trier
Dozent, Leiter der bischöfl. Rechnungskammer
Dr. jur.
Im Februar 1942 wegen Verbreitung der „30
Programmpunkte der nationalen Reichskirche
Deutschlands" von der Gestapo Trier verhört.
Verstorben am 20.4.1952.

MEIS, FRANZ
1872 03 29
Mayschoß
Pfarrer
Ein Strafverfahren wegen Kanzelmißbrauchs
wurde 1937 vom Sondergericht Köln eingestellt.
Die Staatsanwaltschaft Koblenz sprach diesbe-
züglich eine Verwarnung aus.

MEISER, JOSEF (BR.SYLVESTER)
CFMMA
o.D.
Trier
Aufgrund angeblicher Devisenvergehen Festnahme und Anklage; nähere Umstände sind nicht
bekannt.

MEISTER, P. KARL
SCJ
1884 02 26
Maria Martental (Kloster)
Pater Meister wurde am 17.4.1941 aus dem Re-
gierungsbezirk Koblenz ausgewiesen.

MENNINGEN, P. ALEX
SAC
o.D.
Schönstatt
Ein am 25.5.1939 eingeleitetes Strafverfah-
ren wegen Abhaltung eines Einkehrtages ohne
Genehmigung wurde eingestellt.
Vom 17.4.1944 bis zum 18.6.1944 Postüberwachung.

MENTGES, RUDOLF
1912 11 16
St. Wendel (St. Anna)
Kaplan
Ein Verfahren wegen Abhaltens eines Heimabends
des Jungmännerverbandes wurde am 14.5.1938
durch die Oberstaatsanwaltschaft Saarbrücken
eingestellt. Aufgrund dieser Anklage verhängte
der Reichskommissar Saarland bereits am 21.12.1937
Unterrichtsverbot.

MENZENBACH, JOHANN
1872 09 08
Oberthal
Pfarrer
Zwei Verfahren wegen Vergehens gegen den Kanzelparagraphen sowie gegen das Heimtückegesetz wurden eingestellt; nähere Umstände
sind nicht bekannt.

MERTENS, FELIX
1901 12 19
Niederbreisig
Kaplan
Eine Haussuchung, zwei Tage Haft und mehrere
Verhöre durch die Gestapo.
Ein Verfahren wegen Vergehens gegen den Kan-
zelparagraphen wurde durch die Staatsanwalt-
schaft eingestellt.

MESSER, BR. MATHIAS
SCJ
o.D.
Maria Martental (Kloster)
Bruder Mathias wurde am 17.4.1941 aus dem Re-
gierungsbezirk Koblenz augewiesen.

METTLER, JOSEF
1908 01 02
Großrosseln
Kaplan
Ein Strafverfahren wegen Überschreitung des
Züchtigungsrechtes wurde am 18.5.1938 eingestellt. Es wurde jedoch am 13.12.1937 bereits
ein Unterrichtsverbot vom Regierungspräsidenten
ausgesprochen.

METZDORF, JOHANN
1883 09 26
Koblenz (Herz Jesu)
Pfarrer
Ein Verfahren wegen Verstoßes gegen den Kan-
zelparagraphen wurde eingestellt.
Auferlegung eines Sicherungsgeldes in Höhe
von 100 RM wegen eines Verstoßes gegen die
Verordnung zur Bekämpfung dogmatischer Erör-
terungen.
Pfarrer Metzdorf war inhaftiert; Grund, Dauer
und Zeitpunkt sind unbekannt.
Verstorben am 25.12.1953.

METZGER, STEPHAN
1865 04 07
Detzem
Pfarrer
Wegen Vergehens gegen das Heimtückegesetz
drei Anzeigen und zwei Verfahren vor dem Amtsgericht in Neumagen. Ein Verfahren wurde eingestellt, über den Ausgang der anderen Fälle
ist nichts bekannt.

METZGEROTH, HUBERT EDMUND MARIA
1905 09 10
Schafbrücke
Pfarrvikar
Dr. phil. et theol.
Ein Strafbefehl der Staatsanwaltschaft über
50 RM Geldstrafe aufgrund Vergehens gegen das
Flaggengesetz wurde nicht rechtskräftig, da
das Verfahren am 14.5.1938 eingestellt wurde.
Ein Verfahren wegen Kriegsgefangenenseelsorge
konnte zu keinem Abschluß gelangen, weil
Pfarrer Metzgeroth am Tag der Klageerhebung
(6.5.1940) verstarb.

METZLER, JOHANN (P.PAULINUS)
SOCIST
1888 02 25
Himmerod (Kloster)
Ein Verfahren wegen Vergehens gegen das Heim-
tückegesetz wurde eingeleitet, der Ausgang der
Angelegenheit ist nicht bekannt.

METZROTH, HEINRICH
1893 12 17
Trier
Weihbischof
Im Februar 1942 wegen Verbreitens der „30
Programmpunkte der nationalen Reichskirche
Deutschlands" von der Gestapo Trier verhört.

MEUREN, PETER
1894 10 27
Bedersdorf
Pfarrer
Ein Strafbefehl über eine Geldstrafe in Höhe
von 30 RM fiel unter Amnestie.
Zwei Verfahren wegen Vergehens gegen den Kanzelparagraphen und gegen das Flaggengesetz
wurden durch die Staatsanwaltschaft eingestellt.
Verstorben am 14.1.1957.

MEURERS, HEINRICH HUBERT LUDWIG VON
1888 10 21
Trier
Generalvikar
Dr. theol.

Vier Verfahren wurden durch die Staatsanwaltschaft Trier eingestellt; nähere Umstände
sind nicht bekannt.
Des weiteren mehrere Durchsuchungen von Büro
und Wohnung sowie am 15.11.1938, am 14.4.1943
und am 11.6.1943 Verhöre durch die Gestapo.
Verstorben am 16.5.1953.

MIRGEN, JOHANN
1893 11 06
Bollendorf
Pfarrer
Ab 1937 Unterrichtsverbot; nähere Umstände
sind nicht bekannt.

MIROLL, PETER
1904 09 06
St. Wendel (St. Wendalinus)
Kaplan
Wegen Vergehens gegen das Heimtückegesetz vom
29.7.1937 bis 18.9.1937 Schutzhaft im Gefängnis
Saarbrücken. Ein diesbezügliches Verfahren
wurde eingestellt.
Des weiteren je ein Verhör durch die Gestapo
Neunkirchen und Kirchen/Sieg.

MOERRIGER, FERDINAND
1914 02 15
Cochem
Kaplan
1941 wegen Verlesens des Möldersbriefes ein
Strafbefehl über 300 RM Sicherungsgeld durch
die Gestapo.

MOHR, PETER
1907 01 09
Trier (Liebfrauen)
Kaplan
Die Staatsanwaltschaft leitete ein Strafverfahren wegen Vergehens gegen das Sammlungsgesetz ein, der Ausgang der Sache ist nicht bekannt.
Ein Strafverfahren wegen Beleidigung eines
Jungvolkführers wurde durch die Staatsanwaltschaft eingestellt.

MOHR, RICHARD
1900 05 22
Krettnach
Pfarrer
Dr. phil.
Ein Strafbefehl über 300 RM Geldstrafe sowie
kurzfristige Festnahme durch die Gestapo;
nähere Umstände sind nicht bekannt.

MOLITOR, EMIL
1904 12 16
Hönningen, Rhein

Kaplan
Dr. phil.
Wegen Vergehens gegen das Heimtückegesetz
mehrere Verhöre durch die Gestapo sowie vom
11.2.1941 bis 7.7.1941 Schutzhaft. Ein diesbezügliches Verfahren wurde durch die Staatsanwaltschaft eingestellt. Am 7.7.1941 durch
die Gestapo Ausweisung aus dem gesamten linksrheinischen Gebiet und absolutes Seelsorgeverbot während seines Exils.
Vom 3.10.1941 bis zum 23.7.1945 leistete er
Wehrdienst.

MOLTER, ALOIS
1905 05 29
Eppelborn
Kaplan
Am 16.3.1939 wegen Beleidigung eines Arbeits-
dienstmannes ein Strafbefehl über 40 RM
Geldstrafe durch das Amtsgericht Tholey.
Überwachung, Verhör und zwei Hausdurch-
suchungen durch die Gestapo.

MOOG, PHILIPP
1885 07 06
Blankenrath / Wahlen
Pfarrer
Am 3.8.1934 Unterrichtsverbot durch den Re-
gierungspräsidenten.
Aufgrund Vergehens gegen das Sammlungsgesetz
am 13.3.1935 durch das Landgericht Koblenz zu
100 RM Geldstrafe verurteilt.
Am 24.4.1935 wegen verschiedener Angriffe auf
die NSDAP eine Verwarnung durch die Gestapo.
Am 13.7.1935 aufgrund Vergehens gegen das
Heimtückegesetz verhaftet und bis zum Prozeß
am 11.11.1935 in Untersuchungshaft gehalten.
Vom Sondergericht Köln zu 18 Monaten Gefängnis unter Anrechnung der Untersuchungshaft
verurteilt.
Vom 1.4.1939 bis zum 31.3.1945 Gehaltssperre; am 16.9.1940 Ausweisung aus dem gesamten linksrheinischen Gebiet.

MORITZ, HEINRICH
1908 04 26
Betzdorf / Trier (St. Paulus)
Kaplan
Ein Strafverfahren wegen Verteilens des „Cari-
tasrufes" wurde 1935 von der Oberstaatsanwaltschaft Siegen eingestellt.
Kaplan Moritz wurde am 27.8.1935 vom Schöffengericht Siegen als angeblicher Anstifter
eines Marsches der Jungschar zu 150 RM Geldstrafe verurteilt.
Im Anschluß an eine Unterschriftenaktion für
die Bekenntnisschule wurde er am 7.11.1937
einer Leibesvisitation unterzogen. Dabei
wurden ihm alle Schriftstücke, die er bei

sich trug, abgenommen.
Insgesamt wurde der Kaplan zehnmal von der
Gestapo verhört.

MORSCHETT, ALBERT
1908 05 01
Kirn / Koblenz (Liebfrauen)
Kaplan
Am 29.5.1937 Unterrichtsverbot durch den Regierungspräsidenten in Koblenz, weil Kaplan
Morschett an seinem früheren Wirkungsort als
Leiter katholischer Vereine tätig gewesen sei.
Seine Schreibmaschine, die er zur Vervielfältigung der Enzyklika „Mit brennender Sorge"
ausgeliehen hatte, wurde von der Gestapo beschlagnahmt. Ein Strafverfahren in dieser Angelegenheit wurde vom Sondergericht Köln eingestellt.

MOSKOPF, HEINRICH JOSEF
1884 04 18
Perl
Pfarrer, Definitor
Am 13.6.1935 ein Verhör durch die Gestapo,
weil der Pfarrer ein amtliches Schreiben kom-
mentierend von der Kanzel verlesen hatte.

MUEHLENBECK, HEINRICH
1911 11 10
Ottweiler
Kaplan
Wegen Tätigkeit in Jungmännerverband am 28.
4.1938 durch die Gestapo verhaftet und 18
Tage in Schutzhaft gehalten (in Saarbrücken).
Amnestiert nach dem „Anschluß" Österreichs.
Gehört zur Erzdiözese Köln.

MUELLER, EMIL
1893 02 20
Rehbach / Steinbach
Pfarrer
Am 19.8.1934 und 21.8.1934 Überfälle seitens der SA
auf den Pfarrer, der sich daraufhin in ärzt-
liche Behandlung begeben mußte.
Wegen angeblicher Beleidigung von Soldaten ein
Verhör durch die Gestapo. Das Amtsgericht Saar-
brücken verhängte eine Geldstrafe von 200 RM.
Verstorben am 23.4.1953.

MUELLER, JOHANN
1871 01 21
Thür
Pfarrer, Definitor
Ein Strafverfahren wegen Vergehens gegen das
Flaggengesetz wurde eingeleitet, infolge des
Todes Pfarrer Müllers aber nicht zum Ab-
schluß gebracht.
Verstorben am 17.2.1937.

MUELLER, JOHANN JAKOB MATTHIAS

1892 03 03
Butzweiler
Pfarrer
Wegen Vergehens gegen das Heimtückegesetz
fand eine Gerichtsverhandlung statt, die mit
Freispruch endete; nähere Umstände sind nicht
bekannt.
Verstorben am 23.9.1956.

MUELLER, P. JOHANN JOSEF

CSSR
1885 03 27
Trier
Das Schöffengericht Trier verurteilte Pater
Müller am 22.7.1937 wegen Beleidigung von
fünf SA-Männern zu 100 RM Geldstrafe.
Ein Verfahren wegen Vergehens gegen das Heimtückegesetz und den Kanzelparagraphen wurde
mangels Beweises eingestellt. Es folgte jedoch
eine Verwarnung.

MUELLER, JOHANNES

1904 05 21
Trier
Pfarrer, Diözesanjugendseelsorger
Wegen Vergehens gegen das Heimtückegesetz,
Verdachts auf Hoch- und Landesverrat, Verlesens
des Möldersbriefes u.a. zahlreiche Verhöre
durch die Gestapo. Als Diözesanpräses des
katholischen Jungmännerverbandes vom 12.7.1935 bis
zum 7.12.1935 in Schutzhaft.
Gehaltssperre vom 1.4.1939 bis zum 31.3.1945,
Telefon- und Briefzensur seit Sommer 1941,
kurzfristige Festnahme am 23.3.1942 sowie
zwei Verfahren vor den Amtsgericht Trier und
dem Sondergericht Köln, die beide eingestellt
wurden.
Am 22.8.1942 aus dem Rheinland und Westfalen
ausgewiesen.

MUELLER, JOSEF

1877 02 28
Sobernheim
Pfarrer, Definitor
1935 wegen Vergehens gegen das Flaggengesetz
eine Verwarnung durch die Gestapo.

MUELLER, PHILIPP

1894 03 13
Sohren
Pfarrer
Vom 16.7.1935 bis zum 9.10.1935 Schutz- und Untersu-
chungshaft. Am 9.10.1935 wegen Beleidigung einer
BDM-Führerin (Schelte wegen deren zu kurzer
Strumpftracht) gerichtlich zu einer Gefängnis-
strafe von einem Monat verurteilt, die durch
die bisherige Haft als verbüßt galt.

MUENCH, JAKOB (P. MAURUS)

OSB
1900 11 19
Trier
Wegen verbotenen Umgangs mit französischen
Kriegsgefangenen wurde Pater Maurus am 18.11.
1940 in Schutz- und Untersuchungshaft genom-
men.
Am 29.7.1941 verurteilte ihn das Landgericht
Trier deswegen zu neun Monaten Gefängnis, un-
ter Anrechnung der bisherigen Haft.
Am 11.10.1941 überstellte ihn die Gestapo ins
KZ Dachau, wo er am 29.3.1945 entlassen wurde.
Lit.: 1.Weiler, 470. 2.Münch, 156f.

MUENCH, JOHANN

1887 05 05
St. Wendel (St. Anna)
Pfarrer
Wegen Jugendarbeit am 19.10.1937 und am 10.11.
1937 kurzfristige Festnahme sowie am 16.12.1937
Unterrichtsverbot; die Maßnahmen wurden durch
die Gestapo verhängt.

MUENCH, JOSEF

1889 06 09
Lehmen
Pfarrer
Ein Strafverfahren wegen Vergehens gegen das
Sammlungsgesetz wurde 1936 von der Oberstaats-
anwaltschaft Koblenz eingestellt.

MUENCH, JOSEF

1891 05 10
Noviand
Pfarrer
1940 eine Verwarnung und ein Verhör wegen
Nichtläutens anläßlich der Einnahme von
Paris.
Am 2.9.1941 durch ein ordentliches Gericht
von der Anklage eines Vergehens
gegen das Sammlungsgesetz freigesprochen.
Des weiteren mehrere Verhöre durch die Gestapo
wegen Jugendarbeit.
Verstorben am 25.3.1958.

MUENSTER, JOSEF

1878 02 03
Andernach
Pfarrer i. R.
1942 wegen Verlesens des Möldersbriefes eine
Verwarnung durch die Gestapo.

MUES, HUGO

1881 01 29
Neustadt a. d. Wied
Pfarrer
Wegen Jugendarbeit Auferlegung eines Siche-
rungsgeldes in Höhe von 20 RM durch den Bür-

germeister von Neustadt a. d. Wied.
Verstorben am 11.8.1954.

MUSELER, KARL JOSEF
1875 04 17
Piesport
Pfarrer, Definitor
Dr. theol.
Am 5.5.1936 wegen einer Galen-Predigt ein
Verhör durch die Gestapo.
Am 27.2.1937 wegen „Katechismuswahrheiten"
eine Verwarnung sowie Androhung des Unter-
richtsverbotes durch den Regierungspräsiden-
ten.
Ein Verfahren wegen Vergehens gegen das Heim-
tückegesetz wurde eingestellt.

MUTH, AUGUST
1899 05 20
Rascheid
Pfarrer
Am 23.7.1935 wegen Vergehens gegen das Heimtückegesetz verhaftet und bis zum am 27.11.1935
in Untersuchungshaft gehalten. Durch ein Sondergericht zu 15 Monaten Gefängnis unter Anrechnung der Untersuchungshaft verurteilt.
Des weiteren in dieser Sache am 29.1.1936
Unterrichtsverbot.
Am 4.5.1937 wegen Vergehens gegen das Flaggengesetz ein Strafbefehl über 100 RM.
Vom 1.4.1939 bis zum 30.6.1944 Gehaltssperre.
Zwei weitere Strafverfahren wegen Vergehens
gegen das Sammlungsgesetz. Eines wurde eingestellt, über den Ausgang des zweiten ist
nichts bekannt.

NACHTSHEIM, FELIX
1891 12 08
Monzelfeld
Pfarrer
Am 27.2.1937 wegen „Katechismuswahrheiten" eine
Verwarnung sowie Androhung des Unterrichtsver-
botes durch den Regierungspräsidenten.

NAUMANN, BERNHARD
1905 10 16
Saarwellingen
Kaplan
Am 13.4.1938 Unterrichtsverbot.

NETT, ALOIS JOHANN
1892 03 07
Kirchen
Pfarrer, Dechant
Am 30.6.1941 wegen Vergehens gegen das Flaggen-
gesetz ein Strafbefehl über 50 RM Geldstrafe.
Insgesamt acht Verhöre bei der Gestapo Koblenz.

NEU, MATTHIAS
1876 02 04
Rheinbrohl
Pfarrer
Ein Strafverfahren wegen Vergehens gegen das
Flaggengesetz wurde 1936 eingestellt.
Wegen Verschweigens des Herausgebers der
gedruckten Gottesdienstordnung ein Verhör
beim Landrat in Neuwied.

NEUMANN, PETER
1892 04 27
Lauschied / Sobernheim
Pfarrer, Dechant
Ein Strafverfahren wegen Vergehens gegen das
Heimtückegesetz wurde 1935 eingestellt.
Am 31.3.1937 eine Verwarnung durch den Regierungspräsidenten in Koblenz, weil Pfarrer
Neumann in der Schule für die Bekenntnisschule ein Gebet gesprochen hatte.
Da der Pfarrer Bewohner seiner Pfarrei dazu
bewogen hatte, aus SA und HJ auszutreten, leitete die Gestapo ein Ermittlungsverfahren ein,
das aber 1938 eingestellt wurde.
Des weiteren aus Anlaß der Ermordung eines
katholischen Jungmannes durch einen Scharfüh-
rer der SA Anzeige und Verhör vor dem Amtsgericht wegen Äußerungen des Pfarrers zur Tat.

NEUNEYER, ADAM
1898 03 22
Stadtkyll
Pfarrer
Wegen Vergehens gegen das Heimtückegesetz und
den Kanzelparagraphen zwei Verhöre durch die
Gestapo und drei Verfahren durch die Staatsanwaltschaft; die Verfahren wurden alle eingestellt.

NEUNHEUSER, P. BURKHARD
OSB
1903 12 12
Maria Laach (Abtei)
Im Sommer 1937 Einleitung eines Verfahrens
aufgrund eines angeblichen Vergehens
gegen das Heimtückegesetz, das 1939 eingestellt wurde.
Am 21.11.1941 ein Verhör, nähere Umstände
sind nicht bekannt.

NICK, BR. MAXIMIN
SCJ
o.D.
Maria Martental (Kloster)
Bruder Maximin wurde am 17.4.1941 aus dem Re-
gierungsbezirk Koblenz ausgewiesen.

NICKLAS, ANTON
1902 04 08
Hüttersdorf / Trier-Euren / Bildstock
Kaplan
Ein Verfahren wegen Vergehens gegen das Heimtückegesetz wurde eingestellt, nähere Umstände sind nicht bekannt.

NICKNIG, JOHANN
1907 01 20
Bous
Kaplan
Am 2.11.1937 Vorladung als Beschuldigter vor die Staatsanwaltschaft Trier, nähere Umstände sind nicht bekannt.
Unterrichtsverbot durch den Regierungspräsidenten in Trier.

NICOLAY, JAKOB
1912 10 18
Linz
Kaplan
Am 20.6.1938 wegen Beteiligung an wehrsportlichen Übungen eine Verwarnung durch die Gestapo.

NIKENICH, ANTON
1908 08 12
Cochem
Kaplan
Am 17.11.1936 Unterrichtsverbot durch den Regierungspräsidenten, da Pfarrer Nikenich sich weigerte, die Führung der konfessionellen Jugendverbände aufzugeben.
Im Zusammenhang mit der Enzyklika „Mit brennender Sorge" 1937 Verhör, Haussuchung und Beschlagnahme seiner privaten Schreibmaschine.
Des weiteren Ende 1938 und am 13.4.1939 ein mehrstündiges Verhör. Alle Maßnahmen führte die Gestapo durch.

NOETZEL, FRANZ (P. BERTHOLD)
OSB
1910 10 08
Maria Laach (Abtei)
1938 acht Wochen Haft wegen angeblicher Sittlichkeitsvergehen.

NORTA, LAMBERT
1903 04 05
Emmersweiler
Kaplan
Ein Verfahren wegen Vergehens gegen das Heimtückegesetz wurde am 8.12.1938 durch die Oberstaatsanwaltschaft Saarbrücken eingestellt.
Am 1.10.1938 aufgrund Pfarrer Nortas „ungünstigen erzieherischen Einflusses" auf die Schulkinder Unterrichtsverbot durch den Reichskommissar Saarland.

NUSBAUM, JOHANN MARIA
1882 03 25
Düngenheim
Pfarrer
Am 12.8.1935 wegen angeblicher Pflichtwidrigkeiten und Verweigerung des „Deutschen Grußes" Unterrichtsverbot durch den Regierungspräsidenten.
Des weiteren ein Tag Untersuchungshaft und mehrere Vernehmungen; nähere Umstände sind nicht bekannt.
Am 15.1.1940 eine staatspolizeiliche Verwarnung, weil sich der Pfarrer vor Kindern in grob abfälliger Weise über ein Lied von Hermann Löns geäußert hatte, das diese singen wollten.
Verstorben am 16.9.1952.

NUSSBAUM, FRANZ JOSEF
1879 06 18
Schillingen
Pfarrer
Eine Verhaftung des Pfarrers war geplant. Nähere Umstände sind nicht bekannt. Aufgrund der starken seelischen Belastung war die Gesundheit des Pfarrers angegriffen. Einen Tag vor der Festnahme erlitt er einen Schlaganfall und verstarb am 3.3.1936.

OSTER, PETER JOSEF
1874 12 05
Messerich / Bitburg
Pfarrer, Definitor
Aufgrund Pfarrer Osters Eintreten für die Bekenntnisschule mehrere Verhöre durch die Gestapo. Des weiteren drei Verfahren, die alle von der Staatsanwaltschaft wieder eingestellt wurden; nähere Umstände sind nicht bekannt.

OSTER, RUDOLF
1897 07 23
Trier / Schmelz (St. Stephan)
Geistl. Studienrat / Pfarrer
Durch die Gestapo zwei Verwarnungen, drei Verhöre und Verhinderung der Ernennung Pfarrer Osters zum Hospitalpfarrer an den Vereinigten Hospitien Trier, da sein Vater noch aus der „Zentrumszeit" zu gut bekannt sei.
Durch die Stadtverwaltung Trier zunächst Entlassung aus dem Schuldienst in Trier, anschließend als Pfarrer von Schmelz 1938 Unterrichtsverbot.

OTT, JOHANN
1895 06 20
Lieg
Pfarrer

Ein Ermittlungsverfahren durch die Gestapo, weil Pfarrer Ott „gegen die Bewegung tätig" sei; nähere Umstände sind nicht bekannt.

OTTO, JOHANNES
1912 02 09
Waldbreitbach
Kaplan
Mehrere Verhöre durch die Gestapo sowie 100 RM Geldstrafe wegen der Bemerkung: „Das Fensterscheibeneinwerfen in den jüdischen Häusern muß aufhören".
Im September 1939 wegen Anmerkungen beim Verlesen eines Hirtenbriefes eine Verwarnung durch die Staatsanwaltschaft Neuwied.
Am 16.2.1943 wegen seines Religionsunterrichtes verhaftet und im Gefängnis Koblenz inhaftiert. Am 2.4.1943 in das KZ Dachau verbracht, dort am 9.4.1945 entlassen.
Verstorben am 17.8.1956.
Lit.: Weiler, 498.

PALM, HERMANN
1907 11 25
Saarbrücken (Herz Jesu)
Kaplan
Aufgrund Jugendvereinsarbeit und -seelsorge drei Hausdurchsuchungen und 10 Verhöre durch die Gestapo.

PATERMANN, ALFONS (BR. SERVULUS)
OFMCAP
1901 12 21
Besseringen (Kloster St. Gangolf)
Bruder Servulus wurde am 28.12.1942 durch die Gestapo verhaftet und am 17.3.1943 in das KZ Dachau eingeleifert, wo er am 16.4.1943 verstarb.
Lit.: 1.Weiler, 508. 2.Münch, 64-68.

PAUELS, P. JOSEF
CM
1895 12 02
Niederprüm
Mehrere Verhöre und Verwarnungen durch die Gestapo

PAUFREDER, P. CHRYSOSTHOMUS
OSB
o.D.
Trier (St. Matthias)
Pfarrverwalter
Pater Chrysostomus erhielt am 29.4.1937 Unterrichtsverbot.

PAULY, FERDINAND
1917 01 03
Trier
Theologiestudent

Wegen angeblicher Verächtlichmachung nationalsozialistischer Symbole im Oktober/November 1937 Verwarnung und Verhör durch die Gestapo Trier.
Ferdinand Pauly wurde 1941 zum Priester geweiht.

PEECK, BR. WENDELIN
SCJ
o.D.
Maria Martental (Kloster)
Bruder Wendelin wurde am 17.4.1941 aus dem Regierungsbezirk Koblenz ausgewiesen.

PEES, BERNHARD
1882 06 19
Hermeskeil
Pfarrer, Definitor
Am 15.7.1937 wegen Leitung konfessioneller Verbände Unterrichtsverbot durch den Oberpräsidenten.

PEES, PAUL
1893 12 06
Veldenz
Pfarrer
Da Pfarrer Pees einmal den Religionsunterricht nicht in der Schule, sondern in der Kirche abgehalten hatte, erhielt er vom 26.6.1937 bis zum 21.9.1937 Unterrichtsverbot.

PEES, PETER
1898 12 01
Überherrn
Pfarrer
Am 12.3.1938 Unterrichtsverbot durch den Reichskommissar Saarland.

PEISS, FRANZ
1880 11 13
Rachtig
Pfarrer
Pfarrer Peiß erhielt einen Strafbefehl über 200 RM Geldstrafe, weil er auf der Kanzel davon gesprochen hatte, daß in NSDAP-Versammlungen der Glaube öffentlich geschmäht werde, und seine Zuhörer ermahnt hatte, diesen Veranstaltungen fernzubleiben.

PEREIRA, CLEMENS
SJ
1911 03 23
Trier
Kaplan
Am 23.2.1944 von der Gestapo wegen Wehrkraftzersetzung, Spionageverdachts und Jugendseelsorge verhaftet:
23.2.1944 bis 16.5.1944 Gefängnis Trier,
19.5.1944 bis 26.4.1945 KZ Dachau;

am 26.4.1945 während des Evakuierungsmarsches befreit.
Lit.: 1.Weiler, 514. 2.Mitteilungen aus
den deutschen Provinzen der Gesellschaft
Jesu, 16 (1946/48). S.1-5, 35-40, 347-360.
3.Münch, 154f.

PERLING, KASPAR
1894 10 12
Tellig
Pfarrer
Wegen staatsabträglicher Äußerungen Schutzhaft vom 10.4.1935 bis zum 3.5.1935, durch den Oberpräsidenten am 21.8.1935 Unterrichtsverbot
sowie am 18.10.1935 durch ein ordentliches Gericht Verurteilung zu einer Gefängnisstrafe
von acht Monaten.
Sehr viele Verhöre durch die Gestapo; mehrere
gerichtliche Verfahren wurden eingestellt,
nähere Umstände sind nicht bekannt.
Aufgrund staatsfeindlicher Äußerungen am
18.3.1941 Ausweisung aus dem Rheinland und
absolutes Seelsorgeverbot im Exil sowie Gehaltssperre vom 1.4.1941 bis zum 31.3.1945.
Lit.: Weiler, 746.

PESCHKE, P. PAUL
SCJ
1889 04 06
Maria Martental (Kloster)
Pater Peschke wurde am 17.4.1941 aus dem Re-
gierungsbezirk Koblenz ausgewiesen.

PETER, P. JOHANN
SVD
1893 02 17
St. Wendel
Pater Peter wurde am 20.10.1944 in Trier verhaftet, mehrmals verhört, vier Tage in Schutzhaft gehalten und dann zum Verlassen des linksrheinischen Gebietes gezwungen, da er „an der
Reichsgrenze politisch und militärisch nicht
ganz zuverlässig sei".
Lit.: Festschrift zum 75jährigen Bestehen des
Missionshauses St.Wendel und zum 100jähri-
gen Jubiläum der Steyler Missionsgesell-
schaft Societas Verbi Divini. St.Wendel 1975.
189-193.

PETRY, JOHANN
1907 12 26
Völklingen
Kaplan
Ein Verfahren wegen Überschreitens des Züch-
tigungsrechtes wurde am 6.11.1935 durch die
Staatsanwaltschaft eingestellt.

PFEIL, HUGO
1885 09 21
Humes
Pfarrer
Wegen Predigtäußerungen (z.B.:„Der Antichrist
ist auf dem Vormarsch und hat bereits die
ersten Stellungen überrannt") am 20.9.1939
verhaftet und bis zum 15.2.1940 in Schutzhaft
gehalten, dann ins KZ Sachsenhausen gebracht.
Am 14.12.1940 ins KZ Dachau überstellt, dort
am 9.4.1945 entlassen. Zahlreiche Verhöre
sowie vom 1.12.1940 bis 31.3.1945 Gehaltssperre.
Verstorben am 21.5.1967.
Lit.: 1.Weiler, 517. 2.Münch, 124-130.

PHILIPPI, NIKOLAUS
1884 07 11
Linz
Pfarrer, Definitor
Ein Verfahren wegen Vergehens gegen die Verordnung über den Himmelfahrtstag wurde 1941
eingestellt.

PIA, KARL
1907 07 27
Trier (Priesterseminar) / Bildstock
Neupriester / Kaplan
Ende 1937 Verwarnung und Verhör durch die
Gestapo.
Am 11.4.1938 Unterrichtsverbot.

PICK, MARTIN
1889 10 13
Koblenz / Kreuznach
Geistl. Studienrat
Ab 1.10.1933 wegen abfälliger Bemerkungen
über Friedrich den Großen von Koblenz nach
Kreuznach strafversetzt. Die Maßnahme wurde
durch den Oberpräsidenten der Rheinprovinz
verfügt.

PIROTH, ALOIS
1904 08 13
Gerolstein / Biewer
Kaplan / Pfarrer
Wegen angeblicher Angriffe auf den nationalsozialistischen Staat mehrere Verhöre, Hausdurchsuchung und Verwarnung durch die Gestapo.

PLANZ, JOHANN BAPTIST
1902 07 16
Ludweiler
Pfarrer
Durch die Gestapo Saarbrücken Schutzhaft vom
25.8.1941 bis zum 29.8.1941 sowie zahlreiche Verhöre.
Nähere Umstände sind nicht bekannt.

PLEIN, PETER
1903 05 18
Fischbach / Boppard / Niederprüm
Kaplan / Pfarrer
Plein hatte zu dem Totenzettel eines Er-
schossenen bemerkt, dieser sei von einem SA-
Führer erschossen worden. Aus diesen Grund
vom 10.8.1935 bis zum 15.8.1935 Schutzhaft durch die
Gestapo, ein eingeleitetes Sondergerichtsver-
fahren wurde jedoch am 22.2.1936 wieder ein-
gestellt.
Ein Strafverfahren wegen Vergehens gegen das
Flaggengesetz wurde 1939 von der Oberstaatsan-
waltschaft Koblenz eingestellt.

POERTNER, WILHELM
1907 10 18
Leutesdorf
Kaplan
Am 4.4.1940 aufgrund einer unzulässigen
Sammlung ein Verhör durch die Gestapo.

POETZ, NIKOLAUS
1892 12 10
Kesseling
Pfarrer
Ein staatspolizeiliches Ermittlungsverfahren
wurde 1938 eingestellt.

PONSENS, ANTON LEOPOLD
1889 11 08
Miesenheim
Pfarrer
Am 2.2.1945 wegen angeblichen Defätismus'
ein Verhör vor der Gestapo Altwied (Pfarrer
Ponsens hatte gesagt, was am Weißen Sonntag
1945 sein werde, wisse man noch nicht).

PONSTEIN, JOSEF
1899 03 03
Herdorf
Kaplan
Durch die Gestapo ein Strafbefehl über 30 RM
Geldstrafe, der aber später, nachdem zwei
Verhöre stattgefunden hatten, aufgehoben
wurde.

PORTEN, JOSEF
1915 02 09
Trier
Theologiestudent
Aufgrund angeblicher Verächtlichmachung natio-
nalsozialistischer Symbole im Oktober/November
1937 Verhör und Verwarnung durch die Gestapo.
Josef Porten wurde 1946 zum Priester geweiht.

POTT, JOSEF
1880 03 10
Trier

Pfarrer, Registraturleiter im Generalvikariat
Im Februar 1942 wegen der „Programmpunkte der nationalen Reichskirche Deutschlands" ein Verhör
durch die Gestapo Trier.
Verstorben am 4.4.1953.

PRINZ, BR. AGATHON
SCJ
o.D.
Maria Martental (Kloster)
Bruder Agathon wurde am 17.4.1941 aus dem Re-
gierungsbezirk Koblenz ausgewiesen.

PRIOR, MATTHIAS
1870 12 22
Dillingen
Pfarrer, Definitor
Dr. phil. et theol.
Zwei Verfahren wegen Überschreitens des
Züchtigungsrechtes und Vergehens gegen das
Sammlungsgesetz wurden durch die Staatsanwalt-
schaft eingestellt.

PUETZ, JOHANNES
1912 08 29
Saarbrücken (St. Josef)
Kaplan
Wegen Auseinandersetzungen mit dem BDM 1941
ein Verhör durch die Gestapo.

RADER, HUBERT
1877 02 20
Gerolstein
Pfarrer
Eine Anzeige, weil Pfarrer Rader beim Tode
Hindenburgs keine Gebete für diesen in der
Kirche zuließ; der Ausgang der Sache ist un-
bekannt.
Verstorben am 19.9.1935.

RATH, JOHANN JOSEF
1885 05 08
Diefflen
Pfarrer
Am 21.4.1937 wegen angeblicher Nichtanwendung
des Hitlergrußes ein Verhör durch die Gesta-
po Saarbrücken.
Verstorben am 9.10.1958.

RECH, FRIEDRICH
1896 12 20
Neunkirchen
Pfarrer
1942 aufgrund eines Vergehens gegen das Sammlungsgesetz eine Verwarnung durch die Gestapo.

RECH, HEINRICH
1879 02 27
Sulzbach

Pfarrer, Definitor
Dr. rer. pol.
Durch die Gestapo mehrere Verhöre sowie wegen
eines Verstoßes gegen das Pressegesetz 30 RM
Geldstrafe und wegen eines Vergehens gegen die
Verordnung über das Himmelfahrts- und Fronleichnamsfest 200 RM Geldstrafe.
Vom 4.5.1936 bis zum 23.2.1937 Unterrichtsverbot durch den Reichskommissar Saarland.
Aufgrund staatsfeindlicher Äußerungen mehrere Verhöre durch die Gestapo und ein Verfahren durch die Staatsanwaltschaft, dieses
wurde am 14.5.1938 eingestellt.
Ein Verfahren wegen Vergehens gegen das Heimtückegesetz wurde ebenfalls eingestellt.

RECH, JAKOB STEFAN
1867 08 11
Rissenthal
Pfarrer i. R. / Pfarrvikar
Wegen Verweigerung des „Deutschen Grußes" am
25.6.1935 ein Verhör durch die Gestapo sowie
vom 27.7.1935 bis zum 24.8.1935 Unterrichtsverbot durch den Regierungspräsidenten.

RECKERS, P. BERNHARD
SOCIST
1904 04 14
Himmerod (Kloster)
Als Vertreter des erkrankten Pfarrers von Irrel
wurde Pater Bernhard 1934 die Unterrichtserlaubnis entzogen.

REIF, JAKOB
1884 04 28
Weißenthurm
Pfarrer
Ein Strafverfahren wegen Vergehens gegen den
Kanzelparagraphen wurde 1934 durch die Staats-
anwaltschaft Koblenz eingestellt.

REINISCH, P.FRANZ
SAC
1903 02 01
Vallendar
1940 Rede- bzw. Predigtverbot für das gesamte
deutsche Reich.
Wegen Verweigerung des Treueeides auf den Führer (bei der Wehrmacht) vom Reichskriegsgericht zum Tode verurteilt und am 21.8.1942
hingerichtet.
*Lit.: 1.Kempner, 337-347. 2.Kreutzberg, Hein-
rich: Franz Reinisch. Ein Märtyrer unserer
Zeit. Limburg 1952.*

REITER, NIKOLAUS
1888 08 13
Saarbrücken-Jägersfreude / Bruttig
Pfarrer

Ein Strafverfahren wegen Vergehens gegen das
Flaggengesetz wurde durch die Oberstaatsanwaltschaft Saarbrücken eingestellt.
Am 3.1.1940 wegen staatsfeindlicher Äußerungen eine Verwarnung durch die Gestapo.

REPENN, P. JOHANNES
SCJ
o.D.
Maria Martental (Kloster)
Pater Repenn wurde am 17.4.1941 aus dem Regie-
rungsbezirk Koblenz ausgewiesen.

REULAND, BR. PHILIPP
OSB
o.D.
Trier (St. Matthias)
Bruder Philipp wurde am 6.5.1941 zusammen mit
dem Konvent Trier-St.Matthias ausgewiesen.

REULAND, JOSEF
1892 04 26
Greimerath
Pfarrer
Vom 2.2.1942 bis zum 3.2.1942 kurzfristige Festnahme
durch die Gestapo.
Am 23.6.1942 im Zusammenhang mit den „Programmpunkten der nationalen Reichskirche Deutschlands" verhaftet und bis zum Prozeß am 23.11.
1942 in U-Haft gehalten. Vom Volksgerichtshof
zu sieben Jahren Zuchthaus verurteilt.
Gehaltssperre vom 1.1.1943 bis zum 31.3.1945.
Bei der Evakuierung des Gefängnisses in Bochum
erhielt Pfarrer Reuland durch einen Wachtmeister einen Genickschuß, überlebte aber
mit schweren Verletzungen und wurde am 8.4.
1945 durch die Amerikaner befreit.
Verstorben am 19.2.1958.

REUSCH, PETER
1893 10 05
Orscholz
Pfarrer
Je eine Anzeige und ein Verhör durch die Ge-
stapo am 17.4.1934 und am 16.10.1935.
Am 2.3.1937 wegen „Katechismuswahrheiten"
eine Verwarnung sowie Androhung des Unter-
richtsverbotes durch den Regierungspräsiden-
ten.
Am 15.7.1937 wegen Führens konfessioneller
Verbände Unterrichtsverbot durch den Regie-
rungspräsidenten.
Des weiteren ein richterliches Verhör am 23.9.
1938 sowie eine Anklage vom 28.6.1939; nähere
Umstände sind nicht bekannt.
Gehaltssperre vom 1.4.1940 bis zum 31.3.1945.

REUTER, FRANZ
1884 11 16
Halsenbach
Pfarrer
1941 wegen einer Fronleichnamsprozession eine
Verwarnung durch die Gestapo.
Verstorben am 30.6.1957.

REUTER, SEVERIN
1881 08 02
Oberfell
Pfarrer
Zwei Strafverfahren wegen staatsfeindlichen
Verhaltens und Vergehens gegen das Sammlungs-
gesetz wurden 1938 von der Oberstaatsanwalt-
schaft Trier eingestellt.

RHEIN, HERMANN
1906 02 24
Sulzbach
Geistl. Religionslehrer
Aufgrund der Verweigerung des Hitlergrußes ein
mehrstündiges Verhör durch die Gestapo sowie vom 10.10.1935 bis zum 23.10.1935 Unterrichtsverbot durch den Reichskommissar für
das Saarland

RICHERTZ, JOHANN JOSEF
1896 03 01
Horath
Pfarrer
1933 eine Geldstrafe; nähere Umstände sind
nicht bekannt.

RIEFF, JOSEF
1880 07 18
Trier
Domvikar, Bistumssekretär
1935 wegen Verdachts des Devisenvergehens mehrere Wochen inhaftiert.
Im Februar 1942 wegen Verbreitung der „Programmpunkte der nationalen Reichskirche Deutschlands"
von der Gestapo verhört.
Verstorben am 23.2.1956.

RIEHM, PAUL
1904 04 27
Koblenz (St. Kastor)
Kaplan
Am 4.6.1937 durch die Staatsanwaltschaft
eine Anklage wegen Überschreitung des Züchtigungsrechtes; nähere Umstände sind nicht
bekannt.

RIES, JOHANN
1887 07 09
Arzfeld
Pfarrer
Am 25.3.1937 Verhör und Verwarnung durch die
Gestapo.
1941 ein Verfahren wegen verbotenen Umgangs
mit Kriegsgefangenen, das mit Freispruch endete.
Ab dem 1.8.1942 Gehaltssperre.
Am 5.8.1942 aufgrund einer Predigt „zum
Schaden des Reiches" durch die Gestapo verhaf-
tet. Ab 4.11.1942 im KZ Dachau. Dort am 4.1.
1945 verstorben.
Lit.: 1.Weiler, 559. 2.Münch, 45ff.

RIESS, MATTHIAS
1876 10 22
Kues
Pfarrer
Am 27.2.1937 wegen „Katechismuswahrheiten"
Verwarnung und Androhung des Unterrichtsverbo-
tes durch den Regierungspräsidenten.

RINKER, FRANZ
1893 10 09
Herdorf
Pfarrer
Zwei Verwarnungen durch die Gestapo aufgrund der
Verordnung zum Fronleichnamstag sowie wegen
Äußerungen in Pfarrseelsorgestunden.

ROEDDER, JOSEF
1873 09 22
Kaimt
Pfarrer
Wegen Abreißens eines Wahlplakates, das an der
Pfarrhaustür angebracht war, ein Strafbefehl
über 50 RM Geldstrafe; auf Berufung am 11.5.
1934 Freispruch.
Ein Verfahren wegen Verleumdung des Ortsgrup-
penleiters wurde am 31.5.1938 eingestellt.
Verstorben am 1.9.1958.

ROSCH, ADOLF
1879 03 05
Andernach
Pfarrer
Am 18.5.1935 eine Verwarnung durch die Gestapo.
Wegen Pfarrer Roschs Widerstand gegen die ras-
senpolitische Erziehungsarbeit der Nazis erhielt er am 2.4.1937 durch den Regierungspräsidenten Unterrichtsverbot für den Regierungsbezirk Koblenz; am 23.4.1937 auf die gesamte Rheinprovinz ausgedehnt.
Aufgrund von Predigtbemerkungen am 14.1.1938
ein Verhör durch die Gestapo.
Am 30.3.1939 eine Verwarnung durch die Ortspolizeibehörde.

ROSEN, CHRISTOPH
1874 02 17
Hillesheim
Pfarrer, Dechant

Am 3.3.1937 wegen „Katechismuswahrheiten"
eine Verwarnung und Androhung des Unterrichtsverbotes durch den Regierungspräsidenten.

ROTH, PETER
1878 03 04
Schöndorf
Pfarrer
Wegen Verlesens eines Hirtenbriefes zur Be-
kenntnisschule ein Verhör durch die Gestapo.
Verstorben am 28.5.1959.

ROYER, JAKOB
1860 02 15
Karden
Pfarrer, Dechant
Dr. theol.
Im März 1936 ein Strafbefehl über 300 RM
Geldstrafe, weil Pfarrer Royer einen Film vor-
führte, während die NSDAP eine Veranstaltung
abhielt.
Ab 1936 Gehaltssperre, nähere Umstände sind
nicht bekannt.
Des weiteren wurde ein Verfahren wegen eines
Vergehens gegen das Heimtückegesetz einge-
stellt.

RUPP, FRANZ
1881 10 12
Irsch
Pfarrer
Am 23.9.1936 Unterrichtsverbot. 1938 aufgrund
eines Vergehens gegen das Flaggengesetz Verurteilung zu 100 RM Geldstrafe durch die
Staatsanwaltschaft.
Wegen Beleidigung der deutschen Wehrmacht am
4.1.1940 Festnahme und Verhör, Schutzhaft
bis zum 8.1.1940; Ausweisung aus dem Rheinland und Westfalen am 11.4.1940 sowie Gehaltssperre vom 1.4.1940 bis zum 31.3.1945. Alle
Maßnahmen wurden durch die Gestapo verhängt.

RUPP, JOHANN
1876 04 08
Beulich
Pfarrer
1938 wurde Pfarrer Rupp die Ausstellung
eines Reisepasses für eine Italienreise verweigert, da eine „getarnte Pilgerfahrt" angenommen wurde.

RUPP, NIKOLAUS
1882 08 01
Primstal
Pfarrer
Mehrere Hausdurchsuchungen, Anzeigen und Ver-
höre durch die Gestapo.
Durch eine Reihe anonymer Briefe belästigt.
Wegen Wehrkraftzersetzung am 17.7.1940 ver-

haftet, bis zum 6.8.1940 in Schutzhaft gehalten. Im Verfahren am 3.1.1941 durch ein ordentliches Gericht von dieser Anklage freigesprochen.
Verstorben am 31.12.1959.

SALZ, MATTHIAS
1882 01 26
Schweich
Pfarrer, Definitor
1939 wegen Überschreitens des Züchtigungsrechts ein Verfahren durch die Staatsanwaltschaft; nähere Umstände sind nicht bekannt.
Verstorben am 9.3.1952.

SANDKAULEN, WERNER
1910 03 05
Koblenz (St. Josef)
Kaplan
1936 befristetes Unterrichtsverbot sowie ab
dem 21.7.1937 unbefristetes Unterrichtsverbot durch den Regierungspräsidenten.
Zahlreiche Verhöre und am 24.6.1939 eine
kurzfristige Festnahme durch die Gestapo.
Wegen Vergehens gegen das Heimtückegesetz
eine dreimonatige Gefängnisstrafe.

SAUER, JOHANN (BR. ANYSIUS)
CFMMA
o.D.
Trier
Bruder Anysius wurde verhaftet und wegen angeblicher Devisenvergehen angeklagt; nähere Umstände sind nicht bekannt.

SCHADE, OTTO
1894 06 20
Westum
Pfarrer
1937 eineinhalb Tage Schutzhaft durch die Gestapo.
Am 29.12.1941 20 RM Geldstrafe wegen Vergehens
gegen die Verdunkelungsvorschriften.
Zwei Strafverfahren bezüglich der Vermögens-
verwaltung von Pfarrer Schades Pfarrei wurden
von der Oberstaatsanwaltschaft Koblenz eingestellt.

SCHAEFER, ADAM
1877 09 22
Pommern
Pfarrer
Wegen Vergehens gegen das Heimtückegesetz am
28.12.1939 und am 8.3.1940 verhaftet. Bis
zum 21.8.1940 in Schutzhaft gehalten; anschließend Aufenthaltsverbot für die Rheinprovinz.
Ein vom Sondergericht Köln diesbezüglich
eingeleitetes Verfahren wurde am 18.10.1940

mangels Beweisen eingestellt.
Verstorben am 19.12.1941.

SCHAEFER, FRANZ
1903 12 27
Koblenz
Geistl. Religionslehrer
Dr. phil.
Aus dem Schuldienst entlassen und zum Militär
einberufen.

SCHAEFER, JOSEF
1886 05 03
Düsseldorf
Generalsekretär der Kath. Frauenverbände
Wegen Vergehens gegen das Reichspressegesetz
40 RM Geldstrafe.
Gegen Pfarrer Schäfer bestand in Düsseldorf
Paßsperre.

SCHAEFFER, JAKOB
1869 12 09
Konz
Pfarrer, Definitor
Am 2.3.1937 wegen „Katechismuswahrheiten"
eine Verwarnung sowie Androhung des Unterrichtsverbotes durch den Regierungspräsidenten.

SCHAEFFER, PETER
1886 03 12
Laufeld / Manderscheid
Pfarrer, Definitor
Am 2.3.1937 wegen „Katechismuswahrheiten"
eine Verwarnung sowie Androhung des Unterrichtsverbotes durch den Regierungspräsidenten.
Wegen Nichtbeflaggung der Kirche und Nichtläutens mehrere Verwarnungen durch die Gestapo. Ein Strafverfahren diesbezüglich wurde
eingestellt.

SCHANZ, FRANZ JOSEF
1891 05 31
Neunkirchen
Pfarrer
Am 3.3.1937 wegen „Katechismuswahrheiten"
eine Verwarnung sowie Androhung des Unterrichtsverbotes durch den Regierungspräsidenten.

SCHARES, NIKOLAUS
1890 08 22
Klotten
Pfarrer
Wegen Verlesens des Möldersbriefes 1941 ein
Strafbefehl über 500 RM Sicherungsgeld.
Nachforschungen bezüglich regimefeindlicher
Äußerungen des Pfarrers blieben erfolglos, da

er beim Kirchenvolk sehr beliebt war und niemals
denunziert wurde.

SCHEID, LEO
1900 04 15
Diefflen
Kaplan
Der Rektor der Volksschule zeigte Kaplan
Scheid wegen Nichtanwendens des Hitlergrußes
beim Schulrat in Merzig an. Die Sache konnte
auf schriftlichem Wege bereinigt werden.

SCHEID, NIKOLAUS
1886 09 22
Ammeldingen
Pfarrer
Am 3.5.1937 wegen Abfassung von Seelsorgebrie-
fen an die Pfarrangehörigen Verhör und Be-
schlagnahme einer Schreibmaschine durch die
Gestapo Neuerburg.
Ab dem 28.3.1939 Gehaltssperre.
Verstorben am 6.12.1959.

SCHEIDWEILER, P. HEINRICH
SVD
1902 03 09
St. Wendel
Geistlicher
1937 wegen Vergehens gegen das Heimtückegesetz zwei Monate Schutzhaft durch die Gestapo;
ein Verfahren in dieser Sache wurde eingestellt.

SCHELL, FRANZ JOSEF
1907 07 05
Staudernheim
Pfarrer
Wegen Meßfeiern mit polnischen Zivilarbeitern
angezeigt und mehrmals auf Veranlassung der Kreisleitung der NSDAP verhört.

SCHEMANN, P. WILHELM
SCJ
o.D.
Maria Martental (Kloster)
Nach einem Verhör am 10.1.1941 wurde Pater
Schemann am 17.4.1941 aus dem Regierungsbezirk
Koblenz ausgewiesen.
Verstorben am 28.1.1952.

SCHENK, WILHELM HEINRICH
1901 08 02
Niederscheidweiler
Pfarrer
1941 Unterrichtsverbot durch den Regierungspräsidenten.
Vom 1.12.1940 bis zum 31.3.1945 Gehaltssperre.

SCHERER, ALOIS
1905 05 26
Kröv
Kaplan
Am 30.12.1935 und am 11.1.1936 je ein Verhör durch den Schulrat.
Zwei Strafverfahren wegen Jugendarbeit wurden durch die Staatsanwaltschaft Koblenz eingestellt.

SCHERER, JAKOB
1896 09 28
Kurtscheid / Schuld
Pfarrvikar / Pfarrer
Im Februar 1936 wegen Vergehens gegen das Flaggengesetz ein Verhör sowie ein Strafbefehl über 100 RM Geldstrafe durch das Amtsgericht.
1941 eine Verwarnung durch die Gestapo wegen gemeinsamer Gottesdienste von Kriegsgefangenen und Gemeindemitgliedern.
1944 Einleitung eines Strafverfahrens wegen defätistischer Äußerungen.

SCHETTLE, FRANZ
1904 11 03
Koblenz (Liebfrauen)
Kaplan
Ein Strafverfahren (Pfarrer Schettle hatte einem Schüler geraten, er solle nicht ins Landjahr gehen, wenn seine Mutter damit nicht einverstanden sei) wurde 1935 von der Staatsanwaltschaft Koblenz eingestellt.

SCHEUER, THEODOR
1880 10 22
Ensch
Pfarrer
Wegen Beleidigung von Parteigenossen, „staatsfeindlicher Umtriebe" u.a. zahlreiche Verhöre und Verfahren, die aber eingestellt wurden.
Vom 8.7.1937 bis zum 18.7.1937 sowie vom 29.9.1939 bis zum 19.10.1939 Inhaftierung durch die Gestapo.
Am 19.10.1939 durch den Regierungspräsidenten Ausweisung aus der Rheinprovinz.
Vom 1.6.1940 bis zum 31.3.1945 Gehaltssperre.

SCHIEBEN, JOHANN
1867 01 25
Klausen
Pfarrer, Definitor
Am 2.3.1937 wegen „Katechismuswahrheiten" eine Verwarnung sowie Androhung des Unterrichtsverbotes durch den Regierungspräsidenten.

SCHIER, WALTER JOSEF
1909 06 24
Köllerbach
Kaplan
Als Kaplan von Köllerbach (seit 1938) ein Verhör durch die Gestapo, eine Verwarnung und Beschlagnahme von Seelsorgebriefen, die geeignet erschienen, Unruhe zu verbreiten.

SCHIFFER, ARNOLD (P. MARTIN)
OSB
1908 11 30
Trier (St. Matthias)
Nach der Ausweisung des gesamten Konvents von Trier-St.Matthias am 6.5.1941 war Pater Martin Kaplan in Güls. Dort wurde er wegen Einmischung in Eheangelegenheiten (Mischehe) am 21.5.1942 verhaftet, ins Gefängnis Koblenz und am 10.7.1942 ins KZ Dachau gebracht, aus dem er am 10.4.1945 entlassen wurde.
Lit.: 1.Weiler, 584. 2.Münch, 155f.

SCHILL, JOHANN
1879 06 17
Hüttersdorf
Pfarrer
Wegen Vergehens gegen das Heimtückegesetz am 11.1.1938 für zwei Jahre Unterrichtsverbot, Verhör sowie ein Verfahren, das am 11.5.1938 durch die Staatsanwaltschaft eingestellt wurde.
Des weiteren mehrere Strafverfahren, deren nähere Umstände nicht bekannt sind, die aber alle eingestellt wurden.

SCHILZ, JOHANN
1885 07 06
Sinzig
Pfarrer
Im Dezember 1934 wegen Predigtäußerungen angezeigt; nähere Umstände sind nicht bekannt.
1938 wurde ein Strafverfahren wegen Vergehens gegen das Flaggengesetz durch die Oberstaatsanwaltschaft Koblenz eingestellt.

SCHLAGS, WILLIBRORD
1876 03 17
Trier
Domvikar, Bistumssekretär
Im Februar und März 1942 zwei Verhöre wegen des Möldersbriefes.
Am 9.3.1942 wurde sein Büro auf die Produktion außeramtlicher, antinazistischer Schriften hin untersucht. Alle Maßnahmen wurden von der Gestapo durchgeführt.

SCHLICH, ANTON
1909 03 25
Elversberg
Kaplan
Ein Verfahren wegen Beleidigung eines NS-Lehrers wurde am 29.9.1939 eingestellt.

SCHLICH, JOHANN LUDGER
1876 03 25
Koblenz-Neuendorf
Pfarrer
Dr. theol.
Am 15.7.1941 Schreibverbot durch die Reichs-
schrifttumskammer.
Des weiteren zwei Verwarnungen durch die Gesta-
po sowie ein Freispruch in einem Verfahren we-
gen Devisenvergehens.

SCHLICHTER, PHILIPP
1895 03 24
Saarbrücken
Gefängnispfarrer
Drei Verhöre durch die Gestapo Saarbrücken,
nähere Umstände sind nicht bekannt.

SCHLICKER, JOHANN
1868 11 27
Karden
Pfarrer, Dechant
Am 21.3.1937 durch die Polizei Beschlagnahme
eines Rundschreibens des Generalvikariats
Trier sowie eines Exemplars der Enzyklika „Mit
brennender Sorge".

SCHLICKER, PETER JOSEF
1909 03 12
Neuwied / Niedermendig
Kaplan
Anzeige und Verwarnung durch die Gestapo im
Jahr 1934.
Aufgrund seines Eintretens für den kirchlichen Standpunkt in der Frage der Ehescheidung
(einem Sterbenden gegenüber, der mit einer
geschiedenen evangelischen Frau verheiratet war)
wurde der Kaplan (zusammen mit Pfarrer Bechtel)
am 9.1.1941 von der Gestapo festgenommen und
am 7.2.1941 ins KZ Dachau überstellt. Dort
wurde er am 28.3.1945 entlassen, starb jedoch
am 19.4.1945, da er sich im Lager mit Flecktyphus infiziert hatte.
Lit.: 1.Weiler, 585. 2.Münch, 69-75.

SCHLOEDER, JOHANN PETER
1889 03 04
Körperich
Pfarrer
Am 27.2.1937 wegen „Katechismuswahrheiten"
eine Verwarnung sowie Androhung des Unterrichtsverbotes durch den Regierungspräsidenten.
Des weiteren Anzeige und Verhör durch die Gestapo.

SCHLOTTMANN, BR. SIGISBERT
SCJ
o.D.

Maria Martental (Kloster)
Bruder Sigisbert wurde am 17.4.1941 aus dem
Regierungsbezirk Koblenz ausgewiesen.

SCHMIDT, ARNOLD
1882 05 04
Monreal
Pfarrer
Ein Strafverfahren wegen Vergehens gegen das
Flaggengesetz wurde 1935 eingeleitet, nähere
Umstände sind nicht bekannt.
Die Ausstellung eines Reisepasses für Italien
wurde 1938 abgelehnt, da eine Pilgerfahrt an-
genommen wurde (was unerwünscht war).

SCHMIDT, BALDUIN
1886 10 03
Trier
Geistl. Studienrat
Im September 1939 ein Verhör durch die Ge-
stapo; nähere Umstände sind nicht bekannt.

SCHMIDT, ENGELBERT
1910 10 05
Furschweiler
Kaplan
Am 12.8.1937 Unterrichtsverbot durch den Re-
gierungspräsidenten.
Ein Strafbefehl über 120 RM Geldstrafe durch
den Staatsanwalt.

SCHMIDT, JOSEF JOHANN
1882 01 31
Dommershausen
Pfarrer
Am 7.7.1941 durch die Gestapo Koblenz wegen
Abhaltens eines Gottesdienstes zu Christi Him-
melfahrt und Fronleichnam verhört.
Des weiteren aufgrund „staatsabträglicher Äu-
ßerungen" eine Verwarnung durch die Gestapo.

SCHMIDT, JULIUS
1909 12 24
Neuenahr
Kaplan
Als Kaplan von Neuenahr (seit 1938) eine Verwarnung durch die Gestapo wegen Beteiligung an
einer wehrsportlichen Übung.

SCHMITT, IGNAZ
1875 08 01
Rhens
Pfarrer
Am 12.8.1935 wegen ablehnender Haltung gegenüber der HJ Unterrichtsverbot durch den Regierungspräsidenten.
Ein Verfahren wegen Vergehens gegen das Heimtückegesetz endete am 19.7.1937 vor dem Oberlandesgericht Köln mit Freispruch.

Ein Verfahren wegen Vergehens gegen das Heim-
tückegesetz wurde 1937 durch das Sondergericht
Köln eingestellt.
Verstorben am 13.12.1952.

SCHMITT, JOHANN HEINRICH
1902 06 28
Irrel
Pfarrer, Definitor
Wegen seiner Kritik an einem Parteigenossen, der
am Sonntag eine Sammlung veranstaltet hatte,
wurde er 1942 von der Gestapo Trier zur Entrich-
tung eines Sicherungsgeldes in Höhe von 500 RM
gezwungen.

SCHMITT, JOHANN PETER
1891 11 02
Niedaltdorf
Pfarrer
Pfarrer Schmitt wurde wegen Wehrkraftzersetzung
am 16.3.1940 durch die Gestapo Ottweiler verhaftet und über Hamburg, Moabit und Sachsenhausen am 14.12.1940 ins KZ Dachau eingeliefert, wo er bis zu seiner Befreiung am 29.4.
1945 verblieb.
Gehaltssperre vom 1.4.1942 bis zum 31.3.1945.
Verstorben am 27.10.1967.
Lit.: 1.Weiler, 587. 2.Münch, 131-136.

SCHMITT, P. BERNHARD
OSB
o.D.
Trier (St. Matthias)
Pater Bernhard wurde am 6.5.1941 zusammen mit
dem Konvent Trier-St.Matthias ausgewiesen.

SCHMITT, PETER
1890 04 25
Spabrücken
Pfarrer
Am 20.2.1937 erhielt Pfarrer Schmitt durch
den Regierungspräsidenten Unterrichtsverbot,
weil er die verletzenden Angriffe eines Lehrers auf die „Katechismuswahrheiten" zurückgewiesen hatte.
Zwei Verfahren wegen Vergehens gegen das Heimtückegesetz und Beleidigung von Parteigenossen wurden durch die Staatsanwaltschaft eingestellt; desgleichen zwei Ermittlungsverfahren
der Gestapo.

SCHMITT, PETER
1894 01 09
Rodershausen
Pfarrer
Ein Verfahren der Gestapo Trier wegen Vergehens
gegen das Reichsflaggengesetz wurde 1937 eingestellt.

SCHMITT, PETER KARL
1912 06 09
Köllerbach
Kaplan
Am 10.6.1937 eine Verwarnung durch die Gestapo wegen Verteilens von Schriften.
Wegen Vergehens gegen das Heimtückegesetz
Strafanzeige sowie kurzfristige Festnahme vom
1.3.1938 bis zum 2.3.1938 durch die Gestapo. Ein
diesbezügliches Verfahren wurde am 24.5.1938
eingestellt.

SCHMITZ, AEGIDIUS
1886 05 30
Binsfeld
Pfarrer
Wegen Vergehens gegen das Heimtückegesetz am
24.12.1936 verhaftet und bis zum 2.11.1937 in
Schutzhaft behalten. Ein diesbezügliches Ver-
fahren wurde am 16.5.1938 eingestellt.
Von 1939 bis 1945 Gehaltssperre durch den Re-
gierungspräsidenten.

SCHMITZ, BR. RICHARD
SCJ
o.D.
Maria Martental (Kloster)
Bruder Richard wurde am 17.4.1941 aus dem Re-
gierungsbezirk Koblenz ausgewiesen.

SCHMITZ, CHRISTIAN APOLLINAR
1898 07 07
Sinz
Pfarrer
Wegen Verstoßes gegen das Sammlungsgesetz am
23.9.1937 eine Anklage durch die Staatsanwaltschaft; der Ausgang der Angelegenheit ist
nicht bekannt.

SCHMITZ, CHRISTOPH
1890 09 11
Hemmersdorf (St. Nikolaus)
Pfarrer
Im Mai 1939 wegen Kanzelmißbrauchs (Stellung-
nahme gegen die Gemeinschaftsschule) eine
Strafanzeige durch die Gestapo. Ein diesbe-
zügliches Verfahren wurde am 10.10.1939 ein-
gestellt.
Verstorben am 14.6.1956.

SCHMITZ, GOTTFRIED
1891 07 01
Großrosseln
Pfarrer
Wegen angeblicher Beleidigung von Parteimitgliedern in der Kirche am 26.11.1938 Unterrichtsverbot durch den Reichskommissar für
das Saarland sowie ein Verhör vor dem Kreisschulrat in Saarbrücken.

SCHMITZ, HEINRICH
1903 05 31
Kirn
Pfarrer
Auferlegung eines Sicherungsgeldes in Höhe
von 50 RM wegen der Taufe eines Kindes einer
Ostarbeiterin.
Am 10.6.1943 wegen Kommunionunterrichtes
für die Jugend eine Verwarnung durch die Ge-
stapo.

SCHMITZ, IGNAZ
1902 09 15
Sötern-Schwarzenbach
Pfarrvikar
Wegen staatsabträglichen Verhaltens zwei Verwarnungen durch die Gestapo.
Ein Strafverfahren wegen Beleidigung wurde von
der Oberstaatsanwaltschaft Koblenz eingestellt.
Ein weiteres Strafverfahren (Pfarrer Schmitz
hatte die Mädchen vor den „braunen Schweinen"
gewarnt) wurde durch das Sondergericht Köln
eingestellt.

SCHMITZ, P. JOSEF
SVD
1888 11 06
Bad Driburg
Im Zuge der Auflösung der Ordensschule und
des Missionshauses im Jahr 1940 erhielt der
Pater Ortsverweis.

SCHMITZ, JOSEF
1888 03 10
Alflen
Pfarrer
Am 20.8.1940 wegen Herabsetzung des nationalsozialistischen Muttertages eine Verwarnung
durch die Gestapo Koblenz.

SCHMITZ, JOSEF
1889 02 06
Saarburg
Geistl. Studienrat
Pfarrer Schmitz wurde am 22.9.1933 durch den
Regierungspräsidenten Trier aus dem öffentlichen Schuldienst entlassen; der Pfarrer war
vor 1933 ein engagierter Zentrumsanhänger gewesen.

SCHMITZ, LUDWIG
1906 03 25
Kirchen
Kaplan
Wegen eines Meßdienerausfluges nach Saarburg
1936/1937 eine Anzeige der Gestapo Saarbrücken.

SCHMITZ, THOMAS
1893 02 16
Peterswald
Pfarrer
1936 ein Strafverfahren wegen Vergehens gegen
das Flaggengesetz, nähere Umstände sind
nicht bekannt.

SCHMIZ, BERNHARD ALOIS
1873 02 12
Zeltingen
Pfarrer
Im Juli 1937 wegen Leitung konfessioneller
Verbände Unterrichtsverbot durch den Regie-
rungspräsidenten. Eine Anklage wegen Ver-
gehens gegen das Vereinsgesetz wurde aufgrund
einer Amnestie eingestellt.
Verstorben am 10.4.1952.

SCHNEIDER, ALOIS
1908 06 14
Ahrweiler
Geistl. Religionslehrer
Wegen angeblich staatsabträglicher Äuße-
rungen im Dezember 1939 ein Verhör durch die
Gestapo.

SCHNEIDER, HEINRICH
1901 05 28
Bullay
Pfarrvikar
Wegen Beleidigung des BDM („Entsittlichung")
vom 19.8.1941 bis zum 23.8.1941 kurzfristige
Festnahme sowie Verhör durch die Gestapo.

SCHNEIDER, JAKOB
1907 12 24
Hüttersdorf / Laufeld
Kaplan / Pfarrer
Mehrere Anklagen und Strafverfahren, die zum
Teil eingestellt wurden; zum Teil ist der
Ausgang unbekannt.
Am 3.8.1937 Unterrichtsverbot.
Aufgrund einer Neujahrspredigt, in der er Sta-
lin und Rußland erwähnt hatte, wurde Pfarrer
Schneider am 21.3.1944 duch die Gestapo ver-
haftet und am 9.8.1944 ins KZ Dachau über-
stellt, wo er am 10.4.1945 entlassen wurde.
Lit.: 1. Weiler, 588. 2. Münch, 152.

SCHNEIDER, JOHANN BAPTIST
1883 05 21
Ohlenberg
Pfarrer
Ein Verfahren wegen Beleidigung eines Partei-
mitgliedes wurde am 31.5.1938 durch die
Staatsanwaltschaft eingestellt.

SCHNEIDER, JOSEF
1908 01 06
Schweich
Kaplan
Wegen Predigtäußerungen über die Entfernung
der Kruzifixe aus den Schulen Schutzhaft vom
2.5.1939 bis zum 12.5.1939, Verhör, Verwarnung und
Beschlagnahme mehrerer Predigtmanuskripte durch
die Gestapo.

SCHNEIDER, JOSEPH
1903 04 28
Petershausen
Pfarrvikar
Wegen Äußerungen in der Kirche über die
Schule (z.B.: „Kinder, bedenkt, daß ihr
heute in eine heidnische Schule geht!") durch
das Amtsgericht Treis zu drei Monaten Gefängnis verurteilt, die er aber infolge Amnestie
nicht zu verbüßen brauchte.
1940 ein Verhör durch die Gestapo Koblenz.

SCHNEIDER, MICHAEL
1879 10 31
Kelberg
Pfarrer, Dechant
1935 ein Strafverfahren wegen Vergehens gegen
das Flaggengesetz, der Ausgang der Sache ist
unbekannt.
Ein polizeiliches Ermittlungsverfahren wegen
Vergehens gegen das Sammlungsgesetz.
Wegen Äußerungen über den Krieg am 13.9.1939
eine Verwarnung durch die Gestapo.

SCHNEIDER, PETER
1894 05 17
Bitburg / Wittlich / Weiler
Geistl. Religionslehrer / Pfarrer
1000 RM Geldstrafe, mehrere Verfahren, Verhöre und eine Verwarnung durch die Gestapo;
nähere Umstände sind nicht bekannt.
1941 Religionsunterrichtsverbot durch den Regierungspräsidenten.

SCHNEIDERS, JOHANN
1874 08 26
Bassenheim
Pfarrer, Dechant
Wegen Äußerungen gegen die Gemeinschafts-
schule am 10.5.1937 Unterrichtsverbot durch
den Regierungspräsidenten.
Verstorben am 30.12.1952.

SCHNEPP, PETER
1911 01 26
Reimsbach
Kaplan
Wegen der Verbreitung von Schriften am
3.2.1938 Verhör durch die Gestapo.

SCHOENHOFEN, JOSEF
1907 01 05
Merzig (St. Josef)
Kaplan
1939 Unterrichtsverbot durch den Reichskommissar für das Saarland.
Ein Verfahren wegen Begünstigung wurde eingestellt; nähere Umstände sind nicht bekannt.

SCHOLT, DANIEL JOHANNES
1893 02 26
Wadrill
Pfarrer
Ein Strafverfahren wegen Vergehens gegen das
Flaggengesetz wurde eingestellt.

SCHOLTES, JOHANN
1902 04 10
Niederburg
Pfarrer
Wegen eines Pfarrfamilienabends 1938 auf Veranlassung der Gestapo durch den Landrat verwarnt.

SCHOMISCH, JOSEF
1910 01 11
Saarlouis
Kaplan
Da Kaplan Schomisch 1936 der Reichstagswahl
ferngeblieben war, erhielt er am 8.5.1936
Rede- bzw. Predigtverbot durch die Gestapo.
Diese erwirkte auch seine Ausweisung aus dem
Saarland, die aber - aus unbekannten Grün-
den - zurückgezogen wurde.
Aufgrund der Anzeige eines Ortsgruppenleiters
Unterrichtsverbot durch den Kreisschulrat.

SCHRAMM, THEODOR
1888 04 02
Hostenbach
Pfarrer
Da der Pfarrer Schüler auf den Hitlergruß hin
geohrfeigt hatte, verurteilte ihn das Sondergericht Saarbrücken zu zwei Monaten Gefängnis
mit Bewährung (wegen Verstoßes gegen das Heimtückegesetz). Außerdem erhielt er am 22.9.
1936 Unterrichtsverbot.

SCHREIBER, BR. LAZARUS
SCJ
o.D.
Maria Martental (Kloster)
Bruder Lazarus wurde am 17.4.1941 aus dem Re-
gierungsbezirk Koblenz ausgewiesen.

SCHREINER, FERDINAND
1896 10 18
Üxheim

Pfarrer
Der Pfarrer wurde mehrmals von der Gestapo verhört, weil er einem Jungen vom Eintritt in die HJ abgeraten hatte, wegen Vergehens gegen das Sammlungsgesetz und wegen Verbreitung des Möldersbriefes.

SCHREINER, GEORG
1888 12 16
Forst
Pfarrer
1938 wegen Abhaltens von Religionsunterricht in Gastwirtschaftssälen Verwarnung durch den Landrat.
Verstorben am 18.4.1958.

SCHROT, NIKOLAUS
1873 06 22
Bremm
Pfarrer
Wegen Nichtbeflaggung der Kirche am Jahrestag des Marsches auf die Feldherrenhalle (9.11.) am 21.2.1936 durch das Amtsgericht Cochem zu 20 RM Geldstrafe verurteilt.
Ein Verfahren wegen Vergehens gegen das Heimtückegesetz wurde 1937 durch die Oberstaatsanwaltschaft Köln eingestellt.

SCHU, HEINRICH
1890 06 11
Lauterbach
Pfarrer
Am 2.5.1938 Unterrichtsverbot.
Wegen Kanzelmißbrauchs, Vergehens gegen das Heimtückegesetz u.a. mehrere Anzeigen, Verfahren, Verhöre, eine Hausdurchsuchung sowie Beschlagnahme persönlichen Eigentums durch die Gestapo.

SCHUETZ, KARL STEPHAN
1892 03 29
Linz
Pfarrer
Wegen Versandes religiöser Schriften an Wehrmachtsangehörige am 5.11.1940 Verwarnung durch die Gestapo.
100 RM Sicherungsgeld wegen „dogmatischer Erörterungen" sowie weitere 50 RM Sicherungsgeld, weil Pfarrer Schütz gesagt hatte, daß man in Deutschland den Kindern Christus raube.

SCHUG, PETER
1897 03 26
Herschbach / Bausendorf
Pfarrer
Fünf Verhöre durch die Gestapo; nähere Umstände sind nicht bekannt.
Ein Strafverfahren wegen Vergehens gegen das Flaggengesetz wurde 1936 mangels Beweises ein-

gestellt.
Ein Ermittlungsverfahren wegen Verstoßes gegen das Sammlungsgesetz wurde 1942 eingestellt.

SCHULZ, HERMANN
1887 11 03
Wustweiler
Pfarrer
Im Juli 1938 eine Strafanzeige durch die Gestapo Neunkirchen sowie zwei Verhöre durch Schul- und Kreisschulrat, weil Pfarrer Schulz im Religionsunterricht einen Jungen geohrfeigt hatte.

SCHULZ, JOHANNES
1884 04 03
Nickenich
Pfarrer, Definitor
Pfarrer Schulz wurde am 27.5.1940 zusammen mit dem Wassenacher Pfarrer Zilliken auf ausdrücklichen Befehl Görings verhaftet, weil sie bei einer Begegnung mit Göring auf der Terrasse eines Lokals diesen nicht gegrüßt hatten.
Gehaltssperre und Einweisung ins KZ Buchenwald.
Aus dem KZ Buchenwald am 14.12.1940 ins KZ Dachau überstellt. Dort verstarb der Pfarrer am 19.8.1942.
Lit.: 1.Weiler, 591. 2.Münch, 21-32.

SCHULZ, RUDOLF
1908 02 14
Münstermaifeld / Besseringen
Kaplan
Da Kaplan Schulz Schulkindern untersagt hatte, in der Kirche das Gebet „Gott erhalte unseren Führer" zu sprechen, erhielt er am 3.9.1937 Unterrichtsverbot. Ein Strafverfahren wurde jedoch am 14.5.1938 eingestellt.

SCHUMACHER, JAKOB
1913 09 30
Merzig (St. Josef)
Kaplan
Am 28.3.1938 Unterrichtsverbot durch den Reichskommissar für das Saarland.

SCHUMANN, CLEMENS MATTHIAS
1894 04 23
Lützkampen
Pfarrer
Am 27.2.1937 wegen „Katechismuswahrheiten" eine Verwarnung durch den Regierungspräsidenten.
Am 23.5.1937 wegen Seelsorgebriefen, die sich mit der Bekenntnisschule befaßten, Beschlagnahme einer Schreibmaschine durch die Gestapo.
Der Ausgang eines diesbezüglichen Verfahrens

wegen Vergehens gegen das Heimtückegesetz ist nicht bekannt.

SCHUR, JOHANNES (P. GEORG)
OCR
1876 02 18
Maria Wald (Kloster)
Pater Georg wurde 1941 durch die Gestapo aus dem Trappistenkloster in der Eifel in seinen Heimatort Freudenfier (Kreis Deutsch Krone) ausgewiesen.
Verstorben am 10.10.1945.
Lit.: Schulz, Johannes: Die Vollendeten. Vom Opfertod grenzmärkischer Priester 1945/46. Berlin 1957, 99-102.

SCHUSTER, KARL EDUARD
1893 01 03
Oberkirchen
Pfarrer
Wegen Beleidigung der Toten des 9. Novembers (Hitlerputsch 1923) eine Anzeige durch die Gestapo (der Pfarrer hatte die Niederlegung eines Kranzes mit Hakenkreuz in der Kirche verboten).
Wegen Leitung konfessioneller Verbände ein Verhör durch den Landrat in Baumholder.

SCHWAHN, JOHANN
1898 09 21
Eschfeld
Pfarrer
Am 27.2.1937 wegen „Katechismuswahrheiten" eine Verwarnung sowie Androhung des Unterrichtsverbotes durch den Regierungspräsidenten.
Verstorben am 17.1.1952.

SCHWARZ, ALOIS
1912 10 24
Saarbrücken (St. Josef)
Kaplan
Kurzfristige Festnahme vom 20.6.1940 bis zum 29.6.1940 durch die Gestapo, da Kaplan Schwarz polnische Kriegsgefangene zuerst gegrüßt haben sollte. 1941 ein Verhör durch die Gestapo.

SCHWARZ, MICHAEL
1881 03 02
Zell
Pfarrer
Ein Verfahren wegen Vergehens gegen das Sammlungsgesetz wurde 1939 vom Amtsgericht Cochem eingestellt.
Am 21.5.1941 durch die Gestapo eine Verwarnung wegen Vergehens gegen die Verordnung über den Himmelfahrtstag.

SCHWARZ, PAUL
1910 09 20
Mayen
Kaplan
Am 20.6.1938 wegen der Beteiligung an einer wehrsportlichen Übung Verwarnung durch die Gestapo Koblenz.

SCHWICKERATH, WILHELM
1898 01 04
Trier
Domvikar, Leiter der Bistumskasse
Dr. theol.
Im Februar 1942 wegen Verbreitung der „Programmpunkte der nationalen Reichskirche Deutschlands" von der Gestapo verhört.
Verstorben am 27.9.1953.

SEIBERT, FRIEDRICH
1874 10 05
Andernach
Pfarrer, Dechant
Ein Strafverfahren wegen Verbreitung von Flugblättern für die Bekenntnisschule wurde 1937 von der Staatsanwaltschaft Koblenz eingestellt.
Am 1.4.1939 wegen Einladung zu einer Missionsschulwoche eine Verwarnung durch die Gestapo Koblenz.

SELIGER, ALFONS
1897 10 12
Schiffweiler
Pfarrer
Die Gestapo Saarbrücken erstattete im Mai 1939 Strafanzeige gegen Pfarrer Seliger, weil er auf die Unvereinbarkeit von SS-Zugehörigkeit und Kirchenmitgliedschaft hingewiesen hatte. Ein diesbezügliches Verfahren wurde im September 1939 eingestellt.

SEUL, ENGELBERT
1915 11 11
Trier
Theologiestudent
Aufgrund angeblicher Verächtlichmachung nationalsoialistischer Symbole im Oktober/November 1937 Verwarnung und Verhör durch die Gestapo Trier.
Engelbert Seul wurde 1947 zum Priester geweiht.

SIFFRIN, P. PETRUS
OSB
1888 10 01
Trier (Abtei Sion)
Pater Petrus wurde am 6.5.1941 zusammen mit dem Konvent Trier-St.Matthias ausgewiesen.

SIMONIS, NIKOLAUS
1868 06 01
Großmaischeid
Pfarrer
Am 26.4.1933 durch ein Amtsgericht zu 21 RM
Geldstrafe verurteilt, weil der Pfarrer am 26.
2.1933 zwei öffentliche politische Versamm-
lungen veranstaltet und geleitet hatte.
Verstorben am 25.8.1933.

SOSSONG, PHILIPP
1901 11 20
Freisen / Trier (St. Martin) / Perscheid
Kaplan / Pfarrer
Wegen Pfarrer Sossongs Beziehungen zum Jugendhaus Düsseldorf vom 8.9.1935 bis zum 10.12.1935
Unterrichtsverbot durch den Regierungspräsidenten
sowie kurzfristige Festnahme und strenges Verhör durch die Gestapo.
Wegen Verweigerung des Hitlergrußes kurzfristige Festnahme und Verhör durch die Gestapo.

SPANIER, HERMANN
1910 04 26
Norheim
Kaplan
Aufgrund eines Gottesdienstes für polnische
Zivilarbeiter erhielt Kaplan Spanier am
28.2.1942 eine Verwarnung durch die Gestapo.

SPARGEL, P. JOHANNES
CM
1885 10 27
Niederprüm
Aufgrund staatsfeindlichen Verhaltens mehrere
Verhöre und Verwarnungen durch die Gestapo.

SPECHT, AUGUST
1874 09 01
Wawern
Pfarrer
Am 2.3.1937 wegen „Katechismuswahrheiten"
eine Verwarnung sowie Androhung des Unter-
richtsverbotes durch den Regierungspräsiden-
ten.
Ein Verfahren wegen Beleidigung eines Partei-
mitgliedes wurde 1937 aufgrund gütlicher
Einigung eingestellt.
Verstorben am 7.10.1957.

SPEICHER, JOHANN FRIEDRICH
1892 03 06
Mudersbach
Pfarrer
Ein Strafverfahren wegen Vergehens gegen
das Sammlungsgesetz.

STAENDER, BR. MARKUS
SCJ
o.D.
Maria Martental (Kloster)
Nach einem Verhör am 10.1.1941 wurde Bruder
Markus am 17.4.1941 aus dem Regierungsbezirk
Trier ausgewiesen.

STAMMER, THEO
1913 09 03
Greußen, Thüringen / Großrosseln
Kaplan
Zu Beginn des Krieges als Seelsorger für die
Evakuierten in Greußen (Thüringen) an der Be-
nutzung der zur Verfügung gestellten evange-
lischen Kirche durch Eingreifen der örtlichen
NSDAP gehindert. Durch den Ortsgruppenleiter
Verbot jeder religiösen Betätigung (Juni 1940)
sowie zahlreiche Schikanen. Einen Ausweisungsbefehl ignorierte der Kaplan; durch Fürsprache
eines evakuierten Lehrers beim Bürgermeister
konnten schärfere Maßnahmen abgewendet werden.
Durch die Gestapo Verbot der Abhaltung eines
Polengottesdienstes in der Kirche. Verhör und
Androhung von KZ-Haft durch den Ortsgruppenleiter.
Fronleichnam 1941 in Großrosseln wegen
angeblichen Abhörens ausländischer Sender von
einem NSDAP-Mitglied denunziert. Nach ergebnis-
loser Haussuchung keine weitere Verfolgung des
Falles.

STEFFEN, ERNST
1872 10 25
St. Goar
Pfarrer, Definitor
Wegen Äußerungen über die konfessionellen
Schulen, die Sittlichkeitsprozesse und die Jugenderziehung am 22.5.1937 eine ernste Verwarnung durch den Amtsbürgermeister „im Auftrage des Herrn Ministerpräsidenten und Gene-
ralobersten Göring".

STEFFEN, MARTIN
1901 02 20
Trier
Geistl. Religionslehrer
1937 durch „ministeriellen Erlaß" aus dem
Schuldienst entlassen.

STEIL, HEINRICH JOHANN ANTON
1879 06 13
Kettig
Pfarrer
Am 16.1.1942 wegen Gottesdienstes für polnische Zivilarbeiter eine Verwarnung durch
die Gestapo.

STEIN, JOHANN
1874 02 23
Koblenz-Arzheim
Pfarrer
Ein Strafverfahren wegen Vergehens gegen das
Sammlungsgesetz; nähere Angaben fehlen.
Verstorben am 28.8.1938.

STEIN, JOHANN JOSEF
1892 02 15
Trier (St. Bonifatius)
Pfarrvikar
Wegen angeblichen Verstoßes gegen das Samm-
lungsgesetz 13 Verhöre durch die Gestapo; ein
diesbezügliches Verfahren wurde aufgrund von
Amnestie eingestellt.

STEIN, JOSEF
1894 04 07
Rockeskyll
Pfarrer
1937 ein Strafverfahren wegen Vervielfältigung
von Seelsorgebriefen.

STEIN, WILHELM JOSEF
1899 09 13
Birkenfeld
Pfarrer
1937 beschlagnahmte die Gestapo aus unbekannten Gründen Pfarrer Steins Schreibmaschine.

STEINBACH, BERNHARD
1885 03 18
Boos
Pfarrer
Ein Strafverfahren aufgrund Vergehens gegen
das Flaggengesetz; nähere Angaben fehlen.

STEINBACH, FRITZ (P. REGINALDUS)
OSB
1897 08 28
Trier (St. Matthias)
Am 9.12.1937 eine Anklage wegen Vergehens gegen den Kanzelparagraphen, der Ausgang der Angelegenheit ist nicht bekannt.
Pater Reginaldus wurde am 6.5.1941 zusammen
mit dem Konvent Trier-St. Matthias ausgewiesen.

STEINMETZ, PETER
1900 10 24
Waldböckelheim
Pfarrer
Durch die Gestapo mehrere Verhöre wegen Jugendarbeit.
Zwei Verfahren wegen Betätigung in konfessionellen Jugendverbänden bzw. Vergehens gegen
das Heimtückegesetz wurden eingestellt.

STEINWINTER, LUDWIG
1908 01 06
Völklingen
Kaplan
Am 30.8.1937 Unterrichtsverbot; nähere Um-
stände sind nicht bekannt.

STINNER, HEINRICH JOSEF
1894 03 05
Freisen
Pfarrer
Viele Verhöre (alle zwei bis drei Monate) durch die
Gestapo Koblenz.
Ein Verfahren wegen Verstoßes gegen das
Reichsflaggengesetz wurde eingestellt.

STOCK, P. AMBROSIUS
OSB
1891 01 02
Trier (St. Matthias)
Pater Ambrosius wurde am 6.5.1941 zusammen mit
dem Konvent Trier-St.Matthias ausgewiesen.

STOCK, WILHELM
1906 05 15
Sulzbach / Völklingen
Geistl. Religionslehrer
Pfarrer Stock durfte ab 1938 das Fach Geschichte, für das er ebenfalls Fakultas besaß,
nicht mehr lehren.

STOCKHAUSEN, HUBERT
1911 01 12
Trier
Theologiestudent
Wegen Vergehens gegen das Heimtückegesetz am
8.6.1936 zu zwei Monaten Gefängnis verurteilt.
Hubert Stockhausen wurde 1937 zum Priester geweiht.

STRAUSS, MATTHIAS
1893 09 05
Demerath
Pfarrer
Weil Pfarrer Strauß Gemeinderatsmitglieder
als „Gesinnungslumpen" bezeichnet hatte, erhielt
er am 9.8.1935 Unterrichtsverbot und einen
Strafbefehl über eine Geldstrafe, deren Höhe
nicht bekannt ist.
Nachdem der Pfarrer einen Maler dazu veranlaßt hatte, ein Wappenbild zu verfertigen,
das ein Hakenkreuz darstellte, aus dem drei
Blitze auf die Pfarrkirche zu Demerath zielten,
wurde er am 22.6.1935 verhaftet und bis zum
9.9.1935 in Untersuchungshaft genommen. Wegen Vergehens gegen das Heimtückegesetz vom Sondergericht Köln zu einer
Gefängnisstrafe von einem Jahr unter Anrechnung der Untersuchungshaft verurteilt.

STRUPP, JOHANNES
1886 05 09
Altforweiler
Pfarrer
Auf Veranlassung des Volksgerichtshofes Berlin
am 1.8.1944 unter der Anklage der Wehrkraftzersetzung verhaftet. Der Haftbefehl wurde
am 21.4.1945 aufgehoben.

STURM, JAKOB
1873 11 14
Trier
Domvikar, Bistumssekretär
Im Februar 1942 wegen Verbreitung der „30
Programmpunkte der nationalen Reichskirche" ein
Verhör durch die Gestapo.

SUESS, PETER
1872 04 21
Schweich
Pfarrer, Dechant
Dr. phil. et theol.
Am 2.3.1937 wegen „Katechismuswahrheiten"
eine Verwarnung sowie Androhung des Unterrichtsverbotes durch den Regierungspräsidenten in Trier.
Wegen Leitung der „Sturmschar" sprach der Regierungspräsident am 15.7.1937 das Unterrichtsverbot aus.

TAMBLE, JOHANN
1884 11 05
Brachbach
Pfarrer
Wegen Verweigerung des „Deutschen Grußes",
Führung konfessioneller Verbände u.a. mehrere Verhöre durch die Gestapo sowie am 26.4.
1937 eines vor dem Amtsbürgermeister.
Ein Verfahren wegen Vergehens gegen das Heimtückegesetz wurde eingestellt.
Da Pfarrer Tamble am Heldengedenktag die Kinder
nach dem Gottesdienst in der Kirche zurückbe-
halten hatte, so daß sie an der weltlichen
Feier nicht teilnehmen konnten, erhielt er
am 11.5.1937 Unterrichtsverbot durch den Regierungspräsidenten.

TERSTEGGE, P. HUBERT
OCR
1905 05 28
Diefflen
Hausgeistlicher
Wegen Vergehens gegen das Heimtückegesetz am
9.10.1937 verhaftet und bis zum 9.3.1938 in
Schutzhaft gehalten. Ein diesbezügliches Ver-
fahren wurde eingestellt.

THEES, JOHANN
1876 05 11
Mayen
Pfarrer, Dechant
Wegen Verkaufs von Broschüren in der Kirche
1935 eine Anzeige; der Ausgang der Angelegen-
heit ist unbekannt.
Verstorben am 16.8.1958.

THEIS, JOHANN
1873 12 03
Ehrang
Pfarrer, Definitor
Wegen Vergehens gegen den Kanzelparagraphen
(„Die Führer des Dritten Reiches sind Lumpen
und Lumpengesindel!") wurde Pfarrer Theis am
16.6.1935 verhaftet und bis zum Prozeß am
18.12.1935 in U-Haft gehalten. Ab 15.11.1935 Unterrichtsverbot durch den Regierungspräsidenten. Schließlich wurde der Pfarrer von der
großen Strafkammer Trier zu acht Monaten Gefängnis unter Anrechnung der Untersuchungshaft verurteilt.
Von 1940 bis 1945 Gehaltssperre.

THEIS, LORENZ
1914 06 27
Cochem
Kaplan
1944 durch den Regierungspräsidenten Unterrichtsverbot für die höheren Schulen Cochems.

THEIS, NIKOLAUS
1883 01 26
Trier-Euren
Pfarrer
Pfarrer Theis wurde am 6.7.1937 verhaftet
und erst am 22.10.1937 nach Stellung einer Geld-
kaution (Höhe unbekannt) von der Gestapo
wieder freigelassen. Dies alles, weil er einen
Jungen, der vor dem „Stürmer"-Kasten stand,
weggezogen und geohrfeigt hatte.
Des weiteren mehrere Verhöre durch die Gestapo.
Verstorben am 2.9.1952.

THEISEN, HEINRICH
1907 10 13
Bous
Kaplan
Am 13.9.1935 wegen Überschreitung des Züch-
tigungsrechtes durch das Landgericht Saarbrük-
ken zu 200 RM Geldstrafe verurteilt. In einem
Berufungsverfahren durch das Oberlandesgericht
Köln freigesprochen.
Am 26.7.1936 wegen unkorrekten Erwiderns des
Hitlergrußes eine Verwarnung durch den Re-
gierungspräsidenten in Koblenz.

THIEL, MICHAEL (BR. CHRYSOLOGUS)
CFMMA
o.D.
Trier
Bruder Chrysologus wurde wegen angeblicher Devisenvergehen verhaftet und angeklagt, nähere Umstände sind nicht bekannt.

THIELEN, JOHANN
1896 02 19
Hallschlag
Pfarrer
Am 17.7.1937 aufgrund einer Anzeige, in der dem Pfarrer Sabotage des Vierjahresplanes vorgeworfen wurde, ein Verhör durch die Gestapo. Dies alles, weil er von der Kanzel eine Geschichte verlesen hatte, in der berichtet wurde, wie jemand, der Sonntagsarbeit verrichtete, offensichtlich von Gott bestraft wurde.

THIELMANN, P. JAKOB
CSSR
o.D.
Ein Verfahren wegen angeblichen Devisenvergehens und wegen Bestechung wurde am 24.5.1938 eingestellt; nähere Umstände sind nicht bekannt.

THOENES, MATTHIAS
1897 02 22
Lissendorf
Pfarrer
Wegen Vergehens gegen das Sammlungsgesetz ein Strafbefehl über 80 RM Geldstrafe durch das Amtsgericht Hillesheim.
Wegen Vereinsarbeit ein Verhör vor dem Bürgermeister.

THOMAS, PETER ALOIS
1896 01 18
Trier
Bistumsarchivar
Dr. theol.
Im Zusammenhang mit den „Programmpunkten der nationalen Reichskirche Deutschlands" ein Verhör durch die Gestapo Trier.

THOME, PETER
1910 01 19
Saarbrücken (St. Michael)
Kaplan
In Sachen der aufgelösten katholischen Jugendverbände eine Hausdurchsuchung, mehrere Verhöre sowie vom 15.11.1937 bis zum 20.11.1937 Schutzhaft durch die Gestapo.

THOMES, MICHAEL
1876 10 29
Daun
Pfarrer, Dechant

Am 3.3.1937 wegen „Katechismuswahrheiten" eine Verwarnung sowie Androhung des Unterrichtsverbotes durch den Regierungspräsidenten.

THOMES, PETER
1886 02 22
Kostenbach
Pfarrer
Wegen Kanzelmißbrauchs am 4.5.1937 Unterrichtsverbot sowie am 9.7.1937 durch das Landgericht Trier Verurteilung zu zwei Monaten Gefängnis. Pfarrer Thomes hatte gesagt, in Deutschland werde in übelster Weise schlimmer gegen Papst, Bischöfe, Priester und Sakramente gehetzt, „als früher durch die schlimmsten Kommunisten".
Vom 1.4.1939 bis zum 31.3.1945 Gehaltssperre; der finanzielle Verlust des Pfarrers wird mit 21060 RM angegeben.

THOMMES, KARL
1892 03 01
Wittlich
Pfarrer
Es fand ein Verfahren statt, nähere Umstände sind jedoch nicht bekannt.

THULL, JAKOB
1898 11 11
Morbach
Pfarrer, Definitor
Am 3.10.1941 ein Verhör durch die Gestapo, zudem fand ein Verfahren statt. Des weiteren hatte der Pfarrer Gehaltssperre; nähere Umstände sind jedoch nicht bekannt.

TILTZ, ANTON (P. JOSEF)
SDB
1900 10 15
Essen / Trier
Kaplan
Insgesamt zehn Verhöre durch die Gestapo. Beschlagnahme von Büchern. 1941 mehrere Monate lang Post- und Telefonüberwachung durch die Gestapo. Am 5.8.1941 wurde von der Gestapo ein Aufenthaltsverbot für das Rheinland und für Westfalen erlassen. Eine gerichtliche Untersuchung durch Amts- und Landgericht endete mit Zahlung von 400 RM Geldstrafe und 500 RM Sicherungsgeld. Des weiteren Verhör und Verwarnung durch den Kreisleiter. 1943 Androhung von KZ-Haft durch die Gestapo.

TRAEM, FRANZ
1910 02 27
Besseringen
Kaplan
Am 22.5.1936 wegen Angriffen gegen die NS-

Schwesternschaft sowie angeblichen Verbotes des Gebetes für den Führer ein Verhör durch die Gestapo.

TRAUT, JOSEF
1875 01 23
Saarbrücken
Pfarrer, Definitor
Am 8.11.1937 Unterrichtsverbot durch den Kreisschulrat.
Wegen eines Vergehens gegen das Sammlungsgesetz (Spenden für Fronleichnamsprozessionsaltäre) ein Strafbefehl über 150 RM.
Mehrere Verfahren wurden durch die Staatsanwaltschaft eingestellt.
Wegen Äußerungen über die Gemeinschaftsschule und die Sittlichkeitsprozesse sowie wegen Beleidigung zahlreiche Anzeigen und Verhöre durch die Gestapo.
Verstorben am 31.1.1959.

TRESSEL, JOHANN
1870 09 14
Bernkastel
Pfarrer, Definitor
Aufgrund staatsfeindlicher Äußerungen ein Strafverfahren.

TRESSEL, JOHANN
1902 06 10
Marpingen
Kaplan
Am 28.10.1937 Unterrichtsverbot durch den Reichskommissar für das Saarland.

UHL, KARL
1890 06 18
Bubach
Pfarrer
Wegen Überschreitens des Züchtigungsrechtes eine Strafanzeige durch die Gestapo sowie ein Verhör vor dem Kreisschulrat; der Ausgang der Angelegenheit ist nicht bekannt.
Verstorben am 4.5.1953.

ULRICH, HEINRICH PETER
1908 02 16
Saarbrücken
Pfarrer
Am 26.2.1937 wegen „Katechismuswahrheiten" eine Verwarnung sowie Androhung des Unterrichtsverbotes durch den Reichskommissar Saarland.
Da Pfarrer Ulrich eine Predigt des Dompfarrers Kraus von Eichstätt weiterverbreitet hatte, nahm ihn die Gestapo vom 7.8.1937 bis zum 19.2.1938 in Schutzhaft. Ein diesbezügliches Verfahren wegen Vergehens gegen das Heimtückegesetz wurde am 15.7.1938 eingestelltt.

UMMENHOFER, BR. TITUS
OSB
o.D.
Trier (St. Matthias)
Bruder Titus wurde am 6.5.1941 zusammen mit dem Konvent Trier-St.Matthias ausgewiesen.

UNGEHEUER, JOSEF
1909 12 23
Boppard
Kaplan
Ein Strafverfahren wegen konfessioneller Jugendarbeit; nähere Umstände sind nicht bekannt.

UNKEL, HEINRICH
1888 05 17
Saarlouis (St. Ludwig)
Pfarrer
1938 Unterrichtsverbot; nähere Umstände sind nicht bekannt.

UNKELL, FRANZ JOSEF
1882 01 21
Bickenbach / Dorsel
Pfarrer
Verschiedene Strafverfahren, 500 RM Geldstrafe sowie Schutzhaft vom 31.8.1937 bis zum 21.4. 1938 u.a., weil Pfarrer Unkell in einer Predigt kritisch die Sterilisationsgesetze abgehandelt hatte. 1938 wurde er aus Deutschland ausgewiesen und lebte bis Kriegsende in der Schweiz (der Pfarrer besaß die deutsche und die schweizerische Staatsbürgerschaft).
Zudem Gehaltssperre von 1938 bis 1945.

UTHOFF, JOSEF
1871 08 02
Urmitz
Pfarrer
Vom 3.8.1934 bis zum 5.8.1934 kurzfristige Festnahme; am 1.9.1937 Unterrichtsverbot; nähere Umstände sind nicht bekannt.

VALERIUS, JAKOB
1882 10 18
Burg
Kaplan
Am 25.2.1936 eine Verwarnung durch die Gestapo; nähere Angaben fehlen.

VEAUTHIER, JOSEF
1902 08 28
Daun
Kaplan
Am 28.3.1940 verhaftet und verhört. Bis zum 5.5.1940 unter dem Verdacht des Vergehens gegen das Heimtückegesetz auf Veranlassung des Oberstaatsanwalts beim Sondergericht Köln in

Untersuchungshaft gehalten. Dem Kaplan wurde u.a. vorgeworfen, er habe gegen Anordnungen Hitlers gehetzt, den Engländern Kriegsglück gewünscht sowie Propaganda für religiöse Schriften betrieben - er hatte Schulkinder auf das Trierer Bistumsblatt „Paulinus" hingewiesen.

VLATTEN, JAKOB
1881 05 08
Bingerbrück / Kreuznach
Pfarrer, Definitor
Wegen einer althergebrachten Prozession eine „strafrechtliche Verfolgung" durch das Landratsamt; nähere Umstände sind nicht bekannt.

VOGEL, BERNHARD
1901 04 25
Rehlingen
Kaplan
Wegen Betätigung in konfessionellen Jugendverbänden u.a. mehrere Verhöre durch die Gestapo sowie mehrere Verfahren, die jedoch von der Staatsanwaltschaft wieder eingestellt wurden.
Des weiteren 100 RM Geldstrafe.

VOLK, RUDOLF
1894 08 17
Malberg
Pfarrer
Am 1.9.1944 entzog sich Pfarrer Volk durch Flucht dem Versuch der SS, ihn zu erschießen.

VOLXEM, JOSEF VAN
1872 05 10
Burgbrohl
Pfarrer, Definitor
Ein Strafverfahren aufgrund Vergehens gegen das Reichsflaggengesetz.

WAEGER, FRIEDRICH
1882 10 16
Urschmitt
Pfarrer
Wegen Verweigerung des Hitlergrußes und Arbeit in konfessionellen Jugendverbänden am 15.2. 1937 Unterrichtsverbot durch den Regierungspräsidenten in Koblenz.
Verstorben am 28.11.1952.

WAGNER, ANTON
1873 06 14
St. Aldegund
Pfarrer
Am 21.5.1941 aufgrund eines Verstoßes gegen das Feiertagsrecht (Himmelfahrtstag) eine Verwarnung durch die Gestapo.

WAGNER, JOHANN JAKOB
1867 07 13
Lehmen (Kloster)
Pfarrer, Dechant i.R.
Am 21.12.1934 eine Verwarnung durch die Gestapo; nähere Angaben fehlen.

WAGNER, JOHANNES
1908 02 05
Trier
Bistumssekretär
Ein Verfahren wegen Vergehens gegen das Heimtückegesetz wurde am 24.5.1938 eingestellt.
Am 2.9.1938 ein Verhör wegen eines Hirtenbriefes der Fuldaer Bischofskonferenz.

WAGNER, VIKTOR
1909 05 02
Kruft
Kaplan
Wegen Überschreitens des Züchtigungsrechtes sowie Führung eines konfessionellen Vereines am 28.5.1937 Unterrichtsverbot und ein Strafbefehl über 100 RM Geldstrafe durch den Regierungspräsidenten.
Am 12.8.1937 ein Strafverfahren vor der Großen Strafkammer des Landgerichts Koblenz.
Nähere Umstände dieser Angelegenheit sind nicht bekannt.

WAGNER, WILHELM
1896 03 07
Trier
Caritasrektor
Am 13.1.1936 Unterrichtsverbot für das Caritas-Schwesternseminar in Trier durch den Oberpräsidenten der Rheinprovinz.

WAHRHEIT, JOHANN
1885 12 28
Altenkessel
Pfarrer
Wegen Vergehens gegen die Verordnung zum Schutz von Volk und Staat (Pfarrer Wahrheit hatte in der Kirche auf den Kirchenaustritt eines Ehepaares hingewiesen) eine Strafanzeige der Gestapo Saarbrücken. Ein diesbezügliches Verfahren wurde am 5.11.1938 eingestellt.

WEBER, ALOIS
1889 12 03
Gerolstein
Pfarrer, Dechant
Ein Verfahren wegen Vergehens gegen das Sammlungsgesetz wurde am 13.6.1938 durch die Oberstaatsanwaltschaft Trier eingestellt.
Wegen Verstoßes gegen die Verdunkelungsvorschriften im Krieg Strafbefehle über 50 RM und 10 RM Geldstrafe.

WEBER, BR. GERHARD
OSB
o.D.
Trier
Bruder Gerhard wurde am 6.5.1941 zusammen mit
dem Konvent Trier-St.Matthias ausgewiesen.

WEBER, ERNST
1915 11 10
Trier
Theologiestudent
Aufgrund angeblicher Verächtlichmachung natio-
nalsozialistischer Symbole im Oktober/November
1937 Verhör und Verwarnung durch die Gestapo
Trier.
Ernst Weber wurde 1946 zum Priester geweiht.

WEBER, NIKOLAUS
1882 10 23
Oberwinter
Pfarrer
Wegen Verbreitung einer Schmähschrift gegen
Geistliche, zu der er bemerkte, so etwas sei
vor dem Dom zu Speyer von HJ-Angehörigen ver-
teilt worden, Anzeige und Verhör durch die Gestapo.
Verstorben am 13.11.1957.

WEBER, PAUL
1913 07 09
Neunkirchen (Herz Jesu)
Kaplan
Am 26.4.1938 Unterrichtsverbot durch den
Reichskommissar für das Saarland.

WEBER, PETER
1892 03 18
Klarenthal
Pfarrer
Pfarrer Weber hatte als Evakuiertenseelsorger,
als die deutschen Truppen vor Warschau standen,
im Hinblick auf das Los der Evakuierten gesagt,
Saarbrücken sei ihm aber lieber als Warschau. Deshalb nahm ihn die Gestapo vom 9.9.1939 bis
18.9.1939 in Schutzhaft und verhörte ihn.

WEBER, THEODOR
1905 04 15
Saarbrücken (St. Michael) / Prüm
Kaplan / Subdirektor des Konvikts
Wegen seines Verhaltens bei der Auflösung der
katholischen Jugendverbände nahm die Gestapo
Pfarrer Weber am 27.11.1937 kurzfristig fest.
Wegen seines staatsfeindlichen Verhaltens bei
der Vernehmung durch die Beamten der Gestapo
erhielt er am 8.12.1937 Unterrichtsverbot.
Aufgrund von Predigtbemerkungen („der Glaube
ist in Gefahr") Verhör, Hausdurchsuchung und
Anzeige durch die Gestapo. Ein diesbezügliches
Verfahren wurde am 17.8.1938 eingestellt.

WECKBECKER, HEINRICH
1905 08 03
Irrel
Pfarrer
Wegen Vergehens gegen das Sammlungsgesetz am
26.8.1939 ein Strafbefehl über 200 RM Geldstrafe.

WEIER, ALOIS
1916 12 28
Trier
Theologiestudent
Wegen angeblicher Verhöhnung nationalsoziali-
stischer Symbole im Oktober/November 1937 Ver-
hör und Verwarnung durch die Gestapo Trier.
Alois Weier wurde 1945 zum Priester geweiht.

WEILER, NIKOLAUS
1884 12 17
Bliesen
Pfarrer
Im August 1935 wegen seines Verhaltens gegen-
über der Hitlerjugend eine Verwarnung durch
die Gestapo.
Vom 4. bis zum 5.4.1936 aufgrund einer „Nein"-
Stimme bei der Reichstagswahl kurzfristige
Festnahme und Verhör durch die Gestapo.
Pfarrer Weber erhielt am 2.6.1938 wegen seines
Verhaltens gegenüber der Hitlerjugend Unter-
richtsverbot durch den Reichskommissar für das
Saarland.
Des weiteren wegen Überschreitung des Züch-
tigungsrechts und wegen Vergehens gegen das
Reichsflaggengesetz verschiedene Verfahren,
die aber eingestellt wurden.
Zudem Gehaltssperre von 1940 bis 1945.

WEILER, PETER
1911 09 16
Neunkirchen (St. Marien)
Kaplan
Am 23.12.1937 Unterrichtsverbot durch den Regierungspräsidenten.
Aufgrund Vergehens gegen das Heimtückegesetz
zwei Anzeigen und zwei Verhöre durch die Gestapo. Ein diesbezügliches Verfahren wurde
am 14.5.1938 durch die Staatsanwaltschaft eingestellt.

WEINANDY, NIKOLAUS
1878 07 27
Orenhofen
Pfarrer
Am 6.7.1937 Unterrichtsverbot durch den Re-
gierungspräsidenten.
Wegen Vergehens gegen das Heimtückegesetz,
das Sammlungsgesetz und den Kanzelparagraphen

mehrere Verfahren vor dem Sondergericht Köln,
die alle mit Freispruch endeten.
Seit 1940 Gehaltssperre.

WEIRICH, JOHANN
1889 08 23
Waxweiler
Pfarrer, Dechant
Am 27.2.1937 wegen „Katechismuswahrheiten"
Verwarnung sowie Androhung des Unterrichtsver-
botes.
Wegen Predigtäußerungen zwei Verhöre durch
die Gestapo.

WEIS, MATTHIAS
1882 11 27
Helfant / Trier (St. Antonius)
Pfarrer
Dr. theol.
Am 2.3.1937 wegen „Katechismuswahrheiten"
und wegen Verstoßes gegen das Sammlungsgesetz
eine Verwarnung durch die Gestapo.
Am 23.3.1940 wegen staatsabträglichen Verhaltens Ausweisung aus dem Rheinland und Westfalen durch Gestapo und Kreisleitung der NSDAP.
Drei Gesuche des Generalvikars um Zurücknahme
der Ausweisung und ein Telegramm des Bischofs
in dieser Sache wurden negativ beschieden.

WEITEN, JAKOB (BR. SALVUS)
SVD
o.D.
St. Wendel
Bruder Salvus wurde am 7.8.1937 inhaftiert;
nähere Umstände sind nicht bekannt.

WEITEN, PETER
1875 02 10
Niederbreisig
Pfarrer i.R.
Am 2.12.1942 eine Verwarnung durch die
Gestapo.
Pfarrer Weiten gehört zur Diözese Superior
im Staat Wisconsin in den USA.

WELTER, HUGO
1905 10 15
Bingerbrück
Kaplan
Ein Verfahren wegen Verstoßes gegen das
Heimtückegesetz.

WEMBER, P. JOHANNES
MSF
o.D.
Betzdorf (Missionshaus)
Pater Wember war 1935 in Untersuchungshaft,
nähere Umstände sind nicht bekannt.

WENDLING, JOHANN
1874 11 18
Bad Salzig
Pfarrer
1942 wurde ein Strafverfahren durch die Oberstaatsanwaltschaft Koblenz eingestellt; nähere Angaben fehlen.

WERDING, PETER JOSEF
1873 06 01
Mesenich
Pfarrer
Wegen Abhörens ausländischer Sender am 25.
11.1939 verhaftet und bis zum Prozeß am 22.
4.1940 in Untersuchungshaft gehalten. Durch
das Sondergericht Köln zu einer Zuchthausstrafe von einem Jahr und sechs Monaten unter
Anrechnung der Untersuchungshaft verurteilt.
Ab dem 1.3.1940 Gehaltssperre. Die Maßnahme
wurde durch das Amtsgericht Koblenz verhängt.

WESSEL, FRIEDRICH
1879 06 24
Bad Kreuznach
Pfarrer, Dechant
Am 12.11.1938 eine Verwarnung durch die
Gestapo; nähere Angaben fehlen.

WICKERT, JAKOB
1880 02 24
Trier
Geistl. Studienrat
Dr. theol.
Am 9.9.1933 wegen Äußerungen vor Schülern
(Näheres nicht bekannt) ein Verhör durch den
Oberschulrat.
Am 1.4.1934 Zwangspensionierung durch den
Regierungspräsidenten in Trier.

WIEGAND, KARL JOSEF MARIA
1900 05 04
Kollig / Rheinböllen
Pfarrvikar / Pfarrer
Wegen Vergehens gegen das Reichsflaggengesetz
ein Strafbefehl über 30 RM.
1939 ein Verhör wegen eines Vortrages vor
Frauen während der Übertragungszeit einer
„staatspolitischen Rundfunksendung".
1941 ein Verhör, weil Pfarrer Wiegand einem
Jungen gesagt hatte, er solle ihn nicht mit
„Heil Hitler" sondern mit „Grüß Gott" be-
grüßen. Die Verhöre wurden durch die Gestapo
durchgeführt.

WIEGAND, PETER
1896 05 27
Herschwiesen
Pfarrer
Am 15.5.1934 Anzeige und Verhör vor dem Amts-

bürgermeister wegen Entfernung eines Kranzes
mit NS-Symbolen aus dem Chorraum der Kirche.
Eine Anzeige wegen Verstoßes gegen das Sammlungsgesetz; ein diesbezügliches Verfahren
wurde am 7.11.1935 eingestellt.

WIES, KARL
1878 05 13
Altenahr
Pfarrer
Wegen eines Verstoßes gegen das Sammlungsge-
setz am 8.9.1938 ein Verhör durch die Ge-
stapo.
Verstorben am 5.9.1953.

WIES, PAUL RUDOLF
1876 03 23
Oberwesel
Pfarrer
Ein Strafverfahren aufgrund Druckens und Ver-
breitens einer „Schrift staatsgefährdenden
Inhalts".

WIESEL, JOHANN PETER
1884 03 29
Hamm
Pfarrer
Mehrere Anzeigen und Hausdurchsuchungen durch
die Gestapo sowie ständige polizeiliche Beobachtung; nähere Umstände sind nicht bekannt.

WIESS, KONRAD
1872 12 27
Ahrweiler
Pfarrer i.R.
Das katholische Pädagogium des Pfarrers wurde
geschlossen; er selbst wurde zu einer Geldbuße verurteilt. Nähere Angaben liegen
nicht vor.

WILLEMS, MATTHIAS
1882 02 09
Winterbach
Pfarrer
Am 10.2.1938 wegen Vergehens gegen das Reichs-
flaggengesetz ein Strafbefehl über 100 RM
Geldstrafe durch das Amtsgericht St. Wendel.
Am 13.7.1938 wegen Abhaltens von Religions-
unterricht außerhalb der Schulzeit ein Verhör
vor dem Kreisschulrat.
Verstorben am 12.3.1954.

WILTZ, NIKOLAUS
1873 03 13
Losheim
Pfarrer i.R.
Ab dem 16.3.1940 Gehaltssperre durch den
Reichskommissar für das Saarland.

WINANDY, JOHANN
1902 05 11
Prüm
Subdirektor des Konvikts
Vom 24.4.1938 bis zum 4.5.1938 in Schutzhaft
sowie 100 RM Geldstrafe wegen abfälliger
Äußerungen über den Einmarsch der Wehrmacht in
Österreich.

WINDHAEUSER, JULIUS
1902 05 04
Koblenz (St. Kastor) / Schöneberg
Kaplan / Pfarrer
Am 21.10.1937 eine Verwarnung durch die
Gestapo.
Am 16.9.1940 Auferlegung eines Sicherungs-
geldes in Höhe von 400 RM durch die Gestapo.
Des weiteren ein Strafverfahren und zwei Er-
mittlungsverfahren, die alle eingestellt wur-
den.

WINKEL, ALOIS
1903 03 10
Saarbrücken
Geistl. Religionslehrer
Vom 26.6.1936 bis zum 1.7.1936 Unterrichtsverbot durch den Reichskommissar für das Saarland, weil Pfarrer Winkel die katholische Jugend von der Staatsjugend fernhalte.
Im März 1942 ein Verhör durch die SS-Komman-
dantur Trier. Die Angelegenheit führte zu ein-
jähriger „politischer Kuratel" über den Pfarrer.

WINTER, JOHANN
1891 11 26
Dörrebach
Pfarrer
Am 7.8.1939 eine Verwarnung durch die
Gestapo.

WINTRATH, JOSEF (P. BASILIUS)
OSB
1913 11 09
Trier (St. Matthias)
Pater Basilius wurde am 6.5.1941 zusammen mit
dem Konvent Trier-St.Matthias ausgewiesen.

WIRTH, ALBERT
1881 09 11
Kyllburg
Pfarrer, Dechant
500 RM Sicherungsgeld; nähere Umstände sind
nicht bekannt.
Am 1.9.1944 Beschluß der SS, Pfarrer Wirth
zu erschießen. Er entkam seiner Ermordung durch
Flucht.

WIRTZ, HEINRICH
1910 11 23
Altenkessel
Kaplan
Am 2.7.1938 Unterrichtsverbot und ein Verfahren wegen Vergehens gegen das Heimtückegesetz (wegen kritischer Äußerungen zum Tragen des Trainingsanzuges durch Mädchen, zum Verkehr katholischer und protestantischer Kinder untereinander und wegen Nichterwiderung des Hitlergrußes).

WISSKIRCHEN, FRIEDRICH (P. LANDOLF)
OFM
1906 08 02
Saarbrücken (St. Antonius)
Pfarrvikar / Superior
Wegen Schulungsarbeit für die katholische Jugend kurzfristige Festnahme und Verwarnung durch die Gestapo Saarbrücken.

WITSCH, ANTON WILLIBRORD
1897 11 22
St. Wendel
Geistl. Studienrat
Dr. phil. et theol.
Aufgrund des Gesetzes zur Wiederherstellung des Berufsbeamtentums wurde Pfarrer Witsch am 1. 11.1937 durch den Reichserziehungsminister zwangspensioniert.
Ein Verfahren wegen Beleidigung einer BDM-Führerin wurde am 14.5.1938 eingestellt.
Verstorben am 26.1.1953.

WOELLERT, FRANZ ROBERT
1897 07 26
Alsweiler
Pfarrer
Am 5.6.1936 wegen des Pfarrblattes ein Verhör durch die Gestapo Neunkirchen.

WOLF, JOHANNES
1899 08 08
Meerfeld
Pfarrer
Unterrichtsverbot, nähere Umstände sind nicht bekannt.

WOLFF, AUGUST (BR. BERTINUS)
CFMMA
o.D.
Trier
Bruder Bertinus wurde wegen angeblicher Devisenvergehen verhaftet und angeklagt; nähere Umstände sind nicht bekannt.

WOLL, ALOIS
1905 05 05
Spiesen

Kaplan
Wegen einer Unterschriftensammlung für einen ausgewiesenen Confrater am 31.8.1935 von der Gestapo verhört.
Zuvor bereits am 9.7.1935 Unterrichtsverbot durch den Reichskommissar für das Saarland.

WOLL, JOHANN JAKOB
1899 03 31
Sevenich
Pfarrer
1937 ein Strafverfahren aufgrund Verstoßes gegen das Sammlungsgesetz. Nähere Angaben fehlen.

WOLL, PETER JOSEF
1907 06 29
Güls / Dudweiler / Kröv
Kaplan
Wegen einer die Schulkreuze betreffenden Aktion wurde Pfarrer Woll am 1.2.1937 durch die Gestapo verhört, verhaftet und bis zum 26.4.1937 in Schutzhaft gehalten. Des weiteren durch den Regierungspräsidenten in Koblenz am 19.2.1937 Unterrichtsverbot und am 11.5.1937 Ausweisung aus Stadt- und Landkreis Koblenz. Am 7.7.1937 wegen Vergehens gegen den Heimtückeparagraphen durch das Schöffengericht Koblenz zu zwei Monaten Gefängnishaft verurteilt, die durch die Schutzhaft als verbüßt galten.
Von 1939 bis 1945 Gehaltssperre.
1937 eine Intervention Bischof Bernings (Osnabrück) beim Geheimen Staatspolizeiamt Berlin.

WOLSFELD, MATTHIAS
1905 12 27
Pachten / Andernach
Kaplan
Gegen einen Strafbefehl über 50 RM Geldstrafe legte Pfarrer Wolsfeld zweimal Berufung ein, daraufhin stellte das Sondergericht Köln am 13.5.1936 das Verfahren ein.
Des weiteren mehrere Verhöre und Hausdurchsuchungen durch die Gestapo sowie ein eingestelltes Strafverfahren wegen eines Vergehens gegen das Heimtückegesetz.

ZEITZ, ADOLF
1886 08 09
Roxheim
Pfarrer
1936 wegen Vergehens gegen das Reichsflaggengesetz ein Verhör sowie ein Strafbefehl über 50 RM Geldstrafe.
Des weiteren zwölf Verhöre vor der Gestapo Koblenz sowie mehrere Verhöre in Pfarrhaus und Bürgermeisteramt.

ZENZ, JOSEF
1907 05 28
Quierscheid
Kaplan
Vom 21.12.1937 bis zum 27.4.1938 Unterrichts-
verbot, nähere Umstände sind nicht bekannt.

ZENZEN, P. EUCHARIUS
OSB
1903 10 17
Trier
Wegen Jugendarbeit vom 12.8.1935 bis zum 15.8.1935
im Gefängnis Trier inhaftiert.
Von 1939 bis 1945 Gehaltssperre.
Pater Eucharius wurde am 6.5.1941 zusammen
mit dem Konvent Trier-St.Matthias ausgewiesen.
Verstorben am 16.4.1963.

ZIEGLER, JAKOB ANTON
1893 06 15
Langsur / Cond
Pfarrer
Wegen Vergehens gegen das Sammlungsgesetz und
der „Katechismuswahrheiten" mehrere Verwar-
nungen, Verhöre und Hausdurchsuchungen durch
die Gestapo.
Am 9.12.1938 Ausweisung aus dem Regierungsbe-
zirk Trier.
Vom 10.8.1939 an Gehaltssperre.
Weil bei einer Hausdurchsuchung „konfessionelle
Schriften hetzerischen Inhaltes" gefunden wor-
den waren, wurde Pfarrer Ziegler am 8.8.1941
durch die Gestapo verhaftet und am 12.12.1941
ins KZ Dachau überbracht. Dort verstarb er am
12.5.1944.
Auf dem Friedhof Cochem-Cond besteht eine
Gedenkstätte.
Lit.: 1.Weiler, 735. 2.Münch, 41-44.

ZIEROFF, EDWIN
1912 09 16
Trier
Theologiestudent
Ein Strafverfahren wegen Jugendbetätigung
wurde durch das Sondergericht Köln einge-
stellt.
Edwin Zieroff wurde am 8.3.1941 geweiht.

ZILLES, JOSEF
1912 02 11
Diefflen
Kaplan
Wegen Vergehens gegen das Heimtückegesetz am
3.11.1939 verhaftet und in Untersuchungshaft
bis zum Prozeß am 28.5.1940.
Durch das Sondergericht Kaiserslautern zu
einem Jahr Gefängnis unter Anrechnung von
sechs Monaten Untersuchungshaft verurteilt.
Dennoch blieb der Kaplan insgesamt 13 Monate

in Haft.
Des weiteren ein Verhör und ein eingestelltes
Verfahren, weil Kaplan Zilles einen Schüler,
der mit „Heil Hitler" gegrüßt hatte, geohrfeigt hatte (Einstellung am 13.10.1939).

ZILLIKEN, JOSEF
1872 09 17
Prüm / Wassenach
Pfarrer, Dechant
Am 6.3.1936 zu einer Gefängnisstrafe von
drei Monaten mit Bewährung verurteilt.
Wegen Verächtlichmachung der NS-Weltanschauung ein Strafbefehl über 150 RM Sicherungsgeld.
Zahlreiche Verhöre durch die Gestapo; ab 1939
Gehaltssperre.
Weil er bei einer Begegnung mit Göring diesen
nicht gegrüßt hatte, wurde Pfarrer Zilliken
auf Görings ausdrücklichen Befehl am 27.5.
1940 verhaftet, ins KZ Buchenwald und am 14.
12.1940 ins KZ Dachau gebracht. Dort verstarb
er am 3.10.1942 (vgl. das Schicksal des
Pfarrers Johannes Schulz aus Nickenich).
Zur Zeit seiner Einlieferung in das KZ waren
drei Strafverfahren gegen ihn noch nicht abgeschlossen.
Lit.: 1. Weiler, 738. 2. Münch, 18-32.

ZIMMER, MATTHIAS HUBERT
1890 08 19
Gillenfeld
Pfarrer
Am 4.5.1937 Unterrichtsverbot.
Vom 4.11.1937 bis zum 16.5.1938 wegen Ver-
dachts des Vergehens gegen den Sittlichkeits-
paragraphen 174 StGB Untersuchungshaft.
Die Hauptverhandlung hierzu endete am 24.
8.1940 mangels Beweises mit Freispruch.
Von 1940 bis 1945 Gehaltssperre.

ZIMMER, PAUL
1908 01 29
Neunkirchen (Herz Jesu)
Kaplan
Pfarrer Zimmer erhielt am 18.12.1937 Unterrichtsverbot, weil er dem Gauleiter Wortbruch
in der Frage des bislang schulfreien Festes
„Maria Empfängnis" vorgeworfen hatte.
Wegen konfessioneller Jugendarbeit und Vergehens gegen das Heimtückegesetz wurde Strafanzeige erstattet; der Ausgang der Angelegenheit ist unbekannt.

ZIMMER, PETER KARL
1869 09 23
Pölich
Pfarrvikar
Dr. phil.

Am 2.3.1937 wegen „Katechismuswahrheiten"
eine Verwarnung sowie Androhung des Unterrichtsverbotes durch den Regierungspräsidenten in Trier.
Am 10.8.1939 wegen Vergehens gegen das Heimtückegesetz ein Verfahren vor dem Sondergericht Köln; der Ausgang der Angelegenheit ist
nicht bekannt.
Am 12.8.1939 durch das Sondergericht Köln
von der Anklage des Vergehens gegen das Sammlungsgesetz freigesprochen.

ZIMMER, WILLIBALD
1883 05 02
Farschweiler
Pfarrer
Wegen Verdachts des Vergehens gegen den Sitt-
lichkeitsparagraphen 174 StGB vom 20.10.1937 bis
zum 29.9.1938 Untersuchungshaft. Eine diesbezügliche Hauptverhandlung endete am 14.2.1941
mangels Beweises mit Freispruch.
Von 1939 bis 1945 Gehaltssperre.
Verstorben am 27.10.1955.

ZIMMERMANN, JOHANNES
1881 02 08
Rilchingen-Hanweiler
Pfarrer
Am 15.8.1935 wegen einer Predigt durch die
Gestapo Saarbrücken verhört.
Verstorben am 25.1.1940.
Gehört zur Erzdiözese Köln.

ZIRBES, RUDOLF
1903 10 18
Brockscheid
Pfarrer
Aufgrund einer Auseinandersetzung mit dem
Bürgermeister wegen der Benutzung eines Schul-
raumes für den Kommunionunterricht wurde Pfar-
rer Zirbes am 13.3.1940 verhaftet und aus dem
Rheinland und Westfalen ausgewiesen. Vom 1.
6.1940 bis 1945 Gehaltssperre.

24. Bistum Würzburg

ABLER, HANS
1903 12 26
Hessenthal / Rechtenbach
Expositus / Pfarrer
1939 wegen Verstoßes gegen das Heimtückegesetz verhört, im Auftrag des Bamberger Volks-
gerichts Telefonüberwachung und Verfahren,
später amnestiert.
1939 wegen Einführung der Herz-Mariä-Bruder-
schaft verhört.
1940 Vorladung vor die Gestapo wegen Vereinsarbeit und Verweigerung der Herausgabe von
Mitgliederlisten.
1941 polizeiliches Verhör wegen eines Ausflugs
mit Mädchen zum Wallfahrtsort Hessenthal.

ACHTMANN, STEPHAN
1906 11 16
Holzhausen
Kaplan, Geistl. Religionslehrer
1937 Verwarnung im Auftrag der Gestapo wegen
einer Predigt.
Wegen Abhaltung von vier anstatt zwei Religionsstunden Vorladung vor das Schulamt und Verhör
durch den Schulrat, am 28.10.1940 Verwarnung
und Schulverbot mit Ausnahme für zwei Stunden.
Verstorben am 1.7.1970.
Lit.: RPB VI, 118.

ACKER, P. HEINRICH
SDB
1896 04 10
Wargolshausen / Bieberehren
Lokalkaplan / Benefizium-Verweser
Zwischen 1933 und 1939 wiederholt von der Kreisleitung wegen Predigtäußerungen verwarnt.
Zwischen 1934 und 1937 Behinderung seiner Kon-
takte in die Schweiz, Postüberwachung, Ver-
weigerung der Zustellung einer abonnierten Zeit-
schrift und Verweigerung eines Reisepasses.
Wiederholt öffentliche Anschuldigungen in der
Presse.
Im Februar 1938 Gerichtsverfahren wegen „Auf-
forderung zum Landfriedensbruch", Haftverscho-
nung wegen schlechter Gesundheit, im März 1938
amnestiert.
Zwischen 1941 und 1944 mehrmals wegen unerlaubter Gottesdienste für Kriegsgefangene verwarnt.
Verstorben am 5.4.1972.

ADELMANN, JOSEF
1887 11 04
Bundorf / Zell am Ebersberg
Pfarrer
Am 25.3.1937 öffentliche Anschuldigungen und
Verleumdungen in der Zeitschrift „Das schwarze
Korps".

1941 Strafbefehl über 300 RM wegen Verletzung
des Feiertagsrechts.
Am 2.1.1943 in einem Verfahren vom Amtsgericht
freigesprochen.
Am 4.2.1943 vom Landgericht zu 100 RM Geld-
strafe verurteilt.
Verstorben am 1.7.1972.
Lit.: RPB VI, 112f.

ALBERT, JOHANN
1902 06 01
Öllingen / Binsbach / Mainaschaff
Kaplan / Pfarrer
1933 Haussuchung der SA nach Waffen und Büchern.
1940 wegen Verstoßes gegen das Flaggengesetz
verhört.
1945 Androhung der standrechtlichen Erschießung durch die Wehrmacht wegen Hissens der
weißen Fahne beim Anrücken der Amerikaner.
Verstorben am 24.12.1954.

ALSHEIMER, AUGUST
1888 04 03
Wernfeld
Pfarrer
1937 und 1938 Verhöre vor dem Amtsgericht Gemünden.
Am 1.7.1943 von der Gestapo Würzburg
verhört und amtlich verwarnt, weil er sich angeblich weigerte, Rückgeführte aufzunehmen.
Verstorben am 15.5.1953.

ANDERS, PAUL
1896 03 31
Theilheim / Werneck
Expositus / Pfarrer
Am 5.7.1937 wegen Verstoßes gegen das Heimtückegesetz vom Sondergericht Bamberg zu drei Monaten Haft und Gerichtskosten verurteilt.
1940/1941 wegen Tadelns der Schüler, die den
Glaubensunterricht versäumt hatten, verwarnt.
1941/1942 zwei Verhöre durch den Bürgermeister
und Ortsgruppenleiter.
Zwischen 1943 und 1945 zweimal Predigt- und
Gottesdienstverbot für die Heil- und Pflegeanstalt Schloß Werneck.
100 RM Geldstrafe - später erlassen.
Lit.: RPB VI, 118.

APPRICH, WILHELM
1876 03 08
Tauberrettersheim
Pfarrer
1933 mehrere Verhöre durch den Bürgermei-
ster, den Kreisleiter von Ochsenfurt und die
Gestapo Würzburg mit Androhung schärferer
Maßnahmen wegen Verlesens eines Hirtenbriefes.
Bei einer Haussuchung wurden Elternkalender be-

schlagnahmt.
Verstorben am 28.7.1961.

AULBACH, ALBRECHT
1914 08 16
Haibach
Kaplan
Der zur Wehrmacht gehörende Kaplan wurde
durch den Stabsarzt, den Oberleutnant und
den Hauptfeldwebel mehrfach verhört. Post-
und Telefonüberwachung von Juli bis Dezember
1944. Bei der Polizei der Heimatgemeinde
des Kaplans wurden Nachforschungen angestellt.

AULBACH, ANTON
1910 02 01
Schweinfurt
Aushilfspriester
Im September 1938 Verhör und Verwarnung durch
die Gestapo wegen eines Ausflugs mit der
Kolpingsfamilie.
Verstorben am 30.8.1966.

BALLING, JOSEPH ADAM
1902 11 19
Wenigumstadt / Fladungen / Euerfeld / Rottendorf
Kooperator / Pfarreiverweser / Kaplan / Pfarrer
Am 2.2.1934 wegen Verweigerung des Hitlergrußes Vorladung und Verhör durch die Gestapo,
Erzwingung einer Unterschrift.
1937 mehrmals verwarnt.
1937 wegen einer Schulmesse Vorladung und Verhör durch das Amtsgericht infolge Anzeige des
Schulleiters.
1937 wegen angeblicher Verbreitung des Goebbelsbriefes Haussuchung und Verhör auf Veranlassung des Bezirksamtes.
1938 Verhör, Haussuchung und Beschlagnahme
von Büchern durch die Polizei.
Ab 27.7.1939 Schulverbot.
1939 wegen Verstoßes gegen das Heimtückegesetz angezeigt und vom Amtsgericht vorgeladen
und verhört.
1942 vorgeladen und verhört und zum Nacht-
wächterdienst gezwungen.

BARTH, JOHANN
1878 03 08
Kolitzheim
Pfarrer, Dekan
1938 wegen einer Predigt über Christenverfol-
gung von der Polizei Kolitzheim vorgeladen.
Verstorben am 2.3.1942.
Lit.: RPB VI, 117.

BARTHELS, KARL JOSEF
1907 01 27
Wermerichshausen / Windheim / Mürsbach / u.a.
Kaplan / Expositus / Pfarrer

1933 Verwarnung in Höchberg und Haussuchung
sowie Predigtverbot wegen einer Festpredigt.
1934 erhielt er in Wermerichshausen eine Verwarnung und Redeverbot wegen eines dogmatischen Re-
ferats auf einer Dekanatskonferenz.
1934 verbüßte er im Amtsgerichtsgefängnis von
Neustadt an der Saale 12 Tage Haft wegen Protests gegen die Sterilisierung.
1935 wurde er mit 500 RM Geldstrafe belegt wegen
Beleidigung des Kreisleiters.
Am 1.11.1938 wurde ihm verboten, Religionsunterricht zu erteilen. Das Verbot galt bis 1945.
1941 250 RM Sicherungsgeld wegen einer Predigt,
in der er gegen die Auflösung der Abtei Münsterschwarzach protestiert hatte. Die Gestapo
drohte ihm KZ-Haft an.
*Lit.: Wendehorst, Alfred: Das Bistum Würzburg
1803-1957. 1965, 91.*

BASSING, MAX
1902 01 31
Hohenroth
Expositus
Verwarnung mit Haftandrohung. Die Haushälterin des Pfarrers wurde zu Zwangsarbeiten
herangezogen, während das Pfarrhaus mit
Flüchtlingen überbelegt wurde. Dies veranlaßte der Bürgermeister der Pfarrgemeinde.

BAUER, AUGUST
1911 06 18
Urspringen / Würzburg (St. Peter)
Kaplan
Wegen einer verbotenen Sammlung 15 RM Geldstra-
fe durch die Polizei.
Auf Veranlassung der Gestapo gerichtliche Un-
tersuchung wegen Predigtäußerungen.

BAUER, EMIL
1887 11 30
Kahl am Main / Volkach
Pfarrer
Am 12.11.1933 verhaftet, weil er nicht zur Wahl
gegangen war.
1941 wegen Verletzung des Feiertagsrechts
150 RM Geldstrafe durch die Staatsanwaltschaft.
Verstorben am 3.3.1954.

BAUER, FRIEDRICH
1913 07 04
Stockstadt / Würzburg (Dom)
Kaplan
Zwischen 1941 und 1944 Überwachung von Post
und Telefon, drei Vorladungen vor die Gestapo
wegen der Hirtenbriefe Bischof von Galens,
zwei Verhöre und Haussuchungen durch den SD.
150 RM Geldstrafe durch das Amtsgericht wegen
Verstoßes gegen das Versammlungsgesetz, später amnestiert.

Lit.: Goldhammer, Karl-Werner: Der Kampf der NSDAP gegen die katholische Jugendarbeit in Unterfranken. In: Würzburger Diözesangeschichtsblätter 37/38 (1975), 678.

BAUER, KILIAN
1872 11 03
Roßbrunn
Pfarrer
Am 29.6.1933 Haussuchung durch die SA nach angeblich versteckten Waffen.
Verstorben am 9.5.1954.

BAUM, HERMANN
1910 11 12
Schweinheim / Neustädtles
Kaplan
Unterrichtsverbot durch den Regierungspräsidenten von Würzburg von September 1941 bis Kriegsende.

BAUMANN, CLEMENS (P. JOHANN BERCHMANS) OSB
1898 03 23
Münsterschwarzach (Abtei) / Rimpar
Kaplan
1933 durch die SA einen Tag inhaftiert.
Vom 10.6.1937 bis 20.8.1937 in Polizei- und Schutzhaft.
Im Zusammenhang mit der Auflösung der Abtei wurden dem Pater von der Gestapo unsittliche Handlungen an Jugendlichen vorgeworfen, vom 11.5.1941 bis 13.5.1941 in Schutzhaft.
Freigelassen mit der Auflage, über die Angelegenheit zu schweigen, keine Predigten mit politischen Inhalten zu halten und keine finanziellen Forderungen zu stellen.
Lit.: RPB VI, 147.

BAUNACH, GOTTFRIED
1891 07 10
Wiesen
Pfarrer
Am 12.3.1936 von der Kleinen Strafkammer Aschaffenburg wegen Kanzelmißbrauchs zu Zwei Monaten Gefängnis verurteilt, später amnestiert.
Lit.: Morsey, Rudolf: Zum Kirchenkampf im Bistum Würzburg. In: Würzburger Diözesangeschichtsblätter 21 (1959), 102.

BAUSENWEIN, ALFRED
1903 05 30
Ruppertshütten
Expositus
Sollte wegen eines Gottesdienstes an Fronleichnam 1941 315 RM Geldstrafe bezahlen, das Verfahren vor dem Amtsgericht wurde aber eingestellt.
Verstorben am 14.7.1972.

BECK, EDWIN
1905 10 31
Zimmern / Stadtprozelten
Lokalkaplan / Pfarrer
Von 1933 bis 1945 Post- und Telefonüberwachung. Zwischen 1933 und 1941 drei gerichtliche Untersuchungen. Drei Verwarnungen wegen Nichtbeflaggung der Kirche und unregelmäßigen Läutens. Wegen Verletzung des Feiertagsrechts Strafbefehl über 300 RM, später Einstellung des Verfahrens. Verweigerung des Wohnrechts in der Gemeinde. Wegen heimtückischer Angriffe gegen den Staat, Verstößen gegen die Läuteordnung, Kanzelmißbrauchs und Abhaltens von Prozessionen viermal vorgeladen. Vierzehnmal verhört wegen Angelegenheiten der Schule, Predigtäußerungen, Abhaltens von Prozessionen und verbotener Feiern.

BECKER, LUITPOLD
1912 08 30
Mömlingen / Mainaschaff
Kaplan
Im November 1939 Verhör durch die Ortspolizei wegen Abhaltens einer Kirchenchorprobe und einer Jugendgruppenstunde in der Sakristei.
Beim Anrücken der Amerikaner hißte er die weiße Fahne, wurde von der Wehrmacht verfolgt, fand aber Schutz bei der Zivilbevölkerung.

BENZ, CHRISTIAN
1888 12 20
Glattbach
Pfarrer
Am 28.6.1933 Haussuchung und Beschlagnahme von Büchern und Zeitschriften, für einen Tag in Schutzhaft genommen, Aufenthaltsverbot für den Dorfbereich bis 8.7.1933.
Wegen Predigtäußerungen mehrere Verwarnungen und Verhöre.
Verstorben am 20.12.1948.
Lit.: RPB VI, 195.

BIEBER, ANTON
1887 04 09
Pflaumheim
Pfarrer, Dekan
Wurde 1941 wegen Austeilens von Aufklärungszetteln an die Eltern und wegen der Abhaltung eines Gottesdienstes an Christi Himmelfahrt zu 100 RM Geldstrafe und den Gerichtskosten von zwei Verhandlungen verurteilt.
Weil vermutet wurde, daß der Herausgeber der Zeitung „Allgemeine Rundschau" bei ihm übernachtet hatte, wurde eine Haussuchung durchgeführt.
Verstorben am 25.5.1952.

BIEDERMANN, ALFONS (P. HERMENEGILD)
OSA
1911 12 15
Würzburg
Dr. theol.
Wegen seiner kritischen Haltung gegenüber dem
nationalsozialistischen Regime ständige
Überwachung bei der Vereinsarbeit durch
NSDAP-Mitglieder.
*Lit.: Goldhammer, Karl-Werner: Der Kampf der
NSDAP gegen die katholische Jugendarbeit in Un-
terfranken. In: Würzburger Diözesan-
geschichtsblätter 37/38, 666.*

BILLMANN, LUDWIG
1913 11 01
Stadelschwarzach / Bischofsheim / Maßbach
Kaplan / Expositus
Zwischen 1938 und 1940 wegen Verteidigung der
Juden ständige Anfeindungen durch den NSDAP-
Blockleiter und 1940 Versetzung nach Bischofs-
heim.
Wegen Verweigerung der Beerdigung eines Ex-
kommunizierten verwarnt.

BILLMEIER, LUDWIG
1902 12 09
Lohr / Sulzbach / Aura / Limbach
Kaplan / Expositus / Pfarrer
Am 11.11.1937 Verwarnung wegen Religionsunter-
richts.
Am 21.11.1941 Unterrichtsverbot mit der Andro-
hung, das Verbot auf ganz Bayern auszudehnen.
Zweimal vom Schulrat verhört, Postüberwachung,
Haussuchung und Beschlagnahme von Büchern.
Verstorben am 7.12.1963.

BLASSAUER, AUGUSTIN
1892 08 27
Hassenbach / Heppdiel
Kaplan / Pfarrer
1933 vom Bezirksamt Miltenberg wegen Äußerungen über den Arbeitsdienst angeklagt,
das Verfahren wurde niedergeschlagen.
1936 bis 1937 Unterrichtsverbot bezüglich bestimmter Themen aus der Kirchengeschichte.
Verstorben am 2.1.1966.

BOEHM, VALENTIN
1882 08 05
Eussenheim
Pfarrer
Am 4.6.1942 gerichtliche Untersuchung wegen
Verletzung des Feiertagsrechts, am 11.12.1942
zu 200 RM Geldstrafe zuzüglich Gerichtskosten
verurteilt.
Verstorben am 21.11.1964.

BOETSCH, FRANZ
1892 10 04
Rimpar
Pfarrer
Am 29.6.1933 Haussuchung und Beschlagnahme
durch den Bürgermeister und die SA.
Wegen seiner Stellungnahmen gegen die NS-Propa-
ganda und den „Mythus" von Rosenberg
mehrfach öffentlich angeklagt. Die Verfahren
wurden eingestellt.
Verstorben am 24.6.1979.
*Lit.: Heß, Sales: Dachau, Eine Welt ohne Gott.
Nürnberg 1946, 28, 33, 102.*

BRAND, PAUL
1893 07 05
Wolfmannshausen / Sonderhofen
Pfarrer
Am 2.7.1934 von der Polizei wegen Predigt-
äußerungen gegen ein NS-Flugblatt verhört.
1943 wegen Hilfe für eine Polin verwarnt.
Verstorben am 10.7.1971.

BRANDER, JULIUS
1886 12 22
Habichtsthal
Pfarrer
1935 sollte er wegen Protests gegen eine Beschlagnahme eine Geldstrafe von 25 RM bezahlen,
die Strafe wurde später erlassen.
1938 gerichtliche Untersuchung wegen kritischer
Äußerungen zur Außenpolitik.
Am 24.5.1940 wegen Übertretung der Läute-
vorschriften vorgeladen und verhört.
Verstorben am 20.4.1972.

BRANDER, VITUS
1880 06 02
Würzburg
Regens des Priesterseminars / Domkapitular
Dr. theol.
Aufgrund seiner antinationalsozialistischen Ge-
sinnung hatte er wiederholt Schwierigkeiten mit
den Behörden.
Verstorben am 30.3.1969.
*Lit.: 1.RPB VI, XXXVI, 71. 2.Wittstadt, Klaus:
Kilian Joseph Meisenzahl und Vitus Brander.
In: Würzburger Diözesangeschichtsblätter 43
(1981), 156-161. 3.Spitznagel, Peter: Die
Schließung der theologischen Fakultät Würz-
burg durch die Nationalsozialisten im November
1935. In: Würzburger Diözesangeschichts-
blätter 39 (1977), 275-281. 4.Stasiewski,
Bernhard: Akten deutscher Bischöfe über die
Lage der Kirche 1933-1945. III. 1979, 87, pas-
sim.*

BRANDMANN, MICHAEL
1886 03 04
Großeibstadt
Pfarrer
1941 wegen Verletzung des Feiertagsrechts vor
dem Amtsgericht angeklagt, später Einstellung
des Verfahrens.

BRAUM, ROBERT
1910 06 04
Laudenbach / Stadtschwarzach / Kitzingen
Kooperator / Kaplan / Pfarrer
Wegen Mißachtung des Hitlergrußes verwarnt.
Kurzfristige Festnahme, Haussuchung und Be-
schlagnahme von Schriften.
Wegen seiner Tätigkeit als Dekanatsjugendseel-
sorger mehrere Strafandrohungen.
Dreimal verhört wegen Verletzung des Feiertags-
rechts (1943), wegen Betreuung polnischer Zivil-
arbeiter und wegen Führens einer Pfarrbüche-
rei.
Von 1936 bis 1945 Post- und Telefonüberwachung.

BRAUN, JOSEF
o.D.
Keilberg / Ochsenfurt
Pfarrer
1935 wegen Predigtäußerungen Verwarnung durch
das Bezirksamt, Vorladung und Verhör durch
den Staatsanwalt.
Zwischen 1937 und 1941 vier Haussuchungen durch
SA und Polizei und Beschlagnahme verschiedener
Schriften.
1940 von der Kreisleitung wegen Verstoßes
gegen die Läuteordnung Anzeige und Strafandrohung.
Ein Unterrichtsverbot wurde von der Parteistelle Ochsenfurt angestrebt, aber nicht erreicht.

BRAUN, MARTIN (P. CASIMIR)
OFMCAP
1889 09 18
Würzburg
Superior
Vom 28.6.1933 bis 10.7.1933 Haft im Gefängnis
Buchloe.
Am 21.9.1939 Verhör und Verwarnung durch
die Gestapo wegen einer Predigt.
Verstorben am 14.11.1979.
Gehört zur Diözese Speyer.

BRECH, KILIAN
1884 10 10
Frickenhausen
Pfarrer
1941 Verhör durch die Polizei Bastheim und
Verfahren vor dem Amtsgericht Mellrichstadt wegen Verletzung des Feiertagsrechts - Einstel-

lung des Verfahrens.
Beschlagnahme eines Buches.
Anzeige beim bischöflichen Ordinariat wegen
Kritik an einem NSDAP-Funktionär.

BREITENBACH, ALOIS
1888 01 06
Burgsinn
Pfarrer
Am 16.5.1938 Unterrichtsverbot durch den Re-
gierungspräsidenten wegen staatsabträglicher
Beeinflussung der Jugend.
1940 wegen einer Grabrede Verhör und Verwar-
nung durch die Gestapo.
Mehrmals von der Gestapo angezeigt.
Am 14.2.1941 Beschlagnahme der Pfarrbücherei.
Lit.: RPB VI, 114.

BREITENBACH, JULIAN
1893 01 19
Langendorf
Pfarrer
1942 von der Gestapo verhört und verwarnt,
weil er einen HJ-Führer zur Christenlehre
angehalten hatte.
Am 13.12.1942 30 RM Geldstrafe durch das Amtsgericht wegen Verstoßes gegen die Läuteordnung.

BRENNEIS, JOSEF
1889 06 20
Schneeberg
Pfarrer
Am 29.6.1933 Haussuchung durch Polizei
und SA.
1940 wegen Verstoßes gegen das Feiertagsrecht
von der Polizei vorgeladen und verhört.
Am 31.5.1943 Verwarnung und zwei Verhöre
wegen Durchführung einer Prozession.
Verstorben am 10.7.1969.

BROENNER, KILIAN
1892 07 08
Mellrichstadt
Pfarrer, Dekan
Zwischen 1935 und 1941 mehrmals Androhung von
Verhaftung wegen Verstoßes gegen das Flaggen-
gesetz und das Feiertagsrecht.
Verfahren vor dem Amtsgericht, wurde später
eingestellt.
Mehrere Verhöre durch Gestapo und Polizei
wegen einer Unterschriftensammlung für die
Beibehaltung geistlicher Lehrkräfte, wegen
einer Versammlung der Jugend im Pfarrhaus und
wegen Verletzung des Feiertagsrechts.
Öffentliche Verleumdung in der Presse und auf
Kundgebungen.
Verstorben am 8.12.1970.

BUEHNER, FRANZ
1899 03 05
Burgwallbach
Pfarrer
1937 vergeblicher Versuch der Kreisleitung,
den Pfarrer als Sittlichkeitsverbrecher hinzu-
stellen.
1941 Beanstandung durch den Ortsgruppenleiter
wegen Predigtäußerungen.

BUOB, PAUL
1884 04 18
Feuerthal
Pfarrer
Wegen Verlesens eines Hirtenbriefes vom Orts-
gruppenleiter verwarnt.
Wegen Predigtäußerungen Androhung von KZ-Haft,
ein Einlieferungsantrag wurde gestellt.
Verstorben am 15.9.1943.

BURGET, RICHARD
1883 01 19
Retzbach / Stadelhofen
Pfarrer / Kommorant
1937 wegen Kanzelmißbrauchs und wegen Verstoßes gegen das Heimtückegesetz angeklagt und
zu 695 RM Gerichtskosten verurteilt.
Vom 12.3.1940 bis 15.8.1940 in Schutzhaft, weil
er polnische Kriegsgefangene als Vorbilder des
Glaubens hingestellt hatte.
1942 Androhung von KZ-Haft und Verhör durch die
Gestapo, weil er zu pünktlichem Gottesdienstbesuch gemahnt hatte.

BURK, ANTON
1899 10 01
Oberschwappach / Röllfeld
Expositus / Pfarrer
Am 28.6.1933 Schutzhaft wegen einer Aktion
gegen Mitglieder der BVP.
Am 29.6.1933 Haussuchung und Beschlagnahme
eines Buches durch Polizei und SA.
Am 14.8.1941 Unterrichtsverbot durch den Re-
gierungspräsidenten.
Verwarnung durch den Landrat wegen Abhaltens
von Seelsorgestunden.

BURK, AUGUST
1889 02 02
Meiningen / Würzburg
Pfarrer
Dr. phil. et theol.
Wegen Plakatwerbung für die Bekenntnis-
schule in der Kirche Vorladung, Verhör
und 36 RM Geldstrafe durch die Gestapo.
Weitere Verhöre durch die Gestapo wegen Ver-
einsarbeit, Verletzung des Feiertagsrechts und
Predigtäußerungen (1938).
Verstorben am 11.5.1976.

CARL, JOHANNES
1907 02 12
Kitzingen / Großwallstadt / Thüngersheim
Kooperator / Kaplan / Pfarrverweser
Im Dezember 1934 Einleitung eines
Gerichtsverfahrens durch die Polizei
wegen Abhaltens von Seelsorgestunden.
Am 25.1.1938 Beschlagnahme einer Vereinsfahne
durch die Gestapo, Rückgabe der Fahne am
24.11.1938.
Am 24.11.1938 Verwarnung wegen einer Wallfahrt
nach Vierzehnheiligen.

CHRIST, ALOIS
1899 11 13
Hausen / Geiselbach
Kaplan / Pfarrer
Am 28.6.1933 vom Bezirksamt Mellrichstadt in
Schutzhaft genommen.
Im August 1937 Schulverbot durch den Regie-
rungspräsidenten.

DAMM, ALOIS
1881 05 04
Aub
Benefiziat
Am 29.6.1933 Haussuchung.
Verstorben am 3.5.1956.

DENK, OTTO
1907 10 11
Mömbris
Kaplan
Wegen seiner Aktivitäten im Jungmännerverein
1939 von der Gestapo verhört.
Verstorben am 31.12.1978.

DEPPISCH, GREGOR
1899 11 15
Breitensee / Mühlhausen / Unterhohenried
Pfarrverweser / Expositus / Pfarrer
1933 wegen verschiedener Äußerungen zur Wahl
Verhör beim Bezirksamt.
Von 1937 bis 1943 Schulverbot.
1943 wegen Verletzung des Feiertagsrechts 80 RM
Geldstrafe durch das Amtsgericht.
Im September 1944 wegen Verweigerung einer Aus-
sage über seinen Lehrer von der Gestapo vor-
geladen, verhört und bis zum 6.3.1945 im
Landesgefängnis Würzburg inhaftiert. Danach
im Zuchthaus Ebrach und Straubing, von wo er
einen Fußmarsch zum KZ Dachau antreten mußte.
Am 29.4.1945 auf dem Weg geflohen.
Lit.: 1.Weiler, 197. 2.Neuhäusler, Johann:
Kreuz und Hakenkreuz. I, 334.

DEUBERT, MICHAEL
1891 09 06
Maidbronn / Großbardorf

Kaplan / Pfarrer
Wegen Predigtäußerungen über Juden Haussuchung und Verhör durch die SA; zwei Tage Schutzhaft; wurde während der Schutzhaft von SA-Mitgliedern geprügelt.
Im Januar 1934 Beanstandung einer Predigt.
1938 Verwarnung wegen staatsabträglicher Kanzelverkündigungen.
1941 200 RM Geldstrafe wegen Verletzung des Feiertagsrechts.
Verstorben am 10.8.1948.

DIEM, THEODOR
1910 03 18
Hofheim / Ebern / Schimborn
Kaplan / Expositus
Verwarnung durch den Ortsgruppenleiter und mehrere polizeiliche Verhöre, Haussuchung und Beschlagnahme von Zeitschriften, wiederholt öffentliche Anschuldigungen durch Parteiredner.
Lit.: RPB VI, 85.

DIETRICH, THEODOR
1902 05 30
Ernstkirchen / Binsfeld
Pfarrer
Im Juli 1937 wegen Kanzelmißbrauchs gerichtliche Untersuchung, Verhöre vor der Polizei und dem Amtsgericht und Androhung von Unterrichtsverbot.
1938 Beanstandung wegen Predigtäußerungen.
1941 Anklage, Verhör und 300 RM Geldstrafe wegen Verletzung des Feiertagsrechts. Die Geldstrafe wurde später erlassen.
Vorladung vor das Bezirksamt.
Verhör und Haussuchung nach Hirtenbriefen seitens der Polizei.
Überwachung von Post und Telefon.

DONHAUSER, JOSEF
1883 12 22
Margetshöchheim
Pfarrer, Definitor
Haussuchungen 1933 und 1938.
Am 1.5.1937 wegen Hissens einer kirchlichen Fahne anläßlich einer bischöflichen Visitation verwarnt.
Im Mai 1940 Vorladung vor die Gestapo wegen Verweigerung einer Auskunft über einen Verein und wegen einer Demonstration gegen einen nationalsozialistischen Lehrer.
Ein Jahr lang Postüberwachung.
Wegen eines Karfreitagsgottesdienstes verwarnt.
Verstorben am 1.5.1950.

DOTTERWEICH, KARL
1875 06 05
Astheim

Pfarrer
Vom Bezirksamt vorgeladen und vom 26.6.1933 bis 3.7.1933 in Schutzhaft.
1934 öffentliche Verleumdungen in verschiedenen Zeitungen.
Am 17.5.1936 Verwarnung durch die bayerische politische Polizei.
Überwachung der Predigten durch die Polizei und den Ortslehrer.
Verstorben am 9.6.1951.

DOTZEL, JOSEF
1907 10 19
Großlangheim / Haibach / Alzenau
Kooperator / Pfarrverweser / Kaplan / Expositus
1934 durch die SS Beanstandung einer Äußerung über eine NS-Propagandarede.
1936 unter Haftandrohung Verbot, einen Hirtenbrief zu verlesen.
1943/1944 wegen einer seelsorglichen Bemerkung dreimal von der Gestapo und der Polizei verhört und verwarnt.

DRENKARD, LEO
1882 04 11
Helmstadt
Pfarrer, Definitor
1933 Verwarnung durch die Kreisleitung wegen Predigtäußerungen.
1938 430 RM Geldstrafe wegen Gottesdiensten an Christi Himmelfahrt und Fronleichnam, die nicht geleistet wurde.
Im November 1941 gerichtliche Untersuchung wegen einer Wallfahrt nach Walldürn, am 2.2.1942 Einstellung des Verfahrens.
Von 1933 bis 1945 Post- und Telefonüberwachung.
Verstorben am 22.4.1958.

DRESCHER, EUGEN
1891 12 30
Sonneberg / Heustreu
Pfarrer
Zwei Haussuchungen und Beschlagnahme mehrerer Bücher und Schriften durch die Gestapo.
Verstorben am 14.3.1970.

DUEMIG, HERMANN
1903 11 13
Feldkahl
Lokalkaplan
Im Februar 1941 wegen kritischer Predigtäußerungen über das Verhalten einiger Soldaten von der Gestapo festgenommen. Bis Juli 1941 im Gefängnis Aschaffenburg und vom 4.7.1941 bis 5.4.1945 im KZ Dachau inhaftiert.
Lit.: 1.RPB VI, passim. 2.Weiler, 210.
3.Neuhäusler, Johann: Kreuz und Hakenkreuz.
I, 333. 4.Wittstadt, Klaus: Kirche im Widerstand gegen den Nationalsozialismus. In:

Würzburger Diözesangeschichtsblätter 37/38 (1975), 643.

DUEMLER, HUGO
1889 08 21
Dettingen
Pfarrer
1933 Haussuchung durch die Polizei.
Wegen Gottesdienstes an Fronleichnam vor dem Amtsgericht angeklagt, das Verfahren wurde später eingestellt.
Verstorben am 13.4.1950.

DUERR, FELIX
1880 09 03
Wiesenfeld
Pfarrer
Am 16.12.1935 vom Sondergericht Bamberg wegen Beleidigung zu vier Monaten Haft verurteilt.
Vom 11.2.1936 bis 20.4.1936 in Haft, dann amnestiert.
1940 wegen einer verbotenen Sammlung angezeigt.
Lit.: RPB VI, 164.

DUTTENHOEFER, AUGUST
1879 12 31
Hopferstadt / Obertheres
Pfarrer
Im Juli 1937 Untersuchung durch das Bezirksamt wegen Kritik an der vom Kultusministerium verordneten Turnkleidung.
Von Februar bis April 1938 in Schutzhaft wegen Verbreitung des Goebbelsbriefes.
Im Juli 1938 wegen einer Predigt, in der er das Haus Habsburg als Vorbild hingestellt hatte, von der Gestapo verhaftet.
Lit.: RPB VI, passim.

ECKERT, ERHARD
1912 12 09
Mechenried / Oberleichtersbach / Würzburg
Kaplan
Wiederholt Beanstandungen wegen Besuchen im Krankenhaus und wegen Verweigerung des Hitlergrußes.
Haussuchung durch die Gestapo.
Lit.: RPB VI, 175, 176.

ECKERT, FRANZ
1906 06 01
Hausen
Expositus
1935 Strafanzeige wegen Kritik an den Beflaggungsvorschriften.
Am 29.7.1939 Schulverbot wegen antinationalsozialistischer Einstellung.
Am 6.3.1940 vom Amtsrichter wegen Verstoßes gegen das Versammlungsgesetz verhört.
Am 23.12.1942 wegen Verstoßes gegen das Ver-

sammlungsgesetz zu 300 RM Geldstrafe oder 30 Tagen Haft und den Gerichtskosten verurteilt.
Verstorben am 11.11.1980.
Lit.: RPB VI, 78.

ECKERT, LEONHARD
1906 04 18
Aschaffenburg / Maßbach / Trennfeld
Kaplan / Studienrat / Pfarrer
1935 Strafanzeige wegen Kritik an den Beflaggungsvorschriften.
Wegen Verletzung des Feiertagsrechts gerichtliche Untersuchung und 150 RM Geldstrafe durch das Amtsgericht.
Verhör durch die Polizei.
Lit.: RPB VI, 78.

EDER, GOTTFRIED
1884 02 20
Dipbach
Pfarrer, Definitor
Dr. theol.
Im März 1940 kurzfristig festgenommen, weil er für die SS angemusterte HJ-Mitglieder vor einem Eintritt in die SS gewarnt hatte.
Im Dezember 1940 wurde ihm die Zulassung zur Erteilung lehrplanmäßigen Religionsunterrichts wegen Kritik an der SS entzogen.
Verstorben am 20.9.1966.
Lit.: 1.RPB VI, 168, 177. 2.Wittstadt, Klaus: Kirche im Widerstand gegen den Nationalsozialismus. In: Würzburger Diözesangeschichtsblätter 37/38 (1975), 644. 3. Schneider, Burkhart: Die Briefe Pius' XII. An die deutschen Bischöfe 1939-1944. 1966, 82.

EHING, ANTON
1873 07 28
Mainaschaff / Eichelsee
Pfarrer
Wegen parteifeindlicher Predigten Verwarnung durch den Bürgermeister.
Haussuchung durch SA und Polizei.
Verstorben am 13.8.1948.

EHRENFRIED, MATTHIAS
1871 08 03
Würzburg
Bischof
Dr. theol.
Im Juni 1933 eine Demonstration der HJ gegen den Bischof vor dem bischöflichen Palais.
Am 21.6.1933 in Abwesenheit des Bischofs Wagendurchsuchung nach verbotenen und staatsfeindlichen Schriften. Des weiteren Beschlagnahme des Wagens.
Am 7.4.1934 und 28.4.1934 sowie am 21.3.1938 Sturm auf das bischöfliche Palais mit Einschlagen des Portals.

1938 auf der Reise des Bischofs nach Rom
an der Grenze durch deutsche Beamte Durchsuchung der Sachen sowie Kopieren der mitgeführten Schriftstücke.
Des weiteren Predigt- und Postüberwachung.
Verstorben am 30.5.1948.
Lit.: 1.Neuhäusler, I,33, 37; II, 328. 2.Domarus, Max: Bischof Matthias Ehrenfried und das Dritte Reich. Würzburg 1975. 3.Volk, Episkopat, passim. 4.RPB VI, passim. 5.Wittstadt, Klaus: Kirche im Widerstand gegen den Nationalsozialismus. In: Würzburger Diözesangeschichtsblätter 37/38(1975), 127-156. 6.Kramer, Theodor: Matthias Ehrenfried, Bischof von Würzburg (1871 1948). Würzburg 1958.

EICHHORN, BENEDIKT
1879 03 24
Kitzingen
Pfarrer, Definitor
1937 wegen einer Predigt von der Gestapo verhört.
1937 wegen Vereinsarbeit Haussuchung durch die Gestapo und Beschlagnahme verschiedener Unterlagen.
Von 1933 bis 1942 Post- und Telefonüberwachung.
1941 vom Regierungspräsidenten verwarnt.
Verstorben am 12.2.1947.
Lit.: 1.RPB VI, 152, 197. 2.Keller, Peter: Die Geschichte der katholischen Arbeitervereine in Unterfranken von 1884-1934. Würzburg 1976, 85, 113. 3.Goldhammer, Karl-Werner: Der Kampf der NSDAP gegen die katholische Jugendarbeit in Unterfranken. In: Würzburger Diözesangeschichtsblätter 37/38 (1975), 683.

EISENMANN, AUGUST
1899 10 16
Leutershausen / Alsleben
Lokalkaplan / Pfarrer
Im Mai 1937 und am 29.8.1940 kurzfristige Festnahme und gerichtliche Untersuchung.
1938 wegen regimekritischer Äußerungen und Verstoßes gegen das Feiertagsrecht angeklagt.
Am 4.7.1941 wegen Predigtäußerungen von der Gestapo verhaftet, verhört und in das Landgerichtsgefängnis Würzburg eingeliefert.
Unterrichtsverbot ab August 1941. Am 29.8.1941 in das KZ Dachau gebracht, am 5.4.1945 entlassen.
Verstorben am 3.10.1955.
*Lit.: 1.RPB VI, XLVII, 187. 2. Wittstadt, Klaus: Kirche im Widerstand gegen den Nationalsozialismus. In: Würzburger Diözesangeschichtsblätter 37/38 (1975), 642.
3.Wendehorst, Alfred: Das Bistum Würzburg 1803-1957. 1965, 97. 4.Goldhammer, Karl-Werner: Der Kampf der NSDAP gegen die katholische Jugendarbeit in Unterfranken. In: Würzburger*

*Diözesangeschichtsblätter 37/38 (1975), 678.
5. Heß, Sales: Dachau, eine Welt ohne Gott. Nürnberg 1946, 45, 89. 6.Weiler, 219. 7.Neuhäusler, Johann: Kreuz und Hakenkreuz. I, 334.*

EISENMANN, KOSMAS
1902 10 13
Amorbach / Miltenberg / Bad Salzungen
Kaplan / Präfekt / Pfarrer
Wegen Predigtäußerungen dreimal von der Ortspolizei vorgeladen und verhört.
Zwei Haussuchungen durch die Polizei und Beschlagnahme unliebsamen Materials.
Mehrmals verwarnt.
Verstorben am 24.6.1973.

ELSNER, LUDWIG
1893 01 08
Würzburg
Pfarrer
Dr. jur. can.
Als Wehrmachtspfarrer ständig besondere Überwachung.
Beschuldigungen durch die Gestapo beim SD der Heeresgruppe Süd wegen Briefwechsels mit einem politisch Angeklagten und seelsorglicher Betreuung von Ausländern im Dezember 1944 und Januar 1945.
Verstorben am 29.10.1967.
Lit.: RPB VI, 104.

ENDRES, GOTTFRIED
1884 07 18
Aschaffenburg (Herz-Jesu)
Pfarrer
1935 Anzeige wegen Kritik an den Beflaggungsvorschriften.
1936 durch die Gestapo zwei Verhöre und zwei Haussuchungen.
1937 Anklage vor dem Sondergericht, später Einstellung des Verfahrens.
Verstorben am 27.4.1960.
Lit.: 1.RPB VI, 78. 2.Wendehorst, Alfred: Das Bistum Würzburg 1803-1957. 1965, 100.

ENDRES, OSKAR
1888 01 20
Urspringen
Pfarrer
1933 und 1935 wiederholt Angriffe in der Presse und Belästigungen durch Uniformierte.
1935 und 1936 mehrmals von der Gestapo verhört wegen Schlagens eines Kindes, wegen Predigtäußerungen und wegen Nichtbeflaggung von Kirche und Pfarrhaus. Predigtüberwachung.
Wegen Verstoßes gegen das Sammlungsgesetz Strafbefehl über 25 RM durch das Sondergericht.
Am 19.7.1941 wegen Predigtäußerungen vom Regierungsrat verwarnt.

Verstorben am 6.6.1973.
Lit.: RPB VI, 75.

ENGELMANN, EDUARD
1879 06 11
Karlstadt
Pfarrer
Wegen Gottesdienstes an Christi Himmelfahrt
Strafbefehl über 300 RM durch das Amtsgericht,
später auf 200 RM reduziert.
Durch die Polizei Haussuchung und Beschlag-
nahme mehrerer Bücher.
Verstorben am 20.7.1948.

ERHARD, EDMUND
1900 03 21
Würzburg / Bad Kissingen / Frickenhausen
Geistl. Studienrat / Pfarrer
Dr. phil.
Am 1.7.1933 Haussuchung und Beschlagnahme
von Zeitungsartikeln, kurzfristige Festnahme
und dabei schwere Mißhandlungen in der
Festung Würzburg.
An der Oberschule in Bad Kissingen wurde ihm die
Beförderung und die Übernahme in das Beamten-
verhältnis verweigert. Ab November 1941 Unter-
richtsverbot an allen Volksschulen und höheren
Lehranstalten Bayerns.
Verstorben am 28.12.1958.

FAETH, JOSEF
1902 05 06
Brückenau / Leidersbach
Kaplan / Expositus / Pfarrer
Im Juni 1933 10 Tage Haft im Gefängnis Lohr.
Im August 1937 Gerichtsverfahren wegen Versto-
ßes gegen das Heimtückegesetz.
Im September 1937 Anklage vor dem Landgericht
wegen Kanzelmißbrauchs, später amnestiert.
Ab November 1937 Schulverbot für Leidersbach
und Ebersbach; Versuch des Regierungspräsi-
denten, ein Aufenthaltsverbot zu erwirken.
Am 28.1.1938 Haussuchung durch die Gestapo
und Beschlagnahme von Geld und Schriften
sowie des Vervielfältigungsapparates.
Verstorben am 22.9.1979.

FALKENSTEIN, ANDREAS (P. ANTON)
OSB
1911 08 05
Münsterschwarzach (Abtei) / Gemünden
Kaplan
1941 Verhör und Haussuchung durch die Gestapo.
Wegen seiner regimefeindlichen Einstellung
Unterrichtsverbot durch den Schulrat ab
8.9.1941.

FALKENSTEIN, AUGUST
1885 08 28
Sommerach
Pfarrer
Am 25.6.1933 Haussuchung wegen angeblich
staatsgefährlicher Verbindungen nach Österreich. Am 28.6.1933 Festnahme und Schutzhaft
bis zum 3.7.1933. Wegen eines Herzleidens
wurde ihm von der Kreisleitung gestattet, nach
Bad Nauheim zu gehen. Im Juli 1933 Verbot jeglicher politischer Tätigkeit. Verwarnung und
Beantragung einer Versetzung durch die NSDAP.
Zweimal Beanstandung privater Äußerungen.
1934 Verhör wegen religiöser Vorträge eines
Jesuiten in der Pfarrkirche.
Polizeiliche Überwachung bei Vereinsversamm-
lungen und Verhör durch die Gestapo anläßlich der Auflösung der Marianischen Kongregation.
1938 Haussuchung und Beschlagnahme einer Liste.
Verstorben am 5.9.1964.

FASEL, ALOIS
1872 03 27
Johannesberg
Pfarrer
Durch die Gestapo angezeigt, weil er nach
Bekanntgabe der Beibehaltung der Sommerzeit im
November und Dezember 1940 um 13 Uhr statt wie
bisher um 12 Uhr läuten ließ.
Verstorben am 1.8.1949.
Lit.: RPB VI, 176.

FERTIG, LEONHARD
1883 03 12
Sulzfeld
Pfarrer
Am 13.5.1938 Anklage wegen Verstoßes gegen
das Heimtückegesetz und wegen Kanzelmißbrauchs.
1939 vom Propagandaleiter verwarnt wegen Fernbleibens von einer NS-Feier und Verlegung des
Religionsunterrichts in die Kirche.
1940 250 RM Geldstrafe durch das Landgericht
wegen Verletzung des Feiertagsrechts; die Strafe
wurde später erlassen.
Verstorben am 15.2.1960.

FIEDLER, ANTON
1885 09 23
Faulbach
Pfarrer
1935 50 RM Geldstrafe wegen Kanzelmißbrauchs.
1937 wegen verschiedener Vergehen von der
Polizei verhört.
1939 von der Gestapo wegen Verlesung eines Hirtenbriefes verhört.
1939/1940 wegen Predigtäußerungen von der
Gestapo zweimal verhört.

Am 26.2.1942 wegen Predigtäußerungen Vorladung vor die Gestapo und Inhaftierung bis zum 20.3.1942.
Wegen Verstoßes gegen das Heimtückegesetz Vorladung vor das Amtsgericht; das Verfahren wurde später eingestellt.
Verstorben am 1.9.1947.
Lit.: RPB VI, 160.

FIRSCHING, LORENZ
1888 02 21
Holzkirchen
Pfarrer
1934 öffentliche Verleumdungen in der Presse wegen Predigtäußerungen.
1941 300 RM Geldstrafe wegen Verletzung des Feiertagsrechts; die Strafe wurde später erlassen.
Verstorben am 6.2.1973.

FISCHER, KARL
1909 11 07
Wolfsmünster / Weisbach
Kaplan / Kooperator / Pfarrverweser
Wegen einer Predigt und Jugendarbeit 1943 von der Polizei Gräfendorf vorgeladen und verhört.
Mehrmals Beanstandungen wegen Christenlehre.
Verstorben am 29.4.1971.

FLECKENSTEIN, WENDELIN
1889 12 07
Bergrheinfeld
Pfarrer
Dr. theol.
Am 2.10.1937 wegen Verdachts der Verbreitung des Goebbelsbriefes festgenommen und bis zum 6.10.1937 in Haft gehalten; während der Haftzeit Haussuchung und wiederholt Mißhandlungen.
1938 Gerichtsverfahren wegen Verstoßes gegen das Heimtückegesetz, später Einstellung des Verfahrens.
Verstorben am 6.1.1940.
Lit.: RPB VI, 122.

FLEISCHER, JOSEF
1888 02 24
Unterelsbach
Pfarrer
1941 wegen Predigtäußerungen 300 RM Sicherungsgeld für drei Jahre. Vorladung und Verhör durch die Gestapo.
Verstorben am 27.1.1973.

FOERST, AEGID
1907 09 01
Albstadt
Expositus

Wegen Verstoßes gegen das Flaggengesetz im Mai 1938 von der Polizei vorgeladen und verhört und vom Amtsgericht zu 100 RM Geldstrafe verurteilt.
1941 300 RM Geldstrafe wegen Verletzung des Feiertagsrechts.
Verstorben am 13.7.1959.

FOERST, ANTON
1878 07 27
Diebach / Hopferstadt
Pfarrer
Zwischen 1936 und 1938 mehrmals Androhungen von Strafen wegen Vereinsarbeit, Predigtäußerungen und Verstoßes gegen das Flaggengesetz.
Beschlagnahme einer Vereinschronik durch die SA.
Wegen Verlesung eines Hirtenbriefes verwarnt.
Verstorben am 12.7.1959.

FOERST, HANS
1900 05 12
Gräfendorf
Pfarrer
1942 zweimal gegen Unterschrift verwarnt, 300 RM Sicherungsgeld.
1943 200 RM Sicherungsgeld, wurde später erlassen.

FRANZ, OSWALD
1907 03 16
Stadelschwarzach / Zeil / Schraudenbach
Kaplan / Expositus
Wegen Verweigerung des Hitlergrußes Anklage durch die Kreisleitung.
Verwarnung durch das Landgericht.
Mehrere Beanstandungen wegen Predigtäußerungen und Verbreitung des sogenannten Goebbelsbriefes.
Am 10.1.1939 Vorladung vor die Polizei wegen einer Wallfahrt nach Amorbach.
Wegen Verbreitung verbotener Schriften Schutzhaft vom 15.12.1941 bis 19.1.1942, Haussuchung und Beschlagnahme einer Schreibmaschine.
Zwei Jahre Postüberwachung.
Verstorben am 12.4.1974.
Lit.: 1.RPB VI, 198. 2.Wendehorst, Alfred: Das Bistum Würzburg 1803-1957. 1965, 96.

FREITAG, JOHANN ANTON
1874 08 14
Bieberehren
Pfarrer
Im Juni 1939 Haussuchung, kurzfristige Festnahme und Verhör.
1940 wegen eines Gottesdienstes verwarnt.
Verstorben am 4.9.1963.

FREPPON, JOSEF
1891 01 01
Alsleben / Diebach
Pfarrer
Zwischen 1935 und 1939 wiederholt Verhöre
und Verwarnungen sowie Beschlagnahme von
Vereinsakten durch Gestapo und Polizei.
1935 bis 1938 Postüberwachung.

FREUND, KONRAD JOHANN
1883 05 08
Veitshöchheim
Pfarrer
Vom 28.6.1933 bis 30.6.1933 in Schutzhaft.
1943 Anklage und 300 RM Geldstrafe wegen Ver-
letzung des Feiertagsrechts.
Verstorben am 22.11.1945.

FRIEDRICH, FERDINAND
1888 05 28
Reckendorf
Pfarrer
1938 Haussuchung und Beschlagnahme von Akten
und Fahnen.
Am 16.6.1941 wegen Aufhetzung der Bevölkerung bei der Entfernung des Schulkreuzes vom
Landrat und Kreisleiter vorgeladen, verhört und
verwarnt.
Verstorben am 16.2.1960.

FRIEDRICH, WILHELM
1907 02 08
Höchberg / Fabrikschleichach
Kaplan / Kooperator
Seit Juni 1933 wurde er monatlich
verwarnt; mehrmals mußte er eine Geldstrafe von 50 RM wegen Beleidigung der Nationalsozialisten bezahlen. Alle Predigten sollten Sams-
tags dem Regierungsvertreter vorgelegt werden,
was der Pfarrer ablehnte.
1933 Haussuchung und Vorladung durch die SA.
Vom 12.7.1934 bis 14.7.1934 in Schutzhaft, anschließend bis zum 8.8.1934 in Untersuchungshaft. Eine Anklage vor dem Sondergericht wegen Beleidigung der Reichsregierung
endete mit Freispruch mangels Beweises.
Verstorben am 3.10.1968.

FRIES, WENDELIN
1874 01 11
Reupelsdorf
Pfarrer
Wegen Verletzung des Feiertagsrechts Polizei-
liches Verhör, Anklage vor dem Amtsgericht,
später freigesprochen.
Verstorben am 9.5.1950.

FRITZ, OTTO
1904 09 15
Kahl am Main / Königsberg i. Bayern
Kaplan / Kuratus
Im November 1933 wegen Verlesung eines Wahl-
hirtenbriefes polizeiliches Verhör und ein
Tag Schutzhaft.
1937 wegen Predigtäußerungen zweimal Verhör
durch die Polizei und versuchte Beschlagnahme
von Hirtenbriefen.
Verstorben am 19.4.1972.

FROEHLICH, JOSEF
1881 10 22
Waldbrunn
Pfarrer
Am 29.6.1934 wegen Nichtbeteiligung an der
Wahl Haussuchung und Sachbeschädigung durch
die Gestapo.
1934 Beschwerde der Kreisleitung beim Ordina-
riat und Antrag auf Abberufung.
Am 17.5.1935 vom Sondergericht wegen Kanzel-
mißbrauchs zu drei Monaten Gefängnis verurteilt.
Am 25.1.1938 Haussuchung durch die Gestapo
und Beschlagnahme von Akten.
Mehrmals Beanstandungen wegen Nichtbeflaggung.
Verstorben am 12.3.1974.

FUCHS, JOHANN GEORG
1874 04 25
Höttingen
Expositus
Mehrmals von der Polizei verwarnt.
Verbot der Verlesung von Hirtenbriefen.
Wiederholt Verhöre durch die Polizei wegen
Verstoßes gegen das Sammlungs- und das Flag-
gengesetz, wegen der Verlesung von Hirtenbrie-
fen und wegen Vereinsarbeit.
Predigtüberwachung durch Bürgermeister und
Polizei.
Verstorben am 5.7.1963.

FUSS, HERMANN
1912 12 28
Eltmann / Lohr / Bastheim
Kaplan / Pfarrverweser
1941 wegen Predigtäußerungen zweimal von
der Ortspolizei vorgeladen und verhört.
1942 von der Gestapo verwarnt.
1944 wegen Jugendarbeit und einer Beerdigung
Verhör durch die Ortspolizei und den Bürgermeister.

GANS, ALOIS
1902 12 05
Mömbris / Königshofen / Johannesberg
Kaplan / Lokalkaplan / Pfarrer
1933 Verhöre durch die Gestapo wegen staatsfeindlicher Äußerungen.

1934 Gerichtsverfahren wegen Sabotage von Staatsmaßnahmen bezüglich eines NSV-Kindergartens.
Am 8.12.1938 Beschlagnahme des Vermögens des katholischen Jungmännervereins (1700 RM).
1942 wegen Predigtäußerungen und Nichtbeflaggung von der Gestapo verhört.
Wiederholt von der Polizei verwarnt sowie Predigt- und Postüberwachung durch die Polizei.
Zahlreiche Verhöre und Schikanen wegen verschiedener Vergehen.
Versuchte Grundstücksenteignung für die HJ.
1945 auf Betreiben der NSDAP in einem Sittlichkeitsprozeß angeklagt.

GEHRSITZ, AUGUST
1909 06 23
Poppenhausen
Expositus
Wegen Religionsunterrichts ab 1940 mehrere Verwarnungen.

GEIKE, RICHARD
1893 09 07
Kitzingen
Benefiziat
Am 3.11.1937 in Kitzingen festgenommen und in Würzburg und Nürnberg inhaftiert. Am 16.8.1941 in das KZ Dachau gebracht, wo er am 10.8.1942 verstarb.
Lit.: 1.Weiler, 250. 2.Neuhäusler, Johann: Kreuz und Hakenkreuz. I, 346.
Gehört zur Freien Prälatur Schneidemühl.

GEISSENDOERFER, GEORG
1892 02 14
Rechtenbach / Himmelstadt
Pfarrer
1939 polizeiliches Verhör.
1940 Verhör durch die Gestapo und Beschlagnahme von Teilen der Pfarrbibliothek.
1941 von der Gestapo vorgeladen und verwarnt.
Am 31.10.1943 Vorladung durch einen HJ-Führer, zu der der Pfarrer nicht erschien.

GEISSLER, ANDREAS
1872 11 21
Merkershausen
Pfarrer
1937 wegen Predigtäußerungen Beanstandungen und Anzeigen durch den Ortslehrer.
Wegen Verletzung des Feiertagsrechts 1942 polizeiliches Verhör und 120 RM Geldstrafe, nach Protest Erlassung der Geldstrafe.
Verstorben am 29.1.1958.

GENGLER, ALFONS
1897 05 02
Hessenthal / Hundsbach

Expositus / Pfarrer
Am 29.6.1933 hinderten Nachbarn die SA an einer Haussuchung.
Wegen Gottesdiensten an nicht staatlich anerkannten Feiertagen von der Polizei verhört.
Beschlagnahme eines Hirtenbriefes durch die Polizei.
Wegen des Eintretens für Bekenntnisschule wiederholt Anzeigen und Predigtüberwachung durch die Polizei.
Wegen einer Sammlung für das Kloster Altstadt 90 RM Geldstrafe.
Verstorben am 2.1.1971.

GENGLER, NIKOLAUS
1894 07 14
Eibelstadt
Pfarrer, Dekan
Dr. phil.
Am 29.6.1933 Haussuchung durch die SA und Androhung einer Verhaftung.
Wegen Nichtbeflaggung der Kirche mehrmals von der Polizei verhört.
Wegen Predigtäußerungen und Verweigerung des Eintritts in die NSV wiederholt Verwarnungen durch NSDAP-Funktionäre.
Verweigerung der Aufnahme in die Reichsschrifttumskammer, daher Aufgabe der schriftstellerischen Tätigkeiten.
1941 wegen Verletzung des Feiertagsrechts gerichtliche Untersuchung und 100 RM Geldstrafe durch das Amtsgericht, 1943 Einstellung des Verfahrens nach Einspruch.
Ab Dezember 1941 ohne Grundangabe Unterrichtsverbot durch den Regierungspräsidenten.
Lit.: RPB VI, 130.

GERHART, JOHANN
1894 12 21
Steinfeld
Pfarrer
Im Juni 1933 Haussuchung und Beschlagnahme von Büchern und Schriften durch SA und Polizei.
Im Juni 1936 Vorladung und Verhör durch den Bezirksschulrat wegen Verweigerung des Hitlergrußes.
Verstorben am 12.12.1972.

GERNTKE, JOSEF
1883 03 06
Sulzfeld
Pfarrer
1934 Verhör, Verwarnung und Androhung von Schutzhaft durch die Polizei wegen angeblicher Verweigerung des Hitlergrußes.
1939 Verhör durch das Amtsgericht wegen Verstoßes gegen das Flaggengesetz sowie durch den Untersuchungsrichter wegen Predigten.

Zwei weitere Verfahren wurden eingestellt.
Verstorben am 29.7.1965.
Lit.: RPB VI, 152.

GEROLD, JOSEF
1872 12 27
Bibergau
Pfarrer
1940 Anzeige wegen Predigtäußerungen gegen
den Ortsgruppenleiter.
Wegen Verstoßes gegen die Läuteordnung
Verwarnung und 100 RM Geldstrafe.
Ohne Grundangabe Schulverbot und Verbot von
Kommunion- und Beichtunterricht.
Beschlagnahme von Judenmatrikel durch den
Landrat.
Verbot des Einsatzes deutscher Ministranten
bei Gottesdiensten für Ausländer.
Verstorben am 1.8.1958.
*Lit.: 1.RPB VI, 164, 211. 2.Wittstadt, Klaus:
Kirche im Widerstand gegen den Nationalsozialis-
mus. In: Würzburger Diözesangeschichtsblät-
ter 37/38 (1975), 641.*

GERSCHUETZ, JOSEF
1877 08 28
Sächsenheim
Pfarrer, Dekan
Am 9.11.1935 wegen Nichtbeflaggung der Kirche
verwarnt.
Haussuchung der SA nach Waffen und Schriften.
Verbot der Verlesung von Hirtenbriefen.
Wegen Nichtanmeldung von Prozessionen polizei-
liches Verhör und Anklage vor dem Oberlandes-
gericht, später amnestiert.
Verstorben am 29.9.1961.

GIEGERICH, LUDWIG
1883 10 23
Unterdürrbach
Pfarrer, Dekan
Wegen Verbreitung verbotener Schriften an die
Pfarrjugend mehrmals von der Polizei vor-
geladen, Gerichtsverfahren wegen Übertretung
des Reichspressegesetzes, 100 RM Geldstrafe
und Verweis.
Wegen Verletzung des Feiertagsrechts von der
Polizei verhört.
Verstorben am 2.11.1959.

GOEBEL, ADOLF KILIAN
1910 02 18
Würzburg
Kaplan
Nach einer Anzeige von Eltern eines Schülers
im Juli 1936 Vorladung und Verhör durch die
Gestapo.
1937 wegen Vereinsarbeit Vorladung und Verhör
durch die Gestapo, Haussuchung und Beschlag-

nahme von Büchern, Geld und Musikinstrumenten.
Am 1.5.1937 wegen einer Wallfahrt mit
der Pfarrjugend von der Gestapo vorgeladen, verhört und verwarnt.

GOEBEL, CARL
1866 10 09
Würzburg
Pfarrer
Wegen eines Aushangs, der eine Aufforderung zur
Bekenntnisschule enthielt, Vorladung, Verhör,
Haussuchung und 30 RM Geldstrafe durch die
Gestapo.

GOEBEL, WILLIBALD
1902 03 23
Geusfeld
Expositus
Am 20.12.1943 wegen kritischer Äußerungen
über den Rundfunk von der Gestapo vorgeladen
und verwarnt.
Vermutlich Postüberwachung.
Verstorben am 2.4.1946.

GOETZ, FRANZ JOSEF
1895 06 04
Wartmannsroth
Pfarrer
Wegen der Erteilung von Orgelunterricht
von der Reichsmusikkammer verwarnt.
Wegen seines Eintretens für die Bekenntnisschu-
le Vorladung und Verhör durch den Bezirksamt-
mann und gerichtliche Untersuchung durch das
Amtsgericht.
Wegen Heimtücke vom Volksgerichtshof Bam-
berg angeklagt, später Einstellung des Ver-
fahrens.
Verstorben am 29.11.1948.

GOGOLIN, FRANZ (P. WINFRIED)
OFM
1903 12 19
Würzburg
1935 wiederholt Anzeigen und Beanstandungen
wegen regimekritischer Reden.
Verstorben am 2.4.1946.
*Lit.: 1.RPB VI, 65. 2.Morsey, Rudolf: Zum Kir-
chenkampf im Bistum Würzburg. In: Würzburger
Diözesangeschichtsblätter 21 (1959), 102.*

GOSSMANN, ALFRED
1898 03 19
Oberriedenberg / Bastheim
Lokalkaplan / Pfarrer
Im Mai 1933 Verleumdungen in „Der Stürmer".
1936 wegen Verstoßes gegen das Sammlungsgesetz
vor dem Landgericht angeklagt und verwarnt.
1936 durch das Bezirksamt Verbot der Durchführung von Theaterveranstaltungen.

1937 Beanstandung einer Predigt durch die Gestapo.
Am 3.3.1937 wegen Predigtäußerungen von der Polizei verhört.
1938 Verweigerung der Kleiderkarte, weil er nicht Mitglied der NSV war.
Wegen Meßfeiern für Kriegsgefangene und Predigtäußerungen am 27.3.1940 Verfahren vor dem Landgericht, später Einstellung des Verfahrens.
Verstorben am 9.3.1960.

GOSSMANN, JAKOB
1895 05 19
Hassenbach
Lokalkaplan
1933 Verhör durch die Gestapo. Haussuchung durch die Polizei.
Ab 1933 vermutlich Postüberwachung.
Wegen Verweigerung des Hitlergrußes in der Schule Verwarnung und Androhung von Schulverbot durch das Landratsamt.
1940 Kündigung der Dienstwohnung, die der Gemeinde Hassenbach gehörte.
Verstorben am 17.7.1960.

GRAETZ, OSWALD
1907 04 17
Lengfeld / Wiesentheid / Höchberg / Löhrieth
Kaplan
Wegen einer angeblich verbotenen Geldsammlung Verwarnung und 73,50 RM Geldstrafe.

GRIMM, HEINRICH
1882 05 31
Büchold
Pfarrer, Dekan
1937 verlangte die Gestapo die Herausgabe der für das Dekanat bestimmten Exemplare der Enzyklika „Mit brennender Sorge".
Wegen Verletzung des Feiertagsrechts 1941 Gerichtsverfahren, 1942 Einstellung des Verfahrens.
1944 Beschlagnahme einer Predigt und versuchte Beschlagnahme von Büchern aus der Pfarrbücherei.
1945 wegen Predigtäußerungen von der Gestapo angezeigt und vom Landrat verhört.
Verstorben am 12.3.1970.

GROEMLING, HERMANN
1913 01 04
Randersacker
Kaplan
Wegen Verstoßes gegen das Feiertagsrecht 1941 polizeiliches Verhör und gerichtliche Untersuchung. In Abwesenheit zu 300 RM Geldstrafe oder vier Wochen Gefängnis verurteilt.

GRUENEWALD, ALOIS
1883 06 21
Birkenfeld
Pfarrer
1935 wegen Predigtäußerungen von der Polizei verwarnt.
Im Oktober 1940 wegen Nichtbeflaggung 70 RM Geldstrafe durch die Gestapo.
Verstorben am 14.3.1946.

GRUSS, ALFONS
1896 11 25
Aura a. d. S.
Pfarrer
1937 Verleumdung in der Zeitschrift „Das schwarze Korps".
Wegen Verletzung des Feiertagsrechts 1941 Vorladung vor die Polizei und 120 RM Geldstrafe.
Verstorben am 23.6.1952.

GUENTHER, P. BONIFAZ
OCD
1897 12 19
Appersdorf (Btm. Regensburg) / Würzburg
Prior
Im April 1938 wegen einer Predigt Verwarnungen durch Kreisleiter und Ortsgruppenleiter.
Vom 29.6.1939 bis 18.10.1939 in Schutzhaft; Anklage wegen Meineides zugunsten eines Untergebenen.

GUNDERSDORF, LUDWIG
1908 12 21
Kirchzell
Kaplan
Verhör und Haussuchung durch die Polizei.

HABLITZ, PHILIPP
1883 01 04
Erlenbach
Pfarrer, Dekan
Im März 1934 beschloß der Gemeinderat von Erlenbach die Ausweisung des Pfarrers aus der Pfarrei und setzte ihm sodann eine Frist bis zum 9.4.1934. Auf Druck des bischöflichen Ordinariats wurde die Ausweisung zurückgenommen. Am 17.3.1934 Überfall auf das Pfarrhaus.
Verstorben am 30.3.1956.
Lit.: RPB VI, 25f.

HACK, FRANZ
1899 09 10
Holzhausen / Oberelsbach
Lokalkaplan / Pfarrer
1934 polizeiliches Verhör wegen Kanzelmißbrauchs.
1935 wegen Bestrafung eines Jungen Anzeige

durch die NSDAP.
1937 Untersuchung seitens der Polizei und
des Amtsgerichts, weil der Pfarrer einen
Hitlerjungen geohrfeigt hatte.
1937 wegen Heimtücke Verhör durch die Gestapo
und Anzeige beim Sondergericht.
1939 5 RM Geldstrafe durch die Gestapo wegen
Beleidigung des nationalsozialistischen
Gemeinderates.
1940 wegen Feldpostbriefen Anzeige durch die
NSDAP, fünf Stunden Beugehaft und Androhung von
KZ-Haft durch die Gestapo.
1941 wegen Kanzelmißbrauchs, Heimtücke und
staatsfeindlichen Verhaltens polizeiliches
Verhör, Schulverbot, Gerichtsverfahren und
200 RM Sicherungsgeld.
1942 wegen angeblichen Aufhetzens des Kaplans
polizeiliches Verhör.
1943 polizeiliches Verhör wegen Heimtücke.
1944 von der Gestapo verhört wegen Kontakt-
aufnahme zu amerikanischen Soldaten.

HAEFNER, P. GEORG
OCD
1900 09 10
Oberschwarzach
Pfarrer
Am 30.10.1941 von der Gestapo verhaftet, nachdem er die Ehe eines Parteimitgliedes auf dessen Wunsch hin für nichtig erklärt und diese
Erklärung entsprechend den kirchlichen Bestimmungen öffentlich verlesen hatte. Ohne Gerichtsverfahren Einlieferung in das KZ Dachau
am 12.12.1941 und dort am 20.8.1942 verstorben.
Interventionen des Pfarrers von Gerolzhofen,
Dr. Hersam, vor dem Amtsgericht blieben erfolglos.
*Lit.: 1.RPB VI, XLVIII. 2.Weiler, 281. 3.Adel-
hard, Kaspar: Pfarrer Georg Häfner von Oberschwarzach. In: Würzburger Diözesangeschichtsblätter 29 (1967), 207-254. 4.Wendehorst, Alfred: Das Bistum Würzburg 1803-1957. 1965.
97. 5.Neuhäusler, J.: Kreuz und Hakenkreuz.
I, 83, passim. 6.Heß, Sales: Dachau, eine
Welt ohne Gott. Nürnberg 1946, 157-159.
8.Scheele, P.-W., Wittstadt, K.: Georg Häfner.
Würzburg 1983.*

HAHN, EUGEN
1905 03 19
Bildhausen / Marktbreit
Spiritual / Pfarrer
Auf dem Weg zur Beerdigung eines polnischen
Kriegsgefangenen von der Polizei angehalten.
Post- und Telefonüberwachung.
Beschlagnahme der Pfarrbibliothek.
Verstorben am 23.11.1953.

HAIN, ALOIS
1888 09 10
Stadtprozelten / Würzburg
Pfarrer, Dekan
Nachts Eindringen der Polizei und Beschlagnahme
eines Hirtenbriefes.
Verstorben am 9.4.1959.

HAIN, GEORG
1904 11 15
Haßfurt / Westheim
Kaplan / Pfarrer
1935 wegen Verteilens von Einladungen zu einem
Jugendtreffen in der Kirche 25 RM Geldstrafe
durch das Amtsgericht.
1937 wegen regimekritischer Predigtäußerungen Vorladung und Verhör durch die Polizei
und Haussuchung durch die Gestapo.
Wegen Meßfeiern an Fronleichnam 1942
75 RM Geldstrafe durch das Amtsgericht.
Verstorben am 23.9.1960.

HAIN, JOHANNES
1906 04 08
Leubach / Burkardroth
Expositus / Pfarrer
Am 24.6.1934 wegen Predigtäußerungen
für 14 Tage Predigtverbot.
1936 und 1937 wegen Predigtäußerungen von
der Polizei verhört.
Wegen Protests gegen den Ortslehrer, der die
Kinder nicht zur Predigt gehen lassen wollte,
Vorladung und Verhör durch das Parteigericht.
Verstorben am 2.10.1957.

HARTH, ERNST
1869 09 05
Würzburg
Domkapitular
Wegen Verdachts der Verbreitung von Greuel-
nachrichten verhaftet und von der Gestapo
verhört. Am 12.12.1935 aus der Schutzhaft
entlassen.
Verstorben am 26.11.1936.
Lit.: RPB VI, 79, 82.

HARTMANN, KARL
1905 02 23
Bad Kissingen / Fulda
Kaplan / Wehrmachtpfarrer
Zwischen 1933 und 1936 wegen Vereinsarbeit
des öfteren verwarnt. 1935 Beschlagnahme
mehrerer Vereinsbanner. Wegen geheimer Fort-
setzung der Vereinstätigkeit Verwarnung und
Predigtüberwachung durch die Polizei.
Wegen Verweigerung des Titels „Führer Adolf
Hitler" 1938 Verwarnung und Beanstandungen
durch den Kreisleiter.
Wegen Nichtbeflaggung der Dienstwohnung

von NS-Offizieren verwarnt.
Verstorben am 5.9.1973.

HARTUNG, PAUL
1870 10 23
Bütthard
Pfarrer
Am 29.6.1933 Haussuchung der SA nach Waffen
und Schriften.
Zweimal durch die Polizei Verbot der Verlesung
von Hirtenbriefen.
1941 Verbot der Feier von Christi Himmelfahrt
und Fronleichnam.
Durch den NSV-Leiter Beanstandung zu geringer
Spenden bei einer Sammlung für die Partei.
Verstorben am 10.2.1952.

HASELBRUNNER, ANTON
1908 03 03
Bad Kissingen / Kleineibstadt
Kaplan / Lokalkaplan
Am 17.8.1941 ohne Grundangabe Schulverbot
durch den Regierungspräsidenten und die Gauleitung.
1943 wegen Wehrmachtsbeleidigung Untersuchung
durch SD und Kreisleitung.
Ohne Grund öffentliche Androhungen.

HASTLER, JOSEF
1892 03 17
Kirchzell / Randersacker
Pfarrer
Am 28.6.1933 Schutzhaft und Haussuchung durch
die SA wegen Mitgliedschaft in der bayerischen
Volkspartei und im Kreistag in Miltenberg.
Am 24.1.1938 Haussuchung durch die Polizei
und Beschlagnahme von Akten, später Rück-
gabe der Akten.
Verstorben am 28.11.1958.

HAUCK, ANTON
1892 06 09
Rothenfels
Pfarrer
1937 mehrere Haussuchungen durch SA und
Polizei.
Wegen Verstoßes gegen das Feiertagsrecht 1942
gerichtliche Untersuchung durch das Amtsgericht,
später Einstellung des Verfahrens.
Verstorben am 27.3.1972.

HAUN, HANS
1914 01 22
Oberschwarzach / Leubach
Kaplan / Expositus
Dr. phil.
1940 Vorladung vor die Ortspolizei, Verhör und
Verwarnung durch den Landrat wegen Unterlassung
des Hitlergrußes.

1940/1941 wegen antinationalsozialistischer Einstellung Verwarnung und Androhung von KZ.
1941 Verhör durch Landrat und Schulrat, Verwarnung und Androhung von Schulverbot wegen
Kritik an sittlichen Mißständen.
1943 wegen Predigtäußerungen über nationalsozialistische Kirchenpolitik von der Ortspolizei verhört.
Lit.: Adelhard, Kaspar: Pfarrer Georg Häfner
von Oberschwarzach. In: Würzburger Diözesange-
schichtsblätter 29 (1967), 211ff.

HECKELMANN, ALFRED
1907 05 30
Alzenau / Wasserlosen
Kaplan
Wegen Predigtäußerungen 1933/1934 wiederholt
vom Bezirksamt vorgeladen und verwarnt. Vom
3.7.1933 bis 9.7.1933 in Schutzhaft. 1934 einen
Tag in Polizeihaft, aus Alzenau ausgewiesen.
Am 8.5.1936 wegen Verstoßes gegen das Heim-
tückegesetz und Beleidigung beim Sondergericht
angeklagt.
Ab 3.9.1938 Schulverbot.
Wegen Verletzung des Feiertagsrechts 1941 und
1943 315 RM Geldstrafe durch das Bezirksamt.
Verstorben am 7.11.1964.
Lit.: RPB VI, 22.

HECKELMANN, ANTON
1881 02 23
Aschaffenburg (St. Peter und Alexander)
Pfarrer, Dekan
Zwischen 1934 und 1936 mehrmals von der Gestapo
verhört wegen Vereinsarbeit, einer Fronleichnamsprozession und Predigtäußerungen.
1935 wegen Predigtäußerungen über die Behandlung von Häftlingen durch die Gauleitung
Haussuchung durch die Gestapo und Beschlagnahme
eines Hirtenbriefes.
Wegen antinationalsozialistischer Stellungnahmen als Schriftleiter der Kirchenzeitung 1937/1938
durch den Gauleiter und die Gestapo vor dem
Sondergericht angeklagt. Das Verfahren wurde
später eingestellt.
Verstorben am 4.3.1964.
Lit.: RPB VI, 78.

HEEGER, JOSEPH
1871 11 16
Würzburg (St. Burkard)
Pfarrer
1937 wegen eines Plakates für die Konfessionsschule von der Gestapo vorgeladen und verhört.
1938 durch die Gestapo Haussuchung und Beschlagnahme einiger Bücher und eines Billiard-
tisches. 30 RM Geldstrafe.
Verstorben am 12.8.1955.

HEGMANN, FRANZ
1908 08 17
Waldberg / Wülfershausen
Lokalkaplan / Pfarrer
Wegen Predigtäußerungen über Jugendseelsorge Androhung einer Haussuchung durch die Polizei, vom Bürgermeister verhört und Verweigerung einer Beförderung 1936.
Wegen Kritik an HJ und BDM vom Ortsgruppenleiter verwarnt.
Im Juni 1943 gerichtliche Untersuchung durch das Amtsgericht und Versetzung wegen Beleidigung des Ortsgruppenleiters.
Wiederholt öffentliche Anschuldigungen durch die SA.

HEILMANN, LORENZ
1910 01 30
Wiesentheid
Kaplan
Wegen Predigtäußerungen und einer Wallfahrt am 10.8.1939 Verfahren vor dem Amtsgericht, später amnestiert.

HENNEBERGER, ANDREAS
1885 02 05
Lauter / Roßbrunn
Pfarrer
1934 wegen antinationalsozialistischer Haltung Beanstandung und Verwarnung.
1939/40 wegen Betreuung polnischer Kriegsgefangener von der Polizei verhört.
1941 wegen Religionsunterrichts verwarnt, ein Tag Schutzhaft und Erzwingung des Eintritts in die NSV.
Wegen Gottesdiensten an Christi Himmelfahrt und Fronleichnam 300 RM Geldstrafe, nach Protest Erlassung der Strafe.
Lit.: Wendehorst, Alfred: Das Bistum Würzburg 1803-1957. 1965, 96.

HEPP, JOSEF
1892 01 30
Kleinostheim
Pfarrer
Im Februar 1934 wegen Predigtäußerungen vom Amtsgericht vorgeladen und verhört und nach einer gerichtlichen Untersuchung zu 50 RM Geldstrafe verurteilt.
1934 wegen Devisenvergehens Verhör und Verwarnung durch einen Sonderkommissar.
1935 wegen Nichtbeflaggung verhört.
1939 Verhör und Verfahren vor dem Sondergericht wegen Verstoßes gegen das Flaggengesetz, später amnestiert.
1939 wegen Verstoßes gegen das Versammlungs- und Heimtückegesetz verhört und vor dem Sondergericht angeklagt, später amnestiert.
1941 Verhör wegen Verletzung der Läuteordnung.

1941 wegen Predigtäußerungen von der Gestapo verhört und verwarnt.
Verstorben am 6.10.1974.

HERRMANN, JOHANN
1894 01 20
Duttenbrunn / Versbach
Expositus / Pfarrer
1934 Beanstandung durch den Kreisleiter wegen öffentlicher Kritik an der SA-Kirchenparade.
1937 wegen Predigtäußerungen von der Gestapo verwarnt.
1937 Verbot der Verlesung eines Hirtenbriefes durch die Polizei und den Ortsgruppenleiter.
1938 wegen Predigtäußerungen Haussuchung und Beschlagnahme von Vereinsschriften. Durch den Landrat Erzwingung einer Stellungnahme zu einer Anzeige.
1938 wegen Religionsunterrichts angezeigt, durch die Kreisleitung Antrag auf Versetzung.
1941 wegen Verletzung des Feiertagsrechts gerichtliche Untersuchung, Anklage und 300 RM Geldstrafe. Nach Berufung Einstellung des Verfahrens.
Verstorben am 4.10.1955.

HERRMANN, JULIUS
1888 01 27
Nordheim
Pfarrer
1940 durch die Gestapo gewaltsam aus der Pfarrei ausgewiesen.
Verstorben am 12.12.1947.

HERSAM, GEORG
1877 03 26
Schallfeld
Pfarrer, Definitor
Wegen Predigtäußerungen 1935 angeklagt und zu drei Monaten Haft verurteilt. Das Urteil wurde nach einer Berufung auf zwei Monate beschränkt. Nach acht Tagen Haft wurde die Strafe wegen Krankheit zur Bewährung ausgesetzt.
Verstorben am 6.6.1948.

HERSAM, JOSEPH
1890 03 20
Gerolzhofen
Pfarrer
Dr. theol.
Wegen Druckes verbotener Schriften im August 1936 Beschlagnahme des Vervielfältigungsgerätes durch das Amtsgericht, nach Einspruch Rückgabe des Gerätes.
1938 wegen einer Prozession zum Empfang des Bischofs 200 RM Geldstrafe durch das Amtsgericht. Das Urteil wurde trotz Amnestie aufrechterhalten.
1940 Strafbefehl wegen Verstoßes gegen die

Läuteordnung.
Verstorben am 7.12.1948.
*Lit.: Adelhard, Kaspar: Pfarrer Georg Häfner
von Oberschwarzach. In: Würzburger Diözesangeschichtsblätter 29 (1967), 229ff.*

HESS, JOHANN (P. SALESIUS)
OSB
1899 05 01
Münsterschwarzach (Abtei) / Rimpar
Kaplan
Dr. phil.
Wegen Versendung von Rundbriefen im Zusammen-
hang mit der Auflösung der Abtei von der Ge-
stapo verhört, vom 31.5. bis 11.8.1941 in
Untersuchungshaft, dann in das KZ Dachau über-
führt und dort bis 28.3.1945 inhaftiert.
*Lit.: 1.RPB VI, XLVIII, 188. 2.Weiler, 294.
3.Hess, Sales: Dachau, eine Welt ohne Gott.
Nürnberg 1946. 4.Neuhäusler I, 334, 336, 347.*

HESS, MARTIN
1900 03 16
Oberweißenbrunn
Expositus
1934 Beanstandung wegen Verweigerung des
Hitlergrußes.
Schriftliche Beanstandung durch einen NSDAP-Block-
wart wegen Verstoßes gegen die Läuteordnung.
Verstorben am 31.7.1954.
*Lit.: Wendehorst, Alfred: Das Bistum Würzburg
1803-1957, 1965, 96.*

HESSLER, RICHARD
1906 05 05
Marktsteinach / Birnfeld / Püssensheim u.a.
Kaplan
Wegen staatsfeindlichen Verhaltens im
Januar 1934 in Schutzhaft genommen, aus Marktsteinach ausgewiesen und nach Birnfeld und Püssensheim zwangsversetzt.
Im April 1943 wegen Abhörens ausländischer Rundfunksender von der Gestapo verhaftet. Durch ein Gericht zu zwei Jahren Zuchthaus
mit Ehrverlust, 22 Monaten Gehaltssperre und
Tragens der Verfahrenskosten in Höhe von 2000
RM verurteilt.
*Lit.: 1.RPB VI, 21, 204. 2.Wendehorst, Alfred:
Das Bistum Würzburg 1803-1957. 1965, 99.
3.Wittstadt, Klaus: Kirche im Widerstand gegen
den Nationalsozialismus. In: Würzburger Diözesangeschichtsblätter 37/38 (1975), 644.*

HETTINGER, LUDWIG
1881 07 21
Rieneck
Pfarrer
Wegen Abhaltens von Gottesdiensten an Christi
Himmelfahrt und Fronleichnam 1941 und 1942

von der Polizei vorgeladen und verhört;
Haussuchung, gerichtliche Untersuchung und
300 RM Geldstrafe.
Verstorben am 23.3.1962.

HEULER, JOSEF (P.WILLIBALD)
OSB
1912 10 21
Münsterschwarzach / Mainaschaff / Kreuzberg
1937 Verhör und Haussuchung durch die Gestapo.
1941 anläßlich der Auflösung der Abtei
Verhör und Haussuchung durch die Gestapo.
Am 9.5.1941 Ausweisung aus der Abtei und
Aufenthaltsbeschränkung bis 6.6.1941. Schul-
verbot bis 1945.
Nach einem Ministrantenausflug zweimal von der
Gestapo verhört.

HEYER, JOHANNES
1900 04 08
Würzburg
Kaplan / Pfarrkuratus
Wegen Plakatwerbung für die
Bekenntnisschule 36 RM Geldstrafe.

HILBERT, KARL
1902 11 28
Hausen
Lokalkaplan / Pfarrer
Am 20.6.1936 wegen Verlesung eines Hirtenbrie-
fes Androhung von Verhaftung durch die Polizei.
Am 27.3.1937 wegen einer Heldengedenkpredigt
polizeiliches Verhör, Haussuchung durch die
SA und Beschlagnahme politischer Flugblätter.
Am 20.3.1939 als Wehrmachtspfarrer abgelehnt.
In den letzten Kriegsjahren Verweigerung der
Bezugsscheine für Heizkohle.

HIMMEL, SIMON
1898 10 01
Pößneck
Pfarrer
1938/39 durch die Polizei Beschlagnahme von
Hirtenbriefen, Büchern und Schriften.

HOEFLING, RICHARD
1893 08 10
Schondra
Pfarrer, Definitor
1936 wegen Verstoßes gegen das Sammlungsgesetz
von der Polizei verhört.
Wegen Verstoßes gegen das Sammlungsgesetz
zweimal vor dem Amtsgericht verhört und nach
einer gerichtlichen Untersuchung zu 50 RM Geldstrafe verurteilt.
Verstorben am 27.4.1956.

HOFMANN, ADOLF
1907 09 25
Würzburg (St. Adalbero) / Neuhütten
Kaplan
1938 wegen Beleidigung des Führers von
der Gestapo vorgeladen und verhört.
Verbot der Erteilung von Religionsunterricht.
Wegen Verletzung des Feiertagsrechts schriftliche Beanstandung durch den NSDAP-Kreisleiter.

HOFMANN, KARL
1874 10 01
Sulzdorf
Pfarrer
Am 29.6.1933 wegen Verdachts auf landesver-
räterische Beziehungen zur Regierung Dollfuß
Haussuchung durch die SA, Verhör und kurz-
fristige Festnahme.
Verstorben am 1.8.1951.

HOFMANN, KARL
1892 07 12
Obereßfeld
Pfarrer
1941 wegen Verstoßes gegen das Sammlungsgesetz
auf Veranlassung der Gestapo aus der Pfarrei
ausgewiesen.
Lit.: RPB VI, 179.

HOFMANN, VINZENZ
1880 10 03
Burgerroth
Pfarrer
1933 Haussuchung der SA nach politischen
Schriften, Verhör und Verwarnung.
Verstorben am 6.3.1953.

HOH, JOSEPH
1871 09 28
Biebelried
Pfarrer
Wegen Verletzung des Feiertagsrechts polizei-
liches Verhör und Strafbefehl über 300 RM.
Von der Gemeinde Kitzingen zum Hissen der
Hakenkreuzfahne gezwungen.
Verstorben am 30.10.1952.

HOLLERBACH, HUBERT (P. PHILIPP)
SDB
1905 03 01
Würzburg
Wurde im August 1935 vom Landratsamt Kassel angezeigt, nachdem er bei Pfaffenhausen ein Pfingstlager
mit 100 Mitgliedern der katholischen Jugendorganisation Don Bosco abgehalten hatte.
*Lit.: 1.RPB VI, 64. 2.Goldhammer, K.-W.: Der
Kampf der NSDAP gegen die katholische Jugendarbeit in Unterfranken. In: Würzburger Diözesangeschichtsblätter 37/38 (1975), 670.*

HOOS, KONRAD
1892 07 09
Aschaffenburg / Bad Kissingen / Hammelburg
Geistl. Studienrat
Im September 1941 wegen politischer Äuße-
rungen im Religionsunterricht vom Schuldirektor
vorgeladen und vom Landrat verhört. Einlei-
tung eines Dienstverfahrens, Unterrichtsverbot,
Entlassung aus dem Staatsdienst und Versetzung.
Lit.: RPB VI, 197.

HOPPERT, MICHAEL
1885 02 07
Traustadt-Falkenstein
Pfarrer
Wegen einer Ansprache beim Mütterverein vom
Landrat vorgeladen und vom Regierungsrat
verhört; amtliche Verwarnung und Verbot, gegen
die NS-Frauenschaft zu reden.
Verstorben am 10.12.1953.

HORNUNG, LUDWIG
1909 10 25
Würzburg / Oberelsbach / Gailbach
Alumne / Kaplan / Expositus
1934/35 wegen Verweigerung des Hitlergrußes
Verwarnung durch den Kreisleiter und Androhung
von KZ.
Wegen Gottesdiensten und Predigten vom
Bürgermeister vorgeladen und vom Kreisleiter
verhört. Auf Anordnung der Gestapo Haussuchung.
1941/42 Postüberwachung.
Verwarnung durch die Polizei.

HUBER, JOSEF
1906 01 18
Breitensee
Pfarrverweser
Wegen Regimekritik und angeblicher Sabotage
der HJ Schulverbot ab 3.7.1937, am 2.2.1938
Vorladung vor das Bezirksamt und Androhung
eines Aufenthaltsverbots.
Wegen Verletzung des Feiertagsrechts gerichtliche Untersuchung, am 22.2.1943 vom Amtsgericht in einem Verfahren zu 150 RM Geldstrafe
verurteilt. Für die Dauer des Krieges Verweigerung von Bezugsscheinen.

HUFNAGEL, JOSEPH
1890 01 10
Frankenwinheim
Pfarrer
Im Mai 1933 wegen der Bestrafung eines Hitlerjungen vom Landrat und dem NSDAP-Ortsgruppenleiter verhört, in Schutzhaft vom 28.6.1933
bis 3.7.1933.
Verstorben am 13.9.1950.

HUTH, HEINRICH
1883 07 15
Obereuerheim
Pfarrer
Wegen eines Gottesdienstes an Fronleichnam
am 18.11.1942 Strafbefehl über 120 RM. Ver-
fahren vor dem Amtsgericht, das 1943 wegen
Geringfügigkeit eingestellt wurde.
Verstorben am 25.2.1950.

HUTTNER, ANDREAS
1872 02 19
Ösfeld
Pfarrer
Am 29.6.1933 Haussuchung der Polizei nach
Waffen.
1937 Verwarnung durch die Regierung wegen
einer Äußerung zur Bekenntnisschule in
der Kirche.
Verstorben am 1.5.1952.

JACOB, JOHANN HEINRICH
1882 04 05
Gramschatz
Pfarrer
Wegen Verlesens eines Hirtenbriefes Haussuchung
durch die Polizei.
Wegen eines Gottesdienstes an Fronleichnam 1941
Strafbefehl, später Einstellung des Gerichts-
verfahrens wegen Geringfügigkeit.
Wegen mehrerer Predigten vom Ortsgruppenleiter
verwarnt.
Verstorben am 29.7.1967.

JAEGER, AEMILIAN
1870 03 18
Wülfershausen
Pfarrer, Dekan
1935 Verwarnung wegen einer Abstimmung über
die Bekenntnisschule und öffentliche An-
schuldigung durch den Bürgermeister.
Wegen einer Fronleichnamsprozession 1940 Vor-
ladung vor die Gestapo, Verhör und 10 Tage
Haft im Gefängnis Würzburg.
Verstorben am 11.11.1943.
Lit.: RPB VI, 130.

JAEGER, GABRIEL
1869 07 30
Dipbach
Pfarrer
1940 verhaftet, nachdem er mehrere HJ-
Angehörige vor dem Eintritt in die SS gewarnt
hatte.
Verstorben am 23.7.1943.
*Lit.: Goldhammer, Karl-Werner: Der Kampf der
NSDAP gegen die katholische Jugendarbeit in Un-
terfranken. In: Würzburger Diözesangeschichts-
blätter. 37/38 (1975), 678.*

JAEGER, MAX
1881 06 05
Aschaffenburg (St. Agatha)
Pfarrer
1940 wegen Kanzelmißbrauchs angezeigt,
nachdem er eine Protestnote gegen das Flaggengesetz verlesen hatte.
Verstorben am 28.4.1962.
Lit.: RPB VI, 78.

JAHN, LUDWIG
1883 12 26
Bühler
Pfarrer
1935 wegen Predigtäußerungen 100 RM Geldstrafe. Wegen einer verbotenen Sammlung Verhör vor
dem Amtsgericht und 20 RM Geldstrafe.
Verstorben am 16.4.1965.

JANIK, ERNST OTTO
1908 05 25
Aidhausen / Laufach
Kaplan
1934 wegen einer verbotenen Sammlung zugunsten
von Auslandsdeutschen 17,50 RM Geldstrafe.
1935 Untersuchung durch das Amtsgericht wegen
Predigtäußerungen und Anklage vor dem Sondergericht.
1937 wegen Verstoßes gegen das Versammlungsgesetz verwarnt und Verbot, im Religionsunterricht über bestimmte Personen zu sprechen.
1938 bei der Auflösung des Jungmännervereins
von der Gestapo verhört.
Wegen Verletzung des Feiertagsrechts 1941/42
Strafbefehl über 315 RM durch das Amtsgericht.

JESSBERGER, ANTON
1907 08 09
Bastheim
Kaplan
1933 wegen Predigtäußerungen Beanstandung
durch den Kreisleiter.
Verstorben am 27.2.1974.

JOHANN, FRIDOLIN
1892 03 06
Bürgstadt
Pfarrer
1937 wegen Abhaltung einer Kolpingsfeier
öffentliche Anschuldigungen.
1942 wegen einer Wallfahrt von der Polizei
verhört.
Wegen einer verbotenen Sammlung 1943
von der Polizei verhört.
Verstorben am 7.7.1967.
*Lit.: 1.Morsey, Rudolf: Zum Kirchenkampf im Bis-
tum Würzburg. In: Würzburger Diözesangeschichtsblätter 22 (1960), 98. 2.Schmitt, Norbert: Die Seelsorger von Bürgstadt - Geistliche*

aus Bürgstadt. In: Würzburger Diözesangeschichtsblätter 42 (1980), 123.

JUNKER, KONSTANTIN
1882 09 16
Klingenberg / Rottenberg
Pfarrer
Bei einer Haussuchung Beschlagnahme von Hir-
tenbriefen. Vorladung und Anklage durch die
NSDAP.
Wegen Nichtbeflaggung der Kirche 21 RM
Geldstrafe.
Ein Verfahren vor dem Amtsgericht wegen Ver-
breitung eines bischöflichen Schreibens über
die Bekenntnisschule wurde eingestellt.
Verstorben am 4.8.1970.

JUNKER, WERNER
1906 05 19
Würzburg (St. Burkard)
Kaplan / Jugendseelsorger
Nachdem er mitgeteilt hatte, daß ein Jungvolkführer ein Sittlichkeitsverbrechen begangen habe, wurde er im Juni 1933 in Zeitungsartikeln
verleumdet. Es kam zu häufigen Auseinandersetzungen katholischer Jugendgruppen mit der HJ.
Wegen seiner Tätigkeit als Jugendseelsorger und
wegen des Besuchs eines Pfarrers aus Dänemark
Haussuchung am 25.1.1938. Beschuldigung,
staatsfeindliche Kontakte nach Dänemark zu
unterhalten.
Verstorben am 19.9.1941.
*Lit.: 1.RPB VI, 7, 15.2.Goldhammer, Karl-Wer-
ner: Der Kampf der NSDAP gegen die katholische
Jugendarbeit in Unterfranken. In: Würzburger
Diözesangeschichtsblätter 37/38 (1975), 681.*

KAMPFMANN, JOSEPH
1891 07 11
Neunkirchen
Pfarrer
Wegen Vereinsarbeit Vorladung und Verhör durch
Landrat und Schulamt, auf Veranlassung der
Staatsanwaltschaft Haussuchung und Beschlag-
nahme des „Osservatore Romano".
Von der Polizei verwarnt wegen Zitierens von
Äußerungen des Papstes.
Wegen Verweigerung des Hitlergrußes vom Regie-
rungspräsidenten verwarnt.
Wegen Verstoßes gegen das Flaggengesetz von
der Staatsanwaltschaft verwarnt.
Von der Kreisleitung dreimal angezeigt wegen
Verletzung des Feiertagsrechts und verspäteten
Siegesgeläutes.
Verstorben am 21.7.1969.

KELLER, ANTON
1910 05 31
Gauaschach

Kaplan
Von der Polizei und dem Amtsgericht
vorgeladen und verhört. Am 6.10.1941 Schulverbot und ohne Grund Geldstrafe.
Verstorben am 7.2.1981.

KELLER, EDUARD
1895 01 25
Aschaffenburg (St. Michael)
Pfarrer
Wegen Verlesens einer Protestnote gegen die
Beflaggungsbestimmungen in einer Predigt am
10.11.1935 von der Bayerischen Politischen
Polizei angezeigt.
Verstorben am 21.11.1944.
*Lit.: 1.RPB VI, 78. 2.Schmitt, Norbert: Die
Seelsorger von Bürgstadt - Geistliche aus
Bürgstadt. In: Würzburger Diözesangeschichts-
blätter 42 (1980), 153.*

KELLER, JAKOB
1880 09 13
Aschaffenburg (Liebfrauen)
Pfarrer
Wegen Verlesung einer Protestnote gegen die Be-
flaggungsbestimmungen am 10.11.1935 von
der Bayerischen Politischen Polizei angezeigt und
vom Sondergericht Bamberg vorgeladen. Das Ver-
fahren wurde niedergeschlagen.
Wegen brieflicher Äußerungen über „Das
Schwarze Korps" 1941 von der Gestapo verhört.
Wegen Beleidigung eines Kreisleiters in einer
Predigt von der Kriminalpolizei verhört, ver-
warnt und mit schwerer Bestrafung bedroht.
Verstorben am 20.10.1954.
Lit.: RPB VI, 78.

KEMPF, ALFONS
1912 01 30
Würzburg (Juliusspital)
Kaplan
Wegen Vereinsarbeit Haussuchung durch die
Gestapo und Beschlagnahme von Vereinseigentum
und persönlichen Dingen.

KINZLER, JOSEPH
1867 02 15
Zeuzleben
Pfarrer, Dekan
Die Bayerische Politische Polizei beanstandete
Predigtäußerungen vom 29.3.1936.
Verstorben am 17.3.1951.
Lit.: RPB VI, 88.

KIPPES, OTTO
1905 07 23
Partenstein
Expositus
Dr. theol.

Wegen Predigtäußerungen Haussuchung durch
die Gestapo. Am 14.3.1938 Vorladung vor das
Amtsgericht, Verwarnung und Androhung eines
Schulverbots.

KLARMANN, HEINRICH
1892 10 12
Altbessingen
Pfarrer
Wegen Durchführung einer Fronleichnamsprozession 1941 mehrfach von der Polizei
verhört, eine Geldstrafe von 300 RM wurde ihm
nach der Berufung erlassen.
Wegen ungenügender Verdunkelung Beanstandung
durch den Ortsgruppenleiter und 150 RM Geldstrafe
durch das Amtsgericht.
Verstorben am 25.9.1967.

KLEESPIES, WILHELM
1901 01 24
Rothenbuch
Pfarrer
1937 wegen angeblicher Mitwisserschaft in
der Angelegenheit Goebbelsbrief vom Amtsgericht
verhört und vom Regierungspräsidenten verwarnt.
Wegen Predigtäußerungen und Beleidigung eines
Lehrers 1938 Verfahren vor dem Amtsgericht,
später amnestiert.

KLEINSCHRODT, SEBASTIAN
1900 10 21
Gunzenbach / Sailauf
Lokalkaplan / Pfarrer
1937 wegen Bezugs einer ausländischen Zeitung
von der Polizei verhört, Haussuchung und
Beschlagnahme von Büchern und einer Fahne,
Post- und Telefonüberwachung.
Wegen öffentlicher Äußerungen zum Religions-
unterricht vom Ortsgruppenleiter angezeigt. Es
wurde versucht, ein Schulverbot durchzusetzen.
Wegen Verstoßes gegen das Sammlungsgesetz an-
gezeigt.
Verstorben am 13.6.1962.

KLEMENT, ALOIS
1869 02 25
Untereisenheim
Pfarrer, Definitor
Wegen eines Gottesdienstes an Christi Himmel-
fahrt 1944 Vorladung und Verhör durch Gestapo
und Polizei.
Verstorben am 24.3.1945.

KLEMENT, PETER
1909 08 11
Breitenbrunn / Oberschwarzach
Lokalkaplan / Pfarrer
1939 wegen Abhaltens von Einkehrtagen vom Amts-

gericht vorgeladen und wiederholt verhört,
Haussuchung durch die Gestapo und Postüberwachung.
Wegen Feldpostbriefen Verbot weiterer Korrespondenz mit Soldaten.
1941 Schulverbot durch den Regierungspräsidenten und 250 RM Geldstrafe.
Wegen Heimtücke Verfahren vor dem Sondergericht Bamberg, später amnestiert. Entzug des
Heizmaterials.
Lit.: RPB VI, 180.

KLUEPFEL, HANS
1904 11 20
Waldzell
Lokalkaplan
Wegen seiner antinationalsozialistischen Haltung
Haussuchung durch die Gestapo 1938 und Schulverbot bis 1945.
1938 wegen Verstoßes gegen das Sammlungsgesetz
angeklagt. Das Verfahren wurde niedergeschlagen.
1941 Strafbefehl wegen Verletzung des Feiertagsrechts. Später Niederschlagung des Verfahrens.

KLUG, HERMANN JOSEPH
1893 06 22
Retzbach
Pfarrer
1940 wegen einer verbotenen Sammlung von der
Polizei vorgeladen und verhört.
Im Juli 1940 Verhör im Zusammenhang mit Kir-
chenaustritten.
1941 Strafbefehl wegen Verletzung des Feier-
tagsrechts.
Verstorben am 12.12.1974.
*Lit.: Goldhammer, Karl-Werner: Der Kampf der
NSDAP gegen die katholische Jugendarbeit in
Unterfranken. In: Würzburger Diözesange-
schichtsblätter 37/38 (1975), 683.*

KNORZ, JOSEPH
1912 05 09
Würzburg / Hösbach / Zellingen
Alumne / Kaplan / Expositus
1935 wegen Organisation einer Studentendemon-
stration Beanstandung durch den Rektor, als
Fachschaftsleiter abgesetzt und zusammen mit
anderen Theologiestudenten suspendiert.
1937 Haussuchung durch die Gestapo wegen Verstoßes gegen das Sammlungsgesetz und Verbreitung verbotener Schriften.
1937 Gerichtsverfahren wegen Verkaufs von Meß-
büchern, das Verfahren wurde später eingestellt.
1939 Verhör durch die Gestapo und sieben Monate
Schulverbot durch das Schulamt, infolgedessen
vom bischöflichen Ordinariat versetzt.
1943 Beanstandung durch den Ortsgruppenleiter

wegen Predigtäußerungen.
Verstorben am 13.4.1966.
Lit.: 1.Wendehorst, Alfred: Das Bistum Würzburg
1803-1957, 1965. 92. 2.Spitznagel, Peter: Die
Schließung der theologischen Fakultät an der
Universität Würzburg durch die Nationalsozia-
listen im November 1935. In: Würzburger Diöze-
sangeschichtsblätter 39 (1977), 275-281.

KOENIG, ADALBERT
1907 05 10
Schmalwasser
Lokalkaplan
Wegen falscher Beflaggung 1939 gerichtliche
Untersuchung und 30 RM Geldstrafe.

KOENIG, JOHANN
1885 06 19
Waldsachsen / Essfeld
Pfarrer
1933 wegen einer abfälligen Bemerkung über
den Nationalsozialismus verwarnt.
1934 wegen Protests gegen eine Äußerung eines
Nationalsozialisten vom Kreisleiter verwarnt.
Wegen Bestrafung von Kindern, die statt am
Sonntagsgottesdienst an einer Parteiveranstaltung teilgenommen hatten, von der Kreisleitung
angezeigt. Antrag auf Versetzung und Beschlagnahme verschiedener Schriften.
Verstorben am 1.12.1967.

KOERNER, OTTO ANDREAS
1880 02 13
Randersacker
Pfarrer
Am 29.6.1933 Haussuchung durch die SA, vom
29. bis 30.6.1933 auf Veranlassung der
Polizei in Schutzhaft.
1934 wegen Predigtäußerungen vom Kreisleiter
verwarnt.
Verstorben am 8.1.1936.

KOETZNER, JOHANN ALOIS
1896 12 24
Haßfurt
Pfarrer, Dekan
1938 Verhör durch die Gestapo im Zusammenhang
mit der Auflösung der Jugendkongregation.
1942 wegen Verletzung des Feiertagsrechts
Strafbefehl über 150 RM. Nach Einspruch Niederschlagung der Anklage.
Verstorben am 30.1.1981.

KOLB, JOSEPH
1886 01 11
Wermerichshausen / Bergtheim
Pfarrer
Am 29.6.1933 Haussuchung durch SA und
Polizei.

Aufgrund seiner Ermahnungen einem Gemeinde-
mitglied gegenüber Erstürmung des Pfarrhauses
durch die SA mit erheblicher Sachbeschädigung.
Auf Veranlassung des Bezirksamtes vom 28.2.
bis 24.3.1934 in Schutzhaft.
Verstorben am 20.2.1945.
Lit.: 1.RPB VI, 142. 2.Wendehorst, Alfred: Das
Bistum Würzburg 1803-1957. 1965, 91.

KONRAD, RICHARD
1912 02 03
Kürnach / Baunach / Burkardroth
Kaplan / Pfarrverweser
1938 wegen Jugendarbeit Vorladung und Verhör
durch die Gestapo, Haussuchung und Beschlagnahme von Geld und persönlichem Eigentum.
Im Frühjahr 1942 auf Veranlassung von Privatpersonen ohne Grundangabe Schulverbot durch
den Schulrat und den Landrat.

KONZE, LUDWIG
1901 05 24
Salzungen / Hösbach
Pfarrer
Polizeiliches Verhör wegen Verstoßes gegen
das Flaggengesetz. Beschlagnahme mehrerer
Hirtenbriefe, die später zurückgegeben wurden. Amtliche Verwarnung durch den Ortsgruppenleiter.

KRAEMER, LOTHAR
1880 09 05
Würzburg
Stellvertretender Rektor der Marienkapelle
Wegen abträglicher Äußerungen über NSDAP-
Funktionäre nach einer Anzeige durch die
Oberbannführung der HJ kurzfristige Festnahme
am 10.1.1934 und Verhör vor dem Sonderkommis-
sariat der Regierung von Unterfranken.
Ab 14.2.1938 Postüberwachung.
Verstorben am 29.3.1963.
Lit.: 1.RPB VI, 20f. 2.Wittstadt, Klaus: Kirche
im Widerstand gegen den Nationalsozialismus. In:
Würzburger Diözesangeschichtsblätter 37/38
(1975), 637f.

KRAISS, IGNAZ
1883 04 10
Augsfeld
Pfarrer
Am 15.12.1942 wegen Verstoßes gegen das
Feiertagsrecht Strafbefehl über 150 RM, Haus-
suchung und Beschlagnahme eines Hirtenbriefes.
Am 21.6.1943 vom Amtsgericht in einer Ver-
handlung zu 75 RM Geldstrafe verurteilt.
Verstorben am 19.7.1961.

KRAUSE, KARL THEODOR (P. WILLEHAD) CMM
1901 07 23
Würzburg
Seminarrektor
1938 wegen angeblicher Sittlichkeitsverbrechen im Seminar von der Gestapo Würzburg
verhört und mit KZ bedroht, aus demselben Grund
fand eine Haussuchung statt.
1943 drohte ihm die Gestapo mit Verhaftung,
nachdem er das als religiöse Schrift angesehene
Sonntagsblatt an Verwundete des Lazaretts im
eigenen Hause ausgeteilt hatte.

KRAUSERT, EMIL
1909 09 07
Miltenberg / Maidbronn
Kaplan / Lokalkaplan
Wegen seiner Teilnahme am Diözesan-Jugend-
treffen im Mai 1934 öffentliche Bedrohung
und Beschimpfung durch SA-Angehörige.
Am 8.7.1941 Haussuchung durch die Gestapo,
am 9.7.1941 Vorladung vor die Gestapo.

KREUZER, ENGELBERT
1895 11 12
Aura / Motten
Lokalkaplan / Pfarrer
Wegen Predigtäußerungen von der Polizei
verhört.
Verstorben am 17.1.1979.

KROECKEL, OSKAR
1905 01 12
Schweinfurt (St. Joseph) / Ernstkirchen
Kaplan / Pfarrer
Wegen Gottesdienstes an Fronleichnam 1941 von
der Polizei verhört, Strafbefehl über
300 RM, Gerichtsverfahren nach Protest eingestellt.
Wegen angeblicher Zerstörung eines Pamphletes
im HJ-Aushängekasten von der Polizei
verhört.
Verstorben am 5.12.1956.

KROENERT, JOHANN
1871 08 09
Würzburg (Juliusspital)
Pfarrer
Am 13.4.1943 im Zusammenhang mit der
Auflösung der Spitalspfarrei auf Veranlassung
des Regierungsvizepräsidenten ausgewiesen.
Verstorben am 26.8.1954.

KRUG, FRANZ
1904 12 24
Schweinheim / Dorfprozelten
Kaplan / Pfarrer
Wegen Heimtücke und staatsfeindlicher Äuße-

rungen durch den Landrat vorgeladen und ver-
hört. Am 28.6.1936 Anklage beim Sondergericht
Bamberg, das Verfahren wurde aus Mangel an
Beweisen eingestellt.
Von der Polizei und vom Ortsgruppenleiter
wurde ihm unter Androhung von Schulverbot
auferlegt, nur noch religiöse Fotos im
Unterricht zu zeigen.
Wegen angeblicher Unterschlagung von Vereins-
geld Verhör und Verwarnung durch die Polizei.

KUEMMERT, ROBERT
1909 03 03
Obereschenbach
Expositus, Pfarrverweser
Im Februar 1942 Gerichtsverfahren wegen
Predigtäußerungen.
Lit.: RPB VI, 199.

KUHN, NIKOLAUS
1881 01 20
Großwenkheim
Pfarrer
Im August 1940 44,50 RM Geldstrafe wegen nicht
vorschriftsmäßiger Verdunkelung.
Am 21.1.1943 wegen Verletzung des Feiertags-
rechts vor dem Amtsgericht angeklagt und zu
300 RM Geldstrafe und Gerichtskosten verurteilt.
Verstorben am 5.6.1955.

KUNZMANN, FRANZ
1893 08 10
Westheim / Klingenberg
Pfarrer
Wegen Vereinsarbeit 1935 und 1945 Verhöre und
Haussuchungen durch die Gestapo. 1942 Be-
schlagnahme fast der gesamten Pfarrbibliothek.
1938 wegen seines Eintretens für die Juden
öffentliche Beschimpfung und Bedrohung durch
SA-Angehörige.
Verstorben am 5.2.1977.

KUNZMANN, XAVER
1902 12 19
Mainberg / Großheubach
Lokalkaplan / Pfarrer
1937 wegen Verstoßes gegen das Feiertagsrecht
Predigtüberwachung. Verwarnung durch die
Gestapo wegen eines Ausfluges mit dem Kirchen-
chor.
1942 wegen seiner Tätigkeit im Vorstand der
Verwaltung des Krankenhauses Verfügung und
versuchte Absetzung durch den Landrat. Nach
Einspruch des bischöflichen Ordinariats Ein-
stellung der Verfügung.
Androhung und Verhaftung durch die Polizei
wegen Durchführung einer nicht angemeldeten
Wallfahrt.
Wegen Veranstaltung eines Dekanatssingens Ver-

weis durch die Bayerische Politische Polizei.
Wegen zu geringer Zahlung zum Winterhilfswerk
Beanstandung durch SA-Führer.
Wegen Verlesens eines Hirtenbriefes Androhung von
Verhaftung durch die Bayerische Politische Polizei.
Verstorben am 4.9.1976.
Lit.: RPB VI, 118.

LANDWEHR, ANTON
1892 05 14
Schwanfeld
Pfarrer
1938 im „Stürmer" verleumdet, weil er nicht
Mitglied der NSV war.
Wegen Gottesdienstes an Fronleichnam 1941 Gerichtsverfahren auf Veranlassung der Gauleitung,
später Einstellung des Verfahrens.

LANG, ALFRED
1910 07 21
Würzburg (St. Burkard)
Kaplan
Wegen Beleidigung der HJ 1941 verhört und
verwarnt.
Wegen Verteilens von Flugblättern und angeblicher Aufwiegelung des Volkes am 24.5.1941
von der Gestapo vorgeladen und verhört. Aufenthaltsverbot für Münsterschwarzach, acht Tage Haft, Predigtüberwachung und bei einer
Haussuchung Beschlagnahme eines Fotoapparates.

LANG, FRANZ
1908 05 12
Wenighösbach
Lokalkaplan
Wegen regimekritischer Predigtäußerungen vom
Landrat und Bürgermeister vorgeladen und ver-
hört, nach einer gerichtlichen Untersuchung
am 24.10.1941 vom Landgericht zu einem Monat
Haft verurteilt.
Wegen seines Verhaltens gegenüber der HJ
vom Ortsgruppenleiter vorgeladen, verhört
und verwarnt. Beschlagnahme des Eßservices.
Lit.: RPB VI, 176.

LANG, HUGO
1911 02 24
Wülfershausen
Kaplan
Beanstandung einer Predigt am Heldengedenktag
1937 durch die Gestapo.
Im April 1939 wegen wiederholten staatsfeind-
lichen Verhaltens Verhör und Beanstandung
durch die Gestapo.
Im März 1940 wegen fortgesetzter Verstöße
gegen das Heimtückegesetz vom Sondergericht
Bamberg zu fünf Monaten Haft verurteilt.
Seit Oktober 1944 vermißt.
Lit.: RPB VI, 105, 152, 167.

LEDER, GEORG
1882 06 30
Schwebenried
Pfarrer
Aus Anlaß der Auflösung der Marianischen
Kongregation Haussuchung durch die Gestapo und
Beschlagnahme der Pfarrbibliothek.
1941 wegen Verletzung des Feiertagsrechts fünf Ver-
höre, Anklage und 300 RM Geldstrafe, die spä-
ter wieder erlassen wurde.
Verstorben am 3.8.1950.

LEHNER, KARL
1902 05 12
Gauaschach / Gössenheim
Expositus / Kaplan
1937 erhielt er vom Amtsgericht einen Strafbefehl über 30 RM oder sechs Tage Gefängnis,
weil er Lebensmittel für das Kloster Altstadt-
Hammelburg entgegengenommen hatte.
Verwarnung wegen Verweigerung des Hitlergrußes
in der Schule.

LEIER, HEINRICH
1876 12 13
Würzburg (Dom)
Dompfarrer, Domkapitular
Wegen seiner Tätigkeit als Hauptschriftleiter
des fränkischen Volksblatts und darin enthal-
tener regimekritischer Artikel von der Polizei
vorgeladen, verwarnt, festgenommen und 11 Tage
inhaftiert. Er wurde gezwungen, als Hauptschriftleiter abzudanken.
Eintägige Schutzhaft wegen Verlesung eines
Hirtenbriefes.
Verstorben am 2.6.1948.
*Lit.: 1.RPB VI, passim. 2.Wittstadt, Klaus:
Domkapitular Heinrich Leier (1876-1948), der
Hauptschriftleiter des Fränkischen Volks-
blattes im Kampf gegen den Nationalsozialismus. In: Würzburger Diözesangeschichtsblätter 38 (1977), 255-274.*

LEIS, P. EUSEBIUS
OSB
1902 04 27
Ochsenfurt
Kooperator
Mehrfach Gestapo-Verhöre. Haussuchung, Gau- und
Ortsverbot, Schulverbot in Ochsenfurt, Verbot
der Erteilung von Privatunterricht. 20 RM Geld-
strafe.
Verstorben am 10.2.1965.

LENGLER, GEORG
1907 08 08
Aschaffenburg / Oberwerrn

Kaplan
1935 Strafanzeige auf Veranlassung der
Gestapo wegen Kritik an der Flaggenordnung.
Am 31.7.1936 wurde er wegen Verstoßes gegen
das Heimtückegesetz vor dem Sondergericht
Bamberg angeklagt, später amnestiert.
Am 25.1.1937 wurde er von der Gestapo kurz-
fristig festgenommen und verhört, gleichzeitig
Haussuchung und Beschlagnahme von Büchern und
Schriften.
Wegen Äußerungen im Religionsunterricht lei-
tete die Polizei 1941 ein Verfahren ein.
Lit.: RPB VI, 78.

LENHART, FRANZ
1896 12 02
Gerolzhofen
Kaplan
Im September 1935 wurde er wegen Predigtäußerungen zweimal von der Polizei verhört.
Im August 1936 wurde er wegen Vereinsarbeit
von der Polizei verhört und verwarnt.

LEONARD, GOTTFRIED
1904 04 21
Aub
Lokalkaplan
Wegen versuchter Verleitung zum Meineid wurde
er am 6.12.1940 vom Landgericht Schweinfurt
zu 18 Monaten Zuchthaus verurteilt.
Nach einer Revision wurde das Urteil vom
Reichsgericht Leipzig am 11.2.1941 aufgehoben,
in einer erneuten Verhandlung beim Landgericht
Würzburg wurde er freigesprochen.
Verstorben am 14.10.1943.
Lit.: RPB VI, 180.

LEONHARD, JOHANN
1869 06 17
Effeldorf
Pfarrer
Wegen angeblicher Betätigung für die BVP
wurde er 1933 in Schutzhaft genommen.
Verstorben im Jahre 1937.
Lit.: RPB VI, 8.

LIEB, FRANZ
1907 09 27
Haßfurt / Heppdiel
Kaplan
Wegen regimekritischer Einstellung im Juni 1933
für acht Tage in Schutzhaft.
Im Oktober 1935 Anklage der Ortsgruppenleitung
wegen Predigtäußerungen.
Wegen Predigtäußerungen vom 14.2.1938 vor
dem Sondergericht Bamberg angeklagt, später
amnestiert.
1940 wegen Verstoßes gegen die Läuteordnung

von der Kreisleitung vorgeladen.
Verstorben am 11.8.1977.

LIEBENSTEIN, RUDOLF
1908 01 18
Hammelburg / Obernburg
Kaplan / Benefizium-Verweser
Im September 1938 wegen Religionsunterrichts
vom Landrat und Bezirksschulamt vorgeladen.
Im Juni 1939 wegen Verstoßes gegen das Heimtückegesetz vom Landrat und der Gestapo vorgeladen und verhört, gerichtliche Untersuchung
vor dem Landgericht. Ab 5.10.1939 Schulverbot.
Von SA-Angehörigen gewaltsam bedroht.

LIEBISCH, P. BARNABAS
OSB
1902 01 04
Münsterschwarzach
Wurde 1941 unmittelbar vor der Auflösung der
Abtei Münsterschwarzach von der Gestapo Würz-
burg in Schutzhaft genommen.
Verstorben im Jahre 1980.
Lit.: RPB VI, 183.

LINK, HANS
1906 06 19
Arnstein / Würzburg (St. Josef) / Saalfeld
Kaplan / Pfarrer
1933 Haussuchung und Beanstandung durch den
Kreisleiter.
1934 Vorladung vor die Polizei.
1936 Verwarnung durch die Polizei wegen Verlesens des Osterbriefes.
Zwischen 1936 und 1939 mehrmals von der Kriminalpolizei verhört.
1937 Haussuchung durch die Polizei und Beschlagnahme von Büchern, Zeitschriften und Briefen.
1938 Verwarnung durch die Polizei.
Wegen Beeinflussung eines Kindes auf Veranlassung der Gestapo vom 21.6.1940 bis 28.6.1940
in Schutzhaft. Durch die Gestapo Androhung von
KZ.

LIPPERT, ALOIS
1890 02 05
Röthlein
Pfarrer
Beschlagnahme der Kirchenfahne für einen Tag
durch den Bürgermeister wegen Vergehens
gegen das Flaggengesetz.
100 RM Geldstrafe wegen einer Sammlung für
das Priesterhilfswerk.
Beschlagnahme der Pfarrbücherei.
Verstorben am 14.1.1971.

LIPPERT, GEORG
1897 09 22
Oberwerrn

Lokalkaplan
1936/37 wegen Verlesung eines Hirtenbriefes
und einer Predigt jeweils von der Polizei
verhört und verwarnt.
Verstorben am 7.7.1973.

LOEHR, SIGISMUND
1875 05 13
Heustreu / Niederlauer
Pfarrer
Verhör und Verwarnung durch die Polizei
wegen Durchführung einer Prozession.
Verwarnung durch den Kreisschulrat wegen
Kommunionunterrichts in der Schule.
Verstorben am 26.11.1955.

LOESCH, RUDOLF
1891 09 22
Gräfendorf / Neresheim / Sigmaringendorf u.a.
Kommorant, Hausgeistlicher
Am 3.7.1940 verhaftet und zu eineinhalb Jahren
Zuchthausstrafe verurteilt. Ab dem 8.10.1942
im KZ Dachau. Am 26.4.1945 während des
Evakuierungsmarsches befreit.
Verstorben am 27.9.1978.
Lit.: Weiler, 416.

LOTT, KARL
1887 06 05
Waldbüttelbrunn
Pfarrer
Wegen Verstoßes gegen das Sammlungsgesetz
1942 vom Landgericht zu drei Monaten Haft ver-
urteilt.
Vier Gerichtsverfahren, mehrmalige Verwarnungen,
ab 1940 Schulverbot.
Verstorben am 25.10.1965.
Lit.: RPB VI, 202.

LUDWIG, HERMANN
1910 02 03
Amorbach / Rimpar / Bischbrunn
Kaplan / Lokalkaplan
1938 wegen Vereinsarbeit durch die Gestapo
verhört, Haussuchung und Beschlagnahme von
Schriften.
1942 wegen staatsfeindlichen Verhaltens vom
stellvertretenden Regierungspräsidenten verwarnt.
Vorbereitung eines Verfahrens wegen Verweigerung des Hitlergrußes.
Verhör durch die Polizei wegen Übertretung
des Feiertagsrechts.

LUTZ, ADOLF
1891 04 24
Althausen
Pfarrer
Wegen einer Messe an Fronleichnam 1941 Verhör

durch die Polizei. Durch das Amtsgericht
Strafbefehl über 120 RM, Verfahren später
eingestellt.
Verstorben am 9.7.1962.

LUTZ, JOHANN
1912 07 14
Zeil
Kaplan
Anläßlich der Auflösung des katholischen
Jungmännerverbandes 1937 Verhör durch die
Gestapo, Haussuchung und Beschlagnahme von
Büchern und Schriften.

MAGERL, ANDREAS
1888 11 13
Königshofen / Mechenried
Lokalkaplan / Pfarrer
Wegen Predigten am 30.4.1933 und am 1.5.
1933 durch den Landrat verhört und verwarnt.
1940 Haussuchung durch die Gestapo.
Am 3.3.1942 Beschlagnahme von amtlichen
Judenmatrikelbüchern durch die Polizei.
Verstorben am 10.7.1949.

MAHR, FRANZ
1907 05 31
Aschaffenburg / Elsenfeld / Miltenberg u.a.
Präfekt / Kaplan / Religionslehrer
Dr. theol.
Wegen Betätigung im Bund Neudeutschland im
September 1934 von der Gestapo verhört,
Geldstrafe am 18.10.1934.
Wegen Verstoßes gegen das Flaggengesetz ge-
richtliche Untersuchung und Geldstrafe am
16.11.1935.
Am 29.3.1939 auf Betreiben der Gestapo zwangs-
weise Abdankung als Präfekt im Studienseminar.
Im August 1939 Beschlagnahme von Jugendschrift-
tum und Verhör durch die Gestapo.
Im Mai 1942 zwei Verhöre durch Gestapo und
Polizei.
Zwei Schulverbote für die Volksschule und die
Oberschule Miltenberg am 15.7.1942 und am
18.8.1942.
Am 29.10.1942 Beschlagnahme eines Buches und
Verhör durch die Gestapo.
Am 15.6.1943 Schulverbot für die Volksschule
Hammelburg.

MARTIN, ERHARD
1910 10 16
Würzburg (Stift Haug) / Hammelburg / Theilheim
Kaplan / Expositus
Im März 1937 Verhör und Haussuchung durch
die Gestapo wegen Bekanntgabe von Kirchenaustritten.
Wegen Kanzelmißbrauchs und Heimtücke zwei Verhöre durch die Gestapo im Juli und September

1937.
Ab August 1937 Schulverbot wegen politischer
Unzuverlässigkeit.
Wegen Vereinsarbeit 1936 und 1937 Vorladung und
Verhör vor dem Sondergericht Bamberg im Septem-
ber 1937.
Im Januar 1938 Verhör durch die Gestapo an-
läßlich der Auflösung des Jungmännerver-
bandes.
Wegen Meßfeier an Fronleichnam 1941 von der
Polizei angezeigt. Die Anzeige wurde nieder-
geschlagen. Geldstrafe.
Wegen Kanzelmißbrauchs vom Sondergericht Bam-
berg zu 200 RM Geldstrafe verurteilt, die teil-
weise erlassen wurde.

MARTIN, FRIEDRICH
1876 05 21
Stalldorf
Pfarrer, Dekan
Am 26.6.1933 Festnahme und Verhör durch die
Gestapo wegen Predigtäußerungen, Predigt-
überwachung durch die SA.
Wegen Verstoßes gegen das Sammlungsgesetz
Haussuchung im August 1938, Verhör, Verwarnung
und gerichtliche Untersuchung durch das Amts-
gericht.
Wegen Beflaggung mit der päpstlichen Fahne am
1.4.1945 von einem SS-Angehörigen mit Er-
schießung bedroht.
Verstorben am 6.3.1949.

MARTIN, JOHANNES AEGIDIUS
1873 08 30
Hammelburg
Pfarrer / Militärgeistlicher
Wegen Predigten insgesamt dreizehnmal ange-
klagt, für die Silvesterpredigt 1940 mit
300 RM Geldstrafe belegt.
Wegen politischer Unzuverlässigkeit aus allen
öffentlichen Ämtern entfernt und als Mili-
tärgeistlicher abgesetzt.
Verstorben am 16.12.1943.
Lit.: RPB VI, 179, 199.

MARTIN, KARL
1895 05 20
Riedern
Pfarrer
Zwischen 1936 und 1938 mehrere Verhöre wegen
Verweigerung des Hitlergrußes, Hirtenbrief-
verlesung und Schott-Meßbuchwerbung.
1938 wurde der Kirche und der Pfarrei das
Waldrecht entzogen. 1940 erhöhte das Finanz-
amt den Einheitswert des Pfarrhauses um ein
Vierfaches.
Beanstandungen wegen Strafmaßnahmen im
Religionsunterricht (1936/38).
Wegen Vereinsarbeit und Verteilung verbotener

Schriften Haussuchung durch die Polizei, Verhör und Verwarnung durch den Landrat (1939).

MAY, JOSEPH
1891 06 23
Marktbreit / Obertheres
Pfarrer
Wegen staatsfeindlichen Verhaltens 1939 Haussuchung, Verhör und Verwarnung durch den Landrat, Schulverbot bis 1945, Beförderungsverweigerung, Zwangsversetzung nach Obertheres
und acht Tage Schutzhaft durch die Polizei.
Wegen einer Messe an Fronleichnam 1941 gerichtliche Untersuchung durch das Amtsgericht
und 75 RM Geldstrafe.

MAYER, EDMUND (P. LUDOLF)
OSB
1908 07 06
Münsterschwarzach / Stadtschwarzach
Pfarrer
Wurde 1937 und 1941 von der Gestapo Würzburg
verhört, die auch eine Haussuchung durchführte
und ihn aus der Abtei auswies. Ohne Angabe eines
Grundes erteilte die Regierung von Unterfranken
ihm Schulverbot.

MEHLING, FRANZ KARL
1864 02 01
Gambach
Pfarrer
Anklage vor dem Schöffengericht wegen Beleidi-
gung einer Gruppe von SA-Angehörigen.
Verstorben am 17.12.1943.

MEHRLICH, FRIEDRICH
1877 08 10
Massenbuch
Pfarrer
1937 plante die Polizei zweimal die Festnahme
des Pfarrers wegen angeblicher Sittlichkeits-
delikte. Auf Protest der Bevölkerung hin ge-
schah nichts.
Anzeige wegen Nichtbeflaggung der Kirche.
Verhör und Verwarnung durch die Polizei wegen
Verstoßes gegen das Sammlungsgesetz.
Verstorben am 8.5.1966.

MEISENZAHL, HERMANN JOSEF
1889 04 13
Hettstadt / Fladungen
Pfarrer
1934 wegen Predigtäußerungen Beschlagnahme
von Hirtenbriefen und versuchte Beschlagnahme
der Pfarrbücherei durch die Polizei.
1938 Verhör und Verwarnung durch den
Regierungspräsidenten und Gauleiter wegen
Bestrafung von Schülern.
Verstorben am 12.2.1964.

Lit.: 1.Schmitt, Norbert: Die Seelsorger von Bürgstadt - Geistliche aus Bürgstadt. In: Würzburger Diözesangeschichtsblätter 42 (1980), 151. 2.Kramer, Th.: Geistlicher Rat Hermann Josef Meisenzahl. In: Würzburger katholisches Sonntagsblatt 111 (1964), 142.

MERKERT, SEBASTIAN (P. ADALBERT) OESA
1902 11 12
Münnerstadt
Vom 7.7. bis 22.12.1937 wegen Verbreitung des Goebbelsbriefes in Polizeihaft.
Lit.: RPB VI, 117.

MESSER, JOSEF
1908 07 13
Wiesentheid
Pfarrer
1941 Verhör durch die Ortspolizei wegen Verstoßes gegen die Feiertagsordnung.

MEYER, FRANZ
1908 09 29
Unterspiesheim
Expositus
Wurde im Mai 1943 wegen Äußerungen gegen die Partei von der Ortsgruppe angezeigt und von der Polizei verhört.

MILTENBERGER, FRANZ
1867 11 14
Würzburg
Domkapitular, Generalvikar
Dr. theol. h.c.
Wegen Verdachts der Beihilfe zum Staatsverrat Haussuchung am 26.11.1935 durch die Gestapo, drei Tage U-Haft und sechs Tage Schutzhaft.
Verstorben am 30.5.1959.
Lit.: 1.RPB VI, passim. 2.Wittstadt, Klaus: Kirche im Widerstand gegen den Nationalsozialismus. In: Würzburger Diözesangeschichtsblätter 37/38 (1975), 644. 3.Stasiewski, Bernhard: Akten deutscher Bischöfe über die Lage der Kirche 1933-1945. III. 1979, 383. 4.Wendehorst, Alfred: Das Bistum Würzburg 1803-1956. 1965, 98. 5.Volk, Ludwig: Der bayerische Episkopat und der Nationalsozialismus 1930-1934. 1965, passim.

MITTERWEGER, JOHANN
1898 02 11
Hohenroth / Stetten
Expositus / Pfarrer
Am 9.11.1936 öffentliche Beanstandung einer Predigt durch den Schulleiter.
Wegen Verstoßes gegen das Heimtückegesetz am 20.4.1937 Vorladung vor das Amtsgericht,
am 9.7.1937 Vorladung und Verweis durch den Oberstaatsanwalt, am 25.1.1938 Haussuchung und Beschlagnahme von Schriften durch die Gestapo.
Verhör durch die Polizei wegen Predigtäußerungen.

MONS, PAUL
1910 03 09
Stockstadt
Kaplan
Wegen Jugendseelsorge wurde zwischen 1935 und 1937 ermittelt.
Lit.: Morsey, Rudolf: Zum Kirchenkampf im Bistum Würzburg. In: Würzburger Diözesangeschichtsblätter 21 (1959), 101.

MOSER, LEONHARD (P. CASPAR) OFMCAP
1910 10 16
Aschaffenburg
1939 wegen Photographierens von Bahnanlagen Anzeige und Beschlagnahme des Photoapparates.
Im Juni 1940 wurde Anzeige gegen ihn erstattet, weil er im Februar 1940 in einer Predigt die Kirchenpolitik kritisiert hatte.
Lit.: RPB VI, 160, 172.

MUEHLFELD, LUDWIG
1913 07 26
Niedersteinbach
Expositus
Wegen Verstoßes gegen die Feiertagsordnung 1941 gerichtliche Untersuchung und 300 RM Geldstrafe durch das Amtsgericht. Am 11.11.1942 Einstellung des Verfahrens wegen Geringfügigkeit.
Verstorben am 17.10.1974.

MUELLER, ALFONS
1879 01 31
Oberbach
Pfarrer, Dekan
1936 nach Verlesung eines Hirtenbriefes Verhör durch den Landrat; Androhung einer Haussuchung und Versuch, den Hirtenbrief zu beschlagnahmen.
Wegen Durchführung einer Prozession Verhör und gerichtliche Untersuchung durch das Amtsgericht 1936, später amnestiert.
1937 Versuch des Landrates und des Bürgermeisters, ein pfarreigenes Grundstück zu beschlagnahmen.
Wegen Vereinsarbeit Verhör und Haussuchung durch Kreisleiter, SA und Polizei.
Verstorben am 28.10.1951.

MUELLER, EMIL
1908 04 11
Oberelsbach / Wiesenfeld
Kaplan

Verhör durch die Polizei wegen Verstoßes
gegen die Feiertagsordnung.
Wegen staatsfeindlicher Aktivitäten in der
Schule auf Betreiben des Ortsgruppenleiters
Schulverbot durch den Regierungspräsidenten
von November 1942 bis April 1943.
Wegen Feldpostbriefen Überwachung von Post
und Telefon.
Verstorben am 14.4.1964.

MUELLER, HEINRICH
1899 06 19
Schraudenbach / Theinheim
Expositus / Pfarrer
Wegen Predigtäußerungen am 28.12.1934 Post-
überwachung, gerichtliche Untersuchung und
Anklage, später Freispruch.
Wegen Verstoßes gegen die Feiertagsordnung
1941 315 RM Geldstrafe, am 30.6.1943 Frei-
spruch.
Verstorben am 21.2.1967.

MUELLER, WILHELM
1895 10 25
Trappstadt
Pfarrer
Wegen eines Vortrags vor Eltern am 18.4.1937
zwei Verhöre durch die Polizei und Schulverbot vom 15.6.1937 bis Kriegsende, in einem
Verfahren beim Sondergericht Bamberg zu 250 RM
Geldstrafe verurteilt.
Wegen Heimtücke im Juli und August 1937 Verhör
durch die Polizei und Verfahren beim Amtsgericht.
Wegen einer verbotenen Sammlung 1939 nach Anzeige durch die Kreisleitung vom Landgericht
in einem Verfahren zu 100 RM Geldstrafe verurteilt.
Wegen Predigtäußerungen am 30.5.1940 und am
4.6.1940 nach Anzeige des Ortsgruppenleiters
und Kreisleiters Verfahren beim Amtsgericht.
1941 polizeiliches Verhör wegen Verstoßes
gegen die Feiertagsordnung.
Verstorben am 25.10.1977.

NEDER, EUGEN
1904 07 23
Miltenberg / Straßbessenbach
Kaplan / Expositus
1933 wegen Predigtäußerungen Vorladung vor
das Bezirksamt, Verhör durch die Kreisleitung
und Absetzung als Religionslehrer.
1934 wegen Kanzelmißbrauchs Anklage und 45 RM
Geldstrafe.
1939 wegen Kanzelmißbrauchs Anklage, später
amnestiert.
Zwischen 1937 und 1945 Predigtüberwachung und
Schulverbot.
Verstorben am 25.6.1977.

NIEDERLEITNER, JOSEPH
1909 08 11
Würzburg (Dom)
Kaplan
1937 Entlassung aus dem Wohlfahrtsausschuß
der Stadt Würzburg durch die Stadtverwaltung
wegen Korrespondenz mit einem inhaftierten
Mitglied der katholischen Jugend.

NIKLAS, FRANZ XAVER
1877 08 20
Riedenheim
Pfarrer
Öffentliche Verleumdung in der Presse und
Haussuchung im Juli 1933 wegen Mitfahrens im
Auto eines Juden.
Verstorben am 15.3.1948.

NIKLAUS, CANISIUS
1876 11 05
Gaubüttelbrunn
Pfarrer
Wegen Beflaggung am 30.1.1939 beim Landgericht
angeklagt und zu 20 RM Geldstrafe und 60 RM
Gerichtskosten verurteilt.
Wegen Verstoßes gegen das Versammmlungsgesetz
von der Gestapo angeklagt, später amnestiert.
Verstorben am 9.4.1958.

NOETSCHER, ANDREAS
1891 08 07
Waldaschaff
Pfarrer
1942 Schulverbot durch den Regierungspräsiden-
ten und 100 RM Geldstrafe wegen Äußerungen
über Polen.
Wegen einer Wallfahrt gerichtliche Untersuchung,
300 RM Geldstrafe, 500 RM Sicherungsgeld und
Verwarnung durch das Bezirksamt.
Verwarnung wegen Predigtäußerungen.
Verstorben am 24.1.1967.
*Lit.: 1.RPB VI, 9, 150. 2.Wittstadt, Klaus: Kir-
che im Widerstand gegen den Nationalsozialismus.
In: Würzburger Diözesangeschichtsblätter
37/38 (1975), 645-656. 3.Morsey, Rudolf: Zum
Kirchenkampf im Bistum Würzburg. In: Würz-
burger Diözesangeschichtsblätter 21 (1959), 101.*

OECHSNER, KARL
1906 01 22
Schweinfurt / Reistenhausen
Kaplan / Lokalkaplan
Wegen Predigtäußerungen Verhör durch Gestapo
und Staatsanwalt sowie gerichtliche Unter-
suchung. Verfahren endete mit Freispruch.
Wegen Jugendarbeit Verhör durch Ortsgruppen-
leiter und Bürgermeister, Verwarnung durch
Gestapo, Androhung von Predigtverbot und Haft.
Verstorben am 5.6.1947.

OEHRLEIN, FRANZ
1910 07 01
Aschaffenburg
Geistl. Studienrat
Wegen eines Ausflugs mit Jugendlichen Verhör
durch die Kriminalpolizei.
Beschlagnahme von geschenkten Lebensmitteln
durch die Kriminalpolizei.
Verstorben am 2.12.1968.

OETZEL, JOSEF
1890 11 15
Schmerlenbach
Pfarrer
Wegen eines Gnadengesuchs für einen zum Tode
verurteilten Polen 1941 Verhör und öffent-
liche Anschuldigung durch Gestapo und
Polizei.
Wegen Verlesung eines Hirtenbriefes Haussuchung
durch die Polizei.
Verstorben am 14.8.1977.

OPPMANN, HERMANN
1887 01 13
Versbach
Pfarrer
Wegen eines regimekritischen Artikels im
Würzburger Kirchenblatt 1933 dreimal von der
Gestapo verhört, Haussuchung und Beschlag-
nahme einer Ausgabe des Kirchenblattes, zwei Tage
Schutzhaft.
Verstorben am 6.8.1970.

ORGELDINGER, ANTON
1879 05 20
Brückenau / Bad Kissingen
Pfarrer / Kommorant
1934 auf Veranlassung des Bezirksamtes zwei Tage
Schutzhaft wegen Beleidigung des Führers.
1936 wegen Kanzelmißbrauchs Vorladung und
Verhör durch das Amtsgericht, Androhung von
Versetzung und weiterer Schutzhaft, Über-
wachung von Post und Telefon von 1936 bis 1938.
Am 24.1.1938 wegen Vereinsarbeit Haussuchung
und Beschlagnahme von Vereinsmaterial durch
die Gestapo.
Verstorben am 9.12.1951.
Lit.: RPB VI, 92.

ORSCHEL, ALFONS (P.WALTRAM)
OSB
1902 11 18
Münsterschwarzach / Stadelschwarzach
Geistl. Schuldirektor / Lehrlingsseminarleiter
1936 von der Gestapo verhört.
Am 8.5.1941 Verhör und Haussuchung durch die
Gestapo, Beschlagnahme des Schuleigentums, Re-

ligionsunterrichtsverbot, am 9.6.1941 zwangsversetzt, öffentlich der Unzucht mit Jugendlichen und der Flucht in die Schweiz beschuldigt.

ORT, LUDWIG
1893 02 02
Rannungen / Sulzthal
Kaplan / Pfarrer
1934 wegen Vereinsarbeit drei Verhöre durch
Kreisleitung und Polizei, Haussuchung und
Beschlagnahme von Vereinsmaterial, Predigtüberwachung.
1934 wegen brieflicher Kontakte nach Österreich
Haussuchung durch Polizei und SA.
1939 Beschlagnahme eines Films durch die
Polizei wegen Jugendarbeit.
1941 wegen einer Messe an Fronleichnam Strafbefehl über 120 RM durch das Amtsgericht,
nach Berufung erlassen.
1942 polizeiliches Verhör wegen Jugendarbeit.
Verstorben am 18.12.1969.

ORTLOFF, HANS (P. BERTRAM)
OFMCONV
1913 12 28
Würzburg / Posen
Im August 1939 wegen Predigtäußerungen von der
Gestapo Würzburg vorgeladen und verhört. Bei
einer Haussuchung wurden seine Predigten beschlagnahmt.
Im Dezember 1939 als Seelsorger für Deutsche
in den Warthegau versetzt, dort aber wegen Predigtäußerungen 1942 wieder ausgewiesen und zum
Bewährungsaufenthalt in den Gau Mainfranken
versetzt. Predigtverbot für das gesamte
Reich sowie Verbot aller seelsorglichen Aktivitäten mit Ausnahme stiller Messen. Die
Stadt Würzburg durfte er nur mit Genehmigung
der Gestapo für länger als 24 Stunden verlassen.

OTT, ANTON
1881 08 29
Gerolzhofen / Osthausen
Pfarrer / Kommorant
Dr. theol.
Wegen Verstoßes gegen das Sammlungsgesetz
vom Amtsgericht zu 50 RM Geldstrafe verurteilt,
die jedoch nicht bezahlt wurde.
Verstorben am 14.11.1967.
Lit.: RPB VI, 129.

OTT, LORENZ
1899 05 15
Hofheim / Schmachtenberg
Kaplan / Expositus
Wegen Kanzelmißbrauchs polizeiliche Festnahme,
Verhör und Schutzhaft vom 27.6.1933 bis

30.6.1933. Verhör und amtliche Verwarnung
durch den Sonderkommissar.
1941 nach einem Ausflug mit der Pfarrjugend
polizeiliche Untersuchung und Verhör durch
den Landrat.
25 RM Geldstrafe wegen Beflaggung.
Verstorben am 4.3.1971.

PAULUS, HUGO
1878 04 19
Kleinbardorf
Pfarrer
Dr. theol.
Am 27.7.1939 Anzeige durch den Ortsgruppenleiter
wegen Verweigerung des Hitlergrußes.
1942 wegen Verstoßes gegen das Sammlungsgesetz
Verhör durch die Polizei; Verfahren beim
Sondergericht Bamberg, das später eingestellt
wurde; amtliche Verwarnung.
Verstorben am 20.1.1951.

PFAAB, ALFRED
1899 04 13
Sternberg
Pfarrer
1934 vom Ortsgruppenleiter und Lehrer wegen
Predigtäußerungen angezeigt.
1937 Verwarnung durch die Bezirksschulbehörde
wegen staatsfeindlicher Gesinnung und Beunruhigung der Bevölkerung.
1939 Anzeige durch die Polizei wegen Predigtäußerungen.
Wegen eines Gottesdienstes an Fronleichnam 1941
vom Amtsgericht zu 315 RM Geldstrafe verurteilt, die Strafe wurde später erlassen.
Androhung von Schulverbot und Verwarnung durch
den Regierungspräsidenten wegen Beleidigung
des Lehrers und Schulleiters.
Verstorben am 30.3.1974.

PFANNES, AUGUST
1910 08 04
Esselbach / Miltenberg / Wasserlos
Kaplan / Expositus
1933 wegen staatsfeindlichen Verhaltens Verhör,
15 RM Geldstrafe und Beschlagnahme der Pfarrbücherei durch die Polizei.
1937 Anklage durch die Gestapo wegen Jugendarbeit.
Predigtverbot durch die Polizei wegen Verlesens
des Möldersbriefes 1941.
Schulverbot am 22.4.1943.
Wegen staatsfeindlichen Verhaltens 300 RM Sicherungsgeld durch das Amtsgericht.
Verstorben am 28.12.1973.

PFEIFER, KARL
1892 09 16
Aschaffenburg (St. Josef)

Pfarrer
Dr. theol.
Strafanzeige durch die Bayerische Politische
Polizei im Dezember 1935 wegen Predigtäuße-
rungen zur neuen Beflaggungsverordnung.
Verstorben am 21.11.1944.
Lit.: RPB VI, 78.

PFEIFER, LUDWIG
1908 04 07
Miltenberg
Präfekt im Kilianeum
Dr. theol. et phil.
Wegen politischer Unzuverlässigkeit Schulverbot
im Juni 1937 und Absetzung als Präfekt im
Kilianeum Miltenberg.
Verstorben am 14.2.1979.

PFEUFFER, ADAM
1872 09 04
Königshofen
Pfarrer, Definitor
Wegen Predigtäußerungen im Dezember 1935
vom Sondergericht am 22.6.1936 zu fünf Monaten
Haft verurteilt, später amnestiert. Wiederholt
wurde er verhört und verwarnt.
Am 18.9.1937 Schulverbot durch die Bezirks-
schulbehörde und Regierung wegen abträglicher
Einmischung in Staatsangelegenheiten.
Geldstrafe wegen Gottesdienstes an Fronleichnam
1941.
Verstorben am 25.2.1963.
Lit.: RPB VI, 104.

PFEUFFER, GUSTAV
1903 08 08
Wolfsmünster / Schmalwasser / Kleinostheim
Kaplan / Lokalkaplan / Benefizium-Verweser
Am 29.5.1933 Ausweisung aus Wolfsmünster.
1936 Verwarnung durch die Kreisleitung.
1937 und 1938 gerichtliche Untersuchung durch
das Amtsgericht und Verwarnung.
Wegen Vergehens gegen die Nürnberger Gesetze
Aufenthaltsverbot ab 22.2.1938, in Polizeihaft
vom 23.2.1938 bis 5.3.1938. Am 5.8.1938
vor dem Sondergericht angeklagt und zu 300 RM
Geldstrafe verurteilt, später amnestiert.
1941 Verwarnung durch den Kreisleiter.
Verstorben am 19.1.1977.
Lit.: RPB VI, 132.

PFIRMANN, EBERHARD
1901 06 08
Karlstadt / Donnersdorf
Kuratus / Pfarrer
Wegen außerplanmäßigen Religionsunterrichts
1937 Verhör vor dem Amtsgericht, Haussuchung durch die Polizei und Redeverbot.
1937 wegen Predigtäußerungen Verfahren am

Sondergericht Bamberg.
Auf Veranlassung eines Lehrers vom 19.6.1937
bis 24.1.1941 Schulverbot wegen Äußerungen
in der Schule.
1943 wegen Äußerungen über Mißstände im
NSV-Kindergarten beim Amtsgericht angeklagt,
später amnestiert.

PFISTER, FRANZ ANSELM
1881 11 06
Rodenbach
Pfarrer
Am 29.6.1933 Haussuchung durch die SA und
Beschlagnahme von Schriften.
Im Juli 1938 Verhör durch die Gestapo.
Am 18.6.1941 Verhör im Bezirksschulamt.
Verwarnung durch den Regierungspräsidenten
wegen Mißachtung des Hitlergrußes.
Verstorben am 8.9.1954.
Lit.: RPB VI, 138.

PFRIEM, SEBASTIAN
1883 01 19
Langenprozelten / Gänheim
Pfarrer
Am 28.6.1933 Haussuchung durch die Polizei
und Verhör durch den Bürgermeister.
Am 9.8.1937 Anklage beim Sondergericht wegen
Sabotage, Kanzelmißbrauchs und Heimtücke.
1940 Verhör und Anklage durch Gestapo und
Bürgermeister wegen Kontakts mit polnischen
Kriegsgefangenen.
Wegen Gottesdienstes an Fronleichnam 1941
300 RM Geldstrafe durch die Polizei.
Wegen Verstoßes gegen die Beflaggungsverord-
nung Verwarnung durch den Kreisleiter.
Verstorben am 25.9.1958.

PICKEL, EDUARD
1907 10 20
Donnersdorf / Sonneberg / Zimmern
Kaplan / Kuratus
Wegen Jugendseelsorge und Verweigerung des
Hitlergrußes Verhör im November 1937 und
im Mai 1938, Haussuchung und Beschlagnahme
von Büchern und Liederheften, Schulverbot
von 1937 bis 1945. Maßnahmen seitens der
Gestapo und des Bezirksamtes.
Verfahren vor dem Landgericht wegen angeblicher politischer und sittlicher Vergehen -
keine Verurteilung. Jedoch U-Haft vom 1.6.
bis 1.9.1937.

POIGER, FRANZ
1900 02 26
Amorbach / Eichenbühl
Geistl. Studienlehrer / Pfarrer
Im Juni 1935 Vorladung vor das Amtsgericht
wegen Vereinsarbeit.

1939 wegen Predigtäußerungen beim Amtsgericht
angeklagt.

PORZELT, GEORG
1893 07 25
Frammersbach
Pfarrer
Wegen Predigtäußerungen Schutzhaft im März
1933 zwei Haussuchungen im Juni 1933 sowie
Schutzhaft im Juni und Juli 1933.
1934 Versetzung geplant wegen Auseinander-
setzungen mit einem SA-Mann.
Wegen Kanzelmißbrauchs Schutzhaft durch
Gestapo im August und September 1937, Schul-
verbot für Mainfranken.
Wegen Verstoßes gegen das Sammlungsgesetz
1937 Verfahren beim Landgericht und mehrere
Geldstrafen, die später erlassen wurden.
Verstorben am 14.10.1968.
Lit.: RPB VI, 42f, 119.

RAMSPERGER, GEORG
1901 10 21
Hildburghausen / Bergrheinfeld
Pfarrer, Dekan
1936 Haussuchung durch die Gestapo und Beschlagnahme von Akten wegen Jugendarbeit.
Im Juli 1937 wegen politischer Unzuverlässigkeit Verweigerung einer Religionslehrerstelle
durch den Kultusminister von Bayern und das
Gaupersonalamt Weimar.
Wegen einer Predigt zum Thema Vereidi-
gung beim Oberkommando der Wehrmacht angeklagt.
Verstorben am 8.6.1957.

RANFT, JOSEPH
1889 10 24
Würzburg / Regensburg / Röttingen
Kurat / Hochschulprofessor / Pfarrer
Prof. Dr. theol.
Am 30.6.1934 Haussuchung durch die Gestapo.
Wegen Predigtäußerungen 1934 Anzeige und
Verhör durch die Polizei.
1936 von der Universität Würzburg abberufen.
Am 25.8.1937 Entlassung aus dem Dienst als
Hochschullehrer in Regensburg.
Verhör durch die Polizei auf Veranlassung
der Gestapo wegen Kontakts mit Kriegs-
gefangenen.
Verstorben am 3.1.1959.

RAUCH, ALOIS
1909 10 17
Traustadt
Kaplan
Am 5.4.1940 wegen Kanzelmißbrauchs vom
Landgericht zu einem Monat Gefängnis
verurteilt.
Lit.: RPB VI, 170f.

RAUCH, ANTON
1908 03 03
Bischofsheim / Schwemmelsbach
Kaplan / Expositus
1935 wegen Vereinsarbeit Vorladung vor den
Landrat und Androhung von Verhaftung.
1937 und 1938 wiederholt Beanstandungen durch
den Bürgermeister wegen Verlesens von Hirtenbriefen.
Wegen Gebeten für die Juden zwischen 1938
und 1940 Androhung von Verhaftung durch
einen HJ-Stammführer.
Wegen Gottesdienstes an Fronleichnam 1942
Strafbefehl über 315 RM durch das Amtsgericht.

RAUCH, WILHELM
1895 06 04
Kothen
Expositus
Wegen Durchführung einer Prozession Schutz-
haft am 27. und 28.6.1937; Verhör vor dem
Amtsgericht und Verfahren, das nach einer
Amnestie eingestellt wurde. Haussuchung und
Beschlagnahme einer Fahne durch Gestapo und SA
anläßlich der Auflösung des Jungmänner-
vereins.

REIMER, JOSEPH
1890 03 21
Gädheim
Pfarrer
Postüberwachung von 1933 bis 1940.
Im November 1936 Erzwingung der kirchlichen
Beerdigung eines Selbstmörders bei Androhung
von Versetzung oder Verhaftung.
Verstorben am 17.2.1952.

REINHARD, KARL
1882 04 21
Thulba
Pfarrer
Am 28.6.1933 Haussuchung und Beschlagnahme
von Geld durch die Polizei wegen Kurier-
diensten für die bischöfliche Behörde; das
Amtsgericht verhängte Schutzhaft vom 28.6.1933
bis 6.7.1933.
120 RM Geldstrafe wegen Gottesdienstes an
Fronleichnam 1941.
Predigtüberwachung und Androhung von Ver-
haftung.
Verstorben am 7.8.1948.

REIS, GEBHARD
1880 01 20
Fellen
Pfarrer, Dekan
Wegen Verdachts der Verbreitung von Flugblät-
tern Verhör durch Landrat und Kreisleiter,
Haussuchung und Beschlagnahme von 75 RM,

Postüberwachung und Überwachung von Christen-
lehre und Predigt, im Juni 1944 versuchte
Einweisung in das KZ Dachau.
Verstorben am 10.9.1948.

REUS, JOSEPH
1904 12 25
Krombach / Stadtschwarzach
Kaplan
1934 Verhör durch die Gestapo wegen Predigtäußerungen.
Am 27.1.1938 Anschuldigungen in der NS-Presse
wegen Predigtäußerungen.
Zwischen 1938 und 1941 wiederholt Beanstandungen und Vorladungen vor Gestapo, Polizei
und Ortsgruppenleiter; Entzug von recht-
mäßigen Leistungen durch die Behörde.
1940 wegen Predigtäußerungen Beschlagnahme
des Pfarrhauses.
Verstorben am 19.4.1966.

REUS, VINZENZ
1907 11 12
Würzburg / Kleinheubach
Geistl. Studienrat / Pfarrkurat
1938 siebenmal von der Gestapo verhört, am
31.3.1938 zwangsweise Versetzung, am 31.12.1938
zwangsweise Abdankung als Studienrat, 1939
Versetzung nach Kleinheubach.
Im November 1942 Verhandlung vor dem Amtsgericht wegen angeblicher Unsittlichkeit und
pädagogischer Maßnahmen, später amnestiert.
Verstorben am 21.2.1965.

REUSS, KARL (P. THEOBALD)
OFMCONV
1907 05 08
Würzburg / Schrimm
Kaplan
1938 Vorladung und Verhör durch die Gestapo
Würzburg.
Im Mai 1941 Verhör durch die Gestapo Schrimm,
desgleichen wiederholte Verhöre durch den
Kreisleiter im Warthegau wegen politischer Unzu-
verlässigkeit und Beteiligung von Polen am Got-
tesdienst für Deutsche. Im Kloster und in
Schrimm wurde er von der Polizei festgenommen,
angeklagt sowie verwarnt und mit KZ bedroht.

RIEDMANN, KARL
1900 02 28
Straßbessenbach / Wolfsmünster
Expositus / Pfarrer
Am 29.6.1933 Haussuchung und Vorladung vor
die Polizei.
1937 Verwarnung durch den Landrat.
1938 Beschlagnahme von Schriften durch die
Polizei.
314 RM Geldstrafe wegen Gottesdienstes an

Fronleichnam 1941.
Wegen Verstoßes gegen das Sammlungsgesetz in einem Gerichtsverfahren zu 100 RM Geldstrafe verurteilt, nach Berufung Freispruch.
Wegen Verlesens eines Hirtenbriefes mehrere Beanstandungen und Androhung einer Verhaftung durch den Ortsgruppenleiter.
Verstorben am 5.6.1961.

ROECHNER, HEINRICH
1883 02 13
Unterebersbach
Pfarrer, Dekan
1934 von einem Lehrer wegen Verlesung eines Hirtenbriefes angezeigt. Es erfolgte eine Untersuchung, die später niedergeschlagen wurde.
Wegen Kirchenbeflaggung Anzeige bei der Polizei und Untersuchung, die der Landrat einstellte.
Bei der Polizei wegen Bemerkungen zum Luftschutz angezeigt, Niederschlagung der anschließenden Untersuchung durch den Landrat.
Verstorben am 21.5.1966.

ROEDER, PHILIPP
1893 05 06
Heinrichsthal
Lokalkaplan
1940 wegen nicht vorschriftsmäßiger Beflaggung von der Gestapo verhört.
Wegen staatsfeindlichen Verhaltens Verleumdung in der Presse.
Verstorben am 2.10.1965.

ROENNEBRINK, JOSEF
1891 02 10
Weibersbrunn
Pfarrer
1943 Verhör durch die Polizei wegen Beerdigung eines feindlichen Soldaten.
Verhör durch die Polizei wegen eines Gottesdienstes an Christi Himmelfahrt.
Verstorben am 3.3.1950.

ROESER, EDMUND
1907 01 09
Sonneberg / Eltmann / Schweinfurt
Kaplan / Pfarrer
Wegen einer Schulabstimmung, Verlesens von Hirtenbriefen, defätistischer Äußerungen und Begünstigung von Ausländern Haussuchungen 1937 und 1944 und Beschlagnahme von Büchern durch die Gestapo, Vorladung und Verhör, mehrere Verwarnungen und Beanstandungen, mehrmals mit KZ-Haft bedroht.
Verstorben am 28.1.1968.

ROESSER, JOHANN
1880 10 29
Burggrumbach
Pfarrer
1938 zwei Anklagen und zwei Verhöre wegen verspäteter Beflaggung und wegen Verstoßes gegen das Sammlungsgesetz.
Verstorben am 29.10.1959.

ROHE, KARL
1877 01 23
Untertheres
Pfarrer, Definitor
Wegen Eintretens für die Bekenntnisschule 1937 von der Polizei verhört.
Wegen Gottesdienstes an Fronleichnam vor dem Amtsgericht angeklagt, das Verfahren endete mit Freispruch.

ROHNER, KARL
1909 09 29
Amorbach
Pfarrer
Mehrere Verhöre durch die Gestapo wegen Sabotage, Nichtachtung der Wehrmacht, Verweigerung der Beerdigung eines aus der Kirche Ausgetretenen, Beeinflussung der Jugend und Zersetzung der Heimatfront zwischen 1941 und 1944.
Ein Haftbefehl wurde in Geldstrafe umgewandelt.
Verwarnung wegen Verdachts der Judenhilfe.
200 RM Geldstrafe wegen Protests gegen die Tötung „unwerten Lebens".

ROSSMANN, JOSEF
1891 01 15
Saal
Pfarrer
Am 11.1.1934 Verhör vor der Gemeindebehörde, am 13.1.1934 Festnahme, vom 13.1.1934 bis 7.2.1934 Schutzhaft wegen staatsfeindlichen Verhaltens.
Lit.: RPB VI, 21.

ROTH, FRANZ
1912 01 18
Marktheidenfeld / Bad Kissingen / Amorbach
Kaplan / Lokalkaplan
Wegen Protests von der Kanzel gegen das Verbot einer Weihnachtsfeier scharfe Verwarnung durch den Kreisleiter.

ROTTMANN, P. GEORG ANTON
CMM
1898 08 18
Würzburg
Superior
Wegen Verstoßes gegen das Sammlungsgesetz von der Gestapo verhört und am 19.12.1940 in

einer Gerichtsverhandlung zu 150 RM oder 30
Tagen Haft verurteilt.

RUEDENAUER, BERNHARD
1882 05 12
Dingolshausen
Pfarrer
Am 28.6.1933 polizeiliche Festnahme und
Schutzhaft.
Verstorben am 05.11.1956.

RUEMMER, FRANZ
1881 10 23
Arnstein
Pfarrer, Dekan
Wegen Plakatwerbung zugunsten der
Bekenntnisschule Haussuchung durch die SA
am 28.6.1933, Gerichtsverhandlung und 36 RM
Geldstrafe.
Wegen Heimtücke 1934 Anzeige und Vorladung
vor das Sondergericht, die Anklage wurde
später fallengelassen.
Verstorben am 10.2.1961.

RUEMMER, JOSEPH
1885 03 26
Darstadt
Pfarrer
Am 29.6.1933 Haussuchung durch die SA wegen
Mitgliedschaft in der Bayerischen Volkspartei.
Am 31.7.1935 Beschlagnahme des Eltern-
kalenders durch die Polizei.
Wegen einer Prozession von der Polizei
verhört und mehrmals verwarnt.
Lit.: RPB VI, 130.

RUF, FRANZ
1904 02 19
Maroldsweisach / Michelbach
Lokalkaplan / Pfarrer
1933 mündliche Beanstandung von Predigtäußerungen durch die SA.
1934 wegen Nichtbeachtung des Hitlergrußes
schriftliche Beanstandung durch die SA.
Wegen Gottesdienstes an Fronleichnam 1941
300 RM Geldstrafe, wurde vom Amtsgericht nach
Einspruch erlassen.

SAAL, RICHARD
1894 11 25
Würzburg / Brückenau
Domvikar, Domprediger / Pfarrer
Als verantwortlicher Redakteur des Katholischen
Kirchenblattes Würzburg von der Gestapo verhört, Haussuchung und Beschlagnahme des Amtszimmers im September 1935, polizeiliche Festnahme am 18.9.1935 und Polizeihaft vom
18.9.1935 bis 26.9.1935.
Im Februar 1938 wegen Verlesens eines Hirten-

briefes von der Gestapo verwarnt.
1940 schriftlicher Verweis durch die Gestapo
wegen Ausgabe von Gutscheinen an Bedürftige.
Verstorben am 19.8.1955.
Lit.: RPB VI, 63, 72.

SALZMANN, EMIL
1875 12 05
Oberfladungen
Pfarrer
Wegen Protests gegen einen Ausflug des BDM
polizeiliche Festnahme am 26.8.1934 und
drei Tage Schutzhaft.
Wegen Predigtäußerungen gerichtliche Untersuchung beim Amtsgericht am 13.12.1940, Verhandlung vor dem Sondergericht Bamberg endete am
1.4.1941 mit Freispruch.
Verstorben am 21.7.1956.
Lit.: RPB VI, 43f, 176.

SANDMANN, JOSEF HEINRICH
1903 09 22
Wolfmannshausen
Pfarrer
Wegen Jugendarbeit 1938 und 1939 wiederholt
Vorladungen vor die Gestapo, am 10.8.1939
Haussuchung und Beschlagnahme von Akten und
Unterlagen.
Zwischen 1938 und 1941 wiederholt Beanstan-
dungen durch verschiedene Parteistellen wegen
seelsorglicher Tätigkeiten, Jugendarbeit,
Fronleichnamsprozessionen und Regimegegner-
schaft.
Wegen Feldpostbriefen zwei Verwarnungen durch
die Gestapo am 1.8.41 und am 23.9.42, Post-
überwachung ab 1941.
Wegen Heraushängens einer weißen Fahne am
4.4.1945 vom Ortsgruppenleiter und der SS mit
Verhaftung und Erschießung bedroht.
*Lit.: Wendehorst, Alfred: Das Bistum Würzburg
1803-1953. 1967, 99.*

SASS, ARTUR
1908 10 07
Gunzenbach
Lokalkaplan
Am 6.8.1941 Vorladung vor das Bezirksschulamt,
weil er das abgenommene Schulkreuz wieder
aufgehängt hatte.
Am 4.9.1941 Verwarnung durch den Regierungspräsidenten und Androhung von Strafen
wegen der Erteilung des Religionsunterrichtes
in der Kirche und der Form der Erstkommunionfeier.
Verstorben am 29.5.1979.

SASS, SIEGFRIED
1902 06 02
Bischwind a. R. / Poppenlauer

Expositus / Pfarrer
Zwischen 1938 und 1940 wiederholt Anzeigen
durch Parteistellen wegen Mißachtung nationalsozialistischer Verordnungen.
Am 30.9.1942 Schulverbot durch das Bezirksschulamt und den Regierungspräsidenten wegen
Verweigerung des Hitlergrußes.
Wegen Verstoßes gegen das Versammlungsgesetz
gerichtliche Untersuchung, am 7.4.1943 Verhandlung vor dem Amtsgericht und Freispruch,
am 1.7.1943 Verhandlung vor dem Landgericht
und 150 RM Geldstrafe zuzüglich Gerichts- und
Anwaltskosten.
Verstorben am 3.7.1971.

SAUER, ADAM
1908 06 21
Würzburg / Böttigheim / Wernarz
Präfekt / Pfarrverweser / Lokalkaplan
Weil er als Präfekt im Ferdinandeum die Arbeit
der HJ erschwerte, amtliche Verwarnung und
Vorladung am 7.2.1938, Versetzung am
15.2.1938.
Wegen Predigtäußerungen am 10.11.1943 Verwarnung und Beanstandung durch die Polizei
und den Chefarzt des Lazaretts.
Wegen defätistischer Äußerungen Vorladung
und Verhör durch die Gestapo am 13.10.1944,
Haft vom 13.10.1944 bis 20.10.1944, Schulverbot durch den Regierungspräsidenten am
21.12.1944, Überwachung von Post und Telefon.
Lit.: 1.Goldhammer, Karl-Werner: Der Kampf der
NSDAP gegen die katholische Jugendarbeit in
Unterfranken. In: Würzburger Diözesan-
geschichtsblätter 37/38 (1975), 666. 2.Wende-
horst, Alfred: Das Bistum Würzburg 1803-1957.
1965, 94.

SAUER, BURKHARD
1906 02 11
Altglashütten / Oberwestern
Lokalkaplan
1936 wegen Verlesens von Hirtenbriefen zweimal
von der Polizei verhört, am 19.3.1937
Vorladung auf das Bezirksamt, am 24.4.1937
Verwarnung.
1937 wiederholt öffentliche Anschuldigungen
wegen Predigtäußerungen und Christenlehre.
Wegen Verstoßes gegen das Sammlungsgesetz
Forderung nach Herausgabe von Geld und Akten,
Androhung von Schutzhaft, am 5.9.1939 Haus-
suchung und Beschlagnahme von Akten durch die
Gestapo, am 6.9.1939 Sperrung des Sparkontos
der Pfarramtskasse.
Wegen Predigtäußerungen am 26.3.1940 Vor-
ladung und gerichtliche Untersuchung auf Ver-
anlassung der Staatsanwaltschaft.
Am 15.4.1940 Verhör wegen Meßstipendien,
Predigtäußerungen und Verweigerung des

Hitlergrußes.
Zwischen 1940 und 1942 mehrere Verhöre durch
die Gestapo wegen Seelsorge.
1941 wegen Gottesdienstes und Prozession an
Fronleichnam Strafbefehl über 300 RM, ein
Gerichtsverfahren wurde später eingestellt.

SAUER, KARL
1904 10 22
Würzburg / Neustädtles / Oberbessenbach
Kaplan / Expositus / Pfarrer
1933 wegen angeblicher Bekämpfung der HJ und
pädagogischer Maßnahmen von einem Lehrer
angezeigt, Disziplinarverfahren vor dem Landgericht wurde eingestellt, Verleumdungen in
der NS-Presse.
Im März 1938 wegen Verweigerung des Hitlergrußes, Verstoßes gegen das Flaggengesetz,
Verlesens von Hirtenbriefen und Predigtäußerungen mehrere Verhöre durch die Gestapo und
Verwarnungen durch den Staatsanwalt.
Im Juli 1939 wegen Verstoßes gegen das Versammlungsgesetz Anzeige durch die Polizei,
später Amnestie.
Im Januar 1945 Beschlagnahme der Pfarrscheune
und des Pfarrspeichers auf Veranlassung des
Landrates und des Regierungsrates.

SAUER, NIKOLAUS
1886 03 13
Unterwittbach / Kleinochsenfurt
Pfarrer
Am 29.6.1933 wegen Predigtäußerungen Haussuchung und Beschlagnahme von Briefen und
Hirtenbriefen durch die SA, Verwarnung durch
die Polizei und Androhung von Predigt-
verbot.
Am 10.8.1937 wegen Verstoßes gegen das
Sammlungsgesetz 840 RM Geldstrafe durch das
Amtsgericht.
1937 wegen seelsorglicher Tätigkeiten Vorla-
dung vor das Amtsgericht.
Am 30.9.1937 wegen staatsfeindlichen Verhal-
tens auf Veranlassung des Lehrers Schulverbot
durch den Regierungspräsidenten.
Wegen Nichtteilnahme an der Abstimmung vom
10.4.1938 über die Angliederung Österreichs Verhör
durch den Landrat am 14.4.1938, Androhung von
Verhaftung und Ausweisung aus der Pfarrei.
Verstorben am 7.2.1953.
Lit.: Wendehorst, Alfred: Das Bistum Würzburg
1803-1957. 1965, 95.

SAUERBIER, KARL
1889 10 13
Heigenbrücken
Pfarrer
1934 Verbot der Benutzung des von ihm für
die Jugend gemieteten Sportplatzes.

Wegen Verlesens eines Hirtenbriefes am 20.6.1936 Haussuchung und Androhung von Verhaftung durch die Polizei.
Wegen Gottesdienstes an Fronleichnam 1941 Strafbefehl über 320 RM am 9.6.1942, das Verfahren wurde später eingestellt.
Verstorben am 19.8.1973.

SCHADLER, OTTO
1908 08 20
Würzburg
Alumne
Am 25.10.1935 Strafbefehl über 50 RM durch das Amtsgericht wegen Kanzelmißbrauchs.
Verstorben am 23.6.1968.
Lit.: Morsey, Rudolf: Zum Kirchenkampf im Bistum Würzburg. In: Würzburger Diözesangeschichtsblätter 21 (1959), 102.

SCHAEFER, ALFONS
1910 05 31
Frammersbach / Mainsondheim
Kaplan / Pfarrverweser
Verhör durch die Ortspolizei wegen Vergehens gegen das Flaggengesetz und das Pressegesetz. Strafbefehl über 100 RM am 30.4.1938 amnestiert.
Verstorben am 25.5.1970.

SCHATZEL, HEINRICH
1891 10 14
Kaisten / Effeldorf
Expositus / Pfarrer
Am 1.10.1944 wegen staatsfeindlicher Tätigkeiten Anzeige und Verhör durch die Polizei. Beanstandung durch die Reichsmusikkammer wegen Orgelunterrichts.
Verstorben am 24.11.1968.

SCHAUER, JOHANNES
1887 09 28
Homburg / Acholshausen
Pfarrer
Wegen Äußerungen über „Das schwarze Korps" Vorladungen vor das Amtsgericht im Oktober und November 1938 sowie vor den Staatsanwalt im März 1939, der Prozeß wurde niedergeschlagen.
1942 wegen angeblich schlechter Verdunkelung sieben Tage Polizeihaft und 32,50 RM Geldstrafe durch die Gestapo.
Wegen Verstoßes gegen die Läuteordnung vom Landrat verwarnt.
Verstorben am 26.5.1969.

SCHEBLER, ALOIS
1902 01 04
Würzburg / Brendlorenzen
Assistent am Priesterseminar / Pfarrer

Dr. theol.
Wegen Äußerungen im Religionsunterricht und politischer Unzuverlässigkeit Schulverbot durch das Kultusministerium ab Juni 1937.
Wegen Heimtücke am 2.11.1942 von der Gestapo verhört.

SCHEURING, THEODOR
1874 05 11
Wörth
Pfarrer, Dekan
Wegen Predigtäußerungen und Stellungnahme für die Juden Beanstandungen durch den Lehrer.
Verstorben am 20.12.1949.

SCHILLING, JOHANNES
1902 10 04
Unterspiesheim / Steinach
Expositus / Pfarrer
Wegen politischer Unzuverlässigkeit, Jugendarbeit und Predigtäußerungen wiederholt Vorladungen vor die Gestapo und Verhöre durch die Polizei, drei Haussuchungen, ab 1933 Überwachung von Post und Telefon, auf Veranlassung des Landrates Redeverbot, Verweigerung einer Beförderung und wiederholt gerichtliche Untersuchungen.
1934 Enteignung des Jugendheimes.
1936 Erstürmung des Pfarrhauses durch die SA und Androhung von Haft wegen Predigtäußerungen.
1939 versuchte Beschlagnahme der für das Priesterhilfswerk gesammelten Beeren.
Verstorben am 1.8.1980.
Lit.: RPB VI, 161.

SCHINKE, LUDWIG
1907 06 17
Oberleichtersbach / Schweinfurt
Kaplan / Pfarrer
1935 wegen Jugendarbeit wiederholt Beanstandungen und Verwarnungen durch die NSDAP-Kreisleitung.
Im Zusammenhang mit der Verbreitung des Goebbelsbriefes 1937 Haussuchung und Beschlagnahme von Briefen, Zeitschriften und Unterlagen; polizeiliche Festnahme und gerichtliche Anklage, die niedergeschlagen wurde. Zwischen 1937 und 1941 17mal von Gestapo und Staatsanwalt vorgeladen.

SCHLOER, LUDWIG
1887 02 21
Untersteinbach
Pfarrer
1937 polizeiliches Verhör wegen Verlesung eines Hirtenbriefes.
Im Oktober 1944 wegen Predigtäußerungen

von der Kreisleitung angezeigt.
Verstorben am 14.2.1968.

SCHMITT, GEORG
1877 06 27
Tückelhausen
Pfarrer
Am 29.6.1933 Haussuchung auf Veranlassung
der Kreisleitung.
Im August 1933 Vorladung vor das Bezirksamt
und Verwarnung durch einen Sonderkommissar.
Ab 1941 Überwachung aufgrund einer Anzeige.
Verstorben am 15.2.1952.

SCHMITT, MICHAEL
1897 03 18
Heidingsfeld
Benefiziat
1933 Anzeige und polizeiliches Verhör wegen
Regimekritik und Jugendarbeit.
Im Juli 1936 Vorladung vor die Gestapo im Zu-
sammenhang mit der Verbreitung des Goebbels-
briefes und Verhör durch die Gestapo wegen
Predigtäußerungen.
Verstorben am 31.8.1956.

SCHMITT, OTTO
1902 12 06
Kleinostheim / Oberdürrbach / Aufstetten
Benefiziumsverwalter / Pfarrverweser
Am 5.3.1933 Strafbefehl über 100 RM wegen
Kanzelmißbrauchs.
Vom 3.7.1934 bis 7.8.1934 wegen groben
Unfugs inhaftiert, dann amnestiert.
Wegen Beleidigung des Führers in einer Predigt
1938 Haussuchung und Beschlagnahme der Predigt,
gerichtliche Untersuchung durch das Amtsge-
richt, in einem Prozeß durch das Sondergericht
zu vier Monaten Haft verurteilt, inhaftiert
vom 27.10.1939 bis 13.2.1940, anschließend
Schulverbot und Ausweisung aus der Pfarrei.
1939 wegen Beleidigung des Ortsgruppenleiters
150 RM Geldstrafe.
Von 1939 bis 1945 Überwachung von Post und
Telefon.
Lit.: 1.RPB VI, 117, 141, 160. 2.Wittstadt,
Klaus: Kirche im Widerstand gegen den National-
sozialismus. In: Würzburger Diözesange-
schichtsblätter 37/38 (1975), 640. 3.Morsey,
Rudolf: Zum Kirchenkampf im Bistum Würzburg.
In: Würzburger Diözesangeschichtsblätter 21
(1959), 102.

SCHMITT, VALENTIN
1870 09 02
Rohrbach
Pfarrer
Dr. theol.
Auf Veranlassung des Ortsgruppenleiters wegen

Verstoßes gegen das Feiertagsgesetz Verhör,
Haussuchung und Beschlagnahme von Büchern,
Schriften und Geld. Durch das Amtsgericht
Strafbefehl über 300 RM, Einstellung des
Verfahrens am 9.2.1943.
Verstorben am 20.8.1958.

SCHNABEL, CARL
1872 01 19
Rottendorf
Pfarrer
Am 29.6.1933 Haussuchung und Beschlagnahme
von Büchern und Unterlagen durch die SA
wegen Vereinsarbeit.
Im Januar 1934 wegen Beleidigung der HJ Vorladung vor das Bezirksamt und für fünf Wochen Verbot von Heimabenden.
Im Juni 1939 polizeiliches Verhör wegen Verstoßes
gegen das Heimtückegesetz.
1940 wegen Verstoßes gegen die Läuteordnung
polizeiliches Verhör und Meldung an das Ordinariat und Bezirksamt.
1941 wegen Religionsunterrichts Vorladung
und Verhör vor dem Bezirksamt sowie Schulverbot.
Wegen Predigtäußerungen 1941 von der
Polizei verhört.
Verstorben am 2.5.1954.

SCHNEIDER, ALFONS
1889 01 20
Großwelzheim
Pfarrer
Am 29.6.1933 Haussuchung und Beschlagnahme
von Schriften durch die Polizei wegen
Jugendarbeit.
1938 wegen Beleidigung Goebbels' angeklagt,
später amnestiert.
Wegen Predigtäußerungen vier Verwarnungen durch
die Gestapo und Androhung schärferer Maßnahmen.
Verstorben am 19.6.1975.

SCHNEIDER, EDUARD
1884 05 08
Stadelschwarzach
Pfarrer
1934 Anzeige und polizeiliches Verhör wegen
Predigtäußerungen.
Verstorben am 3.9.1971.

SCHNEYER, BAPTIST
1908 11 03
Aschaffenburg (St. Agatha) / Würzburg
Kaplan
Dr. theol. et phil.
1934 wegen Kanzelmißbrauchs gerichtliche
Untersuchung und Anklage vor dem Sondergericht,
später Amnestie.

Im Juli 1937 gerichtliche Untersuchung und
Anklage vor dem Landgericht wegen Aktivitäten
gegen die Gemeinschaftsschule.
Verstorben am 2.1.1979.
Lit.: RPB VI, 78.

SCHNITTMANN, FRANZ XAVER
1888 01 18
Hammelburg / Amberg
Studienrat
Nach der Machtergreifung 1933 eine Haussuchung
sowie Beschlagnahme politischer Broschüren
und Briefe durch die SA.
Ab 1935 Unterrichtsverbot in Hammelburg.
Eine Verwarnung wegen eines Briefes an die
HJ Regensburg.
1938 zwangsweise Versetzung nach Amberg.
1939 zwei Monate Zwangsbeurlaubung.
Lit.: Schwaiger/Mai, 132.
Gehört zur Diözese Regensburg.

SCHNORR, OTTO
1884 10 17
Ebern
Pfarrer, Dekan
Im Juni 1937 polizeiliches Verhör und gericht-
liche Untersuchung wegen Predigtäußerungen.
Am 25.1.1938 Haussuchung und Beschlagnahme
einer Fahne durch die Gestapo wegen Vereins-
arbeit.
1941 wegen Verstoßes gegen das Feiertagsrecht
Verhör durch den Landrat und Anklage beim
Sondergericht, das Verfahren wurde mangels
Beweisen eingestellt.
Verstorben am 6.2.1964.

SCHOBER, VALENTIN
1904 08 19
Würzburg
Kaplan / Präfekt / Religionslehrer
1935 vom Oberstaatsanwalt wegen Verweigerung
des Hitlergrußes im Religionsunterricht verwarnt.
1938 wegen Verlesens des Weihnachtshirten-
briefes beim Gottesdienst im Gefängnis Verwarnung durch den Staatsanwalt und Verbot,
weiterhin im Gefängnis Hirtenbriefe zu verlesen.
Wiederholt Verleumdungen in der Presse.
Verstorben am 9.9.1973.

SCHOR, AMBROS
1907 06 25
Kirchheim
Kaplan
1935 polizeiliches Verhör wegen Verstoßes
gegen die Läuteordnung.
Ein Prozeß wegen Gottesdienstes an Fronleichnam wurde später eingestellt.

SCHUCK, EUGEN
1887 07 31
Friesenhausen / Wipfeld
Pfarrer
1933 auf Veranlassung des Landrates neun Tage
Schutzhaft wegen staatsfeindlichen Verhaltens.
Im Juni 1936 Anzeige und Vorladung vor den
Kreisleiter wegen Regimegegnerschaft.
Wegen politischer Unzuverlässigkeit mehrmals
Beanstandungen und Vorladungen.
Verstorben am 15.5.1965.

SCHUELL, EUGEN
1898 06 12
Üchtelhausen
Lokalkaplan
Im Dezember 1933 wegen Kanzelmißbrauchs vom
Bezirksamt angezeigt.
Verstorben am 1.9.1963.
Lit.: RPB VI, 19.

SCHUEPPERT, STEPHAN
1878 04 22
Gelchsheim / Gerbrunn
Pfarrer
Am 29.6.1933 Haussuchung durch die SA.
1943 polizeiliches Verhör wegen Polenhilfe.
1944 zwangsweise Versetzung.
Verstorben am 12.2.1958.

SCHUGMANN, LUITPOLD
1908 09 19
Röttingen
Kaplan
Am 4.9.1937 Verhör durch die Gestapo wegen
Eintretens für einen Häftling und Verbot,
über diese Angelegenheit zu sprechen.
Verstorben am 14.12.1972.

SCHUHMANN, GEORG
1878 03 13
Kürnach
Pfarrer
Am 29.6.1939 Haussuchung ohne Angabe von
Gründen.
Vom 17.1.1940 bis 20.1.1940 wegen Eintretens
für die Schwesternanstalt inhaftiert sowie
Verwarnung und Androhung schärferer Maßnahmen
durch die Gestapo.
Verstorben am 17.10.1960.

SCHULTE, P. HUBERT
MSF
1904 11 18
Lebenhan
Im November 1937 von der Polizei wegen
Predigtäußerungen gegen die Gemeinschafts-
schule verhaftet.
Lit.: RPB VI, 123.

SCHULZ, JOHANN
1907 04 11
Rimpar / Aschaffenburg / Würzburg / Altenbuch
Kaplan / Katechet / Pfarrer
Am 28.6.1933 Haussuchung und Beschlagnahme
von Büchern und Zeitungsausschnitten durch
die SA wegen Jugendarbeit; der Haftbefehl wurde
auf Anraten des Zweiten Bürgermeisters von
Rimpar nicht ausgeführt.
1936 gerichtliche Untersuchung beim Sondergericht
Bamberg wegen Verstoßes gegen das Heimtücke-
gesetz, das Verfahren wurde später eingestellt.
Im September 1939 Beanstandung durch die SA
wegen Betreuung von Evakuierten.
Verweigerung einer Religionslehrerstelle
durch den Schulleiter von Neuenbuch.
Verstorben am 10.9.1976.
Lit.: RPB VI, 78.

SCHURK, JOHANNES
1893 02 16
Altenmünster / Kirchzell
Pfarrer
1935 wegen Äußerungen zum Sterilisations-
gesetz angezeigt und von der Polizei verhört,
1936 amnestiert.
1940 polizeiliches Verhör und Verwarnung
wegen Bekanntgabe eines Kirchenaustritts.
Verstorben am 6.11.1953.

SCHWAB, ALOIS
1877 07 08
Röttingen
Pfarrer, Dekan
1934 Verhaftung wegen Heimtücke.
Am 17.7.1937 Festnahme und Inhaftierung
wegen angeblicher Sittlichkeitsdelikte; Anklage und gerichtliche Untersuchung beim
Landgericht; am 22.8.1937 im Gefängnis
verstorben, weil rechtzeitige ärztliche Hilfe
verweigert wurde.
Lit.: 1.RPB VI, 36. 2.Ridder, Bernhard:
Männer des Kolpingwerkes. Köln 1955,
162f. 3.Handbuch Kolpingfamilie, 52.

SCHWARZ, KARL
1902 03 21
Wermerichshausen / Sulzbach
Pfarrer
1936 öffentliche Anschuldigungen durch den
Gaupropagandaleiter wegen Einführung katholischer Schwestern in die Pfarrgemeinde.
Am 8.7.1937 wegen Verbreitung des Goebbelsbriefes Haussuchung durch die Gestapo,
gerichtliche Untersuchung und Anklageerhebung
am Volksgerichtshof Bamberg, 1938 Amnestie.
1942 wegen Seelsorge vom Landrat verhört und
von der Gestapo verwarnt.
Verstorben am 5.5.1981.

SCHWIND, HUGO
1911 11 13
Gemünden
Kaplan
Dr. theol.
Wegen politischer Äußerungen im September
1939 angezeigt.
Lit.: RPB VI, 169.

SCHWING, FRANZ
1889 04 01
Öllingen
Pfarrer
Am 29.6.1933 Haussuchung durch die SA und
Beschlagnahme von Schriften, Abzeichen und
Fahnen.
Wegen Kritik an der Turnkleidung von Schul-
kindern 1937 Vorladung vor das Amtsgericht,
Verwarnung durch den Gauleiter und Androhung
von Schulverbot, Anklage beim Sondergericht,
später Amnestie.
1943 wegen Kritik an der Kindergärtnerin mehr-
mals Beanstandungen und Verwarnungen durch den
Landrat sowie Androhung schärferer Maßnahmen.
Wegen Verstoßes gegen das Flaggengesetz wie-
derholt Beanstandungen durch die Polizei
und Anschuldigungen durch die Lehrer.
Verstorben am 6.6.1949.

SELIG, MICHAEL
1887 07 04
Kützberg
Pfarrer
1933 und 1934 wegen Verstoßes gegen das
Flaggengesetz, Durchführung von Prozessionen,
Vereinsarbeit, Seelsorge und verbotener
Schriften mehrere polizeiliche Verhöre; wie-
derholt Verbot der Verlesung von Hirtenbriefen
und durch die Schulbehörde Verbot, die
„Katechismuswahrheiten" im Religionsunterricht
zu benutzen.
Wegen der Weigerung, der NSV beizutreten,
mehrere Beanstandungen und Androhungen durch
den Ortsgruppenleiter.
Verstorben am 22.5.1965.

SEUBERT, KASPAR
1886 06 18
Gossmannsdorf a. M.
Pfarrer
Am 29.6.1939 Haussuchung durch die SA.
Verstorben am 5.3.1963.
Lit.: RPB VI, 87.

SEUFERT, FELIX
1893 07 04
Thundorf

Pfarrer
Am 9.11.1935 Anzeige und Verwarnung wegen
Nichtbeflaggung der Kirche.
Am 9.11.1938 Anzeige und 39,56 RM Geldstrafe
wegen Nichtbeflaggung.
Am 21.9.1940 wegen Verstoßes gegen das Luftschutz-
gesetz 35 RM Geldstrafe und Überwachung durch die
Gestapo.
Wegen Verstoßes gegen das Versammlungsgesetz
Anzeige, Verhör, Verwarnung und Verbot des
Religionsunterrichts ab 27.7.1941.
Wegen Sabotage im September und Oktober 1941
Anzeige durch die Gestapo.
1943 wegen Verstoßes gegen das Heimtücke-
gesetz Anzeige, Verhör durch den Landrat,
Verhaftung geplant.
Wegen einer Unterschriftensammlung am 21.2.1944
Verweis und Anzeige beim Ministerium für
Volksaufklärung.
Anzeige, Verwarnung und Geldstrafe wegen Ver-
legung eines Feiertages auf Wunsch der Be-
völkerung.
Verstorben am 15.9.1964.
Lit.: RPB VI, 193f.

SOEDER, RAIMUND
1879 08 15
Burghausen
Pfarrer
1941 Strafbefehl über 300 RM wegen Gottesdienstes an Fronleichnam.
Verstorben am 21.6.1950.

SPERBER, SEBASTIAN
1889 05 21
Würzburg
Direktor der Liga-Bank / Diözesanpräses
Wegen seiner Tätigkeit als Diözesanpräses
der katholischen Jugendverbände wiederholt
öffentliche Anschuldigungen durch die Gestapo
und 1938 Verweigerung einer Pfarrstelle.
Durch die Gestapo erzwungener Rücktritt als
Vereinsvorsitzender.
Am 25.6.1938 Vereinsauflösung und nachfol-
gend wiederholt Schikanen durch die Gestapo.
Haussuchung und Beschlagnahme von Geld und
Inventar in der Liga-Bank durch Gestapo und
SS am 1.6.1943. Schließung der Bank auf
Anordnung des Regierungspräsidenten und
somit Verlust des Arbeitsplatzes.
Verstorben am 20.3.1951.
Lit.: 1.RPB VI, 5 passim. 2.Boberach, 122.
3.Goldhammer, Karl-Werner: Der Kampf der
NSDAP gegen die katholische Jugendarbeit in Un-
terfranken. In: Würzburger Diözesangeschichts-
blätter 37/38 (1975), 669, 681.

SPIELMANN, HANS
1892 01 17
Weisbach
Pfarrer
Im Juli 1933 Beanstandung durch die Kreisleitung und polizeiliches Verhör wegen der Kritik des
Pfarrers an der Badekluft der Mädchen.
1937 wegen Predigtäußerungen Vorladung vor
das Amtsgericht, das Verfahren wurde eingestellt.
1940 Beanstandung wegen Verstoßes gegen das
Feiertagsrecht.
1941 wegen Verstoßes gegen das Feiertagsrecht
Beanstandung durch die Kreisleitung und polizeiliches Verhör.
Nach Verleumdungen am 24.11.1943 von der Gestapo festgenommen und bis zum 30.8.1944 inhaftiert, am 31.8.1944 Prozeß vor dem Volksgerichtshof wegen Wehrkraftzersetzung und
Feindbegünstigung, die Verhandlung endete mit
Freispruch.
Verstorben am 24.2.1969.

STAAB, OTTO
1904 04 20
Schweinfurt (Heilig Geist) / Alzenau
Kaplan / Pfarrer
1933 wegen Jugendarbeit Haussuchung durch die
Gestapo und Beschlagnahme von Schriften. Zwischen 1933 und 1935 wiederholt Vorladungen
vor die Gestapo.
Im Sommer 1936 wegen Verlesens eines Hirtenbriefes dessen Beschlagnahme durch die
Polizei.
1941 Strafbefehl über 300 RM wegen Verstoßes
gegen das Feiertagsrecht, das Verfahren wurde
später eingestellt.
Verstorben am 21.10.1969.

STADLER, HANS
1893 05 13
Kirchschönbach
Pfarrer
Dr. theol.
Wegen Vereinsarbeit 1933 und 1938 durch die Gestapo drei Haussuchungen und Beschlagnahme des
Vereinseigentums. 1933 acht Tage Schutzhaft wegen
BVP-Mitgliedschaft. 1934/35 wegen Verweigerung
des Hitlergrußes Versammlungsverbot und zwei Verwarnungen durch das Bezirksamt. 1934 wegen Regimekritik vom Sondergericht zu fünf Monaten Haft
verurteilt. 1934/35 wegen Predigtäußerungen
gerichtliche Untersuchung durch das Amtsgericht,
in einem Sondergerichtsverfahren freigesprochen.
1935 500 RM Geldstrafe durch das Amtsgericht wegen Verstoßes gegen das Versammlungsgesetz und
Verweigerung des Hitlergrußes. 1937 drei polizeiliche Verhöre wegen Verstoßes gegen das Versammlungsgesetz und Verkaufs verbotener Schrif-

ten. 1939 gerichtliche Untersuchung durch den Staatsanwalt wegen Verstoßes gegen das Sammlungsgesetz, später amnestiert. 1940 wegen Verstoßes gegen die Läuteordnung 120 RM Geldstrafe. 1941 wegen Verletzung des Feiertagsrechts 300 RM Geldstrafe durch das Amtsgericht, 1943 Einstellung des Verfahrens. Das bischöfliche Ordinariat setzte sich wiederholt nachdrücklich für den Pfarrer ein.
Verstorben am 2.5.1977
Lit.: 1.RPB VI, XLIVf passim. 2.Wendehorst, Alfred: Das Bistum Würzburg 1803-1957. 1965, 91. 3.Wittstadt, Klaus: Kirche im Widerstand gegen den Nationalsozialismus. In: Würzburger Diözesangeschichtsblätter 37/38 (1975), 639.

STAHL, OSKAR
1896 01 06
Haibach / Großlangheim
Pfarrer
1939 wegen Austeilung des Aschenkreuzes durch den Landrat verwarnt sowie Beanstandung durch die Gestapo.
Im März 1945 wegen Beerdigung einer Polin von der Gestapo vorgeladen und verwarnt.
Verstorben am 8.6.1966.

STALDER, KARL
1904 02 10
Erlach
Pfarrverweser
1944 wegen Meßfeiern für Polen angezeigt und von der Polizei verhört und verwarnt.
Lit.: RPB VI, 204.

STANGL, JOSEPH
1907 08 12
Aschaffenburg / Würzburg / Karlstadt
Kaplan / Studienrat / Pfarrer
Dr. h.c.
1938 von der Gestapo zum Rücktritt von der Stelle des Religionslehrers am Institut der englischen Fräulein gezwungen.
Wegen Jugendarbeit zwischen 1938 und 1943 (der Kaplan war während dieser Zeit Diözesan-Jugendseelsorger in Würzburg) wiederholt Vorladungen und Verhöre durch die Gestapo sowie Haussuchung und Beschlagnahme von amtlichem und privatem Material.
Von der Gestapo wegen Abhaltung eines Einkehrtages verhört.
Verstorben am 8.4.1979.
Lit.: Goldhammer, Karl-Werner: Der Kampf der NSDAP gegen die katholische Jugendarbeit in Unterfranken. In: Würzburger Diözesangeschichtsblätter 37/38 (1975), 665 passim.

STECHER, KARL
1905 03 25
Aschaffenburg / Fabrikschleichach / Wörth
Kaplan / Expositus / Pfarrer
Wegen regimekritischer und pazifistischer Äußerungen in der Schule zwischen 1934 und 1936 Untersuchungen durch die Partei.
1935 wegen regimekritischer Beeinflussung der Schüler mehrere Beanstandungen durch den Kreisleiter.
Wegen Regimekritik zwischen 1937 und 1940 in Kirche und Schule dreimal vom Ortsgruppenleiter vorgeladen.
Wegen Wehrkraftzersetzung (Brief an einen Soldaten) 1944 mehrmals polizeiliche Verhöre und gerichtliche Untersuchung, die wegen des Zusammenbruchs nicht zu Ende geführt wurde.
Wegen Verlesung eines Hirtenbriefes von der Polizei verhört.
Wegen Predigtäußerungen gegen die NS-Presse festgenommen und vom Kreispropagandaleiter und Ortsgruppenleiter verhört. Der Prozeß wurde niedergeschlagen.
Verstorben am 14.5.1951.
Lit.: RPB VI, 78.

STEINMUELLER, JOSEPH
1910 02 14
Würzburg / Wolfsmünster / Haßfurt
Alumne / Kaplan / Benefizium-Verweser
Dr. phil.
1934 Haussuchung durch die Gestapo.
1936 Beanstandung durch die Kreisleitung wegen Verweigerung des Hitlergrußes.
1941 und 1942 Schulverbot durch den Regierungspräsidenten auf Veranlassung des Ortsgruppenleiters wegen politischer Unzuverlässigkeit.
Verstorben am 1.9.1962.

STERZINGER, DOMINIKUS
1892 04 09
Sulzheim
Pfarrer
Im Mai 1933 wegen Predigtäußerungen Polizeiliches Verhör.
1936 wegen Durchführung einer Wallfahrt von der Gestapo verwarnt und vom Landrat aus der NSV ausgeschlossen.
Am 9.11.1940 wegen Züchtigung der Schüler Verwarnung, zwei Verhöre und Androhung von Schulverbot durch den Regierungspräsidenten und den Landrat.
Verstorben am 12.2.1971.

STOCK, JOSEPH
1905 05 25
Maßbach / Schnackenwerth
Lokalkaplan / Pfarrverweser

Wegen Nichtanmeldung einer Visitation des
Bischofs am 29. Und 30.6.1936 von der Polizei
verwarnt.
Wegen Verletzung des Feiertagsrechts 1941 Verhör durch die Polizei; ein Verfahren vor
dem Amtsgericht wurde am 16.1.1943 wegen Geringfügigkeit eingestellt, die Geldstrafe über
120 RM erlassen.
*Lit.: Schmitt, Norbert: Die Seelsorger von
Bürgstadt - Geistliche aus Bürgstadt. In:
Würzburger Diözesangeschichtsblätter 42
(1980), 123.*

STOEGER, JOSEF
1891 11 15
Waldbüttelbrunn / Untereßfeld
Pfarrer
Wegen regimefeindlicher Predigtäußerungen
Vorladung vor das Bezirksamt, durch die SA zwei
Verhöre, Haussuchung und Beschlagnahme von
Schriften, im Juni 1933 und im Januar 1934 in
Schutzhaft. Wegen Rückkehr in dieselbe Pfarrei
1934 erneut sieben Tage Schutzhaft und Verwarnung
durch die SA.
1937 wegen Predigtäußerungen Vorladung vor
das Bezirksamt, durch die Polizei Haussuchung und Beschlagnahme von Geld sowie
Untersuchung seitens des Sondergerichtes.
1941 wegen Gottesdienstes an Fronleichnam gerichtliche Untersuchung beim Sondergericht und
vom Amtsgericht zu 150 RM Strafe verurteilt.
Verstorben am 4.10.1966.
*Lit.: 1.RPB VI, passim. 2.Goldhammer, Karl-Wer-
ner: Der Kampf der NSDAP gegen die katholische
Jugendarbeit in Unterfranken. In: Würzburger
Diözesangeschichtsblätter 37/38 (1975), 661.
3.Wittstadt, Klaus: Kirche im Widerstand gegen
den Nationalsozialismus. In: Würzburger Diözesangeschichtsblätter 37/38 (1975), 638. 4.Wen-
dehorst, Alfred: Das Bistum Würzburg 1803-1957.
1965, 91. 5.Boberach, 21.*

STOEHR, HUGO
1883 12 01
Rannungen
Pfarrer, Dekan
Im Juni 1933 Haussuchung durch Polizei und
SA.
Wegen Verstoßes gegen das Flaggengesetz 1935
angezeigt.
Wegen Betens für Häftlinge gerichtliche Untersuchung beim Landgericht, im Mai 1936 Verfahren beim Amtsgericht und Amnestie.
Wegen Unterbringung von Kindern im Pfarrhaus
1938 Verhör durch die Gestapo und Schulverbot
durch den Regierungspräsidenten bis Kriegsende.
1940 wegen Verstoßes gegen das Läuteverbot
durch das Amtsgericht zunächst mit 105 RM

Geldstrafe belegt, dann mit 60 RM und schließlich freigesprochen.
Wegen Korrespondenz mit Soldaten Verhör, Haussuchung und Beschlagnahme von Schriften durch
die Gestapo am 17.11.1944. 3000 RM Sicherungsgeld, nach Kriegsende zurückerhalten.
Verstorben am 28.6.1952.

STOESSEL, JAKOB
1884 03 30
Hausen
Pfarrer
Im Januar 1938 wegen Werbung für die Be-
kenntnisschule Verwarnung und Androhung von
Schulverbot durch die Bezirksschulbehörde;
im April 1938 gerichtliche Untersuchung vor
dem Amtsgericht wegen Kanzelmißbrauchs, im
Mai 1938 amnestiert.
Verstorben am 11.10.1962.

STOLL, BENNO
1907 12 15
Schweinfurt (St. Kilian) / Leutershausen
Kaplan / Lokalkaplan
Wegen Verbreitung verbotener Schriften, regimekritischer Predigtäußerungen und Vereinsarbeit von der Gestapo im Frühjahr 1937 vorgeladen und zwangsversetzt, Aufenthaltsverbot
für Schweinfurt. Am 30.9.1937 Festnahme,
Haussuchung und Beschlagnahme von Schriften.
Gerichtliche Untersuchung und U-Haft vom
30.9.1937 bis 7.12.1938, am 10.7.1939 in
einer Gerichtsverhandlung zu einer Haftstrafe
von einem Jahr und sechs Monaten verurteilt.
Am 20.7.1937 wegen angeblicher Unterdrückung
des BDM Strafbefehl über 100 RM, später amnestiert.
Schulverbot wegen politischer Unzuverlässigkeit.

STROEMEL, GOTTFRIED
1910 11 28
Oberelsbach
Kaplan
1938 polizeiliches Verhör wegen Abhaltung der
Christenlehre.
Wegen Kritik an NS-Schwestern Verwarnung und
Androhung von Strafe.
Verstorben am 25.12.1976.

STUEHLER, WILHELM
1910 10 15
Wermerichshausen / Arnstein / Würzburg
Kaplan / Lokalkaplan
Haussuchung und Verhör durch die Gestapo zum
Zweck der Belastung eines anderen Pfarrers.
Verstorben am 26.2.1965.

STUERMER, JOSEPH
1904 06 25
Schweinfurt
Katechet
Im Juni 1933 wegen seiner Tätigkeit als Führer
der katholischen Jugendverbände verhaftet.
Verstorben am 15.5.1961.
Lit.: RPB VI, 9.

THEIN, FRIEDRICH
1909 02 16
Rimpar
Kaplan
Wegen Predigtäußerungen am 16.11.1934 gerichtliche Untersuchung, in einer Verhandlung
vor dem Amtsgericht am 29.11.1935 freigesprochen.
Verstorben am 22.1.1978.

THEN, LUDWIG
1881 10 03
Mittelstreu
Pfarrer
Wegen Verletzung des Flaggengesetzes auf Ver-
anlassung des Kreisleiters angezeigt und Be-
anstandung durch die Polizei.
Verstorben am 31.1.1963.

THOMAS, P. KARL
MSF
1902 05 25
Lebenhan
Im November 1937 von der Polizei wegen
Predigtäußerungen gegen die Gemeinschafts-
schule verhaftet.
Lit.: RPB VI, 123.

ULLRICH, JOSEF
1883 05 12
Würzburg
Geistl. Studienrat
1936 wegen Äußerungen über Juden und Frei-
maurer Vorladungen vor Schuldirektion, Stadtschulrat und Oberbürgermeister, amtliche Verwarnung und Beförderung zum Studienprofessor abgelehnt.
Verstorben am 19.10.1950.

VOLL, RICHARD
1899 11 21
Soden
Expositus
Am 9.11.1935 wegen Verstoßes gegen das Flag-
gengesetz Strafbefehl über 20 RM durch das
Amtsgericht.
Verstorben am 15.7.1980.

VOLLKOMMER, ALBIN
1889 06 14
Heßlar / Hesselbach
Pfarrer
Wegen Gottesdiensten für Polen mehrmals
von der Gestapo verwarnt, Schulverbot, Sicherungsgeld über 1500 RM, Androhung von KZ und zur
Abdankung als Pfarrer von Heßlar gezwungen.
Wegen Predigtäußerungen und Christenlehre
zweimal von der Polizei verwarnt und unter polizeiliche Aufsicht gestellt.
Wegen Verletzung der Läuteordnung 105 RM Geldstrafe.
1941 Haussuchung und Beschlagnahme der Bibliothek.
Verstorben am 8.2.1952.

WAGNER, CARL
1900 06 26
Miltenberg
Pfarrer
Wegen Verstoßes gegen das Heimtückegesetz
polizeiliche Verhöre am 25. und 26.2.1941,
Verfahren beim Amtsgericht wurde am 19.5.1942
eingestellt.
Am 31.5.1941 wegen staatsfeindlichen Verhaltens Vorladung vor das Schulratsamt und Verhör
durch den Landrat und Oberlehrer, von August
1941 bis November 1942 Schulverbot.
Verstorben am 20.2.1965.

WAGNER, JOSEF
1911 08 11
Aschaffenburg (Herz-Jesu)
Kaplan
Wegen seiner Tätigkeit als Jugendseelsorger
zwischen 1937 und 1939 wiederholt Beanstandungen
durch Parteifunktionäre sowie Überwachung der
Predigten und Post. 1938 Verhör durch die
Gestapo, Haussuchung und Beschlagnahme von
Schriften.

WAHLER, FRANZ-JOSEF
1870 10 12
Herschfeld
Pfarrer
Durchsuchung der Pfarrbibliothek durch
Gestapo und Polizei.
Verstorben am 31.3.1948.

WALLBRECHT, GOTTLIEB (P. EVODIUS)
OESA
1881 12 07
Münnerstadt
Prior
Vom 7.7. bis 22.12.1937 auf Veranlassung des
Bezirksamtes wegen Verbreitung verbotener
Schriften im Gefängnis Bad Neustadt inhaftiert.
Lit.: RPB VI, 117.

WALTER, ALOIS
1877 02 05
Kleinrinderfeld
Pfarrer
Im März 1941 wegen „Überschreitung des Züchtigungsrechtes" angezeigt.
Verstorben am 1.2.1952.
Lit.: RPB VI, 180.

WALTER, KARL RUDOLF
1912 01 24
Kitzingen
Kaplan
Im März 1939 wegen Verstoßes gegen das Flaggengesetz angezeigt.
Am 16.2.1944 als Sanitätsunteroffizier gefallen.
Lit.: RPB VI, 152, 197.

WEBER, ANTON
1886 09 14
Hausen
Pfarrer
1934 wurde ein Haftbefehl gegen den Pfarrer ausgestellt, aber nicht durchgeführt.
1937 Verwarnung durch die Polizei wegen angeblicher Maßnahmen gegen die NS-Schwesternstation.
Verstorben am 7.12.1959.
Lit.: RPB VI, 106.

WEBER, JOSEPH
1870 12 30
Güntersleben / Pflaumheim
Pfarrer / Kommorant
Am 29.6.1934 wegen Waffenbesitzes von der SA verhört, Haussuchung und kurzfristige Beschlagnahme der Waffe.
1937 von der Gestapo wegen einer Vereinsfahne und Verlesung eines Hirtenbriefes verhört.
Im August 1939 Beschlagnahme von 88 RM wegen Verstoßes gegen das Sammlungsgesetz.
Vom Ortsgruppenleiter wegen Verlesung eines Hirtenbriefes verwarnt.
Verstorben am 23.1.1953

WEBER, OTTO
1902 02 18
Würzburg (St. Barbara)
Expositus / Pfarrkuratus
Im Juli 1936 Haussuchung durch die Gestapo wegen Verlesung eines Hirtenbriefes und Beschlagnahme eines Films.
Am 16.1.1939 wegen Verstoßes gegen das Sammlungsgesetz gerichtliche Untersuchung und vom Amtsgericht zu sechs Tagen Haft oder 36 RM Geldstrafe verurteilt.

Im Januar 1939 vor Gestapo und Amtsgericht vorgeladen, weil er in der Kirche ein Plakat für die Bekenntnisschule aufgehängt hatte.
Verstorben am 11.11.1972.

WEHNER, ADAM
1893 12 24
Arnstein
Pfarrer
Wegen Verletzung des Feiertagsrechts, Prozessionen, Seelsorge, Jugendseelsorge und Verlesung von Hirtenbriefen zwischen 1937 und 1941 wiederholt Verhöre und Verwarnungen durch Gestapo und Polizei; 1937, 1938 und 1941 Beanstandungen; im Februar 1939 Verleumdungen in einer NS-Zeitschrift; Beschlagnahme von Büchern aus der Pfarrbibliothek und am 7.3. 1943 Verbot weiterer Einladungen zu kirchlichen Veranstaltungen.
Verstorben am 31.12.1974.

WEHNER, GEORG
1912 03 24
Wolfsmünster / Wiesentheid
Kaplan
Im Juni 1940 von der Ortspolizei verhört wegen Vereinsarbeit und Mitführens einer Vereinsfahne bei der Fronleichnamsprozession.
Wegen Verstoßes gegen das Sammlungsgesetz von der NSDAP-Ortsgruppe angezeigt.
Wegen Predigtäußerungen als Militärseelsorger wiederholt Predigtverbot durch die Militärdienststelle.

WEIGAND, EDUARD
1895 09 03
Pusselsheim / Keilberg
Expositus / Pfarrer
Wegen angeblicher Beleidigung des Führers in einer Versammlung von der Polizei am 10. und 18.4.1933 vorgeladen; im Juni desselben Jahres nochmals Vorladung, Androhung von Schutzhaft und Erzwingung eines Versetzungsgesuches an den Bischof.
Im Juni 1937 wegen Bemerkungen zu den Sittlichkeitsprozessen gegen Geistliche und zum Flaggengesetz angezeigt, Vorladung vor das Amtsgericht und Androhung von Strafe.
Am 18.11.1939 wegen Ankündigung einer Wallfahrt Gerichtsverfahren, das Verfahren wurde später eingestellt.
Verstorben am 23.4.1972.

WEIGAND, ENGELBERT
1888 01 25
Laufach
Pfarrer, Dekan
Dr. rer. pol.
Wegen Verstoßes gegen das Sammlungsgesetz 1935

vom Gemeinderat und Bürgermeister verwarnt.
1937 wegen Verbreitung verbotener Schriften
Strafbefehl über 20 RM durch das Amtsgericht.
Wegen mehrfacher Predigtäußerungen 1937 und
1940 von der Gestapo vorgeladen und beim Landgericht angeklagt, später amnestiert.
Wegen mehrerer Prozessionen 1937/38 vom Bezirksamt verwarnt, 50 RM Geldstrafe und durch den
Landrat, Verbot von Prozessionen und Predigten.
Ab 1937 Schulverbot durch den Regierungspräsi-
denten wegen politischer Unzuverlässigkeit.
Wegen staatsfeindlichen Verhaltens von 1937 bis
1940 500 RM Sicherungsgeld.
1938 wegen Jugendarbeit Haussuchung durch die
Gestapo und Beschlagnahme von Schriften.
1938 wegen Aufhängens eines Flugblattes Straf-
befehl über 20 RM.
1940 wegen Rundschreiben an Soldaten auf eine
Anzeige hin Haussuchung durch die Gestapo.
Wegen Verletzung des Feiertagsrechts 1941/42
Strafbefehl über 300 RM durch das Amtsgericht.
Verstorben am 1.5.1954.
*Lit.: 1.RPB VI, 185, 198. 2.Wittstadt, Klaus:
Kirche im Widerstand gegen den Nationalsozialismus. In: Würzburger Diözesangeschichtsblätter
37/38 (1975), 642. 3.Morsey, Rudolf: Zum Kir-
chenkampf im Bistum Würzburg. In: Würzburger
Diözesangeschichtsblätter 21 (1959), 100.*

WEIGAND, KONRAD
1886 06 05
Hendungen
Pfarrer, Dekan
Wegen Verstoßes gegen das Flaggengesetz 1935
50 RM Geldstrafe durch Bezirkspolizei und Landrat, im April 1936 Amnestie.
Wegen Predigtäußerungen Beanstandung und von
der Bezirkspolizeibehörde vorgeladen und verwarnt.
Wegen wiederholten Aufhängens des Schulkreuzes
in der Schule vom 21.7.1941 bis 18.9.1941 in
Polizeihaft, vom 19.9.1941 bis 7.1.1942 im
KZ Dachau, anschließend Schutzhaft bis 16.4.
1942. Ab 27.9.1941 Schulverbot.
Verstorben am 16.6.1964.
*Lit.: 1.Weiler, 698. 2.RPB VI, 23, 186f.
3.Wittstadt, Klaus: Kirche im Widerstand gegen
den Nationalsozialismus. In: Würzburger Diözesangeschichtsblätter 37/38 (1975), 642. 4.Gold-
hammer, Karl-Werner: Der Kampf der NSDAP gegen
die katholische Jugendarbeit in Unterfranken.
In: Würzburger Diözesangeschichtsblätter
37/38 (1975), 678. 5.Wendehorst, Alfred: Das
Bistum Würzburg 1803-1957. 1965. 97. 6.Heß,
Sales: Dachau, Eine Welt ohne Gott. Nürnberg
1946. 45ff., 58.*

WEIKINGER, JOHANN
1896 12 23
Zellingen / Alitzheim
Kaplan / Expositus
Wegen Predigtäußerungen im Juni und Oktober
1937 angezeigt und von der Polizei vorgeladen.
Im Oktober 1937 Vorladung vor die Polizei
wegen angeblicher Beleidigung des Bürgermeisters.
1938 wegen regimekritischer Predigtäußerungen
von der SA, NSDAP und Polizei verwarnt.
Wegen Protests gegen die Entfernung der Schulkreuze im April 1941 Vorladung vor den Landrat
und Androhung von Haft.
Wegen Predigtäußerungen am 10.3.1941 von der
Polizei verhört.
Wegen Gottesdienstes an Fronleichnam 1941 Strafbefehl über 126 RM.
Im Mai 1942 Schulverbot auf Veranlassung der
SA und der Polizei wegen angeblicher Beleidigung einer Amtsperson während einer Beerdigung. Das bischöfliche Ordinariat legte Protest ein.
Verstorben am 8.2.1979.

WEIPPERT, KARL
1902 01 20
Grafenrheinfeld / Mömbris
Benefizium-Verweser / Pfarrer
1933 wegen Vereinsarbeit Haussuchung und Be-
schlagnahme von Schriften und Unterlagen.
Am 2.1.1938 Schutzhaft durch das bayerische
Innenministerium und das Bezirksamt infolge
Vereinsarbeit.
Am 25.1.1938 polizeiliches Verhör und Haus-
suchung wegen Vereinsarbeit.
Im März 1938 im Zusammenhang mit dem Goebbels-
brief vor das Amtsgericht vorgeladen.
1939 wegen Jugendarbeit von der Polizei
verhört.
Wegen mehrerer Briefe an Soldaten am 8.8.1940
Verhör und Haussuchung durch die Gestapo und
Polizei.

WEISENBERGER, FRITZ
1903 12 03
Stadelhofen
Pfarrverweser
Wegen Verweigerung des Hitlergrußes im Januar
1938 Anzeige und Haussuchung durch die SA.
Im April 1940 wegen Zulassung polnischer Kriegsgefangener zum Gottesdienst festgenommen.
1941 wegen Verletzung des Feiertagsrechts Strafbefehl über 300 RM, das Verfahren wurde später eingestellt.
1941 wegen regimefeindlicher Predigtäußerungen
von der Polizei verhört.
Lit.: RPB VI, 169.

WEISS, LUDWIG
1910 08 03
Meiningen / Neustädtles
Kaplan / Expositus
1938 wegen Vereinsarbeit Haussuchung durch die
Polizei und Beschlagnahme des Vereinsvermögens.
1939 auf Veranlassung des Bürgermeisters Gerichtsverfahren wegen Kanzelmißbrauchs, das
Verfahren wurde später eingestellt.
1940 wegen angeblicher Sabotage des Hitlergrußes angezeigt und von der Polizei vorgeladen.
Wegen zu geringer Spenden bei NSV-Sammlungen
Androhung von Schulverbot durch NSV und Ortsgruppenleiter.

WEISSENBERGER, BURKHARD
1885 06 20
Hösbach / Dettelbach
Pfarrer
Wegen Verletzung der Läuteordnung von der
Polizei verwarnt.
Verbot der Erteilung von Kommunionunterricht
in der Schule.
Verbot des Einsatzes deutscher Ministranten
bei polnischen Gottesdiensten.
Verstorben am 2.6.1962.

WELZBACHER, FERDINAND
1913 08 31
Hammelburg / Schondra
Kaplan
Im Februar 1938 infolge Vereinsarbeit Haussu-
chung und Beschlagnahme von Schriften durch
die Kriminalpolizei.
Ohne Angabe von Gründen Schulverbot durch das
bayerische Innenministerium.
Lit.: Schmitt, Norbert: Die Seelsorger von
Bürgstadt - Geistliche aus Bürgstadt. In:
Würzburger Diözesangeschichtsblätter 42
(1980), 124.

WERNER, PIUS
1881 08 02
Retzstadt
Pfarrer
Wegen Kanzelmißbrauchs 1937 50 RM Geldstrafe.
Wegen Verstoßes gegen das Versammlungsgesetz
am 16.10.1941 beim Amtsgericht angeklagt und
zu 300 RM Geldstrafe zuzüglich Gerichtskosten
verurteilt. Ab 11.12.1942 Schulverbot.
Verstorben am 29.4.1960.

WERTHMANN, FRANZ
1878 02 24
Würzburg (St. Gertraud)
Pfarrer
Im Januar 1938 im Zusammenhang mit einer Ver-
einsauflösung Verhör, Haussuchung und Be-
schlagnahme eines Predigtheftes.
Verstorben am 22.9.1950.
Lit.: Goldhammer, Karl-Werner: Der Kampf gegen
die katholische Jugendarbeit in Unterfranken.
In: Würzburger Diözesangeschichtsblätter
37/38 (1975), 682.

WIEDEMANN, OTMAR
1911 04 07
Klosterheidenfeld / Würzburg / Kitzingen
Kaplan / Prediger
1936 wegen Verlesung eines Hirtenbriefes von
der Polizei bedroht.
Vom 26.10. bis 10.12.1937 auf Veranlassung des
Sondergerichts wegen angeblicher Verbreitung
des Goebbelsbriefes in U-Haft.
1940 wegen einer angeblichen Strafmaßnahme
in der Schule von der NSDAP zwangsversetzt.
Wiederholt angezeigt und von der Gestapo verhört.
Lit.: RPB VI, 197.

WIEGAND, REINHOLD
1881 09 25
Kahl am Main
Pfarrer
Am 30.6.1934 Haussuchung durch die Polizei.
1936 Haussuchung durch die Polizei nach dem
Elternkalender.
Im Mai 1936 wegen Abhaltung einer Maiandacht
vom Gauleiter verwarnt.
Wegen einer Abstimmung über die Bekenntnis-
schule Haussuchung durch die Polizei.
Verstorben am 28.10.1950.

WIESEN, JOSEF
1886 11 08
Fuchsstadt
Pfarrer
Am 28. und 30.6.1933 in Schutzhaft.
Am 28.4.1934 wegen Vereinsarbeit Haussuchung
durch die Kreisleitung und Beschlagnahme von
Vereinsfahnen. 1935 nach Protest 728 RM Ent-
schädigung.
Verstorben am 23.8.1953.

WIHRLER, FRANZ XAVER
1870 02 20
Bolzhausen
Pfarrverweser
Am 29.6.1933 Haussuchung und kurzfristige
Festnahme wegen Waffenbesitzes.
Verstorben am 19.6.1951.

WILDENAUER, CHRISTIAN ERASMUS (P. FIDELIS)
OFMCAP
1878 05 31
Karlstadt

1935 wegen eines Vergehens gegen den Kanzelparagraphen durch das Schöffengericht Würzburg zu sieben Monaten Gefängnis verurteilt; 1936 in der Berufungsverhandlung zu nur noch fünf Monaten verurteilt; schließlich aufgrund Amnestie nach zehn Wochen Haft entlassen. Öffentliche Anschuldigungen in Zeitungen und Reden durch Parteigenossen wegen derselben Angelegenheit. 1942-1944 zwei Verhöre durch die Polizei.

WOERNER, AUGUST
1893 03 22
Mömbris / Hettstadt
Pfarrer
1934 wegen Kanzelmißbrauchs 20 RM Geldstrafe und Verleumdungen durch NSV, SA und Bürgermeister.
Im Oktober 1935 wegen Verstoßes gegen das Sammlungsgesetz von der Polizei verhört.
Wegen Regimegegnerschaft von der Gestapo verhört und von Dezember 1936 bis August 1937 in Schutzhaft.
Im April 1938 in einem Verfahren wegen „Beamtennötigung" freigesprochen.
Am 16.5.1938 wegen „Erregung des Volkes" von Gestapo und Polizei verhaftet und ausgewiesen.
Wegen Predigtäußerungen über Juden 1938/39 angezeigt und von Gestapo und Untersuchungsrichter verhört.
Wegen Gottesdienstes an Fronleichnam 1941 Strafbefehl über 150 RM durch den Staatsanwalt.
In den meisten Fällen legte das bischöfliche Ordinariat Protest beim Innenministerium ein.
Verstorben am 11.5.1972.
Lit.: 1.RPB VI, 99ff. u. passim. 2.Goldhammer, Karl-Werner: Der Kampf der NSDAP gegen die katholische Jugendarbeit in Unterfranken. In: Würzburger Diözesangeschichtsblätter 37/38 (1975), 667. 3.Wittstadt, Klaus: Kirche im Widerstand gegen den Nationalsozialismus. In: Würzburger Diözesangeschichtsblätter 37/38 (1975), 637, 644. 4.Wendehorst, Alfred: Das Bistum Würzburg 1803-1957. 1965. 93. M. Broszat VI, 52-75.

WOMBACHER, ANTON
1913 09 06
Schweinfurt (Heilig Geist)
Kaplan
1940 wegen Vereinsarbeit Verhör durch die Gestapo, Haussuchung und Beschlagnahme von Geld.

WUEST, NIKOLAUS
1892 11 30
Mömlingen / Waigolshausen
Pfarrer

Am 3.8.1934 von der Kreisleitung wegen Verletzung der Läuteordnung verwarnt.
Wegen Verstoßes gegen das Flaggengesetz am 7.3.1937 vom Landrat verhört.
Am 4.8.1937 200 RM Geldstrafe durch das Amtsgericht wegen einer verbotenen Sammlung.
1938 wegen regimefeindlicher Predigtäußerungen vom Landrat vorgeladen und verhört, Verwarnung und Androhung von Schulverbot.
Wegen Erwerbs von Kohlen ohne Bezugsschein angezeigt und am 18.6.1942 vom Amtsgericht zu 200 RM Geldstrafe verurteilt.
Wegen einer Abstimmung über die Bekenntnisschule beim Amtsgericht angeklagt.
Verstorben am 14.3.1976.
Lit.: Morsey, Rudolf: Zum Kirchenkampf im Bistum Würzburg. In: Würzburger Diözesangeschichtsblätter 21 (1959), 101.

ZAENGLEIN, DIONYSIUS
1902 04 08
Oberwestern / Rothenfels
Lokalkaplan / Pfarrer
Am 27.12.1933 Beanstandung durch die Kreisleitung wegen Bestrafung eines Kindes.
Am 2.1.1934 angezeigt und von der Polizei verhört wegen Predigtäußerungen über kirchenfeindliche Politik der Nationalsozialisten.
Am 4.5.1937 von der Gestapo wegen Predigtäußerungen verwarnt.
Am 24.10.1939 wegen Verletzung der Luftschutzvorschriften von der Gestapo verwarnt.
Am 20.9.1940 und 18.7.1941 wegen angeblicher Überschreitung des Züchtigungsrechts vom Schulratsamt vorgeladen, wiederholt Verhöre und Beanstandungen, Androhung von Schulverbot.
Am 14.3.1945 Verweigerung der jährlichen Holzlieferung durch den Ortsgruppenleiter.
Weiterhin Haussuchung und Beschlagnahme des Elternkalenders, Forderung nach der Herausgabe der Hirtenbriefe.
Verstorben am 28.9.1953.

ZEILINGER, KARL
1893 05 09
Giebelstadt
Lokalkaplan
Am 29.6.1933 Haussuchung durch die SA.
Verstorben am 9.12.1965.

ZENKERT, GEORG
1909 10 27
Würzburg (St. Joseph) / Ochsenfurt
Kaplan
Ab Februar 1938 Schulverbot wegen Beleidigung des Gauleiters, Protestes gegen die Einführung der Gemeinschaftsschule und regimefeindlicher Einstellung.
Im November 1938 wegen angeblicher Überschrei-

tung des Züchtigungsrechts gerichtliche Untersuchung beim Amtsgericht und Landgericht, am
1.9.1939 freigesprochen.
Im Zusammenahng mit der Verbreitung des Göb-
belsbriefes von der Gestapo verhört.
Verstorben am 23.5.1980.

ZINK, LORENZ
1879 08 18
Sendelbach
Pfarrer
Am 28.4.1938 Verhör durch die Gestapo und
Androhung von KZ wegen des Versuchs, ein Pfarr-
mitglied vom Beitritt zu den NSV-Schwestern
abzuhalten.
Am 4.5.1940 Beanstandung durch die Polizei
wegen Verstoßes gegen die Läuteordnung.
Verstorben am 25.1.1953.

ZIRKELBACH, WILHELM
1911 08 18
Bad Kissingen
Kaplan
Wegen Vereinsarbeit von der Polizei verhört, Beschlagnahme von Büchern und Schriften sowie Überwachung von Post und Telefon
1936 und 1937.

ZUERN, ANDREAS
1871 11 30
Herlheim
Pfarrer
1940 wegen Verstoßes gegen das Feiertagsrecht
120 RM Geldstrafe.
Verstorben am 10.11.1953.

ZUFRASS, WILHELM
1885 06 25
Nüdlingen
Pfarrer
Wegen Predigtäußerungen ab 1939 von der Ge-
stapo überwacht.
Verstorben am 30.12.1963.
*Lit.: 1.RPB VI, 150. 2.Wittstadt, Klaus: Kirche
im Widerstand gegen den Nationalsozialismus. In:
Würzburger Diözesangeschichtsblatter 37/38
(1975), 641.*

25. Freie Prälatur Schneidemühl

AUSTERMANN, KARL
1904 11 18
Flötenstein / Rose
Vikar / Pfarrer
Wegen politischer Äußerungen und Jugendarbeit 1934 Ausweisung aus dem Kreis Schlochau.
1941 vier Wochen Gefängnishaft, nähere Umstände sind nicht bekannt.
Verstorben am 11.3.1975.

BINDER, LEO
1876 02 16
Groß Dammer
Pfarrer
Pfarrer Binder wurde am 12.9.1939 wegen Polenseelsorge durch die Gestapo verhaftet, am
14.9.1939 ins KZ Sachsenhausen und am
14.12.1940 ins KZ Dachau überstellt. Nach
grausamen Mißhandlungen befreiten ihn am
29.4.1945 die Amerikaner.
Verstorben am 28.1.1952.
Lit.: Weiler, 140.

BUETTGENBACH, P. JOSEPH
MSF
1893 12 09
Bärenwalde (Missionshaus "Cor Jesu")
1938 Gefängnishaft in Schlochau, anschließend Ausweisung; nähere Angaben fehlen.

CICH, GEORG
1900 01 16
Tütz / Blesen
Pfarrer
Dr. theol.
1935 wegen Jugendarbeit Verhöre und Drohungen.
Ab 1936 mehrere Hausdurchsuchungen und Schi-
kanen.
Verstorben am 3.7.1969.

DIEKER, P. ALOIS
SVD
1896 10 08
Deutsch Krone (Missionshaus St. Bruno)
Rektor
Kurzfristige Haft, Ausweisung, Zwangseinzug
zum Militär; nähere Angaben fehlen.
Verstorben am 17.11.1969.

GROCHOWSKI, MAXIMILIAN
1869 12 12
Steinau
Pfarrer
Ab September 1939 kurzfristige Schutzhaft, nach
der Entlassung am 7.11.1939 verstorben.

HALLMANN, HUBERT
1911 12 22
Marienbuchen
Vikar
1940 Ausweisung durch die Gestapo, nähere Angaben fehlen.
1941 zwangsweise Einberufung zum Militär.
Verstorben am 18.2.1978.

HEINRICH, KURT
1894 07 06
Lauenburg
Pfarrer, Konsistorialrat
Dr. theol.
1942 zehn Tage Gefängnishaft in Stolp,
nähere Umstände sind nicht bekannt.
Verstorben am 3.1.1968.

HENKE, EDUARD
1881 07 15
Tütz
Dekan
Ab 28.5.1941 für drei Wochen inhaftiert, in
einem späteren Verfahren freigesprochen.
Nähere Umstände sind nicht bekannt.
Verstorben am 24.10.1965.

KLITSCHE, ERICH
1889 06 01
Kommorant
Dr. jur. can.
Durch die Gestapo ein Verhör wegen theoso-
phischer Schriften, ein weiteres wegen des
Möldersbriefes und einer Enzyklika.
Wegen Verweigerung des Beitritts eine schrift-
liche Beanstandung durch die NSV. Nähere An-
gaben fehlen.

KOPLIN, LEO
1907 01 21
Schwerin
Vikar
Wegen der Enzyklika „Mit brennender Sorge"
am 27.1.1939 durch Gestapo verhört und mit
zwei Schäferhunden bedroht.

KUDELKO, ROBERT (P. HONORATUS)
OFM
1902 01 10
Marienburg
Präses / Standortpfarrer
Pater Honoratus wurde 1943 durch die Gestapo
kurzfristig verhaftet, weil er auf ein Mitglied der SS „unzulässigen Druck in volksfrem-
dem Sinn" ausgeübt haben sollte (er hatte
einen SS-Mann auf dem Sterbebett versehen und
seine Ehe geordnet).
Auf Intervention des Wehrkreispfarrers von Danzig hin wurde P. Kudelko wieder entlassen.

LITTFIN, LEO
1905 08 16
Hoch-Stüblau
Vikar / Pfarrverweser
1938 acht Monate Haft.
1940 Schutzhaft und Ausweisung durch die Gestapo. Nähere Umstände sind nicht bekannt.

MERSMANN, ALFONS
1905 03 07
Buschdorf
Pfarrer
Pfarrer Mersmann wurde am 17.7.1942 durch ein Sondergericht zu einer Gefängnisstrafe verurteilt und aus der freien Prälatur Schneidemühl ausgewiesen. Er stand weiterhin unter Beobachtung durch die Gestapo, die ihn am 7.3.1945 wieder festnahm und am 30.3.1945 nach Buchenwald überführte. Auf dem Transport nach Dachau wurde der Pfarrer am 12.4.1945 erschossen.
Lit.: Weiler, 449.

NOWAK, JOHANNES
1893 07 03
Lache
Pfarrer
Im August 1936 wegen Vergehens gegen das Heimtückegesetz durch ein Sondergericht zu drei Monaten Haft verurteilt. Die Strafe wurde zur Bewährung ausgesetzt.
1938 wegen Verächtlichmachung der Staatsehe Ausweisung aus Lache und fortan unter Polizeilicher Überwachung.
Verstorben am 9.10.1965.

PASZKI, WLADISLAUS
1868 12 25
Steinmark
Pfarrer
Pfarrer Paszki wurde im August 1939 ins KZ Sachsenhausen eingeliefert. Wegen seines Alters entließ man ihn, er erhielt jedoch Aufenthaltsverbot und mußte auf seine Pfarrei verzichten.
Verstorben am 7.2.1951.

PICKMEIER, P. KONRAD
MSF
1894 04 20
Kloster Biesdorf (Btm. Trier) / Bärwalde
Am 25.8.1935 wegen angeblichen Schmuggelns von 70 RM in Trier verhaftet. Am 4.11.1935 nach Berlin-Moabit überführt.
Im Juli 1940 im Zusammenhang mit der Beschlagnahme des Missionshauses in Bärwalde festgenommen und in verschiedenen Gefängnissen sowie im KZ Gorka inhaftiert.

PIOTROWSKI, WALDEMAR VON
1907 05 02
Schneidemühl / Tütz
Pfarrer
Wegen Jugendseelsorge, Vereinsarbeit, religiöser Filmvorführung sowie wegen Andachthaltens während einer Führerrede fünf Verhöre, zwei Haussuchungen, eine mündliche und eine schriftliche Verwarnung sowie Beschlagnahme von Büchern, Filmen und Geld durch die Gestapo.

POLZIN, LUDWIG
1892 08 19
Schneidemühl
Pfarrer / Diözesanpräses d. männl. Jugendver.
Wegen seiner Vereinsarbeit von November bis Dezember 1935 in Schutzhaft, des weiteren mehrere Hausdurchsuchungen durch die Gestapo.
Verstorben am 30.1.1964.

ROHLOFF, KARL
1892 02 26
Prittisch
1934 wegen seiner Arbeit in katholischen Jugendvereinen von einem Sondergericht zu drei Monaten Haft verurteilt und aus Prittisch ausgewiesen.
Verstorben am 21.5.1959.

SCHULZ, HERIBERT
1910 04 08
Lugetal
Kuratus
Aufgrund unbedachter politischer Äußerungen wurde Kuratus Schulz zwangsweise zum Militär eingezogen, er fiel am 2.3.1944.

SOBIERAJCZYK, ALFONS
1874 08 01
Groß Butzig
Pfarrer
Pfarrer Sobierajczyk wurde am 11.9.1939 durch die Gestapo verhaftet, einige Wochen später ins KZ Sachsenhausen und am 14.12.1940 ins KZ Dachau überführt. Dort verstarb er am 21.5.1941.
Lit.: Weiler, 614.

STYP-REKOWSKI, JOSEF VON
1902 12 14
Berlin
Polenseelsorger
Pfarrer von Styp-Rekowski wurde am 11.9.1939 in Berlin durch die Gestapo festgenommen, am 23.9.1939 ins KZ Sachsenhausen und am 14.12.1940 ins KZ Dachau überführt. Dort wurde er am 10.4.1945 entlassen.

Verstorben am 23.8.1969.
Lit.: Weiler, 640.

WDOWCZYK, MAXIMILIAN
1891 03 04
Unruhstadt
Pfarrer
Pfarrer Wdowczyk wurde am 12.9.1939 durch die
Gestapo verhaftet und zunächst ins KZ Sachsen-
hausen, am 14.12.1940 ins KZ Dachau über-
bracht. Dort entließ man ihn am 30.1.1941
mit Aufenthaltsverbot für seine Pfarrei.
Verstorben am 8.6.1966
Lit.: Weiler, 695.

WITT, MAXIMILIAN
1887 03 20
Stegers
Pfarrer
Im Zusammenhang mit dem Möldersbrief und wegen
Polenfreundlichkeit am 26.3.1942 von der Gesta-
po in Schutzhaft genommen. Am 3.7.1942 ins
KZ Dachau verbracht, dort am 20.7.1942 ver-
storben.
Laut Weiler am 20.7.1942 auf Veranlassung
seines Bruders, der General bei der Wehrmacht
war, entlassen.
Lit.: Weiler, 711.

ZINGSHEIM, JOHANNES
1913 10 17
o.O.
Seelsorger in der wandernden Kirche
Aufgrund von Polenfreundlichkeit am 21.1.1942
kurzfristige Festnahme durch die Gestapo.
Ebenfalls wegen Polenfreundlichkeit am 26.1.
1943 durch die Gestapo aus der Provinz Westpreußen ausgewiesen.
Gehört zur Diözese Kulm.

26. Generalvikariat Branitz

BIRKHAN, JOHANNES
1902 03 02
Piltsch
Pfarrer
Unter der Beschuldigung, Mädchen unsittlich be-
rührt zu haben, wurde Pfarrer Birkhan zu sechs
Monaten Haft verurteilt und aus Deutschland
ausgewiesen (1938/39).
Verstorben am 5.10.1972.

BLASCHKE, JOHANNES
1875 12 11
Patschkau
Geistl. Studienrat i. R.
Am 15.2.1943 Redeverbot für das ganze Reich
durch die Gestapo, weil seine Reden staats-
abträgliche Äußerungen enthielten.
Verstorben am 11.6.1961.
Lit.: Gottschalk, Priesterbilder, 119-122.

HANKE, FRANZ
o.D.
Hohndorf
Pfarrer
Pfarrer Hanke wurde zu Unrecht wegen angeblich
unsittlicher Berührung von Meßdienern ins
KZ deportiert. Nach kurzer Zeit wurde seine
Urne mit der Bemerkung „auf der Flucht er-
schossen" zurücksandt.

HORNISCHER, FRANZ
1903 05 19
Badewitz
Pfarrer
Wegen seiner Predigttätigkeit und intensiver
Jugendarbeit wurde Pfarrer Hornischer zu sieben
Wochen Gefängnis verurteilt. Nähere Umstände
sind nicht bekannt.

MOSLER, JOHANNES MARIA
1912 07 31
Leobschütz
Kaplan
Haussuchung durch die Gestapo mit Beschlagnahme
von Material des Jungmännerverbandes.
Gehört zur Erzdiözese Olmütz.

27. Generalvikariat Glatz

ALBRECHT, P. JOHANNES
SJ
1907 04 18
Prag
Wehrmachtsdolmetscher
Der Jesuit Johannes Albrecht wurde 1941 eingezogen und kam nach Prag und in das Kriegsge-
fangenenlager Dabendorf, wo er tschechische
sowie auch andere Kriegsgefangene seelsorgerisch betreute. Aus diesem Grund wurde er
durch Spitzel angezeigt und am 19.5.1942 verhaftet. Am 5.8.1943 sprach das Kriegsgericht
Berlin das Todesurteil aus. Gnadengesuche der
Familie blieben erfolglos. Am 18.9.1943 wurde
der Pater im Zuchthaus Brandenburg hingerichtet.
*Lit.: 1.Kempner, 14 (mit abweichenden Angaben).
2.Barthel, R.: Begegnung 20 (1980), Heft 2, 21.*

BERGER, FRANZ
o.D.
Neurode
Kaplan, Pfarrvikar
Wegen Predigtäußerungen, Vorträgen in der
Kolpingsfamilie und seiner Weigerung, in die
NSV einzutreten, solange ihm die entzogene Erlaubnis zum Religionsunterricht nicht wieder
erteilt werde, sowie weil Vikar Berger Kinder,
die wegen Hitlerjugenddienstes nicht zur Sonntagsmesse gekommen waren, öffentlich gerügt
hatte, wurde er fünfmal durch die Gestapo
verhört.
Lit.: F.Heinsch, 279f.

BERGMANN, WENZEL
o.D.
Passendorf
Pfarrer
Pfarrer Bergmanns antinationalsozialistische
Einstellung sowie ein angebliches Devisenver-
gehen führten zu Auseinandersetzungen mit den
Nationalsozialisten.
Verstorben 1935.
Lit.: F.Heinsch, 280.

BERNATZKY, ROCHUS
o.D.
Wölfelsgrund
Kuratus
1938 wurde ein Verfahren wegen Vergehens gegen
das Heimtückegesetz aufgrund einer Amnestie
vom 11.5.1938 eingestellt.
1939 Verwarnung durch die Gestapo aufgrund
einer politischen Äußerung.
Wegen Sakramentenspendung an einen Polen 1941
eine weitere Verwarnung.
Lit.: F.Heinsch, 280.

BRAUNER, EDUARD
o.D.
Königswalde
Pfarrer
Drei Verhöre durch die Gestapo; für die De-
portation nach Dachau bestimmt, wovor den
Pfarrer aber der Zusammenbruch des Dritten
Reiches bewahrte.
Lit.: F.Heinsch, 280.

CHARFREITAG, GEORG
o.D.
Neuwaltersdorf
Pfarrer
Pfarrer Charfreitag hatte durch den Ortsvor-
steher, Rittergutsbesitzer Taube, von kirchenfeindlichen Anordnungen der Gestapo erfahren.
Er gab diese Informaitonen an den Generalvikariatssekretär Christoph weiter. Dieser
schrieb auf der Schreibmaschine des Pfarrers
Tautz die Anordnungen in mehreren Exemplaren
ab und legte sie dem Großdechanten Dittert
zur Weitergabe vor. Generalvikar Dittert leitete die Schriftstücke an die bischöfliche
Informationsstelle in Berlin weiter, dort fielen sie bei einer Hausdurchsuchung der Gestapo in die Hände. Daraufhin nahm die Gestapo
Pfarrer Charfreitag am 23.11.1935 zusammen mit
Pfarrer Tautz und Generalvikariatssekretär
Christoph in Schutzhaft. Der Pfarrer wurde
erst am 6.3.1936 wieder freigelassen.
Verstorben am 14.4.1942.
Lit.: F.Heinsch, 280.

CHRISTOPH, LEO
o.D.
Mittelwalde
Generalvikaritätssekretär
Der Sekretär wurde vom 23.11.35 bis zum
6.3.1936 durch die Gestapo in Schutzhaft gehalten. Anschließend erhielt er Religionsunterrichtsverbot. Über die Veranlassung zur Verhaftung siehe Pfarrer Charfreitag.
Lit.: F.Heinsch, 280.

DITTERT, FRANZ
o.D.
Mittelwalde
Pfarrer, Großdechant, Generalvikar, Prälat
Am 23.11.1935 durchsuchte die Gestapo das
Generalvikariatsbüro. Prälat Dittert entging
einer Festnahme nur, weil sein Arzt ihn für
haftunfähig erklärte. Über die Veranlassung
zur Verhaftung siehe Pfarrer Charfreitag.
Lit.: F.Heinsch, 280ff.

FABER, GEORG
1886 05 09
Ludwigsdorf

Kaplan

Wegen seines am 13.5.1935 erschienen Artikels
gegen Rosenberg und das neue Heidentum wurde
Kaplan Faber am 15.5.1935 einen Tag inhaftiert
(wahrscheinlich auf Veranlassung des Breslauer
Polizeipräsidenten). Anschließend mißhan-
delte ihn ein Mitglied einer vor seinem Pfarrhaus demonstrierenden SA-Horde. Fabers Gegen-
klage blieb erfolglos, da der Täter in den
Genuß einer Amnestie kam.
Lit.: F.Heinsch, 282f.

FILLA, FRANZ

o.D.
Glatz
Geistl. Studienrat
Dr. phil.
Weil Dr. Filla seinen Biologieunterricht nach
katholischen und nicht nach naitonalsozia-
listischen Grundsätzen ausrichtete, verlor
er seine Stellung als Gymnasiallehrer.
Verstorben am 25.1.1945.
Lit.: F.Heinsch, 283.

FISCHER, BRUNO

o.D.
Rückers
Pfarrer
Wegen Jugendseelsorge Festnahme, Verhör und
Verbot jeglicher Jugendarbeit durch die Gesta-
po.
Verstorben am 17.11.1963.
Lit.: F.Heinsch, 283.

GUENTHER, P. HUBERT

OFM
o.D.
Glatz
Jugendseelsorger
1935 wegen Verstoßes gegen den Kanzelparagraphen Verurteilung zu neun Monaten Gefängnis.
Drei weitere Prozesse endeten mit Verwarnungen.
Der Geistliche erlitt 14 Verhöre durch die Gestapo und stand seit 1942 unter ständiger Beobachtung.
Lit.: F.Heinsch, 283.

HATTWIG, WILHELM

o.D.
Kunzendorf
Kaplan
Kaplan Hattwig wurde wegen seiner Jugendar-
beit angezeigt und vor ein Sondergericht ge-
stellt. Der Prozeß endete mit Freispruch.
Lit.: F.Heinsch, 284.

HEINSCH, AUGUSTINUS

o.D.
Langenbrück / Mittelsteine / Stralsund
Pfarrer
In Langenbrück bereitete ein nationalsozialistischer Lehrer Pfarrer Heinsch so viele
Schwierigkeiten, daß er sich 1938 um eine
andere Pfarrei bewarb.
Auch in Mittelsteine überwachte und denunzierte ein Nazi-Lehrer den Pfarrer. Dessen Anschuldigungen reichten jedoch nie für ein gerichtliches Verfahren aus. Wegen angeblich
„aufspaltender" Arbeit in der Gemeinde erteilte
die Gestapo am 14.2.1941 sofortiges Aufenthaltsverbot für Schlesien und das Sudetenland.
Pfarrer Heinsch kam zu seinem Studienfreund
nach Stralsund. Dort mußte er wegen eines
Rundbriefes an die Eltern der Erstkommunikanten
ein hohes Sicherungsgeld hinterlegen.
Verstorben am 2.2.1946.
Lit.: F.Heinsch, 284.

HIRSCHFELDER, GERHARD

1907 02 17
Habelschwerdt, Erzbistum Prag
Kaplan, Jugendseelsorger
Wegen seiner Jugendseelsorgearbeit verhaftete
die Gestapo Kaplan Hirschfelder am 1.8.1941.
Am 27.12.1941 erfolgte seine Einlieferung in das
KZ Dachau, wo er am 1.8.1942 verstarb.
*Lit.: 1. Heinsch, 285. 2.Gottschalk, Priester-
bilder, 226-229. 3.Weiler, 298.*

JASCHKE, ADOLF

1907 06 17
Oberschwedeldorf / Grenzeck / Neuwaltersdorf
Pfarrer
Dauernde Überwachung durch die Gestapo.
Wiederholt Vorladungen vor die Gestapo, Entzug
von Briefpost, Befragung von Besuchern.
1941 und 1942 kurzfristige Festnahmen, zweimal
für längere Zeit in Schutzhaft wegen Jugendarbeit und Predigtäußerungen.
Einer Einlieferung ins KZ Dachau entging er
1942 durch Meldung zur Wehrmacht.

JUENSCHKE, HERMANN

o.D.
Lewin
Pfarrer
Pfarrer Jünschke wurde 1933 durch National-
sozialisten öffentlich beschimpft.
Lit.: F.Heinsch, 286.

KAPAUN, ERICH

o.D.
Rückers / Landeck
Kaplan
Kaplan Kapaun wurde sechsmal bei der Gestapo

angezeigt und ebenso oft verhört.
Lit.: F.Heinsch, 286.

KARGER, RUDOLF
o.D.
Gabersdorf
Pfarrer
Pfarrer Karger wurde wiederholt vor die Gestapo
geladen und schließlich zur Hinterlegung von
1000 RM Sicherungsgeld verurteilt.
Lit.: F.Heinsch, 286.

KLEIN, ROBERT
o.D.
Albendorf
Pfarrer
Pfarrer Klein wurde aufgrund einer Anzeige
wegen Unterhaltungsabenden, die er mit katholischen Vereinen veranstaltet hatte, zur
Zahlung einer Geldstrafe verurteilt. Des weiteren wurden Vereinsgelder eingezogen.
Aufgrund einer Jahresschlußpredigt 1938 kam
es zu einem Gerichtsverfahren. Der Pfarrer
wurde jedoch bei Ausbruch des Krieges amnestiert.
Verstorben am 25.7.1963.
Lit.: F.Heinsch, 286.

LANGER, ADOLF
o.D.
Habelschwerdt, Erzbistum Prag
Pfarrer
1944 störten Nationalsozialisten Pfarrer
Langers Fronleichnamsprozession.
Verstorben am 6.6.1965.
Lit.: Heinsch, 287.

LEISTER, KONRAD
o.D.
Voigtsdorf
Pfarrer
Mehrere Verhöre sowie Religionsunterrichts-
verbot durch die Gestapo. Nähere Umstände
sind nicht bekannt.
Lit.: F.Heinsch, 287.

MENDE, P. WERNER
SJ
o.D.
Neurode
Aushilfsgeistlicher
Pater Mende entging nur mit Hilfe von Freunden
zweimal einer Verhaftung durch die Gestapo.
Lit.: F.Heinsch, 286.

MONSE, FRANZ
o.D.
Glatz
Pfarrer / Generalvikar

Dr. theol.
Eine Anzeige sowie Verurteilung zu 3000 RM
Geldstrafe wegen Verwendung angeblich zweck-
gebundener Gelder für das katholische Gemeindehaus anstatt für die Außenrenovierung
der Dekanatskirche.
Verstorben am 24.2.1962.
Lit.: 1.Gottschalk, Priesterbilder, 54-57.
2.F.Heinsch, 287.

SCHOLZ, ALFONS
o.D.
Langenbrück
Pfarrer
Wegen Ausländerseelsorge zwei Vorladungen vor
die Gestapo.
Lit.: F.Heinsch, 288.

TAUBE, JOHANNES
o.D.
Glatz
Kaplan
1937/38 wegen seiner Jugendarbeit drei Monate
in Untersuchungshaft, dann ohne Urteil entlassen.
Lit.: F.Heinsch, 288.

TAUTZ, PETRUS
o.D.
Konradswalde
Pfarrer
Pfarrer Tautz wurde am 23.11.1935 bis zum
27.11.1935 durch die Gestapo in Schutzhaft
genommen. Über die Veranlassung zur Verhaftung siehe Pfarrer Charfreitag.
Lit.: F.Heinsch, 288.

TEICHMANN, ALFONS (P. LUCIUS)
OFM
1905 01 21
Glatz
Religionslehrer, Lektor der Kirchengeschichte
Dr. theol.
Eine Verwarnung durch die Gestapo.
*Lit.: Teichmann, L.: Steinchen aus dem
Strom. Berlin 1979, 98-105.*

TRUMPKE, ARTHUR (P. HIERONYMUS)
OFM
1890 08 18
Glatz
Guardian, Lektor der Philosophie
Dr. phil.
Ein auf Betreiben der Gestapo Glatz einge-
leitetes Verfahren wurde wegen einer Amne-
stie eingestellt.

WACHE, GEORG
o.D.
Neurode
Pfarrer
Pfarrer Wache wurde vor die Gestapo geladen,
weil er am Grab der Opfer des Grubenunglücks
vom 10.5.1940 gesagt hatte, daß Sonn- und
Feiertagsarbeit keinen Segen bringe.
Lit.: F.Heinsch, 288.

WENGLER, GEORG
o.D.
Eckersdorf
Pfarrer
Wegen Predigten für die Jugend neun Verhöre
durch die Gestapo.
Lit.: F.Heinsch, 288.

28. Bistum Danzig

AELTERMANN, JOHANNES
1876 06 26
Meisterswalde-Mariensee / Danzig-Land
Pfarrer, Dekan
Aufgrund seiner antinationalsozialistischen
Einstellung wurde Dekan Ältermann 1935 durch
die Gestapo inhaftiert. Auf Intervention
Bischof O'Rourkes wurde er nach einer Woche
wieder entlassen. Anschließend stürmten SA-
Angehörige das Pfarrhaus.
Am 1.9.1939 sollte der Dekan verhaftet werden, wiederum glückte ihm die Flucht. Als er
nach einigen Wochen Untertauchens trotz Warnungen sein Pfarrhaus wieder bezog, nahmen ihn
darauf ein SS-Kommando und Gestapoleute
fest. Er wurde in das Konzentrationslager
Wischin gebracht, wo er - wahrscheinlich unter
Mitwirkung des nationalsozialistischen Landrats des Kreises Danziger Hoheh - am 22.11.1939
erschossen wurde.
Lit.: Danziger Priesterbuch, 55-59.

BINNEBESEL, BRUNO
1902 09 26
Danzig-Brösen (St. Antonius)
Pfarrer
Dr. theol.
Am 3.11.1943 wurde Pfarrer Binnebesel aufgrund
der Anzeige eines SS-Mannes von der Gestapo
verhaftet. Am 9.9.1944 verurteilte ihn der
Volksgerichtshof Berlin wegen Abhörens ausländischer Sender und regimekritischer Bemerkungen zum Tode. Das Urteil wurde am 13.11.
1944 vollstreckt.
*Lit.: 1.Kempner, 25f. 2. Danziger Priester-
buch, 60ff.*

DEGENHARDT, PETER
1910 03 12
Mielenz / Neuteich
Pfarrverweser
Pfarrer Degenhardt wurde 1944 als Reichs-
deutscher von den Nationalsozialisten aus Dan-
zig ausgewiesen.
Lit.: Danziger Priesterbuch, 223.

DERDA, BRUNO
1913 12 01
Danzig (St. Brigitten)
Vikar
1944 Seelsorgeverbot in Kransnogwardeisk durch
Wehrmachtsstellen.
Lit.: Danziger Priesterbuch, 201f.

GEHRMANN, JOSEF
1873 05 17
Tiegenhagen

Pfarrer
Nachdem die NSDAP bei der Volkstagswahl am
7.4.1935 nicht die angestrebte Mehrheit erreicht hatte, zerschnitten Nationalsozialisten die Telefonleitung des als antinatio-
nalsozialistisch eingestellt bekannten Pfarrers
und zerschlugen sämtliche Fensterscheiben.
Verstorben am 29.10.1937
Lit.: Danziger Priesterbuch, 105.

GLASS, PAUL
1883 04 27
Groß-Lichtenau
Pfarrer
Im Mai 1938 aus unbekannten Gründen kurz-
fristige Festnahme und polizeiliches Verhör.
Im Oktober 1943 eine Verwarnung durch die Ge-
stapo wegen Nichtbefolgung der Anordnungen
eines Hitlerjugend-Bannführers.
Verstorben am 8.4.1950.
Lit.: Danziger Priesterbuch, 106f.

GORECKI, MARIANUS
1903
Danzig-Neufahrwasser
Geistl. Religionslehrer, Seelsorger
Pater Gorecki wurde am 1.9.1939 durch Gesta-
po und SS-Leute verhaftet, weil er polnischer
Staatsbürger und katholischer Priester war.
Nach einigen Wochen demütigender Gestapohaft
erfolgte seine Überführung ins KZ-Lager
Stutthof, wo er am 22.3.1940 von einer SS-Ein-
heit erschossen wurde (vgl. Komorowski,
Najewski, Rogaczewski, von Wiecki und Szy-
manski).
Lit.: Danziger Priesterbuch, 77f.

HOEFT, WALTER
1906 10 29
Danzig (Christkönig)
Vikar
Weil er Geistlicher und Pole war, wurde
Vikar Höft im September 1939 durch eine SS-
Einheit verhaftet und erschossen.
Lit.: Danziger Priesterbuch, 62f.

HOPPE, LEO
1889 04 20
Danzig-Langfuhr-Neuschottland
Titularpfarrer, Kuratus
Weil er eine getaufte jüdische Familie
finanziell unterstützte, inhaftierte die
Gestapo Pfarrer Hoppe. Einer Verbringung ins
KZ Dachau entging er nur durch Bestechung
eines Gestapodezernenten.
Verstorben am 10.12.1962.
Lit.: Danziger Priesterbuch, 110ff.

KARBAUM, ERNST
1891 02 04
Bärwalde
Pfarrer
Eine Bemerkung in einer Meßfeier
für polnische Saisonarbeiter -die Polen
sollten nicht traurig sein, es werde auch
wieder anders werden - wurde Pfarrer Karbaum
als Landesverrat ausgelegt. Am 16.12.1940
verhaftete ihn die Gestapo und brachte ihn ins
KZ Stutthof, wo er innerhalb von zwei Tagen
zu Tode mißhandelt wurde.
Lit.: 1.Danziger Priesterbuch, 64-67.
2.Reifferscheid, 4, 225ff.

KNITTER, PAUL
1890 06 20
Wernersdorf / Tiegendorf
Pfarrer
Aufgrund seiner antinationalsozialistischen
Einstellung hatte Pfarrer Knitter seit 1933
unter nationalsozialistischem Terror zu leiden. Zur Zeit der Volkstagswahl 1935 wurde er
mehrmals bedroht. Die Polizei führte wegen
angeblichen Besitzes verbotener Zeitschriften
mehrere Haussuchungen durch.
1939 kurzfristiges Religionsunterrichtsverbot durch die nationalsozialistische Regierung.
Aufgrund angeblicher Hamsterei während des
Krieges Auferlegung einer Geldstrafe durch
die Gestapo.
Verstorben am 10.4.1945.
Lit.: Danziger Priesterbuch, 117f.

KOMOROWSKI, BRONISLAUS
1889 05 25
Danzig-Langfuhr (St. Stanislaus)
Pfarrer
Weil er kath. Geistlicher und Pole war, wurde
Pfarrer Komorowski bei Ausbruch des Zweiten
Weltkrieges sofort in Gestapohaft genommen.
Nach einigen Wochen Haft (während derer er
mißhandelt wurde) kam der Geistliche ins KZ
Stutthof, wo er am 20.8.1940 durch SS-Mit-
glieder erschossen wurde.
Lit.: Danziger Priesterbuch, 67ff.

MAJEWSKI, GEORG
1904 08 27
Danzig-Langfuhr / Zoppot
Vikar
Vikar Majewski war bei den Verhaftungen polnischer Geistlicher zu Beginn des Krieges
übersehen worden. Auf eine diesbezügliche
anonyme Anzeige hin wurde er im November 1940
durch die Gestapo festgenommen und ins KZ
Stutthof verbracht, später nach Oranienburg
und am 19.9.1941 ins KZ Dachau, wo er am

22.8.1942 verstarb.
Lit.: 1.Danziger Priesterbuch, 70. 2.Weiler,
427.

MASIAK, PAUL
1886 02 04
Kunzendorf
Pfarrer
Aufgrund seiner antinationalsozialistischen
Einstellung erlitt Pfarrer Masiak ab 1933
zahlreiche Schikanen durch die NSDAP.
1934 wurde er auf dem Rückweg von einer
Wallfahrt überfallen und niedergeschlagen.
Verstorben am 15.9.1958.
Lit.: Danziger Priesterbuch, 137f.

O'ROURKE, EDUARD GRAF
1876 10 26
Danzig
Bischof
Unter dem Druck der nationalzosialistischen
Regierung verzichtete Bischof O'Rourke 1938
auf sein Danziger Bischofsamt.
Verstorben am 27.6.1943.
Lit.: Danziger Priesterbuch, 29-33.

OHL, JOHANNES
1886 02 12
Langenau
Pfarrer
Aufgrund seiner antinationalsozialistischen
Einstellung erlebte Pfarrer Ohl mehrere Haus-
suchungen durch die Ortspolizei.
Verstorben am 19.11.1951.
Lit.: Danziger Priesterbuch, 144f.

PANSKE, CLEMENS HUGO
1890 11 20
Gnojau / Neuteich
Pfarrer, Dekan
Aufgrund einer Anzeige wegen Polenseelsorge im
Juli 1939 ein Verhör durch die Kriminalpolizei.
Ebenfalls wegen geistlicher Betreuung von Aus-
ländern im Sommer 1940 ein Verhör durch die
Gestapo.
Verstorben am 23.3.1960.
Lit.: Danziger Priesterbuch, 145ff.

PIECHOWSKI, MAXIMILIAN
1888 09 27
Tannsee
Pfarrer
Aufgrund seiner antinationalsozialistischen Einstellung hatte Pfarrer Piechowski im Dritten
Reich Verhöre und Haussuchungen durch die Gestapo sowie einen Überfall auf sein Pfarrhaus
durch nationalsozialistischen Pöbel zu erleiden.
Ein Prozeß im Jahr 1937 wurde aufgrund einer

Amnestie eingestellt.
Lit.: Danziger Priesterbuch, 212f.

PRILL, HANS
1886 02 14
Ladekopp
Pfarrer
Aufgrund seiner antinationalsozialistischen
Einstellung hatte Pfarrer Prill im Dritten
Reich zahlreiche Bedrohungen, Verhöre und
Haussuchungen durch die Gestapo zu erdulden.
Lit.: Danziger Priesterbuch, 213f.

RASCHERT, BRUNO
1900 10 26
Danzig-Langfuhr
Geistl. Religionslehrer
Dr. theol.
Dr. Raschert wurde 1933 durch die national-
sozialistische Regierung nicht als Studienrat
eingestellt.
Des weiteren Disziplinarstrafen,
Verhöre, Haussuchungen und Beschlagnahme von
Akten des Albertus-Magnus-Vereins.
Lit.: Danziger Priesterbuch, 214f.

ROGACZEWSKI, FRANZ
1892 12 23
Danzig-Sandgrube
Titularpfarrer
Wegen seiner Aktivitäten als katholischer
Geistlicher sowie aufgrund seiner polnischen
Staatsangehörigkeit wurde Pfarrer Rogaczewski
sofort bei Kriegsausbruch durch die Gestapo
verhaftet und über einige Zwischenstationen
ins KZ Stutthof verbracht, wo er am 22.3.1940
durch SS-Mitglieder erschossen wurde (vgl.
Komorowski, von Wiecki, Szymanski und Gorecki).
Lit.: Danziger Priesterbuch, 71ff.

SARNOWSKI, BRUNO
1893 09 29
Danzig (St. Albrecht)
Pfarrer
Aufgrund seiner antinationalzosialistischen
Einstellung hatte Pfarrer Sarnowski zahlreiche
Schikanen durch die Nationzlsozialisten zu er-
leiden.
Im Mai 1940 nahm ihn die Gestapo für einige
Tage in Schutzhaft, weil er angeblich von Polen
Beichten in polnischer Sprache entgegengenommen
hatte, was die Gestapo zu unterbinden trachtete.
Verstorben am 24.8.1944.
Lit.: Danziger Priesterbuch, 155f.

SAWICKI, FRANZ
1877 07 13
Pelplin
Domkapitular, Professor

Dr. theol.
Wegen seiner polnischen Staatsbürgerschaft
erzwangen die Nationalsozialisten 1938 die
Rückgabe seiner Ernennungsurkunde zum Bischof
von Danzig.
Am 20.10.1939 kurzfristige Festnahme.
Verstorben am 7.10.1952.

SCHEFFLER, KONRAD
1906 03 18
Gdingen
Vikar
Wegen angeblicher Mitgliedschaft in einer
illegalen Widerstandsorganisation am 2.9.1939
von der Gestapo festgenommen und bis zum 6.
12.1939 inhaftiert. Am 4.5.1943 erneut verhaftet, am 1.11.1943 ins KZ Stutthof, am 17.
12.1943 ins KZ Mauthausen und am 1.12.1944 ins
KZ Dachau verbracht. Dort am 29.4.1945 befreit.
Lit.: Weiler, 581.

SCHLIEP, BRUNO
1912 12 09
Wielle, Bistum Kulm / Danzig / Berlin-Köpenick
Vikar / Kaplan
Wegen Unterstützung verfolgter polnischer
Geistlicher Verhaftung durch die Gestapo am
2.6.1940. Dann bis 22.12.1940 im KZ Stutthof,
Pelplin und Danzig (Reichsgau Danzig-Westpreu-
ßen); Übersiedlung nach Berlin. Am 1.4.1941
Anstellung als Kaplan in Berlin-Köpenick.
500 RM Sicherungsgeld durch die Gestapo Berlin.

SIERIGK, CLEMENS
1876 07 11
Neuteich
Pfarrer, Konsistorialrat
Aufgrund seiner antinationalsozialistischen
Einstellung hatte Pfarrer Sierigk zahlreiche
Schikanen durch die NSDAP zu erleiden.
Nach der Volkstagswahl im April 1935 erstürmten
Nationalsozialisten das Pfarrhaus, zertrüm-
merten Fenster und Türen und zerschlugen die
Möbel. Nur durch Zufall entging der Pfarrer
ihren Mißhandlungen.
Verstorben am 8.10.1953.
Lit.: Danziger Priesterbuch, 167f.

SIKORSKI, STEFAN
1895 10 03
Danzig-Brentau
Pfarrer
Anfang 1940 wegen seelsorgerischer Äußerungen
11 Tage Schutzhaft durch die Gestapo.
Im Mai 1940 Inschutzhaftnahme, um Bischof
Dr. Splett zu zwingen, den Gebrauch der pol-

nischen Sprache bei geistlichen Handlungen zu
verbieten.
Verstorben am 4.2.1958.
Lit.: Danziger Priesterbuch, 169f.

SPLETT, CARL MARIA
1898 01 17
Danzig
Bischof
Dr. theol.
Im Mai 1944 zwang die Gestapo Bischof Splett,
den Geistlichen seiner Diözesen (Danzig/Kulm)
den Gebrauch der polnischen Sprache zu unter-
sagen.
Verstorben am 5.3.1964.
Lit.: Danziger Priesterbuch, 33-47.

STACHNIK, RICHARD
1894 07 07
Danzig
Geistl. Studienrat, Vorsitzender d. Zentrums
Dr. theol.
Aufgrund seiner politischen Tätigkeit in der
Zentrumspartei erlitt Dr. Stachnik durch die
Gestapo zahlreiche Haussuchungen, Verhöre
und Überfälle (einmal bewußtlos geschlagen).
Sein Recht als Abgeordneter auf Unterrichtsbe-
freiung erkannte die nationalzosialistische Re-
gierung nicht an und sperrte sein Gehalt.
Erst aufgrund einer Amnestie im Jahr 1937 wurde
Dr. Stachniks finanzieller Verlust ersetzt.
Am 5.2.1937 wegen Vergehens gegen das Presse-
gesetz Verurteilung zu sechs Monaten Gefäng-
nis.
Nach dem Verbot der Zentrumspartei im Jahre
1937 Rede-, Predigt- und Unterrichtsverbot;
letzteres wurde 1942 für das Fach Latein aufgehoben.
Nach dem Attentat auf Hitler Festnahme durch
die Gestapo und KZ-Haft vom 1. bis 13.9.1944.
Lit.: Danziger Priesterbuch, 216-220.

SYMANSKI, WLADISLAUS
1901 04 05
Zoppot / Danzig
Geistl. Religionslehrer, Seelsorger
Am 1.9.1939 zwangen SA-Leute Vikar Symanski,
eine mitgebrachte Hakenkreuzfahne zu hissen.
Etwas später wurde er, auf dem Weg nach Danzig-Sandgrube, verhaftet und nach wochen-
langer entwürdigender Haft ins KZ-Lager Stutthof gebracht, wo er, zusammen mit den Geistlichen Komorowski, Gorecki, Majewski, von
Wiecki und Rogaczewski, am 22.3.1940 von
einer SS-Einheit erschossen wurde.
Lit.: Danziger Priesterbuch, 78f.

THIESSEN, PETER
1909 10 20
Neuteich / Prangenau
Vikar, Religionslehrer / Pfarrverweser
Weil Vikar Thießen auf Weisung der bischöflichen Behörde den Eid auf Hitler verweigerte,
sperrte ihm der Senat der Freien Stadt Danzig
acht Monate lang den staatlichen Gehaltszuschuß.
Lit.: Danziger Priesterbuch, 220.

WAHLEN, HUBERT
1913 03 23
Danzig (St. Brigitten) / Danzig-Langfuhr
Vikar
Nachdem Vikar Wahlen sich 1936 geweigert hatte,
den nationzlsozialistischen Gauleiter von
Danzig als Ehrenpaten einzutragen, sperrte
ihm die Danziger Regierung für einige Monate
den staatlichen Gehaltszuschuß.
1944 brachte ihn die Gestapo für drei Monate
ins KZ-Lager Stutthof, weil er in Langfuhr
eine Jüdin getauft und dies nicht der Gestapo
angezeigt hatte.
Verstorben am 26.3.1945.
Lit.: Danziger Priesterbuch, 181f.

WIECKI, BERNHARD VON
1884 02 29
Wotzlaff
Pfarrer
Weil er katholischer Pfarrer war und aufgrund
seiner polnischen Nationalität wurde Pfarrer
von Wiecki am 1.9.1939 durch die Gestapo
festgenommen und über mehrere Zwischenstationen ins KZ Stutthof verbracht, wo er am
22.3.1940 durch eine SS-Einheit erschossen
wurde (vgl. Komorowski, Rogaczewski,
Szymanski und Gorecki).
Lit.: Danziger Priesterbuch, 73f.

WOHLERT, JOHANNES
1885 04 19
Danzig-Praust
Pfarrer
Wegen seiner antinationalsozialistischen
Einstellung hatte Pfarrer Wohlert im Dritten
Reich zahlreiche Haussuchungen durch die Gestapo sowie Störaktionen und Überfälle
durch Nationalsozialisten zu erleiden.
1938 erreichte die Hitlerjugend, daß er in
einem Gerichtsverfahren wegen angeblicher Verächtlichmachung der HJ in einer Predigt zu
1000 RM Geldstrafe verurteilt wurde.
Verstorben am 23.5.1956.
Lit.: Danziger Priesterbuch, 190ff.

WOHLFEIL, ROBERT
1889 01 08
Kladau
Pfarrer
Aufgrund seiner antinationalistischen Einstellung hatte Pfarrer Wohlfeil ab 1933 unter
Schikanen und öffentlichen Anschuldigungen
der Nationalsozialisten zu leiden.
1938 wurde er angezeigt: Trotz völliger Ent-
lastung durch Zeugen verurteilte ihn ein Gericht zu 1000 RM Geldstrafe.
Bei Ausbruch des Krieges wurde der Geistliche
durch Gestapo und SS-Leute inhaftiert und
mißhandelt. Später kam er in die KZ-Lager
Stutthof und Oranienburg, wo er am 13.6.1940
verstarb.
Lit.: Danziger Priesterbuch, 74-77.

29. Sudetenland

ALLEBROD, P.EDUARD
SAC
1906 07 12
Kronstadt, Bistum Königgrätz
Administrator
Wegen Jugendseelsorge und Feldpostbriefen
am 3.5.1942 von der Gestapo in Haft genommen.
Haft in den Gefängnissen Landskron und Troppau.
Vom 18.7.1942 an im KZ Dachau. Freilassung
erfolgte am 4.4.1945.
Lit.: 1.Weiler, 104. 2.Sudetendeutsche Priester,
47. 3.Klerus in der Vertreibung, 192.

AUGST, JOSEF
1909 01 29
Groß-Tschochau, Bistum Leitmeritz
Administrator
Am 15.6.1942 in Groß-Tschochau wegen Reli-
gionsunterricht in der Kirche und Beeinflussung
von Jugendlichen zur Teilnahme an kirchlichen
Veranstaltungen verhaftet. Nach dreimonatiger
Haft im Gefängnis Außig am 2.9.1942 nach
Dachau gebracht. Am 4.4.1945 entlassen.
Lit.: Weiler, 109.

BAER, P.EGIDIUS
OPRAEM
1911 03 17
Habakladrau
Pfarrer
Wurde im Juni/Juli 1942 drei Wochen in Gestapo-
haft gehalten. Nähere Angaben fehlen.
Lit.: 1.Sudetendeutsche Priester, 48. 2.Klerus
in der Vertreibung, 192.

BARTH, EMIL
1891 02 08
Nikl, Körber
Pfarradministrator
1942 durch die Gestapo aus dem Gau ausgewiesen.
Nähere Angaben fehlen.
Verstorben am 18.10.1963.
Lit.: 1.Sudetendeutsche Priester, 46. 2.Klerus
in der Vertreibung, 97.
Gehört zum Bistum Königgrätz.

BAYER, ERNST
1908 03 06
Willomitz
Pfarrer
1941 Verhaftung durch die Gestapo wegen Predigtäußerungen. Für eineinhalb Jahre in ein KZ
eingewiesen.
Lit.: 1.Sudetendeutsche Priester, 45. 2.Klerus
in der Vertreibung, 47.
Gehört zum Bistum Leitmeritz.

BAYER, KARL
1893 02 24
Stadlern / Waier
Benefiziumsprovisor
1938 ein Verhör durch die Gestapo.
Von Juli 1939 bis November 1940 Gehaltsentzug
sowie Unterrichtsverbot durch die Gestapo.
Im Oktober 1939 wegen Predigtäußerungen
Vorladung, Verhör, Verwarnung und Androhung
von Predigtverbot durch Gestapo und Magistrat
(Wien).
1940 absolutes Unterrichtsverbot durch den
Regierungspräsidenten von Karlsbad.
Im Juli 1940 eine Haussuchung und drei Wochen
Schutzhaft durch die Gestapo.

BECK, RUDOLF
1883
Platten
Pfarrer
Gestapohaft, nähere Angaben fehlen.
Verstorben am 26.6.1960.
Lit.: Sudetendeutsche Priester, 44.
Gehört zum Erzbistum Prag.

BEHR, FRIEDRICH ANTON
1894 11 20
Seelau, Bistum Leitmeritz
Aushilfspriester
Wurde nach der Eingliederung des Sudetenlandes
1938 trotz langjähriger Zugehörigkeit von der
Mitgliedschaft im landwirtschaftlichen Kasino
Kleinschönhofen (bei Kaaden) ausgeschlossen.
Im Frühjahr 1940 öffentliche Anschuldigung im
„Schwarzen Korps" im Zusammenhang mit dem Kir-
chenaustritt des Kreisbauernführers.
Anfang 1945 Verweigerung des Mahlscheins für
Roggen.

BERGMANN, FRANZ JOSEF (P.FRANZ ASSISI)
CSSR
1897 02 23
Plan, Erzbistum Prag
Volksmissionar, Rektor
Erhielt am 1.3.1939 durch Gestapo Linz Pre-
digtverbot für das gesamte deutsche Reich.
Am 16.12.1941 wegen Umgehung des Redeverbots
verhaftet; geprügelt, um Geständnisse zu er-
pressen. Schutzhaftbefehl am 26.3.1942. Ab
3.4.1942 KZ Dachau. Evakuierungsmarsch am
26.4.1945. Am 28.4.1945 befreit.
Verstorben am 31.3.1975.
Lit.: Weiler, 131.

BERNARD, P.GEORG
CSSR
1909 10 12
Karlsbad
Dr.

Befand sich zwei Jahre in Gefängnishaft. Nähere Angaben fehlen.
Lit.: 1.Sudetendeutsche Priester, 48. 2.Klerus in der Vertreibung, 193.

BERNARD, P. JOHANN
CSSR
1900
o.O.
Am 14.12.1941 zu sechs Monaten Gefängnishaft verurteilt. Nähere Angaben fehlen.
Verstorben im Kriege.
Lit.: Sudetendeutsche Priester, 48.

BIOLY, PETER
1879 01 31
Zelec, Bistum Leitmeritz
Pfarrer
Am 18.4.1940 in Zelec verhaftet. Ab 5.12.1941 in Dachau. Invalidentransport 4.5.1942. Keine näheren Angaben.
Lit.: Weiler, 141.

BIRKE, JOHANN
1885
Karlsbrunn
Pfarrer
Dr.
Pfarrer Birke wurde ein Jahr in Gefängnishaft gehalten. Nähere Angaben fehlen.
Verstorben am 11.3.1960.
Lit.: Sudetendeutsche Priester, 46.
Gehört zum Bistum Königgrätz.

BLOCHING, PAUL
1899
Goldenstein
Kaplan
Wurde 1941 acht Monate von der Gestapo in Haft gehalten, danach aus dem Gau ausgewiesen. Nähere Angaben fehlen.
Verstorben nach seiner Ausweisung.
Lit.: Sudetendeutsche Priester, 46.
Gehört zum Erzbistum Olmütz.

BLOECHL, P. FRANZ
SOCIST
1892 12 19
Hohenfurth
Am 17.8.1940 verhaftet. Am 3.11.1941 in das KZ Dachau eingeliefert, wo er am 1.11.1942 starb.
Lit.: 1.Sudetendeutsche Priester, 48. 2.Weiler, 143.
Gehört zum Bistum Budweis.

BOCHNIA, HIERONYMUS
1889 09 29
Podersam
Pfarrer

Am 25.10.1940 wegen Betreuung von polnischen Kriegsgefangenen verhaftet. Einlieferung in das KZ Dachau am 31.1.1941. Entlassen am 4.4.1945.
Verstorben am 16.6.1952.
Lit.: 1.Sudetendeutsche Priester, 45. 2.Weiler, 143.
Gehört zum Bistum Leitmeritz.

BOEHM, WOLFGANG RUDOLF (P. WOLFGANG)
O PRAEM
1914 02 10
Dobrzan / Staab / Tepl, Erzbistum Prag
Kaplan, Anstaltsseelsorger, Pfarrer
Dr.
Zeitweilig Unterrichtsverbot.
Wegen angeblicher Kollekte außerhalb der Kirche, Kontakten mit Kriegsgefangenen und Seelsorge an Euthanasieopfern der Nervenheilanstalt Dobrzan von der Gestapo mehrfach verhört und verwarnt.

BOEHR, JOSEF
1895 08 21
Neudorf bei Pfraumberg, Erzbistum Prag
Pfarrer
Von der Schule wegen Regimegegnerschaft angezeigt und am 7.5.1941 in Neudorf verhaftet.
Ab 27.6.1941 in Dachau. Am 29.4.1945 befreit.
Lit.: Weiler, 144.

BRADLER, WENZEL
1889 11 09
Michelsdorf
Pfarrer
Wegen Verweigerung des Hitlergrußes am 21.5.1941 verhaftet. Am 25.8.1941 in das KZ Dachau eingeliefert. Am 26.4.1945 befreit.
Lit.: 1.Weiler, 149. 2.Sudetendeutsche Priester, 46. 3.Klerus in der Vertreibung, 97.

CHRISTL, ANTON
1886 02 10
Theusing
Pfarrer, Dechant
Eine Vorladung und ein fünfstündiges Verhör durch die Gestapo in Karlsbad; nähere Angaben liegen nicht vor.
Verstorben am 3.4.1947.
Gehört zum Erzbistum Prag.

CHRISTL, P. CHRISTOPH
CSSR
1913 03 12
Karlsbad, Erzbistum Prag
Volksmissionar
Wurde vom 16.5.1941 bis 26.5.1941 wegen einer Predigt von der Gestapo in Schutzhaft gehalten.
Verstorben 8.7.1977.
Lit.: 1.Sudetendeutsche Priester, 48. 2.Klerus in der Vertreibung, 196.

DEML, P. NORBERT
OFM
1909
Eger
Im Mai 1940 verhaftet und wieder freigelassen.
Später Verurteilung zu eineinhalb Jahren Lager-
haft. Am 17.9.1942 im Arbeitslager Pretzsch an
der Elbe verstorben.
Lit.: Sudetendeutsche Priester, 48.

DUERMUTH, JOSEF
1898 01 15
Hirschenstand / Gottesgab
Pfarrer
Wegen Predigtäußerungen, seines Verhaltens
gegenüber der HJ, privater und brieflicher
regimekritischer Bemerkungen am 10.6.1941 Ver-
hör, Haussuchung, Beschlagnahme von Büchern
und Spareinlagen und Verhaftung durch die Gesta-
po. Bis zum 24.11.1941 in Polizeihaft. Im August
1941 Unterrichtsverbot. Am 28.10.1941 durch ein
Sondergericht in Eger zu fünf Jahren und zwei
Monaten Zuchthaushaft verurteilt und, da ar-
beitsfähig, in ein Arbeitslager eingewiesen.
Vom 6.12.1941 bis zum 24.4.1945 im Arbeitslager
Pretzsch an der Elbe (Außenkommando Griebo).
Verstorben am 7.2.1956.
Lit.: Sudetendeutsche Priester, 44.
Gehört zum Erzbistum Prag.

DUSSL, KARL
1909 04 04
Kuschwarda, Bistum Budweis
Pfarradministrator
Im Juli 1940 Anzeige wegen öffentlicher Bekanntgabe des Kirchenaustritts eines SS-Mannes.
1941/1942 vier Monate in Haft wegen angeblicher Verweigerung einer Beerdigung unter Mitführung
von NS-Fahnen.

ENDT, FRANZ XAVER
1891
Oberaltstadt
Pfarrer
Am 9.9.1941 verhaftet und bis zu seinem Tod am
16.3.1944 in Zuchthaushaft gehalten.
Lit.: Sudetendeutsche Priester, 46.
Gehört zum Bistum Königgrätz.

ENZMANN, P. ALBIN VINZENZ
OPRAEM
1902 11 09
Tschihana
Pfarrer
Wurde einige Wochen von der Gestapo in Haft ge-
halten. Nähere Angaben fehlen.
*Lit.: 1.Sudetendeutsche Priester, 48. 2.Klerus
in der Vertreibung, 197.*

ERHARD, PAUL
1912 03 05
o.O., Erzbistum Olmütz
Geistl. Religionslehrer
Wegen angeblich antinationalsozialistischer Bemerkungen im Unterricht 1943 ausgewiesen.
Verstorben am 9.5.1980.

FEYRER, FRIEDRICH
1907 07 06
Neumark, Bistum Budweis
Pfarradministrator
Aufgrund einer Stellungnahme zur Sonntags-
pflicht eine Verwarnung durch die Gestapo.
Im April 1942 wegen Abhörens ausländischer
Sender (Vatikansender) zehn Tage Schutzhaft
und mehrere Verhöre durch die Gestapo.
Außerdem durch das Landgericht Eger zu drei
Jahren Zuchthaus und drei Jahren Ehrverlust
(anschließend) verurteilt. 1942-1945 im
Strafgefangenenlager „Elberegulierung" in
Griebo (Anhalt).
Verstorben am 19.4.1945.
Lit.: RPB IV, 306.

FISCHER VON FELDSEE, P. JOHANNES OTTO
OESA
1908 06 07
Prag
Befand sich von etwa 1940 bis 1943 in Gefäng-
nishaft. Nähere Angaben fehlen.
Verstorben am 17.10.1965.
*Lit.: 1.Sudetendeutsche Priester, 48. 2.Klerus
in der Vertreibung, 199.*

FISCHER, EDUARD
1901 09 16
Falkenau, Erzbistum Prag
Erzdekan
Wegen staatsfeindlicher Begräbnispredigt am
30.9.1943 in Falkenau verhaftet. Nach Haft in
Karlsbad ab 18.12.1943 in Dachau. Am 5.4.1945
entlassen. Am 28.4.1945 in Falkenau an Fleck-
typhus verstorben.
Lit.: Weiler, 230.

FISCHER, P. PIUS
CSSR
1889 09 14
Obermoldau
Pfarrer
Von 1940 bis 1943 drei Anzeigen wegen Heimtük-
ke: Zunächst wegen einer Äußerung im Religi-
onsunterricht, dann wegen Ablehnung des Hitler-
grußes und schließlich wegen einer Predigt.
Mehrfach Geldstrafen, einmal Gefängnisstrafe.
Verstorben am 5.2.1975.

FITZ, FRANZ
1899 10 02
Tschenkowitz / Schlappenz
Administrator / Pfarrer
Eine Verwarnung durch die Polizei.
Ein Verhör durch die Gestapo bezüglich eines
verfolgten Amtsbruders. Eine Schulverbotsan-
drohung durch den Ortsgruppenleiter wegen
seiner Abführung aus der Schule durch die SA.
Verstorben am 1.5.1974.
Lit.: Klerus in der Vertreibung, 99.
Gehört zum Bistum Königgrätz.

FOLGER, ANDREAS
1892 08 13
Weißensulz, Bistum Budweis
Pfarrer, Dechant
Wegen Verstoßes gegen das Sammlungsgesetz am
15.5.1939 und wegen Fernbleibens der Ministranten vom Schulungskurs am Pfingstfest am
13.6.1939 durch den Landrat schriftlich verwarnt und mit Geldstrafe belegt.
Haussuchung am 6.3.1942 durch Gestapo, Beschlagnahme von Radio, Briefschaften; Verhaftung. 14 Tage Schutzhaft. Gerichtliche Ermittlungen durch das Sondergericht Eger wegen
regimekritischer Äußerungen, vermuteten Verbreitens von Auslandssendungen, „römischer
Einstellung". Unterrichtsverbot am 30.3.1942
durch den Regierungspräsidenten von Karlsbad.
Verurteilung am 21.4.1942 zu zwei Jahren Zuchthaus und zwei Jahren Ehrverlust. 17 Monate
Strafe verbüßt in den Arbeitslagern Bayreuth,
Dortmund und Bochum. Am 8.8.1943 auf Gesuch
des Vaters begnadigt. Aufgrund einer Anzeige (er
sei am 15.8.1943 in der Kirche wie ein Märtyrer gefeiert worden) erneut von der Gestapo vorgeladen und verhört (21.8.1943).
Ausweisung aus dem Landkreis Bischofteinitz.
Verstorben am 21.6.1955.
Lit.: Sudetendeutsche Priester, 46.

FORSTER, P. KARL
SJ
1906 03 22
Prag
Dr. rer. nat.
1942 Verbot jeglicher Seelsorgsarbeit durch die
Gestapo. Im Juli 1942 Verfahren vor dem Feld-
kriegsgericht in Prag, im Januar 1943 vor dem
Reichskriegsgericht. Bis Kriegsende in Velehrad
(Mähren) unter Hausarrest gestellt.
*Lit.: 1.Sudetendeutsche Priester, 48. 2.Klerus
in der Vertreibung, 199.*

FRANKE, P. AMBROS FRANZ
OESA
1894 10 28
Prag

Pfarrer / Prior
Wurde 1944 aus dem Reichsprotektorat Böhmen
und Mähren ausgewiesen. Nähere Angaben fehlen.
*Lit.: 1.Sudetendeutsche Priester, 48. 2.Klerus
in der Vertreibung, 199f.*

FRANZE, ROBERT
1910 11 13
Rosendorf, Bistum Leitmeritz
Pfarrer
Kommorant
Wegen Vorantragens des Beerdigungskreuzes Vorladung und Verhör durch den Bürgermeister
und Ortsgruppenleiter. Polizeihaft in Tetschen
vom 21.4.1941 bis 18.8.1941. KZ-Haft in Sachsenhausen vom 18.8.1941 bis 2.2.1942. Dann
nach Dachau überstellt, dort am
4.6.1942 meldepflichtig entlassen. Berichte
über das persönliche Verhalten ergingen monatlich an die Gestapozentrale Reichenberg.
Lit.: Weiler, 236.

FRIEDRICH, JOHANN
1902
Eger
Religionsprofessor
Dr.
Gestapohaft, nähere Angaben fehlen.
Verstorben am 7.11.1961.
Lit.: Sudetendeutsche Priester, 44.
Gehört zum Erzbistum Prag.

FUCHS, VIKTOR
1889 04 15
Bladowitz, Erzbistum Olmütz
Pfarrer
Vorladung und Verhör durch Gestapo Troppau. Zu
300 RM Geldstrafe verurteilt. Nähere Angaben
fehlen.

FUEHRICH, WALTER
1900 12 23
Liboch
Administrator / Pfarrer
1940 wegen Nichtaushängens der Hakenkreuzfahne
ein Verhör durch die Gendarmerie.
Verstorben am 28.1.1977.
Lit.: Klerus in der Vertreibung, 54.
Gehört zum Bistum Leitmeritz.

FUNK, ALOIS
1914
Schönbach
Kaplan
Kaplan Funk befand sich 15 Monate in Gefängnis-
haft. Nähere Angaben fehlen.
Verstorben am 25.12.1942.
Lit.: Sudetendeutsche Priester, 44.
Gehört zum Erzbistum Prag.

GEBERT, ANTON
1885 04 10
Prag
Domkapitular, Rektor (Salvatorkirche)
Dr. theol.
Wegen Vergehens gegen das Heimtückegesetz und
angeblichen Abhörens feindlicher Sender in Prag
verhaftet. Am 6.5.1941 wegen Heimtücke zu einem Jahr Gefängnis verurteilt. Nach Verbüßung
der Strafe in Prag in das KZ Theresienstadt und
von dort am 1.5.1942 nach Dachau überstellt.
Dort am 18.5.1942 verstorben.
Lit.:1.Kempner, 113.2.Weiler, 249.

GEHR, EMIL
1902 11 15
Grünau, Erzbistum Olmütz
Pfarrer
Wegen „falscher Informationen" über KZ-Priester
am 23.2.1942 in Grünau verhaftet. Ab
2.5.1942 in Dachau. Am 26.4.1945 evakuiert.
Lit.: Weiler, 250.

GERLSPECK, SEBASTIAN
1886 01 12
Reichersdorf / Ittling, Bistum Budweis
Pfarrer
Verwarnung durch die Kreisleitung wegen Verweigerung des Hitlergrußes und Kinderspeisung.
1935 Verunglimpfung im Stürmer.

GRASSER, KARL
1913 12 13
Bruck
Kaplan, Gymnasiallehrer
Vom 16.10.1941 bis 22.1.1942 in Gestapohaft we-
gen Heimtücke. Wegen offener Tbc entging er der
Überführung ins KZ. Aufenthaltsverbot für das
Sudetenland und die bayerische Ostmark.
Verstorben am 3.1.1977.
Gehört zum Erzbistum Prag.

GRILLINGER, FRANZ
1913 01 10
Neugebäu
Pfarradministrator
Anzeige wegen Wiederanbringens der Schulkreuze
in den Schulsälen 1941.
Gehört zum Bistum Budweis.

GROEGER, P. RAYMUND ALFRED
OFM CAP
1915 03 26
o.O., Bistum Leitmeritz
Nach acht Wochen Haft Ausweisung aus dem
Bistum. Nähere Angaben liegen nicht vor.

GROHMANN, ANTON
1887
Praskowitz
Pfarrer
Dr.
Pfarrer Grohmann befand sich zehn Monate in Ge-
fängnishaft. Nähere Angaben fehlen.
Verstorben im Jahre 1943.
Lit.: Sudetendeutsche Priester, 45.
Gehört zum Bistum Leitmeritz.

GROLIK, JOHANN
1887
Lauterbach
Pfarrer
Pfarrer Grolik war zwei Jahre in Gefängnishaft.
Nähere Angaben fehlen.
Verstorben am 27.7.1952.
Lit.: Sudetendeutsche Priester, 46.
Gehört zum Bistum Königgrätz.

HACKER, RUDOLF
1895 06 05
Zettlitz, Erzbistum Prag
Pfarrer, Dekan
1939 und 1942 verwarnt. Gerichtliche Ermittlungen durch das Landgericht Eger. Nähere Angaben
fehlen. Amnestiert aufgrund der Gnadenerlasse
vom 9.9.1939 und vom 9.7.1940. Zweimal vorgeladen. Insgesamt siebenmal durch die Gestapo
verhört. Haussuchung mit Beschlagnahme von
privaten Unterlagen. Post- und Telefonüberwachung ab 1940.

HAHN, KARL
1893 01 04
Donawitz
Pfarrer
Im März 1941 zwei Verhöre durch die Gestapo,
des weiteren eine Haussuchung sowie Beschlag-
nahme von Gebetstexten durch die Gestapo.
Verstorben am 23.2.1955.
Gehört zum Erzbistum Prag.

HANREICH, REINHOLD
1911 12 25
Falkenau, Erzbistum Prag
Kaplan
Haussuchung durch die Gestapo. Beschlagnahme von
Filmapparat, Büchern, Filmen. Nähere Angaben
fehlen. Am 5.12.1942 Unterrichtsverbot durch
die Gestapo für das ganze Sudetenland.

HAUNSTEIN, PETER
1905 10 19
Sitzgras, Bistum Brünn
Pfarrer, Dekan
Wegen regimekritischer Predigten am 21.7.1939
verhaftet. Vom 25.11.1939 an im KZ Sachsenhau-

sen, ab 14.12.1940 in Dachau. Am 5.4.1945 entlassen.
Lit.: Weiler, 287.

HEINRICH, WILHELM (P. THEODERICH)
OPRAEM
1878 02 18
Herdingen / Stankowitz / Mariastock
Kaplan / Administrator / Pfarrer
Überwachung von Post und Predigt.
Wegen Ordenszugehörigkeit acht Monate Unterrichtsverbot durch die Schulbehörde. 1942/1943 ein Verhör durch die Gestapo wegen Ordenszugehörigkeit.
Verstorben am 2.5.1961.
Gehört zum Erzbistum Prag.

HEISINGER, JOSEF
1913 11 14
Bad Königswarth
Kaplan
Vom 11.10.1940 bis zum 15.4.1941 in Haft, nähere Angaben fehlen.
Verstorben am 20.3.1968.
Lit.: 1.Sudetendeutsche Priester, 44. 2.Klerus in der Vertreibung, 25.
Gehört zum Erzbistum Prag.

HENKES, P. RICHARD
SAC
1900 05 26
Strandorf, Erzbistum Olmütz
Pfarrer
Wegen Predigten am 8.4.1943 in Strandorf verhaftet. Ab 10.7.1943 im KZ Dachau, dort am 22.2.1945 an Flecktyphus verstorben.
Es gelang, die Urne mit seinen sterblichen Überresten aus dem Lager herauszubringen.
Die Beisetzung erfolgte im Juni 1945 in Limburg.
Lit.: Weiler, 290.

HERKNER, JOSEF
1909 08 16
Reichen / Rannay, Bistum Leitmeritz
Pfarradministrator
Am Karfreitag 1940 polizeiliches Verhör wegen einer Grabrede.
1942 Schulverbot.
1944 Gestapoverhör wegen Beichtaushilfe beim Wehrmachtspfarrer.
Ständige Überwachung des Religionsunterrichtes.

HOEFFERT, JOHANN
1883 10 28
Budweis
Pfarrer
Zunächst in das KZ Mauthausen eingeliefert, vom 29.8.1940 bis 20.11.1940 im KZ Dachau, am 24.11.1940 im KZ Sachsenhausen verstorben.

Lit.: 1.Weiler, 298. 2.Sudetendeutsche Priester, 46.

HOENNL, JOHANN
1899 04 15
Pfraumberg
Pfarrer
Wiederholt Vorladungen bei der Gestapo.
Wegen Verstoßes gegen das Sammlungsgesetz am 21.10.1941 durch ein Sondergericht in Eger zu sechs Monaten Gefängnishaft verurteilt.
Lit.: 1.Sudetendeutsche Priester, 44. 2.Klerus in der Vertreibung, 25.
Gehört zum Erzbistum Prag.

HOLLICK, ANTON
1889 08 10
Hirschenstand
Pfarrer
Von 1939 bis 1945 Predigtüberwachung.
1942 aufgrund politischer Unzuverlässigkeit eine Vorladung durch den Bürgermeister.
1943 Androhung des Christenlehreverbots durch den Bürgermeister im Auftrag der Gestapo.
1944 ein Verhör wegen angeblicher Nichtausstellung von Urkunden.
Verstorben am 31.5.1974.
Lit.: Klerus in der Vertreibung, 26.
Gehört zum Bistum Budweis.

HOPP, RICHARD
1884 03 09
Falkenau
Erzdechant
Im Februar 1941 von der Gestapo verhaftet und bis Juli 1943 in Haft gehalten. Während der Haft Erzwingung des Rücktrittes von seiner Stelle in Falkenau.
Verstorben am 7.2.1966.
Lit.: 1.Sudetendeutsche Priester, 44. 2.Klerus in der Vertreibung, 26.
Gehört zum Erzbistum Prag.

HORNY, RICHARD (P. WALTER)
OT
1903 05 18
o.O., Erzbistum Olmütz
Kaplan
Wegen Verstoßes gegen das Heimtückegesetz am 12.4.1941 von der Gestapo in Haft genommen. Vom 23.6. bis 28.6.1941 in Schutzhaft im KZ Dachau. Am 4.7.1941 wegen Heimtücke vom Sondergericht zu drei Jahren Gefängnis verurteilt. Unterrichtsverbot am 16.8.1941 vom Regierungspräsidenten verhängt. Wehrunwürdigkeitserklärung durch den Wehrbezirkskommandeur vom 12.11.1941. Nach Haftverbüßung am 31.5.1944 erneuter Schutzhaftbefehl. Ab dem 16.11.1944 wiederum im KZ Dachau inhaftiert. Dort am

4.5.1945 entlassen.
Lit.: Weiler, 303.

HOUSCHKA, WENZEL
1889 08 27
Tweras
Pfarrer
Dr. theol.
Wegen Verstoßes gegen die Feiertagsverordnung
ein Verhör durch die Polizei, Verurteilung zu
100 RM Geldstrafe und Schulverbot. Vom 13. bis
23.12.1941 durch die Gestapo ohne Begründung
in Schutzhaft genommen. Des weiteren ein Verhör
durch die Polizei aufgrund seelsorglichen Einsatzes und eines Verstoßes gegen das Sammlungsgesetz.
Verstorben am 29.11.1955.
Lit.: Sudetendeutsche Priester, 46.
Gehört zum Bistum Budweis.

HUBERT, RUDOLF
1896 06 24
Kriegern, Bistum Leitmeritz
Pfarrer
Am 12.5.1944 wegen Schulunterricht, Predigt und
privater Äußerungen verhaftet. Nach Gefängnis
Karlsbad am 2.6.1944 nach Dachau gebracht.
Beim Evakuierungsmarsch am 26.4.1945 befreit.
Lit.: Weiler, 304.

HUEBL, JOHANN
1891 07 17
Neurohlau, Erzbistum Prag
Pfarrer
Mehrere Verhöre und Verwarnungen.
Ab 1.2.1942 Schulverbot.
3000 RM Sicherungsgeld, nicht mehr zurückerhal-
ten.
Verstorben am 27.2.1958.

HUETTL, JOSEF
1908 03 01
Bischofteinitz, Bistum Budweis
Erzdechant
Dr.
Am 1.6.1940 Verwarnung durch die Gestapo. Am
19.3.1943 Festnahme wegen Sabotage von Gestapo-
verfügungen, Haft im Gestapo-Gefängnis Karlsbad, ab 9.7.1943 im KZ Dachau, dort am 6.4.
1945 entlassen. Nach der Rückkehr aus dem KZ
aus fünf Gauen verwiesen.
Lit.: 1.RPB IV, XLIV. 2.Weiler, 305.

JAKISCH, P. LAMBERT
OSB
1884
Märzdorf
Pfarrer
Wurde 16 Wochen in Gestapohaft gehalten, an de-

ren Folgen er verstarb. Nähere Angaben fehlen.
Lit.: Sudetendeutsche Priester, 48.

JAKSCH, P. TEZELIN JOSEF
SOCIST
1885
Hohenfurth
Abt
Befand sich in Krummau in Gefängnishaft.
Nähere Angaben fehlen.
Verstorben am 23.5.1954.
Lit.: Sudetendeutsche Priester, 48.

JANKA, P.JOSEF
OCR
1893 03 06
Elbogen
Dechant
1941 bei der Gestapo in Karlsbad in Haft.
Nähere Angaben fehlen.
*Lit.: 1.Sudetendeutsche Priester, 48. 2.Klerus
in der Vertreibung, 26.*

JUENKERSFELD, P. JOSEF
SVD
1914 06 12
Muttersdorf, Diözese Leitmeritz
Pfarrvikar
Aufgrund eines Vergehens gegen das Heimtückegesetz durch die Gestapo vom 16.11.1942 bis
zum 31.8.1943 in Haft gehalten. Am 31.8.1943
durch das Sondergericht Eger freigesprochen.
Außerdem eine Verwarnung und Einzug von Sicherungsgeld durch die Gestapo.

KAASCH, ADALBERT (P. OTTO)
OSB
1906 04 20
Braunau (Abtei), Bistum Königgrätz
Zeremoniar
Sieben Wochen in Schutzhaft gehalten, dann
freigelassen (1939). Nähere Angaben fehlen.

KEYLWERT, GUSTAV
1906 06 01
o.O., Bistum Leitmeritz
Geistl. Gymnasialprofessor
Dr. theol.
Wegen Predigtzyklus gegen die Ideologie des
Nationalsozialismus im Februar 1939 durch den
NSDAP-Ortsgruppenleiter verwarnt. Androhung von
Predigtverbot.

KINZEL, RUDOLF (P. VIRGIL)
OSB
1910 10 01
Braunau, Bistum Königgrätz
Religionsprofessor
Herbst 1941 Verhör durch Gestapo Reichenberg

wegen Artikels in dem von ihm herausgegebenen Kirchenblatt. Verwarnung. Im Juni 1942 Haussuchung durch Gestapo wegen Beteiligung Jugendlicher an Fronleichnamsprozession. Im September 1942 Verhör durch Gestapo Trautenau wegen bei der Haussuchung gefundener Vervielfältigungen von Hirtenbriefen.

KLIMA, LEOPOLD
1882 11 10
Bischofteinitz, Bistum Budweis
Pfarrer, Archidiakon
Als Erzdechant von Bischofteinitz am 18.6.1941 wegen seines großen Einflusses auf die katholische Bevölkerung seines Dekanates verhaftet und in das Gestapogefängnis Karlsbad gebracht. Gefängnishaft in Karlsbad, Eger, Hof, Nürnberg. Am 29.8.1941 ins KZ Dachau eingeliefert. Dort am 28.2.1942 entlassen. Außerdem aus Bischofteinitz und dem Sudetenland ausgewiesen.
Verstorben am 18.5.1955.
Lit.: 1.Weiler, 346, 818-832. 2.RPB IV, XLIV. 3.Sudetendeutsche Priester, 46.

KLINGER, FERDINAND
1910 05 30
Habstein
Pfarrer
Am 7.8.1942 wegen Verstoßes gegen das Heimtückegesetz durch die Gestapo verhaftet und zu fünf Monaten Gefängnishaft verurteilt.
Lit.: 1.Sudetendeutsche Priester, 45. 2.Klerus in der Vertreibung, 63.
Gehört zum Bistum Leitmeritz.

KLUGER, P. HERIBERT EDUARD
OT
1881 07 27
Freudenthal, Erzbistum Olmütz
Geistl. Professor
In Freudenthal verhaftet. Ab 6.1.1945 im KZ Dachau. Am 18.1.1945 in Dachau gestorben. Nähere Angaben fehlen.
Lit.: Weiler, 349.

KNARR, JOHANN
1891 05 10
Bischofteinitz, Bistum Budweis
Vikariatssekretär
Am 17.6.1941 kurzfristige Festnahme und Haussuchung durch die Gestapo. Vom 18. bis 27.6.1942 Untersuchungshaft, weil ihm ein Mitbruder Nachrichten ausländischer Sender mitgeteilt hatte.
Am 9.11.1942 Verwarnung durch die Kreisleitung wegen Heldenehrung.

KOCHOLATY, NORBERT
1908 03 25
Kaaden, Bistum Leitmeritz
Religionsprofessor
Dr.
Im Herbst 1940 Verhör bei der Gestapo und Haussuchung mit Beschlagnahme von Predigtbüchern und anderen Schriften.
Am 19.12.1940 Entlassung aus dem Staatsdienst.

KOECHLING, ANTON
1878 03 10
Birkenhammer, Erzbistum Prag
Geistl. Studienrat, Kommorant
Leiter der Lehranstalt Duppau. Wegen Beibehaltung der katholischen Lebensweise als Studienrat nach Karlsbad zwangsversetzt. Vorladung und Verhör durch die Schulbehörde in Karlsbad. Unterrichtsverbot für „weltliche" Fächer.

KOHL, JOHANN
1885 02 23
Gießhübl
Anstaltspfarrer
Mehrere Haussuchungen mit Beschlagnahme von Predigtbüchern und anderem Schriftmaterial.
Verstorben am 14.11.1954.
Gehört zum Erzbistum Prag.

KOMMA, JOSEF
1913 03 15
Petrovice / Neudeck
Kaplan
Aufgrund angeblicher Wehrkraftzersetzung Überwachung (Person und Post) durch einen Offizier, außerdem Zelebrationsverbot.
Lit.: Klerus in der Vertreibung, 28f.
Gehört zum Erzbistum Prag.

KORNHERR, FRANZ
1914 04 13
Irritz, Bistum Budweis
Aushilfspriester
1941 wegen feierlichen Gottesdienstes an Christi Himmelfahrt am folgenden Tag vorgeladen und durch zwei Gendarmen verhört. Am 27.8.1941 Verhör durch einen Gestapobeamten.

KOSTRON, JOHANN
1912 01 27
Müglitz, Erzbistum Olmütz
Pfarrvikar
Am 14.2.1942 von der Gestapo wegen Jugenderziehung verwarnt.
Am 6.6.1942 durch die Gestapo Mährisch-Schönberg in Müglitz verhaftet. Schutzhaftbefehl wegen Predigt und Schwächung der „inneren Front". Ab 10.7.1942 KZ Dachau. Am 6.4.1945 entlassen.
Lit.: Weiler, 363.

KRAMPE, HEINRICH
1903 10 23
Haidl, Bistum Budweis
Pfarrvikar
Im März 1940 Anzeige wegen Nichtbeflaggung
von Kirche und Pfarrhaus am Heldengedenktag.
Verstorben am 17.1.1978.
Gehört zum Bistum Budweis.

KREYSA, GEROLD
1914 05 11
Zwickau, Bistum Leitmeritz
Kaplan
Wegen Führerbeleidigung vom 5.6.1941 bis
16.4.1942 in Böhmisch Leipa und Reichenberg
inhaftiert.

KUEHNEL, FRANZ
1902 04 22
Heinersdorf / Neustadt
Pfarrer
Anfang Juli 1939 wegen des aufgelösten
Kinderheimes eine Vorladung und Androhung von
KZ-Haft durch den Bürgermeister. Am 9.7.1939
eine mündliche Beanstandung wegen Nichtgrüßens einer SS-Abteilung. Nach einer Anzeige vom 12.5.1940 bis März 1941 Predigtüberwachung durch die Polizei. Post- und Telefonüberwachung ab 1941. Im Juni 1941 wegen der
Erstkommunionfeier Schwierigkeiten mit der Polizei, Androhung schärfster Maßnahmen wegen
der Taufe eines Polenkindes. Im September 1941
Aufgrund angeblicher Ausübung von Zwang zum
Besuch des Religionsunterrichtes eine Anzeige
durch die NSDAP bei der Polizei. Wegen Korrektur
antikirchlicher Äußerungen der Lehrer im Unterricht im Oktober 1941 eine Vorladung vor den
Kreisschulrat und eine Verwarnung mit Androhung
von KZ-Haft durch die Gestapo. Im Dezember 1941
aufgrund politischer Unzuverlässigkeit verweigerte der Ortsgruppenleiter eine Bescheinigung.
Mehrere Anzeigen seitens der Schulleitung
wegen Abhaltung der Ministranten vom HJ-Dienst.
Eine Verwarnung durch die Kreiskanzlei Friedland
im August 1942 bezüglich des Ariernachweises.
Durch den Schulrat Verweigerung der Unterrichtserlaubnis von April bis Mitte Juni 1944.
Verstorben am 22.9.1969.
Lit.: Klerus in der Vertreibung, 66.
Gehört zum Bistum Leitmeritz.

KUEHNEL, HEINRICH
1881 06 03
Podersam, Bistum Leitmeritz
Katechet
Denunziert, am 14.10.1942 in Podersam verhaf-
tet und durch Sondergericht wegen angeblicher

regimekritischer Äußerungen zu 15 Monaten Haft
verurteilt. Nach 19 Monaten in Gefängnissen Karlsbad
und Landsberg ab 12.5.1944 in Dachau. Am 6.4.1945
entlassen.
Verstorben am 14.7.1946.
Lit.: 1.Weiler, 388. 2.Sudetendeutsche Priester,
45.

KUSIN, P. EBERHARD
OFMCAP
1915 03 04
Prag
Wurde am 1.1.1939 aus Wien ausgewiesen, weil er
sich weigerte, die Reichsangehörigkeit anzunehmen. Erhielt am 1.5.1940 Aufenthaltsverbot für
das Reich.
Wegen Seelsorge unter den Deutschen in Prag am
28.8.1943 verhaftet. Nach Internierung am
8.1.1944 in das KZ Dachau eingeliefert.
Am 29.4.1945 aus dem KZ befreit.
Lit.: 1.Sudetendeutsche Priester, 48. 2.Weiler,
391.

LANGHANS, ALOIS
1902 05 08
Kaaden, Bistum Leitmeritz
Pfarrvikar
Wegen Regimekritik im November 1938 durch
Gestapo Kaaden verwarnt. Wegen Predigten
Haussuchung mit Beschlagnahme des Rundfunkappa-
rates am 17.10.1940 und Vorladung mit Verhör
durch Gestapo Karlsbad in Kaaden. Predigtverbot,
Unterrichtsverbot und Aufenthaltsbeschränkung
auf Kaaden.
Am 19.10.1940 verhaftet. Ab 13.12.1940 im KZ
Dachau. Am 6.4.1945 entlassen.
Lit.: Weiler, 399.

LAUBER, ROBERT
1906 04 22
Nürschau, Erzbistum Prag
Dr.
Am 17.6.1941 in Nürschau verhaftet. Ab
8.8.1941 im KZ Dachau.
Dort am 19.12.1942 verstorben.
Lit.: Weiler, 403.

LEINER, P. PAULUS JOSEF
OPRAEM
1894 10 16
Stift Tepl, Witschin
Pfarradministrator
Wurde von Ende Juni 1942 bis Ende August 1942
von der Gestapo Karlsbad in Untersuchungshaft
gehalten, danach aus dem Sudetengau ausgewiesen.
Verstorben am 28.9.1964.
Lit.: 1.Sudetendeutsche Priester, 48. 2.Klerus
in der Vertreibung, 212.

LEITELT, RAINER
1912 09 13
Postelberg, Bistum Leitmeritz
Kaplan
Dr. theol.
Eine Vorladung durch die Polizei wegen Vertriebs religiöser Schriften.
Durch die Gestapo Karlsbad eine Haussuchung mit Beschlagnahme von Filmmaterial.
Aufgrund von Verbreitung ausländischer Rundfunknachrichten, Vergehens gegen das Heimtückegesetz, Judentaufe sowie staatsfeindlicher Tätigkeit in der Schule und auf der Kanzel Schutzhaft durch die Gestapo vom 16.6. bis zum 30.10.1941. Am 30.10.1941 ein Gerichtsverfahren, am 10.12.1941 durch ein Sondergericht zu je sechs Jahren Zuchthaus und Ehrverlust verurteilt.
Am 14.4.1945 durch amerikanische Truppen aus dem Zuchthaus Bayreuth befreit.
Lit.: 1.Sudetendeutsche Priester, 45. 2.Klerus in der Vertreibung, 69. 3.Schwaiger/Mai, 120.

LENZ, FRANZ
1883 10 14
Sandau, Erzbistum Prag
Pfarrer, Dekan
Zwischen 1940 und 1943 dreimal im Pfarrhaus verhört. Durch die Gestapo außerdem zweimal vorgeladen und verhört. Beanstandungen durch den Kreisleiter und den Gauleiter. Haussuchung und Beschlagnahme von Unterlagen des Seelsorgeamtes. Androhung der Ausweisung aus der Pfarrei mit zwangsweiser Versetzung. Öffentliche Anschuldigungen des Kreisleiters von Marienbad anläßlich seiner Amtstage sowie in Lokalzeitungen. Nähere Angaben fehlen. Unterrichtsverbot für den gesamten Kreis von 1940 an durch den Regierungspräsidenten. Wegen verbotenen Religionsunterrichts am 1.9.1943 in Sandau verhaftet und ins Gefängnis Karlsbad eingewiesen. Ab 1.1.1944 im KZ Dachau. Am 6.4.1945 entlassen.
Lit.: Weiler, 408.

LINHART, ERICH
1914 05 23
Röchlitz, Bistum Königgrätz
Kaplan
Wegen Äußerungen gegen den Krieg am 23.5.1941 in Röchlitz verhaftet. Nach Gefängnishaft in Hohenelbe und Trautenau ab 29.8.1941 in Dachau. Am 6.4.1945 entlassen.
Lit.: Weiler, 413

LOHNER, P. ERNST
CSSP
1901 11 29
Blissora / Trebnitz, Bistum Budweis

Wegen angeblichen Hörens eines verbotenen Senders am 21.4.1942 durch das Sondergericht Eger zu vier Jahren Zuchthaus und fünf Jahren Ehrverlust verurteilt. Am 29.2.1944 unter ungeklärten Umständen im Gefängnis Bayreuth verstorben.
Lit.: Kempner, 238 f.

LUDWIG, HEINRICH
1883
Petersdorf
Pfarrer
Pfarrer Ludwig wurde aus dem Gau ausgewiesen. Nähere Angaben fehlen.
Verstorben am 17.9.1958.
Lit.: Sudetendeutsche Priester, 46.
Gehört zum Erzbistum Olmütz.

MAGERL, MICHAEL
1879
Eger
Katechet, Direktor des „Pressvereins Egerland"
Mehrmals in Gestapohaft, nähere Angaben fehlen.
Verstorben am 28.1.1945.
Lit.: Sudetendeutsche Priester, 44.
Gehört zum Erzbistum Prag.

MAIER, P. ALOIS
SJ
1895 03 18
Prag
Spiritual
Dr. theol.
Wurde 1941 durch die Gestapo ausgewiesen. Nähere Angaben fehlen.
Lit.: 1.Sudetendeutsche Priester, 48. 2.Klerus in der Vertreibung, 71.

MALZER, P. ANDREAS
SJ
1889 04 05
Neugramatin
Wurde 1944 in Gestapo- und Zuchthaushaft genommen, anschließend aus dem Gau ausgewiesen. Nähere Angaben fehlen.
Verstorben am 10.5.1967.
Lit.: 1.Sudetendeutsche Priester, 48. 2.Klerus in der Vertreibung, 214.

MANDUTZ, ANTON
1901
Trebendorf
Pfarrer
Gefängnishaft, nähere Angaben fehlen.
Verstorben im Juni 1942 im Gefängnis.
Lit.: Sudetendeutsche Priester, 44.
Gehört zum Erzbistum Prag.

MANGOLD, KARL (P. PETRUS)
OFM
1889 01 31
Mährisch Trübau, Erzbistum Olmütz
Wegen Regimekritik am 29.3.1941 in Trübau ver-
haftet. Ab 6.6.1941 in Dachau. Am 18.7.1942
dort verstorben.
Lit.: Weiler, 433.

MAREK, FRANZ
1881 03 13
Welperschmitz
Pfarrer
Aufgrund eines seelsorglichen Gesprächs mit einer
NS-Lehrerin Vorladung, Verhör, Haussuchung,
Beschlagnahme von Schriften sowie eine Verwar-
nung durch die Gestapo.
Verstorben am 1.10.1958.
Gehört zum Erzbistum Prag.

MAREK, GEORG
1877 02 08
Udritsch
Pfarrer
Aufgrund von Predigtäußerungen eine Anzeige
durch den Kreisleiter bei der Gestapo; wegen
seines Alters wurde der Pfarrer nicht inhaf-
tiert.
Verstorben am 29.11.1953.
Gehört zum Erzbistum Prag.

MARPE, HEINRICH
1904 09 11
Gutwasser, Bistum Budweis
Pfarrer
Im November 1943 Festnahme durch die Gestapo we-
gen wehrkraftzersetzender Äußerungen. Einstel-
lung des Verfahrens durch Sondergericht im Mai
1944.
Verstorben am 2.7.1971.
Lit.: RPB IV, 325.
Gehört zum Bistum Münster.

MARTZ, ALFONS MICHAEL
1890 03 22
Kreuzburg / Deutsch-Liebau, Erzbistum Olmütz
Geistl. Studienassessor
1938 wegen Predigt nach Sagan strafversetzt.
1939 wegen Verweigerung der Beförderung als
Geistlicher ausgeschieden. Ab 1941 Unterrichtsverbot.

MAYER, P. EGBERT
OFM
1905
Eger
Wurde zu sechs Jahren Gefängnishaft verurteilt.
Von Amerikanern aus der Haft befreit. Nähere
Angaben fehlen.

Verstorben im Jahre 1946.
Lit.: Sudetendeutsche Priester, 48.

MAYERL, ALOIS
1893
Bad Königswarth
Dechant
Dechant Mayerl wurde sechs Jahre in Gefängnis-
haft gehalten. Nähere Angaben fehlen.
Verstorben im Jahre 1955.
Lit.: Sudetendeutsche Priester, 44.
Gehört zum Erzbistum Prag.

MEISETSCHLAEGER, JOSEF
1914 01 17
Wenzelsberg, Bistum Budweis
Aushilfspriester
Wegen Predigt Vorladung vor Kreisparteigericht.
Verhängung von 200 RM Geldstrafe. Androhung
verschiedener Maßnahmen (Redeverbot, Unter-
richtsverbot, KZ).

MELZER, LUDWIG
1894 11 04
Reinowitz, Bistum Leitmeritz
Pfarrer
Wegen Feldpost und Seelsorge Vorladung durch die
Gestapo und Beschlagnahme der Feldpostadressen.
Post- und Telefonüberwachung.
Amtliche Verwarnung. Wegen Verkaufs von religi-
ösen Schriften und Haltens von zwei Gottesdien-
sten an Fronleichnam mit Geldbuße belegt.
Zweimal Beanstandung und Vorladung durch den
NSDAP-Ortsgruppenleiter wegen Tätigkeit in re-
ligiösen Vereinen. Auflösung der Vereine.
Verstorben am 27.3.1977.

MILLER, P. HRABAN HUBERT
OSB
1907 01 04
Prag / Brevnov
Subprior
Wegen Wehrkraftzersetzung vom 15.5. bis 1.9.1942
in Gestapo- und Militärhaft.
*Lit.: 1.Sudetendeutsche Priester, 48. 2.Klerus
in der Vertreibung, 216.*

MITNACHT, P. ALFONS
OESA
1894 09 01
Prag
Konviktsrektor, Volksmissionar, Journalist
Wurde im Oktober 1941 von der Gestapo verhaftet,
ausgewiesen und in Zwangsaufenthalt nach
Münnerstadt gebracht.
*Lit.: 1.Sudetendeutsche Priester, 48. 2.Klerus
in der Vertreibung, 216.*
Gehört zum Erzbistum Prag.

MONTAG, P. KARL JOSEF
OMI
1885 05 31
Frischau
Pfarrer, Volksmissionar
Wurde vom 25.8. bis 7.11.1941 durch die Gestapo
Znaim in Haft gehalten. Nähere Angaben fehlen.
*Lit.: 1.Sudetendeutsche Priester, 48. 2.Klerus
in der Vertreibung, 218.*

MUELLER, FRANZ
1897 01 14
Wigstadtl, Erzbistum Olmütz
Pfarrer
Wegen „Feindseligkeit" gegen Volk und Staat am
3.7.1941 in Wigstadtl verhaftet. Ab 8.11.1941
in Dachau. Am 9.4.1945 entlassen.
Lit.: Weiler, 469.

MUELLER, JOSEF
1909 11 24
Plan, Erzbistum Prag
Kaplan
Von November 1941 bis Mai 1943 Schutzhaft
wegen Verstoßes gegen den Kanzelparagraphen.
Schließlich für haftunfähig erklärt und ent-
lassen. Schulverbot.

NATHER, RUDOLF
1912 04 03
Hennersdorf / Wigstadtl
Kaplan / Pfarrprovisor
Wegen einer Schulentlassungsfeier 1940 ein Ver-
hör durch die Gestapo. Ein Verhör durch die
Polizei wegen Kritik an der NSDAP. 1941 wegen
antinationalsozialistischer Erziehung in der
Schule eine Verwarnung durch den Kreisschul-
rat. 1942 wegen politischer Unzuverlässigkeit
Unterrichtsverbot durch die Schulbehörde.
Aufgrund von Predigtäußerungen zwei Vorla-
dungen durch die Polizei.
Lit.: Klerus in der Vertreibung, 149.
Gehört zum Erzbistum Olmütz.

NEDBALEK, JOHANN
1888
Kathrein
Pfarrer
Wurde am 26.7.1943 verhaftet. Nähere Angaben
fehlen.
Lit.: Sudetendeutsche Priester, 46.
Gehört zum Erzbistum Olmütz.

NOPPES, JOSEF
1908 12 24
Habicht, Bistum Olmütz
Pfarrer
Pfarrer Noppes wurde wegen einer Predigt über
eine zwangsweise Ziviltrauung im Februar 1939

in der Pfarrkirche in Habicht angezeigt.
Daraufhin Schutzhaft durch die Gestapo und
am 22.3.1939 Ausweisung aus dem
Sudetenland.

NOWOTNY, STEPHAN
1883 12 12
Rapotin, Erzbistum Olmütz
Pfarrer
Nach längerer Haft in Rapotin ab 16.11.1944
in Dachau.
Beim Evakuierungsmarsch am 26.4.1945 befreit.
Verstorben am 7.5.1950 an Folgen der KZ-Haft.
*Lit.: 1.Weiler, 489. 2.Sudetendeutsche Priester,
47.*

OLLISCHER, FRANZ
1915
Feldsberg
Kaplan
Wurde vom 18.10. bis 2.11.1938 von der Gestapo
Nikolsburg in Untersuchungshaft gehalten.
Des weiteren zwei Vorladungen zur Gestapo Lun-
denburg.
*Lit.: 1.Sudetendeutsche Priester, 47. 2.Klerus
in der Vertreibung, 173.*
Gehört zum Bistum Brünn.

OPPERMANN, FRANZ
1902 12 11
Luditz, Erzbistum Prag
Pfarrer
Wegen Kritik am Parteiball zur Neujahrsnacht
1939 Androhung von Haft durch die NSDAP. Wegen
Äußerungen gegen die Partei im Juli 1943 vor-
geladen, verhört und amtlich verwarnt.
Versuch der Enteignung des zum Pfarrhaus gehö-
renden landwirtschaftlichen Betriebs durch den
Bauernführer.

OTT, JOHANN
o.D.
Eger, Erzbistum Prag
Erzdechant
Dr.
Erzdechant Ott wurde wegen angeblicher Sittlich-
keitsvergehen verhaftet und am 16.9.1943 vom
Sondergericht Eger zum Tode verurteilt. Am 28.9.
1943 wurde er hingerichtet.
Lit.: Kempner, 319 f.

OTZIPKA, ALOIS
1904 09 24
Schildberg
Pfarrer
Wegen regimekritischer Predigtäußerungen und
Jugendseelsorge am 2.7.1941 verhaftet.
Am 25.9.1941 in das KZ Dachau einge-
liefert. Am 9.4.1945 aus der KZ-Haft entlassen.

Verstorben am 5.5.1967.
Lit.: 1.Sudetendeutsche Priester, 47. 2.Weiler, 498.
Gehört zum Erzbistum Olmütz.

PEICHL, HEINRICH
1893 07 04
Karlsberg
Pfarrer
Wurde vom 20.2.1939 bis zum 10.5.1939 von der Gestapo in Haft gehalten.
Lit.: 1.Sudetendeutsche Priester, 47. 2.Klerus in der Vertreibung, 150.
Gehört zum Erzbistum Olmütz.

PICHL, JOSEF
1907 06 12
Pirkenhammer, Erzbistum Prag
Pfarrer
Wegen Hörens des Vatikansenders am 18.12.1940 in Pirkenhammer verhaftet und ins Gefängnis Karlsbad gebracht. Am 12.3.1941 in Eger zu eineinhalb Jahren Haft verurteilt. Nach Verbüßung der Strafe in Esterwegen und in den Arbeitslagern Trier und Köln am 26.10.1942 entlassen. Von der Gestapo erneut verhaftet und am 18.12. 1942 nach Dachau gebracht. Am 9.4.1945 entlassen.
Lit.: Weiler, 518.

PLAIL, FRANZ
1900 01 06
Uittwa, Erzbistum Prag
Pfarrer
Am 10.10.1941 in Uittwa verhaftet. Ab 5.12.1941 in Dachau. Am 28.5.1942 überstellt und entlassen.
Lit.: Weiler, 525.

PLEIER, GEORG
1905 09 11
Groß-Sichdichfür
Vikar
Wegen Abhaltung von Kirchenandachten und von Meßdienerausflügen sowie wegen Hörens von Auslandssendern von 1942 bis 1945 von der Gestapo in Schutzhaft gehalten.
Lit.: 1.Sudetendeutsche Priester, 44. 2.Klerus in der Vertreibung, 34.

POMPE, EMIL
1888 01 29
Friedland, Bistum Leitmeritz
Kaplan
Beanstandungen durch den Landrat wegen Predigt, durch den Schulrat wegen des Unterrichts.
Nähere Angaben liegen nicht vor.

PORUBSKY, JOHANN
1906 09 22
Seitendorf
Pfarrer
Wegen einer Kirchenreparatur ohne Genehmigung und wegen Defätismus am 19.1.1943 verhaftet. Am 1.5.1944 in das KZ Dachau eingeliefert. Am 26.4.1945 auf dem Evakuierungsmarsch befreit.
Lit.: 1.Sudetendeutsche Priester, 47. 2.Weiler, 535.
Gehört zum Erzbistum Olmütz.

PRIESCHL, KARL
1910 08 15
Hermannseifen / Pleiskirchen / Gutwasser
Kooperator / Pfarrverwalter
1940 zwei Haussuchungen mit Beschlagnahme von Schriften.
1941 Schulverbot und Ausweisung aus mehreren Gauen.
1941 15 Monate in Haft wegen Heimtücke.
Verstorben am 20.3.1964.
Gehört zum Bistum Budweis.

PROCHASKA, P. EMMERICH KARL OPRAEM
1891 06 14
Einsiedel
Pfarrer
War ständigen Diskriminierungen durch NS-Organe ausgesetzt. Erhielt 1941 Schulverbot ohne Bekanntgabe der Gründe. Wurde im Juli 1942 für drei Wochen in Gestapohaft in Karlsbad gehalten.
Verstorben am 23.8.1965.
Lit.: 1.Sudetendeutsche Priester, 49. 2.Klerus in der Vertreibung, 223.

PROKOP, KARL (P. DOMINIK)
OSB
1890 08 06
Braunau (Abtei), Bistum Königgrätz
Abt
Dr.
Verhöre 1942 und 1945. Verhängung eines Bußgeldes.

PYKA, DOMINIK
1884 08 02
Wegstädtl, Bistum Leitmeritz
Dekan
Vorladung und Verhör durch Gestapo in Böhmisch-Leipa. Nähere Angaben fehlen.
Am 1.9.1939 wegen Regimekritik Verhör und Verwarnung durch den Ortsgruppenleiter.
Am 1.9.1941 aus politischen Gründen Unterrichtsverbot durch den Landesschulrat.

QUARTIER, FRANZ (P. FRANZISKUS MARIA)
SCJ
1907 07 29
Seltsch, Bistum Leitmeritz
Spiritualadministrator
1941 wegen Verteilung von Predigten Bischof
Galens in Schutzhaft genommen. Bis 1942 in
Karlsbad inhaftiert. Danach Ausweisung aus dem
Sudetenland.
Verstorben vor 1944.
Lit.: Sudetendeutsche Priester 45.

REIMANN, P. AUGUSTIN
CSSR
1899 10 13
Karlsbad, Erzbistum Prag
Volksmissionar, Vizeprovinzial
Dr.
Am 5.11.1940 verwarnt.
Vom 27.7. bis 16.8.1942 in Polizeihaft.
Untersuchungshaft in Karlsbad und Eger
vom 17.8.1942 bis 26.3.1943. Am 26.3.1943 vom
Sondergericht Eger zu 15 Monaten Haft verur-
teilt. Nach Verbüßung der Strafe in Eger
weitere Haft vom 25.7.1943 bis zum 1.9.1943.
Außerdem Verhängung eines Predigtverbots.
Verstorben am 15.1.1970.

REINELT, FRIEDRICH
1895 03 26
Katechet
Karlsbad-Fischern
Am 10.11.1938 wegen angeblichen Devisenver-
gehens eine Vorladung vor die Devisenstelle,
dort ein Verhör durch zwei SS-Beamte, die
Angelegenheit blieb ohne weitere Folgen.
Am 11.2.1943 eine Vorladung durch die Gestapo
Karlsbad aufgrund einer Haushaltskarte zum be-
vorzugten Einkauf, das Wirtschaftsamt wurde
zur Abnahme der Karte gezwungen.
Verstorben am 13.12.1970.
Lit.: Klerus in der Vertreibung, 35.
Gehört zum Erzbistum Prag.

REISSMUELLER, P. ATHANASIUS RICHARD
OSB
1913 12 12
Prag
Kooperator, Administrator
Wegen Wehrkraftzersetzung vom 15.5. bis
28.8.1942 von der Gestapo inhaftiert. Im Januar
1943 vom Reichskriegsgericht Berlin freigesprochen.
*Lit.: 1.Sudetendeutsche Priester, 49. 2.Klerus
in der Vertreibung, 224.*

RETZER, JOSEF
1913 01 16
Wenzelsberg, Bistum Budweis
Administrator

Aufgrund der kirchlichen Beerdigung eines SA-
Manns - gegen den Willen der SA - am 17.12.1943
durch die Gestapo in Schutzhaft genommen.
Am 25.3.1944 Einlieferung ins KZ Dachau, dort
am 9.4.1945 entlassen.
Lit.: 1.Weiler, 557. 2.RPB IV, XLIV.
Gehört zum Bistum Regensburg.

RICHTER, JOSEF
1914 03 17
Brüsau, Erzbistum Olmütz
Kooperator
Vorladung und Verhör durch den Schulrat in
Zwittau; Haussuchung. Nähere Angaben hierzu
fehlen. Dezember 1944 Unterrichtsverbot für
das ganze Sudetenland. Strenge Post- und
Telefonüberwachung.

RIEDEL, WINFRIED ERNST (P. BONIFATIUS)
OSB
1904 10 13
Wernersdorf, Bistum Königgrätz
Pfarrvikar
Wegen Schwächung der inneren Front am
11.4.1942 in Braunau verhaftet. Nach dreimona-
tiger Haft am 11.7.1942 nach Dachau gebracht.
Beim Evakuierungsmarsch nach Tirol am 26.4.1945
geflohen und gerettet.
Verstorben am 4.1.1966.
*Lit.: 1.Schnabel, 297. 2.Weiler, 559. 3.Sudeten-
deutsche Priester, 49. 4.Klerus in der Vertrei-
bung, 225.*

ROHRSETZER, ALFRED
1910 02 12
Bad Groß-Ullersdorf, Erzbistum Olmütz
Pfarrer
Wegen Verweisung eines SS-Mannes aus der Pfarr-
kanzlei (wegen grober Unhöflichkeit) im Sommer
1939 Verhör durch die Gestapo.

ROSSMANITH, ALOIS
1907 03 08
Bärn, Erzbistum Olmütz
Aushilfspriester
Vom 8.5.1941 bis 17.5.1941 Schutzhaft durch
die Gestapo. Nähere Angaben fehlen. Unterrichtsverbot durch Gestapo 1941 ohne Angabe
eines Grundes.

RUDY, KARL
1894
Heiligenkreuz
Pfarrer, Dekan
Wurde in Zuchthaushaft genommen. Nähere Angaben
sind nicht bekannt.
Verstorben am 21.11.1953.
Lit.: Sudetendeutsche Priester, 46.
Gehört zum Bistum Budweis.

RYSCHAWY, P. FRANZ RICHARD
OFM
1910 10 09
Haindorf
Kaplan
Zwei Verhöre durch die Gestapo wegen Verweigerung des Hitlergrußes. 1945 nach einem Verhör durch die Gestapo Prag von Haindorf nach Eger gebracht.
Lit.: 1.Sudetendeutsche Priester, 49. 2.Klerus in der Vertreibung, 79f.

SAGNER, BENEDIKT
1892
Netschenitz
Pfarrer
Am 20.8.1942 verhaftet. Vom 23.11.1942 an in Zuchthaushaft, wo er am 14.1.1945 verstarb.
Lit.: Sudetendeutsche Priester, 45.
Gehört zum Bistum Leitmeritz.

SCHEIDER, FRANZ
1901 05 21
Sebastiansberg, Bistum Leitmeritz
Pfarrer
Wegen staatsfeindlicher Äußerungen am 23.5.1941 in Sebastiansberg verhaftet. Nach Haft in Komotau und Brüx ab 16.8.1941 in Dachau. Am 28.3.1945 entlassen. Verlor bei Phlegmoneversuchen ein Bein.
Verstorben am 30.12.1965.
Lit.: 1.Weiler, 581. 2.Sudetendeutsche Priester, 45.

SCHERLING, JOHANN
1914 10 06
Brunnersdorf, Bistum Leitmeritz
Administrator
Wegen „Aufwiegelung des Volkes" am 22.8.1941 in Brunnersdorf verhaftet. Ab 17.10.1941 in Dachau. Am 17.4.1942 entlassen.
Am 10.5.1942 vom Reichssicherheitshauptamt aus dem Sudetenland ausgewiesen.
Lit.: 1.Weiler, 583. 2.Sudetendeutsche Priester, 45. 3.Klerus in der Vertreibung, 80.

SCHINDLER, ANTON
1885 08 21
Neusattel bei Saaz
Pfarrer
Vom 20.5.1941 an in Haft bei der Gestapo und im Amtsgericht Karlsbad und Saaz wegen Abhörens verbotener Sender. Am 27.11.1941 Freispruch durch das Sondergericht Leitmeritz.
1941 bis 1945 Schulverbot im ganzen Gau.
Lit.: 1.Sudetendeutsche Priester, 45. 2.Klerus in der Vertreibung, 80.
Gehört zum Bistum Leitmeritz.

SCHLOESSINGER, P. WILHELM
OP
1880
o.O.
Wurde von der Gestapo in Schutzhaft gehalten, an deren Folgen er am 3.10.1941 verstarb. Nähere Angaben fehlen.
Lit.: Sudetendeutsche Priester, 49.

SCHMIDL, JOHANN
1902 07 18
Prag
Religionsprofessor
Dr.
Am 6.1.1941 wegen politischer Unzuverlässigkeit verhaftet. Am 21.11.1941 Einlieferung in das KZ Dachau, wo er am 23.6.1942 verstarb.
Lit.: 1.Sudetendeutsche Priester, 44. 2.Weiler, 585.
Gehört zum Erzbistum Prag.

SCHMIDT, WENZEL
1911 07 06
Fürstenhut, Bistum Budweis
Pfarrer
Im Oktober 1941 Schulverbot wegen politischer Unzuverlässigkeit. Später auch Verbot der Christenlehre.
Verstorben am 9.4.1967.

SCHMITT, JOHANN BAPTIST
1905 10 14
Neudek / Egerland, Erzbistum Prag
Kaplan
Verwarnung 1940 durch die Gestapo Karlsbad wegen landesverräterischer Umtriebsversuche und „Verletzung des Empfindens deutscher Männer".
Ab November 1940 Unterrichtsverbot für den Regierungsbezirk Eger-Karlsbad. Einziehung zur Wehrmacht 1941 auf Betreiben der Ortsgruppe Neudek. 1943/44 Gerichtsverfahren beim Kriegsgericht Div. 173 nach Anzeige der Gestapo Karlsbad wegen Versendung eines Briefes in Durchschlägen mit politischen Äußerungen. Durch Kriegsende erledigt.

SCHMITT, RUDOLF
1879
Schlaggenwald
Katechet
Katechet Schmitt wurde zweimal durch die Gestapo in Haft genommen. Nähere Angaben fehlen.
Verstorben am 2.1.1960.
Lit.: Sudetendeutsche Priester, 45.
Gehört zum Erzbistum Prag.

SCHMITZ, CLEMENS
1911 10 30
Trebnitz, Bistum Leitmeritz
Expositus
Ab 1941 Unterrichtsverbot durch den Landrat.
Verhör durch die Gestapo nach einer Anzeige
durch die Ortsgruppenleitung. Mündliche Verwarnung durch die Gestapo kurz vor Kriegsende.

SCHNEIDER, GUSTAV
1913 09 24
Hultschin, Erzbistum Olmütz
Kaplan, Dekanatsjugendseelsorger
Vorladung und Verhör durch Gestapo in Hultschin
wegen antinazistischer Beeinflussung der Jugend.
Ohne Datum. Danach Verhör durch die Gestapo in
Ratibor. Ohne Datum.
Verwarnung durch die Gestapo; 50 RM Geldstrafe.
Auf Veranlassung der Gestapo durch den Schulrat
Unterrichtsverbot für Hultschin.

SCHNEIDER, RUDOLF
1879 03 27
Karlsbad, Erzbistum Prag
Geistl. Direktor
Wegen Vergehens gegen das Heimtückegesetz und
Rundfunkverbrechen am 12.6.1941 angeklagt und
am 11.7.1941 vom Sondergericht Leitmeritz zu 15
Monaten Zuchthaus verurteilt. Haft in
Leitmeritz, Eger, Hof und Amberg. Am 24.5.1942
entlassen.

SCHOEN, P. ANTON
CSSR
1891 12 29
Grulich, Bistum Königgrätz
Missionär
Am 9.7.1943 Nachforschungen der Gestapo im
Elternhaus. Vorladung vor das Gendarmerie-
Kommando Grulich und Verhör durch den Gendarmerie-Kommandanten. Verwarnung erfolgte an das
Redemptoristenkolleg Grulich. Postüberwachung.

SCHRAMMEL, KARL
1907 09 22
Freudenthal, Erzbistum Olmütz
Geistlicher Seminardirektor
Unter nicht näher bekannten Umständen im Zusammenhang mit der Vermietung seines Seminars an
die Wehrmacht am 7.7.1941 in Freudenthal verhaftet. Ab 16.11.1941 KZ Dachau. Strafweise
überstellt nach Buchenwald am 4.12.1944.
Am 5.2.1945 auf dem Transport erschossen.
Lit.: Weiler, 590.

SCHREGEL, KLEMENS
1890
Petersburg bei Podersam

Pfarrer
Am 12.8.1942 verhaftet und fünf Monate von der
Gestapo in Haft gehalten.
Lit.: Sudetendeutsche Priester, 45.
Gehört zum Bistum Leitmeritz.

SCHREIER, P. GUSTAV
OCR
1904 06 30
Karlsbad / Poppitz / Franzensbad
Kaplan / Pfarrer / Administrator
Am 15.11.1939 Haussuchung durch die Polizei in
Poppitz. Zwei Vorladungen vor den Landrat in
Znaim. Im Oktober 1940 ein Verhör durch die
Gestapo und eine amtliche Verwarnung.
Ende Januar 1941 durch die Kanzlei Himmlers aus
dem Gau Niederdonau ausgewiesen und nach Franzensbad zwangsversetzt.
Verstorben am 6.5.1977.
Lit.: Sudetendeutsche Priester, 49.

SCHUBERT, P. AUGUST FRANZ
OESA
1902
Prag
Dr.
Wurde am 26.8.1939 von der Gestapo in Haft genommen, in das KZ Oranienburg gebracht, dann erneut von der Gestapo in Prag-Pankraz in Haft gehalten. Am 5.9.1941 in das KZ Dachau eingeliefert, wo er am 28.7.1942 verstarb.
Lit.: Sudetendeutsche Priester, 49.

SCHUNERT, KARL
1881 02 02
Kulm
Pfarrer
Eine Vorladung durch die Gestapo.
Ein Verhör wegen einer katholischen Beerdigung. Predigt- und Personenüberwachung.
Verstorben am 24.4.1949.
Gehört zum Bistum Leitmeritz.

SEIBOLD, P. GEORG
ORDENSZUGEHOERIGKEIT UNBEKANNT
1888 01 06
Karlsbad, Erzbistum Prag
Ordensgeistlicher
Wegen Veröffentlichung von Predigten im September 1941 Schreibverbot und Geldstrafe von 30 RM
durch Gestapo. Am 17.4.1942 wegen Ausländerseelsorge und Predigten Verhör durch Gestapo.
Anschließend von der Gestapo bis zum 20.7.1942
in Schutzhaft gehalten. Nach der Haftentlassung
Rede- und Predigtverbot durch Gestapo. Bei
Übertretung des Verbots von der Gestapo KZ angedroht.

SEIDL, FRANZ
1874 11 06
Stiedra
Pfarrer
Eine mündliche Verwarnung durch die Gestapo
Karlsbad. Im Mai 1944 wegen Tadelns der gottes-
lästerlichen Worte einer Frau ein Verhör
durch die Gestapo. Im August 1944 aufgrund der
Abgabe von Gebetbüchern und Rosenkränzen
an Soldaten ein Verhör sowie Haussuchung und
kurzfristige Beschlagnahme von amtlichem und
privatem Material durch die Gestapo.
Verstorben am 24.6.1952.
Gehört zum Erzbistum Prag.

SEITZ, JOSEF
1882 01 09
Altsattel
Pfarrer
Einzug von 300 RM Sicherungsgeld für drei
Jahre. Im Mai 1941 ohne Grundangabe Schulverbot
durch den Regierungspräsidenten. Des weiteren
Haussuchung und Beschlagnahme eines Radios
durch die Gestapo.
Verstorben am 22.3.1952.
Gehört zum Erzbistum Prag.

SINDLAR, NIKOLAUS
1902
Petrowitz
Pfarrer
Am 7.4.1943 verhaftet. Nähere Angaben fehlen.
Lit.: Sudetendeutsche Priester, 47.
Gehört zum Erzbistum Olmütz.

SMOLIK, JOHANN
1878 09 05
Neulublitz
Pfarrer
Am 29.4.1941 verhaftet. Am 7.7.1941 wurde er in
das KZ Dachau eingeliefert, wo er am 26.8.1942
verstarb.
Lit.: 1.Sudetendeutsche Priester, 47. 2.Weiler,
613.
Gehört zum Erzbistum Olmütz.

STAHL, P. ANTON
SJ
1891 02 17
Schlackenwerth, Erzbistum Prag
Leiter des Diözesanseelsorgeamtes
Dr.
Wegen drohender Verhaftung nach Wien geflohen.
Dort am 6.5.1944 verhaftet. Ab 29.7.1944 KZ
Dachau. Am 29.4.1945 befreit.
Verstorben am 16.3.1956.
Lit.: 1.Weiler, 626. 2.Sudetendeutsche Priester,
49.

STEIN, ANDREAS
1887 11 30
Bergles
Pfarrer
Am 17.4.1944 wegen Verstoßes gegen die Rassen-
gesetzgebung (Taufe einer Jüdin und deren
Kinder) verhaftet. Am 21.7.1944 in das KZ Dachau
eingeliefert. Am 10.4.1945 entlassen.
Lit.: 1.Sudetendeutsche Priester, 45. 2.Weiler,
632.
Gehört zum Erzbistum Prag.

STINGL, JOSEF
1914 06 23
Albrechtsried
Pfarradministrator
1939 Polizeiverhör und strenge Verwarnung wegen
Ausländerseelsorge.
1944 Gestapoverhör wegen Nichtbeteiligung an
einer NS-Frauenschaftsveranstaltung.
Gehört zum Bistum Budweis.

STOLLE, EDUARD
1894
Tschausch
Pfarradministrator
1941 Ausweisung aus dem Gau. Nähere Angaben
fehlen.
Lit.: Sudetendeutsche Priester, 45.
Gehört zum Bistum Leitmeritz.

STRAK, JOHANN
1905 01 15
Mährisch Kotzendorf, Erzbistum Olmütz
Pfarrer
Am 17.10.1940 auf Anzeige einer Lehrerin hin und
1941 auf Veranlassung des Hilfspriesters durch
die Gestapo Troppau vorgeladen. Der Hilfspriester weigerte sich, mit Unterstützung der
Gestapo, deren Vertrauensmann er war, Strak als
rechtmäßigem Pfarrer die Pfarrei Dittersdorf
zu überlassen. Wegen staatsfeindlicher Einstellung beim Religionsunterricht Vorladung vor den
Schulrat und Verwarnung mit Androhung von Schulverbot.

STROEHLE, KARL
1899 10 16
Schüttarchen / Melmitz
Pfarradministrator
Unterrichtsverbot ab 5.3.1942. Wegen Abhaltung
von Seelsorgstunden in der Kirche, wegen
Predigten in tschechischer Sprache und wegen
freundschaftlicher Beziehungen zu Ausländern
von 1942 bis 1943 im Gestapo-Gefängnis in
Karlsbad ohne Haftbefehl. Ab 1943 Überwachung
von Predigten, Post und Privatleben durch Gestapo.
Gehört zum Erzbistum Prag.

STROHHAMMER, JOSEF
1913 09 20
Prachatitz, Bistum Budweis
Kooperator
1942 Erstürmung des Jugendheims durch die HJ
anläßlich eines Jungmännerabends.
Verstorben am 19.12.1976.
Gehört zum Bistum Passau.

STUPKA, FRANZ
1898 02 13
Reischdorf
Pfarrer, Dechant
Zweimal von der Gestapo verhaftet und ins Poli-
zeigefängnis Karlsbad gebracht. Nähere Angaben
fehlen.
*Lit.: 1.Sudetendeutsche Priester, 45. 2.Klerus
in der Vertreibung, 86.*
Gehört zum Bistum Leitmeritz.

SUCHANEK, JOSEF
1909
o.O.
Pfarrkurator
Wurde sechs Monate in Gestapohaft gehalten.
Nähere Angaben fehlen.
Lit.: Sudetendeutsche Priester, 47.
Gehört zum Erzbistum Olmütz.

**SVOBODA, P. COELESTIN HEINRICH
OPRAEM**
1893
Stift Tepl
Wurde zweimal von der Gestapo in Haft gehalten,
schließlich aus dem Gau ausgewiesen.
Verstorben am 14.8.1943 an den Folgen der Haft.
Lit.: Sudetendeutsche Priester, 49.

TANZER, JOHANN
1900 04 21
Ober-Pilgram, Erzbistum Prag
Pfarrer
Aufgrund staatsfeindlicher Äußerungen in Pre-
digten und Unterhaltungen am 23.11.1942 in Ober-
Pilgram verhaftet. Nach fünf Monaten Haft ab
12.4.1943 in Dachau. Auf dem Evakuierungs-
marsch am 22.4.1945 befreit.
Verstorben am 16.2.1953.
Lit.: Weiler, 662.

THEMA, JOHANN
1910 11 02
Schüttwa, Bistum Budweis
Kaplan, Pfarradministrator
Ab 15.5.1940 Schulverbot wegen Predigten.
Am 15.2.1941 Festnahme, vom 11.7.1941 bis 29.3.
1945 im KZ Dachau wegen Abhörens des Vatikan-
senders.
Lit.: 1.RPB IV, XLIV. 2.Weiler, 664.

THONABAUER, JOHANN
1901
Hochsemlowitz
Pfarrer
Wurde von der Gestapo in Haft genommen. Nähere
Angaben sind nicht bekannt.
Verstorben am 4.9.1960.
Lit.: Sudetendeutsche Priester, 46.
Gehört zum Bistum Budweis.

TROMPETER, THEODOR
1887 02 20
Tetschen
Pfarrer, Dechant
Am 28.12.1943 eine Vorladung durch die Gestapo.
Ein Verhör durch einen Kommissar wegen Teil-
nahme ausländischer Arbeiter an einem deut-
schen Gottesdienst.
Verstorben am 21.9.1963.
Lit.: Klerus in der Vertreibung, 87.
Gehört zum Bistum Leitmeritz.

UHLIG, WILHELM
1885 05 06
Dreihacken, Erzbistum Prag
Pfarrer
Unterrichtsverbot; wegen Predigtäußerungen
sowie seiner Weigerung, Bombengeschädigte
aufzunehmen am 13.9.1943 in Dreihacken verhaftet.
Ab 1.10.1943 im KZ Dachau.
Am 1.3.1945 dort verstorben.
Lit.: Weiler, 678.

ULRICH, FRANZ
1911 09 26
Lobendau
Kaplan
Wegen staatsfeindlichen Verhaltens (zersetzende
Äußerungen) am 20.12.1941 verhaftet und am
13.2.1942 ins KZ Dachau eingeliefert. Am
10.4.1945 aus der KZ-Haft entlassen.
*Lit.: 1.Sudetendeutsche Priester, 45. 2.Weiler,
679.*
Gehört zum Bistum Leitmeritz.

UNGAR, ERWIN
1915 12 28
Kladno
Kaplan
Wegen Wehrkraftzersetzung vom 20.7. bis zum
30.8.1942 bei der Gestapo und der Wehrmachts-
haftanstalt in Haft. Des weiteren Aufhebung seiner UK-Stellung und Einberufung zur Wehrmacht.
*Lit.: 1.Sudetendeutsche Priester, 45. 2.Klerus
in der Vertreibung, 40.*
Gehört zum Erzbistum Prag.

UNZEITIG, HUBERT (P. ENGELMAR)
CMM
1911 03 01
Glöckelberg, Bistum Budweis
Wegen regimekritischer Äußerungen im Unterricht und Eintretens für die Juden am
21.4.1941 in Glöckelberg verhaftet. Ab
3.6.1941 im KZ Dachau. Bei der freiwilligen
Betreuung von Typhuskranken gestorben am
2.3.1945.
Lit.: Weiler, 679.

URBASCHEK, WILHELM (P. BASILIUS)
OSB
1915 02 22
Wernersdorf, Bistum Königgrätz
Kaplan
Am 26.7.1942 wegen Gebets für den verhafteten
Pater Riedel verhaftet. Nach zwei Monaten im
Gefängnis Weckelsdorf am 2.10.1942 nach Dachau
gebracht. Am 10.4.1945 entlassen.
Lit.: Weiler, 681.

VOGEL, OTTO
1890 11 07
Straschnitz
Pfarrer
Wegen Beleidigung des Führers in der Predigt
ein Verhör, eine Haussuchung, Beschlagnahme
von Broschüren sowie eine Verwarnung mit Androhung von KZ-Haft durch die Gestapo.
Verstorben am 13.6.1984.
Lit.: Klerus in der Vertreibung, 88.
Gehört zum Bistum Leitmeritz.

VOLLMER, KARL
1913 09 16
Leitmeritz
Kaplan
Verwarnung wegen Predigten. Unterrichtsverbot ab
1.8.1941. Post- und Telefonüberwachung vom
1.8. bis 30.8.1941 sowie vom 1.5.1943 bis
Kriegsende.
Gehört zum Bistum Leitmeritz.

VRANIK, ALOIS
1892 05 30
Morawitz
Pfarrer
Wegen Verfehlung gegen die Wehrmacht, gegen Lebensmittelbewirtschaftung und wegen angeblicher
Devisenvergehen am 9.12.1944 in das KZ Dachau
eingeliefert. Dort am 29.4.1945 befreit.
*Lit.: 1.Sudetendeutsche Priester, 47. 2.Weiler,
687.*
Gehört zum Erzbistum Olmütz.

WAGNER, P. HERMANN
SDS
1907 04 13
Salat, Sudetenland / Lochau, Bodensee
Pfarradministrator
Im April 1942 Gauverweis wegen Jugendseelsorge.
In Lochau Schulverbot. Mehrere Verwarnungen
wegen Ministrantenseelsorge.

WALDMANN, JOSEF
1913 08 29
Zettlitz, Erzbistum Prag
Aushilfspriester
Vorladung und Verhör 1942 durch Gestapo Karlsbad wegen Aufforderung der Kinder zum Besuch des
Sonntagsgottesdienstes und dessen Kontrolle.
Androhung der Einweisung in das KZ Dachau.

WALLOUSCHEK, JOSEF
1912 02 10
Auspitz, Bistum Brünn
Administrator
Dr. theol.
Am 7.7.1941 wegen Predigten in Auspitz verhaftet und ins Gefängnis nach Wien, am 9.9.1941
ins KZ Dachau verbracht. Am 11.4.1945 entlassen.
*Lit.: 1.Weiler, 691. 2.Sudetendeutsche Priester,
47. 3.Klerus in der Vertreibung, 236f.*

WATZKA, P. ANDREAS JOSEF
OPRAEM
1910 04 07
Stift Tepl / Tuschkau
Pfarradministrator / Pfarrer
Wurde vom 12.9.1942 bis 18.12.1942 bei der
Gestapo Karlsbad in Schutzhaft gehalten.
Bei der Entlassung wurde als Strafe verhängt:
Abnahme des Rundfunkgerätes, Hinterlegung von
1000 RM Kaution. Außerdem wurde ein Schulverbot ausgesprochen.
*Lit.: 1.Sudetendeutsche Priester, 49. 2.Klerus
in der Vertreibung, 237.*

WEISS, KARL
KREUZHERR MIT ROTEM STERN
1913 07 13
Tachau, Erzbistum Prag
Pfarradministrator
1941/42 drei Haussuchungen und Verhöre durch die
Gestapo wegen politischer Unzuverlässigkeit.
Im Juli 1942 Schulverbot.
Am 27.7.1942 Verhaftung wegen einer als Sabotage beurteilten Bittprozession. Nach drei Monaten Haft im Gestapogefängnis Karlsbad am
30.10.1942 ins KZ Dachau überführt. Dort am
11.4.1945 entlassen.
Lit.: Weiler, 698.

WENDOLSKY, RUDOLF
1887 11 19
Lubenz, Erzbistum Prag
Pfarrer
Da er durch Warnung vor deutschen Soldaten Unruhe erregt habe, am 10.6.1942 in Lubenz verhaftet. Nach Haft in Karlsbad ab 7.8.1942 in Dachau. Am 29.4.1945 befreit.
Verstorben am 7.1.1968.
Lit.: 1.Weiler, 699. 2.Sudetendeutsche Priester, 45.

WIHAN, FRANZ
1908
Sattel
Pfarradministrator
Administrator Wihan befand sich ein Jahr in Gestapohaft und verstarb am 10.3.1940 an deren Folgen. Nähere Angaben fehlen.
Lit.: Sudetendeutsche Priester, 46.
Gehört zum Bistum Königgrätz.

WILLISCH, JOHANN
1903
Engelswald bei Neutitschein
Pfarrer
Am 1.9.1939 aus dem Sudetengau ausgewiesen. Nähere Angaben fehlen.
Lit.: Sudetendeutsche Priester, 47.
Gehört zum Erzbistum Olmütz.

WILLNER, DOMINIK
1885 04 13
Sternberg, Erzbistum Olmütz
Pfarrer, Dekan, Prälat
Dr. theol.
Wegen defätistischer Äußerungen am 26.8.1943 in Sternberg verhaftet. Nach Haft in Troppau ab 4.12.1943 in Dachau. Auf dem Evakuierungsmarsch am 26.4.1945 befreit.
Lit.: 1.Weiler, 707. 2.Sudetendeutsche Priester, 47. 3.Klerus in der Vertreibung, 159.

WITTICH, ALOIS
1870 04 05
Königgrätz
Pfarrer
1939 wegen staatsfeindlicher Gesinnung Inhaftierung durch die Gestapo. Außerdem wurde der Pfarrer gezwungen, auf seine Pfarrei zu verzichten.
Verstorben am 27.11.1951.

WODA, KARL
1880 07 03
Jechnitz
Dechant
Vom 11.11.1939 bis zum 11.11.1942 in Gestapohaft in Amberg.

Lit.: 1.Sudetendeutsche Priester, 46. 2.Klerus in der Vertreibung, 91.
Gehört zum Bistum Leitmeritz.

WOMES, JOHANN NEPOMUK
1902 06 01
Sollmus / Böhmisch-Tomysl, Erzbistum Prag
Pfarrer
Im Sommer 1939 Anzeige wegen Verstoßes gegen die Läuteordnung.
Im Mai 1940 Haussuchung und Schulverbot. Wegen Umgehung des Unterrichtsverbots durch Religionsunterricht in der Kirche und wegen „Entehrung" des Hitlergrußes ab 20.8.1940 im Gestapogefängnis Karlsbad, anschließend im KZ Dachau vom 21.3.1941 bis zum 28.3.1945.
Lit.: Weiler, 718.

WORATSCH, GEORG
1912 12 12
Altzedlisch / Theusing / Weisleben
Kaplan / Pfarradministrator
1941 eine schriftliche Verwarnung durch den Regierungspräsidenten Karlsbad; nähere Angaben fehlen.
Lit.: Klerus in der Vertreibung, 43.
Gehört zum Erzbistum Prag.

WRANY, ERNST
1902 06 29
Dallwitz, Erzbistum Prag
Geistl. Religionslehrer
Erhielt 1942 Betätigungsverbot für Trauungen und Begräbnisse, da er als vom Staat angestellter Religionslehrer kein Recht habe, ohne vorherige Meldung der Kirche zu dienen. Weil er einem Kind verbot, auf dem Zugangsweg zur Kirche zu rodeln, durch den Ortsgruppenleiter vorgeladen und verhört. Schriftliche Beanstandung mit Androhung der Weiterleitung des obigen Falles.

ZADRASIL, P. ALFONS OTTOKAR
OESA
1900 12 29
Alt-Brünn, Erzbistum Brünn
Kaplan
Wegen Abhörens feindlicher Sender wurde P. Zadrasil am 26.3.1943 verhaftet und hingerichtet. Der Name des zuständigen Gerichtes sowie das Datum sind nicht bekannt.
Lit.: Kempner, 466.

ZEMAN, FRANZ
1900 06 30
Haid, Erzbistum Prag
Pfarrer, Dekan
Wegen staatsfeindlicher Äußerungen im Reli-

gionsunterricht am 1.4.1942 verhaftet. Ab
12.6.1942 im KZ Dachau. Am 11.4.1945 entlassen.
Verstorben am 24.12.1972.
Lit.: 1.Weiler, 731. 2.Janik, 43,47. 3.Sudetendeutsche Priester, 45. 4.Klerus in der Vertreibung, 44.

ZINSER, MICHAEL
1906 08 31
Römerstadt, Erzbistum Olmütz
Kaplan
Vorladung vor den Landrat im Februar 1941 mit
mündlicher Verwarnung. Aufgrund von Denunziation Vorladungen und Verhöre durch die Gestapo
Römerstadt im Oktober, November, Dezember 1941;
Verwarnungen.
Unterrichtsverbot durch Kreisschulamt ohne Angabe von Gründen im September 1941.

ZISCHEK, GEORG
1892 02 16
Leitmeritz
Domkapitular
Ein Verhör durch die Gestapo über einen verstorbenen Ordensgeistlichen. Ständige Überwachung der Amtspost vermutet.
Verstorben am 14.9.1979.
Lit.: Klerus in der Vertreibung, 92.
Gehört zum Bistum Leitmeritz.

Verzeichnis der Ordensangehörigen

ACKER, P. HEINRICH 1415
ACKERSCHOTT, P. HANS 581
AGETHEN, P. EMMERAN 1275
AHLERS, P. JOSEF 919
AIGNER, P. SEBASTIAN 669f
ALBRECHT, BR. KONRAD 581
ALBRECHT, P. JOHANNES 1525
ALFES, P. JOSEF 1275
ALLEBROD, P. EDUARD 1543
ALMES, P. 581
ALTENHOEFER, JOSEF (P. JUSTINIUS) 399
ARENDT, P. AUGUST 921
ARMKREUTZ, P. LUDWIG 1276
ARNOLD, P. WILLIBALD 672
ASSMANN, GEORG (P. FLORIBERT) 513
AUSTGEN, P. THEOBALD 1277
AVERBERG, P. THEODOR 797
AVERESCH, P. JOSEF 497
BACKES, P. NIKOLAUS 1277
BADER, P. OSKAR 361
BAER, P. EGIDIUS 1543
BALLHAUSEN, P. ANTON 361
BANGE, BERNHARD (P. ROMANUS) 924
BANGE, P. WILHELM 582
BARKHOLT, P. WERNER 798f
BARLAGE, JOSEF (P. AMBROSIUS) 903
BARTHEL, GEORG (P. MARTIN) 674
BASTGEN, HUBERT (P. BEDA) 674f
BATZILL, P. PAUL 1279
BAUER, MICHAEL GEORG (BR. AGATHANGELUS) 520
BAUMANN, CLEMENS (P. JOHANN BERCHMANS) 1419
BAUMANN, P. JOHANN 582
BAUR, KARL (P. BENEDIKT) 401
BAYER, P. JOSEPH ANTON 676
BECHER, P. LUDWIG 677
BECKER, P. FRIEDRICH 1280
BECKER, P. ROBERT 497f
BECKERS, ALBERT (P. WIGBERT) 1281
BEHLAU, P. LEO 362
BENNINGHAUS, P. AUGUST 801
BERGER, P. HUBERT 402
BERGES, JOSEF (P. LUDGERUS) 903
BERGMANN, FRANZ JOSEF (P. FRANZ ASSISI) 1544
BERNARD, P. GEORG 1544f
BERNARD, P. JOHANN 1545
BESSE, ANTON (BR. UBALD) 584
BETZ, FRANZ (BR. JOHANN-BAPTIST) 584
BEY, P. OTTMAR 585
BEYER, ALOIS (P. BERNHARD) 930
BIEDERMANN, ALFONS (P. HERMENEGILD) 1421
BIEL, ANTON (P. SERAPHIN) 585
BIESSLE, JAKOB (P. HARDUIN) 931
BINDER, ANTONIUS (P. FABIAN) 1175
BINZ, P. RAIMUND 585
BLEIENSTEIN, P. HEINRICH 680

BLOECHL, P. FRANZ 1545
BODE, BR. GERVASIUS 1285
BOEHM, WOLFGANG RUDOLF (P. WOLFGANG) 1546
BOESCHEN, LEO (P.EPIPHAN) 250
BOHNE, BR. ELIGIUS 1286
BOMBIS, AEGIDIUS (P.NORBERT) 264
BONGARD, P. 934
BONMANN, P. OTTOKAR 406
BOPP, FRANZ (P. ROMUALD) 406
BORTER, P. 1176
BOSSONG, P. HUGO 1229
BR. MAURITIUS 807
BR. SIEGFRIED 807
BR. WOLFRAM 807
BRANDAU, P. ENGELBERT 3
BRANDHUBER, P. GEORG 683
BRAUN, JOHANN (P. WILLIGIS) 935
BRAUN, LEO (P. ODILO) 250
BRAUN, MARTIN (P.CASIMIR) 1423
BREINDL, P. LUDGER 49
BREINL, P. FROWIN 683
BREITENBERGER, P. FRANZ 297
BREITINGER, LORENZ (P. HILARIUS) 407f
BREMS, LUDWIG (P. EHRENFRIED) 1230
BRETZENDORFER, P. JOSEF 1125
BRIEMLE, JOSEF (P. THEODOSIUS) 587
BRINKMANN, P. BERNHARD 498
BRINKMANN, P. WILHELM 809
BROGSITTER, FRIEDRICH (P. ANAKLET) 4
BRUEMMER, P. JOSEF 587
BRUNKE, WILHELM (P. THADDAEUS) 499
BRZESOWSKY, WILHELM (P. EWALD) 265
BUCHHOLZ, BR. MAGNUS 1290
BUCKEL, JOSEF (P. ALBAN) 937f
BUDE, P. CARL 364f
BUESCHER, WILHELM (P. ENGELBERT) 524f
BUETTGENBACH, P. JOSEPH 1517
BUHL, P. 587
BURGER, P. MAX JOHANN 685
BUSCH, P. KARL 811
CANDELS, P. PAUL 1293
CARDUCK, P. JOSEF 5
CHRISTL, P. CHRISTOPH 1546
CLASSEN, P. LAMBERT 904
CONZE, JOHANN (BR. LIBORIUS) 1295
DABECK, P. FRANZ 812
DAGGE, P. JOSEF 5
DANIELS, P. KONRAD 6
DEDIO, P. KARL 1127
DEGEN, LEO (P. ANTON) 640
DEGENHARDT, P. JOHANNES 659
DEHNE, P. KURT 588
DEININGER, HUBERT (P. FRANZISKUS) 410f
DEITMER, P. HERMANN 588
DELANUIT, BR. MATERNUS 1295
DELP, P. ALFRED 686f
DEML, P. NORBERT 1547
DESSAUER, PHILIPP 660

DETERMANN, P. BERNHARD 904
DIEDERICH, HEINRICH (P. HONORATUS) 941
DIEDERICHS, BR. GOTTFRIED 1296
DIEKER, P. ALOIS 1517
DIENSBERG, P. ANTONIUS 6
DIETERICH, P. MAJOLUS 411
DIETL, ALOIS (P. MAURUS) 1128
DIETMAYER, P. LEONHARD 56
DIEWALD, BR. RICHARD 589
DISCHL, P. ALFONS 412
DISTELKAMP, P. HEINRICH 1297
DITTMAR, P. 814
DOHMES, P. AMBROSIUS 1297
DOHRMANN, P. ANTON 814
DOSSENBACH, IGNAZ (P. MAXIMIN) 688
DRECHSLER, BR. PHILIPP 1298
DRIESSEN, P. HERMANN 945
DRUNKENPOLZ, JOHANN (P. ENGELBERTUS) 1091
DUECHTING, P. JOSEF 1298
DUELMER, P. BERNHARD 1298
DUEREN, P. PETRUS 1298
DUERK, PHILIPP (P. JAKOB) 1299
DYMEK, P. LEO 366
DZIENDZIOL, JOHANNES (BR. SERAPHIN) 266
EBEL, P. BASILIUS 1299
ECKSTEIN, ADAM (P. JOSEF) 413f
EDEL, BR. FRANZ 589f
EGE, ANTONIUS (P. NIKODEMUS) 1180
EGLSEDER, P. FRANZISKUS 689
EHRENBRINK, BR. JOHANNES 905
EICHELBERG, P. JOHANNES 948
EICHELER, P. IDESBALD 590
EICHINGER, P. MARTIN 61
EISE, P. ALBERT 1301
EISELE, P. 816
ENGEL, P. ANDREAS 1129
ENGEMANN, P. ANTONELLUS 1303
ENGEMANN, P. JOHANNES BAPTISTA 817
ENZMANN, P. ALBIN VINZENZ 1547
ERNST, JOSEF (P. PETRUS) 590
ESCHWEILER, P. ALBERT 1303
ETTL, P. JOSEF 693
EUDENBACH, HEINRICH (BR. HERMANN MARIA) 252
EUSTACHI, P. ADOLF 1093
EYKMANNS, P. LUDGER 1304
FALKE, P. JOSEF 1093
FALKENSTEIN, ANDREAS (P. ANTON) 1433
FEDERL, P. EKKEHARD 1093
FELDMANN, P. KARL 1305
FELTEN, P. 818
FENNEMANN, THEODOR 222
FENZL, MAX (P. TUTO) 694
FERNEKESS, P. GUSTAV 694
FESTER, JOSEF (P. LAMBERT) 953
FICHTER, P. HEINRICH 66
FIEBIG, P. GEORG 592

FINSTER, BR. JOSEF 592
FISCHER, HEINRICH (P. LEANDER) 417
FISCHER, P. JOSEF 1306
FISCHER, KONRAD (P. PIUS) 696
FISCHER, P. PIUS 1548
FISCHER VON FELDSEE, P. JOHANNES OTTO 1548
FLECK, BERNHARD (P. SALVATOR) 592
FLECK, NORBERT (P. VALENTIN) 1182
FLUEGEL, ANTON (P. EWALD) 71
FORSTER, P. KARL 1549
FRAMMELSBERGER, P. MAXIMILIAN 1131
FRANKE, P. AMBROS FRANZ 1549f
FRANKEN, P. BENEDIKT 8
FRANKRONE, VITUS (P. ADEODATUS) 956
FRANZEN, P. FRIEDRICH 956
FREIBOTT, OTTO (P. CAECILIUS) 957
FREYTAG, JOSEF (P. KONSTANTIN) 697
FRIEDRICH, JOSEF (P. FIDELIS) 958
FRIEDRICH, P. JOSEF 592
FRIEDRICH, P. KARL JAKOB 592f
FRIES, OTTO (P. CORNELIUS) 697
FUCHS, P. GOTTFRIED 367f
FUEGLEIN, JOHANNES (P. GAUDENZ) 74
FUELLER, FRANZ (P. ELISEUS) 959
FUERBASS, P. JOSEF 593
FUHRER, WENDELIN (P. MARIANUS) 1236
FUHRMANN, P. FRITZ 8
FUTTERER, P. OTTO 253
GAIDA, P. LEO 593f
GALLER, P. MARKUS 699
GALLI, P. MARIO VON 1184
GALLMANN, P. VICTOR 699
GASSMANN, HUBERT (P. ALKUIN) 820f
GATZ, MAX (P. JOHANNES BAPTIST) 700
GAUL, P. DOMINIKUS 1310
GEIER, P. GUIDO 594
GELLINGS, P. CANISIUS 500
GERHARD, JOSEF (P. ODILO) 267
GERHARZ, P. JOHANNES 594
GERSTER, AUGUST (P. ATHANASIUS) 422
GETZ, P. FRANZ 963
GEWSERT, P. GEORG 701
GIETL, HEINRICH (P. CLEMENS) 1132
GIPPERT, P. FRANZ 963
GIRKE, P. PETER 963f
GLASER, JOHANNES (P. LUCIUS) 964
GNIDA, P. EMIL 1312
GOEBELS, P. JOHANNES 822
GOERGEN, P. ALOYS 702
GOERTLER, OTTO (BR. EPIPHAN) 1312f
GOGOLIN, FRANZ (P. WINFRIED) 1442
GOLDMANN, P. GEREON 532f
GOLLA, DESIDERIUS (P. STANISLAUS) 368
GOOR, P. SYLVESTER 9
GOTTSCHLICH, P. ROBERT 368
GRAMEL, P. FRANZ XAVER 704
GRAU, KARL (P. THEODOR) 704
GREBE, BR. URBAN 1313

LOSKANT, ANTON (P. STURMIUS) 612
LUCAS, P. JOSEF 612
LUEGER, P. WILHELM 548
LUENENBORG, P. JOSEPH 256
LUITZ, HEINRICH (P. MAURUS) 326
LUTZE, P. ALOIS 548
MACHHAUS, P. JOHANNES BAPTIST 379
MAEDER, P. KURT LUDWIG 256f
MAIER, BR. FRANZ XAVER 613
MAIER, P. ALOIS 1562
MALZER, P. ANDREAS 1562
MANDEL, P. WILHELM 549
MANGOLD, KARL (P. PETRUS) 1563
MANUWALD, P. MARTIN 1199
MARING, P. ALBERT 854
MARKOETTER, JOSEPH (P. ELPIDIUS) 854f
MARQUARDT, ALOIS 379
MARTIN, FRANZ (BR. CLEMENS) 136
MARTIN, P. JOSEPH 137
MARTINI, HEINRICH (P. ADALBERT) 137
MARX, BERNHARD (P. EPIPHANIUS) 550
MATZERATH, HUBERT (P. PAUL) 855
MAYER, EDMUND (P. LUDOLF) 1472
MAYER, HANS (P. CHRISTOPH) 743
MAYER, P. EGBERT 1563f
MAYER, P. RUPERT 743f
MAYR, P. BERNHARD 1200
MAYR, JOHANN (P. JOSEF) 744
MAYR, P. CYPRIAN 1105
MEISER, JOSEF (BR. SYLVESTER) 1351
MEISTER, P. JOSEPH 380
MEISTER, P. KARL 1351
MEIXNER, LUDWIG (P. ELIGIUS) 1105
MEKES, ALFRED (P. BRUNO) 234
MENDE, P. WERNER 1529
MENNINGEN, P. ALEX 1351
MERK, P. DAMIAN 1105
MERKERT, SEBASTIAN (P. ADALBERT) 1473
MERZ, ERNST (P. HERMENEGILD) 331
MESSER, BR. MATHIAS 1352
METZLER, JOHANN (P. PAULINUS) 1353
MEYER, P. EMMERAN 857
MEYER, P. WENDELIN 857
MIANECKI, P. PAUL 380
MICHALEK, HUBERT (P. CANISIUS) 280
MICHEL, P. KARL (P. JUSTUS) 614
MICHEL, P. WILHELM 551
MILLER, P. HRABAN HUBERT 1564
MITNACHT, P. ALFONS 1564
MITTERER, ANTON (P. SIGISBERT) 747
MOCK, WILHELM (P. OTHMAR) 454
MOEDER, P. GREGOR 505
MOENIG, HERIBERT (P. KUNIBERT) 1018
MOLITOR, P. RAPHAEL 858
MONTAG, P. ALOYS 1019
MONTAG, P. KARL JOSEF 1565
MONTWE, LEONHARD (P. HUGO) 649
MORENT, BR. NIKODEMUS 614f
MORGENSTERN, P. GREGOR 145

MORPER, BR. KARL 615
MOSER, LEONHARD (P. CASPAR) 1474
MUCKERMANN, P. FRIEDRICH 858f
MUCKERMANN, P. HERMANN 911
MUECKSHOFF, KARL AUGUST (P. MEINOLF) 859
MUEHLEN, P. JOHANNES 1020
MUELLER, AUGUST (P. HERIBERT) 456
MUELLER, BERNHARD (P. EUCHARIUS) 911f
MUELLER, FRANZ (P. MICHAEL) 456
MUELLER, P. FRANZ JOSEF 749f
MUELLER, P. JOHANN JOSEF 1357
MUELLER, P. GEORG 615
MUENCH, JAKOB (P. MAURUS) 1358
MUENZ, P. ROBERT 615
NAAB, KARL (P. INGBERT) 333f
NAEGELE, RICHARD (P. BEDA) 750f
NELL-BREUNING, P. OSWALD VON 615f
NELL, P. ALFONS 457
NEUBAUER, ANDREAS (P. BASIL) 1149f
NEUMANN, ROBERT (P. ILDEFONS) 616
NEUMAYR, P. 1202f
NEUMAYR, P. MAXIMILIAN 1106
NEUNHEUSER, P. BURKHARD 1360
NEYER, P. PASCHALIS 860
NICK, BR. MAXIMIN 1360
NICKLAS, BR. JOSEF 616
NICOLAUS, P. JOHANN 1203
NIEBERLER, BONIFAZ (P. RUBERT) 334
NOBIS, P. ANTON 335
NOETZEL, FRANZ (P. BERTHOLD) 1361
NOLTE, P. DONATUS 506
OEFFLING, P. MATTHIAS 617f
OHLMEYER, P. ALBERT 862f
ORSCHEL, ALFONS (P. WALTRAM) 1477f
ORTLOFF, HANS (P. BERTRAM) 1478
ORTSIEFER, ANTONIUS (P. DIONYSIUS) 555
OSSOWSKI, BR. EDUARD 618
OSTERMANN, P. HEINRICH 864
P. WIENFRIED 459
P. WILLENS 459
PAFFRATH, JOSEF (P. BENNO) 20
PANTENBURG, P. MANFRED 865
PANTFOERDER, P. HEINRICH 555
PARZINGER, ANTON (P. BEDA) 755
PATERMANN, ALFONS (BR. SERVULUS) 1363
PAUELS, P. JOSEF 1363
PAUFREDER, P. CHRYSOSTHOMUS 1363
PAWLETTA, PAUL (P. GILBERT) 382
PEECK, BR. WENDELIN 1364
PEREIRA, P. CLEMENS 1364f
PESCHKE, P. PAUL 1365
PETER, P. JOHANN 1365
PETERS, P. JOSEF JOHANNES 1028
PETRY, P. XAVERIUS 619
PFAETTISCH, KARL (P. JACOBUS) 336
PFANNMUELLER, LUDWIG (BR. DONATUS) 506f
PFEIFER, P. THEOPHIL 1204

PFEILSTETTER, P. JAKOB 236
PFUERTNER, P. STEPHANUS 912
PIATKOWSKI, PAUL (BR. WOLFGANG) 507
PICKMEIER, P. KONRAD 1519
PIEPER, P. FRIEDRICH 1029
PIES, P. OTTO 663
PIETSCH, ALFONS (P. BRUNO) 382f
PINZKER, ANTON (BR. THOMAS) 383
PITZ, P. HEINRICH 866
POHLEN, P. 556
POIESS, P. WILHELM 620
PONTILLER, JOSEPH (P. EDMUND) 1108
POTEMPA, ARTHUR (P. RUDOLF) 282
POTTING, STEPHAN (P. WIGBERT) 557
PRANTL, BR. FRANZ 620
PREISINGER, BR. MICHAEL 620
PRIBILLA, P. MAX 759
PRINZ, BR. AGATHON 1368
PRINZ, P. FRANZ XAVER 1205
PRITZE, P. KARL 620
PROBST, P. GUENTHER 1109
PROCHASKA, P. EMMERICH KARL 1568
PROKOP, KARL (P. DOMINIK) 1568
PUFF, JOHANN (P. JORDAN) 1109f
QUARDT, ROBERT (P. BRUNO) 460
QUARTIER, FRANZ (P. FRANZISKUS MARIA) 1569
RAAB, LEO (P. ENGELBERT) 620f
RACH, TIMOTHEUS (P. THEOBALD) 337f
RADEMACHER, P. HEINRICH 868
RAPP, ERNST (P. HUBERT) 1110
RAUCH, GEORG (P. THEODOR) 1152
RECKERS, P. BERNHARD 1369
REHLING, P. ENGELBERT 22
REIFF, P. MICHAEL 559
REIMANN, P. AUGUSTIN 1569
REINEKE, P. CORBINIAN 913
REINER, P. RUPERT 160
REINISCH, P. FRANZ 1369
REISSMUELLER, P. ATHANASIUS RICHARD 1569
REITER, HERMANN JOSEF (P. MANFRED) 238
REITER, P. MAXIMILIAN 385
REITHMAIER, HANS (P. ANTONIN) 761
REITMAIER, JOSEPH (P. JOACHIM) 761
REMBERGER, P. FRANZ XAVER 1153
RENK, OTTO (BR. PIRMIN) 621
REPENN, P. JOHANNES 1370
REULAND, BR. PHILIPP 1370
REUSS, KARL (P. THEOBALD) 1484
RICHWIEN, P. HEINRICH 339
RICKING, FRIEDRICH (P. EPHREM) 1037
RIEDEL, WINFRIED ERNST (P. BONIFATIUS) 1570
RIEDL, P. BERNHARD 385f
RIEKE, MAX (P. LIBORIUS) 1037
RIEPE, P. FRANZ 1038
RIGER, GEORG (P. LUDWIG) 340
RINDERMANN, PETRUS (P. CANDIDUS) 1038

RINGWELSKI, FRIEDRICH (P. PAULUS) 1038
ROBBEN, BERNHARD (P. FRANZISKUS) 258
RODENBECK, P. JOSEF 507
ROESCH, P. AUGUSTINUS 762f
ROMMERSKIRCH, P. ERICH 283
ROOS, KARL (P. THOMAS) 763
ROSE, P. FRANZ 1040
ROSENBAUM, FRITZ (BR. WOLFGANG) 562
ROTH, BR. HEINRICH 623
ROTH, P. EMANUEL 763
ROTH, P. LEONHARD 563
ROTTMANN, P. GEORG ANTON 1486f
RUDOLL, ALFONS (P. FIDELIS) 386
RUSS, P. JOHANNES 169
RYSCHAWY, P. FRANZ RICHARD 1571
RZYMELKA, JOHANNES (P. ALFONS) 387
SAGER, PAUL (BR. RADBERTUS) 387
SARTORIUS, P. THEODOR 764
SATTLER, BR. FRANZ 623f
SAUER, JAKOB (P. EVARIST) 652
SAUER, JOHANN (BR. ANYSIUS) 1374
SAUTER, P. GERHARD 1155
SCHAEFER, P. KARL 388
SCHAEFER, MAGNUS (BR. FABIAN) 624
SCHAEFER, P. THEODOR 171
SCHAETZL, P. JOSEF 1156
SCHAUFF, KONRAD (P. FERDINAND) 23
SCHEDLER, P. JOHANN 468
SCHEIDWEILER, P. HEINRICH 1376
SCHEMANN, P. WILHELM 1376
SCHERER, MICHAEL (P. GERHARD) 283f
SCHERR, P. ALFRED 173
SCHERZL, P. SIMON 766
SCHIEMER, HERMANN (P. ALFONS) 625
SCHIFFER, ARNOLD (P. MARTIN) 1378
SCHIMLER, JOSEF (P. ADALBERT) 173f
SCHLATTMANN, BR. ALFONS 625
SCHLERETH, AUGUSTIN (P. MAXIMILIAN) 767
SCHLOESSINGER, P. WILHELM 1572
SCHLOTTMANN, BR. SIGISBERT 1379f
SCHMATZ, P. ALBERT 1158
SCHMEIING, P. MAX 625
SCHMIDT, P. BRUNO 258
SCHMIDT, EDUARD (P. ULRICH) 768
SCHMIDT, ERNST (P. ALBERT MAGNUS) 1111
SCHMIDT, P. HEINRICH 24
SCHMIDT, P. KARL 508
SCHMIDT, KARL (P. OTTO) 24
SCHMIDT, P. MARIA JOSEPH 875
SCHMITT, P. BERNHARD 1381
SCHMITZ, BR. RICHARD 1382
SCHMITZ, P. JOSEF 1383
SCHNABEL, RUDOLF (P. LEANDER) 508
SCHNEIDER, P. HERMANN 566
SCHNEIDER, IGNAZ (BR. DIDAKUS) 284
SCHNEIDER, LUDWIG (P. JOHANNES) 769
SCHNITZLER, P. GERHARD 1048
SCHOEN, P. ANTON 1573

Verzeichnis der KZ-Häftlinge (ohne Todesfälle)

Verzeichnis der im KZ Verstorbenen

Verzeichnis der sonstigen Todesopfer

ALBRECHT, P. JOHANNES 1525
ARNOLDS, JOHANN 1
BANGE, BERNHARD (P. ROMANUS) 924
BEICHERT, ALOIS 401
BINNEBESEL, BRUNO 1533
BIRNER, ADAM 46f
COENEN, FRANZ 5
DELP, P. ALFRED 686f
DEML, P. NORBERT 1547
ENDT, FRANZ XAVER 1547
FRAMMELSBERGER, P. MAXIMILIAN 1131
GERSTER, AUGUST (P. ATHANASIUS) 422
GONSKA, WALTER 268
GOOR, P. SYLVESTER 9
GRIMM, P. ALOIS 424f
GRIMM, JOSEF 705
HIRSCH, ALBERT 254
HOEFT, WALTER 1534
HORTEN, FRANZ (P. TITUS) 834f
JAKISCH, P. LAMBERT 1555f
KIRCHHOFF, JOSEPH (P. KILIAN) 994
KORTE, ANTONIUS (P. GANDULF) 1001
KRAMER, KARL 1143
KREMER, BR. JOHANNES LEODEGAR 609
KUEPPERS, LEONHARD 15
LAMPERT, CARL 255
LANGE, HERMANN 908f
LICHTENBERG, BERNHARD 255f
LOH, FRANZ (P. STANISLAUS) 17f
LOHNER, P. ERNST 1561f
LORENZ, P. FRIEDRICH 256
LOSCH, JOSEF 1147
MAIER, JOHANNES 1147
METZGER, MAX JOSEPH 453f
MITTERER, LUDWIG 1106
MUELLER, EDUARD 912
MUELLER, JOSEPH 517
MUELLER, OTTO 553
OSSOWSKI, BR. EDUARD 618
OTT, JOHANN 1566
PETERS, JOSEF MARTIN 21
PONTILLER, JOSEPH (P. EDMUND) 1108
PRASSEK, JOHANNES 913
REINISCH, P. FRANZ 1369
RICHARZ, EVERHARD 560
SCHERER, MICHAEL (P. GERHARD) 283f
SCHLOESSINGER, P. WILHELM 1572
SCHUBERT, BRUNO 259
SCHWENTNER, BERNHARD 914
SIMOLEIT, HERBERT 259
STAPPERS, FRANZ 27
STROHMEYER, WILLIBALD 480
SVOBODA, P. COELESTIN HEINRICH 1577
VOGL, ADALBERT 1115
WACHSMANN, ALFONS MARIA 261
WAGNER, AUGUSTIN 1165
WEHRLE, HERMANN JOSEF 785
WINKLER, JOHANN 1117
ZADRASIL, P. ALFONS OTTOKAR 1582

Personenregister

BERNHARDT, KARL 584
BERNING, ANTON 802
BERNRIEDER, JOSEF 679
BERSCH, JAKOB 1283
BERSCHNEIDER, WILLIBALD 295
BERTELE, JOHANN NEPOMUK 45
BERTHOLD, WALTER 403
BERTSCH, AUGUST 1174
BESCHER, PHILIPP 638
BESLER, PETER 45
BESLMUELLER, ALOIS 679
BESOLD, KARL 679
BESSE, ANTON (BR. UBALD) 584
BETTENDORF, LUDWIG 1283f
BETTINGER, AUGUST 1228
BETTSCHEIDER, JAKOB HEINRICH 1228
BETTSCHEIDER, JOHANN ALOIS 1284
BETZ, FRANZ (BR. JOHANN-BAPTIST) 584
BETZ, LORENZ 45
BETZINGER, LUDWIG 679
BETZLER, WILHELM 1174
BEU, CHRISTIAN 362
BEUING, KONRAD 802
BEULE, WILHELM 930
BEULEN, GERHARD 2
BEULEN, HEINRICH JOSEF 2
BEUSCHLEIN, JOHANN JOSEF 403
BEVERUNGEN, BERNHARD 930
BEY, P. OTTMAR 585
BEYER, ALOIS (P. BERNHARD) 930
BEYER, HERMANN 931
BEYER, MAXIMILIAN 679
BEZLER, ANTON 46
BICHLER, ANTON 680
BICHLER, BENNO 46
BICKERLE, KARL 638
BIDGENBACH, JOSEF 1284
BIEBEL, PETER 295f
BIEBER, ANTON 1420
BIEDERMANN, ALFONS (P.HERMENEGILD) 1421
BIEDLINGMAIER, GEBHARD 1174
BIEHL, LUDWIG 1228
BIEHLER, VALENTIN 403f
BIEKER, HERMANN 931
BIEKER, JOHANNES 931
BIEKER, JOSEF 931
BIEL, ANTON (P. SERAPHIN) 585
BIEMER, JOSEF 404
BIENERT, ALFRED 263
BIER, ADAM 1284
BIERINGER, ALOIS 1088f
BIERINGER, ANTON 1089
BIERINGER, GEORG 1089
BIERPRIGL, FRANZ 680
BIERSACK, JOSEPH 296
BIESING, OTTO 521
BIESSLE, JAKOB (P. HARDUIN) 931
BIGOTT, FRIDOLIN 404

BIHLER, JOSEF 46
BIHLER, KARL 404
BIHR, GEORG 1174
BIHR, JOHANNES 1175
BIKEL, HERMANN JOSEF 404
BIKEL, JOHANN 1175
BILKO, LEOPOLD 263
BILL, JOSEPH MATTHIAS 585
BILLMANN, LUDWIG 1421
BILLMEIER, LUDWIG 1421
BINDER, ANTONIUS (P. FABIAN) 1175
BINDER, JOSEF 1089
BINDER, LEO 1517
BINHOLD, FRANZ 1228
BINNEBESEL, BRUNO 1533
BINZ, P.RAIMUND 585
BIOLY, PETER 1545
BIRETT, PAUL MARIA 46
BIRKE, JOHANN 1545
BIRKENFELD, BERNHARD 802
BIRKENMAYER, ANTON 1175
BIRKER, HEINRICH 931
BIRKHAN, JOHANNES 1523
BIRKLE, PAUL 404
BIRKMEIER, ANTON 680
BIRNER, ADAM 46f
BISCHOF, ANDREAS 1284
BISCHOF, JOHANNES 264
BISCHOFF, BRUNO 363
BISSLE, KARL 47
BISSON, JAKOB 1229
BITTEL, ANDREAS 218f
BITTEL, JOSEF 680
BITTER, BERNHARD 803
BITTER, FRANZ 932
BITTER, WILHELM 803
BITTNER, FRANZ XAVER 296
BLAECKER, FRANZ 1284f
BLANCKART, FRIEDRICH 1285
BLANK, THEODOR 1175
BLANKE, HERMANN 803
BLASCHKE, JOHANNES 1523
BLASEN, MICHAEL 1285
BLASER, FRANZ XAVER 405
BLASSAUER, AUGUSTIN 1421
BLATT, WALTER 1285
BLATTMANN, STEPHAN 405
BLATZ, JOSEF 405
BLAZEJEWSKI, AUGUST 363
BLEIBRUNNER, JOSEF 680
BLEICHER, JOSEPF 1124f
BLEICHER, KARL 47
BLEIENSTEIN, P. HEINRICH 680
BLEISTER, ADOLF 803
BLESKE, HUGO 363
BLESSING, JOSEF 1175
BLESSING, OTTO 1175
BLEUTGE, GEORG 585
BLEYER, WILHELM 681

BRACH, KARL 522
BRACHETTI, HEINRICH 682
BRACKEL, OTTO 903f
BRADLER, WENZEL 1546
BRAECKLE, ADOLF 48f
BRAECKLING, ALOIS 935
BRAEDL, ANDREAS 682
BRAENDLE, JOSEPH 406f, 407
BRAMKAMP, OTTO 935
BRAND, EBERHARD 807
BRAND, FRIEDRICH 682
BRAND, KARL 586, 1287
BRAND, PAUL 1422
BRAND, WERNER 1287
BRANDAU, P.ENGELBERT 3
BRANDENBURG, ALBERT 935
BRANDENBURG, JOSEPH JOHANN HEINRICH
  JULIAN 3
BRANDENBURGER, FELIX 586
BRANDER, JULIUS 1422
BRANDER, VITUS 1422
BRANDHUBER, P. GEORG 683
BRANDL, RUDOLF 683
BRANDMANN, MICHAEL 1423
BRANDNER, MAX 1090
BRANDS, ALFONS 1287
BRANDT, ADOLF 522f
BRANDT, ANTON 807
BRANDT, AUGUST 523
BRANDT, JOSEPH MARIA 523
BRANNER, WILLIBALD 407
BRANTZEN, JOHANNES 639
BRASS, MATTHIAS 49
BRASSE, THEODOR 3
BRAUKAEMPER, ANTON 807f
BRAUM, ROBERT 1423
BRAUN, AUGUST 1287f
BRAUN, ENGELBERT 1288
BRAUN, EUGEN 407
BRAUN, GEORG 1288
BRAUN, GREGOR 363f
BRAUN, HUBERT 586
BRAUN, JOHANN (P. WILLIGIS) 935
BRAUN, JOHANNES 1230
BRAUN, JOSEF 683, 1423
BRAUN, JOSEPH 297
BRAUN, JULIUS 498
BRAUN, LEO (P. ODILO) 250
BRAUN, LEONHARD 364
BRAUN, LUDWIG 683, 1090
BRAUN, MARTIN (P. CASIMIR) 1423
BRAUN, PETER 1288
BRAUN, PETER MATTHIAS MARIA 1288
BRAUN, WILHELM 264
BRAUNER, EDUARD 1526
BRAUNER, VINCENZ 264
BRAUNMILLER, ALOIS 49
BRAUNREITER, ALOIS 49
BRAUNS, WILHELM 523

BRECH, KILIAN 1423f
BRECHT, OTTO 407
BRECHTING, AUGUST 935
BREHM, WILHELM 364
BREIDENBEND, JOHANN PETER HUBERT 3
BREIDERHOFF, JOSEF 3
BREIDLING, ALOYS 586f
BREIDT, ALOIS 1288f
BREINDL, P. LUDGER 49
BREINDL, MATTHIAS 297
BREINL, P. FROWIN 683
BREINLINGER, AEMILIAN 407
BREIT, AUGUST 1289
BREITBACH, WILHELM 1289
BREITENBACH, ALOIS 1424
BREITENBACH, JULIAN 1424
BREITENBERGER, P. FRANZ 297
BREITENEICHER, JOSEPH 684
BREITENHUBER, RUDOLF 297
BREITHECKER, WILHELM 587
BREITINGER, LORENZ (P. HILARIUS) 407f
BREITNER, VINZENZ 408
BREM, PAUL 523
BREMAUER, RUDOLF 219
BREMERICH, JOHANNES 935f
BREMM, RICHARD 1289
BREMS, ALOIS 297f
BREMS, ANTON 298
BREMS, LUDWIG (P. EHRENFRIED) 1230
BREMS, RUPERT 298
BRENNEIS, JOSEF 1424
BRENNER, IGNATIUS 49f
BRENNER, MATTHIAS 684
BRENNER, MAX 298
BRENNER, OTTO 298f
BRETTNACHER, PETER 1289
BRETZENDORFER, JOSEF 1125
BRETZL, PETER 1090
BREU, JOSEPH 1125
BREUCHA, HERMANN 1177
BREUER, FRANZ 523
BRIECHLE, JOSEF 50
BRIEL, NIKOLAUS 1177
BRIEMLE, JOSEF (P. THEODOSIUS) 587
BRILL, JAKOB 1289
BRILL, JOSEF 936
BRIMMERS, JAKOB 808
BRINGEMEIER, CLEMENS 808
BRINK, JOSEF 808
BRINKER, ERNST 936
BRINKERT, WILHELM 808f
BRINKMANN, P. BERNHARD 498
BRINKMANN, P. WILHELM 809
BRINKTRINE, JOHANNES 936
BRITZELMAYR, IGNAZ 50
BROCK, JAKOB 3f
BROCKE, KARL 936f
BROCKHANS, GOTTFRIED 4
BROCKHAUSEN, PHILIPP 809

DOHMES, P. AMBROSIUS 1297
DOHRMANN, P. ANTON 814
DOLD, AUGUSTIN 412
DOLD, RICHARD 412
DOLDI, JOHANN NEPOMUK 57f
DOLLE, THEODOR 944
DOMINICK, JOSEF ANDREAS 6
DOMM, ROBERT 58
DOMOGALLA, KARL 1180
DONHAUSER, JOSEF 1427
DONNER, JOSEF 944
DONY, JOSEF 688
DOPP, JOHANNES 904
DOPPELFELD, FRANZ 527
DORFMUELLER, ANTON 58
DORNER, FRANZ XAVER 301
DORNIK, NIKOLAUS 660
DORNOFF, BRUNO 1298
DORNSEIFER, EDUARD 944f
DORY, ANTON 641
DOSSENBACH, IGNAZ (P. MAXIMIN) 688
DOTTERWEICH, KARL 1427f
DOTTERWEICH, THOMAS 221
DOTZEL, JOSEF 1428
DRAUDEN, ALFONS 1298
DRAUDEN, JOHANNES 1233
DRECHSLER, BR. PHILIPP 1298
DREESEN, THEODOR 945
DREHER, WILHELM 412
DREHMANN, LORENZ 945
DREISSEN, JOSEF 6f
DRENHAUS, THEODOR 945
DRENKARD, LEO 1428
DREPPER, JOSEF 945
DRESBACH, HEINRICH MARIA 366
DRESCHER, EUGEN 1428
DRESEL, ALFONS 413
DRESEN, HEINRICH 527
DRESLER, HERMANN 527
DREYMANN, FRIEDRICH 945
DRIESSEN, P. HERMANN 945
DRILLING, KONRAD 946
DRISSEL, JOSEF 946
DRISSEN, JOSEPH 527f
DROEDER, JOHANNES 499
DROLL, EDUARD 946
DROSTE, EBERHARD 946
DROSTE, JOSEF 946
DRUMMER, MICHAEL 221
DRUNKENPOLZ, JOHANN (P. ENGELBERTUS) 1091
DRUX, FRIEDRICH 528
DUBIANSKI, PAUL 266
DUBIELZIG, ADOLF 946
DUDEK, ALFRED 266
DUECHTING, JOHANNES 947
DUECHTING, P. JOSEF 1298
DUELMER, P. BERNHARD 1298
DUELMER, CLEMENS 814

DUEMIG, HERMANN 1428f
DUEMLER, HUGO 1429
DUENNEBACKE, ANTON 947
DUEREN, P. PETRUS 1298
DUERK, PHILIPP (P. JAKOB) 1299
DUERMUTH, JOSEF 1547
DUERNEGGER, JOSEF 688
DUERR, FELIX 1429
DUESTERHUS, FRANZ 815
DUFFNER, FRANZ 413
DUHR, PAUL 815
DUNAU, JOSEPH 58
DUNKEL, JOSEPH 7
DUPLANG, NIKOLAUS PETER 1299
DURST, ANTON 58
DURSTEWITZ, GOTTFRIED 947
DUSCHAK, ALPHONS 660
DUSCHL, FRANZ XAVER 1091
DUSCHL, JOHANN 1091
DUSSL, KARL 1547
DUTTENHOEFER, AUGUST 1429
DUTTENHOEFER, JOSEF 641
DUWE, FERDINAND 947
DYMEK, P. LEO 366
DZIENDZIELEWSKI, PAUL 366f
DZIENDZIOL, JOHANNES (BR. SERAPHIN) 266
EBBING, JOSEF 815
EBEL, JOHANN 413
EBEL, P. BASILIUS 1299
EBENAU, LUDWIG 1299
EBERHARD, JOHANNES BAPTISTA 58f
EBERHARD, JULIUS 1299
EBERHART, JOSEPH 59
EBERL, JOSEF 688
EBERLE, FRIEDERICH 221
EBERLE, GEORG 59
EBERLE, MATTHIAS 59
EBERLEIN, KURT 688
EBERS, ANTON 947
EBERT, CLEMENS 948
EBERT, EDMUND 1300
EBERTH, JOSEF 1091
EBERTZ, JOSEF 1300
EBERWEIN, HEINRICH 689
EBERWEIN, HELMUT 413
EBNER, ERNST 1129
EBNER, JOHANN 689
ECHELMEYER, CLEMENS 815
ECHTERLING, ANTON 948
ECK, PETER 1300
ECKELT, GEORG 266
ECKER, WILHELM BALTHASAR 1300
ECKERT, ALOIS 413, 589
ECKERT, ERHARD 1429
ECKERT, FERDINAND 589
ECKERT, FRANZ 1300, 1429f
ECKERT, HERMANN 413
ECKERT, JOHANN 1301
ECKERT, JOHANN NIKOLAUS 1301

FLOCK, MICHAEL 304f
FLOERKEN, THEODOR 955
FLOETZL, STEPHAN 696
FLORENZ, HEINRICH KLEMENS 8
FLORMANN, LUDWIG 955
FLOSSDORF, AUGUSTIN 531
FLOTTMANN, HEINRICH 955
FLUEGEL, ANTON (P. EWALD) 71
FOCKE, HEINRICH 819
FOEHR, ERNST GOTTLIEB 417
FOEHR, JOHANN BAPTIST 71f
FOERCH, JOHANN BAPTIST 72
FOERG, BALTHASAR 72
FOERG, LUDWIG 72
FOERST, AEGID 1435f
FOERST, ANTON 1436
FOERST, HANS 1436
FOERSTER, FRIEDRICH KARL 252
FOERTSCH, MARTIN 223
FOERY, EMIL 417f
FOLGER, ANDREAS 1549
FOLLERT, JOHANN NIKOLAUS 1306
FORNER, FRANZ JOSEF 418
FORSTER, JOHANN BAPTIST 305
FORSTER, JOSEF 696f
FORSTER, MATTHIAS 1130f
FORSTER, P.KARL 1549
FORSTHUBER, ANTON 697
FORTHAUS, FRANZ 955f
FORTKORD, PAUL 1235
FORTUIN, ARNOLD WILHELM 1306f
FRAENKERT, JOHANNES 819
FRAENZNICK, FRANZ ANTON 418
FRAMMELSBERGER, P. MAXIMILIAN 1131
FRANCKEN, JOSEPH 819
FRANK, EDUARD 1235
FRANK, EMIL OTTO 418
FRANK, IGNAZ 72
FRANKE, JOHANNES 956
FRANKE, JOSEF 956
FRANKE, P. AMBROS FRANZ 1549f
FRANKEN, P. BENEDIKT 8
FRANKL, JOSEPH 73
FRANKRONE, VITUS (P. ADEODATUS) 956
FRANZ, JAKOB 305
FRANZ, JOHANN 697
FRANZ, JOHANN BAPTIST 1307
FRANZ, OSWALD 1436
FRANZE, ROBERT 1550
FRANZEN, ALFRED 956
FRANZEN, P. FRIEDRICH 956
FRANZKOWIAK, HEINRICH 957
FRECKMANN, WILHELM 957
FREHNER, DOMINIKUS 73
FREI, JOSEF 1182
FREIBERGER, GEORG 697
FREIBOTT, OTTO (P. CAECILIUS) 957
FREIBURG, ANTON 957
FREICHEL, EMIL 1307

FREISEM, AUGUST 1307
FREIST, JOHANN 1182f
FREISTUEHLER, ALFONS 957f
FREITAG, HEINRICH 819f
FREITAG, JOHANN ANTON 1436
FREMMER, JOSEPH 305f
FRENSCH, JOSEF 1307
FREPPON, JOSEF 1437
FRERKER, AUGUST 905
FRESENBORG, HEINRICH 820
FREUDE, ALBERT 820
FREUDENREICH, KARL 73
FREUDING, ANTON 73
FREUND, JOSEPH 1131
FREUND, KONRAD JOHANN 1437
FREY, EDUARD 1236
FREY, JOSEPH 418
FREY, KARL OTTO 73
FREY, OSKAR 418
FREY, PAUL 1094
FREYMANNER, KARL MICHAEL 74
FREYTAG, JOSEF (P. KONSTANTIN) 697
FREYTAG, THEODOR 958
FRICK, KARL 74
FRICK,ROBERT 1183
FRIEDGEN, VALENTIN 1307
FRIEDLEIN, ANTON 419
FRIEDRICH, FERDINAND 1437
FRIEDRICH, FRANZ 367
FRIEDRICH, FRANZ XAVER 1307f
FRIEDRICH, FRITZ 223
FRIEDRICH, JOHANN 1550
FRIEDRICH, JOSEF (P. FIDELIS) 958
FRIEDRICH, KARL JOSEF 1308
FRIEDRICH, P.JOSEF 592
FRIEDRICH, P.KARL JAKOB 592f
FRIEDRICH, WILHELM 1437
FRIEDRICHS, REINHOLD 820
FRIELING, ADOLF 958
FRIELINGSDORF, JOHANNES MARIA 531
FRIEMEL, ERICH 266
FRIES, OTTO (P. CORNELIUS) 697
FRIES, WENDELIN 1437
FRIESENHAHN, KARL 1308
FRIESENHAHN, OTTO 1308
FRIESER, RUDOLF 1183
FRIESINGER, ROMAN 698
FRIGGER, JOSEF 958
FRINGS, JOSEPH 531
FRINK, OTTO 593
FRISSE, WILHELM 958
FRITSCHE, ALBERT 958f
FRITTRANG, FRANZ 1183
FRITZ, ERNST 419
FRITZ, JOSEF 419
FRITZ, OTTO 1438
FRITZSCHE, HERMANN EMIL 1308f
FROEHLICH, AUGUST 252
FROEHLICH, FRANZ JOSEF ERHARD 419

GEIGER, ALOIS 421
GEIGER, ANTON 1185
GEIGER, FRANZ 1185
GEIGER, HEINRICH 225
GEIGER, HERMANN 1185
GEIGER, THEODOR 225
GEIKE, RICHARD 1439
GEILER, HEINRICH KARL 422
GEISEN, ALOIS 1310
GEISENFELDER, JOSEF 77
GEISENHOFER, ANTON 700
GEISS, EDUARD 701
GEISSENDOERFER, GEORG 1439
GEISSLER, ANDREAS 1439
GEISSLER, KARL FRIEDRICH 422
GEISTHOEVEL, JOHANNES 962
GEITNER, ANTON 306f
GELHARD, FELIX 594
GELHARDT, WERNER 660
GELLINGS, P. CANISIUS 500
GELLWEILER, CHRISTOPH 1310
GEMMEKE, ALOIS 962
GENAU, ALFONS 962
GENGLER, ALFONS 1439f
GENGLER, NIKOLAUS 1440
GEOFFROY, JOSEF 701
GEORGEN, JAKOB 642
GERADS, JOSEF 8
GERALDY, HANS 1236
GERBERT, GUSTAV 821
GERDEMANN, HEINRICH 821
GERHARD, ERNST GEORG 594
GERHARD, JOSEF (P. ODILO) 267
GERHARDS, PETER 1310
GERHARDUS, FERDINAND 1311
GERHART, JOHANN 1440
GERHARTZ, JOHANN WILHELM 1311
GERHARZ, P. JOHANNES 594
GERHAUSER, MICHAEL 701
GERLACH, FRIEDRICH 962
GERLACH, KARL 962f
GERLACH, WILHELM 1311
GERLSPECK, SEBASTIAN 1551
GERMANN, WALTER 532
GERNER, MICHAEL 307
GERNGROSS, JOHANN BAPTIST 307
GERNTKE, JOSEF 1440f
GEROLD, JOSEF 1441
GERSBACH, JOHANNES 594
GERSCHUETZ, JOSEF 1441
GERSTENBERG, RUDOLF 267
GERSTER, AUGUST (P. ATHANASIUS) 422
GERSTLAUER, KARL 77f
GERSTMAYR, JOHANN 78
GERTEISER, EDUARD 422
GERTZ, WILHELM 821f
GESSER, GUSTAV JOHANNES PETER 642
GESSLER, ALOIS 1185
GESSLER, ERNST 422f

GESSLER, FRANZ 1185
GESSLER, WENDELIN 78
GESSNER, JAKOB 1311
GESSWEIN, VALENTIN 1311
GETZ, P. FRANZ 963
GEULEN, JOHANNES 532
GEWINNER, GEORG 225
GEWSERT, P. GEORG 701
GICKLER, JOHANNES 532
GIEGERICH, LUDWIG 1441
GIELEN, VIKTOR 8
GIERLINGER, ALOIS 701
GIERSE, ANTON 963
GIERSE, FRANZ 963
GIES, JOSEF 963
GIESEN, JOSEF 594f
GIESENDORF, ALOIS 595
GIETL, HEINRICH (P. CLEMENS) 1132
GIGLER, ALOIS 1132
GILEN, JAKOB 1312
GILLES, ANTON JOSEF 1312
GILLITZER, OTTO 1132
GILLMANN, WILHELM 822
GILZ, HUBERT SUITBERT JOSEF 9
GINTER, ANDREAS 1185
GIPPERT, P. FRANZ 963
GIRBINGER, ALFONS 307f
GIRKE, P. PETER 963f
GIRKE, WILHELM 964
GLADISCH, JOHANNES 267f
GLASER, JOHANNES (P. LUCIUS) 964
GLASER, JOSEF 1236f
GLASER, LUDWIG 1237
GLASER, WALTER 423
GLASHAUSER, JOSEF 1095
GLASS, PAUL 1534
GLASSNER, EDMUND 225
GLEIS, HERMANN 822
GLEITSMANN, PAUL 701
GLESIUS, JULIUS 1312
GLEUMES, HEINRICH 822
GLIMSCHE, FRANZ 1095
GLOECKLER, EMIL JOHANN 423
GLOEGGLER, ALOIS 78
GLOGGER, GEORG 78
GLOGGER, JOHANN NEPOMUK 79
GLOSEMEYER, FRIEDRICH 822
GLOSS, JOSEF 308
GLOTZBACH, ADOLF JOHANN ADAM 595
GLUNZ, GUSTAV ADOLF 423
GMACH, MAX 79
GMEINER, JOHANN MICHAEL 701f
GMELCH, JOSEF 308
GNEGEL, WILHELM 514
GNIDA, P. EMIL 1312
GNOERICH, ALFRED KARL EMIL 9
GNOGLER, JOHANNES 1132f
GODERBAUER, ISIDOR 702
GOEB, JOSEF 595

GOEBEL, ADOLF KILIAN 1441f
GOEBEL, CARL 1442
GOEBEL, ERNST 595
GOEBEL, HUBERT 964
GOEBEL, WILLIBALD 1442
GOEBELS, P. JOHANNES 822
GOEBELS, KARL 368
GOEDEKE, LUDWIG 964
GOEGLER, FRANZ 1185
GOEGLER, PAUL 79
GOEHLE, FRANZ 642
GOELLMANN, CARL 823
GOERGE, AUGUST 500
GOERGE, BERNHARD 514
GOERGEN, P. ALOYS 702
GOERGEN, JOSEF 1312
GOERICH, NIKOLAUS 500
GOERRES, JOSEPH 532
GOERSMANN, GUSTAV 906
GOERTLER, OTTO (BR. EPIPHAN) 1312f
GOERTZ, ANTON 1313
GOERTZ, EDUARD 964
GOESER, ALOIS 1186
GOESSL, GEORG (P. PLACIDUS) 1133
GOETT, MAGNUS 79
GOETTGENS, KARL 1237
GOETTL, HEINRICH 702
GOETTLER, WILLIBALD 308
GOETTSCHES, JOHANN JOSEPH 9
GOETZ, ANTON 1133
GOETZ, FRANZ JOSEF 1442
GOETZ, FRANZ XAVER 308f
GOETZ, GEORG 309, 702
GOETZ, JOHANN BAPTIST 80, 309f
GOETZ, JOHANN EVANGELIST 80
GOETZ, JOHANNES BAPTIST 1133
GOETZ, KARL 80, 702
GOETZ, MARTIN 1095
GOETZEL, GUSTAV 702f
GOGOLIN, FRANZ (P. WINFRIED) 1442
GOLD, ALBERT 1186
GOLDMANN, HEINRICH 595
GOLDMANN, NORBERT 500
GOLDMANN, P. GEREON 532f
GOLISCH, LEO 268
GOLLA, DESIDERIUS (P. STANISLAUS) 368
GOLLAN, GEORG 368
GOLLASCH, ALFRED 596
GOLLINGER, GEORG 80
GOLSONG, EDMUND 1237
GOLUBSKI, BRUNO 253
GONSKA, WALTER 268
GOOR, P. SYLVESTER 9
GORECKI, MARIANUS 1534
GOSSMANN, ALFRED 1442f
GOSSMANN, JAKOB 1443
GOSSNER, HERMANN 1186
GOTTERBARM, MICHAEL 80
GOTTLOB, THEODOR 423

GOTTSCHALK, JOHANN BAPTIST 310
GOTTSCHLICH, P. ROBERT 368
GOUTHIER, LUDWIG 1237
GRAAB, HEINRICH 9
GRAAFEN, JOSEF 9
GRABER, RUDOLF 310f
GRABINGER, JOSEPH 1133
GRABMEIER, JOHANN BAPTIST 703
GRABMEIER, JOHANN EVANGELIST 703
GRAEF, JOHANNES 596
GRAEF, PHILIPP 1313
GRAETZ, OSWALD 1443
GRAETZ, PAUL 268
GRAF, CARL 703
GRAF, GEORG 311, 703, 1134
GRAF, JOSEF 311
GRAF, JOSEPH 81, 1134
GRAF, MAX 423
GRAF, OTTO 424
GRAFE, JOSEF 964
GRAFENBERGER, ALOIS PAUL 642
GRAFF, LUDWIG 964f
GRAIN, VITUS 703f
GRAMEL, P. FRANZ XAVER 704
GRAMLING, THOMAS 424
GRANDERATH, ALBERT 533
GRANDPRE, WILHELM 596
GRASER, JOHANN 311
GRASKAEMPER, KARL 965
GRASMUELLER, MAX 704
GRASMUELLER, MICHAEL 81
GRASMUELLER, OTTO 225
GRASSER, KARL 1551
GRAU, JOSEPH 424
GRAU, KARL (P. THEODOR) 704
GRAUPE, ALFRED 268f
GRAW, OSKAR 368
GRAWE, EBERHARD 368
GRAWE, FRANZ 965
GRAWE, WILHELM 965
GRAWELOH, THEODOR 823
GREBE, BR. URBAN 1313
GREBE, JOSEPH 965
GREBE, PETER 965f
GREDIG, WALTER (P. DEOCHAR) 596
GREFF, WILHELM 1313
GREIF, JOHANN 1313
GREIFF, ANTON 369
GREIN, GEORG 704
GREINEMANN, FRANZ 966
GREINWALD, JOSEPH 704f
GREIS, JOSEF 705
GREISINGER, JOHANNES BAPTIST 1134
GREITER, REMIGIUS 81
GREMM, JOHANNES 643
GREMM, JOSEPH 643
GREMM, MARTIN 643
GRESS, KARL FRIEDRICH 424
GRESSOK, PAUL 269

HANNAPPEL, MARTIN 501
HANNEKEN, BERNHARD 826
HANNEMANN, BRUNO 271
HANNER, P. BONAVENTURA 428
HANNES, FRIEDRICH 1097
HANOLD, JOSEF 1188
HANOWSKI, JOHANNES 370
HANRATH, JOSEPH 534
HANREICH, REINHOLD 1552
HANSEN, FRANZ 1316
HANSER, KARL 87
HANSERT, JOSEPH 428
HANSKNECHT, WILHELM 971
HANSSEN, JAKOB 826
HANSSLER, BERNHARD 1188
HAPPE, JOHANNES 971
HARBERT, ALBRECHT 971
HARDEBUSCH, FRANZ 971
HARDER, EMIL JOSEF 428
HAREN, JOSEPH VAN (P. FLORIBERT) 971
HARIG, RICHARD 1316
HARLACHER, ANTON 1188
HARLACHER, BENEDIKT 1189
HARRER, FRANZ 312
HARRER, JOHANN 313
HARRER, LUDWIG 313
HARRER, MARKUS 313
HARRIER, BERNHARD 826
HARRIER, GERHARD 826f
HARSCHE, EDGAR 598
HART, JOHANNES 227
HARTH, ERNST 1446
HARTIG, MICHAEL 709
HARTIG, VITUS 709
HARTINGER, ALBERT 709
HARTL, FRANZ XAVER 1097
HARTL, JOHANN 227
HARTL, JOHANNES EVANGELIST 87
HARTL, JOSEF 87
HARTL, SEBASTIAN 709
HARTLMAIER, JOSEPH 87f
HARTMANN, BR.JOHANN 598
HARTMANN, FRANZ XAVER 88
HARTMANN, JOHANN BAPTIST 709
HARTMANN, JOSEF 88, 598
HARTMANN, KARL 1446f
HARTMANN, KARL (P.KARL) 428
HARTMANN, P.AUGUST 710
HARTMANN, PAUL 501
HARTMANN, RAPHAEL 1189
HARTMANN, ROBERT 515
HARTMUTH, JAKOB 1239
HARTUNG, JOSEF 599
HARTUNG, PAUL 1447
HARTZ, P. THEODOR 1316
HASEL, ANTON 88f
HASELBRUNNER, ANTON 1447
HASELMEIER, FERDINAND 428
HASER, HEINRICH MICHAEL 1316

HASKER, HEINRICH 827
HASLACH, FRANZ-XAVER 89
HASLWIMMER, ALOIS 710
HASTLER, JOSEF 1447
HATTEMER, CARL HEINRICH 643
HATTEMER, JAKOB 643f
HATTEMER, NIKOLAUS 644
HATTING, WILHELM 971f
HATTWIG, WILHELM 1527
HAU, P. JOHANNES 1317
HAU, PAUL 1317
HAU, PETER 1317
HAUBER, ANTON 89
HAUCK, ANTON 1447
HAUCK, FRIEDRICH 1239
HAUCK, GEORG ANDREAS 1239
HAUCK, JOSEF ANTON 599
HAUG, GEBHARD 89
HAUG, JOHANNES 1189
HAUG, OSWALD 429
HAUG, PAUL 1189
HAUKE, JOSEPH (BR. BERARD) 271
HAUN, HANS 1447f
HAUNSCHILD, ANTON 1136
HAUNSTEIN, PETER 1552f
HAUPELTSHOFER, KASPAR 89
HAUPEY, ANTON (P. MARKWART) 972
HAUPS, P.EDUARD 1189
HAUPT, CARL 644
HAUPT, P.MAX 710
HAUSER, FRIEDRICH 710
HAUSER, PAUL 89f
HAUSER, RUDOLF 90
HAUSLADEN, JOHANN MICHAEL 710
HAUSMANN, FRANZ 1317
HAUSMANN, HANS 313
HAUSMANN, JOSEPH 314
HAUSNER, JOHANN BAPTIST 314
HAUSWIRTH, WILHELM 429
HAUTH, WALTER 1317
HAVENITH, CARL 534
HAVERKAMP, JOSEPH 827
HAVERKAMP, WILHELM 972
HAVERSATH, LUDWIG 827
HAW, JOHANNES MARIA 1318, 109*
HAWIGHORST, GERHARD 907
HEBBEKER, JOSEF 972
HEBBEL, FRIEDRICH 429
HEBBELMANN, P. GEORG 907
HEBERER, JOHANNES 644
HECK, JOHANN LEONHARD 1318
HECK, P. JOSEF 599
HECKEL, JOHANNES 227
HECKELMANN, ALFRED 1448
HECKELMANN, ANTON 1448
HECKELSMUELLER, P. KONRAD 710
HECKEN, JOHANN 1318
HECKER, JOSEPH 534f
HECKER, PAUL 972

HECKMANN, ARTUR 1189
HECKMANN, ERWIN GEORG 90
HECKMANN, PAUL 972f
HEDDERGOTT, KARL (P. ANGELICUS) 973
HEEGER, JOSEPH 1448
HEEP, JOSEF 599
HEER, JOSEPH 973
HEFFELE, WILHELM 90
HEFFNER, KARL 429
HEGEMANN, KARL 827
HEGGENSTALLER, PAUL 90
HEGHMANS, P. 907
HEGMANN, FRANZ 1449
HEIBGES, MATTHIAS 1318
HEICHELE, KARL 91
HEICHELE, OTTO 711
HEIDE, P. AUGUST 973
HEIDE, P. GEORG 370
HEIDE, WILHELM 973
HEIDEL, JOHANNES BAPTIST 91
HEIDER, P. WILHELM 1318
HEIDRICH, ARNOLD 1318
HEIGL, JOSEF 1136f
HEIGL, LUDWIG 314
HEILEMANN, BR. GREGOR 1319
HEILER, JOSEF 429
HEILMANN, ALFONS 711
HEILMANN, LORENZ 1449
HEILMANN, OTTO 430
HEILWECK, HERMANN 1239f
HEIM, GEORG 1240
HEIM, HERMANN 430
HEIMANN, KARL 973
HEIMBUCHER, MAX JOSEPH 711
HEIMERL, WOLFGANG 1137
HEIMHARDT, KARL 973
HEIMING, THEODOR 973
HEIN, JOHANN 1319
HEINDL, ANDREAS 314
HEINDL, JAKOB 314
HEINDL, RUDOLF 599
HEINDRICHS, JOSEPH 535
HEINE, ANTON 1190
HEINE, FRANZ 974
HEINE, FRIEDRICH WILHELM 91
HEINEMANN, BERNHARD 974
HEINEMANN, FRANZ 974
HEINEMANN, P. GABRIEL 828
HEINEN, LUDWIG 10f
HEININGER, MAX 711
HEINKELMANN, ADAM 227
HEINLE, ANTON 91f
HEINLE, LEONHARD 92
HEINLOTH, WILLIBALD 315
HEINRICH, AUGUST 535
HEINRICH, BRUNO 370
HEINRICH, JOSEPH 1137
HEINRICH, KURT 1518
HEINRICH, WILHELM (P. THEODERICH) 1553

HEINSCH, AUGUSTINUS 1528
HEINSTADT, HEINRICH 644
HEINTZ, ALBERT PETER 1319
HEINY, KARL 1240
HEINZ, FELIX 1319
HEINZ, JOHANNES 974
HEINZELMANN, FRIEDRICH 92
HEINZELMANN, JOSEPH 92
HEINZEN, ALOIS 1319
HEINZINGER, KORBINIAN 711
HEINZMANN, BERNHARD 92f
HEISIG, KARL 271
HEISINGER, JOSEF 1553
HEISS, RUPERT 93
HEITE, ROBERT 974
HEITER, ALOIS 1240
HEITMANN, CLEMENS 828
HEITMEYER, HEINRICH 828
HEITZMANNSBERGER, MARTIN 1097
HELBACH, GEORG 535
HELBACH, PETER 1319
HELBIG, THEODOR 501
HELBING, KARL 502
HELBRON, PETER AUGUST 1320
HELD, FRIEDRICH NIKOLAUS MARIA 1320
HELD, JOHANN BAPTIST 711
HELD, KONRAD 430
HELDMANN, ANTON 711f
HELDWEIN, JOHANN BAPTIST 712
HELFBEREND, JOHANNES 975
HELFRICH, WALTER ANDREAS 1240
HELL, FRANZ 1320
HELLBRUECK, ALOIS 1320
HELLDORFER, HEINRICH 228
HELLE, FRIEDRICH 975
HELLER, ALOIS 315
HELLER, JOSEF 1097
HELLER, NIKOLAUS 315
HELLMANN, BERNHARD 828
HELLMANN, JOSEF 975
HELLMICH, BERNHARD 975
HELLRAETH, PAUL 828f
HELLWEG, CLEMENS 975
HELLWEG, GERHARD 975
HELMERT, FELIX 1320
HELMIG, BERNHARD 829
HELMKE, P.DAMIAN 599
HELMLE, JOSEPH 93
HELMLING, JOHANNES JOSEF 644
HELMS, MAX BERNHARD 1320
HELMUS, JOSEPH 829
HELTEN, JOSEF WILHELM 93
HELTEN, THEODOR 535
HEMING, LUDWIG 829
HEMMER, FRIEDRICH 430
HENDRICKS, HERMANN 829
HENDRIKS, PETER 11
HENGSBACH, FRANZ 975f
HENGSBACH, KONRAD 976

KAHLERT, BR. WILHELM 604
KAHLES, WILHELM 541
KAHMEN, ALOIS 989
KAIM, EMIL 1192
KAIM, JOSEF 1192
KAINDL, FRANZ 722f
KAISER, ANDREAS 230
KAISER, GERD 604
KAISER, GOTTFRIED 437
KAISER, JOSEPH 437
KAISER, KARL 989
KAISER, P. LORENZ 1140
KAISER, MATTHIAS 108
KAISER, OSKAR 437
KAISERS, P. BENEDIKT 604f
KALB, HEINRICH 108
KALDENHOFF, WILHELM 839
KALIGA, JOHANN 274f
KALLEN, JOSEPH 541
KALLEN, PETER 541
KALLER, MAXIMILLIAN 374
KALSCHEUR, ANTON 839
KALSCHEUR, JAKOB 839
KALTENHAUSER, JOHANN 723
KALTHOFF, HEINRICH 989
KALTMEYR, ADALBERT 108
KALTNER, FRANZ SALES 723
KAMINSKI, LEO 374
KAMMER, KARL 1328
KAMMERBAUER, ANTON 319
KAMMERMEIER, ANDREAS 1140
KAMP, BERNHARD 839
KAMPE, P. WILHELM 1140f
KAMPER, MAXIMILIAN 989
KAMPFMANN, JOSEPH 1457
KAMPMANN, ALBERT 989
KAMPSCHULTE, FRANZ 989
KAMPSCHULTE, P.JOSEF 839
KANDELS, JOHANN 1328
KANDLBINDER, JOHANN 723
KANDLER, JOSEPH 723
KANDLER, P. MAURUS 723
KANN, ADAM VON 541
KANN, ERICH 839f
KANTERS, JOHANNES 374
KANZLER, GEORG 230
KAPAUN, ERICH 1528f
KAPFHAMER, HEINRICH 108f
KAPPAUF, ALOIS 230
KAPPLER, KONRAD 645
KARBAUM, ERNST 1535
KARCH, GEORG 319
KARCH, JOSEF 230f
KARGER, RUDOLF 1529
KARHAUSEN, HEINRICH 989
KARL, ALFONS 1141
KARL, JOSEPH 319
KARL, LORENZ 724
KARL, MAXIMILIAN 1141

KARP, ALFRED 1328
KARP, JOSEPH 541
KARRER, JOSEF 437f
KARST, PAUL 1328
KARTHAUS, ERICH 990
KARY, FRITZ 1244
KARY, JOSEF 438
KASPAR, P. FERDINAND 541
KAST, AUGUSTIN 438
KASTELL, WILHELM 646
KASTER, JOHANNES 1328f
KASTL, LEONHARD 109
KASTNER, ANTON 724
KASTNER, EDUARD 319f
KASTNER, KARL 109
KATGELI, JOHANN 1329
KATHER, ARTHUR 374f
KATTUM, FRANZ XAVER 1141
KATZENBERGER, AUGUST 320
KATZENDOBLER, ALOIS 1141
KATZENMEIER, JOHANN 110
KATZENSCHWANZ, KARL 110
KAUFHOLD, FERDINAND 990
KAUFHOLD, NIKOLAUS 990
KAUFMANN, ALOIS 1329
KAUFMANN, OTTO 1100
KAUP, FRIEDRICH 990
KAUP, HERMANN 840
KAUP, JOSEF 990
KAUPP, KARL 438
KAUWS, GERHARD 541f
KAYSER, ANTON 990f
KAYSER, JOSEF 991
KEBINGER, AUGUSTIN 724
KEES, ALFRED 1192f
KEES, JOHANNES MARKUS 1329
KEESPE, ENGELBERT 991
KEESPE, JOSEPH 991
KEHL, JOHANN BAPTIST 1193
KEHRBAUM, JOSEF 375
KEIDEL, ERNST 605
KEIL, CHRISTIAN 605
KEIL, JOHANN BAPTIST 110
KEILBACH, KARL 1193
KELLER, ANTON 110, 1457f
KELLER, EDUARD 1458
KELLER, EGON HUGO 438
KELLER, ERWIN 438f
KELLER, FRANZ 439
KELLER, FRIEDRICH WILHELM MATTHIAS
  13
KELLER, GOTTFRIED 1141f
KELLER, GUSTAV VIKTOR 724
KELLER, JAKOB 1458
KELLER, JOHANN 724
KELLER, JOSEF 439
KELLER, PAUL 110
KELLER, WILHELM 439, 1329
KELLERER, JAKOB 724

KOCH, THEODOR 442
KOCH, WILHELM 1194
KOCHEN, ARNOLD 843
KOCHOLATY, NORBERT 1558
KOCHSEDER, GEORG 231
KOEBERL, JOSEF 1101
KOEBERLE, THADDAEUS 118
KOECHLING, ANTON 1558
KOECK, JOHANN 1101
KOEDDEWIG, JOSEPH 843
KOEFERLER, PETER 321
KOEGEL, GERMAN 118
KOEHLER, ALOIS 543
KOEHLER, GEORG 231
KOEHLER, MATTHIAS (P. PAULINUS) 1335
KOEHLER, WILHELM OTTO 442
KOEHNE, ANTON 998f
KOEHNE, JOSEF 999
KOEHNE, WILHELM 999
KOELBL, HEINRICH 118f
KOELLER, WILHELM 999
KOENEN, JOSEPH 543
KOENIG, ADALBERT 1461
KOENIG, AUGUST 608
KOENIG, HEINRICH 442f, 999
KOENIG, JOHANN 1194f, 1461
KOENIG, JOSEF 119, 443
KOENIG, P. LOTHAR 729
KOENIG, RUDOLF 543f
KOENIGER, AUGUST 729
KOENIGER, MAXIMILIAN 321
KOENIGS, THEODOR 14
KOENIGSDORFER, FRANZ 119
KOENIGSDORFER, KARL 119
KOENN, JOSEF 544
KOEPPING, FRIEDRICH 1000
KOEPPL, LUDWIG 729
KOERBES, JOHANN 1335
KOERBES, JOSEF 1335
KOERBLING, P. ANTON 729f
KOERNER, OTTO ANDREAS 1461
KOESTER, FRIEDRICH 844
KOESTER, HEINRICH 844
KOESTER, JOHANNES 1000
KOESTER, JOSEF 1000
KOESTER, WILHELM 1000
KOESTLBACHER, HERMANN 1142
KOESTLER, HEINRICH 730
KOETHE, P.PAUL 503
KOETT, JOHANNES 119
KOETTER, HEINRICH 516
KOETTGEN, P.MAX 608
KOETZNER, JOHANN ALOIS 1461
KOHAUS, ANTON 844
KOHL, AUGUST 1142f
KOHL, JOHANN 1558
KOHL, PAUL 1000
KOHLBAUER, JOHANN 231
KOHLBECHER, LEOPOLD 1335

KOHLER, GOTTFRIED 119f
KOHLER, OTTO JOHANNES WILHELM 544
KOHLER, WILHELM 1195
KOHLHAUF, INNOZENZ 730
KOK, P. STEPHAN 608
KOLANCZYK, KONSTANTIN 1000
KOLB, ALBERT 120
KOLB, JOSEPH 1461f
KOLB, MATTHAEUS 1195
KOLL, JOHANN JOSEF 1335
KOLLER, FRANZ XAVER 321
KOLLER, HUGO 730
KOLLER, JOHANNES BAPTIST 1143
KOLLER, WOLFGANG 1143
KOLLING, NIKOLAUS 1336
KOLLING, PETER 1245
KOLLINGER, JOHANN 1101
KOLLMANN, JOHANN JOSEF 1336
KOLLMER, JOHANN 1143
KOLLWITZ, JOHANNES 1001
KOLPING, ADOLF 544
KOMMA, JOSEF 1558
KOMOROWSKI, BRONISLAUS 1535
KONERMANN, AUGUST 844f
KONERMANN, CLEMENS 845
KONRAD, GEORG 120
KONRAD, MATTHIAS 1195
KONRAD, RICHARD 1462
KONRATH, ALOIS 1245f
KONZE, LUDWIG 1462
KOOB, WILHELM 1246
KOOS, LEONHARD 1336
KOPERA, AMAND 275f
KOPF, AUGUSTIN 1195
KOPF, JOSEF 321
KOPLIN, LEO 1518
KOPP, GEORG 1246
KOPP, KLEMENS 1001
KOPP, RUDOLF 120
KOPPSHOFF, THEODOR 14
KORB, BR.NEVELON 608
KORCZOK, ANTON 276
KORFF, FRANZ 1001
KORMAIER, MAX 1101f
KORN, MATTHIAS 120f
KORNACZEWSKI, ANTON 276
KORNBACHER, JOSEF 322
KORNE, PETER 1336
KORNEK, ERNST (P. VINZENZ) 276
KORNELIUS, WILHELM 1336
KORNHERR, FRANZ 1558
KORNLEITER, JOSEF 730
KORNWACHS, FRIEDRICH 443
KORR, HUBERT 14
KORTE, ANTONIUS (P. GANDULF) 1001
KORTE, GEORG 1001f
KORTE, JOHANNES 845
KORTE, THEO 1002
KORTH, HEINRICH 544

LEIBL, KARL 1146
LEICHER, P. ALOIS 736
LEICHT, ANTON 1198
LEICHT, KARL 1198
LEIDL, GEORG 129
LEIDL, RAIMUND 1248
LEIER, HEINRICH 1466
LEIFKER, HERMANN 850
LEIMANN, HEINRICH 1007
LEINER, P. PAULUS JOSEF 1560
LEINEWEBER, KARL 1008
LEINFELDER, P. ALOIS 736
LEINFELDER, JOHANN BAPTIST 325
LEIPERT, JOHANN 447
LEIPRECHT, CARL JOSEPH 1198
LEIS, P. EUSEBIUS 1466
LEISMANN, JOHANN 1343f
LEISNER, KARL 850f
LEISSLE, JOSEF 1198
LEIST, EDUARD 1248
LEISTER, EDUARD (BR. VOLKWIN) 611
LEISTER, HEINRICH 1008
LEISTER, KONRAD 1529
LEISTL, JOSEF 736
LEITELT, RAINER 1561
LELL, GEORG 736
LELLMANN, JOSEF 1344
LENFERDING, ANTON 611
LENFERDING, KARL 611
LENGELING, EMIL 851
LENGLER, GEORG 1466f
LENHARD, PETER 1344
LENHART, FRANZ 1467
LENHART, VINZENZ 1248
LENNARTZ, GERHARD (P.THOMAS) 1344
LENNARZ, HEINRICH JOSEF 16
LENZ, ANTON 1344
LENZ, FRANZ 1561
LENZ, JAKOB 1344
LENZ, JOSEF 1345
LENZ, JOSEPH 129
LENZ, LEONHARD 736
LENZ, OTTO 448
LENZ, P. WILLIBALD 1345
LENZ, PETER JOHANN 1345
LENZEL, JOSEPH 255
LENZEN, HEINRICH 851
LENZEN, JOHANNES 547
LENZEN, WILHELM 17
LEONARD, CHRISTIAN 1008
LEONARD, GOTTFRIED 1467
LEONHARD, BR. 547
LEONHARD, JOHANN 1467
LEONHARDT, HEINRICH 1008
LEONPACHER, ALFRED 736f
LEOPOLD, ADOLF 129
LEPPER, THEODOR 1008
LERCH, MICHAEL 504
LESERER, JOHANN 448

LESSMANN, ARNOLD 1009
LESSMANN, FRIEDRICH 909
LETMATHE, ANTON 851
LETTAU, JOSEPH 378
LEUCHTENBERG, MATTHIAS 547
LEUCHTENBERG, WILHELM 17
LEUE, KARL 1009
LEUGERS, HERMANN 851
LEUSDER, BERNHARD 851
LEUSSLER, WALTER 611
LEUTGEB, MAX 1104
LEUTHER, FRANZ 129
LEVELING, HERBERT VON 737
LEWALTER, WALTER 647f
LEWE, JOSEF 1009
LEWELS, MAXIMILIAN 909
LEY, ADOLF KARL 1345
LEYENDECKER, JOSEF NIKOLAUS 17
LEYGERS, BR. GUALBERT 1345
LICHTENBERG, BERNHARD 255f
LIDEL, MATTHIAS 130
LIEB, FRANZ 1467f
LIEBENSTEIN, ERNST 448
LIEBENSTEIN, RUDOLF 1468
LIEBERICH, HERMANN 1345
LIEBISCH, P.BARNABAS 1468
LIEBL, SEBASTIAN 737
LIEBLANG, JOSEF 1346
LIEBLER, FRANZ 1009
LIEDMANN, HUGO 547
LIEMERSDORF, JOSEF 1346
LIESCH, GEORG 130
LIGON, LEO 279
LILIENTHAL, ADALBERT 378
LIMPER, BERNHARD 1009
LIMPER, FERDINAND 1009f
LINDELAUF, EDMUND 109*
LINDEN, JOHANN 1346
LINDEN, P.ERNST 1010
LINDENBLATT, JOHANNES 378
LINDER, ANTON 130
LINDER, AUGUST 737
LINDER, CLEMENS (P. CONCORDIUS) 17
LINDERMAYR, GEORG 130
LINDHUBER, LUDWIG 131
LINDNER, MATTHIAS 1146
LINDNER, MICHAEL 325f
LINDT, JOHANNES 611f
LINGNAU, OSKAR 378
LINHARD, JOSEF 737
LINHARDT, ROBERT 737
LINHART, ERICH 1561
LINHOFF, JOSEF 1010
LINK, ALFRED 448
LINK, HANS 1468
LINK, JOHANNES (P. PETRUS THOMAS) 1146
LINNENKEMPER, JOSEF 852
LINSENMANN, EUGEN 1198
LINSENMAYER, MAXIMILIAN 738
LINZ, ALOIS 448

MADER, ANTON 327
MADER, FRANZ 133
MADER, JOHANN BAPTIST 133
MADLENER, JOHANNES 233
MADLENER, PHILIPP 134
MADLENER, WILHELM 233
MAEDER, P. KURT LUDWIG 256f
MAEDGE, FELIX 1014
MAENNER, HERMANN 740
MAENNER, JOHANN BAPTIST 740
MAENNLEIN, ADAM 233
MAERZ, JOSEF 134, 327
MAEURER, JOSEPH 548f
MAGAR, JOHANN 1348
MAGER, JOSEPH 549
MAGER, OTTO 327
MAGERL, ANDREAS 1470
MAGERL, MICHAEL 1562
MAGIN, RUDOLF 1248f
MAGINOT, ALOIS 1249
MAGNANI, HEINRICH 449
MAHLE, EBERHARD 327
MAHR, FRANZ 1470
MAI, JOHANN 1348
MAI, KARL 1014
MAIER, BENEDIKT 740
MAIER, BERNHARD ALFONS 449
MAIER, BR.FRANZ XAVER 613
MAIER, FRANZ SERAPH 740f
MAIER, FRANZ XAVER 741
MAIER, GEORG 741
MAIER, JOHANN 741
MAIER, JOHANN EVANGELIST 741
MAIER, JOHANNES 662, 1147
MAIER, JOSEF 134, 450, 741
MAIER, JOSEF ANTON 450
MAIER, JOSEPH 327f
MAIER, KARL 1199
MAIER, MATTHIAS 134
MAIER, OTTO 450
MAIER, P. ALOIS 1562
MAIER, SEBASTIAN 1147
MAIER, WILHELM 450
MAIER, WILLIBALD 328
MAIERHOFER, AUGUSTIN 1147f
MAIKAEMPER, HEINRICH 854
MAILAENDER, JOHANN 1349
MAILEN, ANDREAS 328
MAILINGER, ALBERT 328
MAINZ, WILHELM 549
MAINZER, JULIUS 1014
MAIR, JOHANN 134f
MAIR, JOHANN EVANGELIST 741f
MAIR, JOSEPH 742
MAIR, MATTHAEUS 135
MAIROCK, GUSTAV 135
MAIWORM, JOSEF 1014f
MAJEWSKI, GEORG 1535f
MALBURG, PETER 1349

MALLINCKRODT, MEINULF VON 742
MALSY, ANDREAS 648
MALTRY, RUDOLF 1148
MALZER, P. ANDREAS 1562
MANDEL, HEINRICH 1015
MANDEL, KARL 1199
MANDEL, P. WILHELM 549
MANDL, JOHANN 1104
MANDUTZ, ANTON 1562
MANGEL, JOHANNES 1015
MANGOLD, KARL (P. PETRUS) 1563
MANGOLD, KURT FERDINAND 549
MANGOLD, STEPHAN 135f
MANN, GEORG 233
MANN, JOHANNES 1249
MANNSNETTER, JOSEF 136
MANSTETTEN, KARL 549
MANUWALD, P. MARTIN 1199
MANZ, ALBERT 1199
MANZ, ANTON JOSEF 136
MARBE, KONRAD 450
MARDER, HERMANN 450
MAREK, FRANZ 1563
MAREK, GEORG 1563
MARGREF, FRIEDRICH WILHELM 18
MARING, P. ALBERT 854
MARK, ALFONS 1200
MARKFORT, BERNHARD 854
MARKOETTER, JOSEPH (P. ELPIDIUS) 854f
MARON, JOHANNES 613
MAROSZ, JOHANNES 279
MARPE, HEINRICH 1563
MARQUARDT, P. ALOIS 379
MARQUARDT, ALOYS 379
MARSCHALL, KASPAR 742
MARSMANN, THOMAS 742
MARTIN, ALEXANDER 136
MARTIN, ALFONS 505
MARTIN, ANDREAS 233
MARTIN, ERHARD 1470f
MARTIN, FRANZ 549f
MARTIN, FRANZ (BR. CLEMENS) 136
MARTIN, FRANZ XAVER (P. NORBERT) 1148
MARTIN, FRIEDRICH 1471
MARTIN, GEORG 233f
MARTIN, HEINRICH 1249
MARTIN, JAKOB 1249
MARTIN, JOHANN BAPTIST 136f
MARTIN, JOHANNES AEGIDIUS 1471
MARTIN, P. JOSEF 1015
MARTIN, JOSEPH 137
MARTIN, JULIUS 505
MARTIN, KARL 1471f
MARTIN, MAXIMILIAN 137
MARTIN, PHILIPP 451
MARTINI, HEINRICH (P.ADALBERT) 137
MARTINY, JOHANN 1349
MARTZ, ALFONS MICHAEL 1563
MARX, ALBERT 613

MARX, BERNHARD (P. EPIPHANIUS) 550
MARX, HEINRICH 1015
MARX, JOSEF 1015f
MARX, LEO KARL 1349
MASIAK, PAUL 1536
MASSENKEIL, GREGOR 613
MASSON, JOHANN 1349
MASSON, JOSEF 1349
MATHEIS, KARL 1249f
MATT, JULIUS 1250
MATTERN, ALOYS 379
MATTERN, PAUL 379
MATTES, AUGUST 138
MATZERATH, HUBERT (P. PAUL) 855
MAUCH, FRANZ 1200
MAUDERER, ALOIS MARIA 328
MAUDERER, JOHANNES 329
MAUERER, FRANZ JOSEF 1104
MAURACHER, JOHANNES 742
MAURATH, FERDINAND 451
MAURER, ANTON 329
MAURER, BERNHARD 1250
MAURER, FRANZ 1016, 1350
MAURER, WALTER 648
MAUTHE, ALFONS 1250
MAXEIN, KARL 1350
MAXEN, WILHELM 517
MAY, GEORG 329
MAY, JOSEPH 1472
MAY, NIKOLAUS 1350
MAY, WILHELM 648
MAYBAUM, JAKOB 550
MAYENBERGER, ALFONS 1200
MAYER, ADALBERT 742
MAYER, ALFRED 234
MAYER, ANSELM 138
MAYER, ANTON 138
MAYER, AUGUSTIN 451
MAYER, DIONYS 329
MAYER, EDMUND (P. LUDOLF) 1472
MAYER, FRANZ 138, 614
MAYER, FRANZ XAVER 1104
MAYER, GEORG 1148, 1250f
MAYER, HANS (P. CHRISTOPH) 743
MAYER, HEINRICH 743
MAYER, HERMANN 1200
MAYER, HERRMANN 743
MAYER, JOHANN 1350
MAYER, JOHANN BAPTIST 138
MAYER, JOHANNES BAPTIST 1148
MAYER, JOSEF 743, 1350
MAYER, KARL 139, 140, 743
MAYER, KARL JOSEPH 648
MAYER, KONRAD 1105
MAYER, MICHAEL 329
MAYER, OTMAR 140
MAYER, OTTO 743
MAYER, P. EGBERT 1563f
MAYER, P. RUPERT 743f

MAYERHOFER, JOSEF 744
MAYERL, ALOIS 1564
MAYINGER, MAX 140
MAYR, P. BERNHARD 1200
MAYR, FRANZ SALES 140
MAYR, GEORG 140, 744
MAYR, GERMAN 330
MAYR, JOHANN (P. JOSEF) 744
MAYR, JOSEF 140, 744
MAYR, LUDWIG 141
MAYR, MARTIN 744f
MAYR, MAX 141
MAYR, P. CYPRIAN 1105
MAYRHOFER, LUDWIG 745
MAZUROWSKI, JOSEF 505
MECKES, FERDINAND 1251
MECKLENBURG, BERNHARD 910
MECKLER, OTTO 452
MEFFERT, HEINRICH 1350f
MEFFERT, JOHANNES 648
MEHLER, GUSTAV 1016
MEHLER, MARTIN 745
MEHLING, FRANZ KARL 1472
MEHRING, ANTON 855
MEHRING, BERNHARD 855
MEHRLICH, FRIEDRICH 1472
MEID, EDUARD FLORIN 1351
MEID, PETER 1351
MEIER, AUGUST 452
MEIER, BENNO 330
MEIER, FRANZ 330
MEIER, FRIEDRICH 234
MEIER, HERMANN 141, 452
MEIER, JOHANNES 1016
MEIERHOFF, PETER 280
MEILINGER, ANDREAS 330
MEINHOLZ, JOSEF 1016
MEININGHAUS, ERNST 550
MEIS, FRANZ 1351
MEISEL, PAUL 745
MEISENZAHL, HERMANN JOSEF 1472f
MEISER, JOSEF (BR. SYLVESTER) 1351
MEISETSCHLAEGER, JOSEF 1564
MEISL, FRANZ XAVER 745
MEISL, MORITZ 1105
MEISSEN, MORITZ 855f
MEISSNER, HEINRICH 330f
MEISTER, JOHANNES BAPTIST 1148
MEISTER, P. JOSEPH 380
MEISTER, JULIUS 452
MEISTER, P. KARL 1351
MEIXNER, LUDWIG (P. ELIGIUS) 1105
MEIXNER, THEODOR 1149
MEKES, ALFRED (P. BRUNO) 234
MELF, FERDINAND 745
MELLER, GEORG 141f
MELZ, JOHANNES 280
MELZER, LUDWIG 1564
MENACHER, MICHAEL 1149

RAU, PHILIPP 159
RAUBINGER, GOTTFRIED 760
RAUCH, ALOIS 1482
RAUCH, ANDREAS 238
RAUCH, ANTON 1483
RAUCH, ERNST 1205
RAUCH, GEORG (P. THEODOR) 1152
RAUCH, WENDELIN 461
RAUCH, WILHELM 1483
RAUER, MAXIMILIAN 282f
RAUH, LORENZ 238
RAUSCHER, FRANZ 760
RAUTERKUS, JOSEF 1033
RAWE, HEINRICH 1033
REBELE, JOSEF 338
RECH, FRIEDRICH 1368
RECH, HEINRICH 1368f
RECH, JAKOB STEFAN 1369
RECHMANN, JOHANNES 1033
RECKERS, ERNST 558
RECKERS, KARL 868
RECKERS, P. BERNHARD 1369
RECKFORT, FRANZ 869
REDDEMANN, OTTO 869
REDEKER, AUGUST 1033
REESS, JOHANNES 159
REFFELMANN, HEINRICH 1034
REGAUER, ANTON 1152
REGH, JOSEF 558
REGNET, JOSEF 338f, 339
REGNET, LUDWIG 339
REGNET, MICHAEL 339
REHLING, P. ENGELBERT 22
REICH, JOHANN 159
REICH, JOSEF 1205
REICHELT, GEORG 663
REICHENBERGER, ALOIS 1152
REICHENBERGER, GOTTFRIED 1152f
REICHERT, KARL 461
REICHGAUER, JOHANN JOSEF EDUARD 461
REICHWEIN, ALOYS 621
REIDEL, JOSEF 760
REIDICK, FRANZ 869
REIERMANN, ALOIS 558
REIF, JAKOB 1369
REIFF, P. MICHAEL 559
REIFFERSCHEID, GERHARD 385
REIMANN, P. AUGUSTIN 1569
REIMBOLD, ALOIS 159f
REIMER, JOSEPH 1483
REIMETZ, WILHELM 1034
REINARTZ, HEINRICH 559
REINDL, LUITPOLD 160
REINEKE, AUGUSTINUS 1034
REINEKE, FRIEDRICH 1034
REINEKE, OTTO 1034
REINEKE, P. CORBINIAN 913
REINELT, FRIEDRICH 1569

REINER, GEORG 160
REINER, P. RUPERT 160
REINERS, WILHELM 559
REINHARD, FRANZ EUGEN PROTUS 462
REINHARD, KARL 1483
REINHOLD, FRANZ 1034f
REINHOLD, HUBERT 869
REINHOLD, LUDWIG 1035
REINISCH, P. FRANZ 1369
REINTGES, THEODOR 559
REINWALD, JOHANNES BAPTIST 1153
REIS, GEBHARD 1483f
REIS, JOSEPH 385
REISBERGER, JOHANN BAPTIST 760f
REISCH, JOHANN CHRYSOSTOMUS 160
REISCHL, GEORG 761
REISCHMANN, FRIEDRICH 1205
REISEN, JOSEPH 559
REISER, HUBERT 160
REISINGER, JOSEPH 160
REISNER, ANDREAS 160f
REISS, LUDWIG 161
REISSMUELLER, P. ATHANASIUS RICHARD
     1569
REITBERGER, JOSEPH 1110
REITEMANN, WILHELM 161
REITER, HERMANN JOSEF (P. MANFRED) 238
REITER, JOHANN BAPTIST 161
REITER, JOSEF 761
REITER, JOSEPH 161
REITER, MAX 1153
REITER, P. MAXIMILIAN 385
REITER, NIKOLAUS 1369f
REITER, RUPERT 1110
REITHMAIER, HANS (P. ANTONIN) 761
REITINGER, JOSEF 1153
REITINGER, MICHAEL 1153
REITMAIER, JOSEPH (P. JOACHIM) 761
REITMEIER, ANTON 1110
REITZ, JOSEF 621
REKER, GERHARD 1035
REKER, JOHANNES 1035
REKER, PHILIPP 1035
REKERS, HERMANN 870
REMBERG, ANTON 1035
REMBERGER, P. FRANZ XAVER 1153
REMBOR, JULIUS 1254
REMMEL, CLEMENS 1035f
REMMEL, FERDINAND 1036
REMY, FRITZ 664
RENK, ANDREAS 161
RENK, OTTO (BR. PIRMIN) 621
RENK, PAUL WALTER 559f
RENKEL, ALOIS 652
RENNER, KARL 560
RENSINGHOFF, AUGUST 870
RENTZ, CHRISTIAN 621f
REPENN, P. JOHANNES 1370
REST, HERMANN 462

SCHINDLER, ANTON 1571
SCHINDLER, JOSEF REINHARD 1258
SCHINEIS, JOSEF 174
SCHINKE, LUDWIG 1492
SCHINZINGER, FRIDOLIN FRANZ 469
SCHIRNER, ALFONS 240
SCHIRPENBACH, JOHANNES 1046
SCHIRPENBACH, LUDWIG 1046
SCHLACHTER, OSKAR ISIDOR 1258f
SCHLAGETER, EMIL 470
SCHLAGHECK, JOSEF 517
SCHLAGS, WILLIBRORD 1378
SCHLAIPFER, JOSEF 767
SCHLAMP, GEORG 343f
SCHLATTMANN, BR.ALFONS 625
SCHLECHT, FRANZ XAVER 174
SCHLEGL, JOSEPH 1157
SCHLEIBINGER, FRANZ XAVER 174
SCHLEIFER, HUGO 175
SCHLEIFSTEIN, KASPAR 1046
SCHLEMMER, JOSEF 767
SCHLENGER, JOSEPH 1046
SCHLERETH, ADOLF 240
SCHLERETH, AUGUSTIN (P. MAXIMILIAN)
  767
SCHLETTERT, JOSEPH 874
SCHLICH, ANTON 1378
SCHLICH, JOHANN LUDGER 1379
SCHLICH, LUDWIG 1259
SCHLICHTER, PHILIPP 1379
SCHLICHTING, KONRAD 175
SCHLICK, JOHANNES 1259
SCHLICKER, JOHANN 1379
SCHLICKER, PETER JOSEF 1379
SCHLIEKER, ANTON 874
SCHLIEP, BRUNO 1538
SCHLINDWEIN, RAIMUND 470
SCHLINKERT, WILHELM 1046
SCHLITT, HANS 625
SCHLOEDER, JOHANN PETER 1379
SCHLOER, LUDWIG 1492f
SCHLOESSER, ANTON 565
SCHLOESSINGER, P. WILHELM 1572
SCHLOSSER, JOSEPH 1157
SCHLOTTMANN, BR. SIGISBERT 1379f
SCHLOZ, EUGEN 1209
SCHLUESENER, OTTO 389
SCHLUETER, ALFONS 1046f
SCHLUETER, WILHELM 1047
SCHMAEING, ALOIS 874
SCHMALE, HUBERT 875
SCHMALHOLZ, MICHAEL 175
SCHMALLENBACH, HEINRICH 1047
SCHMALZL, JOHANN 344
SCHMAND, ALOYS ANTON 508
SCHMATZ, P. ALBERT 1158
SCHMAUCH, ALOYS 389
SCHMAUDER, JULIUS 1209
SCHMEDDING, BERNHARD 875

SCHMEDDING, LAURENZ 875
SCHMEING, P. MAX 625
SCHMELZER, FRANZ 565
SCHMER, LORENZ 240
SCHMETS, JOSEPH 23
SCHMICH, GUENTHER 1259
SCHMID, ANTON 175, 1209, 1259f
SCHMID, BENEDIKT 1209
SCHMID, EDUARD 176
SCHMID, ERHARD 176
SCHMID, FRANZ XAVER 344
SCHMID, GEORG 176
SCHMID, HEINRICH 176f
SCHMID, HERMANN 1210
SCHMID, JOHANN BAPTIST 177
SCHMID, JOHANN NEPOMUK 767
SCHMID, JOHANNES 1210
SCHMID, JOSEF 177, 767, 1210
SCHMID, JOSEPH 177
SCHMID, LEO 470
SCHMID, LORENZ 345
SCHMID, PHILIPP 768
SCHMID, WUNIBALD 1210
SCHMIDER, FRANZ XAVER 470
SCHMIDER, JOHANNES 1210
SCHMIDL, JOHANN 1572
SCHMIDLIN, JOSEPH 875
SCHMIDT, ADOLF 1158
SCHMIDT, ARNOLD 1380
SCHMIDT, BALDUIN 1380
SCHMIDT, BERNHARD 653, 1047
SCHMIDT, P. BRUNO 258
SCHMIDT, EDUARD (P. ULRICH) 768
SCHMIDT, ENGELBERT 1380
SCHMIDT, ERICH 284
SCHMIDT, ERNST (P. ALBERT MAGNUS) 1111
SCHMIDT, EUGEN 1210
SCHMIDT, P. HEINRICH 24
SCHMIDT, HERMANN 508, 626
SCHMIDT, HERMANN JOSEF 565f
SCHMIDT, JOHANN JOSEF 240
SCHMIDT, JOSEF ERNST 626
SCHMIDT, JOSEF JOHANN 1380
SCHMIDT, JULIUS 1380
SCHMIDT, P. KARL 508
SCHMIDT, KARL (P. OTTO) 24
SCHMIDT, P. MARIA JOSEPH 875
SCHMIDT, REINHOLD 389
SCHMIDT, RICHARD 284
SCHMIDT, WENZEL 1572
SCHMIDT, WILHELM 876
SCHMIDT, WILHELM HEINRICH 470
SCHMITT, ALOIS 470f
SCHMITT, ALOIS JOHANNES 1260
SCHMITT, AUGUST 1260
SCHMITT, EGON 876
SCHMITT, EUGEN 1211
SCHMITT, FRANZ 665
SCHMITT, FRANZ JOSEPH 240

SCHOENIG, ADELBERT 770
SCHOENLE, ANTON 179f
SCHOENMEHL, LUDWIG 653
SCHOENMETZLER, FRANZ XAVER 180
SCHOEPPER, HEINRICH 1049
SCHOETT, AUGUST 1049
SCHOETTL, P. MARTIN 770
SCHOETZ, JOHANN (P. IGNAZ) 770
SCHOLAND, P. THEODOR 877
SCHOLL, JOSEF 509
SCHOLL, MARTIN 284f
SCHOLLMEYER, FRANZ 1049
SCHOLT, DANIEL JOHANNES 1386
SCHOLTEN, ALFRED 390
SCHOLTEN, WILHELM 877
SCHOLTES, JOHANN 1386
SCHOLTHOLT, HEINRICH 878
SCHOLZ, ALFONS 1530
SCHOLZ, BERNHARD 285
SCHOLZ, JOHANNES 653
SCHOLZ, REINHOLD 285
SCHOLZE, ALOIS 665
SCHOLZE, BENNO 665
SCHOMISCH, JOSEF 1386
SCHOPHOVEN, P. MICHAEL 24
SCHOPPMEIER, HEINRICH 1050
SCHOR, AMBROS 1495
SCHORER, ADOLF 1211
SCHORER, MARTIN 180
SCHORN, VALENTIN JOSEPH 653f
SCHOSSER, LUITPOLD 1158
SCHOTT, LUDWIG (P.HUGO) 472f
SCHOTTKOWSKI, LEOPOLD 390
SCHOTTORF, RUDOLF 180f
SCHRADER, WILHELM 1050
SCHRAEDER, HEINRICH 878
SCHRAEDER, HERMANN (P. ALBRECHT) 567
SCHRAEDER, JOSEF 626
SCHRAFL, FRANZ XAVER 346
SCHRAIVOGEL, KARL 1211
SCHRALLHAMMER, JOSEPH 770
SCHRAMM, JOHANN 241
SCHRAMM, THEODOR 1386
SCHRAMMEL, KARL 1573
SCHRANK, P. JOHANNES EV. 181
SCHRECK, RICHARD 473
SCHREGEL, KLEMENS 1573f
SCHREIBER, BR. LAZARUS 1386
SCHREIBER, GEORG 878
SCHREIBER, HEINRICH 24f
SCHREIBER, P. APOLLINARIS 1211
SCHREIBER, PETER 567
SCHREIBER, WILHELM 567
SCHREIBER, WILLIBALD 346
SCHREIBMAYER, FRANZ KARL HEINRICH 259
SCHREIECK, NIKOLAUS 509
SCHREIER, P. GUSTAV 1574
SCHREINER, FERDINAND 1386f

SCHREINER, GEORG 1387
SCHREINER, SIGMUND 1158
SCHREMPP, LUDWIG 473
SCHREMS, FRIEDRICH 1158f
SCHREMS, JOHANNES BAPTIST 1159
SCHREYER, HERMANN 1159
SCHREYER, MAXIMILIAN 567
SCHRIEVERS, JOHANN PAUL 25
SCHRIMPF, ANDREAS 241
SCHRODI, WILHELM 1211
SCHROECK, FRANZ XAVER 509
SCHROEDER, BRUNO (P. EKKEHARD) 1050
SCHROEDER, FRIEDRICH 1050
SCHROEDER, JOSEF 1050, 1051, 1261
SCHROEDER, P. JOSEF 1050
SCHROER, FRIEDRICH 1051
SCHROER, HEINRICH 878
SCHROER, P.CAROLUS 25
SCHROETER, ALOIS 1051
SCHROETER, JOHANNES 390
SCHROT, NIKOLAUS 1387
SCHRULL, ADAM 878
SCHU, HEINRICH 1387
SCHUBERT, BRUNO 259
SCHUBERT, JOHANN BAPTIST 654
SCHUBERT, JOSEF 1051
SCHUBERT, P. AUGUST FRANZ 1574
SCHUCK, ALFRED 1261
SCHUCK, EUGEN 1496
SCHUEBELER, PHILIPP 1051
SCHUELL, EUGEN 1496
SCHUELLER, FRANZ 568
SCHUELLER, JOSEF 568
SCHUELLER, OTTO 771
SCHUEPPERT, STEPHAN 1496
SCHUERER, JOSEPH 181
SCHUERGERS, JOSEF (P. KONRAD) 25
SCHUERMANN, AUGUST 878
SCHUERMANN, BERNHARD 879
SCHUERMANN, HEINRICH 1051
SCHUERMANN, P. HERMANN-JOSEF 879
SCHUESSLER, BR.MICHAEL 626
SCHUETTE, JOSEF 1051f
SCHUETTFORT, JOSEF 1052
SCHUETZ, KARL STEPHAN 1387
SCHUETZ, LEOPOLD VON 25
SCHUETZ, MICHAEL 242
SCHUG, PETER 1387f
SCHUGMANN, LUITPOLD 1496
SCHUH, BR. JOSEF 626
SCHUH, FRANZ 771
SCHUHMACHER, KARL 181
SCHUHMACHER, PETER 1052
SCHUHMACHER, WILHELM 1052
SCHUHMANN, GEORG 1496
SCHUL, FRANZ 390
SCHULER, FRIDOLIN 1261
SCHULER, JOHANN EVANGELIST 181
SCHULER, PIUS 473
SCHULER, SEBASTIAN 1261

STAHL, OSKAR 1501
STAHL, P.ANTON 1575
STAHL, REINHOLD 260
STAHLOFEN, GREGOR JOHANN (P. NORBERT) 1162
STAHLSCHMIDT, JOSEPH 1059
STAKEMEIER, EDUARD 1059
STAKEMEIER, JOSEF 1060
STALDER, KARL 1501
STAMER, ALFONS 1265
STAMER, KARL 1265f
STAMM, WERNER 1060
STAMMEL, LAURENZ 571
STAMMER, THEO 1392
STAMMSCHROEER, HERMANN 881f
STANGIER, WILHELM 915
STANGL, JOSEPH 1501
STANGL, MAXIMILIAN 1162
STAPELMANN, WILHELM 1060
STAPFF, PAUL EDMUND 190
STAPPERS, FRANZ 27
STARK, P. MAURUS 1060
STARKER, ALOIS 287
STATTELMANN, FRANZ 477
STAUBWASSER, HERIBERT 190
STAUDACHER, ADOLF 1214f
STAUSS, OTTO 777
STAWINOGA, KARL 287
STECHER, KARL 1502
STECK, FRANZ 190
STEDEN, FRANZ 571
STEDEN, HEINRICH 1060
STEDEN, OTTO 1060f
STEEB, ALOIS 1215
STEEB, RUDOLF 1215
STEETS, JOHANN JOSEF 1266
STEFFEN, ERNST 1392
STEFFEN, FRANZ 1061
STEFFEN, MARTIN 1392
STEFFENS, ANDREAS 1061
STEFFENS, GERHARD 915
STEFFENSMEIER, FRANZ 1061
STEFFES, P. JAKOB 190f
STEFFL, ANTON 777
STEGHERR, PETER 191
STEGMANN, ANTON 1215
STEGMANN, FRANZ (P. ADOLF) 191
STEGMEYR, JOSEPH ANTON 191
STEGMUELLER, MARTIN 192
STEHBOECK, JOSEF 777
STEHLE, KLEMENS 477
STEHLE, MAX 192
STEHLE, OTTO 1215
STEHLE, P. NICOLAUS 1215f
STEIDLE, GEORG 1216
STEIGELS, P.WINAND 630
STEIGENBERGER, ALBERT 777
STEIL, HEINRICH JOHANN ANTON 1392
STEIN, ANDREAS 1576

STEIN, GOTTFRIED 571
STEIN, HEINRICH VON DER 571
STEIN, JOHANN 1393
STEIN, JOHANN JOSEF 1393
STEIN, JOSEF 1393
STEIN, WILHELM JOSEF 1393
STEINAU, JOSEF 1061
STEINBACH, BERNHARD 1393
STEINBACH, FRITZ (P. REGINALDUS) 1393
STEINBACH, JOHANNES 571
STEINBERG, CHRISTIAN (P. GELASIUS) 1061
STEINBERG, JOSEF 571
STEINBERGER, HERMANN (P. REGIMBERT) 478
STEINBERGER, SEBASTIAN 1162f
STEINBRUECK, WILHELM 1062
STEINDL, JOSEPH 1163
STEINEBACH, LEO 630
STEINER, GEORG 351
STEINER, P. GOTTFRIED 1216
STEINER, WOLFGANG 192
STEINFELDER, ADAM 243
STEINHARDT, JOHANN EVANGELIST 192
STEINHART, IGNAZ 192f
STEINHART, P. RAIMUND 478
STEINHAUER, ADOLF 392
STEINHOFF, P. BERNHARD 882
STEININGER, FRANZ XAVER (P. OSWALD) 260
STEININGER, JOHANN BAPTIST 193
STEININGER, MICHAEL 1114
STEINKI, JOSEF 392
STEINKOHL, LUDWIG 351
STEINKUHL, P. ANSELM 882
STEINLE, ANTON 193
STEINLEHNER, JOHANN BAPTIST 193
STEINMAYER, JOSEF 193
STEINMETZ, LORENZ 630
STEINMETZ, PETER 1393
STEINMUELLER, JOSEPH 1502
STEINRUECKE, FRIEDRICH 1062
STEINRUECKEN, JOSEF 1062
STEINRUECKEN, PAUL 1062
STEINWINTER, LUDWIG 1394
STELZLE, JOSEF 777f
STELZNER, WILHELM 1062
STEMMER, ANTON 778
STEMMER, GUSTAV 1216
STEMMLER, STEPHAN 1266
STENGEL, PAUL BENNO 478
STENGELE, CONRAD 478
STENGL, JOHANN BAPTIST 351
STENGL, MAX 352
STEPPLER, GEORG 194
STERNEGGER, BENEDIKT 194
STERR, JOHANN 778
STERZINGER, DOMINIKUS 1502
STETTEN, LEO VON 478
STEUER, ALFRED 194

STEVES, JAKOB 882
STEWERING, AUGUST 882
STICH, GEORG 352
STIEBER, JOSEPH (P. CHILIAN) 1114
STIEFENHOFER, JOSEPH 194f
STIEFVATER, ALOIS 478f
STIENS, ALOIS 882f
STIENS, JOHANN HEINRICH (P. MEINOLF)
  1062
STIER, KARL 1062
STIESCH, RUDOLF 571f
STIGLER, JOHANNES 352
STILLGER, GREGOR 630
STINGL, JOSEF 1576
STINNER, HEINRICH JOSEF 1394
STOCK, JOSEPH 1502f
STOCK, P. AMBROSIUS 1394
STOCK, WILHELM 1394
STOCKER, HERMANN 1216
STOCKER, JOSEPH 1114
STOCKHAUSEN, HUBERT 1394
STOCKHAUSEN, JOSEPH 1063
STOCKINGER, FRANZ XAVER 1114
STOCKINGER, JOSEF 1114
STOCKMANN, BERNHARD 1063
STOECKER, AUGUST 1063
STOECKER, JOHANNES 572
STOECKL, ALOIS 352f
STOECKLE, ANDREAS 195
STOECKLER, BR. HUGO 631
STOEGER, JOSEF 1503
STOEGMAIER, AUGUSTIN 1114
STOEHR, HUGO 1503f
STOEKLE, P. ALOIS 778
STOERCHLE, P. FRANZ JOSEF 778
STOERMANN, JOHANNES 1063
STOESSEL, JAKOB 1504
STOETTNER, PETRUS 778f
STOLL, BENNO 1504
STOLLE, EDUARD 1576
STOLTE, FRANZ 1063
STOLTE, KARL 1063
STOLZE, FRANZ 1063f
STOPPER, WILHELM 1216
STORK, JOSEF 479
STORM, GERHARD 883
STORR, IGNATIUS 195f
STRACK, KARL 572
STRACKE, EWALD 1064
STRACKE, JOSEF 1064
STRAHBERGER, LUDWIG 779
STRAHL, ALOIS 1216
STRAHL, JOSEF 1217
STRAK, JOHANN 1576
STRANG, HEINRICH 27
STRASSER, BERNHARD 1217
STRASSER, HUGO 779
STRATMANN, BERNHARD 883
STRATMANN, ERNST 1064

STRATMANN, P. FRANZISKUS MARIA 260, 109*
STRATMANN, WILHELM 1064
STRAUB, ANTON 1217
STRAUB, FRIDOLIN 1217
STRAUB, GEORG 779
STRAUB, JOSEF 1266
STRAUB, KARL ANTON 479
STRAUBINGER, JOSEF 1114f
STRAUCH, FRANZ 287
STRAUSS, FRIEDRICH 572
STRAUSS, LORENZ 353
STRAUSS, MATTHIAS 1394
STRAWE, HEINRICH MAURITIUS 1064f
STRAWE, JOHANNES 1065
STRECK, JOSEF 479
STREFF, KARL 1266f
STREHL, JOHANNES 260
STREIER, WILHELM 1065
STREIT, ERNST 196
STRICKER, P. ANTON 243
STRIEBEL, HERMANN 1217
STRIEBEL, JOSEPH 479
STRIEGEL, KARL 1217
STRIGL, HEINRICH 353
STRITT, THOMAS 479
STRITTMATTER, EDUARD 479
STRITTMATTER, LEO 480
STROBEL, EKKEHARD 480
STROBEL, KARL 353
STROBL, GREGOR 196
STROBL, JOHANN 196
STROBL, JOSEF 196
STROBL, JOSEPH 197
STROBL, LORENZ 779
STROEHLE, KARL 1576
STROEMEL, GOTTFRIED 1504
STROETMANN, HUBERT 883
STROHHAMMER, JOSEF 1577
STROHMAYER, ANTON 197
STROHMEIER, GEORG 1163
STROHMENGER, JOHANN 27
STROHMEYER, WILLIBALD 480
STROICK, P. CLEMENS 27
STROTHEICHER, WILHELM 510
STRUCK, BERNHARD 1065
STRUGHOLZ, FRIEDRICH 1065
STRUNZ, HUBERT 1065f
STRUPP, JOHANNES 1395
STUEBE, ALFONS 1217
STUEHLER, WILHELM 1504
STUERMER, JOSEPH 1505
STUESSER, JAKOB 572
STUHLREITER, GEORG 779f
STUHLWEISSENBURG, HERMANN (P.
  THOMAS) 572
STUMPE, HERMANN 573
STUPKA, FRANZ 1577
STURM, FRANZ XAVER 780
STURM, JAKOB 1395

STURM, JOSEF 1218
STURM, JOSEPH (P. HARTMANN) 780
STURM, RICHARD 1218
STUTTE, FRANZ 1066
STYP-REKOWSKI, JOSEF VON 1520f
SUCHANEK, JOSEF 1577
SUDHOFF, WILHELM 1066
SUESS, JOSEF 1267
SUESS, PETER 1395
SUESSMEIR, LORENZ 197
SULZBERGER, LEONHARD 780
SUMMER, ALOIS 1115
SUNDER, HEINRICH 1066
SURKAMP, WILHELM 883
SURMANN, HEINRICH 883f
SVOBODA, P. COELESTIN HEINRICH 1577
SWOBODA, JOSEPH 197f
SYMANSKI, WLADISLAUS 1539
SYNDICUS, P. EDUARD 655
SZINCZETZKI, HUGO 392
SZUDZINSKI, ANASTASIUS 392
SZYMECZEK, FRIEDRICH 287
TACK, WILHELM 1066
TAENTZSCHER, GOTTFRIED 573
TALLEUR, GODEHARD (P. WUNIBALD) 631
TAMBLE, JOHANN 1395
TAMPIER, JOHANNES 1066
TANZER, JOHANN 1577
TARNOWSKI, MAX 392f
TASKA, JOSEF 287f
TAUBE, JOHANNES 1530
TAUBENBERGER, JOHANN 780
TAUSCH, JAKOB 198
TAUSEND, JOSEPH 198
TAUTZ, PETRUS 1530
TECKENTRUP, ERICH 393
TECKLENBURG, ALBERT 1067
TEICHMANN, ALFONS (P. LUCIUS) 1530
TEICHTWEIER, GEORG 1115
TEILLEFER, ALBERT 780
TEMME, HEINRICH 1067
TEMME, WILHELM 1067
TEMMING, THEODOR 573
TENBRINK, P. 884
TENDERICH, JOHANNES 666
TENHUMBERG, HEINRICH 884
TENSUNDERN, THEODOR 884
TERHALLE, P. ALBERIKUS 884
TERHARDT, THEODOR 884
TERSTEGGE, P. HUBERT 1395
TERTILT, AUGUST 885
TESCHNER, HUBERT 393
TESCHNER, VIKTOR 393
TEUSCH, JOSEPH 573
THALER, OSKAR 780
THALHAMMER, GEORG 780f
THALHAMMER, JOSEF 781
THALLMAIR, ALBERT 198
THAUERN, PAUL 1067

THEELE, HEINRICH 885
THEES, JOHANN 1396
THEIN, FRIEDRICH 1505
THEIS, JOHANN 1396
THEIS, LORENZ 1396
THEIS, NIKOLAUS 1396
THEISEN, HEINRICH 1396
THEISSELMANN, HEINRICH 885
THEISSEN, ALOIS 573
THELEN, WILHELM REMIGIUS 28
THEMA, JOHANN 1577
THEN, LUDWIG 1505
THIDIGK, FRANZ 393
THIEL, MICHAEL (BR. CHRYSOLOGUS) 1397
THIEL, REINHOLD 288
THIELE, JOHANNES 1067
THIELE, JOSEPH 885
THIELEMANN, AUGUST 631
THIELEN, JOHANN 1397
THIELEN, KONRAD 886
THIELMANN, P. JAKOB 1397
THIEMANN, HEINRICH 886
THIEMANN, WILHELM 915
THIERING, AUGUSTIN 886
THIESSEN, PETER 1540
THIMM, KARL 393
THOENE, ANTON 1067f
THOENE, FRANZ 1068
THOENE, HERMANN 1068
THOENES, MATTHIAS 1397
THOENISSEN, JOHANNES 28
THOMA, EMIL 480
THOMA, FRANZ XAVER 781
THOMA, JOHANNES 28
THOMA, JOSEPH 198
THOMA, RICHARD 480
THOMA, VINZENZ 480f
THOMAS, BRUNO 288
THOMAS, HEINRICH 631
THOMAS, JOSEF 28
THOMAS, KONRAD 573
THOMAS, P. KARL 1505
THOMAS, PETER ALOIS 1397
THOME, JOSEF PAUL HERMANN 28
THOME, PETER 1397
THOMES, MICHAEL 1397f
THOMES, PETER 1398
THOMMES, KARL 1398
THONABAUER, JOHANN 1578
THOREN, FRANZ-JOSEF 28f
THRAEN, IGNAZ 1068
THRAINER, GEORG 781
THROM, FRANZ 1218
THUERRIGL, ANTON 1163
THULL, JAKOB 1398
TICK, P. JOHANN 631
TIELITZ, P. ALOIS 632
TILKE, GUSTAV 1068
TILLMANN, HEINRICH 1068

WRZOL, LUDWIG 290
WUEBOLT, HEINRICH 900
WUENNENBERG, FRANZ 578f
WUERMELING, JOHANNES 900
WUERMSEER, LEONHARD (P. NOTKER) 791f
WUERSTLEIN, GEORG 247
WUERTH, JOHANNES 494
WUERZINGER, ANTON 1118
WUEST, LORENZ 635
WUEST, NIKOLAUS 1513f
WUEST, THEODOR 494
WUESTE, BERNHARD 916
WUESTEN, HUBERT 579
WULF, ANTON 1084
WULF, HEINRICH 1084
WULF, JOSEF 900f
WULF, LUDWIG 1084
WULFERS, JOSEF 579
WULFF, FELIX 901
WULFF, OTTO 1085
WUNDER, JOSEPH 1168
WUNDERLE, FRANZ XAVER 212
WUNDERLE, JOSEPH 212f
WUNSCH, EMIL 494
WURM, HERMANN 1085
WURM, LUDWIG 1085
WURM, RICHARD 1085
WURTH, WALDEMAR (BR. PANKRAZ) 511f
WUSSLER, KARL 494f
WUTZ, FRANZ XAVER 1168
WYRWOL, GEORG 290
XHONNEUX, NICOLAS 31
ZACH, LUDWIG 792
ZACHERL, QUIRIN 792
ZACKER, GOTTFRIED 1085
ZADRASIL, P. ALFONS OTTOKAR 1582
ZAENGLEIN, DIONYSIUS 1514
ZAEUNER, ALFRED GABRIEL 495
ZANGER, KARL 495
ZANKER, JOSEPH 213
ZAPP, AUGUST FRIEDRICH 31
ZASCHKA, KARL 247f
ZAUNBRECHER, JOSEPH 579
ZECH, ADOLF 359
ZECH, MARTIN 213
ZEHETBAUER, GEORG 1168
ZEHNHOFF, KARL HELMUT 579
ZEHNHOFF, SIEGFRIED AM 397
ZEHTER, GEORG 213
ZEILHOFER, JOHANN 792
ZEILINGER, KARL 1514
ZEITLER, ERNST 1223
ZEITLER, LUDWIG 792
ZEITZ, ADOLF 1410
ZELLBECK, HEINRICH 1118
ZELLER, ANTON 1223
ZELLER, JOSEF 213f
ZELTINGER, MATTHIAS 248
ZEMAN, FRANZ 1582f

ZENDER, JOHANNES 579
ZENKERT, GEORG 1514f
ZENTGRAF, LORENZ 667
ZENTGRAF, THEODOR 636
ZENTIS, GERHARD 579
ZENZ, JOSEF 1411
ZENZEN, P. EUCHARIUS 1411
ZEPPENFELD, ALOIS 1085
ZERWES, BERNHARD 359
ZETHNER, ERHARD 248
ZETZL, JOSEF 214
ZEUCH, FRANZ 512
ZEUSS, JOHANN 1118
ZEYER, GUSTAV 1223
ZIEBACH, FRANZ 1085f
ZIEGER, ANTON 1273
ZIEGLER, ADOLF WILHELM 792
ZIEGLER, ALBERT 214
ZIEGLER, ARTHUR 397
ZIEGLER, AUGUST 495
ZIEGLER, JAKOB ANTON 1411
ZIEGLER, JOHANN 248
ZIEGLER, JOHANNES EVANGELIST 214
ZIEGLER, JOSEPH 214
ZIEGLER, MICHAEL 214
ZIEGLER, WILHELM 495
ZIEHER, WILHELM 1223f
ZIELBAUER, KARL 792f
ZIEMANN, WILHELM 1086
ZIERLEIN, FRANZ 1224
ZIEROFF, EDWIN 1411
ZIESCH, JOHANN 667
ZIESEL, JOSEF 1224
ZIGANKI, ANTON 397
ZIGON, ALBERT 793
ZILL, MICHAEL 214
ZILLENBILLER, FRANZ XAVER 215
ZILLES, JOSEF 1411f
ZILLIG, ANDREAS 248
ZILLIGEN, HERMANN-JOSEF 31
ZILLIKEN, JOSEF 1412
ZIMMER, MATTHIAS HUBERT 1412
ZIMMER, PAUL 1412
ZIMMER, PETER KARL 1412f
ZIMMER, WILLIBALD 1413
ZIMMERER, ALOIS 1169
ZIMMERER, JOSEPH 1169
ZIMMERMANN, ARNOLD 579f
ZIMMERMANN, BERNHARD 397, 1086
ZIMMERMANN, ERNST 215
ZIMMERMANN, HEINRICH JOHANN 31
ZIMMERMANN, JOHANNES 667, 1413
ZIMMERMANN, JOSEF 215, 398, 1086
ZIMMERMANN, LORENZ 248
ZIMMERMANN, OTTO 1224
ZIMMERMANN, PETER 1169
ZIMOLONG, FRANZ (P. BERTRAND) 290
ZINGSHEIM, JOHANNES 1521
ZINK, ALOIS 793

Ortsregister

Berichtigungen und Nachträge

Die Patres JOHANNES MARIA HAW (vgl. Sp. 1318), HUBERT PAUELS (vgl. Sp. 20f) und FRANZISKUS MARIA STRATMANN (vgl. Sp. 260) sind irrtümlich nicht im VERZEICHNIS DER ORDENSANGEHÖRIGEN aufgeführt. Der Hildesheimer Diözesanpriester ADALBERT SENDKER ist irrtümlich unter den Geistlichen des Erzbistums Köln genannt. Im TABELLARISCHEN TEIL ist darüber hinaus ein Danziger Weltgeistlicher zu streichen. Die absolute Zahl der erfaßten Ordensleute erhöht sich somit um 3 auf 869, die der Weltgeistlichen geht um 4 auf 7151 zurück. Unter Berücksichtigung der im folgenden aufgeführten NACHTRÄGE steigt letztere jedoch um 5 auf 7156 Weltpriester. Das ergibt ein Gesamtergebnis von 8025 gemaßregelten Geistlichen.

Nach dem redaktionellen Abschluß der Erfassungsarbeiten sind der Kommission für Zeitgeschichte noch folgende Meldungen bzw. Ergänzungen zugegangen, die allerdings für die tabellarische Auswertung nicht mehr berücksichtigt werden konnten:

Nachtrag Erzbistum Bamberg:

MOENIUS, GEORG
1890 10 19
München
Seelsorger, Journalist, Schriftsteller
Dr. phil.
Moenius, Priester des Erzbistums Bamberg, war von 1928 bis 1933 Herausgeber des Münchener Wochenblattes „Allgemeine Rundschau". In seinen Zeitungsbeiträgen vertrat er eine ausgeprägt antinationalsozialistische Haltung. Um drohenden Repressalien zu entgehen, emigrierte er Ende Februar 1933 in die Schweiz. Von dort führte sein Weg über Italien, Österreich, Frankreich, Großbritannien und Portugal in die USA. Am 26.10.1938 verfügte das NS-Regime seine Ausbürgerung.
Moenius kehrte 1952 als amerikanischer Staatsbürger nach München zurück, wo er am 2.7.1953 verstarb.
Lit.: 1. Handbuch Emigration I, 505. 2. P. J. Kock.

Nachträge Erzbistum Köln:

LAUBACH, ENGELBERT
1899 09 17
Opladen
Geistl. Studienrat
Der Geistliche wurde 1933 aus Opladen ausgewiesen, weil er nach dem Wahlsieg der NSDAP am 7.3.1933 das Hissen einer Hakenkreuzfahne auf dem Schulgelände verboten hatte.
Lit.: H.-A. Raem, Opladen, 11.

LINDELAUF, EDMUND
1912 07 29
Opladen
Vikar / Sanitätssoldat
Am 10.5.1939 erhielt Vikar Lindelauf eine Geldstrafe in Höhe von 50 RM, weil er auf einer Einladung zu einer „Heiligen Stunde" für junge Christen seine Adresse nicht angegeben hatte. Des weiteren ständige Überwachung durch die Gestapo. Im Sommer 1944 wegen eines Rundbriefes an die Jugendlichen seiner Gemeinde Einleitung eines Kriegsgerichtsverfahrens

gegen den Vikar. Das Verfahren wurde durch Kriegseinwirkung nicht mehr zum Abschluß geführt. Verstorben am 5.12.1968.
Lit.: H.-A. Raem, Opladen, 88, 100f.

MUELFARTH, HERMANN
1893 01 08
Opladen
Am 26.5.1943 eine Verwarnung durch die Kriminalpolizei wegen Vervielfältigung und Verteilung eines päpstlichen Weihegebetes.
Verstorben am 24.12.1966.
Lit.: H.-A. Raem, Opladen, 100.

QUADFLIEG, PETER TOUSSAINT
1873 09 15
Opladen
Pfarrer, Dechant
1934 konnte sich der Dechant erfolgreich gegen die Zahlung eines Strafmandates in Höhe von 100 RM wegen Verteilung von Flugblättern wehren. Des weiteren Predigtüberwachung und Schikanen durch die Gestapo wegen der antinationalsozialistischen Haltung des Geistlichen. Im April 1935 Verurteilung zu 70 RM Geldstrafe durch das Amtsgericht wegen Vergehens gegen das Pressegesetz (Herstellung und Verteilung eines Flugblattes gegen Rosenbergs „Mythus"). Verstorben am 4.12.1936.
Lit.: H.-A. Raem, Opladen, 23f., 43, passim.

Ergänzung Erzbistum Paderborn:

VONDERHEIDE, GEORG (P. MEINRAD)
OFM (Vgl. Sp. 1074)
1885 03 27
Werl
Provinzialoberer
Auf Veranlassung der Zollbehörde Dortmund Untersuchungshaft vom 12. bis zum 14.4.1935. Durch die Gestapo Schutzhaft vom 15.4.1935 bis zum 17.8.1935 in Dortmund, anschließend KZ-Haft im Columbia-Haus in Berlin. Untersuchungshaft vom 22.12.1935 bis zum 3.1.1936 in Werl und Berlin. Angeblich durch Intervention von Bischof Berning Haftentlassung. Am

2.4.1936 durch das Schöffengericht Berlin-Moabit wegen gesetzeswidriger Devisentransaktionen nach Holland und Rom zu 25.000 RM Geldstrafe, ersatzweise 125 Tage Haft, verurteilt. Die Strafe galt durch die erlittene U-Haft als verbüßt.
Verstorben am 12.1.1963.
Lit.: 1. P. Rapp, 380. 2. Freibott, P. Cäcilius, OFM: P. Meinrad Vonderheide. In: Vita Seraphica, 54. Jg. (1973), 226ff.

Berichtigungen zur 2. Auflage

S. LXIV Anm. 116, Z. 3: statt „Priester" lies „Geistlichen"

Sp. 218 BAUMANN, JOSEF: Der Text ist wie folgt zu ändern:
BAUMANN, P. JOSEF
SJ
1905 01 27
Aschaffenburg
1935 nach einer Predigt in Bamberg verhaftet und durch das Sondergericht Bamberg wegen Verstoßes gegen den Kanzelparagraphen zu fünf Wochen Haft verurteilt.

Sp. 253 FUTTERER, P. OTTO: letzte Zeile zu ergänzen: Verstorben am 9.1.1985.

Sp. 460 QUARDT, ROBERT (P. BRUNO): Z. 2 von unten: statt „Lage" lies „Lager".

Sp. 535 HELTEN, THEODOR: Z. 3: statt „Nierenheim" lies „Nievenheim".

Sp. 546 KUBIAK, Z. 1: statt „P. NORBERT" lies „BR. NORBERT". Z. 3: statt „1892" lies „1892 11 10"

Sp. 551 MIESEN, P. HEINRICH: Name und Vorfall sind ersatzlos zu streichen, da es sich bei Dr. Miesen um einen Laien handelt, der lediglich im Priesterblock Dachau inhaftiert war.

Sp. 553 MUELLER, OTTO: Z. 2 v.u.: statt „Zeitgeschichte" lies „Zeitgeschichte in Lebensbildern".

Sp. 562 ROSENBAUM, FRITZ (BR. WOLFGANG), Z. 4: statt „Wörden" lies „Woerden"

Sp. 574 VAASSEN, FRANZ: Z. 3: statt „Wittlär" lies „Wittlaer"

Sp. 578 WOLKER, LUDWIG, Z. 16–18: Der Text ist wie folgt zu ändern: Am 6.2.1939 wurde der Jungmännerverband durch die Gestapo aufgelöst. Präses Wolker mußte Düsseldorf verlassen und ging nach Unterschondorf (Bayern). Die Literaturangaben sind wie folgt zu ergänzen: *3. B. Schellenberger, passim. 4. Zeitgeschichte in Lebensbildern, Bd. 5, 134–146, 287f.*

Sp. 579 statt ZEHNHOFF, KARL HELMUT, lies: ZEHNHOFF, KARL HELMUT AM

Sp. 579 ZENDER, JOHANNES, Z. 3–6: Der Text ist wie folgt zu ändern: Düsseldorf (St. Paulus) Geistl. Studienprofessor
1922–1934 Leiter des Bundes Neudeutschland. Postüberwachung, Bespitzelung und Verhöre durch die Gestapo 1933–1934.
Verstorben am 14.8.1948.

Sp. 687 [DELP, ALFRED] Z. 1f: Der erste Satz („1941 kurzfristig ... genommen") ist ersatzlos zu streichen. Die Literaturangaben sind wie folgt zu ergänzen: *4. Zeitgeschichte in Lebensbildern, Bd. 6, 50–63, 268.*
5. Gesammelte Schriften I–IV, Frankfurt 1982–1984.

Sp. 730 [KOERBLING, P. ANTON], letzte Zeile zu ergänzen: Verstorben am 30.7.1974.

Sp. 781 TRAPP, P. GEORG, letzte Zeile zu ergänzen: Verstorben am 6.5.1957.

Sp. 784 WALDBURG-ZEIL, P., letzte Zeile zu ergänzen: Verstorben am 1.6.1983.

Sp. 817 ENGELS, GOTTFRIED, Z. 5–10: Der Text ist wie folgt zu ändern:
Am 1.9.1939 in Walbeck verhaftet, nach kurzer Haft im KZ Sachsenhausen am 14.12. 1940 ins KZ Dachau eingeliefert. Von dort am 17.5.1942 dem Sondergericht Oldenburg überstellt und nach ca. zwei Jahren im Herbst 1944 aus der Haft entlassen.
Verstorben 1961.
Lit.: Weiler, 220.

Sp. 849 LEENEN, ALOIS, Z. 3: statt „Bür" lies „Buer"

Sp. 851 LENGELING, EMIL, Z. 3: statt „Bür" lies „Buer"

Sp. 854 MARING, P. ALBERT, Z. 12 (nach: „ohne Erfolg"). Zu ergänzen: Maring war Mitarbeiter von P. Friedrich Muckermann.

Sp. 859 [MUCKERMANN, P. FRIEDRICH], Z. 2 des Biogramms ist wie folgt zu ergänzen:
angeblich staatsfeindlicher Betätigung (Herausgabe des „Gral" und der „Katholischen Korrespondenz Münster", Kontakte ins Ausland)

Sp. 866 POETHER, BERNHARD, Z. 9: statt „15.8.1942" lies „5.8.1942"

Sp. 871 ROOSEN, ERNST, Z. 3: statt „Bür" lies „Buer"

Sp. 1177 BUCHTA, ERICH: Zu ergänzen ist: Verstorben am 29.11.1963.
Gehört zum Erzbistum Breslau.

Sp. 1530 SCHOLZ, ALFONS, Z. 2: statt „o.D." lies „1897 12 24"

Sp. 1536 O'ROURKE, EDUARD GRAF, Z. 5: lies „nationalsozialistischen"

Veröffentlichungen der Kommission für Zeitgeschichte

In Verbindung mit Dieter Albrecht, Rudolf Lill, Rudolf Morsey
herausgegeben von Konrad Repgen

Band 3: Manfred Stadelhofer, Der Abbau der Kulturkampfgesetzgebung im Großherzogtum Baden 1878–1918, Mainz 1969.

Band 4: Dieter Golombek, Die politische Vorgeschichte des Preußenkonkordats (1929), Mainz 1970.

Band 5: Ludwig Volk, Das Reichskonkordat vom 20. Juli 1933. Von den Ansätzen in der Weimarer Republik bis zur Ratifizierung am 10. September 1933, Mainz 1972.

Band 6: Hans Günter Hockerts,, Die Sittlichkeitsprozesse gegen katholische Ordensangehörige und Priester 1936/1937. Eine Studie zur nationalsozialistischen Herrschaftstechnik und zum Kirchenkampf, Mainz 1971.

Band 7: Christoph Weber, Kirchliche Politik zwischen Rom, Berlin und Trier 1876–1888. Die Beilegung des preußischen Kulturkampfes, Mainz 1970.

Band 8: Klaus Gotto, Die Wochenzeitung Junge Front/Michael. Eine Studie zum katholischen Selbstverständnis und zum Verhalten der jungen Kirche gegenüber dem Nationalsozialismus, Mainz 1970.

Band 9: Adolf M. Birke, Bischof Ketteler und der deutsche Liberalismus. Eine Untersuchung über das Verhältnis des liberalen Katholizismus zum bürgerlichen Liberalismus in der Reichsgründungszeit, Mainz 1971.

Band 10: Adenauer-Studien. Herausgegeben von Rudolf Morsey und Konrad Repgen, I: Mit Beiträgen von Hans Maier, Rudolf Morsey, Eberhard Pikart und Hans-Peter Schwarz, Mainz 1971.

Band 11: Heinz Hürten, Waldemar Gurian. Ein Zeuge der Krise unserer Welt in der ersten Hälfte des 20. Jahrhunderts, Mainz 1972.

Band 12: Klaus Steuber, Militärseelsorge in der Bundesrepublik Deutschland. Eine Untersuchung zum Verhältnis von Staat und Kirche, Mainz 1972.

Band 13: Adenauer-Studien. Herausgegeben von Rudolf Morsey und Konrad Repgen, II: Wolfgang Wagner, Die Bundespräsidentenwahl 1959, Mainz 1972.

Band 14: Josef Becker, Liberaler Staat und Kirche in der Ära von Reichsgründung und Kulturkampf. Geschichte und Strukturen ihres Verhältnisses in Baden 1860–1876, Mainz 1973.

Band 15: Adenauer-Studien. Herausgegeben von Rudolf Morsey und Konrad Repgen, III: Untersuchungen und Dokumente zur Ostpolitik und Biographie. Mit Beiträgen von Klaus Gotto, Heinrich Krone, Hans Georg Lehmann, Rudolf Morsey, Jürgen Schwarz, Wolfgang Stump und Werner Weidenfeld, Mainz 1974.

Band 16: Oswald Wachtling, Joseph Joos – Journalist, Arbeiterführer, Zentrumspolitiker. Politische Biographie 1878–1933, Mainz 1974.

Band 17: Barbara Schellenberger, Katholische Jugend und Drittes Reich. Eine Geschichte des Katholischen Jungmännerverbandes 1933–1939 unter besonderer Berücksichtigung der Rheinprovinz, Mainz 1975.

Band 18: Heinrich Küppers, Der Katholische Lehrerverband in der Übergangszeit von der Weimarer Republik zur Hitlerdiktatur. Zugleich ein Beitrag zur Geschichte des Volksschullehrerstandes, Mainz 1975.

Band 19: Rudolf Ebneth, Die österreichische Wochenschrift »Der Christliche Ständestaat«. Deutsche Emigration in Österreich 1933–1938, Mainz 1976.

Band 20: Hans-Michael Körner, Staat und Kirche in Bayern 1886–1918, Mainz 1977.

Band 21: ADENAUER-STUDIEN. Herausgegeben von RUDOLF MORSEY und KONRAD REPGEN, IV: HUGO STEHKÄMPER, Konrad Adenauer als Katholikentagspräsident 1922. Form und Grenze politischer Entscheidungsfreiheit im katholischen Raum, Mainz 1977.

Band 22: RAIMUND BAUMGÄRTNER, Weltanschauungskampf im Dritten Reich. Die Auseinandersetzung der Kirchen mit Alfred Rosenberg, Mainz 1977.

Band 23: ULRICH VON HEHL, Katholische Kirche und Nationalsozialismus im Erzbistum Köln 1933–1945, Mainz 1977.

Band 24: KLAUS J. VOLKMANN, Die Rechtsprechung staatlicher Gerichte in Kirchensachen 1933–1945, Mainz 1978.

Band 25: JÜRGEN ARETZ, Katholische Arbeiterbewegung und Nationalsozialismus. Der Verband katholischer Arbeiter- und Knappenvereine Westdeutschlands 1923–1945, Mainz 1979.

Band 26: HORSTWALTER HEITZER, Der Volksverein für das katholische Deutschland im Kaiserreich 1890–1918, Mainz 1979.

Band 27: HEINZ MUSSINGHOFF, Theologische Fakultäten im Spannungsfeld von Staat und Kirche. Entstehung und Auslegung der Hochschulbestimmungen des Konkordats mit Preußen von 1929, dargelegt unter Berücksichtigung des Preußischen Statutenrechts und der Bestimmungen des Reichskonkordats, Mainz 1979.

Band 28: HERBERT HÖMIG, Das preußische Zentrum in der Weimarer Republik. Demokratie und politischer Katholizismus in Preußen 1918–1933, Mainz 1979.

Band 29: HANS DIETER DENK, Die christliche Arbeiterbewegung in Bayern bis zum Ersten Weltkrieg, Mainz 1980.

Band 30: BURKHARD VAN SCHEWICK, Die katholische Kirche und die Entstehung der Verfassungen in Westdeutschland 1945–1950, Mainz 1980.

Band 31: WINFRIED BECKER, Georg von Hertling 1843–1919, I: Jugend und Selbstfindung zwischen Romantik und Kulturkampf, Mainz 1981.

Band 32: ANSELM DOERING-MANTEUFFEL, Katholizismus und Wiederbewaffnung. Die Haltung der deutschen Katholiken gegenüber der Wehrfrage 1948–1955, Mainz 1981.

Band 33: MARTIN HÜLLEN, Heinrich Wienken, der »unpolitische« Kirchenpolitiker. Eine Biographie aus drei Epochen des deutschen Katholizismus, Mainz 1981.

Band 34: HEINZ BLANKENBERG, Politischer Katholizismus in Frankfurt am Main 1918–1933, Mainz 1981.

Band 35: HEINZ-ALBERT RAEM, Katholischer Gesellenverein und Deutsche Kolpingsfamilie in der Ära des Nationalsozialismus, Mainz 1982.

Band 36: GEORG SCHOELEN, Bibliographisch-historisches Handbuch des Volksvereins für das katholische Deutschland, Mainz 1982.

Band 37: GABRIELE CLEMENS, Martin Spahn und der deutsche Rechtskatholizismus in der Weimarer Republik, Mainz 1983.

Band 38: JOACHIM MAIER, Schulkampf in Baden 1933–1945. Die Reaktion der katholischen Kirche auf die nationalsozialistische Schulpolitik, dargestellt am Beispiel des Religionsunterrichts in den badischen Volksschulen, Mainz 1983.

Band 39: GERHARD VALERIUS, Deutscher Katholizismus und Lamennais. Die Auseinandersetzung in der katholischen Publizistik 1817–1854, Mainz 1983.

Band 40: ULRICH VON HEHL / HEINZ HÜRTEN, Der Katholizismus in der Bundesrepublik Deutschland 1945–1980. Eine Bibliographie, Mainz 1983.

Band 41: SUSANNE PLÜCK, Das Badische Konkordat vom 12. Oktober 1932, Mainz 1984.